3ª EDIÇÃO 2022

WANDER GARCIA, ANA PAULA DOMPIERI E RENAN FLUMIAN
COORDENADORES

COMO PASSAR

CONCURSOS DE CARTÓRIOS

QUESTÕES COMENTADAS | **3.200**

2022 © Editora Foco

Coordenadores: Wander Garcia, Ana Paula Dompieri Garcia e Renan Flumian
Autores: Wander Garcia, Alexandre Gialluca, Arthur Trigueiros, Bruna Vieira, Carlos Antônio Caran Bordini,
Carolina Ikeda, Daniela Rosário Rodrigues, Denizom Oliveira, Eduardo Dompieri, Flávia Barros,
Gabriela Nassar de Castro Palma Marini, Guilherme Fernando de Souza, Henrique Subi, Ivan Jacopetti do Lago,
Izaias Gomes Ferro Júnior, Izolda Andréa de Sylos Ribeiro, Jose Antonio Apparecido Junior,
Leandro Borrego Marini, Lucas Corradini, Luiz Dellore, Magally Dato, Marcio Pereira,
Marilia Miranda do Lago Rodrigues, Marinho Dembinski Kern, Robinson Barreirinhas eTeresa Melo
Diretor Acadêmico: Leonardo Pereira
Editor: Roberta Densa
Assistente Editorial: Paula Morishita
Revisora Sênior: Georgia Renata Dias
Revisora: Simone Dias
Capa Criação: Leonardo Hermano
Diagramação: Ladislau Lima e Aparecida Lima
Impressão miolo e capa: DOCUPRINT

Dados Internacionais de Catalogação na Publicação (CIP) de acordo com ISBD

C765

Como passar em concursos de cartório / Alexandre Gialluca...[et al.] ; organizado por Wander Garcia, Ana Paula Dompieri, Renan Flumian. - 3. ed. - Indaiatuba, SP : Editora Foco, 2022.

760 p. ; 17cm x 24cm.

ISBN: 978-65-5515-422-1

1. Metodologia de estudo. 2. Concursos Públicos. 3. Cartório. I. Gialluca, Alexandre. II. Trigueiros, Arthur. III. Vieira, Bruna. IV. Bordini, Carlos Antônio Caran. V. Ikeda, Carolina. VI. Rodrigues, Daniela Rosário. VII. Oliveira, Denizom. VIII. Dompieri, Eduardo. IX. Barros, Flávia. X. Marini, Gabriela Nassar de Castro Palma XI. Souza, Guilherme Fernando de. XII. Subi, Henrique. XIII. Lago, Ivan Jacopetti do. XIV. Ferro Júnior, Izaias Gomes. XV. Ribeiro, Izolda Andréa de Sylos. XVI. Apparecido Junior, Jose Antonio. XVII. Marini, Leandro Borrego. XVIII. Corradini, Lucas. XIX. Dellore, Luiz. XX. Dato, Magally. XXI. Pereira, Marcio. XXII. Rodrigues, Marilia Miranda do Lago. XXIII. Kern, Marinho Dembinski. XXIV. Barreirinhas, Robinson. XXV. Melo, Teresa. XXVI. Garcia, Wander. XXVII. Dompieri, Ana Paula. XXVIII. Flumian, Renan. XXIX. Título.

2021-4672	CDD 001.4	CDU 001.8

Elaborado por Vagner Rodolfo da Silva – CRB-8/9410

1. Metodologia de estudo 001.   2. Metodologia de estudo 001.8

DIREITOS AUTORAIS: É proibida a reprodução parcial ou total desta publicação, por qualquer forma ou meio, sem a prévia autorização da Editora FOCO, com exceção do teor das questões de concursos públicos que, por serem atos oficiais, não são protegidas como Direitos Autorais, na forma do Artigo 8º, IV, da Lei 9.610/1998. Referida vedação se estende às características gráficas da obra e sua editoração. A punição para a violação dos Direitos Autorais é crime previsto no Artigo 184 do Código Penal e as sanções civis às violações dos Direitos Autorais estão previstas nos Artigos 101 a 110 da Lei 9.610/1998. Os comentários das questões são de responsabilidade dos autores.

NOTAS DA EDITORA:

Atualizações e erratas: A presente obra é vendida como está, atualizada até a data do seu fechamento, informação que consta na página II do livro. Havendo a publicação de legislação de suma relevância, a editora, de forma discricionária, se empenhará em disponibilizar atualização futura.

Bônus ou Capítulo *On-line*: Excepcionalmente, algumas obras da editora trazem conteúdo no *on-line*, que é parte integrante do livro, cujo acesso será disponibilizado durante a vigência da edição da obra.

Erratas: A Editora se compromete a disponibilizar no site www.editorafoco.com.br, na seção Atualizações, eventuais erratas por razões de erros técnicos ou de conteúdo. Solicitamos, outrossim, que o leitor faça a gentileza de colaborar com a perfeição da obra, comunicando eventual erro encontrado por meio de mensagem para contato@editorafoco.com.br. O acesso será disponibilizado durante a vigência da edição da obra.

Impresso no Brasil (12.2021) – Data de Fechamento (12.2021)

2022
Todos os direitos reservados à
Editora Foco Jurídico Ltda.
Avenida Itororó, 348 – Sala 05 – Cidade Nova
CEP 13334-050 – Indaiatuba – SP

E-mail: contato@editorafoco.com.br
www.editorafoco.com.br

Acesse JÁ os conteúdos ON-LINE

ATUALIZAÇÃO em PDF e VÍDEO
para complementar seus estudos*

Acesse o link:
www.editorafoco.com.br/atualizacao

* As atualizações em PDF e Vídeo serão disponibilizadas sempre que houver necessidade, em caso de nova lei ou decisão jurisprudencial relevante.
* Acesso disponível durante a vigência desta edição.

AUTORES

COORDENADORES E AUTORES

Wander Garcia – @wander_garcia

É Doutor, Mestre e Graduado em Direito pela PUC/SP. É professor universitário e de cursos preparatórios para Concursos e Exame de Ordem, tendo atuado nos cursos LFG e DAMASIO. Neste foi Diretor Geral de todos os cursos preparatórios e da Faculdade de Direito. Foi diretor da Escola Superior de Direito Público Municipal de São Paulo. É um dos fundadores da Editora Foco, especializada em livros jurídicos e para concursos e exames. É autor *best seller* com mais de 50 livros publicados na qualidade de autor, coautor ou organizador, nas áreas jurídica e de preparação para concursos e exame de ordem. Já vendeu mais de 1,5 milhão de livros, dentre os quais se destacam "Como Passar na OAB", "Como Passar em Concursos Jurídicos", "Exame de Ordem Mapamentalizado" e "Concursos: O Guia Definitivo". É também advogado desde o ano de 2000 e foi procurador do município de São Paulo por mais de 15 anos. É *Coach* Certificado, com sólida formação em Coaching pelo IBC e pela *International Association of Coaching.*

Ana Paula Dompieri

Procuradora do Estado de São Paulo, Pós-graduada em Direito, Professora do IEDI, Escrevente do Tribunal de Justiça por mais de 10 anos e Assistente Jurídico do Tribunal de Justiça. Autora de diversos livros para OAB e concursos

Renan Flumian – @renanflumian

Mestre em Filosofia do Direito pela Universidade de Alicante. Cursou a Session Annuelle D'enseignement do Institut International des Droits de L'Homme, a Escola de Governo da USP e a Escola de Formação da Sociedade Brasileira de Direito Público. Professor e Coordenador Acadêmico do IEDI. Autor e coordenador de diversas obras de preparação para Concursos Públicos e o Exame de Ordem. Advogado.

SOBRE OS AUTORES

Alexandre Gialluca

Advogado, Palestrante, Especialista em Direito Notarial e Registral, Professor de Direito Empresarial exclusivo da Rede LFG e Ex-Coordenador dos Cursos Jurídicos e OAB da Rede LFG. (Twitter: @AleGialluca)

Arthur Trigueiros – @proftrigueiros

Pós-graduado em Direito. Professor da Rede LFG, do IEDI e do Proordem. Autor de diversas obras de preparação para o Exame de Ordem. Procurador do Estado de São Paulo

Bruna Vieira – @profa_bruna

Advogada. Mestre em Concretização de Direitos Sociais pelo UNISAL. Professora de Direito Constitucional em cursos de pós-graduação, concursos públicos e exame de ordem há 12 anos. Autora de diversas obras jurídicas pelas editoras FOCO e Saraiva. Atuou na coordenação acadêmica dos cursos de Pós-graduação da FGV (GVLAW) e foi aluna especial no Curso de Pós-graduação Stricto Sensu da USP (Faculdade de Direito - Universidade São Paulo), nas disciplinas: "Metodologia do Ensino Jurídico" com o Prof. José Eduardo Campos de Oliveira Faria e "Efetivação do Direito à Saúde em Estados Democráticos de Direito: Fundamentos, Evolução e Desafios do Direito Sanitário, com os professores Fernando Mussa Abujamra Aith e Sueli Dallari.

Carlos Antônio Caran Bordini

Bacharel pela Faculdade de Direito da USP. Especialista em Direito Notarial e Registral e em Direito Empresarial e Advocacia Empresarial pela Universidade Anhanguera-UNIDERP. Tabelião de Notas e Protestos da Comarca de Nuporanga – SP.

Carolina Ikeda

Defensora Pública do Estado do Espírito Santo. Pós-graduada em Direito Penal e Processo Penal pelo Complexo Educacional Damásio de Jesus. Graduada em Direito pela Universidade Presbiteriana Mackenzie.

Daniela Rosário Rodrigues

Mestre em Direitos Difusos e Coletivos pelas Unimes/SP. Especialista em Direito Tributário pelo IBET/USP. Professora de cursos preparatórios para concursos e cursos de pós-graduação na área jurídica. Oficial de Registro de Imóveis, Títulos e Documentos e Civil de Pessoas Jurídicas no Estado de São Paulo.

Denizom Oliveira

Doutorando e Mestre em Direito Internacional e Comparado na Universidade de São Paulo - USP. Atuante no Ministério Público Federal em São Paulo/SP. Professor de Direito Constitucional no Damásio Educacional para OAB, Pós-graduação e concursos públicos. Graduado em Direito pela Universidade do Estado do Amazonas - UEA, com habilitação em Direito Internacional. Especialista em Direito Civil e Processo Civil pelo Centro Universitário de Ensino Superior do Amazonas - CIESA. Especialista em Direito Tributário pela Fundação Getúlio Vargas - FGV/São Paulo.

Eduardo Dompieri – @eduardodompieri

Pós-graduado em Direito. Professor do IEDI. Autor de diversas obras de preparação para Concursos Públicos e Exame de Ordem.

Flávia Barros

Mestre em Direito Administrativo pela PUC/SP. Doutoranda em Direito Administrativo pela USP. Professora de Direito Administrativo. Procuradora do Município de São Paulo.

Gabriela Nassar de Castro Palma Marini

Tabeliã de Notas e Protestos da Comarca de Bilac--SP. Foi Oficial de Registro Civil das Pessoas Naturais e Tabeliã de Notas em Tamboara-PR. Aprovada nos concursos de outorga de delegações de notas e registros do Estado do Paraná (2º Concurso), e do Estado de São Paulo (10º e 11º Concursos). É Mestranda em Direito com área de concentração em Relações Empresariais, Desenvolvimento e Demandas Sociais na Universidade de Marília-SP. Pós-graduada em Direito Civil. Pós-graduada em Direito Notarial e Registral. Graduada em Direito pela Universidade Estadual de Maringá (UEM).

Guilherme Fernando de Souza

Oficial dos Registros Públicos de Nova Bassano-RS (Registro de Imóveis, Registro Civil das Pessoas Naturais, Registro de Títulos e Documentos e Civil das Pessoas Jurídicas, Centro de Registro de Veículos Automotores). Foi Oficial de Registro Civil das Pessoas Naturais e de Interdições e Tutelas da Sede da Comarca de Nuporanga-SP e Tabelião de Notas e de Protesto de Letras e Títulos da Sede da Comarca de Paraibuna-SP. Bacharel pela Faculdade de Direito da Universidade de São Paulo-USP. Especialista em Direito Civil pela Pontifícia Universidade Católica de Minas Gerais (PUC-MG). Mestre em *Tecnologias y politicas publicas sobre la gestion ambiental da Universidade de Alicante*-Espanha e Mestrando em Direito Ambiental pela Universidade de Caxias do Sul. Membro da subcomissão de trabalho de elaboração do novo texto da Consolidação Normativa Notarial e Registral da Corregedoria-Geral da Justiça do Rio Grande do Sul – CNNR.

Henrique Subi – @henriquesubi

Especialista em Direito Empresarial pela FGV e em Direito Tributário pela UNISUL. Mestrando em Direito pela Universidade Mackenzie. Professor de Negociação do IBDEC. Professor do IEDI e de outros cursos preparatórios para a OAB e concursos públicos.

Ivan Jacopetti do Lago

Bacharel, mestre e doutor pela Faculdade de Direito da USP – Largo de São Francisco. Pós-graduado pelo CENoR, da Universidade de Coimbra, e pala Universidade Autônoma de Madri (CADRI 2015). Titular da cadeira n. 11 da Academia Brasileira de Direito Registral Imobiliário – ABDRI. Diretor de Relações Internacionais do IRIB. Registrador de Imóveis, Títulos e Documentos e Civil de Pessoa Jurídica da Comarca de Paraguaçu Paulista – SP.

Izaias Gomes Ferro Júnior

Oficial Titular de Registro de Imóveis, Civil das Pessoas Naturais e Jurídicas e de Títulos e Documentos da Comarca de Pirapozinho – SP. Especializado em Direito Civil e Processo Civil pela UES. Mestrando em Direito pela EPD. Professor Universitário da Graduação e Pós-Graduação de Direito Civil e Registral em diversas Universidades e Cursos Preparatórios como UNAES/MS (atual Anhanguera), UCDB/MS, UNISC/IRIB/RS, IBEST/PR, LFG/SP, FMB/SP, VFK/SP).

Izolda Andréa de Sylos Ribeiro

Formada pela Unitoledo de Araçatuba em 2004. Pós-graduada na mesma universidade em 2014. Aprovada no 6º Concurso de SP – ORCPN e Notas do município de Lavínia, Comarca de Mirandópolis (2010 a 2015). Aprovada no 9º Concurso de SP – ORCPN Sede de Novo Horizonte (2015 até hoje).

Jose Antonio Apparecido Junior

Procurador do Município de São Paulo. Consultor em Direito Urbanístico. Especialista em Direito Público pela Escola Superior do Ministério Público do Estado de São Paulo. Mestre em Direito Urbanístico pela PUC/SP. Doutorando em Direito do Estado pela USP.

Leandro Borrego Marini

Oficial de Registro de Imóveis, títulos e documentos e civil das pessoas jurídicas em Tupi Paulista – SP. Foi Oficial de Registro Civil das Pessoas Naturais e Tabelião de Notas em Monteiro Lobato/SP e Pontalinda/SP. Professor em cursos preparatórios. Aprovado no 9º, 10º e 11º concursos de outorga de delegações de São Paulo. Mestrando em Direito. Especialista em Direito Público pela Faculdade Damásio de Jesus. Especialista em Direito Civil pela Universidade Estácio de Sá. Bacharel em Direito pela Universidade Presbiteriana Mackenzie.

Lucas Corradini

Promotor de Justiça do Ministério Público do Estado de São Paulo. Professor de Direito Penal e Processual Penal de cursos preparatórios para concursos jurídicos

Luiz Dellore

Doutor e Mestre em Direito Processual Civil pela

USP. Mestre em Direito Constitucional pela PUC/SP. Professor do Mackenzie, EPD, IEDI, IOB/Marcato e outras instituições. Advogado concursado da Caixa Econômica Federal. Ex-assessor de Ministro do STJ. Membro da Comissão de Processo Civil da OAB/SP, do IBDP (Instituto Brasileiro de Direito Processual), do IPDP (Instituto Panamericano de DerechoProcesal) e diretor do CEAPRO (Centro de Estudos Avançados de Processo). Colunista do portal jota.info.Facebook e LinkedIn: Luiz Dellore (Twitter: @dellore)

Magally Dato

Professora de Língua Portuguesa. Agente de Fiscalização do Tribunal de Contas do Município de São Paulo.

Marcio Pereira

Mestre pelo Mackenzie. Especialista pela Escola Superior do Ministério Público. Professor das disciplinas de Direito Civil e Direito Processual Civil em cursos preparatórios de Exame de Ordem e Concursos Públicos. Professor de cursos de extensão universitária e de pós-graduação da Escola Superior da Advocacia e da Escola Paulista de Direito. Advogado.

Marilia Miranda do Lago Rodrigues

Master 2 em Direito Internacional Privado pela Universidade Paris 2 – Panthéon-Assas. Especialista em Direito Notarial e Registral pela PUC-SP. Aprovada no 7°, 9°, 10°

e 11° concurso de outorga de delegações extrajudiciais no Estado de São Paulo. Oficial de Registro de Imóveis, Títulos e Documentos e Civil das Pessoas Jurídicas no Estado de São Paulo.

Marinho Dembinski Kern

Mestrando em Direito pela Escola Paulista de Direito. Especialista em Direito Civil pela Universidade Anhanguera-Uniderp. Especialista em Direito Notarial e Registral pela Universidade Anhanguera-Uniderp. Bacharel em Direito pela Universidade Federal de Santa Catarina (UFSC). Oficial de Registro de Imóveis, Títulos e Documentos e Civil de Pessoa Jurídica da Comarca de Taquaritinga/SP. 2° colocado no Grupo 3 (Registro de Imóveis) – Provimento e Remoção – do 10° Concurso Público de Provas e Títulos para Outorga de Delegações de Notas e de Registro do Estado de São Paulo.

Robinson Barreirinhas

Professor do IEDI. Procurador do Município de São Paulo. Professor do IEDI. Autor e Coautor de mais de 20 obras para preparação para concursos e OAB. robinson.barreirinhas@gmail.com

Teresa Melo

Procuradora Federal. Assessora de Ministro do STJ. Professora do IEDI.

Sumário

APRESENTAÇÃO — IV

AUTORES — IV

COMO USAR O LIVRO? — XV

1. DIREITO CONSTITUCIONAL — 1

1. TEORIA DA CONSTITUIÇÃO, PODER CONSTITUINTE, INTERPRETAÇÃO E PRINCÍPIOS FUNDAMENTAIS 1
2. CONTROLE DE CONSTITUCIONALIDADE 9
3. DIREITOS E DEVERES INDIVIDUAIS E COLETIVOS 17
4. DIREITOS SOCIAIS, NACIONALIDADE E DIREITOS POLÍTICOS 27
5. ORGANIZAÇÃO DO ESTADO 35
6. ORGANIZAÇÃO DOS PODERES LEGISLATIVO E EXECUTIVO 47
7. ORGANIZAÇÃO DO PODER JUDICIÁRIO E FUNÇÕES ESSENCIAIS À JUSTIÇA 55
8. DEFESA DO ESTADO, TRIBUTAÇÃO E ORÇAMENTO, ORDEM ECONÔMICA E FINANCEIRA E ORDEM SOCIAL 61
9. SERVIÇOS NOTARIAIS E DE REGISTRO 71
10. TEMAS CONSTITUCIONAIS DIVERSOS 73

2. DIREITO ADMINISTRATIVO — 77

1. PRINCÍPIOS DO DIREITO ADMINISTRATIVO 77
2. PODERES ADMINISTRATIVOS 82
3. ATOS ADMINISTRATIVOS 85
4. ORGANIZAÇÃO DA ADMINISTRAÇÃO PÚBLICA 95
5. AGENTES PÚBLICOS 98
6. IMPROBIDADE ADMINISTRATIVA 106
7. BENS PÚBLICOS 108
8. RESPONSABILIDADE DO ESTADO 112
9. INTERVENÇÃO NA PROPRIEDADE 115
10. LICITAÇÃO 122
11. CONTRATOS ADMINISTRATIVOS 126
12. SERVIÇOS PÚBLICOS 131
13. CONTROLE DA ADMINISTRAÇÃO 135
14. PROCESSO ADMINISTRATIVO 137

COMO PASSAR EM CONCURSOS DE CARTÓRIOS

15. DIREITO ADMINISTRATIVO APLICADO AOS NOTÁRIOS E REGISTRADORES 138

16. OUTROS TEMAS E QUESTÕES COMBINADAS 139

3. DIREITO TRIBUTÁRIO — 145

1. COMPETÊNCIA TRIBUTÁRIA 145

2. PRINCÍPIOS 150

3. IMUNIDADES 152

4. DEFINIÇÃO DE TRIBUTO E ESPÉCIES 159

5. LEGISLAÇÃO TRIBUTÁRIA, APLICAÇÃO, INTERPRETAÇÃO E INTEGRAÇÃO...........................166

6. FATO GERADOR E OBRIGAÇÃO..169

7. LANÇAMENTO E CRÉDITO TRIBUTÁRIO 170

8. SUJEIÇÃO PASSIVA – CONTRIBUINTES E RESPONSÁVEIS 173

9. SUSPENSÃO, EXTINÇÃO E EXCLUSÃO DO CRÉDITO TRIBUTÁRIO...180

10. IMPOSTOS EM ESPÉCIE..188

11. ADMINISTRAÇÃO TRIBUTÁRIA, FISCALIZAÇÃO 203

12. DÍVIDA ATIVA, INSCRIÇÃO, CERTIDÕES 204

13. AÇÕES TRIBUTÁRIAS...206

14. REPARTIÇÃO DE RECEITAS TRIBUTÁRIAS 208

15. TEMAS COMBINADOS E OUTRAS MATÉRIAS 209

4. DIREITO PENAL — 217

1. CONCEITO, FONTES, PRINCÍPIOS, INTERPRETAÇÃO E APLICAÇÃO DA LEI NO TEMPO E NO ESPAÇO 217

2. CLASSIFICAÇÃO DOS CRIMES, FATO TÍPICO E TIPO PENAL...221

3. CRIMES DOLOSOS, CULPOSOS E PRETERDOLOSOS; ERRO DE TIPO, DE PROIBIÇÃO E DEMAIS ERROS 222

4. TENTATIVA, CONSUMAÇÃO, DESISTÊNCIA VOLUNTÁRIA E CRIME IMPOSSÍVEL....................224

5. ANTIJURIDICIDADE E CAUSAS EXCLUDENTES 225

6. AUTORIA E CONCURSO DE PESSOAS..226

7. CULPABILIDADE E CAUSAS EXCLUDENTES 227

8. PENAS E MEDIDAS DE SEGURANÇA 229

9. AÇÃO PENAL...235

10. EXTINÇÃO DA PUNIBILIDADE 235

11. CRIMES CONTRA A PESSOA E CONTRA O PATRIMÔNIO 239

12. CRIMES CONTRA A DIGNIDADE SEXUAL, A FÉ PÚBLICA, A ADMINISTRAÇÃO PÚBLICA E AS FINANÇAS PÚBLICAS 244

13. OUTROS CRIMES DO CÓDIGO PENAL 260

14. CRIMES DA LEGISLAÇÃO EXTRAVAGANTE..262

15. TEMAS COMBINADOS..268

5. DIREITO PROCESSUAL PENAL — 275

SUMÁRIO IX

1. FONTES, PRINCÍPIOS GERAIS, EFICÁCIA DA LEI PROCESSUAL NO TEMPO E NO ESPAÇO E INTERPRETAÇÃO...275

2. INQUÉRITO POLICIAL, AÇÃO PENAL E AÇÃO CIVIL 276

3. JURISDIÇÃO E COMPETÊNCIA; CONEXÃO E CONTINÊNCIA.......................................283

4. QUESTÕES E PROCESSOS INCIDENTES...285

5. PROVA..286

6. PRISÃO, MEDIDAS CAUTELARES E LIBERDADE PROVISÓRIA 287

7. SUJEITOS PROCESSUAIS, CITAÇÃO, INTIMAÇÃO E PRAZOS..290

8. PROCESSO E PROCEDIMENTOS; SENTENÇA E COISA JULGADA 291

9. NULIDADES 296

10. RECURSOS 297

11. *HABEAS CORPUS* E REVISÃO CRIMINAL..300

12. EXECUÇÃO PENAL..301

13. LEGISLAÇÃO EXTRAVAGANTE E TEMAS COMBINADOS...302

6. DIREITO CIVIL   309

1. LINDB..309

2. GERAL...311

3. OBRIGAÇÕES..335

4. CONTRATOS..343

5. RESPONSABILIDADE CIVIL 369

6. COISAS 372

7. FAMÍLIA..393

8. SUCESSÕES...413

9. DIREITO EMPRESARIAL 427

10. DIREITO DO CONSUMIDOR...428

11. CRIANÇA E ADOLESCENTE 430

12. TEMAS COMBINADOS..430

7. DIREITO PROCESSUAL CIVIL   435

I – PARTE GERAL..435

1. PRINCÍPIOS DO PROCESSO CIVIL 435

2. JURISDIÇÃO E COMPETÊNCIA..436

3. PARTES, PROCURADORES, SUCUMBÊNCIA, MINISTÉRIO PÚBLICO E JUIZ 439

4. PRAZOS PROCESSUAIS E ATOS PROCESSUAIS..440

5. LITISCONSÓRCIO E INTERVENÇÃO DE TERCEIROS...443

6. PRESSUPOSTOS PROCESSUAIS, ELEMENTOS DA AÇÃO E CONDIÇÕES DA AÇÃO..................444

7. FORMAÇÃO, SUSPENSÃO E EXTINÇÃO DO PROCESSO. NULIDADES 444

8. TUTELA PROVISÓRIA..446

COMO PASSAR EM CONCURSOS DE CARTÓRIOS

9. TEMAS COMBINADOS DA PARTE GERAL 447

II – PROCESSO DE CONHECIMENTO 448

10. PETIÇÃO INICIAL...448

11. CONTESTAÇÃO E REVELIA..449

12. PROVAS...449

13. SENTENÇA, COISA JULGADA E AÇÃO RESCISÓRIA..451

III – CUMPRIMENTO DE SENTENÇA E EXECUÇÃO...453

14. CUMPRIMENTO DE SENTENÇA E IMPUGNAÇÃO 453

15. PROCESSO DE EXECUÇÃO E EMBARGOS 454

IV – RECURSOS 456

16. TEORIA GERAL DOS RECURSOS...456

17. RECURSOS EM ESPÉCIE..457

V – PROCEDIMENTOS ESPECIAIS..458

18. PROCEDIMENTOS ESPECIAIS NO CPC 458

19. PROCEDIMENTOS ESPECIAIS DE LEGISLAÇÃO EXTRAVAGANTE 459

VI – TEMAS COMBINADOS 459

20. TEMAS COMBINADOS 459

8. DIREITO EMPRESARIAL — 463

1. EMPRESA E EMPRESÁRIO 463

2. NOME EMPRESARIAL...467

3. ESTABELECIMENTO EMPRESARIAL 468

4. REGISTROS E LIVROS 470

5. DIREITO SOCIETÁRIO 473

6. SOCIEDADES ANÔNIMAS 486

7. CONTRATOS EMPRESARIAIS 488

8. TÍTULOS DE CRÉDITO 489

9. RECUPERAÇÃO E FALÊNCIA 501

10. TEMAS COMBINADOS E OUTRAS MATÉRIAS 508

9. TEORIA GERAL DOS REGISTROS PÚBLICOS — 513

1. PRINCÍPIOS 513

2. ESPÉCIES DE REGISTROS PÚBLICOS...517

3. OBJETO E FINALIDADE DOS REGISTROS PÚBLICOS..519

4. FUNÇÃO E FÉ PÚBLICA REGISTRÁRIA 520

5. DELEGAÇÃO E ASPECTO INSTITUCIONAL DOS SERVIÇOS DE REGISTROS PÚBLICOS 522

6. DEONTOLOGIA: DIREITOS E DEVERES DE TABELIÃES, OFICIAIS DE REGISTRO E SEUS PREPOSTOS. DIREITOS E DEVERES PERANTE O CONSELHO NACIONAL DE JUSTIÇA. DEVERES DE LEITURA, ATUALIZAÇÃO, INFORMAÇÕES E DECLARAÇÕES 529

7. PODER DISCIPLINAR. RESPONSABILIDADE..537

8. ESCRITURAÇÃO. ARQUIVO. ORDEM DO SERVIÇO..539

9. EMOLUMENTOS 540

10. TEMAS COMBINADOS DE REGISTROS PÚBLICOS 544

10. REGISTRO CIVIL DE PESSOAS JURÍDICAS — 553

1. COMPETÊNCIA. PRINCÍPIOS INFORMATIVOS 553

2. ESCRITURAÇÃO E ORDEM DE SERVIÇO. CERTIDÕES. COMUNICAÇÕES. CONSERVAÇÃO..................556

3. REGISTROS. AVERBAÇÕES. ANOTAÇÕES 556

4. REGISTROS DE ASSOCIAÇÕES, FUNDAÇÕES, PARTIDOS POLÍTICOS E SOCIEDADES. MATRÍCULA DE JORNAIS, PERIÓDICOS, OFICINAS IMPRESSORAS E EMPRESAS DE RADIODIFUSÃO..................558

5. TEMAS COMBINADOS DE REGISTRO CIVIL DE PESSOA JURÍDICA..................561

11. REGISTRO CIVIL DAS PESSOAS NATURAIS — 565

1. COMPETÊNCIA E ATRIBUIÇÕES DO REGISTRO CIVIL DAS PESSOAS NATURAIS. ADMINISTRAÇÃO DOS SERVIÇOS..565

2. LIVROS E CLASSIFICADORES EM GERAL E ESPECÍFICOS DO SERVIÇO DE REGISTRO CIVIL DAS PESSOAS NATURAIS. ESCRITURAÇÃO E ORDEM DO SERVIÇO. PUBLICIDADE. CERTIDÕES. COMUNICAÇÕES. CONSERVAÇÃO. RESPONSABILIDADE. AUTENTICAÇÃO DE LIVROS MERCANTIS. CHANCELA MECÂNICA..566

3. REGISTROS. AVERBAÇÕES. ANOTAÇÕES 570

4. REGISTRO CIVIL DAS PESSOAS NATURAIS EM GERAL 572

5. NASCIMENTO E NATIMORTO 573

6. CASAMENTO. CONVERSÃO DE UNIÃO ESTÁVEL EM CASAMENTO. RECONCILIAÇÃO 578

7. ÓBITO 587

8. EMANCIPAÇÃO, INTERDIÇÃO E AUSÊNCIA 590

9. TRASLADOS DE ASSENTOS LAVRADOS NO EXTERIOR. OPÇÃO DE NACIONALIDADE 592

10. RETIFICAÇÕES, RESTAURAÇÕES E SUPRIMENTOS..595

11. RECONHECIMENTO DE FILHOS..599

12. ADOÇÃO E REGISTRO CIVIL 603

13. GRATUIDADE NO SERVIÇO DE REGISTRO CIVIL. FUNDO DE RESSARCIMENTO DOS ATOS GRATUITOS..604

14. REGISTRO TARDIO DE NASCIMENTO. LEI FEDERAL 11.790/2008 605

15. UNIÃO ESTÁVEL 606

16. TEMAS COMBINADOS DE REGISTRO CIVIL DE PESSOAS NATURAIS 606

12. REGISTRO DE TÍTULOS E DOCUMENTOS — 609

1. COMPETÊNCIA. PRINCÍPIOS INFORMATIVOS. LIVROS E CLASSIFICADORES............................609

2. ESCRITURAÇÃO E ORDEM DE SERVIÇO. CERTIDÕES. COMUNICAÇÕES. CONSERVAÇÃO..................615

3. REGISTROS. AVERBAÇÕES. ANOTAÇÕES. NOTIFICAÇÕES..617

4. TEMAS COMBINADOS DE REGISTRO DE TÍTULOS E DOCUMENTOS 619

5. EMOLUMENTOS 620

COMO PASSAR EM CONCURSOS DE CARTÓRIOS

13. TABELIONATO DE NOTAS — 621

1. TEORIA GERAL DOS ATOS NOTARIAIS. PRINCÍPIOS. ESPÉCIES. OBJETO. FINALIDADE. FUNÇÃO. FÉ PÚBLICA NOTARIAL. DELEGAÇÕES E ASPECTO INSTITUCIONAL DOS SERVIÇOS NOTARIAIS...........621

2. COMPETÊNCIA E ATRIBUIÇÕES DO TABELIONATO DE NOTAS. ADMINISTRAÇÃO DO SERVIÇO.......625

3. LIVROS E CLASSIFICADORES EM GERAL E ESPECÍFICOS DO SERVIÇO NOTARIAL. ESCRITURAÇÃO E ORDEM DO SERVIÇO. ATOS NOTARIAIS EM GERAL E EM ESPÉCIE. PUBLICIDADE. CERTIDÕES. COMUNICAÇÕES. CONSERVAÇÃO. RESPONSABILIDADE.............630

4. ESCRITURA PÚBLICA. REQUISITOS.............635

5. ESCRITURAS DE IMÓVEIS EM GERAL.............642

6. LEI 11.441/2007 – ESCRITURAS DE INVENTÁRIO, PARTILHA, SEPARAÇÃO E DIVÓRCIO CONSENSUAIS, DECLARAÇÃO E RECONHECIMENTO DE UNIÃO ESTÁVEL, E CORRELATAS.............644

7. DAS PROCURAÇÕES.............649

8. DAS DOAÇÕES.............652

9. DOS TESTAMENTOS.............655

10. DO TRASLADO E CERTIDÃO.............659

11. DA AUTENTICAÇÃO DE DOCUMENTOS. DO SELO DE AUTENTICIDADE. RECONHECIMENTO DE FIRMAS.............660

12. FISCALIZAÇÃO TRIBUTÁRIA – IMPOSTO DE TRANSMISSÃO DE BENS IMÓVEIS (ITBI). O IMPOSTO DE TRANSMISSÃO *CAUSA MORTIS* E DOAÇÕES (ITCMD). DECLARAÇÃO SOBRE OPERAÇÕES IMOBILIÁRIAS (DOI) EMOLUMENTOS.............662

13. RESPONSABILIDADE DOS TABELIÃES.............664

14. TEMAS COMBINADOS DE TABELIONATO DE NOTAS.............664

14. TABELIONATO DE PROTESTO — 667

1. TEORIA GERAL. PRINCÍPIOS. ESPÉCIES. OBJETO. FINALIDADE. FUNÇÃO. FÉ PÚBLICA NOTARIAL. DELEGAÇÕES E ASPECTO INSTITUCIONAL DOS SERVIÇOS DE PROTESTO.............667

2. COMPETÊNCIA E ATRIBUIÇÕES DO TABELIÃO DE PROTESTO. ADMINISTRAÇÃO DO SERVIÇO.........668

3. LIVROS E CLASSIFICADORES EM GERAL E ESPECÍFICOS DO SERVIÇO DE PROTESTO. ESCRITURAÇÃO E ORDEM DO SERVIÇO. DAS ESPÉCIES DE PROTESTO.............670

4. PRAZO E REGISTRO DO PROTESTO.............675

5. DA APRESENTAÇÃO, DO EXAME E QUALIFICAÇÃO DOS TÍTULOS PROTESTÁVEIS.............677

6. DA INTIMAÇÃO.............681

7. DO PAGAMENTO.............682

8. SUSTAÇÃO E DESISTÊNCIA DE PROTESTO.............684

9. INSTRUMENTO DE PROTESTO. REQUISITOS.............686

10. DAS RETIFICAÇÕES E CANCELAMENTO DO PROTESTO.............687

11. DAS CERTIDÕES.............688

12. RESPONSABILIDADE DOS TABELIÃES DE PROTESTO.............689

13. DA CENTRAL ELETRÔNICA DE PROTESTO.............689

14. TEMAS COMBINADOS DE TABELIONATO DE PROTESTO.............690

15. REGISTRO DE IMÓVEIS — 695

1. COMPETÊNCIA. PRINCÍPIOS INFORMATIVOS.............695

2. LIVROS E CLASSIFICADORES. ESCRITURAÇÃO E ORDEM DOS SERVIÇOS. CERTIDÕES. COMUNICAÇÕES. CONSERVAÇÃO 700

3. REGISTROS. AVERBAÇÕES. PRENOTAÇÃO. 705

4. TÍTULOS EXTRAJUDICIAIS E JUDICIAIS. QUALIFICAÇÃO. NOTIFICAÇÕES.............................712

5. PROCEDIMENTO DE DÚVIDA 717

6. RETIFICAÇÕES E GEORREFERENCIAMENTO 720

7. ALIENAÇÃO FIDUCIÁRIA EM GARANTIA. SISTEMA FINANCEIRO DA HABITAÇÃO. 722

8. PARCELAMENTO DO SOLO URBANO E RURAL 724

9. CONDOMÍNIOS, INCORPORAÇÕES E PATRIMÔNIO DE AFETAÇÃO 727

10. REGULARIZAÇÃO FUNDIÁRIA 730

11. CÉDULAS DE CRÉDITO...731

12. AQUISIÇÃO DE IMÓVEL RURAL POR ESTRANGEIRO...734

13. REGISTRO, CERTIDÕES E CENTRAIS ELETRÔNICAS...735

14. USUCAPIÃO EXTRAJUDICIAL...735

16. LÍNGUA PORTUGUESA — 737

1. INTERPRETAÇÃO DE TEXTOS 737

2. REDAÇÃO..737

3. MORFOLOGIA 738

4. VERBO...739

5. REGÊNCIA VERBAL 740

6. USO DA CRASE 740

7. CONCORDÂNCIA VERBAL E CONCORDÂNCIA NOMINAL...740

8. LITERATURA E FIGURAS 743

Como usar o livro?

Para que você consiga um ótimo aproveitamento deste livro, atente para as seguintes orientações:

1º Tenha em mãos um *vademecum* ou **um computador** no qual você possa acessar os textos de lei citados.

Neste ponto, recomendamos o **Vade Mecum de Legislação FOCO** – confira em www. editorafoco.com.br.

2º Se você estiver estudando a teoria (fazendo um curso preparatório ou lendo resumos, livros ou apostilas), faça as questões correspondentes deste livro na medida em que for avançando no estudo da parte teórica.

3º Se você já avançou bem no estudo da teoria, leia cada capítulo deste livro até o final, e só passe para o novo capítulo quando acabar o anterior; vai mais uma dica: alterne capítulos de acordo com suas preferências; leia um capítulo de uma disciplina que você gosta e, depois, de uma que você não gosta ou não sabe muito, e assim sucessivamente.

4º Iniciada a resolução das questões, tome o cuidado de ler cada uma delas **sem olhar para o gabarito e para os comentários**; se a curiosidade for muito grande e você não conseguir controlar os olhos, tampe os comentários e os gabaritos com uma régua ou um papel; na primeira tentativa, é fundamental que resolva a questão sozinho; só assim você vai identificar suas deficiências e "pegar o jeito" de resolver as questões; marque com um lápis a resposta que entender correta, e só depois olhe o gabarito e os comentários.

5º **Leia com muita atenção o enunciado das questões**. Ele deve ser lido, no mínimo, duas vezes. Da segunda leitura em diante, começam a aparecer os detalhes, os pontos que não percebemos na primeira leitura.

6º **Grife as palavras-chave, as afirmações e a pergunta formulada.** Ao grifar as palavras importantes e as afirmações você fixará mais os pontos-chave e não se perderá no enunciado como um todo. Tenha atenção especial com as palavras "correto", "incorreto", "certo", "errado", "prescindível" e "imprescindível".

7º Leia os comentários e **leia também cada dispositivo legal** neles mencionados; não tenha preguiça; abra o *vademecum* e leia os textos de leis citados, tanto os que explicam as alternativas corretas, como os que explicam o porquê de ser incorreta dada alternativa; você tem que conhecer bem a letra da lei, já que mais de 90% das respostas estão nela; mesmo que você já tenha entendido determinada questão, reforce sua memória e leia o texto legal indicado nos comentários.

8º Leia também os **textos legais que estão em volta** do dispositivo; por exemplo, se aparecer, em Direito Penal, uma questão cujo comentário remete ao dispositivo que trata de falsidade ideológica, aproveite para ler também os dispositivos que tratam dos outros crimes de falsidade; outro exemplo: se aparecer uma questão, em Direito Constitucional, que trate da composição do Conselho Nacional de Justiça, leia também as outras regras que regulamentam esse conselho.

9º Depois de resolver sozinho a questão e de ler cada comentário, você deve fazer uma **anotação ao lado da questão**, deixando claro o motivo de eventual erro que você tenha cometido; conheça os motivos mais comuns de erros na resolução das questões:

DL – "desconhecimento da lei"; quando a questão puder ser resolvida apenas com o conhecimento do texto de lei;

DD – "desconhecimento da doutrina"; quando a questão só puder ser resolvida com o conhecimento da doutrina;

DJ – "desconhecimento da jurisprudência"; quando a questão só puder ser resolvida com o conhecimento da jurisprudência;

FA – "falta de atenção"; quando você tiver errado a questão por não ter lido com cuidado o enunciado e as alternativas;

NUT – "não uso das técnicas"; quando você tiver se esquecido de usar as técnicas de resolução de questões objetivas, tais como as da **repetição de elementos** ("quanto mais elementos repetidos existirem, maior a chance de a alternativa ser correta"), das **afirmações generalizantes** ("afirmações generalizantes tendem a ser incorretas" – reconhece-se afirmações generalizantes pelas palavras *sempre, nunca, qualquer, absolutamente, apenas, só, somente exclusivamente* etc.), dos **conceitos compridos** ("os conceitos de maior extensão tendem a ser corretos"), entre outras.

obs: se você tiver interesse em fazer um Curso de "Técnicas de Resolução de Questões Objetivas", recomendamos o curso criado a esse respeito pelo IEDI Cursos On-line: www.iedi.com.br.

10º Confie no **bom-senso**. Normalmente, a resposta correta é a que tem mais a ver com o bom-senso e com a ética. Não ache que todas as perguntas contêm uma pegadinha. Se aparecer um instituto que você não conhece, repare bem no seu nome e tente imaginar o seu significado.

11º Faça um levantamento do **percentual de acertos de cada disciplina** e dos **principais motivos que levaram aos erros cometidos**; de posse da primeira informação, verifique quais disciplinas merecem um reforço no estudo; e de posse da segunda informação, fique atento aos erros que você mais comete, para que eles não se repitam.

12º Uma semana antes da prova, faça uma **leitura dinâmica** de todas as anotações que você fez e leia de novo os dispositivos legais (e seu entorno) das questões em que você marcar "DL", ou seja, desconhecimento da lei.

13º Para que você consiga ler o livro inteiro, faça um bom **planejamento**. Por exemplo, se você tiver 30 dias para ler a obra, divida o número de páginas do livro pelo número de dias que você tem, e cumpra, diariamente, o número de páginas necessárias para chegar até o fim. Se tiver sono ou preguiça, levante um pouco, beba água, masque chiclete ou leia em voz alta por algum tempo.

14º Desejo a você, também, muita **energia**, **disposição**, **foco**, **organização**, **disciplina**, **perseverança**, **amor** e **ética**!

Wander Garcia, Ana Paula Dompieri Garcia e Renan Flumian

Coordenadores

1. DIREITO CONSTITUCIONAL

Bruna Vieira, Teresa Melo e Denizom Oliveira

1. TEORIA DA CONSTITUIÇÃO, PODER CONSTITUINTE, INTERPRETAÇÃO E PRINCÍPIOS FUNDAMENTAIS

(Cartório/MG – 2019 – Consulplan) A Constituição, que concentra a fonte de validade de todo o ordenamento jurídico estatal, possui normas que podem ser entendidas em dois sentidos, o material e o formal. Quanto aos sentidos material e formal das normas constitucionais, é correto afirmar que:

(A) A norma que disciplina o prazo para julgamentos da justiça desportiva, prevista no parágrafo segundo do art. 217 da Constituição, é materialmente constitucional.

(B) A Constituição, em sentido formal, se limita às normas que tratam da organização do Estado, de seus órgãos, de suas competências e dos direitos individuais fundamentais.

(C) A exigência de um processo de aprovação mais solene, de quórum qualificado, de iniciativa reservada, são critérios para identificação de uma norma materialmente constitucional.

(D) Constituição em sentido material, de acordo com o pensamento kelseniano, corresponde à norma que regula a produção das demais normas, representando o mais alto nível do Direito positivo.

Para compreender adequadamente a questão, é preciso relembrar que, quanto ao conteúdo, a Constituição pode ser dividida em MATERIAL e FORMAL. Na concepção MATERIAL, consideram-se constitucionais apenas aquelas normas que tratem de matéria essencialmente constitucional, ou seja, da organização e funcionamento do Estado e de direitos fundamentais, estejam essas normas presentes ou não em uma constituição escrita. Assim, para determinar se uma norma é constitucional, leva-se em conta o seu conteúdo. Por outro lado, na concepção FORMAL leva-se em consideração o processo de elaboração, porque é considerado como norma constitucional toda aquela que está escrita no texto constitucional. A: errado. Tal norma é formalmente constitucional, vez que apenas se encontra no documento constitucional, passando por um processo solene, mas não trata de matéria tipicamente constitucional. B: errado. A assertiva se refere às normas materialmente constitucionais. C: errado. Trata-se de critérios para a identificação de uma norma formalmente constitucional, uma vez que a norma materialmente constitucional é identificada pelo seu conteúdo, quais sejam: Estrutura e Organização do Estado ou Direitos Fundamentais.
Gabarito "D".

(Cartório/RS – 2019 – VUNESP) Considerando o histórico do constitucionalismo, que culmina com o neoconstitucionalismo, e atentando, em especial, para os seus elementos formadores e integrantes, assinale a alternativa que, corretamente, contempla uma afirmação relacionada a uma das particularidades ou características do neoconstitucionalismo.

(A) À jurisdição constitucional, no âmbito de sua atuação como intérprete constitucional, é vedado assumir parcela de poder sobre as deliberações políticas de órgãos de cunho representativo.

(B) No neoconstitucionalismo atual, o âmbito de poder de deliberação política das maiorias democráticas é amplo e quase que incontrastável.

(C) O valor normativo supremo da Constituição surge de pronto no neoconstitucionalismo, como uma verdade autoevidente, latente na norma jurídica, agora reconhecido formalmente.

(D) A Constituição caracteriza-se pela absorção de valores morais e políticos, fenômeno conhecido pela materialização da Constituição.

(E) Os postulados éticos-morais deixam de ter vinculatividade jurídica, devendo os juízes constitucionais se ater à fundamentação objetiva preestabelecida pelo próprio sistema jurídico.

A: errada. Como cabe à jurisdição constitucional a última palavra na interpretação da Constituição, que se apresenta agora repleta de valores impositivos para todos os órgãos estatais, não surpreende que o juiz constitucional assuma parcela de mais considerável poder sobre as deliberações políticas de órgãos de cunho representativo. B: errada. O atual estágio do constitucionalismo se peculiariza também pela mais aguda tensão entre constitucionalismo e democracia. É intuitivo que o giro de materialização da Constituição limita o âmbito de deliberação política aberto às maiorias democráticas. C: errada. O valor normativo supremo da Constituição não surge, bem se vê, de pronto, como uma verdade autoevidente, mas é resultado de reflexões propiciadas pelo desenvolvimento da História e pelo empenho em aperfeiçoar os meios de controle do poder, em prol do aprimoramento dos suportes da convivência social e política. D: certa. A Constituição, além disso, se caracteriza pela absorção de valores morais e políticos (fenômeno por vezes designado como materialização da Constituição), sobretudo em um sistema de direitos fundamentais autoaplicáveis. E: errada. Com a materialização da Constituição, postulados ético-morais, na verdade, ganham vinculatividade jurídica e passam a ser objeto de definição pelos juízes constitucionais, que nem sempre dispõem, para essa tarefa, de critérios de fundamentação objetivos, preestabelecidos no próprio sistema jurídico.
Gabarito "D".

(Cartório/SP – 2016 – VUNESP) A Constituição da República Federativa do Brasil de 1988 pode ser considerada

(A) semirrígida, porque algumas matérias, denominadas cláusulas pétreas, são imutáveis.

(B) sintética, porque veicula tão somente princípios e normas gerais.

(C) rígida, porque sua alteração, quando admissível, depende de processo legislativo mais solene e dificultoso.

(D) analítica, porque todas as suas normas têm eficácia plena.

A: incorreta. Constituições semirrígidas ou semiflexíveis são aquelas que preveem em seu texto, ao mesmo tempo, normas constitucionais que só podem ser modificadas através de procedimento mais complexo e outras normas constitucionais que podem ser modificadas pelo mesmo processo aplicável às leis infraconstitucionais. A única Constituição semirrígida do Brasil foi a de 1824. A CF de 88 é rígida e, o que seu texto proíbe é a restrição ou a limitação do conteúdo das cláusulas pétreas (o art. 60, § 4º, da CF refere-se a "tendente a abolir"). Assim, seria legítima, por exemplo, uma proposta de emenda que viesse a *ampliar* as garantias referentes a alguma matéria prevista como cláusula pétrea, ou a apenas aperfeiçoar seu texto. Em resumo: o que a Constituição veda, para as cláusulas pétreas, é o retrocesso constitucional e não a modificação pura e simples – não sendo, portanto, imutáveis; **B:** incorreta. Quanto à extensão, a CF de 88 pode ser classificada como analítica (não como sintética), já que é extensa e detalhista, tratando de todos os temas que os representantes do povo entenderam importantes – e até de outras matérias que não possuem natureza propriamente constitucional, mas que deveriam ter sido tratadas pelo legislador ordinário; **C:** correta. São rígidas as constituições em que o mecanismo de alteração das normas constitucionais é mais difícil que o previsto para a modificação de normas infraconstitucionais. A Constituição Federal de 1988 é rígida, pois estabelece em seu texto um procedimento mais qualificado para aprovação de emendas constitucionais que o de alteração das leis em geral (art. 60 da CF). A rigidez, portanto, tem como consequência a supremacia da Constituição sobre as demais normas jurídicas, pois nenhuma lei ou ato normativo pode contrariar o disposto na Constituição Federal, nem mesmo os tratados internacionais; **D:** incorreta. A CF de 88 é, de fato, analítica, mas não pelo motivo listado no item. Primeiro porque a qualidade de *analítica* refere-se à extensão do texto da constituição, sendo analíticas as constituições extensas e que dispõem sobre todos os temas. Segundo porque nem todas as normas da constituição possuem eficácia plena (aquelas que não dependem de intermediação do legislador para que possam produzir efeitos).

Gabarito "C".

(Cartório/MG – 2019 – Consulplan) A Constituição Brasileira de 1988 estabeleceu a matéria de reforma constitucional, estabelecendo limites materiais e formais ao exercício do poder constituinte derivado. Acerca desses limites para reforma, estabelecidos no texto constitucional, avalie as proposições a seguir.

I. Os limites materiais são imperativos e se dividem em limites de competência, de momento ou temporais e de formalidade.

II. A Constituição não pode ser reformada na vigência de intervenção federal ou estadual, de estado de defesa ou de estado de sítio.

III. No que concerne aos limites temporais, há vedação para votação de proposta de matéria que, na mesma sessão legislativa, tenha sido rejeitada, sem prejuízo da sua rediscussão em comissões permanentes ou especiais do parlamento.

IV. O texto constitucional admitiu a possibilidade de revisão, através de resposta direta do eleitorado, quanto à forma (monarquia ou república) e ao sistema de governo (parlamentarismo ou presidencialismo).

Assinale a alternativa correta.

(A) Todas as proposições são falsas.

(B) Apenas a proposição IV é verdadeira.

(C) Apenas as proposições I e III são falsas.

(D) As proposições II, III e IV são verdadeiras.

As assertivas I, II e III estão erradas. A assertiva I está errada uma vez que os limites materiais de reforma podem ser explícitos (cláusulas

pétreas) ou implícitos. A assertiva II diz respeito ao art. 60, § 1º da Constituição que diz que não poderá ser emendada na vigência de intervenção federal, estado de defesa ou estado de sítio. A assertiva III está errada tendo em vista que não há limitação temporal na Constituição, ao contrário do que era previsto na Constituição de 1824, em seu art. 174.

Gabarito "B".

(Cartório/SP – 2016 – VUNESP) Assinale a alternativa correta.

(A) O poder constituinte derivado constitui a atribuição aos Estados-membros da competência para auto-organização por via de Constituições próprias.

(B) A não recepção de uma norma infraconstitucional pela vigente Constituição traduz hipótese de inconstitucionalidade superveniente, inclusive passível de declaração pela via da ação direta.

(C) A não recepção de uma norma infraconstitucional pela vigente Constituição traduz hipótese de revogação hierárquica.

(D) O poder constituinte decorrente é aquele de cujo exercício resulta a alteração do texto constitucional, revelando-se condicionado e limitado.

A: incorreta. O poder constituinte derivado se divide em três: *decorrente, reformador e revisor*. O primeiro é o poder que cada Estado tem de elaborar a sua própria Constituição, em virtude da sua capacidade de auto-organização (art. 11 do ADCT e art. 25 da CF). O segundo é o poder de alterar a Constituição Federal, que se manifesta por meio das emendas constitucionais (art. 60 da CF). O terceiro, poder revisor, não pode mais ser exercido, pois está com a eficácia exaurida. Segundo o art. 3º do Ato das Disposições Constitucionais Transitórias (ADCT), a revisão constitucional, portanto, uma revisão apenas, teve de ser realizada após cinco anos da data da promulgação da Constituição, em sessão unicameral e pelo voto da maioria absoluta dos membros do Congresso Nacional. Atualmente, para alterar a Constituição, somente pelo processo legislativo das emendas constitucionais, previsto no art. 60 da CF; **B:** incorreta. O Supremo Tribunal Federal não adota a teoria da inconstitucionalidade superveniente. As normas editadas antes da vigência da Constituição Federal de 1988 que não se mostrem de acordo com seu texto não são recepcionadas ou meramente "revogadas". Nesse caso, utilizam-se as regras relativas ao direito intertemporal, em especial as atinentes ao fenômeno da recepção; **C:** correta. Como explicado no item acima, o STF considera que as normas pré-constitucionais que não são materialmente compatíveis com a Constituição de 1988 não foram recepcionadas por seu texto, não adotando a tese da inconstitucionalidade superveniente; **D:** incorreta. O poder constituinte derivado *decorrente* é poder que os Estados têm de se autorregulamentarem por meio da elaboração das suas próprias Constituições.

Gabarito "C".

(Cartório/SP – 2018 – VUNESP) A respeito das Constituições brasileiras, é correto afirmar:

(A) a Constituição Federal de 1937 é classificada como semântica, pois atuou como simples instrumento de estabilização do Poder, sem o escopo de organizá-lo ou limitá-lo.

(B) a Constituição Federal de 1946 é classificada como dirigente, pois associada a determinada corrente ideológica.

(C) a Constituição Federal de 1824 previa normas de organização social.

(D) a Constituição Federal de 1934 não seguiu o modelo de constituição política, econômica e social.

A: certa. Semântica é a Constituição que nunca pretendeu conquistar uma coerência apurada entre o texto e a realidade, mas apenas garantir

1. DIREITO CONSTITUCIONAL

a situação de dominação estável por parte do poder autoritário. Típica de estados ditatoriais, sua função única é legitimar o poder usurpado do povo, estabilizando a intervenção dos ilegítimos dominadores de fato do poder político. **B**: errada. Contrapondo-se à Constituição-garantia, A Constituição dirigente consagra um documento engendrado a partir de expectativas lançadas ao futuro, arquitetando um plano de fins e objetivos que serão perseguidos pelos poderes públicos e pela sociedade. Exemplo deste tipo é a própria Constituição Federal de 1988. **C**: errada. A Constituição Imperial de 1824 foi marcada por forte centralismo administrativo e político, tendo em vista a figura do Poder Moderador, constitucionalizado, e também por unitarismo e absolutismo. **D**: errada. O texto de 1934 sofreu forte influência da Constituição de Weimar da Alemanha de 1919, evidenciando, portanto, os direitos humanos de $2°$ geração ou dimensão e a perspectiva de um Estado social de direito (democracia social), seguindo, portanto, um modelo de constituição política, econômica e social.
Gabarito "A".

(Cartório/SP – 2018 – VUNESP) No que tange à cláusula de supranacionalidade, é correto afirmar que

(A) não é admitida em nosso ordenamento jurídico, pois viola o princípio constitucional da soberania.

(B) por meio dela, tratados internacionais, dos quais o Brasil seja signatário, ingressam na ordem interna como normas superiores ou de igual hierarquia à Constituição Federal.

(C) implica na perda da nacionalidade brasileira, decorrente do cancelamento da naturalização por sentença judicial, em virtude de atividade nociva ao interesse nacional.

(D) ela consubstancia um dos fundamentos para a concessão de asilo político.

Por meio de cláusula de supranacionalidade, os Estados podem ter sua soberania mitigada, na medida em que tratados internacionais dos quais o Estado seja signatário ingressa na ordem interna do País como norma superior à Constituição (P. ex: CF 5º, § 4º: submissão do Brasil às decisões do Tribunal Penal Internacional) ou de igual hierarquia (e.g. CF 5º, § 3º: tratado internacional sobre direitos humanos como norma constitucional). Portanto, é correto dizer que por meio desta cláusula, tratados internacionais, dos quais o Brasil seja signatário, ingressam na ordem interna como normas superiores ou de igual hierarquia à Constituição Federal.
Gabarito "B".

(Cartório/PA – 2016 – IESES) A República Federativa do Brasil rege-se nas suas relações internacionais pelos seguintes princípios, EXCETO:

(A) Concessão de asilo político.

(B) Independência nacional.

(C) Repúdio ao terrorismo e ao racismo.

(D) Intervenção em países em guerra.

Art. 4º, CF: A República Federativa do Brasil rege-se nas suas relações internacionais pelos seguintes princípios: I – independência nacional; II – prevalência dos direitos humanos; III – autodeterminação dos povos; IV – não intervenção; V – igualdade entre os Estados; VI – defesa da paz; VII – solução pacífica dos conflitos; VIII – repúdio ao terrorismo e ao racismo; IX – cooperação entre os povos para o progresso da humanidade; X – concessão de asilo político.
Gabarito "D".

(Cartório/PA – 2016 – IESES) A Federação ou também chamada de Estado Federal é forma adotada pela República Federativa do Brasil desde a proclamação da República em

1889, e encontram-se fundamentado nas coletividades regionais e políticas autônomas, denominadas Estados, insere-se neste contexto o Distrito Federal e os municípios, esta é a base do Princípio Federalista. Assinale a alternativa que demonstra todas as características do princípio anteriormente citado:

(A) Descentralização política ou repartição constitucional de competências, repartição constitucional de rendas, participação da vontade das entidades locais; possibilidade de autoconstituição; autonomia administrativa; autonomia política.

(B) Repartição constitucional de rendas e participação da vontade das entidades locais, repartição constitucional de competências, autonomia administrativa.

(C) A descentralização política ou repartição constitucional de competências e a autonomia política.

(D) Autonomia administrativa e autonomia política.

A: correta. De acordo com Pedro Lenza, são características da Federação: descentralização política (existência de vários núcleos de poder político com autonomia); repartição de competências entre os entes federativos autônomos; inexistência de direito de secessão (não se admite o direito de retirada da federação, vigendo o princípio da indissolubilidade do vínculo federativo); soberania do Estado Federal (somente o Estado Federal é dotado de soberania, os entes federativos possuem autonomia); repartição de receitas entre os entes da federação; possibilidade de intervenção diante de situações de crise, para manter o equilíbrio federativo; existência de um órgão representativo dos estados-membros – participação da vontade local na formação da vontade federal (o Senado Federal); existência de um órgão guardião da Constituição (o STF); **B**: incorreta. A alternativa está incompleta. Além de ausentes várias características, a autonomia dos entes federativos não é apenas administrativa, mas principalmente política; **C** e **D**: incorretas. As alternativas estão incompletas, sendo a mais completa a letra "a", devendo ser assinalada.
Gabarito "A".

(Cartório/PA – 2016 – IESES) Sabe-se que o poder constituinte se refere à manifestação soberana da suprema vontade política de um povo, social e juridicamente organizado. Referido poder teria seu marco histórico através das Constituições escritas, visando à limitação do poder estatal e a preservação dos direitos e das garantias individuais. O Poder Constituinte originário estabelece a Constituição de um novo Estado, organizando-o e criando os poderes destinados a reger os interesses de uma comunidade. São características do Poder Constituinte Originário:

(A) Inicial, ilimitado, autônomo e incondicionado.

(B) Inicial, ilimitado, subordinado e incondicionado.

(C) Derivado, ilimitado, autônomo e incondicionado.

(D) Derivado, ilimitado, subordinado e incondicionado.

O Poder Constituinte Originário é inicial porque inaugura uma nova ordem jurídica; ilimitado, porque não se submete aos limites impostos pela ordem jurídica anterior (nem mesmo pelas cláusulas pétreas); autônomo, porque exercido livremente por seu titular (o povo); e incondicionado, por não se submeter a nenhuma forma preestabelecida para sua manifestação. Importante ressaltar que, para a doutrina jusnaturalista, o direito natural impõe limites ao PCO que, por essa razão, não seria totalmente autônomo. Ao contrário do Poder Constituinte Originário (que é inicial, autônomo, ilimitado e incondicionado), o Poder Constituinte Derivado é secundário, subordinado, limitado, e exercido pelos representantes do povo. Daí resulta que o poder constituinte derivado encontra limites nas regras previstas pelo constituinte originário. Como defendido em doutrina, o poder constituinte derivado pode ser exercido através da reforma da Constituição Federal ou da Constituição Estadual (poder constituinte derivado reformador), pela revisão da Constituição Federal (poder constituinte derivado revisor, art. 3º do ADCT) ou por intermédio da elaboração das Constituições estaduais e da lei orgânica do Distrito Federal (poder constituinte derivado decorrente).

Gabarito "A".

(Cartório/MG – 2015 – Consulplan) Sobre Poder Constituinte Derivado é correto afirmar:

(A) Encontra limitações apenas nas cláusulas pétreas.

(B) A proposta de emenda da Constituição será discutida e votada, em dois turnos, considerando-se aprovada se obtiver, três quintos dos votos dos respectivos membros da Câmara dos Deputados e do Senado Federal.

(C) A Constituição pode ser emendada mediante proposta de iniciativa popular subscrita por, no mínimo, um por cento do eleitorado nacional, distribuído pelo menos por cinco Estados, com não menos de três décimos por cento dos eleitores de cada um deles.

(D) A Constituição pode ser emendada mediante proposta de mais da metade das Assembleias Legislativas das unidades da Federação, manifestando-se, cada uma delas, pela maioria absoluta de seus membros.

A: incorreta. O poder constituinte derivado também deve observar os limites formais de reforma da constituição, não apenas as cláusulas pétreas (que são limites materiais); **B:** correta. Art. 60, § 2º, CF; **C:** incorreta. Não existe iniciativa popular para propostas de emenda à constituição; a iniciativa popular só existe em relação ao processo legislativo comum, não em relação ao poder constituinte; **D:** incorreta. O art. 60, III, CF só exige maioria relativa, não maioria absoluta dos membros.

Gabarito "B".

(Cartório/MG – 2019 – Consulplan) O processo legislativo, consagrado no texto constitucional, consiste no conjunto coordenado de disposições que disciplinam o procedimento a ser estabelecido pelos órgãos competentes na produção de leis e atos normativos que derivam diretamente da própria constituição. Todavia, diante de uma nova ordem constitucional, normas anteriormente vigentes podem ou não receber enquadramento jurídico diverso daquele que dispunham anteriormente. A respeito do advento de uma nova ordem constitucional, assinale a alternativa correta.

(A) Repristinação é o fenômeno que se dá quando uma norma revogadora de outra anterior, que, por sua vez, tivesse revogado outra mais antiga, recoloca esta última novamente em estado de produção de efeitos.

(B) Recepção consiste no acolhimento, pela nova Carta Constitucional, de leis e atos normativos vigentes na ordem constitucional anterior, mas sobre os quais subsistia dúvida ou insegurança jurídica quanto à sua validade ou constitucionalidade.

(C) Desconstitucionalização decorre da manutenção em vigor, perante a nova ordem jurídica, da Constituição anterior, que, porém, perde sua hierarquia constitucional para operar como legislação, mas, ocupando posição hierárquica superior à legislação comum.

(D) Convalidação consiste no acolhimento que uma nova constituição dá às leis e atos normativos editados sob a égide da Carta anterior, desde que compatíveis consigo, recebendo materialmente tais leis e atos normativos, como também lhe assegurando conformidade à nova sistemática vigente.

B: errada. Recepção é o fenômeno que toda legislação infraconstitucional anterior compatível com a nova Constituição continua em pleno vigor. É necessário para evitar que a cada nova Constituição, se elaborasse um novo conjunto normativo. **C:** errada. Desconstitucionalização ocorre quando a nova Constituição recebe a anterior como legislação infraconstitucional (lei ordinária). **D:** errada. Tal afimativa se trata do fenômeno da recepção e não convalidação.

Gabarito "A".

(Cartório/MG – 2015 – Consulplan) É INCORRETO afirmar que a República Federativa do Brasil tem como fundamento

(A) o desenvolvimento nacional.

(B) os valores sociais do trabalho e da livre-iniciativa.

(C) a cidadania.

(D) o pluralismo político.

Art. 1º, I a V, CF.

Gabarito "A".

(Cartório/MG – 2015 – Consulplan) Quanto aos fundamentos, objetivos e princípios da República Federativa do Brasil, é INCORRETO afirmar:

(A) Não constitui como fundamento da República Federativa o pluralismo político.

(B) Garantir o desenvolvimento nacional é objetivo fundamental da República Federativa.

(C) A República Federativa rege-se nas suas relações internacionais pelo princípio da cooperação entre os povos para o progresso da humanidade.

(D) A República Federativa do Brasil buscará a integração econômica, política, social e cultural dos povos da América Latina, visando à formação de uma comunidade latino-americana de nações.

A: incorreta, devendo ser assinalada. O pluralismo político é fundamento da República Federativa do Brasil (art. 1º, V, CF); **B:** correta. Art. 3º, II, CF; **C:** correta. Art. 4º, IX, CF; **D:** correta. Art. 4º, parágrafo único, CF.

Gabarito "A".

(Cartório/RJ – 2012) Sobre Poder Constituinte, marque V para verdadeiro ou F para falso e, em seguida, assinale a alternativa que apresenta a sequência correta.

I. O Poder Constituinte derivado não é passível de controle de constitucionalidade.

II. O Poder Constituinte derivado decorrente consiste na possibilidade de alterar-se o texto constitucional, de acordo com as regras previstas na própria Constituição.

III. O Poder Constituinte originário existirá apenas no surgimento de uma primeira Constituição, sendo as demais derivadas.

(A) V/ F/ F

(B) F/ V/ F

(C) F/ F/ V

(D) V/ V/ V

(E) F/ F/ F

I: incorreta. O poder constituinte derivado é limitado e condicionado, pois se sujeita às normas preestabelecidas pelo poder constituinte originário. Desse modo, se tais limitações não estiverem sendo observadas, é possível que as regras criadas pelo derivado sejam objeto de controle de constitucionalidade; II: incorreta. O poder constituinte derivado se divide em três: *decorrente, reformador e revisor*. O primeiro é o poder que cada Estado tem de elaborar a sua própria Constituição, em virtude

1. DIREITO CONSTITUCIONAL

da sua capacidade de auto-organização (art. 11 do ADCT e art. 25 da CF). O segundo é o poder de alterar a Constituição Federal, que se manifesta por meio das emendas constitucionais (art. 60 da CF). O terceiro, poder revisor, não pode mais ser exercido, pois está com a eficácia exaurida. Segundo o art. 3º do Ato das Disposições Constitucionais Transitórias (ADCT), a revisão constitucional, portanto uma revisão apenas, teve de ser realizada após cinco anos da data da promulgação da Constituição, em sessão unicameral e pelo voto da maioria absoluta dos membros do Congresso Nacional. Atualmente, para alterar a Constituição, somente pelo processo legislativo das emendas constitucionais, previsto no art. 60 da CF; III: incorreta. O poder constituinte originário é aquele que cria a primeira constituição de um Estado ou a nova constituição de um Estado. No primeiro caso, é conhecido como poder constituinte histórico. Tem a função de instaurar e estruturar, pela primeira vez, o Estado. No segundo, é conhecido como poder constituinte revolucionário, porque ele rompe a antiga e existente ordem jurídica de forma integral, instaurando uma nova. Em ambos os casos, o poder constituinte impõe uma nova ordem jurídica para o Estado.

Gabarito "E".

(Cartório/SP – 2012 –VUNESP) A legislação ordinária produzida sob a vigência de uma dada Constituição e que se mostra compatível ou harmônica em face de uma nova constituição é considerada válida em decorrência da

(A) repristinação.

(B) constitucionalidade presumida dos atos lícitos.

(C) recepção.

(D) plena legalidade do poder constituinte reformador.

A: incorreta. A *repristinação* é o fenômeno jurídico pelo qual se restabelece a vigência de uma lei que foi revogada pelo fato de a lei revogadora ter sido posteriormente revogada. No ordenamento jurídico brasileiro não há repristinação automática. Se o legislador quiser restabelecer a vigência de uma lei anteriormente revogada por outra, terá de fazê-lo expressamente, conforme dispõe o § 3º do art. 2º da Lei de Introdução às Normas do Direito Brasileiro (denominação dada pela Lei nº 12.376/2010 à antiga "LICC" – Lei de Introdução ao Código Civil; **B:** incorreta. Não há que se falar em constitucionalidade dos atos, mas sim de recepção das normas materialmente compatíveis com a nova constituição; **C:** correta. O exemplo trazido se refere ao instituto da *recepção* que pode ser conceituado como o fenômeno jurídico pelo qual se resguarda a continuidade do ordenamento jurídico anterior e inferior à nova constituição, desde que se mostre compatível materialmente com seu novo fundamento de validade, ou seja, que esteja de acordo com a nova constituição; **D:** incorreta. Quem produz uma nova constituição é o poder constituinte *originário* e não o reformador, portanto não há que se falar em legalidade do poder constituinte reformador.

Gabarito "C".

(Cartório/RJ – 2012) Considerando que a Constituição da República fez uma distinção entre os fundamentos do Estado Democrático de Direito e os objetivos fundamentais da República Federativa do Brasil e levando em consideração o texto constitucional, pode-se afirmar que um dos objetivos fundamentais do Brasil é justamente o de garantir

(A) o desenvolvimento nacional.

(B) o exercício da cidadania.

(C) a dignidade da pessoa humana.

(D) o pluralismo político.

(E) os valores sociais do trabalho e da livre iniciativa.

A: correta. De acordo com o art. 3º da CF, os objetivos fundamentais da República Federativa do Brasil são os seguintes: I – construir uma sociedade livre, justa e solidária, II – *garantir o desenvolvimento*

nacional, III – erradicar a pobreza e a marginalização e reduzir as desigualdades sociais e regionais, IV – promover o bem de todos, sem preconceitos de origem, raça, sexo, cor, idade e quaisquer outras formas de discriminação. **B:** incorreta. A cidadania é considerada fundamento da República Federativa do Brasil, conforme dispõe o art. 1º, II, da CF; **C:** incorreta. A dignidade da pessoa humana também é tida como fundamento, de acordo com o art. 1º, III, da CF; D e E: incorretas. Mais uma vez, o pluralismo político e os valores sociais do trabalho e da livre iniciativa são fundamentos e não objetivos fundamentais. É o que dispõe o art. 1º, IV e V, da CF.

Gabarito "A".

(Cartório/SP – 2012 – VUNESP) "No Brasil tivemos, até hoje, 8 (oito) Constituições: 1824, 1891, 1934, 1937, 1946, 1967, 1969 e 1988, muito embora alguns autores não considerem a Emenda Constitucional de 1969 como uma nova Constituição". O texto

(A) está totalmente incorreto.

(B) está totalmente correto.

(C) está correto só quanto às datas, estando incorreto quanto à ressalva sobre a Emenda Constitucional de 1969.

(D) apresenta conteúdo que se baseia na doutrina do constitucionalista italiano Máximo Saleme, já superada. Só as datas estão corretas.

O texto está correto pois expressa quantas Constituições o Brasil já teve e os seus respectivos anos. A primeira, Constituição do Império do Brasil (1824), positiva por outorga, foi a que teve maior tempo de vigência. Perdurou até a Proclamação da República, que ocorreu em 1889 (vigorou por 65 anos). A de 1891 (promulgada) foi a segunda do Brasil, mas a primeira considerada republicana. A de 1934, terceira Constituição brasileira, foi elaborada por um processo de convenção (votação ou promulgação) e a primeira a introduzir os direitos trabalhistas. Foi a que teve menor vigência no nosso país, porque em 1937 ocorreu o golpe militar que rompeu toda a ordem jurídica. Desse modo, a Constituição de 1937, época de Getúlio Vargas, foi imposta, ou seja, outorgada. A de 1946 foi promulgada e restaurou o Estado Democrático de Direito. Já a de 1967 é tida como outorgada, mas há quem entenda que foi positivada por promulgação. A EC 01/1969, conhecida por conta do golpe militar, é considerada por parte da doutrina como uma verdadeira Constituição e por outros apenas como uma emenda. Por fim, a Constituição Federal de 1988 é absolutamente voltada para a proteção dos direitos individuais dos cidadãos, sendo fruto de processo de transição do regime militar para o regime democrático. Foi, portanto, promulgada.

Gabarito "D".

(Cartório/SC – 2012) Tratando-se dos Princípios Fundamentais presentes no Título I da Constituição da República Federativa do Brasil, pode-se afirmar:

I. O Brasil constitui-se de um Estado Democrático de Direito e tem entre seus fundamentos a dignidade da pessoa humana.

II. A autodeterminação dos povos, segundo a Constituição Federal brasileira, é um dos princípios de regência no trato das relações internacionais.

III. O pluralismo político constitui um dos objetivos fundamentais da República Federativa do Brasil.

IV. A República Federativa do Brasil não tem por objetivo a construção de uma sociedade livre, justa e solidária.

(A) Somente a proposição I está correta.

(B) Somente a proposição II está correta.

(C) Somente as proposições III e IV estão corretas.

(D) Somente as proposições II e III estão corretas.

(E) Todas as proposições estão corretas.

I: correta. O art. 1º da CF determina que a República Federativa do Brasil é considerada um Estado Democrático de Direito e tem como fundamentos: I – a soberania, II – a cidadania, III – *a dignidade da pessoa humana*, IV – os valores sociais do trabalho e da livre iniciativa e V – o pluralismo político; II: incorreta. A autodeterminacão dos povos é um dos princípios que *rege o Brasil* nas suas relações internacionais; III: incorreta. O *pluralismo político* é um dos *fundamentos* da República Federativa do Brasil e não objetivo (art. 1º, V, da CF); IV: incorreta. A *construcão de uma sociedade livre, justa e solidária* é tida como um dos *objetivos* fundamentais da República Federativa do Brasil (art. 3º, I, da CF).
Gabarito "A".

(Cartório/RJ – 2012) A doutrina constitucional descreve uma maneira de exercício do poder constituinte que se dá de forma permanente e por mecanismos informais, o que ocorre, por exemplo, com a interpretação das normas constitucionais. Essa modalidade de poder constituinte pode ser chamada de

(A) Poder Constituinte Originário.

(B) Poder Constituinte Concentrado.

(C) Poder Constituinte Hermenêutico.

(D) Poder Constituinte Difuso.

(E) Poder Constituinte Integrador.

A: incorreta. O poder constituinte originário, genuíno, ou de primeiro grau, é aquele que cria a primeira constituicão de um Estado ou a sua nova constituicão. Em ambos os casos, esse poder impõe uma nova ordem jurídica e, portanto, é ilimitado, incondicionado e autônomo; **B:** incorreta. A doutrina clássica não faz mencão ao poder constituinte concentrado. O termo "concentrado", em direito constitucional, é muito utilizado no controle de constitucionalidade. Quanto ao poder constituinte, a doutrina divide-o em originário e derivado. O primeiro, como mencionado, é o poder de criar uma nova constituicão. O segundo se divide em três: *decorrente, reformador e revisor*. O decorrente é o poder que cada Estado tem de elaborar a sua própria Constituicão, em virtude da sua capacidade de auto-organizacão (art. 11 do ADCT e art. 25 da CF). O reformador é o poder de alterar a Constituicão Federal, que se manifesta por meio das Emendas Constitucionais (art. 60 da CF). Por fim, o poder revisor. Segundo o art. 3º do Ato das Disposicões Constitucionais Transitórias (ADCT), a revisão constitucional, portanto uma revisão apenas, teve de ser realizada após cinco anos da data da promulgacão da Constituicão, em sessão unicameral e pelo voto da maioria absoluta dos membros do Congresso Nacional. Como a revisão já foi feita, o dispositivo mencionado tem eficácia exaurida. Atualmente, para alterar a Constituicão, somente pelo processo legislativo das emendas constitucionais, previsto no art. 60 da CF. Além dessa classificacão, há quem defenda a existência do poder constituinte difuso e supranacional. O difuso, também chamado de mutacão constitucional, se manifesta permanentemente e por mecanismos informais. Não há mudanca no texto constitucional, mas na sua interpretacão. O supranacional tem a ver com a ideia da elaboracão e reformas de constituicões com caráter global, que abarcaria diversos países; **C:** incorreta. Hermenêutica é o nome dado ao estudo da interpretacão. Não há que se falar em poder constituinte hermenêutico; **D:** correta. De fato, o poder constituinte difuso tem a ver com a mudanca informal da constituicão, ou seja, mudanca na sua interpretacão; E: incorreta. O princípio do efeito integrador faz parte dos métodos de interpretacão constitucional e informa que a análise dos conflitos jurídico-constitucionais deve se dar à luz dos critérios que beneficiam a integracão política e social.
Gabarito "D".

(Cartório/MS – 2009 – VUNESP) Assinale a alternativa que contém uma afirmativa correta a respeito do constitucionalismo.

(A) O constitucionalismo teve seu marco inicial com a promulgação, em 1215, da Magna Carta inglesa.

(B) O constitucionalismo surge formalmente, em 1948, com a edição da Declaração Universal dos Direitos Humanos da Organização das Nações Unidas.

(C) A doutrina do Direito Constitucional é uníssona no entendimento de que o constitucionalismo surgiu com a revolução norte-americana resultando, em 1787, na Constituição dos Estados Unidos da América.

(D) É possível identificar traços do constitucionalismo mesmo na antiguidade clássica e na Idade Média.

(E) O constitucionalismo brasileiro inspirou-se fortemente no modelo constitucional do Estado da Inglaterra.

A, B, C, **D:** Segundo Pedro Lenza (*Direito Constitucional Esquematizado*. 15. ed. São Paulo: Saraiva, 2011. p. 55), a Magna Carta de 1215 constitui o marco do constitucionalismo da Idade Média. Antes disso, na Antiguidade Clássica, podem-se identificar tracos do constitucionalismo no Estado Teocrático dos hebreus e nas Cidades-Estados gregas. Ainda de acordo com o mesmo autor, na Idade Moderna destacam-se o *Petition of Rights*, de 1628, o *Habeas Corpus Act*, de 1679, o *Bill of Rights*, de 1689 e o *Act of Settelment*, de 1701; os marcos do constitucionalismo na Idade Contemporânea (ou do constitucionalismo moderno) são a Constituição dos Estados Unidos da América de 1787 e a francesa de 1791; E: incorreta. A Constituicão do Império teve influência francesa e inglesa; no período republicano, o constitucionalismo brasileiro foi fortemente marcado pelo modelo norte-americano, de federalismo e presidencialismo.
Gabarito "D".

(Cartório/DF – 2008 – CESPE) A respeito da CF, julgue os itens que se seguem.

(1) O princípio da correição funcional destina-se a interpretar a CF, com a finalidade de orientar seus intérpretes no sentido de que, instituindo a norma fundamental um sistema coerente e previamente ponderado de repartição de competências, não podem os seus aplicadores chegar a resultados que perturbem o esquema organizatório funcional nela estabelecido, como é o caso da separação de Poderes, cuja observância é consubstancial à própria ideia de estado de direito.

(2) Os direitos fundamentais à intimidade e à vida privada são passíveis de renúncia pela pessoa que deles é titular, desde que não ofenda à dignidade dessa pessoa.

(3) A maioria dos atuais ministros do STF já expressou entendimento no sentido de que previsão constitucional que trata da prisão do depositário infiel foi revogada, tendo em vista a adesão do Brasil ao Pacto Internacional dos Direitos Civis e Políticos e à Convenção Americana sobre Direitos Humanos.

1: correta, o princípio da conformidade funcional é também chamado de *princípio da justeza* e determina que o intérprete da Constituicão, ao realizar sua tarefa, não pode subverter as regras de repartição de competências estabelecida pela própria Constituicão; **2:** correta, pois qualquer ato de disposicão não pode atingir o núcleo duro do direito fundamental, que em última análise tutela a dignidade da pessoa humana; 3: incorreta, a Constituicão Federal legitima a prisão civil do devedor que não paga pensão alimentícia e a do depositário infiel (art. 5º, LXVII, da CF). Entretanto, o Pacto de San José da Costa Rica, ratificado

1. DIREITO CONSTITUCIONAL

pelo Brasil, é ainda mais restritivo: só permite a prisão dos devedores de pensão alimentícia; ou seja, com base na Convenção Americana de Direitos Humanos, o depositário infiel não pode ser preso. O conflito entre a norma internacional e a norma constitucional foi inúmeras vezes analisado pelo STF que, em entendimento tradicional, decidia pela prevalência da Constituição e autorizava a prisão do depositário infiel. Ocorre que, em virada jurisprudencial (RE 466.343-1/SP, Pleno, j. 03.12.2008, rel. Min. Cezar Peluso, *DJe* 05.06.2009), o STF acabou por consagrar a tese da *supralegalidade* dos tratados para concluir que a prisão do depositário infiel é ilícita. Com base no entendimento atual do STF, mais restritivo da prisão, só é permitida a prisão do devedor de pensão alimentícia. Entretanto, o caso é de supralegalidade, não sendo certo falar em "revogação".
Gabarito 1C, 2C, 3E

(Cartório/MA – 2008 – IESES) Assinale a alternativa INCORRETA:

(A) A Constituição de 1934 foi promulgada, ao passo que a de 1937 foi outorgada.

(B) A Constituição de 1891 foi promulgada.

(C) Das constituições brasileiras, as duas primeiras eram semirrígidas.

(D) A Constituição de 1824 era semirrígida, já que previa a alteração de uma parte pelos chamados meios ordinários.

A e B: corretas, constituições outorgadas são as impostas pelo detentor do poder, sem legitimidade. As promulgadas são fruto de deliberação popular, na maioria das vezes por intermédio de uma Assembleia Nacional Constituinte. Foram outorgadas as Constituições brasileiras de 1824 (imperial), 1937 (Estado Novo de Getúlio Vargas); 1967 (Ditadura Militar). Alguns também apontam a EC de 1969 como outorgada, apesar de não ser propriamente uma Constituição. As demais Constituições brasileiras foram promulgadas (1891, 1934, 1946 e 1988); **C e D:** constituições semirrígidas ou semiflexíveis são aquelas que preveem em seu texto, ao mesmo tempo, normas constitucionais que só podem ser modificadas através de procedimento mais complexo e outras normas constitucionais que podem ser modificadas pelo mesmo processo aplicável às leis infraconstitucionais. A única Constituição semirrígida do Brasil foi a de 1824.
Gabarito "C".

(Cartório/SC – 2008) A República Federativa do Brasil constitui-se em Estado Democrático de Direito e tem como princípios fundamentais:

(A) A dignidade da pessoa humana, a cidadania, os valores sociais do trabalho e da livre iniciativa, a prevalência dos direitos humanos.

(B) A soberania, o pluralismo político, a igualdade entre os Estados, a cidadania, a dignidade da pessoa humana.

(C) A cidadania, a dignidade da pessoa humana, a soberania, os valores sociais do trabalho e da livre iniciativa, o pluralismo político.

(D) A prevalência dos direitos humanos, a soberania, a cidadania, a dignidade da pessoa humana, o pluralismo político.

(E) A soberania, a cidadania, a redução das desigualdades regionais e sociais, a dignidade da pessoa humana, os valores sociais do trabalho e da livre iniciativa, o pluralismo político.

C: correta. Art. 1º, I a V, da CF.
Gabarito "C".

(Cartório/ES – 2007 – FCC) A Constituição Federal de 1988, prevê a dignidade da pessoa humana como:

(A) objetivo da República Federativa do Brasil.

(B) fundamento da República Federativa do Brasil.

(C) princípio específico dos Direitos Sociais.

(D) princípio específico dos Direitos e Garantias Fundamentais.

(E) princípio específico da Seguridade Social.

Art. 1º, III, da CF.
Gabarito "B".

(Cartório/AC – 2006 – CESPE) Com base na doutrina constitucional de aplicabilidade e interpretação das normas constitucionais, julgue os itens subsequentes.

(1) O preâmbulo da Constituição pode ser classificado como uma norma de reprodução obrigatória.

(2) As normas constitucionais de eficácia limitada contam pelo menos com a imediata eficácia de revogação das regras preexistentes que lhes sejam contrárias.

(3) É de eficácia plena a norma constitucional que determina que se destinam apenas às atribuições de direção, chefia e assessoramento as funções de confiança exercidas exclusivamente por servidores ocupantes de cargo efetivo, e os cargos em comissão a serem preenchidos por servidores de carreira, nos casos, condições e percentuais mínimos previstos em lei.

1: incorreta, pois o STF já decidiu que o preâmbulo não é de reprodução obrigatória e já declarou sua irrelevância jurídica. Ele serve tão somente como norte interpretativo das normas constitucionais, não tendo o condão, dessa forma, de gerar força obrigatória (STF, ADI 2.076-5/AC, Pleno, j. 15.08.2002, rel. Min. Carlos Velloso, *DJ* 08.08.2003); **2:** correta, toda norma constitucional, ainda que de eficácia limitada, possui eficácia para revogar as normas em contrário ou para servir de vetor de interpretação para o legislador ordinário; **3:** incorreta, o art. 37, V, da CF, como a própria expressão prevê "nos casos, condições e percentuais mínimos previstos em lei", refere-se à norma constitucional de eficácia limitada.
Gabarito 1E, 2C, 3E

(Cartório/AM – 2005 – FGV) Assinale a alternativa que apresente corretamente os fundamentos da República Federativa do Brasil.

(A) soberania, cidadania, direito de resposta, acesso à informação e valores sociais do trabalho e da livre iniciativa.

(B) soberania, cidadania, dignidade da pessoa humana, valores sociais do trabalho e da livre iniciativa e pluralismo político.

(C) soberania, cidadania, prevalência dos direitos humanos, acesso à informação e pluralismo político.

(D) soberania, cidadania, bem-estar social, valores sociais do trabalho e da livre iniciativa e pluralismo político.

(E) soberania, cidadania, autonomia, independência e dignidade da pessoa humana.

Art. 1º, I a V, da CF.
Gabarito "B".

(Cartório/AM – 2005 – FGV) Assinale a alternativa que apresente corretamente princípios constitucionais.

(A) isonomia, inviolabilidade do direito à segurança e reserva legal.

(B) isonomia, reserva profissional e devido processo legal.

(C) liberdade de expressão, reserva profissional e ampla defesa.

(D) inviolabilidade do direito à segurança, contraditório e associação em condomínio.

(E) juiz natural, contraditório e amplo exercício da vontade.

A: correta, art. 5°, *caput* e II, da CF; B e C: incorretas, não existe princípio de reserva profissional (contraria o art. 5°, XIII, da CF); D: incorreta, não existe princípio de associação em condomínio; E: incorreta, não existe princípio de amplo exercício da vontade.
Gabarito "A".

(Cartório/MT – 2003 – UFMT) São princípios fundamentais da República Federativa do Brasil:

(A) A soberania, a cidadania, a dignidade da pessoa humana, os valores sociais do trabalho e a autodeterminação dos povos.

(B) A soberania, a cidadania, a dignidade da pessoa humana, os valores sociais do trabalho e da livre iniciativa e o pluralismo político.

(C) A soberania nacional, a cidadania, a valorização do trabalho humano e a prevalência dos direitos humanos.

(D) A soberania nacional, a cidadania, os valores sociais do trabalho, a igualdade entre os Estados e o pluralismo político.

(E) A soberania, a cidadania, a valorização do trabalho humano, a livre iniciativa, o pluralismo político e os ditames da justiça social.

Art. 1°, I a V, da CF. Atenção, pois o *caput* fala em "fundamentos", mas o artigo se insere no título dos "princípios fundamentais".
Gabarito "B".

(Cartório/RR – 2001 – CESPE) A Constituição da República determina que o Brasil, em suas relações internacionais, buscará a integração econômica, política, social e cultural dos povos da América Latina. Nesse sentido, os princípios norteadores das relações internacionais definidos no texto constitucional não incluem o(a)

(A) repúdio ao terrorismo e ao racismo.

(B) prevalência dos direitos humanos.

(C) independência nacional.

(D) não intervenção.

(E) soberania.

Art. 4°, I a X, da CF. A soberania é fundamento (ou princípio fundamental), de acordo com o art. 1°, I, da CF.
Gabarito "E".

(Cartório/SP – I – VUNESP) Supondo-se que tivessem sido validamente editadas e estivessem em vigor até o advento da atual Constituição, das regras legais abaixo, a que teria sido por ela recepcionada seria:

(A) a que facultasse aos pais o direito de livremente deserdar seus filhos maiores, sem necessidade de motivar tal decisão.

(B) a que declarasse ser indissolúvel a sociedade conjugal.

(C) a que dispusesse sobre custas ou emolumentos devidos pela celebração de casamento.

(D) a que limitasse o quinhão dos filhos ilegítimos a um percentual do que é assegurado aos filhos legítimos.

A: correta. O advento de uma nova Constituição não revoga automaticamente toda a legislação a ela preexistente. Pelo princípio da recepção, a *legislação infraconstitucional* anterior à nova Constituição, desde que seja *materialmente* compatível com o novo texto, é validada e passa a se submeter à nova disciplina constitucional. Se a contrariedade da lei com a Constituição Federal de 1988 for apenas formal, sendo válido seu conteúdo, ainda assim será recepcionada (mas sua alteração será feita de acordo com a forma que a atual Constituição prevê). No caso, pela Constituição Federal de 1988, o casamento civil pode ser dissolvido pelo divórcio (art. 226, § 6°, da CF), o que torna a sociedade conjugal dissolúvel; a celebração do casamento civil é gratuita (art. 226, § 1°, da CF); há igualdade de direitos entre os filhos, havidos ou não na relação do casamento (art. 227, § 6°, da CF). Dessa forma, seria recepcionada pela Constituição Federal de 1988 apenas a regra que faculta aos pais o direito de deserção dos filhos maiores (art. 229, primeira parte, da CF).
Gabarito "A".

(Cartório/SP – I – VUNESP) Constitui exemplo de exercício do Poder Constituinte Decorrente:

(A) a Constituição da Alemanha, promulgada em Weimar em 1922.

(B) a Constituição do Estado de São Paulo, de 1989.

(C) a Emenda Constitucional nº 20, de 1998, à Constituição da República Federativa do Brasil, de 1988.

(D) a Constituição dos Estados Unidos da América, de 1787.

B: correta. Ao contrário do Poder Constituinte Originário (que é inicial, autônomo, ilimitado e incondicionado), o Poder Constituinte Derivado é secundário, subordinado, limitado, e exercido pelos representantes do povo. Daí resulta a conclusão de que o poder constituinte derivado encontra limites nas regras previstas pelo constituinte originário. Como defendido em doutrina, o poder constituinte derivado pode ser exercido através da reforma da Constituição Federal ou da Constituição Estadual (poder constituinte derivado reformador), pela revisão da Constituição Federal (poder constituinte derivado revisor, art. 3° do ADCT) ou por intermédio da elaboração das constituições estaduais e da lei orgânica do Distrito Federal (poder constituinte derivado decorrente). Assim, a promulgação das Constituições da Alemanha e dos Estados Unidos constitui exercício do Poder Constituinte Originário; a promulgação da EC 20/1988, do Poder Constituinte Derivado Reformador e a elaboração da Constituição do Estado de São Paulo, do Poder Constituinte Derivado Decorrente.
Gabarito "B".

(Cartório/SP – IV – VUNESP) A elaboração de uma nova Constituição é da competência do denominado Poder Constituinte Originário. São formas de exercício do Poder Constituinte:

(A) o poder Constituído e o Conselho de Notáveis.

(B) a revolução e a Assembleia Constituinte.

(C) a Câmara dos Deputados e o Senado Federal.

(D) os representantes da Sociedade Civil e do Congresso Nacional.

De acordo com Pedro Lenza (*Direito Constitucional Esquematizado*. 15. ed. São Paulo: Saraiva, 2011. p. 176), duas são as formas de expressão do Poder Constituinte Originário: a) outorga (caracterizada pela declaração unilateral do agente revolucionário – exemplos: Constituições de 1824, 1937, 1967); b) assembleia nacional constituinte, ou convenção (nasce da deliberação da representação popular, como ocorrido nas Constituições de 1891, 1934, 1946 e 1988).
Gabarito "B".

1. DIREITO CONSTITUCIONAL

(Cartório/SP – IV – VUNESP) A Constituição Federal estabelece que todo o poder emana do povo, que o exerce mediante representantes eleitos, ou diretamente, por meio do

(A) referendo, do *habeas corpus* e da ação popular.

(B) referendo, da ação popular e do plebiscito.

(C) mandado de injunção e da iniciativa popular.

(D) plebiscito, do referendo e da iniciativa popular.

Art. 1º, parágrafo único, c/c art. 14, I a III, ambos da CF.
Gabarito "D".

(Cartório/SP – VI – VUNESP) Nossa Constituição Federal é tida pela doutrina como rígida em razão de:

(A) não admitir emendas constitucionais, mormente se estas violarem cláusulas pétreas.

(B) poder ser modificada após certo tempo, se houver um plebiscito assim determinando.

(C) admitir alteração desde que esta só ocorra após determinado período da promulgação.

(D) ser modificada mediante maior solenidade do que exigido para as demais normas.

São rígidas as constituições em que o mecanismo de alteração das normas constitucionais é mais difícil que o previsto para a modificação de normas infraconstitucionais. A Constituição Federal de 1988 é rígida, pois estabelece em seu texto um procedimento mais qualificado para aprovação de emendas constitucionais que o de alteração das leis em geral (art. 60 da CF). A rigidez, portanto, tem como consequência a supremacia da Constituição sobre as demais normas jurídicas, pois nenhuma lei ou ato normativo pode contrariar o disposto na Constituição Federal, nem mesmo os tratados internacionais. Ainda que aprovados pela sistemática do art. 5º, § 3º, da CF, os tratados internacionais de direitos humanos equivalem às emendas constitucionais, que podem ser objeto de controle de constitucionalidade, caso incompatíveis com a Constituição (já que constituem manifestação do Poder Constituinte Derivado).
Gabarito "D".

(Cartório/SP – VI – VUNESP) Quanto à sua extensão, nossa Constituição Federal é definida pela doutrina como:

(A) sintética.

(B) analítica.

(C) concisa.

(D) flexível.

A Constituição Federal de 1988 pode ser assim classificada: a) quanto à origem: promulgada (fruto do trabalho de uma Assembleia Nacional Constituinte); b) quanto à forma: escrita (normas reunidas em um único texto solene e codificado); c) quanto à extensão: analítica (tratam de todos os temas que os representantes do povo entendem importantes e, por isso, em geral são extensas e detalhistas); d) quanto ao modo de elaboração: dogmática (ou sistemática), porque traduzem os dogmas, planos e sistemas preconcebidos; d) quanto a estabilidade ou alterabilidade: rígida, já que prevê, para a alteração das normas constitucionais, um mecanismo mais difícil que aquele estabelecido para as normas não constitucionais (art. 60 da CF).
Gabarito "B".

(Cartório/SP – VI – VUNESP) O poder constituinte atribuído aos Estados-membros para se auto-organizarem é denominado

(A) decorrente.

(B) originário.

(C) originário-derivado.

(D) originário-federativo.

Ao contrário do Poder Constituinte Originário (que é inicial, autônomo, ilimitado e incondicionado), o Poder Constituinte Derivado é secundário, subordinado, limitado, e exercido pelos representantes do povo. Daí resulta a conclusão de que o poder constituinte derivado encontra limites nas regras previstas pelo constituinte originário. Poder constituinte instituído (ou constituído, ou secundário) é sinônimo de Poder Constituinte Derivado. Como defendido em doutrina, o poder constituinte derivado pode ser exercido através da reforma da Constituição Federal ou da Constituição Estadual (poder constituinte derivado reformador), pela revisão da Constituição Federal (poder constituinte derivado revisor, art. 3º do ADCT) ou por intermédio da elaboração das constituições estaduais e da lei orgânica do Distrito Federal (poder constituinte derivado decorrente).
Gabarito "A".

(Cartório/SP – VI – VUNESP) Nossa Lei Maior elenca textualmente, como sendo princípios fundamentais da República brasileira,

(A) o respeito à privacidade, à intimidade e à inviolabilidade da pessoa humana.

(B) a unidade, a autonomia e a indissolubilidade dos nossos partidos políticos.

(C) o respeito aos valores sociais do trabalho e da livre iniciativa.

(D) a possibilidade da criação de novos municípios, mediante plebiscito democrático.

Art. 1º, I a V, da CF.
Gabarito "C".

2. CONTROLE DE CONSTITUCIONALIDADE

(Cartório/MG – 2019 – Consulplan) Avalie as proposições relacionadas ao controle de constitucionalidade exercido pelo Poder Judiciário, no Direito brasileiro.

I. Só pode ser exercido através do controle difuso.

II. Admite a interposição de recurso extraordinário na arguição de inconstitucionalidade por via incidental, como também na via concentrada, iniciada nos tribunais inferiores.

III. Não admite a concessão de tutela de urgência, nas ações diretas de constitucionalidade, em razão do efeito *erga omnes* das decisões.

IV. Impõe que a declaração de inconstitucionalidade, havida na ação direta, deve ser comunicada ao Senado Federal, para os fins do artigo 52, X, da Constituição.

Assinale a alternativa correta.

(A) As proposições I e IV são falsas.

(B) Todas as proposições são falsas.

(C) As proposições I, III e IV são falsas.

(D) As proposições II e III são verdadeiras.

A proposição I está errada pois pode ser exercido também através do controle concentrado. A proposição III está errada uma vez que existe uma exceção prevista no art. 10, § 3º, da Lei Federal 9.868/99. A proposição IV está errada pois na Ação Direta (ou controle concentrado), o Senado Federal não precisa suspender a execução da lei declarada inconstitucional, mas sim no controle difuso – no caso de Recurso Extraordinário. Os efeitos da decisão já ocorrem a partir da publicação.
Gabarito "C".

(Cartório/RS – 2019 – VUNESP) No que diz respeito ao controle de constitucionalidade brasileiro, é correto afirmar sobre a pertinência temática na ação direta de inconstitucionalidade (ADI):

(A) Os partidos políticos com representação no Congresso Nacional podem ajuizar a ADI, independentemente de seu conteúdo material, eis que não incide sobre as agremiações partidárias a restrição da pertinência temática.

(B) Tendo em vista as finalidades institucionais intrínsecas dessa entidade de classe de âmbito nacional em prol da sociedade, a Associação Nacional dos Defensores Públicos dispõe de legitimidade ativa *ad causam* para ajuizamento da ADI, estando dispensada da comprovação da pertinência temática.

(C) Os Estados e o Distrito Federal, quando do ajuizamento da ADI, devem comprovar a pertinência temática da pretensão formulada quando impugnarem ato normativo de outro Estado da Federação.

(D) Os conselhos de fiscalização profissional equiparam-se às entidades de classe, expressão que designa aquelas entidades vocacionadas à defesa dos interesses dos membros da respectiva categoria ou classe de profissionais, estando sujeitos, portanto, ao requisito da pertinência temática.

(E) Os Governadores de Estado estão sujeitos à comprovação da pertinência temática na ADI, mas não detêm capacidade postulatória, devendo a inicial ser firmada pelo Procurador-Geral do Estado.

A: certa. Ao ajuizar uma ADI, tais entes precisam demonstrar o seu efetivo interesse na declaração de inconstitucionalidade daquela norma. Esse interesse é chamado de pertinência temática. Já os outros legitimados são chamados de universais ou neutros e podem ingressar com as ações de controle concentrado sem a necessidade de demonstração de interesse, que, no caso, é presumido. **B:** errada. Como se trata de uma entidade de classe de âmbito nacional, deve demonstrar a pertinência temática. **C:** errada. Os Estados e o DF, enquanto entes federados, não possuem legitimidade. Esta legitimidade é deferida aos seus respectivos Governadores, sendo necessária a demonstração de pertinência temática. **D:** errada. Os Conselhos de Fiscalização Profissional, tais como, os Conselhos Federais de Medicina, de Odontologia, de Arquitetura –, não se encaixam na expressão "entidade de classe de âmbito nacional", não possuindo legitimidade (STF, ADPF n. 264). **E:** errada. Embora os governadores dos Estados e do DF sejam legitimados especiais, possuem capacidade processual plena, isto é, dispõem de capacidade postulatória, estando autorizados a praticar quaisquer atos privativos de advogado.
Gabarito "A".

(Cartório/RS – 2019 – VUNESP) É correto afirmar que, na Ação Direta de Inconstitucionalidade ajuizada perante o Supremo Tribunal Federal,

(A) o julgamento da ADI somente será efetuado se presentes na sessão a maioria absoluta dos membros do STF, e a declaração de inconstitucionalidade também dependerá da manifestação desse número mínimo de membros.

(B) concedida a liminar na medida cautelar, essa decisão, ainda que proferida com efeitos retroativos, não poderá, por força de expressa vedação legal, tornar aplicável a legislação anterior acaso existente.

(C) é cabível a concessão de liminar em sede de medida cautelar, por decisão de pelo menos dois terços dos

membros do STF, com eficácia *erga omnes* e efeitos *ex nunc*.

(D) o não conhecimento da ADI, pela falta de algum dos seus requisitos de admissibilidade, acarreta a declaração de constitucionalidade da norma impugnada, em razão do caráter ambivalente dessa ação.

(E) o relator da ADI, dentre outras possíveis decisões, poderá negar seguimento a pedido ou recurso manifestamente inadmissível, deles não conhecer em caso de incompetência manifesta e, ainda, cassar liminarmente acórdão contrário à orientação firmada.

A: errada. A decisão sobre a constitucionalidade ou a inconstitucionalidade da lei ou do ato normativo somente será tomada se presentes na sessão pelo menos oito Ministros. Efetuado o julgamento, proclamar-se-á a constitucionalidade ou a inconstitucionalidade da disposição ou da norma impugnada se num ou noutro sentido se tiverem manifestado pelo menos seis Ministros, quer se trate de ação direta de inconstitucionalidade ou de ação declaratória de constitucionalidade. **B:** errada. A concessão da medida cautelar torna aplicável a legislação anterior acaso existente, salvo expressa manifestação em sentido contrário (art. 11, §2° Lei 9.8681999). **C:** errada. Salvo no período de recesso, a medida cautelar na ação direta será concedida por decisão da maioria absoluta dos membros do Tribunal, observado o disposto no art. 22, após a audiência dos órgãos ou autoridades dos quais emanou a lei ou ato normativo impugnado, que deverão pronunciar-se no prazo de cinco dias (art. 10, Lei 9.868/1999). **D:** errada. Proclamada a constitucionalidade, julgar-se-á improcedente a ação direta ou procedente eventual ação declaratória; e, proclamada a inconstitucionalidade, julgar-se-á procedente a ação direta ou improcedente eventual ação declaratória (art. 24 da Lei 9.868/1999). **E:** certa. Art. 4° da Lei 9.868/1999).
Gabarito "E".

(Cartório/SP – 2016 – VUNESP) Sobre o controle de constitucionalidade, é correto afirmar que

(A) na modalidade concentrada, será exercido pelo Supremo Tribunal Federal, por meio de ação direta, em processo de natureza objetiva, cuja decisão é dotada de efeitos *erga omnes*.

(B) na modalidade preventiva, será exercido exclusivamente pelo Congresso Nacional por meio das Comissões de Constituição e Justiça.

(C) na modalidade concentrada, será exercido por qualquer órgão judicial, de modo incidental ao caso concreto que se lhe apresente, por qualquer via processual idônea.

(D) na modalidade difusa, será exercido exclusivamente pelo Supremo Tribunal Federal, cuja decisão, entretanto, não terá caráter *erga omnes*, o que dependerá de posterior resolução do Senado Federal suspendendo a execução do ato normativo questionado.

A: correta. O controle concentrado ou objetivo, é realizado diretamente no STF (ou no TJ ou TRF, dependendo da competência). O controle difuso, ao contrário, é exercido perante qualquer juiz ou tribunal; **B:** incorreta. O controle preventivo também é feito, por exemplo, por intermédio do veto do Poder Executivo a projeto de lei que considere inconstitucional. Ao Poder Judiciário cabe, em regra, o controle repressivo. Excepcionalmente, pode também realizar o controle preventivo (antes da edição da norma), como na hipótese de mandado de segurança impetrado por congressista contra a tramitação de proposta de emenda à Constituição que fere cláusulas pétreas. Portanto, não é apenas o Legislativo que exerce controle preventivo; **C:** incorreta. O controle concentrado só é exercido pelo Supremo Tribunal Federal ou

1. DIREITO CONSTITUCIONAL

pelos TJs ou TRFs, dependendo da competência constitucional para processar e julgar a ação. O controle incidental ou difuso, ao contrário, é o exercido por qualquer juiz ou tribunal; **D:** incorreta. O controle difuso ou incidental é exercido por qualquer juiz ou tribunal e possui efeitos, em regra, *inter partes*. O controle concentrado é exercido pelo Supremo Tribunal Federal ou pelos TJs ou TRFs (a depender a competência), e possuem eficácia contra todos, ou *erga omnes*.
Gabarito "A".

(**Cartório/MG – 2016 – Consulplan**) Quanto ao sistema de controle de constitucionalidade das leis, em face da orientação da Constituição da República brasileira, é correto afirmar:

(**A**) Ao Tribunal de Justiça é defeso declarar a inconstitucionalidade de lei federal.

(**B**) Ao Supremo Tribunal Federal cabe conhecer e julgar ADI contra lei federal, estadual e municipal.

(**C**) Ao Superior Tribunal de Justiça compete a homologação de sentença estrangeira que não contrarie as normas de ordem pública e a soberania nacional.

(**D**) Aos Juízes de Direito em estágio probatório, é defeso exercer o controle de constitucionalidade.

A: incorreta. De acordo com o art. 125, § 2º, da CF, cabe aos Estados a instituição de representação de inconstitucionalidade de leis ou atos normativos **estaduais ou municipais** em face **da Constituição Estadual**, vedada a atribuição da legitimação para agir a um único órgão. Esse é o controle concentrado (ou objetivo, ou direto) de constitucionalidade perante os TJs ou TRFs. Entretanto, como qualquer juiz ou tribunal, os TJs também exercem controle difuso ou incidental. Nessa modalidade, podem declarar a inconstitucionalidade de lei federal; **B:** incorreta. Não cabe ADIn contra lei municipal (art. 102, I, "a", CF); **C:** correta. Art. 105, I, "i", CF; **D:** incorreta. Qualquer ou juiz, desde a investidura, possui a prerrogativa de prestar jurisdição. Não há limitação referente a estar ou não em estágio probatório.
Gabarito "C".

(**Cartório/SP – 2018 – VUNESP**) Sobre o controle difuso de constitucionalidade no Brasil, é correto afirmar:

(**A**) se dá pela arguição de descumprimento de preceito fundamental decorrente da Constituição, de competência do Supremo Tribunal Federal.

(**B**) decorre do ajuizamento da ação direta de constitucionalidade genérica, por qualquer cidadão.

(**C**) o seu exercício se dá por via de exceção, ou seja, qualquer interessado poderá suscitar a inconstitucionalidade, em qualquer processo e em qualquer juízo.

(**D**) se dá pelo veto jurídico de projeto de lei, aprovado no Congresso Nacional, pela Presidência da República.

A: errada. A ADPF é realizada pelo controle concentrado e possui natureza subsidiária, nos termos da Lei 9.882/99. **B:** errada. Os legitimados do controle concentrado são definidos pelo artigo 103 da Constituição Federal em rol taxativo. **C:** certa. O controle difuso, repressivo, ou posterior, é também chamado de controle pela via de exceção ou defesa, ou controle aberto, sendo realizado por qualquer juízo ou tribunal do Poder Judiciário (Pedro Lenza). **D:** errada. O Presidente da República, através de seu veto à lei considerada inconstitucional, exerce o controle de constitucionalidade preventivo. Neste, o Poder Judiciário não poderá exercer seu controle, mas tão somente o próprio Poder Legislativo, que através da maioria absoluta do Congresso Nacional, poderá derrubá-lo.
Gabarito "C".

(**Cartório/MG – 2016 – Consulplan**) A Ação Direta de Inconstitucionalidade,

(**A**) Quando proposta por cidadão dotado de plenos direitos políticos, nos casos previstos em lei infraconstitucional, poderá ser objeto de desistência, se houver julgamento contrário em caso paradigmático.

(**B**) Quando alcançar o deferimento de medida cautelar, produz efeitos *ex tunc*, desde a vigência da lei ou ato normativo impugnados.

(**C**) Quando por omissão, qualquer seja o autor, não admite desistência, nem cautelar, em razão de sua natureza.

(**D**) Quando por omissão, em caso de indeferimento da inicial ao fundamento de ilegitimidade da parte, admite o agravo.

A: incorreta. A ADIn só pode ser proposta pelos órgãos e entidades listados no art. 103 da CF, em cujo rol não se encontra o cidadão; **B:** incorreta. De acordo com o art. 11, § 1º, da Lei 9.868/99, a medida cautelar é dotada de eficácia *erga omnes* e *ex nunc*, salvo se o Tribunal entender que deva conceder-lhe eficácia retroativa; **C:** incorreta. A ADIn por omissão não admite desistência (art. 12-D da Lei 9.868/99), mas comporta deferimento de cautelar em caso de excepcional urgência e relevância da matéria, por decisão da maioria absoluta de seus membros (desde que presentes pelo menos oito membros), após a audiência dos órgãos ou autoridades responsáveis pela omissão inconstitucional (art. 12-F da Lei 9.868/99); **D:** correta. Art. 12-C, parágrafo único, da Lei 9.868/99.
Gabarito "D".

(**Cartório/PA – 2016 – IESES**) Podem propor a ação direta de inconstitucionalidade e a ação declaratória de constitucionalidade, EXCETO:

(**A**) O Presidente do Supremo Tribunal Federal.

(**B**) Confederação sindical ou entidade de classe de âmbito nacional.

(**C**) O Presidente da República.

(**D**) O Conselho Federal da Ordem dos Advogados do Brasil.

O rol de legitimados ativos para a propositura de ADIn e ADC encontra-se no art. 103, I a IX, da CF. Nele não consta o presidente do STF.
Gabarito "A".

(**Cartório/PA – 2016 – IESES**) Por controle de constitucionalidade, significa dizer que há uma verificação da compatibilidade entre as leis e os atos normativos com a Constituição Federal, tanto do ponto de vista formal, quanto do material. Sobre as formas de controle de constitucionalidade brasileira, assinale a opção INCORRETA:

(**A**) Controle Repressivo, utilizado quando a lei já está em vigor, havendo um erro do lado preventivo, pode se desfazer essa lei que escapou dos trâmites legais e passou a ser uma lei inconstitucional.

(**B**) Controle Preventivo tem por finalidade impedir que um projeto de lei inconstitucional venha a ser uma lei.

(**C**) Controle Político, ato de bem governar em prol do interesse público.

(**D**) Controle Jurisdicional, exercido por um órgão do Poder Judiciário, Executivo ou Legislativo.

A: correta. O controle repressivo é aquele exercido após a edição da lei; **B:** correta. O controle preventivo é realizado ainda na fase de projeto de lei (ou, em alguns casos, de proposta de emenda à Constituição); **C:** correta. O controle político é exercido por órgãos diferentes do Poder Judiciário, como nos casos de não conversão da medida provisória em lei pelo Congresso Nacional, por ser inconstitucional, ou no caso de veto do Presidente da República a projeto de lei, em virtude de sua inconstitucionalidade; **D:** incorreta, devendo ser assinalada.

Gabarito "D".

(Cartório/MG – 2015 – Consulplan) Em relação ao Controle de Constitucionalidade, é correto afirmar:

(A) Somente podem propor ação direta de inconstitucionalidade o Presidente da República, o Vice-Presidente da República, a Mesa do Senado Federal, a Mesa da Câmara dos Deputados, a Mesa de Assembleia Legislativa ou da Câmara Legislativa Distrital, o Governador de Estado ou do Distrito Federal, Procurador-Geral da República, o Conselho Federal da Ordem dos Advogados do Brasil, partido político com representação no Congresso Nacional e confederação sindical ou entidade de classe de âmbito nacional.

(B) O controle concentrado de constitucionalidade é privativo do Supremo Tribunal Federal.

(C) Quando o Supremo Tribunal Federal apreciar a inconstitucionalidade, em tese, de norma legal ou ato normativo, citará, previamente, o Advogado-Geral da União que defenderá o ato ou texto impugnado.

(D) Declarada a inconstitucionalidade por omissão de medida para tornar efetiva norma constitucional, será dada ciência ao Poder competente para a adoção das providências necessárias e, em se tratando de órgão administrativo, para fazê-lo em sessenta dias.

A: incorreta. Não reflete o disposto no art. 103, I a IX, da CF; **B:** incorreta. Os TJs também exercem controle concentrado de lei estadual ou municipal questionadas em face da constituição estadual; **C:** correta. O AGU é o curador da constitucionalidade das leis (art. 103, § 3º, CF); **D:** incorreta. O art. 103, § 2º, CF, estabelece o prazo de trinta dias para os órgãos administrativos adotarem as providências necessárias.

Gabarito "C".

(Cartório/RN – 2012 – IESIS) Quanto ao controle de constitucionalidade, assinale a alternativa correta:

(A) Não pode propor a ação declaratória de constitucionalidade entidade de classe de âmbito nacional.

(B) Quando o Supremo Tribunal Federal apreciar a inconstitucionalidade, em tese, de norma legal ou ato normativo, citará, previamente, o Advogado-Geral da União, que defenderá o ato ou texto impugnado.

(C) As decisões proferidas pelo Supremo Tribunal Federal nas ações declaratórias de constitucionalidade produzirão eficácia contra todos e efeito vinculante relativamente aos demais órgãos do Poder Judiciário e à Administração Pública direta e indireta.

(D) Procurador-Geral da República poderá ser previamente ouvido nas ações de inconstitucionalidade.

A: incorreta. De acordo com o art. 103, IX, da CF, a entidade de classe de âmbito nacional *pode* propor ação declaratória de constitucionalidade. Para tanto, segundo o STF, essa entidade precisa demonstrar *pertinência temática*, ou seja, o conteúdo do ato impugnado deve ter relação com os interesses por ela defendidos, sob pena de carência da ação (falta de interesse de agir); **B:** correta. Conforme o art. 103, § 3º, da CF, quando o STF apreciar a inconstitucionalidade, em tese, de norma legal ou ato normativo, citará, previamente, o Advogado-Geral da União, que defen-

derá o ato ou texto impugnado; **C:** incorreta. De acordo com o art. 103, § 2º, da CF, apenas as *decisões definitivas de mérito*, proferidas pelo STF, nas ações diretas de inconstitucionalidade e nas ações declaratórias de constitucionalidade produzirão eficácia contra todos e efeito vinculante, relativamente aos demais órgãos do Poder Judiciário e à Administração Pública direta e indireta, nas esferas federal, estadual e municipal. Sendo assim, se o STF apreciar uma medida cautelar em sede de ADI ou ADC essa decisão não produzirá o efeito mencionado; **D:** incorreta. Dispõe o art. 103, § 1º, da CF, que o Procurador-Geral da República *deverá* ser previamente ouvido nas ações de inconstitucionalidade e em todos os processos de competência do STF.

Gabarito "B".

(Cartório/AP – 2011 – VUNESP) Ação direta de inconstitucionalidade proposta por Governador de Estado, tendo por objeto dispositivos de lei federal contrários à Constituição da República, é julgada procedente pelo Supremo Tribunal Federal. Nessa hipótese,

(A) a decisão é anulável, pois Governador de Estado não tem legitimidade para propor ação tendo por objeto a constitucionalidade de lei federal.

(B) não é aplicável a regra de participação do Procurador Geral da República, por se tratar de ação de interesse de Estado-membro da Federação.

(C) o Governador deveria ter demonstrado a repercussão geral das questões constitucionais discutidas no caso, nos termos da lei, a fim de que o Tribunal examinasse a admissibilidade da ação.

(D) a decisão produzirá eficácia contra todos e efeito vinculante, relativamente aos demais órgãos do Poder Judiciário e à administração pública direta e indireta, nas esferas federal, estadual e municipal.

(E) a decisão é nula, por se tratar de matéria de competência originária do Superior Tribunal de Justiça.

A: incorreta, o Governador de Estado é legitimado ativo para propor Ação Direta de Inconstitucionalidade – ADIn (art. 103, V, da CF); **B:** incorreta, o art. 103, § 1º, da CF não faz essa distinção; **C:** incorreta, pois a repercussão geral é requisito do recurso extraordinário (art. 102, § 3º, da CF); **D:** correta, art. 102, § 2º, da CF; E: incorreta, a competência para julgar ADIn é do STF (art. 102, I, "a", da CF).

Gabarito "D".

(Cartório/MS – 2009 – VUNESP) O Deputado que sofrer condenação criminal em sentença transitada em julgado perderá o mandato:

(A) se assim for decidido pela Câmara dos Deputados, por voto secreto e maioria absoluta, mediante provocação da Mesa da Casa ou de partido político representado no Congresso Nacional, assegurada ampla defesa.

(B) por decorrência automática da mesma decisão judicial.

(C) se assim restar decidido em processo parlamentar perante o Conselho de Ética, com posterior ratificação do Plenário da Câmara dos Deputados, mediante voto aberto e pela maioria simples da Casa.

(D) se a decisão, que deverá, obrigatoriamente, ser remetida à Câmara dos Deputados, for ratificada, posteriormente, pela respectiva Mesa da Casa.

(E) se a decisão judicial for relativa a crime de responsabilidade política e depender de aprovação pela maioria simples do Plenário da Câmara dos Deputados.

Art. 55, VI e § 2º, da CF.

Gabarito "A".

1. DIREITO CONSTITUCIONAL

(Cartório/MS – 2009 – VUNESP) A Ação Declaratória de Constitucionalidade, conforme estabelece a Constituição Federal de 1988,

(A) possui eficácia contra todos e efeito vinculante relativamente aos demais órgãos dos Poderes Executivo, Legislativo e Judiciário.

(B) não é cabível contra atos ou leis estaduais.

(C) pode ser ajuizada pelos mesmos legitimados à propositura da arguição incidental de inconstitucionalidade.

(D) exige a citação do Advogado-Geral da União, para a defesa da lei ou do ato impugnado.

(E) não admite a concessão de liminar.

A: incorreta, o art. 102, § 2º, da CF, estabelece eficácia vinculante em relação ao Poder Judiciário e ao Poder Executivo, mas não ao Poder Legislativo; **B:** correta, não reflete o disposto no art. 102, I, "a", da CF; **C:** incorreta, art. 103, I a IX, da CF; **D:** incorreta, o Advogado-Geral da União funciona como curador da constitucionalidade da norma impugnada (art. 103, § 3º, da CF). Por isso, só atua quando a inconstitucionalidade da norma é arguida; não quando a ação é proposta justamente para afirmar sua constitucionalidade; **E:** incorreta, o art. 21 da Lei 9.868/1999 garante a concessão de liminar em ADC: "O Supremo Tribunal Federal, por decisão da maioria absoluta de seus membros, poderá deferir pedido de medida cautelar na ação declaratória de constitucionalidade, consistente na determinação de que os juízes e os Tribunais suspendam o julgamento dos processos que envolvam a aplicação da lei ou do ato normativo objeto da ação até seu julgamento definitivo".
Gabarito "B".

(Cartório/MS – 2009 – VUNESP) Sobre o controle concreto de constitucionalidade no direito brasileiro, é correto afirmar que:

(A) tem como uma das suas características o de ser dotado de efeitos *erga omnes*.

(B) exige, necessariamente, para ser exercido, a alegação de uma das partes litigantes, não podendo a inconstitucionalidade ser apreciada, de ofício, pelo juiz.

(C) exige, quando exercida pelos tribunais, quórum de maioria absoluta de seus membros, e para obter efeito *erga omnes* depende de decisão do Senado.

(D) a reserva de plenário não pode ser dispensada mesmo que haja decisão anterior do STF que tenha decidido sobre a matéria discutida e pronunciada a inconstitucionalidade.

(E) a declaração de inconstitucionalidade *in concreto* não permite ao STF a modulação dos efeitos da sua decisão.

O Brasil adota o sistema misto de constitucionalidade, vale dizer, convivem em nosso País o controle abstrato (ou concentrado) e o controle difuso (ou concreto). Dessa forma, qualquer juiz ou tribunal, ao analisar um caso concreto, pode verificar a compatibilidade de lei ou ato normativo diante da Constituição Federal (controle difuso/concreto). Ao mesmo tempo, apenas ao STF cabe o controle concentrado (ou abstrato ou por via de ação) de lei ou ato normativo federal ou estadual diante da Constituição Federal (e aos TJs locais o controle concentrado em face da Constituição estadual). **A:** incorreta, no que toca aos efeitos do controle difuso (ou concreto, ou por via incidental), sua produção ocorre entre as partes que participaram do processo principal (*inter partes*) e para elas têm efeitos *ex tunc*, podendo ser editada resolução do Senado Federal visando à suspensão dos efeitos contra todos (*erga omnes*), conforme previsão no art. 52, X, da CF. A produção de efeitos contra terceiros, a partir da edição da Resolução do Senado, tem eficácia *ex nunc*; **B:** incorreta, a inconstitucionalidade

é matéria de ordem pública, podendo ser conhecida de ofício pelo juiz, independentemente de provocação; **C:** correta, art. 97 da CF (princípio da reserva de plenário) e art. 52, X, da CF; **D:** incorreta, não reflete o disposto no art. 481, parágrafo único, do CPC; **E:** incorreta, não reflete o art. 27 da Lei 9.868/1999.
Gabarito "C".

(Cartório/MA – 2008 – IESES) Em relação ao sistema de controle de constitucionalidade, é correto afirmar:

(A) O Brasil adota tanto o sistema concentrado de controle de constitucionalidade, como o sistema difuso, o qual se caracteriza pela possibilidade do juiz, em qualquer processo em que tal se mostre necessário para a solução do caso concreto, declarar a inconstitucionalidade de lei ou ato normativo.

(B) Após o julgamento da ação direta de inconstitucionalidade, haverá a comunicação ao Congresso Nacional para a suspensão da execução da lei para que sua eficácia seja suspensa.

(C) A arguição de descumprimento de preceito fundamental poderá ser ajuizada por qualquer cidadão, desde que seja titular de direitos políticos.

(D) O Supremo Tribunal é o competente para conhecer de ação direta de inconstitucionalidade contra lei ou ato normativo federal, estadual ou municipal.

A: correta, pois o Brasil adota o sistema misto de constitucionalidade, vale dizer, convivem em nosso país o controle abstrato (ou concentrado) e o controle difuso (ou concreto). Dessa forma, qualquer juiz ou tribunal (inclusive o STF), ao analisar um caso concreto, pode verificar a compatibilidade de lei ou ato normativo diante da Constituição Federal (controle difuso). Ao mesmo tempo, apenas ao STF cabe o controle concentrado (ou abstrato ou por via de ação) de lei ou ato normativo federal ou estadual diante da Constituição Federal (e aos TJs locais o controle concentrado em face da Constituição estadual). Assim, o STF realiza as duas espécies de controle: o difuso, em exercício de competência recursal (art. 102, III, da CF), ao analisar um recurso extraordinário; e o concentrado, em competência originária, ao julgar ADIn, ADC e ADPF (art. 102, I, "a" e § 1º, da CF); **B:** incorreta, pois o art. 52, X, da CF é aplicado apenas em controle difuso. No controle por ADIn, a eficácia vinculante e *erga omnes* decorre na própria Constituição Federal (art. 102, § 2º); **C:** incorreta, o cidadão não tem legitimidade para propor ADPF. Os legitimados para a ADIn e para a ADPF são os mesmos (art. 2º da Lei 9.882/1999) e encontram-se listados no art. 103 da CF e no art. 2º da Lei 9.868/1999; **D:** incorreta, não cabe ADIn em face de lei municipal (art. 102, I, "a", da CF).
Gabarito "A".

(Cartório/MA – 2008 – IESES) De acordo com a Constituição da República Federativa do Brasil, em relação ao Controle de Constitucionalidade, marque V ou F, conforme as afirmações a seguir sejam verdadeiras ou falsas.

( ) Estão legitimados para a propositura de ação direta de inconstitucionalidade e a ação declaratória de constitucionalidade, dentre outros, o Presidente da República, a Mesa do Senado Federal, o Conselho Seccional do OAB, assim como o Procurador-Geral da República.

( ) Considera-se como forma de controle repressivo de constitucionalidade atribuído ao Poder Legislativo, a sustação dos atos normativos do Poder Executivo que exorbitem do poder regulamentar ou dos limites de delegação legislativa.

14 BRUNA VIEIRA, TERESA MELO E DENIZOM OLIVEIRA

( ) A súmula vinculante, aprovada pelo Supremo Tribunal Federal, segundo o texto constitucional, possui força vinculativa idêntica à decisão de mérito proferida em ação direta de inconstitucionalidade.

( ) Declarada a inconstitucionalidade por omissão de medida para tornar efetiva norma constitucional, será dada ciência ao Poder competente para a adoção das providências necessárias e, em se tratando de órgão administrativo, para fazê-lo em trinta dias, sob pena de multa.

A sequência correta, de cima para baixo, é:

(A) F – F – V – V

(B) F – V – F – F

(C) F – V – V – F

(D) V – F – F – V

1: incorreta, não reflete o disposto no art. 103 da CF; **2:** correta, art. 49, V, da CF; **3:** correta, art. 103-A da CF; **4:** incorreta, o art. 103, § 2º, da CF não prevê pena de multa para o caso.

Gabarito "C".

(Cartório/DF – 2008 – CESPE) Acerca do controle de constitucionalidade, julgue os itens a seguir.

(1) Os efeitos da medida liminar na ação direta de inconstitucionalidade, em regra, serão *ex tunc*, de modo a desconstituir as relações jurídicas decorrentes do direito considerado constitucional.

(2) Não cabe o controle de constitucionalidade quando o ato regulamentar extravasa os limites a que está materialmente adstrito, pois se trata de insubordinação executiva aos comandos da lei.

(3) O entendimento atual do STF é de que a perda superveniente da representação do partido político em uma das casas legislativas leva à extinção da ação direta de inconstitucionalidade sem julgamento de mérito, pois essa condição deve estar presente durante todo o curso da ação.

1: incorreta, de acordo com o art. 11, § 1º, da Lei 9.868/1999 a medida cautelar em ADIn tem, em regra, eficácia *ex nunc* ou *pro futuro*; **2:** correta, "se o ato regulamentar vai além do conteúdo da lei, pratica ilegalidade. Neste caso, não há falar em inconstitucionalidade. Somente na hipótese de não existir lei que preceda o ato regulamentar, e que poderia este ser acoimado de inconstitucional, assim sujeito ao controle de constitucionalidade" (STF, ADIn 589, Pleno, j. 20.09.1991, rel. Min. Carlos Velloso, *DJ* 18.10.1991); **3:** incorreta, o STF superou o entendimento anterior de que a perda da representação do partido político em uma das casas legislativas, posteriormente ao ajuizamento da ADIn, tinha como consequência a extinção da ação direta de inconstitucionalidade sem julgamento de mérito. *De acordo com o entendimento atual do STF*, a ADIn deve ser julgada se, no momento da sua propositura e quando do início do julgamento, o partido político tinha representação no Congresso Nacional (um congressista em qualquer das Casas Legislativas). Do contrário, a desfiliação do parlamentar equivaleria à desistência da ação direta, o que é vedado por lei (art. 5º da Lei 9.868/1999): "(...) III. Ação direta de inconstitucionalidade: legitimação de partido político não afetada pela perda superveniente de sua representação parlamentar, quando já iniciado o julgamento" (STF, ADI 2054-4, Pleno, j. 02.04.2003, rel. p/ acórdão Min. Sepúlveda Pertence, *DJ* 17.10.2003).

Gabarito 1E, 2C, 3E.

(Cartório/DF – 2008 – CESPE) A respeito da CF, julgue o item que se segue.

(1) A ideia de supremacia material da CF, segundo o STF, é o que possibilita o controle de constitucionalidade.

1: incorreta, pelo princípio da supremacia da Constituição, qualquer lei ou ato normativo só será válido se compatível (material e formalmente) com os ditames constitucionais, o que constitui fundamento para o controle de constitucionalidade. A supremacia é atributo das constituições rígidas. As constituições flexíveis, por sua vez, não preveem mecanismo mais dificultoso para a alteração das normas constitucionais, que podem ser modificadas por leis infraconstitucionais posteriores com elas incompatíveis, não havendo falar, portanto, em supremacia constitucional.

Gabarito 1E.

(Cartório/DF – 2006 – CESPE) A lei municipal nº Y foi impugnada, por meio de representação de inconstitucionalidade por suposta violação à Constituição Estadual, apresentada pelo defensor público geral de determinado Estado, perante o respectivo Tribunal de Justiça. Com base nessa situação hipotética e considerando o controle de constitucionalidade, julgue os itens seguintes.

(1) A iniciativa de propositura da representação não estará vedada ao defensor público geral, se houver previsão na respectiva constituição estadual.

(2) Se for julgada improcedente a citada representação, eventual decisão proferida pelo STF, em recurso extraordinário, cabível daquela decisão, terá eficácia *erga omnes* e efeito vinculante aos destinatários da norma.

1: correta, art. 125, § 2º, da CF; **2:** correta, o item pressupõe o cabimento do recurso extraordinário, então se deve considerar que a norma da Constituição Estadual apontada como violada apenas reproduz uma norma da Constituição Federal, por ser de observância obrigatória pelos Estados-membros. Nesses casos a lei estadual, ao violar a Constituição Estadual está, em verdade, afrontando norma da Constituição Federal. Daí a possibilidade de interposição de recurso extraordinário para o STF, pois o parâmetro de controle passa a ser a Constituição Federal. O STF não irá analisar a compatibilidade vertical entre a lei estadual e a Constituição do Estado, mas entre a lei estadual e a Constituição Federal, utilizando, para tanto, um recurso típico do controle difuso. Apesar disso, o controle não perde sua natureza abstrata, razão pela qual a decisão do STF, nesse recurso extraordinário, produzirá os mesmos efeitos da ADIn genérica (*erga omnes*, vinculantes e *ex tunc*).

Gabarito 1C, 2C.

(Cartório/AM – 2005 – FGV) Assinale a opção falsa.

(A) Há três sistemas de controle de constitucionalidade: o político, o jurisdicional e o misto.

(B) Os sistemas constitucionais conhecem dois critérios de controle da constitucionalidade: o difuso e o concentrado.

(C) O controle de constitucionalidade pelo critério difuso é da exclusiva competência do Supremo Tribunal Federal.

(D) Somente pelo voto da maioria absoluta de seus membros ou dos membros do respectivo órgão especial poderão os tribunais declarar a inconstitucionalidade de lei ou ato normativo do Poder Público.

(E) O Conselho Federal da Ordem dos Advogados do Brasil é um dos legitimados para o ajuizamento da ação direta de inconstitucionalidade.

A: correta, quanto à natureza do órgão que o exerce, o controle de constitucionalidade pode ser *político* (exercido por órgãos fora do Poder Judiciário, ou seja, pelo Poder Executivo – *e.g.*, ao vetar projeto de lei por inconstitucionalidade –, ou pelo Poder Legislativo – *e.g.*, ao não converter uma MP em lei por inconstitucionalidade ou ao sustar os atos do Poder Executivo que exorbitem do poder de delegação

1. DIREITO CONSTITUCIONAL

legislativa, *ex vi* do art. 49, V, da CF); ou *judicial*, também conhecido por *jurisdicional*, se exercido por órgãos do Poder Judiciário. O sistema que permitem o controle de constitucionalidade por todos os órgãos, como o brasileiro, é chamado de misto; B e **C**: Quanto ao órgão judicial que o exerce, o controle de constitucionalidade é *difuso* (realizado por qualquer juiz ou tribunal – no último caso, observada a regra do art. 97 da CF) ou *concentrado* (no STF ou no TJ). O STF realiza, ao mesmo tempo, controle difuso (por meio de recursos extraordinários – art. 102, III, da CF) e controle concentrado (art. 102, I, "a", da CF); D correta, o incidente de deslocamento, necessário por determinação do art. 97 da CF (princípio da reserva de plenário) é realizado na forma dos arts. 480 e 481 do CPC, sendo desnecessário quando houver pronunciamento anterior do próprio Pleno ou órgão especial do próprio Tribunal ou do Plenário do STF (art. 481, parágrafo único, do CPC); E: correta, o art. 103, VII, da CF.
Gabarito "C".

(Cartório/MT – 2005 – CESPE) No que se refere ao controle de constitucionalidade, assinale a opção correta.

(A) A ação direta de inconstitucionalidade interventiva deve ser proposta pelo procurador geral da República, perante o STF, quando se tratar de intervenção da União nos Estados ou no Distrito Federal, por violação dos chamados princípios sensíveis, entre os quais encontra-se a ausência de prestação de contas de uma autarquia ou fundação estadual ou distrital.

(B) O STF admite o controle concentrado durante o processo legislativo, de forma a evitar que um determinado projeto de lei inconstitucional venha a se transformar em lei.

(C) No controle difuso, os juízes podem reconhecer a inconstitucionalidade de uma lei e, dependendo do processo em que tal decisão for proferida, pode esta decisão ter eficácia *erga omnes*.

(D) A arguição de descumprimento a preceito fundamental pode ser proposta mesmo quando haja outro meio eficaz de sanar a lesividade do ato atacado.

A: correta, a ação direta interventiva está prevista no art. 36, III, da CF e a legitimidade ativa é do Procurador-Geral da República. É cabível por violação dos chamados princípios constitucionais sensíveis, listados no art. 34, VII, da CF; **B**: incorreta, o STF não admite controle concentrado nessa hipótese, mas sim controle difuso, via Mandado de Segurança, impetrado apenas pelo parlamentar para assegurar seu direito líquido e certo ao devido processo legislativo; **C**: incorreta, no controle difuso a produção de efeitos é *inter partes*, não *erga omnes*; **D**: incorreta, a ADPF é subsidiária, de acordo com o art. 4º, § 1º, da Lei 9.882/1999.
Gabarito "A".

(Cartório/DF – 2003 – CESPE) Acerca do controle de constitucionalidade de leis ou atos normativos do Distrito Federal, julgue os itens seguintes.

(1) A Lei Orgânica do Distrito Federal, conquanto tenha *status* de constituição estadual, não regulou o controle de constitucionalidade abstrato no Distrito Federal.

(2) As leis distritais podem ser objeto de ação direta de inconstitucionalidade (ADIN) ou ação direta de constitucionalidade (ADC) ajuizada no STF.

(3) Quando o Tribunal de Justiça do Distrito Federal e dos Territórios (TJDFT), em processo de sua competência originária, houver de julgar incidentalmente a inconstitucionalidade de lei local, decidirá com eficácia *erga omnes*.

1: correta, entretanto, o cabimento do controle abstrato estadual é garantido pela própria Constituição Federal (art. 125, § 2º, da CF); **2**: incorreta, pois só cabe ADIn de lei ou ato normativo federal ou *estadual* (art. 102, I, "a", da CF). Por isso, em relação às leis distritais, só caberá ADIn se tiverem conteúdo de lei estadual (não cabíveis se tiverem conteúdo de leis municipais). Além disso, só cabe ADC de leis federais (art. 102, I, "a", da CF); **3**: incorreta, se o julgamento sobre a constitucionalidade é incidental, a decisão tem em regra efeitos *inter partes*.
Gabarito 1C, 2E, 3E

(Cartório/DF – 2001 – CESPE) Julgue os seguintes itens.

(1) Em se tratando de ação direta de inconstitucionalidade por omissão, não é obrigatória a audiência do advogado-geral da União pelo Supremo Tribunal Federal (STF).

(2) Proposta ação direta de inconstitucionalidade por omissão em face de lei que ofereça regulamentação parcial de determinada norma constitucional, é possível deferir-se medida cautelar para a suspensão liminar daquela regulamentação parcial em vigor.

1: correta, o Procurador-Geral da República deverá ser previamente ouvido, por força do art. 103, § 1º, da CF. Já o Advogado-Geral da União, que funciona como curador da constitucionalidade da norma impugnada (art. 103, § 3º, da CF), tem sua participação dispensada por motivos óbvios: por se tratar de ADIn *por omissão*, não há texto legal a ser defendido; **2**: incorreta, o deferimento de medida cautelar para suspensão da norma corresponderia à omissão total, caracterizando retrocesso constitucional.
Gabarito 1C, 2E

(Cartório/DF – 2001 – CESPE) Julgue o seguinte item.

(1) É dispensável a intervenção do Senado Federal para a suspensão da execução de lei declarada inconstitucional pelo STF em ação direta de inconstitucionalidade.

1: correta, a competência atribuída ao Senado Federal pelo art. 52, X, da CF, limita-se ao controle difuso ou incidental de constitucionalidade. No controle concentrado, a decisão do STF, por si só, produz efeitos contra todos (ou *erga omnes*) e vinculantes, por força do art. 102, § 2º, da CF, reproduzido no art. 28, parágrafo único, da Lei 9.868/1999.
Gabarito 1C.

(Cartório/DF – 2001 – CESPE) Com relação ao controle de constitucionalidade, julgue os itens que se seguem à luz da Constituição da República e da jurisprudência pertinente.

(1) Para conhecer de ação direta de inconstitucionalidade proposta por confederação sindical ou entidade de classe de âmbito nacional, o Supremo Tribunal Federal (STF) dispensa a pertinência temática entre as finalidades estatutárias daquelas entidades e o conteúdo material das normas impugnadas.

(2) O modelo de controle de constitucionalidade brasileiro, por ser misto, admite plenamente que um juiz federal de primeira instância declare, com a eficácia *erga omnes* própria de decisões em ação civil pública, a inconstitucionalidade de determinada lei federal.

(3) Caso expire o trintídio de eficácia de determinada medida provisória sem que haja sido julgada ação direta de inconstitucionalidade contra ela proposta, é inexorável a extinção da ação proposta e imprescindível, caso se pretenda impugnar a reedição sem alterações daquela medida provisória, a proposição de nova ação congênere.

(4) A ação direta de inconstitucionalidade, por destinar-se a assegurar a higidez da ordem constitucional em vigor, não é cabível para aferir a legitimidade do direito pré-constitucional.

(5) As decisões proferidas em ação direta de inconstitucionalidade não possuem efeito vinculante em decorrência da ausência de expressa previsão constitucional para tanto.

1: incorreta, a legitimidade ativa para a propositura de ADIn encontra-se prevista no art. 103, I a IX, da CF. O STF, em interpretação restritiva do dispositivo constitucional, entende que determinados legitimados ativos devem observar o requisito da *pertinência temática* para propor ADIn, exigência que não está prevista na Constituição nem na legislação infraconstitucional, mas se encontra amplamente sedimentada na jurisprudência do STF. Por pertinência temática deve-se entender a existência de uma relação direta entre a questão presente na lei ou no ato normativo a ser impugnado e os objetivos sociais da entidade demandante (ou entre a lei objeto de controle e as funções institucionais do legitimado ativo). Vale dizer, a noção é muito próxima do *interesse de agir* da Teoria Geral do Processo e faz surgir duas classes de legitimados ativos: os *universais* ou *neutros* e os *interessados* ou *especiais*. De acordo com o STF, são legitimados *neutros* ou *universais* para a propositura de ADIn (= têm legitimidade ativa em qualquer hipótese, sem necessidade de demonstração de pertinência temática): o Presidente da República, as Mesas do Senado e da Câmara, o Procurador-Geral da República, o Conselho Federal da OAB e o partido político com representação no Congresso Nacional. São legitimados *interessados* ou *especiais*, ou seja, precisam demonstrar relação de pertinência temática entre o objeto da ADIn e sua esfera jurídica (ou a de seus filiados): o Governador de Estado, a Mesa de Assembleia Legislativa (ou da Câmara Legislativa do DF), bem como as confederações sindicais ou entidades de classe de âmbito nacional; **2:** incorreta, o STF considera legítima a utilização da ação civil pública como instrumento de controle incidental de constitucionalidade de leis ou atos do poder público, pela via difusa, quando a controvérsia constitucional não se apresentar como o único objeto da demanda, mas como questão prejudicial, necessária à resolução do conflito principal. Assim, tem eficácia *inter partes*, não *erga omnes* (ainda que a eficácia *inter partes* em uma ACP seja mais ampla que em uma ação individual); **3:** incorreta, após a EC 32/2001, as MPs vigem por sessenta dias (art. 62, § 3º, da CF), e não mais por trinta; **4:** correta, o advento de uma nova Constituição não revoga automaticamente toda a legislação a ela preexistente. Se a norma pré-constitucional for *materialmente* compatível com a nova Constituição, ou seja, se não houver incompatibilidade quanto ao conteúdo, a norma anterior à Constituição é *recepcionada* pela nova Constituição, ainda que sua forma não seja mais prevista pela nova ordem constitucional (como ocorreu com o Código Tributário Nacional); **5:** incorreta, pois contraria o disposto no art. 102, § 2º, da CF.
Gabarito 1E, 2E, 3E, 4C, 5E

(Cartório/DF – 2001 – CESPE) Acerca do controle de constitucionalidade, julgue os itens a seguir.

(1) A exigência de que a declaração de inconstitucionalidade nos tribunais somente possa ser realizada por maioria absoluta não impede que o respectivo órgão especial a realize.

(2) Em se tratando de norma já declarada inconstitucional pelo STF em ação direta de inconstitucionalidade, órgão fracionário de tribunal de justiça pode reconhecer a ilegitimidade daquela norma em razão da eliminação de sua presunção de constitucionalidade.

1: correta, art. 97 da CF; **2:** correta, o incidente de deslocamento, necessário por determinação do art. 97 da CF (princípio da reserva de plenário) é realizado na forma dos arts. 480 e 481 do CPC, sendo desnecessário quando houver pronunciamento anterior do próprio Pleno ou órgão especial do próprio Tribunal ou do Plenário do STF (art. 481, parágrafo único, do CPC).
Gabarito 1C, 2C

(Cartório/RR – 2001 – CESPE) Acerca da inconstitucionalidade de determinada lei ou ato normativo, assinale a opção correta.

(A) A declaração de inconstitucionalidade de lei ou ato normativo somente poderá ser objeto de deliberação por parte do Supremo Tribunal Federal (STF).

(B) Tratando-se de tribunais, somente pelo voto da maioria absoluta de seus membros ou da maioria dos membros de seu órgão especial poderá ser obtida declaração de inconstitucionalidade de lei ou ato normativo.

(C) A decisão de juiz de primeiro grau que declare inconstitucional lei ou ato normativo somente produzirá efeito após a ratificação dessa decisão por parte do respectivo tribunal *ad quem*.

(D) Qualquer agente público poderá deixar de aplicar norma que considere inconstitucional, desde que justifique seu ato.

(E) Quando proferida pelo STF, a declaração de inconstitucionalidade terá sempre efeito *ex tunc*.

A: incorreta, qualquer juiz ou tribunal (inclusive o STF), pode declarar a inconstitucionalidade de lei ou ato normativo pelo controle difuso de constitucionalidade; **B:** correta, art. 97 da CF; **C:** incorreta, a decisão de inconstitucionalidade proferida por juiz é válida por si só, de acordo com o controle difuso; **D:** incorreta, apenas os Chefes dos Poderes Executivo e Legislativo o podem fazê-lo: "*Os Poderes Executivo e Legislativo, por sua Chefia – e isso mesmo tem sido questionado com o alargamento da legitimação ativa na ação direta de inconstitucionalidade –, podem tão só determinar aos seus órgãos subordinados que deixem de aplicar administrativamente as leis ou atos com força de lei que considerem inconstitucionais*" (STF, ADI 221-MC/DF, Pleno, j. 29.03.1990, rel. Min. Moreira Alves, DJ 22.10.1993), o que não prejudica posterior declaração de (in)constitucionalidade pelo Poder Judiciário; **E:** incorreta, terá eficácia *ex tunc*, em regra, se a decisão do STF tiver sido tomada em controle concentrado (excepcionalmente pode ser aplicada a modulação temporal de efeitos prevista no art. 27 da Lei 9.868/1999). Se a decisão pela inconstitucionalidade tiver sido tomada em controle difuso, a eficácia temporal será *ex nunc*.
Gabarito "B".

(Cartório/SP – I – VUNESP) A suspensão de execução de lei declarada inconstitucional por decisão definitiva do Supremo Tribunal Federal, proferida em recurso extraordinário, cabe:

(A) ao próprio Supremo Tribunal Federal.

(B) ao Presidente da República.

(C) à Câmara dos Deputados.

(D) ao Senado Federal.

Art. 52, X, da CF.
Gabarito "D".

(Cartório/SP – I – VUNESP) Das afirmativas abaixo, assinale a verdadeira.

(A) Já existe no Direito brasileiro o efeito vinculante em relação aos demais órgãos do Poder Judiciário, no caso de decisão definitiva de mérito proferida pelo Supremo Tribunal Federal em ação declaratória de constitucionalidade de lei.

(B) As pessoas e entidades legitimadas a propor ação declaratória de constitucionalidade são todas aquelas que têm legitimidade para propor ação direta de inconstitucionalidade.

(C) Incumbe ao Procurador-Geral da República fazer a defesa do texto impugnado, no caso de ação direta declaratória de inconstitucionalidade de lei.

(D) As ações diretas declaratórias de inconstitucionalidade são de competência originária do Superior Tribunal de Justiça.

A: correta, art. 102, § 2º, da CF; **B:** correta, art. 103 da CF; **C:** incorreta, atribuição do Advogado-Geral da União. O AGU funciona como curador da constitucionalidade das leis (art. 103, § 3º, da CF). Entretanto, é importante registrar que o STF já entendeu "ser necessário fazer uma interpretação sistemática, no sentido de que o § 3º do art. 103 da CF concede à AGU o direito de manifestação, haja vista que exigir dela defesa em favor do ato impugnado em casos como o presente, em que o interesse da União coincide com o interesse do autor, implicaria retirar-lhe sua função primordial que é a defender os interesses da União (CF, art. 131). Além disso, a despeito de reconhecer que nos outros casos a AGU devesse exercer esse papel de contraditora no processo objetivo, constatou-se um problema de ordem prática, qual seja, a falta de competência da Corte para impor-lhe qualquer sanção quando assim não procedesse, em razão da inexistência de previsão constitucional para tanto" (ADIn 4309/TO, rel. Min. Cezar Peluso). V. Informativo STF 562/2009; **D:** incorreta, competência do STF (art. 102, I, "a", da CF). **Gabarito "A" e "B".**

(Cartório/SP – II – VUNESP) Com respeito ao controle da constitucionalidade, examine as afirmativas abaixo.

I. A decisão proferida na ação direta de inconstitucionalidade atinge a lei em tese e tem eficácia *erga omnes*.

II. A decisão definitiva de mérito, proferida na ação declaratória de constitucionalidade, produz efeito vinculante relativamente a todos os juízes e tribunais.

III. A decisão que declara a inconstitucionalidade na via de exceção atinge a lei em tese e tem eficácia apenas entre as partes.

IV. A decisão que declara a inconstitucionalidade na via de exceção não atinge a lei em tese e tem eficácia *erga omnes*.

Pode-se dizer que somente

(A) as afirmativas II e III são verdadeiras.

(B) as afirmativas I e II são verdadeiras.

(C) as afirmativas I e IV são verdadeiras.

(D) a afirmativa IV é verdadeira.

I: correta, art. 102, § 2º, da CF; **II:** correta, art. 102, § 2º, da CF, lembrando que a eficácia vinculante dirige-se ao Poder Executivo e ao Poder Judiciário, mas não ao Poder Legislativo; **III:** incorreta, a decisão final em controle difuso (ou concreto, ou por via incidental) não atinge a lei em tese, que continua em vigor para as pessoas que não foram parte do processo; **IV:** incorreta, não atinge a lei em tese, mas tem eficácia *inter partes*. Para adquirir eficácia *erga omnes*, a decisão final em controle difuso precisa ser objeto da atuação do Senado Federal, conferida pelo art. 52, X, da CF. **Gabarito "B".**

(Cartório/SP – III – VUNESP) Assinale a alternativa incorreta sobre a eficácia das normas constitucionais e o controle da constitucionalidade.

(A) A lei revogada pela vigência de uma Constituição não se restaura pelo surgimento de uma nova Constituição com ela compatível.

(B) A desconstitucionalização é a possibilidade de recepção pela nova ordem constitucional de dispositivos da Constituição anterior como legislação infraconstitucional.

(C) Não é admissível o controle em abstrato ou direto da constitucionalidade de leis ou atos normativos existentes ao tempo da entrada em vigor da nova ordem constitucional.

(D) Não é admissível a declaração de inconstitucionalidade de norma constitucional.

A: correta, lei revogada na vigência da Constituição "A" não volta a viger com o simples advento da Constituição "B", pois a revogação já operou seus efeitos; **B:** correta, mas é importante observar que o ordenamento brasileiro não admite, como regra geral, o fenômeno da *desconstitucionalização*, segundo o qual as normas da constituição anterior, materialmente compatíveis com a nova ordem constitucional, permanecem em vigor com *status* de lei ordinária. Só existirá desconstitucionalização se o próprio Poder Constituinte assim determinar, haja vista sua autonomia; **C:** correta, o STF não adota a doutrina da "inconstitucionalidade superveniente", mas entende que as normas pré-constitucionais que não se compatibilizam com o *conteúdo* da nova Constituição são por ela revogadas. Por isso, não cabe ADIN contra norma anterior à Constituição (mas pode caber ADPF – art. 1º, parágrafo único, I, da Lei 9.882/1999); **D:** incorreta (devendo ser assinalada), é pacífico o entendimento pela possibilidade de controle de constitucionalidade de emendas constitucionais ou de normas oriundas de revisão constitucional (fruto do Poder Constituinte Derivado). Só não cabe declaração de inconstitucionalidade de normas originárias (estabelecidas pelo Poder Constituinte Originário). **Gabarito "D".**

3. DIREITOS E DEVERES INDIVIDUAIS E COLETIVOS

(Cartório/RS – 2019 – VUNESP) No tocante ao direito fundamental à privacidade, na hipótese de um Delegado de Polícia, num inquérito policial, obter informações sobre ativos financeiros de um investigado e compartilhar esses dados bancários com a Receita Federal solicitando que esta apure aspectos da vida tributária do investigado, mas que não se relacionam com o crime que está sendo apurado no referido inquérito, é correto afirmar que

(A) o inteiro proceder do Delegado de polícia estará em conformidade com a Constituição Federal e por ela amparada, se a quebra do sigilo bancário foi autorizada por decisão do juiz competente.

(B) não poderia ter havido a quebra do sigilo bancário no inquérito policial, pois esse tipo de exceção ao direito de privacidade somente pode ser autorizada no âmbito de um processo judicial e após a denúncia-crime.

(C) o compartilhamento dos dados bancários com a Receita Federal seria amparada pela exceção legal ao direito de privacidade, se o objetivo fosse obter provas em relação ao mesmo crime apurado no inquérito, pois o Delegado de Polícia tem autoridade para quebra do sigilo bancário no caso de investigação criminal.

(D) conforme entendimento do STF, o Delegado de Polícia e o Promotor de Justiça detêm poderes para determinar a quebra do sigilo bancário do investigado no inquérito policial, visando a obtenção de prova para fins de investigação criminal, porém não poderia haver compartilhamento dos dados com a Receita Federal.

(E) não poderiam os dados bancários do investigado, no caso, ser compartilhados com a Receita Federal, ainda que a quebra do sigilo bancário tenha sido judicialmente autorizada pela autoridade competente.

As autoridades e os agentes fiscais tributários (FISCO) da União, dos Estados, do Distrito Federal e dos Municípios podem requisitar diretamente das instituições financeiras informações sobre as movimentações bancárias dos contribuintes. Esta possibilidade encontra-se prevista no art. 6º da LC 105/2001, que foi considerada constitucional pelo STF. Isso porque esta previsão não se caracteriza como "quebra" de sigilo bancário, ocorrendo apenas a "transferência de sigilo" dos bancos ao Fisco.
Gabarito "E".

(Cartório/SP – 2018 – VUNESP) Os denominados direitos fundamentais de terceira geração

(A) tutelam a integridade física e moral.

(B) consagram o princípio da isonomia.

(C) são de titularidade coletiva.

(D) correspondem aos direitos econômicos, sociais e culturais.

Direitos de 3ª geração (Fraternidade): têm a ver com o princípio da fraternidade, protegendo direitos de titularidade coletiva, tais como direito ao meio ambiente e paz. São os direitos difusos.
Gabarito "C".

(Cartório/SP – 2016 – VUNESP) Sobre os direitos fundamentais, é correto afirmar que

(A) podem ser suprimidos, desde que se faça por emenda constitucional, aprovada em dois turnos em cada casa do Congresso Nacional, exigindo-se o *quórum* qualificado de três quintos.

(B) se estendem exclusivamente aos brasileiros e estrangeiros residentes no Brasil.

(C) são previstos exaustivamente na Constituição da República.

(D) as normas que os definem têm aplicação imediata.

A: incorreta. Os direitos e garantias fundamentais constituem cláusula pétrea da Constituição, não podendo ser suprimidos (art. 60, § 4º, IV, CF – que embora refira-se apenas a direitos e garantias individuais, protege todos os direitos e garantias fundamentais, não apenas os individuais); B: incorreta. Alguns também se aplicam aos estrangeiros de passagem pelo Brasil; C: incorreta. A CF não exclui outros direitos e garantias fundamentais previstos em lei ou tratados internacionais (art. 5º, § 2º, CF); D: correta. Art. 5º, § 1º, CF.
Gabarito "D".

(Cartório/CE – 2018 – IESES) Todos são iguais perante a lei, sem distinção de qualquer natureza, garantindo-se aos brasileiros e aos estrangeiros residentes no País a inviolabilidade do direito à vida, à liberdade, à igualdade, à segurança e à propriedade. Neste sentido, de acordo com a Constituição da República Federativa do Brasil de 1988 é INCORRETO afirmar que:

(A) É inviolável o sigilo da correspondência e das comunicações telegráficas, de dados e das comunicações telefônicas, salvo, no último caso, por ordem judicial, nas hipóteses e na forma que a lei estabelecer para

fins de investigação criminal ou instrução processual penal.

(B) É livre a expressão da atividade intelectual, artística, científica e de comunicação, independentemente de censura ou licença.

(C) É assegurada, nos termos da lei, a prestação de assistência religiosa nas entidades civis e militares de internação coletiva.

(D) É livre a manifestação do pensamento, sendo resguardado o anonimato.

Como visto, é essencial a leitura atenta do artigo 5º da Constituição Federal. **A:** Correto. XII – é inviolável o sigilo da correspondência e das comunicações telegráficas, de dados e das comunicações telefônicas, salvo, no último caso, por ordem judicial, nas hipóteses e na forma que a lei estabelecer para fins de investigação criminal ou instrução processual penal. **B:** Correto. IX – é livre a expressão da atividade intelectual, artística, científica e de comunicação, independentemente de censura ou licença. **C:** Correto. VII – é assegurada, nos termos da lei, a prestação de assistência religiosa nas entidades civis e militares de internação coletiva. **D:** Errado. IV – é livre a manifestação do pensamento, sendo vedado o anonimato.
Gabarito "D".

(Cartório/SP – 2016 – VUNESP) São direitos fundamentais previstos no art. 5º da Constituição Federal:

(A) a soberania, a cidadania, a dignidade da pessoa humana, os valores sociais do trabalho e da livre-iniciativa, e o pluralismo político.

(B) o devido processo legal, a gratuidade do registro civil de nascimento para os reconhecidamente pobres, a livre manifestação do pensamento, e a inversão do ônus da prova em favor do consumidor, quando verossímeis os fatos alegados ou for ele hipossuficiente.

(C) a razoável duração do processo, a propositura de ação privada para os crimes de ação pública, quando esta não for intentada no prazo legal, a ação de *habeas data*, e a prestação de assistência religiosa nas entidades civis e militares de internação coletiva.

(D) a ação de *habeas corpus*, a liberdade de associação, a vedação no processo das provas obtidas por meios ilícitos, a erradicação da pobreza, e a soberania.

A: incorreta. São fundamentos da República Federativa do Brasil (art. 1º, I a IV, CF); B: incorreta. Os três primeiros, sim (art. 5º, IV, LIV, LXXVI, CF), mas não consta do art. 5º – nem da Constituição – a inversão do ônus da prova em favor do consumidor; C: correta. Art. 5º, VII, LIX, LXXII e LXXVIII, CF; D: incorreta. Os três primeiros, sim (art. 5º, XVII, LXVIII e LVI, CF), mas a "erradicação da pobreza" é objetivo fundamental do país (art. 3º, III, CF) e a soberania constitui um dos seus fundamentos (art. 1º, I, CF).
Gabarito "C".

(Cartório/SP – 2016 – VUNESP) A duração razoável do processo

(A) é garantia fundamental prevista na Constituição Federal, aplica-se no âmbito judicial e administrativo, e tem aplicação imediata.

(B) é garantia fundamental prevista na Constituição Federal, aplica-se apenas no âmbito judicial, e tem aplicação imediata.

(C) não é garantia fundamental prevista na Constituição Federal, aplica-se no âmbito judicial e administrativo, e tem aplicação imediata.

1. DIREITO CONSTITUCIONAL 19

(D) é garantia fundamental prevista na Constituição Federal, aplica-se apenas no âmbito judicial, e não tem aplicação imediata.

De acordo com o art. 5º, LXXVIII, CF, "a todos, no âmbito judicial e administrativo, são assegurados a razoável duração do processo e os meios que garantam a celeridade de sua tramitação". Como qualquer outro direito fundamental, tem aplicação imediata (art. 5º, § 1º, CF). Gabarito "A".

(Cartório/SP – 2016 – VUNESP) Cidadão que pretende obter em repartição pública, certidão para fins de defesa em processo penal, e se vê diante de negativa do referido órgão, deverá ajuizar

(A) mandado de segurança, para defesa de seu direito fundamental a obter certidões em repartições públicas para defesa de direitos e esclarecimento de situação de interesse pessoal.

(B) *habeas data*, remédio constitucional previsto para conhecimento de informações relativas à pessoa do impetrante, constantes de registros ou bancos de dados de entidades governamentais ou de caráter público.

(C) *habeas corpus*, já que por se destinar a certidão a surtir efeito em processo penal, poderá eclodir violação à liberdade de locomoção por ilegalidade.

(D) mandado de injunção, pois se cuida de omissão que torna inviável o exercício do direito à ampla defesa.

A: correta. É direito líquido e certo de qualquer cidadão a obtenção de certidão em repartições públicas, para defesa de direitos e esclarecimento de situações de interesse pessoal, independentemente do pagamento de taxas (art. 5º, XXXIV, "b", CF); **B:** incorreta. A hipótese de cabimento do *habeas data*, descrita na alternativa, está correta (art. 5º, LXXII, CF), mas não cabe *habeas data* para a hipótese descrita no cabeçalho da questão; **C:** incorreta. O *habeas corpus* é garantia constitucional que protege a liberdade de locomoção (liberdades de ir, vir e permanecer); **D:** incorreta. O mandado de injunção é cabível sempre que a falta de norma regulamentadora torne inviável o exercício dos direitos e liberdades constitucionais e das prerrogativas inerentes à nacionalidade, à soberania e à cidadania (art. 5º, LXXI, CF), o que não é o caso da questão. Gabarito "A".

(Cartório/SP – 2016 – VUNESP) Sobre o direito de reunião previsto no art. 5º, XVI, da Constituição Federal, é correto afirmar que todos podem reunir-se pacificamente,

(A) em locais abertos ao público, independentemente de autorização, desde que não frustrem outra reunião anteriormente convocada para o mesmo local, sendo apenas exigido prévio aviso à autoridade competente.

(B) sem armas, em locais abertos ao público, independentemente de autorização, desde que não frustrem outra reunião anteriormente convocada para o mesmo local, sendo apenas exigido prévio aviso à autoridade competente.

(C) sem armas, em locais abertos ao público, mediante prévia autorização, desde que não frustrem outra reunião anteriormente convocada para o mesmo local, sendo apenas exigido prévio aviso à autoridade competente.

(D) sem armas, em locais abertos ou não ao público, independentemente de autorização, desde que não frustrem outra reunião anteriormente convocada para

o mesmo local, sendo apenas exigido prévio aviso à autoridade competente.

O direito de reunião encontra-se previsto no art. 5º, XVI, CF: "todos podem reunir-se pacificamente, sem armas, em locais abertos ao público, independentemente de autorização, desde que não frustrem outra reunião anteriormente convocada para o mesmo local, sendo apenas exigido prévio aviso à autoridade competente". Gabarito "B".

(Cartório/MG – 2016 – Consulplan) Quanto aos direitos e garantias fundamentais da pessoa humana assegurados na Constituição da República brasileira, é INCORRETO afirmar:

(A) É livre o exercício de qualquer profissão, desde que atendidas as exigências profissionais que a lei estabelece.

(B) A prática do racismo constitui crime inafiançável e imprescritível, mas permite ao acusado a arguição de atipicidade da conduta.

(C) A inviolabilidade do domicílio, em face de necessidade de localização do acusado, pode ser afastada pelo juiz.

(D) O brasileiro nato não será extraditado, em hipótese alguma, nem mesmo em caso de convenção ou tratado internacionais.

A: incorreta. A lei pode ou não prever qualificações profissionais, mas não necessariamente tem que fazê-lo (art. 5º, XIII, CF); **B:** correta. O acusado sempre pode alegar atipicidade da conduta; **C:** correta. A inviolabilidade do domicílio pode ser afastada por determinação judicial (art. 5º, XI, CF); **D:** incorreta. O STF entendeu que uma brasileira nata, naturalizada americana, poderia ser extraditada para os Estados Unidos porque, ao fazer a opção por outra nacionalidade, ela perdeu a nacionalidade brasileira. Ver Ext 1462, Rel. Min. Luís Roberto Barroso. Gabarito Anulada

(Cartório/MG – 2016 – Consulplan) São isentos do pagamento de custas e taxas judiciais, EXCETO:

(A) O *Habeas Data*.

(B) O *Habeas Corpus*.

(C) A Ação Popular.

(D) O Mandado de Segurança.

A e B: corretas. Art. 5º, LXXVII, CF; **C:** correta (art. 5º, LXXIII, CF); **D:** incorreta, devendo ser assinalada. Não há previsão constitucional de gratuidade para o mandado de segurança. Gabarito "D".

(Cartório/MG – 2016 – Consulplan) A Constituição da República brasileira reconheceu a instituição do Tribunal do Júri como competente para julgar os crimes dolosos contra a vida, com a organização que lhe der a legislação, assegurando-lhe, explicitamente, tradicionais valores, EXCETO:

(A) O princípio do contraditório.

(B) O sigilo das votações.

(C) A soberania dos veredictos.

(D) A plenitude de defesa.

Art. 5º, XXXVIII, CF: "É reconhecida a instituição do júri, com a organização que lhe der a lei, assegurados: a) a plenitude de defesa; b) o sigilo das votações; c) a soberania dos veredictos e d) a competência para o julgamento dos crimes dolosos contra a vida". Gabarito "A".

(Cartório/PA – 2016 – IESES) Conceder-se-á [........................ ....] para assegurar o conhecimento de informação relativas à pessoa do impetrante, constantes de registros ou bancos de dados de entidades governamentais ou de caráter público:

(A) Ação civil pública.

(B) *Habeas corpus*.

(C) Mandado de Injunção.

(D) *Habeas data*.

A: incorreta. A ação civil pública é garantia de proteção do patrimônio público e social, do meio ambiente e de outros interesses difusos e coletivos (art. 129, III, CF); **B:** incorreta. O *habeas corpus* protege o direito de locomoção (liberdades de ir, vir e permanecer). Art. 5º, LXVIII, CF; **C:** incorreta. O mandado de injunção é cabível sempre que a falta de norma regulamentadora torne inviável o exercício dos direitos e liberdades constitucionais e das prerrogativas inerentes à nacionalidade, à soberania e à cidadania (art. 5º, LXXI, CF); **D:** correta. O art. 5º, LXXII, CF, prevê o cabimento de habeas data para: a) assegurar o conhecimento de informações relativas à pessoa do impetrante, constantes de registros ou bancos de dados de entidades governamentais ou de caráter público; ou para b) a retificação de dados, quando não se prefira fazê-lo por processo sigiloso, judicial ou administrativo.
Gabarito "D".

(Cartório/PA – 2016 – IESES) Sobre os direitos e deveres individuais e coletivos é INCORRETO afirmar que:

(A) Será concedida extradição de estrangeiro por crime político ou de opinião.

(B) É plena a liberdade de associação para fins lícitos, vedada a de caráter paramilitar.

(C) A prática do racismo constitui crime inafiançável e imprescritível, sujeito à pena de reclusão, nos termos da lei.

(D) A lei não prejudicará o direito adquirido, o ato jurídico perfeito e a coisa julgada.

A: incorreta, devendo ser assinalada. Não se concede extradição por crime político ou de opinião. Art. 5º, LII, CF; **B:** correta. Art. 5º, XVII, CF; **C:** correta. Art. 5º, XLII, CF; **D:** correta. Art. 5º, XXXVI, CF.
Gabarito "A".

(Cartório/PA – 2016 – IESES) Os mandados de segurança decididos em única instância pelos Tribunais Regionais Federais ou pelos Tribunais dos Estados e do Distrito Federal e Territórios, quando denegatória serão julgados em:

(A) Recurso de Apelação.

(B) Embargos Infringentes.

(C) Recurso Ordinário.

(D) Recurso Especial.

Se julgados em única instância pelos TRFs, a competência é do STJ para julgamento do recurso ordinário (art. 105, II, "a", CF. Se a primeira instância do MS for um tribunal superior, a competência para julgar o recurso ordinário é o STF (art. 102, II, "a", CF).
Gabarito "C".

(Cartório/PA – 2016 – IESES) Sempre que a falta de norma regulamentadora torne inviável o exercício dos direitos e liberdades constitucionais e das prerrogativas inerentes à nacionalidade, à soberania e à cidadania é possível a concessão de:

(A) *Habeas corpus*.

(B) Mandado de Injunção.

(C) *Habeas data*.

(D) Mandado de Segurança.

A: incorreta. O *habeas corpus* protege o direito de locomoção (liberdades de ir, vir e permanecer). Art. 5º, LXVIII, CF; **B:** correta. Art. 5º, LXXI, CF; **C:** incorreta. O art. 5º, LXXII, CF, prevê o cabimento de *habeas data* para: a) assegurar o conhecimento de informações relativas à pessoa do impetrante, constantes de registros ou bancos de dados de entidades governamentais ou de caráter público; ou para b) a retificação de dados, quando não se prefira fazê-lo por processo sigiloso, judicial ou administrativo; **D:** incorreta. O mandado de segurança garante a proteção de direito líquido e certo não amparado por *habeas corpus* ou *habeas data*, quando o responsável pela ilegalidade ou abuso de poder for autoridade pública ou agente de pessoa jurídica no exercício de atribuições do Poder Público.
Gabarito "B".

(Cartório/MG – 2015 – Consulplan) A respeito da ação popular, é INCORRETO afirmar:

(A) A sentença de procedência do pedido tem efeito *erga omnes*.

(B) São requisitos da ação popular a ilegalidade do ato e a lesividade ao patrimônio público, autarquias, sociedades de economia mista, empresas públicas e pessoas jurídicas subvencionadas com dinheiro público.

(C) Outro cidadão, diferente do autor popular, é parte ilegítima para promover a execução popular.

(D) É cabível para buscar a anulação de concessão irregular de licença de importação e exportação.

A: correta. Art. 18 da Lei 4.717/65 (Lei da Ação Popular): "A sentença terá eficácia de coisa julgada oponível "erga omnes", exceto no caso de haver sido a ação julgada improcedente por deficiência de prova; neste caso, qualquer cidadão poderá intentar outra ação com idêntico fundamento, valendo-se de nova prova"; **B:** correta. Art. 1º da Lei 4.717/65; **C:** incorreta, devendo ser assinalada. O art. 16 da Lei 4.717/65 prevê a possibilidade de execução pelo autor popular, por terceiro ou pelo representante do Ministério Público; **D:** correta. Art. 4º, VI, da Lei 4.717/65: Art. 4º São também nulos os seguintes atos ou contratos, praticados ou celebrados por quaisquer das pessoas ou entidades referidas no art. 1º: (...) VI – A concessão de licença de exportação ou importação, qualquer que seja a sua modalidade, quando: a) houver sido praticada com violação das normas legais e regulamentares ou de instruções e ordens de serviço; b) resultar em exceção ou privilégio, em favor de exportador ou importador".
Gabarito "C".

(Cartório/MG – 2015 – Consulplan) A respeito das garantias constitucionais, assinale a alternativa correta:

(A) A sucessão de bens de estrangeiros situados no País será sempre regulada pela lei brasileira em benefício do cônjuge ou dos filhos brasileiros.

(B) No caso de iminente perigo público, a autoridade competente poderá usar de propriedade particular, assegurado ao proprietário indenização ulterior, em razão do uso.

(C) O brasileiro naturalizado será extraditado por envolvimento comprovado em tráfico ilícito de entorpecentes e drogas afins, independente de ter sido praticado antes da naturalização.

(D) A tortura e a ação de grupos armados contra ordem constitucional são crimes inafiançáveis e imprescritíveis.

1. DIREITO CONSTITUCIONAL

A: incorreta. Art. 5º, XXXI, CF: "a sucessão de bens de estrangeiros situados no País será regulada pela lei brasileira em benefício do cônjuge ou dos filhos brasileiros, sempre que não lhes seja mais favorável a lei pessoal do 'de cujus'"; **B:** incorreta. Não reflete o disposto no art. 5º, XXV, CF: "no caso de iminente perigo público, a autoridade competente poderá usar de propriedade particular, assegurada ao proprietário indenização ulterior, se houver dano"; **C:** correta. Art. 5º, LI, CF; **D:** incorreta. O art. 5º, XLIV, CF, não inclui a tortura como crime inafiançável e imprescritível, mas apenas a ação de grupos armados, civis ou militares, contra a ordem constitucional e o Estado Democrático.
Gabarito "C"

(Cartório/MG – 2015 – Consulplan) Acerca das ações constitucionais, é INCORRETO afirmar:

(A) Não cabe *habeas corpus* contra decisão condenatória a pena pecuniária.

(B) A ação civil pública é instrumento adequado para a tutela dos direitos difusos, coletivos e individuais homogêneos.

(C) Conceder-se-á mandado de injunção sempre que houver omissão legislativa que impeça ou prejudique a fruição de qualquer direito.

(D) Os partidos políticos têm legitimidade para impetrar mandado de segurança coletivo.

A: correta. O *habeas corpus* só protege o direito de locomoção (art. 5º, LXVIII, CF); **B:** correta. Art. 1º, IV, da Lei 7.347/85. Os direitos individuais homogêneos, entendidos como os decorrentes de origem comum, também são amparados por ação civil pública; **C:** incorreta, devendo ser assinalada. O mandado de injunção só é cabível quando a falta da norma regulamentadora impeça o exercício de direito relacionado à nacionalidade, à soberania e à cidadania (art. 5º, LXXI, CF); **D:** correta. Art. 21 da Lei 12.016/2009: "O mandado de segurança coletivo pode ser impetrado por partido político com representação no Congresso Nacional, na defesa de seus interesses legítimos relativos a seus integrantes ou à finalidade partidária, ou por organização sindical, entidade de classe ou associação legalmente constituída e em funcionamento há, pelo menos, 1 (um) ano, em defesa de direitos líquidos e certos da totalidade, ou de parte, dos seus membros ou associados, na forma dos seus estatutos e desde que pertinentes às suas finalidades, dispensada, para tanto, autorização especial".
Gabarito "C"

(Cartório/MG – 2015 – Consulplan) Assinale a alternativa INCORRETA:

(A) Conceder-se-á *habeas data* para a retificação de dados, quando não se prefira fazê-lo por processo sigiloso, judicial ou administrativo.

(B) São gratuitos para os reconhecidamente pobres, na forma da lei, o registro civil de nascimento e a certidão de óbito.

(C) Os tratados e convenções internacionais sobre direitos humanos serão equivalentes às emendas constitucionais, desde que aprovados, em cada Casa do Congresso Nacional, em dois turnos, pela maioria simples dos votos dos respectivos membros.

(D) Qualquer cidadão é parte legítima para propor ação popular que vise a anular ato lesivo ao patrimônio público, à moralidade administrativa, ao meio ambiente e ao patrimônio histórico e cultural.

A: correta. Art. 5º, LXXII, "b", CF; **B:** correta. Art. 5º, LXXVI, "a" e "b", CF; **C:** incorreta, devendo ser assinalada. Não reflete o disposto no art. 5º, § 3º, CF: "Os tratados e convenções internacionais sobre direitos humanos que forem aprovados, em cada Casa do Congresso Nacional, em dois

turnos, por três quintos dos votos dos respectivos membros, serão equivalentes às emendas constitucionais"; **D:** correta. Art. 5º, LXXIII, CF.
Gabarito "C"

(Cartório/SC – 2012) Assinale a alternativa **correta:**

(A) O devido processo legal só é garantido àqueles procedimentos judiciais e administrativos nos quais há a possibilidade de privação de liberdade.

(B) Aos litigantes em processo judicial ou administrativo e aos acusados em geral são assegurados o contraditório e a ampla defesa, irrestritamente.

(C) O direito de petição, garantia fundamental, é assegurado a todos, porém somente àqueles reconhecidamente carentes é dada a isenção do pagamento de taxas.

(D) O mandado de segurança coletivo pode ser impetrado por qualquer partido político.

(E) O brasileiro naturalizado pode ser extraditado caso se comprove seu envolvimento em tráfico ilícito de entorpecentes e drogas afins.

A: incorreta. Conforme o art. 5º, LIV, da CF, ninguém será privado da liberdade *ou de seus bens* sem o devido processo legal. Desse modo, esse princípio *não* se restringe aos procedimentos nos quais há possibilidade de privação de liberdade. **B:** incorreta. Dispõe o art. 5º, LV, da CF que aos litigantes, em processo judicial ou administrativo, e aos acusados em geral são assegurados o contraditório e ampla defesa, *com os meios e recursos a ela inerentes*; **C:** incorreta. De acordo com o art. 5º, XXXIV, "a", da CF, são a todos assegurados, *independentemente do pagamento de taxas*: a) o *direito de petição* aos Poderes Públicos em defesa de direitos ou contra ilegalidade ou abuso de poder e b) a obtenção de certidões em repartições públicas, para defesa de direitos e esclarecimento de situações de interesse pessoal; **D:** incorreta. É necessário que o partido político *tenha representação no Congresso Nacional* (art. 5º, LXX, "a" da CF); **E:** correta. Conforme dispõe o artigo 5º, LI, da CF, brasileiro nato não pode ser extraditado, mas o naturalizado sim, em dois casos: crime comum, praticado antes da naturalização, ou de comprovado envolvimento em tráfico ilícito de entorpecentes e drogas afins, na forma da lei.
Gabarito "E"

Leia o texto a seguir para responder à questão abaixo.

A base do *habeas corpus*, uma ação de natureza constitucional, é assegurar a liberdade do indivíduo (direito de ir e vir), ameaçada pelo chamado constrangimento ilegal. Existem três modalidades desta ação: a) o *habeas corpus* preventivo, interposto antes do constrangimento, visa impedir a ocorrência deste último; b) o *habeas corpus* suspensivo, a ser utilizado pelo indivíduo quando já consumado o constrangimento ilegal e, por fim; c) o *habeas corpus* episódico, cabível quando o constrangimento ilegal é praticado por particular.

(Cartório/SP – 2012 –VUNESP) De acordo com o texto, é correto afirmar que

(A) o *habeas corpus* é uma ação de natureza administrativa e não constitucional. A presença do *habeas corpus* na Constituição vigente, de 1988, é absolutamente acidental.

(B) o *habeas corpus* preventivo não existe mais. Trata-se de construção doutrinária largamente aceita até a primeira metade do século XX.

(C) para impetrar o *habeas corpus* suspensivo é preciso constituir advogado.

(D) não existe o *habeas corpus* episódico.

A: incorreta. O *habeas corpus* é uma ação de natureza *constitucional* que tem por finalidade a proteção da liberdade de locomoção contra abuso de poder ou ilegalidade. Tal remédio ganhou *status* constitucional com a Constituição de *1891*. Desse modo, sua presença na Constituição Federal de 1988 *não tem caráter acidental* (art. 5º, LXVIII, da CF); **B:** incorreta. O *habeas corpus* preventivo *continua existindo*. Em suma, quanto ao momento no em que é impetrado, pode ser classificado da seguinte forma: a) *preventivo ou salvo-conduto*: não é necessário que o indivíduo sofra, de fato, a violação em sua liberdade de locomoção para impetrá-lo. Basta que se sinta ameaçado (justificadamente) em seu direito de ir, vir e permanecer para que possa fazer uso desse remédio. Desse modo, o HC preventivo visa a resguardar o indivíduo contra a *ameaça a sua liberdade de locomoção* e b) *repressivo ou liberatório*: cabível quando o direito fundamental relativo à liberdade de locomoção *já foi violado*. A partir desde momento, a medida pode ser utilizada para reprimir a ofensa; **C:** incorreta. A ação de *habeas corpus* é regida pelo princípio da informalidade, de modo que qualquer pessoa, independentemente de capacidade civil, pode impetrá-lo. Também não é necessária a capacidade postulatória, ou seja, não precisa constituir advogado; **D:** correta. De fato, não existe *habeas corpus* episódico.

Gabarito "D"

(Cartório/SP – 2012 – VUNESP) A Constituição Federal de 1988 trouxe em seu bojo ações constitucionais chamadas de *writs*. Dentre estas ações, há uma que visa proteger o exercício de um direito constitucional pelo cidadão, tornado inviável pela falta de norma regulamentadora. Trata-se do(a)

(A) mandado de segurança coletivo.

(B) *habeas data* extensivo.

(C) ação de descumprimento de preceito fundamental.

(D) mandado de injunção.

A: incorreta. O mandado de segurança visa proteger um direito líquido e certo, aquele em que já existe prova documental, desde que o direito não seja assegurado por *habeas corpus* ou *habeas data* (art. 5º, LXIX, da CF); **B:** incorreta. O *habeas data* protege a liberdade de informação relativa à pessoa do impetrante (art. 5º, LXXII, da CF); **C:** incorreta. A ADPF é mecanismo de controle concentrado de constitucionalidade; **D:** correta. O mandado de injunção visa combater uma omissão inconstitucional. Quando há um direito constitucionalmente assegurado, mas o seu exercício depende de regulamentação e não há essa normatização, é possível a impetração do mandado de injunção (art. 5º, LXXI, da CF).

Gabarito "D"

(Cartório/SP – 2012 – VUNESP) "O princípio da igualdade admite discriminações que podem ser, portanto, lícitas. Mas, para ser lícita, a discriminação deve ser genérica e fundamentada." O raciocínio em foco está

(A) totalmente equivocado.

(B) parcialmente correto. Está incorreta a parte que afirma a necessidade de a discriminação ser genérica.

(C) totalmente correto.

(D) parcialmente correto. É algo que já existiu, mas não existe mais, eis que se trata de raciocínio tipicamente totalitário, já superado em nosso ordenamento jurídico e também em nossa doutrina.

De fato, o princípio da igualdade ou isonomia (art. 5º, I, da CF) determina todos são iguais perante a lei, sem distinção de qualquer natureza. A realização efetiva da justiça busca o tratamento igual para os iguais, mas, para tanto, é preciso dar tratamento desigual aos desiguais, na exata medida da desigualdade. O objetivo dessa premissa é a superação da igualdade meramente formal (perante a lei) e o alcance da igualdade material (real). As discriminações, de fato, devem ser fundamentas e aplicadas genericamente. Duas decisões do STF podem ser dadas como exemplo. A primeira determina que "A lei impugnada realiza materialmente o princípio constitucional da isonomia, uma vez que o *tratamento diferenciado aos trabalhadores agraciados com a instituição do piso salarial regional visa reduzir as desigualdades sociais*. A LC federal 103/2000 teve por objetivo maior assegurar àquelas classes de trabalhadores menos mobilizadas e, portanto, com menor capacidade de organização sindical, um patamar mínimo de salário." (ADI 4.364, Plenário, j. 02.03.2011, rel. Min. **Dias Toffoli**, *DJE* 16.05.2011.) Já a segunda é trazida pela Súmula 683 do STF que determina que "o *limite de idade* para a inscrição em concurso público só se legitima em face do art. 7º, XXX, da Constituição, quando possa ser *justificado pela natureza das atribuições* do cargo a ser preenchido."

Gabarito "C"

(Cartório/SP – 2012 – VUNESP) Como se sabe, os direitos fundamentais experimentaram uma evolução ao longo do tempo, constituindo as chamadas gerações de direitos. Neste sentido, assinale a alternativa que não exprime a verdade.

(A) Direitos fundamentais de primeira geração são chamados de direitos negativos em relação ao poder estatal.

(B) Direitos fundamentais de segunda geração são direitos sociais, econômicos e culturais.

(C) Direitos fundamentais de terceira geração possuem um viés mais coletivo e subjetivo, como direito à paz, a um meio ambiente sadio ou à comunicação.

(D) Direitos fundamentais de primeira e segunda geração foram contemplados, pela primeira vez, na Declaração de Direitos do Homem e do Cidadão, de 1789, na França.

A: correta. Os direitos de 1ª geração consubstanciam-se fundamentalmente nas liberdades públicas. A finalidade dessa dimensão foi limitar o poder de atuação do Estado, impondo a ele o dever de não intervenção, de abstenção. Por conta disso, tais direitos são conhecidos negativos. As revoluções francesa e norte-americana influenciaram, e muito, o surgimento dos direitos individuais. Os direitos políticos também se encontram nessa dimensão; **B:** correta. Na 2ª geração os valores ligados à igualdade foram prestigiados. As lutas trabalhistas, visando a melhores condições, também. Diferentemente dos direitos de primeira geração, os de segunda exigiram uma conduta positiva do Estado, uma ação propriamente dita e, por conta disso, também são chamados de direitos positivos. Encontram-se assegurados, aqui, os chamados direitos sociais, ou seja, aqueles relacionados ao trabalho, à educação e à saúde, os culturais e econômicos; **C:** correta. A 3ª geração parte da concepção de que o indivíduo faz parte de uma coletividade e que necessita, para a própria subsistência, de um ambiente saudável e equilibrado. É exigida a participação dos indivíduos na busca efetiva dos direitos de coletividade e não apenas dos direitos individuais. Encontram-se aqui os denominados direitos transindividuais que abarcam, por exemplo, o direito ao meio ambiente ecologicamente equilibrado, os direitos do consumidor e o direito à paz; **D:** incorreta, devendo ser assinalada. A Declaração de Direitos do Homem e do Cidadão, de 1789, na França, é, de fato, um documento histórico relevante no que diz respeito aos direitos fundamentais de 1ª geração. Já os de 2ª, começaram a surgir a partir do século XIX, com a Revolução Industrial Europeia.

Gabarito "D"

1. DIREITO CONSTITUCIONAL

(Cartório/MG – 2012 – FUMARC) Segundo a Constituição Federal, conceder-se-á mandado de injunção sempre que a falta de norma regulamentadora torne inviável o exercício das prerrogativas inerentes **EXCETO** à

(A) nacionalidade.

(B) soberania.

(C) cidadania.

(D) liberdade.

De acordo com o art. 5º, LXXI, da CF, o mandado de injunção é o remédio constitucional que pode ser utilizado sempre que a falta de norma regulamentadora torne inviável o exercício dos direitos e liberdades constitucionais e das prerrogativas inerentes à nacionalidade, à soberania e à cidadania.
Gabarito "D".

(Cartório/SP – 2012 – VUNESP) A Ação Civil Pública se volta à tutela dos direitos

(A) difusos, direitos coletivos e interesses individuais homogêneos.

(B) difusos, direitos comunitários e interesses individuais homogêneos.

(C) difusos, direitos coletivos e interesses individuais heterogêneos.

(D) sociais, direitos coletivos e interesses individuais homogêneos.

A: correta. De acordo com o art. 129, III, da CF e o art. 1º da Lei 7.347/1985 (Lei da Ação Civil Pública – LACP) a ação civil pública se presta a promover responsabilidades pelos danos causados: I – ao meio-ambiente; II – ao consumidor; III – a bens e direitos de valor artístico, estético, histórico, turístico e paisagístico; IV – a qualquer outro interesse difuso ou coletivo; V – por infração da ordem econômica; (Redação dada pela Lei 12.529, de 2011) e VI – à ordem urbanística. Desse modo, os direitos difusos, coletivos e individuais homogêneos estão protegidos por essa ação. Os *difusos* são aqueles de natureza indivisível, de que sejam titulares pessoas indeterminadas e ligadas por circunstâncias de fato, por exemplo, uma lesão ao meio ambiente (art. 81, I, do Código de Defesa do Consumidor – CDC). Os *coletivos* são de natureza indivisível de que seja titular grupo, categoria ou classe de pessoas ligadas entre si ou com a parte contrária por uma relação jurídica base, por exemplo, a discussão de nulidade de uma cláusula abusiva em um contrato por adesão (art. 81, II, do CDC). Por fim, os *individuais homogêneos* são aqueles decorrentes de origem comum, por exemplo, produtos em série e que possuem o mesmo defeito (art. 81, III, do CDC); **B:** incorreta. Os direitos comunitários não são protegidos por meio de ação civil pública. "Em linhas gerais, o Direito Comunitário é um desdobramento do Direito Internacional, mas que, ao contrário deste, não é de Direito Público, pois possui um caráter supranacional, tendo natureza Público-Privada. Na América do Sul temos como exemplo o Direito no âmbito do Mercosul" (Wikipédia); **C:** incorreta. Os direitos individuais heterogêneos não são tutelados por ação civil pública, pois possuem natureza puramente individual. De acordo com a jurisprudência, tais direitos são os que não têm origem comum e dependem da análise concreta de específica e particular relação jurídica (...)" (TST, RR 116100-91.2004.5.04.0024, 4ª T., j. 18.08.2010, rel. Min. Maria de Assis Calsing, *DEJT* 27.08.2010); **D:** incorreta. Os direitos sociais, aqueles previstos nos arts. 6º a 11 da CF, não são defendidos por meio de Ação Civil Pública.
Gabarito "A".

(Cartório/MG – 2012 – FUMARC) Segundo a Constituição Federal, qualquer cidadão é parte legítima para propor ação popular que vise anular ato lesivo, **EXCETO** ao

(A) ao meio ambiente.

(B) ao patrimônio privado.

(C) ao patrimônio público.

(D) à moralidade administrativa.

Conforme o art. 5º, LXXIII, da CF, qualquer cidadão é parte legítima para propor ação popular com a finalidade de anular ato lesivo ao *patrimônio público* ou de entidade de que o Estado participe, à moralidade administrativa, ao meio ambiente e ao patrimônio histórico e cultural, ficando o autor, salvo comprovada má-fé, isento de custas judiciais e do ônus da sucumbência. Desse modo, a lesão ao patrimônio privado não pode ser anulada por meio de ação popular.
Gabarito "B".

(Cartório/AP – 2011 – VUNESP) Considere as seguintes afirmações sobre a disciplina constitucional da liberdade de associação:

I. É plena a liberdade de associação para fins lícitos, vedada a de caráter paramilitar.

II. As associações só poderão ser compulsoriamente dissolvidas ou ter suas atividades suspensas por decisão judicial, exigindo-se para tanto o trânsito em julgado desta.

III. Ninguém poderá ser compelido a associar-se ou a permanecer associado, salvo disposição prévia em contrário do estatuto social.

Está correto o que se afirma em

(A) I, apenas.

(B) II, apenas.

(C) III, apenas.

(D) I e II, apenas.

(E) I, II e III.

I: correta, art. 5º, XVII, da CF; II: incorreta, o art. 5º, XVII, da CF deve ser interpretado em conjunto com o inciso XIX do mesmo artigo. Assim, só se exige trânsito em julgado para a dissolução compulsória da associação. A suspensão de atividades só pode ser determinada por decisão judicial, mas não se exige o trânsito em julgado da decisão nesse caso; III: incorreta, o art. 5º, XX, da CF não prevê exceções.
Gabarito "A".

(Cartório/MS – 2009 – VUNESP) Analise as afirmativas a seguir:

I. a lei assegurará aos autores de inventos industriais privilégio temporário para sua utilização, bem como proteção às criações industriais, à propriedade das marcas, aos nomes de empresas e a outros signos distintivos, tendo em vista o interesse social e o desenvolvimento tecnológico e econômico do País.

II. a sucessão de bens de estrangeiros situados no País será regulada pela lei brasileira em benefício do cônjuge ou dos filhos brasileiros, mesmo que lhes seja mais favorável a lei pessoal do *de cujus*.

III. todos têm direito a receber dos órgãos públicos informações de seu interesse particular, ou de interesse coletivo ou geral, que serão prestadas no prazo da lei, sob pena de responsabilidade, não podendo a autoridade pública alegar qualquer tipo de sigilo para se negar a prestar tais informações.

IV. aos autores pertence o direito exclusivo de utilização, publicação ou reprodução de suas obras, transmissível aos herdeiros pelo tempo que a lei fixar.

Está correto apenas o que se afirma em

(A) I e IV.

(B) I e II.

(C) II e III.

(D) III e IV.

(E) II e IV.

I: correta, art. 5°, XXIX, da CF; **II:** incorreta, não reflete o disposto no art. 5°, XXXI, da CF; **III:** incorreta, não reflete o disposto no art. 5°, XXXIII, da CF; **IV:** correta, art. 5°, XXVII, da CF.
Gabarito "A".

(Cartório/MS – 2009 – VUNESP) É direito constitucional fundamental do cidadão brasileiro:

(A) o direito de petição aos Poderes Públicos, mediante o pagamento de taxa, em defesa de direitos ou contra ilegalidade ou abuso de poder.

(B) a obtenção de certidões em repartições públicas, para defesa de direitos e esclarecimento de situações de interesse pessoal, de terceiros ou de interesse coletivo.

(C) propor ação popular que vise a anular ato lesivo ao patrimônio público ou de entidade de que o Estado participe, à moralidade administrativa, ao meio ambiente e ao patrimônio histórico e cultural, ficando o autor, em qualquer caso, isento de custas judiciais e do ônus da sucumbência.

(D) a razoável duração do processo, exclusivamente no âmbito judicial, e os meios que garantam a celeridade de sua tramitação.

(E) a garantia de não ser extraditado, salvo o brasileiro naturalizado, em caso de crime comum, praticado antes da naturalização, ou de comprovado envolvimento em tráfico ilícito de entorpecentes e drogas afins, na forma da lei.

A: incorreta, o direito de petição é assegurado independentemente do pagamento de taxas (art. 5°, XXXIV, "a", da CF); **B:** incorreta, não reflete o disposto no art. 5°, XXXIV, "b", da CF; **C:** incorreta, o art. 5°, LXXIII, da CF prevê o pagamento de custas e sucumbência em caso de comprovada má-fé; **D:** incorreta, o art. 5°, LXXVIII, da CF garante a razoável duração do processo judicial e administrativo; **E:** correta, art. 5°, LI, da CF.
Gabarito "E".

(Cartório/MA – 2008 – IESES) Acerca dos direitos e deveres individuais e coletivos, assinale a alternativa correta.

(A) As associações só poderão ser compulsoriamente dissolvidas ou ter suas atividades suspensas por decisão judicial, exigindo-se, o trânsito em julgado.

(B) A casa é asilo inviolável do indivíduo, ninguém nela podendo penetrar sem consentimento do morador, salvo em caso de determinação judicial, ou, durante o dia, em caso de flagrante delito ou desastre, ou para prestar socorro.

(C) A lei processual penal não retroagirá, salvo para beneficiar o réu.

(D) São gratuitas as ações de *habeas corpus* e *habeas data*.

A: incorreta, só se exige trânsito em julgado para a dissolução compulsória. Art. 5°, XVII e XIX, da CF; **B:** incorreta, não reflete o disposto no art. 5°, XI, da CF; **C:** incorreta, a lei penal (não a processual penal). Art. 5°, XL, da CF; **D:** correta, art. 5°, LXXVII, da CF.
Gabarito "D".

(Cartório/ES – 2007 – FCC) Segundo a Constituição Federal Brasileira, os tratados e convenções internacionais sobre direitos humanos que forem aprovados, em cada Casa do Congresso Nacional, em dois turnos, por:

(A) um terço dos votos dos respectivos membros, serão equivalentes às emendas constitucionais.

(B) dois terços dos votos dos respectivos membros, serão equivalentes às leis complementares.

(C) dois terços dos votos dos respectivos membros, serão equivalentes às leis ordinárias.

(D) três quintos dos votos dos respectivos membros, serão equivalentes às emendas constitucionais.

(E) três quintos dos votos dos respectivos membros, serão equivalentes às leis complementares.

Art. 5°, § 3°, da CF.
Gabarito "D".

(Cartório/PR – 2007) O Devido Processo Legal é direito fundamental estatuído na Constituição Federal em uma dupla dimensão. Considerando esse aspecto, assinale a correta:

(A) O contraditório pressupõe a possibilidade de produzir provas.

(B) Somente é aplicável em processos judiciais.

(C) Admite a verdade sabida em processos administrativos e em processos judiciais.

(D) Não pressupõe a influência do acusado na instrução probatória.

(E) Os princípios do contraditório e da ampla defesa possuem dimensão formal e material.

A: incorreta, a produção de provas insere-se na garantia da ampla defesa; **B:** incorreta, o devido processo legal aplica-se em processos judiciais e administrativos (art. 5°, LV, da CF); **C:** incorreta, de acordo com Hely Lopes Meirelles (Direito Administrativo Brasileiro, 32ª Edição, São Paulo, Malheiros, p. 697), verdade sabida "*é o conhecimento pessoal da infração pela própria autoridade competente para punir o infrator (...) Tem-se considerado, também como verdade sabida a infração pública e notória, estampada na imprensa ou divulgada por outros meios de comunicação de massa.*" Dessa forma, é incompatível com o devido processo legal e com a ampla defesa, uma vez que não há oportunidade para que o acusado se defenda, uma vez que a autoria e a materialidade são de conhecimento da autoridade pública competente; **D:** incorreta, o contraditório e a ampla defesa abrangem não apenas o direito de produzir provas e o de ser ouvido, mas também o de influenciar na produção probatória; **E:** correta, o devido processo legal também abarca o devido processo substantivo ou material (art. 5°, LV, da CF), que abrange os princípios da razoabilidade e da proporcionalidade, majoritariamente tratados como sinônimos.
Gabarito "E".

(Cartório/PR – 2007) Em relação aos remédios constitucionais, assinale a correta:

(A) A ação civil pública possui como legitimado o Ministério Público.

(B) O direito adquirido é sinônimo de direito expectado.

(C) A garantia da coisa julgada é da coisa julgada formal.

(D) O mandado de injunção possibilita o exercício de direito líquido e certo, não amparável por *habeas corpus* ou *habeas data*.

(E) O mandado de segurança não é uma ação residual.

A: correta, o Ministério Público é legitimado para a Ação Civil Pública (art. 129, III, da CF), mas outras entidades também podem propor Ação Civil Pública; **B:** incorreta, o direito adquirido é o oposto da expectativa de direito. Art. 6°, § 2°, da LICC: "§ 2°. Consideram-se adquiridos assim os direitos que o seu titular, ou alguém por ele, possa exercer, como aqueles cujo começo do exercício tenha termo pré-fixo, ou condição

1. DIREITO CONSTITUCIONAL   25

preestabelecida inalterável, a arbítrio de outrem"; **C:** incorreta, e também da coisa julgada material; **D:** incorreta, em regra, a proteção de direito líquido e certo é realizada por mandado de segurança (art. 5º, LXIX, da CF). O mandado de injunção tem por objetivo impedir que a falta de norma regulamentadora torne inviável o exercício de direitos relativos à nacionalidade, à soberania e à cidadania (art. 5º, LXXI, da CF); **E:** incorreta, é uma ação residual, pois só é cabível se não for possível propor *habeas corpus* ou *habeas data* (art. 5º, LXIX, da CF).
Gabarito "A".

(Cartório/DF – 2006 – CESPE) Acerca da interpretação e aplicação das normas constitucionais, julgue o item seguinte.

(1) O artigo 5º, inciso LXXVI, da Constituição Federal assegura aos reconhecidamente pobres, o direito às certidões de nascimento e de óbito, de forma gratuita. Dessa forma, não poderia a lei, conforme entendimento do Supremo Tribunal Federal (STF), ampliar esse direito a pessoas que não fossem pobres.

1: incorreta, a proteção constitucional é mínima, podendo ser ampliada. V. Lei 9.534/1997 e ADIn-MC 1800-1/DF, Pleno, j. 06.04.1998, rel. Min. Nelson Jobim, DJ 03.10.2003.
Gabarito "1E".

(Cartório/MT – 2005 – CESPE) Com relação aos princípios fundamentais, assinale a opção correta.

(A) Os direitos e garantias individuais estão taxativamente previstos no texto constitucional, não sendo possível ampliá-los por meio de atos infraconstitucionais.

(B) Dos originários de Moçambique, exige-se, para fins de naturalização brasileira, residência no Brasil por 15 anos, conforme expressa disposição constitucional.

(C) Os partidos políticos possuem personalidade jurídica de direito privado e estão impedidos de receber recursos financeiros de entidade ou governo estrangeiros.

(D) Em relação aos bens localizados no Brasil, será sempre aplicada a lei brasileira, por expressa disposição constitucional.

A: incorreta, são apenas exemplificativos, não excluindo outros (art. 5º, § 2º, da CF); **B:** incorreta, não reflete o disposto no art. 12, II, "a", da CF, já que Moçambique é país de língua portuguesa; **C:** correta, art. 17, II e § 2º, da CF; **D:** incorreta, não reflete o disposto no art. 5º, XXXI, da CF.
Gabarito "C".

(Cartório/DF – 2003 – CESPE) No tocante à jurisdição constitucional das liberdades e ao manejo de garantias processuais, julgue os itens seguintes.

(1) Os membros do Congresso Nacional têm legitimidade ativa para impetrar mandado de segurança com o objetivo de ver observado o devido processo legislativo constitucional.

(2) Não tem o STF competência para julgar mandado de segurança contra ato de turma recursal de juizado Especial.

(3) A impetração de mandado de segurança coletivo por entidade de classe em favor dos seus associados independe de autorização destes, desde que a pretensão veiculada interesse a toda a categoria, pois, em caso contrário, a entidade não possui a referida legitimação.

(4) É cabível habeas data contra ato de órgão administrativo do Poder Judiciário que negue informação relativa à pessoa do impetrante.

1: correta, o STF admite o controle difuso de constitucionalidade, via Mandado de Segurança, exclusivamente impetrado por parlamentares para defender seu direito líquido e certo ao devido processo legislativo (como na hipótese de tramitação de Emenda Constitucional que visa a abolir uma cláusula pétrea); **2:** correta, a competência originária do STF para processar e julgar mandado de segurança limita-se aos atos das autoridades listadas no art. 102, I, "d", da CF; **3:** incorreta, V. Súmulas 629 e 630 do STF; **4:** correta, o *habeas data* deve ser impetrado para assegurar o conhecimento de informações relativas à pessoa do impetrante, constantes de registros ou bancos de dados de entidades governamentais ou de caráter público; ou para a retificação de dados (art. 5º, LXXII, "a" e "b", da CF).
Gabarito 1C, 2C, 3E, 4C.

(Cartório/RR – 2001 – CESPE) Um servidor público foi aprovado em concurso público realizado pelo Tribunal de Justiça do Estado de Roraima (TJRR) e, com vistas a assumir o novo cargo, solicitou ao seu órgão de origem certidão que comprovasse o seu tempo de serviço público. O referido órgão, entretanto, recusou-se a conceder a certidão solicitada.

Nessa hipótese, considerando jurisprudência pacífica e abalizada pela doutrina acerca da questão, deverá o servidor, com vistas a obrigar o órgão de origem a conceder-lhe a certidão, propor:

(A) mandado de segurança.

(B) *habeas data*.

(C) *habeas corpus*.

(D) mandado de injunção.

(E) ação popular.

Havendo recusa em fornecer certidões para a defesa de direitos ou situações de interesse pessoal, próprio ou de terceiros, ou mera informação de terceiros, já se pacificou que a via adequada é o mandado de segurança. Art. 5º, LXIX, da CF.
Gabarito "A".

(Cartório/RO – III) A expedição de certidões requeridas às repartições públicas:

(A) ocorre somente para defesa de direitos individuais;

(B) ocorre somente para esclarecimento de situações de caráter coletivo;

(C) pode ocorrer para a defesa de direitos e esclarecimentos de situações de interesse pessoal;

(D) fica sujeito ao discricionarismo da Administração Pública.

Art. 5º, XXXIV, "b", da CF.
Gabarito "C".

(Cartório/RO – III) A utilização do *habeas data* para retificação de dados pessoais é:

(A) obrigatória;

(B) proibida;

(C) indispensável;

(D) facultativa.

Art. 5º, LXXII, "b", da CF.
Gabarito "D".

(Cartório/RO – III) Analise a veracidade das frases:

I. a prestação de assistência religiosa nas entidades civis ou militares é vedada, visto que a União não pode manter relações de dependência ou aliança com entidades religiosas;

II. é garantida, na forma da lei, a proteção aos locais de culto e suas liturgias;

III. ninguém tem direito a cumprir prestação alternativa por motivo de convicção política.

A resposta correta é:

(A) apenas alternativa II está correta;

(B) apenas as alternativas I e II estão corretas;

(C) apenas as alternativas I e III estão corretas;

(D) apenas as alternativas II e III estão corretas.

I: incorreta, não reflete o disposto no art. 5º, VII, da CF; II: correta, art. 5º, VI, da CF; III: incorreta, o art. 5º, VIII, da CF, garante a prestação alternativa por motivo de convicção religiosa, na forma da lei. A *escusa de consciência* só leva à perda dos direitos políticos (art. 15, IV, da CF) se o escusante negar-se a cumprir a prestação alternativa que a lei fixar.
Gabarito "A".

(Cartório/RO – III) O dispositivo constitucional que assegura não haver crime sem lei anterior que o defina nem pena sem prévia cominação legal apresenta dois princípios importantes, a saber:

(A) princípio de individualização da pena e princípio da anterioridade;

(B) princípio da reserva constitucional e princípio da anterioridade;

(C) princípio da legalidade e princípio da anterioridade da pena;

(D) princípio do contraditório e princípio da ampla defesa.

Art. 5º, XXXIX, da CF.
Gabarito "C".

(Cartório/RO – III) Assinale a assertiva correta:

(A) nos termos da jurisprudência do STF, a decisão proferida em mandado de injunção pode suprir a eventual omissão legislativa;

(B) segundo entendimento dominante na doutrina e na jurisprudência, é inconstitucional a fixação de prazo para a impetração de *mandamus*;

(C) a denúncia vaga ou genérica no processo penal é plenamente compatível com o princípio constitucional da ampla defesa;

(D) a ação popular destina-se a anular ato lesivo ao patrimônio público ou de entidade de que o Estado participe, a moralidade administrativa, ao meio ambiente e ao patrimônio histórico e cultural.

A: incorreta, de acordo com o gabarito oficial. Entretanto, entendemos que, de acordo com a atual jurisprudência do STF, a alternativa está correta. O mandado de injunção (art. 5º, LXXI, da CF) visa tutelar *in concreto* os direitos subjetivos violados diante da falta de norma jurídica regulamentadora, referente a direitos ou prerrogativas relativos à nacionalidade, à soberania e à cidadania. Os efeitos da decisão do mandado de injunção é tema de polêmica doutrinária e jurisprudencial. A doutrina majoritária defende que o provimento jurisdicional tem natureza constitutiva, ou seja, na ausência de norma regulamentadora, deve o órgão julgador suprir a omissão e formular a norma do caso concreto, com eficácia *inter partes*. Entretanto, por muitos anos a jurisprudência do STF não consagrou essa tese, orientando-se no sentido de que o provimento do MI tinha natureza meramente declaratória, limitando-se a dar ciência da mora legislativa ao órgão omisso,

para que tomasse as providências necessárias quanto à edição do ato normativo (equiparando-o à ADIn por omissão). Atualmente, porém, o STF passou a regulamentar o direito violado, desde que o silêncio normativo seja considerado desproporcional. Tem adotado postura mais ativa no que tange ao mandado de injunção para viabilizar a própria fruição do direito subjetivo antes impedido de ser exercido por força de omissão legislativa inconstitucional – v. Informativos STF 442 e 450; B: incorreta, o prazo é constitucional e se aplica aos mandados de segurança repressivos; C: incorreta, não se compatibiliza com o princípio da ampla defesa; D: correta, só pode ser proposta por cidadão (art. 5º, LXXIII, da CF).
Gabarito "D".

(Cartório/SP – I – VUNESP) Ante as exceções estabelecidas pela Constituição para o princípio da inviolabilidade de domicílio, reconhece-se como legítimo o ingresso em casa alheia, sem o consentimento do morador,

(A) durante o dia, por determinação da autoridade policial, no curso de inquérito.

(B) a qualquer hora, por qualquer do povo, em caso de flagrante delito.

(C) durante o dia, por determinação da autoridade fazendária, para investigar sonegação de renda.

(D) a qualquer hora, por determinação judicial, no curso de instrução criminal.

Art. 5º, XI, da CF. Observe-se que a regra prevista no art. 5º, XI, da CF foi ampliada pela jurisprudência do STF para abranger também o escritório particular que funciona na casa do administrado.
Gabarito "B".

(Cartório/SP – II – VUNESP) Assinale a alternativa correta.

(A) O autor de ação popular, beneficiário ou não da assistência judiciária, goza de plena isenção de custas judiciais e do ônus da sucumbência, desde que de boa-fé.

(B) A sucessão de bens de estrangeiros situados no País será regulada pela lei brasileira em benefício do cônjuge ou dos filhos brasileiros, ainda que lhes seja mais favorável a lei pessoal do *de cujus*.

(C) A inviolabilidade do sigilo da correspondência e das comunicações telegráficas e telefônicas só pode ser quebrada por ordem judicial, nas hipóteses e na forma que a lei estabelecer para fins de investigação criminal ou instrução processual penal.

(D) Ninguém será preso senão em flagrante delito ou por ordem escrita e fundamentada de autoridade judiciária competente, salvo nos casos de transgressão militar e inadimplência voluntária e inescusável de obrigação alimentícia.

A: correta, art. 5º, LXXIII, da CF; B: incorreta, não reflete o disposto no art. 5º, XXXI, da CF; C: incorreta, não reflete o disposto no art. 5º, XII, da CF; D: incorreta, não reflete o disposto no art. 5º, LXI, da CF.
Gabarito "A".

(Cartório/SP – III – VUNESP) Das afirmativas, assinale a verdadeira.

(A) A Constituição Federal veda de forma absoluta a aplicação da pena de morte.

(B) Ninguém será levado à prisão ou nela mantido, quando a lei admitir a liberdade provisória, com ou sem fiança.

1. DIREITO CONSTITUCIONAL 27

(C) Toda desapropriação se dará mediante justa e prévia indenização ao proprietário do bem expropriado.

(D) Nenhum brasileiro será extraditado, salvo o naturalizado, em caso de crime comum, praticado após a naturalização, ou de comprovado envolvimento em tráfico ilícito de entorpecentes e drogas afins, na forma da lei.

A: incorreta, nos termos do art. 5º, XLVII, "a", da CF, pode-se declarar a pena de morte em caso de guerra declarada (art. 84, XIX, CF), e na forma prevista no Código Penal Militar; **B:** correta, art. 5º, LXVI, da CF; **C:** incorreta, não reflete o disposto no art. 5º, XXIV, da CF, que deve ser remetido aos arts. 182, § 4º, III e ao art. 243, ambos da CF. Necessário observar que na hipótese do art. 184 da CF, apesar de falar em justa indenização, o pagamento não se dá em dinheiro, mas em títulos da dívida agrária; **D:** incorreta, se praticado antes da naturalização (art. 5º, LI, da CF).
Gabarito "B".

(Cartório/SP – IV – VUNESP) A jurisprudência vem considerando o SCPC e SERASA como entidades de caráter público. De qual remédio jurídico-processual de natureza constitucional pode valer-se o consumidor para assegurar o conhecimento de informações relativas à sua pessoa constantes de registros ou bancos de dados e para a retificação de dados, quando não se prefira fazê-lo por processo sigiloso, judicial ou administrativo?

(A) Mandado de Injunção.

(B) Mandado de Segurança.

(C) *Habeas Data*.

(D) *Habeas Corpus*.

A: incorreta, o mandado de injunção tem por objetivo impedir que a falta de norma regulamentadora torne inviável o exercício de direitos relativos à nacionalidade, à soberania e à cidadania (art. 5º, LXXI, da CF); **B:** incorreta, o mandado de segurança visa proteger direito líquido e certo não amparável por *habeas corpus* ou por *habeas data* (art. 5º, LXIX, da CF); **C:** correta, o *habeas data* deve ser impetrado para assegurar o conhecimento de informações relativas à pessoa do impetrante, constantes de registros ou bancos de dados de entidades governamentais ou de caráter público; ou para a retificação de dados (art. 5º, LXXII, "a" e "b", da CF); **D:** incorreta, em regra, o *habeas corpus* visa proteger o direito de locomoção – direito de ir, vir e permanecer (art. 5º, LXVIII, da CF), próprio das pessoas (e não do patrimônio). Entretanto, vale ressaltar que o STF tem admitido HC quando a quebra de sigilo bancário implicar **ofensa indireta** ou reflexa ao direito de locomoção.
Gabarito "C".

(Cartório/SP – VI – VUNESP) A Constituição da República prevê a concessão de *habeas data* para que o impetrante possa:

(A) obter a liberação de documentos injustamente apreendidos por autoridade pública.

(B) conhecer ou retificar suas informações pessoais em bancos de dados públicos.

(C) assegurar o direito de ir e vir, próprio ou alheio, por determinado período de tempo.

(D) exigir que seja designado prazo razoável para que direito seu seja de fato respeitado.

O *habeas data* deve ser impetrado para assegurar o conhecimento de informações relativas à pessoa do impetrante, constantes de registros ou bancos de dados de entidades governamentais ou de caráter público; ou para a retificação de dados (art. 5º, LXXII, "a" e "b", da CF).
Gabarito "B".

4. DIREITOS SOCIAIS, NACIONALIDADE E DIREITOS POLÍTICOS

(Cartório/SP – 2016 – VUNESP) Aos portugueses serão atribuídos os direitos

(A) inerentes ao brasileiro nato.

(B) inerentes ao brasileiro naturalizado.

(C) inerentes aos do brasileiro, quando tiverem residência permanente no Brasil e havendo reciprocidade no ordenamento português ao brasileiro.

(D) correspondentes aos do brasileiro nato, quando tiverem residência permanente no Brasil e havendo reciprocidade no ordenamento português.

Art. 12, § 1º, CF: "Aos portugueses com residência permanente no País, se houver reciprocidade em favor de brasileiros, serão atribuídos os direitos inerentes ao brasileiro, salvo os casos previstos nesta Constituição".
Gabarito "C".

(Cartório/SP – 2016 – VUNESP) São direitos dos trabalhadores urbanos e rurais, assegurados pelo art. 7º da Constituição Federal:

(A) repouso semanal remunerado, preferencialmente aos domingos, jornada de seis horas para o trabalho realizado em turnos ininterruptos de revezamento, salvo negociação coletiva, licença à gestante com duração de 120 dias, mediante redução de 1/3 do salário durante o período.

(B) fundo de garantia do tempo de serviço, remuneração do trabalho superior à do noturno, adicional de remuneração para as atividades penosas, insalubres ou perigosas, na forma da lei.

(C) remuneração do serviço extraordinário superior, no mínimo, a quarenta por cento à do normal, licença-paternidade, seguro-desemprego, em caso de desemprego voluntário, e gozo de férias anuais remuneradas com, pelo menos, um quarto a mais do que o salário normal.

(D) gozo de férias anuais remuneradas com, pelo menos, um terço a mais do que o salário normal, proteção do salário, aviso-prévio de no mínimo vinte dias, relação de emprego protegida contra a despedida sem justa causa.

A: incorreta. Não há redução de salário para a fruição de licença gestante (art. 7º, XVIII, CF); **B:** correta. Art. 7º, III, IX e XXIII, CF; **C:** incorreta. A remuneração do trabalho extraordinário é, no mínimo, 50% superior à do trabalho normal (art. 7º, XVI, CF) e a remuneração de férias é de 1/3 (art. 7º, XVII, CF); **D:** incorreta. O aviso-prévio é de, no mínimo, trinta dias (art. 7º, XXI, CF).
Gabarito "B".

(Cartório/SP – 2016 – VUNESP) Assinale a alternativa correta.

(A) Será declarada a perda da nacionalidade do brasileiro que adquirir outra nacionalidade, inclusive nos casos de reconhecimento de nacionalidade originária pela lei estrangeira.

(B) É vedado estabelecer distinção entre brasileiros natos e naturalizados, salvo nos casos previstos em lei, para resguardo da segurança nacional.

(C) Os filhos de estrangeiros nascidos no Brasil serão, em qualquer hipótese, considerados brasileiros natos.

(D) São considerados brasileiros natos os nascidos no estrangeiro, de pai ou mãe brasileira, desde que qualquer deles esteja a serviço da República Federativa do Brasil.

A: incorreta. Não reflete o disposto no art. 12, § 4º, II, "a", CF; **B:** incorreta. Somente a constituição pode prever distinção entre brasileiros natos e naturalizados, como no art. 12, § 3º, CF; **C:** incorreta. Só serão brasileiros natos se os pais não estiverem a serviço de seu país (art. 12, I, "a", CF); **D:** correta. Art. 12, I, "b", CF.
Gabarito "D".

(Cartório/SP – 2016 –VUNESP) São privativos de brasileiros natos os seguintes cargos:

(A) de Presidente da República, de Ministro do Superior Tribunal de Justiça e de Ministro do Supremo Tribunal Federal.

(B) de Vice-Presidente da República, de Ministro de Estado da Defesa e de Ministro do Supremo Tribunal Federal.

(C) de Oficial das Forças Armadas, de Presidente do Senado e de Ministro de Estado da Justiça.

(D) de Carreira Diplomática, de Presidente do Superior Tribunal de Justiça e de Presidente da Câmara dos Deputados.

Art. 12, § 3º, CF: "São privativos de brasileiro nato os cargos: I – de Presidente e Vice-Presidente da República; II – de Presidente da Câmara dos Deputados; III – de Presidente do Senado Federal; IV – de Ministro do Supremo Tribunal Federal; V – da carreira diplomática; VI – de oficial das Forças Armadas. VII – de Ministro de Estado da Defesa".
Gabarito "B".

(Cartório/PA – 2016 – IESES) Quanto aos direitos dos trabalhadores urbanos e rurais é correto afirmar que a:

(A) Remuneração do trabalho diurno superior à do noturno.

(B) Remuneração do serviço extraordinário superior, no mínimo, em cinquenta por cento à do normal.

(C) Gozo de férias anuais remuneradas com, pelo menos, um quarto a mais do que o salário normal.

(D) Jornada de oito horas para o trabalho realizado em turnos ininterruptos de revezamento.

A: incorreta. A remuneração do trabalho noturno é superior à do diurno, e não o contrário (art. 7º, IX, CF); **B:** correta. Art. 7º, XVI, CF; **C:** incorreta. A remuneração de férias é de 1/3, não ¼ (art. 7º, XVII, CF); **D:** incorreta. A jornada de turnos ininterruptos de revezamento é de seis horas (art. 7º, XIV, CF).
Gabarito "B".

(Cartório/PA – 2016 – IESES) A Nacionalidade representa o vínculo jurídico político que liga o indivíduo a um Estado. A República Federativa do Brasil reconhece formas originárias e derivadas de reconhecimento de nacionalidade. Pode-se afirmar quanto a nacionalidade brasileira:

(A) *Jus Soli*, neste sistema a nacionalidade originária se estabelece pelo local do nascimento dos pais, independentemente da nacionalidade dos pais.

(B) *Jus Domicili*, temos a hipótese do filho de brasileiros que nasce no exterior e que vem residir no Brasil antes

de atingir a maioridade; na nacionalidade secundária o domicílio é elemento assegurador da naturalização.

(C) *Jus Sanguinis*: provém da antiguidade o sistema pelo qual os filhos adquirem a nacionalidade de seus pais. Neste sistema o filho adquire a nacionalidade que os pais tinham à época do seu nascimento, sendo afetado por eventuais mudanças de nacionalidade que posteriormente ocorram a seus pais.

(D) A nacionalidade originária se materializa por meio de dois critérios que incidem no momento do nascimento: o *jus soli* (nacionalidade do país em que nasce) e o *jus sanguinis* (aquisição da nacionalidade dos pais à época do nascimento).

No art. 12, I, "a", "b" e "c", da CF consta o fundamento constitucional para a adoção dos dois critérios de aquisição de nacionalidade originária pelo Brasil: o *ius solis* – art. 12, I, "a", CF – aquisição da nacionalidade brasileira por força de nascimento em seu território e *ius sanguinis* – art. 12, I, "b" e "c", CF – aquisição da nacionalidade brasileira por força de laços sanguíneos, ou seja, por ter pai ou mãe brasileiros.
Gabarito "D".

(Cartório/MG – 2015 – Consulplan) Quanto aos direitos sociais consagrados na Constituição Federal, é correto afirmar, EXCETO:

(A) Estão relacionados à educação, à saúde, à liberdade de associação, ao trabalho, à moradia, ao lazer, à segurança, à previdência social, à proteção à maternidade e à infância e à assistência aos desamparados.

(B) O trabalhador tem direito à participação nos lucros, ou resultados, desvinculada da remuneração, e, excepcionalmente, participação na gestão da **empresa**, conforme definido em lei.

(C) É prevista ação, quanto aos créditos resultantes das relações de trabalho, com prazo prescricional de cinco anos para os trabalhadores urbanos e rurais, até o limite de dois anos após a extinção do contrato de trabalho.

(D) O trabalho insalubre somente é permitido a partir dos 18 anos.

A: incorreta. Ver art. 6º, *caput*, CF. A liberdade de associação é direito individual, faz parte das chamadas "liberdades negativas", ou direitos fundamentais de primeira dimensão (ou geração); **B:** correta. Redação do art. 7º, XI, CF, localizado no capítulo "Dos direitos sociais"; **C:** correta. Redação do art. 7º, XXIX, CF, localizado no capítulo "Dos direitos sociais"; **D:** correta (em parte). Pelo texto da Constituição a alternativa estaria correta (art. 7º, XXXIII, CF). Entretanto, o Brasil é signatário da Convenção 182 da OIT, promulgada internamente por meio do Decreto n. 3.597/2000, que prevê ação imediata para erradicação das piores formas de trabalho infantil, categoria em que pode ser inserido o trabalho insalubre de menores.
Gabarito Anulada

(Cartório/MG – 2015 – Consulplan) Relativamente à nacionalidade, é correto afirmar:

(A) Não é permitido a brasileiro naturalizado há 06 anos ser proprietário de empresa de radiodifusão.

(B) É brasileiro nato o nascido no estrangeiro de pai brasileiro e mãe estrangeira.

(C) São privativos de brasileiros natos os cargos de Presidente, Vice-Presidente da República; Presidente da Câmara dos Deputados; Presidente do Senado Federal; Ministros dos Tribunais Superiores; Diplomatas de

1. DIREITO CONSTITUCIONAL

carreira; Oficial das Forças Armadas e Ministro de Estado da Defesa.

(D) Será declarada a perda da nacionalidade do brasileiro que adquirir outra nacionalidade em decorrência de reconhecimento de nacionalidade originária pela lei estrangeira.

A: correta. A propriedade de empresa jornalística e de radiodifusão sonora e de sons e imagens é privativa de brasileiros natos ou naturalizados há mais de dez anos (art. 222 da CF); **B:** incorreta. Se o pai brasileiro não estiver a serviço do Brasil (art. 12, I, "b", CF), a hipótese é regulada pelo art. 12, I, "c", CF, ou seja: se a criança nasceu no estrangeiro, não basta ter pai brasileiro para ser brasileira nata, mas é preciso que tenha sido registrada na repartição brasileira competente ou que venha a residir no Brasil e opte, a qualquer tempo, depois de atingida a maioridade, pela nacionalidade brasileira; **C:** incorreta. O rol de cargos privativos de brasileiros natos encontra-se no art. 12, § 3º, CF, onde não se lê "ministros de tribunais superiores". Somente os Ministros do Supremo Tribunal Federal precisam ser brasileiros natos. Os ministros dos demais tribunais superiores podem ser brasileiros naturalizados; **D:** incorreta. Essa hipótese está prevista na CF como exceção à regra de perda da nacionalidade brasileira – art. 12, § 4º, II, "a", CF.
Gabarito "A".

(Cartório/MG – 2015 – Consulplan) São brasileiros natos, EXCETO:

(A) Os nascidos na República Federativa do Brasil, ainda que de pais estrangeiros, desde que estes não estejam a serviço de seu país.

(B) Os nascidos na República Federativa do Brasil, ainda que de pais estrangeiros, desde que estes estejam a serviço de seu país.

(C) Os nascidos no estrangeiro, de pai brasileiro ou mãe brasileira, desde que qualquer deles esteja a serviço da República Federativa do Brasil.

(D) Os nascidos no estrangeiro de pai brasileiro ou mãe brasileira, desde que sejam registrados em repartição brasileira competente ou venham a residir na República Federativa do Brasil e optem, em qualquer tempo, depois de atingida a maioridade, pela nacionalidade brasileira.

A: correta. Art. 12, I, "a", CF; **B:** incorreta, devendo ser assinalada. Se os pais estrangeiros estiverem a serviço de seus respectivos países, a criança nascida em território brasileiro não será brasileira nata, por força da exceção prevista no final do art. 12, I, "a", CF; **C:** correta. Art. 12, I, "b", CF; **D:** correta. Art. 12, I, "c", CF.
Gabarito "B".

(Cartório/MG – 2015 – Consulplan) Quanto aos direitos políticos, assinale a alternativa INCORRETA:

(A) O alistamento eleitoral e o voto são facultativos aos maiores de 70 (setenta) anos.

(B) A soberania popular será exercida pelo sufrágio universal e pelo voto direto e secreto, com valor igual para todos, mediante plebiscito, referendo, e iniciativa popular.

(C) É vedado à União, aos Estados, ao Distrito Federal e aos Municípios recusar fé aos documentos públicos.

(D) É vedada a cassação de direitos políticos, cuja perda ou suspensão ocorrerá tão somente na hipótese de improbidade administrativa.

A: correta. Art. 14, § 1º, II, "b", CF; **B:** correta. Art. 14, *caput* e incisos I, II e III, CF; **C:** correta. Art. 19, II, CF; **D:** incorreta, devendo ser assinalada. O art. 15, I a V, da CF, prevê os casos de perda ou suspensão de direitos políticos, que envolvem não só os casos de improbidade administrativa, mas também: o cancelamento da naturalização por sentença transitada em julgado, a incapacidade civil absoluta, a condenação criminal transitada em julgado (enquanto durarem seus efeitos) e a recusa a cumprimento de obrigação a todos imposta ou prestação alternativa.
Gabarito "D".

(Cartório/MG – 2012 – FUMARC) Os direitos políticos negativos correspondem às previsões constitucionais que restringem o acesso do cidadão à participação nos órgãos governamentais, por meio de impedimentos às candidaturas. Com este conceito, são absolutamente inelegíveis os cidadãos

(A) servidores civis e militares.

(B) analfabetos e servidores civis.

(C) inalistáveis e militares.

(D) analfabetos e inalistáveis.

A: incorreta. Os servidores civis e os militares não são considerados *absolutamente* inelegíveis pelo texto constitucional. De acordo com o art. 14, § 8º, c/c o 142, § 3º, IV, ambos da CF, o militar é alistável, mas, durante o período em que estiver na ativa, não poderá se filiar a partido político. Como a filiação partidária é requisito da elegibilidade, o Tribunal Superior Eleitoral definiu que o registro da candidatura apresentada pelo partido político e a autorização do militar candidato, além do preenchimento dos requisitos constitucionais, previstos no art. 14, § 8º, são suficientes para que ele seja elegível. Sendo assim, a doutrina considera o militar como relativamente inelegível. Ou seja, cumpridas as determinações constitucionais ele pode ser eleito. **B:** incorreta. O analfabeto, conforme o art. 14, § 4º, da CF é absolutamente inelegível, mas o servidor civil não; **C:** incorreta. De fato, os inalistáveis (estrangeiros e conscritos, durante o serviço militar obrigatório – art. 14, § 2º, da CF) são absolutamente inelegíveis, pois o alistamento eleitoral é uma das condições de elegibilidade (art. 14, § 3º, III, da CF). Mas, o militar, conforme mencionado, não é absolutamente inelegível; **D:** correta (art. 14, § 4º, da CF).
Gabarito "D".

(Cartório/RN – 2012 – IESIS) Marque **V** ou **F**, conforme as afirmações a seguir sejam **verdadeiras** ou **falsas**. São direitos dos trabalhadores urbanos e rurais, além de outros que visem à melhoria de sua condição social:

I. Irredutibilidade do salário, ainda que disposto em convenção ou acordo coletivo.

II. Duração do trabalho normal não superior a oito horas diárias e quarenta e quatro semanais, vedada a compensação de horários mediante convenção coletiva de trabalho.

III. Jornada de oito horas para o trabalho realizado em turnos ininterruptos de revezamento.

IV. Assistência gratuita aos filhos e dependentes desde o nascimento até 12 (doze) anos de idade em creches e pré-escolas.

V. Igualdade de direitos entre o trabalhador com vínculo empregatício permanente e o trabalhador eventual.

A sequência correta, de cima para baixo, é:

(A) V – F – V – F – F

(B) F – F – F – F – F

(C) F – V – V – F – V

(D) V – F – F – V – V

I: incorreta. De acordo com o art. 7º, VI, da CF, a irredutibilidade do salário integra os direitos dos trabalhadores urbanos e rurais, *salvo o disposto em convenção ou acordo coletivo*; **II:** incorreta. O art. 7º, XIII, da CF determina a duração do trabalho normal não superior a oito horas diárias e quarenta e quatro semanais, *facultada a compensação de horários* e a redução da jornada, mediante acordo ou convenção coletiva de trabalho; **III:** incorreta. Conforme o art. 7º, XIV, da CF, a jornada é de *seis horas* para o trabalho realizado em *turnos ininterruptos* de revezamento, salvo negociação coletiva; **IV:** incorreta. O art. 7º, XXV, da CF garante a assistência gratuita aos filhos e dependentes desde o nascimento *até 5 (cinco) anos de idade* em creches e pré-escolas; **V:** incorreta. De acordo com o art. 7º, XXXI, da CF, é garantida a igualdade de direitos entre *o trabalhador com vínculo empregatício permanente e o trabalhador avulso*.
Gabarito "B".

(Cartório/MG – 2012 – FUMARC) São direitos políticos do cidadão em geral, **EXCETO**

(A) alistabilidade.

(B) direito de sufrágio.

(C) imunidade parlamentar.

(D) organização e participação de partidos políticos.

A, B, D: incorretas. De acordo com José Afonso da Silva, "os direitos políticos positivos consistem no conjunto de normas que asseguram o direito subjetivo de participação no processo político e nos órgãos governamentais. Eles garantem a participação do povo no poder de dominação política por meio das diversas modalidades de *direito de sufrágio: direito de voto nas eleições*, direito de elegibilidade (direito de ser votado), direito de voto nos plebiscitos e referendos, assim como por outros direitos de participação popular, como o direito de iniciativa popular, o direito de propor ação popular e o *direito de organizar e participar de partidos políticos*" (*Curso de Direito Constitucional Positivo*. 35. ed. São Paulo: Malheiros, 2011. p. 349). Sendo assim, o alistamento eleitoral, por meio do qual é garantido o exercício do direito de voto, o sufrágio que tem significa amplo, como explicado, e a organização e participação de partidos políticos, são considerados direitos políticos do cidadão em geral. **C:** correta. As *imunidades parlamentares* são prerrogativas dadas aos parlamentares para que eles exerçam a função com liberdade (art. 53 da CF). Portanto, *não configuram direitos políticos*.
Gabarito "C".

(Cartório/MG – 2012 – FUMARC) O voto, que será exercido de forma direta, apresenta as seguintes características

(A) personalidade, publicidade, eficácia, igualdade e periodicidade.

(B) personalidade, publicidade, competência, liberdade e periodicidade.

(C) personalidade, obrigatoriedade, liberdade, sigilosidade, igualdade e periodicidade.

(D) personalidade, obrigatoriedade, liberdade, sigilosidade, publicidade e periodicidade.

A: incorreta. A eficácia não tem relação com o voto; **B:** incorreta. Competência também não está relacionada aos direitos políticos; **C:** correta. O voto é ato *personalíssimo*, **ou seja,** só pode ser exercido pela própria pessoa, não há possibilidade de se passar uma procuração para que outro vote em seu nome, o voto não pode ser efetivado por mandato. É também *obrigatório*, embora essa característica não seja considerada uma cláusula pétrea. É claro que há a possibilidade de votar em branco ou anular seu voto, mas isso não significa que o sujeito possa deixar de comparecer fisicamente ao local, dia e horário determinados. O voto é tido como *ato livre*, pois o seu conteúdo é livre, por conta disso que as pessoas, além de poderem escolher em qual candidato votarem, podem anular seu voto. É ainda regido pela igualdade, pois é ato *universal*, **ou seja, a** capacidade eleitoral é dada a todos os nacionais, indiscriminadamente. Por fim, é *sigiloso* (secreto) e *periódico*. Desse modo, os governantes detêm mandatos por um período determinado. **D:** incorreta. O voto não é dotado de publicidade, ao contrário, é ato sigiloso.
Gabarito "C".

(Cartório/RJ – 2012) Sobre nacionalidade, é correto afirmar que

(A) são privativos de brasileiros natos os cargos de Senador.

(B) não será declarada a perda da nacionalidade do brasileiro que adquirir outra nacionalidade, se em decorrência de reconhecimento de nacionalidade originária pela lei estrangeira.

(C) a lei ordinária poderá estabelecer distinção de tratamento entre brasileiros natos e naturalizados, ainda que não previstas as distinções no texto constitucional.

(D) os estrangeiros, de qualquer nacionalidade, residentes no Brasil há mais de 15 (quinze) anos, tornam-se automaticamente brasileiros.

(E) são privativos de brasileiros natos os cargos de Ministro do Superior Tribunal de Justiça (STJ).

A: incorreta. O cargo de Senador não é privativo de nato. De acordo com o no art. 12, § 3º, da CF os cargos de Presidente e Vice-Presidente da República, Presidente da Câmara dos Deputados, Presidente do Senado Federal, Ministro do Supremo Tribunal Federal, da carreira diplomática, oficial das Forças Armadas e Ministro de Estado da Defesa, devem ser preenchidos por brasileiros *natos*. Vale lembrar que o art. 89, VII, da CF trata do Conselho da República e traz mais alguns "cargos privativos", pois, determina que devem ocupar tal órgão, dentre outros, seis cidadãos sejam *brasileiros natos* com mais de trinta e cinco anos de idade, sendo dois nomeados pelo Presidente da República, dois eleitos pelo Senado Federal e dois eleitos pela Câmara dos Deputados, todos com mandato de três anos, vedada a recondução; **B:** correta. De fato, nessa situação *não será declarada a perda* da nacionalidade. É o que dispõe o art. 12, § 4º, II, "a", da CF; **C:** incorreta. De acordo com o art. 12, § 2º, da CF, *a lei não poderá estabelecer distinção entre brasileiros natos e naturalizados*, salvo nos casos previstos nesta Constituição; **D:** incorreta. A naturalização não é adquirida de forma automática. Determina o art. 12, II, "b", da CF, que são considerados brasileiros naturalizados, os estrangeiros de qualquer nacionalidade, residentes na República Federativa do Brasil há mais de quinze anos ininterruptos e sem condenação penal, *desde que requeiram a nacionalidade brasileira*; **E:** incorreta. O cargo de Ministro do STJ *não é privativo* de brasileiro nato. Vale lembrar que, de acordo com o art. 12, § 3º, da CF, são privativos de nato os seguintes cargos: Presidente e Vice-Presidente da República, Presidente da Câmara dos Deputados, Presidente do Senado Federal, Ministro do Supremo Tribunal Federal, da carreira diplomática, oficial das Forças Armadas e Ministro de Estado da Defesa. Além disso, o art. 89, VII, da CF trata do Conselho da República e dentre a composição do órgão destina seis cadeiras a cidadãos brasileiros *natos* com mais de trinta e cinco anos de idade, sendo dois nomeados pelo Presidente da República, dois eleitos pelo Senado Federal e dois eleitos pela Câmara dos Deputados, todos com mandato de três anos, vedada a recondução.
Gabarito "B".

(Cartório/SC – 2012) Quanto aos direitos sociais previstos na Constituição Federal, pode-se afirmar:

I. O salário-família é pago indistintamente a todos os brasileiros em razão da relação de dependência do trabalhador nos termos da legislação aplicável.

1. DIREITO CONSTITUCIONAL

II. A gratificação de férias anuais remuneradas não está limitada a um terço do salário normal do trabalhador.

III. O servidor público regido pelo regime estatutário faz jus ao fundo de garantia por tempo de serviço.

IV. Em caso de acidente do trabalho, o trabalhador tem direito a seguro, com encargo ao empregador, e por isso não tem direito a qualquer indenização civil decorrente do acidente ocorrido em razão da função desempenhada.

(A) Somente a proposição IV está correta.

(B) Somente as proposições II e III estão corretas.

(C) Somente a proposição III está correta.

(D) Somente a proposição II está correta.

(E) Somente as proposições I e IV estão corretas.

I: incorreta. De acordo com o art. 7º, XII, da CF, o salário-família não é pago indistintamente, mas sim ao dependente do trabalhador de *baixa renda*, nos termos da lei; II: correta. Conforme dispõe o art. 7º, XVII, é direito do trabalhador o gozo de férias anuais remuneradas com, *pelo menos, um terço a mais* do que o salário normal; III: incorreta. Os servidores públicos estatutários não têm direito ao fundo de garantia por tempo de serviço; IV: incorreta. De acordo com o art. 7º, XXVIII, o trabalhador tem direito ao seguro contra acidentes de trabalho, a cargo do empregador, *sem excluir a indenização* a que este está obrigado, quando incorrer em dolo ou culpa.
Gabarito "D".

(Cartório/SP – 2011 – VUNESP) Os partidos políticos, após adquirirem personalidade jurídica, na forma da lei civil, registrarão seus estatutos

(A) no Registro Público competente.

(B) na Junta Eleitoral da Circunscrição Nacional.

(C) no Tribunal Superior Eleitoral.

(D) no Registro Civil das Pessoas Jurídicas.

De acordo com o art. 17, § 2º, da CF, os partidos políticos, após adquirirem personalidade jurídica, na forma da lei civil, *devem registrar os seus estatutos no Tribunal Superior Eleitoral.*
Gabarito "C".

(Cartório/SP – 2011 – VUNESP) Sobre direitos políticos, é incorreto dizer:

(A) o alistamento eleitoral e o voto são obrigatórios para os maiores de dezoito anos, mas facultativos se estiverem numa das seguintes condições: (i) analfabetos ou (ii) maiores de setenta anos.

(B) a elegibilidade mínima para quaisquer cargos é de vinte e um anos.

(C) o alistamento eleitoral e o voto são facultativos para os maiores de dezesseis e menores de dezoito anos.

(D) a soberania popular é exercida mediante voto, plebiscito, referendo popular e iniciativa popular.

A: correta. É o que determina o art. 14, § 1º, I e II, da CF. B: incorreta, devendo ser assinalada. De acordo com o art. 14, § 3º, VI, da CF, as *idades mínimas* para a elegibilidade *variam de acordo com o cargo*, sendo: a) trinta e cinco anos para Presidente e Vice-Presidente da República e Senador, b) trinta anos para Governador e Vice-Governador de Estado e do Distrito Federal, c) vinte e um anos para Deputado Federal, Deputado Estadual ou Distrital, Prefeito, Vice-Prefeito e juiz de paz e d) dezoito anos para Vereador; C: correta. É o que se extrai do art. 14, § 1º, II, "c", da CF; D: correta. É o que dispõe o art. 14, I, II e III, da CF.
Gabarito "B".

(Cartório/SP – 2011 – VUNESP) Sobre nacionalidade, é incorreto dizer:

(A) fora dos casos previstos na Constituição Federal, a lei não poderá estabelecer diferenças entre brasileiros natos e naturalizados.

(B) são brasileiros natos os nascidos no Brasil, ainda que de pais estrangeiros, desde que estes não estejam a serviço de seu país.

(C) são brasileiros naturalizados os que adquiram a nacionalidade brasileira na forma da lei.

(D) são brasileiros natos os nascidos no estrangeiro de pai brasileiro ou de mãe brasileira, desde que registrados em Cartório de Registro Civil das Pessoas Naturais no Brasil, até atingirem a maioridade.

A: correta. De fato, de acordo com o art. 12, § 2º, da CF, a lei não poderá estabelecer distinção entre brasileiros natos e naturalizados, salvo nos casos previstos na Constituição Federal. Desse modo, as únicas distinções admitidas pelo ordenamento jurídico brasileiro são as trazidas pela própria Constituição Federal, como, por exemplo, os cargos privativos de brasileiros natos (art. 12, § 3º, da CF); B: correta. É o que determina o art. 12, I, "a", da CF; C: correta. É o que dispõe o art. 12, II, "a", primeira parte, da CF; D: incorreta, devendo ser assinalada. De acordo com o art. 12, I, "c", com redação dada pela EC 54/2007, são considerados brasileiros natos os nascidos no estrangeiro de pai brasileiro ou de mãe brasileira, *desde que sejam registrados em repartição brasileira competente ou venham a residir na República Federativa do Brasil e optem, em qualquer tempo, depois de atingida a maioridade, pela nacionalidade brasileira.*
Gabarito "D".

(Cartório/SP – 2011 – VUNESP) Assinale, dentre as alternativas apresentadas, o cargo privativo de brasileiro nato.

(A) Desembargador do Tribunal de Justiça.

(B) Ministro da Fazenda.

(C) Ministro do Superior Tribunal de Justiça.

(D) Oficial das Forças Armadas.

Os cargos privativos de brasileiro nato estão previstos no art. 12, § 3º, da CF. São os seguintes: Presidente e Vice-Presidente da República, Presidente da Câmara dos Deputados, Presidente do Senado Federal, Ministro do Supremo Tribunal Federal, da carreira diplomática, *oficial das Forças Armadas* e Ministro de Estado da Defesa. Vale lembrar que o art. 89, VII, da CF trata do Conselho da República e dentre a composição do órgão há seis cidadãos brasileiros natos com mais de trinta e cinco anos de idade, sendo dois nomeados pelo Presidente da República, dois eleitos pelo Senado Federal e dois eleitos pela Câmara dos Deputados, todos com mandato de três anos, vedada a recondução. Desse modo, apenas a alternativa "D" traz um cargo privativo de nato que é o de oficial das Forças Armadas.
Gabarito "D".

(Cartório/MS – 2009 – VUNESP) Entre os direitos sociais, a Constituição Federal garante os direitos dos trabalhadores, exceto,

(A) relação de emprego protegida contra despedida arbitrária ou sem justa causa, nos termos de lei complementar, que preverá indenização compensatória, dentre outros direitos.

(B) participação nos lucros ou resultados, vinculada à remuneração, nos termos da lei.

(C) salário-família pago em razão do dependente do trabalhador de baixa renda, nos termos da lei.

(D) duração do trabalho normal não superior a oito horas diárias e quarenta e quatro semanais, facultadas a compensação de horários e a redução da jornada, mediante acordo ou convenção coletiva de trabalho.

(E) seguro contra acidentes de trabalho, a cargo do empregador, sem excluir a indenização a que este está obrigado, quando incorrer em dolo ou culpa.

A: correta, art. 7º, I, da CF; **B:** incorreta (devendo ser assinalada), não reflete o disposto no art. 7º, XI, da CF; **C:** correta, art. 7º, XII, da CF; **D:** correta, art. 7º, XIII, da CF; **E:** correta, art. 7º, XXVIII, da CF.

Gabarito "B."

(Cartório/MS – 2009 – VUNESP) O brasileiro naturalizado, segundo a Constituição, poderá ocupar o cargo público de:

(A) Presidente do Senado Federal.

(B) Ministro do Supremo Tribunal Federal.

(C) Deputado Federal.

(D) Oficial das Forças Armadas.

(E) Vice-Presidente da República.

O art. 12, § 3º, da CF, lista os cargos privativos de brasileiro nato. Todos os demais podem ser exercidos por brasileiros naturalizados.

Gabarito "C."

(Cartório/DF – 2008 – CESPE) Julgue o seguinte item, acerca dos direitos políticos.

(1) O voto é obrigatório para os maiores de 18 e menores de 70 anos de idade, independentemente do grau de instrução do eleitor, sendo facultativo para os maiores de 16 e menores de dezoito anos.

1: incorreta. O voto é facultativo para os analfabetos. Art. 14, § 1º, II, "a" a "c", da CF.

Gabarito "1E."

(Cartório/MA – 2008 – IESES) São brasileiros natos:

(A) Os estrangeiros de qualquer nacionalidade, residentes na República Federativa do Brasil há mais de quinze anos ininterruptos e sem condenação penal, desde que requeiram a nacionalidade brasileira.

(B) Os que, na forma da lei, adquiram a nacionalidade brasileira, exigidas aos originários de países de língua portuguesa apenas residência por um ano ininterrupto e idoneidade moral.

(C) Os nascidos no estrangeiro, de pai brasileiro ou de mãe brasileira, desde que sejam registrados em repartição brasileira competente ou venham a residir na República Federativa do Brasil e optem, em qualquer tempo, pela nacionalidade brasileira.

(D) Os nascidos no estrangeiro, de pai brasileiro ou de mãe brasileira, desde que sejam registrados em repartição brasileira competente ou venham a residir na República Federativa do Brasil e optem, em qualquer tempo, depois de atingida a maioridade, pela nacionalidade brasileira.

Art. 12, I, "c", da CF.

Gabarito "D."

(Cartório/MA – 2008 – IESES) Dentre outros, são cargos privativos de brasileiros natos:

(A) Presidente e Vice-Presidente da República, Presidente do Senado, Presidente da Câmara dos Deputados e Ministro da Economia.

(B) Presidente e Vice-Presidente da República, Presidente do Senado e Ministro do Superior Tribunal de Justiça.

(C) Presidente e Vice-Presidente da República, Presidente do Senado e Ministro do Supremo Tribunal Federal.

(D) Presidente e Vice-Presidente da República, Presidente do Senado, Ministro do Tribunal Superior Eleitoral e Ministro do Superior Tribunal de Justiça.

Art. 12, § 3º, I, III e IV, da CF.

Gabarito "C."

(Cartório/MA – 2008 – IESES) Quanto aos Direitos Políticos, analise as afirmações a seguir.

I. São condições de elegibilidade, entre outras, filiação partidária, o alistamento militar e a nacionalidade brasileira.

II. Constitui condição de elegibilidade, na forma da lei, a idade mínima de trinta e cinco anos para senador.

III. É vedada a cassação de direitos políticos, porém, a perda destes se dará em caso de cancelamento da naturalização por sentença transitada em julgado.

IV. Os partidos políticos, após adquirirem personalidade jurídica, na forma da lei civil, registrarão seus estatutos no Tribunal Regional Eleitoral.

A alternativa que contém todas e somente as afirmações corretas é:

(A) I – II – IV

(B) I – II – III

(C) III – IV

(D) II – III

I: incorreta, não se exige alistamento militar, mas eleitoral (art. 14, § 3º, I a VI, da CF); **II:** correta, art. 14, § 3º, VI, "a", da CF; **III:** correta, art. 15, *caput* e I, da CF; **IV:** incorreta, no Tribunal Superior Eleitoral (art. 17, § 2º, da CF).

Gabarito "D."

(Cartório/SC – 2008) NÃO é privativo de brasileiro nato o cargo de:

(A) Ministro do Superior Tribunal de Justiça.

(B) Presidente do Senado Federal.

(C) Ministro do Supremo Tribunal Federal.

(D) Oficial das Forças Armadas.

(E) Presidente da Câmara dos Deputados.

Apenas os cargos listados no art. 12, § 3º, da CF, são privativos de brasileiros natos.

Gabarito "A."

(Cartório/ES – 2007 – FCC) Martim nasceu na cidade de Madrid na Espanha, filho de pais espanhóis, e veio para o Brasil quando tinha dez anos de idade. Após residir por mais de vinte anos ininterruptos no Brasil, sem qualquer condenação penal, requereu e obteve a nacionalidade brasileira neste ano de 2007. A partir de então, Martim poderá exercer, dentre outros, o cargo de:

(A) Ministro do Superior Tribunal de Justiça.

(B) Carreira diplomática.

(C) Presidente da Câmara dos Deputados.

(D) Presidente do Senado Federal.

(E) Ministro do Estado da Defesa.

Como brasileiro naturalizado, pode exercer qualquer cargo público, exceto os listados no art. 12, § 3º, da CF.

Gabarito "A."

1. DIREITO CONSTITUCIONAL

(Cartório/PR – 2007) A capacidade eleitoral ativa e a capacidade eleitoral passiva integram os direitos políticos e são delimitadores do seu exercício. Em face dessa realidade, assinale a correta:

(A) A inelegibilidade relativa decorre do texto constitucional e da lei.

(B) A inelegibilidade absoluta pode ser fixada na lei infraconstitucional.

(C) A capacidade eleitoral ativa compreende as inelegibilidades absolutas.

(D) A inelegibilidade reflexa por motivos de casamento somente fica afastada no caso de o candidato já estar ocupando mandato eletivo e independe de desincompatibilização.

(E) Os partidos políticos não possuem direito a recursos do fundo partidário.

A: correta, a inelegibilidade relativa refere-se a alguns cargos (em decorrência da função ou do parentesco), a algumas pessoas (como os militares), ou a situações previstas em lei complementar (art. 14, § 9º, da CF); **B:** incorreta, a inelegibilidade absoluta refere-se à impossibilidade de o nacional ser eleito para qualquer cargo eletivo, em todo o território nacional, e só pode ser estabelecida pela Constituição. Pelo art. 14, § 4º, da CF, são inelegíveis os inalistáveis (aí incluídos os conscritos e os estrangeiros) e os analfabetos; **C:** incorreta, a capacidade eleitoral ativa é o direito de votar e se dá com o alistamento eleitoral. A capacidade eleitoral passiva corresponde ao direito de ser eleito (de se eleger); **D:** incorreta, a regra de inelegibilidade reflexa vem prevista no art. 14, § 7º, da CF, segundo a qual são inelegíveis, no território de jurisdição do titular, o cônjuge e os parentes consanguíneos ou afins, até o segundo grau ou por adoção, do Presidente da República, de Governador de Estado ou Território, do Distrito Federal, de Prefeito ou de quem os haja substituído dentro dos seis meses anteriores ao pleito, salvo se já titular de mandato eletivo e candidato à reeleição. De acordo com o entendimento do STF, a vedação do art. 14, § 7º, da CF só é excepcionada se o titular for reelegível e tiver se desincompatibilizado seis meses antes, sendo os requisitos cumulativos. Pela interpretação conjunta do art. 14, § 7º da CF e dos artigos do Código Civil sobre parentesco (arts. 1.591 a 1.595 do CC/2002), são parentes do titular por *consanguinidade* ou por *adoção* inelegíveis: seus pais e filhos (1º grau), avós, netos e irmãos (2º grau). São também inelegíveis por vínculo de *afinidade* com o titular: genro, nora, sogro, sogra (1º grau por afinidade), avós do cônjuge ou companheiro(a), cunhado e cunhada (2º grau por afinidade); **E:** incorreta, não reflete o disposto no art. 17, § 3º, da CF.
Gabarito "A".

(Cartório/PR – 2007) Os direitos sociais caracterizam o Estado Social Brasileiro. Em relação aos direitos sociais, assinale a correta:

(A) Os direitos sociais apresentam-se no texto constitucional como normas de aplicabilidade imediata e eficácia plena.

(B) A previdência social não depende de contribuição para ser usufruída.

(C) Possuem como conteúdo material a dignidade da pessoa humana e a melhoria das condições de vida do cidadão.

(D) Estão localizados na primeira geração de direitos fundamentais.

(E) A assistência social depende de contribuição social.

A e D: incorretas, os direitos sociais são direitos a prestações positivas do Estado, caracterizados pela doutrina como de *segunda dimensão*. Em geral são de eficácia limitada; **B:** incorreta, a previdência social é

de caráter contributivo (art. 201 da CF); **C:** correta, art. 6º, da CF; **E:** incorreta, independe de contribuição social (art. 203 da CF).
Gabarito "C".

(Cartório/DF – 2006 – CESPE) Acerca dos partidos políticos, julgue o item seguinte.

(1) Os partidos políticos, pessoas jurídicas de direito privado, criados na forma da legislação civil, devem ter seus estatutos registrados no Tribunal Superior Eleitoral.

1: correta. Art. 17, § 2º, da CF.
Gabarito "1C".

(Cartório/MG – 2005 – EJEF) Analise estas afirmativas concernentes à nacionalidade brasileira e assinale com V as verdadeiras e com F as falsas:

( ) São brasileiros natos os nascidos no estrangeiro, de pai brasileiro ou mãe brasileira, desde que qualquer deles esteja a serviço da República Federativa do Brasil.

( ) São brasileiros naturalizados os estrangeiros de qualquer nacionalidade residentes na República Federativa do Brasil há mais de 15 anos ininterruptos e sem condenação penal, desde que requeiram a nacionalidade brasileira.

( ) Aos portugueses com residência permanente no País, se houver reciprocidade em favor de brasileiros, serão atribuídos os direitos inerentes ao brasileiro, salvo os casos previstos na Constituição.

Assinale a alternativa que apresenta a sequência de letras CORRETA.

(A) (F) (F) (V)

(B) (V) (F) (V)

(C) (V) (V) (F)

(D) (V) (V) (V)

I: correta, art. 12, I, "b", da CF; **II:** correta, art. 12, II, "b", da CF; **III:** correta, art. 12, § 1º, da CF.
Gabarito "D".

(Cartório/AM – 2005 – FGV) Assinale a alternativa que apresente corretamente direitos sociais.

(A) educação, saúde e previdência privada.

(B) educação, assistência aos silvícolas e trabalho.

(C) saúde, assistência aos desamparados e lazer.

(D) trabalho, moradia e liberdade de expressão.

(E) moradia, liberdade de expressão e proteção à infância.

Art. 6º da CF.
Gabarito "C".

(Cartório/MT – 2003 – UFMT) Será declarada a perda da nacionalidade do brasileiro que:

(A) tiver cancelada sua naturalização, por ato do Ministro da Justiça, em virtude de atividade ilícita, observado o princípio da ampla defesa e do contraditório.

(B) tiver cancelada sua naturalização, por sentença judicial, em virtude de atividade relacionada com o tráfico internacional de drogas e substâncias afins e prática de crimes hediondos.

(C) tiver cancelada sua naturalização, por sentença judicial, em virtude de atividade nociva ao interesse nacional.

(D) adquirir outra nacionalidade, salvo no caso de reconhecimento de nacionalidade originária por vontade própria.

(E) adquirir outra nacionalidade, salvo no caso de imposição de naturalização por outro Estado, como condição para permanência em seu território.

Art. 12, § 4°, I e II, da CF.
Gabarito "C".

(Cartório/RO – III) Assinale a opção correta:

(A) o brasileiro naturalizado poderá ser extraditado no caso de comprovado envolvimento em tráfico de drogas;

(B) é legítima a extradição de brasileiro naturalizado;

(C) segundo a jurisprudência do STF, é legítima a extradição de português beneficiado com o estatuto da igualdade;

(D) a constituição brasileira admite a extradição nos casos de crimes políticos ou de opinião.

A: correta, art. 5°, LI, da CF; B: incorreta, excepcionalmente, na forma do art. 5°, LI, da CF; C: incorreta, art. 9° do Decreto 70.391/72: "Os portugueses e brasileiros que gozem do estatuto de igualdade não estão sujeitos à extradição, salvo se requerida pelo Governo do Estado da nacionalidade"; D: incorreta, a CF não admite a extradição nesses casos (art. 5°, LII, da CF).
Gabarito "A".

(Cartório/SP – II – VUNESP) Assinale a alternativa correta.

(A) O Presidente da República, os Governadores de Estado e do Distrito Federal, os Prefeitos e quem os houver sucedido ou substituído no curso dos mandatos poderão ser reeleitos para um único período subsequente ou concorrer a outros cargos, devendo, em ambas as hipóteses, renunciar aos respectivos mandatos até seis meses antes do pleito.

(B) São elegíveis, fora do território de jurisdição do titular, o cônjuge e os parentes consanguíneos ou afins, até o segundo grau ou por adoção, do Presidente da República, de Governador de Estado e do Distrito Federal, de Prefeito ou de quem os haja substituído dentro dos seis meses anteriores ao pleito, desde que seja titular de mandato eletivo.

(C) O Presidente da República, os Governadores de Estado e do Distrito Federal, os Prefeitos e quem os houver sucedido ou substituído no curso dos mandatos poderão ser reeleitos para um único período subsequente ou concorrer a outros cargos, independentemente de renúncia aos respectivos mandatos até seis meses antes do pleito.

(D) O Presidente da República, os Governadores de Estado e do Distrito Federal, os Prefeitos e quem os houver sucedido ou substituído no curso dos mandatos poderão ser reeleitos para um único período subsequente ou concorrer a outros cargos, devendo, nesta última hipótese, renunciar aos respectivos mandatos até seis meses antes do pleito.

Art. 14, §§ 5° e 6°, da CF.
Gabarito "D".

(Cartório/SP – III – VUNESP) Assinale a alternativa cujo enunciado não está em consonância com um dos incisos do artigo 7° da Constituição Federal.

(A) É proibido o trabalho noturno a menores de 18 e de qualquer trabalho a menores de 14 anos, salvo na condição de aprendiz.

(B) Aos trabalhadores urbanos e rurais é assegurado o 13° salário com base na remuneração integral ou no valor da aposentadoria.

(C) É direito do trabalhador rural a participação nos lucros ou resultados da empresa.

(D) É garantido o direito de ação quanto aos créditos resultantes das relações de trabalho, com prazo prescricional de 5 anos, seja para o trabalhador urbano, seja para o rural, até o limite de 2 anos após a extinção do contrato de trabalho.

A: incorreta (devendo ser assinalada) Não reflete o disposto no art. 7°, XXXIII, da CF; B: correta, art. 7°, VIII, da CF; C: correta, art. 7°, XI, da CF; D: correta, art. 7°, XXIX, da CF.
Gabarito "A".

(Cartório/SP – IV – VUNESP) São privativos de brasileiro nato os cargos:

(A) de Presidente e Vice-Presidente da República e de Oficial das Forças Armadas.

(B) de Presidente da Câmara dos Deputados e de Juiz Federal.

(C) de Senador e Ministro da Fazenda.

(D) de Ministro do Supremo Tribunal Federal e de Procurador Geral do Estado.

Art. 12, § 3°, I a VII, da CF.
Gabarito "A".

(Cartório/SP – IV – VUNESP) O alistamento eleitoral e o voto são obrigatórios

(A) para os analfabetos que sabem assinar o próprio nome.

(B) para os maiores de dezoito anos.

(C) para os maiores de dezesseis e menores de dezoito anos que possuem o título eleitoral.

(D) para os estrangeiros residentes no País com visto permanente.

Art. 14, § 1°, I, da CF.
Gabarito "B".

(Cartório/SP – V – VUNESP) Os nascidos no estrangeiro, de pai brasileiro ou mãe brasileira, são considerados brasileiros natos, desde que:

(A) até dois anos após completarem a maioridade, optem pela nacionalidade brasileira.

(B) sejam registrados em repartição brasileira no exterior.

(C) após completarem a maioridade, passem a ser domiciliados no Brasil.

(D) sejam registrados em repartição brasileira no exterior e, após completarem a maioridade, optem pela nacionalidade brasileira.

Art. 12, I, "c", da CF.
Gabarito "D".

1. DIREITO CONSTITUCIONAL

(Cartório/SP – VI – VUNESP) Dentre os direitos sociais, nossa Carta Magna elenca o direito dos trabalhadores urbanos ou rurais à:

(A) remuneração do serviço extraordinário pelo menos 50% maior que a do normal.

(B) irredutibilidade do salário após um ano de trabalho ininterrupto e efetivo no cargo.

(C) remuneração isonômica entre o trabalhador diurno e o noturno.

(D) jornada de trabalho normal não superior a 10 horas diárias e 48 semanais.

A: correta, art. 7º, XVI, da CF; **B:** incorreta, não reflete o disposto no art. 7º, VI, da CF; **C:** incorreta, não reflete o disposto no art. 7º, IX, da CF; **D:** incorreta, não reflete o disposto no art. 7º, XIII, da CF.
Gabarito "A".

(Cartório/SP – VI – VUNESP) São considerados brasileiros natos, pela Constituição Federal,

(A) os que optaram pela nossa nacionalidade e aqui residiram por um ano ininterrupto.

(B) os aqui nascidos, ainda que de pais estrangeiros a serviço do seu país de origem.

(C) os nascidos no estrangeiro, de pais brasileiros.

(D) os nascidos no estrangeiro, de pai ou mãe brasileiros que estejam a serviço do Brasil.

Art. 12, I, "a" a "c", da CF. São brasileiros natos os nascidos no Brasil, ainda que de pais estrangeiros, desde que estes não estejam a serviço de seu país; os nascidos no estrangeiro, de pai brasileiro ou mãe brasileira, desde que qualquer deles esteja a serviço do Brasil ou os nascidos no estrangeiro de pai brasileiro ou de mãe brasileira, desde que sejam registrados em repartição brasileira competente ou venham a residir no Brasil e optem, em qualquer tempo, depois de atingida a maioridade, pela nacionalidade brasileira.
Gabarito "D".

(Cartório/SP – VII – VUNESP) Os partidos políticos, após adquirirem personalidade jurídica, na forma da lei civil, registrarão seus estatutos:

(A) no Registro Público competente.

(B) na Junta Eleitoral da Circunscrição Nacional.

(C) no Tribunal Superior Eleitoral.

(D) no Registro Civil das Pessoas Jurídicas.

Art. 17, § 2º, da CF.
Gabarito "C".

(Cartório/SP – VII – VUNESP) Sobre direitos políticos, é incorreto dizer:

(A) o alistamento eleitoral e o voto são obrigatórios para os maiores de dezoito anos, mas facultativos se estiverem numa das seguintes condições: (i) analfabetos ou (ii) maiores de setenta anos.

(B) a elegibilidade mínima para quaisquer cargos é de vinte e um anos.

(C) o alistamento eleitoral e o voto são facultativos para os maiores de dezesseis e menores de dezoito anos.

(D) a soberania popular é exercida mediante voto, plebiscito, referendo popular e iniciativa popular.

A: correta, art. 14, § 1º, I e II, "a" e "b", da CF; **B:** incorreta (devendo ser assinalada), pois não reflete o disposto no art. 14, § 3º, VI, "a" a

"d", da CF; **C:** correta, art. 14, § 1º, II, "c", da CF; **D:** correta, art. 14, *caput*, I a III, da CF.
Gabarito "B".

(Cartório/SP – VII – VUNESP) Sobre nacionalidade, é incorreto dizer:

(A) fora dos casos previstos na Constituição Federal, a lei não poderá estabelecer diferenças entre brasileiros natos e naturalizados.

(B) são brasileiros natos os nascidos no Brasil, ainda que de pais estrangeiros, desde que estes não estejam a serviço de seu país.

(C) são brasileiros naturalizados os que adquiram a nacionalidade brasileira na forma da lei.

(D) são brasileiros natos os nascidos no estrangeiro de pai brasileiro ou de mãe brasileira, desde que registrados em Cartório de Registro Civil das Pessoas Naturais no Brasil, até atingirem a maioridade.

A: correta, art. 12, § 2º, da CF; **B:** correta, art. 12, I, "a", da CF; **C:** correta, art. 12, II, "a", da CF; **D:** incorreta (devendo ser assinalada), não reflete o disposto no art. 12, I, "c", da CF.
Gabarito "D".

(Cartório/SP – VII – VUNESP) Assinale, dentre as alternativas apresentadas, o cargo privativo de brasileiro nato.

(A) Desembargador do Tribunal de Justiça.

(B) Ministro da Fazenda.

(C) Ministro do Superior Tribunal de Justiça.

(D) Oficial das Forças Armadas.

Art. 12, § 3º, I a VII, da CF.
Gabarito "D".

5. ORGANIZAÇÃO DO ESTADO

(Cartório/MG – 2019 – Consulplan) A Constituição Federal previu no inciso XXVII, do art. 22, a competência privativa da União para legislar acerca de normas gerais de licitação e contratação em todas as modalidades na Administração Pública Direta e Indireta. Assim, a Lei nº 8.666/93 presta-se a cumprir tal finalidade. Considerando as regras pertinentes aos contratos públicos e à Lei de Licitações, assinale a alternativa correta.

(A) O contrato administrativo tem natureza comutativa, embora não consensual, sendo o caráter formal indispensável à concretização da transparência e viabilizador da plena execução de seus termos.

(B) À Administração Pública é facultada a exigência de garantia do vencedor de certame licitatório, a qual somente pode ser exigida do licitante vencedor, a quem compete optar por uma das modalidades estabelecidas em Lei.

(C) Na modalidade de licitação Convite, remete-se pelo ente licitante carta convite a possíveis proponentes à escolha da Administração, a qual deve ser concomitante à publicação de edital, como corolário do princípio da publicidade.

(D) Em razão da natureza não consensual do contrato administrativo atribui-se à Administração Pública a prerrogativa de aplicar penalidades ao contratado, quando do cometimento de infrações, sendo, portanto, consequência do princípio da autoexecutoriedade dos atos administrativos.

A: errada. O contrato administrativo é sempre consensual e, em regra, formal, oneroso, comutativo e realizado *intuito personae*. **B:** certa. Art. 56 da Lei 8.666/1993). **C:** errada. A modalidade convite não existe a publicação de edital (art. 21, § 3º, da Lei 8.666/1993). **D:** errada. O contrato administrativo é consensual, portanto as penalidades decorrem do contrato e não de imposição de autoexecutoriedade inerente aos atos administrativos unilaterais, como afirma a questão.

Gabarito "B".

(Cartório/CE – 2018 – IESES) A organização político-administrativa da República Federativa do Brasil compreende a União, os Estados, o Distrito Federal e os Municípios, todos autônomos, nos termos desta Constituição. Neste sentido, marque V ou F, conforme as afirmações a seguir sejam verdadeiras ou falsas.

( ) Compete privativamente à União legislar sobre normas gerais de licitação e contratação, em todas as modalidades, para as administrações públicas diretas, autárquicas e fundacionais da União, Estados, Distrito Federal e Municípios.

( ) No âmbito da legislação concorrente, a competência da União limitar-se-á a estabelecer normas gerais a qual exclui a competência suplementar dos Estados. Mas inexistindo lei federal sobre normas gerais, os Estados exercerão a competência legislativa plena, para atender a suas peculiaridades e a superveniência de lei federal sobre normas gerais revoga a eficácia da lei estadual, no que lhe for contrário.

( ) Os Estados podem incorporar-se entre si, subdividir-se ou desmembrar-se para se anexarem a outros, ou formarem novos Estados ou Territórios Federais, mediante aprovação da população diretamente interessada, através de referendo, e do Congresso Nacional, por lei complementar.

( ) É assegurada, nos termos da lei, exclusivamente aos órgãos da administração direta da União, participação no resultado da exploração de petróleo ou gás natural, de recursos hídricos para fins de geração de energia elétrica e de outros recursos minerais no respectivo território, plataforma continental, mar territorial ou zona econômica exclusiva, ou compensação financeira por essa exploração.

( ) Compete à União de forma concorrente administrar as reservas cambiais do País e fiscalizar as operações de natureza financeira, especialmente as de crédito, câmbio e capitalização, bem como as de seguros e de previdência privada.

A sequência correta, de cima para baixo, é:

(A) V – F – F – V – V

(B) F – V – F – F – V

(C) V – F – V – F – F

(D) V – F – F – F – F

(V) correta, art. 22, XXVII, CF. (F) errada, não exclui, art. 24, § 2º, CF. (F) errada, através de plebiscito, art. 18, § 3º, CF. (F), errada, Estados, DF e Municípios, art. 20, §1º, CF. (F) errada, compete de forma exclusiva, art. 21, VIII, CF.

Gabarito "D".

(Cartório/SP – 2016 – VUNESP) A intervenção federal é a supressão excepcional e temporária da autonomia do Estado-membro que

(A) dependerá de requisição do Supremo Tribunal Federal, Superior Tribunal de Justiça ou Tribunal Superior Eleitoral no caso de coação contra o Poder Judiciário.

(B) compete privativamente ao Presidente da República, que a determinará via decreto, em qualquer caso, independentemente de provocação de outros Poderes da República.

(C) implicará automaticamente a definitiva destituição das autoridades estaduais responsáveis de seus respectivos cargos.

(D) dependerá de provimento, pelo Supremo Tribunal Federal, de representação do Procurador-Geral da República, no caso de recusa à execução de lei federal.

A: incorreta. O art. 36, II, CF, prevê a requisição da intervenção pelo STF, STJ ou TSE apenas para o caso de desobediência a ordem ou decisão judiciária, o que não se confunde com "coação contra o Poder Judiciário". Nas hipóteses de coação contra o Poder Judiciário, a decretação da intervenção depende de requisição apenas do Supremo Tribunal Federal (art. 36, I, parte final, CF); **B:** incorreta. A intervenção é realizada via decreto do Poder Executivo, mas há hipóteses constitucionais que exigem a provocação de outros Poderes – ver art. 36, I, II e III, CF; **C:** incorreta. Nas hipóteses do art. 36, § 3º, da CF, não há afastamento das autoridades estaduais, mas apenas suspensão da execução do ato impugnado; **D:** correta. Art. 36, III, CF.

Gabarito "D".

(Cartório/CE – 2018 – IESES) De acordo com a Constituição da República Federativa do Brasil de 1988, é INCORRETO afirmar:

(A) A União não intervirá nos Estados nem no Distrito Federal, exceto para, dentre outras hipóteses taxativas, prover a execução de lei federal, ordem ou decisão judicial.

(B) O Estado não intervirá em seus Municípios, nem a União nos Municípios localizados em Território Federal, exceto quando, dentre outras hipóteses taxativas, deixar de ser paga, sem motivo de força maior, por dois anos consecutivos, a dívida fundada.

(C) A União não intervirá nos Estados nem no Distrito Federal, exceto para, dentre outras hipóteses taxativas, reorganizar as finanças da unidade da Federação que suspender o pagamento da dívida fundada por mais de dois anos consecutivos, salvo motivo de força maior.

(D) O decreto que se limita a suspender a execução do ato impugnado, requer prévia apreciação pelo Congresso Nacional ou pela Assembleia Legislativa.

A questão trata da literalidade do artigo 34 e 36, § 3º da Constituição Federal: *Art. 34. A União não intervirá nos Estados nem no Distrito Federal, exceto para: I – manter a integridade nacional; II – repelir invasão estrangeira ou de uma unidade da Federação em outra; III – pôr termo a grave comprometimento da ordem pública; V – garantir o livre exercício de qualquer dos Poderes nas unidades da Federação; V – reorganizar as finanças da unidade da Federação que: a) suspender o pagamento da dívida fundada por mais de dois anos consecutivos, salvo motivo de força maior; b) deixar de entregar aos Municípios receitas tributárias fixadas nesta Constituição, dentro dos prazos estabelecidos em lei; VI – prover a execução de lei federal, ordem ou decisão judicial; VII – assegurar a observância dos seguintes princípios*

1. DIREITO CONSTITUCIONAL

constitucionais: a) forma republicana, sistema representativo e regime democrático; b) direitos da pessoa humana; c) autonomia municipal; d) prestação de contas da administração pública, direta e indireta. e) aplicação do mínimo exigido da receita resultante de impostos estaduais, compreendida a proveniente de transferências, na manutenção e desenvolvimento do ensino e nas ações e serviços públicos de saúde. Art. 36. A decretação da intervenção dependerá: (...) § 3º Nos casos do art. 34, VI e VII, ou do art. 35, IV, dispensada a apreciação pelo Congresso Nacional ou pela Assembleia Legislativa, o decreto limitar-se-á a suspender a execução do ato impugnado, se essa medida bastar ao restabelecimento da normalidade.
Gabarito "D".

(Cartório/SP – 2016 – VUNESP) Assinale a alternativa correta.

(A) A competência da União para legislar sobre normas gerais não exclui a competência suplementar dos Estados, cuidando-se de exercício da competência supletiva.

(B) Aos Estados-membros são reservadas as competências que não lhe sejam vedadas pela Constituição, cuidando-se aí de expressão da competência denominada remanescente ou reservada.

(C) Inexistindo lei federal sobre normas gerais, em matéria de competência legislativa concorrente, fica obstada a competência legislativa dos Estados sobre o tema.

(D) Em matéria de competência legislativa concorrente entre União, Estados e Distrito Federal, os Municípios não detêm competência legislativa suplementar.

A: incorreta. O caso não é de competência supletiva, mas de competência concorrente (art. 24, *caput* e §§ 1º e 2º, CF); **B:** correta. Art. 25, § 1º, CF. Notem que a regra é a competência legislativa residual dos Estados, mas, em matéria tributária, a competência legislativa residual é da União (art. 154, I, CF); **C:** incorreta. Em matéria de competência legislativa concorrente, se a União não editar as normas gerais, os Estados passam a possuir competência plena (tanto para legislar sobre normas gerais, quanto específicas). Nesses casos, se sobrevier legislação federal sobre normas gerais, a legislação estadual prévia (sobre normas gerais) é suspensa apenas na parte que for contrária às normas gerais federais. Caso a legislação estadual prévia sobre normas gerais não colidir com as normas gerais estabelecidas pela União, as duas permanecerão válidas (art. 24, §§ 3º e 4º, CF); **D:** incorreta. Embora o *caput* do art. 24, que prevê a competência legislativa concorrente, refira-se apenas à União, aos Estados e ao Distrito Federal, é pacífico que os Municípios poderão também complementar a legislação existente, desde que o interesse seja local (art. 30, I e II, CF).
Gabarito "B".

(Cartório/MG – 2016 – Consulplan) A Constituição da República brasileira, ao tratar da organização do Estado, admite a intervenção dos Estados nos Municípios, quando verificada a seguinte hipótese:

(A) Não tiver sido aplicado o mínimo exigido da receita municipal na manutenção e desenvolvimento do ensino, nas ações e serviços de saúde e na segurança pública.

(B) Comprovada a existência de recurso orçamentário, deixar de ser paga, por dois anos consecutivos, a dívida fundada.

(C) Para prover a execução de lei federal, ordem ou decisão judicial.

(D) Não forem prestadas as contas, na forma da legislação atinente à espécie.

A: incorreta. Não reflete o disposto no art. 35, III, CF, que não se refere à segurança pública; **B:** incorreta. Não reflete o disposto no art. 35, I, da CF, que se refere à falta de pagamento da dívida fundada por dois anos consecutivos, sem motivo de força maior; **C:** incorreta. Embora a CF preveja a possibilidade de intervenção dos Estados em seus Municípios para prover a execução de lei federal, ordem ou decisão judicial, essa hipótese depende da provocação ao Tribunal de Justiça, não podendo ser decretada de ofício; **D:** correta. Art. 35, II, CF.
Gabarito "D".

(Cartório/MG – 2015 – Consulplan) Compete à União, aos Estados e ao Distrito Federal legislar concorrentemente sobre

(A) previdência social, proteção e defesa da saúde, proteção à infância e à juventude, assistência jurídica e Defensoria Pública.

(B) custas dos serviços forenses, registros públicos, orçamento, produção e consumo.

(C) proteção e integração social das pessoas portadoras de deficiência, seguridade social, previdência social, juntas comerciais e orçamento.

(D) propaganda comercial, responsabilidade por dano ao meio ambiente, ao consumidor, a bens e direitos de valor artístico, estético, histórico, turístico e paisagístico.

A: correta. Art. 24, XII, XIII e XV, CF; **B:** incorreta. Embora custas, orçamento e produção e consumo sejam matérias de competência legislativa concorrente (art. 24, II, IV e V, CF), a matéria "registros públicos" é da competência privativa da União (art. 22, XXV, CF); **C:** incorreta. Seguridade social é matéria da competência privativa da União (art. 22, XXIII, CF). As demais são de competência concorrente (art. 24, II, III, XII e XIV, CF); **D:** incorreta. Propaganda comercial é da competência privativa da União (art. 22, XXIX, CF). As demais matérias são de competência concorrente (art. 24, VIII, CF).
Gabarito "A".

(Cartório/MG – 2015 – Consulplan) Assinale a alternativa correta:

(A) Compete, privativamente, à União legislar sobre direito tributário, financeiro, penitenciário, econômico e urbanístico.

(B) Compete à União, aos Estados e ao Distrito Federal legislar concorrentemente sobre procedimentos em matéria processual.

(C) O Presidente da República não ficará suspenso de suas funções nas hipóteses de infrações penais comuns, ainda que recebida a denúncia ou queixa-crime pelo Supremo Tribunal Federal.

(D) A competência correicional e disciplinar do Conselho Nacional de Justiça é residual à dos Tribunais.

A: incorreta. São matérias de competência concorrente (art. 24, I, CF); **B:** correta. Art. 24, XI, CF; **C:** incorreta. O art. 86, § 1º, da CF prevê a suspensão do Presidente da República de suas funções depois de recebida a denúncia ou queixa pelo STF, nos casos de crimes comuns; **D:** incorreta. As competências do CNJ, previstas no art. 103-B, § 4º, da CF, são concorrentes.
Gabarito "B".

(Cartório/MG – 2015 – Consulplan) Quanto às normas constitucionais que regem a administração pública, é INCORRETO afirmar:

(A) Os cargos, empregos e funções públicas são inacessíveis aos estrangeiros.

(B) É garantido ao servidor público civil o direito a livre associação sindical.

(C) Como condição para a aquisição da estabilidade do cargo do servidor público, é obrigatória a avaliação especial de desempenho por comissão instituída para essa finalidade.

(D) Extinto o cargo ou declarada sua desnecessidade, o servidor estável ficará em disponibilidade, com remuneração proporcional ao tempo de serviço, até seu adequado aproveitamento em outro cargo.

A: incorreta, devendo ser assinalada. São acessíveis aos estrangeiros na forma da lei (art. 37, I, CF); **B:** correta. Art. 37, VI, CF; **C:** correta. Art. 41, § 4°, CF; **D:** correta. Art. 41, § 3°, CF.

Gabarito "A".

(Cartório/MG – 2015 – Consulplan) Assinale a alternativa INCORRETA:

(A) São bens da União os recursos minerais, inclusive os do subsolo.

(B) Compete à União e aos Estados legislar concorrentemente sobre desapropriação.

(C) Incluem-se entre os bens dos Estados as águas superficiais ou subterrâneas, fluentes, emergentes e em depósito, ressalvadas, neste caso, na forma da lei, as decorrentes de obras da União.

(D) Para manter a integridade nacional, a União poderá intervir nos Estados e no Distrito Federal.

A: correta. Art. 20, IX, CF; **B:** incorreta, devendo ser assinalada. Desapropriação é matéria da competência legislativa privativa da União (art. 22, II, CF); **C:** correta. Art. 26, I, CF; **D:** correta. Art. 34, I, CF.

Gabarito "B".

(Cartório/SC – 2012) Assinale a alternativa **correta:**

(A) A lei orgânica municipal não deve observar o princípio de simetria com respeito aos princípios inscritos na Constituição Federal e na Constituição Estadual do respectivo Estado a que pertence seu território.

(B) A Constituição autoriza os Municípios com uma população superior a 100 (cem) mil habitantes a criar um Tribunal de Contas.

(C) Compete aos Municípios legislar somente sobre assuntos de interesses locais.

(D) Aos Estados pertencem as terras devolutas indispensáveis à defesa das fronteiras. Porém, as fortificações e construções militares pertencem à União.

(E) Segundo a Constituição Federal, os Estados organizam-se e regem-se pelas Constituições e leis que adotarem, observados os princípios presentes na Carta da República, sendo-lhes reservadas as competências que não lhes sejam vedadas pela Constituição.

A: incorreta. Ao contrário, a lei orgânica municipal *deve observar o princípio da simetria*. Conforme o art. 29 da CF, "o Município reger-se-á por lei orgânica, votada em dois turnos, com o interstício mínimo de dez dias, e aprovada por dois terços dos membros da Câmara Municipal, que a promulgará, *atendidos os princípios estabelecidos nesta Constituição, na Constituição do respectivo Estado*, além de outros preceitos"; **B:** incorreta. A CF, em seu art. 31, § 4°, *veda a criação de novos Tribunais de Contas Municipais*, bem como de Conselhos ou órgãos de Contas no âmbito municipal. Vale lembrar que os Municípios de São Paulo e Rio de Janeiro possuem Tribunais de Contas Municipais, pois eles foram criados antes da elaboração da Constituição Federal de

1988; **C:** incorreta. De acordo com Pedro Lenza (*Direito Constitucional Esquematizado*. 15. ed. São Paulo: Saraiva, 2011. p. 404), a competência legislativa dos municípios se divide em: a) *expressa* (art. 29, *caput*, da CF – capacidade de auto-organização dos municípios, através de lei orgânica); b) sobre *interesse local* (art. 30, I, da CF); c) *suplementar* (arts. 30, II, e 24, ambos da CF); c) sobre o *plano diretor* (art. 182, § 1°, da CF); e d) *competência tributária expressa* (art. 156 da CF). Desse modo, a competência legislativa municipal não se restringe aos assuntos de interesse local; **D:** incorreta. As *terras devolutas indispensáveis à defesa das fronteiras*, das fortificações e construções militares, das vias federais de comunicação e à preservação ambiental, definidas em lei, são consideradas *bens da União* (art. 20, II, da CF); **E:** correta (art. 25, *caput*, da CF).

Gabarito "E".

(Cartório/MG – 2012 – FUMARC) A organização político-administrativa da República Federativa do Brasil compreende, **EXCETO**

(A) os Estados.

(B) os Municípios e os Territórios.

(C) o Distrito Federal.

(D) a União.

De acordo com o art. 18, *caput*, da CF, a organização político-administrativa da República Federativa do Brasil compreende à *União, os Estados, o Distrito Federal e os Municípios*, todos autônomos, nos termos da Constituição. O § 2° do mesmo dispositivo determina que *os Territórios Federais integram a União*, e sua criação, transformação em Estado ou reintegração ao Estado de origem sejam reguladas em lei complementar.

Gabarito "B".

(Cartório/RJ – 2012) Compete privativamente à União legislar sobre registros públicos (Constituição Federal, art. 22, XXV), sendo correto afirmar que

(A) a competência da União limitar-se-á a estabelecer normas gerais sobre registro.

(B) a competência privativa da União não exclui a competência suplementar dos Estados para legislar sobre registros.

(C) se inexistir lei federal sobre normas gerais, os Estados exercerão a competência legislativa plena sobre registros.

(D) a lei complementar poderá autorizar os Estados a legislar sobre questões específicas sobre registros públicos.

(E) a superveniência de lei federal sobre normas gerais de registro suspende a eficácia da lei estadual, no que lhe for contrário.

A, B, C, e E: incorretas, pois tais regras têm aplicação no âmbito da competência *concorrente* e não privativa (art. 24, §§ 1° a 4°, da CF, **D:** correta. É o que determina o parágrafo único do art. 22 da CF.

Gabarito "D".

(Cartório/SP – 2012 – VUNESP) A competência legislativa disposta na Constituição Federal permite aos entes políticos, em certas matérias e em dadas circunstâncias, legislarem concomitantemente sobre as mesmas matérias. É a chamada competência concorrente. Sobre esse aspecto, pode-se afirmar corretamente que

(A) se o Estado-membro já tiver editado lei sobre dada matéria, a superveniência de lei federal sobre o

1. DIREITO CONSTITUCIONAL 39

mesmo tema não interfere na aplicação da lei estadual.

(B) inexistindo lei federal sobre normas gerais, os Estados exercerão a competência legislativa plena, para atender as suas peculiaridades.

(C) a única matéria em que uma lei municipal não cederá e nem deixará de ser aplicada ante uma legislação federal é a de meio ambiente.

(D) a competência da União para legislar sobre normas gerais exclui a competência suplementar dos estados-membros.

A: incorreta. De acordo com o § 4º do art. 24 da CF, a superveniência de lei federal sobre normas gerais *suspende a eficácia da lei estadual, no que lhe for contrário*; **B:** correta. É o que determina o § 3º do art. 24 da CF; **C:** incorreta. Conforme o art. 24, VI, da CF, a legislação sobre a proteção do meio ambiente é da competência concorrente, ou seja, todos os entes federados podem tratar do assunto. **D:** incorreta. O § 2º do art. 24 da CF determina que a competência da União para legislar sobre normas gerais *não exclui* a competência suplementar dos Estados.

Gabarito "B".

(Cartório/RN – 2012 – IESIS) É **INCORRETO** afirmar:

(A) Os Territórios Federais integram a União.

(B) A criação, a incorporação, a fusão e o desmembramento de Municípios depende de consulta prévia, mediante plebiscito, às populações dos Municípios envolvidos, após divulgação dos Estudos de Viabilidade Municipal.

(C) Os Estados podem incorporar-se entre si, subdividir-se ou desmembrar-se para se anexarem a outros, ou formarem novos Estados ou Territórios Federais, mediante aprovação da população diretamente interessada, através de plebiscito, e do Congresso Nacional, por lei complementar.

(D) A criação, a incorporação, a fusão e o desmembramento de Municípios, far-se-ão por Lei Complementar Federal.

A: correta (art. 18, § 2º, da CF); **B:** correta (art. 18, § 4º, da CF); **C:** correta (art. 18, § 3º, da CF); **D:** incorreta, devendo ser assinalada. De acordo com o art. 18, § 4º, da CF, a criação, a incorporação, a fusão e o desmembramento de Municípios, *far-se-ão por lei estadual, dentro do período determinado por Lei Complementar Federal*, e dependerão de consulta prévia, mediante plebiscito, às populações dos Municípios envolvidos, após divulgação dos Estudos de Viabilidade Municipal, apresentados e publicados na forma da lei.

Gabarito "D".

(Cartório/SC – 2012) Tratando-se da competência legislativa prevista na Constituição Federal brasileira, pode-se afirmar:

I. Somente a União Federal pode legislar sobre direito urbanístico.

II. Os Estados e o Distrito Federal não podem legislar sobre direito urbanístico.

III. Cabe exclusivamente ao Município legislar sobre urbanismo.

IV. A União Federal, os Estados, o Distrito Federal e os Municípios podem legislar sobre direito urbanístico.

(A) Somente a proposição I está correta.

(B) Somente a proposição IV está correta.

(C) Somente a proposição III está correta.

(D) Somente as proposições II e IV estão corretas.

(E) Somente as proposições I e III estão corretas.

I, II, III: incorretas, pois a competência para legislar sobre direito urbanístico é concorrente, ou seja, todos os entes federativos podem tratar do assunto. **IV:** correta. O art. 24, I, da CF determina que a competência é concorrente entre a União, os Estados e o Distrito Federal. Prevalece que entendimento de que os Municípios também podem legislar sobre os assuntos dispostos no art. 24 da CF.

Gabarito "B".

(Cartório/MG – 2012 – FUMARC) A autonomia das entidades federativas pressupõe repartição de competências legislativas, administrativas e tributárias. Assim, compete aos municípios

(A) manter o serviço postal.

(B) assegurar a defesa nacional.

(C) instituir e arrecadar tributos, inclusive federais.

(D) criar, organizar e suprimir distritos, observada a legislação estadual.

A: incorreta. A manutenção do serviço postal é da competência exclusiva da União (art. 21, X, da CF); **B:** incorreta. Também compete à União, de forma exclusiva, assegurar a defesa nacional (art. 21, III, da CF); **C:** incorreta. Cabe ao Município apenas a instituição e a arrecadação *de tributos de sua competência* (art. 30, III, da CF); **D:** correta (art. 30, IV, da CF).

Gabarito "D".

(Cartório/RN – 2012 – IESIS) Quanto à organização do Estado, analise as afirmações a seguir.

I. Cabe aos Estados explorar diretamente, ou mediante concessão, os serviços locais de gás canalizado.

II. Os subsídios do Governador, do Vice-Governador e dos Secretários de Estado serão fixados por lei de iniciativa do Congresso Nacional.

III. O subsídio dos Deputados Estaduais será fixado por lei de iniciativa da Assembleia Legislativa.

IV. O número de Deputados à Assembleia Legislativa corresponderá ao triplo da representação do Estado na Câmara dos Deputados e, atingido o número de trinta e seis, será acrescido de tantos quantos forem os Deputados Federais acima de doze.

V. Nos Territórios Federais com mais de cem mil habitantes, além do Governador nomeado, haverá órgãos judiciários de primeira e segunda instância.

Assinale a alternativa correta:

(A) Todas as assertivas estão corretas.

(B) Apenas as assertivas I, III, IV e V estão corretas.

(C) Todas as assertivas estão erradas.

(D) Apenas as assertivas II, III e IV estão corretas.

I: correta (art. 25, § 2º, da CF); **II:** incorreta. Conforme o art. 28, § 2º, da CF, os subsídios do Governador, do Vice-Governador e dos Secretários de Estado serão *fixados por lei de iniciativa da Assembleia Legislativa*; **III:** correta (art. 27, § 2º, da CF); **IV:** correta (art. 27, *caput*, da CF); **V:** correta (art. 33, § 3º, da CF).

Gabarito "B".

(Cartório/SP – 2011 – VUNESP) A competência da União para emitir moeda será exercida pelo(a)

(A) órgão competente subordinado ao Ministério da Fazenda.

(B) Banco Central.

(C) Casa da Moeda do Tesouro Nacional.

(D) instituição financeira vencedora de licitação.

De acordo com o art. 164, *caput*, da CF a competência da União para emitir moeda deve ser exercida, de forma exclusiva, *banco central*.
Gabarito "B".

(Cartório/RS – 2019 – VUNESP) A jurisprudência do Supremo Tribunal Federal firmou orientação no sentido de que as custas judiciais e os emolumentos concernentes aos serviços notariais e registrais possuem natureza

(A) não tributária, sendo classificadas como preço público.

(B) pública, sendo classificadas como tarifas remuneratórias de serviços públicos.

(C) tributária, qualificando-se como taxas remuneratórias de serviços públicos.

(D) tributária, qualificando-se como preço público.

(E) privada, qualificando-se como tarifas remuneratórias de serviços públicos.

A jurisprudência do Supremo Tribunal Federal firmou orientação no sentido de que as custas judiciais e os emolumentos concernentes aos serviços notariais e registrais possuem natureza tributária, qualificando-se como taxas remuneratórias de serviços públicos, sujeitando-se, em consequência, quer no que concerne à sua instituição e majoração, quer no que se refere à sua exigibilidade, ao regime jurídico-constitucional pertinente a essa especial modalidade de tributo vinculado, notadamente aos princípios fundamentais que proclamam, dentre outras, as garantias essenciais (a) da reserva de competência impositiva, (b) da legalidade, (c) da isonomia e (d) da anterioridade. (STF ADI 1.378-MC)
Gabarito "C".

(Cartório/SP – 2011 –VUNESP) A União não intervirá nos Estados nem no Distrito Federal, exceto para

(A) repelir a propaganda de conceitos nocivos à Nação.

(B) pôr termo a greve prolongada que perturbe a ordem pública.

(C) manter a integridade nacional.

(D) impedir o livre exercício de qualquer dos Poderes nas unidades da Federação.

De acordo com o art. 34 da CF, "a União somente intervirá nos Estados e Distrito Federal para: *I – manter a integridade nacional*; II – repelir invasão estrangeira ou de uma unidade da Federação em outra; III – pôr termo a grave comprometimento da ordem pública; IV – garantir o livre exercício de qualquer dos Poderes nas unidades da Federação; V – reorganizar as finanças da unidade da Federação que: a) suspender o pagamento da dívida fundada por mais de dois anos consecutivos, salvo motivo de força maior; b) deixar de entregar aos Municípios receitas tributárias fixadas nesta Constituição, dentro dos prazos estabelecidos em lei; VI – prover a execução de lei federal, ordem ou decisão judicial; VII – assegurar a observância dos seguintes princípios constitucionais: a) forma republicana, sistema representativo e regime democrático; b) direitos da pessoa humana; c) autonomia municipal; d) prestação de contas da administração pública, direta e indireta e e) aplicação do mínimo exigido da receita resultante de impostos estaduais, compreendida a proveniente de transferências, na manutenção e desenvolvimento do ensino e nas ações e serviços públicos de saúde".
Gabarito "C".

(Cartório/SP – 2011 –VUNESP) Compete privativamente à União legislar sobre

(A) procedimento em matéria processual.

(B) produção e consumo.

(C) florestas, caça e pesca.

(D) águas, energia e informática.

A: incorreta. Procedimento em matéria processual é assunto que deve ser tratado de forma *concorrente* pelos entes federativos (art. 24, XI, da CF); **B:** incorreta. Produção e consumo também é tema destinado à competência legislativa *concorrente* (art. 24, V, da CF); **C:** incorreta. Florestas, caça e pesca são disciplinadas de forma *concorrente* (art. 24, VI, da CF); **D:** correta. De fato, a legislação sobre águas, energia e informativa é da competência *privativa* da União (art. 22, IV, da CF).
Gabarito "D".

(Cartório/AP – 2011 – VUNESP) A nomeação de irmão de Secretário de Estado para exercer cargo de confiança de assessoria na Secretaria de que este é titular:

(A) não pode ser objeto de questionamento judicial, em virtude do princípio da separação de poderes, por se tratar de ato de competência do Poder Executivo.

(B) pode ser objeto de mandado de segurança coletivo, impetrado pelo Ministério Público, por ofensa a interesse difuso protegido constitucionalmente.

(C) é passível de impugnação por qualquer cidadão, por meio de ação popular, em virtude de ofensa à moralidade administrativa.

(D) pode ser objeto de *habeas data*, impetrado por quem preencha os requisitos para o cargo, com vistas à anulação do ato de nomeação.

(E) não conflita com os princípios constitucionais da Administração Pública, uma vez que não traz prejuízo ao erário.

A conduta viola a Súmula Vinculante 13 do STF: "A nomeação de cônjuge, companheiro ou parente em linha reta, colateral ou por afinidade, até o terceiro grau, inclusive, da autoridade nomeante ou de servidor da mesma pessoa jurídica investido em cargo de direção, chefia ou assessoramento, para o exercício de cargo em comissão ou de confiança ou, ainda, de função gratificada na Administração Pública direta e indireta em qualquer dos Poderes da União, dos Estados, do Distrito Federal e dos Municípios, compreendido o ajuste mediante designações recíprocas, viola a Constituição Federal". Por ferir o princípio da moralidade, cabe a propositura de ação popular pelo cidadão (art. 5º, LXXIII, da CF).
Gabarito "C".

(Cartório/MG – 2009 – EJEF) A União possui competência privativa para legislar, dentre outras hipóteses, sobre:

(A) direito comercial.

(B) direito tributário.

(C) direito financeiro.

(D) direito econômico.

Art. 22, I, da CF. V. também art. 24, I, da CF.
Gabarito "A".

(Cartório/MS – 2009 – VUNESP) A competência para legislar sobre registros públicos:

(A) é exclusiva dos Estados e do Distrito Federal.

(B) é comum à União, aos Estados e ao Distrito Federal.

(C) é comum à União, aos Estados, ao Distrito Federal e aos Municípios.

(D) é privativa da União.

(E) é concorrente entre a União, os Estados e o Distrito Federal.

Art. 22, XXV, da CF.
Gabarito "D".

1. DIREITO CONSTITUCIONAL

(Cartório/MG – 2019 – Consulplan) A respeito do tratamento constitucional conferido aos servidores públicos, é correto afirmar que:

(A) O direito de greve será exercido nos termos e nos limites definidos em lei complementar.

(B) É vedada a vinculação ou equiparação de quaisquer espécies remuneratórias para o efeito de remuneração de pessoal do serviço público.

(C) A proibição de acumulação de cargos públicos está adstrita à administração direta, uma vez que as empresas públicas e as sociedades de economia mista têm suas relações contratuais reguladas pelo direito privado.

(D) Os atos de improbidade administrativa importarão a perda dos direitos políticos e da função pública, a indisponibilidade dos bens e o ressarcimento ao erário, na forma e gradação previstas em lei, sem prejuízo da ação penal cabível.

A: errada. O direito de greve será exercido nos termos e nos limites definidos em lei específica (art. 37, VII, CF/88). C: errada. A proibição de acumulação de cargos públicos estende-se a empregos e funções e abrange autarquias, fundações, empresas públicas, sociedades de economia mista, suas subsidiárias, e sociedades controladas, direta ou indiretamente, pelo poder público (art. 37, XVII CF/88). D: errada. Os atos de improbidade administrativa importarão a suspensão dos direitos políticos, a perda da função pública, a indisponibilidade dos bens e o ressarcimento ao erário, na forma e gradação previstas em lei, sem prejuízo da ação penal cabível (art. 37, § 4º CF/88).
Gabarito "B".

(Cartório/MS – 2009 – VUNESP) Sobre a Administração Pública, a Constituição Federal estabelece que:

(A) as funções de confiança, exercidas exclusivamente por servidores ocupantes de cargo efetivo, e os cargos em comissão, a serem preenchidos por servidores de carreira, destinam-se apenas aos cargos técnicos.

(B) a lei reservará o percentual de, pelo menos, dez por cento dos cargos e empregos públicos para as pessoas portadoras de deficiência e definirá os critérios de sua admissão.

(C) a administração fazendária e seus servidores fiscais terão, dentro de suas áreas de competência e jurisdição, precedência sobre os demais setores administrativos, na forma da lei.

(D) os atos de improbidade administrativa importarão a cassação dos direitos políticos, a suspensão da função pública e o ressarcimento ao erário, na forma e gradação previstas em lei, sem prejuízo da ação penal cabível.

(E) a autonomia gerencial e financeira dos órgãos e entidades da administração direta e indireta não poderá ser ampliada mediante contrato, cabendo exclusivamente à lei dispor sobre a matéria.

A: incorreta, o art. 37, V, da CF, prevê que "as funções de confiança, exercidas exclusivamente por servidores ocupantes de cargo efetivo, e os cargos em comissão, a serem preenchidos por servidores de carreira nos casos, condições e percentuais mínimos previstos em lei, destinam-se apenas às atribuições de direção, chefia e assessoramento"; B: incorreta, o art. 37, VIII, da CF não estabelece o percentual mínimo, delegando sua fixação à lei. A propósito, o art. 5º, § 2º, da Lei 8.112/1990 prevê até 20% das vagas para os deficientes, caso as atribuições do cargo sejam incompatíveis com a deficiência; C: correta,

art. 37, XVIII, da CF; **D:** incorreta, a cassação de direitos políticos é vedada pelo art. 15 da CF, que só prevê hipóteses de perda ou de suspensão. A prática de atos de improbidade administrativa acarreta suspensão de direitos políticos, na forma do art. 12, I, II e III da Lei de Improbidade Administrativa (Lei 8.429/1992); **E:** incorreta, o art. 37, § 8º, da CF expressamente permite a ampliação da autonomia gerencial.
Gabarito "C".

(Cartório/MA – 2008 – IESES) Em relação à repartição das competências entre a União, Estados e Municípios, é correto afirmar:

(A) Em relação à competência privativa, não há possibilidade de autorização legislativa para que os Estados tratem das matérias ali colocadas.

(B) É competência comum da União, dos Estados, do Distrito Federal e dos Municípios, legislar sobre registros públicos.

(C) Compete privativamente à União legislar sobre águas, energia, informática, telecomunicações e radiodifusão.

(D) É competência exclusiva da União legislar sobre a proteção ao patrimônio histórico, cultural, artístico, turístico e paisagístico.

A: incorreta, não reflete o disposto no art. 22, parágrafo único, da CF; B: incorreta, competência privativa da União (art. 22, XXV, da CF); **C:** correta, art. 22, IV, da CF; **D:** incorreta, competência concorrente (art. 24, VII, da CF).
Gabarito "C".

(Cartório/SC – 2008) Segundo dispõe a Constituição Federal, compete privativamente à União legislar sobre:

(A) Seguridade social, jazidas, minas, outros recursos minerais e metalurgia, registros públicos, trânsito e transporte, propaganda comercial.

(B) Educação, cultura, ensino e desporto, jazidas, minas, outros recursos minerais e metalurgia, registros públicos, trânsito e transporte, previdência social, proteção e defesa da saúde.

(C) Proteção à infância e à juventude, registros públicos, trânsito e transporte, propaganda comercial, seguridade social.

(D) Jazidas, minas, outros recursos minerais e metalurgia, propaganda comercial, seguridade social, registros públicos, juntas comerciais.

(E) Propaganda comercial, produção e consumo, jazidas, minas, outros recursos minerais e metalurgia, registros públicos, trânsito e transporte.

Art. 22, I a XXIX, da CF.
Gabarito "A".

(Cartório/PR – 2007) A Administração Pública possui regime jurídico no texto constitucional de direito público e condicionado aos princípios expressos no *caput* do artigo 37. Sobre esse regime jurídico, assinale a correta:

(A) O princípio da eficiência decorre do texto constitucional, determinando a otimização do exercício da função pública, estabelecendo para a Administração Pública a exigência de opção pela solução mais barata, independente de critério de qualidade.

(B) Os servidores públicos obrigatoriamente recebem por meio de subsídio.

(C) Subsídio é uma parcela única de remuneração que não admite a agregação de valores.

(D) Todo cidadão que é aprovado em concurso público para ocupar um cargo público tem direito adquirido à nomeação e posse.

(E) O princípio da moralidade se traduz nos padrões de moral reproduzidos em sociedade, alterando-se de acordo com aspectos culturais, sociais, regionais, sendo dinâmico e tendo como elementos nucleares as ideias de honestidade, lealdade e boa-fé.

A: incorreta, a inserção do princípio da eficiência na Constituição Federal reflete a busca pela administração gerencial, otimizada, e dirige-se tanto ao agente público como à estrutura organizacional do Poder Público; **B:** incorreta, não reflete o disposto no art. 37, X, da CF; **C:** correta, o que possibilita transparência; **D:** incorreta, tem expectativa de direito; E: incorreta, embora difícil de ser conceituada, a moralidade não é um conceito relativo.

Gabarito "C".

(Cartório/MG – 2019 – Consulplan) A respeito do tratamento Constitucional conferido aos serviços notariais e de registro, avalie as assertivas a seguir.

I. Lei federal estabelecerá normas especiais para fixação de emolumentos relativos aos atos praticados pelos serviços notariais e de registro.

II. O Estado responde, apenas subsidiariamente, pelos atos dos tabeliães e registradores oficiais que, no exercício de suas funções, causem dano a terceiros, assentado o dever de regresso contra o responsável, nos casos de dolo ou culpa, sob pena de improbidade administrativa.

III. Caberá ao Poder Judiciário fiscalizar os atos dos notários, dos oficiais de registro e de seus prepostos, sem prejuízo da fiscalização exercida pelo Ministério Público e pelos órgãos fazendários.

IV. Apresentam-se como atividades jurídicas que são próprias do Estado, porém, exercidas por particulares, sempre pessoas naturais, mediante delegação ou concessão do Poder Público.

Assinale a alternativa correta.

(A) As assertivas III e IV são falsas.

(B) As assertivas I, II e IV são falsas.

(C) As assertivas I, II e III são verdadeiras.

(D) Apenas as assertivas II e IV são verdadeiras.

Assertiva **I:** errada. O certo seria normas gerais. É o previsto no Art. 236, § 2º da CF. Assertiva **II:** errada. O Estado responde, objetivamente, pelos atos dos tabeliães e registradores oficiais que, no exercício de suas funções, causem dano a terceiros (Informativo 932 STF. RE 842846/RJ, rel. Min. Luiz Fux, julgamento em 27.2.2019. (RE-842846), Repercussão Geral). Assertiva **III:** certa. Art. 236, § 1º da CF e Art. 37 da Lei 8.935/94. Assertiva **IV:** errada. O art. 236, *caput* da CF aduz que será somente por delegação do Poder Público.

Gabarito "B".

(Cartório/RS – 2019 – VUNESP) Hércules da Silva, desde o ano de 2010, estava respondendo, regular e interinamente, pelo 1º Tabelião de Notas do Município X, mas, com base em Lei Estadual que disciplinava o instituto da remoção, obteve do Tribunal de Justiça local autorização para ser removido, em 2012, sem necessidade de concurso público, ao Cartório de Registro de Imóveis do mesmo Município. Neste outro cartório exerceu suas funções,

interinamente, por dois anos. No ano de 2017, a referida lei estadual foi declarada inconstitucional e o cargo de Hércules foi ocupado pelo titular aprovado por concurso público. Considerando essa situação hipotética, assinale a alternativa correta.

(A) Durante a sua regular interinidade no Tabelião de Notas, Hércules tinha direito ao percebimento de seus vencimentos pelo regime remuneratório dos delegados dos serviços públicos extrajudiciais, sendo seus atos considerados legais e perfeitos.

(B) Os atos praticados por Hércules durante o exercício de sua interinidade no Cartório de Registro de Imóveis devem ser considerados nulos, e ele deverá responder civilmente por eventuais prejuízos causados em decorrência desses atos.

(C) Os efeitos dos atos praticados por Hércules, com aparência de legalidade, durante a sua interinidade no Cartório de Registro de Imóveis poderão ser aproveitados na medida em que atingiram terceiros de boa-fé, sendo os seus vencimentos sujeitos ao limite remuneratório dos agentes estatais.

(D) Hércules, que não tinha direito ao percebimento de vencimentos pelo regime remuneratório dos delegados dos serviços públicos extrajudiciais, não terá seus atos anulados em razão da prescrição, mas deverá ressarcir os cofres públicos pelos vencimentos percebidos desde 2012.

(E) Hércules, quando ocupou o cargo no Cartório de Registro de Imóveis, tinha direito ao percebimento de seus vencimentos pelo regime remuneratório dos delegados dos serviços públicos extrajudiciais, e seus atos devem ser mantidos em razão da prescrição.

Os atos praticados por Hércules durante sua interinidade, por força da teoria da aparência, serão convalidados (sanados), conforme entendimento pacificado no STF, vide ADI 3248, sendo, portanto, inaplicável quaisquer efeitos sob os terceiros de boa-fé destinatários de seus atos. Acerca do teto remuneratório, entendimento colacionado pelo Supremo no MS 30180, instituindo a submissão que "*o titular interino não atua como delegado do serviço notarial e de registro porque não preenche os requisitos para tanto; age, em verdade, como preposto do Poder Público e, nessa condição, deve-se submeter aos limites remuneratórios previstos para os agentes estatais, não se lhe aplicando o regime remuneratório previsto para os delegados do serviço público extrajudicial*".

Gabarito "C".

(Cartório/PR – 2007) Sobre os princípios que norteiam o exercício da função pública dentro da Administração Pública, assinale a correta:

(A) É possível a acumulação remunerada de dois cargos públicos de natureza técnica, como dois cargos de engenheiro.

(B) Pelo princípio da publicidade toda publicidade oficial poderá ter o caráter de informação, educação, orientação social e pode possibilitar a promoção pessoal de autoridades.

(C) Função pública é o exercício de um poder, facultativo e relacionado a uma finalidade de interesse da Administração.

(D) A isonomia assegura tratamento igual aos iguais e desigual aos desiguais na exata medida da sua desigualdade.

1. DIREITO CONSTITUCIONAL

(E) O princípio da legalidade determina ao administrador área de liberdade, pois ninguém é obrigado a fazer ou deixar de fazer senão em virtude de lei.

A: incorreta, não se insere nas exceções do art. 37, XVI, da CF; **B:** incorreta, não reflete o disposto no art. 37, § 1º, da CF; **C:** incorreta, é poder-dever, não faculdade; **D:** correta, por isso, por exemplo, as mulheres têm licença-maternidade maior que a licença paternidade; E: incorreta, o administrador só pode fazer o que permitido por lei, diferentemente do administrado, que pode fazer tudo o que não for vedado em lei.
Gabarito "D".

(Cartório/DF – 2006 – CESPE) Considere que o deputado distrital X apresente projeto de lei distrital que disciplina a criação de mais dois cartórios de registro de imóveis no Plano Piloto. Acerca desse hipotético projeto de lei e da disciplina da organização do Estado e do processo legislativo, julgue os itens que se seguem.

(1) O projeto de lei mencionado é constitucional no que se refere à competência do Distrito Federal (DF) para dispor sobre a matéria, já que a criação de cartórios extrajudiciais não se insere no conceito constitucional de organização judiciária do DF nem em matéria relativa a registros públicos, que são de competência privativa da União.

(2) O projeto de lei em tela é inconstitucional no que se refere à iniciativa parlamentar.

1: incorreta, pois fere o disposto no art. 22, XXV, da CF; **2:** correta, a iniciativa seria de deputado ou de senador, dada a competência privativa da União.
Gabarito 1E, 2C

(Cartório/DF – 2006 – CESPE) Acerca do disposto na Constituição Federal a respeito da administração pública, e de acordo com a jurisprudência do STF, julgue o próximo item.

(1) Os titulares de serviços notariais não fazem jus aos seguintes direitos previstos para os servidores públicos: regime próprio de previdência social; aposentadoria compulsória aos 70 anos de idade; estabilidade no serviço público.

1: correta, v. STF, AgRG no RE 411.266, 1ª T., j. 15.05.2011, rel. Min. Dias Toffoli, *DJ* 04.08.2011.
Gabarito "1C".

(Cartório/SE – 2006 – CESPE) Julgue os itens subsequentes à luz da Constituição Federal.

(1) Há responsabilidade objetiva do Estado por dano causado por serventuário, pois os serviços notariais são exercidos por delegação do poder público.

(2) A responsabilidade civil por ato ilícito praticado por oficial do registro de imóveis não é pessoal e, por isso, alcança o seu sucessor na serventia.

(3) O ingresso na atividade notarial e de registro depende de concurso público de provas e títulos, não se permitindo que qualquer serventia fique vaga, sem abertura de concurso de provimento ou de remoção, por mais de seis meses.

(4) A aposentadoria por implemento de idade se aplica aos serviços notariais e de registro, que são realizados por ocupantes de cargos efetivos.

1: correta, art. 37, § 6º c/c art. 236, ambos da CF; **2:** incorreta, a responsabilidade é pessoal, não alcançando o sucessor; **3:** correta, art. 236, § 3º, da CF; **4:** incorreta, o STF entende que o art. 40, § 1º, II, da CF não se aplica aos notários, por não serem servidores públicos: "Os notários e os registradores exercem atividade estatal, entretanto não são titulares de cargo público efetivo, tampouco ocupam cargo público. Não são servidores públicos, não lhes alcançando a compulsoriedade imposta pelo mencionado artigo 40 da CB/88 – aposentadoria compulsória aos setenta anos de idade" (ADIn 2602-0/MG, Pleno, j. 24.11.2005, rel. Min. Eros Grau, *DJ* 31.03.2006).
Gabarito 1C, 2E, 3C, 4E

(Cartório/MG – 2005 – EJEF) Considerando-se o previsto na Constituição da República, é *CORRETO* afirmar que compete à União Federal legislar:

(A) alternativamente com os Estados e Distrito Federal sobre registros públicos, emolumentos e custas dos serviços forenses.

(B) concorrentemente com os Estados, Distrito Federal e Municípios sobre registros públicos e direito notarial.

(C) privativamente sobre registros públicos.

(D) subsidiariamente com os Estados, Distrito Federal e Municípios sobre registros públicos e emolumentos.

Competência privativa da União (art. 22, XXV, da CF).
Gabarito "C".

(Cartório/AM – 2005 – FGV) Assinale a alternativa verdadeira.

(A) A administração pública direta e indireta de qualquer dos Poderes da União, dos Estados, do Distrito Federal e dos Municípios obedecerá aos princípios da legalidade, impessoalidade, moralidade, publicidade e eficiência.

(B) Os cargos, empregos e funções públicas são acessíveis exclusivamente a brasileiros.

(C) O prazo de validade de concurso público será de até cinco anos.

(D) Ao servidor público civil é vedada a associação sindical.

(E) Os vencimentos dos cargos do Poder Executivo e do Poder Judiciário não poderão ser superiores aos pagos pelo Poder Legislativo.

A: correta, art. 37 *caput* da CF; **B:** incorreta, pois são acessíveis também aos estrangeiros, na forma da lei (art. 37, I, da CF); **C:** incorreta, não reflete o art. 37, III, da CF; **D:** incorreta, direito garantido pelo art. 37, VI, da CF; **E:** incorreta, pois não reflete o disposto no art. 37, XII, da CF.
Gabarito "A".

(Cartório/MT – 2005 – CESPE) Acerca da organização do Estado, assinale a opção correta.

(A) A federação brasileira é composta pela União, pelos Estados, pelo Distrito Federal e pelos Territórios.

(B) Na organização político-administrativa da federação brasileira, tem-se que a competência da União e dos Municípios é expressa, ao passo que a competência dos Estados é residual.

(C) Os municípios são desprovidos de poder judiciário e o número de vereadores varia de acordo com o potencial econômico de cada município.

(D) O total da despesa de cada município com o seu respectivo poder legislativo não pode ultrapassar 10% da verba orçamentária.

A: incorreta, os Territórios não fazem parte da Federação, mas os Municípios sim (art. 18, *caput*, da CF); **B:** correta, em relação à competência legislativa, mas é importante notar que a competência *tributária* residual (art. 154, I, da CF) e a competência para instituir impostos extraordinários (art. 154, II, da CF) é da União. Os Estados só podem cobrar os tributos já instituídos pela Constituição Federal; **C:** incorreta, não possuem Poder Judiciário, mas o número de vereadores é proporcional à população (art. 29, IV, da CF); **D:** incorreta, não reflete o disposto no art. 29, VII, da CF.

Gabarito "B".

(Cartório/MT – 2005 – CESPE) A respeito da Administração Pública, assinale a opção correta.

(A) Os cargos públicos são acessíveis aos brasileiros, natos ou naturalizados, de acordo com os requisitos estabelecidos em lei, sendo que os estrangeiros também podem ocupar cargos públicos na forma da lei.

(B) A remuneração e o subsídio dos membros da procuradoria dos estados e dos defensores públicos estaduais não poderão ultrapassar o subsídio mensal do governador dos estados.

(C) Os atos de improbidade importarão na suspensão dos direitos políticos, na perda da função pública, na indisponibilidade dos bens e no ressarcimento ao erário. Todas essas sanções podem ser aplicadas pela autoridade administrativa competente.

(D) As normas relativas ao teto de remuneração na administração pública aplicam-se, em qualquer caso, às empresas públicas e às sociedades de economia mista.

A: correta, art. 37, I, da CF (v. art. 12, § 3º, da CF); **B e D:** incorretas, não refletem o disposto no art. 37, XI, da CF; **C:** incorreta, não reflete o disposto no art. 37, § 4º, da CF.

Gabarito "A".

(Cartório/DF – 2003 – CESPE) A Lei nº 10.628, de 24.12.2002, que alterou o art. 84 do Código de Processo Penal, conferiu-lhe a seguinte redação:

Art. 84. A competência pela prerrogativa de função é do Supremo Tribunal Federal, do Superior Tribunal de Justiça, dos Tribunais Regionais Federais e Tribunais de Justiça dos Estados e do Distrito Federal, relativamente às pessoas que devam responder perante eles por crimes comuns e de responsabilidade.

§ 1º A competência especial por prerrogativa de função, relativa a atos administrativos do agente, prevalece ainda que o inquérito ou a ação judicial sejam iniciados após a cessação do exercício da função pública.

§ 2º A ação de improbidade, de que trata a Lei nº 8.429, de 2 de junho de 1992, será proposta perante o tribunal competente para processar e julgar criminalmente o funcionário ou autoridade na hipótese de prerrogativa de foro em razão do exercício de função pública, observado o disposto no § 1º.

Considerando os termos da lei referida acima e a sua repercussão no âmbito da improbidade administrativa, julgue os itens a seguir.

(1) Em razão da edição da lei supra referida, o Supremo Tribunal Federal (STF) entendeu revigorada sua Súmula 394, que dispunha: "Cometido o crime durante o exercício funcional, prevalece a competência especial por prerrogativa de função, ainda que o inquérito ou a ação penal sejam iniciados após a cessação daquele exercício".

(2) Com fundamento nessa lei, é cabível a Governador de Estado, réu em ação de improbidade administrativa em curso na justiça comum de primeira instância, ajuizar reclamação no STF, visando preservar a competência da Excelsa Corte para processar e julgar o pedido de improbidade e obstar que o juiz reclamado possa usurpar esta competência originária.

(3) A partir da edição da lei citada, se o Ministério Público ajuizar ação de improbidade administrativa, em face de Ministro de Estado, na justiça de primeiro grau, deverá alegar, *incidenter tantum*, a inconstitucionalidade do dispositivo constante do § 2º do art. 84, hipótese em que o efeito da declaração será *ex tunc*, apenas para as partes do processo.

1: incorreta, o STF cancelou a referida súmula, por entender que o princípio republicano impede a prerrogativa de foro seja aplicada nas infrações penais comuns, ainda que ocorridas durante a atividade funcional, se sobrevier a cessação da investidura do indiciado, denunciado ou réu, no cargo, função ou mandato, cuja titularidade se qualifica como o único fator de legitimidade constitucional apto a fazer instaurar a competência penal originária do STF. V. AgRg no Inq. 1.376-4, Pleno, j. 15.02.2007, rel. Min. Celso de Mello, *DJ* 16.03.2007; **2:** incorreta, não há foro por prerrogativa de função para as ações de improbidade administrativa, de caráter civil; **3:** correta, o STF considera legítima a propositura da ação civil pública (bem como da ação popular) como instrumento de fiscalização *incidental* de constitucionalidade de leis ou atos do poder público, mas afasta sua utilização como sucedânea da ADIn, pois, ante sua eficácia *erga omnes*, constituiria verdadeiro controle concentrado de constitucionalidade. Assim, a inconstitucionalidade da norma é apreciada como causa de pedir e não como pedido principal da ação.

Gabarito 1E, 2E, 3C.

(Cartório/DF – 2001 – CESPE) Julgue os seguintes itens, acerca das competências previstas na Constituição da República e nas normas infraconstitucionais.

(1) A competência legislativa da União sobre direito do trabalho aplica-se às relações contratuais trabalhistas entre empregados e sociedades de economia mista estaduais.

(2) É inconstitucional, por invadir a competência legislativa privativa federal, lei estadual que estabeleça idade mínima distinta daquela constante em lei federal para a condução de veículos automotores.

(3) No âmbito da competência legislativa concorrente, a superveniência de lei federal sobre normas gerais suspende a aplicação da legislação estadual no que lhe for contrária.

(4) Compete à União legislar privativamente sobre a organização judiciária do Distrito Federal (DF).

(5) Ainda que inexista lei federal sobre normas gerais para a fixação de emolumentos relativos aos atos praticados pelos serviços notariais e de registro, não pode lei estadual conceder isenção do pagamento de emolumentos relativos ao registro de atos constitutivos de entidades beneficentes de assistência social.

1: correta, os empregados públicos são regidos pela CLT; **2:** correta, é competência privativa da União legislar sobre trânsito e transporte (art. 22, XI, da CF); **3:** correta, art. 24, § 4º, da CF; **4:** correta, art. 22, XVII,

1. DIREITO CONSTITUCIONAL

da CF; **5:** incorreta, o art. 151, III, da CF veda expressamente a isencão heterônoma (heterotópica), ou seja, aquela concedida por outro ente, que não o titular da competência tributária.

Gabarito 1C, 2C, 3C, 4C, 5E

(Cartório/RO – III) Com base no art. 37, XIX, da CF, somente por lei específica podem ser criadas:

(A) as fundações públicas e as sociedades de economia mista;

(B) as autarquias;

(C) as sociedades de economia mista e suas subsidiárias;

(D) todas as entidades de administração indireta.

Art. 37, XIX, da CF.

Gabarito "B".

(Cartório/RO – III) A punição de um funcionário público é:

(A) causa do ato administrativo;

(B) o fim do ato administrativo.

(C) a causa e o fim do ato administrativo;

(D) o efeito do ato administrativo.

É resultado, consequência, não causa.

Gabarito "D".

(Cartório/SP – I – VUNESP) Na repartição de competências, estabelecida pela Constituição,

(A) são da União, por residualidade, aquelas que não tenham sido discriminadamente atribuídas aos Estados ou aos Municípios.

(B) é competência comum da União, dos Estados, do Distrito Federal e dos Municípios cuidar da proteção e garantia das pessoas portadoras de deficiência.

(C) compete privativamente à União legislar sobre previdência social.

(D) compete à União, aos Estados e ao Distrito Federal legislar, concorrentemente, sobre desapropriação.

Tomando por base a divisão de competências entre *administrativas, legislativas* e *tributárias,* pode-se dizer, em linhas gerais, que o sistema de repartição de competências adotado pela Constituição Federal de 1988 abrange: a) competências administrativas exclusivas da União (art. 21 da CF); b) competências administrativas comuns da União, Estados, Distrito Federal e Municípios (art. 23 da CF); c) competências legislativas privativas da União (art. 22 da CF); d) competências legislativas concorrentes da União, Estados, Distrito Federal (e, no que couber, dos Municípios) (art. 24 da CF); e) competências legislativas e administrativas remanescentes dos Estados (art. 25, § 1º, da CF); f) competência tributária expressa da União (art. 153 da CF); g) competência tributária residual da União (art. 154, I, da CF); h) competência tributária extraordinária da União (art. 154, II, da CF); i) competência tributária expressa dos Estados (art. 155 da CF); j) competências tributárias expressas dos Municípios (art. 156 da CF) e k) competências privativas dos Municípios (art. 30, III a IX, da CF). Importante notar que as competências *administrativas e legislativas* residuais são conferidas aos Estados, mas a competência *tributária* residual é da União. **A:** incorreta, fora a competência residual tributária, que é da União, as demais competências residuais (legislativas e administrativas) são dos Estados; **B:** correta, art. 23, II, da CF; **C:** incorreta, a competência, nesse caso, é concorrente (art. 24, XII, da CF); **D:** incorreta, competência privativa da União (art. 22, II, da CF).

Gabarito "B".

(Cartório/SP – I – VUNESP) Não se incluem entre os bens da União:

(A) os sítios arqueológicos.

(B) as terras tradicionalmente ocupadas por índios.

(C) as ilhas fluviais que se encontrem em zona limítrofe entre dois Estados.

(D) os rios que banhem mais de um Estado.

Art. 20, I a XI, da CF. Sobre o tema, note-se que as terras devolutas pertencem aos Estados, com exceção das terras devolutas indispensáveis à defesa das fronteiras, das fortificações e construções militares, das vias federais de comunicação e à preservação ambiental, definidas em lei, que pertencem à União (art. 20, II, c/c art. 26, IV, da CF).

Gabarito "C".

(Cartório/SP – II – VUNESP) Assinale a assertiva correta.

(A) As pessoas jurídicas de direito público respondem pelos danos que seus agentes, nessa qualidade, causarem a terceiros, assegurado o direito de regresso contra o responsável somente no caso de dolo.

(B) A Administração Pública, obrigada a observar e respeitar a Constituição Federal como norma fundamental do sistema jurídico, pode e deve recusar-se a cumprir leis e atos normativos considerados flagrantemente inconstitucionais.

(C) A proibição de acumulação remunerada de cargos públicos estende-se a empregos e funções e abrange a administração direta e a indireta, excetuadas as sociedades de economia mista, que estão submetidas a regime jurídico próprio.

(D) O prazo de validade do concurso público será, sempre, de dois anos, proibida sua prorrogação por mais de uma vez.

A: incorreta, não reflete o disposto no art. 37, § 6º, da CF: **B:** correta, o Poder Executivo pode deixar de cumprir lei ou ato normativo flagrantemente inconstitucionais, como já decidiu o STF: *"Os Poderes Executivo e Legislativo, por sua Chefia – e isso mesmo tem sido questionado com o alargamento da legitimação ativa na ação direta de inconstitucionalidade –, podem tão só determinar aos seus órgãos subordinados que deixem de aplicar administrativamente as leis ou atos com força de lei que considerem inconstitucionais"* (STF, ADI MC 221-0/DF, Pleno, j. 29.03.1990, rel. Min. Moreira Alves, DJ 22.10.1993), o que não prejudica posterior declaração de (in)constitucionalidade pelo Poder Judiciário; **C:** incorreta, não reflete o disposto no art. 37, XVII, da CF; **D:** incorreta, não reflete o disposto no art. 37, III, da CF.

Gabarito "B".

(Cartório/SP – II – VUNESP) A Constituição Federal prevê expressamente, como princípios da Administração Pública:

(A) legalidade, moralidade, supremacia do interesse público e publicidade.

(B) impessoalidade, eficiência, publicidade e moralidade.

(C) moralidade, publicidade, impessoalidade e supremacia do interesse público.

(D) legalidade, pessoalidade, moralidade e responsabilidade funcional.

Art. 37, *caput,* da CF (suas iniciais formam a sigla "LIMPE": legalidade, impessoalidade, moralidade, publicidade e eficiência).

Gabarito "B".

(Cartório/SP – II – VUNESP) Considere as afirmações sobre a repartição de competência fixada pela Constituição Federal:

I. compete à União, aos Estados e ao Distrito Federal legislar concorrentemente sobre registros públicos;

II. compete à União, aos Estados e ao Distrito Federal legislar concorrentemente sobre custas dos serviços forenses;

III. compete à União, aos Estados e ao Distrito Federal legislar concorrentemente sobre procedimentos em matéria processual;

IV. compete privativamente aos Estados e ao Distrito Federal legislar sobre assistência jurídica e defensoria pública.

Estão corretas apenas as afirmações

(A) III e IV.

(B) II e IV.

(C) II e III.

(D) I e II.

I: incorreta, competência privativa da União (art. 22, XXV, da CF); II: correta, art. 24, IV, da CF; III: correta, art. 24, XI, da CF; IV: incorreta, a competência, nesse caso, é concorrente: art. 24, XIII, da CF.
Gabarito "C".

(Cartório/SP – II – VUNESP) A propósito de desapropriação, analise as afirmativas abaixo.

I. Compete apenas à União legislar sobre desapropriação.

II. Compete à União e aos Estados a desapropriação por interesse social, para fins de reforma agrária.

III. É facultado ao Município a desapropriação de área urbana não edificada, subutilizada ou não utilizada, incluída ou não no plano diretor, para promover o seu adequado aproveitamento.

IV. Os bens do domínio dos Estados e Municípios poderão ser desapropriados pela União.

Está correto somente o contido em

(A) I e III.

(B) II e IV.

(C) I.

(D) I e IV.

I: correta, art. 22, II, da CF; II: incorreta, não reflete o disposto no art. 184 da CF; III: incorreta, não reflete o disposto no art. 182, § 4º, III, da CF; IV: correta, art. 2º, § 2º, do Dec.-lei 3.365/1941.
Gabarito "D".

(Cartório/SP – III – VUNESP) A Constituição Federal assegura aos servidores ocupantes de cargo público os seguintes direitos:

(A) salário mínimo; irredutibilidade absoluta de vencimentos; 13º salário.

(B) proibição de diferença de salários e de admissão por motivo de sexo, idade, nacionalidade, cor ou estado civil; estabilidade após 3 anos de efetivo exercício em cargo de provimento efetivo conquistado por concurso público; licença-paternidade.

(C) proteção do mercado de trabalho da mulher; gozo de férias anuais remuneradas com, pelo menos, um terço a mais do salário normal; remuneração do trabalho noturno superior à do diurno.

(D) salário-família; estabilidade após 2 anos de efetivo exercício em cargo de provimento efetivo conquis-

tado por concurso público; remuneração do serviço extraordinário superior, no mínimo, em cinquenta por cento à do normal.

De acordo com o art. 39, § 3º, da CF, "aplica-se aos servidores ocupantes de cargo público o disposto no art. 7º, IV, VII, VIII, IX, XII, XIII, XV, XVI, XVII, XVIII, XIX, XX, XXII e XXX, podendo a lei estabelecer requisitos diferenciados de admissão quando a natureza do cargo o exigir".
Gabarito "C".

(Cartório/SP – III – VUNESP) Assinale a alternativa cujo enunciado contraria comandos constitucionais relativos à Administração Pública.

(A) Extinto o cargo ou declarada sua desnecessidade, o servidor, estável ou não, nomeado para cargo de provimento efetivo em virtude de concurso público, ficará em disponibilidade, com remuneração proporcional ao tempo de serviço, até seu adequado aproveitamento em **outro cargo.**

(B) Ao servidor ocupante, exclusivamente, de cargo em comissão declarado em lei de livre nomeação e exoneração, bem como de outro cargo temporário ou de emprego público, aplica-se o regime geral de previdência social.

(C) Os Poderes Executivo, Legislativo e Judiciário devem publicar anualmente os valores do subsídio e da remuneração dos cargos e empregos públicos.

(D) As funções de confiança, exercidas exclusivamente por servidores ocupantes de cargo efetivo, e os cargos em comissão, a serem preenchidos por servidores de carreira nos casos, condições e percentuais mínimos previstos em lei, destinam-se apenas às atribuições de direção, chefia e assessoramento.

A: incorreta (devendo ser assinalada), não reflete o art. 41, § 3º, da CF; B: correta, art. 40, § 13, da CF; C: correta, art. 39, § 6º, da CF; D: correta, art. 37, V, da CF.
Gabarito "A".

(Cartório/SP – IV – VUNESP) Em concurso público, a participação de examinador que é sócio dos dois primeiros colocados no certame, ainda que não haja lei específica proibindo, ofende o princípio constitucional da:

(A) eficiência.

(B) legalidade.

(C) moralidade.

(D) publicidade.

Art. 37, *caput*, da CF.
Gabarito "C".

(Cartório/SP – VI – VUNESP) Compete aos municípios, nos dizeres da Constituição Republicana em vigor,

(A) propor reformas para o aprimoramento da legislação estadual e do DF.

(B) legislar sobre questões versando acerca de assuntos de interesse regional.

(C) criar, organizar e suprimir distritos, observada a legislação estadual.

(D) instituir e arrecadar tributos sem necessidade de publicar balancetes.

Art. 30, IV, da CF.
Gabarito "C".

1. DIREITO CONSTITUCIONAL

(Cartório/SP – VII – VUNESP) A União não intervirá nos Estados nem no Distrito Federal, exceto para:

(A) repelir a propaganda de conceitos nocivos à Nação.

(B) pôr termo a greve prolongada que perturbe a ordem pública.

(C) manter a integridade nacional.

(D) impedir o livre exercício de qualquer dos Poderes nas unidades da Federação.

Art. 34, I a VII, da CF.
Gabarito "C".

(Cartório/SP – VII – VUNESP) A competência da União para emitir moeda será exercida pelo(a):

(A) órgão competente subordinado ao Ministério da Fazenda.

(B) Banco Central.

(C) Casa da Moeda do Tesouro Nacional.

(D) instituição financeira vencedora de licitação.

Art. 164 da CF.
Gabarito "B".

(Cartório/SP – VII – VUNESP) Compete privativamente à União legislar sobre:

(A) procedimento em matéria processual.

(B) produção e consumo.

(C) florestas, caça e pesca.

(D) águas, energia e informática.

A: incorreta, competência concorrente (art. 24, XI, da CF); **B:** incorreta, competência concorrente (art. 24, V, da CF); **C:** incorreta, competência concorrente (art. 24, VI, da CF); **D:** correta, art. 22, IV, da CF.
Gabarito "D".

6. ORGANIZAÇÃO DOS PODERES LEGISLATIVO E EXECUTIVO

(Cartório/MG – 2019 – Consulplan) A Constituição Federal traz previsão de atribuição ao Legislativo quanto à fiscalização e controle dos atos da Administração Pública direta e indireta, nos moldes do art. 49. Diante da previsão anteriormente referida, assinale a alternativa correta.

(A) A fiscalização e o controle atribuídos ao Legislativo são de ordem geral, excluídos atos de ordem política, sob pena de se infringir a harmonia entre os Poderes.

(B) O Senado Federal é responsável por tomar as contas do Presidente da República quando não apresentadas ao Congresso Nacional no prazo constitucional.

(C) A Câmara dos Deputados e o Senado têm poderes para constituir Comissão Parlamentar de Inquérito, a fim de proceder a apurações acerca de fato específico, sendo que esta deve ter prazo determinado.

(D) A Câmara dos Deputados e o Senado têm poderes para, conjuntamente, sendo vedada a atuação isolada, constituir Comissão Parlamentar de Inquérito, a fim de proceder a apurações acerca de fato específico, sendo que esta deve ter prazo determinado.

A: errada. A competência do Congresso Nacional para julgar as contas do presidente da República faz parte do controle político dos atos do governo. O julgamento é político, ou seja, não se baseia em critérios

unicamente técnicos, ainda que estes sejam relevantes. **B:** errada. Proceder à tomada de contas do Presidente da República compete privativamente à Câmara dos Deputados, conforme art. 51, inciso II da CF. **C:** certa. Art. 58, § 3º, da CF. **D:** errada. Não é vedada a atuação de forma isolada como diz a afirmativa.
Gabarito "C".

(Cartório/SP – 2016 – VUNESP) Sobre o processo legislativo, é correto afirmar que

(A) o veto presidencial pode ser rejeitado pelo voto de dois terços dos Deputados e Senadores.

(B) a elaboração de lei delegada pelo Presidente da República depende de decreto legislativo autorizativo, editado pelo Congresso Nacional e que especificará seu conteúdo e os termos de seu exercício, sem sujeição do projeto ao Congresso Nacional.

(C) matéria constante de projeto de lei rejeitado não poderá, em qualquer hipótese, constituir objeto de novo projeto na mesma sessão legislativa.

(D) entre outras matérias, é vedada a edição de Medida Provisória sobre a organização do Poder Judiciário e do Ministério Público, a carreira e a garantia de seus membros.

A: incorreta. Pode ser rejeitado por voto da maioria absoluta dos Deputados e Senadores, em sessão conjunta (art. 65, § 4º, CF); **B:** incorreta. A delegação ao Presidente da República é feita sob a forma de resolução, que pode determinar a apreciação do Congresso Nacional (art. 68, §§ 2º e 3º, CF); **C:** incorreta. Pode ser objeto de novo projeto na mesma sessão legislativa, desde que mediante proposta da maioria absoluta dos membros de qualquer das Casas do Congresso Nacional (art. 67, *caput*, CF); **D:** correta. Art. 62, § 1º, I, "c", CF. Tampouco podem ser objeto de lei delegada – art. 68, § 1º, I, CF.
Gabarito "D".

(Cartório/RS – 2019 – VUNESP) Assinale a alternativa correta a respeito do veto presidencial.

(A) O veto será apreciado em sessão conjunta, dentro de trinta dias a contar de seu recebimento, só podendo ser rejeitado pelo voto da maioria de dois terços dos Deputados e Senadores.

(B) Se o Presidente da República vetar o projeto de lei, total ou parcialmente, deverá comunicar ao Presidente do Senado Federal os motivos do veto, dentro do prazo de quarenta e oito horas.

(C) O veto parcial efetivado pelo Presidente da República impede que o todo o projeto de lei venha a ser promulgado e publicado até que o veto seja, eventualmente, derrubado pelo Congresso Nacional.

(D) O Presidente da República tem o prazo de 30 dias, contados do seu recebimento, para vetar, total ou parcialmente, o projeto de lei que lhe foi encaminhado para sanção.

(E) Se o veto do Presidente da República não for mantido, será o respectivo projeto enviado, para promulgação, pelo Presidente do Congresso Nacional.

A: errada. O veto será apreciado em sessão conjunta, dentro de trinta dias a contar de seu recebimento, só podendo ser rejeitado pelo voto da maioria absoluta dos Deputados e Senadores. **B:** certa. Art. 66, § 1º da CF. **C:** errada. O veto parcial efetivado pelo Presidente da República impede que parte do projeto de lei venha a ser promulgado. **D:** errada. O prazo em questão é de 15 dias para vetar. **E:** errada. Quem promulga o veto não mantido é o Presidente da República e não o Presidente do Congresso Nacional.

Gabarito "B".

(Cartório/SP – 2016 – VUNESP) Sobre a medida provisória, é correto afirmar que

(A) não pode versar sobre matéria reservada à lei complementar.

(B) tem sua votação iniciada no Senado Federal.

(C) pode versar sobre matéria relativa a direito eleitoral.

(D) perde a eficácia se não for convertida em lei no prazo de 45 dias, prorrogável por mais duas vezes por igual período, devendo o Poder Judiciário disciplinar, por resolução, as relações jurídicas dela decorrentes.

A: correta. Art. 62, § 1°, III, CF; **B:** incorreta. Sua votação se inicia na Câmara dos Deputados (art. 62, § 8°, CF); **C:** incorreta. Há vedação expressa nesse sentido (art. 62, § 1°, I, "a", CF); **D:** incorreta. Perdem a eficácia se não forem convertidas em lei no prazo de sessenta dias, prorrogável uma única vez por igual período (art. 62, § 3°, CF).

Gabarito "A".

(Cartório/MG – 2016 – Consulplan) Em caso de relevância e urgência, o Presidente da República poderá editar medidas provisórias com força de lei, salvo quando tratar sobre a matéria

(A) orçamentária.

(B) tributária.

(C) planos plurianuais.

(D) civil.

As matérias que não podem ser objeto de medida provisória estão listadas no art. 62, § 1°, I a IV, CF, dentre as quais se encontra a referente a planos plurianuais (art. 62, § 1°, I, "d", CF). As demais não estão no citado rol, embora medidas provisórias em matéria tributária tenha um tratamento específico (art. 62, § 2°, CF).

Gabarito "C".

(Cartório/MG – 2016 – Consulplan) São crimes de responsabilidade do Presidente da República os atos que atentem contra a Constituição Federal, e especialmente, contra

(A) O exercício dos direitos individuais.

(B) A ordem tributária.

(C) A segurança externa.

(D) O livre exercício da Controladoria Geral.

Os crimes de responsabilidade do Presidente da República estão listados no art. 85, I a VII, da CF, dentre os quais se encontram os atos que atentam contra os direitos individuais (art. 85, III, CF). As demais matérias não estão no referido rol.

Gabarito "A".

(Cartório/PA – 2016 – IESES) A emenda à Constituição da República Federativa do Brasil será promulgada:

(A) Exclusivamente pela Presidência da Câmara dos Deputados.

(B) Pela Presidência da República.

(C) Exclusivamente pela Presidência do Senado Federal.

(D) Pelas Mesas da Câmara dos Deputados e do Senado Federal, com o respectivo número de ordem.

As emendas à Constituição são promulgadas pelas Mesas da Câmara dos Deputados e do Senado Federal (notem que não se trata da Mesa do Congresso Nacional). Ver art. 60, § 3°, CF.

Gabarito "D".

(Cartório/PA – 2016 – IESES) A iniciativa popular pode ser exercida pela apresentação à Câmara dos Deputados de projeto de lei subscrito por, no mínimo, [.......................
.......] do eleitorado nacional, distribuído pelo menos por [..............] Estados, com não menos de três décimos por cento dos eleitores de cada um deles:

(A) Três por cento; oito.

(B) Um por cento; cinco.

(C) Dois por cento; sete.

(D) Cinco por cento; dez.

Art. 61, § 2°, CF.

Gabarito "B".

(Cartório/PA – 2016 – IESES) Compete privativamente ao Presidente da República, EXCETO:

(A) Vetar projetos de lei, total ou parcialmente.

(B) Decretar o estado de defesa e o estado de sítio.

(C) Suspender a execução, no todo ou em parte, de lei declarada inconstitucional por decisão definitiva do Supremo Tribunal Federal.

(D) Iniciar o processo legislativo, na forma e nos casos previstos pela Constituição.

As matérias de competência privativa do Presidente da República encontram-se listadas no art. 84 da CF, dentre as quais não se encontra a de suspender a execução de lei declarada inconstitucional pelo STF. Essa competência é do Senado Federal, exercida apenas nos casos de controle difuso de constitucionalidade (art. 52, X, CF).

Gabarito "C".

(Cartório/PA – 2016 – IESES) Sobre o Poder Legislativo é correto afirmar que:

(A) Nenhuma das unidades da Federação terá menos de 4 (quatro) ou mais de 80 (oitenta) deputados.

(B) A Câmara dos Deputados compõe-se de representantes do povo, eleitos, segundo o princípio majoritário.

(C) O Senado Federal compõe-se de representantes dos Estados e do Distrito Federal, eleitos, segundo o sistema proporcional.

(D) Salvo disposição constitucional em contrário, as deliberações de cada Casa (Câmara dos Deputados e Senado Federal) e de suas Comissões serão tomadas por maioria dos votos, presente a maioria absoluta de seus membros.

A: incorreta. O mínimo é de oito e o máximo de setenta deputados (art. 45, § 1°, CF); **B:** incorreta. A eleição para a Câmara dos Deputados segue o sistema proporcional (art. 45, *caput*, CF); **C:** incorreta. A eleição para o Senado segue o sistema majoritário (art. 46, *caput*, CF); **D:** correta. Art. 47 da CF.

Gabarito "D".

(Cartório/MG – 2015 – Consulplan) É da competência exclusiva do congresso, sem exigência da sanção do Presidente da República, EXCETO:

(A) Aprovar o estado de defesa e a intervenção federal, autorizar o estado de sítio, ou suspender qualquer uma dessas medidas.

(B) Apreciar os atos de concessão e renovação de concessão de emissoras de rádio e televisão.

(C) Aprovar, previamente, a alienação ou concessão de terras públicas com área superior a 2.500 (dois mil e quinhentos) hectares.

1. DIREITO CONSTITUCIONAL

(D) Dispor sobre organização administrativa, judiciária, do Ministério Público e da Defensoria Pública da União e dos Territórios e organização judiciária e do Ministério Público do Distrito Federal.

As matérias de competência *exclusiva* do Congresso Nacional encontram-se listadas no art. 49 da CF, que não inclui "dispor sobre organização administrativa, judiciária, do Ministério Público e da Defensoria Pública da União e dos Territórios e organização judiciária e do Ministério Público do Distrito Federal". Embora essa matéria seja da competência do Congresso Nacional, está listada no art. 48 da CF, que exige sanção do Presidente da República.
Gabarito "D".

(Cartório/MG – 2015 – Consulplan) Assinale a alternativa INCORRETA:

(A) É vedada a edição de medidas provisórias sobre matéria relativa a organização do Poder Judiciário e do Ministério Público, a carreira e a garantia de seus membros.

(B) A matéria constante de proposta de emenda rejeitada ou havida por prejudicada pode ser objeto de nova proposta na mesma sessão legislativa.

(C) A matéria constante de projeto de lei rejeitado somente poderá constituir objeto de novo projeto, na mesma sessão legislativa, mediante proposta da maioria absoluta dos membros de quaisquer das Casas do Congresso Nacional.

(D) É vedada a reedição, na mesma sessão legislativa, de medida provisória que tenha sido rejeitada ou que tenha perdido sua eficácia por decurso de tempo.

A: correta. Art. 62, § 1°, I, "c", CF; **B:** incorreta, devendo ser assinalada. Não pode ser objeto de nova proposta na mesma sessão legislativa (art. 60, § 5°, CF); **C:** correta. Art. 67 da CF; **D:** correta. Art. 62, § 10, CF.
Gabarito "B".

(Cartório/MG – 2015 – Consulplan) Quanto às normas que dispõem sobre a organização dos poderes, assinale a alternativa correta:

(A) Compete privativamente à Câmara dos Deputados processar e julgar o Presidente e o Vice-Presidente da República nos crimes de responsabilidade.

(B) Compete privativamente ao Senado Federal processar e julgar os Ministros do Supremo Tribunal Federal, os membros do Conselho Nacional de Justiça e do Conselho Nacional do Ministério Público, o Procurador-Geral da República e o Advogado-Geral da União nos crimes comuns e de responsabilidade.

(C) Compete ao Supremo Tribunal Federal processar e julgar, originariamente, nas infrações penais comuns, o Presidente da República, o Vice-Presidente, os membros do Congresso Nacional, seus próprios Ministros e o Procurador-Geral da República.

(D) Não pode propor a ação direta de inconstitucionalidade e a ação declaratória de constitucionalidade a confederação sindical ou entidade de classe de âmbito nacional.

A: incorreta. De acordo com o art. 86 da CF, a competência para julgamento é do Senado Federal, cabendo à Câmara apenas o juízo de admissibilidade da denúncia; **B:** incorreta A competência do Senado para julgar essas autoridades refere-se apenas aos crimes de respon-

sabilidade (art. 52, II, CF); **C:** correta. Art. 102, I, "b", CF; **D:** incorreta. Sua legitimidade ativa para ADIn e ADC encontra-se prevista no art. 103, IX, CF.
Gabarito "C".

(Cartório/SC – 2012) Assinale a alternativa **correta:**

(A) Compete, privativamente, ao Senado Federal eleger os membros do Conselho da República, que é órgão superior de consulta do Presidente da República.

(B) Compete, exclusivamente, à Câmara dos Deputados a organização administrativa, judiciária, do Ministério Público e da Defensoria Pública da União e dos Territórios, e a organização judiciária do Ministério Público e da Defensoria Pública do Distrito Federal.

(C) Cabe ao Senado Federal processar e julgar os Ministros do Supremo Tribunal Federal, os membros do Conselho Nacional de Justiça e do Conselho Nacional do Ministério Público, o Procurador-Geral da República e o Advogado-Geral da União nos crimes de responsabilidade.

(D) Aos Deputados e Senadores é reservada a garantia da liberdade de expressão, sendo por isso dito invioláveis penalmente quanto a quaisquer de suas opiniões, palavras e votos; contudo, eles respondem civilmente pelas consequências dessas mesmas opiniões, palavras e votos.

(E) Desde a expedição do diploma, os membros do Congresso Nacional não poderão ser presos, salvo em flagrante de crime afiançável.

A: incorreta. De acordo com o art. 89 da CF, o Conselho da República é órgão superior de consulta do Presidente da República. Sua composição já vem estabelecida constitucionalmente, qual seja: I – o Vice-Presidente da República; II – o Presidente da Câmara dos Deputados; III – o Presidente do Senado Federal; IV – os líderes da maioria e da minoria na Câmara dos Deputados; V – os líderes da maioria e da minoria no Senado Federal; VI – o Ministro da Justiça; VII – seis cidadãos brasileiros natos, com mais de trinta e cinco anos de idade, sendo dois nomeados pelo Presidente da República, dois eleitos pelo Senado Federal e dois eleitos pela Câmara dos Deputados, todos com mandato de três anos, vedada a recondução; **B:** incorreta. Conforme o art. 48, IX, da CF, alterado pela EC nº 69/2012, é de competência do Congresso Nacional, com a sanção do Presidente, a organização administrativa, judiciária, do Ministério Público e da Defensoria Pública da União e dos Territórios e organização judiciária e do Ministério Público do Distrito Federal; **C:** correta (art. 52, II, da CF); **D:** incorreta. De acordo com o art. 53 da CF, os parlamentares gozam de imunidade material, ou seja, são invioláveis *civil e penalmente*, por quaisquer palavras, opiniões e votos que proferirem no curso de seus mandatos; **E:** incorreta. Conforme o § 2° do art. 53, desde a expedição do diploma, os membros do Congresso Nacional não poderão ser presos, salvo em flagrante de crime *inafiançável*. É a chamada imunidade formal relativa à prisão.
Gabarito "C".

(Cartório/RJ – 2012) É da competência exclusiva do Congresso Nacional

(A) autorizar, por dois terços de seus membros, a instauração de processo contra o Presidente e o Vice-Presidente da República e os Ministros de Estado.

(B) eleger membros do Conselho da República.

(C) aprovar, previamente, a alienação ou concessão de terras públicas com área superior a 2.500 (dois mil e quinhentos) hectares.

(D) aprovar, por maioria absoluta e por voto secreto, a exoneração, de ofício, do Procurador-Geral da República antes do término de seu mandato.

(E) suspender a execução, no todo ou em parte, de lei declarada inconstitucional por decisão definitiva do Supremo Tribunal Federal.

A: incorreta. De acordo com o art. 51, I, da CF, é da competência privativa da Câmara dos Deputados autorizar, por dois terços de seus membros, a instauração de processo contra o Presidente e o Vice-Presidente da República e os Ministros de Estado; **B:** incorreta. Conforme o art. 51, V, da CF também é da compete privativamente à da Câmara de Deputados eleger os membros do Conselho da República, nos termos do art. 89, VII, da CF; **C:** correta (art. 49, XVII, da CF); **D:** incorreta. De acordo com o art. 52, XI, da CF, essa atribuição é da competência privativa do Senado Federal; **D:** incorreta. Conforme o art. 52, X, da CF, a suspensão da execução, no todo ou em parte, da lei declarada inconstitucional por decisão definitiva do STF, é da competência privativa do Senado Federal.

Gabarito "C".

(Cartório/SC – 2012) Assinale a alternativa **correta:**

(A) Segundo o processo legislativo descrito na Constituição Federal, as leis delegadas são elaboradas pelo Presidente da República, que deverá, por sua vez, solicitar a delegação ao Congresso Nacional. Contudo, não serão objeto de delegação os atos de competência exclusiva do Congresso Nacional, os de competência privativa da Câmara dos Deputados ou do Senado Federal e as matérias reservadas à lei complementar.

(B) Por disposição expressa constitucional, o Presidente da República pode considerar o projeto de lei, no todo ou em parte, inconstitucional ou contrário ao interesse público, oportunidade em que o vetará total ou parcialmente, e o veto parcial, caso ocorrente, poderá abranger somente expressões. Neste caso, para esse fim terá o prazo de quinze dias úteis, contados da data do recebimento, e comunicará, dentro de 48 horas, ao Presidente do Senado Federal, os motivos do veto.

(C) As comissões parlamentares de inquérito, que terão poderes de investigação próprios das autoridades judiciais, além de outros previstos nos regimentos das respectivas Casas, serão criadas pela Câmara dos Deputados e pelo Senado Federal, em conjunto ou separadamente, mediante requerimento de um terço de seus membros, para a apuração de fato determinado e por prazo certo, detendo em razão de suas conclusões competência de impor responsabilidade criminal e civil aos investigados.

(D) Os decretos legislativos, restritos ao ambiente do Congresso Nacional, segundo a Constituição Federal, não fazem parte do processo legislativo.

(E) As leis complementares exigem quórum qualificado, por isso são aprovadas, após discussão e votação, em dois turnos, com maioria simples nas duas casas legislativas.

A: correta (art. 68, *caput* e § 1º, da CF); **B:** incorreta. O veto parcial não pode abranger apenas expressões. De acordo com o § 2º do art. 66, esse veto somente será feito sobre o texto integral de artigo, de parágrafo, de inciso ou de alínea. As demais informações contidas na alternativa estão corretas; **C:** incorreta. A parte final está errada, pois as comissões parlamentares de inquérito não possuem competência

para impor responsabilidade criminal e civil aos investigados. Segundo o art. 58, § 3º, da CF, as CPI's, quando necessário, encaminham suas conclusões ao Ministério Público, para que promova a responsabilidade civil ou criminal dos infratores. As demais informações contidas na alternativa estão corretas; **D:** incorreta. Os decretos legislativos constam do rol as espécies legislativas, previsto no art. 59 da CF. De acordo com mencionado dispositivo, o processo legislativo compreende a elaboração de I – emendas à Constituição, II – leis complementares, III – leis ordinárias, IV – leis delegadas, V – medidas provisórias, *VI – decretos legislativos* e VII – resoluções; **E:** incorreta. Conforme o art. 69 da CF, as leis complementares são aprovadas por maioria *absoluta*.

Gabarito "A".

(Cartório/RJ – 2012) As medidas provisórias podem tratar de matéria relativa a

(A) direito eleitoral.

(B) direito econômico se não reservada a lei complementar.

(C) direito processual civil.

(D) direitos políticos.

(E) direito processual penal, mas não a direito penal.

Conforme o art. 62, § 1º, da CF, não pode ser objeto de medidas provisórias as matérias: I – relativa a: (a) nacionalidade, cidadania, *direitos políticos*, partidos políticos e *direito eleitoral*; b) *direito penal, processual penal* e *processual civil*; c) organização do Poder Judiciário e do Ministério Público, a carreira e a garantia de seus membros; d) planos plurianuais, diretrizes orçamentárias, orçamento e créditos adicionais e suplementares, ressalvado o previsto no art. 167, § 3º da CF; II – que vise a detenção ou sequestro de bens, de poupança popular ou qualquer outro ativo financeiro; III – reservada a lei complementar; IV – já disciplinada em projeto de lei aprovado pelo Congresso Nacional e pendente de sanção ou veto do Presidente da República. Desse modo, é possível que uma medida provisória trata de *direito econômico*, salvo se a matéria tiver de ser tratada por meio de lei complementar.

Gabarito "B".

(Cartório/SP – 2012 – VUNESP) "O Poder Legislativo Federal brasileiro é do tipo bicameral-federativo, sendo composto de duas casas legislativas, sendo uma delas composta por representantes do povo brasileiro, chamada Câmara, e a outra por representantes dos Estados e do Distrito Federal, denominada Senado." Pode-se dizer que o conteúdo do texto está

(A) totalmente incorreto.

(B) parcialmente correto. Não é apenas o poder legislativo federal que se organiza dessa forma. Os estados-membros também estruturam seus poderes legislativos da mesma maneira.

(C) parcialmente correto. O Senado também tem a função constitucional de representar o povo brasileiro, a partir do momento em que são escolhidos por voto popular, livre e secreto.

(D) totalmente correto.

A afirmação está totalmente correta, pois corresponde ao mencionado nos arts. 44, 45 e 46, todos da CF. O primeiro dispõe que o Poder Legislativo é exercido pelo Congresso Nacional, que se compõe da Câmara dos Deputados e do Senado Federal (bicameral). O segundo, que a *Câmara dos Deputados* compõe-se de *representantes do povo*, eleitos, pelo sistema proporcional, em cada Estado, em cada Território e no Distrito Federal. E o terceiro, descreve que o *Senado Federal* compõe-se de *representantes dos Estados e do Distrito Federal*, eleitos segundo o princípio majoritário.

Gabarito "D".

1. DIREITO CONSTITUCIONAL

(Cartório/SP – 2012 – VUNESP) Com relação ao *quorum* para a produção de normas pelo Poder Legislativo, assinale a alternativa correta.

(A) Maioria simples é toda aquela que exige metade mais um dos integrantes do colegiado.

(B) Maioria absoluta é toda aquela que exige metade mais um dos presentes.

(C) Maioria qualificada é toda aquela que exige 4/6 dos integrantes do colegiado.

(D) Maioria simples é toda aquela que exige metade mais um dos presentes.

A: incorreta. A maioria simples ou relativa toma por base os presentes e não o total de membros que integram o colegiado, ou seja, é alcançada pelo voto da metade mais um *dos presentes*. Vale lembrar que existe também o quórum de deliberação, ou seja, para que a votação se efetive tem de estar presente, no mínimo, a maioria absoluta dos membros (art. 47 da CF); **B:** incorreta. A maioria absoluta exige a metade mais um *do total* de membros da Casa. Assim, no Senado Federal, essa maioria é alcançada com 41 Senadores, já que o número de Senadores é de 81. Na Câmara dos Deputados, é necessário o voto de 257 deputados, pois esta Casa é composta por 513 deputados; **C:** incorreta. A maioria qualificada pode ser dividida em: a maioria absoluta para a edição de lei complementar e a maioria de três quintos dos membros, exigida para a aprovação das Emendas Constitucionais; **D:** correta. Cumprido o quórum de deliberação (presença da maioria absoluta), a aprovação por maioria simples se efetiva com o voto da metade mais um dos presentes.
Gabarito "D".

(Cartório/SP – 2011 – VUNESP) Compete ao Conselho da República

(A) manifestar-se nos processos de improbidade administrativa.

(B) decretar intervenção federal.

(C) decretar o estado de sítio.

(D) pronunciar-se sobre o estado de defesa.

A: incorreta. Dentre as atribuições do Conselho da República não há a de manifestação em processos de improbidade administrativa. De acordo com o art. 90 da CF, compete a tal órgão *pronunciar-se* sobre: I – intervenção federal, *estado de defesa* e estado de sítio, II – as questões relevantes para a estabilidade das instituições democráticas; **B:** incorreta. De acordo com o art. 84, X, da CF, a decretação e execução da intervenção federal são da competência privativa do Presidente da República; **C:** incorreta. Quem decreta o estado de sítio, privativamente, é também o Presidente da República. É o que se extrai do art. 84, IX, da CF); **D:** correta (art. 90, I, da CF).
Gabarito "D".

(Cartório/SP – 2011 – VUNESP) No âmbito nacional, a matéria constante de Projeto de Lei rejeitado poderá constituir objeto de novo projeto, na mesma sessão legislativa?

(A) Sim. Não há vedação ou ressalva no texto constitucional.

(B) Não. Há proibição de ordem constitucional.

(C) Sim, mediante proposta da maioria absoluta dos membros de qualquer das Casas do Congresso Nacional.

(D) Sim. Excepcionalmente em caso de iniciativa individual que contar com a maioria relativa dos membros do Congresso Nacional.

Conforme o art. 67 da CF, "a matéria constante de projeto de lei rejeitado *somente poderá constituir objeto de novo projeto*, na mesma sessão legislativa, mediante *proposta da maioria absoluta dos membros de qualquer das Casas do Congresso Nacional*".
Gabarito "C".

(Cartório/SP – 2011 – VUNESP) Sobre o processo legislativo, é incorreto dizer:

(A) a Constituição Federal pode ser emendada mediante proposta do Presidente da República.

(B) a Constituição Federal pode ser emendada por proposta de qualquer membro da Comissão da Câmara dos Deputados, do Senado Federal ou do Congresso Nacional.

(C) compreende, dentre outras espécies de normas, as emendas à Constituição Federal, as leis complementares e os decretos legislativos.

(D) são de iniciativa privativa do Presidente da República as leis que fixem ou modifiquem os efetivos das Forças Armadas.

A: correta (art. 60, II, da CF); **B:** incorreta, devendo ser assinalada. A Constituição não pode ser emendada mediante proposta de qualquer membro da Comissão da Câmara dos Deputados, do Senado Federal ou do Congresso Nacional, pois o art. 60, I, da CF determina que seja, no *mínimo, um terço dos membros da Câmara dos Deputados ou do Senado Federal*; **C:** correta (art. 59, I, II e VI, da CF); **D:** correta (art. 61, § 1°, I, da CF).
Gabarito "B".

(Cartório/SP – 2011 – VUNESP) No Distrito Federal, o órgão de representação do Poder Legislativo é

(A) a Câmara Legislativa do Distrito Federal.

(B) a Câmara de Deputados do Distrito Federal.

(C) a Câmara Distrital de Brasília.

(D) o Congresso Distrital de Brasília.

O órgão de representação do Poder Legislativo do Distrito Federal é denominado *Câmara Legislativa do DF* (art. 32, § 3°, da CF).
Gabarito "A".

(Cartório/SP – 2011 – VUNESP) A quem compete proceder à tomada de contas do Presidente da República, quando não apresentadas ao Congresso Nacional dentro de sessenta dias após a abertura da sessão legislativa?

(A) Privativamente ao Senado Federal.

(B) Privativamente à Câmara dos Deputados.

(C) Conjuntamente à Câmara dos Deputados e ao Senado Federal.

(D) Ao Congresso Nacional, com o auxílio do Tribunal de Contas da União.

De acordo com o art. 51, II, da CF, compete privativamente à *Câmara dos Deputados* proceder à tomada de contas do Presidente da República, quando não apresentadas ao Congresso Nacional dentro de sessenta dias após a abertura da sessão legislativa.
Gabarito "B".

(Cartório/DF – 2008 – CESPE) Julgue os seguintes itens.

(1) A promulgação de uma lei torna o ato perfeito e acabado, sendo o meio pelo qual a ordem jurídica é inovada. A publicação, por sua vez, é o modo pelo qual se dá conhecimento a todos sobre o novo ato normativo que se deve cumprir.

(2) No curso do mandato eletivo, o presidente da República não poderá ser responsabilizado por atos estranhos ao exercício de suas funções.

(3) O julgamento das contas do chefe do Poder Executivo compete ao TCU, órgão integrante do Poder Legislativo.

1: incorreta, segundo Alexandre de Moraes (*Direito Constitucional*. 28. ed. São Paulo: Atlas, 2012, p. 690), "promulgar é atestar que a ordem jurídica foi inovada, declarando que uma lei existe e, em consequência, deverá ser cumprida. Assim, a promulgação incide sobre um ato prefeito e acabado, ou seja, sobre a própria lei, mera atestação da lei e promulgação de sua executoriedade." Já a publicação é o ato de conhecimento, que ocorre após a promulgação. **2:** incorreta, o art. 86, § 4º, da CF refere-se à vigência do mandato; **3:** incorreta, o TCU não é órgão integrante do Poder Legislativo, mas órgão auxiliar. V. art. 71, I, da CF.
Gabarito 1E, 2E, 3E

(Cartório/MA – 2008 – IESES) É competência exclusiva do Congresso Nacional:

(A) Suspender a execução, no todo ou em parte, de lei declarada inconstitucional por decisão definitiva do Supremo Tribunal Federal.

(B) Autorizar o Presidente da República a declarar guerra, a celebrar a paz, a permitir que forças estrangeiras transitem pelo território nacional ou nele permaneçam temporariamente, ressalvados os casos previstos em lei complementar.

(C) Autorizar, por dois terços de seus membros, a instauração de processo contra o Presidente e o Vice--Presidente da República e os Ministros de Estado.

(D) Processar e julgar o Presidente e o Vice-Presidente da República nos crimes de responsabilidade, bem como os Ministros de Estado e os Comandantes da Marinha, do Exército e da Aeronáutica nos crimes da mesma natureza conexos com aqueles.

Art. 49, I a XVII, da CF.
Gabarito "B".

(Cartório/MA – 2008 – IESES) Em relação ao processo legislativo, é correto afirmar:

(A) É vedada a edição de medidas provisórias sobre matéria relativa a nacionalidade, cidadania, direitos políticos, partidos políticos e direito eleitoral.

(B) São de iniciativa privativa do Presidente da República as leis que tratem de servidores públicos da União, dos Estados e dos Territórios, seu regime jurídico, provimento de cargos, estabilidade e aposentadoria.

(C) São de iniciativa privativa do Presidente da República as leis de organização administrativa e judiciária, matéria tributária e orçamentária, serviços públicos e pessoais da administração dos Estados e dos Territórios.

(D) Em caso de relevância e urgência, o Presidente da República poderá adotar medidas provisórias, com força de lei, devendo submetê-las de imediato ao Senado Federal.

A: correta, art. 62, § 1º, I, "a", da CF; **B e C:** incorretas, não refletem o disposto no art. 61, § 1º, II, "a" a "f", da CF; **D:** incorreta, não reflete o disposto no art. 62, *caput*, da CF (ao Congresso Nacional).
Gabarito "A".

(Cartório/MA – 2008 – IESES) No âmbito do devido processo legislativo, assinale a única opção correta:

(A) A Constituição poderá ser emendada mediante proposta de um terço das Assembleias Legislativas das unidades da Federação, manifestando-se, cada uma delas, pela maioria relativa de seus membros.

(B) As medidas provisórias terão sua votação iniciada no Senado Federal.

(C) Ainda que o Presidente da República detenha legitimidade para propor emenda à Constituição, é certo que, se ela vier a ser aprovada, não será submetida a sanção ou veto.

(D) É vedada, dentre outras, a edição de medidas provisórias sobre matéria relativa a direito penal, civil, processual civil, além de matéria reservada a lei complementar.

A: incorreta, não reflete o disposto no art. 60, III, da CF; **B:** incorreta, na Câmara dos Deputados (art. 62, § 8º, da CF); **C:** correta, é exercício do Poder Constituinte Derivado, portanto não há participação do Presidente da República para sancionar ou vetar. As emendas são publicadas pelas Mesas da Câmara dos Deputados e do Senado Federal (art. 60, § 3º, da CF); **D:** incorreta, v. art. 62, § 1º, I, "a" a "d", da CF.
Gabarito "C".

(Cartório/SC – 2008) Assinale a alternativa correta

(A) Ao Poder Legislativo é vedado apresentar emendas em projeto de iniciativa privativa do Chefe do Poder Executivo.

(B) Ao Poder Legislativo é permitido tomar a iniciativa de Emenda Constitucional dispondo sobre regime jurídico dos servidores públicos.

(C) Os Estados não detêm competência concorrente para legislar sobre registros públicos.

(D) Compete privativamente ao Senado Federal autorizar a instauração de processo contra o Presidente e o Vice-Presidente da República.

(E) O veto do Presidente da República a projeto de lei só pode ser rejeitado pelo voto de dois terços dos Deputados e Senadores, em escrutínio secreto.

A: incorreta, não reflete o disposto no art. 63, I, da CF; **B:** incorreta, propostas de emendas constitucionais podem ser apresentadas na forma do art. 60, I a III, da CF. É exercício do poder constituinte derivado; **C:** correta, pois trata-se de competência privativa da União (art. 22, XXV, da CF); **D:** incorreta, competência privativa da Câmara dos Deputados (art. 51, I, da CF); **E:** incorreta, não reflete o disposto no art. 66, § 4º, da CF.
Gabarito "C".

(Cartório/AC – 2006 – CESPE) De acordo com a organização dos poderes públicos e suas iniciativas no processo legislativo, julgue o item abaixo.

(1) Se o Congresso Nacional iniciasse projeto de lei que autorizasse o Poder Executivo a criar um programa de saúde itinerante para atender localidades ribeirinhas, por meio de unidades móveis de saúde, estabelecendo atribuição ao Ministério da Saúde e determinando que o orçamento anual contemplasse as despesas necessárias à implantação do projeto, estar-se-ia diante de uma usurpação à competência do chefe do Poder Executivo.

1: correta, STF, ADI 3.178-3/AP, Pleno, j. 27.09.2006, rel. Min. Gilmar Mendes. Inf. STF 442: "Por entender usurpada a competência do Chefe do Poder Executivo para iniciar projeto de lei que disponha sobre criação, estruturação e atribuições de órgãos da Administração Pública (CF, art. 61, § 1º, II, e), bem como violado o art. 165, III, da CF, que determina que os orçamentos anuais sejam estabelecidos

1. DIREITO CONSTITUCIONAL — 53

por lei de iniciativa do Poder Executivo, o Tribunal julgou procedente pedido formulado em acão direta proposta pelo Governador do Estado do Amapá para declarar a inconstitucionalidade da Lei Estadual 806/2004, de iniciativa parlamentar, que autoriza o Poder Executivo a criar o 'Programa Saúde Itinerante', para atender localidades rurais e ribeirinhas, por meio de unidades móveis de saúde, estabelecendo atribuicões à Secretaria Estadual de Saúde e prazo máximo para que o Poder Executivo a regulamente".

Gabarito "1C".

(Cartório/DF – 2006 – CESPE) Julgue o item seguinte.

(1) Os serviços notariais não se submetem ao controle pelo TCU.

1: correta. V. art. 71 da CF.

Gabarito "1C".

(Cartório/SE – 2006 – CESPE) Julgue o item subsequente à luz da Constituição Federal.

(1) O controle externo, a cargo do Congresso Nacional, é exercido com o auxílio do Tribunal de Contas da União.

1: correta. Art. 71 da CF.

Gabarito "1C".

(Cartório/MT – 2005 – CESPE) Quanto à organização dos poderes, assinale a opção correta.

(A) Cada território deverá ter oito deputados federais.

(B) A criação ou extinção de órgão e ministérios se faz por lei. Mas a Constituição Federal autoriza ao presidente da República, por meio de decreto, alterar a organização e o funcionamento da administração federal, desde que isso não importe em aumento de despesa nem em criação ou extinção de órgãos públicos. O presidente da República poderá, ainda, extinguir cargos públicos vagos por meio de decreto.

(C) Ao presidente do STF cabe a iniciativa para propor projeto de lei que vise criar ou extinguir cargos e remuneração de seus serviços auxiliares. Essa mesma competência, em relação ao Ministério Público federal, é conferida, pela própria Constituição Federal, ao procurador-geral da República.

(D) Ao STF cabe julgar, em sede de recurso ordinário, as causas em que forem partes Estado estrangeiro ou organismo internacional, de um lado, e, do outro, município ou pessoa residente ou domiciliada no Brasil.

A: incorreta, não reflete o disposto no art. 45, § 2º, da CF; **B:** correta, art. 84, VI, "a" e "b" e art. 88, ambos da CF; **C:** incorreta, v. arts. 96, II, "b" e 127, § 2º, ambos da CF; **D:** incorreta, não reflete o disposto no art. 102, II, "a" e "b", da CF. Competência do STJ (art. 105, II, "c", da CF).

Gabarito "B".

(Cartório/DF – 2001 – CESPE) Com relação ao processo legislativo e à eficácia das leis, julgue os itens que se seguem.

(1) É facultada ao Poder Legislativo a fixação de prazo para que o chefe do Poder Executivo exerça seu poder de iniciativa privativa de projeto de lei.

(2) A eficácia das leis interpretativas retroage à data da edição das leis por elas interpretadas.

(3) A alteração meramente redacional que não modifique substancialmente nenhuma das disposições de projeto

de lei realizada por uma das Casas do Congresso Nacional não impõe o retorno do referido projeto à outra Casa.

(4) Ainda que vetado apenas parcialmente o projeto de lei, a lei dele decorrente somente será promulgada após a apreciação dos vetos pelo Poder Legislativo.

1: incorreta, a iniciativa privativa do Presidente da República abrange a conveniência e a oportunidade para exercício das competências listadas no art. 61, § 1º, da CF; **2:** incorreta, a eficácia é prospectiva, *pro futuro*, *ex nunc*; **3:** correta, interpretacão do art. 65, parágrafo único, da CF; **4:** incorreta, não reflete o disposto no art. 66, § 1º, da CF.

Gabarito "1E, 2E, 3C, 4E".

(Cartório/SP – I – VUNESP) Assinale a alternativa que contém afirmação falsa quanto ao processo legislativo.

(A) As emendas à Constituição são aprovadas se obtiverem três quintos dos votos dos membros de cada Casa do Congresso Nacional, em dois turnos, e não estão sujeitas a sanção ou veto pelo Presidente da República.

(B) As medidas provisórias são editadas pelo Presidente da República, com força de lei, mas devem ser submetidas ao Congresso Nacional, perdendo eficácia se não forem convertidas em lei.

(C) As leis delegadas são elaboradas pelo Presidente da República e nem sempre necessitam de aprovação posterior pelo Congresso.

(D) As leis complementares e as ordinárias são aprovadas se obtiverem maioria absoluta dos votos dos membros de cada Casa do Congresso Nacional e estão sujeitas a sanção ou veto pelo Presidente da República.

A: correta, art. 60, §§ 2º e 3º, da CF. Não se sujeitam a sanção ou veto do Presidente da República por serem exercício do Poder Constituinte Derivado Reformador; **B:** correta, art. 62, *caput* e § 3º, da CF; **C:** correta, art. 68, *caput* e § 3º, da CF; **D:** incorreta (devendo ser assinalada), estão sujeitas à sanção ou veto, mas o quórum de aprovação de leis ordinárias e complementares é diverso. V. arts. 47 (leis ordinárias) e 69 (leis complementares), ambos da CF.

Gabarito "D".

(Cartório/SP – I – VUNESP) Não é vedado aos membros do Congresso Nacional:

(A) exercer a advocacia.

(B) exercer emprego remunerado em sociedade de economia mista.

(C) firmar contrato que não obedeça a cláusulas uniformes com empresa concessionária de serviço público.

(D) ser proprietário de empresa que goze de favor decorrente de contrato com pessoa jurídica de direito público.

A: correta, não há vedacão expressa na CF; **B:** incorreta, art. 54, I, "b", da CF; **C:** incorreta, art. 54, I, "a", da CF; **D:** incorreta, art. 54, II, "a", da CF.

Gabarito "A".

(Cartório/SP – III – VUNESP) São cláusulas pétreas da Constituição:

(A) o voto direto, os direitos e garantias individuais e a forma federativa de Estado.

(B) o voto secreto e universal, os direitos sociais e as garantias de vitaliciedade, inamovibilidade e irredutibilidade de subsídio asseguradas aos juízes.

(C) o voto direto, secreto, universal e periódico, o processo legislativo e a separação dos Poderes.

(D) a forma federativa de Estado, os direitos e garantias individuais e a inviolabilidade, civil e penal, dos Deputados e Senadores, por quaisquer de suas opiniões, palavras e votos.

Art. 60, § 4º, I a IV, da CF. O que a Constituição proíbe é a restrição ou a limitação do conteúdo das cláusulas pétreas (o art. 60, § 4 º, da CF refere-se a "tendente a abolir"). Assim, seria legítima, por exemplo, uma proposta de emenda que viesse a *ampliar* as garantias referentes a alguma matéria prevista como cláusula pétrea, ou a apenas aperfeiçoar seu texto. Em resumo: o que a Constituição veda, para as cláusulas pétreas, é o retrocesso constitucional e não a modificação pura e simples.
Gabarito "A".

(Cartório/SP – IV – VUNESP) A Constituição poderá ser emendada mediante proposta de um terço, no mínimo, dos membros da Câmara dos Deputados ou do Senado Federal; do Presidente da República ou de mais da metade das Assembleias Legislativas das unidades da Federação, manifestando-se, cada uma delas, pela maioria relativa de seus membros. Não será, porém, objeto de deliberação a proposta de emenda tendente a abolir:

(A) a separação dos Poderes; os direitos e garantias individuais; o salário mínimo e a vedação do trabalho aos menores de 14 anos.

(B) a forma federativa; a competência do tribunal do júri para o julgamento dos crimes dolosos contra a vida; o *habeas corpus* e a aposentadoria integral dos funcionários públicos.

(C) o voto direto, secreto, universal e periódico; o regime presidencialista; a irredutibilidade dos salários e os direitos e garantias individuais.

(D) a forma federativa de Estado; o voto direto, secreto, universal e periódico; a separação dos Poderes e os direitos e garantias individuais.

Art. 60, § 4º, I a IV, da CF.
Gabarito "D".

(Cartório/SP – IV – VUNESP) Em caso de vacância do cargo de Presidente da República, serão sucessivamente chamados ao exercício da Presidência:

(A) o Vice-Presidente, que convocará nova eleição para noventa dias depois de aberta a vaga, a ser presidida pelo Presidente do Tribunal Superior Eleitoral.

(B) o Presidente da Câmara dos Deputados, o do Senado Federal e o do Supremo Tribunal Federal.

(C) o Deputado Federal mais votado, o Presidente da Câmara dos Deputados e o do Senado Federal.

(D) o Vice-Presidente, o Presidente da Câmara dos Deputados, o do Senado Federal e o do Supremo Tribunal Federal.

Arts. 79 e 80 da CF.
Gabarito "D".

(Cartório/SP – V – VUNESP) O Presidente da República, mediante a edição de decretos, pode:

(A) criar e extinguir ministérios.

(B) transferir provisoriamente a Capital da República.

(C) fixar e modificar o efetivo das forças armadas.

(D) nenhuma das alternativas anteriores.

A: incorreta, a Constituição Federal exige lei nesse caso (art. 88 da CF);
B: incorreta, competência do Congresso Nacional (art. 48, VII, da CF);
C: incorreta, competência do Congresso Nacional (art. 48, III, da CF);
D: correta, as hipóteses de expedição de decreto pelo Presidente da República encontram-se listadas no art. 84 da CF.
Gabarito "D".

(Cartório/SP – V – VUNESP) No impedimento conjunto do Presidente e do Vice-Presidente da República, o exercício do cargo é assumido, em primeiro lugar, pelo Presidente:

(A) da Câmara dos Deputados.

(B) do Supremo Tribunal Federal.

(C) do Senado Federal.

(D) do Congresso Nacional.

Art. 80 da CF.
Gabarito "A".

(Cartório/SP – V – VUNESP) Assinale a alternativa correta.

(A) O Presidente da República pode vetar, total ou parcialmente, Emenda Constitucional, em razão da contrariedade ao interesse público.

(B) A Emenda Constitucional é sempre promulgada pelo Presidente da República, após o recebimento de mensagem enviada pelas Mesas da Câmara dos Deputados e do Senado Federal, comunicando sua aprovação.

(C) A Emenda Constitucional é sempre promulgada pelas Mesas da Câmara dos Deputados e do Senado Federal, após sua regular aprovação.

(D) A Emenda Constitucional é sempre promulgada pelo Presidente do Senado Federal, após o recebimento de mensagem enviada pela Mesa da Câmara dos Deputados, comunicando sua aprovação.

O Presidente da República não participa do processo de elaboração de Emendas Constitucionais, pois correspondem ao exercício do Poder Constituinte Derivado Reformador. Por isso, a competência para promulgação de emendas à Constituição é das Mesas da Câmara dos Deputados e do Senado Federal (note-se que não é da Mesa do Congresso Nacional). V. art. 60, § 3º, da CF.
Gabarito "C".

(Cartório/SP – V – VUNESP) Constituem requisitos para a nomeação ao cargo de Ministro de Estado:

(A) a nacionalidade brasileira e permanecer domiciliado no Brasil.

(B) a nacionalidade brasileira e ter idade superior a vinte e um anos.

(C) ter idade superior a vinte e um anos e permanecer domiciliado no Brasil.

(D) ser brasileiro nato e ter idade superior a vinte e um anos.

Art. 87, *caput*, da CF. Note-se que, pelo art. 12, § 3º, VII, da CF, o Ministro de Estado da Defesa precisa ser brasileiro nato (o naturalizado pode assumir qualquer outro ministério). A regra do art. 87 da CF aplica-se também para os cargos com *status* de Ministro, como o de Advogado-Geral da União e o de Presidente do Banco Central.
Gabarito "B".

(Cartório/SP – VII – VUNESP) No Distrito Federal, o órgão de representação do Poder Legislativo é:

(A) a Câmara Legislativa do Distrito Federal.

(B) a Câmara de Deputados do Distrito Federal.

(C) a Câmara Distrital de Brasília.

(D) o Congresso Distrital de Brasília.

Art. 32 da CF. Como o DF possui competências estaduais e municipais (art. 32, § 1º, da CF), o nome de seu órgão legislativo de representação busca combinar "câmara municipal" com "assembleia legislativa", resultando em "Câmara Legislativa".

Gabarito "A".

(Cartório/SP – VII – VUNESP) A quem compete proceder à tomada de contas do Presidente da República, quando não apresentadas ao Congresso Nacional dentro de sessenta dias após a abertura da sessão legislativa?

(A) Privativamente ao Senado Federal.

(B) Privativamente à Câmara dos Deputados.

(C) Conjuntamente à Câmara dos Deputados e ao Senado Federal.

(D) Ao Congresso Nacional, com o auxílio do Tribunal de Contas da União.

Art. 51, II, da CF.

Gabarito "B".

(Cartório/SP – VII – VUNESP) No âmbito nacional, a matéria constante de Projeto de Lei rejeitado poderá constituir objeto de novo projeto, na mesma sessão legislativa?

(A) Sim. Não há vedação ou ressalva no texto constitucional.

(B) Não. Há proibição de ordem constitucional.

(C) Sim, mediante proposta da maioria absoluta dos membros de qualquer das Casas do Congresso Nacional.

(D) Sim. Excepcionalmente em caso de iniciativa individual que contar com a maioria relativa dos membros do Congresso Nacional.

Art. 67 da CF. Sobre o tema, v. tb. arts. 60, § 5º e 62, § 10, ambos da CF.

Gabarito "C".

7. ORGANIZAÇÃO DO PODER JUDICIÁRIO E FUNÇÕES ESSENCIAIS À JUSTIÇA

(Cartório/MG – 2019 – Consulplan) Compete ao Conselho Nacional de Justiça o controle da atuação administrativa e financeira do Poder Judiciário, nela inserida a atividade de fiscalização dos serviços notariais e de registro, bem como o controle do cumprimento dos deveres funcionais dos juízes. Sobre a composição, as atribuições e a atuação do CNJ, de acordo com a Constituição da República, é correto afirmar que:

(A) Junto ao Conselho oficiarão o Procurador-Geral da República e o Presidente do Conselho Federal da Ordem dos Advogados do Brasil.

(B) Em caso de divergência entre a posição do Conselho Nacional de Justiça e do Tribunal de Contas da União, sempre prevalecerá a decisão do CNJ.

(C) Os demais membros do Conselho Nacional de Justiça serão nomeados pelo Presidente do CNJ, após aprovação, por maioria absoluta, pelo Senado Federal.

(D) O Conselho será presidido pelo Presidente do Supremo Tribunal Federal e, nas suas ausências e impedimentos, pelo Ministro indicado pelo Superior Tribunal de Justiça, que também exerce a função de Corregedor Nacional de Justiça.

Todas as alternativas podem ser resumidas na análise do artigo 103-B da Constituição Federal, incluído pela EC 45/2004. Importante a sua leitura e revisão sempre! **A**: certo: Art. 103-B, § 6º Junto ao Conselho oficiarão o Procurador-Geral da República e o Presidente do Conselho Federal da Ordem dos Advogados do Brasil. **B**: errado: Art. 103-B,§ 4º Compete ao Conselho o controle da atuação administrativa e financeira do Poder Judiciário e do cumprimento dos deveres funcionais dos juízes, cabendo-lhe, além de outras atribuições que lhe forem conferidas pelo Estatuto da Magistratura: II – zelar pela observância do art. 37 e apreciar, de ofício ou mediante provocação, a legalidade dos atos administrativos praticados por membros ou órgãos do Poder Judiciário, podendo desconstituí-los, revê-los ou fixar prazo para que se adotem as providências necessárias ao exato cumprimento da lei, sem prejuízo da competência do Tribunal de Contas da União; **C**: errado: Art. 103-B, § 2º Os demais membros do Conselho serão nomeados pelo Presidente da República, depois de aprovada a escolha pela maioria absoluta do Senado Federal. **D**: errado: Art. 103-B, § 1º O Conselho será presidido pelo Presidente do Supremo Tribunal Federal e, nas suas ausências e impedimentos, pelo Vice-Presidente do Supremo Tribunal Federal.

Gabarito "A".

(Cartório/SP – 2016 – VUNESP) A Emenda Constitucional n. 45/04 introduziu em nosso sistema constitucional o mecanismo de edição pelo Supremo Tribunal Federal de súmulas vinculantes. A regulamentação constitucional da matéria previu

(A) que o efeito vinculante se estenderá aos demais órgãos do Poder Judiciário e à Administração Pública direta e indireta, nas esferas federal, estadual e municipal.

(B) que a aprovação da súmula vinculante depende de decisão de pelo menos um terço dos membros do Tribunal.

(C) que o Supremo Tribunal Federal, na aprovação da súmula vinculante, apenas atuará mediante provocação dos legitimados à ação direta de inconstitucionalidade.

(D) que do ato administrativo ou decisão judicial que contrariar a súmula aplicável ou que indevidamente a aplicar, caberá mandado de segurança ao Supremo Tribunal Federal, que julgando-o procedente, anulará o ato administrativo ou cassará a decisão judicial.

A e B: A alternativa correta é a letra A. De acordo com o art. 103-A da CF, "O Supremo Tribunal Federal poderá, de ofício ou por provocação, mediante decisão de dois terços dos seus membros, após reiteradas decisões sobre matéria constitucional, aprovar súmula que, a partir de sua publicação na imprensa oficial, terá efeito vinculante em relação aos demais órgãos do Poder Judiciário e à administração pública direta e indireta, nas esferas federal, estadual e municipal, bem como proceder à sua revisão ou cancelamento, na forma estabelecida em lei"; **C**: incorreta. Podem ser aprovadas por provocação dos próprios Ministros do STF também. Além disso, a previsão do art. 103-A, § 2º, CF é apenas a de que os legitimados ativos da ADIn também podem propor a edição, cancelamento ou revisão de súmulas vinculantes, sem afirmar que somente eles podem fazê-lo; **D**: incorreta. Cabe reclamação (art. 103-A, § 3º, CF).

Gabarito "A".

(Cartório/SP – 2016 – VUNESP) Processar e julgar os membros do Conselho Nacional de Justiça nos crimes de responsabilidade é atribuição

(A) privativa do Superior Tribunal de Justiça.

(B) privativa do Supremo Tribunal Federal.

(C) do Congresso Nacional.

(D) privativa do Senado Federal.

Art. 52, II, CF.
Gabarito "D".

(Cartório/MG – 2016 – Consulplan) Compete aos Juízes Federais processar e julgar os crimes

(A) contra a organização do trabalho.

(B) de racismo, tortura e tráfico internacional de entorpecentes.

(C) praticados a bordo de aeronaves em território nacional.

(D) praticados por indígenas.

Art. 109, VI, CF.
Gabarito "A".

(Cartório/PA – 2016 – IESES) O Conselho Nacional de Justiça compõe-se de [.....] membros com mandato de [.......] anos, admitida uma recondução:

(A) 13 (treze); 3 (três).

(B) 15 (quinze); 2 (dois).

(C) 17 (dezessete); 3 (três).

(D) 11 (onze); 2 (dois).

Art. 103-B, *caput*, da CF.
Gabarito "B".

(Cartório/MG – 2015 – Consulplan) Em relação ao Poder Judiciário, é correto afirmar, EXCETO:

(A) É assegurada autonomia administrativa e financeira, sendo que os tribunais elaborarão suas propostas orçamentárias dentro dos limites estipulados com os demais Poderes na lei de diretrizes orçamentárias.

(B) É da competência da Justiça Federal processar e julgar os crimes contra a organização do trabalho.

(C) O Conselho Nacional de Justiça, assegurada ampla defesa, pode rever, de ofício, os processos disciplinares de juízes e membros de tribunais julgados há menos de um ano.

(D) Os Tribunais de Justiça podem, com aprovação da maioria absoluta do órgão especial e por razões de conveniência e oportunidade, criar e extinguir cargos de seus serviços auxiliares.

A: correta. Art. 99, *caput* e § 1º, CF; **B:** correta. Art. 109, VI, CF; **C:** correta. Art. 103-B, § 4º, V, CF; **D:** incorreta, devendo ser assinalada. A competência é do Legislativo, com proposta do STF, Tribunais Superiores ou Tribunais de Justiça (art. 96, II, "b", CF.
Gabarito "D".

(Cartório/MG – 2015 – Consulplan) Quanto às normas constitucionais que regem o poder judiciário e as funções essenciais à justiça é correto afirmar:

(A) Compete ao Superior Tribunal de Justiça processar e julgar, originariamente, os mandados de segurança decididos em única instância pelos Tribunais Regionais Federais ou pelos Tribunais dos Estados, do Distrito Federal e Territórios, quando concessiva a decisão.

(B) Os Tribunais de Justiça dos Estados não poderão funcionar descentralizadamente.

(C) O chefe do Ministério Público da União é o Procurador-Geral da República, nomeado pelo Presidente da República dentre os integrantes da carreira, maiores de 35 (trinta e cinco) anos, após a aprovação de seu nome pela maioria absoluta dos membros do Senado Federal, para mandato de dois 2 (dois) anos, permitida uma recondução.

(D) Os Ministérios Públicos dos Estados e o do Distrito Federal e Territórios formarão lista tríplice dentre os integrantes da carreira, na forma da lei respectiva, para escolha de seu Procurador-Geral, que será nomeado pelo Chefe do Poder Executivo, para mandato de dois anos, permitida uma recondução.

A: incorreta. Apenas se denegatória a decisão (art. 105, II, "b", CF); **B:** incorreta. O art. 125, § 6º, CF, expressamente prevê a possibilidade de funcionamento descentralizado; **C:** incorreta. O art. 128, § 1º, da CF não prevê restrição de reconduções; **D:** correta. Art. 128, § 3º, CF.
Gabarito "D".

(Cartório/SP – 2018 – VUNESP) A respeito do Superior Tribunal de Justiça, é correto afirmar que

(A) um terço dos Ministros é composto por juízes dos Tribunais Regionais Federais, indicados em lista tríplice elaborada pelo Superior Tribunal de Justiça.

(B) os Ministros são nomeados pelo Presidente da República, dentre brasileiros com mais de quarenta e menos de sessenta anos de idade, de notável saber jurídico e reputação ilibada, depois de aprovada a escolha pela maioria relativa do Senado Federal.

(C) um quinto dos Ministros é composto, em partes iguais, de advogados e membros do Ministério Público Federal, Estadual e Distrital, alternadamente.

(D) dois quintos dos Ministros é composto por desembargadores dos Tribunais de Justiça, indicados em lista tríplice elaborada pelo próprio Superior Tribunal de Justiça.

B: errada. A idade é de mais de 35 anos e menos que 65 anos. **C:** errada. A composição é por terço, 1/3. **D:** errada. A composição é por terço, 1/3 (art. 104 da CF).
Gabarito "A".

(Cartório/RJ – 2012) Compete ao Superior Tribunal de Justiça processar e julgar originariamente

(A) a extradição solicitada por Estado estrangeiro.

(B) o litígio entre Estado estrangeiro ou organismo internacional e a União, o Estado, o Distrito Federal ou o Território.

(C) as causas e os conflitos entre a União e os Estados, a União e o Distrito Federal, ou entre uns e outros, inclusive as respectivas entidades da administração indireta.

(D) os conflitos de atribuições entre autoridades administrativas e judiciárias da União, ou entre autoridades judiciárias de um Estado e administrativas de outro ou do Distrito Federal, ou entre as deste e da União.

(E) as ações contra o Conselho Nacional do Ministério Público.

A: incorreta. O julgamento da extradição solicitada por Estado estrangeiro é da competência do Supremo Tribunal Federal – STF (art. 102, I, "g", da CF). **B:** incorreta. O julgamento desse litígio também é da competência do STF (art. 102, I, "e", da CF); **C:** incorreta. Tais causas

1. DIREITO CONSTITUCIONAL

e conflitos são julgados pelo STF (art. 102, I, "f", da CF); **D:** correta (art. 105, I, "g", da CF); **E:** incorreta. As ações contra o Conselho Nacional do Ministério Público são julgadas pelo STF (art. 102, I, "r", da CF).
Gabarito "D".

(Cartório/SP – 2012 – VUNESP) Relativamente à composição do Conselho Nacional de Justiça (CNJ), é correto afirmar que

(A) dois advogados serão indicados por dois estados da federação, havendo rotatividade entre os estados na indicação a cada novo mandato.

(B) um juiz do trabalho será indicado por um Tribunal Regional do Trabalho (TRT), havendo rotatividade entre os TRT's na indicação a cada novo mandato.

(C) um desembargador de tribunal de justiça será indicado pelo Superior Tribunal de Justiça (STJ).

(D) dois cidadãos, de notável saber jurídico e reputação ilibada, indicados um pela Câmara dos Deputados, e outro pelo Senado Federal.

A: incorreta. Os dois advogados que compõem o CNJ são indicados pelo Conselho Federal da OAB (art. 103-B, XII, da CF); **B:** incorreta. O juiz do trabalho é indicado pelo Tribunal Superior do Trabalho (art. 103-B, IX, da CF); **C:** incorreta. O desembargador do Tribunal de Justiça que compõe o CNJ é indicado pelo Supremo Tribunal Federal (art. 103-B, IV, da CF); **D:** correta (art. 103-B, XIII, da CF).
Gabarito "D".

(Cartório/SP – 2012 – VUNESP) Cada um dos itens seguintes traz duas afirmações. Leia-as e depois indique qual alternativa oferece a resposta correta.

I. Os magistrados adquirem vitaliciedade após dois anos de exercício no cargo, seja em que instância for, e a inamovibilidade dos juízes pode ser excepcionada pelo interesse público, nos termos do artigo 93, VII, da Constituição Federal.

II. O ingresso na carreira de juiz será feito mediante concurso público, e um dos requisitos impostos aos candidatos, além da formação em direito, é o exercício prévio de atividade jurídica por, pelo menos, três anos, e a irredutibilidade de subsídios torna os juízes imunes à tributação por meio do imposto sobre a renda e proventos de qualquer natureza.

III. O juiz titular deverá residir na respectiva comarca, mas tal disposição poderá ser alterada pelo tribunal competente e não será promovido o juiz que, injustificadamente, retiver autos em seu poder além do prazo legal.

(A) O item I traz uma primeira afirmação correta e uma segunda afirmação incorreta.

(B) A primeira afirmação do item II deve ser lida em conjunto com a segunda afirmação do item I, e ambas estão incorretas.

(C) O item III está completamente correto.

(D) A segunda afirmação do item II deve ser lida em conjunto com a primeira afirmação do item III, e ambas estão corretas.

I: as duas afirmações estão corretas (art. 95, I e II, da CF); **II:** incorreta. De fato, o ingresso na carreira de juiz será feito mediante concurso público, e um dos requisitos impostos aos candidatos, além da formação em direito, é o exercício prévio de atividade jurídica por, pelo menos, três anos (art. 93, I, da CF). Já a irredutibilidade de subsídios *não torna* os juízes imunes à tributação por meio do imposto sobre a renda e proventos de qualquer natureza; **III:** correta. De fato, o juiz

titular residirá na respectiva comarca, exceto se houver autorização do tribunal (art. 93, VII, da CF). Além disso, não será promovido o juiz que, injustificadamente, retiver autos em seu poder além do prazo legal, não podendo devolvê-los ao cartório sem o devido despacho ou decisão (art. 93, II, "e", da CF).
Gabarito "C".

(Cartório/RJ – 2012) O Conselho Nacional de Justiça compõe-se de 15 (quinze) membros, sendo precisamente um

(A) juiz estadual, indicado pelo Tribunal de Justiça correspondente.

(B) Ministro do Tribunal Superior do Trabalho, indicado pelo Supremo Tribunal Federal.

(C) juiz do Tribunal Regional Federal, indicado pelo próprio Tribunal.

(D) advogado, indicado pelo Conselho Federal da Ordem dos Advogados.

(E) juiz federal, indicado pelo Superior Tribunal de Justiça.

A: incorreta. Conforme o art. 103-B, V, da CF, o juiz estadual que compõe o Conselho Nacional de Justiça (CNJ) é *indicado pelo Supremo Tribunal Federal* (STF); **B:** incorreta. Há a participação de um Ministro do Tribunal Superior do Trabalho (TST) no CNJ, mas ele é *indicado pelo respectivo Tribunal* (art. 103-B, III, da CF) e não pelo STF; **C:** incorreta. De acordo com o art. 103-B, VI, da CF, o juiz do Tribunal Regional Federal (TRF) que compõe o CNJ é *indicado pelo Superior Tribunal de Justiça* (STJ); **D:** incorreta. O art. 103-B, XII, da CF, determina que *dois* advogados, indicados pelo Conselho Federal da OAB, componham o CNJ; **E:** correta (art. 103-B, VII, da CF).
Gabarito "E".

(Cartório/SP – 2011 – VUNESP) Assinale a alternativa correta a respeito do Conselho Nacional de Justiça (CNJ).

(A) Tem na sua composição um juiz federal, indicado pelo Supremo Tribunal Federal.

(B) Tem na sua composição dois desembargadores de Tribunal de Justiça, indicados pelo Supremo Tribunal Federal.

(C) Tem na sua composição dois cidadãos, de notável saber jurídico e reputação ilibada, indicados, um pela Câmara dos Deputados e outro, pelo Senado Federal.

(D) É composto por 17 membros com mandato de 02 anos, admitida 01 recondução.

A: incorreta. De acordo com o art. 103-B, VI, da CF, o juiz do Tribunal Regional Federal (TRF) que compõe o CNJ é indicado pelo Superior Tribunal de Justiça (STJ); **B:** incorreta. Conforme o art. 103-B, IV, da CF há na composição do CNJ apenas *um* desembargador de Tribunal de Justiça, indicado pelo Supremo Tribunal Federal; **C:** correta (art. 103-B, XIII, da CF); **D:** incorreta. Conforme o *caput* do art. 103-B da CF, o CNJ é composto de 15 (quinze) membros com mandato de 2 (dois) anos, admitida 1 (uma) recondução.
Gabarito "C".

(Cartório/AP – 2011 – VUNESP) Considerando, dentre outras razões, que os concursos públicos para outorga de delegação de serviços notariais e de registro não têm observado um padrão uniforme, sendo objeto de diversos procedimentos administrativos junto ao Conselho Nacional de Justiça (CNJ) e de medidas judiciais perante os órgãos judiciais de instância superior, o CNJ editou a Resolução nº 81, de 2009, que "dispõe sobre os concursos públicos de provas e títulos, para a outorga das Delegações de Notas e de Registro, e minuta de edital". O artigo 2º da citada Resolução prevê que "os concursos serão realizados semestralmente ou, por conveniência da Administração, em prazo inferior, caso estiverem vagas ao menos três delegações de qualquer natureza".

A esse respeito, pode-se afirmar que:

(A) é compatível com a Constituição da República o exercício de competência pelo CNJ para instaurar procedimentos administrativos relativamente a serviços notariais e de registro, mas não para editar resolução em decorrência do quanto apurado nos procedimentos em questão.

(B) é incompatível com a Constituição da República a previsão do art. 2º da Resolução 81 relativa à periodicidade para realização de concursos, a despeito de o CNJ possuir competência para editar resolução a esse respeito.

(C) é compatível com a Constituição da República o exercício de competência pelo CNJ para editar resoluções, mas não para instaurar procedimentos administrativos relativamente a serviços notariais e de registro, nem para disciplinar a periodicidade de realização de concursos para outorga desses serviços.

(D) é compatível com a Constituição da República o teor do art. 2º da Resolução 81 relativa à periodicidade para realização de concursos, a despeito de o CNJ não possuir competência para editar resolução a esse respeito.

(E) são compatíveis com a Constituição da República o exercício de competência pelo CNJ para instaurar procedimentos administrativos relativamente a serviços notariais e de registro e para editar resolução em decorrência do quanto apurado nos procedimentos em questão, bem como a previsão do art. 2º da Resolução 81 referente à periodicidade para realização de concursos.

Exercício da competência estabelecida no art. 103-B, § 4º, da CF.
Gabarito "E".

(Cartório/MS – 2009 – VUNESP) Conforme a Constituição, aos juízes federais compete processar e julgar os crimes:

(A) contra a economia popular e o sistema financeiro.

(B) contra a organização do trabalho.

(C) praticados por estrangeiros.

(D) ecológicos e os praticados contra indígenas.

(E) praticados pelos membros dos Tribunais de Contas dos Municípios.

Art. 109, VI, da CF.
Gabarito "B".

(Cartório/DF – 2008 – CESPE) Julgue o seguinte item.

(1) O defensor público da União tem legitimidade ativa para propor edição, revisão ou cancelamento de enunciado de súmula vinculante.

1: incorreta, o art. 3º da Lei 11.417/2006 lista os legitimados para a edição, revisão ou cancelamento de enunciado de súmula vinculante, onde não consta o Defensor Público da União.
Gabarito "1E".

(Cartório/MA – 2008 – IESES) No que se refere ao Poder Judiciário a suas respectivas competências constitucionais, todas as alternativas estão corretas, EXCETO:

(A) Compete ao Supremo Tribunal Federal, precipuamente, a guarda da Constituição, cabendo-lhe julgar, mediante recurso extraordinário, as causas decididas em única ou última instância, quando a decisão recorrida julgar válida lei local contestada em face de lei federal.

(B) Compete à Justiça do Trabalho processar e julgar as ações oriundas da relação de trabalho, abrangidos os entes de direito público externo e da administração pública direta e indireta da União, dos Estados, do Distrito Federal e dos Municípios, assim como as ações que envolvam exercício do direito de greve.

(C) Compete aos juízes federais processar e julgar os conflitos de atribuições entre autoridades administrativas e judiciárias da União.

(D) Compete ao Superior Tribunal de Justiça processar e julgar, originariamente o *habeas corpus*, quando o coator for o Ministro de Estado ou Comandante da Marinha, do Exército ou da Aeronáutica.

A: correta, art. 102, III, "d", da CF; **B:** correta, art. 114, I e II, da CF; **C:** incorreta (devendo ser assinalada), competência originária do STJ (art. 105, I, "g", da CF); **D:** correta, art. 105, I, "c", da CF.
Gabarito "C".

(Cartório/MA – 2008 – IESES) O Ministério Público é instituição permanente, essencial à função jurisdicional do Estado, incumbindo-lhe a defesa da ordem jurídica, do regime democrático e dos interesses sociais e individuais indisponíveis. Assim, de acordo com a Constituição da República Federativa do Brasil, sobre o Ministério Público, assinale a alternativa correta.

(A) O Ministério Público da União tem por chefe o Procurador-Geral da República, nomeado pelo Presidente da República dentre integrantes da carreira, maiores de trinta e cinco anos, após a aprovação de seu nome pela maioria absoluta dos membros do Senado Federal, para mandato de dois anos, permitida a recondução.

(B) O Conselho Nacional do Ministério Público compõe-se de quatorze membros nomeados pelo Presidente da República, depois de aprovada a escolha pela maioria absoluta do Congresso Nacional, para um mandato de dois anos, admitida uma recondução.

(C) São princípios institucionais do Ministério Público a unidade, a divisibilidade e a independência funcional.

(D) É vedado, expressamente no texto constitucional, ao membro do Ministério Público, exercer outra função pública.

A: correta, art. 128, § 1º, da CF; **B:** incorreta, não reflete o disposto no art. 130-A da CF; **C:** incorreta, não reflete o disposto no art. 127, § 1º, da CF; **D:** incorreta, pode exercer uma função de magistério (art. 128, § 5º, II, "d", da CF).
Gabarito "A".

(Cartório/PR – 2007) Os poderes se organizam na Constituição Federal num sistema harmônico de independência e controle. Sobre organização dos Poderes, assinale a correta:

(A) Os Poderes da Comissões Parlamentares de Inquérito são os do magistrado na instrução processual penal, relacionados à dilação probatória e aos poderes cautelares, podendo também a CPI quebrar sigilos

1. DIREITO CONSTITUCIONAL

bancários, determinar escutas telefônicas e realizar buscas e apreensões sem autorização judicial.

(B) O Poder Legislativo nos Estados Federativos se organiza em uma estrutura bicameral, exercido por meio do Congresso Nacional, composto pela Câmara dos Deputados e pelo Senado Federal. Esse bicameralismo está intimamente ligado à escolha, feita pelo legislador constituinte, da forma federativa do Estado.

(C) A função do Tribunal de Contas é apenas optativa, atuando como órgão auxiliar do parlamento, assim, o Poder Legislativo pode aprovar as contas do Chefe do Executivo, mesmo que elas tenham sido rejeitadas pelo Tribunal de Contas e essa aprovação pode se dar sem motivação.

(D) A função legislativa é definida pela criação de direitos e das obrigações de forma geral e abstrata, possuindo o Poder Legislativo também a função de fiscalizar.

(E) O Poder Executivo não possui atividade legislativa definida na Constituição Federal.

A: incorreta, o STF entende que as CPIs podem determinar a quebra de sigilo bancário, fiscal e telefônico por terem poderes próprios de autoridades judiciais, desde que o ato seja adequadamente fundamentado e revele a necessidade objetiva da medida extraordinária. Entretanto, busca e apreensão é matéria que se insere na reserva de jurisdição, ou seja, só pode ser determinada pelo Poder Judiciário; **B:** incorreta, não há Congresso Nacional nos Estados, mas Assembleias Legislativas (ou Câmara Legislativa, no Distrito Federal); **C:** incorreta, as funções dos tribunais de contas não são meramente optativas (v. art. 71 da CF); **D:** correta, elaboram leis (que inovam no ordenamento jurídico, podendo criar direitos e obrigações, com caráter imperativo, genérico e abstrato), além do papel de fiscalização exercido com o auxílio do Tribunal de Contas; **E:** incorreta, pode adotar, por exemplo, medidas provisórias (art. 62 da CF).
Gabarito "D".

(Cartório/PR – 2007) O processo legislativo brasileiro se organiza a partir de espécies legislativas definidas no artigo 59 da Constituição Federal. Sobre esse assunto, assinale a correta:

(A) A Emenda Constitucional nº 32/2001 exclui a cláusula de convalidação.

(B) O processo legislativo sumário pressupõe prazo na deliberação parlamentar e regime de urgência e é requerido pelo Presidente da República ou convocado diretamente pelo texto constitucional.

(C) Atualmente veda-se a reedição sucessiva, mas se aceita a alteração de texto em medidas provisórias.

(D) O devido processo legislativo diz respeito à observância ao princípio da legalidade, portanto, o desrespeito ao devido processo legislativo gera inconstitucionalidade material e não propicia controle de constitucionalidade.

(E) O veto do Presidente da República caracteriza-se por ser expresso, imotivado, total ou parcial e insuperável.

A: incorreta, a EC 32/2001 convalida as medidas provisórias anteriores à sua edição (art. 2º da EC 32/2001); **B:** correta, art. 62, § 6º e art. 64, § 1º, ambos da CF; **C:** incorreta, não reflete o disposto no art. 62, §§ 3º e 12, da CF; **D:** incorreta, é cabível a realização de controle de constitucionalidade difuso ou concentrado em relação a normas elaboradas em desrespeito ao devido processo legislativo; **E:** incorreta, não reflete o disposto no art. 66, §§ 1º e 2º, da CF.
Gabarito "B".

(Cartório/PR – 2007) Com relação às espécies normativas e ao processo legislativo brasileiro, assinale a correta:

(A) Os limites às Emendas Constitucionais são materiais (cláusulas pétreas), circunstanciais, formais e implícitos.

(B) A lei complementar possui matéria reservada e também tem a necessidade de maioria simples para a sua aprovação.

(C) A Medida Provisória tem como pressupostos a relevância e a urgência, mas estes não são requisitos de admissibilidade.

(D) O controle da Lei Delegada é exercido pelo Congresso, por meio do veto na deliberação executiva, e pelo Judiciário, por meio de controle abstrato.

(E) A fase constitutiva do Processo Legislativo ordinário é a fase de deliberação executiva, quando ocorre ampla discussão e votação nas duas casas.

A: correta, para que uma emenda constitucional seja aprovada, é preciso observar todas as regras insculpidas no art. 60 da CF, que lista limites materiais (art. 60, § 4º), formais (art. 60, I a III e §§ 2º e 3º) e circunstanciais (art. 60, § 1º) ao poder de reforma da Constituição. A doutrina também aponta limites implícitos ao poder de reforma da Constituição. São exemplos desses últimos a titularidade do Poder Constituinte e o próprio procedimento de reforma da Constituição que, apesar de não escritos na Constituição, não podem ser alterados pelo legislador constituinte derivado; **B:** incorreta, possui matéria reservada, mas é aprovada por maioria absoluta (art. 69 da CF); **C:** incorreta, são requisitos constitucionais de admissibilidade (art. 62 da CF); **D:** incorreta, é exercido pelo Congresso (art. 49, V, da CF) e pelo Poder Judiciário, por meio de controle difuso ou concentrado; **E:** incorreta, de acordo com Pedro Lenza (*Direito Constitucional Esquematizado*. 15. ed. São Paulo: Saraiva, 2011. p. 530 e 531), o processo legislativo das leis ordinárias e complementares compreende a fase de a) iniciativa (geral, concorrente, privativa, popular, conjunta, do art. 67 da CF, e a parlamentar ou extraparlamentar); b) constitutiva (deliberação parlamentar e deliberação executiva) e c) complementar (promulgação e publicação).
Gabarito "A".

(Cartório/DF – 2006 – CESPE) No que concerne à organização dos poderes, na forma como prescrita na Constituição Federal, julgue o item seguinte.

(1) Em relação aos órgãos que prestam serviços notariais, compete ao Conselho Nacional de Justiça conhecer das reclamações acerca de suas atividades; avocar processos disciplinares em curso; determinar outras sanções administrativas, assegurada a ampla defesa.

1: correta, art. 103-B, § 4º, III, da CF.
Gabarito "1C."

(Cartório/SE – 2006 – CESPE) Julgue o item subsequente à luz da Constituição Federal.

(1) O Ministério Público, a advocacia e a defensoria pública constituem funções essenciais à justiça.

1: correta, porque se encontram disciplinados no Capítulo IV da CF.
Gabarito "1C."

(Cartório/DF – 2003 – CESPE) De acordo com a Constituição Federal, o advogado é indispensável à administração da justiça, e o Estatuto da Ordem dos Advogados (Lei nº 8.906/1994) lhe confere prerrogativas para o exercício de sua função. Acerca do regime constitucional e legal a que estão subordinados os advogados, julgue os itens seguintes.

(1) Os integrantes da Advocacia-Geral da União, da Procuradoria da Fazenda Nacional, da Defensoria Pública e das Procuradorias e consultorias jurídicas dos Estados, do Distrito Federal, dos Municípios e das respectivas entidades de administração indireta e fundacional não se submetem ao regime do Estatuto da Ordem dos Advogados do Brasil, mas sim a regime legal próprio, razão pela qual não se lhes aplicam as sanções disciplinares.

(2) O advogado pode examinar, em qualquer órgão dos Poderes Judiciário e Legislativo, ou da administração pública em geral, autos de processos findos ou em andamento, mesmo sem procuração, quando não estejam sujeitos a sigilo, assegurando-se lhe o direito à obtenção de cópias.

(3) A disciplina constitucional da responsabilidade civil objetiva do Estado não é aplicável quando esteja em causa dano provocado a terceiros por ação ou omissão de advogado público no exercício de sua função, em razão da imunidade que acoberta seus atos e manifestações.

(4) O advogado pode postular, em juízo ou fora dele, sem procuração, afirmando urgência, desde que apresente a prova do mandato no prazo legal.

(5) Em razão da imunidade profissional do advogado, suas manifestações no exercício de sua atividade não se podem constituir em desacato.

1: incorreta, pois os advogados públicos também se submetem ao Estatuto da OAB; **2:** correta, art. 7°, XIII, da Lei 8.906/1994; **3:** incorreta, responde na forma do art. 37, § 6°, da CF; **4:** correta, art. 5°, § 1°, da Lei 8.906/1994; **5:** incorreta. Apesar de ser a redação do art. 7°, § 2°, da Lei 8.906/1994, o STF julgou essa parte inconstitucional, "ao fundamento de que tal previsão cria situação de desigualdade entre o juiz e o advogado, retirando do primeiro a autoridade necessária à condução do processo". (ADIn 1.127/DF, Pleno, j. 17.05.2006, rel. para o acórdão Min. Ricardo Lewandowski, *DJe* 11.06.2010).
Gabarito 1E, 2C, 3E, 4C, 5E

(Cartório/DF – 2001 – CESPE) À luz da Constituição da República e das normas infraconstitucionais, julgue os itens abaixo, relativos às competências e à atuação dos órgãos do Poder Judiciário e aos procedimentos processuais nesse âmbito.

(1) Lei ordinária federal pode permitir que causas de competência da justiça federal sejam processadas e julgadas pela justiça estadual, no foro do domicílio do interessado, não sendo a comarca sede de vara do juízo federal, sem prejuízo de competir o recurso cabível ao tribunal regional federal na área de jurisdição do juiz de primeiro grau.

(2) Compete ao STF processar e julgar causas ou conflitos estritamente patrimoniais entre Estados e entidades da administração federal indireta, tais como autarquias dotadas de sede ou estrutura regional de representação nos territórios dos respectivos estados.

(3) A Constituição da República autoriza a instituição de reclamação junto aos tribunais de justiça e aos tribunais regionais federais para a preservação de sua competência e a garantia da autoridade de suas decisões.

1: correta, art. 109, § 3°, da CF; **2:** incorreta, questões estritamente patrimoniais não correspondem a conflito federativo, afastando a

competência do STF; **3:** incorreta, existe previsão de reclamação para o STF e para o STJ (arts. 102, I, "l"; 103-A, § 3°; 105, I, "f", todos da CF).
Gabarito 1C, 2E, 3E

(Cartório/SP – II – VUNESP) Na Constituição Federal está definida a competência do Supremo Tribunal Federal, do Superior Tribunal de Justiça e:

(A) do Tribunal Superior do Trabalho.

(B) dos Tribunais Regionais Federais.

(C) do Superior Tribunal Militar.

(D) dos Tribunais de Justiça dos Estados.

Art. 108 da CF. V. art. 111-A, § 1°; art. 124, *caput* e parágrafo único e art. 125, *caput* e § 1°, todos da CF.
Gabarito "B".

(Cartório/SP – IV – VUNESP) Compete privativamente autorizar, por dois terços de seus membros, a instauração de processo contra o Presidente, o Vice-Presidente da República e os Ministros de Estado:

(A) ao Senado Federal.

(B) à Câmara dos Deputados.

(C) ao Supremo Tribunal Federal.

(D) ao Conselho Nacional de Justiça.

Art. 51, I, da CF.
Gabarito "B".

(Cartório/SP – V – VUNESP) A competência para o julgamento de mandado de segurança contra um ato de Ministro de Estado, ressalvada a da Justiça Eleitoral, é conferida ao:

(A) Conselho Nacional de Justiça.

(B) Superior Tribunal de Justiça.

(C) Superior Tribunal Militar.

(D) Supremo Tribunal Federal.

Art. 105, I, "b", da CF. V. Súmula 177 do STJ: "O Superior Tribunal de Justiça é incompetente para processar e julgar, originariamente, mandado de segurança contra ato de órgão colegiado presidido por Ministro de Estado". Se o órgão colegiado, porém, for formado exclusivamente por Ministros de Estado, a competência é do STJ.
Gabarito "B".

(Cartório/SP – VI – VUNESP) É integrante do Poder Judiciário o:

(A) Tribunal de Contas.

(B) Juiz Militar.

(C) Juiz de Paz.

(D) Ministro da Justiça.

Art. 92, VI, da CF.
Gabarito "B".

(Cartório/SP – VII – VUNESP) Sobre o processo legislativo, é incorreto dizer:

(A) a Constituição Federal pode ser emendada mediante proposta do Presidente da República.

(B) a Constituição Federal pode ser emendada por proposta de qualquer membro da Comissão da Câmara dos Deputados, do Senado Federal ou do Congresso Nacional.

(C) compreende, dentre outras espécies de normas, as emendas à Constituição Federal, as leis complementares e os decretos legislativos.

1. DIREITO CONSTITUCIONAL

(D) são de iniciativa privativa do Presidente da República as leis que fixem ou modifiquem os efetivos das Forças Armadas.

A: correta, por força do art. 60, II, da CF; **B:** incorreta (devendo ser assinalada), v. art. 60, I, da CF; **C:** correta, v. art. 59, I a VII, da CF; **D:** correta, pelo art. 61, § 1º, I, da CF.

Gabarito "B".

(Cartório/SP – VII – VUNESP) Sobre as "Súmulas Vinculantes", é correto dizer:

(A) são editadas preferencialmente pelo Supremo Tribunal Federal e, excepcionalmente, pelo Superior Tribunal de Justiça.

(B) vinculam obrigatoriamente todos os membros do Poder Judiciário, excluindo-se os integrantes do Conselho Nacional de Justiça.

(C) vinculam todos os membros do Poder Judiciário sem distinção, assim como os demais Poderes (Executivo e Legislativo) e a Administração Pública de uma maneira geral.

(D) vinculam todos os membros do Poder Judiciário sem distinção, sendo orientadoras (facultativas) em relação aos demais Poderes da República e à Administração Pública em geral.

A: incorreta, são editadas apenas pelo STF (art. 103-A da CF); **B:** incorreta, o CNJ, como integrante do Poder Judiciário, também deve observância obrigatória às súmulas vinculantes (art. 92, I-A, da CF); **C:** correta de acordo com gabarito oficial. Mas, segundo entendimento do Autor, está incorreta, pois as súmulas vinculantes não "vinculam" o Legislativo, que pode aprovar leis em contrário (art. 103-A da CF); **D:** incorreta, pois as súmulas aprovadas na forma do art. 103-A da CF serão vinculantes. As persuasivas são as demais súmulas, não aprovadas de acordo com o art. 103-A da CF. Gabarito da banca "C", mas a questão não tem resposta correta.

Gabarito "C".

(Cartório/SP – VII – VUNESP) Assinale a alternativa correta a respeito do Conselho Nacional de Justiça (CNJ).

(A) Tem na sua composição um juiz federal, indicado pelo Supremo Tribunal Federal.

(B) Tem na sua composição dois desembargadores de Tribunal de Justiça, indicados pelo Supremo Tribunal Federal.

(C) Tem na sua composição dois cidadãos, de notável saber jurídico e reputação ilibada, indicados, um pela Câmara dos Deputados e outro, pelo Senado Federal.

(D) É composto por 17 membros com mandato de 02 anos, admitida 01 recondução.

A: incorreta, o juiz federal é indicado pelo STJ (art. 103-B, VII, da CF); **B:** incorreta, tem um único desembargador de tribunal de justiça, indicado pelo STF (art. 103-B, IV, da CF); **C:** correta, art. 103-B, XIII, da CF; **D:** incorreta, é composto por 15 membros (art. 103-B, *caput*, da CF).

Gabarito "C".

8. DEFESA DO ESTADO, TRIBUTAÇÃO E ORÇAMENTO, ORDEM ECONÔMICA E FINANCEIRA E ORDEM SOCIAL

(Cartório/SP – 2018 – VUNESP) A respeito da Ordem Econômica e Financeira estabelecida na Constituição da República, assinale a resposta correta.

(A) Aquele que possuir como sua área de terra, em zona rural, não superior a quarenta hectares, por dez anos,

ininterruptamente e sem oposição, tornando-a produtiva por seu trabalho ou de sua família, tendo nela sua moradia, adquirir-lhe-á o seu domínio, desde que não seja proprietário de outro imóvel rural ou urbano.

(B) As empresas públicas e as sociedades de economia mista poderão gozar de privilégios fiscais não extensivos às do setor privado, na forma da lei.

(C) O plano diretor, aprovado pela Câmara Municipal, obrigatório para cidades com mais de vinte mil habitantes, é o instrumento básico da política de desenvolvimento e de expansão urbana.

(D) Aquele que possuir como sua área urbana de até duzentos e cinquenta metros quadrados, por dez anos, ininterruptamente e sem oposição, utilizando-a como sua moradia ou de sua família, adquirir-lhe-á o domínio, desde que não seja proprietário de outro imóvel urbano ou rural.

A: errado. Aquele que, não sendo proprietário de imóvel rural ou urbano, possua como seu, por cinco anos ininterruptos, sem oposição, área de terra, em zona rural, não superior a cinquenta hectares, tornando-a produtiva por seu trabalho ou de sua família, tendo nela sua moradia, adquirir-lhe-á a propriedade (art. 191 da CF). **B:** errado. As empresas públicas e as sociedades de economia mista não poderão gozar de privilégios fiscais não extensivos às do setor privado (Art. 173. § 2º da CF). **C:** certa. Art. 182, § 1º, da CF. **D:** errada. Aquele que possuir como sua área urbana de até duzentos e cinquenta metros quadrados, por cinco anos, ininterruptamente e sem oposição, utilizando-a para sua moradia ou de sua família, adquirir-lhe-á o domínio, desde que não seja proprietário de outro imóvel urbano ou rural (art. 183 da CF).

Gabarito "C".

(Cartório/SP – 2018 – VUNESP) O Presidente da República pode, ouvidos o Conselho da República e o Conselho de Defesa Nacional, decretar estado de defesa nas seguintes hipóteses:

(A) no caso de comoção grave de repercussão nacional ou ocorrência de fatos que comprovem a ineficácia de medida tomada durante o estado de sítio.

(B) para restabelecer, em locais restritos e determinados, a ordem pública ou a paz social ameaçadas por grave e iminente instabilidade institucional ou atingidas por calamidade de grandes proporções da natureza.

(C) no caso de declaração de guerra ou resposta à agressão armada estrangeira.

(D) para restabelecer a ordem pública ou a paz social, ameaçadas por grave e iminente instabilidade institucional, e no caso da ocorrência de fatos que comprovem a ineficácia de medida tomada durante o estado de sítio.

A: errada. No caso de comoção grave de repercussão nacional, a medida a ser adotada seria o estado de sítio conforme determina o art. 137, I, da CF. **B:** correta. Seu objetivo é restabelecer a ordem pública ou a paz social ameaçadas por grave e iminente instabilidade institucional ou atingidas por calamidades de grandes proporções da natureza. **C:** errada. Seria estado de sítio (art. 137 da CF). **D:** errada. Seria estado de defesa (art. 136 da CF).

Gabarito "B".

(Cartório/SP – 2018 – VUNESP) Sobre os direitos dos índios, dispõe a Constituição da República:

(A) é vedada toda e qualquer exploração dos recursos hídricos, incluindo os potenciais energéticos, a pesquisa e a lavra das riquezas minerais em terras indígenas.

(B) as terras tradicionalmente ocupadas pelos índios destinam-se à sua posse permanente, cabendo-lhes o usufruto exclusivo das riquezas do solo, das jazidas e dos demais recursos minerais, dos rios e dos lagos nelas existentes.

(C) as terras indígenas são inalienáveis e indisponíveis, salvo por deliberação do Congresso Nacional, ouvidas as comunidades locais, ficando-lhes assegurada participação no resultado.

(D) é vedada a remoção dos grupos indígenas de suas terras, salvo, *ad referendum* do Congresso Nacional, em caso de catástrofe ou epidemia que ponha em risco sua população, ou no interesse da soberania do país, após deliberação do Congresso Nacional, garantido, em qualquer hipótese, o retorno imediato logo que cesse o risco.

A: errada. A exploração dos recursos hídricos, incluindo potenciais energéticos, e a lavra são permitias, desde que com autorização do Congresso Nacional, ouvidas as comunidades afetadas, ficando assegurada participação nos resultados da lavra. **B:** errada. As terras tradicionalmente ocupadas pelos índios destinam-se a sua posse permanente, cabendo-lhes o usufruto exclusivo das riquezas do solo, dos rios e dos lagos nelas existentes. **C:** errada. São inalienáveis e indisponíveis, sem exceção. **D:** certa. Art. 231, § 5º, da CF.

Gabarito "D."

(Cartório/MG – 2016 – Consulplan) No Brasil, a organização da seguridade social terá por objetivo

(A) uniformidade de benefícios entre populações rurais e urbanas.

(B) atualidade do valor dos benefícios.

(C) equidade da base de financiamento.

(D) diversidade na forma de participação de custeio.

A: correta. Art. 194, parágrafo único, II, CF; **B:** incorreta. O art. 194, parágrafo único, IV, CF refere-se à irredutibilidade do benefício, não à sua atualidade; **C** e **D:** incorretas. A base de financiamento deve ser diversa (art. 194, parágrafo único, VI, CF). A equidade refere-se à forma de participação do custeio (art. 194, parágrafo único, V, CF).

Gabarito "A."

(Cartório/CE – 2018 – IESES) A seguridade social compreende um conjunto integrado de ações de iniciativa dos Poderes Públicos e da sociedade, destinadas a assegurar os direitos relativos à saúde, à previdência e à assistência social. Sobre a seguridade e de acordo com a Constituição da República Federativa do Brasil de 1988, analise as afirmações a seguir.

I. A assistência à saúde é livre à iniciativa privada.

II. A proposta de orçamento da seguridade social será elaborada de forma integrada pelos órgãos responsáveis pela saúde, previdência social e assistência social, tendo em vista as metas e prioridades estabelecidas na lei de diretrizes orçamentárias, assegurada a cada área a gestão de seus recursos.

III. A seguridade social será financiada por toda a sociedade, de forma direta e indireta, nos termos da lei, mediante recursos provenientes dos orçamentos da União, dos Estados, do Distrito Federal e dos Municípios e de contribuições sociais.

IV. As receitas dos Estados, do Distrito Federal e dos Municípios destinadas à seguridade social constarão dos respectivos orçamentos, integrando, contudo, o orçamento da União.

V. A pessoa jurídica em débito com o sistema da seguridade social, poderá contratar com o Poder Público, mas não poderá dele receber benefícios ou incentivos fiscais ou creditícios.

Estão corretas apenas as afirmações:

(A) I, II e III estão corretas.

(B) II, III e IV estão corretas.

(C) I, III, IV e V estão corretas.

(D) Todas as afirmativas estão corretas.

I: certa. Art. 199, CF. **II:** certa. Art. 195, § 2º, CF. **III:** certa. Art. 195, CF. **IV:** errada. Art. 195, § 1º, CF – não integrando o orçamento da União. **V:** errada. Art. 195, § 3º, CF – NÃO poderá contratar com o Poder Público.

Gabarito "A."

(Cartório/PA – 2016 – IESES) A República Federativa do Brasil é disciplinada, no que tange sua ordem econômica, por um conjunto de princípios expressos no art. 170 da Constituição Federal de 1988, que assim expressa: "a ordem econômica, fundada na valorização do trabalho humano e na livre-iniciativa, tem por fim assegurar a todos existência digna, conforme os ditames da justiça social [...]". Assinale a alternativa que representa os princípios norteadores da ordem econômica de acordo com o citado artigo da Constituição Federal:

(A) Soberania nacional; propriedade pública; função social da propriedade; livre concorrência; defesa do consumidor; defesa do meio ambiente; redução das desigualdades regionais e sociais; busca de pleno emprego; tratamento favorecido para as empresas de pequeno porte constituídas sob as leis brasileiras e que tenham sua sede e administração no País.

(B) Soberania nacional; propriedade privada; função social da propriedade; livre concorrência; defesa do consumidor; redução das desigualdades regionais e sociais; busca de pleno emprego; tratamento favorecido para as empresas de pequeno porte constituídas sob as leis brasileiras e que tenham sua sede e administração no País.

(C) Soberania nacional; propriedade privada; função social da propriedade; livre concorrência; defesa do meio ambiente; redução das desigualdades regionais e sociais; busca de pleno emprego; tratamento favorecido para as empresas de pequeno porte constituídas sob as leis brasileiras e que tenham sua sede e administração no País.

(D) Soberania nacional; propriedade privada; função social da propriedade; livre concorrência; defesa do consumidor; defesa do meio ambiente; redução das desigualdades regionais e sociais; busca de pleno emprego; tratamento favorecido para as empresas de pequeno porte constituídas sob as leis brasileiras e que tenham sua sede e administração no País.

Art. 170, I a IX, CF: "A ordem econômica, fundada na valorização do trabalho humano e na livre-iniciativa, tem por fim assegurar a todos existência digna, conforme os ditames da justiça social, observados os seguintes princípios: I – soberania nacional; II – propriedade privada; III – função social da propriedade; IV – livre concorrência; V – defesa

1. DIREITO CONSTITUCIONAL

do consumidor; VI – defesa do meio ambiente, inclusive mediante tratamento diferenciado conforme o impacto ambiental dos produtos e serviços e de seus processos de elaboração e prestação; VII – redução das desigualdades regionais e sociais; VIII – busca do pleno emprego; IX – tratamento favorecido para as empresas de pequeno porte constituídas sob as leis brasileiras e que tenham sua sede e administração no País".

Gabarito "D".

(Cartório/PA – 2016 – IESES) A Constituição da República Federativa do Brasil de 1988 representa um marco histórico na legislação ambiental brasileira, sendo responsável pela elevação do meio ambiente à categoria dos bens tutelados pelo ordenamento jurídico, bem como estabeleceu o direito ao meio ambiente sadio como um direito fundamental do indivíduo. Segundo a Constituição Federal de 1988 incumbe ao Poder Público iniciativas para resguardar o meio ambiente, assinale a alternativa INCORRETA sobre quais são as iniciativas:

(A) Preservar a diversidade e a integridade do patrimônio genético do País e fiscalizar as entidades dedicadas à pesquisa e manipulação de material genético.

(B) Preservar e restaurar os processos ecológicos essenciais e prover o manejo ecológico das espécies e ecossistemas.

(C) Verificar a instalação de obra ou atividade potencialmente causadora de significativa degradação do meio ambiente, sem necessidade de estudo prévio de impacto ambiental, a que se dará publicidade.

(D) Definir, em todas as unidades da Federação, espaços territoriais e seus componentes a serem especialmente protegidos, sendo a alteração e a supressão permitidas somente através de lei, vedada qualquer utilização que comprometa a integridade dos atributos que justifiquem sua proteção.

A: correta. Art. 225, § 1º, II, CF; **B:** correta. Art. 225, § 1º, I, CF; **C:** incorreta, devendo ser assinalada. O art. 225, § 1º, IV, da CF exige estudo prévio de impacto ambiental para a instalação de obra ou atividade potencialmente causadora de significativa degradação do meio ambiente; **D:** correta. Art. 225, § 1º, III, CF.

Gabarito "C".

(Cartório/MG – 2015 – Consulplan) Acerca da seguridade social, é correto afirmar, EXCETO:

(A) Será financiada, também, por contribuições sociais do importador de bens ou serviços do exterior.

(B) A pessoa jurídica em débito com o sistema da seguridade social poderá receber incentivos fiscais do Poder Público, como estabelecido em lei.

(C) As receitas dos Estados, do Distrito Federal e dos Municípios destinadas à seguridade social constarão dos respectivos orçamentos, não integrando o orçamento da União.

(D) Tem como objetivo, dentre outros, a seletividade.

A: correta. Art. 195, IV, CF; **B:** incorreta, devendo ser assinalada. Não pode contratar com o Poder Público nem dele receber benefícios ou incentivos fiscais ou creditícios (art. 195, § 3º, CF); **C:** correta. Art. 195, § 1º, CF; **D:** correta. Art. 194, parágrafo único, III, CF.

Gabarito "B".

(Cartório/CE – 2018 – IESES) No que se refere a seguridade social, marque V ou F, conforme as afirmações a seguir sejam verdadeiras ou falsas.

( ) Os Deputados e Senadores são invioláveis, civil e penalmente, por quaisquer de suas opiniões, palavras e votos e desde a expedição do diploma, serão submetidos a julgamento perante o Supremo Tribunal Federal.

( ) Recebida a denúncia contra o Senador ou Deputado, por crime ocorrido até a diplomação, o Supremo Tribunal Federal dará ciência à Casa respectiva, que, por iniciativa de partido político nela representado e pelo voto de seus membros, poderá, até a decisão final, arquivar o andamento da ação.

( ) As imunidades de Deputados ou Senadores subsistirão durante o estado de defesa, só podendo ser cassadas mediante o voto de maioria dos membros da Casa respectiva, nos casos de atos praticados no recinto do Congresso Nacional, que sejam compatíveis com a execução da medida.

( ) Os Deputados e Senadores não poderão desde a candidatura serem proprietários, controladores ou diretores de empresa que goze de favor decorrente de contrato com pessoa jurídica de direito público, ou nela exercer função remunerada.

( ) Desde a expedição do diploma, os membros do Congresso Nacional não poderão ser presos, salvo em flagrante de crime inafiançável. Nesse caso, os autos serão remetidos dentro de vinte e quatro horas à Casa respectiva, para que, pelo voto da maioria de seus membros, resolva sobre a prisão.

A sequência correta, de cima para baixo, é:

(A) V – F – F – F – V

(B) V – F – V – F – F

(C) F – V – V – F – V

(D) V – F – F – V – V

(V) Art. 53. Os Deputados e Senadores são invioláveis, civil e penalmente, por quaisquer de suas opiniões, palavras e votos. § 1º Os Deputados e Senadores, desde a expedição do diploma, serão submetidos a julgamento perante o Supremo Tribunal Federal. (F) Art. 53, § 3º, da CF/88 Recebida a denúncia contra o Senador ou Deputado, por crime ocorrido após a diplomação, o Supremo Tribunal Federal dará ciência à Casa respectiva, que, por iniciativa de partido político nela representado e pelo voto da maioria de seus membros, poderá, até a decisão final, sustar o andamento da ação. (F) Art. 53, § 8º da CF/88 As imunidades de Deputados ou Senadores subsistirão durante o estado de sítio, só podendo ser suspensas mediante o voto de dois terços dos membros da Casa respectiva, nos casos de atos praticados fora do recinto do Congresso Nacional, que sejam incompatíveis com a execução da medida. (F) Art. 54, inciso II, alínea "a" da CF/88 Os Deputados e Senadores não poderão, desde a posse, ser proprietários, controladores ou diretores de empresa que goze de favor decorrente de contrato com pessoa jurídica de direito público, ou nela exercer função remunerada. (V) Art. 53, § 2º Desde a expedição do diploma, os membros do Congresso Nacional não poderão ser presos, salvo em flagrante de crime inafiançável. Nesse caso, os autos serão remetidos dentro de vinte e quatro horas à Casa respectiva, para que, pelo voto da maioria de seus membros, resolva sobre a prisão.

Gabarito "A".

(Cartório/MG – 2015 – Consulplan) Quanto às normas constitucionais que regem a política agrícola e fundiária e da reforma agrária, é correto afirmar:

(A) Os imóveis públicos poderão ser adquiridos por usucapião.

(B) As terras públicas e devolutas são incompatíveis com o plano nacional de reforma agrária.

(C) Os beneficiários da distribuição de imóveis rurais pela reforma agrária receberão títulos de domínio ou de concessão de uso, inegociáveis pelo prazo de 10 (dez) anos.

(D) Sobre as operações de transferência de imóveis desapropriados para fins de reforma agrária incidem apenas impostos municipais.

A: incorreta. Imóveis públicos não se adquirem por usucapião (art. 183, § 3º, CF); **B:** incorreta. A destinação de terras públicas e devolutas será compatibilizada com a política agrícola e com o plano nacional de reforma agrária (art. 188 da CF); **C:** correta. Art. 189 da CF; **D:** incorreta. Esses imóveis são isentos de impostos federais, estaduais e municipais (art. 184, § 5º, CF).
Gabarito "C".

(Cartório/MG – 2015 – Consulplan) Quanto às normas constitucionais que regem a ordem social, é INCORRETO afirmar:

(A) Os meios de comunicação social não podem, direta ou indiretamente, ser objeto de monopólio ou oligopólio.

(B) A publicação de veículo impresso de comunicação depende de licença de autoridade.

(C) São indisponíveis as terras devolutas ou arrecadadas pelos Estados, por ações discriminatórias, necessárias à proteção dos ecossistemas naturais.

(D) A assistência social será prestada a quem dela necessitar, independentemente de contribuição à seguridade social.

A: correta. Art. 220, § 5º, CF; **B:** incorreta, devendo ser assinalada. Sua publicação independe de licença (art. 220, § 6º, CF); **C:** correta. Art. 225, § 5º, CF; **D:** correta. Art. 203, *caput*, CF.
Gabarito "B".

(Cartório/SC – 2012) Assinale a alternativa **correta:**

(A) A competência da União de instituir impostos não é exaustiva àqueles tipos tributários descritos na Constituição Federal, uma vez que, por lei ordinária, poderá também a União instituir impostos não previstos no artigo 153, desde que sejam não cumulativos e não tenham fato gerador ou base de cálculo próprios dos discriminados na Constituição.

(B) A instituição do imposto sobre a renda e proventos de qualquer natureza é da competência da União. Contudo, pertence aos Estados, Distrito Federal e Municípios o produto da arrecadação do imposto da União sobre renda e proventos de qualquer natureza, incidente na fonte, sobre rendimentos pagos, a qualquer título, por eles, por suas autarquias e pelas fundações que instituírem e mantiverem.

(C) É da competência dos Estados e do Distrito Federal instituir o imposto sobre a propriedade de veículos automotores (IPVA), nos termos constitucionais. O produto da arrecadação de tal imposto, conforme sua especificidade, tem por disposição constitucional a aplicação vinculada na construção e na manutenção do sistema viário terrestre.

(D) Instituir o Imposto sobre a Propriedade Predial e Territorial Urbana – IPTU é da competência do Município e do Distrito Federal. Esse imposto, conforme desenho

constitucional, admite a seletividade na medida em que autoriza o tratamento diferenciado em razão do uso e da localização do bem imóvel. Por outro lado, ele pode ser submetido ao artifício da progressividade da alíquota na medida em que se aumenta a base de cálculo. Porém, a Constituição Federal só autoriza progressividade fiscal quando enuncia que o IPTU poderá ser progressivo em razão do valor do imóvel.

(E) Em se tratando de importação de produtos estrangeiros, a União está desautorizada a cobrar tributos no mesmo exercício financeiro em que haja sido publicada a lei que os instituiu ou aumentou.

A: incorreta. De fato, a competência da União de instituir impostos não é exaustiva àqueles tipos tributários descritos na Constituição Federal, mas a criação de impostos não previstos no art. 153, desde que sejam não cumulativos e não tenham fato gerador ou base de cálculo próprios dos discriminados na Constituição Federal, deve ser feita por *lei complementar* (art. 154, I, da CF); **B:** correta (arts. 153, II, e 157, I, ambos da CF); **C:** incorreta. De fato, da competência dos Estados e do Distrito Federal instituir o imposto sobre a propriedade de veículos automotores (IPVA), nos termos constitucionais (art. 155, III, da CF). Mas, o produto da arrecadação de tal imposto não tem a aplicação vinculada na construção e na manutenção do sistema viário terrestre; **D:** incorreta. A Constituição Federal autoriza outra forma de progressividade que é aplicada quando o imóvel não está cumprindo a sua função social (arts. 156, § 1º, I e II, e 182, § 4º, II, ambos da CF). **E:** incorreta. É vedado aos entes federados cobrar tributos no mesmo exercício financeiro em que haja sido publicada a lei que os instituiu ou aumentou (art. 150, III, "b", da CF. Ocorre que tal vedação *não se aplica ao imposto de importação de produtos estrangeiros* (art. 150, § 1º, da CF).
Gabarito "B".

(Cartório/SP – 2012 – VUNESP) Quanto à duração ou vigência, é correto afirmar que o Estado de Defesa vigora por

(A) 30 dias, podendo ser renovado por mais 30 dias e assim sucessivamente, enquanto for necessário.

(B) até 30 dias, podendo ser renovado somente mais uma vez por igual período.

(C) 90 dias, sem possibilidade de renovação de sua vigência.

(D) 15 dias e, não gerando os efeitos pretendidos, converte-se em Intervenção.

De acordo com o art. 136, § 2º, da CF, o tempo de duração do estado de defesa *não será superior a trinta dias*, podendo *ser prorrogado uma vez, por igual período*, se persistirem as razões que justificaram a sua decretação.
Gabarito "B".

(Cartório/RN – 2012 – IESIS) De acordo com a **Constituição da República Federativa do Brasil de 1988** analise as afirmações a seguir.

I. O plano diretor, obrigatório para cidades com mais de vinte mil habitantes, é o instrumento básico da política de desenvolvimento e de expansão urbana.

II. Compete à União desapropriar por interesse social, para fins de reforma agrária, o imóvel rural que não esteja cumprindo sua função social, mediante prévia e justa indenização em títulos da dívida agrária.

III. São isentas de impostos federais, estaduais e municipais as operações de transferência de imóveis desapropriados para fins de reforma agrária.

IV. Constituem monopólio da União a refinação do petróleo nacional ou estrangeiro.

1. DIREITO CONSTITUCIONAL

Assinale a alternativa correta:

(A) Todas as assertivas estão corretas.
(B) Apenas as assertivas II e IV estão corretas.
(C) Todas as assertivas estão erradas.
(D) Apenas as assertivas I, III, IV estão corretas.

I: correta (art. 182, § 1º, da CF); II: correta (art. 184, *caput*, da CF); III: correta (art. 184, § 5º, da CF); IV: correta (art. 177, II, da CF).
Gabarito "A".

(Cartório/RN – 2012 – IESIS) De acordo com a Constituição da República Federativa do Brasil de 1988 é **INCORRETO** afirmar:

(A) A lei disciplinará, com base no interesse nacional, os investimentos de capital estrangeiro, incentivará os reinvestimentos e regulará a remessa de lucros.
(B) Incumbe ao Poder Público, diretamente ou sob regime de concessão ou permissão, sempre através de licitação, a prestação de serviços públicos.
(C) Dependerá de concessão o aproveitamento do potencial de energia renovável de capacidade reduzida.
(D) As empresas públicas e as sociedades de economia mista não poderão gozar de privilégios fiscais não extensivos às do setor privado.

A: correta (art. 172 da CF); B: correta (art. 175, *caput*, da CF); C: incorreta, devendo ser assinalada. Ao contrário do mencionado, *não dependerá* de autorização ou concessão o aproveitamento do potencial de energia renovável de capacidade reduzida (art. 176, § 4º, da CF); D: correta (art. 173, § 2º, da CF).
Gabarito "C".

(Cartório/RJ – 2012) Acerca da ordem econômica financeira, analise as assertivas abaixo.

I. Uma das formas de atuação direta do Estado no domínio econômico ocorre quando a alíquota do IPI é alterada para fomentar determinada indústria.
II. A expressão Ordem Econômica não pode ser considerada sinônima de Constituição Econômica.
III. Uma das formas de atuação indireta do Estado no domínio econômico ocorre quando ele próprio vem a desenvolver qualquer atividade econômica, por intermédio, por exemplo, de uma sociedade de economia mista.

É correto o que se afirma em

(A) I, apenas.
(B) II, apenas.
(C) III, apenas.
(D) II e III, apenas.
(E) I, II e III.

I: incorreta. De acordo com Vicente Paulo e Marcelo Alexandrino, "o Estado *atua diretamente* na economia *quando ele desenvolve o papel de agente econômico* (Estado-empresário). Nesses casos, o Estado – normalmente mediante pessoas jurídicas por ele constituídas e sob o seu controle – atua, ele mesmo, na produção de bens ou na prestação de serviços de conteúdo econômico. A atuação direta do Estado pode verificar-se em regime de monopólio (absorção) ou em concorrência (participação). A *atuação indireta do Estado* na economia ocorre de diversas *formas, visando*, em linhas gerais, *a corrigir distorções* que se verificam quando os agentes econômicos podem atuar de modo totalmente livre (merecendo destaque a coibição à formação de oligopólios, de cartéis, à prática de *dumping* – venda de produtos por preços

inferiores aos custos –, enfim, a vedação a qualquer prática contrária à livre concorrência)" (*Direito Constitucional descomplicado*. 8. ed. São Paulo: Grupo Gen, 2012. p. 1.012); II: correta. De fato, as expressões *não* são sinônimas. Inocêncio Mártires Coelho (*Curso de Direito Constitucional*. 4. ed. São Paulo: Saraiva, 2009. p. 1.405), ao tratar dos princípios da ordem econômica, cita Manoel Gonçalves que dispõe: "as constituições da primeira geração do constitucionalismo não continham normas para disciplinar essa atividade – embora em algumas delas existissem disposições de repercussão econômica, que tanto podem estar agrupadas num só conjunto ou dispersas no corpo da constituição – caso em que se denominam *constituição econômica* formal – quando abrangerem, além desses preceitos constitucionais, também outras normas, infraconstitucionais, como leis ou até mesmo atos de menos hierarquia, compondo, então a constituição econômica material, como ensina Vital Moreira, entre outros (*Direito Constitucional Econômico*. São Paulo: Saraiva, 1190 p. 3-4). Registro semelhante, com referência específica às constituições liberais, é feito por António Carlos Santos, Maria Eduarda Gonçalves e Maria Manuel Leitão Marques, ao dizerem que *a relativa ausência de normas econômicas nessas cartas políticas não significa a inexistência de constituição econômica*. Primeiro, porque mesmo nelas encontramos normas com incidência direta ou indireta na ordem econômica (*v.g.* a consagração do direito de propriedade, da liberdade de comércio e indústria); segundo, porque a relativa ignorância de outros aspectos da vida econômica tem em si um significado jurídico e econômico, refletindo um modelo onde o Estado se demite, em geral, de uma intervenção corretiva na economia, aceitando e garantindo na sua plenitude a propriedade privada, a livre concorrência e a liberdade contratual (*Direito Econômico*. Coimbra: Almedina, 1991. p. 18); III: incorreta. Quando o próprio Estado vem a desenvolver qualquer atividade econômica, ele atua *diretamente* no domínio econômico.
Gabarito "B".

(Cartório/RN – 2012 – IESIS) De acordo com a Constituição da República Federativa do Brasil de 1988, sobre Seguridade Social e Saúde é **INCORRETO** afirmar

(A) Serão destinados recursos públicos para auxílios ou subvenções às instituições privadas com fins lucrativos.
(B) A assistência à saúde é livre à iniciativa privada.
(C) As instituições privadas poderão participar de forma complementar do sistema único de saúde, mediante contrato de direito público ou convênio, tendo preferência as entidades filantrópicas e as sem fins lucrativos.
(D) A pessoa jurídica em débito com o sistema da seguridade social não poderá receber do Poder Público benefícios ou incentivos fiscais.

A: incorreta, devendo ser assinalada. Ao contrário do mencionado, é *vedada* a destinação de recursos públicos para auxílios ou subvenções às instituições privadas com fins lucrativos (art. 199, § 2º, da CF); B: correta (art. 199, *caput*, da CF); C: correta (art. 199, § 1º, da CF); D: correta (art. 195, § 3º, da CF).
Gabarito "A".

(Cartório/RN – 2012 – IESIS) De acordo com a Constituição da República Federativa do Brasil de 1988, marque **V** ou **F**, conforme as afirmações a seguir sejam **verdadeiras** ou **falsas**.

I. É assegurada a aposentadoria no regime geral de previdência social após trinta e cinco anos de contribuição, se homem, e trinta anos de contribuição, se mulher.
II. Nenhum benefício que substitua o salário de contribuição terá valor mensal inferior ao salário mínimo estadual.

III. É permitida a filiação ao regime geral de previdência social, na qualidade de segurado facultativo, de pessoa participante de regime próprio de previdência.

IV. Para efeito de aposentadoria, é vedada a contagem recíproca do tempo de contribuição na administração pública e na atividade privada.

V. É assegurada a aposentadoria no regime geral de previdência social após sessenta e cinco anos de idade, se homem.

A sequência correta, de cima para baixo, é:

(A) V – F – V – F – F

(B) V – F – F – F – V

(C) F – V – V – F – V

(D) V – F – F – V – V

I: correta (art. 201, § 7°, I, da CF); II: incorreta. O art. 201, § 2°, da CF determina que nenhum benefício que substitua o salário de contribuição ou o rendimento do trabalho do segurado *terá valor mensal inferior ao salário mínimo*; III: incorreta. De acordo com o art. 201, § 5°, da CF é *vedada* a filiação ao regime geral de previdência social, na qualidade de segurado facultativo, de pessoa participante de regime próprio de previdência; IV: incorreta. Conforme o art. 201, § 9°, da CF, "Para efeito de aposentadoria, é assegurada a contagem recíproca do tempo de contribuição na administração pública e na atividade privada, rural e urbana, hipótese em que os diversos regimes de previdência social se compensarão financeiramente, segundo critérios estabelecidos em lei; V: correta (art. 201, II, da CF).
Gabarito "B".

(Cartório/SC – 2012) Assinale a alternativa **INCORRETA:**

(A) A propriedade de empresa jornalística e de radiodifusão sonora e de sons e imagens é privativa de brasileiros natos ou naturalizados há mais de dez anos, ou de pessoas jurídicas constituídas sob as leis brasileiras e que tenham sede no País. Em qualquer caso, pelo menos 70% do capital total e do capital votante das empresas jornalísticas e de radiodifusão sonora e de sons e imagens deverá pertencer, direta ou indiretamente, a brasileiros natos ou naturalizados há mais de dez anos, que exercerão obrigatoriamente a gestão das atividades e estabelecerão o conteúdo da programação.

(B) O Estado garantirá a todos o pleno exercício dos direitos culturais e acesso às fontes da cultura nacional, e apoiará e incentivará a valorização e a difusão das manifestações culturais, protegendo as manifestações das culturas populares, indígenas e afro-brasileiras e das de outros grupos participantes do processo civilizatório nacional.

(C) A previdência social será organizada sob a forma de regime geral, de caráter contributivo e de filiação obrigatória, observados critérios que preservem o equilíbrio financeiro e atuarial, e atenderá, entre outros, nos termos da lei, à cobertura dos eventos de doença, invalidez, morte e idade avançada.

(D) A assistência social será prestada pelo Poder Público a quem dela necessitar, desde que o necessitado tenha contribuído para a seguridade social pelo período mínimo de 10 anos.

(E) A saúde é direito de todos e dever do Estado, garantido mediante políticas sociais e econômicas que visem à redução do risco de doença e de outros agravos e ao

acesso universal e igualitário às ações e serviços para sua promoção, proteção e recuperação.

A: correta (art. 222, *caput* e § 1°, da CF); **B:** correta (art. 215, *caput* e § 1°, da CF); **C:** correta (art. 201, *caput* e inc. I, da CF); **D:** incorreta, devendo ser assinalada. Não é necessária a comprovação de contribuição social para que seja prestada a assistência social, pois ela será prestada a quem precisar, independentemente de contribuição (art. 203, *caput*, da CF); **E:** correta (art. 196 da CF).
Gabarito "D."

(Cartório/RN – 2012 – IESIS) A seguridade social será financiada mediante recursos provenientes das seguintes contribuições sociais:

I. Sobre a receita de concursos de prognósticos.

II. Do empregador, da empresa e da entidade a ela equiparada na forma da lei, incidentes sobre a receita ou o faturamento ou lucro.

III. Do importador de bens ou serviços do exterior, ou de quem a lei a ele equiparar.

IV. Do trabalhador e dos demais segurados da previdência social, aposentados ou pensionistas.

V. Do empregador, da empresa e da entidade a ela equiparada na forma da lei, incidentes sobre a folha de salários e demais rendimentos do trabalho pagos ou creditados, a qualquer título, à pessoa física que lhe preste serviço apenas com vínculo empregatício.

A sequência correta, de cima para baixo (V – Verdadeiro; F- Falso), é:

(A) V – F – V – F – F

(B) V – V – V – F – F

(C) V – F – F – V – V

(D) F – V – F – F – V

I: correta (art. 195, III, da CF); II: correta (art. 195, I, da CF); III: correta (art. 195, IV, da CF); IV: incorreta. Ao contrário do mencionado, os recursos para o financiamento da seguridade social advirá, dentre outros, do trabalhador e dos demais segurados da previdência social, mas *não incidirá contribuição sobre aposentadoria e pensão* concedidas pelo regime geral de previdência social de que trata o art. 201 da CF (art. 195, II, da CF); V: incorreta. *Não é necessário o vínculo empregatício* (art. 195, I, da CF).
Gabarito "B."

(Cartório/RJ – 2012) Em relação às políticas de proteção ao meio ambiente, marque V para verdadeiro ou F para falso e, em seguida, assinale a alternativa que apresenta a sequência correta

I. Incumbe ao Poder Público promover a educação ambiental para os alunos do ensino básico, sendo facultativo para os outros níveis de ensino, nos termos da Lei.

II. Aquele que explorar recursos minerais fica obrigado a recuperar o meio ambiente degradado, de acordo com solução técnica previamente apresentada ao órgão público competente.

III. O estudo prévio de impacto ambiental é regularmente sigiloso.

(A) V/ V/ V

(B) V/ F/ F

(C) V/ F/ V

(D) F/ V/ V

(E) F/ F/ F

1. DIREITO CONSTITUCIONAL

I: incorreta. De acordo com o art. 225, § 1º, VI, da CF, é atribuição do Poder Público a promoção da educação ambiental *em todos os níveis de ensino* e a conscientização pública para a preservação do meio ambiente; **II:** incorreta. Conforme o art. 225, § 2º, da CF, aquele que explorar recursos minerais fica obrigado a recuperar o meio ambiente degradado, de acordo com solução técnica *exigida pelo órgão público competente, na forma da lei*; **III:** incorreta. O art. 225, § 1º, IV, da CF determina que o Poder Público exija, na forma da lei, para instalação de obra ou atividade potencialmente causadora de significativa degradação do meio ambiente, estudo prévio de impacto ambiental, *a que se dará publicidade*.

Gabarito "E".

(Cartório/RJ – 2012) Sobre a assistência à saúde, assinale a alternativa **incorreta**.

(A) A assistência à saúde admite a participação indireta, mas em hipótese nenhuma a direta de empresas ou capitais estrangeiros na assistência à saúde no País.

(B) A assistência à saúde é livre à iniciativa privada.

(C) É vedada a destinação de recursos públicos para auxílios ou subvenções às instituições privadas com fins lucrativos.

(D) A execução das ações e serviços de saúde deve ser realizada diretamente pelo Poder Público ou através de terceiros e, também, por pessoa física ou jurídica de direito privado.

(E) Uma das diretrizes do Sistema Único de Saúde é a descentralização, com direção única em cada esfera de governo.

A: incorreta, devendo ser assinalada. De acordo com o § 3º do art. 199 da CF, "é vedada a *participação direta ou indireta de empresas ou capitais estrangeiros* na assistência à saúde no País, *salvo nos casos previstos em lei*. **B:** correta (art. 199, *caput*, da CF); **C:** correta (art. 199, § 2º, da CF); **D:** correta (art. 197 da CF); **E:** correta (art. 198, I, da CF).

Gabarito "A".

(Cartório/SP – 2011 – VUNESP) Sobre a disciplina da Família, da Criança, do Adolescente e do Idoso na Constituição Federal, é incorreto afirmar que

(A) o casamento religioso poderá ter efeito civil, nos termos da lei.

(B) entende-se como entidade familiar, também, aquela formada por qualquer dos pais e seus descendentes.

(C) a Constituição considerou idosa a pessoa com idade superior a 70 anos, para fins de proteção da lei, inclusive a gratuidade dos transportes coletivos urbanos.

(D) a Constituição definiu o princípio da absoluta prioridade em favor da criança e do adolescente, garantindo-se a eles o dever da família, da sociedade e do Estado para assegurar os direitos à vida, à saúde, à alimentação, à cultura e à dignidade.

A: correta (art. 226, § 2º, da CF); **B:** correta (art. 226, § 4º, da CF); **C:** incorreta, devendo ser assinalada. De acordo com o art. 230, § 2º, da CF, aos maiores de *sessenta e cinco anos* é garantida a *gratuidade dos transportes coletivos urbanos*; **D:** correta (art. 227, *caput*, da CF).

Gabarito "C".

(Cartório/AP – 2011 – VUNESP) Nos termos do artigo 1º do Decreto-lei nº 1.593, de 21 de dezembro de 1977, com a redação dada pela Medida Provisória nº 2.158-35, de 2001, a fabricação de cigarros do tipo que especifica "será exercida exclusivamente pelas empresas que, dis-

pondo de instalações industriais adequadas, mantiverem registro especial na Secretaria da Receita Federal do Ministério da Fazenda". O artigo 2º do mesmo diploma normativo prevê, ainda, as hipóteses em que o registro especial referido será cancelado. Os dispositivos citados do Decreto-lei em questão:

(A) são incompatíveis com a disciplina constitucional da liberdade de iniciativa, que impede o Estado de exercer função regulatória de atividade econômica privada.

(B) são compatíveis com a disciplina constitucional da liberdade de iniciativa, que permite à lei exigir autorização de órgãos públicos para o exercício de atividade econômica.

(C) ofendem a disciplina constitucional da liberdade de iniciativa, que assegura a todos o livre exercício de qualquer atividade econômica, independentemente de autorização.

(D) contrariam o princípio da legalidade, pois Decreto-lei e Medida Provisória não podem criar obrigações ou restrições ao exercício de direitos fundamentais.

(E) ferem os princípios da igualdade e livre concorrência, por estabelecerem tratamento diferenciado entre pessoas jurídicas que exercem atividades econômicas, fora das hipóteses autorizadas pela Constituição.

Art. 170, parágrafo único, da CF. V. STF, MC em AC 1.657-6/RJ, Pleno, j. 27.06.2007, rel. Min. Joaquim Barbosa, *DJ* 31.08.2007.

Gabarito "B".

(Cartório/MS – 2009 – VUNESP) Nos moldes do que dispõe a Carta Magna de 1988, é uma limitação constitucional tributária imposta aos entes da República Federativa brasileira:

(A) instituir tratamento desigual entre contribuintes que se encontrem em situação equivalente, admitida a distinção unicamente em razão de ocupação profissional ou função por eles exercida.

(B) cobrar tributos em relação a fatos geradores ocorridos depois do início da vigência da lei que os houver instituído ou aumentado.

(C) instituir impostos e taxas sobre o patrimônio, renda ou serviços, uns dos outros.

(D) instituir impostos sobre o patrimônio, renda ou serviços dos partidos políticos, inclusive suas fundações, das entidades sindicais dos trabalhadores, das instituições de educação e de assistência social, sem fins lucrativos, atendidos os requisitos da lei.

(E) instituir imposto e taxas sobre os livros, jornais, periódicos e o papel destinado a sua impressão.

Art. 150, I a VI, da CF.

Gabarito "D".

(Cartório/MS – 2009 – VUNESP) Na ordem econômica e financeira, a Constituição Federal estabelece que:

(A) as empresas públicas e as sociedades de economia mista não poderão gozar de privilégios fiscais não extensivos às do setor privado.

(B) a lei regulará o abuso do poder econômico que vise à dominação dos mercados, à eliminação da concorrência e ao aumento arbitrário dos lucros.

(C) como agente normativo e regulador da atividade econômica, o Estado exercerá, na forma da lei, as funções de fiscalização, incentivo e planejamento, sendo este determinante para os setores público e privado.

(D) o Estado regulará a organização da atividade garimpeira, impedindo a participação de empresas estrangeiras na atividade, levando em conta a degradação do meio ambiente e a proteção econômico-social dos garimpeiros.

(E) dependerá de autorização ou concessão da União o aproveitamento do potencial de energia renovável de capacidade reduzida.

A: correta, art. 173, § 2°, da CF; **B:** incorreta, a lei não regulará, mas reprimirá o abuso de poder econômico (art. 173, § 4°, da CF); **C:** incorreta, indicativo para o setor privado (art. 174 da CF); **D:** incorreta, não reflete o disposto no art. 174, §§ 3° e 4°, da CF; E: incorreta, independe de autorização nos casos de capacidade reduzida (art. 176, § 4°, da CF).
Gabarito "A".

(Cartório/MS – 2009 – VUNESP) No que tange à seguridade social, pode-se afirmar que é seu objetivo constitucional:

(A) uniformidade da cobertura e do atendimento.

(B) individualização e distinção dos benefícios e serviços às populações urbanas e rurais.

(C) seletividade e distributividade na prestação dos benefícios e serviços.

(D) diversidade na forma de participação no custeio.

(E) padronização da base de financiamento.

Art. 194, parágrafo único, I a VII, da CF.
Gabarito "C".

(Cartório/MA – 2008 – IESES) Acerca da Ordem Econômica e Financeira assinale a alternativa correta, a qual elenca alguns de seus princípios expressos na Constituição da República Federativa do Brasil:

(A) Livre iniciativa e redução das desigualdades regionais e sociais.

(B) Livre concorrência e propriedade privada.

(C) Defesa do consumidor e dignidade da pessoa humana.

(D) Busca do pleno emprego e função social do contrato.

Art. 170, I a IX, da CF.
Gabarito "B".

(Cartório/MA – 2008 – IESES) Sobre a Defesa do Estado e das Instituições Democráticas, analise as afirmações a seguir.

I. O Presidente da República pode, ouvidos o Conselho da República e o Conselho de Defesa Nacional, decretar estado de defesa em caso de declaração de estado de guerra ou resposta a agressão armada estrangeira.

II. De acordo com a Constituição Federal, a execução de atividades de defesa civil incumbe aos corpos de bombeiros militares.

III. Ao militar são proibidas a sindicalização e a greve e, ainda em relação a este, enquanto em serviço ativo, não pode estar filiado a partidos políticos.

IV. A segurança pública, dever do Estado, direito e responsabilidade de todos, é exercida para a preservação da ordem pública e da incolumidade das pessoas e do patrimônio, através dos seguintes órgãos: polícia federal, polícia rodoviária federal, polícia ferroviária federal, polícias civis, polícias militares, corpos de bombeiros militares e guardas municipais.

A alternativa que contêm todas e somente as afirmações corretas é:

(A) III – IV

(B) I – II – IV

(C) II – III

(D) I – III

I: incorreta, não reflete o disposto no art. 137, II, da CF; **II:** correta, art. 144, § 5°, da CF; **III:** correta, art. 142, § 3°, IV e V, da CF; **IV:** incorreta, as guardas municipais não se inserem no conceito de segurança pública do art. 144, I a V, da CF.
Gabarito "C".

(Cartório/ES – 2007 – FCC) Considere as seguintes assertivas sobre o Sistema Tributário Nacional:

I. É vedado à União, Estados e Municípios cobrar tributos no mesmo exercício financeiro em que haja sido publicada a lei que os instituiu ou aumentou.

II. A União poderá instituir isenções de tributos da competência dos Estados, do Distrito Federal ou dos Municípios.

III. É vedado aos Estados, ao Distrito Federal e aos Municípios estabelecer diferença tributária entre bens e serviços, de qualquer natureza, em razão de sua procedência ou destino.

IV. A aplicação dos recursos provenientes de empréstimo compulsório será vinculada à despesa que fundamentou sua instituição.

De acordo com a Constituição Federal de 1988, está correto o que se afirma APENAS em

(A) I, II e III.

(B) I, II e IV.

(C) I, III e IV.

(D) I e IV.

(E) II e III.

I: correta, art. 150, III, "b", da CF; **II:** incorreta, o art. 151, III, da CF veda expressamente a isenção heterônoma (heterotópica), ou seja, aquela concedida por outro ente, que não o titular da competência tributária; **III:** correta, art. 152 da CF; **IV:** correta, art. 148, parágrafo único, da CF.
Gabarito "C".

(Cartório/ES – 2007 – FCC) NÃO é considerado um objetivo da seguridade social:

(A) diversidade da base de financiamento.

(B) equidade na forma de participação no custeio.

(C) diversidade dos benefícios e serviços às populações urbanas e rurais.

(D) seletividade e distributividade na prestação dos benefícios e serviços.

(E) universalidade da cobertura e do atendimento.

Art. 194, parágrafo único, I a VII, da CF.
Gabarito "C".

(Cartório/PR – 2007) Em relação ao Sistema Tributário Nacional, assinale a correta:

(A) pelo princípio da personalização dos impostos e da capacidade contributiva os impostos não terão caráter pessoal e serão graduados segundo a ocupação profissional do contribuinte.

1. DIREITO CONSTITUCIONAL

(B) Taxa é tributo cuja obrigação tem por fato gerador a valorização de imóveis urbanos em face de obras públicas.

(C) Contribuição de melhoria é tributo cuja obrigação tem por fato gerador o exercício do poder de polícia ou a utilização potencial e efetiva de serviços públicos prestados ao contribuinte.

(D) Pelo princípio da reserva de lei ou legalidade estrita a instituição ou aumento de tributo pode se dar por regulamento da Administração Pública.

(E) Imposto é tributo cuja obrigação tem por fato gerador uma situação independente da atividade estatal específica. Decorre de fatos descritos na lei.

A: incorreta, não reflete o disposto no art. 145, § 1º, da CF; **B:** incorreta, não reflete o disposto no art. 145, II, da CF; **C:** incorreta, não reflete o disposto no art. 145, III, da CF; **D:** incorreta, não reflete o disposto no art. 150, I, da CF; **E:** correta, art. 16 do CTN.
Gabarito "E".

(Cartório/DF – 2006 – CESPE) Acerca do disposto na Constituição Federal a respeito do sistema tributário nacional, e de acordo com a jurisprudência do STF, julgue o próximo item.

(1) Considerando que a lei X, que majora os emolumentos cartorários de determinado Estado da Federação, tenha sido publicada no dia 31 de dezembro de 2005, com entrada em vigor no mesmo dia, a cobrança desses emolumentos só poderia ser iniciada, de forma compatível com a Constituição Federal, a partir de 1º de janeiro de 2006.

1: incorreta, a majoração de tributos submete-se, em regra, aos princípios da anterioridade comum (art. 150, III, "b", da CF) e da anterioridade nonagesimal (art. 150, III, "c", da CF), cumulativamente, o que a doutrina chama de anterioridade máxima (conjugação das duas alíneas – art. 150, III, "b" + "c", da CF). Pela anterioridade comum, prevista no art. 150, III, "b", da CF, a majoração do tributo (ou o tributo criado) somente pode ser exigida no exercício seguinte àquele em que foi publicada a respectiva lei. Pela anterioridade nonagesimal, a exigência somente é possível após 90 dias da data de publicação da lei. Vale a data posterior.
Gabarito "1E".

(Cartório/AM – 2005 – FGV) Assinale a alternativa correta.

(A) É ilimitada a competência tributária que a Constituição Federal concede aos entes tributantes.

(B) Os Estados e Municípios, excepcionalmente, podem aumentar tributo por meio de ato administrativo desde que devidamente motivado.

(C) Os entes tributantes podem instituir impostos sobre patrimônio, renda ou serviços uns dos outros desde que pela alíquota mínima.

(D) Pode a União instituir isenção de tributo que não seja de sua competência desde que o faça por meio de lei federal.

(E) Os entes estatais não podem instituir impostos sobre livros e jornais.

A: incorreta, a competência tributária residual (art. 154, I, da CF) e a competência para instituir impostos extraordinários (art. 154, II, da CF) é da União. Os Estados, os Municípios e o DF só podem cobrar os tributos já instituídos pela Constituição Federal; **B:** incorreta, viola o art. 150, I, da CF (princípio da legalidade tributária); **C:** incorreta, viola o art. 150, VI, "a", da CF (imunidade recíproca); **D:** incorreta, o art. 151, III,

da CF, veda expressamente a isenção heterônoma (heterotópica), ou seja, aquela concedida por outro ente, que não o titular da competência tributária; **E:** correta, art. 150, VI, "d", da CF.
Gabarito "E".

(Cartório/MT – 2003 – UFMT) São princípios constitucionais que regem a ordem econômica e financeira:

(A) As leis de mercado, a livre concorrência e a liberdade de iniciativa, ressalvado o monopólio dos meios de produção pelo Estado para assegurar o bem comum.

(B) A livre concorrência, a defesa do consumidor e do meio ambiente e a busca do pleno emprego.

(C) A vedação da participação do capital estrangeiro nas instituições bancárias e financeiras nacionais e a livre concorrência.

(D) A soberania nacional, a propriedade privada e o domínio dos mercados, eliminando-se a concorrência pelo estabelecimento de monopólios, para maior eficiência e melhor qualidade dos produtos em defesa do consumidor.

(E) A soberania nacional, a propriedade privada, a valorização do trabalho humano e a repressão ao abuso do poder econômico.

Art. 170, I a IX, da CF.
Gabarito "B".

(Cartório/RO – III) Assinale a opção correta:

(A) a previdência fiscal será organizada sob a forma de regime geral, de caráter contributivo e de filiação obrigatória;

(B) a aposentadoria é direito de todos os trabalhadores à inatividade remunerada com proventos calculados nos casos por: invalidez, tempo de contribuição e idade;

(C) o salário de contribuição é o mesmo que salário de retribuição de trabalho;

(D) assegura-se, em qualquer caso, a contagem recíproca do tempo de contribuição na Administração Pública e na inatividade privada.

A: incorreta, características da previdência social, não "fiscal" (art. 201 da CF); **B:** correta, no caso dos servidores públicos, v. art. 40 da CF; **C:** incorreta, o salário de contribuição corresponde à base de cálculo da contribuição previdenciária; **D:** incorreta, não reflete o disposto no art. 94 da Lei 8.213/1991.
Gabarito "B".

(Cartório/SP – I – VUNESP) Assinale a alternativa em que ambos os princípios arrolados embasam a ordem econômica estabelecida pela atual Constituição.

(A) Soberania nacional e busca da igualdade real entre os cidadãos.

(B) Busca do pleno emprego e tratamento favorecido para as empresas de pequeno porte constituídas sob as leis brasileiras e que tenham sede e administração no país.

(C) Planejamento estatal da atividade econômica, como determinante para o setor privado e defesa do meio ambiente.

(D) Propriedade coletiva dos meios de produção e defesa do consumidor.

Art. 170, I a IX, da CF.
Gabarito "B".

(Cartório/SP – II – VUNESP) Com respeito ao que dispõe a Constituição Federal sobre comunicação social, assinale o enunciado correto. A propriedade de empresa jornalística e de radiodifusão sonora e de sons e imagens é privativa:

(A) de brasileiros natos, aos quais caberá a responsabilidade por sua administração.

(B) de brasileiros natos ou naturalizados há mais de dez anos, aos quais caberá a responsabilidade por sua administração e orientação intelectual.

(C) de brasileiros natos ou naturalizados, residentes no País, aos quais caberá a responsabilidade por sua administração e orientação intelectual.

(D) de brasileiros natos ou naturalizados há mais de cinco anos, residentes no País, aos quais caberá a responsabilidade por sua administração e orientação intelectual.

Art. 222, *caput* e §§ 1º e 2º, da CF.

Gabarito "B".

(Cartório/SP – III –VUNESP) Assinale a alternativa correta sobre política urbana, considerando o que dispõe, a respeito, a Constituição Federal.

(A) A política de desenvolvimento urbano, executada pela União, Estados, Distrito Federal e Municípios, conforme diretrizes gerais fixadas em lei, tem por objeto ordenar o pleno desenvolvimento das funções sociais das cidades e garantir o bem-estar de seus habitantes.

(B) As desapropriações de imóveis urbanos serão feitas com prévia e justa indenização em títulos da dívida pública, assegurados o valor real e os juros legais.

(C) A desapropriação de área urbana não edificada, subutilizada ou não utilizada constitui uma das penalidades impostas ao proprietário para o fim de assegurar o cumprimento da função social da propriedade.

(D) Os imóveis públicos, excetuados os dominicais, não podem ser adquiridos por usucapião.

A: incorreta, não reflete o disposto no art. 182, *caput*, da CF; **B:** incorreta, não reflete o disposto no art. 182, § 3º, da CF; **C:** correta, art. 182, § 4º, III, da CF; **D:** incorreta, o art. 183, § 3º, da CF não prevê exceções.

Gabarito "C".

(Cartório/SP – III – VUNESP) Com respeito ao que dispõe a Constituição Federal sobre política fundiária e reforma agrária, assinale a alternativa correta.

(A) Compete à União, aos Estados e ao Distrito Federal desapropriar por interesse social, para fins de reforma agrária, o imóvel rural que não esteja cumprindo sua função social, mediante prévia e justa indenização em títulos da dívida agrária, com cláusula de preservação do valor real, resgatáveis no prazo de até vinte anos.

(B) Somente lei complementar pode regular o procedimento contraditório especial, obrigatoriamente de rito sumário, para o processo judicial de desapropriação de imóvel rural, por interesse social, para fins de reforma agrária.

(C) São isentas de impostos federais, estaduais e municipais e de custas e emolumentos relativos aos atos praticados pelos serviços notariais e de registro as operações de transferência de imóveis desapropriados para fins de reforma agrária.

(D) A alienação ou a concessão, a qualquer título, de terras públicas para fins de reforma agrária, com área superior a dois mil e quinhentos hectares, dependerá de prévia aprovação do Congresso Nacional.

A: incorreta, a competência é privativa da União (art. 184 da CF); **B:** correta, art. 184, § 3º, da CF; **C:** incorreta, não reflete o disposto no art. 184, § 5º, da CF; **D:** incorreta, não reflete o disposto no art. 188, § 1º, da CF.

Gabarito "B".

(Cartório/SP – V – VUNESP) O estado de sítio é decretado:

(A) pelo Presidente do Senado Federal, a pedido do Presidente da República.

(B) pelo Presidente do Supremo Tribunal Federal, a partir do recebimento de mensagem do Congresso Nacional.

(C) pelo Presidente da República, colhida autorização prévia do Congresso Nacional.

(D) pelo Presidente da República, submetido posteriormente o ato à aprovação do Senado Federal.

Art. 137 da CF.

Gabarito "C".

(Cartório/SP – V – VUNESP) O estado de defesa é decretado:

(A) pelo Presidente do Senado Federal, a pedido do Presidente da República.

(B) pelo Presidente do Supremo Tribunal Federal, a partir do recebimento de mensagem do Congresso Nacional.

(C) pelo Presidente da República, colhida autorização prévia do Congresso Nacional.

(D) pelo Presidente da República, submetido posteriormente o ato à aprovação do Congresso Nacional.

Art. 136, *caput* e § 4º, da CF.

Gabarito "D".

(Cartório/SP – V – VUNESP) Assinale a alternativa correta.

(A) O direito de reunião, enquanto vigente estado de sítio, sempre é suspenso.

(B) O estado de sítio, quando decretado, vigora sempre em todo território nacional.

(C) O estado de sítio só pode ser decretado por prazo determinado.

(D) O estado de sítio sempre é decretado por prazo indeterminado.

A: incorreta, a restrição prevista no art. 139, IV, da CF é facultativa, não obrigatória; **B:** incorreta, não há disposição nesse sentido na Constituição Federal; **C:** correta e **D:** incorreta. Art. 138, *caput* e § 1º, da CF.

Gabarito "C".

(Cartório/SP – V – VUNESP) Assinale a alternativa incorreta.

(A) A refinação de petróleo constitui monopólio da União Federal.

(B) A defesa do consumidor é um dos princípios da ordem econômica instituídos pela Constituição Federal.

(C) A livre concorrência não é um dos princípios da ordem econômica instituídos pela Constituição Federal.

(D) O Estado brasileiro pode assumir a exploração direta de atividade econômica quando necessário à segurança nacional.

1. DIREITO CONSTITUCIONAL

A: correta, art. 177, II, da CF; **B:** correta, art. 170, V, da CF: **C:** incorreta (devendo ser assinalada), não reflete o disposto no art. 170, IV, da CF; **D:** correta, art. 173 da CF.
Gabarito "C".

(Cartório/SP – VI – VUNESP) A ordem econômica nacional, conforme expresso preceito constitucional, deve observar, dentre outros, os princípios de:

(A) tratamento favorecido para as empresas, propriedade plena e redução do desemprego.

(B) soberania nacional, propriedade pública, propriedade privada e propriedade social.

(C) função social da propriedade, redução de desigualdades trabalhistas e pleno emprego.

(D) livre concorrência, defesa do consumidor e defesa do meio ambiente.

Art. 170, I a IX, da CF.
Gabarito "D".

(Cartório/SP – VII – VUNESP) Compete ao Conselho da República:

(A) manifestar-se nos processos de improbidade administrativa.

(B) decretar intervenção federal.

(C) decretar o estado de sítio.

(D) pronunciar-se sobre o estado de defesa.

Art. 90, I e II, da CF.
Gabarito "D".

(Cartório/SP – VII – VUNESP) Sobre a disciplina da Família, da Criança, do Adolescente e do Idoso na Constituição Federal, é incorreto afirmar que:

(A) o casamento religioso poderá ter efeito civil, nos termos da lei.

(B) entende-se como entidade familiar, também, aquela formada por qualquer dos pais e seus descendentes.

(C) a Constituição considerou idosa a pessoa com idade superior a 70 anos, para fins de proteção da lei, inclusive a gratuidade dos transportes coletivos urbanos.

(D) a Constituição definiu o princípio da absoluta prioridade em favor da criança e do adolescente, garantindo-se a eles o dever da família, da sociedade e do Estado para assegurar os direitos à vida, à saúde, à alimentação, à cultura e à dignidade.

A: correta, na forma do art. 226, § 2º, da CF; **B:** correta, de acordo com o art. 226, § 4º, da CF; **C:** incorreta (devendo ser assinalada), pelo Estatuto do Idoso, os maiores de 60 (sessenta) anos são considerados idosos (art. 1º), mas a gratuidade dos transportes coletivos urbanos e semiurbanos é garantida para os maiores de 65 (sessenta e cinco) anos (art. 39 da Lei 10.741/2003); **D:** correta, art. 227 da CF.
Gabarito "C".

9. SERVIÇOS NOTARIAIS E DE REGISTRO

(Cartório/SP – 2016 – VUNESP) O artigo 236 da Constituição Federal de 1988 estabelece que os serviços notariais e de registro são exercidos em caráter privado, por delegação do Poder Público. O princípio do exercício privado da delegação está presente

(A) no capítulo do Poder Judiciário.

(B) nas disposições constitucionais gerais.

(C) no capítulo das Funções Essenciais à Justiça.

(D) no capítulo da Ordem Social.

O art. 236 da CF está inserido no capítulo "Das disposições constitucionais gerais". Serviços notariais não se confundem com Poder Judiciário ou com funções essenciais à justiça, nem se referem à ordem social.
Gabarito "B".

(Cartório/SP – 2016 – VUNESP) Conforme as Normas de Serviço da Egrégia Corregedoria Geral da Justiça do Estado de São Paulo, a apresentação de ata notarial é requisito de validade para o ingresso junto ao Oficial de Registro de Imóveis para fins de solicitação de usucapião administrativo. A Constituição Federal de 1988 prevê uma espécie de usucapião *pro labore*, que se dá

(A) em favor de quem, não sendo proprietário de imóvel rural ou urbano, possua como seu, por cinco anos ininterruptos, sem oposição, área de terra em zona rural, não superior a cinquenta hectares, tornando-a produtiva por seu trabalho ou de sua família, tendo nela sua moradia.

(B) em favor de quem, mesmo sendo proprietário de imóvel rural ou urbano, possua como seu, por dez anos ininterruptos, sem oposição, área de terra em zona rural, não superior a cinquenta hectares, tornando-a produtiva por seu trabalho ou de sua família, tendo nela sua moradia.

(C) em favor de quem, mesmo sendo proprietário de imóvel rural ou urbano, possua como seu, por cinco anos ininterruptos, sem oposição, área de terra em zona rural, não superior a cinquenta hectares, tornando-a produtiva por seu trabalho ou de sua família, tendo nela sua moradia.

(D) em favor de quem, não sendo proprietário de imóvel rural ou urbano, possua como seu, por dez anos ininterruptos, sem oposição, área de terra em zona rural, não superior a cinquenta hectares, tornando-a produtiva por seu trabalho ou de sua família, tendo nela sua moradia.

Art. 191 da CF.
Gabarito "A".

(Cartório/PA – 2016 – IESES) De acordo com a Constituição da República Federativa do Brasil, os serviços notariais e de registro são exercidos em caráter privado, por delegação do poder público. Assinale a alternativa INCORRETA:

(A) O ingresso na atividade notarial e de registro depende de concurso público de provas e títulos, não se permitindo que qualquer serventia fique vaga, sem abertura de concurso de provimento ou de remoção, por mais de seis meses.

(B) Lei regulará as atividades, disciplinará a responsabilidade civil e criminal dos notários, dos oficiais de registro e de seus prepostos, e definirá a fiscalização de seus atos pelo Poder Judiciário.

(C) O ingresso na atividade notarial e de registro depende de concurso público de títulos, não se permitindo que qualquer serventia fique vaga, sem abertura de concurso de provimento ou de remoção, por mais de seis meses.

(D) Lei federal estabelecerá normas gerais para fixação de emolumentos relativos aos atos praticados pelos serviços notariais e de registro.

A: correta. Art. 236, § 3º, CF; **B:** correta. Art. 236, § 1º, CF; **C:** incorreta, devendo ser assinalada. O concurso público é de provas e títulos, não apenas de títulos, conforme previsão do art. 236, § 3º, CF; **D:** correta. Art. 236, § 2º, CF.
Gabarito "C".

(Cartório/SP – 2011 – VUNESP) A Constituição Federal, quanto aos serviços notariais e de registro, não permite que qualquer serventia fique vaga, sem abertura de concurso de provimento ou de remoção, por mais de

(A) seis meses.

(B) noventa dias.

(C) um ano.

(D) três anos.

De acordo com o art. 236, § 3º, da CF, o ingresso na atividade notarial e de registro depende de concurso público de provas e títulos, não se permitindo que qualquer serventia fique vaga, sem abertura de concurso de provimento ou de remoção, por mais de *seis meses*.
Gabarito "A".

(Cartório/MS – 2009 – VUNESP) Assinale a alternativa correta, considerando o disposto na vigente Constituição da República e o atual entendimento do Supremo Tribunal Federal.

(A) Os notários e oficiais de registro submetem-se ao regime da aposentadoria compulsória aos setenta anos de idade.

(B) Os notários e oficiais de registro são regidos pelo regime próprio de previdência dos servidores públicos.

(C) A delegação dos serviços notariais e registrais se perfaz e se rege por meio de contrato administrativo.

(D) A atividade desenvolvida pelos titulares das serventias de notas e registros não se sujeita ao direito público em razão de ela ser análoga à atividade empresarial.

(E) O exercício da atividade notarial e de registro é incompatível com o da advocacia, o da intermediação de seus serviços ou o de qualquer cargo, emprego ou função públicos, ainda que em comissão.

A: incorreta, o STF entende que o art. 40, § 1º, II, da CF não se aplica aos notários, por não serem servidores públicos: "Os notários e os registradores exercem atividade estatal, entretanto não são titulares de cargo público efetivo, tampouco ocupam cargo público. Não são servidores públicos, não lhes alcançando a compulsoriedade imposta pelo mencionado art. 40 da CF – aposentadoria compulsória aos setenta anos de idade" (STF, ADIn 2.602-0/MG, Pleno, j. 24.11.2005, rel. para o acórdão Min. Eros Grau, DJ 31.03.2006); **B:** incorreta, por não serem servidores públicos, inserem-se no Regime Geral de Previdência Social (RGPS); **C:** incorreta, a delegação é feita mediante concurso público (art. 236, § 3º, da CF); **D:** incorreta, os serviços notariais e de registro são exercidos em caráter privado, mas por delegação do Poder Público (art. 236 da CF), com fiscalização pelo Poder Judiciário (art. 236, § 1º, da CF); **E:** correta, texto do art. 25 da Lei 8.935/1994, que regulamenta o art. 236 da CF.
Gabarito "E".

(Cartório/ES – 2007 – FCC) No que concerne aos serviços notariais e de registro, é certo que:

(A) lei ordinária definirá a fiscalização dos atos dos notários, dos oficiais de registros e de seus prepostos pelo Poder Judiciário.

(B) são exercidos em caráter público, por delegação do Poder Público.

(C) a lei complementar regulará as atividades e disciplinará a responsabilidade civil e criminal dos notários, dos oficiais de registro e de seus prepostos.

(D) O ingresso na atividade notarial e de registro depende de concurso público de provas e títulos, não se permitindo que qualquer serventia fique vaga, sem abertura de concurso de provimento ou de remoção, por mais de um ano.

(E) a lei estadual de cada Estado da Federação estabelecerá normas gerais para fixação de emolumentos relativos aos atos praticados pelos serviços notariais e de registro.

A: correta e **C:** incorreta, art. 236, § 1º, da CF; **B:** incorreta, exercidos em caráter privado (art. 236, *caput*, da CF); **D:** incorreta, por mais de seis meses (art. 236, § 3º, da CF); **E:** incorreta, lei federal (art. 236, § 2º, da CF).
Gabarito "A".

(Cartório/AM – 2005 – FGV) Os serviços notariais e de registro, de acordo com o art. 236, *caput*, da Constituição Federal são exercidos em caráter _____.

(A) permanente.

(B) público.

(C) precário.

(D) privado.

(E) público e privado.

Art. 236 da CF.
Gabarito "D".

(Cartório/SP – II – VUNESP) Analise as afirmativas abaixo.

I. Os serviços notariais e de registro são exercidos em caráter privado, por delegação do Poder Público, e os seus titulares, não sendo servidores públicos, não estão sujeitos à aposentadoria compulsória aos 70 (setenta) anos de idade.

II. Os serviços notariais e de registro são exercidos em caráter privado, por delegação do Poder Público, e os seus titulares, sendo servidores públicos, estão sujeitos à aposentadoria compulsória aos 70 (setenta) anos de idade.

III. Compete à lei federal estabelecer o valor dos emolumentos relativos aos atos praticados pelos serviços notariais e de registro em todo o território nacional.

IV. Compete à lei estadual estabelecer o valor dos emolumentos relativos aos atos praticados pelos serviços notariais e de registro.

Estão corretas apenas as afirmativas:

(A) I e III.

(B) II e III.

(C) I e IV.

(D) II e IV.

I e II: Apesar do entendimento contrário da banca, o STF entende que o art. 40, § 1º, II, da CF não se aplica aos notários, por não serem servidores públicos: "Os notários e os registradores exercem atividade estatal, entretanto não são titulares de cargo público efetivo, tampouco ocupam cargo público. Não são servidores públicos, não lhes alcançando a compulsoriedade imposta pelo mencionado artigo 40 da CF – aposentadoria compulsória aos setenta anos de idade" (STF, ADIn 2.602-0/MG, Pleno, j. 24.11.2005, rel. para o acórdão Min. Eros Grau, *DJ* 31.03.2006); **III** e **IV:** Decorrem da interpretação do art. 236, § 2º, da CF.

Gabarito "sem resposta" (Gabarito da banca "D".)

(Cartório/SP – III – VUNESP) Podem ser titulares de delegação do exercício da atividade notarial e de registro:

(A) os brasileiros naturalizados, com idade mínima de 21 anos, habilitados em concurso público de provas e títulos.

(B) somente os brasileiros natos, com idade mínima de 18 anos, habilitados em concurso público de provas e títulos.

(C) os brasileiros natos e naturalizados, com idade mínima de 18 anos, habilitados em concurso público de provas e títulos.

(D) os brasileiros natos, os naturalizados e os estrangeiros de qualquer nacionalidade residentes no Brasil há mais de 15 anos ininterruptos e sem condenação penal, habilitados em concurso público de provas e títulos.

Art. 14, I a VI, da Lei 8.935/1994.
Gabarito "C".

(Cartório/SP – III – VUNESP) Não é vedado aos notários e registradores:

(A) contratar escreventes, dentre eles escolhendo os substitutos, com remuneração livremente ajustada e sob o regime estatutário ou da legislação do trabalho.

(B) escolher tantos substitutos quantos forem necessários, a seu critério, sem necessidade de autorização judicial ou de comunicação ao juízo corregedor.

(C) o exercício de cargo público em comissão.

(D) o exercício de mandato eletivo de Vereador, havendo compatibilidade de horários.

A: incorreta, o art. 20 da Lei 8.935/1994 estabelece o regime trabalhista; **B:** incorreta, não reflete o disposto no art. 20, §§ 1º e 2º, da Lei 8.935/1994; **C:** incorreta, não reflete o disposto no art. 25 da Lei 8.935/1994; **D:** correta, não há proibição na Lei 8.935/1994.
Gabarito "D".

(Cartório/SP – V – VUNESP) Dispõe o artigo 236 da Constituição Federal que "os serviços notariais e de registro são exercidos em caráter privado, por delegação do Poder Público", o que permite afirmar:

(A) o caráter privado da função notarial e de registro, cujo exercício é delegado pelo Poder Público.

(B) a imposição do regime privado de execução, vedada expressamente a atuação estatal direta, o que caracteriza o exercício privado de função pública.

(C) que se trata de função mista, de caráter privado quando exercida pelos delegados e de caráter público quando exercida diretamente pelo Estado.

(D) a obrigatoriedade da delegação dos serviços notariais e registro, cuja titularidade deixou de pertencer ao Poder Público a partir da vigência da Constituição Federal de 1988.

De acordo com Luís Roberto Barroso, em parecer intitulado "Invalidade de exercício direto pelo Estado dos Serviços Notariais e de Registros. Interpretação conforme a Constituição do art. 1.361, § 1º, do novo Código Civil" a Constituição prevê quatro diferentes regimes de prestação de serviços públicos: "(i) O primeiro regime é aquele em que apenas o Poder Público, com exclusividade, pode prestar determinados serviços, caso típico dos serviços públicos inerentes (como defesa nacional, diplomacia, segurança pública, prestação de jurisdição, atividade legislativa, dentre outros). Não se cogita, ao menos no estágio ideológico atual, de particulares assumindo essa espécie de serviço; (ii) A segunda possibilidade constitui a regra geral em matéria de serviços públicos, prevista no art. 175 da Constituição e reproduzida quando da previsão de vários serviços específicos. Por este regime, o Estado pode explorar diretamente o serviço *ou* delegar sua execução aos particulares por meio de concessão, permissão ou autorização, sempre através de licitação. A decisão a esse respeito estará na esfera infraconstitucional; (iii) A terceira possibilidade prevista na Constituição é a da prestação conjunta do serviço pelo Estado e pelos particulares. Nessa hipótese, porém, diversamente do que se passa com a regra geral do art. 175, a execução dos serviços pela iniciativa privada dependerá, no máximo, de uma licença – ato administrativo vinculado – uma vez atendidas as exigências legais. É o caso dos serviços de educação (CF, art. 209), saúde (CF, art. 199) e previdência (CF, art. 201 e seguintes). A própria Constituição delega aos particulares a prestação desses serviços e o legislador infraconstitucional não poderá obstruir essa faculdade; (iv) O último regime constitucional acerca da prestação de serviços públicos é aquele em que a Constituição atribui ao particular, de forma direta, mediante concurso público, e com exclusão do Poder Público, o desempenho da atividade. É o que se passa com os serviços notariais e de registro, nos termos do art. 236 da Carta em vigor."
Gabarito "B".

(Cartório/SP – VII – VUNESP) A Constituição Federal, quanto aos serviços notariais e de registro, não permite que qualquer serventia fique vaga, sem abertura de concurso de provimento ou de remoção, por mais de:

(A) seis meses.

(B) noventa dias.

(C) um ano.

(D) três anos.

Art. 236, § 3º, da CF.
Gabarito "A".

10. TEMAS CONSTITUCIONAIS DIVERSOS

(Cartório/SP – 2018 – VUNESP) De acordo com a Constituição Federal, a respeito da Administração Pública direta e indireta de qualquer dos Poderes da União, dos Estados, do Distrito Federal e dos Municípios, assinale a alternativa correta.

(A) A investidura em cargo ou emprego público se dá exclusivamente por aprovação prévia em concursos públicos de provas ou de provas e títulos.

(B) Para efeito de remuneração de pessoal do serviço público, é garantida a vinculação e equiparação dos cargos do Poder Executivo, do Poder Judiciário e do Poder Legislativo para quaisquer espécies remuneratórias.

(C) O prazo de validade do concurso público é de dois anos, podendo ser prorrogado, pelo mesmo período, por duas vezes.

(D) A vedação de acumulação de cargo público, bem como suas exceções, estende-se a empregos e funções e abrange autarquias, fundações, empresas públicas, sociedades de economia mista, suas subsidiárias e sociedades controladas, direta e indireta mente, pelo poder público.

A: errada. O erro da alternativa A é a expressão "exclusivamente" por meio de concurso público, enquanto que para os cargos em comissão (onde também ocorre a investidura) não há necessidade de concurso público. **B:** errada. É vedada a vinculação ou equiparação de quaisquer espécies remuneratórias para o efeito de remuneração de pessoal do serviço público; **C:** errada. O prazo de validade do concurso público será de até dois anos, prorrogável uma vez, por igual período; **D:** correta. Art. 37, XVII, da CF.
Gabarito "D".

(Cartório/SP – 2018 – VUNESP) São agentes administrativos os:

(A) senadores, os deputados e os juízes.

(B) servidores investidos em cargos, empregos e funções públicas e os servidores contratados por tempo determinado.

(C) militares e os vereadores municipais.

(D) servidores investidos em cargos, empregos e funções públicas, os ministros e os secretários de estado.

Militares NÃO são agentes administrativos. Apenas os Servidores Públicos, Empregados Públicos e Servidores temporários são agentes administrativos.
Gabarito "B".

(Cartório/MG – 2016 – Consulplan) Na vigência do estado de sítio, decretado em virtude de comoção grave de repercussão nacional, poderão ser tomadas as seguintes medidas contra as pessoas, EXCETO:

(A) Restrições relativas ao sigilo das comunicações.

(B) Restrições relativas à inviolabilidade das correspondências.

(C) Restrições relativas à liberdade de imprensa.

(D) Restrição à difusão autorizada pela Casa do pronunciamento de parlamentares.

Art. 139, I a VII, CF: "Na vigência do estado de sítio decretado com fundamento no art. 137, I, só poderão ser tomadas contra as pessoas as seguintes medidas: I – obrigação de permanência em localidade determinada; II – detenção em edifício não destinado a acusados ou condenados por crimes comuns; III – restrições relativas à inviolabilidade da correspondência, ao sigilo das comunicações, à prestação de informações e à liberdade de imprensa, radiodifusão e televisão, na forma da lei; IV – suspensão da liberdade de reunião; V – busca e apreensão em domicílio; VI – intervenção nas empresas de serviços públicos; VII – requisição de bens".
Gabarito "D".

(Cartório/PA – 2016 – IESES) Por Estado de Sítio entende-se a situação de comoção interna ou externa sofrida pelo Estado, que enseja a suspensão temporária de garantias individuais, a fim de preservar a ordem constituída, que se encontra perturbada por motivo de comoção grave de repercussão nacional ou por situação de beligerância com Estado estrangeiro. Referida situação acarreta a suspensão temporária e localizada das garantias individuais. Assinale a alternativa INCORRETA que não representa uma medida a ser tomada no curso do Estado de Sítio:

(A) Restrições relativas à inviolabilidade da correspondência, ao sigilo das comunicações, à prestação de

informações e à liberdade de imprensa, radiodifusão e televisão, na forma da lei.

(B) Detenção em edifício não destinado a acusados ou condenados por crimes comuns.

(C) Suspensão da liberdade de reunião; intervenção nas empresas de serviços privados; requisição de bens.

(D) Obrigação de permanência em localidade determinada.

Art. 139, I a VII, CF: "Na vigência do estado de sítio decretado com fundamento no art. 137, I, só poderão ser tomadas contra as pessoas as seguintes medidas: I – obrigação de permanência em localidade determinada; II – detenção em edifício não destinado a acusados ou condenados por crimes comuns; III – restrições relativas à inviolabilidade da correspondência, ao sigilo das comunicações, à prestação de informações e à liberdade de imprensa, radiodifusão e televisão, na forma da lei; IV – suspensão da liberdade de reunião; V – busca e apreensão em domicílio; VI – intervenção nas empresas de serviços públicos; VII – requisição de bens".
Gabarito "C".

(Cartório/PA – 2016 – IESES) A Carta Magna que trouxe diversas novidades, dentre estas a constitucionalização dos direitos sociais, a criação da Justiça Eleitoral, o sufrágio feminino, o voto secreto e o mandado de segurança, refere- se a:

(A) Constituição da República Federativa de 1988.

(B) Carta Constitucional de 1934.

(C) Carta Constitucional de 1824.

(D) Carta Magna de 1891.

A Constituição de 1824 foi outorgada e sua principal característica era prever o poder moderador, sendo o voto exercido com base na renda. A Constituição de 1891 foi a constituição da República, tendo previsto pela primeira vez a federação e o voto universal masculino. A Constituição de 1934 foi promulgada após a Revolução de 30, prevendo eleições diretas com voto secreto e voto feminino para maiores de 18 anos. A Constituição de 1988, como de conhecimento geral, foi um marco na redemocratização do Brasil. Ampliou o rol de direitos fundamentais, democratizou o acesso ao STF em controle concentrado, estabeleceu o direito de voto para os analfabetos, previu como cláusula pétrea o voto direto, secreto, universal e periódico *etc*. Os instrumentos previstos na questão foram mantidos pela Constituição de 1988. Ver art. 6º, art. 118 e seguintes, art. 14 e art. 5º, LXIX, todos da CF.
Gabarito "B".

(Cartório/PA – 2016 – IESES) A Lei 12.965 de 2014 estabelece princípios, garantias, direitos e deveres para o uso da internet no Brasil e determina as diretrizes para atuação da União, dos Estados, do Distrito Federal e dos Municípios em relação à matéria. Segundo referida Lei a disciplina do uso da internet no Brasil tem os seguintes princípios:

(A) Garantia da liberdade de expressão, comunicação e manifestação de pensamento, nos termos da Constituição Federal; preservação e garantia da neutralidade de rede; preservação da estabilidade, segurança e funcionalidade da rede, por meio de medidas técnicas compatíveis com os padrões internacionais e pelo estímulo ao uso de boas práticas; responsabilização dos agentes de acordo com suas atividades, nos termos da lei; preservação da natureza participativa da rede; liberdade dos modelos de negócios promovidos na internet, desde que não conflitem com os demais princípios estabelecidos nesta Lei.

1. DIREITO CONSTITUCIONAL 75

(B) Preservação e garantia da neutralidade de rede; preservação da estabilidade, segurança e funcionalidade da rede, por meio de medidas técnicas compatíveis com os padrões internacionais e pelo estímulo ao uso de boas práticas; responsabilização dos agentes de acordo com suas atividades, nos termos da lei; preservação da natureza participativa da rede; liberdade dos modelos de negócios promovidos na internet, desde que não conflitem com os demais princípios estabelecidos nesta Lei.

(C) Proteção da privacidade; proteção dos dados pessoais, na forma da lei; preservação e garantia da neutralidade de rede; preservação da estabilidade, segurança e funcionalidade da rede, por meio de medidas técnicas compatíveis com os padrões internacionais e pelo estímulo ao uso de boas práticas; responsabilização dos agentes de acordo com suas atividades, nos termos da lei; preservação da natureza participativa da rede; liberdade dos modelos de negócios promovidos na internet, desde que não conflitem com os demais princípios estabelecidos nesta Lei.

(D) Garantia da liberdade de expressão, comunicação e manifestação de pensamento, nos termos da Constituição Federal; proteção da privacidade; proteção dos dados pessoais, na forma da lei; preservação e garantia da neutralidade de rede; preservação da estabilidade, segurança e funcionalidade da rede, por meio de medidas técnicas compatíveis com os padrões internacionais e pelo estímulo ao uso de boas práticas; responsabilização dos agentes de acordo com suas atividades, nos termos da lei; preservação da natureza participativa da rede; liberdade dos modelos de negócios promovidos na internet, desde que não conflitem com os demais princípios estabelecidos nesta Lei.

Art. 3º da Lei n. 12.965/2014: A disciplina do uso da internet no Brasil tem os seguintes princípios: I – garantia da liberdade de expressão, comunicação e manifestação de pensamento, nos termos da Constituição Federal; II – proteção da privacidade; III – proteção dos dados pessoais, na forma da lei; IV – preservação e garantia da neutralidade de rede; V – preservação da estabilidade, segurança e funcionalidade da rede, por meio de medidas técnicas compatíveis com os padrões internacionais e pelo estímulo ao uso de boas práticas; VI – responsabilização dos agentes de acordo com suas atividades, nos termos da lei; VII – preservação da natureza participativa da rede; VIII – liberdade dos modelos de negócios promovidos na internet, desde que não conflitem com os demais princípios estabelecidos nesta Lei.
Gabarito "D".

(Cartório/RN – 2012 – IESIS) De acordo com a Constituição da República Federativa do Brasil de 1988, marque **V** ou **F**, conforme as afirmações a seguir sejam **verdadeiras** ou **falsas**.

I. Aquele que explorar recursos minerais fica obrigado a recuperar o meio ambiente degradado.

II. As condutas e atividades consideradas lesivas ao meio ambiente sujeitarão os infratores, a sanções penais e administrativas, independentemente da obrigação de reparar os danos causados.

III. São disponíveis as terras devolutas.

IV. A Serra do Mar não é patrimônio nacional.

V. A Zona Costeira não é patrimônio nacional.

A sequência correta, de cima para baixo, é:

(A) V – F – V – F – F

(B) V – V – F – F – F

(C) F – V – F – F – V

(D) V – F – F – V – V

I: correta (art. 225, § 2º, da CF); II: correta (art. 225, § 3º, da CF); III: incorreta. As terras devolutas necessárias à proteção dos ecossistemas naturais são indisponíveis (art. 225, § 5º, da CF); IV e V: incorretas. A Serra do Mar e a Zona Costeira são consideradas patrimônio nacional (art. 225, § 4º, da CF).
Gabarito "B".

(Cartório/SC – 2012) Assinale a alternativa **correta:**

(A) O Conselho de Defesa Nacional é órgão de consulta do Presidente da República nos assuntos relacionados com a soberania nacional e a defesa do Estado democrático, e dele participam como membros natos, entre outros, o Ministro da Justiça e o Presidente do Supremo Tribunal Federal.

(B) O Supremo Tribunal Federal poderá, de ofício ou por provocação, mediante decisão de dois terços dos seus membros, após reiteradas decisões sobre matéria constitucional, aprovar súmula que, a partir de sua publicação na imprensa oficial, terá efeito vinculante somente em relação aos demais órgãos do Poder Judiciário, nas esferas federal e estadual, bem como poderá proceder à sua revisão ou cancelamento, na forma estabelecida em lei.

(C) O INSS é uma autarquia federal, portanto as causas que tenham por objetivo o pleito de auxílio-acidente oriundo de infortunística devem ser submetidas ao processamento e julgamento perante os juízes federais.

(D) Somente pelo voto da maioria absoluta de seus membros ou dos membros do respectivo órgão especial poderão os tribunais declarar a inconstitucionalidade de lei ou ato normativo do Poder Público. A essa disposição constitucional se dá o nome de Cláusula de Reserva de Plenário.

(E) Nos termos da Constituição Federal, os Tribunais e Juízes dos Estados e do Distrito Federal e Territórios não integram o Poder Judiciário Nacional.

A: incorreta. O Presidente do STF não é membro do Conselho de Defesa Nacional (art. 91 da CF); **B:** incorreta. O efeito vinculante não se restringe aos demais órgãos do Poder Judiciário, aplica-se também à Administração Pública direta e indireta, nas esferas federal, estadual e municipal (art. 103-A, *caput*, da CF); **C:** incorreta. As causas que tenham por objetivo o pleito de auxílio-acidente oriundo de infortunística devem ser submetidas ao processamento e julgamento perante a *Justiça Estadual*. O art. 109, I, da CF *exclui* da competência dos juízes federais as causas decorrentes de acidentes de trabalho, mesmo que a União, entidade autárquica ou empresa pública federal forem interessadas; **D:** correta (art. 97 da CF); **E:** incorreta. Tais Tribunais e Juízes integram o Poder Judiciário Nacional (art. 92, VII, da CF).
Gabarito "D".

(Cartório/SC – 2008) Assinale a alternativa correta:

(A) Todas as ilhas fluviais e lacustres pertencem à União.

(B) As leis complementares serão aprovadas pelo voto de dois terços dos parlamentares.

(C) Compete exclusivamente à União legislar sobre custas dos serviços forenses.

(D) A lei penal pode retroagir.

(E) O voto é facultativo para os analfabetos, para os maiores de 16 e os menores de 18 anos, e para os maiores de 65 anos de idade.

A: incorreta, não reflete o disposto no art. 20, IV, da CF; **B:** incorreta, aprovadas por maioria absoluta (art. 69 da CF); **C:** incorreta, competência concorrente (art. 24, IV, da CF); **D:** correta, quando para beneficiar o réu (art. 5º, XL, da CF); E: incorreta, não reflete o disposto no art. 14, § 1º, II, "b", da CF.

Gabarito "D".

(Cartório/AM – 2005 – FGV) Analise as proposições a seguir:

I. O Congresso Nacional se compõe da Câmara dos Deputados e do Senado Federal.

II. Os governadores têm legitimidade para propor emenda à Constituição Federal.

III. A separação dos Poderes é uma das cláusulas pétreas.

IV. O Conselho Nacional de Justiça não é órgão do Poder Judiciário.

Assinale:

(A) se somente as proposições I e II forem verdadeiras.

(B) se somente as proposições I e III forem verdadeiras.

(C) se somente as proposições I e IV forem verdadeiras.

(D) se somente as proposições I, II e III forem verdadeiras.

(E) se somente as proposições II, III e IV forem verdadeiras.

I: correta, art. 44 da CF; **II:** incorreta, os legitimados para propor emendas à Constituição estão categoricamente listados no art. 60, I a III, da CF; **III:** correta, art. 60, § 4º, III, da CF; **IV:** incorreta, art. 92, I-A, da CF.

Gabarito "B".

2. DIREITO ADMINISTRATIVO

Flávia Barros, Jose Antonio Apparecido Junior e Wander Garcia*

1. PRINCÍPIOS DO DIREITO ADMINISTRATIVO

(Cartório/PA – 2016 – IESES) Por princípio entendem-se as regras que servem de interpretação as demais normas jurídicas. Os princípios buscam sanar lacunas trazendo harmonia para o ordenamento jurídico. Os princípios constitucionais da administração pública estão previstos no artigo 37 da Constituição da República Federativa do Brasil, sendo eles:

(A) Legitimidade, impessoalidade, moralidade, publicidade, eficiência.

(B) Legalidade, pessoalidade, moralidade, publicidade, eficiência.

(C) Legalidade, impessoalidade, moralidade, publicidade, eficiência.

(D) Legitimidade, pessoalidade, moralidade, publicidade, eficiência.

O art. 37 da Constituição Federal traz os princípios expressos regentes da Administração Pública, que não excluem outros extraídos do regime jurídico veiculado pela Carta Magna.
Gabarito "C".

(Cartório/MG – 2016 – Consulplan) Em relação aos princípios que regem a atuação da Administração Pública no Brasil, analise as afirmações a seguir:

I. O poder de polícia é expressão concretizada do princípio da supremacia do interesse público.

II. O princípio segundo o qual ao indivíduo é facultado fazer tudo o que a lei não proíbe, ou deixar de fazer o que a lei não impõe, na órbita privada, é correlato ao princípio da indisponibilidade do interesse público, que vincula a Administração.

III. São decorrências do princípio da indisponibilidade do interesse público a realização de concurso para admissão de pessoal permanente e a realização prévia de licitação para celebração de contratos administrativos.

IV. Ao disciplinar a Administração Pública, a Constituição Federal não explicita os princípios do interesse público e da indisponibilidade do interesse público.

Está correto o que se afirma em:

(A) II e III, apenas.

(B) I, II e IV, apenas.

(C) I, III e IV, apenas.

(D) I, II, III e IV.

---

* Wander Garcia comentou as questões dos seguintes concursos: MG/12, RJ/12, RN/12 e SC/12. Jose Antonio Apparecido Junior comentou as questões dos concursos dos anos de 2015, 2016, 2018 e 2019 e revisou todas as questões até o início. As demais foram comentadas pela autora Flávia Barros.

O gabarito considerou todas as assertivas verdadeiras. Quanto ao item I, o poder de polícia pode ser considerado, de fato, uma expressão do Princípio da Supremacia do Interesse Público, para aqueles que o entendem aplicável. É, sem dúvida, uma faceta do denominado "poder extroverso" da Administração Pública, e integra o rol de prerrogativas que garantem atributos aos atos administrativos como a autoexecutoriedade. No tocante ao item II, o Princípio da Indisponibilidade do Interesse Público normalmente é identificado como aquele que determina ser o interesse público algo que não se encontra à disposição do administrador ou de quem quer que seja – logo, o princípio da livre disposição dos direitos, típico das relações privadas, seria seu correlato (no sentido de contraponto) na Administração Pública. Quanto ao item III, está correto caso compreendido o dever de realizar concursos e licitações – que privilegiam o dever de isonomia da prática administrativa – como a impossibilidade da Administração Pública deixar de obter o melhor resultado possível em suas seleções. O item IV, por fim, traz a lume uma realidade do texto constitucional.
Gabarito "D".

(Cartório/RS – 2019 – VUNESP) A respeito dos princípios do Direito Administrativo, assinale a alternativa correta.

(A) Em respeito ao princípio da legalidade, mostra-se inválida a conduta do Estado que, desconsiderando as formalidades legais, passe a se preocupar com os efeitos concretos da ação administrativa.

(B) O princípio da legalidade, no contexto jurídico/político atual, impõe que todas as condutas praticadas pelo Administrador tenham por base direta norma produzida pelo Poder Legislativo.

(C) O princípio da supremacia do interesse público autoriza que a Administração pratique ato atentatório a direito fundamental, sempre que esse esteja em contraposição à ideia de interesse público definida pelo gestor público.

(D) O princípio da continuidade do serviço público impede a interrupção do fornecimento de serviço em favor do cidadão, ainda que fundado no inadimplemento do usuário.

(E) Com a constitucionalização do Direito Administrativo, deve se compreender o princípio da legalidade sob a perspectiva da juridicidade, que representa o dever da Administração Pública se vincular ao conjunto de normas constitucionais e infraconstitucionais que compõe o sistema.

A alternativa "e" representa a mais moderna leitura do Princípio da Legalidade. A diversidade de fontes normativas – leis, decretos, resoluções –, a crescente importância dos princípios jurídicos na leitura do ordenamento e a incapacidade efetiva do Poder Público responder a todas as demandas sociais por intermédio de normatização formal fizeram com que o antigo Princípio da Legalidade, que identificava a atuação estatal como a de um "braço mecânico da lei", passasse a ser compreendido como a necessidade de observância ao conjunto de normas constitucionais e infraconstitucionais que compõe o sistema jurídico.
Gabarito "E".

(Cartório/MG – 2016 – Consulplan) Com relação aos princípios que regem a Administração Pública, assinale a opção INCORRETA.

(A) O princípio da eficiência administrativa revela-se quando a atividade estatal obedece à racionalização econômica.

(B) Em face do princípio da razoabilidade, admite-se o controle da discricionariedade administrativa pela via judicial.

(C) Não fere o princípio da publicidade, o ato processual praticado sob sigilo em preservação da segurança da sociedade, ou indispensável à defesa da intimidade.

(D) O princípio da segurança jurídica apresenta-se como espécie de limitação ao princípio da legalidade, autorizando, assim, o prazo decadencial de cinco anos para convalidação de todos os atos administrativos que favoreçam o administrado, mesmo quando apresentem vício de legalidade e comprovada má-fé.

Os atos que contêm vícios de legalidade ou de desvio de finalidade (má-fé) não podem ser convalidados, e por tal razão a alternativa "d" é a incorreta. As demais alternativas podem ser consideradas verdadeiras. Aponte-se, somente, que o controle da discricionariedade por via judicial pode ser feito somente se o ato administrativo, ainda que revestido de uma verossimilhança de legalidade, é, ao final, ilegal. Como exemplos, a decisão discricionária que, apesar de ser, em princípio, legalmente admitida, é ineficiente, ou imoral. Em função da atuação administrativa ser regida por tais princípios (eficiência, moralidade), o ato administrativo que os malfira pode ser declarado ilegal pelo Judiciário.
Gabarito "D".

(Cartório/MG – 2016 – Consulplan) Quanto aos princípios administrativos e as prerrogativas da Administração Pública, é correto afirmar:

(A) Mesmo quando a Administração Pública atua despida da qualidade de poder público, investe-se das prerrogativas públicas.

(B) Quando a Administração Pública atua como agente econômico, submete-se ao regramento jurídico do direito privado.

(C) Não obstante sujeitar-se ao direito público quando atua despida do atributo de poder público, a Administração Pública não se obriga aos princípios que lhe são constitucionalmente imputados.

(D) As pessoas jurídicas de direito privado não integrantes da Administração Pública não se sujeitam a regras do direito público, relativas ao Direito Administrativo.

O tema é tratado basicamente no art. 173 da Constituição Federal, que determina o caráter subsidiário da atuação estatal na exploração direta de atividade econômica. Em que pese a alternativa indicada como correta pudesse ter uma redação mais perfeita, uma vez que a Administração Pública atua como agente econômico direta ou indiretamente (sendo esta atuação relevante até mesmo na regulação da atividade privada, por exemplo), as demais alternativas estão evidentemente erradas: as prerrogativas públicas somente são manobráveis quando a Administração Pública atua na qualidade de ente público; a alternativa "c" prevê que a Administração Pública atue, sob o regime de direito público, sem observar seus princípios regentes; e a alternativa "d" traz uma assertiva que desobrigaria as pessoas jurídicas de direito privado que se relacionam com a Administração Pública de se sujeitar as regras que regem a atuação administrativa.
Gabarito "B".

(Cartório/SP – 2018 – VUNESP) A Administração tem o dever de realizar o interesse público sem a promoção do servidor público ou autoridade que realizou o ato. Essa previsão, concernente ao regime jurídico administrativo, é conforme ao princípio da

(A) motivação.

(B) publicidade.

(C) supremacia do interesse público.

(D) impessoalidade.

O princípio da motivação diz respeito à fundamentação dos atos administrativos, o da publicidade refere-se à disponibilização dos atos e fatos administrativos à sociedade, inclusive para fins de controle, e a supremacia do interesse público é princípio de metalinguagem do direito administrativo, que busca ilustrar a finalidade do funcionamento do aparato estatal.
Gabarito "D".

(Cartório/MG – 2015 – Consulplan) O art. 54 da Lei n. 9.784/1999 dispõe que "O direito da Administração de anular os atos administrativos de que decorram efeitos favoráveis para os destinatários decai em 5 (cinco) anos, contados da data em que foram praticados, salvo comprovada má-fé."

É correto afirmar que referido dispositivo legal sobreleva o princípio da

(A) autotutela.

(B) supremacia do interesse público.

(C) legalidade.

(D) segurança jurídica.

A estabilização social é uma das finalidades do estabelecimento do ordenamento jurídico, e a fixação de prazo decadencial do apontado artigo labora neste sentido.
Gabarito "D".

(Cartório/MG – 2015 – Consulplan) É correto afirmar que além dos princípios expressos no *caput* do art. 37 da Constituição Federal, a Administração Pública também se orienta pelos seguintes princípios:

(A) legalidade, autotutela, indisponibilidade, continuidade dos serviços públicos e segurança jurídica.

(B) supremacia do interesse público, autotutela, indisponibilidade, publicidade e continuidade dos serviços públicos.

(C) supremacia do interesse público, autotutela, indisponibilidade, continuidade dos serviços públicos e segurança jurídica.

(D) supremacia do interesse público, eficiência, indisponibilidade, continuidade dos serviços públicos e segurança jurídica.

A alternativa "c" é a única que traz somente princípios não expressos no "caput" do art. 37 da Constituição Federal.
Gabarito "C".

(Cartório/SP – 2016 – VUNESP) O regime jurídico-administrativo caracteriza-se por

(A) priorizar o interesse do governante sobre a vontade dos governados, em proteção às minorias.

(B) princípios específicos, como a supremacia e a indisponibilidade do interesse público.

(C) um conjunto de normas e princípios próprios de direito público e de direito privado, considerando que

2. DIREITO ADMINISTRATIVO

a Administração Pública também celebra contratos típicos de direito privado.

(D) estabelecer as prioridades da Administração Pública, de acordo com a plataforma política do eleito.

O candidato deve compreender que o que caracteriza o regime jurídico-administrativo – isto é, o que o distingue dos demais regimes jurídicos – é a relação vertical entre o Poder Público e os administrados. Os princípios apontados na questão integram esta caracterização, ainda que não suficientes a expor todas as características de tal regime jurídico. Nestes termos, enquanto as alternativas "a" e "d" seriam descartáveis prontamente (por se referirem à vontade do governante, e não da lei), a alternativa "c" poderia também ser considerada correta, eventualmente.
Gabarito "B".

(Cartório/MG – 2012 – FUMARC) Segundo a Constituição do Estado de Minas Gerais, a atividade administrativa dos Poderes do Estado e a de entidade descentralizada se sujeitarão aos princípios da:

(A) legalidade, impessoalidade, eficiência, moralidade, anualidade e publicidade.

(B) legalidade, impessoalidade, moralidade, publicidade, eficiência e anterioridade.

(C) legalidade, impessoalidade, moralidade, publicidade, eficiência e razoabilidade.

(D) legalidade, impessoalidade, moralidade, anualidade, publicidade e transparência.

A Constituição do Estado de Minas Gerais, em acréscimo ao que dispõe a Constituição Federal, de fato prevê a razoabilidade como princípio da Administração (art. 13 da Constituição de Minas Gerais, com nova redação dada pela Emenda à Constituição 49).
Gabarito "C".

(Cartório/RO – III) A Administração pública direta, indireta ou fundacional, de qualquer dos poderes da União, dos Estados, do Distrito Federal e dos Municípios, obedecerá aos princípios:

(A) finalidade, publicidade, impessoalidade, eficiência e legitimidade;

(B) legitimidade, constitucionalidade, moralidade, impessoalidade e legalidade;

(C) moralidade, impessoalidade; legalidade, eficiência e publicidade;

(D) finalidade, moralidade, impessoalidade, permissividade e legalidade.

Art. 37, *caput*, da CF/1988 – fica mais fácil guardar quais os princípios constitucionais que regem a Administração Pública lembrando-se da palavra "L-I-M-P-E": Legalidade, Impessoalidade, Moralidade, Publicidade e Eficiência.
Gabarito "C".

(Cartório/RN – 2012 – IESIS) De acordo com súmula vinculante editada pelo Supremo Tribunal Federal, assinale a alternativa que enumera as proposições em que há **VIOLAÇÃO** aos princípios constitucionais de Direito Administrativo, em especial os previstos expressamente no art. 37, *caput*, da Constituição Federal:

I. A nomeação para o exercício de cargo em comissão, de cônjuge ou companheiro da autoridade nomeante.

II. A nomeação para o exercício de cargo em comissão, de bisneto de servidor da mesma pessoa jurídica investido em cargo de direção, chefia ou assessoramento.

III. A nomeação para o exercício de função gratificada na administração pública, de primo da autoridade nomeante.

IV. A nomeação de pessoas contratadas de forma temporária, em qualquer caso.

(A) Em todas as proposições.

(B) Somente nas proposições III e IV.

(C) Somente nas proposições I, II e III.

(D) Somente nas proposições I e II.

O nepotismo, vedado pela Súmula Vinculante 13 do STF, fere o princípio da moralidade. I: correta (Súmula Vinculante 13 do STF); II: correta, valendo lembrar que o bisneto é parente em 3.º grau do bisavô (Súmula Vinculante 13 do STF); III: incorreta, pois primo é parente em 4.º grau e a súmula mencionada veda a nomeação de parente até o 3.º grau; IV: incorreta, pois a nomeação proibida na súmula é para cargo em comissão ou função gratificada, não atingindo assim a designação para funções temporárias.
Gabarito "D".

(Cartório/SC – 2012) A respeito dos princípios constitucionais aplicáveis à administração pública, pode-se afirmar:

I. O princípio da supremacia do interesse público não se constitui como um princípio constitucional administrativo, uma vez que não está previsto expressamente na cabeça do artigo 37 da Constituição Federal.

II. Segundo o princípio da legalidade, presente no *caput* do artigo 37 da Constituição Federal, o administrador público somente poderá fazer o que estiver expressamente autorizado em lei e nas demais espécies normativas, não havendo por isso vontade subjetiva dele, dado que na administração pública só é permitido fazer o que a lei autoriza. Contudo, esse princípio que estabelece severa vinculação encontra-se relativizado quando no exercício da atividade administrativa o administrador público pratica atos tidos como discricionários. Esses atos, ao contrário dos vinculados, exigem do administrador público certa margem de operatividade para que se alcance o desiderato maior que é o interesse coletivo (bem-estar social). Nesse diapasão, o administrador público, no afã de alcançar o bem comum, edita o ato discricionário com esteio na conveniência e na oportunidade, razão pela qual não se exige dele submissão completa ao império constitucional e nem ao legal, relativizando-se assim o princípio da legalidade.

III. O princípio da razoabilidade, ainda que não expresso no *caput* do artigo 37 da Constituição Federal, é considerado como um princípio constitucional administrativo, uma vez que exige do administrador público agir com proporcionalidade na materialização do exercício da função pública e atuar com justiça e adequação subministrando seus atos impelido por critérios racionais e coerentes, consentâneos com a realidade dos fatos.

IV. O princípio da publicidade presente também no *caput* do artigo 37 da Constituição Federal veste a regra da transparência administrativa. Seu objetivo é dar conhecimento público à sociedade de todas as decisões administrativas, produzindo, a partir de então, seus consequentes efeitos. Todavia, a publicidade, mesmo que considerada princípio constitucional expresso, cede em razão do interesse público, quando este por seus próprios motivos assim o exigir.

(A) Somente as proposições I, II e III estão corretas.

(B) Somente as proposições III e IV estão corretas.

(C) Somente a proposição IV está correta.

(D) Somente a proposição II está correta.

(E) Somente as proposições I e IV estão corretas.

I: incorreta, pois o princípio da supremacia do interesse público sobre o interesse privado decorre do próprio princípio republicano, sendo reconhecido pela doutrina como princípio basilar do Direito Administrativo, ainda que não previsto expressamente no art. 37, *caput*, da CF; II: incorreta, pois a discricionariedade não isenta o administrador público de obedecer aos preceitos legais e constitucionais; III: correta; de fato, o princípio não está expresso na CF, mas decorre do disposto no art. 5.º, LXXVIII, e 70, *caput*, da CF, neste último caso, por conta das expressões "legitimidade" e "economicidade"; IV: correta, nos termos do art. 5.º, XXXIII, da CF.

Gabarito "B".

(Cartório/SC – 2008) Assinale a alternativa INCORRETA:

(A) Os princípios que norteiam o Direito Administrativo brasileiro, tais como legalidade, impessoalidade, moralidade administrativa, publicidade, eficiência, razoabilidade, finalidade, motivação e interesse público, visam sempre à supremacia do interesse público sobre o particular.

(B) No âmbito do Direito Administrativo, é possível a inversão do princípio da legalidade, se a parte beneficiária for pessoa jurídica considerada sem fins lucrativos, pois o administrador pode, nesse caso, dispor dos interesses públicos confiados à sua guarda em benefício do bem-estar social.

(C) À Administração Pública é facultada a autotutela de seus atos, decorrente do princípio da legalidade, pois, uma vez que está sujeita à lei, cabe-lhe o controle da legalidade, podendo, inclusive, zelar pelos bens que integram o seu patrimônio, sem necessitar de título fornecido pelo Poder Judiciário, exercendo a polícia administrativa contra os atos que ponham em risco a conservação desses bens.

(D) O princípio da publicidade, que está inserido no artigo 37 da Constituição da República, exige a ampla divulgação dos atos praticados pela Administração Pública, ressalvadas as hipóteses de sigilo previstas em lei.

(E) O princípio da eficiência está previsto na Constituição da República como um dos princípios norteadores da Administração Pública.

A: correta, os princípios que regem o Direito Administrativo Brasileiro são, todos eles (estejam previstos na Constituição, em leis ordinárias ou decorram da própria lógica do ordenamento jurídico), voltados a garantir que o interesse público, primário ou secundário, se sobreponha ao do particular, não para aviltar esse último, mas para assegurar o bem comum e o bom convívio em sociedade dentro do que está estabelecido em lei; B: incorreta, o interesse público é sempre indisponível, isto é, não há qualquer margem de liberdade para que o administrador dele disponha, visto que não tem com à coisa pública uma relação de propriedade, mas de administração de bens que pertencem ao povo. Daí porque a Administração Pública só pode fazer o que a lei lhe autoriza, não cabendo de modo algum falar em "inversão do princípio da legalidade". C: correta, trata-se do atributo da autotutela, em razão da qual a Administração Pública pode revogar os atos por conveniência e oportunidade ou anulá-los quando eivados de vícios; D: correta, art. 37 da CF/1988 c/c o art. 5.º, XXXIII, da CF/1988; E: correta, art. 37, *caput*, da CF/1988.

Gabarito "B".

(Cartório/SC – 2008) Analise as proposições abaixo à luz das regras do Direito Administrativo brasileiro:

I. O administrador público pode realizar somente o que está na lei.

II. O administrador privado pode realizar tudo o que a lei não vede.

III. O administrador público possui poderes administrativos que visam atender ao interesse público.

IV. O administrador público deve, em regra, estar adstrito aos princípios administrativos e constitucionais na prática dos atos de sua competência.

Assinale a alternativa correta.

(A) Somente a proposição III está correta.

(B) Apenas as proposições I e IV estão corretas.

(C) Somente as proposições II e IV estão corretas.

(D) Todas as proposições estão corretas.

(E) Apenas as proposições II e III estão corretas.

Todas as assertivas da questão estão corretas. I, II, e IV: enquanto o administrador público só pode fazer aquilo que a lei determina, mantendo com ela uma relação de subsunção (na medida em que seus atos devem se subsumir às hipóteses autorizativas legais, sendo-lhe vedado atuar caso essa autorização inexista), ao administrador particular é dada a liberdade para fazer tudo o que a lei não vede, em uma relação de não contradição, tal como estabelecido pelo artigo 5º, II, da CF/1988, o qual preceitua que "ninguém será obrigado a fazer ou deixar de fazer alguma coisa senão em virtude de lei". III: a partir do momento em que foi dado ao Estado a finalidade maior de atender ao interesse público, precisa ele manejar poderes que lhe permitam garantir esse atendimento. Daí porque lhe são outorgados poderes administrativos, que têm seus limites estabelecidos pela lei.

Gabarito "D".

(Cartório/SP – III – VUNESP) A lei é a fonte primária do direito administrativo. Considerando que este se ressente de codificação legal, é possível afirmar que

(A) não se admite interpretação jurisprudencial contra a doutrina estrangeira.

(B) a jurisprudência, por seu caráter mais prático e objetivo que a doutrina e a lei, é valiosa fonte para o direito administrativo.

(C) a aplicação dos usos e costumes em direito administrativo supera o entendimento jurisprudencial.

(D) o direito administrativo não aceita interpretação jurisprudencial.

A: incorreta, é perfeitamente admissível a interpretação jurisprudencial contra a doutrina estrangeira. Aliás, uma das características da jurisprudência é seu nacionalismo, pela contínua adaptação da lei e dos princípios teóricos ao caso concreto. Destarte, sendo o Direito Administrativo menos geral que os demais ramos do Direito, isto é, tendo tendências variadas segundo o perfil de cada Estado, encontra muitas vezes mais afinidade com a jurisprudência do que com a doutrina estrangeira; B: correta, a jurisprudência, por ser voltada a solução de casos concretos, é mais prática e objetiva que a doutrina e a lei; C: incorreta: os usos e costumes, embora exerçam certa influência no direito administrativo em razão da ausência de legislação, não superam o entendimento jurisprudencial que, por ser prático e objetivo, é de relevada importância; D: incorreta, como vimos nas assertivas anteriores, a interpretação jurisprudencial é fonte relevante de direito administrativo.

Gabarito "B".

2. DIREITO ADMINISTRATIVO

(Cartório/SP – II – VUNESP) Analise as afirmativas abaixo.

I. Em razão da supremacia dos interesses públicos, pode a Administração, de forma unilateral, constituir obrigações aos particulares e, em determinados casos, pode modificar unilateralmente as relações com estes já estabelecidas.

II. A Administração, escudada na supremacia do interesse público sobre o privado, pode exercer as prerrogativas de sua posição privilegiada com a mesma autonomia e liberdade com que os particulares exercitam seus direitos.

III. A Administração pode promover a revogação dos próprios atos através de manifestação unilateral de vontade e pode, quando viciados, deles decretar a nulidade.

Pode-se dizer que estão corretas as afirmativas

(A) I e II, apenas.

(B) I e III, apenas.

(C) II e III, apenas.

(D) I, II e III.

I: correta, desde que haja previsão legal, a Administração Pública pode, de forma unilateral, constituir obrigações aos particulares bem como, em determinados casos, modificar unilateralmente relações com estes já estabelecidas. II: incorreta, a Administração Pública não pode fazer senão o que a lei lhe autoriza e sempre com vistas ao ótimo atendimento do interesse público envolvido. Isso implica dizer que, ainda quando a lei dá certa margem de liberdade de escolha ao administrador público, o caso concreto pode demonstrar que apenas uma ou algumas das medidas admitidas pela lei atenderiam de forma ótima ao interesse público subjacente, de modo que não há, tal como ocorre na seara privada, a mesma liberdade e autonomia no manejo dos poderes públicos. III: correta, trata-se o poder de autotutela da Administração Pública, que pode anular diretamente seus atos ilegais ou revoga-los por oportunidade ou conveniência, logicamente dentro de certos limites. Gabarito "B".

(Cartório/SP – I – VUNESP) Analise as afirmativas abaixo.

I. É princípio de Direito Administrativo o da supremacia do interesse público sobre o particular.

II. Em nome do princípio da autonomia da vontade, deve-se admitir que, nas relações entre particulares, podem eles fazer tudo o que não for proibido por lei.

III. Em consequência, também à Administração Pública se deve reconhecer o direito de fazer tudo aquilo que não for proibido por lei.

Dessas afirmativas, são admitidas pelo Direito brasileiro

(A) I, II e III.

(B) apenas II e III.

(C) apenas I e III.

(D) apenas I e II.

I: correta, embora não esteja expressamente consignado no ordenamento jurídico, trata-se de um princípio implícito e geral, que é inerente a qualquer sociedade e a própria condição de sua existência, a fim de que a coletividade possa conviver. Por essa razão, isto é, para que o interesse público seja devidamente atendido, dá-se à Administração Pública o manejo de poderes administrativo em face do particular, que pode ter seus interesses privados limitados em prol do bem comum, logicamente dentro dos lindes estabelecidos na lei. II: correta, ao particular é dada a liberdade para fazer tudo o que a lei não vede, em uma relação com essa de não contradição, tal como estabelecido pelo artigo 5º, II, da CF/1988. É o que preceitua que "ninguém será obrigado a fazer ou deixar de fazer alguma coisa senão em virtude de lei"; III: incorreta, de modo diverso

do particular, o administrador público só pode fazer aquilo que a lei determina, mantendo com ela uma relação de subsunção (na medida em que seus atos devem se subsumir às hipóteses autorizativas legais, sendo-lhe vedado atuar caso essa autorização inexista). Gabarito "D".

(Cartório/SP – II – VUNESP) Entre os princípios a que se submetem a Administração e as pessoas administrativas estão

I. o da legalidade;

II. o da igualdade entre a Administração e os particulares nas ações judiciais em que litigam;

III. o do controle jurisdicional dos atos administrativos;

IV. o da publicidade.

Pode-se dizer que estão corretos apenas os itens

(A) I e II.

(B) I, II e III.

(C) I, III e IV.

(D) II, III e IV.

I: correta, art. 37, *caput*, da CF/1988, II: incorreta, em nome da supremacia do interesse público sobre o particular, a lei outorga uma série de prerrogativas aos entes públicos quando esses litigam em juízo; III: correta, a submissão da Administração Pública ao Poder Judiciário decorre diretamente do princípio da inafastabilidade da jurisdição – art. 5º, XXXV, da CF/1988; IV: correta, art. 37, *caput*, da CF/1988. Gabarito "C".

(Cartório/SP – III – VUNESP) O entendimento de que ao particular é lícito fazer tudo que a lei não proíbe e na Administração Pública só é permitido fazer o que a lei autoriza reflete, dentre os princípios básicos da administração, o da

(A) publicidade.

(B) moralidade.

(C) impessoalidade.

(D) legalidade.

Enquanto ao particular, em razão do que estabelece o 5º, II, da CF/1988, é dada a liberdade para fazer tudo o que a lei não vede (relação de não contradição com a lei), ao administrador público só é dado fazer aquilo que a lei determina, mantendo com ela uma relação de subsunção, na medida em que seus atos devem se subsumir às hipóteses autorizativas legais, sendo-lhe vedado atuar caso essa autorização inexista. Gabarito "D".

(Cartório/SP – III – VUNESP) O clássico princípio da finalidade é conceituado atualmente como princípio da impessoalidade. Deste princípio, é possível concluir como correto que

(A) é possível praticar ato administrativo sem interesse público ou conveniência para a administração.

(B) é possível promoção pessoal de autoridade em razão de sua administração, desde que baseada em contrato público.

(C) fica afastada a possibilidade de promoção pessoal de autoridades ou servidores públicos sobre realizações administrativas.

(D) a prática de ato administrativo para satisfazer interesse próprio não implica em abuso do poder.

O princípio da impessoalidade impõe à Administração a obrigação de tratar a todos os administrados de forma isonômica, isto é, sem perseguições ou favoritismos. Por outro lado, deixa claro que o administrador não pode velar-se dos poderes que lhes são outorgados para o exercício

de função pública para atender a interesses próprios. O poder emana do povo, a res é pública e o administrador trabalha em prol do interesse de terceiro, ou seja, a coletividade. Incorretas, portanto, todas as demais assertivas, visto que implicam a utilização dos poderes administrativos de forma personalista, sem visar ao indisponível interesse público.
Gabarito "C".

(Cartório/SP – V – VUNESP) São princípios que informam toda atividade administrativa:

(A) moralidade, legalidade, prioridade, especialidade e continuidade.

(B) legalidade, publicidade, razoabilidade, especialidade e eficiência.

(C) proporcionalidade, razoabilidade, moralidade, legalidade e eficiência.

(D) eficiência, legalidade, prioridade, impessoalidade e moralidade.

Proporcionalidade e razoabilidade são princípios gerais de direito; moralidade, legalidade e eficiência são princípios expressamente consignados no art. 37, *caput*, da CF/1988. Repare que a questão se refere a toda atividade administrativa, razão pela qual a continuidade (princípio que rege os serviços públicos) e a especialidade (princípio referente aos entes da administração indireta) não estão corretos. Prioridade não é princípio administrativo.
Gabarito "C".

(Cartório/SP – VI – VUNESP) Leia atentamente os seguintes enunciados.

I. Adequação entre meios e fins, vedada a imposição de obrigações, restrições e sanções em medida superior àquelas estritamente necessárias ao atendimento do interesse público.

II. Objetividade no atendimento do interesse público, vedada a promoção pessoal de agentes ou autoridades.

III. Atuação segundo padrões éticos de probidade, decoro e boa-fé.

Nesses enunciados, estão expressos, respectivamente, os seguintes princípios da Administração Pública:

(A) proporcionalidade (I), impessoalidade (II) e moralidade (III).

(B) razoabilidade (I), moralidade (II) e proporcionalidade (III).

(C) finalidade (I), supremacia do interesse público (II) e razoabilidade (III).

(D) razoabilidade (I), finalidade (II) e impessoalidade (III).

Proporcionalidade é precisamente a medida da razoabilidade, ou seja, é a adequação entre fins e meios. Impessoalidade é princípio que se traduz em dois aspectos: em relação aos administrados, veda quaisquer perseguições ou favoritismos, determinando seu tratamento isonômico. Em relação ao administrador, veda o uso personalista da coisa pública, como se dela dono fosse. Por fim, a moralidade é a obrigatoriedade de ação administrativo segundo preceitos éticos.
Gabarito "A".

(Cartório/SP – 2011 – VUNESP) A divulgação oficial do ato administrativo, para conhecimento e início de seus efeitos externos, a título de publicidade, é considerada

(A) requisito de eficácia e moralidade.

(B) elemento formativo do ato.

(C) condição para convalidar atos irregulares.

(D) exigência administrativa facultativa.

A publicidade é condição de eficácia do ato administrativo, o qual não produz efeitos em relação a terceiros enquanto não lhe é dada a devida divulgação. Por outro lado, tendo em vista que o administrador maneja poderes que lhes são dados para que ele possa bem atingir o interesse público, seus atos devem ser devidamente publicizados para que sejam passíveis de controle, em nome do princípio da moralidade.
Gabarito "A".

2. PODERES ADMINISTRATIVOS

(Cartório/SP – 2016 – VUNESP) Em razão da impossibilidade de que as leis prevejam todas as contingências que possam surgir na sua execução, em especial nas diversas situações em que a Administração tiver que executar suas tarefas, devendo optar pela melhor solução, é necessária a utilização do poder administrativo denominado

(A) poder hierárquico.

(B) poder regulamentar.

(C) poder de polícia.

(D) poder disciplinar.

O poder regulamentar é inerente e privativo do Chefe do Executivo (Presidente da República, Governadores e Prefeitos), e se caracteriza como uma modalidade especial de função normativa, que é a de expedir regulamentos para fiel execução das leis (art. 84, IV, da Constituição Federal)
Gabarito "B".

(Cartório/RN – 2012 – IESIS) A ação punitiva do Estado deve ocorrer em um certo lapso temporal, sob pena de estar abarcada pelo instituto da prescrição. A respeito do tema, assinale a alternativa **INCORRETA**:

(A) A ação punitiva da Administração Pública Federal, direta e indireta, no exercício do poder de polícia, objetivando apurar infração à legislação em vigor, em regra, prescreve em cinco anos, contados da data em que tomou conhecimento da prática do ato.

(B) Em casos de infração permanente ou continuada, a prescrição somente começará a contar da data em que o ato tiver cessado.

(C) Se o ato administrativo constituir crime, o prazo prescricional será o mesmo da lei penal.

(D) Prescrevem em período superior a três anos os procedimentos administrativos paralisados que estão aguardando despacho ou julgamento da autoridade administrativa.

A: incorreta, devendo ser assinalada; como regra, o prazo em tela é contado da data da própria prática do ato e não da data do conhecimento da prática do ato (art. 1.º, *caput*, da Lei 9.873/1999); B: correta (art. 1.º, *caput*, da Lei 9.873/1999); C: correta (art. 1.º, § 2.º, da Lei 9.873/1999); D: correta (art. 1.º, § 1.º, da Lei 9.873/1999).
Gabarito "A".

(Cartório/RS – 2019 – VUNESP) A respeito do poder de polícia, assinale a alternativa correta.

(A) A existência de autonomia entre as entidades federativas impede que um Município exerça poder de polícia sobre atividade realizada pela União.

(B) Segundo o Superior Tribunal de Justiça, a indelegabilidade do poder de polícia impede que as atividades materiais de verificação do cometimento de infrações sejam executadas por pessoas jurídicas de direito privado.

2. DIREITO ADMINISTRATIVO

(C) As penas de multa, quando forem resultado do exercício do poder de polícia, são autoexecutáveis.

(D) O poder de polícia tem como destinatários todos os particulares submetidos à autoridade do Estado, não se aplicando aos vínculos formados em relação de sujeição especial com o poder público.

(E) Poder de polícia, em sentido amplo, representa o exercício de função administrativa que, fundada em lei, restringe e condiciona o exercício de direitos e atividades privadas.

Àqueles que se encontram em relação de sujeição especial frente ao Estado se aplicam disposições de caráter disciplinar ou mesmo contratual, a depender do entendimento doutrinário. A alternativa correta, portanto, é a "d". Quanto ao item "a", o Município goza de autonomia e competências próprias, podendo e devendo atuar com Poder de Polícia no tocante a atividades realizadas pela União (licenças de funcionamento, por exemplo); no tocante à alternativa "b", o STJ tem jurisprudência firme permitindo tal medida (como exemplo, RESP 817.534); no tocante à execução da multa (alternativa "c"), o Estado deverá se socorrer do Judiciário para exigir do particular dos valores devidos – o Poder Público pode constituir o título unilateralmente, mas não pode alcançar o patrimônio do particular sem apoio do Judiciário; no tocante à alternativa "e", é preciso relembrar que o Poder de Polícia se aplica tanto a particulares quanto ao Poder Público.
Gabarito "D".

(Cartório/SP – 2018 – VUNESP) A pena de perda da delegação imposta aos notários e registradores em processo administrativo disciplinar, em trâmite perante a Corregedoria Permanente, no Estado de São Paulo, é aplicada

(A) pelo Juiz Corregedor Permanente.

(B) pelo Órgão Especial do Tribunal de Justiça, diante de proposta do Juiz Corregedor Permanente.

(C) pelo Presidente do Tribunal de Justiça, diante de proposta do Juiz Corregedor Permanente.

(D) pelo Corregedor Geral de Justiça, diante de proposta do Juiz Corregedor Permanente.

Dispõe a Constituição Federal, em seu art. 236, parágrafo primeiro, que "a Lei regulará as atividades, disciplinará a responsabilidade civil e criminal dos notários, dos oficiais de registro e de seus prepostos, e definirá a fiscalização de seus atos pelo Poder Judiciário". Da mesma forma, a Lei Federal n. 8.935/1994, que dispõe sobre serviços notariais e de registro, prevê, em seu art. 32, as penas aplicáveis aos notários e registradores, em caso de prática de infrações disciplinares (repreensão, multa, suspensão, perda de delegação) e é expressa ao estabelecer, no art. 34, que "As penas serão impostas pelo juízo competente, independentemente da ordem de gradação, conforme a gravidade do fato". Assim, considerando que o Juiz Corregedor Permanente, designado pelo Corregedor Geral de Justiça, tem competência para fiscalizar, regular e controlar a atividade notarial e de registro, tal se constitui como autoridade competente para aplicar, dentre outras penas, a de perda de delegação. Caberá ao Corregedor Geral de Justiça, como definido no art. 28, inc. XXVI, do Regimento Interno do Tribunal de Justiça de São Paulo, analisar os recursos tirados das decisões proferidas nos procedimentos administrativos disciplinares relativos aos delegatários de serviços extrajudiciais (precedentes: Processo CG N. 932/1997; Recurso Administrativo n. 36.237-0/0, Processo CG N. 52.273/2014)
Gabarito "A".

(Cartório/SP – IV – VUNESP) Com relação ao poder disciplinar da Administração pública, pode-se afirmar que é

(A) faculdade punitiva interna da Administração, só abrangendo as infrações relacionadas com o serviço.

(B) faculdade punitiva interna da Administração, não alcançando fatos já previstos pelo direito penal, visto que este já se dá por meio da Justiça Penal, com o que se evita o *bis in idem*, repelido pelo direito positivo pátrio.

(C) faculdade punitiva interna da Administração, devendo, no entanto, o superior hierárquico observar o princípio da pena específica, segundo o qual não haverá falta administrativa, nem pena sem prévia e expressa definição legal.

(D) um poder-dever do superior hierárquico, que há de, tão logo verificado o ato, aplicar a pena e ordenar a publicação, salvo nos casos em que lhe falte competência, hipótese em que deverá levar o fato ao conhecimento da autoridade competente que, tomando ciência dele e sem delongas, imporá a pena e a fará publicar na imprensa oficial, ressalvando que a defesa e a invalidação do ato se dará pelo Judiciário, em respeito ao *due process of law* e à ampla defesa.

A: correta, o poder disciplinar é decorrência de uma relação especial estabelecida entre a Administração Pública e seus servidores e refere-se à faculdade de punir internamente as infrações funcionais dos servidores e demais pessoas sujeitas à disciplina dos órgãos e serviços da Administração. Seu âmbito de incidência é, pois, relativo à conduta interna de seus servidores; B: incorreta, a punição disciplinar e a criminal têm fundamentos diferentes, sendo diversa a natureza das penas, em termos de substância. É justamente em razão dessa diferença substancial, que é possível a aplicação conjunta das duas penalidades sem que ocorra *bis in idem*, de modo que é possível que uma mesma infração dê ensejo à punição administrativa (disciplinar) e a punição penal (criminal); C: incorreta, uma das características do poder disciplinar é, como regra, a discricionariedade, não havendo nesse âmbito a tipicidade exigida na seara penal. Não se aplica ao poder disciplinar, portanto, o princípio da pena específica; D: incorreta, a aplicação da penalidade depende de processo administrativo ou meio sumário prévio de apuração da ocorrência e gravidade da conduta do servidor. A discricionariedade que caracteriza o poder disciplinar não se confunde com arbitrariedade: somente depois de apurada devidamente a conduta do servidor é que o superior hierárquico terá condições de, dentre as penalidades cabíveis, aplicar aquela mais proporcional e legítima.
Gabarito "A".

(Cartório/SP – 2018 – VUNESP) A Corregedoria Geral da Justiça do Tribunal de Justiça do Estado de São Paulo, em razão da hierarquia perante às Corregedorias Permanentes do Serviço Extrajudicial, pode

(A) revisar as decisões dos Juízes Corregedores Permanentes somente se houver interposição de recurso administrativo.

(B) substituir o Juiz Corregedor Permanente e decidir diretamente a questão posta, desde que não seja de competência exclusiva daquele, por meio do instituto da delegação.

(C) revisar as decisões dos Juízes Corregedores Permanentes para correção de atos eivados de ilegalidade ou desconformes com a orientação administrativa e/ou precedentes administrativos da Corregedoria Geral da Justiça.

(D) revisar as decisões dos Juízes Corregedores Permanentes apenas para correlação de ilegalidades.

Nos termos do definido no art. 28, inc. XXVI, do Regimento Interno do Tribunal de Justiça de São Paulo, cabe à Corregedoria Geral de Justiça analisar os recursos tirados das decisões proferidas nos procedimentos

administrativos disciplinares relativos aos delegatários de serviços extrajudiciais, de competência das Corregedorias Permanentes.
Gabarito "C".

(Cartório/SP – 2012 – VUNESP) Quanto ao poder disciplinar da Administração Pública, é correto afirmar:

(A) A aplicação conjunta de punição disciplinar e criminal resulta em *bis in idem*.

(B) As penas decorrentes das punições disciplinar e criminal têm a mesma natureza jurídica.

(C) O poder disciplinar está vinculado à prévia definição da lei sobre a infração funcional e a respectiva punição.

(D) Os atos administrativos disciplinares são praticados de acordo com a conveniência e oportunidade, sem motivação.

A: incorreta, a punição disciplinar e a criminal têm fundamentos diferentes, sendo diversa a natureza das penas, em termos de substância. É justamente em razão dessa diferença substancial, que é possível a aplicação conjunta das duas penalidades sem que ocorra *bis in idem*, de modo que é possível que uma mesma infração dê ensejo a punição administrativa (disciplinar) e a punição penal (criminal); B: incorreta, como já esclarecido na assertiva acima, a natureza jurídica das punições disciplinar e criminal é diversa: o poder disciplinar é exercido como faculdade punitiva interna da Administração Pública, abrangendo somente as infrações relacionadas com o serviço. A punição penal, por outro lado, é aplicada com finalidade social, para reprimir crimes e contravenções definidas previamente em lei penal, sendo sua aplicação realizada fora da Administração, pelo Poder Judiciário; C: correta, a discricionariedade disciplinar se reduz ao procedimento para aplica-la e circunscreve-se à escolha da penalidade dentre as várias possíveis previstas em lei, à graduação da pena, à conveniência e oportunidade de sua aplicação. Tanto a infração quanto as penalidades cabíveis face a uma falta funcional devem estar previstas previamente em lei; D: incorreta, a motivação do ato disciplinar é imprescindível para a validade de pena.
Gabarito "C".

(Cartório/SP – 2018 – VUNESP) No Estado de São Paulo, a competência para dar início ao exercício da delegação aos Notários e Oficiais de Registro é do

(A) Governador do Estado.

(B) Juiz Corregedor Permanente.

(C) Corregedor Geral da Justiça.

(D) Presidente do Tribunal de Justiça.

Nos termos do art. 5.1 das Normas de Serviço de Cartórios Extrajudiciais – Tomo II, "É competente, para dar início ao exercício da delegação, o Juiz Corregedor Permanente do serviço, que preencherá e assinará o termo de apostilamento contido no verso do título de outorga."
Gabarito "B".

(Cartório/SP – 2012 – VUNESP) Sobre poder de polícia, é correto afirmar que

(A) a multa imposta pela Administração no exercício do poder de polícia pode ser executada diretamente pela via administrativa, devido ao atributo da autoexecutoriedade.

(B) o poder de polícia pode ser delegado a particular por decreto ou outra norma administrativa, desde que específica e clara em seu objeto.

(C) lei municipal pode impedir a instalação de estabelecimento comercial do mesmo ramo em determinada área.

(D) a concessão de licença para construir é um ato administrativo vinculado, derivado do exercício do poder de polícia.

A: incorreta, a multa é sanção pecuniária que é aplicada pela Administração Pública em razão do descumprimento de determinada ação ou omissão devida pelo particular. Ela não é o ato de polícia em si, mas uma das possíveis consequências cabíveis em razão de seu descumprimento. Por esse motivo, não é ela dotada dos atributos do poder de polícia, não tendo, portanto, a autoexecutoriedade como uma de suas características, demandando que a Administração Pública inscreva esse crédito exequendo em dívida ativa para sua cobrança; B: incorreta, o poder de polícia é indelegável, embora seja possível que certos aspectos meramente materiais sejam realizados por particulares ou mesmo por meio eletrônico. C: incorreta, o Município não possui competência para legislar sobre direito econômico (art. 24, I, da CF/1988). D: correta, a concessão de licença é ato vinculado, de modo que, preenchidos os requisitos legais, não há qualquer margem de liberdade dada pela lei para que a licença possa não ser concedida.
Gabarito "D".

(Cartório/SP – 2018 – VUNESP) Assinale a alternativa que é conforme ao regime jurídico administrativo.

(A) Para a satisfação de interesses coletivos, a Administração é impedida de limitar o exercício de direitos individuais.

(B) O regime jurídico administrativo concede prerrogativas à Administração similares às existentes no regime de direito privado.

(C) A Administração pode renunciar ao exercício de competências concedidas por lei.

(D) A lei encerra o pressuposto, fundamento e limite da atividade administrativa.

As alternativas tratam de postulados básicos do direito administrativo e do regime jurídico do direito público. Na alternativa "a", o erro é afirmar que a Administração não pode limitar os direitos individuais: esta é a função do Poder de Polícia; no item "b", o equívoco é afirmar que o Poder Extroverso também é disponível aos particulares, pois este é um dos principais caracteres distintivos da Administração Pública; quanto à alternativa "c", a própria lei federal de Processo Administrativo (Lei n. 9.784/1999) determina a vedação à renúncia total ou parcial de poderes ou competências, salvo autorização em lei (art. 2º, parágrafo único, inc. II). A alternativa correta ("d") sintetiza o regime jurídico de direito público.
Gabarito "D".

(Cartório/CE – 2018 – IESES) Assinale a única alternativa INCORRETA:

(A) O conceito moderno de poder de polícia adotado no direito brasileiro afirma ser ele uma atividade do Estado, consistente em limitar o exercício dos direitos individuais em benefício do interesse público.

(B) Prescreve em cinco anos a ação punitiva da Administração Pública Federal, direta e indireta, no exercício do poder de polícia, objetivando apurar infração à legislação em vigor, contados da data da prática do ato ou, no caso de infração permanente ou continuada, do dia em que tiver cessado.

(C) Ao contrário do que ocorre no direito penal, em que a tipicidade é um dos princípios fundamentais, decorrente do postulado segundo o qual não há crime sem lei anterior que o preveja, no direito administrativo prevalece a atipicidade. Aqui, são muito poucas as infrações descritas na lei, como ocorre com o aban-

2. DIREITO ADMINISTRATIVO

dono do cargo. A maior parte delas fica sujeita à discricionariedade administrativa diante de cada caso concreto. É a autoridade julgadora que vai enquadrar o ilícito como "falta grave", "procedimento irregular", "ineficiência no serviço" etc.

(D) O servidor público comissionado só perderá o cargo em virtude de sentença judicial transitada em julgado ou de processo administrativo disciplinar no qual lhe seja assegurada ampla defesa.

O servidor público comissionado é demissível "ad nutum", isto é, sem qualquer procedimento que avalie falta funcional ou responsabilidade do agente. De fato, pela natureza das funções que exerce (chefia ou assessoramento), seu trabalho depende de uma relação de confiança com seus superiores hierárquicos – por tal razão, não há maiores dificuldades em realizar seu desligamento dos quadros da Administração Pública.
Gabarito "D".

3. ATOS ADMINISTRATIVOS

3.1. Conceito e formação do ato administrativo

(Cartório/SP – 2016 – VUNESP) O ato administrativo diferencia-se dos demais atos jurídicos

(A) pela finalidade pública.

(B) pela unilateralidade.

(C) pelo fim imediato de adquirir, resguardar, transferir, modificar ou extinguir direitos.

(D) pela bilateralidade.

As demais alternativas não trazem características exclusivas dos atos administrativos, sendo certo que a alternativa "d" traz elemento típico do contrato administrativo.
Gabarito "A".

(Cartório/DF – 2008 – CESPE) Julgue o item seguinte:

(1) O silêncio administrativo não significa ocorrência do ato administrativo ante a ausência da manifestação formal de vontade, quando não há lei dispondo acerca das consequências jurídicas da omissão da administração.

1: A assertiva está correta. O silencio administrativo não é ato jurídico, de modo que não pode ser considerado como um ato administrativo, pois este é uma declaração jurídica, que depende logicamente de uma manifestação formal de vontade. Quem se absteve de declarar e, desse modo, silenciou, nada declarou e não praticou ato administrativo algum, independentemente de ter a lei determinado ou não algum efeito a esse silêncio. Ele é mero fato jurídico, ao qual a lei pode imputar efeitos.
Gabarito "1C".

(Cartório/MT – 2003 – UFMT) Em relação ao ato administrativo, pode-se afirmar que é:

(A) válido e eficaz, quando se encontra plenamente ajustado às exigências legais e está disponível para deflagração dos efeitos que lhe são típicos.

(B) válido e ineficaz, quando, estando adequado aos requisitos de legitimidade, poderá deflagrar os efeitos que lhe são típicos.

(C) perfeito e inválido, quando, concluído seu ciclo de formação, não se encontra disponível para eclosão de seus efeitos típicos.

(D) imperfeito e válido, quando, concluído seu ciclo de formação, encontra-se plenamente ajustado às exigências legais.

(E) eficaz e inválido, quando, embora concluído seu ciclo de formação, não se encontra apto a produzir os efeitos inerentes.

A: correta, um ato administrativo é válido quando foi expedido em conformidade com o que determina o ordenamento jurídico e é eficaz quando apto a produzir os efeitos que lhe são próprios; **B:** incorreta, o erro da assertiva está na segunda parte, pois se um ato pode deflagrar os efeitos que lhe são típicos ele é **eficaz** e não ineficaz; **C:** incorreta, um ato administrativo é perfeito quando esgotadas todas as fases necessárias a sua formação, ou seja, quando concluído seu ciclo de formação. Assim sendo, a primeira parte da assertiva está correta. Todavia, temos um erro na segunda parte visto que a definição dada é de **ineficácia**, isto é, o ato não está apto a produzir os efeitos que lhe são próprios, não tendo relação com invalidade; **D:** incorreta, a resposta correta, tendo por base as definições dadas na assertiva, seria **perfeito** e válido; **E:** incorreta, as definições dadas pela assertiva referem-se, respectivamente, a ato perfeito e ineficaz.
Gabarito "A".

(Cartório/SP – 2018 – VUNESP) Quanto à revogação do ato administrativo, é correto afirmar:

(A) ocorre diante de razões de ilegalidade do ato administrativo.

(B) encerra a extinção de um ato administrativo válido por razões de conveniência e oportunidade.

(C) seus efeitos são retroativos.

(D) pode envolver atos administrativos que já produziram todos os seus efeitos.

A revogação ocorre por razões de conveniência e oportunidade, reservando-se a anulação dos atos administrativos para os casos de ilegalidade do ato. Em virtude de tal condição (o ato era, até o momento de sua retirada, válido), devem ser respeitados os direitos adquiridos dos seus beneficiários. Pela mesma razão, não pode ser revogado o ato administrativo já extinto pela produção de seus efeitos.
Gabarito "B".

(Cartório/PR – 2007) O Regime Jurídico do ato administrativo estipula elementos, atributos e categorias para o seu estudo e para possibilitar o controle da Administração Pública. Considerando essa realidade, assinale a alternativa correta:

(A) os atributos do ato administrativo são a forma, o motivo e a finalidade.

(B) o ato administrativo eficaz é aquele que produz efeitos no caso concreto.

(C) a anulação ocorre por motivo de conveniência e oportunidade.

(D) a revogação ocorre por motivo de ilegalidade.

(E) ato discricionário é aquele em que o administrador pode escolher a solução no caso concreto, havendo autonomia de vontade.

A: incorreta, os atributos do ato administrativo são a presunção de legitimidade e veracidade, a imperatividade e a autoexecutoriedade; **B:** correta, ato administrativo eficaz é aquele que completo seu procedimento formativo e se encontra apto a produzir efeitos; **C:** incorreta, a anulação ocorre por motivo de ilegalidade; **D:** incorreta, a revogação ocorre por motivo de conveniência ou oportunidade; **E:** incorreta, ato discricionário é aquele no qual o administrador tem certa margem de liberdade, mas não há autonomia de vontade, pois a escolha está limitada às opções dadas pela lei.
Gabarito "B".

3.2. Atributos do ato administrativo

(Cartório/MG – 2015 – Consulplan) A presunção de legitimidade é uma das características do ato administrativo e produz como efeitos

(A) a presunção absoluta de validade e inversão ônus da prova.

(B) a presunção relativa de validade e discricionariedade.

(C) a autoexecutoriedade e inversão do ônus da prova.

(D) a autoexecutoriedade e presunção absoluta de validade.

A presunção de legitimidade dos atos administrativos atua "juris tantum", isto é, é possível realizar prova em sentido contrário – portanto, descartam-se, de imediato, as alternativas "a" e "d". A discricionariedade, por sua vez, não é atributo do ato administrativo, e sim uma de suas modalidades, no tocante às possibilidades de decisão.
Gabarito "C".

(Cartório/SP – 2016 – VUNESP) Assinale a alternativa correta sobre o ato administrativo.

(A) Competência, forma, finalidade, motivo e imperatividade são requisitos de validade do ato administrativo.

(B) Presunção de legitimidade, autoexecutoriedade, motivo e objeto são atributos do ato administrativo.

(C) Competência, forma, finalidade, motivo e objeto são requisitos de validade do ato administrativo.

(D) Competência, forma, finalidade, motivo e objeto são atributos do ato administrativo.

A questão segue a doutrina clássica de Hely Lopes Meirelles. O candidato poderia chegar na resposta por exclusão, desde que tivesse a compreensão do que são atributos do ato administrativo: no item "a", a imperatividade é, em verdade, atributo do ato administrativo; no item "b", o motivo e o objeto não são atributos; no item "d", os mesmos itens da alternativa "c" são apresentados como atributos.
Gabarito "C".

(Cartório/MG – 2012 – FUMARC) No que concerne aos traços peculiares de sua atuação, é **correto** afirmar que os atributos dos atos administrativos são:

(A) imperatividade, anualidade, presunção de legalidade, eficácia e publicidade.

(B) imperatividade, presunção de legalidade, eficácia, exequibilidade e executoriedade.

(C) publicidade relativa, imperatividade, eficácia, presunção de legalidade e executividade.

(D) publicidade, imperatividade, legalidade formal, eficácia, executividade e executoriedade.

A: incorreta, a anualidade e a publicidade não são atributos do ato administrativo; **B**: correta, a doutrina também usa outras expressões para tratar desses atributos, quais sejam, imperatividade, presunção de legitimidade, exigibilidade, autoexecutoriedade (= executoriedade ou coercibilidade) e tipicidade; **C** e **D**: incorretas, pois a publicidade não guarda relação alguma com os atributos do ato administrativo; vale ressaltar que essa questão usou palavras não usuais para se referir aos atributos do ato administrativo, como executividade, mas é possível resolvê-la por exclusão.
Gabarito "B".

(Cartório/MS – 2009 – VUNESP) Em relação aos atos administrativos, assinale a alternativa compatível com a ordem jurídica.

(A) Os atos administrativos gerais admitem impugnação por meio de recursos administrativos.

(B) A revogação de um ato administrativo individual é incondicionada.

(C) Os atos complexos não se compõem de vontades autônomas, embora múltiplas.

(D) A imperatividade é atributo existente apenas nos atos que impõem obrigações.

(E) A tipicidade existe com relação aos atos unilaterais e bilaterais.

A: incorreta, atos administrativos gerais ou regulamentares são aqueles expedidos sem um destinatário determinado, com finalidade normativa, alcançando todos os sujeitos que se encontrem na mesma situação de fato abrangida por seus preceitos. Contêm um comando geral da Administração Pública, visando à correta aplicação da lei, razão pela qual são inatacáveis por recursos administrativos, visto que, a menos que se refiram a um caso concreto, não podem ser atacados "in abstracto", apenas em tese. B: incorreta, atos individuais ou especiais são todos aqueles que se dirigem a destinatários certos, criando-lhes situação jurídica particular. Geralmente, geram direitos subjetivos para seus destinatários, podendo também criar-lhes encargos pessoais. Quando geram direitos adquiridos são irrevogáveis e, nos demais casos, aceitam revogação ou modificação, cabendo eventualmente indenização. C: incorreta, ato complexo é o que se forma pela conjugação de mais de um órgão administrativo. São órgãos diferentes e autônomos formando um único ato. D: correta, efetivamente, embora seja um atributo do ato administrativo, a imperatividade não estará presente em atos em que seja dispensado, por desnecessário, visto que os efeitos jurídicos do ato dependem exclusivamente do interesse do particular. E: incorreta, a tipicidade pode ou não existir, tanto em relação aos atos unilaterais como bilaterais.
Gabarito "D".

(Cartório/PR – 2007) A Administração Pública exerce Função Pública na condição de potestade pública, no exercício de autoridade. Considerando essa realidade, quanto aos atributos do ato administrativo, assinale a alternativa correta:

(A) coercitivo, legítimo e atípico.

(B) imperativo, legítimo e não autoexecutável.

(C) autoexecutável, imperativo e coercitivo.

(D) imperativo, legítimo e autoexecutável.

(E) verdadeiro, imperativo e discricionário.

Os atributos dos atos administrativos são a presunção de legitimidade e veracidade, a imperatividade e a autoexecutoriedade.
Gabarito "D".

(Cartório/SE – 2006 – CESPE) Com relação aos atos administrativos, julgue o item que se segue.

(1) A presunção de legitimidade e de veracidade dos atos administrativos depende de norma infraconstitucional que a estabeleça.

A assertiva está errada. Trata-se de um atributo ínsito do ato administrativo, decorrente do princípio da legalidade da Administração Pública que informa toda atuação estatal (art. 37 da CF/1988) e que, portanto, independe de qualquer previsão legal. Os atos administrativos, como emanação do Poder Público que são, trazem em si certos atributos que os diferenciam dos atos jurídicos privados e lhes dão condições especiais para atuação em prol do interesse público.
Gabarito "1E".

2. DIREITO ADMINISTRATIVO

(Cartório/SP – I – VUNESP) Considere os seguintes atributos:

I. irrevogabilidade;

II. presunção de legitimidade;

III. presunção de veracidade.

Pode-se dizer que são inerentes aos atos administrativos:

(A) apenas II e III.

(B) apenas I e II.

(C) I, II e III.

(D) apenas I e III.

I: incorreta, a irrevogabilidade não é atributo do ato; II e III: corretas, os atributos dos atos administrativos, qualquer que seja sua categoria ou espécie, são a presunção de legitimidade e veracidade, a imperatividade e a autoexecutoriedade.

Gabarito "A".

(Cartório/SP – III – VUNESP) A presunção de legitimidade dos atos administrativos implica

(A) transferência do ônus da prova de sua invalidade para quem a alegar.

(B) não depender de prova para alegação de invalidade.

(C) que a prova do vício cabe à administração pública.

(D) não permitir qualquer alegação de vício.

A: correta, a presunção de legitimidade dos atos administrativos implica a presunção relativa de que os atos praticados pela Administração foram realizados com a observância do princípio da legalidade expresso no art. 37 da CF/1988. Essa presunção autoriza a imediata execução do ato administrativo, que permanecerá válido até que arguidos vícios ou defeitos que possam mais tarde fulminá-lo por ilegalidade. Tratando-se de presunção relativa, portanto, criam para quem o contraria o ônus de provar a existência de invalidade apta a invalidá-lo. B: incorreta, como dito no item A, a presunção relativa de legitimidade do ato administrativo cria para aquele que alega sua invalidade o ônus de prova-lo; C: incorreta, essa presunção cria a necessidade de prova de invalidade para o administrado e não para a Administração Pública; D: incorreta, trata-se de presunção relativa e não absoluta, razão pela qual será possível a prova de sua invalidade.

Gabarito "A".

(Cartório/SP – IV – VUNESP) A presunção de legitimidade dos atos administrativos

(A) autoriza sempre a imediata execução do ato, desde que previamente declarado perfeitamente legal pelo controle externo, porque no Estado de Direito esse é o princípio garantidor da separação e harmonia dos Poderes.

(B) autoriza sempre a imediata execução do ato, porque decorre do princípio da legalidade da Administração, que, no Estado de Direito, informa toda a atuação governamental.

(C) autoriza a imediata execução do ato só nos casos *in claris cessat interpretatio*.

(D) não autoriza a imediata execução do ato, porque a presunção é uma ficção jurídica que, na maior parte das vezes, gera graves prejuízos aos particulares e à Administração, atravancando o Poder Judiciário.

A presunção de legitimidade dos atos administrativos implica a presunção relativa de que os atos praticados pela Administração foram realizados com a observância do princípio da legalidade expresso no art. 37 da CF/1988. Essa presunção autoriza a imediata execução do ato administrativo, independentemente de qualquer autorização de outro poder, e permanecerá válido e operante até que arguidos vícios ou defeitos que possam mais tarde fulminá-lo por ilegalidade.

Gabarito "B".

(Cartório/SP – V – VUNESP) São atributos do ato administrativo:

(A) a imperatividade, a discricionariedade e a presunção de publicidade.

(B) a autoexecutoriedade, a notoriedade e a discricionariedade.

(C) a notoriedade, a presunção de legitimidade e a autoexecutoriedade.

(D) a presunção de legitimidade, a imperatividade e a autoexecutoriedade.

São atributos do ato administrativo a presunção de legitimidade e veracidade, a imperatividade e a autoexecutoriedade.

Gabarito "D".

(Cartório/SP – 2012 – VUNESP) Sobre o ato administrativo, pode-se afirmar que

(A) ato de competência exclusiva, avocado e praticado por autoridade superior, caracteriza situação de excesso de poder.

(B) a presunção de exigibilidade do ato administrativo autoriza fechar-se estabelecimento inadimplente com o fisco.

(C) a concessão de licença para construir pode ser condicionada à emissão de certidão negativa de débito relativa ao imóvel.

(D) a revogação de ato administrativo complexo pode ser realizada, bastando que um dos órgãos envolvidos manifeste sua aquiescência.

A: correta, se um ato está previsto em lei como de competência absoluta, não caberá em relação a ele as figuras de delegação ou da avocação. Destarte, quando um superior arroga-se poderes que não lhe foram atribuídos legalmente, age com excesso de poder, com violação de regra de competência passível de anulação; B: incorreta, o uso do poder extroverso da Administração Pública como instrumento de coação para o recebimento de multas, taxas e outros é ilegal, daí porque não se pode usar o poder de polícia e fechar um estabelecimento com vistas a forçar o pagamento de dívidas do inadimplente para com a Fazenda Pública; C: incorreta, a concessão de licença é ato plenamente vinculado e que não pode ser condicionado ao pagamento de débitos relativos ao imóvel; D: incorreta, um ato administrativo, em regra, deve ser revogado do mesmo modo como foi constituído. Logo, tratando-se de um ato complexo, formado pela vontade autônoma de mais de um órgão, não basta que um dos órgãos envolvidos na formação do ato o revogue, sendo necessário que todos os órgãos envolvidos para a formação desse único ato o façam.

Gabarito "A".

3.3. Requisitos do ato administrativo

(Cartório/ES – 2007 – FCC) Dentre os requisitos do ato administrativo é correto apontar:

(A) veracidade, exigibilidade, motivo, forma e objeto.

(B) competência, legitimidade, imperatividade, exigibilidade e motivo.

(C) forma, finalidade, presunção de legitimidade, exigibilidade e autoexecutoriedade.

(D) competência, finalidade, forma, motivo e objeto.

(E) forma, motivo, objeto, presunção de legitimidade e autoexecutoriedade.

Os requisitos ou elementos do ato administrativo são: competência, finalidade, forma, motivo e objeto.

Gabarito "D".

(Cartório/DF – 2001 – CESPE) Acerca do direito administrativo brasileiro, julgue o item que se segue.

(1) O regime jurídico dos servidores federais confere à administração o poder de determinar a remoção de referidos servidores. Tendo certo servidor federal cometido infração funcional, poderá a administração determinar a sua remoção como forma de punição.

A assertiva está errada. Tem-se aqui típico desvio de finalidade, visto que a remoção, que não configura uma das modalidades de sanção que podem ser aplicadas ao servidor, sendo apenas o deslocamento desse, a pedido ou *ex officio*, no âmbito da mesma repartição, é aqui utilizada com o fim de punir. Trata-se, destarte, de ilegalidade, passível de anulação.

Gabarito "1E".

(Cartório/MG – 2012 – FUMARC) O ato administrativo, espécie do ato jurídico, possui os seguintes elementos:

(A) Competência, finalidade, forma, motivo e objeto.
(B) Competência, qualidade, forma, motivo e objeto.
(C) Competência, finalidade, resultado, motivo e objeto.
(D) Competência, qualidade, resultado, motivo e objeto.

A: correta, já que os *elementos* (ou *requisitos*) do ato administrativo são justamente os mencionados; B: incorreta, pois a qualidade não é elemento do ato administrativo; C: incorreta, pois o resultado não é elemento do ato administrativo; D: incorreta, pois a qualidade e o resultado não são elementos do ato administrativo.

Gabarito "A".

(Cartório/RR – 2001 – CESPE) Em determinado órgão da administração pública federal direta, constatou-se o cometimento reiterado de infrações funcionais por parte de determinado servidor. A chefia, com vistas a punir referido servidor, determinou a sua imediata remoção para outra unidade daquele mesmo órgão, localizada em local de difícil acesso. Em face dessa situação hipotética, é correto afirmar que a remoção do servidor

(A) é ato perfeitamente válido.
(B) pode ser questionada em sua validade haja vista não ter sido assegurado ao servidor o direito ao contraditório e à ampla defesa.
(C) é nula em face do desvio de finalidade.
(D) é nula em face do vício de forma na edição do ato.
(E) poderá ser convalidada se houver manifestação da autoridade competente para a sua prática.

No caso em tela, uma vez que a remoção foi utilizada como meio de punição, tem-se típico exemplo de desvio de finalidade. Sendo a finalidade um dos requisitos do ato administrativo de natureza vinculada, sua violação gera a nulidade do ato, que será tido por invalido. Veja que não se trata de vício de forma ou de competência, razão pela qual as assertivas **D** e **E** estão incorretas. Há no caso, um vício de finalidade que o torna inválido e a remoção, por não se tratar de uma espécie sancionatória, não demanda ampla defesa ou contraditório, foi ilegalmente utilizada como uma penalidade, razão pela qual tanto a assertiva **A** como a **B** estão incorretas.

Gabarito "C".

(Cartório/SC – 2012) A respeito da Teoria dos Atos Administrativos, é **correto** afirmar:

(A) A finalidade é classificada como um dos requisitos de validade do ato administrativo, cuja essência reside em não só atingir um fim de interesse público, mas também no interesse do governo, no sentido levar a cabo seu desiderato ideológico-partidário.
(B) A competência constitui um dos requisitos de validade do ato administrativo, e singulariza-se pelo poder legal conferido em favor do agente público para o desempenho específico das atribuições de seu cargo, que diante de determinadas situações excepcionais podem ser renunciadas e não apenas delegadas.
(C) O Poder Judiciário pode declarar a invalidade de um ato administrativo discricionário quando, analisando os termos desse ato, verificar que o motivo determinante distendido para sua edição não se apresenta justificável diante de sua ilegitimidade.
(D) São os elementos motivo e objeto que permitem verificar se o ato administrativo é vinculado ou discricionário. Nos atos vinculados, o binômio motivo-objeto determina o denominado mérito administrativo, que deve estar presente intrinsecamente em todo ato administrativo.
(E) Todo ato administrativo em sua edição deve ser dotado de motivo. Qualquer ato que não contenha expressamente a motivação em sua edição é passível de ter reconhecida sua ilegitimidade por parte do Poder Judiciário, pois não basta o lastro de haver motivo para sua existência, mas sim que sua motivação seja exteriorizada no ato.

A: incorreta, pois o administrador deve buscar a finalidade prevista na lei e não a finalidade ideológico-partidária; B: incorreta, pois a competência é irrenunciável (art. 11 da Lei 9.784/1999); C: correta, pois os atos discricionários não são um cheque em branco, devendo atender aos princípios e demais normas administrativas, podendo o Judiciário controlar, quanto a esses atos, aspectos de legalidade, razoabilidade e moralidade; D: incorreta, pois o mérito administrativo não diz respeito aos atos vinculados, mas aos atos discricionários; E: incorreta, pois a alternativa confunde motivo com motivação em sua primeira parte. Motivo são os fundamentos de fato e de direito que justificam a prática do ato, dizendo respeito ao requisito "motivo"; motivação, por sua vez, é a explicação dada para a prática do ato, dizendo respeito ao requisito "forma". Muitas vezes um ato tem motivação (explicação), tornando-o válido quanto à *forma*, mas o motivo invocado (por exemplo, um fato falso) tem problema, tornando o ato inválido por defeito quanto ao *motivo*.

Gabarito "C".

(Cartório/SP – V – VUNESP) São elementos do ato administrativo:

(A) publicidade, legalidade, finalidade, autoridade e eficiência.
(B) discricionariedade, efetividade, motivação, veracidade e formalidade.
(C) competência, finalidade, forma, motivo e objeto.
(D) eficácia, executoriedade, definitividade, moralidade e autenticidade.

Os requisitos ou elementos do ato administrativo são: competência, finalidade, forma, motivo e objeto.

Gabarito "C".

2. DIREITO ADMINISTRATIVO

(Cartório/SP – 2012 – VUNESP) O ato administrativo, ainda que discricionário, quando tiver sua prática motivada, fica vinculado aos motivos expostos, para todos os efeitos jurídicos. Se tais motivos são falsos ou inexistentes, o ato praticado é nulo. Assinale a alternativa correta.

(A) Trata-se da teoria dos motivos determinantes.

(B) O ato administrativo discricionário não pode ser motivado.

(C) Os motivos dos atos administrativos decorrem da lei.

(D) Trata-se do princípio da legalidade.

A: correta, a teoria dos motivos determinantes estabelece que, quando os atos administrativos tiverem sua prática motivada, esses motivos determinam e justificam a realização do ato, de modo que os atos ficam vinculados aos motivos expostos para todos os efeitos jurídicos. Em outras palavras, uma vez expostos os motivos, necessariamente deve haver correspondência entre eles e a realidade. Isso se aplica mesmo aos atos discricionários que, se motivados, ficam vinculados aos motivos expostos como causa para o seu cometimento e se sujeitam ao controle de legitimidade; B: incorreta, os atos administrativos discricionários, como regra, não precisam ser motivados, mas a exposição dos motivos não é vedada. Caso haja essa exposição, tem-se a incidência da teoria dos motivos determinantes; C: incorreta, o motivo ou causa do ato administrativo é a situação de direito ou de fato que autoriza a realização do ato administrativo e ele pode vir expresso em lei ou ser deixado a critério do administrador; D: incorreta, não se trata aqui de incidência do princípio da legalidade, mas da teoria dos motivos determinantes, acima já explicitado.
Gabarito "A".

3.4. Discricionariedade, vinculação e controle jurisdicional

(Cartório/PA – 2016 – IESES) Assinale a alternativa correta:

(A) A revogação do ato administrativo, mesmo quando legítima, sempre dá direito à indenização ao lesado, uma vez que constitucional a responsabilização do Estado por ato lícito.

(B) Para o moderno Direito Administrativo, motivo e motivação do ato administrativo veiculam a mesma ideia, isto é, são sinônimas em seus efeitos finais, pois ambas vinculam a Administração Pública e a sua inobservância implica na declaração de inexistência do ato.

(C) O ato administrativo viciado não pode ser convalidado se já impugnado, administrativa ou judicialmente. Há, entretanto, uma exceção. É o caso da "motivação" de ato vinculado expedida tardiamente, após a impugnação do ato.

(D) Em relação aos atributos do ato administrativo, é correto afirmar-se que, modernamente, confundem-se a executoriedade e a exigibilidade pois ambas garantem, por si só, a possibilidade de coação material de execução do ato.

A revogação dos atos administrativos ocorre nos atos discricionários, e se dá por razões de conveniência e oportunidade. Não é equivocado dizer que mesmo o ato lícito do Estado pode gerar direito a indenização, bastando que se comprove a conduta, o dano e o nexo de causalidade (lembre-se que a responsabilização estatal, em nosso país, é a Teoria do Risco Administrativo), e também não é errado afirmar que a Constituição Federal admite a responsabilização por ato lícito. A informação que torna a alternativa "a" incorreta é a de que a revogação "sempre dá" direito de indenização ao lesado – considerando que a revogação pode

ocorrer em atos administrativos ampliativos de direitos dos administrados, a retirada do ato administrativo poderia, nestes termos, gerar uma espécie de "lesão" sem que seja possível falar em indenização. Quanto à alternativa "b", o motivo é identificado como o acontecimento da realidade que autoriza ou determina a prática do ato administrativo, e a motivação consiste nas justificativas expostas pelo administrador para a prática do ato. Considerando o ato administrativo inexistente aquele que aparenta ser ato administrativo mas, na verdade, não reúne condições para gerar efeitos jurídicos (ex: o Prefeito assina um decreto e não realiza sua publicação), o ato praticado com vício de motivo é nulo, e o praticado com vício de motivação é anulável – ambos geram efeitos jurídicos, e, portanto, não podem ser considerados inexistentes. Finalmente, quanto ao item "d", a executoriedade é o atributo dos atos administrativos de serem executados materialmente pela própria administração, independentemente de qualquer solicitação ao Poder Judiciário, enquanto a exigibilidade é o atributo que possuem os atos administrativos de serem exigidos quanto ao seu cumprimento sob a ameaça de sanção.
Gabarito "C".

(Cartório/MG – 2016 – Consulplan) Acerca do controle dos atos administrativos, é correto afirmar:

(A) Todos os atos administrativos sujeitam-se ao controle judicial.

(B) Nem todos os atos administrativos sujeitam-se ao controle de legalidade pelo Poder Judiciário.

(C) O ato administrativo, ou a omissão da administração pública, que contrarie súmula vinculante, só pode ser alvo de reclamação no STF depois de esgotadas as vias administrativas.

(D) É dispensável, para caracterizar o interesse de agir no *habeas data*, a provocação prévia da via administrativa.

A alternativa indicada como correta foi a "c", que corresponde ao texto do art. 7°, § 1°, da Lei n. 11.417/2006. A alternativa "a" não está incorreta em absoluto: de fato, de acordo com o art. 5°, inc. XXXV da Constituição Federal, a lei não excluirá da apreciação do Poder Judiciário lesão ou ameaça a direito. O que talvez tenha pretendido o examinador foi avaliar se o candidato entende que certos aspectos do ato administrativo discricionário (o seu mérito, assim entendido como a opção legal realizada pelo administrador) não são sindicáveis em juízo. O mesmo raciocínio, aponte-se, vale para a alternativa "b": em que pese a alternativa ter sido considerada incorreta, ela somente assim o será se considerarmos que a vedação da análise do mérito administrativo não é controle de legalidade. A alternativa "d", por fim, contradiz o art. 8° da Lei n. 9.507/1997 e a Súmula n. 02, do STJ: "Não cabe o *habeas data* se não houve recusa de informações por parte da autoridade administrativa".
Gabarito "C".

(Cartório/MG – 2016 – Consulplan) Quanto ao controle dos atos administrativos, é correto afirmar:

(A) O princípio da razoabilidade não se insere na esfera de autonomia do Poder Judiciário na análise de conclusão de Processo Administrativo Disciplinar.

(B) A Administração Pública, no exercício de autotutela, não poderá invalidar ato administrativo discricionário em razão da análise de seu mérito.

(C) Se cabe recurso administrativo com efeito suspensivo independentemente de caução, não cabe mandado de segurança contra o ato impugnado.

(D) Cabe mandado de segurança contra ato normativo identificado por sua flagrante inconveniência.

A alternativa "c" é texto expresso do art. 5º, I, da Lei n. 12.016/2009. A alternativa "a" está equivocada em função de consolidada jurisprudência admitir a reapreciação dos elementos fáticos do processo administrativo para verificar se o acervo probatório dá respaldo ou não à decisão, inclusive no tocante à proporcionalidade e razoabilidade da sanção (ex: Mandado de Segurança n. 13.091/DF, Rel. Min. Napoleão Nunes Maia Filho, j. 27.2.2008, v.u., DJU 7.3.2008). Quanto à alternativa "b", seu texto contraria tanto a Sumula n. 473 do STF ("A Administração pode anular seus próprios atos, quando eivados de vícios que os tornem ilegais, porque deles não se originam direitos; ou revogá-los, por motivo de conveniência ou oportunidade, respeitados os direitos adquiridos, e ressalvada, em todos os casos, a apreciação judicial") quanto o art. 53 da Lei n. 9.784/1999. No tocante à alternativa "d", é preciso relembrar que o mandado de segurança tem por finalidade infirmar ato ilegal ou praticado com abuso de direito. O ato inconveniente é, em princípio, lícito, o que o retira da esfera de controle por intermédio do "mandamus".
Gabarito "C".

(Cartório/MG – 2016 – Consulplan) Acerca do ato administrativo, assinale a opção correta.

(A) A presunção de legitimidade implica reconhecer como absolutamente verdadeiros os fundamentos fáticos motivadores do ato.

(B) O ato administrativo coletivo se verifica quando há manifestação da vontade de mais de um órgão da Administração Pública.

(C) O silêncio da Administração Pública, em face da presunção de legalidade, exigibilidade e imperatividade, não gera efeitos jurídicos.

(D) É nulo e de impossível convalidação o ato administrativo com objeto ilícito, ainda que praticado de boa-fé e sem desvio de poder.

A alternativa apontada como correta entende, nos termos da Lei n. 4.717/1965 (Lei da Ação Popular), que a ilegalidade do objeto ocorre quando o resultado do ato importa em violação de lei, regulamento ou outro ato normativo (art. 2º, parágrafo único, "c"). Nestes termos, a convalidação, que se apresenta como uma forma de corrigir vícios existentes em um ato ilegal (art. 55 da Lei n. 9.784/1999 – Lei do Processo Administrativo Federal), não é, de fato, possível. Quanto às demais alternativas: a presunção de legitimidade dos atos administrativos é "juris tantum", isto é, pode ser questionada (alternativa "a"); o ato administrativo em que há manifestação da vontade de mais de um órgão da Administração Pública é o ato administrativo complexo (alternativa "b"); por fim, o silêncio da Administração Pública pode gerar efeitos, desde que assim esteja previsto em lei.
Gabarito "D".

(Cartório/DF – 2001 – CESPE) Acerca do direito administrativo brasileiro, julgue o item que se segue.

(1) O exame da razoabilidade do ato diz respeito ao mérito desse ato. Conclui-se, portanto, que esse exame está adstrito à administração pública, que poderá, caso considere ato desarrazoado, revogá-lo.

A assertiva está errada. A observância ao princípio da legalidade vai além da mera constatação da subsunção do fato à norma. Ele é mais amplo que isso, sendo bem maior que a mera sujeição do administrador à lei, pois este também deve necessariamente se submeter ao Direito, ao ordenamento jurídico, às normas e princípios constitucionais, devendo buscar como meta a igualdade na própria lei. Daí porque a razoabilidade do ato é critério que pode ser, portanto, objeto de apreciação pelo Poder Judiciário.
Gabarito "1E".

(Cartório/DF – 2001 – CESPE) Acerca do direito administrativo brasileiro, julgue o item que se segue.

(1) Ato discricionário é aquele que o administrador poderá dispor de sua forma ou finalidade. A particularidade dessa categoria de ato é a impossibilidade de controle pelo Poder Judiciário.

A assertiva está errada. Dentre os requisitos ou elementos do ato administrativo estão: a competência, a finalidade, a forma, o motivo e o objeto. Os três primeiros (competência, finalidade e forma) são elementos vinculados, ou seja, a lei não dá qualquer margem de liberdade ao administrador para sobre eles dispor. É apenas em relação ao motivo e ao objeto que a lei pode outorgar essa liberdade.
Gabarito "1E".

(Cartório/PR – 2007) Em relação a ato administrativo e seu regime jurídico, considerando-o como materialização do exercício de função pública, assinale a alternativa correta:

(A) Ato discricionário é aquele que possui todo o seu conteúdo disciplinado na lei e não há espaço para escolhas pelo administrador.

(B) Ato administrativo vinculado é aquele que não permite ao administrador liberdade na escolha da decisão, que traz todos os elementos regrados.

(C) A revogação do ato administrativo opera efeitos desde o momento de produção e formação do ato e incide sempre que se tratar de ilegalidade.

(D) A revogação do ato administrativo opera efeitos desde o momento de produção e formação do ato original e incide sempre que se tratar de ausência de conveniência e oportunidade da Administração Pública.

(E) O ato administrativo pode ser perfeito mesmo quando não teve seu ciclo de formação jurídica completado.

A: incorreta, ato discricionário é aquele em que a lei outorga certa margem de liberdade de escolha ao administrador quanto ao motivo ou a seu objeto; B: correta, ato vinculado é aquele em que a lei já determina todos os elementos do ato administrativo (competência, finalidade, forma, motivo e objeto), não havendo qualquer margem de escolha ao administrador; C: incorreta, a revogação é o desfazimento de ato lícito e perfeito por razões de conveniência e oportunidade da Administração Pública, razão pela qual produz efeitos *ex nunc*, ou seja, sem retroagir ao momento de produção e formação do ato; D: incorreta, como já dito na assertiva C, a revogação é o desfazimento de ato lícito e perfeito por razões de conveniência e oportunidade da Administração Pública, razão pela qual produz efeitos *ex nunc*, ou seja, sem retroagir ao momento de produção e formação do ato; E: incorreta, um ato administrativo é perfeito quando esgotadas todas as fases necessárias a sua formação, ou seja, quando concluído seu ciclo de formação.
Gabarito "B".

(Cartório/SE – 2006 – CESPE) Com relação aos atos administrativos, julgue os itens que se seguem.

(1) O mérito do ato administrativo consiste na possibilidade que tem a administração pública de valorar os motivos e escolher o objeto do ato, quando autorizada a decidir sobre a sua conveniência e oportunidade.

(2) A administração pública pode praticar atos ou celebrar contratos em regime de direito privado, como nos casos em que assina uma escritura de compra e venda ou de doação.

1: correta, o mérito administrativo consiste na valoração dos motivos e na escolha do objeto do ato feitas pela Administração Pública incumbida de sua prática, quando autorizada a decidir sobre a conveniência e oportunidade do ato a realizar; **2**: correta, embora sempre existam derrogações de direito público, a Administração Pública pode praticar atos ou celebrar contratos em regime de direito privado, abrindo mão de sua posição de supremacia, desnecessária para aquele negócio jurídico. É o que ocorre, por exemplo, nos contratos de locação, de seguro, na assinatura de uma escritura de compra e venda ou de doação. Gabarito 1C, 2C

(Cartório/SP – II – VUNESP) O controle judicial da legalidade dos atos administrativos discricionários abrange a análise

(A) da conveniência do ato.

(B) da oportunidade do ato.

(C) da eficiência do ato.

(D) dos motivos determinantes do ato.

Os atos administrativos discricionários são aqueles em que a lei permite à Administração Pública certa liberdade para a escolha de seu conteúdo, de seus destinatários, de sua conveniência, de sua oportunidade e do modo de sua realização. Visto que essa liberdade é dada pela lei e nos limites por ela outorgada, o controle judicial não abrange a análise da conveniência ou oportunidade do ato discricionário, que não tem de ser motivado. Todavia, segundo a teoria dos motivos determinantes, caso o motivo seja consignado como causa para a realização de um determinado ato, seja ele vinculado ou discricionário, passa a ser possível ao Poder Judiciário o controle da legalidade para verificação da real correspondência entre o motivo alegado para o ato e os fatos efetivamente ocorridos no caso concreto. Gabarito "D".

(Cartório/SP – 2011 – VUNESP) O ato discricionário praticado por autoridade incompetente, ou realizado por forma diversa da prevista em lei é

(A) passível de retificação.

(B) juridicamente inexistente.

(C) ilegítimo e nulo.

(D) anulável.

A: incorreta, o ato administrativo é composto dos seguintes elementos: competência, finalidade, forma, motivo e objeto. Os três primeiros (competência, finalidade e forma) são requisitos vinculados, razão pela qual qualquer vício em relação a esses aspectos gera a ilegalidade e invalidade do ato, não havendo que se falar em retificação; **B**: incorreta, ainda que um determinado ato seja eivado de vício de legalidade, isso não significa que foi inexistente juridicamente. Ato inexistente é aquele que apenas tem a aparência de manifestação regular da Administração Pública, mas que não chega sequer a concretizar seu ciclo de formação, a aperfeiçoar-se como ato administrativo. Ato nulo, por sua vez, é aquele que nasce afetado por um vício insanável em um ou alguns de seus elementos constitutivos ou no seu procedimento formativo. **C**: correta, uma vez que a competência e a forma são elementos vinculados do ato administrativo, tem-se por ilegítimo e nulo o ato em questão quando violados tais requisitos. **D**: incorreta, tratando-se de elementos ou requisitos vinculados do ato, sua violação, reconhecida pela Administração Pública ou pelo Judiciário, tornam o ato nulo, com efeitos *ex tunc*. Gabarito "C."

(Cartório/SP – 2012 – VUNESP) Assinale a alternativa incorreta.

(A) O Poder Legislativo poderá exercer o controle do mérito dos atos administrativos nos casos de criação, transformação e extinção de cargos, empregos e funções públicas, observado o que estabelece o art. 84, VI, *b*, da Constituição Federal.

(B) Enquanto a oportunidade e a conveniência do ato administrativo somente podem ser controladas pela própria Administração Pública, a eficiência e o resultado do ato podem ser submetidos ao controle externo.

(C) O Poder Judiciário pode analisar a legalidade dos atos administrativos puramente discricionários.

(D) Apenas o ato administrativo vinculado pode ser anulado pelo Poder Judiciário; o discricionário deverá ser revogado.

A: correta, quando o Poder Legislativo está no exercício de função atípica administrativa, logicamente segue o mesmo regime jurídico administrativo previsto para o Poder Executivo quando no exercício da sua função típica. Assim sendo, uma vez que a criação, transformação e extinção de seus cargos, empregos e funções pública são hipóteses de exercício pelo Poder Legislativo de função administrativa, poderá ele exercer o controle do mérito do ato administrativo; **B**: correta, oportunidade e conveniência integram o chamado mérito administrativo, o qual é passível de controle tão somente pela Administração Pública, ao passo que a eficiência e o resultado, tal como previsto nos artigos 37 e 70 da Constituição Federal, são passíveis de controle externo. **C**: correta, a lei pode outorgar certa liberdade ao administrador para que este escolha, dentre as alternativas possíveis, a que atende otimamente a finalidade legal. Isso não significa, todavia, que todos os elementos do ato administrativo sejam abrangidos por essa liberdade: a competência, a forma e a finalidade são requisitos vinculados do ato. Desse modo, ainda que se trate de ato discricionário, pode o Judiciário analisar sua legalidade. **D**: incorreta, como já dito na assertiva C, tanto os atos administrativos vinculados como os discricionários podem ser anulados pelo Poder Judiciário quando eivados com vícios que os tornem ilegais, com fundamento no artigo 5º, XXXV da Constituição Federal (princípio da inafastabilidade do Poder Judiciário). Gabarito "D."

3.5. Extinção do ato administrativo

(Cartório/MG – 2015 – Consulplan) O Município de Belo Horizonte, em razão de ampliação de avenida, retirou a permissão para estabelecimento de uma banca de jornais lá fixada, sob o fundamento de que a avenida passaria no local.

Quanto ao mencionado ato administrativo, só NÃO é hipótese de

(A) cassação.

(B) revogação.

(C) conveniência e oportunidade.

(D) extinção.

Trata-se de revogação de permissão, expedida mediante critérios de conveniência e oportunidade, extinguindo-se, desta forma, o ato original. A cassação do ato administrativo ocorre nas hipóteses em que o beneficiário deixa de cumprir alguma condição a que estava obrigado para a manutenção do ato (por exemplo, falta de higiene em restaurante causa a cassação da licença anteriormente expedida). Gabarito "A".

(Cartório/SP – 2016 – VUNESP) Sobre a anulação e revogação dos atos administrativos, assinale a alternativa correta.

(A) A Administração deve anular seus próprios atos, quando eivados de vícios de legalidade, e pode revogá-los por motivo de conveniência ou oportunidade, ainda que em prejuízo dos direitos adquiridos.

(B) A Administração deve anular seus próprios atos, por motivo de conveniência ou oportunidade, e pode revogá-los quando eivados de vícios de legalidade, respeitados os direitos adquiridos.

(C) A Administração deve anular seus próprios atos, quando eivados de vícios de legalidade, e pode revogá-los por motivo de conveniência ou oportunidade, respeitados os direitos adquiridos.

(D) A Administração pode revogar seus atos por motivo de conveniência ou oportunidade, respeitados os direitos adquiridos, mas tem de requerer ao Poder Judiciário a anulação deles em casos de vícios de legalidade.

Na alternativa "a" em função da revogação ser realizada em função de conveniência e oportunidade administrativas, a regra é o respeito aos direitos adquiridos; na alternativa "b", os conceitos de anulação e revogação estão invertidos; por fim, na alternativa "d", a Súmula n. 346, de 1963, há muito já consolidou a posição do STF quanto à possibilidade da Administração anular seus próprios atos.

Gabarito "C".

(Cartório/DF – 2008 – CESPE) Julgue o item seguinte:

(1) O STF, em posição já tradicional de sua jurisprudência, classificou os atos administrativos eivados de vícios em ilegais, inconvenientes ou inoportunos, dizendo serem os ilegais passíveis de anulação, e os últimos, de revogação, mas, em qualquer dos casos, os direitos existentes devem ser sempre respeitados, por terem sido incorporados na esfera jurídica do indivíduo.

A assertiva está errada. Diz a súmula 473 do STF que: "a administração pode anular seus próprios atos, quando eivados de vícios que os tornam ilegais, porque deles não se originam direitos; ou revogá-los, por motivo de conveniência ou oportunidade, respeitados os direitos adquiridos, e ressalvada, em todos os casos, a apreciação judicial". Como pode ser verificado, dos atos nulos ou anuláveis, respeitados os direitos adquiridos, não se originam direitos, razão pela qual, excetuados esses casos, não geram direitos subjetivos aos particulares.

Gabarito "1E".

(Cartório/RJ – 2012) Assinale a alternativa correta em relação aos atos administrativos.

(A) São inteiramente revogáveis.

(B) São irrevogáveis, sempre.

(C) São revogáveis os atos de efeitos instantâneos.

(D) São irrevogáveis os atos que geraram direitos subjetivos aos beneficiários.

(E) São revogáveis os atos vinculados.

A: incorreta, pois somente atos discricionários podem ser revogados; B: incorreta, pois os atos administrativos, caso sejam discricionários, podem ser revogados; C: incorreta, pois atos já exauridos não podem ser revogados, pois não existem mais; no caso, como os atos de efeito instantâneo ficam extintos (exauridos) logo que expedidos, tais atos não são revogáveis; D: correta, pois nem a *lei* pode revogar atos que geram direitos subjetivos (direitos adquiridos), quanto mais um mero *ato administrativo*; E: incorreta, pois os atos vinculados são irrevogáveis, diferentemente dos atos discricionários, que podem, sim, ser revogados.

Gabarito "D".

(Cartório/RN – 2012 – IESIS) Sobre o regime jurídico dos atos administrativos, assinale a alternativa correta:

(A) A convalidação é o ato administrativo praticado pela Administração de tornar válido ato que apresente defeitos sanáveis, produzindo efeitos *ex nunc*.

(B) A autoexecutoriedade é o requisito do ato administrativo que possibilita a imediata e direta execução de certos atos pela própria Administração, independentemente de ordem judicial.

(C) Cabe reclamação ao Supremo Tribunal Federal para anular atos administrativos que contrariem súmula vinculante ou na hipótese de existência de repercussão geral.

(D) O mérito do ato administrativo é aspecto pertinente apenas aos atos praticados no exercício de competência discricionária, relacionando-se com o motivo e o objeto de sua formação.

A: incorreta, pois os efeitos da convalidação são *ex tunc*, ou seja, retroagem; B: incorreta, pois a autoexecutoriedade não é *requisito*, mas *atributo* do ato administrativo; C: incorreta, pois cabe a reclamação para anular o ato administrativo na hipótese deste contrariar a súmula aplicável *ou que indevidamente a aplicar*, não cabendo a reclamação simplesmente por ter um ato administrativo repercussão geral (art. 103-A, § 3.º, da CF); D: correta; de fato, somente se fala em mérito (margem de liberdade) em atos discricionários; ademais, a discricionariedade, realmente, costuma estar justamente no motivo ou no objeto do ato administrativo.

Gabarito "D".

(Cartório/SP – II – VUNESP) Em relação aos vícios dos atos administrativos pode-se dizer que

(A) o vício do ato anulável pode ser declarado, em ação judicial, pelo juiz agindo de ofício ou mediante provocação do Ministério Público.

(B) os atos nulos podem ser convalidados sempre que assim for necessário para a satisfação do interesse público.

(C) qualquer que seja o vício existente, somente pode a nulidade ou anulabilidade ser declarada por decisão judicial.

(D) a invalidação dos atos nulos e dos anuláveis produz efeitos retroativos, ressalvada a persistência de seus efeitos em relação a terceiros de boa-fé.

A: incorreta, a nulidade relativa não pode ser decretada de ofício; B: incorreta, os atos nulos são aqueles eivados de vícios tais que tornam a convalidação impossível; C: incorreta, dado o poder de autotutela administrativa, pode a Administração Pública – e não apenas o Poder Judiciário – anular os atos eivados de vícios, podendo, ainda, convalidar os atos anuláveis quando essa for a solução ótima ao atendimento do interesse público envolvido; D: correta, tanto a invalidação dos atos nulos quanto dos atos anuláveis gera efeitos *ex tunc*, retroagindo até o momento de formação do ato, respeitados os direitos adquiridos e os terceiros de boa-fé.

Gabarito "D".

(Cartório/SP – IV – VUNESP) No tocante à invalidação dos atos administrativos do Executivo, é certo que

(A) o Poder Judiciário pode revogar e anular os referidos atos.

(B) o Executivo pode revogar, mas nunca anular seus próprios atos.

(C) o Executivo pode revogar ou anular seus próprios atos.

(D) o Poder Judiciário pode revogar os referidos atos.

A: incorreta, revogação é o desfazimento do ato administrativo discricionário por razões de conveniência e oportunidade pela própria Administração Pública. Não pode o Poder Judiciário, desse modo, revogar os atos administrativos do Poder Executivo, mas tão somente anulá-los, quando eivados de vícios que afetem sua legalidade – vide

2. DIREITO ADMINISTRATIVO

Súmula 473 STF; B: incorreta, a Administração Pública tem poderes de invalidação mais amplos que os do Poder Judiciário: ela tanto pode revogar um ato legítimo e eficaz por não ser mais conveniente sua existência (revogação), como deve anular os atos administrativos ilegítimos ou ilegais; C: correta, como já dito na assertiva B, a Administração Pública tanto pode revogar um ato legítimo e eficaz por não ser mais conveniente sua existência (revogação), como deve anular os atos administrativos ilegítimos ou ilegais (anulação); D: incorreta, não pode o Poder Judiciário revogar os atos administrativos do Poder Executivo, mas tão somente anulá-los, quando eivados de vícios que afetem sua legalidade – vide Súmula 473 do STF.

Gabarito "C".

(Cartório/SP – V – VUNESP) O ato pelo qual é suprido o vício existente em um ato ilegal, com efeitos retroativos à data em que este foi praticado, é o de

(A) reparação.

(B) convalidação.

(C) revisão hierárquica.

(D) retificação.

A convalidação é o suprimento da invalidade de um ato administrativo com efeitos retroativos. Trata-se de suprimento que pode derivar de um ato da própria Administração Pública ou do particular afetado pelo provimento viciado.

Gabarito "B".

(Cartório/SP – VI – VUNESP) Assinale a alternativa correta.

(A) Revogação é o ato administrativo discricionário pelo qual a Administração extingue um ato válido, por razões de oportunidade e conveniência, e seus efeitos são *ex tunc*.

(B) Revogação é o ato administrativo vinculado pelo qual a Administração extingue um ato válido, por razões de oportunidade e conveniência, e podem ser objeto de revogação, inclusive, os atos que já exauriram os seus efeitos.

(C) Revogação é o ato administrativo discricionário pelo qual a Administração extingue um ato válido, por razões de oportunidade e conveniência, e podem ser objeto de revogação, inclusive, os atos vinculados.

(D) Revogação é o ato administrativo discricionário pelo qual a Administração extingue um ato válido, por razões de oportunidade e conveniência, e seus efeitos são *ex nunc*.

A: incorreta, o erro da assertiva está na produção dos efeitos: justamente porque se trata de ato administrativo legítimo e eficaz e, portanto, sem qualquer ilegalidade a maculá-lo, ele produz efeitos até o seu desfazimento via revogação, razão pela qual seus efeitos são *ex nunc*. B: incorreta, a revogação é ato administrativo **discricionário** pois, por motivos de conveniência e oportunidade, a Administração Pública desfaz ato legítimo e eficaz. Logicamente a revogação tem limites, não incidindo sobre atos: que geram direitos subjetivos a seus destinatários (em respeito aos direitos adquiridos), que exaurem desde logo seus efeitos ou, ainda, quando já tenham transcorridos os prazos dos recursos internos, tendo decaído o poder de a Administração Pública modifica-los ou revoga-los; C: incorreta, a revogação só incide sobre atos administrativos discricionários; D: correta, revogação é o desfazimento do ato administrativo discricionário por razões de conveniência e oportunidade pela própria Administração Pública, com efeitos *ex nunc*.

Gabarito "D".

(Cartório/SP – 2011 – VUNESP) A anulação dos atos administrativos pela própria administração pública representa a forma normal de invalidação de atividade ilegítima do poder público. Em que se funda essa faculdade?

(A) Em razão de conveniência e oportunidade.

(B) No poder de autotutela do Estado.

(C) No poder arbitrário da administração.

(D) No poder de fiscalização hierárquica.

A: incorreta, a anulação do ato administrativo ocorre quando se está diante de uma ilegalidade, criando um dever para a Administração Pública de desfazer o ato eivado de vícios. Não se trata, nesse caso, de revogação por razões de conveniência e oportunidade; B: correta, poder de autotutela é uma decorrência do princípio da legalidade, cabendo à Administração Pública anular seus próprios atos quando ilegais, ou revogar os irregulares ou inoportunos, respeitados os direitos adquiridos e indenizados os prejudicados se for o caso; C: incorreta, não existe poder arbitrário da Administração Pública. Arbítrio pressupõe atuação sem respaldo em lei. Tendo em vista que à Administração Pública só é dado fazer o que a lei determina (relação de subsunção com a lei), não pode ela atuar sem que possua respaldo legal para tanto; D: incorreta, a fiscalização é uma das faculdades implícitas outorgadas ao superior decorrentes do poder hierárquico e consiste na vigilância permanente dos atos praticados pelos subordinados com o fim de mantê-los nos padrões regulamentares de cada atividade administrativa.

Gabarito "B".

3.6. Classificação do administrativo

(Cartório/DF – 2008 – CESPE) Julgue o item seguinte:

(1) Como regra, entende-se a permissão administrativa, em seu sentido tradicional, como o ato administrativo de caráter discricionário e precário pelo qual o poder público autoriza o particular a executar serviço de utilidade pública ou a utilizar privativamente bem público, sendo possível a revogação do consentimento, não sendo, porém, devida indenização ao prejudicado.

1: A assertiva está correta, permissão é o ato administrativo discricionário e precário, por meio do qual o Poder Público faculta ao particular a execução de serviços de interesse coletivo ou o uso especial de bens públicos, a título gratuito ou remunerado. Como decorre de um ato de caráter precário, não dá ensejo, como regra geral, à indenização do particular.

Gabarito "1C".

(Cartório/PR – 2007) Os atos administrativos classificam-se segundo a sua formação, as suas prerrogativas e o grau de liberdade. Em relação a estas classificações, assinale a alternativa correta:

(A) Ato administrativo vinculado é aquele que permite ao administrador revogar os atos em contrário.

(B) A imperatividade do ato administrativo impõe que todos os atos administrativos presumem-se verdadeiros.

(C) Ato composto é aquele que necessita de duas vontades ou mais em dois atos para a sua formação.

(D) Ato administrativo vinculado é aquele que permite ao administrador liberdade na escolha da decisão.

(E) Ato administrativo vinculado é aquele que permite apenas parcialmente margem de escolha ao administrador.

A: incorreta, ato administrativo vinculado é aquele para o qual a lei estabelece os requisitos e condições para sua realização e contra ele não cabe revogação; B: incorreta, a assertiva tenta confundir dois atributos do ato administrativo: a imperatividade e a presunção de veracidade. A imperatividade consiste no atributo do ato administrativo que confere a coercibilidade para seu cumprimento ou execução, ao passo que a presunção de veracidade refere-se aos fatos alegados pela Administração para a prática do ato, os quais são tidos como verdadeiros até prova em contrário; C: correta, ato composto é que resulta da vontade única de um órgão, mas depende da verificação por parte de outro, que o ratifica; D: incorreta, o ato administrativo **discricionário** (e não o vinculado) é aquele que permite ao administrador certa liberdade de escolha da decisão; E: incorreta, ato administrativo vinculado é aquele para o qual a lei estabelece os requisitos e condições de sua realização, não sendo dada margem de liberdade para que o administrador escolha quaisquer desses requisitos.

Gabarito "C".

(Cartório/SE – 2006 – CESPE) Com relação aos atos administrativos, julgue os itens que se seguem.

(1) Os atos ordinatórios visam disciplinar o funcionamento da administração e a conduta funcional de seus agentes. Por isso, em regra, criam direitos e obrigações também para os particulares que dependam dos serviços desses agentes.

(2) A licença, a autorização, a permissão, a aprovação e a homologação são exemplos de atos administrativos negociais.

1: incorreta, atos ordinatórios são os que visam a disciplinar o funcionamento da administração e a conduta funcional de seus agentes. Só atuam no âmbito interno das repartições e só alcançam os servidores hierarquicamente subordinados à chefia que os expediu; 2: correta, quando um ato do Poder Público é uma declaração de vontade que coincide com a pretensão do particular, tem-se um ato administrativo negocial, o qual visa à concretização de negócios jurídicos públicos ou à atribuição de certos direitos ou vantagens ao interessado. São atos administrativos negociais: a licença, a autorização, a permissão, a admissão, o visto, a aprovação, a homologação, a dispensa, a renúncia e o protocolo administrativo.

Gabarito 1E, 2C

(Cartório/SP – I – VUNESP) O ato administrativo unilateral e vinculado pelo qual a Administração faculta a quem preencha os requisitos legais o exercício de uma atividade ou a realização de fatos materiais é a

(A) autorização.

(B) concessão.

(C) permissão.

(D) licença.

A: incorreta, autorização é o ato administrativo discricionário e precário por meio do qual o Poder Público torna possível ao particular a realização de certa atividade, serviço ou utilização de bem público ou particular, de exclusivo interesse desse, que a lei condiciona à aquiescência prévia da Administração; B: incorreta, concessão é a delegação contratual da execução de um serviço de utilidade pública de forma autorizada ou regulamentada pelo Executivo; C: incorreta, permissão é ato administrativo discricionário e precário pelo qual a Administração Pública faculta ao particular a execução de serviços de interesse coletivo ou o uso especial de bens públicos a título gratuito ou remunerado; D: correta, licença é ato administrativo vinculado e definitivo pelo qual o Poder Público, após verificar que o particular interessado preencheu todos os requisitos previstos em lei, faculta-lhe o desempenho de atividades ou a realização de certos fatos materiais. Uma vez satisfeitos os requisitos legais, ela gera um direito subjetivo ao interessado, com presunção relativa de definitividade.

Gabarito "D".

(Cartório/SP – II – VUNESP) Assinale a alternativa correta.

(A) Os atos administrativos não ficam vinculados à sua motivação quando esta, apesar de feita, era dispensável.

(B) A motivação é sempre obrigatória nos atos administrativos discricionários e é sempre facultativa nos atos vinculados.

(C) O princípio da finalidade permite aos agentes da Administração a adoção de todos os meios de que dispuserem para a obtenção do resultado almejado.

(D) Na prática de atos individuais, está o agente administrativo sujeito aos atos e normas genéricas que a Administração anteriormente houver produzido para regular os seus próprios comportamentos.

A: incorreta, trata-se da teoria dos motivos determinantes, a qual estabelece que, quando os atos administrativos tiverem sua prática motivada, esses motivos determinam e justificam a realização do ato, de modo que os atos ficam vinculados aos motivos expostos para todos os efeitos jurídicos. Em outras palavras, uma vez expostos os motivos, necessariamente deve haver correspondência entre eles e a realidade. Isso se aplica mesmo aos atos discricionários que, se motivados, ficam vinculados aos motivos expostos como causa para o seu cometimento e se sujeitam ao controle de legitimidade; B: incorreta, A motivação é obrigatória nos atos administrativos vinculados e facultativa nos atos administrativos discricionários; C: incorreta, o princípio da finalidade determina o dever de a Administração Pública visar sempre à finalidade normativa, impondo ao administrador que, ao manejar poderes para a fiel execução de suas funções, atue na estrita conformidade com os fins abrigados pela lei; D: correta, o agente administrativo, no exercício de suas atribuições, deve seguir os padrões fixados em atos normativos gerais expedidos pela Administração Pública, em observância ao princípio da impessoalidade, de modo a tratar a todos os administrados de forma isonômica.

Gabarito "D".

(Cartório/SP – III – VUNESP) "Determinações especiais dirigidas aos responsáveis por obras ou serviços públicos, autorizando seu início, ou contendo imposições de caráter administrativo, ou especificações técnicas sobre o modo e forma de sua realização" é conceito de

(A) avisos.

(B) circulares.

(C) ordens de serviço.

(D) portarias.

A: incorreta, avisos são atos emanados de Ministros de Estados e Secretários acerca de assuntos afetos às suas respectivas pastas, podendo também ser atos destinados a dar notícia ou conhecimento de assuntos afetos à atividade administrativa; B: incorreta, circulares são ordens escritas, de caráter uniforme, expedidas a determinados funcionários ou agentes administrativos incumbidos de certo serviço, ou do desempenho de certas atribuições em circunstâncias especiais; C: correta, trata-se exatamente da definição dada por Hely Lopes Meirelles. As ordens de serviço podem também conter autorização para a admissão de funcionários ou artífices, a título precário. Geralmente são dadas por meio de memorandos. D: incorreta, são atos administrativos internos pelos quais os chefes dos órgãos, repartições ou serviços expedem determinações gerais ou especiais a seus subordinados, ou designam servidores para funções e cargos secundários. Não podem obrigar particulares, visto que são decorrência do poder hierárquico.

Gabarito "C".

2. DIREITO ADMINISTRATIVO

(Cartório/SP – 2011 – VUNESP) O exercício estatal de provimento de cargos e movimentação de funcionários, as autorizações e permissões constituem modalidade de atos

(A) administrativos de conservação de serviços públicos.

(B) de rotina administrativa.

(C) de expediente.

(D) de gestão.

A: incorreta, o enunciado da questão não apresenta qualquer pertinência lógica com o que consta nessa assertiva; B: incorreta, atos de rotina administrativa são atos administrativos de expediente, isto é, atos que se destinam a dar andamento a processos e papéis que fazem parte da atividade administrativa, mas sem caráter decisório; C: incorreta, como já explicitado no item B, ao atos administrativos não possuem conteúdo decisório e, portanto, não podem se referir a provimento de cargos, movimentação de funcionários ou a autorizações e permissões; D: correta, atos de gestão são aqueles que a Administração Pública pratica sem fazer uso da sua supremacia em relação aos particulares (o que caracteriza os atos de império), mas que podem ter conteúdo decisório. Desde que praticados regularmente, tornam-se vinculantes, gerando direitos subjetivos, salvo se precários por natureza.

Gabarito "D".

4. ORGANIZAÇÃO DA ADMINISTRAÇÃO PÚBLICA

(Cartório/MG – 2016 – Consulplan) Em relação à organização dos entes da Administração Pública, é INCORRETO afirmar:

(A) Autonomia é a faculdade que alguns entes possuem de se organizarem juridicamente, de criarem direito próprio, assim reconhecidos pelo Estado e por ele adotados para fazerem parte de seu sistema jurídico.

(B) Diferentemente do que ocorre na desconcentração administrativa, na descentralização inexiste qualquer forma de hierarquia.

(C) Tutela administrativa é a condição vinculante entre o ente público criador e o autárquico.

(D) Há relação de subordinação entre a autarquia e a pessoa jurídica que a instituiu.

As autarquias têm criação por lei específica, com personalidade de Direito Público, patrimônio próprio, capacidade de autoadministração, sob tutela estatal e desempenho de atribuições públicas típicas. Estas entidades não agem delegação, o que afasta a possibilidade de serem consideradas subordinadas ao ente que a criou: agem, ao contrário, por direito próprio e com autoridade pública, nos termos da lei instituidora.

Gabarito "D".

(Cartório/DF – 2003 – CESPE) Em relação à atividade pública prestada por entes submetidos a regime de direito público ou privado, julgue os itens a seguir.

(1) Os partidos políticos, porque não têm natureza privada, adquirem sua personalidade jurídica com registro de seus estatutos no Tribunal Superior Eleitoral.

(2) O Distrito Federal pode criar nova modalidade de entidade da administração pública indireta, não prevista nas leis civis e comerciais, desde que a registre, para conferir-lhe personalidade jurídica, no cartório de registro de pessoas jurídicas.

(3) A personalidade jurídica das autarquias surge após o registro de seus atos constitutivos no cartório de registro de pessoas jurídicas.

(4) As fundações, quando mantidas por recursos públicos e submetidas a controle estatal, assumem a feição de entes de direito público, sendo, portanto, submetidas ao regime de licitações e contratos da administração pública.

(5) O chamado sistema "S", que compreende entidades de natureza privada, como SENAI, SENAC, SESC, é custeado por meio de contribuições de natureza tributária.

(6) As entidades de fiscalização do exercício das profissões, revestidas sob a forma de conselho (CRM, CREA etc.), uma vez que exercem poder de polícia, foram consideradas pelo STF como autarquias, submetidas, portanto, a regime de direito público.

(7) As doações particulares em favor de ente da administração pública não estão condicionadas à observância do regime das licitações.

1: incorreta, os partidos políticos possuem natureza jurídica de direito privado (art. 44, inc. V, do CC) e adquirem personalidade jurídica após a inscrição do ato constitutivo no respectivo Registro de Pessoas Jurídicas. Só após esse registro é que ela ocorre o registro do estatuto do partido político no Tribunal Superior Eleitoral. Veja o que diz o art. 7º da Lei 9.096/1995: "O partido político, após adquirir personalidade jurídica na forma da lei civil, registra seu estatuto no Tribunal Superior Eleitoral"; 2: incorreta, não se pode criar pessoas jurídicas, de direito privado ou de direito público, que não as previstas no artigo 41 e 44 do Código Civil. Note que o inciso V do artigo 41, que trata das pessoas jurídicas de direito público ainda possui cláusula aberta, que prevê a personalidade jurídica de direito público para as "demais entidades de caráter público criadas por lei". Todavia, tendo em vista que a assertiva fala em registro no cartório de pessoas jurídicas para a aquisição da personalidade, só se pode estar a tratar de pessoas jurídicas de direito privados, cujas espécies já estão arroladas no Código Civil; 3: incorreta, autarquias são pessoas jurídicas de direito público, razão pela qual sua personalidade jurídica surge com a lei, não se fazendo necessário seu registro para tanto; 4: correta, as fundações podem ser de direito público ou privado. Quando de direito público possuem o regime jurídico das autarquias, razão pela qual se submetem ao regime de contratação das licitações e contratos administrativos; 5: correta, os entes do chamado sistema "S" são entidade privadas de relevante interesse coletivo, mas não são entes estatais. Nos termos do que dispôs o artigo 149 da CF/1988, a União instituiu contribuição de interesse de categorias especiais ou econômicas em favor dessas entidades, sendo pacífico o entendimento de que as contribuições têm natureza de tributo. 6: correta, os conselhos de fiscalização profissional têm natureza jurídica de autarquias, consoante decidido no MS 22.643, ocasião na qual restou consignado que: (i) estas entidades são criadas por lei, tendo personalidade jurídica de direito público com autonomia administrativa e financeira; (ii) exercem a atividade de fiscalização de exercício profissional que, como decorre do disposto nos artigos 5º, XIII, 21, XXIV, é atividade tipicamente pública; (iii) têm o dever de prestar contas ao Tribunal de Contas da União. 7: correta, uma vez que a doação é a favor da Administração Pública, logicamente não há que se falar em licitação para a escolha do contratante.

Gabarito 1E, 2E, 3E, 4C, 5C, 6C, 7C

(Cartório/DF – 2001 – CESPE) Acerca do direito administrativo brasileiro, julgue o item que se segue.

(1) Considere, por hipótese, que o presidente de determinada autarquia federal, após o devido processo legal, demitiu servidor que cometera infração funcional.

Nessa hipótese, o ministro de Estado a que referida autarquia encontra-se vinculada poderá convalidar referido ato, haja vista presidente de autarquia não possuir competência para demitir servidor; nesse caso, o ato será considerado válido desde a sua convalidação.

1: A assertiva está incorreta. Uma vez ocorrida a descentralização, com a criação por lei de uma outra pessoa jurídica, esta terá patrimônio e receita próprios, bem como sua gestão financeira e administrativa será descentralizada (art. 5º, I, do Dec.-lei 200/1967). Logo, possui o presidente da autarquia ampla competência na gestão administrativa desse ente, diversamente do que consta na assertiva. O vínculo com o ente da Administração Direta que lhe criou é somente de supervisão ministerial, exercida mediante orientação, coordenação e controle dessas entidades.
Gabarito "1E".

(Cartório/MT – 2005 – CESPE) Acerca dos serviços públicos e da organização administrativa, assinale a opção correta.

(A) Serviço público somente pode ser concedido para entidades privadas.

(B) As autarquias e fundações públicas compõem a administração pública direta, enquanto as empresas públicas e as sociedades de economia mista compõe a administração pública indireta.

(C) Desconcentração é o fenômeno que transfere determinado serviço público para outros entes, dotados de personalidade jurídica própria.

(D) As autarquias são pessoas jurídicas de direito público criadas por lei específica, com a finalidade de desenvolver um serviço público de forma descentralizada, podendo a nomeação de seus dirigentes ser condicionada por lei à aprovação do respectivo poder legislativo, sem que haja violação ao princípio da separação de poderes.

A: incorreta, o serviço público tanto pode ser concedido para entidades privadas como públicas; B: incorreta, a descentralização administrativa se dá quando a Administração Pública Direta cria outros entes, sejam eles pessoas jurídicas de direito público ou privado. Assim sendo, tanto as autarquias, quanto as fundações, as empresas públicas e as sociedades de economia mista compõem a administração pública indireta; C: incorreta, desconcentração é a repartição de funções entre os vários órgãos de uma mesma pessoa jurídica, com a manutenção do vínculo hierárquico e sem a criação de uma nova pessoa; D: correta, não são poucas as leis estaduais e municipais que preveem a necessidade de que os dirigentes das autarquias criadas pelo respectivo Poder Público sejam aprovados pelo Poder Legislativo e tal previsão é considerada lícita.
Gabarito "D".

(Cartório/MG – 2019 – Consulplan) A descentralização da atividade estatal explana-se na administração indireta, na qual se inserem as autarquias, sendo estas pessoas jurídicas, com função própria e típica outorgada pelo Estado. Considerando a natureza jurídica e a finalidade das autarquias, é correto afirmar que:

(A) A direção da autarquia é exercida por quem nesta condição for investido nos termos da Lei ou de seu Estatuto.

(B) A criação da autarquia decorre de lei, sendo este o mesmo instrumento que deve reger sua organização, a qual promove a aprovação do regulamento ou estatuto, mediante os competentes registros públicos.

(C) A natureza especial e típica da autarquia não retira o qualitativo público de seu patrimônio, embora este possa ser alienado, onerado e utilizado para os fins da entidade, bastando a prévia autorização do legislativo.

(D) O patrimônio da autarquia é de livre disposição pela mesma, o que lhe confere caráter privado, uma vez que seus produtos devam ser aplicados em seus próprios fins, dispensando-se a prévia autorização do legislativo, excetuada a negociação de bens imóveis.

A Constituição Federal determina, em seu art. 37, inc. XIX, que a autarquia será criada por lei específica, que pode determinar sua direção, ou remeter o tema a seu estatuto. Não é preciso que a própria lei faça o papel de estatuto da entidade, e a natureza pública dos seus bens impede sua oneração.
Gabarito "A".

(Cartório/RN – 2012 – IESIS) A respeito da Administração Indireta, pode-se afirmar que:

I. Ressalvados os casos expressamente previstos na Constituição Federal, a exploração direta de atividade econômica pelo Estado só será permitida quando necessária aos imperativos da segurança nacional ou a relevante interesse coletivo, conforme definidos em lei.

II. A criação de subsidiárias de empresas públicas, de sociedades de economia mista e de fundações depende de autorização legislativa, em cada caso.

III. As autarquias beneficiam-se dos prazos processuais em dobro para contestar e em quádruplo para recorrer.

IV. Qualquer cidadão é legítimo para propor ação popular que vise a anular atos lesivos ao patrimônio de sociedade de economia mista exploradora de atividade econômica.

(A) Somente as proposições II e III estão corretas.

(B) Todas as proposições estão corretas.

(C) Somente as proposições I, II e IV estão corretas.

(D) Somente as proposições I e II estão corretas.

I: correta (art. 173, *caput*, da CF); II: correta (art. 37, XIX e XX, da CF); III: incorreta, pois as autarquias, de fato, se beneficiam dessas prerrogativas, porém o prazo é em quádruplo para contestar (e não em dobro) e em dobro para recorrer (e não em quádruplo), nos termos do art. 188 do CPC; IV: correta (art. 1.º da Lei 4.717/1965).
Gabarito "C".

(Cartório/CE – 2018 – IESES) Assinale a única alternativa correta:

(A) O capital das autarquias é, regra geral, exclusivamente público, exceto nas hipóteses de autarquias sujeitas a regime especial por conta da Lei de Segurança Nacional, instituídas por lei complementar de iniciativa exclusiva do Presidente da República.

(B) Empresas públicas são pessoas jurídicas de direito público criadas por autorização legislativa específica, com capital predominante, mas não exclusivamente público, que têm por finalidade a execução de atividades econômicas ou serviços públicos de interesse da administração instituidora, devendo revestir a forma de sociedade anônima.

(C) São características das sociedades de economia mista, dentre outras, a personalidade jurídica de direito privado e capital integralmente privado,

2. DIREITO ADMINISTRATIVO

admitindo qualquer forma societária prevista pelo direito brasileiro, sendo atualmente desnecessário que sua criação se dê por autorização legislativa específica, bastando sua previsão genérica no PPA – plano plurianual.

(D) Pode-se definir a fundação instituída pelo poder público como o patrimônio, total ou parcialmente público, dotado de personalidade jurídica, de direito público ou privado, e destinado, por lei, ao desempenho de atividades do Estado na ordem social, com capacidade de autoadministração e mediante controle da Administração Pública, nos limites da lei.

As autarquias são pessoas jurídicas de direito público, de capital exclusivamente público, assim como as empresas públicas. A principal diferença entre as duas entidades é o regime jurídico que as rege: o de direito público, para as autarquias, e o de direito privado, para as empresas públicas. As sociedades de economia mista necessitam de lei específica autorizando a sua constituição.

Gabarito "D".

(Cartório/SC – 2012) A respeito da administração pública indireta, pode-se afirmar:

I. A criação pelo Poder Público de autarquia e a autorização para a instituição de empresa pública, de sociedade de economia mista e de fundação pública exigem lei com conteúdo específico.

II. A autarquia, por fazer parte da administração pública indireta, não detém personalidade jurídica, patrimônio e receita próprios para executar as atividades típicas que a rigor seria obrigação da administração pública exercer diretamente.

III. Sociedade de economia mista classifica-se como pessoa jurídica de direito privado, instituída por lei específica, sob qualquer forma jurídica admitida em direito, para exploração de atividade econômica ou execução de serviços públicos, constituída de capitais públicos e privados.

IV. As fundações públicas, como integrantes da administração pública indireta, criada por lei específica, cabendo à lei complementar definir a área de sua atuação, admitem, exclusivamente, a título de natureza jurídica, a necessidade de constituir-se em personalidade jurídica de direito público.

(A) Somente a proposição I está correta.

(B) Somente a proposição IV está correta.

(C) Somente as proposições I, III e IV estão corretas.

(D) Somente a proposição II está correta.

(E) Somente as proposições II e III estão corretas.

I: correta (art. 37, XIX, da CF); **II:** incorreta, pois a autarquia tem, sim, personalidade jurídica própria, patrimônio e receita próprios, além de executar, sim, atividades típicas da administração direta (art. 5.º, I, do Dec.-lei 200/1967); **III:** incorreta, pois a sociedade de economia mista só pode ter a forma societária de sociedade anônima, diferente da empresa pública, que, essa sim, é instituída sob qualquer forma jurídica admitida em direito (art. 5.º, II e III, do Dec.-lei 200/1967 e art. 3º da Lei n. 13.303/2016); **IV:** incorreta, pois as fundações públicas são "autorizadas por lei específica" e não "criadas por lei específica"; depois da autorização, a sua criação se fará mediante o registro de seus atos constitutivos no cartório competente (art. 37, XIX, da CF).

Gabarito "A".

(Cartório/SP – 2018 – VUNESP) A promulgação de uma lei que estabelece a criação de uma autarquia com transferência de parte da competência da União para a pessoa jurídica criada envolve

(A) unificação de competências.

(B) reunião de competências.

(C) descentralização do poder.

(D) desconcentração do poder.

Trata-se do fenômeno de descentralização administrativa. A distribuição interna de competências no ente político, por sua vez, é a denominada "desconcentração administrativa".

Gabarito "C".

(Cartório/SP – 2011 – VUNESP) Sobre a administração indireta, é correto afirmar que

(A) as sociedades de economia mista e as fundações públicas, por serem pessoas jurídicas de direito privado, não precisam respeitar o princípio da publicidade.

(B) as causas cíveis em que é parte a sociedade de economia mista são de competência da Justiça Federal.

(C) autarquia é pessoa jurídica de direito público, criada por lei, com capacidade de autoadministração, para o desempenho de serviço público descentralizado, mediante controle administrativo exercido nos limites da lei.

(D) a fundação, por desempenhar atividade no âmbito social, não está sujeita ao controle administrativo ou tutela por parte da administração direta, sendo, por isso, dotada de autoadministração.

A: incorreta, a assertiva está completamente errada. A uma, porque tanto os entes da Administração Direta quanto os da Administração Indireta (como é o caso das sociedades de economia mista e das fundações) estão sujeitas ao princípio da publicidade em razão do que determina o art. 37 da CF/1988. A duas, porque a sociedade de economia mista é pessoa jurídica de direito privado, mas as fundações podem ser de direito privado ou de direito público (quando então são conhecidas como autarquias fundacionais); **B:** incorreta, Segundo a Súmula 517 do STF, "as sociedades de economia mista só tem foro na justiça federal, quando a união intervém como assistente ou oponente"; **C:** correta, autarquias são entes administrativos autônomos, criados por lei específica, com personalidade jurídica de direito público. São entes da Administração Pública Indireta resultantes da descentralização administrativa e sujeitos ao regime jurídico administrativo das entidades de direito público da administração direta, inclusive quanto ao controle; **D:** incorreta, todo ente da administração indireta está sujeito a tutela administrativa por parte do ente da administração pública direta que lhe criou, independentemente de sua finalidade legal – art. 19 Dec.-lei 200/1967.

Gabarito "C".

(Cartório/SP – 2011 – VUNESP) Sobre consórcios públicos, é correto dizer que

(A) os consórcios públicos serão realizados mediante constituição de autarquia, sendo vedada a instituição por pessoa jurídica de direito privado.

(B) a União somente participará de consórcios públicos em que também façam parte todos os Estados em cujos territórios estejam situados os Municípios consorciados.

(C) o consórcio público será celebrado mediante contrato de rateio, sendo vedada outra espécie de contratação.

(D) o consórcio público não poderá exercer atividades de arrecadação de tarifas e outros preços públicos.

A: incorreta, os consórcios públicos se constituirão em associação pública ou pessoa jurídica de direito privado – art. 1º, § 1º, da Lei 11.107/2005; B: correta, art. 1º, § 2º, da Lei 11.107/2005; C: incorreta, o consórcio público será constituído por contrato cuja celebração dependerá da prévia subscrição de protocolo de intenções – art. 3º da Lei 11.107/2005. O contrato de rateio é o único meio por meio do qual os entes consorciados entregam recursos ao consórcio público – art. 8º da Lei 11.107/2005; D: incorreta, art. 2º § 2º, da Lei 11.107/2005.

Gabarito "B".

5. AGENTES PÚBLICOS

5.1. Classificação e espécies de agentes públicos

(Cartório/SP – II – VUNESP) Podem ser considerados agentes públicos:

I. os agentes políticos;
II. os servidores estatais, nestes incluídos os servidores públicos e os das empresas públicas, das sociedades de economia mista e das fundações de Direito Privado, instituídas pelo Poder Público;
III. os delegados de função ou ofício público;
IV. os particulares que, em situações anormais e para atender as necessidades públicas urgentes, assumirem a condição de gestores de negócios públicos.

Estão corretos os itens

(A) I, II e III, apenas.
(B) II e III, apenas.
(C) II, III e IV, apenas
(D) I, II, III e IV.

Todas as assertivas são verdadeiras. O conceito de agente público é bastante amplo. Agentes públicos são todas as pessoas físicas a quem são atribuídas, definitiva ou transitoriamente, o exercício de alguma atividade estatal. Quem quer que desempenhe função estatal, e enquanto o faça, é agente público. É gênero que possui as seguintes espécies: agentes políticos, agentes administrativos, agentes honoríficos, agentes delegados e agentes credenciados.

Gabarito "D".

(Cartório/SP – III – VUNESP) A definição: "são particulares que recebem a incumbência da execução de determinada atividade, obra ou serviço público e o realizam em nome próprio, por sua conta e risco, mas segundo as normas do Estado e sob permanente fiscalização..." trata de agentes

(A) honoríficos.
(B) delegados.
(C) políticos.
(D) administrativos.

A: incorreta, agentes honoríficos são cidadãos convocados, designados ou nomeados para prestar, transitoriamente, determinados serviços ao Estado, em razão de sua condição cívica, de sua honorabilidade ou notória capacidade profissional. Não possuem qualquer relação empregatícia ou estatutária com a Administração Pública, e exercem suas funções normalmente sem remuneração. São exemplos de agentes honoríficos os jurados, os mesários eleitorais etc.; **B:** correta, agentes delegados são pessoas físicas ou jurídicas que recebem a incumbência pela execução de determinada atividade, obra ou serviço público e o realizam em nome próprio, por sua conta e risco, mas segundo normas estabelecidas pelo Estado e sob sua constante fiscalização. São exemplos dessa categoria de agentes: os concessionários, os permissionários de obras e serviços públicos, os serventuários de ofícios ou cartórios não estatizados, os leiloeiros,

tradutores e intérpretes públicos; **C:** incorreta, agentes políticos são os titulares dos cargos estruturais à organização política do País, ocupando dos cargos que integram o arcabouço constitucional do Estado. São exemplos de agentes políticos: o Presidente da República, os governadores, os prefeitos, os Ministros e Secretários das Pastas, os Senadores, Deputados Federais, Vereadores, membros do Ministério Públicos, Ministros e Conselheiros dos Tribunais de Contas etc.; **D:** incorreta, agentes administrativos são todos aqueles que se vinculam ao Estado ou às suas entidades autárquicas e fundacionais por relações profissionais, estando sujeitos à hierarquia funcional e ao regime jurídico determinado pela entidade estatal a que servem. Constituem a imensa massa dos prestadores de serviços à Administração Pública. São exemplos de agentes administrativos: os servidores públicos concursados, os servidores públicos exercentes de cargos ou empregos em comissão titulares de cargo ou emprego público, servidores temporários, os dirigentes de empresas estatais.

Gabarito "B".

5.2. Espécies de vínculos

(Cartório/PA – 2016 – IESES) Assinale a alternativa correta:

(A) Os "servidores públicos" são uma espécie dentro do gênero "agentes políticos".
(B) A efetivação em cargo de provimento temporário é o que se denomina "estabilidade".
(C) Após dois anos de efetivo exercício, subsequentes à nomeação por concurso de provas ou provas e títulos, goza o servidor público de estabilidade.
(D) Demissão é o desligamento do cargo com caráter sancionador. Corresponde a uma "expulsão", aplicável nas hipóteses legalmente prevista e, pois, não se confunde com exoneração.

Os "servidores públicos" integram o gênero "agentes políticos", que inclui as espécies (a) "agentes políticos", que ajudam a formar a vontade superior do Estado, não mantendo com ele qualquer vínculo de natureza profissional – exemplos são os parlamentares –; (b) "servidores públicos", que incluem as subespécies "funcionários públicos" (estatutários), "empregados públicos" (celetistas) e "temporários" (contratados para campanhas de vacinação, por exemplo); e (c) "particulares em colaboração com o Estado", que são aqueles que prestam serviço militar, aqueles que são jurados, ou mesários em eleição etc. Logo, a alternativa "a" está incorreta. Quanto à alternativa "b", a estabilidade é a efetivação em cargo de provimento permanente; a alternativa "c", por fim, equivoca-se ao estabelecer o prazo para a obtenção da estabilidade: pela Constituição Federal, art. 41, "caput", este prazo é de 3 anos.

Gabarito "D".

(Cartório/SP – 2018 – VUNESP) Com relação aos agentes públicos, é correto afirmar:

(A) os servidores da administração pública direta, das autarquias e das fundações públicas são agentes públicos.
(B) todos os agentes públicos são regidos pelo regime estatutário.
(C) as pessoas jurídicas podem ser agentes públicos.
(D) a regência pela legislação trabalhista exclui a situação jurídica de agente público.

O gênero "agente público" engloba diversas formas de relação dos colaboradores da Administração Pública com o Estado, dela sendo espécies os servidores, que detém vínculo permanente e estatutário com o ente público e com suas entidades que tem personalidade jurídica de direito público, e os empregados públicos, contratados pelo regime da

2. DIREITO ADMINISTRATIVO

Consolidação das Leis do Trabalho (CLT) pelas corporações que atuam sob regime jurídico de direito privado e que integram a Administração Pública. Desta forma, a alternativa "a" apresenta-se correta.
Gabarito "A".

(Cartório/RO – III) A contratação por tempo determinado:

(A) depende exclusivamente do discricionarismo do administrado público;

(B) não é admitida na Constituição Federal;

(C) é admita em épocas eleitorais;

(D) é admitida para atender a necessidade temporária de excepcional interesse público.

Diz o art. 37, IX, da CF/1988 que: "a lei estabelecerá os casos de contratação por tempo determinado para atender a necessidade temporária de excepcional interesse público".
Gabarito "D".

5.3. Provimento e vacância

(Cartório/MG – 2015 – Consulplan) Em caso de extinção de cargo público, assinale a alternativa correta:

(A) O servidor estável deve ser aproveitado, de forma adequada, em outro cargo.

(B) O servidor estável deve ser reintegrado, de forma adequada, em outro cargo.

(C) Deve haver reversão do cargo do servidor estável.

(D) O servidor estável deve ser reconduzido, de forma adequada, a outro cargo.

Nos termos do art. 41, § 3º, da Constituição Federal, "Extinto o cargo ou declarada a sua desnecessidade, o servidor estável ficará em disponibilidade, com remuneração proporcional ao tempo de serviço, até seu adequado aproveitamento em outro cargo". O instituto da reintegração do servidor consiste no seu reingresso ao seu antigo cargo mediante decisão judicial ou administrativa que anule sua demissão por considerá-la ato ilegal (art. 41, § 2º, da CF). A "reversão", por sua vez, cuida do retorno do servidor que está aposentado por motivos de invalidez em virtude da cessação dos motivos causadores da inatividade. A "recondução", por fim, é a definição da situação de retorno, à atividade, do servidor estável ao cargo anteriormente ocupado, em decorrência de não aprovação em estágio probatório em outro cargo, desistência do cargo a que estava submetido a estágio probatório ou reintegração do servidor que ocupava o cargo anteriormente.
Gabarito "A".

(Cartório/RS – 2019 –VUNESP) A respeito dos agentes públicos, assinale a alternativa correta.

(A) A previsão constante exclusivamente no Edital pode sujeitar a exame psicotécnico a habilitação de candidato a cargo público, desde que compatível com as atribuições do cargo e atendam ao interesse público.

(B) É constitucional a remarcação do teste de aptidão física de candidata que esteja grávida à época de sua realização, independentemente da previsão expressa em edital do concurso público.

(C) O surgimento de novas vagas ou a abertura de novo concurso para o mesmo cargo, durante o prazo de validade do certame anterior, gera automaticamente o direito à nomeação dos candidatos aprovados fora das vagas previstas no edital.

(D) A nomeação tardia de candidatos aprovados em concurso público, por meio de ato judicial, à qual atribuída eficácia retroativa, gera direito às promoções

ou progressões funcionais que alcançariam houvesse ocorrido, a tempo e modo, a nomeação.

(E) Os empregados públicos celetistas não gozam de estabilidade e podem ser demitidos por decisão imotivada.

A alternativa apontada como correta ("b") repete tese de repercussão geral aprovada pelo Plenário do STF no RE 1.058.333. Quanto às demais alternativas: a alternativa "a" contraria a Súmula Vinculante n. 44, que determina que somente por lei se pode sujeitar a exame psicotécnico a habilitação de candidato a cargo público; a alternativa "c" contraria expressamente a tese de Repercussão Geral definida no RE 837.311 – o direito subjetivo à nomeação do candidato aprovado em concurso público exsurge nas hipóteses da aprovação ocorrer dentro do número de vagas dentro do edital, de preterição na nomeação por não observância da ordem de classificação, ou quando surgirem novas vagas, ou for aberto novo concurso durante a validade do certame anterior, e ocorrer a preterição de candidatos de forma arbitrária e imotivada por parte da administração; a alternativa "d" contraria a tese de Repercussão Geral aprovada no RE 629392, que tem o seguinte texto: "a nomeação tardia de candidatos aprovados em concurso público por meio de ato judicial, à qual atribuída eficácia retroativa, não gera direitos às promoções ou progressões funcionais que alcançariam houvesse ocorrido a tempo e modo a nomeação"; por fim, no tocante ao item "e", o STF tem se posicionado contra a possibilidade de demissão imotivada, sob o argumento de que a motivação do ato de dispensa tem por objetivo resguardar o empregado de uma possível quebra do postulado da impessoalidade por parte do agente estatal investido do poder de demitir (como em RE589.998). O tema, aponte-se, é objeto de Repercussão Geral, no processo RE 688267, ainda pendente de julgamento.
Gabarito "B".

(Cartório/MG – 2012 – FUMARC) Nos termos do artigo 41, § 1º, da Constituição Federal, o servidor público estável perderá o cargo, **EXCETO:**

(A) em virtude de reprovação em estágio probatório.

(B) em virtude de sentença judicial transitada em julgado.

(C) mediante processo administrativo em que lhe seja assegurada ampla defesa.

(D) mediante procedimento de avaliação periódica de desempenho, na forma de lei complementar, assegurada ampla defesa.

A: esta alternativa deva ser assinalada; considerando que o enunciado assevera que o servidor, no caso, já é estável, não há mais que se falar em "estágio probatório", instituto esse próprio da fase em que o servidor ainda não é estável; depois de adquirida a estabilidade, o servidor passa a ser submetido a "avaliações periódicas de desempenho", que também têm por razão avaliar o desempenho do servidor, mas não têm o nome de "estágio probatório"; B a D: não podem ser assinaladas, nos termos do art. 41, § 1.º, I a III, da CF.
Gabarito "A".

(Cartório/MS – 2009 –VUNESP) Reversão

(A) ocorre quando o servidor estável, anteriormente demitido, tem a decisão administrativa ou judicial que determinou sua demissão invalidada.

(B) é o retorno do servidor posto em disponibilidade a cargo de atribuições e vencimentos compatíveis com o anteriormente ocupado.

(C) é o retorno à atividade, de servidor aposentado.

(D) ocorre quando o servidor, estável ou não, havendo sofrido uma limitação física ou mental em suas habilidades, torna-se inapto ao exercício do cargo que ocupa, mas, por não ser caso de invalidez permanente pode ainda exercer outro cargo para o qual a limitação sofrida não o inabilita.

(E) é o retorno do servidor estável ao cargo anteriormente ocupado em decorrência de inabilitação em estágio probatório relativo a outro cargo ou reintegração do anterior ocupante.

A: incorreta, esse é o conceito de reintegração (também chamada, em alguns estatutos, de readmissão) e não de reversão; B: incorreta, trata-se da definição de aproveitamento e não de reversão; C: correta, reversão é o retorno à atividade do aposentado por invalidez quando perícia médica de cunho oficial declarar não mais existentes os motivos da aposentação, ou ainda, no interesse da Administração Pública, no caso de aposentadoria voluntária, desde que haja solicitação do inativo, tenha sido estável na atividade, haja cargo vago e a aposentadoria tenha ocorrido nos 05 anos anteriores à solicitação; D: incorreta, trata-se do conceito de readaptação; E: incorreta, trata-se do conceito de recondução.

Gabarito "C".

(Cartório/SP – I – VUNESP) A investidura de servidor em cargo de atribuições e responsabilidades compatíveis com a limitação que tenha sofrido em sua capacidade física ou mental, verificada em inspeção médica, tem o nome de

(A) readaptação.

(B) transferência.

(C) recondução.

(D) reversão.

A: correta, a readaptação ocorre quando o servidor, estável ou não, havendo sofrido uma limitação física ou mental em suas habilidades, torna-se inapto ao exercício do cargo que ocupa, mas, por não ser caso de invalidez permanente, pode ainda exercer outro cargo para o qual a limitação sofrida não o inabilita; B: incorreta, transferência é a passagem do servidor estável de cargo eletivo para outro de igual denominação, pertencente a quadro de pessoal diverso, de órgão ou instituição do mesmo Poder; C: incorreta, recondução é o retorno do servidor estável ao cargo anteriormente ocupado, que ocorre em decorrência de inabilitação em estágio probatório relativo a outro cargo ou reintegração do anterior ocupante; D: incorreta, reversão é o retorno à atividade do aposentado por invalidez quando perícia médica de cunho oficial declarar não mais existentes os motivos da aposentação, ou ainda, no interesse da Administração Pública, no caso de aposentadoria voluntária, desde que haja solicitação do inativo, tenha sido estável na atividade, haja cargo vago e a aposentadoria tenha ocorrido nos 05 anos anteriores à solicitação.

Gabarito "A".

(Cartório/MG – 2019 – Consulplan) O servidor A foi demitido, por decisão da administração pública proferida em procedimento administrativo, já transitada em julgado. Todavia, o servidor A recorreu ao Poder Judiciário e a demissão foi invalidada, tendo a decisão judicial transitado em julgado quatro anos depois da efetivação da demissão administrativa. Todavia, nesse ínterim, o servidor B foi convocado na lista de aprovados em concurso público e nomeado para o cargo vago em razão da demissão do servidor A, tendo também alcançado a estabilidade constitucional, ao decurso de três anos. Por ocasião do cumprimento da sentença que invalidou a demissão do servidor A, foi determinada a sua imediata reintegração ao cargo que ocupava. Diante da situação exposta acima e à luz do texto constitucional, a Administração Pública deverá proceder da seguinte forma:

(A) O servidor B será aproveitado em outro cargo vago, sendo-lhe assegurada indenização em caso de o novo cargo corresponder a uma remuneração inferior.

(B) O servidor A será reintegrado ao cargo que ocupava, enquanto que o servidor B será aproveitado em outro cargo ou colocado em disponibilidade, com remuneração proporcional ao tempo de serviço, sem direito a indenização alguma em razão deste fato.

(C) O servidor A será reintegrado ao cargo que ocupava, enquanto que o servidor B, em razão dos efeitos ex tunc da sentença que invalidou a demissão e diante da ausência de outro cargo vago, será reconduzido à lista de aprovados até nova nomeação, já que não ocupava nenhum outro cargo antes da demissão de A.

(D) O servidor A será aproveitado em outro cargo equivalente ou colocado em disponibilidade, até que surja vaga em tal cargo, assegurando-lhe remuneração integral, uma vez que o servidor B já ocupava o cargo e adquiriu a estabilidade constitucional, não podendo ter seu direito subjetivo violado pelos efeitos de sentença judicial proferida em processo do qual não foi parte.

Nos termos da Constituição Federal, em seu art. 41, são estáveis após três anos de efetivo exercício os servidores nomeados para cargo de provimento efetivo em virtude de concurso público. A invalidação de sua demissão, nos termos propostos na questão, gera o direito de seu retorno ao cargo anteriormente ocupado e, conforme dicção expressa do § 2º do mesmo artigo, o eventual ocupante da vaga, se estável, reconduzido ao cargo de origem, sem direito a indenização, aproveitado em outro cargo ou posto em disponibilidade com remuneração proporcional ao tempo de serviço.

Gabarito "B".

5.4. Acessibilidade

(Cartório/MG – 2015 – Consulplan) Quanto às normas constitucionais que regem a educação, a cultura e o desporto, é correto afirmar:

(A) Os Estados atuarão prioritariamente no ensino fundamental e na educação infantil.

(B) Os Municípios atuarão prioritariamente no ensino fundamental e médio.

(C) O não oferecimento do ensino obrigatório pelo Poder Público, ou sua oferta irregular, importa responsabilidade da autoridade competente.

(D) É vedado às Universidades admitir professores, técnicos e cientistas estrangeiros.

De acordo com a Constituição Federal, não oferecimento do ensino obrigatório pelo Poder Público, ou sua oferta irregular, importa responsabilidade da autoridade competente (art. 208, § 2º). A responsabilidade prioritária pelo ensino fundamental e educação infantil é dos municípios (art. 211, § 2º), e os estados-membros e o Distrito Federal no ensino fundamental e médio (art. 211, § 3º). A permissão para as universidades realizarem a contratação de professores, técnicos e cientistas estrangeiros encontra-se no § 1º do art. 207.

Gabarito "C".

(Cartório/SP – 2016 – VUNESP) Os cargos, empregos e funções públicas são acessíveis aos

(A) brasileiros natos e naturalizados.

(B) brasileiros e aos estrangeiros, na forma da lei.

(C) brasileiros natos, apenas.

2. DIREITO ADMINISTRATIVO

(D) brasileiros e aos estrangeiros com visto de permanência.

Alternativa de acordo com o art. 37, inc. I, da Constituição Federal. As exceções estão previstas no art. 12, § 3º, da Carta Magna.
Gabarito "B".

(Cartório/DF – 2001 – CESPE) Acerca do direito administrativo brasileiro, julgue o item que se segue.

(1) Com vistas ao preenchimento de cargo de agente de polícia de determinado estado da federação, impôs-se no edital, como requisito à inscrição, altura mínima e idade máxima. Esses requisitos não irão, necessariamente, ofender o princípio constitucional da isonomia.

1: A assertiva está correta. O princípio da isonomia não determina a igualdade cega, meramente formal. Ela abre espaço para que, havendo pertinência lógica para a determinação de um determinado discrímen, não só os iguais sejam tratados igualmente, mas também os desiguais sejam tratados na medida dessa desigualdade. No caso em tela, pela própria natureza das funções de agente de polícia, existe pertinência lógica na exigência de certa altura e idade mínima para o exercício das funções, razão pela qual não há qualquer ilegalidade na instituição desse requisito.
Gabarito "1C".

(Cartório/MG – 2009 – EJEF) Assinale a assertiva CORRETA.

(A) Os cargos, empregos e funções públicas são acessíveis aos brasileiros que preencham os requisitos estabelecidos em lei, assim como aos estrangeiros, na forma da lei.

(B) Os cargos, empregos e funções públicas são acessíveis apenas aos brasileiros natos que preencham os requisitos estabelecidos em lei.

(C) O prazo de validade do concurso público será de até um ano, prorrogável uma vez, por igual período.

(D) A lei reservará percentual dos cargos e empregos públicos para as pessoas portadoras de deficiência, cabendo ao administrador público definir os critérios de sua admissão.

A: correta, art. 37, I, da CF/1988; B: incorreta, o inciso I do artigo 37 da CF/1988 expressamente estabelece que "os cargos, empregos e funções públicas são acessíveis aos brasileiros que preencham os requisitos estabelecidos em lei, assim como aos estrangeiros, na forma da lei"; C: incorreta, o prazo de validade do concurso público será de até dois anos, prorrogável uma vez, por igual período – art. 37, III, da CF/1988; D: incorreta, a **lei** reservará percentual dos cargos e empregos públicos para as pessoas portadoras de deficiência **e definirá** os critérios de sua admissão – art. 37, VIII, da CF/1988.
Gabarito "A".

(Cartório/RO – III) Conforme previsão constitucional, as pessoas portadoras de deficiências, quanto aos cargos e empregos públicos:

(A) não gozarão de critérios especiais de admissão, mas terão reservado um percentual de vagas;

(B) concorrerão em igualdade de condições, com os demais candidatos, salvo quanto à preferência de admissão em caso de empate na classificação;

(C) gozarão de critérios especiais de admissão, mas não terão reservado um percentual de vagas;

(D) gozarão de critérios especiais de admissão e terão reservado um percentual de vagas.

A lei reservará percentual dos cargos e empregos públicos para as pessoas portadoras de deficiência e definirá os critérios de sua admissão – art. 37, VIII, da CF/1988.
Gabarito "A".

(Cartório/SP – 2012 – VUNESP) Sobre os agentes públicos, é lícito afirmar que

(A) o exame psicotécnico em concurso para cargo público pode ser instituído pelo edital.

(B) a nomeação de primo para cargo em comissão não ofende diretamente o texto da Súmula Vinculante 13 do STF, que veda o nepotismo.

(C) o salário-base do servidor público não pode ser inferior ao salário mínimo.

(D) a falta de defesa técnica, por advogado, em processo administrativo disciplinar, torna inválido todo o procedimento.

A: incorreta, diz a Súmula 686 do STF que "só por lei se pode sujeitar a exame psicotécnico a habilitação de candidato a cargo público"; B: correta, a Súmula Vinculante 13 estabelece que: "A nomeação de cônjuge, companheiro ou **parente em linha reta, colateral ou por afinidade, até o terceiro grau**, inclusive, da autoridade nomeante ou de servidor da mesma pessoa jurídica, investido em cargo de direção, chefia ou assessoramento, para o exercício de cargo em comissão ou de confiança, ou, ainda, de função gratificada na Administração Pública direta e indireta, em qualquer dos Poderes da União, dos Estados, do Distrito Federal e dos municípios, compreendido o ajuste mediante designações recíprocas, viola a Constituição Federal." Ocorre que **primo é parente colateral de 4º grau**, de modo que sua nomeação para cargo em comissão é lícita, visto que não vedada pela Súmula Vinculante em questão; C: incorreta, é vedada a vinculação ou equiparação de quaisquer espécies remuneratórias para o efeito de remuneração de pessoal do serviço público – art. 37, XIII, da CF/1988; D: incorreta, eis o que diz a Súmula Vinculante 5: "a falta de defesa técnica por advogado no processo administrativo disciplinar não ofende a Constituição".
Gabarito "B".

5.5. Estabilidade e estágio probatório

(Cartório/SP – IV – VUNESP) A estabilidade no serviço público é garantia constitucional de permanência no serviço público,

(A) que admite a exoneração *ad nutum*, apenas após o estágio probatório.

(B) que excepciona o poder disciplinar da Administração.

(C) após o estágio probatório.

(D) que prescreve o estágio probatório após a efetiva aquisição da estabilidade.

A: incorreta, a exoneração *ad nutum* é aquela que ocorre por conveniência da Administração Pública e não é compatível com a estabilidade, a qual é estabelecida depois de regularmente cumpridos os requisitos previstos na Constituição (dentre eles, a aprovação em estágio probatório após 03 anos) e que garante a seu beneficiário o direito de não ser nem demitido nem exonerado "ad nutum" sem que se apure a infração em processo administrativo ou judicial, com garantia de ampla defesa e contraditório; B: incorreta, poder disciplinar é a faculdade que possui a Administração Pública de punir internamente as infrações funcionais de servidores e demais pessoas sujeitas à disciplina nos órgãos e serviços da Administração. Existe, portanto, indiferentemente de se tratar de servidor estável ou não; C: correta, art. 41 da CF/1988; D: incorreta, o estágio probatório é período que **antecede** a aquisição da estabilidade.
Gabarito "C".

(Cartório/RO – III) Assinale a opção correta:

(A) a disponibilidade do servidor público dar-se-á com subsídios integrais;

(B) o servidor estável poderá perder o cargo em virtude de sentença judicial transitada em julgado; mediante processo administrativo, no qual se lhe assegure ampla defesa ou mediante procedimento de avaliação periódica de desempenho, na forma da lei complementar, assegurada ampla defesa;

(C) é legítimo o provimento de cargos públicos mediante aproveitamento, transformação, acesso ou ascensão funcional;

(D) é permitida a filiação ao regime geral de previdência social, na qualidade de segurado facultativo, de pessoa participante de regime próprio de previdência.

A: incorreta, extinto o cargo ou declarada a sua desnecessidade, o servidor estável ficará em disponibilidade, com remuneração proporcional ao tempo de serviço, até seu adequado aproveitamento em outro cargo – art. 41, § 3º, da CF/1988; **B:** correta, art. 41, § 1º, da CF/1988; **C:** incorreta, provimento é o ato pelo qual se efetua o preenchimento de um cargo público, designando-se seu titular. Ele pode ser inicial, pressupondo a inexistência de vínculo entre a situação anterior do nomeado e o preenchimento do cargo, ou pode ser do tipo derivado, que ocorre quando há uma alteração na situação do serviço do provido. Essa última modalidade de provimento pode ocorrer via transferência, promoção, remoção, acesso, reintegração, readmissão, enquadramento, aproveitamento ou reversão. De todo modo, diante do que dispõe o art. 37, II, da CF/1988, esse provimento derivado só pode ocorrer depois do ingresso via concurso público, nos termos descritos no dispositivo em questão. Como a questão não estabelece qual o tipo de provimento de que se está a tratar e considerando essa condição constitucional, a assertiva está errada. Ademais, vale a pena ressaltar, no tocante à ascensão funcional, que essa era a progressão funcional entre cargos de carreiras distintas. Como a Constituição Federal exige concurso público para prover qualquer cargo efetivo (art. 37, II, da CF), não é possível que alguém que tenha cargo numa carreira passe para cargo de outra carreira sem concurso público. O STF vem reconhecendo reiteradamente a inconstitucionalidade desse tipo de medida (ex: ADI 368/ES, DJ 02.05.2003); **D:** incorreta, art. 201, § 5º, da CF/1988
Gabarito "B."

(Cartório/SC – 2008) De acordo com o disposto na Constituição da República, é correto afirmar:

(A) O servidor público estável não perderá o cargo efetivo em nenhuma hipótese, pois o conquistou por meio de concurso público de notas e títulos, de caráter vitalício.

(B) O servidor público estável perderá o cargo efetivo por sentença judicial proferida em segunda instância, por Tribunal competente, em que lhe tiver sido assegurada ampla defesa, sendo desnecessário aguardar o trânsito em julgado da sentença condenatória.

(C) O servidor aprovado em concurso público e nomeado para cargo de provimento efetivo será considerado estável após cinco anos de exercício e perderá o cargo em casos de abuso do poder econômico, mediante regular processo administrativo.

(D) O servidor público estável perderá o cargo efetivo nos seguintes casos: 1) por sentença judicial transitada em julgado; 2) mediante processo administrativo em que lhe seja assegurada ampla defesa; 3) mediante procedimento de avaliação periódica de desempenho, na forma de lei complementar, assegurada ampla defesa.

(E) O servidor público estável perderá o cargo efetivo nos seguintes casos: 1) por sentença judicial proferida em segundo grau; 2) por abuso do poder econômico; 3) por decisão administrativa da autoridade ocupante de cargo imediatamente superior ao que detenha, assegurada ampla defesa.

Diz o artigo 41 da CF/1988 que: São estáveis após três anos de efetivo exercício os servidores nomeados para cargo de provimento efetivo em virtude de concurso público. § 1º O servidor público estável só perderá o cargo: I – em virtude de sentença judicial transitada em julgado; II – mediante processo administrativo em que lhe seja assegurada ampla defesa; III – mediante procedimento de avaliação periódica de desempenho, na forma de lei complementar, assegurada ampla defesa.
Gabarito "D."

5.6. Acumulação remunerada e afastamento

(Cartório/SP – 2016 – VUNESP) O servidor público da Administração direta, autárquica e fundacional investido no mandato de Vereador

(A) será afastado do cargo, emprego ou função, sendo-lhe facultado optar pela remuneração.

(B) acumulará as vantagens do cargo, emprego ou função e as remunerações do cargo eletivo, se houver compatibilidade de horários.

(C) perderá o vínculo com a Administração Pública, obrigatoriamente.

(D) perderá o vínculo com a Administração Pública, facultativamente.

Nos termos do art. 38, inc. III, da CF, o servidor público da administração direta, autárquica e fundacional investido no mandato de Vereador, havendo compatibilidade de horários, perceberá as vantagens de seu cargo, emprego ou função, sem prejuízo da remuneração do cargo eletivo. Caso não haja compatibilidade, deverá optar por uma das remunerações (art. 38, inc. II, da CF).
Gabarito "B."

(Cartório/RJ – 2008 – UERJ) A assertiva incorreta é:

(A) para o bem do serviço público e por conveniência e necessidade da Administração, o servidor investido em mandato eletivo ou classista poderá ser removido ou redistribuído de ofício para localidade diversa daquela onde exerce o mandato

(B) o servidor responde civil, penal e administrativamente pelo exercício irregular de suas atribuições, sendo que a obrigação de reparar o dano se estende aos sucessores e contra eles será executada, até o limite do valor da herança recebida

(C) ao servidor estudante que mudar de sede no interesse da Administração é assegurada, na localidade da nova residência ou na mais próxima, matrícula em instituição de ensino congênere, em qualquer época, independentemente de vaga

(D) ressalvados os casos previstos na Constituição, é vedada a acumulação remunerada de cargos públicos. Considera-se acumulação proibida a percepção de vencimento de cargo ou emprego público efetivo com proventos da inatividade, salvo quando os cargos de que decorram essas remunerações forem acumuláveis na atividade

(E) a critério da Administração, poderão ser concedidas ao servidor ocupante de cargo efetivo, desde que não

2. DIREITO ADMINISTRATIVO

esteja em estágio probatório, licenças para o trato de assuntos particulares pelo prazo de até três anos consecutivos, sem remuneração. A licença poderá ser interrompida, a qualquer tempo, a pedido do servidor ou no interesse do serviço

A: incorreta, tratando-se de mandato eletivo federal, estadual ou distrital, ficará afastado de seu cargo, emprego ou funcão, logo, como decorrência do próprio afastamento previsto no art. 38, I, da CF/1988, não cabe falar em sua remocão ou redistribuição. Quanto aos mandatos municipais, poderá ou não haver afastamento a depender de pedido do próprio eleito, nos termos previstos no art. 38 da CF/1988; B: correta, a responsabilidade do servidor é do tipo aquiliana ou subjetiva, isto é, depende da comprovacão de sua culpa. Todavia, uma vez comprovada sua culpabilidade e determinada sua responsabilidade, ela se transmite aos herdeiros *ultra vires hereditatis*, isto é, até as forcas da heranca; C: correta, sendo a remocão o deslocamento do servidor para outra localidade no interesse da Administracão (e não por interesse do servidor) é assegurada, na localidade da nova residência ou na mais próxima, matrícula em instituicão de ensino congênere, em qualquer época, independentemente de vaga. Importante salientar, todavia, que o STJ vem exigindo a **congeneridade** entre as instituicões de ensino, isto é, o direito à matrícula será em instituicão de ensino superior (IES) pública se o ingresso do servidor, de seus cônjuges, companheiros, filhos ou enteados tenha sido em instituto dessa natureza, sendo em IES privada se o ingresso tenha se dado em instituicão particular. D: correta, art. 37, § 10, da CF/1988; E: correta, na verdade, tudo dependerá do que estiver previsto no estatuto do servidor público de cada ente federado. No caso em tela, visto que cada qual detém autonomia para legislar sobre o tema. De todo modo, tendo por base a Lei 8.112/1990, a qual dispõe sobre o regime jurídico dos servidores públicos civis da União, das suas autarquias e fundacões federais, tal previsão encontra-se no artigo 91.
Gabarito "A".

5.7. Remuneração, proventos e pensão. Outros direitos dos agentes públicos

(Cartório/MG – 2015 – Consulplan) Em relação às regras de aposentadoria estabelecidas no art. 40 da Constituição Federal, é correto afirmar, EXCETO:

(A) Aplica-se regra do regime geral de previdência social ao servidor ocupante de emprego público.

(B) A aposentadoria voluntária de servidora estatutária titular de cargo efetivo, com proventos integrais, exige sejam cumpridas, de forma cumulativa, as seguintes condições: dez anos de efetivo exercício no serviço público; cinco anos no cargo efetivo em que se dará a aposentadoria; 55 anos de idade e 30 anos de contribuição.

(C) Os requisitos de idade e de tempo de contribuição serão reduzidos em 05 anos, com relação à aposentadoria voluntária, para o professor que comprove exclusivamente tempo de efetivo exercício das funções de magistério no ensino fundamental, médio e superior.

(D) É assegurado o reajustamento dos benefícios previdenciários para preserva-lhes, em caráter permanente, o valor real, conforme critérios estabelecidos em lei.

A alternativa "a" é prevista no art. 40, § 13, da Constituicão Federal; a alternativa "b" encontra-se descrita no inciso III do mesmo artigo; o § 8° do art. 40, por fim, traz a redação da alternativa "d". No tocante à alternativa "c", a regra do § 5° não inclui o magistério superior.
Gabarito "C".

(Cartório/MG – 2015 – Consulplan) Em relação à remuneração dos servidores públicos, é correto afirmar, EXCETO:

(A) Somente poderá ser fixada ou alterada por lei específica, observada a iniciativa privativa em cada caso.

(B) É assegurada a revisão geral e anual, sempre na mesma data e sem distinção de índices.

(C) No âmbito do Poder Legislativo dos Estados e Distrito Federal, aplica-se como limite o subsídio dos Deputados Estaduais e Distritais.

(D) As parcelas de caráter indenizatório previstas em lei serão computadas no teto remuneratório.

As alternativas "a" e "b" estão contempladas no art. 37, X, da Constituicão Federal; a alternativa "c" é letra do inc. XI do mesmo artigo da Carta Magna. O § 11 do art. 37, por sua vez, exclui do cálculo do teto salarial dos servidores públicos as parcelas de caráter indenizatório previstas em lei.
Gabarito "D".

(Cartório/MG – 2012 – FUMARC) São direitos sociais aplicáveis inclusive aos funcionários públicos, **EXCETO:**

(A) décimo terceiro salário.

(B) licença-paternidade, nos termos fixados em lei.

(C) gozo de 30 dias úteis de férias anuais remuneradas.

(D) remuneração do trabalho noturno superior à do diurno.

De fato, os direitos previstos nas alternativas "A", "B" e "D" são comuns aos trabalhadores em geral e aos funcionários públicos, nos termos do art. 39, § 3.°, da CF. Todavia, a Constituição Federal não faz referência a 30 dias *úteis* de férias.
Gabarito "C".

(Cartório/SC – 2012) Sobre o regime previdenciário aplicável ao servidor público é **correto** afirmar:

(A) Ao servidor ocupante exclusivamente de cargo em comissão, assim reconhecido, de livre nomeação e exoneração, bem como de outro cargo temporário ou de emprego público, aplica-se o regime geral de previdência pública, sendo autorizada a aplicação subsidiariamente às regras dispostas no regime geral de previdência social.

(B) Os servidores públicos abrangidos pelo regime de previdência serão aposentados, sendo calculados os seus proventos a partir dos valores fixados na forma descrita na Constituição Federal, voluntariamente, desde que cumprido o tempo mínimo de dez anos de efetivo exercício no serviço público e cinco anos no cargo efetivo em que se dará a aposentadoria, contando o homem com 65 anos de idade e a mulher com 60 anos de idade, com proventos proporcionais ao tempo de contribuição.

(C) Os servidores públicos abrangidos pelo regime de previdência serão aposentados por invalidez permanente com proventos integrais ao tempo de contribuição, exceto nos casos de acidente em serviço, moléstia profissional ou doença grave, contagiosa ou incurável.

(D) O benefício de pensão por morte, concedido ao beneficiário do servidor falecido, será igual ao valor da totalidade dos proventos do finado, até o limite máximo estabelecido para os benefícios do regime geral de previdência social, acrescido de 50% da parcela excedente a esse limite, caso aposentado à data do óbito.

(E) O tempo de serviço prestado a qualquer ente federal, estadual ou municipal será contado para efeito de aposentadoria, sendo que a lei não poderá estabelecer qualquer forma de contagem de tempo de contribuição fictício.

A: incorreta, pois a esse tipo de servidor aplica-se diretamente o "regime geral de previdência social", e não o regime geral de previdência pública" (art. 40, § 13, da CF); B: correta (art. 40, § 1.º, III, da CF); C: incorreta, pois os proventos, como regra, são proporcionais nesse caso (art. 40, § 1.º, I, da CF); D: incorreta, pois o acréscimo mencionado é de 70% e não de 50% (art. 40, § 7.º, I, da CF); E: incorreta, pois será computado o tempo de "contribuicão" e não o tempo de "servico" (art. 40, §§ 9.º e 10, da CF).
Gabarito "B".

(Cartório/SE – 2006 – CESPE) De acordo com a Constituição Federal, julgue os seguintes itens.

(1) Os vencimentos dos cargos do Poder Legislativo e do Poder Judiciário podem ser superiores aos pagos pelo Poder Executivo.

(2) Ao servidor ocupante, exclusivamente, de cargo em comissão declarado em lei de livre nomeação e exoneração não se aplica o regime geral da previdência social.

1: incorreta, art. 37, XII, da CF/1988; 2: incorreta, art. 40, § 13, da CF/1988.
Gabarito 1E, 2E.

5.8. Infrações e processo disciplinares

(Cartório/SP – 2016 –VUNESP) Invalidada por sentença judicial a demissão do servidor estável, será ele

(A) indenizado, e o eventual ocupante da vaga será vitaliciado no cargo.

(B) reintegrado, e o eventual ocupante da vaga, se estável, reconduzido ao cargo de origem, sem direito a indenização, aproveitado em outro cargo ou posto em disponibilidade com remuneração proporcional ao tempo de serviço.

(C) reintegrado, e o eventual ocupante da vaga, se estável, reconduzido ao cargo de origem, com direito a indenização, aproveitado em outro cargo ou posto em disponibilidade com remuneração proporcional ao tempo de serviço.

(D) indenizado, e o eventual ocupante da vaga, se estável, reconduzido ao cargo de origem, sem direito a indenização, aproveitado em outro cargo ou posto em disponibilidade com remuneração proporcional ao tempo de serviço.

A alternativa repete o texto do § 2º do art. 41 da CF.
Gabarito "B".

(Cartório/AC – 2006 – CESPE) Marina, servidora pública, respondia a regular processo administrativo disciplinar por ter procedido de forma desidiosa no exercício da função. Ao fim do processo administrativo, Marina foi demitida, por restar provada a falta funcional. Por estar com 6 meses de gestação, Marina impetrou mandado de segurança contra o ato demissório, alegando estabilidade gestante.

Julgue os próximos itens, relativos à situação hipotética acima.

(1) Nesse caso, a figura, na espécie, que corresponderia a eventual retorno da servidora ao cargo seria a reintegração.

(2) O processo administrativo está eivado de nulidade, pois Marina foi demitida enquanto estava grávida e, portanto, enquanto era detentora de estabilidade provisória.

(3) A comissão processante deve ser composta por servidor estável, designado por autoridade competente, e com nível de escolaridade igual ou superior ao de Marina.

1: correta, a reintegracão é precisamente a reconducão do servidor ao mesmo cargo de que fora demitido, com o pagamento integral dos vencimentos e vantagens do tempo em que esteve afastado, uma vez reconhecida administrativa ou judicialmente a ilegalidade da medida; 2: incorreta, na assertiva em questão, depreende-se que a servidora já era estável, razão pela qual, depois de processado o devido procedimento administrativo disciplinar e assegurada a ela a ampla defesa e o contraditório, ela acabou demitida. Ora, quem já era estável não faz jus a estabilidade provisória, que só tem sido aplicada pelos tribunais aos agentes públicos que mantém com a Administracão Pública um vínculo de natureza precária; 3: correta, tendo em vista que cada ente federado dispõe de autonomia para legislar sobre o tema, tudo dependerá do que estiver previsto nas respectivas leis estatutárias de cada um deles. De todo modo, tomando por base a Lei 8.112/1990, seu art. 149 determina que a comissão seja composta por 03 servidores estáveis, sendo que seu presidente deverá ser ocupante de cargo efetivo ou superior de mesmo nível ou ter nível de escolaridade igual ou superior ao do indiciado.
Gabarito 1C, 2E, 3C.

5.9. Responsabilidade civil, penal e administrativa do servidor

(Cartório/MG – 2015 – Consulplan) No tocante à responsabilidade dos servidores públicos, é correto afirmar, EXCETO:

(A) Pode ser civil, penal e administrativa de forma independente uma da outra.

(B) A responsabilidade civil do servidor reclama apuração por processo administrativo, assegurados o contraditório e a ampla defesa.

(C) A responsabilidade civil-administrativa resulta, exclusivamente, de ato comissivo praticado no desempenho do cargo ou função.

(D) A absolvição na esfera penal, por negativa do fato, afasta a responsabilização administrativa do servidor público.

A Lei Federal n. 8.112, de 11 de dezembro de 1990, que dispõe sobre o regime jurídico dos servidores públicos civis da União, das autarquias e das fundacões públicas federais, regra o tema em sua órbita de atribuicões: o art. 125 prevê a independência das instâncias de apuracão e responsabilizacão (alternativa "a"); a exigência constitucional do contraditório e a ampla defesa (alternativa "b") está replicada em seu art. 153; e a previsão da instância criminal afastar a possibilidade de responsabilidade administrativa (alternativa "d") é prevista no art. 126. No tocante à alternativa "c", o art. 122 expressamente inclui a possibilidade de responsabilizacão por ato omissivo.
Gabarito "C".

(Cartório/MG – 2009 – EJEF) Marque a assertiva CORRETA.

(A) A responsabilidade administrativa do servidor será afastada no caso de absolvição criminal que negue a existência do fato ou sua autoria.

2. DIREITO ADMINISTRATIVO

(B) As sanções civis, penais e administrativas são dependentes entre si e não poderão, em nenhuma hipótese, ser objeto de aplicação cumulativa.

(C) A responsabilidade penal não abrange os crimes e contravenções imputadas ao servidor, nessa qualidade.

(D) A responsabilidade civil-administrativa resulta, apenas, de ato comissivo praticado no desempenho do cargo ou função.

A: correta, afastada judicialmente a responsabilidade penal do servidor tendo por fundamento a inexistência do fato ou restando negada sua autoria pelo indiciado, a responsabilidade administrativa do servidor é igualmente afastada – o art. 126 da Lei 8.112/1990 contém previsão nesse sentido e todos os demais estatutos dos servidores seguem esse entendimento doutrinário e jurisprudencial; **B:** incorreta, a punição disciplinar e a criminal têm fundamentos diferentes, sendo diversa a natureza das penas, em termos de substância. São independentes entre si. É justamente em razão dessa diferença substancial, que é possível a aplicação conjunta das duas penalidades sem que ocorra *bis in idem*, de modo que é possível que uma mesma infração dê ensejo a punição administrativa (disciplinar) e a punição penal (criminal); **C:** incorreta, crimes e contravenções são sempre da seara penal, independentemente de terem sido cometidos por servidores ou não – art. 123 da Lei 8.112/1990; **D:** incorreta, tanto ações quanto omissões podem gerar a responsabilidade civil-administrativa – art. 124 da Lei 8.112/1990.

Gabarito "A".

(Cartório/RO – III) No âmbito da Administração Pública Federal, no que tange à responsabilidade e aos efeitos da coisa julgada em relação ao servidor público civil, é correto afirmar que:

(A) o servidor público civil é sempre irresponsável pelo que, no exercício da função pública, comete;

(B) sentença penal condenatória transitada em julgado faz coisa julgada somente na esfera administrativa;

(C) a responsabilidade administrativa será afastada no caso de absolvição criminal transitada em julgado, que negue a existência do fato ou sua autoria;

(D) sentença penal condenatória transitada em julgado faz coisa julgada somente na esfera cível.

A: incorreta, o servidor responde civil, penal e administrativamente pelo exercício irregular de suas atribuições – art. 121 da Lei 8.112/1990; **B:** incorreta, transitada em julgado, a sentença penal condenatória pode fazer coisa julgada em todas as esferas: penal, civil e administrativa; **C:** correta, afastada judicialmente a responsabilidade penal do servidor tendo por fundamento a inexistência do fato ou restando negada sua autoria pelo indiciado, a responsabilidade administrativa do servidor é igualmente afastada – o art. 126 da Lei 8.112/1990 contém previsão nesse sentido e todos os demais estatutos dos servidores seguem esse entendimento doutrinário e jurisprudencial; **D:** incorreta, conforme os comentários apresentados à alternativa "B".

Gabarito "C".

5.10. Temas combinados de agentes públicos

(Cartório/MT – 2005 – CESPE) Quanto aos agentes públicos e aos poderes da administração, assinale a opção correta.

(A) O poder da própria administração de rever o seu ato, por parte de seu superior hierárquico, encontra-se restringido pela decadência de 5 anos, nos termos da Lei n. 9.784/1999.

(B) É inconstitucional, conforme entendimento do STF, toda modalidade de provimento que propicie ao servidor investir-se, sem prévia aprovação em concurso público destinado ao seu provimento, em cargo que não integra a carreira na qual seja anteriormente investido.

(C) São atributos específicos do poder de polícia a presunção de legitimidade e veracidade, a autoexecutoriedade e a imperatividade.

(D) O servidor público estatutário em débito com o erário, que for demitido, exonerado ou tiver a sua aposentadoria cassada, terá o prazo de 30 dias para quitar o débito, sob pena de imediata execução, sendo desnecessária a prévia inscrição em dívida ativa.

A: incorreta, a revisão de ato por superior hierárquico não tem necessariamente relação com o direito da Administração de anular os atos administrativos de que decorram efeitos favoráveis ao administrados, para o qual existe o prazo decadencial de 05 anos, contados da data em que foram praticados, salvo comprovada má-fé – art. 54 da Lei 9.784/1999; **B:** correta, o STF entende que, em razão da previsão constitucional da necessidade de ingresso via concurso público, é inconstitucional toda modalidade de provimento que propicie ao servidor investir-se em cargo sem ter cumprido tal requisito; **C:** incorreta, são atributos de **todo** ato administrativo: a presunção de legitimidade e veracidade, a autoexecutoriedade e a imperatividade; **D:** incorreta, não existe qualquer previsão legal possibilitando que débitos de servidores sejam cobrados de qualquer outro modo que não a via ordinária de inscrição em dívida ativa.

Gabarito "B".

(Cartório/MT – 2003 – UFMT) Quanto aos agentes públicos, assinale a afirmativa correta.

(A) A Constituição estabelece o princípio da ampla acessibilidade aos cargos públicos, mediante concurso público de provas e títulos, apenas aos brasileiros natos.

(B) A relação jurídica que interliga o Poder Público e os titulares de cargo público não é de índole estatutária, mas derivada dos princípios que norteiam a Administração.

(C) A aposentadoria efetuar-se-á com proventos proporcionais ao tempo de contribuição quando resultar invalidez permanente, decorrente de acidente em serviço ou de moléstia profissional.

(D) O Presidente da República, os Governadores, os Prefeitos e respectivos vices, os Ministros e os Secretários, os Senadores, os Deputados e os Vereadores são considerados agentes políticos.

(E) Recondução é o retorno de servidor ilegalmente desligado e tal reconhecimento pode vir de decisão administrativa ou judicial.

A: incorreta, a Constituição Federal dispõe que: "os cargos, empregos e funções públicas são acessíveis aos brasileiros que preencham os requisitos estabelecidos em lei, assim como aos estrangeiros, na forma da lei" – art. 37, I, da CF/1988; **B:** incorreta, o vínculo jurídico que se estabelece entre o Poder Público e seus titulares de cargo público tem precisamente natureza estatutária, a qual estabelece uma relação de sujeição especial entre essas partes; **C:** incorreta, art. 40, § 1º, I, da CF/1988; **D:** correta, agentes políticos são os titulares dos cargos estruturais à organização política do país, com respaldo haurido direto da Constituição. É o caso dos agentes arrolados nessa assertiva; **E:** incorreta, recondução é o retorno do servidor estável ao cargo anteriormente ocupado em decorrência de inabilitação em estágio probatório relativo a outro cargo ou de reintegração do anterior ocupante. A assertiva está, na verdade, a tratar de reintegração.

Gabarito "D".

6. IMPROBIDADE ADMINISTRATIVA

(Cartório/MG – 2015 – Consulplan) Quanto ao procedimento administrativo e do processo judicial, destinados a apurar e punir a prática de ato de improbidade, é correto afirmar:

(A) Apenas os agentes e órgãos públicos têm legitimidade para representar à autoridade administrativa competente para que seja instaurada investigação destinada a apurar a prática de ato administrativo.

(B) A autoridade administrativa competente poderá rejeitar a representação. A decisão de rejeição obsta a representação ao Ministério Público.

(C) A perda da função pública e a suspensão dos direitos políticos podem ser efetivadas antes do trânsito em julgado da sentença condenatória.

(D) É dever da comissão processante dar conhecimento ao Ministério Público e ao Tribunal ou Conselho de Contas da existência de procedimento administrativo para apurar a prática de ato de improbidade.

Nos termos do *caput* do art. 14 da Lei n. 8429/1992 (Lei de Improbidade Administrativa), qualquer pessoa poderá representar à autoridade administrativa competente para que seja instaurada investigação destinada a apurar a prática de ato de improbidade – desta forma, a alternativa "a" está incorreta. O § 2º do mesmo artigo prevê expressamente que a rejeição da representação não impede a representação ao Ministério Público, o que torna incorreta a assertiva da alternativa "b". No que toca à alternativa "c", nos termos do art. 20 da lei, a perda da função pública e a suspensão dos direitos políticos só se efetivam com o trânsito em julgado da sentença condenatória. A alternativa "d" traz a previsão constante no art. 15 da Lei de Improbidade Administrativa.
Gabarito "D".

(Cartório/MG – 2019 – Consulplan) A regência da penalização aos atos ímprobos praticados no bojo da Administração Pública tem previsão principal na Lei 8.429/92, com norte na norma constitucional que agasalha a moralidade, estabelecendo a tratativa da questão por Lei Complementar (art. 14, § 9º da CF/88.) Acerca da Improbidade Administrativa, é correto afirmar que:

(A) O ato ímprobo é ilícito de natureza civil, pelo que a responsabilização se limita às esferas e natureza civil e administrativa.

(B) Diante do objeto da Lei de Improbidade Administrativa, somente podem ser alcançados como sujeitos passivos os entes da Administração Pública Direta, vez que os bens tutelados atingidos a estes pertencem.

(C) Para a caracterização de agente público praticante do ato ímprobo, este deve exercer em caráter permanente, de forma remunerada, por eleição, nomeação, designação ou meio diverso de ingresso/investidura/ vínculo, com a administração pública direta.

(D) O Ministério Público e a pessoa Jurídica interessada são legitimados a manejar ação com vistas à responsabilização por ato de improbidade administrativa, sendo vedada a transação, acordo ou conciliação por meio de referidas ações, à inteligência do art. 17 da Lei 8.429/92.

A Lei n. 13.964/2019 alterou o antigo regime jurídico da Lei de Improbidade Administrativa, agora permitido a celebração de acordo de não persecução cível (art. 17, § 1º). A alternativa apontada como correta (a "d") estaria, hoje, inválida. Quanto às demais alternativas,

cabe relembrar que o ato de improbidade pode gerar sanções penais, alcançando a lei toda a administração direta, indireta ou fundacional de qualquer dos Poderes da União, dos Estados, do Distrito Federal, dos Municípios, de Território, de empresa incorporada ao patrimônio público ou de entidade para cuja criação ou custeio o erário haja concorrido ou concorra com mais de cinquenta por cento do patrimônio ou da receita anual, estando também sujeitos às suas penalidades da lei os atos de improbidade praticados contra o patrimônio de entidade que receba subvenção, benefício ou incentivo, fiscal ou creditício, de órgão público bem como daquelas para cuja criação ou custeio o erário haja concorrido ou concorra com menos de cinquenta por cento do patrimônio ou da receita anual, limitando-se, nestes casos, a sanção patrimonial à repercussão do ilícito sobre a contribuição dos cofres públicos (art. 1º). São apenáveis, por fim, todos agentes que atuem junto ao Estado, ainda que transitoriamente ou sem remuneração (art. 2º).
Gabarito "D".

(Cartório/SP – 2016 – VUNESP) Nos termos da Lei n. 8.429/92, pode ser responsabilizado por ato de improbidade administrativa

(A) não apenas o agente público, mas também o particular ou o terceiro beneficiado pelo ato.

(B) o representante da pessoa jurídica que receba subvenção, benefício ou incentivo de órgão público, se o instrumento formalizado entre as partes contiver previsão expressa de responsabilidade.

(C) apenas o agente público enriquecido ilicitamente no exercício de mandato, cargo, emprego ou função pública.

(D) o agente público, objetivamente, e seus prepostos de qualquer nível ou hierarquia, culposamente.

Nos termos da Lei n. 8.429/1992, a Lei de Improbidade Administrativa, em seu art. 3º, as suas disposições "são aplicáveis, no que couber, àquele que, mesmo não sendo agente público, induza ou concorra para a prática do ato de improbidade ou dele se beneficie sob qualquer forma direta ou indireta".
Gabarito "A".

(Cartório/DF – 2006 – CESPE) Acerca da improbidade administrativa e do controle dos atos administrativos, julgue o item subsequente.

(1) A ação de improbidade administrativa deverá ser proposta no prazo de 5 anos, a contar da data do conhecimento do fato, quando se tratar de detentor de mandato eletivo ou de cargo em comissão.

1: incorreta, segundo o art. 23 da Lei 8.429/1992, as ações destinadas a levar a efeito as sanções previstas nesta lei podem ser propostas: I – até cinco anos após o término de mandato, de cargo em comissão e de função de confiança, ou II – dentro do prazo prescricional previsto em lei específica para faltas disciplinares puníveis com demissão a bem do serviço público, nos casos de exercício de cargo efetivo ou emprego.
Gabarito "1E".

(Cartório/CE – 2018 – IESES) A conduta do Tabelião de Protesto que, de forma dolosa e reiterada, recebe e deixa de repassar, no prazo legal e em caráter definitivo, valores pertencentes aos apresentantes dos títulos (titulares do crédito) pode caracterizar:

(A) Apenas infração administrativa na hipótese de reparação integral dos danos às vítimas.

(B) Infração civil, penal, administrativa e até ato de improbidade.

(C) Infração penal e administrativa exclusivamente.

2. DIREITO ADMINISTRATIVO

(D) Apenas crime de apropriação indébita.

De acordo com a Lei n. 9.492/1997, em seu art. 38, os "Tabeliães de Protesto de Títulos são civilmente responsáveis por todos os prejuízos que causarem, por culpa ou dolo, pessoalmente, pelos substitutos que designarem ou Escreventes que autorizarem, assegurado o direito de regresso". O ato configura falta funcional, punível como ilícito administrativo nos termos do art. 32 da Lei n. 8.935/1994, que dispõe sobre serviços notariais e de registro, com penas de repreensão, multa, suspensão, perda de delegação. Da mesma forma, o Tabelião de Protesto é equiparado a servidor público, para fins penais (art. 327 do CP). Por fim, a responsabilização por ato de improbidade atinge tais profissionais, nos termos do art. 2º da Lei n. 8.249/1992.
Gabarito "B".

(Cartório/RJ – 2012) A respeito da moralidade na Administração Pública, analise as assertivas abaixo.

I. Responde nos termos da Lei de Improbidade as pessoas que, mesmo não sendo agentes públicos, induzam ou concorram para a prática do ato de improbidade ou dele se beneficie sob qualquer forma direta ou indireta.

II. Para os fins de aplicação da Lei de Improbidade, reputa-se agente público todo aquele que exerce, por eleição, nomeação, designação, contratação ou qualquer outra forma de investidura ou vínculo, mandato, cargo, emprego ou função nas entidades da administração direta, indireta ou fundacional, salvo se transitoriamente ou sem remuneração.

III. A responsabilidade pela lesão ao patrimônio público não se estende a herdeiros.

É correto o que se afirma em:

(A) I, apenas.

(B) II, apenas.

(C) III, apenas.

(D) I e III, apenas.

(E) I, II e III.

I: correta (art. 3.º da Lei 8.429/1992); II: incorreta, pois mesmo que aquele que exerce qualquer das funções mencionadas o faça transitoriamente ou sem remuneração, ter-se-á um agente público para fins de aplicação da Lei de Improbidade (art. 2.º da Lei 8.429/1992); III: incorreta, pois o sucessor daquele que causar lesão ao patrimônio público ou se enriquecer ilicitamente está sujeito às cominações da Lei de Improbidade até o limite do valor da herança (art. 8.º da Lei 8.429/1992).
Gabarito "A".

(Cartório/SC – 2012) A respeito da Lei de Improbidade Administrativa, pode-se afirmar:

I. Todos os agentes públicos respondem nos termos da Lei de Improbidade Administrativa, exceto os agentes políticos que exercem mandato eletivo junto aos parlamentos, já que estes detêm fórum privilegiado para responder pelos crimes de responsabilidade.

II. As sanções e o ressarcimento de danos ao erário prescrevem em cinco anos após o término do exercício de mandato, de cargo em comissão ou de função de confiança e, dentro do prazo prescricional previsto em lei específica para faltas disciplinares puníveis com demissão a bem do serviço público, nos casos de exercício de cargo efetivo ou emprego.

III. Segundo disposição legal presente na Lei de Improbidade Administrativa, os atos de improbidade administrativa dividem-se em atos que importam em enriquecimento ilícito, resultam em prejuízo ao erário e atentam contra os princípios da administração pública. Para restar o agente público sancionado por infração às condutas vedadas, a lei de improbidade exige genericamente que ele tenha agido com dolo e que tenha havido prejuízo ao erário.

IV. Nos termos da lei de improbidade, independentemente da conduta praticada pelo agente público ou por aqueles que não sendo agentes são porém a eles assemelhados nos termos da referida lei, independentemente das sanções penais, civis e administrativas previstas na legislação específica, está o responsável pelo ato de improbidade sujeito às cominações, que podem ser aplicadas isolada ou cumulativamente, de acordo com a gravidade do fato, constituindo-se elas de perda dos bens ou valores acrescidos ilicitamente ao patrimônio, ressarcimento integral do dano, quando houver, perda da função pública, suspensão dos direitos políticos de oito a dez anos, pagamento de multa civil de até três vezes o valor do acréscimo, proibição de receber benefícios ou incentivos fiscais ou creditícios, direta ou indiretamente, ainda que por intermédio de pessoa jurídica da qual seja sócio majoritário, pelo prazo de dez anos.

(A) Somente a proposição I está correta.

(B) Somente a proposição III está correta.

(C) Somente as proposições III e IV estão corretas.

(D) Somente a proposição II está correta.

(E) Nenhuma proposição está correta.

I: incorreta; todos os agentes públicos se submetem à Lei de Improbidade, exceto os agentes políticos que respondem por crime de responsabilidade (salvo o Prefeito), o que abarca não só os parlamentares, mas também outros agentes políticos como Presidente da República, Governador, Ministros etc.; II: incorreta, pois as sanções em geral, de fato, estão submetidas ao prazo prescricional mencionado (art. 23 da Lei 8.429/1992); porém, a pretensão de ressarcimento ao erário é imprescritível (art. 37, § 5.º, da CF); III: incorreta, pois não é necessário que haja prejuízo ao erário para se configurar um ato de improbidade administrativa (art. 21, I, da Lei 8.429/1992); no mais, quanto ao elemento subjetivo é exigido o dolo nas modalidades dos arts. 9.º e 11 (enriquecimento ilícito e violação a princípios), mas basta ato culposo em sentido estrito (ou dolo) para a configuração da improbidade na modalidade do art. 10 (prejuízo ao erário); IV: incorreta, pois, de acordo com a modalidade de improbidade, os prazos e critérios de suspensão de direitos políticos, pagamento de multa civil e proibição de contratar, variam, o que se dá nos termos dos incisos I, II e III do art. 12 da Lei 8.429/1992.
Gabarito "E".

(Cartório/SP – 2011 – VUNESP) Sobre improbidade administrativa disciplinada na Lei n. 8.429/1992, é incorreto afirmar:

(A) o sucessor daquele que causou lesão ao patrimônio público ou se enriquecer ilicitamente está sujeito às cominações da referida lei, notadamente o ressarcimento ao erário, até os limites da herança.

(B) o ressarcimento integral do erário não é exigido quando o agente tenha causado o prejuízo sem dolo.

(C) não poderá haver conciliação, acordo ou transação na ação cautelar de sequestro de bens e na ação principal (de ressarcimento ou recuperação de bens para o erário).

(D) constitui ato de improbidade administrativa facilitar ou concorrer de qualquer forma para a incorporação ao patrimônio particular, de pessoa física ou jurídica, de bens, rendas, verbas ou valores integrantes do acervo patrimonial do Estado ou de entidade pública.

A: correta, art. 8º da Lei 8.429/1992; **B:** incorreta, ocorrendo lesão ao patrimônio público por ação ou omissão, dolosa ou culposa, do agente ou de terceiro, dar-se-á o integral ressarcimento do dano – art. 5º da Lei 8.429/1992; **C:** correta, art. 17, § 1º, da Lei 8.429/1992; **D:** correta, art. 10, I, da Lei 8.429/1992.

Gabarito "B".

7. BENS PÚBLICOS

(Cartório/SP – 2016 – VUNESP) Para a permuta de bens públicos com particulares, exige-se, necessariamente,

(A) Decreto-Lei, Decreto Legislativo e interesse público.

(B) autorização legal, avaliação prévia dos bens a serem permutados e interesse público.

(C) licitação, vantagens para a Administração Pública e Decreto-Lei autorizando a permuta.

(D) desafetação dos bens públicos, autorização legal e avaliação dos bens particulares a serem permutados.

O TJ/SP considerou corretas as duas alternativas. O texto do art. 17 da Lei n. 8.666/1993 assevera que "Art. 17. A alienação de bens da Administração Pública, subordinada à existência de interesse público devidamente justificado, será precedida de avaliação e obedecerá às seguintes normas: I – quando imóveis, dependerá de autorização legislativa para órgãos da administração direta e entidades autárquicas e fundacionais, e, para todos, inclusive as entidades paraestatais, dependerá de avaliação prévia e de licitação na modalidade de concorrência, dispensada esta nos seguintes casos: (...) c) permuta, por outro imóvel que atenda aos requisitos constantes do inciso X do art. 24 desta Lei".

Gabarito: "B" e "D".

(Cartório/MG – 2019 – Consulplan) Os bens públicos assumem modalidades diversas, de acordo com a legislação civil, a saber, de uso comum, especial e dominical, cujo uso, observadas as normas de regência própria, não se limita à pessoa jurídica detentora. Acerca dos bens públicos, é correto afirmar que:

(A) A permuta de bens públicos requer lei autorizativa, avaliação prévia e licitação, sob pena de nulidade do ato pelo qual se concretize.

(B) A desapropriação de bens tombados pode ser realizada somente com a finalidade de manutenção do tombamento, sendo permitida, contudo, a expropriação pela União de bens tombados pelo Estado e Município, independente de cancelamento do tombamento.

(C) A doação, como modalidade de alienação dos bens públicos, pode ser realizada, com a necessária precedência de lei autorizativa, quanto a bens desafetados do uso público, com ou sem encargos, sendo que, nesta hipótese, é indispensável a cláusula de reversibilidade.

(D) A utilização anormal do bem público não dispensa concessão por ato administrativo, devendo ser observada, de forma antecedente, a preservação da compatibilidade do uso anormal com o fim principal que afete o bem, já que uma vez concedido não poderá ser revogado até que seja exaurido o período estipulado no ato concessivo.

A alternativa "a" não está totalmente correta, pois o regime ali exposto é aplicável aos bens imóveis, somente (art. 17 da Lei n. 8.666/1993); na alternativa "b", o equívoco está na afirmação de que somente é possível

desapropriar bens tombados para fins de manutenção do tombamento. Na doação com encargos é indispensável a cláusula da reversibilidade (art. 17, § 4º da Lei n. 8666/1993). Quanto à alternativa "d", a concessão é revogável a qualquer tempo, devendo o poder público arcar com eventuais indenizações devidas aos concessionários pela prematura conclusão do vínculo contratual.

Gabarito Anulada

(Cartório/MG – 2016 – Consulplan) Com relação aos bens públicos imóveis, é correto afirmar:

(A) Os imóveis públicos rurais, com área maior do que o módulo rural, sujeitam-se à prescrição aquisitiva.

(B) A alienação de bens imóveis da Administração deverá ser objeto de prévio certame licitatório, por tomada de preços.

(C) A afetação do bem público exige rigorismo formal e só poderá ser realizada de forma expressa, não se admitindo a tácita.

(D) Os bens de uso comum do povo, enquanto afetados ao Poder Público, não poderão ser objetos de alienação.

A alternativa "d" está consoante ao disposto no art. 100 do Código Civil (Lei n. 10.406/2002). No tocante à alternativa "a", os bens públicos não estão sujeitos a usucapião (art. 183, § 3º e 191 da Constituição Federal); quanto à alternativa "b", a Lei Federal n. 8.666/1993 exige a licitação mediante concorrência para alienação de imóveis públicos (art. 17, inc. I); por fim, a afetação tácita é reconhecida pela doutrina como possível, e advém da atuação direta da Administração ou de fato da natureza.

Gabarito "D".

(Cartório/DF – 2006 – CESPE) Com relação aos bens públicos e ao controle da administração pública, julgue os próximos itens.

(1) As águas do lago Paranoá, em Brasília – DF, pertencem à União e constituem bem dominial.

(2) O Tribunal de Contas da União (TCU) é competente para realizar, por iniciativa própria, inspeções e auditorias de natureza contábil, financeira, operacional e patrimonial nas unidades administrativas do Poder Legislativo.

1: incorreta, o lago Paranoá pertence ao Distrito Federal e constitui bem de uso comum do povo; **2:** correta, art. 71, IV, da CF/1988.

Gabarito 1E, 2C

(Cartório/DF – 2003 – CESPE) No que concerne ao regime de bens imóveis, julgue o item a seguir.

(1) A concessão de direito real de uso de imóvel público depende, para se consumar, de registro no cartório de registro de imóveis.

1: correta, arts. 167, I, e 40 da Lei 6.015/1973.

Gabarito "1C"

(Cartório/MG – 2005 – EJEF) Analise estas afirmativas concernentes à classificação dos bens públicos e assinale com V as verdadeiras e com F as falsas:

( ) 1. São considerados bens dominicais os rios, mares, estradas, ruas e praças.

( ) 2. São considerados bens de uso comum do povo os edifícios ou terrenos destinados a serviço ou estabelecimento da Administração Federal, Estadual, Territorial ou Municipal, inclusive os de suas autarquias.

2. DIREITO ADMINISTRATIVO   109

( ) 3. É considerado bem de uso especial o patrimônio das pessoas jurídicas de direito público, como objeto de direito pessoal ou real de cada uma dessas entidades.

Assinale a alternativa que apresenta a sequência de letras CORRETA.

(A) (F) (F) (F)

(B) (F) (F) (V)

(C) (F) (V) (F)

(D) (V) (F) (V)

1: incorreta, a assertiva é falsa, na medida em que os bens arrolados são bens de uso comum do povo e não bens dominicais; **2:** incorreta, a assertiva é falsa, na medida em que os bens arrolados são bens de uso especial, visto que afetados a um serviço ou estabelecimento público; **3:** incorreta, a assertiva em questão está igualmente falsa, visto que bens de uso especial são aqueles afetados a um serviço ou estabelecimento, utilizados para a realização da atividade pública ou colocados à disposição dos administrados a um serviço público. A afirmativa refere-se, na verdade, a bem dominical.

Gabarito "A".

(Cartório/RS – 2019 – VUNESP) Suponha que determinado indivíduo, por onze anos, tenha ocupado um terreno de propriedade do Município, construído nele a sua residência e um galpão, em que funciona uma oficina mecânica, local onde exerce a sua profissão de mecânico e retira os recursos necessários a sua subsistência. A Administração, após notar o uso do espaço pelo particular sem seu consentimento, notifica-o, solicitando a desocupação da área. Diante da situação hipotética, assinale a alternativa correta.

(A) O particular tem o direito à propriedade do local, dado que o bem é dominical, não estando afetado a uma finalidade pública específica.

(B) O particular deve desocupar o espaço, tendo o direito de ser indenizado pelas benfeitorias úteis, necessárias e fundo de comércio.

(C) O particular tem o direito real de uso do imóvel, caso o terreno ocupado não seja superior a 1000 m² (mil metros quadrados).

(D) O particular tem o direito de permanecer na posse do local, por estar dando ao espaço uma finalidade socialmente útil.

(E) O particular não tem o direito de permanecer no imóvel e não possui o direito de ser indenizado pelas benfeitorias existentes no local.

Como sabido, não existe a usucapião de bem público – a vedação é expressa nos arts. 183, § 3º e 191, parágrafo único, da Carta Magna. Dessa forma, o particular não terá, em princípio, direito subjetivo a retenção do imóvel público que ocupa, nem a qualquer indenização – o fundamento de tal posicionamento, amplamente majoritário, advém da condição de que os atos de permissão e tolerância do poder público em relação aos seus imóveis não induzem a posse, e a sua detenção, sem a anuência da Administração, nunca gerará a presunção de boa-fé dos ocupantes (como exemplo, o REsp 1701620/RS). Há, contudo, julgados considerando a possibilidade de indenização de benfeitorias úteis e necessárias tendo em vista o tempo decorrido desde a ocupação do bem até a retirada dos ocupantes do local. Destaca-se, também, o previsto na Lei n. 13.465/2017, que prevê o instituto da "Legitimação Fundiária" (arts. 23 e 24), possibilitando que ocupantes de áreas públicas em núcleos urbanos informais consolidados até a data que estabelece (22 de dezembro de 2016) possam pleitear ao Poder Público o título de propriedade do bem.

Gabarito "E".

(Cartório/MS – 2009 – VUNESP) Investidura é

(A) a alienação feita aos legítimos possuidores de direitos ou, na falta destes, ao Poder Público, de imóveis para fins residenciais construídos em núcleos urbanos anexos a usinas hidrelétricas, desde que considerados dispensáveis na fase de operação dessas unidades e não integrem a categoria de bens reversíveis ao final da concessão.

(B) o instituto por meio do qual o Poder Público, reconhecendo a posse legítima do interessado e a observância dos requisitos fixados em lei, transfere a ele a propriedade de área integrante do patrimônio público.

(C) a forma alienativa pela qual o Estado, ao instituir entidade administrativa privada, faz integrar no seu capital dinheiro ou bens móveis ou imóveis.

(D) o instrumento de direito público pelo qual uma entidade de direito público transfere a outrem, gratuita ou remuneradamente, bem público de seu domínio.

(E) o contrato em que um dos contratantes transfere a outrem bem de seu patrimônio e deste recebe outro bem equivalente.

A: correta, investidura é a incorporação de uma área pública remanescente ou resultante de uma obra pública ao terreno particular confinante por ser essa considerada isoladamente inconstruível ou inaproveitável; **B:** incorreta, a assertiva trata da usucapião e não de investidura e, de todo modo, os bens imóveis não são passíveis de usucapião nos termos do artigo 183, § 3º, da CF/1988; **C:** incorreta, a assertiva trata da integralização de capital pelos entes públicos para a instituição de ente de pessoa jurídica de direito privado integrante da administração indireta; **D:** incorreta, ao transferir bem público a outro ente tem-se a doação ou alienação; **E:** incorreta, trata-se de permuta e não de investidura.

Gabarito "A".

(Cartório/MT – 2003 – UFMT) Bens públicos são todos os bens que pertencem às pessoas jurídicas de Direito Público. Em relação a esses bens, assinale a afirmativa correta.

(A) Concessão de uso de bem público é o contrato administrativo pelo qual a Administração trespassa a alguém o uso de um bem público para uma finalidade indeterminada.

(B) Terrenos acrescidos, também chamados terrenos marginais, são bens públicos constituídos pelas faixas de terra à margem dos rios públicos livres da influência das marés.

(C) A desafetação dos bens de uso comum, trespassando-os para a classe dos dominicais, depende de ato do próprio Executivo.

(D) Terras devolutas são bens dominicais, não afetadas a uma destinação pública e sujeitas à prescrição aquisitiva, desde que não se encontrem em faixa de fronteira.

(E) Concessão de direito real de uso é o contrato pelo qual a Administração transfere, como direito real resolúvel, um bem para que seja utilizado com fins específicos por tempo certo ou por prazo indeterminado.

A: incorreta, concessão de uso de bem público é o contrato administrativo por meio do qual o Poder Público atribui a utilização exclusiva de um bem de seu domínio a particular, a fim de que este o explore segundo sua **destinação específica**. Sua característica primordial é o caráter contratual da outorga, para utilização com exclusividade e nas condições convencionadas com a Administração Pública: **B:** incorreta, terrenos acrescidos são todos aqueles que se formam com a terra carreada pela caudal. Pertencem aos proprietários das terras marginais

a que aderirem – art. 1.250 do CC; **C**: incorreta, a desafetação de um bem público depende de lei; **D**: incorreta, terras devolutas realmente são bens dominicais, sem destinação pública específica. Todavia, independentemente da existência ou não de uma afetação, os bens públicos imóveis não podem ser objeto de usucapião, razão pela qual a assertiva está errada – art. 183, § 3º e art. 191, parágrafo único, da CF/1988; **E**: correta, concessão de direito real de uso é o contrato pelo qual a Administração transfere o uso remunerado ou gratuito de terreno público a particular, como direito real resolúvel, para que dele se utilize em fins específicos de urbanização, industrialização, edificação, cultivo ou qualquer outra exploração de interesse social.
Gabarito "E".

(Cartório/RJ – 2012) Sobre a afetação e a desafetação de bem público, é correto afirmar que:

(A) mesmo enquanto afetado, o bem público pode ser livremente alienado.

(B) o ente público poderá conceder direito real de uso de bem público afetado.

(C) a competência para afetar ou desafetar um bem é exclusiva da pessoa política proprietária do bem.

(D) os bens de uso comum do povo não são afetados.

(E) os bens dominicais também são bens afetados e, portanto, inalienáveis.

A: incorreta, pois um bem público afetado não pode ser alienado, sendo necessária a sua desafetação para tanto (art. 100 do Código Civil); **B**: incorreta, pois os bens afetados (ou seja, com destinação pública) devem obedecer à destinação pública a eles conferida, o que é incompatível com a concessão de um direito real de uso a terceiro; **C**: correta, sob pena de quebra do princípio federativo, que permite que cada ente administre seus bens como lhe aprouver, respeitadas, naturalmente, as normas jurídicas incidentes; **D**: incorreta, pois tais bens são afetados (= destinados) ao uso comum do povo (art. 99, I, do Código Civil), podendo perder tal destinação (qualificação), na forma que a lei determinar (art. 100 do Código Civil); **E**: incorreta, pois tais bens são meros bens patrimoniais do Estado (art. 99, III, do Código Civil), não tendo destinação (afetação), podendo, assim, ser objetos de alienação (art. 101 do Código Civil).
Gabarito "C".

(Cartório/RN – 2012 – IESIS) Quanto aos bens imóveis de domínio da União, é correto afirmar, **EXCETO**, que:

(A) Caberá à SPU a incumbência de fiscalizar e zelar para que sejam mantidas a destinação e o interesse público, o uso e a integridade física dos imóveis pertencentes ao patrimônio da União.

(B) A inscrição de ocupação, a cargo da Secretaria do Patrimônio da União, não pressupõe o uso efetivo do imóvel pelo ocupante.

(C) A permissão de uso de bens imóveis de domínio da União é autorizada por ato do Secretário do Patrimônio da União, que poderá ser delegado aos titulares das delegacias estaduais.

(D) Os imóveis da União poderão ser cedidos gratuitamente a pessoas físicas ou jurídicas, em razão de interesse público ou social ou de aproveitamento econômico de interesse nacional.

A: correta (art. 11, *caput*, da Lei 9.636/1998); **B**: incorreta, devendo ser assinalada; a inscrição de ocupação pressupõe, sim, o uso efetivo do imóvel pelo ocupante (art. 7.º, *caput*, da Lei 9.636/1998); **C**: correta (art. 22, *caput* e § 1.º, da Lei 9.636/1998); **D**: correta (art. 18, II, da Lei 9.636/1998).
Gabarito "B".

(Cartório/RO – III) Assinale a alternativa incorreta. São bens públicos:

(A) os dominicais, que constituem o patrimônio das pessoas jurídicas de direito público, como objeto de direito pessoal, ou real, de cada uma dessas entidades;

(B) os bens públicos dominicais podem ser alienados, observadas as exigências da lei;

(C) o uso comum dos bens público pode ser gratuito ou retribuído, conforme for estabelecido legalmente pela entidade a cuja administração pertencerem.

(D) os bens públicos podem ser objetos de usucapião;

A: correta, bens dominicais ou do patrimônio disponível da Administração Pública são todos aqueles que não estão afetados a uma finalidade específica, embora integrem o domínio público; **B**: correta, justamente por não estarem afetados a uma finalidade específica, eles são considerados patrimônio disponível, isto é, que podem ser alienados, nos termos do que dispuser a lei de cada ente; **C**: correta, bens de uso comum do povo podem ser utilizados gratuita ou onerosamente, a depender do que prevê a lei de cada ente; **D**: incorreta, por expressa previsão constitucional em mais de um dispositivo, os bens públicos imóveis não serão adquiridos por usucapião – art. 183, § 3º e art. 191, parágrafo único, da CF/1988.
Gabarito "D".

(Cartório/SP – I – VUNESP) Adotada a terminologia do Código Civil, que classifica os bens públicos em bens de uso comum do povo, bens de uso especial e bens dominicais, assinale a alternativa que contém afirmação falsa.

(A) Os bens de uso comum do povo, também chamados bens de domínio público do Estado, são indisponíveis e não são sujeitos a usucapião.

(B) Os bens de uso especial integram o patrimônio do Estado, são indisponíveis e não são sujeitos a usucapião.

(C) Os bens dominicais são disponíveis e sujeitos a usucapião.

(D) Os bens de uso especial convertem-se em bens dominicais se ocorrer desafetação.

A: correta, os bens de uso comum do povo são os destinados ao uso indistinto de todos e são chamados, por alguns, de bens do domínio público do Estado e, enquanto não desafetados, são indisponíveis. Nenhum bem imóvel público, seja que destinação tenha, pode ser objeto de usucapião; **B**: correta, bens dominicais são aqueles afetados a um serviço ou estabelecimento público, razão pela qual, enquanto não desafetados a essa finalidade específica, são indisponíveis e não estão sujeitos a usucapião; **C**: incorreta, art. 183, § 3º e art. 191, parágrafo único, da CF/1988; **D**: correta, desafetação é a retirada de um bem do fim específico a que ele servia. Se um bem de uso especial deixa de ter uma finalidade específica e passa ao patrimônio disponível de um ente público, ele se torna um bem público dominical.
Gabarito "C".

(Cartório/SP – II – VUNESP) Considere as seguintes afirmativas:

I. Os bens públicos dominicais somente estão sujeitos ao usucapião especial coletivo de área urbana superior a 250 m2, ocupada com moradias de população de baixa renda.

II. A alienação de bem público de uso especial depende de prévia desafetação.

III. Os bens públicos não são passíveis de usucapião, mas podem as Pessoas de Direito Público usucapir bens particulares.

2. DIREITO ADMINISTRATIVO

IV. São considerados bens imóveis de domínio público todos aqueles utilizados pela Administração na execução dos serviços públicos.

Destas, pode-se dizer que somente estão corretas

(A) I e II.

(B) II e III.

(C) II, III e IV.

(D) III e IV.

I: incorreta, os bens públicos, independentemente de sua afetação ou não a uma específica finalidade pública, não estão sujeitos a usucapião; **II:** correta, um bem público de uso especial necessariamente estão afetados a um serviço ou estabelecimento, razão pela qual, a menos que haja uma lei a desafetá-lo, não poderá ser alienado; **III:** correta, a vedação constitucional prevista nos art. 183, § 3º e art. 191, parágrafo único, da CF/1988 refere-se apenas à usucapião de bens públicos, de modo que perfeitamente lícita a usucapião de bens particulares por ente público, **IV:** incorreta – os bens imóveis afetados à prestação de serviços públicos, quando de propriedade de entes da Administração Pública, são chamados bens públicos de uso especial..

Gabarito "B".

(Cartório/SP – IV – VUNESP) Quanto aos bens públicos, é certo afirmar que

(A) não poderão ser praceados, nem gravados com direitos reais de garantia, não sendo, ademais, suscetíveis de usucapião.

(B) não poderão ser praceados, nem suscetíveis de usucapião, nada impedindo, em casos especiais, sejam gravados com direitos reais de garantia.

(C) não poderão ser praceados, nem gravados com direitos reais de garantia, nada impedindo sejam suscetíveis de aquisição por usucapião *pro labore*.

(D) não poderão ser gravados com direitos reais de garantia, não sendo suscetíveis de usucapião, mas podem ser praceados.

Os bens públicos possuem como traço característico o fato de serem impenhoráveis e imprescritíveis, de modo que, assim sendo, não podem servir como garantia. Ademais, em razão de expressa previsão constitucional, não são suscetíveis de usucapião – art. 183, § 3º e art. 191, parágrafo único, da CF/1988.

Gabarito "A".

(Cartório/SP – IV – VUNESP) A concessão de uso de bem público é

(A) o ato unilateral, precário e discricionário pelo qual a Administração transfere o uso remunerado ou gratuito de um bem público, para uso específico, com tempo certo ou por prazo indeterminado.

(B) o ato unilateral, precário e discricionário pelo qual a Administração faculta a alguém o uso para finalidade específica de um bem público.

(C) o ato unilateral, precário e discricionário de bem público, pelo qual a Administração consente na prática de atividade individual, compatível com sua destinação principal e propiciando serventia para a coletividade.

(D) o contrato pelo qual a Administração transfere a alguém o uso de um bem público.

A: incorreta, trata-se da definição de permissão de uso e não de concessão de uso de bem público; **B:** incorreta, trata-se da definição de permissão de uso e não de concessão de uso de bem público; **C:**

incorreta, trata-se da definição de autorização de bem público; **D:** correta, concessão de uso é o contrato administrativo pelo qual o Poder Público atribui a utilização exclusiva de um bem se seu patrimônio a particular, para que o explore segundo sua destinação específica.

Gabarito "D".

(Cartório/SP – V – VUNESP) Os bens públicos podem ser classificados, nos termos do artigo 99 do Código Civil, em bens de uso comum do povo, bens de uso especial e bens dominicais. São bens públicos dominicais:

(A) os rios, mares, estradas, ruas e praças.

(B) os edifícios ou terrenos destinados a serviço ou estabelecimento da administração federal, estadual, serviço ou estabelecimento da administração federal, estadual, territorial ou municipal, inclusive os de suas autarquias.

(C) os adquiridos pelos delegados ou concessionários de serviço público, na vigência da delegação, com a utilização da correspondente remuneração.

(D) os que constituem patrimônio das pessoas jurídicas de direito público, como objeto de direito pessoal, ou real, de cada uma dessas entidades.

A: incorreta, os bens arrolados são de uso comum do povo; **B:** incorreta, os bens arrolados são de uso especial; **C:** incorreta, os bens adquiridos pelos delegados ou concessionários são bens privados destinados à prestação de serviço público; **D:** correta, os bens que compõem o patrimônio disponível da Administração Pública por não estarem afetados a uma finalidade pública específica são bens dominicais.

Gabarito "D".

(Cartório/SP – 2011 – VUNESP) Sobre Terras Devolutas, é incorreto afirmar que

(A) as terras devolutas integram a categoria de bens de uso especial.

(B) as terras devolutas constituem espécie do gênero terras públicas.

(C) pela Constituição Federal, são bens da União as terras devolutas indispensáveis à defesa das fronteiras, das fortificações e construções militares, das vias federais de comunicação e à preservação ambiental, definidas em lei.

(D) a ação discriminatória tem como objetivo separar terras públicas das particulares, mediante verificação da legitimidade dos títulos de domínio dos particulares, apurando-se, por exclusão, as terras de domínio público.

A: incorreta, terras devolutas são todas aquelas que, pertencentes ao domínio público de qualquer dos entes estatais, não se encontra afetada a uma destinação pública específica, razão pela qual são considerados bens dominicais; **B:** correta, terras devolução são espécie do gênero terras públicas, assim como também o são as terras tradicionalmente ocupadas pelos índios, os terrenos de marinha etc.; **C:** correta, art. 20, II, da CF/1988; **D:** correta, Lei 6.383/1976.

Gabarito "A".

(Cartório/SP – 2012 – VUNESP) Sobre bens públicos, é correto concluir que

(A) pode ser autorizado discricionariamente o uso privativo de bem público a particular não pertencente à Administração Pública.

(B) bens necessários à prestação de serviço público não podem ser penhorados, exceto se pertencentes à pessoa jurídica de direito privado.

(C) bens públicos são insusceptíveis de desapropriação.

(D) as terras tradicionalmente ocupadas pelos índios são bens públicos de uso comum do povo pertencentes à União; portanto, são inalienáveis.

A: correta, o uso de bem privativo por particular é perfeitamente lícito, desde que essa utilização seja compatível e não prejudique o fim principal ao qual se destina um determinado bem, e desde que isso atenda de forma ainda maior ao interesse da coletividade; **B:** incorreta, os bens afetados à prestação de serviços públicos, quer sejam eles pertencentes a entes públicos ou privados, são tidos por impenhoráveis; **C:** incorreta, os bens públicos são passíveis de desapropriação, nos termos do que dispõe o Dec.-lei 3.365/1941. **D:** incorreta, as terras tradicionalmente ocupadas pelos índios *não são* bens de uso comum do povo, mas bens de uso especial.
Gabarito "A".

(Cartório/SP – 2012 – VUNESP) Analise as proposições a seguir.

I. Toda alienação de bem público depende de lei autorizadora, de licitação e de avaliação da coisa a ser alienada, contudo, se incompatível com a natureza do contrato, há a inexigibilidade dessas formalidades.

II. A formalização da Investidura de uma área pública se faz, obrigatoriamente, por escritura pública ou termo administrativo, sendo facultado o registro imobiliário.

III. Os bens imóveis de uso especial e os dominiais adquiridos de qualquer forma pelo Poder Público ficam sujeitos ao registro imobiliário.

IV. Os bens de uso comum do povo estão dispensados de registro enquanto mantiverem essa destinação.

São verdadeiras apenas as proposições

(A) I e II.

(B) I e III.

(C) III e IV.

(D) I, III e IV.

I: correta, art. 17, I e II, da Lei 8.666/1993; **II:** incorreta, investidura é a incorporação de uma área pública remanescente ou resultante de uma obra pública ao terreno particular confinante por ser essa considerada isoladamente inconstruível ou inaproveitável. Trata-se, destarte, de modo de aquisição da propriedade pelo particular, que se dá por meio de compra e venda, o que logicamente demanda o devido e obrigatório registro imobiliário – art. 167, I, 29 da Lei 6.015/1973; **III:** correta, exceto em se tratando de bens de uso comum do povo, os demais bens da Administração Pública ficam sujeitos a registro imobiliário; **IV:** correta, bens de uso comum do povo, pela sua própria natureza, não estão sujeitos ao registro imobiliário.
Gabarito "D".

8. RESPONSABILIDADE DO ESTADO

(Cartório/MG – 2019 – Consulplan) A responsabilização objetiva do Estado torna a culpa como não pressuposto para sua caracterização, o que desonera, neste aspecto, o lesado quanto a tal evidência. No que diz respeito ao direito de regresso pela Administração Pública, é correto afirmar que:

(A) A solução do intento de reparação regressiva pelo Estado pode operar-se pela via administrativa mediante acordo entre as partes — o que não macula o dever de guarda do interesse público — ou pela via judicial.

(B) O ingresso judicial de pedido de indenização em caráter regressivo pelo Estado somente ocorrerá nas hipóteses em que não haja logrado êxito na reparação pelas vias administrativas coercitivas, a exemplo de constatada insuficiência patrimonial.

(C) A lei ordinária delegou a Constituição Federal competência para legislar acerca dos prazos prescricionais para ilícitos praticados por qualquer agente, servidor ou não, que provoquem prejuízos ao erário, bem como para seu respectivo ressarcimento.

(D) Quando necessário o manejo de ação judicial pelo Estado para obtenção da reparação, pela via do regresso, opera-se a inversão do ônus probatório, face ao interesse público do Estado na reconstituição do erário no quantitativo despendido pela sua responsabilização objetiva.

O direito de regresso contra o agente público, diferentemente da responsabilização estatal por ato que gerou dano a terceiros, é de caráter subjetivo – é preciso, portanto, para o exercício do direito de regresso, comprovar a culpa ou dolo do agente. Dessa forma, a composição administrativa é alternativa que pode ser utilizada, resguardando-se, em qualquer caso, mesmo sem ter sido esgotada esta tentativa de composição, o interesse público e a possibilidade de cobrança judicial dos prejuízos causados.
Gabarito "A".

(Cartório/MG – 2016 – Consulplan) Com relação à responsabilidade civil do Estado, é correto afirmar que

(A) Não responde a Administração pela prática de ato ilícito, motivado e em estrita observância do princípio da legalidade.

(B) A teoria do risco administrativo implica o reconhecimento da responsabilidade objetiva da Administração, ainda que em face de ato ilícito.

(C) A culpa exclusiva da vítima, devidamente comprovada pelos meios admitidos, afasta a responsabilidade da Administração.

(D) Não cabe responsabilização do Estado por prejuízos causados em face da edição de lei, ainda que de efeitos concretos.

No tocante à responsabilidade administrativa, nosso ordenamento jurídico labora com a Teoria do Risco Administrativo, que admite causas excludentes de responsabilidade como caso fortuito, força maior e culpa exclusiva da vítima. Estabelecida esta premissa, observa-se que a alternativa "a" assevera que a Administração Pública não poderá ser responsabilizada por ato ilícito, o que não é admissível; no tocante à alternativa "b", aparentemente há um equívoco do examinador: a prática de ato ilícito permite o direito de regresso da Administração Pública contra o agente público que praticou o ato – a responsabilidade do ente público será, sempre, objetiva. Por fim, quanto à alternativa "d", a denominada "lei de efeitos concretos" é aquela que exaure seu conteúdo com a prática de um único ato, assemelhando-se, em seu conteúdo, a um ato administrativo. A responsabilização do Estado por disposição contida em lei (mesmo genérica) não é impossível; quanto à lei de efeitos concretos, é ainda mais pertinente.
Gabarito "C".

(Cartório/MT – 2003 – UFMT) Em relação aos fundamentos do dever de reparar, na responsabilidade patrimonial extracontratual do Estado, assinale a afirmativa correta.

(A) Nos comportamentos lícitos, comissivos ou omissivos, o dever de reparar é imposto pelo princípio da legalidade.

(B) Nos comportamentos lícitos, comissivos ou omissivos, o dever de reparar funda-se na teoria da culpa anônima.

2. DIREITO ADMINISTRATIVO

(C) Nos comportamentos ilícitos, o dever de reparar é a contrapartida do princípio da legalidade.

(D) Nos comportamentos ilícitos, o dever de reparar é contrapartida do princípio da igualdade.

(E) os comportamentos lícitos omissivos, o dever de reparar funda-se na teoria da culpa do serviço.

A: incorreta, nos comportamentos lícitos não se tem, a princípio, qualquer dever de reparação. Contudo, nos casos em que, apesar da licitude da conduta estatal tem-se o prejuízo exacerbado de determinado particular, é possível a responsabilidade estatal em razão de ato lícito, como forma de assegurar o princípio da isonomia. Suas características se, portanto, a certeza do dano e da lesão a um direito, sua especialidade e anormalidade. Ex.: nivelamento de rua que acabe por desvalorizar determinados imóveis em razão de seu rebaixamento face o leito da rua; B: incorreta, mais uma vez a assertiva fala em comportamentos lícitos, razão pela qual a regra é a não configuração de qualquer responsabilidade estatal, exceto no caso de dano certo, especial e anormal decorrente de ato lícito, o que ensejará o dever de reparar como forma de garantir a isonomia entre os administrados; C: correta, quanto há um comportamento ilícito, seja ele comissivo ou omissivo, tem o Estado o dever de reparar o dano causado, como forma de restabelecer o princípio da legalidade – art. 37, § 6º, da CF/1988; D: incorreta, o dever de reparar o dano em decorrência do cometimento de ato ilícito é contrapartida do princípio da legalidade e não da igualdade; E: incorreta, nos comportamentos lícitos omissivos, não se tem, como acima já explicitado, o dever de reparar como regra, a menos que reste comprovada a violação do princípio da igualdade.
Gabarito "C"

(Cartório/RS – 2019 – VUNESP) A respeito da responsabilidade civil extracontratual do Estado, assinale a alternativa correta.

(A) Em casos de danos causados por má execução de obras públicas por empresas a terceiros, a empreiteira responderá primariamente e de maneira subjetiva, havendo, contudo, a responsabilidade subsidiária do Estado.

(B) A pretensão de responsabilização do Estado por dano extrapatrimonial prescreve em 03 (três) anos.

(C) O Supremo Tribunal Federal pacificou entendimento no sentido de reconhecer a responsabilidade subsidiária e subjetiva do Estado pelos danos causados pelos notários e registradores.

(D) Responsabilizado o Estado por ato culposo de servidor público, surge para Administração o direito de regresso a partir da sentença condenatória, sendo a pretensão de ressarcimento imprescritível.

(E) Segundo a legislação, é objetiva a responsabilidade civil dos Tabeliães de Protestos de Títulos por danos causados a terceiros, assegurado o direito de regresso.

A alternativa "a" está correta, não se tratando de prestação de serviço público pelo empreiteiro, e sim de mero contrato administrativo. Quanto à alternativa "b", o Superior Tribunal de Justiça consolidou seu entendimento por intermédio do REsp 1.251.993/PR, submetido ao regime dos recursos repetitivos, de que o prazo prescricional de 5 (cinco) anos previsto no art. 1º do Decreto 20.910/32 deve ser aplicado à ação indenizatória ajuizada contra a Fazenda Pública seja ela federal, estadual ou municipal, inclusive para danos extrapatrimoniais; no tocante às alternativas "c" e "e", o STF firmou entendimento de que o Estado responde, objetivamente, pelos atos dos tabeliães e registradores oficiais que, no exercício de suas funções, causem dano a terceiros, assentado o dever de regresso contra o responsável, nos casos de dolo ou culpa, sob pena de improbidade administrativa (RE 842846 /

SC); na alternativa "d", a banca procura confundir o candidato: a tese de Repercussão Geral consolidada no RE 852475/SP informa que "são imprescritíveis as ações de ressarcimento ao erário fundadas na prática de ato doloso tipificado na Lei de Improbidade Administrativa", não sendo atingidas, portanto, as condutas culposas.
Gabarito "A"

(Cartório/RO – III) Assinale a resposta correta:

(A) somente as pessoas jurídicas de direito público responderão pelos danos que seus agentes, nessa qualidade, causarem a terceiros;

(B) as pessoas jurídicas de direito público e de direito privado prestadoras de serviços públicos responderão pelos danos que seus agentes, nessa qualidade, causarem a terceiros;

(C) as pessoas jurídicas de direito público e de direito privado são irresponsáveis pelos danos que seus agentes, nessa qualidade, causarem a terceiros;

(D) É permitida a vinculação remuneratória para o efeito de remuneração de pessoal do serviço público.

A: incorreta, "as pessoas jurídicas de direito público **e as de direito privado prestadoras de serviços públicos** responderão pelos danos que seus agentes, nessa qualidade, causarem a terceiros, assegurado o direito de regresso contra o responsável nos casos de dolo ou culpa" – art. 37, § 6º, da CF/1988; B: correta, art. 37, § 6º, da CF/1988; C: incorreta, art. 37, § 6º, da CF/1988; D: incorreta, é vedada a vinculação ou equiparação de quaisquer espécies remuneratórias para o efeito de remuneração de pessoal do serviço público – art. 37, XIII, da CF/1988.
Gabarito "B"

(Cartório/SC – 2012) Assinale a alternativa **correta**:

(A) O caso fortuito ou a força maior, quando ocorrente sua comprovação em uma ação reparatória contra o Estado, exclui a condenação deste, uma vez que a ocorrência de natureza imprevisível e inevitável, absolutamente independente da vontade do agente público, rompe com o nexo de causalidade entre o evento danoso e o resultado dele.

(B) Tratando-se de responsabilidade civil do Estado, nos termos adotados pela Constituição Federal brasileira, a absolvição do servidor público em juízo criminal por possível ato praticado no exercício da atividade funcional, por falta de provas, impede a condenação do Estado em uma ação de reparação civil de danos materiais e morais em razão do mesmo fato apurado no juízo criminal no qual o servidor restou absolvido.

(C) O Estado, uma vez condenado em ação em que se apura sua responsabilidade civil, não detém contra o servidor ação regressiva para recuperar aquilo que pagou à vítima lesada por ato de ofício praticado pelo servidor público.

(D) Na Teoria do Risco Integral, é indispensável a existência do evento danoso e do nexo causal para que surja a obrigação de indenizar para a administração pública, mesmo que o dano seja resultante de culpa exclusiva da vítima.

(E) A responsabilidade civil das pessoas jurídicas de direito privado prestadoras de serviço público é subjetiva relativamente a terceiros usuários e não usuários do serviço, segundo se apura no preconizado pela Constituição Federal a respeito da responsabilização civil do Estado.

A: correta, pois adotamos, no Brasil, quanto à responsabilidade objetiva do Estado, a Teoria do Risco Administrativo, que admite excludentes de responsabilidade, e não a Teoria do Risco Integral, que não admite tais excludentes; **B:** incorreta, pois, de acordo com a Constituição (art. 37, § 6.°), o Estado responde objetivamente, pouco importando se o agente público agiu com culpa ou dolo, ou se foi ou não absolvido na esfera criminal; aliás, a absolvição criminal por falta de provas sequer exime o agente público de vir a responder administrativa e civilmente pelos fatos praticados, sendo que a primeira se dá no âmbito de um processo disciplinar, ao passo que a segunda se dá quando a Administração Pública promove ação de regresso em seu desfavor; **C:** incorreta, pois o Estado tem sim essa ação em face do agente público, desde que este tenha agido com culpa ou dolo (art. 37, § 6.°, da CF); **D:** incorreta; na Teoria do Risco Integral a exigência de nexo de causalidade é relativizada; mesmo que não se possa imputar o dano a uma conduta direta do Estado, este responderá; por exemplo, se um terremoto atingir uma usina nuclear (em caso de dano nuclear a Teoria do Risco Administrativo, que é a regra, cede para a Teoria do Risco Integral), causando danos a pessoas, mesmo que não se possa dizer que foi uma conduta do Estado a causadora do dano (ou seja, mesmo que não se possa dizer que houve nexo de causalidade entre o dano e uma conduta estatal), o Estado responderá; **E:** incorreta, pois a responsabilidade dessas pessoas é objetiva (art. 37, § 6.°, da CF), e não subjetiva; vale acrescentar que o STF é pacífico, hoje, no sentido de que essa responsabilidade objetiva se dá tanto em relação a terceiros usuários, como em relação a terceiros não usuários do serviço.
Gabarito "A".

(Cartório/SE – 2006 – CESPE) De acordo com a Constituição Federal, julgue o seguinte item.

(1) As pessoas jurídicas de direito privado prestadoras de serviços públicos respondem pelos danos que seus agentes, nessa qualidade, causarem a terceiros, desde que haja, qualquer que seja a hipótese, dolo ou culpa.

1: incorreta, a Constituição Federal consagra a teoria da responsabilidade objetiva do Estado, estabelecendo que: "as pessoas jurídicas de direito público e as de direito privado prestadoras de serviços públicos responderão pelos danos que seus agentes, nessa qualidade, causarem a terceiros, assegurado o direito de regresso contra o responsável nos casos de dolo ou culpa" – art. 37, § 6°, da CF/1988, ou seja, independente de dolo ou culpa, desde que haja nexo de causalidade entre a conduta do agente e o dano e não esteja presente quaisquer das causas excludentes de responsabilidade (quais sejam, a culpa exclusiva da vítima ou de terceiro, o caso fortuito ou a força maior).
Gabarito "1E".

(Cartório/SP – I – VUNESP) Em matéria de responsabilidade do Estado, é falso dizer que

(A) também há responsabilidade objetiva do Estado no caso de dano causado por fenômeno da natureza.

(B) o agente que cause o dano somente responde regressivamente se tiver agido com dolo ou culpa.

(C) não só as pessoas jurídicas de direito público, mas também as de direito privado prestadoras de serviço público respondem objetivamente pelos danos que seus agentes, nessa qualidade, causem a terceiros.

(D) no caso de dano causado por ato de multidão, o Estado responderá não por responsabilidade objetiva, mas sim se for provada a culpa da administração.

A: incorreta, o direito administrativo brasileiro não adota a teoria do risco integral, mas sim a do risco administrativo, o que implica a existência de excludentes da responsabilidade estatal, quais sejam: a culpa exclusiva da vítima, em caso fortuito ou de força maior; **B:** correta, a responsabilidade do Estado é do tipo objetiva, mas a do agente público

depende de prova de seu dolo ou culpa – art. 37 § 6°, da CF/1988; **C:** correta, art. 37, § 6°, da CF/1988; **D:** correta, no caso de dano causado por multidão, eventual responsabilidade do Estado dá-se em razão de conduta omissiva culposa, o que impõe a necessidade provar que tinha o dever de agir e que, culposamente, não o fez.
Gabarito "A".

(Cartório/SP – II – VUNESP) A responsabilidade do Estado

I. abrange apenas os danos que seus agentes, agindo com culpa ou dolo, causarem a terceiros;

II. aplica-se de forma indistinta a quaisquer das funções públicas, não sendo restrita a danos provenientes de atos administrativos;

III. é objetiva para os atos comissivos do Estado e, em regra, subjetiva para os comportamentos omissivos;

IV. é sempre objetiva.

Pode-se dizer que está correto apenas o contido em

(A) I e IV.

(B) I, II e IV.

(C) II e III.

(D) II e IV.

I: incorreta, não há que se falar em culpa ou dolo, apenas em nexo causal entre a conduta e o dano, "as pessoas jurídicas de direito público e as de direito privado prestadoras de serviços públicos responderão pelos danos que seus agentes, nessa qualidade, causarem a terceiros, assegurado o direito de regresso contra o responsável nos casos de dolo ou culpa" – art. 37, § 6°, da CF/1988; **II:** correta, a responsabilidade do Estado pode advir de qualquer ato, omissivo ou comissivo, que seus agentes públicos, nessa qualidade, causarem a terceiros – art. 37, § 6°, da CF/1988; **III:** correta, no caso de conduta comissiva, a responsabilidade estatal é objetiva, bastando a comprovação do nexo causal entre a conduta e o dano por ela produzido, independentemente de dolo ou culpa. No caso de condutas omissivas, todavia, surge a necessidade de comprovação de que não só há o nexo causal entre a conduta e o resultado danoso, como também de que o Estado tinha o dever de agir e não o fez, por culpa ou dolo, razão pela qual a responsabilidade estatal por omissão é do tipo subjetiva; **IV:** incorreta, como visto na resposta da assertiva III, a responsabilidade do Estado é objetiva no caso de conduta comissiva, e subjetiva, nas hipóteses de conduta omissiva.
Gabarito "C".

(Cartório/SP – II – VUNESP) O reconhecimento da obrigação do servidor indenizar pelos danos que, agindo com culpa ou dolo, causou à Administração

(A) depende sempre de prévia punição administrativa aplicada em procedimento próprio.

(B) pode ser feito em ação de responsabilidade civil que, neste caso, é imprescritível.

(C) depende de prévia condenação em ação penal nos casos em que o ilícito civil também configurar ilícito penal.

(D) é afastado pela absolvição do servidor em ação penal relativa ao mesmo fato, ainda que decorrente da falta de provas ou ausência de dolo.

A: incorreta, a responsabilização civil do servidor independe da responsabilidade administrativa; **B:** correta, o direito de regresso estatal pode ser exercido em face do servidor público por meio de ação de ressarcimento, a qual, segundo expressa disposição constitucional, é imprescritível – art. 37, § 5°, da CF/1988; **C:** incorreta, a responsabilidade civil independe da penal; **D:** incorreta, a responsabilidade penal só tem o condão de influir na esfera civil e administrativa caso refira-se à própria materialidade ou à autoria do ilícito, como no caso em que a

2. DIREITO ADMINISTRATIVO

absolvicão se dê em razão da inocorrência do fato ou por comprovacão de sua não autoria.
Gabarito "B".

(Cartório/SP – III – VUNESP) No campo da responsabilidade administrativa, a apuração de falta

(A) não depende de processo civil ou criminal, mas apenas administrativo.

(B) só comporta apuração uma vez esgotadas as esferas civil e criminal.

(C) depende da apuração no processo civil.

(D) depende de apuração no processo criminal.

As esferas civil, penal e administrativa são em geral independentes entre si, pois ensejam responsabilizacão com fundamentos diversos.
Gabarito "A".

(Cartório/SP – IV –VUNESP) A responsabilidade civil do Estado é

(A) subjetiva, quanto aos atos de seus prepostos, em relação ao terceiro lesado, se o preposto é réu na ação principal, cabendo a prova da culpa.

(B) objetiva nos casos de comissão e subjetiva, nos de omissão.

(C) objetiva, quanto aos atos do seu agente delegado, em relação ao terceiro lesado, se ele for denunciado à lide em ação de regresso.

(D) subjetiva, quanto ao ente público, se o preposto agiu com dolo ao lesar terceiro.

A responsabilidade do Estado é objetiva no caso de conduta comissiva, e subjetiva, nas hipóteses de conduta omissiva.
Gabarito "B".

(Cartório/SP – 2012 – VUNESP) Sobre a responsabilidade civil do Estado, é correto afirmar que

(A) a responsabilidade civil do Estado é, em regra, objetiva no caso de conduta omissiva.

(B) as concessionárias de serviço público respondem objetivamente, mesmo que o prejudicado não seja usuário.

(C) a teoria do risco integral é a regra mais utilizada no Brasil para definir a responsabilidade civil do Estado.

(D) em regra, o ato estatal e o dano que a vítima sofre são elementos necessários e suficientes para caracterizar a responsabilidade civil do Estado.

A: incorreta, a responsabilidade do Estado é objetiva no caso de conduta comissiva, e subjetiva, nas hipóteses de conduta omissiva; **B:** correta, a responsabilidade é objetiva em relação a terceiros, sejam eles usuários ou não – art. 37, § 6°, da CF/1988; **C:** incorreta, o Brasil adota a teoria do risco administrativo e não a teoria do risco integral; **D:** incorreta, são requisitos da responsabilidade objetiva do Estado: a conduta comissiva, o resultado danoso e o nexo entre eles.
Gabarito "B".

(Cartório/SP – 2012 – VUNESP) Assinale a alternativa correta no que diz respeito à responsabilidade civil do Estado.

(A) Praticado ato comissivo por parte do agente estatal, a Administração Pública responderá objetivamente, de modo que, para ser ressarcida, a vítima deverá comprovar o nexo de causalidade entre o fato lesivo e o dano.

(B) Será objetiva, com a adoção da teoria do risco integral.

(C) Será sempre objetiva, mesmo que, posteriormente, se apure a culpa da vítima na ocorrência do evento danoso.

(D) A Administração Pública, condenada ao pagamento de indenização por determinado fato jurídico, não poderá ajuizar a correspondente ação regressiva contra o servidor público que causou o dano, porquanto a mencionada ação somente seria possível, segundo a doutrina administrativista, em face dos agentes políticos.

A: correta, são requisitos da responsabilidade objetiva do Estado tão somente a conduta comissiva, o resultado danoso e o nexo entre eles; **B:** incorreta, para os atos comissivos, a responsabilidade é do tipo objetiva, mas adota-se a teoria do risco administrativo e não do risco integral, de modo que se admite a existência de excludentes de responsabilidade; **C:** incorreta, como dito na assertiva, a teoria do risco administrativo admite excludentes de responsabilidade, dentre as quais está a comprovação de culpa exclusiva da vítima; **D:** incorreta, a acão regressiva do Estado é cabível contra qualquer agente público, seja de que espécie ele for – art. 37, § 6°, da CF/1988
Gabarito "A".

9. INTERVENÇÃO NA PROPRIEDADE

9.1. Desapropriação

(Cartório/MG – 2015 – Consulplan) Quanto às políticas urbana e rural, é INCORRETO afirmar:

(A) O plano diretor, aprovado pela Câmara Municipal, obrigatório para cidades com mais de vinte mil habitantes, é o instrumento básico da política de desenvolvimento e de expansão urbana.

(B) As desapropriações de imóveis urbanos serão feitas com prévia e justa indenização em dinheiro.

(C) A desapropriação por interesse social, para fins de reforma agrária, de imóvel que não esteja cumprindo sua função social, far-se-á mediante prévia e justa indenização em títulos da dívida agrária, inclusive das benfeitorias úteis e necessárias, com cláusula de preservação do valor real.

(D) São insuscetíveis de desapropriação para fins de reforma agrária a pequena e média propriedade rural, assim definida em lei, desde que seu proprietário não possua outra, bem como a propriedade produtiva.

As desapropriacões por interesse social para fins de reforma agrária, serão realizadas em imóvel rural que não esteja cumprindo sua funcão social, mediante prévia e justa indenizacão em títulos da dívida agrária, com cláusula de preservacão do valor real, resgatáveis no prazo de até vinte anos, a partir do segundo ano de sua emissão, e cuja utilização será definida em lei. As benfeitorias úteis e necessárias, contudo, serão pagas em dinheiro (art. 184, "caput" e § 1° da Constituicão Federal). A alternativa "a" corresponde ao § 1° do art. 182 da Carta Magna e a alternativa "b" ao § 3° do mesmo artigo. A alternativa "d" corresponde à diccão do art. 185, "caput" e inciso I, da Constituicão Federal.
Gabarito "C".

(Cartório/MG – 2019 – Consulplan) A interferência do Estado na propriedade privada por meio de ato compulsório pautado em lei que extirpa ou limita direitos sobre o mesmo pelo particular, inclusive pela destinação do uso do mesmo, caracteriza a intervenção na propriedade. No que diz respeito à desapropriação, assinale a alternativa correta.

(A) Os bens públicos não se sujeitam à desapropriação tendo em vista a impossibilidade de sobreposição de interesse de um ente ao outro pelo dever geral de preservação do interesse público.

(B) A utilidade pública que justifica a expropriação pauta-se na transferência de bens para a Administração por conveniência e imprescindibilidade, dada a ocorrência de situação emergencial.

(C) Tem a expropriação o atributo de meio de aquisição originário da propriedade, razão de restar o bem liberado de anteriores ônus, com a sub-rogação de eventuais credores no preço da indenização.

(D) A desapropriação opera-se mediante o devido procedimento legal, tendo por fundamentos a necessidade ou a utilidade pública, bem como por interesse social, o que justifica à discricionariedade do Poder Público, a excepcional dispensa de indenização ou de pagamento por títulos da dívida pública ou agrária.

A alternativa "a" está incorreta porque o DL n. 3365/1941 prevê que os bens do domínio dos Estados, Municípios, Distrito Federal e Territórios poderão ser desapropriados pela União, e os dos Municípios pelos Estados, em qualquer caso com autorização legislativa; quanto à alternativa "b", não se exige a condição de emergência para a realização da desapropriação; a alternativa "d" está errada porque não é possível, discricionariamente, haver dispensa do pagamento de indenização, e o pagamento por intermédio de títulos é consequência das denominadas "desapropriações-sanção" por descumprimento da função social da propriedade. A alternativa que, aparentemente, a banca desejaria ver apontada como correta, era a "c". O problema que levou à anulação da questão, aparentemente, é que, a despeito da formulação da assertiva, também configura a expropriação o ato praticado pelo juiz a fim de transferir bem do devedor a outra pessoa, a fim de satisfazer o direito do credor, independentemente de sua anuência – e esta expropriação não tem a característica de forma originária de aquisição da propriedade.
Gabarito Anulada

(Cartório/MG – 2015 – Consulplan) Consideram-se casos de interesse social para a desapropriação

(A) a proteção do solo e a preservação de cursos e mananciais de água e de reservas florestais.

(B) a criação e melhoramento de centros de população e seu abastecimento regular de meios de subsistência.

(C) a assistência pública, as obras de higiene e decoração, casas de saúde, clínicas, estações de clima e fontes medicinais.

(D) a construção de edifícios públicos, monumentos comemorativos e cemitérios.

As demais hipóteses caracterizam-se como casos de utilidade pública, previstos no art. 5º do Decreto-Lei n. 3.365, de 21 de junho de 1941 (Lei de Desapropriações).
Gabarito "A".

(Cartório/SP – 2016 –VUNESP) Sobre a desapropriação, assinale a alternativa correta.

(A) No processo judicial, a contestação só poderá versar sobre vício do processo judicial ou impugnação do preço.

(B) Em caso de segurança nacional, o Estado poderá desapropriar bens da União, ouvindo-se o Advogado-Geral da União.

(C) A construção de edifícios públicos não é uma das causas de utilidade pública para fins de desapropriação.

(D) Pode haver retrocessão no caso de imóvel desapropriado para implantação de parcelamento popular destinado às classes de menor renda.

Nos termos do art. 20 do Decreto-Lei n. 3.365/1941, "A contestação só poderá versar sobre vício do processo judicial ou impugnação do preço; qualquer outra questão deverá ser decidida por ação direta".
Gabarito "A".

(Cartório/AM – 2005 – FGV) Assinale a alternativa que defina corretamente desapropriação indireta.

(A) É um ato legal da Administração.

(B) É uma mera declaração de vontade da Administração.

(C) É a desapropriação praticada pelo particular.

(D) É a desapropriação precedida de indenização em valor incompatível com o do bem expropriado.

(E) É um ato ilícito da Administração.

A desapropriação indireta, também chamada de apossamento administrativo, é, na verdade, esbulho da propriedade particular, sem qualquer respaldo legal e contra a qual pode opor-se o proprietário até mesmo com os interditos possessórios.
Gabarito "E".

(Cartório/AM – 2005 – FGV) Assinale a alternativa que complete corretamente a proposição a seguir: A tredestinação ocorre quando a Administração.

(A) dá um destino múltiplo ao bem desapropriado

(B) altera o ato expropriatório

(C) não dá ao bem a finalidade para que foi desapropriado

(D) realiza desapropriação por zonas

(E) não obtém autorização para imissão provisória na posse

Ao efetuar uma desapropriação o Poder Público tem o dever de dar aquele bem a finalidade pública que suscitou o processo expropriatório. Não o fazendo, tem-se a tredestinação, que é a destinação em desconformidade com o inicialmente previsto, e que pode ser lícita (quando, ainda que diverso, persiste o interesse público sobre o bem desapropriado) ou ilícita (quando então, dentre outras ações cabíveis, será possível ao ex-proprietário a retrocessão).
Gabarito "C".

(Cartório/DF – 2008 – CESPE) No que concerne aos princípios básicos da administração, da desapropriação e da caducidade da desapropriação, julgue os itens a seguir.

(1) A competência para declarar a utilidade pública ou o interesse social do bem que se pretende desapropriar, assim como a prática dos atos executórios necessários à transferência da propriedade, cabe aos delegatários do poder público.

(2) A responsabilidade civil passou por vários estágios, iniciando-se com a irresponsabilidade do Estado, evoluindo para a responsabilidade com culpa, chegando, na atualidade, à teoria do risco integral, adotada pela CF, segundo a qual a responsabilidade independe da demonstração de culpa ou dolo.

(3) Após caducar o decreto expropriatório, pode o bem ser objeto de nova declaração de interesse público ou social, desde que decorra desse fato o lapso temporal de pelo menos um ano.

1: incorreta, art. 6º do Dec.-lei 3.365/1941; 2: incorreta, o Brasil não adota a teoria do risco integral, mas a do risco administrativo, admitindo

2. DIREITO ADMINISTRATIVO

causas excludentes da responsabilidade estatal; 3: correta, art. 10 do Dec.-lei 3.365/1941.

Gabarito 1E, 2E, 3C

(Cartório/DF – 2006 – CESPE) A respeito da desapropriação e das limitações administrativas e, de acordo com a jurisprudência dos tribunais superiores, julgue os itens seguintes.

(1) Um estado da Federação pode desapropriar, por interesse social, bens imóveis rurais localizados em seu território, para fins de assentamento de colonos.

(2) As limitações administrativas são fundadas em atos legislativos ou administrativos dotados de caráter geral e, por isso, não são, em regra, indenizáveis. Mas poderão gerar indenização se houver comprometimento da utilização econômica do bem.

1: correta, embora o tema seja polêmico, a jurisprudência e a doutrina em geral tem entendido ser de competência exclusiva da União a desapropriação de imóvel rural por interesse social, para fins de reforma agrária, podendo as demais entidades políticas desapropriarem com fundamento no interesse social, desde que não seja para reforma agrária, nos termos da Lei 4.132/1962; 2: correta, limitação administrativa é toda imposição geral, gratuita, unilateral e de ordem pública, que condiciona os direitos ou atividades dos particulares em prol do bem comum. Justamente por ser uma imposição de ordem geral, não gera direito à indenização, salvo se o gravame sofrido em razão da limitação administrativa for de tal ordem que se configure o dano indenizável.

Gabarito 1C, 2C

(Cartório/DF – 2003 – CESPE) No que concerne ao regime de bens imóveis, julgue os itens a seguir.

(1) A desapropriação, que somente se consuma com o pagamento da indenização, libera o imóvel de todos os ônus que sobre ele incidiam.

(2) As limitações administrativas sobre bens imóveis são impostas pelo poder público, no exercício do poder de polícia, e não geram, como regra, obrigação de indenizar, não sendo admissível seu registro no cartório de registro de imóveis.

1: correta, art. 34 do Dec.-lei 3.365/1941; 2: correta, as limitações administrativas decorrem do poder de supremacia geral do Estado e, assim sendo, tem sua publicidade dada pela própria lei, não sendo necessário seu registro no cartório de imóveis.

Gabarito 1C, 2C

(Cartório/MA – 2008 – IESES) Em atenção à desapropriação, assinale a alternativa correta de acordo com a Constituição da República:

(A) Todas as desapropriações de imóveis urbanos serão feitas com prévia e justa indenização em títulos da dívida pública de emissão previamente aprovada pelo Senado Federal, com prazo de resgate de até 10 (dez) anos.

(B) Compete a União, aos Estados e aos Municípios desapropriar por interesse social, para fins de reforma agrária, o imóvel rural que não esteja cumprindo sua função social, mediante prévia e justa indenização em títulos da dívida agrária, resgatáveis no prazo de até vinte anos.

(C) Na desapropriação por interesse social, para fins de reforma agrária, as benfeitorias úteis e necessárias serão indenizadas em dinheiro.

(D) O Poder Público Municipal pode determinar a imediata desapropriação de terreno urbano que não tenha o adequado aproveitamento, realizando o pagamento da respectiva indenização mediante títulos da dívida pública de emissão previamente aprovada pelo Senado Federal, com prazo de resgate de até 10 (dez) anos.

A: incorreta, as desapropriações são, por regra, indenizadas com pagamento em dinheiro. Apenas nos casos previstos na Constituição é que o pagamento pela desapropriação pode ser feito de outro modo, como é o caso da desapropriação-sanção do art. 182, § 4º, III, da CF/1988 e a desapropriação por interesse social para fins de reforma agrária do art. 184 da CF/1988; B: incorreta, compete privativamente à União a desapropriação por interesse social para fins de reforma agrária – art. 184 da CF/1988; C: correta, art. 184, § 1º, da CF/1988; D: incorreta, a Constituição Federal prevê a utilização sucessiva dos seguintes instrumentos: I – parcelamento ou edificação compulsórios; II – imposto sobre a propriedade predial e territorial urbana progressivo no tempo e III – desapropriação com pagamento mediante títulos da dívida pública de emissão previamente aprovada pelo Senado Federal, com prazo de resgate de até dez anos, em parcelas anuais, iguais e sucessivas, assegurados o valor real da indenização e os juros legais – art. 182, § 4º, da CF/1988.

Gabarito "C"

(Cartório/MA – 2008 – IESES) Considere as seguintes assertivas:

I. No caso de iminente perigo público, a autoridade competente poderá usar de propriedade particular, assegurada ao proprietário indenização ulterior, se houver dano.

II. São isentas de impostos federais, estaduais e municipais as operações de transferência de imóveis desapropriados para fins de reforma agrária.

III. Compete a União, aos Estados e ao Distrito Federal legislar concorrentemente sobre a desapropriação.

Com fundamento na Constituição da República, estão corretas:

(A) Todas as assertivas.

(B) Apenas a assertiva I.

(C) As assertivas I e III.

(D) As assertivas I e II.

I: correta, art. 5º, XXV, da CF/1988; II: correta, art. 184, § 5º, da CF/1988; III: incorreta, a União possui competência privativa para legislar sobre desapropriação – art. 22, II, da CF/1988.

Gabarito "D"

(Cartório/MS – 2009 – VUNESP) Assinale a alternativa correta.

(A) Na desapropriação confiscatória, como modalidade de desapropriação, é necessária a expedição do decreto de declaração de interesse social ou de utilidade pública.

(B) Na desapropriação rural, toda a indenização é feita em títulos da dívida agrária.

(C) A contestação na desapropriação pode versar sobre toda matéria que interessar à defesa.

(D) É possível desistência na ação de desapropriação.

(E) Na desapropriação indireta, a transferência do bem ao patrimônio público é feita com observância do devido processo legal.

A: incorreta, o confisco é a pena de perdimento de bens em razão do cometimento de ilícito, não se confundindo com a desapropriação, que não tem caráter sancionatório, sendo tão somente modalidade de intervenção do Estado na propriedade; B: incorreta, as desapropriações, sejam elas urbanas ou rurais, seguem, em geral, o rito previsto no Dec.- lei 3.365/1941, com o pagamento da indenização em dinheiro. Apenas em algumas hipóteses, previstas na Constituição, essa regra é excepcionada, como no caso da desapropriação por interesse social para fins de reforma agrária de que trata o art. 184 da CF/1988; C: incorreta, a contestação só poderá versar sobre vício do processo judicial ou impugnação do preço; qualquer outra questão deverá ser decidida por ação direta – art. 20 do Dec.-lei 3.365/1941; D: correta, o Dec.-lei 3.365/1941 não contém dispositivo sobre a desistência da ação de desapropriação, mas a jurisprudência entende por sua possibilidade antes do pagamento do preço; E: incorreta, a desapropriação indireta é o apossamento administrativo que se dá de forma ilícita, sem seguir o correto rito expropriatório.

Gabarito "D".

(Cartório/PR – 2007) Bens públicos possuem regime jurídico peculiar e específico, integrando o denominado domínio público. Considerando o regime de direito público e as possibilidades de intervenção do Estado na propriedade privada, assinale a alternativa correta:

(A) Desapropriação por necessidade pública possui como sanção o pagamento em títulos públicos.

(B) Bens de uso comum do povo possuem uso restrito e definido em lei.

(C) A retrocessão prevê o retorno do bem desapropriado ao domínio do particular quando se demonstra que a Administração não destinou o bem de acordo com a motivação do ato de desapropriação e geralmente converte-se em perdas e danos.

(D) Bens dominicais são afetados pelo exercício de função pública.

(E) tombamento é espécie de intervenção que necessariamente exige pagamento de indenização pelo Poder Público ao proprietário do imóvel tombado.

A: incorreta, as desapropriações são, por regra, indenizadas com pagamento em dinheiro. Apenas nos casos previstos na Constituição é que o pagamento pela desapropriação pode ser feito de outro modo, como é o caso da desapropriação-sanção do art. 182, § 4º, II, da CF/1988 e a desapropriação por interesse social para fins de reforma agrária do art. 184 da CF/1988; **B:** incorreta, bens de uso comum do povo são todos aqueles que se reconhecem à coletividade em geral, não tendo discriminação de usuários ou ordem especial para sua fruição; **C:** correta, retrocessão é a obrigação que se impõe ao expropriante de oferecer o bem ao expropriado, mediante a devolução do valor da indenização, uma vez que não tenha sido dado ao bem o destino declarado no ato expropriatório; **D:** incorreta: bens públicos dominicais são todos aqueles que não estão afetados a uma função pública específica, ao passo que bens de uso especial são todos aqueles bens públicos que, por um título individual, a Administração atribui a determinada pessoa para fruir com exclusividade nas condições convencionadas, ou para os quais impões restrições ou impõe pagamento ou, ainda, aqueles que ela mesma utiliza para a execução dos serviços públicos; **E:** incorreta, tombamento é a intervenção administrativa na propriedade pela qual o Poder Público sujeita determinados bens a limitações para sua conservação e preservação. Apenas enseja indenização quando comprovado ser ele o ensejador de danos ao proprietário em razão da grande afetação por ele causada aos direitos de propriedade de seu titular.

Gabarito "C".

(Cartório/PR – 2007) A Constituição Federal em seu artigo 180 e o Decreto Lei 3.365, de 21 de junho de 1941, dispõem sobre as desapropriações por utilidade pública. Sobre a matéria, julgue os itens seguintes:

I. Mediante declaração de utilidade pública, todos os bens poderão ser desapropriados pela União, pelos Estados, Municípios, Distrito Federal e Territórios.

II. Sem prejuízo de outros, consideram-se casos de utilidade pública: a segurança nacional, a salubridade pública, a exploração ou a conservação dos serviços públicos.

III. Os atos de declaração de utilidade pública dependem de aprovação da maioria absoluta dos membros do Poder Legislativo.

IV. Os concessionários de serviços públicos e os estabelecimentos de caráter público ou que exerçam funções delegadas de poder público poderão promover desapropriações mediante autorização expressa, constante de lei ou contrato.

São corretas:

(A) apenas II e IV.

(B) I, II e IV.

(C) apenas I e III.

(D) apenas II e III.

(E) II, III e IV.

I: correta, art. 2º do Dec.-lei 3.365/1941; **II:** correta, art. 5º, a, d e h do Dec.-lei 3.365/1941; **III:** incorreta, a declaração de utilidade pública será feita via decreto – art. 6º do Dec.-lei 3.365/1941; **IV:** correta, art. 3º do Dec.-lei 3.365/1941.

Gabarito "B".

(Cartório/RJ – 2012) Em relação à intervenção do Estado na propriedade, analise as assertivas abaixo.

I. A execução ou promoção da desapropriação para fins de reforma agrária ou para fins de desenvolvimento urbano é de competência exclusiva da União.

II. A tredestinação ocorre na hipótese de a Administração Pública, após a desapropriação, vir a atribuir outro destino ao bem desapropriado, que não o indicado no decreto expropriatório.

III. A desapropriação se restringe aos bens particulares, ou seja, não incide sobre bens públicos, independentemente se pertencem a entidades estatais distintas.

É correto o que se afirma em:

(A) I, apenas.

(B) II, apenas.

(C) I e III, apenas.

(D) II e III, apenas.

(E) I, II e III.

I: incorreta, pois a desapropriação para fins de desenvolvimento urbano não é exclusiva da União. Como se não bastasse, até mesmo a desapropriação para reforma agrária não é da competência exclusiva da União, sendo certo que esta só tem exclusividade nesse tema quando se tratar de desapropriação-sanção para a reforma agrária, ou seja, aquela que é feita por ter havido descumprimento da função social da propriedade (art. 184, *caput*, da CF); **II:** correta, valendo lembrar que, em sendo o novo objetivo de interesse público, há tredestinação lícita; em não sendo de interesse público, há tredestinação ilícita; **III:** incorreta, pois os bens dos Estados podem ser desapropriados pela União e os bens dos Municípios podem ser desapropriados pelos Estados e pela União, nos dois casos mediante autorização legislativa no âmbito do ente expropriante (art. 2.º, § 2.º, do Dec.-lei 3.365/1941).

Gabarito "B".

2. DIREITO ADMINISTRATIVO

(Cartório/RJ – 2008 – UERJ) Mediante declaração de utilidade pública, todos os bens poderão ser desapropriados pela União, pelos Estados, Municípios, pelo Distrito Federal e pelos Territórios. Dentre os casos de utilidade pública, podem ser enumerados:

(A) (I) estabelecimento e a manutenção de colônias ou cooperativas de povoamento e trabalho agrícola; salubridade pública; (II) funcionamento dos meios de transporte coletivo; (III) utilização de áreas, locais ou bens que, por suas características, sejam apropriados ao desenvolvimento de atividades turísticas; (IV) criação de estádios, aeródromos ou campos de pouso para aeronaves

(B) (I) socorro público em caso de calamidade; (II) aproveitamento industrial das minas e das jazidas minerais das águas e da energia hidráulica, construção de edifícios públicos, monumentos comemorativos e cemitérios; (III) construção de casas populares; (IV) proteção do solo e preservação de cursos e mananciais de água e de reservas florestais

(C) (I) exploração ou conservação dos serviços públicos; (II) terras e águas suscetíveis de valorização extraordinária, pela conclusão de obras e serviços públicos, notadamente de saneamento, portos, transporte, eletrificação, armazenamento de água e irrigação, no caso em que não sejam ditas áreas socialmente aproveitáveis; (III) proteção do solo e preservação de cursos de mananciais de água e de reservas florestais; reedição ou divulgação de obra ou invento de natureza científica, artística ou literária

(D) (I) segurança nacional; (II) defesa do Estado; (III) criação e melhoramento de centros de população, seu abastecimento regular de meios de subsistência; preservação e conservação de monumentos históricos e artísticos, isolados ou integrados em conjuntos urbanos ou rurais, bem como as medidas necessárias a manter-lhes e realçar-lhes os aspectos mais valiosos ou característicos e, ainda, a proteção de paisagens e locais particularmente dotados pela natureza

(E) (I) segurança nacional; (II) defesa do Estado; (III) preservação e conservação de monumentos históricos e artísticos, isolados ou integrados em conjuntos urbanos ou rurais, bem como as medidas necessárias a manter-lhes e realçar-lhes os aspectos mais valiosos ou característicos e, ainda, a proteção de paisagens e locais particularmente dotados pela natureza; (IV) aproveitamento de todo bem improdutivo ou explorado sem correspondência com as necessidades de habitação, trabalho e consumo dos centros de população a que deva ou possa suprir por seu destino econômico

Art. 5º Dec.-lei 3.365/1941.

Gabarito "D".

(Cartório/SC – 2008) Assinale a alternativa INCORRETA:

(A) Os bens do domínio dos Estados, Municípios, Distrito Federal e Territórios poderão ser desapropriados pela União, e os dos Municípios pelos Estados, mas, em qualquer caso, ao ato deverá preceder autorização legislativa.

(B) Os concessionários de serviços públicos e os estabelecimentos de caráter público ou que exerçam funções delegadas de poder público poderão promover desapropriações mediante autorização expressa, constante de lei ou contrato.

(C) Todos os bens poderão ser desapropriados pela União, pelos Estados, Municípios, Distrito Federal e Territórios.

(D) O Poder Legislativo poderá tomar a iniciativa da desapropriação, cumprindo, neste caso, ao Executivo praticar os atos necessários à sua efetivação.

(E) É vedada a desapropriação, pelos Estados, Distrito Federal, Territórios e Municípios, de ações, cotas e direitos representativos do capital de instituições e empresas cujo funcionamento dependa de autorização do governo federal e se subordine à sua fiscalização, salvo mediante prévia autorização, por decreto, do Presidente da República.

A: correta, art. 2º, § 2º, do Dec.-lei 3.365/1941; **B:** correta, art. 3º do Dec.-lei 3.365/1941; **C:** incorreta, art. 2º, § 2º, do Dec.-lei 3.365/1941; **D:** correta, art. 8º do Dec.-lei 3.365/1941; **E:** correta, art. 2º, § 3º, do Dec.-lei 3.365/1941.

Gabarito "C".

(Cartório/SP – VI – VUNESP) É correto afirmar que

(A) por ser forma originária da aquisição da propriedade, a Constituição Federal não prevê casos de desapropriação com caráter sancionatório.

(B) os bens desapropriados, como regra, devem passar a integrar o patrimônio das pessoas jurídicas políticas que fizeram a desapropriação ou das pessoas públicas ou privadas que desempenhem serviços públicos por delegação do Poder Público, mas podem também, em certos casos, ter a destinação específica de ser transferidos a terceiros.

(C) os bens desapropriados, necessariamente, devem passar a integrar o patrimônio das pessoas jurídicas políticas que fizeram a desapropriação ou das pessoas públicas ou privadas que desempenhem serviços públicos por delegação do Poder Público e não podem, jamais, ter o destino da sua transferência a terceiros.

(D) a desapropriação com caráter sancionatório só é possível quando incidente sobre terras onde se cultivem plantas psicotrópicas.

A: incorreta, apesar de a desapropriação ser forma *sui generis* de aquisição originária da propriedade, a Constituição Federal prevê situações em que a desapropriação possui caráter de pena: é a desapropriação sanção de que trata o art. 182, § 4º, III, da CF/1988; **B:** correta, os bens desapropriados podem passar a integrar tanto o patrimônio das pessoas jurídicas que realizaram a desapropriação, como também das pessoas públicas ou privadas prestadoras de serviços públicos, ou mesmo ser transferidas a terceiros, desde que tal esteja previsto específica e justificadamente; **C:** incorreta, os bens desapropriados podem passar a integrar tanto o patrimônio das pessoas jurídicas que realizaram a desapropriação, como também das pessoas públicas ou privadas prestadoras de serviços públicos, ou mesmo ser transferidas a terceiros, desde que tal esteja previsto específica e justificadamente; **D:** incorreta, o confisco é sanção de perdimento de bens e não espécie de desapropriação, a qual é forma de intervenção do Estado na propriedade.

Gabarito "B".

(Cartório/SP – 2011 – VUNESP) Sobre desapropriação, é incorreto afirmar que

(A) todos os bens móveis e imóveis, corpóreos ou incorpóreos podem ser desapropriados.

(B) a desapropriação é forma originária de aquisição da propriedade.

(C) a retrocessão é o direito que tem o expropriado de exigir de volta o seu imóvel desapropriado, quando não houver sido dada a ele destinação pública.

(D) conforme entendimento sumulado pelo Supremo Tribunal Federal (Súmula 652), a imissão provisória na posse do imóvel desapropriado depende de prévia citação judicial do réu e depósito do preço.

A: correta, art. 2º do Dec.-lei 3.365/1941; **B:** correta, diversamente das demais hipóteses, em que a aquisição da propriedade somente é efetivada mediante a prévia comprovação da cadeia de registros anteriores, como forma de prova do título constitutivo da propriedade, a desapropriação não obedece a esta regra, pois se trata de uma forma de aquisição originária da propriedade, ou seja, o próprio processo desapropriatório tem o poder de conferir ao Estado a comprovação do título constitutivo da propriedade, que é necessário ao seu registro. **C:** correta, retrocessão é a obrigação que se impõe ao expropriante de oferecer o bem ao expropriado, mediante a devolução do valor da indenização, uma vez que não tenha sido dado ao bem o destino declarado no ato expropriatório; **D:** incorreta, diz a Súmula 652 do STF que: "Constitucionalidade – Imissão Provisória Mediante Depósito – Citação – Desapropriação por Utilidade Pública – Não contraria a Constituição o art. 15, § 1º, do Dec.-lei 3.365/1941 (Lei da Desapropriação por utilidade pública)". Ou seja, a imissão na posse pode ser feita, independentemente da citação do réu, mediante o depósito.

Gabarito "D".

(Cartório/SP – 2012 – VUNESP) Sobre desapropriação, é correto afirmar que o(a)

(A) competência para legislar sobre desapropriação é concorrente.

(B) Município pode, por interesse social, desapropriar imóvel rural para fins de reforma agrária.

(C) Estado de São Paulo não pode desapropriar imóvel, situado em região metropolitana, para fins de política urbana.

(D) competência do Chefe do Poder Executivo, na fase declaratória da desapropriação, não é exclusiva.

A: incorreta, a competência para legislar sobre desapropriação é privativa da União, nos termos do que estabelece o art. 22, II, da CF/1988; o que é concorrente é a competência para declarar o bem de utilidade pública ou interesse social; **B:** incorreta, a jurisprudência tem entendido ser de competência privativa da União a desapropriação por interesse social para fins de reforma agrária, embora seja possível aos demais entes federados a desapropriação por interesse social, desde que não seja para esse fim; **C:** incorreta, trata-se de competência privativa dos Municípios – art. 182, § 4º, III, da CF/1988; **D:** correta, "a declaração de utilidade pública far-se-á por decreto do Presidente da República, Governador, **Interventor** ou Prefeito" – art. 6º do Dec.-lei 3.365/1941.

Gabarito "D".

9.2. Servidão administrativa

(Cartório/SP – III – VUNESP) Quanto à servidão administrativa como restrição pelo Estado sobre a propriedade, é correto afirmar que

(A) é direito pessoal que transfere o domínio do imóvel.

(B) é direito real de natureza privada, impondo ônus parcial sobre o imóvel.

(C) é direito real de natureza pública, impondo ônus parcial sobre o imóvel.

(D) é direito real de natureza pública, impondo ônus total sobre o imóvel.

Servidão administrativa é ônus real de uso, de natureza pública, imposto pela Administração ao particular para assegurar a realização e conservação de obras e serviços públicos ou de utilidade pública, mediante indenização dos prejuízos efetivamente suportados pelo proprietário. Deve ser parcial, a fim de possibilitar a utilização da propriedade particular para uma finalidade pública sem a desintegração do domínio privado, e só se efetiva com o registro competente para que possa produzir efeitos *erga omnes*, nos termos do art. 167, I, item 6, da Lei 6.015/1973.

Gabarito "C".

9.3. Tombamento

(Cartório/MG – 2005 – EJEF) Analise estas afirmativas concernentes às modalidades de tombamento e assinale com V as verdadeiras e com F as falsas:

I. Quanto à eficácia, o tombamento pode ser provisório ou definitivo.

II. Quanto aos destinatários, o tombamento pode ser geral ou individual.

III. Quanto à constituição ou ao procedimento, o tombamento pode ser de ofício, voluntário ou compulsório.

Assinale a alternativa que apresenta a sequência de letras CORRETA.

(A) (F) (F) (V)

(B) (V) (F) (V)

(C) (V) (V) (F)

(D) (V) (V) (V)

I: correta, art. 10 do Dec.-lei 25/1937; **II:** correta, tombamento individual é o que atinge um bem determinado e geral é o que atinge a todos os bens situados em um bairro ou uma cidade; **III:** correta, tombamento de ofício é o que incide sobre bens públicos, tombamento voluntário é o realizado a pedido ou com a anuência do proprietário e compulsório é aquele no qual o proprietário se recusa a anuir à inscrição da coisa a ser tombada.

Gabarito "D".

(Cartório/MS – 2009 – VUNESP) No tombamento, o proprietário

(A) é impedido de gravar o bem tombado por meio de penhor, anticrese ou hipoteca.

(B) é impedido de alienar o bem particular tombado, já que existe uma necessidade de preservação cultural.

(C) não pode, em se tratando de bens móveis, retirá-los do país, senão por curto prazo, para fins de intercâmbio cultural, a juízo do IPHAN.

(D) pode destruir, mutilar ou demolir o bem tombado.

(E) não pode realizar obras de conservação.

A: incorreta, não há qualquer impedimento na lei nesse sentido – art. 12 do Dec.-lei 25/1937; **B:** incorreta, art. 12 do Dec.-lei 25/1937; **C:** correta, art. 14 do Dec.-lei 25/1937; **D:** incorreta, art. 17 do Dec.-lei 25/1937; **E:** incorreta, art. 19, § 3º, do Dec.-lei 25/1937.

Gabarito "C".

(Cartório/MS – 2009 – VUNESP) Tombamento de ofício é

(A) o que tem por objeto bens particulares.

(B) o que tem por objeto bem público.

(C) o que resulta do consentimento do proprietário.

(D) o que é feito enquanto está em curso o processo administrativo instaurado pela notificação do Poder Público.

(E) o que é feito após concluído o processo administrativo instaurado pela notificação do Poder Público.

2. DIREITO ADMINISTRATIVO

A: incorreta, art. 6º do Dec.-lei 25/1937; B: correta, art. 5º do Dec.-lei 25/1937; C: incorreta, é o tombamento voluntário – art. 7º do Dec.-lei 25/1937; D: incorreta, é o tombamento provisório – art. 10 do Dec.-lei 25/1937; E: incorreta, é o tombamento definitivo – art. 10, parágrafo único, do Dec.-lei 25/1937.
Gabarito "B".

(Cartório/SP – I – VUNESP) A forma de intervenção do Estado na propriedade privada, que gera, automaticamente, por força de lei, limitação ao direito de construir nos imóveis que se situem na vizinhança, é

(A) requisição administrativa.

(B) edificação compulsória.

(C) servidão administrativa.

(D) tombamento.

Art. 18 do Dec.-lei 25/1937.
Gabarito "D".

(Cartório/SP – III – VUNESP) Quanto às restrições pelo Estado sobre a propriedade privada, e considerando o tombamento, é correto afirmar que este

(A) é limitação perpétua ao direito de propriedade, de caráter absoluto, e instituída em favor do interesse coletivo.

(B) afeta a propriedade em sua integralidade, retirando o bem do comércio.

(C) é limitação perpétua ao direito de propriedade, de caráter relativo, e instituída em favor do proprietário.

(D) não limita a propriedade e, dado seu caráter histórico ou cultural, pode ser afastado assim que cessar o elemento histórico ou cultural.

Tombamento é forma de intervenção do Estado da propriedade privada que tem por objetivo a proteção e preservação do patrimônio histórico e artístico nacional, em prol do interesse da coletividade. É sempre uma restrição parcial, que não impede o proprietário de exercer os direitos inerentes ao domínio, razão pela qual, em regra, não dá direito à indenização.
Gabarito "A".

9.4. Requisição administrativa

(Cartório/DF – 2008 – CESPE) Com relação à intervenção do Estado na propriedade, julgue o item que se segue.

(1) A requisição, modalidade de intervenção do Estado na propriedade, é o meio pelo qual o Estado se utiliza de bens e serviços de particulares, em caso de perigo público iminente, sendo sempre obrigado a indenizar o proprietário, a título compensatório, pelo período em que houver a indisponibilidade do seu patrimônio.

1: incorreta, requisição é a utilização coativa de bens ou serviços particulares pelo poder público por ato de execução imediata e direta da autoridade requisitante e indenização ulterior, para atendimento de necessidades coletivas urgentes e transitórias (que não necessariamente se caracterizam como perigo público iminente).
Gabarito "1E".

(Cartório/SP – IV – VUNESP) A requisição é

(A) o pedido de bens ou serviços particulares, pelo Poder Público, visando à execução mediata e direta da autoridade requisitante e indenização prévia e justa, para atendimento de necessidades coletivas urgentes e transitórias.

(B) a utilização coativa de bens ou serviços particulares, pelo Poder Público, por ato de execução imediata e direta da autoridade requisitante e indenização ulterior, para atendimento de necessidades coletivas urgentes e transitórias.

(C) a utilização consensual de bens ou serviços particulares, pelo Poder Público, por ato de execução imediata e direta da autoridade requisitante e indenização ulterior, para atendimento de necessidades coletivas urgentes e transitórias.

(D) a utilização coativa de bens ou serviços particulares, pelo Poder Público, por ato de execução imediata e direta da autoridade requisitante e indenização prévia e justa, para atendimento de necessidades coletivas urgentes e transitórias.

Requisição é a utilização coativa de bens ou serviços particulares pelo poder público por ato de execução imediata e direta da autoridade requisitante e indenização ulterior, para atendimento de necessidades coletivas urgentes e transitórias.
Gabarito "B".

9.5. Temas combinados de Intervenção na Propriedade

(Cartório/RN – 2012 – IESIS) A respeito da Intervenção do Estado na propriedade, é correto afirmar que:

I. A desapropriação se define como ato complexo através do qual o Poder Público, fundado em necessidade pública, utilidade pública ou interesse social, compulsoriamente despoja alguém de um bem certo, normalmente adquirindo-o para si, em caráter originário, mediante indenização prévia, justa e, em geral, pagável em dinheiro.

II. É exceção constitucional à indenização em dinheiro a desapropriação pela União, por interesse social, para fins de reforma agrária, de imóvel rural que não esteja cumprindo sua função social, na qual a indenização será em títulos da dívida pública de emissão previamente aprovada pelo Senado Federal, com prazo de resgate de até 10 (dez) anos, em parcelas anuais, iguais e sucessivas, assegurados o valor real da indenização e os juros legais.

III. A limitação administrativa tem natureza jurídica de direito real, atingindo os bens concreta e especificamente determinados pelo Poder Público.

IV. A servidão administrativa impõe ao proprietário uma obrigação de não fazer, alcançando toda uma categoria abstrata de bens ou, pelo menos, todos os que se encontrem em uma situação ou condição abstratamente determinada.

(A) Somente as proposições III e IV estão corretas.

(B) Somente a proposição I está correta.

(C) Todas as proposições estão incorretas.

(D) Somente a proposição II está correta.

I: incorreta, pois a desapropriação não é um *ato complexo*, mas um *procedimento*; II: incorreta, pois a forma de pagamento mencionada diz respeito à desapropriação por interesse social em área urbana pelo Município (art. 182, § 4.º, III, da CF); no caso da desapropriação-sanção em área rural pela União, os títulos são da dívida agrária (e não da dívida pública), com resgate em 20 anos (e não em 10 anos), nos termos do art. 184, *caput*, da CF; III: incorreta, pois essa definição é de servidão administrativa e não de limitação administrativa; IV: incorreta, pois essa definição é de limitação administrativa e não de servidão administrativa.
Gabarito "C".

(Cartório/RS – 2019 – VUNESP) A respeito da intervenção do Estado na propriedade, assinale a alternativa correta.

(A) É inconstitucional o tombamento de bens da União pelos Estados, ainda que haja autorização legislativa.

(B) As requisições administrativas são limitações impostas por atos normativos à propriedade, que impõe ao proprietário obrigações de ordem positiva ou negativa, a fim de atender o interesse público.

(C) A servidão administrativa pode não precisar da existência de um prédio dominante, pois a restrição imposta ao prédio serviente pode se fundar exclusivamente pela necessidade de serviços de utilidade pública.

(D) As servidões administrativas podem ser realizadas sobre bens móveis e imóveis, sendo devida a indenização somente se houver comprovação de dano pelo particular.

(E) Segundo o Superior Tribunal de Justiça, por envolver a prática de atos de império, os concessionários de serviços público, mesmo que autorizados por contrato, não podem promover desapropriações.

A alternativa correta ("c") tem, como exemplo, os linhões de eletricidade, e os dutos de petróleo. A restrição no tocante à intervenção dos Estados nos bens da União ocorre no tocante à desapropriação (art. 2º, § 2º do DL n. 3.365/1941), não ocorrendo tal no tocante ao tombamento (alternativa "a"); quanto à alternativa "b", as requisições administrativas são atos administrativos, de natureza concreta, e não atos normativos. A regra de indenizar pela instituição de servidões está no art. 40 do DL n. 3.365/1941, o que torna a alternativa "d" errada. Por fim, a jurisprudência consolidada entende os concessionários poderão realizar as desapropriações para as finalidades contratualmente estabelecidas, nos termos dos arts. 3º e 4º, parágrafo único, da já apontada Lei de Desapropriações.
Gabarito "C"

(Cartório/SP – VI – VUNESP) Atualmente, no direito brasileiro, podem ser indicadas as seguintes modalidades de restrição do Estado sobre a propriedade privada:

(A) a servidão de trânsito, a anticrese, a enfiteuse, as limitações administrativas, a ocupação temporária, o tombamento, a requisição administrativa, a servidão administrativa, a desapropriação e o parcelamento e edificação compulsórios.

(B) as limitações administrativas, a ocupação temporária, o tombamento, a requisição administrativa, a servidão administrativa, a desapropriação, o usufruto e a enfiteuse.

(C) o tombamento, a requisição administrativa, a servidão administrativa, a desapropriação, o usufruto, a enfiteuse, as limitações administrativas e a requisição.

(D) as limitações administrativas, a ocupação temporária, o tombamento, a requisição administrativa, a servidão administrativa, a desapropriação e o parcelamento e edificação compulsórios.

A servidão de trânsito, a anticrese, a enfiteuse e o usufruto são institutos privados que podem ser utilizados pelo Estado, mas que não são modalidades de intervenção estatal na propriedade privada.
Gabarito "D"

10. LICITAÇÃO

10.1. Temais gerais

(Cartório/MG – 2016 – Consulplan) A Administração Pública, quando contrata com terceiros, em regra, o faz através da licitação, nos termos definidos pela Lei n. 8.666/93. Todavia, esse certame NÃO se destina a garantir

(A) a observância do princípio constitucional da isonomia.

(B) a seleção da proposta mais vantajosa para a administração.

(C) a promoção do desenvolvimento nacional sustentável.

(D) a probidade administrativa, assegurada pelo sigilo da licitação.

Nos termos do art. 3º da Lei n. 8.666/1993, "a licitação destina-se a garantir a observância do princípio constitucional da isonomia, a seleção da proposta mais vantajosa para a administração e a promoção do desenvolvimento nacional sustentável e será processada e julgada em estrita conformidade com os princípios básicos da legalidade, da impessoalidade, da moralidade, da igualdade, da publicidade, da probidade administrativa, da vinculação ao instrumento convocatório, do julgamento objetivo e dos que lhes são correlatos". O erro da assertiva "d" é a afirmativa de sobre o sigilo do procedimento licitatório, que tem caráter público. Relembre-se que a nova lei de licitações também traz rol de objetivos dos procedimentos licitatórios: assegurar a seleção da proposta apta a gerar o resultado de contratação mais vantajoso para a Administração Pública, inclusive no que se refere ao ciclo de vida do objeto; assegurar tratamento isonômico entre os licitantes, bem como a justa competição; evitar contratações com sobrepreço ou com preços manifestamente inexequíveis e superfaturamento na execução dos contratos; e incentivar a inovação e o desenvolvimento nacional sustentável (art. 11 da Lei n. 14.133/2021).
Gabarito "D"

(Cartório/CE – 2018 – IESES) Assinale a única alternativa correta:

(A) É dispensável a licitação para a construção, a ampliação, a reforma e o aprimoramento de estabelecimentos penais, desde que sejam situados em áreas de grande concentração populacional, nos termos da lei instituidora do Estatuto das Cidades.

(B) Nos termos da atual legislação, não é mais admitida a subconcessão, mesmo que prevista no contrato de concessão original então firmado mantendo-se, porém, aquelas contratadas anteriormente à vigência da lei proibitiva.

(C) O regime jurídico dos contratos administrativos instituído pela Lei das Licitações confere à Administração, quando da rescisão do contrato, a prerrogativa de, em todos os casos, ocupar provisoriamente bens móveis, imóveis, pessoal e serviços vinculados ao objeto pactuado.

(D) Permissão de serviço público é a delegação, a título precário, mediante licitação, da prestação de serviços públicos, feita pelo poder concedente à pessoa física ou jurídica que demonstre capacidade para seu desempenho, por sua conta e risco.

Não há disciplina sobre licitação no Estatuto das Cidades, norma geral de direito urbanístico (Lei n. 10.257/2001) – logo, a alternativa "a" está errada; a subconcessão pode ocorrer, desde que prevista no edital (art. 26 da Lei n. 8.987/1995), o que torna a alternativa "b", de igual modo, equivocada; por fim, a alternativa "c" está errada em razão de a lei de licitações (Lei n. 8.666/1993) permitir a medida ali prevista somente no caso de serviços essenciais, e com finalidade cautelar.
Gabarito "D"

(Cartório/MG – 2015 – Consulplan) Assinale a alternativa INCORRETA:

(A) É vedado incluir no objeto da licitação a obtenção de recursos financeiros para sua execução, qualquer que seja a sua origem, exceto nos casos de empreendimentos executados e explorados sob o regime da concessão.

(B) Poderá participar indiretamente da licitação ou da execução de obra ou serviço e do fornecimento de bens a eles necessários, o autor do projeto, básico ou executivo, pessoa física ou jurídica.

(C) Nos projetos básicos e projetos executivos de obras e serviços será considerado ainda o impacto ambiental.

(D) A Administração poderá conceder título de propriedade ou de direito real de uso de imóveis, dispensada licitação, quando o uso destinar-se a outro órgão ou entidade da Administração Pública, qualquer que seja a localização do imóvel.

O art. 9º, inc. I da Lei n. 8.666/1993 determina que não poderá participar, direta ou indiretamente, da licitação ou da execução de obra ou serviço e do fornecimento de bens a eles necessários o autor do projeto, básico ou executivo, pessoa física ou jurídica. Na mesma lei, a alternativa "a" tem previsão no art. 7º, § 3º; a alternativa "c" no art. 12, inc. VII; e a alternativa "d" no art. 17, § 2º, inc. I. A questão se mantém válida em função da cláusula de vigência concomitante da Lei n. 8.666/1993 e a nova lei de licitações (a Lei n. 14.133/2021), prevista no art. 193 da nova lei. Os impedidos de disputar a licitação estão arrolados no art. 14 daquele diploma legal.
Gabarito "B".

(Cartório/MG – 2015 – Consulplan) Assinale a alternativa INCORRETA:

(A) Não se subordinam ao regime da lei de licitações os fundos especiais.

(B) A licitação será processada e julgada em estrita conformidade com os princípios básicos da legalidade, da impessoalidade, da moralidade, da igualdade, da publicidade, da probidade administrativa, da vinculação ao instrumento convocatório, do julgamento objetivo e dos que lhe são correlatos.

(C) As compras, sempre que possível, deverão submeter-se às condições de aquisição e pagamento semelhantes às do setor privado.

(D) Nas compras deverá ser observada, ainda, a especificação completa do bem a ser adquirido sem indicação de marca.

De acordo com o art. 1º, parágrafo único, subordinam-se ao regime da Lei, além dos órgãos da administração direta, os fundos especiais, as autarquias, as fundações públicas, as empresas públicas, as sociedades de economia mista e demais entidades controladas direta ou indiretamente pela União, Estados, Distrito Federal e Municípios. Na mesma lei, a alternativa "b" tem previsão no art. 3º, "caput"; a alternativa "c" repete o texto do inc. III do art. 15; e a alternativa "d" tem previsão no art. 15, § 7º, inc. I.
Gabarito "A".

(Cartório/MG – 2015 – Consulplan) Quanto às licitações em geral, é INCORRETO afirmar:

(A) A licitação não será sigilosa, sendo todos os atos de seu procedimento acessíveis ao público, inclusive o conteúdo das propostas antes da respectiva abertura.

(B) Em igualdade de condições, como critério de desempate, será assegurada preferência aos bens e serviços produzidos no País.

(C) O procedimento licitatório caracteriza ato administrativo formal, seja ele praticado em qualquer esfera da Administração Pública.

(D) Todos os valores, preços e custos utilizados nas licitações terão como expressão monetária a moeda corrente nacional, ressalvadas as concorrências de âmbito internacional.

O § 3º do art. 3º da Lei n. 8.666/1993 determina expressamente que a licitação não será sigilosa, sendo públicos e acessíveis ao público os atos de seu procedimento, salvo quanto ao conteúdo das propostas, até a respectiva abertura. A alternativa "b" tem previsão no art. 3º, § 2º da lei, a alternativa "c" no parágrafo único do seu art. 4º, e a alternativa "d" está correta em função do disposto nos arts. 5º e 42 da Lei n. 8.666/1993.
Gabarito "A".

(Cartório/MG – 2012 – FUMARC) Para habilitação nas licitações, serão exigidos os seguintes documentos, dentre outros, **EXCETO:**

(A) qualificação técnica.

(B) qualificação legal e societária.

(C) regularidade fiscal e trabalhista.

(D) qualificação econômico-financeira.

As qualificações exigidas são a habilitação jurídica, a qualificação técnica, a qualificação econômico-financeira, a regularidade fiscal, a regularidade trabalhista e a não existência de trabalho infantil (art. 27 da Lei 8.666/1993). Não há previsão de "qualificação legal e societária", de modo que a alternativa "B" deve ser assinalada.
Gabarito "B".

(Cartório/PR – 2007) Em relação a Licitações, é correto definir que a Administração Pública Direta, Autárquica e Fundacional se sujeita a um regime jurídico de direito público estabelecido em especial e preponderantemente pela Lei 8.666/1993. Considerando tal regime, assinale a alternativa correta:

(A) O edital é a lei interna da licitação, vinculando o licitante e a Administração em absoluto de modo a garantir o interesse público.

(B) O princípio do julgamento objetivo permite ao administrador julgar as propostas de licitantes de acordo com critérios pessoais e subjetivos, devendo explicitar objetivamente sua decisão.

(C) A dispensa de licitação pressupõe inviabilidade de competição.

(D) A proposta inexequível é aquela que gera a impossibilidade de licitação por haver um único fornecedor.

(E) A análise do mérito e da oportunidade e conveniência da contratação devem ser feitas exclusivamente na fase externa da licitação.

A: correta: o princípio da vinculação ao instrumento convocatório obriga a Administração Pública e os licitantes em geral a respeitarem estritamente aquilo que tenha previamente previsto para disciplinar o certame, de modo a garantir a isonomia e salvaguardar o interesse público – arts. 3º e 41 da Lei 8.666/1993; **B:** incorreta, o princípio do julgamento objetivo visa justamente a impedir que a licitação seja decidida por razões subjetivas, por favoritismos ou perseguições – arts. 3º e 45 da Lei 8.666/1993; **C:** incorreta, A inexigibilidade de licitação pressupõe a inviabilidade de competição; a dispensa de licitação dá-se nas hipóteses em que há possibilidade de competição, mas a lei elege situações em que a contratação direta atenderá melhor ao interesse público envolvido; **D:** incorreta, proposta inexequível é aquela que não consiga demonstrar sua viabilidade por meio de documentação que comprove que os custos dos insumos são coerentes com os de mercado e que os coeficientes de produtividade são compatíveis com a execução do objeto do contrato, não tendo, pois, qualquer relação com a exclusividade ou não de fornecedor; **E:** incorreta, a análise da oportunidade e conveniência da contratação podem ser feitas tanto na fase interna (ao decidir pela necessidade ou não de abertura de um certame para a aquisição de bens, produtos ou serviços) como na fase externa (quando, apesar de já concluída a licitação, pode-se verificar a desnecessidade da contratação, que gerará ao vencedor do certame, todavia, a obrigação de com ele contratar caso venha a celebrar contrato com mesmo objeto durante o período de duração da avença). A questão se mantém válida em função da cláusula de vigência concomitante da Lei n. 8.666/1993 e a nova lei de licitações (a Lei n. 14.133/2021). As suas premissas se repetem na nova lei.

Gabarito "A"

(Cartório/PR – 2007) A Licitação possui duas fases, uma interna e outra externa, que determinam e condicionam o atuar do administrador na tomada de decisão administrativa. Considerando o rito estabelecido em cada uma destas fases e o regime jurídico de direito público aplicável à matéria, assinale a alternativa correta:

(A) A fase de habilitação visa à aferição das condições técnicas para a garantia do cumprimento do objeto contratual.

(B) O parecer da assessoria jurídica na fase interna da licitação é vinculante.

(C) O instrumento de contrato é obrigatório somente na modalidade de licitação tomada de preços, concorrência pública e leilão.

(D) A cessão total do objeto contratual é aceita desde que haja previsão no instrumento convocatório.

(E) a adjudicação pressupõe a verificação da regularidade do certame.

A: correta, a fase de habilitação consiste no conjunto de atos orientados a apurar a idoneidade e a capacitação de um licitante para contratar com a Administração Pública ou, em outras palavras, é o exame das condições do direito de licitar, a fim de perquirir se o licitante terá ou não condições de dar cumprimento ao objeto do contrato; **B:** incorreta, na fase interna da licitação são realizados todos os atos necessários à abertura da licitação e verifica-se a existência ou não dos requisitos para instauração da licitação. Nessa etapa, o parecer da assessoria jurídica ainda não tem o caráter vinculante de que trata o art. 38, parágrafo único, da Lei 8.666/1993, referente à fase externa da licitação, e que estabelece a necessidade de exame e aprovação das minutas de editais de licitação, contratos, acordos convênios ou ajustes; **C:** incorreta, "o instrumento de contrato é obrigatório nos casos de concorrência e de tomada de preços, bem como nas dispensas e inexigibilidades cujos preços estejam compreendidos nos limites destas duas modalidades de licitação, e facultativo nos demais em que a Administração puder substituí-lo por outros instrumentos hábeis, tais como carta-contrato, nota de empenho de despesa, autorização de compra ou ordem de execução de serviço" – art. 62 da Lei 8.666/1993; **D:** incorreta, desde que previsto no instrumento convocatório, é possível a subcontratação **parcial** do objeto contratado – art. 72 da Lei 8.666/1993; **E:** incorreta, adjudicação é o ato pelo qual a Administração Pública atribui ao vencedor o objeto da licitação e não se confunde com a homologação, quando se exerce um juízo de legalidade e se verifica a conformidade ou não do certame com a lei.

Gabarito "A"

(Cartório/SC – 2008) É obrigação do Poder Público, através de seus administradores, contratar obras, serviços, compras, alienações, concessões, permissões e locações com pessoa física ou jurídica:

(A) Observada a idoneidade do fornecedor, mediante consulta aos seus antecedentes processuais.

(B) Mediante simples procedimento de consulta a órgãos de defesa do consumidor, visando o interesse público e o melhor preço.

(C) Mediante convite enviado às pessoas que já tiverem efetuado outras obras para a Administração, visando o interesse público e o melhor preço.

(D) Necessariamente mediante procedimento judicial, com a citação de todos os interessados no certame.

(E) Necessariamente mediante prévia licitação, excetuadas as hipóteses previstas em lei.

Diz a Constituição Federal que: "ressalvados os casos especificados na legislação, as obras, serviços, compras e alienações serão contratados mediante processo de licitação pública que assegure igualdade de condições a todos os concorrentes, com cláusulas que estabeleçam obrigações de pagamento, mantidas as condições efetivas da proposta, nos termos da lei, o qual somente permitirá as exigências de qualificação técnica e econômica indispensáveis à garantia do cumprimento das obrigações" – art. 37, XXI, da CF/1988.

Gabarito "E"

(Cartório/MG – 2019 – Consulplan) A Administração Pública pode celebrar contrato de concessão de Parceria Público-Privada (PPP), a qual se rege pela Lei nº 11.079/2004. A modalidade contratual em questão difere-se das concessões regulares, pois agasalha participação financeira do ente público. Diante do regramento pertinente às Parcerias Público-Privadas, assinale a alternativa correta.

(A) A constituição de Sociedade de Propósito Específico deve coincidir com a celebração do contrato de PPP, prestando-se à implantação e gestão do objeto da parceria.

(B) O contrato de PPP contempla a repartição de riscos entre as partes, inclusive os pertinentes a caso fortuito, força maior, fato príncipe e álea econômica extraordinária.

(C) O contrato de PPP poderá conter previsão de aporte de recursos em favor do parceiro privado para realização de obras e aquisição de bens reversíveis, ainda que não previsto no edital de licitação ou lei, desde que comprovada a reversibilidade dos mesmos.

(D) A legislação aplicável às PPPs veda tal modalidade de contratação quando não se observa o quantitativo mínimo de R$ 20.000.000,00, o período de prestação de serviços seja inferior a cinco anos e o único objeto seja o fornecimento de mão de obra, o fornecimento e a instalação de equipamentos ou a execução de obra pública.

Nos termos do art. 5º da Lei n. 11.079/2004, as cláusulas dos contratos de parceria público-privada preverão a repartição de riscos entre as partes, inclusive os referentes a caso fortuito, força maior, fato do príncipe e álea econômica extraordinária (inc. III). A SPE deve ser constituída antes da celebração do contrato (art. 9º), o aporte de recursos deve vir previsto no edital (art. 6º, § 2º), e o valor mínimo do contrato é de R$ 10.000.000,00 (art. 2º, § 4º).

Gabarito "B"

2. DIREITO ADMINISTRATIVO

(Cartório/SP – 2011 – VUNESP) São modalidades de licitação previstas na Lei n. 8.666/1993:

(A) concorrência, tomada de preços, convite, leilão e hastas.

(B) escritura pública, concorrência, tomada de preços, concurso e convite.

(C) escritura pública, concorrência, convite, concurso e leilão.

(D) concorrência, tomada de preços, convite, concurso e leilão.

Art. 22 da Lei 8.666/1993. A questão se mantém válida em função da cláusula de vigência concomitante da Lei n. 8.666/1993 e a nova lei de licitações (a Lei n. 14.133/2021), sendo certo que a nova lei traz as novas modalidades de licitação em seu art. 28: pregão, concorrência, concurso, leilão e diálogo competitivo.

Gabarito "D".

10.2. Contratação Direta

(Cartório/MG – 2015 – Consulplan) É dispensável a licitação, EXCETO:

(A) Nos casos de guerra ou grave perturbação da ordem.

(B) Quando a União tiver que intervir no domínio econômico para regular preços ou normalizar o abastecimento.

(C) Quanto houver possibilidade de comprometimento da segurança nacional, nos casos estabelecidos em decreto do Presidente da República, ouvido o Conselho de Defesa Nacional.

(D) Para a aquisição, por pessoa jurídica de direito público interno, de bens produzidos ou serviços prestados por entidade privada que tenha sido constituída para esse fim específico.

A dispensa de licitação ocorre nas situações em que a competição, em tese, seria possível, mas a lei, em rol fechado, veicula casos em que ela é dispensada. As alternativas corretas encontram-se no art. 24 da Lei n. 8.666/1993: a alternativa "a" corresponde ao inciso III; a alternativa "b" corresponde ao inciso VI; e a alternativa "c" corresponde ao inciso IX. A questão se mantém válida em função da cláusula de vigência concomitante da Lei n. 8.666/1993 e a nova lei de licitações (a Lei n. 14.133/2021). Os casos de dispensa da nova lei encontram-se em seu art. 75.

Gabarito "D".

(Cartório/SP – 2016 – VUNESP) A licitação é dispensável

(A) para a contratação de profissional de setor artístico consagrado pela crítica especializada ou pela opinião pública.

(B) para a aquisição de materiais que só possam ser fornecidos por produtor exclusivo.

(C) na contratação de remanescente de obra, em consequência de rescisão contratual, desde que atendida a ordem de classificação da licitação anterior e aceitas as mesmas condições oferecidas pelo licitante vencedor.

(D) para a contratação de serviços técnicos relativos à restauração de obras de arte com empresas de notória especialização.

Nos termos do art. 24, inc. XI, da Lei n. 8.666/1993, é dispensável a licitação "na contratação de remanescente de obra, serviço ou fornecimento, em consequência de rescisão contratual, desde que atendida a ordem de classificação da licitação anterior e aceitas as mesmas

condições oferecidas pelo licitante vencedor, inclusive quanto ao preço, devidamente corrigido". As demais alternativas tratam de hipóteses de inexigibilidade de licitação. A questão se mantém válida em função da cláusula de vigência concomitante da Lei n. 8.666/1993 e a nova lei de licitações (a Lei n. 14.133/2021). Os casos de dispensa da nova lei encontram-se em seu art. 75.

Gabarito "C".

(Cartório/DF – 2008 – CESPE) Com relação à dispensa de licitação, julgue o item seguinte.

(1) É dispensável a licitação em caso de fornecimento de bens ou serviços, produzidos ou prestados no país, desde que envolvam tanto a alta complexidade tecnológica como a defesa nacional, situação que exige parecer de comissão especialmente designada pela autoridade máxima do órgão.

Art. 24, XXVIII, da Lei 8.666/1993. A questão se mantém válida em função da cláusula de vigência concomitante da Lei n. 8.666/1993 e a nova lei de licitações (a Lei n. 14.133/2021). Os casos de dispensa da nova lei encontram-se em seu art. 75.

Gabarito "1C".

(Cartório/MA – 2008 – IESES) De acordo com a Lei Federal n. 8.666/1993, a licitação poderá ser dispensada:

(A) Para a locação de imóvel destinado ao atendimento das finalidades específicas da Administração, cujas necessidades de instalação e localização condicionem a sua escolha.

(B) Para aquisição de materiais, equipamentos ou gêneros que só possam ser fornecidos por produtor, empresa ou representante comercial exclusivo, vedada a preferência de marca.

(C) Na contratação de serviços de publicidade, desde que o preço seja compatível com o valor de mercado.

(D) Nas concessões de serviços públicos.

Art. 24, X, da Lei 8.666/1993. A questão se mantém válida em função da cláusula de vigência concomitante da Lei n. 8.666/1993 e a nova lei de licitações (a Lei n. 14.133/2021). Os casos de dispensa da nova lei encontram-se em seu art. 75.

Gabarito "A".

10.3. Modalidades de licitação

(Cartório/ES – 2007 – FCC) São modalidades de licitação:

(A) menor preço; melhor técnica; técnica e preço; concorrência, tomada de preços e convite.

(B) tomada de preços, convite; leilão; menor preço; melhor técnica e pregão.

(C) concorrência; tomada de preços; convite; concurso; leilão e pregão.

(D) concorrência; tomada de preços, pregão; registro de preços; menor preço e melhor técnica.

(E) concorrência; tomada de preços; concurso; leilão; registro de preços e menor preço.

Art. 22 da Lei 8.666/1993 e Lei 10.520/2002. A nova Lei de Licitações – a Lei Federal n. 14.133/2021 – traz como modalidades de licitação as previstas em seu art. 28: pregão, concorrência, concurso, leilão e diálogo competitivo. Teria havido, portanto, a revogação do art. 22 da Lei n. 8.666/1993, não fosse a cláusula de vigência concomitante instituída pelo art. 193, inc. II da nova lei.

Gabarito "C".

(**Cartório/MS – 2009 – VUNESP**) Na modalidade licitatória convite, é possível a participação de não convidados, desde que manifestem seu interesse

(A) com antecedência de 24 horas da apresentação das propostas.

(B) até o terceiro dia anterior à data do recebimento das propostas.

(C) com antecedência de 24 horas da data do recebimento das propostas.

(D) até o terceiro dia anterior à data da apresentação das propostas.

(E) com antecedência de 48 horas da apresentação das propostas.

Art. 22, § 3º, da Lei 8.666/1993.

Gabarito "A".

(**Cartório/PR – 2007**) As Licitações Públicas sujeitam-se ao regime jurídico estabelecido na Lei 8.666/1993, o qual estabelece um estatuto jurídico pautado em normas gerais que obrigam a todas as unidades da Federação e normas específicas que vinculam a União Federal. Com base nesse estatuto jurídico, assinale a alternativa correta:

(A) licitação é um procedimento posterior à qualquer contratação da Administração Pública.

(B) O pregão só existe na Administração Pública Federal e pressupõe fases escritas exclusivamente.

(C) O leilão visa premiar um trabalho técnico, científico ou artístico.

(D) o princípio da vinculação ao edital obriga somente aos licitantes.

(E) A modalidade de licitação concorrência é utilizada para contratações de grande valor.

A: incorreta, pois a licitação, como procedimento administrativo anterior à contratação administrativa, pode ser dispensada, dispensável ou inexigível nos termos previstos na Lei 8.666/1993; **B:** incorreta, o traço característico do pregão é, afora a inversão de fases em relação às modalidades previstas na Lei 8.666/1993, a fase oral de lances; **C:** incorreta, o concurso visa a premiar o trabalho técnico, científico e artístico – art. 22, § 4º, da Lei 8.666/1993; **D:** incorreta, art. 41 da Lei 8.666/1993; **E:** correta, art. 23, I e II, da Lei 8.666/1993.

Gabarito "E".

(**Cartório/RN – 2012 – IESES**) O pregão é modalidade de licitação que se destina à aquisição de bens e serviços comuns, sem limite de valor, em que as propostas e os lances são realizados em sessão pública. Sobre o tema, assinale a alternativa **INCORRETA**:

(A) Aquele que não celebrar o contrato no prazo de validade ou não mantiver sua proposta, ficará impedido de licitar e contratar com a União, Estados, Distrito Federal e Municípios pelo prazo de até cinco anos, sem prejuízo de outras sanções.

(B) Caso o interessado não possa comparecer a sessão pública, poderá mandar representante, desde que comprove os poderes para prática dos atos.

(C) O critério de julgamento é o de menor preço.

(D) A publicação da convocação dos interessados deve ocorrer com antecedência mínima de 15 dias úteis em relação à data da apresentação das propostas.

A: correta (art. 7.º da Lei 10.520/2002); **B:** correta (art. 4.º, VI, da Lei 10.520/2002); **C:** correta (art. 4.º, X, da Lei 10.520/2002); **D:** incorreta, devendo ser assinalada; a publicação da convocação deve ocorrer com antecedência mínima de 8 dias úteis e não de 15 dias úteis (art. 4.º, V, da Lei 10.520/2002).

Gabarito "D".

(**Cartório/SC – 2012**) Assinale a alternativa **correta**:

(A) A modalidade de licitação através de pregão já estava prevista na Lei das Licitações (Lei 8.666/1993), a qual, todavia, por ter se tornado anacrônica e possuir regras mais dificultosas em razão de sua formalidade, foi novamente regulada pela Lei 10.520/2002, que consubstancia regras mais claras, precisas, modernas e menos burocratas que a legislação que se encontrava em vigor. Contudo, a Lei das Licitações, em casos específicos e desde que não contrarie a Lei do Pregão, pode ser aplicada subsidiariamente a essa modalidade.

(B) O pregão é a modalidade de licitação utilizada para aquisição de bens em que os padrões de desempenho e qualidade possam ser objetivamente definidos pelo edital através de especificações editadas pela Associação Brasileira de Normas Técnicas – ABNT.

(C) Segundo a Lei 10.520/2002, o pregão é composto de três fases distintas, a saber: fase preparatória, fase de habilitação e a fase dita externa.

(D) O pregão é uma modalidade de licitação que pode ser utilizada para compras e contratação de bens e serviços comuns efetuadas pelo sistema de registro de preços nos termos da Lei das Licitações (Lei 8.666/1993).

(E) No pregão, segundo sua lei (Lei 10.520/2002), quem, convocado dentro do prazo de validade da sua proposta, não celebrar o contrato, deixar de entregar ou apresentar documentação falsa exigida para o certame, ensejar o retardamento da execução de seu objeto, não mantiver a proposta, falhar ou fraudar na execução do contrato, comportar-se de modo inidôneo ou cometer fraude fiscal ficará impedido de licitar e contratar com a pessoa jurídica licitante pelo prazo de cinco anos, sem prejuízo das multas previstas em edital e no contrato e das demais cominações legais.

A: incorreta, pois a modalidade de licitação pregão nunca esteve prevista na Lei 8.666/1993; **B:** incorreta, pois as especificações previstas no edital não são as editadas pela ABNT, mas as usuais no mercado (art. 1.º, parágrafo único, da Lei 10.520/2002); **C:** incorreta, pois são duas fases, quais sejam, a preparatória e a externa, sendo que a habilitação está contida na última (arts. 3.º e 4.º, XII, da Lei 10.520/2002); **D:** correta (art. 7.º da Lei 10.520/2002).

Gabarito "D".

11. CONTRATOS ADMINISTRATIVOS

(**Cartório/PA – 2016 – IESES**) O contrato administrativo pode ser entendido como ajuste estabelecido entre a Administração Pública e o particular regulado pelo direito público, tendo por objetivo alguma atividade que atenda o interesse público, nas condições fixadas pela própria Administração Pública. As características peculiares da relação jurídica gerada pelo contrato administrativo são:

(A) Informalidade, sendo dispensável a instrumentalização do contrato com a observância de todos os

2. DIREITO ADMINISTRATIVO

requisitos externos e internos conforme previsto na Lei de Licitações; comutatividade pois as obrigações pactuadas entre os contratantes devem guardar relação de equivalência entre si; confiança recíproca pois destinado a averiguar qual das propostas é a mais vantajosa para o Estado; unilateralidade pois encerra sempre obrigações e direitos de apenas uma das partes; oneroso pois prevê a remuneração conforme a forma convencionada.

(B) Formalismo sendo indispensável a instrumentalização do contrato com a observância de todos os requisitos externos e internos conforme previsto na Lei de Licitações; comutatividade pois as obrigações pactuadas entre os contratantes devem guardar relação de equivalência entre si; confiança recíproca pois destinado a averiguar qual das propostas é a mais vantajosa para o Estado; bilateralidade pois encerra sempre obrigações e direitos recíprocos; oneroso pois prevê a remuneração conforme a forma convencionada.

(C) Informalidade sendo dispensável a instrumentalização do contrato com a observância de todos os requisitos externos e internos conforme previsto na Lei de Licitações; comutatividade pois as obrigações pactuadas entre os contratantes devem guardar relação de equivalência entre si; confiança recíproca pois destinado a averiguar qual das propostas é a mais vantajosa para o Estado; bilateralidade pois encerra sempre obrigações e direitos recíprocos; gratuito pois prevê o benefício para a administração pública.

(D) Informalidade sendo dispensável a instrumentalização do contrato com a observância de todos os requisitos externos e internos conforme previsto na Lei de Licitações; comutatividade pois as obrigações pactuadas entre os contratantes devem guardar relação de equivalência entre si; confiança recíproca pois destinado a averiguar qual das propostas é a mais vantajosa para o Estado; bilateralidade pois encerra sempre obrigações e direitos recíprocos; oneroso pois prevê a remuneração conforme a forma convencionada.

A alternativa correta (alternativa "b") traz todos os elementos aplicáveis aos contratos administrativos, e o seu conteúdo, contrapondo-se aos elementos arrolados nas demais alternativas.
Gabarito "B".

(Cartório/RS – 2019 – VUNESP) O ato que, visando restabelecer o equilíbrio contratual, é praticado quando ocorridos fatos supervenientes e imprevisíveis ou previsíveis, mas de consequências incalculáveis, denomina-se

(A) revisão.

(B) repactuação.

(C) atualização financeira.

(D) apostila contratual.

(E) reajuste.

A doutrina denomina "revisão" a alteração contratual realizada com base no art. 65, inc. II, "d", da Lei n. 8666/1993, hipótese narrada na assertiva, na qual se busca o reequilíbrio econômico-financeiro do contrato administrativo. Quanto aos demais itens, cumpre relembrar que a "repactuação" é o reajuste contratual ocorrido em função da variação dos custos na planilha de preços, no caso de avenças que têm por objeto a prestação de serviços com dedicação exclusiva de mão de obra; a "atualização financeira" é a mera correção dos valores contratados pelos índices oficiais, sendo o "reajuste" o realinhamento do valor do contrato em razão da elevação do custo de produção no curso normal da economia. A apostila contratual é a anotação, no contrato, de elementos acessórios, acidentais ao seu cumprimento.
Gabarito "A".

(Cartório/MG – 2016 – Consulplan) Eventualmente, há hipóteses em que se torna possível a rescisão do contrato administrativo, independentemente de culpa do contratado, por exemplo, em virtude de caso fortuito, ou força maior. Nessas hipóteses, fará ele jus a uma série de garantias e direitos de cunho patrimonial, EXCETO:

(A) Recebimento dos valores devidos em razão da execução do contrato até a data da rescisão.

(B) Recebimento da devolução da garantia.

(C) Recebimento do custo da desmobilização.

(D) Recebimento de multa compensatória, na razão do prazo contratual até a data da rescisão.

O art. 79, § 2º, da Lei n. 8.666/1993 traz os direitos e garantias previstos nas alternativas "a", "b" e "c". Não está incluída, no rol ali exposto, a garantia prevista na alternativa "d".
Gabarito "D".

(Cartório/MG – 2015 – Consulplan) Assinale a alternativa INCORRETA:

(A) A rescisão do contrato pelo não cumprimento de cláusulas contratuais, especificações, projetos ou prazos, acarreta a assunção imediata do objeto do contrato, no estado e local em que se encontrar, por ato próprio da Administração.

(B) Os casos de rescisão contratual serão formalmente motivados nos autos do processo, assegurado o contraditório e a ampla defesa.

(C) A pena de suspensão temporária de participação em licitação e impedimento de contratar com a Administração, por prazo não superior a 2 (dois) anos, só poderá ser aplicada em decisão judicial.

(D) A recusa injustificada do adjudicatário em assinar o contrato, aceitar ou retirar o instrumento equivalente, dentro do prazo estabelecido pela Administração, caracteriza o descumprimento total da obrigação assumida, sujeitando-o às penalidades legalmente estabelecidas.

O art. 87, inc. III, da Lei n. 8.666/1993, garante à Administração a prerrogativa de aplicar a penalização em discussão. Na mesma lei, a alternativa "a" tem previsão no art. 80, inc. I; a alternativa "b" no parágrafo único do art. 78; e a alternativa "d" no art. 81. A questão se mantém válida em função da cláusula de vigência concomitante da Lei n. 8.666/1993 e a nova lei de licitações (a Lei n. 14.133/2021).
Gabarito "C".

(Cartório/MG – 2015 – Consulplan) Assinale a alternativa INCORRETA:

(A) A rescisão do contrato poderá ser determinada por ato unilateral e escrito da Administração, na hipótese de alteração ou de modificação da finalidade ou da estrutura da empresa, que prejudique a execução do contrato.

(B) A rescisão administrativa deverá ser precedida de autorização escrita e fundamentada da autoridade competente, não se exigindo tal autorização quando a rescisão for amigável.

(C) A rescisão poderá ser amigável, por acordo entre as partes, reduzida a termo no processo da licitação, desde que haja conveniência para a Administração.

(D) Quando a rescisão ocorrer por razões de interesse público, de alta relevância e amplo conhecimento, sem que haja culpa do contratado, será este ressarcido dos prejuízos regularmente comprovados que houver sofrido.

O art. 79, § 1°, determina que a rescisão administrativa ou amigável deverá ser precedida de autorização escrita e fundamentada da autoridade competente. As demais alternativas estão contempladas, respectivamente, no inciso I (alternativa "a"), inciso II (alternativa "b") e § 2° (alternativa "c") do art. 79 da Lei n. 8.666/1993.
Gabarito "B".

(Cartório/MG – 2015 – Consulplan) Assinale a alternativa correta:

(A) Os contratos administrativos poderão ser alterados unilateralmente pela Administração quando necessária a modificação do regime de execução, bem como do modo de fornecimento, em face de verificação técnica da inaplicabilidade dos termos contratuais originários.

(B) Os contratos administrativos poderão ser alterados, exclusivamente por acordo das partes, quando houver modificação do projeto ou das especificações, para melhor adequação técnica aos seus objetivos.

(C) O contratado é responsável pelos encargos trabalhistas, previdenciários, fiscais e comerciais resultantes da execução do contrato.

(D) Não constitui motivo para rescisão do contrato a dissolução da sociedade ou o falecimento do contratado.

Os contratos administrativos podem ser alterados por acordo das partes no caso da alternativa "a" (art. 65, II, "a" da Lei n. 8.666/1993), e unilateralmente quando houver modificação do projeto ou das especificações, para melhor adequação técnica aos seus objetivos (art. 65, I, "a" da mesma lei). O art. 78, X, da Lei de Licitações contempla a hipótese de rescisão trazida na alternativa "d". A alternativa correta ("c") tem previsão no art. 71 da Leio n. 8.666/1993.
Gabarito "C".

(Cartório/MG – 2015 – Consulplan) Quanto aos contratos administrativos, é INCORRETO afirmar:

(A) Os membros das Comissões de licitação responderão solidariamente por todos os atos praticados pela Comissão, mesmo havendo posição divergente e fundamentada, registrada em ata da reunião que tiver sido tomada a decisão.

(B) A Administração não poderá celebrar o contrato com preterição da ordem de classificação das propostas ou com terceiros estranhos ao procedimento licitatório, sob pena de nulidade.

(C) Os contratos decorrentes de dispensa ou de inexigibilidade de licitação devem atender aos termos do ato que os autorizou e da respectiva resposta.

(D) É cláusula necessária em todo contrato a que estabeleça a legislação aplicável à execução do contrato e especialmente os casos omissos.

Nos termos do art. 51, § 3° da Lei Federal n. 8666/1993, os membros das Comissões de licitação responderão solidariamente por todos os atos praticados pela Comissão, salvo se posição individual divergente estiver devidamente fundamentada e registrada em ata lavrada na reunião em que tiver sido tomada a decisão. As demais alternativas

contêm disposições expressas nos artigos 50 (alternativa "b"), 54, § 2° (alternativa "c") e 55, inc. XII (alternativa "d") da mesma lei. A questão se mantém válida em função da cláusula de vigência concomitante da Lei n. 8.666/1993 e a nova lei de licitações (a Lei n. 14.133/2021). Os casos de dispensa da nova lei encontram-se em seu art. 75.
Gabarito "A".

(Cartório/MG – 2015 – Consulplan) Quanto aos contratos administrativos, é INCORRETO afirmar:

(A) Os contratos administrativos regulam-se pelas cláusulas e pelos preceitos de direito público, sendo vedada a aplicação supletiva dos princípios da teoria geral dos contratos e as disposições de direito privado.

(B) É cláusula necessária em todo contrato a vinculação ao edital de licitação.

(C) A critério da autoridade competente, em cada caso, e desde que prevista no instrumento convocatório, poderá ser exigida prestação de garantia nas contratações de obras, serviços e compras.

(D) A publicação resumida do instrumento de contrato ou de seus aditamentos na imprensa oficial é condição indispensável para sua eficácia.

O art. 54, da Lei n. 8.666/1993, "caput", expressamente dispõe que "os contratos administrativos de que trata esta Lei regulam-se pelas suas cláusulas e pelos preceitos de direito público, aplicando-se-lhes, supletivamente, os princípios da teoria geral dos contratos e as disposições de direito privado". A alternativa "b" corresponde a disposição expressa do art. 55, inc. XI, da lei; a alternativa "c" é regra prevista no seu art. 56, "caput"; a alternativa "d" corresponde à exigência do parágrafo único do art. 61 da lei de licitações. A questão se mantém válida em função da cláusula de vigência concomitante da Lei n. 8.666/1993 e a nova lei de licitações (a Lei n. 14.133/2021).
Gabarito "A".

(Cartório/MG – 2015 – Consulplan) Em relação às normas que regem os contratos administrativos, é INCORRETO afirmar:

(A) As cláusulas econômico-financeiras e monetárias dos contratos administrativos poderão ser alteradas sem prévia concordância do contratado, pois constitui prerrogativa conferida à Administração pelo respectivo regime jurídico.

(B) É vedado o contrato com prazo de vigência indeterminado.

(C) A declaração de nulidade do contrato administrativo opera retroativamente impedindo os efeitos jurídicos que ele, ordinariamente, deveria produzir, além de desconstituir os já produzidos.

(D) É cláusula necessária em todo contrato administrativo as garantias oferecidas para assegurar sua plena execução, quando exigidas.

Nos termos do art. 58 da Lei n. 8.666/1996, que traz as prerrogativas da Administração Pública nos contratos formulados sob sua regência, as cláusulas econômico-financeiras e monetárias dos contratos administrativos não poderão ser alteradas sem prévia concordância do contratado. O art. 57, § 1°, da mesma lei veda a celebração de contrato administrativo com prazo indeterminado, e a alternativa "c" repete o texto do "caput" do seu art. 59. A alternativa "d" está, por fim, contemplada no art. 55, VI, da Lei de Licitações. A questão se mantém válida em função da cláusula de vigência concomitante da Lei n. 8.666/1993 e a nova lei de licitações (a Lei n. 14.133/2021).
Gabarito "A".

2. DIREITO ADMINISTRATIVO

(Cartório/MG – 2015 – Consulplan) Quanto à licitação e aos contratos da Administração Pública, consoante o que dispõe a Lei nº 8.666/93, é correto afirmar, EXCETO:

(A) O contratado, na execução do contrato, poderá subcontratar partes da obra, serviço ou fornecimento, até o limite admitido pela Administração.

(B) Nos casos de concessão de direito real de uso é cabível a modalidade de licitação denominada concorrência.

(C) Em igualdade de condições, como critério de desempate, será assegurada preferência, sucessivamente, aos bens e serviços produzidos no país e produzidos ou prestados por empresas brasileiras.

(D) É nulo e de nenhum efeito, em qualquer hipótese, contrato verbal com a Administração

A alternativa "a" está contemplada no art. 72 da lei; a alternativa "b" tem previsão no § 3º do art. 23; e a alternativa "c" traz o texto do art. 3º, § 2º. O contrato verbal com a Administração Pública é possível, como exceção, nos termos do parágrafo único do art. 60 da lei.
Gabarito "D".

(Cartório/SP – 2016 – VUNESP) Sobre os contratos administrativos, assinale a alternativa correta.

(A) As cláusulas econômico-financeiras e monetárias não poderão ser alteradas sem prévia concordância do contratado.

(B) É vedado o contrato verbal com a Administração.

(C) A Administração pode, por meio de cláusula contratual, renunciar à prerrogativa de rescindir unilateralmente o contrato.

(D) A declaração de nulidade do contrato administrativo não opera efeitos retroativos nem desconstitui os já produzidos.

A alternativa correta transcreve o art. 58. § 1º, da Lei n. 8.666/1993. O parágrafo único do art. 60 permite contrato verbal para pequenas compras de pronto pagamento, assim entendidas aquelas de valor não superior a 5% (cinco por cento) do limite estabelecido no art. 23, inciso II, alínea "a", da Lei, feitas em regime de adiantamento. A Administração não pode renunciar à sua prerrogativa de rescisão unilateral em cláusula contratual, uma vez que a lei de licitações impõe esta condição aos contratos administrativos (art. 65, inc. I). O art. 59 da Lei n. 8.666/1993, por fim, determina que "a declaração de nulidade do contrato administrativo opera retroativamente impedindo os efeitos jurídicos que ele, ordinariamente, deveria produzir, além de desconstituir os já produzidos".
Gabarito "A".

(Cartório/AM – 2005 – FGV) Assinale a alternativa que contenha características do contrato administrativo.

(A) multilateralidade, onerosidade e comutatividade

(B) bilateralidade, lucratividade e personalidade

(C) bilateralidade, gratuidade e comutatividade

(D) bilateralidade, onerosidade e comutatividade

(E) multilateralidade, onerosidade e personalidade

Os contratos administrativos têm como características a bilateralidade (pela presença de contratante e contratado), a onerosidade (porque remunerado na forma convencionada) e a comutatividade (porque estabelece compensações recíprocas entre as partes).
Gabarito "D".

(Cartório/DF – 2008 – CESPE) Com relação aos contratos administrativos julgue o item seguinte.

(1) Caracteriza-se o fato do príncipe quando alteração no contrato administrativo, decorrente de fato imprevisível, extracontratual e extraordinário licitamente provocado pelo Estado, causa prejuízo ao particular que contratou com o poder público.

1: correta, fato do príncipe é toda determinação estatal, positiva ou negativa, geral, imprevista e imprevisível, que onera substancialmente a execução do contrato administrativo.
Gabarito "1C".

(Cartório/MG – 2012 – FUMARC) A Lei Federal 8.666/93, nas contratações de obras, serviços e compras, prevê as seguintes modalidades de garantia, **EXCETO:**

(A) fiança bancária.

(B) seguro-garantia.

(C) penhora do ativo imobilizado.

(D) caução em dinheiro ou títulos da dívida pública.

O art. 56, § 1.º, da Lei 8.666/1993 traz as modalidades de garantia e, dentre as modalidades mencionadas nas alternativas da questão, a única não prevista na lei é a "penhora de ativo imobilizado". A questão se mantém válida em função da cláusula de vigência concomitante da Lei n. 8.666/1993 e a nova lei de licitações (a Lei n. 14.133/2021). As modalidades de garantia da nova lei estão em seu art. 96.
Gabarito "C".

(Cartório/MS – 2009 – VUNESP) Em razão da supremacia do interesse público sobre o particular, é possível à Administração Pública realizar alteração unilateral nos contratos administrativos. Com relação à alteração quantitativa, o limite a ser respeitado para as supressões que se fizerem necessárias no caso de reforma de edifício ou equipamento é de

(A) 50%.

(B) 25%.

(C) 30%.

(D) 40%.

(E) 10%.

Art. 65, § 1º, da Lei 8.666/1993 e 125 da Lei n. 14.133/2021.
Gabarito "B".

(Cartório/MT – 2005 – CESPE) Acerca de atos e contratos administrativos, assinale a opção correta.

(A) O ato complexo se iguala, conforme entendimento da doutrina, ao contrato administrativo, pois há, em alguns casos, a conjugação de vontades de órgãos distintos para a formação do ato.

(B) A competência é um dos requisitos do ato administrativo e pode ser alterada, mesmo sem autorização legal, por vontade do administrador por meio do instituto da delegação.

(C) A cláusula contratual *exceptio non adimpleti contractus* não se aplica, em regra, aos contratos administrativos, quando a falta é da própria administração. No entanto, aplica-se esta cláusula quando houver o atraso, sem motivo justificado, por prazo superior a 90 dias, do pagamento devido pela administração.

(D) Não se configura uma cláusula exorbitante do contrato administrativo a possibilidade de aplicação de sanção motivada pela inexecução total ou parcial do contrato, já que não se pode confundir o contrato administrativo com o poder de polícia da administração.

A: incorreta, o ato complexo é aquele que se forma pela conjugação de vontades de mais de um órgão administrativo; nele, se integram as vontades de vários órgãos diferentes para a formação de um único ato. Já no caso de contrato administrativo, temos ajuste que a Administração Pública celebra com pessoas e não órgãos para a consecução de objetivos de interesse público; **B:** incorreta, a competência é elemento vinculado do ato administrativo; **C:** correta, a inaplicabilidade da utilização da exceção do contrato não cumprido em face da Administração Pública tem como limite legal ensejador de rescisão contratual "o atraso superior a 90 (noventa) dias dos pagamentos devidos pela Administração decorrentes de obras, serviços ou fornecimento, ou parcelas destes, já recebidos ou executados, salvo em caso de calamidade pública, grave perturbação da ordem interna ou guerra, assegurado ao contratado o direito de optar pela suspensão do cumprimento de suas obrigações até que seja normalizada a situação" – art. 78, XV, da Lei 8.666/1993; **D:** incorreta, a possibilidade de aplicação de sanções pela inexecução total ou parcial do contrato administrativo é típica cláusula exorbitante e não se confunde com o poder de polícia, que tem aplicabilidade geral e refere-se à limitação à liberdade e à propriedade em prol do interesse público.
Gabarito "C".

(Cartório/RR – 2001 – CESPE) Durante a execução de determinado contrato administrativo, ocorreu fato superveniente previsível, porém de consequências absolutamente incalculáveis, que provocou grande desequilíbrio entre as obrigações do contratado e a remuneração devida pela administração. Diante dessa situação,

(A) o contratado será obrigado a suportar a fiel execução do contrato, caracterizando-se a hipótese como cláusula exorbitante.

(B) deverá ser restabelecido o equilíbrio contratual por acordo entre as partes.

(C) o contrato deverá ser revisto por ato unilateral da administração.

(D) poderá ser feita a supressão em até 25% do objeto do contrato, mantendo-se inalterado seu valor, com vistas à obtenção da recomposição do equilíbrio contratual.

(E) é devida a recomposição do equilíbrio. Esta, no entanto, somente poderá ser concedida mediante ordem judicial.

O reequilíbrio econômico financeiro dos contratos administrativos tem previsão constitucional no art. 37, XXI e deve ser realizada independente de decisão judicial, no bojo do próprio contrato administrativo – art. 65, II, "d", da Lei 8.666/1993 e art. 124 da Lei n. 14.133/2021.
Gabarito "B".

(Cartório/SP – 2011 – VUNESP) O atraso injustificado na execução do contrato administrativo sujeitará o contratado

(A) à suspensão temporária da participação em licitações e impedimento de contratar com a Administração pelo prazo de 05 anos.

(B) ao pagamento de multa, independentemente de previsão no ato convocatório e no contrato administrativo.

(C) à perda total da garantia do respectivo contrato cumulativamente com a incidência da multa.

(D) à rescisão unilateral do contrato pela Administração, sem prejuízo de outras sanções previstas na lei.

Art. 86, § 1º, da Lei 8.666/1993. A questão se mantém válida em função da cláusula de vigência concomitante da Lei n. 8.666/1993 e a nova lei de licitações (a Lei n. 14.133/2021). O tema é tratado no art. 162 da nova lei, admitindo-se a multa de mora, na forma prevista no edital ou em contrato, sem prejuízo das demais sanções previstas em lei.
Gabarito "D".

(Cartório/SP – 2011 – VUNESP) Em matéria de contrato administrativo, o que se entende por cláusulas exorbitantes?

(A) As que conferem certas vantagens ao particular, como o uso especial de bem público.

(B) As que estabelecem uma prerrogativa em favor do contratado particular, sem atender ao interesse público.

(C) As que extrapolam a vontade das partes.

(D) As que excedem do direito comum, para consignarem uma vantagem ou uma restrição à administração ou ao contratado.

Cláusulas exorbitantes são aquelas que, prevista implícita ou explicitamente no contrato administrativo, permitem à Administração Pública instabilizar a avença, seja alterando unilateralmente o que fora pactuado, seja extinguindo unilateralmente o vínculo, ressalvadas a identidade da avença e a plena garantia dos interesses patrimoniais da outra parte.
Gabarito "D".

(Cartório/SP – 2011 – VUNESP) A exceção de contrato não cumprido – *exceptio non adimpleti contractus* –, usualmente invocada nos ajustes de Direito Privado, aplica-se em contratos administrativos. No que se refere a essa afirmação, assinale a alternativa correta.

(A) É inadmissível, porque os contratos administrativos regem-se pelas suas cláusulas e pelos preceitos de Direito Público.

(B) É incabível a invocação da exceção nas questões relativas aos contratos administrativos.

(C) Em princípio, não se aplica aos contratos administrativos, quando a falta é da Administração. Esta, porém, pode arguir a exceção em seu favor, em face da inadimplência do particular contratado.

(D) A inoponibilidade da exceção constitui regra absoluta, que não admite tergiversação.

A Administração Pública pode perfeitamente utilizar-se da exceção do contrato não cumprido em face do particular, mas a recíproca não é verdadeira, só cabendo a esse o uso dessa exceção na hipótese prevista no artigo 78, XV, da Lei 8.666/1993 (ou seja, quando a própria lei autoriza o particular a apresentar a exceção do contrato não cumprido como fundamento para a rescisão contratual dada a configuração de "atraso superior a 90 (noventa) dias dos pagamentos devidos pela Administração decorrentes de obras, serviços ou fornecimento, ou parcelas destes, já recebidos ou executados, salvo em caso de calamidade pública, grave perturbação da ordem interna ou guerra, assegurado ao contratado o direito de optar pela suspensão do cumprimento de suas obrigações até que seja normalizada a situação"). A questão se mantém válida em função da cláusula de vigência concomitante da Lei n. 8.666/1993 e a nova lei de licitações (a Lei n. 14.133/2021). A nova lei dá direito à extinção contratual por iniciativa do contratado nas hipóteses do art. 137, § 2º.
Gabarito "C".

(Cartório/SP – 2012 – VUNESP) Sobre os contratos administrativos e seu regime jurídico, é correto afirmar que

(A) ao ocasionar efeitos no contrato, a majoração de tributo realizada por ente de outra esfera administrativa caracteriza fato do príncipe.

2. DIREITO ADMINISTRATIVO   131

(B) no contrato de locação de bem imóvel, aplica-se o regime jurídico de direito público quando a Administração for parte.

(C) o regime jurídico de direito público e o princípio constitucional da igualdade não permitem à Administração o uso de cláusulas exorbitantes.

(D) por razões de interesse público, a regra *rebus sic stantibus* não é aplicada nos contratos administrativos.

A: correta, fato do príncipe é toda determinação estatal, positiva ou negativa, geral, imprevista e imprevisível, que onera substancialmente a execução do contrato administrativo, a exigir o reequilíbrio econômico-financeiro dos contratos administrativos. A majoração de tributos é um exemplo de fato do príncipe; **B:** incorreta, no contrato de locação de bem imóvel o regime jurídico aplicável é, preponderantemente, o de direito privado, o qual sempre sofre algumas derrogações de direito público em razão da presença do ente público, mas sem o condão de alterar o regime preponderante na locação; **C:** incorreta, é justamente em nome da supremacia do interesse público sobre o particular e da necessidade de assegura a isonomia material entre os contratantes (tratando desigualmente os desiguais) que temos a licitude das cláusulas exorbitantes, existentes precipuamente para a proteção do interesse público; **D:** incorreta, todo contrato administrativo possui implicitamente uma cláusula *rebus sic stantibus*, de modo que o quanto pactuado deve ser mantido a menos que "fatos imprevisíveis, ou previsíveis, porém de consequências incalculáveis, retardadores ou impeditivos da execução do ajustado, ou ainda, em caso de força maior, caso fortuito ou fato do príncipe" ensejam a necessidade de reequilíbrio econômico do contrato. *Gabarito "A".*

12. SERVIÇOS PÚBLICOS

(Cartório/SP – 2016 – VUNESP) A transferência da execução do serviço público por outorga pressupõe a existência de

(A) um contrato ou uma concessão.

(B) um ato administrativo unilateral.

(C) uma lei.

(D) uma delegação da Administração Pública.

A outorga é a transferência da titularidade do serviço, sendo certo que o outorgado desenvolve o serviço em seu próprio nome e não no de quem transferiu. É sempre instituída, nestes termos, mediante lei. *Gabarito "C".*

(Cartório/AM – 2005 – FGV) Analise as proposições a seguir:

I. Os princípios da eficiência, continuidade, igualdade e modicidade orientam a prestação de serviços públicos e são aplicáveis também às concessionárias e permissionárias.

II. Segundo o princípio da legalidade, a Administração Pública direta e indireta pode fazer tudo o que a lei permite e tudo que a lei não proíbe.

III. A Constituição Federal reservou aos estados-membros a prestação, direta ou sob regime de concessão ou permissão, dos serviços públicos de interesse local.

IV. O não pagamento da taxa ou tarifa pelo usuário do serviço público não essencial pode ensejar a suspensão do seu fornecimento.

Assinale:

(A) se somente as proposições I e II forem verdadeiras.

(B) se somente as proposições I e III forem verdadeiras.

(C) se somente as proposições I e IV forem verdadeiras.

(D) se somente as proposições I, II e IV forem verdadeiras.

(E) se somente as proposições II, III e IV forem verdadeiras.

I: correta, conforme se afere do art. 175 da CF/1988, "incumbe ao Poder público, na forma da lei, diretamente ou sob regime de concessão ou permissão, sempre através de licitação, a prestação de serviços públicos". Daí se extrai que a prestação dos serviços públicos pode ser prestada direta ou indiretamente e seus princípios norteadores aplicam-se indistintamente a essas duas espécies da prestação; **II:** incorreta, diversamente do particular, que pode fazer tudo o que a lei não proíbe, em relação de não contradição com a lei, possui a Administração Pública uma relação de subsunção com o que está disposto em lei, só lhe cabendo atuar quando por ela autorizada e nos termos por ela descritos; **III:** incorreta, a prestação de serviços públicos de interesse local incumbe aos Municípios – art. 30, V, da CF/1988; **IV:** correta, embora haja grande celeuma sobre o tema, o fato é que os serviços públicos não têm como nota característica a gratuidade, isto é, demandam do usuário pagamento para sua utilização. Destarte, tem-se que o não pagamento da taxa ou tarifa enseja a suspensão em seu fornecimento. *Gabarito "C".*

(Cartório/AM – 2005 – FGV) Analise as proposições a seguir:

I. Tanto a concessão quanto a permissão almejam a prestação de um serviço público.

II. A Lei 8.987/1995 atribuiu à permissão de serviço público a natureza de contrato de adesão.

III. Uma diferença entre concessão e licitação é que a primeira depende de licitação prévia enquanto a segunda dispensa esse procedimento.

IV. A anulação do contrato de permissão só pode ser decretada pela via judicial.

Assinale:

(A) se somente as proposições I e II forem verdadeiras.

(B) se somente as proposições I e III forem verdadeiras.

(C) se somente as proposições II e III forem verdadeiras.

(D) se somente as proposições III e IV forem verdadeiras.

(E) se somente as proposições I, II e III forem verdadeiras.

I: correta, art. 175 da CF/1988; **II:** correta, diz a lei de concessões e permissões que: "A permissão de serviço público será formalizada mediante contrato de adesão, que observará os termos desta Lei, das demais normas pertinentes e do edital de licitação, inclusive quanto à precariedade e à revogabilidade unilateral do contrato pelo poder concedente" – art. 40 da Lei 8.987/1995; **III:** incorreta, a assertiva apresenta ilogicidade clara ao prever que a licitação não precisa de licitação prévia; **IV:** incorreta, a anulação da avença pode ser realizada administrativa ou judicialmente. *Gabarito "A".*

(Cartório/DF – 2008 – CESPE) Julgue os próximos itens, relativos a serviços públicos, competência de prestação e regulamentação.

(1) Segundo o STF, os oficiais dos serviços notariais e de registro exercem um serviço público, prestado mediante delegação, e têm o direito de perceber emolumentos por todos os atos por eles praticados, como forma de manter o equilíbrio econômico-financeiro da atividade por eles exercida.

(2) O STJ entende que o ato do tabelião, quando praticado em comarca diversa daquela para a qual tem delegação, carece de validade jurídica.

1: incorreta, restou decidido na ADI 1800/DF a constitucionalidade da instituição de gratuidades de registro, que não afetariam o equilíbrio econômico financeiro da relação, tendo em vista que existem diversas

132 FLÁVIA BARROS, JOSE ANTONIO APPARECIDO JUNIOR E WANDER GARCIA

outras formas de produção de renda na atividade registrária e tem-se a necessidade constitucional de salvaguardar o interesse público e a cidadania. Vejamos o que disse a ementa do julgado em questão: *"Constitucional. Atividade notarial. Natureza. Lei 9.534/1997. Registros públicos. Atos relacionados ao exercício da cidadania. Gratuidade. Princípio da proporcionalidade. Violação não observada. Precedentes. Improcedência da ação. I – A atividade desenvolvida pelos titulares das serventias de notas e registros, embora seja análoga à atividade empresarial, sujeita-se a um regime de direito público. II – Não ofende o princípio da proporcionalidade lei que isenta os "reconhecidamente pobres" do pagamento dos emolumentos devidos pela expedição de registro civil de nascimento e de óbito, bem como a primeira certidão respectiva. III – Precedentes. IV – Ação julgada improcedente"; 2: correta, "o tabelião de notas não poderá praticar atos de seu ofício fora do município para o qual recebeu a delegação"* – art. 9º da Lei 8.935/1994.
Gabarito 1E, 2C

(Cartório/MA – 2008 – IESES) Considere as seguintes assertivas:

I. Ressalvados os casos previstos na Constituição, a exploração direta de atividade econômica pelo Estado só será permitida quando necessária aos imperativos da segurança nacional ou a relevante interesse coletivo, conforme definidos em lei.

II. Como agente normativo e regulador da atividade econômica, o Estado exercerá, na forma da lei, as funções de fiscalização, incentivo e planejamento, sendo esse determinante tanto para o setor público como para o setor privado.

III. Incumbe ao Poder Público, na forma da lei, diretamente ou sob o regime de concessão ou permissão, sempre através de licitação, a prestação de serviços públicos.

Com fundamento na Constituição da República, estão corretas:

(A) Apenas as assertivas I e II.

(B) Apenas as assertivas II e III.

(C) Todas as assertivas.

(D) Apenas as assertivas I e III.

I: correta, art. 173 da CF/1988; II: incorreta, o planejamento estatal é indicativo para o setor privado. Eis o que diz a Constituição: "como agente normativo e regulador da atividade econômica, o Estado exercerá, na forma da lei, as funções de fiscalização, incentivo e planejamento, sendo este determinante para o setor público e **indicativo para o setor privado"** – art. 174 da CF/1988; III: correta, art. 175 da CF/1988.
Gabarito "D".

(Cartório/MA – 2008 – IESES) Assinale a alternativa correta: A retomada do serviço pelo poder concedente durante o prazo da concessão, por motivo de interesse público, mediante lei autorizativa específica e após prévio pagamento da indenização é, nos termos da Lei Federal n. 8.987/1995, o instituto da:

(A) Intervenção.

(B) Encampação.

(C) Investidura.

(D) Caducidade.

A: incorreta, a intervenção decorre do poder de fiscalização estatal e consiste na possibilidade que tem o poder público de intervir na concessão com o fim de assegurar a adequação na prestação do serviço, bem como o fiel cumprimento das normas contratuais, regulamentares e legais pertinentes – art. 32 da Lei 8.987/1995; B: correta, também chamada de resgate, a encampação é a retomada coativa do serviço

pelo poder concedente, por motivo de interesse público, dependendo de prévia lei autorizadora específica e de pagamento prévio de indenização apurada – art. 37 da Lei 8.987/1995; C: incorreta, investidura é a incorporação de uma área pública remanescente ou resultante de uma obra pública ao terreno particular confinante por ser essa considerada isoladamente inconstruível ou inaproveitável; D: incorreta, caducidade é a rescisão por inadimplência do concessionário.
Gabarito "B".

(Cartório/MS – 2009 – VUNESP) A delegação, a título precário, mediante licitação, da prestação de serviços públicos, feita pelo poder concedente à pessoa física ou jurídica que demonstre capacidade para seu desempenho, por sua conta e risco, com fixação de prazo é uma

(A) permissão qualificada.

(B) permissão incondicional.

(C) autorização de serviço público.

(D) concessão de serviço público.

(E) tredestinação.

A: correta, trata-se de permissão qualificada ou condicionada porque há a fixação de prazo determinado, não usual para as permissões em geral; B: incorreta, a permissão incondicional não tem prazo determinado; C: incorreta, autorização de serviço público consiste em ato administrativo precário, unilateral, discricionário o qual viabiliza a prestação de um serviço público por um particular; D: incorreta, é a delegação de sua prestação, feita pelo poder concedente, mediante licitação, na modalidade de concorrência, à pessoa jurídica ou consórcio de empresas que demonstre capacidade para seu desempenho, por sua conta e risco e por prazo determinado; E: incorreta, tredestinação ocorre quando há a destinação de um bem expropriado a finalidade diversa da que se planejou inicialmente e pode ser lícita ou ilícita.
Gabarito "A".

(Cartório/MS – 2009 – VUNESP) Caducidade é a extinção da concessão do serviço público em decorrência

(A) de interesse público superveniente à concessão.

(B) do inadimplemento ou adimplemento defeituoso por parte da concessionária.

(C) da falência ou extinção da empresa concessionária.

(D) do surgimento de norma jurídica que tornou inadmissível a concessão antes permitida.

(E) da emissão de ato com fundamento em competência diversa.

A: incorreta, trata-se do instituto da encampação – art. 37 da Lei 8.987/1995; B: correta, caducidade é a extinção da concessão em razão da inexecução total ou parcial do contrato por parte da concessionária – art. 38 da Lei 8.987/1995; C: incorreta, art. 35, VI da Lei 8.987/1995; D: incorreta, trata-se de ilegalidade superveniente que dá ensejo à anulação da concessão – art. 35, V, da Lei 8.987/1995; E: incorreta, não se trata de qualquer das hipóteses de extinção da concessão de serviço público previstas no art. 35 da Lei 8.987/1995.
Gabarito "B".

(Cartório/PR – 2007) Considerando que o serviço público é uma das atividades que integram a denominada Administração Pública em sentido objetivo e que é atividade vinculada direta ou indiretamente ao Poder Público, assinale a alternativa correta:

(A) O serviço público pode ser definido, genericamente, como uma utilidade fruível pelos particulares, sendo o Estado o ente responsável pela sua prestação, ainda que por delegação a particulares.

2. DIREITO ADMINISTRATIVO

(B) O serviço público não privativo se caracteriza pela impossibilidade de delegação para o exercício direto pelo particular.

(C) O serviço público tem como elemento a essencialidade da atividade. A atividade para ser considerada serviço público deve ser essencial para cada indivíduo. É um elemento formal que se traduz numa opção técnica e não política, definida em regulamentos administrativos.

(D) Atividades passíveis de delegação seriam aquelas compreendidas entre os serviços próprios, os quais não possuem a mesma conotação de essencialidade que os impróprios. São os chamados serviços *uti universi*, onde os destinatários são individualizados, os serviços são divisíveis, a fruição é direta.

(E) O serviço público pode ser interrompido em caso de inadimplemento contratual ou para atender direito de greve dos servidores públicos.

A: correta, serviço público é todo aquele prestado pela Administração ou por seus delegados, sob regime de direito público, para satisfazer necessidades essenciais ou secundárias da coletividade ou do próprio Estado; **B:** incorreta, serviço público não privativo são serviços públicos que o Estado tem a obrigação de prestar, direta ou indiretamente, mas sem exclusividade. Ex.: educação e saúde; **C:** incorreta, a essencialidade não é um traço característico dos serviços públicos, cuja interdição à atuação privada varia de Estado para Estado e ao longo do tempo. Ex.: no principado de Mônaco, jogos de cassino são serviço público; **D:** incorreta, serviços próprios do Estado são aqueles relacionados com as atribuições típicas de poder público e para as quais a Administração Pública faz uso de seu poder extroverso. Ex.: segurança, polícia, higiene e saúde pública etc.). Serviços impróprios do Estado são os que não afetam substancialmente as necessidades da comunidade, razão pela qual a Administração Pública os presta remuneradamente, por meio de pessoas por ela criadas ou via delegação de sua prestação. Serviços *uti singuli* são os que têm usuários determinados e utilização particular e mensurável para cada destinatário, ao passo que serviços *uti universi* são aqueles que a Administração presta à coletividade como um todo, indeterminadamente; **E:** incorreta, o princípio da continuidade dos serviços públicos veda sua interrupção.
Gabarito "A".

(Cartório/PR – 2007) Considerando o regime jurídico específico do serviço público e os princípios do regime jurídico administrativo, assinale a alternativa correta:

(A) o princípio da adequação admite a prestação do serviço público de forma irregular.

(B) o concessionário de serviço público presta o serviço de forma ilimitada, com transferência da titularidade da atividade via contrato de concessão.

(C) serviço público é espécie de atividade econômica da administração pública, ligado à intervenção no domínio econômico.

(D) a impessoalidade refere-se à fundamental não discriminação quanto às condições de acesso dos usuários ao serviço ofertado, à ausência de favoritismos ou de perseguições na prestação do serviço.

(E) o princípio da eficiência determina a prestação do serviço público com o menor custo, considerando-se neste conceito o mais barato, independente de critério de qualidade.

A: incorreta, o princípio da adequação do serviço público está previsto no Código de Defesa do Consumidor, o qual estabelece, em seu art. 22,

que: "Os órgãos públicos, por si ou suas empresas concessionárias, permissionárias ou sob qualquer outra forma de empreendimento, são obrigados a fornecer serviços, adequados, eficientes, seguros e, quanto aos essenciais, contínuos. Parágrafo único. Nos casos de descumprimento, total ou parcial, das obrigações referidas neste artigo, serão as pessoas jurídicas compelidas a cumpri-las e a repara os danos causados, na forma prevista neste Código"; **B:** incorreta, o poder concedente não transfere propriedade alguma ao concessionário, nem se despoja de qualquer direito ou prerrogativa pública. Não há transferência de titularidade. Ele apenas delega a **execução do serviço**, nos limites e condições legais ou contratuais, sempre sujeita a regulamentação e fiscalização do concedente; **C:** incorreta, o serviço público pode ser considerado como espécie do gênero atividade econômica, mas não é forma de intervenção do Estado no domínio econômico; **D:** correta, a impessoalidade é princípio que determina, basicamente, a inadmissibilidade de discriminação entre os usuários; **E:** incorreta, a eficiência determina a prestação do serviço público de forma a proporcionar os melhores benefícios aos usuários (aspectos qualitativo) pelo menor custo (aspecto quantitativo).
Gabarito "D".

(Cartório/RN – 2012 – IESIS) Examinando-se as proposições a respeito da concessão de serviços públicos, assinale a alternativa correta:

I. A concessão de serviço público consiste na delegação de sua prestação, feita pelo poder concedente, mediante licitação, na modalidade de concorrência, à pessoa jurídica ou consórcio de empresas que demonstre capacidade para seu desempenho, por sua conta e risco e por prazo determinado. Diferencia-se da permissão de serviço público pois nesta a delegação ocorre a título precário e independe de licitação.

II. As concessionárias de serviços públicos, de direito público e privado, nos Estados e no Distrito Federal, são obrigadas a oferecer ao consumidor e ao usuário, dentro do mês de vencimento, o mínimo de seis datas opcionais para escolherem os dias de vencimento de seus débitos.

III. Considera-se encampação a retomada do serviço pelo poder concedente após o término do prazo da concessão, por motivo de interesse público, mediante lei autorizativa específica e depois de prévio pagamento da indenização.

IV. O contrato de concessão poderá prever o emprego de mecanismos privados para resolução de disputas decorrentes ou relacionadas ao contrato, inclusive a arbitragem.

(A) Somente as proposições II e IV estão corretas.

(B) Somente as proposições I e II estão corretas.

(C) Somente as proposições I, II e III estão corretas.

(D) Somente as proposições I e III estão corretas.

I: incorreta, pois a permissão de serviço público também depende de licitação (vide art. 2.º, II e IV, da Lei 8.987/1995); **II:** correta (art. 7.º-A da Lei 8.987/1995); **III:** incorreta, pois a encampação se dá *durante* o prazo da concessão (art. 37 da Lei 8.987/1995); **IV:** correta (art. 23-A da Lei 8.987/1995).
Gabarito "A".

(Cartório/SP – I – VUNESP) Ao delegar a prestação de serviço público, os poderes que o Estado, necessariamente, reserva para si, são:

I. Regulamentação.

II. Fiscalização.

III. Intervenção.

IV. Seleção de pessoal.
Assinale a alternativa correta.

(A) I, II, III e IV.

(B) Apenas I.

(C) Apenas I e II.

(D) Apenas I, II e III.

A prestação de serviços públicos pode ser feita de forma direta ou indireta e, nesse último caso, via delegação. Quando a prestação se dá indiretamente, o poder público permanece em sua função de fiscalização, regulamentação e intervenção (que nada mais é do que uma decorrência do poder de fiscalização existente em prol do interesse público e da prestação do serviço público adequado), mas a seleção de pessoal por parte da concessionária ou permissionária caberá unicamente a ela.
Gabarito "D".

(Cartório/SP – I – VUNESP) A extinção de concessão de serviço público, declarada por ato unilateral do poder concedente, em razão do descumprimento, pela concessionária, de cláusulas contratuais ou de disposições legais ou regulamentares concernentes à concessão é, segundo terminologia adotada por lei, caso de

(A) encampação.

(B) anulação.

(C) rescisão.

(D) caducidade.

A: incorreta, a encampação é a retomada coativa do serviço pelo poder concedente, por motivo de interesse público, dependendo de prévia lei autorizadora específica e de pagamento prévio de indenização apurada – art. 37 da Lei 8.987/1995; B: incorreta, anulação é uma das hipóteses de extinção do contrato de concessão que ocorre quando houver vício jurídico a macular a avença; C: incorreta, a rescisão pode ser judicial ou consensual. Ocorre a rescisão judicial quando houver inadimplência, ou do concessionário, ou do poder concedente e ocorre a rescisão consensual quando as partes, por mútuo acordo, resolvem antecipar a extinção da relação jurídica; D: correta, caducidade, também chamada de decadência, é a modalidade de encerramento da concessão, por ato do concedente, em razão da inadimplência do concessionário em grave violação do vínculo contratual.
Gabarito "D".

(Cartório/SP – II – VUNESP) Considere as seguintes afirmativas:

I. A prestação ao público dos serviços permitidos é feita mediante requisitos estabelecidos pela Administração e a atribuição da permissão aos particulares é feita mediante ato unilateral da Administração.

II. A execução dos serviços autorizados pelo Poder Público é pessoal e intransferível e a remuneração destes serviços é feita por meio de tarifas fixadas pelo Poder Público.

III. A concessão é forma de delegação de execução de serviço do Poder Público, mas a execução do serviço concedido é feita pelo particular em seu nome e por sua conta e risco.

Pode-se dizer que estão corretas as afirmativas

(A) I e II, apenas.

(B) I e III, apenas.

(C) II e III, apenas.

(D) I, II e III.

I: correta, serviços permitidos são todos aqueles em que a Administração estabelece os requisitos para sua prestação ao público e,

por ato unilateral, comete sua execução a particular que demonstrar capacidade para seu desempenho; II: correta, serviços autorizados são aqueles em que o Poder Público, por ato unilateral, precário e discricionário, consente na sua execução por um particular para atender a interesses coletivos instáveis ou emergência transitória. A remuneração dos serviços autorizados é tarifada pela Administração Pública e sua execução é pessoal e intransferível a terceiros. Ex.: serviços de taxi e de despachantes; III: correta, serviços concedidos são aqueles que o particular executa em seu nome, por sua conta e risco, remunerados por tarifa, na forma regulamentar, mediante delegação contratual ou legal do poder concedente.
Gabarito "D".

(Cartório/SP – III – VUNESP) Quanto ao serviço público delegado, é possível afirmar que

(A) comporta transferência livre e desembaraçada pelo delegado do serviço público a outro particular.

(B) é livre ao delegado do serviço público para autorregulamentação e controle do serviço prestado.

(C) a execução de serviços públicos é repassada ao particular. Sua regulamentação e controle permanecem, entretanto, com o Poder Público.

(D) por ser atividade exercida por particular, o serviço público delegado não comporta regulamentação e controle pelo Poder Público.

Na delegação de serviço público, o Poder Público outorga a particular determinado (daí a impossibilidade de subcontratação total, visto que a avença é celebrada *intuitu personae*) a execução do serviço público, mas remanesce com sua titularidade, exercendo sua regulamentação e controle.
Gabarito "C".

(Cartório/SP – IV – VUNESP) O serviço público delegado a particulares por concessão é aquele que decorre da lei

(A) ou do contrato, na forma autorizada e regulamentada pelo Executivo, sendo remunerado por taxa fixada em lei.

(B) do contrato ou de ato unilateral, na forma autorizada e regulamentada pelo Executivo.

(C) ou de ato unilateral, sendo remunerado por tarifa.

(D) ou do contrato, na forma autorizada e regulamentada pelo Executivo.

Art. 2º, II, da Lei 8.987/1995.
Gabarito "D".

(Cartório/SP – IV – VUNESP) Os serviços públicos *uti universis*, ao contrário dos *uti singuli*,

(A) são divisíveis, e a Administração presta-os a usuários indeterminados, mantendo-os por taxa.

(B) são indivisíveis, e a Administração presta-os a usuários determinados, mantendo-os por impostos.

(C) são indivisíveis, e a Administração presta-os sem ter usuários indeterminados, mantendo-os por tarifa.

(D) são indivisíveis, e a Administração presta-os a usuários indeterminados, mantendo-os por impostos.

Diversamente do que ocorre nos serviços *uti singuli*, em que a prestação é feita a usuários determinados e sua prestação é divisível, nos serviços *uti universi* a prestação de serviços é feita para toda a coletividade indiscriminadamente, não sendo possível sua divisão. Daí porque os primeiros são remunerados com taxas e os segundos com impostos.
Gabarito "D".

2. DIREITO ADMINISTRATIVO   135

(Cartório/AM – 2005 – FGV) Assinale a alternativa verdadeira.

(A) Serviços indelegáveis são aqueles que podem ser prestados pelo Estado e, eventualmente, por particulares colaboradores.

(B) Serviços coletivos (*uti universi*) são aqueles prestados a destinatários individualizados, sendo mensurável a utilização por cada um dos indivíduos.

(C) A prévia aprovação em concurso público é, como regra, condição de ingresso no serviço público.

(D) A Administração pode, excepcionalmente, convocar candidato para o provimento de cargo sem a estrita observância da precedência na ordem de classificação.

(E) A exoneração é a dispensa do servidor e possui caráter punitivo.

A: incorreta, serviços indelegáveis são aqueles que não admitem delegação do Poder Público para particulares, por terem como nota característica a utilização do poder de império estatal; **B:** incorreta, serviços *uti universi* são aqueles que a Administração presta à coletividade como um todo, indeterminadamente; **C:** correta, art. 37, II, da CF/1988; **D:** incorreta, a Administração Pública deve sempre observar a ordem de classificação no provimento de cargos públicos; **E:** incorreta, diversamente da demissão, que é punição em razão de falta grave, a exoneração não tem caráter punitivo, sendo desinvestidura que ocorre a pedido do interessado, de ofício, ou ainda motivadamente, nas hipóteses previstas na Constituição Federal.
Gabarito "C".

13. CONTROLE DA ADMINISTRAÇÃO

(Cartório/MG – 2016 – Consulplan) Ainda em relação aos princípios norteadores da Administração Pública, especificamente quanto ao sistema de solução de conflitos adotado pela legislação brasileira, é INCORRETO afirmar:

(A) O sistema da unicidade da jurisdição administrativa é aquele em que apenas os litígios administrativos podem ser submetidos ao Poder Judiciário.

(B) O sistema de unicidade de jurisdição é aquele em que todos os litígios podem ser submetidos ao Poder Judiciário.

(C) A adoção do sistema de jurisdição única não obsta a solução de litígios na órbita administrativa.

(D) Ainda que o litígio esteja submetido à Administração, ao Poder Judiciário é dado apreciá-lo em sua inteireza.

O sistema da unicidade da jurisdição administrativa exclui do Poder Judiciário as questões referentes aos temas que são tratados pelos tribunais administrativos. Quanto às demais alternativas, a expressão "ao Poder Judiciário é dado apreciá-lo em sua inteireza" do item "d" pode causar alguma confusão: o Judiciário pode analisar qualquer lesão ou ameaça de lesão a direito, e sempre poderá avaliar a legalidade dos atos da Administração Pública, mas não pode adentrar ao mérito da decisão administrativa quando este atender à legalidade.
Gabarito "A".

(Cartório/SP – 2018 – VUNESP) Quanto ao controle da Administração Pública, é correto afirmar:

(A) ao Poder Legislativo é vedado o controle sobre atos normativos do Poder Executivo que exorbitem do poder regulamentar ou dos limites de delegação legislativa.

(B) o recurso administrativo não integra o controle administrativo da Administração.

(C) não há previsão legal de controle administrativo financeiro do Poder Judiciário pelo Poder Legislativo.

(D) o mandado de segurança e a ação popular são meios de controle judicial da Administração.

A alternativa "a" está incorreta pois cabe ao Legislativo emitir decreto legislativo para sustar atos normativos do Poder Executivo que exorbitem do poder regulamentar ou dos limites de delegação legislativa (art. 49, inc. V da CF); da mesma forma, a alternativa "b" é equivocada em função do recursos administrativo ser uma das principais formas de promoção da revisibilidade dos atos da Administração Pública, influenciando, assim, em seu controle. No tocante à alternativa "c", é preciso relembrar que o Judiciário, sob o ponto de vista do seu controle financeiro, é fiscalizado pelo Tribunal de Contas, órgão integrante do Poder Legislativo.
Gabarito "D".

(Cartório/MG – 2015 – Consulplan) Em relação ao Controle da Administração Pública, é correto afirmar, EXCETO:

(A) Nos processos perante o Tribunal de Contas da União não são assegurados o contraditório e a ampla defesa na hipótese de apreciação da legalidade do ato de concessão inicial de aposentadoria, reforma e pensão.

(B) É exemplo do controle externo a competência do Congresso Nacional de sustar os atos normativos do Poder Executivo que exorbitem do poder regulamentar ou dos limites de delegação legislativa.

(C) Configura exemplo do poder controlador privativo do Congresso Nacional autorizar operações externas de natureza financeira, de interesse da União, dos Estados, do Distrito Federal e dos Municípios.

(D) É exemplo do poder controlador privativo do Senado Federal fixar, por proposta do Presidente da República, limites globais para o montante da dívida consolidada da União, dos Estados, do Distrito Federal e dos Municípios.

No tocante à alternativa "a", a Sumula Vinculante n. 03, do Supremo Tribunal Federal, tem o seguinte teor: "Nos processos perante o Tribunal de Contas da União asseguram-se o contraditório e a ampla defesa quando da decisão puder resultar anulação ou revogação de ato administrativo que beneficie o interessado, excetuada a apreciação da legalidade do ato de concessão inicial de aposentadoria, reforma e pensão". A previsão de possibilidade do Congresso Nacional sustar os atos do Executivo que extrapolem o poder regulamentar encontra-se no art. 49, inc. V, e a competência do Senado Federal para fixar os limites globais para o montante da dívida consolidada da União, dos Estados, do Distrito Federal e dos Municípios está no art. 52, inc. VI, ambos da Constituição Federal. A competência prevista na alternativa "c" é do Senado Federal (art. 52, inc. V, da Constituição Federal).
Gabarito "C".

(Cartório/SP – 2016 – VUNESP) Assinale a alternativa correta sobre o mandado de segurança.

(A) É cabível contra atos de gestão comercial praticados pelos administradores de empresas públicas.

(B) É cabível contra ato disciplinar.

(C) Serve para proteger direito líquido e certo, ainda que amparado por *habeas corpus* ou *habeas data*.

(D) É cabível contra lei ou ato normativo em tese.

Entende-se que os atos de gestão são aqueles praticados pelo Poder Público sem o uso de suas prerrogativas, e sim em relação de igualdade com os particulares – desta forma, a alternativa "a" está equivocada, pois não haveria, em tese, como ser praticado ato ilegal ou com exercício abusivo de poder por parte do Poder Público. A alternativa "c" contraria a redação do art. 5º, LXIX, da Constituição Federal; e a alternativa "d" não atende ao disposto na Súmula n. 266 do STF ("Não cabe mandado de segurança contra lei em tese").

Gabarito "B".

(Cartório/SP – 2016 – VUNESP) Assinale a alternativa correta relativa à ação civil pública.

(A) Em caso de desistência infundada ou abandono da ação por associação legitimada, o Ministério Público promoverá a extinção da associação no prazo de 180 dias.

(B) A Associação tem legitimidade para propor ação civil pública desde que esteja constituída há dois anos e inclua entre as suas finalidades institucionais, dentre outras, a proteção ao patrimônio público e social, ao meio ambiente e ao consumidor.

(C) Se o pedido for julgado improcedente por insuficiência de provas, apenas o legitimado que propôs a ação poderá intentar outra com idêntico fundamento, valendo-se de nova prova.

(D) Admite-se o litisconsórcio facultativo entre os Ministérios Públicos da União, do Distrito Federal e dos Estados na defesa dos interesses e direitos de que cuidam a lei da ação civil pública (Lei 7.347/1985).

A alternativa refere-se a texto expresso no art. 5º, § 5º, da lei. Não há previsão legal para a sanção exposta na alternativa "a", e o prazo mínimo de constituição da associação (alternativa "b") é de um ano – art. 5º, inc. V, alínea "a". Por fim, nos termos do art. 16 da lei, "A sentença civil fará coisa julgada *erga omnes*, nos limites da competência territorial do órgão prolator, exceto se o pedido for julgado improcedente por insuficiência de provas, hipótese em que qualquer legitimado poderá intentar outra ação com idêntico fundamento, valendo-se de nova prova".

Gabarito "D".

(Cartório/MG – 2009 – EJEF) Marque a alternativa CORRETA. Determinado servidor público, ocupante de cargo efetivo no Estado, mediante requerimento administrativo pediu documento público de informação sobre sua contagem de tempo de serviço, para fins de aposentadoria, conforme esclareceu. Sem qualquer justificativa, o requerimento permanece sem despacho há 90 (noventa) dias. O servidor poderá valer-se de medida judicial para defender especificamente seu direito de

(A) petição.

(B) ampla defesa.

(C) certidão.

(D) aposentadoria.

Art. 5º, XXXIV, "b", da CF/1988.

Gabarito "C".

(Cartório/MS – 2009 – VUNESP) Recurso hierárquico próprio

(A) é o pedido de reexame à própria autoridade que emitiu o ato.

(B) é o pedido de reexame à autoridade superior à que proferiu o ato dentro do mesmo órgão em que o ato foi praticado.

(C) é o pedido de reexame à autoridade superior de outro órgão não integrado na mesma hierarquia daquele que proferiu o ato.

(D) é o recurso de que se utiliza o servidor público, punido pela Administração Pública, para reexame da decisão, caso surjam fatos novos suscetíveis de demonstrar a sua inocência.

(E) é a denúncia de irregularidades feita perante a própria Administração.

A: incorreta, trata-se de pedido de reconsideração e não de recurso hierárquico próprio; **B:** correta, o recurso hierárquico próprio não passa do pedido feito ao superior hierárquico de reforma da decisão do inferior na escala administrativa; **C:** incorreta, trata-se de recurso hierárquico impróprio e não recurso hierárquico próprio; **D:** incorreta, trata-se de revisão e não recurso hierárquico próprio; E: incorreta, trata-se de representação.

Gabarito "B".

(Cartório/SP – 2011 – VUNESP) A respeito de mandado de segurança, é correto afirmar que

(A) não se concederá mandado de segurança quando se tratar de ato do qual caiba recurso administrativo com efeito suspensivo, independentemente de caução.

(B) cabe mandado de segurança contra os atos de gestão comercial praticados pelos administradores de empresas públicas, de sociedade de economia mista e de concessionárias de serviço público.

(C) em hipótese alguma é permitido impetrar mandado de segurança por telegrama, fax ou outro meio eletrônico.

(D) pessoa jurídica não pode impetrar mandado de segurança.

A: correta, art. 5º, I, da Lei 12.016/2009; B: incorreta, art. 1º, § 2º, da Lei 12.016/2009; C: incorreta, art. 4º da Lei 12.016/2009; D: incorreta, art. 1º da Lei 12.016/2009.

Gabarito "A".

(Cartório/SP – 2012 – VUNESP) Sobre o controle dos atos da Administração Pública, é incorreto afirmar que

(A) ato administrativo inválido pode ser recusado pelo cidadão, independentemente de declaração administrativa ou judicial prévia.

(B) ato administrativo discricionário pode ser anulado por análise do seu mérito.

(C) o controle existente entre a administração direta e a indireta é não hierárquico.

(D) o Judiciário, ao aplicar o princípio da razoabilidade, pode alterar a pena aplicada pela Administração em processo administrativo disciplinar.

A: incorreta, o ato administrativo possui como um de seus atributos a presunção de legitimidade e veracidade, de modo que, a menos que essa presunção seja afastada judicialmente ou pela própria Administração Pública (em exercício de autotutela), não poderá ser recusado pelo cidadão; B: correta, a Administração Pública possui uma faculdade mais ampla de invalidação dos atos administrativos, podendo anulá-los por considerações de mérito e de legalidade; C: correta, não se pode confundir subordinação com vinculação administrativa. A subordinação decorre do poder hierárquico existente dentro de um mesmo ente, pressupondo a distribuição e escalonamento de funções em seus órgãos, admitindo todos os meios de controle do superior sobre o inferior, ao passo que a vinculação resulta do poder de supervisão que possui o ente em relação a entidade a ele vinculada e é exercido nos limites da lei e sem afetação da autonomia do supervisionado; D: correta, cabe ao Poder Judiciário a análise da **legalidade** dos atos administrativos e o princípio da razoabilidade se insere nessa esfera, autorizando a alteração de pena aplicada pela Administração Pública.

Gabarito "A".

14. PROCESSO ADMINISTRATIVO

(Cartório/PA – 2016 – IESES) A Lei 9.784 estabelece normas básicas sobre o processo administrativo no âmbito da Administração Federal direta e indireta, visando, em especial, à proteção dos direitos dos administrados e ao melhor cumprimento dos fins da Administração. De acordo com a citada lei têm legitimidade para interpor recurso administrativo:

(A) Aqueles cujos direitos ou interesses forem indiretamente afetados pela decisão recorrida; as organizações e associações representativas, no tocante a direitos e interesses coletivos; os cidadãos ou associações, quanto a direitos ou interesses difusos.

(B) Os titulares de direitos e interesses que forem parte no processo; aqueles cujos direitos ou interesses forem indiretamente afetados pela decisão recorrida; as organizações e associações representativas, no tocante a direitos e interesses coletivos; os cidadãos ou associações, quanto a direitos ou interesses difusos.

(C) Os titulares de direitos e interesses que forem parte no processo; aqueles cujos direitos ou interesses forem indiretamente afetados pela decisão recorrida; os cidadãos ou associações, quanto a direitos ou interesses difusos.

(D) Os titulares de direitos e interesses que forem parte no processo; aqueles cujos direitos ou interesses forem indiretamente afetados pela decisão recorrida; as organizações e associações representativas, no tocante a direitos e interesses coletivos.

O rol da alternativa correta encontra-se no art. 58 da Lei n. 9.784/1999.
Gabarito "B".

(Cartório/SP – 2016 – VUNESP) De acordo com a Súmula Vinculante n. 21 do Supremo Tribunal Federal, a exigência de depósito ou arrolamento prévios de dinheiro ou bens para admissibilidade de recurso administrativo é

(A) inconstitucional.

(B) constitucional.

(C) vedada quando o devedor se encontra em comprovado estado de insolvência.

(D) admitida nos casos de interesse da União.

A Súmula Vinculante 21 tem o seguinte teor: "É inconstitucional a exigência de depósito ou arrolamento prévios de dinheiro ou bens para admissibilidade de recurso administrativo.". Segundo o Pretório Excelso, a exigência de depósito ou arrolamento prévio de bens e direitos como condição de admissibilidade de recurso administrativo constitui obstáculo sério (e intransponível, para consideráveis parcelas da população) ao exercício do direito de petição (CF, art. 5º, XXXIV), além de caracterizar ofensa ao princípio do contraditório (CF, art. 5º, LV). A exigência de depósito ou arrolamento prévio de bens e direitos pode converter-se, na prática, em determinadas situações, em supressão do direito de recorrer, constituindo-se, assim, em nítida violação ao princípio da proporcionalidade.
Gabarito "A".

(Cartório/SP – 2016 – VUNESP) De acordo com a Súmula Vinculante n. 5, do Supremo Tribunal Federal,

(A) a falta de defesa técnica por advogado no processo administrativo disciplinar não ofende a Constituição apenas quando a pena aplicada foi a de advertência.

(B) a falta de defesa técnica por advogado no processo administrativo disciplinar é causa de nulidade.

(C) a falta de defesa técnica por advogado no processo administrativo disciplinar ofende a Constituição apenas quando a pena aplicada foi a de demissão.

(D) a falta de defesa técnica por advogado no processo administrativo disciplinar não ofende a Constituição.

O texto da Súmula Vinculante n. 5 é o seguinte: "A falta de defesa técnica por advogado no processo administrativo disciplinar não ofende a Constituição". A Súmula, de qualquer forma, não afasta a necessidade de observar-se o contraditório e a ampla defesa, e nem proíbe a presença do advogado, que sempre pode acompanhar o acusado.
Gabarito "D".

(Cartório/MG – 2012 – FUMARC) A legislação que trata do processo administrativo estadual arrola os legitimados a interpor recurso, que são os seguintes, **EXCETO:**

(A) o ente estatal que restou vencido.

(B) o terceiro cujos direitos e interesses foram afetados pela decisão.

(C) o titular do direito atingido pela decisão, que for parte no processo.

(D) o cidadão, a organização e a associação, no que se refere a direitos e interesses coletivos e difusos.

Normalmente, as legislações sobre processo administrativo arrolam como legitimados a interpor recursos os mencionados nas alternativas "B", "C" e "D". Vide, por exemplo, o art. 58 da Lei Federal 9.784/1999. Quanto à alternativa "A", não tem lógica, pois o ente estatal é quem julga o processo administrativo, não fazendo sentido que o próprio ente público interessado recorra contra a sua própria decisão.
Gabarito "A".

(Cartório/RN – 2012 – IESIS) Sobre os atos da administração, assinale a proposição correta:

(A) São elementos do ato administrativo: competência do agente, objeto, forma, motivo e presunção de legitimidade.

(B) Os contratos de compra e venda e de locação são considerados atos privados da administração.

(C) Para caracterização do ato administrativo são necessários pelo menos três aspectos, a saber: (i) vontade do agente público ou de alguém dotado de prerrogativa deste; (ii) seu conteúdo deve produzir efeitos jurídicos com fins públicos ou privados; e (iii) sua categoria deve ser regida basicamente pelo direito público.

(D) Os agentes da administração são aqueles que, embora não integrem a estrutura funcional da Administração Pública, recebem a incumbência de exercê-lo. Por sua vez, os agentes delegatários são aqueles que integram os órgãos administrativos, bem como os que pertencem aos quadros da Administração Pública Indireta.

A: incorreta, pois a *presunção de legitimidade* é um atributo e não um requisito do ato administrativo; faltou mencionar o *objeto*, como requisito do ato administrativo; B: correta, conforme apontado pela doutrina; vale citar, ainda, o disposto no art. 62, § 3.º, I, da Lei 8.666/1993; C: incorreta, pois (i) a vontade é do *Estado* ou de quem lhe faça às vezes, (ii) os fins do ato devem ser públicos e (iii) o regime aplicável é o de direito público; D: incorreta, pois houve inversão dos conceitos de *agentes da administração* e *agentes delegatários*.
Gabarito "B".

(Cartório/SP – VI – VUNESP) Em processo administrativo,

(A) é vedada a impulsão de ofício, respeitando-se o princípio de instância.

(B) é legítima a exigência de depósito prévio para admissibilidade de recurso administrativo, em razão do princípio de presunção de legalidade.

(C) é assegurado o princípio de reserva legal na prescrição de sanções, não na previsão de infrações nem na criação de condicionamentos aos direitos dos particulares.

(D) é necessária a indicação dos pressupostos de fato e de direito que determinam a decisão, em respeito ao princípio de motivação.

A: incorreta, o princípio da oficialidade está previsto no art. 2º, parágrafo único, XII, da Lei 9.784/1999; B: incorreta, Súmula 373 do STJ; C: incorreta, embora não se aplique o princípio da tipicidade no âmbito do procedimento administrativo, dada a multiplicidade das condutas que possivelmente podem ser realizadas, entende-se que tanto a previsão das infrações, como as sanções e eventuais condicionamentos aos direitos dos particulares devem necessariamente ter previsão legal; D: correta, art. 2º da Lei 9.784/1999.
Gabarito "D".

15. DIREITO ADMINISTRATIVO APLICADO AOS NOTÁRIOS E REGISTRADORES

(Cartório/SP – 2016 – VUNESP) No Estado de São Paulo, no tocante aos atos de reconhecimento de firmas e autenticações, a qualidade do serviço público pressupõe

(A) a dispensa de documentos originais e autenticados, em regra, para a facilitação e agilidade do serviço.

(B) a exigência do reconhecimento de firma, pelo usuário, como regra, para a segurança dos atos públicos.

(C) a dispensa do reconhecimento de firma, sempre, de modo a não dificultar a prestação do serviço com exigências burocráticas.

(D) a autenticação de documentos pelo próprio agente público, à vista da apresentação dos originais, pelo usuário.

A alternativa é consoante o texto do Decreto n. 52.658, de 23 de janeiro de 2008, do Governo do Estado de São Paulo, que assim dispõe: "Artigo 1º Fica vedada, na recepção de documentos por órgãos e entidades da Administração direta, autárquica e fundacional, a exigência de reconhecimento de firmas ou de autenticação de cópias. Artigo 2º O disposto no artigo 1º deste decreto não se aplica quando haja determinação legal expressa em sentido contrário. § 1º Na hipótese de que trata o "caput" deste artigo, o servidor deverá proceder ao cotejo, respectivamente, com a cédula de identidade do interessado ou com o respectivo documento original e, somente se houver dúvida fundada, exigirá o reconhecimento da firma ou a autenticação da cópia. (...).
Gabarito "D".

(Cartório/DF – 2003 – CESPE) Relativamente à atividade notarial e de registro e suas relações com o direito administrativo e constitucional, julgue os itens subsequentes.

(1) As serventias extrajudiciais, notariais e de registro somente podem ser criadas por lei.

(2) A aposentadoria dos notários é compulsória aos 70 anos de idade.

(3) A edição de ato regulamentar dos serviços notariais pelo tribunal de justiça independe de previsão legal

específica, uma vez que tal competência decorre diretamente da Constituição Federal.

(4) A responsabilidade civil pelos serviços notariais e de registro, por serem exercidos em caráter privado, depende da demonstração de culpa do serviço.

(5) Contra o ato do registrador de imóveis que nega registro cabe recurso administrativo inominado.

1: correta, quando a assertiva foi objeto de questionamento, nos idos de 2003, a resposta à questão seria incorreta, pois na época se entendia possível que provimento dos Tribunais de Justiça dos Estados pudessem dispor sobre a criação e extinção das serventias extrajudiciais, notariais e de registro. Todavia, esse entendimento foi alterado em razão da decisão da ADI 2415, a qual estabeleceu o seguinte no item 2 de sua ementa: " 2. *Criação e extinção de serventias extrajudiciais*. As serventias extrajudiciais se compõem de um feixe de competências públicas, embora exercidas em regime de delegação a pessoa privada. Competências que fazem de tais serventias uma instância de formalização de atos de criação, preservação, modificação, transformação e extinção de direitos e obrigações. Esse feixe de competências públicas investe as serventias extrajudiciais em parcela do poder estatal idônea à colocação de terceiros numa condição de servil acatamento, a modificação dessas competências estatais (criação, extinção, acumulação e desacumulação de unidades) somente é de ser realizada por meio de lei em sentido formal, segundo a regra de que ninguém será obrigado a fazer ou deixar de fazer alguma coisa senão em virtude de lei. Precedentes"; **2:** incorreta, desde a decisão proferida na ADI 2602 entende-se que o art. 40, § 1º, II, da CRFB, na redação que lhe foi conferida pela EC 20/1998, está restrito aos cargos efetivos da União, dos Estados-membros, do Distrito Federal e dos Municípios, incluídas as autarquias e as fundações. Assim sendo, tal como asseverado na dita ADI, "(...) os notários e os registradores exercem atividade estatal, entretanto, não são titulares de cargo público efetivo, tampouco ocupam cargo público. Não são servidores públicos, não lhes alcançando a compulsoriedade imposta pelo mencionado art. 40 da CRFB"; **3:** correta, tendo em conta que a Constituição já autoriza em seu artigo 236 que lei defina a fiscalização dos atos dos notários e registradores pelo Poder Judiciário, tem-se que não há necessidade de lei específica a respeito, mas tão somente de lei regulamentando o artigo em questão e que atualmente é a Lei 8.935/1994; **4:** incorreta, a responsabilidade civil pelos serviços notariais e de registro, por serem exercidos em caráter privado, independe da demonstração de culpa do serviço, havendo até mesmo quem defenda ser ela do tipo objetiva em razão do que dispõe o art. 22 da Lei 8.935/1994; **5:** incorreta, contra o ato do registrador de imóveis que nega registro cabe a suscitação de dúvida – arts. 198 a 204 da Lei 6.015/1973.
Gabarito 1C, 2E, 3C, 4E, 5E

(Cartório/SP – I – VUNESP) São penas disciplinares aplicáveis ao Delegado do serviço extrajudicial:

(A) advertência, disponibilidade e perda da delegação.

(B) repreensão, suspensão e perda da delegação.

(C) advertência, suspensão e demissão.

(D) advertência, multa e suspensão.

Art. 32 da Lei 8.935/1994.
Gabarito "B".

(Cartório/SP – V – VUNESP) A Lei n. 8.935/1994, editada em cumprimento à determinação do § 1º do artigo 236 da Constituição Federal, dispõe, no seu artigo 22, que os notários e oficiais de registro

(A) salvo quando agirem de má-fé, devidamente comprovada, não serão responsáveis pelos danos decorrentes da anulação do registro, ou da averbação, por vício intrínseco ou extrínseco do documento, título ou papel, mas, tão somente, pelos erros ou vícios no processo de registro.

(B) responderão pelos danos que eles e seus prepostos causem a terceiros, na prática de atos próprios da serventia, assegurado aos primeiros direito de regresso no caso de dolo ou culpa dos prepostos.

(C) além das penas disciplinares em que incorrerem, são responsáveis civil e criminalmente pela omissão ou atraso na remessa de comunicações a outros cartórios.

(D) são civilmente responsáveis por todos os prejuízos que causarem, por culpa ou dolo, pessoalmente, pelos substitutos que designarem ou Escreventes que autorizarem, assegurado o direito de regresso.

Diz o artigo 22 expressamente que: "os notários e oficiais de registro responderão pelos danos que eles e seus prepostos causem a terceiros, na prática de atos próprios da serventia, assegurado aos primeiros direito de regresso no caso de dolo ou culpa dos prepostos".
Gabarito "B".

(Cartório/SP – V – VUNESP) O artigo 236 da Constituição Federal, ao dispor que "... os serviços notariais e de registro são exercidos em caráter privado, por delegação do Poder Público...", estabelece que a atividade notarial e de registro é exercida por meio de

(A) descentralização administrativa por colaboração.

(B) descentralização política constitucional.

(C) centralização da atividade privada.

(D) centralização funcional ou técnica.

O Estado tanto pode prestar ele mesmo as atividades administrativas, como pode fazer essa prestação por meio de outros sujeitos, caso em que se tem a descentralização, quando o Estado transfere o **exercício** (e não a titularidade) de atividades que lhe são pertinentes a particulares ou a pessoas por ele criadas. No caso dos serviços notariais e de registro, por expressa previsão constitucional prevista no artigo 236, tem-se caso de descentralização, que se considera como sendo de colaboração por ter sido instituído por contrato ou ato unilateral do ente outorgante.
Gabarito "A".

(Cartório/SP – V – VUNESP) Com relação aos notários e registradores, é correto afirmar que eles exercem a função

(A) privada e no exercício da sua atividade não produzem atos administrativos dotados de todos os atributos e sujeitos aos requisitos expressos no Direito Administrativo, pois o objetivo e a finalidade dos seus atos é a produção de efeitos jurídicos junto aos interesses privados e ao direito privado.

(B) pública, mas no exercício da sua atividade não produzem atos administrativos dotados de todos os atributos e sujeitos aos requisitos expressos no Direito Administrativo, pois o objetivo e a finalidade de seus atos é a produção de efeitos jurídicos junto aos interesses privados e ao direito privado.

(C) privada, mas no exercício da sua atividade também produzem atos administrativos dotados de todos os atributos e sujeitos aos requisitos expressos no Direito Administrativo, não obstante sejam o objetivo e a finalidade destes atos a produção de efeitos jurídicos junto aos interesses privados e ao direito privado.

(D) pública e no exercício da sua atividade também produzem atos administrativos dotados de todos os

atributos e sujeitos aos requisitos expressos no Direito Administrativo, não obstante sejam o objetivo e a finalidade desses atos a produção de efeitos jurídicos junto aos interesses privados e ao direito privado.

Na medida em que os notários e registradores são **delegatários** do Poder Público, exercendo, na prática, os atos afetos a essa delegação, função pública, submetendo-se, destarte, aos princípios de direito administrativo.
Gabarito "D".

---

16. OUTROS TEMAS E QUESTÕES COMBINADAS

(Cartório/PA – 2016 – IESES) Assinale a alternativa correta:

(A) É nulo e de nenhum efeito todo e qualquer contrato verbal firmado entre o particular e a Administração Pública, pois só se admite, em quaisquer hipóteses, em homenagem aos princípios da legalidade e impessoalidade, contrato escrito.

(B) Um dos mais importantes princípios constitucionais aplicáveis ao serviço público é o relativo à liberdade de contratar com a Administração Pública, ressalvadas as hipóteses de impedimento decorrentes da declaração anterior de inidoneidade.

(C) Equilíbrio econômico-financeiro (ou equação econômico-financeira) é a relação de igualdade formada, de um lado, pelas obrigações assumidas pelo contratante no momento do ajuste e, de outro lado, pela compensação econômica que lhe corresponderá.

(D) De acordo com o moderno Direito Administrativo, de feição social e solidária, tem-se entendido que inaplicável a desafetação de bens públicos quando patente o prejuízo às comunidades carentes atingidas pelo ato, devendo daí intervir, obrigatoriamente, o Ministério Público e a Defensoria Pública.

No tocante à alternativa "a", a Lei n. 8.666/1993 admite a contratação verbal no parágrafo único do art. 60, para as hipóteses de pequenas compras de pronto pagamento, assim entendidas aquelas de valor não superior a 5% (cinco por cento) do limite estabelecido no seu art. 23, inciso II, alínea "a" (convites em compras e serviços que não se configurem como obras e serviços de engenharia), feitas em regime de adiantamento; no tocante à liberdade de contratar com a Administração Pública (alternativa "b"), é preciso ponderar que a declaração de inidoneidade é apenas uma das hipóteses que impedem a contratação de particulares pelo Poder Público – como outros exemplos, exige-se, para que se realize a contratação, a comprovação da regularidade fiscal e trabalhista da empresa, assim como sua qualificação técnica, habilitação jurídica etc. Quanto à alternativa "d", ela traz uma hipótese em que a desafetação do bem público causará prejuízo às comunidades carentes afetadas pelo ato de desafetação – normalmente, a desafetação beneficia tais comunidades, que passam a poder usufruir de mecanismos como a legitimação na posse das áreas que ocupam. Infere-se que o equívoco que deseja salientar o examinador refere-se ao momento de intervenção dos órgãos do Ministério Público e da Defensoria Pública.
Gabarito "C".

(Cartório/PA – 2016 – IESES) Assinale a alternativa correta:

(A) De acordo com o disposto na Lei Federal n. 8.666/1993, a rescisão do contrato somente poderá se dar por ato unilateral e fundamentado da Administração ou por decisão judicial.

(B) De acordo com o disposto na Lei Federal n. 7.347/1985 (ação civil pública), somente os Tribunais (e não o Juiz) poderão conferir efeito suspensivo aos recursos, para evitar dano irreparável à parte.

(C) De acordo com o disposto na Lei Federal n. 4.717/1965 (ação popular), o Ministério Público acompanhará a ação, cabendo-lhe apressar a produção da prova e promover a responsabilidade, civil ou criminal, dos que nela incidirem, sendo-lhe vedado, em qualquer hipótese, assumir a defesa do ato impugnado ou dos seus autores.

(D) De acordo com o disposto na Lei Federal n. 12.016/2009, o pedido de mandado de segurança não poderá ser renovado dentro do prazo decadencial, se a decisão denegatória não lhe houver apreciado o mérito.

No tocante à alternativa "a", a Lei de Licitações prevê a rescisão amigável, por acordo entre as partes, reduzida a termo no processo da licitação, desde que haja conveniência para a Administração (art. 79, inc. II); quanto à alternativa "b", o art. 14 da Lei da Ação Civil Pública prevê expressamente que o juiz poderá conferir efeito suspensivo aos recursos, para evitar dano irreparável à parte; por fim, no que tange à alternativa "d", o art. 6º, § 6º da Lei de Mandado de Segurança prevê que o pedido de mandado de segurança poderá ser renovado dentro do prazo decadencial, se a decisão denegatória não lhe houver apreciado o mérito. A questão se mantém válida em função da cláusula de vigência concomitante da Lei n. 8.666/1993 e a nova lei de licitações (a Lei n. 14.133/2021). A nova lei de licitações prevê uma série de hipóteses de rescisão contratual por culpa do Poder Público (art. 137, § 2º).

Gabarito "C".

(Cartório/PA – 2016 – IESES) Assinale a alternativa correta:

(A) De acordo com o disposto na Lei Federal n. 4.717/1965 (ação popular), a sentença, quando não prolatada em audiência de instrução e julgamento, deverá ser proferida dentro de 60 (dias) dias do recebimento dos autos pelo juiz.

(B) De acordo com o disposto na Lei Federal n. 7.347/1985, a ação civil poderá ter por objeto somente a condenação em dinheiro ou o cumprimento de obrigação de fazer.

(C) De acordo com o disposto na Lei Federal n. 8.666/1993, nenhum prazo de recurso, representação ou pedido de reconsideração se inicia ou corre sem que os autos do processo estejam com vista franqueada ao interessado.

(D) De acordo com o disposto na Lei Federal n. 12.965/2014, o provedor de conexão à internet será responsabilizado civilmente por danos decorrentes de conteúdo gerado por terceiros.

Quanto a alternativa "a", a Lei da Ação Popular estabelece que a sentença, quando não prolatada em audiência de instrução e julgamento, deverá ser proferida dentro de 15 dias do recebimento dos autos pelo juiz (art. 7º, inc. VI); no tocante à alternativa "b", a Lei da Ação Civil Pública esclarece esta poderá ter por objeto a condenação em dinheiro ou o cumprimento de obrigação de fazer ou não fazer (art. 3º); a alternativa "d" está incorreta em função do art. 18 da Lei estabelecer que o provedor de conexão à internet não será responsabilizado civilmente por danos decorrentes de conteúdo gerado por terceiros.

Gabarito "C".

(Cartório/CE – 2018 – IESES) Assinale a única alternativa INCORRETA:

(A) Servidores públicos, em sentido amplo, são as pessoas físicas ou jurídicas que prestam serviços ao Estado e às entidades da Administração Indireta, com ou sem vínculo empregatício, mas sempre mediante remuneração paga pelos cofres públicos.

(B) Retrocessão é o direito que tem o expropriado de exigir de volta o seu imóvel caso o mesmo não tenha o destino para que se desapropriou.

(C) Servidão administrativa é o direito real de gozo, de natureza pública, instituído sobre imóvel de propriedade alheia, com base em lei, por entidade pública ou por seus delegados, em favor de um serviço público ou de um bem afetado a fim de utilidade pública.

(D) Ato administrativo é a declaração do Estado ou de quem o represente, que produz efeitos jurídicos imediatos, com observância da lei, sob regime jurídico de direito público e sujeita a controle pelo Poder Judiciário.

Servidores públicos são pessoas físicas (e não jurídicas), espécies do gênero agentes públicos. Em sentido amplo, a classificação atinge até mesmo aquele que presta serviços de forma voluntária e sem remuneração ao Estado (mesários em eleições, por exemplo).

Gabarito "A".

(Cartório/CE – 2018 – IESES) Assinale a única alternativa correta:

(A) A partir da vigência da lei das empresas públicas, sociedades de economia mista e de suas subsidiárias, desapareceram os institutos da descentralização e desconcentração, sendo vedada a transferência de competência de um órgão para outro, mesmo que pertencentes à mesma estrutura administrativa.

(B) Nos termos da Lei n. 8.987/1995, considera-se serviço público adequado aquele que satisfaz as condições de regularidade, continuidade, eficiência, segurança, atualidade, generalidade, cortesia na sua prestação e modicidade das tarifas.

(C) O princípio da modicidade das tarifas públicas significa que todos os serviços públicos serão gratuitos e universais se não plenamente justificada a cobrança tarifária.

(D) O princípio da mutabilidade não mais se aplica aos serviços públicos, daí serem atualmente vedadas por lei as chamadas "cláusulas exorbitantes".

A alternativa "a" está incorreta – não houve, mesmo com a edição da Lei n. 13.303/2016, qualquer vedação de transferência de competência entre órgãos da Administração Pública; da mesma forma, no tocante à alternativa "c", é preciso não confundir "modicidade" com "gratuidade", sendo certo que as tarifas integram a remuneração do parceiro privado nas concessões realizadas pelo Poder Público nos termos da Lei n. 8.987/1995; por fim, as cláusulas exorbitantes continuam plenamente vigentes, sendo aquelas que permitem a alteração unilateral dos contratos administrativos pela Administração Pública, tendo em vista o interesse tutelado.

Gabarito "B".

(Cartório/PA – 2016 – IESES) Assinale a alternativa correta:

(A) De acordo com o disposto na Lei Federal n. 8.429/1992, aceitar emprego, comissão ou exercer atividade de consultoria ou assessoria para pessoa física ou jurídica que tenha interesse suscetível de ser

2. DIREITO ADMINISTRATIVO

atingido ou amparado por ação ou omissão decorrente das atribuições do agente público, durante a atividade constitui ato de improbidade administrativa que atenta contra os princípios da administração pública.

(B) De acordo com o disposto na Lei Federal n. 4.717/1965 (ação popular), a sentença que, apreciando o fundamento de direito do pedido, julgar a lide manifestamente temerária, condenará o autor ao pagamento do dobro das custas e honorários advocatícios, estes limitados a 10% do valor da causa.

(C) De acordo com o disposto na Lei Federal n. 9.784/1999, o administrado tem direito de formular, perante a Administração, alegações e apresentar documentos antes da decisão, os quais serão objeto de consideração pelo órgão competente.

(D) De acordo com o disposto na Lei Federal n. 12.965/2014, o provedor de aplicações de internet constituído na forma de pessoa jurídica e que exerça essa atividade de forma organizada, profissionalmente e com fins econômicos deverá manter os respectivos registros de acesso a aplicações de internet, sob sigilo, em ambiente controlado e de segurança, pelo prazo de 2 (dois) anos, nos termos do regulamento.

A conduta descrita na alternativa "a" encontra-se no art. 9º, inc. VIII, da Lei de Improbidade Administrativa, no rol de "Atos de Improbidade Administrativa que Importam Enriquecimento Ilícito"; a sanção em função de ajuizamento de lide temerária (alternativa "b") é do décuplo das custas (art. 13). No tocante à assertiva "d", o prazo previsto na lei que estabelece princípios, garantias, direitos e deveres para o uso da Internet no Brasil é de 6 meses (art. 15, "caput").
Gabarito "C".

(Cartório/PA – 2016 – IESES) Assinale a alternativa correta:

(A) De acordo com o disposto na Lei Federal n. 9.784/1999, a competência para a prática de atos administrativos cabe aos órgãos administrativos a que foi inicialmente atribuída, podendo eventualmente ser delegada ou avocada nas hipóteses previstas em regulamento próprio, pois excepcionalmente renunciável.

(B) De acordo com o disposto na Lei Federal n. 7.347/1985, na ação que tenha por objeto o cumprimento de obrigação de fazer ou não fazer, o juiz determinará o cumprimento da prestação da atividade devida ou a cessação da atividade nociva, sob pena de execução específica, ou de cominação de multa diária, se esta for suficiente ou compatível, independentemente de requerimento do autor.

(C) De acordo com o disposto na Lei Federal n. 12.965/2014, a disciplina do uso da internet no Brasil tem como fundamento a dignidade da pessoa humana, bem como o reconhecimento da escala local e mundial da rede, os direitos sociais, o desenvolvimento da personalidade e o exercício da cidadania em meios digitais, a pluralidade e a diversidade, a abertura e a colaboração, a livre-iniciativa, a livre concorrência e a defesa do consumidor, bem com a lucratividade das empresas prestadoras de tais serviços.

(D) De acordo com o disposto na Lei Federal n. 12.016/2009, será decretada a perempção ou caducidade da medida liminar *ex officio* ou a requerimento do Ministério Público quando, concedida a medida, o impetrante criar obstáculo ao normal andamento do processo ou deixar de promover, por mais de 30 (trinta) dias úteis, os atos e as diligências que lhe cumprirem.

Nos termos do art. 11 da Lei de Processo Administrativo Federal, a competência é irrenunciável e se exerce pelos órgãos administrativos a que foi atribuída como própria, salvo os casos de delegação e avocação legalmente admitidos – logo, a alternativa "a" é incorreta. No tocante à alternativa "c", a lucratividade das empresas prestadoras prestadoras de serviços de internet não é fundamento previsto na lei; por fim, no tocante à alternativa "d", o prazo previsto na lei é de 3 dias úteis (art. 8º).
Gabarito "B".

(Cartório/PA – 2016 – IESES) Assinale a alternativa correta:

(A) De acordo com o disposto na Lei Federal n. 12.016/2009, não cabe mandado de segurança contra os atos de gestão comercial praticados pelos administradores de empresas públicas, de sociedade de economia mista e de concessionárias de serviço público.

(B) De acordo com o disposto na Lei Federal n. 8.429/1992, perceber vantagem econômica para intermediar a liberação ou aplicação de verba pública de qualquer natureza constitui ato de improbidade administrativa que causa lesão ao erário.

(C) De acordo com o disposto na Lei Federal n. 7.347/1985, em caso de litigância de má-fé, a associação autora e os diretores responsáveis pela propositura da ação serão solidariamente condenados em honorários advocatícios, estes limitados a 10% do valor da causa, e ao dobro das custas, sem prejuízo da responsabilidade por perdas e danos.

(D) De acordo com o disposto na Lei Federal n. 4.717/1965 (ação popular), a propositura da ação prevenirá a jurisdição do juízo para todas as ações que forem posteriormente intentadas, desde que idêntico o pedido, mesmo que outras sejam as partes ou os fundamentos.

No tocante à alternativa "b", a conduta ali descrita está inserida no rol dos "Atos de Improbidade Administrativa que Importam Enriquecimento Ilícito" (art. 9º, inc. IX); quanto à alternativa "c", a sanção prevista na Lei da Ação Civil Pública é a condenação em honorários advocatícios e ao décuplo das custas, sem prejuízo da responsabilidade por perdas e danos (art. 17); por fim, o art. 5º, § 3º da Lei de Ação Popular prevê que a propositura da ação prevenirá a jurisdição do juízo para todas as ações que forem posteriormente intentadas contra as mesmas partes e sob os mesmos fundamentos, o que torna a alternativa "d" incorreta.
Gabarito "A".

(Cartório/MG – 2012 – FUMARC) Segundo a Constituição Federal e a propósito da atuação das polícias militares, é **correto** afirmar que:

(A) incumbe-lhes a polícia judiciária.

(B) subordinam-se ao Presidente da República.

(C) são forças auxiliares e de reserva do Exército.

(D) respondem pelo patrulhamento ostensivo das ferrovias federais.

A: incorreta, pois a polícia judiciária incumbe às polícias civil e federal (art. 144, §§ 1.º, IV, e 4.º, da CF); **B:** incorreta, pois as polícias militares são dos Estados e do DF, portanto submetidas aos governadores (art. 144, § 6.º, da CF); **C:** correta, nos termos do art. 144, § 6.º, da CF; **D:** incorreta, pois os policiais ferroviários federais são os que respondem por esse patrulhamento (art. 144, § 3.º, da CF).
Gabarito "C".

(Cartório/PR – 2007) Quanto à aquisição de imóvel rural por estrangeiro residente no país ou pessoa jurídica estrangeira autorizada a funcionar no Brasil, é FALSO:

(A) A aquisição de imóvel rural por pessoa física estrangeira não poderá exceder a 50 (cinquenta) módulos de exploração indefinida, em área contínua ou descontínua.

(B) Ao estrangeiro que pretende imigrar para o Brasil é facultado celebrar, ainda em seu país de origem, compromisso de compra e venda do imóvel rural desde que, dentre de 10 (dez) anos, contados da data do contrato, venha fixar domicílio no Brasil e explorar o imóvel.

(C) Quando se tratar de imóvel rural com área não superior a 3 (três) módulos, a aquisição será livre, independendo de qualquer autorização ou licença, ressalvadas as exigências gerais previstas em lei.

(D) A pessoa estrangeira, física ou jurídica, só poderá adquirir imóvel situado em área considerada indisponível à segurança nacional.

(E) Compete ao INCRA fixar, para cada região, o módulo de exploração indefinida, podendo modificá-lo sempre que houver alteração das condições econômicas e sociais da região.

A: correta, art. 3º da Lei 5.709/1971; B: incorreta, o art. 2º da Lei 5.709/1971, que continha previsão parecida, mas limitada ao prazo de 03 anos, foi revogado pela Lei 6.815/1980; C: correta, art. 3º, § 1º da Lei 5.709/1971; D: correta, a assertiva está mal formulada e só pode ser tida como correta se considerarmos "indisponível" como não sendo de interesse para a segurança nacional. Isso porque a aquisição de imóvel situado em área considerada indispensável à segurança nacional por pessoa estrangeira, física ou jurídica, depende do assentimento prévio da Secretaria-Geral do Conselho de Segurança Nacional – art. 7º da Lei 5.709/1971; E: correta, art. 4º do Decreto 74.965/1974, que regulamentou a Lei 5.709/1971.
Gabarito "B".

(Cartório/PR – 2007) O Estatuto da Cidade estabelece normas de ordem pública e interesse social que regulam o uso da propriedade urbana em prol do bem coletivo, da segurança e do bem-estar dos cidadãos, bem como do equilíbrio ambiental. Quanto à política urbana, é INCORRETO afirmar:

(A) O direito de adquirir o domínio de área ou edificação urbana de até 250 metros quadrados (usucapião especial de imóvel urbano) não será reconhecido, ao mesmo possuidor, mais de uma vez.

(B) São instrumentos de política urbana municipal, dentre outros, o zoneamento ambiental, o plano diretor e a disciplina do parcelamento, do uso e da ocupação do solo.

(C) É parte legítima para a propositura de ação de usucapião especial urbana, como substituto processual, a associação de moradores da comunidade, regularmente constituída, com personalidade jurídica, desde que explicitamente autorizada pelos representados.

(D) A usucapião especial coletiva de imóvel urbano será declarada pelo juiz, mediante sentença, a qual servirá de título para registro no cartório do registro de imóveis.

(E) Compete aos Municípios, exclusivamente, legislar sobre normas gerais de direito urbanístico.

A: correta, art. 9º, § 2º, da Lei 10.257/2001; B: correta, art. 4º, III, da Lei 10.257/2001; C: correta, art. 12, III, da Lei 10.257/2001; D: correta, art. 10, § 2º, da Lei 10.257/2001; E: incorreta, compete à União, aos Estados e ao Distrito Federal legislar concorrentemente sobre direito urbanístico cabendo aos Municípios legislar, nesse âmbito, sobre questões urbanísticas de interesse local – arts. 24, I, e 30, I, da CF/1988.
Gabarito "E".

(Cartório/SP – VI – VUNESP) Leia as seguintes afirmações.

I. Revogação de ato administrativo é para casos de sua extinção por conveniência; anulação, para casos de sua extinção por oportunidade; nulidade, para casos de sua extinção por ilegalidade.

II. O cumprimento da penalidade imposta ao administrado (multa por infração de trânsito) não convalida, por si só, a eventual nulidade do procedimento administrativo do qual resultou a sua aplicação.

III. É juridicamente impossível a expropriação de bens próprios. Verificando, então, que a desapropriação, em caso de enfiteuse, não poderia ter incidido sobre o domínio pleno, mas apenas sobre o domínio útil, é possível a expropriante pleitear, em "repetição de indébito", o que indevidamente pagou pelo domínio direto.

Está correto o contido em

(A) I e III, apenas.

(B) I e II, apenas.

(C) II e III, apenas.

(D) I, II e III.

I: incorreta, **revogação** é a extinção de um ato administrativo ou de seus efeitos por outro ato administrativo, efetuada por razões de **conveniência e oportunidade**, com efeitos *ex nunc*; anulação, isto é, **a declaração de nulidade ou invalidação do ato**, diversamente, é a extinção do ato administrativo efetuada em razão de sua **ilegalidade**, com produção de efeitos *ex tunc*; II: correta, convalidação é o suprimento da invalidade de um ato com efeitos retroativos, que pode derivar de um ato da Administração ou de um ato do particular. No caso da assertiva, todavia, ela não ocorre, visto que a ilegalidade ocorrida no procedimento administrativo não é saneada simplesmente pelo cumprimento de penalidade ilegitimamente imposta, cabendo sua invalidação com efeitos *ex tunc*; III: correta, segundo o art. 2.038 do Código Civil, fica proibida a constituição de enfiteuses e subenfiteuses, mas as já existentes subordinam-se às disposições do antigo Código Civil, a Lei 3.071/1916. No caso de desapropriação de bens sobre os quais há a enfiteuse, também denominada aforamento ou emprazamento, tem-se o desdobramento do domínio em dois: o domínio direto e o domínio útil. Domínio pleno equivale à soma do domínio direto (do senhorio) e do domínio útil (do enfiteuta) e no caso de desapropriação de imóvel feita pelo ente titular do domínio direto, a desapropriação ocorre apenas sobre o domínio útil, de modo que caberá ação de repetição de indébito em relação à eventual valor pago como indenização pelo domínio pleno quando já possuía parte dele.
Gabarito "C".

(Cartório/PA – 2016 – IESES) Assinale a alternativa correta:

(A) De acordo com o disposto na Lei Federal n. 8.666/1993, constitui crime admitir à licitação ou celebrar contrato com empresa ou profissional declarado inidôneo, sujeitando o infrator à pena de 3 (três) a 6 (seis) anos de reclusão e multa.

(B) De acordo com o disposto na Lei Federal n. 12.016/2009 (mandado de segurança), o ingresso de litisconsorte ativo só será admitido após o despacho da petição inicial.

2. DIREITO ADMINISTRATIVO · 143

(C) De acordo com o disposto na Lei Federal n. 9.784/1999, é dever da Administração, por seus agentes, proceder com lealdade, urbanidade e boa-fé.

(D) De acordo com o disposto na Lei Federal n. 8.429/1992, frustrar a licitude de concurso público constitui ato de improbidade administrativa que atenta contra os princípios da administração pública.

A pena prevista para o ilícito trazido na alternativa "a", constante do art. 97 da Lei n. 8.666/1993, é de detenção, de 6 (seis) meses a 2 (dois) anos, e multa. No tocante à alternativa "b", a Lei do Mandado de Segurança estabelece que o ingresso de litisconsorte ativo não será admitido após o despacho da petição inicial (art. 10, § 2º). Por fim, a Lei n. 9.784/1999 imputa os deveres de proceder com lealdade, urbanidade e boa-fé aos administrados (art. 4º, inc. II).

Gabarito "D".

(Cartório/PA – 2016 – IESES) Assinale a alternativa correta:

(A) De acordo com o disposto na Lei Federal n. 8.666/1993, os contratos ali disciplinados somente poderão ser alterados por acordo das partes ou por decisão judicial.

(B) De acordo com o disposto na Lei Federal n. 9.784/1999, é dever da Administração, por seus agentes, prestar as informações que lhe forem solicitadas e colaborar para o esclarecimento dos fatos.

(C) De acordo com o disposto na Lei Federal n. 12.965/2014, a parte interessada poderá, com o propósito de formar conjunto probatório em processo judicial cível ou penal, em caráter incidental ou autônomo, requerer ao juiz que ordene ao responsável pela guarda o fornecimento de registros de conexão ou de registros de acesso a aplicações de internet. Para tanto, e sem prejuízo dos demais requisitos legais, o requerimento deverá conter, sob pena de inadmissibilidade, fundados indícios da ocorrência do ilícito, justificativa motivada da utilidade dos registros solicitados para fins de investigação ou instrução probatória e o período ao qual se referem os registros.

(D) De acordo com o disposto na Lei Federal n. 8.429/1992, celebrar contrato ou outro instrumento que tenha por objeto a prestação de serviços públicos por meio da gestão associada sem observar as formalidades previstas na lei constitui ato de improbidade administrativa que atenta contra os princípios da administração pública.

A alternativa "a" está equivocada em função da Lei Federal n. 8.666/1993 expressamente prever os casos de alteração unilateral dos contratos administrativos pelo Poder Público (arts. 58, inc. I e 65, inc. I da lei de licitações). No tocante à alternativa "b", em que pese o deve de transparência da Administração Pública, o dever ali exposto é dos administrados (art. 4º, inc. IV). A conduta prevista na assertiva "d", por fim, está incluída no art. 10 da Lei n. 8.429/1992, no rol de atos de improbidade administrativa que causam prejuízo ao erário (inc. XIV).

Gabarito "C".

3. DIREITO TRIBUTÁRIO

Robinson Barreirinhas

1. COMPETÊNCIA TRIBUTÁRIA

(Cartório/MG – 2019 – Consulplan) Sobre a competência tributária, assinale a alternativa correta.

(A) O Estado de Minas Gerais não possui competência para a instituição de contribuições de melhoria.

(B) A competência tributária do Estado de Minas Gerais não compreende o imposto sobre operações relativas ao transporte intermunicipal.

(C) Para atender a despesas extraordinárias, decorrentes de calamidade pública, a União pode instituir empréstimo compulsório, mediante lei complementar.

(D) A União, por meio de lei ordinária, poderá instituir impostos não previstos na Constituição Federal, desde que sejam não cumulativos e não tenham fato gerador ou base de cálculo próprios dos nela já discriminados.

A: incorreta, pois todos os entes políticos têm competência para instituir contribuição de melhoria em relação às obras que realizem – trata-se da chamada competência comum – art. 145, III, da CF e art. 81 do CTN; **B:** incorreta, pois os Estados e o Distrito Federal têm competência para tributar o transporte intermunicipal e interestadual por meio do ICMS – art. 155, II, da CF; **C:** correta, inserindo-se na competência tributária da União – art. 148, I, da CF; **D:** incorreta, pois a competência residual da União é exercida somente por meio de lei complementar federal – art. 154, I, da CF.
Gabarito "C".

(Cartório/CE – 2018 – IESES) A Constituição Federal delimitou a competência tributária da União, estabelecendo limites e requisitos para o seu exercício. Assinale a alternativa correta:

(A) A União poderá instituir, mediante lei complementar, impostos não previstos na Constituição Federal, respeitando alguns requisitos relativos à questão de não cumulatividade, fato gerador e base de cálculo.

(B) A União poderá instituir, na iminência ou no caso de guerra externa, impostos extraordinários, limitados à sua competência tributária.

(C) A União poderá instituir empréstimo compulsório mediante lei ordinária.

(D) Compete à União, mediante lei ordinária, instituir imposto sobre grandes fortunas.

A: correta, referindo-se à competência residual prevista no art. 154, I, da CF; **B:** incorreta, pois no caso da instituição de impostos extraordinários em caso de guerra externa ou sua iminência – art. 154, II, da CF – a lei federal pode indicar fatos geradores não previstos expressamente no âmbito de competência da União (pode, por exemplo, criar um imposto que incida sobre a propriedade de veículos, tributada pelos Estados, ou sobre a propriedade de imóveis urbanos, tributada pelos Municípios); **C:** incorreta, pois o exercício da competência tributária relativa aos empréstimos compulsórios somente pode ser exercida por lei complementar federal – art. 148 da CF; **D:** incorreta, pois a instituição do imposto sobre grandes fortunas, inexistente no sistema tributário

nacional, exige lei complementar federal, conforme o art. 153, VII, da CF, ao menos para definir o que sejam grandes fortunas.
Gabarito "A".

(Cartório/MG – 2015 – Consulplan) Acerca da competência tributária e da capacidade tributária, é correto dizer que

(A) a atribuição de instituir tributos pode ser delegada, desde que mediante lei e apenas para entidades de direito público.

(B) de acordo com o Código Tributário Nacional, a capacidade tributária ativa pode ser delegada a entidades privadas.

(C) caso tenha sido regularmente delegada a atribuição das funções de executar leis, serviços, atos ou decisões administrativas, tal delegação compreende as garantias e os privilégios processuais que competem à pessoa jurídica de direito público que a conferir.

(D) a competência tributária residual é conferida à União, para que, por meio de lei ordinária, possa instituir impostos não cumulativos e que não tenham fato gerador ou base de cálculo próprios dos impostos já previstos na Constituição Federal.

A: incorreta, pois a competência tributária, ou seja, a competência para legislar acerca de determinados tributos, é indelegável – art. 7º do CTN; **B:** incorreta, pois o CTN refere-se estritamente a pessoas jurídicas de direito público, a quem a capacidade tributária ativa (ocupação do polo ativo da obrigação tributária, quem exige o tributo) pode ser delegada – art. 7º, *caput*, do CTN; **C:** correta – art. 7º, § 1º, do CTN; **D:** incorreta, pois a competência residual da União somente pode ser exercida por lei complementar, não por lei ordinária – art. 154, I, da CF.
Gabarito "C".

(Cartório/MG – 2015 – Consulplan) É permitido à União instituir imposto sobre

(A) patrimônio de fundação instituída e mantida por município vinculado à sua finalidade essencial.

(B) patrimônio de instituição de educação sem fins lucrativos vinculado à sua finalidade essencial.

(C) patrimônio de entidade sindical de empregadores.

(D) livros.

A: incorreta, pois há imunidade das fundações instituídas e mantidas pelo poder público, nos termos do art. 150, VI, *a*, e § 2º, da CF; **B:** incorreta, pois há imunidade – art. 150, VI, *c*, da CF; **C:** correta, pois a imunidade de sindicatos aproveita apenas àqueles de trabalhadores, não de empregadores – art. 150, VI, *c*, da CF; **D:** incorreta, pois há imunidade em relação aos livros, conforme o art. 150, VI, *d*, da CF.
Gabarito "C".

(Cartório/MG – 2015 – Consulplan) Avalie as afirmações:

I. Os Municípios podem instituir contribuição para o custeio do serviço de iluminação pública, sendo vedado aos Estados e Distrito Federal.

II. Os Estados e Distrito Federal não podem instituir empréstimos compulsórios.

III. A contribuição de melhoria pode ser instituída tanto pela União como pelos Estados, Distrito Federal e Municípios.

IV. A União poderá instituir, mediante lei complementar, impostos não previstos no art. 153 da Constituição Federal, desde que sejam não cumulativos e não tenham fato gerador ou base de cálculo próprios dos discriminados na Constituição Federal.

Está correto o que se afirma em:

(A) II, III e IV, apenas.

(B) III e IV, apenas.

(C) I, II e IV, apenas.

(D) I, II, III e IV.

I: incorreta, pois o Distrito Federal também podem instituir a contribuição para custeio do serviço de iluminação pública, conforme art. 149-A, da CF, lembrando que o DF cumula as competências estaduais e municipais – art. 147 da CF; **II:** correta, pois a competência para empréstimos compulsórios é exclusiva da União – art. 148 da CF; **III:** correta, pois há competência comum em relação às contribuições de melhoria, de modo que cada ente político pode instituir e cobrar em relação a suas respectivas obras que impliquem valorização imobiliária – art. 145, III, da CF; **IV:** correta, tratando da competência residual da União – art. 154, I, da CF.
Gabarito "A".

(Cartório/MG – 2015 – Consulplan) É permitido à União instituir isenção de imposto

(A) sobre serviços de qualquer natureza.

(B) de transmissão causa mortis e doação, de quaisquer bens ou direitos.

(C) sobre propriedade de veículos automotores.

(D) sobre produtos industrializados.

A União, como todo ente político, pode instituir isenção apenas em relação aos tributos de sua própria competência tributária. Como o ISS é de competência dos Municípios e o ITCMD e o IPVA da competência dos Estados, a alternativa "D" é a correta. É importante lembrar, entretanto, que STF decidiu que o disposto no art. 151, III, da CF não impede a concessão de isenções tributárias heterônomas por meio de tratados internacionais, ou seja, é possível instituição de benefícios fiscais relativos a tributos estaduais ou municipais por meio de tratados internacionais (RE 543.943 AgR/PR).
Gabarito "D".

(Cartório/MG – 2016 – Consulplan) Nos termos da Constituição Federal, é de competência da União, em não existindo Território Federal, instituir impostos sobre

(A) transmissão causa mortis e doação, de quaisquer bens ou direitos.

(B) propriedade de veículos automotores.

(C) propriedade predial e territorial urbana.

(D) grandes fortunas, nos termos de lei complementar.

A: incorreta, pois a competência para o ISS é privativa dos Municípios e Distrito Federal – art. 156, III, da CF; **B:** incorreta, pois a competência para o ITCMD é privativa dos Estados e Distrito Federal – art. 155, I, da CF; **C:** incorreta, pois a competência para o IPTU é exclusiva dos Municípios e Distrito Federal – art. 156, I, da CF; **D:** correta, pois a competência para o IGF é exclusiva da União – art. 153, VII, da CF.
Gabarito "D".

(Cartório/MG – 2016 – Consulplan) A Constituição Federal estabelece regras de competência tributária. São características da competência tributária, EXCETO:

(A) Exclusividade.

(B) Indelegabilidade.

(C) Cadubilidade.

(D) Inalterabilidade.

A: correta, pois o exercício da competência tributária, ou seja, legislar sobre determinado tributo, é exclusiva do ente a quem a CF deferiu tal competência; **B:** correta, pois não é possível delegar a competência tributária – art. 7º do CTN; **C:** incorreta, pois a competência é incaducável, ou seja, mesmo que o ente político não institua ou modifique determinado tributo de sua competência por anos ou décadas, jamais perderá a prerrogativa de fazê-lo quando entender conveniente; **D:** correta, pois somente a CF fixa competência tributária, sendo inviável sua modificação por norma infraconstitucional – art. 110 do CTN.
Gabarito "C".

(Cartório/MG – 2016 – Consulplan) Nos termos da Constituição Federal, o Distrito Federal NÃO pode instituir impostos sobre

(A) transmissão *causa mortis* e doação, de quaisquer bens ou direitos.

(B) propriedade predial e territorial urbana.

(C) propriedade de veículos automotores.

(D) propriedade territorial rural.

O DF cumula as competências estaduais e municipais – art. 147 da CF, ou seja, pode legislar sobre ITMCD, ICMS e IPVA (impostos estaduais) e IPTU, ITBI e ISS (impostos municipais). Por essa razão, a alternativa "D" é a incorreta, já que a competência para o ITR é exclusiva da União – art. 153, VI, da CF.
Gabarito "D".

(Cartório/PA – 2016 – IESES) A União, os Estados, o Distrito Federal e os Municípios, são pessoas jurídicas de direito público que possuem competência tributária, ou seja, uma parcela do poder tributário. Mas a Constituição Federal brasileira, ao mesmo tempo em que outorga a cada uma dessas entidades a competência para criarem impostos, limita-lhes o poder de tributar, através de seus artigos 150 a 152. Sendo assim, o poder de tributar destes entes não é absoluto. Dentro deste quadro de outorgas de competências e de limitações ao poder tributante a Carta Constitucional atribuiu a cada um desses entes determinadas competências tributárias. Identifique, nos termos do artigo n. 153 da Constituição Federal quais são os impostos de competência da União.

(A) Importação de produtos estrangeiros; exportação, para o exterior, de produtos nacionais ou nacionalizados; renda e proventos de qualquer natureza; produtos industrializados; operações de crédito, câmbio e seguro, ou relativas a títulos ou valores mobiliários; propriedade territorial rural; grandes fortunas, nos termos de lei complementar.

(B) Importação de produtos estrangeiros; exportação, para o exterior, de produtos nacionais ou nacionalizados; renda e proventos de qualquer natureza; produtos industrializados; operações de crédito, câmbio e seguro, ou relativas a títulos ou valores mobiliários; propriedade territorial rural; grandes fortunas, nos termos de lei complementar; operações relativas à circulação de mercadorias e sobre prestações de serviços de transporte interestadual e intermunicipal e de comunicação, ainda que as operações e as prestações se iniciem no exterior.

(C) Importação de produtos estrangeiros; exportação, para o exterior, de produtos nacionais ou nacionalizados; renda e proventos de qualquer natureza; produtos industrializados; operações de crédito, câmbio e seguro, ou relativas a títulos ou valores mobiliários; propriedade territorial rural; propriedade predial e territorial urbana; grandes fortunas, nos termos de lei complementar.

(D) Importação de produtos estrangeiros; exportação, para o exterior, de produtos nacionais ou nacionalizados; renda e proventos de qualquer natureza; produtos industrializados; operações de crédito, câmbio e seguro, ou relativas a títulos ou valores mobiliários; transmissão causa mortis e doação, de quaisquer bens ou direitos; grandes fortunas, nos termos de lei complementar.

Os impostos de competência da União estão listados no art. 153 da CF: II, IE, IR, IPI, IOF, ITR e IGF, além dos impostos da competência residual e extraordinária (art. 154). Por essas razões, a alternativa "A" é a correta.

Gabarito "A".

Veja a seguinte tabela com as competências dos entes políticos em relação aos impostos, para estudo e memorização:

Competência em relação aos impostos		
União	Estados e DF	Municípios e DF
- imposto de importação - imposto de exportação - imposto de renda - IPI - IOF - ITR - Imposto sobre grandes fortunas - Impostos extraordinários - Impostos da competência residual	- ITCMD - ICMS - IPVA	- IPTU - ITBI - ISS

(Cartório/PA – 2016 – IESES) O artigo n. 148 da Constituição Federal outorgou competência para a criação de Empréstimos Compulsórios que poderão ser exigidos em situações excepcionais. Indique de quem é a competência e quais são as situações excepcionais que autorizam a administração instituir e exigir o sobredito empréstimo, nos termos do Artigo n. 15 do Código Tributário Nacional.

(A) A competência para instituir empréstimo compulsório poderá ser exercida pelos municípios e pelos estados membros ante a ocorrência de calamidade pública que exija auxílio federal impossível de atender com os recursos orçamentários disponíveis.

(B) A competência para instituir empréstimo compulsório é exclusiva da União e o mesmo poderá ser instituído ante guerra externa, ou sua iminência; calamidade pública que exija auxílio federal impossível de atender com os recursos orçamentários disponíveis; conjuntura que exija a absorção temporária de poder aquisitivo.

(C) A competência para instituir empréstimo compulsório não é exclusiva da União e o mesmo poderá ser instituído ante guerra externa, ou sua iminência; calamidade pública que exija auxílio federal impossível de

atender com os recursos orçamentários disponíveis; conjuntura que exija a absorção temporária de poder aquisitivo.

(D) A competência para instituir empréstimo compulsório é concorrente entre a União, os Estados, o Distrito Federal e os Municípios da e o mesmo poderá ser instituído ante guerra externa, ou sua iminência; calamidade pública; conjuntura que exija a absorção temporária de poder aquisitivo.

Os empréstimos compulsórios são de competência exclusiva da União, nos termos do art. 148 da CF, que poderá instituí-los apenas (i) para atender a despesas extraordinárias, decorrentes de calamidade pública, de guerra externa ou sua iminência e (ii) no caso de investimento público de caráter urgente e de relevante interesse nacional. Não foi recepcionada pela Constituição atual a hipótese do art. 15, III, do CTN (conjuntura que exija a absorção temporária de poder aquisitivo). Por essa razão, a alternativa "B" é a correta.

Gabarito "B".

(Cartório/PA – 2016 – IESES) No que tange a competência tributária, analise as afirmações abaixo e assinale a alternativa correta:

I. A competência tributária é indelegável, salvo atribuição das funções de arrecadar ou fiscalizar tributos, ou de executar leis, serviços, atos ou decisões administrativas em matéria tributária.

II. A atribuição, da competência tributária, compreende as garantias e os privilégios processuais que competem à pessoa jurídica de direito público que a conferir.

III. Constitui delegação de competência o cometimento, a pessoas de direito privado, do encargo ou da função de arrecadar tributos.

IV. A atribuição, da competência tributária, é irrevogável, por ato unilateral da pessoa jurídica de direito público que a tenha conferido.

(A) Apenas os itens I, II e IV estão corretos.

(B) Apenas os itens II e IV estão corretos.

(C) Os itens I, II, III e IV estão corretos.

(D) Apenas os itens I e II estão corretos.

I: correta, nos termos do art. 7º do CTN; **II:** correta, nos termos do art. 7º, § 1º, do CTN; **III:** incorreta, pois a competência (prerrogativa de legislar sobre determinados tributos) é indelegável, não se confundindo com o cometimento de encargo ou função arrecadatória – art. 7º, § 3º, do CTN; **IV:** incorreta, pois a competência é indelegável, conforme comentário anterior. A capacidade ativa pode ser delegada e, nesse caso, revogada a qualquer tempo – art. 7º, § 2º, do CTN.

Gabarito "D".

(Cartório/SC – 2012) Quanto à competência tributária, é **correto** afirmar:

(A) A competência tributária ordinária é indelegável, sendo possível, contudo, delegar a capacidade tributária ativa.

(B) Tanto a competência tributária ordinária quanto a capacidade tributária ativa são passíveis de delegação.

(C) A competência tributária ordinária e a capacidade tributária ativa são indelegáveis.

(D) A capacidade tributária ativa é indelegável, sendo possível, contudo, delegar a competência tributária ordinária.

(E) A Emenda Constitucional n. 42/2003, que altera o Sistema Tributário Nacional, unificou os conceitos de competência e capacidade tributária, tornando ambas insuscetíveis de delegação.

A: correta, nos termos do art. 7º do CTN; B: incorreta, pois a competência tributária (= competência legislativa em relação aos tributos) é indelegável – art. 6º do CTN; C: incorreta, pois a capacidade tributária ativa, ou seja, a possibilidade de ocupar o polo ativo da obrigação tributária (exigir o tributo) é delegável – art. 7º do CTN; D: incorreta, pois a competência tributária é indelegável, enquanto a capacidade ativa pode ser delegada; E: incorreta, pois não há essa confusão entre os conceitos.
Gabarito "A".

(Cartório/DF – 2008 – CESPE) Considerando que a União, antes de a CF, entrar em vigor, tenha celebrado tratado internacional que concede isenção de tributos para a importação de mercadoria para o Brasil, se há isenção para o produto nacional similar e considerando o disposto no art. 151, inciso III, da CF, segundo o qual é vedado à União instituir isenções de tributos da competência dos estados, do DF ou dos municípios, julgue os itens a seguir.

(1) A hipótese descrita no art. 151, inciso III, da CF veda a instituição da isenção denominada heterônoma.

(2) A norma estabelecida no tratado internacional foi revogada pela CF de 1988 no que se refere ao ICMS.

(3) A celebração de tratado internacional com cláusula que prevê exoneração tributária não é equivalente à instituição de isenção de tributo estadual pela União e, portanto, essa isenção de imposto estadual não viola a CF.

(4) O referido tratado só se tornou válido e eficaz para os estados a partir de sua ratificação por convênio do Conselho Nacional de Política Fazendária (CONFAZ).

(5) O tratado internacional em questão adquire relevância somente se a mercadoria importada circular entre dois ou mais estados da Federação, pois a mera importação não constitui fato gerador do ICMS.

1: correta, pois o dispositivo constitucional (art. 151, III, da CF) veda a isenção heterônoma; 2: incorreta, já que não houve revogação, até porque esses tratados (GATT, Mercosul etc.) não concedem isenção, apenas garantem tratamento isonômico ao similar importado (a isenção é concedida pelos Estados e pelo Distrito Federal, por meio de convênio). Ademais, o STF decidiu que o disposto no art. 151, III, da CF não impede a concessão de isenções tributárias heterônomas por meio de tratados internacionais, ou seja, é possível instituição de benefícios fiscais relativos a tributos estaduais ou municipais por meio de tratados internacionais (RE 543.943 AgR/PR); 3: assertiva correta, pois esses tratados não violam a Constituição até porque não concedem isenção, apenas garantem tratamento isonômico ao similar importado; 4: incorreta, pois os tratados internacionais são referendados pelo Congresso Nacional. Como dito, não se trata de norma isentiva (que depende de convênio interestadual), mas sim garantidora de tratamento isonômico para o similar importado. Ademais, o STF decidiu que o disposto no art. 151, III, da CF não impede a concessão de isenções tributárias heterônomas por meio de tratados internacionais, ou seja, é possível instituição de benefícios fiscais relativos a tributos estaduais ou municipais por meio de tratados internacionais (RE 543.943 AgR/PR); 5: incorreta, já que entrada de mercadoria estrangeira no país é fato gerador do ICMS, nos termos do art. 155, § 2º, IX, a, da CF.
Gabarito 1C, 2E, 3C, 4E, 5E

Veja a seguinte tabela, que indica a produção do tratado e sua introdução no sistema jurídico interno brasileiro (em princípio, não há "acordos executivos", sem referendo pelo Congresso Nacional, em matéria tributária):

1º O Presidente da República celebra o tratado, muitas vezes por meio de plenipotenciário – art. 84, VIII, da CF
2º O Congresso Nacional referenda o tratado, aprovando-o por decreto legislativo – art. 49, I, da CF
3º O Presidente ratifica o tratado, manifestando o consentimento aos demais países
4º O Presidente promulga o tratado, por decreto, cuja publicação insere-o no sistema jurídico interno

(Cartório/DF – 2001 – CESPE) Com relação ao imposto sobre a propriedade de veículos automotores (IPVA) e considerando que Carlos vendeu seu carro a Élton, tendo ambos pactuado que este pagaria àquele a quantia de R$ 3.000,00 a título de arras, julgue o item abaixo.

(1) Sendo o IPVA um imposto estadual, compete ao DF conceder, sempre por lei complementar, moratória em relação aos créditos tributários relativos ao IPVA incidente sobre a propriedade de automóveis registrados e licenciados nessa unidade da federação.

1: Incorreta, pois o exercício da competência tributária (o que inclui a instituição de isenção) se dá, em regra, por meio de simples lei ordinária. Somente em relação a determinados tributos federais a Constituição exige lei complementar.
Gabarito "1E".

(Cartório/ES – 2007 – FCC) Sobre a instituição dos impostos, compete:

(A) a todos os Estados, instituir, cumulativamente, os impostos atribuídos aos Estados e aos Municípios.

(B) à União, instituir, nos Territórios Federais, os impostos atribuídos aos Estados e, se aqueles não forem divididos em Municípios, cumulativamente, os atribuídos a estes.

(C) ao Distrito Federal, instituir apenas os impostos atribuídos aos Estados.

(D) aos Estados divididos em municípios, instituir, cumulativamente, os impostos atribuídos aos Estados e aos Municípios.

(E) aos Estados não divididos em Municípios, instituir, apenas, os impostos atribuídos aos Estados.

A: incorreta, pois as competências relativas aos impostos estaduais e municipais são privativas. Assim, os Estados somente podem legislar sobre impostos estaduais e, da mesma forma, somente os Municípios podem exercer a competência legislativa plena em relação a seus respectivos impostos. Excepcionalmente, o Distrito Federal cumula as competências tributárias estaduais e municipais – art. 147, in fine, da CF; B: assertiva correta, pois eventuais Territórios Federais que venham a ser criados não terão competência tributária. A União exercerá, além da competência tributária federal, também a competência relativa aos tributos estaduais e, adicionalmente, aos municipais, caso o Território não seja dividido em Municípios (se o Território for dividido em Municípios, cada um deles exercerá privativamente sua respectiva competência tributária – art. 147 da CF; C: incorreta, pois o Distrito Federal cumula as competências tributárias estaduais e municipais – art. 147, in fine, da CF; D: incorreta, conforme comentários à alternativa "A"; E: incorreta, pois há Municípios em todos os Estados brasileiros. Não há Municípios apenas no Distrito Federal (daí porque o DF cumula as competências estaduais e municipais).
Gabarito "B".

3. DIREITO TRIBUTÁRIO

(Cartório/SC – 2008) São impostos da competência dos municípios:

(A) ITBI (imposto sobre transmissão *inter vivos*, a qualquer título, por ato oneroso, de bens imóveis, por natureza ou acessão física, e de direitos reais sobre imóveis, exceto os de garantia, bem como cessão de direitos a sua aquisição) e ISQN (imposto sobre serviço de qualquer natureza).

(B) ICMS (imposto sobre operações relativas à circulação de mercadorias e sobre prestações de serviços de transporte interestadual e intermunicipal e de comunicação), IPTU (imposto predial e territorial urbano) e ITBI.

(C) IPTU e ITR (imposto sobre propriedade territorial rural).

(D) ITCMD (transmissão *causa mortis* e doação, de quaisquer bens ou direitos) e ISQN.

(E) ISQN e IPVA (imposto sobre propriedade de veículos automotores).

Art. 156, I, II e III, da CF: os Municípios e o DF têm competência em relação ao IPTU, ao ITBI e ao ISS – art. 156 da CF. Os Estados e do DF têm competência relativa ao ICMS, ao ITCMD e ao IPVA. Os demais impostos são da competência da União. Por essa razão, a alternativa "A" é a única correta.
Gabarito "A".

Veja a seguinte tabela com as competências dos entes políticos em relação aos impostos, para estudo e memorização:

Competência em relação aos impostos		
União	Estados e DF	Municípios e DF
- imposto de importação - imposto de exportação - imposto de renda - IPI - IOF - ITR - Imposto sobre grandes fortunas - Impostos extraordinários - Impostos da competência residual	- ITCMD - ICMS - IPVA	- IPTU - ITBI - ISS

(Cartório/SP – I – VUNESP) É de competência dos Estados o imposto sobre

(A) serviços de qualquer natureza.

(B) produtos industrializados.

(C) transmissão "inter vivos", a qualquer título, por ato oneroso.

(D) transmissão "causa mortis" e doação de quaisquer bens e direitos.

No que se refere aos impostos, os Estados detêm competência tributária exclusivamente em relação ao ICMS, ao IPVA e ao ITBI – art. 155 da CF. Por essa razão, a alternativa "D" é a única correta.
Gabarito "D".

(Cartório/SP – I – VUNESP) É de competência dos Municípios o imposto sobre

(A) propriedade de veículos automotores.

(B) propriedade predial e territorial urbana.

(C) operações relativas à circulação de mercadorias e serviços.

(D) propriedade territorial rural.

Em relação aos impostos, os Municípios detêm competência tributária exclusivamente em relação ao IPTU, ao ITBI e ao ISS, de modo que a alternativa "B" é a única correta.
Gabarito "B".

(Cartório/SP – II – VUNESP) Compete aos Municípios instituir impostos sobre

I. propriedade predial e territorial urbana;

II. transmissão *inter vivos*, a qualquer título, por ato oneroso, de bens imóveis e de direitos reais de garantia, bem como cessão de direitos à sua aquisição;

III. serviços de qualquer natureza;

IV. transmissão *causa mortis* e doação de quaisquer bens ou direitos.

Está correto apenas o indicado em

(A) I e II.

(B) I, II e III.

(C) I e IV.

(D) I.

I: assertiva correta, pois os Municípios detêm a competência legislativa plena em relação ao ISS, ao IPTU e ao ITBI; II: incorreta, pois o ITBI municipal não abrange os direitos reais de garantia – art. 156, II, da CF; III: a assertiva não é exata e, como não há alternativa indicando "I e III", esta deve ser descartada pelo candidato. Isso porque o art. 156, III, CF se refere a "serviços de qualquer natureza, não compreendidos no art. 155, II, definidos em lei complementar"; IV: incorreta, pois o ITCMD é tributo estadual – art. 155, I, da CF.
Gabarito "D".

(Cartório/SP – III – VUNESP) Assinale a alternativa incorreta.

(A) A competência tributária é a aptidão para criar tributos, descrevendo suas hipóteses de incidência, seus sujeitos ativos e passivos, suas bases de cálculos e suas alíquotas.

(B) No Brasil, somente as pessoas políticas têm competência tributária.

(C) A capacidade tributária ativa (direito de arrecadar o tributo) é indelegável, mas a competência tributária pode ser delegada por lei.

(D) Na arrecadação dos emolumentos, está presente o fenômeno da parafiscalidade.

A: assertiva correta, pois descreve adequadamente a competência tributária, lembrando que, além de criar tributos, o ente político competente tem aptidão para extinguir, modificar, perdoar, enfim, exercer a competência legislativa plena em relação a eles – art. 6º do CTN; B: assertiva correta, pois a competência tributária corresponde à competência legislativa (somente os entes políticos podem legislar no Brasil – União, Estados, Distrito Federal e Municípios); C: incorreta, pois é o oposto. A competência tributária (competência para legislar acerca do tributo) é indelegável. Já a capacidade tributária ativa (de ocupar o polo ativo da obrigação tributária) é delegável por lei – art. 7º do CTN; D: assertiva correta. Há parafiscalidade quando o ente político competente (Estados, no caso dos emolumentos notariais) delega a capacidade tributária ativa a outra pessoa (os tabeliães e notários, no caso, que cobram essas taxas) e, adicionalmente, esse sujeito ativo delegado fica com parcela da receita arrecadada para garantir suas atividades de natureza pública.
Gabarito "C".

ROBINSON BARREIRINHAS

(Cartório/SP – IV – VUNESP) Indique a afirmação correta.

(A) A Constituição Federal enumera os impostos de competência da União, que somente por Emenda Constitucional poderá instituir novos impostos além dos já previstos, para compor sua receita tributária.

(B) A enumeração dos impostos da União pela Constituição Federal é exaustiva, vedada a sua ampliação.

(C) A Constituição Federal enumera os impostos de competência da União, que pode instituir, mediante lei complementar, outros além dos previstos, desde que respeitadas restrições constantes da Carta Maior quanto à natureza, à hipótese de incidência e à base de cálculo.

(D) A enumeração dos impostos da União pela Constituição Federal é exaustiva, podendo lei complementar ampliá-los somente se se tratar de impostos extraordinários na iminência ou no caso de guerra externa.

A: incorreta, pois a União (e somente ela) detém a chamada competência tributária residual em relação aos impostos, de modo que pode criar outros, não previstos expressamente pela CF, por meio de lei complementar federal – art. 154, I, da CF; B: incorreta, pois a enumeração constitucional dos impostos somente é taxativa em relação aos Estados, ao Distrito Federal e aos Municípios, mas não para a União, que detém a competência tributária residual – art. 154, I, da CF; C: essa é a alternativa correta. De fato, a competência tributária residual da União (indicada nos comentários anteriores) não é absoluta, pois os novos impostos a serem criados por lei complementar federal devem ser não cumulativos e não podem ter fato gerador ou base de cálculo próprio de outro imposto já previsto na CF (não pode haver *bis in idem* ou bitributação); D: incorreta, conforme comentários à alternativa "A".

Gabarito "C".

(Cartório/SP – IV – VUNESP) A União pode instituir, por lei complementar, os impostos sobre

(A) produtos estrangeiros.

(B) grandes fortunas.

(C) impostos extraordinários, no caso de iminência ou de guerra externa.

(D) operações de crédito, câmbio e seguro, ou relativas a títulos ou valores mobiliários.

A, C e D: incorretas, pois a competência tributária é, em geral, exercida por meio de simples lei ordinária, caso do IPI, do imposto extraordinário e do IOF; B: essa é a assertiva correta, pois indica uma das exceções que exigem lei complementar federal – art. 153, VII, da CF.

Gabarito "B".

(Cartório/SP – IV – VUNESP)51. Em tema de empréstimo compulsório, pode-se afirmar que

(A) somente a União, por meio de lei complementar, pode instituí-los.

(B) esses empréstimos podem ser instituídos pela União, pelos Estados e pelos Municípios.

(C) para sua instituição, faz-se necessária a edição de lei ordinária federal.

(D) a aplicação dos recursos provenientes de sua arrecadação não poderá ser vinculada a nenhuma despesa.

Somente a União pode instituir empréstimos compulsórios, por meio de lei complementar federal, (i) para atender a despesas extraordinárias, decorrentes de calamidade pública, de guerra externa ou sua iminência e (ii) no caso de investimento público de caráter urgente e de relevante interesse nacional. No segundo caso, não se observa o princípio da anterioridade – art. 148 da CF. Ademais, a aplicação dos recursos provenientes de empréstimo compulsório será vinculada à despesa que fundamentou sua instituição – art. 148, parágrafo único, da CF. A: assertiva correta, conforme comentário inicial; B: incorreta, pois a competência é exclusiva da União; C: incorreta, pois exige-se lei complementar federal; D: incorreta, pois a aplicação da receita está vinculada à despesa que deu ensejo à instituição do empréstimo compulsório.

Gabarito "A".

2. PRINCÍPIOS

(Cartório/MG – 2019 – Consulplan) Avalie as afirmativas a seguir.

I. O Princípio da Anterioridade veda a cobrança de tributos em relação a fatos geradores ocorridos antes do início da vigência da lei que os houver instituído ou aumentado.

II. O parcelamento suspende a exigibilidade das obrigações acessórias do crédito tributário e impede o lançamento de tributos e penalidades relacionados com as suas obrigações principais e acessórias.

III. É da competência dos Estados e do Distrito Federal estabelecer hipótese de imunidade tributária em relação a fato que esteja sujeito à incidência do imposto sobre propriedade de veículos automotores.

IV. Interpreta-se da maneira mais favorável ao sujeito passivo a legislação tributária que disponha sobre a dispensa do cumprimento de obrigações tributárias acessórias.

Assinale a alternativa correta.

(A) Nenhuma afirmativa está correta.

(B) Apenas a afirmativa II está correta.

(C) Apenas a afirmativa III está correta.

(D) Todas as afirmativas estão corretas.

I: incorreta, pois a assertiva se refere ao princípio da irretroatividade – art. 150, III, *a*, da CF; II: incorreta, pois a suspensão da exigibilidade do crédito tributário não afasta ou suspende a exigibilidade das obrigações acessórias – art. 151, parágrafo único, do CTN; III: incorreta, pois somente a Constituição Federal pode instituir imunidade tributária, que corresponde a delimitação negativa da própria competência tributária (afasta a competência tributária – norma constitucional); IV: incorreta, pois a interpretação mais favorável refere-se apenas a infrações e penalidades – art. 112 do CTN.

Gabarito "A".

(Cartório/SP – 2018 – VUNESP) A Constituição Federal veda que determinados tributos sejam cobrados no mesmo exercício financeiro em que tenha sido publicada a lei que os instituiu ou aumentou. Trata-se de limitação constitucional ao poder de tributar, conhecida por princípio da anterioridade.

Assinale a alternativa na qual consta um tributo que excepciona tal princípio.

(A) Empréstimo compulsório instituído no caso de investimento público de caráter urgente e de relevante interesse nacional.

3. DIREITO TRIBUTÁRIO   151

(B) Imposto sobre operações de crédito, câmbio e seguro, ou relativas a títulos e valores mobiliários.

(C) Contribuição Social no interesse das categorias profissionais ou econômicas.

(D) Imposto sobre a propriedade rural.

A: incorreta, pois somente o empréstimo compulsório instituído em caso de despesas extraordinárias (não de investimento público urgente – art. 148 da CF) é exceção ao princípio da anterioridade – art. 150, § 1º, da CF; **B:** correta, pois o IOF é exceção ao princípio da anterioridade – art. 150, § 1º, da CF; **C** e **D:** incorretas, pois a contribuição de interesse de categorias e o ITR não é exceção ao princípio da anterioridade – 150, § 1º, da CF.

Gabarito "B".

(Cartório/MG – 2015 – Consulplan) Avalie as afirmações a seguir:

(A) A irretroatividade prevista no art. 150, III, "a" da Constituição Federal comporta exceção para situação de guerra externa.

(B) A teor do art. 148 da Constituição Federal, poderá a União, mediante lei complementar, instituir empréstimos compulsórios para atender despesas ordinárias em período de guerra externa.

(C) O imposto sobre importação de produtos estrangeiros não se submete a prazo de anterioridade tributária.

(D) Deve ser observada a anterioridade de exercício e a nonagesimal para aumento de taxas e contribuição de melhoria.

É correto apenas o que se afirma em:

(A) I e II.

(B) II e IV.

(C) III e IV.

(D) I e III.

I: incorreta, pois não há exceção ao princípio da irretroatividade em relação a tributos (somente em relação a normas interpretativas e penalidades pecuniárias, além de regras atinentes à fiscalização – arts. 106 e 144, § 1º, do CTN); **II:** incorreta, despesas *extraordinárias* – art. 148, I, do CF; **III:** correta, sendo o II exceção à anterioridade – art. 150, § 1º, da CF; **IV:** correta, pois não há exceções ao princípio da anterioridade em relação a taxas e contribuições de melhoria – art. 150, § 1º, da CF.

Gabarito "C".

Veja a seguinte tabela, com as hipóteses de aplicação da lei tributária a ato ou a fato pretérito, para estudo e memorização:

Aplicação da lei tributária a ato ou a fato pretérito
– lei expressamente interpretativa – art. 106, I, do CTN
– redução ou extinção de sanção (*lex mitior*) – art. 106, II, do CTN
– normas relativas à fiscalização ou ao aumento de garantias e privilégios do crédito tributário, exceto para atribuir responsabilidade tributária a terceiros – art. 144, § 1º, do CTN

Veja a seguinte tabela, para memorização:

Exceções à anterioridade anual (art. 150, III, *b*, da CF)	Exceções à anterioridade nonagesimal (art. 150, III, *c*, da CF)
– empréstimo compulsório para atender a despesas extraordinárias decorrentes de calamidade pública ou de guerra externa ou sua iminência (art. 148, I, *in fine*, da CF, em sentido contrário); – imposto de importação (art. 150, § 1º, da CF); – imposto de exportação (art. 150, § 1º, da CF); – IPI (art. 150, § 1º, da CF); – IOF (art. 150, § 1º, da CF); – impostos extraordinários na iminência ou no caso de guerra externa (art. 150, § 1º, da CF); – restabelecimento das alíquotas do ICMS sobre combustíveis e lubrificantes (art. 155, § 4º, IV, c, da CF); – restabelecimento da alíquota da CIDE sobre combustíveis (art. 177, § 4º, I, b, da CF); – contribuições sociais (art. 195, § 6º, da CF).	– empréstimo compulsório para atender a despesas extraordinárias decorrentes de calamidade pública ou de guerra externa ou sua iminência (art. 148, I, *in fine*, da CF, em sentido contrário – entendimento doutrinário); – imposto de importação (art. 150, § 1º, da CF); – imposto de exportação (art. 150, § 1º, da CF); – IR (art. 150, § 1º, da CF); – IOF (art. 150, § 1º, da CF); – impostos extraordinários na iminência ou no caso de guerra externa (art. 150, § 1º, da CF); – fixação da base de cálculo do IPVA (art. 150, § 1º, da CF); – fixação da base de cálculo do IPTU (art. 150, § 1º, da CF).

(Cartório/MG – 2016 – Consulplan) Acerca das limitações do poder de tributar, avalie as afirmações a seguir:

I. É vedado à União tributar a renda das obrigações da dívida pública dos Estados em nível superior aos que fixar para suas obrigações.

II. É vedado aos Estados cobrarem impostos de transmissão causa mortis e doação, de quaisquer bens e direitos, em relação a fatos geradores ocorridos no período de vacância da lei que o aumentou.

III. É vedado à União cobrar Imposto de Importação de Produtos Estrangeiros no mesmo exercício financeiro em que haja sido publicada a lei que o aumentou.

IV. É vedado a Município estabelecer diferença tributária entre bens e serviços, de qualquer natureza, em razão de sua procedência.

É correto apenas o que se afirma em

(A) I, II e III.

(B) I, II e IV.

(C) II, III e IV.

(D) I, III e IV.

I: correta – art. 151, II, da CF; **II:** correta, sendo inviável aplicar lei antes do início de sua vigência ou eficácia; **III:** incorreta, pois o II não se submete ao princípio da anterioridade – art. 150, § 1º, da CF; **IV:** correta – art. 152 da CF.

Gabarito "B".

(Cartório/MG – 2016 – Consulplan) Avalie as afirmações a seguir, considerando posicionamentos sumulados pelo Supremo Tribunal Federal:

I. A apreensão de mercadorias como meio coercitivo para pagamentos de tributos é inadmissível.

II. É admissível a interdição de estabelecimento como meio coercitivo para cobrança de tributo.

III. A exigência de depósito ou arrolamento prévio de dinheiro ou bens para admissibilidade de recurso administrativo tributário tem amparo na Constituição Federal.

IV. O serviço de iluminação pública não pode ser remunerado mediante taxa.

É correto apenas o que se afirma em

(A) I e II.

(B) II e III.

(C) III e IV.

(D) I e IV.

I: correta – Súmula 323/STF; **II:** incorreta, pois isso é vedado – Súmula 70/STF; **III:** incorreta, pois, nos termos da Súmula Vinculante 21/STF, é inconstitucional a exigência de depósito ou arrolamento prévios de dinheiro ou bens para admissibilidade de recurso administrativo; **IV:** correta – Súmula Vinculante 41/STF.
Gabarito "D".

3. IMUNIDADES

(Cartório/SP – 2016 – VUNESP) É correto dizer que a imunidade tributária

(A) é outorgada a Municípios, Estados, Distrito Federal e União, excetuando impostos indiretos como ICMS.

(B) é outorgada a templos de qualquer culto, livros, periódicos e papel destinado à sua impressão.

(C) é outorgada às fundações, desde que estas não distribuam lucros.

(D) é assegurada às entidades públicas e privadas sem fins lucrativos.

A: incorreta, pois a imunidade recíproca abarca o ICMS quando o contribuinte é o próprio ente imune. Por exemplo, no caso de importação realizada por Município (importador é o contribuinte do ICMS, nesse caso), em que se afasta a tributação – art. 150, VI, *a*, da CF. Importante destacar que a "imunidade tributária recíproca não exonera o sucessor das obrigações tributárias relativas aos fatos jurídicos tributários ocorridos antes da sucessão" (tese de repercussão geral 31 do STF); **B:** correta – art. 150, VI, *b* e *d*, da CF; **C:** incorreta, pois não basta que as fundações não distribuam lucro, para que sejam abrangidas pela imunidade. Somente as fundações instituídas e mantidas pelo poder público é que são imunes, nos termos do art. 150, § 2º, da CF; **D:** incorreta, pois somente determinadas entidades (sindicais, de educação e de assistência social) é que são abarcadas pela imunidade prevista no art. 150, VI, *c*, e no art. 195, § 7º, da CF.
Gabarito "B".

(Cartório/SP – 2012 – VUNESP) Sem prejuízo de outras garantias asseguradas ao contribuinte, é vedado à União, aos Estados, ao Distrito Federal e aos Municípios

(A) Exigir ou aumentar tributo desde que haja previsão em lei que o estabeleça.

(B) Instituir tratamento igual entre contribuintes que se encontrem em situação equivalente.

(C) Cobrar tributos em relação a fatos geradores ocorridos após o início da vigência da lei que os houver instituído ou aumentado, no exercício financeiro subsequente àquele em que haja sido publicada a lei que os instituiu ou aumentou ou após decorridos noventa dias da data em que haja sido publicada a lei que os instituiu ou aumentou.

(D) Cobrar tributos sobre o patrimônio, renda ou serviços das autarquias e das fundações instituídas e mantidas pelo Poder Público, no que se refere ao patrimônio, à renda e aos serviços, vinculados às suas finalidades essenciais ou às delas decorrentes.

A: incorreta, pois o princípio da legalidade veda que os entes políticos exijam ou aumentem tributo *sem* lei que o estabeleça – art. 150, I, da CF; **B:** incorreta, pois o princípio da isonomia veda tratar desigualmente quem se encontre em situação equivalente – art. 150, II, da CF; **C:** incorreta, pois os princípios da irretroatividade e da anterioridade permitem a cobrança nessas condições (ou seja, não é vedado aos entes políticos fazer isso) – art. 150, III, da CF; **D:** correta, pois isso é vedado pela imunidade recíproca, estendida às entidades de direito público da administração indireta (note que o STF estende a imunidade também a algumas entidades de direito privado da administração indireta, como a ECT e a Infraero) – art. 150, § 2º, da CF.
Gabarito "D".

(Cartório/SP – 2011 – VUNESP) O Princípio da Anterioridade Nonagesimal, objeto da Emenda Constitucional 42, de 19 de dezembro de 2003, aplica-se à fixação da base de cálculo do:

(A) ITR e ao aumento da alíquota do ICMS.

(B) ITBI e ao aumento da alíquota do IRPF.

(C) IPVA e ao aumento da alíquota do IPI.

(D) IPTU e ao aumento de alíquota do IOF.

O princípio da anterioridade nonagesimal não se aplica ao empréstimo compulsório para atender despesas extraordinárias, ao imposto extraordinário, aos Impostos de Importação e Exportação, IR e IOF, nem à fixação da base de cálculo do IPVA e do IPTU, nos termos do art. 150, § 1º, da CF. Por essa razão, a alternativa "A" deve ser indicada.
Gabarito "A".

(Cartório/SP – 2011 – VUNESP) Assinale a alternativa que contém afirmação correta quanto às limitações do poder de tributário.

(A) É vedado à União instituir isenções de tributos da competência dos Estados, do Distrito Federal ou dos Municípios.

(B) É permitido à União instituir isenções de tributos da competência dos Estados, do Distrito Federal ou dos Municípios.

(C) É permitido aos Estados, ao Distrito Federal e aos Municípios estabelecer diferença tributária entre bens e serviços, de qualquer natureza, em razão de sua procedência ou destino.

(D) É vedado aos Estados, ao Distrito Federal e aos Municípios instituir impostos sobre livros, jornais e o papel destinado a sua impressão, cuja atribuição é reservada exclusivamente à União.

A: correta, pois a competência é exclusiva dos entes políticos indicados pela CF – art. 151, III, da CF. Importante lembrar, entretanto, que o STF decidiu que o disposto no art. 151, III, da CF não impede a concessão de isenções tributárias heterônomas por meio de tratados internacio-

3. DIREITO TRIBUTÁRIO

nais, ou seja, é possível instituição de benefícios fiscais relativos a tributos estaduais ou municipais por meio de tratados internacionais (RE 543.943 AgR/PR); B: incorreta, conforme comentário à alternativa anterior; C: incorreta, pois isso é expressamente vedado nos termos do art. 152 da CF; D: incorreta, pois nem mesmo a União pode instituir impostos sobre livros, jornais e papel destinado à impressão, conforme a imunidade prevista no art. 150, VI, *d*, da CF.

Gabarito "A".

(Cartório/SP – 2011 – VUNESP) De acordo com a jurisprudência iterativa do STF e com os princípios gerais de direito tributário, assinale a alternativa correta.

(A) Nova tabela de emolumentos pode ser aplicada retroativamente a atos já praticados, mas para os quais ainda não ocorreu pagamento.

(B) Nova tabela, com majoração de emolumentos extrajudiciais, tem aplicação imediata a partir de sua publicação.

(C) A atualização do valor monetário da tabela de emolumentos não exige lei em sentido estrito.

(D) A definição do fato gerador dos emolumentos extrajudiciais pode ser feita por meio de Decreto do Poder Executivo Estadual.

A: incorreta, pois isso é vedado pelo princípio da irretroatividade – art. 150, III, *a*, da CF; B: incorreta, pois a majoração dos tributos submete-se ao princípio da anterioridade anual e nonagesimal – art. 150, III, *b* e *c*, da CF; C: correta, pois não se trata de aumento real, apenas manutenção do valor em face da inflação – art. 97, § 2º, do CTN; D: incorreta, pois emolumentos são taxa (espécie de tributo), sujeitando-se, portanto, ao princípio da legalidade – art. 150, I, da CF.

Gabarito "C".

(Cartório/MG – 2012 – FUMARC) É facultado ao Poder Executivo, conforme a Constituição, atendidas as condições e os limites estabelecidos em lei, alterar as alíquotas dos seguintes impostos

(A) Imposto de Importação, Imposto de Exportação, Imposto sobre Produtos Industrializados e Imposto sobre Operações Financeiras.

(B) Imposto Municipal sobre Operações Relativas à Circulação de Mercadorias, Imposto sobre Produtos Industrializados e Imposto sobre Operações Financeiras.

(C) Imposto sobre Operações Financeiras e Imposto sobre a Renda e Proventos de Qualquer Natureza.

(D) Imposto de Importação, Imposto de Exportação e Imposto sobre a Renda e Proventos de Qualquer Natureza.

O Executivo Federal (somente na União, portanto) pode alterar as alíquotas dos Impostos sobre Importação e Exportação, IPI e IOF nos termos do art. 153, § 1º, da CF. Por essa razão, a alternativa "A" é a correta.

Gabarito "A".

(Cartório/MG – 2012 – FUMARC) A norma constitucional, segundo a qual é vedado cobrar tributos antes de decorridos noventa dias da data em que haja sido publicada a lei que os instituiu ou aumentou, **não** se aplica **EXCETO** a:

(A) Imposto de Importação.

(B) Imposto sobre Produtos Industrializados.

(C) Imposto de Renda.

(D) Empréstimo Compulsório.

O princípio da anterioridade nonagesimal não se aplica ao empréstimo compulsório para atender despesas extraordinárias, ao imposto extraordinário, aos Impostos de Importação e Exportação, IR e IOF, nem à fixação da base de cálculo do IPVA e do IPTU, nos termos do art. 150, § 1º, da CF. Por essa razão, a alternativa "B" deve ser indicada. Note que o IPI é exceção ao princípio da anterioridade anual, mas não da nonagesimal.

Gabarito "B".

(Cartório/SC – 2012) Quanto ao princípio da legalidade, é **correto** afirmar:

(A) A atualização do valor monetário da base de cálculo do tributo e a fixação do prazo para recolhimento sujeitam-se ao princípio da legalidade.

(B) A atualização do valor monetário da base de cálculo do tributo está sujeita ao princípio da legalidade; a fixação do prazo para recolhimento não se sujeita ao princípio da legalidade.

(C) A atualização do valor monetário da base de cálculo do tributo não está sujeita ao princípio da legalidade; a fixação do prazo para recolhimento está sujeita ao princípio da legalidade.

(D) A atualização do valor monetário da base de cálculo do tributo e a fixação do prazo para o recolhimento não estão sujeitas ao princípio da legalidade.

(E) A atualização do valor monetário da base de cálculo do tributo e a fixação do prazo para o recolhimento estão sujeitas ao princípio da legalidade apenas no que concerne às taxas e aos empréstimos compulsórios.

A: incorreta, pois tanto a atualização monetária quanto a fixação de prazo para recolhimento não se sujeitam ao princípio da legalidade – art. 97, § 2º, do CTN e Súmula 669 do STF; B, C e E: incorretas, conforme comentário anterior. D: correta, conforme comentário à alternativa "A".

Gabarito "D".

(Cartório/SC – 2012) Quanto à criação de tributos, é **correto** afirmar:

(A) A Constituição Federal não faz qualquer ressalva quanto ao tipo de tributo que poderá ser criado por medida provisória, exigindo apenas que seus efeitos se produzam no exercício financeiro seguinte se houver sido convertida em lei até o último dia daquele em que foi editada, devendo ser obedecida, todavia, a anterioridade nonagesimal.

(B) A Constituição Federal autoriza a criação de impostos sobre importação de produtos estrangeiros; exportação, para o exterior, de produtos nacionais ou nacionalizados; renda e proventos de qualquer natureza; operações de crédito, câmbio e seguro, ou relativas a títulos ou valores mobiliários, por meio de medida provisória, mas esta só produzirá efeitos no exercício financeiro seguinte se houver sido convertida em lei até o último dia daquele em que foi editada, devendo ser obedecida, todavia, a anterioridade nonagesimal.

(C) Poderão ser criados, salvo as exceções constitucionais, por medida provisória, mas esta só produzirá efeitos no exercício financeiro seguinte se houver sido convertida em lei até o último dia daquele em que foi editada, devendo ser obedecida, todavia, a anterioridade nonagesimal.

154 ROBINSON BARREIRINHAS

(D) Não poderão ser criados por medida provisória em razão do princípio da legalidade restrita.

(E) Somente poderão ser criados por lei complementar, ressalvados os casos expressos na Constituição Federal.

A: incorreta, pois o art. 62, § 2º, da CF dispõe sobre impostos ao determinar que a medida provisória produzirá efeitos no exercício financeiro seguinte se houver sido convertida em lei até o último dia daquele em que foi editada (ou seja, essa norma não se aplica a outras espécies tributárias que, entretanto, sujeitam-se aos princípios da anterioridade anual ou nonagesimal, quando for o caso, conforme o art. 150, III, *b* e *c*, da CF, com as exceções do § 1º, do mesmo dispositivo); B: incorreta, pois essa norma restritiva do art. 62, § 2º, da CF (produção de efeitos somente no exercício seguinte, desde que convertida em lei até o último dia daquele em que foi editada) não se aplica aos Impostos de Importação e Exportação, IPI, IOF e Extraordinário; C: essa é a melhor alternativa, por exclusão das demais. Entretanto, é importante lembrar que a norma restritiva do art. 62, § 2º, da CF refere-se aos impostos, conforme as observações feitas no comentário à alternativa "A"; D: incorreta, conforme comentários às alternativas anteriores (é possível a instituição de tributos por medida provisória); E: incorreta, pois os tributos podem ser instituídos, em regra, por lei ordinária do ente competente. Apenas excepcionalmente é que se exige lei complementar para determinados tributos federais.
Gabarito "C".

(Cartório/MG – 2007) É CORRETO afirmar que, pelo princípio da anterioridade da lei tributária, é vedado à União, aos Estados, ao Distrito Federal e aos Municípios cobrar tributos no mesmo exercício financeiro em que haja sido:

(A) votada a lei que os instituiu ou aumentou.

(B) discutida a lei que os instituiu ou aumentou.

(C) apresentada a lei que os instituiu ou aumentou.

(D) publicada a lei que os instituiu ou aumentou.

O art. 150, III, *b*, da CF veda a cobrança de tributos no mesmo exercício financeiro em que haja sido publicada a lei que os instituiu ou aumentou, de modo que a alternativa "D" é a correta.
Gabarito "D".

(Cartório/RJ – 2008 – UERJ) Quanto à limitação do Poder de Tributar a alternativa incorreta é: sem prejuízo de outras garantias asseguradas ao contribuinte, é vedado à

(A) União, aos Estados, ao Distrito Federal e aos Municípios utilizar tributo com efeito de confisco

(B) sem prejuízo de outras garantias asseguradas ao contribuinte, é vedado à União, aos Estados, ao Distrito Federal e aos Municípios exigir ou aumentar tributo sem lei que o estabeleça

(C) sem prejuízo de outras garantias asseguradas ao contribuinte, é vedado à União, aos Estados, ao Distrito Federal e aos Municípios estabelecer limitações ao tráfego de pessoas ou bens, por meio de tributos interestaduais ou intermunicipais, sem qualquer ressalva

(D) sem prejuízo de outras garantias asseguradas ao contribuinte, é vedado à União, aos Estados, ao Distrito Federal e aos Municípios instituir tratamento desigual entre contribuintes que se encontrem em situação equivalente, proibida qualquer distinção em razão

de ocupação profissional ou função por eles exercida, independentemente da denominação jurídica dos rendimentos, títulos ou direitos

(E) sem prejuízo de outras garantias asseguradas ao contribuinte, é vedado à União, aos Estados, ao Distrito Federal e aos Municípios cobrar tributos: (I) em relação a fatos geradores ocorridos antes do início da vigência da lei que os houver instituído ou aumentado; (II) no mesmo exercício financeiro em que haja sido publicada a lei que os instituiu ou aumentou; (III) antes de decorridos noventa dias da data em que haja sido publicada a lei que os instituiu ou aumentou, observado o disposto na alínea b do inciso III do art. 150 da Constituição Federal

A: correta, pois o princípio tributário da vedação ao confisco é previsto no art. 150, IV, da CF; B: correta, conforme o princípio da legalidade – art. 150, I, da CF; C: essa é a incorreta, pois o art. 150, V, da CF ressalva expressamente a cobrança de pedágio pela utilização de vias conservadas pelo Poder Público; D: correta, pois a assertiva se refere ao princípio da isonomia, conforme o art. 150, II, da CF; E: assertiva correta, pois se refere aos princípios da irretroatividade e da anterioridade anual e nonagesimal – art. 150, III, da CF.
Gabarito "C".

(Cartório/RR – 2001 – CESPE) Considerando as regras constitucionais relativas às limitações ao poder de tributar, assinale a opção correta.

(A) A União poderá, mediante lei complementar, instituir isenções de tributos de competência dos estados.

(B) Os estados poderão estabelecer diferença tributária entre bens e serviços em razão de sua procedência, tendo em vista o desenvolvimento socioeconômico entre as regiões.

(C) Poderá ser instituído tratamento desigual entre contribuintes em razão de ocupação profissional ou função por eles exercida.

(D) O princípio da irretroatividade tributária não comporta exceções, não sendo permitida, em nenhuma hipótese, a cobrança de tributos em relação a fatos geradores ocorridos antes da vigência da lei que os houver instituído ou aumentado.

(E) Estados e municípios não poderão tributar o patrimônio de autarquias federais, sendo-lhes possível, no entanto, instituir impostos sobre os serviços de referidas entidades, ainda que vinculados tais serviços às suas atividades essenciais.

A: incorreta, pois a CF veda expressamente a chamada isenção heterônoma, de modo que somente o ente político que detém a competência tributária pode instituir isenção em relação ao respectivo tributo – art. 151, III, da CF. Entretanto, é importante lembrar que o STF decidiu que o disposto no art. 151, III, da CF não impede a concessão de isenções tributárias heterônomas por meio de tratados internacionais, ou seja, é possível instituição de benefícios fiscais relativos a tributos estaduais ou municipais por meio de tratados internacionais (RE 543.943 AgR/PR); B: incorreta, pois o art. 152 da CF veda expressamente essa discriminação tributária; C: incorreta, pois isso violaria o princípio da isonomia e é expressamente vedado pelo art. 150, II, da CF; D: essa é a melhor alternativa, pois, no que se refere à cobrança de tributos, não há exceção ao princípio da irretroatividade (lembre-se que o tributo não se confunde com a penalidade pecuniária, embora ambos sejam objeto da obrigação tributária principal – art. 113, § 1º, do CTN). É importante salientar, entretanto, que a irretroatividade comporta exce-

3. DIREITO TRIBUTÁRIO   155

cão em relacão às penalidades pecuniárias (*lex mitior* – a norma mais benéfica retroage em favor do infrator), às normas expressamente interpretativas e àquelas atinentes a novas ferramentas de fiscalizacão ou de garantia do crédito tributário, nos termos dos arts. 106 e 144, § 1º, do CTN; E: incorreta, pois a imunidade das autarquias abrange todos os servicos relacionados às suas finalidades essenciais – art. 150, VI, "a" e § 2º, da CF.
Gabarito "D".

Veja a seguinte tabela, com as hipóteses de aplicação da lei tributária a ato ou a fato pretérito, para estudo e memorização, lembrando que jamais há retroatividade de normas atinentes aos tributos:

Aplicação da lei tributária a ato ou a fato pretérito
– lei expressamente interpretativa – art. 106, I, do CTN
– redução ou extinção de sanção (*lex mitior*) – art. 106, II, do CTN
– normas relativas à fiscalização ou ao aumento de garantias e privilégios do crédito tributário, exceto para atribuir responsabilidade tributária a terceiros – art. 144, § 1º, do CTN

(Cartório/SE – 2006 – CESPE) O item a seguir apresenta uma situação hipotética, seguida de uma assertiva a ser julgada, relativa ao Sistema Tributário Nacional.

(1) No dia 10 de novembro de 2006, um município localizado no estado de Goiás publicou lei que alterou o valor venal dos imóveis localizados em seu território, majorando, portanto, o valor do imposto incidente sobre a propriedade predial e territorial urbana (IPTU). Nessa situação, a nova lei tributária será plenamente eficaz a partir do primeiro dia do exercício seguinte.

1: assertiva correta, nos termos do art. 150, III, **b**, da CF. Note que a majoracão da base de cálculo do IPTU não se submete à anterioridade nonagesimal – art. 150, § 1º, *in fine*, da CF.
Gabarito "1C".

(Cartório/SP – VII – VUNESP) O Princípio da Anterioridade Nonagesimal, objeto da Emenda Constitucional 42, de 19 de dezembro de 2003, aplica-se à fixação da base de cálculo do

(A) ITR e ao aumento da alíquota do ICMS.
(B) ITBI e ao aumento da alíquota do IRPF.
(C) IPVA e ao aumento da alíquota do IPI.
(D) IPTU e ao aumento de alíquota do IOF.

O art. 150, § 1º, *in fine*, da CF afasta a anterioridade nonagesimal em relação à fixacão da base de cálculo do IPVA e do IPTU. Além disso, a anterioridade nonagesimal não se aplica à instituicão ou à majoracão de II, IE, IR, IOF e impostos extraordinários. A: correta, pois a fixação da base de cálculo do ITR não é excecão à anterioridade nonagesimal; B: incorreta, pois o IR é exceção à anterioridade nonagesimal, conforme o citado dispositivo constitucional; C e D: incorretas, pois a anterioridade nonagesimal não se aplica à majoração da base de cálculo do IPVA e do IPTU, nem ao IOF.
Gabarito "A".

Veja a seguinte tabela, relativa às exceções ao princípio da anterioridade anual e nonagesimal, para memorização:

Exceções à anterioridade anual (art. 150, III, **b,** da CF)	Exceções à anterioridade nonagesimal (art. 150, III, **c,** da CF)
- empréstimo compulsório para atender a despesas extraordinárias decorrentes de calamidade pública ou de guerra externa ou sua iminência (art. 148, II, *in fine*, da CF, em sentido contrário);	- empréstimo compulsório para atender a despesas extraordinárias decorrentes de calamidade pública ou de guerra externa ou sua iminência (art. 148, II, *in fine*, da CF, em sentido contrário – entendimento doutrinário);
- imposto de importação (art. 150, § 1º, da CF);	- imposto de importação (art. 150, § 1º, da CF);
- imposto de exportação (art. 150, § 1º, da CF);	- imposto de exportação (art. 150, § 1º, da CF);
- IPI (art. 150, § 1º, da CF);	- IR (art. 150, § 1º, da CF);
- IOF (art. 150, § 1º, da CF);	- IOF (art. 150, § 1º, da CF);
- impostos extraordinários na iminência ou no caso de guerra externa (art. 150, § 1º, da CF);	- impostos extraordinários na iminência ou no caso de guerra externa (art. 150, § 1º, da CF);
- restabelecimento das alíquotas do ICMS sobre combustíveis e lubrificantes (art. 155, § 4º, IV, c, da CF);	- fixação da base de cálculo do IPVA (art. 150, § 1º, da CF);
- restabelecimento da alíquota da CIDE sobre combustíveis (art. 177, § 4º, I, b, da CF);	- fixação da base de cálculo do IPTU (art. 150, § 1º, da CF);
- contribuições sociais (art. 195, § 6º, da CF).	

(Cartório/SP – VII – VUNESP) Assinale a alternativa que contém afirmação correta quanto às limitações do poder de tributário.

(A) É vedado à União instituir isenções de tributos da competência dos Estados, do Distrito Federal ou dos Municípios.
(B) É permitido à União instituir isenções de tributos da competência dos Estados, do Distrito Federal ou dos Municípios.
(C) É permitido aos Estados, ao Distrito Federal e aos Municípios estabelecer diferença tributária entre bens e serviços, de qualquer natureza, em razão de sua procedência ou destino.
(D) É vedado aos Estados, ao Distrito Federal e aos Municípios instituir impostos sobre livros, jornais e o papel destinado a sua impressão, cuja atribuição é reservada exclusivamente à União.

A: correta, pois a CF veda expressamente a chamada isenção heterônoma, de modo que somente o ente político que detém a competência tributária pode instituir isenção em relação ao respectivo tributo – art. 151, III, da CF. É importante lembrar, entretanto, que o STF decidiu que o disposto no art. 151, III, da CF não impede a concessão de isenções tributárias heterônomas por meio de tratados internacionais, ou seja, é possível instituicão de benefícios fiscais relativos a tributos estaduais ou municipais por meio de tratados internacionais (RE 543.943 AgR/PR); B: incorreta, conforme comentário à alternativa anterior; C: incorreta,

ROBINSON BARREIRINHAS

pois essa discriminação é vedada expressamente pelo art. 152 da CF; D: incorreta, pois a imunidade citada afasta a competência tributária de todos os entes políticos, inclusive da União – art. 150, VI, "d", da CF.
Gabarito "A".

(Cartório/SP – V – VUNESP) Os princípios constitucionais tributários estabelecem limites ao poder de tributar. Assim,

(A) o princípio da irretroatividade da lei tributária não é violado quando a lei é aplicada de maneira interpretativa a ato ou fato pretérito, excluindo a aplicação de penalidade à infração.

(B) o princípio da discriminação constitucional de rendas tributárias permite que duas entidades políticas instituam impostos sobre o mesmo fato gerador.

(C) o princípio da anterioridade da lei tributária não permite a instituição ou a majoração do tributo sem prévia autorização legislativa, com exceção do Poder Executivo da União, que desde que atendidas as condições e os limites estabelecidos em lei, pode alterar, a qualquer tempo, a alíquota de quaisquer impostos.

(D) a isenção tributária pode ser concedida por qualquer entidade política, em relação a qualquer tributo, por meio de lei complementar, desde que atenda a relevante interesse social e econômico.

A: correta, pois a lei expressamente interpretativa é aplicada retroativamente, nos termos do art. 106, I, do CTN; B: incorreta, já que a bitributação é vedada – art. 154, I, da CF; C: incorreta, considerando que o princípio da anterioridade impede a cobrança de tributos no mesmo exercício em que publicada a lei que os instituiu ou aumentou (não se refere à prévia autorização legislativa ou à majoração de alíquotas pelo Executivo) – art. 150, III, *b*, da CF; D: incorreta, pois a isenção pode ser concedida pelo ente tributante apenas com relação aos tributos de sua competência, por simples lei ordinária, como regra.
Gabarito "A".

(Cartório/SP – V – VUNESP) O princípio que visa preservar a arrecadação tributária de forma harmônica entre as três entidades políticas e a coexistência autônoma e independente dessas entidades é:

(A) capacidade contributiva.

(B) isonomia tributária.

(C) legalidade.

(D) imunidade recíproca.

A imunidade recíproca representa garantia de harmonia entre os entes federados (União, Estados, Distrito Federal e Municípios) e de suas autonomias financeiras, na medida em que impede a cobrança de impostos sobre os patrimônios, rendas e serviços uns dos outros – art. 150, VI, *a*, da CF.
Gabarito "D".

(Cartório/SP – V – VUNESP) Entre os princípios e normas de limitação do poder de tributar situa-se, com destacada relevância, o princípio da capacidade contributiva que constitui a limitação do poder de tributar em relação

(A) apenas aos impostos a serem instituídos pela União, pelos Estados e pelo Distrito Federal.

(B) apenas aos impostos a serem instituídos pelos Municípios.

(C) aos impostos, às taxas e às contribuições de melhoria, indistintamente.

(D) a todos os impostos, sempre que a estrutura de cada um deles permitir.

O art. 145, § 1º, da CF determina que, sempre que possível, os impostos serão graduados segundo a capacidade econômica do contribuinte – a norma se aplica a todos os entes tributantes (União, Estados, Distrito Federal e Municípios). Por essa razão, a alternativa "D" é a única correta.
Gabarito "D".

(Cartório/SP – III – VUNESP) No que toca às limitações do poder de tributar, faça a análise das seguintes considerações:

I. é vedado à União, aos Estados, ao Distrito Federal e aos Municípios exigir ou aumentar tributo sem lei que o estabeleça;

II. compete à União, aos Estados e ao Distrito Federal legislar concorrentemente sobre direito tributário;

III. lei estadual estabelecerá normas gerais para fixação de emolumentos relativos aos atos praticados pelos serviços notariais e de registro;

IV. o princípio da anterioridade não deve ser observado no âmbito de cobrança dos emolumentos notariais e registrais, em razão da natureza pública e o caráter social dos respectivos serviços.

Destas, pode-se dizer que somente estão corretas

(A) I, II e IV.

(B) I e II.

(C) I e III.

(D) I e IV.

I: correta, pois o princípio da legalidade tributária é previsto expressamente no art. 150, I, da CF; II: assertiva correta, nos termos do art. 24, I, da CF; III: incorreta, pois compete à lei federal estabelecer normas gerais para fixação de emolumentos relativos aos atos praticados pelos serviços notariais e de registro, conforme o art. 236, § 2º, da CF; IV: incorreta, pois os emolumentos notariais têm natureza de taxa, sujeitando-se, portanto, ao princípio da anterioridade como os tributos em geral – ver ADI 1.145/PB e ADI 3.694/AP: "É da jurisprudência do Tribunal que as custas e os emolumentos judiciais ou extrajudiciais têm caráter tributário de taxa".
Gabarito "B".

(Cartório/MG – 2015 – Consulplan) Sobre o tema das imunidades tributárias, é INCORRETO afirmar:

(A) As pessoas beneficiadas pela imunidade tributária não podem ser fiscalizadas pela autoridade administrativa.

(B) A norma tributária infraconstitucional que desobedece uma imunidade tributária é uma norma inconstitucional.

(C) A imunidade tributária outorga a seu beneficiário o direito subjetivo de não ser tributado pelo Poder Público.

(D) A imunidade tributária limita o exercício da competência tributária outorgada pela Constituição Federal.

A: incorreta, pois as pessoas imunes sujeitam-se à fiscalização tributária, até para que se possa aferir se preenchem efetivamente os requisitos para a imunidade – art. 194, parágrafo único, do CTN; **B:** correto, sendo esse o caso para qualquer norma que infrinja a Constituição Federal (inclusive emendas constitucionais); **C:** correta, tratando-se de limitação constitucional ao poder de tributar; **D:** correta, sendo adequado definir a imunidade como delimitação negativa da competência tributária.
Gabarito "A".

3. DIREITO TRIBUTÁRIO

(Cartório/MG – 2015 – Consulplan) Quanto à imunidade tributária e à isenção tributária, é correto afirmar que

(A) é vedado à União, aos Estados, ao Distrito Federal e aos Municípios utilizar tributo com efeito de confisco; todavia, os entes estatais estão autorizados pela Constituição Federal a estabelecerem limitações ao tráfego de pessoas ou bens, por meio de tributos interestaduais ou intermunicipais, inclusive por meio da cobrança de pedágio pela utilização de vias conservadas pelo Poder Público.

(B) a imunidade referente à vedação de a União, os Estados, o Distrito Federal e os Municípios instituírem impostos sobre livros, jornais, periódicos e o papel destinado a sua impressão abrange os filmes e papéis fotográficos necessários à publicação de jornais e periódicos.

(C) a imunidade ou a isenção tributária do comprador se estende ao produtor, contribuinte do imposto sobre produtos industrializados.

(D) sendo vendedora uma autarquia, sua imunidade fiscal compreende o imposto de transmissão "inter vivos", que é encargo do comprador.

A: incorreta, na segunda parte. Não é possível estabelecer limitações ao tráfego de pessoas ou bens, por meio de tributos interestaduais ou intermunicipais, **ressalvada** a cobrança de pedágio pela utilização de vias conservadas pelo poder público – art. 150, V, da CF; **B:** correta – Súmula 657/STF; **C:** incorreta, pois a imunidade do adquirente não aproveita ao contribuinte de direito (vendedor, no caso) – Súmula 591/STF; **D:** incorreta, pois a imunidade não aproveita ao particular que seja contribuinte de direito – art. 150, § 3º, *in fine*, da CF.
Gabarito "B".

(Cartório/PA – 2016 – IESES) Referente à limitação da competência tributária da União, Estados, Distrito Federal e Municípios, são vedados aos mesmos:

I. Papel destinado exclusivamente à impressão de jornais, periódicos e livros.

II. Cobrar imposto sobre o patrimônio e a renda com base em lei posterior à data inicial do exercício financeiro a que corresponda.

III. Cobrar imposto sobre o patrimônio, a renda ou os serviços uns dos outros.

IV. Templos de qualquer culto.

(A) Apenas os itens I e II estão corretos.

(B) Apenas os itens II e IV estão corretos.

(C) Apenas os itens II, III e IV estão corretos.

(D) Os itens I, II, III e IV estão corretos.

OBS.: discordamos do gabarito oficial, conforme comentários abaixo. **I:** correta, existindo imunidade em relação a esses papéis – art. 150, VI, *d*, da CF e Súmula 657/STF; **II:** correta, embora haja doutrina sólida nesse sentido. Entretanto, há precedentes judiciais no sentido de ser aplicável ao IR a lei vigente no último dia do ano-base, quando se conclui o fato gerador – ver AI 333.209AgR/PR: "Se o fato gerador da obrigação tributária relativa ao imposto de renda reputa-se ocorrido em 31 de dezembro, conforme a orientação do STF, a lei que esteja em vigor nessa data é aplicável imediatamente, sem contrariedade ao art. 5º, XXXVI, da Constituição"; **III:** correta, tratando-se da imunidade recíproca – art. 150, VI, *a*, da CF; **IV:** correta – art. 150, VI, *b*, da CF.
Gabarito "D".

(Cartório/SP – 2011 – VUNESP) Assinale a alternativa correta.

(A) Autarquia federal não está sujeita ao pagamento de taxa de coleta de lixo instituída pelo Município.

(B) À União é defeso cobrar IOF nas operações financeiras realizadas pelo Município.

(C) Valorização decorrente de obra pública municipal, de imóvel pertencente ao Estado de São Paulo, não pode ser fato gerador de contribuição de melhoria cobrada pelo município.

(D) A imunidade ou a isenção tributária do comprador se estende ao produtor, contribuinte do imposto sobre produtos industrializados.

A: incorreta, pois a imunidade recíproca refere-se apenas a impostos, não afastando a exigibilidade em relação a taxas – art. 150, VI, *a*, da CF; B: correta, pois a imunidade recíproca abrange o IOF – art. 150, VI, *a*, da CF; C: incorreta, pois a imunidade recíproca refere-se aos impostos, não às demais espécies tributárias, como as contribuições de melhoria – art. 150, VI, *a*, da CF; D: incorreta, pois contraria o disposto na Súmula 591 do STF, segundo a qual a imunidade ou isenção *não* se estende ao produtor..
Gabarito "B".

(Cartório/RN – 2012 – IESIS) Em relação às limitações constitucionais ao poder de tributar assinale a alternativa correta:

(A) Quando alugado a terceiros o imóvel de propriedade do partido político perde a imunidade e passa a sujeitar-se ao IPTU.

(B) O ICMS incidente sobre a comercialização de livros, mesmo por empresa com fins lucrativos, está abrangido pela imunidade tributária.

(C) O prédio da Receita Federal de propriedade da União é imune ao pagamento da taxa de coleta de lixo.

(D) Os rendimentos oriundos das aplicações financeiras realizadas pelos Municípios não são imunes ao imposto de renda.

A: incorreta, conforme a jurisprudência pacífica consolidada pela Súmula 724 do STF, que determina: "ainda quando alugado a terceiros, permanece imune ao IPTU o imóvel pertencente a qualquer das entidades referidas pelo art. 150, VI, *c*, da Constituição" com a ressalva de que "o valor dos aluguéis seja aplicado nas atividades essenciais de tais entidades"; B: correta, pois a imunidade dos livros é, nesse sentido, objetiva (refere-se às transações com o objeto, com o livro), não subjetiva (não importa o sujeito, quem realiza a operação) – art. 150, VI, *d*, da CF; C: incorreta, pois a imunidade recíproca refere-se apenas aos impostos, não às demais espécies tributárias, como as taxas cobradas pelos Municípios (coleta de lixo é serviço municipal, de modo que a taxa, no caso, é da competência do ente local); D: incorreta, pois a imunidade recíproca abrange o IR sobre aplicações financeiras – art. 150, VI, *a*, da CF.
Gabarito "B".

(Cartório/DF – 2001 – CESPE) A Empresa Brasileira de Correios e Telégrafos (ECT), empresa pública federal, decidiu abrir uma agência no *campus* da Universidade de Brasília. Para tanto, realizou com a Fundação Universidade de Brasília (FUB), fundação pública federal, contrato de locação de uma sala localizada na área do *campus* destinada à instalação de serviços úteis à comunidade universitária. No contrato de locação, ficou determinado que a locatária seria responsável pelo pagamento de todos os impostos e taxas relativos ao imóvel, em especial o imposto predial e territorial urbano (IPTU) e a taxa de limpeza urbana

(TLP). Para que pudesse funcionar no novo espaço, o DF cobrou da ECT taxa de localização e funcionamento, prevista em lei distrital, que tinha como fato gerador a atividade administrativa consistente na expedição de alvará de funcionamento. Iniciado o funcionamento da agência, foi afixado em seu mural um cartaz com o seguinte texto: "Abertas as inscrições para concurso público para carteiro, taxa de inscrição de R$ 15,00, informações no balcão de atendimento". Eduardo, que se inscreveu nesse concurso, foi aprovado, tomou posse e, ao receber o seu primeiro contracheque, observou que havia um desconto de R$ 50,00 sobre seu salário, a título de imposto de renda retido na fonte. Considerando a situação hipotética descrita, julgue os seguintes itens.

(1) Mesmo que a FUB seja imune ao pagamento do IPTU sobre a sala alugada à ECT, a previsão contratual de que caberia a esta empresa o pagamento desse imposto constitui a ECT como o responsável tributário pelo pagamento do IPTU e possibilita que o DF cobre esse tributo diretamente da referida empresa pública.

(2) Embora faça parte da administração pública indireta, a ECT não seria imune ao pagamento de taxa de localização e funcionamento, em virtude de não ser abrangida pela imunidade recíproca prevista na Constituição da República de 1988.

1: incorreta. A contribuinte do IPTU é a proprietária do imóvel (art. 34 do CTN), ou seja, a Fundação pública, entidade imune nos termos do art. 150, VI, "a" e § 2º da CF, de modo que não é possível a cobrança do imposto. Ademais, o STF entende que a Empresa de Correios e Telégrafos (ECT) e a Empresa Brasileira de Infraestrutura Aeroportuária (Infraero) são imunes em relação a atividades públicas em sentido estrito, executadas sem intuito lucrativo, que não indiquem capacidade contributiva – RE 601.392/PR. Nesse sentido, não há falar em exploração de atividade econômica no imóvel que afastaria a imunidade em desfavor da Fundação nos termos do art. 150, § 3º, da CF; 2: incorreta, pois, conforme o comentário anterior, o STF entende que a ECT é imune em relação a atividades públicas em sentido estrito, executadas sem intuito lucrativo, que não indiquem capacidade contributiva – RE 601.392/PR, apesar de a letra do § 2º desse dispositivo constitucional estender a imunidade expressamente somente às fundações públicas e às autarquias (a ECT é empresa pública). Importante salientar que a imunidade prevista no art. 150, VI, "a", da CF restringe-se aos impostos (não abrange, portanto, as taxas), de modo que a ECT deve mesmo pagar a taxa citada, mas por essa razão (não por conta de suposta inexistência de imunidade).
Gabarito 1E, 2E

(Cartório/MG – 2005 – EJEF) Pelo art. 156, § 2º, I, da Constituição Federal, não há incidência do imposto de transmissão *inter vivos* de bens imóveis sobre a transmissão de bens ou direitos incorporados ao patrimônio de pessoa jurídica em realização de capital nem sobre a transmissão de bens ou direitos decorrentes de fusão, incorporação, cisão ou extinção de pessoa jurídica.

Considerando-se que se trata de uma proibição constitucional, é CORRETO afirmar que, juridicamente, esse fato se enquadra como

(A) anistia.

(B) diferimento.

(C) imunidade.

(D) isenção.

Sempre que a Constituição delimita negativamente a competência tributária, ou seja, afasta a possibilidade de tributação em relação a determinada pessoa, bem ou situação, temos imunidade, ainda que o texto constitucional adote outro termo (isenção ou não incidência). Por essa razão, a alternativa "C" é a correta.
Gabarito "C"

(Cartório/SC – 2008) Em relação a imunidades e isenções tributárias, assinale a alternativa correta:

(A) Não incide IPTU sobre imóvel de propriedade de partido político.

(B) A imunidade pode ser concedida por decreto do prefeito, desde que autorizado pela Câmara de Vereadores.

(C) Compete privativamente ao Chefe do Poder Executivo a iniciativa de leis que concedem isenção tributária.

(D) Os Estados detêm total autonomia para conceder isenção de ICMS.

(E) O princípio da igualdade tributária (CR, art. 150, II) impede a concessão de isenção de IPTU a grupos determinados de pessoas.

A: essa é a assertiva correta, pois o patrimônio dos partidos políticos é abrangido pela imunidade do art. 150, VI, *c*, da CF; B: incorreta, pois a imunidade é norma constitucional que delimita a competência tributária; C: assertiva incorreta, já que não há essa restrição na Constituição Federal; D: incorreta, pois as isenções de ICMS dependem de convênios interestaduais – art. 155, § 2º, XII, *g*, da CF; E: incorreta, já que a concessão de isenção a grupos determinados de pessoas não é, por si só, inconstitucional, sendo necessária a análise caso a caso (são comuns e razoáveis, por exemplo, isenções para o imóvel de moradia do idoso).
Gabarito "A"

(Cartório/SP – VII – VUNESP) Assinale a alternativa correta.

(A) Autarquia federal não está sujeita ao pagamento de taxa de coleta de lixo instituída pelo Município.

(B) À União é defeso cobrar IOF nas operações financeiras realizadas pelo Município.

(C) Valorização decorrente de obra pública municipal, de imóvel pertencente ao Estado de São Paulo, não pode ser fato gerador de contribuição de melhoria cobrada pelo município.

(D) A imunidade ou a isenção tributária do comprador se estende ao produtor, contribuinte do imposto sobre produtos industrializados.

A e C: incorreta, pois a imunidade recíproca abrange apenas os impostos, não as outras espécies tributárias, como as taxas e contribuições de melhoria – art. 150, VI, "a" e § 2º, da CF; B: essa é a correta, pois todos os impostos que possam atingir o patrimônio, a renda ou prejudicar os serviços dos entes políticos são abrangidos pela imunidade recíproca; D: incorreta, pois o contribuinte (produtor do bem) não é beneficiado pela imunidade ou pela isenção concedida em favor do adquirente (mero contribuinte de fato), conforme a Súmula 591/STF.
Gabarito "B"

(Cartório/SP – V – VUNESP) As imunidades tributárias representam limitações ao poder de tributar e são previstas

(A) em medidas provisórias desde que convertidas em lei no prazo estabelecido na Constituição Federal.

(B) em convênios entre a União e os demais entes políticos.

(C) em leis complementares ou em leis federais, considerada a competência residual da União.

(D) no texto da Constituição Federal.

A imunidade é sempre norma constitucional, que delimita negativamente a competência tributária.
Gabarito "D".

(Cartório/SP – V – VUNESP) A vedação absoluta ao poder de tributar certas pessoas ou certos bens, estabelecida na Constituição Federal, caracteriza a

(A) não incidência legal.

(B) isenção; remissão.

(C) equidade.

(D) imunidade.

Sempre que a Constituição delimita negativamente a competência tributária, ou seja, afasta a possibilidade de tributação em relação a determinada pessoa, bem ou situação, temos imunidade, ainda que o texto constitucional adote outro termo (isenção ou não incidência). Por essa razão, a alternativa "D" é a correta.
Gabarito "D".

4. DEFINIÇÃO DE TRIBUTO E ESPÉCIES

(Cartório/RS – 2019 – VUNESP) A espécie tributária instituída para fazer face ao custo de obras públicas de que decorra valorização imobiliária para os imóveis beneficiados denomina-se

(A) taxa de acréscimo patrimonial.

(B) taxa de serviço público.

(C) contribuição social decorrente de obra pública.

(D) contribuição de melhoria.

(E) taxa de valorização imobiliária.

A, B e E: incorretas, até porque a taxa é contraprestacional, cobrada em face de serviço público ou do exercício de poder de polícia apenas – art. 145, II, da CF; **C:** incorreta, pois não existe contribuição social decorrente de obra pública, ao menos não prevista expressamente na Constituição Federal – arts. 145, 149 e 195 da CF; **D:** correta, conforme o art. 145, III, da CF e art. 81 do CTN.
Gabarito "D".

(Cartório/CE – 2018 – IESES) Sobre a contribuição de melhoria, assinale a alternativa INCORRETA:

(A) É de competência da União, Estados, Distrito Federal e Municípios no âmbito de suas respectivas atribuições.

(B) Nos termos do CTN, a contribuição de melhoria possui um limite global, correspondente ao valor da despesa realizada na obra e um limite individual, que impede que seja exigido do contribuinte valor maior do que o efetivo acréscimo de valor que seu imóvel sofreu.

(C) A contribuição de melhoria é instituída em decorrência de obra pública da qual resulte em valorização imobiliária, sendo que a inexistência desta valorização impediria a cobrança do tributo.

(D) A lei relativa à contribuição de melhoria deve conter, dentre outros requisitos, o memorial descritivo do projeto e a delimitação da zona beneficiada, podendo conceder e fixar de prazo para impugnação pelos interessados de qualquer dos requisitos exigidos para a lei.

A: correta, pois todos os entes políticos têm competência para instituir contribuição de melhoria em relação às obras que realizem – trata-se da chamada competência comum – art. 145, III, da CF e art. 81 do CTN; **B:**

correta – art. 81 do CTN; **C:** correta, pois o fato gerador é a valorização imobiliária, não a realização da obra – art. 145, III, da CF e art. 81 do CTN; **D:** incorreta, pois a fixação de prazo para impugnação não é uma opção, mas sim um requisito essencial da lei – art. 82, II, do CTN.
Gabarito "D".

(Cartório/SP – 2016 – VUNESP) As alíquotas de um tributo podem ser

(A) fixas e invariáveis.

(B) invariáveis desde que diferentes da alíquota zero.

(C) fixas e variáveis.

(D) variáveis desde que em porcentual máximo de 15% do valor do bem.

Há diversas classificações para alíquotas. A CF prevê, nos arts. 149, § 2º, III, e 155, § 4º, IV: alíquotas *ad valorem* e alíquotas específicas. Alíquotas *ad valorem* são aquelas expressas em percentuais, calculadas sobre uma base de cálculo em reais (v.g. 15% da renda). Alíquotas específicas são aquelas expressas em um valor em reais, a ser multiplicado por determinada unidade de medida (v.g. R$ 20,00 por *container* de produto). É comum também referir-se a alíquotas variáveis e fixas. Alíquotas variáveis são as alíquotas *ad valorem*, fixadas em percentual sobre a base de cálculo em reais. Alíquotas fixas são um montante determinado em reais devido por cada contribuinte ou pelo número de sócios de determinada sociedade (*per capita*), por exemplo, como no caso do ISS devido por profissionais liberais – art. 9º do DL 406/1968. Por essas razões, a alternativa "C" é a correta.
Gabarito "C".

Cartório/MG – 2015 – Consulplan) Deduz-se do enunciado 20 da Súmula do Órgão Especial do egrégio TJMG – "*São inconstitucionais as taxas que têm por base os serviços limpeza pública, iluminação pública e de conservação de calçamento, por se tratar de serviços indivisíveis e inespecíficos*" – que

(A) pelos mesmos fundamentos, também haveria de ser declarado inconstitucional eventual dispositivo de lei do estado de Minas Gerais que viesse a criar emolumentos por lavratura de escritura pública de ata notarial que tenha por objeto narrativa de fato sem conteúdo econômico.

(B) as razões jurídicas para decisão em tal sentido estão exclusivamente na Constituição do estado de Minas Gerais, já que não há paralelismo de tais fundamentos na Constituição Federal.

(C) a taxa de serviço é um tributo classificado pela doutrina como não vinculado.

(D) não pode o município de Serro – MG, validamente, instituir, por lei, taxa de serviço de lavação semanal da Praça João Pinheiro, tendo por contribuintes os proprietários de imóveis lindeiros com referido bem público de uso comum do povo.

A: incorreta, pois nesse último caso trata-se de serviço específico e divisível, prestado *uti singuli* – art. 79, II e III, do CTN; **B:** incorreta, pois a definição de que taxas referem-se apenas a serviços específicos e divisíveis está no art. 145, II, da CF; **C:** incorreta, pois a taxa é tributo cujo fato gerador é sempre vinculado a atividade estatal específica (serviço ou fiscalização) voltada ao contribuinte; **D:** correta, já que limpeza urbana é serviço prestado *uti universi*, não divisível, ou seja, insuscetível de utilização separadamente por cada um dos seus usuários – art. 79, III, do CTN.
Gabarito "D".

(Cartório/MG – 2015 – Consulplan) Acerca das taxas, é correto afirmar:

(A) Têm por fato gerador o exercício efetivo ou potencial do poder de polícia, ou a utilização regular de serviço público específico e divisível, prestado ao contribuinte ou posto à sua disposição.

(B) Em casos excepcionais, podem ter base de cálculo ou fatos geradores idênticos aos que correspondam a impostos; com efeito, os emolumentos percebidos por notários e registradores são taxas e têm base de cálculo idêntica à do imposto sobre a renda da pessoa física do tabelião ou registrador.

(C) Consideram-se serviços públicos específicos quando podem ser destacados em unidades autônomas de intervenção, de utilidade, ou de necessidades públicas; e divisíveis, quando suscetíveis de utilização, separadamente, por parte de cada um dos seus usuários.

(D) Segundo norma constitucional explícita, são assegurados a todos – mediante prévio e regular pagamento de taxas – o direito de petição aos Poderes Públicos em defesa de direitos ou contra ilegalidade ou abuso de poder e a obtenção de certidões em repartições públicas, para defesa de direitos e esclarecimento de situações de interesse pessoal.

A: incorreta, pois a fiscalização que dá ensejo à taxa deve ser efetiva. Interessante lembrar que o STF considera suficiente para comprovação do efetivo exercício do poder de polícia e, portanto, validade da taxa correspondente, a existência de órgão e estrutura competente para a fiscalização – RE 588.322/RO. Seguindo esse entendimento, o STJ afastou a Súmula 157, admitindo taxa na renovação de licença); **B:** incorreta, pois taxas jamais podem ter base de cálculo idêntica a de impostos – art. 145, § 2º, da CF e art. 77, parágrafo único, do CTN – embora o STF admita "a adoção, no cálculo do valor de taxa, de um ou mais elementos da base de cálculo própria de determinado imposto, desde que não haja integral identidade entre uma base e outra" – Súmula Vinculante 29/STF; **C:** correta, sendo a definição do art. 79, II e III, do CTN; **D:** incorreta, pois a CF não prevê expressamente cobrança de taxas nessas hipóteses – art. 5º, XXXIV, da CF.
Gabarito "C".

(Cartório/MG – 2015 – Consulplan) Com relação às contribuições de melhoria, é correto afirmar:

(A) São instituídas para fazer face ao custo de obras públicas de que decorra valorização imobiliária, tendo como limite total a despesa realizada e como limite individual o acréscimo de valor que da obra resultar para cada imóvel beneficiado.

(B) A lei relativa à contribuição de melhoria observará, dentre outros requisitos mínimos, a publicação prévia dos seguintes elementos: memorial descritivo do projeto, orçamento do custo total da obra, determinação de que o custo total da obra deverá ser financiado pela contribuição, delimitação da zona beneficiada, determinação do fator de absorção do benefício da valorização para toda a zona ou para cada uma das áreas diferenciadas, nela contidas.

(C) São tributos largamente utilizados pelos Estados, pelo Distrito Federal e pelos Municípios quando da realização de obras públicas, em decorrência da praticidade e da rápida tramitação dos procedimentos para a definição do montante a ser cobrado a título de contribuição de melhoria.

(D) Poderão ser instituídas pelos Estados, pelo Distrito Federal ou pelos Municípios, no âmbito de suas respectivas atribuições, não havendo previsão legal para que possam ser cobradas pela União.

A: correta, nos termos do art. 145, III, da CF e do art. 81 do CTN; **B:** incorreta, pois o art. 82, I, do CTN não exige previsão do custo total da obra a ser financiada pela contribuição, referindo-se a parcela do custo da obra; **C:** incorreta, pois é tributo extremamente complexo para sua instituição e cobrança, sendo difícil sustentá-lo perante impugnações judiciais, o que se visualiza pelas detalhadas exigências do art. 82 do CTN; **D:** incorreta, pois se trata de tributo de competência comum, podendo ser instituído por todos os entes políticos, União inclusive, em relação às respectivas obras que impliquem valorização imobiliária.
Gabarito "A".

(Cartório/MG – 2015 – Consulplan) Assinale a alternativa INCORRETA:

(A) Segundo o conceito de tributo do Código Tributário Nacional, este, dentre outros pontos, é compulsório e em moeda ou cujo valor nela se possa exprimir.

(B) Pelo Código Tributário Nacional, a sanção por ato ilícito é considerado tributo.

(C) Pelo art. 3º do Código Tributário Nacional, o tributo, dentre outros fatores, é prestação instituída em lei.

(D) Segundo o Código Tributário Nacional, tributo, dentre outros aspectos, é cobrado mediante atividade administrativa vinculada.

A, C e D: corretas, conforme a definição do art. 3º do CTN; **B:** incorreta, pois o tributo jamais é sanção por ato ilícito.
Gabarito "B".

(Cartório/PA – 2016 – IESES) De acordo com o artigo 77º do CTN, taxa é um tributo "que tem como fato gerador o exercício regulador do poder de polícia, ou a utilização efetiva ou potencial, de serviço público específico e divisível, prestado ao contribuinte ou posto à sua disposição", de acordo com a definição citada, assinale a alternativa que NÃO se enquadra como fato gerador apto a cobrança de taxa:

(A) Prestação de serviço público de coleta de lixo.

(B) Prestação de serviço inerente à segurança pública.

(C) Retirada de passaporte.

(D) Submissão de projeto de engenharia aos órgãos estatais competentes.

A: correta, pois coleta de lixo é serviço específico e divisível, sendo possível a cobrança de taxa – art. 79, II e III, do CTN e Súmula Vinculante 19/STF; **B:** incorreta, pois o serviço inerente à segurança pública não é específico (inidentificável como unidade autônoma), nem divisível (inviável sua utilização separadamente por cada cidadão) – art. 79, II e III, do CTN; **C:** correta, pois se trata de serviço prestado *uti singuli*, específico e divisível. Nesse caso, por não ser de utilização compulsória (ninguém é obrigado a tirar passaporte), somente pode ser cobrada taxa no caso de utilização efetiva (não potencial) – art. 79, I, do CTN; **D:** correta, tratando-se de exercício do poder de polícia, suscetível de taxação – art. 78 do CTN.
Gabarito "B".

(Cartório/PA – 2016 – IESES) A Lei 5.172 de 1966 dispõe sobre o Sistema Tributário Nacional e institui normas gerais de direito tributário aplicáveis à União, Estados e Municípios. Assinale a alternativa que determina de forma correta o conceito de tributo:

3. DIREITO TRIBUTÁRIO — 161

(A) Tributo é conceituado como sendo uma prestação compulsória em dinheiro feita pelo sujeito passivo da obrigação tributária, em moeda ou cujo valor nela se possa exprimir, decorrente de sanção de ato ilícito, desde que instituído em lei e cobrado mediante uma atividade administrativa plenamente vinculada.

(B) Tributo é conceituado como sendo uma prestação compulsória em dinheiro feita pelo sujeito ativo da obrigação tributária, apenas em moeda, não decorrente de sanção de ato ilícito, desde que instituído em lei e cobrado mediante uma atividade administrativa plenamente vinculada.

(C) Tributo é conceituado como sendo uma prestação compulsória em dinheiro feita pelo sujeito ativo da obrigação tributária, em moeda ou cujo valor nela se possa exprimir, não decorrente de sanção de ato ilícito, desde que instituído em lei e cobrado mediante uma atividade administrativa plenamente vinculada.

(D) Tributo é conceituado como sendo uma prestação compulsória em dinheiro feita pelo sujeito passivo da obrigação tributária, em moeda ou cujo valor nela se possa exprimir, não decorrente de sanção de ato ilícito, desde que instituído em lei e cobrado mediante uma atividade administrativa plenamente vinculada.

A: incorreta, pois o tributo jamais decorre de ato ilícito – art. 3º do CTN; B: incorreta, pois a prestação é devida pelo sujeito passivo (contribuinte ou responsável tributário), não pelo sujeito ativo. Ademais, o art. 3º do CTN se refere a moeda ou cujo valor nela se possa exprimir; C: incorreta, pois a prestação é devida pelo sujeito passivo (contribuinte ou responsável tributário), não pelo sujeito ativo; D: correta, correspondendo à definição do art. 3º do CTN.
Gabarito "D".

(Cartório/PA – 2016 – IESES) Na iminência ou no caso de guerra externa é possível instituir, temporariamente, impostos extraordinários compreendidos ou não entre os referidos na Lei 5.172/66, suprimidos, gradativamente, no prazo máximo de cinco anos, contados da celebração da paz. Referidos impostos são de competência:

(A) Dos Estados.

(B) De todos os entes de forma concorrente.

(C) Dos Municípios.

(D) Da União.

A competência para instituir o imposto extraordinário, em caso de guerra externa ou sua iminência, é exclusiva da União, de modo que a alternativa "D" é a correta – art. 154, II, da CF.
Gabarito "D".

(Cartório/PA – 2016 – IESES) De acordo com a Lei 5.172/66, que dispõe sobre o sistema tributário nacional, identifique a assertiva correta:

I. Tributo é toda prestação pecuniária compulsória, em moeda ou cujo valor nela se possa exprimir, que não constitua sanção de ato ilícito, instituída em lei e cobrada mediante atividade administrativa plenamente vinculada.

II. Os tributos são impostos, taxas e contribuições de melhoria.

III. A natureza jurídica específica do tributo é determinada pelo fato gerador da respectiva obrigação.

IV. A natureza jurídica específica do tributo é determinada pelo fato gerador da respectiva obrigação,

sendo relevantes para qualificá-la a destinação legal do produto da sua arrecadação.

(A) Apenas os itens II e III estão corretos.

(B) Apenas os itens II e IV estão corretos.

(C) Apenas os itens I, II e III estão corretos.

(D) Os itens I, II, III e IV estão corretos.

I: correta, correspondendo à definição do art. 3º do CTN; II: correta, sendo essa a especificação clássica, conhecida como teoria tripartida, referida no art. 145 da CF e no art. 5º do CTN. É importante destacar, entretanto, que a doutrina reconhece a existência do empréstimo compulsório e das contribuições especiais como outras duas espécies tributárias; III: correta, nos termos do art. 4º do CTN, lembrando que a doutrina reconhece que a base de cálculo, em conjunto com o fato gerador, define a natureza específica do tributo; IV: incorreta, pois a destinação legal do produto da arrecadação é irrelevante para determinar a natureza específica do tributo – art. 4º, II, do CTN.
Gabarito "C".

(Cartório/SP – 2012 – VUNESP) Sobre a definição de tributo, é correto afirmar que:

(A) Ato praticado por incapaz, sem assistência ou representação, não gera obrigação de pagar tributo.

(B) É admissível o pagamento de tributo mediante a prestação de trabalho ao ente tributante.

(C) É inadmissível que ilícito administrativo, cometido pelo contribuinte, acarrete aumento no valor de tributo devido.

(D) O confisco, previsto em norma aduaneira em caso de descaminho, é uma modalidade de tributo.

A: incorreta, pois a vontade do agente é irrelevante para a ocorrência do fato gerador e o surgimento da obrigação tributária, daí porque sua incapacidade civil não afasta o tributo – arts. 3º e 126, I e II, do CTN; B: incorreta, pois o tributo é sempre prestação pecuniária (em moeda corrente nacional) – art. 3º do CTN; C: correta, pois o tributo jamais decorre de fato ilícito – art. 3º do CTN. Importante notar que esse ilícito pode dar ensejo à multa (= penalidade pecuniária) e implicar aumento do crédito tributário correspondente – art. 113, § 1º, do CTN; D: incorreta, pois o tributo não pode ter natureza confiscatória – art. 150, IV, da CF.
Gabarito "C".

(Cartório/MG – 2012 – FUMARC) Segundo normatização da Constituição Federal de 1988, acerca das contribuições sociais e de intervenção no domínio econômico, é **correto** afirmar que

(A) Incidirão também sobre a exportação de produtos e serviços.

(B) São de competência concorrente entre a União e os municípios.

(C) Não incidirão sobre as receitas decorrentes da importação e exportação.

(D) Poderão ter alíquota específica, tendo por base a unidade de medida adotada.

A: incorreta, pois o art. 149, § 2º, I, da CF veda expressamente a incidência de contribuições sociais e CIDE sobre receitas decorrentes de exportação; B: incorreta, pois as contribuições sociais e CIDE são da competência exclusiva da União – art. 149, *caput*, da CF. Importante lembrar que os demais entes políticos podem (na verdade, devem) instituir contribuições de seus servidores ativos, dos aposentados e dos pensionistas, para custeio do regime próprio de previdência – art. 149, § 1º, da CF; C: incorreta, pois essa imunidade refere-se apenas à exportação, não à importação – art. 149, § 2º, I e II, da CF; D: correta, nos termos do art. 149, § 2º, III, *b*, da CF.

Gabarito "D".

(Cartório/MG – 2012 – FUMARC) Ao disciplinar sobre o custeio do serviço de iluminação pública, a Constituição Federal de 1988 estabeleceu que pode:

(A) Ser exigido por decreto legislativo.

(B) Sofrer reajustes através de decretos.

(C) Ser cobrado no mesmo exercício financeiro e exigido por taxa.

(D) Ser instituído por contribuição e compete aos municípios e ao Distrito Federal.

O art. 149-A da CF dispõe que "os Municípios e o Distrito Federal poderão instituir contribuição, na forma das respectivas leis, para o custeio do serviço de iluminação pública, observado o disposto no art. 150, I e III" (princípios da legalidade, irretroatividade e anterioridade). Ademais, "é facultada a cobrança da contribuição a que se refere o *caput*, na fatura de consumo de energia elétrica" (parágrafo único do dispositivo). Por essa razão, a alternativa "D" é a correta.

Gabarito "D".

(Cartório/RN – 2012 – IESIS) Em relação às espécies tributárias, assinale a alternativa correta:

(A) As contribuições de melhoria são de competência exclusiva dos Municípios.

(B) O valor arrecadado com o empréstimo compulsório deve ser aplicado exclusivamente na despesa que fundamentou sua instituição.

(C) As taxas podem ser exigidas em decorrência de serviço público prestado à população em geral, sem a necessidade de individualização do beneficiário.

(D) A lei que instituir imposto pode definir o destino dos recursos arrecadados.

A: incorreta, pois as contribuições de melhoria podem ser instituídas por qualquer ente político em relação às suas obras, desde que proporcionem valorização imobiliária (competência comum) – art. 145, III, da CF; B: correta, nos termos do art. 148, parágrafo único, da CF; C: incorreta, pois as taxas somente podem ser exigidas em relação a serviços prestados *uti singuli* (específicos e divisíveis), em que se possa identificar o usuário – art. 145, II, da CF e art. 79, III, do CTN; D: incorreta, pois é vedada, em regra, a vinculação da receita de imposto a despesa específica – art. 167, IV, da CF.

Gabarito "B".

(Cartório/SC – 2012) Quanto às espécies tributárias previstas constitucionalmente, é **correto** afirmar:

(A) A par das duas modalidades de tributos a que se refere o artigo 145, há previsão de outras duas modalidades nos artigos 148 e 149, permitindo concluir que são quatro as espécies tributárias estabelecidas pela Constituição Federal.

(B) A par das três modalidades de tributos a que se refere o artigo 145, há previsão de outras duas modalidades nos artigos 148 e 149, permitindo concluir que são cinco as espécies tributárias estabelecidas pela Constituição Federal.

(C) Sem indicar diretamente quais as espécies tributárias inerentes ao ordenamento jurídico, a Constituição Federal estabeleceu quais os fatos geradores possíveis de ser adotados pelas pessoas jurídicas de direito público.

(D) De acordo com a Constituição Federal, constituem-se tributos apenas os impostos e as taxas.

(E) A par das cinco modalidades de tributos a que se refere o artigo 145, há previsão de outras duas modalidades nos artigos 148 e 149, permitindo concluir que são sete as espécies tributárias estabelecidas pela Constituição Federal.

A: incorreta, pois o art. 145 da CF prevê três espécies tributárias (impostos, taxas e contribuições de melhoria – as espécies clássicas da teoria tripartida); B: correta, pois, além de impostos, taxas e contribuições de melhoria (art. 145 da CF), a Constituição prevê os empréstimos compulsórios e as contribuições especiais (teoria pentapartida, cinco espécies tributárias); C: incorreta, pois a CF prevê expressamente cinco espécies tributárias, conforme comentário à alternativa "B"; D: incorreta, conforme comentário à alternativa "B"; E: incorreta, pois o art. 145 da CF prevê apenas três espécies tributárias.

Gabarito "B".

(Cartório/SC – 2012) Quanto às taxas, é **correto** afirmar:

(A) É exigível do legislador identidade entre o custo real dos serviços e o montante que o contribuinte pode ser compelido a pagar, tendo em vista a base de cálculo estabelecida pela lei e o *quantum* da alíquota por esta fixado.

(B) Não se pode exigir do legislador mais do que equivalência razoável entre o custo real dos serviços e o montante que o contribuinte pode ser compelido a pagar, tendo em vista a base de cálculo estabelecida pela lei e o *quantum* da alíquota por esta fixado.

(C) Não se pode exigir do legislador qualquer equivalência entre o custo real dos serviços e o montante que o contribuinte pode ser compelido a pagar.

(D) Em razão dos princípios da virtual impossibilidade de aferição matemática direta do custo de cada atuação do Estado, tornou-se desnecessária qualquer vinculação entre os serviços prestados pelo Estado e os montantes cobrados do contribuinte.

(E) As taxas, por sua singularidade, constituem-se em exações cujo montante da contraprestação depende exclusivamente do custo estatal, razão pela qual se torna inconstitucional a cobrança de qualquer valor que não possua a aceitação expressa do contribuinte.

A: incorreta, até porque essa correspondência exata é impossível, na prática; B: correta, pois a base de cálculo dos tributos deve quantificar de maneira razoável o fato gerador (o custo do serviço ou da fiscalização, no caso das taxas), considerando o montante efetivamente cobrado (inclusive no caso de alíquota variável); C e D: incorretas, conforme comentário à alternativa anterior; E: incorreta, pois, como todo tributo, a taxa é compulsória, ou seja, sua exigibilidade independe da vontade do sujeito passivo.

Gabarito "B".

(Cartório/SC – 2012) Analisando as proposições abaixo, assinale a alternativa **correta**:

I. Compete exclusivamente à União instituir contribuições sociais, de intervenção no domínio econômico e de interesse das categorias profissionais ou econômicas, como instrumento de sua atuação nas respectivas áreas, ressalvado aos Estados, ao Distrito Federal e aos Municípios instituírem contribuição, cobrada de seus servidores, para o custeio, em benefício destes, do regime previdenciário.

3. DIREITO TRIBUTÁRIO

II. As contribuições sociais e de intervenção no domínio econômico poderão incidir sobre as receitas decorrentes de exportação.

III. Os Municípios e o Distrito Federal poderão instituir contribuição, na forma das respectivas leis, para o custeio do serviço de iluminação pública, facultada a cobrança desta na fatura de consumo de energia elétrica.

IV. Apenas a União, mediante lei complementar, poderá instituir empréstimos compulsórios.

(A) Somente as proposições II, III e IV estão corretas.

(B) Somente as proposições I, II e III estão corretas.

(C) Somente as proposições I e IV estão corretas.

(D) Somente as proposições I, III e IV estão corretas.

(E) Somente as proposições II e IV estão corretas.

I: correta, nos termos do art. 149, *caput* e § 1º, da CF. Importante destacar que, pela atual redação do dispositivo, a contribuição deve ser cobrada dos servidores ativos, aposentados e pensionistas, podendo ter alíquotas progressivas; II: incorreta, pois há imunidade nesse caso – art. 149, § 2º, I, da CF; III: correta, nos termos do art. 149-A da CF; IV: correta, pois competência é exclusiva da União, nos termos do art. 148 da CF.
Gabarito "D".

(Cartório/AM – 2005 – FGV) Assinale a alternativa correta.

(A) De acordo com a definição do Código Tributário Nacional, os tributos são taxas, impostos, contribuições sociais e contribuições de melhoria.

(B) Os tratados e as convenções internacionais revogam ou modificam a legislação tributária interna, e serão observados pela que lhes sobrevenha, salvo em caso de guerra.

(C) O emprego da analogia poderá resultar na exigência de tributo não previsto em lei.

(D) O emprego da equidade não poderá resultar na dispensa do pagamento do tributo devido.

(E) A doutrina é fonte formal primária do Direito Tributário.

A: incorreta, pois o CTN não se refere às contribuições sociais em seu art. 5º: "Os tributos são impostos, taxas e contribuições de melhoria" (teoria tripartida); B: incorreta, pois o art. 98 do CTN não faz qualquer ressalva à observância dos tratados internacionais, nem mesmo na hipótese de guerra; C: incorreta, pois isso é expressamente vedado pelo art. 108, § 1º, do CTN; D: essa é a alternativa correta, pois reflete o disposto no art. 108, § 2º, do CTN; E: incorreta, pois a doutrina costuma classificar como fontes formais aquilo que o CTN denomina "legislação tributária", ou seja, os veículos introdutores das normas jurídicas (fontes formais primárias inovam no sistema jurídico: Constituição, emendas, leis, medidas provisórias etc.; fontes formais secundárias são as demais: decretos, instruções, portarias etc.).
Gabarito "D".

Veja a seguinte tabela, com as ferramentas de integração, na ordem em que devem ser aplicadas, para estudo e memorização:

Ferramentas de integração – casos de ausência de disposição expressa
1º – analogia (não pode implicar exigência de tributo ao arrepio da lei)
2º – princípios gerais de direito tributário
3º – princípios gerais de direito público
4º – equidade (não pode implicar dispensa de pagamento do tributo devido)

(Cartório/AP – 2011 – VUNESP) O tributo que tem por fato gerador o exercício regular do poder de polícia, como, por exemplo, a fiscalização dos serviços notariais e registrais, é denominado

(A) imposto.

(B) taxa.

(C) contribuição de melhoria.

(D) emolumento.

(E) contribuição de interesse de categoria profissional ou econômica.

A assertiva refere-se à taxa pelo exercício do poder de polícia, de modo que a alternativa "B" é a correta – art. 145, II, da CF e art. 77 do CTN.
Gabarito "B".

(Cartório/AP – 2011 – VUNESP) Os emolumentos

(A) têm natureza tributária, mas não observam aos princípios da anterioridade anual e nonagesimal e da irretroatividade tributária.

(B) têm natureza tributária e a competência para instituí-los é da União, devendo os Estados e Distrito Federal apenas definir os atos que estarão sujeitos a sua incidência.

(C) têm natureza tributária, mas podem ser instituídos por portaria conjunta do Tribunal de Justiça do Estado e do Governo do Estado, devendo os valores serem únicos para todos os atos notariais e de registro.

(D) não têm natureza tributária e devem ser instituídos por lei dos Estados e do Distrito Federal, levando em conta a natureza pública e o caráter social dos serviços notariais e de registro.

(E) não têm natureza tributária e, por isso, podem ser instituídos por portaria ou decreto, devendo corresponder ao custo do serviço notarial e de registro que remuneram.

Os emolumentos cartorários têm natureza tributária de taxa – ver ADI 1.145/PB e ADI 3.694/AP: "É da jurisprudência do Tribunal que as custas e os emolumentos judiciais ou extrajudiciais têm caráter tributário de taxa". A: incorreta, pois todas as taxas submetem-se aos princípios da anterioridade e da irretroatividade (não há exceção) – art. 150, § 1º, da CF; B: incorreta, pois os serviços cartorários de competência dos Estados e do Distrito Federal dão ensejo a taxas estaduais e distritais, respectivamente. Somente quem tem competência material para a prestação do serviço ou para a fiscalização pode instituir a taxa correspondente – art. 145, II, da CF; C: incorreta, pois, sendo taxas, submetem-se ao princípio da legalidade, podendo ser instituídas, alteradas e extintas somente por lei – art. 150, I, da CF; D e E: incorretas, conforme comentário inicial. Obs.: entendemos que nenhuma das alternativas é correta.
Gabarito "D".

(Cartório/DF – 2001 – CESPE) A Empresa Brasileira de Correios e Telégrafos (ECT), empresa pública federal, decidiu abrir uma agência no *campus* da Universidade de Brasília. Para tanto, realizou com a Fundação Universidade de Brasília (FUB), fundação pública federal, contrato de locação de uma sala localizada na área do *campus* destinada à instalação de serviços úteis à comunidade universitária. No

ROBINSON BARREIRINHAS

contrato de locação, ficou determinado que a locatária seria responsável pelo pagamento de todos os impostos e taxas relativos ao imóvel, em especial o imposto predial e territorial urbano (IPTU) e a taxa de limpeza urbana (TLP). Para que pudesse funcionar no novo espaço, o DF cobrou da ECT taxa de localização e funcionamento, prevista em lei distrital, que tinha como fato gerador a atividade administrativa consistente na expedição de alvará de funcionamento. Iniciado o funcionamento da agência, foi afixado em seu mural um cartaz com o seguinte texto: "Abertas as inscrições para concurso público para carteiro, taxa de inscrição de R$ 15,00, informações no balcão de atendimento". Eduardo, que se inscreveu nesse concurso, foi aprovado, tomou posse e, ao receber o seu primeiro contracheque, observou que havia um desconto de R$ 50,00 sobre seu salário, a título de imposto de renda retido na fonte. Considerando a situação hipotética descrita, julgue o seguinte item.

(1) A taxa de inscrição para o concurso público de carteiro tem caráter tributário, pois remunera serviço público divisível e específico.

1: assertiva incorreta, pois não há prestação de serviço público, na hipótese. O valor pago pelo candidato não é taxa (não é tributo), mas simples contrapartida pela participação no certame (= preço).
Gabarito "1E".

(Cartório/DF – 2001 – CESPE) Acerca do direito tributário, julgue o item abaixo.

(1) As custas judiciais, bem como os emolumentos relativos aos atos praticados pelos serviços notariais, constituem preços públicos cuja fixação não pode levar em conta a capacidade contributiva das pessoas que os devem pagar.

Incorreta, pois tanto as custas judiciais como os emolumentos notariais têm natureza tributária (são taxas) – ver ADI 1.145/PB e ADI 3.694/AP: "É da jurisprudência do Tribunal que as custas e os emolumentos judiciais ou extrajudiciais têm caráter tributário de taxa". Ademais, embora o art. 145, § 1º, da CF refira-se expressamente somente aos impostos, entende-se que o princípio maior da capacidade contributiva é também aplicável às demais espécies tributárias.
Gabarito "1E".

(Cartório/MS – 2009 – VUNESP) Assinale a assertiva correta acerca da organização e custeio da seguridade social.

(A) A seguridade social compreende um conjunto integrado de ações de iniciativa dos Poderes Públicos, destinadas a assegurar exclusivamente os direitos relativos à saúde e à previdência social.

(B) O objetivo da diversidade na base de financiamento pode ser citado como um dos que regem a organização da seguridade social.

(C) A seguridade social será financiada por toda a sociedade, de forma direta, por intermédio das contribuições sociais, não sendo admitida a forma indireta de financiamento, mediante recursos provenientes dos orçamentos dos Estados e Municípios.

(D) Contribuirão para o custeio da seguridade social os trabalhadores e demais segurados, incidindo contribuição, inclusive, sobre aposentadoria e pensão concedida pelo regime geral da previdência social.

(E) As contribuições da empresa não poderão ter alíquotas diferenciadas em razão da atividade econômica exer-

cida ou do seu porte, sob pena de afronta ao princípio constitucional da uniformidade.

A: incorreta, pois a seguridade social abrange não apenas a saúde e a previdência social, mas também a assistência social – art. 194 da CF; B: assertiva correta. Nos termos do art. 194, parágrafo único, da CF, a organização da seguridade social pelo poder público se dá com base nos seguintes objetivos: (i) universalidade da cobertura e do atendimento, (ii) uniformidade e equivalência dos benefícios e serviços às populações urbanas e rurais, (iii) seletividade e distributividade na prestação dos benefícios e serviços, (iv) irredutibilidade do valor dos benefícios, (v) equidade na forma de participação no custeio, (vi) diversidade da base de financiamento e (vii) caráter democrático e descentralizado da administração, mediante gestão quadripartite, com participação dos trabalhadores, dos empregadores, dos aposentados e do Governo nos órgãos colegiados; C: incorreta, pois, a sociedade financia a seguridade social de forma direta e indireta, nos termos da lei, mediante recursos provenientes dos orçamentos da União, dos Estados, do Distrito Federal e dos Municípios, e das contribuições sociais – art. 195 da CF; D: incorreta, pois o art. 195, II, *in fine*, da CF afasta a possibilidade de incidência de contribuições sociais sobre aposentadorias e pensões abrangidas pelo regime geral da previdência social; E: incorreta, pois o art. 195, § 9º, da CF prevê expressamente que as contribuições dos empregadores, empresas e equiparados poderão ter alíquotas ou bases de cálculo diferenciadas, em razão da atividade econômica, da utilização intensiva de mão de obra, do porte da empresa ou da condição estrutural do mercado de trabalho.
Gabarito "B".

(Cartório/SC – 2008) No que se refere à taxa, é INCORRETO afirmar:

(A) É um tributo vinculado.

(B) Somente pode ser instituída pelos municípios.

(C) Os municípios não detêm total autonomia para definir sua base de cálculo.

(D) Possui como características a especificidade e a divisibilidade.

(E) Não pode ter base de cálculo ou fato gerador idênticos aos que correspondam a imposto.

Art. 145, II, e § 2º, da CF. A: correta, pois a taxa é tributo vinculado a atividade estatal específica (serviço público ou exercício do poder de polícia); B: essa é a incorreta, pois todos os entes políticos (União, Estados, DF e Municípios) podem instituir taxas – trata-se da chamada competência comum; C: correta, pois a base de cálculo deve se relacionar diretamente ao serviço prestado ou ao exercício do poder de polícia; D: correta, já que a taxa pela prestação de serviços refere-se apenas àqueles com essas características; E: a assertiva é verdadeira. Na verdade, a Constituição impede a adoção de base de cálculo **própria** de imposto. Note que o STF publicou a Súmula Vinculante 29, segundo a qual é constitucional a adoção, no cálculo do valor de taxa, de um ou mais elementos da base de cálculo própria de determinado imposto, desde que não haja integral identidade entre uma base e outra.
Gabarito "B".

(Cartório/SP – I – VUNESP) Assinale a alternativa que arrola as espécies de tributos no sistema tributário nacional.

(A) Taxas, preço público e empréstimo compulsório.

(B) Taxas, tarifas e contribuição de melhoria.

(C) Taxas, contribuição de melhoria e impostos.

(D) Impostos, preço público e taxas.

O art. 145 da CF e o art. 5º do CTN referem-se aos impostos, às taxas e às contribuições de melhoria, como espécies tributárias (= teoria

3. DIREITO TRIBUTÁRIO

tripartida). Entretanto, é tranquilo o entendimento jurisprudencial e, em menor medida, o doutrinário no sentido de que os empréstimos compulsórios e as contribuições especiais (sociais, de intervenção no domínio econômico, de interesse de categorias profissionais e econômicas e para custeio do serviço de iluminação pública) também são espécies tributárias. A, B e D: incorretas, pois preço público e tarifa não têm natureza tributária (tarifa é a remuneração da concessionária de serviço público). A assertiva "C" é, portanto, a única correta.

Gabarito "C".

(Cartório/SP – II – VUNESP) Considere as seguintes afirmativas:

I. O imposto é o tributo cuja obrigação tem por fato gerador uma situação independente de qualquer atividade estatal específica, relativa ao contribuinte.

II. As taxas têm como fato gerador o exercício regular do poder de polícia, ou a utilização, efetiva ou potencial, de serviço público específico e divisível, prestado ao contribuinte ou posto à sua disposição, não podendo ter base de cálculo própria de impostos.

III. A contribuição de melhoria é instituída para fazer frente ao custo de obras públicas de que decorra valorização imobiliária, tendo como limite total a despesa realizada que terá o valor dividido, igualmente, entre todos os beneficiados.

Pode-se dizer que está correto somente o afirmado em

(A) I.

(B) I e II.

(C) I e III.

(D) II e III.

I: correta, pois essa é a definição de imposto dada pelo art. 16 do CTN; II: assertiva correta, nos exatos termos do art. 145, II e § 2º, da CF; III: incorreta, pois o valor cobrado de cada contribuinte será calculado individualmente, com base na valorização do respectivo imóvel. Há, portanto, além do limite total (valor da despesa realizada) o limite individual correspondente ao acréscimo de valor que da obra resultar para cada imóvel beneficiado – art. 81 do CTN.

Gabarito "B".

(Cartório/SP – III – VUNESP) Considere as seguintes proposições:

I. os emolumentos possuem diversos aspectos compreendidos pelo regime jurídico da espécie tributária denominada de taxa;

II. a parcela dos emolumentos destinada aos notários e registradores decorre da prestação efetiva aos usuários-contribuintes dos respectivos serviços públicos específicos e divisíveis;

III. as parcelas dos emolumentos destinadas ao Estado e ao Tribunal de Justiça são justificadas em razão do poder de polícia;

IV. os emolumentos são tributos não vinculados a uma atuação estatal, consistente em prestação unilateral do contribuinte.

Estão corretas apenas

(A) I e II.

(B) II e IV.

(C) I e III.

(D) I, II e III.

I: assertiva correta, pois não somente os emolumentos notariais possuem diversos aspectos, como são considerados, efetivamente, taxas – ver ADI 1.145/PB e ADI 3.694/AP: "É da jurisprudência do Tribunal que as custas e os emolumentos judiciais ou extrajudiciais

têm caráter tributário de taxa"; II: correta, pois, conforme o comentário à alternativa anterior, os emolumentos são considerados taxas, ou seja, têm por fato gerador a utilização se serviço público específico e divisível prestado ao contribuinte; III: questionável. A Vunesp, em seus gabaritos, divide os emolumentos em duas parcelas. A parte que fica como agente delegado (tabelião, notário) é considerada taxa pela prestação de serviço público, enquanto a parcela repassada ao Estado é considerada taxa pelo exercício do poder de polícia. Por essa ótica, a assertiva está correta (assim como a anterior). Parece-nos, entretanto, que o tomador do serviço notarial paga pela prestação do serviço público, sem relação direta, em princípio, com o exercício do poder de polícia. Nesse sentido, o tributo é integralmente pago pelo usuário do serviço público (cliente do cartório paga taxa de serviço) e há simples repasse de parcela da receita pelo cartório ao Estado (matéria de direito financeiro, mas não tributário em sentido estrito); IV: incorreta, pois, como taxa, os emolumentos são tributos vinculados, referindo-se diretamente à atividade estatal prestada pelo Estado (por meio de delegação) ao contribuinte.

Gabarito "D".

(Cartório/SP – IV – VUNESP) É elemento essencial da definição de tributo, como estabelecido no Código Tributário Nacional,

(A) estar submetido à reserva legal.

(B) ser sanção de ato ilícito.

(C) constituir a sua cobrança, atividade administrativa plenamente discricionária.

(D) ser pago com a prestação de serviço.

O art. 3º do CTN define tributo como "toda prestação pecuniária compulsória, em moeda ou cujo valor nela se possa exprimir, que não constitua sanção de ato ilícito, instituída em lei e cobrada mediante atividade administrativa plenamente vinculada". A: assertiva correta, pois a definição de tributo refere-se expressamente à previsão legal (reserva legal); B: incorreta, pois o tributo jamais é sanção por ato ilícito; C: incorreta, pois a cobrança do tributo se dá por atividade administrativa plenamente vinculada, ou seja, não há margem para juízo de conveniência e oportunidade por parte de seus agentes; D: incorreta, pois o tributo tem natureza pecuniária, ou seja, seu objeto é o pagamento de uma quantia em dinheiro ao fisco.

Gabarito "A".

(Cartório/SP – IV – VUNESP) O exercício potencial do Poder de Polícia

(A) faculta a incidência simultânea da taxa de serviço e da taxa de polícia.

(B) permite a exigência de taxa de serviço.

(C) possibilita a exigência de taxa de polícia.

(D) não permite a exigência de taxa.

A e C: incorreta, pois a taxa pelo exercício do poder de polícia depende da efetiva atuação do poder público, muito embora a jurisprudência admita que a manutenção do aparato administrativo para a realização da fiscalização dispensa a comprovação do exercício do poder de polícia – ver REsp 936.487/ES-STJ. Somente o serviço público de utilização compulsória permite a cobrança da taxa sem efetiva fruição do serviço pelo contribuinte – art. 79, I, *b*, do CTN; B: incorreta, pois é preciso prestação de serviço público específico e divisível (não exercício do poder de polícia) para a cobrança da taxa de serviço; D: essa é a alternativa correta, conforme comentários anteriores.

Gabarito "D".

(Cartório/SP – V – VUNESP) Quanto aos elementos essenciais do tributo, assinale a alternativa incorreta.

(A) O fato gerador *in abstrato* corresponde a situação que, constatada, impõe a alguém a obrigação de pagar um tributo.

(B) A base de cálculo é a medida, a expressão econômica do fato que é tributado.

(C) A alíquota é o percentual que, multiplicado pela base de cálculo, permite o cálculo do *quantum* devido.

(D) O sujeito passivo é aquele que tem o dever de prestar o objeto da obrigação principal ou acessória.

Apesar de dúbia, a afirmação em "A" parece incorreta, pois o fato gerador em concreto é a situação efetivamente ocorrida, enquanto o fato gerador em abstrato é a descrição legal, geral e abstrata dessa situação que dá ensejo à incidência – de qualquer forma, "A" é a melhor alternativa, por exclusão das demais, que são claramente corretas.
Gabarito "A".

(Cartório/SP – V – VUNESP) O artigo 11 da Lei n.º 2.312/04 determina: *É obrigatória a ligação de toda construção considerada habitável à rede* de canalização de esgoto, cujo afluente terá destino fixado pela autoridade competente. O que remunera a prestação desse serviço, quando concedido e cobrado juntamente com a água, é

(A) imposto.

(B) taxa.

(C) contribuição de melhoria.

(D) tarifa.

O STJ pacificou, com base na jurisprudência do STF, o entendimento no sentido de que a cobrança pelo serviço de água e esgoto prestado por concessionária de serviço público se dá por meio de tarifa (sem natureza tributária, portanto) – REsp 1.117.903/RS-repetitivo. Estendeu esse mesmo entendimento aos casos em que o serviço é prestado por autarquia (há, portanto, cobrança não tributária mesmo quando inexiste concessão do serviço público) – ver REsp 1.163.968/RS. A rigor, não seria correto falar em tarifa neste último caso (prestação por autarquia), pois tarifa é remuneração paga à concessionária (art. 175, parágrafo único, III, da CF – a autarquia cobraria simples preço público). De qualquer forma, os precedentes do STJ referem-se indistintamente a tarifa e preço público, conforme o REsp 1.163.968/RS antes citado. Por essa razão, a alternativa "D" é a correta.
Gabarito "D".

(Cartório/SP – VI – VUNESP) A taxa é um tributo instituído pela União, pelos Estados, pelo Distrito Federal e pelos Municípios, em razão do exercício do poder de polícia ou

(A) pela utilização de serviços públicos prestados ao contribuinte ou postos à sua disposição.

(B) pela utilização efetiva de serviços públicos prestados ao contribuinte ou postos à sua disposição.

(C) pela utilização efetiva ou potencial, de serviços públicos específicos e divisíveis, prestados ao contribuinte ou postos à sua disposição.

(D) pela utilização potencial, de serviços públicos específicos e divisíveis, prestados ao contribuinte ou postos à sua disposição.

Além do exercício do poder de polícia, somente a utilização, efetiva ou potencial, de serviços públicos específicos e divisíveis, prestados

ao contribuinte ou postos à sua disposição dá ensejo à cobrança de taxa – art. 145, II, da CF. Por essa razão, a alternativa "C" é a correta.
Gabarito "C".

(Cartório/SP – VI – VUNESP) Quanto aos emolumentos, assinale a alternativa correta.

(A) A menor parte constitui contribuição à Carteira de Previdência das Serventias não Oficializadas da Justiça do Estado.

(B) A menor parte constitui contribuição ao Instituto Nacional de Seguridade Social.

(C) A maior parte constitui receita do Estado.

(D) A maior parte constitui receita dos notários e registradores.

Como contrapartida pela prestação do serviço público delegado aos notários e registradores, a maior parte dos emolumentos é receita desses agentes, de modo que a alternativa "D" é a correta.
Gabarito "D".

5. LEGISLAÇÃO TRIBUTÁRIA, APLICAÇÃO, INTERPRETAÇÃO E INTEGRAÇÃO

(Cartório/MG – 2019 – Consulplan) Considerando os temas vigência e aplicação da legislação tributária, interpretação e integração da legislação tributária, bem como as disposições do CTN, assinale a alternativa correta.

(A) O emprego da analogia pode resultar na exigência de tributo.

(B) A legislação tributária que trate sobre parcelamento de crédito tributário deve ser interpretada literalmente.

(C) A lei tributária é aplicada a fato anterior à sua vigência quando extinguir tributo, pois vem em benefício do contribuinte.

(D) Os princípios gerais de direito privado utilizam-se para pesquisa da definição, do conteúdo e do alcance de seus institutos, conceitos e formas, bem como para a definição dos respectivos efeitos tributários.

A: incorreta, pois isso é vedado pelo princípio da legalidade estrita e expressamente pelo art. 108, § 1º, do CTN; **B:** correta, pois todo benefício fiscal deve ser interpretado estritamente ou, nos termos do art. 111 do CTN, literalmente; **C:** incorreta, pois a norma tributária é irretroativa em relação ao tributo. Há retroatividade apenas em relação a infrações e penalidades, quando a norma for mais benéfica ao infrator (*lex mitior*) – art. 106, II, do CTN; **D:** incorreta, pois os princípios de direito privado não se aplicam para a definição dos efeitos tributários – art. 109 do CTN.
Gabarito "B".

(Cartório/MG – 2015 – Consulplan) Não é necessário lei complementar para instituir

(A) empréstimos compulsórios.

(B) Imposto sobre Produtos Industrializados.

(C) impostos residuais.

(D) Imposto sobre Grandes Fortunas

A: incorreta, pois empréstimos compulsórios somente podem ser instituídos, modificados ou extintos por lei complementar federal – art. 148 da CF; **B:** correta, pois o IPI pode ser instituído, modificado ou extinto por simples lei ordinária federal – art. 153, IV, da CF; **C:** incorreta, pois os impostos da competência residual devem ser instituídos por lei complementar federal – art. 154, I, da CF; **D:** incorreta, pois o IGF

3. DIREITO TRIBUTÁRIO

exige lei complementar federal para sua instituição – art. 153, VII, da CF. Há entendimento no sentido de que se exige lei complementar para definir o que seja grande fortuna, sendo então suficiente lei ordinária para efetiva instituição. Não há, evidentemente, jurisprudência, já que o tributo jamais foi instituído.
Gabarito "B".

(Cartório/MG – 2016 – Consulplan) Considerando o disposto na Constituição Federal, no capítulo que trata do Sistema Tributário Nacional, é INCORRETO afirmar:

(A) Cabe à lei complementar dispor sobre conflitos de competência, em matéria tributária, entre a União, os Estados, o Distrito Federal e os Municípios.

(B) Cabe à lei complementar estabelecer normas gerais sobre obrigação e lançamento.

(C) Através de lei complementar, poderá ser instituído empréstimos compulsórios de competência da União, Estados e Distrito Federal.

(D) Ao Distrito Federal cabem os impostos municipais.

A: correta, nos termos do art. 146, I, da CF; **B:** correta, conforme art. 146, III, *b*, da CF; **C:** incorreta, pois o empréstimo compulsório é tributo da competência exclusiva da União, ou seja, não pode ser instituído por outros entes políticos; **D:** correta, conforme art. 147, *in fine*, da CF.
Gabarito "C".

(Cartório/MG – 2016 – Consulplan) Considerando disposições do Código Tributário Nacional, NÃO é correto afirmar:

(A) A modificação da base de cálculo do Imposto Predial e Territorial Urbano, tornando-o mais oneroso depende de lei.

(B) A atualização do valor monetário da base de cálculo do tributo não constitui majoração do tributo.

(C) Município pode atualizar o Imposto Predial e Territorial Urbano, mediante decreto, em percentual superior ao índice oficial de correção monetária.

(D) Depende de lei a previsão de hipóteses de suspensão do crédito tributário.

A: correta, já que a base de cálculo é elemento essencial da tributação, devendo ser fixada e modificada por lei – art. 97, IV, do CTN. É importante destacar que a simples atualização monetária da base de cálculo não implica modificação real e, portanto, pode ser feita por norma infralegal – art. 97, § 2º, do CTN e Súmula 160/STJ; **B:** correta, conforme comentário anterior; **C:** incorreta, pois a majoração acima da inflação implica aumento real, que somente pode ser feito por lei – art. 97, IV, do CTN e Súmula 160/STJ; **D:** correta – art. 97, VI, do CTN.
Gabarito "C".

(Cartório/MG – 2015 – Consulplan) Considerando o critério de integração da legislação tributária disposto no Código Tributário Nacional, é correto afirmar que

(A) a analogia pode ser empregada para criar hipótese de incidência de tributo.

(B) é possível à autoridade tributária dispensar multas tributárias valendo-se da equidade.

(C) para aplicação de penalidade em matéria tributária poderá o administrador se valer da analogia.

(D) a analogia, os princípios gerais de direito tributário e de direito público, bem como a equidade, estabelecidos pelo Código Tributário Nacional como critérios de integração da legislação tributária, podem ser aplicados pelo contribuinte.

Obs.: discordamos do gabarito oficial.

A: incorreta, sendo que isso é expressamente vedado pelo art. 108, § 1º, do CTN, pois violaria o princípio da legalidade (seria cobrança de tributo sem lei prevendo a situação); **B:** incorreta, sendo inviável a dispensa de receita pública por qualquer autoridade sem lei expressamente autorizativa (a receita pública é indisponível). O gabarito oficial indicou como correta, porque o art. 108, § 2º, do CTN refere-se a tributo ao vedar expressamente a dispensa por equidade, mas isso não significa que outras receitas públicas possam ser dispensadas. O máximo que a autoridade pode fazer é interpretar a lei tributária de maneira mais favorável ao acusado, mas apenas em caso de dúvida descrita no art. 112 do CTN; **C:** incorreta, pois, embora o CTN refira-se à vedação de cobrança de tributo por analogia, não seria possível, tampouco, aplicar sanção sem prévia e expressa cominação legal; **D:** incorreta, em conformidade com a literalidade do art. 108, que se refere à autoridade competente para aplicar a legislação tributária, muito embora, na prática, o contribuinte tenha que interpretar igualmente a legislação tributária, até para que possa cumpri-la adequadamente.
Gabarito "B".

(Cartório/SP – 2012 – VUNESP) Considerado o art. 111 do Código Tributário Nacional (CTN), assinale a alternativa correta.

(A) Deve ser interpretada literalmente a legislação tributária que disponha sobre compensação e extinção de tributos.

(B) Deve ser interpretada literalmente a legislação tributária que disponha sobre suspensão ou exclusão de crédito tributário e outorga de isenção.

(C) Deve ser interpretada literalmente a legislação tributária que disponha sobre consignação em pagamento e conversão em renda.

(D) Deve ser interpretada literalmente a legislação tributária que disponha sobre prescrição e sobre decadência.

Segundo o art. 111 do CTN, interpreta-se literalmente a legislação tributária que disponha sobre (i) suspensão ou exclusão do crédito tributário, (ii) outorga de isenção e (iii) dispensa do cumprimento de obrigações tributárias acessórias. Por essa razão, a alternativa "B" é a correta.
Gabarito "B".

(Cartório/SP – 2011 – VUNESP) Atendidas as demais condições estabelecidas na Constituição Federal, é possível a utilização de Medida Provisória para instituição de:

(A) Imposto residual.

(B) Taxa.

(C) Imposto sobre grandes fortunas.

(D) Empréstimo compulsório.

A, C e D: incorretas, pois o imposto da competência residual, o imposto sobre grandes fortunas e o empréstimo compulsório somente podem ser instituídos por lei complementar, que não pode ser substituída por medida provisória – arts. 62, § 1º, III, 148, 153, VII, 154, I, da CF (há discussão acerca do imposto sobre grandes fortunas, se a instituição depende de lei complementar, ou se ela é exigida apenas para a definição do que seja grande fortuna – de qualquer forma, exige-se lei complementar, insubstituível por medida provisória); B: correta – art. 62, § 2º, da CF.
Gabarito "B".

(Cartório/SP – 2011 – VUNESP) No Sistema Tributário Nacional, de acordo com o texto constitucional, a estipulação de normas gerais em matéria de legislação tributária cabe à:

(A) Lei especial.

(B) Lei complementar.

(C) Lei ordinária.

(D) Lei delegada.

As normas gerais em matéria tributária devem ser veiculadas por lei complementar federal, nos termos do art. 146, III, da CF. Por essa razão, a alternativa "B" é a correta.

Gabarito "B".

(Cartório/SP – VII – VUNESP) Atendidas as demais condições estabelecidas na Constituição Federal, é possível a utilização de Medida Provisória para instituição de

(A) imposto residual.

(B) taxa.

(C) imposto sobre grandes fortunas.

(D) empréstimo compulsório.

A medida provisória substitui a lei ordinária em matéria tributária. Assim, pode ser utilizada para veicular normas tributárias que não exigem lei complementar – art. 62, § 1º, III, da CF. Interessante lembrar que o STF já admitiu medida provisória estadual, pelo princípio da simetria – ver ADI 2.391/SC. Finalmente, há regra de anterioridade específica para impostos normatizados por medida provisória, nos termos do art. 62, § 2º, da CF. A: incorreta, pois a competência residual da União deve ser exercida por meio de lei complementar federal – art. 154, I, da CF; B: correta, pois a competência tributária é, em geral, exercida por meio de simples lei ordinária, caso das taxas, que pode ser substituída por medida provisória; C: incorreta, pois o imposto sobre grandes fortunas, da competência federal, exige lei complementar para sua instituição (interessante notar que há quem entenda que a lei complementar deverá apenas definir o que sejam grandes fortunas, cabendo à lei ordinária sua efetiva instituição – não há, evidentemente, jurisprudência, pois o tributo não foi criado) – art. 153, VII, da CF.; D: incorreta, pois o empréstimo compulsório deve ser instituído por lei complementar federal, que não pode ser substituída por medida provisória – art. 148 da CF.

Gabarito "B".

(Cartório/SP – VII – VUNESP) No Sistema Tributário Nacional, de acordo com o texto constitucional, a estipulação de normas gerais em matéria de legislação tributária cabe à

(A) lei especial.

(B) lei complementar.

(C) lei ordinária.

(D) lei delegada.

Cabe à lei complementar federal estabelecer normas gerais em matéria de legislação tributária, nos termos do art. 146, III, da CF. Por essa razão, a alternativa "B" é a correta.

Gabarito "B".

(Cartório/SP – VII – VUNESP) De acordo com a jurisprudência iterativa do STF e com os princípios gerais de direito tributário, assinale a alternativa correta.

(A) Nova tabela de emolumentos pode ser aplicada retroativamente a atos já praticados, mas para os quais ainda não ocorreu pagamento.

(B) Nova tabela, com majoração de emolumentos extrajudiciais, tem aplicação imediata a partir de sua publicação.

(C) A atualização do valor monetário da tabela de emolumentos não exige lei em sentido estrito.

(D) A definição do fato gerador dos emolumentos extrajudiciais pode ser feita por meio de Decreto do Poder Executivo Estadual.

A, B e D: incorretas, pois emolumentos têm natureza tributária de taxa, de modo que se submetem aos princípios tributários da irretroatividade, anterioridade e legalidade – ver ADI 1.145/PB e ADI 3.694/AP: "É da jurisprudência do Tribunal que as custas e os emolumentos judiciais ou extrajudiciais têm caráter tributário de taxa"; C: essa é a assertiva correta, pois a simples atualização monetária dos tributos, nos limites dos índices de inflação oficialmente apurados, não implica real majoração, de modo que não se exige lei para isso – art. 97, § 2º, do CTN e Súmula 160/STJ.

Gabarito "C".

(Cartório/SP – V – VUNESP) Autuado por infração à legislação aplicável à Declaração sobre Operações Imobiliárias – DOI, um registrador defendeu-se judicialmente. A decisão final do litígio lhe foi desfavorável. Intimado a pagar a multa devida, ele fica sabendo que entrou em vigor uma lei que deixa de definir como infração o ato praticado. Assinale a alternativa correta.

(A) A lei vigente à época da infração somente não é aplicável ao caso, se for expressamente revogada pela posterior.

(B) A nova lei retroage apenas para excluir a multa devida.

(C) Lei que estabelece normas gerais de direito tributário jamais se aplica a ato ou fato pretérito.

(D) A nova lei não é aplicável ao caso, porque se trata de ato definitivamente julgado.

A: incorreta, pois a norma tributária que afasta a ilicitude do ato não definitivamente julgado, ou que reduz ou extingue a sanção correspondente retroage em benefício do infrator (*lex mitior*) – art. 106, II, "a", do CTN; B: incorreta, pois, no caso, afastou-se a própria ilicitude do ato, e não apenas a sanção (se não há ilicitude, não há falar em sanção); C: incorreta, pois a norma expressamente interpretativa ou a que aumenta garantias do crédito tributário, por exemplo, retroagem (não há efetiva instituição ou majoração do tributo, de modo que não se submetem ao princípio da irretroatividade) – arts. 106, I, e 144, § 1º, do CTN; D: essa é a alternativa correta, pois a retroatividade da *lex mitior* ocorre apenas em relação a atos não definitivamente julgados (a coisa julgada é intangível, nesse caso) – art. 106, II, do CTN. Interessante lembrar que, adotado o julgamento definitivo, eventual recolhimento da multa também afastaria a possibilidade de norma posterior mais benéfica retroagir em favor do infrator (ato jurídico perfeito).

Gabarito "D".

(Cartório/SP – IV – VUNESP) Em matéria tributária, as Medidas Provisórias

(A) podem aumentar a alíquota de quaisquer impostos ou contribuições, para serem cobrados imediatamente, excluindo-se apenas os impostos de competência dos Estados.

(B) não podem instituir ou majorar tributos, em nenhuma hipótese.

(C) podem instituir ou majorar impostos, desde que a respectiva cobrança tenha lugar apenas no exercício seguinte ao da sua edição e que sejam convertidas em lei no prazo máximo de 120 dias.

(D) podem instituir impostos ou aumentar as alíquotas previstas em lei, desde que a respectiva cobrança só tenha lugar no exercício seguinte ao de sua conversão em lei, respeitado o princípio da anterioridade.

A: incorreta, pois a medida provisória que implique instituição ou majoração de impostos, exceto os previstos nos arts. 153, I, II, IV, V, e 154, II, da CF (II, IE, IPI, IOF e imposto extraordinário) só produzirá efeitos no exercício financeiro seguinte se houver sido convertida em lei até o

3. DIREITO TRIBUTÁRIO

último dia daquele em que foi editada – art. 62, § 2°, da CF; B: incorreta, pois a medida provisória substitui a lei ordinária em matéria tributária; C: incorreta, conforme comentário à alternativa "A" (não há limite de 120 dias); D: assertiva correta, conforme comentário à alternativa "A". Gabarito "D".

Veja esta tabela, relativa às matérias que devem ser veiculadas por lei, para memorização:

Dependem de lei – art. 97 do CTN	Não dependem de lei
- a instituição de tributos, ou a sua extinção; - a majoração de tributos, ou sua redução (exceção: alteração das alíquotas do II, IE, IPI, IOF e da CIDE sobre combustíveis). Equipara-se à majoração do tributo a modificação da sua base de cálculo, que importe em torná-lo mais oneroso. Não constitui majoração de tributo a atualização do valor monetário da respectiva base de cálculo; - a definição do fato gerador da obrigação tributária principal, ressalvado o disposto no inciso I do § 3° do artigo 52, e do seu sujeito passivo; - a fixação de alíquota do tributo e da sua base de cálculo, ressalvado o disposto nos artigos 21, 26, 39, 57 e 65; - a cominação de penalidades para as ações ou omissões contrárias a seus dispositivos, ou para outras infrações nela definidas; - as hipóteses de exclusão, suspensão e extinção de créditos tributários, ou de dispensa ou redução de penalidades.	- fixação da data para pagamento do tributo; - regulamentação das obrigações acessórias (forma de declaração, escrituração, recolhimento etc.). Há controvérsia quanto à própria fixação de obrigações acessórias, pois o art. 113, § 2°, do CTN faz referência à legislação tributária (expressão que inclui não apenas as leis, mas também os decretos, portarias etc.); - alteração das alíquotas do II, IE, IPI, IOF e da CIDE sobre combustíveis.

6. FATO GERADOR E OBRIGAÇÃO

(Cartório/MG – 2019 – Consulplan) Sobre os temas fato gerador, capacidade tributária e obrigação tributária, assinale a alternativa INCORRETA.

(A) O judicialmente interditado pode ser sujeito passivo da obrigação tributária.

(B) Para o surgimento da obrigação tributária acessória, exige-se, tal como a obrigação principal, a ocorrência do respectivo fato gerador.

(C) O cumprimento, por determinado sujeito, de obrigação acessória, não o condiciona, necessariamente, à obrigação tributária principal.

(D) Salvo disposição de lei em contrário, considera-se ocorrido o fato gerador e existentes os seus efeitos, tratando-se de situação jurídica, desde o momento em que se verifiquem as circunstâncias materiais neces-

sárias a que produza os efeitos que normalmente lhe são próprios.

A: correta, pois a capacidade tributária passiva independe da capacidade civil – art. 126, I, do CTN; **B:** correta – art. 115 do CTN; **C:** correta, pois as obrigações principal e acessória são autônomas, não condicionadas uma a outra – art. 113 do CTN, entre outros; **D:** incorreta, pois, no caso da situação jurídica, o fato gerador considera-se ocorrido desde o momento em que esteja definitivamente constituída, nos termos de direito aplicável. A assertiva se refere à situação de fato que configure fato gerador – art. 116 do CTN. Gabarito "D".

(Cartório/MG – 2015 – Consulplan) Sobre a obrigação tributária, está correta a assertiva:

(A) Os fatos geradores das obrigações tributárias – principais ou acessórias – devem estar previstos em lei.

(B) Caso a autoridade administrativa constate a existência de atos ou negócios jurídicos praticados com a finalidade de dissimular a ocorrência do fato gerador do tributo ou a natureza dos elementos constitutivos da obrigação tributária, ela pode desconsiderar tais atos, desde que observados os procedimentos previstos em lei ordinária.

(C) Os juros, correção monetária e multa de um determinado tributo são considerados obrigações acessórias a serem pagas pelo contribuinte.

(D) Na hipótese de isenção de pagamento da obrigação principal, o sujeito passivo fica liberado do cumprimento da obrigação acessória relacionada àquele tributo ou penalidade pecuniária.

A: incorreta, pois, ao tratar das obrigações acessórias, o CTN se refere à legislação tributária, que abrange, além da lei, os decretos e as normas complementares – arts. 96, 113, § 2°, e 115 do CTN, entre outros. Há intenso debate doutrinário e jurisprudencial a respeito; **B:** correta, conforme o art. 116, parágrafo único, do CTN; **C:** incorreta, pois toda prestação pecuniária (em dinheiro) no âmbito tributário, seja tributo ou penalidade pecuniária, é objeto de obrigação principal – art. 113, § 1°, do CTN; **D:** incorreta, pois a isenção não implica dispensa das obrigações acessórias correspondentes – art. 175, parágrafo único, do CTN. Gabarito "B".

(Cartório/PA – 2016 – IESES) Segundo o Professor Paulo de Barros Carvalho, a compreensão sobre a estrutura normativa de uma obrigação tributária exige a presença de uma hipótese imponível descrita no antecedente e uma relação jurídica no consequente a união dessas figuras, antecedente e consequente da norma tributária dão os contornos da chamada regra-matriz da hipótese de incidência tributária. Dito isto e de acordo com a doutrina de Paulo de Barros Carvalho identifique quais são os elementos que integram o antecedente e o consequente da Regra-Matriz da Hipótese de Incidência Tributária.

(A) Antecedente: Critérios material, prestacional ou quantitativo; Consequente: Critérios temporal, pessoal e espacial.

(B) Antecedente: Critérios estatal, funcional e legal; Consequente: econômico e pessoal.

(C) Antecedente: Critérios material, espacial e temporal; Consequente: Critérios pessoal e prestacional ou quantitativo.

(D) Antecedente: Critérios material, pessoal e prestacional ou quantitativo; Consequente: Critérios temporal e espacial.

Segundo Paulo de Barros Carvalho, o antecedente da regra-matriz é composto pelos critérios material, espacial e temporal, enquanto o consequente é composto pelos critérios pessoal e quantitativo. Como nenhuma alternativa indica isso corretamente, a questão foi anulada.
Gabarito: Anulada

(Cartório/SP – 2012 – VUNESP) Sobre obrigação tributária, é correto afirmar que:

(A) O sujeito ativo é a pessoa que pode exigir o tributo; não necessariamente coincide com aquela que deve instituí-lo.

(B) A posterior concessão de anistia altera a natureza da obrigação tributária.

(C) Fato gerador da obrigação tributária ocorre, em situação de fato, desde quando esteja definitivamente constituída, nos termos do direito aplicável.

(D) O sujeito passivo da obrigação tributária principal é sempre o contribuinte, não podendo ser opostos à Fazenda Pública acordos entre particulares para modificá-lo.

A: correta, pois o sujeito ativo (quem detém a capacidade ativa tributária) não é, necessariamente, o ente político que detém a competência tributária (quem tem competência para legislar acerca do tributo), já que a capacidade ativa pode ser delegada por lei – art. 7º do CTN; B: incorreta, pois a anistia atinge apenas o crédito tributário (na verdade, exclui o crédito, na dicção do CTN), de modo que não altera a correspondente obrigação tributária – art. 175, II, do CTN; C: incorreta, pois a assertiva refere-se ao fato gerador que é situação jurídica – art. 116, II, do CTN; D: incorreta, pois o sujeito passivo pode ser também o responsável tributário – art. 121, parágrafo único, II, do CTN (ver também o art. 123 do CTN, acerca de o acordo entre particulares ser inoponível ao fisco).
Gabarito "A".

(Cartório/AM – 2005 – FGV) Assinale a alternativa que defina corretamente o fato gerador da obrigação principal.

(A) É a situação definida em atos administrativos como necessária e suficiente à sua ocorrência.

(B) É a situação definida em convenções ou tratados internacionais como necessária e suficiente à sua ocorrência.

(C) É a situação definida em lei como necessária e suficiente à sua ocorrência.

(D) É a situação definida em contrato como necessária e suficiente à sua ocorrência.

(E) É a situação decorrente de declaração unilateral de vontade como necessária e suficiente à sua ocorrência.

Nos termos do art. 114 do CTN, fato gerador da obrigação principal é a situação definida em lei como necessária e suficiente à sua ocorrência. Assim, a alternativa "C" é a correta.
Gabarito "C".

(Cartório/SP – V – VUNESP) O nascimento da obrigação tributária dá-se com a ocorrência do (a)

(A) base de cálculo do tributo.

(B) fato gerador previsto em lei.

(C) caracterização do sujeito passivo ou fixação do sujeito passivo.

(D) quantificação do montante a ser pago.

Nos termos do art. 114 do CTN, a obrigação tributária nasce com o fato gerador correspondente (condição necessária e suficiente).
Gabarito "B".

(Cartório/SP – V – VUNESP) São elementos da obrigação tributária:

(A) o fisco, o contribuinte ou o responsável e o imposto.

(B) o Estado, o particular, o lançamento e o crédito tributário.

(C) o Estado, o particular, uma prestação positiva ou negativa e as isenções.

(D) o sujeito ativo, o sujeito passivo, uma prestação de dar, de fazer ou de não fazer e o vínculo jurídico.

A obrigação tributária tem a mesma estrutura de todas as obrigações: (i) credor, (ii) devedor e (iii) objeto, que é a prestação (dar, fazer ou não fazer) e configura o vínculo jurídico. Há autores que listam também a *causa* da obrigação, entre seus elementos básicos. A: incorreta, pois o contribuinte e o responsável ocupam o mesmo polo da obrigação tributária (ambos são espécies de devedores); B: incorreta, pois o lançamento e o crédito não são considerados elementos da obrigação; C: incorreta, pois isenção é modalidade de exclusão do crédito tributário, que não afeta a obrigação tributária correspondente – art. 140 do CTN; D: essa é a melhor alternativa, conforme comentário inicial, embora vínculo jurídico não nos pareça ser elemento autônomo da obrigação (confunde-se com a própria prestação, ou mesmo com a obrigação tributária, que liga o credor ao devedor).
Gabarito "D".

7. LANÇAMENTO E CRÉDITO TRIBUTÁRIO

(Cartório/MG – 2015 – Consulplan) Quanto ao crédito tributário e às correspondentes hipóteses de suspensão e extinção, é correta a assertiva:

(A) O crédito tributário pode ter sua exigibilidade suspensa, entre outras hipóteses, mediante concessão de moratória, parcelamento ou transação.

(B) O parcelamento tributário pode ser instituído e disciplinado por meio de ato infralegal da Fazenda Pública.

(C) O crédito tributário pode ser extinto por meio de dação em pagamento de bens imóveis, desde que observadas a forma e as condições estabelecidas em lei.

(D) Quando o pagamento é realizado em cotas periódicas, a quitação da última parcela gera a presunção relativa do pagamento das parcelas anteriores.

A: incorreta, pois a transação é modalidade de extinção do crédito tributário – art. 156, III, do CTN; B: incorreta, pois o parcelamento, como qualquer modalidade de suspensão do crédito tributário, somente pode ser instituído por lei – art. 97, VI, do CTN; C: correta, nos termos do art. 156, XI, do CTN; D: incorreta, pois não há essa presunção em matéria tributária – art. 158, I, do CTN.
Gabarito "C".

(Cartório/MG – 2015 – Consulplan) É correto afirmar que o lançamento, disciplinado pelo Código Tributário Nacional

(A) não é ato privativo da autoridade administrativa e pode, portanto, ser delegado ao contribuinte.

(B) é um procedimento administrativo facultativo.

(C) é um procedimento administrativo discricionário.

(D) é um procedimento administrativo por meio do qual a autoridade fiscal pode aplicar penalidade.

A: incorreta por conta da literalidade do CTN, que define o lançamento como procedimento privativo da autoridade administrativa – art. 142 do CTN, embora seja pacífico o entendimento jurisprudencial no sentido de que atos do devedor têm o efeito de constituir o crédito – ver Súmula 436/STJ, por exemplo; **B:** incorreta, pois o lançamento é atividade vinculada e obrigatória, ou seja, não há margem para discricionariedade ou arbitrariedade da autoridade fiscal – art. 142, parágrafo único, do CTN; **C:** incorreta, conforme comentário anterior; **D:** correta, conforme o art. 142, *caput, in fine,* do CTN.
"Gabarito "D".

(Cartório/MG – 2015 – Consulplan) A respeito do lançamento do crédito tributário disposto no Código Tributário Nacional, assinale a alternativa INCORRETA:

(A) Tem a finalidade de calcular o montante do tributo devido, identificar o sujeito passivo e, sendo o caso, propor a aplicação da penalidade cabível.

(B) Tem a finalidade de verificar a ocorrência do fato gerador da obrigação correspondente.

(C) Salvo disposição de lei em contrário, quando o valor tributário esteja expresso em moeda estrangeira, no lançamento far-se-á sua conversão em moeda nacional ao câmbio do dia do ato de lançamento.

(D) É atividade vinculada e obrigatória da autoridade administrativa tributante.

A, B e D: corretas, correspondendo à definição do art. 142 do CTN; **C:** incorreta, pois adota-se o câmbio do dia da ocorrência do fato gerador, e não o do lançamento – art. 143 do CTN.
"Gabarito "C".

(Cartório/MG – 2016 – Consulplan) Segundo disposições do Código Tributário Nacional, são situações que autorizam a autoridade administrativa, de ofício, a efetivação e revisão do lançamento, EXCETO:

(A) Quando se comprove omissão do sujeito passivo ou de terceiro legalmente obrigado, que dê lugar à aplicação de penalidade pecuniária.

(B) Quando se alterar a interpretação jurídica dada à norma tributária.

(C) Quando deva ser apreciado fato não conhecido ou não provado por ocasião do lançamento anterior.

(D) Quando a declaração não seja prestada, por quem de direito, no prazo e na forma da legislação tributária.

A: correta, nos termos do art. 149, VI, do CTN; **B:** incorreta, pois o erro de direito ou a mudança da interpretação jurídica não permite a alteração do lançamento – art. 146 do CTN; **C:** correta – art. 149, VIII, do CTN; **D:** correta, conforme art. 149, II, do CTN.
"Gabarito "B".

(Cartório/MG – 2016 – Consulplan) Segundo disposições do Código Tributário Nacional sobre o Lançamento, é INCORRETO afirmar:

(A) Compete privativamente à autoridade administrativa constituir o crédito tributário pelo lançamento, sendo esta atividade vinculada e obrigatória, sob pena de responsabilidade funcional.

(B) Não havendo lei em contrário, quando o valor tributário estiver expresso em moeda estrangeira, no lan-

çamento far-se-á sua conversão em moeda nacional ao câmbio do dia da ocorrência do fato gerador.

(C) Em regra, o lançamento reporta-se à data da ocorrência do fato gerador da obrigação tributária e rege-se pela lei em vigor na data do lançamento, ainda que tal lei tenha modificado a lei então vigente na data da ocorrência do fato gerador.

(D) O lançamento regularmente notificado ao sujeito passivo pode ser alterado por iniciativa de ofício da autoridade administrativa.

A: correta, em conformidade com o disposto no art. 142 do CTN, lembrando que a jurisprudência e a doutrina, apesar da literalidade do CTN, aceitam que determinados atos do próprio sujeito passivo constituam o crédito tributário – ver Súmula 436/STJ; **B:** correta – art. 143 do CTN; **C:** incorreta, pois aplica-se, em regra, a lei vigente na data do fato gerador – art. 144 do CTN; **D:** correto, sendo possível a alteração nos casos listados no art. 149 do CTN – ver também o art. 145 do CTN.
"Gabarito "C".

(Cartório/PA – 2016 – IESES) O artigo n. 146 do CTN estabelece que a modificação introduzida, de ofício ou em consequência de decisão administrativa ou judicial, nos critérios jurídicos adotados pela autoridade no exercício do lançamento pode ser efetivada, em relação a um mesmo sujeito passivo, quanto a fato gerador ocorrido posteriormente à sua introdução. Trata-se de princípio de segurança jurídica que retira do âmbito da administração a possibilidade de:

(A) Aplicar o novo critério jurídico para os fatos geradores futuros, eis que já assentado critério que assegura ao contribuinte o direito não haver modificação interpretativa sobre fato tributário certo.

(B) Uma vez assentado um critério jurídico em relação a um dado fato tributário, aplicar retroativamente, respeitados os limites e prazos decadenciais, o novo critério jurídico.

(C) Promover a constituição de credito tributário contra determinado sujeito passivo, a qualquer tempo, porque fixado um critério jurídico que lhe assegura um dado direito.

(D) Estender a sujeitos passivos diversos, que não tenham em suas operações a fixação de um dado jurídico com efeitos retroativos decorrentes.

A: incorreta, pois para fatos geradores futuros é possível a aplicação do novo entendimento jurídico, sendo vedada apenas a retroatividade dessa nova interpretação em relação ao mesmo sujeito passivo – art. 146 do CTN; **B:** correta, conforme o art. 146 do CTN; **C:** incorreta, pois a regra do art. 146 do CTN não impede o lançamento tributário, apenas determina regra para aplicação no tempo de novos critérios jurídicos; **D:** incorreta, pois a regra do art. 146 do CTN veda a aplicação de novos critérios jurídicos a fatos geradores passados em relação a um mesmo sujeito passivo, não a sujeitos diversos.
"Gabarito "B".

(Cartório/MG – 2012 – FUMARC) Pertinente ao crédito tributário, uma vez notificado o sujeito passivo, o lançamento só pode ser alterado em virtude de, **EXCETO**

(A) Recurso de ofício.

(B) Embargos ao lançamento.

(C) Impugnação do sujeito passivo.

(D) Iniciativa de ofício da autoridade administrativa nos casos previstos no art. 149 do CTN.

Conforme o art. 145 do CTN, o lançamento regularmente notificado ao sujeito passivo só pode ser alterado em virtude de (i) impugnação do sujeito passivo, (ii) recurso de ofício ou (iii) iniciativa de ofício da autoridade administrativa, nos casos previstos no artigo 149 do mesmo Código. Por essa razão, a alternativa "B" destoa e deve ser indicada.

Gabarito "B".

(Cartório/MG – 2012 – FUMARC) Em caso de lançamento por homologação, se o contribuinte apura o *quantum* devido, faz a declaração perante o fisco, mas não efetua o pagamento, o direito da Fazenda Pública constituir o crédito tributário extingue-se após 5 (cinco) anos contados:

(A) Da notificação judicial.

(B) Da ocorrência do fato gerador.

(C) Do trânsito em julgado da decisão administrativa.

(D) Do 1º dia do exercício seguinte àquele em que o lançamento poderia ter sido efetuado.

Na verdade, a declaração do contribuinte, nesse caso, constitui o crédito, de modo que o fisco pode simplesmente inscrevê-lo em dívida ativa e executá-lo (ou seja, não há prazo decadencial fluindo) – Súmula 436 do STJ. Entretanto, caso o fisco entenda que a declaração é incompleta, ou seja, que ela não abrange todo o valor devido pelo contribuinte, é possível o lançamento da diferença, nos termos do art. 173 do CTN, sendo que o prazo decadencial quinquenal é contado, em regra, do primeiro dia do exercício seguinte àquele em que o lançamento poderia ter sido efetuado. Por essa razão, a alternativa "D" é a melhor.

Gabarito "D".

(Cartório/RN – 2012 – IESIS) Em relação ao lançamento tributário assinale a alternativa correta:

(A) A definição do lançamento tributário é restrita à Lei Complementar.

(B) O lançamento tributário antecede a obrigação tributária e sucede o crédito tributário.

(C) São três as modalidades de lançamento tributário: de ofício, autolançamento e por homologação.

(D) O lançamento regularmente notificado ao sujeito passivo só pode ser alterado de ofício pela autoridade administrativa.

A: correta, pois essa é matéria reservada à lei complementar federal, nos termos do art. 146, III, *b*, da CF; B: incorreta, pois ocorre o fato gerador com o surgimento da obrigação tributária e, posteriormente, o crédito correspondente pode ser constituído pelo lançamento (essa é a ordem); C: incorreta, pois autolançamento é sinônimo de lançamento por homologação. As três modalidades de lançamento são ofício (= direto), por declaração (= misto) e por homologação (= autolançamento); D: incorreta, pois, conforme o art. 145 do CTN, o lançamento regularmente notificado ao sujeito passivo só pode ser alterado em virtude de (i) impugnação do sujeito passivo, (ii) recurso de ofício e (iii) iniciativa de ofício da autoridade administrativa, nos casos previstos no artigo 149 do mesmo Código.

Gabarito "A".

(Cartório/DF – 2006 – CESPE) Tratando-se de IPTU, o encaminhamento do carnê de recolhimento ao contribuinte é suficiente para se considerar o cidadão como notificado. Com esse entendimento, já pacificado no STJ, a Segunda Turma da Corte manteve decisão do Tribunal de Justiça do Rio Grande do Sul (TJRS) tomada em apelação proposta pelo município de Novo Hamburgo – RS. O TJRS entendeu que, para a espécie tributária IPTU, o lançamento opera-se diretamente, sem mediação do sujeito passivo, visto que a autoridade administrativa dispõe de todos os elementos necessários à sua concreção. "E a notificação se eficaciza invariavelmente e *ex vi legis* a todo primeiro dia do exercício correspondente, não sendo preciso qualquer ato administrativo de intercâmbio procedimental." Consoante a decisão acima tomada pelo STJ, o contribuinte tornou-se notificado do crédito tributário por meio do encaminhamento do carnê de pagamento do IPTU. Para tanto, naturalmente, era necessário que houvesse a prévia constituição daquele crédito. Relativamente ao caso objeto do texto acima, bem como à constituição, à notificação, à suspensão e à exclusão do crédito tributário, julgue os itens que se seguem.

(1) No caso de que trata o texto, a constituição do crédito decorreu de lançamento de ofício, pois foi necessário que, inicialmente, o contribuinte informasse ao fisco os dados necessários à elaboração do lançamento.

(2) Se um crédito tributário é extinto por meio de compensação prevista em lei, ocorre, ao mesmo tempo, a extinção da respectiva obrigação tributária.

(3) No caso objeto do texto, se ocorreu algum fato que excluiu a exigibilidade do crédito constituído, tal circunstância não afetará a obrigação que lhe deu origem.

(4) Ao elaborar o lançamento, deve o fisco atender à lei vigente à data da ocorrência do fato gerador, ainda que posteriormente modificada para instituir novos critérios de apuração.

1: incorreta, pois no lançamento de ofício o fisco já detém os dados necessários para o lançamento, sendo desnecessárias informações pelo contribuinte (o que qualificaria o lançamento por declaração). Interessante notar que isso não afasta eventuais obrigações acessórias de atualizações dos dados cadastrais junto ao fisco; 2: assertiva correta, pois a extinção do crédito tributário implica, em princípio, extinção da obrigação correspondente – art. 113, § 1º, do CTN. Importante ressalvar que há casos de erro, quanto ao sujeito passivo, por exemplo, em que a nulidade do lançamento e do crédito correspondente não atingem a obrigação, sendo possível novo lançamento, desde que não esgotado o prazo decadencial – art. 149, parágrafo único, do CTN; 3: assertiva correta, pois as circunstâncias que modificam o crédito tributário, sua extensão ou seus efeitos, ou as garantias ou os privilégios a ele atribuídos, ou que excluem sua exigibilidade não afetam a obrigação tributária que lhe deu origem – art. 140 do CTN; 4: incorreta, pois há exceções à regra de aplicação da lei vigente à época do fato gerador, inclusive a indicada na assertiva. De fato, aplica-se ao lançamento a legislação que, posteriormente à ocorrência do fato gerador da obrigação, tenha instituído novos critérios de apuração ou processos de fiscalização, ampliado os poderes de investigação das autoridades administrativas, ou outorgado ao crédito maiores garantias ou privilégios, exceto, neste último caso, para o efeito de atribuir responsabilidade tributária a terceiros – art. 144, § 1º, do CTN.

Gabarito 1E, 2C, 3C, 4E.

(Cartório/DF – 2003 – CESPE) A respeito de crédito tributário, julgue os itens seguintes.

(1) A constituição do crédito tributário determina a certeza e a liquidez para que se possa exigir o pagamento do tributo, o que implica a criação de um novo direito.

(2) O lançamento constituindo o crédito tributário está compondo materialmente o título executivo extrajudicial da Fazenda Pública.

(3) Estabelecendo o CTN, em seu art. 142, que a constituição do crédito tributário corresponde à determinação da matéria tributária, do cálculo do montante do

tributo devido, da identificação do sujeito passivo e, sendo o caso, da proposição de aplicação da penalidade cabível, está excluindo do objeto do lançamento a multa aplicável.

1: incorreta, pois a constituição do crédito tributário apenas torna exigível o pagamento do tributo pelo fisco, mas não cria efetivamente novo direito, afinal, nos termos do art. 139 do CTN, o crédito tributário decorre da obrigação principal e tem a mesma natureza desta; 2: imprecisa. De fato, a constituição do crédito tributário é essencial para que se possa constituir o título executivo extrajudicial. Entretanto, é somente no caso de inadimplemento e consequente inscrição desse crédito em dívida ativa que passa a haver presunção de liquidez e certeza e prova pré-constituída, o que possibilita a certidão da dívida ativa – CDA com natureza de título executivo extrajudicial; 3: incorreta, pois o próprio art. 142 do CTN faz referência à multa aplicável, que é objeto de lançamento e da obrigação tributária principal correspondente. Atualmente, a própria autoridade fiscal que lança o tributo constitui também o crédito relativo à multa (apesar da literalidade do dispositivo, que fala em "propor a aplicação da penalidade cabível"). Ademais, apesar de ser comum, na prática, utilizar-se o termo "autuação" para a aplicação da penalidade, o CTN denomina "lançamento" a constituição do crédito tributário, seja em relação ao tributo ou à penalidade pecuniária (lembre-se que a obrigação tributária principal, a que corresponde o crédito lançado, tem por objeto tributo e penalidade pecuniária – art. 113, § 1º, do CTN).
Gabarito 1E, 2C, 3E

(Cartório/MT – 2005 – CESPE) João é um tabelião que, em determinado mês de 2004, deixou de pagar o parcelamento de seu imposto de renda apurado na declaração de ajuste de 2004, ano base 2003, apresentada em 30 de abril de 2004. Considerando essa situação hipotética, assinale a opção incorreta acerca da condução do crédito tributário pelo fisco federal.

(A) O crédito contra João será constituído pela homologação da declaração, independentemente do pagamento.

(B) Ainda que João pague antes da homologação, poderá ocorrer de ser constituído contra ele crédito tributário de obrigação principal, em caso de inexatidão da declaração.

(C) Com o não pagamento por João, seu crédito tributário deve ser inscrito na dívida ativa.

(D) O procedimento inicial para João ter o direito de não pagar a parcela que deixou de pagar, por entender indevida, é a abertura de um processo administrativo tributário.

A: imprecisa, à luz da atual jurisprudência do STJ. O Superior Tribunal de Justiça entende que, no caso de tributos lançados por homologação que são precedidos por declaração prestada pelo contribuinte, a constituição do crédito tributário se dá com o fornecimento dessas informações relativas ao tributo devido. Assim, de fato, a inexistência de pagamento não afasta, nesse caso, a constituição do crédito tributário, conforme afirmado na alternativa. A assertiva não é, entretanto, totalmente precisa, porque a constituição do crédito ocorre no momento da declaração pelo contribuinte, não da homologação (que, se tácita, se dá apenas 5 anos após o fato gerador). É por essa razão que o prazo prescricional para a cobrança começa a correr da declaração (mais precisamente, do vencimento, pelo princípio da *actio nata*). Ver o disposto na Súmula 436/STJ: "A entrega de declaração pelo contribuinte reconhecendo débito fiscal constitui o crédito tributário, dispensada qualquer outra providência por parte do fisco"; B: assertiva correta, pois o fisco tem prazo de 5 anos, contados do fato gerador, para realizar o lançamento complementar – art. 150, § 4º, do CTN; C: correta, pois, conforme comentário à alter-

nativa "A", a declaração do valor devido pelo contribuinte constitui o crédito, sendo desnecessária qualquer outra providência pelo fisco que, em caso de inadimplemento, poderá inscrever e cobrar judicialmente o valor correspondente; D: discutível. Em princípio, o contribuinte tem o direito de impugnar administrativamente a exigência que entender indevida. Entretanto, no caso de parcelamento, a legislação especial costuma exigir prévia confissão da dívida por parte do devedor, o que afasta, em princípio, legitimidade para discutir administrativamente a validade da exigência já confessada.
Gabarito "D".

(Cartório/SP – V – VUNESP) O lançamento do ITCMD, *causa mortis* no estado de São Paulo, é uma espécie de

(A) lançamento de ofício.

(B) lançamento por declaração.

(C) lançamento por homologação.

(D) lançamento misto.

A legislação local prevê lançamento por homologação.
Gabarito "C".

(Cartório/SP – V – VUNESP) Sobre o lançamento tributário, assinale a alternativa correta.

(A) Constitui a obrigação tributária.

(B) Constitui o crédito tributário.

(C) Evita ou suspende a constituição do crédito tributário.

(D) Constitui a obrigação tributária e interrompe a exigibilidade do crédito tributário.

Nos termos do art. 142 do CTN, o lançamento tributário constitui o crédito tributário. É interessante salientar, entretanto, ser forte o entendimento doutrinário pelo caráter declaratório do lançamento. A e D: incorretas, pois a obrigação tributária surge com o fato gerador, independentemente de qualquer ato do fisco – art. 114 do CTN; B: assertiva correta, conforme comentário inicial; C: incorreta, pois o lançamento constitui o crédito tributário.
Gabarito "B".

8. SUJEIÇÃO PASSIVA – CONTRIBUINTES E RESPONSÁVEIS

(Cartório/RS – 2019 – VUNESP) Ao dispor acerca da responsabilidade tributária, o Código Tributário Nacional estabelece que são pessoalmente responsáveis

(A) os tutores e curadores, pelos tributos devidos por seus tutelados ou curatelados.

(B) os administradores de bens de terceiros, pelos tributos devidos por estes.

(C) os tabeliães, escrivães e demais serventuários de ofício, pelos tributos devidos sobre os atos praticados por eles, ou perante eles, em razão do seu ofício.

(D) os pais, pelos tributos devidos por seus filhos menores.

(E) o adquirente ou o remitente, pelos tributos relativos aos bens adquiridos ou remidos.

A, B, C e **D**: incorretas, pois a responsabilidade dos terceiros indicados no art. 134 do CTN não é pessoal, conforme a literalidade do Código, mas sim subsidiária (somente em caso de impossibilidade de exigência do cumprimento pelo contribuinte) e restrita ao tributo e às penalidades de caráter moratório; **E**: correta – art. 131, I, do CTN.
Gabarito "E".

(Cartório/SP – 2016 – VUNESP) Em relação à responsabilidade tributária dos notários e registradores pelos tributos devidos sobre os atos praticados por eles, ou perante eles, em razão de seu ofício, é correto afirmar que

(A) é solidária em relação aos contribuintes diretos desses tributos.

(B) é subsidiária entre notários e registradores.

(C) é subsidiária em relação aos contribuintes diretos desses tributos.

(D) independe da responsabilidade dos contribuintes diretos desses tributos.

A: incorreta, pois, apesar do art. 134 do CTN utilizar o termo "solidariamente", a responsabilidade é subsidiária, já que o responsável responde apenas em caso de impossibilidade de exigência da obrigação contra o contribuinte; **B:** incorreta, pois o art. 134 do CTN não trata de subsidiariedade entre os responsáveis, apenas entre o contribuinte e o responsável; **C:** correta, conforme comentários anteriores; **D:** incorreta, pois a responsabilidade é subsidiária em relação ao contribuinte – art. 134 do CTN.
Gabarito "C".

(Cartório/SP – 2016 – VUNESP) Segundo a Lei n. 11.331/2002, que dispõe sobre os emolumentos relativos aos atos praticados pelos serviços notariais e de registro, é correto afirmar que

(A) são contribuintes indiretos dos emolumentos as pessoas físicas ou jurídicas que se utilizam dos serviços ou da prática dos atos notariais e de registro.

(B) são sujeitos passivos por substituição, no que se refere aos emolumentos, os notários e os registradores.

(C) os entes públicos e suas respectivas autarquias são isentos do pagamento de emolumentos.

(D) a parcela dos emolumentos dos atos privativos do Registro Civil das Pessoas Naturais é destinada ao Fundo Especial de Despesa do Tribunal de Justiça.

A: incorreta, pois se trata de contribuintes de direito desses tributos; **B:** correta, pois, embora o usuário do serviço seja o contribuinte, desde o momento do fato gerador a obrigação tem por sujeito passivo os notários e registradores (responsáveis por substituição, portanto, não por transferência). Importante lembrar que a responsabilidade por transferência é aquela que surge posteriormente à ocorrência do fato gerador e da obrigação; **C:** incorreta, pois há isenção apenas parcial para entes públicos e suas autarquias – art. 8º da Lei; **D:** incorreta, pois não há destinação de parcela desses emolumentos para o Fundo – art. 19, II, da Lei.
Gabarito "B".

(Cartório/MG – 2015 – Consulplan) Um tio doou legitimamente um imóvel (loja comercial em Belo Horizonte – MG) ao sobrinho de 10 anos, Henrique. A criança, também legitimamente, firmou contrato de locação da loja com pessoa maior e capaz; constou no contrato cláusula de que o locatário seria responsável pelo pagamento do IPTU. O locatário exerceu no imóvel atividade proibida de casa de apostas. Passados dois anos, Polícia e Administração Pública mandaram encerrar as atividades e fecharam o estabelecimento. O município de Belo Horizonte iniciou processo executivo de cobrança do IPTU incidente sobre a propriedade do imóvel, que fora devidamente lançado e inscrito em dívida ativa. Por sua vez, a Fazenda Pública Federal apurou administrativamente o imposto e respectivas penalidades e procedeu ao lançamento de ofício

do Imposto sobre a Renda – IR, fazendo-o incidir sobre os ganhos auferidos e não declarados pelo locatário na atividade ilegal. Assim:

(A) Henrique, absolutamente incapaz, é sujeito passivo do IPTU, e não deverá ser provida sua oposição ao pagamento sob alegação de que a responsabilidade pelo pagamento fora transferida ao locatário.

(B) Henrique, proprietário do imóvel, mesmo sendo incapaz, é devedor do IPTU, mas o imposto não pode ser cobrado dele, em razão da existência da cláusula contratual que prevê responsabilidade do locatário.

(C) O imposto de renda não é devido pela casa de apostas ou por seu titular ou responsável, pois o fato gerador, no caso, é percepção de renda auferida em atividade ilegal.

(D) O imposto de renda é devido pela casa de apostas ou por seu titular ou responsável, independentemente de a atividade ser lícita ou ilícita; todavia o lançamento de ofício realizado pela Fazenda Pública está incorreto, pois deveria ser feito lançamento por homologação.

A: correta, pois a capacidade tributária independe da capacidade civil do contribuinte (art. 126, I, do CTN) e a disposição contratual (responsabilizando o locatário pelo pagamento do IPTU) não altera a sujeição passiva, ou seja, não é oponível à fazenda pública – art. 123 do CTN. A propósito, interessante lembrar que o locatário não possui legitimidade ativa para discutir a relação jurídico-tributária de IPTU e de taxas referentes ao imóvel alugado nem para repetir indébito desses tributos (Súmula 614 do STJ),; **B:** incorreta, conforme comentário anterior; **C:** incorreta, pois a forma como a renda foi auferida é irrelevante para a ocorrência do fato gerador e surgimento da obrigação tributária – *non olet* – art. 118 do CTN; **D:** incorreta, pois é possível e devido o lançamento de ofício quando o sujeito passivo deixa de providenciar o recolhimento do tributo que deveria ser lançado por homologação – art. 149, V, do CTN.
Gabarito "A".

(Cartório/MG – 2015 – Consulplan) A respeito da responsabilidade tributária, é correto afirmar que

(A) o espólio é pessoalmente responsável pelo pagamento dos tributos devidos pelo *de cujus* até a data da abertura da sucessão.

(B) os créditos tributários relativos a impostos cujo fato gerador seja a propriedade, o domínio útil ou a posse de bens imóveis sub-rogam-se na pessoa dos respectivos adquirentes, ainda que conste do título a prova de sua quitação.

(C) há responsabilidade pessoal dos sucessores a qualquer título pelos tributos devidos pelo *de cujus* até a data da partilha, a qual não está limitada ao montante do quinhão do legado.

(D) de acordo com previsão expressa do Código Tributário Nacional, a lei pode atribuir a responsabilidade pelo crédito tributário a terceira pessoa, ainda que não vinculada ao fato gerador da obrigação.

A: correta – art. 131, III, do CTN; **B:** incorreta, pois, caso a prova da quitação conste do título, não há responsabilidade dos adquirentes – art. 130, *caput, in fine*, do CTN; **C:** incorreta, pois a responsabilidade dos sucessores está limitada ao quinhão recebido – art. 131, II, do CTN; **D:** incorreta, pois o terceiro deve possuir algum vínculo com o fato gerador, ainda que indireto, para ser definido como responsável tributário pela lei – art. 128 do CTN.
Gabarito "A".

3. DIREITO TRIBUTÁRIO

(Cartório/MG – 2016 – Consulplan) De acordo com as disposições relativas ao Sujeito Ativo e Sujeito Passivo do Código Tributário Nacional, assinale a alternativa INCORRETA.

(A) Sujeito ativo da obrigação é a pessoa jurídica de direito público titular da competência para exigir seu cumprimento.

(B) O sujeito passivo da obrigação principal é a pessoa obrigada ao pagamento de tributo ou penalidade tributária.

(C) O sujeito passivo da obrigação principal, de pagar um tributo ou penalidade, pode ser o contribuinte ou o responsável, por terem relação pessoal e direta com a situação que constitua o respectivo fato gerador.

(D) Havendo previsão expressa em lei, as disposições particulares relativas à responsabilidade pelo pagamento de tributos podem ser opostas à Fazenda Pública para modificar a definição legal do sujeito passivo das obrigações tributárias correspondentes.

A: correta – art. 7° do CTN; **B:** correta – art. 121 do CTN; **C:** incorreta, pois apenas o contribuinte tem relação pessoal e direta com a situação que constitui o fato gerador – art. 121, parágrafo único, I, do CTN; **D:** correta, pois, embora a regra seja a inoponibilidade, nada impede que a lei preveja isso – art. 123 do CTN.
Gabarito "C".

(Cartório/MG – 2016 – Consulplan) Considerando disposições do Código Tributário Nacional, assinale a afirmação INCORRETA.

(A) A capacidade tributária passiva depende da capacidade civil das pessoas naturais.

(B) A capacidade tributária passiva independe de estar a pessoa jurídica regularmente constituída.

(C) O domicílio tributário, na falta de eleição pelo contribuinte ou responsável, considera-se o da residência habitual quanto às pessoas naturais.

(D) O domicílio tributário, na falta de eleição pelo contribuinte ou responsável, quanto à pessoa jurídica de direito privado, com um único estabelecimento, considera-se o lugar de sua sede.

A: incorreta, pois a capacidade tributária independe da capacidade civil – art. 126, I, do CTN; **B:** correta – art. 126, III, do CTN; **C:** correta – art. 127, I, do CTN; **D:** correta – art. 127, II, do CTN.
Gabarito "A".

(Cartório/MG – 2016 – Consulplan) Considerando as disposições relativas à solidariedade, do Código Tributário Nacional, é correto afirmar que

(A) o pagamento efetuado por um dos obrigados não aproveita aos demais.

(B) a remissão de crédito exonera todos os obrigados, ainda que outorgada pessoalmente a um deles.

(C) a interrupção da prescrição contra um dos obrigados não prejudica os demais.

(D) são solidariamente obrigadas as pessoas que tenham interesse comum na situação que constitua o fato gerador da obrigação principal.

A: incorreta, pois o pagamento por um dos obrigados solidários aproveita aos demais – art. 125, I, do CTN; **B:** incorreta, pois a remissão outorgada pessoalmente a um dos obrigados solidários não aproveita aos demais – art. 125, II, do CTN; **C:** incorreta, pois a interrupção da

prescrição em favor de um dos obrigados solidários aproveita aos demais – art. 125, III, do CTN; **D:** correta, sendo essa a chamada solidariedade natural – art. 124, I, do CTN.
Gabarito "D".

(Cartório/MG – 2012 – FUMARC) Em sede de responsabilidade de terceiros, quando impossível a exigência do cumprimento da obrigação pelo contribuinte, respondem solidariamente com este nos atos em que intervierem ou pelas omissões de que forem responsáveis, **EXCETO**

(A) Os pais, pelos tributos devidos pelos filhos menores.

(B) Os tutores e curadores, pelos tributos devidos por seus tutelados ou curatelados.

(C) O espólio, pelos tributos devidos pelo *de cujus* até a data da abertura da sucessão.

(D) O síndico e o comissário, pelos tributos devidos pela massa falida ou pelo concordatário.

Há responsabilidade nos casos indicados nas alternativas "A", "B" e "D", nos termos do art. 134, I, II e V, do CTN (lembrando que, pela atual legislação de falências e recuperações, não há mais síndico e comissário, mas administrador judicial). A alternativa "C" deve ser indicada, pois, embora o espólio possa ser responsável por sucessão, nos termos do art. 131, III, do CTN, não se trata da responsabilidade descrita na questão (responsabilidade de terceiro, regulada pelo art. 134 do CTN).
Gabarito "C".

(Cartório/MG – 2012 – FUMARC) Em sede de responsabilidade tributária, são pessoalmente responsáveis, **EXCETO**

(A) Os tabeliães, escrivães e demais serventuários do ofício, pelos tributos devidos sobre os atos praticados por eles, ou perante eles, em razão de seu ofício.

(B) O sucessor a qualquer título e o cônjuge meeiro, pelos tributos devidos pelo *de cujus* até a data da partilha ou adjudicação, limitada esta responsabilidade ao montante do quinhão, do legado ou da meação.

(C) O adquirente ou remitente, pelos tributos relativos aos bens adquiridos ou remidos.

(D) O espólio, pelos tributos devidos pelo *de cujus* até a data da abertura da sucessão.

A: essa é a melhor alternativa, pois o CTN não utiliza a expressão "pessoalmente responsável" ao se referir aos tabeliães, escrivães e demais serventuários do ofício no art. 134, VI, do Código; B, C e D: nesses casos, o CTN refere-se à responsabilidade pessoal, nos termos do seu art. 131.
Gabarito "A".

(Cartório/RJ – 2012) Sobre responsabilidade tributária, marque V para verdadeiro ou F para falso e, em seguida, assinale a alternativa que apresenta a sequência correta.

( ) A sucessão é modalidade de sujeição passiva indireta ou responsabilidade por transferência.

( ) A responsabilidade por substituição ocorre quando a obrigação tributária já nasce, por previsão legal, diretamente na pessoa de terceiro.

( ) É possível uma modalidade de substituição tributária intitulada regressiva, que ocorre mediante o diferimento do tributo.

(A) V/ F/ V

(B) V/ V/ F

(C) F/ F/ V

(D) V/ V/ V

(E) F/ F/ F

1ª: incorreta, pois há somente duas espécies de sujeição passiva previstas no CTN, a do contribuinte e a do responsável tributário – art. 121, parágrafo único, do Código. Entretanto, é interessante notar que o CTN refere-se à responsabilidade dos sucessores, nos arts. 129 a 133, que são, em princípio, casos de responsabilidade por transferência (conforme a doutrina clássica), ou seja, casos em que a obrigação tributária surge em relação ao contribuinte, mas, por conta de algum fato superveniente, algum outro sujeito passa a ocupar o polo passivo da obrigação. Sujeição passiva indireta é expressão utilizada para se referir à responsabilidade tributária, em oposição à sujeição passiva direta, atinente ao contribuinte. Por conta dessas observações, embora a assertiva seja confusa e imprecisa, há algum fundamento nela; 2ª: discutível. De fato, na responsabilidade por substituição, conforme a doutrina clássica, a obrigação tributária já surge com o responsável ocupando o polo passivo (não o contribuinte). Não é correto, entretanto, afirmar que a obrigação nasce na pessoa de alguém; 3º: correta, pois a substituição tributária regressiva ou "para trás" ocorre quando o responsável recolhe o tributo relativo a operações anteriores, ou seja, a cobrança foi diferida (adiada para o momento da operação futura realizada pelo responsável). **Por essas razões, discordamos do gabarito oficial (segundo o qual todas as assertivas seriam verdadeiras).**

Gabarito oficial "D."

(Cartório/RN – 2012 – IESIS) Ayrton adquire em 31/12/2011 um terreno urbano de Jairo sob o qual existem débitos tributários relativos aos períodos anteriores à data da compra. Os tributos em aberto limitam-se: aos que têm como fato gerador a propriedade do imóvel, às taxas pela prestação de serviços referentes ao mesmo e às contribuições de melhoria. Segundo o CTN, Ayrton:

(A) Será responsável pelos tributos cujo fato gerador ocorra em 2012.

(B) Não será o responsável tributário pelos débitos caso o vendedor assuma contratualmente que suportará o ônus.

(C) Não será o responsável tributário pelos débitos caso o vendedor assuma em escritura pública que suportará o ônus.

(D) Não será o responsável tributário pelos débitos caso tenha arrematado o bem em hasta pública.

A: incorreta, pois em 2012 Ayrton já é o proprietário do imóvel, logo é contribuinte em relação aos fatos geradores ocorridos nesse exercício – arts. 34 e 121, parágrafo único, I, do CTN; B e C: incorretas, pois a convenção entre particulares é inoponível ao fisco – art. 123 do CTN; D: correta, pois a hasta pública é modalidade de aquisição originária que afasta a responsabilidade tributária do adquirente – art. 130, parágrafo único, do CTN.

Gabarito "D."

(Cartório/AC – 2006 – CESPE) Julgue os itens seguintes, tendo como contexto a relação jurídico-tributária e o Código Tributário Nacional.

(1) O sujeito passivo da obrigação principal é a pessoa obrigada a pagamento de tributo ou penalidade pecuniária, podendo ser o contribuinte, quando sua obrigação decorre de disposição legal, ou o responsável, quando tem relação pessoal e direta com a situação que constituiu o respectivo fato gerador.

(2) Em relação à responsabilidade do sucessor imobiliário, é correto afirmar que os créditos tributários relativos às taxas decorrentes do poder de polícia e

às contribuições de melhoria sub-rogam-se na pessoa dos respectivos adquirentes.

(3) Salvo disposição de lei em contrário, são efeitos de solidariedade tributária a interrupção da prescrição, em favor de um dos obrigados ou contra ele, que favorece ou prejudica os demais; o pagamento efetuado por um dos obrigados que aproveita aos demais; e a isenção ou a remissão de crédito que exonera todos os obrigados, salvo se outorgada pessoalmente a um deles, subsistindo, nesse caso, a solidariedade quanto aos demais pelo saldo.

1: incorreta quanto à distinção entre contribuinte e responsável, cujas definições estão invertidas. Contribuinte é o sujeito passivo natural, que tem relação pessoal e direta com a situação que constitui o respectivo fato gerador – art. 121, parágrafo único, do CTN. Responsável é o sujeito passivo indicado expressamente pela lei, que não se reveste da condição de contribuinte (ou seja, não tem relação pessoal e direta com o fato gerador); 2: incorreta, pois não há sub-rogação em relação às taxas pelo exercício do poder de polícia – art. 130 do CTN; 3: assertiva correta, pois indica corretamente os efeitos da solidariedade tributária, conforme o art. 125 do CTN.

Gabarito 1E, 2E, 3C

(Cartório/AM – 2005 – FGV) Assinale a alternativa falsa.

(A) A anistia pode ser concedida limitadamente às infrações da legislação relativa a determinado tributo.

(B) A isenção não é extensiva aos tributos instituídos posteriormente à sua concessão, salvo disposição de lei em contrário.

(C) A isenção sempre decorre de lei que especifique as condições e requisitos exigidos para a sua concessão, os tributos a que se aplica e, sendo o caso, o prazo de sua duração, exceto quando prevista em contrato.

(D) Nos casos de impossibilidade de exigência do cumprimento de obrigação principal pelo contribuinte, respondem solidariamente com este nos atos em que intervierem ou pelas omissões de que forem responsáveis os tabeliães, escrivães e demais serventuários de ofício, pelos tributos devidos sobre os atos praticados por eles, ou perante eles, em razão do seu ofício.

(E) A prescrição e a decadência, assim como a conversão de depósito em renda, são modalidades de extinção do crédito tributário.

A: assertiva correta, pois a possibilidade dessa limitação é prevista expressamente pelo art. 181, II, "a", do CTN; B: correta, pois essa restrição é prevista expressamente no art. 177, II, do CTN; C: essa é a assertiva incorreta, pois a isenção, ainda que prevista em contrato, é sempre decorrente de lei que especifique as condições e requisitos exigidos para a sua concessão, os tributos a que se aplica e, sendo caso, o prazo de sua duração – art. 176, *caput*, do CTN; D: assertiva correta, pois essa responsabilidade é prevista no art. 134, VI, do CTN; E: correta, conforme a listagem das modalidades de extinção do crédito tributário no art. 156 do CTN.

Gabarito "C"

(Cartório/AP – 2011 – VUNESP) Quando do registro da escritura pública de venda e compra, o Oficial do Registro de Imóveis tem o dever legal de fiscalizar o recolhimento do imposto incidente sobre a operação. Se o registro acontecer sem que tenha havido o recolhimento do imposto de transmissão devido, o Oficial do Registro de Imóveis

3. DIREITO TRIBUTÁRIO

(A) deverá anular o registro efetivado, sob pena de responsabilidade funcional, sem embargo da responsabilidade civil decorrente do ato de anulação do negócio jurídico.

(B) responderá civil e administrativamente pela omissão, sem embargo da obrigação tributária por infração decorrente da não fiscalização do recolhimento do tributo devido em razão de seu ofício.

(C) responderá solidariamente com o contribuinte, no caso de impossibilidade de exigência do cumprimento da obrigação principal por este, pelo tributo devido sobre o ato de transmissão praticado em razão de seu ofício.

(D) será considerado contribuinte do tributo devido sobre o ato de transmissão registrado, sem embargo do direito de regresso em face do adquirente do imóvel.

(E) não tem qualquer responsabilidade civil, penal, tributária ou administrativa pela não fiscalização dos tributos devidos sobre os atos praticados por ele, ou perante ele, em razão do seu ofício.

O oficial deve acautelar-se, pois, se houver o registro sem recolhimento do imposto devido (ITCMD ou ITBI), ele poderá vir a ser responsabilizado pelo tributo, nos termos do art. 134, VI, do CTN. A: incorreta, pois o registro não é nulo. O fisco simplesmente cobrará o tributo do contribuinte ou, sendo o caso, do responsável; B: incorreta, pois a responsabilidade tributária, nesse caso, refere-se ao tributo e à penalidade moratória (não apenas responsabilidade por infração) – art. 134, VI, e parágrafo único, do CTN; C: essa é a alternativa correta, pois reflete a responsabilidade do art. 134, VI, do CTN; D: incorreta, pois contribuinte será sempre uma das partes na transmissão do imóvel, que têm relação pessoal e direta com o fato gerador – arts. 42 e 121, parágrafo único, I, do CTN. O oficial será, no máximo, responsável tributário – art. 121, parágrafo único, II, do CTN; E: incorreta, pois poderá haver a responsabilidade do art. 134 do CTN. A rigor, se houver violação da lei (não for simples omissão), o oficial poderá responder pessoalmente por todo o crédito tributário (inclusive multas punitivas), nos termos do art. 135, I, do CTN.
Gabarito "C"

(Cartório/AP – 2011 – VUNESP) Diante da ausência de Certidão Negativa de Débitos, o Tabelião de Notas fez constar na escritura pública de compra e venda que constam débitos tributário incidentes sobre o imóvel objeto do negócio jurídico e que estes serão de responsabilidade do alienante. Neste caso, pode-se afirmar que

(A) o Tabelião será considerado o único devedor dos tributos devidos, por ser dever funcional a fiscalização dos tributos incidentes sobre os atos que pratica.

(B) esta declaração não importa em transferência da responsabilidade tributária ao alienante, na medida em que a responsabilidade tributária decorre de lei e, pelo CTN, será ela do adquirente.

(C) esta declaração tem força de transferir a responsabilidade tributária ao alienante, já que feita por instrumento público por agente delegado de função pública.

(D) tal ressalva é desnecessária, já que o alienante é o contribuinte e único devedor dos tributos cujos fatos geradores ocorreram até a data da lavratura da escritura pública, momento em que ocorre a transmissão do domínio.

(E) só terá eficácia perante o Fisco após o registro da escritura pública no cartório de Registro de Imóveis, oportunidade em que a responsabilidade tributária recairá na pessoa do alienante.

A: incorreta, pois, caso realize o registro sem o recolhimento dos tributos devidos, o tabelião poderá ser responsável subsidiariamente, nos termos do art. 134, VI, do CTN. Essa responsabilidade não é exclusiva, já que o tributo poderá ser cobrado do contribuinte (parte na transmissão do imóvel); B: correta conforme gabarito oficial, mas incorreta na parte final, pois o CTN não dispõe que o adquirente é o responsável pelo imposto. Tanto para o ITBI como para o ITCMD, o art. 42 do CTN determina que contribuinte é qualquer das partes na operação tributada, como dispuser a lei. Assim, é a lei estadual, distrital ou municipal que indicará o contribuinte do ITCDM ou do ITBI. De fato, em regra, as leis indicam o adquirente do imóvel como contribuinte do ITBI, no caso de compra e venda, mas a assertiva está errada, porque, como visto, não é o CTN que determina isso; C e E: incorretas, pois a sujeição passiva é fixada por lei e não será alterada por declaração do tabelião – ver o art. 123 do CTN; D: incorreta, pois o adquirente passa a ser responsável tributário em relação a esses débitos, nos termos do art. 130 do CTN, sem prejuízo de eventual responsabilidade do tabelião, nos termos do art. 134, VI, do CTN. Obs.: parece-nos que não há alternativa correta.
Gabarito "B"

(Cartório/DF – 2001 – CESPE) A Empresa Brasileira de Correios e Telégrafos (ECT), empresa pública federal, decidiu abrir uma agência no *campus* da Universidade de Brasília. Para tanto, realizou com a Fundação Universidade de Brasília (FUB), fundação pública federal, contrato de locação de uma sala localizada na área do *campus* destinada à instalação de serviços úteis à comunidade universitária. No contrato de locação, ficou determinado que a locatária seria responsável pelo pagamento de todos os impostos e taxas relativos ao imóvel, em especial o imposto predial e territorial urbano (IPTU) e a taxa de limpeza urbana (TLP). Para que pudesse funcionar no novo espaço, o DF cobrou da ECT taxa de localização e funcionamento, prevista em lei distrital, que tinha como fato gerador a atividade administrativa consistente na expedição de alvará de funcionamento. Iniciado o funcionamento da agência, foi afixado em seu mural um cartaz com o seguinte texto: "Abertas as inscrições para concurso público para carteiro, taxa de inscrição de R$ 15,00, informações no balcão de atendimento". Eduardo, que se inscreveu nesse concurso, foi aprovado, tomou posse e, ao receber o seu primeiro contracheque, observou que havia um desconto de R$ 50,00 sobre seu salário, a título de imposto de renda retido na fonte. Considerando a situação hipotética descrita, julgue os seguintes itens.

(1) No tocante ao imposto de renda incidente sobre o salário de Eduardo, apesar de a ECT ser responsável pelo recolhimento do imposto de renda retido na fonte, essa empresa não poderia ser considerada substituta tributária.

1: imprecisa. A expressão "substituição tributária" vem sendo utilizada pela Constituição Federal (art. 150, § 7º, da CF) e pela legislação tributária como modalidade de responsabilidade tributária em que o responsável antecipa os tributos relativos a operações futuras (substituição tributária "para frente" ou prospectiva) ou recolhe posteriormente os tributos relativos a operações anteriores (substituição tributária "para trás" ou regressiva). Nesse sentido muito específico, a assertiva é correta, pois não é o caso da ECT. Entretanto, a doutrina clássica também usa o termo "substituição" como uma das modalidades de responsabilidade em oposição à "transferência" (nesse sentido, a

ROBINSON BARREIRINHAS

substituição "para frente" e a "para trás" são duas espécies do gênero "responsabilidade por substituição", mas não as únicas). Há, por essa classificação, substituição quando o responsável ocupa o polo passivo da obrigação tributária desde o seu surgimento; e há transferência quando o responsável ocupa o polo passivo posteriormente à ocorrência do fato gerador, por conta de outro evento (por exemplo, o adquirente do imóvel que passa a responder pelo débito após a compra). Por essa classificação tradicional, a ECT (como todo responsável por retenção na fonte) é responsável por substituição, pois ocupa o polo passivo desde o momento em que surge a obrigação tributária – ver o REsp 412.997/RS.
Gabarito "1C".

(Cartório/DF – 2001 – CESPE) Acerca do direito tributário, julgue os itens abaixo.

(1) Caso o estado de Minas Gerais estabeleça que, no momento em que as indústrias automotivas vendem automóveis a concessionárias de veículos, o estabelecimento industrial deverá recolher o imposto sobre circulação de mercadorias e prestações de serviços de transporte interestadual e intermunicipal e de comunicação (ICMS) relativo à revenda dos automóveis realizada entre a concessionária e os consumidores, tal disposição será inconstitucional. Isso decorre do fato de que, mesmo tratando-se de imposto indireto, não se poderia tributar o estabelecimento industrial com base em um fato gerador futuro e incerto, dado que a venda ao consumidor pode não ocorrer devido a vários motivos, tais como perda do bem ou ausência de interesse do mercado consumidor.

(2) No direito tributário, ao contrário do direito civil, a solidariedade comporta benefício de ordem, o qual somente pode ser excluído mediante expressa disposição legal.

1: incorreta, pois o constituinte derivado, após reiterada jurisprudência do STF, incluiu o § 7º no art. 150 da CF prevendo expressamente a possibilidade da chamada substituição tributária "para frente", descrita na assertiva; 2: incorreta, pois, tal como no direito civil, a responsabilidade tributária não comporta benefício de ordem – art. 124, parágrafo único, do CTN.
Gabarito 1E, 2E

(Cartório/MG – 2005 – EJEF) Analise estas afirmativas concernentes à responsabilidade tributária de Tabeliães, Escrivães e demais Serventuários de Ofício e assinale com V as verdadeiras e com F as falsas:

( ) Nos casos de impossibilidade de exigência do cumprimento da obrigação acessória pelo contribuinte, respondem solidariamente com este, nos atos em que intervierem, os Tabeliães, Escrivães e demais Serventuários de Ofício, pelos tributos devidos sobre os atos praticados por eles, ou perante eles, em razão do seu ofício ou por omissões de que forem responsáveis.

( ) Nos casos de impossibilidade de exigência do cumprimento da obrigação principal pelo contribuinte, respondem solidariamente com este, nos atos em que intervierem, os Tabeliães, Escrivães e demais Serventuários de Ofício, pelos tributos devidos sobre os atos praticados por eles, ou perante eles, em razão do seu ofício ou por omissões de que forem responsáveis.

( ) Nos casos de impossibilidade de exigência do cumprimento da obrigação principal pelo responsável, respondem solidariamente com este, nos atos em que intervierem, os Tabeliães, Escrivães e demais Serven-

tuários de Ofício, pelos tributos devidos sobre os atos praticados por eles, ou perante eles, em razão do seu ofício ou por omissões de que forem contribuintes.

Assinale a alternativa que apresenta a sequência de letras CORRETA.

(A) (F) (F) (V)
(B) (F) (V) (F)
(C) (V) (F) (V)
(D) (V) (V) (F)

1: incorreta, pois a responsabilidade tributária dos tabeliães, escrivães e demais serventuários de ofício prevista no art. 134, VI, do CTN refere-se apenas à obrigação *principal*, não à acessória; 2: correta, pois reflete exatamente o disposto no art. 134, VI, do CTN; 3: incorreta, pois a expressão "ou por omissões de que forem contribuintes" é estranha à responsabilidade prevista no art. 134, VI, do CTN, além de não fazer sentido.
Gabarito "B".

(Cartório/MS – 2009 – VUNESP) Nos termos do Código Tributário Nacional, a responsabilidade dos tabeliães, escrivães e demais serventuários de ofício, pelos tributos devidos sobre os atos praticados por eles, ou perante eles, em razão de seu ofício, nos termos do Código Tributário Nacional, dá-se por

(A) solidariedade.
(B) sucessão.
(C) infração.
(D) pessoalidade.
(E) substituição.

O art. 134, VI, do CTN, ao tratar da responsabilidade tributária dos tabeliães, escrivães e demais serventuários de ofício, afirma que eles respondem solidariamente, de modo que a alternativa "A" é a melhor, até por exclusão das demais. Entretanto, é tranquilo o entendimento no sentido de que essa responsabilidade é, a rigor, subsidiária, pois a obrigação somente é exigível contra o responsável em caso de impossibilidade de cobrança contra o contribuinte – ver REsp 909.215/MG-STJ.
Gabarito "A".

(Cartório/MT – 2005 – CESPE) No âmbito tributário, será responsável pessoalmente o agente quanto às infrações que decorram direta e exclusivamente de seu dolo específico contra terceiros. Assinale a opção que trata de situação que não configura responsabilidade pessoal do agente em razão da regra acima referida.

(A) A infração cometida com dolo pelos pais contra seus próprios filhos.

(B) Infração cometida com dolo por um serventuário de ofícios extrajudiciais contra os clientes, relativamente a escrituras de compra e venda de imóveis lavradas por ele.

(C) Infração cometida com dolo pelo síndico contra a respectiva massa falida.

(D) Infração cometida com dolo pelos empregados contra os clientes de uma pessoa jurídica contribuinte.

O art. 137, III, do CTN prevê a responsabilidade pessoal do agente no caso de infrações que decorram direta e exclusivamente de dolo específico (i) das pessoas referidas no art. 134 do CTN, contra aquelas por quem respondem, (ii) dos mandatários, prepostos ou empregados, contra seus mandantes, preponentes ou empregadores e (iii) dos diretores, gerentes ou representantes de pessoas jurídicas de direito

3. DIREITO TRIBUTÁRIO

privado, contra estas. A: há responsabilidade pessoal, conforme o art. 137, III, "a", combinado com o art. 134, I, ambos do CTN; B: há responsabilidade pessoal, conforme o art. 137, III, "a", combinado com o art. 134, VI, ambos do CTN; C: há responsabilidade pessoal, conforme o art. 137, III, "a", combinado com o art. 134, V, ambos do CTN (atualmente não há síndico, mas sim administrador judicial na falência); D: essa é a alternativa que não indica caso de responsabilidade pessoal do agente, pois o dolo que enseja a aplicação do art. 137, III, "b", do CTN é do empregado contra seus empregadores (e não contra os clientes dos empregadores).

Gabarito "D".

(Cartório/RJ – 2008 – UERJ) É correto afirmar que:

(A) a solidariedade em matéria tributária comporta benefício de ordem

(B) as convenções particulares relativas à responsabilidade pelo pagamento de tributos são oponíveis a Fazenda Pública

(C) sujeito passivo da obrigação tributária será sempre aquele que tenha relação pessoal e direta com a situação que constitua o respectivo fato gerador

(D) os tabeliães, escrivães e demais serventuários de ofícios respondem subsidiariamente ao contribuinte principal da obrigação, pelos tributos devidos sobre os atos praticados por eles, ou perante eles, em razão de seu ofício

(E) os créditos tributários relativos a impostos cujo fato gerador seja a propriedade, o domínio útil ou a posse de bens imóveis, e bem assim os relativos a taxas pela prestação de serviços referentes a tais bens, ou a contribuições de melhoria, sub-rogam-se na pessoa dos respectivos adquirentes, salvo quando conste do título a prova de sua quitação

A: incorreta, pois não há benefício de ordem na solidariedade tributária, conforme dispõe expressamente o art. 124, parágrafo único, do CTN; B: incorreta, pois é o oposto. Salvo disposições de lei em contrário, as convenções particulares, relativas à responsabilidade pelo pagamento de tributos, não podem ser opostas à Fazenda Pública, para modificar a definição legal do sujeito passivo das obrigações tributárias correspondentes – art. 123 do CTN; C: incorreta, pois, além do contribuinte, definido na assertiva, há o responsável tributário, como a outra espécie de sujeito passivo – art. 121, parágrafo único, II, do CTN; D: discutível. O art. 134, VI, do CTN, ao tratar da responsabilidade tributária dos tabeliães, escrivães e demais serventuários de ofício, afirma que eles respondem solidariamente, de modo que a alternativa foi considerada incorreta pelo examinador. Entretanto, é tranquilo o entendimento no sentido de que essa responsabilidade é, a rigor, subsidiária, pois a obrigação somente é exigível contra o responsável em caso de impossibilidade de cobrança contra o contribuinte – ver REsp 909.215/MG-STJ; E: assertiva correta, pois reflete exatamente o disposto no art. 130, *caput*, do CTN.

Gabarito "E".

(Cartório/SE – 2006 – CESPE) Em 5/1/2006, a Central do Esporte Ltda., pessoa jurídica que atua no ramo de compra e venda de artigos esportivos, adquiriu o estabelecimento empresarial de Alfredo Mecânica de Automóveis Ltda., sociedade com domicílio no estado de Minas Gerais. Ocorre que a alienante está em débito com a fazenda pública, quanto ao pagamento do ICMS, desde 2004. Em setembro de 2006, a pessoa jurídica Alfredo Mecânica de Automóveis Ltda. retomou suas atividades, no mesmo ramo de atividade antes explorado. Considerando a situ-

ação hipotética apresentada, julgue os itens seguintes, acerca da responsabilidade e do crédito tributários.

(1) A pessoa jurídica Central do Esporte Ltda. Possui responsabilidade subsidiária pelo pagamento dos tributos devidos por Alfredo Mecânica de Automóveis Ltda., até 5/1/2006.

(2) Se o estado de Minas Gerais conceder moratória individual, quanto ao ICMS devido por Alfredo Mecânica de Automóveis Ltda., considerar-se-á suspensa a exigibilidade do crédito tributário.

1: incorreta, pois a adquirente (Central do Esporte) não responde pelos débitos pretéritos, pois não prosseguiu na exploração da atividade anteriormente exercida pelo alienante (mecânica) – art. 133, *caput*, do CTN; 2: assertiva correta, nos termos do art. 151, I, do CTN – a moratória é modalidade de suspensão da exigibilidade do crédito.

Gabarito 1E, 2C

(Cartório/SP – II – VUNESP) A respeito da responsabilidade tributária, é incorreto dizer que

(A) os sócios, no caso de liquidação de sociedade de pessoas, não respondem por obrigações tributárias da sociedade liquidada, pois as pessoas jurídicas têm existência distinta da dos seus membros.

(B) o herdeiro, legatário e cônjuge-meeiro são pessoalmente responsáveis pelos tributos devidos pelo *de cujus* até a data da partilha ou adjudicação, limitada esta responsabilidade ao montante do quinhão, do legado ou da meação.

(C) a pessoa jurídica de direito privado que resultar de fusão, transformação ou incorporação de outra ou em outra é responsável pelos tributos devidos até a data do ato pelas pessoas jurídicas de direito privado fusionadas, transformadas ou incorporadas.

(D) nas hipóteses de extinção de pessoas jurídicas de direito privado, quando a exploração da respectiva atividade seja continuada por qualquer sócio remanescente, ou seu espólio, a nova sociedade constituída, independentemente de sua razão social, é responsável pelos tributos devidos pela sociedade extinta.

A: essa é a assertiva incorreta, pois o art. 134, VII, do CTN prevê expressamente a responsabilidade dos sócios, no caso de liquidação de sociedade de pessoas; B: correta, pois essa responsabilidade, com a limitação indicada, está prevista no art. 131, II, do CTN; C: correta, conforme a responsabilidade do art. 132 do CTN; D: correta, pois a responsabilidade descrita é prevista no art. 132, parágrafo único, do CTN.

Gabarito "A".

(Cartório/SP – III – VUNESP) A respeito dos sujeitos ativo e passivo da relação jurídica tributária é incorreto dizer que

(A) a capacidade tributária passiva independe da capacidade civil das pessoas naturais.

(B) os delegados de notas e registros se situam no polo ativo da obrigação tributária, devendo exigir o seu cumprimento.

(C) em relação às parcelas dos emolumentos destinadas ao Estado e ao Tribunal de Justiça, os delegados de notas e registros são sujeitos passivos por substituição.

(D) de acordo com o Código Tributário Nacional, os inventariantes não são responsáveis solidários, em via subsidiária, pelos tributos devidos pelos espólios,

180 ROBINSON BARREIRINHAS

nos atos em que intervierem ou pelas omissões de que forem responsáveis.

A: assertiva correta, conforme o art. 126, I, do CTN; B: imprecisa, pois não indica qual a obrigação tributária a que se refere. Se o examinador se referir aos emolumentos, a assertiva é correta, pois o agente a quem foi delegado o serviço público (tabelião, notário) é sujeito ativo dessa taxa, podendo e devendo cobrá-la; C: discutível. A Vunesp, em seus gabaritos, divide os emolumentos em duas parcelas. A parte que fica como agente delegado (tabelião, notário) é considerada taxa pela prestação de serviço público, enquanto a parcela repassada ao Estado é considerada taxa pelo exercício do poder de polícia. Por essa ótica, a assertiva estaria correta, pois o agente delegado seria sujeito passivo em relação à taxa pelo exercício do poder de polícia (parcela repassada ao Estado). Parece-nos, entretanto, que o tomador do serviço notarial paga a totalidade da taxa pela prestação do serviço público, sem relação direta, em princípio, com o exercício do poder de polícia. Nesse sentido, o tributo é integralmente pago pelo usuário do serviço público (cliente do cartório paga pela prestação do serviço) e há simples repasse de parcela da receita pelo cartório ao Estado (matéria de direito financeiro, mas não tributário em sentido estrito); D: essa é a assertiva incorreta, pois a responsabilidade dos inventariantes pelos atos em que intervierem ou pelas omissões de que forem responsáveis é prevista expressamente pelo art. 134, IV, do CTN. Apesar de o dispositivo legal utilizar o termo "solidariamente", é tranquilo o entendimento no sentido de que essa responsabilidade é, a rigor, subsidiária, pois a obrigação somente é exigível contra o responsável em caso de impossibilidade de cobrança contra o contribuinte – ver REsp 909.215/MG-STJ.

Gabarito "D".

(Cartório/SP – V – VUNESP) O domicílio fiscal ou tributário do contribuinte é

(A) a sua residência habitual.

(B) o lugar da situação de seus bens.

(C) o local de sua preferência, desde que não seja recusado pela autoridade administrativa.

(D) o lugar onde estabelecer residência com ânimo definitivo e, se tiver diversas residências, aquela na qual passar a maior parte do tempo.

O contribuinte elege seu domicílio, nos termos e limites do art. 127 do CTN, que traz regras subsidiárias para sua identificação, apenas em caso de ausência de escolha do domicílio ou de recusa pelo fisco. Por essa razão, a alternativa "C" é a correta.

Gabarito "C".

9. SUSPENSÃO, EXTINÇÃO E EXCLUSÃO DO CRÉDITO TRIBUTÁRIO

(Cartório/RS – 2019 –VUNESP) De acordo com as disposições do Código Tributário Nacional, decorridos 5 anos contados do primeiro dia do exercício seguinte àquele em que o lançamento poderia ter sido efetuado, opera-se a

(A) decadência.

(B) prescrição.

(C) homologação tácita.

(D) conversão do depósito em renda.

(E) moratória.

A assertiva refere-se à decadência, conforme regra geral do art. 173, I, do CTN. Ver também a Súmula 622/STJ: A notificação do auto de infração faz cessar a contagem da decadência para a constituição do crédito tributário; exaurida a instância administrativa com o decurso do prazo para a impugnação ou com a notificação de seu julgamento definitivo

e esgotado o prazo concedido pela Administração para o pagamento voluntário, inicia-se o prazo prescricional para a cobrança judicial.

Gabarito "A".

(Cartório/MG – 2019 – Consulplan) São causas de extinção do crédito tributário, EXCETO:

(A) A anistia.

(B) A remissão.

(C) A transação.

(D) A conversão de depósito em renda.

Questão típica de concursos, embora exija simplesmente decorar as modalidades de suspensão, extinção e exclusão do crédito tributário (listada respectivamente nos arts. 151, 156 e 175 do CTN). Dentre as alternativas, somente a anistia não é modalidade de extinção, mas sim de exclusão do crédito tributário (há somente duas modalidades de exclusão: isenção e anistia). Por essas razões, a alternativa "A" deve ser indicada.

Gabarito "A".

(Cartório/RS – 2019 – VUNESP) É instituto de Direito Tributário que abrange exclusivamente as infrações cometidas anteriormente à vigência da lei que a concede, não se aplicando aos atos qualificados em lei como crimes ou contravenções e aos que, mesmo sem essa qualificação, sejam praticados com dolo, fraude ou simulação pelo sujeito passivo ou por terceiro em benefício daquele e, salvo disposição em contrário, às infrações resultantes de conluio entre duas ou mais pessoas naturais ou jurídicas.

Trata-se da

(A) isenção.

(B) prescrição intercorrente.

(C) remissão.

(D) denúncia espontânea.

(E) anistia.

A: incorreta, pois a isenção se refere a fatos geradores posteriores à lei que a institui – art. 176 do CTN; B: incorreta, pois a prescrição intercorrente corresponde a extinção do crédito por decurso de prazo no âmbito da cobrança judicial – art. 40 da Lei 6.830/1980 e Súmula 314/STJ; C: incorreta, pois a remissão é modalidade de extinção do crédito por acordo, nos termos do art. 171 do CTN; D: incorreta, pois a denúncia espontânea implica favor legal que afasta a cobrança de penalidades – art. 138 do CTN; E: correta, conforme o art. 180 do CTN.

Gabarito "E".

(Cartório/CE – 2018 – IESES) Determinada empresa deixou de recolher, no ano de 2010, valores declarados com relação ao Imposto sobre a Circulação de Mercadorias e Serviços (ICMS). Diante da omissão no pagamento, o débito foi inscrito em dívida ativa nos anos de 2013, sendo ajuizada a competente execução fiscal no ano de 2017. Considerando a situação apresentada e o momento do ajuizamento da execução fiscal, é possível afirmar, com relação ao crédito tributário, que:

(A) O prazo decadencial deve ser contado nos termos do art. 173, I do CTN.

(B) Restava consumada a decadência do crédito tributário.

(C) O crédito tributário executado era plenamente exigível no momento do ajuizamento da execução fiscal.

(D) Já havia ocorrido a prescrição da pretensão de cobrar o crédito tributário.

3. DIREITO TRIBUTÁRIO 181

A: incorreto, pois a declaração do contribuinte implica constituição do crédito, não cabendo falar em prazo decadencial – Súmula 436/STJ; **B:** incorreta, conforme comentário anterior; **C:** incorreta, pois, decorridos mais de 5 anos contados da constituição do crédito, a inércia do fisco implicou prescrição, nos termos do art. 174 do CTN; **D:** correta, conforme comentário anterior.
Gabarito "D".

(Cartório/CE – 2018 – IESES) Determinado contribuinte, ao receber uma notificação de lançamento na qual identificou dúvida sobre a sua real legitimidade passiva, considerando a legislação aplicável, resolve formular consulta no âmbito administrativo para que a fazenda pública apresente o devido esclarecimento. Sobre o instituto da consulta tributária administrativa, assinale a alternativa INCORRETA:

(A) Enquanto pendente a consulta formulada pelo contribuinte ao sujeito passivo não poderão ser impostos os efeitos da mora.

(B) A formulação de consulta é hipótese de suspensão do crédito tributário, conforme rol taxativo constante no Código Tributário Nacional.

(C) Para que seja afastada a imposição da mora no período em que resta pendente a solução da consulta, esta deve ser formulada dentro do prazo para pagamento do tributo.

(D) A consulta administrativa é cabível nas hipóteses onde há dúvida razoável, decorrente de omissão, obscuridade ou contradição na legislação tributária.

A: correta, desde que a consulta tenha sido formulada antes do vencimento do crédito – art. 161, § 2º, do CTN; **B:** incorreta, pois não se trata de modalidade de suspensão listada no art. 151 do CTN; **C:** correta, conforme art. 161, § 2º, do CTN; **D:** correta, conforme art. 161, § 2º, do CTN.
Gabarito "B".

(Cartório/SP – 2016 – VUNESP) No tocante à extinção de tributos, é correto afirmar que

(A) se dá pela conversão de penhora judicial em pagamento.

(B) é possível a compensação de tributos federais com estaduais.

(C) se dá pela entrega de títulos da dívida pública após avaliação judicial.

(D) ela pode ocorrer por dação em pagamento de bens imóveis.

A: incorreta, pois não há especificamente essa modalidade de extinção prevista no art. 156 do CTN, embora seja possível a adjudicação do bem penhorado pela fazenda pública, nos termos do art. 24 da Lei 6.830/1980; **B:** incorreta, pois somente é possível a compensação, como modalidade de extinção do crédito, em relação a tributos do mesmo ente, na forma da lei – art. 170 do CTN; **C:** incorreta, pois somente o pagamento em dinheiro extingue o crédito tributário, embora seja possível a compensação de créditos, desde que autorizada por lei – art. 170 do CTN; **D:** correta – art. 156, XI, do CTN
Gabarito "D".

(Cartório/MG – 2015 – Consulplan) A respeito da prescrição e da decadência no direito tributário, é correta a afirmação:

(A) Assim como no Direito Civil, o pagamento de crédito prescrito não gera direito à restituição do valor pago, tendo em vista que a prescrição não atinge o direito material.

(B) Caso tenha havido pagamento parcial de tributo sujeito a lançamento por homologação, o direito de a Fazenda Pública constituir o crédito tributário conta-se a partir da data da ocorrência do fato gerador, ainda que tenha havido dolo, fraude ou simulação.

(C) A realização de protesto judicial suspende a prescrição da cobrança do crédito tributário.

(D) Em regra, no caso de lançamento por homologação, caso não haja pagamento do tributo na data devida, o direito de a Fazenda Pública constituir o crédito tributário extingue- se após cinco anos, contados do primeiro dia do exercício seguinte àquele em que o lançamento poderia ter sido efetuado.

A: incorreta, pois no Direito Tributário a prescrição extingue o crédito tributário, de modo que é devida restituição em caso de pagamento posterior – art. 156, V, do CTN; **B:** incorreta, pois, em caso de dolo, fraude ou simulação, não se conta o prazo na forma do art. 150 do CTN, mas sim em conformidade com o art. 173 do CTN – ver caso semelhante da Súmula 555/STJ; **C:** incorreta, pois o protesto judicial interrompe, não suspende, o prazo prescricional – art. 174, parágrafo único, II, do CTN; **D:** correta – art. 173 do CTN.
Gabarito "D".

(Cartório/MG – 2015 – Consulplan) Segundo o Código Tributário Nacional, é causa de suspensão de exigibilidade do crédito tributário

(A) o parcelamento.

(B) a consignação em pagamento.

(C) a dação em pagamento em bens imóveis, na forma e condições estabelecidas em lei.

(D) a transação autorizada por lei, nas condições que estabeleça, aos sujeitos ativos e passivos da obrigação tributária, mediante concessões mútuas.

A: correta, pois o parcelamento é uma das modalidades de suspensão do crédito tributário, listada no art. 151 do CTN; **B, C e D:** incorretas, pois consignação em pagamento, dação em pagamento e transação são modalidades de extinção do crédito – art. 156 do CTN.
Gabarito "A".

(Cartório/MG – 2015 – Consulplan) Considerando o Código Tributário Nacional, assinale a alternativa INCORRETA:

(A) A isenção depende de lei e alcança situações posteriores à sua vigência, impedindo o lançamento do tributo.

(B) A isenção pode ter caráter específico para atingir determinadas situações, desde que preenchidas condições previstas em lei, sendo efetivada por despacho da autoridade administrativa.

(C) A anistia equivale ao perdão legal da infração tributária e pode atingir infrações anteriores e posteriores à vigência da lei que a concede.

(D) A remissão visa liberar o sujeito passivo do pagamento do crédito tributário após o respectivo lançamento, em regra, e deve atender, dentre outros aspectos, a diminuta importância do crédito tributário.

A: correta – art. 150, § 6º, da CF e art. 176 do CTN; **B:** correta, nos termos do art. 179 do CTN; **C:** incorreta, pois a anistia se refere a infrações anteriores à vigência da lei concessiva – art. 180 do CTN; **D:** correta – art. 172 do CTN.
Gabarito "C".

ROBINSON BARREIRINHAS

(Cartório/MG – 2015 – Consulplan) São causas de extinção do crédito tributário previstos no Código Tributário Nacional, EXCETO:

(A) Compensação.

(B) Depósito do seu montante integral.

(C) Remissão.

(D) Conversão do depósito em renda.

A, C e D: corretas, pois são modalidades de extinção do crédito previstas no art. 156 do CTN; B: incorreta, pois o depósito é modalidade de suspensão do crédito, não de extinção – art. 151, II, do CTN.
Gabarito "B".

(Cartório/MG – 2015 – Consulplan) Considerando o direito tributário e suas definições, assinale a alternativa INCORRETA:

(A) A anistia é exclusão do crédito tributário relativo ao tributo e as penas pecuniárias, abrangendo, portanto, todo o crédito tributário.

(B) Os fatos não abrangidos pelas hipóteses de incidência de crédito tributário são definidos como não incidência.

(C) Isenção é exclusão do crédito tributário, através de lei, em que esta retira parte das hipóteses de incidência do crédito tributário.

(D) Imunidade é de índole constitucional e impede, dentre outras coisas, que lei ordinária tribute determinados fatos ou pessoas.

A: incorreta, pois a anistia refere-se apenas às infrações e respectivas penalidades pecuniárias, não ao tributo – art. 180 do CTN; B: correta, sendo essa a definição pela negativa; C: correta, com base em boa parte da doutrina. Entretanto, é importante lembrar que o CTN trata a isenção como exclusão do crédito, ou seja, ocorre o fato gerador e surge a obrigação tributária (a hipótese de incidência é mantida), mas o crédito não será constituído – art. 176 do CTN; D: correta, sendo a imunidade limitação constitucional ao poder de tributar – ver art. 150, VI, da CF.
Gabarito "A".

(Cartório/MG – 2016 – Consulplan) Considerando normas do Código Tributário Nacional, a prescrição da ação para a cobrança do crédito tributário

(A) se interrompe pela distribuição da ação judicial.

(B) se interrompe por qualquer ato judicial praticado pelo fisco, ainda que não constitua o devedor em mora.

(C) se interrompe pela entrega do fisco de certidão positiva ao devedor, a seu pedido, constando a dívida tributária.

(D) prescreve em cinco anos contados da data em que não cabe mais qualquer impugnação ou recurso administrativo do contribuinte contra o lançamento.

A: incorreta. A interrupção da prescrição pelo despacho que ordena a citação, nos termos do art. 174, parágrafo único, I, do CTN, retroage à data do ajuizamento, em razão do que determina o art. 240, § 1º, do CPC, conforme jurisprudência do STJ – ver Resp 1.120.295/SP; B: incorreta, pois somente os atos judiciais que constituem o devedor em mora interrompem a prescrição – art. 174, parágrafo único, III, do CTN; C: incorreta, pois não há essa previsão de interrupção do prazo prescricional – art. 174, parágrafo único, do CTN; D: correta, pois aí se dá a constituição definitiva do crédito e início do prazo prescricional – art. 174 do CTN.
Gabarito "D".

(Cartório/MG – 2016 – Consulplan) Considerando estrutura e disposições do Código Tributário Nacional, avalie as afirmações a seguir:

I. O depósito do seu montante integral, a concessão de medida liminar em Mandado de Segurança e o parcelamento são previstos como causas de suspensão do crédito tributário.

II. A isenção é extensiva às taxas, salvo disposição em lei em contrário.

III. A anistia e isenção são tratadas como hipóteses de exclusão do crédito tributário.

IV. A compensação, moratória e remissão são dispostas como causas de extinção do crédito tributário.

É correto apenas o que se afirma em

(A) I e II.

(B) I e III.

(C) III e IV.

(D) II e IV

I: correta – art. 151 do CTN; II: incorreta, pois, salvo disposição legal em contrário, a isenção não é extensiva às taxas e contribuições de melhoria – art. 177, I, do CTN; III: correta – art. 175 do CTN; IV: incorreta, pois a moratória é modalidade de suspensão do crédito, não de extinção – art. 151, I, do CTN.
Gabarito "B".

(Cartório/PA – 2016 – IESES) Constituído o crédito tributário ou nascida a obrigação tributária, diversas são as formas através das quais tal obrigação poderá ser extinta, seja por previsão legal, seja por conduta ativa do sujeito passivo. O legislador previu essas modalidades de forma taxativa no artigo 156 do CTN. Identifique a opção que contenha todas as hipóteses legais através das quais poderá ser extinta a obrigação.

(A) O pagamento; a compensação; a prescrição e a decadência; a conversão de depósito em renda; o pagamento antecipado; a decisão administrativa irreformável, assim entendida a definitiva na órbita administrativa, que não mais possa ser objeto de ação anulatória; a decisão judicial passada em julgado; a dação em pagamento em bens imóveis, na forma e condições estabelecidas em lei.

(B) O pagamento; a compensação; a transação; remissão; a prescrição e a decadência; a conversão de depósito em renda; o pagamento antecipado e a homologação do lançamento nos termos do disposto no artigo 150 e seus §§ 1º e 4º; a consignação em pagamento, nos termos do disposto no § 2º do artigo 164; a decisão administrativa irreformável, assim entendida a definitiva na órbita administrativa, que não mais possa ser objeto de ação anulatória; a decisão judicial passada em julgado; a dação em pagamento em bens imóveis, na forma e condições estabelecidas em lei.

(C) O pagamento; a compensação; a transação; a prescrição e a decadência; o pagamento antecipado e a homologação do lançamento nos termos do disposto no artigo 150 e seus §§ 1º e 4º; a decisão administrativa irreformável, assim entendida a definitiva na órbita administrativa, que não mais possa ser objeto de ação anulatória; a decisão judicial passada em julgado; a dação em pagamento em bens imóveis, na forma e condições estabelecidas em lei.

(D) O pagamento; o perdão; a compensação; a transação; remissão; a prescrição e a decadência; a conversão de depósito em renda; o pagamento antecipado e a homologação do lançamento nos termos do disposto no artigo 150 e seus §§ 1º e 4º; a consignação em pagamento, nos termos do disposto no § 2º do artigo 164; a decisão judicial passada em julgado; a dação em pagamento em bens imóveis, na forma e condições estabelecidas em lei.

Todas as modalidades de extinção do crédito estão listadas no art. 156 do CTN, correspondendo à alternativa "B".
Gabarito "B".

(Cartório/SP – 2012 – VUNESP) Sobre a moratória, pode-se concluir que:

(A) Pode ser concedida por ato do Instituto Nacional do Seguro Social (INSS) quanto às contribuições para a seguridade social.

(B) A concessão de moratória em caráter individual pela Prefeitura Municipal de Ribeirão Preto gera direito adquirido.

(C) A norma paulistana concessiva de moratória deve ser impessoal; não pode discriminar sua aplicabilidade a determinada classe ou categoria de sujeitos passivos.

(D) Lei paulista pode fazer com que a moratória abranja créditos cujos lançamentos ainda não tenham sido iniciados.

A: incorreta, pois qualquer benefício fiscal somente pode ser concedido por lei do ente competente, no caso, por lei federal, pois a União é quem detém a competência tributária em relação às contribuições sociais – arts. 149 e 150, § 6º, da CF e art. 97, VI, do CTN; B: incorreta, pois a concessão da moratória em caráter individual (a exemplo da remissão e da isenção) não gera direito adquirido – art. 155 do CTN; C: incorreta, pois a moratória pode ser concedida em caráter individual, conforme o art. 152, II, do CTN; D: correta, pois a lei pode trazer essa regra excepcional, nos termos do art. 154 do CTN.
Gabarito "D".

(Cartório/SP – 2011 – VUNESP) Sobre as hipóteses de exclusão do crédito tributário previstas no Código Tributário Nacional (CTN), é correto afirmar que:

(A) A exclusão do crédito tributário dispensa o cumprimento das obrigações acessórias dependentes da obrigação principal do crédito excluído.

(B) A outorga de anistia somente poderá ser concedida por meio de lei específica que regule exclusivamente o correspondente tributo.

(C) A anistia não pode ser concedida em caráter geral.

(D) A lei concessiva de anistia pode abranger infrações que venham a ser cometidas posteriormente, desde que relacionadas ao mesmo tributo.

A: incorreta, pois a exclusão do crédito não afasta as obrigações acessórias correspondentes – art. 175, parágrafo único, do CTN; B: essa é a melhor alternativa, mas, na verdade, é possível também que a anistia seja veiculada por lei específica que trate exclusivamente desse benefício fiscal (da anistia), não necessariamente que regule o correspondente tributo – art. 150, § 6º, da CF; C: incorreta, pois isso é possível – art. 181, I, do CTN; D: incorreta, pois isso (abrangência de fatos futuros) seria revogação da tipificação do ilícito ou da penalidade correspondente – art. 180, *caput*, do CTN.
Gabarito "B".

(Cartório/MG – 2012 – FUMARC) São causas de extinção do crédito tributário, segundo a lei, **EXCETO:**

(A) A transação e a remissão.

(B) A prescrição e a decadência.

(C) O pagamento e a compensação.

(D) A consignação em pagamento e o lançamento.

Nos termos do art. 156 do CTN, extinguem o crédito tributário (i) o pagamento, (ii) a compensação, (iii) a transação, (iv) a remissão, (v) a prescrição e a decadência, (vi) a conversão de depósito em renda, (vii) o pagamento antecipado e a homologação do lançamento nos termos do disposto no artigo 150 e seus §§ 1º e 4º, do mesmo Código, (viii) a consignação em pagamento, nos termos do disposto no § 2º do artigo 164, também do CTN; (ix) a decisão administrativa irreformável, assim entendida a definitiva na órbita administrativa, que não mais possa ser objeto de ação anulatória, (x) a decisão judicial passada em julgado e (xi) a dação em pagamento em bens imóveis, na forma e condições estabelecidas em lei. Por essa razão, a alternativa "D" deve ser indicada, pois o lançamento não é modalidade de extinção do crédito (pelo contrário, o lançamento constitui o crédito).
Gabarito "D".

(Cartório/MG – 2012 – FUMARC) Em sede de consignação judicial do crédito tributário, **NÃO** é correto afirmar que:

(A) A consignação só pode versar sobre o crédito que o consignante se propõe a pagar.

(B) A consignação pode versar sobre outros créditos, desde que em face da mesma pessoa jurídica de direito público.

(C) Julgada procedente a consignação, o pagamento se reputa efetuado e a importância consignada é convertida em renda.

(D) Julgada improcedente a consignação, no todo ou em parte, cobra-se o crédito acrescido de juros de mora, sem prejuízo das penalidades cabíveis.

A: correta, conforme o art. 164, § 1º, do CTN; B: essa é a incorreta, devendo ser indicada, por exclusão das demais, considerando que o art. 164 do CTN refere-se apenas à consignação de créditos tributários que o consignante se propõe a pagar; C: correta, conforme o art. 164, § 2º, do CTN; D: correta, nos termos do art. 164, § 2º, *in fine*, do CTN.
Gabarito "B".

(Cartório/MG – 2012 – FUMARC) A ação para cobrança do crédito tributário prescreve em 5 (cinco) anos contados da data de sua constituição definitiva. São hipóteses de interrupção da prescrição, **EXCETO:**

(A) O protesto judicial.

(B) A citação pessoal feita ao devedor.

(C) Qualquer ato judicial que constitua em mora o devedor.

(D) Qualquer ato inequívoco, ainda que extrajudicial, que importe em reconhecimento do débito pelo devedor.

Nos termos do art. 174, parágrafo único, do CTN, a prescrição se interrompe (i) pelo despacho do juiz que ordenar a citação em execução fiscal, (ii) pelo protesto judicial, (iii) por qualquer ato judicial que constitua em mora o devedor, (iv) por qualquer ato inequívoco ainda que extrajudicial, que importe em reconhecimento do débito pelo devedor. Por essa razão, a alternativa "B" deve ser indicada (a citação do devedor era prevista no art. 174, parágrafo único, do CTN antes da alteração pela LC 118/2005 que lhe deu a redação atual).
Gabarito "B".

184 ROBINSON BARREIRINHAS

(Cartório/MG – 2012 – FUMARC) O crédito tributário pode ter sua exigibilidade suspensa por meio de:

(A) Embargos.

(B) Impugnação do sujeito passivo.

(C) Ação anulatória de exigência fiscal.

(D) Reclamações e recursos nos termos das leis reguladoras do processo tributário administrativo.

A: incorreta, pois os embargos à execução não implicam, por si só, suspensão da exigibilidade do crédito, conforme a jurisprudência mais recente; B: imprecisa, pois não é qualquer impugnação do sujeito passivo que suspende a exigibilidade, mas apenas as reclamações e os recursos apresentados nos termos da legislação tributária – art. 151, III, do CTN; C: incorreta, pois o simples ajuizamento de ação não suspende a exigibilidade do crédito; D: correta, nos termos do art. 151, III, do CTN.
Gabarito "D".

(Cartório/RJ – 2012) Sobre decadência tributária, é correto afirmar que:

(A) O prazo para o ajuizamento da execução fiscal é de natureza decadencial.

(B) Pela decadência, está extinto o direito de lançar.

(C) O prazo decadencial se inicia da data da constituição definitiva do crédito tributário.

(D) As normas pertinentes à decadência podem ser veiculadas por leis ordinárias.

(E) A decadência se interrompe pelo despacho do juiz que ordenar a citação em execução fiscal.

A: incorreta, pois o prazo é prescricional, nos termos do art. 174 do CTN; B: correta, nos termos do art. 173 do CTN, da doutrina e da jurisprudência, muito embora o Código refira-se à extinção do crédito tributário (não do direito de lançar) – art. 156, V, do CTN; C: incorreta, pois o prazo decadencial quinquenal para constituir o crédito inicia-se, em regra, no primeiro dia do exercício seguinte àquele em que o lançamento poderia ter sido efetuado – art. 173, I, do CTN; D: incorreta, pois se trata de matéria reservada à lei complementar federal – art. 146, III, *b*, da CF; E: incorreta, pois a decadência não se interrompe, em regra – art. 173 do CTN (há o caso excepcionalíssimo do inciso II desse artigo).
Gabarito "B".

(Cartório/RN – 2012 – IESIS) A empresa X recebeu em junho de 2012 um auto de infração constituindo crédito tributário relativo ao ICMS com período de apuração de março de 2011. Tempestivamente apresenta a reclamação fiscal que aguarda julgamento do órgão competente. Em face do narrado, assinale a alternativa correta:

(A) O crédito tributário é exigível administrativamente e judicialmente.

(B) O crédito tributário é exigível judicialmente, mas não o é administrativamente.

(C) O crédito tributário está com a exigibilidade suspensa.

(D) O crédito tributário está extinto.

As reclamações e os recursos, nos termos das leis reguladoras do processo tributário administrativo, suspendem a exigibilidade do crédito tributário – art. 151, III, do CTN. Por essa razão, a alternativa "C" é a correta.
Gabarito "C".

(Cartório/SC – 2012) No que tange ao crédito tributário, é **correto** afirmar:

(A) Podem ser extintos pelo pagamento; pela compensação; pela transação; pela remissão; pela prescrição; pela decadência; pela anistia e pela isenção.

(B) Podem ser extintos apenas pela anistia e pela isenção.

(C) Somente podem ser excluídos pela compensação; pela remissão; pela prescrição; pela decadência e pela anistia.

(D) Somente podem ser extintos pelo pagamento; pela compensação; pela transação; pela remissão; pela prescrição; pela decadência; pela anistia e pela isenção.

(E) Podem ser extintos pelo pagamento; pela compensação; pela transação; pela remissão; pela prescrição e pela decadência.

A, B, C e D: incorretas, pois anistia e isenção são as duas modalidades de exclusão do crédito tributário, não de extinção – art. 175 do CTN; E: correta, pois indica exclusivamente modalidades de extinção do crédito, conforme o art. 156 do CTN.
Gabarito "E".

(Cartório/AC – 2006 – CESPE) Julgue os itens seguintes, tendo como contexto a relação jurídico-tributária e o Código Tributário Nacional.

(1) A lei permite que a União conceda moratória quanto a tributos de competência dos estados, do Distrito Federal ou dos municípios, quando simultaneamente concedida quanto aos tributos de competência federal e às obrigações de direito privado.

(2) Salvo disposição de lei em contrário, a isenção não é extensiva às taxas e às contribuições de melhoria, em razão de as taxas estarem vinculadas a uma contraprestação, e a contribuição de melhoria derivar de valorização patrimonial decorrente de obra pública.

1: assertiva correta, pois esse excepcionalíssimo caso de concessão heterônoma de benefício fiscal (por quem não é titular da competência tributária) é previsto expressamente no art. 152, I, "b", do CTN; 2: correta, pois reflete o disposto no art. 177 do CTN. Interessante lembrar que o STF decidiu que o disposto no art. 151, III, da CF não impede a concessão de isenções tributárias heterônomas por meio de tratados internacionais, ou seja, é possível instituição de benefícios fiscais relativos a tributos estaduais ou municipais por meio de tratados internacionais (RE 543.943 AgR/PR).
Gabarito 1C, 2C.

(Cartório/DF – 2008 – CESPE) Com o fim de pleitear, judicialmente, a compensação dos créditos com débitos tributários que possui, uma empresa adquiriu, por cessão de direitos, créditos decorrentes de precatório judicial expedido contra ente público, razão por que pretende requerer a imediata suspensão da exigibilidade dos créditos tributários, mediante antecipação de tutela. Acerca da situação descrita acima, julgue os seguintes itens.

(1) A compensação é uma das hipóteses legais de suspensão da exigibilidade do crédito tributário, desde que as partes sejam ao mesmo tempo credora e devedora uma da outra.

(2) A CF não prevê nenhuma forma de compensação de créditos decorrentes de precatórios com tributos cobrados pela entidade devedora, de forma que o pleito da empresa deverá ser indeferido.

3. DIREITO TRIBUTÁRIO

(3) Segundo entendimento já sumulado do STJ, a compensação de créditos tributários não pode ser deferida em ação cautelar ou por medida liminar cautelar ou antecipatória.

(4) A lei pode, em determinadas condições, autorizar a compensação de créditos tributários com créditos líquidos e certos, vencidos ou vincendos, do sujeito passivo contra a fazenda pública.

(5) Os créditos decorrentes de precatório judicial possuem caráter personalíssimo, de maneira que é inválida a sua cessão para terceiros, somente podendo ser compensados com débitos tributários do beneficiário original constante do título executivo judicial.

1: incorreta, pois a compensação é causa extintiva do crédito, não suspensiva; ademais, depende de lei específica do ente tributante, de modo que não é possível, em regra, a quitação de tributo pela apresentação de precatório; somente a inadimplência das parcelas previstas no art. 78 do ADCT tem o efeito liberatório do pagamento de tributos (§ 2°); por essas razões, não há verossimilhança que permita a antecipação de tutela pleiteada (suspensão do crédito); 2: incorreta, já que não há previsão constitucional de compensação entre precatórios e tributos. No entanto, há poder liberatório de pagamento no caso de inadimplemento das parcelas previstas no art. 78 do ADCT, conforme o § 2° desse dispositivo; 3: correta, nos termos da Súmula 212/STJ; 4: assertiva correta, conforme o art. 170 do CTN; 5: assertiva incorreta. O Judiciário vinha aceitando a cessão de precatórios. Com a EC 62/2009, essa possibilidade passou a constar do art. 100, § 13, da CF. Ademais, já havia a previsão específica do art. 78, *in fine*, do ADCT (parcelamento constitucional de até dez anos). A compensação, no entanto, depende de lei específica.

Gabarito 1E, 2E, 3C, 4C, 5E

(Cartório/DF – 2006 – CESPE) Tratando-se de IPTU, o encaminhamento do carnê de recolhimento ao contribuinte é suficiente para se considerar o cidadão como notificado. Com esse entendimento, já pacificado no STJ, a Segunda Turma da Corte manteve decisão do Tribunal de Justiça do Rio Grande do Sul (TJRS) tomada em apelação proposta pelo município de Novo Hamburgo – RS. O TJRS entendeu que, para a espécie tributária IPTU, o lançamento opera-se diretamente, sem mediação do sujeito passivo, visto que a autoridade administrativa dispõe de todos os elementos necessários à sua concreção. "E a notificação se eficaciza invariavelmente e *ex vi legis* a todo primeiro dia do exercício correspondente, não sendo preciso qualquer ato administrativo de intercâmbio procedimental." Consoante a decisão acima tomada pelo STJ, o contribuinte tornou-se notificado do crédito tributário por meio do encaminhamento do carnê de pagamento do IPTU. Para tanto, naturalmente, era necessário que houvesse a prévia constituição daquele crédito. Relativamente ao caso objeto do texto acima, bem como à constituição, à notificação, à suspensão e à exclusão do crédito tributário, julgue os itens que se seguem.

(1) Se o contribuinte não consegue pagar seus tributos no prazo devido e se a norma aplicável permite o parcelamento, a lei que instituiu tal tributo não pode exigir multa e juros de mora.

(2) Apesar de o conceito de tributo comportar uma obrigação pecuniária, a extinção do crédito pode ser feita mediante pagamento em bens de natureza imóvel e móvel, desde que estes últimos estejam agregados aos imóveis, passando a ser classificados como bens imóveis.

1: assertiva incorreta, especialmente em relação ao juros moratórios, que podem sempre ser exigidos em caso de parcelamento, mesmo se inexistir inadimplemento. Quanto à multa, há duas situações possíveis, não esclarecidas na questão. Se a lei local permite o parcelamento do débito inadimplido (após o vencimento do IPTU), como uma espécie de programa de regularização da situação tributária, a multa é devida. Entretanto, se a questão se refere à possibilidade de parcelamento como opção do contribuinte (ele pode optar pelo pagamento a vista com desconto, ou pelo pagamento parcelado, por exemplo), não há inadimplência, mas simples escolha do parcelamento, de modo que a multa não é devida; 2: assertiva correta, devendo ser observada a legislação do ente tributante, que regular a dação em pagamento de bens imóveis. Em princípio, o CTN prevê apenas da dação de bens **imóveis** como modalidade de extinção do crédito tributário na forma e condições estabelecidas em lei (art. 156, XI). Há entendimento no sentido de que somente o CTN (ou lei complementar que o modifique) institui modalidades de extinção do crédito tributário, nos termos do art. 141 do CTN. Outros defendem que a reserva de lei complementar federal restringe-se à decadência e a prescrição, conforme o art. 146, III, "b", da CF. Esse último entendimento já foi acolhido pelo STF ao admitir lei estadual instituindo a dação de bens **móveis** como modalidade de extinção do crédito tributário (ADI 2.405 MC/RS). Posteriormente, entretanto, o STF afastou outra lei local que previa a dação de bens móveis, mas não por conta de reserva de lei complementar federal, e sim por ofensa, naquele caso específico, ao princípio da licitação (ADI 1.917/DF). De qualquer forma, no caso descrito na questão, aquilo que é agregado intencionalmente ao imóvel pelo proprietário é considerado bem imóvel por acessão intelectual, de modo que se pode ser incluído na dação em pagamento prevista no art. 156, XI, do CTN, sendo desnecessária a discussão a respeito da possibilidade de dação em pagamento de bens móveis – ver, por ser bastante esclarecedora, a redação do art. 43 do Código Civil de 1916 (revogado pelo atual CC), que definia didaticamente os imóveis por natureza, por acessão física e por acessão intelectual.

Gabarito 1E, 2C

(Cartório/DF – 2003 – CESPE) Após cinco anos de ininterrupta contribuição de ICMS para o Distrito Federal (DF), uma empresa distribuidora de produtos adquiridos na região Sul e revendidos no DF resolveu creditar-se da diferença de alíquota interestadual, com base em controle difuso de constitucionalidade efetuado pelo Supremo Tribunal Federal declarando indevida a incidência daquele tributo sobre alguns bens adquiridos. Considerando essa situação hipotética, julgue os itens a seguir.

(1) O crédito será lícito a partir do julgamento da ação intentada pela empresa para reconhecimento da inconstitucionalidade.

(2) A sociedade comercial será sempre parte legítima para ingressar em juízo requerendo a restituição do indébito.

(3) Autuada a empresa pelo fisco e convencendo-se da irregularidade do crédito, o pagamento poderá ser efetuado de forma parcelada, atendidos os requisitos da legislação própria, uma vez que não atuou com dolo, fraude ou simulação.

1: assertiva incorreta. A rigor, o creditamento relativo a indébitos e a compensação de ICMS pelo próprio contribuinte são regulados pela legislação local. É comum a legislação dos entes tributantes admitirem o creditamento por conta e risco do contribuinte, sujeitando-se à posterior fiscalização (o que torna desnecessária, em princípio, a propositura de ação judicial pela própria contribuinte, bastando, eventualmente, procedimento administrativo). Por outro lado, caso haja controvérsia com o fisco, é vedada, nos termos do art. 170-A, a compensação mediante o aproveitamento de tributo, objeto de contestação judicial pelo sujeito passivo, antes do trânsito em julgado da respectiva decisão judicial. O creditamento de ICMS implica compensação dos valores devidos nas operações atuais com o crédito que o contribuinte defende ter, em relação ao diferencial de alíquota sobre operações anteriores. Ainda que não se conheça a legislação local e os detalhes do caso, portanto, é possível afirmar que a assertiva é incorreta; 2: incorreta, pois, por se tratar de tributo indireto (cujo ônus econômico é, na forma da lei, repassado ao adquirente dos bens ou serviços), o contribuinte de direito deve comprovar que assumiu o ônus econômico do tributo ou tem autorização de quem o assumiu, como requisito para a restituição – art. 166 do CTN; 3: assertiva correta. O parcelamento é concedido na forma e condições estabelecidas em lei estadual do ente tributante – art. 155-A do CTN. De qualquer forma, inexistindo dolo, fraude ou simulação do sujeito passivo ou do terceiro em benefício daquele, não há vedação à concessão do parcelamento, conforme o art. 154, parágrafo único, do CTN, aplicável por força do art. 155-A, § 2º, do mesmo Código.

Gabarito 1E, 2E, 3C

(Cartório/DF – 2003 – CESPE) A respeito de crédito tributário, julgue os itens seguintes.

(1) O depósito do montante integral do crédito tributário é medida cautelar cuja finalidade é a suspensão da exigibilidade do crédito tributário e, consequentemente, dos atos executórios.

(2) Uma lei local pode prever a modalidade civilista de dação em pagamento como forma de extinção do crédito tributário.

1: assertiva correta, conforme o art. 151, II, do CTN, lembrando que o depósito deve ser em dinheiro, para que tenha esse efeito; 2: matéria bastante controvertida. Em princípio, o CTN prevê apenas da dação de bens **imóveis** como modalidade de extinção do crédito tributário na forma e condições estabelecidas em lei (art. 156, XI). Há entendimento no sentido de que somente o CTN (ou lei complementar que o modifique) institui modalidades de extinção do crédito tributário, nos termos do art. 141 do CTN. Outros defendem que a reserva de lei complementar federal restringe-se à decadência e a prescrição, conforme o art. 146, III, "b", da CF. Esse último entendimento já foi acolhido pelo STF ao admitir lei estadual instituindo a dação de bens **móveis** como modalidade de extinção do crédito tributário (ADI 2.405 MC/RS). Posteriormente, entretanto, o STF afastou outra lei local que previa a dação de bens móveis, mas não por conta de reserva de lei complementar federal, e sim por ofensa, naquele caso específico, ao princípio da licitação (ADI 1.917/DF).

Gabarito 1C, 2E

(Cartório/ES – 2007 – FCC) Sobre a isenção tributária, considere:

I. A isenção, mesmo quando prevista em contrato, é sempre decorrente de lei que especifique as condições e requisitos exigidos para a sua concessão, os tributos a que se aplica e, sendo caso, o prazo de sua duração.

II. A isenção não pode ser restrita a determinada região do território da entidade tributante, em função de condições a ela peculiares.

III. Salvo disposição de lei em contrário, a isenção não é extensiva às taxas e às contribuições de melhoria;

IV. Salvo disposição de lei em contrário, a isenção é extensiva aos tributos instituídos posteriormente à sua concessão.

V. A isenção, salvo se concedida por prazo certo e em função de determinadas condições, pode ser revogada ou modificada por lei, a qualquer tempo, observado o princípio da anualidade, salvo se a lei for favorável ao contribuinte.

Está correto o que se afirma APENAS em

(A) III, IV e V.

(B) I e V.

(C) II e III.

(D) I, II e IV.

(E) I, III e V.

I: assertiva correta, pois reflete exatamente o disposto no art. 176, *caput*, do CTN; II: incorreta, pois essa restrição é permitida, nos termos do art. 176, parágrafo único, do CTN; III: correta, conforme o art. 177, I, do CTN; IV: assertiva incorreta, pois, nos termos do art. 177, II, do CTN, salvo disposição de lei em contrário, a isenção não é extensiva aos tributos instituídos posteriormente à sua concessão; V: adequada, pois reflete o disposto no art. 178 do CTN, c/o art. 104, III, do mesmo Código. São necessárias, entretanto, algumas observações. Em primeiro lugar, o art. 104, III, do CTN refere-se ao que definimos atualmente como princípio da anterioridade, e não da anualidade, este não mais subsistente no sistema tributário brasileiro (que exigia prévia previsão orçamentária para a cobrança do tributo). Em segundo lugar, embora muitos autores defendam que toda revogação de isenção implica majoração de tributo, de modo que sempre se aplica a anterioridade, esse não é o entendimento pacífico na jurisprudência. De fato, o art. 104, III, do CTN prevê a anterioridade expressamente apenas em relação aos impostos sobre o patrimônio e sobre a renda. Por essa razão, o STF já entendeu que a revogação de isenção do ICMS (que não é nem sobre patrimônio, nem sobre renda) não se sujeita à anterioridade – ver Súmula 615/STF (que, aliás, utiliza o antiquado termo "anualidade", como a questão em análise).

Gabarito "E".

(Cartório/MS – 2009 – VUNESP) A vedação a que os entes tributantes instituam impostos sobre o patrimônio, renda ou serviços, uns dos outros, consiste em

(A) anistia.

(B) remissão.

(C) isenção.

(D) imunidade.

(E) compensação.

A assertiva refere-se à imunidade recíproca – art. 150, VI, *a*, da CF, de modo que a alternativa "D" é a correta. Anistia e isenção são modalidades de exclusão do crédito tributário – art. 175 do CTN. Remissão e compensação são modalidades de extinção do crédito – art. 156, II e IV, do CTN.

Gabarito "D".

(Cartório/MT – 2005 – CESPE) Com relação à compensação do crédito tributário, assinale a opção correta.

(A) A ação judicial a ser utilizada para a declaração de compensação é a ação ordinária.

(B) Para serem compensáveis, os créditos do sujeito passivo têm que ser líquidos e certos, porém, admitem-se créditos vincendos.

(C) As taxas de desconto de créditos futuros a compensar não podem ser menores que 1% ao mês.

(D) Se o crédito do sujeito passivo decorrer de ação judicial de natureza tributária, somente poderá ser utilizado para compensação, após a sentença de primeiro grau favorável à constituição desse crédito.

A: incorreta, pois, apesar de cabível ação ordinária com pedido declaratório, a jurisprudência admite o uso do Mandado de Segurança com essa finalidade, conforme consolidado pela Súmula 213/STJ (o que é bastante comum). É importante lembrar, entretanto, que não cabe mandado de segurança para convalidar a compensação tributária já realizada

3. DIREITO TRIBUTÁRIO   187

pelo contribuinte – Súmula 460/STJ; B: assertiva correta, conforme o art. 170 do CTN, que admite a compensação com créditos vencidos ou vincendos do sujeito passivo contra a fazenda pública; C: incorreta, pois o art. 170, parágrafo único, do CTN estabelece limite máximo de 1% para o desconto, não mínimo (o desconto não pode ser superior ao juro de 1% ao mês, podendo, portanto, ser igual ou inferior a isso); D: incorreta, pois é vedada a compensação mediante o aproveitamento de tributo, objeto de contestação judicial pelo sujeito passivo, antes do trânsito em julgado da respectiva decisão judicial – art. 170-A do CTN.
Gabarito "B".

(Cartório/SE – 2006 – CESPE) Acerca da disciplina da repetição do indébito tributário, julgue o item seguinte.

(1) Considere que o Posto Alvorada Ltda., pessoa jurídica que atua com a venda de combustível no varejo, tenha recolhido a COFINS e o PIS em valor superior ao devido, durante um período de 2 anos. Nessa situação, o Posto Alvorada Ltda. não possui legitimidade ativa para pleitear a restituição da COFINS e do PIS recolhidos indevidamente.

1: incorreta, pois o contribuinte que recolhe tributo a maior tem legitimidade ativa processual para repetir judicialmente o valor, observado o prazo prescricional quinquenal (reduzido para 2 anos, se houver prévio indeferimento administrativo) e desde de que comprove que assumiu o ônus econômico do indébito (ou tem autorização de quem tenha assumido), no caso dos chamados tributos indiretos – arts. 165 a 169 do CTN.
Gabarito "1E".

(Cartório/SP – VII – VUNESP) Sobre as hipóteses de exclusão do crédito tributário previstas no Código Tributário Nacional (CTN), é correto afirmar que

(A) a exclusão do crédito tributário dispensa o cumprimento das obrigações acessórias dependentes da obrigação principal do crédito excluído.

(B) a outorga de anistia somente poderá ser concedida por meio de lei específica que regule exclusivamente o correspondente tributo.

(C) a anistia não pode ser concedida em caráter geral.

(D) a lei concessiva de anistia pode abranger infrações que venham a ser cometidas posteriormente, desde que relacionadas ao mesmo tributo.

A: incorreta, pois exclusão do crédito tributário não dispensa o cumprimento das obrigações acessórias dependentes da obrigação principal cujo crédito seja excluído, ou dela consequente – art. 175, parágrafo

único, do CTN; B: assertiva correta, pois, nos termos do art. 150, § 6º, da CF, qualquer subsídio ou isenção, redução de base de cálculo, concessão de crédito presumido, anistia ou remissão, relativos a impostos, taxas ou contribuições, só poderá ser concedido mediante lei específica, federal, estadual ou municipal, que regule exclusivamente as matérias acima enumeradas ou o correspondente tributo ou contribuição, sem prejuízo do disposto no art. 155, § 2.º, XII, "g" (refere-se à concessão de benefícios fiscais de ICMS pela deliberação conjunta dos Estados e do Distrito Federal); C: incorreta, pois a anistia pode ser concedida em caráter geral ou limitadamente, conforme o art. 181 do CTN; D: incorreta, pois a anistia abrange exclusivamente as infrações cometidas anteriormente à vigência da lei que a concede (se abrangesse infrações posteriores não seria anistia, mas sim revogação da norma que impõe a penalidade pecuniária) – art. 180, *caput*, do CTN.
Gabarito "B".

(Cartório/SP – VI – VUNESP) Assinale a alternativa incorreta.

(A) São gratuitos os registros de nascimento e de óbito, bem como as respectivas primeiras certidões.

(B) São gratuitos os registros de óbito e de casamento (para os declaradamente pobres), bem como as respectivas primeiras certidões.

(C) São gratuitos os registros de nascimento e de emancipação voluntária, bem como as respectivas primeiras certidões.

(D) São gratuitos os registros de interdições e as averbações em geral, oriundos de assistência judiciária deferida em Juízo.

A: assertiva correta, nos termos do art. 5º, LXXVI, da CF, do art. 30 da Lei 6.015/1973 e do art. 45 da Lei 8.935/1994; B: correta, nos termos do art. 226, § 1º, da CF e do art. 30, § 1º, da Lei 6.015/1973; C: essa é a incorreta, pois não há isenção em relação ao registro de emancipação voluntária; D: correta, nos termos do art. 5º, LXXIV, da CF
Gabarito "C".

(Cartório/SP – VI – VUNESP) Não extingue o crédito tributário

(A) a isenção.

(B) a transação.

(C) o pagamento.

(D) a compensação.

Nas alternativas, apenas a isenção (alternativa "A") não é modalidade de extinção, mas sim de exclusão do crédito tributário.
Gabarito "A".

Veja a seguinte tabela para estudar e memorizar as causas de suspensão, extinção e exclusão do crédito tributário:

Suspensão	Extinção	Exclusão
– a moratória	– pagamento	– a isenção
– o depósito do seu montante integral	– a compensação	– a anistia
– as reclamações e os recursos, nos termos das leis reguladoras do processo tributário administrativo	– a transação	
– a concessão de medida liminar em mandado de segurança	– remissão	
– a concessão de medida liminar ou de tutela antecipada, em outras espécies de ação judicial	– a prescrição e a decadência	
– o parcelamento	– a conversão de depósito em renda	

Suspensão	Extinção	Exclusão
	– o pagamento antecipado e a homologação do lançamento nos termos do disposto no artigo 150 e seus §§ 1º e 4º	
	– a consignação em pagamento, nos termos do disposto no § 2º do artigo 164	
	– a decisão administrativa irreformável, assim entendida a definitiva na órbita administrativa, que não mais possa ser objeto de ação anulatória	
	– a decisão judicial passada em julgado	
	– a dação em pagamento em bens imóveis, na forma e condições estabelecidas em lei	

(Cartório/SP – V – VUNESP) A concessão da liminar em mandado de segurança preventivo é causa de

(A) extinção ou exclusão do crédito tributário enquanto perdurarem os seus efeitos.

(B) suspensão da exigibilidade do crédito tributário enquanto perdurarem os seus efeitos.

(C) exclusão temporária do lançamento enquanto perdurarem os seus efeitos.

(D) cancelamento do fato gerador da obrigação tributária.

A concessão de liminar em mandado de segurança é modalidade de suspensão da exigibilidade do crédito tributário, nos termos do art. 151, IV, do CTN, de modo que a alternativa "B" é a correta.
Gabarito "B".

(Cartório/SP – V – VUNESP) Quanto à exclusão do crédito tributário, assinale a alternativa correta.

(A) Atendendo ao princípio da irretroatividade, a anistia só pode ser aplicada para infrações cometidas após a lei que a criou.

(B) A anistia não exclui as penalidades pecuniárias, mas sim a obrigação acessória.

(C) A revogação da isenção do pagamento de imposto sobre o patrimônio deve observar o princípio da anterioridade.

(D) Por meio de lei complementar, a União pode conceder isenção sobre qualquer imposto, desde que haja relevante interesse social e econômico.

A: incorreta, pois a anistia abrange exclusivamente as infrações cometidas anteriormente à vigência da lei que a concede (se abrangesse infrações posteriores não seria anistia, mas sim revogação da norma que impõe a penalidade pecuniária) – art. 180, *caput*, do CTN; B: incorreta, pois a anistia refere-se exatamente às infrações à legislação tributária e às respectivas penalidades pecuniárias – art. 180 do CTN, e não às obrigações acessórias; C: assertiva correta, pois o art. 104, III, do CTN prevê a anterioridade expressamente em relação aos impostos sobre o patrimônio e sobre a renda; D: incorreta, pois a União somente pode conceder isenção em relação aos impostos inseridos em sua própria competência tributária, sendo vedadas as chamadas isenções heterônomas – art. 151, III, da CF. Importante lembrar que o STF decidiu que o disposto no art. 151, III, da CF não impede a concessão de isenções tributárias heterônomas por meio de tratados internacionais, ou seja, é possível instituição de benefícios fiscais relativos a tributos estaduais ou municipais por meio de tratados internacionais (RE 543.943 AgR/PR).
Gabarito "C".

(Cartório/SP – I – VUNESP) O ato pelo qual a autoridade administrativa, autorizada por lei e seguindo critérios estabelecidos no CTN, perdoa, total ou parcialmente, um débito tributário, denomina-se

(A) isenção.

(B) imunidade.

(C) remissão.

(D) anistia.

O perdão do crédito tributário (que abrange tributo e penalidade pecuniária) nos termos da lei é denominado remissão, modalidade de extinção do crédito tributário prevista no art. 156, IV, do CTN, de modo que a alternativa "C" é a correta. A anistia restringe-se às infrações à legislação tributária e às respectivas penalidades pecuniárias – art. 180 do CTN. Há autores que entendem que, como modalidade de exclusão do crédito tributário, há anistia apenas antes do lançamento (antes da constituição do crédito) – após o lançamento somente seria possível a extinção do crédito por meio de remissão.
Gabarito "C".

10. IMPOSTOS EM ESPÉCIE

(Cartório/MG – 2019 – Consulplan) Acerca da jurisprudência do STJ em matéria tributária, assinale a alternativa INCORRETA.

(A) O usufrutuário de imóvel urbano possui legitimidade ativa para questionar o IPTU.

(B) O locatário tem legitimidade ativa para litigar em ações de natureza tributária envolvendo o IPTU.

(C) O cessionário de direito de uso de imóvel público não é contribuinte do IPTU, pois detém a posse mediante relação de natureza pessoal, sem *animus domini*.

(D) É legítima a cobrança do Imposto Predial Territorial Urbano – IPTU sobre imóveis situados em área de expansão urbana, ainda que não dotada dos melhoramentos previstos no art. 32, § 1º, do CTN.

A: correta, pois o usufrutuário, enquanto possuidor do imóvel, é sujeito passivo do IPTU e tem, portanto, legitimidade ativa processual para questionar sua cobrança – art. 34 do CTN – ver REsp 1.832.321/SP; B: incorreta, pois o locatário não é sujeito passivo do IPTU, ainda que haja previsão contratual para que recolha o imposto – arts. 34 e 123 do CTN. Ver também a Súmula 614/STJ: O locatário não possui legitimidade ativa para discutir a relação jurídico-tributária de IPTU e de taxas referentes ao imóvel alugado nem para repetir indébito desses tributos; C: correta, pois o enten-

3. DIREITO TRIBUTÁRIO

dimento do STJ se refere apenas ao usufrutuário, não ao titular do direito de uso, conforme comentários anteriores; **D:** correta – art. 32, § 2º, do CTN e Súmula 626/STJ: A incidência do IPTU sobre imóvel situado em área considerada pela lei local como urbanizável ou de expansão urbana não está condicionada à existência dos melhoramentos elencados no art. 32, § 1º, do CTN.
Gabarito "B".

(Cartório/MG – 2019 – Consulplan) Em relação à jurisprudência do STF em matéria tributária, assinale a alternativa correta.

(A) Não incide o IPTU, considerado imóvel de pessoa jurídica de direito público cedido a pessoa jurídica de direito privado, devedora do tributo.

(B) O Imposto sobre Circulação de Mercadorias e Serviços (ICMS) não incide sobre a tarifa de assinatura básica mensal cobrada pelas prestadoras de serviço de telefonia.

(C) O protesto das Certidões de Dívida Ativa (CDA) constitui mecanismo inconstitucional, por restringir de forma desproporcional direitos fundamentais garantidos aos contribuintes, além de constituir sanção política.

(D) É devida a restituição da diferença do Imposto sobre Circulação de Mercadorias e Serviços (ICMS) pago a mais, no regime de substituição tributária para a frente, se a base de cálculo efetiva da operação for inferior à presumida.

A: incorreta. A propósito das imunidades, veja a Tese de Repercussão Geral 437/STF "Incide o IPTU, considerado imóvel de pessoa jurídica de direito público cedido a pessoa jurídica de direito privado, devedora do tributo" e a Tese de Repercussão Geral 385/STF: "A imunidade recíproca, prevista no art. 150, VI, a, da Constituição não se estende a empresa privada arrendatária de imóvel público, quando seja ela exploradora de atividade econômica com fins lucrativos. Nessa hipótese é constitucional a cobrança do IPTU pelo Município"; **B:** incorreta. Ver a Tese de Repercussão Geral 827/STF: O Imposto sobre Circulação de Mercadorias e Serviços (ICMS) incide sobre a tarifa de assinatura básica mensal cobrada pelas prestadoras de serviços de telefonia, independentemente da franquia de minutos concedida ou não ao usuário; **C:** incorreta, pois o STF entende constitucional o protesto da CDA – ADI 5135; **D:** correta. Ver Tese de Repercussão Geral 201/STF: É devida a restituição da diferença do Imposto sobre Circulação de Mercadorias e Serviços (ICMS) pago a mais no regime de substituição tributária para a frente se a base de cálculo efetiva da operação for inferior à presumida.
Gabarito "D".

(Cartório/RS – 2019 – VUNESP) As alíquotas máximas do Imposto sobre Transmissão *causa mortis* e Doação, de quaisquer bens ou direitos (ITCMD), são fixadas

(A) por lei ordinária estadual.

(B) pela Assembleia Legislativa do Estado ao qual competir.

(C) pelo Congresso Nacional.

(D) pelo Senado Federal.

(E) por lei complementar federal.

Nos termos do art. 155, § 1º, IV, da CF, as alíquotas máximas do ITCMD devem ser fixadas pelo Senado Federal, atualmente em 8%, conforme a Resolução do Senado 9/1992. Por essa razão, a alternativa "D" é a correta.
Gabarito "D".

(Cartório/RS – 2019 – VUNESP) O Imposto Territorial Rural (ITR), por disposição constitucional, não incide sobre pequenas glebas rurais, definidas em lei, quando as explore o proprietário que não possua outro imóvel. Referida disposição consiste em

(A) fato gerador presumido.

(B) imunidade.

(C) isenção qualificada.

(D) isenção legal.

(E) diferimento.

Sempre que a Constituição Federal afasta a possibilidade de tributação em relação a determinados fatos ou sujeitos estamos diante de imunidade tributária, ou seja, a delimitação negativa da competência tributária. Por essas razões, a alternativa "B" é a correta – art. 153, § 4º, II, da CF.
Gabarito "B".

(Cartório/SP – 2018 – VUNESP) Em relação à competência para exigir o pagamento do imposto *causa mortis* e doação, é correto afirmar:

(A) tratando-se de bens móveis, títulos e créditos, compete ao Estado onde se processar o inventário ou arrolamento, ou tiver domicílio o doador, ou ao Distrito Federal.

(B) terá a competência regulada por lei estadual se o doador tiver domicílio ou residência no exterior.

(C) tratando-se de bens móveis, a competência, no caso de doação, é do domicílio do donatário, mesmo se residente no exterior.

(D) terá suas alíquotas máximas fixadas por lei complementar estadual.

A: correta – art. 155, § 1º, II; da CF; **B:** incorreta, pois essa competência será regulada por lei complementar federal – art. 155, § 1º, III, *a*; da CF; **C:** incorreta, pois se o donatário tiver domicílio no exterior, a competência será regulada por lei complementar federal – art. 155, § 1º, III, *a*; da CF; **D:** incorreta, pois, nos termos do art. 155, § 1º, IV, da CF, as alíquotas máximas do ITCMD devem ser fixadas pelo Senado Federal, atualmente em 8%, conforme a Resolução do Senado 9/1992.
Gabarito "A".

(Cartório/SP – 2018 – VUNESP) A respeito do imposto sobre propriedade territorial rural (ITR), assinale alternativa correta.

(A) Não há previsão constitucional para a progressividade do ITR.

(B) A base de cálculo do ITR é o valor da terra nua.

(C) O ITR será fiscalizado e cobrado pelos municípios que assim optarem, na forma da lei, desde que não implique redução do imposto ou qualquer outra forma de renúncia fiscal.

(D) O ITR não incide sobre o imóvel declarado como de interesse social para fins de reforma agrária.

A: incorreta, pois a progressividade do ITR é prevista expressamente pelo art. 153, § 4º, I, da CF; **B:** incorreta, pois, nos termos do art. 30 do CTN, a base de cálculo do ITR é o valor fundiário do imóvel; **C:** correta – art. 153, § 4º, III, da CF; **D:** incorreta, pois não há essa imunidade sobre a propriedade do imóvel. O que existe é imunidade de impostos sobre a transferência de imóveis desapropriados para fins de reforma agrária (não basta a simples declaração como de interesse social) – art. 184, § 5º, da CF.
Gabarito "C".

190 ROBINSON BARREIRINHAS

(Cartório/SP – 2018 – VUNESP) Para fins de instituição e cobrança do imposto sobre a propriedade predial e territorial urbana – IPTU, o Código Tributário Nacional exige a implementação por parte do Poder Público Municipal de, pelo menos, dois melhoramentos ali elencados.

Assinale a alternativa que contém 02 (dois) melhoramentos previstos no CTN.

(A) Meio-fio ou calçamento, com ou sem canalização de águas pluviais, e abastecimento de água.

(B) Sistemas de esgotos sanitários e rede de iluminação pública, com ou sem posteamento para distribuição familiar.

(C) Sistema de esgotos sanitários e escola primária a uma distância mínima de 05 (cinco) quilômetros do imóvel considerado.

(D) Abastecimento de água e posto de saúde a uma distância mínima de 10 (dez) quilômetros do imóvel **CONSIDERADO.**

As melhorias que qualificam o imóvel como urbano são listadas no art. 32, § 1º, do CTN: (i) meio-fio ou calçamento, com canalização de águas pluviais; (ii) abastecimento de água; (iii) sistema de esgotos sanitários; (iv) rede de iluminação pública, com ou sem posteamento para distribuição domiciliar; (v) escola primária ou posto de saúde a uma distância máxima de 3 (três) quilômetros do imóvel considerado. Por essa razão, a alternativa "B" deve ser selecionada.
Gabarito "B".

(Cartório/SP – 2018 – VUNESP) A respeito do Imposto sobre Transmissão "Inter vivos" de bens imóveis – ITBI, é correto afirmar que

(A) não incide sobre a transmissão de bens ou direitos decorrentes de fusão, incorporação, cisão ou extinção de pessoa jurídica, mesmo que a atividade preponderante do adquirente seja a compra e venda desses bens ou direitos, locação de bens imóveis ou arrendamento mercantil.

(B) sua instituição compete ao Município onde se realiza a transmissão.

(C) sua instituição compete ao Estado da situação do bem.

(D) não incide sobre a transmissão de bens ou direitos incorporados ao patrimônio de pessoa jurídica em realização de capital.

A: incorreta, pois a imunidade do art. 156, § 2º, I, da CF não se aplica caso a atividade preponderante do adquirente seja a compra e venda desses bens ou direitos, locação de bens imóveis ou arrendamento mercantil; **B:** incorreta, pois a competência e sujeição ativa é do ente onde se encontra o imóvel – art. 156, § 2º, II, da CF; **C:** incorreta, pois o ITBI é tributo municipal e do DF, não dos Estados – art. 156, II, da CF; **D:** correta – art. 156, § 2º, I, da CF.
Gabarito "D".

(Cartório/CE – 2018 – IESES) Determinada prestação de serviços não declarada pelo contribuinte foi objeto de fiscalização, com a competente lavratura de notificação de lançamento de ISS, apurando-se o valor histórico do tributo em R$ 6.250,00 e aplicando-se multa de 500% sobre o valor do tributo. Considerando a situação exposta e que a base de cálculo utilizado foi de R$ 125.000,00, assinale a alternativa correta.

(A) A não declaração do imposto a recolher por parte do contribuinte impediu o início da contagem do prazo decadencial para constituição do crédito tributário.

(B) O ISS é tributo sujeito ao lançamento por declaração.

(C) A alíquota aplicada para apuração do tributo desrespeita o limite máximo expresso no CTN.

(D) O princípio do não confisco, em que pese previsto apenas em relação aos tributos, pode ser utilizado como argumento para afastar judicialmente a multa aplicada.

A: incorreta, pois, no caso de não declaração do imposto, o prazo para lançamento do tributo pelo fisco é o prazo decadência quinquenal contado nos termos do art. 173, I, do CTN; **B:** incorreta, pois, nos termos das leis municipais em geral, o ISS é tributo lançado por homologação, como é a regra para os impostos que incidem sobre a atividade profissional e empresarial; **C:** incorreta, pois a alíquota máxima é fixada por lei complementar federal, nos termos do art. 156, § 3º, I, da CF, atualmente em 5%, conforme o art. 8º, II, da LC 116/2003; **D:** correta, conforme entendimento da jurisprudência dominante – ver AI 727872 AgR. Ver também Tese de Repercussão Geral 863/STF.
Gabarito "D".

(Cartório/CE – 2018 – IESES) Nos termos do Código Tributário Nacional, assinale a alternativa correta sobre o Imposto sobre a Propriedade Predial e Territorial Urbana – IPTU:

(A) Não poderá ter alíquotas diferentes de acordo com a localização e o uso do imóvel.

(B) A base do cálculo do imposto é o valor de mercado do imóvel.

(C) Contribuinte do imposto é sempre o proprietário do imóvel.

(D) Tem como fato gerador a propriedade, o domínio útil ou a posse de bem imóvel localizado na zona urbana do Município.

A: incorreta, pois isso é admitido pelo art. 156, § 1º, II, da CF – ver Tese de Repercussão Geral 523/STF: São constitucionais as leis municipais anteriores à Emenda Constitucional 29/2000, que instituíram alíquotas diferenciadas de IPTU para imóveis edificados e não edificados, residenciais e não residenciais; **B:** incorreta, pois, a rigor, a base de cálculo, tal como definida expressamente pelo art. 33 do CTN, é o valor venal do imóvel; **C:** incorreta, pois o contribuinte do IPTU é o proprietário do imóvel, o titular do seu domínio útil, ou o seu possuidor a qualquer título, conforme o art. 34 do CTN; **D:** correta – art. 32 do CTN.
Gabarito "D".

(Cartório/CE – 2018 – IESES) Em relação à matéria tributária sumulada pelos tribunais superiores, assinale a alternativa que representa entendimento sumular já superado, entendendo-se para tanto, o entendimento firmado em súmula cancelada:

(A) É inconstitucional a incidência do Imposto sobre Serviços de Qualquer Natureza – ISS sobre operações de locação de bens móveis.

(B) As sociedades civis de prestação de serviços profissionais são isentas da Cofins, irrelevante o regime tributário adotado.

(C) Constitui acréscimo patrimonial a atrair a incidência do Imposto de Renda, em caso de liquidação de entidade de previdência privada, a quantia que couber a cada participante, por rateio do patrimônio, superior ao valor das respectivas contribuições à entidade em liquidação, devidamente atualizadas e corrigidas.

3. DIREITO TRIBUTÁRIO

(D) É constitucional a adoção, no cálculo do valor de taxa, de um ou mais elementos da base de cálculo própria de determinado imposto, desde que não haja integral identidade entre uma base e outra.

A: entendimento vigente – Súmula Vinculante 31/STF; **B:** entendimento superado, com cancelamento da Súmula 276/STJ, de modo que esta alternativa deve ser selecionada; **C:** entendimento vigente – Súmula 590/STJ; **D:** entendimento vigente – Súmula Vinculante 29/STF.
Gabarito "B".

(Cartório/CE – 2018 – IESES) Acerca do IPI – Imposto sobre Produtos Industrializados e sua previsão na Constituição Federal é possível afirmar, EXCETO que:

(A) Terá reduzido seu impacto sobre a aquisição de bens de capital pelo contribuinte do imposto, na forma da lei.

(B) Incidirá sobre produtos industrializados destinados ao exterior.

(C) Será não cumulativo, compensando-se o que for devido em cada operação com o montante cobrado nas anteriores.

(D) Será seletivo, em função da essencialidade do produto.

A: correta – art. 153, § 3º, IV, da CF; **B:** incorreta, pois há imunidade nessa hipótese – art. 153, § 3º, III, da CF; **C:** correta – art. 153, § 3º, II, da CF; **D:** correta – art. 153, § 3º, I, da CF.
Gabarito "B".

(Cartório/CE – 2018 – IESES) Considerando a legislação complementar acerca do Imposto Sobre Serviços – ISS, especialmente a Lei Complementar 116/2003, assinale a alternativa INCORRETA:

(A) A base de cálculo do imposto é o preço do serviço, sendo que na execução por empreitada de obras de construção civil considera-se na base de cálculo inclusive o valor dos materiais fornecidos pelo prestador de serviços.

(B) Não incide sobre as exportações de serviços para o exterior do País.

(C) O serviço considera-se prestado, e o imposto, devido, no local do estabelecimento prestador ou, na falta do estabelecimento, no local do domicílio do prestador, exceto nas hipóteses previstas nos incisos do art. 3º da LC nº 116/2003.

(D) A alíquota mínima do Imposto sobre Serviços é de 2% (dois por cento).

A: incorreta, pois excepcionalmente, a LC 116/2003 admite a dedução do valor dos materiais fornecidos pelo prestador dos serviços em relação à base de cálculo, na hipótese de seu art. 7º, § 2º, I; **B:** correta – art. 156, § 3º, II, da CF; **C:** correta – art. 3º da LC 116/2003; **D:** correta – art. 8º-A da LC 116/2003.
Gabarito "A".

(Cartório/CE – 2018 – IESES) Sobre o ITR – Imposto Territorial Urbano, é correto afirmar:

(A) Os Municípios que, por delegação, realizarem a fiscalização e recolhimento do ITR, terão direito à 50% da receita gerada.

(B) O ITR é um tributo lançado, originalmente, de ofício.

(C) O Código Tributário Nacional não traz elementos para que se possa adequadamente definir a caracterização de um imóvel como sendo urbano ou rural.

(D) Possui caráter extrafiscal principalmente por conta da possibilidade de adoção de alíquotas progressivas, conforme o grau de utilização de cada imóvel rural.

A: incorreta, pois o art. 153, § 4º, III, da CF não se refere a delegação, mas sim a opção pelos Municípios; **B:** incorreta, pois o lançamento é por homologação, nos termos do art. 8º do Decreto 4.382/2002, sendo que há quem admita tratar-se de lançamento por declaração, dada suas características; **C:** incorreta, pois o CTN traz critérios para distinguir o IPTU em relação ao ITR – art. 32 do CTN; **D:** correta, conforme o art. 153, § 4º, I, da CF, muito embora seja relevante também a imunidade em relação às pequenas glebas rurais, definidas em lei, quando as explore o proprietário que não possua outro imóvel. Ademais, a arrecadação do ITR, que se refere ao caráter fiscal do imposto, é irrelevante para a União. Discordamos do gabarito oficial, entendemos que a alternativa "D" é a única correta, embora academicamente se possa discutir a qualificação como "delegação" na alternativa "A" e embora haja outra norma que delimita as competências em relação ao IPTU e ao ITR – Decreto-Lei 57/1966.
Gabarito Anulada

(Cartório/SP – 2016 – VUNESP) Em se tratando de inventário extrajudicial, o imposto incidente sobre a transmissão *causa mortis* dos bens imóveis que compuserem o patrimônio do *de cujus* é devido ao Estado

(A) em que for lavrada a escritura de inventário.

(B) do último domicílio do *de cujus*.

(C) do domicílio do herdeiro que receber o imóvel na partilha.

(D) em que situados os bens.

O ITCMD relativo a bens imóveis é sempre devido ao Estado ou DF em que localizado o bem – art. 155, § 1º, I, da CF, de modo que a alternativa "D" é a correta.
Gabarito "D".

(Cartório/SP – 2016 – VUNESP) O imposto sobre a transmissão *inter vivos* de bens imóveis, de competência dos Municípios, deve ser recolhido quando da lavratura de escritura de

(A) alienação fiduciária de bem imóvel.

(B) constituição de garantia hipotecária.

(C) desincorporação de capital social em pagamento das cotas de sócio que se retira da sociedade.

(D) doação de bem imóvel.

A: incorreta, pois o TJ-SP reconhece a inexigibilidade de ITBI nos casos de alienação fiduciária em garantia, seja no momento da constituição da garantia, seja em caso de inadimplência – ver Processo 2163248-21.2017.8.26.0000; **B:** incorreta, pois não incide ITBI em relação aos direitos reais de garantia – art. 156, II, da CF; **C:** correta, pois nesse caso há transmissão do bem imóvel, sem incidência da imunidade prevista no art. 156, § 2º, II, da CF, exceto se o imóvel for transferido ao mesmo sócio que o incorporou ao patrimônio social – art. 36, parágrafo único, do CTN; **D:** incorreta, pois o ITBI municipal incide apenas nas transmissões onerosas – art. 156, II, da CF.
Gabarito "C".

(Cartório/SP – 2016 – VUNESP) Em relação ao imposto sobre transmissão *causa mortis* e de doação de quaisquer bens ou direitos – ITCMD, é correto afirmar que

(A) ocorrem tantos fatos geradores distintos quantos forem os herdeiros e donatários.

(B) incide na renúncia pura e simples de herança ou legado.

(C) é isento quando a legítima do herdeiro necessário estiver gravada com cláusula restritiva e na doação com encargo.

(D) incide sobre os bens que na partilha forem atribuídos a qualquer herdeiro acima de seu quinhão mediante contraprestação pecuniária.

A: correta, nos termos do art. 35, parágrafo único, do CTN; B: incorreta, pois, no caso de renúncia abdicativa, em favor do monte, não incide ITCMD, já que não houve efetiva transmissão da propriedade. Há incidência no caso de renúncia translativa, feita em favor de herdeiro específico; C: incorreta, sendo importante lembrar que a regras de isenção são fixadas pela lei de cada Estado e do Distrito Federal; D: incorreta, pois, se há contraprestação pecuniária, a transmissão é onerosa, de modo que incide o ITBI municipal – art. 156, II, da CF.
Gabarito "A".

(Cartório/SP – 2016 – VUNESP) Em se tratando de escritura de doação de bens móveis, o imposto de transmissão é devido ao Estado

(A) do domicílio do doador.

(B) em que for lavrada a escritura de doação.

(C) do domicílio do donatário.

(D) em que estiverem situados os bens doados.

No caso de doação de bens móveis, o ITCMD é devido ao Estado ou DF de domicílio do doador, nos termos do art. 155, § 1º, II, da CF, de modo que a alternativa "A" é a correta.
Gabarito "A".

(Cartório/MG – 2015 – Consulplan) Acerca de incidência do Imposto sobre Serviços de Qualquer Natureza – ISSQN sobre serviços de registros públicos, cartorários e notariais, em julgamento de ação direta de inconstitucionalidade – ADI, o Supremo Tribunal Federal decidiu

(A) pela constitucionalidade dos dispositivos de lei federal que permitem a incidência do Imposto.

(B) que os dispositivos de lei federal que permitem a incidência do Imposto são inconstitucionais, e fundamentou a decisão em entendimento consolidado na Corte de que emolumentos extrajudiciais têm natureza jurídica de taxa e há vedação constitucional de que haja incidência de imposto sobre taxa (espécie tributária).

(C) que os dispositivos de lei federal que permitem a incidência do Imposto são inconstitucionais e fundamentou a decisão no princípio da imunidade tributária recíproca, consagrado no art. 150 da Constituição Federal: *Sem prejuízo de outras garantias asseguradas ao contribuinte, é vedado à União, aos Estados, ao Distrito Federal e aos Municípios: VI – instituir impostos sobe: a) patrimônio, renda ou serviços, uns dos outros...*

(D) que os dispositivos de lei federal que permitem a incidência do Imposto são inconstitucionais por violação a norma da Constituição Federal, porquanto a matriz constitucional do Imposto sobre Serviços de Qualquer Natureza permitiria a incidência do tributo tão somente sobre a prestação de serviços de índole privada.

A: correta – ver ADI 3.089/DF; B, C e D: incorretas, pois o STF decidiu pela constitucionalidade da cobrança de ISS sobre os serviços de registros públicos, cartorários e notariais – ADI 3.089/DF.
Gabarito "A".

(Cartório/MG – 2015 – Consulplan) Sobre atos jurídicos contidos em uma escritura pública por meio da qual um pai doa ao filho recursos financeiros e ele, com esses recursos, compra um imóvel, no município de Belo Horizonte,

(A) pode haver incidência de ITBI, mas não de ITCMD, já que os recursos financeiros são considerados bem móvel e, tal como ocorre com o ITBI, o ITCMD somente incide sobre transmissão de bens imóveis (esse, nos negócios gratuitos, a exemplo de doação; aquele, nos negócios onerosos, a exemplo de compra e venda).

(B) incidirão ITBI e ITCMD, não sendo sequer possível que haja ato declaratório de isenção de algum desses impostos, vez que jamais se poderá vislumbrar ato de isenção quando o contribuinte for pessoa natural.

(C) poderá incidir, tão somente, ITCMD, vez que na compra e venda com recursos doados há uma sub-rogação do imóvel no lugar do dinheiro objeto de doação e, por conseguinte, a incidência de ITBI configuraria *bis in idem*, técnica de tributação vedada pela Constituição Federal.

(D) incidirão ITBI (imposto de competência municipal ou do Distrito Federal) e ITCMD (imposto de competência estadual ou do Distrito Federal), salvo hipótese de isenção.

Em princípio, incide ITCMD sobre a doação feita pelo pai ao filho, e incide ITBI sobre a transmissão do bem imóvel do vendedor para o filho. Trata-se de operações distintas, com tributação também distinta. A: incorreta, pois o ITCMD incide sobre transmissão de quaisquer bens ou direitos – art. 155, I, da CF; B: incorreta, pois é possível isenção de qualquer dos impostos, desde que veiculada por lei do ente competente; C: incorreta, conforme comentários iniciais; D: correta, conforme comentários iniciais.
Gabarito "D".

(Cartório/MG – 2015 – Consulplan) Com relação ao entendimento sumulado no STF a respeito do ITCMD e da multa pelo retardamento do inventário, é correto afirmar que

(A) o imposto de transmissão *causa mortis* é devido pela alíquota vigente ao tempo da abertura da sucessão e pode ser exigível antes da homologação do cálculo.

(B) sobre os honorários do advogado contratado pelo inventariante, com a homologação do juiz, incide o imposto de transmissão *causa mortis*.

(C) não é legítima a incidência do imposto de transmissão *causa mortis* no inventário por morte presumida e não é inconstitucional a multa instituída pelo estado-membro, como sanção pelo retardamento do início ou da ultimação do inventário.

(D) o imposto de transmissão "causa mortis" é calculado sobre o valor dos bens na data da avaliação, mas calcula-se o ITCMD sobre o saldo credor da promessa de compra e venda de imóvel no momento da abertura da sucessão do promitente vendedor.

A: incorreta, pois o imposto não é exigível antes da homologação do cálculo – Súmula 114/STF. Ver também a Súmula 112/STF; B: incorreta, pois não incide o imposto sobre os honorários – Súmula 115/STF; C: incorreta, pois é possível a incidência do imposto no caso de morte presumida – Súmula 331/STF; D: correta, conforme Súmulas 113 e 590/STF.
Gabarito "D".

3. DIREITO TRIBUTÁRIO

(Cartório/MG – 2015 – Consulplan) No negócio jurídico constituído por: 1. mútuo bancário para compra de imóvel, 2. compra e venda de imóvel com o produto do mútuo bancário e 3. alienação-fiduciária do imóvel em favor do banco mutuante (em garantia do mútuo), pode haver incidência de ITBI (art. 156, II da Constituição Federal), tendo como fato(s) gerador(es)

(A) somente a compra e venda do imóvel e a alienação-fiduciária em garantia.

(B) somente a compra e venda do imóvel.

(C) o mútuo, a compra e venda do imóvel e a alienação-fiduciária em garantia.

(D) somente a compra e venda do imóvel e o mútuo

No caso de mútuo bancário (operação de crédito), incide o IOF federal. No caso da compra e venda do imóvel (não importa de onde veio o recurso para o pagamento) incide ITBI municipal. No caso da alienação-fiduciária, não incide ITBI, por se tratar de garantia – art. 156, II, da CF. Interessante lembrar que o TJ-SP reconhece a inexigibilidade de ITBI nos casos de alienação fiduciária em garantia também em caso de inadimplência – ver Processo 2163248-21.2017.8.26.0000. Por essas razões, a alternativa "B" é a correta.
Gabarito "B".

(Cartório/MG – 2015 – Consulplan) A modalidade de lançamento adotada no ITBI é

(A) lançamento de ofício.

(B) lançamento por declaração.

(C) lançamento por homologação.

(D) tanto lançamento por declaração quanto lançamento por homologação.

OBS.: discordamos do gabarito oficial.

A modalidade de lançamento é fixada em lei de cada município e do DF. Em regra, é feito o lançamento por homologação, havendo municípios que adotam o lançamento por declaração. Cabe também o lançamento de ofício, em casos de omissão do sujeito passivo, dolo, fraude ou simulação, além de outras hipóteses previstas no art. 149 do CTN.
Gabarito "B".

(Cartório/MG – 2015 – Consulplan) Assinale a alternativa INCORRETA:

(A) O imposto sobre a propriedade predial e territorial urbana tem a função fiscal de angariar recursos financeiros para o município.

(B) Sendo imóvel localizado em zona urbana, existindo meio-fio ou calçamento com canalização de águas pluviais e abastecimento de água, ainda que não haja sistema de esgoto sanitário e rede de iluminação pública, é possível a incidência do imposto sobre a propriedade predial e territorial urbana sobre referido imóvel.

(C) As prestações onerosas de serviços de comunicação geram imposto de competência do Estado e Distrito Federal.

(D) A cessão onerosa de direitos hereditários gera imposto de competência do Estado e Distrito Federal.

A: correta, considerando que o IPTU tem função predominantemente fiscal (arrecadatória); **B:** correta – art. 32, § 1º, do CTN; **C:** correta – art. 155, II, da CF; **D:** incorreta, pois o ITCMD estadual não incide sobre transmissões onerosas – art. 155, I, da CF.
Gabarito "D".

(Cartório/MG – 2015 – Consulplan) Avalie as afirmações a seguir:

I. O imposto de transmissão causa mortis e doação, de quaisquer bens ou direitos (ITCD) tem a função extrafiscal de desestimular a acumulação de renda.

II. O imposto de transmissão causa mortis e doação, de quaisquer bens ou direitos (ITCD) tem a função fiscal de gerar recursos para o poder público.

III. A transmissão de propriedade por ato entre vivos pode ser fato gerador do imposto de transmissão causa mortis e doação, de quaisquer bens ou direitos.

IV. A cessão onerosa de direitos hereditários é fato gerador do imposto de transmissão causa mortis e doação, de quaisquer bens ou direitos.

V. Quando casado o autor da herança, a meação do cônjuge sobrevivente será tributada pelo imposto de transmissão causa mortis e doação, de quaisquer bens ou direitos

É correto somente o que se afirma em:

(A) I, II e III.

(B) I, II e IV.

(C) II, III e V.

(D) III, IV e V.

I: correta, lembrando que os impostos em geral têm as funções fiscal e extrafiscal, muito embora uma delas normalmente se sobressaia em cada caso. Embora o ITCMD tenha evidente função fiscal, arrecadatória, sua função extrafiscal foi recentemente fortalecida pelo STF, ao reconhecer a possibilidade de progressividade das alíquotas; II: correta, conforme comentário anterior; III: correta, incidindo o ITCMD nas transmissões não onerosas *inter vivos*, ou seja, sobre doações – art. 155, I, da CF, lembrando que sobre as transmissões onerosas *inter vivos* incide o ITBI municipal, mas, nesse caso, apenas sobre bens imóveis e direitos relativos a eles; IV: incorreta, pois a meação já pertencia ao cônjuge sobrevivente antes do falecimento do autor da herança, inexistindo, portanto, transmissão tributável.
Gabarito "A".

(Cartório/MG – 2016 – Consulplan) Em análise de aspectos dos fatos geradores e contribuintes de impostos, NÃO é correto afirmar:

(A) O imposto sobre a propriedade territorial rural tem como fato gerador a propriedade, o domínio útil ou a posse de imóvel por natureza, como definido na lei civil, localizado fora da zona urbana do Município.

(B) O fato gerador do imposto de exportação é a saída, do território nacional, do produto nacional ou nacionalizado, ainda que não esteja indicado em lista aprovada pelo Poder Executivo.

(C) O contribuinte do imposto de exportação é o exportador ou quem a lei a ele equiparar.

(D) O imposto sobre a propriedade territorial rural tem como contribuinte o proprietário do imóvel a ser tributado, o titular de seu domínio, ou o seu possuidor a qualquer título.

A: correta – art. 29 do CTN; **B:** incorreta, pois somente as mercadorias relacionadas pela Câmara de Comércio Exterior sujeitam-se ao IE – art. 212, § 2º, do Regulamento Aduaneiro – RA; **C:** correta – art. 27 do CTN e art. 217 do RA; **D:** correta – art. 31 do CTN.
Gabarito "B".

(Cartório/PA – 2016 – IESES) Analise a seguinte situação hipotética: João é casado com Maria pelo regime de comunhão universal de bens desde 1979, regime adotado através de pacto antenupcial. Na constância do casamento adveio o nascimento de quatro filhos: Arnaldo, Antônio, Alceu e Alice, todos atualmente maiores e capazes. João adquiriu durante sua vida vasto patrimônio de móveis e imóveis. João falece quando de uma viagem de trabalho. Aberta a sucessão, Arnaldo renuncia ao patrimônio deixado por seu pai. Alceu, por sua vez, cede seu quinhão hereditário em favor de sua irmã Alice. Diante do caso apresentado, assinale a opção que representa com precisão o imposto a ser pago:

(A) Imposto de transmissão *causa mortis* e doação.

(B) Imposto de renda.

(C) Imposto de doação.

(D) Imposto de transmissão *causa mortis*.

A: correta, incidindo o ITCMD na transmissão *causa mortis* e na renúncia translativa de Alceu em favor de Alice. Não incide ITCMD na renúncia abdicativa de Arnaldo, em favor do monte. Por essas razões, a alternativa "A" é a correta.
Gabarito "A".

(Cartório/PA – 2016 – IESES) Assinale a opção INCORRETA quanto ao imposto, de competência da União, sobre operações de crédito, câmbio e seguro, e sobre operações relativas a títulos e valores mobiliários, referente ao motivo ensejador do fato gerador:

(A) Quanto às operações de crédito, a sua efetivação pela entrega total ou parcial do montante ou do valor que constitua o objeto da obrigação, ou sua colocação à disposição do interessado.

(B) Quanto às operações de seguro, apenas quando houver o recebimento do prêmio, na forma da lei aplicável.

(C) Quanto às operações relativas a títulos e valores mobiliários, a emissão, transmissão, pagamento ou resgate destes, na forma da lei aplicável.

(D) Quanto às operações de câmbio, a sua efetivação pela entrega de moeda nacional ou estrangeira, ou de documento que a represente, ou sua colocação à disposição do interessado em montante equivalente à moeda estrangeira ou nacional entregue ou posta à disposição por este.

A: correta, nos termos do art. 63, I, do CTN; **B:** incorreta, pois incide o IOF na efetivação da operação de seguro pela emissão da apólice ou documento equivalente, ou no recebimento do prêmio – art. 63, III, do CTN; **C:** correta – art. 63, IV, do CTN; **D:** correta – art. 63, II, do CTN.
Gabarito "B".

(Cartório/PA – 2016 – IESES) Relativo ao Imposto sobre a Transmissão de Bens Imóveis e de Direitos a eles relativos, assinale a alternativa correta:

I. O imposto, de competência dos Estados, sobre a transmissão de bens imóveis e de direitos a eles relativos tem como fato gerador a transmissão, a qualquer título, da propriedade ou do domínio útil de bens imóveis por natureza ou por acessão física, como definidos na lei civil.

II. O imposto, de competência dos Estados, sobre a transmissão de bens imóveis e de direitos a eles relativos tem como fato gerador a transmissão, a qualquer título, de direitos reais sobre imóveis, exceto os direitos reais de garantia.

III. Nas transmissões *causa mortis*, ocorre um único fato gerador independente de quantos sejam os herdeiros ou legatários.

IV. O imposto de competência dos Estados, sobre a transmissão de bens imóveis e de direitos a eles relativos, não incide sobre a transmissão dos bens ou direitos: quando decorrente da incorporação ou da fusão de uma pessoa jurídica por outra ou com outra.

(A) Os itens I, II, III e IV estão corretos.

(B) Apenas os itens II e IV estão corretos.

(C) Apenas os itens I, II e IV estão corretos.

(D) Apenas os itens I, II e III estão corretos.

I: imprecisa, pois o ITCMD estadual incide apenas nas transmissões não onerosas de bens imóveis – art. 155, I, da CF. No mais, a alternativa está correta, conforme o art. 35, I, do CTN. Lembrando que esse dispositivo do CTN foi redigido na época em que existia apenas o imposto estadual sobre transmissões (onerosas e não onerosas), sendo que, atualmente, as transmissões onerosas de bens imóveis sujeitam-se apenas ao ITBI municipal – art. 156, II, da CF; **II:** imprecisa, conforme comentário à alternativa anterior, já que não incide ITCMD estadual sobre as transmissões onerosas – art. 35, I, do CTN; **III:** incorreta, pois, nas transmissões *causa mortis* ocorrem tantos fatos geradores distintos quantos sejam os herdeiros ou legatários – art. 35, parágrafo único, do CTN; **IV:** correta. A rigor, poderia incidir o ITBI municipal, por se tratar de transmissões onerosas, entretanto, há imunidade, nesse caso – art. 156, § 2º, I, da CF. De qualquer forma, também em relação ao ITCMD estadual, há disposição do CTN afastando a cobrança – art. 36, II, do CTN.
Gabarito "C".

(Cartório/SP – 2012 – VUNESP) Com relação ao Imposto sobre a Propriedade Territorial Rural (ITR), é correto concluir que:

(A) O conceito de bem imóvel rural obedece ao critério da destinação.

(B) É possível o Município fiscalizar o tributo, podendo conceder isenção ou outro tipo de redução do imposto.

(C) O lançamento do imposto, via de regra, dá-se de ofício.

(D) É possível a adoção de alíquotas de acordo com a utilização do imóvel.

A: incorreta. Em regra, a definição de bem imóvel é feita por exclusão, sendo aquele que não é urbano. O imóvel urbano, por sua vez, é definido, em regra, por sua localização, pois é aquele que se encontra na área urbana definida pela legislação municipal, nos termos e atendidos os requisitos do art. 32 do CTN. Entretanto, embora essa seja a regra (definição pelo critério da localização), é importante lembrar que há outra norma, pela qual o imóvel será rural, qualquer que seja sua localização (mesmo que na área urbana do município, portanto), desde que utilizado em exploração de atividade extrativa vegetal, agrícola pecuária ou agroindustrial (art. 15 do DL 57/1966); **B:** incorreta, pois, embora o Município possa fiscalizar e cobrar o ITR, na hipótese do art. 153, § 4º, III, da CF, não é possível que conceda isenção ou redução do imposto (a competência para legislar é indelegável); **C:** incorreta, pois o ITR é lançado por homologação, em regra (há autores que se referem ao lançamento por declaração) – art. 49 do Regulamento do ITR (Decreto 4.382/2002); **D:** correta, pois o ITR será progressivo e terá suas alíquotas fixadas de forma a desestimular a manutenção de propriedades improdutivas. Ademais, não incidirá sobre pequenas

3. DIREITO TRIBUTÁRIO   195

glebas rurais, definidas em lei, quando as explore o proprietário que não possua outro imóvel – art. 153, § 4º, I e II, da CF.

Gabarito "D".

(Cartório/SP – 2012 – VUNESP) Estão sujeitos à incidência do Imposto sobre a Propriedade Predial e Territorial Urbana (IPTU) os imóveis:

(A) Situados no perímetro urbano e na zona rural do Município.

(B) Situados no perímetro urbano e na zona rural do Município, desde que dentro da circunscrição máxima de 10 Quilômetros de raio.

(C) Que, situados na zona rural do Município, sejam objeto de atenção do Município, quanto a serviços de coleta de Lixo prestados pela Prefeitura Municipal.

(D) Situados na zona urbana do Município, definida em lei municipal e que possuam pelo menos dois melhoramentos, dentre os quais, sistema de esgotos sanitários, abastecimento de água, meio-fio ou calçamento, com canalização de águas pluviais e rede de iluminação pública, com ou sem postes para distribuição, construídos e mantidos pelo Poder Público.

A, B e C: incorretas, pois o IPTU incide sobre os imóveis localizados na zona urbana do Município, nos termos do art. 32 do CTN; D: correta, conforme o art. 32, *caput* e § 1º, do CTN.

Gabarito "D".

(Cartório/SP – 2012 – VUNESP) Sobre o Imposto de Transmissão de Bens Imóveis – ITBI, pode-se afirmar que:

(A) Não incide sobre a transmissão onerosa de contrato preliminar.

(B) Não incide sobre a constituição do direito do promissário comprador.

(C) O seu lançamento é de ofício, com base no valor da operação.

(D) Lei municipal pode prever alíquotas progressivas com base no valor do imóvel.

A: incorreta, pois o ITBI incide sobre a transmissão de qualquer direito real, exceto os de garantia – art. 156, II, da CF; B: correta, pois não há, nesse caso, transmissão de direito real; C: incorreta, pois, em regra, o lançamento do ITBI é feito por homologação, mas é preciso lembrar que a lei de cada Município regula a matéria (há casos de lançamento por declaração, por exemplo); D: incorreta, pois essa possibilidade foi afastada pela jurisprudência – Súmula 656 do STF. Atenção: o STF vinha entendendo que outros impostos reais (além do IPTU pós EC 29/2000) não poderiam ter alíquotas progressivas em relação ao valor da base de cálculo, considerando inexistir expressa previsão constitucional (ver Súmula 656/STF). Ocorre que posteriormente a Suprema Corte reviu a questão, especificamente em relação ao ITCMD, reconhecendo que o imposto pode ser progressivo, atendendo assim o princípio da capacidade contributiva (RE 562.045/RS – Repercussão Geral). Esse entendimento pode ser posteriormente aplicado ao ITBI municipal, de modo que o estudante deve atentar para a evolução jurisprudencial.

Gabarito "B".

(Cartório/SP – 2012 – VUNESP) Sobre o Imposto de Transmissão *Causa Mortis* e Doação de Quaisquer Bens ou Direitos – ITCMD, é possível concluir que:

(A) Sua alíquota máxima é fixada em decreto legislativo.

(B) Não incide em inventário por morte presumida devido à possibilidade de o ausente reaparecer.

(C) Segundo a lei paulista, não incide sobre a vintena do testamenteiro, desde que estipulada até o limite legal.

(D) É devido ao Estado da sede da companhia, no caso de transferência de ações.

A: incorreta, pois a alíquota máxima do ITCMD é fixada pelo Senado Federal (não por decreto legislativo, que é ato do Congresso Nacional) – art. 155, § 1º, IV, da CF; B: incorreta, pois o ITCMD incide nessa hipótese, conforme a Súmula 331 do STF; C: correta, conforme o art. 5º, III, da Lei SP 10.705/2000, lembrando que a lei de cada Estado e do Distrito Federal dispõe sobre a incidência do imposto e os benefícios fiscais correspondentes – ver também o art. 1.987 do CC; D: incorreta, pois o ITCMD é devido, em relação a bens móveis (inclusive créditos e ações), ao Estado ou ao Distrito Federal onde se processar o inventário ou onde tiver domicílio o doador – art. 155, § 1º, II, da CF (não nos parece aplicável, nesse caso, a Súmula 435 do STF, por conta do disposto na Constituição atual).

Gabarito "C".

(Cartório/SP – 2011 – VUNESP) Acerca do ITCMD incidente nos inventários, é correto afirmar que:

(A) Para cada falecimento ocorre um fato gerador, independentemente do número de herdeiros ou legatários.

(B) O ITCMD é devido pela alíquota vigente ao tempo da abertura do inventário.

(C) Suas alíquotas mínimas serão fixadas pelo Senado Federal.

(D) A escolha do tabelião que lavrará o inventário influencia o elemento espacial do fato gerador.

A: incorreta, pois, nas transmissões *causa mortis*, ocorrem tantos fatos geradores distintos quantos sejam os herdeiros ou legatários – art. 35, parágrafo único, do CTN; B: incorreta, pois o ITCMD é devido pela alíquota vigente ao tempo da abertura da sucessão – Súmula 112 do STF; C: incorreta, pois o Senado tem competência para fixar as alíquotas máximas, apenas – art. 155, § 1º, IV, da CF; D: correta, pois o ITCMD é devido, em relação a bens móveis (inclusive créditos e ações), ao Estado ou ao Distrito Federal onde se processar o inventário – art. 155, § 1º, II, da CF.

Gabarito "D".

(Cartório/SP – 2011 – VUNESP) Assinale a alternativa que contém o significado e o ente encarregado da arrecadação do ITCMD, respectivamente.

(A) Imposto de Transmissão *Causa Mortis* e Doação; Estado.

(B) Imposição Tarifária sobre o Crescimento Médio do Desenvolvimento; União.

(C) Imposto de Transmissão *Causa Mortis* e Doação; Município.

(D) Imposto de Transferência e Circulação de Mercadoria; Estado.

ITCMD significa imposto sobre transmissão *causa mortis* e doações, da competência dos Estados e do Distrito Federal – art. 155, I, da CF. Por essa razão, a alternativa "A" é a correta.

Gabarito "A".

(Cartório/SP – 2011 – VUNESP) A respeito da progressividade nas alíquotas dos tributos que incidem sobre imóveis, assinale a alternativa correta.

(A) É possível para o ITBI, com objetivo extrafiscal.

(B) É possível para todos os impostos reais, com objetivo estritamente arrecadatório.

(C) É possível para o IPTU, para assegurar o cumprimento da função social da propriedade urbana.

(D) Não é possível para o ITR, por falta de previsão do constituinte derivado.

O STF vinha entendendo que outros impostos reais (além do IPTU pós EC 29/2000) não poderiam ter alíquotas progressivas em relação ao valor da base de cálculo, considerando inexistir expressa previsão constitucional (ver Súmula 656/STF). Ocorre que posteriormente a Suprema Corte reviu a questão, especificamente em relação ao ITCMD, reconhecendo que o imposto pode ser progressivo, atendendo assim o princípio da capacidade contributiva (RE 562.045/RS – Repercussão Geral). Esse entendimento pode ser posteriormente aplicado ao ITBI municipal, de modo que o estudante deve atentar para a evolução jurisprudencial.
A: incorreta, pois não é possível alíquotas progressivas de ITBI com base no valor do imóvel, conforme a jurisprudência pacífica – Súmula 656 do STF, com as observações iniciais; B: incorreta, pois, à época desse concurso, o STF afastava a possibilidade de alíquotas progressivas em razão do valor dos bens (impostos chamados reais), exceto quando a Constituição Federal prevê expressamente a possibilidade – ver Súmula 668 do STF; C: correta, conforme a Súmula 668 do STF – art. 182, § 4º, II, da CF; D: incorreta, pois o art. 153, § 4º, I, da CF prevê expressamente a progressividade do ITR.
Gabarito "C".

(Cartório/MG – 2012 – FUMARC) A base de cálculo do ITR – Imposto Territorial Rural – é o valor

(A) venal.

(B) fundiário.

(C) da nua propriedade.

(D) venal e das acessões.

Nos termos do art. 30 do CTN, a base de cálculo do ITR é o valor fundiário do imóvel, de modo que a alternativa correta é a "B".
Gabarito "B".

(Cartório/MG – 2012 – FUMARC) Segundo o CTN, Código Tributário Nacional, para fins de cobrança de IPTU, Imposto sobre a Propriedade Territorial Urbana, são melhoramentos com que a zona urbana deve contar, **EXCETO**

(A) abastecimento de água.

(B) sistema de esgotos sanitários.

(C) iluminação pública com posteamento.

(D) meio fio ou calçamento, com canalização de águas.

Nos termos do art. 32, § 1º, do CTN, a lei municipal define a área urbana, desde que apresente pelo menos dois melhoramentos dentre os seguintes: (i) meio-fio ou calçamento, com canalização de águas pluviais, (ii) abastecimento de água, (iii) sistema de esgotos sanitários, (iv) rede de iluminação pública, com ou sem posteamento para distribuição domiciliar, (v) escola primária ou posto de saúde a uma distância máxima de 3 Km do imóvel considerado. Por essa razão, a alternativa "C" deve ser indicada, pois a rede de iluminação pública, mesmo sem posteamento, pode ser considerada para esse fim.
Gabarito "C".

(Cartório/RJ – 2012) Na transmissão de bens imóveis, o Imposto sobre Transmissão *Causa Mortis* e Doação (ITCMD) compete ao Estado:

(A) Do domicílio do doador ou do donatário.

(B) Do domicílio do donatário, apenas.

(C) Do domicílio do doador, apenas.

(D) Onde foi processado o inventário.

(E) Da situação do bem ou ao Distrito Federal.

No caso de bens imóveis, o ITCMD será devido ao Estado ou ao Distrito Federal onde localizado o bem – art. 155, § 1º, I, da CF. Por essa razão, a alternativa "E" é a correta.
Gabarito "E".

(Cartório/RJ – 2012) Sobre o Imposto de Transmissão *Inter Vivos* de Bens Imóveis (ITBI), analise as assertivas abaixo.

I. Compete aos Municípios instituir o imposto que incidirá sobre todas as transmissões *inter vivos* que envolvam todos os direitos reais sobre imóveis.

II. O imposto incide sobre a transmissão de bens ou direitos incorporados ao patrimônio de pessoa jurídica em realização de capital.

III. É inconstitucional a lei que estabelece alíquotas progressivas para o Imposto de Transmissão *Inter Vivos* de Bens Imóveis (ITBI) com base no valor venal do imóvel.

É correto o que se afirma em:

(A) I, apenas.

(B) I e II, apenas.

(C) III, apenas.

(D) II e III, apenas.

(E) I, II e III.

I: incorreta, pois a competência municipal relativa ao ITBI não abrange as doações (que também são realizadas *inter vivos*), nem as transmissões de direitos reais de garantia – arts. 155, I, e 156, II, da CF; II: incorreta, pois há imunidade nesse caso – art. 156, § 2º, I, da CF; III: correta, conforme a jurisprudência pacífica consolidada pela Súmula 656 do STF. Por essa razão, a alternativa "C" deve ser indicada. Atenção: O STF vinha entendendo que outros impostos reais (além do IPTU pós EC 29/2000) não poderiam ter alíquotas progressivas em relação ao valor da base de cálculo, considerando inexistir expressa previsão constitucional (ver Súmula 656/STF). Ocorre que posteriormente a Suprema Corte reviu a questão, especificamente em relação ao ITCMD, reconhecendo que o imposto pode ser progressivo, atendendo assim o princípio da capacidade contributiva (RE 562.045/RS – Repercussão Geral). Esse entendimento pode ser posteriormente aplicado ao ITBI municipal, de modo que o estudante deve atentar para a evolução jurisprudencial.
Gabarito "C".

(Cartório/RJ – 2012) Em relação ao Imposto sobre Propriedade Territorial Urbana (IPTU), é correto afirmar que:

(A) A simples remessa do carnê para pagamento do IPTU ao endereço do contribuinte configura notificação de lançamento.

(B) O lançamento é feito por homologação.

(C) Não se admite, como contribuinte, o possuidor do imóvel a qualquer título.

(D) Tem como função preponderante funcionar como forma direta de intervenção do Estado no domínio econômico, ou seja, a extrafiscalidade.

(E) É inconstitucional a lei do município que reduz o IPTU sobre imóvel ocupado pela residência do proprietário, que não possua outro.

A: correta, nos termos da Súmula 397 do STJ; B: incorreta, pois o IPTU é em regra lançado de ofício, embora seja necessário verificar a legislação de cada Município, que pode dispor de maneira diversa; C: incorreta, pois contribuinte do IPTU é o proprietário do imóvel, o

3. DIREITO TRIBUTÁRIO

titular do seu domínio útil, ou o seu possuidor a qualquer título – art. 34 do CTN; D: incorreta, pois o IPTU tem função preponderantemente fiscal, arrecadatória para o erário; E: incorreta, pois observa-se, nesse caso, a isonomia (tratamento diferenciado para pessoas em situação também distinta), prestigiando o direito à moradia.

Gabarito "A".

(Cartório/RN – 2012 – IESIS) O Município de *Justiça* publica, em 20/10/2011, lei alterando a alíquota do IPTU de 1% para 2% e prevendo sua imediata entrada em vigor. O texto legal ainda altera a planta de avaliação dos imóveis e o Terreno de Jairo que estava calculado em R$ 10.000,00 passa a receber avaliação compatível com o mercado no valor de R$ 12.000,00. Qual será o valor devido a título de IPTU relativo a 2012, sabendo-se que o fato gerador do imposto ocorre a cada 1º de janeiro e considerando as determinações constitucionais:

(A) R$ 100,00

(B) R$ 240,00

(C) R$ 120,00

(D) R$ 200,00

A alteração da alíquota do IPTU sujeita-se à anterioridade anual e nonagesimal, de modo que terá eficácia somente noventa dias após 20/10/2011 (após a ocorrência do fato gerador em 01/01/2013). A alíquota aplicável ao fato gerador ocorrido em 01/01/2013 será, portanto, a antiga, de 1%. Já a majoração da base de cálculo subordina-se apenas à anterioridade anual, não à nonagesimal – art. 150, § 1º, *in fine*, da CF. Assim, a majoração da base de cálculo (avaliação do imóvel de Jairo) entra em vigor em 01/01/2013, aplicando-se ao fato gerador ocorrido naquela data. No caso concreto, calcula-se o IPTU pela multiplicação da alíquota de 1% sobre o valor atualizado de R$ 12 mil, o que implica tributo de R$ 120,00. Por essas razões, a alternativa "C" é a correta.

Gabarito "C".

(Cartório/AM – 2005 – FGV) Assinale a alternativa falsa.

(A) A competência para instituir impostos sobre a propriedade territorial rural é da União.

(B) É vedado aos Estados, ao Distrito Federal e aos Municípios estabelecer diferença tributária entre bens e serviços, de qualquer natureza, em razão de sua procedência ou destino.

(C) Compete aos Municípios instituir impostos sobre transmissão *inter vivos*, a qualquer título, por ato oneroso, de bens móveis e imóveis, por natureza ou acessão física, e de direitos reais sobre imóveis, exceto os de garantia, bem como cessão de direitos à sua aquisição.

(D) O IPTU é imposto da competência dos Municípios.

(E) O imposto de transmissão *causa mortis* e doação, de quaisquer bens ou direitos relativamente a bens imóveis e respectivos direitos, compete ao Estado da situação do bem, ou ao Distrito Federal.

A: assertiva correta, pois o ITR é da competência tributária da União – art. 153, VI, da CF; B: correta, pois a vedação a essa distinção é prevista expressamente no art. 152 da CF; C: essa é a assertiva incorreta, pois a competência tributária municipal relativa à transmissão de bens (ITBI) restringe-se aos imóveis, não abrangendo os bens móveis – art. 156, II, da CF; D: correta, pois a competência municipal em relação aos impostos abrange o IPTU, o ISS e o ITBI – art. 156 da CF; E: correta, pois a norma é prevista no art. 155, § 1º, I, da CF.

Gabarito "C".

Veja a seguinte tabela com as competências dos entes políticos em relação aos impostos, para estudo e memorização:

Competência em relação aos impostos		
União	Estados e DF	Municípios e DF
- imposto de importação - imposto de exportação - imposto de renda - IPI - IOF - ITR - Imposto sobre grandes fortunas - Impostos extraordinários - Impostos da competência residual	- ITCMD - ICMS - IPVA	- IPTU - ITBI - ISS

(Cartório/AP – 2011 – VUNESP) Sobre o Imposto sobre a Propriedade Territorial Rural (ITR), é correto afirmar que

(A) é de competência municipal, sendo admitida a delegação da capacidade tributária à União.

(B) para obtenção de incentivos fiscais e de crédito rural é dispensada a comprovação do recolhimento do ITR, salvo no caso de concessão de financiamento ao amparo do PRONAF.

(C) para atos de registro e averbação no Registro de Imóveis, salvo exceções legais, é necessária a comprovação do recolhimento do ITR referente aos últimos cinco exercícios.

(D) os serventuários do registro de imóveis são responsáveis por sucessão no caso de registro de imóvel rural sem comprovação de recolhimento do ITR no último exercício, somente.

(E) o domicílio tributário do contribuinte do ITR é por ele eleito quando do ato do envio do Documento de Informação e Apuração do ITR – DIAT.

A: incorreta, pois o ITR é tributo da competência da União (só ela pode legislar a respeito), embora possa ser fiscalizado e cobrado pelos Municípios e pelo Distrito Federal que assim optarem na forma da lei, conforme previsto no art. 153, § 4º, III, da CF; B: incorreta, pois a concessão de qualquer incentivo fiscal e de crédito rural, exceto no caso de financiamento do PRONAF, depende de comprovação do recolhimento do ITR nos últimos cinco exercícios, nos termos do art. 62 do Regulamento do ITR – RITR (Decreto 4.382/2002); C: assertiva correta, nos termos do art. 63 do RITR; D: incorreta, pois o art. 63, parágrafo único, do RITR prevê a responsabilidade solidária, no caso. O STF, é interessante salientar, reconheceu que não se pode "criar novos casos de responsabilidade tributária sem a observância dos requisitos exigidos pelo art. 128 do CTN, tampouco a desconsiderar as regras matrizes de responsabilidade de terceiros estabelecidas em caráter geral pelos arts. 134 e 135 do mesmo diploma" – RE 562.276/PR. Nesse aspecto, é questionável a fixação dessa responsabilidade solidária pela Lei 9.393/1996 (a que se refere o art. 63, parágrafo único, do RITR) que, em princípio, amplia a responsabilidade subsidiária prevista no art. 134, VI, do CTN e até a responsabilidade pessoal do art. 135, I, do mesmo Código; E: incorreta, pois, nos termos do art. 7º do RITR, o domicílio tributário do contribuinte é o município de localização do imóvel, vedada a eleição de qualquer outro.

Gabarito "C".

(Cartório/AP – 2011 – VUNESP) Na transmissão *causa mortis*, o *de cujus* deixou bens imóveis localizados em diversos municípios do país, em especial em São Paulo, Rio de Janeiro, Fortaleza, Macapá, Porto Grande e Serra do Navio. O inventário foi processado no lugar da abertura da sucessão, ou seja, em São Paulo. O imposto incidente sobre a transmissão *causa mortis* – ITCMD, em razão da competência constitucional, é devido ao

(A) Município da situação do bem imóvel.

(B) Município do lugar do inventário.

(C) Município da situação do bem imóvel e ao Estado do lugar do inventário, em partes iguais.

(D) Estado do lugar do inventário.

(E) Estado da situação do bem imóvel.

O ITCMD relativo a bens imóveis é sempre devido ao Estado (ou ao Distrito Federal) em que o bem está localizado, nos termos do art. 155, § 1º, I, da CF. Por essa razão, a alternativa "E" é a correta. A regra do local do inventário ou do arrolamento vale apenas para as outras espécies de bens – art. 155, § 1º, II, da CF. Ademais, no caso de doação de outras espécies de bens (móveis, títulos e crédito), o imposto é devido no local do domicílio do doador – art. 155, § 1º, II, da CF.
Gabarito "E."

(Cartório/DF – 2008 – CESPE) Acerca da disciplina constitucional sobre o imposto de transmissão *causa mortis* e de doação, de quaisquer bens e direitos, julgue os itens que se seguem.

(1) Os municípios e o DF têm competência para a instituição do referido imposto.

(2) Relativamente a bens móveis, títulos e créditos, o imposto compete ao ente federativo onde se processar o inventário ou o arrolamento, ou onde tiver domicílio o doador, ou ao DF.

(3) Não está ainda legalmente regulamentada a competência para a instituição do imposto citado no caso de o *de cujus* possuir bens, ser residente ou domiciliado ou ter o seu inventário processado no exterior. Essa competência deve ser regulada futuramente por meio de lei complementar.

(4) O referido imposto tem suas alíquotas máximas fixadas pelo Senado Federal.

(5) Compete ao DF instituir o imposto relativamente aos bens imóveis situados em seu território.

1: incorreta, pois o ITCMD é da competência dos Estados e do DF – art. 155, I, da CF; 2: correta, conforme o art. 155, § 1º, II, da CF; 3: correta, nos termos do art. 155, § 1º, III, da CF; 4: correta, conforme o art. 155, § 1º, IV, da CF – ver Resolução 9/1992 do Senado Federal, que fixa alíquota máxima de 8%; 5: assertiva também correta, pois o DF detém a competência relativa o ITCMD incidente sobre os imóveis localizados em seu território – art. 155, § 1º, I, da CF.
Gabarito 1E, 2C, 3C, 4C, 5C

(Cartório/DF – 2006 – CESPE) Antes de lavrar uma escritura de transmissão de propriedade de bem imóvel, o tabelião deve assegurar-se do cumprimento das obrigações tributárias incidentes sobre o bem objeto da negociação, tanto das relativas ao bem em si como das referentes ao ato que será lavrado. No que tange a essa incidência, julgue os itens que se seguem.

(1) Se o imóvel for de natureza urbana, o único imposto sobre a propriedade que deverá ser examinado pelo tabelião é o imposto predial e territorial urbano (IPTU), cuja instituição e cobrança competem aos municípios e ao DF.

(2) Se o imóvel objeto da negociação for de natureza rural, o tabelião deverá requerer a certidão negativa do Imposto Territorial Rural (ITR) – ou positiva, com efeito de negativa – sobre o bem em questão. A certidão deverá ser expedida pelo governo federal nos casos em que a arrecadação do ITR é feita pela União, sendo metade dessa arrecadação transferida para o município de situação do bem.

(3) Consoante o Código Tributário Nacional, surgindo, após lavrada a escritura de transmissão de propriedade de bem imóvel, débito tributário de ITR relativo a tal imóvel, o dever de pagar perante o fisco recairá sobre o adquirente.

(4) Não é admissível lavrar-se escritura de compra e venda de imóvel sobre o qual existam dívidas tributárias relativas ao IPTU que constem na certidão positiva sem efeito de negativa.

(5) Se a escritura se referir a ato de doação de imóvel de pai para filho, independentemente de ser ou não por adiantamento da herança legítima, incidirá, na operação, o Imposto sobre a Transmissão *Causa Mortis* e Doação (ITCMD), que, diferentemente do Imposto de Transmissão *Inter Vivos* (ITBI), é um imposto classificado como indireto.

1: incorreta, pois o tabelião deverá aferir o recolhimento também do impostos sobre transmissão do imóvel (ITBI ou ITCMD); 2: assertiva correta, pois, inexistindo opção do Município pela fiscalização e cobrança, sujeito ativo do ITR será a União, a quem competirá expedir certidões relativas ao tributo, sendo que 50% da receita arrecadada é transferida ao Município correspondente – art. 153, VI e § 4º, e art. 158, II, ambos da CF. A certidão positiva com efeito de negativa (existe débito tributário, mas sua exigibilidade está suspensa ou a execução está garantida) tem o mesmo efeito da certidão negativa (como diz o nome) – art. 206 do CTN; 3: assertiva correta, pois há responsabilidade tributária por sucessão do adquirente do imóvel, nos termos do art. 130 do CTN; 4: incorreta, pois é preciso comprovar a regularidade tributária relativa ao imóvel – ver o art. 134, VI, do CTN; 5: incorreta, pois tanto o ITCMD estadual quanto ao ITBI municipal são tributos diretos, até porque costuma-se se referir a tributos indiretos (cuja natureza jurídica admite a transferência do ônus econômico ao adquirente) apenas em relação àqueles que incidem sobre uma cadeia de produção, comércio e consumo (impostos sobre circulação de mercadorias e produtos e sobre prestação de serviços).
Gabarito 1E, 2C, 3C, 4E, 5E

(Cartório/DF – 2006 – CESPE) A possibilidade de o contribuinte entrar com processo administrativo e também judicial para discutir uma mesma matéria está praticamente encerrada. O STF analisa a questão e, apesar de o julgamento no tribunal ainda não ter sido finalizado, a maioria dos ministros já votou contra a possibilidade. O placar está em seis a dois contra o contribuinte. Essa notícia, publicada na imprensa em maio de 2005, faz menção ao controle de constitucionalidade de lei em matéria tributária, exercido pelo STF relativamente à Lei de Execuções Fiscais. Sobre esse controle e a respeito das execuções fiscais, julgue os itens subsequentes.

(1) Se uma lei municipal referente ao IPTU estabelecesse diferenças de alíquotas entre imóveis com base na localização destes, ela deveria ser considerada incons-

3. DIREITO TRIBUTÁRIO — 199

titucional, pois a Lei Maior não permite esse tipo de discriminação.

(2) Deveria ser considerada inconstitucional uma lei municipal que estabelecesse a incidência de ITBI sobre a transferência de imóveis aos sócios em razão da extinção de uma imobiliária.

(3) Não afrontaria a Constituição Federal lei federal que estabelecesse regras de concessão de isenções do imposto sobre a prestação de serviços de qualquer natureza (ISS).

(4) Deverá ser considerada constitucional lei estadual que atribua à respectiva unidade da Federação o direito de constituir ITCMD relativamente a imóvel situado em seu território, no caso de doador e donatário serem domiciliados em outro estado.

1: incorreta, pois a CF admite expressamente a diferenciação das alíquotas do IPTU de acordo com a localização e o uso do imóvel – art. 156, § 1º, I, da CF; 2: discutível. A imunidade relativa às transmissões imobiliárias, prevista no art. 156, § 2º, I, da CF não abrange a situação em que a atividade preponderante do *adquirente* seja a compra e venda de imóveis ou direitos reais, locação ou arrendamento mercantil desses bens. A assertiva é discutível, pois o fato de a pessoa ser sócia de imobiliária não significa que ela (a adquirente no caso descrito) tenha como atividade preponderante essas relacionadas com a comercialização ou locação de imóveis; 3: imprecisa. De fato, há hipótese excepcional, prevista na própria CF, de lei complementar federal que pode excluir da incidência do ISS as exportações de serviços para o exterior – art. 156, § 3º, II, da CF e art. 2º, I, da LC 116/2003. Mas é importante salientar que qualquer outra lei federal que tratasse de isenção do ISS seria inconstitucional, pois somente o respectivo município pode legislar sobre os benefícios fiscais atinentes aos seus impostos (privatividade da competência tributária) – art. 151, III, da CF. A propósito, é interessante lembrar que STF decidiu que o disposto no art. 151, III, da CF não impede a concessão de isenções tributárias heterônomas por meio de tratados internacionais, ou seja, é possível instituição de benefícios fiscais relativos a tributos estaduais ou municipais por meio de tratados internacionais (RE 543.943 AgR/PR); 4: correta, pois o ITMCD relativo a bens imóveis será sempre da competência do Estado ou do Distrito Federal em que está localizado – art. 155, § 1º, I, da CF.

Gabarito 1E, 2E, 3C, 4C

(Cartório/DF – 2003 – CESPE) Uma indústria fabricante de equipamentos pesados, que se dedica, também, ao comércio de locação dos produtos por ela fabricados, integrou, no período compreendido entre 1995 e 2000, maquinaria por ela produzida em seu ativo fixo, creditando-se do ICMS calculado sobre o preço presumido do bem. Com base em legislação local e convênio do CONFAZ, o fisco autuou a empresa e cobrou os valores dos créditos. Considerando essa situação hipotética à luz da interpretação dada ao assunto pelo STF, julgue os itens seguintes.

(1) Antes de 1996, não havia como o ICMS incidir em atividade de integração de bens ao ativo fixo do que era produzido pela própria empresa, ainda que lei local e convênio assim o estabelecessem.

(2) Foi legítima a atuação do CONFAZ ao estabelecer normas gerais sobre o ICMS.

(3) A Constituição Federal, ao definir a materialidade do ICMS, referiu-se à circulação de mercadoria, restringindo, assim, o sentido próprio de movimentação de mercadorias ou saída de mercadorias dos estabelecimentos produtores, industriais e comerciais.

(4) O legislador estadual, para definir as hipóteses de incidência do ICMS, não está adstrito à reprodução da legislação complementar federal.

(5) No período em que a empresa creditou-se do ICMS, antes de 1996, as normas gerais sobre ICMS eram as estabelecidas por Decreto-lei, recepcionado pela Constituição Federal.

1: assertiva correta, pois foi a LC 87/1996 que introduziu a possibilidade de creditamento relativo a bens destinados ao ativo permanente da contribuinte, vedando expressamente o aproveitamento de créditos de ICMS relativos a bens adquiridos antes da entrada dessa lei em vigor – arts. 20 e 33, III, da LC 87/1996; 2: assertiva correta, pois antes da publicação da lei complementar que passaria a veicular as normas gerais relativas ao ICMS (atualmente a LC 87/1996), o art. 34 § 8º, do ADCT previu que convênio interestadual exerceria provisoriamente essa função (à época, o Convênio ICMS 66/1988); 3: incorreta, pois admite-se a ocorrência do fato gerador do ICMS mesmo em casos em que não há efetiva circulação material da mercadoria, como por exemplo no caso de transmissão de propriedade de mercadoria, ou de título que a represente, quando a mercadoria não tiver transitado pelo estabelecimento transmitente – art. 12, IV, da LC 87/1996. Ademais, a própria CF prevê também a incidência do ICMS no caso de entrada de bens (não mercadoria, necessariamente) estrangeiros no país (mercadoria é espécie de bem móvel que circula na cadeia de comércio e consumo) – art. 155, § 2º, IX, "a", da CF; 4: discutível. De fato, o legislador estadual não está obrigado a simplesmente reproduzir a legislação nacional, mas é importante salientar que ele não pode inovar essencialmente, pois o fato gerador do imposto somente pode ser definido pela lei complementar federal – art. 146, III, "a", da CF; 5: imprecisa. De fato, antes da LC 87/1996, vigiam algumas normas do DL 406/1968 relativas ao ICMS. Ocorre que em 1988, após a promulgação da atual Constituição, os Estados firmaram o Convênio ICMS 66/1988, conforme previsto no art. 34 § 8º, do ADCT, que vigorou com força de lei complementar federal (ver RE 273.351/SP-STF), para regular nacionalmente o imposto e para "preencher as lacunas existentes e os dispositivos de Lei Complementar anterior não recebidos" (AI 195.556 AgR/SE-STF).

Gabarito 1C, 2C, 3E, 4C, 5C

(Cartório/DF – 2001 – CESPE) A Empresa Brasileira de Correios e Telégrafos (ECT), empresa pública federal, decidiu abrir uma agência no *campus* da Universidade de Brasília. Para tanto, realizou com a Fundação Universidade de Brasília (FUB), fundação pública federal, contrato de locação de uma sala localizada na área do *campus* destinada à instalação de serviços úteis à comunidade universitária. No contrato de locação, ficou determinado que a locatária seria responsável pelo pagamento de todos os impostos e taxas relativos ao imóvel, em especial o imposto predial e territorial urbano (IPTU) e a taxa de limpeza urbana (TLP). Para que pudesse funcionar no novo espaço, o DF cobrou da ECT taxa de localização e funcionamento, prevista em lei distrital, que tinha como fato gerador a atividade administrativa consistente na expedição de alvará de funcionamento. Iniciado o funcionamento da agência, foi afixado em seu mural um cartaz com o seguinte texto: "Abertas as inscrições para concurso público para carteiro, taxa de inscrição de R$ 15,00, informações no balcão de atendimento". Eduardo, que se inscreveu nesse concurso, foi aprovado, tomou posse e, ao receber o seu primeiro contracheque, observou que havia um desconto de R$ 50,00 sobre seu salário, a título de imposto de renda retido na fonte. Considerando a situação hipotética descrita, julgue o seguinte item.

(1) O IPTU é um imposto indireto, já que o ônus de seu pagamento pode ser repassado para o locatário do imóvel sobre cuja propriedade incide o tributo.

1: incorreta. O IPTU, a exemplo de todos os tributos incidentes sobre a propriedade ou sua transmissão (IPVA, ITR, ITCMD, ITBI), é tributo direto, cujo ônus econômico incide juridicamente sobre o próprio contribuinte. A doutrina costuma classificar como tributos indiretos somente aqueles que incidem sobre operações realizadas dentro da cadeia de produção e comercialização de produtos e mercadorias ou da prestação de serviços (ICMS, IPI, ISS), admitindo que sua natureza jurídica permite a transmissão do ônus econômico aos adquirentes desses bens e serviços.
Gabarito "1E."

(Cartório/DF – 2001 – CESPE) Acerca do direito tributário, julgue os itens abaixo.

(1) Considere que Fabrício, falecido recentemente, tenha deixado testamento no qual constava a seguinte disposição: deixo para Alberto metade dos livros de botânica de minha biblioteca particular. Nesse caso, tal disposição testamentária configuraria a constituição de um legado e, se Alberto aceitasse o legado, incidiria sobre a transmissão da propriedade dos livros o ITCD, sendo contribuinte desse imposto o espólio de Fabrício.

(2) Considerando que o Código Tributário Nacional determina que a posse de bem imóvel é fato gerador do imposto predial e territorial urbano (IPTU), seria correto afirmar que o DF poderia editar lei constituindo os locatários de imóveis como sujeitos passivos desse tributo.

1: incorreta, pois há imunidade sobre livros, o que impede a cobrança de qualquer imposto sobre sua transmissão, inclusive o ITCMD estadual – art. 150, VI, "d", da CF; 2: incorreta, pois, embora o CTN defina que contribuinte do IPTU é o proprietário, o possuidor ou titular do domínio útil (art. 34), não cabe ao fisco local escolher livremente qualquer um deles. Em primeiro lugar, contribuinte será o proprietário. Se houver enfiteuse, o titular do domínio útil será o contribuinte. Finalmente, apenas na hipótese de possuidor com *animus domini* (que age como proprietário) e *ad usucapionem* (que pode vir a ser proprietário por usucapião) é que ele será considerado contribuinte. O locatário é mero detentor do imóvel, não possuidor com *animus domini* ou *ad usucapionem*, de modo que não pode ser qualificado como contribuinte pela lei local.
Gabarito "1E, 2E"

(Cartório/ES – 2007 – FCC – adaptada) A respeito do Imposto sobre propriedade predial e territorial urbana (IPTU), considere:

I. O imposto, de competência dos Municípios, sobre a propriedade predial e territorial urbana tem como fato gerador a propriedade, o domínio útil ou a posse de bem imóvel por natureza ou por acessão física, como definido na lei civil, localizado na zona urbana do Município.

II. A lei estadual pode considerar urbanas as áreas urbanizáveis, ou de expansão urbana, constantes de loteamentos aprovados pelos órgãos competentes, destinados à habitação, à indústria ou ao comércio, mesmo que localizados fora das zonas em outra lei definidas.

III. Na determinação da base de cálculo, não se considera o valor dos bens móveis mantidos, em caráter permanente ou temporário, no imóvel, para efeito de sua utilização, exploração, aformoseamento ou comodidade.

IV. Contribuinte do imposto em imóvel alugado é o inquilino.

V. A base do cálculo do imposto é o valor venal do imóvel.

Está correto o que se afirma APENAS em

(A) III e V.

(B) III, IV e V.

(C) II, IV e V.

(D) I, III e V.

(E) I, II e IV.

I: assertiva correta, pois reflete exatamente a definição do fato gerador do IPTU, prevista no art. 32 do CTN; II: incorreta, pois a definição da área urbana é feita pela lei municipal, e não pela estadual – art. 32, §§ 1º e 2º, do CTN; III: correta, conforme o art. 33, parágrafo único, do CTN; IV: incorreta, pois o inquilino é simples detentor do imóvel (não é possuidor com *animus domini* ou *ad usucapionem*), de modo que não será considerado contribuinte. No caso, somente o proprietário do imóvel alugado será contribuinte, lembrando que eventual acordo contratual impondo ao inquilino o dever de recolher o IPTU não altera a sujeição passiva, nem pode ser oposto contra o Fisco, salvo disposição legal em contrário – art. 123 do CTN; V: correta, pois essa é a base de cálculo definida no art. 33 do CTN.
Gabarito "D"

(Cartório/MS – 2009 – VUNESP) Assinale a alternativa correta no que diz respeito ao imposto sobre a transmissão *causa mortis* e doação de quaisquer bens ou direitos.

(A) Relativamente a bens imóveis e respectivos direitos, compete ao Estado onde se processar o inventário ou arrolamento, ou tiver domicílio o doador, ou ao Distrito Federal.

(B) Relativamente a bens imóveis e respectivos direitos, compete ao Estado da situação do bem ou ao Distrito Federal.

(C) Se o doador tiver domicílio ou residência no exterior, a competência para sua instituição será regulada por lei ordinária.

(D) Se o *de cujus* possuía bens, era residente ou domiciliado ou teve o seu inventário processado no exterior, a competência para sua instituição será regulada por lei ordinária.

(E) Terá suas alíquotas máximas e mínimas fixadas por lei complementar.

A e B: o ITCMD relativo a bens imóveis é sempre devido ao Estado (ou ao DF) em que o bem está localizado, razão pela qual a assertiva A é incorreta e a B, correta – art. 155, § 1º, I, da CF; C e D: incorretas, pois, nesses casos, a competência será regulada por lei complementar federal – art. 155, § 1º, III, *a* e *b*, da CF; E: assertiva incorreta, pois somente as alíquotas máximas (não as mínimas) são fixadas pelo Senado Federal (por resolução, não por lei complementar).
Gabarito "B."

(Cartório/MS – 2009 – VUNESP) Acerca do imposto sobre a transmissão *inter vivos*, a qualquer título, por ato oneroso, de bens imóveis, por natureza ou acessão física e de direitos reais sobre imóveis – ITBI, é correto afirmar que

(A) incide sobre a transmissão de bens ou direitos incorporados ao patrimônio de pessoa jurídica em realização de capital.

(B) incide sobre a transmissão de bens ou direitos decorrente de fusão de pessoa jurídica quando a atividade preponderante do adquirente for a locação de bens imóveis.

(C) incide sobre a transmissão de bens ou direitos decorrente de incorporação de pessoas jurídicas, salvo se a atividade preponderante do adquirente for a de arrendamento mercantil.

(D) não incide sobre a transmissão de bens ou direitos decorrente da cisão de pessoas jurídicas quando a atividade preponderante do adquirente for a compra e venda desses bens ou direitos.

(E) não incide sobre a transmissão de bens ou direitos decorrente de incorporação quando a atividade preponderante do adquirente for a compra e venda desses bens ou direitos.

A: incorreta, pois há imunidade nesse caso – art. 156, § 2º, I, da CF; B: assertiva correta, pois o tributo incide quando há essa preponderância – art. 156, § 2º, I, *in fine*, da CF; C: é o oposto, pois, em regra, o imposto não incide na transmissão decorrente de incorporação; D e E: incorretas, pois a preponderância citada nas assertivas implica incidência do tributo – art. 156, § 2º, I, da CF.

Gabarito "B".

(Cartório/MS – 2009 – VUNESP) Assinale a alternativa correta sobre o Imposto Territorial Rural – ITR.

(A) Não poderá ser progressivo, mas terá suas alíquotas fixadas de forma a desestimular a manutenção de propriedades improdutivas.

(B) Será progressivo, mas suas alíquotas não poderão ser fixadas de forma a desestimular a manutenção de propriedades, ainda que improdutivas.

(C) Incidirá sobre pequenas glebas rurais, definidas em lei, ainda que exploradas por proprietário que não possua outro imóvel.

(D) Será fiscalizado e cobrado pelos Municípios que assim optarem, na forma da lei, desde que não implique redução do imposto ou qualquer outra forma de renúncia fiscal.

(E) A competência para sua instituição pertence privativamente aos Estados e ao Distrito Federal, podendo, residualmente, ser exercida pelos Municípios nos casos especificados pela Constituição Federal.

A e B: incorretas, pois o ITR terá as alíquotas progressivas de modo a desestimular a propriedade improdutiva – art. 153, § 4º, I, da CF; C: incorreta, pois há imunidade nesse caso – art. 153, § 4º, II, da CF; D: essa é a assertiva correta, conforme o art. 153, § 4º, I, da CF; E: incorreta, pois a competência tributária relativa ao ITR é privativa da União.

Gabarito "D".

(Cartório/MT – 2005 – CESPE) De acordo com as atuais regras constitucionais incidentes sobre o imposto sobre serviços de qualquer natureza (ISS), assinale a opção correta.

(A) É competência de lei complementar a fixação de alíquotas mínimas.

(B) É vedado à lei complementar fixar alíquotas máximas.

(C) É vedado à lei complementar regular concessão de isenções.

(D) É matéria de lei complementar o estabelecimento de condições de anistia a suas penalidades.

As alíquotas mínimas e máximas do ISS devem ser fixadas por lei complementar federal, nos termos do art. 156, § 3º, I, da CF. Atualmente, as alíquotas mínimas e máximas são 2% e 5%, definidas pelo art. 88, I, do ADCT (mínima – a lei complementar ainda não regulou a matéria) e art. 8º, II, da LC 116/2003 (máxima). A: correta, conforme comentário inicial; B: incorreta, conforme comentário inicial; C: incorreta, pois, nos termos do art. 156, § 3º, III, da CF, compete a lei complementar federal regular a forma e as condições como isenções, incentivos e benefícios fiscais serão concedidos e revogados. Ademais, para que na legislação local não burle a alíquota mínima de 2%, o ISS não será objeto de concessão de isenções, incentivos e benefícios fiscais, que resulte, direta ou indiretamente, na redução da alíquota mínima estabelecida – art. 88, II, do ADCT; D: incorreta, pois não há reserva de lei complementar no que se refere às penalidades, que serão reguladas autonomamente por cada Município e pelo Distrito Federal. A anistia, entretanto, é espécie de benefício fiscal e, portanto, cabe à lei complementar federal regular a forma as condições como serão concedidas e revogadas – art. 156, § 3º, III, da CF.

Gabarito "A".

(Cartório/SC – 2008) Sobre o ISQN é correto afirmar:

(A) É imposto compartilhado entre estados e municípios.

(B) O município detém total autonomia para instituir as hipóteses de incidência.

(C) A alíquota do ISQN não poderá ser superior a 5% do preço do serviço.

(D) Sob pena de extinção do crédito tributário, o município tem prazo de cinco anos para inscrever em dívida ativa o ISQN não pago.

(E) Incide sobre a prestação de serviços de telecomunicação.

A: incorreta, pois a arrecadação do ISS não é compartilhada; B: incorreta, pois os Municípios devem observar as normas constitucionais e nacionais relativas ao ISS – arts. 146, III, *a*, e 156, III, ambos da CF; C: essa é a assertiva correta, há esse limite máximo, fixado pelo art. 8º, II, da LC 116/2003; D: assertiva incorreta, pois o prazo prescricional refere-se à execução do crédito, não à sua inscrição em dívida ativa – art. 174 do CTN; E: incorreta, pois incide, nesse caso, somente o ICMS estadual – art. 155, II e § 3º, da CF.

Gabarito "C".

(Cartório/SE – 2006 – CESPE) Julgue os itens a seguir, relativos ao imposto de transmissão *inter vivos* (ITBI), ao imposto de transmissão *causa mortis* e doação (ITCMD) e ao imposto sobre a propriedade territorial rural (ITR).

(1) Considere a seguinte situação hipotética. A pessoa jurídica Limeira Olaria Ltda., que tem como atividade preponderante a fabricação de tijolos e telhas, incorporou a pessoa jurídica Casa Firme Imobiliária Ltda., que atua no ramo de compra e venda de bens imóveis. Na transação, houve a transmissão de um prédio localizado no centro de Belo Horizonte. Nessa situação, não será devido o ITBI pela incorporadora, Limeira Olaria Ltda.

(2) Considere que Adriano tenha falecido em São Paulo, tendo seu inventário sido processado em Brasília – DF, onde era domiciliado. Ele possuía um apartamento no Amazonas e um automóvel no Espírito Santo. Nessa situação, o ITCMD relativo à totalidade dos bens de Adriano deverá ser recolhido para o Distrito Federal.

(3) A base de cálculo do ITR relativo a imóvel localizado em área rural do estado de São Paulo será o valor venal do bem, devendo-se considerar o valor das construções, instalações, benfeitorias, culturas e pastagens.

1: correta, conforme o art. 156, § 2º, I, da CF – não incide ITBI nas transmissões de imóveis decorrentes de incorporação – importante salientar, no entanto, que haveria incidência do imposto municipal se a atividade da adquirente fosse preponderantemente imobiliária, nos termos do art. 37, §§ 1º a 3º, do CTN; 2: incorreta, nos termos do art. 155, § 1º, I e II, da CF – o tributo sobre o imóvel é devido ao Estado do Amazonas (local do bem) e o ITCMD incidente sobre o automóvel (bem móvel) deve ser recolhido ao Distrito Federal (local do inventário); 3: assertiva incorreta, à luz do art. 29 do CTN (o ITR é calculado apenas sobre a terra nua).

Gabarito 1C, 2E, 3E

(Cartório/SP – VII – VUNESP) Acerca do ITCMD incidente nos inventários, é correto afirmar que

(A) para cada falecimento ocorre um fato gerador, independentemente do número de herdeiros ou legatários.

(B) o ITCMD é devido pela alíquota vigente ao tempo da abertura do inventário.

(C) suas alíquotas mínimas serão fixadas pelo Senado Federal.

(D) a escolha do tabelião que lavrará o inventário influencia o elemento espacial do fato gerador.

A: incorreta, pois nas transmissões *causa mortis*, ocorrem tantos fatos geradores distintos quantos sejam os herdeiros ou legatários – art. 35, parágrafo único, do CTN; B: incorreta, pois, nos termos da Súmula 112/STF, o imposto de transmissão *causa mortis* é devido pela alíquota vigente ao tempo da abertura da sucessão; C: incorreta, pois compete ao Senado fixar apenas as alíquotas máximas do ITCMD, e não as mínimas – art. 155, § 1º, IV, da CF; D: assertiva correta, pois o imposto sobre transmissão *causa mortis* relativo a móveis, títulos e créditos compete ao Estado (ou ao Distrito Federal) onde se processar o inventário ou arrolamento – art. 155, § 1º, II, da CF. Perceba que o local do inventário ou arrolamento é irrelevante em relação aos bens *imóveis*, pois o imposto, nesse caso, será sempre devido ao Estado ou ao Distrito Federal onde o bem estiver localizado.

Gabarito "D".

(Cartório/SP – VII – VUNESP) Assinale a alternativa que contém o significado e o ente encarregado da arrecadação do ITCMD, respectivamente.

(A) Imposto de Transmissão *Causa Mortis* e Doação; Estado.

(B) Imposição Tarifária sobre o Crescimento Médio do Desenvolvimento; União.

(C) Imposto de Transmissão *Causa Mortis* e Doação; Município.

(D) Imposto de Transferência e Circulação de Mercadoria; Estado.

A: essa é a assertiva correta, pois o ITCMD é tributo da competência dos Estados e do Distrito Federal – art. 155, I, da CF; B e D: incorretas, pois ITCMD é sigla que indica o imposto sobre transmissão *causa mortis* e doação de quaisquer bens ou direitos – art. 155, I, da CF; C: incorreta, pois o tributo é estadual, não municipal.

Gabarito "A".

(Cartório/SP – VII – VUNESP) A respeito da progressividade nas alíquotas dos tributos que incidem sobre imóveis, assinale a alternativa correta.

(A) É possível para o ITBI, com objetivo extrafiscal.

(B) É possível para todos os impostos reais, com objetivo estritamente arrecadatório.

(C) É possível para o IPTU, para assegurar o cumprimento da função social da propriedade urbana.

(D) Não é possível para o ITR, por falta de previsão do constituinte derivado.

O STF vinha entendendo que outros impostos reais (além do IPTU pós EC 29/2000) não poderiam ter alíquotas progressivas em relação ao valor da base de cálculo, considerando inexistir expressa previsão constitucional (ver Súmula 656/STF). Ocorre que posteriormente a Suprema Corte reviu a questão, especificamente em relação ao ITCMD, reconhecendo que o imposto pode ser progressivo, atendendo assim o princípio da capacidade contributiva (RE 562.045/RS – Repercussão Geral). Esse entendimento pode ser posteriormente aplicado ao ITBI municipal, de modo que o estudante deve atentar para a evolução jurisprudencial.
A: incorreta, pois, nos termos da Súmula 656/STF, é inconstitucional a lei que estabelece alíquotas progressivas para o imposto de transmissão inter vivos de bens imóveis – ITBI com base no valor venal do imóvel. Lembre-se de acompanhar a evolução jurisprudencial; B: incorreta, conforme comentário inicial; C: assertiva correta, pois o STF sempre admitiu, mesmo antes da EC 29/2000, a possibilidade de progressividade no tempo prevista no art. 182, § 4º, II, da CF; D: incorreta, pois o ITR deve ser progressivo com alíquotas fixadas de forma a desestimular a manutenção de propriedades improdutivas, conforme expressamente determina o art. 153, § 4º, I, da CF.

Gabarito "C".

(Cartório/SP – V – VUNESP) Atualmente, é (são) isenta(s) do recolhimento de ITCMD, no estado de São Paulo,

(A) a doação de bem móvel.

(B) a doação de bem imóvel de valor superior a 2.500 UFESP, desde que cada um dos donatários receba proporção inferior a 2.500 UFESP e desde que os mesmos não tenham recebido outra doação isenta, do mesmo doador, no mesmo exercício.

(C) a doação de A para B, realizada em janeiro de 2007, de bem imóvel no valor de 2.000 UFESP, e aquela realizada em dezembro de 2007, de bem imóvel no valor de 1.500 UFESP.

(D) a doação do poder público para o particular.

As isenções de ITCMD são reguladas pela lei de cada Estado e do Distrito Federal, observadas as respectivas competências tributárias. No caso de SP, a legislação local prevê isenção de ITMCD sobre imóvel cujo valor não ultrapasse 2.500 UFESPs (a unidade fiscal local), somando-se, para fins de limite, todas as doações recebidas de um mesmo doador durante o exercício financeiro – art. 6º, II, "a", 12, § 3º, 25, parágrafo único, e 31, II, "b", do Decreto 46.655/2002. Por essa razão, a alternativa "B" é a correta.

Gabarito "B".

(Cartório/SP – V – VUNESP) Atualmente, o ITCMD, no Estado de São Paulo, deve ser recolhido

(A) na transmissão *causa mortis* de bem imóvel, urbano ou rural, cujo valor não ultrapassar 2 500 UFESPs, desde que seja o único bem transmitido.

(B) antes da lavratura da escritura pública de doação e no prazo de 30 dias após a emissão da certidão de regularidade do recolhimento pela Secretaria da Fazenda, na escritura de inventário e partilha.

(C) pelo herdeiro, sobre o valor do quinhão que lhe coube na herança, a título de *causa mortis* e sobre o valor que lhe foi atribuído gratuitamente acima de seu respectivo quinhão, a título de *doação*.

(D) na transmissão onerosa de direito societário, debênture, dividendo, quota ou participação em fundo mútuo de ações e de renda fixa.

A: incorreta, pois há isenção nesse caso, nos termos da legislação local – art. 6º, I, "b", do Decreto 46.655/2002; B: incorreta, pois na transmissão *causa mortis*, o ITCMD paulista deverá ser recolhido no prazo de 30 dias após a decisão homologatória do cálculo ou do despacho que determinar seu pagamento – art. 31, I, do Decreto 46.655/2002; C: assertiva correta, pois o valor atribuído gratuitamente ao herdeiro além do seu quinhão implica doação pelo herdeiro que o concedeu – ver art. 1º, § 5º, do Decreto 46.655/2002; D: incorreta, pois o ITCMD incide apenas nas transmissões gratuitas (doações e *causa mortis*). Gabarito "C".

(Cartório/SP – V – VUNESP) Assinale a alternativa incorreta quanto ao IPTU.

(A) É um imposto municipal cujo fato gerador é a propriedade, o domínio útil ou a posse de bem imóvel, por natureza ou por acessão física.

(B) A sua base de cálculo é o valor venal do imóvel, ou seja, seu preço, para pagamento à vista, sob condições normais de mercado e engloba o valor do terreno e o valor da construção.

(C) Incide sobre todos os imóveis situados na área urbana do Município, sejam residenciais, comerciais ou utilizados em exploração extrativista vegetal ou agroindustrial.

(D) Terá alíquota progressiva, fixada em lei municipal específica, para os proprietários dos imóveis não edificados, subutilizados ou não utilizados, situados em áreas incluídas no Plano Diretor do Município.

A: assertiva correta, conforme o art. 156, I, da CF e o art. 32 do CTN; B: assertiva correta, definindo precisamente o significado de *valor venal* para fins de definição da base de cálculo do IPTU, prevista no art. 33 do CTN; C: incorreta. O critério para delimitar o âmbito espacial de incidência do IPTU (afastando o conflito em relação ao ITR federal) é dado pelo art. 32 do CTN. Aplica-se primordialmente o *critério espacial*, ou seja, incide o IPTU em relação ao imóvel localizado na área urbana do município, conforme delimitado pela lei local, observada a existência de melhorias mínimas previstas no art. 32, § 1º, do CTN. Ademais, a lei municipal pode considera também área urbana as áreas urbanizáveis, ou de expansão urbana, constantes de loteamentos aprovados pelos órgãos competentes, destinados à habitação, à indústria ou ao comércio, mesmo que localizados fora das zonas urbanas definidas pelo critério dos melhoramentos – art. 32, § 2º, do CTN. Há, entretanto, uma exceção ao critério espacial, pela qual o imóvel é considerado rural, mesmo quando localizado na área urbana do Município, desde que destinado à exploração extrativista vegetal, agrícola, pecuária ou agroindustrial – *critério da destinação* previsto no art. 15 do DL 57/1966, daí porque a assertiva é incorreta; D: assertiva correta, referindo-se ao IPTU progressivo no tempo, de função extrafiscal urbanística, previsto no art. 182, § 4º, II, da CF e nos arts. 5º e 7º do Estatuto da Cidade (Lei 10.257/2001). Gabarito "C".

(Cartório/SP – V – VUNESP) A lei, em sentido estrito, vigente no Estado de São Paulo, que disciplina o Imposto sobre Transmissões *Causa Mortis* e Doação, é

(A) a Lei n.º 9.591/1966, com as alterações trazidas pela Lei n.º 10.705/2000.

(B) a Lei n.º 10.705/2000, alterada pela Lei n.º 10.992/2001.

(C) a Portaria CAT n.º 15/2003, baixada pelo Coordenador da Administração Tributária logo depois de editada a Lei n.º 10.992/2001.

(D) a Portaria CAT n.º 5/2007, baixada pelo Coordenador da Administração Tributária logo depois de editada a Lei n.º 10.441/2007.

As normas básicas do ITCMD paulista são veiculadas pela Lei 10.705/2000 e seu regulamento, o Decreto 46.655/2002, de modo que a alternativa "B" é a correta. Gabarito "B".

(Cartório/SP – III – VUNESP) Assinale a alternativa incorreta.

(A) Compete aos Municípios instituir impostos sobre a transmissão *causa mortis* e doação – ITCMD, de quaisquer bens ou direitos.

(B) No imposto sobre transmissão a título gratuito *inter vivos* (doação), dá-se o lançamento por homologação, devendo o imposto ser recolhido antes da celebração do ato ou contrato correspondente.

(C) O imposto sobre transmissão *causa mortis* e doação – ITCMD tem suas alíquotas máximas fixadas por Resolução do Senado Federal, não podendo exceder a 8%.

(D) Os tabeliães, nos atos que importem em doações de bens, ficam obrigados a exigir dos contratantes a apresentação da respectiva guia de recolhimento do imposto, cujos dados devem constar do instrumento de transmissão.

A: incorreta, pois o ITCMD é tributo estadual; B: assertiva correta, conforme a legislação paulista (art. 31, II, "b", do Decreto 46.655/2002), lembrando que as normas específicas relativas ao vencimento e ao recolhimento dos impostos são veiculadas pela legislação de cada ente tributante; C: assertiva correta, conforme o art. 155, § 1º, IV da CF e Resolução do Senado 9/1992; D: assertiva correta, conforme o art. 6º, § 3º, do Decreto 46.655/2002. Gabarito "A".

11. ADMINISTRAÇÃO TRIBUTÁRIA, FISCALIZAÇÃO

(Cartório/SP – 2016 – VUNESP) Os Tabeliães de Notas devem comunicar à Receita Federal do Brasil – RFB a lavratura de escritura

(A) de qualquer natureza que importe em aquisição de renda por pessoa física ou jurídica residente ou com sede no Brasil.

(B) de alienação da qual decorra o recolhimento de imposto sobre ganho de capital.

(C) lavrada com dispensa da certidão negativa de tributos federais.

(D) de aquisição e alienação de bem imóvel.

Os serventuários da Justiça deverão informar as operações imobiliárias anotadas, averbadas, lavradas, matriculadas ou registradas nos Cartórios de Notas ou de Registro de Imóveis, Títulos e Documentos sob sua responsabilidade, mediante a apresentação de Declaração sobre Operações Imobiliárias (DOI), em meio magnético, nos termos estabelecidos pela Secretaria da Receita Federal – art. 8º da Lei 10.426/2002. Por essa razão, a alternativa "D" é a correta. Gabarito "D".

(Cartório/MG – 2015 – Consulplan) Considerando a fiscalização tributária, inserida no Título da "Administração Tributária" do Código Tributário Nacional, é correto afirmar que

(A) a diligência de fiscalização dispensa lavratura de termos.

(B) a fiscalização tributária pode examinar quaisquer livros comerciais, mas deve se limitar o exame aos pontos objeto da investigação.

(C) os tabeliães são obrigados a prestar à autoridade administrativa todas as informações de que disponham com relação aos bens, negócios ou atividades de terceiros, independente de intimação.

(D) o dever de sigilo profissional não sobrepõe ao dever de prestar informações ao Fisco.

A: incorreta, pois a autoridade administrativa que proceder ou presidir a quaisquer diligências de fiscalização lavrará os termos necessários para que se documente o início do procedimento, na forma da legislação aplicável, que fixará prazo máximo para a conclusão – art. 196 do CTN; **B:** correta – art. 195 do CTN; **C:** incorreta – art. 197, I, do CTN; **D:** incorreta, pois o dever de prestar informações ao fisco não se aplica em caso de sigilo em razão de cargo, ofício, função, ministério atividade ou profissão – art. 197, parágrafo único, do CTN.
Gabarito "B".

(Cartório/MG – 2016 – Consulplan) No que toca às disposições do Código Tributário Nacional sobre Garantias e Privilégios do Credito Tributário e Administração Tributária, é correto afirmar que

(A) a cobrança judicial do crédito tributário é sujeita à habilitação em inventário.

(B) é presumida fraudulenta a alienação de bens por sujeito passivo em débito com a Fazenda Pública por crédito tributário regularmente inscrito como dívida ativa em fase de execução, ainda que o devedor tenha reservado bem suficiente para pagamento da dívida.

(C) é vedada a divulgação por parte da fazenda pública de informações relativas a representações fiscais para fins penais.

(D) as Fazendas Públicas da União, dos Estados, do Distrito Federal e dos Municípios têm o dever de prestar mútua assistência para a fiscalização dos tributos respectivos e permuta de informações, na forma estabelecida em lei ou em convênio.

A: incorreta, pois a cobrança judicial do crédito tributário não se sujeita a habilitação em inventário ou arrolamento – art. 187 do CTN; **B:** incorreta, pois não há presunção de fraude se o devedor reservou bens suficiente para pagamento da dívida. Ademais, a presunção de fraude se dá após a inscrição em dívida ativa, independentemente do ajuizamento da execução – art. 185 do CTN; **C:** incorreta, pois não há vedação à divulgação por conta do sigilo, nesse caso – art. 198, § 3º, I, do CTN; **D:** correta – art. 37, XXII, da CF e art. 199 do CTN.
Gabarito "D".

(Cartório/SP – 2012 – VUNESP) Com relação à Declaração Sobre Operações Imobiliárias – DOI, é lícito afirmar que:

(A) A multa por atraso no seu envio foi criada em instrução normativa da Receita Federal do Brasil.

(B) Se trata de obrigação acessória, mas que pode se tornar tributo, pelo simples fato de sua inobservância.

(C) Seu sujeito passivo é o adquirente do bem imóvel objeto da transação imobiliária.

(D) Não deve ser enviada em escritura de renúncia de usufruto.

A: incorreta, pois a multa é prevista no art. 8º, § 1º, da Lei 10.426/2002; B: incorreta, pois a inobservância de obrigação acessória é ilícito, o que pode implicar multa (penalidade), jamais tributo – art. 3º do CTN; C: incorreta, pois a DOI deve ser apresentada pelos serventuários da Justiça (esses são os sujeitos passivos dessa obrigação) – art. 8º da

Lei 10.426/2002; D: correta, pois renúncia de usufruto não implica transferência do bem, de modo que não cabe DOI.
Gabarito "D".

(Cartório/MG – 2012 – FUMARC) Mediante intimação escrita, são obrigados a prestar à autoridade administrativa todas as informações de que disponham com relação aos bens, negócios ou atividades de terceiros, **EXCETO**

(A) O espólio e os herdeiros.

(B) Os corretores, os leiloeiros e os despachantes oficiais.

(C) Os tabeliães, os escrivães e os demais serventuários de ofício.

(D) Os bancos, as casas bancárias, as caixas econômicas e as demais instituições financeiras.

Nos termos do art. 197 do CTN, mediante intimação escrita, são obrigados a prestar à autoridade administrativa todas as informações de que disponham com relação aos bens, negócios ou atividades de terceiros (i) os tabeliães, escrivães e demais serventuários de ofício, (ii) os bancos, casas bancárias, caixas econômicas e demais instituições financeiras, (iii) as empresas de administração de bens, (iv) os corretores, leiloeiros e despachantes oficiais, (v) os inventariantes, (vi) os síndicos, comissários e liquidatários, (vii) quaisquer outras entidades ou pessoas que a lei designe, em razão de seu cargo, ofício, função, ministério, atividade ou profissão. Por essa razão, a alternativa "A" deve ser indicada, pois espólio e herdeiros não constam da listagem.
Gabarito "A".

(Cartório/AM – 2005 – FGV) Analise as proposições a seguir:

I. A fiscalização do crédito tributário é uma faculdade da Administração Fiscal.

II. A prova da quitação de todos os tributos pode, a critério do juiz, ser dispensada na extinção das obrigações do falido.

III. O direito de a Fazenda Pública constituir o crédito tributário extingue-se após cinco anos, contados do primeiro dia do exercício seguinte àquele em que o lançamento poderia ter sido efetuado ou da data em que se tornar definitiva a decisão que houver anulado, por vício formal, o lançamento anteriormente efetuado.

IV. a remissão é forma de extinção do crédito tributário. Assinale:

(A) se somente as proposições I e III forem verdadeiras.

(B) se somente as proposições II e IV forem verdadeiras.

(C) se somente as proposições III e IV forem verdadeiras.

(D) se somente as proposições I, II e III forem verdadeiras.

(E) se somente as proposições I, III e IV forem verdadeiras.

I: incorreta, pois os atos administrativos relacionados à fiscalização são sempre vinculados, não havendo facultatividade, portanto – arts. 3º, *in fine*, e 142, parágrafo único, do CTN; II: incorreta, pois se trata de exigência legal inafastável pelo juiz – art. 191 do CTN; III: assertiva correta, pois essa é a norma decadencial prevista no art. 173 do CTN; IV: assertiva correta, pois a remissão significa perdão do crédito tributário, extinguindo-o, portanto – art. 156, IV, do CTN.
Gabarito "C".

12. DÍVIDA ATIVA, INSCRIÇÃO, CERTIDÕES

(Cartório/SP – 2016 – VUNESP) Em relação à certidão negativa de débitos relativos a tributos federais e à dívida ativa da união emitida pela Secretaria da Receita Federal, é correto afirmar que

(A) não abrange as contribuições sociais.

3. DIREITO TRIBUTÁRIO

(B) tem prazo de validade de 90 (noventa) dias.

(C) segundo as Normas de Serviço da Corregedoria Geral da Justiça do Estado de São Paulo, faculta-se sua dispensa pelo tabelião de notas, quando da lavratura de escritura pública de alienação ou oneração de bem imóvel por pessoa jurídica.

(D) é exigível da empresa na alienação ou oneração, a título oneroso, de bem imóvel ou direito a ele relativo.

A: incorreta, pois, a partir de 2014, não há mais certidão específica relativa à regularidade das contribuições sociais – ver Decreto 8.302/2014 e Portaria MF 358/2014; B: incorreta, pois o prazo de validade é de 180 dias – art. 2º da Portaria MF 358/2014; C: correta, conforme item 59.2. do Tomo II das Normas de Serviço da Corregedoria Geral da Justiça do Estado de São Paulo; D: incorreta, conforme comentário anterior.
Gabarito "C".

(Cartório/MG – 2015 – Consulplan) A Certidão de Dívida Ativa – CDA do estado de Minas Gerais

(A) goza de presunção absoluta de certeza e liquidez, já que sua constituição decorreu ou de concordância, ou de improvimento de pedido administrativo, ou de inércia do devedor.

(B) não pode ser objeto de protesto em serviço extrajudicial de protesto de títulos e documentos de dívida, por ausência de lei formal autorizadora.

(C) é título executivo extrajudicial, goza de presunção de certeza e liquidez, pode instruir processo de execução fiscal, e pode ser objeto de protesto por cartório extrajudicial de protesto de títulos e documentos de dívida.

(D) pode ser objeto de protesto em cartório extrajudicial de protesto de títulos e documentos de dívida e os emolumentos devidos na apresentação e distribuição a protesto serão pagos exclusivamente pelo devedor no ato elisivo do protesto ou, quando protestado o título ou documento, no ato do pedido de cancelamento do seu respectivo registro, observados os valores da tabela de emolumentos extrajudiciais vigentes à época da remessa da CDA ao cartório e não da tabela vigente à época do pedido desse cancelamento.

A: incorreta, pois a presunção de certeza e liquidez da CDA é relativa, podendo ser ilidida por prova inequívoca a cargo do sujeito passivo ou terceiro interessado, nos termos do art. 204, parágrafo único, do CTN; B: incorreta, pois a legislação permite e a jurisprudência aceita o protesto da CDA – ver art. 1º, parágrafo único, da Lei 9.492/1997 e ADI 5.135/DF; C: correta, conforme comentários anteriores e art. 784, IX, do CPC; D: incorreta. Nos termos do art. 37 da Lei 9.492/1997, cabe à lei de cada estado fixar as regras relativas aos emolumentos. Em MG, sendo essa a regra, os emolumentos serão pagos pelo devedor do título e, no caso de cancelamento de protesto, observam-se os valores vigentes à época desse pedido – art. 12-A da Lei MG 15.424/2004
Gabarito "C".

(Cartório/MG – 2015 – Consulplan) São requisitos do termo de inscrição da dívida ativa previstos no Código Tributário Nacional, EXCETO:

(A) Nome do devedor e corresponsáveis, se for a hipótese, e o domicílio, sempre que possível.

(B) A quantia devida, incluindo juros de mora acrescidos, dispensando menção da maneira de cálculo.

(C) A data da inscrição e o número do processo administrativo de que se originar o crédito, em sendo o caso.

(D) A origem e natureza do crédito, com menção da disposição de lei em que seja fundado.

O art. 202 do CTN prevê os dados a serem obrigatoriamente indicados na CDA: (i) o nome do devedor e, sendo caso, o dos corresponsáveis, bem como, sempre que possível, o domicílio ou a residência de um e de outros, (ii) a quantia devida e a maneira de calcular os juros de mora acrescidos, (iii) a origem e natureza do crédito, mencionada especificamente a disposição da lei em que seja fundado, (iv) a data em que foi inscrita e (v) sendo caso, o número do processo administrativo de que se originar o crédito. Por essa razão, a alternativa "B" é a incorreta, pois não se dispensa a forma de cálculo dos juros moratórios acrescidos.
Gabarito "B".

(Cartório/SP – 2011 – VUNESP) Segundo o Código Tributário Nacional, a certidão será positiva com efeitos de negativa quando indicar a existência de créditos:

(A) Com exigibilidade excluída.

(B) Ainda não constituídos.

(C) Em curso de cobrança executiva em que tenha sido efetuada a penhora.

(D) Vencidos, mas ainda não inscritos em dívida ativa.

A certidão positiva com efeito de negativa é possível quando conste a existência de créditos não vencidos, em curso de cobrança executiva em que tenha sido efetivada a penhora, ou cuja exigibilidade esteja suspensa – art. 206 do CTN. Por essa razão, a alternativa "C" é a correta.
Gabarito "C".

(Cartório/SP – V – VUNESP) A presunção de certeza e de liquidez do crédito regularmente inscrito em Dívida Ativa é

(A) absoluta, não podendo mais ser ilidida pelo sujeito passivo.

(B) relativa e pode ser ilidida por prova inequívoca, a cargo do sujeito passivo ou do terceiro a que aproveite.

(C) absoluta a partir da emissão da Certidão da Dívida Ativa – CDA.

(D) relativa e não tem o efeito de prova pré-constituída.

A presunção é relativa (pode ser ilidida por prova inequívoca) – art. 204, parágrafo único, do CTN, de modo que a alternativa "B" é a correta.
Gabarito "B".

(Cartório/SP – VII – VUNESP) Segundo o Código Tributário Nacional, a certidão será positiva com efeitos de negativa quando indicar a existência de créditos

(A) com exigibilidade excluída.

(B) ainda não constituídos.

(C) em curso de cobrança executiva em que tenha sido efetuada a penhora.

(D) vencidos, mas ainda não inscritos em dívida ativa.

Nos termos do art. 206 do CTN, tem os mesmos efeitos da certidão negativa a certidão de que conste a existência de créditos não vencidos, em curso de cobrança executiva em que tenha sido efetivada a penhora, ou cuja exigibilidade esteja suspensa (= certidão positiva com efeitos de negativa). A: incorreta, pois a suspensão da exigibilidade é que permite emissão da certidão positiva com efeitos de negativa (se houver exclusão do crédito – isenção ou anistia – a certidão será negativa em relação aos valores respectivos); B: não há crédito antes do lançamento, nem, portanto, exigibilidade contra o sujeito passivo, de modo que, nesse caso, a certidão será negativa (exceto se houver outros débitos, evidentemente); C: essa é a correta, conforme comentários iniciais; D:

incorreta, pois, nesse caso, a certidão será positiva, exceto se houver alguma causa de suspensão da exigibilidade.

Gabarito "C".

(Cartório/SP – I – VUNESP – adaptada) O prazo de validade da Certidão Negativa de Débitos relativa a contribuições sociais, exigida na alienação de bem imóvel, é de até

(A) cento e oitenta dias.

(B) três meses.

(C) seis meses.

(D) trinta dias.

A validade das certidões negativas é regulada pela lei de cada ente político. É importante salientar que, atualmente, a cobrança das contribuições sociais é feita pela Receita Federal do Brasil (não mais pelo INSS que, antes da RFB, cobrava determinadas contribuições), de modo que as certidões são expedidas por ela (RFB), em regra, com validade de 180 dias – art. 2º do Decreto 6.106/2007 Por essa razão, a alternativa "A" é a correta. A questão foi adaptada, pois fazia referência à CND do INSS e ao antigo prazo de 60 dias.

Gabarito "A".

(Cartório/SP – V – VUNESP) Considerando o disposto nos artigos números 205 a 208 do Código Tributário Nacional – CTN, é correto afirmar que

(A) mesmo quando a lei exige certidão de quitação, ela é dispensável no caso de o contribuinte necessitar praticar, com urgência, um ato para evitar a caducidade de um direito seu.

(B) a prova de quitação de que trata o artigo 205 do CTN deve ser expedida no prazo de, no máximo, 15 dias úteis contado da data de apresentação do pedido.

(C) não tem efeito de negativa a certidão em que conste haver débitos tributários não vencidos, ou em que haja débito cuja exigibilidade esteja suspensa.

(D) não é obrigatória a expedição da prova de quitação nos termos em que requerida, podendo a autoridade administrativa referir-se a tributos outros que não os constantes do pedido.

A: assertiva correta. De fato, o art. 207 do CTN prevê que, independentemente de disposição legal permissiva, será dispensada a prova de quitação de tributos, ou o seu suprimento, quando se tratar de prática de ato indispensável para evitar a caducidade de direito, respondendo, porém, todos os participantes no ato pelo tributo porventura devido, juros de mora e penalidades cabíveis, exceto as relativas a infrações cuja responsabilidade seja pessoal ao infrator; B: incorreta, pois o prazo para expedição da certidão é de 10 dias contados da data da entrada do requerimento na repartição – art. 205, parágrafo único, do CTN; C: incorreta, pois, nos termos do art. 206 do CTN, tem os mesmos efeitos da certidão negativa a certidão de que conste a existência de créditos não vencidos, em curso de cobrança executiva em que tenha sido efetivada a penhora, ou cuja exigibilidade esteja suspensa (= certidão positiva com efeitos de negativa); D: incorreta, pois, conforme o art. 205, parágrafo único, do CTN, a certidão negativa será sempre expedida nos termos em que tenha sido requerida e será fornecida dentro de 10 dias da data da entrada do requerimento na repartição.

Gabarito "A".

13. AÇÕES TRIBUTÁRIAS

(Cartório/MG – 2015 – Consulplan) Ajuizada uma execução fiscal e tendo sido constatada pela Fazenda Pública a existência de um erro material na Certidão de Dívida Ativa – CDA, de acordo com entendimento consolidado do STJ,

(A) tendo em vista que o erro não é meramente formal, não se admite a substituição da CDA.

(B) é admissível a substituição da CDA por parte da Fazenda Pública, mas desde que os embargos à execução não tenham sido julgados em primeira instância.

(C) caso não tenham sido propostos embargos à execução, é facultada à Fazenda Pública a substituição da CDA para alterar o sujeito passivo, desde que o prazo para embargos à execução seja reaberto.

(D) a Fazenda Pública pode substituir a CDA apenas até a interposição dos embargos à execução.

A: incorreta, pois é possível a substituição da CDA por erro material ou formal até a sentença dos embargos, sendo vedada a modificação do sujeito passivo da execução – Súmula 392/STJ; B: correta, conforme a Súmula 392/STJ; C: incorreta, pois é possível a substituição da CDA mesmo após propostos embargos à execução, conforme comentários anteriores; D: incorreta, sendo possível a substituição até a sentença dos embargos, conforme comentários anteriores.

Gabarito "B".

(Cartório/AC – 2006 – CESPE) Com o crédito tributário definitivamente constituído, inicia-se a fase do chamado processo judicial tributário. Em relação à discussão do crédito tributário no âmbito judicial, julgue os itens que se seguem.

(1) O prazo para a oposição dos embargos à execução fiscal é de 30 dias e tem como termo inicial a intimação do executado da realização da penhora, do depósito ou da juntada da prova da fiança bancária.

(2) A repetição do indébito está assentada na ideia de não se dar abrigo ao enriquecimento sem causa. Contudo, em caso de pagamento maior que o devido ou pagamento indevido de tributo direto – aquele que comporta transferência de encargo financeiro –, o contribuinte deve provar que assumiu o encargo financeiro ou está expressamente autorizado por quem efetivamente o suportou.

(3) Considere a seguinte situação hipotética. A Secretaria de Fazenda do Estado do Acre, após fiscalizar determinada empresa, lavrou auto de infração devido às omissões relacionadas às obrigações tributárias acessórias e ao não recolhimento de ICMS em todo o ano de 2005. O crédito tributário foi definitivamente constituído em 30/8/2006. Nessa situação, a fazenda pública estadual tem prazo até 29/8/2011 para exercer o seu direito subjetivo de cobrar, sob pena de decadência.

(4) A importância do crédito tributário pode ser consignada judicialmente pelo sujeito passivo, diante da recusa de recebimento ou da subordinação deste ao pagamento de outro tributo ou de penalidade ou mesmo do cumprimento de obrigação acessória, bem como na hipótese de exigência de tributo idêntico sobre um mesmo fato gerador por mais de uma pessoa jurídica de direito público.

(5) Para que o depósito, integral e em dinheiro, tenha o poder de suspender a exigibilidade do crédito tributário, ele deve estar acompanhado de liminar nos autos de mandado de segurança ou de liminar/tutela antecipada em outras espécies de ação judicial.

1: assertiva correta, nos termos do art. 16 da Lei de Execução Fiscal – LEF (Lei 6.830/1980); 2: incorreta, pois a afirmação se refere aos tributos indiretos, não aos diretos (cujo ônus é assumido pelo próprio contribuinte de direito) – art. 166 do CTN; 3: incorreta, pois o prazo

3. DIREITO TRIBUTÁRIO

quinquenal para a cobrança tem natureza prescricional, não deca-dencial – art. 174 do CTN; 4: correta, sendo que a assertiva se refere adequadamente à ação de consignação judicial tributária – art. 164 do CTN; 5: incorreta, pois o depósito integral em dinheiro é modalidade autônoma de suspensão da exigibilidade do crédito tributário, sendo desnecessária liminar, antecipação de tutela ou outro provimento judicial adicional – art. 151, II, do CTN.

Gabarito 1C, 2E, 3E, 4C, 5E

(Cartório/AM – 2005 – FGV) Assinale a alternativa correta a respeito da ação para cobrança do crédito tributário.

(A) Prescreve em um ano.

(B) Prescreve em dois anos.

(C) Prescreve em quatro anos.

(D) Prescreve em cinco anos.

(E) É imprescritível.

A ação para a cobrança do crédito tributário prescreve em cinco anos, contados da data da sua constituição definitiva – art. 174 do CTN, de modo que a alternativa "D" é a correta.

Gabarito "D".

(Cartório/DF – 2003 – CESPE) Duas sociedades comerciais deve-doras de ICMS por prática de sonegação fiscal unem-se para formar terceira pessoa jurídica. Com base nessa situação, julgue os itens a seguir.

(1) A nova sociedade será responsável pelos tributos devidos até a data do ato em que as duas sociedades foram transformadas.

(2) A execução fiscal poderá ser promovida contra a nova sociedade comercial, inexistindo responsabilidade dos sócios, caso se trate de sociedade de responsabi-lidade limitada, cujas dívidas são adimplidas com o capital social integralizado.

(3) Movida a execução contra a sociedade comercial e penhoradas suas ações, incumbe ao oficial de justiça comunicar tal fato à Bolsa de Valores, sendo essa comunicação suficiente para as anotações da penhora, independentemente de determinação do juiz.

(4) Ocorrendo o cancelamento da inscrição de dívida ativa, antes da decisão de primeira instância em embargos opostos, será assegurada ao executado a devolução do prazo para embargos.

1: assertiva correta, pois a sociedade resultante da fusão é responsável tributário em relação aos débitos deixados pelas sociedades originais – art. 132 do CTN; 2: incorreta, pois pode haver responsabilidade pessoal do sócio-administrador no caso de participação na sonegação fiscal, nos termos do art. 135 do CTN; 3: correta, nos termos do art. 14, III, da LEF; 4: incorreta, pois o cancelamento da inscrição implica, em princípio, extinção da execução fiscal. Será assegurada ao executado a devolução do prazo para embargos apenas no caso de emenda ou substituição da Certidão da Dívida Ativa (o que pressupõe manutenção da inscrição, ainda que alterada) – art. 203 do CTN e art. 2°, § 8°, da LEF.

Gabarito 1C, 2E, 3C, 4E

(Cartório/ES – 2007 – FCC) A ação para a cobrança do crédito tributário prescreve em cinco anos, contados da data da sua constituição definitiva. A prescrição se interrompe

(A) pelo protocolo da ação de execução fiscal.

(B) por qualquer ato inequívoco ainda que extrajudicial, que importe em reconhecimento do débito pelo devedor.

(C) pela citação pessoal feita ao devedor.

(D) pelo despacho do juiz que mandar autuar a petição inicial da execução fiscal.

(E) pela juntada do mandado de citação devidamente cumprido, ao respectivo processo de execução fiscal.

Nos termos do art. 174, parágrafo único, do CTN, a prescrição se interrompe (i) pelo despacho do juiz que ordenar a citação em execução fiscal, (ii) pelo protesto judicial, (iii) por qualquer ato judicial que cons-titua em mora o devedor e (iv) por qualquer ato inequívoco ainda que extrajudicial, que importe em reconhecimento do débito pelo devedor. Por essa razão, a alternativa "B" é a única correta.

Gabarito "B".

(Cartório/MT – 2005 – CESPE) Marcos foi citado para pagar uma dívida de imposto de renda que lhe está sendo cobrada por meio de execução fiscal, e foi notificado adminis-trativamente para pagar uma outra dívida, desta feita, de imposto territorial rural, apurada. Para tais situações, a lei lhe faculta algumas medidas. Considerando essa situação hipotética, assinale a opção que representa uma medida que não está prevista no direito positivo aplicável.

(A) Marcos pode iniciar um processo administrativo tributário, para o caso do ITR, desde que tempestivo.

(B) Para a execução fiscal, a lei faculta a Marcos apresen-tar em juízo uma exceção de pré-executividade.

(C) No caso do imposto de renda, a lei dá a Marcos o direito de apresentar embargos à execução, atendidas as condições.

(D) A legislação admite mandado de segurança referente ao ITR, caso Marcos detenha direito líquido e certo relativamente à matéria.

A: correta, pois, observado o prazo fixado na legislação específica, a autuação fiscal e a cobrança administrativa podem ser impugnados administrativamente; B: questionável. Certamente a organizadora indicou essa assertiva como incorreta porque entendeu que não há previsão legal expressa relativa à exceção de pré-executividade. Ocorre que o termo "lei" na assertiva pode ser interpretado de maneira ampla, como permissão no sistema jurídico para a exceção, o que certamente há, tanto que é reconhecida pela jurisprudência – Súmula 393/STJ. Ademais, há autores que reconhecem previsão legal da exceção no art. 3°, parágrafo único, da LEF, que se refere à possibilidade de o executado (não embargante, mas simples executado!) ilidir a pre-sunção de certeza e liquidez da dívida ativa. De qualquer forma, essa é a melhor alternativa, por eliminação das demais, e por conta desse debate doutrinário; C: correta, conforme o art. 16 da LEF; D: assertiva correta, pois o mandado de segurança é viável para impugnação de autuação fiscal, desde que observado o prazo de 120 dias e haja prova pré-constituída do direito líquido e certo.

Gabarito "B".

(Cartório/SE – 2006 – CESPE) Em junho de 1997, Jonas firmou contrato de comodato com certo partido político, tendo como objeto um bem imóvel de sua propriedade, para que a entidade pudesse instalar sua sede pelo prazo de 10 anos. Em outubro de 2006, Jonas foi surpreendido com mandado de execução fiscal, visando à cobrança do IPTU, quanto ao imóvel objeto do contrato de comodato, pois o partido político não havia efetuado o pagamento do referido tributo desde o início de suas atividades. Com base na situação hipotética apresentada, julgue os itens que se seguem, acerca das normas que regem a execução fiscal.

(1) O partido político, comodatário, não é contribuinte do IPTU incidente sobre o imóvel que ocupa.

ROBINSON BARREIRINHAS

(2) Para garantir a execução, Jonas poderá oferecer fiança bancária.

(3) Eventual exceção de suspeição apresentada por Jonas será arguida como matéria preliminar e processada e julgada juntamente com os embargos opostos.

1: assertiva correta, pois o comodatário é simples detentor do imóvel (não é possuidor com *animus domini* ou *ad usucapionem*), de modo que não será considerado contribuinte. No caso, somente o proprietário do imóvel emprestado será contribuinte, lembrando que eventual acordo contratual impondo ao comodatário o dever de recolher o IPTU não altera a sujeição passiva, nem pode ser oposto contra o Fisco, salvo disposição legal em contrário – art. 123 do CTN; 2: correta, pois, para garantir a execução fiscal, admitem-se (i) depósito em dinheiro, (ii) fiança bancária, (iii) bens à penhora e (iv) bens oferecidos por terceiros e aceitos pela Fazenda – art. 9º I a IV, da LEF; 3: incorreta, pois o art. 16, § 3º, da LEF dispõe expressamente que somente outras exceções, que não as de suspeição, incompetência e impedimentos, serão arguidas como matéria preliminar e serão processadas e julgadas com os embargos. Gabarito 1C, 2C, 3E

14. REPARTIÇÃO DE RECEITAS TRIBUTÁRIAS

(Cartório/MG – 2019 – Consulplan) Sobre a repartição de receitas tributárias, assinale a alternativa correta.

(A) Dos impostos arrecadados pelos Estados, pertencem aos Municípios 50% do produto da arrecadação do imposto do Estado sobre a propriedade de veículos automotores licenciados em seus respectivos territórios.

(B) A União entregará, do produto da arrecadação do imposto sobre produtos industrializados, 10% aos Estados, ao Distrito Federal e aos Municípios, proporcionalmente ao valor das respectivas exportações de produtos industrializados.

(C) Dos impostos arrecadados pelos Estados, pertencem aos Municípios 50% do produto da arrecadação do imposto sobre operações relativas à circulação de mercadorias e sobre prestações de serviços de transporte interestadual e intermunicipal e de comunicação – ICMS.

(D) Pertencem aos Estados, ao Distrito Federal e aos Municípios, o produto da arrecadação do imposto da União sobre renda e proventos de qualquer natureza, incidente na fonte, sobre rendimentos pagos, a qualquer título, por eles, suas autarquias, empresas públicas e pelas fundações que instituírem e mantiverem.

A: correta, conforme art. 158, III, da CF; **B:** incorreta, pois os Municípios não recebem parcela dessa distribuição dos recursos do IPI – art. 159, II, da CF; **C:** incorreta, pois o percentual destinado aos Municípios é de 25% – art. 158, IV, da CF; **D:** incorreta, pois o IR relativo a rendimentos pagos por empresas públicas não é destinado a Estados, DF e Municípios – arts. 157, I, e 158, I, da CF. Gabarito "A".

(Cartório/MG – 2015 – Consulplan) Acerca da repartição de receitas tributárias, é correto afirmar:

(A) Quando o município recebe vinte e cinco por cento da arrecadação do Estado sobre as operações relativas à circulação de mercadorias e sobre prestações de serviços de transporte interestadual e intermunicipal e de comunicação ocorre repartição indireta de receita tributária.

(B) Somente os impostos submetem-se à regra da repartição de receitas tributárias.

(C) As taxas instituídas e cobradas pela União devem ter um percentual repartido com os Estados.

(D) Os valores recebidos a partir da arrecadação do imposto sobre produtos industrializados sujeitam-se a repartição indireta para os Estados, Distrito Federal e Municípios.

A: incorreta, pois é classificada como repartição direta, por ser realizada a transferência diretamente dos Estados para os Municípios, sem passar por fundo de participação; **B:** incorreta, pois há distribuição de receita de contribuição de intervenção no domínio econômico sobre combustíveis – art. 159, III, da CF; **C:** incorreta, pois não há previsão de repartição das receitas de taxas; **D:** correta, pois a receita de IPI a ser repartida com Estados e Municípios é previamente depositada nos fundos de participação respectivos – art. 159, I, da CF. Gabarito "D".

(Cartório/MG – 2015 – Consulplan) É correto afirmar que

(A) a União entregará do produto da arrecadação do imposto sobre produtos industrializados, 10% (dez por cento) aos Estados e Distrito Federal, proporcionalmente ao valor das respectivas exportações de produtos industrializados.

(B) o produto da arrecadação do imposto da União sobre renda e proventos de qualquer natureza, incidente na fonte, sobre rendimentos pagos por Estado, a qualquer título, pertence à União.

(C) em regra, 60% (sessenta por cento) do produto da arrecadação do imposto da União sobre a propriedade territorial rural, relativamente aos imóveis neles situados, pertence ao Município respectivo.

(D) 60% (sessenta por cento) do produto da arrecadação do imposto do Estado sobre a propriedade de veículos automotores licenciados em seu território pertence ao Município respectivo.

A: correta – art. 159, II, da CF; **B:** incorreta, pois o IR retido na fonte pelos Estados, nesse caso, a eles pertence – art. 157, I, da CF; **C:** incorreta, pois a regra é que 50% do ITR pertence ao respectivo município, podendo ficar com 100%, caso opte por fiscalizá-lo e cobrá-lo, na forma da lei – arts. 153, § 4º, III, e 158, II, da CF; **D:** incorreta, pois 50% do IPVA pertence ao respectivo município – art. 158, III, da CF. Gabarito "A".

(Cartório/MG – 2016 – Consulplan) Considerando o disposto na Constituição Federal sobre a repartição das receitas tributárias, avalie as afirmações a seguir:

I. Pertencem aos Estados e ao Distrito Federal cinquenta por cento do produto da arrecadação do imposto que a União instituir no exercício da competência residual que lhe é atribuída pelo art. 154, I da Constituição Federal.

II. Pertencem aos Municípios vinte e cinco por cento do produto da arrecadação do imposto do Estado sobre operações relativas à circulação de mercadorias e sobre prestações de serviços de transporte interestadual e intermunicipal e de comunicação.

III. Pertencem aos Municípios o produto da arrecadação do imposto da União sobre renda e proventos de qualquer natureza, incidente na fonte, sobre rendimentos pagos, a qualquer título, pelos Estados, suas autarquias e pelas fundações que instituírem e mantiverem.

IV. Pertencem aos Municípios cinquenta por cento do produto da arrecadação do imposto do Estado sobre

3. DIREITO TRIBUTÁRIO

a propriedade de veículos automotores licenciados em seu território.

É correto apenas o que se afirma em:

(A) I, II e IV.

(B) II e IV.

(C) III e IV.

(D) I e III.

I: incorreta, pois pertence aos Estados e ao DF 20% da arrecadação de eventual imposto da competência residual – art. 157, II, da CF; **II:** correta – art. 158, IV, da CF; **III:** incorreta, pois pertencem aos Municípios o IR retido por eles, não pelos Estados, na forma do art. 158, I, da CF; **IV:** correta – art. 158, III, da CF.
Gabarito "B".

(Cartório/MT – 2005 – CESPE – adaptada) Constitui regra em matéria tributária o fato de um tributo ser arrecadado e cobrado pelo mesmo ente da federação, destinando-se a este mesmo ente o produto da arrecadação. Relativamente à competência tributária e à distribuição da receita, assinale a opção incorreta.

(A) O imposto sobre operações relativas à circulação de mercadorias e prestações de serviços de transporte interestadual e intermunicipal e de comunicação (ICMS) é cobrado somente pelos estados e pelo Distrito Federal 25% de sua arrecadação destina-se aos municípios.

(B) O imposto sobre produtos industrializados (IPI) é cobrado apenas pela União, que distribui 58% do produto de sua arrecadação.

(C) O imposto territorial rural (ITR) somente pode ser cobrado pela União, cabendo aos municípios 50% de sua arrecadação.

(D) Metade da arrecadação do imposto sobre a propriedade de veículos automotores (IPVA) é distribuída entre os municípios.

A: assertiva correta, pois se trata de tributo estadual, com distribuição de receita para os Municípios nos termos do art. 158, IV, da CF; **B:** era correta à época do concurso. Atenção: a partir da EC 84/2014, o percentual do IPI e do IR a ser repassado pela União na forma do art. 159, I, da CF, foi majorado de 48% para 49%; **C:** essa é a alternativa incorreta, pois os Municípios podem optar, na forma da lei, por fiscalizar e cobrar o ITR, hipótese em que ficarão com a totalidade das receitas arrecadadas – arts. 153, § 4º, III, c/c art. 158, II, *in fine*, da CF; **D:** assertiva correta, nos termos do art. 158, III, da CF.
Gabarito "C".

15. TEMAS COMBINADOS E OUTRAS MATÉRIAS

(Cartório/RS – 2019 – VUNESP) A Declaração sobre Operações Imobiliárias (DOI) consiste em uma obrigação acessória constituída de prestação de informações à Receita Federal do Brasil sobre operações envolvendo imóveis. Considerando-se o mês em que ocorrer a lavratura, anotação, matrícula, registro ou averbação do ato, a DOI deve ser apresentada até o

(A) último dia do mês subsequente.

(B) último dia do mês.

(C) nonagésimo dia.

(D) décimo quinto dia.

(E) décimo dia.

A Declaração sobre Operações Imobiliárias – DOI, em meio magnético, relativa a cada operação imobiliária, deverá ser apresentada até o último dia útil do mês subsequente ao da anotação, da averbação, da lavratura, da matrícula ou do registro da operação – art. 985 do Regulamento do Imposto de Renda – RIR – Decreto 9.580/2018. Por essa razão, a alternativa "A" é a correta.
Gabarito "A".

(Cartório/SP – 2018 – VUNESP) De acordo com o Código Tributário Nacional,

(A) os princípios gerais de direito privado são utilizados para pesquisa da definição, do conteúdo e do alcance de seus institutos, conceitos e formas, inclusive para a definição dos respectivos efeitos tributários.

(B) a obrigação acessória, pelo simples fato de sua inobservância, converte-se em obrigação principal relativamente à penalidade pecuniária.

(C) está em conformidade com o conceito de tributo a noção de prestação pecuniária que constitua sanção de ato ilícito.

(D) a lei tributária nova pode retroagir, quando for expressamente interpretativa, inclusive para aplicação de penalidade.

A: incorreta, pois os princípios gerais de direito privado não são utilizados para a definição dos respectivos efeitos tributários – art. 109 do CTN; **B:** correta, conforme o art. 113, § 3º, do CTN; **C:** incorreta, pois o tributo, por definição, não constitui sanção por fato ilícito – art. 3º do CTN; **D:** incorreta, pois a norma tributária jamais pode retroagir para aplicar-se penalidade. Admite-se a retroatividade apenas em favor do infrator – art. 106, II, do CTN.
Gabarito "B".

(Cartório/MG – 2016 – Consulplan) Avalie as afirmações a seguir, considerando posicionamentos sumulados pelo Superior Tribunal de Justiça:

I. Apresenta-se legítima a recusa pelo órgão fazendário de expedição de certidão negativa ou positiva com efeito de negativa, quando declarado e não pago o débito tributário respectivo pelo contribuinte.

II. A entrega de declaração pelo contribuinte reconhecendo débito fiscal constitui o crédito tributário, dispensada qualquer outra providência por parte do fisco.

III. É legítima a exigência de depósito prévio para admissibilidade de recurso administrativo tributário.

IV. Incide imposto de renda sobre a indenização por danos morais.

É correto apenas o que se afirma em

(A) I e II.

(B) II e III.

(C) III e IV.

(D) I e IV.

I: correta, pois, nesse caso, a declaração do débito corresponde ao lançamento, constituindo o crédito tributário – Súmula 446/STJ; **II:** correta – Súmula 436/STJ; **III:** incorreta, pois a exigência é inadmissível – Súmula Vinculante 21/STF; **IV:** incorreta, pois não incide IR sobre indenização por danos morais – Súmula 498/STJ.
Gabarito "A".

(Cartório/MG – 2015 – Consulplan) No cálculo dos emolumentos devidos pelos atos praticados pelos serviços notariais e de registro, para fins de enquadramento nas tabelas anexas à Lei do estado de Minas Gerais n. 15.424, de 30-12-2004, os seguintes valores podem ser utilizados, EXCETO:

ROBINSON BARREIRINHAS

(A) O preço de aquisição do imóvel, nos casos de registro de penhora, arresto e sequestro.

(B) O preço ou valor econômico do negócio jurídico declarado pelas partes.

(C) O valor do imóvel estabelecido no último lançamento do IPTU ou ITR.

(D) O valor do bem ou direito utilizado para fim de lançamento tributário do ITBI.

A: incorreta, pois adota-se o valor da dívida cobrada, em regra – art. 10, § 3º, IX, da Lei MG 15.424/2004; **B:** correta – art. 10, § 3º, I, da Lei MG 15.424/2004; **C:** correta – art. 10, § 3º, II, da Lei MG 15.424/2004; **D:** correta – art. 10, § 3º, III, da Lei MG 15.424/2004.
Gabarito "A".

(Cartório/MG – 2015 – Consulplan) Sobre o Sistema Tributário Nacional, é INCORRETA a assertiva:

(A) As limitações constitucionais ao poder de tributar devem ser reguladas por meio de lei complementar.

(B) Ofende o princípio da legalidade a atualização monetária da base de cálculo do tributo por meio de decreto.

(C) É defeso ao Estado e ao Distrito Federal a instituição de contribuição de intervenção no domínio econômico.

(D) Os Municípios e o Distrito Federal não podem instituir taxa para remunerar o serviço de iluminação pública.

A: correta – art. 146, II, da CF; **B:** incorreta, pois a simples atualização monetária não implica majoração real do tributo, dispensando previsão legal, portanto – art. 97, § 2º, do CTN e Súmula 160/STJ; **C:** correta, sendo competência exclusiva da União – art. 149 da CF; **D:** correta, pois não se trata de serviço divisível, prestado *uti singuli* (é serviço indivisível, prestado *uti universi*), sendo possível, entretanto, a cobrança de contribuição específica prevista no art. 149-A da CF – Súmula Vinculante 41/STF.
Gabarito "B".

(Cartório/MG – 2015 – Consulplan) Sobre o entendimento do STF, STJ e TJMG quanto aos tributos, é INCORRETO afirmar que

(A) é inconstitucional a exigência de depósito prévio como requisito de admissibilidade de ação judicial na qual se pretenda discutir a exigibilidade de crédito tributário, bem como é inconstitucional a exigência de depósito ou arrolamento prévio de dinheiro ou bens para admissibilidade de recurso administrativo.

(B) são inconstitucionais as taxas que têm por base os serviços limpeza pública, iluminação pública e de conservação de calçamento, por se tratar de serviços indivisíveis e inespecíficos.

(C) não incide imposto de renda sobre os valores percebidos a título de indenização por horas extraordinárias trabalhadas, ainda que decorrentes de acordo coletivo.

(D) não incide imposto de renda sobre a indenização por danos morais.

A: correta – Súmulas Vinculantes 21 e 28/STF; **B:** correta, sendo possível apenas a taxa relativa à coleta e destinação de lixo, por se tratar de serviço específico e divisível – ver Súmula Vinculante 19/STF; **C:** incorreta, pois é devido o IR, nesse caso, conforme a Súmula 463/STJ; **D:** correta – Súmula 498/STJ.
Gabarito "C".

(Cartório/MG – 2015 – Consulplan) Nos termos da Lei Estadual (MG) n. 15.424/04, constatada infração relativa à Taxa de Fiscalização Judiciária, o auto de infração para a formalização do crédito tributário compete

(A) ao fiscal da Secretaria de Estado da Fazenda.

(B) à Corregedoria Geral de Justiça e Diretor do Foro.

(C) ao Ministério Público Estadual.

(D) à Corregedoria Nacional de Justiça, em caráter complementar.

A: correta – art. 25 da Lei MG 15.424/2004; **B, C** e **D:** incorretas, conforme comentário anterior.
Gabarito "A".

(Cartório/MG – 2015 – Consulplan) Considerando a Lei Estadual (MG) n. 15.424/04, que dispõe sobre a fixação, a contagem, a cobrança e o pagamento de emolumentos relativos aos atos praticados pelos serviços notariais e de registro, o recolhimento da Taxa de Fiscalização Judiciária e a compensação dos atos sujeitos à gratuidade estabelecida em lei federal e dá outras providências, assinale a alternativa INCORRETA:

(A) Para a manifestação de Juiz de Paz no processo de habilitação de casamento civil incide emolumentos e não há previsão da Taxa de Fiscalização Judiciária.

(B) O fato gerador da Taxa de Fiscalização Judiciária é o exercício do poder de polícia atribuído ao Poder Judiciário.

(C) Os emolumentos e a respectiva Taxa de Fiscalização Judiciária serão pagos pelo interessado que solicitar o ato, no momento do requerimento ou na apresentação do título.

(D) Na hipótese de contagem ou cotação a menor dos valores devidos para a prática do ato notarial ou de registro por erro atribuível ao notário ou registrador, caberá ao interessado a complementação da Taxa de Fiscalização Judiciária, dispensando a complementação dos emolumentos.

A: correta – art. 2º da Lei MG 15.424/2004; **B:** correta – art. 3º da Lei MG 15.424/2004; **C:** correta – art. 2º, § 1º, da Lei MG 15.424/2004; **D:** incorreta, pois é devida a complementação dos emolumentos pelo interessado, nos termos do art. art. 2º, § 2º, da Lei MG 15.424/2004.
Gabarito "D".

(Cartório/MG – 2015 – Consulplan) Considerando a Lei Estadual (MG) n. 15.424 de 30/12/04, que dispõe sobre a fixação, a contagem, a cobrança e o pagamento de emolumentos relativos aos atos praticados pelos serviços notariais e de registro, o recolhimento da Taxa de Fiscalização Judiciária e a compensação dos atos sujeitos à gratuidade estabelecida em lei federal e dá outras providências, os emolumentos incluem, EXCETO:

(A) As comunicações legais.

(B) A elaboração e o preenchimento de certidão e documento de arrecadação.

(C) As despesas postais, exceto quando expressamente ressalvadas nas tabelas que integram a lei.

(D) Despesas de transporte do oficial registrador para diligência de casamento fora do serviço registral.

A: correta – art. 7º, I, da Lei MG 15.424/2004; **B:** correta – art. 7º, II, da Lei MG 15.424/2004; **C:** correta – art. 7º, IV, da Lei MG

3. DIREITO TRIBUTÁRIO

15.424/2004; **D:** incorreta, pois não há essa previsão no art. 7º da Lei MG 15.424/2004.

Gabarito "D".

(Cartório/MG – 2015 – Consulplan) Considerando a Lei Estadual (MG) n. 15.424 de 30/12/04, que dispõe sobre a fixação, a contagem, a cobrança e o pagamento de emolumentos relativos aos atos praticados pelos serviços notariais e de registro, o recolhimento da Taxa de Fiscalização Judiciária e a compensação dos atos sujeitos à gratuidade estabelecida em lei federal e dá outras providências, é isento de emolumentos e da Taxa de Fiscalização Judiciária, EXCETO:

(A) A prática de atos de registro para cumprimento de mandado expedido em favor de beneficiário da justiça gratuita no caso de processos relativos a ações de investigação de paternidade.

(B) A prática de atos de registro de mandado expedido em favor do autor da ação de usucapião especial urbana beneficiário da justiça gratuita, no registro de imóveis.

(C) A prática de atos de registro de penhora realizada em processo de execução fiscal.

(D) Para os declaradamente pobres, os atos de registro de escritura de compra e venda de imóvel.

A: correta – art. 20, I, *a*, da Lei MG 15.424/2004; **B:** correta – art. 20, I, da Lei MG 15.424/2004; **B:** correta – art. 20, I, *c*, da Lei MG 15.424/2004 c/c art. 12, § 2º, da Lei 10.257/2001; **C:** correta – art. 20, II, da Lei MG 15.424/2004; **D:** incorreta, pois não há essa isencão no art. 20 da Lei MG 15.424/2004.

Gabarito "D".

(Cartório/MG – 2016 – Consulplan) Considerando a Lei Estadual (MG) n. 15.424, de 30/12/04, que dispõe sobre a fixação, a contagem, a cobrança e o pagamento de emolumentos relativos aos atos praticados pelos serviços notariais e de registro, o recolhimento da Taxa de Fiscalização Judiciária e a compensação dos atos sujeitos à gratuidade estabelecida em lei federal e dá outras providências, assinale a alternativa INCORRETA:

(A) O contribuinte da Taxa de Fiscalização Judiciária é o notário ou registrador que praticar o ato notarial ou de registro respectivo.

(B) O contribuinte dos emolumentos é a pessoa natural ou jurídica usuária dos serviços notariais e de registro.

(C) É obrigação do notário ou registrador fornecer recibo circunstanciado dos emolumentos cobrados e cotar os respectivos valores à margem do documento a ser entregue ao interessado.

(D) O recebimento doloso de valores relativos a emolumentos e Taxa de Fiscalização Judiciária obrigam o notário ou registrador a restituir ao interessado o dobro da quantia irregularmente recebida.

A: incorreta, pois o contribuinte da taxa é a pessoa natural ou jurídica usuária dos serviços notariais e de registro – art. 4º da Lei MG 15.424/2004. O notário ou registrador é responsável tributário – art. 5º da Lei MG 15.424/2004; **B:** correta, conforme comentário anterior; **C:** correta, conforme art. 8º da Lei MG 15.424/2004; **D:** correta – art. 30, § 2º, da Lei MG 15.424/2004.

Gabarito "A".

(Cartório/MG – 2016 – Consulplan) Considerando o disposto na Lei Estadual (MG) n. 15.424, de 30/12/04, avalie as afirmações a seguir:

I. É vedado ao notário e ao registrador cobrar quantias não previstas nas tabelas constantes do Anexo da Lei

I. A responsabilidade pelo recolhimento da Taxa de Fiscalização Judiciária é do notário ou registrador que praticar o ato notarial ou de registro.

II. Os valores dos emolumentos e Taxa de Fiscalização Judiciária são fixados em tabelas constantes em anexo da Lei Estadual n. 15.424/04 e expressos em moeda corrente do País.

III. As notas explicativas não integram as tabelas da Lei Estadual n. 15.424/04.

IV. As intervenções e anuências de terceiros, ainda que não impliquem outros atos, autorizam acréscimos de valores de emolumentos.

É correto apenas o que se afirma em

(A) I e II.

(B) II e IV.

(C) III e IV.

(D) I e III.

I: correta, pois o notário ou registrador é responsável tributário – art. 5º da Lei MG 15.424/2004; **II:** correta – art. 2º da Lei MG 15.424/2004; **III:** incorreta, pois as notas explicativas integram as tabelas, conforme o art. 6º, § 3º, da Lei MG 15.424/2004; **IV:** incorreta, pois as intervencões ou anuências de terceiros não autorizam acréscimo de valores de emolumentos, desde que não impliquem outros atos – art. 11 da Lei MG 15.424/2004.

Gabarito "A".

(Cartório/MG – 2016 – Consulplan) Considerando o disposto na Lei Estadual (MG) n. 15.424, de 30/12/04, que dispõe sobre a fixação, a contagem, a cobrança e o pagamento de emolumentos relativos aos atos praticados pelos serviços notariais e de registro, o recolhimento da Taxa de Fiscalização Judiciária e a compensação dos atos sujeitos à gratuidade estabelecida em lei federal e dá outras providências, é correto afirmar:

(A) Serão devidos emolumentos pela Fazenda Pública credora quando esta solicitar a desistência do protesto por envio indevido.

(B) Os acórdãos dos Tribunais de Contas não constituem documentos de dívida pública para fins da Lei Estadual n. 15.424/04

(C) Os valores devidos na apresentação a protesto de documentos de dívida pública serão pagos exclusivamente pelo devedor no ato elisivo do protesto ou, quando protestado o título ou documento, no ato do pedido de cancelamento do seu respectivo registro, observados os valores vigentes à época deste pedido.

(D) Nos valores das escrituras, não está compreendido o primeiro traslado.

A: incorreta, pois não são devidos emolumentos ou taxa, nesse caso – art. 12-A da Lei MG 15.424/2004; **B:** incorreta, pois os acórdãos dos TCs são considerados documentos da dívida pública, nos termos do art. 12-A, § 2º, da Lei MG 15.424/2004; **C:** correta, conforme o art. 12-A, *caput*, da Lei MG 15.424/2004; **D:** incorreta, pois o primeiro traslado está incluído no valor da escritura – art. 12 da Lei MG 15.424/2004.

Gabarito "C".

(Cartório/MG – 2016 – Consulplan) Considerando o disposto na Lei Estadual (MG) n. 15.424, de 30/12/04, avalie as afirmações a seguir:

I. É vedado ao notário e ao registrador cobrar quantias não previstas nas tabelas constantes do Anexo da Lei

Estadual n. 15.424/04, ainda que sob o fundamento da analogia.

II. Não pode o notário e o registrador cobrar do usuário emolumentos e Taxa de Fiscalização Judiciária por atos não previstos nos dispositivos e tabelas constantes no Anexo da Lei Estadual n. 15.424/04

III. Não é permitido ao notário e ao registrador cobrar qualquer importância a título de despesa com serviço de despachante.

IV. É proibido ao notário e registrador conceder desconto remuneratório de emolumentos.

É correto o que se afirma em

(A) I, II, III e IV.

(B) I, II e III, apenas.

(C) I, II e IV, apenas.

(D) III e IV, apenas.

I: correta – art. 16, I, da Lei MG 15.424/2004; II: correta – art. 16, II, da Lei MG 15.424/2004; III: correta – art. 16, V, da Lei MG 15.424/2004; IV: correta – art. 16, VIII, da Lei MG 15.424/2004.
Gabarito "A".

(Cartório/SP – 2012 – VUNESP) Sobre emolumentos cobrados pelos oficiais e notários pelos atos praticados, de acordo com a Lei Paulista n. 11.331/2002, é correto afirmar que:

(A) O Banco Central do Brasil não paga a parcela de emolumentos devida ao Fundo Especial de Despesa do Tribunal de Justiça.

(B) A Companhia de Saneamento Básico do Estado de São Paulo – SABESP é isenta do pagamento da parcela de emolumentos devida ao Estado.

(C) A Universidade de São Paulo – USP apenas paga a parcela dos emolumentos devida ao notário/tabelião.

(D) A Prefeitura Municipal de Campinas não paga qualquer quantia a título de emolumentos nos atos notariais.

A: correta, pois o Bacen é autarquia federal, abrangida pela isenção prevista no art. 8º da Lei SP 11.331/2002; B: incorreta, pois a isenção não abrange empresas públicas e sociedades de economia mista; C: incorreta, pois o Estado de SP e suas autarquias (caso da USP) são isentas de emolumentos – art. 8º, parágrafo único, da Lei SP 11.331/2002; D: incorreta, pois a isenção do art. 8º da Lei SP 11.331/2002 abrange apenas as parcelas dos emolumentos destinadas ao Estado, à Carteira de Previdência das Serventias não Oficializadas da Justiça do Estado, ao custeio dos atos gratuitos de registro civil e ao Fundo Especial de Despesa do Tribunal de Justiça (a parcela que corresponde à receita dos notários e registradores é devida).
Gabarito "A".

(Cartório/MG – 2012 – FUMARC) Considerando as súmulas vinculantes editadas pelo Supremo Tribunal Federal, é correto afirmar, EXCETO que:

(A) O ICMS não incide sobre alienação de salvados de sinistro pelas seguradoras.

(B) É inconstitucional a incidência do Imposto sobre Serviços de Qualquer Natureza – ISS sobre operações de locação de bens móveis.

(C) É inconstitucional a exigência de depósito prévio como requisito de admissibilidade de ação judicial na qual se pretenda discutir a exigibilidade de crédito tributário.

(D) A taxa cobrada exclusivamente em razão dos serviços públicos de coleta, remoção e tratamento ou destinação de lixo ou resíduos provenientes de imóveis viola o artigo 145, II, da Constituição Federal.

A: correta, conforme a jurisprudência atual do STJ, que cancelou a Súmula 152 daquela Corte; B: correta, nos termos da Súmula Vinculante 31 do STF; C: correta, nos termos da Súmula Vinculante 28 do STF; D: incorreta, devendo ser indicada, pois essa taxa é constitucional, nos termos da Súmula Vinculante 29 do STF.
Gabarito "D".

(Cartório/MG – 2012 – FUMARC) Conforme a Lei 15.424, de 30/12/2004, os emolumentos incluem, EXCETO:

(A) Protocolo, arquivamento e gestões necessárias ao ato notarial e de registro.

(B) Despesas postais e publicações, exceto quando expressamente ressalvadas nas tabelas.

(C) Utilização de sistema de computação, microfilmagem, disco ótico e outros meios de armazenamento e reprodução de dados.

(D) Traslado, anotações e comunicações determinadas por lei, diligências e gestões essenciais à realização do ato notarial ou de registro.

A: incorreta, devendo ser indicada, pois o art. 7º, I, da Lei MG 15.424/2004, que apontava esses atos, foi modificado para prever traslado, anotações e comunicações determinadas por lei, diligências e gestões essenciais à realização do ato notarial ou de registro; B, C e D: corretas, nos termos do art. 7º da Lei MG 15.424/2004.
Gabarito "A".

(Cartório/MG – 2012 – FUMARC) A Lei 15.424, de 30/12/2004, veda ao notário e ao registrador, EXCETO:

(A) Cobrar qualquer importância a título de despesa com serviço de despachante.

(B) Conceder desconto remuneratório de emolumentos ou de valores da taxa de fiscalização judiciária.

(C) Cobrar as quantias relativas às certidões porventura fornecidas na hipótese de não se realizar o ato notarial ou de registro.

(D) Cobrar do usuário emolumentos por ato retificador ou renovado em razão de erro imputável aos respectivos serviços notariais e de registro.

A, B e D: corretas, pois esses atos são vedados ao notário e ao registrador pelo art. 16 da Lei MG 15.424/2004; C: incorreta, devendo ser indicada, pois, na hipótese de não se realizar o ato notarial ou de registro, os valores recebidos serão restituídos ao usuário, mas devem ser deduzidas as quantias relativas às certidões porventura fornecidas – art. 9º da Lei MG 15.424/2004.
Gabarito "C".

(Cartório/MG – 2012 – FUMARC) Relativamente às condições instituídas para a aposentadoria do servidor integrante do Regime Próprio da Previdência Social, insertas na Lei Complementar n. 64, de 25 de março de 2002, é correto afirmar que:

(A) É vedada qualquer forma de contagem de tempo de contribuição fictício.

(B) A aposentadoria por invalidez será precedida de licença para tratamento de saúde por período não excedente a doze meses.

3. DIREITO TRIBUTÁRIO

(C) O tempo de contribuição, para fins de aposentadoria, será comprovado mediante declaração pelo próprio segurado, na forma prevista na legislação em vigor.

(D) O tempo de contribuição que tiver servido de base para aposentadoria concedida pelo RGPS ou por outro regime próprio de previdência poderá ser contado para fins de aposentadoria no Regime Próprio de Previdência Social.

A: correta, até porque a contagem de tempo de contribuição fictício é expressamente vedada pelo art. 40, § 10, da CF – art. 8º, § 1º, da Lei Complementar MG 64/2002; B: incorreta, pois a aposentadoria por invalidez será precedida de licença para tratamento de saúde por período não excedente a vinte e quatro meses – art. 13 da Lei Complementar MG 64/2002; C: incorreta, pois o tempo de contribuição, para fins de aposentadoria, será comprovado mediante certidão expedida pelo órgão competente, na forma prevista na legislação em vigor – art. 12 da Lei Complementar MG 64/2002; D: incorreta, pois não será contado para fins de aposentadoria no Regime Próprio de Previdência Social o tempo de contribuição que tiver servido de base para aposentadoria concedida pelo RGPS ou por outro regime próprio de previdência – art. 11 da Lei Complementar MG 64/2002.
Gabarito "A".

(Cartório/MG – 2012 – FUMARC) Segundo entendimento do Superior Tribunal de Justiça, é **correto** afirmar que:

(A) É cabível o Mandado de Segurança para convalidar a compensação tributária realizada pelo contribuinte.

(B) A entrega de declaração pelo contribuinte reconhecendo débito fiscal constitui o crédito tributário, dispensada qualquer outra providência por parte do fisco.

(C) Os descontos incondicionais nas operações mercantis se incluem na base de cálculo do ICMS.

(D) É legal a cobrança de ICMS com base no valor da mercadoria submetido ao regime de pauta fiscal.

A: incorreta, pois, nos termos da Súmula 460 do STJ, é incabível o mandado de segurança para convalidar a compensação tributária realizada pelo contribuinte; B: correta, nos termos da Súmula 436 do STJ; C: incorreta, pois os descontos incondicionais nas operações mercantis não se incluem na base de cálculo do ICMS – Súmula 457 do STJ; D: incorreta, pois a Súmula 431 do STJ dispõe que é ilegal a cobrança de ICMS com base no valor da mercadoria submetido ao regime de pauta fiscal.
Gabarito "B".

(Cartório/MG – 2012 – FUMARC) Conforme expressa previsão da Lei 15.424, de 30/12/2004, são isentos de emolumentos e da Taxa de Fiscalização Judiciária, **EXCETO:**

(A) Caso de interesse da União, nos termos do Decreto-lei Federal n. 1.537, de 13 de abril de 1977.

(B) Penhora ou arresto, nos termos do inciso IV do artigo 7º da Lei Federal n. 6.830, de 22 de setembro de 1980.

(C) Cumprimento de mandado expedido em favor de beneficiário da justiça gratuita, amparado pela Lei Federal n. 1.060, de 05 de fevereiro de 1950, nos processos relativos a ações de separação judicial e divórcios.

(D) Caso de autenticidade de documento e de registro de atos constitutivos, inclusive alterações, de entidade de assistência social assim reconhecida pelo Conselho Municipal de Assistência Social ou Conselho Estadual de Assistência Social, nos termos da Lei 12.262, de

23 de julho de 1996, observado o disposto no § 3º do art. 20.

A, B e D: corretas, conforme o art. 20, I, II e IV, da Lei MG 15.424/2004; C: incorreta, devendo ser indicada, pois não há isenção no caso de ações de separação judicial e divórcios.
Gabarito "C".

(Cartório/MG – 2012 – FUMARC) Relativamente à pensão por morte decorrente de morte presumida, inserta na Lei Complementar n. 64, de 25 de março de 2002, **NÃO** é correto afirmar que:

(A) Mediante prova do desaparecimento do segurado em consequência de acidente, desastre ou catástrofe, seus dependentes farão jus a pensão provisória, a partir do requerimento, independentemente da declaração judicial.

(B) O beneficiário da pensão por morte presumida obriga-se a firmar, anualmente, declaração relativa à permanência do caráter presumido da morte do servidor, até que a autoridade judiciária declare definitiva a sucessão.

(C) Declarada judicialmente a morte presumida do segurado, será concedida a pensão provisória a seus dependentes, a partir da data da declaração.

(D) Os dependentes farão jus à pensão a partir da data de falecimento do segurado.

A: incorreta, devendo ser indicada, pois a pensão provisória, no caso, é possível a partir da data do sinistro (não do requerimento) – art. 21, § 1º, da LC MG 64/2002; B, C e D: corretas, nos termos do art. 21 da LC MG 64/2002.
Gabarito "A".

(Cartório/RJ – 2012) Acerca das discussões no STF sobre constitucionalidade no âmbito tributário, analise as assertivas abaixo.

I. É inconstitucional a incidência do Imposto sobre Serviços de Qualquer Natureza (ISS) sobre operações de locação de bens móveis.

II. É constitucional a adoção, no cálculo do valor de taxa, de um ou mais elementos da base de cálculo própria de determinado imposto, desde que não haja integral identidade entre uma base e outra.

III. É inconstitucional a exigência de depósito prévio como requisito de admissibilidade de ação judicial na qual se pretenda discutir a exigibilidade de crédito tributário.

É correto o que se afirma em:

(A) I, apenas.

(B) I e II, apenas.

(C) II, apenas.

(D) I, II e III.

(E) III, apenas.

I: correta, conforme a Súmula Vinculante 31 do STF; II: correta, nos termos da Súmula Vinculante 29 do STF; III: correta, conforme a Súmula Vinculante 28 do STF. Por essas razões, a alternativa "D" é a correta.
Gabarito "D".

(Cartório/RN – 2012 – IESIS) Assinale a alternativa correta:

(A) A adoção do Simples Nacional é compulsória para as microempresas e para as empresas de pequeno porte.

(B) A empresa que aufira, em cada ano-calendário anterior, receita bruta igual ou inferior a R$ 4.000.000,00 (quatro milhões e seiscentos mil reais) pode optar pelo Simples Nacional.

(C) A arrecadação dos tributos abrangidos pelo Simples Nacional é realizada de forma discricionária.

(D) Compete a Lei Complementar a definição de tratamento diferenciado e favorecido para as microempresas e para as empresas de pequeno porte.

A: incorreta, pois a adoção do Simples Nacional é sempre facultativa para o contribuinte – art. 146, parágrafo único, I, da CF; B: era incorreta à época do concurso. Mas atualmente o limite é de R$ 4.800.000,00 anuais, conforme o art. 3°, II, da LC 123/2006; C: incorreta, pois a arrecadação de tributos é sempre realizada de forma vinculada, ou seja, não há margem para análise de conveniência e oportunidade pela administração – art. 3° do CTN; D: correta, nos termos do art. 146, III, *d*, da CF.

Gabarito "D".

(Cartório/SC – 2012) Para a fixação do valor dos emolumentos, a Lei dos Estados e do Distrito Federal levará em conta a natureza pública e o caráter social dos serviços notariais e de registro, atendidas ainda as seguintes regras:

I. Os valores dos emolumentos constarão de tabelas e serão expressos em moeda corrente do País.

II. Os atos comuns aos vários tipos de serviços notariais e de registro serão remunerados por emolumentos específicos, fixados para cada espécie de ato.

III. É vedado classificar os atos específicos de cada serviço em atos relativos a situações jurídicas sem conteúdo financeiro. Os atos relativos a situações jurídicas com conteúdo financeiro terão seus emolumentos fixados mediante a observância de faixas que estabeleçam valores mínimos e máximos, nas quais se enquadrará o valor constante do documento apresentado aos serviços notariais e de registro.

IV. Os emolumentos cobrados em decorrência da prática de ato de retificação ou que teve de ser refeito ou renovado em razão de erro imputável aos respectivos serviços notariais e de registro terão seus valores reduzidos em 70% do valor fixado para o ato válido.

(A) Somente as proposições I, II e III estão corretas.

(B) Somente as proposições I e II estão corretas.

(C) Somente as proposições II, III e IV estão corretas.

(D) Somente as proposições II e III estão corretas.

(E) Somente as proposições I, III e IV estão corretas.

I: correta, nos termos do art. 2°, I, da Lei 10.169/2000; II: correta, conforme o art. 2°, II, da Lei 10.169/2000; III: incorreta, pois os atos específicos de cada serviço são classificados em atos relativos a situações jurídicas (i) sem conteúdo financeiro e (ii) com conteúdo financeiro – art. 2°, III, *a* e *b*, da Lei 10.169/2000; IV: incorreta, pois é vedado cobrar emolumentos em decorrência da prática de ato de retificação ou que teve de ser refeito ou renovado em razão de erro imputável aos respectivos serviços notariais e de registro – art. 3°, IV, da Lei 10.169/2000.

Gabarito "B".

(Cartório/SC – 2012) De acordo com a Lei n. 8.212/1991:

I. A Seguridade Social compreende um conjunto integrado de ações de iniciativa dos poderes públicos e da sociedade destinado a assegurar o direito relativo à saúde, à previdência e à assistência social.

II. A Saúde é direito de todos e dever do Estado, garantido mediante políticas sociais e econômicas que visem à redução do risco de doença e de outros agravos e ao acesso dos menos favorecidos economicamente às ações e serviços para sua promoção, proteção e recuperação.

III. A Previdência Social tem por fim assegurar a todos, universal e igualitariamente, meios indispensáveis de manutenção, por motivo de incapacidade, idade avançada, tempo de serviço, desemprego involuntário, encargos de família e reclusão ou morte daqueles de quem dependiam economicamente.

IV. A Assistência Social é a política social que provê o atendimento das necessidades básicas, traduzidas em proteção à família, à maternidade, à infância, à adolescência, à velhice e à pessoa portadora de deficiência, mediante contribuição à Seguridade Social.

(A) Somente a proposição I está correta.

(B) Somente as proposições I e II estão corretas.

(C) Somente a proposição III está correta.

(D) Somente as proposições I e IV estão corretas.

(E) Somente as proposições II e IV estão corretas.

I: correta, pois reflete o disposto no art. 194 da CF; II: incorreta, pois o acesso às ações e serviços para sua promoção, proteção e recuperação deve ser universal e igualitário – art. 196 da CF; III: incorreta, pois a previdência social tem caráter contributivo – art. 201 da CF; IV: incorreta, pois a assistência social é prestada a quem dela necessitar, independentemente de contribuição à seguridade social – art. 203 da CF.

Gabarito "A".

(Cartório/SC – 2012) De acordo com a Constituição Federal, a seguridade social será financiada por toda a sociedade, de forma direta e indireta, nos termos da lei, mediante recursos provenientes dos orçamentos da União, dos Estados, do Distrito Federal e dos Municípios, e das seguintes contribuições sociais:

I. Do empregador, da empresa e da entidade a ela equiparada na forma da lei, incidentes sobre a folha de salários e demais rendimentos do trabalho pagos ou creditados, a qualquer título, à pessoa física que lhe preste serviço, mesmo sem vínculo empregatício; a receita ou o faturamento; o lucro.

II. Do trabalhador, não incidindo sobre os demais segurados da previdência social, ressalvadas a contribuição sobre aposentadoria e pensão concedidas pelo regime geral de previdência social.

III. Sobre a receita de concursos públicos de provas ou de provas e títulos.

IV. Do importador de bens ou serviços do exterior, ou de quem a lei a ele equiparar.

(A) Somente as proposições I e IV estão corretas.

(B) Somente as proposições I, II e IV estão corretas.

(C) Somente as proposições II e III estão corretas.

(D) Somente as proposições I, II e III estão corretas.

(E) Somente as proposições III e IV estão corretas.

I: correta, nos termos do art. 195, I, da CF; II: incorreta, pois não apenas os trabalhadores, mas também os demais segurados da previdência social sujeitam-se às contribuições sociais, que não incidem sobre aposentadoria e pensão concedidas pelo regime geral de previdência social – art. 195, II, da CF; III: discutível. Claramente a examinadora indicou a alternativa como incorreta porque o art. 195, III, da CF prevê

3. DIREITO TRIBUTÁRIO

a incidência da contribuição social sobre receita de concursos de prognósticos (loterias), e não concursos públicos. Ocorre que pode incidir contribuição social sobre a receita da empresa que promove esses concursos públicos, nos termos do art. 195, I, *b*, da CF; IV: correta, nos termos do art. 195, IV, da CF.

Gabarito "A".

(Cartório/AM – 2005 – FGV) Assinale a alternativa correta.

(A) A exclusão do crédito tributário se dá pela isenção ou pela anistia.

(B) Apenas o despacho do juiz que ordenar a citação em execução fiscal faz interromper a prescrição.

(C) Não são extraconcursais os créditos tributários decorrentes de fatos geradores ocorridos no curso do processo de falência.

(D) Laudêmio é tributo.

(E) A obrigação legal de pagamento do laudêmio é do comprador.

A: correta, pois isenção e anistia são as duas únicas modalidades de exclusão do crédito tributário, previstas no art. 175 do CTN; B: incorreta, pois, nos termos do art. 174, parágrafo único, do CTN, a prescrição se interrompe (i) pelo despacho do juiz que ordenar a citação em execução fiscal, (ii) pelo protesto judicial, (iii) por qualquer ato judicial que constitua em mora o devedor e (iv) por qualquer ato inequívoco ainda que extrajudicial, que importe em reconhecimento do débito pelo devedor; C: incorreta, pois são extraconcursais os créditos tributários decorrentes de fatos geradores ocorridos no curso do processo de falência, conforme expressamente previsto no art. 188 do CTN; D: incorreta, pois laudêmio é objeto de obrigação cível, decorrente da enfiteuse – art. 2.038, § 1º, I, do CC; E: incorreta, pois o art. 686 do CC/1916 prevê obrigação do alienante pagar o laudêmio ao senhorio direto (o atual Código Civil não possui norma equivalente).

Gabarito "A".

(Cartório/AM – 2005 – FGV) Analise as proposições a seguir:

I. Imunidade é o obstáculo decorrente de regra da Constituição à incidência de regra jurídica à tributação.

II. Compete à União instituir imposto sobre propriedade de veículos automotores.

III. Anistia é a exclusão do crédito tributário relativo a penalidades pecuniárias.

IV. É vedado apenas à União instituir tratamento desigual entre contribuintes que se encontrem em situação equivalente, proibida qualquer distinção em razão de ocupação profissional ou função por eles exercida, independentemente da denominação jurídica dos rendimentos, títulos ou direitos.

Assinale:

(A) se somente as proposições I e II forem verdadeiras.

(B) se somente as proposições I e III forem verdadeiras.

(C) se somente as proposições I e IV forem verdadeiras.

(D) se somente as proposições I, II e III forem verdadeiras.

(E) se somente as proposições I, III e IV forem verdadeiras.

I: assertiva adequada. A rigor, a imunidade, fixada constitucionalmente, afasta a própria competência tributária em relação a determinadas pessoas, bens ou situações, impedindo, assim, a incidência; II: incorreta, pois o IPVA é da competência estadual e do Distrito Federal; III: assertiva correta, sendo que a anistia é uma das modalidades de exclusão do crédito tributário, ao lado da isenção – art. 175 do CTN; IV: incorreta, pois o princípio da isonomia, previsto expressamente no art. 150, II, da CF, aplica-se a todos os entes político, e não apenas à União.

Gabarito "B".

(Cartório/AP – 2011 – VUNESP) Considere os seguintes itens sobre a Declaração de Operações Imobiliárias – DOI:

I. O não cumprimento desta obrigação gera obrigação tributária acessória consistente em multa de 0,1% ao mês-calendário ou fração, sobre o valor da operação, devido pelo Oficial de Registro de Imóveis e pelo adquirente, solidariamente.

II. Consiste na declaração sobre operação imobiliária de aquisição ou alienação, realizada por pessoa física ou jurídica, independentemente do seu valor, cujos documentos sejam lavrados, anotados, averbados, matriculados ou registrados em Cartório de Notas, de Registro de Imóveis e de Títulos e Documentos.

III. Tem por sujeito ativo o Estado ou Distrito Federal e por sujeito passivo o adquirente de bem imóvel, devendo a obrigação ser cumprida no ato do registro do título aquisitivo no cartório de Registro de Imóveis.

IV. Consiste na emissão de certidão pelo Oficial do Cartório de Registro de Imóveis ou do cartório de Títulos e Documentos, ou ainda pelo Notário, relativa a operação imobiliária cujos documentos sejam lavrados, anotados, averbados, matriculados ou registrados no respectivo cartório.

V. Tem por sujeito ativo a União e por sujeito passivo o Oficial do Cartório de Registro de Imóveis, o Oficial do Cartório de Títulos e Documentos e o notário.

Está correto o que se afirma SOMENTE em

(A) I e IV.

(B) II e V.

(C) I, II e V.

(D) I, III e V.

(E) II, III e IV.

I: incorreta, pois não há responsabilidade solidária do adquirente – art. 8º, § 1º, da Lei 10.426/2002; II: correta, conforme o art. 8º da Lei 10.426/2002; III: incorreta, pois a exigência é da União (Secretaria da Receita Federal) e deve ser cumprida pelos serventuários da Justiça (oficial do cartório) – art. 8º da Lei 10.426/2002; IV: incorreta, pois é declaração prestada à União por meio eletrônico, não simples certidão; V: assertiva correta, conforme o art. 8º da Lei 10.426/2002.

Gabarito "B".

(Cartório/SC – 2008) Assinale a alternativa correta:

(A) Os Estados e Municípios não podem legislar sobre decadência e prescrição no tocante aos tributos de sua competência.

(B) A base de cálculo da contribuição de melhoria é o custo da obra pública.

(C) Fato gerador é a expressão que designa o fenômeno previsto em lei como passível de tributação.

(D) Somente créditos de natureza tributária podem ser inscritos em dívida ativa.

(E) As disposições do Código de Processo Civil não se aplicam às execuções fiscais.

A: assertiva correta, pois trata-se de matéria reservada a lei complementar federal – art. 146, III, *b*, da CF; B: incorreta, já que a base de cálculo deve refletir a valorização imobiliária decorrente da obra pública; C: incorreta, pois o fato gerador é expressão usualmente empregada para indicar a efetiva ocorrência do evento previsto na hipótese de incidência; D: incorreta, pois os créditos não tributários também podem ser inscritos – art. 2º da Lei 6.830/1980; E: incorreta, pois as disposições

216 ROBINSON BARREIRINHAS

do Código de Processo Civil aplicam-se subsidiariamente às execuções fiscais – art. 1º, *in fine*, da Lei 6.830/1980.

Gabarito "A".

(Cartório/SP – VI – VUNESP) O registrador civil das pessoas naturais, ao efetuar um procedimento de retificação administrativa, com base no artigo 110 da Lei n.º 6.015/73, culminado com o ato averbatório da retificação e expedição da certidão respectiva, deverá

(A) abster-se de efetuar qualquer cobrança, mesmo que o erro corrigido não tenha sido por culpa da própria serventia, conforme previsão do artigo 110 da Lei n.º 6.015/73.

(B) cobrar pelo procedimento de retificação, porém, sem cobrar pela consequente averbação retificatória e expedição da respectiva certidão, por serem atos consequentes do procedimento de retificação.

(C) cobrar pelo procedimento de retificação e também pelo ato averbatório de retificação, por serem atos distintos.

(D) abster-se de efetuar qualquer cobrança apenas quando o erro corrigido não tenha sido por culpa da própria serventia.

Nos termos do art. 110 da Lei dos Registros Públicos (Lei 6.015/1973, com a redação dada pela Lei 12.100/2009), os erros que não exijam qualquer indagação para a constatação imediata de necessidade de sua correção poderão ser corrigidos de ofício pelo oficial de registro no próprio cartório onde se encontrar o assentamento, mediante petição assinada pelo interessado, representante legal ou procurador, independentemente de pagamento de selos e taxas, após manifestação conclusiva do Ministério Público. Por essa razão, a alternativa "A" é a única correta.

Gabarito "A".

(Cartório/SP – V – VUNESP) Assinale a alternativa correta. As receitas públicas são classificadas em

(A) tributárias e financeiras.

(B) originárias e derivadas.

(C) contratuais, industriais e de serviços.

(D) orçamentárias e extraorçamentárias.

Há diversas classificações das receitas públicas, a depender do critério adotado. As receitas podem ser classificadas como ordinárias ou extraordinárias, segundo a regularidade. Pelo critério da origem, é possível distinguir receitas originárias e derivadas. Em razão da previsão orçamentária, fala-se em receitas orçamentárias ou extraorçamentárias. A Lei 4.320/1964 (art. 11) refere-se às categorias econômicas, distinguindo receitas correntes e receitas de capital. Por essa razão, entendemos que as alternativas "B" e "D" são corretas.

Gabarito "B".

(Cartório/SP – II – VUNESP) Indique a alternativa correta.

(A) A imunidade tributária pode ser revogada por Lei Complementar.

(B) É ampla e irrestrita a imunidade tributária dos templos de qualquer culto e dos partidos políticos.

(C) É permitido à União instituir isenções de tributos da competência dos Estados, do Distrito Federal ou dos Municípios.

(D) A anistia abrange exclusivamente as infrações cometidas anteriormente à vigência da lei que a concede.

A: incorreta, pois a imunidade é norma constitucional, que jamais poderia ser alterada ou revogada por lei. A rigor, a depender da imunidade, nem mesmo emenda constitucional poderia revogar, caso se refira a cláusula pétrea (art. 60, § 4º, da CF); B: incorreta, pois as imunidades do art. 150, VI, "b" e "c", da CF compreendem somente o patrimônio, a renda e os serviços, relacionados com as finalidades essenciais das entidades nelas mencionadas – art. 150, § 4º, da CF; C: incorreta, pois a Constituição Federal veda expressamente as chamadas isenções heterônomas – art. 151, III, da CF. Importante lembrar que STF decidiu que o disposto no art. 151, III, da CF não impede a concessão de isenções tributárias heterônomas por meio de tratados internacionais, ou seja, é possível instituição de benefícios fiscais relativos a tributos estaduais ou municipais por meio de tratados internacionais (RE 543.943 AgR/PR); D: assertiva correta, conforme o art. 180 do CTN.

Gabarito "D".

4. DIREITO PENAL

Arthur Trigueiros, Eduardo Dompieri e Lucas Corradini

1. CONCEITO, FONTES, PRINCÍPIOS, INTERPRETAÇÃO E APLICAÇÃO DA LEI NO TEMPO E NO ESPAÇO

Cartório/DF – 2008 – CESPE) Considerando a jurisprudência dos tribunais superiores, julgue o item seguinte com base no direito penal brasileiro.

(1) Segundo o princípio da ultra-atividade, quando o crime é praticado na vigência de lei penal mais benéfica, o agente do delito responde pelos fatos cometidos em seus termos, ainda que, posteriormente, essa lei seja revogada, introduzindo-se no seu lugar outra mais gravosa.

1: Correta. De fato, como é sabido, em matéria penal vigora o princípio da "retroatividade da lei penal mais favorável" ou "princípio da retroatividade benéfica", cristalizado no art. 5º, XL, da CF e art. 2º do CP. De acordo com referido princípio, a lei penal posterior que, de qualquer modo, puder favorecer o agente, irá a ele ser aplicada, retroagindo seus efeitos. A *contrario sensu*, se a lei anterior, vale dizer, aquela vigente à época do fato, for mais benéfica do que a que lhe suceder e revogar, caberá, então, a aplicação da anterior, cujos efeitos serão ultra-ativos. Aqui, fala-se em princípio da ultra-atividade.
Gabarito "1C"

(Cartório/DF – 2006 – CESPE) De acordo com a legislação e a doutrina pertinentes, e considerando, ainda, a jurisprudência do STJ e do STF, julgue o item que se segue, relativo ao direito penal.

(1) A violência ou grave ameaça tipificadora do crime de roubo torna inviável a aplicação a esse crime do princípio da insignificância.

1: Correta. De acordo com a jurisprudência do STJ e STF, é inaplicável ao crime de roubo o princípio da insignificância, tendo em vista que, por se tratar de crime complexo e pluriofensivo, a conduta do roubador irá lesar, a um só tempo, o patrimônio e a liberdade pessoal (em caso de grave ameaça) ou a integridade física da vítima (em caso de violência). Logo, ainda que seja ínfima ou inexpressiva a violação ao patrimônio alheio, remanescerão as lesões à integridade corporal ou à saúde do ofendido, ou, ainda, à sua liberdade pessoal. Nesse sentido: STF (HC 96.671/MG; HC 95.174/RJ; RHC 106360/DF) e STJ (REsp 1.025.735/MG).
Gabarito "1C"

(Cartório/DF – 2006 – CESPE) De acordo com a legislação e a doutrina pertinentes, e considerando, ainda, a jurisprudência do STJ e do STF, julgue o item que se segue, relativo ao direito penal.

(1) A eficácia ultrativa da norma penal mais benéfica — sob cuja égide tiver sido praticado o fato delituoso — deve prevalecer, por efeito do que prescreve a Constituição Federal, sempre que, ocorrendo sucessão de leis penais no tempo, se constatar que o diploma legislativo anterior se qualificava como estatuto legal mais favorável ao agente.

1: Correta. De fato, à luz do princípio constitucional da retroatividade da lei penal mais favorável (art. 5º, XL, da CF), plasmado, também, no art. 2º do CP, se a lei vigente à época do fato delituoso for mais benéfica do que aquela que lhe suceder, ainda que tenha havido a revogação da anterior, esta terá eficácia ultrativa.
Gabarito "1C"

(Cartório/DF – 2003 – CESPE) A respeito da aplicação da lei penal e da lei penal no tempo e espaço, julgue os itens que se seguem.

(1) Considere a seguinte situação hipotética.

O presidente da República editou, em 2/2/2003, a Medida Provisória n.º 101/2003, que definiu como crime de dano culposo, com pena de detenção de um a seis meses, a conduta do agente que, agindo culposamente, destruir, inutilizar ou deteriorar coisa alheia. No dia 3/2/2003, Maria, agindo com imprudência, desfechou uma pedrada no veículo automotor de seu vizinho, quebrando o vidro. Nessa situação, em face dos princípios da legalidade e da anterioridade, Maria praticou o crime de dano culposo.

(2) Considere a seguinte situação hipotética.

A bordo de uma aeronave mercante cubana, que estava em voo no espaço aéreo correspondente ao território nacional, um indivíduo desferiu um tiro de revólver contra um desafeto seu, ceifando-lhe a vida. Nessa situação, o indivíduo ficará sujeito à legislação penal brasileira.

1: Errada. Nos termos do art. 5º, XXXIX, da CF, não haverá crime sem lei anterior que o defina, nem pena sem prévia cominação legal. Assim, à luz do princípio da legalidade, somente a lei, em sua acepção estrita, poderá definir crimes e cominar penas (subprincípio da reserva legal). Medida provisória, além de não ser "lei" em sentido estrito, visto que editada pelo Chefe do Poder Executivo, não poderá tratar de matéria penal, nos exatos termos do art. 62, § 1º, I, "b", da CF. Logo, a Medida Provisória nº 101/2003, referida na assertiva, padece do vício de inconstitucionalidade material, não podendo, pois, servir de substrato ao reconhecimento da tipicidade da conduta praticada por Maria;
2: Correta. De fato, ainda que o crime tenha sido praticado a bordo de uma aeronave estrangeira (cubana, no caso), será aplicável a legislação penal brasileira, tendo em vista que o fato foi praticado em sobrevoo ao espaço aéreo nacional. Neste caso, a aeronave estrangeira será considerada território nacional por extensão (art. 5º, § 2º, do CP).
Gabarito 1E, 2C

(Cartório/ES – 2007 – FCC) Na apuração de infração penal, caso existam três leis sucessivas sobre o mesmo tema, sendo uma vigente na data dos fatos; outra vigente na data da aplicação da lei; e a terceira, intermediária, isto é, vigente entre a data dos fatos e a data da aplicação da lei ao caso concreto, deve ser aplicada

(A) a lei vigente no momento da apuração dos fatos, mesmo que prejudicial ao réu;

(B) sempre a lei intermediária, mesmo que não seja mais favorável ao réu, porque vigente entre o fato e a sua apuração;

(C) a lei vigente na data em que o fato foi praticado, mesmo que prejudicial ao réu;

(D) a lei intermediária, se for mais favorável ao réu;

(E) a lei anterior ou a posterior, nunca a intermediária, mesmo que esta seja mais favorável ao réu.

De fato, como é sabido e ressabido, em matéria penal vigora o princípio da retroatividade benéfica (ou irretroatividade prejudicial), materializado no art. 5º, XL, da CF e art. 2º do CP. Destarte, em caso de sucesso de leis penais no tempo, deverá ser aplicada a lei mais benéfica (*lex mitior*). No caso relatado no enunciado, deve-se analisar qual a lei mais favorável ao agente: se a vigente à época do fato, se a vigente à época da aplicação da lei (decisão judicial) ou se a que foi editada após o cometimento do fato, mas antes da decisão judicial que aplicou a lei. Aqui, sempre com os olhos voltados à aplicação da *lex mitior*, deverá ser aplicada, como dito, a lei mais favorável. Dito isso, vamos às alternativas. **A**: incorreta, pois a aplicação da lei vigente no momento do fato, se prejudicial ao agente, violará o princípio da lei mais favorável; **B**: incorreta, pois a pura e simples aplicação da lei intermediária, quando esta for prejudicial ao réu se cotejada com as outras leis (a vigente à época do fato e a vigente à época da decisão), violará o art. 5º, XL, da CF, e art. 2º, parágrafo único, do CP; **C**: incorreta, pois se as leis que sobrevierem àquela vigente à época do fato forem mais benéficas ao agente, não poderá ser aplicada, sob pena de violação ao princípio da lei mais favorável em caso de conflito intertemporal; **D**: correta. Se a lei intermediária, *tertium genus*, for mais favorável do que aquelas vigentes à época do fato e à prolação da decisão, deverá, então, ser aplicada; **E**: incorreta, pelas razões já expostas nos comentários às alternativas anteriores.

Gabarito "D."

(Cartório/MS – 2009 – VUNESP) Assinale a alternativa incorreta.

(A) A *abolitio criminis* configura exceção ao princípio da irretroatividade da lei penal.

(B) Em relação ao lugar do crime, o Código Penal adotou a teoria do resultado.

(C) Ao crime praticado por brasileiro em território estrangeiro pode ser aplicada a lei brasileira.

(D) Leis temporárias são aquelas que têm vigência por um período predeterminado.

(E) A lei penal pátria pode ser aplicada ao estrangeiro que comete crime fora do território nacional, sendo a vítima brasileira.

A: assertiva correta, pois em conformidade com o que estabelecem os arts. 5º, XL, da CF e 2º, *caput*, do CP. Configura-se a *abolitio criminis* sempre que a lei posterior (mais benéfica e, portanto, retroativa) deixa de considerar determinado fato como crime. Sua ocorrência faz desaparecer todos os efeitos penais, principais e secundários; subsistem, no entanto, os civis (extrapenais), por força do que dispõe o art. 2º, *caput*, parte final do CP; **B**: assertiva incorreta, visto que, no que se refere ao *lugar do crime*, o CP adotou, em seu art. 6º, a *teoria mista* ou *da ubiquidade*, que tem aplicação nos chamados crimes a distância ou de espaço máximo; **C**: assertiva correta, art. 7º, II, *b*, do CP, que constitui hipótese de *extraterritorialidade condicionada*, visto que a incidência da lei brasileira a fatos ocorridos no estrangeiro, no caso do inciso II do art. 7º do CP, depende do concurso de determinadas condições, estabelecidas no § 2º do mesmo dispositivo; **D**: assertiva correta, *temporárias* são as leis destinadas a vigorar por período determinado, previsto na própria lei – art. 3º do CP; **E**: assertiva correta, art. 7º, § 3º, do CP (hipótese de *extraterritorialidade condicionada*).

Gabarito "B."

(Cartório/MT – 2003 – UFMT) O Princípio da Legalidade garante:

(A) A licitude de um fato, se lei anterior não o definir como crime.

(B) A aplicação de penas mesmo que a norma incriminadora delas não cogite.

(C) A definição de fatos incriminadores pelos Ministros do Supremo Tribunal Federal (STF).

(D) A possibilidade de se punir fatos atípicos.

(E) A existência de crime, ainda que a lei não o defina.

A: correta. De fato, se inexistir lei anterior que defina um fato como criminoso, o seu cometimento por qualquer pessoa estará circunscrito à esfera da licitude (legalidade). Em outras palavras, se alguém praticar determinado fato antes da edição de lei que o torne criminoso, sob o ângulo penal, referido fato não poderá ser tido como ilícito; **B**: incorreta. O princípio da legalidade impõe que o fato considerado criminoso e a respectiva pena estejam devidamente previstos na lei; **C**: incorreta, pois a definição de crimes e a cominação de penas são atividades típicas do Poder Legislativo (art. 5º, XXXIX, da CF); **D**: incorreta, pois o princípio da legalidade, em matéria penal, preconiza que somente os fatos considerados criminosos (e, também, contravencionais) pela lei estarão abrangidos pela tipicidade penal; **E**: incorreta, pois somente se cogita da existência de um crime se este estiver expressamente definido na lei (princípio da reserva legal).

Gabarito "A."

(Cartório/MT – 2003 – UFMT) O procedimento analógico no Direito Penal é:

(A) Absolutamente proibido.

(B) Permitido se beneficiar o réu.

(C) Possível em todas as normas penais incriminadoras.

(D) Possível se o réu for inimputável por doença mental.

(E) Permitido se beneficiar a vítima.

A analogia, em matéria penal, jamais poderá ser empregada para incriminar determinada conduta, ou para prejudicar o agente. Assim, considerando o princípio da legalidade (art. 5º, XXXIX, da CF e art. 1º do CP), somente a lei, aqui considerada em seu sentido estrito (leis ordinárias e leis complementares), poderá definir crimes e cominar penas. O procedimento analógico, no Direito Penal, constitui mecanismo de integração, cabível apenas em caso de lacuna da lei. Mas, ainda assim, somente será admissível para beneficiar o réu (analogia *in bonam partem*).

Gabarito "B."

(Cartório/PR – 2007) Em relação à lei penal e suas formas de interpretação, assinale a alternativa correta:

(A) A lei penal brasileira não será aplicada a nenhum caso ocorrido fora do território nacional.

(B) A lei penal nova mais benéfica retroage apenas se não houver trânsito em julgado da sentença condenatória.

(C) O Direito Penal admite a analogia, em situações excepcionais, em benefício ao acusado, conhecida como analogia *in bonam* partem.

(D) A lei penal brasileira concede imunidade parlamentar material aos membros de todos os Poderes.

(E) O Art. 327, do CP (Art. 327, CP: Considera-se funcionário público para fins penais, quem, embora transitoriamente ou sem remuneração, exerce cargo, emprego ou função pública) é uma norma penal incriminadora.

A: incorreta, tendo em vista o princípio da extraterritorialidade, que admitirá, nos casos definidos na lei (vide art. 7º do CP), a aplicação da

4. DIREITO PENAL

lei brasileira, ainda que crimes tenham sido praticados no estrangeiro; **B**: incorreta, pois a aplicação da lei penal mais favorável não encontra, na coisa julgada, obstáculo à sua aplicação (art. 2º, parágrafo único, do CP); **C**: correta. De fato, a analogia, em matéria penal, será admissível apenas quando empregada para beneficiar o agente (*in bonam partem*); **D**: incorreta, pois a imunidade parlamentar material, obviamente, é concedida somente aos membros do Poder Legislativo (art. 53 da CF), e não aos membros de todos os Poderes; **E**: incorreta, pois o art. 327 do CP constitui uma normal penal não incriminadora de caráter explicativo ou descritivo, contendo o conceito de funcionário público para efeitos penais.

Gabarito "C".

(Cartório/SP – 2012 – VUNESP) Pode-se afirmar que o princípio da legalidade

(A) a depender do crime, pode ter índole constitucional ou infraconstitucional e é sinônimo de reserva legal.

(B) tem índole constitucional e tem por finalidade proteger o cidadão contra o arbítrio do poder punitivo estatal, já que deve haver perfeita correspondência entre a conduta praticada e a previsão legal.

(C) torna possível à medida provisória e lei delegada definirem crimes, criando tipos e impondo penas, desde que a exceção esteja prevista na Constituição Federal.

(D) torna possível a reprovação do autor de um fato punível porque, de acordo com as circunstâncias concretas, poderia e deveria agir de modo diferente.

A: incorreta. O princípio da legalidade, em matéria penal, tem sede constitucional (art. 5º, XXXIX, da CF), enunciando não haver *crime sem lei anterior que o defina, nem pena sem prévia cominação legal*. Destaque-se que referido princípio, sob a denominação de "anterioridade da lei penal", vem, também, previsto, no art. 1º do CP. Para parcela da doutrina, a legalidade penal se subdivide em dois subprincípios, quais sejam, o da reserva legal (não há crime ou pena sem *lei*) e o da anterioridade (a lei que defina o crime e comine a respectiva pena deve ser *anterior* ao fato que se pretende punir); **B**: correta. De fato, o princípio da legalidade, de índole constitucional (art. 5º, XXXIX, da CF), constitui verdadeiro instrumento do cidadão contra o arbítrio estatal, não se podendo punir alguém por infração penal (crime ou contravenção penal) sem que haja lei prévia que a defina e comine a respectiva pena; **C**: incorreta. A "lei" a que faz alusão o art. 5º, XXXIX, da CF (não há crime sem *lei* anterior que o defina, nem pena sem prévia cominação *legal*) deve ser tomada em seu *sentido estrito*, decorrente de típica atividade do Poder Legislativo. Em matéria penal, somente as leis ordinárias e complementares podem criar crimes e cominar as respectivas penas. Não podem ser editadas medidas provisórias tratando de direito penal (art. 62, § 1º, "b", da CF), bem como as leis delegadas, que não podem dispor sobre direitos individuais (art. 68, § 1º, II, da CF). Lembre-se que o princípio da legalidade, previsto no art. 5º, XXXIX, da CF, está previsto no capítulo dos Direitos e Deveres Individuais e Coletivos; **D**: incorreta, pois a reprovação do autor de um fato punível, de acordo com as circunstâncias concretas, quando poderia e deveria agir de modo diferente, diz respeito à culpabilidade (*Teoria do poder de agir de outro modo*, de Welzel e Kauffman).

Gabarito "B".

(Cartório/SP – 2011 – VUNESP) Assinale a alternativa que indica hipótese de não aplicação da lei penal brasileira.

(A) Crime praticado em navio de cruzeiro italiano, navegando em mar territorial brasileiro.

(B) Crime praticado em navio de guerra brasileiro, navegando no mar territorial australiano.

(C) Crime praticado em lancha de recreio brasileira no mar territorial uruguaio.

(D) Falsificação de Reais (artigo 289 do Código Penal) praticada na China.

A: incorreta, pois um crime praticado em navio de cruzeiro italiano, navegando em mar territorial brasileiro, será punido de acordo com a lei brasileira (art. 5º, § 2º, do CP), tratando-se referida embarcação de território brasileiro por equiparação; **B**: incorreta, pois a embarcação brasileira, de natureza pública, ou a serviço do governo brasileiro, onde quer que se encontre, será considerada território nacional por extensão (art. 5º, § 1º, do CP); **C**: correta. De fato, se um crime for praticado em uma lancha de recreio (privada, portanto), em mar territorial uruguaio, não será considerada território nacional por equiparação (art. 5º, § 1º, do CP). Somente assim seria considerada referida embarcação se estivesse em alto-mar; **D**: incorreta, pois a falsificação de moeda nacional (art. 289 do CP), em qualquer país, gerará a possibilidade de imposição da lei penal brasileira, nos termos do art. 7º, I, "b", do CP (caso de extraterritorialidade incondicionada).

Gabarito "C".

(Cartório/SP – VI – VUNESP) Considerando os princípios que regem a aplicação da lei penal, analise as afirmativas.

I. Não há crime sem lei anterior que o defina, nem pena sem prévia imposição legal.

II. A lei penal não pode retroagir para prejudicar o réu.

III. É vedado o uso de qualquer tipo de analogia para interpretação das leis penais.

IV. Ninguém pode ser punido duas vezes pelo mesmo fato.

São corretas apenas as afirmativas

(A) II e III.

(B) I e II.

(C) II, III e IV.

(D) I, II e IV.

I: proposição correta, visto que corresponde ao prescrito nos arts. 5º, XXXIX, da CF e 1º do CP (princípio da legalidade); **II**: a lei penal somente projetará seus efeitos para o passado se for para favorecer o agente, nos exatos termos do art. 5º, XL, da CF. É dizer, a retroatividade da lei penal somente operará em benefício do réu; em seu prejuízo, nunca. Assertiva, portanto, correta; **III**: alternativa incorreta, uma vez que, em matéria penal, é permitido o emprego de analogia *in bonam partem* (em favor do réu), sendo vedada sua aplicação em prejuízo do agente, em obediência ao princípio da legalidade; **IV**: princípio da vedação do *bis in idem*.

Gabarito "D".

(Cartório/SP – VII – VUNESP) Assinale a alternativa que indica hipótese de não aplicação da lei penal brasileira.

(A) Crime praticado em navio de cruzeiro italiano, navegando em mar territorial brasileiro.

(B) Crime praticado em navio de guerra brasileiro, navegando no mar territorial australiano.

(C) Crime praticado em lancha de recreio brasileira no mar territorial uruguaio.

(D) Falsificação de Reais (artigo 289 do Código Penal) praticada na China.

A: correta, nos termos do art. 5º, § 2º, do CP (hipótese de territorialidade); **B**: correta, nos termos do art. 5º, § 1 º, do CP. Cuida-se de hipótese de *territorialidade*, na medida em que as embarcações brasileiras de natureza pública são consideradas *território brasileiro por equiparação*; **C**: incorreta, já que a lei brasileira somente terá incidência a crimes ocorridos no estrangeiro se se tratar de embarcações de natureza pública ou a serviço do governo brasileiro (art. 5º, § 1º, do CP). Neste caso, por se tratar de crime praticado a bordo de embarcação brasileira de propriedade privada, que se encontra no mar territorial uruguaio, será aplicada a lei deste país; **D**: correta, nos moldes do art. 7º, I, *b*, do CP (hipótese de *extraterritorialidade incondicionada* – art. 7º, § 1º).

Gabarito "C".

(Cartório/MG – 2015 – Consulplan) "Tício foi preso, em razão de mandado de prisão, proveniente de sentença condenatória transitada em julgado, no feriado de 01 de maio de 2015, sexta-feira, às 23 horas e 33 minutos." A contagem do prazo de cumprimento da pena teve início

(A) na terça-feira, dia 05 de maio de 2015.

(B) na segunda-feira, dia 04 de maio de 2015.

(C) no sábado, dia 02 de maio de 2015.

(D) na sexta-feira, dia 01 de maio de 2015.

Em se tratando de prisão, a contagem dos prazos dá-se conforme o disposto no art. 10 do CP, incluindo-se o dia do início do lapso. Trata-se da forma de contagem de prazo mais favorável ao indivíduo, sendo assim empregada na contabilização dos dias que refletem o *status libertatis* do cidadão. Tem-se, destarte, que a contagem do prazo de cumprimento da pena teve início no mesmo dia do cumprimento do mandado de prisão, ou seja, em 1 de maio de 2015.

Gabarito "D".

(Cartório/PA – 2016 – IESES) Atinente à aplicação da Lei penal no tempo e no espaço, é correto afirmar:

(A) No que tange ao tempo do crime, o código penal adotou a teoria da ubiquidade.

(B) Leis temporárias e excepcional (art. 3º, CP) são hipóteses excepcional de ultra atividade maléfica.

(C) Para os efeitos penais, consideram-se como extensão do território nacional as embarcações e aeronaves brasileiras, de natureza pública ou a serviço do governo brasileiro onde quer que se encontrem, bem como as aeronaves e as embarcações brasileiras, mercantes ou de propriedade privada, que se achem, respectivamente, no espaço aéreo correspondente ou em alto-mar. Tal instituto é denominado Extraterritorialidade.

(D) De acordo com o princípio da territorialidade, não é possível, por conta de regras internacionais, que um crime cometido no Brasil não sofra as consequências da Lei Brasileira.

A: Incorreto. No que diz respeito ao tempo do crime, o Código Penal adotou a teoria da atividade, de modo que considera praticado o delito no momento da ação ou omissão, ainda que outro seja o momento do resultado, conforme o disposto em seu art. 4º. **B**: Correto. As leis temporárias e excepcionais são aplicáveis embora decorrido o período de sua duração, ou cessadas as circunstâncias que a determinaram, ao fato praticado durante sua vigência, ainda que em prejuízo do indivíduo (art. 3º do CP). **C**: Incorreto. As aeronaves e embarcações nos contextos expostos na assertiva são consideradas extensões do próprio território brasileiro, de modo que, assim, a lei nacional aplica-se aos fatos ali ocorridos por fora do princípio da territorialidade (art. 5º do CP). Entende-se por extraterritorialidade a exceção ao princípio da territorialidade pela qual a lei brasileira é praticada aos fatos cometidos no exterior (art. 7º do CP), o que não ocorre com as condutas praticadas nas embarcações e aeronaves descritas, já que estas são consideradas realizadas no próprio território nacional. **D**: Incorreto. O próprio art. 5º do CP dispõe que o princípio da territorialidade se aplica sem prejuízo das regras previstas em convenções, tratados e demais normas de direito internacional que, assim, devem ser respeitadas.

Gabarito "B".

(Cartório/PA – 2016 – IESES) Segundo o Código Penal (Lei 2.848/40) no que se refere à aplicação da lei penal é correto afirmar:

I. Ninguém pode ser punido por fato que lei posterior deixa de considerar crime, cessando em virtude dela a execução e os efeitos penais da sentença condenatória.

II. Ficam sujeitos à lei brasileira, embora cometidos no estrangeiro contra a administração pública, por quem está ou não a seu serviço.

III. O dia do começo inclui-se no cômputo do prazo. Contam-se os dias, os meses e os anos pelo calendário comum.

IV. Considera-se praticado o crime no momento da ação ou omissão, ainda que outro seja o momento do resultado.

A sequência correta é:

(A) Apenas as assertivas I e IV estão corretas.

(B) Apenas as assertivas I, III e IV estão corretas.

(C) Apenas as assertivas I e II estão corretas.

(D) Apenas a assertiva II está correta.

I: Correto. É o que dispõe o art. 2º do CP. **II**: Incorreto. A extraterritorialidade abrange apenas os funcionários públicos que estão a serviço da Administração, nos termos do art. 7º, I, *c*, do CP. **III**: Correto. É o que dispõe o art. 10 do CP. **IV**: Correto. É o que dispõe, a respeito do tempo do crime, adotando a teoria da atividade, o art. 4º do CP.

Gabarito "B".

(Cartório/MG – 2019 – Consulplan) "Pode-se afirmar que constitui verdadeira barreira ao abuso da intervenção punitiva do Estado, evitando-se o exagero da utilização desmedida do Direito Penal como agente solucionador de conflitos e panaceia de todos os males. Busca restringir o âmbito de atuação do Direito Penal às situações realmente relevantes, em que a ação do Estado seja necessária e outros ramos do Direito não sejam capazes de dar solução adequada ao conflito." Tal assertiva relaciona-se com o Princípio da:

(A) Lesividade.

(B) Legalidade.

(C) Culpabilidade.

(D) Intervenção mínima.

A assertiva trazida no enunciado representa a noção abarcada pelo princípio da intervenção mínima. Por ele, o Direito Penal deve se ocupar da tutela dos bens jurídicos (definição: objeto, material ou imaterial, tendente a satisfazer as necessidades humanas) mais relevantes à sociedade, somente incidindo em casos de violações severas aos valores sociais de maior importância para a vida das pessoas, reservando aos demais ramos do direito a tutela dos comportamentos que não sejam dotados de tais características. Trata-se de forma de intervenção estatal dotada de excepcionalidade, que firma o caráter subsidiário do Direito Penal, compreendido como a *ultima ratio* de proteção aos bens jurídicos reputados relevantes para a vida em sociedade. O campo de atuação do Direito Penal é assim definido a partir das orientações éticas dos grupos sociais, a partir das quais são definidos os comportamentos tidos como adequados e inadequados. Em regra, os comportamentos inadequados são controlados, dentro de uma noção de controle formal, por outros ramos do direito. Dentre eles, porém, há aqueles comportamentos que, para além de inadequados, são tidos como intoleráveis, porquanto muito contrários às orientações éticas já estabelecidas. Para estes, há o Direito Penal. Vale dizer que o conceito trazido no enunciado não se confunde com a definição de *princípio da lesividade*. Também conhecido como princípio da ofensividade, torna obrigatório que, no plano concreto (e não na fase abstrata, como se dá com a intervenção mínima, que diz respeito à formulação do Direito Penal por meio da criação de normas incriminadoras), a conduta acarrete lesão ou perigo de lesão ao bem jurídico tutelado. Também não se relaciona com o *princípio da legalidade* (em sentido estrito), previsto no art. 1º do CP, que diz respeito à inexistência de crime sem prévia lei que o defina e à inexistência de pena sem prévia cominação legal. Tampouco se relaciona com o *princípio da culpabilidade*, que assume no ordenamento jurídico pátrio uma tripla finalidade para importar em fundamento da pena, como juízo de reprovação da conduta praticada pelo agente; fundamento para a determinação da quantidade de pena a ser aplicada, a partir do desvalor da conduta do agente e fundamento vinculado à noção de responsabilidade subjetiva, determinando que ninguém poderá ser punido por um resultado que não foi produzido por conduta dolosa ou culposa.

Gabarito "D".

(Cartório/CE – 2018 – IESES) É certo afirmar:

I. Para os efeitos penais, consideram-se como extensão do território nacional as embarcações e aeronaves brasileiras, de natureza pública ou a serviço do governo brasileiro onde quer que se encontrem, bem como as aeronaves e as embarcações brasileiras, mercantes ou de propriedade privada, que se achem, respectivamente, no espaço aéreo correspondente ou em alto-mar.

II. Não há crime sem lei anterior que o defina. Não há pena sem prévia cominação legal. Trata-se de princípio geral de que a lei penal nunca retroagirá.

III. Considera-se praticado o crime no lugar em que ocorreu a ação ou omissão, no todo ou em parte, bem como onde se produziu ou deveria produzir-se o resultado.

IV. A pena cumprida no estrangeiro agrava a pena imposta no Brasil pelo mesmo crime, quando diversas, ou nela é computada, quando idênticas.

Analisando as proposições, pode-se afirmar:

(A) Somente as proposições I e III estão corretas.

(B) Somente as proposições I e IV estão corretas.

(C) Somente as proposições II e III estão corretas.

(D) Somente as proposições II e IV estão corretas.

I: Correto. É o que dispõe o artigo 5º, § 1º, do Código Penal. **II.** Incorreto. A parte inicial do enunciado, consistente em suas duas primeiras frases, estão corretas, reproduzindo o contido no artigo 1º do CP. A incorreção da assertiva reside em sua parte final. Isso porque, como sabido, a lei penal posterior mais benéfica retroage para favorecer o cidadão (artigo 2º do CP), apenas não retroagindo a lei penal mais gravosa. **III.** Correto. É o que dispõe o artigo 4º do CP, que consagrou a teoria da ação para o tempo do crime. **IV:** Incorreto. Nos termos do artigo 8º do CP, "a pena cumprida no estrangeiro <u>atenua</u> a pena imposta no Brasil pelo mesmo crime, quando diversas, ou nela é computada, quando idênticas". Portanto, se o agente cumpriu pena no exterior, pelo mesmo fato (hipóteses autorizadas no artigo 7º, I, do CP, conforme seu § 1º), sua pena será computada na pena a ser cumprida no Brasil, caso as sanções sejam da mesma espécie (por exemplo, pena privativa de liberdade cumprida no exterior é descontada da pena privativa de liberdade a ser cumprida no Brasil); caso as penas sejam de espécies distintas, haverá atenuação (exemplo: pena restritiva de direitos cumprida no exterior atenuando a pena privativa de liberdade a ser cumprida no Brasil).

Gabarito "A".

2. CLASSIFICAÇÃO DOS CRIMES, FATO TÍPICO E TIPO PENAL

(Cartório/DF – 2008 – CESPE) Considerando a jurisprudência dos tribunais superiores, julgue o item seguinte com base no direito penal brasileiro.

(1) O nexo causal que resulta da omissão é de natureza normativa, e não, naturalística. A omissão, portanto, é erigida pelo direito como causa do resultado, ocorrendo quando quem tem o dever legal de evitar o resultado não o faz.

1: correta. De fato, o nexo de causalidade, nas condutas omissivas, deriva de uma inatividade do agente, vale dizer, de um comportamento negativo. Assim, diz-se que "do nada, nada surge", ou seja, se o agente nada fez, por nada poderia responder. Todavia, nos crimes omissivos, a relação de causalidade é de natureza normativa, ou seja, o resultado advindo da inação do agente a ele será imputado não por tê-lo, com sua conduta direta, provocado, mas, sim, pelo fato de, em razão do dever jurídico de agir para impedi-lo, nada ter feito nesse sentido. Aqui, a omissão somente será penalmente relevante quando o agente, podendo – e devendo – agir para impedir determinado resultado, nada faz (art. 13, § 2º, do CP).

Gabarito "1C".

(Cartório/DF – 2006 – CESPE) De acordo com a legislação e a doutrina pertinentes, e considerando, ainda, a jurisprudência do STJ e do STF, julgue o item que se segue, relativo ao direito penal.

(1) Para que ocorra a caracterização de fato penalmente típico, é necessário, além da tipicidade legal, que a conduta do agente cause dano ou perigo concreto relevante, de modo a lesionar ou fazer periclitar o bem na intensidade reclamada pelo princípio da ofensividade, acolhido na vigente Constituição da República.

1: correta. A tipicidade penal decorre, em verdade, de um duplo juízo ou de uma dupla análise. Primeiramente, somente se cogitará do cometimento de um crime se a conduta perpetrada pelo agente tiver correspondência com um modelo geral e abstrato de descrição do crime (tipicidade formal). Porém, em seguida, para que se possa reconhecer a tipicidade penal, será necessário que o comportamento formalmente típico seja, também, causador de um dano ou perigo concreto relevante ao bem jurídico tutelado pela norma penal incriminadora. Aqui, fala-se em tipicidade material. Logo, podemos afirmar que a "fórmula" da tipicidade penal é a seguinte: tipicidade formal (subsunção do fato à normal penal) + tipicidade material (lesão ou perigo concreto causados, pela conduta do agente, ao bem jurídico protegido pela norma penal). Gabarito "1C".

(Cartório/MT – 2005 – CESPE) José, querendo a morte de Paulo, efetuou contra ele 10 certeiros disparos. Paulo foi socorrido por uma ambulância, que o conduziu ao hospital. Durante o trajeto, a ambulância se envolveu em acidente, e Paulo veio a falecer em virtude dos ferimentos adquiridos devido à colisão. Considerando essa situação hipotética, assinale a opção correta.

(A) José não responderá pelo crime de porte ilegal de arma.

(B) José não responderá pelo crime de homicídio consumado.

(C) Restará extinta a punibilidade de José.

(D) José será beneficiado com o perdão judicial.

A situação relatada no enunciado da questão diz respeito à relação de causalidade, mais especificamente, das causas supervenientes relativamente independentes da conduta do agente. A despeito de José ter efetuado dez disparos contra Paulo, querendo matá-lo, o fato é que, após o comportamento criminoso perpetrado pelo agente, a efetiva causa da morte de Paulo foi o acidente que envolveu a ambulância que o socorreu. Assim, a causa do resultado foi posterior (superveniente) à conduta de José, não podendo a este ser imputada a morte. Aplica-se, aqui, o art. 13, § 1º, do CP. Assim, se a causa for superveniente à conduta do agente, por si só produzindo o resultado, haverá o "rompimento" do nexo causal, não se lhe podendo imputar referido resultado, ainda que este fosse almejado por ele. Deverá José, no caso relatado, responder apenas pelos atos efetivamente praticados (no caso, lesões corporais e porte de arma), mas, jamais, por homicídio consumado.
Gabarito "B".

(Cartório/MT – 2003 – UFMT) Nos crimes comissivos por omissão:

(A) Há por parte do agente uma conduta ativa e passiva.

(B) A consumação se verifica independentemente de um resultado posterior.

(C) O resultado é a própria ação do agente, instante em que se dá a consumação.

(D) Nunca o crime terá um momento exato para sua consumação.

(E) Exige-se a produção de um resultado posterior para sua consumação.

A: incorreta, pois nos crimes omissivos impróprios, ou comissivos por omissão, o agente pratica conduta passiva (omissão), mas responderá como se houvesse tido comportamento positivo (ação), a ele se imputando o resultado que deixou de evitar, muito embora tivesse o dever jurídico de agir para evitá-lo (art. 13, § 2º, do CP); **B**: incorreta. Nos crimes omissivos impróprios, também chamados de comissivos por omissão, a consumação somente restará caracterizada se, em razão da inação (comportamento negativo) do agente, advier resultado que, podendo e devendo ser por ele evitado, não o tenha sido; **C**: incorreta, pois, como o próprio nome sugere, o crime omissivo impróprio (ou comissivo por omissão) tem como "fato gerador" uma omissão praticada pelo agente, e não uma ação, como quer a alternativa; **D**: incorreta. A consumação dos crimes omissivos impróprios ou comissivos por omissão ocorrerá no exato momento em que o resultado, que poderia e deveria ter sido evitado pelo agente, que deveria agir para impedi-lo, for verificado; **E**: correta. Como visto nas alternativas anteriores, nos crimes comissivos por omissão, ou omissivos impróprios, a produção de um resultado posterior à omissão do agente caracterizará o momento consumativo.
Gabarito "E".

(Cartório/MT – 2003 – UFMT) Se o agente comete o crime sob coação física irresistível:

(A) Há uma causa de exclusão da culpabilidade.

(B) Há uma causa excludente da ilicitude.

(C) A pena deve ser necessariamente atenuada.

(D) Não existe relação de causalidade, portanto não há crime.

(E) O agente responde pelo fato como copartícipe.

A questão, para ser adequadamente respondida, exige cautela do candidato. Perceba que o enunciado diz respeito à coação "física" irresistível (vis absoluta), e não à coação moral irresistível (vis relativa ou compulsiva). Neste caso, como é sabido, haverá a exclusão da culpabilidade por inexigibilidade de conduta diversa do agente (art. 22 do CP). Já se o agente agir ou deixar de agir em razão de sofrer coação física irresistível, restará afastada a própria conduta, elemento do fato típico, que pressupõe o binômio "consciência e vontade". Assim, somente se cogita de conduta

penalmente relevante quando o agente age – ou deixa de agir – de forma livre e consciente. A coação física irresistível retira, totalmente, o elemento "vontade", tornando, pois, o fato, atípico. Destaque-se que essa espécie de coação, como dito, constitui causa de exclusão do próprio fato típico, e não da culpabilidade, como visto, ou da ilicitude. Frise-se, também, que se a questão tratasse da coação moral, é certo que, se fosse resistível, haveria atenuação da pena (art. 65, III, "c", do CP).
Gabarito "D".

(Cartório/PR – 2007) Em relação ao tipo penal e ao conceito formal, material e analítico de crime, assinale a alternativa INCORRETA:

(A) O conceito material de crime está vinculado à ideia de bem jurídico.

(B) O conceito analítico de crime divide-o em estágios para facilitar o estudo e a compreensão, com etapas sequenciais e lógicas.

(C) Todos os crimes têm a modalidade culposa.

(D) O tipo penal, segundo o Código Penal brasileiro, pode ser imputado apenas a título de dolo ou culpa.

(E) O dolo pressupõe, como regra geral, conhecimento e vontade em realizar um tipo objetivo.

A: correta. De fato, diz-se que crime, em seu conceito material, corresponde a todo comportamento humano capaz de causar lesão ou perigo de lesão ao bem jurídico tutelado pela norma penal incriminadora; **B**: correta. Para o conceito analítico, o crime deverá ser subdivido em degraus os estágios. Para os defensores da concepção bipartida, crime é fato típico e ilícito. Já para os adeptos da concepção tripartida, o crime deve passar por três estágios, quais sejam, o fato típico, a ilicitude e a culpabilidade; **C**: incorreta. Em regra, os crimes são dolosos. Excepcionalmente, e desde que exista expressa previsão legal, poderá o agente ser punido pela forma culposa. É o que se denomina de excepcionalidade do crime culposo (art. 18, parágrafo único, do CP); **D**: correta. De fato, os crimes somente poderão ser imputados a quem houver agido, no mínimo, com culpa (art. 19 do CP). Em simples palavras, ou a conduta praticada pelo agente será dolosa, dando azo ao reconhecimento do crime doloso, ou, se culposa, e desde que exista expressa previsão legal, responderá pelo crime culposo; **E**: correta. De fato, o dolo pressupõe que o agente, atuando de forma livre e consciente, queira (tenha a vontade) realizar os elementos objetivos do tipo.
Gabarito "C".

(Cartório/SP – II – VUNESP) Crime vago é aquele que

(A) não tem objeto jurídico.

(B) não tem objeto material.

(C) tem como sujeito passivo uma coletividade destituída de personalidade jurídica.

(D) não tem sujeito passivo.

Crime vago é aquele que tem como sujeito passivo uma coletividade destituída de *personalidade jurídica*, tal como a sociedade, o público e a família Exemplo é o crime de autoaborto (art. 124, CP), em que o sujeito passivo é o produto da concepção; crime de ato obsceno (art. 233, CP), onde o sujeito passivo é o público.
Gabarito "C".

3. CRIMES DOLOSOS, CULPOSOS E PRETERDOLOSOS; ERRO DE TIPO, DE PROIBIÇÃO E DEMAIS ERROS

(Cartório/MG – 2012 – FUMARC) A conduta de quem erra culposamente sobre a legitimidade da ação, e a pratica, supondo legítima, deverá ser punida, caso presentes os elementos do conceito analítico de crime, a título de culpa

(A) própria.

(B) consciente.

(C) inconsciente.

(D) por assimilação.

A conduta do agente que, por erro plenamente justificado pelas circunstâncias, pressupõe situação de fato que, se existisse, tornaria sua ação legítima, configura a descriminante putativa por erro de tipo. Se o erro do agente for invencível (ou inevitável, ou escusável), ficará isento de pena. Porém, se o erro derivar de culpa, o agente responderá a título de culpa, se houver previsão legal. Neste caso, estaremos diante daquilo que a doutrina denomina de culpa imprópria, ou por extensão, equiparação ou assimilação. Em verdade, o agente, em razão de incidir em erro, responderá pelo resultado praticado como se o houvesse causado culposamente, nada obstante, na realidade, o tenha efetivamente querido (ex.: o agente mata a vítima, acreditando que se tratava de um bandido que iria invadir sua residência, quando, em verdade, se tratava do próprio filho, que havia esquecido sua chave em casa e, por isso, forçava a porta de entrada, tentando ingressar em sua própria casa). Vem retratada no art. 20, § 1º, segunda parte, do Código Penal. Não se confunde a culpa imprópria, na qual, como visto, o agente quer determinado resultado, mas que, por haver incidido em erro evitável, responderá a título de culpa, com a culpa própria, que é aquela em que o agente não quer o resultado. Aqui, temos como espécies a culpa inconsciente (o agente não quer, nem prevê o resultado) e a culpa consciente (o agente não quer o resultado, embora o preveja, acreditando, sinceramente, em sua inocorrência).
Gabarito "D".

(Cartório/MG – 2012 – FUMARC) É consequência jurídico-penal do erro de proibição inescusável

(A) isenção de pena.

(B) redução de pena.

(C) absolvição por atipicidade.

(D) absolvição por ausência de culpabilidade.

No tocante ao erro de proibição, que é o erro do agente que recai sobre a ilicitude do fato (art. 21 do CP), somente haverá isenção de pena, tratando-se, pois, de causa excludente da culpabilidade, afastando-se o requisito da potencial consciência da ilicitude, se for considerado escusável (ou invencível, ou inevitável), nos termos do art. 21, *caput*, primeira parte, do CP. Já se o erro pudesse ter sido evitado pelo agente, caso tivesse empregado maior diligência (erro vencível, evitável ou inescusável), a pena deverá ser reduzida de um sexto a um terço (art. 21, *caput*, segunda parte, do CP). Importante registrar que o erro de proibição, quando escusável (ou inevitável, ou invencível), gerará, caso tenha havido a instauração de ação penal em face do agente, sua absolvição, em razão da exclusão da culpabilidade. Já em caso de erro de proibição inescusável (ou vencível, ou evitável), o agente deverá ser condenado, mas com a pena reduzida nos patamares referidos.
Gabarito "B".

(Cartório/RJ – 2012) Em relação à exclusão da culpabilidade, analise as assertivas abaixo.

I. O erro de tipo invencível exclui o dolo e a culpa.

II. O erro de tipo vencível exclui o dolo, mas não a culpa; se o crime admitir a modalidade culposa, o sujeito responderá pela conduta.

III. No crime putativo por erro de tipo, o sujeito quer praticar o crime, mas erroneamente realiza um ato criminalmente irrelevante.

É correto o que se afirma em

(A) I, apenas.

(B) II, apenas.

(C) III, apenas.

(D) I, II e III.

(E) I e III, apenas.

I: correta. De fato, o erro de tipo invencível (ou inevitável, ou escusável) é espécie de erro sobre elemento constitutivo do tipo (art. 20, *caput*, do CP), cujo efeito será a exclusão do dolo e da culpa, tornando o fato absolutamente atípico; **II:** correta. Realmente, se o erro sobre o elemento constitutivo do tipo pudesse ter sido evitado por maior cautela empregada pelo agente, estaremos diante de erro de tipo vencível (ou evitável, ou inescusável), cujo efeito será a exclusão do dolo, mas a punição do agente pela forma culposa, desde que prevista em lei (art. 20, *caput*, segunda parte, do CP); **III:** correta. No crime putativo por erro de tipo, também chamado de crime erroneamente suposto ou imaginário, o agente pretende cometer um crime, mas, por erro, comete fato penalmente irrelevante (ex.: venda de pó de mármore, quando acredita o agente que se tratava de cocaína).
Gabarito "D".

(Cartório/SC – 2012) Acerca do erro sobre elementos do tipo é **correto** afirmar:

(A) Não exclui o dolo, mas reduz a pena de um a dois terços.

(B) Configura circunstância atenuante.

(C) Exclui a imputabilidade.

(D) Configura crime impossível por ineficácia absoluta do meio ou por absoluta impropriedade do objeto.

(E) Exclui o dolo, mas permite a punição por crime culposo, se previsto em lei.

A: incorreta. O erro sobre elementos constitutivos do tipo, seja ele vencível (evitável ou inescusável), seja invencível (inevitável ou escusável), a consequência será, sempre, a exclusão do dolo, podendo, no primeiro caso (erro inescusável), o agente ser punido por culpa, desde que prevista expressamente (art. 20, *caput*, do CP); **B:** incorreta. O erro sobre elemento constitutivo do tipo legal de crime exclui dolo, e, portanto, a conduta, que é elemento do fato típico, não se tratando de circunstância atenuante, que, por óbvio, pressupõe que o fato tenha sido típico, para, somente então, cogitando-se de aplicação de pena (que pressupõe a culpabilidade), possa esta ser atenuada; **C:** incorreta. O erro de tipo (ou erro sobre elemento constitutivo do tipo), como visto, exclui, sempre, o dolo, atingindo, portanto, o primeiro elemento do crime, qual seja, o fato típico, e não a culpabilidade, que, dentre outras causas excludentes, será afastada pela inimputabilidade; **D:** incorreta, em nada se confundindo o erro de tipo (art. 20 do CP) com o crime impossível (art. 17 do CP), na qual não será punível a tentativa por ineficácia absoluta do meio empregado pelo agente ou, então, em razão da absoluta impropriedade do objeto material da infração penal perpetrada; **E:** correta. De fato, o erro de tipo sempre excluirá o dolo, mas permitirá a punição por crime culposo, quando previsto em lei (lembre-se: vigora a excepcionalidade do crime culposo, nos termos do art. 18, parágrafo único, do CP). Referida punição (a título de culpa) somente ocorrerá se o erro de tipo for considerado evitável (ou vencível, ou inescusável).
Gabarito "E".

(Cartório/SP – II – VUNESP) O erro sobre elementos do tipo

(A) isenta de pena, se inevitável.

(B) exclui o dolo, mas permite a punição por crime culposo, se previsto em lei.

(C) permite a diminuição da pena, de um a dois terços, se vencível.

(D) também é conhecido por *aberratio ictus*.

A: incorreta, pois o que isenta de pena, se inevitável, é o erro de proibição; **B:** correta, o equívoco do agente que recai sobre elemento integrante do tipo sempre exclui o dolo, subsistindo, no entanto, a punição por crime culposo, desde que haja previsão nesse sentido – art. 20, *caput*, do CP; C: incorreta, pois é o erro de proibição que permite a diminuição da pena, de um a dois terços, se vencível ou inescusável; D: incorreta, a aberratio ictus significa erro na execução ou erro por acidente, onde há uma relação pessoa-pessoa, ou seja, o agente pretendia acertar uma pessoa, mas acaba acertando outra por acidente ou erro na sua execução.

Gabarito "B".

(Cartório/SP – III – VUNESP) O erro sobre a ilicitude do fato

(A) exclui o dolo, mas permite a punição por crime culposo, se previsto em lei.

(B) isenta de pena, se inevitável.

(C) permite a diminuição da pena, de um a dois terços, se evitável.

(D) também é conhecido por descriminante putativa.

A: incorreta. O erro sobre elementos do tipo é que exclui o dolo, mas permite a punição por crime culposo, se previsto em lei; **B**; correta. O erro sobre a ilicitude do fato (erro de proibição), se inevitável, acarreta a isenção de pena, nos termos do art. 21, *caput*, primeira parte, do CP; se evitável, reduz a pena de 1/6 a 1/3; **C**: incorreta. A diminuição da pena é de um sexto a um terço, art. 21, CP; **D**: incorreta. A descriminante putativa é considerada erro de tipo e não erro de proibição.

Gabarito "B".

(Cartório/MG – 2019 – Consulplan) Quanto à teoria do erro em Direito Penal, assinale a opção correta.

(A) O erro de proibição indireto incide sobre causas de justificação.

(B) O erro de subsunção constitui hipótese de erro de tipo essencial.

(C) A **aberratio criminis** e a **aberratio ictus** constituem hipóteses de erro de proibição indireto.

(D) O erro de tipo permissivo possui consequência de erro de tipo essencial, quando plenamente justificado pelas circunstâncias.

A: Correto. O erro de proibição direto ocorre quando o agente se equivoca quando ao conteúdo ou extensão de uma norma incriminadora, vindo a praticar comportamento que acredita não estar abrangido pelo tipo penal. Anote-se que o erro de proibição direto não pode ser compreendido como o desconhecimento da lei, sendo este inescusável, servindo como mera atenuante da pena (art. 65, II, do CP). Vale dizer: no erro de proibição direto o agente conhece a lei, mas equivoca-se quanto o seu conteúdo e extensão. Já no erro de proibição indireto, o agente pratica o comportamento sabendo que ele é abrangido pelo tipo penal, mas equivoca-se ao imaginar que sua conduta estaria justificada por excludente ou norma permissiva. A disciplina do erro de proibição consta do art. 21 do CP. **B:** Incorreto. O erro de subsunção, figura de criação doutrinária, não prevista em lei, consiste em equívoco na valoração do que está contido no tipo penal. Nele, o agente sabendo da ilicitude do comportamento, acredita estar praticando determinado delito, quando, em verdade, está cometendo outro, também punido pelo ordenamento jurídico. Clássico exemplo diz respeito ao agente que falsifica cheque de banco privado, acreditando estar cometendo falsificação de documento particular, ignorando tratar-se de falsificação de documento público por equiparação (art. 297, § 2º, do CP). Não se trata, pois, de hipótese de erro de tipo essencial, visto que neste há falsa percepção da realidade pelo agente criminoso, o que não ocorre no erro de subsunção, no qual o agente tem perfeita leitura de seu comportamento no plano fático, equivocando-se quanto à valoração jurídica da conduta. **C:** Incorreto. Como já visto nos comentários do item *A*, acima, o erro de proibição indireto se dá quando o agente

pratica o comportamento acreditando que estaria albergado por norma justificante. Completamente diversas as ideias de *aberratio criminis* e *aberratio ictus*. A *aberratio ictus*, prevista no art. 73 do CP, é o erro na execução do delito, ou seja, a equivocada utilização dos meios eleitos para a produção do resultado, que acaba por fazer com que pessoa diversa da pretendida seja a alvejada. O criminoso representa corretamente a pessoa visada por sua conduta, mas por erro na execução, vem a atingir pessoa diversa. No exemplo, "A", pretendendo matar "B", visualiza-o caminhando em um parque e dispara sua arma de fogo contra ele. Porém, por erro de pontaria, acaba por atingir e matar "C", pessoa que caminhava ao lado de "A", não abrangida por seu intuito de resultado. "A" responde pelo homicídio, como se matado houvesse "B" (vítima virtual), nos termos do art. 73 do CP. Já na *aberratio criminis*, prevista no art. 74 do CP, há resultado diverso do pretendido, visto que o agente, por acidente ou erro na execução, vem a lesar bem jurídico diverso daquele que pretendia atingir com sua conduta, praticando outro delito, alcançando resultado diverso do pretendido, portanto. No exemplo, "A" visualiza "B", seu desafeto, conduzindo um veículo automotor. Pretendendo causar prejuízo patrimonial a ele, "A" joga uma pedra contra o automóvel. Por erro na execução, entretanto, a pedra acaba por acertar "B", que fica lesionado. Ocorreu resultado diverso do pretendido, respondendo "A" pelas lesões corporais culposas, nos termos do art. 74 do CP. **D:** Incorreto. O erro de tipo essencial é a falsa percepção da realidade que recai sobre os elementos constitutivos do tipo penal, ou seja, sobre suas elementares. Incorre em erro de tipo essencial o agente que não sabe que, com seu comportamento, está violando norma legal, visto que interpretou incorretamente o mundo fático que a ele se apresenta no momento da conduta. Por exemplo, incorre em erro de tipo essencial o agente que, em uma sala de aula, apodera-se de um celular existente sobre sua bancada, acreditando ser o seu, quando em verdade trata-se do idêntico objeto pertencente ao colega de turma. No exemplo, o agente não sabia que, com a conduta, subtraía coisa alheia móvel, em razão da falsa percepção da realidade. No caso, há exclusão do dolo e do próprio crime (por ausência de fato típico), que não admite punição na modalidade culposa, nos termos do art. 20 do CP. Já no erro de tipo permissivo, o agente pratica o crime porque, também em razão de falsa percepção da realidade (e não de equívoco na interpretação da extensão da norma, como se dá no erro de proibição indireto), imagina-se, equivocadamente, em situação que justificaria sua conduta. Há, portanto, erro sobre os elementos fáticos que constituem a justificante. O clássico exemplo diz respeito à legítima defesa putativa: o agente visualiza seu desafeto, por quem foi ameaçado dias antes. Frente ao movimento repentino do desafeto semelhante à retirada de uma arma de fogo das vestes, o agente reage e dispara dois tiros contra ele, interrompendo a ação. Após, verifica-se que o desafeto estava desarmado e retirava das vestes um bilhete com pedido de desculpas. Houve equívoco do agente na percepção da realidade apresentada, o que fez com que se imaginasse em situação de legítima defesa, que se mostrou, após, inexistente. O instituto encontra previsão no artigo 20, § 1º, do Código Penal, que traz como consequência a isenção de pena, diversa da exclusão do dolo atribuída pelo *caput* ao erro de tipo essencial.

Gabarito "A".

4. TENTATIVA, CONSUMAÇÃO, DESISTÊNCIA VOLUNTÁRIA E CRIME IMPOSSÍVEL

(Cartório/DF – 2003 – CESPE) No que concerne ao crime consumado, tentado, da desistência voluntária, arrependimento eficaz e arrependimento posterior, julgue os itens subsequentes.

(1) Considere a seguinte situação hipotética.

Um agente de polícia exigiu de um traficante a importância de R$ 20 mil para deixar de autuá-lo em flagrante e apreender a substância entorpecente que

4. DIREITO PENAL — 225

transportava. Nessa situação, a consumação do crime de concussão ocorrerá com a simples exigência da vantagem indevida, sendo o recebimento o exaurimento da infração penal.

(2) Considere a seguinte situação hipotética.

Júlio e Manoel, previamente ajustados e com unidade de desígnios, subtraíram do interior de uma agência bancária a importância de R$ 15 mil em dinheiro. Júlio ficou com o produto do crime e, voluntariamente, devolveu o numerário subtraído à autoridade policial, antes da conclusão do inquérito policial. Nessa situação, aplicar-se-á a Júlio e Manoel a causa de diminuição de pena do arrependimento posterior.

1: correta. De fato, o crime de concussão, previsto no art. 316, *caput*, do CP, por ser considerado formal, atingirá seu momento consumativo no exato momento em que o agente, funcionário público, em razão de sua função, exigir, para si ou para outrem, vantagem indevida. Caso haja o recebimento da quantia exigida, estar-se-á diante de mero exaurimento do crime, fato que deverá ser ponderado pelo magistrado no momento da fixação da pena (circunstâncias judiciais); **2**: correta. A conduta de Júlio de restituir toda a importância subtraída, ainda na fase inquisitiva, deve gerar o reconhecimento do arrependimento posterior (art. 16 do CP). Tratando-se de causa de diminuição de pena, de natureza objetiva, irá estender-se aos coautores ou partícipes (art. 30 do CP).
Gabarito 1C, 2C

(Cartório/MS – 2009 – VUNESP) "A" praticou manobras abortivas em "B", a pedido desta. Ao terminar o procedimento, verificou que B não se encontrava grávida como supunha. A conduta de "A" configura

(A) erro sobre elemento constitutivo do tipo.

(B) arrependimento eficaz.

(C) tentativa imperfeita.

(D) crime impossível.

(E) desistência voluntária.

Esta é uma hipótese de *delito putativo por erro de tipo*, em que o agente acredita na existência de um requisito típico que, na verdade, existe somente no seu imaginário. Sua vontade é dirigida ao cometimento de um delito – no caso o aborto -, manobras abortivas são realizadas, mas, após, constata-se que inexiste o objeto do crime que o agente pretendia praticar. O crime, por isso, é impossível – art. 17 do CP.
Gabarito "D".

(Cartório/RJ – 2012) Em relação à desistência voluntária, analise as assertivas abaixo.

I. A desistência voluntária se caracteriza quando o agente que pratica a conduta pensa: "posso prosseguir, mas não quero".

II. Na desistência voluntária, depois de já praticados todos os atos executórios suficientes para a execução do crime, o agente resolve tomar providências aptas a impedir a produção do resultado.

III. A desistência voluntária é admitida nos crimes unissubsistentes.

É correto o que se afirma em

(A) I, apenas.

(B) II, apenas.

(C) III, apenas.

(D) II e III, apenas.

(E) I, II e III.

I: correta. De acordo com a conhecida "Fórmula de Frank", na desistência voluntária, o agente "pode prosseguir, mas não quer", ao passo que na tentativa, o agente "quer prosseguir, mas não pode"; **II**: incorreta, pois na desistência voluntária (art. 15, *caput*, primeira parte, do CP), o agente não pratica todos os atos executórios suficientes para a execução do crime. Ao contrário, antes de esgotar toda a potencialidade ofensiva de que dispunha, o agente desiste de seu intento criminoso, parando de praticar os atos de execução. Situação diversa ocorre com o arrependimento eficaz (art. 15, *caput*, segunda parte, do CP), no qual o agente, após esgotar todos os atos executórios, pratica nova conduta, mas, desta feita, tencionando impedir a consumação do crime; **III**: incorreta. Somente se pode cogitar de desistência voluntária nos crimes plurissubsistentes, que são aqueles cuja conduta será praticada mediante a realização de diversos atos. Somente neste caso é que o agente, antes de esgotar todos os atos de execução, desistir de prosseguir no crime. Nos crimes unissubsistentes, bastará a prática de um só ato para que o delito atinja a consumação, sendo, pois, inviável, o reconhecimento da desistência voluntária.
Gabarito "A".

(Cartório/SP – I – VUNESP) Não admitem a tentativa

(A) os crimes materiais.

(B) os crimes culposos.

(C) os crimes formais.

(D) os crimes em que se exige o dolo específico.

A: incorreta. Admitem a modalidade tentada, desde que não se trate de *delito unissubsistente*, que é aquele constituído por ato único, em que a conduta, por tal razão, não pode ser fracionada; **B**: correta. Não admitem porque o agente não pode tentar fazer aquilo que não deseja; buscar um resultado não querido; **C**: incorreta. Exemplos: crimes de extorsão (art. 158, CP) e extorsão mediante sequestro (art. 159, CP); **D**: incorreta. Inexiste incompatibilidade entre *tentativa* e *dolo específico*. É dizer, o crime não deixa de comportar a forma tentada por ser o dolo específico. A impossibilidade do *conatus*, no caso concreto, se dá por razões outras.
Gabarito "B".

5. ANTIJURIDICIDADE E CAUSAS EXCLUDENTES

(Cartório/PR – 2007) Sobre as formas de exclusão da antijuridicidade (ilicitude) e da culpabilidade assinale a alternativa INCORRETA:

(A) A coação moral irresistível é causa excludente (dirimente) de culpabilidade.

(B) O funcionário público pode valer-se de todas as excludentes de ilicitude, respeitados os requisitos de cada qual.

(C) O funcionário público pode efetuar uma prisão em caso de flagrante delito, ainda que não seja autoridade policial.

(D) Aos menores de dezoito anos, em razão de sua irresponsabilidade perante o Direito Penal, aplica-se medida de segurança.

(E) O erro de proibição não pode ser invocado por funcionário público.

A: correta. De fato, a coação moral irresistível, prevista no art. 22 do CP, é considerada causa excludente (ou dirimente) da culpabilidade, afastando um de seus elementos, qual seja, a exigibilidade de conduta diversa; **B**: correta, pois qualquer pessoa, inclusive os funcionários públicos, desde que satisfeitos os requisitos legais, poderão beneficiar-se de todas as causas excludentes da ilicitude,

cujo rol mais relevante, embora exemplificativo, conste no art. 23 do CP; **C**: correta. O art. 301 do CPP prevê que as autoridades policiais e seus agentes "deverão" prender quem se encontre em flagrante delito (é o chamado flagrante obrigatório), ao passo que qualquer do povo "poderá" prender quem assim se encontre (é o denominado flagrante facultativo). Logo, um funcionário público, ainda que não seja autoridade policial, poderá efetuar uma prisão em flagrante, agindo como se fosse "qualquer do povo" (flagrante facultativo); **D**: incorreta. Aos menores de dezoito anos, considerados inimputáveis (art. 27 do CP), aplicar-se-ão, se o caso, as medidas socioeducativas previstas no ECA, e não as medidas de segurança, aplicáveis aos inimputáveis por doença mental ou semi-imputáveis dotados de periculosidade (arts. 96 e seguintes do CP); **E**: correta, segundo a banca examinadora. O erro de proibição, ou erro sobre a ilicitude do fato (art. 21, caput, do CP), constitui causa excludente da culpabilidade, desde que se trate de erro invencível (ou inevitável, ou escusável). Ocorre que o legislador não fez qualquer distinção sobre quem pode invocar referida figura. Logo, nada há que impeça, em determinada situação, que um funcionário público cometa determinada conduta típica sem sequer poder imaginá-la ilícita. Tudo dependerá do caso concreto.
Gabarito "D".

(Cartório/RJ – 2008 – UERJ) Há crime quando o agente pratica o fato:

(A) em legítima defesa

(B) em estado de perigo

(C) em estado de necessidade

(D) no exercício regular do direito

(E) em estrito cumprimento do dever legal

A, C, D e E: incorretas, pois não há crime se o fato for praticado em legítima defesa, estado de necessidade, estrito cumprimento do dever legal ou no exercício regular de direito, consideradas causas excludentes da ilicitude (art. 23 do CP); B: correta. De fato, em matéria penal, o estado de perigo, estudado no Direito Civil, não afasta a criminalidade da conduta. Assim, mesmo estando o agente em referida situação, cometerá crime. B: correta. De fato, em matéria penal, o estado de perigo, estudado no Direito Civil, e caracterizado quando alguém, premido da necessidade de salvar-se, ou a pessoa de sua família, de grave dano conhecido pela outra parte, assume obrigação excessivamente onerosa, não afasta a criminalidade da conduta. Assim, mesmo estando o agente em referida situação, cometerá crime. Não se confunde o estado de perigo com o estado de necessidade, este sim causa excludente da ilicitude (art. 24 do CP).
Gabarito "B".

(Cartório/SP – I – VUNESP) O agente que pratica fato descrito em norma penal, mas age em legítima defesa,

(A) comete crime, mas está isento de pena.

(B) comete crime, todavia a punibilidade será declarada extinta.

(C) não comete crime, uma vez que se trata de uma dirimente.

(D) não comete crime, já que se trata de uma causa excludente de antijuridicidade.

Dizemos que não pratica crime o agente que atua sob o manto da *legítima defesa* porque a infração penal pressupõe o cometimento de um fato ilícito (contrário ao direito). Aquele que atua em legítima defesa o faz porque a lei assim autoriza. Condutas desse tipo não podem ser consideras criminosas.
Gabarito "D".

(Cartório/MG – 2015 – Consulplan) Em matéria penal, são causas excludentes da antijuridicidade de conduta, EXCETO:

(A) O estado de necessidade.

(B) O erro inevitável sobre a ilicitude do fato.

(C) O exercício regular de direito.

(D) O estrito cumprimento de dever legal.

As causas de exclusão da ilicitude (ou antijuridicidade) da conduta estão previstas no artigo 23, incisos, do Código Penal. Dentre elas, estão o estado de necessidade, o exercício regular de direito e o estrito cumprimento do dever legal, além da legítima defesa. Portanto, dentre as assertivas, não se trata de causa de exclusão da ilicitude do fato o erro inevitável sobre a ilicitude do fato (previsto no artigo 21 do CP). Este, por recair sobre a potencial consciência da ilicitude, requisito da culpabilidade, é causa de exclusão desta, provocando isenção de pena.
Gabarito "B".

6. AUTORIA E CONCURSO DE PESSOAS

(Cartório/MG – 2012 – FUMARC) Para que o partícipe venha a ser punido por uma infração penal, é preciso que, além da presença dos requisitos do concurso de pessoas, o autor tenha iniciado a execução do delito, nos termos do artigo 31 do Código Penal. Em que momento poderá ter ocorrido a contribuição do partícipe para que este seja punido pela mesma infração do autor?

(A) Após a consumação delitiva.

(B) Desde a ideação até a consumação.

(C) Em qualquer momento, até o exaurimento do delito.

(D) Nos crimes permanentes, em qualquer momento da execução, ainda que irrelevante tenha sido a conduta.

A: incorreta. A conduta do partícipe somente será punível se o induzimento, instigação ou auxílio à prática do crime, pelo autor, ocorrer antes ou durante a execução da empreitada criminosa, até o atingimento do momento consumativo. Uma vez consumado o delito, não se aventa de participação ou coautoria; **B**: correta, de acordo com a banca examinadora. De fato, a participação poderá ocorrer desde a ideação até a consumação do crime, mas a punibilidade somente ocorrerá se o crime for, ao menos, tentado. Para tanto, será de rigor que tenha havido o início da execução do crime. A mera cogitação, fase externa do delito, não é punível pelo Direito penal; **C**: incorreta, pois o exaurimento é fase posterior à própria consumação do crime. Como visto, a participação somente será punível da execução para frente, até o momento consumativo; **D**: incorreta, pois, nos crimes permanentes, cuja consumação se protrai (prolonga) no tempo, o partícipe poderá ser punido desde a prática dos atos executórios até a continuidade da permanência. Porém, para o reconhecimento do concurso de pessoas, imprescindível que a conduta do coautor ou partícipe seja relevante (relevância causal).
Gabarito "B".

(Cartório/RJ – 2012) Sobre concurso de pessoas, é correto afirmar que

(A) é inadmissível coautoria em crime culposo.

(B) na autoria colateral, duas ou mais pessoas intervêm na execução de um crime, buscando o mesmo resultado, sem ignorar a conduta alheia.

(C) autoria incerta é igual a autoria desconhecida.

(D) na participação, o partícipe também pratica o núcleo do tipo penal.

(E) o autor mediato é aquele que realiza indiretamente o núcleo do tipo, valendo-se de pessoa sem culpabilidade ou que age sem dolo ou culpa.

A: incorreta. A doutrina admite, perfeitamente, a coautoria nos crimes culposos, bastando que um dos agentes, de qualquer modo, concorra para que o outro prossiga com sua conduta imprudente, negligente ou imperita. Todo comportamento nesse sentido será tomado como "quebra do dever objetivo de cuidado", elemento imprescindível à caracterização da culpa; B: incorreta. Na autoria colateral, ou coautoria lateral, duas ou mais pessoas, embora concorram para um mesmo resultado, desconhecem uma a conduta da outra. Portanto, inexistirá, nesse caso, concurso de agentes, especialmente pela falta de um de seus elementos constitutivos, qual seja, o liame subjetivo ou vínculo psicológico entre os concorrentes da empreitada criminosa; C: incorreta. A autoria incerta ou com resultado incerto ocorre em caso de autoria colateral (já analisada no comentário à alternativa anterior), quando não se sabe quem foi o efetivo causador do resultado lesivo. Logo, não se conseguirá imputá-lo a qualquer um dos autores colaterais. Já na autoria desconhecida, como o próprio nome sugere, não se sabe quem foi o autor ou os concorrentes da empreitada criminosa. D: incorreta. Na participação, o partícipe comete conduta acessória, vale dizer, secundária, sem que execute qualquer conduta prevista no tipo penal. Caso contrário, será considerado coautor; E: correta. De fato, denomina-se de autor mediato (ou indireto) aquele que, sem praticar exatamente o contido no núcleo do tipo, se vale de terceira pessoa inculpável (ex.: inimputável) ou que aja sem dolo ou culpa (ex.: provocação de erro de tipo essencial) para alcançar o resultado almejado.
Gabarito "E".

(Cartório/SP – 2011 – VUNESP) O artigo 312 do Código Penal, crime de peculato, pode ser imputado

(A) ao particular em coautoria, desde que tenha conhecimento da qualidade de funcionário público do autor.

(B) ao funcionário público desvinculado da função.

(C) somente ao funcionário público independentemente do exercício de sua função.

(D) somente ao particular.

A: correta. A despeito de o crime de peculato ser considerado próprio, visto exigir a qualidade de funcionário público do agente, é certo que será admissível o concurso de pessoas (coautoria ou participação). Importante, para tal conclusão, lembrar da regra prevista no art. 30 do CP, segundo a qual as circunstâncias ou condições de caráter pessoal não se comunicam em caso de concurso de agentes, salvo se elementares do crime (ser funcionário público é elementar típica do crime em tela). Por fim, para a comunicabilidade da condição pessoal ao particular, coautor do peculato (art. 312 do CP), imprescindível que ele tenha ciência de que seu comparsa é funcionário público; **B:** incorreta. Para a caracterização do crime em tela é imprescindível que o funcionário o pratique em razão de sua função. **C:** incorreta, pois o crime de peculato, para restar caracterizado, depende que o agente pratique uma das condutas típicas previstas no art. 312 do CP, mas vinculada à função pública que exerce (p.ex.: no peculato-apropriação, o agente irá apropriar-se de dinheiro, valou ou bem móvel, público ou particular, de que tem a posse em razão do cargo); **D:** incorreta, pois o peculato, para ser imputado a um particular, exigirá, necessariamente, que um funcionário público, com ele conluiado, pratique uma das condutas descritas no art. 312 do CP. Afinal, lembre-se, o crime em comento é próprio, exigindo que o agente ostente a condição de funcionário público, sendo possível que o particular, em concurso com aquele, responde pelo mesmo crime, como coautor ou partícipe.
Gabarito "A".

(Cartório/SP – V – VUNESP) Em relação à comunicabilidade das circunstâncias e condições pessoais na hipótese de concurso de agentes, assinale a alternativa incorreta.

(A) Não se comunicam em hipótese alguma.

(B) Quando elementares do crime, as circunstâncias de caráter pessoal podem se comunicar.

(C) Quando elementares do crime, as condições pessoais podem se comunicar.

(D) Via de regra não se comunicam, ficando a exceção para aquelas que integram o tipo penal como elementares.

Por força do que dispõe o art. 30 do CP, as circunstâncias e condições de caráter pessoal não se comunicam, salvo quando elementares do crime.
Gabarito "A".

7. CULPABILIDADE E CAUSAS EXCLUDENTES

(Cartório/DF – 2008 – CESPE) Considerando a jurisprudência dos tribunais superiores, julgue o item seguinte com base no direito penal brasileiro.

(1) No estabelecimento da inimputabilidade (ou semi-imputabilidade), vigora o critério biopsicológico normativo, o que significa que deve existir prova de que o transtorno mental afetou a capacidade de compreensão do agente quanto ao caráter ilícito da sua ação (requisito intelectual) e a sua capacidade de determinação segundo esse conhecimento (requisito volitivo) à época do fato, não bastando, portanto, apenas a existência da enfermidade.

1: correta. De fato, para o reconhecimento da inimputabilidade por doença mental ou desenvolvimento mental incompleto ou retardado (art. 26, caput, do CP), ou da semi-imputabilidade (art. 26, parágrafo único, do CP), houve a adoção do critério biopsicológico. Assim, não bastará a constatação do déficit mental do agente (aspecto biológico), sendo necessário que, em razão dele, sua capacidade de entender o caráter ilícito do fato (capacidade de entendimento) ou de determinar-se de acordo com esse entendimento (capacidade de autodeterminação) restem absolutamente afetadas (aspecto psicológico). Daí falar-se em critério biopsicológico (**aspecto biológico** – déficit mental + **aspecto psicológico** – afastamento da capacidade de entendimento ou de autodeterminação).
Gabarito "1C".

(Cartório/SP – 2016 – VUNESP) Assinale a alternativa correta.

(A) A embriaguez culposa, por álcool ou substância de efeitos análogos, exclui a imputabilidade penal.

(B) O agente que em virtude de perturbação da saúde mental não era, ao tempo da ação, inteiramente capaz de entender o caráter ilícito do fato ou de determinar-se de acordo com este entendimento, é isento de pena.

(C) A paixão ou a emoção não excluem a imputabilidade penal.

(D) Os menores de dezoito anos são semi-imputáveis, pois estão sujeitos às normas do Estatuto da Criança e do Adolescente.

A: Incorreta. Nos termos do artigo 28, II, do Código Penal, a embriaguez, voluntária ou culposa, pelo álcool ou substância de efeitos análogos, não exclui a imputabilidade penal. **B:** Incorreta. Nos termos do artigo 26 do CP, "é isento de pena o agente que, por doença mental ou desenvolvimento mental incompleto ou retardado, **era**, ao tempo da ação ou da omissão, **inteiramente incapaz** de entender o caráter ilícito do fato ou de determinar-se de acordo com esse entendimento". Se o agente não era inteiramente capaz de entender o caráter ilícito do fato não se verifica a inimputabilidade (que bem exige a completa incapacidade de entendimento e determinação), mas sim a semi-imputabilidade, prevista no artigo 26, parágrafo único, do CP, que acarreta redução de pena (ou substituição da pena por medida de segurança, a teor do artigo 98 do CP, caso haja necessidade), e não a isenção. **C:** Correto. É o que dispõe o artigo 28, I, do CP. **D:** Incorreto. Os menores de dezoito anos são considerados inimputáveis, sujeitando-se à normatização especial do Estatuto da Criança e do Adolescente, nos termos do artigo 27 do CP.

Gabarito "C".

(Cartório/PA – 2016 – IESES) No que diz respeito à classificação do crime quanto ao concurso de Pessoas, é correto afirmar:

(A) O crime de furto (art. 155 do CP) é plurissubjetivo de condutas contrapostas.

(B) O crime de peculato (art. 312 do CP) é plurissubjetivo de condutas paralelas.

(C) O crime de bigamia (art. 235 do CP) é plurissubjetivo de condutas convergentes.

(D) O crime de roubo (art. 157 do CP) é plurissubjetivo de condutas paralelas.

A: Incorreto. O crime de furto não é considerado plurissubjetivo, mas sim de concurso eventual (ou unissubjetivo), visto que pode ser praticado por apenas uma pessoa, não sendo o concurso de agentes necessário à sua consumação. Ocorre crime plurissubjetivo de condutas contrapostas quando é indispensável que os coautores pratiquem as condutas uns contra os outros, como se dá no delito de rixa (art. 137 do CP). **B:** Incorreto. O crime de peculato, tal como o de furto, não é considerado plurissubjetivo, mas sim de concurso eventual (ou unissubjetivo), visto que pode ser praticado por apenas uma pessoa, não sendo o concurso de agentes necessário à sua consumação. Ocorre crime plurissubjetivo de condutas paralelas quando os agentes precisam se auxiliar mutuamente para a busca o resultado comum, como se dá no delito de associação criminosa (art. 288 do CP). **C:** Correto. O crime de bigamia é considerado plurissubjetivo, já que, indispensavelmente, duas pessoas concorrem, obrigatoriamente, para a sua prática. Bem assim, é considerado plurissubjetivo de condutas convergentes, já que as vontades dos nubentes partem de pontos distintos, alinhavando-se, em convergência, no momento da consumação do delito. **D:** Incorreto. O crime de roubo, tal como o de furto, não é considerado plurissubjetivo, mas sim de concurso eventual (ou unissubjetivo), visto que pode ser praticado por apenas uma pessoa, não sendo o concurso de agentes necessário à sua consumação. Ocorre crime plurissubjetivo de condutas paralelas quando os agentes precisam se auxiliar mutuamente para a busca o resultado comum, como se dá no delito de associação criminosa (art. 288 do CP).

Gabarito "C".

(Cartório/MG – 2019 – Consulplan) Quanto à imputabilidade em Direito Penal, assinale a alternativa INCORRETA.

(A) Para o menor de 18 anos, nosso Código Penal adotou o sistema puramente biológico.

(B) Para o doente mental, nosso Código Penal adotou um misto do sistema biológico com o sistema psicológico.

(C) Para a teoria clássica (teoria psicológica da culpabilidade), o doente mental cometeria crime, uma vez que possui capacidade de dolo e culpa.

(D) A embriaguez voluntária ou a culposa não excluem a imputabilidade penal, segundo a **actio libera in causa**. Da embriaguez culposa, contudo, só pode advir um crime culposo.

Há três sistemas utilizados para a definição da inimputabilidade. Pelo sistema biológico, considera-se inimputável o agente que não dispõe de desenvolvimento mental completo, desprezando-se a capacidade de entendimento e autodeterminação do sujeito ao tempo do fato (critério psicológico). Assim, pelo critério biológico, basta a

existência de baixa idade ou anomalia psíquica para que o indivíduo venha a ser considerado inimputável. Pelo sistema psicológico, ocorre o inverso: investiga-se se o indivíduo possuía, ao tempo do fato, capacidade de entendimento e autodeterminação, desprezando--se sua idade ou sua capacidade mental (critério biológico). Por fim, o critério biopsicológico exige, para a inimputabilidade, que o sujeito, em razão de doença mental, desenvolvimento incompleto ou retardado ou em razão da idade, seja também inteiramente incapaz de entender o caráter ilícito do fato ou de determinar-se de acordo com tal entendimento, havendo, portanto, uma junção dos fatores anteriores, notadamente no que diz respeito à existência de doença mental. Feitas tais considerações, passa-se à análise das alternativas trazidas na questão **A:** Correta. Com relação à idade, o Código Penal considera inimputável o menor de 18 (dezoito) anos, sem se imiscuir na perquirição da possibilidade de compreensão do caráter ilícito do fato ou da capacidade de determinar-se de acordo com tal entendimento (artigo 27 do CP). Ou seja, ainda que o menor de 18 (dezoito) anos tenha condições de compreensão e autodeterminação, continuará sendo inimputável, sendo tal dado psicológico irrelevante pela adoção da teoria biológica. **B:** Correto. Com relação ao doente mental, houve a opção do Código Penal pelo sistema biopsicológico. Assim, a mera doença mental (critério biológico), mesmo que comprovada, não é suficiente para definir a inimputabilidade. Junto dela, deve estar presente a total incapacidade de compreender o caráter ilícito do fato ou de determinar-se de acordo com esse entendimento (critério psicológico). Eis o que dispõe o artigo 26, *caput*, do Código Penal. **C:** Correta. Pela teoria psicológica da culpabilidade, defendida, dentre outros, por Franz Von Liszt, as noções de dolo e culpa, hoje tidas como integrantes do substrato do fato típico, integravam o conceito de culpabilidade, sendo suas espécies. A culpabilidade, portanto, poderia se manifestar como dolo ou culpa, "formas pelas quais a culpabilidade pode apresentar-se em concreto" (BETTIOL, Giuseppe. *Direito Penal:* parte geral. São Paulo: Red Livros, 2000, p. 321). Portanto, a culpabilidade, terceiro substrato necessário para a existência de crime, encerrava-se na análise do dolo e da culpa, suas modalidades, ao passo que a imputabilidade era mero pressuposto para sua análise, entendida como a capacidade para ser culpável. Com isso, o conceito de crime aperfeiçoava-se com a análise do dolo e da culpa, elementos que o doente mental pode preencher, já que excluída a necessidade de perquirição da capacidade de compreensão do caráter ilícito do fato ou da autodeterminação. **D:** Incorreta, devendo ser assinalada. Nos termos do artigo 28, II, do Código Penal, não exclui a imputabilidade penal a embriaguez, seja ela voluntária ou culposa, seja pela ingestão de álcool ou por substâncias de efeitos análogos. Aqui, há aplicação da teoria da *actio libera in causa*, (ação livre na causa). Esta, na lição de Cléber Rogério Masson, fundamenta-se na ideia de que "a causa da causa também é a causa do que foi causado", de modo que, "para aferir--se a imputabilidade penal no caso da embriaguez, despreza-se o tempo em que o crime foi praticado. De fato, nesse momento, o sujeito estava privado da capacidade de entendimento e de autodeterminação, por vontade própria, pois bebeu e embriagou-se livre de qualquer coação. Por esse motivo, considera-se como marco da imputabilidade penal o período anterior à embriaguez, em que o agente espontaneamente decidiu consumir bebida alcoólica ou de efeitos análogos" (MASSON, Cléber. *Código Penal Comentado*. São Paulo: Método, 2013, p. 195). A primeira parte da assertiva, portanto, está correta, visto que o Código Penal, adotando a teoria em comento, equiparou a embriaguez voluntária à embriaguez culposa (proveniente de imprudência ou negligência do agente criminoso), de modo que nenhuma delas exclui a imputabilidade penal. Vale lembrar que, somente a embriaguez completa, proveniente de caso fortuito ou força maior, que torne o agente, ao tempo do fato, inteiramente incapaz de entender o caráter ilícito do fato ou de determinar-se de acordo com esse entendimento, é que exclui a imputabilidade (art. 28, § 1º, CP). O equívoco da assertiva reside em sua segunda parte, já que, pela já explicada teoria da *actio libera in causa*, não

4. DIREITO PENAL

há correlação entre a embriaguez culposa com a prática de crimes culposos. A análise do dolo ou da culpa é feita no momento da aferição do fato típico, nos termos do artigo 18, I ou II, do CP, ao passo que a embriaguez culposa deve ser analisada no momento da análise do substrato da culpabilidade, não ensejando, como já visto, sua exclusão, nos termos do art. 28 do CP. Em outras palavras, é perfeitamente possível que o indivíduo embriagado culposamente venha a praticar crime doloso (ou seja, querendo o resultado ou assumindo o risco de produzi-lo), sendo por ele punido como se lúcido estivesse, por força da teoria da *actio libera in causa* (art. 28, II, do CP), assim como é possível ao sujeito embriagado culposamente venha a praticar crime culposo (por imprudência, negligência ou imperícia), sendo também punido normalmente.

Gabarito "D".

8. PENAS E MEDIDAS DE SEGURANÇA

(Cartório/DF – 2006 – CESPE) De acordo com a legislação e a doutrina pertinentes, e considerando, ainda, a jurisprudência do STJ e do STF, julgue o item que se segue, relativo ao direito penal.

(1) Para fins de exacerbação da pena-base, segundo entende o STF, a consideração de inquéritos e processos criminais em andamento como maus antecedentes não viola o princípio constitucional da presunção de inocência.

1: errada. A simples existência de inquéritos policiais ou ações penais em andamento não justificará a majoração da pena-base, reconhecendo-se maus antecedentes. É que, se assim não fosse, estar-se-ia violando o princípio constitucional da presunção de inocência (ou de não-culpabilidade). Afinal, investigação criminal em trâmite ou ação penal não concluída não afastará o estado de inocência de que goza o agente. O STJ, a esse respeito, editou, inclusive, a Súmula 444, com a seguinte redação: "*É vedada a utilização de inquéritos policiais e ações penais em curso para agravar a pena-base*". Confira-se, ademais, o excerto extraído de julgamento do HC 97665/RS, da relatoria do eminente Ministro Celso de Mello (04/05/2010): "*HABEAS CORPUS" – ALEGAÇÃO DE AUSÊNCIA DE FUNDAMENTAÇÃO NA DOSIMETRIA PENAL – RECONHECIMENTO, PELO TRIBUNAL DE JUSTIÇA LOCAL, DE QUE A EXISTÊNCIA DE INQUÉRITOS POLICIAIS EM CURSO, DE AÇÕES PENAIS EM ANDAMENTO E DE ABSOLVIÇÕES LEGITIMA A FORMULAÇÃO, CONTRA O SENTENCIADO, DE JUÍZO NEGATIVO DE MAUS ANTECEDENTES – CONSEQUENTE EXASPERAÇÃO DA PENA-BASE – INADMISSIBILIDADE – OFENSA AO POSTULADO CONSTITUCIONAL DA PRESUNÇÃO DE INOCÊNCIA (CF, ART. 5º, LVII) – CONSEQUENTE REDUÇÃO DA PENA AO SEU MÍNIMO LEGAL – RESTABELECIMENTO, QUANTO A ESSE FUNDAMENTO, DA CORRETÍSSIMA SENTENÇA PROFERIDA PELA MAGISTRADA DE PRIMEIRA INSTÂNCIA – PEDIDO DEFERIDO.- A mera sujeição de alguém a simples investigações policiais (arquivadas ou não) ou a persecuções criminais ainda em curso não basta, só por si – ante a inexistência, em tais situações, de condenação penal transitada em julgado -, para justificar o reconhecimento de que o réu não possui bons antecedentes. Somente a condenação penal transitada em julgado pode justificar a exacerbação da pena, pois, com o trânsito em julgado, descaracteriza-se a presunção "juris tantum" de inocência do réu, que passa, então, a ostentar o "status" jurídico-penal de condenado, com todas as consequências legais daí decorrentes. Precedentes. Doutrina.- A presunção constitucional de inocência no vigente ordenamento positivo brasileiro. A evolução histórica desse direito fundamental titularizado por qualquer pessoa, independentemente da natureza do crime pelo qual venha a ser condenada. O "status quaestionis" no direito internacional: proteção no âmbito regional e no plano global. Presunção de inocência: direito fundamental do indivíduo*

e limitação ao poder do Estado (ADPF 144/DF, Rel. Min. CELSO DE MELLO, Pleno, v.g.). Doutrina. Precedentes (STF)".

Gabarito "1E".

(Cartório/DF – 2003 – CESPE) Acerca do concurso de crimes e da reabilitação, julgue o item que se segue:

(1) Considere a seguinte situação hipotética.

Um indivíduo, mediante ameaça exercida com o emprego de um revólver municiado, subtraiu do interior de um ônibus coletivo a importância de R$ 500,00 do caixa, bem como R$ 1.000,00 de um casal de passageiros.

Nessa situação, o indivíduo responderá pela prática do crime de roubo, com a causa de aumento pelo emprego de arma de fogo, em concurso formal de crimes.

1: correta. No item em análise, vê-se, de fato, que o agente deverá responder pelo crime de roubo majorado (com causa de aumento) pelo emprego de arma, nos termos do art. 157, § 2º-A, I, do CP (redação da Lei n. 13.964/19). Considerando que no mesmo contexto fático, subtraiu dinheiro pertencente a vítimas distintas (empresa de ônibus e casal de passageiros), deve ser reconhecido o concurso formal de crimes (art. 70 do CP), que se verifica quando o agente, mediante uma só ação, pratica dois ou mais crimes, idênticos ou não.[1]

Gabarito "1C".

(Cartório/ES – 2007 – FCC) Quando o agente, mediante uma só ação ou omissão, pratica dois ou mais crimes, idênticos ou não, sendo a ação ou omissão dolosa e os crimes concorrentes resultantes de desígnios autônomos,

(A) aplica-se a pena de um só dos crimes, se idênticas as infrações penais, porém acrescida de um sexto até metade.

(B) aplica-se a pena do crime mais grave, se distintas as infrações penais, acrescida de um sexto até metade.

(C) aplicam-se as penas cumulativamente.

(D) aplica-se a pena de um dos crimes, idênticos ou não, acrescida de um quarto até metade.

(E) aplica-se a pena de um só dos crimes, se idênticos, ou a mais grave, se diversas, aumentando-se, em qualquer caso, de um sexto a dois terços.

A, B, D e E: incorretas. No enunciado da questão, temos situação que se amolda ao *concurso formal*, que se caracteriza pelo fato de o agente, mediante uma só ação ou omissão, praticar dois ou mais crimes, idênticos ou não (art. 70, caput, do CP). A doutrina o subdivide em duas espécies: i) concurso formal perfeito ou próprio – verifica-se quando o agente, agindo com um só desígnio delituoso, comete dois ou mais crimes, idênticos ou não. Nesse caso, aplicar-se-á a pena de um só deles, se idênticas, ou a mais grave, se distintos, aumentada, em qualquer caso, de um sexto até a metade; ii) concurso formal imperfeito ou impróprio – verifica-se quando o agente, agindo com pluralidade de desígnios (ou com desígnios autônomos), comete dois ou mais crimes dolosos. Aqui, incidirá não uma mera exasperação da pena (um sexto à metade), mas, sim, a soma de todas elas (cúmulo material), consoante dispõe a segunda parte do art. 70, *caput*, do CP. Logo, as assertivas em análise estão erradas, pois no concurso formal imperfeito ou impróprio não haverá acréscimo de pena, mas, sim, soma de cada uma das resultantes de cada um dos crimes, que podem ser idênticos ou não; **C:** correta, nos termos do art. 70, *caput*, segunda parte, do CP.

Gabarito "C".

---

1. Comentários alterados para a 3ª edição do livro, por Lucas Corradini.

(Cartório/MG – 2009 – EJEF) Assinale a assertiva FALSA. No que tange à imposição de penas, as leis brasileiras estabelecem:

(A) O tempo de cumprimento das penas privativas de liberdade não pode ser superior a 30 (trinta) anos.

(B) Quando o agente for condenado a penas privativas de liberdade cuja soma seja superior a 30 (trinta) anos, elas devem ser unificadas para atender ao limite máximo previsto em lei.

(C) O juiz dará à autoridade administrativa competente conhecimento da sentença transitada em julgado, que impuser ou de que resultar a perda da função pública ou a incapacidade temporária para investidura em função pública ou para exercício de profissão ou atividade.

(D) O réu que sofrer condenação em caráter perpétuo no Brasil não poderá ser submetido a tortura, nem a tratamento desumano ou degradante.

A: correta à época da prova, conforme redação do art. 75, caput, do CP. Entretanto, importante ressaltar que a Lei n. 13.964/19 aumentou o tempo limite de cumprimento da pena privativa de liberdade para 40 (quarenta) anos.; B: correta (art. 75, § 1º, do CP); C: correta (art. 691 do CPP); D: incorreta, pois nenhuma pena poderá ter caráter perpétuo (art. 5º, XLVII, "b", da CF), bem como ninguém poderá ser submetido a tortura, nem a tratamento desumano ou degradante (art. 5º, III, da CF).
Gabarito "D".

(Cartório/MS – 2009 – VUNESP) "A", primário, foi condenado por tentativa de roubo qualificado à pena de 2 anos e 8 meses de reclusão e multa. O juiz, ao aplicar a pena,

(A) deverá fixar o regime fechado para o cumprimento inicial por tratar-se de crime praticado com violência contra a pessoa.

(B) poderá substituir a pena privativa de liberdade por uma pena restritiva de direitos.

(C) poderá substituir a pena privativa de liberdade por duas penas restritivas de direitos.

(D) poderá conceder a suspensão condicional da pena privativa de liberdade por até 4 anos.

(E) poderá fixar o regime aberto para o cumprimento inicial da pena privativa de liberdade.

A: incorreta , pois iniciará o cumprimento da reprimenda no regime fechado o condenado a pena superior a oito anos, em vista do que dispõe o art. 33, § 2º, a, do CP; B e C:incorretas, pois independente da pena aplicada, é vedada a substituição da pena privativa de liberdade por restritivas de direito quando o crime for praticado com violência ou grave ameaça à pessoa – art. 44, I, do CP; D: incorreta, pois constitui requisito objetivo à incidência do *sursis* a condenação à pena privativa de liberdade não superior a dois anos, exceção feita ao *sursis* etário ou humanitário, em que a pena não é superior a quatro anos – art. 77, *caput* e § 2º, do CP; E: correta, pois reflete o disposto no art. 33, § 2º, *c*, do CP.
Gabarito "E".

(Cartório/RJ – 2008 – UERJ) São circunstâncias que atenuam a pena, exceto:

(A) o desconhecimento da lei

(B) cometer o crime em razão de relevante valor moral

(C) ser o agente maior de sessenta anos na data do fato

(D) a confissão espontânea perante autoridade competente

(E) cometer o crime sob a influência de multidão em tumulto, se não o provocou

Alerta ao candidato: a questão quer saber qual alternativa não é circunstância atenuante! Vamos a elas. A: incorreta, pois o desconhecimento da lei é circunstância atenuante (art. 65, II, do CP); B: incorreta, pois, de acordo com o art. 65, III, "a", do CP, cometer o crime em razão de relevante valor moral ou social, é circunstância que sempre atenua a pena; C: correta, pois ser o agente maior de setenta anos de idade na data da sentença (e não sessenta anos de idade na data do fato!) é circunstância atenuante (art. 65, I, do CP); D: incorreta, pois a confissão espontânea está prevista no art. 65, III, "d", do CP. E: incorreta, pois cometer o crime sob a influência de multidão em tumulto, se não o provocou, é considerado circunstância atenuante (art. 65, III, "e", do CP).
Gabarito "C".

(Cartório/RJ – 2008 – UERJ) São penas de interdição temporária de direitos, exceto:

(A) limitação de final de semana

(B) proibição de exercício de mandato eletivo

(C) suspensão de habilitação para dirigir veículo

(D) proibição de frequentar determinados lugares

(E) proibição de exercício de ofício que dependa de habilitação especial

A: incorreta, pois a limitação de fim de semana (art. 43, III, do CP) é espécie autônoma de pena restritiva de direitos, que, por sua vez, também tem como subespécie a interdição temporária de direitos (art. 43, V, do CP); B, C, D e E: corretas. De acordo com o art. 47 do CP, são consideradas penas de interdição temporária de direitos (que, por sua vez, é espécie de pena restritiva de direitos): I – proibição do exercício de cargo, função ou atividade pública, bem como de mandato eletivo (alternativa B); II – proibição do exercício de profissão, atividade ou ofício que dependam de habilitação especial, de licença ou autorização do poder público (alternativa E); III – suspensão de autorização ou de habilitação para dirigir veículo (alternativa C); IV – proibição de frequentar determinados lugares (alternativa D); V – proibição de inscrever-se em concurso, avaliação ou exame públicos.
Gabarito "A".

(Cartório/RJ – 2008 – UERJ) São penas restritivas de direito, exceto:

(A) prestação pecuniária

(B) perda de bens e valores

(C) recolhimento domiciliar

(D) limitação de fim de semana

(E) interdição temporária de direitos

A, B, D e E: incorretas. De acordo com o art. 43 do CP, são espécies de penas restritivas de direitos: I – prestação pecuniária (alternativa A); II – perda de bens e valores (alternativa B); III – (VETADO); IV – prestação de serviço à comunidade ou a entidades públicas; V – interdição temporária de direitos (alternativa E); VI – limitação de fim de semana (alternativa D); C: correta. De fato, o recolhimento domiciliar não se encontra no rol das penas restritivas de direitos.
Gabarito "C".

(Cartório/SC – 2012) Sobre as penas privativas de liberdade é **correto** afirmar:

(A) O trabalho do preso será sempre remunerado, sendo--lhe garantidos os benefícios da Previdência Social.

(B) As penas de reclusão e detenção devem ser cumpridas em regime fechado, semiaberto ou aberto.

4. DIREITO PENAL — 231

(C) O condenado a pena privativa de liberdade em regime fechado poderá frequentar cursos supletivos, profissionalizantes, de instrução de 2° grau ou superior.

(D) Não se computa, a título de detração, a pena privativa de liberdade cumprida no estrangeiro.

(E) O preso conserva todos os direitos, inclusive aqueles atingidos pela perda da liberdade.

A: correta, nos exatos termos do art. 39 do CP; **B**: incorreta, pois a pena de detenção deverá ser cumprida, inicialmente, nos regimes semiaberto ou aberto (art. 33, *caput*, do CP), salvo necessidade de transferência ao fechado. Assim, enquanto que o regime inicial para o cumprimento da pena de reclusão poderá ser o fechado, semiaberto ou aberto, para a detenção, não se imporá, inicialmente, o regime fechado; **C**: incorreta, sendo possível ao condenado que esteja cumprindo pena no regime semiaberto (e não no fechado, como afirmado na alternativa), o trabalho externo, bem como a frequência a cursos supletivos, profissionalizantes, de instrução de segundo grau ou superior (art. 35, § 2°, do CP); **D**: incorreta. O art. 42 do CP preconiza que "*computam--se na pena privativa de liberdade e na medida de segurança, o tempo de prisão provisória, no Brasil ou no estrangeiro*". E: incorreta. Por óbvio, o preso conservará todos os direitos não atingidos pela perda da liberdade (art. 38 do CP).

Gabarito "A"

(Cartório/SP – 2012 – VUNESP) É correto afirmar que

(A) funcionário público que pratica crime no exercício da função pública, com violação de deveres a ela inerentes, com aplicação de pena igual ou superior a um ano e declaração expressa e motivada na sentença, está sujeito ao efeito extrapenal específico de perda do cargo, função pública ou mandato eletivo.

(B) funcionário público que pratica crime no exercício da função pública, com violação de deveres a ela inerentes, com aplicação de pena igual ou superior a quatro anos, automaticamente, tem aplicado o efeito extrapenal específico de perda do cargo, função pública ou mandato eletivo, desde que haja sentença condenatória transitada em julgado.

(C) é sempre aplicado, automaticamente, o efeito extrapenal específico de perda do cargo, função pública ou mandato eletivo, ao agente de crime praticado no exercício da função pública, além de tornar certa a obrigação de reparação do dano.

(D) por ser efeito extrapenal genérico, a perda do cargo, função pública ou mandato eletivo decorre de qualquer condenação criminal e não precisa ser expressamente declarada na sentença, desde que praticado o crime por funcionário público.

A: correta. De fato, constitui efeito secundário de natureza extrapenal a perda do cargo, função pública ou mandato eletivo do agente que, tendo agido com abuso de poder ou violação de deveres para com a Administração Pública, houver sido punido a pena privativa de liberdade igual ou superior a um ano (art. 92, I, "a", do CP), tratando-se de efeito não automático da condenação, exigindo, pois, declaração motivada na sentença (art. 92, parágrafo único, do CP); **B**: incorreta. O funcionário público punido com pena privativa de liberdade superior a quatro anos, pouco importando se sua conduta tiver sido perpetrada com violação de deveres inerentes à função pública, perderá o cargo ou a função, exigindo-se, porém, declaração motivada na sentença (art. 92, I, "b" e parágrafo único, do CP); **C**: incorreta. A perda do cargo, função pública ou mandato eletivo, ao agente que houver praticado crime com abuso de poder ou violação de deveres para com a Administração Pública, constitui efeito não

automático (ou específico) da condenação, exigindo declaração motivada na sentença (art. 92, I, "a" e parágrafo único, do CP). No tocante à obrigação de reparar o dano, de fato, se trata de efeito automático da condenação (art. 91, I, do CP), não precisando constar da sentença; **D**: incorreta. A perda do cargo, função pública ou mandato eletivo não é efeito genérico (ou automático) da condenação, mas, sim, específico (ou não automático), conforme dispõe o art. 92, I, "a" e "b", e parágrafo único, do CP.

Gabarito "A"

(Cartório/MG – 2012 – FUMARC) Constitui efeito específico e não automático da sentença condenatória transitada em julgado

(A) tornar certa a obrigação de indenizar o dano causado pelo crime.

(B) a perda de cargo ou função pública, quando aplicada pena privativa de liberdade por tempo igual ou superior a um ano, nos crimes praticados com abuso de poder ou violação de dever para com a administração pública.

(C) perda em favor da União, ressalvado o direito do lesado ou de terceiro de boa-fé, do produto do crime ou de qualquer bem ou valor que constitua proveito auferido pelo agente com a prática do fato criminoso.

(D) perda em favor da União, ressalvado o direito do lesado ou de terceiro de boa-fé, dos instrumentos do crime, desde que consistam em coisas cujo fabrico, alienação, uso, porte ou detenção constitua fato ilícito.

A: incorreta, pois a obrigação de indenizar o dano causado pelo crime constitui efeito genérico (ou automático) da condenação, nos termos do art. 91, I, do CP; **B**: correta. De fato, a perda de cargo, função pública ou mandato eletivo, nos moldes preconizados no art. 92, I, "a" e "b", constitui efeito específico (ou não automático) da sentença condenatória, exigindo-se declaração motivada no ato decisório (art. 92, parágrafo único, do CP); **C** e **D**: incorretas, pois a perda, em favor da União, do produto do crime ou do proveito auferido com o ilícito penal, bem como dos instrumentos do crime, desde que consistam em coisas cujo fabrico, alienação, uso, porte ou detenção constituam fato ilícito, nos termos do art. 91, II, "a" e "b", do CP, são efeitos genéricos (ou automáticos) da condenação.

Gabarito "B"

(Cartório/SP – II – VUNESP) O agente que pratica um crime após ter transitado em julgado a sentença que o condenou pela prática de contravenção penal anterior

(A) não é reincidente.

(B) só é reincidente se a contravenção foi praticada no Brasil.

(C) é reincidente.

(D) é reincidente se, entre a data da extinção da pena e a infração posterior, não decorreu período superior a cinco anos.

Não constitui hipótese de reincidência o cometimento de *crime* depois de o agente ter sido condenado definitivamente por *contravenção penal*, visto que essa situação não está contemplada na lei. Atenção: em vista do disposto no art. 7° da Lei das Contravenções Penais, terá lugar a reincidência na hipótese de o agente praticar uma *contravenção* depois de passar em julgado a sentença que o condenou pela prática de *crime*.

Gabarito "A"

(Cartório/SP – III – VUNESP) De acordo com o instituto da detração, computam-se,

(A) exclusivamente na pena privativa de liberdade, o tempo de prisão provisória, no Brasil, e o de prisão administrativa, no Brasil ou no estrangeiro.

(B) na pena privativa de liberdade e na medida de segurança, exclusivamente o tempo de prisão provisória e o de internação em hospital de custódia e tratamento psiquiátrico, no Brasil ou no estrangeiro.

(C) na pena privativa de liberdade e na medida de segurança, o tempo de prisão provisória, no Brasil ou no estrangeiro, o de prisão administrativa e o de internação em hospital de custódia e tratamento psiquiátrico, ou, à falta, em outro estabelecimento adequado.

(D) exclusivamente na pena privativa de liberdade, o tempo de prisão provisória, no Brasil, o de prisão administrativa e o de internação em hospital de custódia e tratamento psiquiátrico, ou, à falta, em outro estabelecimento similar.

A *detração* está prevista no art. 42 do CP.
Gabarito "C".

(Cartório/SP – III – VUNESP) Indique a alternativa incorreta relativamente à prestação de serviços à comunidade ou a entidades públicas.

(A) A prestação de serviços à comunidade ou a entidades públicas consiste na atribuição de tarefas gratuitas ao condenado, devendo ser cumpridas à razão de duas horas de tarefa por dia, fixadas de modo a não prejudicar a jornada normal de trabalho.

(B) A prestação de serviços à comunidade ou a entidades públicas é aplicável às condenações superiores a seis meses de privação de liberdade.

(C) A prestação de serviços à comunidade ou a entidades públicas dar-se-á em entidades assistenciais, hospitais, escolas, orfanatos e outros estabelecimentos congêneres, em programas comunitários ou estatais.

(D) Se a pena substituída for superior a um ano, é facultado ao condenado cumprir a pena substituída em menor tempo, nunca inferior à metade da pena privativa de liberdade fixada.

A: assertiva incorreta, tendo em conta que a *prestação de serviços à comunidade* ou *a entidades públicas*, a teor do que dispõe o art. 46, § 3º, do CP, deverá ser cumprida à razão de *uma hora* de tarefa por dia de condenação; B: correta, visto que em consonância com o que enuncia o art. 46, *caput*, do CP; C: correta, pois em consonância com o estabelece o art. 46, § 2º, do CP; D: correta, nos termos do art. 46, § 4º, do CP.
Gabarito "A".

(Cartório/SP – III – VUNESP) Indique qual das alternativas não corresponde a um pressuposto para a concessão do livramento condicional.

(A) Condenação do réu a pena privativa de liberdade igual ou superior a dois anos.

(B) Reparação do dano causado pela infração, salvo efetiva impossibilidade de fazê-lo.

(C) Cumprimento de mais de 1/3 da pena, se não for reincidente em crime culposo ou doloso, e tiver bons antecedentes.

(D) Comprovado comportamento satisfatório durante a execução da pena, bom desempenho no trabalho

que lhe foi atribuído e aptidão para prover à própria subsistência mediante trabalho honesto.

A:assertiva correta, constitui *requisito objetivo* à concessão do livramento condicional que a pena estabelecida na sentença seja igual ou superior a dois anos – art. 83, *caput*, do CP; B: assertiva correta, outro *requisito objetivo* exigido para que o condenado faça jus ao benefício do livramento condicional é a *reparação do dano* impingido à vítima do crime, salvo efetiva impossibilidade de fazê-lo – art. 83, IV, do CP; C: assertiva incorreta, a reincidência em *crime culposo* não obsta a obtenção do livramento em favor do sentenciado que haja cumprido mais de um terço da pena e ostente bons antecedentes; somente a reincidência em *delito doloso* impedirá a concessão do benefício ao condenado que tenha cumprido mais de um terço da pena fixada na sentença – art. 83, I, do CP. Neste caso, o livramento será concedido com o cumprimento de mais da metade da pena (inciso II do dispositivo); D: assertiva correta, nos termos do art. 83, III, do CP, que estabelece os *requisitos subjetivos* necessários para que sentenciado alcance o livramento condicional. O dispositivo em comento foi alterado pela Lei n. 13.964/19.
Gabarito "C".

(Cartório/SP – III – VUNESP) Indique a alternativa incorreta, no que se refere ao concurso de crimes.

(A) Quando o agente, mediante uma só ação ou omissão dolosa, pratica dois ou mais crimes, idênticos ou não, que resultam de desígnios autônomos, aplica-se-lhe a mais grave das penas cabíveis ou, se iguais, somente uma delas, mas aumentada, em qualquer caso, de um sexto até a metade.

(B) A pena imposta pelo concurso formal de crimes não poderá exceder à que seria cabível pela regra do concurso material.

(C) No concurso de crimes, as penas de multa são aplicadas distinta e integralmente.

(D) Quando o agente, mediante mais de uma ação ou omissão, pratica dois ou mais crimes, idênticos ou não, aplicam-se cumulativamente as penas privativas de liberdade em que haja incorrido.

A: incorreta, nos termos do art. 70 do CP, o concurso formal poderá ser *próprio* (perfeito) ou *impróprio* (imperfeito). No primeiro caso (primeira parte do *caput*), temos que o agente, por meio de uma única ação ou omissão (um só comportamento), pratica dois ou mais crimes, idênticos ou não, com *unidade de desígnio*; já no *concurso formal impróprio* ou *imperfeito* (segunda parte do *caput*), a situação é diferente. Aqui, a conduta única decorre de desígnios autônomos, vale dizer, o agente, no seu atuar, deseja os resultados produzidos. Como consequência, as penas serão somadas, aplicando-se o critério ou sistema do *cúmulo material*. No concurso formal perfeito, diferentemente, se as penas previstas forem idênticas, aplica-se somente uma; se diferentes, aplica-se a maior, acrescida, em qualquer caso, de um sexto até metade (sistema da exasperação). A assertiva – incorreta – refere-se ao *concurso formal impróprio*; B: correta, visto que reflete o disposto no art. 70, parágrafo único, do CP; C: correta, nos termos do art. 82 do CP; D: proposição correta. O art. 69 do CP prescreve que o agente deve ser punido pela soma das penas privativas de liberdade quando pratica dois ou mais crimes idênticos (concurso material homogêneo) ou não idênticos (concurso material heterogêneo). As penas, portanto, aplicam-se cumulativamente.
Gabarito "A".

(Cartório/SP – V – VUNESP) Na hipótese do concurso de agravantes e atenuantes na mesma infração penal, a pena deve aproximar-se do limite indicado pelas circunstâncias preponderantes, conforme expressa disposição legal.

Para tanto, o Código Penal enumera as circunstâncias preponderantes. Assinale a alternativa que não descreve uma circunstância preponderante.

(A) Personalidade do agente.

(B) Motivos determinantes do crime.

(C) Reincidência.

(D) Comportamento da vítima.

O *comportamento da vítima* não está contemplado no art. 67 do CP como circunstância preponderante.
Gabarito "D".

(Cartório/SP – V – VUNESP) O condenado por crime contra a Administração Pública, para obter o benefício da progressão de regime de cumprimento de pena, deverá

(A) satisfazer aos requisitos comuns previstos para todos os crimes e reparar o dano ou devolver o produto do crime.

(B) satisfazer aos requisitos previstos para todos os crimes, sem qualquer exigência extra.

(C) satisfazer aos requisitos previstos para todos os crimes e deixar de contratar com o poder público nos 2 anos subsequentes.

(D) apenas reparar o dano causado ou devolver o produto do crime, não se aplicando aos servidores públicos as disposições comuns.

Na hipótese de cometimento de crime contra a Administração Pública, o agente, a teor do art. 33, § 4º, do CP, terá a sua progressão de regime condicionada à reparação do dano causado ou à devolução do produto do ilícito praticado, com os acréscimos legais.
Gabarito "A".

(Cartório/SP – V – VUNESP) Para fins de contagem do lapso temporal para a progressão de regime prisional na hipótese de já deferida a unificação das penas em respeito ao limite de 30 anos, segundo o entendimento contido em súmula do Supremo Tribunal Federal, considera-se

(A) a pena já unificada em 30 anos, em respeito ao limite legal.

(B) o total real da somatória de todas as penas, desprezando-se a unificação.

(C) a pena já unificada em 30 anos, acrescida de 1/6 em qualquer caso.

(D) o total real da somatória de todas as penas, diminuído de 1/3 se primário e 1/2 se reincidente.

Súmula nº 715, STF: "A pena unificada para atender ao limite de trinta anos de cumprimento, determinado pelo art. 75 do Código Penal, não é considerada para a concessão de outros benefícios, como o livramento condicional ou regime mais favorável de execução". Entretanto, importante ressaltar que a Lei n. 13.964/19 aumentou o tempo limite de cumprimento da pena privativa de liberdade para 40 (quarenta) anos. [2]
Gabarito "B".

(Cartório/SP – V – VUNESP) Assinale a alternativa correta a respeito do servidor público que, definitivamente condenado em processo criminal, poderia ter declarada a perda do cargo como efeito da condenação na própria sentença penal condenatória.

(A) Condenado a cumprir a pena de 01 ano por crime praticado com abuso de poder.

(B) Condenado a cumprir pena privativa de liberdade de 10 meses por crime praticado com violação de dever para com a Administração Pública.

(C) Condenado a cumprir, em regime inicial aberto, a pena de 04 anos por crime de furto simples que teve como vítima um particular.

(D) Em nenhuma hipótese, já que, por força da independência das instâncias, para a perda do cargo público, não basta a condenação criminal, devendo ser instaurado processo administrativo, no qual será assegurada a ampla defesa.

A: correta, nos termos do art. 92, I, *a*, do CP. A perda de cargo, função pública ou mandato eletivo constitui efeito *específico* da condenação. Isso quer dizer que, em vista do que dispõe o art. 92, parágrafo único, do CP, este efeito da condenação, por não ser automático, pressupõe que o juiz o pronuncie na sentença. Para facilitar a compreensão deste tema, cabe um esclarecimento. Os efeitos da condenação contemplados no art. 91 do CP são *automáticos* (genéricos). Significa dizer que é desnecessário o pronunciamento do juiz, a esse respeito, na sentença. Já o art. 92 do CP trata dos efeitos da condenação *não automáticos* (específicos), que, por essa razão, somente podem incidir se o juiz, na sentença condenatória, declará-los de forma motivada; **B**: incorreta, pois, a teor do art. 92, I, *a*, do CP, o agente somente perderá o cargo, função pública ou mandato eletivo se a pena privativa de liberdade aplicada for *igual ou superior a um ano*; **C**: incorreta, o servidor, neste caso, somente perderá o cargo, função pública ou mandato eletivo se a pena privativa de liberdade aplicada for *superior a quatro anos* – art. 92, I, *b*, do CP; **D**: incorreta, já que a perda de cargo, função pública ou mandato eletivo constitui, sim, conforme estabelece o art. 92, I, do CP, efeito da condenação em processo criminal, sem prejuízo de o servidor ser processado no âmbito administrativo.
Gabarito "A".

(Cartório/MG – 2015 – Consulplan) Quanto às penas e à extinção da punibilidade, assinale a alternativa correta.

(A) Constitui pena privativa de liberdade a limitação de fim de semana.

(B) Para efeito de reincidência são considerados os crimes militares próprios e políticos.

(C) A sentença que conceder perdão judicial não será considerada para efeitos de reincidência.

(D) O fato de receber o ofendido a indenização do dano causado pelo crime importa em renúncia tácita ao direito de queixa.

A: Incorreta. A pena de limitação de final de semana é espécie de pena restritiva de direitos, nos termos do artigo 43, VI, do Código Penal. **B**: Incorreta. Nos termos do artigo 64, II, do Código Penal, os crimes militares próprios (aqueles que encontram tipificação, **apenas**, no Código Penal Militar, *v.g.* deserção) e os crimes políticos (Lei n. 7.170/83) não são considerados para efeito de reincidência. São crimes militares próprios aqueles que encontram tipificação, **apenas**, no Código Penal Militar (ex: deserção). **C**: Correto. É o que dispõe o art. 120 do CP. Vale ressaltar que, com o advento da Súmula n. 18 do STJ, consolidou-se o entendimento de que a sentença de perdão judicial tem natureza declaratória da extinção da punibilidade, o que torna a norma em pauta, até mesmo, desnecessária. **D**: Incorreta. Importa em renúncia tácita ao direito de queixa a prática de qualquer ato incompatível com o desejo de exercê-la. Contudo, o art. 104, parágrafo único, do CP, que disciplina o instituto, faz expressa ressalva ao recebimento de indenização pelo dano causado pelo crime, asseverando não caracterizar renúncia ao direito de ação.
Gabarito "C".

---

2. Comentários alterados para a 3ª edição do livro, por Lucas Corradini.

(Cartório/MG – 2015 – Consulplan) "Em 2012, Tício, contando com 20 anos de idade, teve conjunção carnal com Malévola, que contava com 13 anos de idade. Tício foi denunciado e, no curso do processo, confessou os fatos. O auto de corpo de delito comprovou a conjunção carnal. O exame de insanidade mental revelou que Tício, por doença mental, era, ao tempo do ato, inteiramente incapaz de entender o caráter ilícito do fato." A sanção penal, aplicada dois anos após os fatos, foi

(A) pena de reclusão.

(B) pena de detenção.

(C) medida de segurança consistente em internação em hospital de custódia e tratamento psiquiátrico.

(D) Medida de segurança consistente em tratamento ambulatorial.

Tendo sido comprovado que Tício era, por doença mental, inteiramente incapaz de entender o caráter ilícito da conduta, verifica-se sua inimputabilidade, nos termos do art. 26 do CP, sendo, portanto, o agente isento de pena. Para o inimputável que possua doença mental, o CP prevê a aplicação de, ao invés de pena, medida de segurança, distinta espécie de sanção penal. A medida de segurança pode ser de internação em hospital de custódia e tratamento psiquiátrico, ou outro estabelecimento adequado (art. 96, I, do CP), ou submissão a tratamento ambulatorial (art. 96, II, do CP). A submissão a tratamento ambulatorial é reservada aos crimes punidos com detenção, nos termos do artigo 97 do CP. Assim, no caso dos autos, uma vez que a conduta se amolda ao crime de estupro de vulnerável (artigo 217-A do CP), punido com reclusão, a medida de segurança cabível é a internação em hospital de custódia e tratamento psiquiátrico. A sentença, no caso, é classificada como absolutória imprópria, visto que, a despeito de julgar improcedente a pretensão acusatória pela ausência da culpabilidade, reconhece a prática de fato típico e ilícito e aplica uma sanção penal.
Gabarito "C".

(Cartório/MG – 2015 – Consulplan) São penas restritivas de direitos, EXCETO:

(A) A prestação pecuniária.

(B) A prestação de serviço a entidades públicas.

(C) A monitoração eletrônica.

(D) A limitação de fim de semana.

As penas restritivas de direitos estão elencadas no art. 43 do CP, sendo prestação pecuniária, perda de bens e valores, prestação de serviços à comunidade ou a entidades públicas, interdição temporária de direitos e limitação de fim de semana. Portanto, não está inserida a monitoração eletrônica, que não é pena, mas medida cautelar diversa da prisão destinada a assegurar o controle do réu durante o curso do processo penal, quando em liberdade provisória (art. 319, IX, do CPP).
Gabarito "C".

(Cartório/MG – 2015 – Consulplan) "Na Praça da Matriz, por volta das 15h, Tício, apontando um revólver, subtraiu, para si, o relógio de ouro de Pérsio, o que foi testemunhado pelo pedestre Caio. No dia seguinte, no mesmo horário e na mesma praça, Tício, utilizando o mesmo revólver, agrediu Pérsio, mediante coronhadas, causando-lhe perda da visão do olho esquerdo." Tício responderá pelos crimes

(A) em concurso material.

(B) em concurso formal.

(C) em concurso de pessoas.

(D) em continuidade delitiva.

Tício praticou os crimes de roubo majorado pelo emprego de arma (art. 157, § 2º-A, I, do CP) e lesões corporais de natureza grave (art. 129, § 1º, III, CP). Verifica-se o concurso formal de crimes quando, com uma única conduta, o agente provoca dois ou mais resultados criminosos (art. 70 do CP), não sendo esta a hipótese do problema, em que as condutas foram praticadas em contextos distintos. A continuidade delitiva (art. 71 do CP) se verifica quando há mais de uma conduta, acarretando mais de um resultado, devendo haver, porém, um nexo de continuidade entre elas, indicado pelas condições de tempo, local maneira de execução, dentre outras. Além disso, para haver continuidade delitiva, é indispensável que os crimes sejam da mesma espécie (previstos no mesmo tipo penal, atingindo o mesmo bem jurídico), razão pela qual também não é esta a hipótese da questão. Por fim, o concurso material de infrações penais ocorre quando mais de uma conduta acarreta mais de um resultado criminoso, sendo a exata hipótese narrada no problema.[3]
Gabarito "A".

(Cartório/MG – 2015 – Consulplan) É circunstância agravante dos crimes tipificados no Código de Defesa do Consumidor (Lei nº 8.078/1990):

(A) Ocasionarem os crimes pequeno dano coletivo.

(B) Quando os crimes forem cometidos por servidor público.

(C) Quando os crimes forem cometidos em detrimento de pessoa portadora de deficiência motora.

(D) Serem os crimes cometidos em época de suave crise econômica.

As agravantes específicas dos crimes previstos no Código de Defesa do Consumidor constam de seu artigo 76, incisos, dentre as quais está, no inciso IV, *a*, ter sido a conduta praticada por servidor público.
Gabarito "B".

(Cartório/PA – 2016 – IESES) As penas restritivas de direito são:

I. Prestação pecuniária, limitação de fim de semana e perda de bens e valores.

II. Reclusão e detenção.

III. Prestação de serviço à comunidade ou a entidades públicas e interdição temporária de direitos.

IV. Multa.

A sequência correta é:

(A) Apenas as assertivas I e IV estão corretas.

(B) Apenas a assertiva II está correta.

(C) Apenas as assertivas I e III estão corretas.

(D) Apenas as assertivas I, III e IV estão corretas.

I: Correto. Todas são penas restritivas de direitos previstas no art. 43 do Código Penal. II: Incorreto. Reclusão e detenção são espécies de penas privativas de liberdade. III: Correto. Todas são penas restritivas de direitos previstas no art. 43 do Código Penal. IV: Incorreto. A multa, tal como a pena privativa de liberdade e a pena restritiva de direitos, é espécie autônoma de sanção penal, nos termos do art. 32 do Código Penal.
Gabarito "C".

(Cartório/PA – 2016 – IESES) Computam-se, na pena privativa de liberdade e na medida de segurança, o tempo de prisão provisória, no Brasil ou no estrangeiro, o de prisão administrativa e o de internação em hospital de custódia e tratamento psiquiátrico. Esse cômputo é denominado pelo Código Penal de:

(A) Retração.

---

3. Comentários alterados para a 3ª edição do livro, por Lucas Corradini.

4. DIREITO PENAL   235

(B) Remissão.

(C) Detração.

(D) Exação.

O enunciado da questão traz a norma do art. 42 do CP, que carrega o instituto da detração em seu bojo, entendido, em síntese, como o desconto do período de prisão provisória na pena privativa de liberdade ou medida de segurança.
Gabarito "C".

(Cartório/PA – 2016 – IESES) Em relação ao direito do condenado ao trabalho externo é correto afirmar:

I. O trabalho externo será admissível para os presos em regime fechado somente em serviço ou obras públicas realizadas por órgãos da Administração Direta ou Indireta, ou entidades privadas, desde que tomadas as cautelas contra a fuga e em favor da disciplina.

II. O limite máximo do número de presos será de 20% (vinte por cento) do total de empregados na obra.

III. A prestação de trabalho à entidade privada depende do consentimento expresso do preso.

IV. A prestação de trabalho externo, a ser autorizada pela direção do estabelecimento, dependerá de aptidão, disciplina e responsabilidade, além do cumprimento mínimo de 1/4 (um quarto) da pena.

A sequência correta é:

(A) Apenas as assertivas I, III e IV estão corretas.

(B) Apenas a assertiva II está correta.

(C) As assertivas I, II, III e IV estão corretas.

(D) Apenas as assertivas I e III estão corretas.

I: Correto. É o que dispõe o art. 36 da Lei de Execuções Penais (Lei n. 7.210/84). II: Incorreto. Nos termos do art. 36, § 1º, da Lei de Execuções Penais, o limite máximo do número de presos será de 10% (dez por cento) do total de empregados na obra. III: Correto. É o que dispõe o art. 36, § 3º, da Lei de Execuções Penais. IV: Incorreto. Nos termos do art. 37 da Lei de Execuções Penais, a prestação do trabalho externo depende de aptidão, disciplina e responsabilidade, além do cumprimento mínimo de 1/6 da pena.
Gabarito "D".

9. AÇÃO PENAL

(Cartório/RJ – 2008 – UERJ) A alternativa incorreta é:

(A) a ação penal é pública, salvo quando a lei expressamente a declara privativa do ofendido

(B) a ação de iniciativa privada é promovida mediante queixa do ofendido ou de quem tenha qualidade para representá-lo

(C) a ação pública é promovida pelo Ministério Público, dependendo, quando a lei o exige, de representação do ofendido ou de requisição do Ministro da Justiça

(D) a ação de iniciativa privada pode intentar-se nos crimes de ação pública, se o Ministério Público não oferece denúncia no prazo legal em razão de arquivamento do inquérito policial

(E) no caso de morte do ofendido ou de ter sido declarado ausente por decisão judicial, o direito de oferecer queixa ou de prosseguir na ação passa ao cônjuge, ascendente, descendente ou irmão

A: correta (art. 100, *caput*, do CP); B: correta (art. 100, § 2º, do CP); C: correta (art. 100, § 1º, do CP); D: incorreta, pois a ação penal privada

subsidiária da pública somente será possível quando o Ministério Público permanecer inerte (art. 100, § 3º, do CP e art. 29 do CPP); E: correta (art. 100, § 4º, do CP).
Gabarito "D".

10. EXTINÇÃO DA PUNIBILIDADE

(Cartório/AM – 2005 – FGV) Assinale a afirmativa incorreta.

(A) O casamento do agente com a vítima, em determinados crimes contra os costumes, é causa de extinção da punibilidade.

(B) A prescrição, antes de transitar em julgado a sentença final, começa a correr, no crime de bigamia, da data em que o fato se tornou conhecido.

(C) No caso de evadir-se o condenado, a prescrição é regulada pelo tempo que resta da pena.

(D) A prescrição da pena de multa ocorre no mesmo prazo estabelecido para a pena privativa de liberdade quando, com esta, for cumulativamente aplicada.

(E) São reduzidos de metade os prazos de prescrição quando o criminoso for, na data da sentença, maior de 70 anos.

A: incorreta. Com o advento da Lei 11.106/2005, foram revogados do art. 107 os incisos VII e VIII, do CP, que previam a extinção da punibilidade pelo casamento do agente com a vítima, nos antigos crimes contra os costumes (denominados, a partir da Lei 12.105/2009, como crimes contra a dignidade sexual), bem como pelo casamento da vítima com terceiro, também nos mesmos crimes já referidos, se cometidos sem violência real ou grave ameaça, desde que a ofendida não requeresse o prosseguimento do inquérito policial ou da ação penal nos 60 (sessenta) dias subsequentes à celebração do matrimônio; B: correta (art. 111, IV, do CP); C: correta (art. 117, § 2º, do CP); D: correta (art. 114, II, do CP); E: correta (art. 115 do CP).
Gabarito "A".

(Cartório/ES – 2007 – FCC) O prazo da prescrição da pretensão executória, que se verifica depois de transitada em julgado sentença penal condenatória, começa a correr

(A) do dia em que transita em julgado a sentença, para a acusação.

(B) do dia em que transita em julgado a sentença, para ambas as partes.

(C) do dia em que transita em julgado a sentença, para o réu.

(D) do dia do julgamento do recurso interposto pelo réu.

(E) do dia em que é proferida a sentença condenatória.

De fato, nos termos do art. 112 do CP, que trata da prescrição da pretensão executória, que é aquela que se verifica após o trânsito em julgado da sentença penal condenatória, o seu termo inicial poderá ser: I – do dia em que transita em julgado a sentença condenatória, para a acusação, ou a que revoga a suspensão condicional da pena ou o livramento condicional; II – do dia em que se interrompe a execução, salvo quando o tempo da interrupção deva computar-se na pena.
Gabarito "A".

(Cartório/MG – 2012 – FUMARC) Dispõe o artigo 115 do Código Penal: "São reduzidos de ½ (metade) os prazos de prescrição quando o criminoso era, ao tempo do crime, menor de 21 (vinte e um) anos, ou, na data da sentença, maior de 70 (setenta) anos". Sem levar em conta os casos de redução do prazo da prescrição, o menor prazo prescricional previsto no Código Penal é de

(A) dois anos.

(B) três anos.

(C) quatro anos.

(D) oito anos.

Da análise de todo o Código Penal, vê-se que, de fato, o menor prazo prescricional, sem levarmos em conta os casos em que este pode ser reduzido, é de 2 (dois) anos. Trata-se do prazo de prescrição da pretensão punitiva da multa, que, quando for a única espécie de pena cominada ou aplicada, irá implementar-se, como dito, em um biênio, nos termos do art. 114, I, do CP. Já o segundo menor prazo de prescrição será o de 3 (três) anos, nos termos do art. 109, VI, do CP. Referido artigo consagra aquilo que se denomina de "tabela do prazo prescricional", variável de 3 (três) a 20 (vinte) anos, a depender da pena cominada – ou aplicada – à infração penal.

Gabarito "A".

(Cartório/MG – 2012 – FUMARC) "A", 40 anos de idade e não reincidente na prática delitiva, foi condenado a uma pena final de 02 (dois) anos e 04 (quatro) meses de reclusão, porque, no exercício de sua função, reconheceu como verdadeira, em dois documentos públicos que lhe foram apresentados, firmas que sabia não serem autênticas. "A" foi denunciado pela prática de dois crimes previstos no artigo 300 do Código Penal, em continuidade delitiva, e, ao final, foi condenado, por cada qual dos crimes, a dois anos de reclusão. O magistrado, para a fixação da reprimenda final e por também entender ter havido continuidade delitiva, valeu-se de uma das penas, posto que idênticas, e a aumentou em 1/6, totalizando 02 (dois) anos e 04 (quatro) meses, por força do disposto no artigo 71, *caput*, do Código Penal. Transitada em julgado a decisão, a prescrição da pretensão executória estatal ocorrerá, caso não haja suspensão ou interrupção, em

(A) três anos.

(B) quatro anos.

(C) oito anos.

(D) doze anos.

A questão cobra do candidato o conhecimento das regras de prescrição incidentes sobre penas que resultam de concurso de crimes (material, formal ou continuado – arts. 69 a 71 do CP). De acordo com o art. 119 do CP, em caso de concurso de crimes, a extinção da punibilidade incidirá sobre a pena de cada um deles, isoladamente. No caso relatado no enunciado, a pena de "A" foi de 2 (dois) anos e 4 (quatro) meses, em razão da majoração existente no art. 71 do CP (aumento da pena de 1/6 a 2/3, se reconhecida a continuidade delitiva). Se a pena para cada um dos crimes foi de 2 (dois) anos, mas a pena final foi de 2 (dois) anos e 4 (quatro) meses, é certo que os 4 (quatro) meses foram agregados em razão da aplicação da exasperação decorrente do concurso de crimes. Para o cálculo da prescrição, levar-se-á em conta a pena de cada um dos crimes, isoladamente, e não da pena final. Ainda, especificamente no tocante à continuidade delitiva, a Súmula 497 do STF dispõe: *"Quando se tratar de crime continuado, a prescrição regula-se pela pena imposta na sentença, não se computando o acréscimo decorrente da continuação".* Assim, levando-se em conta apenas o prazo de 2 (dois) anos, a prescrição da pretensão executória verificar-se-á após o transcurso de 4 (quatro) anos (art. 109, V, do CP). Caso fosse levada em conta a pena final (dois anos e quatro meses), ignorando-se a referida Súmula, bem como o precitado art. 119 do CP, a prescrição iria operar-se em 8 (oito) anos.

Gabarito "B".

(Cartório/MG – 2009 – EJEF) Analise a situação hipotética seguinte e assinale a alternativa CORRETA. A furtou um telefone celular e o vendeu para B. Foram denunciados nos mesmos autos, por crimes de furto e receptação dolosa, respectivamente. No curso da ação penal verificou-se que o acusado A era menor de 21 anos ao tempo da ação, extinguindo-se em seu favor a punibilidade do delito de furto. O corréu B possuía 26 (vinte e seis) anos ao tempo do delito. A extinção da punibilidade que beneficiou A favorece B, denunciado pela suposta prática de receptação?

(A) Sim, por se tratar de crimes praticados em coautoria.

(B) Não, porque a extinção da punibilidade de crime que é pressuposto de outro não se estende a este.

(C) Não, por se tratar de receptação dolosa.

(D) Sim, porque extinta a punibilidade do furto desaparece o delito de receptação, pressuposto do furto.

A: incorreta. O crime de "A" foi o de furto, ao passo que o de "B" foi o de receptação. Cada qual responderá por sua própria infração penal. Não se trata de coautoria. Porém, ainda que assim fosse, o fato de a punibilidade de "A" ser extinta, em razão de sua idade fazer com que o prazo prescricional seja reduzido pela metade (art. 115 do CP), não induz pensar que seria estendida a "B". Afinal, a idade é situação pessoal, e, portanto, incomunicável (art. 30 do CP); B: correta (art. 108 do CP). Ainda que o crime de receptação tenha como pressuposto o de furto, que lhe antecedeu, a extinção da punibilidade com relação a este não afeta aquele; C: incorreta, nada tendo que ver o fato de a receptação ser dolosa com a extensão da extinção da punibilidade do crime que lhe era pressuposto (no caso da questão, o furto cometido por "A"); D: incorreta, pelos exatos termos do art. 108 do CP.

Gabarito "B".

(Cartório/RJ – 2008 – UERJ) Extingue-se a punibilidade, exceto:

(A) pelo indulto

(B) pela perempção

(C) pela retratação do agente, quando a lei permitir

(D) pela retroatividade da lei que não mais considere o fato como criminoso

(E) pelo casamento do agente com a vítima, no caso de crime contra os costumes

---

A: incorreta (art. 107, II, do CP); B: incorreta (art. 107, IV, do CP); C: incorreta (art. 107, VI, do CP); D: incorreta (art. 107, III, do CP); E: correta (art. 107, VII, do CP), tendo em vista a revogação de referida causa extintiva da punibilidade pela Lei 11.106/2005.

Gabarito "E".

(Cartório/SC – 2012) Sobre a prescrição, em Direito Penal, é **correto** afirmar:

(A) Depois da sentença condenatória com trânsito em julgado para a acusação ou depois de improvido seu recurso, regula-se pela pena aplicada, não podendo, em nenhuma hipótese, ter por termo inicial a data do crime.

(B) Depois da sentença condenatória com trânsito em julgado para a acusação ou depois de improvido seu recurso, regula-se pelo máximo da pena prevista para o delito, não podendo, em nenhuma hipótese, ter por termo inicial a data do crime.

(C) Depois da sentença condenatória com trânsito em julgado para a acusação ou depois de improvido seu recurso, regula-se pelo mínimo da pena prevista para

4. DIREITO PENAL   237

o delito, não podendo, em nenhuma hipótese, ter por termo inicial a data do crime.

(D) Depois da sentença condenatória com trânsito em julgado para a defesa ou depois de improvido seu recurso, regula-se pela pena aplicada, não podendo, em nenhuma hipótese, ter por termo inicial a data do crime.

(E) Depois da sentença condenatória com trânsito em julgado para a defesa, ou depois de improvido seu recurso, regula-se pelo mínimo da pena prevista para o delito, não podendo, em nenhuma hipótese, ter por termo inicial a data do crime.

A: correta, nos exatos termos do art. 110, § 1º, do CP, com a redação que lhe foi dada pela Lei 12.234/2010. Até então, seria possível que a prescrição da pretensão punitiva, em sua forma retroativa, tivesse por termo inicial data anterior à denúncia ou queixa, o que restou afastado por referido diploma legal; **B, C, D e E**: incorretas, pois, após a prolação de sentença condenatória, com a consequente fixação de uma pena, será esta, já concretizada, que será utilizada para o cálculo da prescrição. Esta somente levará em consideração a pena máxima prevista para o delito antes de transitar em julgado a sentença, salvo no caso já referido no art. 110, § 1º, do CP. Apenas para facilitar: antes de ser concretizada a pena, a prescrição regular-se-á pelo máximo da pena privativa de liberdade cominada à infração penal; já com a fixação de determinada pena, desde que considerada imutável (leia-se: sem que tenha havido recurso da acusação, ou, ainda que o tenha, o inconformismo não tenha prosperado), a prescrição irá basear-se não mais na pena abstratamente cominada (prescrição da pretensão punitiva propriamente dita ou pura), mas, sim, na pena concreta (prescrição da pretensão punitiva retroativa, intercorrente e executória).

Gabarito "A"

(Cartório/SP – 2011 –VUNESP) Assinale a alternativa incorreta.

(A) A prescrição da pena de multa ocorrerá no mesmo prazo estabelecido para prescrição da pena privativa de liberdade, quando a multa for alternativa ou cumulativamente cominada ou cumulativamente aplicada.

(B) O curso da prescrição interrompe-se pela publicação da sentença condenatória recorrível.

(C) A prescrição, depois da sentença condenatória com trânsito em julgado para a acusação, ou depois de improvido seu recurso, regula-se pela pena aplicada, podendo ter por termo inicial data anterior à do recebimento da denúncia ou da queixa.

(D) A prescrição interrompe-se pelo início ou continuação do cumprimento da pena.

A: correta (art. 114, II, do CP); **B**: correta (art. 117, IV, do CP); **C**: incorreta (art. 110, § 1º, do CP). Com o advento da Lei 12.234/10, a prescrição da pretensão punitiva, que toma como base a pena em concreto, não poderá ser reconhecida em data anterior à denúncia ou queixa. Antes de referida lei, a prescrição da pretensão punitiva, em sua forma retroativa, atingia lapso temporal anterior à persecução penal em juízo (geralmente, a fase de inquérito policial); **D**: correta (art. 117, V, do CP).

Gabarito "C"

(Cartório/SP – 2011 – VUNESP) Assinale a alternativa que não indica causa de extinção da punibilidade.

(A) Perdão aceito nos crimes de ação privada.

(B) Retroatividade da lei que não mais considera o fato como criminoso.

(C) Casamento do agente com a vítima, no crime de estupro.

(D) Retratação do agente, nos casos em que a lei a admite.

A: incorreta, pois o perdão aceito, nos crimes de ação penal privada, constitui causa extintiva da punibilidade (art. 107, V, do CP); **B**: incorreta, pois a retroatividade de lei posterior que não mais considera o fato como criminoso (*abolitio criminis*) é, nos termos do art. 107, III, do CP, causa extintiva da punibilidade; **C**: correta. De fato, o casamento do agente com a vítima, nos crimes sexuais, constituía causa extintiva da punibilidade até o advento da Lei 11.106/05, que revogou expressamente o inciso VII, do art. 107 do CP; **D**: incorreta, pois a retratação do agente, nos casos em que a lei a admite, configura causa extintiva da punibilidade (art. 107, VI, do CP).

Gabarito "C"

(Cartório/SP – 2011 –VUNESP) A sentença que concede perdão judicial

(A) será considerada para efeitos de reincidência, vedada a reabilitação.

(B) não será considerada para efeitos de reincidência.

(C) está sujeita ao reexame necessário pelo juízo *ad quem*.

(D) será considerada para efeito de reincidência, mas se sujeita às regras da reabilitação.

A: incorreta, pois, nos termos do art. 120 do CP, a sentença concessiva de perdão judicial, que é causa extintiva da punibilidade (art. 107, IX, do CP), não será considerada para efeitos de reincidência; **B**: correta, nos exatos termos do art. 120 do CP. Frise-se, ainda, que, no tocante à natureza jurídica da sentença que concede o perdão judicial, o STJ pacificou o entendimento de que se trata de decisão declaratória de extinção da punibilidade (Súmula 18); **C**: incorreta, por falta de previsão legal; **D**: incorreta, pois, como visto, a sentença concessiva do perdão judicial, nos termos do art. 120 do CP, não será considerada para efeito de reincidência. Outrossim, prevalecendo o entendimento de que se trata de sentença declaratória de extinção da punibilidade (Súmula 18 do STJ), não será admissível – nem necessário – pedido de reabilitação, previsto nos arts. 93 a 95 do CP, tendo em vista que seu pressuposto é que tenha havido condenação criminal, o que não ocorre, repita-se, em caso de aplicação do perdão judicial.

Gabarito "B"

(Cartório/SP – I –VUNESP) Em matéria de prescrição da pretensão punitiva relativa ao crime de falsificação ou alteração de assentamento do registro civil, o termo inicial do prazo de prescrição é

(A) o dia em que o crime se consumou.

(B) a data em que o fato se tornou conhecido da autoridade pública.

(C) o dia em que foi iniciada a execução do delito.

(D) a data do oferecimento da denúncia por parte do Ministério Público.

Por força da disciplina estabelecida no art. 111, IV, do CP, nos crimes de *bigamia* e *falsificação ou alteração do assentamento do registro civil*, a prescrição da pretensão punitiva tem como termo inicial a data em que o fato se tornou conhecido da autoridade.

Gabarito "B"

(Cartório/SP –V – VUNESP) João e Maria promoveram o registro de nascimento de filho alheio como se do casal fosse. Ao final do feito, o Magistrado, reconhecendo que eles foram movidos por motivo de reconhecida nobreza, concedeu-lhes o perdão judicial. Considerando entendimento contido em súmula do STJ, assinale a alternativa correta quanto à natureza jurídica da decisão proferida.

(A) Condenatória, na medida em que só se perdoa a quem errou.

(B) Declaratória de extinção da punibilidade.

(C) Absolutória, já que não impõe pena.

(D) Declaratória de reconhecimento da ilicitude da conduta.

Súmula nº 18, STJ: "A sentença concessiva do perdão judicial é declaratória da extinção da punibilidade, não subsistindo qualquer efeito da condenação".

Gabarito "B".

(Cartório/MG – 2015 – Consulplan) "Tício foi condenado a cinco anos de reclusão, em regime inicial semiaberto, e a 50 dias-multa, fixado o dia-multa no valor mínimo legal, pela prática de crime de falsificação de documento público. A sentença condenatória, na qual foi reconhecida a reincidência de Tício, transitou em julgado." Segundo o Código Penal, para o reconhecimento da extinção da punibilidade, o prazo prescricional da pretensão executória da pena é de

(A) 8 anos.

(B) 12 anos.

(C) 16 anos.

(D) 20 anos.

A prescrição da pretensão executória é guiada pelos lapsos contidos no art. 109 do CP (art. 110 do CP), observada, porém, a pena concretamente aplicada ao agente na sentença condenatória transitada em julgado. No caso exposto, foi aplicada a Tício a pena de 5 anos de reclusão, com o que a prescrição se daria em 12 anos, nos termos do art. 109, III, do CP. Porém, sendo ele reincidente, o prazo da prescrição da pretensão executória é majorado em 1/3, nos termos do art. 110, parte final, do CP. Portanto, a prescrição se verificará, no caso, em 16 anos (12 + [12/3] = 16).

Gabarito "C".

(Cartório/PA – 2016 – IESES) São casos de extinção da punibilidade:

I. Renúncia do direito de queixa ou pelo perdão aceito, nos crimes de ação privada.

II. Morte do agente.

III. Prescrição, decadência ou perempção.

IV. Anistia, graça ou indulto. A sequência correta é:

(A) Apenas as assertivas I e III estão corretas.

(B) Apenas a assertiva II está correta.

(C) Apenas as assertivas I, III e IV estão corretas.

(D) As assertivas I, II, III e IV estão corretas.

I: Correto. É causa extintiva da punibilidade prevista no art. 107, V, do CP. II: Correto. É causa extintiva da punibilidade prevista no art. 107, I, do CP. III: Correto. É causa extintiva da punibilidade prevista no art. 107, IV, do CP. IV: Correto. É causa extintiva da punibilidade prevista no art. 107, II, do CP.

Gabarito "D".

(Cartório/SP – 2018 – VUNESP) É causa impeditiva da prescrição

(A) o início ou continuação do cumprimento da pena.

(B) a reincidência.

(C) o recebimento da denúncia ou da queixa.

(D) o cumprimento da pena, pelo agente, no estrangeiro.

A: Incorreto. Nos termos do art. 117, V, do CP, o início ou continuação do cumprimento da pena são causas interruptivas da prescrição da pretensão executória. As causas interruptivas da prescrição diferem-se das causas impeditivas dela, visto que as primeiras reiniciam a contagem de todo o lapso prescricional, ao passo que as últimas (objeto do enunciado) apenas suspendem o transcurso do lapso momentaneamente e, após o fim da causa impeditiva, a contagem é retomada de onde parou. **B:** Incorreta. Como no exposto no item anterior, a reincidência é causa interruptiva da prescrição da pretensão executória, nos termos do art. 117, VI, do CP. Vale recordar, ainda quanto aos efeitos da reincidência sobre a prescrição da pretensão executória, que ela acarreta o aumento em 1/3 do prazo prescricional (frise-se, somente quanto à prescrição da pretensão executória, não gerando qualquer efeito quanto à prescrição da pretensão punitiva). **C:** Incorreta, nos termos do art. 117, I, do CP, o recebimento da denúncia e da queixa também é causa interruptiva da prescrição, e não causa impeditiva dela. **D:** Correta. Nos termos do art. 116, II, do CP, enquanto o agente cumpre pena no exterior, não corre a prescrição da pretensão punitiva (verificável antes do trânsito em julgado da sentença condenatória). Trata-se de causa impeditiva da prescrição, devendo ser a alternativa assinalada. Diversamente do que se dá com as causas interruptivas da prescrição, vistas acima e previstas no art. 117 do CP, as causas impeditivas suspendem o curso do prazo prescricional. Encerrada a causa fática que ensejou a suspensão, o prazo prescricional tem seu curso retomado pelo período restante no momento da paralização. Na hipótese de a causa impeditiva ser preexistente à consumação do crime, sua verificação impede o próprio início da contagem do prazo prescricional. Quanto à prescrição da pretensão executória, a causa impeditiva da prescrição análoga a esta é ainda mais ampla, já que, independentemente do local da prisão, não corre a prescrição da pretensão executória se o agente está preso por outro motivo (art. 116, parágrafo único, CP). O dispositivo em questão foi alterado pela Lei n. 13.964/19

Gabarito "D".

(Cartório/CE – 2018 – IESES) É certo afirmar:

I. A prescrição, depois da sentença condenatória com trânsito em julgado para a acusação ou depois de improvido seu recurso, regula-se pela pena aplicada, não podendo, em nenhuma hipótese, ter por termo inicial data anterior à da denúncia ou queixa.

II. A representação será irretratável antes de oferecida a denúncia.

III. Extingue-se a punibilidade pelo casamento do agente com a vítima, nos crimes contra os costumes, assim definidos pelo Código Penal na sua Parte Especial.

IV. A sentença que conceder perdão judicial não será considerada para efeitos de reincidência.

Analisando as proposições, pode-se afirmar:

(A) Somente as proposições II e III estão corretas.

(B) Somente as proposições II e IV estão corretas.

(C) Somente as proposições I e III estão corretas.

(D) Somente as proposições I e IV estão corretas.

I: Correta. A assertiva reproduz o conteúdo da norma contida no art. 110, § 1º, do CP, que tem especial relevância na prescrição da pretensão punitiva na modalidade retroativa. Transitada em julgado a sentença condenatória para o MP, a prescrição da pretensão punitiva, até então lastreada nos prazos do art. 109 do CP levando em consideração a pena máxima cominada em abstrato para o delito, passa a ser regulada pela pena aplicada, indo ao encontro ao princípio da individualização da pena e ao princípio da proporcionalidade. Há, portanto, via de regra, alteração do prazo prescricional, o que faz com que, retroativamente, seja conferido se o novo lapso foi ultrapassado, retroativamente, entre os marcos interruptivos da prescrição verificados naquele caso (em regra, a publicação da sentença ou acórdão condenatório ou confir-

matório e o recebimento da denúncia). A partir da Lei n. 12.234/10, despreza-se para tal fim o lapso transcorrido, retroativamente, entre o recebimento da denúncia e a consumação do crime, de modo que a prescrição da pretensão punitiva na modalidade retroativa não mais produz efeitos sobre a fase de investigação. **II:** Incorreta. Nos termos do art. 102 do CP, uma vez oferecida a representação, pode ela ser retratada até o oferecimento da denúncia. Portanto, ao contrário do que consta da assertiva, "a representação será irretratável depois de oferecida a denúncia". **III:** Incorreta. A causa de extinção da punibilidade em questão vigia no Direito Penal Brasileiro, com previsão no art. 107, VII, do CP. As diversas críticas doutrinárias ao instituto, que poderia tornar impune situação de violência sexual pelo casamento, além de estimular núpcias com a única finalidade de subtrair o agressor sexual da sanção penal, fizeram com que a causa extintiva da punibilidade em questão fosse extirpada do ordenamento jurídico pela Lei n. 11.106/05. Tratando-se de lei mais gravosa ao indivíduo (*novatio legis in pejus*), irretroativa, portanto, é possível se deparar com extinções da punibilidade calcada em tal dispositivo, dizendo respeito a crimes praticados antes do advento da lei que a revogou. **IV:** Correta. É o que dispõe o artigo 120 do CP.
"D" otirabaD

11. CRIMES CONTRA A PESSOA E CONTRA O PATRIMÔNIO

(Cartório/AM – 2005 – FGV – adaptada) Em matéria de crimes patrimoniais, é correto afirmar que:

(A) o emprego de chave falsa é causa de aumento no crime de roubo.

(B) não é punível a subtração de coisa móvel comum e fungível praticada por um sócio em relação ao outro, desde que o valor não exceda a quota a que tem direito na sociedade.

(C) no roubo próprio, a violência contra a pessoa ou grave ameaça são empregadas logo depois de subtraída a coisa.

(D) exigir, como garantia de dívida, abusando da situação de alguém, documento que pode dar causa a procedimento criminal contra terceiro é crime de extorsão direta.

A: incorreta. O emprego de chave falsa é qualificadora do crime de furto (art. 155, § 4º, III, do CP). As causas de aumento de pena do crime de roubo estão previstas no art. 157, § 2º e 2º-A, do CP, não se compreendendo, dentre elas, o emprego de chave falsa; **B:** correta (art. 156, § 2º, do CP); **C:** incorreta. No crime de roubo próprio, a violência ou a grave ameaça contra a pessoa são empregadas antes ou durante a subtração da coisa. Já se empregadas após a subtração, a fim de garantir ao agente a detenção da *res* ou sua impunidade, estaremos diante de roubo impróprio (art. 157, § 1º, do CP); **D:** incorreta, tratando-se de extorsão indireta (art. 160 do CP).
"B" otirabaD

(Cartório/DF – 2008 – CESPE) Considerando a jurisprudência dos tribunais superiores, julgue o item seguinte com base no direito penal brasileiro.

(1) No caso de prática do crime de estelionato, em sua forma fundamental, a reparação do dano, antes do recebimento da denúncia, obsta o prosseguimento da ação penal.

1: errada. Cometido o estelionato em sua forma fundamental (art. 171, caput, do CP), a reparação do dano, antes do recebimento da denúncia, configurará, apenas, o arrependimento posterior, que é causa de diminuição de pena (art. 16 do CP). Já se se tratar do crime de fraude no pagamento por meio de cheque (art. 171, § 2º, VI, do CP), o STF, na Súmula 554, pacificou o entendimento de que o pagamento do título emitido sem provisão de fundos, após o recebimento da denúncia, não obsta ao prosseguimento da ação penal. Em sentido contrário, se houver o pagamento do montante respectivo antes do recebimento da denúncia, a ação penal ficará obstada.
"1E" otirabaD

(Cartório/DF – 2008 – CESPE) Considerando a jurisprudência dos tribunais superiores, julgue o item seguinte com base no direito penal brasileiro.

(1) A causa de aumento de pena pelo concurso de pessoas no crime de roubo não se aplica ao crime de furto, ainda que seja considerada mais benéfica ao réu, tendo em vista que, em relação ao furto, há previsão legal específica de aumento de pena.

1: correta (Súmula 442 do STJ). O STJ, com a edição de referida súmula, pacificou o entendimento de que a causa de aumento de pena referente ao concurso de agentes no crime de roubo (majoração de 1/3 até a 1/2 – art. 157, § 2º, do CP) não incidirá no furto, visto que, para esse crime, o concurso de agentes é considerado qualificadora (art. 155, § 4º, IV, do CP). Alegava-se que, para uma mesma circunstância (concurso de agentes), o tratamento conferido para os crimes de roubo e furto era muito diferente. É que, no caso do furto, referida circunstância é capaz de gerar a duplicação da pena cominada para o tipo fundamental (de 1 a 4 anos para 2 a 8 anos), ao passo que, no roubo, haverá o aumento da pena de 1/3 até a 1/2. Assim, sustentava-se que, para situações semelhantes, deveria ser aplicada a mesma regra, ou seja, no caso de furto praticado mediante o concurso de duas ou mais pessoas, deveria incidir o aumento previsto para o roubo, e não a duplicação da pena abstratamente cominada.
"1C" otirabaD

(Cartório/DF – 2006 – CESPE) De acordo com a legislação e a doutrina pertinentes, e considerando, ainda, a jurisprudência do STJ e do STF, julgue o item que se segue, relativo ao direito penal.

(1) O delito de roubo consuma-se com a simples posse, ainda que breve, da coisa alheia móvel, subtraída mediante violência ou grave ameaça, sendo desnecessário que o bem saia da esfera de vigilância da vítima.

1: correta. STJ e STF adotam, no tocante ao momento consumativo do roubo, a teoria da inversão da posse. Confira-se a ementa do julgamento do HC 100189/SP, da relatoria da Min. Ellen Gracie, que também espelha o posicionamento do STJ: *"PENAL. HABEAS CORPUS. REEXAME DO CONJUNTO FÁTICO-PROBATÓRIO. INEXISTÊNCIA. ROUBO. MOMENTO CONSUMATIVO. INVERSÃO DA POSSE DA RES FURTIVA. ORDEM DENEGADA. 1. O presente caso não exige o reexame de matéria fático--probatória. O que se discute, na hipótese, é tão-somente o enquadramento jurídico dos fatos. 2. Para a consumação do crime de roubo, basta a inversão da posse da coisa subtraída, sendo desnecessária que ela se dê de forma mansa e pacífica, como argumenta a impetrante. Precedentes. 3. Ordem denegada". HC 108678/RS.*
"1C" otirabaD

(Cartório/DF – 2006 – CESPE) De acordo com a legislação e a doutrina pertinentes, e considerando, ainda, a jurisprudência do STJ e do STF, julgue o item que se segue, relativo ao direito penal.

(1) Para a caracterização da causa de aumento de pena do crime de roubo, é imprescindível a apreensão da arma, mesmo quando outros elementos comprovarem a sua utilização.

1: errada. A jurisprudência amplamente majoritária do STJ e STF é no sentido da prescindibilidade da apreensão da arma de fogo para a caracterização da causa de aumento de pena no crime de roubo. Confira-se o excerto de julgamento realizado pelo STF, corroborando a posição do STJ: *"HABEAS CORPUS. PENAL. ROUBO COM EMPREGO DE ARMA IMPRÓPRIA. JULGADO DO SUPERIOR TRIBUNAL DE JUSTICA EM CONSONÂNCIA COM A JURISPRUDÊNCIA DO SUPREMO TRIBUNAL FEDERAL. DESNECESSIDADE DE APREENSÃO DA ARMA E DE PERÍCIA PARA A COMPROVAÇÃO DA CAUSA DE AUMENTO. CIRCUNSTÂNCIA QUE PODE SER EVIDENCIADA POR OUTROS MEIOS DE PROVA. PRECEDENTES. ORDEM DENEGADA. 1. A decisão do Superior Tribunal de Justica está em perfeita consonância com a jurisprudência do Supremo Tribunal Federal. 2. É desnecessária a apreensão e a perícia da arma imprópria empregada no roubo para comprovar a qualificadora do art. 157, § 2°, inc. I, do Código Penal, já que o seu potencial lesivo pode ser demonstrado por outros meios de prova, em especial pela palavra da vítima ou pelo depoimento de testemunha presencial. Precedentes. 3. Ordem denegada. "* (HC 110746/MT – Relatora Min. Carmen Lúcia – j. 13/11/2012). HC 111959/SP. Vale ressaltar que atualmente a majorante do emprego de arma de fogo no crime de roubo é prevista no §2°-A, do art. 157, do CP.[4]

Gabarito "1E".

(Cartório/DF – 2003 – CESPE) Durante um baile de formatura, Mário, com o intuito de ofender a dignidade de Marco, seu desafeto, desfechou-lhe um tapa no rosto e, logo em seguida, puxou-lhe os cabelos de forma aviltante. Nessa situação,

(1) Mário praticou o crime de injúria real, que, no caso específico, é de ação penal pública incondicionada.

(2) A retratação, que é causa de extinção de punibilidade, não será cabível.

1: errada, pois a ação penal no crime de injúria real (art. 140, § 2°, do CP), a despeito de constar no art. 145, caput, do CP, como sendo pública incondicionada, dependerá da espécie de lesão corporal causada à vítima. Se se tratar de lesão corporal leve, a ação penal será pública condicionada à representação, tendo em vista que o art. 88 da Lei 9.099/1995 prevê a necessidade da condição de procedibilidade para a persecução penal. Já se as lesões corporais suportadas pela vítima forem graves ou gravíssimas, aí sim a ação penal será pública incondicionada. Deve-se fazer uma leitura sistemática do precitado art. 145 do CP, que, à época em que editado, tinha o crime de lesões corporais, em qualquer de suas espécies (leve, grave ou gravíssima), como sendo de ação pública incondicionada. Porém, como dito, com o advento da Lei 9.099/1995, a situação se modificou. **2: correta,** pois, de fato, a retratação, causa extintiva da punibilidade, no tocante aos crimes contra a honra, só é admissível para a calúnia e a difamação (art. 143 do CP), que afetam a honra objetiva da vítima. Lembre-se que a injúria é crime que atenta contra a honra subjetiva, ofendendo a dignidade ou o decoro, razão pela qual a retratação é impossível de gerar qualquer efeito extintivo da punibilidade.

Gabarito 1E, 2C

(Cartório/MS – 2009 – VUNESP) "B" sempre deixa seu carro no mesmo estacionamento. "C", querendo apossar-se do automóvel, vai a esse estacionamento e diz ao manobrista que foi buscar o carro a pedido de "B". O manobrista lhe entrega o veículo; "C" assume a direção e deixa o local. Sobre a conduta de "C", é correto afirmar tratar-se de

(A) estelionato.

(B) furto mediante fraude.

(C) apropriação indébita.

(D) furto qualificado pelo abuso de confiança.

(E) apropriação de coisa havida por erro.

A: correta. No crime de estelionato, a vítima, ludibriada, enganada, induzida em erro pelo agente, acaba por entregar o bem por este desejado, perseguido. Neste caso, o manobrista só fez a entrega do veículo de "B" a "C" porque foi levado a erro por este; **B:** incorreta. Importante notar que não houve subtração do bem, razão pela qual não há que se falar na prática do crime de *furto mediante fraude*, em que a fraude é empregada com o fito de viabilizar a subtração do bem. Aqui não houve subtração, já que o veículo foi entregue pelo manobrista; **C:** incorreta. Da mesma forma, não houve crime de *apropriação indébita* – art. 168, CP –, visto que, neste, o dolo é subsequente à posse; no estelionato é antecedente. Ademais disso, os outros requisitos do crime do art. 171 do CP se fazem presentes, a saber: emprego de ardil ou outro meio fraudulento; obtenção de vantagem ilícita; e prejuízo alheio; **D:** incorreta. A qualificadora que diz respeito ao abuso de confiança pressupõe a existência prévia de credibilidade, amizade, rompida por aquele que violou o sentimento de segurança anteriormente estabelecido, o que não houve no caso; **E:** incorreta. A apropriação de coisa havida por erro ocorre quando há falsa percepção da realidade, que leva alguém a entregar ao agente coisa pertencente a outrem. Ex. um entregador, confundindo o destinatário, passa às mãos do apropriador algo que não lhe cabe, havendo, então, o apossamento.

Gabarito "A".

(Cartório/MT – 2005 – CESPE) Um agente de polícia, usando arma de fogo, efetuou propositadamente disparos contra Pedro, causando a sua morte e, acidentalmente, a de Cláudio. Nessa situação, esse agente deve responder por

(A) lesões corporais, em concurso material.

(B) um único crime de homicídio doloso consumado.

(C) homicídio doloso consumado, em concurso formal.

(D) homicídio doloso consumado em relação a Pedro, e por homicídio culposo consumado em relação a Cláudio.

O relato contido no enunciado da questão retrata a prática de dois homicídios, cometidos em concurso formal de crimes. Com relação aos disparos efetuados deliberadamente contra Pedro, não há dúvidas de que o policial deverá responder por homicídio doloso consumado. Com relação a Cláudio, o disparo que acidentalmente o vitimou decorre, ao que tudo indica, de erro na execução (art. 73 do CP), hipótese em que, havendo pluralidade de resultados, aplicar-se-á o art. 70 do CP (concurso formal). Assim, o agente de polícia responderá pelo crime mais grave (homicídio doloso consumado de Pedro), mas com a pena aumentada de um sexto até metade, tendo em vista o homicídio culposo de Cláudio. Repare que o policial, mediante uma só ação (disparos de arma contra Pedro), praticou dois crimes (homicídio doloso com relação a Pedro e homicídio culposo com relação a Cláudio).

Gabarito "C".

(Cartório/MT – 2005 – CESPE) Mário, agindo com *animus jocandi*, ofendeu a honra de Carlos, imputando a ele fato ofensivo à sua dignidade e reputação. Nessa situação, Mário

(A) deve ser responsabilizado pela prática do crime de injúria.

(B) deve ser responsabilizado pela prática do crime de difamação.

(C) deve ser responsabilizado pela prática do crime de calúnia.

(D) não será responsabilizado criminalmente.

---

4. Comentários alterados para a 3ª edição do livro, por Lucas Corradini.

4. DIREITO PENAL

A: incorreta, pois o crime de injúria pressupõe que o agente, agindo com *animus injuriandi*, ofenda a dignidade ou o decoro da vítima (honra subjetiva), nos termos do art. 140 do CP. Situação diversa ocorre quando o agente imputa a alguém um fato ofensivo à reputação, caracterizador de difamação (art. 139 do CP); **B**: incorreta, pois, a despeito de Mário ter imputado a Carlos um fato ofensivo à dignidade ou reputação, caracterizador, em tese, de difamação (art. 139 do CP), é certo que, agindo com *animus jocandi* (intenção de brincar), restará descaracterizada a tipicidade subjetiva da infração penal, qual seja, a real intenção de difamar (*animus diffamandi*); **C**: incorreta, pois a calúnia é crime contra a honra que pressupõe que o agente impute, falsamente, a alguém, fato definido como crime (art. 138 do CP); **D**: correta. Tendo Mário agido com intenção de brincar (*animus jocandi*), afastado estará o elemento subjetivo do tipo, qual seja, a real intenção de ofender a reputação da vítima (*animus diffamandi*).
Gabarito "D".

(Cartório/MT – 2005 – CESPE) Augusto, logo após furtar um veículo, desferiu coronhadas na cabeça de seu proprietário, que ficou desacordado e foi arremessado para fora do veículo, mas sobreviveu. Nessa situação, Augusto praticou o crime de

(A) roubo impróprio.

(B) roubo em concurso formal com o crime de lesão corporal grave.

(C) roubo em concurso material com o crime de lesão corporal grave.

(D) furto em concurso formal com o crime de lesão corporal grave.

A: correta. Considerando que Augusto, apenas após a subtração da coisa (veículo, no caso), praticou a violência contra a vítima, o crime por ele cometido foi o de roubo impróprio (art. 157, § 1º, do CP). Contudo, o enunciado pecou por não ser muito preciso, eis que o crime em comento exige que a grave ameaça ou a violência, praticadas após a subtração da coisa, objetivem a detenção da coisa ou a impunidade do agente, circunstâncias não referidas na questão; **B**, **C** e **D**: incorretas, pois o crime perpetrado por Augusto foi o de roubo impróprio, não se podendo aventar de concurso entre roubo e lesão corporal, visto que esta é o próprio meio empregado para o cometimento daquele crime. Contudo, ponderamos, novamente, que o enunciado da questão está um pouco incompleto, faltando dados mais seguros sobre a real intenção de Augusto com a prática da violência.
Gabarito "A".

(Cartório/RJ – 2008 – UERJ) A alternativa incorreta é:

(A) é punível a calúnia contra os mortos

(B) no crime de calúnia, admite-se exceção da verdade

(C) no crime de difamação, admite-se exceção da verdade se o ofendido é funcionário público e a ofensa é relacionada a suas funções

(D) os crimes contra a honra, cometidos contra funcionário público, no exercício de suas funções, têm suas penas aumentadas

(E) o conceito desfavorável emitido por funcionário público, em apreciação ou informação que preste no cumprimento de dever de ofício, é punível como injúria

A: correta (art. 138, § 2º, do CP); **B**: correta (art. 138, § 3º, do CP); **C**: correta (art. 139, parágrafo único, do CP); **D**: correta (art. 141, II, do CP); **E**: incorreta (art. 142, III, do CP).
Gabarito "E".

(Cartório/SC – 2012) Comete delito de estelionato o agente que obtém, para si ou para outrem, vantagem ilícita, em prejuízo alheio, induzindo ou mantendo alguém em erro, mediante artifício, ardil, ou qualquer outro meio fraudulento. Nas mesmas penas incorre quem:

(A) Fraude recebimento de indenização ou valor de seguro e exerce o curandeirismo.

(B) Fraude a entrega de coisa e pratica o charlatanismo.

(C) Fornece substância médica em desacordo com receita e fraude no pagamento por meio de cheque.

(D) Emite duplicata simulada e fraude no pagamento por meio de cheque.

(E) Defrauda penhor e dispõe de coisa alheia como própria.

Evidentemente, o enunciado da questão impõe ao candidato que assinale alternativa que contenha não simplesmente as mesmas penas cominadas ao estelionato, mas, sim, de conduta que também constitua espécie ou subtipo do mesmo crime (art. 171 do CP). Portanto, a única alternativa correta é a de letra "E", pois, realmente, a defraudação de penhor (art. 171, § 2º, III, do CP) e a disposição de coisa alheia como própria (art. 171, § 2º, I, do CP) são subespécies do mesmo crime.
Gabarito "E".

(Cartório/SC – 2008) Em relação aos crimes de apropriação indébita previstos no Código Penal, é correto afirmar:

(A) O delito tipificado no art. 168-A (apropriação indébita previdenciária) admite a modalidade tentada.

(B) Apenas para a modalidade previdenciária é possível o perdão judicial.

(C) A apuração do ilícito de apropriação indébita previsto no art. 168, em qualquer hipótese, independe de eventual ação civil de prestação de contas.

(D) O agente que se apropria de pensão do idoso, dando-lhe aplicação diversa de sua finalidade, pratica o crime de apropriação indébita (art. 168).

(E) O saque de valor sabidamente creditado por engano em conta bancária não caracteriza o crime de apropriação de coisa havida por erro, caso fortuito ou força da natureza (art. 169).

A: incorreta, pois a apropriação indébita previdenciária, prevista no art. 168-A, do CP, é crime omissivo próprio, consumando-se quando o agente deixa de repassar à previdência social as contribuições recolhidas dos contribuintes. Dada a natureza do crime em comento (como dito, omissivo próprio ou puro), inadmissível a tentativa; **B**: correta. De fato, será possível o perdão judicial para o crime de apropriação indébita previdenciária (art. 168-A, § 3º, do CP), não havendo a mesma previsão para os outros crimes de apropriação indébita no CP (arts. 168 e 169); **C**: incorreta, pois, em determinados casos, a prévia prestação de contas será necessária para a caracterização do crime de apropriação indébita, especialmente quando decorrente de mandato. Confira-se: *"PENAL E PROCESSO PENAL -APROPRIAÇÃO INDÉBITA -ADVOGADO -DIREITOS TRABALHISTAS -DELAÇÃO DO CORRÉU -PRESTAÇÃO DE CONTAS -PODERES EXPRESSOS NA PROCURAÇÃO. I -Delação do corréu de que o apelante, seu advogado, teria se apropriado de parte da quantia devida por acordo firmado em reclamação trabalhista. II -As testemunhas se limitaram a confirmar a delação do corréu, referindo-se a fatos e condutas do apelante sem nenhuma relação com os narrados na denúncia. Não basta a mera e simples delação de um corréu para se afirmar a culpabilidade de outro coacusado. III -A condenação não pode se alicerçar apenas na palavra isolada do corréu, sem qualquer elemento de prova que a robore. IV -No crime de apropriação indébita há necessidade de prévia prestação de contas, em caso de mandato,* como nos autos, por se tratar de créditos decorrentes de direitos trabalhistas. V -Não há apropriação indébita se o advogado levanta o dinheiro usando os poderes expressos da procuração outorgada pelo cliente e o deposita em sua própria conta. VI – Apelação provida" (TRF2 – APELAÇÃO CRIMINAL: ACR 1484 97.02.19438-5); **D**: incorreta, pois a apropriação indébita de pensão de pessoa idosa configura o crime previsto no art. 102 do Estatuto do Idoso (Lei 10.741/2003); **E**: incorreta, pois a situação exposta na assertiva comporta o reconhecimento do crime previsto no art. 169 do CP.

Gabarito "B".

(Cartório/SP – 2011 – VUNESP) O funcionário público ofendido no exercício de sua função

(A) deverá promover ação por meio de queixa-crime.

(B) deverá promover a ação por meio de representação ao órgão ministerial.

(C) deverá aguardar a manifestação da autoridade policial.

(D) poderá promover a ação, ou por meio de queixa-crime ou por meio de representação, ao órgão ministerial.

Nos termos da Súmula 714 do STF, é concorrente a legitimidade do ofendido, mediante queixa, e do Ministério Público, condicionada à representação do ofendido, para a ação penal por crime contra a honra de servidor público em razão do exercício de suas funções.

Gabarito "D".

(Cartório/SP – II – VUNESP) No crime de extorsão mediante sequestro, a delação premiada pressupõe, entre seus requisitos, que

(A) a colaboração do agente seja espontânea.

(B) seja recuperado, ainda que parcialmente, o preço pago pelo resgate.

(C) seja facilitada a libertação do sequestrado.

(D) o crime tenha sido praticado por quadrilha ou bando.

Conforme estabelece o art. 159, § 4º, do CP, somente será admitida a **delação premiada** no crime de extorsão mediante sequestro se o delito for praticado em concurso e o delator facilitar a libertação do sequestrado, caso em que fará jus a uma redução de pena entre um e dois terços.

Gabarito "C".

(Cartório/SP – III – VUNESP) O agente que, ao subtrair um veículo mediante grave ameaça, exercida com emprego de arma de fogo, atira na vítima e, por erro na execução, atinge seu próprio comparsa, causando sua morte, pratica

(A) crimes de roubo duplamente qualificado e homicídio culposo, em concurso formal.

(B) crimes de roubo duplamente qualificado e homicídio culposo, em concurso material.

(C) crime de latrocínio.

(D) crime de roubo duplamente qualificado.

Pouco importa se da violência empregada, no latrocínio, resultou a morte da vítima, de alguém que passava pelo local ou mesmo do comparsa do agente que fez uso da violência. De uma forma ou de outra, desde que haja relação de causa e efeito entre o roubo e a morte, o agente responderá por latrocínio consumado. Nesse prisma: "O agente que, no decorrer de um assalto a mão armada, desfere tiros com o desígnio de matar a vítima, mas vem a matar por erro de execução o próprio comparsa, deve responder por latrocínio consumado, e não meramente tentado (Ap. 316.617-3, TJ/SP, 5ª C., rel. Geraldo Xavier, 31.01.2001).

Gabarito "C".

(Cartório/SP – III – VUNESP) João exige, como garantia de dívida, abusando da situação de necessidade de Pedro, carta em que este último confessa a prática de um delito. João comete

(A) fato atípico.

(B) crime de extorsão indireta.

(C) crime de exercício arbitrário das próprias razões.

(D) crime de constrangimento ilegal.

O crime de *extorsão indireta*, que ocorre quando se exige ou recebe, como garantia de dívida, abusando da situação de alguém, documento que pode dar causa a procedimento criminal contra a vítima ou contra terceiro e está previsto no art. 160 do CP.

Gabarito "B".

(Cartório/SP – III – VUNESP) Roberto lesiona levemente Mariana, tendo ciência de seu estado gravídico, e ela vem a abortar em virtude da conduta de Roberto, sem que este visasse a tal resultado. O agente comete crime de

(A) aborto provocado por terceiro.

(B) lesão corporal leve.

(C) homicídio.

(D) lesão corporal gravíssima.

Se a morte do feto foi provocada a título de culpa e o agente tinha ciência da gravidez, incorrerá este no crime do art. 129, § 2º, V, do CP, que é *preterdoloso* (dolo na lesão e culpa na interrupção da gravidez – aborto). De outro lado, se o agente, além de causar a lesão na gestante, queria, também, interromper a gravidez desta, o crime em que incorrerá é outro, pois, neste caso, resta evidente que ele agiu com dolo em relação à morte do produto da concepção, e não com culpa. Seria o caso, então, de responsabilizá-lo por crime de *aborto sem o consentimento da gestante* – art. 125, CP.

Gabarito "D".

(Cartório/SP – V – VUNESP) Pretendendo praticar crime de roubo, João arma-se e sai à rua para subtrair os bens de qualquer pessoa que encontrar. Depara-se, entretanto, com Mário, seu desafeto de longa data, e, aproveitando a situação, dele subtrai para si mediante grave ameaça exercida com o emprego da arma de fogo, o relógio, a pulseira, e dinheiro, tudo pertencente a Mário que, ante a ameaça, entrega todos os bens exigidos sem oferecer resistência. Já de posse mansa e tranquila dos objetos, não satisfeito e lembrando-se da antiga desavença, João agride violentamente Mário mediante coronhadas, só cessando a agressão quando se certifica de que seu desafeto estava morto. Qual ou quais crimes João cometeu?

(A) Latrocínio.

(B) Furto e homicídio.

(C) Roubo e homicídio.

(D) Furto, lesão corporal e homicídio.

Art. 69 do CP – concurso material heterogêneo. No latrocínio – art. 157, § 3º, do CP -, é imprescindível que a violência tenha sido empregada para o fim de subtração. Em se tratando de outra motivação, haverá homicídio em concurso com roubo.

Gabarito "C".

(Cartório/SP – 2016 – VUNESP) Diz o parágrafo 5º do artigo 121 do Código Penal Brasileiro, que: "na hipótese de homicídio culposo, o juiz poderá deixar de aplicar a pena, se as consequências da infração atingirem o próprio

4. DIREITO PENAL

agente de forma tão grave que a sanção penal se torne desnecessária". Trata-se de

(A) graça.

(B) perdão judicial.

(C) anistia.

(D) indulto.

O instituto tratado no § 5º, do art. 121, do Código Penal, trata-se do perdão judicial, pelo qual o juiz, a despeito de reconhecer a prática de um fato típico, ilícito (antijurídico) e culpável, deixa de aplicar a pena nas hipóteses estritamente previstas em lei. No presente caso, exige-se que os efeitos decorrentes do resultado não pretendido, mas causado pelo agente, o atinjam de forma tal que tornem a sanção penal desnecessária, tal como ocorre na hipótese de um pai causar, culposamente, a morte de um filho. Trata-se de causa de extinção da punibilidade do fato, nos termos do art. 107, IX, do Código Penal, que não acarreta a reincidência do agente criminoso (art. 120 do CP). Vale frisar, ainda, que por muito tempo houve divergência doutrinária e jurisprudencial a respeito da natureza da sentença que concede o perdão judicial. Isso porque, parte da doutrina entendia tratar-se de sentença condenatória, visto que o juiz deveria, num primeiro momento, declarar a procedência da pretensão para, somente após, conceder o perdão. Entretanto, consolidou-se o entendimento de que a sentença que concede o perdão judicial não é condenatória, mas sim declaratória da extinção da punibilidade (Súmula n. 18 do STJ). Desse modo, a sentença que concede o perdão judicial não tem o condão de interromper o prazo prescricional, tampouco serve como título executivo judicial para buscar eventual indenização dos prejuízos causados com a conduta. A hipótese de perdão judicial em comento ainda se aplica aos crimes de lesões corporais culposas (art. 129, § 8º, do CP), ainda, por analogia *in bonam partem*, aos crimes de homicídio culposo e lesões corporais culposas praticados na direção de veículo automotor (arts. 302 e 303 do Código de Trânsito Brasileiro).
Gabarito "B".

(Cartório/SP – 2016 – VUNESP) No crime de fraude à execução, isto é, do agente que aliena, desvia, destrói ou danifica bens, ou simula dívidas, para safar-se de execução aparelhada, a ação penal é

(A) pública incondicionada.

(B) privada subsidiária.

(C) pública condicionada.

(D) exclusivamente privada.

O crime de fraude à execução está previsto no art. 179 do CP. Trata-se de crime contra o patrimônio que se verifica quando o agente, com o intuito de frustrar o sucesso de processo de execução, alienar bens, destruí-los ou danifica-los, bem como quando simular dívidas. Nos termos do parágrafo único do dispositivo em comento, o delito se processa mediante queixa, que deve ser intentada pelo credor prejudicado, ou seus sucessores. Portanto, trata-se de crime de ação pública exclusivamente privada, visto que o Ministério Público não detém legitimidade ativa para oferecimento de denúncia sobre o fato.
Gabarito "D".

(Cartório/MG – 2015 – Consulplan) "Tício entrou no ônibus, apontou um revólver para o passageiro Caio e disse: 'Passe o dinheiro'. Caio, de imediato, entregou uma nota de 2 (dois) reais a Tício. Em seguida, Tício desceu do ônibus, entrou em um bar e bebeu uma pinga. Pagou a cachaça com a nota de 2 (dois) reais e, em seguida, foi preso pela polícia." A conduta de Tício configura crime

(A) impossível.

(B) de extorsão.

(C) de roubo.

(D) de furto.

O crime praticado por Tício, segundo o gabarito oficial, foi o de extorsão (art. 158 do CP), já que ele, mediante grave ameaça, constrangeu Caio com o intuito de obter vantagem indevida de natureza econômica. Entendemos, contudo, tratar-se de crime de roubo majorado (art. 157, § 2º-A, I, do CP), tendo havido subtração da quantia de Caio, mediante grave ameaça exercida com o emprego de arma de fogo. A doutrina e a jurisprudência diferenciam os crimes em questão a partir da prescindibilidade do comportamento do ofendido na concessão da vantagem patrimonial. No caso do enunciado, o comportamento de Caio era prescindível para a obtenção da vantagem indevida por Tício, que, munido de arma de fogo, subjugando a vítima, poderia sem a participação dela subtrair a quantia em dinheiro. Diferente seria se Caio fosse constrangido a preencher e assinar um cheque, ou colocar sua senha no caixa eletrônico para o saque de dinheiro, situações nas quais o comportamento da vítima seria indispensável à obtenção da vantagem indevida, assim configurando o crime de extorsão.[5]
Gabarito "B".

(Cartório/PA – 2016 – IESES) Assinale a alternativa correta:

(A) O agente que subtrai coisa móvel alheia, para si ou para outrem, depois de havê-la, por qualquer meio, reduzido à impossibilidade de resistência da vítima, pratica o crime de roubo impróprio.

(B) Os crimes funcionais estão sujeitos à extraterritorialidade condicionada da lei penal brasileira.

(C) No caso de Peculato culposo, ocorrendo a reparação do dano até o recebimento da denúncia, extingue-se a punibilidade; se lhe é posterior, reduz de metade a pena imposta.

(D) O funcionário público que exige, para si ou para outrem, direta ou indiretamente, ainda que fora da função ou antes de assumi-la, mas em razão dela, vantagem indevida, utilizando-se de violência ou grave ameaça, comete o crime de extorsão.

A: Incorreto. Ocorre roubo impróprio quando, após a subtração da coisa, o agente emprega violência ou grave ameaça contra a pessoa, a fim de assegurar a impunidade do crime ou a detenção da coisa para si ou para terceiro. Ou seja, o roubo impróprio distingue-se do roubo próprio em razão do momento do emprego da violência ou da grave ameaça: enquanto que no roubo próprio a violência ou a grave ameaça são empregadas antes da subtração, para fins de efetuá-la, no roubo impróprio o emprego é após a subtração, para garantir a impunidade do crime ou a detenção da coisa para si ou para outrem (art. 157, § 1º, do CP). A assertiva narra hipótese de roubo próprio (a resistência da vítima foi reduzida à impossibilidade antes da subtração) praticado com violência imprópria (ex: boa-noite cinderela, em que a vítima é dopada por medicamentos com vistas à subtração patrimonial após estar ela subjugada pelo agente), previsto no próprio *caput*, do art. 157, do CP. Vale recordar, ainda, que, ante a falta de previsão no § 1º, não existe roubo impróprio com violência imprópria. **B:** Incorreto. Os crimes funcionais, ou seja, praticados contra a Administração Pública, por quem está a seu serviço, estão sujeitos à extraterritorialidade incondicionada, já que previsto no art. 7º, I, c, do CP. Assim, para eles, aplica-se a lei brasileira, ainda que cometidos no estrangeiro, independentemente do advento de qualquer requisito futuro, podendo, inclusive, ser punido pela lei brasileira se já condenado ou absolvido no estrangeiro (art. 7º, § 1º, CP). Os casos de extraterritorialidade condicionada são aqueles previstos no art. 7º, II, do CP, que dependem do advento das condições previstas no art. 7º, § 2º, do CP, para serem punidos pela lei brasileira, quando cometidos no exterior. **D:** Correto. O crime é o de extorsão,

---

5. Comentários alterados para a 3ª edição do livro, por Lucas Corradini.

previsto no art. 158 do CP, e não o de concussão (art. 316 do CP) em razão do emprego de violência ou grave ameaça junto à exigência de vantagem indevida. Não tivesse a conduta sido praticada com violência ou grave ameaça, mas sim com a mero temor do cargo, o delito seria o de concussão.

Gabarito "D".

(Cartório/PA – 2016 – IESES) O ato de adquirir, receber, transportar, conduzir ou ocultar, em proveito próprio ou alheio, coisa que sabe ser produto de crime, ou influir para que terceiro, de boa-fé, a adquira, receba ou oculte é tipificado como crime de:

(A) Receptação.

(B) Apropriação indébita.

(C) Induzimento à especulação.

(D) Estelionato.

O enunciado traz o texto da norma penal incriminadora do art. 180 do CP, que criou o delito de receptação. Na primeira parte, há o que se chama de *receptação própria*, que reflete a conduta de adquirir, receber, transportar, conduzir ou ocultar, em proveito próprio ou alheio, coisa que sabe ser produto de crime. Na segunda parte, há o que se chama de *receptação imprópria*, ou seja, influir para que terceiro, de boa-fé, adquira, receba ou oculte, coisa que sabe ser produto de crime.

Gabarito "A".

(Cartório/RS – 2019 – VUNESP) Considere a seguinte situação hipotética e assinale a alternativa correta.

Pedro e Paulo combinam de furtar uma quitanda. Acertam que, dentro do estabelecimento, um deles distrairá o dono do estabelecimento, fingindo um desmaio, enquanto o outro, sem ser visto, aproximar-se-á da caixa registradora e subtrairá, sorrateiramente, as cédulas de dinheiro que lá se encontram. No dia da ação criminosa, sem que Pedro saiba, Paulo carrega uma arma de fogo consigo. Quando Paulo finge o desmaio o dono da quitanda percebe que ele portava uma arma de fogo e foge, levando consigo a chave da caixa registradora. Paulo, então, dispara e mata o dono da quitanda. Em seguida, Paulo pega a chave, recolhe o dinheiro da caixa registradora e foge, acompanhado de Pedro.

(A) Pedro será punido com a pena do furto simples, pois quis participar de crime menos grave.

(B) Pedro será punido por roubo qualificado pelo resultado morte, com pena aumentada pelo uso de arma de fogo.

(C) Pedro será punido com a pena do furto qualificado, pois quis participar de crime menos grave.

(D) Paulo responderá por roubo impróprio, com pena aumentada pelo uso de arma de fogo e pelo resultado morte.

(E) Pedro e Paulo, unidos pelo liame subjetivo do concurso de pessoas, estarão sujeitos à mesma pena corporal.

O enunciado trata da hipótese de cooperação dolosamente distinta, prevista no artigo 29, §2º, do CP. Como sabido, no que diz respeito ao concurso de agentes, o Código Penal adotou como regra a teoria monista, pela qual "quem, de qualquer modo, concorre para o crime incide nas penas a este cominadas, na medida de sua culpabilidade" (art. 29 do CP). Portanto, via de regra, não há diferenciação jurídica entre a atuação dos agentes do mesmo fato criminoso. As exceções são trazidas nos próprios parágrafos do art. 29 e no art. 30 do CP. Uma delas é a cooperação dolosamente distinta, segundo a qual "se um dos concorrentes quis participar de crime menos grave, ser-lhe-á aplicada a pena deste; essa pena será aumentada até metade, na hipótese de ter sido previsível o resultado mais grave". Na hipótese ventilada no enunciado, Pedro desconhecia a arma de fogo portada por Paulo. O intuito de Pedro, portanto, era da prática de furto qualificado pelo concurso de agentes (art. 155, § 4º, IV, CP) e pela fraude (art. 155, § 4º, II, CP), esta consistente na simulação do desmaio por Paulo, como forma de ludibriar a vigilância da vítima sobre seus bens, de modo a facilitar a subtração. A superveniente opção de Paulo pelo latrocínio, assim, não é comunicável com Pedro, que sequer conhecia a existência da arma, respondendo ele por furto qualificado. Já Paulo responderá pelo crime de latrocínio (art. 157, § 3º, do CP), pelo emprego de violência à pessoa com o intuito de garantir a subtração do bem e para assegurar a impunidade do crime (ante à fuga da vítima).

Gabarito "C".

(Cartório/SP – 2018 – VUNESP) No roubo, a pena é aumentada

(A) se o agente comete o crime sob coação a que podia resistir.

(B) se o agente, ao tempo da ação, se encontrava em estado de embriaguez, voluntária ou culposa, pelo álcool ou substância de efeitos análogos.

(C) se o agente mantém a vítima em seu poder, restringindo sua liberdade.

(D) durante o repouso noturno.

Sobre o crime de roubo (art. 157 do CP), há previsão de causas de aumento de pena (ou majorantes), que incidem na terceira etapa do método trifásico, provocando o aumento da pena intermediária na fração indicada no tipo penal. Estão elas previstas nos §§ 2º e 2º-A, do art. 157, do CP. Não se podem confundir as causas de aumento de pena com as qualificadoras, já que estas devem ser apreciadas em fase prelibatória da aplicação da pena, alterando os limites mínimo e máximo previsto in abstrato no preceito secundário do respectivo penal. Para o crime de roubo, há previsão de figuras qualificadas nos §§2º-B (embora haja discussão doutrinária com corrente entendendo tratar-se de majorante) e 3º (modalidades qualificadas pelo resultado – incluindo o latrocínio, no caso de resultado morte). Feitas tais considerações introdutórias, passa-se à análise das alternativas. **A:** Incorreta. Não se trata de majorante do crime de roubo. Ao contrário, o fato de o agente praticar qualquer crime sob coação a que podia resistir configura atenuante genérica, prevista no art. 65, II, *c*, do CP. **B:** Incorreta. Não se trata de majorante do crime de roubo. A previsão da assertiva coincide com aquela trazida no artigo 28, II, do CP, que traduz a teoria da ***actio libera in causa***, segundo a qual a embriaguez, nas condições expostas, não exclui a imputabilidade penal. **C:** Correta. Trata-se de causa de aumento de pena prevista no art. 157, § 2º, V, CP. **D:** Incorreta. Trata-se de causa de aumento de pena incidente sobre o delito de furto, prevista no artigo 155, § 1º, do CP, não havendo mesma previsão para o delito de roubo.

Gabarito "C".

12. CRIMES CONTRA A DIGNIDADE SEXUAL, A FÉ PÚBLICA, A ADMINISTRAÇÃO PÚBLICA E AS FINANÇAS PÚBLICAS

(Cartório/AC – 2006 – CESPE) Julgue os itens subsequentes, acerca dos crimes contra a fé pública.

(1) A falsificação de péssima qualidade de papel-moeda não ofende a fé pública, razão pela qual não chega a caracterizar essa espécie de crime. Nesses casos, pode ocorrer, em verdade, crime contra o patrimônio, na modalidade estelionato.

(2) Considere a seguinte situação hipotética.

4. DIREITO PENAL

João encomendou a falsificação de diploma universitário de farmacêutico para uso posterior, com o fim de obtenção da carteira de identificação profissional. Realizada a falsificação, João foi apanhado pela polícia na posse do documento, antes de fazer uso dele. Nessa situação, para considerar-se configurado o crime, não basta que a falsificação tenha mera aptidão para lesionar a fé pública, sendo indispensável a comprovação de efetivo dano.

(3) Não há concurso material de crimes na hipótese em que o agente fabrica, fornece e guarda objetos destinados à falsificação de papéis públicos. Há, nessa circunstância, ações que configuram atos preparatórios para a consumação de outras, também chamadas de *ante factum impunível*.

1: correta. De fato, nos crimes contra a fé pública, a falsificação deve ser suficientemente boa para conseguir ludibriar pessoas de mediana prudência e discernimento. Em outras palavras, todos os crimes de falso exigem aptidão ilusória, sob pena de atipicidade. De acordo com a Súmula 73 do STJ, a utilização de papel moeda grosseiramente falsificado configura, em tese, o crime de estelionato, da competência da Justiça Estadual.
2: incorreta. Muito embora o crime de uso de documento falso, previsto no art. 304 do CP, pressuponha o efetivo uso do documento falsificado ou adulterado, é certo que, para sua configuração, não se exigirá a comprovação de efetivo dano, bastando que, com a conduta, o agente possa causar lesão à fé pública.
3: correta. De fato, não há tipificado no CP qualquer crime contra a fé pública no sentido tratado na assertiva. Assim, aquele que fabricar, fornecer ou guardar objetos destinados à falsificação de papéis públicos, estará, em verdade, praticando atos de preparação de futuras falsificações, estas, sim, criminosas. Importante registrar que se se tratassem de petrechos para falsificação de moeda, aí sim estaríamos diante de crime autônomo (art. 291 do CP).
Gabarito 1C, 2E, 3C

(Cartório/AM – 2005 – FGV) É correto afirmar que:

(A) sempre que houver o crime de corrupção ativa haverá o de corrupção passiva.

(B) sempre que houver o crime de corrupção passiva haverá o de corrupção ativa.

(C) o funcionário público que retarda ou deixa de praticar, indevidamente, ato de ofício, contra disposição expressa de lei, sem qualquer interesse ou sentimento pessoal, pratica crime de prevaricação.

(D) é possível a prática do crime de corrupção passiva pela pessoa que ainda não assumiu a função pública.

(E) aquele que trabalha para empresa prestadora de serviço conveniada para a execução de atividade típica da Administração Pública não é equiparado a funcionário público para efeitos penais.

A: incorreta, pois poderá haver o crime de corrupção ativa sem que haja, na outra ponta, o de corrupção passiva. Bastará que o particular ofereça ou prometa vantagem indevida ao funcionário público, para determiná-lo a praticar, omitir ou retardar ato de ofício (art. 333 do CP), para que se caracterize o crime em comento. Se o funcionário público recusar a oferta ou promessa, inexistirá, de sua parte, corrupção passiva (art. 317 do CP); **B**: incorreta, pois o funcionário público corrupto poderá, por exemplo, solicitar a vantagem indevida, sem que o particular consinta com tal pedido. Neste caso, haverá, apenas, crime de corrupção passiva (art. 317 do CP), sem que exista corrupção ativa (art. 333 do CP); **C**: incorreta, pois o crime de prevaricação somente restará caracterizado quando o funcionário público retardar ou deixar de praticar, indevida-

mente, ato de ofício, ou praticá-lo contra disposição expressa de lei, para satisfazer interesse ou sentimento pessoal (art. 319 do CP); **D**: correta. De fato, de acordo com a redação do art. 317 do CP, praticará corrupção passiva o agente que solicitar ou receber, para si ou para outrem, direta ou indiretamente, ainda que fora da função ou antes de assumi-la, mas em razão dela, vantagem indevida, ou aceitar promessa de tal vantagem; **E**: incorreta (art. 327, § 1º, do CP).
Gabarito "D".

(Cartório/DF – 2008 – CESPE) Considerando a jurisprudência dos tribunais superiores, julgue o item seguinte com base no direito penal brasileiro.

(1) Considere a seguinte situação hipotética. Na qualidade de advogado de determinada empresa em uma causa cível, Wagner havia solicitado ao juiz que oficiasse ao Banco Central para a localização do endereço dos réus. Como o pedido foi indeferido, Wagner expediu, por sua própria conta, um documento assinado com o seu próprio nome, na forma de um ofício judicial, requisitando o endereço. Nessa situação, Wagner praticou o crime de falsidade ideológica.

1: errada, pois o ofício expedido por Wagner ao Banco Central, assinado por ele próprio, solicitando o endereço de determinada empresa, ainda que sob a forma de um ofício judicial, não caracteriza o crime do art. 299 do CP (falsidade ideológica), inexistindo, em tal documento, ao menos de acordo com o que indica a assertiva, qualquer informação falsa ou diversa da que deveria constar. Tivesse o advogado falsificado um ofício judicial, inserindo o nome do juiz do feito, aí sim poderíamos concluir ter havido crime de falso.
Gabarito "1E".

(Cartório/DF – 2006 – CESPE) De acordo com a legislação e a doutrina pertinentes, e considerando, ainda, a jurisprudência do STJ e do STF, julgue o item que se segue, relativo ao direito penal.

(1) O crime de desobediência se aperfeiçoa com a vontade do agente de ofender o funcionário público no exercício das funções inerentes ao seu cargo, ofendendo-o pessoalmente, violando a autoridade e a dignidade das funções públicas por ele exercidas e menosprezando o poder estatal.

1: errada, pois a ofensa praticada pelo agente (particular), querendo desmerecer a autoridade e a dignidade das funções públicas exercidas por funcionário público, no exercício de suas funções, caracteriza o crime de desacato (art. 331 do CP). O crime de desobediência caracteriza-se pelo fato de o agente não ceder à autoridade ou força de alguém, resistir ou infringir. É preciso, ainda, que a ordem seja legal e do conhecimento direto de quem necessita cumpri-la.
Gabarito "1E".

(Cartório/DF – 2006 – CESPE) De acordo com a legislação e a doutrina pertinentes, e considerando, ainda, a jurisprudência do STJ e do STF, julgue o item que se segue, relativo ao direito penal.

(1) Para a caracterização do crime de falsificação de documento público, é suficiente que a falsificação tenha aptidão para lesionar a fé pública, sendo dispensável, assim, a comprovação de efetivo dano.

1: correta. De fato, o crime do art. 297 do CP configura-se com a só falsificação, no todo ou em parte, de documento público, ou a alteração de documento público verdadeiro, bastando que a conduta do agente seja apta a causar lesão à fé pública, independentemente de efetiva causação de dano.

Gabarito "1C".

(Cartório/DF – 2003 – CESPE) A respeito dos crimes contra a fé pública, julgue os seguintes itens.

(1) Considere a seguinte situação hipotética.

Paulo, proprietário de um armazém geral, recebeu, para fins de guarda e conservação, 1.000 kg de arroz do tipo 1 e emitiu, sem autorização legal, o conhecimento de depósito e o warrant, entregando-os ao depositante. Nessa situação, Paulo praticou o crime de emissão de título ao portador sem permissão legal.

(2) A adulteração de guia florestal, que se destina ao controle do transporte de madeiras, configura o crime de falsificação de papéis públicos.

(3) Considere a seguinte situação hipotética.

João fabricou, no interior de sua residência, milhares de selos postais que, pela perfeição na impressão, induziria a erro indeterminado número de pessoas. Nessa situação, João praticou o crime de falsificação de selo ou sinal público.

(4) A falsificação do livro Diário de uma empresa privada, adulterando lançamentos contábeis realizados, configura crime de falsificação de documento público.

1: errada, pois a conduta descrita na assertiva se subsume à descrição típica contida no art. 178 do CP (emissão irregular de conhecimento de depósito ou *warrant*);

2: errada. A adulteração de guia florestal, destinada ao controle do transporte de madeiras, não configura o crime de emissão de papéis públicos (art. 293 do CP), não se encontrando a guia florestal inserida nos papéis a que se refere o tipo penal. Trata-se, em verdade, de falsificação de documento público (art. 297 do CP).

3: errada, pois a falsificação de selos postais, mediante fabricação ou adulteração, constitui o crime definido no art. 36 da Lei 6.538/78, e não o crime de falsificação de selo ou sinal público (art. 296 do CP), neste não se inserindo os selos postais.

4: correta. De fato, os livros mercantis, para efeitos penais, são considerados documentos públicos por equiparação, nos termos do art. 297, § 2º, do CP. Logo, a falsificação do livro Diário de uma empresa constitui crime de falsificação de documento público (art. 297 do CP).

Gabarito 1E, 2E, 3E, 4C

(Cartório/DF – 2003 – CESPE) No que tange aos crimes contra a administração pública, julgue os itens a seguir.

(1) Considere a seguinte situação hipotética.

Um particular teve acesso ao interior da sede de um cartório de registro de imóveis e, aproveitando o descuido do oficial titular e de seus funcionários, destruiu várias folhas do Livro n.º 2 — Registro Geral. Nessa situação, o particular praticou o crime de extravio, sonegação ou inutilização de livro ou documento.

(2) O sujeito ativo do crime de concussão é o funcionário público, mesmo que ainda não tenha assumido o cargo, mas desde que haja em virtude dele, nada impedindo, no entanto, que um particular seja coautor ou partícipe da infração penal.

1: errada, pois o crime de extravio, sonegação ou inutilização de livro ou documento é crime próprio, exigindo a qualidade de funcionário público (art. 314 do CP). No caso, o particular deverá responder por subtração ou inutilização de livro ou documento (art. 337 do CP), crime praticado pelo particular contra a Administração Pública;

2: correta. De fato, a concussão é crime cometido por funcionário público, tratando-se de crime próprio. Porém, o próprio tipo penal contempla a situação do funcionário que, ainda que fora da função, ou antes de assumi-la, mas em razão dela, exige, para si ou para outrem, direta ou indiretamente, vantagem indevida (art. 316, caput, do CP). Mesmo que estejamos diante de um crime próprio, será perfeitamente possível o concurso de pessoas (coautoria ou participação), bastando que o particular concorra, de qualquer modo, para que o funcionário público pratique referido crime. A condição de funcionário irá comunicar-se ao particular, nos termos do art. 30 do CP, tratando-se de condição de caráter pessoal.

Gabarito 1E, 2C

(Cartório/DF – 2001 – CESPE) Em cada um dos itens que se seguem, é apresentada uma situação hipotética, seguida de uma assertiva a ser julgada.

(1) Simplício pôs em circulação várias notas verdadeiras de R$ 10,00, alteradas para R$ 100,00, por meio de aposição, nas mesmas cédulas, de zeros e letras, transformando-lhes o valor. A alteração ficou grosseira, insuscetível de iludir uma pessoa de diligência ordinária. Nesse caso, Simplício responderá pelo crime de moeda falsa.

(2) Jonas, com a intenção de retirar carteira nacional de habilitação (CNH), falsificou cópias, não-autenticadas, de sua certidão de nascimento e cédula de identidade. Nesse caso, Jonas responderá pelo crime de falsificação de documento público.

(3) Maria, do lar, esposa de Joaquim, tabelião de notas, aproveitando a ausência do marido no cartório, reconheceu como verdadeira a firma do outorgante de uma procuração, quando na realidade não era. Nesse caso, Maria responderá pelo crime de falso reconhecimento de firma ou letra.

(4) Juca, necessitando viajar de carro para outra unidade da federação, comprou uma CNH falsificada de forma grosseira e perceptível por meio de exame superficial. Em uma rodovia, ao ser abordado por um policial rodoviário, apresentou a CNH falsificada, oportunidade em que foi preso em flagrante. Nesse caso, Juca responderá pelo crime de uso de documento falso.

1: errada. A falsificação grosseira, em razão de não ter aptidão ilusória, não constitui crime contra a fé pública. Porém, a depender da situação, poderá configurar crime de estelionato, nos termos da Súmula 73 do STJ "*A utilização de papel moeda grosseiramente falsificado configura, em tese, o crime de estelionato, da competência da Justiça Estadual*".

2: errada, pois a cópia não autenticada de um documento público não constitui documento, em sua acepção técnico-jurídica, não podendo, pois, ser objeto material do crime de falsificação de documento público (art. 297 do CP);

3: errada, pois Maria, não sendo tabeliã, não pode cometer o crime do art. 300 do CP. O falso reconhecimento de firma ou letra deverá ocorrer no exercício da função. Logo, Maria, do lar, não sendo a funcionária pública responsável por tal reconhecimento, não deverá responder pelo crime em comento;

4: errada, pois o uso de documento grosseiramente falsificado, perceptível por exame superficial, não caracteriza o crime do art. 304 do CP. Lembre-se que os crimes de falso exigem aptidão ilusória, capaz de colocar em risco a fé pública.

Gabarito 1E, 2E, 3E, 4E

4. DIREITO PENAL

(Cartório/DF – 2001 – CESPE) Em cada um dos itens a seguir, é apresentada uma situação hipotética, seguida de uma assertiva a ser julgada.

(1) Sílvio, agente de polícia, saiu em perseguição de um assaltante de banco, conseguindo prendê-lo e apreender uma sacola com os valores subtraídos da agência. No caminho para a delegacia, o agente abriu a sacola e apropriou-se da importância de R$ 5.000,00, já que a autoridade policial não tinha conhecimento do total de dinheiro recuperado e apreendido. Nesse caso, Sílvio responderá pelo crime de peculato.

(2) José comprou um apartamento de Manoel que, após a lavratura da escritura de compra e venda, entregou a Lúcio, oficial do cartório de notas, a importância recebida para guardá-la até o dia seguinte. Lúcio, aproveitando que não houve testemunha da entrega, apropriou-se definitivamente do dinheiro. Nesse caso, Lúcio responderá pelo crime de apropriação indébita.

(3) Oto, oficial de um cartório, solicitou de Jânio a importância de R$ 1.000,00 para agilizar o registro de uma escritura de compra e venda. Dizendo que iria ao banco sacar o dinheiro, Jânio foi até a delegacia de polícia e registrou o fato, retornando ao cartório com agentes de polícia. No cartório, Jânio retirou o dinheiro da carteira e, quando Oto ia aceitá-lo, recebeu dos agentes voz de prisão. Nesse caso, Oto responderá por tentativa de corrupção passiva.

(4) Beto, agente de polícia, quando se encontrava de plantão na delegacia, foi cientificado pessoalmente de um acidente de trânsito com vítima de morte. Por negligência, deixou de registrar a ocorrência e levá-la ao conhecimento do delegado. Nesse caso, Beto responderá pelo crime de prevaricação.

(5) Sebastião, chefe do almoxarifado de uma repartição pública, tomou conhecimento de que Joana, sua funcionária e namorada, havia se apropriado de cinco caixas de cartuchos de tinta para impressora. Para não prejudicar sua subordinada e namorada, que iria responder a processo administrativo disciplinar e estaria sujeita a demissão, Sebastião deixou de levar o fato ao conhecimento do diretor-geral. Nesse caso, Sebastião praticou o crime de condescendência criminosa.

1: correta. De fato, apropriar-se o funcionário público de dinheiro, valor, ou bem móvel público ou particular que lhe tenha chegado às mãos em razão da função, caracteriza o crime de peculato (art. 312 do CP);
2: correta, pois Lúcio, oficial do cartório de notas, não recebeu a importância entregue por Manoel em razão do cargo ou função que exerce, inexistindo qualquer motivo para que, em virtude de sua condição, receba montante decorrente de compra e venda de bem imóvel. Assim, excluída a relação entre a posse do dinheiro e a condição de funcionário público, não se cogita da prática de peculato, mas, sim, de apropriação indébita (art. 168 do CP);
3: errada, pois a corrupção passiva é considerado crime formal, consumando-se, no caso apresentado, pela mera solicitação da vantagem indevida (art. 317 do CP). Logo, eventual recebimento da vantagem caracteriza mero exaurimento do crime, não se falando, portanto, em tentativa;
4: errada, pois o crime de prevaricação se caracteriza pela omissão, retardamento ou prática de ato de ofício contra disposição expressa de lei, para a satisfação de interesse ou sentimento pessoal (art. 319 do CP). Logo, não basta a desídia do agente, sendo necessário que sua conduta, como dito, tenha como fim último satisfazer um interesse ou

sentimento pessoal. Ademais, tratando-se de crime doloso, a negligência, modalidade de culpa, não poderia constituir o crime em tela;
5: correta. De fato, Sebastião, ao deixar de levar ao conhecimento do funcionário competente para responsabilizar ato ilícito perpetrado por subordinado, a conduta praticada por Joana, cometeu o crime de condescendência criminosa (art. 320 do CP).
Gabarito 1C, 2C, 3E, 4E, 5C

(Cartório/DF – 2001 – CESPE) Em cada um dos itens a seguir, é apresentada uma situação hipotética, seguida de uma assertiva a ser julgada.

(1) Maria compareceu ao Cartório de Registro Civil e registrou como sendo seu o filho recém-nascido de sua empregada. Nesse caso, Maria responderá pelo crime de falsidade ideológica.

(2) Um indivíduo, para evitar a identificação de cédulas de R$ 100,00 que recebera como preço de resgate de um sequestro, substituiu os números das respectivas estampas e séries, sem alterar o valor, bem como a numeração de cada exemplar. Nesse caso, o indivíduo praticou o crime de moeda falsa.

(3) Ao receber para registro uma escritura de compra e venda, o oficial de um Cartório de Registro de Imóveis exigiu do interessado, como condição, o pagamento indevido de emolumentos não-previstos no regimento de custas. Nesse caso, o notário responderá pelo crime de excesso de exação.

(4) Mário, chefe de repartição pública, tomou conhecimento que um funcionário subordinado à sua unidade, no final de semana, praticou um crime de furto no interior de um hipermercado. Mário, por indulgência, deixou de instaurar sindicância para responsabilizar o subordinado. Nesse caso, Mário praticou o crime de condescendência criminosa.

(5) A fim de comprovar a sua idade para efetivar matrícula em um curso, um indivíduo fez uso de cópia falsificada, sem autenticação, de uma cédula de identidade. Nesse caso, por tratar-se de cópia sem autenticação, o indivíduo não responderá pelo crime de uso de documento falso.

1: errada, pois Maria, ao registrar como seu o filho de outrem, praticou o crime do art. 242 do CP: "*Dar parto alheio como próprio; registrar como seu o filho de outrem; ocultar recém-nascido ou substituí-lo, suprimindo ou alterando direito inerente ao estado civil*".
2: errada, pois o crime de moeda falsa, definido no art. 289 do CP, pressupõe que o agente fabrique ou adultere o valor do papel-moeda ou moeda metálica, não bastando, simplesmente, que altere os números das respectivas estampas e séries. Aqui, entendemos que o fato seria atípico (*post factum* impunível), já que o sequestrador que recebe o valor do resgate, por óbvio, irá querer utilizar o montante ilicitamente obtido;
3: correta. De fato, o oficial do Cartório, ao exigir emolumentos não previstos no regimento de custas, cometeu o crime de excesso de exação (art. 316, § 1º, do CP);
4: errada, pois somente se cogita do crime de condescendência criminosa quando o funcionário público, por indulgência, deixa de responsabilizar subordinado que tenha cometido infração no exercício do cargo (art. 320 do CP). No caso relatado na assertiva, o subordinado cometeu o crime de furto em um supermercado, em nada se relacionando com as atividades desempenhadas em virtude do cargo ocupado;
5: correta. De fato, cópia não autenticada de cédula de identidade não constitui, para efeitos penais, um documento público. Logo, sua falsificação não caracteriza o crime do art. 297 do CP, bem como o seu uso não induz pensar na prática do crime do art. 304 do CP.
Gabarito 1E, 2E, 3C, 4E, 5C

(Cartório/ES – 2007 – FCC) O escrevente de cartório que reconhece, como verdadeira, no exercício de função pública, firma ou letra que o não seja,

(A) comete crime de falsificação de documento público.

(B) comete crime de falso reconhecimento de firma ou letra.

(C) comete crime de falsidade material de atestado ou certidão.

(D) comete crime de falsa identidade.

(E) não comete crime algum porque está no exercício de função pública.

De fato, o falso reconhecimento de firma ou letra, no exercício da função, pelo agente, caracteriza o crime do art. 300 do CP, que assim prescreve: *"Reconhecer, como verdadeira, no exercício de função pública, firma ou letra que o não seja".*
Gabarito "B".

(Cartório/MA – 2008 – IESES) Assinale a alternativa correta:

(A) O crime de falsidade ideológica exige, para sua configuração, especial finalidade do agente, consistente em prejudicar direito, criar obrigação ou alterar a verdade sobre fato juridicamente relevante.

(B) O crime de falso testemunho é material, próprio e de mão própria.

(C) Em se tratando do crime de peculato, embora admita este a forma culposa, exige, para sua configuração, seja público o bem, dinheiro ou valor indevidamente apropriado, desviado ou subtraído pelo funcionário.

(D) Em nenhuma hipótese pode ser imputada a particular a prática do crime de concussão.

A: correta. De fato, o crime de falsidade ideológica exige um especial fim de agir do agente (elemento subjetivo do tipo), qual seja, prejudicar direito, criar obrigação ou alterar a verdade sobre fato juridicamente relevante. Tal se extrai da própria redação típica (art. 299 do CP); **B**: incorreta. O crime de falso testemunho é formal, não se exigindo, para sua configuração e consumação, a verificação de efetivo prejuízo. Demais disso, trata-se de crime de mão própria ou de atuação personalíssima, podendo ser praticado apenas por testemunha, perito, contador, tradutor ou intérprete (art. 342, caput, do CP), muito embora seja admissível a participação. Por se tratar, como dito, de crime de mão própria, será inviável o reconhecimento da coautoria (apenas participação, frise-se); **C**: incorreta, tendo em vista que os objetos materiais do crime de peculato podem ser dinheiro, valor ou bem móvel, de natureza pública ou particular (art. 312 do CP); **D**: incorreta. Ainda que o crime de concussão seja próprio, vale dizer, exija a qualidade de funcionário público do agente (art. 316 do CP), é certo que será admissível o concurso de agentes (coautoria ou participação), desde que o particular tenha ciência da condição de seu comparsa. Lembre-se que as circunstâncias ou condições de caráter pessoal, embora, de início, incomunicáveis, não o serão quando forem elementares do crime (art. 30 do CP). Em outras palavras, a condição de funcionário público, por ser elementar do crime em comento, irá comunicar-se aos coautores ou partícipes.
Gabarito "A".

(Cartório/MG – 2012 – FUMARC) Particular que instiga pessoa, que sabe ser oficial do Cartório de Protesto de Títulos, a se utilizar de numerário correspondente aos títulos que lhe foram entregues, em razão do cargo, em benefício de ambos e em caráter não momentâneo, deve ser punido, caso praticado o desvio e constatada a relevância da instigação, por

(A) furto.

(B) peculato.

(C) concussão.

(D) apropriação indébita.

De fato, deverá responder por peculato o particular que instigar o Oficial do Cartório de Protesto de Títulos a utilizar valores correspondentes aos títulos que lhe tenham sido entregues, em razão do cargo, em benefício de ambos. Aqui, nitidamente estaremos diante das elementares típicas do referido crime (art. 312 do CP), visto que um funcionário público, na posse de dinheiro recebido em razão de títulos apresentados – e entregues – no Cartório, ao apropriar-se do montante, em proveito próprio ou de outrem, terá cometido o chamado peculato-apropriação. Frise-se que o particular responderá como partícipe do crime, em razão de haver instigado o Oficial do Cartório de Protesto a apropriar-se de montante (dinheiro) que tinha a posse em razão do cargo, sendo este o autor da infração penal.
Gabarito "B".

(Cartório/MG – 2012 – FUMARC) Funcionário público que pratica ato de ofício contra disposição expressa de lei, assim o fazendo para a satisfação de interesse pessoal, comete, caso presentes todos os elementos do conceito analítico de crime,

(A) prevaricação.

(B) corrupção passiva.

(C) abuso de autoridade.

(D) condescendência criminosa.

De fato, responde por prevaricação o funcionário público que, tendo competência para a prática de determinado ato de ofício, retardar ou deixar de praticá-lo, ou praticá-lo contra disposição expressa de lei, para satisfazer interesse ou sentimento pessoal (art. 319 do CP).
Gabarito "A".

(Cartório/MG – 2012 – FUMARC) Dispõe o artigo 301, § 1º do Código Penal: "Falsificar, no todo ou em parte, atestado ou certidão, ou alterar o teor de certidão ou atestado verdadeiro, para prova de fato ou circunstância que habilite alguém a obter cargo público, isenção de ônus ou de serviço de caráter público, ou qualquer outra vantagem. Pena – detenção de 3 (três) meses a 2 (dois) anos".

São características do delito tipificado no referido artigo de lei, EXCETO tratar-se de crime

(A) unissubsistente.

(B) monossubjetivo.

(C) contra a fé pública.

(D) de menor potencial ofensivo.

A: incorreta. O crime definido no art. 301, § 1º, do CP, não é considerado unissubsistente, visto que seu cometimento exigirá, por parte do agente, a prática de diversos atos, todos eles voltados à falsificação de atestado ou certidão ou a alteração do seu teor. Lembre-se que crimes unissubsistentes são aqueles perpetrados mediante a prática de um só ato, ao passo que os plurissubsistentes exigem o cometimento de diversos atos pelo sujeito ativo do ilícito penal; **B**: correta. Realmente, o crime do art. 301, § 1º, do CP, assim como a maioria dos crimes em nossa legislação penal, é monossubjetivo (ou unissubjetivo), isto é, poderá ser cometido por uma só pessoa, admitindo-se, porém, o concurso de pessoas; **C**: correta. O crime definido no art. 301, § 1º, do CP, vem inserido no capítulo dos Crimes contra a Fé Pública; **D**: correta, pois, de fato, o crime do art. 301, § 1º, do CP, punido com detenção, de três meses a dois anos, em razão da pena máxima cominada, enquadra-se no conceito legal de crime de menor potencial ofensivo, sujeito às disposições da Lei 9.099/95 (art. 61).
Gabarito "A".

4. DIREITO PENAL

(Cartório/MG – 2005 – EJEF) É CORRETO afirmar que o Tabelião ou Registrador, ao inserir na Carteira de Trabalho e Previdência Social de empregado seu declaração diversa da que deveria ter sido escrita, comete crime de

(A) estelionato.

(B) falsidade ideológica.

(C) falsificação de documento particular.

(D) falsificação de documento público.

De fato, comete o crime de falsificação de documento público aquele que inserir ou fizer inserir, na Carteira de Trabalho de Previdência Social de empregado, declaração falsa ou diversa da que deveria constar (art. 297, § 3º, II, do CP). A rigor, não se trata, propriamente, de falsificação de documento público, mas, sim, de falsidade ideológica em documento público. Porém, o legislador entendeu por bem introduzir a conduta em comento no tipo penal de falsificação de documento público.
Gabarito "D".

(Cartório/MG – 2009 – EJEF) Marque a assertiva CORRETA. Considera-se funcionário público, para efeitos penais,

(A) quem exerce cargo, emprego ou função pública, ainda que transitoriamente ou sem remuneração.

(B) somente quem ocupe cargo efetivo e possua estabilidade.

(C) o funcionário concursado, exceto o comissionado.

(D) apenas quem exerce cargo, emprego ou função em entidade estatal, sob remuneração.

A: correta. De acordo com o art. 327, *caput*, do CP, considera-se funcionário público, para efeitos penais, aquele que, embora transitoriamente, ou sem remuneração, exercer cargo, emprego ou função pública. Trata-se, aqui, do que se denomina de funcionário público próprio ou típico. Ainda, o § 1º, do mesmo dispositivo legal, traz o que a doutrina convencionou chamar de funcionário público atípico ou impróprio, assim considerado aquele que exerce cargo, emprego ou função em entidade paraestatal, e quem trabalha para empresa prestadora de serviço contratada ou conveniada para a execução de atividade típica da Administração Pública; **B** e **C**: incorretas, pois, como visto, será considerado funcionário público o detentor de cargo, emprego ou função, ainda que transitoriamente, alcançados por concurso público ou outra forma de acesso (ex.: cargos ou funcionais comissionadas); **D**: incorreta, pois, para efeitos penais, mesmo os detentores de cargos, empregos ou funções não remuneradas são considerados funcionários públicos.
Gabarito "A".

(Cartório/MS – 2009 – VUNESP) Funcionário público que contribui culposamente para a prática de apropriação de dinheiro público, mas repara o dano antes da sentença penal irrecorrível,

(A) terá a pena reduzida de metade.

(B) terá a pena reduzida de um a dois terços.

(C) terá a seu favor apenas circunstância atenuante.

(D) terá extinta a punibilidade.

(E) poderá obter o perdão judicial.

No peculato culposo – art. 312, § 2º, do CP, a reparação do dano, quando anterior à sentença irrecorrível, extingue a punibilidade; se, todavia, lhe é posterior, reduz de metade a pena imposta, conforme prescreve o art. 312, § 3º, do CP.
Gabarito "D".

(Cartório/MT – 2005 – CESPE) Considere que João imputou a alguém crime de que o sabe inocente. Nesse caso, então ele pode ser responsabilizado criminalmente se houver dado causa à instauração de:

I. investigação policial.

II. processo judicial.

III. investigação administrativa.

IV. ação de improbidade administrativa.

A quantidade de itens certos é igual a

(A) 1.

(B) 2.

(C) 3.

(D) 4.

Dar causa à instauração de inquérito policial, de procedimento investigatório criminal, de processo judicial, de processo administrativo disciplinar, de inquérito civil ou de ação de improbidade administrativa contra alguém, imputando-lhe crime, infração ético-disciplinar ou ato ímprobo de que o sabe inocente, constitui o crime de denunciação caluniosa (art. 339, *caput*, do CP, com redação conferida pela Lei n. 14.110/2020). Logo, todos os itens da questão estão corretos.[6]
Gabarito "D".

(Cartório/MT – 2003 – UFMT) NÃO constitui modalidade de peculato:

(A) O peculato-desvio.

(B) O peculato-apropriação.

(C) O peculato-furto.

(D) O peculato culposo.

(E) O peculato-restituição.

Doutrinariamente, subdivide-se o peculato, definido no art. 312 do CP, em: i) peculato-apropriação (quando o funcionário público se apropria de dinheiro, valor ou bem móvel público ou particular de que tem a posse em razão do cargo); ii) peculato-desvio (quando o funcionário público desvia dinheiro, valor ou bem móvel público ou particular de que tem a posse em razão do cargo); iii) peculato-furto, extraído do art. 312, § 1º, do CP (quando o agente, embora não tendo a posse do dinheiro, valor ou bem, valendo-se de facilidade que lhe proporciona a qualidade de funcionário, o subtrai ou concorre para que seja subtraído); iv) peculato culposo, previsto no art. 312, § 2º, do CP (dá-se quando o funcionário público, culposamente, concorrer para o crime de outrem). Inexiste, com relação às alternativas em análise, a figura do peculato-restituição.
Gabarito "E".

(Cartório/PR – 2007) Sobre os crimes contra a administração pública, assinale a alternativa CORRETA:

(A) A promessa de vantagem indevida ao funcionário público para que retarde ato de ofício é corrupção ativa.

(B) A solicitação de vantagem indevida, em razão da função, para retardar ato de ofício é corrupção ativa.

(C) A exigência de vantagem indevida, em razão da função, para si é corrupção ativa.

(D) O extravio de livro oficial é conduta atípica.

(E) Somente os funcionários públicos concursados e estáveis podem ser acusados de peculato.

A: correta. De fato, oferecer ou prometer vantagem indevida a funcionário público, a fim de que retarde, pratique ou omita ato de ofício,

---

6.   Comentários atualizados para 3ª edição por Lucas Corradini

constitui o crime de corrupção ativa (art. 333 do CP); **B**: incorreta, pois a solicitação de vantagem indevida, em razão da função, caracteriza o crime de corrupção passiva (art. 317 do CP); **C**: incorreta, pois a exigência de vantagem indevida, em razão da função, para si ou para outrem, é crime de concussão (art. 316 do CP); **D**: incorreta, pois extraviar livro oficial configura o crime do art. 314 do CP; **E**: incorreta, pois o conceito de funcionário público, para efeitos penais, abrange não somente os detentores de cargos, empregos ou funções decorrentes de concurso público, abarcando aqueles que, ainda que transitoriamente ou sem remuneração, exercam cargos, empregos ou funções públicas (art. 327 do CP).

Gabarito "A".

(Cartório/PR – 2007) Em relação aos crimes contra a fé pública, assinale a alternativa correta:

(A) A alteração de documento público verdadeiro é conduta atípica.

(B) A omissão de declaração em documento público, que nele devia constar, é crime de falsidade ideológica.

(C) As penas para os delitos de falsidade material de documento particular e público são idênticas.

(D) O reconhecimento, como verdadeiro, de firma que não o seja, somente será típica se for para satisfazer interesse próprio.

(E) O funcionário público que entrar no exercício de função pública, antes de satisfeitas as exigências legais, incorre apenas em infração funcional.

A: incorreta, pois alterar documento público verdadeiro é modalidade de falsificação de documento público (art. 297, caput, do CP); **B**: correta, tratando-se de uma das formas de cometimento do crime de falsidade ideológica (art. 299 do CP); **C**: incorreta, pois as penas para a falsificação de documento público (art. 297 do CP) variam, como regra, de dois a seis anos de reclusão, e multa, ao passo que a falsificação de documento particular (art. 298 do CP) tem cominada, abstratamente, as penas de reclusão de um a cinco anos, e multa; **D**: incorreta, não exigindo o art. 300 do CP que o falso reconhecimento de firma ou letra, no exercício da função, o seja para satisfazer interesse próprio; **E**: incorreta, pois entrar o funcionário público no exercício de função pública, antes de satisfeitas as exigências legais, configura modalidade do crime definido no art. 324 do CP (exercício funcional ilegalmente antecipado ou prolongado).

Gabarito "B".

(Cartório/RJ – 2012) A conduta de reconhecer, como verdadeira, no exercício de função pública, firma ou letra que não o seja, configura o crime de

(A) falsidade material de atestado ou certidão.

(B) falso reconhecimento de firma ou letra.

(C) falsidade ideológica.

(D) falsificação de documento particular.

(E) falsificação de documento público.

Reconhecer, como verdadeira, no exercício de função pública, firma ou letra que o não seja, constitui o crime definido no art. 300 do CP, cujo *nomen juris* é *Falso reconhecimento de firma ou letra.*

Gabarito "B".

(Cartório/RJ – 2008 – UERJ) A alternativa incorreta é:

(A) no crime de condescendência criminosa, a ação por indulgência é elemento do tipo

(B) o crime de concussão pode ser cometido antes que o funcionário público assuma sua função

(C) o crime de corrupção passiva não pode ser cometido antes de o funcionário público assumir sua função

(D) no crime de advocacia administrativa, se o interesse for legítimo, não há aumento de pena

A: correta (art. 320 do CP); **B**: correta (art. 316 do CP); **C**: incorreta, pois o art. 317, *caput*, do CP, contempla a possibilidade de o crime de cometido pelo agente antes mesmo de haver assumido a função; **D**: correta, pois somente há aumento de pena se o interesse defendido pelo funcionário público for ilegítimo (art. 321, parágrafo único, do CP).

Gabarito "C".

(Cartório/RO – III) Assinale a alternativa incorreta:

(A) No crime de peculato o bem jurídico protegido é a administração pública, particularmente em relação ao seu próprio interesse patrimonial e moral;

(B) São sujeitos passivos do crime de peculato, em qualquer hipótese, somente o Estado e as entidades de direito público, por se tratar de delito contra a administração pública;

(C) O sujeito ativo do crime de peculato somente pode ser o funcionário público;

(D) São sujeitos passivos do crime de peculato o Estado, as entidades de direito público, e o proprietário ou possuidor do bem móvel, quando este for particular.

A: correta. De fato, o crime de peculato tutela, a um só tempo, o interesse patrimonial da Administração Pública, bem como a moralidade que deve permear a atuação dos agentes públicos; **B**: incorreta. Poderá ser sujeito passivo do peculato, ao lado da Administração Pública, é claro, o particular, visto que são objetos materiais do crime em comento (art. 312 do CP) o dinheiro, valou ou bem móvel, público ou particular, de que o funcionário tenha a posse em razão do cargo; **C**: correta. O peculato (art. 312 do CP), como se sabe, é crime próprio, exigindo a condição de funcionário público do agente delitivo. A despeito disso, importa registrar que é perfeitamente possível a coautoria ou a participação, modalidades de concurso de agentes, inclusive por particular, desde que este tenha a ciência da condição de funcionário do seu comparsa; **D**: correta. Como visto no comentário à alternativa "B", o particular também poderá ser sujeito passivo do crime de peculato, desde que o dinheiro, valor ou bem móvel indevidamente apropriado ou desviado, ou subtraído pelo funcionário público, sejam de natureza particular.

Gabarito "B".

(Cartório/RO – III) Quanto à classificação doutrinária, podemos afirmar que o tipo penal descrito no artigo 312 "caput" do Código Penal (peculato) é crime:

(A) próprio, material, instantâneo, unissubjetivo, plurissubsistente e funcional;

(B) próprio, material, instantâneo, plurissubjetivo, plurissubsistente e funcional;

(C) próprio, material, unissubjetivo, unisubsistente e funcional

(D) próprio, material, unissubjetivo, plurissubsistente e funcional.

De fato, o crime de peculato (art. 312 do CP) encontra, doutrinariamente, a seguinte classificação: a) próprio – o sujeito ativo é funcionário público; b) material – consuma-se com a ocorrência de um efetivo resultado naturalístico (apropriação, desvio ou subtração de dinheiro, valor ou bem móvel, público ou particular, nas condições definidas no caput e § 1º, do art. 312 do CP); c) unissubjetivo – trata-se de crime que pode ser praticado por uma só pessoa, muito embora seja possível o concurso de agentes; d) plurissubsistente – a conduta será praticada mediante diversos atos, daí sendo possível falar-se em tentativa; e)

4. DIREITO PENAL

funcional – trata-se de crime cometido por funcionário público contra a Administração Pública em Geral.

Gabarito "A".

(Cartório/RO – III) Assinale a alternativa correta:

(A) No peculato culposo, a reparação do dano após a sentença criminal extingue a punibilidade;

(B) No peculato doloso, a compensação, a reparação do dano ou a restituição do objeto material não exclui o crime, mas reduz a pena imposta pela metade;

(C) No peculato culposo, a reparação do dano antes da sentença criminal irrecorrível extingue a punibilidade, e se posterior a esta, atua como circunstância atenuante (art. 65 , III, b do C.P.);

(D) Em tratando de peculato culposo, a reparação do dano após a sentença penal irrecorrível reduz pela metade a pena imposta.

A: incorreta, de acordo com a banca examinadora. De fato, no peculato culposo, se o agente reparar o dano até a sentença irrecorrível, haverá a extinção da punibilidade, ao passo que, se posterior ao trânsito em julgado, a pena será reduzida pela metade (art. 312, § 3º, do CP). Perceba o candidato que a alternativa fala, apenas, em "sentença criminal", não estando em perfeita harmonia com o texto legal (art. 312, § 3º, do CP, repita-se). Porém, não se pode considerar errada a assertiva, pois se a reparação do dano, no peculato culposo, ocorrer após a sentença criminal (daí se presumindo ser recorrível), será extinta a punibilidade do agente. Afinal, a reparação teria ocorrido ANTES do trânsito em julgado; **B**: incorreta, pois, no peculato doloso, a reparação do dano ou a restituição da coisa, desde que ocorram até o recebimento da denúncia, gerará a redução da pena de um a dois terços (art. 16 do CP), aplicando-se ao caso o instituto do arrependimento posterior; **C**: incorreta, pois a reparação do dano no peculato culposo, se posterior à sentença irrecorrível, reduzirá a pena pela metade (art. 312, § 3º, do CP); **D**: correta, pois a reparação do dano no peculato culposo, se preceder à sentença irrecorrível, extinguirá a punibilidade do agente. Já se posterior, reduzirá sua pena pela metade, nos exatos termos do art. 312, § 3º, do CP.

Gabarito "D".

(Cartório/RO – III) Assinale a alternativa incorreta:

(A) No crime de peculato a qualidade de funcionário público do agente se estende também aos coautores ou partícipes do delito.

(B) Se o particular (coautor ou partícipe) desconhece a condição de funcionário público do sujeito ativo, responderá por outro crime, excluído o peculato.

(C) O peculato é crime funcional próprio tanto na sua modalidade fundamental (artigo 312 "caput"), quanto na modalidade peculato-furto (artigo 312, §1º).

(D) O agente que pratica o crime de peculato em sua forma culposa poderá ser beneficiado pela suspensão condicional do processo, conforme faculta a Lei 9.099/95.

A: correta. Tratando-se de condição pessoal (ser funcionário público), irá comunicar-se, nos termos do art. 30 do CP, aos coautores ou partícipes, tendo em vista ser elementar do crime de peculato (art. 312 do CP); **B**: correta, pois a comunicabilidade das circunstâncias ou condições pessoais de um dos agentes aos demais (coautores ou partícipes), desde que elementares do crime, somente ocorrerá se os outros concorrentes tiverem a ciência de referidas condições. No caso do peculato, o particular somente responderá pelo crime, em coautoria ou participação, se souber que seu comparsa é funcionário público. Assim não fosse, seria punido sem dolo ou culpa (responsabilidade objetiva), o que não é admitido em Direito Penal; **C**: incorreta.

Denomina-se de crime funcional próprio aquele que, excluída a condição de funcionário público, o fato será considerado atípico. É o que se verifica, por exemplo, no crime de prevaricação (art. 319 do CP). No caso do peculato, excluída a condição de funcionário do agente, nas mesmas condições, responderia por apropriação indébita ou furto. Logo, estamos diante de crime funcional impróprio, que se caracteriza, exatamente, pelo fato de, afastada a condição de funcionário público, restar caracterizado outro crime da legislação penal; **D**: correta, pois a pena mínima cominada para o peculato culposo (art. 312, § 2º, do CP) é de detenção, de três meses a um ano, sendo admissível, desde que satisfeitos os requisitos, a suspensão condicional do processo (art. 89 da Lei 9.099/1995).

Gabarito "C".

(Cartório/RO – III) Armando Golpe, oficial-ajudante em vara cível estatizada, que não tem atribuição legal para receber das partes valores correspondentes a custas judiciais, recebeu certa quantia destinada a recolhimento de emolumentos devidos em ação civil, dela se apropriando. O interessado no pagamento desconhecia a vedação imposta ao oficial. Pergunta-se: qual dos delitos o oficial ajudante cometeu:

(A) peculato (art. 312 "caput" do CP);

(B) peculato mediante erro de outrem (art. 313 do CP);

(C) estelionato (art. 171 "caput" do CP);

(D) concussão (art. 316 "caput" do CP);

A: incorreta. Não se cogita do crime de peculato (art. 312, CP), uma vez que o crime do art. 313 do CP (peculato mediante erro de outrem) é especial em relação ao primeiro, como será melhor analisado no comentário à alternativa a seguir; **B**: correta. A conduta praticada por Armando Golpe amolda-se à descrição típica do crime de peculato mediante erro de outrem, também chamado, doutrinariamente, de peculato estelionato (art. 313, CP). Referido delito pressupõe que o funcionário público se aproprie de dinheiro ou qualquer outra utilidade, por ele recebida, no exercício do cargo, mediante erro de outrem. No enunciado da questão, fica bastante claro que a pessoa que pagou a Armando o montante correspondente às custas judiciais desconhecia a vedação que ele tinha para receber o numerário. Aproveitando-se da situação, o agente, após receber o montante, no exercício da função, dele se apropriou, restando, pois, caracterizado, o peculato estelionato; **C**: incorreta. Tivesse Armando induzido a vítima a entregar-lhe o valor das custas, estaríamos diante do crime de estelionato (art. 171, *caput* do CP); **D**: incorreta. Não se trata do crime de concussão, pois neste o núcleo do tipo é exigir, por parte do funcionário público vantagem indevida (art. 316 CP).

Gabarito "B".

(Cartório/RO – III) No que tange ao delito de peculato mediante erro de outrem, indique a alternativa incorreta:

(A) a conduta ilegal consiste na apropriação de dinheiro ou qualquer outra utilidade, que no exercício do cargo, recebeu por ter induzido outrem a erro;

(B) é indispensável que o erro na entrega da coisa ao funcionário público seja espontâneo e decorrente de quem faz a entrega;

(C) é crime próprio, material, comissivo, instantâneo, unissubjetivo, plurissubsistente e funcional;

(D) o crime só é punido quando praticado dolosamente, não havendo previsão da modalidade culposa.

A: incorreta, pois no crime de peculato mediante erro de outrem, a vítima, por erro, entrega ao funcionário o dinheiro ou qualquer outra utilidade, sendo por ele apropriado, no exercício da função (art. 313 do CP). Caso o funcionário induzisse a vítima ao erro, estaríamos diante de estelionato (art. 171 do CP); **B**: correta. De fato, o peculato mediante erro de outrem, também chamado de peculato-estelionato, pressupõe que a vítima, espontaneamente, ou seja, sem que tenha sido induzida pelo funcionário, lhe entregue o dinheiro ou qualquer outra utilidade, por ter incidido em erro; **C**: correta. O crime de peculato mediante erro de outrem (art. 313 do CP) é, de fato, próprio (exige a condição de funcionário público do agente), material (somente se caracteriza com a efetiva apropriação de dinheiro ou outra utilidade que, por erro, foi entregue ao funcionário pela vítima), comissivo (praticado por ação do agente, que se apropria de dinheiro ou outra utilidade da vítima, que, espontaneamente, incidiu em erro), instantâneo (consuma-se no momento em que o agente se apropria do dinheiro ou outra utilidade, invertendo seu ânimo sobre a coisa), unissubjetivo (pode ser praticado por uma só pessoa), plurissubsistente (cometido mediante diversos atos) e funcional (praticado por funcionário público contra a Administração em geral); **D**: correta. Não há a modalidade culposa do crime de peculato mediante erro de outrem (ar.t 313 do CP).

Gabarito "A".

(Cartório/RO – III) No que concerne ao crime de concussão (artigo 316 do CP), é correto afirmar:

(A) A concussão possui afinidades com o crime de extorsão, pois ela também é uma forma de constrangimento ilegal em que o agente exige vantagem indevida, e a vítima cede, não pelo emprego de violência, mas pelo *metus publicae potestatis*;

(B) Somente é sujeito ativo do crime de concussão o funcionário público que está no exercício pleno de suas funções, e em razão dela exige vantagem indevida de outrem;

(C) A exigência de vantagem indevida necessita estar vinculada à promessa de causação de um mal determinado que advêm do temor que a autoridade inspira na vítima;

(D) O delito de concussão se consuma com o efetivo recebimento da vantagem indevida.

A: correta. De fato, concussão (art. 316 do CP) e extorsão (art. 158 do CP) são crimes que se assemelham. Em ambos, a vítima é constrangida a entregar ao agente uma vantagem indevida. No entanto, enquanto que na extorsão há emprego de grave ameaça ou violência para que o ofendido entregue ao agente a indevida vantagem econômica, na concussão, a vítima, temendo sofrer represália do funcionário público, que lhe impõe um temor em razão da própria função pública exercida (*metus publicae potestatis*), acaba cedendo à exigência da vantagem indevida; **B**: incorreta. A despeito de a concussão ser crime funcional, cometido, pois, por funcionário público, é certo que se admite a coautoria ou a participação (modalidades de concurso de agentes). Logo, não é verdadeira a afirmação de que o sujeito ativo do crime em comento é somente o funcionário público, já que o particular também poderá ser responsabilizado por sua prática; **C**: incorreta. A exigência da vantagem, pelo agente delitivo, não poderá envolver a grave ameaça ou a violência, sob pena de restar caracterizado crime patrimonial, e não contra a administração pública; **D**: incorreta, pois o recebimento da vantagem indevida, na concussão (art. 316 do CP), é mero exaurimento do crime, considerado formal. Consuma-se, em verdade, no momento da exigência de vantagem indevida.

Gabarito "A".

(Cartório/RO – III) Sinval da Silva mantinha atividade comercial em desalinho com as normas municipais estabelecidas, violando dispositivos municipais que lhe impunham, dentre outras medidas, a pena de multa. José dos Tributos, agente fiscalizador municipal, ao tomar conhecimento de tal irregularidade, encaminha a Sinval uma carta através da qual exige deste certa quantia em dinheiro, a fim de que não seja autuado pela agência fiscalizadora. No entanto, referida "carta" é interceptada pelo chefe do setor de arrecadação e fiscalização, que além de retê-la antes de chegar ao seu destinatário, determina a autuação do estabelecimento por violação às normas legais. Pergunta-se: Que crime cometeu José dos Tributos:

(A) a conduta é atípica, não havendo crime algum a ser punido;

(B) cometeu o crime de concussão, em sua forma consumada;

(C) praticou o crime de corrupção ativa em sua forma tentada;

(D) praticou o crime de concussão em sua forma tentada;

A: incorreta. A conduta praticada por José é típica e constitui crime arrolado no CP, conforme será visto a seguir; **B**: incorreta. O crime cometido por José foi o de concussão (art. 316, CP), mas não em sua forma consumada, uma vez que a exigência de vantagem indevida não chegou ao conhecimento do destinatário, sendo interceptada pelo chefe do setor de arrecadação e fiscalização; **C**: incorreta. A conduta descrita no enunciado partiu de um funcionário público, não se aventando, portanto, de crime de corrupção ativa, que é praticado pelo particular contra a Administração Pública em geral (art. 333, CP); **D**: correta. De fato, houve a conduta do funcionário público em exigir a vantagem indevida, mas esta, que foi feita por carta, não chegou ao conhecimento do destinatário, tendo em vista ter sido interceptada antes, respondendo o agente, pois, pelo crime do art. 316, c.c. art. 14, II, ambos do CP (concussão tentada).

Gabarito "D".

(Cartório/RO – III) Assinale a alternativa incorreta:

(A) o funcionário público que exige pagamento de tributo ou contribuição social que já foi quitado pela vítima comete crime de excesso de exação (art. 316, §1º do CP);

(B) o funcionário público que exige de forma vexatória o pagamento de tributo ou contribuição social legalmente devido comete crime de excesso de exação (art. 316, § 1º do CP);

(C) o objeto material do crime de excesso de exação é somente o tributo ou a contribuição social, excluindo destas as taxas e contribuição de melhorias criadas para atender as finalidades previstas no artigo 149 da CF;

(D) se o funcionário público exige pagamento de tributo ou contribuição social indevida e o desvia em proveito próprio, comete o crime de excesso de exação em sua forma qualificada (art. 316, § 2º do CP);

A: correta, pois a exigência de tributo ou contribuição social já quitados amolda-se ao excesso de exação (art. 316, § 1º, do CP). Afinal, exigir tributo quitado é indevido, elemento este constante na descrição típica do crime referido; **B**: correta. Também constitui excesso de exação a exigência de tributo ou contribuição social que, embora devidos, tenham, para sua cobrança, o emprego de meios vexatórios ou gravosos não autorizados por lei. Fala-se, aqui, em exação fiscal vexatória; **C**: incorreta, pois o crime de excesso de exação abrange os "tributos", dentre os quais se incluem as taxas e as contribuições de melhoria, ao lado dos impostos e das contribuições sociais (classificação quinária); **D**: correta (art. 316, § 2º, do CP).

Gabarito "C".

4. DIREITO PENAL

(Cartório/RO – III) Assinale a alternativa incorreta:

(A) a distinção entre concussão e extorsão é que na primeira a vítima cede em virtude da exigência e do temor advindo do poder da autoridade, e na segunda, a vítima cede em decorrência da violência ou grave ameaça exercida pelo agente;

(B) na concussão a vítima entrega a vantagem indevida após exigência do agente, e na corrupção ativa há o oferecimento espontâneo de vantagem ao agente público;

(C) Na corrupção passiva o agente solicita, direta ou indiretamente, vantagem indevida. O delito se caracteriza, também, quando o agente recebe ou aceita promessa de vantagem indevida;

(D) Na prevaricação o funcionário público retarda ou deixa de praticar, indevidamente, ato de ofício, para satisfazer interesse ou sentimento pessoal. Por ser crime próprio, não se admite a participação de terceiros;

A: correta. De fato, concussão (art. 316 do CP) e extorsão (art. 158 do CP), são crimes que se assemelham, visto que, em ambos, a vítima cede a uma exigência de vantagem indevida. Porém, para a primeira figura, não há emprego de grave ameaça ou violência, meios executórios da extorsão, que é crime patrimonial, mas, sim, o temor advindo do poder da autoridade (*metus publicae potestatis*); **B**: correta. Realmente, na concussão (art. 316 do CP), a vítima cede à exigência de vantagem indevida feita pelo agente, ao passo que na corrupção ativa, o agente, particular, oferece vantagem indevida ao funcionário público, a fim de que este pratique, retarde ou omita ato de ofício (art. 333 do CP); **C**: correta. Pratica corrupção passiva o agente (funcionário público) que solicitar, receber ou aceitar promessa de vantagem indevida (art. 317 do CP); **D**: incorreta, pois, a despeito de a prevaricação, definida no art. 319 do CP, ser crime próprio, exigindo-se a condição de funcionário público do agente, tal fato não afasta a possibilidade de concurso de pessoas (coautoria ou participação), inclusive, particulares, que responderão pelo mesmo crime em razão da aplicação do art. 30 do CP (circunstâncias ou condições de caráter pessoal não se comunicam a terceiros, salvo se elementares do crime).
„Gabarito "D".

(Cartório/RO – III) João Meirinho, oficial de justiça, percebendo a pressa do advogado de determinada empresa no cumprimento de mandado judicial de busca e apreensão de bens, solicita deste certa vantagem econômica, a fim de dar prioridade à realização do ato judicial. O advogado, por sua vez, reconhecendo no oficial o poder de antecipar o cumprimento do ato, cede a seu pedido, fornecendo-lhe dinheiro pelo "favor" a ser feito. Com esta conduta, João Meirinho praticou o crime de:

(A) corrupção passiva imprópria;

(B) concussão;

(C) corrupção ativa;

(D) corrupção passiva própria;;

A: correta. Denomina-se de corrupção passiva imprópria aquela em que o agente, dentro de suas atribuições (atos de ofício), pratica um ato lícito, ou seja, esperado para o desempenho de suas funções. No enunciado, João Meirinho, ao solicitar vantagem indevida do advogado para cumprir mandado judicial de busca e apreensão, cometeu o crime de corrupção passiva (art. 317 do CP). Perceba que o ato a ser praticado (cumprimento de mandado de busca e apreensão) é lícito, encontrando-se dentro daqueles cuja execução é esperada de

um Oficial de Justiça. Daí dizer-se que se trata de corrupção passiva imprópria, pois o funcionário público "vende" um ato que deveria, de fato, praticar; **B**: incorreta, pois a concussão (art. 316 do CP) pressupõe que o agente exija a vantagem indevida, o que não se viu no caso em tela. Lembre-se que João "solicitou" dinheiro ao advogado, mas não o exigiu; **C**: incorreta, pois a corrupção ativa é crime praticado pelo particular, que oferece ou promete a um funcionário público uma vantagem indevida, a fim de que este pratique, retarde ou deixe de praticar um ato de ofício (art. 333 do CP); **D**: incorreta, pois a corrupção passiva própria é assim definida quando o agente solicita, recebe ou aceita promessa de vantagem indevida, a fim de praticar um ato ilícito, não abrangido, portanto, dentre daqueles que lhe são inerentes (atos de ofício).
Gabarito "A".

(Cartório/RO – III) Quando o funcionário pratica, deixa de praticar ou retarda ato de ofício, cedendo a pedido ou influência de outrem, está cometendo o crime de:

(A) prevaricação (artigo 319 do CP) porque não houve recebimento de vantagem indevida;

(B) corrupção passiva, em sua figura majorada (§1º do art. 317 do CP), porque praticou, deixou de praticar ou retardou ato de ofício;

(C) corrupção passiva, em sua figura privilegiada (§2º do art. 317 do CP), porque agiu a pedido ou sob influência de outrem;

(D) prevaricação e corrupção passiva;

De fato, comete corrupção passiva privilegiada o funcionário que pratica, deixa de praticar ou retarda ato de ofício, cedendo a pedido ou influência de outrem (art. 317, § 2º, do CP). A descrição do enunciado muito se parece com a prevaricação (art. 319 do CP), mas com ela não se confunde, pois aludido crime pressupõe que o agente retarde, se omita ou pratique ato de ofício, contra disposição expressa de lei, para satisfazer interesse ou sentimento pessoal. Esse especial fim de agir não se encontra previsto na corrupção passiva privilegiada, na qual o agente, pura e simplesmente, cede a um pedido ou influência de outrem.
Gabarito "C".

(Cartório/SC – 2012) Exigir, para si ou para outrem, direta ou indiretamente, vantagem indevida; oferecer ou prometer vantagem indevida a funcionário público; retardar ou deixar de praticar, indevidamente, ato de ofício; solicitar ou receber, para si ou para outrem, direta ou indiretamente, vantagem indevida, são condutas que constituem, respectivamente, os crimes de:

(A) Concussão; corrupção passiva; prevaricação e corrupção ativa.

(B) Corrupção passiva; corrupção ativa; prevaricação e concussão.

(C) Concussão; corrupção ativa; prevaricação e corrupção passiva.

(D) Corrupção passiva; concussão; corrupção ativa e prevaricação.

(E) Prevaricação, corrupção passiva, concussão e corrupção ativa.

De fato, na ordem do enunciado, tipificam-se os seguintes crimes: **i)** concussão (art. 316, *caput*, do CP); **ii)** corrupção ativa (art. 333 do CP); **iii)** prevaricação (art. 319 do CP); **iv)** corrupção passiva (art. 317, *caput*, do CP).
Gabarito "C".

254 ARTHUR TRIGUEIROS, EDUARDO DOMPIERI E LUCAS CORRADINI

(Cartório/SC – 2008) Assinale a alternativa correta:

(A) O Código Penal, em relação ao delito de falsificação de selo ou sinal público, prevê uma circunstância de aumento de pena aplicável ao agente que é funcionário público, ainda que cometa o crime sem se prevalecer do cargo que exerça.

(B) O agente que altera documento verdadeiro emanado de entidade paraestatal deve responder pelo crime de falsificação de documento particular.

(C) Pratica a modalidade privilegiada do delito de falsificação de moedas quem, sem fabricá-la ou alterá-la, introduz moeda falsa, por conta própria ou alheia, na circulação.

(D) O agente que reconhece, como verdadeira, no exercício de função pública, firma ou letra que não o seja, comete crime contra a fé pública e, independentemente de o documento ser público ou particular, sujeita-se a idêntica pena.

(E) Para a caracterização do delito de falsidade ideológica, é imprescindível a demonstração de que o agente possuía a intenção de prejudicar direito, criar obrigações ou alterar a verdade sobre fato juridicamente relevante.

A: incorreta, pois a pena, para o crime de falsificação de selo ou sinal público, será aumentada da sexta parte se o agente for funcionário público e, para cometê-lo, se prevalece do cargo (art. 296, § 2º, do CP); **B**: incorreta, pois o documento emanado de entidade paraestatal é considerado público por equiparação (art. 297, § 2º, do CP); **C**: incorreta, pois incorrerá nas mesmas penas do crime de moeda falsa o agente que, dentre outras hipóteses, a introduz na circulação (art. 289, § 1º, do CP); **D**: incorreta. A depender de o documento em que se reconhece falsamente firma ou letra ser público ou particular, a pena cominada será distinta, nos termos do preceito secundário do art. 300 do CP (reclusão de um a cinco anos, e multa, se o documento for público, e reclusão de um a três anos, e multa, se particular); **E**: correta. Na própria redação do tipo penal (art. 299 do CP), extrai-se que a conduta do agente deverá ser voltada a uma das seguintes finalidades: prejudicar direito, criar obrigação ou alterar a verdade sobre fato juridicamente relevante.

Gabarito "E".

(Cartório/SC – 2008) Assinale a alternativa correta:

(A) Comete o crime de prevaricação o médico conveniado com o SUS – Sistema Único de Saúde que exige pagamento indevido para efetuar cirurgia.

(B) São crimes contra a Administração Pública: resistência, desacato e tráfico de influência.

(C) O delito de corrupção passiva depende sempre, para sua consumação, de resultado.

(D) Pratica o crime de peculato-furto, previsto no art. 312, § 1º, do Código Penal, o titular de escrivania de paz que se apropria dos valores destinados ao pagamento do imposto de transmissão de bens imóveis.

(E) Aquele que presta a criminoso, fora dos casos de coautoria ou de receptação, auxílio destinado a tornar seguro o proveito do crime pratica o delito de favorecimento pessoal.

A: incorreta. Se o médico, conveniado do SUS, e, portanto, considerado funcionário público, exigir dinheiro (pagamento indevido) para realizar cirurgia, cometerá o crime de concussão (art. 316 do CP); **B**: correta. De fato, resistência (art. 329 do CP), desacato (art. 331 do CP) e tráfico de influência (art. 332 do CP), são crimes cometidos pelo particular contra

a Administração Pública; **C**: incorreta, pois a corrupção passiva (art. 317 do CP), sendo crime formal, consuma-se independentemente de um resultado, vale dizer, de que o funcionário público pratique, deixe de praticar ou retarde a prática de ato de ofício; **D**: incorreta, pois o peculato-furto, definido no art. 312, § 1º, do CP, pressupõe que o funcionário público, embora não detendo a posse do dinheiro, valor ou bem móvel público ou particular, o subtraia, prevalecendo-se da facilidade que lhe proporciona a condição de funcionário. No caso da alternativa, o oficial da escrivania de paz (cartório que presta, simultaneamente, serviços de Tabelionato de Notas e de Registro civil), ao se apropriar dos valores destinados ao pagamento do imposto de transmissão de bens imóveis, cometeu peculato-apropriação (art. 312, *caput*, do CP); **E**: incorreta, pois a alternativa diz respeito ao crime de favorecimento real, previsto no art. 349 do CP.

Gabarito "B".

(Cartório/SC – 2008) Para caracterização do crime de falsificação de papéis públicos, previsto no art. 293 do Código Penal, podemos dizer que não pode ser considerado como papel público:

(A) Papel-moeda de curso legal.

(B) Passe de empresa de transporte administrada pelo município.

(C) Vale postal.

(D) Cautela de penhor da Caixa Econômica Federal.

(E) Selo destinado a controle tributário.

Nos termos do art. 293 do CP, constitui crime a conduta de falsificar, fabricando-os ou alterando-os: I – selo destinado a controle tributário, papel selado ou qualquer papel de emissão legal destinado à arrecadação de tributo; II – papel de crédito público que não seja moeda de curso legal; III – vale postal; IV – cautela de penhor, caderneta de depósito de caixa econômica ou de outro estabelecimento mantido por entidade de direito público; V – talão, recibo, guia, alvará ou qualquer outro documento relativo a arrecadação de rendas públicas ou a depósito ou caução por que o poder público seja responsável; VI – bilhete, passe ou conhecimento de empresa de transporte administrada pela União, por Estado ou por Município. Assim, todas as alternativas são corretas, exceto a "A".

Gabarito "A".

(Cartório/SP – 2012 – VUNESP) O ato de reconhecer, como verdadeira, no exercício de função pública, firma ou letra que não o seja é crime

(A) de ação pública condicionada à representação da vítima.

(B) apenado com reclusão se o documento é público, e detenção ou multa, se o documento é particular.

(C) somente se a norma penal for complementada pelas Normas de Serviço da Corregedoria Geral de cada estado da Federação.

(D) apenado com reclusão em qualquer hipótese.

A: incorreta, pois o crime de falso reconhecimento de firma ou letra, tipificado pelo art. 300 do CP, é crime de ação penal pública incondicionada, tratando-se, é bom que se diga, de infração penal que ofende a fé pública; **B**: incorreta. Se o documento em que for reconhecida, falsamente, firma ou letra, for público, a pena será de reclusão, de 1 a 5 anos, e multa, ao passo que, se particular, a pena também será de reclusão, mas variável de 1 a 3 anos, e multa, conforme disposto no preceito secundário do tipo penal em comento (art. 300 do CP); **C**: incorreta, pois o crime do art. 300 do CP (falso reconhecimento de firma ou letra) não exige, para sua configuração, complementação por Normas de Serviços da Corregedoria Geral dos Estados; **D**: correta. De fato, seja documento público, seja particular,

4. DIREITO PENAL — 255

se o funcionário com fé pública para reconhecer firma ou letra o fizer, falsamente, será apenado com reclusão (espécie de pena privativa de liberdade), nos termos do preceito secundário do tipo penal em tela (art. 300 do CP).

Gabarito "D".

(Cartório/SP – 2012 – VUNESP) Para fins penais, conceitua-se funcionário público como sendo

(A) qualquer pessoa que exerça cargo, emprego ou função pública, na Administração direta ou indireta do Estado, mas não os que prestam serviços para empresas privadas, ainda que contratadas ou conveniadas para a execução de atividade típica da administração.

(B) qualquer pessoa que exerça, a qualquer título, ainda que transitoriamente e sem remuneração, função pública, na Administração direta do Estado.

(C) qualquer pessoa que exerça função pública, na Administração direta ou indireta do Estado, desde que não exerça atividades em entidades paraestatais ou do Terceiro Setor.

(D) quem, embora transitoriamente ou sem remuneração, exerce cargo, emprego ou função pública, tanto na Administração direta quanto indireta do Estado.

A: incorreta. De acordo com o art. 327, *caput*, do CP, consideram-se funcionários públicos, para efeitos penais, aqueles que, ainda que transitoriamente ou sem remuneração, exerçam cargo, emprego ou função pública. Ainda, também se equiparam a funcionário público, para efeitos penais, aqueles que exercem cargo, emprego ou função em entidade paraestatal, bem como quem trabalha para empresa prestadora de serviço contratada ou conveniada para a execução de atividade típica da Administração Pública (art. 327, § 1º, do CP – *funcionário público por equiparação*); **B**: incorreta, pois aquele que exerce função pública na Administração Indireta também é considerado funcionário público, nos termos do art. 327, *caput*, do CP; **C**: incorreta, pois é considerado funcionário público por equiparação aquele que exerce cargo, emprego ou função em entidades paraestatais ou do terceiro setor (ex.: OSCIPS, Serviços Sociais Autônomos); **D**: correta (art. 327, caput, do CP), retratando aquilo que a doutrina denomina de "*funcionário público típico ou propriamente dito*".

Gabarito "D".

(Cartório/SP – 2012 – VUNESP) O ato de atestar ou certificar falsamente fato ou circunstância que habilite alguém a obter cargo público, isenção de ônus ou de serviço de caráter público, ou qualquer outra vantagem,

(A) é considerado crime somente se praticado por delegados do serviço notarial e de registro.

(B) só pode ser considerado crime se praticado em razão de função pública.

(C) é considerado crime somente se praticado por delegados do serviço notarial de registro e seus subordinados.

(D) somente pode ser considerado crime se praticado em razão de função pública e se provada a ocorrência de prejuízo.

A e C: incorretas. De fato, o crime previsto no art. 301 do CP (certidão ou atestado ideologicamente falso) é considerado próprio, visto que será sujeito ativo o funcionário público que, em razão de seu ofício, atestar ou certificar fato ou circunstância que habilite alguém a obter cargo público, isenção de ônus ou de serviço de caráter público, ou qualquer outra vantagem. Porém, o tipo penal não exige a condição de agente delegado de serviços notariais e de registro, mencionando, apenas, que

qualquer das ações nucleares (*atestar* ou *certificar* falsamente) deverá ser praticada pelo agente em razão da função pública que exerce; **B**: correta (art. 301, *caput*, do CP); **D**: incorreta, pois o tipo penal não exige qualquer resultado (ex.: ocorrência de prejuízo), bastando, para a configuração do crime, que bastará a falsa atestação ou certificação pelo agente, em razão de sua função pública, de fato ou circunstância que habilite alguém a obter cargo público, isenção de ônus ou de serviço de caráter público, ou qualquer outra vantagem.

Gabarito "B".

(Cartório/SP – 2011 – VUNESP) Qual o tipo penal consistente na prática de reconhecer, como verdadeira, no exercício de função pública, firma ou letra que não o seja?

(A) Falso reconhecimento de firma ou letra.

(B) Falsidade ideológica.

(C) Petrechos de falsificação.

(D) Falsidade documental.

A conduta de "*reconhecer, como verdadeira, no exercício de função pública, firma ou letra que o não seja*" constitui o crime de falso reconhecimento de firma ou letra, tipificada no art. 300 do CP.

Gabarito "A".

(Cartório/SP – 2011 – VUNESP) O crime de concussão, art. 316 do Código Penal, é

(A) crime formal.

(B) crime material.

(C) crime habitual.

(D) crime de conduta especial.

De acordo com doutrina e jurisprudência, o crime de concussão, previsto no art. 316 do CP, é considerado crime formal, tendo em vista que estará consumado quando o agente (funcionário público), *exigir*, para si ou para outrem, direta ou indiretamente, ainda que fora da função ou antes de assumi-la, mas em razão dela, *vantagem indevida*. Em suma, o crime em comento restará caracterizado – e consumado – no *momento da exigência da vantagem indevida*, ainda que esta não seja entregue pela vítima ao agente.

Gabarito "A".

(Cartório/SP – 2011 – VUNESP) O uso de documento falso, artigo 304 do Código Penal, é absorvido pelo estelionato quando

(A) não pode ser absorvido.

(B) se exaure sem mais potencialidade lesiva.

(C) o crime de estelionato não for qualificado.

(D) o agente é funcionário público.

A: incorreta, pois é perfeitamente possível que o crime de uso de documento falso, previsto no art. 304 do CP, seja absorvido pelo estelionato, desde que se caracterize como crime-meio, aplicando-se o princípio da consunção; **B**: correta, pois, de fato, o crime de falso, quando se exaurir no estelionato, sem mais potencialidade lesiva, ficará por este absorvido, nos termos da Súmula 17 do STJ; **C**: incorreta, pois, como ressaltado nos comentários às alternativas anteriores, é perfeitamente possível que o crime de uso de documento falso seja absorvido pelo estelionato, pouco importando se este for praticado em sua forma simples (art. 171, caput, do CP) ou majorada (art. 171, § 3º, do CP). Frise-se que inexiste estelionato qualificado; **D**: incorreta, pois nada há que impeça que um funcionário público, quando autor de estelionato, seja punido apenas por este crime, ainda que utilize um documento falso como meio de execução – desde que sem mais potencialidade lesiva – para o cometimento do crime patrimonial.

Gabarito "B".

(Cartório/SP – I – VUNESP) O funcionário público que exige para si ou para outrem, direta ou indiretamente, ainda que fora da função ou antes de assumi-la, mas em razão dela, vantagem indevida, comete o crime de

(A) condescendência criminosa.

(B) prevaricação.

(C) concussão.

(D) corrupção passiva.

A conduta típica, no crime de *concussão*, capitulado no art. 316, *caput*, do CP, é representada pelo verbo *exigir*, que tem o sentido de *impor*, *ordenar*. Essa *exigência* traz ínsita uma ameaça à vítima. Não devemos, assim, confundir este crime com o do art. 317 do CP (corrupção passiva). Neste, diferentemente do que ocorre na *concussão*, há mera *solicitação* de vantagem indevida. Na concussão, o particular, sentindo-se intimidado e acuado, cede em vista do mal que poderá vir a sofrer.
Gabarito "C".

(Cartório/SP – I – VUNESP) No crime de peculato, praticado em concurso de pessoas, a qualidade de funcionário público

(A) constitui elementar, razão por que se comunica a coautores e partícipes, ainda que estes não sejam funcionários públicos.

(B) tem natureza de circunstância objetiva, comunicando-se aos coautores e partícipes estranhos ao quadro funcional.

(C) é circunstância de caráter pessoal, não se comunicando aos coautores e partícipes estranhos ao quadro funcional.

(D) é elementar, mas comunica-se somente aos coautores, não alcançando os partícipes.

A qualidade de *funcionário público* constitui, de fato, *elementar* do crime de peculato. Reza o art. 30 do CP que as *elementares* se comunicam aos coautores e partícipes, desde que sejam de conhecimento destes. Assim, se o crime de peculato é praticado pelo agente público em concurso com quem não faça parte dos quadros do funcionalismo, ambos responderão pelo crime do art. 312 do CP. É dizer, a condição de caráter pessoal, por ser elementar deste crime, comunica-se ao *extraneus*, seja ele partícipe ou coautor.
Gabarito "A".

(Cartório/SP – I – VUNESP) Assinale a alternativa incorreta.

(A) No crime de falsidade ideológica, o vício incide sobre a ideia expressa no documento.

(B) A falsidade documental grosseira, inidônea a iludir é passível de punição, dada a relevância do bem jurídico tutelado.

(C) Não é punível o falso que diga respeito a fato juridicamente irrelevante.

(D) Na falsidade documental, a nota promissória é considerada documento público.

A: correta. A *falsidade ideológica* – art. 299, CP – incide, de fato, sobre o conteúdo do documento, que é formalmente perfeito. Na *falsidade material*, diferentemente, o vício recai sobre o aspecto físico do documento, a sua forma; B incorreta: A falsidade documental grosseira, inapta para enganar e, por isso, causar prejuízos, caracteriza crime impossível por absoluta ineficácia do meio. Não há, aqui, responsabilidade penal a incidir; C: correta. É imprescindível, nos crimes de falso, que o conteúdo do documento seja relevante juridicamente. Isto é: deve haver repercussão no mundo do direito; D: correta. Nos termos do art. 297, § 2º, do CP, a nota promissória constitui *documento público por equiparação*.
Gabarito "B".

(Cartório/SP – I – VUNESP) O conceito de funcionário público, para fins penais,

(A) é idêntico ao do direito administrativo.

(B) alcança somente aqueles que exerçam, mediante remuneração, cargo, emprego ou função pública.

(C) abarca aqueles que exerçam, com ou sem remuneração, cargo, emprego ou função pública.

(D) é variável de acordo com cada tipo penal.

Nos termos do disposto no art. 327, *caput*, do CP, considera-se funcionário público, para os fins penais, aquele que, embora transitoriamente ou *sem remuneração*, exerce cargo, emprego ou função pública. Além disso, estabelece o art. 327, § 1º, do CP que é considerado funcionário público por equiparação aquele que exerce cargo, emprego ou função em entidade paraestatal e também quem trabalha para empresa prestadora de serviço contratada ou conveniada para a execução de atividade típica da Administração Pública.
Gabarito "C".

(Cartório/SP – II – VUNESP) O funcionário autorizado que exclui indevidamente dados corretos dos sistemas informatizados ou bancos de dados da Administração Pública com o fim de obter vantagem indevida para si ou para outrem ou para causar dano comete o crime de

(A) modificação ou alteração não autorizada de sistema de informações.

(B) falsidade ideológica.

(C) inserção de dados falsos em sistema de informações.

(D) falsificação de documento público.

Neste crime do art. 313-A do CP, que é próprio, visto que exige do agente uma qualidade especial, qual seja, a de ser funcionário autorizado a operar sistemas informatizados ou bancos de dados, o sujeito ativo *insere* dados falsos, *facilita* sua inserção, *altera* ou *exclui* indevidamente dados corretos nos sistemas informatizados ou bancos de dados da Administração Pública imbuído do propósito de obter vantagem indevida ou causar dano. Há doutrinadores que consideram este crime como sendo *de mão própria*.
Gabarito "C".

(Cartório/SP – II – VUNESP) Indique a alternativa incorreta.

(A) O vocábulo peculato deriva de *pecus*, que foi meio de troca nas sociedades primitivas.

(B) No chamado crime de peculato próprio, as condutas típicas constituem-se na apropriação ou no desvio.

(C) No crime de peculato doloso, o ressarcimento do dano, se precede à sentença irrecorrível, extingue a punibilidade.

(D) O crime de peculato impróprio também é chamado "peculato-furto".

A: assertiva correta. De fato, *peculato* deriva de *pecus*, que significa *gado* e foi, nas sociedades primitivas, utilizado como moeda de troca; B: assertiva correta. As duas modalidades do chamado *peculato próprio* – *peculato-apropriação* e *peculato-desvio*, estão previstas no art. 312, *caput*, do CP; C: assertiva incorreta. A extinção da punibilidade a que alude o art. 312, § 3º, do CP só se aplica ao *peculato culposo*; ao *peculato doloso* terá incidência, em princípio, o *arrependimento posterior* – art. 16 do CP, que constitui *causa de diminuição de pena* a que faz jus o agente desde que preenchidos os requisitos contidos no dispositivo, a saber: crime praticado sem violência ou grave ameaça à pessoa; reparação do dano ou restituição da coisa até o recebimento da denúncia ou queixa; existência de efeito patrimonial e voluntariedade do agente na reparação ou restituição; D: assertiva correta. Conforme descrito no art. 312, § 1º, do CP.
Gabarito "C".

4. DIREITO PENAL

(Cartório/SP – II – VUNESP) No que concerne ao crime de falso testemunho ou falsa perícia, indique a alternativa incorreta.

(A) O fato deixa de ser punível se, antes da sentença do processo pelo crime de falso, o agente se retrata ou declara a verdade.

(B) As penas aumentam de um sexto a um terço se o crime é praticado mediante suborno.

(C) Caracteriza-se o delito mesmo que a afirmação falsa tenha sido feita em processo administrativo.

(D) Constitui causa especial de aumento o fato de o crime ser cometido com o fim de obter prova destinada a produzir efeito em processo civil em que for parte entidade da administração pública direta ou indireta.

A: incorreta. A teor do art. 342, § 2º, do CP, o fato somente deixará de ser punível se o agente se retrata ou declara a verdade antes da sentença no processo em que ocorreu o ilícito, e não no processo em que é apurado o crime de falso; **B**: correta. Conforme (art. 342, § 1º, primeira parte, do CP); **C**: correta. Conforme (art. 342, *caput*, do CP); **D**: correta. Pelo (art. 342, § 1º, segunda parte, do CP).
Gabarito "A".

(Cartório/SP – IV – VUNESP) O preposto de um Tabelião de Notas que, no exercício de suas atribuições, reconhece como verdadeira firma ou letra que não o seja, deve responder por

(A) falsidade material de atestado ou certidão.

(B) falso reconhecimento de firma.

(C) falsificação de documento público.

(D) falsificação de selo ou sinal público.

Art. 300 do CP (falso reconhecimento de firma ou letra).
Gabarito "B".

(Cartório/SP – V – VUNESP – adaptada) João é constrangido, mediante grave ameaça exercida com o emprego de arma de fogo, a manter conjunção carnal com Maria, pessoa por ele desconhecida. João foi vítima de qual crime?

(A) Constrangimento ilegal.

(B) Atentado violento ao pudor.

(C) Assédio sexual.

(D) estupro

Com o advento da Lei 12.015/09, que promoveu uma série de mudanças na disciplina dos crimes sexuais, o estupro – art. 213, CP –, que incriminava tão somente a conjunção carnal realizada com mulher, mediante violência ou grave ameaça, passou a incorporar, também, a conduta antes contida no art. 214 do CP – dispositivo hoje revogado (art. 7º, Lei 12.015/09). Dito de outro modo, constitui estupro, na sua nova forma, toda modalidade de violência sexual levada a efeito para qualquer fim libidinoso, incluída, por óbvio, a conjunção carnal. Dessa forma, o crime do art. 213 do CP, com a mudança implementada pela Lei 12.015/09, passa a comportar, além da conduta consubstanciada na conjunção carnal violenta, contra homem ou mulher, também o comportamento consistente em obrigar alguém a praticar ou permitir que com o sujeito ativo se pratique outro ato libidinoso que não a conjunção carnal.
Gabarito "D".

(Cartório/SP – VI – VUNESP) Apropriar-se o funcionário público de dinheiro, valor ou qualquer outro bem móvel, público ou particular, de que tem a posse em razão do cargo, ou desviá-lo, em proveito próprio ou alheio, é a descrição do Código Penal para o crime de

(A) peculato.

(B) apropriação indébita de verbas ou rendas públicas.

(C) concussão.

(D) emprego irregular de verbas ou rendas públicas.

O enunciado da questão corresponde de fato ao crime de peculato, mais especificamente ao chamado **peculato próprio**, cujas modalidades são **peculato-apropriação** e **peculato-desvio**. No peculato-apropriação (art. 312, *caput*, primeira parte, do CP), o agente ingressa na posse do bem de forma legítima, como ocorre no crime de apropriação indébita. Num dado momento, opera-se o **assenhoramento**, é dizer, o agente passa a agir como se dono fosse da coisa pública móvel, inverte a natureza da posse. Já no peculato-desvio (art. 312, *caput*, segunda parte, do CP), o agente modifica a destinação original do objeto material, em proveito próprio ou alheio.
Gabarito "A".

(Cartório/SP – VI – VUNESP) Considerando o conceito de funcionário público para fins penais, indique a alternativa incorreta.

(A) Funcionário público é apenas aquele que exerce cargo público, criado por lei, com atribuição própria e remunerado pelos cofres públicos.

(B) Funcionário público é aquele que exerce cargo, emprego ou função pública, ainda que transitoriamente e sem remuneração.

(C) É funcionário público aquele que exerce cargo, emprego ou função pública em entidade paraestatal.

(D) É funcionário público aquele que trabalha para empresa prestadora de serviço ou conveniada para a execução de atividade típica da Administração Pública.

Nos termos do disposto no art. 327, *caput*, do CP, considera-se funcionário público, para os fins penais, aquele que, embora transitoriamente ou *sem remuneração*, exerce cargo, emprego ou função pública. Além disso, estabelece o art. 327, § 1º, do CP que é considerado funcionário público por equiparação aquele que exerce cargo, emprego ou função em entidade paraestatal e também quem trabalha para empresa prestadora de serviço contratada ou conveniada para a execução de atividade típica da Administração Pública.
Gabarito "A".

(Cartório/SP – VI – VUNESP) A conduta do funcionário público que exige tributo que sabe ou deveria saber indevido configura o delito de

(A) excesso de exação.

(B) concussão.

(C) corrupção passiva.

(D) prevaricação.

Art. 316, § 1º, 1ª parte, do CP.
Gabarito "A".

(Cartório/SP – VII – VUNESP) Promover no registro civil a inscrição de nascimento inexistente

(A) tipifica conduta penal de registro de nascimento inexistente.

(B) tipifica conduta penal de sonegação de estado de filiação.

(C) tipifica conduta penal de parto suposto, supressão ou alteração de direito inerente ao estado civil de recém-nascido.

(D) não configura ilícito penal.

A: correta. É a conduta tipificada no art. 241, CP; **B:** incorreta. No crime de sonegação de estado de filiação a conduta consiste em deixar em asilo de expostos ou outra instituição de assistência filho próprio ou alheio, ocultando-lhe a filiação ou atribuindo-lhe outra, com o fim de prejudicar direito inerente ao estado civil; **C:** incorreta. Neste tipo o que se incrimina são: a) dar parto alheio como próprio, b) registrar como seu o filho de outrem, c) ocultar ou substituir recém-nascido (art. 242, CP); **D:** incorreta. Configura o crime do art. 241, CP.
Gabarito "A".

(Cartório/SP – VII – VUNESP) O artigo 312 do Código Penal, crime de peculato, pode ser imputado

(A) ao particular em coautoria, desde que tenha conhecimento da qualidade de funcionário público do autor.

(B) ao funcionário público desvinculado da função.

(C) somente ao funcionário público independentemente do exercício de sua função.

(D) somente ao particular.

O particular responde por peculato na medida em que *ser funcionário público* é elementar do crime – art. 30 do CP. Ressalte-se que só haverá comunicação quando a elementar for conhecida do coautor ou do partícipe.
Gabarito "A".

(Cartório/MG – 2015 – Consulplan) Quanto aos crimes contra a fé pública, marque a alternativa correta:

(A) Os livros mercantis e o testamento particular não constituem objeto de falsificação de documento público, e, sim, de falsificação de documento particular.

(B) O crime de falsificação do selo ou sinal público só pode ser cometido por funcionário público

(C) Quem omite, em documento público ou particular, declaração que dele devia constar, ou altera a verdade sobre fato juridicamente relevante, comete crime de falsidade material

(D) Constitui causa de aumento de pena cometer crime de falsidade ideológica se a falsificação, ou alteração, é de assentamento de registro civil.

A: Incorreto. Nos termos do artigo 297, § 2º, do CP, os livros mercantis e o testamento particular são considerados documentos públicos por equiparação. A equiparação deve-se ao fato de tais documentos, em razão da relevância e dos efeitos de seu conteúdo, deverem ser dotados de maior confiabilidade. **B:** Incorreto. Trata-se de crime comum, que pode ter por sujeito ativo qualquer pessoa que falsificar, fabricando ou alterando, selo ou sinal público (art. 296 do CP). Entretanto, na hipótese de o crime ser praticado por funcionário público, prevalecendo-se do cargo, há incidência da causa de aumento de pena do art. 296, §2 º, do CP. **C:** Incorreta. A descrição contida na assertiva se coaduna com hipótese de falsidade ideológica (de conteúdo, conforme artigo 299 do Código Penal), e não de falsidade material. **D:** Correta. A causa de aumento de pena em questão foi prevista no artigo 299, parágrafo único, do CP.
Gabarito "D".

(Cartório/MG – 2015 – Consulplan) Acerca dos crimes contra a administração pública, assinale a alternativa INCORRETA.

(A) O agente público comete crime de prevaricação quando retarda ou deixa de praticar, indevidamente, ato de ofício, ou o pratica, contra disposição legal, para satisfazer interesse ou sentimento pessoal.

(B) A pena do crime de corrupção passiva é aumentada de um terço quando o funcionário público, em razão de vantagem ou promessa, retarda ou deixa de praticar

qualquer ato de ofício, ou o pratica infringindo dever funcional.

(C) Quanto aos crimes praticados por funcionário público contra a administração em geral, é correto afirmar que o crime de concussão pode ser praticado por quem exerce cargo em entidade paraestatal.

(D) Apenas dinheiro, valores e bens móveis públicos constituem objeto do crime de peculato.

A: Assertiva correta. É o que dispõe o art. 319 do CP. **B:** Assertiva correta. É o que dispõe o artigo 317, § 1º, do CP. **C:** Assertiva correta. A definição de funcionários públicos para fins penais, contida no artigo 327 do CP, define, dentre outros efeitos, aqueles que podem ser sujeitos ativos dos crimes praticados por funcionário público contra a administração em geral. No teor da norma penal explicativa do § 1º, do dispositivo legal em pauta, equipara-se a funcionário público aquele que exerce cargo em entidade paraestatal. Trata-se, portanto, de funcionário público por equiparação. **D:** Incorreta, devendo ser assinalada. Tanto os bens públicos, como os bens particulares, desde que estejam na posse do agente público em razão do cargo (bens particulares sob custódia da Administração Pública), podem ser objetos materiais do crime de peculato.
Gabarito "D".

(Cartório/MG – 2015 – Consulplan) Tícia, na qualidade de ordenadora de despesas de órgão público, emitiu cheques para pagamento de serviços fictícios de empresa particular pertencente a Fraudelina. Atendendo ao prévio ajuste, os valores foram repartidos entre ambas. Segundo as disposições aplicáveis ao concurso de pessoas, é correto afirmar:

(A) Tícia responderá por peculato e Fraudelina responderá por corrupção ativa, pois as circunstâncias e as condições de caráter pessoal não se comunicam.

(B) Tícia responderá por peculato e Fraudelina responderá por estelionato, pois as circunstâncias e as condições de caráter pessoal não se comunicam.

(C) Tícia e Fraudelina responderão, respectivamente, por corrupção passiva e corrupção ativa.

(D) Tícia e Fraudelina responderão por peculato.

Tanto Tícia como Fraudelina responderão por peculato, na forma do artigo 29 do Código Penal. Ainda que Fraudelina não seja servidora pública, ao praticar em concurso com Tícia o delito de peculato responde por tal delito, visto que o Código Penal adotou a teoria monista para o concurso de agentes. Além disso, uma vez que a condição de servidor público é elementar do crime de peculato, esta comunica-se ao partícipe, nos termos do artigo 30 do Código Penal.
Gabarito "D".

(Cartório/MG – 2015 – Consulplan) "Mévio, no exercício de sua função no cartório extrajudicial, não cumpriu o mandado judicial de averbação do divórcio no registro de casamento. Mévio assim agiu porque o divórcio era de sua vizinha Cleofa e não queria vê-la divorciada." A conduta de Mévio configura crime de

(A) desacato.

(B) desobediência.

(C) resistência.

(D) prevaricação.

A conduta de Mévio configura o delito de prevaricação (art. 319 do CP), na medida em que deixou de praticar ato de ofício para satisfazer sentimento pessoal.
Gabarito "D".

4. DIREITO PENAL

(Cartório/MG – 2016 – Consulplan) Segundo o Código Penal, Decreto-Lei nº 2.848/1940, são crimes praticados por particular contra a administração em geral, EXCETO:

(A) Corrupção passiva.

(B) Desobediência.

(C) Desacato.

(D) Resistência.

A: Trata-se de crime praticado por funcionário público contra a Administração em geral (art. 317 do CP), devendo ser a alternativa assinalada. O crime análogo, praticado por particular contra a administração em geral, é o de corrupção ativa, previsto no art. 333 do CP. **B:** Trata-se de crime praticado pelo particular contra a Administração Pública em geral (art. 330 do CP). **C:** Trata-se de crime praticado pelo particular contra a Administração Pública em geral (art. 331 do CP). **D:** Trata-se de crime praticado pelo particular contra a Administração Pública em geral (art. 329 do CP).

Gabarito "A".

(Cartório/PA – 2016 – IESES) Segundo o Código Penal vigente, exigir, para si ou para outrem, direta ou indiretamente, ainda que fora da função ou antes de assumi-la, mas em razão dela, vantagem indevida, corresponde ao crime de:

(A) Corrupção passiva.

(B) Condescendência criminosa.

(C) Peculato.

(D) Concussão.

O enunciado corresponde ao delito de concussão, previsto no art. 316 do Código Penal. Observa-se que o delito em comento se distingue do delito de corrupção passiva (art. 317 do CP), pois, na concussão, há exigência do funcionário público da vantagem indevida, ao passo que, na corrupção, há mera solicitação (ou recebimento) da importância ilícita. Já a condescendência criminosa ocorre quando o funcionário deixa, por indulgência, de responsabilizar um subordinado que cometeu infração no exercício do cargo ou função ou, quando lhe faltar competência para tanto, deixar de comunicar o fato à autoridade competente (art. 320 do CP). Por fim, o peculato (art. 312 do CP) é o delito funcional análogo aos crimes de furto e apropriação indébita, não se confundindo, também, com a concussão.

Gabarito "D".

(Cartório/MG – 2019 – Consulplan) A respeito do crime de peculato e suas várias formas de ocorrência, assinale a alternativa correta.

(A) No peculato-furto, o funcionário público tem a posse da coisa, aproveitando-se desta condição para subtraí-la.

(B) No peculato mediante erro de outrem, somente ocorre a infração penal se o erro do terceiro foi diretamente provocado pelo servidor que se apropria do bem.

(C) Caso terceiro estranho à administração pública pratique o crime de peculato-apropriação em concurso com o intraneus, este responderá por peculato e aquele por apropriação indébita.

(D) Ocorre peculato na forma culposa quando o servidor público encarregado da guarda e segurança do patrimônio da administração, por negligência, imprudência ou imperícia, infringe o dever de cuidado, permitindo, involuntariamente, que terceiro se aproprie, desvie ou subtraia bem público.

A: Incorreto. O peculato-furto é tipificado no artigo 312, § 1º, do CP, e ocorre quando o funcionário público, não tendo a posse do bem, o subtrai ou concorre para que seja subtraído, valendo-se da facilidade do cargo. Ou seja, a incorreção da assertiva reside na afirmação da necessidade de posse do bem, objeto material da conduta, pelo funcionário público sujeito ativo do crime, enquanto que, com efeito, no peculato furto não há prévia posse do bem pelo agente, que meramente se vale das facilidades do cargo para a subtração. No exemplo, o funcionário público do setor de limpeza se vale do livre trânsito que possui nos diversos setores da Administração Pública, facilidade proporcionada pelo cargo, para subtrair um *notebook* da tesouraria. **B:** Incorreto. O peculato mediante erro de outrem (também conhecido como peculato impróprio) é figura típica prevista no artigo 313 do CP. Nela, o erro do terceiro que faz com que o funcionário público receba o bem que será apropriado ocorre espontaneamente, sem intervenção do agente criminoso. Caso tenha sido provocado pelo próprio servidor público, pode haver caracterização do delito de estelionato (artigo 171 do CP). **C:** Incorreto. A condição de funcionário público é elementar do tipo penal que prevê o delito de peculato-apropriação (art. 312, *ab initio*, do CP). Sendo elementar, e a despeito de tratar-se de condição de caráter pessoal, comunica-se ao partícipe que não goze de tal condição, nos termos da norma do art. 30 do CP. Assim, ambos respondem pelo delito de peculato-apropriação. **D:** Correto. Eis a definição doutrinária do crime de peculato culposo, previsto no artigo 312, § 2º, do CP. Importante recordar que, no peculato culposo, a reparação do dano anterior à sentença penal condenatória irrecorrível provoca extinção da punibilidade do fato (art. 312, § 3º, do CP); se a reparação do dano ocorrer posteriormente à sentença penal condenatória, há redução da pena imposta.

Gabarito "D".

(Cartório/RS – 2019 – VUNESP) É crime próprio quanto ao sujeito:

(A) adulteração de peça filatélica (CP, art. 303).

(B) falsidade material de atestado ou certidão (CP, art. 301, § 1º).

(C) falsidade ideológica (CP, art. 299).

(D) falsificação de sinal público (CP, art. 296, I).

(E) atestado ideologicamente falso (CP, art. 301).

Em matéria de classificação doutrinária dos delitos, considera-se crime próprio aquele que exige uma qualidade especial do sujeito, seja ativo ou passivo. Há possibilidade, ainda, da existência de crime bipróprio, entendido como aquele que exige, para a configuração, da existência de qualidade especial tanto do sujeito ativo, como do sujeito passivo. Exemplo de crime bipróprio é o crime de infanticídio, cujo sujeito ativo deve ser a mãe e o passivo a criança recém-nascida (art. 123 do CP). No caso do problema, há necessidade de identificação do crime próprio, seja quanto ao sujeito ativo, seja quanto ao sujeito passivo (visto que inexistiu especificação no enunciado). **A:** O crime de adulteração de peça filatélica (art. 303 CP) é crime comum, podendo ser praticado por qualquer pessoa. Trata-se, ainda, de crime vago quanto ao sujeito passivo, tendo por vítima a coletividade, lesando a fé-pública. Não se trata, portanto, de crime próprio. **B:** O crime de falsidade material de atestado ou certidão, previsto no art. 301, § 1º, do CP, pune a conduta daquele que "falsificar, no todo ou em parte, atestado ou certidão, ou alterar o teor de certidão ou de atestado verdadeiro, para prova de fato ou circunstância que habilite alguém a obter cargo público, isenção de ônus ou de serviço de caráter público, ou qualquer outra vantagem". Trata-se, também, de crime próprio, visto que para a configuração da falsidade material, é necessário que o sujeito ativo não detenha qualidade para emissão do documento legítimo, podendo, assim, ser qualquer pessoa. **C:** Do mesmo modo, o crime de falsidade ideológica, previsto no art. 299 do CP, pode ter por sujeitos quaisquer pessoas, tratando-se de crime comum, visto que não exige qualquer qualidade especial dos agentes. **D:** O crime de falsificação de sinal público, previsto no art. 296 do CP, pune a conduta daquele que "falsificar, fabricando-os ou alterando-os: I – selo público destinado a autenticar atos oficiais

da União, de Estado ou de Município; II – selo ou sinal atribuído por lei a entidade de direito público, ou a autoridade, ou sinal público de tabelião". Ainda que o objeto material sejam selos e sinais emitidos por autoridades públicas, o crime pode ser praticado por qualquer pessoa que vier a falsificá-los, visto que se trata de falsidade material. Trata-se, portanto, de crime comum. **E:** O crime de atestado ideologicamente falso (art. 301, *caput*, do CP) pune a conduta de quem "atestar ou certificar falsamente, em razão de função pública, fato ou circunstância que habilite alguém a obter cargo público, isenção de ônus ou de serviço de caráter público, ou qualquer outra vantagem". Trata-se de crime próprio quanto ao sujeito ativo, visto que somente pode ser praticado por aquele que, em razão do cargo, detém atribuição para emissão da certidão ou atestado ideologicamente falso (ou seja, falso em seu conteúdo, embora legítimo na forma, justamente por ter sido lavrado por funcionário público com atribuição para tanto).
Gabarito "E".

(Cartório/CE – 2018 – IESES) É certo afirmar:

I. Tem-se para o crime de peculato a ação penal pública incondicionada, sendo relevante a sua natureza dolosa ou culposa, podendo, portanto, tratar-se de ação penal pública condicionada.

II. Promover no registro civil a inscrição de nascimento inexistente, nos termos do Código Penal se constitui em crime com pena prevista de reclusão com o seu mínimo e máximo fixados entre dois e seis anos.

III. Prevaricação é o ato de solicitar ou receber, para si ou para outrem, direta ou indiretamente, ainda que fora da função ou antes de assumi-la, mas em razão dela, vantagem indevida, ou aceitar promessa de tal vantagem.

IV. O crime de peculato, recepcionado pelo Código Penal, apresenta as seguintes figuras típicas: a) peculato-apropriação; b) peculato-desvio; c) peculato--furto; d) peculato-culposo.

Analisando as proposições, pode-se afirmar:

(A) Somente as proposições III e IV estão corretas.

(B) Somente as proposições II e IV estão corretas.

(C) Somente as proposições I e II estão corretas.

(D) Somente as proposições I e III estão corretas.

I: Incorreto. O crime de peculato, em qualquer de suas modalidades, é de ação pública incondicionada. II: Correto. Trata-se do crime de registro de nascimento inexistente, previsto no art. 241 do CP. III: Incorreto. O enunciado descreve a conduta típica de corrupção passiva, prevista no art. 317 do CP, e não de prevaricação. Prevaricação, por sua vez, prevista no art. 319 do CP, consiste em "retardar ou deixar de praticar, indevidamente, ato de ofício, ou praticá-lo contra disposição expressa de lei, para satisfazer interesse ou sentimento pessoal". IV: Correto. O enunciado traz as modalidades de peculato, que estão previstas no CP nos seguintes dispositivos: peculato-apropriação (art. 312, *caput*, do CP); peculato-desvio (art. 312, parte final, do CP); peculato-furto (art. 312, § 1º, do CP); peculato-culposo (art. 312, § 2º, do CP).
Gabarito "B".

13. OUTROS CRIMES DO CÓDIGO PENAL

(Cartório/MT – 2003 – UFMT) Sobre o registro de nascimento de natimorto, assinale a afirmativa correta.

(A) É crime de sonegação de estado de filiação.

(B) É crime denominado 'Parto Suposto'.

(C) É a inscrição, no Registro Civil, de nascimento inexistente.

(D) Refere-se ao crime em que se alteram direitos do recém-nascido.

(E) Não constitui tipo incriminador.

O registro de natimorto será feito no livro "C Auxiliar", com os elementos que couberem, art. 53, § 1º da Lei 6015/73.
Gabarito "C".

(Cartório/SC – 2008) Relativamente aos crimes contra o estado de filiação, assinale a alternativa correta:

(A) Pratica o crime previsto no parágrafo único do art. 242 do Código Penal (supressão ou alteração de direito inerente ao estado civil de recém-nascido) quem, mesmo que por motivo nobre, registra em nome próprio filho de outrem.

(B) A conduta de "promover no registro civil a inscrição de nascimento inexistente", disposta no art. 241 do Código Penal, admite a forma culposa como elemento subjetivo do tipo.

(C) Uma das formas de transgressão da tipificação descrita no art. 242 do Código Penal consiste na prática do "parto suposto", isto é, "dar parto próprio como alheio".

(D) Comete o ilícito penal de sonegação de estado de filiação aquele que deixa em asilo de expostos ou outra instituição de assistência filho próprio ou alheio, ocultando-lhe a filiação ou atribuindo-lhe outra, mesmo que inexista a vontade de prejudicar direito inerente ao estado civil.

(E) Os crimes contra o estado de filiação, previstos nos arts. 241, 242 e 243 do Código Penal, são todos de ação penal pública incondicionada e não admitem a modalidade tentada.

B: incorreta. Há exigência de dolo, não existe a forma culposa, nem se exige elemento subjetivo do tipo específico; C: incorreta. Ocorre situação contrária, ou seja, dar parto alheio como próprio; D: incorreta. Neste delito, exige-se o dolo e o elemento subjetivo específico, que é a vontade de prejudicar direito inerente ao estado civil; E: incorreta. Todos estes delitos admitem a tentativa.
Gabarito "A".

(Cartório/SP – 2012 – VUNESP) Em relação ao crime de bigamia, pode-se afirmar que se caracteriza quando:

I. contrai alguém, sendo casado, novo casamento;

II. contrai alguém, sendo divorciado, por sentença ainda não transitada em julgado, novo casamento;

III. contrai alguém, sendo divorciado, por sentença transitada em julgado, mas não averbada à margem do assento de casamento, novo enlace.

São corretas as afirmativas

(A) I e II, apenas.

(B) I e III, apenas.

(C) II e III, apenas.

(D) I, II e III.

I: correta. De fato, o crime de bigamia, previsto no art. 235 do CP, tem como descrição típica a seguinte conduta: "*Contrair alguém, sendo casado, novo casamento*"; II: correta. Somente com o trânsito em julgado da sentença de divórcio é que estará extinto o vínculo conjugal. Antes disso, ainda que decretado o divórcio por sentença, se esta tiver sido objeto de recurso, o agente continuará a ostentar o *status* de casado, razão pela qual, se contrair novo casamento, terá cometido o crime de bigamia (art. 235 do CP); III: incorreta. Se a sentença de divór-

4. DIREITO PENAL   261

cio já houver transitado em julgado, ainda que não averbada à margem do registro de casamento, não restará configurado o crime de bigamia caso o agente case novamente. Tal se deve pelo fato de a averbação do anterior divórcio não ser indispensável à ruptura do vínculo conjugal, tratando-se de ato necessário a dar publicidade ao desenlace.

Gabarito "A".

(Cartório/SP – 2012 – VUNESP) No tocante aos crimes quanto ao estado de filiação:

I. são considerados atos criminosos a promoção no registro civil da inscrição de nascimento inexistente, o fato de dar parto alheio como próprio e, ainda, registrar como seu filho de outrem;

II. o ato de dar parto alheio como próprio pode ser considerado apenas infração administrativa, se reconhecido por sentença judicial que praticado por motivo de reconhecida nobreza;

III. o ato de promover no registro civil a inscrição de nascimento inexistente pode deixar de ser apenado, desde que reconhecido por sentença judicial que praticado por motivo de reconhecida nobreza.

É correto o que se afirma apenas em

(A) I.

(B) I e II.

(C) I e III.

(D) II e III.

I: correta. De fato, *promover no registro civil a inscrição de nascimento inexistente* configura o crime tipificado no art. 241 do CP (registro de nascimento inexistente). Também constitui crime contra o estado de filiação o de *dar parto alheio como próprio* e o de *registrar como seu o filho de outrem*, nos termos do art. 242 do CP (Parto suposto. Supressão ou alteração de direito inerente ao estado civil de recém-nascido); II: incorreta. Como visto no comentário à assertiva anterior, o ato de dar parto alheio como próprio constitui figura criminosa prevista no art. 242 do CP. Se o agente praticar a conduta típica por motivo de reconhecida nobreza, a pena será mais branda (invés de reclusão, de dois a seis anos, será punido com detenção, de um a dois anos, podendo o juiz deixar de aplicar a pena – perdão judicial – art. 242, parágrafo único, do CP); III: incorreta. O crime previsto no art. 241 do CP (registro de nascimento inexistente) não prevê a possibilidade de aplicação do perdão judicial. Já nas figuras criminosas descritas no art. 242 do CP (*Dar parto alheio como próprio; registrar como seu o filho de outrem; ocultar recém-nascido ou substituí-lo, suprimindo ou alterando direito inerente ao estado civil*), poderá o juiz deixar de aplicar a pena (perdão judicial, que é causa de extinção da punibilidade – art. 107, IX, CP) se reconhecida que a conduta foi praticada por motivo de reconhecida nobreza (art. 242, parágrafo único, do CP).

Gabarito "A".

(Cartório/SP – 2011 – VUNESP) Promover no registro civil a inscrição de nascimento inexistente

(A) tipifica conduta penal de registro de nascimento inexistente.

(B) tipifica conduta penal de sonegação de estado de filiação.

(C) tipifica conduta penal de parto suposto, supressão ou alteração de direito inerente ao estado civil de recém-nascido.

(D) não configura ilícito penal.

A: correta, nos exatos termos do art. 241 do CP; **B**: incorreta, pois o crime de sonegação de estado de filiação, descrito no art. 243 do CP, restará caracterizado quando o agente *deixar em asilo de expostos ou* outra instituição de assistência filho próprio ou alheio, ocultando-lhe a filiação ou atribuindo-lhe outra, com o fim de prejudicar direito inerente ao estado civil; **C**: incorreta, pois o crime de parto suposto, supressão ou alteração de direito inerente ao estado civil de recém-nascido vem retratado no art. 242 do CP, com a seguinte redação: *Dar parto alheio como próprio; registrar como seu o filho de outrem; ocultar recém-nascido ou substituí-lo, suprimindo ou alterando direito inerente ao estado civil*; **D**: incorreta, pois, como visto no comentário à alternativa "A", a promoção, no registro civil, de inscrição de nascimento inexistente configura o crime descrito no art. 241 do CP.

Gabarito "A".

(Cartório/SP – VI – VUNESP) Dentre os crimes contra o casamento previstos no Código Penal, não mais se encontra tipificada a conduta consistente em

(A) adultério.

(B) conhecimento prévio de impedimento.

(C) induzimento a erro essencial e ocultação de impedimento.

(D) simulação de autoridade para celebração de casamento.

O art. 240 do CP, que definia o crime de adultério, foi revogado pela Lei 11.106/05. Suas implicações atualmente estão limitadas ao direito de família.

Gabarito "A".

(Cartório/MG – 2015 – Consulplan) Quanto aos crimes contra a honra, assinale a alternativa INCORRETA:

(A) Nos crimes de calúnia e difamação contra funcionário público, em razão de suas funções, a ação penal procede-se mediante representação do ofendido.

(B) O conceito desfavorável emitido por funcionário público, em apreciação ou informações que preste no cumprimento de dever do ofício, não constitui injúria ou difamação punível.

(C) Nos crimes contra a honra, a exceção da verdade somente se admite se o ofendido é funcionário público e a ofensa é relativa ao exercício de suas funções.

(D) Não constituem injúria ou difamação punível a ofensa irrogada em juízo, na discussão da causa, pela parte ou por seu procurador, e, da mesma forma, quem lhe dá publicidade.

A: Assertiva correta. É o que dispõe o art. 145, parágrafo único, do CP. De se consignar, contudo, que a jurisprudência consolidou entendimento da possibilidade de o funcionário público optar pela ação penal privada na hipótese, oferecendo queixa, criando hipótese de legitimidade ativa concorrente disjuntiva, nos termos da Súmula n. 714 do STF. **B:** Assertiva correta. É o que dispõe o art. 142, III, do CP, ressaltando, porém, que pode responder por injúria ou difamação a pessoa que dá publicidade ao conceito (art. 142, parágrafo único, do CP). **C:** De fato, no crime de difamação, a exceção da verdade somente se admite na hipótese constante na assertiva, nos termos do art. 139, parágrafo único, do CP. O mesmo não ocorre, porém, no crime de calúnia, na qual a exceção da verdade é admitida como regra, salvo as hipóteses do art. 138, § 3º, do CP. Portanto, no nosso sentir, embora tida como correta pelo gabarito oficial, a assertiva é incorreta. **D:** Incorreta. De fato, nos termos do art. 142, I, do CP, não constituem injúria ou difamação punível a ofensa irrogada em Juízo, na discussão da causa, pela parte ou por seu procurador. Contudo, a conduta de quem dá publicidade indevida à ofensa é punível nos termos do art. 142, parágrafo único, do CP.

Gabarito "D".

14. CRIMES DA LEGISLAÇÃO EXTRAVAGANTE

(Cartório/AC – 2006 – CESPE) A Polícia Federal (PF) começou a acompanhar os passos de uma quadrilha, quando foi informada pela polícia de Portugal que Joaquim, investigado há mais de dez anos por suspeita de tráfico internacional de entorpecentes, estaria comprando imóveis no Brasil. Os agentes de polícia localizaram uma fazenda que estava em nome de Joaquim e de um sócio seu. A PF constatou que Joaquim vinha comprando terras nos arredores dessa fazenda a preços muito acima dos praticados no mercado. Nessa região, em que se vendia um alqueire por R$ 30 mil, o português pagava até R$ 80 mil, em uma demonstração de que tinha necessidade de investir rapidamente grande quantia em dinheiro. Tendo por base a situação hipotética acima, julgue os próximos itens.

(1) A narrativa em consideração configura uma prática tipicamente utilizada para a lavagem de dinheiro e está sujeita à incidência da Lei 9.613/1998.

(2) A hipótese dada traz, como crime antecedente, delito não previsto explicitamente na lei de lavagem de dinheiro, mas que pode ser alvo de aplicação analógica dessa lei para subsidiar eventual imputação de lavagem.

1: correta. De fato, a conduta de Joaquim de pagar por imóveis quantia acima do valor praticado no mercado, objetivando, com isso, dissimular a origem espúria de seu patrimônio, configura o crime de lavagem de dinheiro, nos moldes do art. 1º da Lei 9.613/1998;
2: errada, inclusive à época em que formulada a questão. É que, antes do advento da Lei 12.683/2012, a lavagem de dinheiro somente se caracterizava se o agente houvesse praticado algum crime antecedente, definido, então, nos incisos I a VIII, do art. 1º da Lei 9.613/1998, dentre os quais se incluía o tráfico de drogas. Atualmente, ocultar ou dissimular a natureza, origem, localização, disposição, movimentação ou propriedade de bens, direitos ou valores provenientes, direta ou indiretamente, de qualquer infração penal, caracteriza lavagem de dinheiro.
Gabarito "1C" "2E".

(Cartório/AM – 2005 – FGV) O crime de patrocinar diretamente interesse privado perante a administração fazendária, valendo-se da qualidade de funcionário público:

(A) é crime de patrocínio infiel, previsto no Código Penal.

(B) é crime de favorecimento pessoal, previsto no Código Penal.

(C) é crime de advocacia administrativa, previsto no Código Penal.

(D) é crime contra a ordem tributária, previsto em lei especial.

(E) é crime de exploração de prestígio, previsto no Código Penal.

Patrocinar, direta ou indiretamente, interesse privado perante a administração fazendária, valendo-se da qualidade de funcionário público, constitui crime funcional contra a ordem tributária, tipificado no art. 3º, III, da Lei 8.137/1990.
Gabarito "D".

(Cartório/AM – 2005 – FGV) Em matéria de contravenções penais, podemos afirmar que:

(A) as penas principais previstas na Lei das Contravenções Penais são: prisão simples, multa e perda de função pública.

(B) a lei brasileira é sempre aplicada à contravenção praticada fora do território nacional.

(C) recusar o recebimento de cheque é contravenção penal prevista na Lei de Contravenções Penais.

(D) é contravenção penal anunciar substância destinada a provocar aborto.

(E) a exploração da credulidade pública é uma contravenção penal.

A: incorreta, pois as penas principais previstas na Lei das Contravenções Penais são a prisão simples e a multa, nos termos do art. 5º, I e II, do Decreto-lei 3.688/1941; **B**: incorreta, pois a lei brasileira só é aplicada à contravenção praticada no território nacional (art. 2º do Decreto-lei 3.688/1941); **C**: incorreta, existindo na Lei das Contravenções Penais apenas a infração referente à recusa em receber, pelo seu valor, moeda de curso legal no país (art. 43). Ressalte-se, por oportuno, que cheque não é considerado moeda de curso legal, mas, sim, título de crédito que consubstancia uma ordem de pagamento à vista; **D**: correta (art. 20 do Decreto-lei 3.688/1941); **E**: incorreta, pois o art. 27 do Decreto-lei 3.688/1941 foi revogado pela Lei 9.521/1997.
Gabarito "D".

(Cartório/AM – 2005 – FGV) De acordo com o Estatuto da Criança e do Adolescente, é correto afirmar que:

(A) somente é ato infracional a conduta descrita como crime.

(B) são idênticas as medidas legais previstas para os atos infracionais praticados por crianças e adolescentes.

(C) apenas fotografar, sem a publicação, cena de sexo explícito envolvendo adolescente não é crime.

(D) entregar gratuitamente a adolescente fogos de estampido é sempre crime.

(E) é crime o ato de deixar o médico, enfermeiro ou dirigente de estabelecimento de atenção à saúde de gestante de identificar corretamente o neonato e a parturiente por ocasião do parto.

A: incorreta, pois o ato infracional corresponde a conduta descrita como crime ou contravenção (art. 103 da Lei 8.069/1990); **B**: incorreta, pois, às crianças, são inaplicáveis medidas socioeducativas, mas, apenas, as medidas protetivas dos art. 101 do ECA. Já aos adolescentes que cometerem atos infracionais, aplicar-se-ão, sem prejuízo das medidas protetivas referidas, as medidas socioeducativas (art. 112 do ECA); **C**: incorreta (art. 240 do ECA), tratando-se de crime; **D**: incorreta, pois o art. 244 do ECA dispõe ser crime vender, fornecer ainda que gratuitamente ou entregar, de qualquer forma, a criança ou adolescente fogos de estampido ou de artifício, exceto aqueles que, pelo seu reduzido potencial, sejam incapazes de provocar qualquer dano físico em caso de utilização indevida; **E**: correta (art. 229 do ECA).
Gabarito "E".

(Cartório/AM – 2005 – FGV) Assinale a alternativa que complete corretamente a proposição a seguir: Representar contra alguém imputando prática de ato de improbidade administrativa, que não constitui crime, quando o autor da denúncia o sabe inocente.

(A) é crime previsto em lei especial

(B) é crime de denunciação caluniosa, previsto no Código Penal

(C) não é crime, já que o ato imputado, embora de improbidade, não é criminoso

(D) constitui crime de difamação, previsto no Código Penal

(E) configura conduta de injúria, segundo o Código Penal

4. DIREITO PENAL   263

Nos termos do art. 19 da Lei 8.429/1992 (Lei de Improbidade Administrativa), constitui crime a representação por ato de improbidade contra agente público ou terceiro beneficiário, quando o autor da denúncia o sabe inocente. Ao tempo da questão, o crime seria de denunciação caluniosa se a conduta, além de configurar improbidade administrativa, também configurasse infração penal. Entretanto, há que se consignar que o artigo 19 da Lei n. 8.429/92 foi tacitamente revogado pela Lei n. 14.110/2020, que alterou o crime de denunciação caluniosa (art. 339 do CP) para incluir a notícia falsa de conduta ímproba, independentemente de também configurar infração penal. Na atual redação da norma incriminadora do artigo 339 do CP, configura denunciação caluniosa "dar causa à instauração de inquérito policial, de procedimento investigatório criminal, de processo judicial, de processo administrativo disciplinar, de inquérito civil ou de ação de improbidade administrativa contra alguém, imputando-lhe crime, infração ético-disciplinar ou ato ímprobo de que o sabe inocente". Portanto, atualmente, a correta resposta para a questão seria a alternativa B. O art. 19 da Lei n. 8.492/92 continua sendo aplicável aos casos anteriores à Lei n. 14.110/2020, já que, conquanto tenha havido sua revogação tácita, seu conteúdo criminoso migrou para a norma do artigo 339 do CP, havendo continuidade normativo-típica e não *abolitio criminis*. Assim, sendo a lei anterior mais benéfica, continua a incidir sobre as condutas pretéritas.[7]

Gabarito "A".

(Cartório/DF – 2008 – CESPE) Considerando a jurisprudência dos tribunais superiores, julgue o item seguinte com base no direito penal brasileiro.

(1) Para os fins da lei que define os crimes contra o Sistema Financeiro Nacional, instituição financeira é toda e qualquer pessoa jurídica, de direito público ou privado, que, como atividade principal ou acessória, custodie, emita, distribua, negocie, intermedeie ou administre valores mobiliários ou capte, intermedeie ou aplique recursos financeiros de terceiros, a ela se equiparando a pessoa jurídica que capte ou administre seguros, câmbio, consórcio, capitalização ou qualquer tipo de poupança ou recursos de terceiros. Dessa forma, a pessoa natural que exerça quaisquer das atividades mencionadas não está sob a incidência da referida lei.

1: errada (art. 1º, II, da Lei 7.492/1986).
Gabarito "1E".

(Cartório/DF – 2008 – CESPE) Considerando a jurisprudência dos tribunais superiores, julgue o item seguinte com base no direito penal brasileiro.

(1) A lavagem de dinheiro é crime autônomo, não constituindo mero exaurimento do crime antecedente.

1: correta. De fato, a lavagem de dinheiro, que até o advento da Lei 12.683/2012, exigia, para sua configuração, a prática de um dos crimes antecedentes indicados no art. 1º da Lei 9.613/1998, constituía, e ainda constitui, crime autônomo, dissociado da infração penal anteriormente cometida e, cujos proveitos ou produtos, se pretenda ocultar ou dissimular.
Gabarito "1C".

(Cartório/DF – 2008 – CESPE) Considerando a jurisprudência dos tribunais superiores, julgue o item seguinte com base no direito penal brasileiro.

(1) A autoridade judiciária pode suspender temporariamente a visita, inclusive de pais ou responsável, de adolescente que esteja cumprindo medida socioe-

ducativa de internação, se existirem motivos sérios e fundados da prejudicialidade dessas visitas aos interesses do adolescente.

1: correta, nos exatos termos do art. 124, § 2º, da Lei 8.069/1990 (ECA).
Gabarito "1C".

(Cartório/MG – 2012 – FUMARC) Segundo disposição expressa contida na Lei 11.101/2005, que "regula a recuperação judicial, a extrajudicial e a falência do empresário e da sociedade empresária", a sentença que decreta a falência, concede a recuperação judicial ou extrajudicial, é

(A) condição de procedibilidade para o exercício da ação por crimes nela previstos.

(B) pressuposto processual de validade do processo que envolva crimes nela previstos.

(C) condição da ação penal para os crimes nela previstos.

(D) condição objetiva de punibilidade das infrações penais nela previstas.

Nos exatos termos do art. 180 da Lei de Falências (Lei 11.101/05), a sentença que decreta a falência, concede a recuperação judicial ou concede a recuperação extrajudicial de que trata o art. 163 desta Lei é *condição objetiva de punibilidade das infrações penais descritas nesta Lei.*
Gabarito "D".

(Cartório/MG – 2009 – EJEF) Marque a assertiva CORRETA.

(A) Constitui crime funcional contra a ordem tributária, patrocinar o funcionário público, direta ou indiretamente, interesse privado perante a administração fazendária, valendo-se da condição de funcionário público.

(B) A ação penal pelos crimes contra a ordem tributária é pública condicionada à representação de autoridade fazendária competente.

(C) Será sempre da Justiça Federal a competência para julgamento de fatos que configurem ilícitos penais contra a ordem tributária, independentemente de envolver tributo estadual ou municipal.

(D) Os delitos praticados contra a ordem tributária exigem sujeito ativo com qualidade especial, ou seja, são cometidos apenas por funcionário público.

A: correta (art. 3º, III, da Lei 8.139/1990); **B:** incorreta, sendo certo que os crimes contra a ordem tributária são de ação penal pública incondicionada. Nesse sentido, inclusive, é a Súmula 609 do STF; **C:** incorreta. Se o tributo sonegado for estadual ou municipal, a competência para o processo e julgamento será da Justiça Estadual, cabendo à Justiça Federal, por óbvio, conhecer e julgar os processos que envolvam tributos federais, em razão de envolver interesse da União (art. 109, IV, da CF); **D:** incorreta. Como regra, os crimes contra a ordem tributária são comuns, podendo ser cometidos por qualquer pessoa. Porém, é verdade que alguns crimes são considerados próprios, tais como aqueles definidos no art. 3º da Lei 8.139/1990 (crimes funcionais contra a ordem tributária).
Gabarito "A".

(Cartório/MT – 2005 – CESPE) As medidas socioeducativas previstas na Lei n.º 8.069/1990 (Estatuto da Criança e do Adolescente) buscam, antes de mais nada, a ressocialização do adolescente infrator. Mas não se pode olvidar que guardam elas, também, certo conteúdo retributivo, a fim de criar no adolescente a consciência da ilegitimidade da prática de atos infracionais. Acerca desse assunto, assinale a opção correta.

---

7. Comentários atualizados para a 3ª edição por Lucas Corradini.

(A) A medida socioeducativa deve conter relação com a gravidade do fato praticado.

(B) O adolescente infrator está sujeito à pena de detenção.

(C) O adolescente infrator está sujeito à pena de reclusão.

(D) A legislação atual prevê, para aplicação de qualquer medida socioeducativa, que se deve levar em consideração o desenvolvimento mental do adolescente.

A: correta (art. 112, § 1°, do ECA); **B e C**: incorretas, pois os adolescentes infratores não poderão ser submetidos a penas privativas de liberdade (reclusão, detenção ou prisão simples), mas, sim, a medidas socioeducativas (art. 112 do ECA); **D**: incorreta. Os menores de dezoito anos, pela CF (art. 228) e pela legislação infraconstitucional (art. 27 do CP e art. 104 do ECA), são considerados inimputáveis, presumindo-se, de maneira absoluta, o seu desenvolvimento mental incompleto. Portanto, esse não é critério para a aplicação das medidas socioeducativas, cabíveis apenas aos adolescentes que houverem cometido atos infracionais (art. 103 do ECA).
Gabarito "A".

(Cartório/RJ – 2012) Em relação às responsabilidades penais e administrativas decorrentes de ações lesivas ao meio ambiente, analise as assertivas abaixo.

I. Segundo a Lei n° 9.605/98 (Crimes Ambientais), a responsabilidade das pessoas jurídicas exclui a das pessoas físicas, autoras, coautoras ou partícipes do mesmo fato.

II. O baixo grau de instrução ou escolaridade não representa uma circunstância atenuante de pena, na prática de crimes contra o meio ambiente.

III. A perícia de constatação do dano ambiental, sempre que possível, fixará o montante do prejuízo causado para efeitos de prestação de fiança e cálculo de multa.

É correto o que se afirma em

(A) I, apenas.

(B) I e III, apenas.

(C) III, apenas.

(D) II e III, apenas.

(E) I, II e III.

I: incorreta (art. 3°, parágrafo único, da Lei 9.605/1998); **II**: incorreta (art. 14, I, da Lei 9.605/1998); **III**: correta (art. 19 da Lei 9.605/1998).
Gabarito "C".

(Cartório/RJ – 2012) É correto afirmar que o ato de lavrar ato notarial que envolva pessoa idosa sem discernimento de seus atos, sem a devida representação legal,

(A) é um fato atípico.

(B) é descrito como contravenção penal, mas não como crime.

(C) configura crime tipificado no Estatuto do Idoso.

(D) implica exclusivamente a anulabilidade do ato praticado.

(E) implica apenas consequências administrativas a quem lavrou o ato notarial.

Lavrar ato notarial que envolva pessoa idosa sem discernimento de seus atos, sem a devida representação legal, constitui o crime previsto no art. 108 do Estatuto do Idoso (Lei 10.741/2003).
Gabarito "C".

(Cartório/SC – 2012) João foi denunciado pela prática do delito previsto no art. 37 da Lei n. 11.343/2006 – Lei de Drogas – por utilizar um radiocomunicador para avisar aos traficantes do morro a presença de policiais militares na região. Como era primário, foi-lhe aplicada a seguinte sanção:

(A) 2 (dois) anos de reclusão, em regime aberto, tendo a pena sido substituída nos termos do art. 44 do Código Penal.

(B) 2 (dois) anos de reclusão, em regime integralmente fechado, sem direito à substituição de pena, por se tratar de crime hediondo.

(C) 2 (dois) anos de reclusão, em regime inicialmente fechado, sem direito à substituição de pena, por se tratar de crime hediondo.

(D) 2 (dois) anos de reclusão, em regime inicial semiaberto, sem direito à substituição de pena.

(E) 2 (dois) anos de detenção, em regime inicial aberto, tendo a pena sido substituída nos termos do art. 44 do Código Penal.

De fato, a pena cominada ao crime definido no art. 37 da Lei 11.343/2006, denominado pela doutrina de "colaboração ao tráfico de drogas", varia de 2 (dois) a 6 (seis) anos de reclusão, sem prejuízo de multa. Somente por tal razão, já se pode excluir a alternativa "E", que menciona que a pena seria de 2 (dois) anos de detenção. No mais, para que o candidato conseguisse assinalar a alternativa correta, bastaria saber que o crime em comento não é considerado equiparado ou assemelhado a hediondo, por não caracterizar, propriamente, tráfico de drogas, mas, sim, uma forma de colaboração, como informante, de grupos de narcotraficância. Destarte, as alternativas "B" e "C", igualmente, poderiam ser excluídas, visto que apenas ao tráfico de drogas é que seria possível cogitar em regime fechado. Nada obstante o disposto no art. 2°, § 1°, da Lei 8.072/1990 dispor que aos crimes hediondos e aos equiparados, o regime inicial de cumprimento de pena seja o fechado, é certo que o STF, no julgamento do HC 111.840, declarou, incidentalmente, a inconstitucionalidade da obrigatoriedade do regime inicial fechado. Por fim, considerando a pena imposta a João, bem como o fato de ser primário, perfeitamente cabível a substituição da pena privativa de liberdade por restritiva de direitos, desde que atendidos os requisitos do art. 44 do CP. Correta, pois, apenas a alternativa "A".
Gabarito "A".

(Cartório/SP – V – VUNESP) Assinale a alternativa que contempla apenas reprimendas previstas pela legislação ambiental (Lei 9.605/1998) a serem impostas à pessoa jurídica.

(A) Multa, restritivas de direitos, prestação de serviços à comunidade e liquidação forçada.

(B) Multa, restritivas de direitos, prisão dos administradores e liquidação forçada.

(C) Suspensão parcial das atividades, proibição de contratar com o poder público, interdição temporária de estabelecimento e demolição de seus imóveis.

(D) Suspensão total de atividades, interdição permanente de estabelecimentos, obra ou atividade e multa a ser arcada pelos administradores responsáveis pelo dano ambiental.

É dos arts. 21 e 24 da Lei 9.605/98 – Lei de Crimes Ambientais – que serão aplicadas à pessoa jurídica as penas de multa, restritivas de direitos, prestação de serviços à comunidade e liquidação forçada.
Gabarito "A".

(Cartório/SP – VI – VUNESP) Em relação à conduta do notário que lavra uma escritura de compra e venda em que o alienante é idoso sem discernimento de seus atos, sem a devida representação legal, tem-se que

(A) caracteriza o delito de falsidade ideológica.

(B) configura apenas ilícito administrativo.

(C) constitui crime próprio previsto no Estatuto do Idoso.

(D) se enquadra no delito de prevaricação.

Conduta prevista no art. 108 da Lei 10.741/03.
Gabarito "C".

(Cartório/SP – 2016 – VUNESP) Com referência à lei do parcelamento do solo, assinale a alternativa correta.

(A) Nos crimes previstos na lei do parcelamento do solo podem figurar como sujeitos ativos apenas o proprietário da área, o loteador, seu mandatário, diretor ou gerente de sociedade, e o oficial registrador.

(B) Os crimes previstos na lei do parcelamento do solo admitem a forma qualificada.

(C) Fazer afirmação falsa sobre a legalidade de loteamento ou desmembramento do solo para fins urbanos, ou ocultar fraudulentamente fato a ele relativo, é crime contra a fé pública.

(D) O oficial de registro de imóveis que, por negligência no cumprimento dos deveres do seu cargo, registrar loteamento não aprovado pelos órgãos competentes, responderá culposamente por crime previsto na lei de parcelamento do solo.

A: Incorreto. A alternativa, em um primeiro momento, não se coaduna com a disciplina normativa existente na parte geral do Código Penal, que, em seu artigo 29, dispõe que "quem, de qualquer modo, concorre para o crime incide nas penas a este cominadas, na medida de sua culpabilidade". Mas, não é só, já que a própria Lei n. 6.766/79 prevê, em seu artigo 51, que "quem, de qualquer modo, concorra para a prática dos crimes previstos no artigo anterior desta Lei incide nas penas a estes cominadas, considerados em especial os atos praticados na qualidade de mandatário de loteador, diretor ou gerente de sociedade". Portanto, verificando-se a prática de conduta típica, imbuída de dolo (já que os crimes ali previstos não admitem a modalidade culposa), e ilícita, possível será a responsabilização criminal de outras pessoas, que não as mencionadas na alternativa. **B:** Correta. Há figuras qualificadas de crimes previstos na lei de parcelamento de solo, dispostas no artigo 50, parágrafo único, da lei em comento. **C:** Incorreto. O delito em pauta está previsto no artigo 50, III, da Lei n. 6.766/79, tratando-se de crime contra a ordem urbanística, e não de crime contra a fé-pública. Os crimes contra a fé-pública estão previstos no Título X, da Parte Especial do Código Penal (arts. 289 e seguintes). **D:** Incorreto. A conduta em questão amolda-se ao crime doloso previsto no artigo 52 da Lei n. 6.766/79. Não se trata, portanto, de conduta apenada a título de culpa, já que inexistiu previsão expressa neste sentido no diploma legal em comento. Vale mencionar que, nos termos do artigo 18, parágrafo único, do Código Penal, "salvo os casos expressos em lei, ninguém pode ser punido por fato previsto como crime, senão quando o pratica dolosamente". Portanto, para haver punição por crime culposo necessária expressa previsão na norma penal incriminadora, o que não se verifica no caso em pauta.
Gabarito "B".

(Cartório/MG – 2015 – Consulplan) Quanto à legislação penal extravagante, é INCORRETO afirmar:

(A) Constitui crime, punido com detenção de 1 a 2 anos, e multa, efetuar registro de contrato de venda de loteamento ou desmembramento não registrado.

(B) Configura crime previsto no Código de Defesa do Consumidor quando, na reparação de produtos, o fornecedor emprega peça ou componentes de reposição usados, sem autorização do consumidor.

(C) Extingue-se a punibilidade dos crimes definidos na Lei 8.137/90 (crimes contra a ordem tributária), quando o agente promover o pagamento do tributo ou contribuição social, inclusive acessórios, antes do recebimento da denúncia.

(D) Não se admite ação penal de iniciativa privada nas hipóteses de crime de abuso de autoridade (Lei 4.898/65).

A: Assertiva correta. É o que dispõe o art. 52 da Lei n. 6.766/79. **B:** Assertiva correta. A descrição da conduta coincide com o tipo penal do art. 70 do Código de Defesa do Consumidor. **C:** A assertiva foi considerada correta em razão do disposto no art. 34 da Lei n. 9.249/95, que previa a possibilidade de extinção da punibilidade frente ao pagamento do débito tributário antes do recebimento da denúncia. Contudo, não se pode perder de vista a evolução da matéria em pauta, tanto na legislação como na jurisprudência. No plano legislativo, foi editada a Lei n. 10.684/03 (REFIS), que em seu art. 9º, § 2º, excluiu o marco temporal do recebimento da denúncia como necessário para a extinção da punibilidade. A partir disso, o STF passou a entender que o pagamento do débito tributário, mesmo após o recebimento da denúncia, acarretaria a extinção da punibilidade do fato (STF, HC n. 85.452). Mais recentemente, a jurisprudência alargou o entendimento em pauta, passando a admitir a extinção da punibilidade pelo pagamento do débito tributário até mesmo após o trânsito em julgado de sentença penal condenatória (*vide*: STF, RHC 128.245; STJ, HC 362.478, j. em 20.9.17). Portanto, em nosso entender, a assertiva em pauta, embora tenha sido admitida como correta pela banca examinadora, também é incorreta. **D:** Incorreto. Admite-se ação penal privada subsidiária da pública, nos termos do art. 16 da Lei n. 4.898/65. Vale ressaltar, entretanto, que a Lei n. 4898/65 foi revogada pela Lei n. 13.689/19, que continua a admitir a ação privada subsidiária nos termos de seu art. 3º, §1º. [8]
Gabarito "D".

(Cartório/MG – 2015 – Consulplan) Quanto às disposições penais da Lei 11.101, de 09 de fevereiro de 2005, que regula a recuperação judicial, a extrajudicial e a falência do empresário e da sociedade empresária, é INCORRETO afirmar:

(A) A condição objetiva de punibilidade das infrações penais é a sentença que decreta a falência, concede a recuperação judicial ou concede a recuperação extrajudicial.

(B) Os sócios, diretores, gerentes, administradores e conselheiros, de fato ou de direito, bem como o administrador judicial, equiparam-se ao devedor ou falido para todos os efeitos penais, na medida de sua culpabilidade.

(C) Admite-se a modalidade culposa.

(D) O impedimento para o exercício de cargo ou função em conselho de administração, diretoria ou gerência das sociedades, é efeito da condenação penal.

A: Assertiva correta. É o que dispõe o artigo 180 da Lei n. 11.101/05. **B:** Assertiva correta. É o que dispõe o artigo 179 da Lei n. 11.101/05. **C:** Incorreta, devendo ser assinalada. Não há previsão de crime culposo na Lei de Falências. E, como sabido, nos termos do artigo 18, parágrafo único, do Código Penal, não é possível a punição por crime culposo se não houver expressa previsão da modalidade no tipo penal respectivo. **D:** Assertiva correta. É o que dispõe o artigo 181, II, da Lei de Falências.
Gabarito "C".

---

8. Comentários atualizados para 3ª edição por Lucas Corradini

(Cartório/MG – 2015 – Consulplan) "Tício guardou, para consumo pessoal, maconha sem autorização." Tício pode ser submetido às seguintes penas, EXCETO:

(A) Advertência sobre os efeitos das drogas.

(B) Medida educativa de comparecimento a programa ou curso educativo.

(C) Prisão domiciliar.

(D) Prestação de serviços à comunidade.

O crime praticado por Tício consta do art. 28 da Lei n. 11.343/06, cujas penas cominadas são advertência sobre os efeitos das drogas, medida educativa de comparecimento a programa ou curso educativo e prestação de serviços à comunidade. Trata-se de crime, portanto, para o qual não foi cominada a pena de prisão. Assim, tem-se que, das assertivas, Tício não pode ser submetido à prisão domiciliar.
Gabarito "C".

(Cartório/MG – 2016 – Consulplan) Segundo a Lei nº 4.898/1965, constituem abuso de autoridade, EXCETO:

(A) Qualquer atentado ao direito de reunião.

(B) Deixar a autoridade policial de ordenar o relaxamento de prisão ou detenção ilegal que lhe seja comunicada.

(C) Qualquer atentado à liberdade de associação.

(D) Prolongar a execução de prisão temporária, de pena ou de medida de segurança, deixando de expedir em tempo oportuno ou de cumprir imediatamente ordem de liberdade.

Da relação exposta, apenas a conduta de deixar a autoridade policial de ordenar relaxamento de prisão ou detenção ilegal que lhe seja comunicada não configura crime previsto na Lei de Abuso de Autoridade. Isso porque, a incumbência de ordenar o relaxamento da prisão ilegal comunicada é da autoridade judiciária, e não da autoridade policial. Assim, caso a omissão dolosa seja do juiz, verifica-se o crime do art. 4º, d, da lei em comento. Vale ressaltar, entretanto, que a Lei n. 4.898/65 foi revogada pela Lei n. 13.869/18.[9]
Gabarito "B".

(Cartório/MG – 2016 – Consulplan) De acordo com a Lei nº 8.072/1990, é considerado crime hediondo:

(A) Estupro de vulnerável tentado.

(B) Epidemia com resultado lesão corporal de natureza grave.

(C) Concussão.

(D) Falsificação de selo público destinado a autenticar atos oficiais da União.

Da relação constante das assertivas, o crime de estupro de vulnerável tentado é considerado hediondo, nos termos do art. 1º, VI, da Lei n. 8.072/90. Observa-se que todos os crimes listados são considerados hediondos, sejam consumados ou tentados. A epidemia com resultado morte também é considerada crime hediondo, mas o mesmo não ocorre com a epidemia com resultado lesão corporal de natureza grave.
Gabarito "A".

(Cartório/MG – 2016 – Consulplan) São crimes contra as relações de consumo previstas na Lei nº 8.078/1990, EXCETO:

(A) Deixar de comunicar à autoridade competente e aos consumidores a nocividade de produtos cujo conhecimento seja posterior à sua colocação no mercado.

(B) Executar serviço de alto grau de periculosidade, contrariando determinação de autoridade competente.

(C) Empregar, na reparação de produtos, componentes de reposição usados, com autorização do consumidor.

(D) Fazer publicidade que sabe ser capaz de induzir o consumidor a se comportar de forma prejudicial a sua segurança.

A: Crime previsto no art. 64 do CDC. B: Crime previsto no art. 65 do CDC. C: Não se trata de crime previsto no CDC. O art. 70 incrimina a conduta do fornecedor que empregar, na reparação de produtos, componentes de reposição usados, **sem** autorização do consumidor. Portanto, se a utilização dos componentes usados se der com autorização do consumidor, inexistirá crime. D: Crime previsto no art. 68 do CDC.
Gabarito "C".

(Cartório/MG – 2016 – Consulplan) De acordo com a Lei nº 9.503/1997, no homicídio culposo cometido na direção de veículo automotor, a pena é aumentada de 1/3 (um terço) à metade, se o agente

(A) possuir Carteira de Habilitação.

(B) praticá-lo em faixa de pedestres.

(C) possuir Permissão para Dirigir.

(D) prestar socorro à vítima do acidente.

Nos termos do art. 302, § 1º, II, do CTB, há incidência da causa de aumento de pena de 1/3 da metade se o crime for praticado em faixa de pedestres.
Gabarito "B".

(Cartório/MG – 2016 – Consulplan) De acordo com a Lei nº 7.716/1989, constitui crime

(A) fabricar ornamentos que utilizem a cruz suástica.

(B) distribuir distintivos que utilizem a cruz suástica.

(C) comercializar emblemas que utilizem a cruz gamada, para fins de divulgação do nazismo.

(D) fabricar símbolos que utilizem a cruz gamada, para fins de divulgação do cristianismo.

A e B: Incorretas. Para configurar crime, a conduta deve ter por fim a divulgação do nazismo, elemento subjetivo do tipo que não foi exposto na assertiva (art. 20, § 1º). C: Correto. É o que dispõe o art. 20, § 1º, da lei. D: Incorreto. O crime exige que a fabricação do símbolo contendo a cruz gamada seja para fins de divulgação do nazismo.
Gabarito "C".

(Cartório/MG – 2016 – Consulplan) Segundo a Lei nº 8.069/90, constituem crimes, EXCETO:

(A) Submeter criança sob sua vigilância a vexame.

(B) Deixar a autoridade competente, sem justa causa, de ordenar a imediata liberação de adolescente, tão logo tenha conhecimento da ilegalidade da apreensão.

(C) Registrar, por qualquer meio, cena pornográfica envolvendo criança.

(D) Privar o adolescente de sua liberdade, procedendo à sua apreensão estando em flagrante de ato infracional.

A: Correto. É o crime previsto no art. 232 do ECA. B: Correto. É o crime previsto no art. 234 do ECA. C: Correto. É o crime previsto no art. 240 do ECA. D: Incorreto. Não se trata de crime previsto no ECA. O diploma legal em pauta incrimina a conduta daquele que privar o adolescente de sua liberdade, procedendo à sua apreensão sem estar em flagrante de ato infracional, ou inexistindo ordem escrita da autoridade judiciária competente (art. 230 do ECA).
Gabarito "D".

---

9. Comentários atualizados para 3ª edição por Lucas Corradini

4. DIREITO PENAL

(Cartório/MG – 2016 – Consulplan) Segundo a Lei nº 9.455/1997, que define os crimes de tortura e dá outras providências, aumenta-se a pena de um sexto até um terço, se o crime é cometido contra maior de

(A) 45 anos.

(B) 50 anos.

(C) 55 anos.

(D) 60 anos.

Nos termos do art. 1º, § 4º, II, da Lei n. 9.455/97, a pena do crime de tortura é aumentada quando praticada contra maior de 60 anos.
Gabarito "D".

(Cartório/MG – 2016 – Consulplan) Segundo a Lei nº 9.605/1998, que dispõe sobre as sanções penais e administrativas derivadas de condutas e atividades lesivas ao meio ambiente, e dá outras providências, são penas restritivas de direito, EXCETO:

(A) Interdição permanente de direitos.

(B) Suspensão parcial de atividades.

(C) Suspensão total de atividades.

(D) Recolhimento domiciliar.

Todas as assertivas correspondem a penas restritivas de direitos previstas no art. 8º da Lei 9.605/98, exceto a constante da alínea A. O inciso II do dispositivo legal mencionado trata da interdição temporária de direitos como pena restritiva de direitos, e não interdição permanente, sanção que, por ter caráter perpétuo, seria, até mesmo, inconstitucional, por afronta ao disposto no art. 5º, XLVII, *b*, da CF.
Gabarito "A".

(Cartório/MG – 2016 – Consulplan) De acordo com a Lei nº 12.984/2014, constitui crime de discriminação dos portadores do vírus da imunodeficiência humana (HIV) e doentes de aids, em razão de sua condição de portador ou de doente:

(A) Inscrever como aluno em creche.

(B) Fornecer emprego ou trabalho.

(C) Segregar no ambiente escolar.

(D) Manter como aluno em estabelecimento de ensino.

A Lei em comento, que conta com apenas um artigo contendo norma penal incriminadora (art. 1º), define o crime de discriminação dos que portam o vírus HIV. Das assertivas, constitui crime previsto no inciso I, do mencionado dispositivo legal, a segregação de aluno portador ou doente no ambiente escolar. As demais condutas não constam do diploma legal em comento.
Gabarito "C".

(Cartório/PA – 2016 – IESES) De acordo com a Lei de Crimes Hediondos (8.072/90), é correto afirmar:

(A) O crime de estupro (art. 213, do CP) somente é considerado hediondo caso praticado na sua forma qualificada.

(B) Ao contrário do que ocorre com o crime de extorsão, que é considerado hediondo apenas se qualificado pelo resultado morte, o delito de extorsão mediante sequestro é etiquetado como hediondo independentemente da modalidade.

(C) O crime de roubo, do qual resulta lesão corporal grave na vítima, é etiquetado como sendo crime hediondo.

(D) O crime de Genocídio (Lei 2.889/56) é considerado equiparado a hediondo.

A: Incorreto. O crime de estupro é considerado hediondo em qualquer de suas modalidades, consoante art. 1º, V, da Lei 8072/90. B: Correto à época da prova. É o que se extrai da interpretação dos incisos III e IV, do art. 1º, da lei em comento, com a redação vigente na ocasião. Entretanto, a Lei n. 13.964/19 ampliou o rol de hediondez da extorsão, incluindo aquelas qualificadas pela restrição da liberdade da vítima e da ocorrência de lesão corporal, além da morte originariamente prevista. A extorsão mediante sequestro segue hedionda, independentemente de sua modalidade. C: Incorreto na época da prova. Somente era hediondo o crime de roubo que resulta em morte da vítima, conhecido como latrocínio. Porém, com o advento do Pacote Anticrime (Lei n. 13.964/19), tornaram-se hediondos o roubo a) circunstanciado pela restrição de liberdade da vítima (art. 157, § 2º, inciso V); b) circunstanciado pelo emprego de arma de fogo (art. 157, § 2º-A, inciso I) ou pelo emprego de arma de fogo de uso proibido ou restrito (art. 157, § 2º-B; c) qualificado pelo resultado lesão corporal grave ou morte (art. 157, § 3º). Atualmente, portanto, a alternativa estaria correta. D: Incorreto. Quando da edição da questão, no ano de 2016, o crime de genocídio não era hediondo. Contudo, com o advento da Lei n. 13.497/17, o crime de genocídio passou a ser etiquetado como hediondo, nos termos do art. 1º, parágrafo único, da lei em comento. Ainda assim, a alternativa segue incorreta, visto que equiparados a hediondo são os crimes de tortura, tráfico de drogas e terrorismo, nos termos do art. 2º da mesma lei.[10]
Gabarito "B".

(Cartório/PA – 2016 – IESES) No que diz respeito à legislação extravagante, assinale a alternativa correta:

(A) A lei 10.826/03 (Lei do desarmamento), passou a tipificar a conduta consistente em vender, entregar ou fornecer, ainda que gratuitamente, arma de fogo, acessório, munição ou explosivo a criança ou adolescente, derrogando disposição semelhante prevista na Lei 80.69/90 (Estatuto da Criança e do Adolescente).

(B) A aplicação da causa de diminuição de pena prevista no art. 33, § 4º, da Lei n. 11.343/2006 (tráfico privilegiado) afasta a hediondez do crime de tráfico de drogas.

(C) O Simples fato do agente transportar drogas, utilizando-se de meio de transporte público, já é causa suficiente para incidência da causa de aumento de pena prevista no art. 40, III, da Lei de Drogas, ainda que ele não comercialize tal estupefaciente no referido local.

(D) De acordo com a Lei de Execução Penal (7.210/84), é direito do preso, dentre outros, o recebimento de atestado de pena a cumprir, emitido mensalmente, sob pena da responsabilidade da autoridade judiciária competente.

A: Correta. O crime consta do artigo 16, parágrafo único, V, da Lei n. 10.826/03. B: Ao tempo da prova, tal assertiva foi considerada incorreta pela banca. Posteriormente, contudo, o STF assentou o entendimento segundo o qual, havendo incidência da causa de diminuição do art. 33, § 4º, da Lei de Drogas, afasta-se o caráter hediondo da conduta (STF, HC 118.533). C: Incorreta. A jurisprudência pátria firmou o entendimento de que não incide a causa de aumento de pena do art. 40, III, da Lei n. 11.343/06, se o agente leva a droga no transporte público, mas não a oferece nem a comercializa para as pessoas no interior dele (STF: HC 122.258, HC 120624; STJ: AgRg no REsp 1.295.786; REsp 1.443.214). D: Incorreto. Nos termos do art. 41, XVI, da LEP, o atestado de pena a cumprir deve ser emitido anualmente, e não mensalmente.[11]
Gabarito "A".

---

10. Comentários alterados para a 3ª edição do livro, por Lucas Corradini.

11. Comentários alterados para a 3ª edição do livro, por Lucas Corradini.

(Cartório/PA – 2016 – IESES) O Sistema Nacional de Políticas Públicas sobre Drogas – SISNAD, foi instituído pela Lei 11.343/06 e prescreve medidas para prevenção do uso indevido, atenção e reinserção social de usuários e dependentes de drogas. Sobre os princípios definidos pelo SISNAD pode-se afirmar:

I. Promover a construção e a socialização do conhecimento sobre drogas no país.

II. Respeito aos direitos fundamentais da pessoa humana, especialmente quanto à sua autonomia e à sua liberdade.

III. Reconhecimento da intersetorialidade dos fatores correlacionados com o uso indevido de drogas, com a sua produção não autorizada e o seu tráfico ilícito.

IV. Observância às orientações e normas emanadas do Conselho Nacional Antidrogas – CONAD.

A sequência correta é:

(A) Apenas as assertivas I e III estão corretas.

(B) Apenas a assertiva II está correta.

(C) Apenas as assertivas I, III e IV estão corretas.

(D) As assertivas I, II, III e IV estão corretas.

I: Correto. É o que dispõe o art. 5º, I, da Lei n. 11.343/06. II: Correto. É o que dispõe o art. 4º, I, da Lei n. 11.343/06. III: Correto. É o que dispõe o art. 4º, VI, da Lei n. 11.343/06. IV: Correto. É o que dispõe o art. 4º, XI, da Lei n. 11.343/06.
Gabarito "D".

(Cartório/RS – 2019 – VUNESP) A conduta de formar ajuste entre ofertantes, visando à fixação artificial de preços, é tipificada como crime contra

(A) a ordem econômica.

(B) as relações de consumo.

(C) a ordem tributária.

(D) o consumidor.

(E) a fé pública.

O crime descrito no enunciado da questão está tipificado no artigo 4º, II, a, da Lei n. 8.137/90, que prevê os crimes contra a ordem econômica, devendo ser assinalada a alternativa A.
Gabarito "A".

15. TEMAS COMBINADOS

(Cartório/AM – 2005 – FGV) Assinale a afirmativa incorreta.

(A) Quanto ao "tempo do crime", o Código Penal adotou a teoria da atividade e não a teoria mista ou da ubiquidade.

(B) Segundo o nosso ordenamento jurídico, é possível a aplicação, em matéria penal, dos princípios da ultra-atividade e da retroatividade da lei penal.

(C) O Código Penal dispõe que a pena cumprida no estrangeiro atenua a pena imposta no Brasil pelo mesmo crime, quando diversas, ou nela é computada, quando idênticas.

(D) No concurso de pessoas, a instigação e o auxílio nunca são puníveis, se o crime não chega, pelo menos, a ser tentado.

(E) Dentre os regimes de cumprimento das penas privativas de liberdade, está o regime aberto. Ele se baseia na autodisciplina e senso de responsabilidade do condenado.

A: correta. De fato, em matéria de tempo do crime, o CP, em seu art. 4º, adotou a teoria da atividade, segundo a qual se considera praticado o crime no momento da ação ou da omissão, ainda que outro seja o do resultado, não se confundindo com a teoria mista ou da ubiquidade, adotada em matéria de lugar do crime (art. 6º do CP). Por esta teoria, considera-se praticado o crime no lugar da ação ou omissão (teoria da atividade) ou no lugar em que se produziu ou deveria produzir-se o resultado (teoria do resultado). Daí ser chamada de teoria mista, já que, a um só tempo, leva em conta os critérios da atividade e do resultado; B: correta (art. 5º, XL, da CF e art. 2º do CP). De fato, em matéria penal, é sabido e ressabido que a lei não retroagirá, salvo para beneficiar o réu. Portanto, havendo sucessão e leis penais no tempo, deverá ser aplicada aquela que, de qualquer modo, puder beneficiar o agente, seja pela retroatividade de lei posterior, seja pela ultratividade de lei já revogada, mas vigente ou superveniente ao fato praticado; C: correta (art. 8º do CP); D: incorreta (art. 31 do CP); E: correta (arts. 33, caput, e 36, ambos do CP).
Gabarito "D".

(Cartório/MA – 2008 – IESES) Assinale a alternativa correta:

(A) Pelo resultado que agrave especialmente a pena, somente responde o agente que o houver causado dolosamente.

(B) Ninguém pode ser punido por fato que lei posterior deixe de considerar crime, salvo em se tratando de lei excepcional ou temporária, hipótese em que verificada a ultra-atividade da lei penal no tempo.

(C) O desconhecimento da lei se constitui em hipótese de erro quanto à ilicitude do fato que, se inevitável, isenta de pena e, se evitável, poderá diminuí-la.

(D) Ninguém é obrigado a agir para evitar crime de outrem; a omissão somente é penalmente relevante em relação a resultado proveniente da conduta de terceiro ou da própria vítima nas hipóteses de crimes omissivos próprios.

A: incorreta (art. 19 do CP); B: correta (art. 3º do CP); C: incorreta. O desconhecimento da lei é inescusável. Porém, o erro sobre a ilicitude do fato, se inevitável, isentará o réu de pena. Já se evitável, acarretará a diminuição da pena (art. 21, caput, do CP); D: incorreta. A omissão será penalmente relevante nos casos expressamente previstos em lei (omissão própria), ou nas hipóteses do art. 13, § 2º, do CP (omissão imprópria).
Gabarito "B".

(Cartório/MA – 2008 – IESES) Assinale a alternativa correta:

(A) A prescrição da pretensão punitiva do Estado, nos crimes de falsificação ou alteração de assentamento do registro civil, não começa a correr enquanto o fato não se tornar conhecido.

(B) Postulado judicialmente o arquivamento de inquérito policial pelo órgão do Ministério Público, inicia-se o decurso do prazo decadencial de seis meses para a propositura, pelo ofendido, da queixa subsidiária.

(C) A cobrança da pena multa somente pode ser efetuada como dívida de valor, vedados, em qualquer caso, a conversão em pena privativa de liberdade e o desconto no vencimento ou salário do condenado.

(D) O autor de crime que seja comprovadamente acometido de doença mental ao tempo da ação criminosa, se imputável, terá a pena obrigatoriamente reduzida.

A: correta (art. 111, IV, do CP); B: incorreta, pois a queixa subsidiária (ação penal privada subsidiária da pública) tem como pressuposto a inércia do Ministério Público em oferecer denúncia no prazo legal (art. 100, § 3°, do CP, art. 29 do CPP e art. 5°, LIX, da CF). Se o órgão ministerial solicita o arquivamento do inquérito policial, inexiste inércia, mas, sim, entendimento de que o oferecimento da ação penal é inviável; **C**: incorreta. A despeito de a pena de multa ser, de fato, considerada uma dívida de valor, nos termos do art. 51 do CP, será possível que se proceda ao desconto no vencimento ou salário do condenado, nas hipóteses previstas no art. 50, § 1°, do mesmo diploma legal; **D**: incorreta. A inimputabilidade por doença mental, ou a semi-imputabilidade, exigem, ao lado da demonstração do déficit mental que acomete o agente, que, em razão disso, ao tempo da ação ou da omissão, a sua capacidade de entendimento ou de autodeterminação estivesse absolutamente afastada (inimputabilidade – art. 26, *caput*, do CP) ou parcialmente afastada (art. 26, parágrafo único, do CP). Assim, a doença mental, por si só, é insuficiente à caracterização da inimputabilidade ou da semi-imputabilidade, devendo existir, em razão dela, a afetação da capacidade do agente de entender o caráter ilícito do fato ou de determinar-se de acordo com esse entendimento.

Gabarito "A".

(Cartório/MA – 2008 – IESES) Assinale a alternativa correta:

(A) O crime de fraude à execução é de ação penal de iniciativa privada.

(B) O avô que dolosamente deixa de atender ao comando de sentença judicial que o obriga ao pagamento de pensão alimentícia em favor de seu neto, pratica, em tese, o crime de abandono material.

(C) A chamada "adoção à brasileira", consistente na conduta do agente que registra como seu o filho de outrem, configura, em tese, o crime de falsidade ideológica.

(D) A alteração fraudulenta dos livros mercantis de empresa configura, em tese e por si só, o crime de falso material de documento particular.

A: correta (art. 179, parágrafo único, do CP); **B**: incorreta, pois o crime de abandono material, definido no art. 244 do CP, é cometido pelo cônjuge, que deixa de prover a subsistência do outro cônjuge, não lhe pagando pensão alimentícia, ou pelo pai que deixa de pagar alimentos ao filho menor de 18 (dezoito) anos ou inapto para o trabalho, ou pelo descendente que deixa de pagar pensão alimentícia ao ascendente inválido ou maior de 60 (sessenta) anos; **C**: incorreta, pois a adoção à brasileira consiste na conduta do agente que registra como seu o filho de outrem, caracterizadora do crime definido no art. 242 do CP, e não falsidade ideológica (art. 299 do CP); **D**: incorreta, pois os livros mercantis, de acordo com o art. 297, § 2°, do CP, são considerados documentos públicos por equiparação. Logo, a alteração fraudulenta deles caracteriza falsificação de documento público.

Gabarito "A".

(Cartório/RN – 2012 – IESIS) É certo afirmar:

I. A reincidência específica exige que o acusado pratique um novo delito igual ou de mesma categoria, daquele pelo qual sofreu anterior condenação com trânsito em julgado.

II. No Juizado Especial Criminal, o recebimento da denúncia, na hipótese de suspensão condicional do processo, não precisa ser precedido da resposta prevista no art. 81 da Lei 9099/95.

III. A concepção normativa da culpabilidade – culpabilidade como reprovabilidade – implica em um juízo de aprovação ou desaprovação que recai sobre a conduta penalmente injusta (típica e antijurídica).

IV. Dolo e culpa são considerados elementos subjetivos do crime.

Analisando as proposições, pode-se afirmar:

(A) Somente as proposições II e IV estão corretas.

(B) Somente as proposições II e III estão corretas.

(C) Somente as proposições I e IV estão corretas.

(D) Somente as proposições I e III estão corretas.

I: incorreta, pois a reincidência específica pressupõe que o agente cometa crimes idênticos, vale dizer, definidos no mesmo tipo penal (ex.: dois furtos, dois estelionatos, dois roubos etc.); **II**: correta. De fato, a chamada "defesa preliminar", prevista no art. 81 da Lei 9.099/1995, será apresentada pelo defensor do acusado se frustrada a transação penal (art. 76 da referida lei), mas antes do recebimento da denúncia ou queixa, procedimento este aplicável às infrações penais de menor potencial ofensivo (definidas no art. 61 da Lei 9.099/95). Já se se tratar de infração penal cuja pena mínima não supere 1 (um) ano, desde que satisfeitos os requisitos previstos no art. 89 da precitada Lei 9.099/1995, oferecida a proposta de suspensão condicional do processo, caso esta seja aceita pelo acusado e seu defensor, o juiz receberá a peça inicial acusatória (denúncia ou queixa), nos termos do § 1°, do referido dispositivo legal. Não haverá, aqui, apresentação de "defesa preliminar"; **III**: correta. De fato, para a concepção normativa da culpabilidade, esta consiste em um juízo de reprovabilidade da conduta típica e ilícita perpetrada pelo agente delitivo. Uma vez apurada a reprovabilidade do comportamento, a consequência será a imposição de pena; **IV**: incorreta, de acordo com a banca examinadora. Porém, discordamos do posicionamento adotado, tendo em vista que o dolo e a culpa são, de fato, considerados elementos subjetivos do crime (ou elementos subjetivos da conduta), visto que nenhuma infração penal poderá ser cometida sem que a conduta tenha sido dolosa ou culposa. Cremos que a intenção da banca examinadora foi a de diferenciar, no tocante aos elementos do tipo penal, a posição do dolo e da culpa. Aí sim há distinção: o dolo "específico" (especial fim de agir do agente) é considerado elemento subjetivo do tipo, ao passo que a culpa é elemento normativo do tipo, visto que exigirá, para sua configuração, um juízo de valor acerca do intérprete-aplicador do Direito.

Gabarito "B".

(Cartório/RN – 2012 – IESIS) É certo afirmar:

I. Nos crimes praticados por funcionário público contra a administração em geral, o sujeito ativo é somente o funcionário público.

II. No crime de facilitação de contrabando ou descaminho, o objeto material é a mercadoria contrabandeada ou o imposto não recolhido, respectivamente.

III. Disparar arma de fogo em via pública se constitui em contravenção penal.

IV. O crime de reingresso de estrangeiro expulso admite tentativa.

Analisando as proposições, pode-se afirmar:

(A) Somente as proposições I e IV estão corretas.

(B) Somente as proposições II e III estão corretas.

(C) Somente as proposições II e IV estão corretas.

(D) Somente as proposições I e III estão corretas.

I: incorreta, pois a despeito de os crimes praticados por funcionário público contra a administração em geral exigirem a condição especial do agente (ser funcionário público, nos moldes do art. 327 do CP), é certo que o sujeito ativo de referidos delitos poderá, também, ser um particular, na condição de coautor ou partícipe, aplicando-se, para tanto, o art. 30 do CP (as circunstâncias ou condições de caráter pessoal não se comunicam a coautores ou partícipes, salvo se elementares do crime). Assim, por exemplo, o crime de peculato (art. 312 do CP) poderá ser cometido em concurso de agentes, bastando que um deles seja funcionário público, condição esta que irá se estender ao comparsa, ainda que particular (desde que este saiba da condição especial daquele); **II**: correta. De fato, no crime de facilitação de contrabando ou descaminho (art. 318 do CP), o objeto material será a mercadoria contrabandeada (mercadoria proibida – contrabando) ou os tributos não recolhidos (descaminho); **III**: incorreta, pois o disparo de arma de fogo em via pública constitui crime (art. 15 do Estatuto do Desarmamento – Lei 10.826/2003); **IV**: correta. De fato, o crime de reingresso de estrangeiro expulso, definido no art. 338 do CP, admite a tentativa, tratando-se de crime plurissubsistente (ou seja, o *iter criminis* é fracionável).

Gabarito "C".

(Cartório/RN – 2012 – IESIS) É certo afirmar:

I. Autoacusar-se falsamente perante a autoridade policial ou judicial se constitui em crime, inexistindo na modalidade culposa.

II. Havendo embriaguez preordenada, será ela caso de inimputabilidade penal.

III. A imputabilidade penal se confunde com a responsabilidade penal, já que corresponde às consequências jurídicas oriundas da prática de uma infração.

IV. As causas especiais de aumento e de diminuição da pena estão previstas tanto na parte geral quanto na parte especial do Código Penal.

Analisando as proposições, pode-se afirmar:

(A) Somente as proposições II e IV estão corretas.

(B) Somente as proposições I e IV estão corretas.

(C) Somente as proposições II e III estão corretas.

(D) Somente as proposições I e III estão corretas.

I: correta. De fato, o crime de autoacusação falsa, definido no art. 341 do CP, somente poderá ser cometido dolosamente. Da leitura de referido tipo penal, não se encontra a definição da forma culposa do delito, motivo pelo qual não será admissível a punição do agente se houver agido por imprudência ou negligência; **II**: incorreta. A embriaguez preordenada, ou dolosa, é aquela em que o agente, deliberadamente, se embriaga, a fim de encorajar-se a cometer a infração penal. Não só não haverá exclusão da imputabilidade, como a pena do agente será agravada. Trata-se de circunstância agravante, definida no art. 61, II, "I", do CP; **III**: incorreta. A imputabilidade penal constitui um dos elementos da culpabilidade, tratando-se da capacidade que o agente deve ter para entender o caráter ilícito do fato e de determinar-se de acordo com esse entendimento (em suma: capacidade de entendimento + autodeterminação). A responsabilidade penal pressupõe a imputabilidade, mas esta não é única exigência para que um agente seja criminalmente punido. Ainda se farão necessários mais dois requisitos: a potencial consciência da ilicitude e a exigibilidade de conduta diversa; **IV**: correta, de acordo com a banca examinadora. De fato, as causas de aumento e diminuição de pena (respectivamente, majorantes e minorantes) estão previstas na Parte Geral e na Parte Especial do CP. Porém, aquelas previstas na Parte Geral são denominadas de causas gerais (ou genéricas) de aumento e diminuição, ao passo que as últimas são chamadas de causas especiais (ou específicas) de aumento e diminuição. Portanto, cremos que a banca examinadora "pecou" por ter inserido a expressão "especiais", pois, como visto, estas vêm compreendidas na Parte Especial do CP.

Gabarito "B".

(Cartório/SC – 2012) Maria soltou o animal da propriedade vizinha à sua, fazendo-o desaparecer.

A ação praticada por Maria é:

(A) Crime de dano.

(B) Atípica.

(C) Crime de furto.

(D) Crime de introdução ou abandono de animais em propriedade alheia.

(E) Apropriação indébita de animal.

A: incorreta, pois o crime de dano pressupõe que o agente destrua, deteriore ou inutilize coisa alheia (art. 163 do CP), não se amoldando a conduta de Maria ao tipo penal referido. Vale ressaltar, porém, que Nelson Hungria defendia a existência de crime de dano no ato de fazer desaparecer, dolosamente, pássaro doméstico alheio, soltando-o da gaiola (*Comentários ao Código Penal*, v. 7, 1958, p. 105), entendendo ter havido a destruição de patrimônio. Trata-se, porém, de voz minoritária na doutrina neste ponto[12]; **B**: correta. De fato, não constitui crime a conduta do agente de, pura e simplesmente, soltar o animal da propriedade vizinha, fazendo-o desaparecer. Não há no CP qualquer tipo penal cuja conduta de Maria se subsuma; **C**: incorreta, pois o crime de furto (art. 155 do CP) pressupõe que o agente subtraia a coisa, para si ou para outrem, incorporando-a ao seu próprio patrimônio ou patrimônio de terceiro; **D**: incorreta, pois a definição típica do crime do art. 164 do CP ("*introduzir ou deixar animais em propriedade alheia, sem consentimento de quem de direito, desde que o fato resulte prejuízo*") não se subsume à conduta perpetrada por Maria; **E**: incorreta, eis que o crime de apropriação indébita (art. 168 do CP) pressupõe que o agente se aproprie da coisa, portando-se como se dela fosse dono, o que incorreu com Maria, que, simplesmente, soltou o animal da propriedade vizinha, que desapareceu.

Gabarito "B".

(Cartório/SC – 2012) Sobre as Súmulas do Supremo Tribunal Federal, em Direito Penal, pode-se afirmar:

I. Admite-se continuidade delitiva nos crimes contra a vida.

II. É pública incondicionada a ação penal por crime de sonegação fiscal.

III. A prescrição pela pena em concreto é somente da pretensão executória da pena privativa de liberdade.

IV. A lei penal mais grave não se aplica ao crime continuado ou ao crime permanente, mesmo que a sua vigência seja anterior à cessação da continuidade ou da permanência.

(A) Somente as proposições I, II e III estão corretas.

(B) Somente as proposições II e IV estão corretas.

(C) Somente as proposições II e III estão corretas.

(D) Somente as proposições II, III e IV estão corretas.

(E) Todas as proposições estão corretas.

I: incorreta (Súmula 605 do STF); **II**: correta (Súmula 609 do STF); **III**: correta (Súmula 604 do STF); **IV**: incorreta (Súmula 711 do STF).

Gabarito "C".

(Cartório/SC – 2012) Acerca das Súmulas do Superior Tribunal de Justiça, em Direito Penal, pode-se afirmar:

I. O crime de extorsão depende para sua consumação da obtenção de vantagem indevida.

II. A reincidência influi no prazo da prescrição da pretensão punitiva.

III. Para efeitos penais, o reconhecimento da menoridade do réu requer prova por documento hábil.

IV. O aumento na terceira fase de aplicação da pena no crime de roubo circunstanciado exige fundamentação concreta, não sendo suficiente para sua exasperação a mera indicação do número de majorantes.

(A) Somente as proposições I, III e IV estão corretas.

(B) Somente as proposições II e IV estão corretas.

(C) Somente as proposições III e IV estão corretas.

(D) Somente as proposições I, II e III estão corretas.

(E) Somente as proposições I e III estão corretas.

---

12. Comentários atualizados para 3ª edição por Lucas Corradini

I: incorreta (Súmula 96 do STJ), tratando-se a extorsão de crime formal, consumando-se no momento da exigência econômica indevida feita pelo agente; **II**: incorreta (Súmula 220 do STJ), sendo certo que a reincidência somente influi no prazo da prescrição da pretensão executória, aumentando-a em um terço (art. 110, *caput*, do CP); **III**: correta (Súmula 74 do STJ); **IV**: correta (Súmula 443 do STJ).

Gabarito "C".

(Cartório/CE – 2018 – IESES) É certo afirmar:

I. Mesmo nos crimes cometidos com violência ou grave ameaça à pessoa, reparado o dano ou restituída a coisa, até o recebimento da denúncia ou da queixa, por ato voluntário do agente, a pena será reduzida de um a dois terços. É o que o Código Penal define como "arrependimento posterior".

II. Chama-se "teoria do delito" à parte da ciência do direito penal que se ocupa de explicar o que é o delito em geral, isto é, quais são as características que deve ter qualquer delito.

III. A emoção ou a paixão excluem a imputabilidade penal.

IV. Preterdoloso é o crime onde o resultado final é mais grave do que o pretendido pelo agente.

Analisando as proposições, pode-se afirmar:

(A) Somente as proposições I e II estão corretas.

(B) Somente as proposições II e IV estão corretas.

(C) Somente as proposições I e III estão corretas.

(D) Somente as proposições III e IV estão corretas.

I. Incorreto. O enunciado faz alusão ao instituto do arrependimento posterior, previsto no art. 16 do CP, que, entretanto, somente se aplica aos crimes cometidos sem violência ou grave ameaça, pressuposto para aplicação da benesse. **II:** Correto. De fato, a teoria do delito é a matéria que tem por objeto o estudo dos elementos do crime. **III:** Incorreto. Nos termos do artigo 28 do CP, a emoção e a paixão não excluem a imputabilidade penal. **IV:** Correto. Crime preterdoloso é o delito agravado pelo resultado, no qual o agente pratica uma conduta dolosa (fato antecedente) da qual advém um resultado culposo mais grave que o incialmente pretendido (fato consequente). Exemplo do crime preterdoloso é o crime de lesão corporal seguida de morte (art. 129, § 3º, do CP), no qual o agente pretende causar lesões corporais na vítima, mas, por culpa decorrente de seu intento inicial, acaba causando-lhe a morte.

Gabarito "B".

(Cartório/CE – 2018 – IESES) É certo afirmar:

I. A finalidade do conceito analítico do crime é a análise dos seus caracteres e elementos, por isso seu foco são os elementos ou requisitos do delito, onde é entendido como conduta típica, antijurídica e culpável (conceito tripartido, teoria clássica ou tridimensional), ou apenas conduta típica e antijurídica, ou ainda, como fato típico, antijurídico e punível abstratamente.

II. Trata-se de concurso formal quando o agente, mediante mais de uma ação ou omissão, pratica dois ou mais crimes, idênticos ou não, aplicam-se cumulativamente as penas privativas de liberdade em que haja incorrido. No caso de aplicação cumulativa de penas de reclusão e de detenção, executa-se primeiro aquela.

III. Na fixação da pena de multa o juiz deve atender, principalmente, à situação social do réu.

IV. A continuidade temporal e espacial não é um requisito invariável do delito continuado, mas pode ser um indício da continuidade.

Analisando as proposições, pode-se afirmar:

(A) Somente as proposições I e IV estão corretas.

(B) Somente as proposições II e III estão corretas.

(C) Somente as proposições I e III estão corretas.

(D) Somente as proposições II e IV estão corretas.

I: Correto. Entende-se por conceito analítico aquele que analisa a existência do delito a partir da análise de seus substratos. Os substratos variam de acordo com a teoria adotada, bipartite ou tripartite. Para a teoria bipartite, o crime é fato típico e ilícito, sendo a culpabilidade pressuposto para aplicação da pena, externo à noção do delito em si. Já para a teoria tripartite, crime é fato típico, ilícito e culpável. A variação se dá, assim, com a inserção, ou não, da culpabilidade dentro do conceito analítico de crime. **II:** Incorreto. A despeito de a assertiva trazer a correta definição de concurso formal de crime (artigo 70 do CP), há equívoco quanto à consequência jurídica gerada pelo instituto. O concurso formal de crimes, em regra, não acarreta a aplicação cumulativa das penas privativas de liberdade dos crimes praticados mediante uma só ação (sistema do cúmulo material), adotando o chamado sistema da exasperação, pela qual a maior das penas (ou uma delas se idêntica) é acrescida de 1/6 a 1/2. Há possibilidade de adoção do sistema do cúmulo material no chamado concurso formal impróprio, previsto na parte final, do artigo 70, do CP, que ocorre quando, sendo a ação ou omissão dolosa, os crimes concorrentes resultam de desígnios autônomos, bem como no chamado cúmulo material benéfico, quando o sistema da exasperação trouxer pena mais alta que aquela decorrente da somatória das penas privativas de liberdade (art. 70, parágrafo único, do CP). **III:** Incorreto. Consoante dispõe o art. 60 do CP, na fixação da pena de multa, o juiz deve atender, principalmente, à situação econômica, e não social, do réu. Vale recordar que a Lei n. 14.133/21, que incorporou ao Código Penal o capítulo referente aos Crimes em Licitações e Contratos Administrativos (antes previstos na Lei n. 8.666/93), inseriu no art. 337-P critério específico para a fixação da pena de multa aos crimes em questão, determinando que a sanção pecuniária não poderá ser inferior a 2% (dois por cento) do valor do contrato licitado ou celebrado com contratação direta. **IV:** Correto. O enunciado traz excerto da lição de Eugênio Raul Zaffaroni e José Henrique Pierangeli a respeito do crime continuado, para os quais, para a configuração do delito continuado, há necessidade de verificação de um dolo unitário, ou seja, que o agente atue imbuído pelo mesmo intuito nos delitos em continuidade, de modo que "a realidade da continuidade se traduz[a] numa única ação típica, e os atos sucessivos do autor são[sejam] tão somente graus progressivos da realização do conteúdo do injusto do crime" (ZAFFARONI, Eugenio Raúl et all. *Manual de Direito Penal Brasileiro.* Parte Geral. 8. ed. rev. e atual. – São Paulo: Revista dos Tribunais, 2009. p. 620-621). Portanto, ainda que haja continuidade temporal espacial e temporal, para os aludidos autores, isso pode ser um indício da continuidade, mas dependem da verificação dos demais requisitos, inclusive subjetivos (tal qual o dolo unitário), para sua configuração. Vale dizer que tal entendimento não é o prevalecente na jurisprudência pátria, que admite a mera verificação dos requisitos do artigo 71 do CP para a configuração do crime continuado.

Gabarito "A".

(Cartório/CE – 2018 – IESES) É certo afirmar:

I. Nos termos do Código Penal, constitui-se em crime de usurpação de nome ou pseudônimo alheio atribuir falsamente a alguém, mediante o uso de nome, pseudônimo ou sinal por ele adotado para designar seus trabalhos, a autoria de obra literária, científica ou artística.

II. O crime de apropriação indébita com abuso de confiança pressupõe a atuação do agente com o *animus rem sibi habendi*, consubstanciado no dolo de assenhorear-se da coisa cuja posse ou detenção tenha adquirido anteriormente por vias lícitas, seja em proveito próprio ou de outrem.

III. O perdão do ofendido, nos crimes em que somente se procede mediante representação, obsta ao prosseguimento da ação.

IV. A objetividade jurídica dos crimes contra a Administração Pública é a sua normalidade funcional, probidade, moralidade, eficácia e incolumidade. Segundo a doutrina os crimes funcionais podem ser divididos em "próprios" e "impróprios" ou "mistos".

Analisando as proposições, pode-se afirmar:

(A) Somente as proposições I e III estão corretas.

(B) Somente as proposições II e IV estão corretas.

(C) Somente as proposições III e IV estão corretas.

(D) Somente as proposições I e II estão corretas.

I: Incorreto. O crime de usurpação de nome ou pseudônimo alheio foi revogado pela Lei n. 10.695/03 (Lei Antipirataria). Tratou-se de *abolitio criminis*, visto que a conduta até então criminosa deixou de ostentar tal característica, não sendo tipificada como crime em nenhum outro diploma normativo. II: Correto. No delito em comento, o agente adentra a posse ou à detenção da coisa por via legítima; porém, após configurada a situação de posse ou detenção, coloca-se na posição de proprietário do bem, passando a atuar como tal, seja deixando de restitui-lo ao legítimo dono, seja praticando atos privativos do titular do domínio (como empréstimo, alienação, permuta ou doação do bem). Diferentemente do que ocorre no furto, no qual o abuso de confiança qualifica o delito, a doutrina entende que, na apropriação indébita, a confiança é elementar do delito, sendo ínsita às situações de possuidor ou depositário do bem. Vale dizer que, tal ideia advém de um Direito Penal de outros tempos, visto que atualmente, com a complexidade da sociedade moderna e o maior dinamismo decorrente das relações contratuais, nem sempre o possuidor ou detentor do bem gozam da confiança de seu proprietário. Basta pensar na hipótese de locação de veículos por meio de empresas especializadas, muitas vezes com atuação mundial. Caso o locatário aliene o veículo locado, ou deixe de restitui-lo, incorre no crime de apropriação indébita. Não quer dizer que, enquanto possuidor direto, gozava da confiança do locador, que sequer o conhece e com quem mantém mero contrato de consumo. Tem-se, portanto, que a noção de abuso de confiança como elementar da apropriação indébita, atualmente, não pode ser encarada como uma regra. III: Incorreto. O perdão do ofendido obsta o prosseguimento da ação nos crimes em que somente se procede mediante queixa (art. 105 do CP). Nos crimes de ação pública condicionada a representação, em verdade, seja por perdão, ou por qualquer outra razão, o ofendido pode retratar-se da consecução da condição de procedibilidade até o oferecimento da denúncia (antes, portanto, da deflagração da ação penal). Após, a representação será irretratável (art. 102 do CP). Isso porque, não há disponibilidade do ofendido a respeito da ação penal nos crimes de ação pública condicionada à representação, justamente por tratar-se de delito de ação pública (e não privada), sendo a representação mera condição de procedibilidade. Uma vez satisfeita a condição e iniciada a ação penal, a retratação não produz mais qualquer efeito sobre o desenrolar da lide penal. IV: Correto. Os crimes contra a Administração Pública buscam tutelar, justamente, os valores trazidos na parte inicial do enunciado. Além disso, correta também a classificação doutrinária dos crimes funcionais, que podem ser próprios e impróprios (ou mistos). Entende-se por crime funcional próprio aquele que somente se tipifica no ordenamento jurídico caso tenha sido praticado por funcionário público. Ou seja, caso a conduta seja praticada por pessoa que não detenha a condição de funcionário público para efeitos penais, o fato é um irrelevante penal (ex: prevaricação, prevista no art. 319 do CP). Já os crimes funcionais impróprios (ou mistos) são aqueles que subsistem no ordenamento jurídico, ainda que em modalidade diversa, quando a conduta é praticada por pessoa que não ostente a condição do funcionário público. Ou seja, se a conduta for praticada por pessoa comum, não estando presente a condição de funcionário público (elementar dos crimes funcionais), embora não se configure crime funcional, haverá tipificação de outro delito previsto no ordenamento jurídico pátrio (ex: peculato-furto, previsto no art. 312, § 1º, CP, que pode caracterizar o delito de furto quando ocorrer subtração por pessoa que não ostente a qualidade de funcionário público).

Gabarito "B".

(Cartório/CE – 2018 – IESES) É certo afirmar:

I. A tentativa é inadmissível no crime de desacato em razão de exigir prática efetiva pelo sujeito ativo da ofensa ao proferir palavras injuriosas na presença do ofendido.

II. Produzir, reproduzir, dirigir, fotografar, filmar ou registrar, por qualquer meio, cena de sexo explícito ou pornográfica, envolvendo criança ou adolescente se constitui em crime previsto no Código Penal, salvo havendo autorização judicial, em respeito ao direito fundamental à livre expressão da atividade intelectual e artística.

III. O sujeito ativo do crime de inserção de dados falsos em sistema de informações somente pode ser o funcionário público, e especialmente aquele devidamente autorizado a trabalhar com a informatização ou sistema de dados da Administração Pública. O tipo penal, que tipifica crime próprio, tem o especial cuidado de destacar que o sujeito ativo dessa infração penal é o funcionário autorizado, afastando, dessa forma, qualquer outro funcionário que, eventualmente, imiscuir-se indevidamente nos sistemas informatizados ou banco de dados da Administração Pública.

IV. O objeto material do crime de "extravio, sonegação ou inutilização de livro ou documento" é o livro oficial ou qualquer documento público ou privado. Essa documentação pode ser de qualquer natureza, tais como de valor histórico, contábil, patrimonial, registral e protocolar.

Analisando as proposições, pode-se afirmar:

(A) Somente as proposições II e IV estão corretas.

(B) Somente as proposições III e IV estão corretas.

(C) Somente as proposições I e III estão corretas.

(D) Somente as proposições I e II estão corretas.

I: Incorreto. A tentativa de desacato (art. 331 do CP), embora de rara verificação, é abstratamente possível na hipótese de o delito ser praticado em modalidade plurissubsistente (realizado por vários atos), sendo o agente, após iniciada a execução por qualquer meio (ex: mera atração do agente público para o local com a pretensão de causar o desacato), impedido de consumar seu intento. II: Incorreto. Trata-se, em verdade, de crime previsto no artigo 240 do Estatuto da Criança e do Adolescente, sendo vedada qualquer possibilidade de autorização para o ato. III: Correta. O crime em questão, previsto no art. 313-A do CP, é delito próprio quanto ao sujeito ativo, somente podendo ser praticado pelo funcionário autorizado, condição elementar para a configuração do crime. IV: Correto. Eis a interpretação doutrinária e jurisprudencial prevalecente a respeito do que seria o objeto material do crime do art. 314 do CP, cujo *caput* fala em "livro oficial ou qualquer documento de que tem a guarda em razão do cargo". Independente, portanto, da natureza do documento, seja ele público ou privado, bastando que o funcionário público tenha sua guarda em razão do cargo.

Gabarito "B".

4. DIREITO PENAL

(Cartório/CE – 2018 – IESES) É certo afirmar:

I. Em que pese compreender doutrina e jurisprudência que a liberdade é um direito inerente ao ser humano, constitui-se crime a evasão do sistema prisional, devidamente tipificado na Lei de Execuções Penais, independendo se tratar de preso definitivo ou provisório.

II. A "Autoacusação falsa" pode ser classificada como crime formal (que não exige resultado naturalístico para sua consumação); comum (que não exige qualidade ou condição especial do sujeito); de forma livre (que pode ser praticado por qualquer meio ou forma pelo agente); instantâneo (não há demora entre a ação e o resultado); unissubjetivo (que pode ser praticado por um agente apenas); plurissubsistente (que, em regra, pode ser praticado com mais de um ato, admitindo-se, em consequência, fracionamento em sua execução).

III. Além das hipóteses do Código Penal e da legislação especial, dependerá de representação a ação penal relativa aos crimes de lesões corporais leves e lesões culposas.

IV. Considera-se "tergiversação", trair, na qualidade de advogado ou procurador, o dever profissional, prejudicando interesse, cujo patrocínio, em juízo, lhe é confiado.

Analisando as proposições, pode-se afirmar:

(A) Somente as proposições I e III estão corretas.

(B) Somente as proposições I e IV estão corretas.

(C) Somente as proposições II e IV estão corretas.

(D) Somente as proposições II e III estão corretas.

I: Incorreto. Em razão da proteção à liberdade, somente há tipificação penal da evasão do sistema prisional, pelo próprio custodiado, na hipótese de esta se dar mediante violência à pessoa (art. 352 do CP). Desestimula-se, assim, o ato de evasão com violência, com vistas à preservação da integridade física daqueles que atuam no sistema prisional ou a ele estão, de qualquer modo, relacionados. Também há tipificação da conduta daquele que promove ou facilita a fuga do custodiado (art. 351 do CP). Ambas as previsões encontram-se no Código Penal, e não na Lei de Execuções Penais, que não traz em seu conteúdo tipos penais. A evasão pura e simples, portanto, não é tipificada como crime, mas pode caracterizar falta disciplinar, nos termos da Lei de Execuções Penais. **II:** Correto. O dispositivo traz a classificação doutrinária do crime de autoacusação falsa, prevista no art. 341 do CP. **III:** Correto. É o que dispõe o art. 88 da Lei n. 9.099/95. Vale recordar que o dispositivo em comento não se aplica às infrações penais praticadas em contexto de violência doméstica e familiar contra a mulher, nos termos da Lei n. 11.340/06 (v.g., art. 129, §13, do CP, quando praticado contra a mulher em tal contexto, com redação dada pela Lei n. 14.188/2021), por força do que dispõe seu art. 41. **IV:** Incorreto. O enunciado traz a definição do crime de patrocínio infiel (art. 355, *caput*, do CP), que não se confunde com o crime de patrocínio simultâneo ou tergiversação, que consiste na conduta do "advogado ou procurador judicial que defende na mesma causa, simultânea ou sucessivamente, partes contrárias" (art. 355, parágrafo único, CP).

Gabarito "D".

5. Direito Processual Penal

Eduardo Dompieri

1. FONTES, PRINCÍPIOS GERAIS, EFICÁCIA DA LEI PROCESSUAL NO TEMPO E NO ESPAÇO E INTERPRETAÇÃO

(Cartório/RS – 2019 – VUNESP) Imagine que, no curso de uma ação penal, nova lei processual extinga com um recurso que era exclusivo da defesa, antes da prolação da decisão anteriormente recorrível. A esse respeito, é correto afirmar que

(A) poderá ser manejado o recurso, por se tratar de possibilidade exclusiva da defesa.

(B) não será possível manejar o recurso, pois a lei processual penal aplicar-se-á desde logo.

(C) poderá ser manejado o recurso, pois o fato criminoso foi cometido sob a vigência da regra estabelecida pela lei anterior.

(D) não será possível manejar o recurso, pois a nova lei busca a igualdade processual (paridade de armas).

(E) poderá ser manejado o recurso, pois o processo se iniciou sob a vigência da regra estabelecida pela lei anterior.

No que toca à lei processual penal, incide o princípio da *aplicação imediata* ou *da imediatidade*, segundo o qual a lei processual penal aplicar-se-á desde logo, sem prejuízo dos atos realizados sob o império da lei anterior. É o que estabelece o art. 2º do CPP. Perceba que o que se leva em conta, na aplicação da lei genuinamente processual, é a data da realização do ato, e não a do fato criminoso, como ocorre com as normas de natureza penal. Por isso, se uma lei extingue determinado recurso até então existente, sua aplicação será imediata, pouco importando se o processo já estava em curso, de forma que a parte, que contava com a possibilidade de interpor tal recurso, deixará de contar. O mesmo se dá na hipótese de a lei nova estabelecer prazo menor do que o anterior para a interposição de determinado recurso. Será aplicado o interregno mais exíguo, já que a lei nova é aplicada de imediato. Agora, se a lei nova, que estabelecia prazo menor, entra em vigor quando o prazo para recurso já havia se iniciado, deve-se aplicar, neste caso, por óbvio, o prazo maior, correspondente à lei revogada. Exemplo é o que se deu com o protesto por novo júri, que foi extinto com o advento da Lei 11.689/2008. Firmou-se o entendimento no sentido de que aqueles que cometeram o crime antes da entrada em vigor da Lei mas foram julgados depois disso (quando já não havia a possibilidade de interpor o protesto por novo júri) não poderão pleitear novo julgamento com base nos extintos arts. 607 e 608 do CPP.
Gabarito "B".

(Cartório/SP – 2016 – VUNESP) Dos princípios constitucionais do processo penal a seguir enumerados, assinale o que admite que a legislação infraconstitucional estabeleça exceções.

(A) Princípio do contraditório.

(B) Princípio da publicidade.

(C) Princípio da presunção da inocência.

(D) Princípio da imunidade à autoacusação.

Dos princípios acima mencionados, o único a comportar exceção é o da publicidade, a saber: quando a informação representar risco à defesa do interesse social ou da intimidade do interessado no sigilo (art. 93, IX, da CF).
Gabarito "B".

(Cartório/MG – 2015 – Consulplan) Quanto aos princípios constitucionais explícitos do processo penal, é INCORRETO afirmar:

(A) Nas infrações que deixam vestígios, a confissão não supre a ausência de exame de corpo de delito, já que a pessoa não é obrigada a se autoacusar.

(B) Em atendimento ao princípio da igualdade das partes, a revisão criminal pode ser ajuizada tanto pelo Ministério Público quanto pelo réu.

(C) A letra e firma dos documentos particulares serão submetidos a exame pericial, quando contestada a sua autenticidade.

(D) Segundo o princípio da economia processual, quando houver nulidade, por incompetência do juízo, somente os atos decisórios serão refeitos, mantendo-se os instrutórios.

A: correta. É certo que o exame de corpo de delito, nas infrações que deixam vestígios, é indispensável – art. 158 do CPP. Agora, se estes vestígios, por qualquer razão, se perderem, nosso ordenamento jurídico admite que a prova testemunhal supra essa ausência – art. 167 do CPP. A confissão, no entanto, por expressa disposição do art. 158 do CPP, não poderá ser utilizada para esse fim, já que, conforme acima dito, ninguém é obrigado a se autoacusar; **B:** incorreta, dado que a revisão criminal constitui modalidade de ação penal autônoma cuja legitimidade para o seu ajuizamento é conferida tão somente ao condenado, que poderá ser substituído por seu representante legal ou seus sucessores, em rol taxativo (art. 623, CPP); **C:** correta (art. 235, CPP); **D:** correta (art. 567, CPP).
Gabarito "B".

(Cartório/DF – 2008 – CESPE) Com base na jurisprudência dos tribunais superiores, julgue o item seguinte, acerca do direito processual penal.

(1) A exigência de defesa técnica, para a observância do devido processo legal, impõe a presença do profissional da advocacia na audiência de interrogatório do acusado, sendo essa uma formalidade de cunho nitidamente constitucional.

Art. 5º, LIV e LV, da CF; art. 185 do CPP.
Gabarito "1C".

(Cartório/DF – 2008 – CESPE) Com base na jurisprudência dos tribunais superiores, julgue o item seguinte, acerca do direito processual penal.

(1) A CF assegura aos acusados o contraditório e a ampla defesa, com os meios e recursos a ela inerentes. Entre tais meios, inclui-se o Pacto de São José da Costa Rica, que prevê garantia judicial da comunicação prévia e

EDUARDO DOMPIERI

pormenorizada da imputação. Em consonância com essa orientação constitucional, o CPP determina que a acusação deve conter a exposição do fato criminoso, com todas as suas circunstâncias, a qualificação do acusado ou esclarecimentos pelos quais se possa identificá-lo, a classificação do crime e, quando necessário, o rol de testemunhas.

Art. 8º, item 2, "c", do Pacto de São José da Costa Rica: "Garantias judiciais. (...) 2. Toda pessoa acusada de um delito tem direito a que se presuma sua inocência, enquanto não for legalmente comprovadamente sua culpa. Durante o processo, toda pessoa tem direito, em plena igualdade, às seguintes garantias mínimas: (...) b) comunicacão prévia e pormenorizada ao acusado da acusacão formulada; (...)"
Gabarito "1C"

(Cartório/MG – 2012 – FUMARC) Quanto à lei processual penal no tempo, o princípio adotado pelo Código de Processo Penal é

(A) ultratividade.

(B) retroatividade.

(C) aplicação imediata.

(D) retroatividade e ultratividade benéficas.

A lei processual penal será aplicada desde logo, sem prejuízo dos atos realizados sob o império da lei anterior. É o que estabelece o art. 2º do CPP. A exceção a essa regra fica por conta da lei processual penal dotada de carga material, em que deverá ser aplicado o que estabelece o art. 2º, parágrafo único, do CP. Nesse caso, a exemplo do que se dá com as leis penais, a norma processual nova, se favorável ao réu, deverá retroagir; se prejudicial, aplica-se a lei já revogada (*lex mitior*).
Gabarito "C"

(Cartório/PR – 2007) Em relação à interpretação e aplicação da norma processual penal, assinale a alternativa correta:

(A) A lei processual penal somente pode ser interpretada restritivamente.

(B) Não é permitido o uso da analogia em Direito Processual Penal.

(C) Os atos processuais penais, como regra, regem-se pela lei em vigor ao tempo de sua realização (princípio do *tempus regit actum*).

(D) Não há dispositivos processuais penais no Código Penal.

A: incorreta, pois não reflete o disposto no art. 3º do CPP; B: incorreta. A lei processual penal comporta tanto a aplicação analógica (processo de integracão) quanto a interpretacão analógica (processo de interpretacão) – art. 3º do CPP. A propósito, a lei penal, da mesma forma, admite a interpretacão analógica e também a aplicação analógica. De se ver, todavia, que a aplicação analógica somente terá lugar, em direito penal, se favorável ao réu (analogia "in bonam partem"), sendo vedada, portanto, sua aplicação em prejuízo do agente, em obediência ao princípio da legalidade; C: assertiva correta. Com efeito, a lei processual penal será aplicada desde logo, sem prejuízo dos atos realizados sob o império da lei anterior. É o que estabelece o art. 2º do CPP. A exceção a essa regra fica por conta da lei processual penal dotada de carga material, em que deverá ser aplicado o que estabelece o art. 2º, parágrafo único, do CP. Nesse caso, a exemplo do que se dá com as leis penais, a norma processual nova, se favorável ao réu, deverá retroagir; D: incorreta, visto que o Código Penal contempla, sim, dispositivos de natureza processual. Exemplo disso é o art. 100 do CP, que trata da acão penal.
Gabarito "C"

2. INQUÉRITO POLICIAL, AÇÃO PENAL E AÇÃO CIVIL

(Cartório/CE – 2018 – IESES) É certo afirmar:

I. A acareação é prova eminentemente processual não comportando ser utilizada pela Autoridade Policial no curso do inquérito.

II. A peça acusatória é uma exposição narrativa e demonstrativa. Narrativa, porque deve revelar o fato com todas as suas circunstâncias, apontando o seu autor (quis), os meios que empregou (*quibus auxiliis*), o mal que produziu (*quid*), os motivos (*cur*), a maneira como o praticou (*quomoto*), o lugar (*ubi*) e o tempo (*quando*).

III. O inquérito policial tem natureza administrativa. São seus caracteres: ser escrito, sigiloso e inquisitivo, já que nele não há o contraditório.

IV. O inquérito deverá terminar no prazo de 30 dias, se o indiciado tiver sido preso em flagrante, ou estiver preso preventivamente, contado o prazo, nesta hipótese, a partir do dia em que se executar a ordem de prisão, ou no prazo de 90 dias, quando estiver solto, mediante fiança ou sem ela.

Analisando as proposições, pode-se afirmar:

(A) Somente as proposições II e III estão corretas.

(B) Somente as proposições II e IV estão corretas.

(C) Somente as proposições I e III estão corretas.

(D) Somente as proposições I e IV estão corretas.

I: incorreta. Conforme dispõe o art. 229 do CPP, será admitida a acareacão entre acusados, entre acusado e testemunha, entre testemunhas, entre acusado ou testemunha e a pessoa ofendida, e entre as pessoas ofendidas, sempre que divergirem, em suas declaracões, sobre fatos ou circunstâncias relevantes. Cuida-se de meio de prova que pode ser realizado tanto no curso da instrucão criminal, pelo juiz do feito, quanto nas investigacões do inquérito policial, pelo delegado de polícia, conforme art. 6º, VI, do CPP; **II:** correta, pois contém, em linhas gerais, os requisitos que devem estar presentes na peca acusatória (denúncia ou queixa), em especial a *exposicão do fato criminoso com todas as suas circunstâncias*. Além deste requisito, devem estar presentes a qualificacão do acusado ou ao menos elementos que permitam a sua identificacão; a classificacão jurídica do fato (dispositivo legal infringido); e o rol de testemunhas (a sua falta não implica indeferimento da inicial, mas gera preclusão); **III:** correta. O inquérito policial pode ser conceituado como o procedimento administrativo destinado a reunir elementos de informacão acerca de uma infracão penal, de forma a estabelecer a materialidade e identificar o autor do fato criminoso. Suas características são: *presidido por autoridade policial* (art. 2º, § 1º, Lei 12.830/2013); *caráter inquisitivo*: nele não vigoram, segundo doutrina e jurisprudência amplamente majoritárias, contraditório e ampla defesa, princípios de índole constitucional aplicáveis na fase processual; *procedimento escrito*: por forca do que dispõe o art. 9º do CPP, todas as pecas do inquérito policial devem ser reduzidas a escrito; *dispensabilidade*: significa que o inquérito policial, segundo doutrina e jurisprudência unânimes, não constitui fase obrigatória e imprescindível da persecucão penal. Pode o membro do MP, pois, dele abrir mão e ajuizar, de forma direta, a acão penal, desde que, é claro, disponha de elementos de informacão suficientes ao seu exercício (da acão penal). É o que se infere do art. 12 do CPP; *sigiloso*: ao inquérito policial não se aplica a *publicidade*, imanente ao processo. Cuida-se, isto sim, de procedimento *sigiloso* (art. 20, CPP). De outra forma não poderia ser. É que a publicidade por certo acarretaria prejuízo ao bom andamento do inquérito, cujo propósito é reunir provas acerca da infracão penal. É bom lembrar que o sigilo do inquérito não pode ser considerado

5. DIREITO PROCESSUAL PENAL

absoluto, uma vez que não será oponível ao advogado, constituído ou não, do investigado, que terá acesso ao acervo investigatório (art. 7º, XIV, da Lei 8.906/1994 – Estatuto da Advocacia); **IV:** incorreta. O art. 10, *caput*, do CPP estabelece o prazo *geral* de 30 dias para conclusão do inquérito, quando o indiciado não estiver preso; se preso estiver (preventivamente ou em flagrante), o inquérito deve terminar em 10 dias. Os prazos contidos na assertiva referem-se ao crime de tráfico de drogas, em que o inquérito deverá ser ultimado no prazo de 30 dias, se preso estiver o indiciado; e em 90 dias, no caso de o indiciado encontrar-se solto. É o teor do art. 51 da Lei 11.343/2006.

Gabarito "A".

(Cartório/MG – 2016 – Consulplan) De acordo com o Decreto-Lei nº 3.689/1941, Código de Processo Penal, o inquérito policial

(A) pode ser iniciado de ofício nos crimes de ação privada.

(B) pode ser arquivado por ordem da autoridade policial.

(C) deverá terminar no prazo de 10 (dias) se o indiciado tiver sido preso em flagrante.

(D) não acompanhará a denúncia quando lhe servir de base.

A: incorreta, na medida em que o inquérito policial somente será iniciado de ofício nos crimes em que a ação penal é pública incondicionada (art. 5º, I, do CPP); se o crime levado ao conhecimento da autoridade policial for de ação penal privativa do ofendido, o delegado somente poderá dar início ao inquérito policial se assim requerer o ofendido ou seu representante legal (art. 5º, § 5º, do CPP); agora, se o crime noticiado for de ação penal pública condicionada a representação, o inquérito não poderá sem ela ser iniciado (art. 5º, § 4º, do CPP); **B:** incorreta. É vedado à autoridade policial, sob qualquer pretexto, determinar o arquivamento de autos de inquérito policial, conforme reza o art. 17 do CPP; somente poderá fazê-lo o magistrado a requerimento do Ministério Público – arts. 18 e 28 do CPP. Com o advento da Lei 13.964/2019, conhecida como Pacote Anticrime, posterior, portanto, à elaboração desta questão, alterou-se toda a sistemática que rege o arquivamento do inquérito policial. Até então, tínhamos que cabia ao membro do MP promover (requerer) o arquivamento e ao juiz, se concordasse, determiná-lo. Pois bem. Com a modificação operada na redação do art. 28 do CPP pela Lei 13.964/2019, o representante do *parquet* deixa de requerer o arquivamento e passa a, ele mesmo, determiná-lo, sem qualquer interferência do magistrado, cuja atuação, nesta etapa, em homenagem ao sistema acusatório, deixa de existir. No entanto, ao determinar o arquivamento do IP, o membro do MP deverá submeter sua decisão, segundo a nova redação conferida ao art. 28, *caput*, do CPP, à instância revisora dentro do próprio Ministério Público, para fins de homologação. Sem prejuízo disso, caberá ao promotor que determinou o arquivamento comunicar a sua decisão ao investigado, à autoridade policial e à vítima. Esta última, por sua vez, ou quem a represente, poderá, se assim entender, dentro do prazo de 30 dias, a contar da comunicação de arquivamento, submeter a matéria à revisão da instância superior do órgão ministerial (art. 28, § 1º, CPP). Por fim, o § 2º deste art. 28, com a redação que lhe deu a Lei 13.964/2019, estabelece que, nas ações relativas a crimes praticados em detrimento da União, Estados e Municípios, a revisão do arquivamento do IP poderá ser provocada pela chefia do órgão a quem couber a sua representação judicial. Este novo art. 28 do CPP, que, como dissemos, alterou todo o procedimento que rege o arquivamento do IP, no entanto, teve suspensa, por força de decisão cautelar proferida pelo STF, a sua eficácia. O ministro Luiz Fux, relator, ponderou, em sua decisão, tomada na ADI 6.305, de 22.01.2020, que, embora se trate de inovação louvável, a sua implementação, no prazo de 30 dias (*vacatio legis*), revela-se inviável, dada a dimensão dos impactos sistêmicos e financeiros que por certo ensejarão a adoção do novo procedimento de arquivamento do inquérito policial; **C:** correta. O art. 10, *caput*, do CPP estabelece o prazo *geral* de 30 dias para conclusão do inquérito, quando o indiciado não estiver

preso; se preso estiver, o inquérito deve terminar em 10 dias. Na Justiça Federal, se o indicado estiver preso, o prazo para conclusão do inquérito é de quinze dias, podendo haver uma prorrogação por igual período, conforme dispõe o art. 66 da Lei 5.010/1966; se solto, o inquérito deve ser concluído em 30 dias, em consonância com o disposto no art. 10, *caput*, do CPP. Há outras leis especiais, além dessa, que estabelecem prazos diferenciados para a ultimação das investigações. Atenção: o art. 3º-B, VIII, do CPP, introduzido pela Lei 13.964/2019, estabelece ser uma das atribuições do juiz das garantias a prorrogação do prazo do inquérito policial, estando o investigado preso, desde que em face de representação formulada pela autoridade policial. O art. 3º-B, § 2º, do CPP, por sua vez, reza que tal prorrogação do prazo do IP, em que o investigado esteja preso, pode se dar por até 15 dias, uma única vez. Vale lembrar que esses dois dispositivos, por fazerem parte do regramento do juiz das garantias, estão com a sua eficácia suspensa por decisão cautelar do STF. A matéria deve ser apreciada pelo Plenário do Tribunal; **D:** incorreta, pois não reflete o disposto no art. 12 do CPP.

Gabarito "C".

(Cartório/PA – 2016 – IESES) Assinale a alternativa correta:

(A) A jurisprudência amplamente majoritária considera que o arquivamento do inquérito policial promovido por Juízo absolutamente incompetente acarreta em coisa julgada formal.

(B) Arquivado o inquérito policial por requerimento do Ministério Público, não é mais cabível a propositura de ação penal privada subsidiária da pública.

(C) A participação de membro do Ministério Público na fase investigatória criminal acarreta o seu impedimento ou suspeição para o oferecimento da denúncia.

(D) Ocorre o arquivamento indireto do inquérito policial quando o membro do Ministério Público deixa de incluir um crime ou um réu na denúncia, sem fazer qualquer menção quanto ao seu arquivamento.

A: incorreta. Uma vez ordenado o arquivamento do inquérito policial, por falta de base para a denúncia, nada obsta que a autoridade policial proceda a novas pesquisas, desde que de outras provas tenha conhecimento – art. 18 do CPP. Isso porque a decisão que determina o arquivamento do inquérito policial não gera, em regra, coisa julgada material. Agora, se o arquivamento do inquérito se der por ausência de tipicidade (é o caso narrado na proposição), a decisão, neste caso, ainda que tomada por juízo incompetente, tem efeito preclusivo, é dizer, produz coisa julgada material, impedindo, dessa forma, o desarquivamento do inquérito. A esse respeito, conferir: "*Habeas corpus*: cabimento. É da jurisprudência do Tribunal que não impedem a impetração de *habeas corpus* a admissibilidade de recurso ordinário ou extraordinário da decisão impugnada, nem a efetiva interposição deles. II – Inquérito policial: arquivamento com base na atipicidade do fato: eficácia de coisa julgada material. A decisão que determina o arquivamento do inquérito policial, quando fundado o pedido do Ministério Público em que o fato nele apurado não constitui crime, mais que preclusão, produz coisa julgada material, que – ainda quando emanada a decisão de juiz absolutamente incompetente –, impede a instauração de processo que tenha por objeto o mesmo episódio. Precedentes: HC 80.560, 1ª T., 20.02.2001, Pertence, RTJ 179/755; Inq 1538, Pl., 08.08.01, Pertence, RTJ 178/1090; Inq-QO 2044, Pl., 29.09.2004, Pertence, *DJ* 28.10.2004; HC 75.907, 1ª T., 11.11.1997, Pertence, *DJ* 09.04.1999; HC 80.263, Pl., 20.02.2003, Galvão, RTJ 186/1040" (HC 83346, Sepúlveda Pertence, STF); **B:** correta. Segundo posicionamento doutrinário e jurisprudencial pacífico, a propositura da ação penal privada subsidiária da pública tem como pressuposto a ocorrência de desídia do membro do Ministério Público, deixando de promover a ação penal dentro do prazo estabelecido em lei. Bem por isso, não há que se falar nesta modalidade de ação privada na hipótese de o representante do MP requerer o arquivamento dos autos de inquérito policial, e bem

EDUARDO DOMPIERI

assim quando requerer o retorno dos autos de inquérito à Delegacia de Polícia para a realização de diligências complementares. Não há, nestes dois casos, inércia por parte do representante do *parquet*, sendo vedada, portanto, por parte do ofendido, a propositura da ação penal privada subsidiária da pública. Conferir o magistério de Guilherme de Souza Nucci: "(...) é inaceitável que o ofendido, porque o inquérito foi arquivado, a requerimento do Ministério Público, ingresse com ação penal privada subsidiária da pública. A titularidade da ação penal não é, nesse caso, da vítima e a ação privada, nos termos do art. 29, somente é admissível quando o órgão acusatório estatal deixa de intentar a ação penal, no prazo legal, mas não quando age, pedindo o arquivamento. Há, pois, diferença substancial entre não agir e manifestar-se pelo arquivamento, por crer inexistir fundamento para a ação penal" (*Código de Processo Penal Comentado*, 12ª ed., p. 153); **C:** incorreta, pois não acarreta impedimento tampouco suspeição (Súmula n. 234 do STJ); **D:** incorreta. Não se confundem as figuras do arquivamento *implícito* e *indireto*. Neste último caso, o titular da ação penal deixa de promovê-la por entender que o juízo não detém competência para o seu processamento e julgamento. A assertiva contempla o chamado *arquivamento implícito*, que não é acolhido pela comunidade jurídica, inclusive pelo STF. Se o órgão acusador, sem expressa fundamentação, deixar de incluir na peça acusatória indiciado contra o qual há indícios de participação, deve o juiz, porque o sistema não admite o arquivamento implícito, cuidar para que a inicial seja aditada, recorrendo, se o caso, ao art. 28 do CPP. Além disso, poderá a vítima, ante a omissão do MP, ajuizar ação penal privada subsidiária em face do investigado não denunciado.

Gabarito "B".

(Cartório/MG – 2015 – Consulplan) Quanto à ação penal, é correto afirmar:

(A) A prescrição, depois da sentença condenatória com trânsito em julgado para a acusação ou depois de improvido seu recurso, regula-se pela pena aplicada, não podendo, em nenhuma hipótese, ter por termo inicial data anterior à da denúncia ou queixa.

(B) A representação, nas hipóteses de ação penal pública condicionada, será retratável antes do trânsito em julgado da sentença condenatória.

(C) O direito de queixa pode ser exercido na hipótese de renúncia tácita.

(D) A representação do ofendido, nos crimes de ameaça, é condição de procedibilidade da ação penal.

A: correta, já que corresponde ao teor do art. 110, § 1º, do CP; **B:** incorreta, na medida em que a representação, nas ações penais a ela condicionadas, somente poderá ser retratada até o *oferecimento* da denúncia (art. 25 do CPP); **C:** incorreta, uma vez que, ao contrário do que se afirma, o direito de queixa não poderá ser exercido na hipótese de renúncia (tácita ou expressa, pouco importa), nos termos do que estabelece o art. 104, *caput*, do CP; **D:** correta. Tal como afirmado na assertiva, a representação do ofendido, no delito de ameaça, em conformidade com o que estabelece o art. 147, parágrafo único, do CP, é condição de procedibilidade da ação penal. Cuida-se de ação penal pública condicionada à representação. A questão foi anulada porque contém duas alternativas corretas, como acima ficou explicitado.

Gabarito Anulada

(Cartório/MG – 2015 – Consulplan) Acerca dos princípios que regem a ação penal, assinale a alternativa INCORRETA.

(A) Em se tratando de ação penal privada, o querelante, ao oferecer a queixa-crime, deve ofertá-la em face de todos os autores do fato, sob pena de extinção da punibilidade pela renúncia.

(B) Segundo a Lei 9.099/95, o princípio da obrigatoriedade mitigada, ou discricionariedade regrada, possibilita a realização de transação penal.

(C) A ação penal, nas contravenções, será iniciada com o auto de prisão em flagrante ou por meio de portaria expedida pela autoridade policial ou judicial.

(D) Na hipótese de arquivamento de inquérito ou de peças de informação promovido pelo Ministério Público, o Procurador-Geral de Justiça, considerando improcedentes as razões do arquivamento, oferecerá denúncia, designará outro Órgão do Ministério Público para oferecê-la, ou ratificará o arquivamento.

A: correta. A ação penal privativa do ofendido é informada pelos princípios da *indivisibilidade, oportunidade* e *disponibilidade*. Pelo postulado da *indivisibilidade*, consagrado no art. 48 do CPP, não é dado ao ofendido escolher contra quem a ação será ajuizada. Se já foi ajuizada a ação, é-lhe vedado, da mesma forma, dela desistir (conceder o perdão) em relação a somente um dos querelados (art. 51, CPP). É dizer: ou processa todos os autores identificados ou não processa nenhum (ou desiste da ação contra todos ou não desiste). A violação a tal princípio acarreta, tal como afirmado na assertiva, a extinção da punibilidade pela renúncia (art. 107, V, do CP). A ação privativa do ofendido também é regida pelo princípio da *oportunidade* (conveniência), segundo o qual o ofendido tem a *faculdade*, não a obrigação, de promover a ação, bem como tem ele, ofendido, a prerrogativa de prosseguir ou não até o término do processo (disponibilidade). Estes dois últimos princípios não se aplicam no âmbito da ação penal pública, na qual vigoram os princípios da *obrigatoriedade* e *indisponibilidade*. No que concerne à incidência do postulado da indivisibilidade na ação penal pública, embora não haja disposição expressa de lei, a maior parte da doutrina, a nosso ver com razão, sustenta que este princípio é também aplicável a este tipo de ação, uma vez que o promotor de justiça tem o dever de promover a ação penal contra todos os agentes identificados que cometeram a infração penal; **B:** correta. De fato, tal como afirmado, o princípio da obrigatoriedade ou da legalidade, que informa a ação penal pública, foi mitigado com o advento do instituto da *transação penal*, disciplinado no art. 76 da Lei 9.099/1995. Ainda dentro do tema "princípio da obrigatoriedade", importante que se diga que foi editada a Lei 13.964/2019, conhecida como Pacote Anticrime, que promoveu diversas inovações nos campos penal e processual penal, sendo uma das mais relevantes o chamado *acordo de não persecução penal*, introduzido no art. 28-A do CPP e que consiste, *grosso modo*, no ajuste obrigacional firmado entre o Ministério Público e o investigado, em que este admite sua responsabilidade pela prática criminosa e aceita se submeter a determinadas condições menos severas do que a pena que porventura lhe seria aplicada em caso de condenação. Este instrumento de justiça penal consensual não é novidade no ordenamento jurídico brasileiro, uma vez que já contava com previsão na Resolução 181/2017, editada pelo CNMP, posteriormente modificada pela Resolução 183/2018. O art. 28-A do CPP impõe os seguintes requisitos à celebração do acordo de não persecução penal: a) que não seja caso de arquivamento da investigação; b) crime praticado sem violência ou grave ameaça à pessoa; c) crime punido com pena mínima inferior a 4 anos; d) confissão formal e circunstanciada; e) que o acordo se mostre necessário e suficiente para reprovação e prevenção do crime; f) não ser o investigado reincidente; g) não haver elementos probatórios que indiquem conduta criminosa habitual, reiterada ou profissional; h) não ter o agente sido agraciado com outro acordo de não persecução, transação penal ou suspensão condicional do processo nos 5 anos anteriores ao cometimento do crime; i) não se tratar de crimes praticados no âmbito de violência doméstica ou familiar ou praticados contra a mulher por razões da condição de sexo feminino, em favor do agressor; **C:** incorreta. O art. 26 do CPP, que estabelecia que a ação penal, nas contravenções, fosse iniciada com o auto de prisão em flagrante ou por meio de portaria expedida pela autoridade

5. DIREITO PROCESSUAL PENAL

policial ou judicial, foi revogado tacitamente com o advento da CF/88, pois com ela é incompatível, dado que a titularidade da ação penal, por expressa previsão contida no art. 129, I, da CF é do MP; **D:** correta. Se o juiz não concordar com o pleito do MP, e isso é perfeitamente possível, remeterá os autos, na forma estatuída no art. 28 do CPP, ao procurador-geral de Justiça, a quem incumbirá apreciar se a razão está com o promotor ou com o magistrado. Se entender o chefe do Ministério Público que não é caso de denúncia, ao juiz então não resta outra opção senão a de determinar o arquivamento dos autos; se, ao contrário, o procurador-geral entender que é caso de denúncia, poderá ele mesmo oferecê-la, ou ainda designar outro membro da instituição para fazê-lo, o que é mais comum. De qualquer forma, não poderá o chefe da instituição, à luz do postulado da independência, obrigar o promotor do feito a oferecer a denúncia. Cuidado: com o advento da Lei 13.964/2019 (posterior à elaboração desta questão), que alterou o art. 28, *caput*, do CPP, cuja eficácia está suspensa por decisão cautelar do STF, o juiz deixa de atuar no procedimento de arquivamento do IP. Agora, a decisão é do Ministério Público, que, depois de analisar o inquérito e concluir pela inexistência de elementos mínimos a sustentar a acusação, determinará seu arquivamento, submetendo tal decisão à instância superior dentro do próprio MP.

Gabarito "C".

(Cartório/MG – 2015 – Consulplan) Quanto à ação penal, assinale a alternativa INCORRETA:

(A) A lei processual penal admitirá interpretação extensiva e aplicação analógica, bem como o suplemento dos princípios gerais de direito.

(B) Nos crimes de ação privada, a autoridade policial somente poderá proceder a inquérito a requerimento de quem tenha qualidade para intentá-la.

(C) O direito de representação poderá ser exercido por procurador do ofendido, independente de mandato com poderes especiais.

(D) Intentada ação penal subsidiária da pública, o Ministério Público poderá repudiá-la e oferecer denúncia substitutiva.

A: correta, tendo em vista que corresponde à redação do art. 3º do CPP; **B:** correta. De fato, nos crimes de ação penal privada, o inquérito somente poderá ser instaurado se houver requerimento da pessoa que tiver qualidade para intentar a queixa (art. 5º, § 5º, do CPP). Já se o crime for de ação penal pública condicionada à representação, o inquérito policial não poderá ser instaurado sem esta (art. 5º, § 4º, do CPP); **C:** incorreta, já que o direito de representação, na ação penal pública a ela condicionada, poderá ser exercido, a teor do art. 39, *caput*, do CPP, pelo próprio ofendido, que o fará pessoalmente, ou por procurador que detenha poderes *especiais*; **D:** correta. Intentada a ação penal privada subsidiária, caberá ao MP, nos moldes do que prescreve o art. 29 do CPP, "(...) aditar a queixa, repudiá-la e oferecer denúncia substitutiva, intervir em todos os termos do processo, fornecer elementos de prova, interpor recurso e, a todo tempo, no caso de negligência do querelante, retomar a ação como parte principal".

Gabarito "C".

(Cartório/AM – 2005 – FGV) Em matéria de ação penal, é incorreto afirmar que:

(A) na ação penal privada, na hipótese de morte do ofendido, o direito de prosseguir na ação passará ao cônjuge, ascendente, descendente ou irmão.

(B) o *órgão* do Ministério Público dispensará o inquérito policial, se com a representação que lhe for dirigida forem oferecidos elementos que o habilitem a promover a ação penal, e, nesse caso, oferecerá a denúncia no prazo de 15 (quinze) dias.

(C) a denúncia será rejeitada quando houver a prescrição.

(D) a renúncia ao exercício do direito de queixa, em relação a um dos autores do crime, a todos se estende, sem que produza, todavia, efeito em relação ao que o recusar.

(E) a renúncia tácita e o perdão tácito admitirão todos os meios de prova.

A: correta, visto que, de fato, o art. 31 do CPP estabelece uma ordem que deve ser seguida na hipótese de o ofendido morrer ou mesmo ser considerado ausente por força de decisão judicial. Em primeiro lugar, o cônjuge; depois, o ascendente, descendente e irmão. Se houver discordância, deve prevalecer a vontade daquele que deseja ajuizar a ação. Mas cuidado: inexiste, na *ação penal privada personalíssima*, sucessão por morte ou ausência, razão por que, neste caso, não tem incidência o art. 31 do CPP. Tal se dá porque, nesta modalidade de ação privada, a titularidade é conferida única e exclusivamente ao ofendido. Com a morte deste, a ação penal não poderá ser proposta por outra pessoa. Havia no Código Penal dois casos. Com a revogação do art. 240 do CP (crime de adultério), restou tão somente o delito de *induzimento a erro essencial e ocultação de impedimento*, capitulado no art. 236 do CP; **B:** assertiva correta, pois em conformidade com o disposto no art. 39, § 5º, do CPP; **C:** correta, nos termos do art. 395, II, do CPP; **D:** incorreta (devendo ser assinalada). A *renúncia*, por constituir ato *unilateral*, prescinde da manifestação de vontade do ofensor – art. 49 do CPP e art. 104 do CP. Dito de outro modo, a sua produção de efeitos não está condicionada à aceitação do ofensor; diferentemente, o *perdão*, que é ato bilateral, somente acarretará a extinção da punibilidade se aceito for pelo querelado – art. 51 do CPP e 105 do CP; **E:** correta, visto que corresponde ao que estabelece o art. 57 do CPP.

Gabarito "D".

(Cartório/DF – 2006 – CESPE) Segundo a legislação e a doutrina pertinentes, e considerando, ainda, a jurisprudência do STJ e do STF, julgue o próximo item, relativo ao direito processual penal.

(1) A decisão judicial que determina o arquivamento do inquérito policial, quando fundado o pedido do Ministério Público em que o fato nele apurado não constitui crime, mais que preclusão, produz coisa julgada material.

Uma vez ordenado o arquivamento do inquérito policial, por falta de base para a denúncia, nada obsta que a autoridade policial proceda a novas pesquisas, desde que de outras provas tenha conhecimento – art. 18 do CPP. Isso porque a decisão que determina o arquivamento do inquérito policial não gera, em regra, coisa julgada material. Agora, se o arquivamento do inquérito se der por ausência de tipicidade, a decisão, neste caso, tem efeito preclusivo, é dizer, produz coisa julgada material, impedindo, dessa forma, o desarquivamento do inquérito. A esse respeito, *Informativo STF* 375.

Gabarito "1C".

(Cartório/DF – 2006 – CESPE) Segundo a legislação e a doutrina pertinentes, e considerando, ainda, a jurisprudência do STJ e do STF, julgue o próximo item, relativo ao direito processual penal.

(1) À ação penal de titularidade do Ministério Público são aplicáveis os institutos da renúncia, do perdão e da perempção, que não são exclusivos da ação penal de iniciativa privada.

A ação penal pública, cujo titular é o Ministério Público, não comporta os institutos da *renúncia*, do *perdão* e da *perempção*, exclusivos, portanto, da ação penal de iniciativa privada. É que a ação penal pública é regida pelos princípios da obrigatoriedade e indisponibilidade, sendo vedado, pois, ao seu titular deixar de ajuizá-la, quando presentes seus requisitos legais, ou dela desistir (art. 42, CPP).

Gabarito "1E".

(Cartório/MA – 2008 – IESES) É certo afirmar:

I. Basicamente, o Inquérito Policial possui por finalidade colher indícios sobre autoria e materialidade, dando possibilidade ao Ministério Público de oferecer denúncia.

II. Caso o Ministério Público entenda não ser o caso de denúncia, pode determinar: o arquivamento; a baixa dos autos em diligência; a extinção da punibilidade.

III. O inquérito policial é indispensável para o oferecimento da denúncia.

IV. Segundo o Código de Processo Penal, estando o réu preso, o prazo para a conclusão do inquérito policial será de 10 dias, estando solto, de 30 dias.

Analisando as proposições, pode-se afirmar:

(A) Somente as proposições II e III estão corretas.

(B) Somente as proposições I e IV estão corretas.

(C) Somente as proposições I e III estão corretas.

(D) Somente as proposições II e IV estão corretas.

I: assertiva correta. O inquérito policial, procedimento administrativo pré-processual realizado pela Polícia Judiciária, destina-se a apurar a prática de infrações penais, de forma a fornecer ao titular da ação penal o suporte necessário ao seu ajuizamento; II: incorreta. Se o MP entender que não é o caso de denúncia, deverá *requerer* ao juiz o arquivamento do inquérito policial, a sua devolução à autoridade policial para a realização de novas diligências, desde que imprescindíveis ao oferecimento da denúncia (art. 16, CPP), ou ainda a extinção da punibilidade. No primeiro caso, dado o que dispõe o art. 28 do CPP, o juiz, se rejeitar o pleito de arquivamento dos autos de inquérito policial formulado pelo Ministério Público, fará a remessa dos autos ao chefe do Ministério Público, o procurador-geral, que é quem tem atribuição para proceder a nova análise do pedido de arquivamento feito pelo promotor de justiça. A partir daí, pode o procurador-geral, em face da provocação do magistrado, insistir no pedido de *arquivamento do inquérito*, ratificando posicionamento firmado pelo promotor, caso em que o juiz ficará obrigado, por imposição do art. 28 do CPP, a determiná-lo. Se, de outro lado, o chefe do *parquet* entender que é caso de *oferecimento de denúncia*, poderá ele mesmo, o procurador-geral, fazê-lo ou designar outro membro do MP para ofertá-la. Tal incumbência, frise-se, não poderá recair sobre o mesmo promotor, o que implicaria violação à sua livre convicção. Registre-se que, com o advento da Lei 13.964/2019, conhecida como Pacote Anticrime, posterior, portanto, à elaboração desta questão, alterou-se toda a sistemática que rege o arquivamento do inquérito policial. Até então, tínhamos que cabia ao membro do MP promover (requerer) o arquivamento e ao juiz, se concordasse, determiná-lo. Pois bem. Com a modificação operada na redação do art. 28 do CPP pela Lei 13.964/2019, o representante do *parquet* deixa de requerer o arquivamento e passa a, ele mesmo, determiná-lo, sem qualquer interferência do magistrado, cuja atuação, nesta etapa, em homenagem ao sistema acusatório, deixa de existir. No entanto, ao determinar o arquivamento do IP, o membro do MP deverá submeter sua decisão, segundo a nova redação conferida ao art. 28, *caput*, do CPP, à instância revisora dentro do próprio Ministério Público, para fins de homologação. Sem prejuízo disso, caberá ao promotor que determinou o arquivamento comunicar a sua decisão ao investigado, à autoridade policial e à vítima. Esta última, por sua vez, ou quem a represente, poderá, se assim entender, dentro do prazo de 30 dias, a contar da comunicação de arquivamento, submeter a matéria à revisão da instância superior do órgão ministerial (art. 28, § 1º, CPP). Por fim, o § 2º deste art. 28, com a redação que lhe deu a Lei 13.964/2019, estabelece que, nas ações relativas a crimes praticados em detrimento da União, Estados e Municípios, a revisão do

arquivamento do IP poderá ser provocada pela chefia do órgão a quem couber a sua representação judicial. Este novo art. 28 do CPP, que, como dissemos, alterou todo o procedimento que rege o arquivamento do IP, no entanto, teve suspensa, por força de decisão cautelar proferida pelo STF, a sua eficácia. O ministro Luiz Fux, relator, ponderou, em sua decisão, tomada na ADI 6.305, de 22.01.2020, que, embora se trate de inovação louvável, a sua implementação, no prazo de 30 dias (*vacatio legis*), revela-se inviável, dada a dimensão dos impactos sistêmicos e financeiros que por certo ensejarão a adoção do novo procedimento de arquivamento do inquérito policial; III: incorreta. O inquérito policial constitui instrumento de investigação cuja presença, tanto nos delitos em que ação penal é pública quanto naqueles em que é privativa do ofendido, não é indispensável, essencial ao oferecimento da denúncia ou queixa, desde que a inicial contenha elementos suficientes (existência do crime e indícios suficientes de autoria) ao exercício da ação penal; IV: correta. O art. 10, *caput*, do CPP estabelece o prazo geral de 30 dias para conclusão do inquérito, quando o indiciado não estiver preso; se se tratar de indiciado preso, o inquérito deve terminar em 10 dias. Na Justiça Federal, se o indicado estiver preso, o prazo para conclusão do inquérito é de quinze dias, podendo haver uma prorrogação por igual período, conforme dispõe o art. 66 da Lei 5.010/1966; se solto, o inquérito deve ser concluído em 30 dias, em consonância com o disposto no art. 10, *caput*, do CPP. Há outras leis especiais, além desta, que estabelecem prazos diferenciados para a ultimação das investigações.

Gabarito "B".

(Cartório/MG – 2012 – FUMARC) Sobre a ação penal pública condicionada, é **correto** afirmar que

(A) no silêncio da lei, a ação penal dependerá de representação do ofendido para ser proposta.

(B) o prazo para o oferecimento da representação do ofendido é de 6 (seis) meses, contados a partir da data do fato.

(C) segundo a disciplina do Código de Processo Penal, é possível a retratação da representação até o recebimento da denúncia.

(D) o Código de Processo Penal não estabelece prazo decadencial para que o Ministro da Justiça apresente requisição, quando exigida for ela por lei.

A: incorreta, visto que a ação penal, que em regra é pública *incondicionada*, somente será *condicionada* à representação do ofendido ou à requisição do MJ se a lei assim o exigir; B: incorreta. O termo inicial, neste caso, é representado pelo dia em que o ofendido ou seu representante vem a saber quem é o autor da infração penal. É o que estabelece o art. 38 do CPP; C: incorreta, já que a representação somente será retratável até o *oferecimento* da denúncia (art. 25, CPP); D: correta. De fato, o Código de Processo Penal não fixou, para a ação penal pública condicionada, prazo para a apresentação de requisição pelo ministro da Justiça, o que poderá ser feito, por essa razão, enquanto o crime não estiver prescrito.

Gabarito "D".

(Cartório/MS – 2009 – VUNESP) O procedimento relativo ao inquérito policial, em razão das reformas implantadas no código de processo penal pela Lei n.º 11.719/2008,

(A) não sofreu alterações.

(B) tornou-se indispensável para o oferecimento da denúncia.

(C) deixou de ter previsão legal e passará a seguir as normas da polícia judiciária.

(D) passou a ser de exclusividade do Ministério Público.

(E) passou a ser de iniciativa exclusiva do ofendido ou de quem tenha legitimidade para representá-lo.

5. DIREITO PROCESSUAL PENAL   281

As alterações implementadas pela Lei 11.719/2008 não atingiram o inquérito policial.

Gabarito "A".

(Cartório/MT – 2005 – CESPE) Considerando o arquivamento de inquérito policial em decorrência de atipicidade do fato imputado ao indiciado, fundamento essencial, permanente e não passageiro da decisão judicial, assinale a opção correta.

(A) Produzidas novas provas que modifiquem a matéria de fato, pode-se desarquivar o inquérito para o oferecimento da denúncia ou queixa.

(B) Arquivado o inquérito policial, ainda assim pode ser iniciada a ação penal correspondente.

(C) A lei impossibilita que a autoridade policial, diante da notícia de existência de novas provas, efetue de ofício diligências a respeito do fato que foi objeto do inquérito arquivado.

(D) Não há a possibilidade do desarquivamento do inquérito policial.

Uma vez ordenado o arquivamento do inquérito policial por falta de base para a denúncia, nada obsta que a autoridade policial proceda a novas pesquisas, desde que de outras provas tenha conhecimento – art. 18 do CPP. Isso porque a decisão que determina o arquivamento do inquérito policial não gera, em regra, coisa julgada material. Registre- -se, no entanto, que "outras provas" a que faz alusão o art. 18 do CPP devem ser entendidas como *provas substancialmente novas*, ou seja, aquelas que até então não eram de conhecimento das autoridades. Veja, a propósito, o teor da Súmula n. 524 do STF: "Arquivado o inquérito policial, por despacho do juiz, a requerimento do Promotor de Justiça, não pode a ação penal ser iniciada, sem novas provas". Agora, se o arquivamento do inquérito se der por ausência de tipicidade, a decisão, neste caso, tem efeito preclusivo, é dizer, produz coisa julgada material, impedindo, dessa forma, o desarquivamento do inquérito. A esse respeito, *Informativo STF 375*.

Gabarito "D".

(Cartório/RJ – 2012) Sobre o inquérito policial, é correto afirmar que

(A) a autoridade policial poderá arquivar autos de inquérito.

(B) o ofendido, ou seu representante legal, e o indiciado poderão requerer qualquer diligência, que deve ser cumprida pela autoridade policial.

(C) nos crimes em que não couber ação pública, os autos do inquérito serão arquivados na delegacia de polícia até a provocação do interessado.

(D) a autoridade policial depende de autorização judicial para poder realizar a reprodução simulada dos fatos.

(E) no relatório do que tiver sido apurado, a autoridade policial poderá indicar testemunhas que não foram inquiridas, mencionando o lugar onde possam ser encontradas.

A: incorreta, pois contraria o disposto no art. 17 do CPP, que estabelece que é vedado à autoridade policial mandar arquivar autos de inquérito; B: incorreta, dado que a autoridade policial poderá indeferir a diligência pleiteada pelo ofendido, ou pelo seu representante legal, bem como pelo indiciado. É o que estabelece o art. 14 do CPP; C: a nosso ver, a proposição está incorreta, pois, neste caso, uma vez concluído o inquérito policial, a autoridade providenciará para que este seja remetido ao fórum, onde aguardará, em cartório, a provocação do interessado (art. 19 do CPP); D: a lei não estabeleceu como condição à realização

da reprodução simulada dos fatos pela autoridade policial a autorização judicial (art. 7º, CPP); E: correta, pois em conformidade com o que reza o art. 10, § 2º, do CPP.

Gabarito "E".

(Cartório/RN – 2012 – IESIS) É certo afirmar:

I. Por ser o inquérito policial desvinculado da ação penal, não a prescindindo, é admissível que a Autoridade Policial deixe de atender às requisições do Ministério Público, quando entender serem impertinentes.

II. É cabível a substituição de uma modalidade de pena restritiva de direitos por outra, aplicada em sede de transação penal, pelo juízo do conhecimento, a requerimento do interessado, ouvido o Ministério Público.

III. Havendo retratação da representação, poderá o Promotor de Justiça requerer o arquivamento dos autos do inquérito policial ou das peças de informação.

IV. A ação pública é promovida pelo Ministério Público, dependendo, quando a lei o exige, de representação do ofendido ou de requisição do Ministério da Justiça.

Analisando as proposições, pode-se afirmar:

(A) Somente as proposições I e III estão corretas.

(B) Somente as proposições II e III estão corretas.

(C) Somente as proposições I e IV estão corretas.

(D) Somente as proposições II e IV estão corretas.

I: não cabe à autoridade policial deferir ou indeferir a requisição judicial ou ministerial para a instauração de inquérito (art. 5º, II, do CPP), pois está-se a falar de *ordem, determinação*, que deverá, portanto, ser cumprida; II: art. 76 da Lei 9.099/1995; III: a retratação, desde que anterior ao oferecimento da denúncia, afasta a possibilidade de o MP ajuizar a ação penal, restando-lhe, neste caso, promover o arquivamento dos autos do inquérito policial ou das peças de informação (art. 25, CPP); IV: art. 24, *caput*, do CPP.

Gabarito "B".

(Cartório/SC – 2012) Consoante dispõe do Código de Processo Penal – CPP sobre o direito de representação, manifestação necessária à deflagração de algumas ações penais, é **correto** afirmar:

(A) A representação será irretratável depois de oferecida a denúncia.

(B) A representação será irretratável depois de recebida a denúncia.

(C) Não se admite a retratação da retratação, mesmo que dentro do prazo decadencial.

(D) O prazo de representação, salvo disposição em contrário, é de três meses, contados da descoberta da autoria do ilícito.

(E) O direito de representação só poderá ser exercido pessoalmente, mediante declaração escrita ou oral, feita ao juiz, ao Ministério Público ou à autoridade policial.

Em conformidade com a disciplina dos arts. 25 do CPP e 102 do CP, a representação será retratável até o *oferecimento* da denúncia. O dispositivo legal confere à vítima o direito de retroceder e retirar do Ministério Público a autorização dada para que este dê início à ação penal. Note que é perfeitamente possível, desde que dentro do prazo decadencial, que a vítima, depois de retratar-se, volte atrás e ofereça nova representação. A isso damos o nome de *retratação da retratação*. No mais, o direito de representação poderá ser exercido, conforme reza o art. 39 do CPP, pessoalmente ou por procurador com poderes

EDUARDO DOMPIERI

especiais, mediante declaração, escrita ou oral, dirigida ao MP, ao juiz ou à autoridade policial, dentro do prazo de seis meses, que tem como termo inicial o dia em que o ofendido ou seu representante legal toma conhecimento de quem é o autor do crime (art. 38, CPP).

Gabarito "A".

(Cartório/SC – 2012) No Processo Penal tem-se como mera irregularidade o atraso na oferta da denúncia; todavia, tal intempestividade caracteriza constrangimento ilegal à liberdade do indiciado, passível de correção pela sua soltura. Acerca do art. 46 do Código de Processo Penal – CPP é **correto** afirmar:

(A) O prazo para o oferecimento da denúncia, estando o réu preso, é de três dias.

(B) Quando o Ministério Público dispensar o Inquérito Policial, o prazo para o oferecimento da denúncia contar-se-á da data em que tiver recebido as peças de informação ou a representação.

(C) O prazo para o oferecimento da denúncia, estando o réu solto ou afiançado, é de dez dias.

(D) O cômputo do prazo para o Ministério Público é suspenso quando houver a devolução do inquérito à autoridade policial.

(E) O prazo para aditamento da queixa pelo Ministério Público é de cinco dias.

A: incorreta. Segundo estabelece o art. 46, *caput*, do Código de Processo Penal, a denúncia deverá ser oferecida no prazo de 5 (cinco) dias, se preso estiver o indiciado, a se contar da data em que o órgão do Ministério Público receber os autos do inquérito policial, e de 15 (quinze) dias, na hipótese de o indiciado encontrar-se solto ou afiançado; **B:** correta, visto que em conformidade com o disposto no art. 46, § 1º, do CPP; **C:** incorreta, pois, se solto estiver o indiciado, o Ministério Público disporá, para o oferecimento da denúncia, do prazo de quinze dias. É o que estabelece o art. 46, *caput*, do CPP; **D:** incorreta. Estando o indiciado solto, o MP poderá requerer a devolução dos autos de inquérito à delegacia de polícia para a realização de diligências imprescindíveis ao oferecimento da denúncia; o prazo, nesta hipótese, que é de quinze dias, começará a contar da data em que o órgão ministerial, depois de concluídas as diligências complementares, tiver nova vista do inquérito (art. 46, *caput*, segunda parte, do CPP); **E:** incorreta, visto que o art. 46, § 2º, do CPP estabelece o prazo de três dias para o MP aditar a queixa.

Gabarito "B".

(Cartório/SC – 2012) Sobre o inquérito policial é **correto** afirmar:

(A) Pode a autoridade policial mandar arquivar autos de inquérito, desde que vislumbre, desde logo, a impossibilidade da deflagração de ação penal.

(B) Ordenado o arquivamento do inquérito, por falta de base para a denúncia, não poderá mais a autoridade policial proceder a novas pesquisas.

(C) Não concordando o juiz com a pretensão de arquivamento do inquérito, deverá devolvê-lo ao promotor de justiça.

(D) O prazo para a sua conclusão é de 30 dias no caso de réu preso.

(E) O despacho que decide pelo arquivamento do inquérito é irrecorrível.

A: incorreta. A autoridade policial não está credenciada, em hipótese alguma, a promover o arquivamento de autos de inquérito policial (art. 17, CPP); **B:** incorreta. Conforme estabelece o art. 18 do CPP, a autoridade policial poderá, em regra, depois de ordenado o arquivamento do

inquérito, proceder a novas pesquisas, desde que tome conhecimento de outras provas; **C:** incorreta, pois, em vista do que dispõe o art. 28 do CPP, o juiz, se discordar do pleito de arquivamento dos autos de inquérito formulado pelo Ministério Público, fará a sua remessa ao chefe da instituição, o procurador-geral, que é quem tem atribuição para proceder a nova análise do pedido de arquivamento feito pelo promotor de justiça. A partir daí, pode o procurador-geral, em face da provocação do magistrado, insistir no pedido de *arquivamento do inquérito*. Neste caso, o juiz ficará obrigado, por imposição do art. 28 do CPP, a determiná-lo; se, de outro lado, o chefe do *parquet* entender que é caso de *oferecimento de denúncia*, poderá ele mesmo, o procurador--geral, fazê-lo ou designar outro membro do MP para ofertá-la. Tal incumbência, frise-se, não poderá recair sobre o mesmo promotor, o que implicaria violação à sua livre convicção; **D:** se se tratar de réu preso, o prazo de que dispõe a autoridade policial para a conclusão do inquérito é de 10 dias (CPP, art. 10, *caput*). Proposição, portanto, incorreta; **E:** correta. Até a edição da Lei 13.964/2019, não cabia a interposição de recurso em face da decisão que determinava o arquivamento de autos de inquérito policial. Portanto, à época em que aplicada esta prova, esta era a alternativa a ser assinalada como correta. Pois bem. Com a mudança implementada pelo *pacote anticrime* no art. 28 do CPP, que estabeleceu novo regramento para o procedimento de arquivamento do IP, a vítima (ou seu representante legal) passou a contar com a possibilidade de interpor recurso contra a decisão de arquivamento, o que deverá fazê-lo dentro do prazo de 30 dias a contar da comunicação de arquivamento. A insurgência do ofendido será submetida à revisão da instância superior do órgão ministerial (art. 28, § 1º, CPP).

Gabarito "E".

(Cartório/SP – VI – VUNESP) No que concerne à legitimidade para a propositura de ação penal nos crimes contra a honra cometidos contra funcionário público em razão da função, tem-se que

(A) é concorrente entre o ofendido, mediante queixa, e o Ministério Público, condicionada à representação do ofendido.

(B) é exclusiva do Ministério Público, mediante ação penal pública incondicionada.

(C) é apenas privativa do ofendido, mediante queixa.

(D) é apenas privativa do Ministério Público, condicionada à representação do ofendido.

Segundo entendimento firmado na Súmula 714 do STF, em se tratando de ação penal por crime contra honra de servidor público em razão do exercício de suas funções, será concorrente a legitimidade do ofendido, mediante queixa, e do Ministério Público, condicionada à representação do ofendido.

Gabarito "A".

(Cartório/SP – V – VUNESP) Assinale a alternativa que não descreve uma causa de perempção da ação penal de iniciativa privada.

(A) Quando o querelante deixar de formular o pedido de condenação nas alegações finais.

(B) Quando, iniciada a ação, o querelante, pessoa física ou jurídica, deixar de promover o andamento do processo durante 30 dias seguidos.

(C) Quando o querelante, pessoa jurídica, se extinguir por fusão ou incorporação.

(D) Quando o querelante, pessoa física ou jurídica, a primeira pessoalmente e a segunda por seu representante legal, deixar de comparecer sem motivo justificado a qualquer ato do processo a que deva estar presente.

5. DIREITO PROCESSUAL PENAL — 283

A: correta. Hipótese contemplada no art. 60, III, 2ª parte, do CPP; **B:** correta. Hipótese contemplada no art. 60, I, do CPP; **C:** incorreta (devendo ser assinalada), pois não corresponde ao que prescreve o art. 60, IV, do CPP; **D:** correta. Hipótese contemplada no art. 60, III, 1ª parte, do CPP.

Gabarito "C".

(Cartório/SP – V – VUNESP) Em ação penal de iniciativa privada, movida por um querelante em face de 4 querelados (A, B, C, D), durante a instrução o querelado A faz juntar aos autos declaração lançada em documento particular, na qual o querelante o perdoa dos fatos descritos na exordial acusatória. Na declaração se vê menção expressa do querelante no sentido de que o perdão não aproveita aos demais querelados (B, C, D). Em relação à conduta a ser adotada pelo magistrado, assinale a alternativa correta.

(A) Por ser o perdão mera liberalidade do querelante, e por ser também ato unilateral, a clemência concedida atingirá tão só o querelado A, sem que haja necessidade de sua anuência, seja ela tácita ou expressa, processual ou extraprocessual.

(B) Por ser o perdão ato unilateral que a todos aproveita, o Magistrado, desde logo, irá julgar extinta a punibilidade em relação a todos os querelados (A, B, C e D).

(C) Por ser o perdão mera liberalidade do querelante, apesar de ato bilateral, seus efeitos só atingirão o querelado perdoado A que, ao juntar aos autos a declaração, anuiu tacitamente com a clemência do querelante, motivo pelo qual o Magistrado julgará extinta a punibilidade tão só em relação ao querelado perdoado.

(D) Por ser o perdão ato bilateral, o Magistrado deverá notificar os demais querelados (B, C, D) para se manifestarem no sentido de aceitação ou não do perdão, que a todos aproveitará no caso de anuência. Quanto ao querelado A, a simples juntada da declaração de perdão, por ele providenciada, equivale à anuência tácita do perdão.

Arts. 106, I, III e § 1º, do CP, e 58 do CPP. Se o querelante manifestar o desejo de ver perdoado um dos querelados, estará dando oportunidade para que os demais também sejam beneficiados. Ocorre que o perdão está condicionado à aceitação do querelado (é ato bilateral). Dessa forma, só produzirá efeitos em relação àquele que o aceitar. Tal não se dá com a renúncia, uma vez que, neste caso, a produção de efeitos não está condicionada à aceitação por parte do ofensor (é ato unilateral).

Gabarito "D".

(Cartório/SP – III – VUNESP) Assinale a alternativa correta.

(A) O princípio da indivisibilidade da ação penal vige somente na ação penal privada.

(B) O princípio da indivisibilidade da ação penal só vige na ação penal pública.

(C) Se a ação penal privada não for proposta contra todos os autores do delito, deverá ser decretada a extinção da punibilidade pela decadência.

(D) O princípio da indivisibilidade da ação penal vige tanto na ação penal privada quanto na ação penal pública.

A e B: o *princípio da indivisibilidade da ação penal privada* está consagrado no art. 48 do CPP. Embora não haja disposição expressa de lei, este postulado, em princípio, é também aplicável à ação penal pública. No que se refere a esta modalidade de ação, seria inconcebível imaginar

que o MP pudesse escolher contra quem ele iria propor a ação penal. Para o STF, que não compartilha desse posicionamento, a indivisibilidade não se aplica à ação penal pública (somente à ação privada). Dito de outro modo, o art. 48 do CPP, segundo o STF, somente tem incidência na ação penal de iniciativa privada. Sustenta a nossa Corte Suprema que a divisibilidade da ação penal pública reside no fato de o MP ter a liberdade de não ofertar a denúncia contra alguns autores de crime contra os quais ainda não há elementos suficientes e, assim que esses elementos forem reunidos, aditar a denúncia. Assim, a ação deixa de ser indivisível pelo simples fato de a denúncia comportar aditamento posterior. A indivisibilidade, a nosso ver, consiste na impossibilidade de o membro do MP escolher contra quem a denúncia será oferecida. Se houver elementos, a ação deverá ser promovida contra todos; **C:** incorreta. Não sendo a ação penal de iniciativa privada proposta em face de todos os autores do crime, é de rigor a extinção da punibilidade do agente em razão da *renúncia* – art. 107, V, do CP. Cabe aqui uma distinção: a *renúncia* constitui ato unilateral, que independe, portanto, da manifestação de vontade do ofensor – art. 49 do CPP e art. 104 do CP; o *perdão*, diferentemente, é ato bilateral, na medida em que só gera a extinção da punibilidade se for aceito pelo querelado – art. 51 do CPP e 105 do CP; **D:** assertiva correta. *Vide* comentário às alternativas "A" e "B".

Gabarito "D".

(Cartório/SP – II – VUNESP) Na ação penal privativa do ofendido, o Ministério Público

(A) não poderá aditar a queixa nem intervir nos atos subsequentes do processo.

(B) poderá aditar a queixa, mas não poderá intervir nos atos subsequentes do processo.

(C) não poderá aditar a queixa, mas poderá intervir nos atos subsequentes do processo.

(D) poderá aditar a queixa e deverá intervir nos atos subsequentes do processo.

Em vista do disposto no art. 45 do CPP, a queixa, na ação penal privativa do ofendido, poderá ser aditada pelo Ministério Público, a quem caberá intervir em todos os termos subsequentes do processo.

Gabarito "D".

3. JURISDIÇÃO E COMPETÊNCIA; CONEXÃO E CONTINÊNCIA

(Cartório/MG – 2015 – Consulplan) "O escrivão de polícia civil Tício, residente em Extrema-MG, praticou, em Camanducaia-MG, os crimes de homicídio simples tentado e de concussão, havendo conexão entre eles." A competência para julgar os crimes será do

(A) juiz singular de Extrema-MG para o crime de concussão e do Tribunal do Júri de Camanducaia-MG para o crime de homicídio simples tentado.

(B) Tribunal do Júri de Camanducaia-MG para os crimes de homicídio simples tentado e de concussão.

(C) juiz singular de Camanducaia-MG para o crime de concussão e do Tribunal do Júri de Camanducaia-MG para o crime de homicídio simples tentado.

(D) Tribunal do Júri de Extrema-MG para os crimes de homicídio simples tentado e de concussão.

Devemos ter em mente, antes de mais nada, que o julgamento dos crimes de que é acusado Tício deve se dar na comarca de Camanducaia-MG, porque ali, pelo que consta do enunciado, a concussão se consumou e foi praticado o último ato de execução, no caso do homicídio (art. 70, *caput*, do CPP). Dito isso, a questão que se coloca é saber se os crimes devem ser julgados em conjunto ou separadamente. Se em conjunto, o julgamento ocorrerá no Tribunal do Júri ou perante o juízo singular? Pois bem. Com base na regra presente no art. 78, I, do CPP, o julgamento de ambos os delitos, dada a conexão que existe entre eles, deverá se dar perante o Tribunal do Júri da comarca de Camanducaia-MG.

Gabarito "B".

(Cartório/AM – 2005 – FGV) Segundo o Código de Processo Penal, qual opção a seguir não determina a competência jurisdicional?

(A) a conexão ou continência

(B) a prerrogativa de função

(C) o domicílio ou residência do réu

(D) a natureza da infração

(E) a requisição judicial

O art. 69 do CPP lista os chamados *critérios de fixação de competência*, entre os quais não figura a *requisição judicial*.

Gabarito "E".

(Cartório/DF – 2003 – CESPE) Um servidor público federal, previamente ajustado e com unidade de desígnio com um promotor de justiça aposentado do Ministério Público do estado de Goiás, praticou um crime de extorsão mediante sequestro no município de Luziânia – GO, deslocando a vítima para o Plano Piloto, no Distrito Federal, onde continuou privando-a de sua liberdade de locomoção, para a obtenção do resgate, local onde foi preso em flagrante delito. Inquérito policial foi instaurado na Comarca de Luziânia, e pela polícia judiciária do Distrito Federal, que comunicou a prisão do servidor público ao juiz da 2.ª Vara Criminal da Circunscrição Judiciária Especial de Brasília, encaminhando-lhe os autos após o encerramento. O Ministério Público do Distrito Federal e Territórios, com base no inquérito policial, ofertou denúncia contra o servidor público federal e o promotor de justiça aposentado, a qual foi recebida. Antes da apresentação da exordial acusatória, pedido de liberdade provisória foi indeferido pelo juiz da Circunscrição Judiciária de Brasília. Com base na situação hipotética acima, julgue os itens que se seguem.

(1) A competência será do juízo da 2.ª Vara Criminal da Circunscrição Judiciária Especial de Brasília, em face da prevenção, eis que tomou conhecimento da prisão e indeferiu pedido de liberdade provisória, vindo posteriormente a receber a denúncia.

Em vista do que dispõe o art. 71 do CPP, tratando-se de *crime permanente* (aquele cuja consumação se prolonga no tempo por vontade do agente), como é o caso da extorsão mediante sequestro, em que a ação tenha se desenvolvido em diversos locais, a competência para o processamento e julgamento firmar-se-á pela *prevenção*.

Gabarito "1C".

(Cartório/MG – 2012 – FUMARC) A atração por continência ou conexão do processo do corréu ao foro por prerrogativa de função de um dos denunciados por prática criminosa

(A) é incabível, segundo a ordem jurídica pátria.

(B) será cabível, ainda que concurso haja entre a jurisdição comum e a militar.

(C) não viola, quando cabível e segundo orientação sumulada do Supremo Tribunal Federal, as garantias do juiz natural, da ampla defesa e do devido processo legal.

(D) deverá ocorrer sempre, em razão do princípio da unidade e coerência das decisões judiciais, ainda que praticado crime doloso contra a vida por quem não detém o foro por prerrogativa de função.

Não há que se falar em violação aos princípios em questão, segundo entendimento firmado na Súmula 704 do STF.

Gabarito "C".

(Cartório/RJ – 2012) Tratando-se de infração continuada ou permanente, praticada em território de duas ou mais jurisdições, a competência firmar-se-á pelo(a)

(A) prevenção.

(B) domicílio ou residência do réu.

(C) distribuição.

(D) ocorrência da infração mais grave.

(E) ocorrência da última infração.

Em vista do que dispõe o art. 71 do CPP, tratando-se de *crime continuado ou permanente*, em que a ação tenha se desenvolvido em diversos foros, a competência para o processamento e julgamento firmar-se-á pela *prevenção*.

Gabarito "A".

(Cartório/RJ – 2012) Sobre competência no Direito Processual Penal, é correto afirmar que

(A) a competência será, via de regra, determinada pelo lugar em que se consumar a infração, ou, no caso de tentativa, pelo lugar em que for praticado o primeiro ato de execução.

(B) nos casos de ação exclusivamente privada, o foro competente será sempre o do lugar da infração.

(C) não sendo conhecido o lugar da infração, a competência regular-se-á pelo domicílio ou residência do réu.

(D) ao Supremo Tribunal Federal competirá, privativamente, processar e julgar os seus ministros nos crimes de responsabilidade.

(E) quando o último ato de execução for praticado fora do território nacional, será competente o juiz que primeiro receber a denúncia.

A: incorreta. Nos termos do art. 70, *caput*, do CPP, "a competência, de regra, será determinada pelo lugar em que se consumar a infração, ou, no caso de tentativa, pelo lugar em que for praticado o *último* ato de execução"; **B:** incorreta. A proposição não corresponde ao que estabelece o art. 73 do CPP. Sabemos que, em regra, a competência será estabelecida em razão do lugar em que a infração se consumou – art. 70, *caput*, do CPP. Na hipótese de ação penal privada exclusiva, entretanto, o querelante poderá, mesmo que conhecido o lugar da infração, optar pelo foro de domicílio ou residência do querelado; **C:** correta, pois em conformidade com o disposto no art. 72, *caput*, do CPP; **D:** incorreta, pois tal julgamento cabe ao Senado Federal, nos termos do art. 52, II, da CF; **E:** assertiva incorreta, pois contraria o que estabelece o art. 70, § 2º, do CPP. São os chamados crimes à distância ou de espaço máximo.

Gabarito "C".

(Cartório/RJ – 2008 – UERJ) Não determinará a competência jurisdicional no processo penal:

(A) a prevenção

(B) a natureza da infração

(C) a data do fato criminoso

(D) a conexão ou continência

(E) o domicílio ou residência do réu

5. DIREITO PROCESSUAL PENAL · 285

O art. 69 do CPP lista os chamados *critérios de fixação de competência*, entre os quais não figura a data do fato criminoso.
Gabarito "C".

4. QUESTÕES E PROCESSOS INCIDENTES

(Cartório/MG – 2015 – Consulplan) A respeito do exame de insanidade mental do acusado é INCORRETO afirmar:

(A) Ao determinar o exame, o juiz nomeará curador ao acusado.

(B) Determinado o exame, ficará suspenso o curso do prazo prescricional.

(C) Poderá durar mais de 45 (quarenta e cinco) dias, se os peritos demonstrarem a necessidade de maior prazo.

(D) Será processado em auto apartado e, após a apresentação do laudo, será apenso ao processo principal.

A: correta (art. 149, § 2º, CPP); **B:** incorreta, já que somente permanecerá suspenso o processo, e não o prazo prescricional (art. 149, § 2º, CPP); **C:** correta (art. 150, § 1º, CPP); **D:** correta (art. 153, CPP).
Gabarito "B".

(Cartório/AM – 2005 – FGV) Assinale a hipótese que não é considerada exceção em matéria processual penal.

(A) questão prejudicial

(B) incompetência de juízo

(C) ilegitimidade de parte

(D) suspeição

(E) coisa julgada

As exceções estão elencadas no art. 95 do CPP, entre as quais não se encontra a questão prejudicial.
Gabarito "A".

(Cartório/MG – 2012 – FUMARC) Encontram-se classificadas pelo Código de Processo Penal como exceções, **EXCETO**

(A) litispendência.

(B) coisa julgada.

(C) ilegitimidade de parte.

(D) insanidade mental do acusado.

As exceções estão listadas no art. 95 do CPP, a saber: suspeição, incompetência do juízo, litispendência, ilegitimidade de parte e coisa julgada.
Gabarito "D".

(Cartório/RJ – 2008 – UERJ) Para os fins de processo penal, a alternativa incorreta é:

(A) o juiz poderá, de ofício, proceder à verificação da falsidade

(B) a arguição de falsidade, feita por procurador, exige poderes especiais

(C) o Ministério Público pode suscitar o incidente de falsidade

(D) qualquer que seja a decisão, não fará coisa julgada em prejuízo a ulterior processo civil

(E) reconhecida a falsidade, a decisão fará coisa julgada em relação a ulterior processo penal

A: correta, pois reflete o que dispõe o art. 147 do CPP; **B:** correta, pois em conformidade com o disposto no art. 146 do CPP; **C:** correta. Qualquer das partes poderá suscitar o incidente de falsidade (art. 145, *caput*, do CPP); **D:** correta, pois em conformidade com o que dispõe

o art. 148 do CPP; **E:** incorreta (devendo ser assinalada), já que não reflete o disposto no art. 148 do CPP.
Gabarito "E".

(Cartório/RJ – 2008 – UERJ) A alternativa incorreta é:

(A) no processo penal, não existe a figura do arresto

(B) realizado o sequestro, o juiz ordenará a sua inscrição no Registro de Imóveis

(C) o sequestro será levantado se for julgada extinta a punibilidade ou absolvido o réu, por sentença transitada em julgado

(D) o sequestro será levantado se a ação penal não for intentada no prazo de sessenta dias, contados da data em que ficar concluída a diligência

(E) caberá o sequestro dos bens imóveis adquiridos pelo indiciado com os proventos da infração, ainda que já tenham sido transferidos a terceiro

A: tanto existe que a sua disciplina encontra-se nos arts. 136 e seguintes do CPP. Assertiva, portanto, incorreta, devendo ser assinalada; **B:** correta, pois reflete o que estabelece o art. 128 do CPP; **C:** correta, pois em conformidade com o disposto no art. 131, III, do CPP; **D:** correta, pois em conformidade com o disposto no art. 131, I, do CPP; **E:** correta, uma vez que reflete o que estabelece o art. 125 do CPP.
Gabarito "A".

(Cartório/SC – 2012) Não é possível, em sede de Processo Penal, opor-se exceção de:

(A) Coisa julgada a qualquer tempo.

(B) Suspeição após o recebimento da denúncia.

(C) Suspeição durante o inquérito policial.

(D) Incompetência do juízo no prazo de defesa.

(E) Suspeição contra os peritos, os intérpretes e os serventuários ou funcionários da justiça.

Art. 107 do CPP.
Gabarito "C".

(Cartório/SC – 2012) O art. 125 do Código de Processo Penal – CPP autoriza o sequestro de bens imóveis do indiciado adquiridos com os proventos da infração. É correto dizer sobre essa medida assecuratória:

(A) O sequestro é inadmissível quando os bens já tenham sido transferidos a terceiro.

(B) Para a decretação do sequestro não basta a existência de indícios veementes da proveniência ilícita dos bens, demandando sentença condenatória do agente.

(C) O sequestro não poderá ser concedido de ofício pelo juiz.

(D) O sequestro poderá ser ordenado em qualquer fase do processo, a requerimento do Ministério Público ou do ofendido ou mediante representação da autoridade policial, ainda que não tenha sido ofertada a denúncia ou queixa.

(E) O sequestro será processado nos próprios autos e admitirá embargos de terceiro.

A: incorreta, já que o sequestro, que tem como objeto os bens adquiridos com o *provento* da infração (lucro do crime, vantagem financeira obtida), terá lugar ainda que esses bens já tenham sido transferidos a terceiros. É o que estabelece o art. 125, parte final, do CPP; **B:** incorreta. Para a decretação do sequestro, é suficiente a existência de indícios veementes da proveniência ilícita dos bens (art. 126, CPP); **C:** incorreta,

EDUARDO DOMPIERI

uma vez que, a teor do que dispõe o art. 127 do CPP, pode o juiz decretar o sequestro de ofício; **D:** correta, pois reflete o disposto no art. 127 do CPP; **E:** embora sejam admitidos embargos de terceiro, é incorreto dizer-se que o sequestro será processado nos próprios autos, dado que o art. 129 do CPP determina que este incidente seja autuado à parte.
Gabarito "D".

5. PROVA

(Cartório/PA – 2016 – IESES) Acerca das provas no processo penal, responda a alternativa correta:

(A) Com a reforma processual de 2008, o código de processo penal adotou o sistema *cross examination* para inquirição de testemunhas, não vigorando mais o sistema presidencialista.

(B) A inobservância da ordem de inquirição das testemunhas, durante a audiência de instrução e julgamento, acarreta em nulidade absoluta, por atentar contra matéria de ordem pública.

(C) O princípio do "nemo tenetur se detegere" engloba o direito do acusado de não ser obrigado a praticar qualquer comportamento ativo ou passivo que possa servir de prova para incriminá-lo.

(D) A medida cautelar de busca e apreensão não é cabível na fase de execução da pena, eis que seu uso somente é possível no processo de cognição.

A (correta) e **B** (incorreta): com as mudanças implementadas no art. 212 do CPP pela Lei de Reforma 11.690/2008, o *sistema presidencialista*, pelo qual a testemunha, depois de inquirida pelo juiz, respondia, por intermédio deste, às perguntas formuladas pelas partes, deu lugar ao chamado sistema *cross examination*, atualmente em vigor, segundo o qual as partes passam a dirigir suas indagações às testemunhas sem a intermediação do magistrado, de forma direta, vedados os questionamentos que puderem induzir a resposta, não tiverem relação com a causa ou importarem na resposta de outra já respondida. Ao final da inquirição, se ainda remanescer algum ponto não esclarecido, poderá o juiz complementá-la, formulando à testemunha novas perguntas (art. 212, parágrafo único, do CPP). É por essa razão que se diz que a atividade do juiz é complementar, remanescente à das partes. Pois bem. Surgiu então a questão atinente à consequência que poderia advir da inversão desta ordem. Prevalece hoje o entendimento no sentido de que é relativa a nulidade decorrente do fato de o juiz, no lugar de formular seus questionamentos ao término da oitiva da testemunha, fazê-lo no começo do depoimento, antes, portanto, das perguntas elaboradas pelas partes. E sendo relativa esta nulidade, o seu reconhecimento somente se dará com a arguição oportuna pelo interessado (não pode o juiz decretá-la de ofício), que, se assim não fizer, sujeitar-se-á à preclusão; **C:** incorreta, uma vez que o princípio do "nemo tenetur se detegere" (ninguém é obrigado a produzir prova contra si mesmo) engloba o direito do acusado de não ser obrigado a praticar qualquer comportamento ativo, mas não inclui comportamentos passivos, como, por exemplo, sujeitar-se ao reconhecimento pessoal; **D:** incorreta, uma vez que a medida cautelar de busca e apreensão é cabível na fase inquisitória, na instrutória e no curso da execução da pena.
Gabarito "A".

(Cartório/MG – 2015 – Consulplan) Quanto à prova, é INCORRETO afirmar:

(A) Somente quanto ao estado das pessoas serão observadas as restrições estabelecidas na lei civil.

(B) A confissão será divisível e retratável.

(C) À fotografia do documento, devidamente autenticada, se dará o mesmo valor do original.

(D) Admite-se ordem judicial genérica nos mandados de busca.

A: correta (art. 155, parágrafo único, CPP); **B:** correta, na medida em que a confissão, a teor do art. 200 do CPP, pode ser dividida e, além disso, é passível de retratação a qualquer tempo; **C:** correta (art. 232, parágrafo único, do CPP); **D:** incorreta, pois em desconformidade com o disposto no art. 243, I, do CPP. Vale, quanto a isso, a lição de Guilherme de Souza Nucci: "(...) o mandado de busca a apreensão, por importar em violação de domicílio, deve ser preciso e determinado, indicando, *o mais precisamente possível* a casa onde a diligência será efetuada, bem como o nome do proprietário ou morador (neste caso, podendo ser o locatário ou comodatário). Admitir-se o mandado genérico torna impossível o controle sobre os atos de força do Estado contra direito individual, razão pela qual é indispensável haver fundada suspeita e especificação" (*Código de Processo Penal Comentado*, 12ª ed., p. 571).
Gabarito "D".

(Cartório/DF – 2008 – CESPE) Com base na jurisprudência dos tribunais superiores, julgue o item seguinte, acerca do direito processual penal.

(1) A doutrina da ilicitude por derivação — também conhecida como teoria dos frutos da árvore envenenada — repudia, por serem constitucionalmente inadmissíveis, os meios probatórios que, não obstante produzidos validamente em momento ulterior, acham-se afetados pelo vício da ilicitude originária, que a eles se transmite, contaminando-os, por efeito de repercussão causal.

Art. 5º, LVI, da CF; art. 157, § 1º, do CPP.
Gabarito "1C".

(Cartório/DF – 2003 – CESPE) No que tange ao sistema de apreciação de prova, julgue o item abaixo.

(1) No processo penal, vige o princípio do livre convencimento motivado, em que o magistrado formará sua convicção pela livre apreciação da prova carreada para os autos, em sua escolha, aceitação e valoração.

Adotamos, como regra, o *sistema da persuasão racional* ou *livre convencimento motivado*, pelo qual o magistrado é livre para avaliar e se convencer apenas e tão somente das provas produzidas no processo. Entretanto, sendo condicionado o seu convencimento aos fatos relacionados à lide, às provas produzidas para demonstrá-lo, e às regras legais de prova e de máximas da experiência, haverá sempre a necessidade de motivá-lo (art. 93, IX, CF). O *sistema da íntima convicção* é o que vige no Tribunal do Júri, onde o jurado não motiva seu voto. Existe ainda o *sistema da prova legal*. Neste caso, o juiz fica adstrito ao valor atribuído à prova pelo legislador.
Gabarito "1C".

(Cartório/MS – 2009 – VUNESP) A confissão do réu

(A) é a rainha das provas e dispensa o exame de corpo de delito.

(B) supre somente o exame de corpo de delito indireto.

(C) somente se obtida durante a fase judicial dispensa o exame de corpo de delito.

(D) não pode suprir o exame de corpo de delito, direto ou indireto.

(E) deixou de ser rainha das provas no processo penal, tendo em vista que inúmeras razões podem levar a uma confissão, todavia, o exame de corpo de delito, caso a confissão seja considerada válida, torna-se dispensável.

5. DIREITO PROCESSUAL PENAL

Será indispensável, quando a infração deixar vestígios, o exame de corpo de delito; não sendo isso possível, em vista do desaparecimento dos vestígios do delito, a *prova testemunhal* poderá suprir-lhe a falta; a confissão, nunca. É o teor dos arts. 158 e 167 do CPP. A confissão deixou de ser considerada a "rainha das provas". Hodiernamente, o magistrado levará em conta a confissão tendo sempre em vista as demais provas produzidas.

Gabarito "D".

(Cartório/MT – 2003 – UFMT) O ofendido não é testemunha, assim:

(A) Não pode ser conduzido coercitivamente.

(B) Tem a obrigação de prestar compromisso.

(C) Não presta compromisso de dizer a verdade.

(D) Só pode prestar declarações em ações de natureza privada.

(E) Tem direito de ser ouvido em dia e hora que lhe convier.

A: incorreta, uma vez que o art. 201, § 1º, do CPP estabelece que o ofendido que, devidamente intimado, deixar de comparecer, sujeitar-se--á à condução coercitiva; **B** e **C:** a vítima, diferentemente da testemunha, não presta compromisso de dizer a verdade; **D:** incorreta. O ofendido prestará declarações tanto em ações de natureza privada quanto em ações de natureza pública; **E:** somente as pessoas listadas no art. 221 do CPP fazem jus à prerrogativa de serem ouvidos em local, dia e hora previamente ajustados com o juiz.

Gabarito "C".

(Cartório/SP – 2012 – VUNESP) No que se refere à prova, no processo penal, pode-se afirmar que:

I. a prova da alegação incumbirá a quem a fizer;

II. é facultado ao juiz de ofício ordenar, mesmo antes de iniciada a ação penal, a produção antecipada de provas consideradas urgentes e relevantes;

III. são inadmissíveis, devendo ser desentranhadas do processo, as provas ilícitas, assim entendidas as obtidas em violação a normas constitucionais ou legais;

IV. são inadmissíveis as provas derivadas das ilícitas, ainda que não evidenciado o nexo de causalidade entre umas e outras e as derivadas puderem ser obtidas por uma fonte independente das primeiras.

Está correto o que se afirma apenas em

(A) I, II e III.

(B) I, II e IV.

(C) I, III e IV.

(D) II, III e IV.

I: correta, pois reflete o disposto no art. 156, *caput*, do CPP; **II:** correta, pois reflete o disposto no art. 156, I, do CPP. Importante que se diga que, com o advento do chamado *pacote anticrime* (Lei 13.964/2019), posterior, portanto, à elaboração desta questão, foram promovidas diversas inovações nos campos penal, processual penal e legislação extravagante, com destaque para a Lei de Execução Penal. No código de processo penal, uma das alterações a nosso ver mais relevantes, ao lado do juiz de garantias, é a inserção do art. 3º-A, que consagra e explicita a opção pelo sistema acusatório. Segundo este dispositivo, cuja eficácia está suspensa por decisão liminar do STF, já que faz parte do regramento que compõe o chamado "juiz de garantias" (arts. 3º-A a 3º-F, do CPP), "o processo penal terá estrutura acusatória, vedadas a iniciativa do juiz na fase de investigação e a substituição da atuação probatória do órgão de acusação". Até então, o sistema acusatório, embora amplamente acolhido pela comunidade jurídica, já que em perfeita harmonia com a CF/88, não era contemplado em lei. Nessa esteira, com vistas a fortalecer o sistema acusatório, o *pacote anticrime* cria a figura do juiz de garantias (arts. 3º-A a 3º-F, do CPP, com eficácia atualmente suspensa), ao qual cabe promover o controle da legalidade da investigação criminal e salvaguardar os direitos individuais cuja franquia tenha sido reservada ao Poder Judiciário. Também dentro desse mesmo espírito, a Lei 13.964/2019 alterou os arts. 282, § 2º, e 311, ambos do CPP, que agora vedam a atuação de ofício do juiz na decretação de medidas cautelares de natureza pessoal, como a prisão processual, ainda que no curso da ação penal. Como não poderia deixar de ser, surgiu (ou ressurgiu) a discussão acerca da compatibilidade do art. 156 do CPP com a adoção, agora explícita, do sistema acusatório feita pela inserção do art. 3º-A no CPP. Como bem sabemos, não houve a revogação expressa do art. 156 do CPP pela Lei 13.964/2019, dispositivo que autoriza a atuação do juiz de ofício na produção da prova (inclusive na fase investigativa). A questão que se coloca é: houve revogação tácita do art. 156 do CPP pelo novo art. 3º-A? Somente o tempo dirá como os tribunais atuarão diante de tal impasse. Pensamos que a inserção do art. 3º-A no CPP, aliada à implementação do juiz de garantias, à vedação imposta à atuação de ofício do juiz (como a proibição de o magistrado decretar a custódia preventiva de ofício no curso da ação penal) e também à inovação promovida no procedimento de arquivamento do IP, que retira o protagonismo que até então tinha o juiz de decidir se era ou não caso de arquivamento, leva-nos a crer que o art. 156 do CPP, porque incompatível com o sistema acusatório, foi tacitamente revogado pelo art. 3º-A; **III:** correta, pois reflete o disposto no art. 157, *caput*, do CPP; **IV:** incorreta, pois em desconformidade com o teor do art. 157, § 1º, do CPP.

Gabarito "A".

(Cartório/SP – III – VUNESP – adaptada) Indique a alternativa correta, no que concerne à perícia no processo penal.

(A) Ela deve ser feita por dois peritos oficiais e, não havendo estes, por duas pessoas idôneas, portadoras de diploma de curso superior preferencialmente na área específica, dentre as que tiverem habilitação técnica relacionada à natureza do exame.

(B) Ela deve ser feita por um perito oficial e, não havendo este, por duas pessoas idôneas, portadoras de diploma de curso superior preferencialmente na área específica, dentre as que tiverem habilitação técnica relacionada à natureza do exame.

(C) Qualquer perito, oficial ou não, prestará compromisso de bem e fielmente desempenhar o encargo.

(D) O réu poderá indicar assistente técnico para acompanhar a perícia.

A redação anterior do art. 159 do CPP estabelecia que a perícia fosse realizada por *dois* profissionais. Atualmente, com a nova redação do dispositivo dada pela Lei 11.690/2008, a perícia será levada a efeito por *um* perito oficial portador de diploma de curso superior. À falta deste, determina o § 1º do art. 159 do CPC que o exame seja feito por duas pessoas idôneas, detentoras de diploma de curso superior preferencialmente na área específica, dentre aquelas que tiverem habilitação técnica relacionada com a natureza do exame.

Gabarito "B".

6. PRISÃO, MEDIDAS CAUTELARES E LIBERDADE PROVISÓRIA

(Cartório/SP – 2018 – VUNESP) A prisão preventiva poderá ser decretada

(A) para assegurar a aplicação da lei penal, nos crimes dolosos punidos com pena privativa de liberdade máxima superior a 03 (três) anos.

(B) por conveniência da instrução criminal, nos crimes dolosos ou culposos.

288 EDUARDO DOMPIERI

(C) como garantia da ordem econômica, nos crimes dolosos punidos com pena privativa de liberdade máxima superior a 04 (quatro) anos.

(D) como garantia da ordem pública, nos crimes dolosos punidos com pena privativa de liberdade máxima superior a 02 (dois) anos.

A: incorreta. A garantia da futura aplicação da lei penal constitui fundamento (leia-se: motivo) idôneo para a decretação da prisão preventiva (art. 312, *caput*, CPP); no entanto, o art. 313, I, do CPP impõe como condição de admissibilidade desta modalidade de custódia processual que o crime seja doloso e punido com pena privativa de liberdade máxima superior a 4 anos (e não a 3, como consta da assertiva); **B:** incorreta. A conveniência da instrução"criminal também constitui, a exemplo da garantia da futura aplicação da lei penal, fundamento a autorizar a imposição da prisão preventiva (art. 312, *caput*, CPP), que, no entanto, não poderá alcançar crimes culposos (art. 313, I, CPP); **C:** correta. A garantia da ordem econômica constitui um dos fundamentos que pode dar azo à decretação da prisão preventiva (art. 312, *caput*, CPP), desde que presente uma das condições de admissibilidade do art. 313 do CPP, a saber: nos crimes dolosos punidos com pena privativa de liberdade máxima superior a quatro anos; se tiver sido condenado por outro crime doloso, em sentença com trânsito em julgado; se o crime envolver violência doméstica e familiar contra a mulher, criança, adolescente, idoso, enfermo ou pessoa com deficiência, para garantir a execução das medidas preventivas de urgência; e também quando houver dúvida sobre a identidade civil da pessoa ou quando esta não fornecer elementos suficientes para esclarecê-la; **D:** incorreta. Vide comentário anterior.

Gabarito "C"

(Cartório/MG – 2016 – Consulplan) De acordo com o Decreto-Lei nº 3.689/1941, Código de Processo Penal, julgar-se-á quebrada a fiança quando o acusado

(A) resistir justificadamente a ordem judicial.

(B) cumprir medida cautelar imposta cumulativamente com a fiança.

(C) deliberadamente praticar ato de obstrução ao andamento do processo.

(D) praticar nova infração penal culposa.

O quebramento da fiança, que acarretará a perda de metade de seu valor (art. 343, CPP), se dará nas seguintes hipóteses, listadas no art. 341, CPP: I – quando o acusado, regularmente intimado para o ato do processo, deixar de comparecer sem motivo justo; II – quando deliberadamente praticar ato de obstrução ao andamento do processo (que corresponde à alternativa "C", que está, portanto, correta); III – quando descumprir (e não *cumprir*, como consta da assertiva "B") medida cautelar imposta cumulativamente com a fiança; IV – quando resistir injustificadamente (e não *justificadamente*, como consta da alternativa "A") a ordem judicial; V – e quando praticar nova infração penal dolosa (e não *culposa*, tal como consta da assertiva "D").

Gabarito "C"

(Cartório/PA – 2016 – IESES) De acordo com o CPP, entender-se-á perdido, na totalidade, o valor da fiança:

(A) Se, regularmente intimado para ato do processo, o acusado deixar de comparecer, sem motivo justo.

(B) Se, condenado, o acusado não se apresentar para o início do cumprimento da pena definitivamente imposta.

(C) Se, deliberadamente, o acusado praticar ato de obstrução ao andamento do processo.

(D) Se o acusado praticar nova infração penal dolosa.

A: incorreta. Nesta hipótese, a perda do valor da fiança será parcial, da ordem de metade (arts. 341, I, e 343, do CPP); **B:** correta. O valor da

fiança, neste caso, será perdido na íntegra (art. 344, CPP); **C:** incorreta. Nesta hipótese, a perda do valor da fiança será parcial, da ordem de metade (arts. 341, II, e 343, do CPP); **D:** incorreta. Nesta hipótese, a perda do valor da fiança será parcial, da ordem de metade (arts. 341, V, e 343, do CPP).

Gabarito "B"

(Cartório/MG – 2015 – Consulplan) Quanto à prisão, é correto afirmar:

(A) Nas infrações permanentes, entende-se o agente em flagrante delito mesmo quando cessada a permanência.

(B) A prisão preventiva poderá ser decretada mesmo se o juiz verificar, pelas provas constantes dos autos, ter o agente praticado o fato em qualquer das condições de exclusão da ilicitude.

(C) A fiança não poderá consistir em títulos da dívida pública.

(D) Ordenada a soltura do paciente em virtude de *habeas corpus*, será condenada nas custas a autoridade que, por má-fé ou evidente abuso de poder, tiver determinado a coação.

A: incorreta. Isso porque, nas chamadas infrações penais *permanentes*, assim consideradas aquelas cuja consumação se protrai no tempo por vontade do agente, entende-se o sujeito ativo do delito em flagrante enquanto não cessar a permanência; assim, uma vez cessada a permanência, não há mais que se falar em situação de flagrante; **B:** incorreta. Se o juiz verificar, ao apreciar o conjunto probatório constante dos autos, que o agente cometeu o fato a ele atribuído sob o manto de uma das causas excludentes de ilicitude (legítima defesa, estado de necessidade, estrito cumprimento do dever legal e exercício regular de direito), não poderá decretar-lhe a custódia preventiva (art. 314, CPP). De igual modo, ao analisar o auto de prisão em flagrante, vislumbrando o magistrado que o agente agiu acobertado por uma das causas de exclusão de ilicitude, deverá conceder-lhe liberdade provisória, sem estabelecer fiança (art. 310, § 1º, CPP). Vale aqui lembrar que o sujeito que pratica o fato acobertado por uma das causas de exclusão de antijuridicidade a que se refere o art. 23 do CP sequer pratica crime; é dizer, embora o fato que cometeu se amolde a um tipo penal, o ordenamento jurídico, dada a situação de excepcionalidade, o autoriza a assim agir; **C:** incorreta, dado que a fiança, ao contrário do que se afirma, poderá, sim, consistir em títulos da dívida pública, tal como estabelece o art. 330, *caput*, do CPP; **D:** correta (art. 653, *caput*, do CPP).

Gabarito "D"

(Cartório/MG – 2015 – Consulplan) O juiz poderá substituir a prisão preventiva pela domiciliar quando o agente for

(A) gestante a partir do sexto mês de gravidez.

(B) menor de 70 anos.

(C) debilitado por motivo de doença.

(D) imprescindível aos cuidados especiais de pessoa com deficiência.

O juiz poderá, em vista do que estabelece o art. 318 do CPP, substituir a prisão preventiva pela domiciliar nas seguintes hipóteses: agente que contar com mais de 80 (oitenta) anos (inciso I); agente extremamente debilitado por motivo de doença grave (inciso II); quando o agente for imprescindível aos cuidados de pessoa com menos de 6 (seis) anos ou com deficiência (inciso III); quando se tratar de gestante (inciso IV – cuja redação foi alterada pela Lei 13.257/2016); quando se tratar de mulher com filho de até 12 anos de idade incompletos (inciso V – cuja redação foi determinada pela Lei 13.257/2016); homem, caso seja o único responsável pelos cuidados do filho de até 12 anos de idade incompletos (inciso VI – cuja redação foi determinada pela Lei 13.257/2016). Perceba que esta questão, embora seja anterior à Lei

5. DIREITO PROCESSUAL PENAL

13/257/2016, que ampliou as hipóteses em que tem lugar a substituição da prisão preventiva pela domiciliar, mantém o gabarito correspondente à assertiva "D", permanecendo as demais incorretas.
Gabarito "D".

(Cartório/MG – 2015 – Consulplan) São medidas cautelares diversas da prisão, EXCETO:

(A) O recolhimento domiciliar no período diurno e nos dias de folga quando o investigado ou acusado tenha residência e trabalho fixos.

(B) A proibição de manter contato com pessoa determinada quando, por circunstâncias relacionadas ao fato, deva o indiciado ou acusado dela permanecer distante.

(C) A monitoração eletrônica.

(D) A suspensão do exercício de atividade de natureza econômica ou financeira quando houver justo receio de sua utilização para a prática de crimes e/ou contravenções penais.

A: questão a ser assinalada, já que se trata de hipótese não contemplada no art. 319 do CPP, cujo inciso V estabelece que o recolhimento domiciliar será no período noturno (e não no diurno) e nos dias de folga quando o investigado ou acusado tiver residência e trabalho fixos; **B:** hipótese de medida cautelar diversa da prisão prevista no art. 319, III, CPP; **C:** hipótese de medida cautelar diversa da prisão prevista no art. 319, IX, CPP; **D:** hipótese de medida cautelar diversa da prisão prevista no art. 319, VI, CPP.
Gabarito "A".

(Cartório/MG – 2015 – Consulplan) O agente está em flagrante delito nas seguintes situações, EXCETO:

(A) Quando o agente está cometendo a infração penal.

(B) Quando o agente, logo após cometer a infração penal, é perseguido por uma criança, em situação que faça presumir ser autor da infração.

(C) Quando o agente, uma semana depois de cometer a infração penal, é encontrado com objetos da vítima, que fazem presumir ser ele autor da infração.

(D) Quando o agente acaba de cometer a infração penal.

A e D: trata-se de hipótese de flagrante próprio, em que o agente é surpreendido no momento do cometimento do crime ou quando acaba de cometê-lo (incisos I e II do art. 302); **B:** trata-se de hipótese de flagrante impróprio ou quase flagrante, em que o agente é perseguido (ainda que seja por uma criança), logo em seguida ao crime, em situação que faça presumir ser o autor da infração (art. 302, III); **C:** a assertiva, que deve ser assinalada, descreve hipótese do chamado *flagrante presumido* ou *ficto* (art. 302, IV, do CPP), em que o agente é encontrado *logo depois* do crime na posse de instrumentos, armas, objetos ou papéis em circunstâncias que revelem ser ele o autor da infração penal. Note que, nesta modalidade de flagrante, inexiste perseguição, pois o agente é encontrado ocasionalmente. A questão que se coloca é estabelecer o alcance da expressão *logo depois*. Segundo têm entendido a doutrina e a jurisprudência, a análise deve se dar caso a caso. O certo é que têm sido aceitas pela jurisprudência prisões efetuadas várias horas depois do crime. O que não é possível é conceber, nesta modalidade de flagrante, que a detenção ocorra vários dias depois da prática criminosa. Dessa forma, é incorreto afirmar-se que José poderá ser preso em flagrante enquanto estiver na posse do veículo. Cuidado: no chamado *flagrante impróprio* ou *quase flagrante* (art. 302, III, CPP), a perseguição ao agente deve iniciar-se logo em seguida ao cometimento do crime, mas poderá perdurar, desde que de forma ininterrupta, por prazo indeter-

minado, podendo durar vários dias. Por essa razão, a situação descrita nesta assertiva não corresponde a hipótese de flagrante.
Gabarito "C".

(Cartório/DF – 2003 – CESPE) A respeito da prisão e da liberdade provisória, julgue os itens subsequentes.

(1) Considere a seguinte situação hipotética. Durante um plantão, por volta das 24 h 30 min, um agente de polícia recebeu um telefonema anônimo comunicando que um homicídio estava na iminência de ser perpetrado no interior de uma residência. O agente deslocou-se até a residência indicada e verificou, pela janela, que uma mulher acabava de desfechar vários tiros de revólver contra o seu marido, lesionando-o gravemente. Nessa situação, apesar do estado de flagrância, o agente de polícia não poderá adentrar a residência e efetuar a prisão da mulher, por não portar mandado judicial nem possuir o consentimento da moradora.

(2) Considere a seguinte situação hipotética. Um indivíduo foi preso em flagrante pela prática do crime de latrocínio, tendo a autoridade policial lavrado o auto de prisão onze dias após a sua captura. Nessa situação, anulado o auto de prisão pela autoridade judiciária, nada impedirá a decretação da prisão preventiva, presentes os requisitos legais.

(3) Praticada a infração penal pelo agente sob coação irresistível ou em estrita obediência à ordem, não manifestamente ilegal, de superior hierárquico, admite-se a concessão pela autoridade judiciária, após oitiva do Ministério Público, da liberdade provisória sem fiança, com vinculação.

1: incorreta. A prisão de uma pessoa que se encontra em situação flagrancial e dentro de uma residência prescinde do consentimento do morador e pode ser levada a cabo a qualquer hora do dia. O dispositivo constitucional que trata da inviolabilidade de domicílio (art. 5º, XI) excepciona, dentre outras, a situação de flagrante; **2:** é fato que a prisão, no caso retratado nesta proposição, deve ser relaxada, visto que inexistia, no momento da detenção, situação de flagrante. *Vide* art. 302, CPP, que estabelece as hipóteses em que é possível essa modalidade de prisão provisória. Nada obsta, no entanto, que, depois de proceder ao relaxamento da prisão, o juiz decrete, desde que presentes os requisitos do art. 312 do CPP, a prisão preventiva. Assertiva correta; **3:** incorreta, já que o art. 310, § 1º, do CPP contempla tão somente as situações contidas no art. 23 do CP (causas excludentes de ilicitude).
Gabarito 1E, 2C, 3E

(Cartório/RJ – 2012) Sobre prisão preventiva, é correto afirmar que

(A) não poderá ser decretada de ofício.

(B) é irrevogável até a sentença.

(C) a sua decretação não poderá ocorrer se imposta outra medida cautelar ao agente, ainda que não cumprida.

(D) poderá o juiz substituí-la pela domiciliar quando o agente for imprescindível aos cuidados especiais de pessoa menor de 6 (seis) anos de idade ou com deficiência.

(E) a sua decretação em nada implica motivos de conveniência da instrução criminal.

A: com a alteração promovida pela Lei de Reforma 12.403/2011 na redação do art. 311 do CPP, o juiz, que antes podia, de ofício, determinar a prisão preventiva no curso do inquérito, passou a fazê-lo (de ofício)

290 EDUARDO DOMPIERI

somente no curso da ação penal. Ao tempo em que esta questão foi elaborada, a decretação da custódia preventiva de ofício somente era possível no curso da ação penal, razão pela qual incorreto o que ali se afirma (que a prisão preventiva não pode ser decretada de ofício). Mais recentemente, a Lei 13.964/2019 (Pacote Anticrime) afastou a possibilidade, que antes havia, de o magistrado atuar de ofício na decretação da custódia preventiva (antes, como já dito, cabia no curso da instrução). Doravante, portanto, a prisão preventiva, quer no curso das investigações, quer no decorrer da ação penal, somente será decretada diante de provocação do delegado de polícia (no curso do IP) ou do MP (se no curso das investigações ou da ação penal); **B**: incorreta, posto que, dado o que estabelece o art. 316, *caput*, do CPP (com alteração determinada pela Lei 13.964/2019), se a prisão preventiva mostrar-se desnecessária ao processo, deve o juiz revogá-la; se, de outro lado, surgir nova prova, apta a alterar a situação fática e justificar novo decreto prisional, deverá o juiz assim proceder, mandando expedir o competente mandado de prisão; **C**: incorreta, pois em desconformidade com o disposto no art. 282, § 4º, do CPP, cuja redação foi alterada pela Lei 13.964/2019; **D**: correta, pois reflete o disposto no art. 318, III, do CPP; **E**: incorreta, visto que não reflete o disposto no art. 312, *caput*, do CPP.
Gabarito "D".

(Cartório/SP – 2012 – VUNESP) Ocorre o "flagrante presumido" quando o agente

(A) está cometendo a infração penal.

(B) acaba de cometer a infração penal.

(C) é perseguido, logo após a infração penal, pela autoridade, pelo ofendido ou por qualquer pessoa, em situação que faça presumir ser autor da infração.

(D) é encontrado, logo depois da infração penal, com instrumentos, armas, objetos ou papéis que façam presumir ser ele autor da infração.

No *flagrante ficto* ou *presumido* (art. 302, IV, CPP), o agente é encontrado logo depois do crime na posse de instrumentos, armas, objetos ou papéis, em circunstâncias que revelem ser ele o autor da infração penal. Não deve ser confundido com o *flagrante impróprio, imperfeito* ou *quase-flagrante*, modalidade em que o sujeito, logo em seguida à prática criminosa, é perseguido e, depois disso, preso (art. 302, III, CPP). O art. 302, I e II, do CPP, por sua vez, contempla o chamado *flagrante próprio, real* ou *verdadeiro*, em que o agente é surpreendido cometendo a infração, ou quando acaba de cometê-la.
Gabarito "D".

(Cartório/SP – VII – VUNESP) Pode-se afirmar que a autoridade policial somente poderá conceder fiança nos casos de

(A) infração punida com detenção.

(B) infração punida com prisão simples.

(C) infração punida com detenção ou prisão simples.

(D) infração punida com pena de multa.

Novidade trazida pela Lei 12.403/2011, a autoridade policial pode arbitrar fiança em qualquer infração penal cuja pena máxima cominada não seja superior a quatro anos (reclusão ou detenção). Pela redação anterior do art. 322 do CPP, o delegado somente estava credenciado a arbitrar fiança nas contravenções e nos crimes apenados com detenção. Note que a questão foi elaborada com base na redação anterior do dispositivo.
Gabarito "C".

(Cartório/SP – II – VUNESP) Ocorre o "flagrante impróprio" quando

(A) o agente acaba de cometer a infração penal.

(B) o agente é perseguido, logo após a prática da infração penal, pelo ofendido ou por qualquer pessoa, em situação que faça presumir ser autor do fato.

(C) o agente é encontrado, logo depois, com instrumentos, armas, objetos ou papéis que façam presumir ser ele autor da infração.

(D) é preparado pela autoridade policial, sendo também chamado "flagrante provocado".

No chamado *flagrante impróprio, imperfeito* ou *quase-flagrante*, o sujeito, logo em seguida à prática criminosa, é perseguido e, depois disso, preso, ainda que a perseguição se estenda por horas ou até mesmo dias. O que importa, nesta modalidade de flagrante, é que a perseguição seja ininterrupta e tenha início logo em seguida ao cometimento do delito (art. 302, III, CPP). Difere, assim, do *flagrante ficto* ou *presumido* (art. 302, IV, CPP), já que neste inexiste perseguição. O agente, neste caso, é encontrado logo depois do crime na posse de instrumentos, armas, objetos ou papéis, em circunstâncias que revelem ser ele o autor da infração penal. O art. 302, I e II, do CPP, por sua vez, contempla o chamado *flagrante próprio, real* ou *verdadeiro*, em que o agente é surpreendido cometendo a infração, ou quando acaba de cometê-la.
Gabarito "B".

(Cartório/SP – I – VUNESP) Presenciando a prática de um crime de ação penal pública incondicionada, no interior da unidade em que exerce sua atividade, o notário

(A) tem o dever de prender em flagrante o agente, dada a sua condição de servidor público.

(B) não poderá efetuar a prisão em flagrante, devendo comunicar o fato imediatamente à autoridade policial.

(C) é obrigado a efetuar a prisão em flagrante, em razão do local em que o delito foi cometido.

(D) pode prender o agente em flagrante.

A obrigação de prender quem quer que se encontre em situação de flagrante é imposta somente à *autoridade policial* e *seus agentes*. Estes, portanto, têm o dever, sob pena de responsabilização criminal e funcional, de efetuar a prisão em flagrante – art. 301, segunda parte, CPP. A doutrina chama esta modalidade de flagrante de *obrigatório*. Diferentemente, qualquer pessoa do povo, aqui incluído o notário, tem a prerrogativa, conferida pelo art. 301, primeira parte, do CPP, de prender aquele que se acha em situação de flagrante. Este é o *flagrante facultativo*.
Gabarito "D".

7. SUJEITOS PROCESSUAIS, CITAÇÃO, INTIMAÇÃO E PRAZOS

(Cartório/MG – 2015 – Consulplan) Quanto às partes e ao juiz, assinale a alternativa correta:

(A) Ao órgão do Ministério Público não se estendem as prescrições relativas à suspeição e aos impedimentos dos juízes.

(B) A constituição de defensor independerá de instrumento de mandato, se o acusado o indicar por ocasião do interrogatório.

(C) O juiz não poderá ordenar, de ofício, produção antecipada de prova antes de iniciada a ação penal.

(D) Não se exigem poderes especiais do procurador para arguir falsidade de documento.

A: incorreta, pois não corresponde à regra presente no art. 258, parte final, do CPP; **B**: correta (art. 266, CPP); **C**: incorreta, visto que o art. 156, I, do CPP confere ao juiz a prerrogativa de ordenar, de ofício, mesmo *antes* de iniciada a ação penal, a produção antecipada das provas consideradas urgentes e relevantes, sempre observando a

5. DIREITO PROCESSUAL PENAL

necessidade, adequação e proporcionalidade da medida. Importante que se diga que, com o advento do chamado *pacote anticrime* (Lei 13.964/2019), posterior, portanto, à elaboração desta questão, foram promovidas diversas inovações nos campos penal, processual penal e legislação extravagante, com destaque para a Lei de Execução Penal. No código de processo penal, uma das alterações a nosso ver mais relevantes, ao lado do juiz de garantias, é a inserção do art. 3º-A, que consagra e explicita a opção pelo sistema acusatório. Segundo este dispositivo, cuja eficácia está suspensa por decisão liminar do STF, já que faz parte do regramento que compõe o chamado "juiz de garantias" (arts. 3º-A a 3º-F, do CPP), "o processo penal terá estrutura acusatória, vedadas a iniciativa do juiz na fase de investigação e a substituição da atuação probatória do órgão de acusação". Até então, o sistema acusatório, embora amplamente acolhido pela comunidade jurídica, já que em perfeita harmonia com a CF/88, não era contemplado em lei. Nessa esteira, com vistas a fortalecer o sistema acusatório, o *pacote anticrime* cria a figura do juiz de garantias (arts. 3º-A a 3º-F, do CPP, com eficácia atualmente suspensa), ao qual cabe promover o controle da legalidade da investigação criminal e salvaguardar os direitos individuais cuja franquia tenha sido reservada ao Poder Judiciário. Também dentro desse mesmo espírito, a Lei 13.964/2019 alterou os arts. 282, § 2º, e 311, ambos do CPP, que agora vedam a atuação de ofício do juiz na decretação de medidas cautelares de natureza pessoal, como a prisão processual, ainda que no curso da ação penal. Como não poderia deixar de ser, surgiu (ou ressurgiu) a discussão acerca da compatibilidade do art. 156 do CPP com a adoção, agora explícita, do sistema acusatório feita pela inserção do art. 3º-A no CPP. Como bem sabemos, não houve a revogação expressa do art. 156 do CPP pela Lei 13.964/2019, dispositivo que autoriza a atuação do juiz de ofício na produção da prova (inclusive na fase investigativa). A questão que se coloca é: houve revogação tácita do art. 156 do CPP pelo novo art. 3º-A? Somente o tempo dirá como os tribunais atuarão diante de tal impasse. Pensamos que a inserção do art. 3º-A no CPP, aliada à implementação do juiz de garantias, à vedação imposta à atuação de ofício do juiz (como a proibição de o magistrado decretar a custódia preventiva de ofício no curso da ação penal) e também à inovação promovida no procedimento de arquivamento do IP, que retira o protagonismo que até então tinha o juiz de decidir se era ou não caso de arquivamento, leva-nos a crer que o art. 156 do CPP, porque incompatível com o sistema acusatório, foi tacitamente revogado pelo art. 3º-A; **D:** incorreta, já que contraria o teor do art. 146 do CPP, que assim dispõe: *A arguição de falsidade, feita por procurador, exige poderes especiais.*
Gabarito "B".

(Cartório/RJ – 2008 – UERJ) Acerca do processo penal, a alternativa incorreta é:

(A) a suspeição não pode ser conhecida de ofício

(B) o impedimento pode ser suscitado pelo Ministério Público

(C) a suspeição não poderá ser declarada nem reconhecida, quando a parte injuriar o juiz ou de propósito der motivo para criá-la

(D) o impedimento ou a suspeição decorrente de parentesco por afinidade cessará pela dissolução do casamento que lhe tiver dado causa, salvo sobrevindo descendentes

(E) ainda que dissolvido o casamento sem descendentes, não funcionará como juiz o sogro, o padrasto, o cunhado, o genro ou enteado de quem for parte no processo

A: incorreta (devendo ser assinalada), pois deve o juiz reconhecer a suspeição de ofício; se não o fizer, a parte poderá recusá-lo (art. 254, *caput*, do CPP); **B:** correta. O impedimento, se não reconhecido de ofício pelo juiz, pode ser suscitado pelas partes; **C:** correta, nos termos do

art. 256 do CPP; **D:** correta, nos termos do art. 255, primeira parte, do CPP; **E:** correta, nos termos do art. 255, segunda parte, do CPP.
Gabarito "A".

(Cartório/RJ – 2008 – UERJ) No processo penal, o juiz será considerado suspeito, exceto se:

(A) seu cônjuge for diretamente interessado no feito

(B) for amigo íntimo ou inimigo capital de qualquer das partes

(C) for credor ou devedor, tutor ou curador, de qualquer das partes

(D) ele, seu cônjuge, ascendente ou descendente, estiver respondendo a processo por fato análogo, sobre cujo caráter criminoso haja controvérsia

(E) ele, seu cônjuge, ou parente, consanguíneo, ou afim, até o terceiro grau, inclusive, sustentar demanda ou responder a processo que tenha de ser julgado por qualquer das partes

A assertiva "A" contempla hipótese de impedimento (art. 252, IV, do CPP); as demais constituem hipótese de suspeição, cujo rol está previsto no art. 254 do CPP.
Gabarito "A".

(Cartório/SP – V – VUNESP) Em inquérito policial instaurado para apuração de crime que causou grande clamor social, foi designado membro do Ministério Público para acompanhar as investigações. No que pertine a impedimento ou suspeição para propositura da ação penal e acompanhamento de seus ulteriores atos, considerada a designação mencionada, é correto afirmar que o Promotor de Justiça que acompanhou as investigações

(A) é suspeito e, portanto, não pode oferecer denúncia nem acompanhar o feito em seus ulteriores atos, uma vez que não mais possui a indispensável imparcialidade para tanto.

(B) está impedido de oferecer denúncia e acompanhar o feito em seus ulteriores atos, uma vez que passou a ter conhecimento pessoal dos fatos.

(C) pode oferecer denúncia e acompanhar o feito em seus ulteriores atos, não sendo suspeito ou impedido para tanto.

(D) pode oferecer denúncia, porém não pode acompanhar o feito em seus ulteriores atos, estando na posição de impedido para tanto.

Súmula n. 234, STJ: "A participação de membro do Ministério Público na fase investigatória criminal não acarreta seu impedimento ou suspeição para o oferecimento da denúncia". De toda sorte, impende consignar que o Plenário do STF em breve decidirá em que circunstâncias o membro do MP poderá realizar investigação criminal.
Gabarito "C".

8. PROCESSO E PROCEDIMENTOS; SENTENÇA E COISA JULGADA

(Cartório/MG – 2019 – Consulplan) Quanto ao Procedimento Especial do Tribunal do Júri, assinale a alternativa INCORRETA.

(A) O desaforamento é permitido na pendência de recurso interposto contra a decisão de pronúncia.

EDUARDO DOMPIERI

(B) A instalação da sessão de julgamento sem o número mínimo legal de quinze jurados acarreta a nulidade do julgamento.

(C) A intimação ao réu da sentença de pronúncia em regra é pessoal, mas excepcionalmente pode ser editalícia, permitindo o julgamento à revelia.

(D) A sentença de absolvição sumária, prolatada ao fim do **judicium accusationis**, constitui hipótese de extinção do feito com julgamento do mérito e faz coisa julgada formal e material, sendo atacada pelo recurso de apelação.

A: incorreta (a ser assinalada), na medida em que o art. 427, § 4º, do CPP veda o desaforamento na hipótese de pendência de recurso contra decisão de pronúncia; **B:** correta. Na hipótese de o quórum mínimo de 15 jurados não ser alcancado, não poderá o magistrado presidente do tribunal do júri instalar a sessão; deverá, isto sim, proceder ao sorteio de suplentes em número suficiente para perfazer o número mínimo estabelecido no art. 463 do CPP e adiar o julgamento para nova data disponível (art. 464, CPP); **C:** correta. Segundo estabelece o art. 420, I do CPP, a intimação da decisão de pronúncia será feita, em regra, pessoalmente ao acusado, bem como ao defensor nomeado e também ao Ministério Público; o defensor, quando constituído pelo réu, será intimado pela imprensa, regra que também se aplica ao querelante e ao assistente do Ministério Público, conforme previsão contida no art. 420, II, do CPP. Já o acusado solto que não for encontrado para intimação pessoal será comunicado da decisão de pronúncia por meio de edital, a teor do art. 420, parágrafo único, do CPP; **D:** correta. A absolvição sumária, cujas hipóteses estão elencadas no art. 415 do CPP, constitui decisão de mérito que coloca fim ao processo e gera coisa julgada material. Com o advento da Lei 11.689/2008, que modificou os arts. 416 e 581, IV e VI, do CPP, a decisão de absolvição sumária (e também a de impronúncia), que antes comportava recurso em sentido estrito, passou a ser combatida por meio de recurso de apelação. A pronúncia, por sua vez, continua a ser impugnada por meio de recurso em sentido estrito, nos termos do art. 581, IV, do CPP.

Gabarito "A".

(Cartório/MG – 2019 – Consulplan) Ao receber uma denúncia por crimes de furto qualificado e estelionato, lastreada em inquérito policial, o juiz entendeu que os fatos apurados no procedimento inquisitório não configuravam os crimes em apreço, mas apenas furto simples. Assim, rejeitou a denúncia quanto aos dois delitos, recebendo-a somente quanto ao crime de furto simples. A decisão judicial foi:

(A) Correta, porém, se dela discordar o Ministério Público, poderá interpor recurso.

(B) Incorreta, pois, verificando a inadequação da peça acusatória aos fatos apurados, cumpria-lhe determinar a devolução dos autos ao Ministério Público para que este providenciasse denúncia substitutiva.

(C) Acertada, pois a denúncia expressa mero juízo provisório de culpa (**lato sensu**), cabendo, tanto ao Ministério Público, no momento de ofertá-la, quanto ao juiz, no momento de recebê-la, a correta adaptação legal da conduta delituosa.

(D) Incorreta, pois o juiz pode receber parcialmente a denúncia, rejeitando-a em parte, mas não pode alterar, neste momento, a classificação jurídica do crime. Não haveria problemas se a recebesse por furto qualificado, rejeitando-a pelo estelionato, sendo recorrível tal decisão.

Como bem sabemos, o acusado, no processo penal, defende-se dos fatos que lhe são imputados, e não da capitulação que é atribuída ao crime na peça acusatória, denúncia ou queixa. Pouco importa, pois, a classificação operada pelo titular da ação penal na exordial. É isso que estabelece o art. 383 do CPP (*emendatio libelli*). Note que o fato, na *emendatio libelli*, permanece inalterado, sem prejuízo, por isso mesmo, para a defesa. A mudança, aqui, incide na classificação da conduta, levada a efeito pela acusação, no ato da propositura da ação, e retificada pelo juiz, de ofício, no momento da sentença, sendo desnecessário, em vista disso, ouvir a esse respeito o defensor, ainda que a pena correspondente ao novo tipo penal seja mais grave. Pois bem. Este é o fenômeno descrito na alternativa. É fato que nada impede que o juiz receba parcialmente a peça acusatória. O que não lhe cabe é, no momento do recebimento, antecipar a *emendatio libelli*, o que, repita-se, há de ser feito quando da prolação da sentença. A rejeição parcial da denúncia desafia recurso em sentido estrito. No sentido do que acima foi ponderado, conferir a lição de Guilherme de Souza Nucci: "admitindo-se que, quanto aos fatos narrados, possa o juiz receber a denúncia ou queixa parcialmente, cabe recurso em sentido estrito em caso de afastamento de fatos, que tenham base no inquérito policial, portanto, justa causa. Não cabe, por parte do magistrado, a alteração da classificação feita pelo promotor, no momento de receber a denúncia, de forma que inexiste recurso para tanto (...)" (*Código de Processo Penal Comentado*, 17ª ed., p. 1364).

Gabarito "D".

(Cartório/CE – 2018 – IESES) É certo afirmar:

I. A possibilidade do magistrado em absolver sumariamente ao réu só se observa no procedimento sumário em razão da simplicidade dos delitos da sua competência.

II. Os crimes de responsabilidade dos funcionários públicos, cujo processo e julgamento competirão aos juízes de direito, a queixa ou a denúncia será instruída com documentos ou justificação que façam presumir a existência do delito ou com declaração fundamentada da impossibilidade de apresentação de qualquer dessas provas.

III. No rito ordinário, aberta a instrução processual com a designação da necessária audiência, nela, primeiramente se interrogará ao réu, ouvindo a vítima após (caso seja possível ou necessário) e as testemunhas de acusação e defesa.

IV. Praticar, antes ou depois da sentença que decretar a falência, conceder a recuperação judicial ou homologar a recuperação extrajudicial, ato fraudulento de que resulte ou possa resultar prejuízo aos credores, com o fim de obter ou assegurar vantagem indevida para si ou para outrem constitui-se em fraude a credores.

Analisando as proposições, pode-se afirmar:

(A) Somente as proposições I e II estão corretas.

(B) Somente as proposições II e IV estão corretas.

(C) Somente as proposições I e III estão corretas.

(D) Somente as proposições III e IV estão corretas.

I: incorreta. A absolvição sumária poderá ocorrer tanto no procedimento comum sumário quanto no ordinário (art. 397, CPP), bem assim no procedimento especial relativo aos processos de competência do Tribunal do Júri (art. 415, CPP); **II:** correta, pois corresponde ao que estabelece o art. 513 do CPP; **III:** incorreta. Por força das modificações implementadas pela Lei 11.719/2008, que alterou diversos dispositivos do CPP, entre os quais o art. 400, a instrução, que antes tinha como providência inicial o interrogatório do acusado, passou a ser uma, impondo, além disso, nova sequência de atos, todos realizados em uma única audiência. Nesta (art. 400 do CPP – ordinário; art. 531 do CPP – sumário), deve-se ouvir, em primeiro lugar, o ofendido; depois, ouvem-se as testemunhas de acusação e, em seguida, as de defesa.

5. DIREITO PROCESSUAL PENAL — 293

Após, vêm os esclarecimentos dos peritos e as acareações. Em seguida, procede-se ao reconhecimento de pessoas e coisas. Somente depois se interroga o acusado. Ao final, não havendo requerimento de diligências, serão oferecidas pelas partes alegações finais orais, por vinte minutos, prorrogáveis por mais dez; **IV**: correta (crime previsto no art. 168 da Lei 11.101/2005).
Gabarito "B".

(Cartório/CE – 2018 – IESES) É certo afirmar:

I. O procedimento será o sumário para as infrações penais de menor potencial ofensivo, assim consideradas na forma da lei.

II. A ação penal é um direito autônomo, que não se confunde com o direito material que se pretende tutelar.

III. Nos procedimentos ordinário e sumário, oferecida a denúncia ou queixa, o juiz, se não a rejeitar liminarmente, recebê-la-á e ordenará a citação do acusado para responder à acusação, por escrito, no prazo de 15 (quinze) dias.

IV. Ao tratar das medidas assecuratórias tem-se no Código de Processo Penal que o processo de especialização da hipoteca e do arresto correrão em auto apartado.

Analisando as proposições, pode-se afirmar:

(A) Somente as proposições I e III estão corretas.

(B) Somente as proposições II e IV estão corretas.

(C) Somente as proposições I e II estão corretas.

(D) Somente as proposições III e IV estão corretas.

I: incorreta. Segundo o disposto no art. 394 do CPP, o procedimento se divide em *comum* e *especial*. O comum é subdividido em *ordinário*, *sumário* e *sumaríssimo*. O procedimento comum sumário será adotado quando se tratar de crime cuja sanção máxima seja inferior a quatro anos e superior a dois (art. 394, § 1º, II, CPP). Como se pode ver, este procedimento (sumário) não é voltado ao processamento das infrações penais de menor potencial ofensivo; o rito ordinário, por sua vez, terá lugar sempre que se tratar de crime cuja sanção máxima cominada for igual ou superior a quatro anos de pena privativa de liberdade (art. 394, § 1º, I, CPP); já o sumaríssimo, este sim, é aplicado ao processamento e julgamento das infrações penais de menor potencial ofensivo (aquelas em que a pena máxima cominada não exceda dois anos – art. 61 da Lei 9.099/1995); **II:** correta. De forma singela, podemos conceituar a ação penal como sendo o direito do Estado (Ministério Público) ou do ofendido (na hipótese de a iniciativa de deflagração da ação ser da vítima) consistente em pleitear em juízo a prestação jurisdicional, assim entendida como a aplicação do direito penal material ao caso concreto. É por meio da ação penal, pois, que o Estado materializa a sua pretensão consistente em punir aquele que violou a lei penal. Nas palavras de Rogério Lauria Tucci, ação deve ser compreendida como *a atuação correspondente ao exercício de um direito abstrato (em linha de princípio, até porque, com ela, se concretiza), autônomo, público, genérico e subjetivo, qual seja o direito à jurisdição* (*Teoria do Direito Processual Penal*, p. 79); **III:** incorreta. O erro da assertiva está no prazo indicado (15 dias), já que, segundo estabelece o art. 396, *caput*, do CPP, o interrogando de que dispõe o réu para apresentar a resposta à acusação corresponde a 10 dias; **IV:** correta, na medida em que corresponde ao que prevê o art. 138 do CPP.
Gabarito "B".

(Cartório/SP – 2016 – VUNESP) Assinale a alternativa correta.

(A) Se na fase da pronúncia o Juiz desclassificar o crime doloso contra a vida, encaminhará o processo ao Juiz singular e, se este discordar da desclassificação, deverá suscitar conflito de competência.

(B) Se o Tribunal do Júri absolver o réu pela prática do crime doloso contra a vida, a competência para julgar o crime conexo será do Juiz Presidente.

(C) Se na fase da pronúncia o Juiz desclassificar o crime doloso contra a vida, remeterá o processo ao Ministério Público para aditamento da denúncia.

(D) Se o Tribunal do Júri desclassificar o crime doloso contra a vida, o Juiz Presidente será competente para julgar o processo e proferir a sentença.

Se o juiz, ainda na primeira fase do procedimento do Júri, ao julgar a admissibilidade da acusação, chegar à conclusão que é caso de desclassificação do crime doloso contra a vida para outro de competência do juiz singular, a este deverá remeter os autos (art. 81, parágrafo único, do CPP). Agora, se a desclassificação se der na segunda fase do Júri, pelos jurados, a situação é diferente. Neste caso, por força do que dispõe o art. 492, § 1º, do CPP, se, da desclassificação operada pelos jurados, a competência do júri for deslocada para o juízo singular, a decisão deverá ser proferida de imediato pelo presidente do Tribunal Popular. Se a desclassificação for para infração penal de menor potencial ofensivo, deverá o magistrado aplicar, no que for cabível, o disposto nos arts. 69 e seguintes da Lei 9.099/1995. Outra hipótese é os jurados absolverem o réu pelo crime doloso contra a vida. Neste caso, os próprios jurados se encarregarão de julgar os crimes conexos (e não o juiz presidente).
Gabarito "D".

(Cartório/MG – 2016 – Consulplan) Segundo o Decreto-Lei nº 3.689/1941, Código de Processo Penal, quanto à função do jurado, estão isentos do serviço do júri, EXCETO:

(A) O Vice-Prefeito Municipal.

(B) O servidor do Ministério Público.

(C) O Secretário de Estado.

(D) O Ministro de Estado.

A: assertiva a ser assinalada. O art. 437 do CPP, em seu inciso IV, somente contemplou o prefeito municipal. O vice-prefeito, portanto, não está isento do serviço do Júri; **B:** os servidores do MP, assim como os do Judiciário e da Defensoria Pública, estão isentos do serviço do Júri, a teor do art. 437, VI, do CPP; **C:** os governadores e seus respectivos secretários estão isentos do serviço do Júri (art. 437, II, do CPP); **D:** também estão isentos do serviço do Júri o presidente da República e os ministros de Estado (art. 437, I, do CPP).
Gabarito "A".

(Cartório/MG – 2015 – Consulplan) Aplica-se ao processo penal o procedimento comum sumário quando

(A) o crime tem sanção máxima cominada inferior a 4 (quatro) anos de pena privativa de liberdade.

(B) o crime é doloso contra a vida.

(C) a infração penal for de menor potencial ofensivo.

(D) o crime tem sanção máxima cominada igual ou superior a 4 (quatro) anos de pena privativa de liberdade.

O critério utilizado para se identificar o rito processual a ser adotado é a *pena máxima* cominada ao crime, conforme estabelece o art. 394 do CPP. O *rito ordinário* terá lugar sempre que se tratar de crime cuja sanção máxima cominada for igual ou superior a quatro anos de pena privativa de liberdade (art. 394, § 1º, I, CPP). O *rito sumário*, por sua vez, será adotado quando se tratar de crime cuja sanção máxima seja inferior a quatro anos e superior a dois (art. 394, § 1º, II, CPP). Já o *rito sumaríssimo* terá incidência nas infrações penais de menor potencial ofensivo (crimes cuja pena máxima não seja superior a dois anos bem como as contravenções penais), na forma estatuída no art. 394, § 1º, III, CPP.
Gabarito Anulada

EDUARDO DOMPIERI

(Cartório/MG – 2015 – Consulplan) "Em 2012, Tício, contando com 20 anos de idade, forneceu cocaína, gratuitamente, sem autorização, a Caio, que contava com 30 anos de idade. Tício foi denunciado e, no curso do processo, confessou os fatos. O exame de insanidade mental revelou que Tício, por doença mental, era, ao tempo do ato, inteiramente incapaz de entender o caráter ilícito do fato." A sentença, proferida dois anos após os fatos, foi

(A) condenatória, com aplicação de pena.

(B) condenatória, com aplicação de medida de segurança.

(C) absolutória, com aplicação de medida de segurança.

(D) extintiva de punibilidade, pelo perdão judicial.

Verificando o juiz que Tício era, ao tempo da conduta, inteiramente incapaz de entender o caráter ilícito do fato, uma vez que padecia de doença mental (art. 26, *caput*, do CP), há de se reconhecer a sua inimputabilidade, devendo, em razão disso, ser submetido a tratamento (medida de segurança). Embora a sentença, aqui, tenha natureza absolutória (art. 386, VI, CPP), o agente há de ser submetido a tratamento. Daí falar-se em absolvição *imprópria*.
Gabarito "C".

(Cartório/DF – 2006 – CESPE) Segundo a legislação e a doutrina pertinentes, e considerando, ainda, a jurisprudência do STJ e do STF, julgue o próximo item, relativo ao direito processual penal.

(1) No processo e julgamento dos crimes de responsabilidade dos funcionários públicos, é necessária a resposta preliminar na ação penal instruída por inquérito policial.

Incorreta, visto que a formalidade imposta pelo art. 514 do CPP (defesa preliminar) somente se fará necessária, segundo entendimento firmado na Súmula n. 330 do STJ, quando a denúncia se basear em outras peças de informação que não o inquérito policial. De se notar, todavia, que o STF, de forma diversa, proferiu vários julgados no sentido de que a defesa preliminar, ainda que a ação penal seja calcada em inquérito policial, se faz necessária.
Gabarito "1E".

(Cartório/DF – 2003 – CESPE) Josué foi preso em flagrante pela prática do crime de extorsão mediante sequestro. Respondeu todo o processo-crime preso, tendo sido, ao final, condenado à pena privativa de liberdade de oito anos de reclusão, a ser expiada em regime integralmente fechado.

Com base nessa situação hipotética, julgue o seguinte item, referente à intimação da sentença no processo penal.

(1) Josué deverá ser intimado da sentença penal condenatória por intermédio de mandado, pessoalmente, sendo indispensável, também, a intimação do seu defensor, seja dativo ou constituído.

De fato, se preso estiver o réu, deverá o mesmo ser intimado pessoalmente da sentença (art. 392, I, CPP); quanto ao seu defensor, será este intimado pela imprensa, se constituído, ou por mandado, se dativo.
Gabarito "1C".

(Cartório/DF – 2003 – CESPE) A respeito do procedimento do júri e do desaforamento, julgue o item a seguir.

(1) A influência política do acusado e de seus familiares, que poderão interferir na isenção e parcialidade dos jurados, são motivos para fundamentar pedido de desaforamento, a ser realizado durante a fase da instrução criminal de processo-crime da competência do júri.

Segundo atual posicionamento adotado pelo STF, a influência política do acusado e de seus familiares constitui motivo bastante a justificar o desaforamento do julgamento para comarca diversa daquela em que o crime foi praticado. Ainda segundo o STF, é suficiente, neste caso, que haja fundada suspeita de parcialidade dos jurados (não se exige certeza). Nesse sentido: STF, 96.785-ES, rel. Min. Eros Grau, j. 25.11.2008.
Gabarito "1C".

(Cartório/MS – 2009 – VUNESP) O questionário contendo os quesitos a serem apreciados pelos jurados no Tribunal do Júri, de acordo com o art. 483 do CPP, deverá ser formulado na seguinte ordem, e indagando sobre:

(A) materialidade, autoria, nexo de causalidade, qualificadoras e causas de aumento e diminuição de pena.

(B) materialidade, autoria, privilégios e qualificadoras, causas de aumento e diminuição.

(C) materialidade, autoria, se o acusado deve ser absolvido, se existe causa de diminuição de pena, circunstâncias qualificadoras, ou causas de aumento de pena.

(D) autoria, materialidade, agravantes e atenuantes, causas de aumento e d e diminuição de pena.

(E) autoria, materialidade, causas de aumento e de diminuição de pena.

A alteração implementada pela Lei 11.689/2008 teve como escopo tornar o sistema de quesitação mais objetivo e claro. Os quesitos devem ser elaborados nos termos do art. 483 do CPP.
Gabarito "C".

(Cartório/MS – 2009 – VUNESP) Assinale a alternativa que apresenta o prazo correto para o oferecimento da resposta à acusação nos procedimentos ordinário e sumário.

(A) 15 dias em ambos os procedimentos.

(B) 10 dias em ambos os procedimentos.

(C) 15 dias no procedimento ordinário e 10 dias no procedimento sumário.

(D) 20 dias no procedimento sumário e 10 dias no procedimento ordinário.

(E) 10 dias no procedimento ordinário e 5 dias no procedimento sumário.

Art. 396, *caput*, do CPP. Dispositivo introduzido pela Lei 11.719/2008.
Gabarito "B".

(Cartório/MS – 2009 – VUNESP) Seguindo a regra geral contida no art. 403 do CPP, é correto afirmar que no procedimento ordinário as alegações finais serão

(A) oferecidas por escrito no prazo de 10 dias.

(B) orais por vinte minutos, respectivamente, pela acusação e pela defesa, com direito à prorrogação por mais 10 minutos.

(C) apresentadas no prazo sucessivo de 5 dias, por memorial.

(D) orais por trinta minutos, respectivamente, pela acusação e pela defesa, com direito à prorrogação por mais 10 minutos.

(E) oferecidas por escrito no prazo de 8 dias, respectivamente, pela acusação e pela defesa.

Em vista do que dispõe o art. 403 do CPP, as *alegações finais* serão, em regra, orais, por 20 minutos, respectivamente, pela acusação e pela defesa, prorrogáveis por mais 10, mas o juiz poderá, dada a

5. DIREITO PROCESSUAL PENAL

complexidade do caso ou o número de acusados, deferir às partes o prazo de cinco dias sucessivamente para a apresentação de memoriais (alegações escritas).

Gabarito "B".

(Cartório/MT – 2005 – CESPE) Um promotor de justiça, ao receber os autos de inquérito policial, concluído e relatado pela autoridade policial, ofereceu de pronto a denúncia. O referido inquérito versava sobre a prática de crimes contra a honra de vítima que se tornou funcionário público após o crime. Na hipótese acima, o juiz deve

(A) receber a denúncia.

(B) rejeitar a denúncia sob o argumento de que se trata de ação penal privada, sujeita a queixa-crime.

(C) rejeitar a denúncia sob o argumento de que falta condição de procedibilidade para a ação penal.

(D) determinar o arquivamento da ação penal.

De fato, o MP não dispõe, neste caso, de legitimidade ao ajuizamento da ação penal, dado que esta, por força do que estabelece o art. 145, *caput*, do CP, é de iniciativa privativa do ofendido. É que, ao tempo em que o crime foi praticado, a vítima ainda não era funcionário público. Se fosse, e o crime tivesse sido praticado em razão das funções exercidas pelo ofendido, a ação penal, segundo o disposto no art. 145, parágrafo único, do CP, seria *pública condicionada à representação*. De se ver, no entanto, que o STF, por meio da Súmula 714, firmou entendimento no sentido de que, nesses casos (crimes contra a honra de funcionário público em razão de suas funções), a legitimidade é concorrente entre o ofendido (mediante queixa) e o Ministério Público (ação pública condicionada à representação do ofendido).

Gabarito "B".

(Cartório/RJ – 2008 – UERJ) Considerando-se as peculiaridades do processo penal, a alternativa incorreta é:

(A) tratando-se de infração da competência de outro juízo, a este serão encaminhados os autos

(B) se, em consequência de definição jurídica diversa, houver possibilidade de proposta de suspensão condicional do processo, o juiz procederá de acordo com o disposto na lei

(C) o juiz, sem modificar a descrição do fato contida na denúncia ou queixa, poderá atribuir-lhe definição jurídica diversa, ainda que, em consequência, tenha de aplicar pena mais grave

(D) nos crimes de ação pública, o juiz poderá proferir sentença condenatória, ainda que o Ministério Público tenha opinado pela absolvição, bem como reconhecer agravantes, embora nenhuma tenha sido alegada

(E) se o juiz reconhecer a possibilidade de nova definição jurídica do fato, em consequência da prova existente nos autos de circunstância elementar, não contida, explícita ou implicitamente, na denúncia, baixará o processo para que a Defesa se manifeste e, caso queira, produza provas, inclusive testemunhal

A: assertiva correta. De fato, se, no âmbito da *emendatio libelli* e da *mutatio libelli*, a infração for da competência de outro juízo, a este deverão os autos ser encaminhados (arts. 383, § 2º, e 384, § 3º, do CPP); **B:** correta, pois reflete o disposto no art. 383, § 1º, do CPP; **C:** correta. O acusado, no processo penal, defende-se dos fatos que lhe são imputados, e não da capitulação que é atribuída ao crime na peça acusatória, denúncia ou queixa. Pouco importa, pois, a classificação operada pelo titular da ação penal na exordial. É isso que estabelece o art. 383 do CPP (*emendatio libelli*). Note que o fato, na *emendatio libelli*,

permanece inalterado, sem prejuízo, por isso mesmo, para a defesa. A mudança, aqui, incide na classificação da conduta, levada a efeito pela acusação, no ato da propositura da ação, e retificada pelo juiz, de ofício, no momento da sentença, sendo desnecessário, em vista disso, ouvir a esse respeito o defensor, ainda que a pena correspondente ao novo tipo penal seja mais grave; **D:** correta, visto que reflete o disposto no art. 385 do CPP; **E:** assertiva incorreta (devendo ser assinalada), porquanto corresponde à redação anterior do dispositivo, que foi alterado por força da Lei 11.719/2008. Com isso, passa a ser de rigor, no âmbito da *mutatio libelli*, o aditamento da denúncia pelo Ministério Público, em qualquer caso. Antes, o aditamento somente se impunha na hipótese de aplicação de pena mais grave.

Gabarito "E".

(Cartório/RN – 2012 – IESIS) É certo afirmar:

I. O mandado de prisão será lavrado pelo escrivão e assinado pela autoridade; designará a pessoa, que tiver de ser presa, por seu nome, alcunha ou sinais característicos, mencionará a infração penal que motivar a prisão, declarará o valor da fiança arbitrada, quando afiançável a infração e será dirigido a quem tiver qualidade para dar-lhe execução.

II. Tratando-se de procedimento sumaríssimo, no caso de citação por edital, o prazo para a defesa começará a fluir a partir do comparecimento pessoal do acusado ou do defensor constituído.

III. Na instrução do procedimento sumário, poderão ser inquiridas até 3 (três) testemunhas arroladas pela acusação e 3 (três) pela defesa.

IV. O procedimento a ser aplicado será o ordinário, quando tiver por objeto crime cuja sanção máxima cominada for igual ou superior a 4 (quatro) anos de pena privativa de liberdade.

Analisando as proposições, pode-se afirmar:

(A) Somente as proposições II e III estão corretas.

(B) Somente as proposições I e III estão corretas.

(C) Somente as proposições II e IV estão corretas.

(D) Somente as proposições I e IV estão corretas.

I: assertiva correta, pois corresponde ao teor do art. 285 do CPP, que elenca os requisitos que o mandado de prisão deve contemplar; II: incorreta, pois, no âmbito do juizado especial, em que o procedimento a ser seguido é o sumaríssimo, não se procederá à citação por edital. Na hipótese de o autor não ser encontrado para citação, o juiz encaminhará as peças ao juízo comum para adoção do procedimento previsto em lei – art. 66, parágrafo único, da Lei 9.099/1995. Vale consignar que o rito sumaríssimo é aplicado ao processamento e julgamento das infrações penais de menor potencial ofensivo (contravenções penais e crimes para os quais a pena máxima restritiva de liberdade cominada não exceda a dois anos – art. 61, Lei 9.099/1995); III: no procedimento sumário, o legislador limitou a *cinco* o número de testemunhas que poderá arrolar a acusação. O mesmo número vale para a defesa. É o que estabelece o art. 532 do CPP. Registre-se que este procedimento será adotado quando se tratar de crime cuja sanção máxima seja inferior a quatro anos e superior a dois (art. 394, § 1º, II, CPP). Assertiva incorreta; IV: correta. De fato, o rito ordinário terá lugar sempre que se tratar de crime cuja sanção máxima cominada for igual ou superior a quatro anos de pena privativa de liberdade (art. 394, § 1º, I, CPP).

Gabarito "D".

(Cartório/SP – VII – VUNESP) O funcionário público processado criminalmente por prática de crime funcional tem direito às regras do art. 514 do Código de Processo Penal, defesa preliminar,

EDUARDO DOMPIERI

(A) quando for maior de sessenta anos.

(B) somente se não for reincidente.

(C) quando, tendo praticado mais de um crime, a soma das penas não ultrapasse quatro anos de reclusão.

(D) sempre que o delito for afiançável.

De fato, a *defesa preliminar*, prevista no art. 514 do CPP, somente terá lugar nos crimes funcionais *afiançáveis*.
Gabarito "D".

(Cartório/SP – V – VUNESP) Consoante entendimento sumular do Superior Tribunal de Justiça, acerca da defesa preliminar na hipótese de processo que apura crimes de responsabilidade praticados por servidores públicos, é possível afirmar que

(A) é desnecessária se a inicial acusatória se fizer acompanhar de justificação judicial que faça presumir a existência da infração penal.

(B) é desnecessária se a inicial acusatória se fizer acompanhar de inquérito policial.

(C) é desnecessária se a inicial acusatória se fizer acompanhar de documentos licitamente obtidos que façam presumir a existência da infração penal.

(D) é sempre necessária, independentemente do que instruir a inicial acusatória.

Este é o entendimento contemplado na Súmula nº 330 do STJ, segundo a qual é despicienda a *defesa preliminar* na hipótese de a ação penal achar-se calcada em inquérito policial. Registre-se, no entanto, que o STF, adotando outro posicionamento, proferiu vários julgados no sentido de que a defesa preliminar, ainda que a ação penal seja calcada em inquérito policial, se faz necessária.
Gabarito "B".

(Cartório/SP – IV – VUNESP) A resposta apresentada pelo funcionário público, antes do recebimento da denúncia ou da queixa, em processo referente a crime funcional, denomina-se

(A) defesa imprópria.

(B) defesa prévia.

(C) alegações finais.

(D) defesa preliminar.

Cuida-se do contraditório instaurado por meio da impugnação ofertada pelo funcionário antes do recebimento da denúncia. É a chamada *defesa preliminar*, prevista no art. 514 do CPP, que somente terá incidência nos crimes funcionais afiançáveis.
Gabarito "D".

(Cartório/SP – IV – VUNESP) Em caso de absolvição imprópria, deverá ser aplicada ao réu

(A) pena restritiva de direito.

(B) pena privativa de liberdade.

(C) medida de segurança.

(D) pena de multa.

Na *sentença absolutória imprópria* (art. 386, parágrafo único, III, CPP), o juiz, sem acolher a pretensão punitiva estatal, impõe ao inimputável, desde que devidamente comprovadas, no curso do processo, *materialidade* e *autoria, medida de segurança*, espécie do gênero *sanção*. *Vide*, a esse respeito, o teor da Súmula nº 422 do STF.
Gabarito "C".

(Cartório/SP – I – VUNESP) Constitui nota característica do procedimento referente aos crimes de responsabilidade dos funcionários públicos:

(A) a existência de um contraditório antes da decisão sobre o recebimento da denúncia ou queixa, com a apresentação da chamada defesa preliminar.

(B) possibilidade de o juiz substituir o interrogatório do réu por apresentação de defesa escrita.

(C) a concentração de todos os atos instrutórios em uma única audiência.

(D) desnecessidade de fundamentação da decisão de rejeição da denúncia.

A peculiaridade do procedimento referente aos crimes de responsabilidade dos funcionários públicos reside na impugnação ofertada pelo funcionário antes do recebimento da denúncia. É a chamada *defesa preliminar*, prevista no art. 514 do CPP, que somente terá incidência nos crimes funcionais afiançáveis, não se estendendo ao particular que, na qualidade de coautor ou partícipe, tomar parte no crime. Com a edição da Súmula n.º 330 do STJ, esta defesa que antecede o recebimento da denúncia deixou de ser necessária na ação penal alicerçada em inquérito policial. Dessa forma, a formalidade imposta pelo art. 514 do CPP somente se fará necessária, segundo o STJ, quando a denúncia se basear em outras peças de informação que não o inquérito policial. De se notar, todavia, que o STF, de forma diversa, proferiu vários julgados no sentido de que a defesa preliminar, ainda que a ação penal seja calcada em inquérito policial, se faz necessária.
Gabarito "A".

9. NULIDADES

(Cartório/MG – 2015 – Consulplan) Quanto às nulidades, assinale a alternativa correta.

(A) A nulidade de ato processual será declarada ainda que não houver influído na apuração da verdade substancial.

(B) A nulidade por ilegitimidade do representante da parte não poderá ser sanada em nenhum momento processual.

(C) Nenhum ato será declarado nulo, se da nulidade não resultar prejuízo para a acusação ou para a defesa.

(D) A ausência de intervenção do Ministério Público nos termos da ação intentada pela parte ofendida, nos casos de ação pública, não é causa de nulidade.

A: incorreta, pois não reflete o que estabelece o art. 566 do CPP; **B:** incorreta, pois em desconformidade com o disposto no art. 568 do CPP; **C:** correta. Impõe o *princípio do prejuízo*, consagrado no art. 563 do CPP, que, em se tratando de *nulidade relativa*, em que o prejuízo não é presumido, é necessário, para se decretar a nulidade do ato, verificar se o mesmo gerou efeitos prejudiciais; **D:** incorreta, pois não corresponde ao que estabelece o art. 564, III, *d*, do CPP.
Gabarito "C".

(Cartório/DF – 2003 – CESPE) Um servidor público federal, previamente ajustado e com unidade de desígnio com um promotor de justiça aposentado do Ministério Público do estado de Goiás, praticou um crime de extorsão mediante sequestro no município de Luziânia – GO, deslocando a vítima para o Plano Piloto, no Distrito Federal, onde continuou privando-a de sua liberdade de locomoção, para a obtenção do resgate, local onde foi preso em flagrante delito. Inquérito policial foi instaurado na Comarca de Luziânia, e pela polícia judiciária do Distrito Federal,

5. DIREITO PROCESSUAL PENAL

que comunicou a prisão do servidor público ao juiz da 2.ª Vara Criminal da Circunscrição Judiciária Especial de Brasília, encaminhando-lhe os autos após o encerramento. O Ministério Público do Distrito Federal e Territórios, com base no inquérito policial, ofertou denúncia contra o servidor público federal e o promotor de justiça aposentado, a qual foi recebida. Antes da apresentação da exordial acusatória, pedido de liberdade provisória foi indeferido pelo juiz da Circunscrição Judiciária de Brasília. Com base na situação hipotética acima, julgue o item que se segue.

(1) A falta de notificação dos acusados para responderem, por escrito, após o oferecimento da denúncia, será causa se nulidade absoluta, mesmo tratando-se de ação penal precedida de inquérito policial.

A incorreção da assertiva se dá por várias razões. A elas. Em primeiro lugar, a inobservância da formalidade contida no art. 514 do CPP (defesa preliminar) gera nulidade relativa. É a posição do STF. Além disso, a *defesa preliminar* somente terá incidência nos crimes afiançáveis praticados por funcionário público contra a administração pública (chamados delitos funcionais, o que não inclui o crime de extorsão mediante sequestro). Mais: em face do que enuncia a Súmula n.º 330 do STJ, a formalidade imposta por este dispositivo somente se fará necessária quando a denúncia se basear em outras peças de informação que não o inquérito policial. Ademais disso, a *notificação* para apresentação da defesa preliminar não se estende ao particular (promotor de justiça aposentado).
Gabarito "1E".

(Cartório/RJ – 2012) Sobre as nulidades no processo penal, é correto afirmar que

(A) a nulidade de um ato, uma vez declarada, causará a dos atos que dele diretamente dependam ou sejam consequência.

(B) a declaração de nulidade independe da ocorrência de prejuízos para a acusação ou para a defesa.

(C) ocorrerá nulidade por incompetência, mas não por suspeição do juiz.

(D) a nulidade por ilegitimidade do representante da parte não poderá ser sanada, mesmo diante da ratificação dos atos processuais.

(E) é possível arguir nulidade a que tenha dado causa.

A: correta, nos termos do art. 573, § 1°, do CPP; B: incorreta, pois, em se tratando de *nulidade relativa*, em que o prejuízo não é presumido, é necessário, para se decretar a nulidade do ato, verificar se o mesmo gerou prejuízo. É o *princípio do prejuízo*, consagrado no art. 563 do CPP; C: incorreta, pois estabelece o art. 564, I, do CPP que "A nulidade ocorrerá nos seguintes casos: I – por incompetência, *suspeição* ou suborno do juiz (...)"; D: incorreta. Segundo reza o art. 568 do CPP, a nulidade decorrente de ilegitimidade do representante da parte pode ser a todo tempo sanada, mediante ratificação dos atos processuais; E: incorreta, pois contraria o disposto no art. 565 do CPP.
Gabarito "A".

(Cartório/SC – 2012) Acerca das Súmulas do Superior Tribunal de Justiça, em Direito Processual Penal, pode-se afirmar:

I. A interposição de recurso, mesmo sem efeito suspensivo, contra decisão condenatória, obsta a expedição de mandado de prisão.

II. Intimada a defesa da expedição da carta precatória, torna-se desnecessária intimação da data da audiência no juízo deprecado.

III. É necessária a resposta preliminar de que trata o artigo 514 do Código de Processo Penal – CPP, na ação penal instruída por inquérito policial.

IV. A decisão que determina produção antecipada de provas com base no artigo 366 do Código de Processo Penal – CPP deve ser concretamente fundamentada, não a justificando o mero decurso do tempo.

(A) Somente as proposições II e IV estão corretas.

(B) Somente as proposições I, II e IV estão corretas.

(C) Somente a proposição I e III estão corretas.

(D) Somente as proposições II, III e IV estão corretas.

(E) Somente as proposições I e II estão corretas.

I: incorreta, pois não corresponde ao entendimento firmado na Súmula n. 267 do STJ; II: correta, pois corresponde ao entendimento firmado na Súmula n. 273 do STJ; III: incorreta, pois não corresponde ao entendimento firmado na Súmula n. 330 do STJ; IV: correta, pois corresponde ao entendimento firmado na Súmula n. 455 do STJ.
Gabarito "A".

10. RECURSOS

(Cartório/MG – 2015 – Consulplan) "Em uma mesma denúncia, Tício foi acusado de ter praticado os crimes de lesão corporal seguida de morte e de ocultação de cadáver. Tramitado, regularmente, o processo, foi proferida a sentença, na qual o juiz condenou Tício pela prática do crime de lesão corporal seguida de morte e, em relação ao crime de ocultação de cadáver, julgou extinta a punibilidade de Tício, em face da prescrição da pretensão punitiva. O Ministério Público discordou apenas da extinção da punibilidade e interpôs recurso, ao passo que o Defensor de Tício concordou com todo o julgamento." O recurso interposto pelo Ministério Público foi

(A) a carta testemunhável.

(B) a apelação.

(C) o recurso em sentido estrito.

(D) o recurso especial.

Embora a decisão que decreta a prescrição desafie recurso em sentido estrito (art. 581, VIII, do CPP), é certo que, pelo fato de essa modalidade de extinção da punibilidade haver sido reconhecida e decretada em sede de sentença, cabível, neste caso, o recurso de apelação. É o que estabelece o art. 593, § 4°, do CPP: *quando cabível a apelação, não poderá ser usado o recurso em sentido estrito, ainda que somente de parte da decisão se recorra*.
Gabarito "B".

(Cartório/MG – 2015 – Consulplan) Quanto aos recursos, é correto afirmar:

(A) Caberá apelação quando ocorrer nulidade posterior à pronúncia.

(B) Da decisão contrária à decisão dos jurados cabe recurso em sentido estrito.

(C) Os recursos serão voluntários, sendo inadmissível sua interposição, de ofício, pelo juiz.

(D) O Ministério Público poderá desistir de recurso que haja interposto.

A: correta (art. 593, III, *a*, do CPP); B: incorreta, uma vez que é caso de apelação, nos termos do art. 593, III, *b*, do CPP; C: incorreta. A *voluntariedade* é a característica fundamental dos recursos. Significa que as partes somente recorrerão se quiserem, se assim desejarem. Não estão, enfim, obrigadas a

EDUARDO DOMPIERI

recorrer, ainda que a defesa seja patrocinada por defensor público. Casos há em que a lei impõe ao juiz a obrigação de "recorrer" de sua própria decisão (recurso de ofício, necessário ou anômalo), providência que, na sua essência, muito pouco tem de "recurso", pois se trata, na verdade, como dito, de obrigação imposta ao juiz, e não às partes. Tal providência a ser tomada pelo juiz não retira esta característica fundamental dos recursos, que é a *voluntariedade* (art. 574 do CPP). Pode-se dizer, portanto, que todo recurso é voluntário; se não é voluntário, recurso não é; **D:** incorreta, na medida em que não é dado ao MP desistir do recurso que haja interposto, tal como estabelece o art. 576 do CPP. Cuidado: com isso não se quer dizer que o MP é obrigado a recorrer. Agora, se recorrer, é-lhe vedado, como já dito, abrir mão do recurso já interposto.

Gabarito "A".

(Cartório/MG – 2015 – Consulplan) Caberá recurso em sentido estrito

(A) da sentença definitiva de absolvição proferida por juiz singular.

(B) da decisão do Tribunal do Júri, quando ocorrer nulidade posterior à pronúncia.

(C) da decisão do Tribunal do Júri, quando houver erro no tocante à aplicação da medida de segurança.

(D) da sentença que pronunciar o acusado.

A: incorreta, já que configura hipótese de interposição de recurso de apelação, nos termos do disposto no art. 593, I, do CPP; **B:** incorreta, já que configura hipótese de interposição de recurso de apelação, nos termos do disposto no art. 593, III, *a*, do CPP; **C:** incorreta, já que configura hipótese de interposição de recurso de apelação, nos termos do disposto no art. 593, III, *c*, do CPP; **D:** correta. É caso de interposição de recurso em sentido estrito (art. 581, IV, do CPP).

Gabarito "D".

(Cartório/AM – 2005 – FGV) Em relação à decisão que julgar o incidente de falsidade, segundo o Código de Processo Penal, é correto afirmar que:

(A) não é possível haver recurso imediato, devendo ser atacada quando do recurso da sentença condenatória ou absolutória.

(B) caberá recurso em sentido estrito.

(C) é possível a interposição de agravo.

(D) caberá apelação.

(E) caberá recurso inominado.

Art. 581, XVIII, do CPP.

Gabarito "B".

(Cartório/MG – 2012 – FUMARC) Segundo o Código de Processo Penal, caberá apelação no prazo de 05 dias nas situações seguintes do rito do Júri, **EXCETO** quando

(A) proferida decisão que pronunciar o réu.

(B) for a decisão dos jurados manifestamente contrária à prova dos autos.

(C) for a sentença do juiz-presidente contrária à lei expressa ou à decisão dos jurados.

(D) houver erro ou injustiça no tocante à aplicação da pena ou da medida de segurança.

A: incorreta (devendo ser assinalada), visto que é caso de interposição de *recurso em sentido estrito*, conforme estabelecido no art. 581, IV, do CPP; **B:** correta, nos termos do art. 593, III, *d*, do CPP; **C:** correta, nos termos do art. 593, III, *b*, do CPP; **D:** correta, nos termos do art. 593, III, *c*, do CPP.

Gabarito "A".

(Cartório/MG – 2012 – FUMARC) Em relação às disposições gerais dos recursos no processo penal, **NÃO** é correto afirmar que

(A) em caso de ação penal privada comum, o querelante não poderá desistir do recurso interposto.

(B) não se admitirá recurso da parte que não tiver interesse na reforma ou modificação da decisão.

(C) o recurso poderá ser interposto pelo Ministério Público, ou pelo querelante, ou pelo réu, seu procurador ou seu defensor.

(D) não serão prejudicados os recursos que, por erro, falta ou omissão dos funcionários, não tiverem seguimento ou não forem apresentados dentro do prazo.

A: a *ação penal privada*, ao contrário da pública, é regida pelo *princípio da disponibilidade*, na medida em que pode o seu titular desistir de prosseguir na demanda por ele ajuizada bem assim do recurso que houver interposto. O *princípio da indisponibilidade* – art. 42, CPP – é exclusivo da ação penal pública. Assertiva, portanto, incorreta, devendo ser assinalada; **B:** correta, pois em conformidade com o que prescreve o art. 577, parágrafo único, do CPP; **C:** correta, pois em conformidade com o que prescreve o art. 577, *caput*, do CPP; **D:** correta, pois em conformidade com o que prescreve o art. 575 do CPP.

Gabarito "A".

(Cartório/PR – 2007) No tocante às nulidades e recursos em geral, assinale a alternativa correta:

(A) Há no processo pressupostos subjetivos (juiz investido, competente absolutamente e imparcial e partes capazes) e objetivos (ausência de litispendência e coisa julgada, e regularidade procedimental) que são os requisitos para uma relação processual.

(B) A decisão que concede liberdade provisória não pode ser atacada por recurso em sentido estrito.

(C) A nulidade absoluta exige que se demonstre a ocorrência de prejuízo.

(D) A nulidade absoluta preclui, se não for arguida na primeira oportunidade após o seu conhecimento.

A: o processo, como instrumento de composição de litígios, possui requisitos de existência (o mínimo necessário para que o processo exista) e validade (necessários ao desenvolvimento do processo). São os chamados *pressupostos processuais*. São, segundo a doutrina, *pressupostos processuais de existência*: petição inicial; jurisdição; citação inicial; e capacidade de ser parte. De outro lado, constituem os chamados *pressupostos processuais de validade*: competência absoluta; citação válida; petição inicial válida; juiz imparcial; e ausência de coisa julgada, litispendência e perempção. A ausência de pressuposto processual leva à rejeição da denúncia ou queixa – art. 395, II, do CPP; **B:** incorreta, pois contraria o disposto no art. 581, V, do CPP; **C e D:** diz-se *absoluta* da nulidade que ofende norma de interesse público. Neste caso, as partes estão dispensadas de fazer prova do prejuízo experimentado, visto que este é presumido pela lei. Não convalida e não se submete à preclusão, devendo o juiz reconhecê-la a qualquer tempo. Já na *nulidade relativa*, o prejuízo há de ser demonstrado pela parte, sob pena de o ato não ser reconhecido como nulo (art. 563, CPP). A norma violada, aqui, é infraconstitucional. No mais, esta modalidade de nulidade deve ser suscitada dentro do prazo estabelecido no art. 571 do CPP, sob pena de preclusão.

Gabarito "A".

(Cartório/RJ – 2012) Sobre recursos no processo penal, é **incorreto** afirmar que

(A) salvo a hipótese de má-fé, a parte não será prejudicada pela interposição de um recurso por outro.

(B) o Ministério Público não poderá desistir de recurso que haja interposto.

5. DIREITO PROCESSUAL PENAL

(C) caberá apelação no prazo de 5 (cinco) dias da sentença que decretar a prescrição ou julgar, por outro modo, extinta a punibilidade.

(D) caberá recurso de apelação das decisões do Tribunal do Júri quando correr nulidade posterior à pronúncia.

(E) se o recorrido for o réu, será intimado do prazo para oferecer contrarrazões na pessoa do seu defensor.

A: assertiva correta. Com efeito, desde que o recorrente não aja imbuído de má-fé, a interposição de um de um recurso por outro não obstará o seu processamento (princípio da fungibilidade recursal). É o que estabelece o art. 579 do CPP; **B:** correta. De fato, à luz do princípio da indisponibilidade, é defeso ao Ministério Público desistir da ação penal proposta (CPP, art. 42) e do recurso interposto (CPP, art. 576). Cuidado: não se quer com isso dizer que o membro do MP é obrigado a recorrer, mas, uma vez interposto o recurso, é-lhe vedado dele desistir; **C:** incorreta (devendo ser assinalada), já que, neste caso, a decisão deve ser combatida por meio de *recurso em sentido estrito*, em obediência ao que prescreve o art. 581, VIII, do CPP; **D:** correta, visto que reflete o disposto no art. 593, III, *a*, do CPP; **E:** correta, pois em conformidade com o disposto no art. 588, parágrafo único, do CPP.
Gabarito "C"

(Cartório/SC – 2012) João foi denunciado pela prática do delito previsto no art. 121, *caput*, do Código Penal. Após regular instrução, decidiu-se, tendo em vista ausência de provas de que tinha sido autor do disparo fatal, pela sua impronúncia. Não concordando, o Ministério Público interpôs:

(A) Recurso em sentido estrito.

(B) Agravo.

(C) Recurso inominado.

(D) Apelação.

(E) Carta testemunhável.

O recurso cabível em face da decisão de impronúncia é a *apelação* – art. 416, CPP. A pronúncia, por sua vez, deve ser impugnada por meio de *recurso em sentido estrito*, nos termos do art. 581, IV, do CPP.
Gabarito "D"

(Cartório/SP – 2012 – VUNESP) Cabe recurso em sentido estrito da decisão, despacho ou sentença

(A) do Tribunal do Júri, quando houver erro ou injustiça no tocante à aplicação da pena ou medida de segurança.

(B) que decretar a prescrição ou julgar, por outro modo, extinta a punibilidade.

(C) que absolver sumariamente o acusado.

(D) que pronunciar ou impronunciar o acusado.

A: incorreta, visto que esta decisão desafia *recurso de apelação* – art. 593, III, *c*, do CPP; B: correta, nos termos do disposto no art. 581, VIII, do CPP; **C e D:** art. 416 do CPP. Com o advento da Lei 11.689/2008, que modificou os arts. 416 e 581, IV e VI, do CPP, a decisão de *impronúncia* e *absolvição sumária*, que antes comportava *recurso em sentido estrito*, passou a ser combatida por meio de *recurso de apelação*. A *pronúncia*, por sua vez, continua a ser impugnada por meio de *recurso em sentido estrito*, nos termos do art. 581, IV, do CPP.
Gabarito "B"

(Cartório/SP – 2012 – VUNESP) O recurso cabível contra a decisão ou sentença de homologação de laudo, no incidente de insanidade mental é o(a)

(A) agravo.

(B) recurso em sentido estrito.

(C) apelação.

(D) correição parcial.

Art. 593, II, do CPP.
Gabarito "C"

(Cartório/SP – VII – VUNESP) Assinale a alternativa correta. Qual o recurso cabível das decisões de absolvição sumária e impronúncia?

(A) Apelação.

(B) Recurso em sentido estrito.

(C) Agravo.

(D) Nenhuma das alternativas anteriores.

Art. 416 do CPP. Com o advento da Lei 11.689/2008, que modificou os arts. 416 e 581, IV e VI, do CPP, a decisão de *impronúncia* e *absolvição sumária*, que antes comportava *recurso em sentido estrito*, passou a ser combatida por meio de *recurso de apelação*. A pronúncia, por sua vez, continua a ser impugnada por meio de *recurso em sentido estrito*, nos termos do art. 581, IV, do CPP.
Gabarito "A"

(Cartório/SP – VII – VUNESP) Qual o recurso cabível da decisão, despacho ou sentença que concluir pela incompetência do juízo?

(A) Correição Parcial.

(B) Apelação.

(C) Agravo.

(D) Recurso em Sentido Estrito.

Art. 581, II, do CPP.
Gabarito "D"

(Cartório/SP – VI – VUNESP) A carta testemunhável é

(A) um recurso previsto no CPP.

(B) uma precatória para a inquirição de testemunhas.

(C) um procedimento judicial, solicitando a inquirição de testemunhas por via postal.

(D) um documento expedido por via postal, trazendo o relato de testemunhas.

A carta testemunhável – arts. 639 e seguintes do CPP –, que, segundo a doutrina majoritária, tem natureza jurídica de recurso, destina-se a suscitar o reexame da decisão que obstar o seguimento do *recurso em sentido estrito* ou do *agravo em execução*.
Gabarito "A"

(Cartório/SP – V – VUNESP) Oferecida denúncia em face de João, por crime de desacato, é ela rejeitada. Inconformado com a decisão, o Promotor de Justiça recorre em sentido estrito. Para oferecimento das contrarrazões, o magistrado nomeia Defensor Público. Assinale a alternativa correta.

(A) A nomeação foi desnecessária uma vez que, não havendo recebimento da denúncia não há que se falar em contrarrazões de recurso, já que o processo contra João é findo e não há interesse de sua parte em se manifestar.

(B) A nomeação foi oportuna uma vez que, como não foi recebida a denúncia, a relação processual não se aperfeiçoou e a nomeação de defensor público é suficiente para assegurar a ampla defesa.

(C) A nomeação foi precipitada uma vez que ao denunciado deveria ser dada oportunidade para manifestar-se antes mesmo do recebimento da denúncia em homenagem ao princípio do contraditório e da ampla defesa.

(D) A nomeação foi precipitada uma vez que se deu antes da intimação do denunciado que, a seu critério, poderia constituir defensor de sua confiança.

Súmula n. 707, STF: "Constitui nulidade a falta de intimação do denunciado para oferecer contrarrazões ao recurso interposto da rejeição da denúncia, não a suprindo a nomeação de defensor dativo".
Gabarito "D".

(Cartório/SP – IV – VUNESP) Assinale a alternativa que indica o recurso cabível contra a decisão que decreta a prescrição ou julga, por qualquer outro modo, extinta a punibilidade.

(A) Recurso em sentido estrito.

(B) Embargos de declaração.

(C) Apelação.

(D) Revisão criminal.

Art. 581, VIII, do CPP.
Gabarito "A".

11. *HABEAS CORPUS* E REVISÃO CRIMINAL

(Cartório/MG – 2016 – Consulplan) De acordo com o Decreto-Lei nº 3.689/1941, Código de Processo Penal, a revisão dos processos findos será admitida quando

(A) a sentença condenatória se fundar em documentos verdadeiros.

(B) a sentença condenatória estiver de acordo com a evidência dos autos.

(C) a sentença absolutória se fundar em documentos comprovadamente falsos.

(D) após a sentença, se descobrirem novas provas de inocência do condenado.

São hipóteses de cabimento da revisão criminal (art. 621, CPP): I – quando a sentença condenatória for contrária ao texto expresso da lei penal ou à evidência dos autos (o que contraria o teor da assertiva "B"); II – quando a sentença condenatória se fundar em depoimentos, exames ou documentos comprovadamente falsos (o que torna a assertiva "C" incorreta); III – quando, após a sentença, se descobrirem novas provas de inocência do condenado ou de circunstância que determine ou autorize diminuição especial da pena (o que torna correta a assertiva "D"). No mais, é verdade que a existência de uma sentença condenatória com trânsito em julgado constitui pressuposto ao ajuizamento da ação revisional. No entanto, deve-se inserir nesse universo a sentença absolutória imprópria, visto que esta impinge ao inimputável uma medida de segurança, espécie do gênero *sanção*. Fica evidente, pois, seu interesse em promover a revisão criminal.
Gabarito "D".

(Cartório/MG – 2015 – Consulplan) Acerca do remédio constitucional para tutela da liberdade de locomoção, assinale a alternativa INCORRETA:

(A) É cabível *habeas corpus* tão somente para garantia da liberdade de locomoção, ou ameaça à liberdade de locomoção, inadmitindo-o, porém, quando a matéria versar sobre extinção da punibilidade ou nulidade manifesta do processo.

(B) A concessão do *habeas corpus* não obstará, nem porá termo ao processo, desde que este não esteja em conflito com os fundamentos daquela.

(C) Admite-se *habeas corpus* preventivo quando há iminência de restrição à liberdade de locomoção.

(D) O Ministério Público tem legitimidade para impetrá-lo.

A: incorreta, na medida em que, por expressa previsão contida no art. 648, VI e VII, do CPP, a coação ilegal à liberdade de locomoção a dar ensejo à impetração de *habeas corpus* pode ser representada pelas hipóteses em que o processo é manifestamente nulo e no caso de extinção de punibilidade; **B:** correta, pois em conformidade com o que estabelece o art. 651 do CPP; **C:** correta. De fato, os arts. 5º, LXVIII, da CF e 647 do CPP contemplam duas modalidades de *habeas corpus*: *repressivo*, destinado a afastar o constrangimento já efetivado; e *preventivo*, que visa a afastar uma ameaça de violência ou coação à liberdade de locomoção; **D:** correta, na medida em que o art. 654, *caput*, do CPP confere, de forma expressa, legitimidade ao MP para a impetração de HC.
Gabarito "A".

(Cartório/AM – 2005 – FGV) No tocante à revisão criminal, podemos afirmar que:

(A) o prazo para ser requerida é de 2 (dois) anos.

(B) também será admitida quando a sentença condenatória for contrária à evidência dos autos.

(C) poderá ser requerida até em caso de sentença absolutória por insuficiência de provas quando o requerente pretender provar não haver praticado o fato criminoso.

(D) será sempre admissível a reiteração do pedido de revisão criminal.

(E) a revisão somente poderá ser requerida pelo próprio réu, sendo personalíssima. Em caso de morte, não poderá ser requerida pelo cônjuge, ascendente, descendente ou irmão.

A: incorreta, já que inexiste prazo para ingressar com a revisão criminal, que poderá ser ajuizada a partir do trânsito em julgado da sentença penal condenatória, antes ou depois de extinta a pena (art. 622, *caput*, do CPP); **B:** correta, visto que em conformidade com o que estabelece o art. 621, I, do CPP; **C:** incorreta. Constitui pressuposto ao ajuizamento da revisão criminal a existência de uma sentença condenatória com trânsito em julgado; somente caberá a revisão criminal contra a sentença absolutória se esta for *imprópria*, assim entendida a que, a despeito de impingir ao acusado medida de segurança, julga improcedente a acusação; **D:** incorreta, visto que não reflete o que estabelece o art. 622, parágrafo único, do CPP; **E:** incorreta, vez que contraria o disposto no art. 623 do CPP.
Gabarito "B".

(Cartório/DF – 2003 – CESPE) Acerca da revisão criminal e do *habeas corpus*, julgue os itens subsequentes.

(1) A revisão criminal pode ser proposta pelo órgão do Ministério Público em favor do réu, na qualidade de fiscal da lei.

(2) A pessoa jurídica pode impetrar *habeas corpus* em favor de seu empregado que estiver sendo submetido a constrangimento ilegal na liberdade de locomoção.

1: incorreta. Os legitimados ao ajuizamento da revisão criminal, que constitui instrumento exclusivo da defesa cujo objetivo é rescindir uma sentença condenatória com trânsito em julgado, estão contemplados no art. 623 do CPP. O Ministério Público carece de legitimidade para ajuizá-la, ainda que em favor do acusado; **2:** correta, já que o *habeas corpus* pode ser impetrado por qualquer pessoa, inclusive a *jurídica*, bem como pelo MP (art. 654, *caput*, do CPP). Cuidado: a despeito disso, pensamos que a pessoa jurídica não pode figurar como paciente, visto que o *habeas corpus* se presta a amparar a liberdade de locomoção.
Gabarito 1E, 2C

5. DIREITO PROCESSUAL PENAL

(Cartório/MT – 2005 – CESPE) Considere que determinado delegado federal praticou ato ilegal, apreendendo bens vinculados legitimamente a um suspeito de falsidade de documentos particulares que teria cometido crime de estelionato contra estabelecimento bancário. Como resposta ao ato ilegal, o investigado afrontou a autoridade policial, chamando-o de ignorante e desejoso de, com o seu ato ilegal, procurar obter oferta de propina. Ato contínuo, o delegado deu voz de prisão em flagrante por delito de desacato, sendo o investigado detido e recolhido a uma cela por efeito da intervenção de vários policiais. Com base nessa situação hipotética, assinale a opção correta.

(A) Cabe a juiz federal, ante inexistência de ação penal, conhecer impetração de *habeas corpus* destinada a obter a libertação do acusado.

(B) Cabe a juiz estadual, ante inexistência de ação penal, conhecer impetração de *habeas corpus* destinada a obter a libertação do acusado.

(C) Cabe ao tribunal de justiça estadual conhecer impetração de *habeas corpus* destinada a trancar a ação penal, ante alegação de não haver, na conduta do acusado, imputação de fato cujo julgamento seja da competência de juízo federal.

(D) O juiz federal deve julgar-se incompetente para apreciar a impetração de *habeas corpus*, pois o crime que se investigava era de competência da justiça estadual.

Súmula nº 147 do STJ: "Compete à Justiça Federal processar e julgar os crimes praticados contra funcionário público federal, quando relacionados com o exercício da função".
Gabarito "A".

(Cartório/SC – 2012) Sobre o *habeas corpus* pode-se afirmar:

I. Poderá ser impetrado somente por advogado, bem como pelo Ministério Público.

II. Poderá ser impetrado com caráter preventivo.

III. Será decidido pelo juiz, após as diligências, em 24 horas, e nos Tribunais na primeira oportunidade em que o órgão competente reunir-se.

IV. Poderá ser impetrado mesmo quando extinta a pena privativa de liberdade.

(A) Somente as proposições I, II e IV estão corretas.

(B) Somente a proposições I, II e III estão corretas.

(C) Somente as proposições III e IV estão corretas.

(D) Somente as proposições I e II estão corretas.

(E) Somente as proposições II e III estão corretas.

I: incorreta, dado que o *habeas corpus*, ação de índole constitucional, pode ser impetrado por qualquer pessoa, ainda que sem capacidade postulatória, inclusive pelo Ministério Público, conforme estabelece o art. 654, *caput*, do CPP; II: correta, visto que os arts 5º, LXVIII, da CF e 647 do CPP contemplam duas espécies de *habeas corpus*: *repressivo*, destinado a afastar o constrangimento já efetivado; e o *preventivo*, que visa a afastar uma ameaça de violência ou coação à liberdade de locomoção; III: correta, nos termos dos arts. 660, *caput*, e 664 do CPP; IV: incorreta, visto que não reflete o que dispõe a Súmula n. 695, STF: "Não cabe *habeas corpus* quando já extinta a pena privativa de liberdade".
Gabarito "E".

12. EXECUÇÃO PENAL

(Cartório/MG – 2016 – Consulplan) De acordo com a Lei de Execução Penal, Lei nº 7.210/1984, somente se admitirá o recolhimento do beneficiário de regime aberto em residência particular quando se tratar de

(A) condenado acometido de doença suave.

(B) condenada com filho deficiente físico.

(C) condenada com filho maior.

(D) condenado maior de 60 anos.

A solução desta questão deve ser extraída do art. 117 da LEP (Lei 7.210/1984), que trata das hipóteses em que tem cabimento o recolhimento do beneficiário de regime aberto em residência particular, a saber: I – condenado maior de 70 anos (e não de *60*, como consta da assertiva "D"); II – condenado acometido de doença grave (e não de doença *suave*, como consta da alternativa "A"); III – condenado com filho menor ou deficiente físico ou mental (o que torna correta a assertiva "B" e incorreta a "C"); e IV – condenada gestante.
Gabarito "B".

(Cartório/MG – 2016 – Consulplan) Segundo a Lei de Execução Penal, Lei nº 7.210/1984, serão sempre impostas ao liberado condicional as obrigações seguintes, EXCETO:

(A) Comunicar periodicamente ao juiz sua ocupação.

(B) Obter ocupação lícita, dentro de prazo razoável se for apto para o trabalho.

(C) Recolher-se à habitação em hora fixada.

(D) Não mudar do território da comarca do Juízo da Execução, sem prévia autorização deste.

A: condição obrigatória prevista no art. 132, § 1º, *b*, da LEP; **B:** condição obrigatória prevista no art. 132, § 1º, *a*, da LEP; **C:** assertiva a ser assinalada, já que se trata de condição *facultativa* (art. 132, § 2º, *b*, da LEP); **D:** condição obrigatória prevista no art. 132, § 1º, *c*, da LEP.
Gabarito "C".

(Cartório/MG – 2015 – Consulplan) São órgãos da execução penal, EXCETO:

(A) O Conselho da Comunidade.

(B) A Defensoria Pública.

(C) A Casa do Albergado.

(D) O Patronato.

As alternativas "A", "B" e "D" correspondem a órgãos da execução penal, conforme rol contido no art. 61 da Lei 7.210/1984 (LEP); a casa do albergado, que corresponde à assertiva que deve ser assinalada, é o local destinado ao cumprimento de pena privativa de liberdade em regime aberto e da pena de limitação de fim de semana (art. 33, § 1º, *c*, do CP e 93 da LEP).
Gabarito "C".

(Cartório/SP – 2012 – VUNESP) Pelo instituto da remição,

(A) computa-se, na pena privativa de liberdade e na medida de segurança, o tempo de prisão provisória.

(B) o ofendido concede perdão ao querelado.

(C) o querelante deixa de formular pedido de condenação nas alegações finais.

(D) o tempo de execução da pena em regime fechado ou semiaberto é reduzido pelo trabalho do condenado.

De fato, devemos entender, por *remição*, como o desconto, na pena, pelo trabalho executado pelo preso que se acha no regime fechado ou

EDUARDO DOMPIERI

semiaberto. De se ver que, atendendo aos anseios da jurisprudência (Súmula nº 341, STJ), foi editada a Lei 12.433/2011, que instituiu e disciplinou, finalmente, a remição pelo estudo, alterando o dispositivo da LEP que regia o tema (art. 126). Hoje, portanto, a remição se opera tanto pelo trabalho quanto pelo estudo, nos moldes do dispositivo supracitado. A competência para declarar os dias remidos é do juízo da execução, conforme reza o art. 126, § 8º, da Lei 7.210/1984 (Execução Penal).
Gabarito "D".

(Cartório/SP – 2012 – VUNESP) Durante a execução da pena privativa de liberdade, ressalvada a hipótese de regime disciplinar diferenciado, é vedada(o)

(A) a concessão de regalias.

(B) a suspensão de direitos por mais de 30 dias.

(C) o isolamento na própria cela.

(D) a restrição de direitos.

A: incorreta, pois não reflete o que estabelece o art. 56, II, da LEP; **B:** correta, visto que em conformidade com o que dispõe o art. 58, *caput*, da LEP; **C:** incorreta, pois não reflete o que estabelece o art. 53, IV, da LEP; **D:** incorreta, pois não reflete o que estabelece o art. 53, III, da LEP.
Gabarito "B".

(Cartório/SP – VII – VUNESP) Transitando em julgado a sentença que impuser pena privativa de liberdade, se o réu já estiver preso, ou vier a ser preso, para o cumprimento da pena, o juiz ordenará a expedição de

(A) Ordem de prisão confirmatória.

(B) Carta de ordem.

(C) Mandado de prisão.

(D) Carta de guia.

Art. 105 da Lei 7.210/1984 – Lei de Execução Penal.
Gabarito "D".

13. LEGISLAÇÃO EXTRAVAGANTE E TEMAS COMBINADOS

(Cartório/CE – 2018 – IESES) É certo afirmar:

I. Dentre o rol de testemunhas legalmente previsto no Código de Processo Penal, em número de oito (8), encontram-se compreendias aquelas que não prestam compromisso legal.

II. A autoridade que ordenar a prisão fará expedir o respectivo mandado.

III. Tratando-se de juizado especial criminal o recurso de apelação será interposto por petição escrita no prazo de dez (10) dias do qual constarão as razões e o pedido do recorrente.

IV. Nos crimes falimentares o magistrado pode deixar de aplicar a pena constatando que o devedor possui instrução insuficiente e caso explore comércio exíguo.

Analisando as proposições, pode-se afirmar:

(A) Somente as proposições I e III estão corretas.

(B) Somente as proposições II e IV estão corretas.

(C) Somente as proposições II e III estão corretas.

(D) Somente as proposições I e IV estão corretas.

I: incorreta, já que não serão computadas no número máximo de testemunhas aquelas que não prestaram compromisso (art. 401, § 1º, CPP); **II:** correta, uma vez que corresponde à redação do art. 285, *caput*, do CPP; **III:** correta. O art. 82, *caput* e § 1º, da Lei 9.099/1995 estabelece que da decisão que rejeitar a denúncia ou queixa e da sentença caberá

recurso de *apelação*, a ser interposto, por petição escrita, no prazo de dez dias, da qual deverão constar as razões e o pedido. Registre-se que o julgamento deste recurso caberá a uma turma composta de três juízes em exercício no primeiro grau de jurisdição, reunidos na sede do Juizado; **IV:** incorreta. Trata-se de regra não prevista na Lei de Falências.
Gabarito "C".

(Cartório/CE – 2018 – IESES) É certo afirmar:

I. Nos crimes em que a pena mínima cominada for igual ou inferior a um ano, abrangidas ou não pela Lei 9.099/95, o Ministério Público, ao oferecer a denúncia, poderá/deverá propor a suspensão do processo, por dois a quatro anos, desde que o acusado não esteja sendo processado ou não tenha sido condenado por outro crime, presentes os demais requisitos que autorizariam a suspensão condicional da pena, por se tratar de um direito subjetivo do Acusado.

II. No processo penal não se admite a extinção da punibilidade de ofício, devendo a mesma ser provocada por quem de direito.

III. Se o réu, sendo perseguido, passar ao território de outro município ou comarca, o executor não poderá dar prosseguimento a perseguição, salvo se estiver acompanhado da autoridade local a qual efetuará a prisão sob a sua responsabilidade.

IV. Justa causa, para a ação penal, pode ser compreendida como sendo a existência de fundamento jurídico e suporte fático autorizadores do constrangimento à liberdade ambulatória.

Analisando as proposições, pode-se afirmar:

(A) Somente as proposições I e III estão corretas.

(B) Somente as proposições I e IV estão corretas.

(C) Somente as proposições II e III estão corretas.

(D) Somente as proposições II e IV estão corretas.

I: correta, já que contém a definição e os requisitos da suspensão condicional do processo (*sursis* processual), previstos no art. 89 da Lei 9.099/1995. Questão difícil e tormentosa diz respeito à possibilidade de o juiz, ante a recusa do MP, oferecer, ele próprio, a suspensão condicional do processo. Há, quanto a isso, diferentes posicionamentos, tanto da doutrina quanto da jurisprudência. De um lado estão aqueles que, considerando que o *sursis* processual constitui direito subjetivo do acusado, o juiz, diante da recusa do MP em ofertá-lo, poderia em substituição a este, fazê-lo, concedendo ao réu, desde que entenda presentes os requisitos legais, a suspensão do processo. Para esta corrente, a concessão da benesse não deve ficar ao alvedrio do representante do MP. Outros – e não são poucos – advogam a tese de que deverá o juiz, neste caso, no lugar de ele próprio oferecer o *sursis* processual, remeter os autos para apreciação do procurador-geral, valendo-se, por analogia, do que estabelece o art. 28 do CPP. É esse o entendimento firmado por meio da Súmula 696 do STF: "Reunidos os pressupostos legais permissivos da suspensão condicional do processo, mas se recusando o Promotor de Justiça a propô-la, o juiz, dissentindo, remeterá a questão ao Procurador-Geral, aplicando-se por analogia o art. 28 do Código de Processo Penal". No sentido de que o juiz pode oferecer o *sursis* processual: "(...) Tratando-se a suspensão condicional do processo de um meio conciliatório para a resolução de conflitos no âmbito da Justiça Criminal, mostrando-se como uma alternativa à persecução penal estatal, fica evidenciado o interesse público na aplicação do aludido instituto. 2. Embora o órgão ministerial, na qualidade de titular da ação penal pública, seja ordinariamente legitimado a propor a suspensão condicional do processo prevista no artigo 89 da Lei 9.099/1995, os fundamentos da recusa da proposta podem e devem ser submetidos ao juízo de legalidade por parte do Poder Judiciário. Proposta negada em razão da ausência dos

5. DIREITO PROCESSUAL PENAL

requisitos subjetivos. Culpabilidade. Circunstâncias do crime. Elementos que integram o próprio tipo penal incriminador atribuído ao paciente na exordial acusatória. Gravidade abstrata. Fundamentação inidônea. Constrangimento ilegal evidenciado. Ordem parcialmente concedida. 1. Na linha dos precedentes desta Corte, segundo os quais não se admite a utilização de elementos integrativos do tipo penal para justificar a exacerbação da pena-base, igualmente deve ser vedado o recurso à fundamentação semelhante para, em juízo sumário, negar a suspensão condicional do processo. 2. Na hipótese, o órgão acusatório negou ao paciente a proposta de suspensão condicional do processo, o que foi chancelado tanto pelo juízo monocrático como pelo Tribunal de origem, utilizando-se de elementos que integram a própria descrição abstrata do crime de quadrilha, bem como da suposta gravidade do delito que, pela sua falta de concretude, não atende à garantia constante do artigo 93, inciso IX, da Constituição Federal. 3. Ordem parcialmente concedida para deferir ao paciente a suspensão condicional do processo, devendo o magistrado singular estabelecer as condições previstas no artigo 89, § 1º, da Lei 9.099/1990 como entender de direito" (HC 200900449735, Jorge Mussi, STJ – Quinta Turma, *DJE* 04.03.2013); **II:** incorreta. Por se tratar de matéria de ordem pública, qualquer causa que dê azo à extinção da punibilidade há de ser reconhecida de ofício pelo magistrado (art. 61, CPP); **III:** incorreta. Estabelece o art. 290, *caput*, do CPP que, tendo o agente (investigado, indiciado ou acusado), em fuga, passado para o território de outra comarca, aquele que o persegue poderá prendê-lo no local em que o alcançar, apresentando-o, neste caso, à autoridade local, que cuidará da formalização da prisão e a sua comunicação ao juízo do local em que a medida foi cumprida (art. 289-A, § 3º, do CPP), que, por sua vez, informará o juízo que a decretou, a quem caberá providenciar a remoção do preso (art. 289, § 3º, do CPP). No mais, o preso deverá, no ato da prisão, por imposição do art. 289-A, § 4º, do CPP, ser informado de seus direitos, sendo-lhe assegurado, caso não informe o nome de seu advogado, que sua detenção seja comunicada à Defensoria Pública; **IV:** correta. Ensina Aury Lopes Junior que *a justa causa identifica-se com a existência de uma causa jurídica e fática que legitime e justifique a acusação (e a própria intervenção penal). Está relacionada, assim, com dois fatores: existência de indícios razoáveis de autoria e materialidade de um lado e, de outro, com o controle processual do caráter fragmentário da intervenção penal.* (*Direito Processual Penal* – 18ª Edição 2021: Parte Especial (p. 281). Saraiva jur. Edição do Kindle).

Gabarito "B".

(Cartório/MG – 2019 – Consulplan) Segundo o atual entendimento dos tribunais superiores quanto à aplicação dos ditames da Lei Antidrogas (Lei nº 11.343/2006), analise as afirmativas a seguir.

I. É inconstitucional a proibição de substituição de pena privativa de liberdade por restritiva de direitos, no chamado tráfico privilegiado (art. 33, § 4º da Lei nº 11.343/2006).

II. É inconstitucional a imposição de regime fechado ao crime de tráfico de drogas pelo simples fundamento de se tratar de crime hediondo.

III. Segundo a Súmula nº 512 do STJ, ainda vigente, o crime de tráfico privilegiado tem natureza hedionda.

IV. A natureza e a quantidade da droga apreendida não preponderam sobre as circunstâncias judiciais genéricas trazidas no art. 59 do Código Penal.

V. O STF reconheceu a repercussão geral da questão envolvendo a descriminalização da posse de drogas para consumo pessoal.

Estão corretas apenas as afirmativas

(A) I, II e V.

(B) I, II e III.

(C) I, III e IV.

(D) II, IV e V.

I: correta. A substituição da pena privativa de liberdade por restritiva de direitos era vedada, a teor do art. 33, § 4º, da Lei de Drogas, para o crime de tráfico. Sucede que o STF, no julgamento do HC 97.256/RS, declarou, incidentalmente, a inconstitucionalidade dessa vedação. Posteriormente, o Senado Federal, por meio da Resolução 5/2012, suspendeu a execução da expressão "vedada a conversão em penas restritivas de direito", presente no art. 33, § 4º, da Lei 11.343/2006. Portanto, nada impede, atualmente, que o juiz autorize a substituição da pena privativa de liberdade por restritiva de direitos no crime de tráfico bem assim a fixação de regime aberto, desde que preenchidos os requisitos legais. Nesse sentido, conferir a ementa a seguir, em que se reconheceu a inconstitucionalidade da vedação em questão, sob o pretexto de que tal implicaria violação ao postulado da individualização da pena: "*Habeas corpus*. Tráfico de drogas. Art. 44 da Lei 11.343/2006: Impossibilidade de conversão da pena privativa de liberdade em pena restritiva de direitos. Declaração incidental de inconstitucionalidade. Ofensa à garantia constitucional da individualização da pena (inciso XLVI do art. 5º da CF/1988). Ordem parcialmente concedida. 1. O processo de individualização da pena é um caminhar no rumo da personalização da resposta punitiva do Estado, desenvolvendo-se em três momentos individuados e complementares: o legislativo, o judicial e o executivo. Logo, a lei comum não tem a força de subtrair do juiz sentenciante o poder-dever de impor ao delinquente a sanção criminal que a ele, juiz, afigurar-se como expressão de um concreto balanceamento ou de uma empírica ponderação de circunstâncias objetivas com protagonizações subjetivas do fato-tipo. Implicando essa ponderação em concreto a opção jurídico-positiva pela prevalência do razoável sobre o racional; ditada pelo permanente esforço do julgador para conciliar segurança jurídica e justiça material. 2. No momento sentencial da dosimetria da pena, o juiz sentenciante se movimenta com ineliminável discricionariedade entre aplicar a pena de privação ou de restrição da liberdade do condenado e uma outra que já não tenha por objeto esse bem jurídico maior da liberdade física do sentenciado. Pelo que é vedado subtrair da instância julgadora a possibilidade de se movimentar com certa discricionariedade nos quadrantes da alternatividade sancionatória. 3. As penas restritivas de direitos são, em essência, uma alternativa aos efeitos certamente traumáticos, estigmatizantes e onerosos do cárcere. Não é à toa que todas elas são comumente chamadas de penas alternativas, pois essa é mesmo a sua natureza: constituir-se num substitutivo ao encarceramento e suas sequelas. E o fato é que a pena privativa de liberdade corporal não é a única a cumprir a função retributivo-ressocializadora ou restritivo-preventiva da sanção penal. As demais penas também são vocacionadas para esse geminado papel da retribuição-prevenção-ressocialização, e ninguém melhor do que o juiz natural da causa para saber, no caso concreto, qual o tipo alternativo de repreenda é suficiente para castigar e, ao mesmo tempo, recuperar socialmente o apenado, prevenindo comportamentos do gênero. 4. No plano dos tratados e convenções internacionais, aprovados e promulgados pelo Estado brasileiro, é conferido tratamento diferenciado ao tráfico ilícito de entorpecentes que se caracterize pelo seu menor potencial ofensivo. Tratamento diferenciado, esse, para possibilitar alternativas ao encarceramento. É o caso da Convenção Contra o Tráfico Ilícito de Entorpecentes e de Substâncias Psicotrópicas, incorporada ao direito interno pelo Decreto 154, de 26 de junho de 1991. Norma supralegal de hierarquia intermediária, portanto, que autoriza cada Estado soberano a adotar norma comum interna que viabilize a aplicação da pena substitutiva (a restritiva de direitos) no aludido crime de tráfico ilícito de entorpecentes. 5. Ordem parcialmente concedida tão somente para remover o óbice da parte final do art. 44 da Lei 11.343/2006, assim como da expressão análoga "vedada a conversão em penas restritivas de direitos", constante do § 4º do art. 33 do mesmo diploma legal. Declaração incidental de inconstitucionalidade, com efeito *ex nunc*, da proibição de substituição da pena privativa de liberdade pela pena restritiva de direitos; determinando-se ao Juízo da execução penal que faça a avaliação das condições objetivas e subjetivas da convolação em

EDUARDO DOMPIERI

causa, na concreta situação do paciente" (HC 97.256, Ayres Britto, STF); **II:** correta. Apesar de o art. 2º, § 1º, da Lei 8.072/1990 estabelecer, para os crimes hediondos e assemelhados, o regime inicial fechado, o STF, por seu Pleno, decidiu, por maioria, no julgamento do HC 111.840, pela inconstitucionalidade incidental deste dispositivo legal, afastando-se, com isso, a obrigatoriedade de o juiz fixar, aos condenados por crimes hediondos e assemelhados, o regime inicial fechado. Assim, à luz do princípio da individualização da pena, caberá ao juiz, no caso concreto, verificar qual o regime inicial adequado para o desconto da reprimenda penal, não se falando em obrigatoriedade de fixação de regime inicial fechado para os condenados por crimes hediondos e equiparados. Ao afirmar, na assertiva, que o crime de tráfico é hediondo, o examinador cometeu uma impropriedade, já que se trata, na verdade, de crime equiparado/assemelhado a hediondo; **III:** incorreta. Segundo dispunha a Súmula 512, do STJ, "A aplicação da causa de diminuição de pena prevista no art. 33, § 4º, da Lei 11.343/2006 não afasta a hediondez do crime de tráfico de drogas". O Plenário do STF, ao julgar o HC 118.533/MS, em 23.06.2016, cuja relatoria foi da Min. Cármen Lúcia, entendeu, em dissonância com o posicionamento então adotado pelo STJ, que o crime de tráfico de drogas privilegiado não tem natureza hedionda. Posteriormente a isso, a Terceira Seção do STJ, na sessão realizada em 23 de novembro de 2016, ao julgar a QO na Pet 11.796-DF, determinou o cancelamento da referida Súmula 512, alinhando-se ao entendimento adotado pelo STF no sentido de que o delito de tráfico privilegiado não pode ser equiparado a crime hediondo. Consagrando tal posicionamento adotado pelos Tribunais Superiores acerca deste tema, a Lei 13.964/2019 incluiu no art. 112 da LEP o § 5º, que assim dispõe: "Não se considera hediondo ou equiparado, para os fins deste artigo, o crime de tráfico de drogas previsto no § 4º do art. 33 da Lei 11.343, de 23 de agosto de 2006"; **IV:** incorreta. De acordo com o art. 42 da Lei 11.343/2006, o juiz, na fixação das penas, considerará, com preponderância sobre o previsto no art. 59 do Código Penal, *a natureza e a quantidade da substância ou do produto, a personalidade e a conduta social do agente*; **V:** correta. Está pendente de julgamento, no STF, o RE 635.659, com repercussão geral reconhecida e sob a relatoria do ministro Gilmar Mendes, no qual se debate a descriminalização da posse de drogas para consumo pessoal.
Gabarito "A".

(Cartório/MG – 2019 – Consulplan) Com relação ao procedimento sumaríssimo e às regras aplicáveis ao Juizado Especial Criminal, assinale a alternativa correta.

(A) Contra as decisões da Turma Recursal, cabe recurso ordinário ao Tribunal de Justiça.

(B) A denúncia/queixa será recebida tão logo inicie a audiência de instrução e julgamento.

(C) Se houver, por qualquer motivo, remessa do feito do juizado especial para o juízo comum, o rito a ser aplicado será o sumário.

(D) Descumprido pelo autor do fato o acordo feito em transação penal, a ação penal não mais pode ser intentada, cabendo apenas a execução da medida acordada.

A: incorreta, na medida em que, consoante entendimento sedimentado por meio da Súmula 640, do STF, **é cabível recurso extraordinário contra decisão proferida por juiz de primeiro grau nas causas de alçada, ou por turma recursal de juizado especial cível e criminal; B:** incorreta. É que, aberta a audiência, antes de o juiz decidir se recebe ou rejeita a denúncia/queixa, será dada a palavra ao defensor para responder à acusação, após o que o magistrado proferirá decisão de recebimento/ rejeição da peça acusatória (art. 81, **caput**, da Lei 9.099/1995); **C:** correta. Se, por qualquer razão, o processo que tramita no Juizado Especial Criminal não puder ali ser julgado, estabelece o art. 538 do CPP que a competência será deslocada ao juízo comum, que processará o feito de acordo com as regras do procedimento sumário. É isso que ocorre,

a título de exemplo, quando o réu, no juizado especial, não é localizado para citação pessoal. Deverá o juiz, neste caso, em obediência à norma presente no art. 66, parágrafo único, da Lei 9.099/1995, remeter os autos ao juízo comum, onde – repita-se – será adotado o rito sumário; **D:** incorreta, pois contraria o entendimento contido na Súmula Vinculante 35: "A homologação da transação penal prevista no artigo 76 da Lei 9.099/1995 não faz coisa julgada material e, descumpridas suas cláusulas, retoma-se o **status quo ante**, possibilitando-se ao Ministério Público a continuidade da persecução penal mediante oferecimento de denúncia ou requisição de inquérito policial".
Gabarito "C".

(Cartório/RS – 2019 – VUNESP) Nos estritos termos do art. 63 da Lei 9.099/95, a competência dos Juizados Especiais Criminais é determinada

(A) pelo lugar em que a ocorrência policial foi registrada.

(B) pelo lugar do domicílio do acusado ou da vítima.

(C) pelo lugar em que foi praticada a infração penal.

(D) pela matéria.

(E) pela prevenção.

Excepcionando a regra do art. 70 do Código de Processo Penal, que adotou a teoria do resultado, o art. 63 da Lei 9.099/1995 estabelece que a competência do Juizado Especial Criminal será determinada em razão do lugar em que foi *praticada* a infração penal. Surgiram, assim, três teorias a respeito do juiz competente para o julgamento da causa: (i) teoria da atividade: é competente o juiz do local onde se verificou a ação ou omissão; (ii) teoria do resultado: a ação deve ser julgada no local onde se produziu o resultado; (iii) e teoria da ubiquidade: são considerados competentes tanto o juiz do local em que se deu a ação ou omissão quanto aquele do lugar em que se produziu o resultado. Na doutrina e na jurisprudência, predominam as teorias da atividade e da ubiquidade.
Gabarito "C".

(Cartório/CE – 2018 – IESES) É certo afirmar:

I. A polícia judiciária será exercida pelas autoridades policiais civis no território de suas respectivas circunscrições e terá por fim a apuração das infrações penais e da sua autoria, sobre os delitos civis, militares e administrativos.

II. Inovar artificiosamente, na pendência de processo civil, penal ou administrativo, o estado de lugar, de coisa ou de pessoa, com o fim de induzir a erro o juiz ou o perito, constitui-se em crime de fraude processual.

III. As leis penais, em algumas hipóteses, incidem sobre os fatos delituosos cometidos fora do território brasileiro, apresentando, assim, excepcionalmente, uma extraterritorialidade. Entretanto, no que tange às leis processuais penais, estas não ultrapassam os limites do território do Estado que as promulgou. São eminentemente territoriais.

IV. O inquérito policial não é peça meramente informativa, trata-se de peça essencial para o deslindo do crime não sendo facultada a sua observância.

Analisando as proposições, pode-se afirmar:

(A) Somente as proposições II e IV estão corretas.

(B) Somente as proposições I e III estão corretas.

(C) Somente as proposições II e III estão corretas.

(D) Somente as proposições I e IV estão corretas.

I: incorreta, uma vez que não corresponde ao que dispõe o art. 4º, *caput*, do CPP; **II:** correta (descrição típica prevista no art. 347 do

5. DIREITO PROCESSUAL PENAL

CP – fraude processual); **III:** correta, segundo a organizadora. Em regra, a lei processual penal, tal como a norma de direito material, aplica-se às infrações penais verificadas em território nacional. Este é o chamado princípio da territorialidade, que, como já dito, constitui a regra; entretanto, há casos em que, ainda que a infração penal tenha sido cometida fora do território nacional, poderá ser aplicada a lei processual penal (princípio da extraterritorialidade); **IV:** incorreta. Primeiro porque o inquérito constitui, sim, peça meramente informativa. Tanto é assim que as nulidades porventura ocorridas no curso do inquérito não contaminam a ação penal respectiva. Segundo porque não se trata de peça cuja existência é essencial. Ao contrário disso, o IP é dispensável, isto é, pode o titular da ação penal dele abrir mão e se valer de outras fontes de informação para dar suporte à ação penal a ser ajuizada.
Gabarito "C".

(Cartório/MG – 2016 – Consulplan) De acordo com a Lei nº 11.340/2006, são medidas protetivas de urgência que obrigam o agressor, EXCETO:

(A) Proibição de frequentação a determinados lugares a fim de preservar a integridade física do agressor.

(B) Afastamento do local de convivência com a ofendida.

(C) Proibição de contato com familiares da ofendida.

(D) Prestação de alimentos provisórios.

A: alternativa a ser assinalada, uma vez que não se trata de medida protetiva de urgência que obriga o agressor; **B:** medida protetiva de urgência que obriga o agressor prevista no art. 22, II, da Lei 11.340/2006 (Maria da Penha); **C:** medida protetiva de urgência que obriga o agressor prevista no art. 22, III, *b*, da Lei 11.340/2006 (Maria da Penha); **D:** medida protetiva de urgência que obriga o agressor prevista no art. 22, V, da Lei 11.340/2006 (Maria da Penha).
Gabarito "A".

(Cartório/MG – 2016 – Consulplan) Segundo a Lei nº 8.069/1990, o prazo máximo e improrrogável para a conclusão do procedimento de apuração de ato infracional atribuído a adolescente, estando este internado provisoriamente, será de

(A) 122 (cento e vinte e dois dias).

(B) 90 (noventa dias).

(C) 61 (sessenta e um dias).

(D) 45 (quarenta e cinco dias).

A internação provisória – art. 108 do ECA – tem as seguintes peculiaridades: 1) constitui medida excepcional (antes da sentença) que somente poderá ser decretada diante da demonstração imperiosa de sua *necessidade*, além de se basear em indícios suficientes de *autoria* e *materialidade*; 2) a medida não poderá durar mais de quarenta e cinco dias, prazo em que o processo deverá ser ultimado (art. 183 do ECA). Findo este prazo, o adolescente deverá ser imediatamente liberado. Há decisões, contudo, que entendem que, a depender da particularidade do caso concreto, é possível estendê-lo, notadamente quando é a defesa que dá causa à dilação. O descumprimento injustificado deste prazo configura o crime do art. 235 do ECA; 3) o magistrado somente poderá decretar a internação provisória se o Ministério Público já houver oferecido a representação, isto é, não cabe esta medida privativa de liberdade em procedimento apuratório; 4) reza o art. 185 do ECA que a internação será cumprida em entidade de atendimento. Não sendo possível a pronta transferência, o adolescente poderá, excepcionalmente, aguardar sua remoção, durante o prazo máximo de cinco dias, em repartição policial, desde que em seção separada da dos adultos.
Gabarito "D".

(Cartório/PA – 2016 – IESES) Levando em conta as disposições da Lei 9.099/95, no que diz respeito aos juizados especiais criminais, é correto afirmar:

(A) Os embargos de declaração serão opostos por escrito ou oralmente, no prazo de 5 (cinco) dias, contados da ciência da decisão, e quando opostos contra sentença, interromperão o prazo para o recurso.

(B) A composição dos danos civis será reduzida a escrito e, homologada pelo Juiz mediante sentença irrecorrível, terá eficácia de título a ser executado no juízo civil competente.

(C) A suspensão condicional do processo será revogada se o acusado vier a ser processado, no curso do prazo, por contravenção, ou descumprir qualquer outra condição imposta.

(D) A competência do juizado será determinada pelo lugar do resultado da infração penal.

A: incorreta. A expressão "quando opostos contra sentença" fazia parte da redação anterior do art. 83, § 2º, da Lei 9.099/1995. Com a modificação operada neste dispositivo pela Lei 13.105/2015, foi extraída tal expressão. De resto, a assertiva está correta; **B:** correta (art. 74, *caput*, da Lei 9.099/1995); **C:** incorreta, já que se trata de hipótese de revogação facultativa (art. 89, § 4º, da Lei 9.099/1995). Seria caso de revogação obrigatória se o acusado, no curso do prazo do *sursis* processual, viesse a ser processado por *crime* (e não *contravenção*), nos termos do art. 89, § 3º, da Lei 9.099/1995; **D:** incorreta. Isso porque a competência, no âmbito do Juizado Especial Criminal, será determinada, a teor do art. 63 da Lei 9.099/1995, em razão do lugar em que foi *praticada* a infração penal (e não em função do lugar em que se deu o resultado da infração penal). De ver-se que, quanto a isso, dada a imprecisão do termo de que se valeu o legislador ("praticada"), surgiram três teorias a respeito do juiz competente para o julgamento da causa: *teoria da atividade*: é competente o juiz do local onde se verificou a ação ou omissão; *teoria do resultado*: a ação deve ser julgada no local onde se produziu o resultado; e *teoria da ubiquidade*: é considerado competente tanto o juiz do local em que se deu a ação ou omissão quanto aquele do lugar em que se produziu o resultado. Na doutrina e na jurisprudência predominam as teorias da atividade e da ubiquidade.
Gabarito "B".

(Cartório/AM – 2005 – FGV) Assinale a alternativa que complete corretamente a proposição a seguir: No Juizado Especial Criminal, a composição civil, em ação penal pública condicionada, acarreta.

(A) renúncia ao direito de queixa

(B) extinção da punibilidade

(C) transação penal com aplicação de pena restritiva de direitos ou multa, a ser especificada na proposta

(D) perdão judicial

(E) absolvição criminal

A *composição civil*, na ação penal privada ou pública condicionada à representação do ofendido, acarreta a renúncia ao direito de queixa ou de representação e, por conseguinte, extingue a punibilidade do autor do fato (art. 74, parágrafo único, da Lei 9.099/1995).
Gabarito "B".

(Cartório/MA – 2008 – IESES) Assinale a alternativa correta:

(A) A prisão de autor de crime que se encontre em situação de flagrância, conquanto seja faculdade do cidadão comum, se constitui em dever dos agentes públicos em geral.

(B) Constituem-se infrações de menor potencial ofensivo, as contravenções penais e os crimes cuja pena privativa de liberdade não exceda a dois anos ou aos quais, qualquer que seja a pena privativa de liberdade prevista, seja alternativamente cominada pena de multa.

(C) A inquirição das testemunhas no processo penal somente é efetuada por intermédio do Juiz que presida o respectivo ato, a quem incumbe formular, da maneira que entender adequada, os questionamentos que lhe forem dirigidos pelas partes, cabendo a estas, caso discordem do encaminhamento adotado, consignarem no termo respectivo seu inconformismo.

(D) Determinada, na sentença penal condenatória pela prática de crime falimentar, a inabilitação para o exercício de atividade empresarial, deverá ser procedida a notificação do Registro Público de Empresas, a quem incumbirá a adoção das providências necessárias para impedir novo registro em nome do inabilitado.

A: a autoridade policial e seus agentes, a teor do que dispõe o art. 301 do CPP, *devem* prender quem quer que se encontre em situação de flagrante. Este é o chamado *flagrante obrigatório*. Agora, qualquer pessoa do povo *poderá* (caso queira) efetuar a prisão em flagrante. Bem por isso, a esta modalidade de flagrante damos o nome de *facultativo*. **B:** estão sob a égide do Juizado Especial Criminal as contravenções penais e os crimes cuja pena *máxima* cominada não seja superior a dois anos, cumulada ou não com multa, conforme dispõe o art. 61 da Lei 9.099/1995. Como se vê, a assertiva está incorreta na medida em que o dispositivo não excepcionou as infrações que, apenadas com pena privativa de liberdade superior ao limite estabelecido na lei, prevejam a aplicação alternativa de pena de multa; **C:** com a reforma implementada pela Lei 11.690/2008, abandonou-se, no que toca às reperguntas, o *sistema presidencialista*, segundo o qual as perguntas formuladas pelas partes devem ser feitas por intermédio do juiz; vedava-se, nesse contexto, portanto, a inquirição direta. Atualmente, em consonância com a nova redação conferida ao art. 212 do CPP, as partes formularão suas indagações diretamente à testemunha, sem a necessidade de intermediação do magistrado, que se limitará a fiscalizar o ato, não admitindo as perguntas que puderem induzir a resposta, não tiverem relação com a causa ou importarem na repetição de outra já respondida. A esse sistema damos o nome de *direct* e *cross examination*; **D:** correta, conforme art. 181, § 2º, da Lei 11.101/2005.

Gabarito "D".

(Cartório/MG – 2012 – FUMARC) Sobre a Lei 11.343/2006 (Tóxicos) e em conformidade ao que nela está previsto, é **correto** afirmar que

(A) toda e qualquer conduta tipificada na referida Lei é idônea a ensejar prisão em flagrante delito.

(B) o inquérito policial será concluído no prazo de 10 (dez) dias, se o indiciado estiver preso, e de 30 (trinta) dias, se estiver solto.

(C) é permitida, em qualquer fase da persecução criminal e mediante autorização judicial, a infiltração por agentes de polícia, em tarefas de investigação.

(D) o indiciado ou acusado que colaborar voluntariamente com a investigação policial e o processo criminal na identificação dos demais coautores ou partícipes do crime e na recuperação total ou parcial do produto do crime, no caso de condenação, terá pena reduzida de 1/6 (um sexto) a 2/3 (dois terços).

A: proposição incorreta, já que o art. 48, § 2º, da Lei 11.343/2006 estabelece que jamais se imporá prisão em flagrante àquele que praticar qualquer das condutas previstas no art. 28 desta mesma Lei; neste caso, o usuário será de imediato encaminhado ao juízo competente ou, na falta deste, assumirá o compromisso de a ele comparecer, o que, na prática, é mais comum; **B:** pela disciplina estabelecida no art. 51, *caput*, da Lei 11.343/2006 (atual Lei de Drogas), o inquérito, estando o indiciado preso, será concluído no prazo de 30 dias; se solto estiver, o prazo será de 90 dias. O parágrafo único do mesmo artigo dispõe que os prazos aludidos no *caput* podem ser duplicados mediante pedido justificado da autoridade policial, sempre ouvido o MP. Assertiva, portanto, incorreta; **C:** assertiva correta, pois reflete o disposto no art. 53, I, da Lei de Drogas; **D:** incorreta, visto que o art. 41 da Lei de Drogas, ao tratar da *delação premiada*, estabeleceu como patamar mínimo de redução *um terço*, e não *um sexto*, como consta da assertiva.

Gabarito "C".

(Cartório/MT – 2005 – CESPE) Acerca de interceptação telefônica, objeto da Lei n.º 9.296/1996, julgue os itens a seguir.

I. A interceptação telefônica pode ser feita pela polícia com prévia autorização do Ministério Público e conduzida pelo juiz.

II. Desde que precedida de autorização judicial, a interceptação telefônica é válida para produzir prova em processo criminal.

III. Desde que precedida de autorização judicial, a interceptação telefônica é válida para produzir prova em inquérito policial.

IV. Essa interceptação pode ser deferida pelo judiciário, desde que haja requerimento da administração pública.

Estão certos apenas os itens

(A) I e II.

(B) I e IV.

(C) II e III.

(D) III e IV.

I: incorreta. Somente ao juiz cabe autorizar a interceptação de comunicações telefônicas. O MP, titular da ação penal pública, poderá requerer, na qualidade de parte interessada, a interceptação, que também poderá ser determinada – sempre pelo juiz – em face da representação formulada pela autoridade policial. É o que estabelece o art. 3º da Lei 9.296/1996; **II:** correta, visto que em conformidade com o disposto nos arts. 1º, *caput*, e 3º, II, da Lei 9.296/1996; **III:** correta, visto que em conformidade com o disposto nos arts. 1º, *caput*, e 3º, I, da Lei 9.296/1996; **IV:** incorreta. Desde que presentes os requisitos do art. 2º da Lei 9.296/1996, poderá o juiz, mesmo de ofício, determinar a interceptação telefônica, que também poderá ser decretada a requerimento do MP ou ainda por meio de representação do delegado de polícia.

Gabarito "C".

(Cartório/RN – 2012 – IESIS) É certo afirmar:

I. O crime falimentar, também conhecido como famélico, ocorre quando o agente furta alimentos para seu sustento ou de sua família.

II. Nas infrações penais em que haja vítima determinada, da competência do juizado especial criminal, em caso de desinteresse desta ou de composição civil, deixa de existir justa causa para ação penal.

III. Aplicar-se-á o procedimento sumaríssimo para as infrações penais de menor potencial ofensivo tipificadas na Lei 9.099/1995.

IV. Para a decretação do sequestro, bastará a existência de indícios veementes da proveniência ilícita dos bens.

5. DIREITO PROCESSUAL PENAL

Analisando as proposições, pode-se afirmar:

(A) Somente as proposições II e IV estão corretas.

(B) Somente as proposições I e III estão corretas.

(C) Somente as proposições I e IV estão corretas.

(D) Somente as proposições II e III estão corretas.

I: incorreta. A assertiva contempla o conceito do chamado *furto famélico*, que nenhuma relação tem com o denominado *crime falimentar*, que se refere às condutas criminosas tipificadas nos arts. 168 a 178 da Lei 11.101/2005 (Lei de Falências); **II:** correta. A assertiva corresponde ao Enunciado nº 99 do Fórum Nacional de Juizados Especiais; **III:** o *rito sumaríssimo*, previsto na Lei 9.099/1995, terá incidência nas infrações penais de menor potencial ofensivo (crimes cuja pena máxima não seja superior a dois anos, bem como as contravenções penais), previstas no Código Penal e nas demais leis extravagantes, e não na Lei 9.099/1995, que não contempla tipos penais. Proposição, portanto, incorreta; **IV:** correta, visto que em consonância com o que estabelece o art. 126 do CPP.
Gabarito "A".

(Cartório/RN – 2012 – IESIS) É certo afirmar:

I. Tratando-se de falência de microempresa ou de empresa de pequeno porte, e não se constatando prática habitual de condutas fraudulentas por parte do falido, poderá o juiz reduzir a pena de reclusão de 1/3 (um terço) a 2/3 (dois terços) ou substituí-la pelas penas restritivas de direitos, pelas de perda de bens e valores ou pelas de prestação de serviços à comunidade ou a entidades públicas.

II. Ocorre o crime de favorecimento de credores, somente quando praticado depois da sentença que decretar a falência, conceder a recuperação judicial ou homologar plano de recuperação extrajudicial, ato de disposição ou oneração patrimonial ou gerador de obrigação, destinado a favorecer um ou mais credores em prejuízo dos demais.

III. Adquirir o juiz, o representante do Ministério Público, o administrador judicial, o gestor judicial, o perito, o avaliador, o escrivão, o oficial de justiça ou o leiloeiro, por si ou por interposta pessoa, bens de massa falida ou de devedor em recuperação judicial, ou, em relação a estes, entrar em alguma especulação de lucro, quando tenham atuado nos respectivos processos, constitui crime de violação de impedimento.

IV. Os prazos prescricionais previstos na Lei de Recuperação Judicial e Falência são independentes daqueles previstos no Código Penal.

Analisando as proposições, pode-se afirmar:

(A) Somente as proposições I e IV estão corretas.

(B) Somente as proposições II e IV estão corretas.

(C) Somente as proposições II e III estão corretas.

(D) Somente as proposições I e III estão corretas.

I: correta, pois reflete o disposto no art. 168, § 4º, da Lei 11.101/2005; **II:** incorreta. O crime de favorecimento de credores, previsto no art. 172 da Lei 11.101/2005, poderá ser praticado *antes* ou *depois* da sentença que decretar a falência, conceder a recuperação judicial ou homologar plano de recuperação extrajudicial; **III:** correta, visto que corresponde ao disposto no art. 177 da Lei 11.101/2005 (crime de violação de impedimento); **IV:** incorreta, na medida em que não reflete o disposto no art. 182 da Lei 11.101/2005.
Gabarito "D".

(Cartório/RN – 2012 – IESIS) É certo afirmar:

I. Em determinados casos o ordenamento jurídico vigente permite ao ofendido ou a quem legalmente o represente, o direito de promover a ação penal.

II. Somente o juiz da execução penal é competente para julgar e aplicar as sanções decorrentes das faltas disciplinares cometidas pelos presos.

III. Guia de recolhimento e guia de execução são sinônimos, observadas para as penas restritivas de direitos.

IV. Exceção da verdade e questões incidentais não afastam a competência dos Juizados Especiais, se a hipótese não for complexa.

Analisando as proposições, pode-se afirmar:

(A) Somente as proposições I e IV estão corretas.

(B) Somente as proposições I e III estão corretas.

(C) Somente as proposições II e III estão corretas.

(D) Somente as proposições II e IV estão corretas.

I: correta. É o que se dá nas chamadas *ações penais de iniciativa privada*, cuja iniciativa para a sua propositura cabe ao ofendido ou a quem o represente (art. 30, CPP). Cuidado: nesta modalidade de ação, somente é delegada ao ofendido a legitimidade para deflagrar o processo, o que não inclui o *direito de punir*, que permanece nas mãos do Estado, seja a ação pública ou privativa do ofendido. Insisto: o Estado nunca deixa de ser o titular exclusivo do direito de punir; **II:** incorreta, pois em desacordo com o disposto no art. 54, *caput*, da Lei 7.210/1984 (Execução Penal); **III:** incorreta (art. 105 da LEP); **IV:** correta (Enunciado 60 do Fórum Nacional de Juizados Especiais).
Gabarito "A".

(Cartório/SC – 2012) Sobre as Súmulas do Supremo Tribunal Federal, em Direito Processual Penal, pode-se afirmar:

I. Constitui nulidade a falta de intimação do denunciado para oferecer contrarrazões ao recurso interposto da rejeição da denúncia, porém sanável com a nomeação de defensor dativo.

II. Quando nula a decisão de primeiro grau, o acórdão que provê o recurso contra a rejeição da denúncia vale pelo recebimento dela.

III. No processo penal, contam-se os prazos da data da intimação, e não da juntada aos autos do mandado ou da carta precatória ou de ordem.

IV. Transitada em julgado a sentença condenatória, compete ao juízo das execuções a aplicação da lei mais benigna.

(A) Somente as proposições I, III e IV estão corretas.

(B) Somente as proposições II e IV estão corretas.

(C) Somente as proposições III e IV estão corretas.

(D) Somente as proposições I, II e III estão corretas.

(E) Somente as proposições II e III estão corretas.

I: incorreta, pois em desacordo com a Súmula 707 do STF; **II:** incorreta, pois em desacordo com a Súmula 709 do STF; **III:** correta, visto que corresponde ao teor da Súmula 710 do STF; **IV:** correta, visto que corresponde ao teor da Súmula 611 do STF.
Gabarito "C".

(Cartório/SP – 2012 – VUNESP) Constatada a prática de violência doméstica e familiar contra a mulher, nos termos da Lei n.º 11.340/2006 (Lei Maria da Penha), a autoridade judicial poderá determinar, liminarmente, medidas protetivas de urgência:

EDUARDO DOMPIERI

I. de imediato, independentemente de audiência das partes e de manifestação do Ministério Público;

II. que obrigam o agressor à prestação de alimentos provisionais ou provisórios;

III. de suspensão das procurações conferidas pelo agressor à ofendida;

IV. de proibição temporária para celebração de contratos de locação de propriedade comum, salvo expressa autorização judicial.

São corretas apenas as afirmativas

(A) I, II e III.

(B) I, II e IV.

(C) I, III e IV.

(D) II, III e IV.

I: correta, pois, a teor do que estabelece o art. 19, § 1°, da Lei 11.340/2006, tais medidas poderão ser deferidas de pronto, independentemente de audiência das partes e de manifestação do MP, que deverá, no entanto, ser prontamente comunicado da decisão; II: correta, visto que corresponde à medida protetiva contemplada no art. 22, V, da Lei 11.340/2006; III: incorreta, visto que a medida protetiva contemplada no art. 24, III, da Lei 11.340/2006 prevê a suspensão das procurações outorgadas pela ofendida ao agressor, e não o contrário, como constou da assertiva; IV: correta, visto que corresponde à medida protetiva contemplada no art. 24, II, da Lei 11.340/2006.

Gabarito "B".

(Cartório/SP – V – VUNESP) O instituto da transação penal, criado pela Lei n.° 9.099/95, é uma mitigação do princípio da

(A) indivisibilidade da ação penal.

(B) oficialidade da ação penal.

(C) indisponibilidade da ação penal.

(D) intranscendência da ação penal.

Pelo *princípio da indisponibilidade*, que constitui um desdobramento do da *obrigatoriedade*, uma vez proposta a ação penal, é vedado ao Ministério Público, seu titular, dela dispor (art. 42, CPP). De acordo com a doutrina, tal princípio, informador da ação penal pública, comporta duas exceções, sendo uma delas a *transação penal* (art. 76, Lei 9.099/1995), em que o titular da ação penal, nas infrações de menor potencial ofensivo, não mais é obrigado a ajuizar a ação penal, podendo, no seu lugar, promover a solução da questão pela via da conciliação. Outra hipótese que, para a doutrina, configura exceção ao postulado da indisponibilidade é a *suspensão condicional do processo* (art. 89, Lei 9.099/1995), aplicável às infrações penais cuja pena mínima não exceda a um ano.

Gabarito "C".

(Cartório/SP – V – VUNESP) Assinale a alternativa correta quanto ao recurso que caberá contra a decisão que rejeita queixa oferecida perante o Juizado Especial Criminal por crime de pequeno potencial ofensivo, bem como seu prazo para interposição e oferecimento das razões recursais.

(A) Recurso em sentido estrito, a ser interposto em 5 dias, com 8 dias para posterior oferecimento das razões recursais.

(B) Apelação, a ser interposta em 10 dias, já acompanhada das razões recursais.

(C) Apelação, a ser interposta em 5 dias, com 8 dias para posterior oferecimento das razões recursais.

(D) Recurso em sentido estrito, a ser interposto em 5 dias, já acompanhado das razões recursais.

Art. 82 da Lei 9.099/1995.

Gabarito "B".

(Cartório/SP – V – VUNESP) Constatado que a mulher encontra-se em situação de violência doméstica, compete à autoridade policial, nos termos da Lei n.° 11.340/2006 (Lei Maria da Penha),

(A) informar à ofendida os direitos a ela conferidos na legislação mencionada e os serviços disponíveis.

(B) determinar que o agressor se afaste do lar ou local de convivência com a ofendida.

(C) determinar a suspensão do porte de armas do agressor.

(D) determinar a proibição do contato do agressor com as testemunhas por qualquer meio de comunicação.

Art. 11, V, da Lei 11.340/2006, cuja redação foi alterada pela Lei 13.894/2019.

Gabarito "A".

(Cartório/SP – V – VUNESP) Assinale a alternativa correta no que pertine ao programa especial de proteção a vítimas e testemunhas ameaçadas (Lei n.° 9.807/1999).

(A) A circunstância da alteração do nome completo será averbada à margem do registro original, com expressa referência ao novo nome que ficará protegido pelo sigilo do registro e pela cautela do oficial registrador.

(B) A circunstância da alteração do nome completo será averbada à margem do registro original de nascimento sem, no entanto, constar o novo nome.

(C) A circunstância da alteração do nome completo resulta no cancelamento do registro original de nascimento, com expressa referência à sentença autorizatória e ao Juiz que a exarou, bem como o novo nome, tudo a fim de ser possível eventual retorno ao *status quo* na hipótese de cessação das ameaças.

(D) A circunstância da alteração do nome completo resulta no cancelamento do registro original de nascimento, no qual deverá constar expressa referência à sentença autorizatória e ao Juiz que a exarou. Novo termo deverá ser lavrado sem qualquer menção à situação que lhe deu origem, tudo a fim de que a integridade física do beneficiário seja preservada.

Art. 9°, § 3°, I, da Lei 9.807/1999.

Gabarito "B".

6. DIREITO CIVIL

Carolina Ikeda e Marcio Pereira

1. LINDB

(Cartório/RS – 2019 – VUNESP) É correto afirmar que a repristinação, no direito brasileiro, é

(A) permitida, desde que haja expressa previsão sobre a restauração de vigência da lei outrora revogada.

(B) vedada, com o objetivo de preservar a segurança jurídica, não se admitindo em qualquer hipótese.

(C) permitida e presumida, restaurando-se a vigência da lei outrora revogada tão logo a lei revogadora tiver perdido sua vigência.

(D) permitida, mas limitada aos casos em que a lei revogadora é de vigência temporária.

(E) permitida, desde que a haja *vacatio legis* de pelo menos 45 (quarenta e cinco) dias para que a lei outrora revogada tenha sua vigência restabelecida.

A repristinação é a restauração da lei revogada por ter a lei revogadora perdido a vigência. Nosso direito não admite, salvo disposição expressa na lei que tiver revogado a lei revogadora. Salvo disposição em contrário, a lei revogada não se restaura por ter a lei revogadora perdido a vigência (art. 2º, § 3º da LINDB).
Gabarito "A".

(Cartório/MA – 2008 – IESES) Sobre a Lei de Introdução ao Código Civil, que, na verdade, é uma "metanorma", já que perpassa e instrui todo o sistema jurídico, é correto afirmar:

(A) A sucessão de bens de estrangeiros situados no Brasil será regulada pela lei brasileira, vedada em qualquer hipótese a aplicação da lei pessoal do *de cujus*.

(B) No direito brasileiro, é amplamente reconhecida a repristinação, independentemente de previsão expressa.

(C) Caso ocorra nova publicação do texto da lei (visando a sua correção), antes que tenha entrado em vigor, o prazo começará a correr da nova publicação.

(D) A "vacatio legis", salvo expressa previsão em contrário, é de 90 (noventa) dias.

A: incorreta, pois a sucessão de bens de estrangeiros situados no Brasil apenas será regulada pela lei brasileira se ela for mais benéfica ao cônjuge ou filhos brasileiros, ou de quem os represente. Caso contrário, isto é, se a lei pessoal do domicílio do *de cujus* trouxer maiores benefícios, será ela que será aplicada (art. 10, §1º do LINDB); B: incorreta, pois a repristinação é expressamente vedada no ordenamento jurídico pátrio (art. 2º, §3º da LINDB). Atente-se, porém que a repristinação não se confunde com o "efeito repristinatório", o que é plenamente possível de ocorrer. Tal se dá nas seguintes hipóteses: a) quando a lei revogadora for declarada inconstitucional; b) quando a lei revogadora tiver sua eficácia suspensa por meio de medida cautelar em ação declaratória de inconstitucionalidade; c) quando a lei expressamente o admitir; C: correta, pois o neste caso considera o prazo da norma corretora (art. 1º, §3º do LINDB); D: incorreta, pois a *vacatio legis*, salvo previsão expressa é de 45 dias (art. 1º, *caput*, da LINDB).
Gabarito "C".

(Cartório/MS – 2009 – VUNESP) Um casal de sírios, no momento residentes no Brasil, casa-se na Síria, silenciando quanto ao regime de casamento a ser adotado. Durante a constância da união houve aquisição de patrimônio imobiliário, sendo que após alguns anos houve sua ruptura, com o consequente divórcio e partilha de bens. Alega o marido que, por serem sírios aplica-se a lei síria, em que a mulher teria direito a 1/6. Analisando a questão, apenas com os elementos dados, responda o posicionamento correto.

(A) Apesar de o casamento ter sido realizado por estrangeiros, no caso concreto, o domicílio do casal está estabelecido no Brasil, devendo aplicar-se a legislação brasileira quanto ao regime legal de bens.

(B) O regime de bens estabelecido na lei síria somente terá vigência se comprovado o registro do casamento perante a autoridade diplomática ou consular síria, provando-se o regime de bens então adotado.

(C) Em se tratando de cônjuges estrangeiros, mesmo que seja celebrado no Brasil, vigorará o regime de casamento sírio, se um dos cônjuges tiver residência estabelecida naquele país.

(D) A lei brasileira não faz distinção entre a nacionalidade dos nubentes quanto às condições para a realização de um casamento realizado no Brasil ou no exterior, devendo obedecer aos mesmos requisitos.

(E) Se o casamento tivesse sido celebrado no Brasil, seria aplicada a lei brasileira quanto aos impedimentos dirimentes, às formalidades da celebração e ao regime de bens, independentemente do domicílio.

A: correta, pois no que tange ao regime de bens, legal ou convencional, deve ser obedecida a lei do país em que tiverem os nubentes domicílio (art. 7º, §4º, da LINDB); B: incorreta, pois muito embora o casal tenha nacionalidade síria e tenha se casado na Síria, ambos têm domicílio no território brasileiro. Daí quanto ao regime de bens a ser aplicado deve obedecer as leis brasileiras (art. 7º, §4º da LINDB); C: incorreta, pois não necessariamente o regime de bens aplicado será aquele vigente na Síria, pois havendo os nubentes domicílios diversos, aplica-se a lei do primeiro domicílio do casal (art. 7º, §4º, da LINDB); D: incorreta, pois no que tange ao casamento de estrangeiros a lei faculta a possibilidade de sua ocorrência perante autoridades diplomáticas ou consulares do país de ambos os nubentes (art. 7º, §2º, da LINDB); E: incorreta, pois se o casamento tivesse sido celebrado no Brasil, seria aplicada a lei brasileira apenas quanto aos impedimentos dirimentes, às formalidades da celebração. No que tange ao regime de bens, aplica-se a lei do país em que tiverem domicílio os cônjuges (art. 7º, §§1º e 4º, da LINDB).
Gabarito "A".

(Cartório/RO – III) Considerando o que dispõe a Lei de Introdução do Código Civil, Assinale a alternativa correta:

(A) No caso dos nubentes possuírem domicílio diverso, regerá os casos de invalidade do casamento a lei do último domicílio conjugal.

(B) Ao casamento de nubentes estrangeiros realizado no Brasil não será aplicada à lei brasileira quanto

CAROLINA IKEDA E MARCIO PEREIRA

aos impedimentos dirimentes e às formalidades da celebração.

(C) Ao casamento de nubentes estrangeiros realizado no Brasil será aplicada a lei brasileira quanto aos impedimentos dirimentes e às formalidades da celebração.

(D) O estrangeiro naturalizado brasileiro, casado no exterior, independentemente de qualquer formalidade, poderá requerer ao juiz, no ato de entrega do decreto de naturalização, que se apostile ao mesmo a adoção do regime de comunhão parcial de bens, respeitados os direitos de terceiros e dada esta adoção ao competente registro.

A: incorreta, pois no caso dos nubentes possuírem domicílio diverso, regerá os casos de invalidade do casamento a lei do *primeiro* domicílio conjugal (art. 7º, §3º, da LINBD); B: incorreta, pois aos casamentos realizados no Brasil, independentemente da nacionalidade dos cônjuges, será aplicada a lei brasileira quanto aos impedimentos dirimentes à as formalidades da celebração (art. 7º, §1º, da LINBD); C: correta (art. 7º, §1º, da LINBD); D: incorreta, pois este estrangeiro naturalizado brasileiro, casado no exterior, apenas pode proceder dessa forma mediante expressa autorização de seu cônjuge (art. 7º, §5º da LINBD).
Gabarito "C".

(Cartório/SP – VUNESP) A lei posterior revoga a anterior quando

I. com ela for incompatível;

II. regule inteiramente a matéria tratada na lei anterior;

III. a anterior for declarada inconstitucional;

IV. a posterior for declarada constitucional.

São incorretas as afirmações

(A) I e III.

(B) II e IV.

(C) I e IV.

(D) III e IV.

Nos termos do art. 2º, § 1º, da LINDB "A lei posterior revoga a anterior quando expressamente o declare, quando seja com ela incompatível ou quando regule inteiramente a matéria de que tratava a lei anterior". Portanto as alternativas III e IV estão incorretas.
Gabarito "D".

(Cartório/SP – IV – VUNESP) Quanto à Lei de Introdução do Código Civil Brasileiro, assinale a alternativa errada.

(A) A lei do país em que for domiciliada a pessoa determina as regras sobre o começo e o fim da personalidade, o nome, a capacidade, os direitos de família. Por isso, é errado dizer que as formas dos atos de estado civil são regidas pelo princípio *locus regit actum*.

(B) Tratando-se de brasileiros, as autoridades consulares brasileiras são competentes para celebrar o casamento e demais atos de Registro Civil e de Tabelionato, inclusive o registro de nascimento e de óbito de filho de brasileiro ou brasileira nascido no país da sede do consulado.

(C) A lei do domicílio do herdeiro ou legatário regula a capacidade para suceder.

(D) Quando a lei for omissa, o Juiz decidirá o caso de acordo com a analogia, os costumes e os princípios gerais de direito, observando-se que a solução por analogia é por autointegração e que a solução pelos costumes é por heterointegração.

A: incorreta, (devendo ser assinalada), pois por tal razão é *certo* dizer que as formas dos atos de estado civil são regidas pelo princípio *locus regit actum;* B: correta (art. 18 da LINDB); C: correta (art. 10, §2º, da LINDB); D: correta (art. 4º da LINDB).
Gabarito "A".

(Cartório/SP – 2011 – VUNESP) Assinale a alternativa incorreta.

(A) O casamento de franceses, no Brasil, poderá ser realizado no Consulado da França.

(B) Alemão residente no Brasil poderá casar-se com noiva brasileira perante a Autoridade Consular Alemã estabelecida no Brasil, regendo-se o casamento pelas leis brasileiras.

(C) Casal de brasileiros, residindo no exterior, poderá casar-se perante a Autoridade Consular brasileira.

(D) A lei do país em que for domiciliada a pessoa determina as regras sobre começo e o fim da personalidade, nome, capacidade e os direitos de família.

A: correta, pois o casamento de estrangeiros celebrado no Brasil pode ser celebrado perante autoridades diplomáticas ou consulares do país de qualquer dos nubentes (art. 7º, §2º, da LINDB); B: incorreta (devendo ser assinalada), pois a lei apenas faculta o casamento perante autoridade consular para o casamento entre estrangeiros realizado no Brasil. No caso em tela a noiva é brasileira, logo tal permissão não se aplica (art. 7º, §2º, da LINDB); C: correta, pois tratando-se de brasileiros, são competentes as autoridades consulares brasileiras para lhes celebrar o casamento e os mais atos de Registro Civil e de tabelionato, inclusive o registro de nascimento e de óbito dos filhos de brasileiro nascido no país da sede do Consulado (art. 18 da LINDB); D: correta (art. 7º, *caput*, da LINDB).
Gabarito "B".

(Cartório/SP – 2012 – VUNESP) Acerca da vigência da lei federal em todo o território nacional, caso não mencionado expressamente nenhum prazo no ato de sua publicação, pode-se concluir que

(A) haverá *vacatio legis* de noventa dias, com prazo progressivo.

(B) sua vigência será imediata.

(C) haverá *vacatio legis* de quarenta e cinco dias, com vigência sincrônica.

(D) a vigência ocorrerá de forma sincrônica no dia útil seguinte ao da publicação.

Em regra, o prazo de *vacatio legis* vem previsto no próprio texto legal. Contudo, caso a lei seja omissa, aplica-se o art. 1º, *caput*, da LINDB, o qual prevê que "Salvo disposição contrária, a lei começa a vigorar em todo o país quarenta e cinco dias depois de oficialmente publicada".
Gabarito "C".

(Cartório/SP – 2012 – VUNESP) Quando o intérprete se defrontar com a necessidade de preencher lacuna da lei, de modo a proceder à aplicação de uma norma existente, destinada a reger caso semelhante, é correto afirmar que há

(A) interpretação extensiva.

(B) aplicação do direito alternativo.

(C) analogia *juris*.

(D) analogia *legis*.

A: incorreta, pois na utilização da técnica da interpretação extensiva não há falar-se em lacuna na lei. Isto se dá, pois neste caso *há* norma e o intérprete apenas amplia o seu sentido; B: incorreta, pois o direito alternativo não é utilizado como forma de integração de lacuna; C: incorreta,

6. DIREITO CIVIL

pois na *analogia iuris* tem-se a aplicação de um conjunto de normas próximas, visando extrair elementos que possibilitem a analogia; D: correta, pois na *analogia legis* segue-se exatamente este procedimento: não havendo para o caso concreto norma que se subsuma a sua resolução, recorre-se a uma norma semelhante do ordenamento, a fim de se preencher a lacuna, evitando-se, assim o *non liquet*.
Gabarito "D".

(Cartório/MG – 2019 – Consulplan) Tendo em vista as disposições da Lei de Introdução às Normas do Direito Brasileiro, assinale a alternativa correta.

(A) Nos estados estrangeiros, a obrigatoriedade da lei brasileira, quando admitida, se inicia sessenta dias depois de oficialmente publicada.

(B) A lei brasileira será aplicada ao casamento de estrangeiros realizado no Brasil, quanto aos impedimentos dirimentes e às formalidades da celebração.

(C) Somente nas hipóteses em que estabeleça disposições gerais a par das já existentes a lei nova não revoga nem modifica a lei anterior, posto que se a lei nova estabelecer disposições especiais a par das já existentes, revogará a lei anterior.

(D) O estrangeiro casado, que se naturalizar brasileiro, pode, independentemente de anuência do cônjuge, requerer ao juiz, no ato da entrega do decreto de naturalização, que se apostile ao mesmo a adoção do regime de comunhão parcial de bens, respeitados os direitos de terceiros e dada esta adoção ao competente registro.

A: incorreto. Nos estados estrangeiros, a obrigatoriedade da lei brasileira, quando admitida, se inicia três meses depois de oficialmente publicada (art. 1º, § 1º da LINDB); **B:** correto. Realizando-se o casamento no Brasil, será aplicada a lei brasileira quanto aos impedimentos dirimentes e às formalidades da celebração (art. 7º, § 1º da LINDB); **C:** incorreto. A lei nova, que estabeleça disposições gerais ou especiais a par das já existentes, não revoga nem modifica a lei anterior (art. 2º, § 2º da LINDB); **D:** incorreto. O estrangeiro casado, que se naturalizar brasileiro, pode, mediante expressa anuência de seu cônjuge, requerer ao juiz, no ato de entrega do decreto de naturalização, se apostile ao mesmo a adoção do regime de comunhão parcial de bens, respeitados os direitos de terceiros e dada esta adoção ao competente registro (art. 7º, § 5º da LINDB).
Gabarito "B".

(Cartório/MG – 2019 – Consulplan) Considerando a disciplina saída da Lei de Introdução às Normas do Direito Brasileiro, assinale a alternativa correta.

(A) A lei do último domicílio do falecido regula a capacidade para suceder.

(B) A sucessão de bens de estrangeiros, situados no país, será regulada pela lei brasileira em benefício do cônjuge ou dos filhos brasileiros, mesmo nas hipóteses em que a lei pessoal do falecido lhes seja mais favorável.

(C) As organizações destinadas a fins de interesse coletivo, como as sociedades e as fundações, obedecem à lei do Estado em que se constituírem, mas só poderão ter filiais no Brasil depois que os seus atos constitutivos forem aprovados pelo Governo brasileiro, ficando sujeitas à lei brasileira.

(D) Os governos estrangeiros, bem como as organizações de qualquer natureza, que eles tenham constituído, dirijam ou hajam investido de funções públicas, poderão adquirir no Brasil bens imóveis além daqueles

destinados à sede de sua representação, desde que essa aquisição seja precedida de autorização do Senado Federal.

A: incorreto. A lei do domicílio do herdeiro ou legatário regula a capacidade para suceder (art. 10, § 2º da LINDB); **B:** incorreto. A sucessão de bens de estrangeiros, situados no País, será regulada pela lei brasileira em benefício do cônjuge ou dos filhos brasileiros, ou de quem os represente, sempre que não lhes seja mais favorável a lei pessoal do *de cujus* (art. 10, § 1º da LINDB); **C:** correto. As organizações destinadas a fins de interesse coletivo, como as sociedades e as fundações, obedecem à lei do Estado em que se constituírem (art. 11, *caput*, da LINDB); **D:** incorreto. Os Governos estrangeiros, bem como as organizações de qualquer natureza, que eles tenham constituído, dirijam ou hajam investido de funções públicas, não poderão adquirir no Brasil bens imóveis ou susceptíveis de desapropriação (art. 11, § 2º da LINDB).
Gabarito "C".

2. GERAL

2.1. Pessoas naturais

(Cartório/MG – 2019 – Consulplan) De acordo com as hipóteses de atos que demandam averbação em registro público contempladas pelo art. 10, do Código Civil, assinale a alternativa que se insere nesse rol.

(A) Os atos extrajudiciais que reconhecerem a filiação.

(B) A interdição por incapacidade absoluta ou relativa.

(C) A sentença declaratória de ausência e de morte presumida.

(D) A emancipação por outorga dos pais ou por sentença do juiz.

A: correto. Conforme art. 10, inciso II do CC. **B, C** e **D:** incorretos. São hipóteses que demandam registro e não averbação, conforme art. 9º, incisos III, IV e II do CC, respectivamente.
Gabarito "A".

(Cartório/AM – 2005 – FGV) Assinale a alternativa correta.

(A) A partilha amigável feita por herdeiros, ainda que capazes, depende, exclusivamente, de escritura pública.

(B) A nomeação de tutor compete tanto ao pai, quanto à mãe, separadamente.

(C) A obrigação de prestar alimentos não se transmite aos herdeiros do devedor sob qualquer pretexto ou modo.

(D) Não se permite o casamento, sem autorização dos pais, para os homens menores de 18 (dezoito) anos e para as mulheres menores de 16 (dezesseis) anos.

(E) A dissolução da sociedade conjugal não extingue o bem de família.

A: incorreta, pois a partilha amigável, havendo herdeiros capazes, pode ser feita tanto por escritura pública, como por termo nos autos do inventário, ou ainda por instrumento particular homologado pelo juiz (art. 2.015 do CC); **B:** incorreta, pois o direito de nomear tutor compete aos pais em conjunto (art. 1.729 do CC); **C:** incorreta, pois a obrigação de prestar alimentos transmite-se aos herdeiros do devedor (art. 1.700 do CC); **D:** incorreta, pois a Lei não faz distinção quanto ao gênero no que tange à idade núbil. Tanto o homem quanto a mulher, completados 16 anos podem se casar, com a autorização de ambos os pais ou representantes legais, enquanto não atingida a maioridade civil (art. 1.517 do CC); **E:** correta (art. 1.721 do CC).
Gabarito "E".

(Cartório/BA – 2004 – CESPE) Considere que o pseudônimo de uma pessoa é usado por ela para atividades lícitas e que um terceiro esteja empregando em publicações o pseudônimo dessa pessoa, de sorte a expô-la ao desprezo público. Em face dessas considerações, julgue os itens que se seguem.

(1) Como a lei protege somente o nome, em princípio, não é possível afirmar que houve ofensa ao direito de personalidade.

(2) Havendo ofensa ao direito de personalidade e estando morto o ofendido, terá legitimação para requerer dos direitos da personalidade e reclamar perdas e danos o cônjuge sobrevivente, ou qualquer parente em linha reta, ou colateral até o quarto grau.

(3) Se a publicação fosse uma propaganda comercial que não expusesse a pessoa da referida situação ao desprezo público, isso poderia ser realizado independentemente de autorização.

(4) O ofendido pode fazer cessar a lesão ao direito da personalidade mas não poderá reclamar perdas e danos, quando a publicação não se refere ao seu nome, mas apenas ao pseudônimo.

1: incorreta, pois nos termos do art. 19 do CC, o pseudônimo adotado para atividades lícitas goza da mesma proteção dada ao nome; 2: correta (art. 12, parágrafo único, do CC); 3: incorreta (art. 18 do CC e Enunciado 278 CJF); 4: incorreta, pois o indivíduo certamente poderá reclamar perdas e danos, uma vez que pseudônimo lícito recebe a mesma proteção dada ao nome (art. 19 do CC). Neste passo, o art. 12 do CC prevê que "pode-se exigir que cesse a ameaça ou a lesão a direito da personalidade, e reclamar perdas e danos sem prejuízo de outras sanções previstas em lei". Considerando que tal dispositivo aplica-se ao nome, por extensão também se aplica ao pseudônimo.
Gabarito 1E, 2C, 3E, 4E

(Cartório/DF – 2003 – CESPE) Joãozinho e Paulinho, ambos com 16 anos de idade, empregados em uma indústria, sofreram, em setembro de 2003, um acidente no curso da jornada de trabalho, ao manejarem uma máquina para a qual não estavam habilitados a operar. O acidente levou Joãozinho à perda de um dos olhos, que foi substituído por uma prótese ocular para esconder a lesão sofrida. O laudo pericial concluiu que houve negligência do empregador em seu dever de vigilância. Considerando a situação hipotética acima, julgue os itens subsequentes.

(1) A simples existência de relação de emprego, aos 16 anos completos, não enseja, por si só, a Joãozinho e a Paulinho a cessação da sua incapacidade relativa para a prática de atos da vida civil.

(2) Paulinho pode testemunhar o fato — como ocorreu o acidente — perante o juiz do processo civil, desde que esteja devidamente assistido pelos pais ou pelo responsável.

1: correta, pois para que ocorra a cessação da incapacidade não basta apenas a relação de emprego, sendo indispensável que o menor tenha economia própria, isto é, consiga se sustentar (art. 5°, parágrafo único, V, do CC); 2: incorreta, uma vez que o maior de dezesseis anos tem capacidade para ser testemunha, independentemente de assistência dos pais ou responsáveis (art. 228, I, do CC).
Gabarito 1C, 2E

(Cartório/MG – 2012 – FUMARC) Considerando o Código Civil Brasileiro, serão registrados em registro público

(A) os nascimentos e a sentença declaratória de ausência.

(B) os casamentos e as sentenças que decretarem o divórcio.

(C) as sentenças que decretarem a anulação do casamento e os nascimentos.

(D) os atos judiciais que reconhecerem a filiação e a sentença declaratória de ausência.

A: correta (art. 9°, I e IV, do CC). As demais alternativas estão incorretas, haja vista que tanto a sentença que decreta o divórcio, como aquela que decreta a anulação de casamento, como os atos judiciais que reconhecem a filiação são passíveis de averbação, nos termos dos art. 10, I, do CC.
Gabarito "A".

(Cartório/MG – 2012 – FUMARC) Considerando o Código Civil Brasileiro, são incapazes relativamente a certos atos, ou à maneira de os exercer,

(A) os pródigos; os maiores de dezesseis e menores de dezoito anos; os viciados em tóxicos; os ébrios habituais.

(B) os ébrios habituais; os viciados em tóxicos; os maiores de dezesseis e menores que vinte e um anos; o índio.

(C) os pródigos; o índio; os excepcionais, sem desenvolvimento mental completo; os maiores de dezesseis e menores de vinte e um anos.

(D) os excepcionais, com desenvolvimento mental completo; os pródigos; os ébrios habituais; os maiores de dezesseis e menores de dezoito anos.

A: correta (art. 4°, IV, I e II, do CC respectivamente); B: incorreta, pois a incapacidade relativa cessa aos dezoito anos, e não aos 21 anos (art. 4°, I, do CC). No que tange ao índio, sua capacidade é regulada por lei especial (art. 4°, parágrafo único do CC). De acordo com o Estatuto do Índio (Lei 6.001/1973), o índio pode ser classificado em: I) *isolado*, com nenhum ou pouco contato com a civilização; II) *em vias de integração*, com contato intermitente ou permanente com a civilização, mas mantendo parte de suas tradições e; III) *integrado*, que está incorporado à comunhão nacional e reconhecido no pleno exercício dos direitos civis, ainda que conserve elementos de sua cultura. O índio integrado é plenamente capaz para atos da vida civil, enquanto o não integrado é tutelado pela FUNAI. A lei diz que os atos praticados pelos índios não integrados dependem, para serem válidos, da assistência dos agentes da FUNAI, o que daria a ideia de que são relativamente incapazes. Entretanto, a falta de assistência torna o ato nulo, e não anulável, circunstância própria dos atos praticados pelo absolutamente incapaz (E.I, art. 8°). Não será nulo o ato se o índio revelar consciência e conhecimento do ato praticado e da extensão de seus efeitos, desde que não lhe seja prejudicial (E.I, art. 8°, parágrafo único); C: incorreta, *vide* observação retro quanto aos índios e a quanto à idade (art. 4°, IV, II e I, do CC); D: incorreta, nos termos do art. 4°, do CC.
Gabarito "A".

(Cartório/RO – III) Assinale a alternativa correta. Cessará, para os menores, a incapacidade:

(A) Por ato concessivo dos pais ou de um deles na falta do outro, mediante instrumento, dependente de homologação judicial.

(B) Pela constituição de sociedade de fato;

(C) pelo casamento;

(D) pelo exercício de cargo público em comissão.

6. DIREITO CIVIL 313

A: incorreta, pois o art. 5º, parágrafo único, do CC prevê que a concessão deve ser feita pelos pais, por instrumento público, dispensada a homologação judicial; B: incorreta, pois a Lei não prevê essa causa para a cessação da incapacidade; C: correta (art. 5º, parágrafo único, II); D: incorreta, pois apenas o exercício de cargo público *efetivo* gera a cessação da incapacidade.

Gabarito "C".

(Cartório/SP – IV – VUNESP) Quanto à pessoa natural, assinale a alternativa correta.

(A) A morte, em situações de catástrofe, pode ser presumida, sem declaração de ausência, possibilitando o assento de óbito em cumprimento de mandado judicial.

(B) A mudança de estado civil afeta a capacidade de agir, mas não interfere na legitimação.

(C) Patronímico é elemento imutável integrante do nome.

(D) Os direitos da personalidade são intransmissíveis, irrenunciáveis e de pretensão relativa (não *erga omnes*).

A: correta (art. 7º, I, do CC e art. 88 da Lei 6.015/73 – Lei de Registros Públicos – LRP); B: incorreta, uma vez que a alternativa trouxe conceitos invertidos. Neste passo, a mudança do estado civil afeta a *legitimação* e não a *capacidade de agir*. A legitimação constitui-se na capacidade especial para a prática de determinados atos. Assim, por exemplo, se o indivíduo era solteiro e passa a ser casado, dependendo do regime escolhido para o casamento, apenas poderá praticar determinados atos com a anuência de seu cônjuge (art. 1.647 do CC, art. 10 do CPC). Caso a anuência não seja dada, haverá falta de legitimação para a prática do ato. No que concerne a capacidade de agir, ela independe do estado civil; C: incorreta, pois o patronímico não é imutável. Neste passo, ao longo de sua existência o indivíduo pode adquirir novo nome (entenda-se: prenome + patronímico) em decorrência de atos judiciais, como a adoção, ou em virtude de fundada coação ou ameaça decorrente de colaboração com apuração de crime (art. 57, §7º, da LRP), ou ainda em decorrência do casamento; D: incorreta, tendo em vista que os direitos da personalidade são oponíveis *erga omnes* (contra todos). Isso significa que tais direitos geram deveres de abstenção dos indivíduos, inclusive para o Estado. Sendo assim, tais direitos são oponíveis de modo absoluto. Aproveitando a oportunidade, faz-se uma ressalva quanto a intransmissibilidade, uma vez que o *direito* não é passível de cessão, mais o *exercício* em algumas ocasiões pode ser cedido. Exemplo: o direito moral do nome do autor em sua obra não pode ser cedido, mas a exploração econômica dos exemplares à uma editora pode.

Gabarito "A".

(Cartório/SP – V – VUNESP) Assinale a alternativa correta.

(A) Quando o artigo 2.º do Código Civil afirma que a lei põe a salvo os direitos do nascituro, o legislador reconhece que a personalidade civil da pessoa começa da concepção.

(B) A incapacidade dos menores cessa com o casamento.

(C) São absolutamente incapazes os pródigos.

(D) Presume-se a morte, quanto aos ausentes, nos casos em que a lei autoriza a abertura da sucessão provisória.

A: incorreta, pois muito embora a lei coloque a salvo os direitos do nascituro, a primeira parte do art. 2º é categórica ao afirmar que a personalidade civil da pessoa se inicia com o nascimento com vida. Neste passo, há que se chamar a atenção para o fato de que o nascituro corresponde a um sujeito de direito que ainda não possui personalidade jurídica, pois ainda não nasceu. A personalidade é a aptidão *genérica* conferida pela lei a determinados entes para adquirir direitos e contrair

obrigações. Sendo o nascituro um ente despersonalizado, possui apenas aptidões *específicas* previstas em Lei (direito à vida – art. 5º CF, *caput*; direito à filiação – art. 1.596 CC; direito à integridade física, a alimentos, a adequada assistência pré-natal – art. 8º do ECA –; a um curador que represente e zele por seus interesses, a receber doação – art. 542 do CC). Assim, predomina o entendimento de que o Código Civil adotou a teoria natalista, segundo a qual o nascimento com vida faz nascer a personalidade; B: correta (art. 5º, parágrafo único, II; do CC); C: incorreta, pois o pródigo é relativamente incapaz (art. 4º, IV, do CC); D: incorreta (art. 6º do CC).

Gabarito "B".

(Cartório/SP – V – VUNESP) Na hipótese de morte presumida de pessoa desaparecida por afogamento, o assento de óbito

(A) independe de qualquer medida administrativa ou judicial, desde que notória a probabilidade da morte de pessoa que estava em perigo de vida.

(B) depende de prévia ação declaratória judicial quanto à morte presumida.

(C) depende de procedimento administrativo quanto à morte presumida.

(D) depende da declaração de ausência.

A: incorreta, pois é necessária a intervenção judicial, por meio da qual haverá uma sentença que fixará a data provável do falecimento (art. 7º, parágrafo único do CC); B: correta (art. 7º, parágrafo único do CC e art. 88 da LRP); C: incorreta, pois não se trata de procedimento administrativo, e sim judicial; D: incorreta, pois neste caso a morte presumida pode ser declarada sem a decretação de ausência (art. 7º, I, do CC).

Gabarito "B".

(Cartório/SP – V – VUNESP) Os índios, enquanto não integrados,

(A) por serem só relativamente incapazes, estão sujeitos, normalmente, como todos os brasileiros natos, à inscrição do nascimento no Registro Civil das Pessoas Naturais do lugar onde tiver ocorrido o parto, sem prejuízo do registro facultativo junto à FUNAI – Fundação Nacional do Índio.

(B) não se sujeitam à inscrição do nascimento, porque a organização social, costumes, línguas, crenças e tradições dos silvícolas têm reconhecimento constitucional, competindo à União preservá-los, razão pela qual só deverão, obrigatoriamente, ser registrados em livro próprio da FUNAI, que é o órgão federal encarregado de sua assistência.

(C) não se lhes aplica qualquer tipo de registro, quer obrigatório, quer facultativo, em qualquer órgão da União, do Estado ou dos Municípios, pois a Constituição Federal lhes reconhece direitos originários sobre as terras que tradicionalmente ocupam, competindo à União apenas demarcá-las.

(D) não estão sujeitos à inscrição do nascimento no Registro Civil das Pessoas Naturais, pois são submetidos a regime tutelar estabelecido em legislação especial, podendo, entretanto, haver registro facultativo em livro próprio da FUNAI, órgão encarregado de sua assistência.

A: incorreta. A questão do índio na legislação brasileira vem tratada especificamente no Estatuto do índio, Lei 6.001/1973. Essa lei dispõe que os atos praticados pelos índios *não integrados* dependem, para serem válidos, da *assistência* de agentes da FUNAI (ligada à União), o que daria a ideia de que são *relativamente incapazes*; entretanto, a falta de assistência torna o ato *nulo* (e não *anulável*), circunstância própria dos atos praticados pelo *absolutamente incapaz* (art. 8°); de qualquer forma, não será nulo o ato se o índio revelar consciência e conhecimento do ato praticado e da extensão dos seus efeitos, desde que não lhe seja prejudicial (art. 8°, parágrafo único); assim, a situação do índio é bem específica e não se encaixa na divisão tradicional dos institutos citados, prevista no Código Civil. De qualquer forma, o fato de serem relativamente incapazes não os torna sujeitos à inscrição de registro de nascimento, uma vez que o art. 50, § 2° da LRP apenas lhe *faculta* essa possibilidade.; B: incorreta. De fato, a Constituição Federal reconhece aos índios sua organização social, costumes, línguas, crenças e tradições (art. 231), mas esta não é uma causa para não se sujeitarem à inscrição do nascimento. A alternativa também está incorreta, pois quando afirma que "só deverão, obrigatoriamente, ser registrados em livro próprio da FUNAI", ignora os dizeres do art. 50, § 2°, da LRP, o qual faculta aos índios não integrados à inscrição de nascimento no Cartório de Registro Civil de Pessoas Naturais, ressaltando que o procedimento também *poderá* ser feito em livro próprio do órgão federal da assistência aos índios; C: incorreta, pois conforme justificativas anteriores, os índios devem se submeter a registro; D: correta (art. 50, § 2°, da LRP e art. 13 da Lei 6.001/1973).

Gabarito "D".

(Cartório/SP – 2011 – VUNESP) Assinale a alternativa correta.

(A) Cinco anos após o trânsito em julgado da sentença de sucessão provisória, poderão os interessados requerer a sucessão definitiva e o levantamento das cauções prestadas.

(B) A presunção de morte decorrente da ausência autoriza a viúva do ausente a casar-se novamente.

(C) O Código Civil não admite outras modalidades de presunção de morte além da ausência.

(D) Somente até o momento da abertura da sucessão definitiva o ausente poderá recuperar seus bens.

A: incorreta, pois o prazo previsto em lei são 10 anos (art. 37 do CC); B: correta. A viúva do ausente pode casar-se novamente, nos termos do art. 1.571, §1°, do CC. Entende-se que com relação ao ausente houve a morte presumida, o que dissolve o vínculo matrimonial liberando a viúva para novas núpcias; C: incorreta, pois além da morte presumida com a declaração de ausência, temos ainda casos em que a lei dispensa o procedimento, como o caso do indivíduo ter desaparecido por ter sido exposto a sério perigo de morte ou àquele que desapareceu em campanha ou foi feito prisioneiro, e não foi encontrado até dois anos após o término da guerra (art. 7° do CC); D: incorreta, pois após a abertura da sucessão definitiva a Lei ainda confere uma chance ao ausente de recuperar os seus bens. Nesta esteira, regressando o indivíduo nos dez anos seguintes à abertura da sucessão definitiva, terá ele direito em relação aos bens ainda existentes, no estado em que se encontrarem, ou em relação àqueles bens que foram comprados da venda dos bens que lhe pertenciam (art. 39 do CC).

Gabarito "B".

(Cartório/MG – 2015 – Consulplan) O representante do incapaz não pode praticar atos, tais como:

(A) Aplicações financeiras em geral.

(B) Alugar imóveis do incapaz.

(C) Vender a produção agrícola de uma fazenda do incapaz.

(D) Perdoar dívidas em nome do incapaz.

Alternativas A, B e C estão incorretas. Vale dizer, todas estas alternativas referem-se a atos de administração geral de poderes, podendo ser praticados pelo representante legal do incapaz. Alternativa D, correta. Segundo Maria Helena Diniz, "Representação é a relação jurídica pela qual certa pessoa se obriga diretamente perante terceiro, por meio de

ato praticado em seu nome por um representante, cujos poderes são conferidos por lei ou por mandato". A representação pode ser: legal (conferida pela lei aos pais, tutores, curadores etc.); convencional ou voluntária (quando decorre de negócio jurídico, o contrato de mandato). A representação legal, como na questão abordada, confere poderes gerais de administração ao representante do incapaz, sendo proibido qualquer ato que exorbite tal administração. Lembre-se, perdão (remissão) de dívida é ato de disposição de direitos, equivale a uma renúncia ao crédito e não pode o representante do incapaz praticar atos de liberalidade que desfalquem o seu patrimônio.

Gabarito "D".

(Cartório/MG – 2016 – Consulplan) Quanto à AUSÊNCIA, é INCORRETO afirmar:

(A) Segundo o Código Civil, será nomeado curador do ausente o cônjuge ou o companheiro, por interpretação analógica e sistemática, os pais, ou os descendentes, nesta ordem.

(B) A declaração de ausência será facultada por processo judicial ou por escritura pública. Por instrumento público, os requisitos, são: a) a inexistência de filhos menores ou incapazes; b) a observância do prazo de três anos de ausência; c) assistência de advogado, e o ato notarial levado a registro no Cartório de Registro Civis das Pessoas Naturais.

(C) Os herdeiros, para se imitirem na posse dos bens do ausente, darão garantias da restituição deles, mediante penhores ou hipotecas equivalentes aos quinhões respectivos.

(D) Pode-se requerer a sucessão definitiva, provando-se que o Ausente conta com 80 anos de idade, e que de cinco datam as últimas notícias dele.

Alternativa A está de acordo com o artigo 25, § 1° e § 2°, do Código Civil. Alternativa B, incorreta, deve ser assinalada. A declaração de ausência necessariamente deve ser declarada por sentença judicial, pois trata-se de morte presumida, conforme o artigo 6°. Ademais, o Código de Processo Civil prevê o procedimento da declaração de ausência nos artigos 744 e 745. Lembre-se, o procedimento judicial de declaração de morte presumida pela ausência comporta três fases: Curadoria dos bens do ausente (art. 22 e seguintes do CC); Abertura da sucessão provisória (art. 26 e seguintes do CC); abertura da sucessão definitiva (art. 37 e seguintes do CC). Alternativa C em consonância com a sucessão provisória, prevista no artigo 30 do Código Civil. Alternativa D nos moldes do artigo 38 do Código Civil.

Gabarito "B".

(Cartório/SP – 2016 – VUNESP) A emancipação voluntária dos menores púberes sob poder familiar

(A) depende de homologação judicial, se decorrente da manifestação de apenas um dos pais, que então a concedeu na falta do outro.

(B) é revogável e pode ser formalizada por instrumento particular.

(C) exige instrumento público e independe de homologação judicial.

(D) é vedada pelo ordenamento jurídico, que autoriza apenas a dos menores impúberes.

Alternativa A, incorreta. Vai de encontro ao disposto no artigo 5°, parágrafo único, inciso I, do Código Civil. Alternativa B, incorreta. A emancipação é o ato jurídico por meio do qual os efeitos da capacidade civil são antecipados, nas hipóteses do parágrafo único do artigo 5° do Código Civil. Via de regra, é definitiva, irretratável e irrevogável. Alternativa C, correta. Trata-se da hipótese de emancipação prevista no inciso I

6. DIREITO CIVIL   315

do parágrafo único do artigo 5º do Código Civil, diz respeito à concessão de emancipação do menor com dezesseis anos completos, por ambos os pais ou de apenas um deles, em caso de ausência ou falecimento, mediante instrumento público, independente de homologação judicial. Alternativa D, incorreta. Nos termos do artigo 5º, parágrafo único, do Código Civil, o ato da emancipação é permitida em nosso ordenamento jurídico e poderá ocorrer nas situações descritas em lei, quais sejam, pela concessão dos pais, ou de um deles na falta do outro, mediante instrumento público, independentemente de homologação judicial, ou por sentença do juiz, ouvido o tutor, se o menor tiver dezesseis anos completos; pelo casamento; pelo exercício de emprego público efetivo; pela colação de grau em curso de ensino superior; pelo estabelecimento civil ou comercial, ou pela existência de relação de emprego, desde que, em função deles, o menor com dezesseis anos completos tenha economia própria.
Gabarito "C".

(Cartório/MG – 2016 – Consulplan) Pais resolvem emancipar voluntariamente o filho, menor púbere. Após desentendimento familiar, os pais, arrependidos, resolvem revogar o ato. Quanto ao caso, é correto afirmar:

(A) A emancipação voluntária é ato revogável pela via judicial ou extrajudicial. Pela via extrajudicial requer anuência do emancipado, e seus efeitos ficam pendentes ao registro no cartório de registro civil de pessoas naturais, em regra, efeito ex-tunc.

(B) A emancipação voluntária é ato revogável pela via judicial ou extrajudicial. Pela via extrajudicial, não requer anuência do emancipado, e seus efeitos ficam pendente ao registro no cartório de registro civil de pessoas naturais, em regra, efeito ex-tunc.

(C) A emancipação voluntária é ato revogável pela via judicial. Seus efeitos ficam pendente ao registro no cartório de registro civil de pessoas naturais, em regra, efeito ex-nunc.

(D) É irrevogável a emancipação feita por outorga dos pais.

Alternativas A, B e C, incorretas. A emancipação pode ser voluntária, judicial ou legal, nos termos do artigo 5º, parágrafo único, incisos I, II, III, IV e V, do Código Civil. Uma vez concedida, não pode ser revogada e o menor passa a ter plena capacidade para a vida civil. Alternativa D, correta. Segundo o entendimento de Carlos Roberto Gonçalves a emancipação é a "aquisição da capacidade de fato ou de exercício (aptidão para exercer, por si só, os atos da vida civil). Pode decorrer de concessão dos pais ou de sentença do juiz, bem como de determinados fatos a que a lei atribui esse efeito" (GONÇALVES, Carlos Roberto, Direito Civil Brasileiro, Vol. 1, ed. Saraiva -2010, pg. 135). Diante disso, a emancipação pode ser voluntária, judicial ou legal. A emancipação voluntária está prevista no artigo 5º, parágrafo único, inciso I, do Código Civil. A emancipação voluntária é ato irrevogável, realizado por escritura pública e registrada no Registro Civil de Pessoas Naturais, nos termos do inciso IV do artigo 29 da LRP, e independe de decisão judicial.
Gabarito "D".

(Cartório/MG – 2015 – Consulplan) "Luana, menor púbere, resolve pedir aos seus tutores que a emancipe." Querendo os tutores emancipá-la, nos termos do Código Civil, é correto afirmar:

(A) A emancipação será por via judicial.

(B) A emancipação será sempre por instrumento público notarial.

(C) A emancipação será por instrumento público notarial, desde que conste anuência do Ministério Público.

(D) É defeso emancipação de tutelados.

Alternativa A correta. De acordo com o inciso I, do parágrafo único, do artigo 5º do Código Civil. Quando o menor púbere estiver sob tutela a emancipação não poderá ser por instrumento público notarial. Neste caso, deverá ser por sentença judicial. Alternativa B, incorreta. Nem sempre a emancipação será por instrumento público (emancipação voluntária). A emancipação pode ser judicial (se dá por sentença judicial) e legal (em razão da ocorrência dos fatos previstos em Lei), conforme prevê o artigo 5º, parágrafo único, incisos II a V, do Código Civil). Alternativa C, incorreta. Viola o artigo 5º, parágrafo único, inciso I, do Código Civil. A anuência deve ser de ambos os pais, ou por um só, na falta do outro. Tal hipótese refere-se à emancipação voluntária. Alternativa D, incorreta. Viola o artigo 5º, parágrafo único, inciso I, do Código Civil. O dispositivo autoriza expressamente a emancipação do tutelado, desde que seja por sentença judicial.
Gabarito "A".

(Cartório/MG – 2016 – Consulplan) Quanto à emancipação, assinale a afirmação correta.

(A) A emancipação é o ato pelo qual o relativamente incapaz adquire a capacidade civil plena. A sua concessão depende de autorização dos pais e se estende para todos os atos da vida civil, eleitoral e criminal.

(B) Pela emancipação extingue-se o poder familiar.

(C) O maior de dezesseis e menor de dezoito anos emancipado pode ser mandatário, mas o mandante não tem ação contra ele, senão as aplicáveis às obrigações contraídas por menores.

(D) É defesa a emancipação do menor tutelado.

Alternativa A incorreta. A emancipação gera a capacidade civil plena, estendendo-se apenas para os atos da vida civil. A emancipação não gera efeitos à vida eleitoral e criminal (o Código Penal fala em imputabilidade penal e não se confunde com capacidade civil). Alternativa B, correta, de acordo com o inciso II do artigo 1.635 do Código Civil. Poder familiar é o conjunto de direitos e deveres atribuídos aos pais, em relação à pessoa e aos bens dos filhos menores e não emancipados. Alternativa C, incorreta. Porque o mandante tem ação contra ele, visto que está emancipado, de modo que não se aplicará a proteção do artigo 666 do Código Civil. Alternativa D, incorreta, viola o artigo 5º, parágrafo único, inciso I, do Código Civil, logo, é possível o menor púbere tutelado ser emancipado, desde que seja por sentença do juiz.
Gabarito "B".

(Cartório/MG – 2015 – Consulplan) Domicílio é de grande importância no direito, sendo o local em que a pessoa jurídica ou natural responde por suas obrigações. Quanto ao domicílio necessário, é correto afirmar que

(A) é o lugar onde se fixa residência com ânimo definitivo.

(B) é aquele que a lei impõe a determinado grupo de pessoas.

(C) é aquele que pode ser ajustado entre as partes nos contratos escritos.

(D) é o lugar onde funcionam as respectivas diretorias e administrações das pessoas jurídicas.

Alternativa A incorreta. O artigo 70 do Código Civil prevê a hipótese de domicílio voluntário, isto é, aquele livremente escolhido pela pessoa. Alternativa B, correta. De acordo com 76, parágrafo único do Código Civil. Domicílio é a sede jurídica da pessoa, onde ela responde por suas obrigações civis. O domicílio pode ser voluntário (livremente escolhido) ou necessário (legal), aquele que a lei determina. O citado dispositivo ela as hipóteses de domicílio necessário. Alternativa C, incorreta. Viola o artigo 76 do Código Civil. Trata-se de domicílio voluntário especial

aquele fixado com base no contrato. É o foro contratual ou de eleição. Alternativa D, incorreta. Viola o artigo 76 do Código. Trata-se de domicílio das pessoas jurídicas de direito privado, conforme prevê o inciso IV do artigo 75 do Código Civil, e, não se confunde com domicílio necessário.
Gabarito "B".

(Cartório/MG – 2016 – Consulplan) A e B, marido e mulher, são casados sob o regime de comunhão parcial de bens. Durante a gravidez de B, A vem a falecer. Quanto ao caso, assinale a alternativa INCORRETA.

(A) Enquanto embrião, considera-se nascituro, não possuindo personalidade. Sua situação, seus direitos presentes e eventuais são, porém, preservados. Não por ser pessoa, mas por ser pessoa em potencial e sujeito de direitos.

(B) Nascendo sem vida, há presunção de morte simultânea, sendo A e o natimorto reciprocamente herdeiros. Trata-se de fenômeno jurídico da comoriência.

(C) Nascendo este, ainda que tenha dado só uma leve respirada de ar, terá vivido e, portanto, adquirido personalidade. Sua será a herança, que transmitirá a sua herdeira, a saber, sua mãe.

(D) Nascendo sem vida, a herança de A será atribuída a seus ascendentes, em concorrência com B, uma vez que seu filho não adquiriu personalidade, nada havendo herdado.

Alternativa A, de acordo com entendimento doutrinário do artigo 2º do Código Civil. Alternativa B, incorreta, esta deve ser assinalada. Não ocorreu a comoriência (artigo 8º do Código Civil). Esta ocorre quando dois ou mais indivíduos falecem na mesa ocasião, não se podendo verificar quem faleceu primeiro, caso em que há presunção de morte simultânea. Lembre-se, o principal efeito da presunção de morte simultânea é que, não tendo havido tempo ou oportunidade para a transferência de bens entre os comorientes, um não herda do outro. Alternativa C, de acordo com o artigo 2º do Código Civil. Para que um ente seja considerado pessoa e adquira personalidade jurídica, será suficiente que tenha vivido por um segundo e por tal razão opera-se a sucessão. Alternativa D, em consonância com os artigos 2º e 1.829, II, e 1.836 do Código Civil. Como houve o nascimento sem vida (natimorto), este não adquiriu a personalidade jurídica para tornar-se sujeitos de direitos e deveres na ordem civil, daí a razão da herança de A ser atribuída aos seus ascendentes em concorrência com sua cônjuge.
Gabarito "B".

(Cartório/MG – 2016 – Consulplan) Em relação ao direito de personalidade, assinale a afirmação INCORRETA.

(A) As pessoas, naturais ou jurídicas, são os sujeitos dos direitos subjetivos: são entes dotados de personalidade. Apesar disso, o fato de serem sujeitos de direitos, enquanto categoria, não impede de serem tratados como objeto.

(B) Como regra, os sujeitos de direitos têm como característica fundamental a personalidade. Mas nem sempre é assim. Há alguns sujeitos de direito despidos de personalidade.

(C) Quanto ao morto, não se pode exigir que cesse a ameaça, ou a lesão a direito, haja vista que o direito da personalidade cessa com a morte da pessoa natural.

(D) Para Teoria Concepcionista, o nascituro já tem personalidade desde a concepção, apenas adquirindo capacidade, a partir do nascimento com vida. Nesse sentido, quem é concebido já é pessoa, mas a capacidade só advém do nascimento com vida.

Alternativa C, incorreta, devendo ser assinalada. Nos termos do parágrafo único do artigo 12 do Código Civil, o cônjuge sobrevivente ou qualquer parente em linha reta, ou colateral até o quarto grau, terá legitimação para requerer as medidas cabíveis em caso de violação dos direitos inerentes à personalidade da pessoa morta, direito à honra, à imagem.
Gabarito "C".

2.2. Pessoas jurídicas

((Cartório/RS – 2019 – VUNESP) É correto afirmar que a criação de uma fundação poderá se dar

(A) por escritura pública ou instrumento particular, desde que haja reconhecimento de firma, por autenticidade, e seja assinado por 2 (duas) testemunhas.

(B) por escritura pública ou testamento.

(C) somente por escritura pública.

(D) por escritura pública, testamento ou instrumento particular, desde que assinado por 2 (duas) testemunhas.

(E) por escritura pública, testamento ou instrumento particular, desde que haja reconhecimento de firma, por autenticidade, e seja assinado por 2 (duas) testemunhas.

Para criar uma fundação, o seu instituidor fará, por escritura pública ou testamento, dotação especial de bens livres, especificando o fim a que se destina, e declarando, se quiser, a maneira de administrá-la (art. 62, CC).
Gabarito "B".

(Cartório/RS – 2019 – VUNESP) Assinale a alternativa correta sobre as associações civis.

(A) A qualidade de associado é, em regra, transmissível, salvo se o estatuto dispuser o contrário.

(B) O registro das associações será realizado perante a junta comercial existente na unidade federativa em que a associação atuar.

(C) A alteração do estatuto da associação e a destituição dos administradores exigem deliberação em assembleia geral especialmente convocada para esse fim.

(D) O estatuto das associações deverá conter, sob pena de nulidade, a indicação da entidade de fins não econômicos para a qual será destinado o seu patrimônio líquido, em caso de sua dissolução.

(E) As associações somente poderão constituir-se para os fins especificados em lei, tais como: assistência social; cultura, defesa e conservação do patrimônio histórico e artístico; educação; saúde; dentre outros.

A: incorreto. A qualidade de associado é intransmissível, se o estatuto não dispuser o contrário (art. 56, CC); **B**: incorreto. Começa a existência legal das pessoas jurídicas de direito privado com a inscrição do ato constitutivo no respectivo registro, precedida, quando necessário, de autorização ou aprovação do Poder Executivo, averbando-se no registro todas as alterações por que passar o ato constitutivo (art. 45, CC). Para as associações civis o registro se dá no Cartório de Registro Civil de Pessoas Jurídicas (art. 114, inciso I, da Lei 6.015/1973); **C**: correto. Para as deliberações a que se referem os incisos I (destituir administradores) e II (alterar o estatuto) deste artigo é exigido deliberação da assembleia especialmente convocada para esse fim, cujo quórum será o estabelecido no estatuto, bem como os critérios de eleição dos administradores (art. 59, inciso II e parágrafo único do CC); **D**: incorreto. Esta previsão não está expressa no rol do art. 54 do CC; **E**: incorreto. Trata-se de redação referente às fundações e

6. DIREITO CIVIL

não às associações (art. 62, parágrafo único, CC). Constituem-se as associações pela união de pessoas que se organizem para fins não econômicos (art. 53, CC).

Gabarito "C".

(Cartório/MG – 2019 – Consulplan) Considerando as prescrições do Código Civil acerca das pessoas jurídicas, assinale a alternativa correta.

(A) Nos casos de dissolução da pessoa jurídica ou cassada a autorização para seu funcionamento, subsistirá para fins de liquidação pelo prazo de dois anos.

(B) Decai em dois anos o direito de anular as decisões tomadas pela administração coletiva da pessoa jurídica, quando violarem o estatuto, ou forem eivadas de erro, dolo, simulação ou fraude.

(C) São livres a criação, a organização, a estruturação interna e o funcionamento das organizações religiosas, sendo vedado ao poder público negar-lhes reconhecimento ou registro dos atos constitutivos.

(D) As pessoas jurídicas de direito público interno são civilmente responsáveis por atos dos seus agentes que nessa qualidade causem danos a terceiros, ressalvado o direito de regresso contra os causadores do dano em qualquer hipótese.

A: incorreto. Nos casos de dissolução da pessoa jurídica ou cassada a autorização para seu funcionamento, ela subsistirá para os fins de liquidação, até que esta se conclua (Art. 51, CC); **B:** incorreto. Decai em três anos o direito de anular as decisões a que se refere este artigo, quando violarem a lei ou estatuto, ou forem eivadas de erro, dolo, simulação ou fraude (art. 48, parágrafo único, CC); **C:** correto. São livres a criação, a organização, a estruturação interna e o funcionamento das organizações religiosas, sendo vedado ao poder público negar-lhes reconhecimento ou registro dos atos constitutivos e necessários ao seu funcionamento (art. 44, § 1º, CC); **D:** incorreto. As pessoas jurídicas de direito público interno são civilmente responsáveis por atos dos seus agentes que nessa qualidade causem danos a terceiros, ressalvado direito regressivo contra os causadores do dano, se houver, por parte destes, culpa ou dolo (art. 43, CC).

Gabarito "C".

(Cartório/BA – 2004 – CESPE) Quanto às pessoas jurídicas, julgue os itens seguintes.

(1) As organizações religiosas possuem liberdade para a criação, a organização, a estruturação interna e o funcionamento, sendo vedado ao poder público negar-lhes reconhecimento ou registro dos atos constitutivos e necessários ao seu funcionamento.

(2) Nas associações, a qualidade de associado é intransmissível, salvo previsão estatutária em sentido contrário. Também é lícito afirmar que, para haver categorias de associado com vantagens especiais, é mister a previsão em estatuto.

(3) Os partidos políticos serão organizados e funcionarão conforme o disposto em lei específica e, dessa forma, não são classificados como pessoa jurídica de direito privado.

(4) Considere a seguinte situação hipotética.

Na condição de servidor público do estado da Bahia, Jerônimo, no exercício de suas funções, causou dano a terceiro.

Nessa situação, o estado da Bahia responderá civilmente pelos danos que Jerônimo causou a terceiros,

cabendo direito regressivo contra Jerônimo, se houver, por parte deste, culpa ou dolo.

(5) Se, eventualmente, o fim a que se destina uma fundação particular tornar-se ilícito, impossível ou inútil ou ainda se vencido o prazo de sua existência, o Ministério Público, ou qualquer interessado, poderá promover-lhe a extinção.

(6) Para alterar o estatuto de uma fundação, é necessário que a reforma não contrarie ou desvirtue o fim desta fundação e, também, que seja deliberada por dois terços dos competentes para gerir e representar a fundação, além de ser homologado em juízo, não competindo ao Ministério Público aprovar ou reprovar, uma vez que cabe a ele apenas velar pelas fundações.

(7) No estatuto das associações, a ausência dos requisitos para admissão, demissão e exclusão dos associados constitui fator de nulidade.

1: correta (art. 44, § 1º, do CC); 2: correta: (arts. 56 e 55 do CC); 3: incorreta (art. 44, V, do CC); 4: certa, pois a Constituição Federal prevê no seu art. 37, § 6º que a "pessoa jurídica de direito público responde pelos danos que seus agentes, nessa qualidade, causarem a terceiros (...)". Essa primeira parte do dispositivo reflete verdadeira hipótese de responsabilidade objetiva. De outra parte, o direito de regresso lhe é assegurado contra o servidor, mas nesse caso deverá comprovar que agiu com dolo ou culpa, isto é, a responsabilidade neste é subjetiva; 5: correta (art. 69 do CC); 6: incorreta, pois o Ministério Público, além de ter o dever de zelar pelas fundações, também tem competência para aprovar ou reprovar a alteração e, caso ele a denegue, poderá o juiz supri-la a requerimento do interessado (art. 67, III, do CC); 7: certa (art. 54, II, do CC).

Gabarito 1C, 2C, 3E, 4C, 5C, 6E, 7C

(Cartório/MG – 2012 – FUMARC) De acordo com o Código Civil Brasileiro, são consideradas pessoas jurídicas de direito público interno

(A) as autarquias.

(B) as fundações.

(C) as organizações religiosas.

(D) as pessoas regidas pelo direito internacional público.

A: correta (art. 41, IV, do CC); B e C: incorretas, pois as fundações e organizações religiosas são consideradas pessoas jurídicas de direito privado (art. 44, III e IV, do CC); D: incorreta, pois as pessoas regidas pelo direito internacional público são consideradas pessoas jurídicas de direito público externo (art. 42 do CC).

Gabarito "A".

(Cartório/MG – 2005 – EJEF) É CORRETO afirmar que são pessoas jurídicas

(A) de direito privado as associações, as sociedades e as fundações.

(B) de direito público externo os Estados estrangeiros e todas as pessoas que forem regidas pelo direito nacional público.

(C) de direito público interno a União, os Estados, o Distrito Federal, os Territórios, os Municípios, as autarquias e as demais entidades de caráter público criadas por estatutos.

(D) de direito público interno a União, os Estados, o Distrito Federal, os Territórios, os Municípios, as autarquias e as demais entidades de caráter público criadas por decreto.

A: correta (art. 44, I, II e III, do CC); B: incorreta (art. 42 do CC); C e D: incorretas (art. 41, V, do CC).

Gabarito "A".

(Cartório/MG – 2005 – EJEF) É CORRETO afirmar que, se a administração da pessoa jurídica vier a faltar, o Juiz, a requerimento de qualquer interessado, lhe nomeará administrador

(A) definitivo.

(B) facultativo.

(C) oficial.

(D) provisório.

Art. 49 do CC.

Gabarito "D".

(Cartório/RO – III) Assinale a alternativa correta:

(A) São pessoas de direito público interno a União, os municípios, as autarquias, as fundações e as bolsas de valores.

(B) A existência legal das pessoas jurídicas de direito privado começa com o protocolo do ato constitutivo no respectivo registro.

(C) Decai em 2 (dois) anos o direito de anular a constituição das pessoas jurídicas de direito privado, por defeito do respectivo ato, contado o prazo da publicação de sua inscrição no registro.

(D) Nenhuma das alternativas está correta.

A: incorreta (art. 41 CC); B: incorreta, pois a existência legal das pessoas jurídicas de direito privado começa a *inscrição* do ato constitutivo no respectivo registro, e não com o mero protocolo (art. 45 CC); C: incorreta, pois o prazo de decadência é de três anos (art. 45, parágrafo único, CC); D: correta, pois todas as alternativas trazem impropriedades.

Gabarito "D".

(Cartório/RO – III) Assinale a alternativa correta:

(A) Para o registro das pessoas de direito privado é suficiente: denominação, os fins, a sede, o tempo de duração e o fundo social, quando houver; o modo de administração e representação ativa e passiva, judicial e extrajudicialmente; as condições de extinção e a destinação patrimonial.

(B) Se a pessoa jurídica tiver administração coletiva, em qualquer hipótese, as decisões serão tomadas observando a maioria dos votos presente.

(C) Decai em 2 (dois) anos o direito de anular as decisões descritas na alternativa "b".

(D) Nenhuma alternativa está correta.

A: incorreta, pois além desses requisitos ainda devem ser indicados: o nome e a individualização dos fundadores ou instituidores, e dos diretores; se o ato constitutivo é reformável no tocante à administração, e de que modo e se os membros respondem, ou não, subsidiariamente, pelas obrigações sociais (art. 46, II, IV e V CC); B: incorreta, pois é possível que o estatuto disponha de forma diversa. Daí ser incorreto o uso da expressão *"em qualquer hipótese"* (art. 48 CC); C: incorreta, pois na verdade o prazo é de 3 anos (art. 48, parágrafo único, CC); D: correta, pois todas as alternativas trazem impropriedades.

Gabarito "D".

(Cartório/RO – III) Assinale a alternativa correta.

(A) Nas associações há entre os associados direitos e obrigações recíprocos.

(B) Nas associações em qualquer hipótese os associados deverão ter iguais direitos.

(C) Caso o estatuto não disponha sobre o assunto, a qualidade de associado é intransmissível.

(D) Nenhuma das alternativas está correta.

A: incorreta (art. 53, parágrafo único, CC); B: incorreta (art. 55 CC); C: correta (art. 56 CC); D: incorreta, pois a alternativa "C" está correta.

Gabarito "C".

(Cartório/SP – 2011 – VUNESP) Leia as afirmações e assinale a alternativa correta.

(A) A fundação pode ser criada por ato intervivos, mediante instrumento particular autêntico, com assinatura de duas testemunhas, ou por testamento.

(B) Segundo orientação jurisprudencial do Superior Tribunal de Justiça, o Código de Defesa do Consumidor adotou a teoria menor da desconsideração da personalidade jurídica, admitindo responsabilização dos sócios sempre que a personalidade for, de alguma forma, obstáculo ao ressarcimento de prejuízos causados aos consumidores.

(C) É possível criar fundação com finalidade político-partidária.

(D) A responsabilidade civil das pessoas jurídicas de direito público é fundada no risco integral, não admitindo excludentes de caso fortuito/força maior ou culpa da vítima.

A: incorreta (art. 62 CC); B: correta, pois de fato o Superior Tribunal de Justiça vem adotando esse posicionamento no que tange ao art. 28 do CDC, como é possível se verificar seguintes julgados: REsp 1.096.604/DF, rel. Min. Luis Felipe Salomão, 4.ª T., j. 02.08.2012, *DJe* 16.10.2012; AgRg no Ag 1.342.443/PR, rel. Min. Massami Uyeda, 3.ª T., j. 15.05.2012, *DJe* 24.05.2012.; REsp 1.267.232/PR, rel. Min. Mauro Campbell Marques, 2.ª T., j. 01.09.2011, *DJe* 08.09.2011). A teoria menor da desconsideração traz um facilitador para que o "manto" da pessoa jurídica seja retirado, uma vez que há requisitos menos rígidos para que isso ocorra. Exige-se apenas a dificuldade de penhorar bens do fornecedor, não sendo necessário comprovar fatos adicionais, como abuso de personalidade, confusão patrimonial, dentre outros, como se dá no âmbito de uma relação regida pelo Código Civil. Neste sentido, vide Enunciado 50 do CJF; C: incorreta (art. 62, parágrafo único, CC e Enunciado 8 CJF); D: incorreta, pois o Direito Brasileiro não adotou a teoria do risco integral no que tange a responsabilidade das pessoas jurídicas de direito público interno. A teoria adotada foi a do risco administrativo. Essa teoria baseia-se no risco inerente da atividade administrativa, sendo seus pressupostos: a) existência de um ato ou fato administrativo; b) dano; c)nexo de causalidade. Admite-se ainda formas de exclusão da responsabilidade do Estado, como a culpa exclusiva da vítima, ausência de nexo de causalidade, caso fortuito e força maior (art. 37, § 6º CF e art. 43 CC).

Gabarito "B".

(Cartório/SP – 2011 – VUNESP) Assinale a alternativa correta a respeito das fundações.

(A) Para criar uma fundação, o seu instituidor deverá lavrar escritura pública, vedado o testamento.

(B) Para que se possa alterar o estatuto da fundação, é mister que a reforma seja deliberada por unanimidade dos competentes para gerir e representar a fundação.

(C) A fundação somente poderá constituir-se para fins religiosos, morais, culturais ou de assistência.

6. DIREITO CIVIL

(D) Velará pelas fundações o Ministério Público do Estado, mesmo se funcionarem no Distrito Federal ou em território.

A: incorreta (art. 62 do CC); B: incorreta (art. 67, I, do CC); C: correta (art. 62 parágrafo único, e Enunciado 8 do CJF); D: incorreta (art. 66, § 1º, do CC).
Gabarito "C".

(Cartório/MG – 2015 – Consulplan) Começa a existência legal das pessoas jurídicas de direito privado com a inscrição do ato constitutivo no respectivo registro. O registro declarará, EXCETO:

(A) a denominação, os fins, a sede, o tempo de duração e o fundo social, quando houver.

(B) o nome e a individualização dos fundadores ou instituidores, e dos diretores.

(C) as disposições para liquidação da pessoa jurídica.

(D) se o ato constitutivo é reformável no tocante à administração, e de que modo.

Alternativas A e B e D, incorretas. Nos termos do artigo 46, incisos I, II e IV, do Código Civil, tais hipóteses serão declaradas no registro. Alternativa C, correta. Liquidação antecede a extinção da pessoa jurídica, se destina a apurar o ativo, finalização dos negócios pendentes, pagamento das dívidas e, por fim, realizar a partilha do resultado da liquidação, na forma da lei, do estatuto ou do contrato social, nos termos do artigo 51 do Código Civil.
Gabarito "C".

(Cartório/MG – 2015 – Consulplan) Sobre as Fundações, é correto afirmar, EXCETO:

(A) Se o estatuto não for elaborado no prazo assinado pelo instituidor, ou, não havendo prazo, em cento e oitenta dias, a incumbência caberá ao Ministério Público.

(B) A fundação somente poderá constituir-se para fins religiosos, morais, culturais ou esportivos.

(C) Para que se possa alterar o estatuto da fundação é mister que a reforma seja deliberada por dois terços dos competentes para gerir e representar a fundação.

(D) Quando a alteração não houver sido aprovada por votação unânime, os administradores da fundação, ao submeterem o estatuto ao órgão do Ministério Público, requererão que se dê ciência à minoria vencida para impugná-la, se quiser, em dez dias.

Alternativa A, conforme o parágrafo único do artigo 65. Lembre-se, fundação é uma pessoa jurídica de direito privado, constituída por um conjunto de bens. Não é possível fundação sem patrimônio. Ela pode ser constituída por escritura pública ou testamento. Alternativa B, incorreta, esta é a alternativa que deve ser assinalada. O artigo 62, parágrafo único, incisos I a IX, do Código Civil, prevê o rol de hipóteses que se permite constituir uma fundação. A alternativa trouxe apenas algumas hipóteses e fez menção ao "somente". Cuidado com somente nas provas. Alternativa C, conforme o inciso I do artigo 67 do Código Civil. Alternativa D, de acordo com o artigo 68 do Código Civil.
Gabarito "B".

(Cartório/MG – 2016 – Consulplan) Quanto ao regime da pessoa jurídica, marque a afirmação INCORRETA.

(A) As sociedades são grupos de pessoas que se reúnem para realização de empreendimento qualquer. São, assim, pessoas colegiadas, podendo ser simples ou empresária.

(A) As fundações públicas são patrimônio público ao qual a lei confere personalidade. São, por isso, pessoas não colegiadas.

(A) As fundações privadas são constituídas por acervo patrimonial particular, ao qual a lei confere personalidade, daí serem pessoas não colegiadas.

(B) Empresa pública tem natureza peculiar, em nenhuma hipótese aceitando a forma não colegiada, e são pessoas jurídicas de Direito Público.

Alternativas A, B, C, estão corretas. Alternativa D, incorreta. Esta alternativa deve ser assinalada. Empresa pública é uma pessoa jurídica de direito privado, prestadora de serviço público ou exploradora da atividade econômica, constituída por capital eminentemente público, podendo revestir-se sob qualquer modalidade empresarial. É um ente que constitui a administração pública indireta.
Gabarito "D".

(Cartório/PA – 2016 – IESES) Segundo a classificação apresentada pelo Código Civil vigente, são pessoas jurídicas de direito privado:

I. Partidos políticos.

II. Organizações religiosas.

III. Autarquias.

IV. Associações, sociedades, fundações e empresas individuais de responsabilidade limitada.

A sequência correta é:

(A) As assertivas I, II, III e IV estão corretas.

(B) Apenas as assertivas I e IV estão corretas.

(C) Apenas a assertiva IV está correta.

(D) Apenas as assertivas I, II e IV estão corretas.

I: correta. Nos termos do inciso V do artigo 44 do Código Civil. II: correta. De acordo com o inciso IV do artigo 44 do Código Civil. III: incorreta. Conforme o disposto no inciso IV do artigo 41, as autarquias são pessoa jurídicas de direito público interno. IV: correta. Nos termos dos incisos I, II, III e VI do artigo 44 do Código Civil.
Gabarito "D".

2.3. Domicílio

(Cartório/RO – III) Assinale a alternativa correta:

(A) É domicílio da pessoa natural é o lugar onde ela exerce sua profissão.

(B) É domicílio da pessoa natural é o lugar onde ela estabelece sua residência com ânimo definitivo.

(C) Se a pessoa natural não tem residência habitual, ter-se-á por seu domicílio o lugar onde ela se encontra.

(D) Todas as alternativas estão corretas.

A: correta (art. 72 do CC); B: correta (art. 70 do CC); C: correta (art. 73 do CC); D: correta, pois todas as alternativas estão certas.
Gabarito "D".

(Cartório/SC – 2008) Em relação ao domicílio da pessoa natural, é correto afirmar:

(A) Se a pessoa natural tiver mais de uma residência, onde viva alternadamente, considerar-se-á seu domicílio apenas aquela onde passe o maior período do ano.

(B) Considera-se domicílio da pessoa natural o lugar onde ela estabelece a sua residência com ânimo definitivo.

(C) O lugar onde a pessoa natural exerce a profissão, se for diverso daquele onde reside, não pode ser

320 CAROLINA IKEDA E MARCIO PEREIRA

considerado como seu domicílio, mesmo que para as relações concernentes à profissão.

(D) O servidor público e o militar têm seu domicílio necessário no local onde residem, mesmo que diverso daquele onde respectivamente exerça sua função ou preste o serviço.

(E) Nos contratos escritos, os contratantes não poderão especificar o domicílio onde serão exercitados e cumpridos os direitos e obrigações deles resultantes.

A: incorreta (art. 71 do CC); B: correta (art. 70 do CC); C: incorreta (art. 62 do CC); D: incorreta (art. 76, parágrafo único, do CC); E: incorreta (art. 78 do CC).
Gabarito "B".

(Cartório/MG – 2016 – Consulplan) Quanto ao domicílio e residência, assinale a afirmação INCORRETA.

(A) Residência é o lugar em que a pessoa se fixa, ainda que temporariamente. Possui elemento objetivo: lugar em que a pessoa se fixa.

(B) O direito brasileiro veda em qualquer espécie a pluralidade de domicílios, o legislador pátrio priorizou a segurança jurídica nas relações, determinando domicílio único.

(C) Domicílio é o lugar em que a pessoa se fixa com vontade de permanecer em definitivo. A definição conduz a dois elementos, um objetivo: lugar que a pessoa se fixa. Outro subjetivo, denomina-se *animus manendi*, ou vontade de permanecer.

(D) O agente diplomático do Brasil, que, citado no estrangeiro, alegar extraterritorialidade sem designar onde tem, no país, o seu domicílio, poderá ser demandado no Distrito Federal ou no último ponto do território brasileiro onde o teve.

Alternativa A correta, residência é estado de fato, domicílio é situação jurídica. Alternativa B, incorreta, devendo ser assinalada. Nos termos do artigo 71, o Código Civil admite a pluralidade de domicílios: "a pessoa natural tiver diversas residências, onde, alternadamente, viva, considerar-se-á domicílio seu qualquer delas." Alternativa C. De acordo com o artigo 70 do Código Civil. Alternativa D. Correta, nos termos do artigo 77 da lei civil.
Gabarito "B".

2.4. Direitos da personalidade e nome

(Cartório/SP – V – VUNESP) A lesão a direito da personalidade dá ensejo à reclamação por perdas e danos. Em caso de falecimento da vítima, quanto à legitimidade ativa ad causam, é correto afirmar que detém legitimidade

(A) o cônjuge sobrevivente, qualquer parente na linha reta ou colateral até o quarto grau.

(B) o cônjuge sobrevivente e qualquer parente na linha reta.

(C) apenas o cônjuge sobrevivente.

(D) o cônjuge sobrevivente, o companheiro ou qualquer herdeiro na linha reta ou colateral até o terceiro grau.

Art. 12, parágrafo único, do CC e Enunciado 400 do CJF.
Gabarito "A".

(Cartório/PA – 2016 – IESES) O exercício dos direitos morais sobre a obra audiovisual cabe:

(A) Exclusivamente ao diretor.

(B) Ao Autor.

(C) Aos patrocinadores.

(D) Aos artistas intérpretes.

Alternativa A correta. De acordo com o artigo 25 da Lei 9.610/98 (Lei de Direitos Autorais). Alternativas B, C, D, incorretas. Violam o com o artigo 25 da Lei 9.610/98 (Lei de Direitos Autorais).
Gabarito "A".

(Cartório/MG – 2015 – Consulplan) Sobre os direitos da personalidade, é correto afirmar, EXCETO:

(A) Ninguém pode ser constrangido a submeter-se, com risco de vida, a tratamento médico ou a intervenção cirúrgica.

(B) Toda pessoa tem direito ao nome, nele compreendidos o prenome e o sobrenome.

(C) Sem autorização, não se pode usar o nome alheio em propaganda comercial.

(D) O pseudônimo, mesmo adotado para atividades lícitas, não goza da proteção que se dá ao nome.

Alternativa A, conforme o artigo 15 do Código Civil. Tal dispositivo é uma aplicação princípio da autonomia, pois o profissional da saúde deve respeitar a vontade do paciente, ou de seu representante, se incapaz. O consentimento deve ser livre e informado. Aliás, é direito básico do paciente a se recusar a tratamento arriscado. Alternativa B, de acordo com o artigo 16 do Código. O nome constitui direito da personalidade e é um sinal exterior pelo qual se designa e se reconhece a pessoa no seio da família e sociedade. Alternativa C, conforme o artigo 18 do Código. É proibida a utilização não autorizada de nome alheio em propaganda comercial. Dispõe o Enunciado n. 278 do CJF da IV Jornada de Direito Civil: " A publicidade que venha a divulgar, sem autorização, qualidades inerentes a determinada pessoa, ainda que sem mencionar seu nome, mas sendo capaz de identificá-la, constitui violação a direito da personalidade". Alternativa D, é a incorreta, esta deve ser assinalada pois viola o artigo 19 do Código Civil. O dispositivo confere proteção ao pseudônimo adotado para atividades lícitas.
Gabarito "D".

(Cartório/MG – 2016 – Consulplan) Quanto ao ESTADO CIVIL, é INCORRETO afirmar:

(A) O direito brasileiro classifica as pessoas segundo seu estado civil, que se divide em estado familiar, político, individual.

(B) É indisponível no sentido de que não se pode renunciar a ele, não se pode transferi-lo a outra pessoa, mas não é imutável.

(C) Intrinsecamente, o estado é indivisível, indisponível e imprescritível.

(D) As classificações das pessoas em estado são de ordem privada, uma vez que as designações interessam apenas ao particular, não produz efeito contra todos.

Alternativa A, em consonância com a doutrina. Esta, "influenciada pela tríplice divisão adotada no direito romano, a doutrina em geral distingue três ordens de estado: o individual ou físico, o familiar e o político (Carlos Roberto Gonçalves). Estado individual é o modo de ser da pessoa (idade, sexo, cor, altura etc.); estado familiar é o que indica a sua situação entidade familiar (casado, solteiro, pai, sogro etc.); estado político é a qualidade que decorre da posição da pessoa na sociedade política (nacional, nato ou naturalizado, estrangeiro). Alternativa B, consoante entendimento doutrinário, pois a indisponibilidade é um atributo da personalidade civil, daí falar-se que é inalienável e irrenunciável (artigo 11 do Código Civil), porém ele pode ser alterado diante

6. DIREITO CIVIL

de determinados fatos, como exemplo, o menor pode-se tornar maior, o solteiro, pode-se tornar casado. Alternativa C, consoante o artigo 11 do Código Civil e doutrina, visto que o estado é um atributo da personalidade civil e por tal razão possui características próprias como a indivisibilidade, indisponibilidade e imprescritibilidade. Alternativa D, incorreta. Esta alternativa deve ser assinalada. Segundo Carlos Roberto Gonçalves, estado "Constitui, assim, a soma das qualificações da pessoa em sociedade, hábeis a produzir efeitos jurídicos". Lembre-se estado é uma das formas de individualização da pessoa em sociedade, de modo que suas designações têm interesse público e não apenas privado, produzindo efeito *erga omnes*.
Gabarito "D".

2.5. Ausência

(Cartório/CE – 2018 – IESES) Em relação à ausência, responda:

I. Decorrido um ano da arrecadação dos bens do ausente, ou, se ele deixou representante ou procurador, em se passando três anos, poderão os interessados requerer que se declare a ausência e se abra provisoriamente a sucessão.
II. Dez anos depois de passada em julgado a sentença que concede a abertura da sucessão provisória, poderão os interessados requerer a sucessão definitiva.
III. Pode-se requerer a sucessão definitiva, também, provando-se que o ausente conta oitenta anos de idade, e que de cinco datam as últimas notícias dele.
Assinale a correta:

(A) Todas as assertivas são verdadeiras.
(B) Apenas as assertivas I e III são verdadeiras.
(C) Apenas a assertiva I é verdadeira.
(D) Apenas a assertiva II é verdadeira.

I: correto. Decorrido um ano da arrecadação dos bens do ausente, ou, se ele deixou representante ou procurador, em se passando três anos, poderão os interessados requerer que se declare a ausência e se abra provisoriamente a sucessão (art. 26, CC); II: correto. Dez anos depois de passada em julgado a sentença que concede a abertura da sucessão provisória, poderão os interessados requerer a sucessão definitiva e o levantamento das cauções prestadas (art. 37, CC); III: correto. Pode-se requerer a sucessão definitiva, também, provando-se que o ausente conta oitenta anos de idade, e que de cinco datam as últimas notícias dele (art. 38, CC). Portanto, a alternativa correta é a letra A.
Gabarito "A".

(Cartório/BA – 2004 – CESPE) Antenor, com 82 anos de idade, desapareceu sem deixar notícias há 8 anos. Não se sabe do seu paradeiro. Antenor foi declarado ausente e já se realizou a sucessão provisória de seus bens.

Com relação à situação hipotética apresentada, julgue os itens que se seguem.

(1) Nessa situação, os interessados já podem pedir a sucessão definitiva dos bens de Antenor, uma vez que ele tem mais de 80 anos de idade e há 8 anos não se tem notícias dele.
(2) Ainda que se realize a sucessão definitiva de seus bens, Antenor não poderá ser presumido como morto.

1: correta, pois conforme o art. 38 do CC é possível requerer a sucessão definitiva daquele que desaparece do seu domicílio contando com 80 anos de idade e há 5 anos não dá nenhuma notícia. Note-se que este dispositivo excepciona a regra geral do prazo quanto ao pedido de sucessão definitiva, que é de 10 anos depois de passada em julgado a sentença que concede a abertura da sucessão

provisória (art. 37 do CC); 2: incorreta, pois o art. 6º do CC prevê expressamente que tem-se a morte presumida, quanto aos ausentes, nos casos em que a lei autoriza a abertura da sucessão definitiva. Então, aberta a sucessão definitiva Antenor será considerado presumivelmente morto.
Gabarito 1C, 2E

(Cartório/RO – III) Assinale a alternativa correta.

(A) Os atos de alienação, de hipoteca e de desapropriação de imóveis de ausentes só serão permitidos após autorização judicial.
(B) Os empossados nos bens, e os sucessores provisórios ficarão representando ativa e passivamente o ausente, de modo que contra eles correrão as ações pendentes e as futuras àqueles movidas.
(C) Se dois indivíduos falecerem ao mesmo tempo, não se podendo averiguar qual deles morreu primeiro, presumir-se a morte em primeiro lugar do mais idoso.
(D) Nenhuma alternativa está correta.

A: incorreta. Na verdade a alternativa encontra-se incompleta, pois muito embora tais atos só possam ser realizados com autorização judicial, atos de alienação e hipoteca apenas podem ocorrer com uma única finalidade, qual seja, evitar a ruína do imóvel (art. 31 do CC); B: correta (art. 32 do CC); C: incorreta, pois a Lei não traz a presunção de que o idoso teria falecido primeiro. Em verdade, entende-se que ambos faleceram ao mesmo tempo (comoriência), e um não herdará do outro (art. 8º do CC); D: incorreta, pois a alternativa "B" está correta.
Gabarito "B".

(Cartório/SP – II – VUNESP) Assinale a afirmação incorreta.

(A) São fases da ausência: curadoria, sucessão provisória e sucessão definitiva.
(B) Só há ausência, em sentido técnico, se reconhecida como tal por decisão judicial.
(C) A abertura da sucessão provisória coincide com o advento da presunção de morte do ausente.
(D) A ausência, importando em ruptura da vida em comum, pode ser causa de separação judicial e divórcio.

A: correta. A fase de curadoria é composta pela formulação do pedido de declaração de ausência em juízo e arrecadação de bens, momento em que será nomeado um curador para tutelá-los (arts. 22 a 26 do CC). Após um ano da arrecadação de bens, ou três anos se houver procurador, os interessados poderão requerer que seja aberta a sucessão provisória, nos termos dos arts. 26 a 36 do CC. E, por fim passados dez anos do trânsito em julgado da sentença que abriu a sucessão provisória, ou cinco anos das últimas notícias daquele que desapareceu contando com 80 anos, inicia-se a fase de sucessão definitiva, consoante arts. 37 a 39 do CC; B: correta, pois o procedimento de ausência está detalhadamente regrado no Código Civil (arts. 22 a 39) e no Código de Processo Civil (arts. 1.159 a 1.169), de modo que a decisão judicial é indispensável para que o indivíduo seja considerado ausente; C: incorreta (e deve ser assinalada), pois o advento de presunção de morte do ausente se dá com a abertura da sucessão definitiva (art. 6º do CC); D: correta. De fato, a ausência pode ser causa de separação judicial ou divórcio, consoante prevê o art. 1.571, § 1º, do CC. De acordo com os dizeres deste artigo, o casamento se dissolve pela morte e pelo divórcio, de modo que a morte pode ser tanto real como presumida. Aberta a sucessão definitiva, o ausente é considerado presumivelmente morto, liberando o seu cônjuge para novas núpcias.
Gabarito "C".

2.6. Bens

(Cartório/MG – 2019 – Consulplan) Tendo em mira a classificação dos bens feita pelo Código Civil, assinale a alternativa correta.

(A) Os direitos pessoais de caráter patrimonial e respectivas ações são considerados bens imóveis para os efeitos legais.

(B) Constitui universalidade de direito a pluralidade de bens singulares que, pertencentes à mesma pessoa, tenham destinação unitária.

(C) Os tijolos adquiridos para emprego futuro na construção de uma casa são considerados bens imóveis por acessão intelectual desde o momento da aquisição.

(D) As janelas retiradas de uma casa para a realização de obras de expansão, com a intenção de reposição em outro local do mesmo imóvel, não perdem a qualidade de bens imóveis.

A: incorreto. Consideram-se móveis para os efeitos legais os direitos pessoais de caráter patrimonial e respectivas ações (art. 83, inciso III, CC); **B:** incorreto. Constitui universalidade de fato a pluralidade de bens singulares que, pertinentes à mesma pessoa, tenham destinação unitária (art. 90, CC). **C:** incorreto. Os materiais destinados a alguma construção, enquanto não forem empregados, conservam sua qualidade de móveis; readquirem essa qualidade os provenientes da demolição de algum prédio (art. 84, CC); **D:** correto. Não perdem o caráter de imóveis os materiais provisoriamente separados de um prédio, para nele se reempregarem (art. 81, inciso II, CC).
Gabarito "D".

(Cartório/BA – 2004 – CESPE) Quanto à classificação dos bens, julgue os itens a seguir.

(1) Considere que uma pessoa faleceu, deixando para seu único herdeiro um carro. Nessa situação, o direito que esse herdeiro tem sobre o carro é considerado imóvel por determinação da lei.

(2) Considere que Pedro comprou um carro novo e resolveu vender o antigo que possuía há três anos. Nesse sentido, o carro antigo de Pedro, colocado à venda, é considerado um bem inconsumível.

(3) As pertenças são bens acessórios que, não constituindo partes integrantes, se destinam, de modo duradouro, ao uso, ao serviço ou ao aformoseamento de outro. E, dessa forma, os negócios jurídicos que dizem respeito ao bem principal não abrangem as pertenças, salvo se o contrário resultar da lei, da manifestação de vontade, ou das circunstâncias do caso.

1: correta, pois esse direito que o herdeiro possui sobre o carro constitui-se no direito à sucessão aberta, e o Código Civil no art. 80, II, o considera um bem imóvel; 2: incorreta, pois bem inconsumível é aquele que o seu uso não importa na sua destruição e que não esteja destinado a alienação. No caso em tela, o carro foi alienado, perdendo assim tal característica; 3: certa (art. 93 e 93 do CC).
Gabarito 1C, 2E, 3C.

(Cartório/DF – 2008 – CESPE) Quanto à disciplina dos bens no atual Código Civil, julgue os itens a seguir.

(1) Os bens públicos são inalienáveis, mesmo quando desafetados.

(2) Mesmo quando ainda não estão separados do bem principal, os frutos e produtos podem ser objeto de negócio jurídico.

(3) São fungíveis os bens móveis e imóveis que podem ser substituídos por outros de mesma espécie, qualidade e quantidade.

1: incorreta, pois a partir do momento em que ocorre a desafetação, o bem deixa de ter a destinação específica para a qual servia, sendo incluído no rol de bens dominicais do Estado. Característica importante desse tipo de bem é que podem ser alienados (art. 101 do CC), diferentemente dos bens de uso comum e de uso especial (art. 100 do CC); 2: certa (art. 95 do CC); 3: errada, pois a fungibilidade é característica exclusiva dos bens móveis (art. 85 do CC).
Gabarito 1E, 2C, 3E

(Cartório/MG – 2005 – EJEF) É CORRETO afirmar que, para os efeitos legais, se consideram bens móveis

(A) as energias que tenham valor econômico.

(B) as energias que tenham valor ideal.

(C) os direitos ideais sobre objetos móveis e as ações correspondentes.

(D) os direitos reais sobre objetos móveis e as ações independentes.

Art. 83, I, do CC.
Gabarito "A".

(Cartório/MG – 2005 – EJEF) Considerando-se suas especificidades características, é CORRETO afirmar que são bens

(A) consumíveis os móveis cujo uso importa conservação imediata da própria substância.

(B) divisíveis os que se podem fracionar com alteração na sua substância, com diminuição considerável de valor ou com prejuízo do uso a que se destinam.

(C) fungíveis os móveis que podem substituir-se por outros da mesma espécie, qualidade e quantidade.

(D) singulares os que, embora separados, se consideram de *per si*, independentemente dos demais.

A: incorreta, pois a característica principal dos bens consumíveis é exatamente inversa, isto é, são aqueles cujo uso importa na sua destruição ou destinados à alienação; B: incorreta (art. 87 do CC); C: correta (art. 85 do CC); D: incorreta, pois bens singulares são aqueles que, embora *reunidos*, se consideram de *per si*, independentemente dos demais.
Gabarito "C".

(Cartório/MG – 2012 – FUMARC) Segundo o Código Civil, consideram-se benfeitorias voluptuárias aquelas realizadas para

(A) aumentar o bem.

(B) facilitar o uso do bem.

(C) impedir que o bem se deteriore.

(D) mero deleite, ainda que de elevado valor.

Nos termos do art. 96, § 1º, do CC, são consideradas voluptuárias as benfeitorias de mero deleite ou recreio, que não aumentam o uso habitual do bem, ainda que o tornem mais agradável ou sejam de elevado valor. De outra parte, são consideradas benfeitorias úteis as que aumentam ou facilitam o uso do bem (art. 96, § 2º, do CC). Por fim, são chamadas necessárias as benfeitorias que evitam que o bem se deteriore (art. 96, § 3º, do CC).
Gabarito "D".

6. DIREITO CIVIL — 323

(Cartório/SC – 2008) Assinale a alternativa correta, de acordo com as disposições contidas nos arts. 79 a 81 do Código Civil brasileiro:

(A) Os direitos reais sobre imóveis e as ações que os asseguram são considerados móveis, para os efeitos legais.

(B) As edificações que forem separadas do solo, mas conservarem a sua unidade e forem removidas para outro local, serão consideradas bens móveis.

(C) O direito à sucessão aberta é tido como bem de natureza móvel, para os efeitos legais.

(D) Os materiais provisoriamente separados de um prédio, para nele se reempregarem, perdem o caráter de bem imóvel.

(E) São bens imóveis o solo e tudo quanto se lhe incorporar natural ou artificialmente.

A: incorreta (art. 80, I, do CC); B: incorreta (art. 81, I, do CC); C: incorreta (art. 80, II, do CC); D: incorreta (art. 81, II, do CC); E: correta (art. 79 do CC).
Gabarito "E".

(Cartório/SP – III – VUNESP) Na classificação dos bens, o direito à sucessão aberta enquadra-se

(A) na classe dos bens complexos, na esfera do direito sucessório.

(B) na categoria dos bens móveis pela sua natureza.

(C) na classe dos bens imóveis, para os efeitos legais.

(D) no campo dos bens correspondentes aos direitos potestativos.

Art. 80, II, do CC.
Gabarito "C".

(Cartório/SP – 2011 – VUNESP) A respeito dos bens públicos, é correto afirmar:

(A) os bens dominicais podem ser alienados, observadas as exigências da lei.

(B) o hospital municipal, o prédio da escola pública e o Fórum são bens de uso comum do povo.

(C) é admissível a usucapião constitucional em bens públicos.

(D) o uso comum dos bens públicos será sempre gratuito.

A: correta, pois de fato os bens dominicais podem ser alienados, uma vez que constituem patrimônio disponível do Poder Público. Entretanto esta alienação deve preencher os requisitos legais, dentre os quais a necessidade de avaliação e realização de licitação (art. 101 do CC); B: incorreta, pois tais prédios públicos são típicos exemplos de bens de uso especial, isto é, aqueles destinados à execução dos serviços públicos ou a servir de estabelecimento para os entes públicos (art. 98, II, do CC); C: incorreta, pois os bens públicos são imprescritíveis, isto é, não estão sujeitos à usucapião de nenhum espécie (art. 102 do CC e Súmula 340 do STF); D: incorreta, pois o uso comum dos bens públicos pode ser gratuito ou remunerado, conforme for estabelecido legalmente pela entidade a cuja administração pertencerem.
Gabarito "A".

(Cartório/SP – 2011 – VUNESP) As utilidades que se retiram da coisa e lhe diminuem a quantidade, pois não se reproduzem periodicamente, são:

(A) frutos civis (rendimentos).

(B) frutos percipiendos.

(C) pertenças.

(D) produtos.

A e B: incorretas, pois frutos são utilidades que se reproduzem. Quanto a sua definição, os frutos podem ser civis (juros, aluguéis), naturais (frutos de uma árvore) ou industriais (produção de uma fábrica). Quanto ao seu estado, podem ser pendentes (enquanto unidos à coisa que os produziu), percebidos os colhidos (depois de separados da coisa que os produziu), estantes (os separados e armazenados ou acondicionados para a venda), percipiendos (os que deviam ser, mas não foram colhidos e percebidos) e os consumidos (os que não existem mais porque foram utilizados); C: incorreta (art. 93 do CC); D: correta, pois produtos são justamente as utilidades da coisa que não se reproduzem.
Gabarito "D".

(Cartório/SP – 2011 – VUNESP) Assinale a alternativa correta:

(A) Não se consideram benfeitorias os melhoramentos ou acréscimos sobrevindos ao bem sem a intervenção do proprietário, possuidor ou detentor.

(B) São úteis as benfeitorias que têm por fim conservar o bem ou evitar que se deteriore.

(C) O reivindicante, obrigado a indenizar as benfeitorias ao possuidor de boa-fé, tem o direito de optar entre o seu valor atual e o seu custo.

(D) O possuidor de má-fé tem direito ao ressarcimento das benfeitorias necessárias e úteis, sem direito de retenção, e tem direito a levantar as benfeitorias voluptuárias.

A: correta (art. 97 do CC); B: incorreta, pois tais melhoramentos tratam-se de benfeitorias necessárias (art. 96, § 2º, do CC); C: incorreta, pois o reivindicante obrigado a indenizar o possuidor de boa-fé não tem o direito de optar entre o seu valor atual e o seu de custo, apenas podendo fazê-lo pelo seu valor atual (art. 1.222 do CC); D: incorreta, pois ao possuidor de má-fé apenas serão indenizadas as benfeitorias necessárias, além do que não tem o direito de levantar as benfeitorias voluptuárias. (art. 1.220 do CC).
Gabarito "A".

(Cartório/MG – 2015 – Consulplan) Sobre os Bens Públicos, marque a alternativa correta:

(A) Não dispondo a lei em contrário, consideram-se dominicais os bens pertencentes às pessoas jurídicas de direito público a que se tenha dado estrutura de direito privado.

(B) Os bens públicos dominicais não podem ser alienados.

(C) Os bens públicos estão sujeitos a usucapião.

(D) O uso comum dos bens públicos não pode ser retribuído.

Alternativa A correta. De acordo com o inciso III do artigo 99 do Código Civil. Bens dominicais ou dominiais são aqueles que compõem o patrimônio privado do Estado (União, Estados membros ou Municípios). Como exemplos: os títulos de dívida pública, estradas de ferro e telégrafos. Alternativa B, incorreta. Viola o artigo 101 do Código. Bens dominicais são bens de domínio privado do Estado, de modo que podem ser alienados, desde que obedecidos os requisitos legais. Alternativa C, incorreta. Viola os artigos 183, § 3º e 191, parágrafo único, da CF/88. Viola o artigo 102 do Código Civil. Viola os artigos 183, § 3º e 191, p. único, da CF/88. Alternativa D, incorreta. Viola o artigo 103 do Código Civil. Os bens de uso comum do povo podem ser gratuitos ou onerosos, conforme for estabelecido, por lei, pela entidade a cuja administração pertencerem.
Gabarito "A".

(Cartório/MG – 2015 – Consulplan) Nos termos do Código Civil, consideram-se imóveis para os efeitos legais, ou não perdem o caráter de imóveis, EXCETO:

(A) Os direitos reais sobre imóveis e as ações que os asseguram.

(B) O direito à sucessão aberta.

(C) As energias que tenham valor econômico.

(D) Os materiais provisoriamente separados de um prédio, para nele se reempregarem.

Alternativas A e B. Estão em consonância com o disposto no artigo 80, incisos I e II, do Código Civil. Os direitos reais sobre imóveis e as ações que os asseguram, bem como o direito à sucessão aberta, conforme o entendimento de Sílvio Venosa "os direitos são bens imateriais e, destarte, não poderiam ser entendidos como coisas móveis ou imóveis. Contido, para maior segurança das relações jurídicas, a lei considera os direitos sobre imóveis (enfiteuse, servidões, usufruto, uso, habitação, rendas constituídas sobre imóveis, penhor, anticrese e hipoteca, além da propriedade) como imóveis, e, como tal, as respectivas ações, que são a própria dinâmica desses direitos (ações de reivindicação, confessória e engataria de servidão, hipotecárias, pignoratícias, de nulidade ou rescisão de compra e venda etc.)." (VENOSA, Sílvio de Salvo, Código Civil Interpretado, Ed. Atlas – 2010, pg. 93). Alternativa C, incorreta, devendo ser assinalada. Conforme o inciso I do artigo 83 do Código Civil, as energias que tenham valor econômico são consideradas bens móveis para todos os efeitos legais. Alternativa D. De acordo com o inciso II do artigo 81 do Código Civil, "os materiais provisoriamente separados de um prédio, para nele se reempregarem" não perdem o caráter de bem imóvel.
Gabarito "C".

(Cartório/PA – 2016 – IESES) São considerados bens móveis para efeitos legais, EXCETO:

(A) As energias que tenham valor econômico.

(B) O direito à sucessão aberta.

(C) Os direitos pessoais de caráter patrimonial e respectivas ações.

(D) Os direitos reais sobre objetos móveis e as ações correspondentes.

Alternativa A incorreta. De acordo com o artigo 83, I, do Código Civil. Alternativa B, correta. É a exceção, vale dizer, o direito à sucessão aberta é considera bem imóvel, conforme dispõe expressamente o inciso II do artigo 80 do Código Civil. Alternativa C, incorreta. De acordo com o artigo 83, III, do Código Civil. Alternativa D, incorreta. De acordo com o artigo 83, II, do Código Civil.
Gabarito "B".

2.7. Fatos jurídicos

(Cartório/SP – 2018 – VUNESP) Com relação ao instituto da representação, assinale a alternativa correta.

(A) A representação pode ter origem na lei ou na manifestação de vontade do representado.

(B) A representação também ocorre no caso da entrega de um documento por um colaborador, no qual o interessado haja declarado sua vontade.

(C) A representação legal pressupõe uma declaração de vontade unilateral do representado.

(D) A extinção da representação voluntária ou convencional por ato unilateral do representante é denominada revogação.

A: correto. Os poderes de representação conferem-se por lei ou pelo interessado (art. 115, CC); **B:** incorreto. Conforme determina a lei, os poderes de representação conferem-se por lei ou pelo interessado (art. 115, CC); **C:** incorreto. A representação pressupõe declaração bilateral, de quem dá poderes para o outro agir e de quem os aceita; **D:** incorreto. A extinção da representação voluntária por ato unilateral do representante é denominada renúncia. A renúncia do mandato será comunicada ao mandante, que, se for prejudicado pela sua inoportunidade, ou pela falta de tempo, a fim de prover à substituição do procurador, será indenizado pelo mandatário, salvo se este provar que não podia continuar no mandato sem prejuízo considerável, e que não lhe era dado substabelecer (art. 688, CC).
Gabarito "A".

(Cartório/SP – 2018 – VUNESP) O silêncio circunstanciado

(A) é vedado no ordenamento jurídico pátrio.

(B) implica na ausência de vontade e, por via de consequência, na inexistência do negócio jurídico.

(C) pode produzir efeitos jurídicos.

(D) ocorre quando o declarante omite sua vontade real ao celebrar um negócio jurídico.

O silêncio importa anuência, quando as circunstâncias ou os usos o autorizarem, e não for necessária a declaração de vontade expressa (art. 111, CC).
Gabarito "C".

(Cartório/AC – 2006 – CESPE) Acerca do negócio jurídico, julgue os itens a seguir.

(1) Considere que uma pessoa tenha alienado uma grande área de terreno como sendo imóvel destinado à construção, ocultando intencionalmente do comprador que, na referida área, por declaração da autoridade municipal, não é permitido edificar qualquer construção. Nessa situação, o negócio jurídico terá sido praticado com omissão dolosa do vendedor, o que vicia a vontade negocial da outra parte e torna o negócio anulável.

(2) A simulação é vício que acarreta a nulidade do negócio jurídico e caracteriza-se pelo intencional desacordo entre a vontade interna e a declarada, no sentido de criar aparentemente um negócio jurídico que de fato não existe ou então ocultar sob determinada aparência o ato realmente querido. A simulação é, assim, a declaração enganosa da vontade, visando produzir efeito diverso do ostensivamente declarado, com intuito de enganar terceiros.

1: correta, pois resta nítida a intenção maliciosa do vendedor, ao anunciar o imóvel como sendo destinado à construção e, ao mesmo tempo omitir a relevante informação de que a autoridade pública proibiu que fossem feitas edificações. Certamente se o comprador soubesse dessa informação não teria realizado o negócio jurídico. O caso em tela é um típico exemplo da figura do dolo essencial, isto é, aquele em que uma das partes utiliza-se de artifícios maliciosos (no caso, o silêncio intencional) para levar a outra a praticar um ato que não praticaria se soubesse das circunstâncias reais (art. 147 do CC). Diante de tal situação a Lei autoriza que haja a anulação do negócio jurídico, nos termos do art. 178, II do CC; 2: correta, pois de fato na simulação há uma discrepância entre a vontade e a declaração, entre a essência e a aparência. Pode ser de duas espécies: a) absoluta: há um negócio jurídico celebrado, mas no âmbito da vontade não foi desejado negócio algum; b) relativa: celebra-se um negócio jurídico "X" (negócio simulado), mas a real intenção era que fosse celebrado o negócio "Y" (negócio dissimulado). O instituto é regulamentado pelo

6. DIREITO CIVIL 325

art. 167 do CC, o qual prevê que "*é nulo o negócio jurídico simulado, mas subsistirá o que se dissimulou, se válido for na substância e na forma*". (vide Enunciados 152, 153, 293 e 294 do CJF).
Gabarito 1C, 2C

(Cartório/BA – 2004 – CESPE) Considere que determinada pessoa realize um contrato viciado com dolo acidental, e que esse contrato gere ao lesado um prejuízo de grande monta. Em face dessa consideração, julgue os itens que se seguem.

(1) O negócio jurídico é anulável, devendo a anulabilidade ser requerida pelos interessados, dentro do prazo legal.

(2) O negócio jurídico está eivado de dolo acidental; portanto, quem ludibriou estará obrigado a responder por perdas e danos.

1: incorreta, pois esse negócio jurídico não é anulável, uma vez que reflete hipótese de dolo acidental. O dolo acidental é aquela circunstância em que, mesmo se soubesse da situação real, a parte contratante celebraria o negócio jurídico, porém de outro modo; 2: correta pois conforme mencionado o dolo acidental não é causa invalidante do negócio jurídico, acarretando apenas o direito a indenização por perdas e danos (art. 146 do CC).
Gabarito 1E, 2C

(Cartório/DF – 2006 – CESPE) Julgue os itens a seguir, a respeito dos negócios jurídicos.

(1) Nos negócios jurídicos onerosos entre presentes, a declaração expressa de vontade é parte integrante do ato negocial, equivalendo o silêncio de qualquer das partes à anuência tácita. Nesses negócios, a conduta subjetiva do agente ou a sua capacidade não têm influência sobre a validade da avença, não se perquirindo, portanto, o elemento subjetivo e verificando-se tão somente se a conduta dos contratantes atende aos padrões esperados no ambiente sociocultural vigente e aos usos e costumes do lugar.

(2) O negócio jurídico é anulável quando realizado com erro substancial quanto à natureza do negócio, seu objeto, ou com erro de direito pertinente à identidade ou à qualidade da pessoa com quem se celebra o negócio. Quando se tratar de erro de direito, ainda que esse não seja o motivo determinante da declaração de vontade, pois, nesse caso, implicaria recusa à aplicação da lei, se as partes desejarem conservar o contrato, poderão retificar as declarações de vontade ou executá-lo segundo a vontade declarada, se qualquer das partes o desejar, sanando-se, assim, o vício apontado.

1: incorreta, pois não é possível afirmar que, o silêncio por si só acarreta anuência tácita das partes. O art. 111 do CC ensina que o silêncio importa anuência, *quando as circunstâncias ou os usos o autorizarem*, e não for necessária a declaração de vontade expressa. Dessa forma, não basta mero silêncio para que se entenda ter havido manifestação de vontade tácita. É necessário que haja outras circunstâncias ou comportamentos (ou mesmo alguma disposição legal, como no caso do art. 539 do CC) que levem à conclusão de anuência. Ademais, é necessário que o negócio não seja daqueles que reclamam declaração de vontade expressa, o que ocorre nos negócios jurídicos onerosos. De outra parte, a vontade do agente e sua capacidade influenciam de maneira decisiva sobre a validade da avença, de forma que se a vontade for viciada ou o agente não gozar de capacidade de fato teremos causas invalidantes do negócio jurídico; 2: incorreta, pois a questão mistura

os conceitos do art. 139 do CC. De fato, apenas o erro substancial anula o negócio jurídico. O erro é substancial quando: I) interessa à natureza do negócio, ao objeto principal da declaração, ou a alguma qualidade essencial dele; II) concerne a identidade ou à qualidade essencial da pessoa a quem se refira a declaração de vontade, desde que tenha influído nesta de modo relevante; III) sendo de direito e não implicando recusa a aplicação da lei, for o motivo único ou principal do negócio jurídico. Então verificamos que o erro pode recair sobre o negócio, sobre a pessoa ou sobre o direito. Para que o negócio jurídico seja anulado por erro de direito são necessários dois requisitos cumulativos: a) deve ter sido o único ou principal motivo de sua celebração; b) não implique recusa a aplicação da lei. Por tratar-se de caso de anulabilidade, o negócio jurídico é passível de convalidação e confirmação pela vontade das partes, isto é, o vício pode ser sanado se retificada a vontade do emitente o receptor se oferecer a executá-la nos seus exatos moldes (art. 144 do CC).
Gabarito 1E, 2E

(Cartório/ES – 2007 – FCC) A cláusula que, derivando exclusivamente da vontade das partes, subordina o efeito do negócio jurídico a evento futuro e incerto denomina-se:

(A) encargo resolutivo.

(B) termo inicial.

(C) encargo.

(D) termo final.

(E) condição.

Art. 121 do CC.
Gabarito "E".

(Cartório/ES – 2007 – FCC) A respeito do negócio jurídico, considere:

I. Objeto indeterminável.

II. Coação.

III. Lesão.

IV. Objeto ilícito.

V. Dolo.

VI. Incapacidade relativa do agente.

Implicam em nulidade do negócio jurídico as causas indicadas SOMENTE em

(A) I, III e V.

(B) I e IV.

(C) II, III e VI.

(D) II, IV e V.

(E) IV, V e VI.

I e IV: corretas, pois um dos requisitos para que o negócio jurídico seja válido é que o seu objeto seja lícito e determinado ou ao menos determinável, sob pena de nulidade (art. 104, II, art. 166, II, do CC); II, III e V, VI: incorretas, pois tais causas tratam-se de hipóteses que acarretam a *anulabilidade* do negócio jurídico (art. 171 do CC).
Gabarito "B".

(Cartório/MG – 2005 – EJEF) Analise estas afirmativas concernentes a defeitos do negócio jurídico e assinale com V as verdadeiras e com F as falsas:

( ) Se ambas as partes procederem com dolo, ambas podem alegá-lo para anular o negócio ou reclamar indenização.

( ) A transmissão errônea da vontade por meios interpostos é nula nos mesmos casos em que o é a declaração direta.

CAROLINA IKEDA E MARCIO PEREIRA

( ) Considera-se coação a ameaça do exercício normal de um direito ou o simples temor reverencial.

Assinale a alternativa que apresenta a sequência de letras CORRETA.

(A) (F) (F) (F)

(B) (F) (V) (F)

(C) (V) (F) (V)

(D) (V) (V) (F)

1: falsa (art. 150 do CC); 2: falsa (art. 141 do CC); 3: falsa (art. 153 do CC).

Gabarito "A".

(Cartório/MS – 2009 – VUNESP) Observe as assertivas a seguir:

I. A sentença que pronunciar a inexistência do ato praticado com reserva mental irregular tem eficácia *ex nunc*, atingindo o ato após seu trânsito em julgado.

II. Havendo dúvida, os direitos devem prevalecer sempre sobre as restrições.

III. Escritura pública se retifica mediante outra escritura pública e não por meio de mandado judicial.

IV. Os direitos hereditários podem ser objeto de cessão, podendo ser realizada por meio de instrumento particular.

V. O silêncio importa anuência, quando as circunstâncias ou os usos o autorizarem, e não for necessária a declaração de vontade expressa.

É correto o que se afirma apenas em

(A) I e II.

(B) III e IV.

(C) I, II e IV.

(D) II, III e V.

(E) I, IV e V.

I: incorreta, tendo em vista que no caso em tela a sentença terá eficácia *ex tunc*, invalidando os efeitos do ato desde a sua prática. Interessante ressaltar que a doutrina se divide ao definir a reserva mental como causa de nulidade absoluta ou de inexistência do negócio jurídico. De qualquer forma a sentença que a reconhece terá efeitos retroativos; II: correta, uma vez que as restrições à direitos devem se dar de forma expressa e inequívoca, caso contrário não podem ser aplicadas; III: correta, pois uma vez expedido o ato a sua retificação se dará pela expedição de um novo ato de mesma natureza, sendo dispensável para tanto a intervenção judicial; IV: incorreta, pois a cessão de direitos hereditários apenas pode ser feita por escritura pública (art. 1.793 do CC); V: correta (art. 111 do CC).

Gabarito "D".

(Cartório/PR – 2007) Os requisitos de existência do negócio jurídico são seus elementos estruturais, na falta de qualquer deles o negócio jurídico inexiste.

Sobre tal afirmativa marcar V para as assertivas verdadeiras e F para as assertivas falsas:

( ) A vontade é um elemento de caráter subjetivo, que se exterioriza pela sua declaração, sendo esta requisito de existência do negócio jurídico.

( ) O silêncio pode ser considerado manifestação tácita de vontade e, em determinadas circunstâncias, produz efeitos jurídicos.

( ) O Código Civil de 2002 não contemplou o instituto da reserva mental, por entender-se que é irrelevante à validade e existência do negócio jurídico.

( ) A idoneidade do objeto é necessária para a realização do negócio jurídico que se pretende realizar, apresentando os requisitos ou qualidades que a lei exige para que o negócio produza os efeitos desejados.

( ) A finalidade negocial ou jurídica é o propósito de adquirir, conservar, modificar e extinguir direitos.

Marcar a sequência correta:

(A) F,F,F,V,V.

(B) V,V,F,V,F.

(C) F,V,V,F,V.

(D) V,V,F,V,V.

(E) V,F,V,F,F.

1: verdadeira, pois a vontade manifestada é elemento básico para que um negócio exista. Ela pode ser manifestada de forma expressa (pela palavra falada, escrita ou gestos), tácita (pelo comportamento do agente) ou presumida (decorre de presunções legais); 2: verdadeira, nos termos do art. 111 do CC. O dispositivo impõe que o silêncio importa anuência, apenas quando as circunstâncias ou os usos o autorizarem, e não for necessária a declaração de vontade expressa; 3: falsa, pois o Código Civil manifestou-se expressamente sobre a reserva mental em seu art. 110; 4: verdadeira, pois a declaração de vontade do agente apenas terá sentido se recair sobre um objeto que tenha pertinência ao negócio que se deseja fazer; 5: verdadeira, na medida que a finalidade negocial é o elemento diferenciador entre o negócio jurídico e o ato jurídico em sentido estrito. Por meio dela os agentes podem negociar os efeitos jurídicos que nascerão de sua declaração. As partes podem adquirir, conservar, modificar e extinguir direitos e ainda prever as consequências para tanto. Ao passo que, no ato jurídico em sentido estrito e consequência já vem definida na própria lei.

Gabarito "D".

(Cartório/PR – 2007) O capítulo V do Código Civil de 2002 trata da Invalidade do Negócio Jurídico, quanto a suas nulidades e anulabilidades, sendo correto afirmar que:

I. Em caso de nulidade absoluta, o negócio jurídico não produz qualquer efeito, pois ofende princípios de ordem pública, operando *ex tunc*. Pode ser alegada por qualquer interessado, devendo ser pronunciada de ofício pelo juiz.

II. É nulo o negócio jurídico simulado, quando os instrumentos particulares forem antedatados, ou pós-datados.

III. O negócio nulo produz efeitos até o momento em que é decretada a sua invalidade, isto é, efeitos *ex tunc*.

IV. Anulabilidade é a sanção imposta em lei quando o negócio jurídico se apresenta eivado de vício do consentimento ou quando for firmado por agente relativamente incapaz, operando *ex nunc*.

É correta ou são corretas:

(A) apenas I e II.

(B) apenas II e III.

(C) I, II e IV.

(D) apenas III e IV.

(E) apenas I e III.

I: correta, pois a nulidade absoluta é causa invalidante do negócio jurídico que o atinge em seu nascedouro. Daí a razão dos efeitos da sentença serem *ex tunc*. O negócio não é passível de convalidação pelo decurso do tempo nem confirmação pela vontade das partes, podendo ser alegada por qualquer interessado, pelo juiz, de ofícios, ou pelo Ministério Público quando lhe couber intervir (art. 168 e 169 do CC); II: correta (art. 167, §1º, III do CC); III: incorreta, pois considerando

6. DIREITO CIVIL

que o efeito da sentença proferida em ação declaratória de nulidade é *ex tunc*, a invalidade é reconhecida desde a prática do ato, extirpando os seus efeitos do mundo jurídico desde o seu nascedouro; IV, correta, nos termos do art. 171 do CC, sendo que a declaração de invalidade do negócio jurídico apenas valerá a partir do momento em que a sentença da ação anulatória for proferida (art. 177 do CC).
Gabarito "C".

(Cartório/PR – 2007) Os elementos acidentais do negócio jurídico são cláusulas que se acrescentam facultativamente a este com a finalidade de alterar as suas consequências naturais. Nestes termos, marcar a resposta correta:

(A) O encargo não suspende a aquisição nem o exercício do direito, salvo quando expressamente imposto no negócio jurídico, pelo disponente, como condição resolutiva.

(B) Se for resolutiva a condição, enquanto esta se não realizar, vigorará o negócio jurídico, podendo exercer-se desde a conclusão deste o direito por ele estabelecido.

(C) Ao titular do direito eventual, nos casos de condição suspensiva ou resolutiva, não é permitido praticar os atos destinados a conservá-lo.

(D) O termo inicial suspende o exercício e a aquisição do direito.

(E) Salvo disposição legal ou convencional em contrário, computam-se os prazos, incluindo o dia do começo, e excluindo o do vencimento.

A: incorreta, pois o encargo não suspende a aquisição nem o exercício do direito, salvo quando expressamente imposto no negócio jurídico, pelo disponente, como condição *suspensiva*. (art. 136 do CC); B: correta (art. 127 do CC); C: incorreta (art. 130 do CC); D: incorreta (art. 131 do CC); E: incorreta, pois, salvo disposição legal ou convencional em contrário, computam-se os prazos, excluído o dia do começo, e *incluído* o do vencimento (art. 132 do CC).
Gabarito "B".

(Cartório/RN – 2012 – IESES) Os negócios jurídicos, para sua validade, dependem de agente capaz, objeto lícito, possível, determinado ou determinável, e forma prescrita ou não defesa em lei. A manifestação da vontade é essencial para os negócios jurídicos, assim:

I. Os negócios jurídicos celebrados por relativamente incapaz podem ser confirmados.

II. A reserva mental feita pelo autor e desconhecida do destinatário deve ser considerada na interpretação do negócio jurídico.

III. O silêncio de uma das partes sempre implica na anuência ou concordância.

IV. Ao se interpretar um negócio jurídico importa mais a real vontade dos declarantes do que o sentido literal da linguagem escrita.

Assinale a alternativa correta:

(A) As assertivas I e IV estão corretas.

(B) As assertivas II, III e IV estão corretas.

(C) As assertivas I e III estão corretas.

(D) Apenas a assertiva IV está correta.

I: correta, pois os negócios jurídicos celebrados por relativamente incapazes são atos anuláveis, e todo ato anulável é passível de confirmação (art. 171, I e art. 172 do CC); II: incorreta, pois se a reserva mental for desconhecida do destinatário a manifestação de vontade subsiste, não havendo que se falar em possível interpretação para invalidar o negócio jurídico (art. 110 do CC); III: incorreta, pois o silêncio de uma

das partes apenas importa anuência se as circunstâncias ou os usos o autorizarem, e não for necessária a declaração de vontade expressa. Caso contrário o silencio importará em recusa (art. 111 do CC); IV: correta, pois dá-se maior importância à intenção das partes do que à literalidade da declaração (art. 112 do CC).
Gabarito "A".

(Cartório/SC – 2012) O silêncio intencional de uma das partes a respeito de fato ou qualidade que a outra parte haja ignorado, nos negócios jurídicos bilaterais, constitui omissão dolosa quando:

(A) O dolo for acidental.

(B) A omissão for acidental.

(C) Houver prova de que sem a omissão não teria sido celebrado.

(D) O negócio teria sido celebrado independentemente da omissão.

(E) Somente na hipótese de ocorrer dolo de terceiro.

A: incorreta, pois o dolo será acidental quando a seu despeito, o negócio seria realizado, embora por outro modo (art. 146 do CC); B: incorreta, pois a omissão dolosa é incompatível com a omissão acidental; C: correta, pois nesta hipótese a informação omitida era de extrema relevância, a ponto de, caso fosse de conhecimento do contratante, desinteressá-lo pela celebração do negócio (art. 147 do CC); D: incorreta, pois neste caso a omissão seria irrelevante, não interferindo na vontade de contratar; E: incorreta, pois constitui omissão dolosa na hipótese de dolo próprio.
Gabarito "C".

(Cartório/SP – I – VUNESP) A faz doação de um imóvel a B, estabelecendo que o contrato somente produzirá efeitos quando B tiver filhos. A modalidade de ato jurídico a identificar é

(A) encargo.

(B) termo inicial.

(C) condição suspensiva.

(D) condição resolutiva.

A alternativa "C" está correta, uma vez que a condição suspensiva é aquela que subordina a eficácia inicial do ato ao seu implemento (art. 121 do CC). Neste caso, o contrato de doação somente terá eficácia quando os filhos de B nascerem. Lembrando que se trata de *condição* e não de *termo*, pois o nascimento dos filhos constitui-se em evento futuro e incerto.
Gabarito "C".

(Cartório/SP – III – VUNESP) O que é condição potestativa?

(A) É a condição escolhida pelos próprios contratantes.

(B) É a condição imposta de forma imperativa pelo legislador civil, ao tratar das modalidades dos atos jurídicos.

(C) É a condição subordinada à vontade de um dos contratantes.

(D) É a condição juridicamente impossível de se realizar.

Quanto a origem as condições podem ser classificadas em causais e potestativas. As condições causais são aquelas que têm origem em fatos naturais (exemplo: "te comprarei uma galocha caso chova"). Já as potestativas tem origem na vontade humana, sendo que podem ser simplesmente potestativas, isto é, dependem da vontade intercalada de ambas as partes (exemplo: "comprarei o carro se tiveres bom desempenho na prova") ou puramente potestativas, isto é, ficam ao arbítrio da vontade de apenas uma das partes (exemplo: "pagarei se quiser"). As condições puramente potestativas são ilícitas, nos termos do art. 122 do CC.

Gabarito "C".

(Cartório/SP – III – VUNESP) No capítulo Da Condição, Do Termo e Do Encargo, o que se entende por "meado", na terminologia do legislador civil?

(A) Expressão correspondente à parte da meação.

(B) Designação do décimo quinto dia, em qualquer mês.

(C) Denominação técnica do mês de ano bissexto.

(D) Termo relativo à divisão pela metade.

Art. 132, § 2º, do CC.

Gabarito "B".

(Cartório/SP – V – VUNESP) Na hipótese de invalidade dos negócios jurídicos, a ratificação é admitida somente para a hipótese de

(A) nulidade, podendo ser praticada por qualquer forma.

(B) nulidade, devendo ser praticada pela mesma forma do ato inquinado.

(C) anulabilidade, devendo ser praticada pela mesma forma do ato inquinado.

(D) anulabilidade, podendo ser praticada por qualquer forma.

A e B: incorretas, pois o negócio jurídico nulo não admite ratificação nem confirmação pelas partes (art. 168, parágrafo único, e art. 169 do CC); C: correta (art. 173 do CC); D: incorreta, uma vez que a ratificação deve ser praticada pela mesma forma do ato inquinado.

Gabarito "C".

(Cartório/SP – V – VUNESP) Admite-se a conversão substancial da forma quanto aos negócios jurídicos

(A) nulos, desde que contenham os requisitos de outro, subsistindo este quando o fim, a que visavam as partes, permitir supor que o teriam querido, se houvessem previsto a nulidade.

(B) anuláveis, desde que contenham os requisitos de outro, subsistindo este quando o fim, a que visavam as partes, permitir supor que o teriam querido, mesmo sem a previsão quanto à anulabilidade.

(C) nulos, desde que contenham os requisitos de outro, subsistindo este quando o fim, a que visavam as partes, permitir supor que o teriam querido, mesmo sem a previsão quanto à nulidade.

(D) nulos ou anuláveis, desde que contenham os requisitos de outro, subsistindo este quando o fim, a que visavam as partes, permitir supor que o teriam querido, com ou sem a previsão quanto à nulidade ou anulabilidade.

Muito embora os negócios jurídicos nulos não estejam sujeitos à confirmação pela vontade das partes, nem convalesçam pelo decurso do tempo, é admissível a possibilidade de conversão quando se está tratando de negócio jurídico simulado (art. 170 do CC).

Gabarito "A".

(Cartório/SP – VI – VUNESP) Conforme o art. 170 do Código Civil, "se o negócio jurídico nulo contiver os requisitos de outro, subsistirá quando o fim a que visavam as partes permitir supor que o teriam querido, se houvessem previsto a nulidade". Isto é conhecido na doutrina como

(A) aproveitamento material e substancial

(B) princípio pelo qual não há nulidade sem prejuízo.

(C) conversão do negócio jurídico.

(D) princípio do aproveitamento.

De fato, a ideia é a de conversão do negócio jurídico. Uma vez que o negócio dissimulado preenche todos os requisitos legais de existência e validade ele torna-se plenamente considerado para o Direito.

Gabarito "C".

(Cartório/SP – 2011 – VUNESP) A declaração de vontade, cujos efeitos são predeterminados pela lei e independem da intenção do agente, é denominada

(A) negócio jurídico de disposição.

(B) ato jurídico.

(C) negócio jurídico unilateral.

(D) contrato.

A e C: incorretas, pois negócio jurídico é a declaração de vontade qualificada, cujos efeitos são regulados pelo próprio interessado; B: correta. Neste ponto vale a pena esquematizar a explicação. Ato jurídico é todo acontecimento *humano* que produz efeitos jurídicos. Opõe-se ao fato jurídico em sentido estrito, que é todo acontecimento *natural* que produz efeitos jurídicos. O ato jurídico pode ser lícito ou ilícito. Dentro dos atos lícitos temos o ato jurídico em sentido estrito e o negócio jurídico. A resposta da alternativa refere-se ao ato jurídico em sentido estrito, que é comportamento humano, voluntário, consciente e conforme o Direito, cujos efeitos jurídicos são predeterminados pela lei; D: incorreta, pois o contrato é um exemplo de negócio jurídico, portanto os efeitos são negociados pelas partes.

Gabarito "B".

(Cartório/SP – 2011 – VUNESP) A consequência da estipulação de condição fisicamente impossível em negócio jurídico é:

(A) considera-se inexistente a condição, se for suspensiva.

(B) nulidade do negócio, se a condição for resolutiva.

(C) nulidade do negócio, se a condição for suspensiva.

(D) considera-se inexistente a condição, seja suspensiva ou resolutiva.

Nos termos do art. 123, I, do CC torna-se nulo o negócio jurídico que for subordinado a uma condição fisicamente impossível, quando suspensiva. Neste passo, importante observar que a nulidade atinge apenas a cláusula que impõe a condição, e não todo o negócio jurídico, a não ser que a invalidade da cláusula inviabilize o negócio como um todo. De outra parte, sendo a condição impossível resolutiva, a consequência será a inexistência do negócio, consoante art. 124 do CC.

Gabarito "C".

(Cartório/SP – 2011 – VUNESP) Analise as seguintes afirmações.

I. O menor com quinze anos de idade, que agindo de má-fé declarou-se maior, não poderá pleitear anulação do negócio jurídico.

II. Declarada a nulidade do negócio jurídico celebrado com incapaz, este não será obrigado a devolver os valores que havia recebido, salvo se a outra parte demonstrar que tal quantia reverteu em favor do incapaz.

III. Quando a lei dispuser que determinado ato é anulável, sem estabelecer prazo para se pleitear a anulação, será este de quatro anos, a contar da data da conclusão do ato.

IV. A impossibilidade inicial relativa do objeto não invalida o negócio jurídico.

6. DIREITO CIVIL

Assinale a alternativa correta.

(A) I é falsa e II é verdadeira.

(B) I e IV são verdadeiras.

(C) Todas as alternativas são falsas.

(D) III e IV são verdadeiras.

I: falsa, pois no caso o negócio jurídico é nulo, uma vez que foi celebrado por um absolutamente incapaz. Importante não confundir essa hipótese com aquela prevista no art. 180 do CC, isto é, se fosse um relativamente incapaz a alternativa estaria correta; II: verdadeira (art. 181 do CC); III: falsa, pois o prazo correto é de a anos (art. 179 do CC); IV: falsa, A impossibilidade inicial do objeto não invalida o negócio jurídico apenas se for relativa, ou se cessar antes de realizada a condição a que ele estiver subordinado (art. 106 do CC).

Gabarito "A".

(Cartório/SP – 2011 – VUNESP) O curador de um absolutamente incapaz, interditado em razão de enfermidade mental, celebrou contrato de locação no qual figurou simultaneamente como locatário e representante legal do locador.

Sobre essa afirmação, assinale a alternativa correta.

(A) O negócio é válido, pois se trata de ato de simples administração.

(B) O negócio é nulo em razão do dolo.

(C) O negócio é anulável.

(D) O negócio é inexistente.

O negócio jurídico é anulável, pois na hipótese em tela há nítido conflito de interesses. Note-se que, ao ser nomeado curador do absolutamente incapaz o seu dever é zelar integralmente por seu patrimônio, bem-estar e demais interesses. No caso, se a intenção do absolutamente incapaz era a de figurar como locatário no contrato, o curador deve atuar em prol desta figura. Entretanto, a questão descreve que na mesma avença o curador foi nomeado representante legal do locador. São posições antagônicas, incompatíveis. O art. 119 do CC prevê a anulabilidade.

Gabarito "C".

(Cartório/SP – 2011 – VUNESP) Analise as seguintes proposições e assinale a alternativa correta.

I. Não anula o negócio jurídico a coação praticada por terceiro da qual o beneficiário do contrato não tinha conhecimento.

II. Na fraude pauliana decorrente de ato de liberalidade, é irrelevante a boa-fé do beneficiário da doação.

III. A lesão, no Código Civil, não exige o dolo de aproveitamento.

IV. A ameaça de mal dirigido a pessoa não pertencente à família do contratante pode caracterizar coação.

(A) Apenas a alternativa II é verdadeira.

(B) Todas as alternativas são falsas.

(C) Todas as alternativas são verdadeiras.

(D) Apenas as alternativas I e II são verdadeiras.

I: correta (art. 154 do CC); II: correta, pois nos negócios jurídicos gratuitos é irrelevante que o alienante esteja de boa-fé, pois a intenção fraudulenta será presumida (art. 158 do CC); III: correta (Enunciado 150 do CJF); IV: correta (art. 151, parágrafo único, do CC).

Gabarito "C".

(Cartório/SP – 2011 – VUNESP) O representante convencional recebeu procuração com poderes ilimitados para alienar imóvel do representado. Porém, ao contratar com terceiro, contrariou instruções verbais do mandante quanto ao preço mínimo de venda do bem. Nesse caso, pode-se afirmar que o negócio é

(A) anulável.

(B) nulo.

(C) válido.

(D) ineficaz perante o mandante.

O negócio jurídico é válido, uma vez que a relação é regida pelo princípio da autonomia da vontade entre as partes. Considerando que o representado optou por conceder poderes ilimitados ao representante via procuração e que instruções quanto ao preço mínimo foram passadas de forma verbal, o terceiro adquirente de boa-fé não tinha condições de saber que o negócio estava sendo realizado fora dos parâmetros. Logo, esse terceiro deve ser protegido, mantendo-se íntegro o negócio celebrado. Os Tribunais Superiores têm prestigiado o terceiro de boa-fé em casos análogos, consoante Súmulas 92, 375 do STJ e 489 do STF.

Gabarito "C".

(Cartório/SP – 2011 – VUNESP) Assinale a alternativa correta:

(A) A reserva mental é vício que acarreta nulidade do negócio jurídico.

(B) O dolo acidental do terceiro acarreta nulidade do negócio jurídico.

(C) O erro de direito não autoriza anulação do negócio jurídico, pois ninguém pode alegar ignorância da Lei.

(D) Não é anulável o negócio se o destinatário da declaração, dotado da diligência normal, não tinha condições de perceber a existência do erro substancial no qual incidiu o declarante.

A: incorreta, pois a reserva mental não acarreta nenhum tipo de invalidade para o negócio jurídico. O art. 110 do CC em sua parte final apenas ressalva que se o destinatário tinha conhecimento dela, é como se a manifestação de vontade não existisse, daí o negócio não precisa ser cumprido; B: incorreta, pois o dolo acidental, seja do terceiro ou do próprio emitente, apenas obriga à satisfação das perdas e danos (art. 146 do CC); C: incorreta, pois o Código Civil prevê que o erro de direito pode ser considerado erro substancial (portanto, causa invalidante do negócio jurídico) quando, não implicando recusa à aplicação da lei, for o motivo único ou principal do negócio jurídico (art. 139, III, do CC); D: correta, pois com as informações que a questão fornece apenas é possível saber que: o declarante incidiu em erro substancial; o destinatário tem diligência normal e não tinha condições de perceber o erro substancial do declarante. Daí é possível verificar que o único prejudicado no negócio é o declarante. E sobre ele só há a informação de que o erro é dessa natureza **não havendo menção aos demais requisitos para a configuração do instituto do "erro". Logo, o negócio jurídico não será anulável.**

Gabarito "D".

(Cartório/SP – 2012 – VUNESP) Nos negócios jurídicos, são vedadas as condições

(A) puramente potestativas.

(B) simplesmente potestativas.

(C) mistas.

(D) casuais.

A: correta. As condições puramente potestativas são aquelas que sujeitam o negócio jurídico a vontade unilateral de apenas uma das partes. São ilícitas, nos termos do art. 122, parte final, do CC; B: incorreta, pois diversamente alternativa anterior, as condições simplesmente potestativas são aquelas que são estipuladas com a vontade conjugada das partes; C: incorreta, pois as condições mistas são aquelas que dependem, ao mesmo tempo, de um ato volitivo somado a um ato natural (exemplo: "darei uma casa se você cuidar do meu filho, desde que ocorra um terremoto"); D: incorreta, pois condições causais são aquelas que têm origem em eventos naturais (exemplo: "te empresto meu carro, se chover").

Gabarito "A".

(Cartório/SP – 2012 – VUNESP) Dois indivíduos pretendem realizar determinado negócio prejudicial a terceiro ou em fraude à lei. Para escondê-lo, ou dar-lhe aparência diversa, realizam outro negócio. Há, portanto, dois negócios: um deles é o aparente, destinado a enganar; o outro é o oculto, mas verdadeiramente desejado. Nesse caso, há

(A) dolo.

(B) simulação absoluta.

(C) simulação relativa.

(D) lesão.

A: incorreta, pois o dolo é um vício de consentimento conceituado como o vício provocado pela parte contrária ou por terceiro, por meio de expediente malicioso (arts. 145 a 150 do CC); B: incorreta, pois muito embora o caso configure hipótese de simulação, não se trata de simulação absoluta, isto é, aquela em que não se quer negócio algum; C: correta, pois a simulação relativa é justamente aquela em que, na aparência há um negócio, e na essência outro. Em outras palavras, o negócio desejado resta encoberto. Temos o negócio jurídico simulado (o que se declara, mas não se quer) e o dissimulado (o que se pretende de verdade). O instituto está regrado no art. 167 do CC; D: incorreta, pois a lesão corresponde a assunção de prestação manifestamente desproporcional ao valor da prestação oposta, por premente necessidade ou inexperiência (art. 157 do CC e Enunciados 149, 150, 290, 291 do CJF).

Gabarito "C".

(Cartório/SP – 2012 – VUNESP) Na teoria geral dos negócios jurídicos, no âmbito dos elementos gerais extrínsecos, emergem as figuras do agente, lugar e tempo. Tais elementos referem-se ao plano da

(A) eficácia do negócio jurídico.

(B) pós-eficácia do negócio jurídico.

(C) existência do negócio jurídico.

(D) validade do negócio jurídico.

Os negócios jurídicos podem ser analisados sob três planos: existência, validade e eficácia. Dentro do plano da existência estuda-se se o negócio jurídico apresenta os elementos essenciais para que ele exista. Estes elementos dividem-se em três categorias: elementos gerais comuns a todos os negócios; elementos categoriais: próprios de cada tipo de negócio; elementos particulares existem em um negócio determinado, sem serem comuns a todos os negócios ou a certos tipos de negócios. Os elementos gerais podem ser extrínsecos (também chamados de pressupostos do negócio) ou intrínsecos, sendo que os extrínsecos são formados pelo agente, lugar e tempo da celebração.

Gabarito "C".

(Cartório/MG – 2015 – Consulplan) De acordo com o Código Civil brasileiro, é correto afirmar:

(A) Têm-se por inexistentes as condições impossíveis, quando resolutivas, e as de não fazer coisa impossível.

(B) Se alguém dispuser de uma coisa sob condição suspensiva, e, pendente esta, fizer quanto àquela novas disposições, estas terão valor, realizada a condição, mesmo se com ela forem incompatíveis.

(C) Se for suspensiva a condição, vigorará o negócio jurídico, podendo exercer-se desde a conclusão deste o direito por ele estabelecido.

(D) Ao titular do direito eventual, nos casos de condição suspensiva, não é permitido praticar os atos mesmo que destinados a conservá-lo.

Alternativa A correta. De acordo com o disposto no 124 do Código Civil, o negócio jurídico deve ser considerado plenamente eficaz, uma vez que tais condições jamais irão obstar a eficácia do negócio, eis que o acontecimento é legal ou materialmente impossível. Alternativa B, incorreta. Não há vedação no artigo 126 do Código Civil em fazer novas disposições na pendência de uma condição suspensiva, entretanto, se realizada a condição e as novas disposições foram incompatíveis, estas não terão validade. Alternativa C, incorreta. Condição é cláusula acessória típica dos negócios jurídicos. A condição pode ser suspensiva ou resolutiva. Suspensiva é a que condiciona a eficácia do negócio jurídico a um acontecimento futuro e incerto, e só produzirá efeitos com a ocorrência do evento. Resolutiva é a que faz cessar os efeitos jurídicos com a ocorrência do evento futuro e incerto, portanto, o disposto no artigo 127 do Código Civil, diz respeito a condição resolutiva. Alternativa D, incorreta. Nos termos do artigo 130 do Código Civil, é permitida a prática de atos conservatórios, a fim de resguardar direito futuro, impedindo a ocorrência de qualquer prejuízo.

Gabarito "A".

(Cartório/MG – 2015 – Consulplan) "Manoel morreu, deixando seus bens a Ana Luiza, desde que esta, recebida a herança, construísse uma creche, no prazo de 2 (dois) anos. Caso não a construísse, perderia os bens para Alexandre." Trata-se no caso de

(A) condição resolutiva.

(B) encargo.

(C) condição suspensiva.

(D) termo final.

Alternativa A correta. De acordo com os artigos 127 e 1.897 do Código Civil. Condição resolutiva é aquela que subordina a ineficácia do negócio a um evento futuro e incerto. Ela é a que extingue, resolve o direito transferido pelo negócio, ocorrido o evento futuro e incerto. Assim, enquanto a condição não se realizar, o negócio jurídico vigorará, extinguindo-se com o advento da condição. Aliás, a condição resolutiva não se confunde com o encargo; este não conduz, por si só, à revogação do ato, como acorre com aquela, que se opera de pleno direito. Alternativa B, incorreta. Não se trata de encargo, este é uma determinação que imposta pelo autor da liberalidade, a este adere restringindo-a. É uma cláusula acessória à liberalidade, pela qual se impõe uma obrigação ao beneficiário. Alternativa C, incorreta. A condição suspensiva impede que o ato produza efeitos até a realização do evento futuro e incerto, logo, só terá adquirido o direito enquanto não verificada a condição suspensiva. Alternativa D, incorreta. Termo é o dia ou momento em que começa ou se extingue a eficácia do negócio jurídico. Pode ser inicial ou suspensivo (*dies a quo*) e final ou resolutivo (*dies ad quem*).

Gabarito "A".

(Cartório/PA – 2016 – IESES) A cláusula que, derivando exclusivamente da vontade das partes, subordina o efeito do negócio jurídico a evento futuro e incerto é classificada como:

(A) Delegação.

(B) Encargo.

(C) Termo.

(D) Condição.

Alternativa A incorreta. Confere o direito de agir em nome de outrem. Alternativa B, incorreta. Nos termos do artigo 136 do Código Civil, o encargo "não suspende a aquisição nem o exercício do direito, salvo quando expressamente imposto no negócio jurídico, pelo disponente,

6. DIREITO CIVIL

331

como condição suspensiva". Alternativa C, incorreta. De acordo com os artigos 131 do Código Civil o termo pode ser inicial ou final. O termo inicial, ou suspensivo ou *dies a quo* "suspende o exercício, mas não a aquisição do direito.", e o termo final ou extintivo ou *dies ad quem* é aquele no qual termina a os efeitos do negócio jurídico. Alternativa D, correta. Em consonância com o disposto no artigo 121 do Código Civil "Considera-se condição a cláusula que, derivando exclusivamente da vontade das partes, subordina o efeito do negócio jurídico a evento futuro e incerto."
Gabarito "D".

(Cartório/SP – 2016 – VUNESP) A simulação

(A) leva à anulação, e não à nulidade do negócio jurídico, salvo se absoluta, quando será possível a conversão substancial, em prestígio do princípio da conservação.

(B) relativa, ainda que maliciosa, não impede a subsistência do negócio dissimulado, se válido for na substância e na forma.

(C) ainda que maliciosa, não pode ser declarada de ofício pelo juiz nem ser invocada pelos simuladores.

(D) é espécie de defeito do negócio jurídico, pouco importando se maliciosa ou inocente.

Alternativa A incorreta. Viola o artigo 167 do Código Civil que prevê a nulidade do negócio jurídico. A simulação é uma declaração enganosa da vontade, visando aparentar negócio diverso do efetivamente desejado. A simulação pode ser absoluta ou relativa. Na absoluta, as partes na realidade não realizam nenhum negócio, elas fingem, buscam criar uma ilusão externa, sem realizar o negócio. Alternativa B, correta. De acordo com o artigo 167 do Código Civil. Na simulação relativa, as partes pretendem realizar um negócio, seja para prejudicar terceiro ou fraudar a lei. Para esconder tal negócio, ou dar-lhe outra aparência, realizam outro negócio, logo, há dois negócios: um simulado, aparente, que se destina a enganar; outro dissimulado, oculto, porém verdadeiramente desejado. Neste caso, O negócio aparente, simulado, serve para ocultar a efetiva intenção dos contratantes, ou seja, o negócio real. Alternativa C, incorreta. Viola o artigo 168 *caput* e parágrafo único. Alternativa D, incorreta. Não se trata de defeito ou vício dos negócios jurídicos. Simulação é hipóteses de nulidade dos negócios jurídicos. Os defeitos geram a anulabilidade do negócio jurídico (art. 178 do CC). São defeitos dos negócios jurídicos o erro, dolo, coação, estado de perigo, lesão e fraude contra credores.
Gabarito "B".

(Cartório/MG – 2015 – Consulplan) "Marcela, de boa – fé, adquiriu um imóvel de Aline. Pagou à vista, o justo preço de mercado. Nada havia que desabonasse Aline; nenhuma restrição havia na certidão do imóvel. Posteriormente, veio a ser acionada por Luciano, que pleiteava a anulação da venda, alegando ser credor de Aline, que não lhe pagava o que devia, apesar de ter recebido várias cartas de cobrança." Diante disto, aponte a alternativa que indica a ação a ser proposta por Luciano e a decisão judicial mais adequada para o caso:

(A) Ação reipersecutória, sendo o pedido julgado procedente por ter-se configurado a fraude de execução.

(B) Ação pauliana, sendo o pedido julgado procedente por ter-se configurado a fraude contra credores.

(C) Ação reipersecutória, sendo o pedido julgado improcedente por não se ter configurado a fraude de execução.

(D) Ação pauliana, sendo o pedido julgado improcedente por não se ter configurado fraude contra credores oponível contra terceiros adquirentes de boa-fé.

Alternativa A incorreta. Não se trata de ação reipersecutória, esta ocorre quando o autor requer algo seu que está fora do seu patrimônio, leia--se, perseguir a coisa. O proprietário reivindica a coisa. E ainda, não se caracteriza a fraude contra credores, porque Marcela é adquirente de boa-fé do imóvel. Alternativa B, incorreta. Viola o artigo 161 do Código. Não obstante a ação correta seja ação paulina, esta deverá ter seu pedido julgado improcedente porque não está caracterizada a fraude contra credores. O problema mencionou que "Marcela, **de boa-fé**, adquiriu um imóvel de Aline...". Para sua caracterização o **terceiro adquirente deve ter procedido de má-fé**. Alternativa C, incorreta. Como já dito, não se trata de ação reipersecutória.
Alternativa D, correta. Fraude contra credores é a prática maliciosa realizada pelo devedor, de atos que desfalcam o seu patrimônio, tornando-o insolvente. Para sua caracterização devem ser preenchidos dois elementos: objetivo (*eventus damni*), que é o ato prejudicial ao credor, tornando insolvente o devedor; subjetivo (*consilium fraudis*), que é a má-fé, intenção de prejudicar do devedor ou do devedor em conluio com terceiro adquirente. Não obstante a ação cabível seja a pauliana, também chamada de revocatória, esta foi improcedente porque Marcela estava de boa-fé, conforme mencionado na questão. Ver artigos 159 e 161 do Código Civil.
Gabarito "D".

(Cartório/MG – 2015 – Consulplan) "Carlos, jogador de futebol, famoso por ostentar relógios de luxo, ofertou ao seu amigo Antônio uma réplica como se fosse uma joia. Na aquisição, Antônio pagou preço de mercado. Posteriormente quis certificar-se da legitimidade da peça, e só então, tomou conhecimento que se tratava de uma simples réplica de latão." Diante do caso, é correto afirmar que se trata de

(A) vício do negócio jurídico.

(B) vício redibitório.

(C) risco de evicção.

(D) uma relação de consumo, sendo regulada pelo Código de Defesa do Consumidor.

Alternativa A correta. De acordo com o artigo 139, inciso I, do Código Civil. Trata-se de vício do consentimento: erro, isto é, a falsa percepção da realidade. O agente engana-se sozinho. Trata-se de erro substancial sobre alguma das qualidades essenciais do objeto principal (*error in substantia* ou *error in qualitate*), pois o motivo determinante do negócio é a suposição de que o objeto possui determinada qualidade que se verificou posteriormente não existir. A maneira que a questão foi elaborada quando menciona "... **ofertou** ao seu amigo Antônio **uma réplica como se fosse uma joia**...", também pode nos levar ao entendimento de outro vício do consentimento denominado dolo, quando o agente ou terceiro induz em erro o outro contratante. Dolo é induzir maliciosamente alguém em erro, gerando prejuízo a este. Alternativa B, incorreta. Não se trata de vício redibitório previsto no artigo 441 do Código. Neste, o vício ou defeito está presente na própria coisa. Vício redibitório é o defeito oculto que torna a coisa imprópria para o uso a que se destina ou a lhe diminui o valor. Ocorre nos contratos comutativos. Alternativa C, incorreta. Evicção é a perda ou desapossamento da coisa por força de sentença judicial, que a atribui a outrem por causa jurídica preexistente ao contrato. Evicção deriva do latim *evincere*, isto é, ser vencido. Alternativa D, incorreta. Viola os Artigos 1º, 2º e 3º do Código de Defesa do Consumidor. Não se trata de relação de consumo, que há de um lado um consumidor, doutro o fornecedor, logo, não é reguladora pelo CDC.
Gabarito "A".

(Cartório/PA – 2016 – IESES) É manifesta a ocorrência de vício no consentimento, quando uma pessoa, sob premente necessidade, ou por inexperiência, se obriga a prestação manifestamente desproporcional ao valor da prestação

CAROLINA IKEDA E MARCIO PEREIRA

oposta. O defeito do negócio jurídico acima disposto é classificado como:

(A) Dolo.

(B) Erro.

(C) Lesão.

(D) Estado de perigo.

Alternativa A incorreta. Ocorre o dolo quando o agende induz maliciosamente alguém em erro, gerando prejuízo a este. Está previsto a partir dos artigos 145 e seguintes do Código Civil. Alternativa B, incorreta. Se dá o erro quando alguém se engana sozinho a respeito de uma circunstância que se soubesse não realizaria o negócio. Está previsto a partir dos artigos 138 e seguintes do Código Civil. Alternativa C, correta. De acordo com o texto expresso do artigo 157 do Código Civil. Alternativa D, incorreta. Segundo o artigo 156 do Código Civil, "Configura-se o estado de perigo quando alguém, premido da necessidade de salvar-se, ou a pessoa de sua família, de grave dano conhecido pela outra parte, assume obrigação excessivamente onerosa".

Gabarito "C".

(Cartório/MG – 2015 – Consulplan) Conforme o Código Civil, salvo o negócio a que se impõe forma especial, o fato jurídico pode ser provado mediante

(A) confissão, documento, inspeção, presunção e perícia.

(B) documento, inspeção, testemunha, presunção e perícia.

(C) confissão, documento, testemunha, presunção e perícia.

(D) confissão, documento, testemunha, inspeção e perícia.

Nos termos do artigo 212 do Código Civil. Os atos formais ou solenes podem ser provados pela própria forma especial, determina em lei. Entretanto, os atos que não exigem forma especial podem ser provados por todos os meios de provas admitidos em direito.

Gabarito "C".

(Cartório/MG – 2015 – Consulplan) Nos termos do Código Civil, "Não dispondo a lei em contrário, a escritura pública é essencial à validade dos negócios jurídicos que visem à constituição, transferência, modificação ou renúncia de direitos reais sobre imóveis de valor superior a trinta vezes o maior salário mínimo vigente no País". Excluindo as diversas leis que excepcionam a regra do Código Civil, havendo venda somente da fração do imóvel, e se o valor da parte fracionada for inferior a 30 salários-mínimos, quanto à faculdade de o instrumento ser público ou particular, é correto afirmar:

(A) Deve-se verificar o valor do imóvel inteiro e não parte ou fração vendida.

(B) Deve-se verificar o valor da fração ou parte vendida, facultando neste caso, instrumento particular quando o valor da parte fracionada for inferior a 30 (trinta) salários-mínimos, desde que observado o Código de Defesa do Consumidor.

(C) Deve-se verificar o valor da fração, facultando instrumento público ou particular quando superior a 30 (trinta) salários-mínimos.

(D) Deve-se verificar o valor da fração, não podendo vender nova fração no período inferior a 90 (noventa) dias a contar do registro, se optarem por instrumento particular, a fim de não configurar fraude a lei.

Alternativa A correta, de acordo com o artigo 777 do Código de Normas da Corregedoria Geral de Justiça (Provimento 260/CGJ/2013). Ademais, segundo a jurisprudência do STJ (Resp n. 1.099.480-MG), a interpretação do artigo 108 do Código Civil deve seguir como parâmetro o valor do imóvel (valor da avaliação realizada pelo fisco) e não o do negócio jurídico, correspondendo à sua totalidade, mesmo que esteja sendo vendida apenas uma parte, quinhão ou fração ideal. Nossa sugestão é consultar às Normas de serviço da Corregedoria-Geral da Justiça do Estado que for realizar a prova. B, C e D, incorretas. Estão em desacordo com o artigo 777 do Código de Normas da Corregedoria Geral de Justiça (Provimento 260/CGJ/2013).

Gabarito "A".

(Cartório/MG – 2019 – Consulplan) Analise as proposições destacadas a seguir e assinale a correta. •

(A) A declaração de vontade dependerá de forma especial para sua validade, salvo quando a lei expressamente dispensá-la.

(B) Salvo se o permitir a lei ou o representado, é anulável o negócio jurídico que o representante, no seu interesse ou por conta de outrem, celebrar consigo mesmo.

(C) É nulo o negócio jurídico concluído pelo representante em conflito de interesses com o representado, se tal fato era ou devia ser do conhecimento de quem com aquele contratou.

(D) Dentre os bens públicos discriminados pelo art. 99, do Código Civil, os de uso comum e os de uso especial são inalienáveis enquanto não desafetados, mas os dominicais são alienáveis independentemente de qualquer outra exigência legal.

A: incorreto. A validade da declaração de vontade não dependerá de forma especial, senão quando a lei expressamente a exigir (art. 107, CC); **B:** correto. Salvo se o permitir a lei ou o representado, é anulável o negócio jurídico que o representante, no seu interesse ou por conta de outrem, celebrar consigo mesmo (art. 117, CC); **C:** incorreto. É anulável o negócio concluído pelo representante em conflito de interesses com o representado, se tal fato era ou devia ser do conhecimento de quem com aquele tratou (art. 119, CC). **D:** incorreto. Os bens públicos dominicais podem ser alienados, observadas as exigências da lei (art. 101, CC).

Gabarito "B".

Cartório/RS – 2019 – VUNESP) Gustavo e Henrique celebraram compromisso particular de venda e compra de um imóvel, em fevereiro de 2019. Ajustaram, no entanto, que no instrumento contratual referente ao compromisso constaria outra data: maio de 2018. Isso porque Gustavo pretendia apresentar o documento para um credor seu, justificando que já havia se comprometido a alienar o imóvel. De acordo com o Código Civil de 2002, é correto afirmar que o negócio jurídico

(A) é anulável, em razão do dolo existente.

(B) é anulável, em razão da simulação existente.

(C) é nulo, em razão do dolo existente.

(D) é anulável, pois o motivo determinante, comum a ambas as partes, foi ilícito.

(E) é nulo, em razão da simulação existente.

A: incorreto. Não se trata de dolo, mas sim de simulação. **B:** incorreto. Trata-se de simulação, que gera nulidade do negócio jurídico e não anulabilidade. **C:** incorreto. Não se trata de dolo, mas sim de simulação; **D:** incorreto. O motivo determinante ilícito induz a nulidade e não anulabilidade (art. 166, inciso III, CC); **E:** correto. Trata-se de simulação, cuja consequência é a nulidade (art. 167, § 1º, inciso III, CC).

Gabarito "E".

6. DIREITO CIVIL 333

(Cartório/CE – 2018 – IESES) A respeito dos defeitos do negócio jurídico, responda:

I. O dolo acidental ocorre quando, a seu despeito, o negócio seria realizado, embora por outro modo, e não anula o negócio, nem obriga a perdas e danos.

II. Em relação ao erro, o falso motivo só vicia a declaração de vontade quando expresso como razão determinante.

III. Configura-se a lesão quando alguém, premido da necessidade de salvar-se, ou a pessoa de sua família, de grave dano conhecido pela outra parte, assume obrigação excessivamente onerosa.

Assinale a correta:

(A) Todas as assertivas são falsas.

(B) Todas as assertivas são verdadeiras.

(C) Apenas a assertiva II é verdadeira.

(D) Apenas as assertivas I e II são verdadeiras.

I: incorreto. O dolo acidental só obriga à satisfação das perdas e danos, e é acidental quando, a seu despeito, o negócio seria realizado, embora por outro modo (art. 146, CC); II: correto. O falso motivo só vicia a declaração de vontade quando expresso como razão determinante (art. 140, CC); III: incorreto. Ocorre a lesão quando uma pessoa, sob premente necessidade, ou por inexperiência, se obriga a prestação manifestamente desproporcional ao valor da prestação oposta (art. 157, *caput*, CC). O conceito apresentado diz respeito ao estado de perigo. Portanto, a alternativa correta é a letra C.
Gabarito "C".

2.8. Prescrição e decadência

(Cartório/CE – 2018 – IESES) Em relação à prescrição, assinale a correta:

(A) A renúncia da prescrição pode ser expressa ou tácita, e só valerá, sendo feita, sem prejuízo de terceiro, antes que a prescrição se consumar.

(B) A renúncia da prescrição pode ser expressa ou tácita, e só valerá, sendo feita, sem prejuízo de terceiro, depois que a prescrição se consumar.

(C) A renúncia da prescrição somente pode ser expressa, e só valerá, sendo feita, sem prejuízo de terceiro, depois que a prescrição se consumar.

(D) A renúncia da prescrição somente pode ser expressa, e só valerá, sendo feita, sem prejuízo de terceiro, antes que a prescrição se consumar.

A renúncia da prescrição pode ser expressa ou tácita, e só valerá, sendo feita, sem prejuízo de terceiro, depois que a prescrição se consumar; tácita é a renúncia quando se presume de fatos do interessado, incompatíveis com a prescrição (art. 191, CC).
Gabarito "B".

(Cartório/MG – 2019 – Consulplan) Dentre as hipóteses declinadas a seguir, assinale aquela que corresponde a uma causa interruptiva da prescrição prevista no art. 202, do Código Civil.

(A) A vigência da sociedade conjugal.

(B) A incapacidade decorrente da hipótese prevista no art. 3º, do Código Civil.

(C) O serviço militar das forças armadas dos que estiverem fora do país, em tempo de guerra.

(D) A prática de ato inequívoco, ainda que extrajudicial, que importe reconhecimento do direito pelo devedor.

A, B e C: incorretos. São causas impeditivas ou suspensivas da prescrição. **D:** correto. Trata-se de causa interruptiva da prescrição, na forma do art. 202, inciso VI, CC.
Gabarito "D".

(Cartório/MG – 2019 – Consulplan) Considerando os prazos prescricionais previstos no Código Civil, assinale a proposição correta dentre as destacadas a seguir.

(A) É de cinco anos o prazo prescricional da pretensão relativa à tutela, a contar da data da aprovação das contas.

(B) É de dois anos o prazo prescricional da pretensão para haver prestações alimentares, a partir da data em que se vencerem.

(C) É de um ano o prazo prescricional da pretensão do beneficiário contra o segurador, e a do terceiro prejudicado, no caso de seguro de responsabilidade civil obrigatório.

(D) É de três anos o prazo prescricional da pretensão contra os peritos, pela avaliação dos bens que entraram para a formação do capital de sociedade anônima, contado da publicação da ata da assembleia que aprovar o laudo.

A: incorreto. Prescreve em quatro anos, a pretensão relativa à tutela, a contar da data da aprovação das contas (art. 206, § 4º, CC); **B:** correto. Prescreve em dois anos, a pretensão para haver prestações alimentares, a partir da data em que se vencerem (art. 206, § 2º, CC); **C:** incorreto. Prescreve em três anos a pretensão do beneficiário contra o segurador, e a do terceiro prejudicado, no caso de seguro de responsabilidade civil obrigatório (art. 206, § 3º, IX, CC); **D:** incorreto. Prescreve em um ano a pretensão contra os peritos, pela avaliação dos bens que entraram para a formação do capital de sociedade anônima, contado da publicação da ata da assembleia que aprovar o laudo (art. 206, § 1º, IV, CC).
Gabarito "B".

(Cartório/DF – 2008 – CESPE) Acerca da prescrição e da decadência, julgue os seguintes itens.

(1) Prescreve em um ano a pretensão dos tabeliães pela percepção de emolumentos.

(2) Não corre a prescrição contra os ausentes do país.

(3) A prescrição é causa de extinção da pretensão do titular do direito.

(4) A decadência convencional é reconhecível, de ofício, pelo juiz.

1: certa (art. 206, §1º, III do CC); 2: incorreta, pois apenas não corre prescrição contra o ausente do país em serviço público da União, dos Estados e dos Municípios (art. 198, II, do CC); 3: correta (art. 189 do CC); 4: incorreta (art. 211 do CC).
Gabarito 1C, 2E, 3C, 4E

(Cartório/ES – 2007 – FCC) A apresentação de título de crédito em concurso de credores

(A) suspende a prescrição.

(B) impede a prescrição.

(C) interrompe a decadência

(D) interrompe a prescrição.

(E) suspende a decadência

Art. 202, IV, do CC.
Gabarito "D".

CAROLINA IKEDA E MARCIO PEREIRA

(Cartório/MG – 2012 – FUMARC) Tendo em vista os atos que interrompem a prescrição, na forma do que dispõe o Código Civil, considere os itens:

I. despacho do Juiz incompetente que ordenar a citação, se o interessado a promover no prazo e na forma da lei processual;

II. apresentação do título de crédito em juízo de inventário ou em concurso de credores;

III. qualquer ato inequívoco, sem o reconhecimento do direito pelo devedor.

A opção correta é

(A) Apenas o item I está correto.

(B) Apenas os itens I e II estão corretos.

(C) Apenas os itens I e III estão corretos.

(D) Apenas os itens II e III estão corretos.

I: correta, pois o despacho do juiz que determina a citação é causa interruptiva da prescrição, ainda que o juiz seja incompetente para julgar a causa (art. 202, I, do CC); II: correta, pois reproduz os dizeres do art. 202, IV, do CC; III: incorreta, pois o ato inequívoco deve importar reconhecimento do direito pelo devedor (art. 202, VI, do CC).
Gabarito "B".

(Cartório/RO – III) Assinale a alternativa correta:

(A) Os prazos prescricionais podem ser convencionados pelos contratantes.

(B) Corre a prescrição entre cônjuges na constância do casamento.

(C) Não corre a prescrição contra os ausentes do País em serviço público do município.

(D) Nenhuma alternativa está correta.

A: incorreta (art. 192 do CC); B: incorreta (art. 197, I, do CC); C: correta (art. 198, II, do CC); D: incorreta, pois a alternativa "C" está correta.
Gabarito "C".

(Cartório/RO – III) Assinale a alternativa correta

(A) A prescrição ocorre em 5 (cinco) anos quando a lei não lhe haja fixado prazo menor.

(B) Prescreve em 2 (dois) anos a pretensão dos tabeliães, pela percepção de emolumento.

(C) A interrupção da prescrição por um dos credores solidários não aproveita aos outros.

(D) Nenhuma alternativa está correta.

A: incorreta, pois o prazo geral é de 10 anos (art. 205 do CC); B: incorreta, pois o prazo é de 1 ano (art. 206, § 1°, III do CC); C: incorreta (art. 204, §1°, do CC); D: correta, pois todas as alternativas trazem impropriedades.
Gabarito "D".

(Cartório/RR – 2001 – CESPE) Carlos devia determinada quantia em dinheiro a Sandro. Entretanto, Sandro, credor, faleceu, deixando um herdeiro com quatro anos de idade. Nesse caso hipotético, nos termos do Código Civil vigente, a prescrição não

(A) corre, pois o menor é púbere.

(B) corre até que o herdeiro seja emancipado pelos pais.

(C) corre até que o herdeiro complete dezesseis anos de idade.

(D) corre até que o herdeiro complete dezoito anos de idade.

(E) corre até que o herdeiro complete 21 anos de idade.

A alternativa "C" está correta, pois nos termos do art. 198, I, do CC, não corre prescrição contra os absolutamente incapazes. O prazo prescricional apenas terá início quando o menor atingir dezesseis anos, pois contra os relativamente incapazes essa regra não é aplicada.
Gabarito "C".

(Cartório/SC – 2012) Sobre a prescrição é **correto** afirmar:

I. Durante o poder familiar, não corre entre ascendentes e descendentes.

II. Corre entre os cônjuges na constância da sociedade conjugal.

III. Não corre entre tutelados e seus tutores durante a tutela.

IV. Corre entre curatelados e curadores durante a curatela.

V. Entre ascendentes e descendentes corre durante o poder familiar.

(A) Somente as proposições I, II, III e V estão corretas.

(B) Somente as proposições I e III estão corretas.

(C) Somente as proposições II, IV e V estão corretas.

(D) Somente as proposições III e IV estão corretas.

(E) Todas as proposições estão corretas.

I: correta (art. 197, II, do CC); II: incorreta, pois *não* corre prescrição entre os cônjuges, na constância da sociedade conjugal (art. 197, I, do CC); III: correta (art. 197, III, do CC); IV: incorreta, pois assim como não corre prescrição entre tutelado e tutor durante a tutela, também não corre entre curatelado e curador durante a curatela (art. 197, III, do CC); V: incorreta, pois durante o poder familiar *não* corre prescrição entre ascendente e descendente.
Gabarito "B".

(Cartório/SP – IV – VUNESP) O prazo máximo de decadência para o vendedor recobrar o imóvel cuja venda estipulou a possibilidade de retrovenda é de

(A) três anos.

(B) trinta anos.

(C) vinte anos.

(D) quinze anos.

Art. 505 do CC.
Gabarito "A".

(Cartório/SP – 2011 – VUNESP) A respeito da prescrição,

(A) o simples protesto cambial não interrompe a prescrição.

(B) a exceção prescreve na metade do prazo da pretensão.

(C) a prescrição não pode ser reconhecida de ofício.

(D) a prescrição interrompida contra um dos devedores solidários atinge os demais.

A: incorreta (art. 202, III, do CC); B: incorreta (art. 190 do CC); C: incorreta, pois o art. 194 do CC, o qual vedada o reconhecimento de ofício da prescrição foi revogado pela Lei 11.280/2006. Ademais, o art. 219, § 5°, do CPC prevê expressamente que a prescrição pode ser reconhecida de ofício pelo juiz; D: correta (art. 201, § 1°, parte final).
Gabarito "D".

(Cartório/RN – 2012 – IESES) Assinale a alternativa **INCORRETA:**

(A) A interrupção da prescrição somente pode se dar uma vez.

(B) Apesar de previstos em lei, os prazos prescricionais podem ser alterados por vontade das partes.

6. DIREITO CIVIL 335

(C) Não corre prescrição entre cônjuges, na constância da sociedade conjugal.

(D) Se ocorrer a interrupção da prescrição, começa a correr novamente da data que a interrompeu.

A: correta (art. 202, *caput*, do CC); B: incorreta (devendo ser assinalada), pois os prazos prescricionais não podem ser alterados pela vontade das partes (art. 192 do CC); C: correta (art. 197, I, do CC); D: correta (art. 202, parágrafo único, do CC).
Gabarito "B".

(Cartório/MG – 2015 – Consulplan) De acordo com o Código Civil brasileiro, marque a alternativa correta:

(A) De forma geral, aplicam-se à decadência as normas que impedem, suspendem ou interrompem a prescrição.

(B) Não se aplica à decadência a regra que impede ou suspende o prazo em favor do absolutamente incapaz.

(C) É nula a renúncia à decadência fixada em lei.

(D) Não pode o juiz, de ofício, conhecer da decadência.

Alternativa A incorreta. Nos termos do artigo 207 do Código Civil, é a perda do direito prestativo em razão da inércia de seu titular, pelo decurso do tempo. Portanto, em razão do prazo decadencial depender exclusivamente da indicativa de seu titular, os impedimentos, suspensão ou interrupção da prescrição não se aplicam à decadência. Alternativa B, incorreta. De acordo com o artigo 208 do Código Civil, impede-se o curso do prazo decadencial em favor dos absolutamente incapazes, vale dizer, os menores de dezesseis anos. Alternativa C, correta. A decadência pode ser convencional ou legal. Ocorre a impossibilidade da renúncia quando seu prazo é fixado em lei, nos termos do artigo 209 do Código Civil. Entretanto, com relação aos prazos decadenciais convencionais estabelecidos pelas partes, podem ser renunciados. Alternativa D, incorreta. Nos termos do artigo 210 do Código Civil, o juiz deve a qualquer momento decretar de ofício a decadência estabelecida em lei.
Gabarito "C".

(Cartório/MG – 2016 – Consulplan) Em sede de justiça gratuita, considerando ausência de previsão expressa na norma de gratuidade para o ato, havendo fortes indícios e elementos probatórios que desmentem a hipossuficiência do requerente, revelando, acima de qualquer dúvida razoável, que a parte possui condições financeiras para arcar com as custas e emolumentos devidos ao Estado e ao serventuário extrajudicial, estando o notário inconformado com o pedido de justiça gratuita e, querendo pleitear em juízo os emolumentos, sabendo da perda da pretensão pelo lapso temporal, nos termos do código civil, é correto afirmar:

(A) Prescreve em cinco anos a pretensão dos tabeliães, pela percepção de emolumentos.

(B) Prescreve em um ano a pretensão dos tabeliães, pela percepção de emolumentos.

(C) Decai em cinco anos a pretensão dos tabeliães, pela percepção de emolumentos.

(D) Não corre prescrição para ação de cobrança de emolumentos.

Alternativa A incorreta. Vai de encontro ao prazo de um ano previsto no inciso III do § 1° do artigo 206 do Código Civil. Alternativa B, correta. Nos termos do artigo 206, § 1°, inciso III, do Código Civil, prescreve em um ano a pretensão dos tabeliães, auxiliares da justiça, serventuários

judiciais, árbitros e peritos, pela percepção de emolumentos, custas e honorários. Alternativa C, incorreta O prazo de pretensão para os tabeliães pleitearem em juízo a percepção de emolumentos, nos termos do artigo 206, § 1°, inciso III, do Código Civil, é prazo **prescricional** e não decadencial. Alternativa D, incorreta. Vai de encontro ao disposto no inciso III do § 1° do artigo 206 do Código Civil.
Gabarito "B".

3. OBRIGAÇÕES

3.1. Introdução, classificação e modalidades das obrigações

Cartório/SP – 2018 – VUNESP O ato da criação de uma obrigação com a finalidade de extinguir uma obrigação antiga encerra:

(A) Novação.

(B) Transação.

(C) Imputação em pagamento.

(D) Compensação.

A: correto. Novação é a criação de obrigação nova para extinguir anterior; **B:** incorreto. Transação é o negócio jurídico em que as partes previnem ou terminam litígio mediante concessões recíprocas; **C:** incorreto. Imputação em pagamento é a indicação ou determinação da dívida a ser quitada quando, uma pessoa obrigada por dois ou mais débitos da mesma natureza e com o mesmo credor só pode pagar parte deles; **D:** incorreto. Compensação é a extinção das obrigações entre duas pessoas que são, ao mesmo tempo, credora e devedora uma da outra.
Gabarito "A".

(Cartório/MG – 2012 – FUMARC) Sobre a solidariedade passiva, determinada no Código Civil Brasileiro,

(A) importará renúncia da solidariedade a propositura de ação pelo credor contra um ou alguns dos devedores.

(B) no caso de rateio entre os codevedores, os exonerados da solidariedade pelo credor não contribuirão pela parte que, na obrigação, incumbia ao insolvente.

(C) proposta a ação contra um dos devedores, o demandado responderá pelos juros da mora, não respondendo o devedor culpado aos outros pela obrigação acrescida.

(D) o devedor acionado pode opor ao credor as exceções que lhe forem pessoais e as comuns a todos, não lhe aproveitando as exceções pessoais a outro codevedor.

A: incorreta, pois *não importará* renúncia da solidariedade a propositura de ação pelo credor contra um ou alguns dos devedores (art. 275, parágrafo único, do CC); B: incorreta, pois no caso de rateio entre os codevedores, *contribuirão também* os exonerados da solidariedade pelo credor, pela parte que na obrigação incumbia ao insolvente (art. 284 do CC); C: incorreta, pois todos os devedores respondem pelos juros da mora, ainda que a ação tenha sido proposta somente contra um; mas o culpado responde aos outros pela obrigação acrescida (art. 280 do CC); D: correta (art. 281 do CC).
Gabarito "D".

(Cartório/PR – 2007) Considerando as modalidades de obrigações previstas no Código Civil Brasileiro, numere a segunda coluna relacionando-a com a primeira.

CAROLINA IKEDA E MARCIO PEREIRA

PRIMEIRA COLUNA   **SEGUNDA COLUNA**

1. Obrigação alternativa   ( ) Impossibilitando-se, sem culpa do devedor, uma das prestações, este continua obrigado pela prestação subsistente.

2. Obrigação genérica ou de dar coisa incerta   ( ) Antes da tradição os riscos com o perecimento da coisa objeto da prestação correm por conta do devedor.

3. Obrigação de fazer   ( ) Antes da escolha, o devedor não poderá alegar perda da coisa nem mesmo por caso fortuito ou força maior.

4. Obrigação de dar coisa certa   ( ) Tem por objeto a prestação pelo devedor de um fato positivo, que satisfará o interesse do credor.

Assinale a alternativa que contém a sequência correta de cima para baixo:

(A) 1, 2, 4, 3.

(B) 4, 3, 2, 1.

(C) 1, 2, 3, 4.

(D) 2, 4, 1, 3.

(E) 1, 4, 2, 3.

Quanto aos modelos obrigacionais, de proêmio é interessante fazer uma breve distinção a fim de facilitar a compreensão da matéria. O Código Civil traz seis modalidades de obrigações: obrigação de dar, obrigação de fazer, obrigação de não fazer, obrigação alternativa, obrigação divisível/indivisível e obrigação solidária. A *obrigação de dar*, pode se perfazer de duas formas: entrega (dar originário) ou restituição (devolução). O objeto da prestação pode ser algo certo ou incerto, sendo que no primeiro caso a regulamentação encontra-se entre os arts. 233 a 242 CC e no segundo entre os arts. 243 a 246 do CC. Já a *obrigação de fazer* consiste num comportamento comissivo assumido pelo devedor. Pode ser fungível ou infungível, a depender do caráter personalíssimo na execução dos trabalhos. Está prevista entre os arts. 247 a 249 do CC. De outra parte, a *obrigação de não fazer* consiste numa abstenção de comportamento assumida pelo devedor (arts. 250 e 251 do CC). As *obrigações alternativas* são aquelas que possuem mais de um objeto e o devedor se exonera com a prestação de apenas um deles (252 a 256 do CC). No que tange a divisibilidade, a obrigação é *divisível* quando objeto prestacional comporta cisão e é indivisível quando o objeto prestacional não comporta cisão. Sendo divisível, cada um será responsável pelo pagamento de sua cota parte. Sendo indivisível, cada um é responsável pela dívida toda, mas veja, apenas e exclusivamente pelo fato do objeto ser indivisível. E aquele que pagou a dívida fica sub-rogado nos direitos do credor. Note que se numa obrigação em que o objeto prestacional é indivisível, se o bem perecer e a obrigação se converter em perdas e danos (dinheiro bem divisível), cada um arcará com sua cota parte. Tais obrigações estão regulamentadas entre os arts. 257 e 263 do CC. Por fim, as *obrigações solidárias* são aquelas em que por convenção das partes ou por determinação legal todos os credores e/ou devedores ficam obrigados pela dívida toda. Neste caso os sujeitos se obrigam pela dívida toda ou por meio de um contrato ou porque a lei os abriga a tanto. Então, diferentemente da hipótese anterior, a natureza do objeto é irrelevante. Destarte, mesmo o objeto sendo divisível é possível que um devedor seja acionado para pagar a dívida por inteiro, pois o que rege as obrigações solidárias são os sujeitos, e se eles *próprios* optaram pela solidariedade deverão arcar com o cumprimento da regra. Estão previstas nos arts. 264 a 285 do CC.

Adentrando na resposta à questão, 1) tratando-se de obrigação alternativa, se a prestação se torna impossível sem culpa do devedor, fica ele sujeito a obrigação restante. Ocorre a chamada "concentração (escolha) compulsória do objeto (art. 253 do CC) 4) quanto a obrigação de dar coisa certa, se a coisa se perder, sem culpa do devedor antes da tradição fica resolvida a obrigação para ambas as partes; se com culpa do devedor, deverá devolver os valores pagos mais perdas e danos (art. 234 do CC); 2) Na obrigação de dar coisa incerta, o devedor não pode alegar o perecimento da coisa antes da escolha por uma razão muito simples: a coisa incerta é aquele definida inicialmente pelo gênero e pela quantidade. O gênero é algo que não perece. Então enquanto não houver a concentração do objeto, isto é, enquanto o objeto não for especificado, em tese o devedor sempre terá condições de cumprir a obrigação, por isso que não pode alegar as excludentes de caso fortuito ou força maior (art. 246 do CC); 3). Conforme mencionado, na obrigação de fazer o devedor se compromete a prestar atos ou serviços para o credor. Gabarito "E".

(Cartório/SC – 2012) Na obrigação de dar coisa incerta, se determinada pelo gênero e pela quantidade, a escolha pertence:

(A) Ao credor, sendo o devedor obrigado a prestar a coisa melhor.

(B) Ao devedor, podendo escolher a coisa que melhor lhe aprouver.

(C) Ao devedor, se o contrário não resultar do título da obrigação.

(D) Sempre ao credor, escolhendo a que melhor lhe aprouver.

(E) Sempre ao devedor, não sendo este obrigado a prestar a melhor, nem podendo dar a pior.

"Nas coisas determinadas pelo gênero e pela quantidade, a escolha pertence ao *devedor*, se o contrário não resultar do título da obrigação; mas *não poderá dar a coisa pior, nem será obrigado a prestar a melhor*" (art. 244 do CC, grifo nosso). Gabarito "C".

(Cartório/SC – 2012) Há solidariedade nas obrigações quando:

I. Na mesma obrigação concorre mais de um credor com direito a toda a dívida.

II. Na mesma obrigação concorre mais de um devedor obrigado à dívida toda.

III. A solidariedade se presume.

IV. Na mesma obrigação concorrem apenas um credor e um devedor.

V. Em duas obrigações distintas concorrem o mesmo devedor e o mesmo credor.

(A) Somente as proposições III e IV estão corretas.

(B) Somente as proposições I, III e V estão corretas.

(C) Somente as proposições I e II estão corretas.

(D) Somente as proposições II, III e IV estão corretas.

(E) Todas as proposições estão corretas.

I e II: corretas (art. 264 do CC); III: incorreta, pois a solidariedade não se presume. Apenas decorre de lei ou da vontade das partes (art. 265 do CC); IV: incorreta, pois a solidariedade é um vínculo entre sujeitos do mesmo polo da relação obrigacional, por isso é indispensável que haja mais de um (art. 264 do CC); V: incorreta, pois para que haja solidariedade é necessário que numa *mesma obrigação* concorra mais de um credor ou mais de um devedor, pois se as obrigações forem distintas, não haverá vínculo entre os sujeitos (art. 264 do CC). Gabarito "C".

6. DIREITO CIVIL

(Cartório/SP – 2012 – VUNESP) No âmbito das obrigações divisíveis com pluralidade de sujeitos no polo passivo, nada sendo expressamente disposto em lei, nem no contrato, acerca da natureza e limites da obrigação de cada qual, no aspecto interno presume-se que a obrigação é

(A) solidária.

(B) alternativa.

(C) conjuntiva

(D) fracionária.

As obrigações possuem dois âmbitos de análise, o interno, que a relação entre os sujeitos do mesmo polo e o externo, que é a relação entre sujeitos de polos diversos. No aspecto interno, considerando que não há convenção entre os devedores ou determinação legal que os obrigue a manter uma relação solidária, conclui-se que entre eles não há vínculo de solidariedade. Logo, responderão com base na regra geral do art. 283 do CC.
Gabarito "D".

(Cartório/SP – 2012 – VUNESP) Nas obrigações de não fazer, incorre-se em mora

(A) após regular notificação acerca da prática do ato cuja abstenção era exigível, delineando-se a mora *ex persona*.

(B) somente após regular distribuição de ação em conflito de interesses processual.

(C) a partir do momento em que se executa o ato de que deveria abster-se, independentemente de qualquer notificação, caracterizando-se a mora *ex re*.

(D) somente após citação válida em sede de conflito de interesses processual.

Façamos uma distinção entre *mora ex re* e mora *ex personae*. A mora *ex re* é aquela que não necessita de notificação para a sua constituição, pois o fato que a ocasiona está previsto objetivamente em lei. Já na mora *ex personae* o devedor precisa ser notificado para saber que a partir daquele momento está em mora, daí é necessário que o credor tome uma providência para que a mora se constitua. No caso de obrigação de não fazer a mora é automática, o que significa dizer que o devedor tem *prévio conhecimento* de que não deve realizar o comportamento que se comprometeu abster-se. Sabe que a partir do momento em que agir estará descumprindo a obrigação. Daí ser totalmente dispensável qualquer tipo de notificação ou até mesmo citação em processo judicial.
Gabarito "C".

(Cartório/SP – 2012 – VUNESP) Nas obrigações solidárias passivas, sob o aspecto interno, ou seja, na relação entre os codevedores, a obrigação é

(A) fracionária.

(B) alternativa.

(C) solidária.

(D) conjunta.

A alternativa "A" está correta, pois no aspecto interno os devedores respondem de forma fracionária entre si. Neste passo, o devedor que satisfaz a dívida por inteiro tem o direito de exigir de cada um dos codevedores a sua cota parte, dividindo-se igualmente por todos a do insolvente, se o houver, presumindo-se iguais, no débito, as partes de todos os codevedores (art. 283 do CC).
Gabarito "A".

(Cartório/SP – 2012 – VUNESP) Na teoria do enriquecimento sem causa, como fonte da obrigação,

(A) o deslocamento patrimonial indevido não implica necessariamente que deverá haver empobrecimento de outrem.

(B) o caráter desproporcional terá de evidenciar deslocamento excessivo.

(C) exige-se deslocamento patrimonial indevido e necessário empobrecimento da outra parte.

(D) se a lei conferir outros meios para o lesado ressarcir-se do prejuízo sofrido, estes serão sempre subsidiários em relação ao enriquecimento sem causa, que emergirá como fonte principal.

A: correta (Enunciado 35 do CJF.); B: incorreta, pois o caráter desproporcional não terá de evidenciar o deslocamento excessivo, uma vez que basta que haja o simples desfalque de patrimônio por parte do lesado; C: incorreta (Enunciado 35 do CJF.); D: incorreta, pois em verdade a subsidiariedade é da ação de locupletamento, uma vez que ela só pode ser ajuizada diante da ausência da possibilidade de ajuizamento de outra ação pela qual o empobrecido possa obter o resultado pretendido (art. 886 do CC e Enunciado 36 do CJF)
Gabarito "A".

(Cartório/MG – 2015 – Consulplan) Sobre solidariedade ativa, é correto afirmar:

(A) Se um dos credores solidários falecer deixando herdeiros, cada um destes terá direito a exigir e receber a quota do crédito que corresponder ao seu quinhão hereditário, mesmo se a obrigação for indivisível.

(B) Convertendo-se a prestação em perdas e danos, subsiste, para todos os efeitos, a solidariedade.

(C) O julgamento contrário a um dos credores solidários atinge os demais.

(D) O julgamento favorável a um dos credores solidários em nenhum caso aproveita aos demais.

Alternativa A incorreta. Nos termos do artigo 270 do Código Civil, a solidariedade não desaparece com o falecimento de um dos credores, entretanto, se a obrigação for indivisível não haverá solidariedade entre os herdeiros no quinhão hereditário. Alternativa B, correta. A solidariedade decorre da lei ou da vontade das partes, sendo assim, nos termos do artigo 271 do Código Civil, convertendo-se uma obrigação em perdas e danos, a natureza solidária não será afastada. Alternativa C, incorreta. De acordo com o artigo 274 do Código Civil, a decisão contrária à um dos credores solidários não repercutirá em outro processo. Alternativa D, incorreta. No que diz respeito à decisão de mérito favorável a um dos credores solidários, nos termos do artigo 274 do Código Civil, repercutirá em favor dos demais credores.
Gabarito "B".

(Cartório/MG – 2015 – Consulplan) Sobre solidariedade passiva, conforme dispõe o Código Civil Brasileiro, é correto afirmar, EXCETO:

(A) O pagamento parcial feito por um dos devedores e a remissão por ele obtida não aproveitam aos outros devedores, senão até à concorrência da quantia paga ou relevada.

(B) Impossibilitando-se a prestação por culpa de um dos devedores solidários, subsiste para todos o encargo de pagar o equivalente; mas pelas perdas e danos só responde o culpado.

(C) Se a dívida solidária interessar exclusivamente a um dos devedores, responderá este por toda ela para com aquele que pagar.

(D) No caso de rateio entre os codevedores, não contribuirão os exonerados da solidariedade pelo credor, nem mesmo pela parte que na obrigação incumbia ao insolvente.

Alternativa A, de acordo com o artigo 277 do Código Civil. Alternativa B, de acordo com o artigo 279 do Código Civil. Segue-se a regra, não havendo culpa, extingue-se a obrigação e quando houver culpa de todos os codevedores, todos responderão solidariamente pelo valor da prestação, além das perdas e danos e só havendo um culpado, apenas responderá pelas perdas e danos. Alternativa C, de acordo com o artigo 285 do Código Civil. Segundo o dispositivo, o codevedor que paga a dívida toda não tem direito de regresso contra os demais, mas apenas contra aquele a quem a dívida interessava exclusivamente. Alternativa D, incorreta, esta alternativa deve ser assinalada. Viola o artigo 284 do Código Civil. O dispositivo fala "No caso de rateio entre os codevedores, **contribuirão** também". O erro da alternativa está em **não contribuirão**. Assim, o rateio alcança o devedor exonerado pelo credor.
Gabarito "D".

3.2. Transmissão, adimplemento e extinção das obrigações

(Cartório/ES – 2007 – FCC) No que concerne ao pagamento, no direito das obrigações, de acordo com o Código Civil, é correto afirmar que

(A) o pagamento feito por terceiro, com desconhecimento ou oposição do devedor, não obriga a reembolsar aquele que pagou, se o devedor tinha meios para ilidir a ação.

(B) o terceiro não interessado, que paga a dívida em seu próprio nome, tem direito a reembolsar-se do que pagar, sub-rogando-se nos direitos do credor.

(C) não vale o pagamento cientemente feito ao credor incapaz de quitar, mesmo se o devedor provar que em benefício dele efetivamente reverteu.

(D) a entrega do título ao devedor firma a presunção do pagamento, ficando sem efeito a quitação assim operada se o credor provar, no prazo máximo de 120 dias, a falta do pagamento.

(E) em regra, efetuar-se-á o pagamento no domicílio do credor, salvo se as partes convencionarem diversamente, ou se o contrário resultar da lei, da natureza da obrigação ou das circunstâncias.

A: correta (art. 306 do CC); B: incorreta, pois o terceiro não interessado, que paga a dívida em seu próprio nome, tem direito a reembolsar-se do que pagar; mas *não* se sub-roga nos direitos do credor (art. 305 do CC); C: incorreta, pois não vale o pagamento cientemente feito ao credor incapaz de quitar, *se o devedor não provar* que em benefício dele efetivamente reverteu (art. 310 do CC); D: incorreta, pois ficará sem efeito a quitação assim operada se o credor provar, em *sessenta dias*, a falta do pagamento (art. 324 *caput* e parágrafo único, do CC); E: incorreta, pois em regra efetuar-se-á o pagamento no domicílio do *devedor*, salvo se as partes convencionarem diversamente, ou se o contrário resultar da lei, da natureza da obrigação ou das circunstâncias (art. 327 do CC).
Gabarito "A".

(Cartório/ES – 2007 – FCC) Considere o seguinte conceito: "Substituição nos direitos creditórios daquele que solveu obrigação alheia ou emprestou a quantia necessária para o pagamento que satisfez o credor". Trata-se da:

(A) Imputação do pagamento.

(B) Sub-rogação pessoal.

(C) Dação em Pagamento.

(D) Compensação.

(E) Novação.

A: incorreta, pois imputação do pagamento é a indicação ou determinação da dívida a ser quitada quando uma pessoa obrigada por dois ou mais débitos da mesma natureza e com o mesmo credor só pode pagar parte deles (arts. 352 a 355 do CC); B: correta, pois na sub-rogação pessoal a dívida se transfere a terceiro que a pagou, com todos os seus acessórios. Há uma sub-rogação subjetiva, uma vez que há troca de devedor. Extingue-se a obrigação com relação ao credor original. Por outro lado, transfere-se ao outro credor todos os direitos, ações, privilégios e garantias do primitivo credor em relação à dívida (art. 346 a 351 do CC); C: incorreta, pois dação em pagamento é o acordo de vontades por meio do qual o credor aceita receber prestação diversa da que lhe é devida (art. 356 a 359 do CC); E: incorreta, pois novação é a criação de uma obrigação nova para extinguir a anterior (art. 360 a 367 do CC).
Gabarito "B".

(Cartório/MG – 2012 – FUMARC) A respeito do pagamento com sub-rogação, nos termos do Código Civil, é considerada de convencional quando

(A) o credor com preferência ou quirografário paga a dívida do devedor comum.

(B) terceira pessoa interessada paga a dívida pela qual era ou podia ser obrigado, no todo ou em parte.

(C) o adquirente do imóvel hipotecado paga a credor hipotecário, bem como terceiro que efetiva o pagamento para não ser privado de direito sobre imóvel.

(D) terceira pessoa empresta ao devedor a quantia precisa para solver a dívida, sob a condição expressa de ficar o mutuante sub-rogado nos direitos do credor satisfeito.

A: incorreta, pois neste caso a sub-rogação é considerada legal, e não convencional (art. 346, II e I, respectivamente); B: incorreta, pois nesta hipótese também há sub-rogação legal (art. 346, III, do CC); C: incorreta, pois trata-se de sub-rogação legal (art. 346, II, do CC); D: correta (art. 347, II, do CC).
Gabarito "D".

(Cartório/MG – 2012 – FUMARC) Quanto à novação, de acordo com o Código Civil Brasileiro, é **correto** o que se afirma em

(A) Não podem ser objeto de novação obrigações anuláveis, nulas ou extintas.

(B) Opera-se quando o devedor contrai com o credor nova dívida sem substituir a anterior.

(C) A novação por substituição do devedor pode ser efetuada independentemente de consentimento deste.

(D) Se o novo devedor for insolvente, não tem o credor, que o aceitou, ação regressiva contra o primeiro, independentemente se este obteve por má-fé a substituição.

A: incorreta, pois podem ser objeto de novação as obrigações anuláveis. A exceção aplica-se apenas quanto às nulas e as extintas (art. 367 do CC); B: incorreta, pois a novação opera-se justamente quando o devedor contrai com o credor nova dívida para *extinguir e substituir* a anterior (art. 360, I, do CC); C: correta. É a chamada "novação por expromissão" (art. 362 do CC); D: incorreta, pois se o novo devedor for insolvente, não tem o credor, que o aceitou, ação regressiva contra o primeiro, *salvo se* este obteve por má-fé a substituição (art. 363 do CC).
Gabarito "C".

(Cartório/SC – 2012) A cessão de crédito tem eficácia em relação ao devedor quando:

I. Por escrito particular ele se declarou ciente da cessão.

II. Não foi notificado porque mudou de endereço.

6. DIREITO CIVIL

III. Negou-se a receber a notificação.
IV. Por escrito público ele se declarou ciente da cessão.
V. Foi notificado da cessão.
(A) Somente as proposições II e III estão corretas.
(B) Somente as proposições II, III e V estão corretas.
(C) Somente as proposições I e V estão corretas.
(D) Somente as proposições I, IV e V estão corretas.
(E) Todas as proposições estão corretas.

I: correta (art. 290 do CC); II: incorreta, pois neste caso a cessão será ineficaz, haja vista que o ato não chegou devidamente ao conhecimento do devedor. A lei não prevê exceção, ainda que o devedor tenha mudado de endereço; III: incorreta, pois ainda que o devedor se negue a receber a notificação ele será tido como ciente da cessão, e, portanto, o ato será totalmente eficaz; IV: correta (art. 290 do CC); V: correta (art. 290 do CC).
Gabarito "D".

(Cartório/SP – I – VUNESP) Assinale a alternativa incorreta sobre a novação.
(A) A alteração da taxa de juros e a cambial emitida em reforço da obrigação original significam novação.
(B) As garantias reais e fiança prestadas por terceiros somente se mantêm se eles anuírem à nova obrigação.
(C) Se o novo devedor for insolvente, não há ação regressiva contra o devedor originário.
(D) Caso seja nula a nova obrigação, sobrevive a obrigação original.

A: incorreta, (e deve ser assinalada), uma vez que a novação apenas ocorre nas hipóteses do art. 360 do CC. Neste passo, a simples alteração da taxa de juros e a cambial emitida em reforço da obrigação original, somente são fatores variantes da obrigação originária. Nenhuma das duas situações extingue por si só a obrigação e, nem de longe expressam a ideia de que as partes estejam com a intenção de novar (art. 361 do CC); B: correta, (arts. 364 e 366 do CC); C: correta (art. 363 do CC); D: correta (art. 367 do CC).
Gabarito "A".

(Cartório/SP – II – VUNESP) Assinale a alternativa que corresponde à imputação do pagamento.
(A) Quem tiver de pagar, a um só credor, dois ou mais débitos da mesma natureza, líquidos e vencidos, tem o direito de indicar a qual deles oferece pagamento.
(B) Quem tiver a receber, de um só devedor, dois ou mais débitos da mesma natureza, líquidos e vencidos, tem o direito de indicar a qual deles corresponderá o pagamento recebido.
(C) Quem sofrer cobrança de débito, líquido e vencido, já transferido a terceiro, imputará a este a responsabilidade pelo pagamento.
(D) Quem tiver direito ao recebimento de débito, líquido e vencido, que saiba ter sido transferido pelo devedor originário a terceiro, poderá imputar a este a responsabilidade pelo pagamento.

A alternativa "A" está correta, nos termos do art. 352 do CC, *in verbis* "A pessoa obrigada por dois ou mais débitos da mesma natureza, a um só credor, tem o direito de indicar a qual deles oferece pagamento, se todos forem líquidos e vencidos".
Gabarito "A".

(Cartório/SP – V – VUNESP) A extinção de obrigações entre pessoas que são ao mesmo tempo credoras e devedoras umas das outras é forma de pagamento indireto denominada

(A) confusão.
(B) novação.
(C) compensação.
(D) transação.

A alternativa "C" está correta, pois a definição repete exatamente o conceito previsto no art. 368 do CC.
Gabarito "C".

(Cartório/SP – 2011 – VUNESP) Assinale a alternativa incorreta quanto ao tema da extinção das obrigações.
(A) O fiador não pode compensar seu débito com o débito que o credor tem para com o afiançado.
(B) A dívida oriunda de comodato não admite compensação.
(C) Se o credor for evicto na coisa recebida em dação em pagamento, restabelece-se a obrigação original, ficando sem efeito a quitação.
(D) A novação por substituição do devedor pode ser efetuada independentemente de consentimento deste.

A: incorreta (e deve ser assinalada, art. 371 do CC); B: correta (art. 373, II, do CC); C: correta (art. 359 do CC); D: correta (art. 362).
Gabarito "A".

(Cartório/SP – 2011 – VUNESP) Dá-se a novação quando
(A) ocorre o pagamento parcial da dívida, em termos de compensação.
(B) o credor consentir em receber prestação diversa da que lhe é devida.
(C) o credor for evicto da coisa recebida em pagamento.
(D) o devedor contrai com o credor nova dívida para extinguir e substituir a anterior.

A alternativa "D" está correta, nos termos do art. 360, I, do CC, *in verbis* "Dá-se a novação: I quando o devedor contrai com o credor nova dívida para extinguir e substituir a anterior"
Gabarito "D".

(Cartório/MG – 2016 – Consulplan) Morrendo o credor, tornando-se o devedor seu único herdeiro, é correto afirmar que houve
(A) compensação.
(B) remissão.
(C) confusão.
(D) novação.

Alternativa A incorreta. Vai de encontro ao disposto no artigo 368 do Código Civil. Segundo Sílvio Venosa compensação significa "um acerto de débito e crédito entre duas pessoas que têm, ao mesmo tempo, a condição recíproca de credor e devedor...Os débitos se extingue, até onde sem compensam" (VENOSA Sílvio de Salvo, Código Civil Interpretado, ed. Atlas – 2010, pg. 378). Alternativa B, incorreta. De acordo com o artigo 385 do Código Civil, ocorre a remissão quando o credor perdoa uma dívida, devendo ser aceita pelo devedor, resguardados os direitos de terceiros. Alternativa C, correta. Nos termos do artigo 381 do Código Civil, confusão é meio indireto de extinção da obrigação, desde que na mesma pessoa se confundam as qualidades de credor e devedor. Alternativa D, incorreta. De acordo com o artigo 360 do Código Civil, novação é a extinção de uma obrigação, em razão de ser substituída por uma nova obrigação. Pode ocorrer em três hipóteses: (i) quando o devedor contrai com o credor nova dívida para extinguir e substituir a anterior; (ii) quando novo devedor sucede ao antigo, ficando

CAROLINA IKEDA E MARCIO PEREIRA

este quite com o credor; e (iii) quando, em virtude de obrigação nova, outro credor é substituído ao antigo, ficando o devedor quite com este.
Gabarito "C".

(Cartório/MG – 2019 – Consulplan) Assinale as afirmativas sobre obrigações de dar coisa certa ou incerta e assinale aquela que espelha a hipótese correta.

(A) Se o bem, objeto da obrigação de dar coisa certa se deteriorar, sem culpa do devedor, ficar-lhe-á assegurada a faculdade de resolver a obrigação.

(B) Nas obrigações de dar coisa determinada pelo gênero e pela quantidade, a escolha pertence ao credor, se o contrário não resultar do título da obrigação.

(C) Na obrigação de restituir coisa certa, a deterioração do bem sem culpa do devedor impõe ao credor o seu recebimento no estado em que se encontre, mas o credor tem direito à indenização por perdas e danos.

(D) Nas obrigações de restituir coisa certa, o credor sofrerá a perda do bem que ocorrer antes da tradição sem culpa do devedor, com o que a obrigação ficará resolvida, ressalvados os direitos do credor até o dia da perda.

A: incorreto. Deteriorada a coisa, não sendo o devedor culpado, poderá o credor resolver a obrigação, ou aceitar a coisa, abatido de seu preço o valor que perdeu (art. 235, CC); **B:** incorreto. Nas coisas determinadas pelo gênero e pela quantidade, a escolha pertence ao devedor, se o contrário não resultar do título da obrigação; mas não poderá dar a coisa pior, nem será obrigado a prestar a melhor (art. 244, CC); **C:** incorreto. Se a coisa restituível se deteriorar sem culpa do devedor, recebê-la-á o credor, tal qual se ache, sem direito a indenização; se por culpa do devedor, observar-se-á o disposto no art. 239 (art. 240, CC); **D:** correto. Se a obrigação for de restituir coisa certa, e esta, sem culpa do devedor, se perder antes da tradição, sofrerá o credor a perda, e a obrigação se resolverá, ressalvados os seus direitos até o dia da perda (art. 238, CC).
Gabarito "D".

(Cartório/MG – 2019 – Consulplan) Tendo em vista os preceitos do Código Civil a respeito da novação, assinale a alternativa correta.

(A) É imprescindível o consentimento do devedor nas hipóteses de novação que tenham por fim a sua substituição.

(B) Não podem ser objeto de novação as obrigações anuláveis, tal como ocorre com as obrigações nulas e as extintas.

(C) A novação feita sem o consenso do fiador com o devedor principal importa exoneração daquele que prestou a garantia fidejussória.

(D) Se em consequência da novação o credor vê a expectativa de receber o seu crédito debalde porque o novo devedor tornou-se insolvente, o credor frustrado terá ação regressiva contra o devedor primitivo, ainda que de boa-fé esse último.

A: incorreto. A novação por substituição do devedor pode ser efetuada independentemente de consentimento deste (art. 362, CC); **B:** incorreto. Salvo as obrigações simplesmente anuláveis, não podem ser objeto de novação obrigações nulas ou extintas (art. 367, CC); **C:** correto. Importa exoneração do fiador a novação feita sem seu consenso com o devedor principal (art. 366, CC); **D:** incorreto. Se o novo devedor for insolvente, não tem o credor, que o aceitou, ação regressiva contra o primeiro, salvo se este obteve por má-fé a substituição (art. 363, CC).
Gabarito "C".

3.3. Inadimplemento das obrigações

(Cartório/SP – 2018 – VUNESP) Com relação à mora, é correto afirmar:

(A) havendo retardo no cumprimento da obrigação, sempre estará caracterizada a mora.

(B) o cumprimento integral e tempestivo da obrigação pode configurar mora na hipótese de o devedor, culposamente, cumprir a obrigação fora do lugar ou de forma diversa do estabelecido.

(C) por regra de boa-fé objetiva, a purgação da mora sempre é possível, ainda que a prestação seja inútil ao credor.

(D) o instituto da mora não se aplica ao credor.

A: incorreto. Não havendo termo, a mora se constitui mediante interpelação judicial ou extrajudicial (art. 397, parágrafo único, CC); **B:** correto. Considera-se em mora o devedor que não efetuar o pagamento e o credor que não quiser recebê-lo no tempo, lugar e forma que a lei ou a convenção estabelecer (art. 394, CC); **C:** incorreto. Se a prestação, devido à mora, se tornar inútil ao credor, este poderá enjeitá-la, e exigir a satisfação das perdas e danos (art. 395, parágrafo único, CC); **D:** incorreto. Considera-se em mora o devedor que não efetuar o pagamento e o credor que não quiser recebê-lo no tempo, lugar e forma que a lei ou a convenção estabelecer (art. 394, CC).
Gabarito "B".

(Cartório/CE – 2018 – IESES) Em relação a cláusula penal, assinale a correta:

(A) Não é possível instituir cláusula penal em ato posterior ao da obrigação.

(B) A cláusula penal instituída em ato posterior à obrigação não pode referir-se à simplesmente à mora, mas pode referir-se inexecução completa.

(C) A cláusula penal instituída em ato posterior à obrigação pode referir-se à inexecução completa, ou simplesmente à mora.

(D) A cláusula penal instituída em ato posterior à obrigação não pode referir-se à inexecução completa, mas pode referir-se simplesmente à mora.

A cláusula penal estipulada conjuntamente com a obrigação, ou em ato posterior, pode referir-se à inexecução completa da obrigação, à de alguma cláusula especial ou simplesmente à mora.
Gabarito "C".

(Cartório/AM – 2005 – FGV) Assinale a alternativa correta:

(A) A cláusula penal tem o objetivo de reforço obrigacional.

(B) A cláusula penal tem a natureza, exclusivamente, compensatória.

(C) Não há qualquer vedação legal a que o valor da cominação imposta na cláusula penal exceda o da obrigação principal.

(D) Para exigir a pena convencional, é necessário que o credor alegue prejuízo.

(E) Tendo a obrigação pluralidade de devedores e sendo indivisível, a lei civil não prevê ação regressiva aos não culpados contra quem deu causa à aplicação da pena convencional.

A: correta, pois a cláusula penal é a obrigação acessória que incide caso uma das partes deixe de cumprir a obrigação principal. Assim,

6. DIREITO CIVIL

reflete nítido reforço da obrigação principal, seja porque pode ser utilizada como meio de coerção para o seu cumprimento, seja porque pode servir para a prefixação dos parâmetros das perdas e danos; B: incorreta, pois além de ter natureza compensatória, também possui natureza moratória ou compulsória. Compensatória no sentido de que é estipulada para a hipótese de total inadimplemento da obrigação; moratória, pois pode ser estipulada para evitar o retardamento culposo no cumprimento da obrigação ou para dar uma segurança especial a uma cláusula determinada; C: incorreta (art. 412 do CC); D: incorreta (art. 416 do CC); E: incorreta (art. 414 *caput* e parágrafo único, do CC).

Gabarito "A".

(Cartório/PR – 2007) A cláusula penal ou pena convencional é estabelecida em contrato como cláusula acessória ao contrato principal, mediante a qual a parte que descumprir total ou parcialmente o contrato ou alguma cláusula em especial, compromete-se a pagar a outra um valor em dinheiro ou a entregar-lhe de um bem fungível. Sobre a matéria, assinale entre parênteses "V" para a as alternativas verdadeiras e "F" para as falsas.

( ) A cláusula penal moratória pode ser exigida juntamente com o valor da obrigação principal e com perdas e danos.

( ) A cláusula penal será reduzida pelo juiz se o seu montante ultrapassar o valor da obrigação principal, ou se a obrigação principal tiver sido cumprida em parte.

( ) A cláusula penal compensatória pode ser exigida juntamente com o valor da obrigação principal e com perdas e danos, independentemente de acordo entre as partes.

( ) Desde que estipulado em contrato, admite-se indenização suplementar, se o valor da cláusula penal compensatória for insuficiente para cobrir os prejuízos resultantes do inadimplemento. Nesse caso, o valor da penal valerá como mínimo, cabendo ao credor fazer prova do prejuízo excedente.

Assinale a alternativa que contém a sequência correta:

(A) V, V, F, F.

(B) V, V, V F.

(C) F, V, F, V.

(D) V, V, F, V.

(E) F, V, V, V.

I: verdadeira (art. 411 do CC); II: verdadeira (arts. 412 e 413 do CC); III: falsa, pois tendo em vista que a cláusula penal compensatória é estipulada para a hipótese de total inadimplemento da obrigação, neste caso o credor só poderá exigir a multa, uma vez que a prestação já não pode mais ser cumprida. Note-se que o art. 410 do CC prevê que " Quando se estipular a cláusula penal para o caso de total inadimplemento da obrigação, esta converter-se-á em *alternativa* a benefício do credor"; IV: verdadeira: (art. 416, parágrafo único, do CC).

Gabarito "D".

(Cartório/PR – 2007) De acordo com a disciplina jurídica dos juros moratórios prevista no Código Civil brasileiro de 2002, é, correto afirmar:

(A) Nas obrigações provenientes de delito ou ato ilícito, os juros moratórios fluem da data da propositura da ação.

(B) No inadimplemento de obrigações positivas, líquidas e a termo, os juros moratórios fluem a partir da citação inicial.

(C) Quando os juros moratórios não forem convencionados, ou forem sem taxa estipulada, ou quando provierem de determinação da lei, serão fixados segundo a taxa que estiver em vigor para a mora do pagamento de impostos devidos à Fazenda Nacional.

(D) Não pode ser cumulada a cobrança de juros compensatórios e de juros moratórios pelo inadimplemento da mesma obrigação.

(E) Os juros moratórios legais, quando não estipulados em contrato, serão devidos à taxa de 6% ao ano ou 0,5% ao mês.

A: incorreta, pois nas obrigações provenientes de delito ou ato ilícito os juros fluem desde a data do evento danoso, nos termos do art. 398 CC e Súmula 54 do STJ; B: incorreta, pois consoante o art. 397 do CC, nas obrigações positivas, líquidas e a termo, os juros moratórios fluem desde o vencimento. Apenas ressalte-se que, quando a obrigação não estiver sujeita a termo, os juros fluem a partir da interpelação, notificação ou protesto (art. 397, parágrafo único, do CC e Enunciado 427 do CJF); C: correta (art. 406 do CC); D: incorreta, pois a cumulação é permitida dada a diversidade de fundamentos: os juros compensatórios remuneram o capital exigível e os juros moratórios consistem em indenização pelo retardamento na execução da prestação; incorreta, pois em regra são devidos à taxa de 1% ao mês (art. 406 do CC, art. 161, § 1º, do CTN e Enunciado 164 do CJF).

Gabarito "C".

(Cartório/SC – 2012) Sobre as arras confirmatórias é possível afirmar:

I. Firmam a presunção de obrigatoriedade do contrato.

II. Significam a antecipação da prestação prometida pelo contratante.

III. Fixam prévia determinação das perdas e danos pelo não cumprimento das obrigações.

IV. Não mais existem ante a não repetição do artigo 1.094 do Código Civil de 1916 CC/1916.

V. Valem como taxa mínima na hipótese de descumprimento do contrato, podendo a parte inocente pedir indenização suplementar.

(A) Somente as proposições I, II e V estão corretas.

(B) Somente as proposições III e IV estão corretas.

(C) Somente as proposições II, III e IV estão corretas.

(D) Somente as proposições I, II, III e V estão corretas.

(E) Todas as proposições estão corretas.

I: correta, pois as arras servem para demonstrar que os contratantes estão com propósitos sérios a respeito do contrato, com a verdadeira intenção de contratar e manter o negócio; II: correta, pois as arras ou sinal antecipa-se parte da prestação, a fim de demonstrar a seriedade na intenção de contratar (art. 417 do CC); III: correta, pois havendo o inadimplemento, o valor das arras servirá como taxa mínima para indenização (art. 419 do CC); IV: incorreta, pois as arras confirmatórias estão previstas nos arts. 417 a 419 do CC; V: correta, pois as arras servem de parâmetro mínimo para a indenização, podendo a parte prejudicada pedir indenização suplementar, caso o valor se mostre insuficiente para cobrir os seus danos (art. 419 do CC).

Gabarito "D".

(Cartório/SP – I – VUNESP) Assinale a alternativa incorreta sobre a mora.

(A) Nas obrigações a termo, líquidas e positivas, a mora decorre do simples vencimento, independentemente de qualquer aviso ou interpelação. É a chamada mora "ex re", com aplicação da regra "dies interpellat pro homine".

(B) Nas obrigações sem prazo assinado, há necessidade de o credor constituir o devedor em mora, por interpelação ou protesto ou notificação. É a chamada mora "ex persona".

(C) A mora do devedor perpetua a obrigação, que passa a responder pela impossibilidade da prestação, salvo se demonstrar que a perda ou deterioração da coisa decorreu de caso fortuito ou força maior.

(D) A mora do devedor pressupõe inexecução culposa. Sem culpa do devedor não há mora, mas mero retardamento.

A: correta (art. 397, *caput*, do CC); B: correta (art. 397, parágrafo único, do CC); C: incorreta (e deve ser assinalada), pois o devedor em mora responde pela impossibilidade da prestação, mesmo que ela ocorra por caso fortuito e força maior, se estes ocorrerem durante o atraso. Ele apenas não responderá se provar isenção de culpa, ou que o dano sobreviria ainda quando a obrigação fosse oportunamente desempenhada (art. 399 do CC); D: correta, Neste passo, são pressupostos para a configuração da mora: a exigibilidade da prestação, a viabilidade com cumprimento tardio e a inexecução culposa. Quanto ao último requisito, se o devedor conseguir provar que a inexecução ocorreu por caso fortuito ou força maior, fica excluída a mora (art. 396 do CC).
Gabarito "C".

(Cartório/SP – II – VUNESP) Quanto à cláusula penal, é incorreto dizer que

(A) pode se referir à inexecução de alguma cláusula especial.

(B) deverá sempre ser estipulada conjuntamente com a obrigação, não se admitindo estipulação posterior.

(C) não pode impor cominação de valor superior ao da obrigação principal.

(D) a pena estipulada para o caso de inadimplemento poderá ser proporcionalmente reduzida pelo juiz quando se cumprir em parte a obrigação.

A: correta (art. 409 do CC); B: incorreta (e deve ser assinalada, art. 409 do CC); C: correta (art. 412 do CC); D: correta (art. 413 do CC).
Gabarito "B".

(Cartório/SP – III – VUNESP) Na matéria relativa à cláusula penal, como é disciplinada no Código Civil a nulidade da obrigação e da respectiva cláusula?

(A) A nulidade da obrigação não afeta a da cláusula penal.

(B) A nulidade da obrigação importa a da cláusula penal.

(C) A nulidade da obrigação não envolve a da cláusula penal, se o vício decorrer de erro.

(D) A nulidade da obrigação não atinge a cláusula penal, se o defeito resultar de inobservância de mera formalidade.

Como obrigação acessória, a eficácia da cláusula penal será sempre dependente da eficácia do contrato principal, embora a nulidade da cláusula não afete o instrumento como um todo. Essa regra era prevista no Código Civil de 1916, em seu art. 922, *in verbis*: "A nulidade da obrigação principal importa a da cláusula penal". **Não obstante o Novo Código Civil não tenha reproduzido o dispositivo, o preceito ainda é aplicado com fundamento no princípio da gravitação jurídica, segundo, o qual o bem acessório segue o principal, salvo disposição em contrário.**
Gabarito "B".

(Cartório/SP – IV – VUNESP) Não havendo termo para o cumprimento de uma obrigação de fazer, como se caracteriza a mora do devedor?

(A) Pelo protesto cambial.

(B) Pelo ajuizamento de ação.

(C) Mediante interpelação judicial ou extrajudicial.

(D) Pela reclamação.

Art. 397, parágrafo único, do CC.
Gabarito "B".

(Cartório/SP – IV – VUNESP) Incorre de pleno direito o devedor na cláusula penal,

(A) desde que haja condenação judicial.

(B) mesmo nas hipóteses em que o descumprimento da obrigação tenha-se dado por caso fortuito ou força maior.

(C) somente se houver prejuízo.

(D) desde que, culposamente, deixe de cumprir a obrigação ou se constitua em mora.

Neste ponto, repise-se os conceitos de mora *ex persona* e mora *ex re*. No primeiro caso trata-se de obrigação sujeita a termo, em que o devedor não a cumpre no prazo estipulado. Neste caso automaticamente estará constituído em mora. Na segunda hipótese, a obrigação não está subordinada a termo, daí a necessidade de interpelação judicial ou extrajudicial para que a mora se constitua. Neste contexto, a culpa é elemento indispensável, nos termos do art. 396 do CC (vide também Enunciado 354 do CJF).
Gabarito "D".

(Cartório/PA – 2016 – IESES) Nas obrigações alternativas, a escolha cabe ao devedor, se outra coisa não se estipulou. No que diz respeito a este instituto do Código Civil é correto afirmar:

I. Se o título deferir a opção a terceiro, e este não quiser, ou não puder exercê-la, caberá ao juiz a escolha se não houver acordo entre as partes.

II. Quando a obrigação for de prestações periódicas, a faculdade de opção não poderá ser exercida em cada período.

III. No caso de pluralidade de optantes, não havendo acordo unânime entre eles, decidirá o juiz, findo o prazo por este assinado para a deliberação.

IV. Pode o devedor obrigar o credor a receber parte em uma prestação e parte em outra.

A sequência correta é:

(A) Apenas a assertiva IV está correta.

(B) As assertivas I, II, III e IV estão corretas.

(C) Apenas as assertivas I e III estão corretas.

(D) Apenas as assertivas I, II e IV estão corretas.

I: correta. Nos termos do § 4º do artigo 252 do Código Civil. II: incorreta. Viola o disposto no § 2º do artigo 252, que diz: "Quando a obrigação for de prestações periódicas, a faculdade de opção **poderá ser exercida em cada período**". III: correta. Nos termos do § 3º do artigo 252 do Código Civil. IV: incorreta. Vai de encontro ao disposto no § 1º do artigo 252 do Código Civil, o qual diz que o **devedor não pode obrigar o credor** a receber parte em uma prestação e parte em outra.
Gabarito "C".

(Cartório/PA – 2016 – IESES) São consideradas hipóteses de novação, EXCETO:

(A) Quando o credor recebe o pagamento de terceiro e expressamente lhe transfere todos os seus direitos.

(B) Quando, em virtude de obrigação nova, outro credor é substituído ao antigo, ficando o devedor quite com este.

(C) Quando o devedor contrai com o credor nova dívida para extinguir e substituir a anterior.

(D) Quando novo devedor sucede ao antigo, ficando este quite com o credor.

Alternativa A correta. É a exceção, pois a alternativa refere-se à sub-rogação convencional prevista no artigo 347, inciso I, do Código Civil. Alternativa B, incorreta. Trata-se de novação subjetiva ativa, prevista no artigo 360, inciso III, do Código Civil. Alternativa C, incorreta. Trata-se de novação objetiva, prevista no artigo 360, inciso I, do Código Civil. Alternativa D, incorreta. Trata-se de novação subjetiva passiva, prevista no artigo 360, inciso II, do Código Civil.
Gabarito "A".

(Cartório/MG – 2015 – Consulplan) Sobre o contrato com pessoa a declarar, marque a alternativa correta:

(A) A indicação da pessoa que irá adquirir os direitos e assumir obrigações deve ser comunicada à outra parte no momento da conclusão do contrato.

(B) Se a pessoa a nomear era incapaz ou insolvente no momento da nomeação, o contrato produzirá seus efeitos entre os contratantes originários.

(C) A aceitação da pessoa nomeada não necessita revestir-se da mesma forma que as partes usaram para o contrato.

(D) A pessoa nomeada adquire os direitos e assume as obrigações decorrentes do contrato a partir da aceitação.

Alternativa A incorreta. De acordo com o artigo 467 do Código Civil, contrato com pessoa a declarar é negócio jurídico por meio do qual uma das partes reserva a faculdade de indicar a pessoa que irá adquirir os direitos e assumir a obrigação. Essa nomeação deve ser feita ao outro contratante no prazo de cinco dias da conclusão do contrato, nos termos do artigo 468 da lei civil. Alternativa B, correta. O artigo 471 do Código Civil diz que o contrato será ineficaz com relação ao nomeado se este for incapaz ou insolvente, assim, o negócio jurídico firmado permanece unicamente entre os contratantes originários. Alternativa C, incorreta. O parágrafo único do artigo 468 do Código Civil observa que a aceitação da pessoa nomeada deve seguir a mesma forma utilizada no contrato, sob pena de sua ineficácia. Alternativa D, incorreta. O contrato de pessoa a declarar tem efeitos *ex tunc*, vale dizer, desde o momento da sua conclusão, diante disso, a pessoa nomeada deve assumi-lo aceitando suas cláusulas, o que ocorre é uma substituição, nos termos do artigo 469 do Código Civil.
Gabarito "B".

(Cartório/MG – 2016 – Consulplan) São efeitos civis do jogo tolerado e proibido, EXCETO:

(A) Inexigível o mútuo contraído no ato de jogar para pagar dívida de jogo.

(B) A invalidade de dívida de jogo não é oponível a terceiro de boa-fé.

(C) A soma entregue a terceiro para ser paga ao ganhador não pode ser exigida.

(D) A inexigibilidade da dívida de jogo não atinge contrato que tenha por objeto encobrir ou reconhecer a obrigação.

Alternativa A correta, nos termos do artigo 814 do Código Civil. Os jogos e apostas podem ser: (i) legais ou regulamentados; (ii) lícitos ou tolerados; e (iii) ilícitos ou proibidos. No que tange aos tolerados e proibidos, a dívida contraída em razão deles não possuem ação de cobrança, eis que decorrem de obrigação natural. São considerados jogos lícitos ou tolerados aqueles que dependam de destreza física ou intelectual, tais como golfe ou xadrez. E são considerados jogos ilícitos ou proibidos os que dependam exclusivamente de sorte, por exemplo, roleta. Alternativa B. Correta, nos termos do § 1º do artigo 814 do Código Civil, na hipótese do pagamento da dívida por meio de título de crédito, a nulidade não poder ser oposta a terceiro de boa-fé. Alternativa C. Trata-se no disposto do artigo 815 do Código Civil: "Não se pode exigir reembolso do que se emprestou para jogo ou aposta, no ato de apostar ou jogar." Alternativa D, incorreta, devendo ser assinalada. Aplica-se a restrição legal prevista no *caput* do artigo 814 do Código Civil, nos termos do § 1º do referido artigo: "Estende-se esta disposição a qualquer contrato que encubra ou envolva reconhecimento, novação ou fiança de dívida de jogo; mas a nulidade resultante não pode ser oposta ao terceiro de boa-fé."
Gabarito "D".

4. CONTRATOS

4.1. Conceito, pressupostos, formação e princípios dos contratos

(Cartório/AC – 2006 – CESPE) Quanto à teoria dos contratos julgue os itens que se seguem.

(1) Além dos pressupostos gerais, válidos para todos os atos jurídicos, os contratos possuem como requisito especial o consentimento ou acordo de vontades entres as partes, que pode ser expresso ou presumido, este exteriorizado pelo silêncio como manifestação positiva da vontade.

(2) A evicção é uma garantia que recai sobre o alienante e tem como fundamento a obrigação do alienante de garantir ao adquirente, ainda que em hasta pública, o uso e gozo da coisa. A evicção se dá pela perda definitiva da propriedade, da posse ou do uso da coisa, seja por ato judicial ou extrajudicial, a outrem que tenha direito anterior ao contrato aquisitivo, isto é, baseada em causa preexistente ao contrato.

1: incorreta, pois na verdade o consentimento ou acordo de vontades não é um requisito especial, e sim um pressuposto geral de existência dos contratos. Assim, deverá estar sempre presente, sob pena do negócio jurídico sequer chegar a ser formado; 2: correta (arts. 447 a 457 do CC).
Gabarito 1E, 2C

(Cartório/PR – 2007) Contrato é um acordo de vontades que tem como finalidade criar, modificar e extinguir direitos. Algumas vezes resulta em negociações preliminares, outras vezes não se mostra conveniente a contratação definitiva. Nestes termos podem os interessados firmar um contrato provisório ou preliminar. Marcar a resposta correta:

(A) Concluído o contrato preliminar e desde que dele não conste cláusula de arrependimento, qualquer das partes terá o direito de exigir a celebração do contrato definitivo, assinando prazo à outra para que o efetive. O contrato preliminar não será levado ao registro competente.

(B) Se no contrato preliminar for estipulado o direito de arrependimento para qualquer das partes, as arras ou sinal terão função unicamente indenizatória. Neste caso, quem as deu perdê-las-á em benefício da outra parte; e quem as recebeu devolvê-las-á, mais o equivalente. Em ambos os casos haverá direito à indenização suplementar.

(C) O contrato preliminar, exceto quanto à forma, deve conter todos os requisitos essenciais ao contrato a ser celebrado, quais sejam, objeto lícito, possível, determinado e determinável, bem como que os contraentes tenham capacidade genérica para a vida civil.

(D) Se o estipulante não der execução ao contrato preliminar, poderá a outra parte considerá-lo desfeito, sem direito a exigir as perdas e danos.

(E) É inadmissível que o juiz supra a vontade da parte inadimplente ao contrato preliminar, conferindo a este caráter definitivo, mesmo que a natureza da obrigação assim o permita.

A: incorreta, pois o contrato preliminar deverá ser levado ao registro competente (art. 463, parágrafo único, do CC); B: incorreta, pois em ambos os casos *não* haverá direito à indenização suplementar (art. 420 do CC); C: correta, nos termos do art. 462 do CC. Ressalte-se que os requisitos essenciais do negócio jurídico estão elencados no art. 104 do CC; D: incorreta (art. 465 do CC); E: incorreta (art. 464 do CC). Gabarito "C".

(Cartório/PR – 2007) O contrato é a mais importante fonte de obrigação e a mais comum, devido às inúmeras formas e consequências jurídicas. Portanto, negócio jurídico resultante do consenso de duas vontades. Dentro destas definições, podemos afirmar que:

I. O Código Civil de 2002 em seu artigo 421 expressa a concepção social do contrato, como um dos pilares da teoria contratual moderna, aliado aos princípios da autonomia da vontade e obrigatoriedade.

II. A função social é cláusula geral, portanto norma de ordem pública, podendo o juiz aplicá-la *ex officio*, independente de pedido da parte ou do interessado.

III. O Código Civil prevê a possibilidade de celebração do contrato consigo mesmo, desde que a lei ou o representado autorizem a sua realização. Sem a observância dessa condição, o negócio é nulo.

IV. Os requisitos de validade do contrato podem ser distribuídos em subjetivos, objetivos e formais. Os requisitos subjetivos consistem na manifestação de vontade de duas partes, aptidão específica para contratar e no consentimento.

É correta ou são corretas:

(A) apenas I e II.

(B) apenas II e III.

(C) I, II e IV.

(D) apenas I.

(E) apenas III e IV.

I: correta. O princípio da função social dos contratos é aquele só legitima e protege contratos que objetivam trocas úteis, justas e não prejudiciais ao interesse coletivo. Tal princípio é inspirado na diretriz da socialidade do atual Código Civil, que, traduzida para o plano contratual,

impõe que o contrato seja instrumento adequado de convívio social; (Enunciados 21, 22 e 23, 361 do CJF) II: correta. De fato, a função social dos contratos é norma de ordem pública, e, portanto, permite ao juiz a atuação de ofício. O princípio tem tríplice função no plano operacional: função interpretativa, isto é, serve de vetor interpretativo das normas jurídicas gerais e individuais; função integrativa, no sentido de que é meio da integração dos contratos na hipótese de lacuna contratual e, por fim, função corretiva, na medida em que possibilita ao juiz que corrija cláusulas contratuais injustas e abusivas (Art. 421 do CC; Enunciados 21, 22 e 23, 166, 167, 360, 361 e 431 do CJF); III: incorreta, pois sem a observância destes requisitos, o negócio será anulável (art. 117, *caput*, do CC); IV: correta. Apenas em complemento à alternativa, os requisitos objetivos do contrato são objeto lícito, possível e determinável, bem como inexistência de configuração de outras hipóteses legais de ato anulável ou nulo (art. 166, II, VI e VII do CC) e, o requisito formal está no art. 166 IV do CC, qual seja, obediência à forma, quando prescrita em lei. Gabarito "C".

(Cartório/SC – 2012) Sobre os contratos é **correto** afirmar:

(A) Os contratantes são obrigados a guardar os princípios da boa-fé e da probidade apenas na conclusão dos contratos.

(B) Quando de adesão, as cláusulas ambíguas ou contraditórias se interpretam em favor do estipulante.

(C) São lícitas as cláusulas de renúncia antecipada a direitos pelo aderente nos contratos de adesão.

(D) É ilícita a estipulação de contratos atípicos, mesmo observadas as normas gerais fixadas pelo Código Civil.

(E) A função social do contrato limita a liberdade de contratar.

A: incorreta, pois os contratantes são obrigados a guardar os princípios da boa-fé e da probidade em todas as fases do contrato, quais sejam, negociações preliminares, conclusão, execução e pós-execução (art. 422 do CC e Enunciado 170 do CJF); B: incorreta, pois quando de adesão, as cláusulas ambíguas ou contraditórias interpretam-se em favor do aderente (art. 423 do CC); C: incorreta, pois são nulas as cláusulas de renúncia antecipada pelo aderente (art. 424 do CC); D: incorreta, pois a segunda parte da assertiva ("mesmo observadas as normas gerais fixadas pelo Código Civil") traz a ideia de que a adoção das cláusulas gerais do Código Civil seria facultativa, o que na verdade não procede, pois a lei prevê expressamente que "É lícito às partes estipular contratos atípicos, observadas as normas gerais fixadas neste Código", o que demonstra a noção de obrigatoriedade (art. 425 do CC); E: correta, pois a liberdade de contratar não é ampla a irrestrita. Ela apenas pode ser exercida no limite da função social do contrato. A noção de utilidade do contrato atualmente é mais ampla do que no passado. Além de atender o interesse das partes (função social intrínseca) deve também ser útil e não prejudicial à toda a coletividade (função social extrínseca), nos termos do art. 421 do CC e Enunciados 22, 23 e 360 do CJF. Gabarito "E".

(Cartório/SC – 2008) No Direito das Obrigações, em relação às disposições gerais do contrato, é correto afirmar

(A) Quando houver no contrato de adesão cláusulas ambíguas ou contraditórias, dever-se-á adotar a interpretação mais favorável à parte economicamente mais forte.

(B) A herança de pessoa viva poderá ser objeto de contrato, desde que devidamente registrado no Cartório competente.

(C) O devedor responde pelos prejuízos resultantes de caso fortuito ou de força maior, quais sejam, aqueles cujos efeitos não tenha sido possível evitar ou impedir,

6. DIREITO CIVIL   345

mesmo que conste disposição expressa em contrário no contrato firmado entre as partes.

(D) A liberdade de será exercida em razão e nos limites da função social do contrato, devendo os contratantes guardar, tanto na conclusão do contrato como em sua execução, os princípios de probidade e boa-fé.

(E) A liberdade de contratar é plena entre os contratantes, pois o acordo faz lei entre as partes.

A: incorreta, pois quando houver no contrato de adesão cláusulas ambíguas ou contraditórias, dever-se-á adotar a interpretação mais favorável ao aderente (art. 423 do CC e Enunciado 171 do CJF); B: incorreta (art. 426 do CC); C: incorreta (art. 393 do CC); D: correta (art. 421 e 422 do CC e Enunciados 21 a 27 166 a 170, 360 a 362 do CJF); E: incorreta, pois a liberdade de contratar apenas pode ser exercida em razão e nos limites da função social do contrato. Assim, por exemplo, à época da Revolução Industrial um sujeito poderia contratar o outro para trabalhar 16 horas por um prato de comida. Tendo em vista que houve anuência entre as partes, o contrato era plenamente existente, válido e eficaz, e o Estado não possui nenhum poder de ingerência para alterá-lo. Era o *pacta sunt servanda* em seu conceito absoluto. Entretanto, atualmente uma avença dessa espécie não é possível de ser entabulada, pois fere frontalmente a função social dos contratos, na medida em que não há trocas justas e úteis para as partes.
Gabarito "D".

(Cartório/SP – I – VUNESP) Assinale a alternativa incorreta.

(A) No Direito brasileiro, embora existam exceções, em regra é proibido o contrato que tem por objeto a herança de pessoa viva.

(B) A exceção de contrato não cumprido aplica-se a todos os contratos.

(C) Admite-se, quando a lei não exigir que seja expressa, a manifestação tácita de vontade em matéria contratual.

(D) Os contratos benéficos merecem interpretação estrita.

A: correta, pois a assertiva reflete o disposto no art. 426 do CC. Quanto às exceções, Silvio de Salvo Venosa complementa: "O princípio, porém, sofre ou sofria duas exceções. Uma das situações era a possibilidade de, nos pactos antenupciais, os nubentes poderem dispor a respeito da recíproca e futura sucessão. Tratava-se da doação *propter nuptias* que, estipulada no pacto antenupcial, aproveitava aos filhos do donatário, se este falecesse antes do doador (art. 314 do Código Civil de 1916). Não parece que no sistema atual esse negócio seja vedado. Note, aqui, que a doação não vem subordinada à morte, mas às bodas; sendo a morte mera consequência, não encontrando oposição no atual sistema. Outra exceção é a do art. 2.018 (...). Essa é, na verdade, a única exceção real ao art. 426, porque possibilita a ocorrência de uma disposição antecipada de bens para após a morte" (*Código Civil Interpretado.* Atlas, p. 437); B: incorreta (e deve ser assinalada), pois a exceção do contrato não cumprido apenas aplica-se aos contratos bilaterais (art. 476 do CC); C: correta. A manifestação de vontade, de fato pode se dar de forma expressa ou tácita. A manifestação tácita é aquela que decorre de um comportamento. Por exemplo, uma pessoa recebe uma proposta para ganhar um bem em doação e, sem nada dizer, recolhe o imposto de transmissão de bens, aceitando tacitamente a doação; D: correta (art. 114 do CC).
Gabarito "B".

(Cartório/MG – 2015 – Consulplan) Sobre as normas do contrato de adesão, previstas no Código de Defesa do Consumidor, é correta a afirmação, EXCETO:

(A) A inserção de cláusula no formulário não desfigura a natureza de adesão do contrato.

(B) Nos contratos de adesão não se admite cláusula resolutória.

(C) Contrato de adesão é aquele cujas cláusulas tenham sido aprovadas pela autoridade competente ou estabelecidas unilateralmente pelo fornecedor de produtos ou serviços, sem que o consumidor possa discutir ou modificar substancialmente seu conteúdo.

(D) As cláusulas que implicarem limitação de direito do consumidor deverão ser redigidas com destaque, permitindo sua imediata e fácil compreensão.

Alternativa A correta nos moldes do § 1º do artigo 54 do Código de Defesa do Consumidor.
Alternativa B incorreta, deve ser assinalada. Vão de encontro ao disposto no § 2º do artigo 54 do Código de Defesa do Consumidor, o qual admite cláusula resolutório nos contratos de adesão. Alternativa C em consonância com o disposto no *caput* do artigo 54 do Código de Defesa do Consumidor. Alternativa D de acordo com o § 4º do artigo 54 da lei consumerista.
Gabarito "B".

(Cartório/SP – V – VUNESP) Na hipótese de superveniente insolvência do comprador antes da tradição da coisa,

(A) aplica-se o princípio geral da exceção do contrato não cumprido, autorizando-se o vendedor a sobrestar a entrega da coisa até que o comprador ofereça caução de pagar no tempo ajustado.

(B) aplica-se a cláusula *rebus sic stantibus*, autorizando-se o vendedor a pedir a resolução do contrato por onerosidade excessiva.

(C) admite-se a resolução da avença, aplicando-se a cláusula resolutiva expressa, por se tratar de negócio jurídico bilateral.

(D) admite-se a resolução da avença, aplicando-se o princípio da *exceptio non adimpleti contractus*, automaticamente.

A: correta (art. 477 do CC e Enunciado 438 do CJF); B: incorreta. A *cláusula rebus sic stantibus* constitui um dos vieses de análise do princípio da obrigatoriedade contratual. Quanto a sua terminologia, também é chamada de teoria da imprevisão, teoria da onerosidade excessiva, princípio da revisão contratual ou teoria da objetivação do contrato. Sua aplicação dar-se-á apenas se atendidos os requisitos específicos do art. 477 do CC. Assim, faz-se necessário que o contrato seja de execução diferida ou duradoura, que a prestação de uma das partes se torne excessivamente onerosa, e que o motivo da excessiva onerosidade seja uma circunstância imprevisível, extraordinária e que gere considerável vantagem para a outra parte. Note-se que a alternativa confunde os conceitos, afirmando que o devedor ficaria autorizado a pedir a resolução do contrato, quando o escopo da cláusula é justamente a manutenção do pacto por meio da revisão contratual (Enunciados 365 e 366 do CJF); C: incorreta. Entende-se como cláusula resolutiva a disposição contratual que prevê o término do contrato pela inexecução, por parte de um dos contratantes, das obrigações que nele se contraíram. No caso em tela, ainda não é possível falar que houve a inexecução do contrato, pois por ora o comprador apenas foi reduzido a insolvência. Logo, cabe ao vendedor exigir a garantia, sobrestando a entrega da coisa até que ela seja prestada. Teríamos verdadeira inexecução se, sendo o comprador solvente o vendedor não entregasse o bem, ou tendo o vendedor entregue o bem, o comprador não pagasse o preço. Neste caso a cláusula resolutiva expressa poderia ser aplicada. Como não se trata da hipótese, o correto é aplicar a cláusula resolutiva tácita da exceção do contrato não cumprido; D: incorreta, pois a *excepcio non adimpleti contractus* é situação que enseja a propositura de medida judicial. Não basta o descumprimento de uma das partes para colocar a outra livre de suas obrigações contratuais, é necessário que essa situação seja levada a juízo.

Gabarito "A".

(Cartório/SP – V – VUNESP) Assinale a alternativa incorreta.

(A) No contrato de retrovenda, o devedor de coisa imóvel pode reservar-se o direito de recobrá-la no prazo máximo prescricional de três anos.

(B) Na venda com cláusula de retrovenda, o direito de retrato, que é cessível e transmissível a herdeiros e legatários, poderá ser exercido contra o terceiro adquirente.

(C) A cláusula de retrovenda é pacto adjeto à compra e venda.

(D) O pacto de retrovenda, apenas admissível nas vendas de imóveis, torna a propriedade resolúvel.

A: incorreta (e deve ser assinala), pois o prazo é decadencial e não prescricional (art. 505 do CC); B: correta (art. 507 do CC); C: correta, em medida em que a retrovenda é pacto acessório ao contrato de compra e venda. Por conseguinte, a invalidade da cláusula de retrovenda não invalida a obrigação principal (art. 184, parte final, do CC); D: correta, uma vez que sendo o domínio gravado com pacto adjeto surge o conceito de propriedade resolúvel, ou seja, aquela que se extinguirá com o advento da condição.

Gabarito "A".

(Cartório/PA – 2016 – IESES) No tocante as cláusulas especiais da compra e venda é correto afirmar:

I. O vendedor de coisa imóvel pode reservar-se o direito de recobrá-la no prazo máximo de decadência de dois anos, restituindo o preço recebido e reembolsando as despesas do comprador, inclusive as que, durante o período de resgate, se efetuaram com a sua autorização escrita, ou para a realização de benfeitorias necessárias.

II. O direito de retrato, que é cessível e transmissível a herdeiros e legatários, poderá ser exercido contra o terceiro adquirente.

III. Na venda de coisa móvel, pode o vendedor reservar para si a propriedade, até que o preço esteja integralmente pago.

IV. Estipulado o pagamento por intermédio de estabelecimento bancário, caberá a este efetuá-lo contra a entrega dos documentos, sem obrigação de verificar a coisa vendida, pela qual não responde.

A sequência correta é:

(A) Apenas as assertivas II, III e IV estão corretas.

(B) As assertivas I, II, III e IV estão corretas.

(C) Apenas as assertivas I e III estão corretas.

(D) Apenas a assertiva IV está correta.

I: incorreto. Viola o artigo 505 do Código Civil. Na retrovenda "O vendedor da coisa imóvel pode reservar-se o direito de recobrá-la no prazo máximo decadencial de **três anos**…". II: Correto. De acordo com o texto expresso do artigo 507 do Código Civil. III: Correto. De acordo com o texto expresso do artigo 521 do Código Civil. Trata-se de venda com reserva de domínio. IV: Correto. De acordo com o texto expresso do artigo 532 do Código Civil. Trata-se de venda sobre documentos.

Gabarito "A".

(Cartório/SP – 2012 –VUNESP) A lesão e a onerosidade excessiva na teoria geral dos contratos referem-se ao princípio do(a)

(A) autonomia privada.

(B) função social do contrato.

(C) boa-fé objetiva.

(D) equilíbrio econômico.

Inicialmente importante traçar a correlação entre os institutos da lesão e da onerosidade excessiva. Ambos são formas de revisão do contrato em decorrência do desequilíbrio econômico. A lesão é uma forma de revisão contratual incidente nas obrigações de execução instantânea (se perfaz num único ato presente). Já a onerosidade excessiva é forma de revisão do contrato aplicada em obrigações diferidas (execução em um único ato futuro. Ex: contratar hoje para pagar em 30 dias) e duradouras, que podem ser de duas espécies: i) trato sucessivo prestação em um único ato e contraprestação em diversos momentos futuros. Ex: compro um carro hoje para pagar em 36 meses; ii) execução periódica há várias prestações e contraprestações que se protraem ao longo do tempo. Ex: fornecimento de gás, energia elétrica. Na lesão, temos um sujeito que sob premente necessidade, ou por inexperiência, se obriga a prestação manifestamente desproporcional ao valor da prestação oposta (art. 157 do CC). Na onerosidade excessiva temos a situação em que no momento em que a avença foi entabulada tínhamos uma situação "X", e depois, em momento subsequente quando a prestação deveria ser cumprida temos uma nova situação "Y" que, por motivos imprevisíveis e extraordinários alterou a equação do contrato, impondo ao devedor obrigação mais pesada do que as partes haviam pretendido no passado. A diferença entre a revisão decorrente da lesão e a revisão decorrente da onerosidade excessiva é que, no primeiro caso o contrato *nasce* com prestações desequilibradas, ao passo que no segundo caso ele *se torna* desequilibrado na fase de cumprimento da avença. Na lesão o contrato nasce excessivamente oneroso porque há vício de consentimento. A anomalia do contrato está no consentimento do sujeito contratante, posto que se trata de um vício de vontade. Na revisão pela onerosidade excessiva a anomalia surge no contrato por fatos externos à relação contratual e durante a fase de cumprimento.

Gabarito "D".

(Cartório/SP – 2012 –VUNESP) Na troca ou permuta de valores desiguais entre ascendentes e descendentes, sem consentimento dos outros descendentes e do cônjuge do alienante, o ato é

(A) ineficaz

(B) inexistente.

(C) anulável.

(D) nulo.

Art. 533, II, do CC.

Gabarito "C".

(Cartório/SP – 2012 –VUNESP) Na teoria geral dos contratos, a denominada frustração do fim do contrato, que torna a prestação inútil, tem guarida no princípio da(o)

(A) autonomia privada.

(B) boa-fé objetiva.

(C) equilíbrio econômico.

(D) função social do contrato.

A resolução do contrato por frustração de seu fim ocorre em casos em que a parte tem a sua pretensão fática frustrada por fatos alheios a sua vontade. Tem guarida pela aplicação do art. 421 do CC (função social do contrato), consoante prevê o Enunciado 166 do CJF. Neste passo, a prestação deixa de ser útil à parte, daí a sua correlação com o princípio da função social do contrato. O professor Flávio Tartuce traz um interessante exemplo ao justificar o mencionado enunciado: Imagine-se o famoso exemplo do locador que aluga um imóvel com a finalidade exclusiva de poder assistir ao desfile de coroação do rei, cujo cortejo passará na rua para a qual o imóvel tem vista privilegiada.

O rei adoece e o desfile não se realizará. Tem-se um caso em que: a) as prestações são perfeitamente exequíveis o locador pode alugar e o locatário pode pagar; b) o preço ajustado não se alterou. Mesmo assim, o contrato não tem mais utilidade, razão de ser. Não se trata de um caso de impossibilidade, nem mesmo de excessiva onerosidade, ou, ainda de perda de objeto. Tem-se, em verdade, a frustração do fim do contrato" (Justificativas do Enunciado enviadas pelo Conselho da Justiça Federal aos participantes da III Jornada).
Gabarito "D".

(Cartório/SP – 2012 – VUNESP) O denominado exercício inadmissível de posições jurídicas, abrangendo o *venire contra factum proprium, tu quoque, suppressio e surrectio,* coaduna-se com o princípio do(a)

(A) equilíbrio econômico.

(B) boa-fé objetiva.

(C) função social do contrato.

(D) autonomia privada.

Os institutos *venire contra factum proprium, tu quoque, suppressio* e *surrectio* representam verdadeira expressão do princípio da boa-fé objetiva. Tais conceitos devem ser utilizados com função integrativa, suprindo lacunas dos contratos e trazendo deveres implícitos às partes contratuais. Consoante ensina o professor Flávio Tartuce (*Direito Civil.* 4. ed. São Paulo: Método. vol. 3, p. 126/127), quanto à *supressio* (*Verwirkung*), significa a supressão, por renúncia tácita, de um direito ou de uma posição jurídica, pelo seu não exercício com o passar dos tempos. O seu sentido pode ser notado pela leitura do art. 330 do CC, que adota o conceito, eis que "o pagamento reiteradamente feito em outro local faz presumir renúncia do credor relativamente ao previsto no contrato.". Ao mesmo tempo em que o credor perde um direito por essa supressão, surge um direito a favor do devedor, por meio da *surrectio* (*Erwirkung*), direito este que não existia juridicamente até então, mas que decorre da efetividade social, de acordo com os costumes. Em outras palavras, enquanto a *supressio* constitui a perda de um direito ou de uma posição jurídica pelo seu não exercício no tempo; a *surrectio* é o surgimento de um direito diante de práticas, usos e costumes. Já o termo *tu quoque* significa que um contratante que violou uma norma jurídica não poderá, sem a caracterização do abuso de direito, aproveita-se dessa situação anteriormente criada pelo desrespeito. Desse modo, está vedado que alguém faça contra o outro o que não faria contra si mesmo. Por fim, pela máxima *venire contra factum proprium non potest,* determinada pessoa não pode exercer um direito próprio contrariando um comportamento anterior, devendo ser mantida a confiança e o dever de lealdade decorrentes da boa-fé objetiva, depositada quando da formação do contrato.
Gabarito "B".

4.2. Vícios redibitórios

(Cartório/DF – 2006 – CESPE) A respeito dos contratos, julgue o item que se segue.

(1) Considere que determinada pessoa adquiriu um veículo usado, com o objetivo de revendê-lo. No contrato de venda e compra desse veículo, foi inserida cláusula de garantia do veículo, pelo prazo de 20 dias. Depois de entregue ao comprador, o veículo apresentou um grave defeito oculto, preexistente ao momento da tradição do bem, o que diminuiu sensivelmente o valor desse bem. Nessa situação, o adquirente poderá valer-se de ação para haver o abatimento do preço da coisa recebida com vício redibitório ou para rescindir o contrato e reaver o valor pago. O prazo decadencial dessa ação começa a correr após o transcurso do período da garantia estabelecido pelo vendedor.

Vícios são problemas ocultos presentes em coisas recebidas em virtude de contrato comutativo, que as tornem impróprias ao uso a que são destinadas ou lhes diminuam o valor. Pode ser de três espécies: aparente (também chamado de fácil constatação, percebido por mero exame superficial da coisa), oculto (já existe à época da alienação, e gera consequências desde esse momento, mas que só será descoberto em exame minucioso ou pericial) e oculto de difícil percepção (já existe na data da alienação, mas não gera consequências, não podendo ser detectado à época da alienação). O Código Civil só protege os dois últimos. O instituto está previsto nos arts. 441 a 446 do CC. O seu fundamento é o princípio da garantia quanto à coisa. Constatado o vício redibitório, a Lei faculta ao adquirente a possibilidade de escolha entre ficar com o bem e exigir o abatimento do preço (art. 442 do CC) ou enjeitar a coisa, exigindo a rescisão do contrato (art. 441 do CC). No primeiro caso a pretensão deverá ser exercida por meio de ação estimatória e, no segundo caso por meio de ação redibitória (são as chamadas "ações edilícias"). Quanto aos prazos para o seu exercício, a regra para o *vício oculto* é a seguinte: a lei prevê 30 dias quando tratar-se de bem móvel e um ano quando tratar-se de bem imóvel (art. 445 do CC). O termo inicial dos prazos será a entrega efetiva, quando o adquirente não estiver na posse da coisa ou da data da alienação, quando estiver na posse da coisa (e neste caso os prazos ficam reduzidos pela metade). No que tange ao *vício oculto de difícil percepção* a lei estipula um prazo máximo para a ciência do vício. Esse prazo é de 180 dias para móvel e um ano para imóvel (art. 445, §1º do CC). Assim, se uma pessoa comprar uma moto com esse tipo de vício e vier a descobri-lo 170 dias depois, cumpriu o primeiro prazo de 180 dias para a tomada da ciência do problema da coisa. Em seguida começará o segundo prazo, o de garantia para ingressar com uma das ações mencionadas. No caso o prazo será de 30 dias, por tratar-se de móvel. Mas se a pessoa só tem ciência do vício 190 dias após a aquisição, o prazo para a ciência do vício terá terminado, ficando prejudicado o direito. Neste caso, nem se começa a contar o prazo de garantia legal. Transportando a explicação para a questão proposta, trata-se de vício oculto em que o adquirente terá 30 dias (bem móvel) para ingressar com uma das duas ações, a contar da entrega efetiva, pois não estava na posse da coisa. Este prazo apenas começará a fluir esgotados os vinte dias da garantia contratual que lhe foram concedidos.
Gabarito "1C".

(Cartório/MT – 2005 – CESPE) Acerca da evicção e dos vícios redibitórios, assinale a opção correta.

(A) O direito de demandar pela evicção supõe a perda da coisa adquirida por sentença judicial, que condene o alienante a indenizar o evicto, na quantia correspondente à devolução do que pagou, corrigido monetariamente.

(B) A deterioração da coisa, em poder do adquirente, não afasta a responsabilidade do alienante, que responderá por evicção total, exceto se o adquirente agiu dolosamente e provocou a deterioração do bem.

(C) O adquirente de bem em hasta pública não tem a garantia da evicção, pois a natureza processual da arrematação afasta a natureza negocial da compra e venda.

(D) Poderá o adquirente, alegando vício redibitório, rescindir o contrato ou reclamar o abatimento no preço, quando constatar que a coisa adquirida não é o que pretendeu comprar.

A: incorreta, pois a coisa deve ter sido adquirida por meio de contrato comutativo oneroso, e não por sentença judicial. Neste passo, aquele que adquire um bem onerosamente tem a garantia contra o alienante caso a coisa seja perdida em decorrência de ação judicial ou decisão administrativa. O evicto, além de ter o direito de receber os valores pagos corrigidos monetariamente, ainda tem todos os direitos elencados no art. 450 do CC; B: correta (art. 451 do CC); C: incorreta (art. 447 do CC); D: incorreta, pois se o adquirente percebe que comprou algo que não pretendia, temos verdadeira hipótese de erro e não de vício redibitório. O negócio pode ser anulado se demonstrado que o erro é substancial e escusável. Note que no erro o vício está na psique do sujeito que, por circunstâncias próprias se equivoca. Mas o objeto está em perfeitas condições. No vício redibitório, a impropriedade está justamente no objeto, que está eivado de máculas que o torna impróprio ao fim a que se destina.

Gabarito "B".

(Cartório/SC – 2012) Assinale a alternativa **INCORRETA**:

(A) O adquirente decai do direito de obter a redibição ou abatimento no preço no prazo de trinta dias se a coisa for móvel, e de um ano se for imóvel, contado da entrega efetiva.

(B) Se já estava na posse da coisa móvel ou imóvel, o prazo conta-se da alienação, só que, neste caso, reduzido à metade.

(C) Se, por sua natureza, o vício só puder ser conhecido mais tarde, o prazo contar-se-á do momento em que o adquirente dele tiver ciência, até o prazo máximo de 180 dias, em se tratando de bens móveis.

(D) As partes, por cláusula expressa, não podem reforçar, diminuir ou excluir a responsabilidade pela evicção.

(E) Se, por sua natureza, o vício só puder ser conhecido mais tarde, o prazo contar-se-á do momento em que o adquirente dele tiver ciência, até o prazo máximo de um ano, em se tratando de bens imóveis.

A: correta (art. 445, *caput*, do CC); B: correta (art. 445, *caput*, parte final, do CC); C: correta (art. 445, § 1º, do CC); D: incorreta (devendo ser assinalada), pois as partes podem, por cláusula expressa, reforçar, diminuir ou excluir a responsabilidade pela evicção (art. 448 do CC); E: correta (art. 445, § 1º, do CC).

Gabarito "D".

(Cartório/MG – 2015 – Consulplan) A garantia contra evicção e vícios redibitórios vigora em todos os contratos abaixo, à EXCEÇÃO do contrato de

(A) dação em pagamento.

(B) compra e venda.

(C) permuta.

(D) doação pura e simples.

Alternativas A, B e C trazem hipóteses de contratos onerosos, segundo as quais se aplicam a garantia contra a evicção e vícios redibitórios. Alternativa D, correta. Doação pura e simples é aquela que se dá por exclusiva liberalidade, ou seja, o doador não impõe nenhuma restrição ou encargo ao donatário, nem subordina a sua eficácia a qualquer condição. Ver artigo 538 do Código Civil. Vício redibitório é o defeito oculto que torna a coisa imprópria para o uso a que se destina ou a lhe diminui o valor. Vide artigo 441 do Código Civil. Evicção é a perda ou desapossamento da coisa por força de sentença judicial, que a atribui a outrem por causa jurídica preexistente ao contrato (artigo 447 do Código). Tanto a evicção, como os vícios redibitórios ocorrem nos contratos comutativos, ou seja, nos contratos bilaterais e onerosos onde as prestações são equivalentes e conhecidas de antemão pelas partes. O fundamento da responsabilidade pela evicção e pelos vícios redibitórios é o mesmo, isto é, ambos fundamentam-se no **princípio da garantia,** segundo o qual o alienante deve assegurar, ao adquirente, a título oneroso, o uso da coisa por ele adquirida e para os fins a que é destinada.

Gabarito "D".

(Cartório/MG – 2016 – Consulplan) Nos termos do Código Civil, quanto ao vício redibitório, é correto afirmar:

(A) A coisa recebida em virtude de doações pura e simples pode ser enjeitada por vícios ou defeitos ocultos, que a tornem imprópria ao uso a que é destinada, ou lhe diminuam o valor.

(B) A coisa recebida em virtude de contrato comutativo não pode ser enjeitada por vícios ou defeitos ocultos, mesmo que a tornem imprópria ao uso a que é destinada, ou lhe diminuam o valor.

(C) A coisa recebida em virtude de contrato aleatório pode ser enjeitada por vícios ou defeitos ocultos, que a tornem imprópria ao uso a que é destinada, ou lhe diminuam o valor.

(D) A coisa recebida em virtude de doações onerosas pode ser enjeitada por vícios ou defeitos ocultos, que a tornem imprópria ao uso a que é destinada, ou lhe diminuam o valor.

Alternativa A incorreta. Viola o artigo 441 do Código Civil. Doação pura e simples é aquela que se dá por exclusiva liberalidade, ou seja, o doador não impõe nenhuma restrição ou encargo ao donatário, nem subordina a sua eficácia a qualquer condição. Vício redibitório é o defeito oculto que torna a coisa imprópria para o uso a que se destina ou a lhe diminui o valor. O artigo 441 do Código Civil diz expressamente que a coisa deve ser recebida em virtude de contrato comutativo. Comutativo são os contratos bilaterais e onerosos que as prestações são certas e determinadas. As partes, de antemão, conhecem as vantagens e os sacrifícios patrimoniais decorrentes da celebração contratual. Alternativas B, C, incorretas. Violam o artigo 441 do Código Civil. O dispositivo diz expressamente que a coisa deve ser recebida em virtude de contrato comutativo. Alternativa D, correta, de acordo com o parágrafo único do artigo 441 do Código. Vício redibitório é o defeito oculto que torna a coisa imprópria para o uso a que se destina ou a lhe diminui o valor. A responsabilidade pelo vício redibitório é aplicável na doação onerosa (modal ou com encargo), que é aquela que o doador impõe ao donatário uma incumbência ou dever.

Gabarito "D".

4.3. Compra e venda

(Cartório/RS – 2019 – VUNESP) Assinale a alternativa correta sobre o compromisso de venda e compra, bem como sobre os direitos do promitente comprador.

(A) O instrumento particular de compromisso de venda e compra de loteamento vale como título para o registro da propriedade do lote adquirido, desde que acompanhado da prova de quitação.

(B) No compromisso de venda e compra de unidade autônoma integrante de incorporação imobiliária, deverão constar no instrumento o número de registro do memorial de incorporação, a matrícula do imóvel e a identificação do Cartório de Registro de Imóveis, sob pena de nulidade do compromisso.

(C) Admite-se o registro do compromisso de venda e compra na matrícula do imóvel, salvo se houver cláusula de arrependimento.

(D) No compromisso de venda e compra, o sinal (ou arras) não poderá ser retido pelo promitente vendedor em razão inadimplemento contratual por parte do comprador.

(E) Qualifica-se como direito real o direito do promitente comprador à aquisição do imóvel, desde que cele-

6. DIREITO CIVIL — 349

brado por instrumento público devidamente registrado no Cartório de Registro de Imóveis.

A: correto. Os compromissos de compra e venda, as cessões e as promessas de cessão valerão como título para o registro da propriedade do lote adquirido, quando acompanhados da respectiva prova de quitação (art. 26, § 6º da Lei 6.776/79); **B:** incorreto. Não há que se falar em nulidade do compromisso de compra e venda caso ausentes os requisitos. A lei dispõe que identificada a ausência de quaisquer das informações previstas no *caput* deste artigo, será concedido prazo de 30 (trinta) dias para aditamento do contrato e saneamento da omissão, findo o qual, essa omissão, se não sanada, caracterizará justa causa para rescisão contratual por parte do adquirente (art. 26-A, § 1º da Lei 6.776/79); **C:** incorreto. Não existe cláusula de arrependimento nos compromissos de compra e venda. Concluído o contrato preliminar, com observância do disposto no artigo antecedente, e desde que dele não conste cláusula de arrependimento, qualquer das partes terá o direito de exigir a celebração do definitivo, assinando prazo à outra para que o efetive (art. 463, CC). É inadmissível o arrependimento no compromisso de compra e venda sujeito ao regime do Decreto-Lei 58, de 10.12.1937 (Súmula 166, STF); **D:** incorreto. Em caso de resolução contratual por fato imputado ao adquirente, respeitado o disposto no § 2º deste artigo, deverão ser restituídos os valores pagos por ele, atualizados com base no índice contratualmente estabelecido para a correção monetária das parcelas do preço do imóvel, podendo ser descontados dos valores pagos os seguintes itens: II – o montante devido por cláusula penal e despesas administrativas, inclusive arras ou sinal, limitado a um desconto de 10% (dez por cento) do valor atualizado do contrato (art. 32-A, inciso II da Lei 6766/79); **E:** incorreto. Os compromissos de compra e venda, as cessões ou promessas de cessão poderão ser feitos por escritura pública ou por instrumento particular (art. 26 da Lei 6776/79).

Gabarito "A".

(Cartório/MG – 2019 – Consulplan) De acordo com o Código Civil Brasileiro, analise as seguintes afirmativas a respeito do contrato de compra e venda.

I. A compra e venda é contrato consensual, que gera efeitos reais, transmitindo, por si só, a propriedade da coisa alienada.

II. No contrato de compra e venda, pode-se deixar ao arbítrio exclusivo de uma das partes a fixação do preço.

III. A venda de ascendente a descendente é anulável, salvo se os outros descendentes e o cônjuge do alienante expressamente houverem consentido.

IV. Na venda *ad corpus*, que é aquela em que o imóvel é transferido como coisa certa e discriminada, tendo sido apenas enunciativa a referência às suas dimensões, não haverá complemento de área, nem devolução do excesso.

Estão corretas as afirmativas

(A) I, II, III e IV.

(B) III e IV, apenas.

(C) I, II e III, apenas.

(D) I, II e IV, apenas.

I: incorreto. A compra e venda é um contrato consensual, contudo a propriedade se transfere mediante o registro do título translativo no Registro de Imóveis (art. 1.245, CC); **II:** incorreto. Nulo é o contrato de compra e venda, quando se deixa ao arbítrio exclusivo de uma das partes a fixação do preço (art. 489, CC); **III:** correto. É anulável a venda de ascendente a descendente, salvo se os outros descendentes e o cônjuge do alienante expressamente houverem consentido (art. 496, CC); **IV:** correto. Não haverá complemento de área, nem devolução de excesso, se o imóvel for vendido como coisa certa e discriminada, tendo

sido apenas enunciativa a referência às suas dimensões, ainda que não conste, de modo expresso, ter sido a venda *ad corpus* (art. 500, § 3º, CC). Portanto, a alternativa correta é a letra B.

Gabarito "B".

(Cartório/AM – 2005 – FGV) A respeito da retrovenda, analise as proposições a seguir e assinale a alternativa correta.

(A) Se a duas ou mais pessoas couber o direito de retrato sobre o mesmo imóvel, e só uma o exercer, poderá o comprador intimar as outras para nele acordarem, prevalecendo o pacto em favor de quem haja efetuado o depósito, contanto que seja integral.

(B) O direito de retrato é suscetível de cessão por ato inter-vivos.

(C) O exercício da retrovenda é intransmissível por ato *causa mortis*.

(D) O direito de resgate não se extingue mesmo diante de caso fortuito ou força maior.

(E) Todas as alternativas anteriores estão incorretas.

A: correta (art. 508 do CC); B e C: incorretas, pois o direito de retrato é cessível e transmissível a herdeiros e legatários (art. 507 do CC); D: incorreta, pois o caso fortuito e força maior acarretam o inadimplemento não culposo. Assim, de mesma forma que extingue o dever do comprador entregar a coisa, também extingue o direito de retrato do vendedor; E: incorreta, pois a alternativa "A" está correta.

Gabarito "A".

(Cartório/DF – 2006 – CESPE) A respeito dos contratos, julgue os itens que se seguem.

(1) O contrato de compra e venda forma-se a partir de manifestação de vontades distintas, porém coincidentes, recíprocas e concordantes sobre o mesmo objeto. Forma-se esse negócio no momento em que as partes materializam o acordo. Trata-se de contrato instantâneo ou de execução única, visto que as obrigações são cumpridas em um único instante, quer logo após sua formação, quer em momento futuro. Se as partes decidirem dividir a prestação no tempo, o contrato transforma-se em contrato de duração ou aleatório.

(2) Na venda de um imóvel, com precisa estipulação da área vendida, quando houver divergência entre as medidas ou as dimensões não corresponderem às dimensões apresentadas, o comprador prejudicado tem direito potestativo, podendo, à sua escolha, exigir do vendedor a complementação da área — pretensão esta deduzida por intermédio da ação *ex empto*, por inadimplemento contratual — ou, se isso não for possível, pedir a resolução do contrato, enjeitando a coisa, ou o abatimento do preço.

1: incorreta, pois tratando-se a compra e venda de um contrato consensual, basta o consenso para que ele surja no mundo jurídico. Este contrato é de forma livre, daí pode ser celebrado de forma escrita, verbal. A materialização do acordo é mero ato de formalização, não tendo caráter indispensável para a formação da avença. Excepcionalmente, apenas a compra e venda de imóveis com valor superior a trinta salários mínimos exige forma predeterminada, qual seja, escrita por escritura pública (art. 108 do CC). No que tange a sua execução, em regra a compra e venda é um contrato de execução instantânea, mas nada impede que o cumprimento seja de forma diferida ou duradoura (execução periódica ou trato sucessivo), e isso não desvirtua a natureza do negócio jurídico, que, em regra continua sendo comutativo; 2: correta, na medida em que a assertiva reproduz o texto do art. 500, *caput*, do CC. Trata-se da venda *ad mensuram*, isto é, aquela em que o comprador tem como principal interesse o tamanho do imóvel. Caso o comprador perceba que a área entregue é menor do que a contratada, de fato pode exigir o seu complemento, ou resolver o contrato por meio de ação redibitória, ou ainda exigir o abatimento proporcional do preço por meio de ação estimatória.

Gabarito 1E, 2C

(Cartório/MG – 2012 – FUMARC) Sobre a compra e venda, segundo o Código Civil, é **correto** afirmar

(A) É lícita a compra e venda entre cônjuges, com relação a bens incluídos da comunhão.

(B) É anulável a venda de ascendente a descendente, mesmo se os outros descendentes e o cônjuge do alienante expressamente houverem consentido.

(C) É nulo o contrato de compra e venda, quando se deixa ao arbítrio a fixação do preço.

(D) É ilícito às partes fixar o preço em função de índices ou parâmetros, desde que suscetíveis de objetiva determinação.

A: incorreta, pois é lícita a compra e venda entre cônjuges, com relação a bens *excluídos* da comunhão (art. 499 do CC); B: incorreta, pois apenas é anulável a venda de ascendente a descendente, se os outros descendentes e o cônjuge do alienante não houverem consentido expressamente (art. 496, *caput*, do CC); C: correta (art. 489 do CC); D: incorreta, pois é *lícito* às partes fixar o preço em função de índices ou parâmetros, desde que suscetíveis de objetiva determinação (art. 487 do CC).

Gabarito "C"

(Cartório/SP – IV – VUNESP) Considera-se perfeita a venda e compra quando

(A) um dos contratantes se obriga a transferir o domínio de uma coisa e o outro, a pagar o preço.

(B) haja acordo sobre a coisa e seja efetuado o pagamento.

(C) é entregue a coisa, ainda que o pagamento deva ser realizado posteriormente.

(D) há a imissão provisória na posse da coisa, condicionada a posse definitiva ao pagamento do preço.

A: correta, pois para que o contrato exista basta que uma das partes se obrigue a transferir e a outra se obrigue a pagar (art. 481 do CC); B: incorreta, pois o pagamento não é requisito indispensável para que ela se aperfeiçoe, afinal ele pode ocorrer em momento futuro, como por exemplo numa compra e venda de execução diferida. Na compra e venda pura e simples basta o acordo sobre o objeto e o preço (art. 482 do CC e Enunciado 441 do CJF); C e D: incorretas, pois o contrato de compra e venda é consensual, e não real. Logo a entrega da coisa é irrelevante para o seu aperfeiçoamento.

Gabarito "A"

(Cartório/SP – V – VUNESP) Assinale a alternativa incorreta.

(A) Na venda de coisa móvel, pode o vendedor reservar para si, ou terceiros, a propriedade até que o preço seja pago.

(B) A cláusula de reserva de domínio será estipulada por escrito e depende de registro no domicílio do comprador para valer contra terceiros.

(C) A preempção ou preferência impõe ao comprador a obrigação de oferecer ao vendedor a coisa que aquele vai vender ou dar em pagamento, para que este use de seu direito de prelação na compra, tanto por tanto.

(D) O vendedor também pode exercer o seu direito de prelação, intimando o comprador quando lhe constar que este vai vender a coisa.

A: incorreta (e deve ser assinalada), pois o vendedor pode reservar apenas para si a propriedade, e não para terceiros (art. 521 do CC); B: correta (art. 522 do CC); C: correta (art. 513 do CC); D: correta (art. 514 do CC).

Gabarito "A"

(Cartório/MG – 2015 – Consulplan) Com relação às cláusulas especiais à compra e venda, especificamente sobre a preempção ou preferência, conforme disciplina o Código Civil brasileiro, é correto afirmar:

(A) Quando o direito de preempção for estipulado a favor de dois ou mais indivíduos em comum, só pode ser exercido em relação à coisa no seu todo. Se alguma das pessoas, a quem ele toque, perder ou não exercer o seu direito, poderão as demais utilizá-lo na forma sobredita.

(B) O direito de preferência pode ser cedido a terceiros.

(C) O vendedor não pode exercer o seu direito de prelação, intimando o comprador, quando lhe constar que este vai vender a coisa.

(D) Responderá por perdas e danos o comprador, se alienar a coisa sem ter dado ao vendedor ciência do preço e das vantagens que por ela lhe oferecem. O adquirente responderá subsidiariamente se tiver procedido de má-fé.

Alternativa A, correta, de acordo com artigo 517 do Código Civil. Se a cláusula de preempção estabelecer preferência conjunta a um ou mais vendedores, o direito será exercido considerando a coisa vendida no seu todo. Considera-se a sua integralidade. E ainda, a perda ou o não exercício da prelação por parte de qualquer dos pretendes, poderão os demais com o exercício conjunto pela integralidade da coisa perempta, se exerceram a preempção no prazo. Este é comum a todos. Alternativa B, incorreta. Viola o artigo 520 do Código Civil, isto é, ele não pode ser cedido a terceiros, nem se transmite aos herdeiros. Alternativa C, incorreta. Viola o artigo 541 do Código. O **vendedor pode** exercer o seu direito de prelação intimando o comprador. Alternativa D, incorreta. Viola o artigo 518 do Código. Se o adquirente tiver procedido de má-fé, **responderá solidariamente** e não subsidiariamente como apontou a questão.

Gabarito "A"

(Cartório/MG – 2015 – Consulplan) As afirmativas abaixo, sobre o contrato de compra e venda, são verdadeiras, EXCETO:

(A) A compra e venda, quando pura, considerar-se-á obrigatória e perfeita, desde que as partes acordarem no objeto e no preço.

(B) A fixação do preço pode ser deixada ao arbítrio de terceiro, que os contratantes logo designarem ou prometerem designar. Se o terceiro não aceitar a incumbência, ficará sem efeito o contrato, salvo quando acordarem os contratantes designar outra pessoa.

(C) É nula a venda de ascendente a descendente, salvo se os outros descendentes e o cônjuge do alienante expressamente houverem consentido.

(D) A tradição da coisa vendida, na falta de estipulação expressa, dar-se-á no lugar onde ela se encontrava, ao tempo da venda.

6. DIREITO CIVIL   351

Alternativa A em consonância com o artigo 482 do Código Civil. São elementos constitutivos do contrato de compra e venda: a coisa, o preço e o consentimento. O contrato de compra e venda será puro quando não se sujeitar à condição suspensiva. Alternativa B de acordo com o disposto no artigo 485 do Código Civil, salvo estipulação diversa das partes, o contrato ficará sem efeito se o terceiro nomeado não puder ou não quiser aceitar a incumbência da fixação do preço. Alternativa C, incorreta. A alternativa deve ser assinalada, eis que de acordo com o artigo 496 do Código Civil é **anulável** e não nula a venda de ascendente a descendente. O referido dispositivo trata da ausência de legitimação, que é a cessação da capacidade das partes para a realização de determinados negócios jurídicos. Tal norma visa a proteção dos quinhões hereditários dos descendentes, a fim de que não sejam alterados em razão de uma doação sob o disfarce de uma compra e venda simulada e fraudulenta. Alternativa D. Em consonância com o artigo 493 do Código Civil.

Gabarito "C".

(Cartório/MG – 2015 – Consulplan) Nos termos do código civil, será causa de anulabilidade

(A) o contrato de compra e venda, quando se deixa ao arbítrio exclusivo de uma das partes a fixação do preço.

(B) a venda de ascendente a descendente.

(C) a doação de todos os bens sem reserva de parte, ou renda suficiente para a subsistência do doador.

(D) a estipulação contratual que exclua qualquer sócio de participar dos lucros e das perdas.

Alternativa A incorreta. Nos termos do artigo 489 do Código Civil, será **nulo** o contrato de compra e venda quando a fixação do preço for ato arbitrário exclusivo de uma das partes. Trata-se de cláusula potestativa. Alternativa B, correta. Nos termos do artigo 496 do Código Civil, salvo se houver expresso consentimento dos outros descendentes e do cônjuge do alienante, será anulável a venda de ascendente a descendente. Trata-se de hipótese de ausência de legitimação, a fim de evitar uma doação sob o disfarce de uma compra e venda simulada. Alternativa C, incorreta. De acordo com o artigo 548 do Código Civil, "É **nula** a doação de todos os bens sem reserva de parte, ou renda suficiente para a subsistência do doador." O nosso ordenamento jurídico proíbe a doação universal, em detrimento da família do doador, evitando-se, assim, sua penúria. Alternativa D, incorreta. Conforme o disposto no artigo 1.008 do Código Civil, é **nula** a estipulação contratual que exclua qualquer sócio de participar dos lucros e das perdas.

Gabarito "B".

(Cartório/MG – 2016 – Consulplan) Nos contratos de compra e venda, aparecem cláusulas fora do comum, extraordinárias. Assinale a alternativa INCORRETA, cuja cláusula não corresponda à sua definição:

(A) Retrovenda – É a cláusula pela qual o vendedor se reserva no direito de adquirir a coisa do comprador, restituindo-lhe o preço mais as despesas. Esta cláusula só tem valor se o objeto do contrato for imóvel.

(A) Venda a contento – Chama-se venda a contento o contrato de compra e venda subordinado à condição de ficar desfeito se a coisa, objeto do contrato, não for do agrado do comprador. Esta cláusula nunca será presumida.

(C) Reserva de domínio – É cláusula que garante ao vendedor a propriedade da coisa móvel já entregue ao comprador até o pagamento total do preço. A cláusula será sempre escrita.

(D) Preempção – É cláusula que proíbe o comprador de alienar o bem até o cumprimento total de uma

obrigação. Esta cláusula só tem valor se o objeto do contrato for imóvel, e fica vinculada à quitação total das notas promissórias em caráter pro-solvendo.

Alternativa A correta, de acordo com o artigo 505 do Código Civil. Alternativa B em consonância com o artigo 509 do Código Civil. Alternativa C de acordo com os artigos 521 e 522 do Código Civil. Alternativa D incorreta, devendo ser assinalada. Nos termos do artigo 513 do Código Civil: "preempção, ou preferência, impõe ao comprador a obrigação de oferecer ao vendedor a coisa que aquele vai vender, ou dar em pagamento, para que este use de seu direito de prelação na compra, tanto por tanto."

Gabarito "D".

(Cartório/MG – 2016 – Consulplan) A celebrou com B contrato particular definitivo de Compra e Venda de imóvel. Entretanto, as partes negligenciaram, por falta de conhecimento, a obrigatoriedade do instrumento público.

A respeito desse caso, marque a alternativa correta, quanto à nulidade, motivo e consequência.

(A) O negócio jurídico será nulo de pleno direito, haja vista ter preterido solenidade que a lei considere essencial para a sua validade. Não havendo, portanto, salvamento para o negócio jurídico nulo.

(B) O negócio jurídico será nulo, evidente o objetivo de fraudar lei imperativa. Não havendo, portanto, salvamento para o negócio jurídico nulo.

(C) O negócio jurídico será nulo, por não revestir a forma prescrita em lei. Não havendo, portanto, salvamento para o negócio jurídico nulo.

(D) O negócio jurídico que desprezou a forma prescrita em lei é nulo. Se, porém, o negócio jurídico nulo contiver os requisitos de outro, subsistirá este quando o fim a que visavam as partes permitir supor que o teriam querido, se houvessem previsto a nulidade.

Alternativas A, B e C, incorretas. De acordo com o princípio da conservação dos negócios jurídicos, se for possível e não for obstado pelo ordenamento, nos termos do artigo 170 do Código Civil, um negócio jurídico nulo pode ser convertido se contiver os requisitos de outro, observadas as condições do citado dispositivo. Alternativa D, correta. Nos termos do artigo 170 do Código Civil, de acordo com o princípio da conservação dos negócios jurídicos, um negócio jurídico nulo, que não preenche os requisitos estabelecidos em lei pode ser **convertido** em outro de natureza diversa, aproveitando-se a finalidade almejada pelas partes, por exemplo, escritura pública nula de compra e venda de um imóvel pode ser convertida em compromisso de compra e venda.

Gabarito "D".

4.4. Compromisso de compra e venda

(Cartório/DF – 2003 – CESPE) Em fevereiro de 2003, Leandro da Silva, pai de José da Silva, adquiriu para o filho, da Construtora Ômega, um apartamento que estava em construção. A aquisição foi feita por meio de contrato particular de promessa de compra e venda, com cláusula de arrependimento, sendo que Leandro pagou no ato o valor correspondente ao sinal. O contrato foi celebrado em nome de José da Silva, que se responsabilizaria pelas prestações, sendo o bem gravado com cláusula de inalienabilidade. José da Silva passou a residir no imóvel em março de 2003, quando foi entregue pela construtora. O contrato particular de promessa de compra e venda nunca foi registrado. Atualmente, José da Silva encontra-se inadimplente com relação às prestações devidas à Construtora Ômega e com as quotas condominiais. Acerca da situação hipotética acima, julgue os itens a seguir.

(1) Para que José da Silva, promitente comprador, adquira o direito real à aquisição do imóvel de que trata o texto, é necessário e suficiente que o instrumento particular de promessa de compra e venda seja registrado no Cartório de Registro de Imóveis.

(2) Caso a inadimplência contratual de José da Silva tenha sido em virtude de onerosidade excessiva, por desequilíbrio resultante de critérios para atualização das prestações, ele pode, com fundamento na teoria da imprevisão, pleitear a rescisão do contrato.

(3) Havendo rescisão do contrato, a inadimplência de José da Silva justifica a perda de valores pagos a título de preço, desde que prevista contratualmente, tendo, ademais, a promitente vendedora direito ao ressarcimento das despesas do negócio e da indenização pela ruptura do contrato.

(4) Sendo a ocupação do imóvel por José da Silva, promitente comprador, conhecida, a esse título, pelo condomínio, ele é responsável pelo pagamento das quotas condominiais, até a data de devolução do imóvel à construtora, caso aconteça, mesmo que a promessa de compra e venda não tenha sido registrada no Cartório de Registro de Imóveis.

(5) Caso José da Silva ocupe, de boa-fé, o referido imóvel, contínua e incontestadamente, sem oposição da promitente vendedora, por dez anos, ele poderá, segundo legislação atualmente vigente, adquirir a sua propriedade por usucapião, não obstando o reconhecimento da prescrição aquisitiva a existência de cláusula de inalienabilidade, uma vez que se trata de modalidade de aquisição originária do domínio.

1: incorreta, uma vez que muito embora o art. 1.417 do CC fale sobre a indispensabilidade do registro, a doutrina e a jurisprudência já se posicionaram no sentido de que o direito a adjudicação compulsória não se condiciona ao registro (Sumula 239 do STJ e Enunciado 95 do CJF). Ademais, há um outro problema na questão, uma vez que consta que o pacto foi celebrado com cláusula de arrependimento. Nos termos do art. 1.417 do CC, o instrumento público ou particular apenas adquire força para transferir a propriedade se for celebrado sem essa cláusula; 2: correta, pois sendo o contrato de execução duradoura (modalidade trato sucessivo), se a prestação para uma das partes se tornar excessivamente onerosa, com extrema vantagem para a outra parte, em decorrência de fatos extraordinários e imprevisíveis, pode a parte prejudicada pedir a resolução do contrato. Trata-se de típico caso da teoria da imprevisão (art. 478 do CC e Enunciados 365 a 367, 439 e 440 do CJF); 3: incorreta, pois havendo rescisão da avença, não necessariamente José perderá todas as parcelas pagas, ainda que previsto expressamente em contrato. Considerando que a questão não menciona quantas parcelas eram no total e quantas José já havia pago, não temos como saber com segurança qual o contexto da situação. Isso é relevante, pois não se descarta a hipótese de José ter pago quase todas as parcelas, o que permitiria aplicar-se a teoria do adimplemento substancial. De fato, se houver descumprimento de obrigação contratual, "a parte lesada pelo inadimplemento pode pedir a resolução do contrato, se não preferir exigir-lhe o cumprimento, cabendo, em qualquer dos casos, indenização por perdas e danos", conforme dispõe o artigo 475 do Código Civil. Entretanto, a doutrina e a jurisprudência têm admitido o reconhecimento do adimplemento substancial, com o fim de preservar o vínculo contratual. Segundo a teoria do adimplemento substancial, o credor fica impedido de rescindir

o contrato, caso haja cumprimento de parte essencial da obrigação assumida pelo devedor; porém, não perde o direito de obter o restante do crédito, podendo ajuizar ação de cobrança para tanto. Neste sentido: "*Direito Civil. Contrato de venda e compra de imóvel. OTN como indexador. Ausência de estipulação contratual quanto ao número de parcelas a serem adimplidas. Contrato de adesão. Interpretação mais favorável ao aderente. Exceção do contrato não cumprido. Afastada. Inadimplemento mínimo verificado. Adjudicação compulsória cabível. Aplicação da equidade com vistas à conservação negocial. Aplicação da teoria do adimplemento substancial. Dissídio não demonstrado.* (...) 3. Aparente a incompatibilidade entre dois institutos, a exceção do contrato não cumprido e o adimplemento substancial, pois na verdade, tais institutos coexistem perfeitamente podendo ser identificados e incidirem conjuntamente sem ofensa à segurança jurídica oriunda da autonomia privada 4. *No adimplemento substancial tem-se a evolução gradativa da noção de tipo de dever contratual descumprido, para a verificação efetiva da gravidade do descumprimento, consideradas as consequências que, da violação do ajuste, decorre para a finalidade do contrato. Nessa linha de pensamento, devem-se observar dois critérios que embasam o acolhimento do adimplemento substancial: a seriedade das consequências que de fato resultaram do descumprimento, e a importância que as partes aparentaram dar à cláusula pretensamente infringida.* 5. Recurso Especial improvido. (STJ, REsp 1.215.289/SP, rel. Min. Sidnei Beneti, 3.ª T, j. 05.02.2013, *DJe* 21.02.2013, grifos nossos); 4: correta, pois uma vez que João da Silva ingressou no imóvel ele passa a ter deveres de condômino como qualquer outro, não importando a que título detenha o imóvel (seja como proprietário seja como possuidor). Assim é responsável pelo pagamento das quotas condominiais, nos termos do art. 1336 do CC. Note que o fato da promessa de compra e venda não ter sido registrada é fato irrelevante, nos termos da Sumula 239 do STJ e Enunciado 95 do CJF; 5: certa, pois trata-se da hipótese de usucapião ordinária, haja vista a existência de justo título (art. 1.242 do CC). Ressalte-se que a existência da cláusula de inalienabilidade não impede a aquisição do domínio, pois se tratando a usucapião de modo de aquisição originária da propriedade, isso faz com que tal aquisição de dê escoimada de qualquer vício, cláusula ou condição. Não se trata, portanto, de um negócio jurídico envolvendo o bem, mas de uma mudança de titularidade decorrente do cumprimento dos requisitos estabelecidos em lei. Neste sentido, interessante a explicação da professora Maria Helena Diniz: "a usucapião é um direito novo, autônomo, independente, de qualquer ato negocial de um possível proprietário, tanto assim que o transmitente da coisa objeto de usucapião não é o antecessor, o primitivo proprietário, mas a autoridade judiciária que reconhece e declara a aquisição por usucapião (*Curso de Direito Civil Brasileiro.* 19.ed. vol.4, p.155).

Gabarito 1E, 2C, 3E, 4C, 5C

(**Cartório/MS – 2009 – VUNESP**) João realizou compromisso de compra e venda, celebrado e quitado em 1986, com empresa comercial, sendo que o pedido de registro no Cartório de Registro de Imóveis foi protocolado somente em 1989, quando o imóvel já se encontrava hipotecado e arrecadado em processo falimentar da promitente-alienante. Houve suscitação de dúvida pelo oficial. Diante desse fato, aponte a alternativa correta.

(A) Jurisprudência pacífica do Superior Tribunal de Justiça reconhece a validade de contrato de compra e venda, embora não efetuada a transcrição no registro imobiliário, para efeito de preservação do direito da posse do terceiro adquirente de boa-fé.

(B) A jurisprudência firmou-se no sentido de que não há necessidade do registro do título translativo no cartório imobiliário para tornar eficaz o contrato de compra e venda, em razão da falência da vendedora.

(C) A indisponibilidade patrimonial prevista se refere exclusivamente a atos de alienação de iniciativa do

6. DIREITO CIVIL · 353

administrador judicial da massa falida, não obstando o registro de bem alienado anterior à falência.

(D) Inadmissível o pedido de registro se este, na data do protocolo do referido pedido, já se encontrava arrecadado pela massa falida da promitente alienante, estando sujeito às vicissitudes da alienante.

(E) A só ausência de registro no Ofício Imobiliário confere legitimidade ao promitente cessionário para requerê-la, ainda mais quando a cessão havia sido realizada.

A: incorreta. Muito embora essa assertiva encontre guarida nas Súmulas 84 e 375 do STJ, neste caso o terceiro adquirente não poderá alegar boa-fé, pois havia hipoteca registrada na matrícula do imóvel além do que processo judicial em trâmite. Logo, detinha plenas condicões de saber sobre a litigiosidade da coisa; B: incorreta. Note que a falência da vendedora não possui nenhuma correlacão com a dispensabilidade do registro. Neste espeque o Resp 204.784/SE "É torrencial a jurisprudência da Corte no sentido de que o direito a adjudicacão é de caráter pessoal, restrito aos contratantes, não se condicionando a *obligatio faciendi* à inscrição no registro de imóveis" (Sumula 239 do STJ); C: incorreta, pois a indisponibilidade dos bens hipotecados e arrecadados em processo falimentar não se refere exclusivamente a atos de alienação de iniciativa do administrador judicial. Note que é sobre o *bem* que recai a característica da indisponibilidade, e dessa forma, independentemente da pessoa que objetivar aliená-lo, será proibida de fazê-lo. Isso porque o bem arrecadado em processo falimentar objetiva adimplir os débitos da empresa frente aos credores, seguindo uma ordem predeterminada. Por tal razão, não pode o oficial do cartório efetuar esse registro tardio e conceder o imóvel a João, uma vez que isso diminuiria o ativo do processo de falência; D: correta, uma vez que realmente o pedido é inadmissível, pois quando a hipoteca e a arrecadacão foram efetuadas o bem estava livre, isto é, legalmente constava que ele fazia parte do patrimônio da empresa comercial. Isso nos leva a concluir que o procedimento foi plenamente válido. Daí, o pedido de registro tardio não poder ser admitido, pois completamente incompatível; E: incorreta, pois ainda que a cessão tenha sido realizada, tal fato não legitima o promitente-cessionário a obter o registro, haja vista que o fato de recair sobre o imóvel hipoteca e arrecadacão em processo falimentar o impede de obter tal direito.

Gabarito "D".

(Cartório/PR – 2007) Pelo contrato de compra e venda, um dos contratantes se obriga a transferir o domínio de certa coisa e o outro, a pagar-lhe certo preço em dinheiro. Quanto às cláusulas especiais da compra e venda, é correto afirmar que:

I. Na cláusula da retrovenda, o vendedor de coisa imóvel pode reservar-se o direito de recobrá-la no prazo máximo de decadência de três anos, restituindo o preço recebido e reembolsando as despesas do comprador, inclusive as que, durante o período de resgate, efetuaram-se com a sua autorização escrita, ou para a realização de benfeitorias necessárias.

II. A venda feita a contento do comprador entende-se realizada sob condição suspensiva, enquanto que a venda sujeita à prova presume-se feita sob a condição resolutiva.

III. Na venda da coisa móvel com reserva de domínio, verificada a mora do comprador, poderá o vendedor mover contra ele a competente ação de cobrança das prestações vencidas e vincendas e o mais que lhe for devido; ou poderá recuperar a posse da coisa vendida, sendo-lhe facultado o direito de reter as prestações pagas para cobrir a depreciação da coisa e demais despesas que vier a comprovar. Se houver

valor excedente, devolverá ao comprador, o que faltar lhe será cobrado.

IV. Responderá por perdas e danos o comprador, se alienar a coisa sem ter dado ao vendedor ciência do preço e das vantagens que por ela lhe oferecem. Responderá solidariamente o adquirente, se tiver procedido de má-fé.

É correta ou são corretas:

(A) apenas II e III.

(B) apenas I, III e IV.

(C) apenas I e III.

(D) apenas I.

(E) apenas I e IV.

I: correta (art. 505 do CC); II: incorreta, pois tanto a venda feita a contento como a venda sujeita a prova presumem-se feitas sob condição suspensiva. A venda a contento ou *ad gustum* é a cláusula acessória à compra e venda que subordina os efeitos do contrato à condição suspensiva de o adquirente gostar do produto. Já a venda sujeita a prova tem a estrutura idêntica ao item anterior com uma diferenca: o evento futuro e incerto que pode fazer com que o com que o contrato ganhe eficácia não é o adquirente gostar do produto, mas sim que o bem objetivamente apresente as características que foram prometidas pelo vendedor (arts. 509 e 510 do CC); III: correta (arts. 526 e 527 do CC); IV: correta (art. 518 do CC).

Gabarito "B".

(Cartório/SP – V – VUNESP) No compromisso de compra e venda, o inadimplemento parcial do contrato, por qualquer das partes, dá ensejo à aplicação do princípio da

(A) onerosidade excessiva, constituindo causa de resolução da avença.

(B) *exceptio non adimpleti contractus*, ficando assegurado à parte que não cumpriu a sua obrigação o direito de exigir o implemento da obrigação quanto à outra parte.

(C) onerosidade excessiva, constituindo causa de anulação da avença.

(D) *exceptio non adimpleti contractus*, reservando-se àquele que sofreu o inadimplemento suspender o cumprimento da sua parte na avença.

No compromisso de compra e venda, havendo o inadimplemento parcial do contrato aplicar-se-á o princípio do *exceptio non adimpleti contractus*, reservando-se àquele que sofreu o inadimplemento suspender o cumprimento da sua parte na avenca. Esta regra advém do art. 476 do CC, *in verbis* "Nos contratos bilaterais, nenhum dos contratantes, antes de cumprida a sua obrigacão, pode exigir o implemento da do outro". O princípio da onerosidade excessiva não se aplica na hipótese em tela, pois apenas pode ser invocado como forma de resolucão ou revisão na hipótese de a prestacão se tornar excessivamente onerosa para uma das partes, com extrema vantagem para a outra, em virtude de acontecimentos extraordinários e imprevisíveis (art. 478 do CC).

Gabarito "C".

4.5. Doação

(Cartório/AM – 2005 – FGV) Assinale a alternativa correta.

(A) O Código Civil prevê a doação condicional e a doação remuneratória.

(B) O descumprimento do encargo não importa a revogação da doação onerosa se o donatário incorrer em mora.

(C) A prova de um fato jurídico por confissão não pode ser anulada sob qualquer pretexto.

(D) É vedada a transferência do contrato de seguro de dano a terceiro com a cessão do interesse segurado.

(E) O fiador não pode se sub-rogar nos direitos do credor, mesmo que pague integralmente a dívida.

A: correta, pois ambas as modalidades de doação estão previstas no Código Civil. O art. 546, *i.e*, traz a hipótese de doação em contemplação de casamento futuro com certa e determinada pessoa. Trata-se de hipótese de doação feita sob condição suspensiva, haja vista que os efeitos da doação ficam subordinados e evento futuro e incerto, qual seja a celebração do casamento. Pode-se mencionar também o art. 542 do CC, doação feita ao nascituro. Muito embora aceita por seu representante legal, fica subordinada a evento futuro e incerto para que produza efeitos, qual seja, o nascimento com vida. No que tange a doação remuneratória, isto é, aquela realizada como retribuição, contraprestação pelos serviços prestados, encontra previsão no art. 540 do CC; B: incorreta, pois a inexecução do encargo na doação onerosa está prevista expressamente como causa de revogação da doação (art. 555 do CC); C: incorreta, pois a prova advinda de confissão pode ser anulada se decorreu de erro de fato ou de coação (art. 214 do CC); D: incorreta, pois em regra admite-se a transferência do contrato a terceiro com a alienação ou cessão do interesse segurado (art. 785 do CC); E: incorreta, pois o fiador que pagar integralmente a dívida fica sub-rogado nos direitos do credor (art. 831 do CC).
Gabarito "A".

(Cartório/RJ – 2012) Quanto ao contrato de doação, é correto afirmar que

(A) é anulável a doação de todos os bens sem reserva de parte, ou renda suficiente para a subsistência do doador.

(B) é anulável a doação quanto à parte que exceder a de que o doador, no momento da liberalidade, poderia dispor em testamento.

(C) a doação será realizada sempre por escritura pública ou particular, mas nunca verbalmente.

(D) é possível a renúncia antecipada do direito de revogar a liberalidade por ingratidão do donatário.

(E) não prevalece cláusula de reversão em favor de terceiro.

A: incorreta, pois a doação de todos os bens sem reserva de parte, ou renda suficiente para a subsistência do doador é nula, e não anulável (art. 548 do CC); B: incorreta, pois também é nula a doação quanto à parte que exceder à de que o doador, no momento da liberalidade, poderia dispor em testamento (art. 549 do CC); C: incorreta, pois a doação poderá ser feita por escritura pública, instrumento particular ou verbalmente. A doação verbal será válida, se, versando sobre bens móveis e de pequeno valor, se lhe seguir *incontinenti* a tradição (art. 541, parágrafo único, do CC); D: incorreta, pois não se pode renunciar antecipadamente o direito de revogar a liberalidade por ingratidão do donatário (art. 556 do CC); E: correta (547, parágrafo único, do CC)
Gabarito "E".

(Cartório/MS – 2009 – VUNESP) Linésia, casada sob o regime de separação de bens, vendeu a Amarildo, por meio de escritura pública, um imóvel. Ocorre que, dias após o negócio, dois dos cinco filhos de Linésia, compraram, também por escritura pública, o mesmo imóvel de Amarildo, com dinheiro que receberam da mãe. Linésia faleceu em 12 de agosto de 2003. Os demais irmãos dos compradores e o marido de Linésia ingressaram com ação de anulação das escrituras de compra e venda por

considerarem que houve simulação, pois a verdadeira intenção da mãe era uma doação, em 11 de julho de 2008. Em análise da questão, aponte a alternativa correta.

(A) A ação proposta deverá ser julgada prescrita, uma vez que o prazo para a propositura da ação prescreveu em dois anos.

(B) O marido de Linésia não tem direito a reclamar a anulação da compra e venda, uma vez que é casado com separação de bens.

(C) O marido de Linésia não tem direito de reclamar a anulação da compra e venda, por não ser herdeiro necessário.

(D) A ação não está prescrita, pois não estabelecendo a lei prazo específico para sua propositura, prevalece a regra geral de dez anos.

(E) Não há direito à propositura da ação, uma vez que Maria tinha o direito de doar o imóvel a seus filhos, respeitando a legítima.

A: incorreta, pois o prazo para o ajuizamento da ação é de um ano (art. 559 do CC); B: correta, pois uma vez que era casada no regime da separação convencional de bens, Linésia tinha permissão legal para dispor livremente dos seus bens, independentemente da anuência do cônjuge (art. 1.647 do CC). Assim, seu marido não tem o direito de pleitear a anulação da compra e venda, uma vez que ela é plenamente válida; C: incorreta, pois muito embora ele não tenha o direito de pleitear a anulação da compra e venda, isso se dá em decorrência do regime de bens que eram casados e não em decorrência da sua qualidade de herdeiro. Ademais, o marido era herdeiro necessário de Linésia, daí mais uma impropriedade da assertiva; D: incorreta, pois a lei traz o prazo específico de 1 ano, razão pela qual não se aplica o prazo geral (art. 559 do CC); E: incorreta, pois muito embora o art. 544 do CC preveja a possibilidade de doação de ascendente para descendente, é possível o ajuizamento da ação caso seja haja suspeita de fraude, como por exemplo de simulação.
Gabarito "B".

(Cartório/MS – 2009 – VUNESP) Observe as assertivas a seguir:

I. É válida a doação de um cônjuge ao outro na constância do matrimônio, quando adotado, por força da lei, o regime de separação de bens.

II. No regime de comunhão parcial, as dívidas contraídas no exercício da administração obrigam os bens comuns e particulares do cônjuge que os administra, e os do outro na razão do proveito que houver auferido.

III. O direito de revogar a doação se transmite aos herdeiros do doador.

IV. O doador não é obrigado a pagar juros moratórios, nem é sujeito às consequências da evicção ou do vício redibitório. Nas doações para casamento com certa e determinada pessoa, o doador ficará sujeito à evicção, salvo convenção em contrário.

V. A doação em forma de subvenção periódica ao beneficiado extingue-se morrendo o doador, salvo se este outra coisa dispuser, morrendo o donatário, transmite-se aos herdeiros a quem aproveite a doação.

Está correto o que se afirma apenas em

(A) I, III e V.

(B) II, III e IV.

(C) I, II e IV.

(D) III e V.

(E) IV e V.

6. DIREITO CIVIL

I: correta, pois a doação entre cônjuges é plenamente válida, importando adiantamento do que lhe cabe por herança (art. 544 do CC). Ressalte-se que o cônjuge só herda quando casado no regime da separação obrigatória, quando concorrer com ascendente ou colateral (art. 1.829, II e IV, do CC). Não herda quando concorrer com descendentes (art. art. 1.829, I, do CC), daí neste caso não há de se falar que a doação corresponde a adiantamento; II: correta (art. 1.663, § 1º, do CC); III: incorreta, pois o direito de revogar a doação não se transmite aos herdeiros do doador, nem prejudica os do donatário. Entretanto, os herdeiros do doador podem prosseguir na ação iniciada pelo ele, continuando-a contra os herdeiros do donatário, se este falecer depois de ajuizada a lide (art. 560 do CC); IV: correta (art. 552 do CC); V: incorreta pois morrendo o donatário a doação não persiste, em decorrência do seu caráter personalíssimo (art. 545 do CC).

Gabarito "C".

(Cartório/SP – I– VUNESP) Assinale a alternativa correta sobre o contrato de doação.

(A) Cabe revogação da doação por ato de vontade unilateral do doador, sem intervenção judicial.

(B) A doação universal é nula.

(C) A doação dos pais aos filhos importa em adiantamento da legítima, desde que tal cláusula tenha sido expressamente estipulada no contrato.

(D) A doação opera, por si só, a transferência do domínio do bem doado, independentemente da tradição ou do registro.

A: incorreta, pois a intervenção judicial é indispensável para a revogação da doação e deverá ser pleiteada dentro de um ano, a contar de quando chegue ao conhecimento do doador o fato que a autorizar, e de ter sido o donatário o seu autor (art. 559 do CC); B: correta, pois a lei invalida a doação daquele que dispôs de todos os seus bens sem reserva de parte ou renda suficiente para a sua subsistência, a fim de preservar o próprio doador (art. 548 do CC); C: incorreta, pois a doação de pai para filho importa em antecipação da legítima em decorrência de disposição legal, não dependendo, portanto, de cláusula expressa em contrato (art. 544 do CC); D: incorreta, pois a doação se configura como um contrato consensual, isto é, não necessita da entrega da coisa para que exista, basta o consenso.

Gabarito "B".

(Cartório/SP – III – VUNESP) O Código Civil admite doação *causa mortis*?

(A) Não, por ser a doação ato *inter vivos*, admitindo-se apenas a exceção da doação *propter nuptias*.

(B) Existe previsão legal expressa sobre a admissibilidade, como regra geral.

(C) Sim, por corresponder à manifestação de vontade antecipada do doador.

(D) As doações dessa natureza são admissíveis e seguem as normas da sucessão hereditária.

A doação, em regra constitui ato *inter vivos*, pelo qual uma pessoa, por liberalidade transfere bens ou vantagens à outra. Daí, é necessário que se concretize enquanto o doador ainda esteja vivo. Apenas em uma hipótese é possível a sua concretização válida após a morte do doador: no caso de doação *propter nuptias*, que é aquela que se dá condicionada à realização do casamento, estipulada nos contratos antenupciais (art. 546 do CC).

Gabarito "A".

(Cartório/SP – III – VUNESP) O artigo 547 do Código Civil dispõe que: "o doador pode estipular que os bens doados voltem ao seu patrimônio, se sobreviver ao donatário". Essa cláusula de reversão prevalece em favor de terceiro?

(A) Diante da expressa previsão legal, não prevalece a cláusula de reversão em favor de terceiro.

(B) Na consideração de que a reversão comporta interpretação extensiva, a resposta é afirmativa.

(C) O ato de liberalidade pode contemplar, validamente, essa cláusula de reversão, sob o entendimento de que "quem pode o mais, pode o menos".

(D) Não subsiste a cláusula, na hipótese de existência de parentesco do doador com o terceiro beneficiário.

Em nenhuma hipótese a cláusula de reversão pode se dar em favor de terceiro, consoante expressa vedação do art. 547 do CC.

Gabarito "A".

(Cartório/SP – IV – VUNESP) A doação feita por pessoa idosa, que por ela fica sem bens ou renda para garantir sua subsistência, é

(A) inexistente.

(B) válida.

(C) nula.

(D) anulável.

Na verdade a doação feita por qualquer pessoa de forma universal, isto é, sem reserva de bens ou renda suficiente para garantir a sua subsistência é nula de pleno direito, nos termos do art. 548 do CC.

Gabarito "C".

(Cartório/SP – VI – VUNESP) Na doação conjuntiva, é correto dizer que

(A) se os donatários forem marido e mulher, somente subsistirá na totalidade a doação para o cônjuge sobrevivo, se esse direito de acrescer for expressamente estipulado no título de doação.

(B) se os donatários forem marido e mulher, subsistirá na totalidade a doação para o cônjuge sobrevivo, mesmo que não estipulado no título de doação tal direito de acrescer.

(C) não sendo os donatários marido e mulher, subsistirá na totalidade a doação para os donatários sobrevivos, mesmo que não estipulado o direito de acrescer.

(D) entende-se distribuída por igual entre os donatários, desde que expressamente estipulada tal proporcionalidade no título de doação.

A: incorreta, pois o direito de acrescer já está presumido em lei (art. 551, parágrafo único, do CC); B: correta, pois o cônjuge sobrevivo tem o direito de permanecer com a totalidade dos bens, independentemente de haver previsão no título de doação (art. 551, parágrafo único, do CC). Trata-se de hipótese de sucessão anômala, isto é, uma situação prevista em lei que dá ao patrimônio do *de cujus* um destino diverso daquele normalmente estabelecido pela ordem de vocação hereditária (art. 1.829 do CC); C: incorreta, pois se os donatários não forem marido e não há falar-se que subsistirá na totalidade a doação para os donatários sobrevivos; D: incorreta, pois entende-se distribuída por igual entre os donatários, salvo declaração em contrário (art. 551, *caput*, do CC).

Gabarito "B".

(Cartório/SP – 2011 – VUNESP) Marcus Aurelius recebeu de Augustus um imóvel em doação, com condição resolutiva. Posteriormente, Marcus Aurelius vendeu o imóvel a Tito, sendo ambos os negócios levados a registro na matrícula do imóvel. Algum tempo depois, houve implemento da condição resolutiva. É correto afirmar que

CAROLINA IKEDA E MARCIO PEREIRA

(A) a compra e venda é eficaz e Tito conserva o bem comprado.

(B) a venda na pendência da condição é nula.

(C) Tito deverá restituir o imóvel a Augustus apenas na hipótese de o donatário Marcus ter se tornado insolvente e não tiver condições de ressarcir o valor da coisa ao doador.

(D) resolvida a propriedade do donatário pelo implemento da condição, também se encontra resolvido o direito do adquirente Tito, que deverá restituir a coisa ao doador.

A: incorreta, pois embora a compra e venda seja eficaz, Tito comprou o imóvel sabendo que Marcus detinha a propriedade resolúvel do bem, afinal havia registro na matrícula. Daí assumiu o risco de a condição se implementar. Portanto, não há falar-se que conservará o bem doado (art. 1.359 do CC); B: incorreta, pois a venda é plenamente válida, haja vista que a lei não veda a alienação de bem na pendência de condição; C: incorreta, pois a devolução do imóvel de Tito para Augustus é dever que se opera automaticamente implementada a condição resolutiva. Daí o fato de Marcus tornar-se insolvente e não ter condições de ressarcir o valor da coisa ao doador não tem nenhuma relevância; D: correta, pois é exatamente essa a sequência dos fatos. Implementada a condição, resolve-se a propriedade para o donatário e para eventual terceiro que adquiriu o bem sabendo que a propriedade era resolúvel (art. 1.359 do CC).
Gabarito "D".

(Cartório/SP – 2011 –VUNESP) Podem ser revogadas por ingratidão as doações

(A) feitas para determinado casamento.

(B) se o donatário cometeu contra o doador ofensa física.

(C) puramente remuneratórias.

(D) feitas em contemplação do merecimento do donatário.

Podem ser revogadas por ingratidão as doações se o donatário cometeu ofensa física contra o doador (art. 557, II, do CC). Ressalte-se, entretanto, que o rol do art. 557 é exemplificativo, consoante Enunciado 33 do CJF, admitindo excepcionalmente outras hipóteses semelhantes.
Gabarito "B".

(Cartório/SP – 2011 –VUNESP) César doou um imóvel a Brutus. Logo depois, o donatário vendeu o imóvel a Lívio. Anos mais tarde, Brutus atentou contra a vida de César e a doação foi revogada por ingratidão. Pode-se afirmar que

(A) Lívio será obrigado a restituir a coisa a César, sem direito de indenização, pois não há evicção em contrato gratuito.

(B) Resolvida a doação pela ingratidão, resolve-se o direito do adquirente Lívio, que deverá restituir a coisa a César.

(C) Lívio será considerado proprietário perfeito e restará a César o direito de cobrar o valor da coisa de Brutus.

(D) Lívio tem direito de preempção, pagando o valor da coisa a César e exercendo o direito da evicção contra Brutus.

A: incorreta, pois a compra e venda do imóvel de Brutus com relação a Lívio foi plenamente existente, válida e eficaz. Quando da alienação do bem Brutus era o seu legítimo proprietário, podendo dele dispor como bem lhe conviesse. Portanto Lívio é adquirente de boa-fé, daí não faz nenhum sentido que perca o bem em favor de César. Note que são duas relações contratuais diferentes e autônomas: de um

lado a doação de César para Brutus e de outro a compra e venda de Brutos para Lívio; B: incorreta, pois mesmo que a doação seja revogada por ingratidão Lívio não perderá o imóvel, consoante alhures explicitado; C: correta, pois de fato Lívio é proprietário perfeito do bem. Assim, revogada a doação, resta a César pleitear indenização à Brutus, haja vista que não mais detém o imóvel em seu patrimônio para efetuar a devolução; D: incorreta, pois não há falar-se em direito de preempção por parte de Lívio no caso em tela, vez que César não tem o direito de recobrar o bem. Ademais, também não há falar-se em evicção em favor de Lívio, haja vista que ele sequer perderá o imóvel.
Gabarito "C".

(Cartório/SP – 2011 –VUNESP) Analise as seguintes proposições.

I. O donatário de imóvel com condição resolutiva, na pendência da condição, pode ingressar com ação possessória contra esbulhador do bem.

II. O encargo ilícito ou impossível considera-se não escrito, salvo se constituir o motivo determinante da liberalidade, caso em que torna nulo o negócio.

III. Na doação modal em benefício da coletividade, o Ministério Público pode exigir a execução do encargo, conquanto já falecido o doador sem ter exigido o cumprimento.

IV. O doador, na doação com encargo, não pode revogar a liberalidade em razão do descumprimento do encargo, apenas pode demandar sua execução.

Assinale a alternativa correta.

(A) Todas são verdadeiras.

(B) Apenas a IV é falsa.

(C) Apenas a I e a IV são falsas.

(D) Apenas a II é verdadeira.

I: correta, pois muito embora a propriedade do donatário seja resolúvel, levando em consideração que exerce a posse direta sobre o imóvel possui todo o direito de defendê-la de eventual esbulho ou turbação, manejando as medidas judiciais cabíveis (art. 1.210 do CC). Note que os direitos possessórios podem ser exercidos independentemente do direito de propriedade. Aliás são institutos completamente independentes. A posse é uma situação de fato. A propriedade é uma situação de direito; II: correta, nos termos do art. 137 do CC. Esta disposição aplica-se principalmente no caso de doação. Quando houver uma doação com encargo ilícito ou impossível, considerar-se-á não escrito o encargo, isto é, inexiste, tornando-se a doação pura e simples. Mas se este encargo constituir motivo determinante da liberalidade, daí o negócio jurídico como um todo será considerado nulo; III: correta, pois de acordo com o art. 553, parágrafo único, do CC; IV: incorreta, pois a doação pode ser revogada pelo doador no caso de inexecução do encargo (art. 555 do CC).
Gabarito "B".

(Cartório/MG – 2015 – Consulplan) De acordo com o Código Civil brasileiro, marque a alternativa correta:

(A) O doador pode fixar prazo ao donatário, para declarar se aceita ou não a liberalidade. Desde que o donatário, ciente do prazo, não faça, dentro dele, a declaração, entender-se- á que aceitou, mesmo se a doação for sujeita a encargo.

(B) Se o donatário for absolutamente incapaz, dispensa-se a aceitação, desde que se trate de doação pura.

(C) O doador pode estipular que os bens doados voltem ao seu patrimônio, se sobreviver ao donatário. Pode prevalecer cláusula de reversão em favor de terceiro.

6. DIREITO CIVIL

(D) A doação feita em contemplação do merecimento do donatário perde o caráter de liberalidade.

Alternativa A incorreta. Viola o artigo 539 do Código Civil. A parte final da alternativa diz "…mesmo se a doação for sujeita a encargo". Ocorre que o dispositivo fala "… se a doação não for sujeita a encargo". A aceitação é necessária para o aperfeiçoamento da doação. Incumbe ao donatário declarar se aceita ou não a liberalidade. Diante do seu silêncio, presume-se o consentimento, pois trata-se de aceitação tácita, quando a doação for pura. Alternativa B, correta. De acordo com o artigo 543 do Código Civil. Tratando-se de doação pura, desprovida de quaisquer ônus ou encargos, ela vem em benefício do absolutamente incapaz, dispensando-se a aceitação. Alternativa C, incorreta. Viola o parágrafo único do artigo 547. Doação com cláusula de reversão é aquela que o doador estipula que os bens doados voltarão a si, caso sobreviva ao donatário. Não se admite a cláusula de reversão em benefício de terceiro. Alternativa D, incorreta. Viola o artigo 540 do Código Civil. O dispositivo diz que "…**não perde** o caráter de liberalidade…". Doação feita em contemplação do merecimento do donatário é aquela doação pura, cujo motivo da liberalidade é o reconhecimento ao mérito do donatário, demonstrado pelo doador.

Gabarito "B".

(Cartório/MG – 2015 – Consulplan) "Mariana, maior e capaz, decide doar por instrumento público uma fazenda agrícola em favor de seu irmão, Bernardo, maior e capaz. No instrumento público, Mariana grava o encargo para que Bernardo doe a primeira colheita à certa instituição de caridade. Bernardo, por sua vez, aceita formalmente a doação e, poucos meses depois, cumpre o encargo, doando toda colheita à instituição de caridade. Seis meses após o cumprimento do encargo, Mariana toma conhecimento que seu irmão vem cometendo graves injúrias a seu respeito, quanto à sua condição de idosa e deficiente, nas redes sociais."

A respeito da situação narrada, conforme o Código Civil, é correto afirmar que

(A) a revogação deverá ser pleiteada dentro de 5 (cinco) anos, a contar de quando chegue ao conhecimento do doador o fato que a autorizar, e de ter sido o donatário o seu autor.

(B) única hipótese admitida em lei para revogação é atentado contra a vida do doador ou cometer crime de homicídio doloso contra ele.

(C) não se revogam por ingratidão as doações oneradas com encargo já cumprido.

(D) não cabe revogação quando o ofendido for o cônjuge, ascendente, descendente, ainda que adotivo, ou irmão do doador.

Alternativa A incorreta. Viola o inciso II do artigo 564 do Código Civil. Alternativa B, incorreta. Viola o artigo 555 do Código Civil. A alternativa apontou apenas uma das espécies de doação por ingratidão do donatário. O artigo 557 do Código prevê outras hipóteses de revogação por ingratidão do donatário. Além destas, a doação pode ser revogada por inexecução do encargo, quando se tratar de doação onerosa. Alternativa C, correta, de acordo com o inciso II do artigo 564 do Código Civil. Doação onerosa, por encargo, também chamada modal é aquela que o doador impõe o cumprimento de uma obrigação ao donatário. Tal espécie de doação não pode ser revogada por ingratidão do donatário. Alternativa d, incorreta. Viola o artigo 558 do Código. O dispositivo diz expressamente que "**Pode** correr também a revogação quando o ofendido …".

Gabarito "C".

4.6. Mútuo, comodato e depósito

(Cartório/AM – 2005 – FGV) Em matéria de contratos bancários, são feitas as proposições a seguir:

I. Redesconto é a operação pela qual um Banco, que desconta título, poderá descontá-lo em outro Banco.

II. Pelo desconto recebe-se o prêmio devido pelo pagamento antecipado de um título de crédito ainda não exigível.

III. A extinção do contrato de conta-corrente pela morte do correntista só se dá depois de sacado todo o saldo existente na conta.

Assinale:

(A) se apenas a proposição I estiver correta.

(B) se apenas a proposição II estiver correta.

(C) se apenas as proposições I e II estiverem corretas.

(D) se apenas as proposições I e III estiverem corretas.

(E) se todas as proposições estiverem corretas.

I: correta, pois as operações de redesconto são um instrumento de política monetária que consiste na concessão de assistência financeira de liquidez aos bancos comerciais. Na execução dessas operações, o BACEN funciona como banco dos bancos, descontando títulos das bancos comerciais a uma taxa pré-fixada com a finalidade de atender às suas necessidades momentâneas de caixa a curtíssimo prazo; II: correta, pois a operação de desconto bancário é justamente aquela por meio da qual através da qual o banco adianta créditos de terceiros para clientes, deduzindo-se os juros da operação mediante a cessão do crédito que é feita através do endosso cambiário; III: correta, pois enquanto houver saldo na conta, entende-se que o contrato ainda está vigente. Assim, o simples falecimento do correntista não extingue por si só o contrato. Este é o entendimento que é possível se extrair do seguinte julgado do Tribunal do Rio Grande do Sul "*Negócios jurídicos bancários. Reparação de danos materiais e morais. Encerramento da conta-corrente. Morte da correntista*. Na situação concreta a falha na prestação de serviço bancário restou evidenciada. *A correntista faleceu e, no ano seguinte, o autor, viúvo, levantou todo o valor disponível na conta bancária de sua esposa falecida, mediante apresentação da certidão de óbito e alvará de autorização judicial, expedido pela Vara de Família e Sucessões. Intenção de encerramento da conta-corrente evidentemente presumida a partir de então, quando a conta ficou inativa*, descabendo a cobrança das tarifas e encargos referentes a período posterior. Dano moral evidenciado, em decorrência da indevida e insistente cobrança dos valores frente ao demandante, com ameaça de cadastramento negativo do nome de sua falecida esposa. Valor arbitrado mantido, ante o caráter retributivo e punitivo da condenação e porque módico. Apelo do réu improvido." (Apelação Cível 70045946779, 12.ª Câmara Cível, TJRS, rel. Des. Orlando Heemann Júnior, j. 24.11.2012). Logo, nota-se que o Tribunal entendeu que a conta apenas extinta a partir do saque dos valores, e não quando da morte da correntista, o que se deu um ano antes.

Gabarito "E".

(Cartório/ES – 2007 – FCC) A respeito do comodato é correto afirmar:

(A) O comodatário pode recobrar do comodante as despesas feitas com o uso e gozo da coisa emprestada.

(B) Os tutores e curadores poderão dar em comodato, sem autorização especial os bens confiados à sua guarda.

(C) Se duas ou mais pessoas forem simultaneamente comodatárias de uma coisa, ficarão solidariamente responsáveis para com o comodante.

(D) O comodato é o empréstimo oneroso de coisas fungíveis e perfaz-se com a tradição do respectivo objeto.

CAROLINA IKEDA E MARCIO PEREIRA

(E) No comodato presumem-se devidos juros, os quais, sob pena de redução, não poderão exceder o preço médio de mercado.

A: incorreta, pois o comodatário não poderá jamais recobrar do comodante as despesas feitas com o uso e gozo da coisa emprestada (art. 584 do CC); B: incorreta, pois os tutores, curadores e em geral todos os administradores de bens alheios não poderão dar em comodato, sem autorização especial, os bens confiados à sua guarda (art. 582 do CC); C: correta (art. 585 do CC); D: incorreta, pois o comodato é o empréstimo *gratuito* de coisas não fungíveis (art. 579 do CC); E: incorreta, pois o comodato é contrato firmado a título gratuito, daí não há falar-se em juros (art. 579 do CC).
Gabarito "C".

(Cartório/SP – 2012 – VUNESP) No comodato precário,

(A) a mora é *ex re*, de modo que a qualquer tempo afigura-se viável o pedido de reintegração de posse do bem.

(B) a mora é *ex persona*, impondo-se como condição de procedibilidade à reintegração a prévia notificação do comodatário.

(C) o comodante poderá retomar a coisa a qualquer tempo, com o uso moderado dos meios necessários, prescindindo de intervenção judicial.

(D) o comodatário poderá opor a exceção de usucapião, com fundamento na continuidade da posse legítima.

A: incorreta, pois no comodato firmado por prazo indeterminado a mora é *ex persona*, de modo que o comodante deve notificar o comodatário acerca da sua intenção de retomada do bem. Caso o comodatário não o devolva, sua posse se tornará precária dando azo à propositura da ação de reintegração de posse ao comodante; B: correta, pois de fato a mora é *ex persona*, cons: *"Ação possessória Comodato verbal por prazo indeterminado Notificação prévia do comodatário. Honorários advocatícios Advogado nomeado pelo Convênio PGE/OAB. 1. Em se tratando de comodato verbal por prazo indeterminado, é imprescindível a constituição em mora do comodatário como condição da ação de reintegração de posse, por meio de notificação, sendo certo que, na ausência, o processo deve ser extinto sem apreciação do mérito.* 2. O advogado nomeado pelo convênio OAB/PGE tem o direito de receber verba honorária pelos serviços que prestou, independentemente do resultado da demanda. Recurso parcialmente provido. (TJSP, Ap. 990102090400); C: incorreta, pois enquanto não constituir o comodatário em mora, sua posse continuará sendo justa, retirando, portanto, a legitimidade do comodante de agir com desforço imediato ou legítima defesa. Apenas após a notificação é que estas medidas tornam-se possíveis, desde que o faça logo. Não o fazendo, necessitará da intervenção judicial, por meio da ação de reintegração de posse (art. 1.210, § 1º, do CC); D: incorreta, pois enquanto estava na posse como comodatário, o fazia com a anuência do comodante, e logo não teve início o prazo da usucapião. Daí impossível alegar a exceção, uma vez que ausente um de seus requisitos.
Gabarito "B".

(Cartório/SP – 2012 – VUNESP) O depósito necessário que se efetua por ocasião de alguma calamidade, como o incêndio, a inundação ou o naufrágio ou o saque, corresponde ao

(A) depósito miserável.

(B) depósito do hospedeiro.

(C) depósito legal.

(D) depósito irregular.

A: correta, na medida em que o depósito miserável é uma das espécies de depósito necessário, isto é aquele decorre de obrigação legal. Está previsto no art. 647, II, do CC; B: incorreta, na medida em que o depósito

do hospedeiro é a outra espécie de depósito necessário e se dá em relação às bagagens dos hóspedes nas hospedarias onde estiverem (art. 649 do CC); C: incorreta, pois muito embora esta espécie de depósito esteja prevista em lei, há regulamentação específica, no sentido de tratar-se de depósito miserável (art. 647, II, do CC); D: incorreta, pois o depósito irregular constitui espécie de depósito convencional que tem por objeto coisas fungíveis ou consumíveis, pelo qual fica o depositário autorizado a dispor da mesma e, inclusive consumi-las, liberando-se da sua obrigação mediante a entrega, não da coisa depositada, mas de outra equivalente em espécie, qualidade e quantidade. Regula-se pelos mesmos dispositivos do mútuo, art. 1.280 Código Civil.
Gabarito "A".

4.7. Locação

(Cartório/RS – 2019 – VUNESP) Assinale a alternativa correta sobre a locação de coisas, conforme as disposições do Código Civil de 2002.

(A) Se a coisa for alienada durante a locação, o adquirente ficará obrigado a respeitar o contrato, independentemente das condições contratuais e do registro do instrumento contratual em cartório.

(B) A realização de benfeitorias úteis no bem alugado gera direito de retenção ao locatário, independentemente da existência de consentimento do locador em relação à realização das benfeitorias.

(C) Se, durante a locação, se deteriorar a coisa alugada, sem culpa do locatário, poderá o locador optar entre a redução proporcional do aluguel, caso a coisa ainda sirva para o fim a que se destinava, ou resolver o contrato.

(D) Na locação cujo prazo houver sido prorrogado, de forma indeterminada, o locador poderá notificar o locatário para restituição do bem, facultando-se ao locador arbitrar novo valor de locação, caso o bem não seja restituído.

(E) Na locação por prazo determinado, caso o locador exija a devolução do bem antecipadamente, deverá indenizar o locatário pelas perdas e danos suportados, mas o locatário não gozará do direito de retenção enquanto não for ressarcido.

A: incorreto. Se a coisa for alienada durante a locação, o adquirente não ficará obrigado a respeitar o contrato, se nele não for consignada a cláusula da sua vigência no caso de alienação, e não constar de registro (art. 576, CC); B: incorreto. Salvo disposição em contrário, o locatário goza do direito de retenção, no caso de benfeitorias necessárias, ou no de benfeitorias úteis, se estas houverem sido feitas com expresso consentimento do locador (art. 578, CC); C: incorreto. Se, durante a locação, se deteriorar a coisa alugada, sem culpa do locatário, a este caberá pedir redução proporcional do aluguel, ou resolver o contrato, caso já não sirva a coisa para o fim a que se destinava (art. 567, CC); D: correto. Se, notificado o locatário, não restituir a coisa, pagará, enquanto a tiver em seu poder, o aluguel que o locador arbitrar, e responderá pelo dano que ela venha a sofrer, embora proveniente de caso fortuito. Se o aluguel arbitrado for manifestamente excessivo, poderá o juiz reduzi-lo, mas tendo sempre em conta o seu caráter de penalidade (art. 575, *caput* e parágrafo único, CC); E: incorreto. Havendo prazo estipulado à duração do contrato, antes do vencimento não poderá o locador reaver a coisa alugada, senão ressarcindo ao locatário as perdas e danos resultantes, nem o locatário devolvê-la ao locador, senão pagando, proporcionalmente, a multa prevista no contrato. O locatário gozará do direito de retenção, enquanto não for ressarcido (art. 571, *caput* e parágrafo único, CC).
Gabarito "D".

6. DIREITO CIVIL — 359

(Cartório/ES – 2007 – FCC) Na locação de coisas por prazo determinado,

(A) se, findo o prazo contratual, o locatário, notificado, não restituir a coisa, pagará, enquanto a tiver em seu poder, o aluguel que o locador arbitrar e que não poderá ser reduzido pelo juiz ainda que excessivo.

(B) se, findo o prazo, o locatário continuar na posse da coisa alugada, sem oposição do locador, presumir-se á prorrogada a locação pelo mesmo aluguel e pelo mesmo prazo anteriormente estabelecido.

(C) morrendo o locatário, o contrato extingue-se de pleno direito, não se transferindo aos seus herdeiros.

(D) não poderá o locatário devolver a coisa ao locador, senão pagando, proporcionalmente, a multa prevista no contrato.

(E) o locatário goza do direito de retenção, no caso de benfeitorias úteis, ainda que tenham sido feitas sem o expresso consentimento do locador.

A: incorreta, pois o juiz pode reduzir o valor do aluguel se verificar que é manifestamente excessivo, mas sempre levando em conta o caráter de penalidade (art. 575, parágrafo único, do CC); B: incorreta, pois neste caso a locação prorrogar-se-á por prazo indeterminado (art. 574 do CC); C: incorreta, pois com a morte do locatário o contrato se transmite aos herdeiros por tempo determinado (art. 577 do CC); D: correta, pois havendo prazo estipulado à duração do contrato, antes do vencimento não poderá o locador reaver a coisa alugada, senão ressarcindo ao locatário as perdas e danos resultantes, nem o locatário devolvê-la ao locador, senão pagando, proporcionalmente, a multa prevista no contrato (art. 571 do CC); E: incorreta, pois apenas há direito de retenção por benfeitorias úteis caso o locador tenha consentido para a sua realização (art. 578 do CC; Vide Enunciado 433 CJF e Súmula 335 do STJ).
Gabarito "D".

(Cartório/SP – II – VUNESP) No que concerne à locação, pode-se afirmar que

(A) o locatário somente poderá exercer direito de retenção por benfeitorias se estas houverem sido autorizadas pelo locador.

(B) a caução em dinheiro não poderá exceder o equivalente a um ano de locação.

(C) não havendo acordo a respeito, caberá ação revisional de aluguel após três anos de vigência do contrato.

(D) no caso de venda do imóvel, o locatário terá preferência para adquiri-lo, desde que conste expressamente do contrato cláusula específica nesse sentido.

A: incorreta, pois no que tange às benfeitorias necessárias, o locatário tem direito de retenção, ainda que realizadas sem a anuência do locador (art. 578 do CC. Vide Enunciado 433 CJF e Súmula 335 do STJ); B: incorreta, pois a regra é mais restritiva, asseverando que a caução em dinheiro, que não poderá exceder o equivalente a três meses de aluguel (art. 38, § 2°, da Lei 8.245/1991); C: correta (art. 19 da Lei 8.245/1991); D: incorreta, pois o direito de preferência do locatário decorre de lei e não de previsão contratual (art. 27 da Lei 8.245/1991).
Gabarito "C".

(Cartório/SP – V – VUNESP) Se a coisa for alienada durante a locação, o adquirente

(A) em qualquer caso ficará obrigado a respeitar o contrato, independentemente de cláusula expressa ou registro.

(B) não ficará obrigado a respeitar o contrato, independentemente de cláusula expressa, desde que haja registro.

(C) ficará obrigado a respeitar o contrato, desde que haja cláusula expressa e registro.

(D) ficará obrigado a respeitar o contrato desde que haja cláusula expressa, independentemente de registro.

A: incorreta, pois o adquirente só será obrigado a respeitar o contrato se houver cláusula de vigência devidamente registrada (art. 576, *caput*, do CC); B: incorreta, pois se houver cláusula expressa registra, o adquirente será obrigado a respeitar o contrato; C: correta, pois havendo cláusula expressa e registro o adquirente tem condições de ter pleno conhecimento da existência da locação, daí o ser dever de respeitar o contrato (art. 576 do CC); D: incorreta, pois o registro é indispensável para vincular terceiros, pois só assim dá-se publicidade à cláusula (art. 576, *caput* do CC).
Gabarito "C".

(Cartório/MG – 2015 – Consulplan) Sobre o que dispõe a Lei n. 8.245/1991, é correta a afirmação:

(A) O direito de preferência do locatário caducará se não manifestada, de maneira inequívoca, sua aceitação integral à proposta, no prazo de cento e oitenta dias.

(B) Considera-se locação não residencial quando o locatário for pessoa jurídica e o imóvel destinar-se ao uso de seus titulares, diretores, sócios, gerentes, executivos ou empregados.

(C) Entende-se por despesa ordinária de condomínio a constituição de fundo de reserva.

(D) Não havendo acordo, o locador ou locatário, após dois anos de vigência do contrato ou do acordo anteriormente realizado, poderão pedir revisão judicial do aluguel, a fim de ajustá-lo ao preço de mercado.

Alternativa A incorreta. Viola o artigo 28 da Lei 8.245/1991 (Lei de Locações). Vale dizer, o dispositivo prevê o prazo de trinta dias para a manifestação inequívoca do locatário para aceitar integralmente à proposta. Alternativa B, correta. De acordo com o artigo 55 da Lei de Locações. Alternativa C, incorreta. Viola a alínea "g" do parágrafo único do artigo 22 da Lei de Locações. A constituição de fundo de reserva é considerada despesa extraordinária de condomínio. Alternativa D, incorreta. Viola o artigo 19 da Lei de Locações. O dispositivo diz: " Não havendo acordo, o locador ou o locatário, **após três anos** de vigência do contrato...".
Gabarito "B".

4.8. Outros contratos

(Cartório/AC – 2006 – CESPE) Quanto ao contrato de alienação fiduciária em garantia, julgue os itens que se seguem.

(1) Em contrato de alienação fiduciária em garantia, a mora decorre automaticamente do vencimento do prazo para pagamento de uma prestação ou de toda a dívida, porém comprova-se pelo protesto do título, se houver, ou pela notificação feita, extrajudicialmente, pelo envio de uma carta registrada expedida por intermédio do Cartório de Títulos e Documentos, que é considerada válida se entregue no endereço do domicílio do devedor, ainda que não seja entregue pessoalmente a ele.

(2) A alienação fiduciária em garantia expressa negócio jurídico em que o adquirente de um bem móvel transfere, sob condição resolutiva, ao credor que financia a dívida, a posse indireta do bem adquirido. No entanto, é defeso inserir no referido contrato, além da garantia, cláusula que represente pacto comissório, isto é, de que, ocorrendo a inadimplência do financiado, a propriedade do bem se consolida na esfera patrimonial do credor.

1: correta, pois no presente caso a mora é *ex re*, isto é, automática, pois esta é a regra para as obrigações líquidas e com prazo para vencimento (art. 397, *caput*, do CC). Neste sentido: *"Alienação fiduciária em garantia. busca e apreensão. Âmbito da defesa. Incidência do Código de Defesa do Consumidor. Bens já integrantes do patrimônio do devedor. Taxa de juros. Capitalização mensal. comissão de permanência. Aplicação da TR. Mora dos devedores configurada.* Mora dos devedores configurada na espécie, a despeito de não admitidas a capitalização mensal dos juros e a comissão de permanência. A mora no caso constitui-se *ex re*, decorrendo do simples vencimento do prazo (art. 2º, § 2º, do Decreto-lei 911, de 01.10.69). Recurso especial conhecido, em parte, e provido. (*STJ*, REsp 264.126/RS, rel. Min. Barros Monteiro, 4.ª T., j. 08.05.2001, *DJ* 27.08.2001, p. 344). A assertiva reproduz exatamente os dizeres do art. 2º, *caput* e § 2º, do Decreto-lei, 911/1969; 2: correta, pois a alienação fiduciária em garantia consiste no negócio por meio do qual o devedor-fiduciante transfere a propriedade de bem móvel infungível ao credor-fiduciário, como forma de garantia de sua dívida. Assim, ocorre um desmembramento da posse, permanecendo o fiduciante com a posse direta e o fiduciário com a posse indireta. Por fim, de fato a lei proíbe o pacto comissório, na medida em que estabelece ser "nula a cláusula que autoriza o proprietário fiduciário a ficar com a coisa alienada em garantia, se a dívida não for paga no vencimento". (art. 1.365 do CC).
Gabarito 1C, 2C

(Cartório/AM – 2005 – FGV) Analise os itens a seguir que complementam a seguinte proposição: O contrato de incorporação imobiliária deverá conter cláusulas atinentes:

I.   ao preço que as partes atribuem ao terreno e à construção.

II. aos efeitos da mora no pagamento da parcela relativa ao terreno e sua extensão ao contrato de construção e vice-versa.

III. à obrigação de informar os adquirentes sobre o estado da construção, por meio de comunicação escrita, no mínimo de seis em seis meses.

Assinale:

(A) se apenas a proposição I estiver correta.

(B) se apenas a proposição II estiver correta.

(C) se apenas as proposições I e II estiverem corretas.

(D) se apenas as proposições I e III estiverem corretas.

(E) se todas as proposições estiverem corretas.

I: correta (art. 29 c.c art. 41, § 1º da Lei 4.591/1964); II: incorreta, pois os efeitos da mora decorrem de lei e não do contrato (art. 63 da Lei 4.591/1964).; III: correta, pois esta é uma das obrigações do incorporador quando for contratada a entrega de umidade a prazo (art. 43, I, da Lei 4.591/1964).
Gabarito "D"

(Cartório/DF – 2006 – CESPE) A respeito dos contratos, julgue o item que se segue.

(1) No contrato de permuta, cada parte obriga-se a transferir à outra uma coisa por outra que não seja dinheiro. Assim, todos os bens que não têm qualquer indisponibilidade natural, legal ou voluntária, podem ser permutados. Tais bens não precisam pertencer à mesma espécie nem ter o mesmo valor. Admite-se a permuta de bens de valores desiguais, podendo, nesse caso, haver ou não complementação da diferença em dinheiro. Se uma das coisas ou ambas forem imóveis, o instrumento contratual deverá ser feito mediante escritura pública.

Nos termos do art. 533 do CC. "Aplicam-se à troca as disposições referentes à compra e venda", com as modificações trazidas em seus incisos. Assim, no contrato de compra e venda uma das partes de obriga a transferir o domínio de certa coisa e a outra a pagar-lhe o preco. Na troca, as partes se obrigam reciprocamente a transferir o objeto" X" pelo objeto" Y". Note que, por questão de lógica, não faz sentido que o bem seja dinheiro. De fato, os itens que serão vendidos/trocados não podem ter nenhum tipo de indisponibilidade não precisam pertencer à mesma espécie nem ter o mesmo valor. Neste último caso admite-se a complementação do importe. Sendo uma das coisas imóvel com valor superior a 30 salários mínimos, o instrumento contratual deverá ser feito por escritura pública (art. 108 do CC).
Gabarito 1C

(Cartório/DF – 2003 – CESPE) Terêncio Transvan, sócio-gerente da Transportadora Transvan Ltda, adquiriu, em nome dessa empresa, mediante alienação fiduciária em garantia ao Banco Zeta, três caminhões — os únicos da empresa — para utilização na atividade-fim da transportadora. Os sócios da Transportadora Transvan Ltda. são somente Terêncio e sua esposa, casados no regime da comunhão parcial de bens. A empresa não conseguiu cumprir as obrigações decorrentes do financiamento, restando vencidas seis prestações, e, a vencer, mais de 80% das parcelas. Diante da difícil situação financeira, a Transportadora Transvan Ltda. transferiu um dos caminhões à empresa Transportes Alfa Ltda. Considerando a situação hipotética acima e sabendo que o Banco Zeta requereu judicialmente a busca e apreensão dos três caminhões, julgue os itens seguintes.

(1) A Transportadora Transvan Ltda. tem a propriedade resolúvel dos três caminhões de que trata o texto; tal propriedade, todavia, se desfaz com o implemento da condição resolutiva que é o inadimplemento pela referida transportadora de pelo menos três parcelas do financiamento.

(2) Em razão de se tratar de bens indispensáveis à atividade econômica da empresa devedora, é admitido que os dois caminhões cuja posse ainda detém permaneçam na posse da Transportadora Transvan Ltda. durante a tramitação do processo decorrente da ação de busca e apreensão.

(3) Não questionada a boa-fé da Transportes Alfa Ltda. na aquisição do caminhão, é indispensável para a apreensão do caminhão sob sua posse que haja o registro da alienação fiduciária na repartição competente para o licenciamento do veículo, com a respectiva anotação no Certificado de Propriedade de Veículo automotor.

(4) Considerando que um dos veículos não foi encontrado na posse da Transportadora Transvan Ltda., é admissível a conversão da ação de busca e apreensão em depósito e, mediante a aplicação da teoria da desconsideração da personalidade jurídica, a decretação da prisão civil de Terêncio Transvan, sócio-gerente da empresa.

(5) Os caminhões a que se refere o texto são considerados, para a Transportadora Transvan Ltda., bens móveis suscetíveis de movimento próprio, principais, singulares, indivisíveis, fungíveis, fisicamente e juridicamente consumíveis.

1: incorreta, pois quem tem a propriedade resolúvel é o fiduciário (Banco Zeta). Note que quando é firmado o negócio jurídico de alienação fiduciária em garantia o credor torna-se proprietário da coisa, porém

6. DIREITO CIVIL 361

sob condição resolutiva. Isso significa que a coisa é dele até que o devedor pague todas as parcelas. Implementada a condição, isto é, paga a dívida sua propriedade se resolve e automaticamente e a alienação é cancelada. Se a condição não for implementada, isto é, se o devedor deixar de pagar as parcelas, a propriedade do credor, que antes era resolúvel tornar-se-á plena (art. 1.359/1.361 do CC e art. 1º do Decreto Lei 911/1969); 2: correta, pois a retirada dos bens da posse da devedora poderia acarretar a diminuição ou paralisação de suas funções, o que aumentaria substancialmente as chances de não pagamento da dívida. Este é o entendimento do TJSP: *"Alienação Fiduciária* Bens indispensáveis à atividade industrial do devedor Permanência dos bens alienados em poder da devedora como depositária Possibilidade Tratando-se de bens indispensáveis à atividade econômica da agravada, devem os bens permanecer em seu poder, de modo a viabilizar o cumprimento da obrigação contratual. Agravo não provido (Agravo de Instrumento 1228823005, rel. Des. Sá Moreira de Oliveira, Itaquaquecetuba, 33ª Câmara de Direito Privado; j. 10.11.2008; *DJ* 24.11.2008); 3: correta, pois apenas com o registro é que se dá publicidade a terceiros acerca da alienação fiduciária que recai sobre o bem (art. 1.361, § 1º, do CC c.c art. 1º, § 1º, e art. 66, § 10 do Decreto-lei 911/1969). Assim, se a alienação não estiver registrada, não é possível a apreensão do bem que estiver em sua posse, pois o adquiriu de boa-fé; 4: incorreta, pois a desconsideração da personalidade jurídica apenas pode se dar em caso de fraude ou confusão patrimonial (art. 50 do CC). Logo, neste caso não pode ser desconsiderada. Considerando que quem fez a compra foi a sociedade (pessoa jurídica), constatado que o bem não se encontra mais em seu poder, a busca e apreensão converte-se em depósito e apenas resta ao credor executar a sociedade pelo valor do débito; 5: incorreta, pois os caminhões são considerados bens móveis suscetíveis de remoção por força alheia. De fato, são principais, singulares e indivisíveis. Contudo, são bens infungíveis, pois não podem ser substituídos por outros da mesma espécie, quantidade ou qualidade. Por fim, muito embora sejam juridicamente consumíveis (pois passíveis de alienação), não são fisicamente consumíveis haja vista que o seu uso não importa na sua destruição imediata.

Gabarito 1E, 2C, 3C, 4E, 5E

(Cartório/DF – 2001 – CESPE) Cansado de andar com seu carro velho, Mauro decidiu vendê-lo e comprar um automóvel zero quilômetro. Como não tinha dinheiro suficiente para comprar o veículo que desejava, Mauro buscou um modo de pagar o bem de forma parcelada. Ao contatar a concessionária Beta, foi-lhe oferecida uma opção que ele julgou adequada: um contrato de arrendamento mercantil. Todavia, não se pôde realizar o *leasing* porque o Banco FM S.A., instituição financeira que participaria da operação, exigiu que Mauro apresentasse um fiador para a dívida. Mauro, então, optou pela realização de uma alienação fiduciária em garantia. Considerando a situação hipotética descrita e a legislação pertinente, julgue os itens a seguir.

(1) Caso o contrato de *leasing* houvesse sido realizado, a venda do carro não seria feita diretamente a Mauro, mas ao Banco FM, que alugaria o automóvel a Mauro por um prazo determinado. Somente após o decurso desse prazo, Mauro poderia tornar-se proprietário do bem.

(2) Considerando que as operações de crédito são fatos geradores do imposto sobre operações de crédito, câmbio e seguro, ou relativas a títulos ou valores mobiliários (IOF), seria correto afirmar que o contrato de arrendamento mercantil mencionado na situação em apreço é fato gerador desse tributo.

(3) A fiança, tal como o depósito gratuito, é um ato jurídico unilateral.

(4) Na alienação fiduciária em garantia, a venda do carro seria realizada entre a concessionária e Mauro, o qual, posteriormente, transferiria ao fiduciário o domínio resolúvel e a posse indireta do automóvel.

(5) Nos contratos de alienação fiduciária em garantia, assim como nos contratos que instituem direito real de anticrese, é nula a cláusula que autoriza o credor a ficar com o bem na hipótese de a dívida não ser paga no seu vencimento.

1: correta, pois a ideia básica que envolve o contrato de *leasing* consiste na locação de bens móveis duráveis máquinas, aparelhos, veículos ou imóveis, facultada a sua aquisição, ao final do prazo contratual segundo o preço previamente definido e descontadas as parcelas dadas, ou ainda facultada a renovação ou extinção do vínculo. A Resolução 2.309/1996 do Banco Central, juntamente com a Lei 6.099/1974 cuidam da regulamentação do *leasing* no Brasil; 2: incorreta, pois o imposto incidente na operação de *leasing* é o ISS, nos termos da Súmula 138 do STJ. O Supremo Tribunal Federal inclusive já se manifestou nesse sentido, por meio do Recurso Extraordinário 592.905-1/SC: *"Recurso extraordinário. Direito tributário. ISS. Arrendamento mercantil. Operação de* leasing *financeiro. Artigo 156, III, da Constituição do Brasil.* O arrendamento mercantil compreende três modalidades, [I] o leasing operacional, [II] o *leasing* financeiro e [III] o chamado *lease-back.* No primeiro caso há locação, nos outros dois, serviço. A lei complementar não define o que é serviço, apenas o declara, para os fins do inciso III do artigo 156 da Constituição. Não o inventa, simplesmente descobre o que é serviço para os efeitos do inciso III do artigo 156 da Constituição. No arrendamento mercantil (*leasing* financeiro), contrato autônomo que não é misto, o núcleo é o financiamento, não uma prestação de dar. E financiamento é serviço, sobre o qual o ISS pode incidir, resultando irrelevante a existência de uma compra nas hipóteses do leasing financeiro e do lease-back. Recurso extraordinário a que se nega provimento; 3: incorreta, pois tanto a fiança como o depósito gratuito são contratos unilaterais e não atos jurídicos unilaterais. São relações estabelecidas necessariamente entre duas ou mais pessoas, onde há obrigações para apenas uma das partes; 4: correta, pois no caso de alienação fiduciária em garantia o credor-fiduciário (concessionária) torna-se dono da coisa. Contudo, sua propriedade é resolúvel, condicionada ao adimplemento das parcelas. Neste espeque, o credor-fiduciário detém a posse indireta e o devedor-fiduciante conserva a posse direta do bem (art. 1.361, *caput* e § 1º, do CC e art. 1º do Decreto-lei 911/1969); 5: correta, pois em ambos os casos a lei veda o pacto comissório (aliás, o veda em todos os direitos reais de garantia). Isso porque com a alienação do bem em leilão faz-se o ajuste de contas entre o valor da garantia e o valor da dívida. Ademais, o pacto comissório fere os princípios basilares da socialidade e eticidade, fundamentos do Código Civil de 2002, podendo causar inclusive enriquecimento sem causa por parte do credor (art. 1.365 do CC).

Gabarito 1C, 2E, 3E, 4C, 5C

(Cartório/ES – 2007 – FCC) O mandato

(A) pode ser especial a um ou mais negócios determinadamente, ou geral a todos os do mandante.

(B) deve conter a indicação do lugar em que foi passado e não poderá ser verbal, nem tácito.

(C) outorgado por instrumento público não se pode substabelecer por instrumento particular.

(D) para transigir independe de procuração com poderes especiais e expressos.

(E) que não tiver prazo estabelecido na procuração não se extingue pela morte ou interdição de uma das partes.

A: correta, pois o mandato pode ser outorgado com cláusulas gerais ou com cláusulas especiais. Em regra, nos termos gerais o mandato apenas confere poderes de administração ao mandatário. Entretanto,

362 CAROLINA IKEDA E MARCIO PEREIRA

para a prática de atos como alienação, hipoteca, transação é necessária cláusula especial neste sentido (art. 661 do CC); B: incorreta, pois o mandato pode tranquilamente ser verbal ou tácito (art. 656 do CC); C: incorreta, pois ainda quando se outorgue mandato por instrumento público, pode substabelecer-se mediante instrumento particular (art. 655 do CC). Entretanto alerta o Enunciado 182 do CJF que "O mandato outorgado por instrumento público previsto no art. 655 do Código Civil somente admite substabelecimento por instrumento particular quando a forma pública for facultativa e não integrar a substância do ato"; D: incorreta, pois para que o mandatário possa transigir é indispensável procuração com poderes especiais (art. 661, § 1º, do CC); E: incorreta, pois a morte ou interdição de uma das partes é causa automática para a extinção do mandato quando não outorgado com prazo determinado. Gabarito "A".

(Cartório/MS – 2009 – VUNESP) No contrato de troca de imóvel é incabível o pedido de resolução do contrato. Este posicionamento está

(A) correto, porque se aplicam à troca as disposições referentes à compra e à venda.

(B) correto, porque a diferença de área é meramente enunciativa em sua transcrição.

(C) incorreto, porque a troca pura de imóveis implica eventuais diferenças.

(D) incorreto, porque não se aplica à troca o pedido de resolução.

(E) incorreto, porque não é possível haver troca *ad mensuram*.

A alternativa "A" está correta, pois caso não conste de forma expressa no contrato, presume-se que a venda/troca foi feita *ad corpus* (art. 500, § 3º, do CC). Assim, tendo em vista que o imóvel for vendido como coisa certa e discriminada, não haverá complemento de área, nem devolução de excesso e também não será facultado o pedido de resolução do contrato, por ausência de previsão legal. Veja que se a venda/troca for *ad mensuram*, o pedido de resolução seria possível, nos termos do art. 500, *caput*, do CC. Gabarito "A".

(Cartório/PR – 2007) A alienação fiduciária regulada pela Lei 9.514/97 é o negócio jurídico pelo qual o devedor, ou fiduciante, com o escopo de garantia, contrata a transferência ao credor, ou fiduciário, da propriedade resolúvel de coisa imóvel. Podemos afirmar o que segue:

I. A alienação fiduciária poderá ser contratada por pessoa física ou jurídica, não sendo privativa das entidades que operam no SFI, podendo ter como objeto, além da propriedade plena, bens enfitêuticos, hipótese em que será exigível o pagamento do laudêmio, se houver a consolidação do domínio útil no fiduciário.

II. Constitui-se a propriedade fiduciária de coisa imóvel mediante registro, no competente Registro de Imóveis, do contrato que lhe serve de título.

III. Vencida e não paga a dívida, o fiduciante, ou seu representante legal ou procurador regularmente constituído, será intimado, a requerimento do fiduciário, pelo oficial do competente Registro de Imóveis, a satisfazer, no prazo de dez dias, a prestação vencida e as que se vencerem até a data do pagamento, os juros convencionais, as penalidades e os demais encargos contratuais, os encargos legais, inclusive tributos, as contribuições condominiais imputáveis ao imóvel, além das despesas de cobrança e de intimação.

IV. Vencida e não paga, no todo ou em parte, a dívida e constituído em mora o fiduciante, consolidar-se-á, a propriedade do imóvel em nome do fiduciário.

Marcar a alternativa correta:

(A) II, III e IV estão corretas.

(B) I, II e IV estão corretas.

(C) II e III estão INCORRETAS.

(D) somente III está correta.

(E) I e III estão INCORRETAS.

I: correta (art. 22, §1º, I, da Lei 9.514/1997); II: correta (art. 23, *caput*, da Lei 9.514/1997); III: incorreta, pois o prazo para a satisfação da dívida é de 15 dias (art. 26, § 1º, da Lei 9.514/1997); IV: correta (art. 26, *caput*, da Lei 9.514/1997). Gabarito "B".

(Cartório/PR – 2007) Opera-se o mandato quando alguém recebe de outrem poderes para, em seu nome, praticar atos ou administrar interesses. A procuração é o instrumento do mandato. Nestes termos, marcar a resposta correta:

(A) O mandante é obrigado a pagar ao mandatário a remuneração ajustada e as despesas da execução do mandato, quando o negócio surta o efeito esperado, pois se trata de uma obrigação de resultado.

(B) Para alienar, hipotecar, transigir, ou praticar outros quaisquer atos, depende a procuração de poderes exclusivamente de administração.

(C) O mandatário pode compensar os prejuízos a que deu causa com os proveitos que, por outro lado, tenha obtido a favor de seu constituinte.

(D) O instrumento particular deve conter a indicação do lugar onde foi passado, a qualificação do outorgante e do outorgado, a data e o objetivo da outorga com a designação e a extensão dos poderes conferidos. Somente o terceiro com quem o mandatário tratar poderá exigir que a procuração traga a firma reconhecida.

(E) Conferido o mandato com a cláusula "em causa própria", a sua revogação terá eficácia e se extinguirá pela morte de qualquer das partes, ficando o mandatário dispensado de prestar contas.

A: incorreta, pois a obrigação do mandante ao mandatário no que tange ao pagamento da remuneração ajustada e as despesas de execução deve ser feito independentemente de o negócio surtir o efeito esperado, salvo na hipótese de haver culpa do mandante (art. 676 do CC); B: incorreta, pois para alienar, hipotecar, transigir, ou praticar outros quaisquer atos é preciso que a procuração traga poderes especiais para tanto (art. 661, §1º do CC); C: incorreta, pois o mandatário não pode compensar os prejuízos a que deu causa com os proveitos que, por outro lado, tenha granjeado ao seu constituinte (art. 669 do CC); D: correta (art. 654, §§ 1º e 2º, do CC); E: incorreta, pois conferido o mandato em causa própria sua revogação não terá eficácia e não se extinguirá pela morte de qualquer das partes, ficando o mandatário dispensado de prestar contas (art. 685 do CC). Gabarito "D".

(Cartório/RJ – 2008 – UERJ) É correta a alternativa:

(A) em direito privado, não se admite mandato verbal

(B) o maior de 16 e menor de 18 anos, não emancipado, não pode ser mandatário

(C) a procuração em causa própria relativa a imóveis deverá conter os requisitos da compra e venda e por suas normas serão regidas

6. DIREITO CIVIL 363

(D) uma vez conferido o mandato, fica o mandatário desobrigado à prestação de contas ao mandante

(E) o relativamente capaz pode outorgar procuração apenas por instrumento público, sendo, neste caso, dispensada a assistência ao ato

A: incorreta, pois se admite mandato verbal em direito privado (art. 656 do CC). Entretanto, importante fazer a ressalva prevista no art. 657 do CC, no sentido de que "A outorga do mandato está sujeita à forma exigida por lei para o ato a ser praticado. Não se admite mandato verbal quando o ato deva ser celebrado por escrito". Assim, *i.e,* no contrato de mandato para a venda de um imóvel cujo valor ultrapasse 30 salários mínimos, a procuração necessariamente deverá ser por escrito e por escritura pública, pois esta é a forma exigida para a prática do ato principal; B: incorreta, pois o maior entre 16 e 18 anos, ainda que não emancipado pode ser mandatário independentemente de representação (art. 666 do CC); C: correta, pois a procuração deve seguir os mesmos requisitos exigidos para a prática dos atos principais (art. 657 do CC), e será regida pelas normas regulamentadoras de tais atos; D: incorreta, pois o mandatário é obrigado a dar conta de sua gerência ao mandante (art. 668 do CC); E: incorreta, pois o relativamente capaz pode outorgar procuração também por instrumento particular, desde que devidamente assistido. Neste sentido *"Previdenciário. Menores. Procuração por instrumento público. Desnecessidade. Art. 515, § 3º, CPC. Termo inicial do benefício. Prescrição. Correção monetária das parcelas pagas em atraso. Súmula Nº 09/TRF-4ª Região.* Inversão da sucumbência. 1. O menor relativamente incapaz, desde que assistido, pode outorgar procuração por instrumento particular ao mandante, sendo desnecessário o instrumento público. 2. A teor do disposto no § 3º do artigo 515 do Código de Processo Civil, acrescido pela Lei 10.032/01, em sua exegese extensiva, consoante os novos ditames do direito processual civil moderno, que cada vez mais busca valorizar os primados da instrumentalidade e da celeridade processuais, existe espaço para o imediato exame do mérito da demanda, desde que em condições de julgamento e versando sobre matéria exclusivamente de direito. 3. *Omissis* 8. Apelação provida." (STJ, EREsp 202.291/ SP, 3ª Seção, rel. Min. Hamilton Carvalhido, *DJU* 11.09.2000, p. 220). De outra parte, atente-se, porém, que este mesmo personagem pode atuar como mandatário independentemente de assistência, nos termos do art. 666 do CC.

Gabarito "C".

(Cartório/SP – I – VUNESP) Considere as afirmações sobre o contrato de mandato.

I. É nula a obrigação cambial assumida por procurador do mutuário vinculado ao mutuante, no exclusivo interesse deste.

II. Havendo mais de um mandatário, nomeados no mesmo instrumento, presume-se sejam solidários, no silêncio do contrato.

III. A procuração em causa própria dispensa o mandatário da prestação de contas, sobrevive à morte do mandante e se contiver os requisitos e formalidades do negócio visado, vale por ele.

IV. No caso de morte do mandante, são válidos os atos praticados pelo mandatário enquanto este ignorar o fato, em relação aos contraentes de boa-fé.

Pode-se dizer que são corretas somente as afirmações

(A) I e II.

(B) I, III e IV.

(C) I, II e III.

(D) III e IV.

I: correta (Súmula 60 do STJ); II: incorreta, pois a solidariedade não será presumida entre eles. Neste ponto, importante recordar que a solidariedade não se presume, decorrendo apenas da lei ou da vontade das partes (art. 265 do CC). O art. 672 do CC trata da hipótese em que são nomeados dois ou mais mandatários no mesmo instrumento, asseverando que "qualquer deles poderá exercer os poderes outorgados, se não forem expressamente declarados conjuntos, nem especificamente designados para atos diferentes, ou subordinados a atos sucessivos. Se os mandatários forem declarados conjuntos, não terá eficácia o ato praticado sem interferência de todos, salvo havendo ratificação, que retroagirá à data do ato". Em nenhum momento, contudo, aduz que serão solidários; III: correta (art. 685 do CC); IV: correta (art. 689 do CC).

Gabarito "B".

(Cartório/SP – II – VUNESP) Frederico, mediante mandato, outorgou a Ricardo poderes para vender sua casa na Rua do Império. Dias depois, viajou para Jerusalém e, no percurso, afogou-se. Ricardo, ignorando o óbito, vendeu a casa a Felipe, que a comprou de boa-fé. Neste caso, o ato

(A) é nulo.

(B) é anulável.

(C) só será válido se o mandato for por prazo indeterminado.

(D) é válido.

O ato é válido, uma vez que Ricardo (mandatário) o praticou ignorando a morte de Frederico (mandante). Neste passo, Felipe (terceiro), também não tinha conhecimento da morte do outorgante, tendo agido, portanto, de boa-fé. Assim, a compra e venda será plenamente válida, nos termos do art. 689 do CC.

Gabarito "D".

(Cartório/SP – IV – VUNESP) Em que caso se extingue o mandato em causa própria?

(A) Com a morte do mandatário.

(B) Com a morte do mandante.

(C) Em nenhum caso.

(D) Pela revogação.

O mandato em causa própria não se extingue nem com a morte/incapacidade do mandatário, nem com a morte/incapacidade do mandante e sua eventual revogação também não gera eficácia. Portanto, não se extingue em nenhum caso. A razão é simples: o mandato em causa própria é aquele no qual se outorgam poderes ao mandatário para administrar certo negócio, como se fosse seu no *seu próprio interesse*, fazendo *suas* as vantagens do negócio (art. 685 do CC).

Gabarito "C".

(Cartório/SP – V – VUNESP) A fiança prestada por mais de uma pessoa a um só débito sem o benefício de divisão importa

(A) no compromisso de assumir integralmente o montante devido, invocando o benefício de ordem quanto à parte que não lhe couber, proporcionalmente, no pagamento.

(B) no direito de invocar o benefício de ordem.

(C) no compromisso de assumir o montante devido pela parte que, em proporção, lhe couber no pagamento.

(D) no compromisso de solidariedade entre elas

A fiança prestada por mais de uma pessoa a um só débito sem o benefício de divisão impor no compromisso de solidariedade entre elas. Esta é uma hipótese excepcional em que a lei presume solidariedade entre as partes, reservando o benefício da divisão apenas se elas declararem expressamente em contrato. Portanto, no caso de se mantiverem silentes, não poderão invocar o benefício de ordem (art. 829 do CC)

Gabarito "D".

(Cartório/SP – V – VUNESP) Os atos praticados por quem não tenha mandato ou o tenha sem poderes suficientes são

(A) ineficazes em relação ao mandante, salvo ratificação.

(B) nulos.

(C) anuláveis, salvo ratificação.

(D) ineficazes em relação a terceiros, mas vinculam as partes.

Os atos praticados por quem não tenha mandato, ou o tenha sem poderes suficientes, são "ineficazes em relação àquele em cujo nome foram praticados, salvo se este os ratificar". (art. 662, *caput*, do CC).

Gabarito "A".

(Cartório/SP – V – VUNESP) Na troca ou permuta

(A) cada um dos contratantes pagará por metade as despesas com o instrumento.

(B) não há despesas com o instrumento, dada a equivalência presumida em relação aos bens.

(C) somente haverá despesas se os valores forem desiguais.

(D) cada um dos contratantes pagará as despesas com o instrumento, proporcionalmente ao acréscimo patrimonial obtido.

A: correta (art. 533, I, do CC); B: incorreta, pois não há equivalência presumida com relação aos bens. Note que os bens trocados podem ser de valores desiguais, admitida a complementação do valor; C: incorreta, pois a questão das despesas não está necessariamente vinculada ao valor dos bens. É possível que haja, *i.e*, despesas com transporte, transferência etc.; D: incorreta, pois em regra cada um dos contratantes pagará por metade as despesas com o instrumento da troca. Eventual disposição em sentido contrário apenas valerá se estiver expressamente prevista no contrato (art. 533, I, do CC).

Gabarito "A".

(Cartório/SP – VI – VUNESP) Analise as seguintes assertivas.

I. O mandato para alienar bem imóvel depende de poderes especiais e expressos.

II. Sempre que o mandato contiver cláusula de irrevogabilidade e o mandante o revogar, tal revogação será ineficaz.

III. O maior de dezesseis anos e o menor de dezoito anos não emancipado podem ser mandatários.

IV. Os atos praticados por quem não tenha mandato, ou o tenha sem poderes suficientes, são ineficazes em relação àquele em cujo nome foram praticados, salvo se este os ratificar.

Está correto apenas o contido em

(A) I, II e III.

(B) I, II e IV.

(C) I, III e IV.

(D) II, III e IV.

I: correta, pois para alienar, hipotecar, transigir, ou praticar outros quaisquer atos que exorbitem da administração ordinária, depende a procuração de poderes especiais e expressos. Alienar um imóvel é exemplo clássico (art. 661, § 1º, do CC); II: incorreta, pois a revogação apenas será ineficaz quando a cláusula de irrevogabilidade for condição de um negócio bilateral, ou tiver sido estipulada no exclusivo interesse do mandatário. Caso contrário, a revogação poderá ocorrer, entretanto o mandante pagará perdas e danos (art. 683 e 684 do CC); III: correta (art. 666 do CC); IV: correta (art. 662 do CC).

Gabarito "C".

(Cartório/SP – 2011 – VUNESP) A respeito do mandato "em causa própria", assinale a alternativa incorreta.

(A) Extingue-se com a morte do mandante.

(B) Dispensa o mandatário de prestar contas.

(C) É ineficaz a manifestação de vontade do mandante de revogação.

(D) Permite que o mandatário transfira para si os bens móveis ou imóveis objeto do mandato.

A: incorreta (devendo ser assinalada), pois o mandato em causa própria não se extingue com a morte/incapacidade do mandante (art. 685 do CC); B, C, D: corretas (arts. 685 do CC).

Gabarito "A".

(Cartório/SP – 2012 – VUNESP) No contrato de fiança, se o fiador exige do devedor outro fiador para o caso em que venha exercer seu direito regressivo, é correto afirmar que há

(A) subfiança.

(B) cofiança.

(C) retrofiança.

(D) ineficácia do ato, à luz de interpretação restritiva do instituto.

A: incorreta, pois subfiança, nas palavras de Flávio Tartuce (*Direito Civil*. 4. ed. São Paulo: Método. vol. 3, p. 415) é a hipótese em que se tem o fiador do fiador. Trata-se de um subcontrato ou contrato derivado. O abonador tem uma responsabilidade subsidiária, pois só pode ser acionada na hipótese de insolvência do devedor e do fiador. A figura estava tratada no art. 1.482 do CC/1916. Como não houve nenhum dispositivo correspondente no Novo Código Civil, à primeira vista pode parecer que e o instituto foi banido. Entretanto é forçoso concluir que não há ilicitude na sua previsão, podendo o contrato celebrado nessas circunstâncias ser enquadrado no art. 425 do CC, como contrato atípico; B: incorreta, pois a cofiança é fiança conjuntamente prestada a um só débito por mais de uma pessoa (arts. 829 e 830 CC); C: correta, pois retrofiança, é aquela em que o fiador exige do devedor outro fiador, contra o qual poderá exercer o direito de regresso. Também não há vedação de sua previsão, também como contrato atípico; D: incorreta, pois o ato é existente válido e eficaz, haja vista não haver disposição em sentido contrário.

Gabarito "C".

(Cartório/MG – 2016 – Consulplan) Assinale a alternativa em que todos os caracteres jurídicos estão presentes no contrato de fiança.

(A) Típico, gratuito, unilateral, aleatório.

(B) Atípico, oneroso, bilateral, comutativo.

(C) Nominado, oneroso, bilateral, aleatório.

(D) Inominado, gratuito, unilateral, comutativo.

Alternativa A correta. Ocorre a fiança quando uma pessoa garante satisfazer ao credor uma obrigação assumida pelo devedor, caso este não a cumpra (artigo 818 do Código Civil). É típico ou nominado, pois está previsto em lei, e esta traz suas regras e disposições. É gratuito porque o fiador ajuda o afiançado, sem qualquer contraprestação. Detalhe, pode ter um caráter oneroso, como no caso da fiança bancária, quando o afiançado remunera o fiador pela fiança prestada. É contrato unilateral porque gera obrigações, após ultimado, apenas ao fiador. É aleatório, (*alea* significa sorte, risco) porque a prestação do fiador dependerá de fato eventual. Alternativas B, C e D, incorretas. Contratos atípicos ou inominados são aqueles não previstos expressamente no Código Civil. A fiança é contrato típico ou nominado. Contrato oneroso é aquele em que ambos os contratantes obtêm um proveito, ao qual corresponde a um sacrifício. Contrato Bilateral ou sinalagmático é aquele

6. DIREITO CIVIL

que gera obrigações para ambos os contratantes. Obrigações estas recíprocas. Contrato Comutativo são os contratos bilaterais e onerosos que as prestações são certas e determinadas. As partes, de antemão, conhecem as vantagens e os sacrifícios patrimoniais decorrentes da celebração contratual.
Gabarito "A".

(Cartório/SP – 2016 – VUNESP) O contrato preliminar, tal como regulado no Código Civil,

(A) prescinde da observância da forma prescrita para o contrato definitivo.

(B) pode deixar para o futuro, na promessa de venda, a determinação do preço.

(C) é privado de efeito, enquanto não levado ao registro competente.

(D) não admite cláusula de arrependimento, considerada ineficaz, quando prevista.

Alternativa A correta. Nos termos do artigo 462 da lei civil, o contrato preliminar também chamado de *pactum de contrahendo* é negócio jurídico no qual as partes assumem obrigação de fazer, cujo objeto principal é a conclusão do contrato definitivo. O contrato preliminar prescinde da observação da forma prescrita para o contrato definitivo, entretanto, deverão estar previstos todos os requisitos essenciais ao contrato definitivo. Alternativa B, incorreta. O contrato de compra e venda está previsto nos artigos 481 e seguintes do Código Civil. No que tange ao contrato preliminar de promessa de compra e venda, devem estar presentes os requisitos essenciais do contrato definitivo, quais sejam, as partes, o objeto, o preço, o consentimento e a forma, nos termos do artigo 462 do Código Civil. Alternativa C, incorreta. O disposto no parágrafo único do artigo 463 do Código Civil, diz respeito ao registro do contrato preliminar, a fim de ter eficácia perante terceiros. Alternativa D, incorreta. Admite-se a não celebração do contrato definitivo se uma das partes vier a se valer da cláusula de arrependimento prevista no contrato preliminar, nos termos do artigo 463 do Código Civil.
Gabarito "A".

(Cartório/SP – 2016 – VUNESP) Assinale a alternativa correta.

(A) A procuração, porque encontra na confiança seu traço distintivo, não pode conter cláusula de irrevogabilidade, a ser considerada ineficaz, se estabelecida.

(B) A adoção de criança e adolescente pode ser objeto de procuração.

(C) A procuração deve respeitar a forma exigida por lei para os atos e negócios jurídicos a serem praticados, nada obstante negócio jurídico 'preparatório.

(D) A procuração, instrumento do mandato, disciplina a relação interna do mandante e do mandatário; rege as obrigações de um e de outro.

Alternativa A incorreta. Procuração e contrato de mandato não se confundem. O contrato de mandato é negócio jurídico bilateral, consensual, resultante do acordo de vontade entre as partes, mandante e mandatário, o que não se confunde com a procuração que é negócio jurídico unilateral, de atribuição de poderes e representação. Assim, o contrato de mandato pode ser revogado, nos termos dos artigos 653, 683 e 684, todos do Código Civil. Alternativa B, incorreta. Nos termos do § 2º do artigo 39 do Estatuto da criança e do adolescente, é vedada a adoção de criança e adolescente por procuração. Alternativa C, correta. Nos termos do artigo 657 do Código Civil: "A outorga do mandato está sujeita à forma exigida por lei para o ato a ser praticado. Não se admite mandato verbal quando o ato deva ser celebrado por escrito". Alternativa D, incorreta. Quem trás os direitos e obrigações é o contrato de mandato, a procuração é ato jurídico unilateral, pelo

qual é feita a atribuição de poderes de representação, nos termos do artigo 653 do Código Civil.
Gabarito "C".

(Cartório/MG – 2015 – Consulplan) "João celebrou contrato de mandato com Pedro, outorgando-lhe poderes para transferir documentos de seu veículo para Luana, pois o mesmo já estava alienado a ela, inclusive quitado, sendo sabido da condição frágil de saúde de Luana, que, em fase terminal, seria hospitalizada. Pedro, ainda dentro do cartório de notas, preste a assinar o documento de transferência, recebe a notícia da morte de João e que seus herdeiros estão em lugar incerto e não sabido, o que pode acarretar em longa demora na efetivação da transferência do documento do bem e sua regularização no órgão de trânsito." Diante dos fatos, é correto afirmar:

(A) Por ter caráter pessoal, com o advento do falecimento de qualquer uma das partes, cessarão todos os efeitos do instrumento de mandato, em qualquer hipótese.

(B) Embora ciente da morte, deve o mandatário concluir o negócio já começado, se houver perigo na demora.

(C) Embora ciente da morte, os herdeiros devem concluir o negócio já começado, independente da abertura legal do inventário.

(D) A herança responde pelo pagamento das dívidas do falecido, devendo o interessado habilitar seus créditos, a fim de obter adimplemento da obrigação.

Alternativa A incorreta. Não obstante o caráter personalíssimo do contrato de mandato e a lei disponha da extinção do mandato pela morte (artigo 682, II, CC), o artigo 674 do Código diz que o mandatário deverá concluir o negócio já começado, se houver perigo na demora. Alternativa B, correta. De acordo com o texto expresso previsto no artigo 674 do Código Civil. Aplica-se o princípio da lealdade, respeitando-se os interesses estipulados no contrato de mandato. Mesmo ciente da morte, interdição ou mudança de estado do mandante, o exercício dos poderes conferidos pelo contrato, quando realizados pelo mandatário evitará causar prejuízos à parte interessada. Alternativa C e D violam o artigo 674 do Código Civil.
Gabarito "B".

(Cartório/MG – 2016 – Consulplan) São características do mandato *in rem suam* ou *in rem propriam*, EXCETO:

(A) Possui natureza jurídica de negócio jurídico translativo de direitos.

(B) Responsabilidade do mandatário pela evicção.

(C) Revogabilidade e prestação de contas.

(D) Os herdeiros do mandatário, caso este faleça, sub-rogam-se no crédito.

Alternativa A, conforme o artigo 685 do Código Civil, visto que é irrevogável, de acordo com o artigo 781 do Código de Normas da Corregedoria Geral de Justica (Provimento 260/CGJ/2013). Alternativa B, de acordo com o artigo 447 do Código Civil. Alternativa C, correta. De acordo com o artigo 781 do Código de Normas da Corregedoria Geral de Justica (Provimento 260/CGJ/2013). É a exceção, vale dizer, A procuração e causa própria (*mandato in rem suam*) é outorgada no interesse exclusivo do mandatário e utilizada como modo de alienação de bens. "A procuração em causa própria, pela sua própria natureza, dispensa o procurador de prestar contas, pois encerra uma cessão de direitos em proveito dele. É, por isto mesmo, irrevogável e presta-se à transmissão do domínio mediante transcrição no Registro Imobiliário, desde que reúna os requisitos fundamentais e sejam satisfeitas as formalidades exigidas para a compra e venda" (RT 577:214). Vide artigo 685 do Código Civil. Alternativa D, se o mandatário falecer seus

herdeiros sub-rogam-se no crédito porque o mandato em causa própria tem natureza jurídica de negócio jurídico translativo de direitos.
Gabarito "C".

(Cartório/MG – 2016 – Consulplan) A, solteiro, confere a B mandato para vender imóvel em seu nome. Passado um tempo, A veio a se casar, em regime de comunhão parcial de bens, tendo B ciência dos fatos.

Quanto ao mandato no caso vertente, nos termos do Código Civil, é correto afirmar:

(A) O casamento do mandante acarreta mudança de estado civil, que faz cessar o mandato, inabilitando o mandatário para o uso dos poderes outorgados.

(B) Casando em regime de comunhão parcial de bens, os poderes serão mantidos. É dispensada a outorga do cônjuge para alienar os bens adquiridos antes do matrimônio.

(C) O casamento do mandante acarreta mudança de estado civil, contudo, não cessa o mandato. Extinção do mandato se dá exclusivamente pela revogação, pela renúncia, pela morte ou interdição de uma das partes, pelo término do prazo ou pela conclusão do negócio.

(D) Nada obsta a venda de imóvel por mandato outorgado anterior ao matrimônio de bens particulares. O casamento do mandante acarreta apenas mudança de estado civil, que não faz cessar o mandato. Podendo o mandatário alienar livremente o bem independente da outorga.

Alternativa A correta. Nos termos do inciso III do artigo 682, o mandato será extinto "pela mudança de estado que inabilite o mandante a conferir os poderes, ou o mandatário para os exercer". Dessa forma, com a mudança do estado Civil para casado, uma vez que tenha outorgado procuração para venda de imóveis, essa alienação dependerá do consentimento do outro cônjuge, nos termos do artigo 1.647, inciso I, do mesmo diploma legal, gerando a ineficácia do mandato. Alternativa B, incorreta, Viola o disposto do artigo 682, inciso III, em razão da mudança do estado Civil, bem como, o artigo 1.647, inciso I, do Código Civil. Alternativa C, incorreta. Vai de encontro ao disposto no inciso III do artigo 682 do Código Civil. Alternativa D, incorreta. Viola os artigos 682, inciso III e 1.647, inciso I, todos do Código Civil.
Gabarito "A".

(Cartório/MG – 2016 – Consulplan) Maria Clara pede a Vitória que vá até a venda da esquina e entregue ao vendedor certa soma de dinheiro que lhe devia. Vitória entregará o dinheiro e pegará recibo. Nisto consiste a tarefa e nada mais.

É correto afirmar que houve

(A) mero serviço de núncio.

(B) contrato de mandato.

(C) contrato de prestação de serviço.

(D) contrato de depósito.

Alternativa A correta. Núncio é um porta voz, um mensageiro, vale dizer, alguém encarregado de transmitir um recado ou entregar um documento a outrem. O núncio não é um representante legal, aliás, sequer precisa nem ter capacidade civil. Alternativa B, incorreta. O contrato de mandato é negócio jurídico bilateral, consensual, resultante do acordo de vontade entre as partes, mandante e mandatário, onde este recebe daquele poderes para, em seu nome, praticar atos ou administrar interesses. Vide artigo 653 do Código Civil. Alternativa C, incorreta. Ocorre a prestação de serviços quando se loca toda espécie

de serviço ou trabalho lícito, material ou imaterial, contratado mediante retribuição. Alternativa D, incorreta. Ocorre o contrato de depósito quando alguém denominado de depositário, recebe um objeto móvel, para guardar, até que o depositante o reclame. Está previsto a partir dos artigos 627 e seguintes do Código Civil.
Gabarito "A".

(Cartório/MG – 2015 – Consulplan) Nos termos da Lei nº 9514/97, com o pagamento da dívida e seus encargos, resolve-se a propriedade fiduciária do imóvel. A contar da data de liquidação da dívida, o fiduciário fornecerá o respectivo termo de quitação ao fiduciante, sob pena de multa em favor deste. Quanto ao prazo para entrega do termo de quitação, sem aplicação das sanções previstas, é correto afirmar que este deve ocorrer no prazo de

(A) 90 (noventa) dias, a contar da liquidação da dívida.

(B) 60 (sessenta) dias, a contar da liquidação da dívida.

(C) 30 (trinta) dias, a contar da liquidação da dívida.

(D) 45 (quarenta e cinco) dias, a contar da liquidação da dívida.

Alternativas A, B e D violam o texto expresso do § 1º do artigo 25 da Lei 9.514/97. Alternativa C, correta. De acordo com § 1º do artigo 25 da Lei 9.514/97. A alienação fiduciária em garantia consiste na transferência feita pelo devedor ao credor da propriedade resolúvel e da posse indireta de um bem infungível ou de um bem imóvel, como garantia de seu débito, resolvendo-se o direito do adquirente com o adimplemento da obrigação, ou melhor, com pagamento da dívida garantida. Ver artigo 1.361 do Código Civil e artigos 22 e seguintes da Lei 9.514/97.
Gabarito "C".

(Cartório/MG – 2015 – Consulplan) Nos termos da Lei nº 9514/97, quanto à Alienação Fiduciária de Coisa Imóvel, é correto afirmar:

(A) A alienação fiduciária poderá ser contratada por pessoa física ou jurídica, sendo privativa das entidades que operam no Sistema Financeiro Imobiliário – SFI e companhia autorizada para esse fim pelo BACEN.

(B) Os emolumentos devidos aos Cartórios de Registros de Imóveis para cancelamento do regime fiduciário e das garantias reais existentes serão cobrados como ato único.

(C) As operações de financiamento imobiliário, no âmbito do Sistema Financeiro Imobiliário – SFI, serão reguladas pelo governo federal, fixando prazo e taxas de juros máximos para financiamento.

(D) Os atos e contratos de Alienação Fiduciária de Bens imóveis, no âmbito do Sistema Financeiro Imobiliário – SFI, serão celebrados por escritura pública, facultando instrumento particular somente quando inferior a 30 (trinta) salários-mínimos.

Alternativa A incorreta. Viola o § 1º do artigo 22 da Lei 9.514/97. Segundo o dispositivo, "...A alienação fiduciária poderá ser contratada por pessoa física ou jurídica, **não sendo privativa** das entidades que operam no SFI, ...". Alternativa B, correta. De acordo com o texto expresso do § 3º do artigo 16 da Lei 9.514/97. Alternativa C, incorreta. Viola o artigo 5º da Lei 9.514/97. A Lei permite a livre convenção entre as partes, observadas as seguintes condições: reposição integral do valor emprestado e respectivo reajuste; remuneração do capital emprestado às taxas convencionadas no contrato; capitalização de juros; contratação, pelos tomadores de financiamento, de seguros contra os riscos de morte e invalidez permanente. As partes poderão estabelecer o critério do reajuste de acordo com a legislação vigente. Alternativa D, incorreta. Viola o artigo 23 da Lei 9.514/97. Esse dispositivo não

6. DIREITO CIVIL

exige a formalidade de escritura pública para a constituição do contrato fiduciário. Basta um instrumento privado, devendo ser registrado no Registro Competente.

Gabarito "B".

(Cartório/MG – 2015 – Consulplan) É garantia que impede a alienação do bem a terceiros:

(A) Penhor.

(B) Hipoteca.

(C) Alienação fiduciária.

(D) Anticrese.

Alternativa A incorreta. Nos termos do artigo 1.431 do Código Civil, o penhor constitui-se pela tradição da coisa empenhada, ou seja, o devedor transfere a posse direta, mas continua com sua propriedade, conservando-se a posse indireta. Em razão disso, é possível a alienação do bem dado em penhor a terceiros. Alternativa B, incorreta. Viola o disposto do artigo 1.475 do Código Civil: "É nula a cláusula que proíbe ao proprietário alienar imóvel hipotecado." Alternativa C, correta. A alienação fiduciária em garantia consiste na transferência feita pelo devedor ao credor da propriedade resolúvel e da posse indireta de um bem infungível ou de um bem imóvel, como garantia de seu débito, resolvendo-se o direito do adquirente com o adimplemento da obrigação, ou melhor, com pagamento da dívida garantida. Ver artigo 1.361 do Código Civil e artigos 22 e seguintes da Lei 9.514/97. Diante disso, não é possível a alienação a terceiros, pois a propriedade do bem fiduciário é transferida ao credor, nos termos do artigo 1.361, §§ 1º e 2º, do Código Civil. Alternativa D, incorreta. De acordo com o artigo 1.423 do Código Civil. Anticrese tem como objeto bem imóvel e é o direito real de garantia em que o devedor ou alguém por ele, entrega imóvel ao credor, cedendo o direito a este de perceber os frutos e rendimentos em compensação de uma dívida. Uma de suas principais características é a retenção da coisa gravada em poder do credor para garantir o pagamento da dívida. Diante disso, é possível alienar o imóvel a terceiros, eis que devedor transfere a posse direta do imóvel ao credor anticrético para usufruir seus frutos, a fim de amortizar a dívida. Assim, o devedor permanece com a propriedade e posse indireta do imóvel.

Gabarito "C".

(Cartório/MG – 2015 – Consulplan) Nos termos da Lei nº 9.514/97, havendo a purga da mora, o oficial do Registro de Imóveis entregará ao fiduciário as importâncias recebidas, deduzidas as despesas de cobrança e de intimação. Quanto ao prazo para entrega das importâncias ao fiduciário, é correto afirmar que deve ser realizada

(A) nos 3 (três) dias seguintes à purgação da mora.

(B) nos 3 (três) dias seguintes à intimação para pagamento.

(C) nos 15 (quinze) dias seguintes à purgação da mora.

(D) nos 15 (quinze) dias seguintes à intimação para pagamento.

Alternativa A correta. Nos termos do § 6º do artigo 26 da Lei nº 9.514/97, nos três dias subsequentes à purgação da mora, o Oficial de Registro de Imóveis entregará ao fiduciário as importâncias recebidas, deduzidas às despesas de cobrança e intimação. Alternativas, B, C e D, incorretas. Violam o prazo previsto no § 6º do artigo 26 da Lei nº 9.514/97.

Gabarito "A".

(Cartório/MG – 2016 – Consulplan) Determinada construtora resolve incorporar, permitindo-lhe, assim, vender imóveis na planta, ou seja, alienar futura unidade autônoma. Contudo, não possuindo a totalidade dos recursos financeiros para tocar as obras, buscou linha de crédito junto a certa instituição financeira. No entanto, para liberação do empréstimo, a instituição financeira exigiu do incor-

porador algumas garantias para concessão do crédito. Quanto às possíveis garantias exigidas pela instituição financeira, uma não satisfaz o incorporador, haja vista que inviabilizaria por total as vendas de fração ideal vinculada à futura unidade autônoma até a liquidação total da dívida.

A garantia que não permite ao construtor alienar os imóveis antes da liquidação da dívida é

(A) fiança dos sócios.

(B) alienação fiduciária em garantia do terreno e das benfeitorias realizadas.

(C) hipoteca do terreno e das benfeitorias realizadas.

(D) penhor dos recebíveis de créditos futuros.

Alternativa A incorreta. Garantia é gênero do qual são espécies a garantia real ou fidejussória. As garantias reais são o penhor, a hipoteca e a anticrese, nas quais um bem móvel ou imóvel é destacado para garantir o cumprimento de uma obrigação. No entanto, a garantia fidejussória é garantia pessoal, podendo ser a fiança ou o aval. Assim, ocorrendo o descumprimento do devedor principal o fiador garantirá o cumprimento da obrigação afiançada, eis que na fiança o fiador tem responsabilidade subsidiária. Diante disso é possível a alienação dos bens imóveis antes da liquidação da dívida, eis que a garantia prestada para o cumprindo da obrigação é pessoal e não real, nos termos do artigo 818 do Código Civil. Alternativa B, correta. A alienação fiduciária em garantia consiste na transferência feita pelo devedor ao credor da propriedade resolúvel e da posse indireta de um bem infungível ou de um bem imóvel, como garantia de seu débito, resolvendo-se o direito do adquirente com o adimplemento da obrigação, ou melhor, com pagamento da dívida garantida. Ver artigo 1.361 do Código Civil e artigos 22 e seguintes da Lei 9.514/97. Diante disso, não é possível a alienação dos imóveis antes da liquidação da dívida, pois a propriedade do bem fiduciário é transferida ao credor, nos termos do artigo 1.361, §§ 1º e 2º, do Código Civil. Alternativa C, incorreta. Será permitida, antes da liquidação da dívida, a alienação do terreno hipotecado, bem como das benfeitorias realizadas, pois, de acordo com o disposto do artigo 1.475 do Código Civil: "É nula a cláusula que proíbe ao proprietário alienar imóvel hipotecado." Alternativa D, incorreta. Nos termos do artigo 1.431 do Código Civil, o penhor constitui-se pela tradição da coisa empenhada, ou seja, o devedor transfere a posse direta, mas continua com sua propriedade, conservando-se a posse indireta. Em razão disso, é possível a alienação dos imóveis antes da liquidação da dívida, se dado em penhor os recebíveis de créditos futuros.

Gabarito "B".

(Cartório/MG – 2016 – Consulplan) A Escritura Pública é necessária para dar validade formal ao ato jurídico exigido por Lei. Assinale a alternativa que não admite o ato por escritura pública:

(A) Contrato de Alienação Fiduciária pelo Sistema Financeiro de Imóveis (SFI).

(B) Restabelecimento da sociedade conjugal após separação.

(C) Cancelamento ou revogação do bem de família constituído voluntariamente.

(D) Constituição, transferência, modificação ou renúncia de direitos reais sobre imóveis de valor inferiores a trinta vezes o salário mínimo vigente no país.

Alternativa A incorreta. Não obstante o artigo 23 da Lei 9.514/97 dizer expressamente: "Constitui-se a propriedade fiduciária de coisa imóvel mediante registro, no competente Registro de Imóveis, **do contrato que lhe serve de título**". A Lei não veda a escritura pública, admitindo-se sua constituição pelo referido instrumento. Alternativa B, incorreta.

Viola o artigo 221 do Código de Normas da Corregedoria Geral de Justiça (Provimento 260/CGJ/2013). Alternativa C, correta. Somente por sentença judicial é possível promover o cancelamento do bem de família. Não obstante não exista norma expressa sobre o tema, pela interpretação sistemática do artigo 1.719 do Código Civil chega-se a esta conclusão. Lembre-se, a instituição do bem de família pela escritura pública e registro no Cartório de Imóveis é um gravame e como tal, aplica-se o mesmo raciocínio dos outros graves instituídos sobre um imóvel, como as cláusulas de inalienabilidade, impenhorabilidade, dentre outros. É imprescindível a autorização judicial para a liberação do gravame. Alternativa D, incorreta. O artigo 108 do Código Civil diz que a escritura pública é essencial à validade dos negócios jurídicos de direitos reais sobre imóveis de valor superior a trinta vezes o maior salário mínimo vigente no país, desobrigando o instrumento público nas referidas negociações com valor inferior ao citado, porém, como a lei não proíbe, caso as partes optem, podem valer-se da escritura pública, pois é admitido.

Gabarito "C".

(Cartório/MG – 2015 – Consulplan) A procuração é o instrumento do mandato. A outorga do mandato está sujeita à forma exigida por lei para o ato a ser praticado. Contudo, se, pelo valor do imóvel, a transação puder ser feita por instrumento particular, mas as partes, por opção, resolverem celebrá-la por escritura pública, havendo no caso outorga de procuração, relativo ao caso, é correto afirmar:

(A) Admite-se somente por instrumento particular.

(B) Admite-se somente por instrumento público.

(C) Admite-se por instrumento público ou particular.

(D) Admite-se mandato verbal quando o valor da transação for inferior a trinta salários-mínimos.

Alternativa A e B, incorretas. Admite tanto por instrumento particular ou público. Cuidado com "somente" nas provas. Alternativa C, correta. Interpretação sistemática dos artigos 657 e 108 do Código Civil. É dizer, a escritura pública será essencial à validade dos negócios jurídicos sobre imóveis de valor superior a trinta vezes o maior salário mínimo vigente no País. Na questão, a escritura pública foi tão somente uma opção das partes e esta não pode obrigá-las a realização de outorga de procuração pública, uma vez que o valor do imóvel permite a transação por instrumento particular. Alternativa D, incorreta. Viola artigos 657 e 108 do Código Civil.

Gabarito "C".

(Cartório/MG – 2016 – Consulplan) Em se tratando de direito real e direito real de garantia, de acordo com o disposto no Código Civil Brasileiro, avalie os conceitos que seguem:

I. Contrato em que o devedor entrega um imóvel ao credor, transferindo-lhe o direito de auferir os frutos e rendimentos desse mesmo imóvel para compensar a dívida; consignação de rendimento.

II. É o direito real limitado, imobiliário, impessoal, acessório, indivisível, permanente, impresumível, que impõe a um imóvel um ônus em proveito de outro prédio, contíguo ou não, de donos diferentes.

III. É Direito Real de Garantia sobre bem imóvel e móveis infungíveis, que dispensando a tradição, mantém o devedor na posse do bem, exigindo-se tão somente a solenidade do registro, e não a tradição.

IV. O credor pignoratício tem o direito de guardar a coisa, mas ele não pode ficar com a coisa para si, em virtude de vedar a legislação pátria o instituto da cláusula comissória.

V. Consiste na transferência feita por um devedor ao credor de propriedade resolúvel e da posse indireta de um bem móvel infungível ou de um bem imóvel.

Assinale a alternativa cuja correspondência entre os institutos de direito real e seu conceito esteja correta:

(A) Anticrese, servidão, hipoteca, penhor, alienação fiduciária.

(B) Usufruto, servidão, penhor, alienação fiduciária, hipoteca.

(C) Anticrese, usufruto, penhor, alienação fiduciária, hipoteca.

(D) Enfiteuse, anticrese, hipoteca, penhor, alienação fiduciária.

Alternativa A correta. De acordo com os artigos 1.506 do Código Civil (Anticrese); artigo 1.386 do Código Civil (Servidão); artigos 1.473 e 1.492 do Código Civil (Hipoteca); artigos 1.431 e 1.438 do Código Civil (Penhor); artigos 1.361 do Código Civil e 23 da Lei 9.514/97 (alienação fiduciária).

Gabarito "A".

4.9. Temas combinados de contratos

(Cartório/RJ – 2008 – UERJ) A alternativa incorreta é:

(A) a locação constitui contrato oneroso

(B) o comodato é um contrato oneroso, real, típico e de trato sucessivo

(C) a mora se consuma pelo descumprimento culposo da obrigação no lugar, tempo e forma convencionadas

(D) o empréstimo gratuito de coisa infungível caracteriza o comodato, mesmo na hipótese de prever o pagamento dos impostos incidentes sobre o bem

(E) o devedor em mora responde pelos prejuízos decorrentes do caso fortuito ou de força maior, ressalvada a hipótese de ocorrência do dano, mesmo se houvesse adimplido a obrigação assumida

A: correta, pois contratos onerosos são aqueles em que há vantagens para ambas as partes. No caso da locação, o locatário tem como vantagem o recebimento da posse direta do bem e o locador a contraprestação; B: incorreta (devendo ser assinalada), pois o comodato é contrato gratuito, o que significa dizer que há vantagem para apenas uma das partes, no caso, o comodatário que terá o uso e o gozo da coisa emprestada. No mais, a alternativa está correta; C: correta, pois havendo termo para o seu cumprimento, a partir do momento em que aquele que deveria cumprir a obrigação deixa de fazê-lo culposamente, incidirá em mora de forma automática, independentemente de interpelação judicial ou extrajudicial (art. 394 e 396 do CC); D: correta, pois o pagamento de impostos não desnatura o contrato de comodato, haja vista ser um contraprestação ínfima se comparada com o valor da coisa emprestada; E: correta (art. 399 do CC).

Gabarito "B".

(Cartório/SE – 2006 – CESPE) A respeito dos contratos, julgue os itens que se seguem.

(1) O contrato bilateral cria obrigações para ambas as partes, e as obrigações são recíprocas e interdependentes. Em decorrência dessa interdependência, cada contratante não pode, antes de cumprir sua obrigação, exigir do outro o cumprimento da que lhe cabe.

(2) Nos contratos celebrados entre pessoas presentes, a proposta tem força obrigatória mesmo que seja feita sem prazo ou que não seja imediatamente aceita. Por força dessa vinculação, a proposta cria uma relação jurídica e sujeita o inadimplente à composição dos prejuízos por meio de indenização por perdas e danos.

6. DIREITO CIVIL

(3) A promessa de fato de terceiro consiste na obrigação assumida pelo promitente em face do promissário de obter o consentimento do terceiro em se obrigar a prestar algo em seu favor. Assim, quem se obriga é o promitente, e não o terceiro, que somente passa a se vincular perante o promissário quando expressa o seu consentimento.

1: correta, pois de fato os contratos bilaterais são aqueles que geram obrigações, isto é, sacrifício patrimonial para ambas as partes. À prestação corresponderá sempre uma contraprestação. Exemplos clássicos são a compra e venda e a locação. Por esta dinâmica, uma parte apenas tem o direito de exigir o cumprimento da obrigação da outra caso tenha anteriormente cumprido com o seu dever na avença. Neste espeque: "*Embargos infringentes* Ação de rescisão contratual c/c perdas e danos *Contrato bilateral e sinalagmático Multa contratual Descabimento* Não *realização do serviço contratado por ambas as partes Prequestionamento Desnecessidade Acórdão mantido Recurso improvido*. Tratando-se de contrato bilateral e sinalagmático, e não tendo a parte cumprido com sua obrigação, não pode exigir o cumprimento da obrigação da outra, induzindo a aplicação da exceção do contrato não cumprido (*exceptio non adimpleti contractus*). Não há necessidade de manifestação expressa sobre as normas legais prequestionadas, visto que foram devidamente examinadas à luz do direito e da justiça (TJMS, Embargos Infringentes em Apelação Cível, EI 806 MS 2005.000806-3/0001.00); 2: incorreta, pois nos contratos celebrados entre pessoas presentes, a proposta deixa de ser obrigatória se, feita sem prazo, não foi imediatamente aceita (art. 428, I, do CC). Assim, não há de se falar em vinculação do proponente, e menos ainda em indenização por perdas e danos; 3: correta, pois de fato, a promessa por fato de terceiro pode ser conceituada como o contrato pelo qual uma das partes se compromete a conseguir o consentimento de terceiro para a prática do ato. Um exemplo desse tipo de promessa é uma produtora de eventos prometer que um cantor fará um *show*. Inicialmente, quem tem o dever de cumprir a obrigação é o promitente, afinal o terceiro não prometeu nada a ninguém; entretanto, caso este mesmo terceiro venha a anuir com a promessa feita pelo promitente, passará então a ser o único responsável, liberando assim o promitente de qualquer débito ou responsabilidade (439 e 440 do CC).

Gabarito 1C, 2E, 3C

(Cartório/SP – II – VUNESP) Assinale a alternativa incorreta

(A) Aprovado o projeto de loteamento, o loteador deverá submetê-lo ao registro imobiliário, no prazo legal, sob pena de caducidade da aprovação.

(B) Aprovado o projeto de loteamento, o loteador deverá apresentar ao registro imobiliário os documentos necessários, entre os quais exemplar do contrato-padrão.

(C) O contrato-padrão deverá conter cláusula de retratabilidade, garantindo a possibilidade de arrependimento a qualquer tempo.

(D) A falência de qualquer das partes não rescindirá os contratos de compromisso de compra e venda que tenham por objeto a área loteada ou os lotes.

A: correta, pois aprovado o projeto de loteamento ou de desmembramento, o loteador deverá submetê-lo ao registro imobiliário dentro de 180 (cento e oitenta) dias, sob pena de caducidade da aprovação (art. 18 da Lei 6.766/1979); B: correta, pois deverá ser apresentado, dentre outros documentos um exemplar do contrato padrão de promessa de venda, ou de cessão ou de promessa de cessão (art. 18, VI, da Lei 6.766/1979); C: incorreta (devendo ser assinalada), pois a cláusula de arrependimento não é item obrigatório na composição do contrato-padrão, nos termos do art. 26 da Lei 6.766/1979; D: correta (art. 30 da Lei 6.766/1979).

Gabarito "C"

(Cartório/MG – 2016 – Consulplan) A promete a B que C irá prestar-lhe serviço, e B, com base nesse compromisso, celebra contrato. Marque a opção que corresponde ao caso:

(A) Promessa de fato de terceiro.

(B) Estipulação em favor de terceiro.

(C) Contrato com pessoa a declarar.

(D) Cessão da posição contratual.

Alternativa A correta. Está de acordo com o artigo 439 do Código Civil: "Aquele que tiver prometido fato de terceiro responderá por perdas e danos, quando este o não executar.", ou seja, na promessa de fato de terceiro, uma pessoa irá assumir uma obrigação que será cumprida por um terceiro. Alternativa B, incorreta. Não se confunde com a estipulação em favor de terceiro prevista no artigo 436 do Código Civil: "O que estipula em favor de terceiro pode exigir o cumprimento da obrigação.", vale dizer, é convencionada em um contrato realizado entre duas pessoas, estipulante e promitente, que o benefício resultante do ajuste reverterá em favor de terceira pessoa. Alternativa C, incorreta. Contrato com pessoa a declarar é definido nos termos do artigo 467 do Código Civil: "No momento da conclusão do contrato, pode uma das partes reservar-se a faculdade de indicar a pessoa que deve adquirir os direitos e assumir as obrigações dele decorrentes." Alternativa D, incorreta. Cessão de contrato é a transmissão das obrigações, é gênero do qual são espécies a cessão de crédito, prevista nos artigos 286 e seguintes do Código Civil e a assunção de dívida, prevista nos artigos 299 e seguintes do mesmo diploma legal.

Gabarito "A".

5. RESPONSABILIDADE CIVIL

5.1. Obrigação de indenizar

(Cartório/MG – 2019 – Consulplan) Analise as seguintes afirmativas a respeito da Responsabilidade Civil.

I. É objetiva a responsabilidade civil dos notários e oficiais de registros por todos os prejuízos que causarem a terceiros, pessoalmente, pelos substitutos que designarem ou escreventes que autorizarem, assegurado o direito de regresso.

II. Independe de culpa a responsabilidade civil do empregador ou comitente, por seus empregados, serviçais e prepostos, no exercício do trabalho que lhes competir, ou em razão dele.

III. É objetiva a responsabilidade civil do fornecedor de bens ou serviços pelos danos decorrentes do fato do produto ou serviço.

IV. A responsabilidade contratual do transportador por acidente com o passageiro é objetiva, sendo excluída por motivo de força maior ou por culpa de terceiro.

Estão corretas as afirmativas

(A) I, II, III e IV.

(B) I e IV, apenas.

(C) II e III, apenas.

(D) I, II e III, apenas.

I: incorreto. Os notários e oficiais de registro são civilmente responsáveis por todos os prejuízos que causarem a terceiros, por culpa ou dolo, pessoalmente, pelos substitutos que designarem ou escreventes que autorizarem, assegurado o direito de regresso (art. 22 da Lei 8.935/94); II: correto. São também responsáveis pela reparação civil o empregador ou comitente, por seus empregados, serviçais e prepostos, no exercício do trabalho que lhes competir, ou em razão dele (art.

932, inciso III, CC); **III: correto.** O fornecedor de serviços responde, independentemente da existência de culpa, pela reparação dos danos causados aos consumidores por defeitos relativos à prestação dos serviços, bem como por informações insuficientes ou inadequadas sobre sua fruição e riscos (art. 14, CDC); **IV: incorreto.** A responsabilidade contratual do transportador por acidente com o passageiro não é elidida por culpa de terceiro, contra o qual tem ação regressiva (art. 735, CC). O transportador responde pelos danos causados às pessoas transportadas e suas bagagens, salvo motivo de força maior, sendo nula qualquer cláusula excludente da responsabilidade (art. 734, CC). Gabarito "C".

(Cartório/MG – 2012 – FUMARC) Considerando o Código Civil Brasileiro, são também responsáveis pela reparação civil, **EXCETO**

(A) o tutor e o curador, pelos pupilos e curatelados que se acharem nas mesmas condições.

(B) os donos de hotéis, hospedarias, casas ou estabelecimentos onde se albergue por dinheiro, exceto para fins de educação, pelos seus hóspedes, moradores e educandos.

(C) o empregador ou comitente, por seus empregados, serviçais e prepostos, no exercício do trabalho que lhes competir, ou em razão dele.

(D) os que, gratuitamente, houverem participado nos produtos do crime, até a concorrente quantia.

A: correta (art. 932, II, do CC); B: incorreta (devendo ser assinalada), pois eles são responsáveis mesmo para fins de educação (art. 932, IV, do CC); C: correta (art. 932, III, do CC); D: correta (art. 932, V, do CC). Gabarito "B".

(Cartório/MG – 2012 – FUMARC) Segundo o Código Civil, sobre a responsabilidade civil, é **correto** afirmar que

(A) o direito de exigir reparação e a obrigação de prestá-la não se transmitem com a herança.

(B) o devedor, não podendo cumprir a prestação na espécie ajustada, a substituirá pelo seu valor, em moeda corrente.

(C) o incapaz não responde pelos prejuízos que causar, se as pessoas por ele responsáveis não tiverem obrigação de fazê-lo ou não dispuserem de meios suficientes.

(D) a responsabilidade criminal é independente da civil, não podendo questionar mais sobre a existência do fato, ou sobre quem seja o seu autor, quando estas questões se acharem decididas no juízo civil.

A: incorreta, pois o direito de pedir reparação pelos danos sofridos transmite-se com a herança (art. 943 do CC); B: correta (art. 947 do CC); C: incorreta, pois, o incapaz *responde* pelos prejuízos que causar, se as pessoas por ele responsáveis não tiverem obrigação de fazê-lo ou não dispuserem de meios suficientes (art. 928, *caput*, do CC); D: incorreta, pois os termos da questão estão invertidos. Na verdade a responsabilidade *civil* é independente da *criminal*, não se podendo questionar mais sobre a existência do fato, ou sobre quem seja o seu autor, quando estas questões se acharem decididas no juízo *criminal*. Gabarito "B".

(Cartório/MS – 2009 – VUNESP) Em se tratando de responsabilidade extracontratual, é solidariamente responsável com os autores do dano o empregado em relação ao empregador. Este posicionamento está

(A) correto, porque a responsabilidade civil se assenta na conduta do agente.

(B) correto, porque em nosso ordenamento vige o sistema da solidariedade legal.

(C) incorreto, porque se funda em elementos subjetivos de ato ilícito absoluto.

(D) incorreto, porque a solidariedade passiva somente decorre da lei ou do contrato.

(E) incorreto, porque a solidariedade passiva será sempre convencional.

A: incorreta, pois a responsabilidade civil assenta-se no trinômio conduta (dolosa ou culposa), dano e nexo de causalidade. Esta é a fórmula da responsabilidade subjetiva (art. 186 do CC). Importante ressaltar que quando se tratar de responsabilidade objetiva é irrelevante saber se a conduta é dolosa ou culposa, pois esta espécie de responsabilidade possui outros fundamentos (art. 187 e art. 927, parágrafo único, do CC); B: correta, pois o sistema da solidariedade legal encontra expressa previsão nos art. 942, *caput* e parágrafo único, do CC; C: incorreta, pois em se tratando de relação de emprego, o empregador responde objetivamente pelos atos praticados por seu empregado no exercício do trabalho, consoante art. 932, III, do CC. Note-se que para o STF a culpa do patrão é presumida (Súmula 341); D: incorreta, pois em verdade qualquer solidariedade apenas decorre de lei ou do contrato, e não só a passiva (arts. 265 e art. 942 do CC); E: incorreta, pois a solidariedade, além de decorrer da vontade das partes também pode decorrer da lei (art. 264 do CC). Gabarito "B".

(Cartório/MT – 2005 – CESPE) Quanto à responsabilidade civil, assinale a opção correta.

(A) Em se tratando de condenação à indenização oriunda de acidente entre veículos, por se cuidar de responsabilidade extracontratual, sobre as quantias a serem indenizadas incidem os juros de mora, a contar da data da citação.

(B) Considere a hipótese de desabamento da marquise de um prédio construído há 10 anos, provocado por defeito de construção, causando a morte de uma transeunte. Nessa situação, será excluída a responsabilidade do dono da coisa, porque o desabamento ocorreu por caso fortuito.

(C) Caso ocorra o furto de veículo estacionado por manobrista de um estabelecimento comercial, ainda que na via pública, este deverá indenizar a vítima, pois a entrega do veículo caracteriza-se como contrato de depósito.

(D) A responsabilidade por danos causados por obra pública realizada por empreitada não será da administração pública que determinou a execução, mas da empreiteira executadora do serviço.

A: incorreta, pois o STJ tem posição consolidada no sentido de que, em se tratando de responsabilidade extracontratual conta-se os juros desde a data do evento danoso (Súmula 54 do STJ); B: incorreta, pois caso fortuito e força maior são os eventos que não são possíveis de evitar ou impedir (art. 393, parágrafo único, do CC). Na hipótese em tela, é possível verificar que a marquise veio a desabar por falta de manutenção. Assim, o dono do prédio responderá objetivamente nos termos do art. 937 do CC; C: correta, pois a situação de entrega de um carro a um manobrista de estacionamento subsume-se perfeitamente no conceito de contrato de depósito, vejamos: " Pelo contrato de depósito recebe o depositário um objeto móvel, para guardar, até que o depositante o reclame" (art. 627 do CC). Caso o veículo seja furtado, a empresa responsável pelo estacionamento responderá perante o cliente em decorrência da conduta de seu funcionário, independentemente de culpa. (arts. 932, III, e 933 do CC), pois trata-se de típico caso de responsabilidade por culpa de terceiro. Em complemento, interessante

6. DIREITO CIVIL

colacionar a Súmula 130 do STJ: "A empresa responde, perante o cliente, pela reparação do dano/furto em seu estacionamento"; D: incorreta, pois a administração pública responde solidariamente com a pessoa jurídica de direito privado contratada para realizar a obra, podendo a vítima escolher quem vai acionar ou acionar ambas. Note--se que a empreiteira não é prestadora de serviços públicos, mas mera contratada. Note-se ainda, que o Estado poderia ter realizado diretamente a obra, caso desejasse. Ao delegar a sua execução a terceiro, é comum que o Estado objetive a transferência dos riscos da obra para a contratada. Entretanto, o risco assumido pela pessoa jurídico de direito privado é *negocial privado*, isto é, refere-se à relação contratual que estabelece com o Poder Público; enquanto o risco que fundamenta a responsabilidade civil do Estado é administrativo, público, insuscetível de transferência voluntária. Assim, perante o usuário a Administração responde objetivamente. Entretanto, terá direito de regresso contra o causador do dano, nos termos do art. 37, § 6º, da CF.

Gabarito "C".

(Cartório/RN – 2012 – IESES) Sobre a responsabilidade Civil dos notários e registradores, assinale a assertiva correta:

(A) Os notários e oficiais de registro responderão pelos danos que eles e seus prepostos causem a terceiros, na prática de atos próprios da serventia, assegurado aos primeiros direito de regresso no caso de dolo ou culpa dos prepostos.

(B) A responsabilidade civil sempre depende da criminal, diante de sua fé pública.

(C) Os notários e oficiais de registro responderão pelos danos que eles e seus prepostos causem a terceiros, na prática de atos próprios da serventia, assegurado aos primeiros direito de regresso no caso apenas de dolo dos prepostos.

(D) Os notários e oficiais de registro responderão pelos danos que eles e seus prepostos causem a terceiros, na prática de atos próprios da serventia, assegurado aos primeiros direito de regresso no caso apenas de culpa dos prepostos.

A: correta (art. 22 da Lei 8.935/1994); B: incorreta, pois a responsabilidade civil independe da criminal pelos delitos que cometerem (art. 28, parágrafo único, da Lei 6.015/1973 e art. 23 da Lei 8.935/1994); C e D: incorretas, pois o direito de regresso é assegurado tanto nos casos de culpa, como nos de dolo dos prepostos (art. 22 da Lei 8.935/1994).

Gabarito "A".

(Cartório/SP – II – VUNESP) Responsabilidade aquiliana é

(A) a oriunda do descumprimento do contrato.

(B) a derivada de ato ilícito.

(C) a que decorre de ato de terceiro.

(D) a fundada no risco.

A: incorreta, pois a responsabilidade pelo descumprimento do contrato é chamada de *responsabilidade contratual* ou *inadimplemento contratual*; B: correta, pois a responsabilidade por ato ilícito é denominada de *responsabilidade extracontratual* ou *aquiliana*; C: incorreta, pois a responsabilidade que decorre por ato de terceiro não possui essa denominação; D: incorreta, pois a responsabilidade fundada no risco é chamada de *responsabilidade objetiva* (art. 927, parágrafo único, do CC).

Gabarito "B".

(Cartório/SP – II – VUNESP) Em uma favela, todas as construções eram de madeira. Nero, ali residente, soltou um balão, que caiu sobre o barraco de Pedro, incendiando-o. Entre o de Pedro e o de Antônio, ficava o barraco de João, que foi alcançado pelo fogo. Antônio, para evitar que o incêndio

atingisse sua própria morada, destruiu, a machadadas, o barraco de João. Neste caso, pode-se afirmar que

(A) João poderá reclamar indenização de Antônio, com fundamento na prática de ato ilícito por este.

(B) João não poderá reclamar indenização de Antônio, pois este agiu em estado de necessidade, nem de Pedro.

(C) João poderá reclamar indenização de Antônio, apesar de não praticado ato ilícito por este, que ficará com ação regressiva contra Nero.

(D) João poderá reclamar indenização de Pedro, com fundamento em direito de vizinhança, ou de Nero, por culpa, mas não de Antônio.

A: incorreta, pois apesar da ilicitude do ato, Antônio está amparado pela excludente do estado de necessidade. Assim, o fundamento da exigência da reparação não é a ilicitude do ato, vez que Antônio agiu de forma moderada, dentro dos limites do indispensável para remover a situação de perigo (art. 188, II e parágrafo único, do CC); B: incorreta, pois apesar de Antônio ter agido amparado pela excludente do estado de necessidade, tem o dever de reparar o dano causado a João, haja vista o prejuízo por ele sofrido. Entretanto, considerando que o culpado pelo incêndio foi Nero, paga a indenização Antônio terá direito de regresso contra ele (art. 934 do CC); C: correta, pois de fato o ato praticado por Antônio tornou-se lícito devido a excludente de responsabilidade. Entretanto, Antônio reparará os danos causados a João e após, terá direito regressivo em face de Nero (art. 934 do CC). Quanto a Pedro não cabe indenização, haja vista que o fato de o incêndio ter ultrapassado o seu barraco para barraco de João constitui força maior, o que exclui a responsabilidade; D: incorreta, pois Pedro está amparado pela excludente da força maior. Quanto a Nero, João até poderia reclamar indenização, mas seria demasiadamente difícil comprovar o nexo causal entre o seu dano e a conduta. O ideal é que a reparação seja cobrada de Antônio (afinal o nexo entre as machadadas e a destruição do barraco é evidente), e após Antônio ressarcir-se em face de Nero.

Gabarito "C".

(Cartório/SP – VI – VUNESP) A obrigação de reparar o dano, independentemente de culpa, é denominada responsabilidade civil

(A) completa.

(B) subjetiva.

(C) objetivo-subjetiva.

(D) objetiva.

A responsabilidade civil objetiva está prevista no art. 927, parágrafo único, do CC é fundada nos casos expressamente previstos em lei ou quando a atividade normalmente desenvolvida pelo autor do dano implicar, por sua natureza, risco para os direitos de outrem (Enunciados 37, 38 e 451 do CJF).

Gabarito "D".

5.2. Indenização

(Cartório/DF – 2003 – CESPE) Joãozinho e Paulinho, ambos com 16 anos de idade, empregados em uma indústria, sofreram, em setembro de 2003, um acidente no curso da jornada de trabalho, ao manejarem uma máquina para a qual não estavam habilitados a operar. O acidente levou Joãozinho à perda de um dos olhos, que foi substituído por uma prótese ocular para esconder a lesão sofrida. O laudo pericial concluiu que houve negligência do empregador em seu dever de vigilância. Considerando a situação hipotética acima, julgue os itens subsequentes.

(1) Na definição do valor da indenização devida a Joãozinho em decorrência do acidente, não é possível a

CAROLINA IKEDA E MARCIO PEREIRA

cumulação das parcelas do dano estético com as do dano moral, visto que este é consequência daquele e ambos foram decorrentes do mesmo fato.

(2) Provado o fato e as circunstâncias pessoais do acidentado, não há necessidade de prova objetiva do prejuízo para o reconhecimento em juízo do dano moral sofrido por Joãozinho, ou seja, não se exige prova do desconforto, da dor ou da aflição a que ele foi e é submetido, em decorrência do acidente.

(3) Em uma eventual ação fundada na responsabilidade civil comum, de natureza subjetiva, promovida por Joãozinho contra o empregador, com vista a se ressarcir integralmente dos danos sofridos, cumpre a Joãozinho comprovar, entre outros elementos, a culpa do empregador no acidente.

1: incorreta, pois o dano moral não se com o dano estético, razão pela qual ambos são perfeitamente cumuláveis ainda que decorrentes do mesmo acidente. O dano moral consiste na ofensa ao patrimônio moral da pessoa, basicamente quando há violação a um direito da personalidade. O dano estético é o dano verificado na aparência da pessoa, manifestado em qualquer alteração que diminua a beleza que esta possua. Pode ser em virtude de alguma deformidade, cicatriz, perda de membros ou outra causa qualquer. Acerca da possibilidade cumulação o STJ possui jurisprudência consolidada, vide REsp 49.913, REsp 904.025, REsp 705.457, REsp 254.445 (Súmula 387 STJ e Enunciado 192 do CJF); 2: correta, pois dispensa-se a prova objetiva do prejuízo, uma vez que dos próprios fatos já é possível presumi-lo. Ademais, consoante Enunciado 445 do CJF, é dispensável a verificação da dor e sofrimento para que o dano moral se caracterize; 3: correta, pois a responsabilidade do empregador com relação ao empregado é subjetiva, consoante art. 951 do CC, *in verbis*: "O disposto nos arts. 948, 949 e 950 aplica-se ainda no caso de indenização devida por aquele que, no exercício de atividade profissional, por *negligência, imprudência ou imperícia*, causar a morte do paciente, agravar-lhe o mal, causar-lhe lesão, ou inabilitá-lo para o trabalho". Os arts. 948 a 950 tratam da responsabilidade pela lesão à saúde. Neste passo, nota-se que o empregado deverá provar a culpa *in vigilando* do empregador para que lhe seja imputada a responsabilidade pela reparação do dano. Gabarito 1E, 2C, 3C

6. COISAS

6.1. Posse

(Cartório/SP – 2018 – VUNESP) Com relação à posse, é correto afirmar:

(A) a posse não pode ser adquirida por representante do possuidor ante a necessidade de atos materiais de apreensão da coisa.

(B) posse precária é a exercida de forma velada, sem publicidade, não ostensiva.

(C) mesmo tendo o possuidor de boa-fé tomado conhecimento inequívoco da existência de vício na aquisição de sua posse, esta permanece de boa-fé, em consideração ao momento de sua aquisição.

(D) a denominada posse violenta tem natureza jurídica de detenção.

A: incorreto. A posse pode ser adquirida pela própria pessoa que a pretende ou por seu representante (art. 1.205, I, CC); B: incorreto. A posse precária é aquela que se inicial justa; contudo, torna-se injusta em razão de algum fato, como o abuso de direito; C: incorreto. A posse de boa-fé só perde este caráter no caso e desde o momento em que as circunstâncias façam presumir que o possuidor não ignora que possui

indevidamente (art. 1.202, CC); **D:** correto. Não induzem posse os atos de mera permissão ou tolerância assim como não autorizam a sua aquisição os atos violentos, ou clandestinos, senão depois de cessar a violência ou a clandestinidade (art. 1.208, CC). Gabarito "D."

(Cartório/MG – 2019 – Consulplan) Conforme as disposições do Código Civil, analise as seguintes afirmativas sobre a posse.

I. A posse direta e indireta são coexistentes e não colidem nem se excluem.

II. O locatário, o arrendatário e o comodatário gozam da proteção possessória.

III. É justa a posse que não for violenta, clandestina ou precária. A posse precária é a que se origina do abuso de confiança daquele que recebeu a coisa, para restituir, e se recusa a fazê-lo.

IV. Salvo prova em contrário, entende-se manter a posse o mesmo caráter com que foi adquirida. Pode, porém, o possuidor mudar o título da posse, por um fundamento jurídico.

Estão corretas as afirmativas

(A) I, II, III e IV.

(B) II e IV, apenas.

(C) I, II e III, apenas.

(D) I, III e IV, apenas.

I: correto. A posse direta, de pessoa que tem a coisa em seu poder, temporariamente, em virtude de direito pessoal, ou real, não anula a indireta, de quem aquela foi havida, podendo o possuidor direto defender a sua posse contra o indireto (art. 1.197, CC); II: correto. Considera-se possuidor todo aquele que tem de fato o exercício, pleno ou não, de algum dos poderes inerentes à propriedade (art. 1.196, CC); III: correto. É justa a posse que não for violenta, clandestina ou precária (art. 1.200 CC). A posse precária nasce justa, contudo, torna-se injusta por algum motivo, dentre eles o abuso de confiança; IV: correto. Salvo prova em contrário, entende-se manter a posse o mesmo caráter com que foi adquirida (art. 1.203, CC). Portanto, a alternativa correta é a letra A. Gabarito "A."

(Cartório/MG – 2019 – Consulplan) De acordo com o Código Civil Brasileiro, analise as afirmativas sobre a usucapião.

I. A posse *ad usucapionem* é a posse mansa, pacífica e contínua, por certo lapso de tempo.

II. A usucapião pode ser arguida em defesa.

III. O justo título e a boa-fé são alguns dos requisitos da usucapião ordinária. Diz-se justo o título hábil, em tese, para transferir a propriedade.

IV. Na usucapião extraordinária, o prazo de quinze anos reduzir-se-á a dez anos, se o possuidor houver estabelecido no imóvel a sua moradia habitual, ou nele realizado obras ou serviços de caráter produtivo.

Estão corretas as afirmativas

(A) I, II, III e IV.

(B) I e III, apenas.

(C) I, II e IV, apenas.

(D) II, III e IV, apenas.

I: incorreto. A posse *ad usucapionem* é a posse mansa, pacífica e contínua, prolongada no tempo e com *animus domini*. II: correto. O usucapião pode ser arguido em defesa (Súmula 237, STF); III: correto. Adquire também a propriedade do imóvel aquele que, contínua e incontestadamente, com justo título e boa-fé, o possuir por 10 anos (art. 1.242, CC); IV: correto. Aquele que, por quinze anos, sem interrupção,

6. DIREITO CIVIL

nem oposição, possuir como seu um imóvel, adquire-lhe a propriedade, independentemente de título e boa-fé; podendo requerer ao juiz que assim o declare por sentença, a qual servirá de título para o registro no Cartório de Registro de Imóveis. Aquele que, por quinze anos, sem interrupção, nem oposição, possuir como seu um imóvel, adquire-lhe a propriedade, independentemente de título e boa-fé; podendo requerer ao juiz que assim o declare por sentença, a qual servirá de título para o registro no Cartório de Registro de Imóveis. (art. 1.238, *caput* e parágrafo único, CC). Portanto, a alternativa correta é a letra D.
Gabarito "D".

(Cartório/MG – 2012 – FUMARC) Considerando o Código Civil Brasileiro sobre a posse, é **correto** afirmar que

(A) o possuidor de má-fé tem direito, enquanto ela durar, aos frutos percebidos.

(B) obsta à manutenção ou reintegração na posse a alegação de propriedade, ou de outro direito sobre a coisa.

(C) os frutos naturais e industriais reputam-se colhidos e percebidos, logo que são separados; os civis reputam-se percebidos dia por dia.

(D) a posse de má-fé só perde este caráter no caso e desde o momento em que as circunstâncias façam presumir que o possuidor não ignora que possui indevidamente.

A: incorreta, pois apenas o possuidor de boa-fé tem direito aos frutos percebidos, na constância do exercício da posse (art. 1.214, *caput*, do CC); B: incorreta, pois a alegação de propriedade não é óbice para as ações possessórias, uma vez que o direito de posse pode ser exercido inclusive contra o proprietário (art. 1.210, § 2º, do CC); C: correta, pois a assertiva reproduz exatamente os dizeres do art. 1.215 do CC; D: incorreta, pois na verdade a posse de boa-fé é que perde esse caráter no caso e desde o momento em que as circunstâncias façam presumir que o possuidor não ignora que possui indevidamente (art. 1.202 do CC)
Gabarito "C".

(Cartório/RJ – 2008 – UERJ) A alternativa correta é:

(A) a posse não se transmite aos herdeiros ou legatários

(B) o possuidor com justo título é obrigado a provar a sua boa fé

(C) é injusta a posse que não for violenta, clandestina ou precária

(D) salvo prova em contrário, entende-se manter a posse caráter com que foi adquirida

(E) o possuidor tem de fato o exercício pleno de todos os poderes inerentes à propriedade

A: incorreta, pois a posse transmite-se aos herdeiros e legatários do possuidor com os mesmos caracteres (art. 1.206 do CC e Enunciado 494 do CJF); B: incorreta, pois a posse do justo título faz presumir a boa-fé do possuidor, salvo prova em contrário, ou quando a lei expressamente não admite essa presunção (art. 1.201, parágrafo único, do CC); C: incorreta, pois, o conceito é exatamente o oposto: é justa a posse que não estiver inquinada pelos vícios da posse, quais sejam, violência, clandestinidade e precariedade (art. 1.200 do CC); D: correta, pois em regra, a posse mantém as características no que tange a forma que foi conquistada. Assim, se "A" adquiriu a posse de forma clandestina, portanto viciada, com o seu falecimento, o seu herdeiro a receberá eivada com o mesmo vício, sofrendo as consequências daí inerentes (art. 1.203 do CC); E: incorreta pois conforme art. 1.196 do CC, "o possuidor é todo aquele que tem de fato o exercício, *pleno ou não*, de *algum* dos poderes inerentes à propriedade". Os poderes inerentes a propriedade consistem em usar, gozar, dispor e reivindicar. Para que o indivíduo seja considerado possuidor, basta que exerça um desses poderes, ainda que de forma parcial.
Gabarito "D".

(Cartório/SP – II – VUNESP) Assinale a alternativa incorreta.

(A) Qualquer possuidor que fizer jus ao ressarcimento de benfeitorias necessárias terá direito de retenção pelo valor correspondente.

(B) Ao possuidor de boa-fé serão ressarcidas as benfeitorias necessárias.

(C) Ao possuidor de má-fé serão ressarcidas as benfeitorias necessárias.

(D) Ao possuidor de boa-fé serão ressarcidas as benfeitorias úteis.

A: incorreta (devendo ser assinalada), pois o possuidor da má-fé não tem direito de retenção pelas benfeitorias necessárias (art. 1.220 do CC); B e C: corretas, pois as benfeitorias necessárias são sempre indenizadas, havendo boa ou má-fé. A diferença é que na posse de má-fé o possuidor não tem o direito de retê-las (arts. 1.219 e 1.220 do CC); D: correta, nos termos do art. 1.219 do CC.
Gabarito "A".

(Cartório/SP – IV – VUNESP) Tício, proprietário e possuidor de um imóvel, vendeu-o para Caio e, por força de um negócio, continuou na posse do bem por mais de um ano, como locatário. Então, nesse negócio, houve

(A) composse.

(B) *traditio brevi manu*.

(C) constituto possessório.

(D) quase-posse.

A: incorreta, pois a composse é o exercício da posse por várias pessoas em conjunto. É a posse exercida por duas ou mais pessoas sobre coisa indivisa. Exemplos: a posse dos cônjuges sobre o patrimônio comum e a posse dos herdeiros antes da partilha; B: incorreta, pois na *traditio brevi manu* aquele que possuía o bem em nome alheio passa a possuí-lo em nome próprio. É conceito nitidamente contrário ao constituto possessório; C: correta, pois o constituto possessório, ou cláusula *constituti* é a operação jurídica em que se altera a titularidade da posse, de maneira que, aquele que a possuía em seu nome próprio passa a possuí-la em nome de outrem. O exemplo do proprietário que vende o seu imóvel e continua em sua posse a título de locatário subsume-se perfeitamente ao conceito. Note-se que com o contrato de locação a posse foi desmembrada, permanecendo Tício com a posse direta do bem e Caio com a posse indireta (art. 1.197 do CC). D: incorreta, pois a *posse dos direitos* é que é chamada de quase-posse. O *ius possidendi* (direito de possuir), é a faculdade que tem uma pessoa, por já ser titular de uma situação jurídica, de exercer a posse sobre determinada coisa.
Gabarito "C".

(Cartório/SP – VI – VUNESP) Aquele que, achando-se em relação de dependência para com outro, conserva a posse em nome deste e em cumprimento de ordens ou instruções suas, é denominado pela lei como

(A) possuidor direto.

(B) detentor.

(C) possuidor indireto.

(D) representante possessório.

A: incorreta, pois possuidor direto é aquele que recebeu o bem, temporariamente, para usá-lo ou gozá-lo, em virtude de direito pessoal ou real, sem nenhum tipo de subordinação ou relação de dependência. Ademais, o possuidor direto conserva a posse em nome próprio (art. 1.197 do CC). Exemplo: locatário; B: correta, pois detenção é justamente aquela situação em que alguém conserva a posse em nome de outro e em cumprimento à suas ordens e instruções. É o típico exemplo do caseiro. Em geral, eles usam e cuidam da coisa exteriorizando um dos poderes da propriedade. Todavia, o próprio art. 1.198 do CC exclui do conceito de posse a situação em que se encontra o detentor. Assim, o caseiro em relação ao imóvel que cuida tem mera detenção sobre a coisa, não recebendo os direitos típicos daquele que exerce posse; C: incorreta, pois possuidor indireto é aquele que cedeu, temporariamente, o uso e o gozo da coisa a uma pessoa. Exemplo: locador; D: incorreta, pois este termo não é comumente utilizado. A expressão que mais se aproxima deste conceito seria a prevista na alternativa "b", detentor.

Gabarito "B".

(Cartório/MG – 2015 – Consulplan) Sobre os efeitos da posse, segundo dispõe o Código Civil brasileiro, é correto afirmar, EXCETO:

(A) Quando mais de uma pessoa se disser possuidora, manter-se-á provisoriamente a que tiver a coisa, se não estiver manifesto que a obteve de alguma das outras por modo vicioso.

(B) O possuidor de boa-fé tem direito, enquanto ela durar, aos frutos percebidos. Os frutos pendentes ao tempo em que cessar a boa-fé devem ser restituídos, depois de deduzidas as despesas da produção e custeio; devem ser também restituídos os frutos colhidos com antecipação.

(C) Ao possuidor de má-fé serão ressarcidas somente as benfeitorias necessárias; assistindo-lhe o direito de retenção pela importância destas.

(D) Os frutos naturais e industriais reputam-se colhidos e percebidos, logo que são separados; os civis reputam-se percebidos dia por dia.

Alternativa A. Em conformidade com o artigo 1.211 do Código Civil, a ciência do vício original somente será levado em conta se for manifesto, assim, será mantida a posse com quem estiver na detenção, em razão do estado de fato que se traduz na aparência exterior. Alternativa B. Está de acordo com o artigo 1.214 e parágrafo único do Código Civil. Alternativa C, incorreta. Deve ser assinalada, pois vai de encontro ao disposto no artigo 1.220 do Código Civil. O possuidor de má-fé não tem direito de retenção pela importância das benfeitorias necessárias. Alternativa D. Em conformidade com o artigo 1.215 do Código Civil.

Gabarito "C".

6.2. Propriedade imóvel

(Cartório/SP – 2018 – VUNESP) Configurado o inequívoco abandono pelo proprietário de bem imóvel com valor superior a trinta salários-mínimos, nos termos do Código Civil, é correto afirmar:

(A) a perda da propriedade por abandono não tem aplicação com relação aos imóveis com valor superior a trinta salários-mínimos.

(B) a perda da propriedade imóvel somente ocorrerá após o registro do abandono no Registro de Imóveis.

(C) a eficácia do abandono dependerá da concordância do Município, do Distrito Federal ou da União, conforme a localização do imóvel.

(D) há perda da propriedade.

A: incorreto. Não existe valor estipulado pelo Código Civil para que haja a perda da propriedade por abandono. O imóvel urbano que o proprietário abandonar, com a intenção de não mais o conservar em seu patrimônio, e que se não encontrar na posse de outrem, poderá ser arrecadado, como bem vago, e passar, três anos depois, à propriedade do Município ou à do Distrito Federal, se se achar nas respectivas circunscrições (art. 1.276, CC); **B:** incorreto: não há a exigência de

registro para que fique caracterizado o abandono (art. 1.275, parágrafo único, CC); **C:** incorreto. Inexiste na lei a exigência de concordância do Município, Distrito Federal ou União para que o abandono produza efeitos; **D:** correto (art. 1.275, III, CC).

Gabarito "D".

(Cartório/RS – 2019 – VUNESP) Assinale a alternativa correta sobre o direito de propriedade.

(A) Na alienação fiduciária em garantia que tenha por objeto bem imóvel, a escritura pública poderá ser substituída por instrumento particular, independentemente do valor do bem.

(B) Na prescrição aquisitiva da propriedade imóvel, em regra o possuidor não pode, para o fim de contagem do tempo exigido pela lei, acrescentar à sua posse a posse exercida pelos possuidores antecedentes.

(C) Pela regra geral do direito brasileiro, transfere-se a propriedade do bem imóvel, entre vivos, pela confecção do título translativo.

(D) O abandono de bem imóvel não configura hipótese de perda definitiva da propriedade, ressalvada a possibilidade de prescrição aquisitiva por terceiros.

(E) A escritura pública é instrumento essencial para a validade da transferência da propriedade de bens imóveis, independentemente do valor do bem.

A: correto. Os atos e contratos referidos nesta Lei ou resultantes da sua aplicação, mesmo aqueles que visem à constituição, transferência, modificação ou renúncia de direitos reais sobre imóveis, poderão ser celebrados por escritura pública ou por instrumento particular com efeitos de escritura pública (art. 38 da Lei 9.514/1997); **B:** incorreto. O possuidor pode, para o fim de contar o tempo exigido pelos artigos antecedentes, acrescentar à sua posse a dos seus antecessores (art. 1.207), contanto que todas sejam contínuas, pacíficas e, nos casos do art. 1.242, com justo título e de boa-fé (art. 1.243, CC); **C:** incorreto. Transfere-se entre vivos a propriedade mediante o registro do título translativo no Registro de Imóveis (art. 1.245, CC); **D:** incorreto. O abandono é uma das hipóteses de perda da propriedade (art. 1.275, inciso III, CC); **E:** incorreto. Não dispondo a lei em contrário, a escritura pública é essencial à validade dos negócios jurídicos que visem à constituição, transferência, modificação ou renúncia de direitos reais sobre imóveis de valor superior a trinta vezes o maior salário mínimo vigente no País (art. 108, CC).

Gabarito "A".

(Cartório/RS – 2019 – VUNESP) Caroline é proprietária de um terreno localizado em área urbana, em zona periférica e muito violenta da cidade. Caroline não consegue alienar o imóvel para terceiros, de modo que o bem apenas lhe traz ônus, tais como despesas para evitar a invasão e tributos imobiliários. Desse modo, não deseja mais preservar o imóvel em seu patrimônio. Nesse cenário, Caroline procurou um advogado que a orientou a renunciar à propriedade. Os efeitos da renúncia à propriedade do terreno estão subordinados

(A) à comprovação, por qualquer ato ou documento inequívoco, de que Caroline tentou alienar o imóvel.

(B) ao registro do ato renunciativo no Cartório de Registro de Imóveis.

(C) à lavratura do ato renunciativo ao direito de propriedade.

(D) à apresentação do ato renunciativo perante a municipalidade, em se tratando de imóvel urbano.

6. DIREITO CIVIL 375

(E) à cessação dos atos de posse, deixando Caroline de satisfazer os ônus fiscais.

A renúncia é uma das formas de perda da propriedade (art. 1.275, II, CC). No caso da renúncia, os efeitos da perda da propriedade imóvel serão subordinados ao registro do título transmissivo ou do ato renunciativo no Registro de Imóveis (art. 1.275, parágrafo único, CC).
Gabarito "B".

(Cartório/AM – 2005 – FGV) Assinale a alternativa que complete corretamente a proposição a seguir: Adquire a propriedade do imóvel, não onerosamente, aquele que, contínua e incontestadamente, com justo título e boa-fé, o possuir por

(A) dez anos

(B) quinze anos

(C) vinte anos

(D) dez anos entre presentes e quinze anos entre ausentes

(E) quinze anos entre presentes e vinte anos entre ausentes

A alternativa "A" está correta, pois a questão traz a descrição da usucapião ordinária, nos termos do art. 1.242, *caput*, do CC.
Gabarito "A".

(Cartório/AM – 2005 – FGV) Segundo o Código Civil, a aquisição por acessão não pode se dar:

(A) por avulsão.

(B) pela formação de ilhas.

(C) por aluvião.

(D) por usucapião.

(E) por plantações e construções.

A aquisição por acessão não pode se dar por usucapião, pois a usucapião é uma forma autônoma de aquisição da propriedade, ao lado da aquisição pelo registro. Ademais o art. 1.248 do CC é taxativo ao expressar as formas de aquisição por acessão.
Gabarito "D".

(Cartório/DF – 2006 – CESPE) Quanto ao direito das coisas, julgue os seguintes itens.

(1) Com a transmissão do direito de superfície a propriedade torna-se resolúvel, sendo subdivida em propriedade do solo e propriedade da superfície. Quando a transmissão se der por contrato oneroso, durante a vigência deste, poderá o detentor da propriedade superficiária modificar unilateralmente a destinação da utilização do terreno, quando essa não beneficiar a propriedade economicamente ou quando a destinação concedida não for autorizada pela administração pública ou pela vigilância sanitária.

(2) Na composse, modalidade de posse exercida concomitantemente por mais de um titular sobre o mesmo bem que se encontra em estado de indivisão, não estando determinada a parcela que compete a cada um, cada um terá uma parte ideal. Nenhum compossuidor, sem autorização expressa ou implícita dos demais, pode praticar atos possessórios que excluam os dos outros.

(3) A acessão, uma forma de aquisição da propriedade pela via originária, consiste na prerrogativa de que pertence ao proprietário tudo que se une ou se incorpora ao bem. Ela se caracteriza pela união física entre duas coisas, formando, de maneira indissolúvel, um conjunto em que uma das partes, embora possa ser reconhecível, não guarda autonomia, está subordinada, dependente do todo, seguindo-lhe o destino jurídico.

(4) No condomínio tradicional, o uso com exclusividade da totalidade da coisa comum por apenas um dos condôminos, ainda que sem oposição a essa utilização pelos demais comunheiros, faculta a estes exigir o pagamento dos alugueres correspondentes aos seus quinhões e impõe ao condômino que detém a posse direta do bem a obrigação pela totalidade das despesas de conservação.

1: incorreta, pois com a instituição do direito real de superfície a propriedade não se torna resolúvel, apenas o que ocorre é o desmembramento dos seus atributos. Independentemente de a transmissão ter se dado por contrato oneroso ou gratuito restará extinta a concessão se superficiário der ao terreno, sem anuência do proprietário, destinação diversa daquela para que foi concedida (art. 1.374 do CC); 2: correta, pois a composse é a posse exercida por duas ou mais pessoas sobre coisa indivisa. São exemplos a posse dos cônjuges sobre o patrimônio comum e dos herdeiros antes da partilha. Os compossuidores são legitimados a exercer atos possessórios, contanto que não excluam os dos outros (art. 1.199 do CC); 3: correta, pois de fato a acessão é o modo originário de aquisição da propriedade, pelo qual fica pertencendo ao proprietário tudo quanto se une ou se incorpora ao seu bem. Pode ser de origem natural, consistente na união do acessório ao principal advinda de acontecimento natural, ou artificial, resultante de trabalho humano (art. 1.248 do CC); 4: incorreta. Muito embora os demais condôminos possam cobrar alugueres, as despesas de conservação do bem deverão ser rateadas na proporção da cota de cada um (art. 1.315, *caput* do CC e STJ, REsp 983.450, em especial "(...) Concorrência de ambos os condôminos nas despesas de conservação da coisa e nos ônus a que estiver sujeita. Possível dedução.").
Gabarito 1E, 2C, 3C, 4E.

(Cartório/ES – 2007 – FCC) Aquele que, não sendo proprietário de imóvel rural ou urbano, adquirirá a propriedade de área de terra em zona rural não superior a

(A) 30 hectares, que possua como sua, por no mínimo dez anos ininterruptos, sem oposição, tornando-a produtiva por seu trabalho ou de sua família, tendo nela sua moradia.

(B) 30 hectares, que possua como sua, por no mínimo cinco anos ininterruptos, sem oposição, tornando-a produtiva por seu trabalho ou de sua família, tendo nela sua moradia.

(C) 50 hectares, que possua como sua, por no mínimo cinco anos ininterruptos, sem oposição, tornando-a produtiva por seu trabalho ou de sua família, tendo nela sua moradia.

(D) 50 hectares, que possua como sua, por no mínimo dez anos ininterruptos, sem oposição, tornando-a produtiva por seu trabalho ou de sua família, tendo nela sua moradia.

(E) 100 hectares, que possua como sua, por no mínimo cinco anos ininterruptos, sem oposição, tornando-a produtiva por seu trabalho ou de sua família, tendo nela sua moradia.

A questão trata da usucapião constitucional rural. Esta modalidade está expressamente prevista na Carta Magna, art. 191, e reproduzida no art. 1.239 do CC. Trata-se de modalidade especial de usucapião, onde o constituinte optou por reduzir o prazo prescricional de aquisição da propriedade, em nítido prestígio à sua função social (Vide Enunciados 312, 313, 317 e 497 do CJF).

Gabarito "C".

(Cartório/PR – 2007) O Código Civil de 2002 trata dos diversos modos de aquisição, separando a propriedade imóvel da móvel, conferindo tratamento diferenciado a uma e outra. Dos diferentes modos de aquisição, apontar a alternativa INCORRETA:

(A) O possuidor que houver estabelecido no imóvel a sua moradia habitual, ou nele realizado obras ou serviços de caráter produtivo, por quinze anos, sem interrupção, nem oposição, adquire-lhe a propriedade, independentemente de título e boa-fé; podendo requerer ao juiz que assim o declare por sentença, a qual servirá de título para o registro no Cartório de Registro de Imóveis.

(B) Transfere-se entre vivos a propriedade mediante o registro do título translativo no Registro de Imóveis. No entanto, enquanto não se registrar o título translativo, o alienante continua a ser havido como dono do imóvel, como também não se promover, por meio de ação própria, a decretação de invalidade do registro, e o respectivo cancelamento, o adquirente continua a ser havido como dono do imóvel.

(C) Aquele que possuir, como sua, área urbana de até duzentos e cinquenta metros quadrados, por cinco anos ininterruptamente e sem oposição, utilizando-a para sua moradia ou de sua família, adquirir-lhe-á o domínio, desde que não seja proprietário de outro imóvel urbano ou rural.

(D) Aquisição por acessão pode dar-se: por formação de ilhas; por aluvião; por avulsão; por abandono de álveo; por plantações ou construções.

(E) Se o teor do registro translativo de propriedade não exprimir a verdade, poderá o interessado reclamar que se retifique ou anule. Uma vez cancelado o registro, poderá o proprietário reivindicar o imóvel, independentemente da boa-fé ou do título do terceiro adquirente.

A: incorreta (devendo ser assinalada), pois esta é uma hipótese em que o prazo de usucapião extraordinária é reduzido para dez anos, haja vista o possuidor ter estabelecido no imóvel sua moradia habitual, ou nele realizado obras ou serviços de caráter produto produtivo (art. 1.238, parágrafo único, do CC e Enunciado 86 do CJF); B: correta, pois a efetiva transferência da propriedade imóvel apenas se dá com o registro da escritura pública no Cartório de Registro de Imóveis. Enquanto o ato translativo não for registrado a situação permanece como está, isso é, o alienante continua sendo o dono e o adquirente mero pretenso a dono. De outra parte, caso o imóvel seja registrado, a propriedade se transfere ao adquirente, que apenas a perderá se o registro for invalidado e posteriormente cancelado (arts. 1.245 do CC e art. 172 da Lei 6.015/1973); C: correta, pois tal definição trata da usucapião constitucional urbana, prevista no art. 183 da CF, art. 1.240 do CC e art. 9º da Lei 10.257/2001 (vide Enunciados 313, 317 e 497 do CJF); D: correta, consoante art. 1.248 do CC. E: correta, pois a assertiva reproduz exatamente o disposto no art. 1.247 do CC.

Gabarito "A".

(Cartório/MG – 2016 – Consulplan) O rompimento da barragem de Fundão destruiu o distrito de Bento Rodrigues, Mariana, Minas Gerais, e deixou mais de 900 pessoas desabrigadas, causando grande impacto social na vida daquelas pessoas. Além dos impactos ambientais e sociais, diversos outros danos foram causados, inclusive aos proprietários de áreas ribeirinhas.

Supondo que os fatos tenham ocorrido por força natural, como abalo sísmico, e que tenha deslocado uma porção de terras de um imóvel a outro, aderindo-se de maneira definitiva às margens do outro, nos termos do código civil, quanto à forma de acessão de imóvel a imóvel, é correto afirmar que o proprietário ribeirinho

(A) torna-se dono do acréscimo por avulsão, desde que indenize o proprietário das terras perdidas. Não havendo indenização, concede a lei ao dono do prédio desfalcado o direito de, em um ano, reivindicar as terras perdidas, se for possível retorná-las.

(B) torna-se dono do acréscimo por aluvião, desde que indenize o proprietário das terras perdidas. Não havendo indenização, concede a lei ao dono do prédio desfalcado o direito de, em três anos, reivindicar as terras perdidas, se for possível retorná-las.

(C) torna-se dono do acréscimo por abandono álveo, sem indenização.

(D) torna-se dono do acréscimo pela aluvião. Os acréscimos formados, por depósitos e aterros naturais ao longo das margens das correntes, ou pelo desvio das águas destas, pertencem aos donos dos terrenos marginais, sem indenização.

Alternativa A correta. De acordo com o artigo 1.251 do Código Civil. Avulsão é o deslocamento de uma porção de terra por força natural e violenta. Não se confunde com a aluvião, que é o acréscimo lento, imperceptível de depósitos e aterros naturais. Ambas são espécie do mesmo gênero acessão natural. Alternativa B, incorreta. Viola o artigo 1.251 do Código Civil. A aluvião está prevista no artigo 1.250 do Código. Alternativa C, incorreta. Viola o artigo 1.251 do Código. Não se trata de abandono de álveo (artigo 1.252 do Código Civil). Este é a superfície que as águas cobrem sem transbordar para o solo natural e ordinariamente enxuto (artigo 9º do Decreto n. 24.643/34, Código das Águas). Alternativa D, incorreta. Viola o artigo 1.251 do Código Civil.

Gabarito "A".

(Cartório/RR – 2001 – CESPE) Assinale a opção correta com relação ao direito das coisas, previsto no Código Civil Brasileiro.

(A) A sucessão *causa mortis* não transfere a propriedade imóvel.

(B) O registro de um bem imóvel estabelece a presunção absoluta de veracidade.

(C) A propriedade imóvel é adquirida mediante contrato de compra e venda.

(D) A posse justa é aquela que não for violenta, clandestina ou precária.

(E) Usucapião é direito real de garantia

A: incorreta, pois tanto a sucessão *inter vivos* como a sucessão *mortis causa* são formas hábeis a transferir a propriedade imóvel. No caso da sucessão por morte, a herança transmite-se imediatamente aos herdeiros, sendo plenamente possível que dentro da massa de bens que integram o patrimônio do falecido existam bens imóveis que, inicialmente integrarão uma universalidade de direitos (herança) e após, com a partilha, serão individualizados e transferidos. Assim, com a morte de uma pessoa, seus bens são automaticamente transmitidos aos herdeiros, independente do registro da partilha, mas o formal de partilha deverá ser registrado no competente Registro de Imóveis, não só para dar publicidade ao fato, mas para possibilitar as futuras transmissões pelos novos proprietários. (art. 1.784 do CC

6. DIREITO CIVIL   377

e art. 172 da Lei 6.015/1973); B: incorreta, pois o registro estabelece presunção relativa de veracidade, tanto é que pode ser retificado ou anulado (art. 1.247 do CC e art. 252 da Lei 6.015/1973); C: incorreta, pois por meio do contrato de compra e venda o alienante apenas se obriga a transferir o domínio, e não o transfere efetivamente. Trata-se de um contrato consensual, que se aperfeiçoa com mero acordo de vontades. Não é hábil a transferir a propriedade imóvel, uma vez que para tanto é indispensável escritura pública devidamente registrada. O contrato de compra e venda apenas reflete a intenção de transferir a propriedade, mas não a transmite verdadeiramente (arts. 108, 481 e 1.245 do CC; art. 172 da Lei 6.015/1973); D: correta, pois posse justa é aquela destituída de vícios (art. 1.200 do CC); E: incorreta, pois a usucapião é forma de aquisição originária da propriedade (Título III, Capítulo II, Seção I, do CC).
Gabarito "D".

(Cartório/SC – 2008) Assinale a alternativa INCORRETA em relação ao direito de propriedade, previsto nos arts. 1.128 e seguintes do Código Civil brasileiro:

(A) O proprietário tem a faculdade de usar, gozar e dispor da coisa, e o direito de reavê-la do poder de quem quer que injustamente a possua ou detenha.

(B) A propriedade do solo abrange as jazidas, minas e demais recursos minerais, os potenciais de energia hidráulica, os monumentos arqueológicos e outros bens referidos por leis especiais, sem restrição.

(C) O proprietário pode ser privado da coisa, nos casos de desapropriação, por necessidade ou utilidade pública ou interesse social.

(D) Os frutos e mais produtos da coisa pertencem, ainda quando separados, ao seu proprietário, salvo se, por preceito jurídico especial, couberem a outrem.

(E) O proprietário pode ser privado da coisa, por requisição, em caso de perigo público iminente.

A: correta, pois são atributos da daquele que tem a propriedade plena o uso, o gozo, a disposição e a reivindicação da coisa (art. 1.228, *caput*, do CC); B: incorreta (devendo ser assinalada), pois a propriedade do solo abrange a do espaço aéreo e a do subsolo correspondentes, em altura e profundidade úteis ao seu exercício, não podendo o proprietário opor-se a atividades que sejam realizadas, por terceiros, a uma altura ou profundidade tais, que não tenha ele interesse legítimo em impedi-las. De outra parte, a propriedade do solo *não abrange* as jazidas, minas e demais recursos minerais, os potenciais de energia hidráulica, os monumentos arqueológicos e outros bens referidos por leis especiais (art. 1.230 do CC); C: correta, pois em prestígio ao princípio da supremacia do interesse público sobre o interesse privado, o proprietário pode perder a propriedade do bem para atender a uma necessidade pública ou a um interesse social. A Constituição Federal prevê expressamente essa situação em seu art. 5º, XXIV, a qual é reproduzida nos arts. 1.228, § 3º, e 1.275, V do CC; D: correta, pois a assertiva reproduz os dizeres do art. 1.232 do CC; E: correta, pois em caso de perigo público iminente, a Administração pode requisitar o imóvel do particular para utilizá-lo até que cesse a situação de anormalidade, devendo, todavia, indenizá-lo, no caso de dano, consoante art. 5º, XXV, da CF e art. 1.228, § 3º, do CC.
Gabarito "B".

(Cartório/SC – 2008) Em relação à usucapião especial de imóvel urbano, é correto afirmar:

(A) Aquele que possuir, como sua, área urbana de até 360 metros quadrados, por cinco anos, ininterruptamente e sem oposição, utilizando-a para sua moradia ou de sua família, adquirir-lhe-á o domínio, desde que não seja proprietário de outro imóvel urbano ou rural.

(B) O possuidor não pode, para o fim de contar o prazo exigido por lei, acrescentar sua posse à de seu antecessor, mesmo que ambas sejam contínuas.

(C) O autor terá os benefícios da justiça e da assistência judiciária gratuita, excetuando-se as despesas perante o cartório de registro de imóveis.

(D) Na pendência da ação de usucapião especial urbana não ficarão sobrestadas quaisquer outras ações, petitórias ou possessórias, que venham a ser propostas relativamente ao imóvel usucapiendo.

(E) Na ação de usucapião especial urbana é obrigatória a intervenção do Ministério Público.

A: incorreta, pois a metragem indicada pela Lei é de 250 metros quadrados (art. 183 da CF, art. 1.240 do CC e art. 9º da Lei. 10.257/2001); B: incorreta, pois o tempo de posse do antecessor pode ser tranquilamente somado ao do sucessor, nos termos do art. 1.207 do CC, *in verbis*: "O sucessor universal continua de direito a posse do seu antecessor; e ao sucessor singular é facultado unir sua posse à do antecessor, para os efeitos legais". Há previsão específica no que tange a soma de prazos para a usucapião, conforme art. 1.243 do CC; C: incorreta, pois dentre os benefícios da gratuidade estão incluídas as despesas perante o Cartório de Registro de Imóveis. A Lei 6.969/1981 concede a gratuidade nos casos de usucapião especial, desde que requerida pelo beneficiário. De forma mais abrangente, o próprio STJ já se manifestou no sentido de que a gratuidade da justiça estende-se aos atos extrajudiciais relacionados à efetividade do processo judicial em curso, mesmo em se tratando de registro imobiliário. Como consequência desse entendimento, que pode/deve ser levado a todos os processos judiciais com a mesma questão, a parte beneficiária da assistência gratuita estará isenta do pagamento pelos serviços registrais que forem consequentes à decisão judicial e/ou necessários a sua efetividade; D: incorreta, pois na pendência da ação de usucapião especial urbana *ficarão* sobrestadas quaisquer outras ações, petitórias ou possessórias, que venham a ser propostas relativamente ao imóvel usucapiendo, nos termos do art. 11 da Lei 10.257/2001; E: correta, na medida em que é obrigatória a intervenção do Ministério Público como *custos legis* (art. 12, § 1º, da Lei 10.257/2001).
Gabarito "E".

(Cartório/SE – 2006 – CESPE) Acerca da propriedade imobiliária, julgue os itens a seguir.

(1) A validade do registro imobiliário é sempre condicionada ao conteúdo do título translativo da propriedade e os vícios originários desse título se transmitem junto à cadeia de adquirentes.

(2) Entre as causas de perda da propriedade está a usucapião que, sendo ordinária, exige a prova do justo título e da boa-fé e consuma-se no prazo de dez anos de posse ininterrupta, sem oposição e exercida com o ânimo de dono.

1: correta, pois o registro é eficaz desde o momento em que se apresentar o título ao oficial do registro, e este o prenotar no protocolo (art. 1.246 do CC).Neste passo a validade do registro está condicionada a trasladação dos documentos, com a mesma ortografia e pontuação, com referência às entrelinhas ou quaisquer acréscimos, alterações, defeitos ou vícios que tiver o original apresentado, e, bem assim, com menção precisa aos seus característicos exteriores e às formalidades legais, podendo a transcrição dos documentos mercantis, quando levados a registro, ser feita na mesma disposição gráfica em que estiverem escritos, se o interessado assim o desejar (art. 142 da LRP); 2: certa, pois por meio da usucapião o proprietário pode perder o seu imóvel em favor do usucapiente. A usucapião é forma originária de aquisição da propriedade, razão pela qual constitui verdadeira exceção ao princípio da continuidade registral na medida que não existe um transmitente que realiza a transferência do imóvel. Não há vínculo entre o anterior titular do domínio e o possuidor que adquire o imóvel. Na sua *modalidade ordinária*, deve-se atender os requisitos do art. 1.242 do CC, quais sejam, posse mansa, pacífica e ininterrupta pelo prazo de 10 anos, justo título, boa fé e *animus domini*. Ressalte-se que o prazo pode ser diminuído para 5 anos se o imóvel houver sido adquirido, onerosamente, com base no registro constante do respectivo cartório, cancelada posteriormente, desde que os possuidores nele tiverem estabelecido a sua moradia, ou realizado investimentos de interesse social e econômico (1.242 parágrafo único, do CC).

Gabarito 1C, 2C

(Cartório/MG – 2016 – Consulplan) São espécies de Usucapião previstas no Código Civil, EXCETO:

(A) Usucapião rural – também denominada pro labore, tem como requisitos a posse como sua por 5 (cinco) anos ininterruptos e sem oposição, de área rural não superior a cinquenta hectares, desde que já não seja possuidor de qualquer outro imóvel, seja este rural ou urbano.

(B) Usucapião extrajudicial – tem como requisitos a posse ininterrupta de 15 (quinze) anos, exercida de forma mansa e pacífica com ânimo de dono, que poderá ser reduzida para 10 (dez) anos nos casos em que o possuidor estabelecer no imóvel a sua moradia habitual ou nele tiver realizado obras e serviços de caráter produtivo.

(C) Usucapião ordinária – tem como requisitos a posse contínua, exercida de forma mansa e pacífica pelo prazo de 10 (dez) anos, o justo título e a boa-fé, reduzindo esse prazo pela metade no caso de o imóvel ter sido adquirido onerosamente, com base no registro constante em cartório, cancelada posteriormente, desde que os possuidores nele tiverem estabelecido a sua moradia, ou realizado investimentos de interesse social e econômico.

(D) Usucapião urbana – também denominada de pro--misero ou pró-moradia, tem como requisitos a posse sem oposição de área urbana de até duzentos e cinquenta metros quadrados, por 5 (cinco) anos ininterruptos, utilizando-a como moradia sua ou de sua família, sendo vedada a posse de qualquer outro imóvel.

Alternativa A correta. A usucapião rural está prevista no artigo 1.239 da Lei Civil. Alternativa B, incorreta, devendo ser assinalada. Trata-se da usucapião extraordinária, nos moldes do artigo 1.238 e parágrafo único do Código Civil. Alternativa C. Correta, a usucapião ordinária está prevista no artigo 1.242 e parágrafo único do Código Civil. Alternativa D. Correta. Os requisitos da usucapião urbana estão dispostos no artigo 1.240 do Código Civil.

Gabarito "B".

(Cartório/SP – II – VUNESP) Assinale a alternativa incorreta em relação à alienação fiduciária de coisa imóvel.

(A) Para que se constitua a propriedade fiduciária de coisa imóvel, basta o registro do contrato no Registro de Imóveis.

(B) Com a constituição da propriedade fiduciária, torna-se o fiduciante (devedor) único possuidor da coisa imóvel, na qualidade de titular da propriedade resolúvel.

(C) Vencida e não paga, no todo ou em parte, a dívida, e constituído em mora o fiduciante (devedor), consolidar-se-á a propriedade imóvel em nome do fiduciário.

(D) A mora poderá ser purgada no Registro de Imóveis.

A: correta (art. 23 da Lei 9.514/1997 e item 35 do art. 167 da Lei. 6.015/1973); B: incorreta (devendo ser assinalada), pois com a constituição da propriedade fiduciária há um desdobramento da posse, permanecendo o devedor-fiduciário com a posse direta e o credor-fiduciante com a indireta (art. 23, parágrafo único, da Lei 9.514/1997), sendo que este último é o titular da propriedade resolúvel; C: correta (art. 26, *caput*, da Lei 9.514/1997); D: correta (art. 26, § 5º, da Lei 9.514/1997).

Gabarito "B".

(Cartório/SP – III – VUNESP) O termo que opera a transferência do domínio é a data

(A) do título aquisitivo.

(B) do registro imobiliário.

(C) da ocorrência do acordo de vontades entre os contratantes.

(D) do compromisso de compra e venda, com a transmissão da posse.

A: incorreta, pois o título aquisitivo apenas gera a direito pessoal aos contratantes, isto é, apenas gera a obrigação de transferir; B: correta, pois a propriedade imobiliária apenas se consolida com o *registro* do título aquisitivo (regra geral, a escritura pública, nos termos do art. 108 do CC). Neste passo, é claro o disposto no art. 1.245 do CC ao prever que a propriedade entre vivos é transferida mediante o registro do título translativo no Registro de Imóveis. Assim, enquanto essa formalidade não for atendida, o alienante continua a ser havido como dono do imóvel (art. 1.245, § 1º, do CC. Vide ainda art. 167, I, item 29 da Lei 6.015/1973); C: incorreta, pois o acordo de vontades é apenas o primeiro passo das tratativas. É necessário que este acordo seja formalizado por instrumento adequado e, após devidamente registrado no Cartório de Registro de Imóveis; D: incorreta, pois o compromisso de compra e venda nada mais é do que a formalização do acordo de vontade. Por si só não transfere a propriedade, mas apenas obriga a alienante a transferi-la. Preenchidos os requisitos do art. 1.417 do CC, o promitente comprador, titular de direito real, pode exigir do promitente vendedor, ou de terceiros, a quem os direitos deste forem cedidos, a outorga da escritura definitiva de compra e venda, conforme o disposto no instrumento preliminar; e, se houver recusa, requerer ao juiz a adjudicação do imóvel. Mas veja, a mera celebração do compromisso não gera a transferência de domínio (art. 1.418 do CC, Enunciado 95 e 253 do CJF e Súmula 239 do STJ).

Gabarito "B".

(Cartório/SP – V – VUNESP) Assinale a alternativa correta.

(A) A servidão de passagem de um imóvel a outro pode ser constituída por testamento e subsequente registro no Cartório de Registros de Imóveis.

(B) A servidão de passagem proporciona utilidade para o prédio dominante e grava o prédio serviente, que pertence ao mesmo dono.

(C) A servidão de passagem se constitui pela averbação no registro imobiliário.

(D) A servidão de passagem pressupõe a relação de dois imóveis, necessariamente vizinhos e contíguos.

A: correta, pois além de se constituir por declaração expressa dos proprietários, a servidão de passagem também se constitui por testamento, com o subsequente registro no Cartório de Registro de Imóveis em ambos os casos (art. 1.378 do CC); B: incorreta, pois o prédio serviente pertence a dono diverso (art. 1.378 do CC); C: incorreta, pois a servidão de passagem se constitui pelo registro no Cartório de Registro de Imóveis, e não pela averbação (art. 1.378 do CC e art. 167, I, item 6 da Lei 6.015/1973); D: incorreta, pois não necessariamente os imóveis

6. DIREITO CIVIL

precisam ser vizinhos e contíguos. Normalmente o são, mas se não for suficiente a colaboração deste, pode-se atingir o vizinho não imediato; procura-se o imóvel que mais natural e facilmente se preste à passagem.

Gabarito "A".

(Cartório/SP – 2011 – VUNESP) Assinale a alternativa incorreta a respeito da aquisição da propriedade imóvel.

(A) O registro é eficaz desde o momento em que se apresentar o título ao oficial do registro, e este o prenotar no protocolo.

(B) A aquisição *causa mortis* não depende de registro do título.

(C) A presunção que decorre do registro do título translativo não é absoluta, podendo ser objeto de anulação.

(D) Não é possível cancelar o registro em prejuízo do terceiro adquirente de boa-fé.

A: correta, pois repete o disposto no art. 1.246 do CC; B: correta, pois aberta a sucessão a herança se transmite automaticamente aos herdeiros. Assim todo o patrimônio do *de cujus* passa a integrar a esfera patrimonial dos herdeiros, independentemente de registro ou outra formalidade. Note que o registro é indispensável para a aquisição da propriedade imóvel apenas por ato *inter vivos* (arts. 1.784 e 1.245 do CC); C: correta, pois, de fato a presunção é relativa, vez que admite prova em contrário. Neste passo, o art. 1.247 do CC prevê expressamente que "Se o teor do registro não exprimir a verdade, poderá o interessado reclamar que se retifique ou anule". Neste sentido, vide art. 252 da Lei 6.015/1973; D: incorreta (devendo ser assinalada), pois este é um dos poucos casos em que o Código não privilegia o terceiro de boa-fé, sendo plenamente possível o proprietário reivindicar o imóvel, independentemente de boa-fé ou do título do terceiro adquirente, no caso de cancelamento do registro (art. 1.247, parágrafo único, do CC).

Gabarito "D".

(Cartório/SP – 2012 – VUNESP) No que se refere às árvores limítrofes, é correto afirmar que os frutos que eventualmente se desprenderem de uma árvore situada em terreno vizinho e vierem a cair em solo particular pertencerão

(A) em condomínio necessário, em igualdade, aos proprietários confinantes.

(B) ao proprietário do solo em que caírem, se este for de propriedade particular.

(C) exclusivamente ao proprietário onde situada a árvore.

(D) sempre ao Poder Público.

Nos termos do art. 1.284 do CC "Os frutos caídos de árvore do terreno vizinho pertencem ao dono do solo onde caíram, se este for de propriedade particular". Portanto, a alternativa "B" está correta.

Gabarito "B".

(Cartório/SP – 2012 – VUNESP) Cotejando a usucapião extraordinária e ordinária, resulta que aquela dispensa os seguintes requisitos em relação a esta:

(A) Justo Título e Boa-fé subjetiva.

(B) apenas o Justo Título, sendo necessária a Boa-fé subjetiva.

(C) apenas a Boa-fé subjetiva, sendo necessário o Justo Título.

(D) apenas a Boa-fé objetiva, sendo necessária a subjetiva.

Para que se configure o direito a usucapião extraordinária basta que haja posse mansa, pacífica e ininterrupta, *animus domini* e que seja completado o lapso temporal, em regra de 15 anos. Justo título e boa-fé (tanto objetiva quanto subjetiva) são requisitos totalmente dispensáveis

(art. 1.238 do CC), diferentemente do que ocorre na usucapião ordinária, consoante art. 1.242 do CC (Enunciado 86 do CJF). Por isso que a lei exige um prazo de prescrição aquisitiva mais extenso para a usucapião extraordinária, haja vista que completado o lapso temporal todos os eventuais vícios da posse serão sanados, de modo que é possível, por exemplo que um esbulhador de torne proprietário do bem.

Gabarito "A".

(Cartório/SP – 2012 – VUNESP) Espécie de acessão em que sedimentos de rios lentamente se depositam à margem de um terreno, unindo-se à propriedade já existente, denomina-se

(A) avulsão.

(B) aluvião.

(C) abandono de álveo.

(D) formação de ilhas.

A: incorreta, pois avulsão consiste no deslocamento de uma porção de terra de um prédio a outro por força natural e violenta (art. 1.251 do CC); B: correta, pois aluvião é o acréscimo natural e imperceptível de terras às margens dos rios. Ocorre quando a terra vai se depositando em uma margem do rio, formando um novo pedaço de terra. A doutrina denomina aluvião imprópria aquela situação em que esse pedaço de terra se forma pelo afastamento de águas, que descobrem parte do álveo, ou seja, parte da área coberta pelas águas (art. 1.250 do CC) ; C: incorreta, pois álveo abandonado é o rio que seca ou desvia em virtude de fenômeno natural (art. 1.252 do CC); D: incorreta, pois na formação de ilhas em rios não navegáveis ocorre o depósito paulatino de materiais (trazidos pela corrente) ou rebaixamento de águas, deixando descoberta e a seco parte do fundo ou do leito (art. 1.249 do CC e art. 23 do Decreto 24.643/1934).

Gabarito "B".

(Cartório/SP – 2016 – VUNESP) Sobre o direito de servidão, é correto afirmar que

(A) não pode ser extinto unilateralmente, por simples renúncia.

(B) pode ser resgatado pelo dono do prédio serviente.

(C) não exige, para o seu cancelamento, a anuência do credor, caso o imóvel dominante esteja hipotecado.

(D) não é passível de usucapião.

Alternativa A incorreta. Viola o artigo 1.388, inciso I, do Código Civil. Renúncia é ato voluntário do titular do direito e deve ser expressa, mediante escritura pública. Alternativa B, correta. De acordo com o artigo 1.388, inciso III, do Código Civil. Resgate é a renúncia onerosa, ou seja, liberação do prédio serviente, mediante acordo. Vale dizer, o proprietário do prédio serviente indeniza o proprietário do prédio dominante para resgatar a servidão. Isso não pode ser imposto pelo prédio serviente, só pode ocorre quando convencionado pelas partes. Alternativa C, incorreta. Viola o parágrafo único do artigo 1.387 do Código Civil. Valer dizer, é imprescindível o consentimento do credor para cancelar a hipoteca. Alternativa D, incorreta. Viola o artigo 1.379 do Código Civil. Tal dispositivo admite expressamente a constituição da servidão mediante usucapião, desde que preenchidos os requisitos legais. Aliás, é o maior prazo da usucapião previsto no ordenamento jurídico, ou seja, 20 anos, se o possuidor não tiver título.

Gabarito "B".

(Cartório/SP – 2016 – VUNESP) Assinale a alternativa correta.

(A) O preenchimento das condições da usucapião de imóvel impedirá a decretação da nulidade do registro por vício do procedimento registral.

(B) As causas que obstam, suspendem ou interrompem a prescrição não se aplicam à usucapião.

(C) Para a usucapião, não se admite a *accessio possessionis*.

(D) É de 10 (dez) anos o prazo da usucapião consumada em razão de aquisição de imóvel de maneira onerosa, com base no registro constante do respectivo cartório, cancelado posteriormente, tendo os possuidores no imóvel estabelecido moradia ou realizado investimentos de interesse social e econômico.

Alternativa A correta. De acordo com o artigo 214, § 5º, da Lei de Registros Públicos. Alternativa B, incorreta. Viola o artigo 1.244 do Código Civil. As causas que obstam, suspendem ou interrompem a prescrição. Alternativa C, incorreta. Viola o artigo 1.243 do Código Civil. Para que ocorra a *acessio possessionis* é preciso que preencham três requisitos: que todas as posses sejam contínuas e pacíficas; que haja justo título; boa-fé. Alternativa D, incorreta. Viola o parágrafo único do artigo 1.242 do Código Civil. O dispositivo fala em 05 (cinco) anos.
Gabarito "A".

(Cartório/SP – 2016 – VUNESP) Assinale a alternativa correta.

(A) Não se admite a extinção da propriedade imóvel pela renúncia.

(B) Caracteriza-se a aluvião quando, por força violenta, uma porção de terra se destacar de um prédio e se juntar a outro, e a aquisição de sua propriedade puder ser reconhecida diretamente no Registro Imobiliário.

(C) Não se admite a extinção da propriedade imóvel pelo abandono.

(D) As plantações e construções são do proprietário do terreno, não importando para tanto quem as plantou ou construiu, sendo exceção a hipótese de a construção ou a plantação exceder consideravelmente o valor do terreno, e haver boa-fé daquele que plantou ou construiu, caso em que adquirirá a propriedade do solo, mediante pagamento de valor acordado ou fixado judicialmente.

Alternativa A, incorreta. Viola o artigo 1.275, II, do Código Civil. Alternativa B, incorreta. Viola o artigo 1.250 do Código Civil. Vale dizer, Aluvião é uma das modalidades de aquisição da propriedade imóvel por acessão e ocorre pelos acréscimos formados sucessiva e imperceptivelmente, por depósitos e aterros naturais ao longo das margens das correntes, ou pelo desvio das águas desta, pertencem aos donos dos terrenos marginais, sem indenização. Alternativa C, incorreta. Viola o artigo 1.275, inciso III, do Código Civil. Alternativa D, correta. De acordo com o parágrafo único do artigo 1.255 do Código Civil. Trata-se de uma acessão inversa, caracterizando-se como uma espécie de desapropriação no interesse privado.
Gabarito "D".

6.3. Propriedade móvel

(Cartório/SP – III –VUNESP) O que é descoberta, na conceituação do legislador civil?

(A) Elaboração de regras desconhecidas, no campo científico.

(B) Achado de coisa alheia perdida.

(C) A descoberta de minerais ou de instrumentos mecânicos.

(D) Criação engenhosa de mecanismos e instrumentos.

A descoberta está prevista nos arts. 1.233 a 1.237 do CC. Trata-se do achado de coisa perdida por seu proprietário. O regime jurídico da descoberta determina que aquele que ache coisa alheia perdida há de restituí-lo ao dono ou ao legítimo possuidor. Se não o encontrar, entregará a coisa achada a autoridade competente. Aquele que restituir terá direito a uma recompensa não inferior a 5% do seu valor, e à indenização pelas despesas que houver feito, se o dono não preferir abandoná-la. Decorridos sessenta dias da divulgação da notícia pela autoridade ou pela imprensa ou edital, não se apresentando quem comprove a propriedade da coisa, será esta vendida em hasta pública e, deduzidas de preço as despesas, mais a recompensa do descobridor, pertencerá o remanescente ao Município onde se achou o objeto perdido. Sendo a coisa de pequeno valor, o Município poderá dá-la a quem achou. A doutrina chama a recompensa pela entrega da coisa de "achádego" e o descobridor de "inventor".
Gabarito "B".

(Cartório/SP – 2011 – VUNESP) Aquele que, trabalhando em matéria-prima em parte alheia, obtiver espécie nova, desta será proprietário, se não se puder restituir à forma anterior. A regra legal representa qual instituto?

(A) Especificação.

(B) Confusão.

(C) Comissão.

(D) Adjunção.

A: correta, pois especificação é modo de aquisição da propriedade pela transformação de coisa móvel em espécie nova, em virtude de trabalho ou indústria do especificador, desde que não seja possível reduzi-la à forma primitiva (art. 1.269 do CC). Um exemplo é o trabalho feito por artesão em matéria-prima do qual não é dono. O fundamento do instituto é a valorização do trabalho e da função social da propriedade; B: incorreta, pois confusão é a mistura entre coisas líquidas. Ex: água e álcool (art. 1.272 a 1.274 do CC); C: incorreta, pois a comissão é a mistura entre coisas secas ou sólidas. Ex: açúcar e farinha (art. 1.272 a 1.274 do CC); D: incorreta, pois adjunção é a justaposição de coisas, sem a possibilidade de destacar acessório do principal. Ex: duas coisas coladas (art. 1.272 a 1.274 do CC).
Gabarito "A".

(Cartório/SP – 2012 – VUNESP) No regime da descoberta, uma vez encontrado o bem, é correto afirmar que

(A) qualquer que seja o valor, não há nenhuma obrigação de restituição, seguindo-se o brocardo popular de que "achado não é roubado".

(B) se de pequeno valor, desconhecendo-se o dono, a lei legitima a posse e domínio do descobridor.

(C) cumpre ao descobridor devolvê-lo ao seu verdadeiro proprietário ou possuidor, por determinação legal. Se não o encontrar, deverá entregá-lo à autoridade competente, fazendo jus à recompensa no valor mínimo de cinco por cento do bem.

(D) localizado o proprietário, o descobridor fará jus, no mínimo, à metade do valor do bem, qualquer que seja a sua natureza.

A: incorreta, pois encontrada coisa perdida, o descobridor tem a obrigação de tentar localizar o dono e, caso não o encontre deve entregar o bem à autoridade competente (art. 1.233 do CC); B: incorreta, pois ainda que de pequeno valor o descobridor deve levar o bem à autoridade caso não localize o seu dono, sendo que a autoridade terá 60 dias para tentar localizar o proprietário por meio de editais ou divulgação da notícia e outros meios de informação. Caso ninguém apareça, sendo de diminuto valor a coisa em questão, poderá o Município abandoná-la em favor de quem a achou. Daí, note que é necessário todo esse procedimento para que o descobridor permaneça legitimamente com a coisa (art. 1.233, parágrafo único, e art. 1.237, parágrafo único, do CC); C: correta, pois conforme previsão dos arts. 1.233 e 1.234 do CC;

6. DIREITO CIVIL   **381**

D: incorreta, pois o descobridor tem direito a uma recompensa não inferior a cinco por cento do valor do bem, e não à metade do valor, nos termos do art. 1.234 do CC.
Gabarito "C".

(Cartório/MG – 2015 – Consulplan) A propriedade dos automóveis só se adquire após

(A) a transferência do registro de propriedade perante o DETRAN.

(B) o pagamento do preço.

(C) a tradição.

(D) o registro do contrato de compra e venda no Cartório de títulos e documentos.

Alternativa A, incorreta. Viola os artigos 1.226 e 1.267 do Código Civil. A transferência do registro de propriedade perante o DETRAN tem efeitos meramente administrativos perante o Estado, seja para fins de multa, seja para fins de tributos. Alternativa B, incorreta. Viola os artigos 1.226 e 1.267 do Código Civil. O pagamento do preço constitui cumprimento do contrato por parte do adquirente da coisa e não transfere a propriedade móvel. O registro do contrato de compra e venda no Cartório de títulos e documentos tem o escopo tão somente de surtir efeitos em relação a terceiros, conforme prevê o artigo 129 da LRP. Alternativa C, correta. Nos termos dos artigos 1.226 e 1.267 do Código Civil. A tradição consiste na efetiva entrega da coisa, pela qual se transfere o bem móvel, admitindo-se a modalidade de entrega simbólica, por exemplo, a entrega das chaves. Alternativa D, incorreta. Viola os artigos 1.226 e 1.267 do Código Civil. A transferência do bem móvel se dá pela tradição.
Gabarito "C".

6.4. Condomínio

(Cartório/RS – 2019 – VUNESP) Assinale a alternativa correta sobre o condomínio em multipropriedade.

(A) A instituição da multipropriedade independe de registro do ato no Cartório de Registro de Imóveis.

(B) A multipropriedade se extinguirá automaticamente se todas as frações de tempo forem do mesmo multiproprietário.

(C) O imóvel objeto da multipropriedade não se sujeita à ação de extinção de condomínio.

(D) A transferência do direito de multipropriedade dependerá da cientificação dos demais multiproprietários, devendo ser respeitado o direito de preferência destes.

(E) Ao condomínio edilício é vedado adotar o regime de multipropriedade apenas em parte de suas unidades autônomas.

A: incorreto. Institui-se a multipropriedade por ato entre vivos ou testamento, registrado no competente cartório de registro de imóveis, devendo constar daquele ato a duração dos períodos correspondentes a cada fração de tempo (art. 1.358-F, CC); **B:** incorreto. A multipropriedade não se extinguirá automaticamente se todas as frações de tempo forem do mesmo multiproprietário (art. 1.358-C, parágrafo único, CC); **C:** correto. O imóvel objeto da multipropriedade: I – é indivisível, não se sujeitando à ação de divisão ou de extinção de condomínio (art. 1.358-D, inciso I, CC); **D:** incorreto. A transferência do direito de multipropriedade e a sua produção de efeitos perante terceiros dar-se-ão na forma da lei civil e não dependerão da anuência ou cientificação dos demais multiproprietários (art. 1.358-L); **E:** incorreto. O condomínio edilício poderá adotar o regime de multipropriedade em parte ou na totalidade de suas unidades autônomas mediante previsão no instrumento de instituição ou deliberação da maioria absoluta dos condôminos (art. 1.358-O, incisos I e II, CC).
Gabarito "C".

(Cartório/ES – 2007 – FCC) No condomínio edilício, a construção de outro pavimento destinado a conter novas unidades imobiliárias depende da aprovação

(A) da maioria dos votos dos condôminos presentes à assembleia.

(B) de dois terços dos votos de todos os condôminos.

(C) de dois terços dos votos dos condôminos presentes à assembleia.

(D) da maioria dos votos de todos os condôminos.

(E) da unanimidade dos condôminos.

A construção de outro pavimento destinado a conter novas unidades imobiliárias depende da aprovação da unanimidade dos condôminos, nos termos do art. 1.343 do CC.
Gabarito "E".

(Cartório/MA – 2008 – IESES) Em relação ao condomínio edilício, o atual Código Civil prevê:

(A) A unidade imobiliária pode ser privada do acesso ao logradouro público.

(B) A cada unidade imobiliária caberá, como parte inseparável, uma fração ideal no solo e nas outras partes comuns, que será identificada em forma decimal ou ordinária no instrumento de instituição do condomínio.

(C) O terraço de cobertura é parte comum, ainda que disposição em contrário se faça na escritura de constituição do condomínio.

(D) Não pode haver, em edificações, partes que são propriedade exclusiva, e partes que são propriedade comum dos condôminos.

A: incorreta, pois nenhuma unidade pode ser privada do acesso ao logradouro público (art. 1.331, § 4°, do CC); B: correta (art. 1.331, § 3°, do CC); C: incorreta, pois é permitida a exceção a esta regra por meio da escritura de constituição do condomínio (art. 1.331, §5° do CC); D: incorreta, pois esta situação é perfeitamente permitida, nos termos do art. 1.331, *caput*, do CC.
Gabarito "B".

(Cartório/MG – 2012 – FUMARC) De acordo com o Código Civil, as disposições da Convenção de Condomínio edilício obrigam a todos os condôminos a respeitá-la. Para ser oponível contra terceiros, o ato convencional deverá ser inscrito, obrigatoriamente, no Cartório

(A) de Pessoas Jurídicas.

(B) de Registro de Imóveis.

(C) de Tabelionato de Notas.

(D) de Registro de Títulos e Documentos.

A convenção de condomínio deverá ser devidamente registrada no Cartório de Registro de Imóveis, nos termos do art. 1.333, parágrafo único, do CC e art. 167, I, item 1 da Lei 6.015/1976.
Gabarito "B".

(Cartório/PR – 2007) A Lei 10.931/2004 dispõe sobre o patrimônio de afetação de incorporações imobiliárias, entre outras disposições, alterando a Lei 4.591/1964 – Lei de Condomínio e Incorporações. Nestes termos marcar a resposta correta:

(A) O patrimônio de afetação não se comunica com os demais bens, direitos e obrigações do patrimônio geral do incorporador ou de outros patrimônios de

CAROLINA IKEDA E MARCIO PEREIRA

afetação por ele constituídos e só responde por dívidas e obrigações vinculadas à incorporação respectiva.

(B) O incorporador não responde pelos prejuízos que causar ao patrimônio de afetação.

(C) Considera-se constituído o patrimônio de afetação mediante registro, a qualquer tempo, no Registro de Imóveis, de termo firmado pelo incorporador e, quando for o caso, também pelos titulares de direitos reais de aquisição sobre o terreno.

(D) Os efeitos da decretação da falência ou da insolvência civil do incorporador poderão atingir os patrimônios de afetação constituídos, integrando a massa concursal o terreno, as acessões e demais bens, direitos creditórios, obrigações e encargos objeto da incorporação.

(E) O patrimônio de afetação extinguir-se-á pela averbação da extinção das obrigações do incorporador perante a instituição financiadora do empreendimento.

A: correta (art. 31-A, § 1º, da Lei 4.591/64); B: incorreta (art. 31-A, § 2º, da Lei 4.591/64); C: incorreta, pois a constituição se faz mediante averbação e não mediante registro (art. 31-B da Lei 4.591/64); D: incorreta, pois os efeitos da decretação da falência ou da insolvência civil do incorporador *não atingem* os patrimônios de afetação constituídos, *não integrando* a massa concursal o terreno, as acessões e demais bens, direitos creditórios, obrigações e encargos objeto da incorporação; E: incorreta, pois a extinção dar-se-á mediante averbação da construção, registro dos títulos de domínio ou de direito de aquisição em nome dos respectivos adquirentes *e, quando for o caso*, extinção das obrigações do incorporador perante a instituição financiadora do empreendimento (art. 31-E, I, da Lei 4.591/64).
Gabarito "A".

(Cartório/PR – 2007) Quanto às incorporações imobiliárias regidas pela Lei 4.591/1964 – Lei de Condomínio e Incorporações Imobiliárias, é correto afirmar:

(A) Oficial de Registro de Imóveis responde criminalmente, se efetuar o arquivamento de documentação contraveniente à lei ou der certidão sem o arquivamento de todos os documentos exigidos.

(B) Considera-se incorporador a pessoa jurídica, comerciante ou não, que embora não efetuando a construção, compromisse ou efetive a venda de frações ideais de terreno objetivando a vinculação de tais frações a unidades autônomas.

(C) O incorporador somente poderá negociar sobre unidades autônomas após ter registrado, no cartório competente de Registro de Imóveis, o título de propriedade de terreno, ou de promessa, irrevogável e irretratável, de compra e venda ou de cessão de direitos ou de permuta do qual conste cláusula de imissão na posse do imóvel.

(D) Os contratos de compra e venda, promessa de venda, cessão ou promessa de cessão de unidades autônomas são irretratáveis e, uma vez averbados, conferem direito real oponível a terceiros, atribuindo direito à adjudicação compulsória perante o incorporador ou a quem o suceder, inclusive na hipótese de insolvência posterior ao término da obra.

(E) Considera-se incorporação imobiliária a atividade exercida com o intuito de promover e realizar a construção, para alienação total ou parcial, de edificações ou conjunto de edificações compostas de unidades autônomas.

A: incorreta, pois o Cartório de Registro de Imóveis responde civil e criminalmente se efetuar o arquivamento de documentação contraveniente à lei ou der certidão sem o arquivamento de todos os documentos exigidos (art. 32, § 7º, da Lei 4.591/1964); B: incorreta, pois além de pessoa jurídica, o incorporador pode ser também pessoa física. Ademais a assertiva encontra-se incompleta. Neste sentido, art. 29 da Lei 4.591/64, *in verbis*: "Considera-se incorporador a pessoa física ou jurídica, comerciante ou não, que embora não efetuando a construção, compromisse ou efetive a venda de frações ideais de terreno objetivando a vinculação de tais frações a unidades autônomas, em edificações a serem construídas ou em construção sob regime condominial, ou que meramente aceite propostas para efetivação de tais transações, coordenando e levando a termo a incorporação e responsabilizando-se, conforme o caso, pela entrega, a certo prazo, preço e determinadas condições, das obras concluídas"; C: incorreta, pois o incorporador somente poderá negociar sobre unidades autônomas após ter *arquivado* (não registrado) no cartório competente de Registro de Imóveis, o título de propriedade de terreno, ou de promessa, irrevogável e irretratável, de compra e venda ou de cessão de direitos ou de permuta do qual conste cláusula de imissão na posse do imóvel (art. 32, *a*, da Lei 4.591/1964); D: incorreta, pois os contratos de compra e venda, promessa de venda, cessão ou promessa de cessão de unidades autônomas são irretratáveis e, uma vez *registrados* (e não averbados), conferem direito real oponível a terceiros, atribuindo direito à adjudicação compulsória perante o incorporador ou a quem o suceder, inclusive na hipótese de insolvência posterior ao término da obra (art. 32, §2º da Lei 4.591/1964); E: correta (art. 28, parágrafo único, da Lei 4.591/1964).
Gabarito "E".

(Cartório/RN – 2012 – IESES) Do condomínio edilício, assinale a assertiva correta:

(A) Para ser oponível contra terceiros, a convenção do condomínio não necessita ser registrada no Cartório de Registro de Imóveis, necessitando apenas estar disponível aos proprietários de suas unidades imobiliárias.

(B) Qualquer unidade imobiliária pode ser privada do acesso ao logradouro público.

(C) A convenção de condomínio aprovada, ainda que sem registro, é eficaz para regular as relações entre os condôminos.

(D) O terraço de cobertura é parte comum, devendo sempre constar na escritura de constituição do condomínio tal fato.

A: incorreta, pois para ser oponível a terceiros, a convenção de condomínio deve estar devidamente registrada no Cartório de Registro de Imóveis (art. 1.333, parágrafo único, do CC). Caso contrário vinculará apenas as partes signatárias; B: incorreta, pois nenhuma unidade imobiliária pode ser privada do acesso ao logradouro público (art. 1.331, § 4º, do CC); C: correta, pois ratificada por todos os condôminos, a convenção de condomínio tem eficácia desde logo, independentemente de registro (art. 1.333 *caput*, do CC); D: incorreta, pois o terraço de cobertura, em regra, é parte comum, salvo disposição contrária da escritura de constituição do condomínio (art. 1.331, §5 º, do CC).
Gabarito "C".

(Cartório/SP – II – VUNESP) No que concerne à convenção de condomínio, é correto dizer que, desde que reúna as assinaturas de titulares de direitos

(A) que representem a maioria das frações ideais que compõem o condomínio, considera-se aprovada a

6. DIREITO CIVIL

convenção, que deverá ser registrada no Registro de Imóveis.

(B) que representem, no mínimo, dois terços das frações ideais que compõem o condomínio, considera-se aprovada a convenção, que deverá ser registrada no Registro de Imóveis.

(C) que representem a maioria das frações ideais que compõem o condomínio, considera-se aprovada a convenção, que deverá ser registrada no Registro de Títulos e Documentos.

(D) que representem, no mínimo, dois terços das frações ideais que compõem o condomínio, considera-se aprovada a convenção, que deverá ser registrada no Registro de Títulos e Documentos.

Desde que subscrita pelos titulares de pelo menos dois terços das frações ideais, a convenção de condomínio torna-se, desde logo obrigatória para os titulares de direitos sobre as unidades, ou para quantos sobre elas tenham posse ou detenção. Neste passo, deverá ser registrada no Cartório de Registro de Imóveis para ser oponível a terceiro (art. 1.333 do CC).
Gabarito "B".

(Cartório/SP – 2011 – VUNESP) Assinale a alternativa correta a respeito do condomínio edilício.

(A) A instituição é ato solene, somente pode ser realizada por escritura pública.

(B) É possível determinar na escritura de constituição do condomínio que o terraço de cobertura não seja parte comum do prédio.

(C) A Convenção que constitui o condomínio deve ser subscrita pelos titulares de, no mínimo, metade das frações ideais.

(D) Num edifício de apartamentos é vedada a alienação de garagem de um condômino a outro.

A: incorreta, pois o condomínio pode ser instituído por ato particular *inter vivos* ou testamento, registrado no Cartório do Registro de Imóveis (art. 1.332, *caput*, do CC); B: correta (art. 1.331, § 5º, do CC); C: incorreta, pois a convenção deve ser subscrita por no mínimo dois terços dos titulares de frações ideais (art. 1.333 do CC); D: incorreta, pois a alienação de garagem de um condômino a outro é perfeitamente permitida, sendo vedado, entretanto, a alienação ou locação a pessoas estranhas ao condomínio, salvo autorização expressa em contrário na convenção (art. 1.331, § 1º, do CC e Enunciados 91 e 320 do CJF).
Gabarito "B".

(Cartório/SP – 2012 – VUNESP) A Convenção Condominial tem natureza jurídica de

(A) ato jurídico em sentido estrito.

(B) negócio jurídico plurilateral.

(C) negócio jurídico unilateral.

(D) negócio jurídico bilateral.

Trata-se de negócio jurídico plurilateral. *Negócio jurídico*, pois se constitui em declaração de vontade qualificada, cujos efeitos são regulados pelos próprios interessados. *Plurilateral*, pois firmado por várias partes em conjunto, com interesses comuns.
Gabarito "B".

(Cartório/SP – 2012 – VUNESP) Condomínio que existe em virtude da propriedade comum de lindeiros quanto à meação de paredes, cercas, muros e valas entre casas denomina-se:

(A) Condomínio *in solidum*.

(B) Condomínio voluntário.

(C) Condomínio edilício.

(D) Condomínio necessário.

A: incorreta, pois o condomínio *in solidum*, ou condomínio *em solidariedade* é figura impossível de se constituir no ordenamento, haja vista a impossibilidade de existir propriedade ou posse de duas ou mais pessoas solidariamente, sobre a mesma coisa de maneira sobreposta, o que significa dizer que o fato de já haver um *dominus* exclui totalmente a ideia de haver um outro dono, mesmo sendo lícita a sua pertinência a mais de um sujeito, *pro parte*; B: incorreta, pois condomínio voluntário é o resultante do acordo de vontades, como a aquisição conjunta de um bem; C: incorreta, pois condomínio edilício é aquele caracterizado pela existência de uma propriedade comum ao lado de uma propriedade privativa (art. 1.331 do CC); D: correta, pois é aquele resultante da imposição da ordem jurídica, como consequência do estado de indivisão da coisa, justamente como as paredes, cercas, muros e valas.
Gabarito "D".

(Cartório/MG – 2015 – Consulplan) Sobre o condomínio edilício, nos termos do Código Civil brasileiro, analise as seguintes afirmações:

I. As despesas relativas a partes comuns de uso exclusivo de um condômino, ou de alguns deles, incumbem a quem delas se serve.

II. A realização de obras no condomínio, se voluptuárias, depende do voto de dois terços dos condôminos

III. O adquirente de unidade responde pelos débitos do alienante, em relação ao condomínio, salvo multas e juros moratórios.

Está correto somente o que se afirma em:

(A) I

(B) II

(C) I e II

(D) I e III

I: correto. De acordo com o artigo 1.340 do Código Civil. Esse dispositivo prevê que o pagamento das despesas concernentes ao uso exclusivo das áreas comuns compete ao condômino que a utiliza. II: correto. De acordo com o inciso I, do artigo 1.341 do Código Civil. III: incorreto. Viola o artigo 1.345 do Código Civil. A parte final do dispositivo fala "...**inclusive** multas e juros moratórios ". Trata-se de obrigação *propter rem*.
Gabarito "C".

(Cartório/SP – 2016 – VUNESP) É correto asseverar, acerca do condomínio, que

(A) a convenção do condomínio dever ser registrada no Registro de Imóveis, com eficácia constitutiva.

(B) no condomínio edilício, salvo a unidade do zelador, nenhuma outra pode ser privada de acesso à via pública.

(C) a cada unidade imobiliária caberá, como parte inseparável, uma fração ideal no solo e nas demais partes comuns.

(D) no condomínio geral, cada condômino pode usar a coisa no limite proporcional de sua parte ideal.

Alternativa A, incorreta, de acordo com o artigo 1.333 do Código Civil: "A convenção que constitui o condomínio edilício deve ser subscrita pelos titulares de, no mínimo, dois terços das frações ideais e torna-se, desde logo, obrigatória para os titulares de direito sobre as unidades, ou para quantos sobre elas tenham posse ou detenção. Parágrafo

CAROLINA IKEDA E MARCIO PEREIRA

único. Para ser oponível contra terceiros, a convenção do condomínio deverá ser registrada no Cartório de Registro de Imóveis " Alternativa B, incorreta, pois viola o disposto no § 4º do artigo 1.331 do Código Civil. Alternativa C, correta, nos moldes do § 3º do artigo 1.331 do Código Civil. Alternativa D, incorreta Viola o artigo 1.314 do Código Civil. Vale dizer, é direito do condômino exercer a coisa, respeitando sua destinação, reivindicá-la de terceiros, defender sua posse ou gravá-la de ônus. Tais direitos são exercidos de acordo com a indivisão da coisa comum.

Gabarito "C".

6.5. Direito reais na coisa alheia Fruição

(Cartório/MG – 2019 – Consulplan) De acordo com o Código Civil Brasileiro, analise as seguintes afirmativas sobre o direito real de superfície.

I. O direito real de superfície concede ao seu titular o direito de construir ou plantar em terreno alheio, perpétua ou temporariamente.

II. O contrato que institui a superfície pode ser gratuito ou oneroso. No oneroso, o proprietário da terra tem direito a pagamento, que poderá ser feito de uma só vez ou parceladamente.

III. O direito de superfície pode transferir-se a terceiros e, por morte do superficiário, aos seus herdeiros. É permitido ao concedente cobrar um pagamento pela transferência, a que título for.

IV. O direito real de superfície somente se constitui mediante escritura pública, devidamente registrada no Cartório de Registro de Imóveis.

Estão corretas as afirmativas

(A) I, II, III e IV.

(B) II e IV, apenas.

(C) I, II e III, apenas.

(D) I, III e IV, apenas.

I: incorreto. O proprietário pode conceder a outrem o direito de construir ou de plantar em seu terreno, por tempo determinado, mediante escritura pública devidamente registrada no Cartório de Registro de Imóveis (art. 1.369, CC); **II:** correto. A concessão da superfície será gratuita ou onerosa; se onerosa, estipularão as partes se o pagamento será feito de uma só vez, ou parceladamente (art. 1.370, CC); **III:** incorreto. O direito de superfície pode transferir-se a terceiros e, por morte do superficiário, aos seus herdeiros. Não poderá ser estipulado pelo concedente, a nenhum título, qualquer pagamento pela transferência (art. 1.372, *caput* e parágrafo único, CC); **IV:** correto. O proprietário pode conceder a outrem o direito de construir ou de plantar em seu terreno, por tempo determinado, mediante escritura pública devidamente registrada no Cartório de Registro de Imóveis (art. 1.369, CC).

Gabarito "B".

(Cartório/SP – 2018 – VUNESP) Com relação ao usufruto, é correto afirmar:

(A) o usufruto não pode ter por objeto bens consumíveis ou fungíveis.

(B) o direito de usufruto não pode ser adquirido por usucapião.

(C) no usufruto simultâneo ou conjuntivo, o direito de acrescer entre os usufrutuários, ocorrendo o falecimento de um deles, depende de estipulação expressa.

(D) o exercício do usufruto é impenhorável.

A: incorreto. Salvo disposição em contrário, o usufruto estende-se aos acessórios da coisa e seus acrescidos. § 1º Se, entre os acessórios e os acrescidos, houver coisas consumíveis, terá o usufrutuário o dever

de restituir, findo o usufruto, as que ainda houver e, das outras, o equivalente em gênero, qualidade e quantidade, ou, não sendo possível, o seu valor, estimado ao tempo da restituição (art. 1.392, § 1º do CC); **B:** incorreto. O usufruto de imóveis, quando não resulte de usucapião, constituir-se-á mediante registro no Cartório de Registro de Imóveis (art. 1.391, CC); **C:** correto. Constituído o usufruto em favor de duas ou mais pessoas, extinguir-se-á a parte em relação a cada uma das que falecerem, salvo se, por estipulação expressa, o quinhão desses couber ao sobrevivente (art. 1.411, CC); **D:** incorreto. Não se pode transferir o usufruto por alienação; mas o seu exercício pode ceder-se por título gratuito ou oneroso (art. 1.393, CC).

Gabarito "C".

(Cartório/MG – 2012 – FUMARC) De acordo com o Código Civil Brasileiro, a respeito do usufruto, cabe ao usufrutuário

(A) transferir o usufruto por alienação.

(B) pagar as deteriorações resultantes do exercício regular do usufruto.

(C) o direito à posse, o domínio, o uso, a administração e a percepção dos frutos.

(D) pagar as prestações e os tributos devidos pelos rendimentos da coisa usufruída.

A: incorreta, pois o direito de usufruto não pode ser transferido por alienação. Contudo, ressalte-se que o seu exercício pode ceder-se por título gratuito ou oneroso (art. 1.393 do CC); **B:** incorreta, pois as deteriorações decorrentes do uso regular não são indenizáveis (art. 1.402 do CC); **C:** incorreta, pois o usufrutuário não tem o direito ao domínio da coisa, na medida em que essa prerrogativa é apenas no proprietário (art. 1.394 do CC); **D:** correta, pois as obrigações tributárias são de responsabilidade do usufrutuário (art. 1.403, II, do CC).

Gabarito "D".

(Cartório/RN – 2012 – IESES) Sobre as Servidões, assinale a assertiva **INCORRETA**:

(A) Restringir-se-á o exercício da servidão às necessidades do prédio dominante, evitando-se, quando possível, agravar o encargo ao prédio serviente.

(B) O dono do prédio serviente não poderá embaraçar de modo algum o exercício legítimo da servidão.

(C) Mesmo nas desapropriações, a servidão, uma vez registrada, só se extingue, com respeito a terceiros, quando cancelada.

(D) Uma das formas de extinção da servidão, ficando ao dono do prédio serviente a faculdade de fazê-la cancelar, mediante prova da extinção, se dá pelo não uso, durante 10 (dez) anos contínuos.

A: correta (art. 1.385, *caput*, do CC); **B:** correta (art. 1.383 do CC); **C:** incorreta, pois no caso de desapropriação a servidão se extingue com relação a terceiros, independentemente do cancelamento do registro (art. 1.387, *caput*, do CC); **D:** correta (art. 1.389, III, do CC).

Gabarito "C".

(Cartório/SP – 2011 –VUNESP) Em relação ao usufruto, é correto afirmar que

(A) não se pode transferir o usufruto por alienação.

(B) não se pode ceder seu exercício por título gratuito.

(C) não se pode ceder seu exercício por título oneroso.

(D) pode ser transferido por alienação.

"O usufruto pode não pode ser transferido por alienação; mas o seu exercício pode ceder-se a título gratuito ou oneroso" (art. 1.393 do CC).

Gabarito "A".

6. DIREITO CIVIL — 385

(Cartório/ES – 2007 – FCC) A respeito do usufruto, é certo que:

(A) Se a coisa estiver segurada, incumbe ao proprietário pagar as contribuições do seguro.

(B) O usufrutuário pode mudar a destinação econômica do prédio sem expressa autorização do proprietário.

(C) O usufrutuário é obrigado a pagar as deteriorações resultantes do exercício regular do usufruto.

(D) Incumbe ao proprietário as prestações e os tributos devidos pela posse ou rendimento da coisa usufruída.

(E) Não se pode transferir o usufruto por alienação, mas o seu exercício pode ceder-se por título gratuito ou oneroso.

A: incorreta, pois se a coisa estiver segurada incumbe ao *usufrutuário* (e não ao proprietário) pagar as contribuições do seguro (art. 1.407, *caput*, do CC); B: incorreta, pois o usufrutuário apenas pode mudar a destinação econômica do prédio com autorização do proprietário (art. 1.399 do CC); C: incorreta, pois o usufrutuário *não* é obrigado a pagar as deteriorações resultantes do exercício regular do usufruto (art. 1.402 do CC); D: incorreta, pois incumbe ao *usufrutuário* (e não ao proprietário) as prestações e os tributos devidos pela posse ou rendimento da coisa usufruída; E: correta (art. 1.393 do CC).
Gabarito "E".

(Cartório/PR – 2007) Com a entrada em vigor do Código Civil de 2002 ocorreu a derrogação da Lei 10.257/2001 – Estatuto da Cidade – no que tange ao direito de superfície. O direito de superfície passou a ser regulado inteiramente pelos artigos 1.369 a 1.377 do CC/2002. Sobre o direito de superfície, é correto afirmar:

(A) Trata-se do direito de o proprietário de imóvel, urbano ou rural, conceder a outrem o direito de construir ou de plantar em seu terreno, por tempo determinado, mediante escritura pública devidamente registrada no Cartório de Registro de Imóveis competente.

(B) O direito de superfície pode transferir-se a terceiros e, por morte do superficiário, aos seus herdeiros, podendo ser estipulado pelo concedente, pagamento pela transferência.

(C) Resolver-se-á a concessão do direito de superfície somente na ocorrência do termo final, mesmo que o superficiário dê ao terreno destinação diversa daquela para que foi concedida.

(D) Extinta a concessão, o proprietário passará a ter a propriedade plena sobre o terreno, construção ou plantação, não tendo o superficiário direito à indenização, ainda que haja previsão expressa nesse sentido.

(E) Em caso de extinção do direito de superfície, a indenização será paga ao proprietário exclusivamente.

A: correta, pois essa é exatamente a definição constante do art. 1.369, *caput*, do CC; B: incorreta, pois embora a primeira parte da assertiva esteja de acordo com o art. 1.372, *caput*, o concedente não pode exigir qualquer pagamento pela transferência (art. 1.372 parágrafo único, do CC); C: incorreta, pois antes da ocorrência do termo final resolve-se o direito de superfície se o superficiário der ao terreno destinação diversa daquela para que foi concedida (art. 1.374 do CC); D: incorreta, pois se houver previsão expressa no sentido de que o superficiário tem direito a indenização, o proprietário deverá indenizá-lo (art. 1.375 do CC); E: incorreta, pois no caso de extinção do direito de superfície, o superficiário terá direito a indenização se assim tiver sido estipulado (art. 1.375 do CC). No caso de extinção em consequência de desapropriação, tanto o proprietário como o superficiário terão direito de ser indenizados, no valor correspondente ao direito real de cada um (art. 1.376 do CC).
Gabarito "A".

(Cartório/RJ – 2008 – UERJ) O usufruto constituído em favor de pessoa jurídica extingue-se com esta, ou se ela perdurar pelo decurso temporal de:

(A) 10 (dez) anos a partir de seu exercício

(B) 30 (trinta) anos a partir de seu exercício

(C) 40 (quarenta) anos a partir de seu exercício

(D) 60 (sessenta) anos a partir de seu exercício

(E) 100 (cem) anos a partir de seu exercício

Nos termos do art. 1.410, III do CC, o usufruto será extinto se a pessoa jurídica perdurar pelo decurso de trinta anos da data em que se começou a exercer o direito.
Gabarito "B".

(Cartório/RJ – 2008 – UERJ) Constituí direito real:

(A) a doação

(B) a herança

(C) o usufruto

(D) a herança jacente

(E) todas as respostas anteriores

O rol taxativo de direitos reais está previsto no art. 1.225 do CC, sendo que dentre as opções elencadas acima apenas o *usufruto* faz parte do elenco ali previsto (art. 1.225, IV, do CC).
Gabarito "C".

(Cartório/SC – 2008) Assinale a alternativa correta:

(A) O usufrutuário pode usufruir do prédio em pessoa, ou mediante arrendamento, com a possibilidade, inclusive, de alterar a sua destinação econômica, independentemente da autorização do proprietário.

(B) Não se pode transferir o usufruto por alienação; mas o seu exercício pode ser cedido por título gratuito ou oneroso.

(C) O usufrutuário é obrigado a pagar as deteriorações resultantes do exercício regular do usufruto.

(D) O usufruto de imóveis, mesmo quando resulte de usucapião, constituir-se-á mediante registro no Cartório de Registro de Imóveis.

(E) Os frutos civis vencidos na data inicial do usufruto pertencem ao usufrutuário; e os vencidos na data em que cessa o usufruto, ao proprietário.

A: incorreta, pois o usufrutuário apenas pode mudar a destinação econômica do prédio se expressamente autorizado pelo proprietário (art. 1.399 do CC); B: correta (art. 1.393 do CC); C: incorreta, pois o usufrutuário *não* é obrigado a pagar as deteriorações resultantes do exercício regular do usufruto (art. 1.402 do CC); D: incorreta, pois o usufruto de imóveis, *apenas quando não resulte de usucapião*, constituir-se-á mediante registro no Cartório de Registro de Imóveis (art. 1.391 do CC); E: incorreta, pois os frutos civis, vencidos na data inicial do usufruto, pertencem ao *proprietário* (e não ao usufrutuário), e ao *usufrutuário* (e não ao proprietário) os vencidos na data em que cessa o usufruto (art. 1.398 do CC).
Gabarito "B".

(Cartório/SP – II – VUNESP) Assinale a alternativa verdadeira.

(A) A concessão do direito de superfície poderá ser gratuita ou onerosa.

(B) Por morte do superficiário, o direito de superfície será extinto.

(C) O direito de superfície não pode ser transferido a terceiros.

CAROLINA IKEDA E MARCIO PEREIRA

(D) O direito de superfície não abrange o direito de utilizar o subsolo.

A: correta (art. 1.370 do CC); B: incorreta, pois com a morte do superficiário não necessariamente o direito de superfície será extinto, pois a lei permite que ele seja transmitido aos herdeiros (art. 1.372, *caput*, do CC); C: incorreta, pois o direito de superfície *pode* transferir-se a terceiros (art. 1.372 do CC); D: incorreta, pois o direito de superfície abrange o direito de usar o subsolo de forma excepcional, desde que seja inerente ao objeto da concessão (art. 1.369, parágrafo único, do CC).

Gabarito "A".

(Cartório/SP – III – VUNESP) A respeito do usufruto, direito real sobre coisas alheias, assinale a proposição incorreta.

(A) O usufrutuário tem direito a posse, uso, administração e percepção dos frutos.

(B) usufruto de imóveis, quando não resulte de usucapião, constituir-se-á de transcrição no Registro de Imóveis.

(C) Os frutos civis vencidos na data inicial do usufruto pertencem ao proprietário, e ao usufrutuário, os vencidos na data em que cessa o usufruto.

(D) Salvo disposição em contrário, o usufruto não se estende aos acessórios da coisa e seus acrescidos.

A: correta (art. 1.394 do CC); B: correta (art. 1.391 do CC); C: correta (art. 1.398 do CC); D: incorreta (devendo ser assinalada), pois em regra o usufruto estende-se aos acessórios da coisa e seus acrescidos, salvo disposição em contrário (art. 1.392, *caput*, do CC).

Gabarito "D".

(Cartório/SP – IV – VUNESP) Considere as seguintes informações:

I. É possível o registro imobiliário de compromisso de venda e compra em que o promitente-comprador consta como usufrutuário na matrícula do imóvel, não havendo necessidade de prévia renúncia ao usufruto.

II. Usufrutuário não pode alienar o usufruto em si, mas pode ceder a terceiro o seu exercício a título oneroso ou gratuito, cessão essa que não pode ingressar no fólio real, pois apenas gera direito pessoal (não direito real).

III. Usufrutuário não pode alienar o imóvel, mas pode dispor dos frutos ou rendimentos e, assim, admite-se que os ofereça em anticrese, em escritura pública que comporta registro imobiliário.

IV. Titulares de domínio pleno, de domínio útil e de domínio resolúvel têm legitimação para instituir usufruto, mas compromissário comprador não a tem.

Pode-se dizer que

(A) todas as afirmações estão corretas.

(B) todas as afirmações estão incorretas.

(C) estão corretas apenas as afirmações II e IV.

(D) estão corretas apenas as afirmações I e III.

I: correta, pois não há nenhuma proibição ou incompatibilidade legal de o usufrutuário tornar-se promitente-comprador do imóvel. O compromisso pode ser registrado, mas enquanto a venda não se consolidar o direito de propriedade continuará com os seus atributos desmembrados, e teremos ainda a figura do nu-proprietário/promitente-vendedor e do usufrutuário/promitente-comprador. Transferida a propriedade por meio do registro, o direito de propriedade consolidar-se-á de forma plena nas mãos deste último, extinguindo-se assim o direito real de usufruto nos termos do art. 1.410, VI, do CC; II: correta, pois, de fato o direito ao usufruto é inalienável pelo usufrutuário, podendo ele apenas ceder o seu exercício

a título oneroso ou gratuito (art. 1.393 do CC). Note que a propriedade é formada por quatro atributos: usar, gozar, dispor e reivindicar. Instituído o usufruto, concede-se ao usufrutuário o direito de usar e gozar da coisa, reservando o proprietário o direito de dispor e reivindicar (por isso que neste caso o proprietário passa a ser denominado de "nu-proprietário", pois é como se sua propriedade estivesse "despida"). Apenas aquele que tem a propriedade plena (isto é, o proprietário) é que tem a possibilidade de desmembrá-la e instituir novos direitos reais sobre ela. Isso nos leva a concluir qualquer ato tomado pelo usufrutuário com relação ao seu direito de usufruto apenas gerará direito pessoal em relação a terceiro, e não direito real, haja vista ele possuir apenas alguns atributos da propriedade; III: correta, pois considerando que a lei concede ao usufrutuário o direito a percepção de frutos, isso significa que ele se tornará proprietário desses frutos (art. 1.394 do CC). Neste passo, prevê o art. 1.396 do CC que o usufrutuário faz seus os frutos naturais, pendentes ao começar o usufruto, salvo direito adquirido por outrem e, no que tange aos frutos civis pertencem ao usufrutuário os vencidos na data em que cessa o usufruto. (art. 1.398 do CC). Assim, o usufrutuário obtém a permissão para alienar esses frutos, afinal é seu proprietário. Nesta linha de raciocínio, pode, portanto, dar o bem em anticrese, pois nos termos do art. 1.420 do CC "Só aquele que pode alienar poderá empenhar, hipotecar ou dar em anticrese; só os bens que se podem alienar poderão ser dados em penhor, anticrese ou hipoteca". Por fim, o direito real de garantia constituído pela anticrese é perfeitamente registrável no Cartório de Registro de Imóveis, conforme art. 167, I, item 11 da Lei 6.015/1973; IV: correta, pois tanto no domínio pleno, quanto no domínio útil, quanto no domínio resolúvel não ocorre o desmembramento dos atributos da propriedade. Daí, em todos esses casos o seu titular tem legitimação para instituir o usufruto, pois continua inserido na figura de proprietário. No que concerne ao compromissário-comprador, embora a promessa de compra e venda se constitua num direito real (o que lhe garante o direito a adjudicação compulsória caso não seja cumprida, arts. 1.417 a 1.418 do CC), esta via não é hábil para transferir a propriedade. Essencialmente, a promessa de compra e venda apenas reflete um acordo de intenções, em que a lei lhe atribuiu eficácia real. De qualquer forma, a propriedade apenas será realmente transmitida com o registro. Neste espeque, apenas nesse momento o compromissário-comprador tornar-se-á proprietário pleno, podendo exercer todos os direitos daí inerentes, inclusive o de instituir o usufruto em favor de outrem.

Gabarito "A".

(Cartório/SP – IV – VUNESP) Quando o usufruto resulta de reserva na doação da coisa, além de usufruto reservado, também é conhecido como

(A) usufruto restrito.

(B) usufruto impróprio (ou quase-usufruto).

(C) usufruto deducto.

(D) usufruto sucessivo.

O usufruto reservado também é conhecido como usufruto deducto. Dá-se quando o proprietário aliena tão somente a nua-propriedade, por venda ou doação. Dedução vem do latim *deductione*, que significa "reduzir", "subtrair". Destarte, o usufruto deducto nada mais é do que o usufruto reservado, ainda que não explicitada a reserva, pois ela de deduz. Assim, se "A" faz uma doação ou venda a "B" da nua-propriedade de um imóvel, mesmo que não se faça menção no título, deduz-se a reserva do usufruto, pois sendo transmitida unicamente a nua-propriedade continua o outorgante como titular da posse direta e do domínio útil.

Gabarito "C".

(Cartório/SP – V – VUNESP) O direito do usufrutuário pode ser penhorado e alienado em hasta pública?

(A) Sim, desde que na instituição do usufruto não tenha sido convencionada a cláusula de impenhorabilidade sobre esse direito.

6. DIREITO CIVIL 387

(B) Sim, desde que o nu-proprietário seja intimado da penhora.

(C) Não. Apenas o exercício desse direito pode ser penhorado e os frutos produzidos servirão para pagar a dívida.

(D) Sim, porém somente após a extinção da nua-propriedade.

Prevê o art. 649, I, do CPC que são impenhoráveis os bens/direitos inalienáveis. Considerando que o art. 1.393 do CC veda a alienação do direito ao usufruto, portanto, a sua penhora também está absolutamente vedada. A razão de ser impenhorável o usufruto é simples: sendo um direito com caráter personalíssimo – uma servidão pessoal– é contrário à sua essência torná-lo alienável. Se assim não fosse, o direito poderia ser levado à hasta pública, e consequentemente seria alterado o seu titular. Ademais, se o usufrutuário pudesse alienar o seu direito ao usufruto, haveria sério risco de o nu-proprietário jamais recuperar a propriedade plena. Isso porque, caso o usufruto não tenha sido instituído por tempo certo, é possível que tenha sido instituído de forma vitalícia, o que apenas o extinguirá com a morte do usufrutuário. Assim, caso este último pudesse alienar o seu direito, quando sentisse que está perto de morrer poderia transmiti-lo a terceiro e assim sucessivamente. De outra parte, permite-se, contudo, a penhora ao *exercício* do usufruto, isto é, aos frutos dele decorrentes. Nesta esteira, tais frutos são de propriedade do usufrutuário, o que significa que são bens que integram o seu patrimônio. Daí, plenamente possível a sua penhora para o pagamento de dívida.

Gabarito "C".

(Cartório/SP – VI – VUNESP) Quanto ao usufruto

(A) constituído vitaliciamente em favor de duas ou mais pessoas, reverterá em favor dos sobreviventes, acrescendo aos quinhões destes a parte do falecido, salvo se, por estipulação expressa, extinguir-se em relação a cada uma das que falecerem.

(B) constituído vitaliciamente em favor de duas ou mais pessoas, extinguir-se-á a parte em relação a cada uma das que falecerem, salvo se, por estipulação expressa, o quinhão desses couber ao sobrevivente.

(C) não se pode transferir por alienação, nem o seu exercício pode ceder-se a título gratuito ou oneroso.

(D) não poderá ser instituído com termo (ou prazo) de duração.

A: incorreta, pois a regra é justamente o contrário. Caso o usufruto seja constituído em favor de duas ou mais pessoas, extinguir-se-á a parte em relação a cada uma das que falecerem, salvo se, por estipulação expressa, o quinhão desses couber ao sobrevivente (art. 1.411 do CC); B: correta, (art. 1.411 do CC);C: incorreta, pois é possível a cessão do exercício do usufruto a título oneroso ou gratuito (art. 1.393 do CC); D: incorreta, pois o usufruto pode ser constituído de forma vitalícia ou com prazo certo, consoante se extrai do art. 1.410, II, do CC.

Gabarito "B".

(Cartório/SP – 2012 – VUNESP) Os frutos civis vencidos quando do início do usufruto pertencem ao

(A) proprietário.

(B) usufrutuário.

(C) proprietário e usufrutuário, em igualdade.

(D) Estado.

Os frutos civis vencidos quando do início do usufruto pertencem ao proprietário, nos termos do art. 1.398 do CC.

Gabarito "A".

(Cartório/SP – 2016 – VUNESP) Quanto ao direito real de usufruto, é correto afirmar que

(A) não se estende aos acessórios da coisa.

(B) pode recair em um patrimônio inteiro.

(C) pode ser transferido por alienação.

(D) constituído em favor de duas ou mais pessoas, não se extingue em relação a cada uma das que falecerem, salvo estipulação expressa em sentido contrário.

Alternativa A, incorreta. Viola o disposto no artigo 1.392 do Código Civil: "Salvo disposição em contrário, o usufruto estende-se aos acessórios da coisa e seus acrescidos", vale dizer, em atenção ao princípio que o acessório segue o principal, os bens acessórios da coisa e seus acrescidos serão submetidos ao poder de uso e fruição do usufrutuário. Alternativa B, correta. Usufruto é direito real sobre coisa alheia pelo qual seu titular, o usufrutuário, poderá usar e gozar da coisa percebendo-lhe, no todo ou em parte, as utilidades e os frutos produzidos. Além disso, o usufruto sempre será temporário, podendo ser vitalício ou limitado. Dessa forma, dispõe o artigo 1.390 do Código Civil "O usufruto pode recair em um ou mais bens, móveis ou imóveis, em um patrimônio inteiro, ou parte deste, abrangendo-lhe, no todo ou em parte, os frutos e utilidades." Alternativa C, incorreta. De acordo com o artigo 1.393 do mesmo diploma legal, o usufruto não pode ser transferido por alienação, entretanto "seu exercício pode ceder-se por título gratuito ou oneroso". Alternativa D, incorreta. Vai de encontro ao disposto no artigo 1.411 do Código Civil: "Constituído o usufruto em favor de duas ou mais pessoas, extinguir-se-á a parte em relação a cada uma das que falecerem, salvo se, por estipulação expressa, o quinhão desses couber ao sobrevivente." Tal norma será aplicada diante do silêncio das partes, pois, caso conste de forma expressa, no título constitutivo de direito real de usufruto, a parte que cabia ao usufrutuário pré-morto acrescerá a parte do sobrevivente.

Gabarito "B".

(Cartório/SP – 2016 – VUNESP) Uma servidão de passagem instituída em favor de imóvel encravado

(A) será extinta se passar a existir acesso à via pública, podendo a extinção ser efetivada diretamente no Registro Imobiliário, sem intervenção judicial.

(B) não se extingue pelo não uso.

(C) não será extinta tão só pelo surgimento de acesso à via pública.

(D) extingue-se pelo não uso, durante o prazo de 5 (cinco) anos contínuos.

Alternativa A, incorreta. Servidão de passagem instituída em favor de imóvel encravado ou passagem forçada é aquela que assegura ao proprietário de imóvel encravado o acesso à via pública, pela utilização dos imóveis contíguos. Decorre da lei, é onerosa, é instituto do Direito de Vizinhança, previsto no artigo 1.285 do Código Civil. Funda-se no princípio da solidariedade social inerente às relações de vizinhança, além da função econômico-social da propriedade. Não se confunde com servidão de passagem, que é um Direito Real sobre Coisa Alheia, constituído pela vontade das partes, por testamento e subsequente registro no Cartório de Registro de Imóveis, ou pela usucapião, previsto nos artigos 1.378 e seguintes do Código Civil. A servidão, genericamente, só se constitui após a inscrição no Registro de Imóveis (artigo 1.227 do Código Civil), enquanto a passagem forçada prescinde do registro. Alternativa B, incorreta. Viola aplicação subsidiária do artigo 1.389, III, do Código Civil. Concedida a passagem forçada ela deve ser exercida, de modo que o seu não uso, por 10 anos pode acarretar sua perda. No entanto, como a via de acesso é indispensável ao prédio encravado, ela poderá ser adquirida mediante pagamento de nova indenização. Alternativa C, correta. Ocorre a extinção da passagem forçada quanto desaparece a causa que a originou, isto é, a necessidade do prédio

dominante, seja pelo surgimento de acesso à via pública, como exemplo, abertura de uma estrada ou rua que passa ao dado de suas divisas, ou quando o prédio encravado é anexado a outro que tem acesso à via pública. E ainda, conforme o Enunciado 88, da I Jornada de Direito Civil do Conselho da Justiça Federal: "O direito de passagem forçada, previsto no artigo 1.285 do Código Civil, também é garantido nos casos em que o acesso à via pública for insuficiente ou inadequado, consideradas inclusive as necessidades de exploração econômica". Alternativa D, incorreta. Viola aplicação subsidiária do artigo 1.389, III, do Código Civil.
Gabarito "C".

(Cartório/MG – 2016 – Consulplan) Segundo a Lei nº 10.406/2002, são direitos reais, EXCETO:

(A) O uso.

(B) A superfície.

(C) Enfiteuse.

(D) Anticrese.

Alternativa A, está prevista expressamente no artigo 1.225, V, Código Civil (Lei nº 10.406/2002). Alternativa B, está prevista expressamente no artigo 1.225, II, Código Civil (Lei nº 10.406/2002). Alternativa C, não está prevista no rol do artigo 1.225 do Código Civil (Lei nº 10.406/2002), que prevê o rol dos direitos reais. Alternativa D, está prevista expressamente no artigo 1.225, X, Código Civil (Lei nº 10.406/2002).
Gabarito "C".

6.6. Direitos reais sobre coisa alheia Garantia

(Cartório/SP – 2018 – VUNESP) No âmbito dos Direitos Reais de Garantia previstos no Código Civil, é correto afirmar que o direito de preferência

(A) é absoluto, não sofrendo exceções por outras leis.

(B) não é uma característica presente em todos os direitos reais de garantia.

(C) é extinto, caso o devedor venha a cair em insolvência ou falir.

(D) encerra a noção do vínculo real a que se prende.

A: incorreto. O direito de preferência pode sofrer exceções por outras leis, de modo que não é absoluto. Excetuam-se da regra estabelecida neste artigo as dívidas que, em virtude de outras leis, devam ser pagas precipuamente a quaisquer outros créditos (art. 1.422, parágrafo único, CC); B: correto. O direito de preferência no âmbito dos direitos reais de garantia previstos no Código Civil está presente somente no penhor e na hipoteca. C: incorreto. O direito de preferência não é extinto em caso de insolvência ou falência do devedor; contudo, a depender do caso, pode sofrer mitigação em detrimento de outros direitos/preferências estabelecidos em lei; D: incorreto. Nas dívidas garantidas por penhor, anticrese ou hipoteca, o bem dado em garantia fica sujeito, por vínculo real, ao cumprimento da obrigação (art. 1.419, CC).
Gabarito "B".

(Cartório/RS – 2019 – VUNESP) De acordo com as disposições do Código Civil de 2002, o prazo máximo de validade de uma hipoteca convencional é de 30 (trinta) anos, da data do contrato que constituí-la. Após este prazo,

(A) um novo contrato de hipoteca, tendo por objeto o mesmo bem e as mesmas partes, poderá ser celebrado somente após decorrido o prazo de 1 (um) ano.

(B) não poderá subsistir a hipoteca sobre o bem, facultando-se às partes contratar alienação fiduciária em garantia, tendo por objeto o bem imóvel.

(C) não poderá subsistir a hipoteca sobre o bem, vencendo-se antecipadamente a dívida que deu origem ao contrato de hipoteca, conforme expressa previsão legal.

(D) um novo contrato de hipoteca, tendo por objeto o mesmo bem e as mesmas partes, poderá ser celebrado somente após decorrido o prazo de 2 (dois) anos.

(E) poderá subsistir o contrato de hipoteca, desde que seja reconstituída a garantia por novo título e novo registro.

Mediante simples averbação, requerida por ambas as partes, poderá prorrogar-se a hipoteca, até 30 (trinta) anos da data do contrato. Desde que perfaça esse prazo, só poderá subsistir o contrato de hipoteca reconstituindo-se por novo título e novo registro; e, nesse caso, lhe será mantida a precedência, que então lhe competir (art. 1.485, CC).
Gabarito "E".

(Cartório/MG – 2019 – Consulplan) A respeito dos direitos reais de garantia, regulados no Código Civil Brasileiro, analise as afirmativas a seguir.

I. No ato constitutivo dos direitos reais de garantia, é nula a cláusula que confira ao credor a faculdade de se apoderar da coisa dada em garantia.

II. O pagamento de uma ou mais prestações da dívida importa a exoneração correspondente da garantia real.

III. Enquanto não registrada, a hipoteca não se constitui direito real.

IV. Na instituição da hipoteca, pode convencionar-se que o proprietário fica proibido de alienar o imóvel hipotecado.

Estão corretas as afirmativas

(A) I, II, III e IV.

(B) I e III, apenas.

(C) I, II e IV, apenas.

(D) II, III e IV, apenas

I: correto. É nula a cláusula que autoriza o credor pignoratício, anticrético ou hipotecário a ficar com o objeto da garantia, se a dívida não for paga no vencimento (art. 1.428, CC); II: incorreto. O pagamento de uma ou mais prestações da dívida não importa exoneração correspondente da garantia, ainda que esta compreenda vários bens, salvo disposição expressa no título ou na quitação. (art. 1.421, CC); III: correto. As hipotecas serão registradas no cartório do lugar do imóvel, ou no de cada um deles, se o título se referir a mais de um (art. 1.492, CC); IV: incorreto. É nula a cláusula que proíbe ao proprietário alienar imóvel hipotecado (art. 1.475, CC). Portanto, a alternativa correta é a letra B.
Gabarito "B".

(Cartório/AM – 2005 – FGV) Assinale a alternativa que não complete corretamente a proposição a seguir: Os contratos de penhor ou hipoteca declararão, sob pena de não terem eficácia,

(A) o bem dado em garantia com as suas especificações

(B) o valor do crédito, sua estimação, ou valor máximo

(C) o prazo fixado para pagamento

(D) a taxa de juros, se houver

(E) cláusula que autoriza o credor pignoratício ou hipotecário a ficar com o objeto da garantia, se a dívida não for paga no vencimento.

Os requisitos dos contratos de penhor e hipoteca estão enumerados no art. 1.424 do CC, sendo que o único item não consta do seu rol é a *cláusula que autoriza o credor pignoratício ou hipotecário a ficar com o objeto da garantia, se a dívida não for paga no vencimento*. Portanto, a alternativa "E" está incorreta.
Gabarito "E".

6. DIREITO CIVIL   389

(Cartório/AM – 2005 – FGV) A respeito de hipoteca, assinale a alternativa que não encontre respaldo no Código Civil.

(A) A hipoteca extingue-se pela resolução da propriedade.

(B) O registro da hipoteca legal vale mesmo depois de extinta a obrigação, sendo que a sua especialização deve ser renovada de cinco em cinco anos.

(C) As hipotecas são registradas no cartório do lugar do imóvel, ou no de cada um deles, se o título se referir a mais de um.

(D) A Lei confere hipoteca ao credor sobre o imóvel arrematado para garantia do pagamento do restante do preço da arrematação.

(E) A hipoteca extingue-se pela remissão.

A: incorreta, pois esta previsão se encontra no art. 1.499, III, do CC; B: correta, pois no que tange ao assunto o Código Civil prevê regra diversa, isto é, determina que vale o registro da hipoteca, enquanto a obrigação perdurar; mas a especialização, em completando vinte anos, deve ser renovada (art. 1.498 do CC); C: incorreta, pois a assertiva encontra respaldo no art. 1.492 do CC; D: incorreta, pois de acordo com o previsto no art. 1.489, V, do CC; E: incorreta, pois a remissão é uma das formas legais de extinção da hipoteca, conforme art. 1.499, V, do CC.
Gabarito "B".

(Cartório/MS – 2009 – VUNESP) Analisando as características jurídicas da hipoteca, aponte a alternativa correta.

(A) A arrematação extingue a hipoteca, pois tem conteúdo de aquisição originária, livre dos ônus que anteriormente gravavam o bem por esse meio adquirido.

(B) A hipoteca firmada entre a construtora e o agente financeiro, antes da alienação da unidade autônoma do empreendimento, tem eficácia para o adquirente.

(C) Por ser um efeito de sentença condenatória, a hipoteca judiciária pode ser constituída unilateralmente, sem opções ao devedor.

(D) A hipoteca judiciária é um efeito secundário da sentença condenatória, obstando sua efetivação a pendência de julgamento de apelação recebida em ambos os efeitos.

(E) Enquanto não registrado o acordo de constituição da hipoteca, ou quando for inscrito indevidamente, há apenas vínculo de direito real entre os acordantes.

A: correta, pois a arrematação é uma das formas originárias de aquisição da propriedade imóvel, uma vez que se constitui em aquisição de forma direta e independente do antigo proprietário, sem com este manter qualquer vínculo. Por tal razão, o imóvel arrematado virá livre de qualquer ônus ou gravame, extinguindo-se, portanto, eventual hipoteca que sobre ele recaia (art. 1.499, VI, do CC). Mas a lei faz uma ressalva no sentido de que "não extinguirá a hipoteca, devidamente registrada, a arrematação ou adjudicação, sem que tenham sido notificados judicialmente os respectivos credores hipotecários, que não forem de qualquer modo partes na execução" (art. 1.501 do CC); B: incorreta, pois a hipoteca firmada entre a construtora e o agente financeiro, antes da alienação da unidade autônoma do empreendimento, *não* tem eficácia para o adquirente (Súmula 308 do STJ); C: incorreta, pois apesar de a hipoteca judicial poder ser requerida independentemente da anuência do devedor, preenchidos apenas os requisitos legais (existência de uma sentença condenando a entregar coisa ou quantia; liquidez do ato decisório; especialização; registro na forma prescrita na Lei de Registros Públicos; e para alguns o transito em julgado da decisão) por se constituir consequência imediata da sentença, é inegável que para sua constituição dever-se-á respeitar o devido processo legal. Neste passo, prevê o art. 5º, LIV, da CF que "Ninguém será privado

da liberdade ou de seus bens sem o devido processo legal". Daí, a plenitude da defesa reclama sejam os sujeitos parciais do processo cientificados de todos os atos praticados no desenrolar do processo, com a possibilidade de manifestarem-se. Desta forma o devedor terá pleno direito a observância do contraditório, pois ínsito à sistemática do Código de Processo Civil. Isso porque, da própria constituição da penhora – objetivando, igualmente a garantir a efetividade futura de provimento condenatório – o devedor se manifesta a cada momento (arts. 652, 654, 655, 668 e 669 do CPC), daí não pode restar dúvida de que para a hipoteca em apreço, o devedor também necessita ser ouvido. D: incorreta, pois há forte posicionamento no sentido de que a hipoteca judiciária pode ser efetuada, mesmo que não tenha ocorrido o trânsito em julgado da sentença. Theotonio Negrão, à luz do transcrito art. 466, aduz que a hipoteca judiciária "é consequência imediata da sentença, pouco importando a pendência ou não de recurso contra esta" (*Código de Processo Civil e legislação processual em vigor*. 31. ed. São Paulo: Saraiva, 2000).Verifica-se, nesse sentido, que, na esteira de alguns precedentes, a 12ª Câmara do 1º Tribunal de Alçada Civil de São Paulo, em julgamento unânime, teve oportunidade de patentear que, *in verbis*: "A sentença que condena o réu no pagamento de prestação em dinheiro vale como título constitutivo de hipoteca judiciária (CPC, art. 466, *caput*). Cuida-se de efeito que não depende do trânsito em julgado da decisão, nascendo da publicação da sentença de mérito condenatória (Vicente Greco Filho, *Direito Processual Civil Brasileiro*, vol. 2/230; Wellington Moreira Pimentel, *Comentários ao Código de Processo Civil*, vol. III/567; Humberto Theodoro Júnior, *Processo de conhecimento*, vol. II/667); E: incorreta, pois enquanto não registrado o acordo de constituição da hipoteca, ou quando for inscrito indevidamente, há apenas vínculo de *direito pessoal* (e não real) entre os acordantes, sem o direito de sequela e sem o direito de preferência.
Gabarito "A".

(Cartório/RJ – 2012) Sobre hipoteca, analise as assertivas abaixo.

I. Pode ser objeto de hipoteca o domínio direto, mas não o domínio útil.

II. O dono do imóvel hipotecado pode constituir outra hipoteca sobre ele, mediante novo título, desde que em favor de outro credor.

III. O adquirente do imóvel hipotecado, desde que não se tenha obrigado pessoalmente a pagar as dívidas aos credores hipotecários, poderá exonerar-se da hipoteca, abandonando-lhes o imóvel.

É correto o que se afirma em

(A) I, apenas.

(B) II, apenas.

(C) III, apenas.

(D) I e III, apenas.

(E) II e III, apenas.

I: incorreta, pois o domínio útil também pode ser objeto de hipoteca (art. 1.473, III, do CC); II: incorreta (art. 1.476 do CC); III: correta (art. 1.479 do CC)
Gabarito "C".

(Cartório/RJ – 2008 – UERJ) O negócio jurídico no qual o devedor entrega ao credor bem móvel como garantia de cumprimento de sua obrigação é denominado:

(A) caução

(B) penhor

(C) hipoteca

(D) anticrese

(E) garantia fiduciária

CAROLINA IKEDA E MARCIO PEREIRA

A: incorreta, pois caução é um termo genérico que abrange várias espécies de garantia. Está prevista nos arts. 826 a 838 do CPC; B: correta, pois o penhor é um direito real de garantia que recai sobre coisa imóvel e fica constituído de acordo com a tradição, a transferência efetiva da posse da coisa ao credor, que passa a ser depositário da coisa. Por se tratar de contrato solene, deverá ser levado a registro, sendo que no penhor comum este se dará no Cartório de Títulos e Documentos (arts. 1.431 a 1.434 do CC e art. 127, II, da Lei 6.015/1973); C: incorreta, pois hipoteca é o direito real em garantia que recai sobre imóveis e seus acessórios, o domínio direto, o domínio útil, as estradas de ferro, os navios, as aeronaves, dentre outros. Abrange as ações e melhoramentos feitos posteriormente no imóvel. A hipoteca deve ser registrada no cartório do lugar do imóvel (arts. 1.473 a art. 1.505 do CC e art. 167, I, item 2, da Lei 6.015/1973); D: incorreta, pois anticrese é o direito real de garantia em que o devedor entrega imóvel ao credor, que recebe o direito de perceber os frutos e rendimentos da coisa, para compensação da dívida. Deverá ser registrada junto ao Cartório de Registro de Imóveis para a sua devida constituição. (art. 1.506 do CC e art. 167, I, item 11 da Lei 6.015/1973); E: incorreta, pois garantia fiduciária é uma forma de garantia derivada da alienação fiduciária em garantia, por meio da qual o devedor transfere ao credor a propriedade resolúvel e a posse indireta de um bem infungível (art. 1.361 do CC), ou de um bem imóvel (Lei 9.514/1997, arts. 22 a 33), como garantia de seu débito, resolvendo-se o direito do adquirente com o adimplemento da obrigação.
Gabarito "B".

(Cartório/RJ – 2008 – UERJ) Relativamente à hipoteca, é correto afirmar que:

(A) a lei veda sua prorrogação

(B) a prorrogação somente dar-se-á por novo contrato

(C) mediante simples averbação, requerida por ambas as partes, poderá prorrogar-se a hipoteca, até 20 (vinte) anos da data do contrato. Desde que perfaça esse prazo, só poderá subsistir o contrato de hipoteca reconstituindo-se por novo título e novo registro; e, nesse caso, lhe será mantida a precedência que então lhe competir

(D) mediante simples averbação, requerida por ambas as partes, poderá prorrogar-se a hipoteca, até 30 (trinta) anos da data do contrato. Desde que perfaça esse prazo, só poderá subsistir o contrato de hipoteca reconstituindo-se por novo título e novo registro; e, nesse caso, lhe será mantida a precedência que então lhe competir

(E) mediante registro, requerido por ambas as partes, poderá prorrogar-se a hipoteca, até 20 (vinte) anos da data do contrato. Desde que perfaça esse prazo, só poderá subsistir o contrato de hipoteca reconstituindo-se por novo título e novo registro; e, nesse caso, lhe será mantida a precedência que então lhe competir

A alternativa "D" está correta, pois reproduz literalmente o disposto no art. 1.485 do CC; A, B, C e E: incorretas, pois a hipoteca *pode ser prorrogada* mediante simples *averbação*, requerida por ambas as partes, até *trinta anos* da data do contrato. Não necessita, portanto, de novo contrato.
Gabarito "D".

(Cartório/SP – I – VUNESP) São direitos reais de garantia:

(A) enfiteuse, penhor e hipoteca.

(B) habitação, anticrese e hipoteca.

(C) servidão, hipoteca e penhor.

(D) penhor, anticrese e hipoteca.

A: incorreta, pois com a entrada em vigor do Código Civil de 2002 a enfiteuse deixou de compor o rol dos direitos reais de garantia (art. 2.038 do CC). A enfiteuse era um direito real que conferia ao seu titular

a posse, o uso e o gozo, de imóvel alheio, alienável, o qual se obrigava a pagar ao titular do domínio da coisa uma pensão anual invariável; B: incorreta, pois a habitação constitui direito real de fruição (arts. 1.414 a 1.418 do CC); C: incorreta, pois a servidão constitui direito real de fruição (arts. 1.378 a 1.388 do CC); D: correta (arts. 1.419 a 1.510 do CC)
Gabarito "D".

(Cartório/SP – I – VUNESP) No sistema do Código Civil, em matéria de direitos reais de garantia, o chamado pacto comissório

(A) encontra vedação expressa em lei, sendo nula a cláusula que o institui.

(B) admite-se somente na hipoteca.

(C) é perfeitamente lícito.

(D) é proibido, mas a disposição contratual neste sentido mostra-se apenas anulável.

A: correta, pois com o advento do Código Civil de 2002 restou absolutamente vedada a possibilidade de o credor ficar com o objeto da garantia, caso a dívida não seja adimplida no prazo estabelecido. É o que prevê o art. 1.428 do CC, *in verbis*: "É nula a cláusula que autoriza o credor pignoratício, anticrético ou hipotecário a ficar com o objeto da garantia, se a dívida não for paga no vencimento". Entretanto, o legislador faz uma ressalva no parágrafo único do mesmo dispositivo: "Após o vencimento, poderá o devedor dar a coisa em pagamento da dívida". Essa regra veio em boa hora, revogando o disposto no art. 1.163 do CC/1916 que previa que "Ajustado que se desfaça a venda, não se pagando o preço até certo dia, poderá o vendedor, não pago, desfazer o contrato, ou pedir o preço". O texto de seu parágrafo único constava: "Se, em 10 (dez) dias de vencido o prazo, o vendedor, em tal caso, não reclamar o preço, ficará de pleno direito desfeita a venda", isto é, se o devedor deixasse de honrar algum dos pagamentos perderia automaticamente o bem adquirido em favor do alienante, sem devolução dos valores pagos, e ainda, não era necessário notificar o devedor, bastando-se aguardar o transcurso do prazo de (apenas) 10 dias. Atualmente não há mais essa possibilidade, sendo que o STJ entende, inclusive, que a proibição do pacto comissório "não se limita aos casos expressamente previstos" no Código Civil, incidindo em contratos de mútuo, parcelamento do solo, compra e venda e outras formas de transferência da propriedade imobiliária com pagamento protraído no tempo, ou seja, todas as hipóteses em que se convenciona que o credor poderá ficar com o imóvel prometido à venda caso o adquirente não cumpra a forma prevista de pagamento.
Gabarito "A".

(Cartório/SP – VI – VUNESP) Na hipoteca convencional,

(A) considera-se insolvente o devedor por faltar ao pagamento das obrigações garantidas por hipotecas posteriores à primeira.

(B) é lícito às partes, no exercício da liberdade de contratar, estipular a proibição de alienação do imóvel hipotecado.

(C) é defeso às partes convencionar que vencerá o crédito hipotecário, se o imóvel for alienado.

(D) é nula a cláusula que proíbe ao proprietário alienar o imóvel hipotecado.

A: incorreta, pois *não* se considera insolvente o devedor por faltar ao pagamento das obrigações garantidas por hipotecas posteriores à primeira (art. 1.477, parágrafo único, do CC); B: incorreta, pois é nula a cláusula que proíbe ao proprietário alienar imóvel hipotecado (art. 1.475, *caput*, do CC); C: incorreta, pois é possível que as partes convencionem que vencerá o crédito hipotecário, se o imóvel for alienado (art. 1.475, parágrafo único, do CC); D: correta (1.475, *caput*, do CC).
Gabarito "D".

6. DIREITO CIVIL — 391

(Cartório/SP – 2011 – VUNESP) Sobre hipoteca é incorreto afirmar que

(A) não podem ser objeto de hipoteca o domínio direto, o domínio útil e o direito real de uso.

(B) pode convencionar-se que vencerá o crédito hipotecário, se o imóvel for alienado.

(C) é nula a cláusula que proíbe ao proprietário alienar imóvel hipotecado.

(D) a hipoteca pode ser constituída para garantia de dívida futura ou condicionada, desde que determinado o valor máximo do crédito a ser garantido.

A: incorreta (devendo ser assinalada), pois tanto o domínio direto, como o domínio útil, como o direito real de uso podem ser objeto de hipoteca, conforme o art. 1.473, II, III e IX, do CC; B: correta (art. 1.475, parágrafo único, do CC); C: correta (art. 1.475, *caput*, do CC); D: correta (art. 1.487 do CC).
Gabarito "A".

(Cartório/SP – 2011 – VUNESP) As hipotecas sobre as estradas de ferro serão registradas no

(A) Registro de Imóveis correspondente à estação final da respectiva linha.

(B) Registro de Imóveis correspondente à estação inicial da respectiva linha.

(C) Registro de Imóveis correspondente à área de maior abrangência da respectiva via férrea.

(D) Registro de Títulos e Documentos correspondente à estação final da respectiva linha.

As hipotecas sobre as estradas de ferro serão registradas no Cartório de Registro de Imóveis, nos termos do art. 167, I, item 2, da Lei 6.015/1973, da localidade correspondente a estação inicial da respectiva linha (art. 1.502 do CC).
Gabarito "B".

(Cartório/SP – 2012 – VUNESP) Os bens que podem ser objeto de hipoteca são

(A) todos os bens móveis.

(B) todos os bens imóveis e seus acessórios, excluídos quaisquer outros.

(C) os imóveis, seus acessórios, o domínio direto, o domínio útil, as estradas de ferro, os recursos naturais referidos no art. 1230 do Código Civil, independentemente do solo em que se acham, os navios e as aeronaves.

(D) os imóveis, seus acessórios, o domínio direto, o domínio útil, as estradas de ferro, os recursos naturais referidos no art. 1230 do Código Civil, independentemente do solo em que se acham. Os navios e aeronaves não poderão ser objeto de hipoteca, porquanto não caracterizam bens imóveis.

Os bens que podem ser objeto de hipoteca estão previstos em extenso rol no art. 1.473 do CC, reproduzidos literalmente na assertiva "C" da questão em comento.
Gabarito "C".

(Cartório/SP – 2012 – VUNESP) As hipotecas de vias férreas serão registradas no(a)

(A) Município da sede da empresa ferroviária.

(B) Município do destino final da respectiva linha.

(C) Município da estação inicial da respectiva linha.

(D) Capital do Estado em que estiver sediada a linha, por tratar-se de concessão de serviço público.

As hipotecas de vias férreas serão registradas no Município do destino final da respectiva linha (art. 1.502 do CC).
Gabarito "C".

(Cartório/SP – 2016 – VUNESP) Em relação aos direitos reais imobiliários, é correto dizer que

(A) a data da constituição entre vivos de um direito real imobiliário é a do registro, e não a do protocolo no Registro de Imóveis.

(B) a aquisição de usufruto pela usucapião se dá somente com o registro no Registro de Imóveis.

(C) o promitente comprador, com contrato registrado no Registro de Imóveis, é titular de um direito obrigacional com eficácia real.

(D) enquanto não for promovida, por ação própria, a decretação de invalidade do registro, e o respectivo cancelamento, o adquirente continua a ser havido como dono do imóvel.

Alternativa A, incorreta. De acordo com o disposto no artigo 1.246 do Código Civil, o ato de transcrição somente começa a surtir efeitos a partir do momento em que o Registrador prenotar o título no livro de protocolo. Alternativa B, incorreta. Nos termos do artigo 1.238 e seguintes do Código Civil, a usucapião é forma originária de aquisição de propriedade, preenchidos seus requisitos nos termos da lei, o juiz declarará por sentença, a qual servirá como título translativo da propriedade, a ser levado no Registro de Imóveis. Alternativa C, incorreta. Conforme o disposto nos artigos 1.225, inciso VII, do Código Civil, o promitente comprador tem direto real à aquisição do imóvel e com o registro do instrumento terá eficácia perante terceiros. Alternativa D, correta, nos termos do § 2º do artigo 1.245 do Código Civil, vale dizer, o principal efeito de uma transcrição do título aquisitivo de um bem imóvel é a transferência da propriedade. Diante disso, se o registro de uma compra e venda de um imóvel resultar inválido, até que se cancele judicialmente os efeitos da transcrição do título aquisitivo junto ao Registro de Imóveis continuará constando como proprietário aquele mencionado no registro.
Gabarito "D".

(Cartório/SP – 2016 – VUNESP) Com relação aos direitos reais de garantia, assinale a alternativa correta.

(A) Um imóvel dado em hipoteca para garantir cédula rural hipotecária pode ser livremente alienado, independentemente de anuência do credor, uma vez que é nula cláusula que proíba o proprietário de alienar o bem dado em garantia.

(B) Constitui-se o penhor industrial mediante a transferência efetiva da posse, devendo seu instrumento ser registrado em Registro de Título e Documentos com efeito declarativo.

(C) A hipoteca não pode ter por objeto a propriedade superficiária.

(D) O penhor agrícola, para sua constituição, deve ser registrado no Registro de Imóveis da circunscrição em que estiverem situadas as coisas empenhadas.

Alternativa A, incorreta. Viola o artigo 59 do Decreto-Lei 167/1967 que dispõe sobre títulos de crédito rural: " A venda de bens apenhados ou hipotecados pela cédula de crédito rural, depende de prévia anuência do credor por escrito". Alternativa B, incorreta. Viola o disposto no artigo 1.448 do Código Civil, o qual exige que o penhor industrial constituído mediante instrumento público ou particular deve ser registrado no

Registro de Imóveis da circunscrição onde estiverem situadas as coisas empenhadas, sob pena de não ter eficácia alguma perante terceiros. Alternativa C, incorreta. Conforme o inciso X do artigo 1.473 do Código Civil, a propriedade superficiária pode ser objeto de hipoteca. Alternativa D, correta. O penhor rural é direito real de garantia, sendo gênero do qual são espécies o penhor agrícola e o penhor pecuário. Nos termos do artigo 1.438 do Código Civil, o penhor rural é constituído através de instrumento público ou particular, sendo assim, deverá ser levado a registro no Cartório de Registro de Imóveis da mesma circunscrição em que estiverem situados os bens empenhados.

Gabarito "D".

(Cartório/SP – 2016 – VUNESP) Ocorre a perempção da hipoteca convencional no prazo de

(A) 20 (vinte) anos.

(B) 10 (dez) anos.

(C) 30 (trinta) anos.

(D) 50 (cinquenta) anos.

Nos termos do artigo 1.485 do Código Civil, o prazo de perempção da hipoteca, de natureza decadencial, é de 30 anos. A respeito do registro da hipoteca convencional dispõe o artigo 238 da Lei de Registro Públicos n. 6.015/73, que prevê o prazo de 30 anos para validade do registro.

Gabarito "C".

(Cartório/SP – 2016 – VUNESP) Conforme a jurisprudência do Conselho Superior da Magistratura do Tribunal de Justiça do Estado de São Paulo, o condomínio edilício

(A) embora desprovido de personalidade jurídica, tem irrestrita aptidão para adquirir bens imóveis, pois sujeito de direito.

(B) pode adquirir bens imóveis, nas situações envolvendo alienação judicial de unidades autônomas de condôminos que deixaram de pagar as contribuições condominiais.

(C) tem personalidade jurídica, e não apenas para fins tributários.

(D) o condomínio edilício, embora sujeito de direito, não pode adquirir propriedade imóvel.

Alternativa A, incorreta. Viola o artigo 44 do Código Civil. Condomínio não é sujeito de direitos com irrestrita aptidão para adquirir imóveis, pois não tem personalidade jurídica. Excepcionalmente poderá adquirir imóveis conforme explicação a seguir. Alternativa B, correta. Vide Apelações Cíveis 257-6/4; 273-6/7; 363-6/8; 795-6/9 e 829-6/5. O Conselho Superior da Magistratura do Tribunal de Justiça do Estado de São Paulo admite excepcionalmente a aquisição de imóveis pelo condomínio edilício quando: houver inadimplemento do adquirente no pagamento do preço da construção (artigo 63, § 3°, da Lei 4.591/1964); por analogia ao citado artigo, na hipótese de arrematação ou adjudicação da unidade autônoma em hasta pública para satisfação de crédito resultante do não pagamento de despesas condominiais; no caso de expressa determinação judicial em feito jurisdicionado, quando o juiz da causa determine o registro de imóvel em nome do condomínio. (Apelação Civil 986-6/0 SP). Note-se que deve ser preenchidos os seguintes requisitos cumulativamente: a aquisição seja modo de satisfação de crédito decorrente do inadimplemento das despesas condominiais; a unidade autônoma adquirida seja exatamente aquela em relação à qual está vinculado o débito condominial; anuência dos condôminos, por decisão unânime de assembleia geral, não se computando o voto do condômino inadimplente, nem confundir a unanimidade dos votos proferidos na assembleia com anuência expressa de todos os condôminos (Apelação Civil 795-6/9). (Artigo publicado em 05.07.2012, link sshttp://www.irib.org.br/noticias/detalhes/condominio-imoveis--aquisicao-personalidade-juridica-ausencia). Alternativa C, incorreta.

Viola o artigo 44 do Código Civil. Como já mencionado, condomínio não tem personalidade jurídica, pois assim a lei o quis. Note-se que personalidade jurídica (aptidão para adquirir direitos e contrair deveres) não se confunde com personalidade judiciária (aptidão para figurar como parte no processo), esta pertencente ao condomínio. Alternativa D, incorreta. Viola jurisprudência do Conselho Superior da Magistratura do Estado de São Paulo.

Gabarito "B".

(Cartório/MG – 2015 – Consulplan) Sobre penhor, anticrese e hipoteca, nos termos do Código Civil brasileiro, considere as seguintes afirmações:

I. O credor anticrético tem direito a reter em seu poder o bem, enquanto a dívida não for paga; extingue-se esse direito decorridos quinze anos da data de sua constituição.

II. É anulável a cláusula que autoriza o credor pignoratício, anticrético ou hipotecário a ficar com o objeto da garantia, se a dívida não for paga no vencimento.

III. Os sucessores do devedor podem remir parcialmente o penhor ou a hipoteca na proporção dos seus quinhões.

Está correto apenas o que se afirma em:

(A) I

(B) II

(C) I e II

(D) I e III

Item I, Correto, de acordo com o artigo 1.423 do Código Civil. Anticrese tem como objeto bem imóvel e é o direito real de garantia em que o devedor ou alguém por ele, entrega imóvel ao credor, cedendo o direito a este de perceber os frutos e rendimentos em compensação de uma dívida. Uma de suas principais características é a retenção da coisa gravada em poder do credor para garantir o pagamento da dívida. Essa retenção não poderá exceder 15 anos, quando se extinguirá. Item II, incorreto. Viola o artigo 1.428 do Código. Este dispositivo proíbe expressamente o pacto comissório. É nula a cláusula que autoriza o credor pignoratício, anticrético ou hipotecário. Item III, incorreto. Viola o artigo 1.429 do Código Civil. Os sucessores do devedor **não podem** remir parcialmente o penhor ou a hipoteca na proporção dos seus quinhões.

Gabarito "A".

(Cartório/MG – 2015 – Consulplan) As afirmativas abaixo sobre penhor rural são verdadeiras,

EXCETO:

(A) O penhor agrícola e o penhor pecuário não podem ser convencionados por prazos superiores aos das obrigações garantidas.

(B) Se o prédio estiver hipotecado, o penhor rural não poderá constituir-se sem a anuência do credor hipotecário.

(C) Constitui-se o penhor rural mediante instrumento público ou particular, registrado no Cartório de Registro de Imóveis da circunscrição em que estiverem situadas as coisas empenhadas.

(D) Tem o credor direito a verificar o estado das coisas empenhadas, inspecionando-as onde se acharem, por si ou por pessoa que credenciar

Alternativa A em consonância com o artigo 1.439 do Código Civil. Alternativa B, incorreta. Deve ser assinalada, eis que de acordo com o artigo 1.440 do mesmo diploma legal, o penhor rural poderá ser estabelecido ainda que hipotecada a propriedade agrícola, independentemente da anuência do credor hipotecário. Alternativa C. Tal alternativa encontra-se de acordo com disposto no artigo 1.438 do Código Civil. O penhor

6. DIREITO CIVIL

rural abrange o penhor agrícola e o pecuniário. O referido dispositivo determina que o instrumento público ou particular do penhor rural seja registrado no Registro de Imóveis na circunscrição em que estiverem situadas as coisas empenhadas. No penhor rural, a coisa empenhada continua com o proprietário, em razão da modalidade especial de registro e da possibilidade de emissão de cédula rural pignoratícia. Alternativa D. Em conformidade com o artigo 1.441 do Código Civil, pois o fato do credor não ter a posse da coisa empenhada dá a ele o direito de poder inspecionar pessoalmente ou por pessoa credenciada o bem empenhado.

Gabarito "B".

7. FAMÍLIA

7.1. Casamento

(Cartório/CE – 2018 – IESES) Sobre o regime de bens no casamento, responda as questões:

I. As pessoas divorciadas, que ainda não realizaram a partilha dos bens do casamento anterior, estão sujeitas ao regime de separação legal de bens.

II. No regime de comunhão universal não se comunicam os bens doados com cláusula de incomunicabilidade, nem os frutos destes bens.

III. No regime de separação de bens, ambos os cônjuges são obrigados a contribuir para as despesas do casal na proporção dos rendimentos de seu trabalho e de seus bens, salvo estipulação em contrário no pacto antenupcial.

Assinale a correta:

(A) Todas as assertivas são verdadeiras.

(B) Todas as assertivas são falsas.

(C) Apenas as assertivas I e III são verdadeiras.

(D) Apenas a assertiva II é verdadeira.

I: correto. É obrigatório o regime da separação de bens no casamento das pessoas que o contraírem com inobservância das causas suspensivas da celebração do casamento (art. 1641, inciso I, CC c.c. art. 1.523, inciso III, CC); II: incorreto. São excluídos da comunhão os bens doados ou herdados com a cláusula de incomunicabilidade e os sub-rogados em seu lugar (art. 1.668, inciso I, CC). A incomunicabilidade dos bens enumerados no artigo antecedente não se estende aos frutos, quando se percebam ou vençam durante o casamento (art. 1.669, CC); III: correto. Ambos os cônjuges são obrigados a contribuir para as despesas do casal na proporção de seu trabalho e de seus bens, salvo estipulação em contrário no pacto antenupcial (art. 1.688, CC). Portanto, a alternativa correta é a letra C.

Gabarito "C".

(Cartório/SP – 2018 – VUNESP) Tulio e Lívia possuem, respectivamente, sessenta e cinquenta e quatro anos de idade e celebraram pacto antenupcial, no qual adotaram o regime da participação final nos aquestos. Convencionaram, nesse pacto, a dispensa da autorização conjugal para a livre disposição dos bens imóveis particulares. O referido pacto antenupcial é

(A) válido.

(B) ineficaz.

(C) nulo.

(D) anulável.

No pacto antenupcial, que adotar o regime de participação final nos aquestos, poder-se-á convencionar a livre disposição dos bens imóveis, desde que particulares (art. 1.656, CC).

Gabarito "A".

(Cartório/SP – 2018 – VUNESP) Apresentado requerimento de habilitação para o casamento, constatou-se que o nubente contava com dezessete anos de idade, mas tinha sido emancipado, enquanto que a nubente possuía dezessete anos, porém estava sob tutela. Nesse caso hipotético, no que concerne à autorização para contrair matrimônio, deve o Oficial do Cartório de Registro Civil exigir autorização

(A) dos genitores da nubente sob tutela ou ato judicial que a supra.

(B) do tutor da nubente ou ato judicial que a supra.

(C) dos genitores de ambos os nubentes ou ato judicial que a supra.

(D) dos genitores do nubente emancipado, bem como de um curador especial nomeado para a nubente sob tutela ou ato judicial que a supra.

A, C e **D:** incorretos. O homem e a mulher com dezesseis anos podem casar, exigindo-se autorização de ambos os pais, ou de seus representantes legais, enquanto não atingida a maioridade civil (art. 1.517, CC); **B:** correto. O homem e a mulher com dezesseis anos podem casar, exigindo-se autorização de ambos os pais, ou de seus representantes legais, enquanto não atingida a maioridade civil. Se houver divergência entre os pais, aplica-se o disposto no parágrafo único do art. 1.631 (art. 1.517 e parágrafo único, CC).

Gabarito "B".

(Cartório/RS – 2019 – VUNESP) Assinale a alternativa correta sobre o casamento, de acordo com as disposições do Código Civil de 2002.

(A) A idade núbil é, em regra, 14 (quatorze) anos completos, ressalvada a possibilidade do casamento por quem ainda não alcançou tal idade para evitar imposição ao cumprimento de pena criminal ou em caso de gravidez.

(B) O requerimento de habilitação para o casamento pode ser realizado por procurador.

(C) Quando a solenidade de celebração do casamento for realizada na sede do cartório, dispensa-se a presença de testemunhas.

(D) A eficácia da habilitação para o casamento é de 180 (cento e oitenta) dias, a contar da data em que for extraído o certificado de habilitação.

(E) Não podem casar os colaterais de quarto grau.

A: incorreto. O homem e a mulher com dezesseis anos podem casar, exigindo-se autorização de ambos os pais, ou de seus representantes legais, enquanto não atingida a maioridade civil (art. 1.517, CC); **B:** correto. O requerimento de habilitação para o casamento será firmado por ambos os nubentes, de próprio punho, ou, a seu pedido, por procurador (art. 1.525, CC); **C:** incorreto. A solenidade realizar-se-á na sede do cartório, com toda publicidade, a portas abertas, presentes pelo menos duas testemunhas, parentes ou não dos contraentes, ou, querendo as partes e consentindo a autoridade celebrante, noutro edifício público ou particular (art. 1.534, CC); **D:** incorreto. A eficácia da habilitação será de noventa dias, a contar da data em que foi extraído o certificado (art. 1.532, CC); **E:** incorreto. Não podem casar: os irmãos, unilaterais ou bilaterais, e demais colaterais, até o terceiro grau inclusive (art. 1.521, IV, CC).

Gabarito "B".

(Cartório/MG – 2019 – Consulplan) De acordo com as normas do Código Civil Brasileiro, analise as seguintes afirmativas sobre o casamento.

I. Não será permitido, em qualquer caso, o casamento de quem não atingiu a idade de dezesseis anos.

CAROLINA IKEDA E MARCIO PEREIRA

II. O oficial do cartório do registro civil está obrigado a declarar qualquer impedimento de cuja existência tiver conhecimento.

III. O casamento realizado no Brasil prova-se pela certidão de registro, não se admitindo, em qualquer hipótese, outra espécie de prova.

IV. É pressuposto para o reconhecimento da putatividade do casamento que tenha sido contraído de boa-fé por ambos os cônjuges ou apenas por um deles.

Estão corretas as afirmativas

(A) I, II, III e IV.

(B) II e IV, apenas.

(C) I, II e IV, apenas

(D) I, III e IV, apenas.

I: correto. Não será permitido, em qualquer caso, o casamento de quem não atingiu a idade núbil, observado o disposto no art. 1.517 deste Código (art. 1.520, CC); II: correto. Os impedimentos podem ser opostos, até o momento da celebração do casamento, por qualquer pessoa capaz. Se o juiz, ou o oficial de registro, tiver conhecimento da existência de algum impedimento, será obrigado a declará-lo (art. 1.522, *caput* e parágrafo único, CC); III: incorreto. O casamento celebrado no Brasil prova-se pela certidão do registro. Justificada a falta ou perda do registro civil, é admissível qualquer outra espécie de prova (art. 1.543, *caput* e parágrafo único do CC); IV: correto. Embora anulável ou mesmo nulo, se contraído de boa-fé por ambos os cônjuges, o casamento, em relação a estes como aos filhos, produz todos os efeitos até o dia da sentença anulatória (art. 1.561, *caput*, CC). Portanto, a alternativa correta é a letra C.

Gabarito "C".

(Cartório/RS – 2019 – VUNESP) Assinale a alternativa correta sobre os regimes de bens entre os cônjuges e companheiros.

(A) Para as pessoas que se casarem com inobservância das causas suspensivas da celebração do casamento, é obrigatório o regime da separação de bens.

(B) No regime da comunhão universal de bens, integram a comunhão os bens recebidos por um dos cônjuges por sucessão, sendo ineficaz a oposição de cláusula de incomunicabilidade.

(C) No regime da comunhão parcial de bens, além dos bens adquiridos na constância do casamento, também integram a comunhão os bens recebidos por um dos cônjuges por sucessão.

(D) Na união estável os companheiros podem eleger livremente o regime de bens, desde que o façam por instrumento público.

(E) O pacto antenupcial poderá ser feito por instrumento particular, desde que seja subscrito por 3 (três) testemunhas.

A: correto. É obrigatório o regime da separação de bens no casamento: I – das pessoas que o contraírem com inobservância das causas suspensivas da celebração do casamento (art. 1.641, inciso I, CC); B: incorreto. São excluídos da comunhão: I – os bens doados ou herdados com a cláusula de incomunicabilidade e os sub-rogados em seu lugar (art. 1.668, inciso I, CC); C: incorreto. No regime de comunhão parcial, comunicam-se os bens que sobrevierem ao casal, na constância do casamento, com as exceções dos artigos seguintes (art. 1.658, CC). Excluem-se da comunhão: I – os bens que cada cônjuge possuir ao casar, e os que lhe sobrevierem, na constância do casamento, por doação ou sucessão, e os sub-rogados em seu lugar (art. 1.659, inciso I, CC); D: incorreto. O contrato pode ser público ou particular. Na união

estável, salvo contrato escrito entre os companheiros, aplica-se às relações patrimoniais, no que couber, o regime da comunhão parcial de bens (art. 1.725, CC); E: incorreto. É nulo o pacto antenupcial se não for feito por escritura pública, e ineficaz se não lhe seguir o casamento (art. 1.653, CC). As convenções antenupciais não terão efeito perante terceiros senão depois de registradas, em livro especial, pelo oficial do Registro de Imóveis do domicílio dos cônjuges (art. 1.657, CC).

Gabarito "A".

(Cartório/AC – 2006 – CESPE) Quanto ao direito de família, julgue os itens subsequentes.

(1) Considere que uma pessoa adquiriu um imóvel por meio de escritura pública, quando solteira; em seguida, casou-se e, só então, na constância do casamento celebrado pelo regime da comunhão parcial de bens, registrou a escritura pública. Nessa hipótese, o bem será considerado aquesto, ou seja, integrará o patrimônio do casal, pois a transmissão da propriedade só ocorre pelo registro do título de transferência no Registro de Imóveis.

(2) No processo de habilitação para o casamento, os nubentes devem fazer sua opção por um dos regimes de bens previstos em lei, obrigatoriamente, por escritura pública devidamente registrada no cartório competente. A forma prevista para o pacto antenupcial é a escritura pública, ou seja, essa é condição da existência do contrato e da validade do casamento.

1: incorreta, pois o bem não será considerado aquesto. Conceitua-se aquestos como os bens adquiridos na constância do casamento em decorrência do esforço comum. Na hipótese em tela, não houve esforço comum para a aquisição do bem, haja vista que a pessoa o adquiriu quando era solteira. Logo, o imóvel não entrará na comunhão, ainda que o registro de transferência seja efetuado na constância do matrimônio (art. 1.672 do CC); 2: errada, pois nos termos do art. 1.640, parágrafo único, do CC, "quanto a forma (da escolha do regime), reduzir-se-á a termo se a opção for pela comunhão parcial, fazendo-se o pacto antenupcial por escritura pública, nas demais escolhas". Vê-se, pois que apenas se a escolha for por um regime diferente do da comunhão parcial é que será necessário o pacto antenupcial por escritura pública. Outra incorreção da assertiva é afirmar que a feitura do pacto por escritura pública é condição de existência e validade do casamento. Na realidade, considerar-se-á nulo o pacto caso não seja feito por escritura pública, e ineficaz caso o casamento não seja celebrado (art. 1.653 do CC). Perceba que os vícios inquinam o pacto, e não o casamento em si.

Gabarito 1E, 2E

(Cartório/BA – 2004 – CESPE) O item seguinte apresenta uma situação hipotética acerca do direito de família, seguida de uma assertiva a ser julgada.

(1) Carlos, ainda jovem, conheceu Efigênia, com quem teve uma filha de nome Marilda. Carlos só viu Marilda no dia do nascimento e sequer a registrou. Anos mais tarde, Carlos se casou com Clarissa, com quem teve um filho chamado Osvaldo. Por força do destino, Osvaldo e Marilda se conheceram, se apaixonaram e se casaram. Em uma confraternização de natal, Osvaldo e Marilda resolveram unir suas famílias. Nesse momento, Carlos e Efigênia se encontraram pela primeira vez após o nascimento de Marilda. Durante o jantar, Efigênia revelou a todos que Marilda e Osvaldo eram irmãos. Nessa situação, o casamento é anulável, em virtude do impedimento existente.

6. DIREITO CIVIL

A alternativa está errada, uma vez que não existe essa vedação na legislação. O art. 1.550 do CC traz as causas de anulabilidade do casamento, entretanto não contempla o casamento entre irmãos. Portanto, legalmente o casamento seria plenamente existe, valido e eficaz.
Gabarito 1E

(Cartório/DF – 2008 – CESPE) A respeito do direito de família, julgue o item subsequente.

(1) A sociedade conjugal termina pela declaração judicial de ausência de um dos cônjuges.

A alternativa está incorreta, pois a sentença que declara a ausência tem como consequência principal acarretar a abertura da sucessão provisória, nos termos do art. 26 do CC. O término da sociedade conjugal apenas ocorrerá quando for aberta a sucessão definitiva, isto é passados dez anos após o transito em julgado da sentença que concedeu a abertura da sucessão provisória (art. 37 do CC).
Gabarito 1E

(Cartório/DF – 2006 – CESPE) A respeito do direito de família, julgue os itens subsequentes.

(1) O nubente que possuir vários sobrenomes em seu nome pode, ao se casar, suprimir um ou mais desses, desde que conserve, ao menos, um deles, ao acrescentar o sobrenome do outro nubente.

(2) Caso seja celebrado um casamento religioso sem as formalidades da lei civil, o registro civil poderá ser feito a qualquer tempo, bastando que se faça a devida habilitação perante a autoridade competente. Nesse caso, os efeitos jurídicos do casamento, ainda que tardio o registro, retroagem à data da celebração do casamento religioso.

1: correta. O Código Civil de 2002, em seu art. 1.565, § 1º prevê que "qualquer dos nubentes, querendo, poderá acrescer ao seu sobrenome o do outro". O dispositivo trouxe uma verdadeira inovação frente ao art. 70, item 8º da Lei 6.015/1973, o qual previa que apenas a mulher poderia ter o nome alterado. No que tange supressão de alguns nomes de solteiro, essa possibilidade varia conforme os estados da federação. Em São Paulo, por exemplo isso é possível, nos termos do item 72 das Normas de Serviços da Corregedoria Geral de Justiça do Estado de São Paulo, *in verbis*: "Qualquer dos nubentes, querendo, poderá acrescer ao seu o sobrenome do outro, vedada a supressão total do sobrenome de solteiro"; 2: correta (art. 1.516, § 2º, e art. 1.515 do CC).
Gabarito 1C, 2C

(Cartório/ES – 2007 – FCC) No regime de comunhão parcial, entram na comunhão

(A) os bens adquiridos com valores exclusivamente pertencentes a um dos cônjuges em sub-rogação dos bens particulares.

(B) as obrigações anteriores ao casamento.

(C) os bens que sobrevieram, na constância do casamento, por doação ou sucessão.

(D) as benfeitorias em bens particulares de cada cônjuge.

(E) os proventos do trabalho pessoal de cada cônjuge.

Art. 1.660, IV, do CC.
Gabarito "D".

(Cartório/MA – 2008 – IESES) Em relação ao regime de bens entre os cônjuges, o atual Código Civil prevê:

(A) A impossibilidade de os nubentes, depois do casamento, estipular, quanto aos seus bens, o que lhes aprouver.

(B) A impossibilidade de os nubentes estipular, quantos aos seus bens, o que lhes aprouver.

(C) A possibilidade de os nubentes, mediante autorização judicial, estipular, quanto aos seus bens, o que lhes aprouver.

(D) A possibilidade de os nubentes, antes de celebrado o casamento, estipular, quanto aos seus bens, o que lhes aprouver.

A e B: incorretas, pois os cônjuges podem deliberar sobre o regime de bens, de acordo com sua conveniência, seja no momento da contração das núpcias, seja posteriormente. Neste passo, o Código Civil permite a alteração do regime após a celebração do casamento mediante autorização judicial, desde que haja pedido motivado de ambos os cônjuges, apurada a procedência das razões e não haja prejuízo à terceiro. (art. 1.639, *caput* e § 2º, do CC); C: incorreta, pois os cônjuges deliberam por meio de pacto antenupcial, sendo dispensada a intervenção judicial; D: correta (art. 1.639 do CC).
Gabarito "D".

(Cartório/MA – 2008 – IESES) Assinale a alternativa correta:

(A) A habilitação para o casamento poderá ser dispensada, em caso de urgência.

(B) Não é possível a escolha de outro regime de bens na união estável, além do regime legal de comunhão parcial, desde que feito por contrato escrito.

(C) Não é possível a realização do divórcio sem a partilha dos bens.

(D) A união estável independe de declaração ou contrato escrito para seu reconhecimento.

A: incorreta, na medida em que a habilitação não pode ser dispensada, ainda que haja urgência. Neste espeque, o que pode ser dispensada neste caso é a publicação do edital na imprensa oficial (art. 1.527, parágrafo único, do CC); B: incorreta, pois no que se refere a união estável é plenamente possível a escolha de regime de bens diverso da comunhão parcial, desde que haja contrato escrito (art. 1.725 do CC e Enunciado 346 do CJF); C: incorreta (art. 1.581 do CC); D: correta, na medida em que para que a união estável se configure basta que duas pessoas mantenham convivência pública, contínua e duradoura, estabelecida com o objetivo de constituir família.
Gabarito "D".

(Cartório/MT – 2005 – CESPE) Com relação ao direito de família, assinale a opção correta.

(A) Maria, casada em regime de comunhão parcial de bens, na constância do casamento adquiriu um imóvel rural com o produto auferido mediante a alienação do patrimônio herdado de seu pai. Nessa situação, sobrevindo a separação do casal, o imóvel adquirido por Maria não se inclui na comunhão e não será objeto de partilha, por ser bem particular de um dos cônjuges.

(B) O casamento religioso celebrado com as formalidades da lei civil deverá ser registrado no cartório competente, no prazo de até 90 dias. Findo esse prazo, não mais será possível o registro.

(C) São parentes em linha colateral as pessoas que, tendo tronco comum, não descendem umas das outras. Assim, os irmãos são parentes colaterais em primeiro grau.

(D) Na hipótese de ser declarada a nulidade do casamento e reconhecida a má-fé de ambos os cônjuges, ainda que não seja adotado o regime legal, a partilha dos bens adquiridos durante o casamento será de 50% para cada um dos cônjuges.

A: correta, na medida em que prevê o art. 1.659, I do CC que excluem-se da comunhão os bens que sobrevier ao cônjuge, na constância do casamento, e os sub-rogados em seu lugar; B: incorreta, pois caso o prazo se escoe será necessária nova habilitação para requerer o registro (art. 1.516, §1º); C: incorreta, pois os irmãos são parentes colaterais em segundo grau (arts. 1592 e 1.594 do CC).; D: incorreta, estando ambos os cônjuges de má-fé, os efeitos civis só aos filhos de aproveitam (art. 1.561, §2º do CC).
Gabarito "A".

(Cartório/PR – 2007) Sobre o regime de bens no casamento considere as questões abaixo, indicando a seguir a alternativa correta:

I. O regime de bens nunca poderá ser alterado após a realização do casamento.
II. O Código Civil de 2002 incluiu no ordenamento jurídico brasileiro o regime de bens de participação final nos aquestos.
III. Para as pessoas que se casam após os 55 (cinquenta e cinco) anos de idade o regime obrigatório será de separação de bens.
IV. É permitido ao casal criar seu próprio regime de bens ao invés de optar pelos regimes predefinidos em lei.

Estão corretas:

(A) todas.
(B) apenas I e III.
(C) apenas I, II e IV.
(D) apenas II e IV.
(E) apenas I e II.

I: incorreta, pois é admissível alteração do regime de bens, mediante autorização judicial em pedido motivado de ambos os cônjuges, apurada a procedência das razões invocadas e ressalvados os direitos de terceiros (art. 1639, § 2º, do CC e Enunciados 113 e 260 do CJF); II: correta, na medida em que este regime não existia no Código Civil de 1916; III: incorreta, na medida em que o regime da separação obrigatória é para pessoas com 70 anos ou mais (art. 1.641, II do CC); IV: correta. Caso os cônjuges não optem pelo regime legal, poderão estipular as regras que melhor lhes parecer conveniente, por meio de pacto antenupcial (art. 1639, *caput*, do CC e Enunciado 331 do CJF).
Gabarito "D".

(Cartório/PR – 2007) Analise as afirmativas abaixo e, em seguida, assinale a alternativa correta:

I. A Constituição Federal e o Código Civil de 2002 admitem a conversão da união estável em casamento.
II. Nos casos em que um dos cônjuges não puder comparecer pessoalmente à cerimônia de casamento civil, admite-se o casamento por procuração, que poderá ser feita por instrumento particular.
III. A viúva que tiver filho com o cônjuge falecido não poderá se casar antes do inventário e partilha de bens do *de cujus*. A infringência a essa regra constitui impedimento para o casamento, podendo ser denunciada por qualquer pessoa que tiver conhecimento do fato.
IV. O casamento denominado nuncupativo é aquele que ocorre quando um dos nubentes encontra-se em iminente risco de vida.

Está correta ou estão corretas:

(A) Todas.
(B) Somente II e IV.

(C) Somente I e IV.
(D) Somente I.
(E) Somente II e III.

I: correta (art. 226, § 3º, da CF e art. 1.726 do CC e Enunciados 135 e 526 do CJF); II: incorreta, pois a procuração deve ser feita por instrumento público, com poderes especiais (art. 1.542 do CC); III: incorreta. Na verdade a viúva pode se casar, mas incidirá em causa suspensiva para o casamento, cuja consequência será a aplicação do regime da separação obrigatória de bens (arts. 1.523, II, e art. 1.641, I, do CC). As causas suspensivas somente podem ser arguidas pelos parentes em linha reta de um dos nubentes, sejam consanguíneos os afins, e pelos colaterais em segundo grau, sejam também consanguíneos ou afins (art. 1.524 do CC); IV: correta (arts. 1.540, 1542, § 2º do CC e art. 76 da Lei 6.015/1973).
Gabarito "C".

(Cartório/RN – 2012 – IESES) Assinale a alternativa correta:

(A) O casamento civil pode ser celebrado por autoridade religiosa
(B) A celebração do casamento civil é gratuita apenas para os que declararem a pobreza, sob as penas da lei.
(C) O casamento celebrado em iminente risco de vida poderá ser celebrado na presença de seis testemunhas, que deverão em 10 dias comparecer no cartório de registro civil para que seja realizado o seu registro.
(D) O casamento civil somente poderá ser celebrado em prédio particular se houver justificativa.

A: correta, pois o casamento pode tranquilamente ser celebrado por autoridade religiosa. Será válido desde que atenda as exigências da lei civil e desde que seja registrado no registro próprio (art. 1.515 do CC); B: incorreta, pois a celebração é sempre gratuita, independentemente de declaração de pobreza (art. 1.512 do CC); C: incorreta, pois as seis testemunhas devem comparecer perante a autoridade judicial mais próxima para que esta lhes tome as declarações, e não perante o cartório de registro civil (art. 1.541 do CC); D: incorreta, pois para que o casamento seja celebrado em prédio particular basta que as partes o desejem e a autoridade celebrante consinta (art. 1.534, *caput*, do CC)
Gabarito "A".

(Cartório/RN – 2012 – IESES) O casamento civil pode ser dissolvido pelo divórcio. Em relação ao divórcio, é correto afirmar que:

I. Para concessão do divórcio é necessário a separação prévia.
II. É possível o divórcio sem a partilha dos bens.
III. No divórcio, o cônjuge que acrescentou o sobrenome do outro é obrigado a retirar.
IV. Após o divórcio, a pessoa volta ao estado civil de solteiro.

Assinale a correta:

(A) Estão corretas as assertivas I, III e IV. '
(B) Estão corretas as assertivas I e III.
(C) Apenas a assertiva II está correta.
(D) Estão corretas as assertivas I, II e III.

I: incorreta, pois com a Emenda Constitucional 66/2010, foi suprimida da Constituição Federal a exigência de prévia separação judicial para que o casal possa se divorciar. Atualmente, basta que seja formulado o pedido, independentemente de qualquer prazo; II: correta, pois a partilha não é pré-requisito para a decretação do divórcio, podendo ser decretada posteriormente, conforme livre conveniência do casal

6. DIREITO CIVIL

(art. 1.581 do CC); III: incorreta, pois o cônjuge pode manter o nome de casado, salvo se a sentença judicial dispuser em sentido contrário (art. 1.571, § 2º, do CC); IV: incorreta, pois após o divórcio a pessoa passa a ter o estado civil de *divorciada*, e não de solteira.
Gabarito "C".

(Cartório/MG – 2012 – FUMARC) Sobre o Processo de Habilitação para o casamento, de acordo com o Código Civil Brasileiro,

(A) caso haja impugnação do oficial ou de terceiro, a habilitação será submetida ao Ministério Público.

(B) a habilitação será feita perante o oficial do Registro Civil e, após a audiência do Ministério Público, será homologada pelo juiz.

(C) o oficial do registro dará aos nubentes ou a seus representantes nota da oposição, indicando os fundamentos, as provas e o nome de quem a ofereceu.

(D) tanto os impedimentos quanto as causas suspensivas serão opostos oralmente, com a apresentação das provas do fato alegado, ou com a indicação do lugar onde possam ser obtidas.

A: incorreta, pois caso haja impugnação do oficial, ou de terceiro, ou do Ministério Público, a habilitação será submetida ao juiz (art. 1.526, parágrafo único, do CC); B: incorreta, pois a habilitação será feita pessoalmente perante o oficial de Registro Civil, com audiência do Ministério Público. Apenas será submetida ao juiz se houver impugnação destes ou de terceiro (art. 1.526 do CC e Enunciado 120 do CJF); C: correta, pois a fim de garantir o direito de defesa o oficial de registro concede tais informações aos nubentes para que possam replicá-la (art. 1.530, *caput*, do CC); D: incorreta, pois tanto os impedimentos como as causas suspensivas deverão ser opostas por escrito e assinadas (art. 1.529 do CC)
Gabarito "C".

(Cartório/MG – 2012 – FUMARC) São requisitos que devem instruir o requerimento de habilitação para o casamento, **EXCETO**

(A) autorização por escrito das pessoas sob cuja dependência legal estiverem, ou ato judicial que a supra.

(B) declaração do estado civil, do domicílio e da residência atual dos contraentes e de seus pais, se forem conhecidos.

(C) declaração de duas testemunhas maiores, não parentes, que atestem conhecê-los e afirmem não existir impedimento que os iniba de casar.

(D) certidão de óbito do cônjuge falecido, de sentença declaratória de nulidade ou de anulação de casamento, transitada em julgado, ou do registro da sentença de divórcio.

A: correta (art. 1.525, II, do CC); B: correta (art. 1.525, IV, do CC); C: incorreta (devendo ser assinalada), pois as testemunhas podem ser parentes ou não (art. 1.525, III, do CC); D: correta (art. 1.525, V, do CC)
Gabarito "C".

(Cartório/RO – III) Assinale a alternativa correta:

(A) É admissível a alteração do regime de bens mediante autorização judicial em pedido motivado de um dos cônjuges, apurada a procedência das razões e invocadas e ressalvados os direitos de terceiros.

(B) É obrigatório o regime de comunhão parcial de bens no casamento de pessoas maiores de sessenta anos.

(C) Ressalvados os casos em que o juiz supriu a vontade de um dos cônjuges, é vedado a eles, exceto no regime de separação absoluta de bens, gravar de ônus real os bens imóveis.

(D) Nenhuma alternativa está correta.

A: incorreta, na medida em que o pedido deve ser de ambos os cônjuges (art. 1.639, § 2º, do CC e Enunciados 113 e 260 do CJF); B: incorreta, pois a lei não traz nenhuma hipótese em que o regime da comunhão parcial seja obrigatório. Apenas o regime da separação legal é aquele que traz a ideia de obrigatoriedade de sua imposição, nos casos do art. 1.641 do CC; C: correta (art. 1647, I, do CC); D: incorreta, pois a alternativa "C" está correta.
Gabarito "C".

(Cartório/SC – 2008) Sobre o regime de bens, é correto afirmar:

(A) É admissível alteração do regime de bens mediante escritura pública, apurada a procedência das razões invocadas e ressalvados os direitos de terceiros.

(B) É obrigatório o regime da separação de bens no casamento de pessoa maior de 65 anos e daqueles que dependem de suprimento judicial.

(C) O cônjuge que estiver na posse dos bens particulares do outro será para com este, e seus herdeiros, responsável como procurador se não for usufrutuário nem depositário.

(D) A decretação de invalidade dos atos praticados sem outorga uxória, sem consentimento, ou sem suprimento do juiz, somente poderá ser demandada pelo cônjuge a quem cabia concedê-la.

(E) Qualquer que seja o regime de bens, tanto o marido quanto a mulher podem livremente reivindicar os bens comuns, móveis ou imóveis, doados ou transferidos pelo outro cônjuge ao concubino, desde que provado que os bens não foram adquiridos pelo esforço comum destes, se o casal estiver separado de fato por mais de cinco anos.

A: incorreta, pois o regime de bens apenas pode ser alterado mediante autorização judicial, preenchidos os requisitos do art. 1.639, § 2º, do CC (vide Enunciados 113 e 260 do CJF); B: incorreta, pois o regime da separação obrigatória apenas se aplica àqueles que tenham mais de 70 anos, àqueles que casarem sob causa suspensiva e àqueles que dependerem de suprimento judicial para casar (art. 1.641 do CC); C: incorreta, pois o cônjuge que estiver na posse dos bens particulares do outro será para com este, e seus herdeiros, responsável como procurador se tiver mandato expresso ou tácito para os administrar (art. 1.652, II, do CC); D: incorreta, pois os herdeiros do cônjuge a quem cabia pleiteá-la também podem pedir a anulação (art. 1.650 do CC); E: correta (art. 1.642, V, do CC).
Gabarito "E".

(Cartório/SP – III – VUNESP) Ratificado o casamento contraído por incapaz, quando adquire a maioridade, retroagem seus efeitos a partir da

(A) data da aquisição da maioridade pelo nubente.

(B) data da manifestação judicial sobre a ocorrência

(C) data da celebração do matrimônio.

(D) época da ratificação do ato.

Os efeitos retroagem até a data da celebração do matrimônio, por analogia ao art. 1.563 do CC. Neste passo, a sentença que decreta a nulidade do casamento retroage à data de sua celebração, preservados os direitos de terceiros. *Contrario sensu*, ratificado o casamento, os

seus efeitos também retroagem à tal momento, haja vista que foi a partir dele que a nova situação (casamento) se constituiu.
Gabarito "C".

(Cartório/SP – III – VUNESP) O direito à meação é renunciável, cessível ou penhorável?

(A) O direito à meação não é renunciável, cessível ou penhorável.

(B) Dependendo do regime matrimonial, admite-se a renúncia, cessão ou penhora do direito à meação.

(C) É cabível a renúncia, a cessão ou a penhora do direito à meação, em qualquer regime matrimonial.

(D) A resposta é afirmativa, em relação à renúncia, cessão ou penhora, na vigência do regime da comunhão parcial de bens.

O direito à meação não é renunciável, cessível ou penhorável na vigência do regime matrimonial, nos termos do art. 1682 do CC.
Gabarito "A".

(Cartório/SP – III – VUNESP) As convenções antenupciais terão efeito perante terceiros

(A) após a celebração do casamento.

(B) no momento da celebração do pacto.

(C) depois de registradas em livro especial, no Registro de Imóveis.

(D) a partir da data da habilitação para o casamento.

As convenções antenupciais terão efeito perante terceiros, apenas após o registro em livro especial, no Registro de Imóveis do domicílio dos cônjuges, conforme art. 1.657 do CC.
Gabarito "C".

(Cartório/SP – IV – VUNESP) Sobre o regime de bens, é correto afirmar que

(A) é obrigatório o regime de separação de bens de todos os que dependerem, para casar, de suprimento judicial.

(B) havendo convenção nula, em pacto antenupcial, o regime a prevalecer terá de ser objeto de decisão judicial.

(C) mesmo no regime de separação, não é dado a cada um dos cônjuges alienar ou gravar de ônus real seus bens sem o consentimento do outro.

(D) subsiste, no direito brasileiro, o regime dotal.

A: correta (art. 1.641, III, do CC); B: incorreta, pois caso o pacto antenupcial seja nulo o regime que prevalecerá será o da comunhão parcial (art. 1.640, parágrafo único, do CC); C: incorreta, pois no regime da separação absoluta de bens os cônjuges podem livremente alienar ou gravar de ônus real seus bens independentemente do consenso do outro (art. 1.647, *caput*, do CC); D:incorreta, pois o Código Civil de 2002 traz em seu rol cinco regimes de bens: comunhão parcial, comunhão universal, participação final nos aquestos, separação convencional e separação legal. O regime dotal foi extirpado do ordenamento.
Gabarito "A".

(Cartório/SP – VI – VUNESP) A solenidade de celebração do casamento, na sede do cartório, exige a presença de pelo menos duas testemunhas

(A) que não sejam parentes dos contraentes, em qualquer grau.

(B) que não sejam parentes dos contraentes, até terceiro grau.

(C) que não sejam parentes dos contraentes, até quarto grau.

(D) parentes ou não dos contraentes.

Para fins de atendimento a solenidade da celebração, as duas testemunhas podem ser parentes ou não dos contraentes, nos termos do art. 1.534 do CC.
Gabarito "D".

(Cartório/SP – VI – VUNESP) São impedimentos para o matrimônio, não podendo casar,

(A) o tutor ou o curador e os seus descendentes, ascendentes, irmãos, cunhados ou sobrinhos, com a pessoa tutelada ou curatelada, enquanto não cessar a tutela ou curatela e não estiverem saldadas as respectivas contas.

(B) o viúvo ou a viúva que tiver filho do cônjuge falecido, enquanto não fizer inventário dos bens do casal e der partilha aos herdeiros.

(C) os ascendentes com os descendentes, seja o parentesco natural ou civil.

(D) a viúva, ou a mulher cujo casamento se desfez por ser nulo ou ter sido anulado, até dez meses depois do começo da viuvez, ou da dissolução da sociedade conjugal.

A: incorreta, pois essa circunstância constitui causa suspensiva para o casamento (art. 1.523, IV, do CC); B: incorreta, pois essa circunstância constitui causa suspensiva para o casamento (art. 1.523, I, do CC); C: correta, nos termos do art. 1.521, I, do CC; D: incorreta, pois essa circunstância constitui causa suspensiva para o casamento (art. 1.523, II do CC).
Gabarito "C".

(Cartório/SP – VI – VUNESP) Analise as afirmações seguintes.

I. São herdeiros necessários os descendentes, os ascendentes e o cônjuge.

II. O direito de representação dá-se na linha reta descendente, mas nunca na ascendente.

III. O renunciante à herança de uma pessoa poderá representá-la na sucessão da outra.

IV. Somente podem testar os maiores de 18 anos.

Estão corretos apenas os itens

(A) I, II e III.

(B) I, II e IV.

(C) I, III e IV.

(D) II, III e IV.

I: correta (art. 1.845 do CC); II: correta (art. 1.852 do CC); III: correta (art. 1.856 do CC); IV: incorreta, pois podem testar os maiores de 16 anos (art. 1.860, parágrafo único, do CC).
Gabarito "A".

(Cartório/SP – 2011 –VUNESP) A habilitação de casamento será feita perante o Oficial do Registro Civil, com a audiência do Ministério Público, conforme a regra prevista no artigo 1.526 do Código Civil. A autoridade que detém a atribuição para dirimir questionamentos do Oficial, ou decidir impugnação do Ministério Público, segundo orientação traçada no âmbito do Estado de São Paulo, é o

(A) Juiz Corregedor Permanente.

(B) Juiz da Vara da Família e das Sucessões.

(C) Juiz de Casamento.

(D) Juiz de Paz.

6. DIREITO CIVIL

Segundo orientação traçada no âmbito do Estado de São Paulo, é competente para dirimir questionamentos do Oficial ou decidir impugnação do Ministério Público o Juiz Corregedor Permanente, nos termos do Processo 28, de 24 de janeiro de 2003 da Corregedoria Geral de Justiça do Estado de São Paulo.
Gabarito "A".

(Cartório/SP – 2011 – VUNESP) Assinale a alternativa incorreta a respeito do casamento.

(A) As causas suspensivas do casamento podem ser relevadas judicialmente, provando inexistência de prejuízo.

(B) O casamento do relativamente incapaz depende da anuência de ambos os pais e de autorização judicial.

(C) O companheiro viúvo não pode se casar com a filha de sua companheira, pois o parentesco por afinidade também se estabelece na união estável.

(D) Os pais, tutores e curadores podem, até o momento da celebração do casamento, revogar a autorização concedida ao incapaz para se casar.

A: correta (art. 1.523 parágrafo único, do CC); B: incorreta, (devendo ser assinalada), pois basta a autorização dos pais ou representantes legais (art. 1.550 II, e art. 1.555 do CC); C: correta, pois o parentesco em linha reta não se extingue com a dissolução da união estável (art. 1.595, § 2º, do CC). Neste passo, o Código Civil veda o casamento entre os afins em linha reta (art. 1.521, II, do CC); D: correta (art. 1.518 do CC).
Gabarito "B".

(Cartório/SP – 2011 – VUNESP) Analise as proposições apresentadas e assinale a alternativa correta.

I. No regime de separação absoluta, o marido pode alienar ou gravar imóveis sem autorização da cônjuge.

II. No regime de comunhão parcial de bens, o cônjuge pode alienar imóvel adquirido antes do casamento independentemente da autorização do outro.

III. No regime de comunhão parcial, o cônjuge depende da autorização do outro para prestar aval, ressalvada a possibilidade de obter suprimento judicial.

IV. No regime de comunhão parcial, é nula a venda de imóvel adquirido onerosamente no curso do matrimônio sem anuência do cônjuge.

(A) As alternativas I e III são falsas.

(B) As alternativas II e IV são verdadeiras.

(C) A alternativa I é verdadeira e a IV é falsa.

(D) apenas a alternativa IV é verdadeira.

I: correta (art. 1.647, *caput*, do CC); II: incorreta, pois o art. 1.647 do CC não excepciona o regime da comunhão parcial de bens, de modo que é necessária a autorização do cônjuge para a alienação de bens imóveis, ainda que adquiridos antes do casamento (vide Enunciado 340 do CJF); III: correta (art. 1.647, III, do CC). Mas note-se que nos termos no Enunciado 114 do CJF "O aval não pode ser anulado por falta de vênia conjugal, de modo que o inc. III do art. 1.647 apenas caracteriza a inoponibilidade do título ao cônjuge que não assentiu". Sobre o tema vide também Enunciado 132 do CJF; IV: incorreta, pois essa aquisição é anulável, podendo o outro cônjuge pleitear-lhe a anulação, até dois anos depois de terminada a sociedade conjugal (art. 1.649 do CC).
Gabarito "C".

(Cartório/SP – 2011 – VUNESP) Assinale a alternativa incorreta a respeito do regime de comunhão parcial.

(A) Entram na comunhão os frutos dos bens particulares de cada cônjuge, percebidos na constância do matrimônio.

(B) Exclui-se da comunhão a herança recebida pelo cônjuge na constância do casamento.

(C) Entra na comunhão a doação recebida pelo cônjuge na constância do matrimônio.

(D) Entra na comunhão o prêmio de loteria que o cônjuge ganhou.

A: correta (art. 1.660, V, do CC); B: correta (art. 1.659, I, do CC); C: incorreta (devendo ser assinalada, de acordo com o art. 1.659, I, do CC); D: correta (art. 1660, II, do CC)
Gabarito "C".

(Cartório/SP – 2011 – VUNESP) Assinale a alternativa incorreta.

(A) É ineficaz o pacto antenupcial se não se seguir o casamento.

(B) A eficácia do pacto antenupcial, realizado por menor, fica condicionada à aprovação de seu representante legal, salvo as hipóteses de regime obrigatório de separação de bens.

(C) O pacto antenupcial poderá ser feito por escritura pública ou instrumento particular autêntico, registrado no Registro de Imóveis do domicílio dos cônjuges.

(D) pacto antenupcial, para produzir efeitos perante terceiros, deverá ser registrado no Registro de Imóveis do domicílio dos nubentes.

A: correta (art. 1.653, *in fine*, do CC); B: correta (art. 1.654 do CC); C: incorreta (devendo ser assinalada), pois é nulo pacto antenupcial que não for feito por escritura pública (art. 1.640, parágrafo único do CC); D: correta (art. 1.657 do CC).
Gabarito "C".

(Cartório/SP – 2012 – VUNESP) No que se refere ao casamento religioso com efeitos civis, assinale a alternativa incorreta.

(A) O casamento religioso que atender às exigências legais para a validade do casamento civil produz efeitos a partir da data de sua inscrição no livro de Registro Civil das Pessoas Naturais.

(B) Os efeitos civis do casamento religioso serão alcançados após o regular processo de habilitação, que poderá ser prévio ou posterior à celebração do casamento.

(C) A morte de um dos cônjuges não impedirá o registro civil do casamento religioso realizado validamente, quando o pedido de registro for encaminhado dentro do prazo da lei.

(D) Será nulo o registro civil do casamento religioso quando já registrado anteriormente o casamento civil de algum dos cônjuges.

A: incorreta (devendo ser assinalada), pois os efeitos passam a surtir desde a data da celebração, desde que registrado no registro próprio (art. 1.515 do CC); B: correta (art. 1.516, §§ 1º e 2º, do CC); C: correta, pois se o casamento foi realizado atendendo todos os seus requisitos legais, poderá ser perfeitamente registrado, independentemente da morte do cônjuge (art. 1.515 do CC); D: correta (art. 1.516, § 3º, do CC).
Gabarito "A".

(Cartório/SP – 2012 – VUNESP) No que tange ao casamento nuncupativo, assinale a alternativa correta.

(A) O ato nupcial é celebrado na presença de seis testemunhas, parentes ou não dos contraentes.

(B) O nubente que não estiver em iminente risco de vida poderá fazer-se representar.

(C) Nele, um dos nubentes está acometido de moléstia grave que o impede de locomover-se ou aguardar a data da celebração futura.

(D) É exigida a presença do Oficial do Registro Civil.

A: incorreta, pois os nubentes não podem ter parentesco em linha reta, ou, na colateral até o segundo grau com as testemunhas (art. 1.540 do CC); B: correta (art. 1.542, § 2°, do CC); C: incorreta, pois no casamento nuncupativo um dos nubentes está em iminente risco de vida (art. 1.540 do CC); D: incorreta, pois o casamento nuncupativo se dá justamente quando ocorrer a ausência do Oficial do Registro Civil e de seu substituto e um dos nubentes estiver em iminente risco de vida (art. 1.540 do CC) :

Gabarito "B".

(Cartório/SP – 2012 – VUNESP) No regime da participação final nos aquestos,

(A) o direito à meação é penhorável na vigência do regime matrimonial.

(B) a administração dos bens móveis e imóveis que integram o patrimônio próprio é exclusiva de cada cônjuge, que os poderá livremente alienar.

(C) à época da dissolução do vínculo conjugal, cada cônjuge tem direito à metade dos bens adquiridos pelo casal a título oneroso ou gratuito, na constância do casamento.

(D) integram o patrimônio próprio os bens que cada cônjuge possuía ao casar e os por ele adquiridos, a qualquer título, na constância do casamento.

A: incorreta (art. 1,682); B: incorreta, pois a alienação só é livre se os bens forem móveis (art. 1.673, parágrafo único, e art. 1647, I ,do CC); C: incorreta, pois não entram na comunhão os bens adquiridos a título gratuito (art. 1.672 do CC); D: correta (art. 1.673 do CC).

Gabarito "D".

(Cartório/MG – 2015 – Consulplan) Sobre o casamento, nos termos do Código Civil brasileiro, analise as seguintes afirmações:

I. Quando o casamento for anulado por culpa de um dos cônjuges, este incorrerá na perda de todas as vantagens havidas do cônjuge inocente.

II. Não pode casar o divorciado, enquanto não houver sido homologada ou decidida a partilha dos bens do casal.

III. Embora anulável ou mesmo nulo, se contraído de boa--fé por ambos os cônjuges, o casamento, em relação a estes como aos filhos, produz todos os efeitos até o dia da sentença anulatória.

Está correto somente o que se afirma em:

(A) I

(B) II

(C) I e II

(D) I e III

I: correto. De acordo com o artigo 1.564, I, do Código Civil. II: incorreto. Viola o artigo 1.523, III, do Código Civil. Esse dispositivo diz "**Não devem** casar:...". São hipóteses de causas suspensivas do casamento e não se confundem com as hipóteses de impedimentos matrimoniais previstas no artigo 1.521. Diante destas o Código diz "Não podem casar:..". Lembre-se, casamento contraído com violação ao impedimento matrimonial é nulo, ao passo que a sanção para a violação das causas suspensivas do artigo 1.523 do Código Civil é a imposição ao regime de separação obrigatória de bens. III: correto. De acordo com o

artigo 1.561 do Código Civil. Tal dispositivo trata do casamento putativo, aquele que é contraído de boa-fé, por um ou ambos os cônjuges que ignoram as circunstâncias que tornam nulo ou anulável o casamento. Ele produzirá efeitos ao cônjuge que estiver de boa-fé.

Gabarito "D".

(Cartório/SP – 2016 – VUNESP) A declaração de nulidade do casamento importa

(A) a preservação da filiação apenas em relação ao genitor que estiver de boa-fé.

(B) a preservação da filiação materna ou paterna, desde que presentes as condições do casamento putativo.

(C) a nulidade da filiação, em observância à regra de que atos nulos não se convalescem e não são aptos a produzir atos válidos.

(D) a preservação da filiação materna ou paterna, mesmo que ausentes as condições do casamento putativo.

Alternativa A, incorreta. Viola o artigo 1.561, § 1°, do Código Civil. Casamento putativo é o casamento nulo ou anulável que gera efeitos ao cônjuge que estiver de boa-fé e em relação aos filhos. Alternativas B e C, incorretas. Viola o disposto no artigo 1.617 do Código Civil que diz: "A filiação materna ou paterna pode resultar de casamento declarado nulo, ainda mesmo sem as condições do putativo". Alternativa D, correta. Nos termos do artigo 1.617 do Código Civil, deverá ser aplicada as mesmas regras e condições estabelecidas para o casamento válido para a filiação materna ou paterna que resultar de casamento declarado nulo, seja ele putativo ou não.

Gabarito "D".

(Cartório/SP – 2016 – VUNESP) O pacto antenupcial, em essência, é um negócio

(A) jurídico solene, de eficácia subordinada.

(B) formal, extrajudicial e imutável.

(A) jurídico solene, que produz efeitos logo após a ratificação do instrumento pelos cônjuges, devidamente orientados pelo Notário.

(B) jurídico solene, de eficácia plena, desde sua celebração.

Alternativa A, correta. O pacto antenupcial, nos termos do artigo 1.653 do Código Civil, é um negócio jurídico solene, eis que deverá ser realizado mediante escritura pública, bem como, possui eficácia subordinada à realização do casamento, eis que o pacto é constituído com o fim de estipular a escolha do regime de bens. Diante disso, se o casamento não se realizar o pacto antenupcial perderá sua razão de ser, conforme segue, *in verbis*: "É nulo o pacto antenupcial se não for feito por escritura pública, e ineficaz se não lhe seguir o casamento." Alternativa B, incorreta. O pacto antenupcial é um negócio jurídico solene, nos termos do artigo 1.653 do Código Civil e mutável, eis que mediante autorização judicial específica, os cônjuges poderão alterar o regime de bens, em razão do princípio da mutabilidade dos regimes de bens, resguardado os direitos de terceiros, conforme o § 2° do artigo 1.639 do Código Civil. Alternativas C e D, incorretas. Nos termos do artigo 1.657 da Lei Civil, o pacto antenupcial terá eficácia perante os cônjuges e, especialmente, perante terceiros, após o registro da convenção no Registro de Imóveis do domicílio dos cônjuges.

Gabarito "A".

(Cartório/SP – 2016 – VUNESP) Ao alcançar a idade núbil, os noivos

(A) passam a gozar de capacidade plena para o casamento, independentemente de qualquer autorização de terceiros.

(B) passam a gozar de capacidade para o casamento, mediante autorização dos pais ou representantes legais.

(C) atingem a maioridade e a capacidade plena para todos os atos da vida civil.

(D) atingem a capacidade para o requerimento de habilitação para o casamento, mas não para o casamento em si.

Alternativa A, incorreta. O maior de dezesseis anos e o menor de dezoito anos podem casar, entretanto, a lei civil exige que ambos os pais ou seus representantes legais autorizem quanto à celebração do casamento, nos moldes do artigo 1.517 do Código Civil. Alternativa B, correta. Ao alcançar a idade núbil, vale dizer, completar dezesseis anos, poderá casar com o consentimento de ambos os pais ou de seus representes legais, enquanto não atingida a maioridade civil. Tal consentimento será dado por escrito perante o Registro Civil das Pessoas Naturais, indicando a pessoa do outro nubente. Alternativa C, incorreta. Com o casamento cessará para os menores de dezoito anos a incapacidade, nos termos do inciso II do parágrafo único do artigo 5º do Código Civil. Trata-se da emancipação legal, que é a antecipação da capacidade civil antes de atingir a maioridade, vale dizer, o emancipado continua sendo menor. Alternativa D, incorreta. Nos termos do artigo 1.525, inciso II, do Código Civil, para o requerimento de habilitação do casamento, um de seus requisitos é a necessidade de autorização por escrito de ambos os pais ou de seus representantes legais, em se tratando de nubente menor de idade.
Gabarito "B".

(Cartório/SP – 2016 –VUNESP) O divórcio extingue o casamento e possibilita

(A) novo casamento, incondicionalmente.

(B) novo casamento, desde que não esteja pendente causa suspensiva.

(C) o retorno ao estado civil original, como consequência da extinção do vínculo do matrimônio.

(D) novo casamento entre as mesmas pessoas, dispensada nova habilitação.

Alternativa A, incorreta. O divórcio rompe o vínculo conjugal, de modo que o divorciado poderá contrair novo casamento, mas não incondicionalmente. Deve-se verificar no processo de habilitação se há impedimentos matrimoniais para o divorciado contrair novo casamento. Lembre-se, impedimentos matrimoniais são normas de ordem pública previstas no artigo 1.521 do Código Civil que impedem a realização do casamento. Alternativa B, Correta, de acordo com o artigo 1.523, inciso III, do Código Civil. O citado dispositivo trata das situações que não devem casar. No entanto, a violação desta norma gera a imposição do regime de separação legal de bens, de acordo com o artigo 1.641 do Código Civil. Este autor considera mal formulada tal questão, pois está incompleta. Sugerimos chegar à resposta por exclusão. Alternativa C, incorreta. Viola o artigo 100 da Lei 6.015/73. Vale dizer, não obstante o divórcio extinga o vínculo conjugal, ele não possibilita o retorno ao estado civil original, pois a sentença que declara o divórcio tem natureza jurídica de sentença constitutiva negativa ou desconstitutiva e deve ser averbada no livro de casamento. Alternativa D, incorreta. Viola os artigos 1.525 do Código Civil e 67 da LRP. Não há exceção da lei dispensando o processo de habilitação para novo casamento entre os divorciados.
Gabarito "B".

(Cartório/MG – 2015 – Consulplan) Sobre a invalidade do casamento, em conformidade com o Código Civil brasileiro, é correta a afirmação:

(A) É nulo o casamento contraído por quem não completou a idade mínima para casar.

(B) É nulo o casamento por incompetência da autoridade celebrante.

(C) É anulável o casamento contraído por infringência de impedimento.

(D) É anulável o casamento do incapaz de consentir ou manifestar, de modo inequívoco, o consentimento.

Alternativa A, incorreta. Nos termos do inciso I do artigo 1.550 do Código Civil, o casamento contraído por quem não completou a idade mínima para casar, ou seja dezesseis anos, é hipótese de anulabilidade se o casamento correr sem o alvará judicial. Alternativa B, incorreta. O casamento celebrado por autoridade incompetente, isto é, incompetência *ratione materiae*, ou seja, celebrado por quem não é juiz de paz, o ato será apenas anulável se o casamento tiver sido registrado no Registro Civil. Alternativa C, incorreta. As causas de impedimentos previstas no artigo 1.521 do Código Civil, se infringidas, tornam nulo o casamento. Alternativa D, correta. O inciso IV do artigo 1.550 do Código Civil se refere ao incapaz de consentir que por causa transitória ou permanente, não podem exprimir sua vontade. O prazo para a anulação é de cento e oitenta dias a contar da celebração do casamento. Com relação ao pródigo, este não é incapaz de consentir ou de manifestar, de modo inequívoco, o consentimento, e, por isso, pode se casar livremente. Todavia, para fazer o pacto antenupcial é mister a assistência do curador, porque se trata de ato patrimonial.
Gabarito "D".

(Cartório/MG – 2015 – Consulplan) Sobre o regime da comunhão parcial de bens, é correto afirmar que estão incluídos na comunhão:

(A) Os bens adquiridos por fato eventual, com ou sem o concurso de trabalho ou despesa anterior.

(B) As pensões, meios-soldos, montepios e outras rendas semelhantes.

(C) As obrigações provenientes de atos ilícitos, salvo reversão em proveito do casal.

(D) Os bens adquiridos com valores exclusivamente pertencentes a um dos cônjuges em sub-rogação dos bens particulares.

Alternativa A, correta. De acordo com o artigo 1.660, inciso II, do Código Civil. Lembre-se regime de comunhão parcial de bens é o que prevalece, caso os consortes não tiverem feito o pacto pré-nupcial, ou se fizeram, este for nulo ou ineficaz. Neste regime há três massas patrimoniais, bens do marido, da mulher e bens comuns, adquiridos na constância do casamento. Alternativa B, incorreta. Viola o artigo 1.659, inciso VII, do Código Civil. Tais bens são excluídos da comunhão. Alternativa C, incorreta. Segundo o artigo 1.659, inciso IV, do Código tais bens são excluídos da comunhão. Alternativa D, incorreta. Ofende o inciso II, do artigo 1.659 do Código Civil.
Gabarito "A".

(Cartório/MG – 2015 – Consulplan) Segundo o Código Civil, são impedidos de casar, EXCETO:

(A) Os ascendentes com os descendentes, seja o parentesco natural ou civil.

(B) O adotado com o filho do adotante.

(C) O adotante com quem foi cônjuge do adotado e o adotado com quem o foi do adotante.

(D) Os colaterais em quarto grau.

Alternativa A, de acordo com o inciso I do artigo 1.521 do Código Civil. Alternativa B, de acordo com o inciso V do artigo 1.521 do Código Civil. Alternativa C, de acordo com o inciso III do artigo 1.521 do Código Civil. Alternativa D, correta. O artigo 1.521 do Código Civil trata dos impedimentos matrimoniais, ou seja, normas de ordem pública que vedam

o casamento. Os impedimentos visam preservar a eugenia (pureza da raça), a moralidade familiar, impedindo a realização do casamento entre parentes consanguíneos, por afinidade e adoço, a monogamia, não permitindo o casamento de pessoas já casadas, e evitar que tenha raízes no crime. No rol das hipóteses do artigo 1.521 do Código não está presente como impedimento os colaterais de quarto grau.
Gabarito "D".

(Cartório/MG – 2015 – Consulplan) No regime de comunhão parcial de bens, comunicam-se os bens que sobrevierem ao casal, na constância do casamento, EXCETO:

(A) Os bens adquiridos na constância do casamento por título oneroso, em nome de um dos cônjuges.

(B) Os bens adquiridos por fato eventual.

(C) Os bens adquiridos por doação, herança ou legado, em favor de apenas um dos cônjuges.

(D) Os frutos dos bens particulares de cada cônjuge, percebidos na constância do casamento.

Alternativa A em consonância com o inciso I do artigo 1.660 do Código Civil. Alternativa B está de acordo com o inciso II do artigo 1.660 do Código Civil, bens adquiridos por fato eventual são, por exemplo, os prêmios de loteria. Alternativa C incorreta, deve ser assinalada. Os bens que sobrevierem, na constância do casamento, por doação ou sucessão, bem como os sub-rogados em seu lugar, ficarão excluídos da comunhão, nos termos do inciso I do artigo 1.659 do Código Civil. Alternativa D em consonância com o inciso V do artigo 1.660 do Código Civil.
Gabarito "C".

(Cartório/MG – 2015 – Consulplan) Quanto ao Regime de Bens dos cônjuges estabelecido no Código Civil, é correto afirmar que

(A) o regime de bens entre os cônjuges começa a vigorar desde a habilitação para o processo do casamento.

(B) o regime de bens pode ser alterado posteriormente à celebração do casamento, mediante a lavratura de escritura pública em Tabelionato de Notas por ambos os cônjuges.

(C) é obrigatório o regime da separação de bens no casamento de pessoa de 65 (sessenta e cinco) anos.

(D) nenhum dos cônjuges pode, sem autorização do outro, exceto no regime da separação absoluta, prestar fiança ou aval.

Alternativa A, incorreta. Viola o § 1º do artigo 1.639 do Código Civil, pois "O regime de bens entre os cônjuges começa a vigorar desde a data do casamento". Alternativa B, incorreta. Viola o § 2º do artigo 1.639 do Código. **Não** é possível alterar o regime de bens posteriormente à celebração do casamento **por escritura pública**. Para tal alteração é **imprescindível autorização judicial,** em pedido motivado de ambos os cônjuges. Alternativa C, incorreta. Viola o inciso II do artigo 1.641 do Código Civil. O dispositivo diz: "...da pessoa maior de 70 (setenta) anos". Alternativa D, correta. De acordo com o inciso III do artigo 1.647 do Código Civil. O regime de separação absoluta ou total de bens é aquele em que existem duas massas patrimoniais, o do marido, a da mulher, logo, não se comunicam os bens anteriores ou posteriores ao casamento. Tal regime excepciona a regra geral de que é imprescindível a outorga uxória ou autorização marital.
Gabarito "D".

(Cartório/MG – 2016 – Consulplan) Casamento na festa junina, em que o casal não tem nenhum vínculo, é casamento

(A) nuncupativo.

(B) nulo.

(C) inexistente.

(D) putativo.

Alternativa A, incorreta. Casamento nuncupativo (artigo 1.540 do Código Civil), também denominado de "viva voz", *in articulo mortis, in extremis,* é o casamento que ocorre quando um dos contraentes encontra-se em iminente risco de vida e não está presente a autoridade estatal, caso em que os próprios interessados celebram o casamento na presença de seis testemunhas, que não sejam parentes em linha reta dos nubentes, nem colateral, até segundo grau. Alternativa B, incorreta. Casamento nulo é aquele realizado com infringência dos impedimentos matrimoniais do artigo 1.521 do Código Civil. Vide artigo 1.548, II, do Código. Alternativa C, correta. Casamento é a união entre pessoas, reconhecida pela autoridade estatal, com o objetivo de constituir família. Seus requisitos são: duas pessoas, presença da autoridade estatal e objetivo de constituição de família. Alternativa D, incorreta. Casamento putativo é o casamento nulo ou anulável que gera efeitos ao cônjuge que estiver de boa-fé e em relação aos filhos. Vide artigo 1.561 do Código Civil.
Gabarito "C".

(Cartório/MG – 2016 – Consulplan) João era casado com Maria, sob o regime de separação total de bens. João veio a falecer deixando quatro filhos e, como herança, um único apartamento, que estava em seu nome e onde ele morava com a esposa.

Quanto aos direitos do cônjuge sobrevivente, assinale a afirmação correta.

(A) Ao cônjuge sobrevivente, qualquer que seja o regime de bens, será assegurado, sem prejuízo da participação que lhe caiba na herança, o direito real de habitação relativamente ao imóvel destinado à residência da família, desde que seja o único daquela natureza a inventariar.

(B) Ao cônjuge sobrevivente, qualquer que seja o regime de bens, será assegurado, sem prejuízo da participação que lhe caiba na herança, o usufruto relativamente ao imóvel destinado à residência da família, independentemente de ser instituído, desde que seja o único daquela natureza a inventariar.

(C) Ao cônjuge sobrevivente, exclusivo aos casados sob o regime de comunhão total de bens, será assegurado, sem prejuízo da participação que lhe caiba na herança, o direito real de habitação relativamente ao imóvel destinado à residência da família, desde que seja o único daquela natureza a inventariar.

(D) Sem prévia intuição por parte do falecido do ônus, no respectivo cartório registro de imóveis, o cônjuge sobrevivente, qualquer que seja o regime de bens, não terá assegurado o direito real de habitação. Independentemente de o imóvel ser destinado à residência da família, mesmo que seja o único daquela natureza a inventariar. Contudo, sem prejuízo da participação que lhe caiba na herança.

Alternativa A, correta. De acordo com o texto expressão do artigo 1.831 do Código Civil. Note-se que o requisito da lei é o de que o imóvel residencial seja o único dessa natureza a inventariar. Caso existam outros bens imóveis da mesma natureza no espólio, que possam ser utilizados para moradia do cônjuge sobrevivente, não se aplica o citado dispositivo.
Alternativas B, C, D violam o artigo 1.831 do Código Civil.
Gabarito "A".

6. DIREITO CIVIL — 403

7.2. União estável

(Cartório/MG – 2019 – Consulplan) Conforme a Constituição da República e Código Civil Brasileiro, observada a supremacia da norma constitucional, analise as seguintes afirmativas a respeito da União Estável.

I. A união estável configura-se na convivência pública, contínua e duradoura, com o ânimo dos companheiros de constituir família.

II. Para a caracterização da união estável não se exige um prazo mínimo de convivência dos companheiros, nem que tenham habitação comum.

III. Na união estável, aplica-se às relações patrimoniais, no que couber, o regime de comunhão parcial de bens, salvo contrato escrito entre os companheiros.

IV. A união estável não se constituirá se ocorrer algum dos impedimentos matrimoniais, mas a pessoa casada, achando-se separada de fato ou judicialmente, pode ser partícipe de união estável.

Estão corretas as afirmativas

(A) I, II, III e IV.
(B) I e IV, apenas.
(C) I, II e III, apenas.
(D) II, III e IV, apenas.

I: correto. É reconhecida como entidade familiar a união estável entre o homem e a mulher, configurada na convivência pública, contínua e duradoura e estabelecida com o objetivo de constituição de família (art. 1.723, *caput*, CC); **II:** correto. Conforme o texto do artigo 1.723 do Código Civil, inexiste prazo fixado na lei para que fique caracterizada a união estável, bastando que haja convivência pública, contínua e duradoura e estabelecida com o objetivo de constituição de família (art. 1.723, *caput*, CC); **III:** correto. Na união estável, salvo contrato escrito entre os companheiros, aplica-se às relações patrimoniais, no que couber, o regime da comunhão parcial de bens (art. 1.725, CC); **IV:** correto. A união estável não se constituirá se ocorrerem os impedimentos do art. 1.521; não se aplicando a incidência do inciso VI no caso de a pessoa casada se achar separada de fato ou judicialmente (art. 1.723, § 1º, CC). Portanto, a alternativa correta é a letra A.
Gabarito "A".

(Cartório/SP – V – VUNESP) Na união estável, não existindo contrato inscrito, prevalece o regime da

(A) comunhão universal.
(B) separação total.
(C) comunhão dos aquestos
(D) comunhão parcial.

Caso a união estável não conte com contrato escrito, aplica-se o regime da comunhão parcial, nos termos do art. 1.725 do CC.
Gabarito "D".

(Cartório/SP – 2016 – VUNESP) O reconhecimento da união estável como entidade familiar, configurada na convivência pública, contínua e duradoura,

(A) pressupõe a inexistência de impedimentos para o casamento e a separação de fato, se a pessoa for casada, não bastando que a união seja constituída com o objetivo de constituição de família.

(B) pressupõe tão somente que a união seja constituída com o objetivo de constituição de família, devendo a lei facilitar sua conversão em casamento.

(C) independe do estado civil e da situação de fato de seus membros.

(D) pressupõe a inexistência de impedimentos e de causas suspensivas do casamento, não bastando que a união seja constituída com o objetivo de constituição de família.

Alternativa A, correta. De acordo com o § 1º do artigo 1.723 do Código Civil. Vale dizer todas as hipóteses de impedimento matrimonial previstas no artigo 1.521 do CC são aplicáveis à União Estável, salvo a do inciso VI, que trata das pessoas casadas. Por tal razão, o separado de fato, não obstante não possa contrair novo casamento enquanto não se divorciar, poderá constituir união estável. Alternativa B incorreta. Viola o artigo 1.723 do Código Civil, que traz os requisitos necessários para a formação da união estável. Além do objetivo de constituição de família, ela se constitui pela convivência pública, contínua e duradoura. A lei não exige tempo mínimo de convivência, nem convivência sob o mesmo teto, aliás, continua em vigor a Súmula 382 do STF. A união estável entre pessoas do mesmo sexo é denominada união homoafetiva reconhecida pelo Supremo Tribunal Federal, em 05.05.2011, quando declarou procedentes a ADIn n. 4.277 e a APPF n. 132, com eficácia *erga omnes* e efeito vinculante, conferindo interpretação conforme a CF/88 do artigo 1.723 do CC. Alternativa C. Viola o § 1º do artigo 1.723 do Código Civil. Alternativa D. Como já mencionado, não obstante o separado de fato ser impedido de contrair novo casamento enquanto não realizar o divórcio, ele poderá formar união estável, logo, viola o § 1º do artigo 1.723 do Código Civil.
Gabarito "A".

(Cartório/MG – 2015 – Consulplan) Sobre as Escrituras Públicas de Constituição e Dissolução de União Estável, nos termos do Código de Normas da Corregedoria Geral de Justiça (Provimento 260/CGJ/2013), é correto afirmar, EXCETO:

(A) Para a prática do ato, as partes poderão estar representadas por procurador, desde que munido de procuração pública com poderes específicos para o ato, desde que outorgada há no máximo 90 (noventa) dias.

(B) Na Escritura Pública Declaratória da União Estável, as partes não necessitam apresentar documentos comprobatórios da propriedade de imóveis eventualmente existentes.

(C) Na Escritura Pública Declaratória da União Estável, as partes deverão declarar expressamente que não são casadas ou que não mantém outro relacionamento, com o objetivo de constituição de família.

(D) Havendo fundado indício de fraude, simulação ou prejuízo, e em caso de dúvida sobre a declaração de vontade, o tabelião de notas poderá se recusar a praticar o ato.

Alternativa A, conforme o § 1º do artigo 227 do Código de Normas da Corregedoria Geral de Justiça (Provimento 260/CGJ/2013). Alternativa B, é a INCORRETA. Esta questão deve ser assinalada, pois viola o inciso IV do artigo 229 do Código de Normas da Corregedoria Geral de Justiça (Provimento 260/CGJ/2013). Tal dispositivo diz expressamente que **as partes necessitam apresentar** documentos comprobatórios da propriedade de imóveis eventualmente existentes. Alternativa C, em conformidade com o artigo 230, incisos I e II do Provimento. Alternativa D, conforme o parágrafo único do artigo 232 do Provimento.
Gabarito "B".

7.3. Parentesco e filiação

(Cartório/SP – 2018 – VUNESP) A presunção de paternidade dos filhos concebidos na constância do casamento, prevista no artigo 1.597 do Código Civil,

404 CAROLINA IKEDA E MARCIO PEREIRA

(A) tem caráter absoluto em relação ao pai e relativo em relação a terceiros.

(B) configura-se para os havidos a qualquer tempo, quando se tratar de embriões excedentários decorrentes de concepção artificial heteróloga.

(C) é estabelecida para os havidos por fecundação artificial homóloga, mesmo que falecido o marido.

(D) é estabelecida para os havidos por inseminação artificial heteróloga, desde que haja prévia autorização do marido e mediante comprovação de que esse seja incapaz de procriar.

A: incorreto. A presunção de paternidade dos filhos concebidos na constância do casamento não tem caráter absoluto, podendo ser afastada por outros meios de prova, dentre eles o exame de DNA. **B:** incorreto. Presumem-se concebidos na constância do casamento os filhos havidos, a qualquer tempo, quando se tratar de embriões excedentários, decorrentes de concepção artificial homóloga (art. 1.597, inciso IV, CC); **C:** correto. Presumem-se concebidos na constância do casamento os filhos havidos por fecundação artificial homóloga, mesmo que falecido o marido (art. 1.597, inciso III, CC); **D:** incorreto. Presumem-se concebidos na constância do casamento os filhos havidos por inseminação artificial heteróloga, desde que tenha prévia autorização do marido (art. 1.597, inciso V, CC).
Gabarito "C".

(Cartório/DF – 2008 – CESPE) A respeito do direito de família, julgue o item subsequente.

(1) O parentesco em linha reta e o parentesco em linha colateral são limitados ao quarto grau.

O parentesco em linha reta não sofre limitação de grau, pois não há limitação legal. Já o parentesco na linha colateral, de fato limita-se até o quarto grau (art. 1.592 do CC).
Gabarito 1E

(Cartório/DF – 2008 – CESPE) No que concerne à filiação, julgue os próximos itens.

(1) Cabe ao marido o direito de contestar a paternidade dos filhos nascidos de sua mulher, sendo tal ação imprescritível.

(2) Presumem-se concebidos na constância do casamento os filhos havidos por fecundação artificial homóloga, mesmo que falecido o marido.

(3) Quando confessado, o adultério da mulher à época da concepção do filho é suficiente para a exclusão da presunção de paternidade.

1: correta(art. 1.601 do CC e Enunciado 130, 258 e 520 do CJF); 2: correta (art. 1.597, III, do CC e Enunciados 126 e 127 do CJF); 3: incorreta (art. 1.600 do CC)
Gabarito 1C, 2C, 3E

(Cartório/ES – 2007 – FCC) A respeito da filiação, considere:

I. Presumem-se concebidos na constância do casamento os filhos nascidos nos trezentos dias subsequentes à dissolução da sociedade conjugal, por morte, separação judicial, nulidade e anulação do casamento.

II. Cabe ao marido o direito de contestar a paternidade dos filhos nascidos de sua mulher, prescrevendo tal ação em cinco anos contados do nascimento.

III. A prova da impotência do cônjuge para gerar, à época da concepção, ilide a presunção da paternidade.

Está correto o que se afirma SOMENTE em

(A) II.

(B) III.

(C) I e II.

(D) I e III.

(E) II e III.

I: correta (art. 1.597, II, do CC); II: incorreta, pois a ação é imprescritível (art. 1.601 do CC e Enunciado 130, 258 e 520 do CJF); III: correta (art. 1.599 do CC).
Gabarito "D".

(Cartório/RN – 2012 – IESES) Assinale a alternativa correta:

(A) O reconhecimento de filho feito por escritura pública pode ser revogado a qualquer tempo, desde que o registro civil ainda não tenha sido feito.

(B) A lei presume que os filhos de mulheres casadas são do marido, podendo o nome do pai/marido ser registrado apenas com a apresentação da certidão de casamento, mesmo sem a sua presença no ato.

(C) Se a mulher ficar viúva durante a gestação, terá que realizar exame de DNA após o nascimento do filho para provar que é de seu marido.

(D) Os filhos havidos de relações extraconjugais somente podem ser reconhecidos se houver a concordância do cônjuge traído.

A: incorreta, pois o reconhecimento de filho é irrevogável (art. 1.609, *caput*, do CC e art. 1° da Lei 8.560/1992); B: correta, pois há presunção legal de que os filhos concebidos na constância do casamento são mesmo do marido, respeitados os prazos do art. 1.597 do CC. Assim, basta que a mulher compareça ao Registro Civil munida de sua certidão de casamento e requeira que no registro da criança conste o nome do marido como sendo o pai; C: incorreta, pois a presumem-se concebidos na constância do casamento os filhos nascidos, cento e oitenta dias, pelo menos depois de estabelecida a convivência conjugal (art. 1.597, I, do CC). Assim, há uma presunção legal de que o filho é do marido, razão pela qual basta que a mulher compareça ao cartório portanto a certidão de casamento e requeira o registro; D: incorreta, pois o reconhecimento de filho havido fora do casamento pode ser feito independentemente de qualquer condição (art. 1.613 do CC)
Gabarito "B".

(Cartório/RJ – 2012) Sobre o reconhecimento de filhos havidos fora do casamento, é **incorreto** afirmar que

(A) é ato irrevogável.

(B) poderá ser feito por escrito particular, a ser arquivado em cartório.

(C) poderá ser feito por testamento, ainda que incidentalmente manifestado.

(D) tanto o filho maior quanto o menor não precisam consentir e nem podem impugnar o reconhecimento.

(E) são ineficazes a condição e o termo apostos ao ato de reconhecimento de filho.

A: correta (art. 1.609, *caput*, do CC e art. 1° , *caput*, da Lei 8.560/1992); B: correta (art. 1.609, II, e art. 1°, II, da Lei 8.560/1992); C: correta (art. 1.609, III, do CC e art. 1°, III, da Lei 8.560/1992); D: incorreta (devendo ser assinalada), pois o filho maior não pode ser reconhecido sem o seu consentimento, e o filho menor tem o prazo de quatro anos que se seguirem a maioridade para impugnar o reconhecimento (art. 1.614 do CC e art. 4° da Lei 8.560/1992); E: correta (art. 1.613 do CC).
Gabarito "D".

6. DIREITO CIVIL

(Cartório/PR – 2007) Sobre a averiguação oficiosa da paternidade, de acordo com o disposto na Lei 8.560/92, é correto afirmar que:

(A) Em registro de nascimento de menor apenas com a maternidade estabelecida, o oficial remeterá ao juiz certidão integral do registro e o nome e prenome, profissão, identidade e residência do suposto pai, a fim de ser averiguada oficiosamente a procedência da alegação. O juiz, sempre que possível, ouvirá a mãe sobre a paternidade alegada e mandará, em qualquer caso, notificar o suposto pai, independentemente de seu estado civil. No caso de o suposto pai confirmar expressamente a paternidade, será lavrado termo de reconhecimento e remetida certidão ao oficial do registro, para a devida averbação. Se o suposto pai não atender, no prazo de 30 dias, a notificação judicial, ou negar a alegada paternidade, o juiz remeterá os autos ao representante do Ministério Público para que intente, havendo elementos suficientes, a ação de investigação de paternidade.

(B) O oficial procede ao registro e remete ao juiz certidão integral da qual constará nome e prenome, profissão, identidade e residência do suposto pai. O juiz notifica o suposto pai, independentemente de seu estado civil. Em seguida ouve a mãe sobre a paternidade alegada. No caso de o suposto pai confirmar expressamente a paternidade, os autos serão remetidos ao oficial do registro para lavratura do termo de reconhecimento e para a devida averbação. Se o suposto pai não atender, no prazo de 30 dias, a notificação judicial, ou negar a alegada paternidade, o juiz remeterá os autos ao representante do Ministério Público para que intente, havendo elementos suficientes, a ação de investigação de paternidade.

(C) O oficial procede ao registro e remete ao juiz certidão integral da qual constará nome e prenome, profissão, identidade e residência do suposto pai. O juiz ouve a mãe sobre a paternidade alegada e notifica o suposto pai, salvo se for casado. No caso de o suposto pai confirmar expressamente a paternidade, será lavrado termo de reconhecimento e remetida certidão ao oficial do registro, para a devida averbação. Se o suposto pai não atender, no prazo de 30 dias, a notificação judicial, ou negar a alegada paternidade, o juiz remeterá os autos ao representante do Ministério Público para que, querendo, intente, a ação de investigação de paternidade.

(D) O oficial ouve a mãe e procede ao registro remetendo ao juiz certidão integral da qual constará nome, prenome, profissão, identidade e residência do suposto pai. O juiz notifica o suposto pai, salvo se for casado. No caso de o suposto pai confirmar expressamente a paternidade, será lavrado termo de reconhecimento e remetida certidão ao oficial do registro, para a devida averbação. Se o suposto pai não atender, no prazo de 30 dias, a notificação judicial, ou negar a alegada paternidade, o juiz remeterá os autos ao representante do Ministério Público para que, querendo, intente a ação de investigação de paternidade.

(E) Feito o registro de nascimento apenas com a maternidade estabelecida, o oficial remeterá ao juiz certidão integral do registro e o nome e prenome, profissão, identidade e residência do suposto pai, a fim de ser

averiguada oficiosamente a procedência da alegação. O juiz notifica o suposto pai, salvo se for casado, quando então, obrigatoriamente, a diligência deverá ser cumprida em segredo de justiça. No caso de o suposto pai confirmar expressamente a paternidade, os autos serão remetidos ao oficial do registro para lavratura do termo de reconhecimento e para a devida averbação. Se o suposto pai não atender, no prazo de 10 dias, a notificação judicial, ou negar a alegada paternidade, o juiz remeterá os autos ao representante do Ministério Público para que intente, havendo elementos suficientes, a ação de investigação de paternidade.

A: correta (art. 2º, §§ 1º, 2º e 4º da Lei 8.560/1992); B: incorreta, pois o oficial não profere o registro do pai de imediato. Ele apenas encaminha o registro já existente (apenas com os dados da mãe) com as informações qualificativas do suposto pai ao juiz competente. E ainda, no caso de o suposto pai confirmar expressamente a paternidade, será lavrado termo de reconhecimento e remetida certidão ao oficial do registro, para a devida averbação (art. 2º, §3º da Lei 8.560/1992); C: incorreta, pois novamente o oficial não profere o registro do pai de imediato. Além do que o juiz notificará o suposto pai independentemente do seu estado civil. Por fim, havendo elementos suficientes o Ministério Público *deve* propor a ação de investigação de paternidade (art. 2º, *caput* e §§1º e 4º, do CC); D: incorreta, pois o juiz não profere o registro paterno de imediato, com a simples oitiva da mãe. O juiz notificará o suposto pai independentemente do seu estado civil. Havendo elementos suficientes o Ministério Público tem o dever de ingressar com a ação; E: incorreta, pois a notificação do suposto pai independe do seu estado civil. Ademais o juiz apenas decretará segredo de justiça se entender necessário (art. 2º, §2º, da Lei 8.560/1992). Se o suposto pai confirmar a paternidade será lavrado termo de reconhecimento e remetida certidão ao oficial do registro, para a devida averbação.
Gabarito "A".

(Cartório/PR – 2007) Filiação é estado familiar da pessoa que decorre do fato ou do direito e, uma vez legalmente estabelecido faz emergir poderes e deveres de que decorrem efeitos a partir do nascimento, ainda que somente *a posteriori* à filiação seja declarada estabelecida. Sobre o assunto, analise as afirmativas:

I. O Código Civil brasileiro classifica os seguintes tipos de filiação de acordo com a origem: legítima, ilegítima, incestuosa ou espúria.

II. É possível o reconhecimento de filho realizado como disposição de última vontade, por meio de testamento público.

III. Para o reconhecimento de filhos concebidos na constância do casamento aplica-se a presunção absoluta *pater iste est.*

IV. A prova da impotência *generandi* do varão à época da concepção não ilide a presunção de paternidade.

Está correta ou estão corretas:

(A) Somente I, II e II.

(B) Somente II e IV.

(C) Somente I e II.

(D) Todas.

(E) Somente II.

I: incorreta, pois diferentemente do Código Civil de 1916, o Novo Código Civil não mais diferencia os filhos quanto a sua origem (art. 1.596 do CC). Neste passo, a própria Constituição Federal prevê a máxima de igualdade entre os filhos no seu art. 227, § 6º; II: correta (art. 1º, III, da

Lei 8.560/1992 e art. 1.609, III, do CC); III: incorreta, pois a presunção é relativa, tanto é que pode ser contestada (art. 1601 do CC); IV: incorreta, pois a prova da impotência do cônjuge para gerar, à época da concepção, afasta a presunção de paternidade (art. 1.599 do CC). de
Gabarito "E".

(Cartório/SP – I – VUNESP) Considere as afirmações sobre as formas de reconhecimento voluntário de filhos.

I. No próprio termo de nascimento.
II. Por escritura pública ou outro documento público.
III. Por testamento, ainda que incidentalmente manifestado.
IV. Por instrumento particular, a ser arquivado em cartório.
V. Por manifestação direta e expressa perante o juiz, ainda que não constitua objeto único e principal do ato que o contém.

Pode-se dizer que estão corretas

(A) I, II e III, apenas.
(B) I, II, III e V, apenas.
(C) I, II, III, IV e V.
(D) I, II, III e IV, apenas.

I: correta (art. 1.609, I, do CC e art. 1º, I, da Lei 8.560/1992); II: correta (art. 1.609, II, do CC e art. 1º, II, da Lei 8.560/1992); III: correta (art. 1.609, III, do CC e art. 1º, III, da Lei 8.560/1992); IV: correta (art. 1.609, II, do CC e art. 1º, II, da Lei 8.560/1992); V: correta (art. 1.609, IV, do CC e 1.609, IV, da Lei 8.560/1992).
Gabarito "C".

(Cartório/SP – IV – VUNESP) Sobre o reconhecimento de filhos havidos fora do casamento, é possível dizer que

(A) é eficaz o reconhecimento feito sob condição.
(B) é irrevogável, mesmo se feito em testamento.
(C) não pode preceder o nascimento do filho.
(D) somente tem valor, quando feito judicialmente, se constituir o objeto único do ato que o contém.

A: incorreta, pois são ineficazes a condição e o termo apostos ao ato de reconhecimento de filho (art. 1.613 do CC); B: correta (art. 1.610 do CC e art. 1º da Lei 8.560/1992); C: incorreta, pois é possível que o reconhecimento seja feito antes do nascimento (art. 1.609, parágrafo único, do CC); D: incorreta, pois o reconhecimento pode ser feito extrajudicialmente, seja no registro de nascimento, seja por escritura pública ou instrumento particular registrado em cartório, seja por testamento (art. 1.609 do CC). Contudo, se feito judicialmente, o reconhecimento terá valor ainda que não haja sido o objeto único e principal do ato que o contém (art. 1º, IV da Lei 8.560/92).
Gabarito "B".

(Cartório/SP – V – VUNESP) Assinale a alternativa correta.

(A) O reconhecimento voluntário de filho é feito por meio de escritura pública, averbada diretamente no Registro Civil.
(B) O reconhecimento de filho, feito por meio de testamento, será automaticamente revogado com a revogação do testamento.
(C) O reconhecimento da paternidade pode ser posterior ao falecimento do filho, desde que este tenha deixado descendente.
(D) O reconhecimento do filho é ato personalíssimo, não admitindo representação por procuração.

A: incorreta, há outras formas de reconhecimento de filho que não apenas a escritura pública averbada em cartório, a saber: reconhecimento

no registro de nascimento, por testamento, ainda que incidentalmente manifestado e por manifestação direta e expressa perante o juiz, ainda que o reconhecimento não haja sido o objeto único e principal do ato que o contém (art. 1.609 do CC e art. 1º da Lei 8.560/1992); B: incorreta, pois não obstante a revogação do testamento, a cláusula de reconhecimento da paternidade subsiste, haja vista constituir-se em disposição não patrimonial referente ao estado de filiação de terceiro (art. 1.857, §2º, c.c art. 1.610 do CC); C: correta (art. 1.690, parágrafo único, do CC); D: incorreta, pois o art. 59 da Lei 6.015/1973 prevê a possibilidade de reconhecimento de paternidade por procurador.
Gabarito "C".

(Cartório/SP – 2011 – VUNESP) Assinale a alternativa incorreta a respeito do reconhecimento de filhos.

(A) O reconhecimento de filho por testamento deve constar de disposição específica, não sendo válido reconhecimento manifestado incidentalmente.
(B) O reconhecimento poderá ser feito por escritura pública ou escrito particular, a ser arquivado em cartório.
(C) O reconhecimento de filho maior depende de seu consentimento.
(D) O reconhecimento pode preceder o nascimento do filho ou ser posterior ao seu falecimento, se ele deixar descendentes.

A: incorreta (devendo ser assinalada), pois é válido o reconhecimento ainda que feito incidentalmente (art. 1.609, III, do CC e art. 1º, III da Lei 8.560/1992); B: correta (art. 1.609, II, do CC e art. 1º, II, da Lei 8.560/1992); C: correta (art. 1.614 do CC e art. 4º da Lei 8.560/1992); D: correta (art. 1.609, parágrafo único, do CC)
Gabarito "A".

(Cartório/PA – 2016 – IESES) O reconhecimento dos filhos havidos fora do casamento é irrevogável e será feito:

I. Por testamento, ainda que incidentalmente manifestado.
II. No registro do nascimento.
III. Por manifestação direta e expressa perante o juiz, ainda que o reconhecimento não haja sido o objeto único e principal do ato que o contém.
IV. Por escritura pública ou escrito particular, a ser arquivado em cartório.

A sequência correta é:

(A) As assertivas I, II, III e IV estão corretas.
(B) Apenas as assertivas I e IV estão corretas.
(C) Apenas as assertivas I, III e IV estão corretas.
(D) Apenas a assertiva IV está correta.

I: correto. De acordo com o texto expresso do artigo 1.609, III, do Código Civil. II: Correto. De acordo com o texto expresso do artigo 1.609, I, do Código Civil. III: Correto. De acordo com o texto expresso do artigo 1.609, IV, do Código Civil. IV: Correto. De acordo com o texto expresso do artigo 1.609, II, do Código Civil.
Gabarito "A".

7.4. Poder familiar, adoção, tutela e guarda

(Cartório/MG – 2019 – Consulplan) Com base nas disposições da Constituição Federal e do Código Civil, analise as seguintes afirmações sobre a guarda dos filhos e alimentos.

I. Na fixação da guarda dos filhos, deve preponderar o princípio do melhor interesse da criança ou adolescente.

6. DIREITO CIVIL   407

II. A aplicação da guarda compartilhada dos filhos depende da existência de consenso entre os genitores.

III. O direito à prestação de alimentos entre os parentes, cônjuges ou companheiros é recíproco. Entre parentes, na linha reta, é extensivo a todos os ascendentes, recaindo a obrigação nos mais próximos em grau, uns em falta dos outros.

IV. A maioridade dos filhos não acarreta a exoneração automática da obrigação de prestar alimentos.

Estão corretas as afirmativas

(A) I, II, III e IV.

(B) II e IV, apenas.

(C) I, II e III, apenas.

(D) I, III e IV, apenas.

I: correto. Na fixação da guarda dos filhos, deve preponderar o princípio do melhor interesse da criança ou adolescente (art. 1.583, §§ 2º e 3º, CC); II: incorreto. A guarda, unilateral ou compartilhada, poderá ser: I – requerida, por consenso, pelo pai e pela mãe, ou por qualquer deles, em ação autônoma de separação, de divórcio, de dissolução de união estável ou em medida cautelar; II – decretada pelo juiz, em atenção a necessidades específicas do filho, ou em razão da distribuição de tempo necessário ao convívio deste com o pai e com a mãe (art. 1.584, incisos I e II, CC); III: correto: O direito à prestação de alimentos é recíproco entre pais e filhos, e extensivo a todos os ascendentes, recaindo a obrigação nos mais próximos em grau, uns em falta de outros; IV: correto. O cancelamento de pensão alimentícia de filho que atingiu a maioridade está sujeito à decisão judicial, mediante contraditório, ainda que nos próprios autos (Súmula 358 do STJ). Portanto, a alternativa correta é a letra D.
Gabarito "D".

(Cartório/BA – 2004 – CESPE) O item seguinte apresenta uma situação hipotética acerca do direito de família, seguida de uma assertiva a ser julgada.

(1) Um garoto de doze anos de idade quer vender um imóvel que ganhou de um tio. Como é menor impúbere, será representado por seu pai, que irá assinar a escritura pública de transferência do imóvel. Nessa situação, como o menor estará representado, o vício que prejudicaria o negócio jurídico estará suprido, não havendo necessidade de autorização judicial para se realizar a venda do imóvel.

A assertiva está errada, pois além da necessidade de o menor estar representado, é indispensável que haja autorização judicial para a venda do imóvel, ainda que a representação se dê pelos próprios pais. No exercício do poder familiar, os genitores apenas têm o direito de usufruir dos bens da prole e de administrar os bens dos filhos menores que estejam sob sua autoridade (art. 1.689 do CC). O art. 1.691 veda que os pais alienem, gravem de ônus real os imóveis dos filhos, bem como contraiam obrigações que ultrapassem os limites da simples administração, salvo por necessidade ou evidente interesse dos infantes, mediante prévia autorização do juiz.
Gabarito 1E

(Cartório/BA – 2004 – CESPE) Pedro, de 40 anos de idade, pai de dois filhos, viúvo, com formação em curso superior, é viciado em jogos de azar, joias e festas e gasta desordenadamente o seu patrimônio de maneira que compromete a sua manutenção e a de seus filhos. O pai de Pedro, Antenor, requereu judicialmente a sua interdição. Em decorrência do requerimento do pai, Pedro foi submetido a perícia que envolvia avaliação psiquiátrica, na qual se comprovou que Pedro não apresentava maiores

comprometimentos mentais mas sim uma prodigalidade que o levava a dissipar o seu patrimônio. Diante dessa situação, o juiz entendeu pela interdição, considerando Pedro relativamente incapaz e nomeando o pai dele como curador. Após ter sido legalmente interditado, Pedro resolveu levantar um empréstimo e, para tanto, hipotecou um dos poucos bens que lhe restaram — um terreno localizado em Ilhéus, na Bahia —, sem que seu curador o assistisse. Acerca da situação hipotética descrita acima, julgue os itens que se seguem.

(1) Nessa situação, a interdição de Pedro por incapacidade relativa deverá ser averbada em registro público.

(2) Pedro não poderia ter hipotecado o seu terreno pelo fato de que este estava interditado, porém o negócio jurídico foi realizado. Nesse caso, caberá aos interessados requerer a anulabilidade do negócio jurídico.

(3) Se o Ministério Público tivesse conhecimento do negócio jurídico que envolvia a hipoteca, poderia requerer a anulabilidade, uma vez que cabe a esse intervir nos atos que possam prejudicar os incapazes.

1: incorreta, pois a interdição é passível de registro, e não de averbação (art. 9º, III, do CC e art. 29, V, e art. 92 da Lei 6.015/1973); 2: correta, pois tendo em vista que Pedro agiu sem assistência o negócio jurídico é anulável, nos termos do art. 171, I, do CC. A parte interessada terá o prazo de quatro anos para pedir a anulação do negócio, contados do dia em que cessar a incapacidade (art. 178, III, do CC); 3: incorreta, pois apenas os interessados têm legitimidade para requerer a anulação do negócio jurídico, consoante art. 177 do CC.
Gabarito 1E, 2C, 3E

(Cartório/MA – 2008 – IESES) Em relação à adoção, o atual Código Civil prevê:

(A) Só a pessoa maior de dezesseis anos pode adotar.

(B) Só a pessoa maior de vinte e um anos pode adotar.

(C) Só a pessoa maior de dezoito anos pode adotar.

(D) Só com o consentimento dos pais de quem se deseja adotar, em sendo este maior de dezoito anos, poderá ser feita a adoção

A Lei 12.010/2009 revogou os dispositivos acerca da adoção previstos no Código Civil, sendo que atualmente a matéria está tratada pelo Estatuto da Criança e do Adolescente (Lei 8.069/1990). De qualquer forma a alternativa "C" está correta, nos termos do art. 42 do ECA.
Gabarito "C".

(Cartório/MG – 2012 – FUMARC) Considerando o exercício da tutela, nos termos do Código Civil, incumbe ao tutor quanto à pessoa do menor, **EXCETO**

(A) alienar os bens do menor destinados à venda.

(B) transigir, com autorização ou aprovação ulterior do juiz.

(C) representar o menor, até os 18 (dezoito) anos, nos atos da vida civil.

(D) promover-lhe, mediante preço conveniente, o arrendamento de bens de raiz.

A: correta (art. 1.747, IV, do CC); B: correta (art. 1.748, III, do CC); C: incorreta (devendo ser assinalada), pois a o dever de representação ocorre até os 16 anos. Após, o tutor tem a incumbência de *assisti-lo* (art. 1.747, I, do CC); D: correta (art. 1.747, V, do CC).
Gabarito "C".

CAROLINA IKEDA E MARCIO PEREIRA

(Cartório/SP – IV – VUNESP) A adoção

(A) elimina os vínculos com os parentes consanguíneos, inclusive os impedimentos para o casamento.

(B) pressupõe que o adotante seja pelo menos doze anos mais velho que o adotado.

(C) depende de sentença constitutiva, mesmo quando diga respeito a maiores de dezoito anos.

(D) pode ser livremente feita por duas pessoas, conjuntamente.

A: incorreta, pois os impedimentos para o casamento permanecem (art. 41 do ECA); B: incorreta, pois o adotante deve ser no mínimo 16 anos mais velho do que o adotando (art. 42, § 3º, do ECA); C: correta, pois a adoção depende de sentença constitutiva em qualquer caso, independentemente da idade do adotando (art. 47 do CC); D: incorreta, pois para a adoção conjunta é indispensável que os adotantes sejam casados civilmente ou mantenham união estável, comprovada a estabilidade da família (art. 42, § 2º, do ECA).
Gabarito "C".

(Cartório/SP – V – VUNESP) A adoção avoenga

(A) é permitida somente em relação a menores.

(B) é permitida somente em relação a maiores.

(C) dispensa o estágio de convivência em decorrência do vínculo havido entre as partes.

(D) é proibida.

A adoção feita pelos avós é proibida, por uma questão de incompatibilidade do instituto. Neste espeque, prevê o art. 41 do ECA: "A adoção atribui a condição de filho ao adotado, com os mesmos direitos e deveres, inclusive sucessórios, desligando-o de qualquer vínculo com pais e parentes, salvo os impedimentos matrimoniais". De proêmio já é possível notar que o neto não tem condições de tornar-se filho do avô. Além do que haveria verdadeiro tumulto na questão sucessória. Por fim, a adoção é instituto que extingue os vínculos com a família biológica, o que neste caso não ocorreria. Logo se vê que é algo inconcebível. Em verdade os avós têm direito a tutela sob os netos e não a adoção.
Gabarito "D".

(Cartório/SP – V – VUNESP) A alteração do regime de bens adotado no casamento é admitida

(A) por meio de escritura pública, desde que sejam ressalvados os direitos de terceiros.

(B) quando o regime adotado não for o da comunhão universal.

(C) mediante autorização judicial.

(D) se inexistir pacto antenupcial.

A: incorreta, pois a alteração de regime de bens apenas pode ser feita por meio de autorização judicial (art. 1.639, § 2º, do CC e Enunciado 113 e 260 do CJF); B: incorreta, pois a alteração pode ser feita independentemente do regime. A Lei não faz restrição (art. 1.639, § 2º, CC); C: correta, pois para que haja alteração do regime a autorização judicial é imprescindível (art. 1.639, § 2º, do CC e Enunciado 113 e 260 do CJF); D: incorreta, pois a existência ou não de pacto antenupcial é irrelevante para a alteração.
Gabarito "C".

(Cartório/SP – 2011 – VUNESP) Sobre adoção, conforme disciplina da Lei 8.069/90, é incorreto afirmar que

(A) a adoção poderá ser deferida ao adotante que, após inequívoca manifestação de vontade, vier a falecer no curso do procedimento e antes de prolatada a sentença.

(B) a adoção é medida irrevogável.

(C) o adotante deve ser, pelo menos, 16 (dezesseis) anos mais velho do que o adotando.

(D) a adoção por procuração exige escritura pública.

A: correta (art. 42, § 6º, do ECA); B: correta (art. 39, art. § 1º, do ECA); C: correta (art. 42, § 3º, do ECA); D: incorreta (devendo ser assinalada), pois é vedada a adoção por procuração (art. 39, § 2º, do ECA e Enunciado 272 do CJF).
Gabarito "D".

(Cartório/SP – 2012 – VUNESP) A adoção póstuma

(A) assegura todos os vínculos originados da adoção, salvo os referentes ao direito sucessório, pois os efeitos da adoção póstuma só se operam após o trânsito em julgado da sentença constitutiva da adoção.

(B) não é permitida no ordenamento jurídico pátrio.

(C) poderá ser deferida ao adotante que, após inequívoca manifestação de vontade, vier a falecer no curso do processo de adoção, antes de prolatada a sentença.

(D) é concedida após a morte do adotando, ocorrida no curso do procedimento de adoção, antes de prolatada a sentença.

A: incorreta, pois a adoção póstuma assegura todos os vínculos originados da adoção, inclusive os referentes a direitos sucessórios, uma vez que neste caso os efeitos da sentença retroagem a data do óbito (art. 47, § 7º, do ECA); B: incorreta, pois há permissão expressa no art. 42, § 6º, do ECA; C: correta (art. 42, §6º, do ECA); D: incorreta, pois adoção póstuma é aquela concedida na ocorrência de morte do *adotante* que, após inequívoca manifestação de vontade veio a falecer no curso do procedimento, antes de prolatada a sentença.
Gabarito "C".

(Cartório/SP – 2016 – VUNESP) A adoção de maiores de 18 anos

(A) pode ser feita diretamente no cartório extrajudicial, considerando a capacidade plena de todos os envolvidos.

(B) depende de intervenção do poder público e de sentença declaratória.

(C) depende de intervenção do poder público e de sentença constitutiva.

(D) foi revogada pelo Estatuto da Criança e do Adolescente, que apenas regula a adoção de menores de 18 anos.

Alternativa A, incorreta. Nos termos do artigo 1.619 do Código Civil, para a adoção de maiores é indispensável o processo judicial, não sendo possível realizar o ato por intermédio de escritura pública. Alternativa B, incorreta. A Lei Civil prevê a tutela jurisdicional de natureza constitutiva, nos termos do artigo 1.619. Alternativa C, correta. Está de acordo com o disposto no artigo 1.619 do Código Civil, *in verbis:* "A adoção de maiores de 18 (dezoito) anos dependerá da assistência efetiva do poder público e de sentença constitutiva, aplicando-se, no que couber, as regras gerais da Lei nº 8.069, de 13 de julho de 1990 – Estatuto da Criança e do Adolescente." Alternativa D, incorreta. No processo de adoção dos maiores de 18 anos será adotada, no que couber, as regras gerais do Estatuto da Criança e do Adolescente.
Gabarito "C".

(Cartório/MG – 2015 – Consulplan) Segundo o Código Civil, poderá ser estipulada a guarda compartilhada dos filhos menores, EXCETO se

(A) requerida por consenso pelo pai e pela mãe.

(B) decretada pelo juiz mesmo sem o pedido dos genitores.

(C) requerida pelo pai ou pela mãe individualmente.

(D) manifestado por um dos genitores que não deseja a guarda do menor.

Alternativa A, nos termos do artigo 1.584, inciso I, do Código Civil. Alternativa B, de acordo com o inciso II do artigo 1.584 do Código Civil, em atenção a necessidades específicas do filho, ou em razão da distribuição de tempo necessário ao convívio do filho com os pais, pode a guarda compartilhada ser decretada pelo juiz. Alternativa C, nos termos do inciso I do artigo 1.584 do Código Civil, a guarda compartilhada poderá ser estipulada se requerida por qualquer um dos pais, em ação autônoma de separação, de divórcio, de dissolução de união estável ou em medida cautelar. Alternativa D, incorreta, deve ser assinalada. Nos termos do § 2º do artigo 1.584 do Código Civil, se um dos genitores declarar ao magistrado que não deseja a guarda do menor, a guarda compartilhada não será estipulada.

Gabarito "D".

7.5. Alimentos

(Cartório/CE – 2018 – IESES) Sobre alimentos, responda:

I. Com relação ao credor cessa o direito a alimentos, se tiver procedimento indigno em relação ao devedor.

II. Com o casamento, a união estável ou o concubinato do credor, cessa o dever de prestar alimentos.

III. Os alimentos serão apenas os indispensáveis à subsistência, quando a situação de necessidade resultar de culpa de quem os pleiteia.

Assinale a correta:

(A) Todas as assertivas são verdadeiras.

(B) Apenas a assertiva II é verdadeira.

(C) Apenas a assertiva I é verdadeira.

(D) Apenas as assertivas I e III são verdadeiras.

I: correto. Com relação ao credor cessa, também, o direito a alimentos, se tiver procedimento indigno em relação ao devedor (art. 1.708, parágrafo único, CC); II: correto. Com o casamento, a união estável ou o concubinato do credor, cessa o dever de prestar alimentos (art. 1.708, *caput*, CC); III: correto. Os alimentos serão apenas os indispensáveis à subsistência, quando a situação de necessidade resultar de culpa de quem os pleiteia (art. 1.694, § 2º, CC). Portanto, a alternativa correta é a letra A.

Gabarito "A".

(Cartório/MG – 2012 – FUMARC) Sobre os alimentos, nos termos da Lei n. 11.804/2008, é **correta** a afirmação

(A) O réu será citado para apresentar resposta em 10 (dez) dias.

(B) Perdurarão até o nascimento da criança, sopesando as necessidades da parte autora e as possibilidades da parte ré.

(C) Após o nascimento com vida, os alimentos gravídicos ficam convertidos em pensão alimentícia em favor do menor, sem possibilidade de revisão pela parte devedora.

(D) Referem-se à parte das despesas que deverá ser custeada pelo futuro pai, considerando-se a contribuição que também deverá ser dada pela mulher grávida, na proporção dos recursos de ambos, não compreendendo as despesas adicionais.

A: incorreta, pois o prazo de resposta são 5 dias (art. 7º da Lei 11.804/2008); B: correta, pois os alimentos gravídicos têm a finalidade de complementar as despesas com a gravidez e, realmente perdurarão até o nascimento da criança, sopesando as necessidades da parte autora e as possibilidades da parte ré. Nascida a criança, serão convertidos em pensão alimentícia, até que uma das partes solicite sua revisão (art. 6º da Lei 11.804/2008); C: incorreta, pois após o nascimento é possível o pedido de revisão dos alimentos pela parte interessada (art. 6º, parágrafo único, da Lei 11.804/2008); D: incorreta, pois os alimentos previstos por esta lei servem justamente para cobrir as despesas adicionais do período de gravidez e que sejam dela inerentes (art. 2º, *caput*, da Lei 11.804/2008)

Gabarito "B".

(Cartório/MS – 2009 – VUNESP) Considerando a obrigação de pagar alimentos, é correto afirmar que

(A) o espólio não deve prestar alimentos àquele a quem o *de cujus* devia, mesmo quando vencidos após a sua morte.

(B) o menor não pode, sem a anuência da mãe, sua representante legal, considerar quitada a obrigação do pai.

(C) não se transmite, aos herdeiros do alimentante, a obrigação de prestar alimentos ao alimentando.

(D) na ausência do pai, os avós não podem ser chamados a complementar os alimentos dos netos.

(E) o dever de prestar alimentos entre ex-cônjuges reveste-se de características indenizatórias.

A: incorreta, pois a obrigação de prestar alimentos subsiste para o espólio, mesmo quando vencidos após a morte, afinal é um débito do *de cujus* que, assim como qualquer outro precisa ser adimplido. Neste passo, as obrigações serão transmitidas aos herdeiros até o limite das forças da herança (art. 1.700 do CC e Enunciado 343 do CJF); B: correta, pois é nula a quitação dada pelo menor sem representação (art. 166, I, do CC); C: incorreta, pois a obrigação alimentar se transmite aos herdeiros nas forças da herança (art. 1.700 do CC e Enunciado 343 do CJF); D: incorreta, pois os avós podem ser chamados a prestar alimentos caso o pai não tenha condição de suportá-los. Mas note que a obrigação dos avós é subsidiária e não solidária, na medida em que eles apenas serão invocados na total impossibilidade do pai assumir o ônus (art. 1.698 do CC e Enunciado 342 do CJF); E: incorreta, pois os alimentos apenas terão caráter indenizatório se a obrigação decorrer de ato ilícito. No caso de ex-cônjuges a obrigação alimentar nasce do vínculo familiar e dever se solidariedade.

Gabarito "B".

(Cartório/SP – 2012 – VUNESP) Os alimentos côngruos são

(A) aqueles destinados à manutenção da condição social do credor de alimentos.

(B) aqueles estritamente necessários à sobrevivência do alimentando.

(C) aqueles que têm como causa a morte do alimentante e são fixados por meio de legado de alimentos, em cédula testamentária.

(D) de natureza indenizatória, decorrentes de ato ilícito.

A: correta, pois alimentos côngruos são aqueles destinados a manter a condição social, inclusive educação do alimentado (art. 1.694 do CC); B: incorreta, pois esta é a definição de alimentos naturais ou necessários; C: incorreta, pois os alimentos côngruos não possuem correlação com a morte do alimentante; D: incorreta, pois alimentos indenizatórios são aqueles decorrentes da responsabilidade civil.

Gabarito "A".

CAROLINA IKEDA E MARCIO PEREIRA

(Cartório/MG – 2015 – Consulplan) Sobre alimentos, nos termos do que dispõe o Código Civil brasileiro, marque a alternativa correta.

(A) Se o parente, que deve alimentos em primeiro lugar, não estiver em condições de suportar totalmente o encargo, serão chamados a concorrer os de grau imediato; sendo várias as pessoas obrigadas a prestar alimentos, todas devem concorrer na proporção dos respectivos recursos, mas intentada ação contra uma delas, as demais não serão chamadas a integrar a lide.

(B) A obrigação de prestar alimentos não se transmite aos herdeiros do devedor.

(C) Se o cônjuge declarado culpado vier a necessitar de alimentos, e não tiver parentes em condições de prestá-los, nem aptidão para o trabalho, o outro cônjuge será obrigado a assegurá-los, fixando o juiz o valor indispensável à sobrevivência.

(D) O concubinato do credor não faz cessar o dever de prestar alimentos.

Alternativa A, incorreta. Viola o artigo 1.648 do Código Civil. Há possibilidade de chamar a lide os parentes obrigados a prestar alimentos, na ação promovida contra um deles. Alternativa B, incorreta. Viola o artigo 1.700 do Código. A obrigação de prestar alimentos se transmite aos herdeiros do devedor e deve ficar limitada às forças da herança. Alternativa C, correta. De acordo com o parágrafo único do artigo 1.704 do Código. Aplica-se tal dispositivo quando houver descumprimento do dever conjugal, apurando-se a culpa na separação judicial litigiosa-sanção ou culposa com fundamento no artigo 1.572, *caput*, do Código. Alternativa D, incorreta, pois viola o artigo 1.708 do Código Civil. Não só o concubinato do credor, como a união estável ou o seu casamento faz cessar o dever da prestação alimentar.
Gabarito "C".

7.6. Bem de família

(Cartório/CE – 2018 – IESES) Sobre a instituição do bem de família, responda as questões:

I. O terceiro poderá instituir bem de família por testamento ou doação, dependendo a eficácia do ato da aceitação expressa de ambos os cônjuges beneficiados ou da entidade familiar beneficiada.

II. Dissolvida a sociedade conjugal pela morte de um dos cônjuges, o sobrevivente poderá pedir a extinção do bem de família, se for o único bem do casal.

III. Extingue-se, igualmente, o bem de família com a morte de ambos os cônjuges e a maioridade dos filhos, desde que não sujeitos a curatela.

Assinale a correta:

(A) Apenas a assertiva II é verdadeira.

(B) Apenas as assertivas I e II são verdadeiras.

(C) Todas as assertivas são verdadeiras.

(D) Todas as assertivas são falsas.

I: correto. O terceiro poderá igualmente instituir bem de família por testamento ou doação, dependendo a eficácia do ato da aceitação expressa de ambos os cônjuges beneficiados ou da entidade familiar beneficiada (art. 1.711, parágrafo único, CC); II: correto. Dissolvida a sociedade conjugal pela morte de um dos cônjuges, o sobrevivente poderá pedir a extinção do bem de família, se for o único bem do casal (art. 1.721, parágrafo único, CC); III: correto. Extingue-se, igualmente, o bem de família com a morte de ambos os cônjuges e a maioridade dos filhos, desde que não sujeitos a curatela (art. 1.722, CC). Portanto, a alternativa correta é a letra C.
Gabarito "C".

(Cartório/RN – 2012 – IESES) Exclui-se a impenhorabilidade do bem de família nos seguintes casos, **EXCETO**:

(A) Para cobrança de impostos, predial ou territorial, taxas e contribuições devidas em função do imóvel familiar.

(B) Créditos decorrentes de direitos trabalhistas e previdenciários dos trabalhadores da obra do bem de família.

(C) Obrigação garantida por hipoteca do imóvel bem de família.

(D) Quando o imóvel bem de família for demasiadamente valioso.

A: incorreta (art. 3º, IV, da Lei 8.009/1990); B: incorreta (art. 3º, I, da Lei 8.009/1990); C: incorreta (art. 3º, V, da Lei 8.009/1990); D: correta (art. 4º da Lei 8.009/1990)
Gabarito "D".

(Cartório/MT – 2005 – CESPE) Ainda acerca do direito de família, assinale a opção correta.

(A) O bem de família oferecido em garantia hipotecária de determinado contrato perde o privilégio da impenhorabilidade para a execução de outras dívidas.

(B) O credor de alimentos pode pleitear alimentos complementares ao parente de outra classe se o mais próximo não estiver em condições de suportar totalmente o encargo.

(C) Para que seja reconhecida a impenhorabilidade do bem de família é necessária a prova de que o imóvel em que reside a família do devedor é o único imóvel de propriedade do devedor.

(D) O exercício da curatela, tal como da tutela, pode ser compartilhado por duas pessoas, desde que sejam casadas, ou que tenham residência comum.

A: incorreta, pois a impenhorabilidade apenas deixará de existir no caso de execução de hipoteca sobre o próprio imóvel oferecido como garantia real pelo casal ou pela entidade familiar (art. 3º, V, da Lei 8.009/1990); B: correta, na medida em que se aquele que deve alimentos não estiver na condição de suportá-los, serão chamados a concorrer os de grau imediato (art. 1.698 do CC e Enunciado 342 do CJF); C: incorreta, pois a impenhorabilidade é presumida, vez que decorre de lei. Daí, compete ao credor a prova de que aquele não é o único imóvel do devedor; D: incorreta: pois a tutela não pode ser compartilhada entre duas pessoas. Neste sentido, prevê o art. 1.733, § 1º, que "No caso de ser nomeado mais de um tutor por disposição testamentária sem indicação de precedência, *entende-se que a tutela foi cometida ao primeiro*, e que os outros lhe sucederão pela ordem de nomeação, se ocorrer morte, incapacidade, escusa ou qualquer outro impedimento". Assim, haverá apenas um tutor na ativa. No que tange à curatela, aplica-se a mesma regra, nos termos do art. 1.774 do CC.
Gabarito "B".

(Cartório/RJ – 2008 – UERJ) Para formalizar a instituição do bem de família, é necessário:

(A) escritura pública

(B) escritura pública transcrita no Registro de Imóveis

(C) escritura pública e publicação de editais no Diário Oficial

(D) escritura pública registrada no cartório de títulos e documentos

(E) escritura pública transcrita no Registro de Imóveis e a publicação de editais no Diário Oficial

Para formalizar a instituição do bem de família faz-se necessário a escritura pública devidamente registrada no Cartório de Registro de Imóveis, nos termos dos arts. 1.711 e 1.713, §2º do CC.
Gabarito "B".

6. DIREITO CIVIL   411

(Cartório/SC – 2008) Sobre o bem de família civil, é correto afirmar:

(A) O bem de família consistirá em prédio residencial urbano ou rural, destinando-se, em ambos os casos, a domicílio familiar, e não poderá abranger valores mobiliários.

(B) A dissolução da sociedade conjugal extingue o bem de família, salvo quando, em caso de morte, o cônjuge sobrevivente optar em mantê-lo.

(C) O bem de família é isento de execução por dívidas posteriores à sua instituição, com a única exceção daquelas provenientes dos tributos relativos ao prédio.

(D) O bem de família, quer instituído pelos cônjuges ou por terceiro, constitui-se pelo registro de seu título no Registro de Imóveis.

(E) Comprovada a impossibilidade de manutenção do bem de família nas condições em que foi instituído, poderá o juiz, a requerimento de qualquer interessado, independentemente da ouvida do instituidor, extingui-lo, como também autorizar a sub-rogação dos bens.

A: incorreta, pois o bem de família pode abranger tranquilamente valores mobiliários, nos termos do art. 1.712 do CC; B: incorreta, pois a dissolução da sociedade conjugal não extingue o bem de família. No caso de morte, o cônjuge sobrevivente pode pedir a extinção do bem de família se for o único bem do casal (art. 1.721 do CC); C: incorreta, pois esta não é a única exceção, uma vez que ele pode ser penhorado em decorrência de despesas do condomínio (art. 1.715 do CC); D: correta (art. 1.714 do CC); E: incorreta, pois para o juiz extinguir o bem de família será indispensável a oitiva do instituidor e do Ministério Público (art. 1.719 do CC).
Gabarito "D".

(Cartório/SE – 2006 – CESPE) Quanto ao bem de família, julgue os itens subsequentes.

(1) O bem de família, quer seja voluntário ou legal, institui-se com o registro da escritura pública no registro imobiliário competente. Esse bem permanece vinculado enquanto viver um dos cônjuges ou enquanto existirem filhos menores ou incapazes.

(2) O imóvel, urbano ou rural, destinado à moradia da família é impenhorável. Por essa característica, não responde por dívida civil ou bancária, mesmo quando se tratar de obrigação decorrente de fiança concedida em contrato de locação.

1: incorreta, pois apenas o bem de família voluntário constitui-se mediante escritura pública registrada no Registro de Imóveis competente (art. 1.714 do CC). Quanto ao bem de família legal, como o próprio nome sugere, a lei o institui. Basta que seja o único imóvel residencial próprio do casal ou da entidade familiar e que os indivíduos nele residam (arts. 1º e 5º da Lei 8.009/1990). E veja, a jurisprudência estende este conceito ao imóvel pertencente a pessoas solteiras, separadas e viúvas, nos termos da Súmula 364 do STJ. No que tange a segunda parte da questão não há incorreções; 2: incorreta, pois a impenhorabilidade é afastada quando se tratar de execução por obrigação decorrente de fiança concedida em contrato de locação (art. 3º, VII, da Lei 8.009/1990).
Gabarito 1E, 2E

(Cartório/SP – 2016 – VUNESP) A instituição do bem de família sobre um terço do patrimônio líquido, por ato de vontade, nos moldes do Código Civil,

(A) deverá ser formalizada necessariamente por escritura pública, levada a registro no Registro de Imóveis.

(B) afasta as regras sobre a impenhorabilidade do imóvel residencial estabelecidas em lei especial.

(A) produz efeitos temporalmente ilimitados, salvo se novo título for levado ao Registro, modificando o conteúdo anterior.

(B) terá forma solene e dependerá do registro do título no Registro de Imóveis para sua constituição.

Alternativa A, incorreta. Nos termos do artigo 1.711, do Código Civil o bem de família poderá ser instituído pelos cônjuges ou entidade familiar, mediante escritura pública ou testamento, ou se tratando de bem de família instituído por terceiro poderá ser feito igualmente por testamento ou doação, de acordo com o parágrafo único do referido artigo. Alternativa B, incorreta. Vai de encontro ao previsto no *caput* do artigo 1.711 do Código Civil: "Podem os cônjuges, ou a entidade familiar, mediante escritura pública ou testamento, destinar parte de seu patrimônio para instituir bem de família, desde que não ultrapasse um terço do patrimônio líquido existente ao tempo da instituição, mantidas as regras sobre a impenhorabilidade do imóvel residencial estabelecida em lei especial." Alternativa C, incorreta. Viola o artigo 1.716 do Código Civil. Vale dizer, não possui efeitos temporalmente ilimitados, pois trata-se de impenhorabilidade relativa que durará enquanto viver um dos cônjuges ou companheiros, ou, na falta destes, até que os filhos completem a maioridade. Alternativa D, correta. Nos termos dos artigos 1.711 e 1.714 ambos do Código Civil, o bem de família somente começará a produzir os seus efeitos após o registro de seu título no Registro de Imóveis, em se tratando de bem de família instituído pelos cônjuges deverá ser apresentada a escritura pública de instituição, a fim de ser publicado na imprensa local e, na hipótese de bem de família instituído por um terceiro, deverá ser apresentado, termo de aceitação quanto à instituição, por ambos os cônjuges ou entidade familiar.
Gabarito "D".

(Cartório/MG – 2015 – Consulplan) Sobre o bem de família, nos termos da Lei 8.009/90, analise as seguintes afirmações:

I. A impenhorabilidade é oponível em qualquer processo de execução civil, fiscal, previdenciária, trabalhista ou de outra natureza, salvo se movido por obrigação decorrente de fiança concedida em contrato de locação.

II. A impenhorabilidade é oponível em qualquer processo de execução civil, fiscal, previdenciária, trabalhista ou de outra natureza, salvo se movido para execução de sentença penal condenatória a ressarcimento de bens.

III. Na hipótese de o casal, ou entidade familiar, ser possuidor de vários imóveis utilizados como residência, a impenhorabilidade recairá sobre o de maior valor, salvo se outro tiver sido registrado, para esse fim, no Registro de Imóveis e na forma do art. 70 do Código Civil.

Está correto apenas o que se afirma em:

(A) I

(B) II

(C) I e II

(D) I e III

I: correto. De acordo com o inciso VII do artigo 3º da Lei 8.009/90, a obrigação decorrente de fiança concedida em contrato de locação gera renúncia expressa ao bem de família. II: correto. O bem de família quando adquirido com produto do crime ou em razão de ressarcimento, indenização ou perdimento de bens em fase de execução de sentença penal condenatória, é afastada sua impenhorabilidade, nos termos do inciso VI do artigo 3º da referida lei. III: incorreto. Nos termos do parágrafo único do artigo 5º da Lei 8.009/90, na hipótese de haver

CAROLINA IKEDA E MARCIO PEREIRA

vários imóveis utilizados como residência, a impenhorabilidade recairá sobre o de menor valor.

Gabarito "C".

(Cartório/SP – 2016 – VUNESP) Assinale a alternativa correta a respeito dos bens dos filhos sujeitos ao poder familiar.

(A) Os genitores têm obrigação de prestar contas da administração e usufruto dos bens, cabendo ação de prestação de contas proposta pelo filho menor, caso em que será nomeado Curador em razão do conflito de interesses.

(B) A alienação de imóvel do filho dependerá de autorização judicial e será realizada em hasta pública.

(C) O pai não tem direito ao usufruto e administração dos bens adquiridos pelo filho antes do reconhecimento.

(D) É nula a estipulação, em doação de terceiro em favor do filho menor, de cláusula que exclua o usufruto dos genitores sobre o bem doado.

Alternativa A, incorreta. O poder familiar previsto a partir do artigo 1.630 do Código Civil reflete não só na esfera pessoal, como patrimonial dos filhos menores, logo, a administração e usufruto de seus bens serão exercidas pelos seus genitores, via de regra, sem prestação de contas, pois presume-se que a utilização de tais recursos será em proveito e interesses dos menores e da instituição familiar. Obviamente, os atos que extrapolem a mera administração e fruição desses bens dependerão de prévia autorização judicial, de acordo com a exigência do artigo 1.691 do Código Civil. Alternativa B, Incorreta. Viola o artigo 1.691 do Código Civil. Basta a prévia autorização judicial para os pais alienarem os bens do filho, demostrada a necessidade ou evidente interesse da prole. Alternativa C, correta. O artigo 1.693 do Código Civil apresenta um rol taxativo dos bens que são excluídos do usufruto e da administração dos pais. Hipótese em que será nomeado um curador especial. Assim, conforme prevê o inciso I do referido artigo, os bens adquiridos pelo filho havido fora do casamento, antes do reconhecimento, serão excluídos do usufruto e da administração dos pais. Alternativa D, incorreta. Nos termos do inciso III do artigo 1.693 do Código Civil diz que "os bens deixados ou doados ao filho, sob a condição de não serem usufruídos, ou administrados, pelos pais". Diante disso, exige-se que os bens sejam deixados ou doados ao menor, por meio de testamento válido ou escritura de doação, com cláusula de exclusão.

Gabarito "C".

7.7. Tutela e Curatela

(Cartório/SP – 2018 – VUNESP) Assinale a alternativa correta a respeito da tomada de decisão apoiada.

(A) Terceiro com quem a pessoa apoiada mantenha relação negocial pode solicitar aos apoiadores que contra-assinem o contrato, especificando, por escrito, suas respectivas funções em relação ao apoiado.

(B) Antes da apreciação do pedido de tomada de decisão apoiada, é imprescindível a realização de perícia por equipe multidisciplinar, podendo ser dispensada, a critério do magistrado, a oitiva pessoal do requerente e das pessoas que lhe prestarão apoio.

(C) É um procedimento que implica em uma restrição da capacidade civil do autor do pedido, seja com relação à sua pessoa, seja com relação aos seus bens.

(D) Os apoiadores da pessoa com deficiência serão por ela indicados, com observância do rol previsto no artigo 1.775 do Código Civil e passarão a representá-la nos atos da vida civil.

A: correto. Terceiro com quem a pessoa apoiada mantenha relação negocial pode solicitar que os apoiadores contra-assinem o contrato ou acordo, especificando, por escrito, sua função em relação ao apoiado (art. 1.783-A, § 5º, CC); **B:** incorreto. Antes de se pronunciar sobre o pedido de tomada de decisão apoiada, o juiz, assistido por equipe multidisciplinar, após oitiva do Ministério Público, ouvirá pessoalmente o requerente e as pessoas que lhe prestarão apoio (art. 1.783-A, § 3º, CC); **C:** incorreto. O procedimento não implica em restrição da capacidade civil do autor do pedido. A tomada de decisão apoiada é o processo pelo qual a pessoa com deficiência elege pelo menos 2 (duas) pessoas idôneas, com as quais mantenha vínculos e que gozem de sua confiança, para prestar-lhe apoio na tomada de decisão sobre atos da vida civil, fornecendo-lhes os elementos e informações necessários para que possa exercer sua capacidade (art. 1.738-A, *caput*, CC); **D:** incorreto. Não há a exigência de observância de rol para a nomeação dos apoiadores, basta que sejam pessoas que mantenham vínculo com o autor e gozem da sua confiança. A tomada de decisão apoiada é o processo pelo qual a pessoa com deficiência elege pelo menos 2 (duas) pessoas idôneas, com as quais mantenha vínculos e que gozem de sua confiança, para prestar-lhe apoio na tomada de decisão sobre atos da vida civil, fornecendo-lhes os elementos e informações necessários para que possa exercer sua capacidade (art. 1.738-A, *caput*, CC).

Gabarito "A".

(Cartório/SP – III – VUNESP) Quando começa a produzir efeitos a sentença de interdição?

(A) A sentença de interdição produz efeitos a contar do ajuizamento do pedido.

(B) Os efeitos do decreto judicial de interdição começam a ter vigência a partir da data do respectivo trânsito em julgado.

(C) A sentença que declara a interdição produz efeitos desde logo, embora sujeita a recurso.

(D) A partir do momento da intimação às partes.

A: incorreta, pois no momento do ajuizamento sequer há sentença proferida; **B:** incorreta, pois não é necessário que se aguarde o trânsito em julgado para que sentença comece a produzir efeito; **C:** correta (art. 1.773 do CC); **D:** incorreta, pois a intimação não é pressuposto necessário para que a sentença surta efeito.

Gabarito "C".

(Cartório/SP – 2011 – VUNESP) Os imóveis pertencentes aos menores sob tutela

(A) somente podem ser vendidos quando houver manifesta vantagem, mediante prévia avaliação judicial e aprovação do juiz.

(B) são inalienáveis.

(C) somente podem ser vendidos mediante prévia avaliação judicial, aprovação do juiz e em hasta pública.

(D) somente podem ser vendidos por motivo de necessidade e aprovação do juiz, dispensada avaliação judicial se realizada alienação em hasta pública.

A: correta (art. 1.750 do CC); **B:** incorreta, pois podem ser alienados respeitados os requisitos do art. 1.750 do CC; **C:** incorreta, pois não é necessária hasta pública para alienação (note que o art. 1.750 do CC não faz essa exigência); **D:** incorreta, pois é imprescindível a avaliação judicial ainda que a venda se dê em hasta pública (art. 1.750 do CC).

Gabarito "A".

(Cartório/SP – 2012 – VUNESP) No que concerne ao protutor, é correto afirmar que

(A) não está obrigado à prestação de contas.

(B) ele é nomeado pelo juiz para fiscalizar os atos do tutor.

6. DIREITO CIVIL

(C) a ele incumbe o exercício exclusivo da tutela, mediante aprovação judicial, se os atos de gestão exigirem conhecimentos técnicos, forem complexos ou realizados em lugares distantes do domicílio do tutor.

(D) não faz jus ao percebimento de uma gratificação arbitrada pelo juiz.

A: incorreta, pois a lei não o dispensa da prestação de contas. Muito embora não haja previsão expressa quanto a essa obrigação, ao protutor aplicam-se os mesmos deveres do tutor, caso ele administre em algum momento os bens do menor (arts. 1.755 a 1.762); B: correta (art. 1.742 do CC); C: incorreta, pois neste caso o juiz pode deferir a delegação do exercício parcial da tutela, daí não há exclusividade por parte do protutor (art. 1.743 do CC); D: incorreta (art. 1.752, § 1º, do CC).

Gabarito "B".

8. SUCESSÕES

8.1. Sucessão em geral

(Cartório/SP – 2018 – VUNESP) No que concerne à deserdação e à exclusão por indignidade, é correto afirmar:

(A) na exclusão por indignidade, os fatos que a fundamentam não podem ser posteriores à morte do autor da herança.

(B) se a deserdação não se concretizar por ser nulo o testamento que a contempla, e a causa invocada pelo testador for causa também de exclusão por indignidade, poderá ser proposta ação para exclusão do herdeiro indigno.

(C) a deserdação e a exclusão por indignidade atingem herdeiros necessários e testamentários.

(D) todos os motivos que ensejam a deserdação configuram causas que servem de fundamento para a exclusão por indignidade.

A: incorreto. Na exclusão por indignidade, os fatos que a fundamentam podem ser posteriores à morte do autor da herança (art. 1.814, CC); B: correto. A exclusão do herdeiro ou legatário, em qualquer desses casos de indignidade, será declarada por sentença. O direito de demandar a exclusão do herdeiro ou legatário extingue-se em quatro anos, contados da abertura da sucessão. Na hipótese do inciso I do art. 1.814, o Ministério Público tem legitimidade para demandar a exclusão do herdeiro ou legatário (art. 1.815, §§ 1º e 2º do CC); C: incorreto. A deserdação atinge apenas os herdeiros necessários (art. 1.815 e 1.961, CC), já a exclusão por indignidade atinge herdeiros (legítimos ou testamentários) e legatários. D: incorreto. Todos os motivos que ensejam a indignidade configuram causas que servem de fundamento para a exclusão por deserdação (arts. 1.961, 1.962, 1.963, todos do CC).

Gabarito "B".

(Cartório/MG – 2019 – Consulplan) Conforme o Código Civil Brasileiro, analise as seguintes afirmativas sobre o direito das sucessões.

I. Aberta a sucessão, a herança transmite-se automática e imediatamente aos herdeiros legítimos e testamentários, independentemente de qualquer ato dos sucessores.

II. O inventário extrajudicial será lavrado, por escritura pública, no lugar do último domicílio do autor da herança.

III. O nascituro possui legitimidade para suceder, mas a transmissão da herança está condicionada ao nascimento com vida.

IV. A aceitação da herança sob benefício de inventário consiste no princípio de que o herdeiro não responde por encargos superiores às forças da herança, cabendo-lhe, porém, a prova do excesso.

Estão corretas as afirmativas

(A) I, II, III e IV.

(B) II e III, apenas.

(C) I, II e IV, apenas.

(D) I, III e IV, apenas.

I: correta. Aberta a sucessão, a herança transmite-se, desde logo, aos herdeiros legítimos e testamentários (art. 1.784, CC); II: incorreta. O inventário extrajudicial será lavrado, por escritura pública, em qualquer cartório de notas do território nacional. A Lei 11.441/2007, que promoveu alterações no Código de Processo Civil, possibilitou a realização de inventário, partilha, separação consensual e divórcio consensual pela via administrativa e não fez a exigência da lavratura do inventário extrajudicial ser realizada no último domicílio do autor da herança; III: correta: Legitimam-se a suceder as pessoas nascidas ou já concebidas no momento da abertura da sucessão (art. 1.798, CC); IV: correta. O herdeiro não responde por encargos superiores às forças da herança; incumbe-lhe, porém, a prova do excesso, salvo se houver inventário que a escuse, demonstrando o valor dos bens herdados (art. 1.792, CC). Portanto, a alternativa correta é a letra D.

Gabarito "D".

(Cartório/AC – 2006 – CESPE) Acerca do direito das sucessões, julgue os itens que se seguem.

(1) A cessão de direitos hereditários relativa a imóvel tem natureza obrigacional, razão pela qual pode ser alienada a terceiros, por meio de ajuste firmado em documento particular, desde que registrado em cartório de títulos e documentos da situação do imóvel. O referido negócio jurídico é válido, eficaz inclusive em relação a terceiros e constitui título hábil a transferência do domínio de bem imóvel.

(2) O direito real de habitação é benefício instituído em favor do cônjuge supérstite, sem prejuízo da participação que lhe caiba na herança, qualquer que seja o regime de bens, não se exigindo para a sua constituição o registro imobiliário. Ao cônjuge sobrevivente é garantido o direto real de habitação no único imóvel que componha a herança e sirva de residência para a família.

1: incorreta, pois a cessão de direitos hereditários tem natureza real, vez que diretamente ligada ao direito a sucessão aberta (que por ficção jurídica é considerada bem imóvel, art. 80, II, do CC – ainda que todos os bens deixados pelo *de cujus* sejam móveis ou direitos pessoais). Neste passo, prevê o art. 1.793 do CC "O direito à sucessão aberta, bem como o quinhão de que disponha o coerdeiro, pode ser objeto de cessão por escritura pública". Assim, a lei prevê expressamente que a cessão de direitos hereditários apenas pode se dar por escritura pública. E note-se que não faz diferenciação quanto a bens móveis ou imóveis, pois em verdade trata-se de cessão sobre *direitos* e não sobre um bem singularmente considerado. Caso a cessão seja feita por instrumento particular ainda que registrado em cartório de títulos e documentos gerará mero direito obrigacional entre cedente e cessionário, sendo nula em relação a terceiros (art. 166, IV, do CC); 2: correta, pois a assertiva encontra total respaldo no art. 1.831 do CC. Ainda que o imóvel não se comunique com o cônjuge sobrevivente, em razão do regime de casamento ou por fazer parte do patrimônio particular do cônjuge falecido, o direito de habitação resulta dos princípios de proteção da família, e não de uma relação patrimonial. Por isso mesmo, esse direito de habitação do cônjuge, chamado pela doutrina de usufruto vidual,

CAROLINA IKEDA E MARCIO PEREIRA

existe e é juridicamente assegurado independentemente do seu registro no cartório de imóveis.

Gabarito 1E, 2C

(Cartório/DF – 2006 – CESPE) Quanto ao direito das sucessões, julgue os itens que se seguem.

(1) O herdeiro necessário pode alienar os seus direitos sucessórios, ainda estando vivo o autor da herança, desde que o faça por escritura pública e sob condição, isto é, com cláusula que subordine os efeitos do negócio jurídico ao evento morte do titular do direito alienado. Assim, o referido negócio é válido, ficando, no entanto, a sua eficácia subordinada a termo.

(2) A pessoa física ou jurídica pode instituir seu sucessor e transmitir a herança por meio de testamento, estando restrita essa autonomia à herança dos herdeiros legítimos, ou seja, não podendo haver incompatibilidade com a sucessão legítima.

(3) Se morrer o filho adotivo, a sua herança, não havendo descendentes nem cônjuge sobreviventes, pertence, em sua integralidade, aos seus pais naturais. Porém, se esses estiverem falecidos, caberá a sucessão aos adotantes, mesmo se o autor da herança tiver outros ascendentes naturais de grau mais remoto.

1: incorreta, pois não pode ser objeto de negócio jurídico a herança de pessoa viva (art. 426 do CC). Além do que, o herdeiro necessário tem mera expectativa de direito sucessório, pois enquanto não ocorrer a abertura da sucessão, é possível que seja deserdado pelo autor da herança. Assim o seu direito não se concretizaria. Logo, o herdeiro necessário não pode alienar algo que ainda não é seu propriamente; 2: incorreta, pois a autonomia está restrita apenas aos herdeiros necessários (art. 1.845 do CC). Neste passo, recorde-se que os herdeiros legítimos podem ser necessários (cônjuge, ascendente e descendente) ou facultativos (colaterais até o 4º grau). Havendo herdeiros necessários o testador apenas pode testar 50% do seu patrimônio, pois a outra metade faz parte de uma reserva legal e inalterável (parte legítima) a essa categoria (arts. 1.789 e 1.846 do CC). Caso o testador apenas tenha parentes na linha colateral será livre para testar a integralidade do seu patrimônio; 3: incorreta, pois a adoção extingue todos os vínculos do adotado com a sua família natural, subsistindo apenas os impedimentos matrimoniais (art. 41 do ECA). Por consequência estão extintos também os vínculos sucessórios. Logo, neste caso a herança será considerada jacente, aplicando-se o disposto nos arts. 1.819 a 1.823 do CC.

Gabarito 1E, 2E, 3E

(Cartório/MA – 2008 – IESES) Assinale a alternativa INCORRETA:

(A) É anulável a venda de ascendente a descendente se não houver o consentimento expresso dos outros descendentes e do cônjuge do alienante.

(B) Em regra, os descendentes que concorrerem a sucessão do ascendente comum são obrigados, para igualar as legítimas, a conferir o valor das doações que receberam em vida, sob pena de sonegação.

(C) O doador pode dispensar a colação dos bens em testamento ou no próprio ato de liberalidade.

(D) É possível a doação de bens de forma desigual do ascendente aos descendentes, desde que seja de sua parte disponível.

A: correta (art. 496 do CC); B: correta (art. 2.002 do CC); C: incorreta (devendo ser assinalada), pois "a dispensa da colação pode ser outorgada pelo doador em testamento, ou no próprio *título* de liberalidade", e não no próprio *ato* de liberalidade (art. 2.006 do CC); D: correta, pois no que tange a parte disponível o testador é livre para dela dispor como

bem entender. Logo, as doações podem ser feitas em frações desiguais, ou os ascendentes e descendentes sequer podem ser contemplados. Mas caso sejam, é importante ressaltar que isso não prejudica a parte legítima (art. 1.849 do CC).

Gabarito "C"

(Cartório/MG – 2012 – FUMARC) Sobre a aceitação e a renúncia da herança, de acordo com o Código Civil Brasileiro, é **correto** afirmar

(A) A transmissão tem-se por não verificada quando o herdeiro renuncia à herança.

(B) Importa aceitação a cessão gratuita, pura e simples, da herança aos demais coerdeiros.

(C) A renúncia da herança deve constar expressamente de instrumento particular ou termo judicial.

(D) Exprimem aceitação de herança os atos oficiosos, como o funeral do finado, os conservatórios, ou os de administração e guarda provisória.

A: correta (art. 1.804, parágrafo único, do CC); B: incorreta, pois não importa igualmente aceitação a cessão gratuita, pura e simples, da herança, aos demais coerdeiros (art. 1.805, § 2º, do CC); C: incorreta, pois a renúncia da herança deve constar expressamente de *instrumento público* ou termo judicial (art. 1.806 do CC); D: incorreta, pois *não exprimem* aceitação de herança os atos oficiosos, como o funeral do finado, os meramente conservatórios, ou os de administração e guarda provisória (art. 1.805, §1º, do CC).

Gabarito "A"

(Cartório/PR – 2007) Não podem ser nomeados herdeiros nem legatários:

I. As testemunhas do testamento.

II. A pessoa que, a rogo, escreveu o testamento.

III. O tabelião que fizer ou aprovar o testamento.

IV. Os descendentes de quem escreveu o testamento.

São corretas:

(A) I, II, III e IV.

(B) apenas I, II e III.

(C) apenas III e IV.

(D) apenas I e III.

(E) apenas II e IV.

Todas as pessoas mencionadas nos itens I, II, III e IV não podem ser herdeiros nem legatários, nos termos do art. 1.801 do CC.

Gabarito "A"

(Cartório/SP – VI – VUNESP) Aberta a sucessão, a herança transmite-se, desde logo, aos herdeiros legítimos e testamentários. Tal regra é decorrente do princípio conhecido como

(A) *saisine*.

(B) transmissibilidade imediata.

(C) sucebilidade incondicional.

(D) herança instantânea.

Sobre a questão, interessante trazer o brilhante ensinamento da doutrinadora Giselda Hironaka, em sua obra *Direito das Sucessões*: "A sucessão considera-se aberta no instante mesmo ou no instante presumido da morte de alguém, fazendo nascer o direito hereditário e operando a substituição do falecido por seus sucessores a título universal nas relações jurídicas em que aquele figurava. Não se confundem, todavia. A morte é antecedente lógico, é pressuposto e causa. A transmissão é consequente, é efeito da morte. Por força de ficção legal, coincidem em termos cronológicos, (1) presumindo a lei que o próprio *de cujus* investiu seus herdeiros (2) no domínio e na posse indireta (3) de seu

6. DIREITO CIVIL — 415

patrimônio, porque este não pode restar acéfalo. Esta é a fórmula do que se convenciona denominar *droit de saisine*",

Gabarito "A".

(Cartório/SP – 2011 – VUNESP) Leia as afirmações e assinale a alternativa incorreta.

(A) Até a partilha, o direito dos herdeiros, quanto à propriedade e posse da herança, será indivisível.

(B) O herdeiro não pode ceder sua cota hereditária a pessoa estranha à sucessão se outro herdeiro quiser exercer seu direito de preferência.

(C) A cessão de direitos hereditários é ineficaz se tiver por objeto bem da herança considerado singularmente.

(D) A cessão de direitos hereditários pode ser realizada mediante instrumento particular.

A: correta (art. 1.791, parágrafo único, do CC); B: correta (arts. 1.794 e 1.795 do CC); C: correta (art. 1.793, § 2°, do CC); D: incorreta (devendo ser assinalada), pois é indispensável que a cessão seja feita por escritura pública (art. 1.793, *caput*, do CC).

Gabarito "D".

(Cartório/SP – 2012 – VUNESP) Na hipótese de renúncia à herança,

(A) os credores do herdeiro renunciante não poderão aceitá-la em nome do renunciante.

(B) os descendentes do herdeiro renunciante poderão participar da sucessão por direito de representação.

(C) o renunciante será privado da administração e usufruto dos bens que em razão da renúncia venham eventualmente a tocar a seus filhos menores.

(D) os descendentes do herdeiro renunciante poderão vir a herdar por direito próprio e por cabeça, se o renunciante era o único de sua classe.

A: incorreta, pois os credores poderão aceitar a herança mediante autorização judicial (art. 1.813, *caput*, do CC); B: incorreta, pois ninguém pode suceder representando herdeiro renunciante. Se, porém, ele for o único legítimo da sua classe, ou se todos os outros da mesma classe renunciarem a herança, os filhos poderão vir à sucessão, por direito próprio, e por cabeça (art. 1.811 do CC); C: incorreta, pois o renunciante continua do direito de administrar e usufruir dos bens que em razão da renúncia venham eventualmente a tocar os seus filhos menores. Não há vedação legal para tanto. Ademais, o art. 1.689 do CC prevê que "o pai ou a mãe enquanto no exercício do poder familiar têm a administração dos bens dos filhos menores sob sua autoridade". Por fim, interessante fazer um paralelo com as hipóteses de indignidade, pois nos termos do art. 1.816, parágrafo único, do CC "O excluído da sucessão não terá direito ao usufruto ou à administração dos bens que a seus sucessores couberem na herança, nem à sucessão eventual desses bens". Daí nota-se que a privação é quanto ao herdeiro indigno e não quanto ao herdeiro renunciante; D: correta, nos termos do art. 1.811 do CC.

Gabarito "D".

(Cartório/SP – 2012 – VUNESP) O prelegatário ou legatário precípuo é

(A) o legatário que foi aquinhoado com o legado de maior valor.

(B) a pessoa que reúne a condição de herdeiro legítimo e legatário.

(C) aquele que recebe legado de usufruto.

(D) o indivíduo que figura no testamento como único legatário.

O testador pode tranquilamente contemplar um herdeiro legítimo com um legado. Assim, o mesmo herdeiro herdará a título universal e a título singular.

Gabarito "B".

(Cartório/MG – 2016 – Consulplan) Supondo que A seja órfão de pais, solteiro, sem descendentes e venha a falecer, deixando vivos seus avós paternos e seu avô materno, marque a opção correta, quanto à sucessão dos ascendentes.

(A) Há direito de representação na linha ascendente, ficando 50% para a linha materna e 50% para a linha paterna.

(B) Não há direito de representação na linha ascendente, ficando 50% para a linha materna e 50% para a linha paterna.

(C) Não há direito de representação na linha ascendente, ficando 33,33% para os avós em linhas iguais.

(D) Será por estirpe, ficando 33,33% para os avós em linhas iguais.

Alternativa A, incorreta. De acordo com o artigo 1.852 do Código Civil não há o direito de representação n alinha reta ascendente. Alternativa B, correta. Nos termos do artigo 1.852 do Código Civil "o direito de representação dá-se na linha reta descendente, mas nunca na ascendente". Portanto, com relação à ordem da vocação hereditária, os ascendentes herdam na forma do § 2° do artigo 1.836 do Código Civil: "havendo igualdade em grau e diversidade em linha, os ascendentes da linha paterna herdam a metade, cabendo a outra aos da linha materna." Alternativa C, incorreta. Os ascendentes herdam na forma do § 2° do artigo 1.836 do Código Civil. Alternativa D, incorreta. Viola o disposto nos artigos 1.852 e 1.836, § 2°, do Código Civil.

Gabarito "B".

(Cartório/MG – 2015 – Consulplan) Sobre Direito das Sucessões, nos termos do Código Civil brasileiro, analise as seguintes assertivas:

I. Não pode dispor de seus bens em testamento cerrado quem não saiba ou não possa ler.

II. O legado de crédito, ou de quitação de dívida, terá eficácia somente até a importância desta, ou daquele, ao tempo da morte do testador.

III. Concorrendo com ascendente em qualquer grau, ao cônjuge tocará um terço da herança; caber-lhe-á a metade desta se houver um só ascendente.

Está correto apenas o que se afirma em:

(A) I

(B) II

(C) I e II

(D) I e III

I: correta. Nos termos do artigo 1.872 do Código Civil. Testamento cerrado é modalidade de testamento escrito pelo próprio testador, em caráter sigiloso, que posteriormente deverá ser aprovado pelo tabelião e, por fim, o testamento será cerrado, lacrado e devolvido para o testador. Diante disso, a modalidade de testamento a ser adotada por quem não pode ou não saiba assinar, assim como pelo deficiente visual, será o testamento público. II: correta. De acordo com o artigo 1.918 do Código Civil, dívidas posteriores ao testamento e dívidas desconhecidas pelo testador não podem ser objeto do legado, entretanto poderá o legado se referir a dívidas futuras. III: incorreta. Viola o disposto do artigo 1.837 do Código Civil, uma vez que ao cônjuge caberá um terço da herança se concorrer com ascendente de primeiro grau e caberá a metade da herança se houver um só ascendente ou se for maior que aquele grau.

Gabarito "C".

CAROLINA IKEDA E MARCIO PEREIRA

(Cartório/MG – 2015 – Consulplan) Ainda sobre o Direito de Sucessões, é correto afirmar, EXCETO:

(A) Caducará o testamento marítimo, ou aeronáutico, se o testador não morrer na viagem, nem nos trinta dias subsequentes ao seu desembarque em terra, onde possa fazer, na forma ordinária, outro testamento.

(B) É nula a disposição testamentária que favoreça irmãos ou ascendentes da pessoa que, a rogo, escreveu o testamento.

(C) Salvo se houver justa causa, declarada no testamento, não pode o testador estabelecer cláusula de inalienabilidade, impenhorabilidade, e de incomunicabilidade, sobre os bens da legítima.

(D) Somente com expressa declaração de causa pode a deserdação ser ordenada em testamento.

Alternativa A, incorreta. A alternativa deverá ser assinalada, pois, nos termos do artigo 1.891 do Código Civil, o testamento marítimo, ou aeronáutico caducará se o testador não morrer na viagem, nem nos **noventa** dias subsequente ao seu desembarque em terra, onde poderá testar pela forma ordinária, outro testamento. Alternativa B está de acordo com os artigos 1.801, inciso I; 1.802 e 166, todos do Código Civil. Trata-se de ausência de legitimação para determinada herança, uma vez que a lei, ao proibir expressamente as pessoas descritas no rol do artigo 1.801, torna nula as disposições testamentárias em favor delas, nos termos dos artigos 1.802 e 166 do mesmo diploma legal. Alternativa C em consonância com o artigo 1.848 do Código Civil. Alternativa D está de acordo com o artigo 1.964 do Código Civil. A deserdação somente pode ser ordenada em testamento, com expressa declaração de causa, vale dizer, não basta a simples declaração de deserdação, mas sim a declaração expressa da causa que originou a deserdação, os motivos determinantes estão previstos nos artigos 1.814, 1.962 e 1.963 da lei civil.
Gabarito "A".

(Cartório/SP – 2016 – VUNESP) O direito à sucessão aberta pode ser objeto de cessão, bem como o quinhão de que disponha o coerdeiro. No tocante ao bem da herança considerado singularmente,

(A) é admissível a cessão apenas por escritura pública.

(B) é admissível a cessão por escritura pública ou instrumento particular.

(C) é ineficaz a cessão, pelo coerdeiro.

(D) é admissível a cessão, por instrumento particular, sobre imóveis de valor inferior a trinta vezes o maior salário-mínimo vigente no país.

Alternativa A, incorreta. A cessão hereditária deve ser feita por meio de escritura pública, nos termos do *caput* do artigo 1.793 da lei civil, entretanto, com relação ao bem considerado singularmente, restará ineficaz a cessão hereditária caso não haja a concordância de todos os herdeiros, bem como autorização judicial, nos moldes do § 2º do referido dispositivo. Alternativa B, Incorreta. De acordo com o artigo 80, inciso II, do Código Civil, na cessão de direitos hereditários o instrumento público é exigido, haja vista o direto à sucessão aberta ser considerado bem imóvel. Alternativa C, correta. Nos termos do § 2º do artigo 1.793 do Código Civil, todo os bens da herança deverão permanecer em condomínio até a partilha, assim, nenhum herdeiro poderá promover a cessão de direitos hereditários sobre um determinado bem da herança, sob pena de sua ineficácia. O herdeiro somente poderá dispor sua fração ideal na herança. Entretanto, se todos os herdeiros concordarem e houver autorização judicial, poderá ocorrer a cessão hereditária de um determinado bem da herança.

Alternativa D, incorreta. O direto à sucessão aberta é considerado bem imóvel, nos termos do inciso II do artigo 80 do Código Civil. Entretanto, em que pese o disposto no artigo 108 do mesmo diploma legal, a lei exige o instrumento público para a cessão de direitos hereditários, nos termos do artigo 1.793 do Código Civil.
Gabarito "C".

(Cartório/SP – 2016 – VUNESP) A renúncia da herança

(A) é irrevogável e deve constar de instrumento público, instrumento particular ou termo judicial.

(B) é revogável e deve constar de instrumento público ou termo judicial.

(C) é irrevogável e deve constar de instrumento público ou termo judicial.

(D) é revogável e deve constar de instrumento público, instrumento particular ou termo judicial.

Alternativa A, incorreta. Vai de encontro ao disposto no artigo 1.806 do Código Civil, eis que a renúncia da herança deve constar em instrumento público ou termo judicial. Alternativa B, incorreta. Viola o artigo 1.812 do Código Civil, o qual diz que são irrevogáveis os atos de aceitação ou de renúncia da herança. Alternativa C, correta. Nos termos dos artigos 1.806 e 1.812, ambos do Código Civil, a renúncia de herança é negócio jurídico unilateral e somente pode acorrer antes da aceitação, eis que o herdeiro declara de forma expressa, por meio de instrumento público ou judicial, a não aceitação da herança. Além do mais, a aceitação bem como a renúncia da herança são irrevogáveis, salvo se resultante de algum vício dos negócios jurídicos. Alternativa D, incorreta. Viola o disposto nos artigos 1.806 e 1.812 do Código Civil.
Gabarito "C".

8.2. Sucessão legítima

(Cartório/CE – 2018 – IESES) Sr. José faleceu hoje. Era viúvo, e não vivia em união estável. Ele teve três filhos: Ricardo, já falecido em 2015; André e Rita. Ricardo foi casado em comunhão universal com Ana, e teve dois filhos, atualmente maiores de idade. André é divorciado, e tem três filhos, todos maiores. Rita é solteira. Com base neste problema, responda:

I. Por se tratar de sucessão de descendentes, é possível a representação do filho Ricardo, pré-morto. Neste caso, seus representantes serão a viúva Ana, e os seus dois filhos.

II. Caso André decida não aceitar a herança, seus filhos irão receber por representação.

III. Rita é irmã unilateral de Ricardo e André. Neste caso, ela deve receber metade do que couber a cada um deles.

IV. Por serem representantes do herdeiro Ricardo, seus filhos não podem renunciar a herança.

Assinale a correta:

(A) Apenas as assertivas II, III e IV são verdadeiras.

(B) Apenas as assertivas I, II e IV são verdadeiras.

(C) Todas as assertivas são falsas.

(D) Apenas as assertivas I, II e III são verdadeiras.

I: incorreto. A ordem de vocação hereditária está prevista no artigo 1.829 do Código Civil. No caso em comento, temos uma situação em que há a sucessão de descendentes. Como Ricardo é pré-morto, apenas os filhos dele o sucederão à título de representação. Não há que se falar em direito de representação de Ana. O direito de representação dá-se na linha reta descendente, mas nunca na ascendente (art. 1.852, CC); II: incorreto. Como André renunciou à herança, não há que se falar em

6. DIREITO CIVIL

direito de representação dos filhos. Na sucessão legítima, a parte do renunciante acresce à dos outros herdeiros da mesma classe e, sendo ele o único desta, devolve-se aos da subsequente (art. 1.810, CC). Ninguém pode suceder, representando herdeiro renunciante. Se, porém, ele for o único legítimo da sua classe, ou se todos os outros da mesma classe renunciarem a herança, poderão os filhos vir à sucessão, por direito próprio, e por cabeça (art. 1.811, CC); **III**: incorreto. No caso, Rita recebe quota igual aos irmãos. Na linha descendente, os filhos sucedem por cabeça, e os outros descendentes, por cabeça ou por estirpe, conforme se achem ou não no mesmo grau (art. 1.835, CC); **IV**: incorreto. Não existe vedação para a renúncia da herança pelos filhos de Ricardo. Na sucessão legítima, a parte do renunciante acresce à dos outros herdeiros da mesma classe e, sendo ele o único desta, devolve-se aos da subsequente (art. 1.810, CC). Portanto, a alternativa correta é a letra C.

Gabarito "C".

(Cartório/SP – 2018 – VUNESP) Pompeu era solteiro, não vivia em união estável e faleceu sem deixar ascendentes ou descendentes e testamento. Entretanto, deixou um tio materno, dois irmãos germanos, um irmão unilateral e um sobrinho – filho de um irmão unilateral premorto. O acervo hereditário corresponde ao montante em pecúnia de R$ 300.000,00 (trezentos mil reais).

Nesse caso, assinale a alternativa correta referente à divisão do acervo hereditário.

(A) Cada um dos irmãos germanos receberá R$ 100.000,00 (cem mil reais), o irmão unilateral receberá R$ 50.000,00 (cinquenta mil reais) e o sobrinho R$ 50.000,00 (cinquenta mil reais).

(B) Cada um dos irmãos e o tio materno receberão, respectivamente, R$ 75.000,00 (setenta e cinco mil reais).

(C) Cada um dos irmãos receberá um quinhão de R$ 100.000,00 (cem mil reais).

(D) Cada um dos irmãos germanos receberá R$ 100.000,00 (cem mil reais), o irmão unilateral receberá R$ 50.000,00 (cinquenta mil reais), o tio materno e o sobrinho receberão, respectivamente, R$ 25.000,00 (vinte e cinco mil reais) cada um.

Pompeu faleceu sem deixar herdeiros necessários (art. 1.845, CC). Se não houver cônjuge sobrevivente, nas condições estabelecidas no art. 1.830, serão chamados a suceder os colaterais até o quarto grau (art. 1.839, CC). Na classe dos colaterais, os mais próximos excluem os mais remotos, salvo o direito de representação concedido aos filhos de irmãos (art. 1.840, CC). Desse modo, a existência de irmãos unilaterais e bilaterais exclui o tio da herança. Por sua vez, o artigo 1.841 do Código Civil dispõe que: Concorrendo à herança do falecido irmãos bilaterais com irmãos unilaterais, cada um destes herdará metade do que cada um daqueles herdar. Na falta de irmãos, herdarão os filhos destes e, não os havendo, os tios (art. 1.843, CC). Aplicando-se a legislação colacionada, conclui-se que cada um dos irmãos germanos receberá R$ 100.000,00 (cem mil reais), o irmão unilateral receberá R$ 50.000,00 (cinquenta mil reais) e o sobrinho R$ 50.000,00 (cinquenta mil reais). Portanto, a alternativa correta é a letra A.

Gabarito "A".

(Cartório/RS – 2019 – VUNESP) São herdeiros necessários, além dos descendentes, apenas

(A) os ascendentes.

(B) o cônjuge.

(C) os ascendentes e o cônjuge.

(D) os ascendentes, o cônjuge e os colaterais até o terceiro grau.

(E) o cônjuge e os colaterais até o quarto grau.

São herdeiros necessários os descendentes, os ascendentes e o cônjuge (art. 1.845, CC).

Gabarito "C".

(Cartório/DF – 2003 – CESPE) Alfredo é casado com Glória, em regime da comunhão universal de bens, não tendo filhos desse casamento. Alfredo tem um único descendente, um filho cuja mãe é Marilda, com quem teve uma relação extraconjugal de um único final de semana. O filho chama-se Roberto e foi devidamente reconhecido pelo pai. A única ascendente viva de Alfredo é a sua mãe, Joana. Em um acidente de barco, ocorrido em novembro de 2003, faleceram Alfredo e Roberto. O único bem que compõe o acervo patrimonial de Alfredo é a sua parte do apartamento onde residia com Glória. Acerca dessa situação hipotética, julgue os itens a seguir.

(1) Considerando que não há transmissão de direitos sucessórios entre comorientes, caso tenha ocorrido comoriência, Glória será proprietária de 75% do apartamento e Joana herdará os 25% restantes.

(2) Se o laudo pericial comprovar que houve premoriência de Alfredo, Glória será herdeira em concorrência com Roberto, ficando com os 50% do apartamento correspondentes à sua meação mais 25% atinentes à herança, sendo que os 25% restantes serão herdados por Marilda.

(3) Havendo ou não comoriência, é assegurado a Gloria, sem prejuízo da participação que eventualmente lhe couber na herança, o direito real de habitação e o usufruto do apartamento de que trata o texto.

(4) Sendo a comoriência uma presunção legal relativa, ela admite prova em contrário; assim, no curso de um processo judicial, uma presunção *juris tantum* pode ser elidida por uma presunção *homini*.

(5) Se não forem encontrados os cadáveres para exame, mas sendo extremamente provável a sua morte no acidente, o juiz poderá declarar a morte presumida de Alfredo e Roberto, sem decretação de ausência, desde que requerida depois de esgotadas as buscas e averiguações, devendo a sentença fixar a data provável do falecimento e ser registrada em registro público.

1: correta. Considerando que Glória era casada no regime da comunhão universal, não seria considerada herdeira se concorresse apenas com descendentes do *de cujus*. Apenas teria direito a sua meação (art. 1.829 do CC). Entretanto, caso ocorra comoriência, Glória automaticamente passará a concorrer com a ascendente de Alfredo, Joana. Note que a concorrência do cônjuge com ascendente existirá independentemente do regime de casamento. Assim, Glória terá direito a 50% do apartamento a título de meação e os outros 25% provirão da divisão da parte deixada por Alfredo. Daí, temos 75% do apartamento para Glória (50% a título de meação + 25% a título de herança) e 25% para Joana (recebidos a título de herança). 2: incorreta, pois havendo premoriência de Alfredo, Glória passaria a concorrer com o descendente do *de cujus* (cônjuge em concorrência com descendente). Neste caso Glória não herda, apenas meia (art. 1.829 do CC). Portanto terá direito a apenas 50% do apartamento em decorrência de sua meação. Os 50% Alfredo serão transmitidos a Roberto. Considerando que Roberto faleceu na sequência, sem deixar descendentes, a herança passará aos seus ascendentes – mãe (Marilda) e avó (Joana). Neste passo, os mais

CAROLINA IKEDA E MARCIO PEREIRA

próximos excluem os mais remotos (art. 1.836, § 1º, do CC), assim Marilda ficará com os outros 50%; 3: incorreta, pois atualmente o cônjuge não tem mais direito ao usufruto vidual como outrora previsto no Código Civil de 1916. Isso porque, como herdeiro que concorre com ascendentes e descendentes, terá direitos infinitamente superiores aos que tinha anteriormente. O Direito Real de Habitação, anteriormente, garantido apenas ao cônjuge casado pela Comunhão Universal de Bens (art. 1.611, § 2º, do CC/1916), agora foi ampliado e é garantido ao cônjuge sobrevivente, independentemente do regime de bens (art. 1.831 do CC); 4: correta, pois caso se descubra ao longo do processo a ordem da morte dos *de cujus*, as regras serão aplicadas conforme os novos fatos (art. 8º do CC); 5: correta, nos termos do art. 7º, I, e parágrafo único do CC.

Gabarito 1C, 2E, 3E, 4C, 5C

(Cartório/ES – 2007 – FCC) Maria é casada com Paulo e não tem filhos, possuindo genitores ainda vivos. Todos os seus avós são falecidos. No dia 22 de Setembro de 2007, Maria faleceu em um acidente automobilístico e não deixou testamento. A sucessão legítima dos bens deixados pela falecida ocorrerá da seguinte forma:

(A) os ascendentes serão chamados em concorrência com o cônjuge sobrevivente Paulo, desde que este não fosse casado com a finada no regime da separação obrigatória de bens, cabendo aos ascendentes a metade da herança e ao cônjuge sobrevivente a outra metade.

(B) os ascendentes serão chamados em concorrência com o cônjuge sobrevivente Paulo, desde que este não fosse casado com a finada no regime da comunhão universal, cabendo aos ascendentes a metade da herança e ao cônjuge sobrevivente a outra metade.

(C) os ascendentes serão chamados em detrimento do cônjuge sobrevivente Paulo se ao tempo do falecimento o casal estava separado de fato há um ano, por culpa exclusiva da falecida.

(D) o cônjuge será chamado em primeiro lugar se for casado com a falecida no regime da comunhão universal.

(E) os ascendentes serão chamados em concorrência com o cônjuge sobrevivente Paulo, pouco importando o regime matrimonial adotado, cabendo aos ascendentes 2/3 da herança e ao cônjuge 1/3.

A e B: incorretas, pois o cônjuge concorrerá na herança com os ascendentes de Maria independentemente do regime de casamento. Ademais, considerando que Paulo concorre com ascendente em primeiro grau, tocará a ele direito a 1/3 da herança, nos termos do art. 1.837 do CC; C: incorreta, pois o cônjuge apenas não terá direito sucessório se ao tempo da morte do outro estavam separados judicialmente ou separados de fato há mais de dois anos, salvo prova, neste último caso de que essa convivência se tornara impossível por culpa do falecido (art. 1.830 do CC); D: incorreta, pois novamente o regime de bens em nada influencia quando o cônjuge concorre com ascendentes; E: correta (art. 1.837 do CC)

Gabarito "E".

(Cartório/ES – 2007 – FCC) No que concerne às sucessões em geral, considere as seguintes assertivas sobre a herança e sua administração:

I. Até o compromisso do inventariante, a administração da herança de pessoa falecida, que vivia com uma companheira de nome Joana há mais de dez anos e tinha dois filhos, sendo João, com 30 anos e Marcela

com 28 anos, caberá, sucessivamente, à João, Marcela e Joana.

II. O coerdeiro não poderá ceder a sua quota hereditária a pessoa estranha à sucessão, se outro coerdeiro a quiser, tanto por tanto.

III. O direito à sucessão aberta, bem como o quinhão de que disponha o coerdeiro, pode ser objeto de cessão por escritura pública ou particular, mediante prévia autorização do juiz da sucessão.

IV. O herdeiro não responde por encargos superiores às forças da herança, cabendo a ele, porém, a prova do excesso, salvo se houver inventário que a escuse, demonstrando o valor dos bens herdados.

De acordo com o Código Civil está correto o que se afirma APENAS em

(A) I, II e III.

(B) I, II e IV.

(C) II, III e IV.

(D) II e IV.

(E) III e IV.

I: incorreta, pois até o compromisso do inventariante, a administração da herança caberá, no caso em tela, à companheira (art. 1.797, I, do CC); II: correta (art. 1.794 do CC); III: incorreta, pois a cessão apenas pode se dar por escritura pública (art. 1.793 do CC); IV: correta (art. 1.792 do CC).

Gabarito "D".

(Cartório/MA – 2008 – IESES) Em relação à sucessão legítima, assinale a proposição correta:

(A) O cônjuge sobrevivente não concorre com os ascendentes.

(B) Se irmãos bilaterais concorrerem à herança, os irmãos unilaterais nada herdarão.

(C) Ao cônjuge sobrevivente, e apenas no regime de comunhão universal de bens, assegura-se, sem prejuízo da participação que lhe caiba na herança, o direito real de habitação relativamente ao imóvel destinado à residência da família desde que seja o único daquela natureza a inventariar.

(D) O cônjuge sobrevivente concorre com os descendentes, salvo se aquele for casado com o falecido no regime da comunhão universal ou no da separação obrigatória de bens.

A: incorreta, pois o cônjuge sobrevivente concorre com ascendentes da ausência de concorrência com descendentes (art. 1.829, II, do CC); B: incorreta, pois não distinção de direitos no que tange a irmãos unilaterais ou bilaterais (art. 227, § 6º, da CF e 1.596 do CC); C: incorreta, pois o direito real de habitação é concedido ao cônjuge independentemente do regime de casamento (art. 1.831 do CC); D: correta (art. 1.829, I do CC).

Gabarito "D".

(Cartório/MA – 2008 – IESES) No tocante à sucessão, é correto afirmar:

(A) São herdeiros necessários os ascendentes, os descendentes e o cônjuges, cabendo-lhes, de pleno direito, a metade dos bens da herança.

(B) O direito de representação opera-se apenas na linha ascendente e descendente.

(C) A petição de herança é imprescritível, assim como ocorre com a investigação de paternidade,

6. DIREITO CIVIL — 419

(D) A sucessão é regulada pela lei vigente ao tempo do ajuizamento do inventário respectivo.

A: correta (arts. 1.845 e 1.846 do CC); B: incorreta, pois o direito de representação apenas se opera na linha descendente (art. 1.852 do CC); C: incorreta, pois a ação de petição de herança prescreve no prazo de 10 anos a contar da abertura da sucessão. Interessante mencionar que o legislador perdeu a de regulamentar esse prazo de forma específica, de modo que se aplica a regra geral do art. 205 do CC. Há certa polêmica quanto ao seu termo inicial, mas a maioria da doutrina e jurisprudência entende que a contagem se inicia da abertura da sucessão; D: incorreta, pois "regula a sucessão e a legitimação para suceder a lei vigente ao tempo da abertura daquela" (art. 1.787 do CC).
Gabarito "A".

(Cartório/MG – 2012 – FUMARC) Sobre a petição de herança, considerando o Código Civil Brasileiro,

(A) sendo exercida por um só dos herdeiros, poderá compreender todos os bens hereditários.

(B) são eficazes as alienações feitas, a título gratuito, pelo herdeiro aparente a terceiro de boa-fé.

(C) a partir da citação, a responsabilidade do possuidor se há de aferir pelas regras concernentes à posse de boa-fé e à mora.

(D) o herdeiro aparente, que de boa-fé houver pago um legado, está obrigado a prestar o equivalente ao verdadeiro sucessor, ressalvado a este o direito de proceder contra quem o recebeu.

A: correta (art. 1.825 do CC); B: incorreta, pois são eficazes as alienações feitas apenas a título a *título oneroso*, pelo herdeiro aparente a terceiro de boa-fé (art. 1.827, parágrafo único, do CC); C: A partir da citação, a responsabilidade do possuidor se há de aferir pelas regras concernentes à posse de *má-fé* e à mora (art. 1.826, parágrafo único, do CC); D: incorreta, pois o herdeiro aparente, que de boa-fé houver pago um legado, *não está obrigado* a prestar o equivalente ao verdadeiro sucessor, ressalvado a este o direito de proceder contra quem o recebeu (art. 1.828 do CC).
Gabarito "A".

(Cartório/SP – I – VUNESP) O direito de representação, em matéria sucessória,

(A) dá-se na linha descendente, nunca na ascendente, e pode se dar na linha transversal.

(B) não se dá nunca na linha transversal, mas só na descendente e ascendente.

(C) só se dá na linha reta ascendente, e não na descendente.

(D) só se dá na linha transversal, nunca na descendente e ascendente.

O direito de representação pode se dar na linha descendente e transversal, nos termos dos arts. 1.852 e 1.853 do CC.
Gabarito "A".

(Cartório/SP – II – VUNESP) Heleno morreu sem testamento e deixou três filhos vivos: Péricles, Alcebíades e Milcíades. Um outro filho, Temístocles, havia falecido dois anos antes, deixando, por sua vez, três filhos vivos. Péricles tem dois filhos. Alcebíades também tem dois filhos. Milcíades tem apenas um filho. Ocorre que Alcebíades, por indignidade, foi excluído da sucessão. Assinale a alternativa verdadeira quanto aos bens de Heleno.

(A) A totalidade da herança caberá a Péricles e Milcíades, que a dividirão igualmente.

(B) A herança será dividida em cinco quotas iguais, atribuídas a Péricles, Milcíades e aos três filhos de Temístocles.

(C) A herança será dividida em três quotas iguais. Uma caberá a Péricles. Outra a Milcíades. A terceira será subdividida em três porções distintas, atribuídas a cada um dos filhos de Temístocles.

(D) As partes de Péricles e Milcíades corresponderão, cada uma, a um quarto da herança.

A: incorreta, pois os filhos de Alcebíades terão o direito de herdar, uma vez que os efeitos da declaração de indignidade são pessoais, assim os descendentes do excluído herdam como se ele morto fosse (art. 1.816 do CC). Ademais, os filhos de Temístocles herdarão por direito de representação (art. 1.851 do CC); B e C: incorretas, pois a herança será dividida em quatro cotas iguais correspondente a cada filho, Péricles, Alcebíades, Milcíades e Temístocles. Entretanto, uma vez que Alcebíades foi considerado indigno ele não herdará sua cota parte, sendo os seus dois filhos chamados a herdar por estirpe. Assim, as crianças receberão 1/8 cada. Quanto à quota de Temístocles, os seus três filhos também as herdarão por estirpe, cabendo a cada um 1/12; D: correta, pois Péricles e Milcíades receberão sua quota parte de direito.
Gabarito "D".

(Cartório/MG – 2016 – Consulplan) A tinha três filhos, B, C e D. B tinha dois filhos, E e F. C tinha um filho, G, e D não tinha filhos. Primeiro morreu B. Depois morreu A e por último morreu C. Quanto à sucessão dos descendentes, assinale a alternativa correta, de como será distribuída a herança de A.

(A) Um terço para D, que recebe por cabeça. Um terço para os filhos de B, que recebem por estirpe e por direito de transmissão. O último terço irá para o filho de C, que herda por estirpe e por direito de representação.

(B) Um terço para D, que recebe por cabeça. Um terço para os filhos de B, que recebem por estirpe e por direito de representação. O último terço irá para o filho de C, que herda por estirpe e por direito de transmissão.

(C) Um terço para D, que recebe por cabeça. Dois terços distribuídos igualmente entre os filhos de B e C, que herdam por cabeça por se acharem no mesmo grau.

(D) Um terço para D, que recebe por estirpe. Dois terços distribuídos igualmente entre os filhos de B e C, que herdam por estirpe e direito de representação.

Alternativa B, correta segundo o gabarito. Discordamos. Nos termos do artigo 1.835 do Código Civil, a sucessão pode ser: (i) própria ou por cabeça; (ii) por representação ou por estirpe. Ocorre a sucessão própria quando todos os herdeiros são do mesmo grau. Por estirpe será a sucessão hereditária, quando houver a diversidade de graus, vale dizer, os filhos representam o pai pré-morto, na herança do avô. Diante disso, em que pese o gabarito apontar a alternativa B como correta, este autor não concorda com o gabarito, conforme se faz entender: Na sucessão de A, D herda por direito próprio ou por cabeça; os filhos de B herdarão por representação ou por estirpe na sucessão de A (representando o pai pré-morto); com relação a C, este ainda estava vivo ao tempo da morte de A, dessa forma, herda por direito próprio ou por cabeça. Como o problema narrou que por último morreu C, seu filho herdará por transmissão direta, não ocorrendo a sucessão por estirpe ou representação, porque não há pré-morte. Alternativas A, C e D, incorretas, pois violam o artigo 1.835 do Código Civil.
Gabarito "B".

(Cartório/SP – III – VUNESP) Doação inoficiosa é

(A) a que diz respeito à inexistência de autorização necessária.

(B) a que corresponde à doação fora do ofício.

(C) a parte da doação a herdeiros necessários, que vulnera a legítima, sujeitando-se à redução.

(D) a que não se reveste de caráter oficial.

De fato, doação inoficiosa *é aquela que excede a parte que o doador poderia deixar em testamento, em razão da existência de herdeiros necessários. Tal doação é nula, pois caso contrário seria uma forma de o testador burlar a parte legítima conforme sua conveniência. Neste passo, os herdeiros prejudicados podem pleitear a redução até o limite da cota disponível (art. 1.967, caput, do CC).*

Gabarito "C".

(Cartório/SP – V – VUNESP) João e Maria, casados sob o regime da comunhão universal de bens, sem ascendentes, nem descendentes, faleceram em um acidente de avião, sendo declarada a comoriência. O patrimônio do casal, no valor total de R$ 120.000,00, será assim distribuído:

(A) ao único irmão de João, no valor de R$ 120.000,00.

(B) às duas irmãs de Maria, no valor de R$ 60.000,00 para cada uma.

(C) às duas irmãs de Maria e ao único irmão de João, no valor de R$ 40.000,00 para cada um.

(D) às duas irmãs de Maria, no valor de R$ 30.000,00 para cada uma e ao único irmão de João, no valor de R$ 60.000,00.

Considerando que houve comoriência, presume-se que morreram simultaneamente, logo um não herdará do outro (art. 8º do CC). Portanto, sobra apenas a meação de João e a meação de Maria, dividindo-se, assim, o patrimônio em 50% para cada. Neste passo, tendo em vista que João possui apenas um irmão, ele terá direito a integralidade da quota (R$ 60.000,00). Quanto as irmãs de Maria, cada uma receberá R$30.000,00, totalizando os outros 50%.

Gabarito "D".

(Cartório/SP – V – VUNESP) Paulo, casado com Antonia sob o regime da comunhão parcial de bens no ano de 2000, com quem teve dois filhos, adquiriu um imóvel por falecimento de seu pai em 2001. Paulo faleceu em 2002 e ao imóvel foi atribuído o valor de R$ 90.000,00, que será assim distribuído:

(A) 1/2 do imóvel, no valor de R$ 45.000,00, a título de meação para Antonia, e 1/4 do imóvel, no valor de R$ 22.500,00, a título de herança para cada um dos seus dois filhos.

(B) 1/3 do imóvel, no valor de R$ 30.000,00, a título de herança para Antonia e para cada um dos seus dois filhos.

(C) 1/2 do imóvel, no valor de R$ 45.000,00, a título de herança para cada um dos seus dois filhos.

(D) a totalidade do imóvel, no valor de R$ 90.000,00 a título de meação para Antonia.

O imóvel não entrará na meação do casal, vez que excluem-se da comunhão os bens que sobrevierem aos cônjuges, na constância do casamento decorrentes de sucessão (art. 1.659, I, do CC). Assim, o imóvel não será considerado aquesto, razão pela qual passará a integrar o acervo de bens particulares de Paulo. Nos termos do art. 1.829, I, do CC, tendo o matrimônio sido contraído no regime da comunhão parcial de bens, havendo concorrência do cônjuge com descendentes,

o cônjuge herdará sobre os bens particulares do falecido. Assim, o valor de R$ 90.000,00 será dividido igualmente entre Antônia e os dois filhos, cabendo 1/3 (R$30.000,00) para cada (art. 1.832 do CC).

Gabarito "B".

(Cartório/SP – 2012 – VUNESP) Na sucessão legítima, a aceitação da herança pelo herdeiro

(A) pode ser submetida a termo ou condição.

(B) pode ser reputada por ineficaz se for verificada a incapacidade sucessória do herdeiro.

(C) pode abranger apenas alguns bens ou direitos do acervo hereditário.

(D) é revogável.

A: incorreta (art. 1.808 do CC); B: correta, pois uma vez que o herdeiro não tem capacidade para suceder, consequentemente sua manifestação de vontade quanto a aceitação ou renúncia da herança é irrelevante. Veja que a capacidade sucessória se tornou pressuposto para a eficácia da aceitação ou renúncia da herança. C: incorreta (art. 1.808, *caput*, do CC). Mas veja, interessante chamar a atenção para o disposto no art. 1.808, § 2º, do CC, que prevê "O herdeiro, chamado, na mesma sucessão, a mais de um quinhão hereditário, sob *títulos sucessórios diversos*, pode livremente deliberar quanto aos quinhões que aceita e aos que renuncia"; D: incorreta (art. 1812 do CC).

Gabarito "B".

(Cartório/SP – 2012 – VUNESP) A exclusão por indignidade

(A) é feita por testamento, com declaração de causa.

(B) abrange todos os motivos da deserdação.

(C) está sempre fundada em fatos anteriores à morte do autor da herança.

(D) alcança os herdeiros legítimos e testamentários.

A: incorreta, pois a exclusão por indignidade deve ser declarada por sentença judicial (art. 1.815 do CC); B: incorreta, pois os motivos da indignidade são restritos ao rol do art. 1.814 do CC. Em verdade os motivos da deserdação que abrangem todos os motivos da indignidade (art. 1.961 do CC); C: incorreta, pois não necessariamente os fatos serão anteriores à morte do autor da herança. Veja o seguinte exemplo: o art. 1.814, II, do CC prevê que "São excluídos da sucessão os herdeiros ou legatários que houverem acusado caluniosamente em juízo o autor da herança ou incorrerem em crime contra a sua honra, ou de seu cônjuge ou companheiro". Imagine que "X" seja herdeiro de "Y". Em decorrência de grave acidente "Y" falece. Meses depois "X" pratica crime contra a honra do cônjuge de "Y". Neste caso "X" pode sofrer uma ação de indignidade, por fato ocorrido após a morte do autor da herança; D: correta, pois a indignidade está prevista nas disposições gerais das sucessões. Logo, aplica-se aos herdeiros legítimos e testamentários.

Gabarito "D".

(Cartório/SP – 2012 – VUNESP) Na ordem de vocação hereditária, os colaterais

(A) são herdeiros facultativos, até o quarto grau.

(B) são herdeiros necessários, até o terceiro grau.

(C) são herdeiros necessários, até o sexto grau.

(D) não são herdeiros necessários, nem, tampouco, facultativos, podendo ser contemplados, tão somente, por meio de testamento.

Os herdeiros legítimos dividem-se em herdeiros necessários e herdeiros facultativos. Os necessários estão previstos no art. 1.845 do CC, isto é, ascendente, descendente e cônjuge. O colateral não foi contemplado neste rol, daí ser considerado herdeiro facultativo. Neste passo, a lei limita a possibilidade de herdar aos colaterais até o quarto grau. (art. 1.839 do CC). Note, porém que, não obstante a diferenciação, ainda está-

6. DIREITO CIVIL — 421

-se a falar da sucessão legítima. Daí é incorreto afirmar que o colateral apenas pode ser beneficiado por meio de testamento.

Gabarito "A".

(Cartório/SP – 2016 – VUNESP) O montante que compõe a legítima dos herdeiros necessários, na doação e no testamento, será verificado no momento

(A) da abertura da sucessão.

(B) da liberalidade e da elaboração, respectivamente.

(C) da abertura da sucessão e da liberalidade, respectivamente.

(D) da liberalidade e da abertura da sucessão, respectivamente.

Alternativas A, B e C incorretas. Violam os artigos 549 e 1.847 do Código Civil. Alternativa D, correta. De acordo com os artigos 549 e 1.847 do Código Civil, legítima é a parte da herança pertencente aos herdeiros necessários. Em regra, compreende a metade da herança líquida. Desse modo, havendo herdeiros necessários, o testamento só poderá versar sobre a quota disponível, sendo restrita a liberdade de testar. Para calcular a legítima toma-se por base a herança bruta, abatendo-se as dívidas do autor da herança e as despesas do funeral. O resultado dessa operação constitui a herança líquida. Esta é dividida em duas metades, uma é a legítima e outra é disponível.

Gabarito "D".

(Cartório/MG – 2015 – Consulplan) "Em 2006, Olavo, que não tinha herdeiros necessários, lavrou um testamento público contemplando como sua herdeira universal Maria. Em 2007, arrependido, Olavo revogou o testamento de 2006, lavrando novo testamento nomeando como seu herdeiro universal Mário, sem cláusula expressa de substituição. Em 2009, Mário faleceu, deixando seu neto Pedro. No mês de setembro de 2011, faleceu Olavo, deixando seu sobrinho Lucas, como único parente vivo."

Assinale a alternativa que indique a quem caberá a herança de Olavo.

(A) Maria.

(B) Lucas.

(C) Pedro.

(D) A herança será vacante.

Alternativa A, incorreta. O testamento que nomeava Maria herdeira universal de Olavo foi revogado, nos termos do artigo 1.969 do Código Civil. Um testamento só poderá ser revogado por outro testamento, tornando ineficaz a manifestação de vontade anterior, portanto, somente o testador poderá fazê-lo. A revogação poderá ser expressa ou tácita. Alternativa B, correta. Diante da caducidade do testamento de Olavo, em razão de não haver substituto ou direito de acrescer, subsiste a sucessão legítima como se não houvesse testamento. Assim, aplica-se a regra geral da ordem da vocação hereditária, prevista no artigo 1.829, inciso IV, do Código Civil. Lucas, sobrinho de Olavo, é colateral de terceiro grau e nos termos do artigo 1.840 do mesmo diploma legal, serão chamados a suceder os colaterais até o quarto grau, e os mais próximos excluem os mais remotos. Alternativa C, incorreta. Trata-se de caducidade do testamento. Caso o herdeiro testamentário morra antes do testador, ou simultaneamente, o testamento caducará. Caducidade é a ineficácia de um testamento em razão de fato posterior à sua formação, ou seja, o testamento nasce válido, mas perderá sua eficácia em razão de fato posterior à sua formação. Diante disso, em razão da cláusula expressa de ausência de substituição, bem como não há o direito de acrescer, subsiste a sucessão legítima como se não houvesse testamento, logo, aplica-se a regra geral do artigo 1.829 da ordem de votação hereditária. Alternativa D, incorreta. Herança vacante ocorre na hipótese de alguém falecer sem deixar herdeiros legítimos

ou testamento. Conforme retromencionado, com a caducidade do testamento de Olavo, seu sobrinho, colateral de terceiro grau, herdará nos termos do artigo 1.829, inciso IV, do Código Civil.

Gabarito "B".

8.3. Sucessão testamentária

(Cartório/SP – 2018 – VUNESP) A substituição compendiosa é

(A) a concorrência da substituição ordinária e da substituição recíproca.

(B) aquela em que o testador determina que certa parte de seu patrimônio ou um ou mais bens dele destacado fiquem sob a confiança de um herdeiro instituído, sobre o qual pesará a obrigação de transmitir o conteúdo da deixa testamentária a um outro herdeiro ou legatário.

(C) aquela em que o testador designa vários substitutos simultâneos ao herdeiro instituído.

(D) a concorrência da substituição vulgar e da substituição fideicomissária.

A substituição compendiosa é a concorrência da substituição vulgar e da substituição fideicomissária. A substituição vulgar é a substituição que se dá com a saída do herdeiro/legatário nomeado e a entrada do substituto. Se verifica quando o testador nomeia um herdeiro ou legatário para receber a quota que caberia àquele que não quis ou não pode receber. Por sua vez, na substituição fideicomissária temos três personagens: o testador (fideicomitente), o herdeiro ou legatário (fiduciário) e a prole eventual (fideicomissário). O fideicomitente deixa bens ao fiduciário e institui que este, com a ocorrência de sua morte, ou advento de determinado termo ou condição (que será fixada no testamento) transmitirá os bens ao fideicomissário. Caso o testador não estipule prazo diverso, a prole eventual deve ser concebida no prazo de dois anos a contar da abertura da sucessão. Se por ocasião da morte do testador o fideicomissário já houver sido concebido ou nascido, terá ele o direito de propriedade sobre os bens, instituindo-se ao fiduciário o direito a usufruto. O fideicomisso somente pode ser instituído por testamento.

Gabarito "D".

(Cartório/RS – 2019 – VUNESP) Em relação ao testamento cerrado, de acordo com o Código Civil Brasileiro em vigor, assinale a alternativa correta.

(A) O testamento pode ser escrito em língua estrangeira somente se escrito manualmente pelo próprio testador.

(B) Pode fazer testamento cerrado o surdo-mudo, contanto que o escreva todo e o assine de sua mão, e que, ao entregá-lo ao oficial público, ante quatro testemunhas, escreva na face externa do papel que aquele é seu testamento, cuja aprovação lhe pede.

(C) Pode dispor de seus bens em testamento cerrado quem não saiba ou não possa ler, desde que o testamento seja escrito por outrem ou pelo tabelião a seu rogo.

(D) O tabelião de notas deve começar o auto de aprovação imediatamente depois da última palavra do testador, declarando, sob a sua fé, que o testador lhe entregou o seu testamento para ser aprovado na presença das duas testemunhas, passando a cerrar e cozer o instrumento aprovado.

(E) O auto de aprovação do testamento cerrado deverá ser assinado apenas pelo testador e pelo tabelião.

A: incorreto. O testamento pode ser escrito em língua nacional ou estrangeira, pelo próprio testador, ou por outrem, a seu rogo (art.

1.871, CC); **B:** incorreto. Pode fazer testamento cerrado o surdo-mudo, contanto que o escreva todo, e o assine de sua mão, e que, ao entregá-lo ao oficial público, ante as duas testemunhas, escreva, na face externa do papel ou do envoltório, que aquele é o seu testamento, cuja aprovação lhe pede (art. 1.873, CC); **C:** incorreto. Não pode dispor de seus bens em testamento cerrado quem não saiba ou não possa ler (art. 1.872, CC); **D:** correto. O tabelião deve começar o auto de aprovação imediatamente depois da última palavra do testador, declarando, sob sua fé, que o testador lhe entregou para ser aprovado na presença das testemunhas; passando a cerrar e coser o instrumento aprovado (art. 1.869, CC); **E:** incorreto. O testamento escrito pelo testador, ou por outra pessoa, a seu rogo, e por aquele assinado, será válido se aprovado pelo tabelião ou seu substituto legal, observadas as seguintes formalidades: IV – que o auto de aprovação seja assinado pelo tabelião, pelas testemunhas e pelo testador (art. 1.868, inciso IV, CC).

Gabarito "D".

(Cartório/MG – 2019 – Consulplan) De acordo com as disposições do Código Civil Brasileiro, analise as seguintes afirmativas a respeito da sucessão testamentária.

I. Havendo herdeiros necessários, a sucessão testamentária e a sucessão legítima podem coexistir.

II. As pessoas casadas entre si podem fazer um testamento simultâneo, em um só ato, instituindo benefícios mútuos.

III. Admite-se cláusula testamentária que proíba, total ou parcialmente, a revogação do testamento (cláusula derrogatória).

IV. O testamento público exige, sob pena de nulidade, que seja escrito por tabelião ou seu substituto legal em seu livro de notas, de acordo com as declarações do testador.

Estão corretas as afirmativas

(A) I, II, III e IV.

(B) I e IV, apenas.

(C) I, II e III, apenas.

(D) II, III e IV, apenas.

I: correta. Pertence aos herdeiros necessários, de pleno direito, a metade dos bens da herança, constituindo a legítima (art. 1.846, CC); **II:** incorreta. É proibido o testamento conjuntivo, seja simultâneo, recíproco ou correspectivo (art. 1.863, CC); **III:** incorreta. O testamento pode ser revogado pelo mesmo modo e forma como pode ser feito (art. 1.969, CC); **IV:** correto. São requisitos essenciais do testamento público: I – ser escrito por tabelião ou por seu substituto legal em seu livro de notas, de acordo com as declarações do testador, podendo este servir-se de minuta, notas ou apontamentos (art. 1.864, inciso I, CC). Portanto, a alternativa correta é a letra B.

Gabarito "B".

(Cartório/RS – 2019 – VUNESP) Assinale a alternativa correta sobre a sucessão testamentária, de acordo com as disposições do Código Civil de 2002.

(A) Na lavratura de testamento público, é dispensada a presença de testemunhas na leitura do instrumento.

(B) É nula a disposição testamentária que favoreça as testemunhas do testamento.

(C) Os relativamente incapazes, em razão da idade, não possuem capacidade para testar.

(D) O testador não poderá nomear mais de um testamenteiro para exercer, em conjunto, as funções inerentes ao cargo.

(E) É inválido o legado de usufruto quando não houve expressa fixação de tempo.

A: incorreto. São requisitos essenciais do testamento público: I – ser escrito por tabelião ou por seu substituto legal em seu livro de notas, de acordo com as declarações do testador, podendo este servir-se de minuta, notas ou apontamentos; II – lavrado o instrumento, ser lido em voz alta pelo tabelião ao testador e a duas testemunhas, a um só tempo; ou pelo testador, se o quiser, na presença destas e do oficial; III – ser o instrumento, em seguida à leitura, assinado pelo testador, pelas testemunhas e pelo tabelião. (art. 1.864, CC); **B:** correto. Não podem ser nomeados herdeiros nem legatários as testemunhas do testamento (art. 1.801, II, CC); **C:** incorreto. Além dos incapazes, não podem testar os que, no ato de fazê-lo, não tiverem pleno discernimento. Podem testar os maiores de dezesseis anos (art. 1860 e parágrafo único, CC); **D:** incorreto. O testador pode nomear um ou mais testamenteiros, conjuntos ou separados, para lhe darem cumprimento às disposições de última vontade (art. 1.976, CC); **E:** incorreto. O legado de usufruto, sem fixação de tempo, entende-se deixado ao legatário por toda a sua vida (art. 1.921, CC).

Gabarito "B".

(Cartório/AM – 2005 – FGV) Assinale a alternativa correta.

(A) Só podem testar os maiores de 18 (dezoito) anos.

(B) O direito de impugnar a validade do testamento conta-se da data do óbito do testador.

(C) São testamentos especiais o marítimo, o aeronáutico e o militar.

(D) A disposição de testamento por incapaz se valida com a superveniência da capacidade.

(E) O Código Civil considera testamentos ordinários somente o público e o particular.

A: incorreta, pois podem testar os maiores de 16 anos (art. 1.860, parágrafo único, do CC); **B:** incorreta, pois o prazo conta-se da data do registro do testamento (art. 1.859 do CC); **C:** correta (art. 1.886 do CC); **D:** incorreta, pois o art. 1.861 do CC é enfático em prever o contrário; **E:** incorreta, pois o testamento cerrado também é considerado ordinário (art. 1.862 do CC).

Gabarito "C".

(Cartório/AM – 2005 – FGV) Assinale a alternativa correta.

(A) O fiduciário tem a propriedade da herança ou legado, mas restrita e resolúvel.

(B) A revogação do testamento, em regra, só pode ser total.

(C) O direito de provar a causa da deserdação se extingue no prazo de dois anos, a contar do óbito do testador.

(D) O legado alternativo é nulo de pleno direito, pois não se pode deixar ao herdeiro a opção.

(E) É inadmissível em nosso direito o codicilo cerrado.

A: correta, pois propriedade plena apenas se consolidará nas mãos do fideicomissário (art. 1.953 do CC); **B:** incorreta, pois o testamento também pode ser revogado parcialmente (art. 1.970 do CC); **C:** incorreta, pois o direito de provar a causa da deserdação se extingue em quatro anos, a contar da data da abertura do testamento (art. 1.965, parágrafo único, do CC); **D:** incorreta, pois o legado alternativo é plenamente válido, consoante art. 1.932 do CC; **E:** incorreta, pois a lei permite expressamente a elaboração do codicilo cerrado (art. 1.885 do CC).

Gabarito "A".

(Cartório/MA – 2008 – IESES) Assinale a alternativa correta:

(A) É eficaz a cessão de direito hereditário sobre qualquer bem da herança considerado singularmente.

(B) Somente podem realizar testamento os maiores de 18 anos capazes.

6. DIREITO CIVIL

(C) O nascimento de filho do testador posterior à elaboração do testamento o rompe na integralidade, desde que este sobreviva ao testador.

(D) É possível renunciar uma parte da herança e aceitar outra.

A: incorreta, pois a é ineficaz a cessão do direito hereditário sobre qualquer bem da herança considerado singularmente (art. 1.793, § 2º, do CC); B: incorreta, podem testar os maiores de 16 anos (art. 1.860, parágrafo único, do CC); C: correta, pois com o nascimento de um novo descendente altera-se o número de beneficiários da parte legítima, o que por consequência influencia na parte disponível a ser distribuída em testamento (art. 1.973 do CC); D: incorreta, pois não se pode aceitar ou renunciar a herança em parte, sob condição ou a termo (art. 1.808 do CC).
Gabarito "C".

(Cartório/RJ – 2012) É correto afirmar que o testamento,

(A) quando particular, pode ser escrito em língua estrangeira, contanto que as testemunhas a compreendam.

(B) quando ordinário, pode ser público, cerrado, particular ou militar.

(C) quando cerrado, deve obrigatoriamente ser redigido pelo testador.

(D) quando conjuntivo, é válido e permitido.

(E) no qual se impõe a cláusula de inalienabilidade aos bens por ato de liberalidade, não implica a impenhorabilidade e incomunicabilidade.

A: correta (art. 1.880 do CC); B: incorreta, pois o testamento militar é modalidade de testamento especial (art. 1.886, III, do CC); C: incorreta, pois o testamento cerrado pode ser escrito pelo próprio testador, ou por outrem, a seu rogo (art. 1.871 do CC); D: incorreta, pois é vedado o testamento conjuntivo, haja vista que o testamento é ato personalíssimo (art. 1.863 do CC); E: incorreta, pois a cláusula de inalienabilidade implica, por consequência, a impenhorabilidade e incomunicabilidade do bem (art. 1.911 do CC).
Gabarito "A".

(Cartório/MG – 2012 – FUMARC) Pelo Código Civil, a pessoa que estiver em viagem, a bordo de navio nacional, pode testar perante o comandante. Sobre o testamento marítimo, é **correto** afirmar que

(A) não necessita ser registrado no diário de bordo.

(B) será feito na presença de duas testemunhas, por forma que corresponda ao testamento público ou cerrado.

(C) ficará sob a guarda de uma das testemunhas, que o entregará às autoridades administrativas do primeiro porto nacional.

(D) será válido se, ao tempo em que se fez, o navio estava em porto onde o testador pudesse desembarcar e testar de forma ordinária.

A: incorreta, pois o testamento marítimo será registrado no diário de bordo (art. 1.888, parágrafo único, do CC); B: correta (art. 1.888, *caput*, do CC); C: incorreta, pois o testamento marítimo ficará sob a guarda do *comandante*, que o entregará às autoridades administrativas do primeiro porto nacional (art. 1.890 do CC); D: incorreta, pois nesta hipótese o testamento será nulo, uma vez que o testador tinha condições de testar de forma ordinária (art. 1.892 do CC).
Gabarito "B".

(Cartório/MG – 2012 – FUMARC) A respeito das formalidades exigidas para a validade do testamento cerrado, é **correto** afirmar

(A) O tabelião lavrará, desde logo, o auto de aprovação, na presença de duas testemunhas, lendo, em seguida, ao testador e às testemunhas.

(B) Depois de aprovado e cerrado, permanecerá com o tabelião, que lançará no seu livro nota do lugar, dia, mês e ano em que o testamento foi aprovado.

(C) Pode dispor de seus bens em testamento cerrado quem não saiba ou não possa ler, desde que seja o testamento lido na presença de três testemunhas.

(D) Não poderá ser escrito a rogo do testador pelo tabelião.

A: correta (art. 1.868, III, do CC); B: incorreta, pois após aprovado, o testamento será *entregue ao testador* (art. 1.874 do CC); C: incorreta, pois não pode testar por testamento cerrado, quem não saiba ou não possa ler (art. 1.872 do CC); D: incorreta, pois é permitido que o testamento cerrado seja escrito a rogo do tabelião (art. 1.870 do CC)
Gabarito "A".

(Cartório/PR – 2007) São requisitos essenciais do testamento público:

I. ser escrito por tabelião ou por seu substituto legal, sem seu livro de notas.

II. ser lido em voz alta pelo tabelião ao testador e na presença de pelo menos uma testemunha, a um só tempo; ou pelo testador, se o quiser, na presença da testemunha e do oficial.

III. ser o instrumento, em seguida à leitura, assinado pelo testador, pelas testemunhas e pelo tabelião.

IV. o testamento público pode resultar de minuta preparada por terceiro, entregue ao tabelião pelo testador, com a declaração por ele feita, perante o notário e testemunhas, de que aquele é o seu testamento.

São corretas:

(A) I, II, III e IV.

(B) apenas I, II e III.

(C) apenas I e III.

(D) apenas II e IV.

(E) apenas I, III e IV.

I: correta (art. 1.864, I, do CC); II: incorreta, pois a leitura deve ser dar na presença de duas testemunhas (art. 1.864, II, do CC); III: correta (art. 1.864, III, do CC); IV: correta (art. 1.864, I, do CC).
Gabarito "E".

(Cartório/RJ – 2008 – UERJ) Para tornar sem efeito as disposições feitas em testamento cerrado, é necessário:

(A) lavrar um testamento público e nele promover a revogação do cerrado

(B) lavrar outro testamento cerrado e nele declarar a revogação do anterior

(C) abrir o testamento cerrado, mesmo sem inutilizá-lo, sendo, porém, conveniente a sua destruição

(D) destruir o testamento cerrado, comunicando o ato, obrigatoriamente, ao tabelião que o aprovou, para averbar a revogação daí decorrente

(E) comparecer perante o juiz de direito para sessão solene de revogação e inutilização do testamento.

Para tornar sem efeito as disposições feitas em testamento cerrado basta que ocorra o seu rompimento. Daí a tamanha fragilidade e insegurança que essa opção proporciona. Elaborado o testamento cerrado, ele será entregue ao testador. Após o seu falecimento, nos termos do art. 1.875 do CC, "ele será apresentado ao juiz, que o abrirá e o fará registrar, ordenando seja cumprido, se não achar vício externo que o torne eivado de nulidade ou suspeito de falsidade". Portanto, para que o testamento cerrado perca a eficácia não é necessário novo testamento revogando-o, intervenção do tabelião, ou intervenção judicial.

Gabarito "C".

(Cartório/SP – I – VUNESP) O testamento conjuntivo simultâneo, vedado pelo Código Civil, é aquele em que

(A) os testadores, em atos distintos, mas contemporâneos, dispõem beneficiando um ao outro.

(B) os testadores, num só ato, dispõem beneficiando um ao outro.

(C) os testadores, num só ato, dispõem conjuntamente em favor de terceiro.

(D) os testadores, num só ato, efetuam disposições em retribuição de outras correspondentes.

Testamento conjunto é aquele feito por mais de um testador, em um único ato. E simultâneo é aquele em que os dois testadores dispõem conjuntamente em favor de uma terceira pessoa. Essa forma de elaboração do testamento é expressamente vedada, consoante art. 1.863 do CC.

Gabarito "C".

(Cartório/SP – II – VUNESP) Caio foi proprietário da Fazenda Nova Roma de 1970 a 1990. Júlio, por testamento de 1985, legou essa mesma fazenda, que não lhe pertencia, a César. Em 1990, o mencionado imóvel foi comprado, de Caio, por Júlio. Assinale a alternativa verdadeira, para o caso de morte de Júlio.

(A) Basta a existência do testamento de 1985 para que o legado seja válido.

(B) César receberá o legado, desde que Júlio tenha ratificado o testamento de l985 após a aquisição, em 1990, da fazenda.

(C) César não receberá a fazenda, pois é nulo o legado de coisa alheia.

(D) A validade do legado dependerá da anuência de Caio, seja por ocasião da venda do bem a Júlio, seja posteriormente.

A: correta, pois a instituição do legado é plenamente válida, não obstante Julio a tenha feito quando ainda não era proprietário da Fazendo Nova Roma. Veja que a questão que poderia ser suscitada posteriormente diz respeito a eficácia do legado, e não a sua validade. Neste sentido, prevê o art. 1.912 do CC "É ineficaz o legado de coisa certa que não pertença ao testador no momento da abertura da sucessão". Daí, nota-se que é indispensável que a coisa legada seja de propriedade do testador no momento da morte do testador e não no momento da elaboração do testamento; B: incorreta, pois a ratificação do testamento é desnecessária para a validação do legado; C: incorreta, pois a o legado é plenamente válido, uma vez que ao tempo da morte Julio era proprietário da fazenda; D: incorreta, pois a validade do legado não depende da anuência de Caio, nos termos acima expostos.

Gabarito "A".

(Cartório/SP – III – VUNESP) Quais as formas de elaboração do codicilo?

(A) As vias judiciais.

(B) Todas as formas admissíveis para a manifestação da vontade.

(C) Os instrumentos públicos.

(D) É uma só, a forma hológrafa.

O codicilo apenas pode ser elaborado na forma hológrafa, isto é, na forma particular, consoante art. art. 1.881 do CC.

Gabarito "D".

(Cartório/SP – III – VUNESP) Na sucessão testamentária, o momento da transmissão da herança é o

(A) da homologação do testamento.

(B) da abertura do inventário.

(C) da abertura da sucessão.

(D) do trânsito em julgado da sentença de partilha.

Nos termos do art. 1.784 do CC, "aberta a sucessão, a herança transmite-se desde logo aos herdeiros legítimos e testamentários". Esse dispositivo traz nítida expressão do princípio de *saisine*, que assevera que, ocorrida a morte, imediata e automaticamente a herança se transmite aos herdeiros, seja a sucessão legítima, ou testamentária.

Gabarito "C".

(Cartório/SP – III – VUNESP) Vintena, expressão usada antes do advento do Código Civil de 1916, significa

(A) prêmio a que faz jus o testamenteiro, que não seja herdeiro ou legatário, pelo exercício do cargo.

(B) retribuição pecuniária ao inventariante, pelo desempenho de suas funções.

(C) percentual de 20% das custas ou emolumentos.

(D) quota-parte correspondente aos herdeiros ou legatários, na herança.

O principal direito do testamenteiro está assentado na percepção de uma remuneração por seu trabalho desempenhado e o esforço dispensado em sua atuação. A remuneração ora aludida é denominada de *prêmio* ou *vintena*. A possibilidade de seu arbitramento está expressamente prevista no art. 1.987 do CC, *in verbis*: "Salvo disposição testamentária em contrário, o testamenteiro, que não seja herdeiro ou legatário, terá direito a um prêmio, que, se o testador não o houver fixado, será de um a cinco por cento, arbitrado pelo juiz, sobre a herança líquida, conforme a importância dela e maior ou menor dificuldade na execução do testamento. Parágrafo único. O prêmio arbitrado será pago à conta da parte disponível, quando houver herdeiro necessário". A expressão *vintena* remonta a retribuição que correspondia à vigésima parte do valor apurado no espólio deixado pelo *de cujus*. A atual sistemática adotada pelo Ordenamento Civil, consoante se infere da redação do artigo 1.987 do Código Civil, assinalou que a vintena incidirá sobre a herança líquida, quando não houver herdeiros necessários ou, ainda, sobre a metade disponível, em caso contrário, desde que o testador não tenha disposto a quantia a ser paga, a título de prêmio. Por fim, Código Civil impõe limites mínimo e máximo à apuração da vintena, que poderá ser fixada entre 1% (um por cento) e 5% (cinco por cento) sobre o valor líquido do monte partilhável. Dentre esses percentuais, incide a discricionariedade do julgador, que deverá avaliar o valor do patrimônio e o trabalho desempenhado pelo profissional nomeado pelo Juízo, para então arbitrar a verba.

Gabarito "A".

(Cartório/SP – 2016 – VUNESP) No capítulo relativo à capacidade testamentária ativa, é correto afirmar que

(A) as pessoas podem testar a partir dos 18 anos.

(B) a incapacidade superveniente do testador invalida o testamento.

(C) a outorga de procuração para realização de testamento deve ser realizada na forma pública.

(D) o testamento do incapaz não se valida com a superveniência de capacidade.

Alternativa A, incorreta. Viola o parágrafo único do artigo 1.860 do Código Civil, logo, os maiores de 16 anos têm capacidade testamentária ativa. Alternativa B, incorreta. Viola o artigo 1.861 do Código Civil, isto é, se superveniente a incapacidade do testador, o testamento não será invalidado. Alternativa C, incorreta. Viola o artigo 1.858 do Código Civil. Testamento é ato personalíssimo, de modo que não pode ser realizado mediante procuração, seja pública, seja privada. Alternativa D, correta. De acordo com os artigos 1.861 e 1.857 do Código Civil. Aplica-se a regra o *tempus regit actum*, isto é, a capacidade ou incapacidade do testador deve ser verificada no momento em que foi outorgado o testamento.

Gabarito "D".

(Cartório/SP – 2016 – VUNESP) Sobre o testamento, é correto afirmar que

(A) não possuem capacidade testamentária o cego, o analfabeto e o surdo.

(B) é por natureza revogável, no exercício da autonomia privada, salvo quanto ao reconhecimento de filhos, ainda que incidentalmente manifestado.

(C) a revogação do testamento correspectivo exige manifestação de vontade de ambos os testadores.

(D) é possível ao testador gravar livremente os bens da legítima com cláusula de inalienabilidade.

Alternativa A, incorreta. Os artigos 1.865, 1.866 e 1.867, todos do Código Civil, preveem a capacidade testamentária do analfabeto, do surdo e do cego, por meio do testamento público. O testamento público é aquele lavrado pelo tabelião ou substituo legal, no livro de notas, conforme as declarações prestadas pelo testador, devendo ser escrito em língua nacional. Por fim, o oficial realizará a leitura do testamento em voz alta, perante o testador e duas testemunhas e será assinado por todos. É ato solene e a não observância dos requisitos legais poderá levar à sua invalidação. Alternativa B, correta. Nos termos do artigo 1.858 do Código Civil o testamento é ato personalíssimo do testador, e face à liberdade do testador de dispor, pode ser revogado e alterado a qualquer tempo. Diante disso, o testamento posterior válido revoga o anterior. No que tange ao reconhecimento dos filhos, conforme dispõe o inciso III do artigo 1.609 do mesmo diploma legal, é ato irrevogável e pode ser feito por testamento público, particular ou cerrado, ainda que incidentalmente manifestado. Alternativa C, incorreta. Viola o disposto no artigo 1.863 do Código Civil. Tendo em vista o caráter personalíssimo do testamento é proibido o testamento conjuntivo. Testamento conjuntivo é gênero do qual são espécies: (i)testamento simultâneo, há a participação de mais de uma pessoa no mesmo instrumento; (ii) testamento recíproco, os testadores, num único ato, um atribui bens e favor do outro; e (iii) testamento correspectivo, em um único instrumento os testadores estabelecem condições mútuas. Sendo assim, é vedado em nosso ordenamento jurídico a participação de mais de uma pessoa no mesmo ato, o que não se aplicam aos testamentos realizados em instrumentos separados. Alternativa D, incorreta. Nos termos do artigo 1.848 do Código Civil, o testador somente poderá estabelecer cláusulas testamentárias restritivas à legítima, vale dizer, cláusulas de inalienabilidade, impenhorabilidade e de incomunicabilidade sobre os bens da legítima se houver justa causa declarada no testamento.

Gabarito "B".

(Cartório/SP – 2016 – VUNESP) Cinco herdeiros são chamados à herança em quinhões iguais, no equivalente de um quinto para cada, pela mesma disposição testamentária. Se qualquer deles não puder ou não quiser aceitá-la, a sua parte

(A) acrescerá à dos coerdeiros.

(B) acrescerá à dos coerdeiros, salvo o direito do substituto.

(C) será destinada por direito de representação.

(D) será levada aos herdeiros legítimos, salvo o direito do substituto.

Alternativa A, incorreta. O direito de acrescer entre os coerdeiros previsto no artigo 1.941 do Código Civil só é possível se houver os seguintes requisitos: (i) coerdeiros nomeados na mesma disposição testamentária; (ii) conjuntamente chamados à herança; (iii) quinhões indeterminados; e (iv) inexistência de um substituto designado pelo testador. Diante disso, havendo determinação dos quinhões, inexistirá o direito de acrescer entre os coerdeiros. Alternativa B, incorreta. De acordo com o artigo 1.941 do Código Civil, inexistindo designação pelo testador de um substituto para o herdeiro que recusou ou não pode receber sua quota, esta será somada às quotas dos demais coerdeiros. Entretanto, tal dispositivo somente se aplica no caso de os quinhões não serem determinados. Alternativa C, incorreta. Dá-se o direito de representação, quando a lei convoca certos parentes, que irão suceder em todos os direitos no lugar do falecido, nos moldes do artigo 1.851 do Código Civil. Alternativa D, correta. Nos termos do artigo 1.944 do Código Civil, se o testador determinou a quota a cada um dos herdeiros não se configura o direito de acrescer, dessa forma, será transmitida aos herdeiros legítimos a quota vaga do nomeado, salvo se o testador designou um substituto para o herdeiro que recusou ou não pode receber sua parte da herança.

Gabarito "D".

(Cartório/SP – 2016 – VUNESP) No tema relativo ao instituto da colação, assinale a alternativa correta.

(A) São dispensadas da colação as doações que o doador determinar saiam da parte disponível, contanto que não a excedam, computado o seu valor ao tempo da doação.

(B) São dispensadas da colação as doações que o doador determinar saiam da parte disponível, contanto que não a excedam, computado o seu valor ao tempo da abertura da sucessão.

(C) A dispensa da colação só poderá ser prevista no próprio título de liberalidade.

(D) O tabelião deverá obstar a doação de bens que ultrapasse o valor da legítima dos herdeiros necessários.

Alternativa A, correta. Nos termos do artigo 2.005 do Código Civil, a dispensa da colação de doação que sair da metade disponível, a qual não pode ser excedida, deve ser feita pelo testador ou doador no testamento ou no próprio título, computando o seu valor ao tempo da doação. Alternativa B, incorreta. Vai de encontro ao disposto no artigo 2.005 do Código Civil, que diz que o valor da doação a ser computado no testamento ou no título da liberalidade deve ser feito ao tempo da doação e não da abertura da sucessão. Alternativa C, incorreta. Conforme dispõe o artigo 2.006 do Código Civil, a dispensa da colação pode ser feita pelo testador ou doador no testamento ou no próprio título da liberalidade. Alternativa D, incorreta. Nos termos do artigo 2.007 do Código Civil, haverá redução da doação se for apurado que o valor excedeu a parte que o doador poderia dispor. Dessa forma, no instante da liberalidade será promovida a competente redação, calculado com base no valor dos bens à época da doação.

Gabarito "A".

(Cartório/MG – 2015 – Consulplan) Sobre Sucessão Testamentária, nos termos do Código Civil brasileiro, considere as seguintes afirmativas:

I. O testamento cerrado pode ser escrito mecanicamente, desde que seu subscritor numere e autentique, com a sua assinatura, todas as páginas.

II. Se forem determinados os quinhões de uns e não os de outros herdeiros, distribuir-se-á por igual a estes últimos o que restar, depois de completas as porções hereditárias dos primeiros.

III. A incapacidade superveniente do testador não invalida o testamento, mas o testamento do incapaz se valida com a superveniência da capacidade.

Está correto apenas o que se afirma em:

(A) I

(B) II

(C) I e II

(D) I e III

I: Correto. Nos termos do parágrafo único do artigo 1.868 do Código Civil, o testamento cerrado, o qual é modalidade escolhida para quem deseja manter sua última vontade em segredo, se escrito mecanicamente exige que o subscritor numere e autentique com sua assinatura todas as páginas. II: correto. Conforme o artigo 1.907 do Código Civil o testador pode determinar o quinhão de um dos herdeiros. Os demais herdeiros que não tiverem a porção determinada receberão o que sobrar depois de atendida a quota determinada. III: incorreto. Nos termos do artigo 1.861 do Código Civil deve ser observado o princípio *tempus regit actum*, eis que as alterações mentais anteriores ou superveniente da elaboração do testamento não o invalidam.

Gabarito "C".

(Cartório/MG – 2015 – Consulplan) "João, a bordo de navio nacional, acompanhado de Patrícia, tabeliã de notas, e Pedro, oficial do cartório de títulos e documentos, diante do surgimento de risco de vida e da impossibilidade de desembarque em algum porto onde possa testar na forma ordinária, resolve fazê-lo de forma que corresponda ao testamento público ou ao cerrado." Diante do exposto, compete a lavratura do ato

(A) à tabeliã de notas, transcrevendo o ato em livro próprio, nos 90 (noventa) dias subsequentes ao seu desembarque em terra.

(B) à tabeliã de notas, e levado ao ofício de registro de contratos marítimos.

(C) ao oficial de Títulos e Documentos, por se tratar de ato excepcional.

(D) ao comandante do navio, e o registro do testamento será feito no diário de bordo.

Alternativa A, incorreta. Viola o disposto do artigo 1.891 do Código Civil, pois, nos noventa dias subsequente ao desembarque, o testamento marítimo ou aeronáutico caducará, e o testador poderá fazer, na forma ordinária, outro testamento. Alternativas B e C, incorretas. Violam o disposto no artigo 1.888 e parágrafo único, do Código Civil. Alternativa D, correta. Nos termos do parágrafo único do artigo 1.888 do Código Civil, só podem se utilizar do testamento marítimo quem estiver a bordo de navio nacional, de guerra ou mercante. O testamento será lavrado pelo comandante, perante duas testemunhas, na modalidade de testamento público ou cerrado.

Gabarito "D".

(Cartório/MG – 2015 – Consulplan) Um testamento, sem cláusula expressa de substituição, cujos herdeiros venham a falecer antes do testador

(A) perde a validade.

(B) torna-se nulo.

(C) torna-se anulável.

(D) perde a eficácia.

Alternativa A, incorreta. A validade do testamento depende do preenchimento dos requisitos dos artigos 1.857 e 1.858, do Código Civil.

Alternativa B, incorreta. Na nulidade absoluta, o testamento já nasce nulo, em razão da violação dos requisitos necessários à sua formação válida, nos termos do artigo 1.900 do Código Civil. Alternativa C, incorreta. A nulidade relativa ou a anulabilidade do testamento ocorre quando houver erro, dolo ou coação, nos termos do artigo 1.909 do Código Civil. Alternativa D, correta. Caso o herdeiro testamentário morra antes do testador, ou simultaneamente, o testamento caducará. Caducidade é a ineficácia de um testamento em razão de fato posterior à sua formação, ou seja, o testamento nasce válido, mas perde sua eficácia em razão de fato posterior. Diante disso, ocorrendo a caducidade do testamento, e não havendo direito de acrescer ou hipótese de substituição, subsiste a sucessão legítima como se não houvesse testamento.

Gabarito "D".

(Cartório/MG – 2015 – Consulplan) "João faleceu, deixando dois imóveis de mesmo valor e dois filhos, Lucas e Júlia. Na partilha, o imóvel da rua x ficou para Lucas, enquanto o imóvel da rua y, para Júlia." Nesse caso, é correto afirmar que

(A) a propriedade dos imóveis só se transmitiu com a partilha.

(B) a propriedade dos imóveis só se transmitiu com o registro do formal de partilha.

(C) cada filho terá direito a romper o testamento, uma vez que não foi respeitada a legítima.

(D) a propriedade dos imóveis se transmitiu com a morte e se individualizou com a partilha.

Alternativa A, incorreta. Viola o disposto nos artigos 1.784 e 1.791 do Código Civil. Alternativa B, incorreta. Viola os artigos 1.784 e 1.791 do Código Civil, pois a propriedade dos bens se transmite com a morte do outro da herança, entretanto, após partilha, com a apresentação do título aquisitivo do imóvel, ou seja, o formal de partilha será registrado no Registro de Imóveis. Alternativa C, incorreta. Os herdeiros necessários, quais sejam, descendentes, ascendentes e cônjuge, não podem ser afastados da herança, assim, metade da herança, denominado de legítima, será destinada aos herdeiros necessários, nos termos dos artigos 1.845 e 1.846 do Código Civil. Alternativa D, correta. Nos termos do artigo 1.784 do Código Civil, por força da morte do autor da herança, abre-se a sucessão e a herança é transmitida, desde logo, aos herdeiros legítimos e testamentários, portanto, segundo o princípio da *saisine*, a herança transmite-se imediatamente no momento da morte. Diante disso, enquanto não realizada a partilha dos bens, o direito dos coerdeiros será indivisível, quanto à posse e propriedade da herança, nos termos do artigo 1.791 do Código Civil.

Gabarito "D".

(Cartório/MG – 2015 – Consulplan) É exemplo de ato jurídico com forma defesa em lei

(A) a compra e venda de imóveis.

(B) os atos notariais.

(C) o testamento conjuntivo.

(D) o codicilo.

Alternativa A, incorreta. Compra e venda é espécie de contrato prevista nos artigos 481 e seguintes do Código Civil. Alternativa B, incorreta. São exemplos de atos notariais permitidos em nosso ordenamento jurídico: a) lavrar escrituras e procurações públicas; b) lavrar testamentos públicos e aprovar os cerrados; c) lavrar atas notariais; d) reconhecer firmas; e) autenticação de cópias. Alternativa C, correta. Nos termos do artigo 1.863 do Código Civil, é proibido o testamento conjuntivo, ou seja, o testamento, por ser ato personalíssimo, não pode ser elaborado em conjunto, eis que colocaria mais de uma vontade no ato. Testamento conjuntivo é gênero do qual são espécies: testamento simultâneo, testamento recíproco e o testamento respectivo. Alternativa D, incorreta.

O codicilo encontra previsão nos artigos 1.881 a 1.885 do Código Civil: "Toda pessoa capaz de testar poderá, mediante escrito particular seu, datado e assinado, fazer disposições especiais sobre o seu enterro, sobre esmolas de pouca monta a certas e determinadas pessoas, ou, indeterminadamente, aos pobres de certo lugar, assim como legar móveis, roupas ou joias, de pouco valor, de seu uso pessoal."
Gabarito "C".

(Cartório/CE – 2018 – IESES) Em relação a sonegação, responda:

I. Só se pode arguir de sonegação o inventariante depois de encerrada a descrição dos bens, com a declaração, por ele feita, de não existirem outros por inventariar e partir.

II. A pena de sonegadas independe de ação própria, podendo ser aplicada no inventário mediante requerimento fundamentado formulado pelos herdeiros.

III. Está sujeito à pena de sonegação o herdeiro que deixar de apresentar bens que deveria colacionar.

ASSINALE A CORRETA:

(A) Apenas as assertivas I e III são verdadeiras.

(B) Apenas as assertivas I e II são verdadeiras.

(C) Apenas a assertiva II é verdadeira.

(D) Todas as assertivas são verdadeiras.

I: correto. Só se pode arguir de sonegação o inventariante depois de encerrada a descrição dos bens, com a declaração, por ele feita, de não existirem outros por inventariar e partir, assim como arguir o herdeiro, depois de declarar-se no inventário que não os possui (art. 1.996, CC); II: incorreto. A pena de sonegados só se pode requerer e impor em ação movida pelos herdeiros ou pelos credores da herança (art. 1.994, *caput*, CC); III: correto. O herdeiro que sonegar bens da herança, não os descrevendo no inventário quando estejam em seu poder, ou, com o seu conhecimento, no de outrem, ou que os omitir na colação, a que os deva levar, ou que deixar de restituí-los, perderá o direito que sobre eles lhe cabia (art. 1.992, CC). Portanto, a alternativa correta é a letra A.
Gabarito "A".

9. DIREITO EMPRESARIAL

9.1. Empresário e Sociedade

(Cartório/CE – 2018 – IESES) Analise as assertivas abaixo e, de acordo com o que dispõe o Código Civil brasileiro vigente, assinale a alternativa correta:

I. O empresário individual poderá admitir sócios e, então, solicitar ao Registro Público de Empresas Mercantis a transformação do seu registro de empresário para sociedade empresária.

II. A pessoa natural não poderá figurar em mais de uma empresa individual de responsabilidade limitada ao mesmo tempo.

III. O incapaz, desde que devidamente assistido ou representado, poderá dar continuidade a empresa antes exercida por seu pai, independentemente de autorização judicial.

IV. Não poderão contratar sociedade, entre si ou com terceiros, os cônjuges casados no regime de comunhão parcial de bens ou no de separação obrigatória.

(A) As assertivas I e II estão corretas.

(B) Apenas a assertiva I está correta.

(C) Todas as assertivas estão corretas.

(D) Apenas a assertiva III está incorreta.

I: correto. O empresário individual poderá admitir sócios e, então, solicitar ao Registro Público de Empresas Mercantis a transformação do seu registro de empresário para sociedade empresária; II: correto. A pessoa natural que constituir empresa individual de responsabilidade limitada somente poderá figurar em uma única empresa dessa modalidade (art. 980-A, § 2º, CC); III: incorreto. Poderá o incapaz, por meio de representante ou devidamente assistido, continuar a empresa antes exercida por ele enquanto capaz, por seus pais ou pelo autor de herança. Nos casos deste artigo, preceder autorização judicial, após exame das circunstâncias e dos riscos da empresa, bem como da conveniência em continuá-la, podendo a autorização ser revogada pelo juiz, ouvidos os pais, tutores ou representantes legais do menor ou do interdito, sem prejuízo dos direitos adquiridos por terceiros. (art. 974, *caput* e § 1º, CC); IV: incorreto. Faculta-se aos cônjuges contratar sociedade, entre si ou com terceiros, desde que não tenham casado no regime da comunhão universal de bens, ou no da separação obrigatória (art. 977, CC). Portanto, a alternativa correta é a letra A.
Gabarito "A".

(Cartório/MG – 2012 – FUMARC) Segundo o Código Civil Brasileiro, dissolve-se a sociedade quando ocorrer

(A) o consenso da maioria absoluta dos sócios.

(B) a falta de pluralidade de sócios, não reconstituída no prazo de cento e oitenta dias.

(C) a deliberação dos sócios, por maioria simples, na sociedade de prazo indeterminado.

(D) a requerimento de qualquer dos sócios extrajudicialmente, quando anulada a sua constituição, mediante averbação no Registro Competente.

A: incorreta, pois é necessário o consenso *unânime* dos sócios (art. 1.033, II, do CC); B: correta (art. 1.033, IV, do CC); C: incorreta, pois na sociedade constituída por prazo indeterminado, para que haja a sua dissolução é necessária a deliberação por maioria absoluta (art. 1.033, III, do CC); D: incorreta, pois, quando for anulada sua constituição a sociedade apenas poderá ser dissolvida mediante requerimento *judicial* de qualquer dos sócios (art. 1.034, I, do CC).
Gabarito "B".

(Cartório/MA – 2008 – IESES) Em relação ao empresário, assinale a proposição correta:

(A) O empresário que instituir sucursal, filial ou agência está dispensado de fazer a averbação no Registro Público de Empresas Mercantis da respectiva sede.

(B) É obrigatória a inscrição do empresário no cartório de registro de títulos e documentos da respectiva sede.

(C) Considera-se empresário quem exerce profissão intelectual, de natureza científica, literária ou artística, com o concurso de auxiliares ou colaboradores.

(D) Considera-se empresário quem exerce profissionalmente atividade econômica organizada para a produção ou a circulação de bens ou de serviços.

A: incorreta, pois em qualquer caso, a constituição do estabelecimento secundário deverá ser averbada no Registro Público de Empresas Mercantis da respectiva sede (art. 969, parágrafo único do CC); B: incorreta, pois é obrigatória a inscrição do empresário no *Registro Público de Empresas Mercantis* da respectiva sede, antes do início de sua atividade (art. 967 do CC e Enunciados 168, 199 e 202 do CJF); C: incorreta, pois não se considera empresário quem exerce profissão intelectual, de natureza científica, literária ou artística, ainda com o concurso de auxiliares ou colaboradores (art. 966, parágrafo único, do CC); D: correta (art. 966, *caput*, do CC).
Gabarito "D".

9.2. Títulos de Crédito

(Cartório/MA – 2008 – IESES) Em relação aos títulos de crédito, assinale a proposição correta:

(A) A omissão de qualquer requisito legal, que tire ao escrito a sua validade como título de crédito, implica a invalidade do negócio jurídico que lhe deu origem.

(B) São requisitos imprescindíveis à validade do título de crédito a data da sua emissão, a indicação precisa dos direitos que confere, a assinatura do emitente e a data do vencimento.

(C) São atributos dos títulos de crédito a literalidade, a cartularidade e a autonomia.

(D) Admite-se a garantia por aval parcial.

A: incorreta, pois a omissão de qualquer requisito legal, que tire ao escrito a sua validade como título de crédito, *não* implica a invalidade do negócio jurídico que lhe deu origem (art. 888 do CC); B: incorreta, pois a data do vencimento não é imprescindível (art. 889 do CC); C: correta (art. 887 do CC). Pelo princípio da literalidade só produzem efeitos os atos lançados no próprio título de crédito, ou seja, só valerá aquilo que constar expressamente do título. Já o princípio da cartularidade reza que o exercício do direito de crédito documentado em título pressupõe a sua posse pelo credor. Por fim, pelo primado da autonomia das obrigações cambiais, eventuais vícios que venham a acarretar a nulidade, anulabilidade ou ineficácia de uma determinada relação jurídica documentada em um título de crédito não contaminam as demais relações jurídicas que nele estejam documentadas; D: incorreta (art. 897, parágrafo único, do CC).
Gabarito "C".

10. DIREITO DO CONSUMIDOR

(Cartório/MG – 2012 – FUMARC) Considerando o Código de Defesa do Consumidor, sobre o direito de reclamar pelos vícios aparentes ou de fácil constatação, é **correto** o que se afirma em

(A) Prescreve em trinta dias, tratando-se de fornecimento de serviço e de produtos duráveis.

(B) Caduca em noventa dias, tratando-se de fornecimento de serviço e de produtos não duráveis.

(C) Tratando-se de vício oculto, o prazo decadencial inicia-se no momento da compra do produto defeituoso.

(D) Inicia-se a contagem do prazo decadencial a partir da entrega efetiva do produto ou do término da execução dos serviços.

A: incorreta, pois prescreve em trinta dias, tratando-se de fornecimento de serviço e de produtos *não duráveis* (art. 26, I, do CDC); B: incorreta, pois *prescreve* em noventa dias, tratando-se de fornecimento de serviço e de produtos *duráveis* (art. 26, II, do CDC); C: incorreta, pois tratando-se de vício oculto, o prazo decadencial inicia-se no *momento em que for evidenciado o defeito* (art. 26, § 3º, do CC); D: correta, pois tratando-se de vício aparente ou de fácil constatação este é o termo inicial para o início da contagem do prazo (art. 26, § 1º, do CC).
Gabarito "D".

(Cartório/RN – 2012 – IESES) Considerem-se as seguintes afirmações quanto aos direitos do consumidor:

I. Informação precisa é aquela exata e definida, que esteja vinculada ao produto ou serviço de forma física ou visual, sem embaraço físico ou visual.

II. A necessidade de cálculos para compreensão do serviço ou produto não fere o direito do consumidor à informação clara.

III. Consumidor hipossuficiente é apenas aquele em desvantagem econômica perante o prestador de serviço ou o comerciante de um produto.

Diante de tais afirmações, é correto afirmar que:

(A) Apenas o item I está correto.

(B) Apenas o item II está correto.

(C) Os itens I e III estão corretos.

(D) Os itens I e II estão corretos.

I: correta, pois informação precisa é aquela que detalha ao máximo as características do produto, não causando maiores dúvidas ao consumidor. Nos termos do art. 6º, III, do CDC, a informação deve ser clara, com especificação correta de quantidade, características, composição, qualidade e preço, bem como sobre os riscos que os produtos apresentem; II: incorreta, pois o art. 6º, III, determina que a informação deve ser inequívoca no que tange à quantidade. Assim, a necessidade de cálculo pode vir a ferir essa exigência. Além do que existem diferentes perfis de consumidor, daí não se pode presumir que todos têm condições de enfrentar a matemática. Vê-se, pois que a exigência de cálculo pode inviabilizar o exercício de um direito, daí afronta de maneira cristalina a legislação consumeirista; III: incorreta, pois esse não é a melhor definição para consumidor hipossuficiente. Neste passo, importante que se faça uma observação. Todo consumidor é vulnerável, mas nem todo consumidor é hipossuficiente (art. 4º, I, do CDC). A vulnerabilidade é característica presumida no sistema, na medida em que e entende-se que o consumidor ocupa o polo mais fraco da relação, daí porque necessita de proteção especial. Já a hipossuficiência tem correlação com a capacidade de produzir provas. A hipossuficiência, além de ser econômica, pode ser ainda técnica ou jurídica, por exemplo. Constada sua presença, concede-se ao consumidor o direito de inversão do ônus da prova, capitulado no art. 6º, VIII, do CDC.
Gabarito "A".

(Cartório/SP – 2012 – VUNESP) No sistema de defesa do consumidor, a aplicabilidade de suas normas

(A) estará adstrita aos ditames do Código de Defesa do Consumidor.

(B) veda, expressamente, a inserção de todas as normas do Código Civil, porquanto estranhas ao sistema.

(C) exclui a eficácia de todos os tratados internacionais, com fundamento na premissa de que a defesa do consumidor é considerada direito fundamental.

(D) permite a absorção de normas elencadas no ordenamento jurídico brasileiro, desde que mais favoráveis ao consumidor, em sede de relação de consumo.

A: incorreta, pois a defesa do consumidor não está adstrita às normas do Código de Defesa do Consumidor, uma vez que o escopo da legislação é trazer a maior proteção possível a esse grupo da população. Daí se houver alguma lei mais benéfica fora do CDC, inequivocamente ela poderá ser aplicada (art. 7º, *caput*, do CDC); B e C: incorretas, pois não há nenhum tipo de vedação da aplicação das normas do Código Civil. Neste espeque, o Código Civil virá complementar aquilo que o Código de Defesa do Consumidor for omisso, sempre tendo em mente a proteção do consumidor. Assim, também não se exclui a aplicação de tratados internacionais. De fato, a proteção do consumidor é direito fundamental previsto no art. 5º, XXXII, da CF, mas isso não exclui a aplicação de um tratado que traga norma mais benéfica, eventualmente do que aquela prevista na legislação interna (art. 7º, *caput*, do CDC); D: correta, pois o objetivo maior é sempre a proteção do consumidor, independentemente da origem da regra. A máxima do "diálogo das fontes" é extremamente adequada para justificar a questão, na medida em que o sistema permite

6. DIREITO CIVIL

essa comunicação dinâmica entre as diversas fontes normativas, a fim de que promover a defesa plena do consumidor.

Gabarito "D".

(Cartório/SP – 2012 – VUNESP) Um usuário de transporte aéreo sofreu intoxicação alimentar derivada de refeição fornecida a bordo da aeronave, por empresa de *catering*, diversa da companhia aérea. Neste caso, é correto afirmar que houve

- **(A)** fato exclusivo da vítima, que exclui o dever de indenizar.
- **(B)** fortuito interno, inescusável, porquanto atrelado ao risco da atividade empreendida pelo transportador.
- **(C)** fato exclusivo de terceiro (empresa de *catering*), excludente válida da responsabilidade do transportador.
- **(D)** fortuito externo, já que se tratou de fato estranho à atividade do transportador, bem como aos riscos do transporte aéreo.

A: incorreta, pois a vítima em nada contribuiu para a criação do evento que lhe causou dano, seja dando causa ou agravando as suas consequências; B: correta, pois de fato trata-se de fortuito interno inerente ao risco da atividade. O fornecimento de alimentação em transporte aéreo é prática intrincada na atividade, na medida em que há a expectativa do consumidor em recebê-la, além do que o consumidor paga por ela de forma embutida no custo da passagem. Assim, eventual intoxicação merece ser indenizada, pois a empresa aérea assume o risco por aquilo que disponibiliza no mercado, ainda que o alimento não seja produzido diretamente por ela. Nesta esteira, a intoxicação alimentar demonstra verdadeiro defeito no fornecimento do serviço, na medida em que maculou direito da personalidade do consumidor, trazendo-lhe danos físicos. Assim, merece sem indenizado, independentemente da aferição de culpa (art. 14, *caput*, e § 1º, II do CDC); C: incorreta, pois não é possível falar em fato exclusivo de terceiro, na medida em que toda a cadeia de fornecedores responde frente ao consumidor. Daí é opção dele escolher em face de quem demandar, seja contra a empresa aérea, seja contra a empresa de *catering*, seja contra ambas, sendo a responsabilidade objetiva. Solucionada a questão com relação ao consumidor, a empresa aérea pode se voltar contra a empresa de *catering* invocando direito de regresso por eventual indenização despendida, provando culpa da mesma. Mas veja que esse é um momento posterior, em que a tutela do consumidor já foi solucionada (arts. 12 e 14, *caput*, do CDC); D: incorreta, pois mesmo que o fornecimento de alimentos não seja a atividade principal da empresa aérea, é atividade inerente a ela. Destarte, assume o mesmo risco com relação àquele concernente a sua atividade principal.

Gabarito "B".

(Cartório/MG – 2012 – FUMARC) Considerando o Código de Defesa do Consumidor, sobre os Contratos de Adesão, é correto afirmar, **EXCETO**

- **(A)** A inserção de cláusula no formulário desfigura a natureza de adesão do contrato.
- **(B)** Admite-se cláusula resolutória, desde que alternativa, cabendo a escolha ao consumidor, ressalvando-se o disposto no § 2° do artigo 53 do CDC.
- **(C)** As cláusulas que implicarem limitação de direito do consumidor deverão ser redigidas com destaque, permitindo sua imediata e fácil compreensão.
- **(D)** As cláusulas podem ser aprovadas pela autoridade competente ou estabelecidas unilateralmente pelo fornecedor de produtos ou serviços, sem que o consumidor possa discutir ou modificar substancialmente seu conteúdo.

A: incorreta (devendo ser assinalada), pois a inserção de cláusula no formulário *não desfigura* a natureza de adesão do contrato. Assim, ainda que sejam incluídos novos apontamentos, se o contrato mantiver a sua essência de "contrato de adesão", aplicar-se-ão as normas do CDC (art. 54, § 1º, do CDC); B: correta (art. 54, § 2º, do CDC); C: correta (art. 54, § 4º, do CDC); D: correta (art. 54, *caput*, do CDC).

Gabarito "A".

(Cartório/SP – I – VUNESP) Não é direito do consumidor

- **(A)** ser sempre protegido contra práticas comerciais desleais e contra publicidade enganosa.
- **(B)** ser sempre informado, de maneira clara e com completa especificação de quantidade, qualidade e preço, sobre diferentes produtos e serviços.
- **(C)** ver sempre alcançado o patrimônio do sócio, para reparação de danos causados pelo descumprimento de obrigação contratual da pessoa jurídica.
- **(D)** ter acesso ao órgão judiciário para prevenção de danos puramente morais.

A: incorreta (art. 6º, IV, do CDC); B: incorreta (art. 6º, III, do CDC); C: correta, pois não consta no rol de direitos do art. 6º do CDC; D: incorreta (art. 6º, VI, do CDC).

Gabarito "C".

(Cartório/SP – I – VUNESP) Fornecedor, nos termos do Código de Defesa do Consumidor,

- **(A)** pode ser a pessoa jurídica nacional, privada ou pública, mas não a pessoa jurídica estrangeira.
- **(B)** pode ser apenas a pessoa jurídica, quando estrangeira.
- **(C)** pode ser tanto a pessoa física quanto a jurídica, privada ou pública, mas nacional.
- **(D)** pode ser um ente despersonalizado.

Art. 3º do CDC.

Gabarito "D".

(Cartório/SP – II – VUNESP) Segundo a Lei nº 8.078/90 (Código de Defesa do Consumidor), "o fornecedor de serviços responde, independentemente da existência de culpa, pela reparação dos danos causados aos consumidores por defeitos relativos à prestação dos serviços, bem como por informações insuficientes ou inadequadas sobre sua fruição e riscos". Assinale a alternativa verdadeira.

- **(A)** Quanto aos profissionais liberais, aplica-se a regra, mas com a ressalva de que depende da verificação de culpa.
- **(B)** Equipara-se a serviço defeituoso o prestado com adoção de novas técnicas, não previstas originalmente.
- **(C)** Por se tratar de responsabilidade objetiva, o fornecedor de serviços não poderá se eximir mediante prova da culpa exclusiva de terceiro.
- **(D)** Por se tratar de responsabilidade objetiva, o fornecedor de serviços não poderá se eximir mediante prova da culpa exclusiva do consumidor.

A: correta (art. 14, § 4º, do CDC); B: incorreta, pois o serviço não é considerado defeituoso pela adoção de novas técnicas (art. 14, § 2º, do CDC); C e D: incorretas, pois comprovada a culpa exclusiva de terceiro ou do consumidor, o fornecedor estará isento de responsabilidade (art. 14, § 3º, II, do CDC).

Gabarito "A".

11. CRIANÇA E ADOLESCENTE

(Cartório/MG – 2012 – FUMARC) Considerando o que dispõe o Estatuto da Criança e do Adolescente (Lei n. 8.069/90) sobre a guarda, é **correto** o que se afirma em

(A) Confere à criança ou ao adolescente a condição de dependente, para todos os fins e efeitos de direito, exceto previdenciários.

(B) Destina-se a regularizar a posse de fato, podendo ser deferida, liminar ou incidentalmente, nos procedimentos de tutela, adoção e adoção por estrangeiros.

(C) Obriga a prestação de assistência material, moral e educacional à criança ou ao adolescente, conferindo a seu detentor o direito de opor-se a terceiros, exceto aos pais.

(D) Deferir-se-á a guarda, excepcionalmente, fora dos casos de tutela e adoção, para atender a situações peculiares, podendo ser deferido o direito de representação para a prática de atos determinados.

A: incorreta, pois a criança ou ao adolescente têm condição de dependente, para todos os fins e efeitos de direito, *inclusive previdenciários* (art. 33, § 3º, da Lei 8.069/1990); B: incorreta, pois ela não pode ser deferida na adoção por estrangeiro (art. 33, § 1º, da Lei 8.069/1990); C: incorreta, pois é possível que o detentor da guarda se oponha inclusive aos pais (art. 33, *caput*, da Lei 8.069/1990); D: correta, pois a guarda é um instituto transitório, conferida durante os procedimentos de tutela e adoção em casos somente será concedida dentro das hipóteses trazidas peca assertiva (art. 33, § 2º, da Lei 8.069/1990)
Gabarito "D".

(Cartório/MG – 2012 – FUMARC) Considerando o que dispõe o Estatuto da Criança e do Adolescente (Lei n. 8.069/90) sobre o Direito à Profissionalização e à Proteção no Trabalho,

(A) é assegurada bolsa de aprendizagem ao adolescente até dezesseis anos de idade.

(B) é proibido qualquer trabalho a menores de dezesseis anos de idade, salvo na condição de aprendiz.

(C) é assegurado o caráter educativo da remuneração recebida pela participação na venda de produtos de seu trabalho.

(D) é permitido o trabalho noturno ao adolescente empregado, realizado entre as vinte e duas horas de um dia e as cinco horas do dia seguinte.

A: incorreta, pois a bolsa de aprendizagem é assegurada ao adolescente até *quatorze anos* de idade (art. 64 da Lei 8.069/1990); B: incorreta, pois é proibido qualquer trabalho aos menores de *quatorze anos* de idade, salvo na condição de aprendiz (art. 60 da Lei 8.069/1990); C: correta, pois tanto é assegurado o caráter educativo, que a remuneração que o adolescente recebe pelo trabalho efetuado ou a participação na venda dos produtos de seu trabalho não o desfigura (art. 68, § 2º, da Lei 8.069/1990); D: incorreta, pois é vedado ao adolescente o trabalho noturno (art. 67, I, da Lei 8.069/1990).
Gabarito "C".

12. TEMAS COMBINADOS

(Cartório/MG – 2012 – FUMARC) Considerando a Lei n. 10.931, de 02/08/2004, sobre a Cédula de Crédito Imobiliário, é **correto** afirmar que

(A) a emissão e a negociação de CCI depende de autorização do devedor do crédito imobiliário que ela representa.

(B) as CCI fracionárias poderão ser emitidas, simultaneamente ou não, mesmo após do vencimento que elas representam.

(C) a CCI é título executivo judicial, exigível pelo valor apurado de acordo com as cláusulas e condições pactuadas no contrato que lhe deu origem.

(D) a constrição judicial que recaia sobre crédito representado por CCI será efetuada nos registros da instituição custodiante ou mediante apreensão da respectiva cártula.

A: incorreta, pois a emissão e a negociação de CCI *independe* de autorização do devedor do crédito imobiliário que ela representa (art. 21 da Lei 10.931/2004); B: incorreta, pois as CCI fracionárias poderão ser emitidas simultaneamente ou não, *a qualquer momento antes do vencimento* do crédito que elas representam (art. 18, § 2º, da Lei 10.931/2004); C: incorreta, pois a CCI é título executivo *extrajudicial*, exigível pelo valor apurado de acordo com as cláusulas e condições pactuadas no contrato que lhe deu origem (art. 20, *caput*, da Lei 10.931/2004); D: correta, na medida em que este é o procedimento adotado, consoante art. 18, § 7º, da Lei 10.931/2004.
Gabarito "D".

(Cartório/SP – II – VUNESP) Indique a alternativa incorreta.

(A) O penhor comum sobre coisas móveis é passível de transcrição no Registro de Títulos e Documentos.

(B) A impenhorabilidade do bem de família, no regime da Lei nº 8.009/90, não compreende bens móveis.

(C) Álveo é a superfície que as águas cobrem sem transbordar para o solo normalmente enxuto.

(D) Se a posse da coisa móvel se prolongar por cinco anos, produzirá usucapião independentemente de título e boa-fé.

A: correta (art. 1.432 do CC); B: incorreta (devendo ser assinalada), pois a impenhorabilidade abrange os móveis que guarnecem a residência, desde que quitados (art. 1º, parágrafo único, da Lei 8.009/1990); C: correta, pois álveo é justamente a superfície coberta pelas águas, de modo que o abandono do álveo é a seca do rio, que fica descoberto, abandonado (art. 1.252 do CC); D: correta, pois esta é a hipótese de usucapião extraordinária de bem móvel (art. 1.261 do CC)
Gabarito "B".

(Cartório/SP – II – VUNESP) Assinale a alternativa incorreta.

(A) Só se poderá cogitar de usucapião especial de área urbana se perfeitamente identificado, quanto a suas divisas e confrontações, o terreno ocupado por cada possuidor.

(B) O direito de preempção confere ao Poder Público preferência para aquisição de imóvel urbano objeto de alienação onerosa entre particulares.

(C) O direito de superfície será concedido mediante escritura pública registrada no Registro de Imóveis.

(D) A constituição do condomínio especial previsto no Estatuto da Cidade depende de prévia sentença judicial.

A: incorreta (devendo ser assinalada), pois é viável que haja usucapião especial de área urbana ainda que não seja possível identificar os terrenos ocupados por cada possuidor desde que os possuidores não sejam proprietários de outro imóvel urbano ou rural (art. 10 da Lei 10.257/2001) B: correta (art. 25 da Lei 10.257/2001); C: correta (art. 167, I, item 39 da Lei 6.015/1973 e art. 21 da Lei 10.25720/01); D: correta (art. 10, §2º da Lei 10.257/2001).
Gabarito "A".

6. DIREITO CIVIL   431

(Cartório/SP – IV – VUNESP) Assinale a alternativa incorreta.

(A) O proprietário da obra responde, solidariamente com o empreiteiro, pelos danos que a demolição de prédio causa no imóvel vizinho.

(B) Convenção de condomínio aprovada, mas não registrada, não tem eficácia alguma.

(C) O incorporador, como fornecedor de um produto durável, é solidariamente responsável pelos vícios de qualidade ou quantidade, sejam aparentes, ocultos ou de estrutura, que forem verificados na obra.

(D) Não pode exceder de cinco anos a indivisão estabelecida pelo doador ou pelo testador.

A: correta, pois não obstante o Código Civil não trate expressamente da responsabilidade do proprietário com relação ao empreiteiro, a questão é solucionada pela regra do seu art. 942, *in verbis* "Os bens do responsável pela ofensa ou violação do direito de outrem ficam sujeitos à reparação do dano causado; e, se a ofensa tiver mais de um autor, todos responderão solidariamente pela reparação". Assim, considerando que o proprietário da obra se faz substituir pelo empreiteiro na execução da tarefa, é responsável, juntamente com o seu substituto, pelos danos que este vier a causar, quer decorram de falta contratual, quer de falta delitual, desde que relacionados com o exercício da substituição; B: incorreta (devendo ser assinalada), pois a convenção de condomínio sem o respectivo registro apenas deixa de ter eficácia contra terceiros, sendo plenamente oponível aos condôminos que a ratificaram (art. 1.333 do CC); C: correta (art. 1.369 do CC e art. 167, I, item 39 da Lei 6.015/1973); D: correta, pois o condomínio especial é aquele decorrente da usucapião coletiva e, nos termos do art. 9°, § 2°, da Lei 10.257/2001 "a usucapião especial coletiva de imóvel urbano será declarada pelo juiz, mediante sentença, a qual servirá de título para registro no cartório de registro de imóveis".
Gabarito "B".

(Cartório/MG – 2015 – Consulplan) Sobre as normas previstas no Estatuto da Criança e do Adolescente, é correta a afirmação:

(A) A internação, antes da sentença, pode ser determinada pelo prazo máximo de noventa dias.

(B) Obrigação de reparar o dano não é medida socioeducativa prevista no Estatuto da Criança e do Adolescente.

(C) Em nenhuma hipótese o período máximo de internação excederá a dois anos.

(D) Em nenhuma hipótese será aplicada a internação, havendo outra medida adequada.

Alternativa A, incorreta. Nos termos do artigo 108 do Estatuto da Criança e do Adolescente, o prazo máximo de internação que pode ser determinado antes da sentença é de quarenta e cinco dias. Alternativa B, incorreta. De acordo com o inciso II do artigo 112, a reparação de danos é hipótese de média socioeducativa prevista no Estatuto da Criança e do Adolescente. Alternativa C, incorreta. Nos termos do § 3° do artigo 121 do Estatuto da Criança e do Adolescente, o prazo máximo de internação é de três anos. Alternativa D, correta. A internação só poderá ser aplicada quando preenchido os requisitos do artigo 122 do Estatuto da Criança e do Adolescente, que de acordo com o § 2° do referido dispositivo, havendo outra medida mais adequada não será aplicada a internação.
Gabarito "D".

(Cartório/MG – 2015 – Consulplan) Nos termos do Estatuto da Advocacia, são impedidos de exercer a advocacia

(A) membros de órgãos do Poder Judiciário, do Ministério Público, dos tribunais e conselhos de contas, dos juizados especiais, da justiça de paz, juízes classistas, bem como de todos os que exerçam função de julgamento em órgãos de deliberação coletiva da administração pública direta e indireta.

(B) os membros do Poder Legislativo, em seus diferentes níveis, contra ou a favor das pessoas jurídicas de direito público, empresas públicas, sociedades de economia mista, fundações públicas, entidades paraestatais ou empresas concessionárias ou permissionárias de serviço público.

(C) ocupantes de cargos ou funções vinculados direta ou indiretamente a qualquer órgão do Poder Judiciário e os que exercem serviços notariais e de registro.

(D) ocupantes de cargos ou funções de direção em Órgãos da Administração Pública direta ou indireta, em suas fundações e em suas empresas controladas ou concessionárias de serviço público.

Alternativa A, incorreta. De acordo com o inciso II do artigo 28 do Estatuto da Advocacia, trata-se de exercício de atividade incompatível com a advocacia, ainda que em causa própria. Alternativa B, correta. Nos termos do inciso II do artigo 30 da norma estatuária. Alternativa C, incorreta. Aplica-se novamente o disposto no artigo 28 do Estatuto, que trata de exercício de atividade incompatível com a advocacias, nos termos do inciso IV. Alternativa D, incorreta. Nos termos do inciso III do artigo 28 do Estatuto da Advocacia, diz respeitoso ao exercício de atividade incompatível com a advocacia.
Gabarito "B".

(Cartório/PA – 2016 – IESES) Julgue as assertivas abaixo de acordo com o Estatuto da Criança e do Adolescente (ECA):

I. A tutela será deferida, nos termos da lei civil, a pessoa de até 18 (dezoito) anos incompletos.

II. É possível a adoção por procuração.

III. A colocação em família substituta estrangeira constitui medida excepcional, somente admissível na modalidade de adoção.

IV. Podem adotar os maiores de 18 (dezoito) anos, independentemente do estado civil.

A sequência correta é:

(A) As assertivas I, II, III e IV estão corretas.

(B) Apenas as assertivas I, III e IV estão corretas.

(C) Apenas a assertiva IV está correta.

(D) Apenas as assertivas II e IV estão corretas.

I: correta. Nos termos do artigo 36 do Estatuto da Criança e do Adolescente. II: incorreto. Viola o disposto no § 2° do artigo 39 do Estatuto da Criança e do Adolescente. III: correto. De acordo com o artigo 31 do ECA. IV: correto. Nos termos do artigo 42 do ECA.
Gabarito "B".

(Cartório/MG – 2015 – Consulplan) Sobre os Direitos dos Idosos, previstos na Lei 10.741/03, analise as afirmativas:

I. Nos programas habitacionais, públicos ou subsidiados com recursos públicos, o idoso goza de prioridade na aquisição de imóvel para moradia própria, observada a reserva de pelo menos 3% (três por cento) das unidades habitacionais residenciais para atendimento aos idosos.

II. Aos maiores de 60 (sessenta) anos fica assegurada a gratuidade dos transportes coletivos públicos urbanos e semiurbanos, exceto nos serviços seletivos e especiais, quando prestados paralelamente aos serviços regulares.

III. Lavrar ato notarial que envolva pessoa idosa sem discernimento de seus atos, sem a devida representação legal, constitui crime previsto na Lei 10.741/03.

Está correto apenas o que se afirma em:

(A) I

(B) II

(C) I e II

(D) I e III

I: correto. Nos moldes do inciso I do artigo 38 do Estatuto do Idoso. **II:** incorreto. O artigo 39 do Estatuto do Idoso prevê que aos maiores de sessenta e cinco anos fica assegurada a gratuidade dos transportes coletivos públicos urbanos e semiurbanos. **III:** correto. De acordo com o artigo 108, constitui crime previsto no Estatuto do Idoso.

Gabarito "D".

(Cartório/MG – 2015 – Consulplan) Nos termos do Estatuto da Advocacia, quanto à sociedade de advogados, é correto afirmar, EXCETO:

(A) Não são admitidas a registro, nem podem funcionar, as sociedades de advogados que apresentem forma ou características mercantis, que adotem denominação de fantasia, que realizem atividades estranhas à advocacia, que incluam sócio não inscrito como advogado ou totalmente proibido de advogar.

(B) Nenhum advogado pode integrar mais de uma sociedade de advogados, com sede ou filial na mesma área territorial do respectivo Conselho Seccional.

(C) A razão social deve ter, obrigatoriamente, o nome de, pelo menos, um advogado responsável pela sociedade, podendo permanecer o de sócio falecido, desde que prevista tal possibilidade no ato constitutivo.

(D) O registro da sociedade de advogados dar-se-á nos cartórios de registro civil de pessoas jurídicas e nas juntas comerciais, de sociedade que inclua, entre outras finalidades, a atividade de advocacia.

Alternativa A está de acordo com o artigo 16 do Estatuto da Advocacia. O Estatuto, Lei 8.906/94 sofreu alterações de texto dada pela Lei 13.247/16, entretanto, a alternativa continua de acordo com disposto no referido artigo, conforme segue: "Não são admitidas a registro nem podem funcionar todas as espécies de sociedades de advogados que apresentem forma ou características de sociedade empresária, que adotem denominação de fantasia, que realizem atividades estranhas à advocacia, que incluam como sócio ou titular de sociedade unipessoal de advocacia pessoa não inscrita como advogado ou totalmente proibida de advogar." Alternativa B. Não obstante o § 4º do artigo 15 também tenha sofrido alteração de texto dada pela referida lei em 2016, a assertiva continua em consonância com a norma estatutária: "Nenhum advogado pode integrar mais de uma sociedade de advogados, constituir mais de uma sociedade unipessoal de advocacia, ou integrar, simultaneamente, uma sociedade de advogados e uma sociedade unipessoal de advocacia, com sede ou filial na mesma área territorial do respectivo Conselho Seccional." Alternativa C. De acordo com o § 1º do artigo 16 do Estatuto da Advocacia. Alternativa D. incorreta, devendo ser assinalada. O § 1º do artigo 15 prevê que a sociedade de advogados e a sociedade unipessoal de advocacia devem registrar seus atos constitutivos **no Conselho Seccional da OAB** em cuja base territorial tiver sede.

Gabarito "D".

(Cartório/PA – 2016 – IESES) O plano diretor, aprovado por lei municipal, é um instrumento básico da política de desenvolvimento e expansão urbana. De acordo com o Estatuto da Cidade é correto afirmar:

I. O plano diretor deverá englobar o território do Município como um todo.

II. No processo de elaboração do plano diretor e na fiscalização de sua implementação, os Poderes Legislativo e Executivo municipais garantirão a promoção de audiências públicas e debates com a participação da população e de associações representativas dos vários segmentos da comunidade; a publicidade quanto aos documentos e informações produzidos e o acesso de qualquer interessado aos documentos e informações produzidos.

III. O plano diretor é parte integrante do processo de planejamento municipal, devendo o plano plurianual, as diretrizes orçamentárias e o orçamento anual incorporar as diretrizes e as prioridades nele contidas.

IV. A lei que instituir o plano diretor deverá ser revista, pelo menos, a cada quinze anos.

A sequência correta é:

(A) Apenas as assertivas I, II e III estão corretas.

(B) As assertivas I, II, III e IV estão corretas.

(C) Apenas a assertiva III está correta.

(D) Apenas as assertivas I e IV estão corretas.

I: correta. Nos termos do § 2º do artigo 40 do Estatuto da Cidade, Lei n. 10.257/01. **II:** correta. De acordo com os incisos I, II e III do § 4º do artigo 40 do Estatuto da Cidade. **III:** correta. Nos termos do § 1º do artigo 40 do Estatuto da Cidade. **IV:** incorreta. Viola o disposto no § 3º do artigo 40 do Estatuto, que diz: "A lei que instituir o plano diretor deverá ser revista, pelo menos, **a cada dez anos.**"

Gabarito "A".

(Cartório/MG – 2016 – Consulplan) Pelo site de uma loja virtual, Carine adquiriu uma batedeira, parcelando diversas vezes no cartão de crédito. Ao receber o produto, embora tenha constatado ser de boa qualidade, concluiu que agiu compulsivamente. Por esta razão, no dia em que o recebeu, contatou o serviço de assistência ao consumidor (SAC), postulando o desfazimento do negócio, e que a transação não seja lançada na fatura. Nos termos do Código Defesa do Consumidor, a loja virtual

(A) deverá aceitar a batedeira. O consumidor tem o direito de se arrepender de uma compra, no entanto, sendo de sua responsabilidade informar individualmente ao fornecedor e à instituição financeira ou administradora de cartão de crédito o seu arrependimento, para o estorno do valor pago pela mercadoria adquirida.

(B) não terá que desfazer o negócio, pois o direito de arrependimento garante apenas a troca do bem, não a devolução das quantias pagas. Caso a loja resolva desfazer, considera-se mera liberalidade.

(C) deverá aceitar a batedeira, cancelar junto à operadora ou que seja efetivado o estorno do valor atualizado, caso o lançamento na fatura já tenha sido realizado.

(D) não terá que desfazer o negócio, tendo em vista que o Código de Defesa do Consumidor garante o direito de arrependimento somente em virtude de vícios ou defeitos.

Alternativa C, correta. De acordo com o artigo 49 do Código de Defesa do Consumidor, sempre que a contratação de fornecimento de produtos e serviços ocorrer fora do estabelecimento comercial, o consumidor poderá desistir do contrato, no prazo de 7 dias a contar de sua assinatura ou do recebimento do produto ou serviço. E, nos termos do parágrafo

6. DIREITO CIVIL

único do referido dispositivo, serão devolvidos de imediato os valores eventualmente pagos.

Alternativas A, B e D, incorretas. Violam o disposto no artigo 49 e parágrafo único, do Código Civil.

Gabarito "C".

(Cartório/PA – 2016 – IESES) O consumidor pode desistir do contrato, sempre que a contratação de fornecimento de produtos e serviços ocorrer fora do estabelecimento comercial, especialmente por telefone ou a domicílio, no prazo de:

(A) 07 dias a contar de sua assinatura ou do ato de recebimento do produto ou serviço.

(B) 15 dias a contar de sua assinatura ou do ato de recebimento do produto ou serviço.

(C) 30 dias a contar de sua assinatura ou do ato de recebimento do produto ou serviço.

(D) 60 dias a contar de sua assinatura ou do ato de recebimento do produto ou serviço.

Alternativa A, correta, de acordo com o artigo 49 do Código de Defesa do Consumidor.

Alternativas B, C, D violam o artigo 49 do Código de Defesa do Consumidor.

Gabarito "A".

(Cartório/MG – 2016 – Consulplan) Nos financiamentos pelo Sistema Financeiro Imobiliário – SFI, a lei obriga a contratação do seguro quanto aos riscos de morte ou invalidez permanente do devedor. Em caso de morte, o beneficiário será

(A) na ordem seguinte: os descendentes; os ascendentes; o cônjuge sobrevivente; os colaterais; os Municípios, o Distrito Federal ou a União.

(B) na ordem seguinte: os ascendentes, em concorrência com o cônjuge; o cônjuge sobrevivente; os colaterais até quarto grau.

(C) a instituição financeira ou o titular do crédito, que receberá o valor da indenização correspondente ao saldo devedor.

(D) o codevedor.

Alternativa A, B, D, incorretas. Não há previsão legal. Alternativa C, correta. Segundo o artigo 757 do Código Civil, o segurador se obriga, mediante o pagamento do prêmio, a garantir o interesse legítimo do segurado. Ora, tratando-se de financiamento pelo SFI, o artigo 5°, inciso IV, da Lei 9.514/97 obriga a contratação de seguro quanto aos riscos de morte ou invalidez, de modo que instituição financeira ou o titular do crédito serão os segurados e eles têm o interesse legítimo ao benefício por serem fiduciários da propriedade fiduciária segurada.

Gabarito "C".

(Cartório/RS – 2019 – VUNESP) A responsabilidade civil dos notários e oficiais de registro prescreve em

(A) 5 (cinco) anos, contado o prazo da data da lavratura do ato registral ou notarial.

(B) 3 (três) anos, contado o prazo da data em que o lesado ou interessado tomar conhecimento do ato registral ou notarial.

(C) 3 (três) anos, se o ato foi praticado antes de 11 de maio de 2016 e 5 (cinco) anos se o ato foi praticado após esta data, sempre considerando como prazo inicial a data da lavratura do ato registral ou notarial.

(D) 3 (três) anos, contado o prazo da data da lavratura do ato registral ou notarial.

(E) 5 (cinco) anos, contado o prazo da data em que o lesado ou interessado tomar conhecimento do ato registral ou notarial.

Prescreve em três anos a pretensão de reparação civil, contado o prazo da data de lavratura do ato registral ou notarial (art. 22, parágrafo único, Lei 8.935/1994).

Gabarito "D".

(Cartório/RS – 2019 – VUNESP) Sr. João, após trabalhar por muitos anos, guardou R$ 200.000,00 (duzentos mil reais) para aquisição de seu imóvel próprio. Encontrou, em Porto Alegre, um apartamento que gostou muito e negociou a compra e venda com o então proprietário, André, pelo valor de R$ 350.000,00 (trezentos e cinquenta mil reais). Do valor total, R$ 200.000,00 (duzentos mil reais) seriam pagos à vista e o saldo (R$ 150.000,00) seria pago ao André por meio de um financiamento bancário. Assim, o Sr. João providenciou o financiamento bancário perante uma renomada instituição financeira, de modo que todas as partes assinaram instrumento contratual de venda e compra com pacto de alienação fiduciária em garantia. Sr. João efetivamente pagou as 10 (dez) parcelas iniciais do financiamento e, após, perdeu seu emprego. Passado o prazo de carência de 3 (três) meses, previsto no contrato, a instituição financeira requereu ao Cartório de Registro de Imóveis (CRI) competente a intimação do fiduciante para purgar a mora. O CRI delegou o ato ao Cartório de Registro de Título e Documentos, que, após diversas tentativas de intimação do fiduciante, constatou efetiva suspeita de ocultação do Sr. João (que não queria receber a intimação pois não tinha recursos para purgar a mora), intimando-o por hora certa. Escoado o prazo para purgar a mora, consolidou-se a propriedade em nome da fiduciária, nomeando-se leiloeiro para realização de público leilão, em duas hastas. Assim, a fiduciária enviou correspondência ao Sr. João, via correios e e-mail, informando-o sobre as datas, horários e locais dos leilões. O imóvel objeto do financiamento é o único de propriedade do Sr. João e onde ele efetivamente reside com sua família.

Nesse cenário, assinale a alternativa correta.

(A) É possível que o ato de intimação seja delegado do Cartório de Registro de Imóveis para o Cartório de Registro de Título e Documentos, mas a intimação por hora certa é nula, na medida em que esta modalidade de intimação deve ser realizada exclusivamente pela via judicial.

(B) Certificado que o Sr. João não possui outros bens imóveis de sua titularidade, não poderia ocorrer a consolidação da propriedade em nome da fiduciária, na medida em que o bem é protegido pela impenhorabilidade inerente ao bem de família.

(C) A intimação para purgar a mora é válida, mas é nula a intimação sobre as datas, horários e locais dos leilões, na medida em que a intimação deveria se dar pessoalmente, ainda que houvesse necessidade de intimar o fiduciante novamente por hora certa.

(D) O Sr. João tem a prerrogativa de adquirir novamente o imóvel, pelo valor da dívida, somado aos encargos e despesas, até a data do segundo leilão.

(E) A intimação para purgar a mora é nula, na medida em que o Cartório de Registro de Imóveis não poderia delegar o ato ao Cartório de Registro de Títulos e Documentos.

A: incorreto. É possível a intimação por hora certa. Quando, por duas vezes, o oficial de registro de imóveis ou de registro de títulos e documentos ou o serventuário por eles credenciado houver procurado o intimando em seu domicílio ou residência sem o encontrar, deverá, havendo suspeita motivada de ocultação, intimar qualquer pessoa da família ou, em sua falta, qualquer vizinho de que, no dia útil imediato, retornará ao imóvel, a fim de efetuar a intimação, na hora que designar, aplicando-se subsidiariamente o disposto nos arts. 252, 253 e 254 da Lei 13.105, de 16 de março de 2015 (art. 26, § 3º-A, Lei 9.514/97); **B:** incorreto. A impenhorabilidade é oponível em qualquer processo de execução civil, fiscal, previdenciária, trabalhista ou de outra natureza, salvo se movido pelo titular do crédito decorrente do financiamento destinado à construção ou à aquisição do imóvel, no limite dos créditos e acréscimos constituídos em função do respectivo contrato (art. 3º, inciso II, da Lei 8.009/90); **C:** incorreto. A intimação não precisa ser pessoalmente. Para os fins do disposto nos §§ 1º e 2º deste artigo, as datas, horários e locais dos leilões serão comunicados ao devedor mediante correspondência dirigida aos endereços constantes do contrato, inclusive ao endereço eletrônico (art. 27, § 2º-A, Lei 9.514/97); **D:** correto. Após a averbação da consolidação da propriedade fiduciária no patrimônio do credor fiduciário e até a data da realização do segundo leilão, é assegurado ao devedor fiduciante o direito de preferência para adquirir o imóvel por preço correspondente ao valor da dívida, somado aos encargos e despesas de que trata o § 2º deste artigo, aos valores correspondentes ao imposto sobre transmissão *inter vivos* e ao laudêmio, se for o caso, pagos para efeito de consolidação da propriedade fiduciária no patrimônio do credor fiduciário, e às despesas inerentes ao procedimento de cobrança e leilão, incumbindo, também, ao devedor fiduciante o pagamento dos encargos tributários e despesas exigíveis para a nova aquisição do imóvel, de que trata este parágrafo, inclusive custas e emolumentos (art. 27, § 2º-B, da Lei 9.514/97); **E:** incorreto. A intimação far-se-á pessoalmente ao fiduciante, ou ao seu representante legal ou ao procurador regularmente constituído, podendo ser promovida, por solicitação do oficial do Registro de Imóveis, por oficial de Registro de Títulos e Documentos da comarca da situação do imóvel ou do domicílio de quem deva recebê-la, ou pelo correio, com aviso de recebimento (Art. 26, § 3º da Lei 9.514/97).

Gabarito "D".

(Cartório/RS – 2019 –VUNESP) De acordo com a Lei 6.766/1976, que dispõe sobre o parcelamento do solo urbano, assinale a alternativa correta.

(A) A existência de quaisquer protestos e ações pessoais, em desfavor do loteador, impedirá o registro do loteamento, ressalvada a possibilidade do loteador pleitear autorização judicial para prosseguir com o registro.

(B) Após a aprovação do projeto de loteamento pela municipalidade, o loteador não terá prazo máximo para submetê-lo ao registro imobiliário, desde que não realize qualquer alteração no projeto aprovado.

(C) O pedido de cancelamento do registro do loteamento poderá ser realizado pelo loteador, independentemente de anuência da prefeitura, desde que nenhum lote tenha sido objeto de contrato.

(D) Examinada a documentação que acompanha o pedido de registro do loteamento, o Oficial do Registro de Imóveis poderá, a seu exclusivo critério, publicar edital do pedido de registro.

(E) O pedido de registro do projeto de loteamento deverá estar acompanhado, dentre outros documentos, do exemplar do contrato padrão de promessa de venda.

A: incorreto. A existência de protestos, de ações pessoais ou de ações penais, exceto as referentes a crime contra o patrimônio e contra a administração, não impedirá o registro do loteamento se o requerente comprovar que esses protestos ou ações não poderão prejudicar os adquirentes dos lotes. Se o Oficial do Registro de Imóveis julgar insuficiente a comprovação feita, suscitará a dúvida perante o juiz competente (art. 18, § 2º da Lei 6.776/79); **B:** incorreto. Aprovado o projeto de loteamento ou de desmembramento, o loteador deverá submetê-lo ao registro imobiliário dentro de 180 (cento e oitenta) dias, sob pena de caducidade da aprovação (art. 18 da Lei nº. 6.776/79); **C:** incorreto. O registro do loteamento só poderá ser cancelado a requerimento do loteador, com anuência da Prefeitura, ou do Distrito Federal quando for o caso, enquanto nenhum lote houver sido objeto de contrato (art. 23, inciso II, da Lei 6.776/79); **D:** incorreto. Examinada a documentação e encontrada em ordem, o Oficial do Registro de Imóveis encaminhará comunicação à Prefeitura e fará publicar, em resumo e com pequeno desenho de localização da área, edital do pedido de registro em 3 (três) dias consecutivos, podendo este ser impugnado no prazo de 15 (quinze) dias contados da data da última publicação (art. 19 da Lei 6.776/79) e **E:** correta. Aprovado o projeto de loteamento ou de desmembramento, o loteador deverá submetê-lo ao registro imobiliário dentro de 180 (cento e oitenta) dias, sob pena de caducidade da aprovação, acompanhado dos seguintes documentos: exemplar do contrato padrão de promessa de venda, ou de cessão ou de promessa de cessão, do qual constarão obrigatoriamente as indicações previstas no art. 26 desta Lei (art. 18, inciso VI, da Lei 6.776/79).

Gabarito "E".

(Cartório/MG – 2016 – Consulplan) Nos termos da Lei nº 9.514/97, a alienação fiduciária poderá ser contratada por pessoa física ou jurídica, não sendo privativa das entidades que operam no Sistema Financeiro Imobiliário – SFI, podendo ter como objeto, além da propriedade plena, outros direitos reais sobre bens imóveis.

Assinale a alternativa que não permite gravar isoladamente com alienação fiduciária.

(A) Bens enfitêuticos.

(B) O direito de uso especial para fins de moradia.

(C) O direito real de uso, desde que suscetível de alienação.

(D) O usufruto, a posse ou fruição assegurada por esse direito.

Alternativa A, de acordo com o artigo 22, § 1º, inciso I, da Lei 9.514/97. Alternativa B, de acordo com o artigo 22, § 1º, inciso II, da Lei 9.514/97. Alternativa C, de acordo com o artigo 22, § 1º, inciso III, da Lei 9.514/97. Alternativa D, não há previsão na Lei 9.514/97. Como não há previsão no artigo 22, § 1º, da referida Lei, o usufruto, a posse ou fruição assegurada por esse direito, não podem ser objeto de alienação fiduciária.

Gabarito "D".

7. Direito Processual Civil

Luiz Dellore

I – PARTE GERAL

1. PRINCÍPIOS DO PROCESSO CIVIL

(Cartório/MG – 2019 – Consulplan) Segundo as normas e princípios contidos na Constituição Federal e no Código de Processo Civil, analise as afirmativas a seguir.

I. A instauração do processo depende de provocação das partes e seu desenvolvimento se dá por impulso oficial, salvo as exceções previstas em lei.

II. Em razão do princípio dispositivo, o juiz não pode, de ofício, determinar a produção de provas.

III. O descumprimento das normas reguladoras da competência resulta em violação ao princípio do juiz natural.

IV. Nos procedimentos de jurisdição voluntária, o juiz pode decidir por critérios de equidade.

Estão corretas as afirmativas

(A) I, II, III e IV.

(B) II e IV, apenas.

(C) I, II e III, apenas.

(D) I, III e IV, apenas.

I: certa, pois a afirmação reflete os princípios da inércia da jurisdição e do impulso oficial, positivados na parte de princípios do Código (CPC, art. 2º); II: incorreta, pois o Código prevê poderes instrutórios ao juiz (CPC, art. 370) e isso não significa violação ao princípio dispositivo / inércia, pois a demanda já está em trâmite; III: correta, pois o princípio do juiz natural significa a previsão, em abstrato (nas regras de competência) de quem julgará uma causa antes que a lide ocorra (CF, art. 5º, XXXVII) – de modo a assegurar a imparcialidade do juiz; IV: certa, conforme expressa autorização legal (CPC, art. 723, parágrafo único). Gabarito "D".

(Cartório/RS – 2019 – VUNESP) Nos termos do artigo 4º do Código de Processo Civil, as partes têm o direito de obter em prazo razoável a solução integral do mérito, incluída a atividade satisfativa. Considerando que o processo civil deve ser interpretado conforme os valores e as normas fundamentais estabelecidos na Constituição da República Federativa do Brasil, é correto afirmar que referido dispositivo consagra os seguintes princípios:

(A) cooperação processual, proporcionalidade razoabilidade e eficiência.

(B) boa-fé objetiva processual, isonomia material e impulso oficial.

(C) contraditório comparticipativo, impulso oficial e legalidade.

(D) razoável duração do processo, primazia das decisões de mérito e efetividade.

(E) inafastabilidade da jurisdição e estímulo a resolução consensual de conflitos.

A questão trata dos princípios da duração razoável do processo, da primazia das decisões de mérito e da efetividade da tutela jurisdicional, consagrados no art. 4º do CPC. Vale lembrar que esses princípios também têm previsão na Constituição (CF, art. 5º, LXXVIII) e foram inseridos no CPC como normas fundamentais do processo civil, interpretado a partir da CF (CPC, art. 1º). As outras alternativas trazem outros princípios processuais, mas não o que constam do enunciado. Gabarito "D".

(Cartório/SP – 2018 – VUNESP) Analise as afirmações a seguir em relação às normas fundamentais do processo civil.

I. Todos os sujeitos do processo devem cooperar entre si para que se obtenha, em tempo razoável, decisão de mérito, justa e efetiva.

II. As partes têm o direito de obter em tempo razoável a solução integral do mérito, excluída a atividade satisfativa.

III. O Juiz não pode decidir, em grau algum de jurisdição, com base em fundamento a respeito do qual não se tenha dado às partes oportunidade de se manifestar, excetuando as matérias sobre as quais deva decidir de ofício.

IV. Ao aplicar o ordenamento jurídico, o juiz atenderá aos fins sociais e às exigências do bem comum, resguardando e promovendo a dignidade da pessoa humana e observando a proporcionalidade, a razoabilidade, a legalidade, a publicidade e a eficiência.

Assinale a alternativa que contém as afirmações corretas.

(A) II e IV.

(B) I e III.

(C) I e IV.

(D) II e III.

I: correta, sendo esse o princípio da cooperação (CPC, art. 6º); II: incorreta, pois os princípios da efetividade da tutela jurisdicional, da razoável duração do processo e da primazia da decisão de mérito *incluem* a atividade satisfativa (CPC, art. 4º); III: incorreta, porque as matérias que podem ser conhecidas de ofício também exigem que seja oportunizada prévia manifestação das partes – é o chamado princípio da *vedação de decisões surpresa* (CPC, art. 10); IV: correta, conforme expressa disposição legal (CPC, art. 8º). Gabarito "C".

(Cartório/MG – 2016 – Consulplan) A conciliação e a mediação, formas de resolução de conflito, são informadas pelos seguintes princípios, expressamente adotados pelo Novo Código de Processo Civil, EXCETO:

(A) Independência e confidencialidade.

(B) Simplicidade e economia processual.

(C) Autonomia de vontade e informalidade.

(D) Imparcialidade, decisão informada e oralidade.

A resposta para a questão está no CPC, art. 166: "A conciliação e a mediação são informadas pelos princípios da *independência*, da *impar-*

cialidade, da *autonomia da vontade*, da *confidencialidade*, da *oralidade*, da *informalidade* e da *decisão informada*".

Gabarito "B".

(CESPE – 2016) Acerca da jurisdição e dos princípios informativos do processo civil, assinale a opção correta.

(A) No âmbito do processo civil, admite-se a renúncia, expressa ou tácita, do direito atribuído à parte de participar do contraditório.

(B) A jurisdição voluntária se apresenta predominantemente como ato substitutivo da vontade das partes.

(C) A carta precatória constitui exceção ao princípio da indeclinabilidade da jurisdição.

(D) A garantia do devido processo legal se limita à observância das formalidades previstas no CPC.

(E) O princípio da adstrição atribui à parte o poder de iniciativa para instaurar o processo civil.

A: correta. Compete ao juiz zelar pelo efetivo contraditório (CPC, arts. 7º, 9º e 10), que é o binômio informação + possibilidade de manifestação. Agora, o seu exercício é uma escolha das partes, que, diante de direitos disponíveis, podem optar por se manifestar ou não. É o caso, por exemplo, do réu que, citado, fica revel; **B:** incorreta, pois na jurisdição voluntária o magistrado não decide uma controvérsia (ou seja, inexiste substituição da vontade das partes), mas há mera integração (complementação) da vontade dos interessados (que sequer são chamados de "partes", pois não há lide e posições antagônicas); **C:** incorreto, pois no caso da expedição de carta precatória o juiz pede a cooperação do órgão jurisdicional competente, não havendo delegação de jurisdição; **D:** incorreto. Em se tratando de cláusula geral decorrente da própria CF (art. 5º, LIV), o devido processo legal compreende a obediência a várias garantias mínimas (contraditório, motivação das decisões, duração razoável do processo, dentre outras), que não precisam estar previstas necessariamente no CPC. Exatamente por isso se trata de um princípio, que permeia todo o sistema; **E:** incorreto, pois a alternativa trata do princípio da inércia da jurisdição, consubstanciado no art. 2º, CPC. O princípio da adstrição (também chamado de princípio da congruência), por sua vez, remonta à ideia de que o juiz deve decidir nos limites daquilo que foi pedido (art. 492, CPC).

Gabarito "A".

2. JURISDIÇÃO E COMPETÊNCIA

(Cartório/CE – 2018 – IESES) Analise as assertivas abaixo e, de acordo com o que dispõe a legislação vigente sobre arbitragem (Lei 9.307/96), assinale a alternativa correta:

I. As pessoas capazes poderão contratar a arbitragem para dirimir litígios relativos a direitos patrimoniais, disponíveis ou indisponíveis.

II. A administração pública direta poderá contratar a arbitragem para dirimir litígios relativos a direitos patrimoniais disponíveis.

III. A cláusula compromissória arbitral escrita pode estar inserta no próprio contrato ou em documento apartado que a ele se refira.

IV. O árbitro deverá ser capaz e ter concluído curso superior.

(A) Todas as assertivas estão incorretas.

(B) Todas as assertivas estão corretas.

(C) As assertivas II e III estão corretas.

(D) Apenas a assertiva I está incorreta.

I: incorreta, pois apenas os direitos patrimoniais disponíveis podem ser submetidos à arbitragem, de litigantes capazes (Lei 9.307/96, art. 1º); **II:** correta, conforme expressa disposição legal – valendo a ressalva de que a Administração Pública Direta e Indireta poderá se valer da arbitragem (Lei 9.307/96, art. 1º, § 1º); **III:** certa, conforme expressa disposição legal (Lei 9.307/96, art. 4º); **IV:** incorreta, tendo em vista não existir previsão legal sobre a necessidade de conclusão de curso superior (Lei 9.307/96, art. 13).

Gabarito "C".

(Cartório/CE – 2018 – IESES) Relativamente à figura jurídica da Mediação, segundo o disposto na Lei n. 13.140/15, assinale a alternativa INCORRETA:

(A) Aplicam-se ao mediador as mesmas hipóteses legais de impedimento e suspeição do juiz.

(B) A Mediação será orientada, dentre outros, pelos princípios da isonomia entre as partes, da informalidade, da confidencialidade e da boa-fé.

(C) Não podem ser objeto de mediação os conflitos que versem sobre direitos indisponíveis, ainda que admitam transação.

(D) Na mediação judicial, os mediadores não estarão sujeitos à prévia aceitação das partes.

A: correta, conforme previsão legal, devendo ser aplicadas as regras de impedimento e suspeição do juiz, previstas nos arts. 144 e 145, do CPC (Lei 13.140/15, art. 5º); **B:** correta, sendo esses alguns dos princípios norteadores da mediação expressamente previstos na lei (Lei 13.140/15, art. 2º); **C:** incorreta, devendo ser assinalada, porque os direitos indisponíveis podem ser objeto de mediação, desde que admitam transação – como no caso de alimentos (Lei 13.140/15, art. 3º); **D:** correta, conforme expressa previsão legal, ressalvadas as hipóteses de impedimento e suspeição dos mediadores (Lei 13.140/15, art. 25).

Gabarito "C".

(Cartório/CE – 2018 – IESES) Ainda acerca da Mediação e segundo o disposto na Lei n. 13.140/15, é correto afirmar:

(A) Nenhuma das alternativas.

(B) A propositura de ação judicial em que figurem concomitantemente nos polos ativo e passivo órgãos ou entidades de direito público que integrem a administração pública federal deverá ser previamente autorizada pelo Procurador Geral da República.

(C) Observados os requisitos apontados na própria Lei de Mediação, as controvérsias jurídicas que envolvam a administração pública federal direta, suas autarquias e fundações poderão ser objeto de transação por adesão.

(D) É obrigatório aos Estados, ao Distrito Federal e aos Municípios, suas autarquias e fundações públicas, bem como às empresas públicas e sociedades de economia mista federais, submeter seus litígios com órgãos ou entidades da administração pública federal à Advocacia-Geral da União, para fins de composição extrajudicial do conflito.

A: incorreta, vide alternativa "C"; **B:** incorreta, pois a propositura da ação deverá ser previamente autorizada pelo Advogado-Geral da União (que é o chefe da AGU, faz parte do executivo) e não pelo Procurador Geral da República, que é o chefe do MPF (Lei 13.140/15, art. 39); **C:** certa, conforme expressa autorização legal (Lei 13.140/15, art. 35); **D:** incorreta, porque a tentativa de composição extrajudicial do conflito é uma faculdade da Administração Pública e não uma obrigação (Lei 13.140/15, art. 37).

Gabarito "C".

7. DIREITO PROCESSUAL CIVIL

(Cartório/CE – 2018 – IESES) Acerca das regras jurídicas dispostas no Código de Processo Civil e que definem a competência interna, assinale a alternativa INCORRETA:

(A) O foro de domicílio do autor da herança, no Brasil, é o competente para o inventário, a partilha, a arrecadação, o cumprimento de disposições de última vontade, a impugnação ou anulação de partilha extrajudicial e para todas as ações em que o espólio for réu, ainda que o óbito tenha ocorrido no estrangeiro.

(B) A ação possessória imobiliária será proposta no foro de situação da coisa, cujo juízo tem competência absoluta.

(C) A ação fundada em direito real sobre bens imóveis será proposta, em regra, no foro de domicílio do réu.

(D) A ação fundada em direito pessoal será proposta, em regra, no foro de domicílio do réu.

A: correta, conforme expressa disposição legal (CPC, art. 48); **B:** correta, conforme expressa disposição legal – apesar de em regra a competência de foro (territorial) ser relativa, nesse caso trata-se de uma *exceção* da lei, para apontar que nesse caso não se trata de competência relativa (CPC, art. 47, § 2º); **C:** incorreta e que, portanto, deve ser assinalada, já que a ação deve ser proposta no foro de situação da coisa (CPC, art. 47); **D:** correta, sendo o domicílio do réu a regra de competência adotada pelo Código para as ações fundadas em direito pessoal (CPC, art. 46) – com o objetivo de facilitar a ampla defesa e o contraditório. Gabarito "C".

(Cartório/PA – 2016 – IESES) De acordo com o Código de Processo Civil em vigência, relativamente à Competência Interna, assinale a alternativa correta:

I. É competente o foro da situação dos bens se o autor da herança não possuía domicílio certo e o do lugar em que ocorreu o óbito se o autor da herança não tinha domicílio certo e possuía bens em lugares diferentes.

II. É competente o foro do domicílio do credor para a ação de anulação de títulos extraviados ou destruídos.

III. Nas ações de reparação do dano sofrido em razão de delito ou acidente de veículos, será competente o foro do domicílio do autor ou do local do fato.

IV. Reputam-se conexas duas ou mais ações, quando lhes for comum o objeto ou a causa de pedir.

Analisando as afirmativas, assinale a alternativa correta:

(A) Apenas I, III e IV estão corretas.

(B) Todas estão corretas.

(C) Apenas I e III estão corretas.

(D) Apenas II e IV estão corretas.

I: Correta, sendo essa a previsão legal (CPC, art. 48, parágrafo único); **II:** Incorreta. Como não há previsão legal de competência para essa demanda, aplica-se a regra geral do domicílio do réu (CPC, art. 46); **III:** Correta (CPC, art. 53, V); **IV:** Correta (CPC, art. 55). Gabarito "A".

(Cartório/PA – 2016 – IESES) De acordo com a Lei 9.307/96, que dispõe sobre a arbitragem, assinale a alternativa correta:

(A) A sentença arbitral será proferida no prazo estipulado pelas partes. Nada tendo sido convencionado, o prazo para a apresentação da sentença é de três meses, contado da instituição da arbitragem ou da substituição do árbitro.

(B) Poderão as partes escolher, livremente, as regras de direito que serão aplicadas na arbitragem, desde

que não haja violação aos bons costumes e à ordem pública.

(C) Considera-se instituída a arbitragem quando aceita a nomeação pelo árbitro, se for único, ou pela maioria absoluta, se forem vários.

(D) Às partes é vedado estabelecer o processo de escolha dos árbitros, devendo adotar as regras de um órgão arbitral institucional ou entidade especializada.

A: incorreta, pois o prazo para sentença, se não estipulado pelas partes, é de 6 meses (Lei 9.307/1996, art. 23); **B:** correta (Lei 9.307/1996, art. 2º, § 1º); **C:** incorreta, porque considera-se instituída a arbitragem quando "aceita a nomeação pelo árbitro, se for único, ou *por todos, se forem vários*" (Lei 9.307/1996, art. 19); **D:** incorreta, pois as partes podem, de comum acordo, estipular o processo de escolha dos árbitros (Lei 9.307/1996, art. 13, § 3º). Gabarito "B".

(Cartório/PA – 2016 – IESES) Julgue as assertivas relacionadas ao instituto da arbitragem:

I. As partes interessadas podem submeter a solução de seus litígios ao juízo arbitral mediante convenção de arbitragem, assim entendida a cláusula compromissória e o compromisso arbitral.

II. A administração pública direta e indireta poderá utilizar-se da arbitragem para dirimir conflitos relativos a direitos patrimoniais indisponíveis.

III. A arbitragem poderá ser de direito ou de equidade, a critério das partes.

IV. A arbitragem que envolva a administração pública será sempre de direito e respeitará o princípio da publicidade.

A sequência correta é:

(A) Apenas as assertivas I e II estão corretas.

(B) Apenas a assertiva II está correta.

(C) As assertivas I, II, III e IV estão corretas.

(D) Apenas as assertivas I, III e IV estão corretas.

I: Correta (Lei 9.307/1996, art. 3º); **II:** Incorreta, pois somente no caso de direitos patrimoniais *disponíveis* poderá a administração se valer da arbitragem (Lei 9.307/1996, art. 1º, § 1º); **III:** Correta (Lei 9.307/1996, art. 2º); **IV:** Correta (Lei 9.307/1996, art. 2º, § 3º) Gabarito "D".

(Cartório/SP – 2016 – VUNESP) A arbitragem, como meio para dirimir conflitos relativos a direitos patrimoniais disponíveis, poderá ser utilizada

(A) pelos entes da Administração Pública direta, desde que não envolva matéria de direito.

(B) pelos particulares, em geral, sem qualquer restrição, inclusive quanto à capacidade.

(C) pelas entidades paraestatais, excluídas as empresas públicas.

(D) pela Administração Pública direta e indireta.

A: Incorreta, pois não há limitação a ser matéria de direito ou de fato, mas sim que sejam direitos patrimoniais disponíveis (art. 1º, § 1º, da Lei 9.307/1996). **B:** Incorreta, pois só poderão se valer da arbitragem as pessoas com capacidade para contratar (art. 1º, *caput*, da Lei 9.307/1996). **C:** Incorreta, considerando o exposto em "A". **D:** Correta, conforme art. 1º, § 1º da Lei 9307/1996, com a ressalva incluída pela Lei 13.129/2015, que é apenas para dirimir conflitos relativos a direitos patrimoniais disponíveis. Gabarito "D".

LUIZ DELLORE

(Cartório/MG – 2015 – Consulplan) Quanto à competência absoluta, assinale a opção correta:

(A) Pode ser alterada apenas até a contestação.

(B) Pode ser prorrogada por convenção das partes.

(C) Pode ser prorrogada pelo juiz.

(D) Não pode ser modificada ou prorrogada pela vontade das partes e do órgão jurisdicional.

A incompetência absoluta não pode ser alterada por vontade das partes nem é objeto de prorrogação – isso é o que se verifica na incompetência relativa (CPC, arts. 64, § 1º e 65).

Gabarito "D".

(Cartório/MS – Remoção – 2014 – Ieses) A competência em razão da matéria e da hierarquia é inderrogável por convenção das partes; mas estas podem modificar a competência em razão do valor e do território, elegendo foro onde serão propostas as ações oriundas de direitos e obrigações. Portanto pode-se afirmar que o foro contratual:

(A) Os herdeiros legais necessários, exclusivamente.

(B) Não obriga as partes por se tratar de matéria de competência territorial.

(C) Obriga os herdeiros e sucessores das partes, inclusive.

(D) Apenas as partes contratantes.

A resposta "C" consta exatamente do art. 63, § 2º, CPC.

Gabarito "C".

(Cartório/ES – 2013 – CESPE) Com base nas regras de competência, assinale a opção correta.

(A) Em caso de grave violação de direitos humanos, o Procurador-Geral da República pode suscitar, perante o STF, incidente de deslocamento de competência para a justiça federal, em qualquer fase do inquérito ou processo, para assegurar obrigações decorrentes de tratados internacionais de que o Brasil seja parte.

(B) A justiça comum é competente para processar e julgar ação possessória ajuizada em decorrência do exercício de greve pelos trabalhadores da iniciativa privada.

(C) A alteração superveniente de competência, ainda que ditada por norma constitucional, não afeta a validade de sentença de mérito anteriormente proferida em processo em andamento, subsistindo a competência recursal do tribunal respectivo.

(D) A incompetência absoluta em razão da matéria, questão de ordem pública, declarável de ofício a todo tempo e em qualquer grau de jurisdição, gera nulidade absoluta, insuscetível de preclusão e insanável.

(E) O princípio da *perpetuatio jurisdictionis* e aplicável em caso de supressão de órgão judiciário ou alteração da competência em razão da matéria ou hierarquia.

A: incorreta. Esse incidente de deslocamento da competência (ou incidente de federalização) é suscitado pelo PGR perante o STJ (CF, art. 109, § 5º); B: incorreta. (Súmula Vinculante 23/STF: "A Justiça do Trabalho é competente para processar e julgar ação possessória ajuizada em decorrência do exercício do direito de greve pelos trabalhadores da iniciativa privada."); C: correta. Essa situação foi relevante após a EC 45/2004, que aumentou a competência da Justiça do Trabalho. E a questão foi sumulada pelo STJ (Súmula 367/STJ: "A competência estabelecida pela EC n. 45/2004 não alcança os processos já sentenciados."); D: incorreta. Em relação

às decisões proferidas por magistrado que posteriormente se dá por incompetente de forma absoluta: (i) em regra, serão conservados os efeitos da decisão já proferida pelo juiz, até nova decisão do juiz competente; (ii) excepcionalmente, poderá ser revogada a decisão, pelo próprio juiz que a prolatou, ao reconhecer sua incompetência (CPC, art. 64, § 4º); E: incorreta. Essas são exatamente as exceções ao princípio da *perpetuatio jurisdictionis*, que está previsto no art. 43 do CPC ("Determina-se a competência no momento do registro ou da distribuição da petição inicial, sendo irrelevantes as modificações do estado de fato ou de direito ocorridas posteriormente, salvo quando suprimirem órgão judiciário ou alterarem a competência absoluta.").

Gabarito "C".

(Cartório/ES – 2013 – CESPE) Assinale a opção correta acerca da competência em direito processual civil.

(A) Regem a competência dos tribunais as normas do Código de Processo Civil e de organização judiciária.

(B) O reconhecimento da conexão não gera modificação de competência se um dos processos já tiver sido julgado.

(C) Excluído do feito o ente federal, cuja presença levou o juiz estadual a declinar da competência, deve o juiz federal suscitar o conflito, sendo incabível mera restituição dos autos.

(D) A presença da União na ação de usucapião especial afasta a competência do foro da situação do imóvel, deslocando a causa para a justiça federal.

(E) A decisão do juiz federal que exclui a União do processo não vincula a justiça estadual, a qual pode suscitar o conflito de competência em caso de discordância.

A: incorreta (CPC, art. 44); B: correta, nos termos do art. 55, §1º, CPC. E isso consta da Súmula 235/STJ: "A conexão não determina a reunião dos processos, se um deles já foi julgado"; C: incorreta, nos termos do art. 45, §3º, CPC. E isso consta da Súmula 224/STJ: "Excluído do feito o ente federal, cuja presença levara o Juiz Estadual a declinar da competência, deve o Juiz Federal restituir os autos e não suscitar o conflito"); D: incorreta. (Súmula 11/STJ: "A presença da União ou de qualquer de seus entes, na ação de usucapião especial, não afasta a competência do foro da situação do imóvel"); E: incorreta, conforme comentários na alternativa "C".

Gabarito "B".

(Cartório/SP – I – VUNESP) Assinale a alternativa correta.

(A) Dá-se a conexão entre duas ou mais ações sempre que há identidade quanto às partes e à causa de pedir, mas o objeto de uma, por ser mais amplo, abrange o das outras.

(B) Reputam-se conexas duas ou mais ações, quando lhes forem comuns o objeto e o interesse de agir.

(C) Dá-se a continência entre duas ou mais ações sempre que há identidade quanto às partes e à causa de pedir, mas o objeto de uma, por ser mais amplo, abrange o das outras.

(D) Dá-se continência entre duas ou mais ações quando lhes forem comuns o objeto e a causa de pedir.

A: incorreto, pois a hipótese é de continência (art. 56 do CPC); B: incorreto, porque há conexão quando comum o pedido ou a causa de pedir (art. 55 do CPC); C: correto (art. 56 do CPC); D: incorreto, pois no caso há conexão (art. 55 do CPC).

Gabarito "C".

7. DIREITO PROCESSUAL CIVIL

3. PARTES, PROCURADORES, SUCUMBÊNCIA, MINISTÉRIO PÚBLICO E JUIZ

(Cartório/MG – 2016 – Consulplan) No que tange ao consentimento entre cônjuges para efeito de se tratar sobre direito real imobiliário, julgue as afirmações seguintes:

I. O cônjuge necessitará do consentimento do outro para propor ação que verse sobre direito real imobiliário, salvo quando casados sob o regime de separação absoluta de bens.

II. Ambos os cônjuges serão necessariamente citados para a ação que verse sobre direito real imobiliário, salvo quando casados sob o regime de separação absoluta de bens; que seja resultante de fato que diga respeito a ambos os cônjuges ou de ato praticado por eles; que seja fundada em dívida contraída por um dos cônjuges a bem da família; e que tenha por objeto o reconhecimento, a constituição ou a extinção de ônus sobre imóvel de um ou de ambos os cônjuges.

III. Nas ações possessórias, a participação do cônjuge do autor ou do réu somente é indispensável nas hipóteses de composse ou de ato por ambos praticado.

IV. É dispensável o consentimento quando se tratar de relacionamento identificado e comprovado como união estável.

Está correto apenas o que se afirma em:

(A) I, II e III.

(B) II, III e IV.

(C) I e II.

(D) III e IV.

I: Correto (CPC, art. 73); **II:** Correto (CPC, art. 73, § 1º, incisos); **III:** Correto (CPC, art. 73, § 2º); **IV:** Incorreto, pois *também na união estável* necessária a participação do companheiro, tal qual se verifica em relação ao cônjuge (CPC, art. 73, § 3º).
Gabarito "A".

(Cartório/MG – 2016 – Consulplan) Em se tratando de sentença proferida com fundamento em desistência, em renúncia ou em reconhecimento do pedido, as despesas e os honorários advocatícios serão pagos pela parte que desistiu, renunciou ou reconheceu.

Sobre esse tema, NÃO é correto afirmar:

(A) Sendo parcial a desistência, a renúncia ou o reconhecimento, a responsabilidade pelas despesas e pelos honorários advocatícios será proporcional à parcela reconhecida, à qual se renunciou ou da qual se desistiu.

(B) Havendo transação e nada tendo as partes disposto quanto às despesas, estas serão divididas igualmente.

(C) Ainda que a transação ocorra antes da sentença, as partes não serão dispensadas do pagamento das custas processuais remanescentes.

(D) Se o réu reconhecer a procedência do pedido e, simultaneamente, cumprir de modo integral a prestação reconhecida, os honorários serão reduzidos pela metade.

A: correta (CPC, art. 90, § 1º); **B:** correta (CPC, art. 90, § 2º); **C:** incorreta, devendo esta ser assinalada. Se a transação for anterior à sentença, as partes *serão dispensadas* do recolhimento das custas restantes (CPC, art. 90, § 1º); **D:** correta (CPC, art. 90, § 4º);
Gabarito "C".

(Cartório/MG – 2016 – Consulplan) Em se tratando da gratuidade de justiça, assinale a afirmação INCORRETA, de acordo com o CPC/2015.

(A) Se superveniente à primeira manifestação da parte na instância, o pedido de gratuidade judiciária não poderá ser formulado por petição simples nos autos do próprio processo.

(B) O juiz somente poderá indeferir o pedido se houver nos autos elementos que evidenciem a falta dos pressupostos legais para a concessão de gratuidade, devendo, antes de indeferir o pedido, determinar à parte a comprovação do preenchimento dos referidos pressupostos.

(C) Presume-se verdadeira a alegação de insuficiência deduzida exclusivamente por pessoa natural; todavia, a assistência do requerente por advogado particular não impede a concessão de gratuidade da justiça.

(D) O recurso que verse exclusivamente sobre valor de honorários de sucumbência fixados em favor do advogado de beneficiário estará sujeito a preparo, salvo se o próprio advogado demonstrar que tem direito à gratuidade.

A: incorreta, devendo esta ser assinalada. Se for feito após a inicial, o pedido de gratuidade será formulado por simples petição (CPC, art. 99, § 1º); **B:** correta (CPC, art. 99, § 2º); **C:** correta (CPC, art. 99, §§ 3º e 4º); **D:** correta (CPC, art. 99, § 5º).
Gabarito "A".

(Cartório/MG – 2016 – Consulplan) Quanto aos poderes, deveres e responsabilidade do juiz, é INCORRETO afirmar:

(A) O juiz não se exime de decidir sob a alegação de lacuna ou obscuridade do ordenamento jurídico e só decidirá por equidade nos casos previstos em lei.

(B) O juiz decidirá o mérito nos limites propostos pelas partes, sendo-lhe vedado conhecer de questões não suscitadas a cujo respeito a lei exige iniciativa da parte.

(C) Convencendo-se, pelas circunstâncias, de que autor e réu se serviram do processo para praticar ato simulado ou conseguir fim vedado por lei, o juiz proferirá decisão que impeça os objetivos das partes, aplicando, de ofício, as penalidades da litigância de má-fé.

(D) O juiz responderá, civil e regressivamente, por perdas e danos quando recusar, omitir ou retardar, sem justo motivo, providência que deva ordenar de ofício ou a requerimento da parte. Tais hipóteses somente serão verificadas depois que a parte requerer ao juiz que determine a providência e o requerimento não for apreciado no prazo de vinte dias.

A: correta (CPC, art. 140); **B:** correta (CPC, art. 141); **C:** correta (CPC, art. 142); **D:** incorreta, devendo esta ser assinalada. A afirmação está inicialmente correta (CPC, art. 143), mas ao final está errada, pois as hipóteses "serão verificadas depois que a parte requerer ao juiz que determine a providência e o requerimento não for apreciado *no prazo de 10 (dez) dias*" (CPC, art. 143, parágrafo único).
Gabarito "D".

(Cartório/MG – 2016 – Consulplan) Relativamente aos advogados públicos ou privados, ao defensor público e ao membro do Ministério Público, constitui dever de ofício promover a restituição dos autos no prazo do ato a ser praticado.

LUIZ DELLORE

A esse respeito, avalie as seguintes proposições:

I. É lícito a qualquer interessado exigir os autos do advogado que exceder prazo legal.

II. Se, intimado, o advogado não devolver os autos no prazo de quarenta e oito horas, perderá o direito à vista fora de cartório e incorrerá em multa correspondente à metade do salário-mínimo.

III. Verificada a falta, o juiz comunicará o fato à seção local da Ordem dos Advogados do Brasil para procedimento disciplinar e imposição de multa.

IV. Se a situação envolver membro do Ministério Público, da Defensoria Pública ou da Advocacia Pública, a multa, se for o caso, será aplicada ao agente público responsável pelo ato.

Está correto o que se afirma em:

(A) I, II e III, apenas.

(B) I, III e IV, apenas.

(C) II e IV, apenas.

(D) I, II, III e IV.

I: Correta (CPC, art. 234, § 1º); **II:** Incorreta, pois a previsão do Código é devolução em *3 dias*, sob pena da multa indicada (CPC, art. 234, § 2º); **III:** Correta (CPC, art. 234, § 3º); **IV:** Correta (CPC, art. 234, § 4º). Gabarito "B".

(Cartório/MG – 2016 – Consulplan) No que tange à guarda e à conservação de bens penhorados, arrestados, sequestrados ou arrecadados serão confiadas a depositário ou a administrador, julgue as afirmações a seguir:

I. Por seu trabalho o depositário ou o administrador perceberá remuneração que o juiz fixar, levando em conta a situação dos bens, o tempo do serviço e às dificuldades de sua execução, não podendo extrapolar o limite de cinco por cento sobre o valor total dos bens.

II. O juiz poderá nomear um ou mais prepostos por indicação do depositário ou do administrador.

III. O depositário ou o administrador responderá pelos prejuízos que, por dolo ou culpa, causar à parte, perdendo a remuneração que lhe foi arbitrada, embora seja-lhe assegurado o direito de haver o que legitimamente despendeu no exercício do encargo.

IV. O depositário infiel responde civilmente pelos prejuízos causados, sem prejuízo de sua responsabilidade penal e da imposição de sanção por ato atentatório à dignidade da justiça.

Está correto o que se afirma em:

(A) I, II e III, apenas.

(B) II, III e IV, apenas.

(C) II e III, apenas.

(D) I, II, III e IV.

I: Incorreta, pois não existe a limitação de honorários com base no valor dos bens (CPC, art. 160); **II:** Correta (CPC, art. 160, parágrafo único); **III:** Correta (CPC, art. 161); **IV:** Correta (CPC, art. 161, parágrafo único). Gabarito "B".

(Cartório/PI – 2013 – CESPE) No que diz respeito às funções institucionais do MP, assinale a opção correta.

(A) O MP tem legitimidade para impugnar pedido de retificação de assentamento no registro civil das pessoas naturais.

(B) O órgão do MP não será civilmente responsável, caso, no exercício de suas funções institucionais, proceda com dolo ou fraude.

(C) Ao atuar, em processo civil, na tutela de interesses de pessoas interditadas, o MP exerce a função de representante da parte material.

(D) Caso o alimentando tenha alcançado a maioridade, o MP será parte legítima para recorrer contra decisão em ação que discuta alimentos.

(E) O MP, exercendo a função de fiscal da lei, detém legitimidade para recorrer adesivamente.

A: correta, pois se trata de jurisdição voluntária, procedimento no qual há a atuação do MP (CPC, art. 721, sendo que a retificação de assento decorre disso). **B:** incorreta, pois a lei não limita a responsabilidade somente às funções institucionais (CPC, art. 181); **C:** incorreta, porque o MP nunca atuará como representante da parte, mas como substituto processual (CPC, arts. 18 e 177); **D:** incorreta para a banca. O MP não tem legitimidade para intervir em processos em que há interesses de capazes (CPC, art. 178) – mas, eventualmente, trata-se de interditado e, aí, poderia o MP atuar (mas o enunciado é omisso); **E:** incorreta, pois o MP, enquanto fiscal da ordem jurídica, não "perde"(ou, tecnicamente, sucumbe) – sendo a sucumbência recíproca o requisito para se recorrer adesivamente (CPC, art. 997, § 1º). Gabarito "A".

(Cartório/SP – 2011 – VUNESP) A representação processual em juízo, ativa e passivamente, é atribuída da seguinte forma:

(A) a massa falida, pelo maior credor.

(B) o Município, pelo servidor público credenciado.

(C) a herança jacente ou vacante, por seu procurador.

(D) o espólio, pelo inventariante.

A: incorreto (art. 75, V, do CPC); **B:** incorreto (art. 75, II, I do CPC); **C:** incorreto (art. 75, VI, do CPC); **D:** correto (art. 75, VII, do CPC). Gabarito "D".

---

4. PRAZOS PROCESSUAIS E ATOS PROCESSUAIS

(Cartório/RS – 2019 – VUNESP) De acordo com o Código de Processo Civil, os atos processuais serão realizados nos prazos prescritos em lei. Sobre a matéria, assinale a alternativa correta.

(A) O juiz proferirá os despachos no prazo de 5 (cinco) dias, as decisões interlocutórias no prazo de 10 (dez) dias e as sentenças no prazo de 20 (vinte) dias.

(B) Decorrido o prazo, extingue-se o direito de praticar ou de emendar o ato processual, mediante declaração judicial, ficando assegurado à parte provar que não o realizou por justa causa.

(C) Na comarca, seção ou subseção judiciária onde for difícil o transporte, o juiz poderá prorrogar os prazos por até 3 (três) meses.

(D) Em qualquer grau de jurisdição, havendo motivo justificado, pode o juiz exceder, por igual tempo, os prazos a que está submetido.

(E) Os litisconsortes que tiverem diferentes procuradores, de escritórios de advocacia distintos, terão prazos contados em dobro para todas as suas manifestações, em qualquer juízo ou tribunal, mediante simples requerimento.

7. DIREITO PROCESSUAL CIVIL

A: incorreta, pois as sentenças devem ser proferidas em 30 dias – mas esse é um prazo impróprio, ou seja, não há consequência caso o juiz não o cumpra (CPC, art. 226, III); **B:** incorreta, pois a preclusão temporal se opera *independentemente* de pronunciamento do juiz (CPC, art. 223); **C:** incorreta, porque o prazo poderá ser prorrogado por até 2 meses (CPC, art. 222); **D:** correta, conforme expressa previsão legal (CPC, art. 227); **E:** incorreta, considerando que não há necessidade do requerimento para que haja o prazo em dobro – cabendo lembrar, contudo, que a regra não se aplica para processo eletrônico (CPC, art. 229).

Gabarito "D".

(Cartório/RS – 2019 – VUNESP) De acordo com a nova sistemática estabelecida pelo Código de Processo Civil, a falta de citação de um dos litisconsortes acarreta

(A) nulidade da decisão de mérito, em se tratando de litisconsórcio necessário simples.

(B) nulidade da decisão de mérito, em se tratando de litisconsórcio necessário ou facultativo.

(C) ineficácia da decisão em relação ao litisconsorte não citado, em se tratando de litisconsórcio necessário unitário.

(D) nulidade da decisão de mérito, em se tratando de litisconsórcio facultativo.

(E) ineficácia da decisão em relação ao litisconsorte não citado, em se tratando de litisconsórcio necessário simples.

A: incorreta, pois no litisconsórcio necessário simples a decisão *não deve ser uniforme para todos*, por isso a sentença será apenas ineficaz em relação ao litisconsorte não citado (CPC, art. 115, II); **B:** incorreta, porque para os casos de litisconsórcio facultativo a sentença será ineficaz em relação ao litisconsorte não citado (CPC, art. 115, II); **C:** incorreta, já que, para os casos de litisconsórcio necessário unitário, a sentença será nula (CPC, art. 115, I); **D:** incorreta, pois nesse caso a sentença será apenas ineficaz em relação ao litisconsorte não citado (CPC, art. 115, II); **E:** certa, vide alternativa "A" (CPC, art. 115, II).

Gabarito "E".

(Cartório/SP – 2018 – VUNESP) Sobre os atos processuais, é correto afirmar:

(A) poderão ser concluídos após as 20 horas os atos iniciados antes, quando o adiamento prejudicar a diligência ou causar grave dano.

(B) serão realizados em dias úteis, das 6h às 22h.

(C) quando o ato tiver de ser praticado por meio de petição em autos eletrônicos, esse deverá ser protocolado no horário de funcionamento do fórum ou tribunal, conforme o disposto na lei de organização judiciária local.

(D) as citações, intimações e penhoras poderão realizar-se, desde que com autorização judicial, no período de férias forenses, onde houver, e nos feriados.

A: correta, conforme expressa disposição legal (CPC, art. 212, § 1º); **B:** incorreta, pois os atos processuais serão realizados em dias úteis, das 6h às 20h (CPC, art. 212); **C:** incorreta, porque essa disposição se aplica apenas aos autos físicos – petição em autos eletrônicos pode ser protocolada até as 24h do último dia do prazo (CPC, arts. 212, § 3º e 213); **D:** incorreta, uma vez que no atual Código não há necessidade de autorização judicial (CPC, art. 212, § 2º).

Gabarito "A".

(Cartório/CE – 2018 – IESES) Acerca das regras jurídicas dispostas no Código de Processo Civil e que cuidam da disciplina dos Atos Processuais, considere as seguintes afirmações:

I. Ainda que tramitem em segredo de justiça os processos, ao terceiro que demonstrar interesse jurídico é lícito requerer ao juiz certidão do dispositivo da sentença, bem como de inventário e de partilha resultantes de divórcio ou separação.

II. De comum acordo, o juiz e as partes podem fixar calendário para a prática dos atos processuais, quando for o caso; esse calendário vincula as partes e o juiz, de modo que os prazos nele previstos somente serão modificados em casos excepcionais, devidamente justificados.

III. À exceção da desistência da ação, que só produzirá efeitos após a homologação judicial, os atos das partes consistentes em declarações unilaterais ou bilaterais de vontade produzem imediatamente a constituição, modificação ou extinção de direitos processuais.

É correto o que se afirma em:

(A) I e III.

(B) I e II.

(C) I, II e III.

(D) II e III.

I: correta, conforme expressa disposição legal, sendo exceção à regra de restrição de acesso aos processos sigilosos às partes e a seus procuradores (CPC, art. 189, § 2º); **II:** certa, conforme expressa disposição legal – trata-se de negócio jurídico processual (NJP) para a calendarização (calendário processual), no qual as partes e o juiz acordam sobre a fixação de cronograma para a realização dos atos processuais (CPC, art. 191, § 1º); **III:** correta, conforme expressa previsão legal (CPC, art. 200, parágrafo único).

Gabarito "C".

(Cartório/MG – 2016 – Consulplan) Para que se proceda à citação por meio de oficial de justiça, nos moldes do que determina o Novo Código de Processo Civil, o mandado, a ser cumprido, deverá conter, obrigatoriamente, os seguintes requisitos formais, EXCETO:

(A) Os nomes do autor e do citando e seus respectivos domicílios ou residências; a finalidade da citação, com todas as especificações constantes da petição inicial, bem como a menção do prazo para contestar, sob pena de revelia, ou para embargar a execução; a aplicação de sanção para o caso de descumprimento da ordem, se houver.

(B) Se for o caso, a intimação do citando para comparecer, acompanhado de advogado ou de defensor público, à audiência de conciliação ou de mediação, com a menção do dia, da hora e do lugar do comparecimento.

(C) A cópia da petição inicial, do despacho ou da decisão que deferir tutela provisória, a assinatura do escrivão ou do chefe de secretaria e a declaração de que o subscreve por ordem do juiz.

(D) A indicação do lugar e a descrição da pessoa do citando, mencionando, necessariamente, o número de seu documento de identidade e o órgão que o expediu.

A: incorreta, pois esses são requisitos do mandado de citação (CPC, art. 250, I, II e III); **B:** incorreta, pois esse é requisito do mandado de citação (CPC, art. 250, IV); **C:** Incorreta, pois esses são requisitos do mandado de citação (CPC, art. 250, V e VI); **D:** correta, pois esses aspectos *não* *são* requisitos do mandado de citação (não estão no CPC, art. 250).
Gabarito "D".

(Cartório/MG – 2015 – Consulplan) Durante audiência de Instrução e Julgamento foi emitida e publicada sentença, presentes partes e advogados, devidamente intimados. Nesse caso, o prazo para recorrer começa a fluir

(A) imediatamente, contando-se o dia da audiência.

(B) imediatamente, começando a contagem a ser feita no primeiro dia útil subsequente à audiência.

(C) da publicação na imprensa oficial e não na audiência.

(D) imediatamente, desde que a parte sucumbente, ainda em audiência, faça manifestação expressa no sentido de que irá recorrer.

Uma vez realizada a intimação, o prazo começa a fluir no dia útil seguinte (CPC, arts. 224 e 230)
Gabarito "B".

(Cartório/PA – 2016 – IESES) De acordo com o Código de Processo Civil em vigência, não se fará a citação, salvo para evitar o perecimento do direito:

I. A quem estiver assistindo a qualquer ato de culto religioso.

II. Ao cônjuge ou a qualquer parente do morto, consanguíneo ou afim, em linha reta, ou na linha colateral em segundo grau, no dia do falecimento e nos 10 (dez) dias seguintes.

III. Aos noivos, nos 7 (sete) primeiros dias de bodas.

IV. Aos doentes, enquanto hospitalizados.

Analisando as afirmativas, assinale a alternativa correta:

(A) Apenas II e III estão corretas.

(B) Apenas I, II e III estão corretas.

(C) Todas estão corretas.

(D) Apenas I está correta.

I: Correta (CPC, art. 244, I); **II:** Incorreta, pois o prazo em que não haverá a citação após o falecimento de cônjuge ou parentes é de *7 dias* (CPC, art. 244, II); **III:** Incorreta, considerando que o prazo é de *3 dias* (CPC, art. 244, III); **IV:** Incorreta, pois o Código aponta que não haverá a citação do doente, "enquanto grave o seu estado" (CPC, art. 244, IV).
Gabarito "D".

(Cartório/PI – 2013 – CESPE) No que se refere a comunicação dos atos processuais, assinale a opção correta.

(A) Para receber citação em nome do réu, não basta que o advogado tenha procuração com clausula *ad judicia*.

(B) Juntada de substabelecimento para efetivação da defesa não se mostra hábil, por si só, a demonstrar ciência inequívoca da ação.

(C) O comparecimento espontâneo do réu não supre a falta de citação.

(D) Se o réu for pessoa incapaz com curador especial nomeado judicialmente, a citação poderá ser realizada pelo correio.

(E) A carta de ordem tem caráter itinerante, mas somente poderá ser apresentada a juízo diverso do que dela consta depois de lhe ser ordenado o cumprimento.

A: correta, pois é necessário, para isso, que o advogado tenha recebido "procuração com poderes especiais", e não apenas os poderes usuais da cláusula *ad judicia* (CPC, art. 105); **B:** incorreta. Se o advogado juntar procuração ou substabelecimento *com poderes para receber a* *citação*, estará configurado o comparecimento espontâneo (CPC, art. 239, § 1º). Se não houver poderes especiais – e o enunciado nada diz a respeito disso – não se configura o comparecimento espontâneo; **C:** incorreta, pois a lei prevê exatamente o oposto (CPC, art. 239, § 1º); **D:** incorreta, já que não cabe citação por correio para o réu incapaz (CPC, art. 247, II); **E:** incorreta, porque a carta "tem caráter itinerante; antes ou depois de lhe ser ordenado o cumprimento" (CPC, art. 262).
Gabarito "A".

(Cartório/SP – 2011 – VUNESP) Leia o que segue e assinale a alternativa correta.

(A) A interrupção da prescrição se dará a partir da citação, quando ela ocorrer após 90 dias do ajuizamento da ação por problemas de eficiência do Poder Judiciário.

(B) A citação será feita pelo correio, exceatuadas aquelas demandas em que a parte solicite a citação por mandado ou que envolvam questões de estado, capacidade ou, ainda, que o réu seja uma pessoa jurídica de direito público.

(C) A citação por edital prefere à citação por mandado.

(D) A prescrição será interrompida de maneira retroativa à data de propositura da ação, independentemente do atraso na citação.

A: incorreto. A interrupção da prescrição retroage à data de propositura da ação (art. 240, § 1º, do CPC); **B:** correto (art. 247, I, II, III, IV e V do CPC) *atenção:* com a Lei 14.195/2021, a regra passa a ser a citação por meio eletrônico (CPC, art. 246); e os casos em que não cabe citação por correio, também não cabe citação por meio eletrônico; **C:** incorreto. A citação pessoal prefere à ficta (art. 242, *caput*, do CPC); **D:** incorreto, considerando que a demora da citação imputável exclusivamente ao Poder Judiciário não prejudica a parte (art. 240, § 3º, do CPC).
Gabarito "B".

(Cartório/RJ – 2008 – UERJ) Os seguintes atos poderão ser realizados pelo oficial de justiça nos fins de semana:

(A) citação e penhora

(B) sequestro e arresto

(C) arrecadação e penhora

(D) citação e arrecadação

(E) busca e apreensão, e arrecadação

Conforme autoriza o art. 212, § 2º, CPC, podem ser realizados pelo oficial de justiça nos fins de semana as citações, intimações e penhoras.
Gabarito "A".

(Cartório/AM – 2005 – FGV) Assinale a alternativa que não complete corretamente a proposição a seguir. Começa a correr o prazo quando _____.

(A) houver vários réus, da data de juntada aos autos do primeiro aviso de recebimento ou mandado citatório cumprido

(B) a citação ou intimação for pelo correio, da data de juntada aos autos do aviso de recebimento

(C) a citação ou intimação for por oficial de justiça, da data de juntada aos autos do mandado cumprido

(D) o ato se realizar em cumprimento de carta de ordem, precatória ou rogatória, da data de sua juntada aos autos devidamente cumprida

7. DIREITO PROCESSUAL CIVIL

A: incorreto (devendo ser assinalada). Ressalvada a hipótese de execução de título extrajudicial (art. 915, § 1º, do CPC), quando houver vários réus, o prazo começa a correr da data de juntada aos autos do *último* (e não do primeiro) aviso de recebimento ou mandado citatório cumprido (art. 231, § 1º, do CPC); **B:** correto (art. 231, I, do CPC); **C:** correto (art. 231, II, do CPC); **D:** correto (art. 231, VI, do CPC);

Gabarito "A".

(Cartório/SP – IV – VUNESP) Considere as seguintes frases:

I. A citação por via postal não é admissível em ações de estado ou quando for ré pessoa incapaz.

II. O comparecimento espontâneo do réu não supre a falta da citação, que deve ser sempre realizada pelos meios previstos em lei.

III. A citação por Oficial de Justiça não pode em hipótese alguma ser feita em dias feriados.

IV. Na citação por edital, o prazo nele fixado pelo Juiz não se confunde com o prazo de defesa, decorrente do procedimento observável em cada caso.

Pode-se dizer que estão

(A) corretas apenas as de n.º I e IV.

(B) todas corretas.

(C) corretas apenas as de n.º II e III.

(D) corretas apenas as de n.º III e IV.

I: correto (art. 247, I e II, do CPC); **II:** incorreto. O comparecimento espontâneo supre a falta de citação (art. 239, § 1º, do CPC); **III:** incorreto. A lei processual autoriza a citação por oficial de justiça em feriados (art. 212, § 2º, do CPC); **IV:** correto. O prazo versado no art. 257, III, do CPC – vinte a sessenta dias – concerne ao tempo estimado para a realização da citação, findo o qual no dia útil seguinte se iniciará a contagem do prazo para resposta (art. 231, IV, do CPC).

Gabarito "A".

(Cartório/SP – I – VUNESP) A citação pelo correio, para qualquer comarca do País, pode ser feita

(A) nas ações de estado.

(B) quando o autor requerer de outra forma.

(C) quando for ré uma autarquia.

(D) quando for ré pessoa jurídica de direito privado.

A, B e C: incorretos (art. 247, I, V e III, do CPC). Em tais hipóteses, a citação não poderá ser realizada pelo oficial de justiça; **D:** correto, pois essa hipótese não está no art. 247 do CPC. *atenção: com a Lei 14.195/2021, a regra passa a ser a citação por meio eletrônico (CPC, art. 246); e os casos em que não cabe citação por correio, também não cabe citação por meio eletrônico;

Gabarito "D".

5. LITISCONSÓRCIO E INTERVENÇÃO DE TERCEIROS

(Cartório/SP – 2016 – VUNESP) O incidente de desconsideração da personalidade jurídica

(A) não comporta a forma inversa, em que o patrimônio social é atingido por dívidas do sócio.

(B) não comporta instauração de ofício pelo magistrado.

(C) nunca acarreta a suspensão do processo.

(D) será decidido por sentença, que desafia apelação.

A: Incorreta, pois é expressamente prevista a desconsideração inversa da personalidade jurídica – ou seja, desconsiderar a pessoa física que não tem patrimônio, para chegar na pessoa jurídica que tenha patrimô-

nio (CPC, art. 133, § 2º). **B:** Correta, pois há necessidade de provocação da parte ou MP (CPC, art. 133). **C:** Incorreta, pois, em regra, acarreta a suspensão do processo; a exceção é se for requerida em petição inicial, pois aí não será incidente e não haverá suspensão (CPC, art. 134, § 3º). **D:** Incorreta, pois, em regra, será o incidente resolvido por decisão interlocutória, que desafia agravo de instrumento (CPC, arts. 136 e 1.015, IV).

Gabarito "B".

(Cartório/MG – 2016 – Consulplan) Quanto à denunciação da lide requerida pelo réu, assinale a afirmação INCORRETA.

(A) Se o denunciado contestar o pedido formulado pelo autor, o processo prosseguirá tendo, na ação principal, em litisconsórcio, denunciante e denunciado.

(B) Se o denunciado for revel, o denunciante fica dispensado de prosseguir com sua defesa, eventualmente oferecida, encerrando sua intervenção no curso do processo.

(C) Se o denunciado confessar os fatos alegados pelo autor na ação principal, o denunciante poderá prosseguir com sua defesa ou, aderindo a tal reconhecimento, pedir apenas a procedência do pedido que formulou na ação de regresso.

(D) Procedente o pedido da ação principal, pode o autor, se for o caso, requerer o cumprimento da sentença também contra o denunciado, nos limites da condenação deste na ação regressiva.

A: correta (CPC, art. 128, I); **B:** incorreta, devendo esta ser assinalada. A previsão legislativa é a seguinte: "se o denunciado for revel, o denunciante pode deixar de prosseguir com sua defesa, eventualmente oferecida, e *abster-se de recorrer, restringindo sua atuação à ação regressiva*" (CPC, art. 128, II); **C:** correta (CPC, art. 128, III); **D:** correta (CPC, art. 128, parágrafo único).

Gabarito "B".

(Cartório/RR – 2013 – CESPE) A respeito do litisconsórcio, da assistência e da intervenção de terceiros, assinale a opção correta.

(A) Para o julgamento de ação proposta por litisconsortes ativos voluntários domiciliados em distintos estados da Federação, quando o pedido se originar de natureza comum, são competentes tanto o foro da sede da ré quanto o do domicílio de um dos autores.

(B) A recusa pelo autor da nomeação à autoria pleiteada pela ré impede a abertura de novo prazo para que a nomeante apresente contestação, dada a violação do princípio da igualdade de tratamento às partes.

(C) De acordo com entendimento do STJ, não há óbice ao chamamento ao processo dos devedores solidários da dívida comum em fase de execução do título executivo extrajudicial cujo crédito tenha sido discutido em processo de conhecimento prévio à execução.

(D) No mandado de segurança, somente se admite o litisconsórcio ativo voluntário quando postulado no momento do ajuizamento da ação, sob pena de violação do princípio do juiz natural.

(E) O assistente litisconsorcial, embora não seja considerado interveniente secundário e acessório, uma vez que a relação discutida entre o assistido e o seu adversário também lhe pertence, não terá tratamento processual idêntico ao do conferido ao assistido.

A: incorreta. O critério de fixação de competência, no caso, seria a sede da ré (CPC, art. 46), pois não há qualquer indicativo de competência no domicílio dos autores (que é exceção, não a regra); **B:** incorreta. A nomeação deixou de existir no CPC15, cabendo ao réu, ao alegar ilegitimidade, apontar quem deve figurar no polo passivo (CPC, art. 339); **C:** incorreta, pois o entendimento doutrinário e jurisprudencial majoritário é que descabe intervenção de terceiros em execução; **D:** correta. Uma vez ajuizado o MS (ou qualquer outra medida judicial), com a definição do juiz, não é possível a formação de litisconsórcio ativo ulterior facultativo. Seja pela violação do princípio da estabilização subjetiva da demanda, seja pelo fato de que a "escolha" do juiz viola o princípio do juiz natural; **E:** incorreta. O assistente litisconsorcial é considerado parte (CPC, art. 124).

Gabarito "D".

6. PRESSUPOSTOS PROCESSUAIS, ELEMENTOS DA AÇÃO E CONDIÇÕES DA AÇÃO

(CESPE – 2016) A respeito da ação e dos pressupostos processuais, assinale a opção correta.

(A) Segundo a teoria da asserção, a análise das condições da ação é feita pelo juiz com base nas alegações apresentadas na petição inicial.

(B) Na ação de alimentos contra o pai, o menor de dezesseis anos de idade tem legitimidade para o processo, mas não goza de legitimidade para a causa.

(C) O direito a determinada prestação jurisdicional se esgota com o simples exercício do direito de ação.

(D) Conforme a teoria concreta da ação, o direito de agir é autônomo e independe do reconhecimento do direito material supostamente violado.

(E) Na hipótese de legitimidade extraordinária, a presença e a higidez dos pressupostos processuais serão examinadas em face da parte substituída.

A: correta. A *teoria da asserção* (também chamada de teoria da prospectação) aponta que as condições da ação devem ser avaliadas segundo as afirmações do autor contidas na inicial, de modo que se alguma questão necessitar de dilação probatória para sua análise, será mérito – e é isso o exposto na alternativa. Contrapõe-se à *teoria da apresentação*, segundo a qual, aferida a inexistência das condições da ação ao final da instrução processual, a sentença será de extinção sem resolução de mérito (cf. ASSIS, Carlos Augusto de. e outros *Teoria Geral do Processo Contemporâneo*. 5. ed. São Paulo: Atlas, 2021, p. 272/275); **B:** incorreto, pois o menor de dezesseis anos, neste caso, tem legitimidade "ad causam" (*legitimidade para a causa*, que é a pertinência entre as partes na relação jurídica processual e material) mas, por ser relativamente incapaz (art. 4°, I, CC), não tem capacidade processual e precisa estar assistido, nos termos do art. 71, CPC; **C:** incorreto, pois a atividade jurisdicional pressupõe, além da instauração do processo, a satisfação da pretensão ofertada, com a prolação de um provimento que elimine o estado de insatisfação da parte; **D:** incorreto. Pela teoria concreta da ação, só há ação se a sentença é favorável. Trata-se de entendimento superado a prevalece hoje a teoria abstrata, em que se diferencia o exercício do direito de ação, de movimentar o Judiciário, da procedência do pedido (cf. ASSIS, Carlos Augusto de. op. cit., p. 250/252); **E:** incorreto. A legitimação extraordinária (em que há substituição processual) é pleitear, em nome próprio, direito alheio (CPC, art. 18). Assim, apreciam-se os pressupostos processuais em relação ao substituto, que é quem figura no processo.

Gabarito "A".

(FCC – 2013) Em relação à capacidade processual, é correto afirmar que

(A) vindo o autor ao processo sem o consentimento do cônjuge, em caso no qual esse consentimento era necessário, deverá o juiz extinguir o processo de imediato, por ausência de pressuposto processual essencial.

(B) a presença de curador especial no processo torna prescindível a participação do Ministério Público, estando em causa interesses de incapazes.

(C) ambos os cônjuges serão necessariamente citados para ações que digam respeito a direitos reais mobiliários.

(D) nas ações possessórias é sempre indispensável a participação no processo de ambos os cônjuges.

(E) para propor ações que versem sobre direitos reais imobiliários necessita o cônjuge do consentimento do outro, exceto no caso de regime de separação absoluta de bens, sem no entanto exigir-se a formação de litisconsórcio necessário.

A: incorreta, porque, nesse caso, caberá ao juiz determinar ao autor que obtenha o consentimento do cônjuge, ou o seu suprimento, antes de extinguir o processo (art. 76 do CPC); **B:** incorreta, porque se a parte for incapaz, ainda que representada por curador especial, será obrigatória a intervenção do Ministério Público como fiscal da lei (art. 178, II, do CPC). O curador especial representa a parte no processo, o que não se confunde com atuação ministerial exigida pela lei quando estão em causa interesses de incapazes; **C:** incorreta, porque nos termos do art. 73, § 1°, I, do CPC, só será obrigatória a citação de ambos quando se tratar de direitos reais sobre imóveis, salvo quando casados sob o regime de separação absoluta de bens; **D:** incorreta, porque "nas ações possessórias, a participação do cônjuge do autor ou do réu somente é indispensável nos casos de composse ou de ato por ambos praticados" (art. 73, § 2°, do CPC); **E:** correta (art. 73 do CPC).

Gabarito "E".

(Cartório/RJ – 2008 – UERJ) A ausência de pressupostos processuais de constituição e desenvolvimento do processo, bem como das condições da ação:

(A) pode ser examinada após a sentença

(B) só pode ser examinada no despacho inicial

(C) depende exclusivamente da iniciativa da parte

(D) só pode ser examinada no despacho saneador

(E) pode ser reconhecida de ofício pelo Juiz ou a requerimento de qualquer das partes até que seja proferida sentença

As condições da ação e os pressupostos processuais podem ser conhecidas de ofício pelo juiz. Além disso, sua falta é alegada na própria contestação (em preliminar) e não se sujeitam à preclusão, podendo ser alegadas em qualquer tempo e grau de jurisdição (arts. 485, § 3°, 337, XI e § 5°, do CPC).

Gabarito "E".

7. FORMAÇÃO, SUSPENSÃO E EXTINÇÃO DO PROCESSO. NULIDADES

(Cartório/CE – 2018 – IESES) Acerca da disciplina da Formação, Suspensão e Extinção do Processo no Código de Processo Civil, considere as seguintes afirmações:

I. Extingue-se o processo pela morte ou pela perda da capacidade processual de qualquer das partes, de seu representante legal ou de seu procurador.

II. Antes de proferir decisão sem resolução de mérito, o juiz deverá conceder à parte oportunidade para, se possível, corrigir o vício.

III. É causa legal para a suspensão do processo o fato de o advogado responsável, sendo o único patrono da causa, tornar-se pai.

Está correto o que se afirma em:

(A) I e II.

(B) I e III.

(C) I, II e III.

(D) II e III.

I: incorreta, pois nesse caso o processo será *suspenso* e o juiz concederá prazo para regularização (CPC, art. 313, I e §§ 1º a 3º); **II:** correta, em observância ao princípio da primazia da resolução do mérito (CPC, arts. 4º e 317); **III:** certa, conforme expressa disposição legal; existindo o mesmo se advogada que se tornar mãe for a única patrona da causa (CPC, art. 313, X).

Gabarito "D".

(Cartório/MG – 2015 – Consulplan) De acordo com o CPC, em qual das hipóteses abaixo descritas o juiz NÃO extinguirá o processo com a resolução de mérito?

(A) Quando o juiz acolher ou rejeitar o pedido do autor.

(B) Quando as partes transigirem.

(C) Quando o juiz pronunciar a decadência ou a prescrição.

(D) Quando o juiz acolher alegação de coisa julgada.

A: Incorreta, pois improcedência ou procedência é decisão de mérito (CPC, art. 487, I); **B:** incorreta, pois transação é decisão de mérito (CPC, art. 487, III, "b"); **C:** incorreta, pois decadência e prescrição envolvem mérito (CPC, art. 487, II); **D:** correta, pois reconhecimento de coisa julgada leva à extinção sem mérito da segunda demanda proposta (CPC, art. 485, V).

Gabarito "D".

(Cartório/PA – 2016 – IESES) De acordo com o Código de Processo Civil em vigência, extingue-se o processo, sem resolução de mérito:

I. Quando ficar parado durante mais de seis meses por negligência das partes.

II. Quando o juiz acolher a alegação de perempção, litispendência ou de coisa julgada.

III. Pela convenção de arbitragem.

IV. Quando a ação for considerada transmissível por disposição legal.

Analisando as afirmativas, assinale a alternativa correta:

(A) Todas estão corretas.

(B) Apenas II e III estão corretas.

(C) Apenas I e III estão corretas.

(D) Apenas II e IV estão corretas.

I: Incorreta, pois a extinção por abandono das partes ocorre após 1 ano (CPC, art. 485, II); **II:** Correta (CPC, art. 485, V); **III:** Correta (CPC, art. 485, VII); **IV:** Incorreta, porque a extinção ocorre quando a ação for considerada intransmissível (CPC, art. 485, IX), como no caso de divórcio.

Gabarito "B".

(Cartório/ES – 2013 – CESPE) No que se refere a formação, suspensão e extinção do processo, assinale a opção correta.

(A) Não é permitida a alteração do pedido ou da causa de pedir após o saneamento do processo.

(B) Dada a independência entre as jurisdições, não se cogita a existência de prejudicialidade externa de processo penal em relação ao cível.

(C) Conforme definição legal, a sentença e o ato por meio do qual o juiz põe fim ao processo, decidindo, ou não, o mérito da causa.

(D) O indeferimento de petição inicial fundada na prescrição da pretensão ocorre por meio de sentença terminativa.

(E) Considera-se formado o processo com a citação ou o comparecimento espontâneo do réu, quando então fica estabelecida a relação jurídica.

A: correta, pois descabe a alteração do pedido ou da causa de pedir após o saneamento do processo (CPC, art. 329, II); **B:** incorreta, pois essa é uma das situações mais frequentes de suspensão do processo civil, para aguardar a definição do processo penal (CPC, art. 313, V, "a"); **C:** incorreta, pois, de acordo com o CPC, a sentença é o pronunciamento por meio do qual o juiz, com base nos arts. 485 e 487, põe fim à fase cognitiva do procedimento comum, bem como extingue a execução (CPC, art. 203, § 1º); **D:** incorreta, pois a hipótese é de sentença de mérito (CPC, art. 487, II); **E:** incorreta. A formação do processo se dá com o protocolo da petição inicial (art. 312, que fala em "proposta a ação"); porém só há produção de efeitos para o réu após a sua citação (CPC, art. 240).

Gabarito "A".

(Cartório/PI – 2013 – CESPE) Acerca da formação, suspensão e extinção do processo civil, assinale a opção correta.

(A) De acordo com o STJ, se o juiz não determinar a suspensão do processo a partir da morte de uma das partes, haverá nulidade absoluta dos atos praticados a partir dessa data.

(B) A perda superveniente de interesse processual do autor, por ausência de necessidade de prosseguir com a ação para obter o resultado útil que pretendia, acarreta a extinção do processo sem resolução de mérito.

(C) Convencionada pelas partes a suspensão do processo por seis meses, a conclusão dos autos ao magistrado para restabelecer o curso do processo dependera de pedido das partes.

(D) Conforme a jurisprudência do STJ, a extinção do processo sem julgamento do mérito por falta de legitimidade *ad causam* produz coisa julgada material.

(E) A suspensão do processo cível até o julgamento definitivo da ação penal, imposição legal dirigida ao magistrado, visa evitar decisões conflitantes.

A: incorreta (informativo 516/STJ: "Inexistência de nulidade decorrente do fato de não ter sido suspensa a execução fiscal após a morte de um dos devedores coobrigados". REsp 1.328.760-MG, 26/2/2013); **B:** correta. Essa é a chamada "perda de objeto" do processo. Sendo falta de interesse de agir (ainda que superveniente), estamos diante da ausência de condição da ação, o que leva à extinção do processo sem mérito (CPC, art. 485, VI); **C:** incorreta, pois a legislação prevê a retomada da causa independentemente de manifestação das partes (CPC, art. 313, § 5º); **D:** incorreta, pois a falta de condição da ação acarreta extinção sem mérito, sentença terminativa (CPC, art. 485, VI), que não impede a repropositura (CPC, art. 486); **E:** incorreta. No caso, a suspensão se dá por força da prejudicialidade externa (CPC, art. 313, IV, "a"), sendo que o prazo máximo para essa suspensão é de 1 ano (CPC, art. 313, § 4º).

Gabarito "B".

LUIZ DELLORE

(Cartório/MG – 2012 – FUMARC) Considerando o disposto no Código de Processo Civil,

(A) extingue-se o processo, com resolução do mérito, quando a ação for considerada intransmissível por disposição legal.

(B) admite-se que, em convenção, as partes possam, de comum acordo, alterar o pedido ou a causa de pedir, mesmo depois da citação.

(C) a extinção do processo, sem exame do mérito, decretada por reconhecimento de litispendência, coisa julgada ou perempção, não impede a renovação da ação.

(D) se o autor der causa, por três vezes, à extinção do processo, por abandono, não poderá intentar nova ação contra o réu com o mesmo objeto, ficando ainda impossibilitado de alegar em defesa o seu direito.

A: incorreto. No caso de morte da parte, sendo a ação intransmissível, a extinção é sem resolução do mérito (art. 485, IX, do CPC); **B:** correto (art. 329, II, do CPC); **C:** incorreto (art. 486, §§ 1º e 3º do CPC); **D:** incorreto (art. 486, §3º, do CPC).
Gabarito "B".

(Cartório/MS – 2009 – VUNESP) Analise as afirmações referentes ao processo:

I. A alteração do pedido ou da causa de pedir será permitida após o saneamento do processo.

II. Suspende-se o processo pela convenção das partes.

III. Durante a suspensão não é defeso praticar qualquer ato processual; todavia, poderá o juiz determinar a realização de atos urgentes, a fim de evitar dano irreparável.

IV. Extingue-se o processo, sem resolução do mérito, quando o juiz acolher a alegação de perempção, litispendência ou coisa julgada.

V. Haverá resolução do mérito quando o autor renunciar ao direito sobre que se funda a ação.

É verdadeiro o contido apenas nas assertivas

(A) I, II e III.

(B) II, III e V.

(C) I, III e IV.

(D) II, IV e V.

(E) I, IV e V.

I: incorreto. O pedido e a causa de pedir só podem ser alterados até o saneamento, sendo que após a citação, depende do consentimento do réu (art. 329, I e II, do CPC); **II:** correto (art. 313, II, do CPC); **III:** incorreto, pois durante a suspensão do processo é vedado praticar qualquer ato, com exceção dos atos urgentes (art. 314 do CPC); **IV:** correto (art. 485, V, do CPC); **V:** correto (art. 487, III, "c", do CPC)
Gabarito "D".

(Cartório/SP – III – VUNESP) Qual é a consequência processual da renúncia ao direito sobre o qual se funda a ação?

(A) Extinção do processo, sem impedir a renovação da lide.

(B) Extinção do processo sem julgamento de mérito.

(C) É a mesma que resulta da desistência do processo.

(D) Extinção do processo com julgamento de mérito.

Sentença com resolução de mérito (art. 487, III, c, CPC)
Gabarito "D".

8. TUTELA PROVISÓRIA

(Cartório/MG – 2019 – Consulplan) Sabe-se que a tutela provisória pode fundamentar-se em urgência ou evidência. Sendo uma tutela provisória de urgência, cautelar ou antecipada, pode ser concedida em caráter antecedente ou incidental. Neste diapasão, é correto afirmar que:

(A) Uma vez antecipada a tutela, ela conserva sua eficácia até o trânsito em julgado da sentença, não podendo ser revogada ou modificada.

(B) Não cabe recurso de agravo de instrumento contra a decisão que concede, denega ou posterga indevidamente a apreciação do pedido de tutela provisória.

(C) Apenas pode ser concedido provisoriamente aquilo que pode sê-lo definitivamente; entretanto, a técnica antecipatória pode se prestar a uma tutela do direito que se encontra fora da moldura da tutela final.

(D) Como o código prevê a possibilidade de estabilização da tutela satisfativa de urgência, o conceito de provisoriedade adequado ao direito brasileiro deve sofrer um acréscimo: provisória é aquela decisão que tendencialmente não dura para sempre e potencialmente será substituída por outra com objeto coincidente no todo ou em parte.

A: incorreta, já que a tutela provisória pode ser revogada ou alterada a qualquer momento (CPC, art. 296); **B:** incorreta, pois essa é uma das hipóteses do rol do art. 1.015 (CPC, art. 1.015, I); **C:** incorreta, em razão da segunda parte da afirmação, que é contrária à própria lógica da tutela antecipatória – a liminar será deferida em linha com o pedido final; **D:** certa, considerando a possibilidade de estabilização da tutela de urgência, em caráter antecedente, conforme previsto na lei processual (CPC, art. 304).
Gabarito "D".

(Cartório/SP – 2016 – VUNESP) A respeito da tutela provisória no CPC/2015, é correto afirmar que

(A) pode fundar-se em urgência ou evidência, dividindo-se a primeira em cautelar ou antecipada.

(B) a tutela provisória de urgência de natureza antecipada somente admite a forma incidental.

(C) por emanar do poder jurisdicional, aspecto da própria soberania estatal, não implica responsabilidade do autor pelos eventuais prejuízos que a efetivação da medida ocasionar ao réu.

(D) a tutela provisória conserva sua eficácia durante a pendência do processo, exceto em caso de suspensão deste, quando então terá sustados seus efeitos independentemente de pronunciamento judicial.

A: Correta, sendo essa a divisão prevista na lei (CPC, art. 294). **B:** Incorreta, pois a tutela antecipada pode ser antecedente ou incidental (CPC, art. 294, parágrafo único) **C:** Incorreta, pois depende de pedido do autor e, assim, acarreta sua responsabilidade caso seja revogada (CPC, art. 302). **D:** Incorreta, pois, em regra, mesmo durante a suspensão do processo prossegue a tutela provisória (CPC, art. 296).
Gabarito "A".

(FAPEC – 2015) Assinale a alternativa **correta**:

(A) Não há possibilidade de antecipação de tutela no processo civil brasileiro, sem alegação e comprovação de urgência.

7. DIREITO PROCESSUAL CIVIL

(B) O Código de Processo Civil não permite a aplicação do princípio da fungibilidade entre a medida satisfativa e a medida cautelar.

(C) As *astreintes* não podem ser fixadas em decisão concessiva de tutela antecipada, uma vez que visam punir a parte que desrespeita a sentença de mérito, podendo ser executada provisoriamente desde que o recurso eventualmente interposto não seja recebido com efeito suspensivo.

(D) A tutela antecipada não pode ser requerida em procedimento sumário.

(E) Em ação de improbidade administrativa cabe a concessão de tutela antecipada *inaudita altera pars*.

A: Incorreta. A medida liminar sem urgência é a tutela de evidência (CPC, art. 311). **B:** Incorreta, pois há previsão de fungibilidade entre a tutela cautelar e antecipada (CPC, art. 305, p.u.). **C:** Incorreta, pois astreintes podem ser fixadas a qualquer momento, seja na decisão liminar, final ou em sede de execução (CPC, art. 139, IV e 536); **D:** Incorreta. Não existe mais rito sumário (ou ordinário) no CPC15, mas somente o procedimento comum (e os especiais). **E:** Correta, tanto pela aplicação de regra especial (art. 16 da Lei 8.429/1992) quanto da regra geral do CPC (art. 294, p.u.) – que se aplica a todos os processos e procedimentos.
Gabarito "E".

(FCC– 2016) Sobre a tutela de urgência:

(A) No procedimento da tutela antecipada requerida em caráter antecedente, atendidos os requisitos legais, a parte pode se limitar a requerer tutela antecipada, aditando a inicial depois que concedida a medida, no prazo de 15 dias. Não realizado o aditamento nem interposto o respectivo recurso, o Juiz julgará antecipadamente a lide.

(B) Concedida tutela de urgência, se a sentença for desfavorável, a parte responderá pelo prejuízo decorrente da efetivação da medida, que será apurado, em regra, por meio de ação autônoma.

(C) No procedimento da tutela antecipada requerida em caráter antecedente, a decisão que concede a tutela faz coisa julgada, só podendo ser revista por meio de ação rescisória.

(D) No procedimento da tutela antecipada requerida em caráter antecedente, atendidos os requisitos legais, a parte pode se limitar a requerer tutela antecipada, aditando a inicial depois que concedida a medida, no prazo de 15 dias ou em outro que fixar o juiz. Não realizado o aditamento nem interposto o respectivo recurso, a tutela se tornará estável e o processo será extinto.

(E) A tutela cautelar concedida em caráter antecedente conserva sua eficácia ainda que o juiz extinga o processo sem resolução de mérito em razão de ausência de pressupostos processuais.

A: incorreto. De fato, no procedimento narrado, a parte pode se limitar a requerer a tutela antecipada, aditando a inicial depois que concedida a medida – no prazo de 15 dias ou outro maior que o juiz fixar. Contudo, não realizado o aditamento, o processo será *extinto sem resolução do mérito* (CPC, art. 303, § 1º, I e § 2º). **B:** incorreto, pois a indenização será liquidada nos próprios autos em que a tutela houver sido concedida (CPC, art. 302, parágrafo único). **C:** incorreto, pois somente se não houver a interposição de recurso (agravo de instrumento), a decisão que concede a tutela antecedente se tornará

estável (CPC, art. 304, "caput" e § 6º). Além disso, cabe ação em 1º grau para rever, reformar ou invalidar a tutela antecipada estabilizada (CPC, art. 304, §§ 2º, 3º e 5º) – e não ação rescisória. **D:** correto, considerando o exposto nas demais alternativas e a previsão legal (CPC, arts. 303 e 304). **E:** incorreto, pois no caso de tutela cautelar a eficácia da decisão concedida sempre cessará no caso de extinção (CPC, art. 309, III).
Gabarito "D".

9. TEMAS COMBINADOS DA PARTE GERAL

(Cartório/SP – 2018 – VUNESP) É correto afirmar que

(A) o adquirente da coisa litigiosa sucede a parte alienante no processo, independentemente do consentimento da parte contrária.

(B) o Juiz deve nomear curador especial ao réu preso revel.

(C) em ação que verse sobre direito real imobiliário, basta a citação de um dos cônjuges, se casados sob o regime de comunhão parcial de bens.

(D) não é cabível requerimento de desconsideração da personalidade jurídica na petição inicial do processo de conhecimento.

A: incorreta, pois o adquirente não poderá suceder a parte alienante no processo sem o consentimento da parte contrária – poderá, nesse caso, ingressar como assistente litisconsorcial do alienante (CPC, art. 109); **B:** correta, conforme expressa disposição legal (CPC, art. 72, II); **C:** incorreta, porque a citação dos dois cônjuges é dispensada apenas se casados sob o regime de separação absoluta de bens (CPC, art. 73, § 1º, I); **D:** incorreta, sendo possível o requerimento na própria inicial nesse caso, não será necessária a instauração do incidente processual, mas o IDPJ tramitará no próprio processo (CPC, art. 134, § 2º).
Gabarito "B".

(Cartório/PA – 2016 – IESES) De acordo com o Código de Processo Civil em vigência, assinale a alternativa correta:

(A) A ação fundada em direito pessoal e a ação fundada em direito real sobre bens móveis serão sempre propostas no foro do domicílio do réu.

(B) O interesse do autor pode limitar-se à declaração da existência ou da inexistência de relação jurídica, bem como da autenticidade ou falsidade de documento, sendo admissível a ação declaratória, ainda que tenha ocorrido a violação do direito.

(C) Compete à autoridade judiciária brasileira, com exclusão de qualquer outra, proceder a inventário e partilha de bens, situados no Brasil, exceto quando o autor da herança seja estrangeiro e tenha residido fora do território nacional.

(D) O foro do domicílio do autor da herança, no Brasil, é o competente para o inventário, a partilha, a arrecadação, o cumprimento de disposições de última vontade e todas as ações em que o espólio for réu, exceto quando o óbito tenha ocorrido no estrangeiro.

A: incorreta, pois apesar de essa ser a regra (CPC, art. 46), há uma série de exceções no próprio Código, a partir do art. 48; **B:** correta, sendo essa a expressa previsão legal (CPC, art. 19 e 20); **C:** incorreta, pois sempre será apenas do juiz brasileiro a competência (situação da denominada "competência exclusiva") para julgar questões envolvendo inventário de bens situados no Brasil (CPC, art. 23, II); **D:** incorreta, pois sempre será esse o foro competente – mesmo que o óbito tenha ocorrido no exterior (CPC, art. 48).

Gabarito "B".

(CESPE – 2013) Acerca de jurisdição e ação no processo civil, julgue os itens subsecutivos.

(1) De acordo com o princípio da indeclinabilidade, uma vez provocado, o órgão jurisdicional não poderá recusar-se a dirimir litígios, a não ser na hipótese de existência de lacunas na lei aplicável à matéria, hipótese em que julgará improcedente o pedido do autor.

(2) A jurisdição compreende apenas dois poderes, o poder de coerção, que se manifesta, por exemplo, quando o juiz ordena intimações de partes ou testemunhas, e o poder de decisão, que se manifesta, por exemplo, quando o juiz redige a sentença.

(3) O interesse de agir é um interesse instrumental, de natureza processual.

1: incorreto, conforme arts. 5°, XXXV, da CF e 140 do CPC; 2: incorreto, pois a jurisdição se compõe de um conjunto de poderes como a coerção, a decisão e a documentação; 3: correto, pois as condições da ação, conforme majoritária doutrina brasileira (e o próprio CPC) são categorizadas como questões prévias à apreciação do mérito (art. 485, VI, CPC);

Gabarito 1E, 2E, 3C

(Cartório/ES – 2013 – CESPE) Assinale a opção correta com relação a forma, prazos, comunicação e nulidade dos atos processuais.

(A) Qualquer das partes pode recorrer a fim de pleitear a anulação da sentença ilíquida, proferida a despeito de ter sido formulado pedido líquido e certo.

(B) Considera-se intempestivo o recurso se o advogado devolve os autos fora do prazo para interposição de recursos.

(C) A carta precatória não poderá ser apresentada a juízo diferente do que dela consta, a fim de praticar o ato.

(D) O juiz deprecado recusará cumprimento à carta precatória, entre outras situações previstas em lei, quando considerar ilegal ou inconstitucional o ato deprecado.

(E) Na citação por correio, são diferentes as exigências formais para a validade da citação de pessoa física e de pessoa jurídica.

A: incorreta (Súmula 318/STJ: "Formulado pedido certo e determinado, somente o autor tem interesse recursal em arguir o vício da sentença ilíquida".); B: incorreta, pois se o recurso foi interposto no prazo e os autos devolvidos posteriormente, a consequência processual é penalizar o advogado (CPC, art. 234, § 2°); C: incorreta, por expressa previsão legal (CPC, art. 262); D: incorreta, pois as hipóteses de recusa ao cumprimento da precatória (CPC, art. 267), são as seguintes: "I – quando não estiver revestida dos requisitos legais; II – quando carecer de competência em razão da matéria ou da hierarquia; III – quando tiver dúvida acerca de sua autenticidade"; E: correta. Ainda que nos dois casos seja possível a citação na pessoa do porteiro (PJ: art. 248, § 2°, CPC / PF: art. 248, § 4°, CPC), no caso da PJ há menção a citação em "pessoa com poderes de gerência geral", o que por óbvio não se aplica à pessoa física.

Gabarito "E".

II – PROCESSO DE CONHECIMENTO

10. PETIÇÃO INICIAL

(Cartório/RS – 2019 –VUNESP) Sobre as causas de indeferimento da petição inicial, assinale a alternativa correta.

(A) O réu será comunicado do resultado do julgamento após o trânsito em julgado de sentença de mérito pro- ferida em favor dele antes da citação.

(B) A decisão de indeferimento da petição inicial não faz coisa julgada.

(C) Indeferida a petição inicial e não interposta apelação, dispensa-se a intimação do réu sobre o trânsito em julgado da sentença.

(D) Indeferida a petição inicial, cabe juízo de retratação no prazo de 10 (dez) dias.

(E) O autor poderá interpor recurso de agravo de instrumento contra a decisão que indefere a petição inicial.

A: correta, conforme expressa previsão legal para as hipóteses de improcedência liminar do pedido (CPC, art. 332, § 2°); B: pergunta que pode induzir a erro. Para a banca incorreta, pois essa decisão (sentença terminativa) será coberta coisa julgada *formal*, devendo a parte corrigir os vícios antes da repropositura da ação (CPC, art. 486, § 1°) – mas o candidato poderia pensar na coisa julgada *material*, e essa decisão não é por ela coberta; C: incorreta, já que o réu deve ser comunicado da propositura da ação, após o trânsito em julgado (CPC, art. 331, § 3°); D: incorreta, porque o juízo de retratação poderá ser exercido no prazo de 5 dias (CPC, art. 331); E: incorreta, pois o recurso cabível será apelação (CPC, art. 331).

Gabarito "A".

(FCC – 2016) Sobre a petição inicial e seu indeferimento e a improcedência liminar do pedido é correto:

(A) Depois da citação, o autor não poderá aditar ou alterar o pedido, ainda que haja consentimento do réu.

(B) Se o juiz verificar que a petição inicial não preenche os requisitos legais, deverá determinar a intimação do autor para que, no prazo de dez dias, a emende ou a complete, não cabendo ao Magistrado apontar qual o erro.

(C) O pedido deve ser certo, nele estando compreendidos os juros legais, a correção monetária e as verbas de sucumbência, mas a fixação de honorários advocatícios depende de pedido expresso.

(D) Indeferida a petição inicial, o autor poderá interpor agravo de instrumento, facultado ao juiz, no prazo de cinco dias, retratar-se.

(E) Nas causas que dispensem a fase instrutória, o juiz, independentemente da citação do réu, julgará liminarmente improcedente o pedido que contrariar enunciado de súmula do Supremo Tribunal Federal ou do Superior Tribunal de Justiça.

A: incorreto, pois havendo consentimento do réu, o autor poderá aditar ou alterar o pedido após a citação e até o saneamento do processo (CPC, art. 329, II); B: incorreto, pois deverá o juiz *indicar com precisão* o que deve ser corrigido ou completado; além disso, o prazo para isso é de 15 dias e não de 10 dias (CPC, art. 321). C: incorreto, pois também a fixação de honorários advocatícios independe de pedido expresso da parte (CPC, art. 322, § 1°); D: incorreto, pois da decisão que indefere a

7. DIREITO PROCESSUAL CIVIL

petição inicial o recurso cabível é a apelação (CPC, art. 331); **E**: correta (CPC, art. 332, I).

Gabarito "E".

11. CONTESTAÇÃO E REVELIA

(Cartório/SP – 2016 – VUNESP) Sobre a reconvenção, é correto afirmar que

(A) pode ser proposta contra o autor e terceiro, ou ainda, pelo réu em litisconsórcio com terceiro.

(B) pode ser proposta pelo réu em petição própria, para manifestar pretensão própria, haja ou não conexão com a ação principal ou com o fundamento da defesa.

(C) dela será o autor intimado pessoalmente, para apresentar resposta no prazo de 15 (quinze) dias.

(D) é inadmissível na ação monitória.

A: Correta. (CPC, art. 343, §§ 3º e 4º). **B:** Incorreta, pois a reconvenção no atual sistema é apresentada na própria contestação (CPC, art. 343, *caput*). **C:** Incorreta, porque a intimação será na pessoa do advogado do autor (CPC, art. 343, § 1º). **D:** Incorreta, pois a lei expressamente prevê a reconvenção na monitória – o que é vedado é a reconvenção da reconvenção (CPC, art. 702, § 6º).

Gabarito "A".

(Cartório/SP – 2011 – VUNESP) Sobre a resposta do réu, é correto afirmar:

(A) antes de discutir o mérito, o réu poderá discutir pagamento, transação, compensação e fatos que levem à extinção da obrigação.

(B) o prazo para contestar é de 15 dias, ainda que vários réus com advogados distintos.

(C) a reconvenção é incabível na ação monitória, após a conversão do procedimento em ordinário.

(D) antes de discutir o mérito, o réu poderá discutir pressupostos processuais, tais como inexistência de citação e incompetência absoluta.

A: incorreto (art. 337 do CPC), pois essas matérias fazem parte do mérito; **B:** incorreto, pois pode haver prazo em dobro (art. 229 do CPC); para isso, é necessário que os advogados sejam de *escritórios de advocacia distintos* e que o processo seja *físico*; **C:** incorreto, po a lei expressamente prevê essa possibilidade (art. 702, § 6º, CPC e Súmula 292/STJ: "A reconvenção é cabível na ação monitória, após a conversão do procedimento em ordinário (agora denominado procedimento comum); **D:** correto (art. 337, I e II, do CPC).

Gabarito "D".

12. PROVAS

(Cartório/MG – 2015 – Consulplan) Com relação ao instituto da confissão, assinale a alternativa INCORRETA:

(A) Nas ações que versarem sobre bens imóveis ou direitos sobre imóveis alheios, a confissão de um cônjuge não valerá sem a do outro.

(B) A confissão espontânea pode ser feita pela própria parte, ou por mandatário com poderes especiais.

(C) A confissão extrajudicial, feita por escrito à parte, a quem a represente ou a terceiro, mesmo que não interessado, tem a mesma eficácia probatória da judicial.

(D) A confissão judicial faz prova contra o confitente, não prejudicando, todavia, os litisconsortes.

A: Correta (CPC, art. 391, parágrafo único). **B:** Correta (CPC, art. 390, § 1º). **C:** Incorreta, devendo esta ser assinalada. O CPC menciona apenas a confissão extrajudicial oral (art. 394). Desta forma, caberá a análise do magistrado à luz do caso concreto (convencimento motivado do juiz – CPC, art. 371). **D:** Correta. (CPC, art. 391).

Gabarito "C".

(Cartório/MG – 2016 – Consulplan) No que tange à produção antecipada de prova, julgue as seguintes afirmações:

I. Na petição, o requerente apresentará as razões que justifiquem a necessidade de antecipação da prova e mencionará, com precisão, os fatos sobre os quais a prova haverá de recair.

II. O juiz determinará, de ofício ou a requerimento da parte, a citação de interessados na produção da prova ou no fato a ser provado, salvo se inexistente caráter contencioso; todavia, o juiz não se pronunciará sobre a ocorrência ou a inocorrência do fato, nem sobre as respectivas consequências jurídicas.

III. Os interessados poderão requerer a produção de qualquer prova no mesmo procedimento, desde que relacionada ao mesmo fato, salvo se a sua produção conjunta acarretar excessiva demora.

IV. Neste procedimento, será admitida defesa ou recurso contra decisão que indeferir total ou parcialmente a produção da prova pleiteada pelo requerente originário.

Está correto o que se afirma em:

(A) I, II e III, apenas.

(B) II, III e IV, apenas.

(C) II e IV, apenas.

(D) I, II, III e IV.

I: Correto (CPC, art. 382); **II:** Correto (CPC, art. 382, §§ 1º e 2º); **III:** Correto (CPC, art. 382, § 3º); **IV:** Incorreto pela letra da lei, que *não prevê* defesa ou recurso (CPC, art. 382, § 4º) – o que é objeto de debate pela doutrina.

Gabarito "A".

(Cartório/MG – 2016 – Consulplan) Relativamente à arguição de falsidade, dentre as alternativas abaixo, apenas uma é INCORRETA. Assinale-a:

(A) A falsidade deverá ser suscitada na contestação, na réplica ou no prazo de vinte dias, contado a partir da intimação da juntada do documento aos autos; uma vez arguida, a falsidade será resolvida como questão incidental, salvo se a parte requerer que o juiz a decida como questão principal.

(B) A parte arguirá a falsidade expondo os motivos em que funda a sua pretensão e os meios com que provará o alegado.

(C) Depois de ouvida a outra parte no prazo de quinze dias, será realizado o exame pericial; se a parte que produziu o documento concordar em retirá-lo, não se procederá ao exame pericial.

(D) A declaração sobre a falsidade do documento, quando suscitada como questão principal, constará da parte dispositiva da sentença e sobre ela incidirá também a autoridade da coisa julgada.

A: incorreta, devendo esta ser assinalada. O prazo é de *15 dias* contados a partir da intimação da juntada do documento (CPC, art. 430); **B:** correta (CPC, art. 431); **C:** correta (CPC, art. 432); **D:** correta (CPC, art. 433).

Gabarito "A".

(Cartório/MG – 2016 – Consulplan) Sabidamente, a prova pericial consiste em exame, vistoria ou avaliação. A esse respeito, é correto afirmar:

(A) No corpo do laudo pericial, o perito deverá apresentar sua fundamentação em linguagem simples e com coerência lógica, indicando como alcançou suas conclusões, sendo-lhe vedado ultrapassar os limites de sua designação, bem como emitir opiniões pessoais que excedam o exame técnico ou científico do objeto da perícia.

(B) O juiz não poderá, de ofício ou atendendo a requerimento de qualquer das partes, determinar a produção de prova técnica simplificada em substituição à perícia, ainda que se trate de ponto controvertido de menor complexidade, porque não se pode subtrair das partes a amplitude do debate sobre o objeto do litígio.

(C) O perito cumprirá escrupulosamente o encargo que lhe foi cometido, mediante aposição de assinatura em termo de compromisso especialmente lavrado para assumir o encargo pericial.

(D) Ainda que a perícia seja inconclusiva ou deficiente, o juiz não poderá reduzir a remuneração inicialmente arbitrada para o trabalho pericial.

A: correta (CPC, art. 473, §§ 1º e 2º); **B:** incorreta, pois o juiz poderá, nesses casos, deferir a prova técnica simplificada (CPC, art. 464, § 2º); **C:** incorreta, considerando que o perito cumprirá fielmente seu encargo, mesmo *sem assinar* termo de compromisso (CPC, art. 466); **D:** incorreta, pois o Código *permite* a redução dos honorários periciais no caso de perícia inconclusiva ou deficiente (CPC, art. 465, § 5º).
Gabarito "A".

(Cartório/RJ – 2012) Em se tratando de provas, analise as assertivas abaixo.

I. Cessa a fé do documento, público ou particular, sendo-lhe declarada judicialmente a falsidade.

II. Cessa a fé do documento particular quando lhe for contestada a assinatura e enquanto não se lhe comprovar a veracidade.

III. Incumbe o ônus da prova, quando se tratar de contestação de assinatura, à parte que produziu o documento.

É correto o que se afirma em

(A) I e II, apenas.

(B) II, apenas.

(C) I e III, apenas.

(D) I, II e III.

(E) III, apenas.

I: correto (art. 427, *caput*, do CPC); II: correto (art. 488, I, do CPC).; III: correto (art. 429, II, do CPC).
Gabarito "D".

(Cartório/RN – 2012 – IESIS) Quanto à prova no direito processual civil brasileiro, é correto afirmar, **EXCETO**, que:

(A) O denunciado à lide não poderá ser submetido ao depoimento pessoal.

(B) Aos peritos aplicam-se as mesmas regras de impedimento e suspeição que se aplicam aos magistrados.

(C) A testemunha não é obrigada a depor sobre fatos que acarretem grave dano ao seu cônjuge.

(D) O documento público prova sua existência e também os fatos que o agente público atesta terem ocorrido em sua presença.

A: incorreto, devendo ser assinalada. A considerar que o denunciado ingressa na lide principal como litisconsorte do denunciante – em verdade, cuida-se de assistência simples, nada obstante a norma fale em litisconsórcio (arts. 127 e 128, I, do CPC) – é possível que o juízo, por ocasião da audiência de instrução, decida; **B:** correto (art. 148, III, do CPC); **C:** correto (art. 448, I, do CPC); **D:** correto (art. 405 do CPC).
Gabarito "A".

(Cartório/SP – 2012 – VUNESP) Documento feito por oficial público incompetente ou sem a observância das formalidades legais, subscrito pelas partes,

(A) não tem eficácia probatória, não servindo como meio de prova.

(B) é prova bastante dos fatos declarados pelo oficial.

(C) é válido como início de prova a ser complementada por outras provas.

(D) tem a mesma eficácia probatória do documento particular.

O Código expressamente atribui eficácia de documento particular a esse documento (art. 407 do CPC).
Gabarito "D".

(Cartório/SP – 2012 – VUNESP) Contestada no curso do processo a assinatura de documento particular exibido por uma das partes, sem reconhecimento de firma por tabelião, o ônus da prova incumbe

(A) à parte que contestou a assinatura.

(B) à parte a quem o juiz atribuir o ônus de comprovar a autenticidade da assinatura.

(C) à parte que produziu o documento.

(D) ao autor quando se tratar de prova relativa a fato constitutivo do seu direito; ao réu quando se tratar de prova relativa a fato impeditivo, modificativo ou extintivo do direito do autor.

O art. 429, II, do CPC atribui o ônus da prova à parte que produziu o documento.
Gabarito "C".

(Cartório/SP – V – VUNESP) É lícito à parte inocente provar com testemunhas

(A) nos contratos simulados, a divergência entre a vontade real e a vontade declarada, nos contratos cujo valor não exceder ao décuplo do salário mínimo vigente.

(B) nos contratos cujo valor não exceder ao décuplo do salário mínimo vigente, os vícios do consentimento.

(C) nos contratos realizados por escritura pública, os vícios do consentimento.

(D) todas as alternativas estão corretas.

O art. 446, I e II, do CPC abrange todas essas possibilidades mencionadas na questão.
Gabarito "D".

(Cartório/SP – V – VUNESP) No documento público, há presunção de veracidade quanto

(A) à sua própria formação, a saber, quanto à autoria e ao conteúdo exterior do documento.

7. DIREITO PROCESSUAL CIVIL

(B) à sua própria formação, a saber, quanto à autoria, mas não quanto ao conteúdo exterior do documento.

(C) à sua formação, no que diz respeito à autoria e conteúdo exterior, bem como, quanto às declarações de vontade intrínsecas das partes.

(D) ao conteúdo exterior do documento, mas não quanto à sua autoria.

O documento público faz prova não só da sua formação, mas também dos fatos que o escrivão, o chefe de secretaria, o tabelião ou o servidor declarar que ocorreram em sua presença, nos termos do art. 405 do CPC.
Gabarito "A".

(Cartório/SP – V – VUNESP) Reputa-se autêntico o documento

(A) mediante o reconhecimento de firma do signatário pelo tabelião.

(B) a partir do registro.

(C) em função de sua apresentação em repartição pública ou em juízo.

(D) a partir do registro ou apresentação em repartição pública ou em juízo.

Nos termos do art. 411, I do CPC, considera-se autêntico o documento quando o tabelião reconhecer a firma do signatário.
Gabarito "A".

(Cartório/SP – V – VUNESP) Não dependem de prova

(A) os fatos notórios e aqueles afirmados por uma parte e confessados pela parte contrária.

(B) os fatos admitidos, no processo, como incontroversos.

(C) os fatos em cujo favor milita presunção legal de existência ou de veracidade.

(D) todas as alternativas estão corretas.

As alternativas A, B e C correspondem aos incisos I e II, III e IV do art. 374 do CPC.
Gabarito "D".

13. SENTENÇA, COISA JULGADA E AÇÃO RESCISÓRIA

(Cartório/MG – 2019 – Consulplan) De acordo com as normas e princípios contidos no Código de Processo Civil, analise as afirmativas a seguir.

I. A publicação da sentença fixa o seu conteúdo e o juiz que a proferiu só pode alterá-la no caso de acolhimento dos embargos de declaração.

II. Os motivos da decisão, contidos na fundamentação, fazem coisa julgada, quando importantes para determinar o alcance da parte dispositiva da sentença.

III. A coisa julgada material abrange o deduzido e o deduzível, tanto em relação ao autor quanto ao réu.

IV. A sentença, proferida contra a União, os Estados, o Distrito Federal, os Municípios e suas respectivas autarquias e fundações de direito público, que estiver fundada em súmula de tribunal superior, não está sujeita ao reexame necessário.

Estão corretas as afirmativas

(A) I, II, III e IV.

(B) III e IV, apenas.

(C) I, II e III, apenas.

(D) I, II e IV, apenas.

I: incorreta, porque o juiz poderá alterar a sentença, de ofício ou por requerimento das partes, também para corrigir erro material ou erro de cálculo (CPC, art. 494, I); **II:** incorreta, conforme expressa previsão legal – a verdade dos fatos e os motivos da decisão não são cobertos pela coisa julgada (CPC, art. 504, I); **III:** certa, já que são abrangidos pela coisa julgada os argumentos efetivamente levantados pelas partes, e os que poderiam ter sido alegados, mas não foram – essa é a eficácia preclusiva da coisa julgada (CPC, 508); **IV:** certa, pois essa é uma das exceções previstas no Código em que não ocorre a remessa necessária – esse o termo atualmente utilizado pelo legislador (CPC, art. 496, § 4°, I).
Gabarito "B".

(Cartório/RS – 2019 – VUNESP) Nos termos do artigo 495 do Código de Processo Civil, a decisão que condenar o réu ao pagamento de prestação consistente em dinheiro e a que determinar a conversão de prestação de fazer, de não fazer ou de dar coisa em prestação pecuniária, valerão como título constitutivo de hipoteca judiciária. Sobre o tema, assinale a alternativa correta.

(A) A hipoteca judiciária poderá ser realizada mediante apresentação de cópia da sentença perante o cartório de registro imobiliário, mediante ordem judicial ou declaração expressa do juiz.

(B) A hipoteca judiciária, uma vez constituída, implicará, para o credor hipotecário, o direito de preferência, quanto ao pagamento, em relação a outros credores, observada a prioridade no registro.

(C) No prazo de até 10 (dez) dias da data de realização da hipoteca, a parte informá-la-á ao juízo da causa, que determinará a intimação da outra parte para que tome ciência do ato.

(D) A decisão produz a hipoteca judiciária, salvo se a condenação for genérica ou se impugnada por recurso dotado de efeito suspensivo.

(E) Sobrevindo a reforma ou a invalidação da decisão que impôs o pagamento de quantia, a parte responderá, comprovada culpa, pelos danos que a outra parte tiver sofrido em razão da constituição da garantia, devendo o valor da indenização ser liquidado e executado nos próprios autos.

A: incorreta, pois com o advento do CPC/15 não há mais necessidade de autorização judicial para a constituição da hipoteca judiciária (CPC, art. 495, § 2°); **B:** certa, conforme expressa previsão legal (CPC, art. 495, § 4°); **C:** incorreta, considerando que o prazo para informar ao juízo é de *15 dias* (CPC, art. 495, § 3°); **D:** incorreta, uma vez que é possível constituir a hipoteca, ainda que a condenação seja genérica ou haja a interposição de recurso com efeito suspensivo (CPC, art. 495, § 1°); **E:** incorreta, porque a parte responderá pelos eventuais danos causados, independentemente de culpa (CPC, art. 495, § 5°).
Gabarito "B".

(Cartório/MG – 2016 – Consulplan) Todas as alternativas completam corretamente o enunciado, **EXCETO:**

Nas causas que dispensem a fase instrutória, o juiz, independentemente da citação do réu, julgará liminarmente improcedente o pedido que contrariar

(A) enunciado de súmula do Supremo Tribunal Federal ou do Superior Tribunal de Justiça.

(B) acórdão proferido pelo Supremo Tribunal Federal ou pelo Superior Tribunal de Justiça em julgamento de recursos repetitivos.

(C) entendimento firmado em incidente de resolução de demandas repetitivas ou de assunção de competência.

(D) entendimento decorrente de julgados proferidos pelo juiz sentenciante, equiparado à condição de precedente pela atual legislação processual.

A: Cabe improcedência liminar do pedido contrário a súmula de tribunal superior (CPC, art. 332, I); **B:** Cabe improcedência liminar do pedido contrário a precedente firmado em recurso repetitivo (CPC, art. 332, II); **C:** Cabe improcedência liminar do pedido contrário a tese firmada em IRDR ou IAC (CPC, art. 332, III); **D:** incorreta, de modo que esta deve ser assinalada. Não há previsão de improcedência liminar fundada em precedente do próprio juiz – essa era a previsão do Código anterior.
Gabarito "D".

(Cartório/MG – 2016 – Consulplan) Em se tratando de coisa julgada, avalie as seguintes afirmações:

I. É vedado à parte discutir no curso do processo as questões já decididas a cujo respeito operou-se a preclusão.

II. A sentença faz coisa julgada às partes entre as quais é dada, não prejudicando terceiros.

III. A verdade dos fatos, estabelecida como fundamento da sentença, faz coisa julgada.

IV. Transitada em julgado a decisão de mérito, considerar-se-ão deduzidas e repelidas todas as alegações e as defesas que a parte poderia opor tanto ao acolhimento quanto à rejeição do pedido.

Está correto somente o que se afirma em:

(A) I e II

(B) III e IV

(C) I, II e III

(D) I, II e IV

I: Correto, sendo esse o fenômeno da preclusão – perda de uma faculdade processual (CPC, art. 507); **II:** Correto, sendo essa a previsão dos limites subjetivos da coisa julgada no CPC (art. 506); **III:** Incorreto, pois a verdade dos fatos *não é coberta* pela coisa julgada, sendo esse um dos aspectos dos limites objetivos da coisa julgada (CPC, art. 504, II); **IV:** Correto, sendo esse o fenômeno da eficácia preclusiva da coisa julgada (CPC, art. 508).
Gabarito "D".

(Cartório/MG – 2016 – Consulplan) Em se tratando de ação rescisória, assinale a afirmação

INCORRETA.

(A) O direito à rescisão extingue-se em dois anos contados do trânsito em julgado da última decisão proferida no processo.

(B) Não se aplica à ação rescisória a prorrogação de prazo para o primeiro dia útil imediatamente subsequente para efeito do seu ajuizamento pela parte interessada quando se expirar durante as férias forenses, recesso, feriados ou em dia em que não houver expediente forense.

(C) Se o autor obtiver, posteriormente ao trânsito em julgado, prova nova cuja existência ignorava ou de que não pôde fazer uso, capaz, por si só, de lhe assegurar pronunciamento favorável, o termo inicial do prazo será a data de descoberta da prova nova, observado o prazo máximo de cinco anos, contado

do trânsito em julgado da última decisão proferida no processo.

(D) Nas hipóteses de simulação ou de colusão das partes, o prazo começa a contar, para o terceiro prejudicado e para o Ministério Público, que não interveio no processo, a partir do momento em que tomarem ciência da simulação ou da colusão.

A: correta (CPC, art. 975 *caput* e Súmula 401/STJ); **B:** incorreta, devendo esta ser assinalada. Por expressa previsão legal, aplica-se a prorrogação do prazo da AR – ainda que decadencial – para o primeiro dia útil seguinte, no caso de não haver expediente forense (CPC, art. 975, § 1º); **C:** correta, sendo essa uma exceção à regra geral de prazo da rescisória, no caso de AR fundada em prova nova (CPC, art. 975, § 2º); **D:** correta, sendo essa outra especificidade de prazo da AR, no caso simulação das partes (CPC, art. 517, § 3º).
Gabarito "B".

(Cartório/MG – 2015 – Consulplan) Quanto à ação rescisória, o prazo para sua proposição é de 2(dois) anos,

(A) contados do trânsito em julgado da decisão, tendo natureza decadencial.

(B) contados do trânsito em julgado da decisão, tendo natureza prescricional.

(C) contados do surgimento de fato novo que a fundamente, tendo natureza decadencial.

(D) contados do surgimento de fato novo que a fundamente, tendo natureza prescricional.

Em regra, o prazo para ajuizamento da AR é de dois anos contados do trânsito em julgado (CPC, art. 975), tratando-se de prazo decadencial.
Gabarito "A".

(Cartório/PI – 2013 – CESPE) Assinale a opção correta no que se refere à congruência entre sentença e pedido.

(A) Haverá julgamento *extra* ou *ultra petita*, caso o juiz ou tribunal pronuncie-se de ofício sobre matéria de ordem pública.

(B) A correção monetária é matéria de ordem pública, integrando, portanto, o pedido de forma implícita, o que torna prescindível a congruência entre o pedido e a decisão judicial.

(C) Em matéria de ordem pública, é defeso ao juiz proferir sentença, a favor do autor, de natureza diversa da pedida.

(D) Nos pedidos implícitos, é imprescindível a aplicação da regra da congruência ou da correlação entre a sentença e o pedido.

(E) A correção monetária não é matéria de ordem pública, não integrando, portanto, o pedido implícito.

A: incorreta, pois se é matéria de ordem pública, o juiz deve se manifestar de ofício (CPC, art. 485, § 3º). De se observar que, nesses casos, o juiz deve oportunizar manifestação às partes, para evitar decisão-surpresa (CPC, art. 10); **B:** correta. (CPC, art. 322, §1º – dispositivo que faz menção a juros e correção monetária); **C:** incorreta, considerando o exposto em "A"; **D:** incorreta, pois a congruência, correlação ou adstrição do juiz ao pedido não se aplicam às matérias de ordem pública ou aos pedidos implícitos; **E:** incorreta, considerando o exposto em "B" (inclusive, como "E" é alternativa oposta a "B", uma delas obrigatoriamente teria de ser a alternativa correta).
Gabarito "B".

III – CUMPRIMENTO DE SENTENÇA E EXECUÇÃO

14. CUMPRIMENTO DE SENTENÇA E IMPUGNAÇÃO

(Cartório/MG – 2016 – Consulplan) É possível o protesto da decisão judicial transitada em julgado, vencido o prazo para o cumprimento voluntário da obrigação pelo devedor.

A esse respeito, assinale a única proposição INCORRETA.

(A) Para efetivar o protesto, incumbe ao exequente apresentar certidão de teor da decisão.

(B) A certidão de teor da decisão deverá ser fornecida no prazo de três dias e indicará o nome e a qualificação do exequente e do executado, o número do processo, o valor da dívida e a data de decurso do prazo para pagamento voluntário.

(C) O executado que tiver proposto ação rescisória para impugnar a decisão exequenda pode requerer, a suas expensas e sob sua responsabilidade, a anotação da propositura da ação à margem do título protestado.

(D) A requerimento do credor, o protesto será cancelado por determinação do juiz, mediante ofício a ser expedido ao cartório, no prazo de três dias, contado da data de protocolo do requerimento, desde que comprovada a satisfação integral da obrigação.

A: correta (CPC, art. 517, § 1º); **B:** correta (CPC, art. 517, § 2º); **C:** correta (CPC, art. 517, § 3º); **D:** incorreta, devendo esta ser assinalada. O cancelamento do protesto se dá a requerimento do *executado/devedor*, não do credor (CPC, art. 517, § 4º).
Gabarito "D".

(FGV – 2017) Jair promove ação em face de Carlos para cobrar uma dívida proveniente de contrato (não escrito) de prestação de serviços celebrado pelas partes. Com o trânsito em julgado da sentença que condenou Carlos a pagar o valor devido, Jair requer o cumprimento de sentença. O executado foi intimado regularmente na pessoa do seu advogado. No prazo da impugnação, deposita o correspondente a 30% do valor devido e requer o parcelamento do remanescente em até 6 (seis) prestações. O juiz defere o pedido do executado, fundamentando sua decisão no princípio da menor onerosidade, mas o exequente se insurge por intermédio de agravo de instrumento, alegando que o parcelamento legal não se aplica ao cumprimento de sentença. Diante da situação hipotética, a decisão do juiz está

(A) correta, pois o parcelamento legal pode ser aplicado no caso de cumprimento de sentença.

(B) equivocada, tendo em vista que só poderia deferir se fosse feito depósito de 50%.

(C) equivocada, pois há vedação expressa para a concessão do parcelamento legal no caso de cumprimento de sentença.

(D) correta, pois sempre se deve encontrar a forma mais efetiva para a execução.

a) Incorreta, por expressa previsão legal em sentido inverso (CPC, art. 916, § 7º); b) Incorreta, pois o depósito é de fato de 30%, quando admitido (CPC, art. 916); c) Correta, por expressa previsão legal

(CPC, art. 916, § 7º); d) Incorreta, considerando a previsão legal em sentido inverso.
Gabarito "C".

(FGV– 2012) A execução tem por finalidade precípua a adoção de medidas necessárias à satisfação da obrigação prevista em um título executivo judicial ou extrajudicial. Em um primeiro momento, vigia no ordenamento pátrio o princípio da autonomia, segundo o qual as atividades executivas e de conhecimento deveriam ser desenvolvidas necessariamente por meio de ações distintas. Contudo, tal sistemática foi alvo de uma série de reformas que buscaram prestigiar um desenvolvimento sincrético do processo, bem como a própria efetivação do título executivo.

Com base na legislação vigente, assinale a afirmativa correta:

(A) A sentença arbitral, de acordo com o CPC, possui natureza de título executivo extrajudicial e poderá ser liquidada ou executada, conforme o caso, perante o juízo cível competente, hipótese na qual o mandado inicial incluirá a ordem de citação do devedor.

(B) O executado, nas obrigações de pagar quantia certa ou já fixada em liquidação, poderá oferecer impugnação para rediscutir qualquer causa impeditiva, modificativa ou extintiva da obrigação, desde que superveniente à sentença.

(C) O CPC prevê que o juiz pode atribuir efeito suspensivo aos embargos quando ficar demonstrado que o prosseguimento da execução manifestamente pode causar ao executado grave dano de difícil ou incerta reparação o que não ocorre na impugnação, tendo em vista que nesta modalidade de defesa está prevista, expressamente, a impossibilidade de concessão de efeitos suspensivos em quaisquer hipóteses.

(D) A concessão de efeito suspensivo nos embargos do executado obsta o prosseguimento da execução principal, impedindo, inclusive, a efetivação dos atos de penhora e avaliação dos bens.

A: incorreta, porque a sentença arbitral, por opção legislativa (para limitar a matéria de defesa do executado) é título executivo *judicial* (CPC, art. 515, VII); **B:** correta, porque a defesa no cumprimento é a impugnação, sendo possível apenas alegar matérias previstas na lei (CPC, art. 525, § 1º, VII); **C:** incorreta, pois tanto nos embargos quanto na impugnação o efeito suspensivo depende de concessão do juiz, desde que presentes os requisitos (CPC, art. 525, § 6º); **D:** incorreta, pois mesmo que concedido o efeito suspensivo aos embargos, ocorrerá a penhora e avaliação (CPC, art. 919, § 5º)
Gabarito "B".

(CESPE – 2011) No curso de procedimento de cumprimento de sentença, a esposa de um executado interpôs impugnação ao argumento de não ter sido respeitado o prazo para cumprimento voluntário. Nessa situação,

(A) o juiz poderá acolher liminarmente o fundamento, se este for verdadeiro, sem ouvir o exequente.

(B) a impugnação deve ser recebida e os atos executivos suspensos de ofício, caso seja relevante o fundamento.

(C) ouvido o exequente, o juiz decidirá a impugnação de pronto, já que não cabe dilação probatória.

(D) o juiz deve rejeitar liminarmente a impugnação, porque a esposa do executado não é parte legítima para interpor impugnação.

(E) o procedimento deve ser extinto por sentença, após a oitiva do exequente, caso seja acolhido o fundamento da impugnação.

> Se o problema relacionado ao cumprimento de sentença envolve o executado, ele é quem deve se manifestar a respeito da questão, e não sua esposa (que não pode pleitear, em nome próprio, direito alheio – CPC, art. 18). Sendo assim, a hipótese é de *ilegitimidade*. Diante disso, prejudicadas as demais alternativas.
> Gabarito "D".

15. PROCESSO DE EXECUÇÃO E EMBARGOS

(Cartório/MG – 2019 – Consulplan) Giza P. é detentora dos seguintes títulos executivos: uma nota promissória, um cheque e um contrato, prevendo obrigações de pagar e fazer. Giza necessita promover a execução de tais títulos pois, seu devedor, João Gilberto, figura conhecida pela contumácia em não honrar seus compromissos, mais uma vez, não efetuou a tempo e modo o pagamento e tampouco cumpriu a obrigação de fazer. Giza procura um advogado e informa que deseja executar seu devedor, promovendo a execução em juízo de tais títulos. Considerando a situação hipotética, assim como as regras relativas à cumulação de execuções, é correto afirmar que:

(A) Giza poderá executar nos mesmos autos João Gilberto, sendo necessário que o ajuizamento preceda de notificação premonitória com a finalidade de constituir o devedor em mora.

(B) Admite-se a cumulação de execuções desde que observada a identidade de partes, juízo e forma do processo, o que ocorre com a nota promissória, o cheque e o contrato no que diz respeito à obrigação de fazer.

(C) A execução da nota promissória e do cheque poderão ser cumuladas, vez que se tratam de títulos cuja forma do processo é idêntica; todavia, quanto ao contrato, ainda que contendo obrigação de pagar, é impossível a cumulação com os demais títulos.

(D) Giza obrigatoriamente terá de propor, no mínimo, duas execuções: uma considerando a obrigação de pagar, contida no cheque, nota promissória e contrato; e outra, de obrigação de fazer, também contida no contrato, vez que o requisito da tríplice identidade não se alcança pela ausência de identidade de forma dos processos.

> **A:** incorreta, pois não há necessidade de que a ação seja precedida de notificação premonitória, uma vez que o devedor já está em mora (CPC, arts. 780 e 786); no mais, o procedimento da execução de fazer é diferente da execução de pagar (vide alternativa "D"); **B:** incorreta, já que a nota promissória e o cheque fundamentam execução de pagar quantia certa; **C:** incorreta, porque seria possível cumular a execução de pagar quantia certa com fundamento nos 3 títulos executivos (CPC, art. 780); **D:** correta, tendo em vista que os procedimentos da execução de pagar quantia certa (CPC, art. 824 e ss.) e de obrigação de fazer (CPC, art. 814 e ss.) são diferentes e, portanto, não poderiam ser cumulados (CPC, art. 780).
> Gabarito "D".

(Cartório/SP – 2016 – VUNESP) No curso de cumprimento de sentença condenatória ao pagamento de quantia, o credor exequente requer a penhora de imóvel em relação ao qual o devedor é titular de direitos oriundos de compromisso particular de compra e venda não inscrito no Registro de Imóveis. A medida constritiva é

(A) totalmente inviável, pois que não tendo havido registro do bem em nome do devedor, os direitos oriundos de compromisso particular de compra e venda não inscrito no Registro de Imóveis não são dotados de expressão econômica.

(B) totalmente viável, porque independentemente da inscrição do compromisso no Registro de Imóveis, o devedor já é tido como titular da propriedade sobre o bem, sendo, portanto, penhorável o imóvel e passível de averbação da dita penhora na matrícula.

(C) viável em parte, admitindo-se tão somente a penhora dos direitos do executado sobre o imóvel, e vedada a averbação da penhora no Registro de Imóveis, por afronta ao princípio da continuidade registrária, já que o bem formalmente é propriedade de terceiro.

(D) viável, desde que o credor apresente junto ao Registro de Imóveis cópia do auto ou termo de penhora sobre o imóvel, caso em que a penhora será averbada na matrícula, para presunção absoluta de conhecimento de terceiros.

> **A:** Incorreta, pois o CPC prevê a possibilidade de penhora sobre direitos aquisitivos decorrente de compromisso de compra e venda (CPC, art. 835, XII). **B:** Incorreta, porque existe a possibilidade de penhora do direito aquisitivo sobre o bem, mas não há que se falar em titularidade do bem por parte do devedor sem que tenha havido a averbação na matrícula. **C:** Correta (CPC, art. 835, XII). **D:** Incorreta, pois como se trata de penhora sobre direito aquisitivo derivado de promessa de compra e venda, não se fala em registro na matrícula do imóvel (CPC, art. 844).
> Gabarito "C".

(Cartório/SP – 2016 – VUNESP) Na execução para a cobrança do crédito hipotecário, vinculado ao SFH, a venda do imóvel hipotecado em praça pública deverá observar

(A) preço não inferior ao saldo devedor.

(B) preço não inferior à avaliação do bem.

(C) valor que não seja vil.

(D) preço não inferior a 50% da avaliação do bem.

> **A:** Correta. A Lei 5.741/1971, em seu artigo 6º, estabelece que o imóvel será levado à praça pública por preço não inferior ao saldo devedor. **B:** Incorreta, considerando o exposto em "A". **C:** Incorreta, considerando o exposto em "A". **D:** Incorreta, pois o critério é o valor do saldo devedor, conforme o exposto em "A".
> Gabarito "A".

(Cartório/MG – 2015 – Consulplan) São títulos executivos extrajudiciais, EXCETO:

(A) O crédito de serventuário de justiça, de perito, de intérprete, ou de tradutor quando as custas, emolumentos ou honorários não forem contestados pelas partes, após a apresentação nos autos.

(B) Os contratos garantidos por hipoteca, penhor, anticrese e caução, bem como os de seguro de vida.

(C) A certidão de dívida ativa da Fazenda Pública da União, dos Estados, do Distrito Federal, dos Territórios e dos Municípios, correspondente aos créditos inscritos na forma da lei.

(D) O crédito decorrente de foro e laudêmio.

> **A:** Correta, pois esse crédito não é título executivo extrajudicial, pois não está no rol taxativo do art. 784. **B:** Incorreta, pois se trata de título executivo extrajudicial (CPC, art. 784, V). **C:** Incorreta, pois se trata de

7. DIREITO PROCESSUAL CIVIL

título executivo extrajudicial (CPC, art. 784, IX). **D:** Incorreta, pois se trata de título executivo extrajudicial (CPC, art. 784, VII).

Gabarito "A".

(Cartório/MG – 2015 – Consulplan) Quanto à execução por quantia certa contra devedor solvente, assinale a alternativa INCORRETA:

(A) O executado será citado para, no prazo de 3 (três) dias, efetuar o pagamento da dívida.

(B) O juiz poderá, mediante requerimento do exequente, determinar, a qualquer tempo, a intimação do executado para indicar bens passíveis de penhora, não podendo fazê-lo de ofício.

(C) São impenhoráveis os vencimentos, subsídios, soldos, salários, remunerações, proventos de aposentadoria, pensões, pecúlios e montepios; as quantias recebidas por liberalidade de terceiro e destinadas ao sustento do devedor e sua família, os ganhos de trabalhador autônomo e os honorários de profissional liberal.

(D) O credor poderá, na inicial da execução, indicar bens a serem penhorados.

A: Correta (CPC, art. 829). **B:** Incorreta, devendo esta ser assinalada. O Código não limita *ao requerimento do exequente* a indicação de quais são os bens passíveis de penhora, sendo possível que isso seja feito de ofício (CPC, art. 774, V). **C:** Correta (CPC, art. 833). **D:** Correta (CPC, art. 829).

Gabarito "B".

(Cartório/MG – 2015 – Consulplan) Quanto à adjudicação, marque a alternativa INCORRETA:

(A) Se o valor do crédito for inferior ao dos bens, o adjudicante depositará de imediato a diferença, ficando esta à disposição do executado.

(B) Se o valor do crédito for superior ao dos bens, o adjudicante deverá renunciar ao valor excedente.

(C) A adjudicação não pode ser feita por preço inferior ao da avaliação.

(D) Os descendentes, ascendentes e cônjuge do executado têm o direito legal de adjudicar.

A: correta (CPC, art. 876, § 4º, I). **B:** incorreta, devendo esta ser assinalada. Nesse caso, "a execução prosseguirá pelo saldo remanescente" (CPC, art. 876, § 4º, II). **C:** correta (CPC, art. 876). **D:** correta. (CPC, art. 876, § 5º).

Gabarito "B".

(Cartório/MG – 2016 – Consulplan) Referentemente à arrematação, assinale a afirmação INCORRETA:

(A) Se o arrematante ou seu fiador não pagar o preço no prazo estabelecido, o juiz impor-lhe-á, em favor do exequente, a perda da caução, voltando os bens a novo leilão, do qual não serão admitidos a participar o arrematante e o fiador remissos.

(B) O fiador do arrematante que pagar o valor do lance e a multa poderá exercitar a jurisdição para efeito de ver-se restituído do valor que desembolsou em favor do afiançado.

(C) Será suspensa a arrematação logo que o produto da alienação dos bens for suficiente para o pagamento do credor e para a satisfação das despesas da execução.

(D) O leilão prosseguirá no dia útil imediato, à mesma hora em que teve início, independentemente de novo edital, se for ultrapassado o horário de expediente forense.

A: correta (CPC, art. 897); **B:** incorreta, devendo esta ser assinalada. O fiador que pagar o lance poderá requerer *que a arrematação lhe seja transferida* (CPC, art. 898); **C:** correta (CPC, art. 899); **D:** correta (CPC, art. 900).

Gabarito "B".

(Cartório/MG – 2016 – Consulplan) Os bens particulares dos sócios não respondem pelas dívidas da sociedade, senão nos casos previstos em lei. Sobre o tema, analise as afirmações seguintes:

I. O sócio réu, quando responsável pelo pagamento da dívida da sociedade, tem o direito de exigir que primeiro sejam excutidos os bens da sociedade.

II. Incumbe ao sócio que alegar o benefício de ordem quanto à excussão de bens, nomear quantos bens da sociedade situados na mesma comarca, livres e desembaraçados bastarem para pagar o débito.

III. O sócio que pagar a dívida não poderá executar a sociedade nos autos do mesmo processo, devendo intentar ação específica para o exercício de sua pretensão.

IV. Para a desconsideração da personalidade jurídica é obrigatória a adoção do respectivo incidente, aplicando-se-lhe o devido processo legal.

Está correto o que se afirma em:

(A) I e II, apenas.

(B) II, III e IV, apenas.

(C) I, II e IV, apenas

(D) I, II, III e IV.

I: Correto (CPC, art. 795, § 1º); **II:** Correto (CPC, art. 795, § 2º); **III:** Incorreto, pois o sócio *poderá* executar nos mesmos autos (CPC, art. 795, § 3º); **IV:** Correto (CPC, art. 795, § 4º e art. 133 e ss.).

Gabarito "C".

(Cartório/MG – 2015 – Consulplan) Assinale a alternativa correta:

(A) Quando houver mais de um executado, o prazo para cada um deles embargar conta-se a partir da juntada do respectivo mandado citatório, salvo tratando-se de cônjuges.

(B) Os embargos à execução serão opostos nos autos da ação de execução respectiva, através de petição direcionada ao Juiz da causa, contendo pedido de intimação do credor para impugnar os embargos.

(C) A concessão de efeito suspensivo aos embargos oferecidos por um dos executados suspende, por regra, a execução contra os que não embargaram.

(D) Os embargos do executado têm efeito suspensivo, salvo expressamente afastados pelo julgador ao recebê-los.

A: correta (CPC, art. 915, § 1º). **B:** incorreta, pois os embargos serão distribuídos por dependência. (CPC, art. 914). **C:** incorreta, pois o efeito suspensivo concedido a um dos executados não necessariamente será estendido aos demais executados. (CPC, art. 919, § 4º). **D:** incorreta, porque em regra não há atribuição de efeito suspensivo aos embargos à execução (CPC, art. 919, §1º).

Gabarito "A".

(Cartório/MG – 2015 – Consulplan) Nos termos do Código de Processo Civil, em relação aos embargos à execução, é correto afirmar que serão oferecidos no prazo de:

(A) 10 (dez) dias, contados da data da juntada aos autos do mandado de citação.

(B) 10 (dez) dias, contados da data da citação do devedor.

(C) 15 (quinze) dias, contados da data da citação do devedor.

(D) 15 (quinze) dias, contados da data da juntada aos autos do mandado de citação.

Os embargos são apresentados em 15 dias, a partir da juntada do mandado de citação (CPC, art. 915).
Gabarito "D".

IV – RECURSOS

16. TEORIA GERAL DOS RECURSOS

(Cartório/MG – 2019 – Consulplan) Em relação à ordem dos processos no tribunal, quando o resultado da apelação for não unânime, o julgamento terá prosseguimento em sessão a ser designada com a presença de outros julgadores que serão convocados nos termos previamente definidos no regimento interno do respectivo tribunal, em número suficiente a garantir a possibilidade de inversão do resultado inicial, assegurado às partes e a eventuais terceiros o direito de sustentar oralmente suas razões perante os novos julgadores. A afirmativa anterior trata da regra do julgamento estendido, em que se pode afirmar que:

(A) Os julgadores que já tiverem votado não poderão rever seus votos por ocasião do prosseguimento do julgamento.

(B) Não se aplica a técnica ao julgamento não unânime proferido em ação rescisória, quando o resultado for a rescisão da sentença.

(C) Se aplica a técnica em questão ao julgamento de incidente de assunção de competência e ao de resolução de demandas repetitivas.

(D) Sendo possível, o prosseguimento do julgamento dar-se-á na mesma sessão, colhendo-se os votos de outros julgadores que porventura componham o órgão colegiado.

A: incorreta, pois é possível aos julgadores rever seus votos no prosseguimento da sessão (CPC, art. 942, § 2º); **B:** incorreta, já que a técnica de julgamento estendido só se aplica à ação rescisória quando o resultado for a rescisão da sentença (CPC, art. 942, § 3º, I); **C:** incorreta, pois o Código veda expressamente a aplicação da técnica para os casos de IAC e IRDR (CPC, art. 942, § 4º, I); **D:** correta, conforme expressa previsão legal (CPC, art. 942, § 1º).
Gabarito "D".

(Cartório/MG – 2015 – Consulplan) Assinale a alternativa INCORRETA:

(A) Quando o pedido ou a defesa tiver mais de um fundamento e o juiz acolher apenas um deles, a apelação devolverá ao tribunal o conhecimento dos demais.

(B) A apelação será recebida, por regra, em seu efeito devolutivo e suspensivo quando interposta contra sentença que homologar a divisão ou demarcação.

(C) É regra presente no Código de Processo Civil que o recorrente pode, a qualquer tempo, sem a anuência do recorrido ou dos litisconsortes, desistir do recurso.

(D) O Ministério Público, segundo regra expressa em lei, tem legitimidade para recorrer nos processos em que oficiou como fiscal da lei.

A: Correta. (CPC, art. 1.013, § 2º). **B:** Incorreta, devendo esta ser assinalada. Esta é uma das hipóteses em que a apelação *não* terá efeito suspensivo (CPC, art. 1.012, § 1º, I). **C:** Correta. (CPC, art. 998). **D:** Correta. (CPC, art. 996).
Gabarito "B".

(Cartório/MG – 2015 – Consulplan) Foi emitida sentença constitutiva em determinado processo. Inconformado com o resultado uma das partes formula pedido de reconsideração. O Juiz da causa conhece do pedido e reformula a sentença, indicando que acatou a reconsideração como embargos de declaração devido ao princípio da fungibilidade recursal. Entendendo que a decisão é equivocada e manifestamente ilegal, o princípio processual violado com a conduta do magistrado é o da

(A) singularidade.

(B) consumação.

(C) taxatividade.

(D) motivação.

A: incorreta, pois o princípio da singularidade, também conhecido como princípio da unirrecorribilidade, significa que somente será cabível um recurso para cada decisão a ser impugnada. **B:** incorreta, pois a consumação se refere à interposição do recurso (preclusão consumativa). **C:** correta. O sistema processual brasileiro é taxativo quanto aos recursos, sendo que somente é recurso aquilo que estiver previsto no artigo 994 do CPC – e pedido de reconsideração não é recurso. **D:** incorreta, pois o princípio da motivação se refere à fundamentação da decisão judicial (CPC, art. 489).
Gabarito "C".

(Cartório/MG – 2015 – Consulplan) Em um processo cível contra ente público, foi concedida a tutela antecipada. Na sentença, o julgador indeferiu a pretensão do autor, a quem beneficiava a tutela antecipada e, expressamente, revogou a tutela antecipada. Inconformado com a sentença, o autor apresentou recurso de Apelação que foi recebido com os efeitos devolutivo e suspensivo. Considerando o posicionamento do Tribunal de Justiça de Minas Gerais, assinale a alternativa correta:

(A) O efeito suspensivo em que foi recebida a apelação não implica que a tutela antecipada, originalmente concedida, mantenha a sua eficácia.

(B) Trata-se de caso expresso em lei, relativo à concessão de efeitos contra a Fazenda Pública, sendo manifestamente ilegal a concessão de efeito suspensivo em grau recursal.

(C) A tutela antecipada por regra perde seus efeitos com a sentença. Neste sentido, mesmo que a sentença fosse favorável, seria necessário pedir a manutenção da tutela antecipada por ocasião do recurso, até que o julgamento deste chegasse ao fim, sob pena de não persistir sua eficácia durante o grau recursal.

(D) O autor errou o recurso apresentado, segundo posição consolidada no TJMG, era necessário agravar a revogação da tutela antecipada, ainda que esta revogação tenha se dado em uma sentença.

7. DIREITO PROCESSUAL CIVIL

A: correta, pois a revogação da tutela antecipada não se insere no efeito suspensivo da apelação – isso porque a decisão que revoga a tutela antecipada é recebida apenas no efeito devolutivo (CPC, art. 1.012, § 1º, V); **B:** incorreta, pois é possível a concessão de tutela provisória ou efeito suspensivo em grau recursal (CPC, art. 1.012, § 3º); **C:** incorreta, porque se a tutela antecipada é *mantida* pela sentença, o recurso não terá efeito suspensivo (CPC, art. 1.012, § 1º, V); **D:** incorreta, pois da sentença cabe apelação (CPC, art. 1.009), sendo que pelo princípio da unirrecorribilidade, inviável se apresentar dois recursos da mesma decisão.
Gabarito "A".

(Cartório/MG – Remoção – 2015 – Consulplan) Durante audiência de Instrução e Julgamento foi emitida e publicada sentença, presentes partes e advogados, devidamente intimados. Nesse caso, o prazo para recorrer começa afluir

(A) imediatamente, contando-se o dia da audiência.

(B) imediatamente, começando a contagem a ser feita no primeiro dia útil subsequente à audiência.

(C) da publicação na imprensa oficial e não na audiência.

(D) imediatamente, desde que a parte sucumbente, ainda em audiência, faça manifestação expressa no sentido de que irá recorrer.

O tema é enfrentado expressamente no artigo 1.003, §1º do CPC.
Gabarito "B".

17. RECURSOS EM ESPÉCIE

(Cartório/MG – 2015 – Consulplan) Não são cabíveis, por regra, no procedimento comum, embargos de declaração contra decisão de julgador que

(A) tenha omissão relativa aos pedidos formulados.

(B) possua contradição entre a fundamentação e a decisão propriamente dita.

(C) gere dúvida às partes.

(D) tenha obscuridade no seu texto.

A: Incorreta, pois cabem embargos de declaração se houver omissão em relação a um dos pedidos formulados (CPC, art. 1.022, II). **B:** Incorreta, pois cabem declaratórios se houver contradição entre a decisão e sua fundamentação (CPC, art. 1.022, I). **C:** Correta, pois *não cabem* declaratórios fundados em dúvida (CPC, art. 1.022). **D:** Incorreta, pois cabem declaratórios se houver obscuridade (CPC, art. 1.022, I).
Gabarito "C".

(Cartório/MG – 2015 – Consulplan) Contra a decisão de liquidação de sentença

(A) cabe apelação.

(B) cabe agravo retido.

(C) cabe agravo de instrumento.

(D) não cabe recurso, visto que é fase processual objetiva e técnica.

A legislação prevê o cabimento de agravo de instrumento para impugnar a decisão que aprecia a liquidação e sentença (CPC, art. 1.015, parágrafo único).
Gabarito "C".

(Cartório/MG – 2015 – Consulplan) O recurso cabível contra o indeferimento da inicial de ação cível ordinária é

(A) o agravo de instrumento, havendo juízo de retratação do magistrado.

(B) o agravo de instrumento, não havendo juízo de retratação do magistrado.

(C) a apelação, havendo juízo de retratação do magistrado.

(D) a apelação, não havendo juízo de retratação do magistrado.

A decisão que indefere a inicial é sentença (CPC, art. 203, § 1º e 331), da qual cabível o recurso de apelação (CPC, art. 1.009), sendo esse um dos poucos casos em que possível ao juiz reconsiderar sua sentença (CPC, art. 331, § 1º).
Gabarito "C".

(Cartório/MG – 2015 – Consulplan) Assinale a alternativa correta:

(A) Não são cabíveis embargos de declaração contra dúvida em acórdão.

(B) O prazo para interposição de embargos de declaração é de 10 (dez) dias.

(C) De decisão que não admitir embargos infringentes cabe agravo de instrumento para o órgão competente, no prazo de 10 dias.

(D) Segundo texto expresso de lei, quando houver divergência parcial em acórdão, que justifique embargos infringentes, estes não estão restritos à matéria que contenha a divergência no julgamento.

A: correta. As hipóteses de cabimento do declaratórios estão previstas em lei, e não há menção a "dúvida" (CPC, art. 1.022). **B:** incorreta, pois o prazo de oposição de embargos de declaração é de 5 dias (CPC, art. 1.023). **C:** incorreta, No CPC15 não há a previsão de embargos infringentes, mas apenas julgamento estendido no caso de decisão por maioria (CPC, art. 942). **D:** incorreta, considerando o exposto em "C".
Gabarito "A".

(Cartório/MG – 2016 – Consulplan) Contra decisão proferida pelo relator caberá agravo interno para o respectivo órgão colegiado, observadas, quanto ao processamento, as regras do regimento interno do tribunal. A esse respeito, é correto afirmar:

(A) O agravo será dirigido ao relator, que intimará o agravado para manifestar-se sobre o recurso no prazo fixado pelo regimento interno do respectivo tribunal, ao final do qual, não havendo retratação, o relator levá-lo-á a julgamento pelo órgão colegiado, com inclusão em pauta.

(B) É assegurado ao relator limitar-se à reprodução dos fundamentos da decisão agravada para julgar improcedente o agravo interno.

(C) Na petição de agravo interno, o recorrente impugnará especificamente os fundamentos da decisão agravada.

(D) Quando o agravo interno for declarado manifestamente inadmissível ou improcedente em votação unânime, o órgão colegiado, em decisão fundamentada, condenará o agravante a pagar ao agravado multa fixada entre um e dez por cento do valor atualizado da causa.

A: incorreta, pois o prazo para resposta do agravo será de *15 dias* (CPC, art. 1.021, § 2º); **B:** incorreta, pois *não é possível* ao relator apenas reproduzir a decisão agravada (CPC, art. 1.021, § 3º); **C:** correta, sendo esse o princípio da dialeticidade (CPC, art. 1.021, § 1º); **D:** incorreta, considerando que a multa é entre *1 e 5%* do valor atualizado da causa (CPC, art. 1.021, § 4º).
Gabarito "C".

V – PROCEDIMENTOS ESPECIAIS

18. PROCEDIMENTOS ESPECIAIS NO CPC

(Cartório/RS – 2019 – VUNESP) Consoante os ditames do Novo Código de Processo Civil, assinale a alternativa correta sobre o procedimento especial de inventário.

(A) O processo de inventário e de partilha deve ser instaurado dentro de 3 (três) meses, a contar da abertura da sucessão, ultimando-se nos 12 (doze) meses subsequentes.

(B) O tabelião somente lavrará a escritura pública se todas as partes forem capazes e concordes, dispensando-se a assistência por advogado.

(C) O inventário e a partilha podem ser feitos por escritura pública, a qual constituirá documento hábil para levantamento de importância depositada em instituições financeiras.

(D) Não havendo testamento ou interessado incapaz, proceder-se-á ao inventário judicial.

(E) O credor de dívida líquida e certa, ainda que vencida, pode requerer habilitação no inventário.

A: incorreta, pois o prazo para instauração do processo é de 2 meses a contar da abertura da sucessão (CPC, art. 611); **B:** incorreta, tendo em vista que a lavratura da escritura pública exige que todas as partes estejam assistidas por advogado ou defensor público (CPC, art. 610, § 2º); **C:** correta, conforme expressa previsão legal para o inventário extrajudicial (CPC, art. 610, § 1º); **D:** incorreta, porque o inventário será judicial se *houver testamento* ou interessado incapaz (CPC, art. 610) – atenção: fixou o STJ o entendimento de que, se houver testamento, será *possível* o inventário extrajudicial (REsp 1.808.767, j. out/2019); **E:** incorreta, considerando que apenas o credor de dívida líquida e certa, *ainda não vencida*, poderá requerer habilitação no inventário (CPC, art. 644).
Gabarito "C".

(Cartório/MG – 2015 – Consulplan) A fungibilidade das ações possessórias, no que tange aos Interditos, é consagrada pelo artigo 920 do Código de Processo Civil. Entretanto, mesmo que exista a fungibilidade processual, do ponto de vista teórico existe a correlação de uma ação a ser manejada do ponto de vista processual contra cada agressão à posse. Neste diapasão, a ação correta a ser proposta para o caso de turbação da posse é

(A) o interdito proibitório.

(B) a reintegração de posse.

(C) a manutenção da posse.

(D) a nunciação de obra nova.

A: incorreta, pois o interdito é cabível quando houver ameaça de moléstia à posse (CPC, art. 567). **B:** incorreta, pois a reintegração é cabível no caso de esbulho (CPC, art. 560). **C:** correta, pois a manutenção é cabível no caso de turbação (perturbação) da posse (CPC, art. 560). **D:** incorreta, pois a nunciação de obra nova (não mais um procedimento especial no atual CPC) é a ação que busca impedir a construção que possa prejudicar imóvel vizinho ou infringir lei ou regulamento.
Gabarito "C".

(Cartório/MG – 2015 – Consulplan) De acordo com o Código de Processo Civil, nas ações de reintegração e de manutenção de posse, incumbe ao autor provar, EXCETO:

(A) A sua posse, bem como a propriedade.

(B) A turbação ou o esbulho praticado pelo réu.

(C) A data da turbação ou do esbulho.

(D) A continuação da posse, embora turbada, na ação de manutenção; a perda da posse, na ação de reintegração.

A: correta, pois na ação possessória se discute posse e não propriedade – de modo que desnecessária a prova de propriedade (CPC, art. 561); **B:** incorreta, pois esse é requisito da inicial possessória CPC, art. 561, II); **C:** incorreta, pois esse é requisito da inicial possessória (CPC, art. 561, III); **D:** incorreta, pois esse é requisito da inicial possessória (CPC, art. 561, IV).
Gabarito "A".

(Cartório/MG – 2015 – Consulplan) "Mário sendo proprietário do imóvel localizado à rua Manaus, em Contagem, celebrou contrato de comodato com Antônio, pelo prazo de 30 (trinta) meses. Após o término do prazo, Antônio foi notificado, mas se recusa a entregar o imóvel." Qual é a ação correta para reaver o imóvel?

(A) Despejo.

(B) Revocatória.

(C) Manutenção de posse.

(D) Reintegração de posse.

Se não há a devolução da posse após o término do comodato, estamos diante de uma situação de esbulho (por força de posse precária), de modo que a medida adequada para essa situação é a reintegração de posse (CPC, art. 560).
Gabarito "D".

(Cartório/MG – 2016 – Consulplan) Dentre as alternativas abaixo, relativamente ao pagamento das dívidas deixadas pelo falecido, autor da herança, apenas uma é INCORRETA. Assinale-a:

(A) Antes da partilha, poderão os credores do espólio requerer ao juízo do inventário o pagamento das dívidas vencidas e exigíveis; a petição, acompanhada de prova literal da dívida, será distribuída por dependência e autuada em apenso aos autos do processo de inventário.

(B) Os donatários serão chamados a pronunciar-se sobre a aprovação das dívidas, ainda que não haja possibilidade de resultar delas a redução das liberalidades, atendendo-se ao devido processo legal.

(C) Separados os bens, tantos quantos forem necessários para o pagamento dos credores habilitados, o juiz mandará aliená-los, observando-se as disposições legais relativas à expropriação.

(D) Concordando as partes com o pedido, o juiz, ao declarar habilitado o credor, mandará que se faça a separação de dinheiro ou, em sua falta, de bens suficientes para o pagamento.

A: correta (CPC, art. 642); **B:** incorreta, devendo esta ser assinalada. O que a legislação prevê é o seguinte, no CPC, art. 642, § 5º: "Os donatários serão chamados a pronunciar-se sobre a aprovação das dívidas, *sempre que haja possibilidade de resultar delas a redução das liberalidades*"; **C:** correta (CPC, art. 642, § 3º); **D:** correta (CPC, art. 642, § 2º).
Gabarito "B".

(Cartório/MG – 2016 – Consulplan) Relativamente à restauração de autos, assinale a afirmação **INCORRETA.**

(A) Os serventuários e os auxiliares da justiça não podem eximir-se de depor como testemunhas a respeito de

7. DIREITO PROCESSUAL CIVIL

atos que tenham praticado ou assistido no tramitar dos autos extraviados.

(B) Não havendo certidão ou cópia do laudo, far-se-á nova perícia, sempre que possível pelo mesmo perito.

(C) Não havendo certidão de documentos, deverá ser promovida a sua reconstituição mediante cópias ou, na falta dessas, pelos meios ordinários de prova.

(D) Se a perda dos autos tiver ocorrido depois da produção das provas em audiência, o juiz, se necessário, mandará repeti-las; nessa hipótese, serão reinquiridas as mesmas testemunhas, observando-se que, caso seja impossível por qualquer circunstância, não poderá ocorrer a sua substituição, salvo em caso de falecimento.

A: correta (CPC, art. 715, § 4º); **B:** correta (CPC, art. 715, § 2º); **C:** correta (CPC, art. 715, § 3º); **D:** incorreta, devendo esta ser assinalada. A parte inicial da alternativa está correta, mas, no final, a lei prevê que "serão reinquiridas as mesmas testemunhas, que, *em caso de impossibilidade, poderão ser substituídas de ofício ou a requerimento*" (CPC, art. 715, § 1º). Pergunta que simplesmente avalia a memória fotográfica do candidato.
Gabarito "D".

19. PROCEDIMENTOS ESPECIAIS DE LEGISLAÇÃO EXTRAVAGANTE

(Cartório/SP – 2018 – VUNESP) Sobre as ações de despejo decorrentes de locação de imóvel residencial urbano, é correto afirmar que

(A) se fundadas em falta de pagamento, caberá liminar para desocupação se o contrato trouxer somente a fiança como garantia.

(B) a execução provisória do despejo por infração legal ou contratual dependerá de caução, real ou fidejussória, não inferior a seis meses nem superior a doze meses do aluguel.

(C) devem sempre estar instruídas com a prova da propriedade do imóvel ou do compromisso, ainda que seja por denúncia vazia.

(D) é competente para conhecer e julgar tais ações o foro do lugar da situação do imóvel, salvo se outro houver sido eleito no contrato.

A: incorreta, pois só caberá liminar em ação de despejo em hipóteses específicas da lei, como por exemplo falta de pagamento se o contrato de locação for desprovido de qualquer garantia (Lei 8.245/91, art. 59, § 1º, IX); **B:** incorreta, tendo em vista que a ação de despejo por infração contratual ou legal é exceção à regra da prestação de caução para execução provisória (Lei 8.245/91, arts. 9º, II e 64); **C:** incorreta, porque a ação de despejo por denúncia vazia não exige a prova pré-constituída da propriedade do imóvel ou do compromisso registrado (Lei 8.245/91, arts. 46 e 60); **D:** correta, conforme expressa disposição legal (Lei 8.245/91, art. 58, II).
Gabarito "D".

(Cartório/SP – 2016 – VUNESP) O exercício do direito de preferência pelo locatário que pretender haver o imóvel, mediante o depósito do preço e das despesas de transferência, pressupõe

(A) a averbação do contrato de locação junto à matrícula do imóvel no início da locação.

(B) a formalização do contrato de locação por instrumento público.

(C) a averbação do contrato de locação junto à matrícula do imóvel pelo menos 30 dias antes da alienação.

(D) a manifestação de interesse na aquisição do imóvel, para o registrador, pelo menos 90 dias antes da alienação.

A: Incorreta. O direito de preferência depende que a averbação do contrato na matrícula ocorra com no mínimo de 30 dias antes da alienação do imóvel (Lei 8.245/1991, art. 33). **B:** Incorreta, pois a lei não exige instrumento público para que haja o direito de preferência (Lei 8.245/1991, art. 33). **C:** Correta, como já exposto em "A" (Lei 8.245/1991, art. 33). **D:** Incorreta, pois deverá o locatário reclamar junto ao alienante (Lei 8.245/1991, art. 33).
Gabarito "C".

(Cartório/MG – 2016 – Consulplan) Quanto ao procedimento de suscitação de dúvida, assinale a única afirmação INCORRETA.

(A) Se o interessado não impugnar a dúvida no prazo legal, será ela, ainda assim, julgada por sentença.

(B) Impugnada a dúvida com os documentos que o interessado apresentar, o juiz decidirá a suscitação no prazo de dez dias, dispensada, nessa fase processual, a intervenção do Ministério Público.

(C) Se não forem requeridas diligências, o juiz proferirá decisão no prazo de quinze dias, com base nos elementos constantes dos autos.

(D) Da sentença, poderão interpor apelação, com o efeito devolutivo e suspensivo, o interessado, o Ministério Público e o terceiro prejudicado.

A: correta, pois a suscitação de dúvidas, uma vez apresentada, tem de ser decidida, seja pelo acolhimento da dúvida ou não (CPC, art. 487, I); **B:** incorreta, devendo esta ser assinalada. O MP sempre deve ser ouvido na suscitação de dúvida (Lei 6.015/1973, art. 200), e o juiz deve decidir em 15 dias (Lei 6.015/1973, art. 201); **C:** correta (Lei 6.015/1973, art. 201); **D:** correta (Lei 6.015/1973, art. 202).
Gabarito "B".

VI – TEMAS COMBINADOS

20. TEMAS COMBINADOS

(Cartório/MG – 2019 – Consulplan) A homologação de decisão estrangeira é procedimento previsto no Livro III do CPC/2015, em seu título I – Da ordem dos processos e dos processos de competência originária dos tribunais – sendo que sua homologação será requerida por ação de homologação de decisão estrangeira, salvo disposição especial em sentido contrário prevista em tratado. Sobre a homologação de decisão estrangeira e seus requisitos indispensáveis, analise as afirmativas a seguir.

I. Deve ser proferida por autoridade competente.

II. Deve ser precedida de citação regular, ainda que verificada a revelia.

III. Deve estar acompanhada de tradução oficial, ainda que haja dispensa prévia em tratado.

IV. Deve ser eficaz no país em que for proferida.

Estão corretas as afirmativas

(A) I, II, III e IV.

(B) I e III, apenas.

(C) I e IV, apenas.

(D) I, II e IV, apenas.

I: correta, sendo um dos requisitos indispensáveis do procedimento (CPC, art. 963, I e LINDB, art. 15, 'a'); **II:** certa, sendo um dos requisitos indispensáveis do procedimento (CPC, art. 963, II e LINDB, art. 15, 'b'); **III:** incorreta, já que o CPC trouxe a ressalva da dispensa prevista em tratado (CPC, art. 963, V); **IV:** correta, sendo esse um dos requisitos indispensáveis do procedimento (CPC, art. 963, III).

Gabarito "D".

(Cartório/MG – 2019 – Consulplan) Segundo as normas e princípios contidos no Código de Processo Civil, analise as afirmativas a seguir.

I. A preclusão temporal, que consiste na perda da faculdade ou direito processual pelo seu não exercício no momento oportuno, não depende de declaração judicial.

II. Por força do princípio da instrumentalidade das formas, quando a lei prescrever determinada forma, o juiz considerará válido o ato se, realizado de outro modo, lhe alcançar a finalidade.

III. A citação válida interrompe a prescrição, ainda quando ordenada por juízo incompetente.

IV. O indeferimento da petição inicial é decisão judicial que impede, liminarmente, o prosseguimento do feito e somente ocorrerá antes de determinada a citação do réu.

Estão corretas as afirmativas

(A) I, II, III e IV.

(B) II e III, apenas.

(C) I, II e IV, apenas.

(D) I, III e IV, apenas.

I: correta, conforme expressa previsão legal (CPC, art. 223); **II:** certa, considerando que, ainda que haja eventual vício de forma, se o ato atingiu sua finalidade e não causou prejuízo às partes, será considerado válido (CPC, arts. 188 e 277); **III:** incorreta, pois a interrupção da prescrição se dá a partir do despacho que ordena a citação, mesmo que proferido por juiz incompetente (CPC, art. 240, § 1º); **IV:** correta, tendo em vista que o indeferimento da inicial busca evitar o prosseguimento de um processo com graves vícios processuais, não sendo o réu sequer citado para integrar a relação processual, por questões de economia processual (CPC, arts. 330 e 331).

Gabarito "C".

(Cartório/MG – 2019 – Consulplan) De acordo com as normas e princípios contidos no Código de Processo Civil, analise as afirmativas a seguir.

I. A desconsideração da personalidade jurídica poderá ser determinada de ofício pelo juiz, a requerimento da parte, ou do Ministério Público, quando lhe couber intervir no processo.

II. A citação será feita pelo correio e somente ocorrerá de outra forma no caso de requerimento da parte, devidamente justificado.

III. A tutela de urgência de natureza antecipada tem como pressupostos a probabilidade do direito, o perigo de dano ou o risco ao resultado útil do processo e, ainda, a reversibilidade dos efeitos da decisão.

IV. A ata notarial é documento público que serve como meio de prova em juízo e goza de presunção relativa de veracidade.

Estão corretas as afirmativas

(A) I, II, III e IV.

(B) III e IV, apenas.

(C) I, II e III, apenas.

(D) I, II e IV, apenas.

I: incorreta, pois a lei prevê a necessidade de provocação a parte ou MP para instauração do incidente de desconsideração da PJ (CPC, art. 133); **II:** incorreta, pois a regra é a citação por meio eletrônico (CPC, art. 246, com a redação da Lei nº 14.195/2021). Mas a citação será feita obriagoriamente por oficial de justiça nas hipóteses em que a lei exigir, como no caso de incapaz (CPC, art. 247); **III:** correta, conforme expressa disposição legal (CPC, art. 300, "caput" e § 3º); **IV:** certa, já que a ata notarial é meio de prova, dotado de fé pública, mas que admite prova em contrário – por isso presunção relativa (CPC, art. 384).

Gabarito "B".

(Cartório/RS – 2019 – VUNESP) João é casado com Maria, em regime de comunhão parcial de bens. O único patrimônio do casal consiste em um bem imóvel no qual residem. Em dezembro de 2018, João foi condenado pelo crime de estelionato praticado contra Pedro. Por meio de sentença penal transitada em julgado, João foi condenado ao ressarcimento dos valores obtidos ilegalmente. Pedro requereu a liquidação da sentença e, em seguida, o cumprimento desta, oportunidade em que indicou o imóvel residencial de João como passível de penhora. João foi intimado para pagar o débito, mas não o fez voluntariamente, razão pela qual foi expedido mandado de penhora. Considerando a situação hipotética narrada, assinale a alternativa correta.

(A) O requerimento de Pedro não poderá ser acolhido pelo fato de Maria também ser proprietária do bem imóvel.

(B) Maria não poderá opor a impenhorabilidade do bem de família, por se tratar de bem indivisível.

(C) Maria não será intimada da penhora porque a lei processual não lhe estende este direito.

(D) Maria poderá opor embargos de terceiro para assegurar sua quota-parte sobre o produto da alienação do bem.

(E) João poderá opor a impenhorabilidade do bem imóvel, por se tratar de bem de família.

A: incorreta, pois o requerimento poderá ser acolhido, garantida a meação de Maria sobre o bem imóvel (CPC, art. 843); **B:** incorreta, porque Maria poderá reivindicar sua quota-parte sobre o bem indivisível (CPC, art. 843); **C:** incorreta, já que há previsão expressa de que Maria deverá ser intimada a respeito da penhora que recai sobre o bem imóvel (CPC, art. 842); **D:** correta, conforme autorização legal (CPC, art. 674, § 2º, I); **E:** incorreta, considerando que a execução de sentença penal condenatória a ressarcimento de bens configura uma das exceções à regra da impenhorabilidade do bem de família (Lei 8.009/90, art. 3º, VI).

Gabarito "D".

(CESPE – 2016) Em relação a análise de petição inicial e julgamento antecipado parcial de mérito, julgue os seguintes itens.

(1) Cabe recurso de apelação contra julgamento antecipado parcial de mérito proferido sobre matéria incontroversa.

(2) Se, ao analisar a petição inicial, o juiz constatar que o pedido funda-se em questão exclusivamente de

7. DIREITO PROCESSUAL CIVIL

direito e contraria entendimento firmado em incidente de resolução de demandas repetitivas, ele deverá, sem ouvir o réu, julgar liminarmente improcedente o pedido do autor.

1: incorreta, porque o recurso cabível é o agravo de instrumento (arts. 356, § 5º, e 1.015, II, do CPC); **2**: correta (art. 332, III, CPC).
Gabarito 1E, 2C

(Cartório/MG – 2016 – Consulplan) Quanto ao instituto da reclamação, avalie as proposições seguintes:

I. Caberá reclamação da parte interessada ou do Ministério Público para o efeito de preservar a competência do tribunal, garantir a autoridade das decisões do tribunal, garantir a observância de decisão do Supremo Tribunal Federal em controle concentrado de constitucionalidade e, finalmente, para garantir a observância de enunciado de súmula vinculante e de precedente proferido em julgamento de casos repetitivos ou em incidente de assunção de competência.

II. A reclamação pode ser proposta perante qualquer tribunal, e seu julgamento compete ao órgão jurisdicional cuja competência se busca preservar ou cuja autoridade se pretenda garantir, devendo ser instruída com prova documental e dirigida ao presidente do respectivo tribunal.

III. Assim que recebida, a reclamação será autuada e distribuída ao relator do processo principal, sempre que possível; todavia, a reclamação será admissível mesmo após o trânsito em julgado da decisão, imputando-se-lhe, nessa circunstância, força rescindenda do respectivo julgado.

IV. A inadmissibilidade ou o julgamento do recurso interposto contra a decisão proferida pelo órgão reclamado não prejudica a reclamação.

É correto apenas o que se afirma em:

(A) I, II e III.

(B) II, III e IV.

(C) I, II e IV.

(D) III e IV.

I: Correto, sendo essas hipóteses de cabimento da reclamação (CPC, art. 988, incisos); **II:** Correto (CPC, art. 988, §§ 1º e 2º); **III:** Incorreto, pois não é possível reclamação após o trânsito em julgado (CPC, art. 988, § 5º, I); **IV:** Correto (CPC, art. 988, § 6º).
Gabarito "C"

(Cartório/SP – 2016 – VUNESP) A tutela específica das obrigações de fazer ou não fazer consiste

(A) na vedação a que o juiz profira sentença de natureza diversa da que pedida, ou condene o réu em quantidade superior ou em objeto diverso do que lhe foi demandado.

(B) na concessão da tutela liminarmente sempre que relevante o fundamento da demanda e havendo receio de ineficácia do provimento final.

(C) na conversão, de plano, em perdas e danos, verificado o descumprimento pelo devedor.

(D) no poder atribuído ao juiz para que determine as medidas necessárias, tais como a imposição de multa por tempo de atraso, busca e apreensão, remoção de pessoas e coisas, desfazimento de obras, impedimento de atividade nociva com requisição, sempre que necessário, de força policial.

A: Incorreta, pois o que consta da alternativa é a adstrição do juiz ao pedido, com a vedação de prolação de decisão *extra* ou *ultra petita* (CPC, art. 492). **B:** Incorreta, pois esta é a hipótese de tutela de urgência prevista no artigo 300 do CPC. **C:** Incorreta, pois a conversão da recusa ou mora do executado em cumprir a obrigação de fazer ou não fazer em perdas e danos deverá ser requerida pelo exequente (CPC, arts. 821 e 823). **D:** Correta, sendo esta a hipótese legal que trata da tutela específica das obrigações de fazer ou não fazer – que permite a multa ou outras medidas de apoio (CPC, art. 536, § 1º).
Gabarito "D"

8. Direito Empresarial

Robinson Barreirinhas e Henrique Subi

1. EMPRESA E EMPRESÁRIO

(Cartório/MG – 2019 – Consulplan) Segundo o art. 966 do Código Civil, considera-se empresário quem exerce profissionalmente atividade econômica organizada para a produção ou a circulação de bens ou de serviços. À luz do Código Civil, a respeito da atividade de empresário, analise as afirmativas a seguir.

I. Antes do início de sua atividade, é obrigatória a inscrição do empresário no Registro Público de Empresas Mercantis da respectiva sede.

II. Desde que esteja devidamente representado ou assistido, a incapacidade superveniente não impede o empresário de dar continuidade à empresa.

III. A outorga conjugal não é condição para que o empresário casado possa alienar imóveis que integram o patrimônio da empresa.

IV. A sentença que decreta ou homologa a separação judicial do empresário não pode ser oposta a terceiros antes de arquivada e averbada no Registro Público de Empresas Mercantis.

Está correto o que se afirma em

(A) I, II, III e IV.

(B) I e II, apenas.

(C) III e IV, apenas.

(D) I, II e IV, apenas.

I: correta, nos termos do art. 967 do CC; II: correta, nos termos do art. 974 do CC; III: correta, nos termos do art. 978 do CC; IV: correta, nos termos do art. 980 do CC.

Gabarito "A".

(Cartório/RS – 2019 – VUNESP) Em relação à caracterização, inscrição e capacidade do empresário, dispõe o Código Civil:

(A) Faculta-se aos cônjuges contratar sociedade, entre si ou com terceiros, desde que não tenham casado no regime da comunhão parcial de bens, ou no da separação total, e, a sentença que decretar ou homologar a separação judicial do empresário e o ato de reconciliação podem a qualquer tempo, ser opostos a terceiros.

(B) A lei assegurará tratamento favorecido, diferenciado e simplificado ao empresário rural, ao pequeno empresário e ao titular da EIRELI, quanto à inscrição e aos efeitos daí decorrentes, desde que o faturamento anual não seja superior a R$ 81.000,00.

(C) O empresário casado não pode sem a outorga conjugal, salvo se no regime da separação total de bens, alienar os imóveis que integrem o patrimônio da empresa ou gravá-los de ônus real.

(D) Se o representante ou assistente do incapaz for pessoa que, por disposição de lei, não puder exercer atividade de empresário, nomeará, com a aprovação do juiz, um ou mais gerentes, cuja aprovação não exime o representante ou assistente do menor ou do interdito da responsabilidade pelos atos dos gerentes nomeados.

(E) É obrigatória a inscrição do empresário no Registro Público de Empresas Mercantis da respectiva sede, no prazo máximo de até 30 dias após o início de suas atividades, sendo que eventuais alterações, serão averbadas à margem da inscrição, no prazo máximo de 15 dias de sua ocorrência.

A: incorreta. O regime da separação de bens impede a sociedade entre cônjuges apenas se for obrigatória (art. 977 do CC); além disso, a sentença que decreta ou homologa a separação do empresário só é oponível a terceiros depois de seu arquivamento e averbação no registro da empresa (art. 980 do CC); **B:** incorreta. O limite apresentado na alternativa é o faturamento do microempreendedor individual, porém os benefícios do art. 970 do CC não se limitam a ele; **C:** incorreta. Ao empresário casado não se aplica a exigência da outorga conjugal (art. 978 do CC); **D:** correta, nos termos do art. 975, *caput* e § 2º, do CC; E: incorreta. A inscrição deve se dar antes do início de suas atividades (art. 967 do CC); e o prazo é de 30 dias para alterações, contados da assinatura, após os quais seus efeitos não retroagirão (art. 36 da Lei 8.934/94).

Gabarito "D".

(Cartório/RS – 2019 – VUNESP) Em relação à escrituração empresarial, é correto afirmar:

(A) A escrituração será feita em idioma e moeda corrente nacionais e em forma contábil, por ordem cronológica de dia, mês e ano, sem intervalos em branco, nem entrelinhas, borrões, rasuras, emendas ou transportes para as margens, salvo se devidamente ressalvadas, sendo vedado o uso de código de números ou de abreviaturas.

(B) Além dos demais livros exigidos por lei, é indispensável o Diário, que pode ser substituído por fichas no caso de escrituração mecanizada ou eletrônica, ficando dispensado em tal circunstância o uso de livro apropriado para o lançamento do balanço patrimonial e do de resultado econômico.

(C) O empresário ou sociedade empresária que adotar o sistema de fichas de lançamentos poderá substituir o livro Diário pelo livro Balancetes Diários e Balanços, observadas as mesmas formalidades extrínsecas exigidas para aquele.

(D) A escrituração ficará sob a responsabilidade de contabilista, administrador ou economista legalmente habilitado, podendo ser substituído por sócio que apresente uma das referidas qualificações, sendo lançados no Diário o balanço patrimonial e o de resultado econômico, podendo ser assinado por bacharel em Ciências Contábeis legalmente habilitado, ficando dispensada, nesse caso, a anuência do empresário ou sociedade empresária.

(E) O juiz poderá autorizar a exibição integral dos livros e papéis de escrituração quando necessária para resolver quaisquer pendências judiciais, mediante requerimento fundamentado da parte adversa cuja recusa tipifica crime de desobediência e de responsabilidade fiscal.

A: incorreta. Não se permitem ressalvas às entrelinhas, borrões, rasuras, emendas e transportes para as margens, bem como é permitido o uso de códigos e abreviaturas constantes de livro próprio regularmente autenticado (art. 1.183, *caput* e parágrafo único, do CC); B: incorreta. A adoção de fichas não dispensa o uso de livro apropriado para o lançamento do balanço e do de resultado econômico (art. 1.180, parágrafo único, do CC); C: correta, nos termos do art. 1.185 do CC; D: incorreta. A escrituração contábil cabe a contabilista legalmente habilitado, salvo se não houver nenhum na localidade (art. 1.182 do CC); E: incorreta. A exibição de livros somente pode ser determinada pelo juiz para resolver questões relativas a sucessão, comunhão ou sociedade, administração ou gestão à conta de outrem, ou em caso de falência (art. 1.191 do CC).
Gabarito "C".

(Cartório/CE – 2018 – IESES) Analise a alternativa correta de acordo com o que dispõe a legislação vigente. São requisitos para que uma sociedade, regularmente registrada, seja considerada microempresa:

(A) Tenha no máximo um único estabelecimento e, cumulativamente, no máximo dois sócios.

(B) Tenha no máximo um único estabelecimento e, cumulativamente, aufira, em cada ano calendário, receita bruta anual igual ou inferior a R$ 360.000,00 (trezentos e sessenta mil reais).

(C) Tenha no máximo um único estabelecimento.

(D) Aufira, em cada ano calendário, receita bruta anual igual ou inferior a R$ 360.000,00 (trezentos e sessenta mil reais).

O conceito de microempresa é dado pelo faturamento (ou receita bruta), que não pode superar R$ 360.000,00 no ano-calendário (art. 3º, I, da Lei Complementar nº 123/2006).
Gabarito "D".

(Cartório/SP – 2016 – VUNESP) Sobre o empresário individual, assinale a alternativa correta.

(A) É a pessoa jurídica com um só sócio que exerce atividade econômica para produção ou circulação de bens ou serviços, de maneira habitual e com intuito de lucro.

(B) É a pessoa física que exerce o comércio ou a indústria em seu próprio nome, em caráter habitual e com intuito de lucro.

(C) A figura de empresário individual foi extinta com a Lei n. 12.441/11, que instituiu a EIRELI (empresa individual de responsabilidade limitada).

(D) É a pessoa física que exerce atividade econômica, para produção ou circulação de bens ou serviços, de maneira habitual e com intuito de lucro.

A: incorreta. O empresário individual não é pessoa jurídica, conforme o art. 44 do CC. É a pessoa física exercendo, em nome próprio, a atividade empresária descrita no art. 966 do CC; B: incorreta. A atividade empresária não é somente de comércio ou indústria. É qualquer produção ou circulação de bens ou serviços, nos termos do art. 966

do CC; C: incorreta. O empresário individual (pessoa física) e a EIRELI (pessoa jurídica) coexistem no direito brasileiro; D: correta, nos termos do art. 966 do CC.
Gabarito "D".

(Cartório/SP – 2016 – VUNESP) Segundo o Código Civil,

(A) os bens empregados na atividade empresarial do empresário individual representam garantia dos credores, portanto não podem ser alienados sem anuência destes.

(B) o empresário individual casado só precisa de anuência do cônjuge para alienar bens imóveis empregados na atividade empresarial se o regime for de comunhão universal.

(C) o empresário individual casado pode alienar bens imóveis que integrem o patrimônio da empresa sem outorga conjugal.

(D) o empresário individual casado precisa de anuência do cônjuge para alienar bens imóveis empregados na atividade empresarial.

A: incorreta. Não há qualquer previsão legal nesse sentido; B: incorreta. Bens imóveis empregados na atividade podem ser alienados livremente pelo empresário casado, qualquer que seja o regime de bens (art. 978 do CC); C: correta, nos termos do art. 978 do CC; D: incorreta, conforme comentário às alternativas anteriores.
Gabarito "C".

(Cartório/SP – 2016 – VUNESP) Considera-se juridicamente empresa

(A) a atividade economicamente organizada exercida pelo empresário.

(B) o fundo de comércio das entidades empresariais.

(C) as sociedades empresárias registradas devidamente no Registro de Comércio.

(D) as sociedades unipessoais que exerçam atividade econômica para produção ou circulação de bens ou serviços, de maneira habitual e com intuito de lucro.

Empresa é a atividade econômica de produção ou circulação de bens ou serviços exercida de forma profissional e organizada (art. 966 do CC). Logo, não se confunde com o estabelecimento, o ponto empresarial ou com a sociedade ou outra pessoa jurídica que exerça a atividade empresária.
Gabarito "A".

(Cartório/SP – 2016 – VUNESP) A EIRELI pode ser representada nos atos negociais

(A) pelo instituidor da EIRELI ou quem ele designar.

(B) por seu administrador nomeado pelo sócio majoritário.

(C) pelo instituidor ou demais sócios com direito a voto.

(D) somente por seu sócio majoritário, já que os poderes são indelegáveis.

Nos termos do art. 980-A, § 6º, do CC, aplicam-se subsidiariamente à EIRELI as normas previstas para a sociedade limitada. Logo, é possível atribuir a administração da pessoa jurídica ao seu titular ou a terceiro designado no ato de instituição ou por instrumento separado (art. 1.060 do CC).
Gabarito "A".

8. DIREITO EMPRESARIAL

(Cartório/MG – 2015 – Consulplan) Sobre o empresário e com base no Código Civil (Lei 10.406, de 10 de janeiro de 2002), assinale a alternativa correta:

(A) Considera-se empresário quem exerce, mesmo que esporadicamente, atividade econômica organizada para produção ou circulação de bens ou serviços.

(B) Não é obrigatória a inscrição do empresário no Registro Público de Empresas Mercantis da respectiva sede, antes do início de sua atividade.

(C) A inscrição do empresário far-se-á mediante requerimento que contenha: o seu nome, nacionalidade, domicílio, estado civil e, se casado, o regime de bens; a firma, com a respectiva assinatura autógrafa; o capital; o objeto e a sede da empresa.

(D) O empresário que instituir sucursal, filial ou agência, em lugar sujeito à jurisdição de outro Registro Público de Empresas Mercantis, neste não precisa também inscrevê-la, pois é suficiente a inscrição averbada no Registro Público de Empresas Mercantis da respectiva sede.

A: incorreta. O exercício da atividade econômica deve ser habitual para ser considerada empresária (art. 966 do CC); **B**: incorreta. É obrigatório o registro, sob pena de atuar irregularmente o empresário (art. 967 do CC); **C**: correta, nos termos do art. 968 do CC; **D**: incorreta. A inscrição da filial na Junta Comercial do respectivo Estado é obrigatória, nos termos do art. 969 do CC.
Gabarito "C".

(Cartório/MG – 2015 – Consulplan) Com base no Código Civil (Lei 10.406, de 10 de janeiro de 2002), considera-se empresário

(A) quem exerce profissão de natureza intelectual, de natureza científica, literária ou artística, ainda com o concurso de auxiliares ou colaboradores, com fins lucrativos, mesmo se o exercício da profissão constituir elemento de empresa.

(B) quem exerce profissionalmente atividade econômica organizada para a produção ou a circulação de bens ou de serviços.

(C) o preposto permanente no exercício da empresa, mesmo que esta não seja uma atividade econômica organizada.

(D) toda pessoa física ou jurídica que tenha feito a sua inscrição no Registro Público de Empresas Mercantis depois do início de sua atividade.

A: incorreta. Tais atividades, salvo se constituírem elemento de empresa, não são consideradas empresárias (art. 966, parágrafo único, do CC); **B**: correta, nos termos do art. 966, *caput*, do CC; **C**: incorreta. O preposto não é empresário, porque não exerce a atividade em nome próprio; **D**: incorreta. A caracterização do empresário se dá pelo exercício da atividade e não pelo registro, que é condição para a regularidade do empresário. Além disso, ele deve ser efetuado antes do início da atividade (art. 967 do CC).
Gabarito "B".

(Cartório/MG – 2015 – Consulplan) Sobre a capacidade do empresário e com base no Código Civil (Lei 10.406, de 10 de janeiro de 2002), é correto afirmar, EXCETO:

(A) Podem exercer a atividade de empresário os que estiverem em pleno gozo da capacidade civil e não forem legalmente impedidos.

(B) A pessoa legalmente impedida de exercer atividade própria de empresário, se a exercer, não responderá pelas obrigações contraídas.

(C) O empresário casado pode, sem necessidade de outorga conjugal, qualquer que seja o regime de bens, alienar os imóveis que integrem o patrimônio da empresa ou gravá-los de ônus real.

(D) A sentença que decretar ou homologar a separação judicial do empresário e o ato de reconciliação não podem ser opostos a terceiros, antes de arquivados e averbados no Registro Público de Empresas Mercantis.

A: correta, nos termos do art. 972 do CC; **B**: incorreta, devendo ser assinalada. Ainda que impedida, é fato que a pessoa exerceu atividade empresária e, como tal, deve responder pelas obrigações contraídas (art. 973 do CC); **C**: correta, nos termos do art. 978 do CC; **D**: correta, nos termos do art. 980 do CC.
Gabarito "B".

(Cartório/MG – 2016 – Consulplan) Sobre o conceito de empresário e sua capacidade, e à luz do Código Civil brasileiro, é correto afirmar:

(A) Considera-se empresário quem exerce profissionalmente atividade econômica organizada para a produção ou circulação de bens ou de serviços.

(B) A pessoa legalmente impedida de exercer atividade própria de empresário, se a exercer, não responderá pelas obrigações contraídas.

(C) Poderá o incapaz, mesmo sem assistência, continuar a empresa antes exercida por ele enquanto capaz, por seus pais ou pelo autor da herança.

(D) O empresário casado necessita de outorga conjugal, qualquer que seja o regime de bens, para alienar os imóveis que integram o patrimônio da empresa ou gravá-los de ônus real.

A: correta, nos termos do art. 966 do CC; **B**: incorreta. Ainda que impedida, a pessoa que exercer empresa responderá pelas obrigações contraídas (art. 973 do CC); **C**: incorreta. A continuação de empresa por incapaz depende da respectiva representação ou assistência (art. 974 do CC); **D**: incorreta. É dispensada a outorga conjugal para que o empresário casado aliene ou onere bens imóveis pertencentes à empresa, qualquer que seja o regime de bens (art. 978 do CC).
Gabarito "A".

(Cartório/SP – 2011 – VUNESP) Assinale a alternativa incorreta.

(A) O empresário, cuja atividade rural constitua sua principal profissão, pode requerer inscrição no Registro Público de Empresas Mercantis.

(B) A cooperativa que tenha por objeto a construção e alienação de imóveis aos seus cooperados é sociedade empresária.

(C) Independentemente de seu objeto, a sociedade por ações é sempre sociedade empresária.

(D) Na sociedade em comum, a responsabilidade dos sócios é solidária e ilimitada pelas obrigações sociais.

A: correta, nos termos do art. 971 do CC; B: incorreta, pois a cooperativa, qualquer que seja seu objeto, será considerada sociedade simples – art. 982, parágrafo único, do CC; C: correta, conforme o art. 982, parágrafo único, do CC, que dispõe: "Independentemente de seu objeto, considera-se *empresária* a *sociedade por ações*; e, simples, a cooperativa." D: correta, nos termos do art. 990 do CC: "Todos os sócios respondem solidária e ilimitadamente pelas obrigações sociais, excluído do benefício de ordem, previsto no art. 1.024, aquele que contratou pela sociedade".

Gabarito "B".

(Cartório/SP – 2011 – VUNESP) Leia as afirmações e assinale a alternativa incorreta.

(A) O empresário casado, exceto no caso de regime de separação de bens, não pode alienar bens imóveis que integram o patrimônio da empresa sem autorização do cônjuge.

(B) É obrigatória a inscrição do empresário no Registro Público de Empresas Mercantis.

(C) É possível ao empresário individual solicitar a transformação do seu registro para registro de sociedade empresária, caso venha a admitir sócios.

(D) Pode ser considerado empresário aquele que exerce profissão artística, conquanto o exercício da profissão constitua elemento de empresa.

A: incorreta, pois o empresário casado pode, sem necessidade de outorga conjugal, qualquer que seja o regime de bens, alienar os imóveis que integrem o patrimônio da empresa ou gravá-los de ônus real – art. 978 do CC; B: correta, nos termos do art. 967 do CC; C: correta, correspondendo ao disposto no art. 968, § 3º, do CC; D: correta, conforme a ressalva do art. 966, parágrafo único, *in fine*, do CC.

Gabarito "A".

(Cartório/SP – 2011 – VUNESP) A consequência da interdição do empresário é:

(A) Extinção da empresa.

(B) Suspensão da atividade até obtenção de novo sócio capaz.

(C) Dissolução parcial da empresa, com exclusão do interditado.

(D) Continuação da empresa por meio de representante, com necessária autorização judicial.

No caso, o incapaz poderá continuar a empresa por meio de representante ou devidamente assistido (a depender de ser absoluta ou relativamente incapaz, respectivamente), sendo necessária a prévia autorização judicial nos termos do art. 974 do CC. Por essa razão, a alternativa "D" é a correta.

Gabarito "D".

(Cartório/RN – 2012 – IESIS) Quanto ao empresário e a empresa, é correto afirmar, **EXCETO**, que:

(A) Como organizada, entende-se aquela atividade em que o empresário articula capital, mão de obra, insumos e tecnologia.

(B) O profissionalismo é requisito que qualifica o empresário.

(C) O médico que presta seus serviços é empresário, pois, mesmo que não exerça uma atividade organizada com a contratação de colaboradores, exerce tal atividade de forma profissional.

(D) O conceito de empresa remete à atividade, e não à sociedade.

A: correta, pois a organização desses fatores para a produção de bens e serviços com intuito de lucro é a essência da atividade empresarial – art. 966, *caput*, do CC; B: correta, pois a atividade empresarial pressupõe exercício profissional de atividade econômica organizada – art. 966, *caput*, do CC; C: incorreta, pois o profissional liberal não é considerado empresário, exceto se o exercício da profissão constituir elemento de

empresa – art. 966, parágrafo único, do CC; D: correta, pois empresa é a atividade do empresário ou da sociedade empresária (note que no dia a dia utilizamos o termo como sinônimo de sociedade empresária, mas não é assim no Código Civil) – art. 966 do CC.

Gabarito "C".

(Cartório/SC – 2012) Analisando as proposições abaixo, assinale a alternativa **correta**:

I. O Código Civil adotou a teoria da empresa em substituição à antiga teoria dos atos de comércio, razão pela qual não se utilizam mais as expressões ato de comércio e comerciante, que foram substituídas pelas expressões empresa e empresário.

II. A sociedade empresária tem patrimônio próprio distinto do patrimônio dos sócios que a integram. O empresário individual também goza dessa separação patrimonial, não respondendo com seus bens particulares pelo risco do empreendimento. Ambos possuem apenas responsabilidade subsidiária.

III. Empresário é quem exerce profissionalmente atividade econômica organizada para a produção ou a circulação de bens ou de serviços.

IV. Considera-se empresário quem exerce profissão intelectual, de natureza científica, literária ou artística, quando em concurso de auxiliares ou colaboradores.

(A) Somente as proposições I, II e IV estão corretas.

(B) Somente as proposições II, III e IV estão corretas.

(C) Somente as proposições I e III estão corretas.

(D) Somente as proposições I e IV estão corretas.

(E) Todas as proposições estão corretas.

I: correta, pois houve a substituição da teoria dos atos de comércio pela teoria da empresa, que se define pelo conceito de atividade – art. 966 do CC, entre outros; II: incorreta, pois, no caso do empresário individual, há confusão entre os patrimônios pessoal e empresarial. Note que não é o caso da empresa individual de responsabilidade limitada, regulamentada pelo art. 980-A do CC; III: correta, pois essa é a definição do art. 966 do CC; IV: incorreta, pois esse profissional não será considerado empresário, exceto se o exercício da profissão constituir elemento de empresa – art. 966, parágrafo único, do CC.

Gabarito "C".

(Cartório/MS – 2009 – VUNESP) No que concerne à conceituação de empresário, é correto afirmar que se trata

(A) do intermediário de serviços e produtos.

(B) do comerciante.

(C) do sujeito de direito que exerce a produção ou a circulação de bens ou de serviços, mediante a organização dos fatores de produção, com ou sem fins lucrativos.

(D) do sujeito de direito que explora profissionalmente atividade econômica organizada para a produção ou circulação de bens ou de serviços.

(E) daquele que combina a aplicação de seus recursos com a finalidade de divisão dos frutos ou lucros.

Nos termos do art. 966 do CC, considera-se empresário quem exerce profissionalmente atividade econômica organizada para a produção ou a circulação de bens ou de serviços. A: incorreta, pois, como visto, a simples intermediação de serviços e bens não é elemento suficiente para caracterizar o empresário; B: incorreta, já que há empresários que não são comerciantes, em sentido estrito, como os prestadores de serviços e as instituições financeiras, por exemplo; C: assertiva incorreta, pois a busca do lucro, como resultado da atividade econômica, é característica básica do empresário; D: correta, pois reflete o disposto no art. 966 do

8. DIREITO EMPRESARIAL 467

CC; E: incorreta, pois a finalidade de divisão de frutos ou lucros não caracteriza o empresário.
Gabarito "D".

(Cartório/SP – IV – VUNESP) Entre as hipóteses aventadas, são empresários:

(A) os prestadores de serviços de internet que só atendem a domicílio para consertar e adaptar aparelhos de computador, auxiliados por ajudantes gerais.

(B) os médicos, os dentistas, os engenheiros e arquitetos que se associaram para dividir o mesmo estabelecimento, adquirido para exercerem suas atividades.

(C) os técnicos em contabilidade, em eletrônica, corretores de seguros, que se associaram e organizaram empresa para prestar serviços, cobrando remuneração mensal.

(D) nenhuma das alternativas anteriores.

A: correta. A distinção a ser feita refere-se àqueles que organizam o trabalho e o capital para a produção ou circulação de bens ou serviços com intuito lucrativo, qualificando-se como empresários ou sociedades empresárias. O simples profissional liberal, ou sociedade formada por esses profissionais que exercem profissão intelectual, de natureza científica, literária ou artística, ainda que com o concurso de auxiliares ou colaboradores, não são considerados empresários ou sociedade empresária, exceto se o exercício da profissão constituir elemento de empresa (se a atividade basear-se na exploração de capital e trabalho). Nesse sentido, somente a alternativa "A" indica empresários.
Gabarito "A".

(Cartório/SP – VII – VUNESP) Leia as afirmações e assinale a alternativa incorreta.

(A) O empresário casado, exceto no caso de regime de separação de bens, não pode alienar bens imóveis que integram o patrimônio da empresa sem autorização do cônjuge.

(B) É obrigatória a inscrição do empresário no Registro Público de Empresas Mercantis.

(C) É possível ao empresário individual solicitar a transformação do seu registro para registro de sociedade empresária, caso venha a admitir sócios.

(D) Pode ser considerado empresário aquele que exerce profissão artística, conquanto o exercício da profissão constitua elemento de empresa.

A: incorreta, pois, nos termos do art. 978 do CC, o empresário casado pode, sem necessidade de outorga conjugal, qualquer que seja o regime de bens, alienar os imóveis que integrem o patrimônio da empresa ou gravá-los de ônus real; B: correta, nos termos do art. 967 do CC; C: correta, conforme o art. 968, § 3º, do CC; D: correta, pois mesmo os artistas e profissionais liberais (e as sociedades por eles formadas) terão natureza empresarial, caso o exercício da profissão constituir elemento de empresa – art. 966, parágrafo único, *in fine*, do CC.
Gabarito "A".

2. NOME EMPRESARIAL

(Cartório/RS – 2019 – VUNESP) Em relação ao registro e o nome empresarial, dispõe o Código Civil:

(A) O ato sujeito a registro, ressalvadas disposições especiais da lei, não pode, antes do cumprimento das respectivas formalidades, ser oposto a terceiro, salvo prova de que este o conhecia.

(B) O registro dos atos sujeitos à formalidade exigida para o empresário e para as sociedades simples e empresárias, será requerido pelo sócio com poderes de gestão, e, no caso de omissão ou demora, por qualquer um dos sócios, sendo que os documentos necessários ao registro deverão ser apresentados no prazo de vinte dias, contado da lavratura dos atos respectivos.

(C) Para fins de registro, cumpre à autoridade competente, a qualquer tempo, verificar a autenticidade e a legitimidade do signatário do requerimento, bem como fiscalizar a observância das prescrições legais concernentes ao ato ou aos documentos apresentados, obrigando-se a comunicar no prazo de 30 dias ao representante do Ministério Público, eventuais indícios de fraudes detectadas.

(D) É vedada a utilização de firma na sociedade anônima e na sociedade em comandita por ações, que obrigatoriamente deverão adotar denominação designativa do objeto social, aditada da expressão "sociedade anônima" e "comandita por ações", por extenso ou abreviadamente.

(E) O nome empresarial não pode ser objeto de alienação, exceto se o adquirente do estabelecimento, por ato entre vivos, exercer a mesma atividade empresarial de seu antecessor, mediante autorização expressa do alienante no contrato social e declaração da quitação do preço.

A: correta, nos termos do art. 1.154 do CC; B: incorreta. O pedido será feito pela pessoa obrigada por lei e, em caso de omissão ou demora, pelo sócio ou qualquer interessado (art. 1.151 do CC); C: incorreta. A análise deve ser feita antes de se efetivar o registro (art. 1.153 do CC); D: incorreta. A sociedade em comandita por ações pode girar sob firma (art. 1.161 do CC); E: incorreta. Não se trata de alienação do nome, mas de autorização de uso para indicar a sucessão empresarial (art. 1.164 do CC).
Gabarito "A".

(Cartório/MG – 2015 – Consulplan) A respeito do nome empresarial e com base no Código Civil (Lei 10.406, de 10 de janeiro de 2002), assinale a afirmativa correta:

(A) Pode a sociedade limitada adotar firma ou denominação, integradas pela palavra final "limitada" ou a sua abreviatura.

(B) O empresário opera somente sob denominação constituída por seu nome, completo ou abreviado, aditando-lhe, se quiser, designação mais precisa da sua pessoa ou do gênero de atividade.

(C) A sociedade em que houver sócios de responsabilidade ilimitada somente operará sob denominação, na qual poderão figurar também os nomes dos sócios de responsabilidade limitada, bastando para formá-la aditar ao nome de um deles a expressão "e companhia" ou sua abreviatura.

(D) A omissão da palavra "limitada" é irrelevante para determinar a responsabilidade solidária e ilimitada dos administradores que assim empregarem a firma ou denominação da sociedade.

A: correta, nos termos do art. 1.158 do CC; B: incorreta. O empresário individual gira exclusivamente sob firma baseada em seu nome civil (art. 1.156 do CC); C: incorreta. Sociedades com sócios de responsabilidade ilimitada girarão obrigatoriamente sob firma e nela somente poderão constar os nomes dos sócios que tenham essa qualidade (art. 1.157

do CC); **D:** incorreta. A omissão do termo "limitada" fará com que a sociedade seja tratada como uma sociedade em nome coletivo, conferindo responsabilidade ilimitada de todos os sócios pelas obrigações sociais (art. 1.158, § 3º, do CC).

Gabarito "A".

(Cartório/MG – 2016 – Consulplan) Assinale a alternativa correta, cujo enunciado contenha nome comercial que está em conformidade com o Código Civil:

(A) Antônio Santos e Francisco Lacerda são sócios em uma sociedade em conta de participação, cujo nome empresarial é Santos & Lacerda, Comércio de Pedras Preciosas Ltda.

(B) Márcia Flores e Adriana Dias são sócias em uma sociedade limitada, cujo objeto social é o comércio de roupas e sua denominação é Floricultura Flores e Dias Ltda.

(C) Roberto Carlos e Carlos Roberto são sócios de uma sociedade limitada, cujo objeto é a compra e venda de veículos automotivos, sendo sua denominação Roberto & Carlos Ltda.

(D) Ana Silveira e Maria Andrade são acionistas da companhia cuja denominação é Tecelagem Santa Clara S.A.

A: incorreta. A sociedade em conta de participação não usa nome empresarial (art. 1.162 do CC); **B:** incorreta. A denominação deve apresentar o ramo de atividade da empresa, o qual deve corresponder à realidade (art. 1.158, § 2º, do CC); **C:** incorreta. É obrigatória a menção ao objeto social na denominação (art. 1.158, § 2º, do CC); **D:** correta, nos termos do art. 1.160 do CC.

Gabarito "D".

(Cartório/MG – 2016 – Consulplan) A respeito do nome empresarial e à luz do Código Civil brasileiro, é correto afirmar:

(A) A sociedade em que houver sócios de responsabilidade ilimitada operará sob firma e denominação, na qual somente o nome daqueles poderão figurar, bastando para formá-la aditar ao nome de um deles, a expressão "e companhia" ou sua abreviatura.

(B) Pode a sociedade limitada adotar firma ou denominação, integradas pela palavra final "limitada" ou a sua abreviatura.

(C) A sociedade cooperativa funciona sob firma integrada pelo vocábulo "cooperativa".

(D) A sociedade em conta de participação funciona sob firma ou denominação, integrada pela palavra final "em conta de participação".

A: incorreta. A sociedade que tenha sócios com responsabilidade ilimitada gira somente sob firma (art. 1.157 do CC); **B:** correta, nos termos do art. 1.158 do CC; **C:** incorreta. A cooperativa gira sob denominação (art. 1.159 do CC); **D:** incorreta. A sociedade em conta de participação não adota nome empresarial (art. 1.162 do CC).

Gabarito "B".

(Cartório/MG – 2012 – FUMARC) Tendo em vista o disposto no Código Civil, **NÃO** é correto o que se afirma em:

(A) O nome empresarial e o estabelecimento podem ser objeto de alienação.

(B) A sociedade limitada pode adotar firma ou denominação como nome empresarial.

(C) Permite-se o uso do nome de um ou mais sócios na denominação da sociedade limitada.

(D) A omissão da palavra "limitada" determina a responsabilidade solidária e ilimitada dos administradores que assim empregarem a firma ou a denominação da sociedade.

A: incorreta, devendo ser indicada, pois o nome empresário, diferentemente do estabelecimento, não pode ser alienado – arts. 1.143 e 1.164 do CC; **B:** correta, nos termos do art. 1.158 do CC: "Pode a sociedade limitada adotar firma ou denominação, integradas pela palavra final "limitada" ou a sua abreviatura"; **C:** correta, pois isso é admitido pelo art. 1.158, § 1º, do CC: "A firma será composta com o nome de um ou mais sócios, desde que pessoas físicas, de modo indicativo da relação social"; **D:** correta, pois essa responsabilidade é prevista no art. 1.158, § 3º, do CC.

Gabarito "A".

(Cartório/SC – 2012) De acordo com o § 3º do art. 1.158 do Código Civil – CC, a omissão da palavra "limitada" determina a responsabilidade solidária e ilimitada dos administradores que assim empregarem a firma ou a denominação da sociedade. Esta disposição constitui exemplo do seguinte princípio:

(A) Veracidade.

(B) Novidade.

(C) Ubiquidade.

(D) Adequação Social.

(E) Solidariedade.

Pelo princípio da veracidade, a denominação deve designar corretamente o objeto e o tipo societário, no caso, a indicação de que a responsabilidade dos sócios é limitada ao valor de suas quotas – arts. 1.052, 1.158 do CC, e art. 34 da Lei 8.934/1994. Por essa razão, a alternativa "A" é a correta.

Gabarito "A".

3. ESTABELECIMENTO EMPRESARIAL

(Cartório/RS – 2019 – VUNESP) Em relação ao estabelecimento empresarial, é correto afirmar:

(A) Pode o estabelecimento ser objeto unitário de direitos e de negócios jurídicos, translativos ou constitutivos, que sejam compatíveis com a sua natureza.

(B) Não havendo autorização expressa, o alienante do estabelecimento não pode fazer concorrência ao adquirente, nos dois anos subsequentes à transferência, aplicando-se tal proibição no caso de cessão, arrendamento ou usufruto do estabelecimento, pelo prazo de três anos.

(C) Independentemente de não restarem bens suficientes para solver o passivo do alienante, a eficácia da alienação do estabelecimento depende do pagamento de todos os credores, ou do consentimento destes, de modo expresso em 60 dias a partir de sua notificação.

(D) A transferência não importa a sub-rogação do adquirente nos contratos estipulados para exploração do estabelecimento, mesmo se não tiverem caráter pessoal, podendo os terceiros rescindir o contrato em trinta dias a contar da assinatura do instrumento.

(E) O adquirente do estabelecimento responde pelo pagamento dos débitos anteriores à transferência, desde que regularmente contabilizados, continuando o devedor primitivo solidariamente obrigado pelo prazo de dois anos, a partir, quanto aos créditos vencidos, da

8. DIREITO EMPRESARIAL 469

publicação, ficando exonerado perante os devedores, em relação aos vincendos.

A: correta, nos termos do art. 1.143 do CC; **B:** incorreta. No silêncio do contrato, a cláusula de não restabelecimento é presumida com prazo de 5 anos (art. 1.147 do CC); **C:** incorreta. A diligência só é obrigatória se não restarem bens para a quitação do passivo. Além disso, o consentimento pode ser tácito e o prazo é de 30 dias (art. 1.145 do CC); **D:** incorreta. Há a sub-rogação dos contratos, desde que não tenham caráter pessoal (art. 1.148 do CC); **E:** incorreta. O prazo de responsabilidade do alienante é de um ano da publicação, para os créditos vincendos, ou do vencimento, para os vencidos (art. 1.146 do CC). Gabarito "A".

(Cartório/MG – 2015 – Consulplan) Sobre o estabelecimento empresarial e com base no Código Civil (Lei 10.406, de 10 de janeiro de 2002), assinale a alternativa correta.

(A) Considera-se estabelecimento todo complexo de bens organizado, para exercício da empresa, por empresário, ou por sociedade empresária.

(B) O estabelecimento não pode ser objeto unitário de direitos e tampouco de negócios jurídicos, translativos ou constitutivos, que sejam compatíveis com sua natureza.

(C) O contrato que tenha por objeto a alienação, o usufruto ou arrendamento do estabelecimento, não produzirá efeitos quanto a terceiros mesmo depois de averbado à margem da inscrição do empresário, ou da sociedade empresária, no Registro Público de Empresas Mercantis.

(D) Se ao alienante não restarem bens suficientes para solver o seu passivo, a eficácia da alienação do estabelecimento dependerá somente do consentimento dos credores com garantia real, mas desde que seja apenas de modo expresso e no prazo de 60 (sessenta) dias a partir da alienação.

A: correta, nos termos do art. 1.142 do CC; **B:** incorreta. O art. 1.143 do CC autoriza que o estabelecimento seja objeto de negócio jurídico autônomo compatível com sua natureza; **C:** considerada incorreta pelo gabarito oficial, mas a redação da alternativa merece críticas. Conforme dispõe o art. 1.144 do CC, o contrato de trespasse somente produzirá efeitos perante terceiros depois de averbado à margem da inscrição do empresário **e** de publicado na imprensa oficial, ato este que não consta da alternativa. Logo, não deixa de estar certo de que o negócio jurídico não produzirá efeitos "mesmo depois de averbado" se não for também publicado na imprensa oficial; **D:** incorreta. O prazo para manifestação dos credores é de 30 dias (art. 1.145 do CC). Gabarito "A".

(Cartório/MG – 2012 – FUMARC) Sobre **estabelecimento** e observado o que determina o Código Civil, **NÃO** é correto o que se afirma em:

(A) O contrato que tenha por objeto a alienação, o usufruto ou o arrendamento do estabelecimento somente produzirá efeito perante terceiros após o seu registro junto ao cartório de títulos e documentos.

(B) Em caso de alienação do estabelecimento, para a sua eficácia, é necessária a existência de patrimônio do alienante suficiente para solver seu passivo ou consentimento de todos os seus credores, que deverão ser notificados a respeito dessa transação.

(C) Sendo omisso o contrato de alienação do estabelecimento, não poderá o alienante fazer concorrência

ao adquirente nos 5 (cinco) anos subsequentes à transferência. Já nas hipóteses de arrendamento ou usufruto, fica proibida a concorrência por prazo igual ao do contrato.

(D) Mesmo ocorrendo a alienação, o vendedor permanece obrigado solidariamente pelo pagamento dos débitos, pelo prazo de 1 (um) ano, a partir, quanto aos créditos vencidos, da publicação do contrato respectivo na imprensa oficial, e, quanto aos outros, da data do vencimento.

A: incorreta, pois o requisito para a eficácia do contrato perante terceiros é a averbação à margem da inscrição do empresário, ou da sociedade empresária, no Registro Público de Empresas Mercantis, e sua publicação na imprensa oficial – art. 1.144 do CC; **B:** correta, nos termos do art. 1.145 do CC; **C:** correta, conforme a norma do art. 1.147 do CC; **D:** correta, pois a responsabilidade do alienante é prevista no art. 1.146, *in fine*, do CC. Gabarito "A".

(Cartório/SC – 2012) No tocante ao estabelecimento empresarial, é **correto** afirmar:

(A) Constitui apenas o local onde o empresário ou a sociedade empresária exerce sua atividade.

(B) Constitui todo complexo de bens organizado, ressalvados os bens imateriais, para exercício da empresa, por empresário ou por sociedade empresária.

(C) Constitui-se apenas no local onde o empresário exerce suas atividades empresariais e na denominação da empresa.

(D) Constitui-se, de acordo com o Código Civil – CC, apenas no local onde o empresário exerce sua atividade, na denominação da empresa e nos bens imobilizados pertencentes ao empresário ou à sociedade empresária.

(E) Constitui todo complexo de bens organizado, para exercício da empresa, por empresário ou por sociedade empresária.

Nos termos do art. 1.142 do CC, estabelecimento é todo complexo de bens organizado, para exercício da empresa, por empresário, ou por sociedade empresária (universalidade de fato – art. 90 do CC). Os bens que compõem o estabelecimento podem ser materiais ou corpóreos (como prédios, estoques etc.) e também imateriais ou incorpóreos (como marcas, patentes, ponto comercial etc.). Por essa razão, a alternativa "E" é a correta. Gabarito "E".

(Cartório/SP – II – VUNESP) Fundo de comércio é expressão sinônima de

(A) estabelecimento comercial.

(B) ponto comercial.

(C) firma comercial.

(D) marca ou nome comercial.

A: correta. Fundo de comércio é expressão sinônima de estabelecimento comercial (ou empresarial), definido pelo art. 1.142 do CC. Gabarito "A".

(Cartório/SP – III – VUNESP) Com relação ao contrato de trespasse do estabelecimento empresarial, é incorreto afirmar que

(A) implica a transferência ao adquirente de todos os débitos anteriores a ele.

(B) só produzirá efeitos quanto a terceiros depois de averbado à margem da inscrição do empresário no Registro Público de Empresas Mercantis e publicado na imprensa oficial.

(C) traz sempre implícita a cláusula de não restabelecimento, ressalvada pactuação diversa.

(D) importa na sub-rogação do adquirente nos contratos estipulados para exploração do estabelecimento, se não tiverem caráter pessoal.

A: incorreta, pois há transferência de responsabilidade apenas quanto aos débitos anteriores regularmente contabilizados – art. 1.146 do CC; B: correta, pois o trespasse, ou a alienação do estabelecimento empresarial, só produzirá efeitos quanto a terceiros depois de averbado à margem da inscrição do empresário, ou da sociedade empresária, no Registro Público de Empresas Mercantis, e de publicado na imprensa oficial – art. 1.144 do CC; C: correta, pois, não havendo autorização expressa, o alienante do estabelecimento não pode fazer concorrência ao adquirente, nos cinco anos subsequentes à transferência (no caso de arrendamento ou usufruto do estabelecimento, a proibição prevista neste artigo persistirá durante o prazo do contrato) – art. 1.147 do CC; D: correta, pois, salvo disposição em contrário, a transferência importa a sub-rogação do adquirente nos contratos estipulados para exploração do estabelecimento, se não tiverem caráter pessoal, podendo os terceiros rescindir o contrato em noventa dias a contar da publicação da transferência, se ocorrer justa causa, ressalvada, neste caso, a responsabilidade do alienante – art. 1.148 do CC.
Gabarito "A".

4. REGISTROS E LIVROS

(Cartório/MG – 2015 – Consulplan) Conforme dispõe o Código Civil (Lei 10.406, de 10 de janeiro de 2002), a sociedade simples se constitui mediante contrato escrito, particular ou público, e nos trinta dias subsequentes à sua inscrição a sociedade deverá requerer a inscrição do contrato social no

(A) Registro de Imóveis de sua sede se houver bens imóveis compondo o capital social.

(B) Cartório de Títulos e Documentos do domicílio do sócio administrador.

(C) Registro Civil das Pessoas Jurídicas do local de sua sede.

(D) Registro Civil de Pessoas Naturais do domicílio do sócio administrador.

A sociedade simples inscreve seus atos constitutivos no Cartório de Registro Civil de Pessoas Jurídicas do município de sua sede (arts. 998 e 1.150 do CC).
Gabarito "C".

(Cartório/MG – 2015 – Consulplan) Sobre o protesto e com base na Lei 9.492, de 10 de setembro de 1997, é correto afirmar, EXCETO:

(A) O protesto é um ato formal e solene pelo qual se prova a inadimplência e o descumprimento de obrigação originada em títulos e outros documentos de dívida.

(B) O protesto será tirado por falta de pagamento, de aceite ou de devolução.

(C) O protesto por falta de aceite somente poderá ser efetuado após o vencimento da obrigação e do decurso do prazo legal para o aceite ou a devolução.

(D) Quando o sacado retiver a letra de câmbio ou a duplicata enviada para aceite e não proceder à devolução dentro do prazo legal, o protesto poderá ser baseado na segunda via da letra de câmbio ou nas indicações da duplicata, que se limitarão a conter os mesmos requisitos lançados pelo sacador ao tempo da emissão da duplicata, vedada a exigência de qualquer formalidade não prevista na Lei que regula a emissão e circulação das duplicatas.

A: correta, nos termos do art. 1º da Lei 9.492/1997; B: correta, nos termos do art. 21 da Lei 9.492/1997; C: incorreta, devendo ser assinalada. O protesto por falta de aceite deve ser realizado antes do prazo de vencimento (art. 21, § 1º, da Lei 9.492/1997); D: correta, nos termos do art. 21, § 3º, da Lei 9.492/1997.
Gabarito "C".

(Cartório/MG – 2015 – Consulplan) A competência privativa para efetuar a protocolização, a intimação, o acolhimento da devolução ou do aceite, o recebimento do pagamento, do título e de outros documentos de dívida, bem como lavrar e registrar o protesto ou acatar a desistência do credor em relação ao mesmo, proceder às averbações, prestar informações e fornecer certidões relativas a todos os atos praticados, na forma da Lei 9.492, de 10 de setembro de 1997, é do

(A) Tabelião do Cartório de Notas.

(B) Tabelião de Protesto de Títulos.

(C) Registrador do Cartório de Registro de Imóveis.

(D) Tabelião do Cartório de Registro de Pessoas Jurídicas.

Nos termos do art. 3º da Lei 9.492/1997, a competência é privativa do Tabelião de Protesto de Títulos.
Gabarito "B".

(Cartório/MG – 2015 – Consulplan) Sobre o protesto da duplicata e com base na Lei 5.474 de 18 de julho de 1968, é correto afirmar, EXCETO:

(A) O fato de não ter sido exercida a faculdade de protestar o título, por falta de aceite ou de devolução, elide a possibilidade de protesto por falta de pagamento.

(B) A duplicata é protestável por falta de aceite, de devolução ou de pagamento.

(C) O protesto será tirado na praça de pagamento constante do título.

(D) Por falta de aceite, de devolução ou de pagamento, o protesto será tirado, conforme o caso, mediante apresentação da duplicata, da triplicata, ou, ainda, por simples indicações do portador, na falta de devolução do título.

A: incorreta, devendo ser assinalada. A ausência dos protestos anteriores não elide o protesto por falta de pagamento (art. 13, § 2º, da Lei 5.474/1968); B: correta, nos termos do art. 13, *caput*, da Lei 5.474/1968; C: correta, nos termos do art. 13, § 3º, da Lei 5.474/1968; D: correta, nos termos do art. 13, § 1º, da Lei 5.474/1968.
Gabarito "A".

(Cartório/MG – 2015 – Consulplan) Sobre o protesto da duplicata e com base na Lei 5.474 de 18 de julho de 1968, assinale a afirmativa correta. O prazo para o portador tirar o protesto da duplicata, a fim de não perder o direito de regresso contra os endossantes e respectivos avalistas, conforme a Lei 5.474, de 18 de julho de 1968, é de

8. DIREITO EMPRESARIAL 471

(A) trinta dias, contados da data de seu vencimento.

(B) dez dias, contados da data de seu recebimento na praça de pagamento.

(C) três dias, contados da intimação do protesto.

(D) quinze dias, contados da data de sua emissão.

Nos termos do art. 13, § 4º, da Lei 5.474/1968, o prazo para protesto para garantir o direito de regresso contra endossantes e respectivos avalistas é de 30 dias.
Gabarito "A".

(Cartório/MG – 2015 – Consulplan) Acerca do protesto de títulos, analise as seguintes afirmativas:

I. Compete privativamente ao Tabelião de Protesto de Títulos, na tutela dos interesses públicos e privados, a protocolização, a intimação, o acolhimento da devolução ou do aceite, o recebimento do pagamento, do título e de outros documentos de dívida, bem como lavrar e registrar o protesto ou acatar a desistência do credor em relação ao mesmo, proceder às averbações, prestar informações e fornecer certidões relativas a todos os atos praticados.

II. Tratando-se de cheque, poderá o protesto ser lavrado no lugar do pagamento ou do domicílio do emitente, devendo do referido cheque constar a prova de apresentação ao Banco sacado, salvo se o protesto tenha por fim instruir medidas pleiteadas contra o estabelecimento de crédito.

III. Todos os títulos e documentos de dívida apresentados a protesto serão examinados em seus caracteres intrínsecos e extrínsecos e terão curso se não apresentarem vícios, devendo o tabelião de protesto investigar questões de mérito, tais como origem da dívida, falsidade, prescrição, decadência, dentre outros.

IV. Poderão ser protestados títulos e outros documentos de dívida em moeda estrangeira, emitidos fora do Brasil, desde que acompanhados de tradução efetuada por tradutor público juramentado e, em caso de pagamento, este será efetuado em moeda corrente nacional ou em moeda estrangeira.

V. Os arquivos nos Tabelionatos de protestos deverão ser conservados, por pelo menos, durante os seguintes prazos: a. 1 (um) ano, para as intimações e editais correspondentes a documentos protestados e ordens de cancelamento; b) 6 (seis) meses, para as intimações e editais correspondentes a documentos pagos ou retirados além do tríduo legal; c) (30) trinta dias, para os comprovantes de entrega de pagamento aos credores, para as solicitações de retirada dos apresentantes e para os comprovantes de devolução, por irregularidade, aos mesmos, dos títulos e documentos de dívidas.

Está correto apenas o que se afirma em:

(A) I e V.

(B) I, II e V.

(C) II, III e IV.

(D) II e IV.

I: correta, nos termos do art. 3º da Lei 9.492/1997; II: correta, nos termos do art. 6º da Lei 9.492/1997; III: incorreta. Não cabe ao tabelião avaliar o conteúdo dos títulos levados a protesto (art. 9º da Lei 9.492/1997); IV: incorreta. O pagamento é aceito somente em moeda corrente nacional, cabendo ao apresentante a conversão (art.

10, § 2º, da Lei 9.492/1997); V: correta, nos termos do art. 35, § 1º, da Lei 9.492/1997.
Gabarito "B".

(Cartório/MG – 2016 – Consulplan) Considerando as disposições do Código Civil, é correto afirmar:

(A) Pneus Santa Rita Ltda. tem como objeto social a prestação de serviços automotivos e comercialização de pneus. O registro de seu ato constitutivo e dos demais atos societários deve ser realizado no Registro Civil de Pessoas Jurídicas.

(B) O objeto social da Escola Aprender S.A. é o ensino elementar e a prestação de serviços educacionais. O registro do seu ato constitutivo e dos demais atos societários deve ser realizado no Registro Público de Empresas Mercantis a cargo das Juntas Comerciais.

(C) José da Silva exerce atividade de comercialização de produtos químicos e materiais de laboratório. Para ser empresário individual deve inscrever-se no Registro Civil de Pessoas Físicas.

(D) Cooperativa de Crédito dos Produtores Rurais do Norte de Minas, com sede em Montes Claros, deve ter seu ato constitutivo e demais atos societários registrados no Registro Público de Empresas Mercantis da cidade de Belo Horizonte.

A: incorreta. A prestação de serviços e o comércio são atividades tipicamente empresárias (art. 966 do CC), de sorte que o registro da sociedade deve ser feito na Junta Comercial, órgão do Registro Público de Empresas Mercantis referido no art. 1.150 do CC; B: correta, nos termos do art. 1.150 do CC; C: incorreta. O empresário individual também se registra na Junta Comercial (art. 1.150 do CC); D: incorreta. A sociedade cooperativa é sempre considerada como sociedade simples, independentemente de seu objeto (art. 982, parágrafo único, do CC). Desse modo, deve registrar seus atos constitutivos no Registro Civil de Pessoas Jurídicas (art. 1.150 do CC).
Gabarito "B".

(Cartório/MG – 2016 – Consulplan) A respeito do protesto e considerando a Lei 9.492/97, marque a afirmação correta.

(A) O cancelamento do protesto, por qualquer motivo, somente pode ser realizado por determinação judicial.

(B) O prazo de arquivamento é de dez anos para livros de protocolo e de registro de protesto e respectivos títulos.

(C) O protesto é ato formal pelo qual se prova a inadimplência de uma obrigação cambiária e pode ser requerido para demonstrar a falta de pagamento, a falta de aceite ou a não devolução do título.

(D) É vedado o protesto de títulos e outros documentos de dívida em moeda estrangeira, emitidos fora do Brasil, mesmo que acompanhados de tradução efetuada por tradutor juramentado.

A: incorreta. É também possível o cancelamento pelo pagamento do título (art. 26 da Lei 9.492/1997); B: incorreta. Para o livro de protocolo, o prazo é de 3 anos (art. 36 da Lei 9.492/1997); C: correta, nos termos do art. 1º da Lei 9.492/1997; D: incorreta. Desde que acompanhados da tradução juramentada, é possível o protesto de títulos em moeda estrangeira emitidos fora do Brasil (art. 10 da Lei 9.492/1997).
Gabarito "C".

(Cartório/MG – 2016 – Consulplan) Considerando as disposições da Lei 9.492, de 10 de setembro de 1997, que dispõe acerca dos serviços concernentes ao protesto de títulos e outros documentos de dívida, assinale a afirmação correta:

(A) Todos os títulos e documentos de dívida protocolizados serão examinados em seus caracteres formais e terão curso se não apresentarem vícios, cabendo ao Tabelião de protesto investigar inclusive a ocorrência de prescrição ou caducidade.

(B) É vedada a intimação do devedor por edital, mesmo se este for desconhecido ou sua localização for incerta ou ignorada.

(C) Os livros de Registros de Protestos somente poderão ser abertos e encerrados pelo Tabelião titular.

(D) A averbação de retificação de erros materiais pelo serviço poderá ser efetuada de ofício ou a requerimento do interessado, sob responsabilidade do Tabelião de Protesto, não sendo devidos emolumentos.

A: incorreta. Não cabe ao Tabelião se manifestar sobre prescrição ou caducidade (art. 9º, parte final, da Lei 9.492/1997); **B:** incorreta. A intimação por edital está prevista no art. 15 da Lei 9.492/1997; **C:** incorreta. É permitido que a diligência seja realizada pelo substituto do Tabelião (art. 33 da Lei 9.492/1997); **D:** correta, nos termos do art. 25 da Lei 9.492/1997.
Gabarito "D".

(Cartório/PA – 2016 – IESES) NÃO compete a junta comercial o registro relativo ao arquivamento:

(A) Das declarações de microempresa.

(B) Dos documentos relativos à constituição, alteração, dissolução e extinção de sociedade de advogados.

(C) Dos atos concernentes a empresas mercantis estrangeiras autorizadas a funcionar no Brasil.

(D) Dos documentos relativos à constituição, alteração, dissolução e extinção de firmas mercantis individuais, sociedades mercantis e cooperativas.

A sociedade de advogados tem seus atos registrados e arquivados na Ordem dos Advogados do Brasil (art. 15, § 1º, do Estatuto da OAB). Logo, incorreta a alternativa "B", que deve ser assinalada.
Gabarito "B".

(Cartório/SP – 2012 – VUNESP) Incumbe ao Registro Público de Empresas Mercantis a matrícula, dentre outros, dos:

(A) Leiloeiros, tradutores públicos, intérpretes comerciais e corretores de imóveis.

(B) Tradutores públicos, intérpretes comerciais, corretores de imóveis, trapicheiros e administradores de armazéns gerais.

(C) Leiloeiros, corretores de imóveis, trapicheiros e administradores de armazéns gerais.

(D) Leiloeiros, tradutores públicos, intérpretes comerciais, trapicheiros e administradores de armazéns gerais.

O Registro Público de Empresas Mercantis e Atividades Afins compreende a matrícula e o cancelamento dos leiloeiros, tradutores públicos e intérpretes comerciais, trapicheiros e administradores de armazéns-gerais – art. 32, I, da Lei 8.934/1994. Por essa razão, a alternativa "D" é a correta.
Gabarito "D".

(Cartório/MG – 2012 – FUMARC) Sobre o que dispõe a Lei 9.492/1997, **NÃO** é correto o que se afirma em:

(A) O título do documento de dívida cujo protesto tiver sido sustado judicialmente só poderá ser pago com autorização judicial.

(B) Após o protocolo do título para protesto, o devedor poderá ser intimado por edital, caso resida fora da competência territorial do tabelionato.

(C) Qualquer interessado poderá solicitar o cancelamento do registro do protesto perante o cartório competente, desde que apresente o documento protestado, cuja cópia ficará arquivada.

(D) Antes da intimação do devedor a respeito do protesto, poderá o credor desistir do ato; no entanto, após a mencionada comunicação, para a desistência torna-se indispensável a concordância do devedor.

A: correta, nos termos do art. 17, § 1º da Lei 9.492/1997; B: correta, conforme o art. 15 da Lei 9.492/1997; C: correta, nos termos do art. 26 da Lei 9.492/1997; D: incorreta, devendo ser indicada, pois a desistência deve ser anterior à lavratura do protesto – art. 16 da Lei 9.492/1997.
Gabarito "D".

(Cartório/MG – 2012 – FUMARC) Sobre o que dispõe a Lei 9.492/1997, é **correto** o que se afirma em

(A) Tratando-se de títulos ou documentos de dívida sujeitos a qualquer tipo de correção, o pagamento será feito pela conversão vigorante no dia da apresentação, no valor indicado pelo apresentante.

(B) Após o protocolo do título para protesto, o devedor será intimado ou pelo próprio tabelião ou por oficial por ele designado, sob pena de nulidade do ato quando realizado de modo diverso.

(C) Ao Tabelião, compete analisar os caracteres formais dos títulos a ele apresentados, especialmente a prescrição.

(D) Somente se permite, no Brasil, o protesto de títulos emitidos no seu vernáculo.

A: correta, nos termos do art. 11 da Lei 9.492/1997; B: incorreta, pois a remessa da intimação poderá ser feita por portador do próprio tabelião, ou por qualquer outro meio, desde que o recebimento fique assegurado e comprovado através de protocolo, aviso de recepção (AR) ou documento equivalente – art. 14, § 1º, da Lei 9.492/1997; C: incorreta, pois não cabe ao Tabelião de Protesto investigar a ocorrência de prescrição ou caducidade – art. 9º da Lei 9.492/1997; D: incorreta, pois é admitido o protesto de títulos em língua estrangeira, desde que acompanhados de tradução efetuada por tradutor público juramentado – art. 10 da Lei 9.492/1997.
Gabarito "A".

(Cartório/SP – 2011 – VUNESP) Na sustação de protesto por ordem judicial, é correto afirmar que os títulos:

(A) Serão remetidos obrigatoriamente ao Juízo que proferiu a ordem de sustação.

(B) Serão remetidos obrigatoriamente ao Juiz Corregedor do Tabelião de Protestos.

(C) Permanecerão no Tabelionato à disposição do Juízo que proferiu a ordem de sustação.

(D) Serão retirados pelo credor para apresentação no processo judicial.

Nos termos do art. 17 da Lei 9.492/1997, o título ou documento de dívida cujo protesto for judicialmente sustado permanecerá no Tabe-

8. DIREITO EMPRESARIAL

lionato, à disposição do juízo respectivo. Por essa razão, a alternativa "C" é a correta.

Gabarito "C".

(Cartório/MS – 2009 – VUNESP) O contrato de trespasse produzirá efeitos perante terceiros quando

(A) publicado na imprensa oficial e noticiado aos credores.

(B) registrado perante a Junta Comercial e depois de efetivada comunicação aos credores para que remetam por escrito sua aceitação.

(C) registrado no Registro Civil de Pessoa Jurídica e averbado na Junta Comercial.

(D) averbado à margem da inscrição do empresário ou da sociedade empresária, no Registro Público de Empresas Mercantis e publicado na imprensa oficial.

(E) o estabelecimento for objeto unitário de direitos e de negócios jurídicos, translativos ou constitutivos, que sejam compatíveis com a sua natureza.

D: correta. Nos termos do art. 1.144 do CC, o contrato que tenha por objeto a alienação, o usufruto ou o arrendamento do estabelecimento, só produzirá efeitos quanto a terceiros depois de averbado à margem da inscrição do empresário, ou da sociedade empresária, no Registro Público de Empresas Mercantis, e de publicado na imprensa oficial. Por essa razão, a alternativa "D" é a única correta.

Gabarito "D".

(Cartório/SP – III – VUNESP) Dentre os seguintes atos, assinale aquele que o empresário individual não necessita levar ao Registro Público de Empresas Mercantis.

(A) Pactos e declarações antenupciais.

(B) Prova de sua emancipação e da autorização do incapaz e de eventual revogação desta.

(C) Certificado de habilitação para o casamento.

(D) Sentença que decretar ou homologar a sua separação.

A, B e D: corretas. Devem ser levados a arquivo e averbação no Registro Público das Empresas Mercantis, nos termos do art. 979, 976 e 980 do CC, respectivamente; C: incorreta, pois a simples habilitação para o casamento não precisa ser levada ao Registro Público de Empresas Mercantis.

Gabarito "C".

(Cartório/SP – III – VUNESP) Podem-se arquivar nas Juntas Comerciais:

(A) os atos constitutivos de sociedades simples.

(B) os atos constitutivos de empresas que, além das cláusulas exigidas em lei, não designarem o capital social e o objeto social.

(C) documentos que contiverem matéria contrária aos bons costumes ou à ordem pública.

(D) atas de assembleias gerais realizadas há mais de 30 dias.

A: incorreta, pois os atos constitutivos das sociedades simples (sem natureza empresarial) são arquivados nos Registros Civis das Pessoas Jurídicas – art. 1.150 do CC; B: incorreta, pois não podem ser arquivados os atos constitutivos de empresas mercantis que, além das cláusulas exigidas em lei, não designarem o respectivo capital, bem como a declaração precisa de seu objeto, cuja indicação no nome empresarial é facultativa – art. 35, III, da Lei 8.934/1994; C: assertiva incorreta, pois não podem ser arquivados os que contiverem matéria contrária aos bons costumes ou à ordem pública, nos termos do art. 35, I, da

Lei 8.934/1994; D: correta, nos termos do art. 32, II, "e" c/c art. 36, da Lei 8.934/1994.

Gabarito "D".

(Cartório/SP – V – VUNESP) Reza a lei regente que é obrigatória a inscrição do empresário no Registro Público de Empresas Mercantis da respectiva sede, antes do início de sua atividade (art. 967, CC) e dispõe, outrossim, que a sociedade adquire personalidade jurídica com a inscrição, no registro próprio e na forma da lei, dos seus atos constitutivos (art. 985, CC).

Presentes esses conceitos, a inscrição do empresário, ou da sociedade empresária, no Registro Público de Empresas Mercantis, não é requisito essencial para delinear a sua

(A) regularidade e possibilidade de contratar com o Poder Público.

(B) eficácia *inter partes* e *erga omnes* e presunção, *juris tantum*, de autenticidade dos atos praticados e submetidos ao registro.

(C) caracterização, pois se admite o exercício da empresa sem tal providência.

(D) regularidade e a sua legitimidade ativa para pedir a falência de outro devedor empresário.

A: incorreta. A empresa não inscrita está em situação irregular (na verdade, não existe como sociedade personificada) e, portanto, não pode contratar com o poder público – art. 967 do CC e art. 28, II e III, da Lei 8.666/1993; B: incorreta. A eficácia *erga omnes* e a presunção de autenticidade dependem do registro – art. 1.154 do CC; C: correta. O empresário e a sociedade empresária caracterizam-se pela atividade desenvolvida, e não pelo registro (antes da inscrição, existe sociedade em comum) – arts. 966, 982 e 986 do CC; D: incorreta. A ausência de inscrição implica irregularidade e ilegitimidade do empresário ou da sociedade empresária para requerer falência do devedor – art. 97, § 1º, da Lei 11.101/2005.

Gabarito "C".

5. DIREITO SOCIETÁRIO

(Cartório/MG – 2019 – Consulplan) A respeito das sociedades por cotas de responsabilidade limitada, analise as proposições a seguir.

I. A exclusão de sócio remisso depende de previsão em cláusula resolutória do contrato social.

II. Falecendo um dos sócios, o ingresso dos herdeiros na sociedade é obrigatório, desde que haja cláusula contratual expressa.

III. Admite-se a redução do capital social, bastando que haja deliberação de todos os sócios e a devida modificação do contrato e correspondente averbação.

IV. O sócio-administrador pode delegar o uso da firma a terceiro mesmo que a isso se oponha o contrato social; neste caso, responderá pessoalmente pelas obrigações contraídas pelo seu delegatário.

Assinale a alternativa correta.

(A) As proposições I e III são falsas.

(B) As proposições I e IV são falsas.

(C) As proposições II e III são verdadeiras.

(D) As proposições III e IV são verdadeiras.

I: incorreta. Sócio remisso é aquele que não integraliza sua parte do capital social. Sua exclusão se opera independentemente de previsão

expressa no contrato (art. 1.004, parágrafo único, do CC); II: correta, nos termos do art. 1.028, III, do CC; III: incorreta. A redução do capital social deve ser justificada pela ocorrência de perdas irreparáveis ou pela excessividade em relação ao objeto social (art. 1.082 do CC); IV: correta, nos termos do art. 1.064 do CC.
Gabarito "A".

(Cartório/RS – 2019 – VUNESP) Em relação à sociedade, é correto afirmar:

(A) Independentemente de seu objeto, considera-se empresária a sociedade por ações e por quotas de responsabilidade limitada; e, simples, a cooperativa e a em comandita.

(B) A sociedade empresária e cooperativa deve constituir--se segundo um dos tipos regulados em lei; a sociedade simples deve constituir-se de conformidade com qualquer tipo societário, e, não o fazendo, subordina--se às normas das estabelecidas para as associações, ficando ressalvada a sociedade em comandita por ações, constituída através de lei especial.

(C) A sociedade que tenha por objeto o exercício de atividade simples e própria de empresário rural e seja constituída ou transformada, de acordo com um dos tipos de sociedade empresária, deve, obedecendo às formalidades legais, requerer inscrição no Registro Civil das Pessoas Jurídicas da sua sede, caso em que, depois de inscrita, ficará equiparada, para todos os efeitos, à sociedade empresária.

(D) A sociedade adquire personalidade jurídica com a inscrição, no registro próprio e na forma da lei, dos seus atos constitutivos, sendo que as sociedades simples vinculam-se ao Registro Público de Empresas Mercantis a cargo das Juntas Comerciais, e a sociedade empresária ao Registro Civil das Pessoas Jurídicas.

(E) Salvo as exceções expressas, considera-se empresária a sociedade que tem por objeto o exercício de atividade própria de empresário sujeito a registro, e, simples, as demais.

A: incorreta. É sempre empresária a sociedade por ações, independentemente de seu objeto (art. 982, parágrafo único, do CC); **B:** incorreta. A cooperativa tem requisitos próprios e não pode adotar outro tipo societário. Já a sociedade simples pode adotar qualquer tipo societário previsto em lei, mas não é obrigada a tanto (art. 983, *caput* e parágrafo único, do CC); **C:** incorreta. Para tanto, deverá requerer seu registro na Junta Comercial (art. 984 do CC); **D:** incorreta. Estão invertidos os respectivos órgãos de registro (art. 1.150 do CC); **E:** correta, nos termos do art. 982, *caput*, do CC.
Gabarito "E".

(Cartório/RS – 2019 – VUNESP) Em relação à sociedade em comum, dispõe o Código Civil:

(A) Enquanto não inscritos os atos constitutivos, reger-se--á a sociedade, inclusive por ações em organização, pelo disposto em lei, observadas, subsidiariamente e no que com ele forem compatíveis, as normas da sociedade empresária.

(B) Todos os sócios respondem solidária e ilimitadamente pelas obrigações sociais, respeitado o benefício de ordem, quando for o caso, aquele que contratou pela sociedade, possuindo ou não, poderes específicos de gestão.

(C) Os sócios, nas relações entre si ou com terceiros, somente por escrito podem provar a existência da sociedade, mas os terceiros podem prová-la de qualquer modo.

(D) Os bens sociais respondem pelos atos de gestão praticados por qualquer dos sócios, independente de pacto expresso limitativo de poderes, aproveitando a quem com a sociedade contratou, mediante comprovação de dolo ou culpa.

(E) Os bens e dívidas sociais não constituem patrimônio especial, do qual os sócios são titulares em comum.

A: incorreta. Aplicam-se subsidiariamente as normas da sociedade simples (art. 986 do CC); **B:** incorreta. O sócio que contratou pela sociedade é excluído do benefício de ordem (art. 990 do CC); **C:** correta, nos termos do art. 987 do CC; **D:** incorreta. O pacto expresso limitativo de poderes pode excluir a responsabilidade patrimonial do sócio (art. 989 do CC); **E:** incorreta. Os bens e dívidas sociais constituem patrimônio especial (art. 988 do CC).
Gabarito "C".

(Cartório/RS – 2019 – VUNESP) Em relação à sociedade simples, dispõe o Código Civil:

(A) O sócio participa dos lucros e das perdas, na proporção das respectivas quotas, mas aquele, cuja contribuição consiste em serviços, somente participa dos lucros na proporção da média do valor das quotas, vedada qualquer estipulação em contrário.

(B) O sócio, cuja contribuição consista em serviços, não pode, salvo convenção em contrário, empregar-se em atividade estranha à sociedade, sob pena de ser privado de seus lucros e dela excluído.

(C) Nos dez dias subsequentes à sua constituição, a sociedade deverá requerer a inscrição do contrato social no registro competente, sendo ineficaz em relação aos sócios, qualquer pacto separado, contrário ao disposto no instrumento.

(D) São irrevogáveis os poderes do sócio investido na administração por cláusula expressa do contrato social, salvo justa causa, a pedido da maioria dos sócios, sendo ainda, irrevogáveis, os poderes conferidos a sócio por ato separado, ou a quem não seja sócio, cujos atos aproveitam a terceiros.

(E) A sociedade adquire direitos, assume obrigações e procede judicialmente, por meio de administradores com poderes especiais, ou, não os havendo, em conjunto por todos os sócios, sendo que o sócio, admitido em sociedade já constituída, fica eximido das dívidas sociais anteriores à admissão.

A: incorreta. É permitida a disposição em sentido contrário no contrato social (art. 1.007 do CC); **B:** correta, nos termos do art. 1.006 do CC; **C:** incorreta. O prazo é de 30 dias e não há qualquer limitação à liberdade de contratar (art. 998 do CC); **D:** incorreta. Os poderes conferidos a sócio em ato separado e a quem não seja sócio são revogáveis (art. 1.019, parágrafo único, do CC); **E:** incorreta. O sócio admitido em sociedade já constituída não se exime das obrigações anteriores ao seu ingresso na sociedade (art. 1.025 do CC).
Gabarito "B".

(Cartório/RS – 2019 – VUNESP) Em relação à sociedade em conta de participação, dispõe o Código Civil:

(A) A falência do sócio ostensivo ou participante acarreta a dissolução da sociedade e a liquidação da respectiva conta, cujo saldo constituirá crédito com privilégio geral.

8. DIREITO EMPRESARIAL

(B) O contrato social produz efeito somente entre os sócios, e a eventual inscrição de seu instrumento em qualquer registro confere personalidade jurídica à sociedade, passando o sócio participante a responder ilimitadamente pelas obrigações sociais.

(C) Aplica-se à sociedade em conta de participação, subsidiariamente e no que com ela for compatível, o disposto para a sociedade empresária, e a sua liquidação rege-se pelas normas relativas à gestão de negócios, na forma da legislação aplicável.

(D) A contribuição do sócio participante constitui, com a do sócio ostensivo, patrimônio especial, objeto da conta de participação relativa aos negócios sociais.

(E) Poderá o sócio ostensivo a qualquer tempo admitir novo sócio sem o consentimento expresso dos demais e, havendo mais de um sócio participante, as respectivas contas serão prestadas e julgadas no mesmo processo.

A: incorreta. Apenas a falência do sócio ostensivo importa a dissolução da sociedade (art. 994, § 2º, do CC); B: incorreta. Não haverá personalidade jurídica, ainda que o contrato seja apresentado a qualquer tipo de registro (art. 993 do CC); C: incorreta. A legislação supletiva é a da sociedade simples, bem como sua liquidação seguirá o procedimento de prestação de contas previsto na lei processual (art. 996 do CC); D: correta, nos termos do art. 994 do CC; E: incorreta. O sócio ostensivo não pode admitir novo sócio sem o consentimento expresso dos demais, salvo estipulação em contrário (art. 995 do CC).
Gabarito "D".

(Cartório/RS – 2019 – VUNESP) Em relação à EIRELI – Empresa individual de Responsabilidade Limitada, dispõe a Lei 12.441/11:

(A) A empresa individual de responsabilidade limitada será constituída por uma única pessoa titular da totalidade do capital social, a ser integralizado no prazo máximo de doze meses, que não será inferior a 100 (cem) vezes o maior salário mínimo vigente no País.

(B) A empresa individual de responsabilidade limitada também poderá resultar da concentração das quotas de outra modalidade societária num único sócio, independentemente das razões que motivaram tal concentração.

(C) O nome empresarial deverá ser formado pela inclusão da expressão "EIRELI" após a firma social da empresa individual de responsabilidade limitada, vedada a utilização de denominação, aplicando-se a mesma no que couber, as regras previstas para as sociedades empresárias.

(D) É vedada a atribuição à empresa individual de responsabilidade limitada constituída para a prestação de serviços de qualquer natureza a remuneração decorrente da cessão de direitos patrimoniais de autor ou de imagem, nome, marca ou voz de que seja detentor o titular da pessoa jurídica, vinculados à atividade profissional.

(E) A pessoa natural que constituir empresa individual de responsabilidade limitada somente poderá figurar em uma única empresa dessa modalidade, salvo se anteriormente já possuía registro como empresário individual.

A: incorreta. Não há limite de prazo para integralização do capital social (art. 980-A, *caput*, do CC); B: correta, nos termos do art. 980-A, § 3º, do

CC; C: incorreta. A EIRELI gira sob firma ou denominação (art. 980-A, § 1º, do CC); D: incorreta. A cessão é permitida pelo § 5º do art. 980-A do CC; E: incorreta. Não há qualquer exceção à regra enunciada (art. 980-A, § 2º, do CC).
Gabarito "B".

(Cartório/RS – 2019 – VUNESP) Em relação às sociedades por quotas de responsabilidade limitada, dispõe o Código Civil:

(A) A assembleia dos sócios deve realizar-se ao menos uma vez por ano, nos três meses seguintes ao término do exercício social, com o objetivo, dentre outros, de tomar as contas dos administradores e designar membros do conselho fiscal.

(B) Pode a sociedade reduzir o capital, mediante a correspondente modificação do contrato, depois de integralizado, se houver perdas irreparáveis, e, se excessivo em relação ao objeto da sociedade.

(C) A assembleia será presidida e secretariada por sócios estabelecidos no contrato social, e a cópia da ata autenticada pelos administradores, ou pela mesa, será, nos trinta dias subsequentes à reunião, apresentada ao Registro Público de Empresas Mercantis para arquivamento e averbação.

(D) Sem prejuízo dos poderes da assembleia dos sócios, pode o contrato instituir conselho fiscal composto de dois ou mais membros e respectivos suplentes, necessariamente sócios, residentes no País, eleitos na assembleia anual ou extraordinária.

(E) Ressalvado o disposto no contrato social, integralizadas as quotas, pode ser o capital aumentado, com a correspondente modificação do contrato, e até vinte dias após a deliberação, terão os sócios preferência para participar do aumento, na proporção das quotas de que sejam titulares.

A: incorreta. Ela deve se realizar dentro do primeiro quadrimestre do exercício financeiro seguinte (art. 1.078 do CC); B: correta, nos termos do art. 1.082, II, do CC; C: incorreta. O presidente e secretário são escolhidos entre os presentes (art. 1.075 do CC); D: incorreta. São no mínimo três membros e não precisam ser sócios (art. 1.066 do CC); E: incorreta. As ressalvas devem constar de lei especial e o prazo do direito de preferência é de 30 dias (art. 1.081, *caput* e § 1º, do CC).
Gabarito "B".

(Cartório/RS – 2019 – VUNESP) Em relação à transformação, incorporação, fusão e cisão das sociedades, dispõe o Código Civil:

(A) Até trinta dias após publicados os atos relativos à incorporação, fusão ou cisão, o credor anterior, por ela prejudicado, poderá promover judicialmente a anulação deles, cuja consignação em pagamento, suspenderá o processo de anulação.

(B) Na fusão, incorporação ou cisão, em reunião ou assembleia dos sócios de cada sociedade, após a competente aprovação do projeto do ato constitutivo da nova sociedade, bem como o plano de distribuição do capital social, serão nomeados os peritos para a avaliação do patrimônio da sociedade, cujo laudo será votado pelos sócios ou acionistas das sociedades de que façam parte, ficando dispensada a avaliação, mediante aprovação da maioria absoluta dos sócios, na forma estabelecida para os respectivos tipos.

(C) A transformação não modificará, prejudicará ou beneficiará os direitos dos credores, salvo no caso de falência da sociedade objeto de transformação, incorporação, fusão ou cisão, que produzirá efeitos em relação aos sócios, administradores e acionistas, independente da forma societária anteriormente constituída, se o pedirem os titulares de créditos anteriores à sua alteração, beneficiando a todos os credores.

(D) A fusão determina a extinção das sociedades que se unem, para formar sociedade nova, que a elas sucederá nos direitos e obrigações e será decidida, na forma estabelecida para os respectivos tipos, pelas sociedades que pretendam unir-se.

(E) Constituída a nova sociedade, aos sócios, acionistas ou administradores incumbe fazer inscrever, no registro próprio da sede das respectivas sociedades, os atos relativos à fusão ou transformação, no prazo de 45 dias.

A: incorreta. O prazo é de 90 dias (art. 1.122 do CC); **B:** incorreta. É vedado aos sócios votar o laudo de avaliação da sociedade de que façam parte (art. 1.120, § 3º, do CC); **C:** incorreta. A falência da sociedade transformada somente produzirá efeitos em relação aos sócios que, no tipo anterior, a eles estariam sujeitos, se o pedirem os titulares de créditos anteriores à transformação, e somente a estes beneficiará (art. 1.115, parágrafo único, do CC); **D:** correta, nos termos do art. 1.119 do CC); **E:** incorreta. Não há criação de sociedade nova na transformação. No caso da fusão, o registro se fará no registro da sede da nova sociedade (art. 1.121 do CC).
Gabarito "D".

(Cartório/SP – 2018 – VUNESP) A empresa individual de responsabilidade limitada será constituída por uma única pessoa titular da totalidade do capital social, devidamente integralizado, que não será inferior a

(A) 100 (cem) vezes o maior salário-mínimo vigente no país.

(B) 20 (vinte) vezes o maior salário-mínimo vigente no país.

(C) 10 (dez) vezes o maior salário-mínimo vigente no país.

(D) 40 (quarenta) vezes o maior salário-mínimo vigente no país.

O limite mínimo do capital da EIRELI é de 100 salários mínimos (art. 980-A, *caput*, do CC).
Gabarito "A".

(Cartório/SP – 2018 – VUNESP) Na sociedade limitada, os poderes do sócio, conferidos por ato separado, são

(A) revogáveis, a qualquer tempo, mediante deliberação dos sócios tomada pelos votos correspondentes a, no mínimo, dois terços do capital social, salvo se o contrato exigir quórum mais elevado.

(B) revogáveis, a qualquer tempo, mediante deliberação dos sócios tomada pela maioria de votos dos presentes, salvo se o contrato exigir quórum mais elevado.

(C) irrevogáveis, salvo justa causa, reconhecida judicialmente, a pedido de qualquer dos sócios.

(D) revogáveis, a qualquer tempo, mediante deliberação dos sócios tomada pelos votos correspondentes a mais da metade do capital social, salvo se o contrato exigir quórum mais elevado.

Os poderes do sócio conferidos em ato separado são revogáveis (art. 1.019, parágrafo único, do CC), sendo o quórum de mais da metade do capital social (art. 1.076, II, do CC).
Gabarito "D".

(Cartório/CE – 2018 – IESES) A empresa Bebidas Cearense Ltda., em processo de recuperação judicial, comparece perante o Tabelião de Notas para lavrar escritura pública de compra e venda de bem imóvel pertencente ao seu ativo circulante. Neste caso é correto afirmar:

(A) É possível a alienação dos bens apenas se a parte alienante apresentar autorização judicial específica do juízo processante da recuperação. No ato notarial deverá ser mencionada a apresentação do alvará bem como deverão ser identificados os seus elementos essenciais, arquivando-se cópia na serventia.

(B) Como regra geral as empresas em recuperação judicial não sofrem restrições para a alienação de bens por escritura pública. Neste caso, considerando a natureza do bem e estando preenchidos os demais requisitos é possível a lavratura do ato notarial pretendido.

(C) A condição jurídica da empresa em recuperação judicial impede, em qualquer hipótese, a alienação dos bens imóveis por instrumento particular.

(D) Deverá obrigatoriamente constar da escritura pública cláusula explicitando que o adquirente está ciente e concorda que, nos termos expressos da Lei 11.101 de 2005, poderá ser responsabilizado pelos débitos da alienante por sucessão quer seja no plano civil como também tributário.

A não ser que haja previsão específica no plano de recuperação, não há qualquer óbice à alienação ou oneração de bens imóveis pelas empresas em recuperação judicial.
Gabarito "B".

(Cartório/SP – 2016 – VUNESP) As sociedades empresariais podem ser

(A) anônimas ou ilimitadas.

(B) simples e cooperativas.

(C) personificadas e não personificadas.

(D) simples e limitadas.

A: incorreta. Quanto à responsabilidade dos sócios, as sociedades podem ser de responsabilidade ilimitada, limitada ou mista; **B:** incorreta. Quanto à atividade exercida, as sociedades podem ser simples ou empresárias; **C:** correta. É a classificação adotada pelo CC quanto à personalidade jurídica; **D:** incorreta, nos termos dos comentários às alternativas anteriores.
Gabarito "C".

(Cartório/SP – 2016 – VUNESP) As sociedades por ações podem ser

(A) anônimas, de capital aberto ou fechado, e subsidiária integral.

(B) anônimas, de capital aberto em pregão ou em balcão, e em comandita simples.

(C) anônimas, de capital e indústria, e em comandita por ações.

(D) anônimas, de capital aberto ou fechado, e em comandita por ações.

As sociedades por ações, também chamadas de sociedades institucionais ou estatutárias, são de dois tipos, ambos regulados pela Lei

8. DIREITO EMPRESARIAL 477

6.474/1976: a sociedade anônima, que se subdivide em companhias abertas ou fechadas – conforme estejam ou não autorizadas a emitir títulos no mercado de valores (art. 4º da LSA) – e sociedades em comandita por ações, nas quais os diretores possuem responsabilidade ilimitada pelas obrigações sociais (art. 282 da LSA).
"D" otinadeƏ

(Cartório/SP – 2016 – VUNESP) O administrador de sociedade limitada pode ser

(A) incapaz, desde que representado por seu responsável.

(B) pessoa física maior e capaz, desde que seja sócio.

(C) estrangeiro, desde que tenha visto de residente e preste caução.

(D) pessoa física maior e capaz, sócio ou não.

A: incorreta. Incapaz não pode ser administrador de sociedade empresária (art. 974, § 1º, do CC); **B:** incorreta. O administrador não precisa ser sócio (art. 1.061 do CC); **C:** incorreta. Não há qualquer exigência para a designação de estrangeiro como administrador; **D:** correta, nos termos do art. 1.061 do CC.
"D" otinadeƏ

(Cartório/SP – 2016 – VUNESP) No tocante às sociedades cooperativas,

(A) cada sócio tem direito a tantos votos quantas quotas tiver na sociedade.

(B) elas não podem ter atividades lucrativas.

(C) o capital é variável, podendo inclusive ser dispensado.

(D) na omissão do contrato social, aplicam-se as disposições da lei de sociedades por ações.

A: incorreta. Na sociedade cooperativa, os sócios votam por cabeça, independentemente do valor de sua participação no capital (art. 1.094, VI, do CC); **B:** incorreta. Nada impede que as cooperativas exerçam atividades lucrativas. A bem da verdade, é justamente para isso que elas são criadas; **C:** correta, nos termos do art. 1.094, I, do CC; **D:** incorreta. As normas subsidiárias são as da sociedade simples (art. 1.096 do CC).
"C" otinadeƏ

(Cartório/MG – 2015 – Consulplan) Sobre as empresas individuais de responsabilidade limitada e com base no Código Civil (Lei 10.406, de 10 de janeiro de 2002), assinale a afirmativa INCORRETA:

(A) A empresa individual de responsabilidade limitada também poderá resultar da concentração das quotas de outra modalidade societária num único sócio, independentemente das razões que motivaram tal concentração.

(B) A pessoa natural que constituir empresa individual de responsabilidade limitada somente poderá figurar em uma única empresa dessa modalidade.

(C) A empresa individual de responsabilidade limitada será constituída por pelo menos duas pessoas, ambas titulares da totalidade do capital social, devidamente integralizado, que não será inferior a 100 (cem) vezes o maior salário-mínimo vigente no País.

(D) Poderá ser atribuída à empresa individual de responsabilidade limitada constituída para a prestação de serviços de qualquer natureza a remuneração decorrente da cessão de direitos patrimoniais de autor ou de imagem, nome, marca ou voz de que seja detentor o titular da pessoa jurídica, vinculados à atividade profissional.

A: correta, nos termos do art. 980-A, § 3º, do CC; **B:** correta, nos termos do art. 980-A, § 2º, do CC; **C:** incorreta, devendo ser assinalada. A EIRELI é composta por uma única pessoa (art. 980-A, *caput*, do CC); **D:** correta, nos termos do art. 980-A, § 5º, do CC.
"C" otinadeƏ

(Cartório/MG – 2015 – Consulplan) Sobre a sociedade estrangeira e com base no Código Civil (Lei 10.406, de 10 de janeiro de 2002), assinale a alternativa correta.

(A) A sociedade estrangeira, qualquer que seja o seu objeto, não pode, sem autorização do Poder Executivo, funcionar no País, ainda que por estabelecimentos subordinados, podendo, todavia, ressalvados os casos expressos em lei, ser acionista de sociedade anônima brasileira.

(B) É facultado ao Poder Legislativo, em especial à Câmara dos Deputados, para conceder autorização para a sociedade estrangeira funcionar no País, estabelecer condições convenientes à defesa dos interesses nacionais.

(C) A sociedade estrangeira autorizada a funcionar no País pode iniciar sua atividade mesmo antes de inscrita no registro próprio do lugar em que se deva estabelecer.

(D) A sociedade estrangeira autorizada a funcionar ficará sujeita apenas às leis do seu país de origem, não se sujeitando às leis e aos tribunais brasileiros, quanto aos atos ou operações praticados no Brasil.

A: correta, nos termos do art. 1.134 do CC; **B:** incorreta. A competência é do Poder Executivo (art. 1.135 do CC); **C:** incorreta. É obrigatório o registro anterior ao início das atividades (art. 1.136 do CC); **D:** incorreta. A sociedade ficará sujeita às leis e tribunais brasileiros quanto aos atos e operações aqui praticados (art. 1.137 do CC).
"A" otinadeƏ

(Cartório/MG – 2015 – Consulplan) À luz do Código Civil (Lei 10.406, de 10 de janeiro de 2002), são sociedades personificadas, EXCETO:

(A) Sociedade em comandita simples.

(B) Sociedade em conta de participação.

(C) Sociedade em comandita por ações.

(D) Sociedade anônima.

Quanto à personalidade jurídica, as sociedades são personificadas ou não personificadas. Estão no segundo grupo as sociedades em comum (art. 986 do CC) e as sociedades em conta de participação (art. 991 do CC). Todas as demais são personificadas.
"B" otinadeƏ

(Cartório/MG – 2015 – Consulplan) A respeito da sociedade não personificada e de acordo com o disposto no Código Civil, marque a alternativa INCORRETA:

(A) Na sociedade em comum os sócios, nas relações entre si ou com terceiros, somente por escrito podem provar a existência da sociedade, mas os terceiros podem prová-la de qualquer modo.

(B) Na sociedade em comum todos os sócios respondem solidária e ilimitadamente pelas obrigações sociais, excluído do benefício de ordem, aquele que contratou pela sociedade.

(C) A constituição da sociedade em conta de participação independe de qualquer formalidade e pode provar-se por todos os meios de direito.

(D) Na sociedade em conta de participação o contrato social produz efeito somente entre os sócios, porém, a eventual inscrição de seu instrumento em qualquer registro confere personalidade jurídica à sociedade.

A: correta, nos termos do art. 987 do CC; B: correta, nos termos do art. 990 do CC; C: correta, nos termos do art. 992 do CC; D: incorreta, devendo ser assinalada. A sociedade em conta de participação não deve ser levada a registro, por conta de sua natureza secreta. Contudo, ainda que seja promovida a inscrição de seus atos constitutivos, isso não acarretará a personalidade jurídica da sociedade (art. 993 do CC).
Gabarito "D".

(Cartório/MG – 2015 – Consulplan) A respeito da sociedade simples e de acordo com o disposto no Código Civil, marque a alternativa correta:

(A) As obrigações dos sócios começam imediatamente com o contrato, se este não fixar outra data, e terminam quando, liquidada a sociedade, se extinguirem as responsabilidades sociais.

(B) A administração da sociedade, nada dispondo o contrato social, compete conjuntamente a todos os sócios.

(C) O sócio, admitido em sociedade já constituída, se exime das dívidas sociais anteriores à admissão.

(D) Os herdeiros do cônjuge de sócio, ou o cônjuge do que se separou judicialmente, podem exigir desde logo a parte que lhes couber na quota social, não necessitando concorrer à divisão periódica dos lucros, até que se liquide a sociedade.

A: correta, nos termos do art. 1.001 do CC; B: incorreta. No silêncio do contrato, a administração da sociedade cabe a cada sócio separadamente (art. 1.003 do CC); C: incorreta. O sócio que ingressa na sociedade responde pelas dívidas anteriores (art. 1.025 do CC); D: incorreta. É vedado aos herdeiros exigir imediatamente seus haveres, devendo concorrer à divisão periódica dos lucros (art. 1.027 do CC).
Gabarito "A".

(Cartório/MG – 2015 – Consulplan) Em relação à sociedade dependente de autorização, e de acordo com o disposto do Código Civil, é correto afirmar, EXCETO:

(A) A competência para autorização será sempre do Poder Executivo Federal.

(B) Na falta de prazo estipulado em lei ou em ato do poder público, será considerada caduca a autorização se a sociedade não entrar em funcionamento nos doze meses seguintes à respectiva publicação.

(C) É nacional a sociedade organizada de conformidade com a lei brasileira e que tenha no País a sede de sua administração.

(D) As modificações no contrato ou no estatuto da sociedade estrangeira não dependem da aprovação do Poder Executivo para produzir efeitos em território nacional.

A: correta, nos termos do art. 1.123, parágrafo único, do CC; B: correta, nos termos do art. 1.124 do CC; C: correta, nos termos do art. 1.126 do CC; D: incorreta, devendo ser assinalada. As alterações nos atos constitutivos de sociedade estrangeira também dependem de autorização para produzir efeitos no território nacional (art. 1.139 do CC).
Gabarito "D".

(Cartório/MG – 2015 – Consulplan) A respeito das sociedades cooperativas, marque a opção correta:

(A) O capital social de uma sociedade cooperativa é obrigatório.

(B) Constitui-se em característica da sociedade cooperativa a intransferibilidade das quotas do capital a terceiros estranhos à sociedade, ainda que por herança.

(C) Na sociedade cooperativa cada sócio terá direito a voto proporcionalmente à sua participação no capital da sociedade.

(D) O capital social de uma sociedade cooperativa será considerado para a distribuição dos resultados, proporcionalmente às quotas subscritas e integralizadas pelo sócio.

A: incorreta. Pode ser dispensada a existência de capital social na cooperativa (art. 1.094, I, do CC); B: correta, nos termos do art. 1.094, IV, do CC; C: incorreta. Na cooperativa, os sócios votam por cabeça, independentemente de sua participação no capital (art. 1.094, VI, do CC); D: incorreta. O critério de distribuição dos resultados é o valor das operações realizadas por cada sócio (art. 1.094, VII, do CC).
Gabarito "B".

(Cartório/MG – 2015 – Consulplan) A respeito da sociedade limitada, marque a opção correta:

(A) As quotas da sociedade limitada podem ser iguais ou desiguais, mas são indivisíveis em relação à sociedade, salvo para efeito de transferência.

(B) Na sociedade limitada, cujo contrato social é omisso em relação à disciplina da alienação das quotas sociais, o sócio não pode ceder as suas quotas a estranhos ou a outros membros da sociedade, sendo-lhe permitido retirar-se da sociedade apenas nas hipóteses em que a lei lhe confere o chamado direito de regresso.

(C) O uso da firma ou denominação social é privativo dos administradores que tenham os necessários poderes, bem como dos sócios titulares da maioria das quotas que compõem o capital social.

(D) A estipulação contratual que exclua o sócio de participar dos lucros e das perdas é ineficaz em relação aos demais sócios.

A: correta, nos termos dos arts. 1.055 e 1.056 do CC; B: incorreta. No silêncio do contrato, o sócio pode ceder livremente suas quotas a quem seja sócio ou, se não houver oposição de mais de um quarto do capital, também a terceiros (art. 1.057 do CC); C: incorreta. Apenas os administradores estão autorizados a usar o nome empresarial (art. 1.064 do CC); D: incorreta. A cláusula é nula (art. 1.008 do CC).
Gabarito "A".

(Cartório/MG – 2016 – Consulplan) Com relação às sociedades personificadas, e considerando o Código Civil, assinale a afirmação INCORRETA.

(A) A sociedade simples que instituir sucursal, filial ou agência na circunscrição de outro Registro Civil das Pessoas Jurídicas, neste deverá também inscrevê-la, com a prova da inscrição originária.

(B) As obrigações dos sócios começam imediatamente com o contrato, se este não fixar outra data, e terminam quando, liquidada a sociedade, se extinguirem as responsabilidades sociais.

8. DIREITO EMPRESARIAL **479**

(C) O sócio, cuja contribuição consista em serviços, não pode, salvo convenção em contrário, empregar-se em atividade estranha à sociedade, sob pena de ser privado de seus lucros e dela excluído.

(D) Em hipótese alguma a sociedade limitada empresária poderá reduzir o seu capital.

A: correta, nos termos do art. 1.000 do CC; **B:** correta, nos termos do art. 1.001 do CC; **C:** correta, nos termos do art. 1.006 do CC; **D:** incorreta, devendo ser assinalada. O capital social poderá ser reduzido em caso de perdas irreparáveis, desde que totalmente integralizado, ou se excessivo em relação ao objeto da sociedade (art. 1.082 do CC). *Gabarito "D".*

(Cartório/MG – 2016 – Consulplan) Em relação à Sociedade Limitada, considerando os ditames do Código Civil Brasileiro, é correto afirmar:

(A) Na sociedade limitada, a responsabilidade de cada sócio é restrita ao valor de suas quotas, mas todos respondem solidariamente pela integralização do capital social.

(B) Independem da deliberação dos sócios, a aprovação das contas da administração e a destituição dos administradores.

(C) A deliberação em assembleia será obrigatória se o número de sócios for superior a 20 (vinte).

(D) A assembleia dos sócios instala-se com a presença, em primeira convocação, de titulares de no mínimo metade do capital social, e, em seguida, com qualquer número.

A: correta, nos termos do art. 1.052 do CC; **B:** incorreta. Tais matérias dependem obrigatoriamente de deliberação dos sócios (art. 1.071, I e III, do CC); **C:** incorreta. A assembleia é obrigatória nas sociedades limitadas com mais de 10 sócios (art. 1.072, § 1º, do CC); **D:** incorreta. O quórum mínimo de instalação da assembleia em primeira convocação é de três quartos do capital social (art. 1.074 do CC). *Gabarito "A".*

(Cartório/MG – 2016 – Consulplan) Podem ser consideradas sociedades empresárias, EXCETO:

(A) Sociedade Comandita Simples.

(B) Sociedade Comandita por Ações.

(C) Sociedade Anônima.

(D) Sociedade Cooperativa.

Dentre as listadas, a sociedade cooperativa nunca será considerada empresária, porque sua natureza simples decorre da lei (art. 982, parágrafo único, do CC). *Gabarito "D".*

(Cartório/PA – 2016 – IESES) Analise a alternativa INCORRETA de acordo com o que dispõe o Código Civil brasileiro sobre a sociedade limitada:

(A) Omisso o contrato social, o sócio poderá ceder suas quotas a quem seja sócio, independentemente do consentimento dos demais sócios.

(B) A sociedade limitada poderá ser regida supletivamente pelas normas que regem a sociedade anônima, se e somente se estiver expressamente previsto no contrato social.

(C) O instrumento de alteração do contrato social poderá ser levado para registro, sem a necessidade de deli-

beração em assembleia ou reunião, caso tenha sido regularmente assinado por todos os sócios.

(D) A aprovação do balanço patrimonial e do resultado econômico, ainda que sem ressalvas, poderá ser anulada a qualquer tempo, uma vez demonstrados e comprovados vícios de qualquer natureza.

A: correta, nos termos do art. 1.057, primeira parte, do CC; **B:** correta, nos termos do art. 1.053, parágrafo único, do CC; **C:** correta, nos termos do art. 1.072, § 3º, do CC; **D:** incorreta, devendo ser assinalada. Dispõe o art. 1.078, § 3º, do CC, que a aprovação sem reservas das demonstrações contábeis exonera de responsabilidade os membros da administração, salvo erro, dolo ou simulação – ou seja, ela não poderá ser anulada. *Gabarito "D".*

(Cartório/PA – 2016 – IESES) Analise a alternativa INCORRETA de acordo com o que dispõe o Código Civil brasileiro sobre a sociedades:

(A) A inscrição do contrato social da sociedade em conta de participação em qualquer registro não confere personalidade jurídica à sociedade.

(B) Na sociedade em comum todos os bens sociais respondem pelos atos de gestão, sendo inoponível perante terceiros, ainda que levado ao conhecimento prévio destes, qualquer pacto limitativo de poderes.

(C) A especialização patrimonial da sociedade em conta de participação somente produz efeitos em relação aos sócios desta.

(D) A constituição da sociedade em conta de participação independe de qualquer formalidade.

A: correta, nos termos do art. 993 do CC; **B:** incorreta, devendo ser assinalada. O pacto limitativo de poderes, desde que provado que era ou deveria ser de conhecimento do terceiro, mitiga a responsabilidade patrimonial (art. 989 do CC); **C:** correta, nos termos do art. 994, § 1º, do CC; **D:** correta, nos termos do art. 992 do CC. *Gabarito "B".*

(Cartório/PA – 2016 – IESES) Assinale a alternativa INCORRETA de acordo com o que dispõe as legislações que regem as cooperativas:

(A) As quotas do capital das cooperativas poderão ser transferidas para terceiros nos termos regulados pelo Estatuto.

(B) A responsabilidade dos sócios poderá ser limitada ou ilimitada, dependendo do caso.

(C) O quórum para as deliberações na Assembleia Geral é determinado com base no número de sócios e não na participação no capital social.

(D) Uma das características das cooperativas é a variabilidade do seu capital social.

A: incorreta, devendo ser assinalada. O art. 1.094, IV, do CC proíbe a transferência das quotas a terceiros; **B:** correta, nos termos do art. 1.095 do CC; **C:** correta, nos termos do art. 1.094, VI, do CC; **D:** correta, nos termos do art. 1.094, I, do CC. *Gabarito "A".*

(Cartório/SP – 2012 – VUNESP) A sociedade simples:

(A) Constitui-se independentemente de qualquer formalidade.

(B) Constitui-se por escritura pública ou testamento, mediante aprovação do Ministério Público.

(C) Vincula-se, em regra, ao Registro Civil das Pessoas Jurídicas.

(D) Vincula-se, em regra, ao Registro Público de Empresas Mercantis.

Nos termos do art. 1.150 do CC, o empresário e a sociedade empresária vinculam-se ao Registro Público de Empresas Mercantis a cargo das Juntas Comerciais, e a sociedade simples ao Registro Civil das Pessoas Jurídicas, o qual deverá obedecer às normas fixadas para aquele registro, se a sociedade simples adotar um dos tipos de sociedade empresária. Enquanto não inscritos os atos constitutivos, não há personalidade jurídica, sendo considerada sociedade em comum – art. 986 do CC. Por essa razão, a alternativa "C" é a correta.
Gabarito "C".

(Cartório/SP – 2012 – VUNESP) No silêncio do contrato da sociedade limitada, os administradores podem praticar os atos pertinentes à gestão da sociedade. Não constituindo objeto social, a oneração ou a venda de bens imóveis depende:

(A) Do consentimento de todos os sócios.

(B) Da deliberação da maioria.

(C) Da prévia dissolução da sociedade.

(D) De autorização judicial.

Nos termos do art. 1.015, *in fine*, do CC, não constituindo objeto social, a oneração ou a venda de bens imóveis depende do que a maioria dos sócios decidir. Por essa razão, a alternativa "B" é a correta.
Gabarito "B".

(Cartório/MG – 2012 – FUMARC) A respeito das **sociedades em comum** e de acordo com o disposto no Código Civil, **NÃO** é correto o que se afirma em:

(A) Os bens e as dívidas sociais constituem patrimônio especial, do qual os sócios são titulares em comum.

(B) As sociedades em comum, apesar de terem natureza de sociedade, não possuem personalidade jurídica.

(C) A prova da existência da sociedade em comum entre os sócios poderá ser realizada por todos os meios em direito admitidos, especialmente testemunhal.

(D) Como regra geral e salvo exceção expressa em lei, os bens sociais da sociedade em comum respondem pelos atos de gestão praticados por qualquer dos sócios.

A: correta, nos termos do art. 988 do CC; B: correta, pois as sociedades em comum, assim como as sociedades em conta de participação, são despersonificadas – art. 986 do CC; C: incorreta, pois os sócios, nas relações entre si ou com terceiros, somente por escrito podem provar a existência da sociedade – art. 987 do CC; D: adequada, embora o pacto expresso limitativo de poderes, que somente terá eficácia contra o terceiro que o conheça ou deva conhecer, também implique exceção a essa regra geral – art. 989 do CC.
Gabarito "C".

(Cartório/MG – 2012 – FUMARC) Ainda sobre a **sociedade simples** e de acordo com o disposto no Código Civil, **NÃO** é correto o que se afirma em

(A) É permitida a contribuição do sócio mediante prestação de serviços.

(B) Impõe-se obrigatória a nomeação do administrador no contrato social.

(C) A morte de um dos sócios não implica, necessariamente, na liquidação de sua quota.

(D) Nas sociedades simples por tempo determinado, permite-se, para a retirada do sócio, denúncia cheia, desde que provada judicialmente a justa causa.

A: correta, nos termos do art. 997, V, do CC; B: incorreta, devendo ser indicada, pois o administrador pode ser nomeado por instrumento em separado, hipótese em que deve averbá-lo à margem da inscrição da sociedade – art. 1.012 do CC; C: correta, pois há exceções à regra da liquidação da quota em caso de morte do sócio, nos termos do art. 1.028, I a III, do CC; D: correta, conforme o art. 1.029, *caput, in fine*, do CC.
Gabarito "B".

(Cartório/MG – 2012 – FUMARC) Sobre **sociedade limitada** e em observância ao disposto no Código Civil, **NÃO** é correto o que se afirma em:

(A) É vedada a contribuição em prestação de serviços.

(B) O capital social divide-se em quotas sempre iguais, permitida a existência de condomínio.

(C) É possível atribuir a administração da sociedade limitada àquele que não compuser o quadro societário.

(D) A administração da sociedade limitada poderá ser realizada por todos os sócios, desde que assim ajustado no contrato social; o ingresso de novo sócio, por essa simples condição, não implica no direito de administrar.

A: correta, nos termos do art. 1.055, § 2º, do CC; B: incorreta, devendo ser indicada, pois as quotas podem ser iguais ou desiguais, cabendo uma ou diversas a cada sócio – art. 1.055, *caput*, do CC; C: correta, pois é possível a designação de administradores não sócios, desde que aprovados pela unanimidade dos sócios, enquanto o capital não estiver integralizado, e de 2/3 (dois terços), no mínimo, após a integralização – art. 1.061 do CC; D: correta, conforme o art. 1.060 do CC.
Gabarito "B".

(Cartório/MG – 2012 – FUMARC) Sobre **sociedades** e nos termos do Código Civil, **NÃO** é correto o que se afirma em:

(A) A transformação de uma sociedade em outra impõe a dissolução ou liquidação da primeira.

(B) O credor anterior ao ato de cisão que for por ele prejudicado poderá promover a sua anulação judicial.

(C) A fusão implica na extinção das sociedades que se unem, sucedendo a sociedade nova nos direitos e deveres das anteriores.

(D) Havendo incorporação de sociedade, a incorporadora declarará extinta a incorporada e promoverá a respectiva averbação no registro próprio.

A: incorreta, devendo ser indicada, pois o ato de transformação independe de dissolução ou liquidação da sociedade, conforme o art. 1.113 do CC; B: correta, pois, até noventa dias após publicados os atos relativos à incorporação, fusão ou cisão, o credor anterior, por ela prejudicado, poderá promover judicialmente a anulação deles; C: correta, refletindo o disposto no art. 1.119 do CC; D: correta, nos termos do art. 1.118 do CC.
Gabarito "A".

(Cartório/MG – 2012 – FUMARC) Sobre a **sociedade simples**, e de acordo com o disposto no Código Civil, **NÃO** é correto o que se afirma em:

(A) Constituir-se-á mediante contrato escrito, público ou particular.

8. DIREITO EMPRESARIAL — 481

(B) O contrato deverá ser levado a registro perante a Junta Comercial do Estado.

(C) Existindo sócio remisso, poderá a maioria dos demais sócios preferir a redução das quotas ao montante já realizado pelo primeiro à sua exclusão.

(D) Havendo cessão de quotas – total ou parcial – até o decurso do prazo de 2 (dois) anos de averbada a modificação do contrato, responderá o cedente com o cessionário perante a sociedade e terceiros pelas obrigações que tinha como sócio.

A: correta, nos termos do art. 997, *caput*, do CC; B: incorreta, devendo ser indicada, pois a sociedade simples vincula-se ao Registro Civil das Pessoas Jurídicas – art. 1.150 do CC; C: correta, nos termos do art. 1.004, parágrafo único, do CC; D: correta, nos termos do art. 1.003, parágrafo único, do CC.
Gabarito "B".

(Cartório/MG – 2012 – FUMARC) Levando em consideração as disposições do Código Civil relativas às **sociedade simples**, é **correto** o que se afirma em:

(A) Podem os sócios estipular, mediante contrato, outras causas para a dissolução da sociedade que não as previstas em lei.

(B) Nos casos de sociedade simples, por tempo indeterminado, qualquer sócio pode se retirar, desde que notifique os demais com antecedência mínima de 30 (trinta) dias.

(C) Permite-se, desde que com o consentimento unânime dos sócios, que o sócio cuja contribuição consista em prestação de serviços fique excluído de participar das perdas.

(D) A retirada ou morte do sócio não exime o primeiro ou os herdeiros do segundo de responsabilidade pelas obrigações sociais contraídas, até 5 (cinco) anos após averbada a resolução da sociedade.

A: correta, pois, nos termos do art. 1.035 do CC, o contrato pode prever outras causas de dissolução, a serem verificadas judicialmente quando contestadas; B: incorreta, pois a antecedência mínima é de pelo menos 60 dias, conforme o art. 1.029 do CC; C: incorreta, pois é nula a estipulação contratual que exclua qualquer sócio de participar dos lucros e das perdas – art. 1.008 do CC; D: incorreta, pois a responsabilidade pelas obrigações sociais anteriores é de até 2 anos depois de averbada a resolução da sociedade – art. 1.032 do CC.
Gabarito "A".

(Cartório/MG – 2012 – FUMARC) Sobre **sociedade limitada** e em observância ao disposto no Código Civil, **NÃO** é correto o que se afirma em:

(A) As deliberações infringentes do contrato ou da lei tornam ilimitada a responsabilidade dos que expressamente as aprovaram.

(B) É lícita a existência de conselho fiscal composto no mínimo por 3 (três) membros e respectivos suplentes, sócios ou não, observadas as limitações legais.

(C) A responsabilidade pela exata estimação dos bens conferidos ao capital social recai somente sobre sócio que a efetivou e pelo prazo de 5 (cinco) anos da data do registro da sociedade.

(D) A renúncia do seu administrador torna-se eficaz em relação à sociedade desde o momento em que esta toma conhecimento da comunicação escrita do renunciante; e, em relação a terceiros, após a averbação e a publicação.

A: correta, refletindo o disposto no art. 1.080 do CC; B: correta, nos termos do art. 1.066 do CC; C: incorreta, devendo ser indicada, já que todos os sócios respondem solidariamente pela correta estimação dos bens conferidos ao capital social – art. 1.055, § 1º, do CC; D: correta, nos termos do art. 1.063, § 3º, do CC.
Gabarito "C".

(Cartório/RJ – 2012) Sobre as sociedades, analise as assertivas abaixo.

I. A incorporação, fusão ou cisão podem ser operadas entre sociedades de tipos iguais, sendo vedados tais procedimentos entre sociedades de tipos diferentes.

II. A fusão é a operação pela qual duas ou mais sociedades são absorvidas por outra, que lhes sucede em todos os direitos e obrigações.

III. A transformação de sociedade obedecerá aos preceitos que regulam a constituição e o registro do tipo a ser adotado pela sociedade.

É correto o que se afirma em

(A) I, apenas.

(B) II, apenas.

(C) III, apenas.

(D) I e III, apenas.

(E) I, II e III.

I: incorreta, pois não há essa vedação em relação a sociedades de tipos diferentes – arts. 1.113 a 1.122 do CC; II: incorreta, pois a assertiva descreve a incorporação – art. 1.116 do CC; III: correta, nos termos do art. 1.113, *in fine*, do CC. Por essas razões, a alternativa "C" é a correta.
Gabarito "C".

(Cartório/SC – 2012) Em relação às operações societárias, é **correto** afirmar:

I. A incorporação, fusão ou cisão podem ser operadas entre sociedades de tipos iguais ou diferentes e deverão ser deliberadas na forma prevista para a alteração dos respectivos estatutos ou contratos sociais.

II. Na fusão, uma ou várias sociedades são absorvidas por outra, que lhes sucede em todos os direitos e obrigações, devendo todas aprová-la, na forma estabelecida para os respectivos tipos.

III. A incorporação determina a extinção das sociedades que se unem para formar sociedade nova, que a elas sucederá nos direitos e obrigações.

IV. A cisão é a operação pela qual a companhia transfere parcelas do seu patrimônio para uma ou mais sociedades, constituídas para esse fim ou já existentes, extinguindo-se a companhia cindida se houver versão de todo o seu patrimônio, ou dividindo-se o seu capital se parcial a versão.

(A) Somente as proposições I e IV estão corretas.

(B) Somente as proposições I, II e III estão corretas.

(C) Somente as proposições II e III estão corretas.

(D) Somente as proposições II, III e IV estão corretas.

(E) Todas as proposições estão corretas.

I: correta, nos termos dos arts. 1.116, 1.120 e 1.122 do CC; II: incorreta, pois a assertiva descreve a incorporação – art. 1.116 do CC; III: incorreta, pois não há extinção da incorporadora, que subsiste. A assertiva refere-se à fusão – art. 1.119 do CC; IV: correta, nos termos do art. 229 da Lei das Sociedades por Ações – LSA (Lei 6.404/1976).
Gabarito "A".

ROBINSON BARREIRINHAS E HENRIQUE SUBI

(Cartório/SC – 2012) Em relação às sociedades empresariais, é **correto** afirmar:

I. As pessoas físicas e as pessoas jurídicas podem tomar parte na sociedade em nome coletivo, respondendo aquelas solidária e ilimitadamente, e estas, no limite de seus capitais, pelas obrigações sociais.

II. Na sociedade em comandita simples tomam parte sócios comanditados, pessoas físicas, responsáveis solidária e ilimitadamente pelas obrigações sociais; e os comanditários, obrigados somente pelo valor de sua quota.

III. A sociedade em comandita por ações é híbrida, haja vista que nela há duas categorias de sócios: comanditário, que possui responsabilidade ilimitada; e comanditado, que possui responsabilidade limitada.

IV. Nas sociedades limitadas e nas sociedades anônimas não é permitido aos sócios contribuir com serviços para a formação do capital social.

(A) Somente as proposições II, III estão corretas.

(B) Somente as proposições I, II e III estão corretas.

(C) Somente as proposições II, III e IV estão corretas.

(D) Somente as proposições II e IV estão corretas.

(E) Todas as proposições estão corretas.

I: incorreta, pois somente pessoas físicas (= naturais) podem compor sociedade em nome coletivo – art. 1.039 do CC; II: correta, conforme o art. 1.045 do CC; III: incorreta, pois os termos estão invertidos. Os comanditados respondem solidária e ilimitadamente pelas obrigações sociais, enquanto os comanditários têm responsabilidade limitada preço de emissão das ações – arts. 1.088, 1.090 e 1.091 do CC; IV: correta, conforme o art. 1.055, § 2º, do CC e o art. 7º da LSA.
Gabarito "D".

(Cartório/SP – 2011 – VUNESP) A sociedade entre cônjuges é:

(A) Válida em qualquer regime de bens, ressalvada aos terceiros a possibilidade de demonstrar a simulação do ato.

(B) Juridicamente impossível.

(C) Válida se o regime de bens for comunhão universal.

(D) Válida se o regime de casamento for comunhão parcial.

Nos termos do art. 977 do CC, faculta-se aos cônjuges contratar sociedade, entre si ou com terceiros, desde que não tenham casado no regime da comunhão universal de bens, ou no da separação obrigatória. Por essa razão, a alternativa "D" é a correta.
Gabarito "D".

(Cartório/SP – 2011 – VUNESP) Em relação às sociedades em nome coletivo disciplinadas no Código Civil, assinale a alternativa correta.

(A) O credor do sócio poderá requerer a liquidação da quota do devedor, independente da dissolução da sociedade.

(B) A responsabilidade é sempre limitada à participação de cada sócio no capital social.

(C) Somente as pessoas jurídicas podem tomar parte do quadro societário.

(D) Sem prejuízo da responsabilidade perante terceiros, podem os sócios, no ato da constituição da sociedade ou em momento posterior, limitar entre si a responsabilidade de cada um.

A: incorreta, pois, em relação à sociedade em nome coletivo, o credor particular de sócio não pode, antes de dissolver-se a sociedade, pretender a liquidação da quota do devedor – art. 1.043 do CC; B: incorreta, pois todos os sócios respondem solidária e ilimitadamente pelas obrigações sociais – art. 1.039 do CC; C: incorreta, pois somente as pessoas físicas podem compor a sociedade em nome coletivo – art. 1.039 do CC; D: correta, pois reflete o disposto no art. 1.039, parágrafo único, do CC.
Gabarito "D".

(Cartório/AP – 2011 – VUNESP) Uma vez totalmente integralizado o capital social, a responsabilidade dos sócios, por dívidas sociais, nas sociedades limitadas

(A) é subsidiária e ocorrerá sempre que se esgote o patrimônio da sociedade.

(B) é exclusiva dos controladores e limitada ao valor de sua participação no capital social.

(C) atinge somente o patrimônio pessoal dos sócios controladores até o valor total do capital social.

(D) depende da comprovação da regularidade da sociedade na Junta Comercial local.

(E) é excepcional e depende de disposição legal específica, como no caso de desconsideração da personalidade jurídica.

Na sociedade limitada, a responsabilidade de cada sócio é restrita ao valor de suas quotas, mas todos respondem solidariamente pela integralização do capital social – art. 1.052 do CC. A, B e C: incorretas, conforme comentário inicial; D: incorreta. Não se deve confundir sociedade irregular (com registros desatualizados, por exemplo) com sociedade sem inscrição no registro competente. Havendo inscrição da sociedade limitada no registro, há personalidade jurídica própria e, portanto, afasta-se a responsabilidade pessoal dos sócios – arts. 45 e 985 do CC (não é preciso comprovar a regularidade, mas apenas a existência de inscrição válida no registro próprio). Apenas se não houvesse o registro é que existiria responsabilidade pessoal e ilimitada dos sócios da sociedade em comum – art. 990 do CC; E: assertiva correta, conforme comentário inicial e art. 50 do CC.
Gabarito "E".

(Cartório/AP – 2011 – VUNESP) Como consequência da fusão das sociedades "A" e "B"

(A) as ações ou quotas de "A" e "B" passam a pertencer integralmente à nova sociedade, surgida a partir da fusão.

(B) a maior das duas sociedades passa a ser composta não apenas por seus bens, direitos e obrigações, mas também pelos bens, direitos e obrigações da menor.

(C) extinguem-se as sociedades "A" e "B", surgindo com a fusão uma nova sociedade que as sucederá nos direitos e obrigações.

(D) os acionistas dissidentes na deliberação de fusão não terão direito a recesso.

(E) sob pena de perda do direito, credores das sociedades "A" e "B" terão 60 dias para manifestar-se e assegurar que seus créditos foram incluídos na nova sociedade.

A: incorreta, pois as sociedades "A" e "B" deixam de existir com a fusão (art. 228 da Lei das Sociedades por Ações – LSA). Os sócios ou acionistas das sociedades incorporadas, fundidas ou cindidas receberão, diretamente da companhia emissora, as ações que lhes couberem – art. 223, § 2º, da Lei das Sociedades por Ações – LSA (Lei 6.404/1976); B: incorreta, pois "A" e "B" deixam de existir – art. 228 da LSA; C: correta, conforme comentários anteriores e expressamente disposto no art. 228, *caput*, da LSA; D: incorreta, pois há direito de

8. DIREITO EMPRESARIAL

retirada do acionista que discordou da fusão, conforme art. 137 c/c art. 136, IV, da LSA; E: incorreta, pois existe prazo de 60 dias apenas para que os credores prejudicados peçam judicialmente a anulação da fusão, e não para se assegurarem que seus créditos foram incluídos na nova sociedade – art. 232 da LSA.

Gabarito "C".

(Cartório/MS – 2009 – VUNESP) No que se refere ao contrato de sociedade, de acordo com o Código Civil, pode-se afirmar que celebram contrato de sociedade as pessoas que

(A) desejam abrir uma empresa.

(B) desejam constituir uma pessoa jurídica sem fins lucrativos.

(C) reciprocamente se obrigam a contribuir, com bens ou serviços, para o exercício de atividade econômica e a partilha, entre si, dos resultados.

(D) constituem uma firma.

(E) registram empresas, para compatibilizar o atual regime à sistemática da inscrição pelo novo Código Civil de 2002.

A: incorreta. A empresa é a atividade exercida pelo empresário (pessoa natural) ou pela sociedade empresária (pessoa jurídica) e com eles não se confunde – arts. 966 e 982 do CC. Perceba, portanto, que embora seja comum, no dia a dia, usarmos o termo "empresa" para nos referirmos à sociedade empresária ("fulano abriu a empresa tal") havendo, inclusive, disposições legais que adotam essa significação, isso é incorreto à luz do Código Civil; B: incorreta, pois o contrato de sociedade previsto no art. 981 do CC refere-se ao exercício de atividade econômica e a partilha, entre os sócios, dos resultados, ou seja, não se refere a pessoas sem fins lucrativos; C: correta, pois essa é a definição do art. 981 do CC; D: o termo "firma" refere-se ao empresário individual, especificamente ao seu nome empresarial – art. 1.156 do CC; E: incorreta, conforme comentário à alternativa "A".

Gabarito "C".

(Cartório/SP – I – VUNESP) A responsabilidade dos sócios, nas sociedades por quotas de responsabilidade limitada, é, em regra,

(A) limitada ao importe das dívidas anteriormente constituídas.

(B) ilimitada.

(C) limitada ao importe do capital social não integralizado.

(D) limitada ao importe total do capital social.

D: correta. Na sociedade limitada, a responsabilidade de cada sócio é restrita ao valor de suas quotas, mas todos respondem solidariamente pela integralização do capital social – art. 1.052 do CC. Assim, em regra, a responsabilidade fica limitada ao total do capital social, ainda que não totalmente integralizado, razão pela qual a alternativa "D" é a correta. É interessante lembrar que há casos de desconsideração da personalidade jurídica da sociedade e, portanto, responsabilidade dos sócios além do montante correspondente ao capital social. Para a desconsideração é necessário, em regra, o abuso da personalidade jurídica, caracterizado pelo desvio de finalidade, ou pela confusão patrimonial – art. 50 do CC. A desconsideração foi positivada também no art. 28 do CDC, além de disposições específicas quanto a atos culposos ou dolosos praticados pelos administradores com efeitos em relação à sua responsabilidade pessoal (por exemplo, art. 1.016 do CC e arts. 134, II e VII, e 135, III, ambos do CTN).

Gabarito "D".

(Cartório/SP – II – VUNESP) As sociedades de economia mista

(A) podem ser abertas ou fechadas.

(B) podem ser apenas abertas.

(C) podem ser apenas fechadas.

(D) por envolverem capital público, não são reguladas pela Lei das S/A.

A: correta. As sociedades de economia mista devem adotar o tipo das sociedades anônimas, sujeitando-se à Lei das Sociedades por Ações (Lei 6.404/1976), podendo ser abertas ou fechadas – art. 235 da LSA. Por essas razões, a alternativa "A" é a correta.

Gabarito "A".

(Cartório/SP – II – VUNESP) Em se tratando de sociedades por quotas de responsabilidade, a alteração do contrato social pelos sócios que detêm 55% do capital social depende

(A) da ausência de cláusula restritiva no contrato sobre deliberações majoritárias.

(B) da concordância de outros sócios, atingindo o quórum de 75% ou 3/4 do capital social.

(C) apenas da maioria dos sócios, independentemente do capital social que estes detenham.

(D) da concordância expressa dos sócios que detêm o restante do capital social.

A: correta, conforme gabarito oficial. Todavia, a modificação do contrato social da sociedade limitada (art. 1.071, V, do CC) depende de deliberação tomada pelos votos correspondentes, no mínimo, a três quartos do capital social – art. 1.076, I, do CC. Por essa razão, discordamos do gabarito oficial e entendemos que a alternativa "D" é a única correta.

Gabarito "A".

(Cartório/SP – II – VUNESP) A sociedade em conta de participação tem a seguinte característica:

(A) arquivamento dos atos societários no Registro de Comércio.

(B) a possibilidade de responsabilização de qualquer dos sócios até o limite do capital social.

(C) a manutenção obrigatória dos livros comerciais.

(D) o gerenciamento é exercido pelo sócio ostensivo, que agirá exclusivamente em nome próprio.

A: incorreta, pois não é necessário arquivamento que, se ocorrer, não confere personalidade jurídica à sociedade – art. 993 do CC; B: incorreta, pois o sócio ostensivo (e somente ele) responde pessoalmente e ilimitadamente pelas obrigações perante terceiros – art. 991, parágrafo único, do CC; C: incorreta, até porque se trata, a rigor, de contrato de investimento (na definição de Fábio Ulhoa Coelho) firmando entre um empreendedor (o sócio ostensivo) e investidores (os sócios participantes), e não efetiva sociedade com registros, livros etc.; D: correta, conforme o art. 991 do CC.

Gabarito "D".

(Cartório/SP – III – VUNESP) Qual o regime de responsabilidade na sociedade em comum?

(A) Os sócios respondem pelas obrigações da sociedade diretamente, de forma solidária e ilimitada.

(B) Responde pelas obrigações da sociedade somente o sócio que contratou com o terceiro.

(C) Os sócios não respondem pelas obrigações da sociedade.

(D) Os sócios respondem pelas obrigações da sociedade subsidiariamente, de forma solidária e ilimitada, com exceção do sócio que contratou pela sociedade, o qual responde diretamente.

D: correta. Todos os sócios da sociedade em comum respondem solidária e ilimitadamente pelas obrigações sociais, subsidiariamente em relação à sociedade – art. 990 c/c art. 1.024 do CC. Assim, os bens da sociedade respondem pelas obrigações e, caso não sejam suficientes, os sócios passam a responder ilimitada e solidariamente entre si. Entretanto, o sócio que contratou pela sociedade fica excluído do benefício de ordem, ou seja, responde diretamente – art. 990, *in fine*, do CC. Por essa razão, a alternativa "D" é a correta.

Gabarito "D".

(Cartório/SP – III – VUNESP) Como efeito da transformação de uma sociedade em nome coletivo em uma sociedade por ações, é correto afirmar que

(A) todos os sócios continuam respondendo solidária e ilimitadamente pelas obrigações sociais anteriores à transformação.

(B) em razão da publicidade da operação de transformação, os sócios somente continuarão respondendo pelas obrigações sociais se algum credor, no prazo de 60 dias contados da publicação da assembleia geral de transformação, apresentar oposição.

(C) os sócios não respondem ilimitadamente pelas obrigações sociais porque, de acordo com o artigo 1.°, da Lei 6.404/76 (Lei das S/A), a responsabilidade dos acionistas é limitada ao preço de emissão das ações subscritas ou adquiridas.

(D) os sócios somente responderão pelas obrigações sociais em virtude de ato praticado com abuso de poder ou em violação da lei ou do estatuto.

A: correta. Na sociedade em nome coletivo, todos os sócios respondem pessoal e ilimitadamente pelas obrigações sociais – art. 1.039 do CC. A transformação não modificará nem prejudicará, em qualquer caso, os direitos dos credores – art. 1.115 do CC. Por essa razão, os credores de obrigações anteriores à transformação não terão suas garantias diminuídas, ou seja, os sócios continuam a responder pessoal e ilimitadamente por elas. Por essas razões, a alternativa "A" é a correta.

Gabarito "A".

(Cartório/SP – IV – VUNESP) Sem prejuízo da faculdade de participar das deliberações sociais, não pode o comanditário

(A) pagar dívida da sociedade.

(B) praticar ato de gestão ou ter o nome na firma social.

(C) receber procuração específica para negociar título não resgatado por devedor insolvente.

(D) nenhuma das alternativas anteriores.

B: correta. Na sociedade em comandita simples, os comanditados são os sócios pessoa física que praticam os atos de gestão e respondem solidária e ilimitadamente pelas obrigações sociais. Já os comanditários são os sócios que não praticam atos de gestão e, nessa condição, não respondem pelas obrigações sociais. Nesse sentido, sem prejuízo da faculdade de participar das deliberações da sociedade e de lhe fiscalizar as operações, não pode o comanditário praticar qualquer ato de gestão, nem ter o nome na firma social, sob pena de ficar sujeito às responsabilidades de sócio comanditado. O comanditário pode ser constituído procurador da sociedade, para negócio determinado e com poderes especiais – arts. 1.045 e 1047 do CC. As sociedades com sócios de responsabilidade ilimitada (caso da comandita simples) opera sobe firma na qual somente o nome desses sócios poderão figurar (dos comanditados, no caso) – art. 1.157 do CC. Por essas razões, a alternativa "B" é a única que indica ato vedado ao comanditário.

Gabarito "B".

(Cartório/SP – IV – VUNESP) A apuração de haveres do sócio excluído é feita

(A) por balanço de determinação ou real.

(B) pelo último balanço aprovado em reunião para tal fim.

(C) pela avaliação feita por auditor nomeado pelos majoritários.

(D) pela média avaliatória feita com base em três critérios: I) valor de mercado das cotas, II) avaliação pelo auditor, III) último balanço contábil.

A: correta. Nos casos em que a sociedade se resolver em relação a um sócio, o valor da sua quota, considerada pelo montante efetivamente realizado, liquidar-se-á, salvo disposição contratual em contrário, com base na situação patrimonial da sociedade, à data da resolução, verificada em balanço especialmente levantado – art. 1.031 do CC. Balanço especial, de determinação ou real são, nesse sentido, expressões equivalentes, indicando a situação da sociedade em uma data especial, razão pela qual a alternativa "A" é a correta.

Gabarito "A".

(Cartório/SP – IV – VUNESP) O direito de retirada da sociedade simples assiste

(A) ao sócio que não tiver condições de integralizar o aumento do capital social.

(B) aos sócios que divergirem das decisões da maioria em reunião ou assembleia geral.

(C) ao sócio, na hipótese de o contrato prever cláusula de recesso, com voto unânime dos cotistas.

(D) a qualquer sócio em sociedade por prazo indeterminado e, na por prazo determinado, àquele que ajuizou ação justificando as razões de sua saída.

A: incorreta, pois, nesse caso, o sócio remisso poderá ser excluído ou ter reduzida sua quota ao montante já realizado, caso a maioria dos demais sócios não prefira a indenização pelo dano emergente da mora, nos termos do art. 1.004 do CC. Não há, portanto, direito de retirada; B e C: incorretas, pois, salvo disposição contratual nesse sentido, não se trata de hipóteses de retirada; D: correta. Além dos casos previstos na lei ou no contrato, qualquer sócio pode retirar-se da sociedade; se de prazo indeterminado, mediante notificação aos demais sócios, com antecedência mínima de sessenta dias; se de prazo determinado, provando judicialmente justa causa – art. 1.029 do CC.

Gabarito "D".

(Cartório/SP – IV – VUNESP) Cabe ao Juiz, na expulsão, se proposta a demanda,

(A) apreciar apenas a ilegalidade da deliberação.

(B) verificar se os pressupostos de fato (as faltas) realmente ocorreram e se são graves e suficientes para legitimar a expulsão do rixoso.

(C) julgar a justiça ou injustiça da conduta do sócio rixoso.

(D) apreciar a falta sob o prisma da justiça, equidade, oportunidade e a ligação entre a falta injusta e o dano para a sociedade.

O sócio pode ser excluído judicialmente somente por falta grave no cumprimento de suas obrigações ou por incapacidade superveniente, mediante iniciativa da maioria dos demais sócios – art. 1.030 do CC. O sócio minoritário pode ser excluído também extrajudicialmente, caso esteja pondo em risco a continuidade da empresa, em virtude de atos de inegável gravidade, e desde que a exclusão por justa causa seja prevista no contrato social – art. 1.085 do CC. Existe ainda a possibilidade de exclusão do sócio remisso da sociedade limitada, se não integralizar

8. DIREITO EMPRESARIAL

sua quota social no prazo definido – art. 1.058 do CC. A: incorreta, pois o juiz deve analisar se houve efetivamente falta grave a justificar a expulsão; B: correta, conforme comentários anteriores; C: discutível, mas, em princípio, o juiz não adentra os aspectos subjetivos da conduta do sócio; D: incorreta, pois a análise é objetiva, em relação à conduta do sócio a ser excluído em relação aos demais sócio e à sociedade.
Gabarito "B".

(Cartório/SP – IV – VUNESP) O procedimento extrajudicial da exclusão do sócio remisso deve obedecer à(s) seguinte(s) regra(s):

(A) convocação, com imputação da falta, notificação, defesa, discussão dos fatos, deliberação pela maioria e expulsão.

(B) simples convocação para reunião.

(C) convocação, apresentação de defesa, deliberação e expulsão.

(D) convocação, notificação, defesa, deliberação pela unanimidade dos sócios, expulsão e ata da reunião.

O sócio minoritário pode ser excluído também extrajudicialmente, caso esteja pondo em risco a continuidade da empresa, em virtude de atos de inegável gravidade, e desde que a exclusão por justa causa seja prevista no contrato social. Exige-se deliberação da maioria dos sócios, representativa de mais da metade do capital social. A exclusão somente poderá ser determinada em reunião ou assembleia especialmente convocada para esse fim, ciente o acusado em tempo hábil para permitir seu comparecimento e o exercício do direito de defesa – art. 1.085 do CC. A: correta, conforme comentários iniciais; B: incorreta, pois é preciso a ciência ao acusado em tempo hábil para permitir seu comparecimento à reunião ou a assembleia especialmente convocada para esse fim e para o exercício do direito de defesa – art. 1.085, parágrafo único, do CC; C: incorreta, por ser incompleta em relação à alternativa "A"; D: incorreta, pois não se exige deliberação pela unanimidade dos sócios (o que seria impossível, exceto se o próprio expulso votasse nesse sentido).
Gabarito "A".

(Cartório/SP – IV – VUNESP) A exclusão do sócio exige, na sociedade limitada,

(A) justa causa, prevista no contrato, apurável em juízo.

(B) falta grave, prevista no contrato, mediante iniciativa da maioria dos sócios em ação ajuizada para expulsá-lo.

(C) justa causa prevista no contrato e iniciativa dos majoritários para que possam, em reunião ou assembleia, excluir o *socius rixosus* que quebrou a *affectio societatis*.

(D) falta grave não prevista no contrato, mas fundada em lei, cuja ação só pode ser movida pelos majoritários.

O sócio pode ser excluído judicialmente somente por falta grave no cumprimento de suas obrigações ou por incapacidade superveniente, mediante iniciativa da maioria dos demais sócios – art. 1.030 do CC. O sócio minoritário pode ser excluído também extrajudicialmente, caso esteja pondo em risco a continuidade da empresa, em virtude de atos de inegável gravidade, e desde que a exclusão por justa causa seja prevista no contrato social – art. 1.085 do CC. Existe ainda a possibilidade de exclusão do sócio remisso da sociedade limitada, se não integralizar sua quota social no prazo definido – art. 1.058 do CC. A e B: incorretas, pois a expulsão do sócio minoritário por justa causa prevista no contrato social pode se dar extrajudicialmente; C: correta, conforme comentários iniciais. A exclusão somente poderá ser determinada em reunião ou assembleia especialmente convocada para esse fim, ciente o acusado em tempo hábil para permitir seu comparecimento e o exercício do direito de defesa – art. 1.085 do CC; D: incorreta, pois a falta grave

permite a exclusão judicial mediante a iniciativa da maioria dos demais sócios (podem ser minoritários, portanto) – art. 1.030 do CC.
Gabarito "C".

(Cartório/SP – V – VUNESP) Na sociedade simples, os bens pessoais dos sócios

(A) respondem, subsidiariamente, esgotado o patrimônio da própria sociedade, pelas obrigações sociais.

(B) respondem, ilimitadamente, pelas obrigações sociais.

(C) respondem, conforme o que for disposto no contrato social, pelas obrigações assumidas pela pessoa jurídica.

(D) respondem pelas obrigações sociais, mas só enquanto não for integralizado o capital.

Como regra, na sociedade simples, os bens pessoais dos sócios respondem subsidiariamente pelas dívidas (depois de esgotado o patrimônio social), na proporção em que participem das perdas sociais, exceto se houver previsão de solidariedade – arts. 1.023 e 1.024 do CC (por essa aproximação, a alternativa "A" seria adequada). Importante notar, entretanto, que o contrato social pode dispor de maneira diversa – art. 997, VIII, do CC (o que torna, por essa ótica, a alternativa "C" adequada).
Gabarito "C".

(Cartório/SP – V – VUNESP) Numa sociedade em conta de participação, o sócio participante

(A) responde, perante terceiros, com seu patrimônio pessoal, pelas obrigações assumidas.

(B) integraliza o capital social e, perante terceiros, responde pelas obrigações assumidas nos limites de sua contribuição.

(C) não responde, perante terceiros, pelas obrigações derivadas dos negócios sociais.

(D) pode ter sua falência decretada, em razão das dívidas acumuladas pela sociedade.

A, B e D: incorretas, pois na sociedade em conta de participação somente o sócio ostensivo responde pelas obrigações perante terceiros (pessoal e ilimitadamente). O sócio participante responde somente perante o sócio ostensivo, nos termos do contrato social (exceto se realizar atos de gestão) – arts. 991 e 994 do CC; C: essa é a correta, conforme comentário anterior.
Gabarito "C".

(Cartório/SP – V – VUNESP) Na falta de prazo estipulado em lei, ou em ato do poder público, a autorização dada pelo Poder Executivo para o funcionamento de sociedade que dela dependa, será considerada

(A) caduca, se a sociedade não entrar em funcionamento, nem iniciar suas atividades, nos 12 meses seguintes à respectiva publicação na imprensa oficial e não poderá ser revalidada, devendo a interessada cumprir novamente todos os requisitos necessários para obter a concessão de nova autorização governamental para funcionar.

(B) caduca, se a sociedade não entrar em funcionamento nos 06 meses seguintes à respectiva publicação na imprensa oficial, mas poderá ser revalidada por igual período, dispensada a interessada do cumprimento das exigências à concessão de uma nova autorização.

(C) concedida para utilização por prazo indeterminado.

(D) prescrita dentro do prazo de 05 anos, contado da publicação na imprensa oficial, sem possibilidade da sua revalidação.

No caso de sociedade que dependa de autorização do Poder Executivo para funcionar, não havendo prazo estipulado em lei ou em ato do poder público, será considerada caduca a autorização se a sociedade não entrar em funcionamento nos 12 meses seguintes à respectiva publicação – art. 1.124 do CC. Por essa razão, a alternativa "A" é a correta.

Gabarito "A".

(Cartório/SP – VII – VUNESP) A sociedade entre cônjuges é

(A) válida em qualquer regime de bens, ressalvada aos terceiros a possibilidade de demonstrar a simulação do ato.

(B) juridicamente impossível.

(C) válida se o regime de bens for comunhão universal.

(D) válida se o regime de casamento for comunhão parcial.

D: correta. Faculta-se aos cônjuges contratar sociedade, entre si ou com terceiros, desde que não tenham casado no regime da comunhão universal de bens, ou no da separação obrigatória – art. 977 do CC. Por essa razão, a alternativa "D" é a única correta.

Gabarito "D".

(Cartório/SP – VII – VUNESP) Em relação às sociedades em nome coletivo disciplinadas no Código Civil, assinale a alternativa correta.

(A) O credor do sócio poderá requerer a liquidação da quota do devedor, independente da dissolução da sociedade.

(B) A responsabilidade é sempre limitada à participação de cada sócio no capital social.

(C) Somente as pessoas jurídicas podem tomar parte do quadro societário.

(D) Sem prejuízo da responsabilidade perante terceiros, podem os sócios, no ato da constituição da sociedade ou em momento posterior, limitar entre si a responsabilidade de cada um.

A: incorreta, pois, nos termos do art. 1.043 do CC, o credor particular de sócio não pode, antes de dissolver-se a sociedade, pretender a liquidação da quota do devedor; B: incorreta, pois a responsabilidade dos sócios pelas obrigações da sociedade em nome coletivo é solidária e ilimitada – art. 1.039 do CC; C: incorreta, pois somente pessoas físicas podem tomar parte na sociedade em nome coletivo – art. 1.039 do CC; D: correta, pois há possibilidade de os sócios limitarem entre si a responsabilidade de cada um, no ato constitutivo ou por convenção unânime posterior, sem prejuízo da responsabilidade perante terceiros – art. 1.039, parágrafo único, do CC.

Gabarito "D".

6. SOCIEDADES ANÔNIMAS

(Cartório/SP – 2016 – VUNESP) Considere as seguintes afirmações, assinalando a correta.

(A) As debêntures são títulos emitidos pelas sociedades anônimas que conferem um direito de crédito ao seu titular.

(B) As ações preferenciais são aquelas que dão origem às debêntures.

(C) As debêntures podem ser emitidas por escrituras públicas lavradas no Registro do Comércio.

(D) As debêntures não podem ser convertidas em ações.

A: correta, nos termos do art. 52 da LSA; **B:** incorreta. Ações preferenciais são aquelas que conferem direitos especiais aos seus titulares (art. 17 da LSA); **C:** incorreta. A escritura pública de emissão não é lavrada no Registro Público de Empresas Mercantis. Ela é lavrada no Tabelião de Notas, como qualquer escritura pública, e será inscrita (arquivada) no Registro de Comércio (art. 62, II, da LSA); **D:** incorreta. As debêntures podem ser conversíveis em ações (art. 57 da LSA).

Gabarito "A".

(Cartório/MG – 2015 – Consulplan) Sobre a sociedade anônima e com base na Lei 6.404, de 15 de dezembro de 1976, assinale a afirmativa INCORRETA.

(A) A companhia ou sociedade anônima terá o capital dividido em ações, e a responsabilidade dos sócios ou acionistas será limitada ao preço de emissão das ações subscritas ou adquiridas.

(B) Pode ser objeto da companhia qualquer empresa de fim lucrativo, não contrário à lei, à ordem pública e aos bons costumes.

(C) Qualquer que seja o objeto, a companhia é mercantil e se rege pelas leis e usos do comércio.

(D) A sociedade será designada por firma ou denominação acompanhada das expressões "companhia", ou "sociedade anônima", podendo ser por extenso ou abreviadamente e ambas utilizadas no início ou ao final.

A: correta, nos termos do art. 1º da LSA; **B:** correta, nos termos do art. 2º da LSA; **C:** correta, nos termos do art. 2º, § 1º, da LSA; **D:** incorreta, devendo ser assinalada. A sociedade anônima gira exclusivamente sob denominação. Além disso, o termo "companhia" não pode aparecer ao final do nome (art. 3º da LSA).

Gabarito "D".

(Cartório/MG – 2015 – Consulplan) Analise as assertivas abaixo:

I. É correto afirmar que, nas sociedades anônimas, o estatuto poderá prever que determinadas classes de ações ordinárias e de ações preferenciais tenham direito de voto restrito.

II. O conselho de administração de uma sociedade anônima terá, dentre outras competências, a eleição da diretoria.

III. As partes beneficiárias são títulos negociáveis, sem valor nominal, emitidos por uma sociedade por ações, que atribuem aos seus titulares o direito a um crédito eventual, consistente na participação nos lucros anuais.

IV. A ação de responsabilidade civil contra o administrador de uma sociedade por ações pode ser promovida por acionistas que representem pelo menos 5% (cinco por cento) do capital social, desde que a assembleia geral delibere não a promover.

V. Em relação às debêntures, é correto afirmar que não podem ser conversíveis em ações, pois são títulos de dívida.

Estão corretas somente as assertivas:

(A) I, II e III.

(B) II, IV e V.

(C) II e III e V.

(D) II, III e IV.

I: incorreta. Somente as ações preferenciais podem ter restrição a direito de voto (art. 15, § 2º, da LSA); **II:** correta, nos termos do art. 142, da LSA; **III:** correta, nos termos do art. 46, § 1º, da LSA; **IV:** correta, nos

8. DIREITO EMPRESARIAL

termos do art. 159, § 4°, da LSA; **V:** incorreta. É possível a emissão de debêntures conversíveis em ações (art. 57 da LSA).

Gabarito "D".

(Cartório/MG – 2012 – FUMARC) Sobre **sociedades anônimas** e nos termos da Lei 6.404/1976, é **correto** o que se afirma em:

(A) A ação é indivisível em relação à companhia, sendo vedado o condomínio.

(B) Consideram-se ações em circulação no mercado todas aquelas do capital da companhia aberta.

(C) A contribuição dos subscritores ou acionistas, para a formação do capital social inicial, não poderá consistir em bens.

(D) Quando a entrada do capital social consistir em crédito, o subscritor ou acionista responderá pela solvência do devedor.

A: incorreta, pois se admite o condomínio, caso em que os direitos por ela conferidos serão exercidos pelo representante do condomínio – art. 28, parágrafo único, da LSA; B: incorreta, pois não se consideram em circulação no mercado as ações de propriedade do acionista controlador, de diretores, de conselheiros de administração e as em tesouraria – art. 4°, § 2°, da LSA; C: incorreta, pois o capital social poderá ser formado com contribuições em dinheiro ou em qualquer espécie de bens suscetíveis de avaliação em dinheiro – art. 7° da LSA; D: correta, nos termos do art. 10, parágrafo único, da LSA.

Gabarito "D".

(Cartório/MG – 2012 – FUMARC) Sobre **sociedades anônimas** e nos termos da Lei 6.404/1976, **NÃO** é correto o que se afirma em:

(A) Permite-se a conversão de debêntures em ações.

(B) As companhias abertas e fechadas podem emitir partes beneficiárias.

(C) As debêntures geram para os seus titulares direito de crédito contra a companhia.

(D) As partes beneficiárias conferirão aos seus titulares direito de crédito eventual contra a companhia, consistente na participação nos lucros anuais.

A: correta, pois a debênture poderá ser conversível em ações nas condições constantes da escritura de emissão – art. 57 da LSA; B: incorreta, devendo ser indicada, pois somente as companhias fechadas podem emitir partes beneficiárias – art. 47, parágrafo único, da LSA; C: correta, nos termos do art. 52 da LSA; D: correta, corresponde ao disposto no art. 46, § 1°, da LSA.

Gabarito "B".

(Cartório/MG – 2012 – FUMARC) Sobre **sociedades anônimas** e nos termos da Lei 6.404/1976, **NÃO** é correto o que se afirma em:

(A) O resgate consiste no pagamento do valor das ações; para retirá-las definitivamente de circulação, com redução ou não do capital social, mantido o mesmo capital, será atribuído, quando for o caso, novo valor nominal às ações remanescentes.

(B) A amortização consiste na distribuição aos acionistas, a título de antecipação e sem redução do capital social, de quantias que lhes poderiam tocar em caso de liquidação da companhia, podendo ocorrer apenas de modo parcial.

(C) Somente os valores mobiliários de emissão de companhia registrada na Comissão de Valores Mobiliários

podem ser negociados no mercado de valores mobiliários.

(D) O reembolso é a operação pela qual, nos casos previstos em lei, a companhia paga aos acionistas dissidentes de deliberação da assembleia geral o valor de suas ações.

A: correta, nos termos do art. 44, § 1°, da LSA; B: incorreta, devendo ser indicada, pois a amortização pode ser integral ou parcial e abranger todas as classes de ações ou só uma delas – art. 44, § 3°, da LSA; C: correta, refletindo o disposto no art. 4°, § 1°, da LSA; D: correta, nos termos do art. 45 da LSA.

Gabarito "B".

(Cartório/AP – 2011 – VUNESP) Nas Sociedades Anônimas, é considerado controlador aquele que

(A) faz o poder de voto de suas ações prevalecer, de maneira permanente, nas deliberações sociais e nas eleições de administradores, orientando os negócios da companhia.

(B) possui mais de 75% das ações com direito a voto.

(C) é titular de mais de 50% do capital social da companhia e tenha integralizado sua participação tempestivamente, nos termos do quanto definido no estatuto social.

(D) tem o poder de assinar contratos e celebrar negócios em nome da companhia, individualmente.

(E) o estatuto social nomeie como controlador, a partir do momento em que tiver sido assinado o termo de compromisso respectivo.

A: correta. Acionista controlador é a pessoa, natural ou jurídica, ou o grupo de pessoas vinculadas por acordo de voto, ou sob controle comum, que: (i) é titular de direitos de sócio que lhe assegurem, de modo permanente, a maioria dos votos nas deliberações da assembleia geral e o poder de eleger a maioria dos administradores da companhia; e (ii) usa efetivamente seu poder para dirigir as atividades sociais e orientar o funcionamento dos órgãos da companhia – art. 116, *a* e *b*, da LSA. Por essa razão, a alternativa "A" é a correta.

Gabarito "A".

(Cartório/SP – V – VUNESP) Assinale a alternativa correta.

(A) As ações preferenciais sempre conferem direitos adicionais de natureza patrimonial.

(B) Caso existam diferentes classes de ações preferenciais, elas não podem diferir quanto à prioridade no recebimento de dividendos.

(C) As ações preferenciais, caso não sejam distribuídos dividendos por três exercícios consecutivos, conferem direito de voto a seus titulares.

(D) Não é possível, em hipótese alguma, ser criada uma classe de ações preferenciais dotada de poder de veto sobre deliberações assembleares.

A: incorreta, pois, além de direitos patrimoniais, como prioridade no recebimento de dividendos e reembolsos de capital, as ações preferenciais podem conferir vantagens políticas, como a eleição, em separado, de membros dos órgãos de administração – art. 18 da LSA; B: incorreta, pois pode haver distinção quanto à prioridade no recebimento de dividendos – art. 17, § 4°, e art. 19 da LSA; C: correta, nos termos do art. 111, § 1°, da LSA; D: incorreta, pois há peculiar possibilidade de poder de veto consignada no art. 17, § 7°, da LSA.

Gabarito "C".

ROBINSON BARREIRINHAS E HENRIQUE SUBI

(Cartório/SP – V – VUNESP) A emissão de debêntures com garantia flutuante

(A) impede que a companhia possa alienar bens componentes de seu ativo permanente sem a aquiescência dos debenturistas.

(B) não influencia a disponibilidade de bens de titularidade da companhia emissora.

(C) confere aos debenturistas poder de veto sobre deliberações do conselho de administração e da assembleia geral da companhia emissora.

(D) impossibilita sejam emitidas outras e sequenciais séries de debêntures.

A e B: a garantia flutuante não impede a negociação dos bens que compõem o ativo da companhia – art. 58, § 1°, da LSA. Por essa razão, a alternativa "A" é incorreta e a "B" é correta; C: incorreta, pois não há previsão legal nesse sentido; D: incorreta, pois são possíveis novas emissões, sendo que as mais antigas têm prioridade em relação às mais novas – art. 58, § 3°, da LSA.
Gabarito "B".

(Cartório/SP – V – VUNESP) Entre as atribuições dos membros do conselho de administração de uma sociedade por ações, não se inclui(em)

(A) a representação da companhia perante terceiros.

(B) manifestar-se acerca das contas anuais apresentadas pela diretoria.

(C) eleger e destituir os diretores da companhia.

(D) fixar a orientação dos negócios da companhia.

A: correta. Nos termos do art. 142 da LSA, somente a alternativa "A" indica atribuição que não é do Conselho de Administração, pois a representação da companhia é privativa dos diretores – art. 138 da LSA.
Gabarito "A".

Veja a tabela a seguir, para estudo e memorização das competências do Conselho de Administração:

Compete ao Conselho de Administração – art. 142 da LSA
Fixar a orientação geral dos negócios da companhia;
Eleger e destituir os diretores da companhia e fixar-lhes as atribuições, observado o que a respeito dispuser o estatuto;
Fiscalizar a gestão dos diretores, examinar, a qualquer tempo, os livros e papéis da companhia, solicitar informações sobre contratos celebrados ou em via de celebração, e quaisquer outros atos;
Convocar a assembleia geral quando julgar conveniente, ou no caso do art. 132 da LSA
Manifestar-se sobre o relatório da administração e as contas da diretoria;
Manifestar-se previamente sobre atos ou contratos, quando o estatuto assim o exigir;
Deliberar, quando autorizado pelo estatuto, sobre a emissão de ações ou de bônus de subscrição;
Autorizar, se o estatuto não dispuser em contrário, a alienação de bens do ativo não circulante, a constituição de ônus reais e a prestação de garantias a obrigações de terceiros;
Escolher e destituir os auditores independentes, se houver.

7. CONTRATOS EMPRESARIAIS

(Cartório/SP – 2012 –VUNESP) Considere as afirmações a seguir.

I. O contrato de alienação fiduciária em garantia pode ter por objeto bem que já integrava o patrimônio do devedor.

II. A comprovação da mora é imprescindível à busca e apreensão do bem alienado fiduciariamente.

III. A notificação destinada a comprovar a mora nas dívidas garantidas por alienação fiduciária dispensa a indicação do valor do débito.

De acordo com as Súmulas do Superior Tribunal de Justiça, estão corretas:

(A) I e II, apenas.

(B) I e III, apenas.

(C) II e III, apenas.

(D) I, II e III.

I: correta, refletindo o disposto na Súmula 28 do STJ; II: correta, nos termos da Súmula 72 do STJ; III: correta, conforme a Súmula 245 do STJ.
Gabarito "D".

(Cartório/SP – 2011 – VUNESP) Segundo a jurisprudência do Superior Tribunal de Justiça, assinale a alternativa incorreta a respeito de alienação fiduciária.

(A) O contrato de alienação fiduciária em garantia pode ter por objeto bem que já integrava o patrimônio do devedor.

(B) A notificação destinada a comprovar a mora nas dívidas garantidas por alienação fiduciária deve necessariamente indicar o valor do débito.

(C) Cabe ação monitória para haver saldo remanescente oriundo de venda extrajudicial de bem alienado fiduciariamente em garantia.

(D) Na falência do devedor alienante, fica assegurado ao credor fiduciário o direito de pedir a restituição do bem alienado fiduciariamente.

A: correta, conforme a Súmula 28 do STJ; B: incorreta, devendo ser indicada, pois, nos termos da Súmula 245 do STJ, a notificação destinada a comprovar a mora nas dívidas garantidas por alienação fiduciária dispensa a indicação do valor do débito; C: correta, refletindo o disposto na Súmula 384 do STJ; D: correta, nos termos do art. 7° do DL 911/1969.
Gabarito "B".

(Cartório/RJ – 2012) É correto afirmar que, no contrato estimatório,

(A) a coisa consignada não pode ser restituída.

(B) a coisa consignada não pode ser objeto de penhora ou sequestro pelos credores do consignatário, enquanto não pago integralmente o preço.

(C) o consignante pode dispor da coisa mesmo antes de lhe ser restituída ou de lhe ser comunicada a restituição.

(D) o consignatário se exonera da obrigação de pagar o preço, se a restituição da coisa, em sua integridade, se tornar impossível.

(E) o consignante doa bens móveis ao consignatário, que tem a obrigação de vendê-los e prestar contas ao consignante.

8. DIREITO EMPRESARIAL

A: incorreta, pois o consignatário pode optar por restituir ao consignante a coisa consignada, no prazo estabelecido – art. 534 do CC; B: correta, pois reflete o disposto no art. 536 do CC; C: incorreta, pois o consignante não pode dispor da coisa antes de lhe ser restituída ou de lhe ser comunicada a restituição – art. 537 do CC; D: incorreta, pois não há exoneração do consignatário nessa hipótese, ainda que a impossibilidade decorra de fato que não lhe seja imputável – art. 535 do CC; E: incorreta, pois o consignante não doa os bens, apenas entrega bens móveis ao consignatário, que fica autorizado a vendê--los – art. 534 do CC.

Gabarito "B".

(Cartório/AP – 2011 – VUNESP) Quanto ao resseguro é correto afirmar:

(A) Por ele, duas ou mais seguradoras dividem em quotas iguais a responsabilidade pela indenização do segurado no caso de sinistro.

(B) Há resseguro quando a SUSEP (Superintendência de Seguros Privados) determina que uma seguradora seja substituída por outra com maior capacidade financeira para assumir o risco de indenização do sinistro.

(C) Significa a renovação automática de um contrato de seguro na data de seu vencimento.

(D) Trata-se de meio de distribuição de cobertura de risco que pressupõe que uma resseguradora cubra parte da prestação da seguradora em caso de sinistro.

(E) As seguradoras brasileiras não estão obrigadas a contratar resseguro.

A: incorreta. Resseguro, na definição do art. 2º, § 1º, III, da LC 126/2007, é a operação de transferência de riscos de uma cedente para um ressegurador, ressalvada a possibilidade de retrocessão. A retrocessão, por sua vez, é a operação de transferência de riscos de resseguro de resseguradores para resseguradores ou de resseguradores para sociedades seguradoras locais (inc. IV do mesmo dispositivo); B: incorreta, conforme comentário à alternativa anterior; C: incorreta, conforme comentário à alternativa "A"; D: essa é a alternativa correta, conforme a normatização da LC 126/2007; E: incorreta, pois o resseguro é obrigatório quando o valor segurado supera a capacidade de uma seguradora.

Gabarito "D".

(Cartório/SP – V – VUNESP) Considerado o contrato de comissão, assinale a alternativa correta.

(A) São conferidos, ao comissário, poderes para representar o comitente, obrigando-o perante terceiros.

(B) O comissário responde, diretamente, perante terceiros, pelas obrigações assumidas no interesse do comitente.

(C) O comissário só responde, diretamente, perante terceiros, pelas obrigações assumidas no interesse do comitente, na hipótese de falência deste último.

(D) O comissário responde sempre pela insolvência das pessoas com que tratar.

A: incorreta, pois o comissário age em nome próprio, por conta de terceiro. Não há poderes para assumir obrigações em nome do comitente (ou seria mandato) – art. 693 do CC; B e C: o comissário responde pessoalmente perante terceiros pelas obrigações assumidas por conta do comitente – art. 694 do CC, de modo que a alternativa "B" é a correta, e a "C" é incorreta; D: incorreta, pois o comissário não responde pela insolvência das pessoas com quem contrata, salvo culpa ou cláusula *del credere* (hipótese em que responde solidariamente) – arts. 697 e 698 do CC.

Gabarito "B".

(Cartório/SP – V – VUNESP) Nos contratos de seguro, distinguem-se duas espécies, os seguros de dano, e os seguros de pessoas. Em relação aos seguros de dano, é correto afirmar que

(A) na hipótese de sinistro, a prestação devida pela seguradora tem natureza indenizatória, e a liquidação do seguro não pode, em nenhuma hipótese, importar enriquecimento ao segurado.

(B) contratado o seguro de certo bem com cobertura limitada a determinada quantia expressamente referida na apólice, verificado o sinistro, a seguradora é obrigada a pagar tal importância, ainda que, à época, o valor de mercado do bem segurado seja sensivelmente inferior ao valor contratado, aplicando-se o princípio *pacta sunt servanda*.

(C) é lícito ao segurado contratar sobresseguro, referente ao mesmo interesse, por valor integral.

(D) na hipótese conhecida como infrasseguro, isto é, quando o interesse for segurado por importância inferior ao seu real valor, nisso aquiescendo a seguradora, esta responde, ocorrendo o sinistro, pelo pagamento da indenização pelo valor real.

A: correta. No seguro de dano, a garantia prometida não pode ultrapassar o valor do interesse segurado no momento do contrato, e a indenização não pode ultrapassar o valor do interesse segurado no momento do sinistro – arts. 778 e 781 do CC, razão pela qual a alternativa "A" é a correta, e a B: incorreta; C: incorreta, pois a somatória das garantias contratadas contra o mesmo risco não pode ultrapassar o valor do interesse segurado – art. 782 do CC; D: incorreta, já que, na hipótese, o pagamento será limitado ao valor da garantia e, em caso de sinistro parcial, o pagamento será reduzido proporcionalmente – arts. 781 e 783 do CC.

Gabarito "A".

(Cartório/SP – VI – VUNESP) O seguro empresarial é um contrato de adesão, comutativo e consensual, no qual o prêmio tecnicamente representa

(A) o valor a ser pago pela segurada à seguradora, para garantia do seu interesse contra riscos determinados.

(B) o valor da indenização paga pela seguradora à segurada em caso de sinistro.

(C) o valor do desconto na renovação do contrato de seguro em que não houve sinistro.

(D) a dispensa do pagamento da franquia em caso de sinistro.

A: correta. O termo "prêmio" refere-se ao valor que o segurado paga ao segurador, nos termos da assertiva "A", que reflete o disposto no art. 757 do CC.

Gabarito "A".

8. TÍTULOS DE CRÉDITO

8.1. Teoria e normas gerais

(Cartório/MG – 2019 – Consulplan) Quanto aos títulos de crédito, assinale a alternativa correta.

(A) São títulos e crédito causais, a letra de câmbio, a duplicata e a cédula de crédito industrial.

(B) O endosso próprio transmite a propriedade do título de crédito e se completa com a assinatura do endossante.

(C) A obrigação do avalista se mantém, mesmo no caso de a obrigação que ele garantiu ser nula, exceto se essa nulidade for decorrente de vício de forma.

(D) Uma vez riscado o aceite antes da restituição da letra de câmbio, o sacado se desincumbe da obrigação, mesmo se tiver comunicado o aceite, por outra forma, a um dos signatários do título.

A: incorreta. A letra de câmbio pode ser expedida para representar qualquer espécie de obrigação, sendo, portanto, um título não causal; **B:** incorreta. O endosso se completa com a tradição (entrega) da cártula ao endossatário; **C:** correta, nos termos do art. 899, § 2º, do CC; **D:** incorreta. O aceite riscado antes da restituição da letra considera-se recusado, exceto se o tiver informado por escrito por outro meio (art. 29 da LUG).
Gabarito "C".

(Cartório/CE – 2018 – IESES) Analise as assertivas abaixo e, de acordo com o que dispõe a legislação vigente, assinale a alternativa correta:

I. Para a validade do aval, é suficiente a simples assinatura do avalista no anverso do título.

II. O endosso parcial é nulo.

III. São inválidos os títulos de crédito que não indicarem o local de pagamento.

IV. É válido o título de crédito que não contenha a indicação do vencimento, considerando-se à vista o seu vencimento.

(A) Apenas a assertiva IV está correta.

(B) Apenas a assertiva III está incorreta.

(C) Apenas a assertiva I está correta.

(D) Todas as assertivas estão incorretas.

I: correta, nos termos do art. 898, § 1º, do CC; **II:** correta, nos termos do art. 912, parágrafo único, do CC; **III:** incorreta. O local de pagamento não é requisito essencial do título, vez que, na sua ausência, considera-se o domicílio do emitente (art. 889, § 2º, do CC); **IV:** correta, nos termos do art. 889, § 1º, do CC.
Gabarito "B".

(Cartório/MG – 2015 – Consulplan) Sobre os títulos de crédito e com base no Código Civil (Lei 10.406, de 10 de janeiro de 2002), assinale a alternativa correta.

(A) O título de crédito, documento necessário ao exercício do direito literal e autônomo nele contido, somente produz efeito quando preencha os requisitos da lei.

(B) O título de crédito não precisa conter a data da emissão, basta a indicação precisa dos direitos que confere, e a assinatura do emitente.

(C) É a prazo o título de crédito que não contenha indicação de vencimento.

(D) Considera-se lugar de emissão e de pagamento, quando não indicado no título, o domicílio do avalista.

A: correta, nos termos do art. 887 do CC; **B:** incorreta. A data de emissão é um dos requisitos do título (art. 889, *caput*, do CC); **C:** incorreta. Na ausência de indicação do vencimento, o título é pagável à vista (art. 889, § 1º, do CC); **D:** incorreta. Atribui-se como local de pagamento, nesse caso, o domicílio do emitente (art. 889, § 2º, do CC).
Gabarito "A".

(Cartório/MG – 2015 – Consulplan) Sobre os títulos de crédito e com base no Código Civil (Lei 10.406, de 10 de janeiro de 2002), assinale a alternativa INCORRETA:

(A) Consideram-se não escritas no título a cláusula de juros, a proibitiva de endosso, a excludente de responsabilidade pelo pagamento ou por despesas, a que dispense a observância de termos e formalidade prescritas, e a que, além dos limites fixados em lei, exclua ou restrinja direitos e obrigações.

(B) O título de crédito, incompleto ao tempo da emissão, não pode ser preenchido posteriormente e por isso é irrelevante a conformidade com os ajustes realizados entre as partes.

(C) A transferência do título de crédito implica a de todos os direitos que lhe são inerentes.

(D) O pagamento de título de crédito, que contenha obrigação de pagar soma determinada, pode ser garantido por aval.

A: correta, nos termos do art. 890 do CC; **B:** incorreta, devendo ser assinalada. Ainda que incompleto, o título pode circular e ser preenchido posteriormente, desde que de boa-fé, ou seja, conforme aquilo que foi ajustado (art. 891 do CC); **C:** correta, nos termos do art. 893 do CC; **D:** correta, nos termos do art. 897 do CC.
Gabarito "B".

(Cartório/MG – 2015 – Consulplan) Sobre título de crédito, avalie:

I. O credor de um título de crédito não pode recusar o pagamento parcial no seu vencimento.

II. Pode ser omitida a data de vencimento do título de crédito.

III. São títulos de crédito que contêm ordem de pagamento o warrant e partes beneficiárias.

IV. O aval posterior ao vencimento não produz efeitos.

V. Considera-se não escrita a cláusula proibitiva de endosso no título de crédito.

Estão corretas as assertivas:

(A) I e II, apenas.

(B) I, II e IV, apenas.

(C) I, II e V, apenas.

(D) I, II, III, IV e V.

I: correta, nos termos do art. 902, § 1º, do CC; **II:** correta, nos termos do art. 889, § 1º, do CC; **III:** incorreta. Partes beneficiárias são valores mobiliários emitidos pelas companhias fechadas que garantem direito a eventual participação nos lucros apurados (art. 46 da LSA); **IV:** incorreta. O aval póstumo produz os mesmos efeitos daquele dado antes do vencimento (art. 900 do CC); **V:** correta, nos termos do art. 890 do CC.
Gabarito "C".

(Cartório/MG – 2015 – Consulplan) Em relação aos títulos de crédito, marque a opção correta:

(A) Com a morte ou a superveniente incapacidade do endossante, perde-se a eficácia do endosso-mandato.

(B) A omissão de qualquer requisito legal, que tire ao escrito sua validade como título de crédito, implica a invalidade do negócio jurídico que lhe deu origem.

(C) Enquanto o título de crédito estiver em circulação, só ele poderá ser dado em garantia, ou ser objeto de medidas judiciais, e não, separadamente, os direitos ou mercadorias o que representa.

(D) No título de crédito à ordem admite-se o endosso parcial.

A: incorreta. O endosso permanece íntegro nesse caso (art. 917, § 2º, do CC); **B:** incorreta. O princípio da autonomia das relações cambiais

8. DIREITO EMPRESARIAL — 491

garante a validade do negócio jurídico (art. 888 do CC); **C:** correta, nos termos do art. 895 do CC; **D:** incorreta. É nulo o endosso parcial (art. 912, parágrafo único, do CC).

Gabarito "C".

(Cartório/MG – 2015 – Consulplan) Analise as assertivas abaixo:

I. É correto afirmar que o cheque administrativo é aquele em que o emitente, para fins de liquidez e tranquilidade do beneficiário, solicita do sacado que aponha visto ou certificado, bem como reserve o valor.
II. A prescrição da duplicata ocorre contra o sacado e respectivos avalistas, em 03 (três) anos, contados da data do protesto.
III. A nota promissória pode ser passada à vista, a dia certo e a tempo certo de data.
IV. O endosso transmite a propriedade da letra de câmbio. Para a validade do endosso, é suficiente a simples assinatura do próprio punho do endossador ou do mandatário especial, no verso da letra. O endossatário pode completar este endosso.
V. O portador de uma letra de câmbio é obrigado a receber o pagamento parcial, ao tempo do vencimento do título.

Estão corretas as assertivas:

(A) I e V, apenas.
(B) II, III e V, apenas.
(C) III, IV e V, apenas.
(D) I, II, III, IV e V.

I: incorreta. A assertiva define o cheque visado. Cheque administrativo é aquele em que a própria instituição bancária é a sacadora; II: incorreta. O termo inicial do prazo prescricional contra o sacado e seus avalistas é a data do vencimento (art. 18, I, da Lei 5.474/1968); III: correta, nos termos do art. 33 da Lei Uniforme de Genebra; IV: correta, nos termos dos arts. 13 e 14 da Lei Uniforme de Genebra; V: correta, nos termos do art. 39 da Lei Uniforme de Genebra.

Gabarito "C".

(Cartório/MG – 2015 – Consulplan) Sobre os títulos de créditos, marque a opção correta:

(A) Podem ser reivindicados do portador que os adquiriu de boa-fé.
(B) O possuidor de título dilacerado, identificável, tem direito de obter do emitente a substituição, devolvendo o título e pagando as despesas.
(C) O proprietário, que perder ou extraviar o título, ou for injustamente desapossado dele, poderá obter novo título em juízo, porém não poderá impedir que sejam pagos a outrem capital e rendimentos.
(D) O aval a um título de crédito deve ser prestado através de documento específico para essa finalidade.

A: incorreta. O ordenamento brasileiro adota a teoria da criação, de forma que somente pode ser reivindicado o título das mãos daquele que o adquiriu de má-fé (art. 896 do CC); B: correta, nos termos do art. 908 do CC; C: incorreta. É possível impedir também o pagamento (art. 909 do CC); D: incorreta. O aval é dado no próprio título (art. 898 do CC).

Gabarito "B".

(Cartório/MG – 2016 – Consulplan) Sobre os títulos de crédito e com base no Código Civil Brasileiro, é correto afirmar:

(A) O pagamento de título de crédito, que contenha obrigação de pagar soma determinada, pode ser garantido por aval.

(B) O avalista, na falta de indicação, não pode ser equiparado ao emitente ou devedor final.
(C) O aval somente pode ser dado no verso do próprio título, sob pena de invalidade da garantia.
(D) O aval posterior ao vencimento não produz os mesmos efeitos do anteriormente dado.

A: correta, nos termos do art. 897 do CC; B: incorreta. O aval em branco presume-se dado ao emitente ou ao devedor final (art. 899, parte final, do CC); C: incorreta. O aval é dado no anverso do título mediante simples assinatura do avalista. Pode ser dado no verso, mas desde que esteja identificado como aval (art. 898, *caput* e § 1º, do CC); D: incorreta. O aval póstumo produz os mesmos efeitos daquele dado antes do vencimento (art. 900 do CC).

Gabarito "A".

(Cartório/PA – 2016 – IESES) Sobre o endosso na letra de câmbio pode-se afirmar:

I. É possível o endosso parcial da letra de câmbio, especificando a parcela.
II. Para a validade do endosso, é suficiente a simples assinatura do próprio punho do endossador ou do mandatário especial, no verso da letra.
III. É possível o endosso e com ele se transmite a propriedade da letra de câmbio.
IV. A cláusula "por procuração", lançada no endosso, indica o mandato com todos os poderes, salvo o caso de restrição, que deve ser expressa no mesmo endosso.

A sequência correta é:

(A) Apenas as assertivas II, III e IV estão corretas.
(B) Apenas a assertiva I está correta.
(C) As assertivas I, II, III e IV estão corretas.
(D) Apenas as assertivas I e II estão corretas.

I: incorreta. É nulo o endosso parcial (art. 12 da Lei Uniforme de Genebra); II: correta, nos termos do art. 13 da Lei Uniforme de Genebra; III: correta, nos termos do art. 14 da Lei Uniforme de Genebra; IV: correta, nos termos do art. 18 da Lei Uniforme de Genebra.

Gabarito "A".

(Cartório/RN – 2012 – IESIS) Quanto aos títulos de crédito, é correto afirmar, **EXCETO**, que:

(A) O que não se encontra expressamente consignado no título de crédito não interfere na relação jurídico-cambial.
(B) Duas obrigações que estejam representadas pelo mesmo título de crédito continuam autônomas entre si.
(C) Em regra, o credor de um título de crédito que quiser exercer seu direito quanto ao título deverá ter a posse da cártula.
(D) O título de crédito é a própria obrigação pecuniária.

A: correta, referindo-se ao princípio da literalidade; B: correta, conforme o princípio da autonomia; C: correta, conforme o princípio da cartularidade; D: incorreta, devendo ser indicada, pois o título de crédito é apenas o documento necessário ao exercício do direito literal e autônomo nele contido, não se confundindo com ele – art. 887 do CC.

Gabarito "D".

(Cartório/SC – 2012) São títulos de crédito:

(A) Aval, letra de câmbio, cheque e duplicata.
(B) Letra de câmbio, nota promissória, cheque e duplicata.

(C) Letra de câmbio, nota promissória, cheque e endosso.

(D) Nota promissória, cheque, protesto e duplicata.

(E) Nota promissória, cheque, letra de câmbio e fiança.

A: incorreta, pois aval é garantia dada em relação ao pagamento do título de crédito – art. 897 do CC; B: correta, pois indica apenas espécies de títulos de crédito; C: incorreta, pois endosso é meio pelo qual se transfere o título, o que se completa com sua tradição – art. 910, § 2º, do CC; D: incorreta, pois protesto é meio pelo qual se comprova a mora em relação a algum ato cambiário, interrompendo a prescrição – art. 202, III, do CC, entre outros; E: incorreta, pois fiança é contrato de garantia pessoal, não se confundindo com título de crédito – art. 818 do CC.
Gabarito "B".

(Cartório/RO – III) Entre as características principais dos títulos de crédito, NÃO se inclui:

(A) Incorporação.

(B) Personalização.

(C) Literalidade.

(D) Abstração

B: correta. A doutrina aponta cartularidade (ou incorporação), literalidade e autonomia (abrangendo a abstração e a inoponibilidade) como elementos ou características essenciais e também como princípios que regem os títulos de crédito. Por essa razão, a alternativa "B" deve ser indicada, até porque a ideia de personalização vai contra a autonomia das obrigações cambiárias.
Gabarito "B".

(Cartório/RO – III) É correto afirma-se que o aval prestado, num título de crédito, significa que a obrigação do avalista:

(A) Mantém-se, ainda que considerada nula por qualquer razão que não seja um vício de forma;

(B) Segue a mesma sorte da fiança comum, tornando-se insubsistente se houver nulidade da obrigação avalizada ou afiançada;

(C) Mantém-se sempre, ainda que considerada nula por qualquer razão, seja um vício de forma ou não;

(D) Só se mantém enquanto ele estiver vivo, não subsistindo para os seus herdeiros nem para o cônjuge sobrevivente.

A: correta, pois essa autonomia da obrigação cambiária decorrente do aval é prevista expressamente no art. 899, § 2º, do CC; B: incorreta, pois o aval é garantia cambiária autônoma, que não se confunde com a fiança, esta sim garantia acessória em relação a uma obrigação principal e que, diferentemente do aval, admite benefício de ordem (arts. 818 e 827 do CC); C: incorreta, pois o vício de forma que implique nulidade da obrigação cambiária afasta excepcionalmente a responsabilidade do avalista – art. 899, § 2º, do CC; D: incorreta, pois o aval não é obrigação de caráter personalíssimo, de modo que os herdeiros respondem por ele, até o limite dos bens herdados – ver REsp 260.004/SP-STJ.
Gabarito "A".

(Cartório/RO – III) Em relação ao endosso-mandato, é correto afirmar que:

(A) Morrendo o endossatário-mandatário, poderá ainda assim o portador exercer todos os direitos inerentes ao título;

(B) Morrendo o endossante-mandante, poderá ainda assim o portador exercer todos os direitos inerentes ao título;

(C) Morrendo o endossatário-mandatário, o título será obrigatoriamente restituído ao inventariante, que arrolará aquele crédito no processo de inventário do *de cujus*;

(D) Morrendo o endossatário-mandante, o título será obrigatoriamente restituído ao inventariante, que arrolará aquele crédito no processo de inventário do *de cujus*;

A: incorreta, pois a obrigação e os poderes do endossatário do endosso mandato são pessoais e desaparecem com o falecimento – art. 682, II, do CC. O art. 917, § 2º, do CC prevê excepcionalmente a manutenção do endosso-mandato apenas no caso de morte ou incapacidade superveniente do endossante (não do endossatário); B: correta, conforme comentário anterior, nos termos do art. 917, § 2º, do CC; C: incorreta, pois o título é, em princípio, do endossante, devendo ser a ele devolvido; D: incorreta. Em princípio, o endossatário é mandatário, não mandante (o endossante é o mandante), embora possa endossar novamente o título na qualidade de procurador – art. 917, § 1º, do CC. De qualquer forma, a assertiva é incorreta conforme comentários à alternativa anterior.
Gabarito "B".

(Cartório/RO – III) Em relação a classificação dos títulos de crédito, quanto a circulação, NÃO se inclui:

(A) Ao portador.

(B) Personalização.

(C) À ordem.

(D) Nominativos

B: correta. O Código Civil dispõe sobre os títulos (i) ao portador, (ii) à ordem e (iii) nominativos – ver arts. 904, 910 e 921 do CC. Por essa razão, a alternativa "B" deve ser indicada.
Gabarito "B".

Veja a seguinte tabela, com classificações dos títulos de crédito:

Classificações dos Títulos de Crédito	
Critério	**Espécies**
Modelo	– vinculados – livres
Estrutura	– ordem de pagamento – promessa de pagamento
Hipóteses de emissão	– causais – limitados – não causais
Circulação	– ao portador – nominativos à ordem – nominativos não à ordem (ou ao portador, à ordem e nominativos)

(Cartório/SP – I – VUNESP) A obrigação do avalista, em título de crédito,

(A) depende do destino da obrigação do avalizado.

(B) não está sujeita a prescrição.

(C) é inexigível, se inexigível a obrigação principal.

(D) persiste, mesmo que nula a obrigação avalizada, por qualquer razão que não seja um vício de forma.

A: incorreta, pois o aval, como as obrigações cambiárias em geral, é autônomo, de modo que subsiste a responsabilidade do avalista, ainda que nula a obrigação daquele a quem se equipara, a menos que a

8. DIREITO EMPRESARIAL

nulidade decorra de vício de forma – art. 899, § 2º, do CC; B: incorreta, pois há prescrição do direito de cobrança contra o avalista, na forma das leis especiais; C: incorreta, pois a obrigação decorrente do aval é autônoma em relação à obrigação do devedor principal (afastada apenas no caso de nulidade por vício de forma); D: correta, conforme comentários anteriores, nos termos do art. 899, § 2º, do CC.

Gabarito "D".

Veja a seguinte tabela com os prazos prescricionais para cobrança de títulos de crédito, para estudo e memorização:

	Prazos prescricionais para letras de câmbio e promissórias – art. 70 da Lei Uniforme	Prazos prescricionais para duplicatas – art. 18 da Lei 5.474/1968
Contra o devedor principal (aceitante, na letra – sacado, na duplicata) e seus avalistas	3 anos a contar do vencimento	3 anos a contar do vencimento
Contra os coobrigados – endossantes e seus avalistas (também o sacador, no caso de letra aceita)	1 ano do protesto tempestivo ou do vencimento (se houve cláusula "sem despesas")	1 ano do protesto tempestivo
Regresso dos coobrigados uns contra os outros	6 meses do dia em que o coobrigado pagou o título ou em que ele próprio foi acionado	1 ano da data de pagamento do título

(Cartório/SP – I – VUNESP) O protesto de um título de crédito, no Direito brasileiro,

(A) serve a conservar direito regressivo e a provar apresentação do título.

(B) serve apenas a conservar direito regressivo.

(C) serve a conservar direito regressivo ou a provar a existência da obrigação subjacente ao título.

(D) serve a provar a existência da obrigação regressiva e o não pagamento do título.

A: correta. A recusa de aceite ou de pagamento deve ser comprovada pelo respectivo protesto, exceto se houver cláusula "sem despesas", "sem protesto" ou outra equivalente – arts. 44 e 46 da Lei Uniforme. Ademais, sem o protesto o titular da cártula perde o direito de cobrança contra os coobrigados e seus avalistas (permanece o direito de cobrança apenas contra o devedor principal e seus avalistas) – art. 53 e 45 da LU. Note que o termo "regresso" é utilizado comumente em dois sentidos, (i) *regresso* do portador contra endossantes e avalistas (*v.g.* art. 13, § 4º, da Lei da Duplicata – prejudicado pela falta de protesto) e (ii) *regresso* do coobrigado que paga o título e cobra o valor de outro devedor (*v.g.* art. 59, parágrafo único, da Lei do Cheque); B: incorreta, pois o protesto comprova a inadimplência e conserva o direito do portador contra os coobrigados e seus avalistas; C: incorreta, pois é desnecessária a comprovação da obrigação subjacente, nem cabe protesto para isso; D: incorreta. O protesto comprova a inadimplência e preserva direitos

de cobrança, mas não serve para provar a existência das obrigações (para isso o título é suficiente).

Gabarito "A".

(Cartório/SP – II – VUNESP) O aval

(A) necessariamente supõe assinatura em título cambial ou cambiariforme.

(B) para ter validade pode ser firmado em título cambial ou instrumento particular referente ao negócio subjacente.

(C) para ter validade deve conter a assinatura da mulher do avalista e a expressão "por aval".

(D) depende do protesto para poder servir como título em processo de execução por quantia certa.

A: correta, pois o aval deve ser dado necessariamente no verso ou no anverso do título (atrás ou na frente – art. 898 do CC) ou em folha anexa, quando autorizado pela lei especial (art. 31 da LU, aplicável às letras de câmbio e promissórias, e art. 30 da LC, aplicável aos cheques); B: incorreta, pois, pelos princípios da cartularidade e da literalidade, o aval deve ser dado no próprio título; C: incorreta. Quando há assinatura na frente do documento (anverso), sem indicação expressa, entende-se que se trata de aval – art. 898, § 1º, do CC. Assim, somente quando a assinatura é aposta no verso do título é que se exige a indicação de que se trata de aval (ou então será considerado endosso – art. 910, § 1º, *in fine*, do CC). O art. 1.647, III, do CC exige a outorga conjugal para a prestação de fiança ou aval, exceto no regime de separação absoluta de bens – no entanto, entende-se que a ausência de autorização não invalida o aval, apenas impede que seja oposto ao cônjuge que não assentiu; D: correta, pois o protesto é requisito para comprovação da inadimplência, exceto se houver cláusula "sem despesa", "sem protesto" ou equivalente – arts. 44 e 46 da LU. Ademais, a ausência de protesto tempestivo prejudica o direito do portador contra os coobrigados e seus avalistas. Entretanto, é importante salientar que obrigação subsiste contra o devedor principal e seus avalistas mesmo no caso de protesto intempestivo.

Gabarito "D".

(Cartório/SP – III – VUNESP) Nos termos do Código Civil, título de crédito é o documento

(A) que tem como negócio subjacente determinado contrato específico.

(B) necessário ao exercício do direito literal e autônomo nele contido.

(C) abstrato que somente produz efeito quando preenche os requisitos da lei.

(D) que não tem como causa um determinado negócio específico.

A: incorreta, pois o título de crédito é caracterizado pela autonomia (especificamente, pela abstração), ou seja, a partir do momento em que é posto em circulação, desvincula-se do ato ou do negócio jurídico que deu ensejo à sua criação – arts. 906 e 915 do CC; B: correta. Nos termos do art. 887 do CC, título de crédito é o documento necessário ao exercício do direito literal e autônomo nele contido, e somente produz efeito quando preencha os requisitos da lei; C: incorreta. O Código Civil, em seu art. 887, utiliza o termo "autônomo", de modo que a alternativa é incorreta, à luz da pergunta formulada (nos termos do Código Civil), embora a abstração seja um subprincípio da autonomia; D: incorreta, pois o título de crédito normalmente tem como causa um determinado negócio, embora desvincule-se dele a partir do momento em que é posto em circulação (após o primeiro endosso pelo beneficiário original).

Gabarito "B".

(Cartório/SP – V – VUNESP) Assinale a alternativa incorreta.

(A) O endosso-penhor confere, ao endossatário, direito real de garantia sobre o próprio título endossado.

(B) O endosso-mandato permite, ao endossatário, realizar um novo endosso, desde que ostente a mesma natureza do antecedente.

(C) O endosso parcial não é vedado.

(D) O endossante pode, mediante cláusula especial, limitar sua responsabilidade pela solvência do título.

A: correta, nos termos do art. 918 do CC; B: correta, pois o endossatário de endosso-mandato somente pode lançar novo endosso mandato com os mesmos poderes que recebeu – art. 917, § 1º, do CC; C: incorreta, pois é vedado o endosso parcial – art. 912, parágrafo único, do CC e art. 12 da Lei Uniforme; D: correta, conforme o art. 914 do CC, observado o disposto no art. 903 do CC.

Gabarito "C".

(Cartório/SP – V – VUNESP) A responsabilidade decorrente de aval, sendo espécie de obrigação cambial, com a morte do avalista

(A) não se transmite aos herdeiros, por se tratar de obrigação personalíssima, autônoma e decorrente de ato de declaração unilateral de vontade, subsistindo a responsabilidade só do avalizado.

(B) transmite-se sempre aos herdeiros, vez que a morte do responsável cambiário é modalidade de transferência anômala da obrigação, que é repassada aos herdeiros mesmo que o óbito tenha ocorrido antes do vencimento do título, respondendo estes, em proporção, até os limites das forças da herança.

(C) é repassada aos herdeiros legais só se a morte tiver ocorrido após o vencimento do título, porque antes disso não há, ainda, a constituição definitiva da obrigação cambial do *de cujus*, respondendo os herdeiros, então, até os limites das forças da herança.

(D) fica extinta, porque *mors omnia solvit*, subsistente a obrigação do avalizado, pela regra da independência das assinaturas no título de crédito, não cabendo ação cambial contra a herança ou os herdeiros e sucessores do avalista, legítimos ou testamentários.

B: correta. O aval não é obrigação de caráter personalíssimo, de modo que os herdeiros respondem por ele, até o limite dos bens herdados – ver REsp 260.004/SP-STJ. A rigor, as obrigações cambiárias em geral são transferidas normalmente aos herdeiros, segundo as regras do Direito das Sucessões – arts. 1.792 e 1.821 do CC. Por essas razões, a alternativa "B" é a correta.

Gabarito "B".

(Cartório/SP – V – VUNESP) Tem-se, em Direito Cambiário, por endosso póstumo, aquele que é lançado no título, pelo portador legitimado,

(A) após a morte do emitente ou do sacador, equivalendo a uma cessão civil.

(B) após a morte do sacado, não sendo translativo da propriedade do título de crédito, dando ao endossatário apenas poderes de mero detentor precário.

(C) sem a cláusula à ordem, suprimindo o direito do endossatário de transferi-lo mediante novo endosso.

(D) como espécie de endosso-cessão, que se realiza após o vencimento ou protesto do título de crédito, tendo efeito de uma simples cessão civil.

D: correta. O endosso póstumo ou tardio, lançado no título após o vencimento, tem os efeitos do endosso anterior – art. 920 do CC. No caso das letras de câmbio e das promissórias, se o endosso for posterior ao protesto por falta de pagamento, ou após o prazo para protesto, tem os efeitos de cessão ordinária de crédito – art. 20 da LU. Por essa razão, a alternativa "D" é a melhor.

Gabarito "D".

(Cartório/SP – VI – VUNESP) Na sua classificação quanto ao modelo, os títulos de crédito dividem-se em:

(A) causais, limitados e abstratos.

(B) ao portador, nominativos à ordem e nominativos não à ordem.

(C) vinculados e livres.

(D) ordem de pagamento a vista, promessa de pagamento e ordem de pagamento a prazo.

C: correta. Os títulos de crédito são classificados: (i) quanto ao **modelo** em *vinculados e livres*; (ii) quanto à **estrutura** em *ordem de pagamento* e *promessa de pagamento*, (iii) quanto às **hipóteses de emissão** em *causais, limitados* e *não causais*; e (iv) quanto à **circulação** em *ao portador, nominativos à ordem* e *nominativos não à ordem* (ou *ao portador, à ordem* e *nominativos*). Por essa razão, a alternativa "C" é a correta.

Gabarito "C".

8.2. Letra de câmbio

(Cartório/MG – 2016 – Consulplan) De acordo com o Decreto 57.663/66 (Lei Uniforme de Genebra), em relação ao aceite nas letras de câmbio, é correto afirmar:

(A) A letra pode ser apresentada, até o vencimento, ao aceite do sacado, no seu domicílio, pelo portador ou até por um simples detentor.

(B) É vedado ao sacado riscar o aceite já dado, mesmo antes da restituição da letra.

(C) O sacador, em hipótese alguma, não pode proibir na própria letra a sua apresentação ao aceite.

(D) O aceite é puro e simples, razão pela qual, o sacado não pode limitá-lo a uma parte da importância sacada.

A: correta, nos termos do art. 21 da Lei Uniforme de Genebra; B: incorreta. Antes da restituição da letra é possível riscar o aceite, hipótese em que ele será considerado como recusado (art. 29 da Lei Uniforme de Genebra); C: incorreta. É possível a aposição de proibição de aceite (art. 22 da Lei Uniforme de Genebra); D: incorreta. É possível o aceite parcial, o que importará vencimento antecipado de toda a dívida contra o sacador (art. 26 da Lei Uniforme de Genebra).

Gabarito "A".

(Cartório/SP – V – VUNESP) Numa letra de câmbio, o sacador

(A) pode, mediante cláusula específica, limitar sua responsabilidade pelo pagamento.

(B) não pode limitar sua responsabilidade pelo aceite ou pelo pagamento.

(C) pode, mediante cláusula específica, limitar sua responsabilidade pelo aceite.

(D) nenhuma das alternativas anteriores.

A: incorreta, pois, embora o sacador (= emitente da letra) possa exonerar-se da garantia da aceitação, não pode fazer o mesmo em relação à obrigação de pagamento. Assim, toda e qualquer cláusula pela qual ele se exonere da garantia do pagamento considera-se como não escrita – art. 9º da LU; B: incorreta, pois, como dito, o sacador pode exonerar-se da garantia da aceitação – art. 9º da LU; C: correta,

8. DIREITO EMPRESARIAL

conforme comentários anteriores; D: incorreta, pois a alternativa "C" reflete o disposto no art. 9º da LU.

Gabarito "C".

8.3. Nota promissória

(Cartório/MG – 2016 – Consulplan) Segundo o Decreto 57.663/66 (Lei Uniforme de Genebra), são requisitos da nota promissória, EXCETO:

(A) A expressão "nota promissória" e o nome da pessoa a quem ou a ordem de quem deve ser paga.

(B) A indicação do lugar em que se efetuar o pagamento.

(C) A época do pagamento.

(D) O aval e aceite do título.

Todas as alternativas espelham requisitos da nota promissória expressos no art. 75 da Lei Uniforme de Genebra, com exceção da letra "D", que deve ser assinalada. A nota promissória não admite aceite e o aval não é requisito essencial para sua validade.

Gabarito "D".

(Cartório/SP – 2012 – VUNESP) A simples assinatura de um terceiro constante do anverso de uma nota promissória, abaixo da assinatura do subscritor, é considerada como:

(A) Aceite.

(B) Aval.

(C) Endosso.

(D) Fiança.

A assinatura do terceiro (que não seja o subscritor) na frente do título (= anverso), sem qualquer outra indicação, significa aval, ou seja, garantia de pagamento da promissória – art. 898, § 1º, do CC e art. 31 da Lei Uniforme – LU (promulgada pelo Decreto 57.663/1966). Por essa razão, a alternativa "B" é a correta.

Gabarito "B".

(Cartório/SP – 2012 – VUNESP) A nota promissória em que se não indique a época do pagamento é considerada

(A) À vista.

(B) Pagável em 1 (um) mês.

(C) Pagável em 1 (um) ano.

(D) Nula.

Nos termos do art. 76 da LU, a nota promissória que não indique a época do pagamento será considerada pagável à vista. Por essa razão, a alternativa "A" é a correta.

Gabarito "A".

(Cartório/SP – 2012 – VUNESP) A indicação alternativa de lugar de pagamento na nota promissória é:

(A) Facultada, tendo o portador direito de opção.

(B) Vedada, sendo o título considerado nulo.

(C) Considerada não escrita; o lugar onde o título foi passado considera-se como sendo o lugar do pagamento.

(D) Considerada não escrita; o lugar designado ao lado do nome do subscritor considera-se como sendo o lugar do pagamento.

Em princípio, a nota promissória deve indicar o lugar em que se deve efetuar o pagamento – art. 75 da LU. A omissão dessa informação, entretanto, não implica nulidade. O portador pode completar o título de crédito, de conformidade com os ajustes realizados – art. 891 do CC. Caso não o faça e a nota não indique o lugar do pagamento, será

considerado o do domicílio do subscritor do título – art. 76 da LU. Por essas razões, a alternativa "A" é a correta.

Gabarito "A".

(Cartório/RO – III) Alam emitiu nota promissória em nome de Belo, com cláusula expressa vedativa de endosso. Apesar disso, Belo endossou para Cris. Vencido o título, Cris buscou o pagamento, recusado por Alam, sob a alegação de inexistência de vínculo entre eles, em razão da cláusula. Assinale a alternativa correta.

(A) Alam é obrigado a pagar, porque teve vantagem e, se não pagar, ocorrerá enriquecimento ilícito.

(B) Alam é obrigado a pagar a Cris, porque inválida a cláusula vedativa de endosso.

(C) Alam não é obrigado a pagar, porque Belo descumpriu a cláusula.

(D) Alam não é obrigado a pagar, por inexistência de vínculo entre ele e Cris.

A aposição da cláusula vedativa de endosso significa que título só é transmissível pela forma e com os efeitos de uma cessão ordinária de créditos (art. 11 c/c art. 77 da LU), ou seja, nos termos do art. 286 e ss. do CC. No caso, Alam responde pelo pagamento a Cris, podendo opor exceções, inclusive pessoais – art. 294 do CC. A: imprecisa, pois Alam deve pagar simplesmente porque é o devedor principal do crédito cedido. Apesar disso, parece-nos a melhor alternativa, pois não é absolutamente errada; B: incorreta, pois a cláusula é válida, implicando apenas transmissão pela forma e com os efeitos da cessão ordinária de créditos – discordamos, portanto, do gabarito oficial (a assertiva estaria correta se afirmasse que a cláusula não afasta a possibilidade de cessão); C e D: incorretas, conforme comentários iniciais.

Gabarito "B".

(Cartório/SP – VI – VUNESP) Endossar uma nota promissória significa

(A) transferir o direito cambial autônomo que ela representa.

(B) garantir o seu pagamento.

(C) alterar o seu valor nominal.

(D) realizar sua cobrança.

A: correta. O endosso serve para transferir o título de crédito, razão pela qual a assertiva "A" é a correta. Importante salientar, entretanto, que endossante da promissória, salvo cláusula em contrário, garante o pagamento – art. 15 c/c art. 77 da LU. Não se aplica a disposição do art. 914, *caput*, do CC, por existir norma especial – art. 903 do CC.

Gabarito "A".

8.4. Cheque

(Cartório/MG – 2019 – Consulplan) Joaquim emitiu um cheque no valor de R$ 500,00 (quinhentos reais), valor este indicado por extenso no campo próprio, mas no valor de R$ 5.000,00 (cinco mil reais), indicado no campo dos algarismos. O título foi emitido em razão de uma compra e venda mercantil realizada na empresa E, pelo mesmo valor indicado no campo dos algarismos (cinco mil reais). A empresa E transmitiu o cheque ao fornecedor F, terceiro de boa-fé, como forma de pagamento parcial de suas obrigações. O fornecedor F, por sua vez, cruzou o cheque e apostou endosso no título, ressalvando sua obrigação cambial apenas em relação a 50% do crédito, transmitindo-o, em seguida, a terceiros. Quanto às obrigações cambiais em questão, analise as afirmativas a seguir.

ROBINSON BARREIRINHAS E HENRIQUE SUBI

I. O portador do cheque, diante de informações divergentes a respeito da quantia a ser paga, no campo de algarismos e no campo por extenso, deverá se ater sempre à menor quantia dentre elas, para fazer valer o seu crédito.

II. O endosso realizado pelo "fornecedor F" limita sua obrigação cambial, de forma que o endossatário se torna credor de apenas de 50% do valor do título.

III. O fato de o "fornecedor F" ter cruzado o cheque não o impede de transmiti-lo por endosso.

IV. A **causa debendi** pode ser utilizada como óbice para pagamento da quantia expressa no cheque, perante o credor de boa-fé.

Assinale a alternativa correta.

(A) As afirmativas I e III estão corretas.

(B) Apenas a afirmativa IV está correta.

(C) As afirmativas II e III estão corretas.

(D) As afirmativas I, II e IV estão incorretas.

I: incorreta. Prevalece o valor por extenso em caso de divergência (art. 12 da Lei 7.357/85); II: incorreta. É nulo o endosso parcial (art. 18, § 1º, da Lei 7.357/85); III: correta. O cheque cruzado deve ser creditado em conta bancária, não havendo qualquer proibição de endosso em relação a ele; IV: incorreta. Aplica-se, no caso, o princípio da inoponibilidade das exceções pessoais no Direito Cambiário.
Gabarito "D".

(Cartório/SP – 2018 – VUNESP) O portador do cheque

(A) não pode recusar pagamento parcial, e, nesse caso, o sacado pode exigir que esse pagamento conste do cheque e que o portador lhe dê a respectiva quitação.

(B) pode recusar pagamento parcial, mas, caso seja feito, o sacado deve exigir que esse pagamento conste do cheque e que o portador lhe dê a respectiva quitação.

(C) pode recusar pagamento parcial, mas, caso seja feito, o sacado pode exigir que esse pagamento conste do cheque e que o portador lhe dê a respectiva quitação.

(D) não pode recusar pagamento parcial, e, nesse caso, o sacado deve exigir que esse pagamento conste do cheque e que o portador lhe dê a respectiva quitação.

O portador não pode recusar pagamento parcial, podendo o sacado exigir que conste do cheque e que o portador lhe dê a respectiva quitação (art. 38, parágrafo único, da Lei 7.357/85).
Gabarito "A".

(Cartório/MG – 2015 – Consulplan) São requisitos específicos do cheque, previstos na Lei 7.357, de 2 de setembro de 1985, EXCETO:

(A) A denominação "cheque" inscrita no contexto do título e expressa na língua em que este é regido.

(B) A ordem incondicional de pagar quantia determinada e o nome do banco ou da instituição financeira que deve pagar.

(C) A indicação do lugar de pagamento, da data, do lugar de emissão e a assinatura do emitente, ou de seu mandatário com poderes especiais.

(D) A assinatura do avalista, que pode ser por chancela mecânica ou processo equivalente.

Todas as alternativas contemplam requisitos do cheque previstos no art. 1º da Lei 7.357/1985, com exceção da letra "D", que deve ser

assinalada. Não há qualquer exigência da assinatura de eventual avalista para o cheque valer como tal.
Gabarito "D".

(Cartório/MG – 2015 – Consulplan) A respeito do cheque, é correto afirmar:

(A) O cheque visado é aquele sacado por instituição financeira e que não admite devolução por insuficiência de fundos.

(B) Um cheque com aval simples e transferido por endosso é devolvido sem pagamento pela instituição financeira, por insuficiência de fundos. Seu portador terá seis meses a contar da data da segunda apresentação para iniciar execução baseada no título.

(C) No cheque o endosso parcial deve ser considerado anulável, se submetendo a condição.

(D) O cheque apresentado a pagamento antes do dia indicado como data da emissão é pagável no dia da apresentação.

A: incorreta. A alternativa descreve o cheque administrativo. Cheque visado é aquele que determina a reserva do valor disponível em conta-corrente para pagamento do título (art. 7º, § 1º, da Lei 7.357/1985); **B:** incorreta. O prazo de prescrição da ação cambial é contado do fim da data de apresentação (art. 59 da Lei 7.357/1985); **C:** incorreta. É nulo o endosso parcial (art. 18 da Lei 7.357/1985); **D:** correta, nos termos do art. 32, parágrafo único, da Lei 7.357/1985.
Gabarito "D".

(Cartório/PA – 2016 – IESES) No tocante ao cheque pode-se afirmar:

I. Considera-se não escrita a estipulação de juros inserida no cheque.

II. As obrigações contraídas no cheque são autônomas e independentes.

III. Indicada a quantia mais de uma vez, quer por extenso, quer por algarismos, prevalece, no caso de divergência, a indicação da maior quantia.

IV. O emitente garante o pagamento, considerando-se não escrita a declaração pela qual se exima dessa garantia.

A sequência correta é:

(A) Apenas as assertivas I, II e IV estão corretas.

(B) Apenas a assertiva I está correta.

(C) Apenas as assertivas I e III estão corretas.

(D) As assertivas I, II, III e IV estão corretas.

I: correta, nos termos do art. 10 da Lei 7.357/1985; II: correta, nos termos do art. 13 da Lei 7.357/1985; III: incorreta. Prevalece, nesse caso, a menor quantia (art. 12 da Lei 7.357/1985); IV: correta, nos termos do art. 15 da Lei 7.357/1985.
Gabarito "A".

(Cartório/SP – 2012 – VUNESP) Quando o microempresário ou empresa de pequeno porte efetua o pagamento do título com cheque sem a devida provisão de fundos, os benefícios referentes ao protesto de títulos são automaticamente suspensos pelos cartórios de protesto pelo prazo de:

(A) 1 (um) mês.

(B) 1 (um) ano.

(C) 3 (três) anos.

(D) 5 (cinco) anos.

8. DIREITO EMPRESARIAL

No caso de protesto de título, se o devedor microempresário ou empresa de pequeno porte realizar o pagamento com cheque sem provisão de fundos, serão automaticamente suspensos pelos cartórios de protesto, pelo prazo de 1 ano, todos os benefícios previstos no art. 73 da LC 123/2006, independentemente da lavratura e do registro do respectivo protesto – art. 73, V, da mesma Lei. Por essa razão, a alternativa "B" é a correta.

Gabarito "B".

(Cartório/SP – 2012 – VUNESP) O cheque, em princípio, admite:

(A) Aposição de visto pelo sacado, aval e endosso.

(B) Aceite, aval e endosso.

(C) Aceite, aposição de visto pelo sacado e endosso.

(D) Aceite, aposição de visto pelo sacado e aval.

A: correta, nos termos dos arts. 7º, 17 e 29 da Lei do Cheque – LC (Lei 7.357/1985); B, C e D: incorretas, pois o cheque não admite aceite, considerando-se não escrita qualquer declaração com esse sentido – art. 6º da Lei do Cheque.

Gabarito "A".

(Cartório/SP – 2011 – VUNESP) Sobre o cheque, é incorreto afirmar:

(A) O cheque com cláusula "não à ordem" ou equivalente não é transmissível por endosso ou por cessão de crédito.

(B) O cheque deve conter a assinatura do emitente ou do mandatário com poderes especiais.

(C) O cheque pode ser endossado ao próprio emitente, que por sua vez também pode fazer novo endosso.

(D) O pagamento do cheque pode ser garantido, no todo ou em parte, por aval prestado por terceiro.

A: incorreta, devendo ser indicada, pois a cláusula "não à ordem" impede o endosso, mas não a transmissão pela forma e com os efeitos da cessão de crédito – art. 17, § 1º, da Lei do Cheque – LC (Lei 7.357/1985); B: correta, nos termos do art. 1º, VI, da Lei do Cheque; C: correta, nos termos do art. 17, § 2º, da Lei do Cheque; D: correta, nos termos do art. 29 da LC.

Gabarito "A".

(Cartório/SP – 2011 – VUNESP) Assinale a alternativa correta a respeito do cheque.

(A) Cabe ação executiva contra o emitente e seus avalistas, ainda que não apresentado o cheque ao sacado no prazo legal, desde que não prescrita a ação cambiária.

(B) A morte do emitente ou sua incapacidade superveniente à emissão invalidam os efeitos do cheque.

(C) O cheque deve ser apresentado para pagamento, a contar do dia da emissão, no prazo de 30 dias, quando emitido no lugar onde houver de ser pago; e de 90 dias, quando emitido em outro lugar do País ou no exterior.

(D) A ação de regresso de um obrigado ao pagamento do cheque contra outro prescreve em 2 anos, contados da data em que foi demandado ou realizou o pagamento amigavelmente.

A: correta, pois a apresentação em tempo hábil e a comprovação da recusa pelo protesto ou por declaração do sacado são requisitos para a execução do cheque apenas contra os endossantes e seus avalistas, mas não contra o emitente e seus avalistas – art. 47, I e II, da Lei do Cheque – LC (Lei 7.357/1985). Assim, se o cheque não for apresentado em 30 ou 60 dias (a depender se emitido ou não no lugar onde deve

ser pago – art. 33 da Lei do Cheque), o portador perde o direito de execução contra endossantes e seus avalistas. Entretanto, manterá o direito de execução contra o emitente e seus avalistas até o prazo de 6 meses contados da expiração do prazo de apresentação – art. 59 da Lei de Cheque; B: incorreta, pois esses eventos não invalidam os efeitos do cheque – art. 37 da Lei de Cheque; C: incorreta, pois os prazos são, respectivamente, de 30 e 60 dias – art. 33 da Lei do Cheque; D: incorreta, pois o prazo prescricional para a ação de regresso é de 6 meses – art. 59, parágrafo único, da Lei do Cheque.

Gabarito "A".

(Cartório/RO – III) Artur emitiu cheque em favor de Beto. Apresentado, o sacado recusou o pagamento, sob alegação de inexistência de data da emissão. O sacado agiu corretamente?

(A) Sim, porque emitido o cheque, não pode mais ser completado.

(B) Sim, Porque a data é elemento essencial do cheque.

(C) Sim, Porque no caso o beneficiário deverá buscar o pagamento ao emitente.

(D) Sim, porque o beneficiário não pode aceitá-lo sem data.

A: incorreta, pois embora a indicação da data seja essencial (arts. 1º, V, e 2º da LC), pode ser completado com observância do que foi convencionado com o emitente – art. 891 do CC e art. 16 da LC; B: correta, pois a data é essencial para a validade do título como cheque (art. 2º da LC), mas é importante ressaltar que a omissão pode ser suprida, completando-se o título com observância do que foi convencionado com o emitente, conforme comentário à alternativa anterior; C: incorreta, pois o banco sacado pagará o cheque, desde que o portador complete o título, conforme convencionado com o emitente; D: incorreta, pois o beneficiário pode receber o cheque sem a data e completá-lo posteriormente, sempre observando o que foi combinado com o emitente.

Gabarito "B".

(Cartório/SP – II – VUNESP) O cheque administrativo e endossado

(A) pode ser sustado pelo banco emitente e pelo endossador.

(B) pode ser sustado só pelo endossador.

(C) pode ser endossado só pelo banco emitente.

(D) não pode ser sustado.

A: correta. Cheque administrativo é aquele emitido contra o próprio banco sacador (o banco emite cheque que será pago por ele mesmo), sempre nominal (nunca ao portador) – art. 9º, III, da LC. O cheque administrativo, como outro qualquer, pode ser "sustado" (oposição ao pagamento, ou sustação do pagamento), nos termos do art. 36 da LC. O STJ admite que o favorecido e endossante do cheque (o cliente que pediu a emissão pelo banco e endossou o cheque ao vendedor de um imóvel, por exemplo) pode apresentar oposição ("sustar o cheque") invocando o negócio subjacente ao endosso (por conta de vício na venda do imóvel, nesse exemplo) – ver REsp 130.428/PR. Por essa razão, a alternativa "A" é a correta.

Gabarito "A".

(Cartório/SP – VI – VUNESP) O cheque pode ser emitido contra o próprio banco sacador?

(A) Sim, desde que não ao portador.

(B) Sim, desde que ao portador.

(C) Sim, sempre.

(D) Não, jamais.

ROBINSON BARREIRINHAS E HENRIQUE SUBI

A: correta. Sim. Trata-se do cheque administrativo, sacado pelo banco contra ele mesmo (o sacador é também o sacado), e que não pode ser ao portador – art. 9º, III, da LC. Por essa razão, a alternativa "A" é a correta. Gabarito "A".

(Cartório/SP – VII – VUNESP) Sobre o cheque, é incorreto afirmar:

(A) o cheque com cláusula "não à ordem" ou equivalente não é transmissível por endosso ou por cessão de crédito.

(B) o cheque deve conter a assinatura do emitente ou do mandatário com poderes especiais.

(C) o cheque pode ser endossado ao próprio emitente, que por sua vez também pode fazer novo endosso.

(D) o pagamento do cheque pode ser garantido, no todo ou em parte, por aval prestado por terceiro.

A: incorreta, pois o cheque pagável a pessoa nomeada, com a cláusula "não à ordem", ou outra equivalente, é transmissível pela forma e com os efeitos de cessão – art. 17, § 1º, da LC; **B: correta,** nos termos do art. 1º, VI, da LC; **C: correta,** pois, nos termos do art. 17, § 2º, da LC, o endosso pode ser feito ao emitente, ou a outro obrigado, que podem novamente endossar o cheque; **D: correta,** pois, de fato, o pagamento do cheque pode ser garantido, no todo ou em parte, por aval prestado por terceiro, exceto o sacado, ou mesmo por signatário do título – art. 29 da LC. Gabarito "A".

(Cartório/SP – VII – VUNESP) Assinale a alternativa correta a respeito do cheque.

(A) Cabe ação executiva contra o emitente e seus avalistas, ainda que não apresentado o cheque ao sacado no prazo legal, desde que não prescrita a ação cambiária.

(B) A morte do emitente ou sua incapacidade superveniente à emissão invalidam os efeitos do cheque.

(C) O cheque deve ser apresentado para pagamento, a contar do dia da emissão, no prazo de 30 dias, quando emitido no lugar onde houver de ser pago; e de 90 dias, quando emitido em outro lugar do País ou no exterior.

(D) A ação de regresso de um obrigado ao pagamento do cheque contra outro prescreve em 2 anos, contados da data em que foi demandado ou realizou o pagamento amigavelmente.

A: correta, pois a falta de apresentação do cheque no prazo legal (30 dias, se emitido na mesma praça do pagamento, ou 60 dias) exclui o direito de execução contra os coobrigados, mas não contra os devedores principais (= emitente e seus avalistas), observado o prazo prescricional de 6 meses (contado a partir do fim do prazo para apresentação do cheque) – arts. 47, II, e 59 da LC; **B: incorreta,** pois as obrigações cambiárias relativas ao cheque (como os títulos de crédito em geral) não são personalíssimas, de modo que os herdeiros respondem por elas até o limite da herança recebida; **C: incorreta,** pois os prazos são de 30 e 60 dias, respectivamente – art. 33 da LC; **D: incorreta,** pois o prazo para a ação de regresso é de 6 meses – art. 59, parágrafo único, da LC. Gabarito "A".

8.5. Duplicata

(Cartório/MG – 2019 – Consulplan) De acordo com a Lei 5.474, de 18 de julho de 1968, e a legislação pertinente, analise as afirmativas a seguir.

I. Os coobrigados de uma duplicata respondem solidariamente não só pelo pagamento, mas também pelo aceite do título.

II. A solidariedade entre os coobrigados de uma duplicata só ocorre caso o título tenha sido protestado.

III. A duplicata pode ser protestada por falta de aceite, de pagamento e de devolução.

IV. O fato de não ter sido a duplicata protestada por falta de aceite ou por falta de devolução inibe o protesto por falta de pagamento.

Assinale a alternativa correta:

(A) Apenas a proposição I é verdadeira.

(B) As proposições II e III são verdadeiras.

(C) As proposições III e IV são verdadeiras.

(D) Apenas as proposições I e III são verdadeiras.

I: correta, nos termos do art. 18, § 2º, da Lei das Duplicatas; **II: incorreta.** Não há qualquer limitação nesse sentido (art. 18, § 2º, da Lei das Duplicatas); **III: correta,** nos termos do art. 13 da Lei das Duplicatas; **IV: incorreta.** O protesto por falta de pagamento nesse caso está expressamente autorizado pelo art. 13, § 2º, da Lei das Duplicatas. Gabarito "D".

(Cartório/MG – 2015 – Consulplan) Nos termos do artigo 15, da Lei 5.474, de 18 de julho de 1968, que dispõe sobre a duplicata e dá outras providências, a cobrança judicial de duplicata ou triplicata será efetuada de conformidade com o processo aplicável aos títulos executivos extrajudiciais, previsto no Livro II do Código de Processo Civil. Nos termos do citado dispositivo, a duplicata ou triplicata não aceita somente será passível de cobrança pelo processo de execução desde que, cumulativamente,

(A) haja sido protestada e esteja acompanhada de documento hábil comprobatório da entrega e recebimento da mercadoria.

(B) haja sido protestada; esteja acompanhada de documento hábil comprobatório da entrega e recebimento da mercadoria; e o sacado não tenha, comprovadamente, recusado o aceite, no prazo, nas condições e pelos motivos previstos nos arts. 7º e 8º da Lei 5.474/68.

(C) esteja acompanhada de documento hábil comprobatório da entrega e recebimento da mercadoria e o sacado não tenha, comprovadamente, recusado o aceite, no prazo, nas condições e pelos motivos previstos nos arts. 7º e 8º da Lei 5,474/68.

(D) haja sido protestada e o sacado não tenha, comprovadamente, recusado o aceite, no prazo, nas condições e pelos motivos previstos nos arts. 7º e 8º da Lei 5.474/68.

Nos termos do art. 15, II, da Lei 5.474/1968, são requisitos cumulativos que a duplicata ou triplicata esteja protestada, acompanhada de documento que demonstre a entrega da mercadoria ou a prestação do serviço e o sacado não tenha comprovadamente recusado o aceite nas hipóteses legais. Gabarito "B".

(Cartório/MG – 2016 – Consulplan) Em relação ao instituto da duplicata e considerando a Lei 5.474/68, marque a afirmação INCORRETA.

(A) Uma só duplicata pode corresponder a mais de uma fatura.

(B) A duplicata é título de crédito causal que encontra origem em contrato de compra e venda mercantil ou de prestação de serviços.

8. DIREITO EMPRESARIAL

(C) Nos contratos de compra e venda mercantil, o devedor poderá deixar de aceitar a duplicata por avaria ou não recebimento das mercadorias, quando não expedidas ou não entregues por sua conta e risco; por vícios, defeitos e diferenças na qualidade ou na quantidade das mercadorias, devidamente comprovadas; e por divergência nos prazos ou nos preços ajustados.

(D) Se o credor não realizar o protesto por falta de aceite ou pela não devolução do título, ainda assim poderá realizar o protesto por falta de pagamento.

A: incorreta, devendo ser assinalada. É vedada a emissão de uma única duplicata para representar mais de uma fatura (art. 2°, § 2°, da Lei 5.474/1968); **B:** correta, nos termos do art. 1° da Lei 5.474/1968; **C:** correta, nos termos do art. 8° da Lei 5.474/1968; **D:** correta. O permissivo se encontra no art. 13, § 2°, da Lei 5.474/1968.
Gabarito "A".

(Cartório/SP – 2012 – VUNESP) Na compra e venda mercantil entre partes domiciliadas no território brasileiro, o título de crédito que documenta o saque do vendedor pela importância faturada ao comprador é:

(A) A duplicata.

(B) O conhecimento de transporte.

(C) A letra de câmbio.

(D) A nota promissória.

Somente a duplicata pode ser emitida para documentar o saque do vendedor pela importância faturada ao comprador, excluindo-se qualquer outra espécie de título de crédito para essa finalidade – art. 2°, *caput*, da Lei das Duplicatas – LD (Lei 5.474/1968). Por essa razão, a alternativa "A" é a correta.
Gabarito "A".

(Cartório/SP – 2012 – VUNESP) O protesto comum da duplicata é tirado:

(A) No domicílio do sacador.

(B) No domicílio do sacado.

(C) Na praça de pagamento constante do título.

(D) Na praça de pagamento constante do título ou no domicílio do sacado.

Nos termos do art. 13, § 3°, da Lei das Duplicatas – LD (Lei 5.474/1968), o protesto será tirado na praça de pagamento constante do título. Por essa razão, a alternativa "C" é a correta.
Gabarito "C".

(Cartório/SP – 2011 – VUNESP) A respeito do protesto de duplicatas, é incorreto afirmar que:

(A) Para exercício do direito de regresso contra endossantes e respectivos avalistas, o portador deverá tirar o protesto do título dentro do prazo de 30 dias, contados da data do seu vencimento.

(B) Se a duplicata não mencionar a praça de pagamento, o protesto deverá ser tirado no domicílio do comprador.

(C) O protesto pode ser feito por falta ou recusa de aceite, falta ou recusa de pagamento e por falta de devolução do título.

(D) A ausência de protesto da duplicata por falta de aceite impede o protesto por falta de pagamento.

A: correta, nos termos do art. 13, § 4°, da Lei das Duplicatas – LD (Lei 5.474/1968); **B:** correta. No caso de omissão quanto ao lugar de emissão e de pagamento, considera-se o do domicílio do emitente (=

devedor principal) – art. 889, § 2°, do CC. O protesto da duplicata é realizado no local de pagamento (art. 13, § 3°, da LD) e, portanto, no caso de omissão quanto a esse lugar, o protesto deverá ser tirado no domicílio do sacado (= comprador, devedor principal) por aplicação da regra subsidiária do art. 889, § 2°, do CC; **C:** correta, nos termos do art. 13 da LD; **D:** incorreta, devendo ser indicada, pois a ausência de protesto por falta de aceite ou de devolução não impede o protesto por falta de pagamento – art. 13, § 2°, da LD.
Gabarito "D".

(Cartório/AP – 2011 – VUNESP) Na duplicata mercantil, o aceite é

(A) facultativo e poderá ser suprido pelo protesto do título juntamente com a comprovação da entrega da mercadoria.

(B) obrigatório e poderá ser suprido pelo protesto do título juntamente com a comprovação da entrega da mercadoria.

(C) facultativo e poderá ser suprido pela anuência do endossante.

(D) obrigatório e poderá ser suprido pela anuência do endossante.

(E) facultativo e poderá ser recusado em caso de vício na mercadoria.

B: correta. Diferentemente da letra de câmbio, o aceite da duplicata é obrigatório, exceto nas hipóteses do art. 8° da Lei das Duplicatas – LD (Lei 5.474/1968). Caso o comprador não aceite o título, ainda assim é possível executá-lo, desde que (i) a duplicata tenha sido protestada, (ii) esteja acompanhada de documento hábil comprobatório da entrega e recebimento da mercadoria e (iii) o sacado não tenha, comprovadamente, recusado o aceite, no prazo, nas condições e pelos motivos previstos nos arts. 7° e 8° da LD – art. 15, II, da LD. Por essa razão, a alternativa "B" é a correta.
Gabarito "B".

(Cartório/SP – II – VUNESP) O pagamento de duplicata, pelo sacado, feito diretamente ao emitente, embora tenha sido lavrado o protesto em razão da apresentação do título pelo banco que o recebeu em caução,

(A) permite, mediante ação judicial contra o banco, o cancelamento do protesto.

(B) é ineficaz frente ao banco apresentante.

(C) autoriza o cancelamento do protesto mediante requerimento administrativo e extrajudicial.

(D) é motivo para ação de repetição de indébito contra o endossatário.

B: correta. A obrigação cambiária é autônoma, ou seja, o pagamento ao emitente não pode ser oposto contra o apresentante do título de crédito, de modo que a alternativa "B" é a correta. De fato, o devedor de um título de crédito deve pagar apenas contra a apresentação da cártula.
Gabarito "B".

(Cartório/SP – V – VUNESP) Acerca da duplicata mercantil, assinale a afirmação correta.

(A) Constitui título abstrato e endossável.

(B) Pode ser emitida com base em mais de uma fatura, somados seus valores em um único título.

(C) Sempre ostenta número de ordem, este derivado de escrituração especial.

(D) Não admite aceite ou aval.

A: incorreta, pois a duplicata é classificada como título causal (ou não abstrato), pois sua emissão está vinculada a determinada causa, qual seja a emissão de fatura – art. 2º da LD. Note que o termo *abstrato* é comumente utilizado pela doutrina em dois sentidos diversos, (i) como espécie de título (título abstrato ou não causal, em oposição ao título causal) e (ii) como subprincípio atinente aos títulos de crédito (abstração como desvinculação do ato ou negócio jurídico que deu ensejo à usa criação, que surge a partir do momento em que o título é colocado em circulação). Esta alternativa utiliza o termo naquela primeira acepção (espécie de título, como a duplicata); B: incorreta, pois uma só duplicata não pode corresponder a mais de uma fatura – art. 2º, § 2º, da LD; C: correta, conforme os arts. 2º, § 1º, I, e 19 da LD; D: incorreta, pois a duplicata é emitida para ser aceita pelo sacado (comprador das mercadorias ou tomador dos serviços) e pode ser avalizada – arts. 2º, VII, e 12 da LD.

Gabarito "C".

(Cartório/SP – VII – VUNESP) A respeito do protesto de duplicatas, é incorreto afirmar que

(A) para exercício do direito de regresso contra endossantes e respectivos avalistas, o portador deverá tirar o protesto do título dentro do prazo de 30 dias, contados da data do seu vencimento.

(B) se a duplicata não mencionar a praça de pagamento, o protesto deverá ser tirado no domicílio do comprador.

(C) o protesto pode ser feito por falta ou recusa de aceite, falta ou recusa de pagamento e por falta de devolução do título.

(D) a ausência de protesto da duplicata por falta de aceite impede o protesto por falta de pagamento.

A: correta, conforme o art. 13, § 4º, da LD; B: correta, conforme o art. 17 c/c art. 13, § 3º, da LD; C: correta, nos termos do art. 13, *caput*, da LD; D: incorreta, pois o fato de não ter sido exercida a faculdade de protestar o título, por falta de aceite ou de devolução, não elide a possibilidade de protesto por falta de pagamento – art. 13, § 2º, da LD.

Gabarito "D".

8.6. Outros títulos de crédito e temas combinados

(Cartório/SP – V – VUNESP) Acerca das partes beneficiárias, assinale a alternativa incorreta.

(A) Não podem ser, na atualidade, emitidas por companhias abertas.

(B) Só podem ser emitidas mediante autorização estatutária específica.

(C) Conferem direito de crédito eventual a seus titulares.

(D) Podem ser emitidas em diferentes classes, conferindo-se diferentes espécies de direitos aos seus titulares.

A: correta, conforme o art. 47, parágrafo único, da LSA; B: correta, nos termos dos arts. 46 e 47 da LSA; C: correta, conforme o art. 46, § 1º, da LSA; D: incorreta, pois é proibida a criação de mais de uma classe ou série – art. 46, § 4º, da LSA.

Gabarito "D".

(Cartório/SP – V – VUNESP) Sobre o conhecimento de depósito, é incorreto afirmar que

(A) é endossável e constitui um dos títulos representativos de mercadorias.

(B) só pode ser sacado por armazém geral, dotado de específica autorização governamental de funcionamento.

(C) só pode ser transmitido com as formalidades da cessão de crédito.

(D) não permite endosso pignoratício.

Quando solicitado pelo depositante, o armazém geral emitirá dois títulos unidos, mas separáveis, denominados conhecimento de depósito e *warrant* – art. 15 do Dec. 1.102/1903. Esses títulos podem ser transferidos, unidos ou separados, por endosso – art. 18 do Dec. 1.102/1903. O cessionário que tenha os dois títulos tem direito de livre disposição da mercadoria depositada. Se o cessionário for titular apenas do *warrant*, terá direito de penhor sobre a mercadoria. O conhecimento de depósito separado do *warrant* confere ao titular o direito de dispor da mercadoria, mas resguardado o direito do credor, portador do warrant. Nesse sentido, o conhecimento de depósito incorpora o direito de propriedade sobre as mercadorias depositadas, resguardada a garantia conferida ao portador do *warrant*. A: correta, nos termos do art. 18 do Dec. 1.102/1903; B: correta, conforme o art. 15 c/c art. 2º do Dec. 1.102/1903; C: incorreta, pois o conhecimento de depósito e o *warrant* podem ser transferidos por simples endosso – art. 18 do Dec. 1.102/1903; D: adequada, pois, em princípio, o *warrant* tem a função de título pignoratício, conferindo ao endossatário o direito de penhor sobre as mercadorias.

Gabarito "C".

(Cartório/SP – V – VUNESP) Acerca da cédula de crédito rural, assinale a alternativa incorreta.

(A) Admite a instituição de garantia hipotecária sem a necessidade de instrumento público.

(B) Permite vencimento antecipado, caso o emitente não aplique o financiamento para os fins ajustados.

(C) Não admite a cumulação de garantias reais e pessoais.

(D) Permite vários vencimentos, os quais podem, mediante aditivo, ser alterados.

A: correta, nos termos do art. 9º, II, do DL 167/1967. Interessante ressaltar que, embora a cédula rural hipotecária não exija instrumento público, deverá ser inscrita no Cartório de Registro de Imóveis da circunscrição em que esteja situado o imóvel hipotecado, para que tenha eficácia contra terceiros – art. 30, "b", do DL 167/1967; B: correta, pois importa vencimento de cédula de crédito rural independentemente de aviso ou interpelação judicial ou extrajudicial, a inadimplência de qualquer obrigação convencional ou legal do emitente do título ou, sendo o caso, do terceiro prestante da garantia real – art. 11 do DL 167/1967; C: incorreta, pois além das garantias reais (pignoratícias ou hipotecárias), admitem-se garantias pessoais, desde que prestadas pelas pessoas físicas participantes da empresa emitente, por esta ou por outras pessoas jurídicas – art. 60, § 3º, do DL 167/1967; D: correta, pois a cédula de crédito rural admite amortizações periódicas e prorrogações de vencimento que serão ajustadas mediante a inclusão de cláusula, na forma prevista no DL 167/1967 (art. 13).

Gabarito "C".

(Cartório/SP – II – VUNESP) O imóvel objeto de hipoteca constituída por cédula de crédito rural

(A) é penhorável de forma ilimitada.

(B) não pode ser penhorado no período de vigência do contrato.

(C) só pode ser penhorado dois anos após o resgate da cédula.

(D) admite outra penhora concomitante desde que o valor seja inferior ao da cédula de crédito rural.

B: correta. Os bens objeto de penhor ou de hipoteca constituídos pela cédula de crédito rural não serão penhorados, arrestados ou sequestrados por outras dívidas do emitente ou do terceiro empenhador ou hipotecante, cumprindo ao emitente ou ao terceiro empenhador ou hipotecante denunciar a existência da cédula às autoridades incumbidas da diligência ou a quem a determinou, sob pena de responderem pelos prejuízos resultantes de sua omissão – art. 69 do DL 167/1967. Por essa razão, a alternativa BBB é a correta.

Gabarito "B".

9. RECUPERAÇÃO E FALÊNCIA

(Cartório/MG – 2019 – Consulplan) A Lei 11.101, de 09/02/2005, traz a regulamentação dos procedimentos de falência e de recuperação judicial de empresas. À luz dessa legislação, é correto afirmar que:

(A) O plano de recuperação judicial não implica novação dos créditos anteriores ao pedido.

(B) De regra, o plano de recuperação judicial acarreta o prejuízo das garantias em favor dos credores a ele sujeitos.

(C) Se o plano de recuperação judicial envolver alienação de filiais ou unidades produtivas isoladas, antes, o juiz deve ouvir o administrador judicial e atender orientações do comitê de credores.

(D) O deferimento do processamento do pedido de recuperação judicial não impede que o devedor dele desista, mesmo quando o plano de recuperação for aprovado pela assembleia geral de credores.

A: incorreta. A natureza jurídica da alteração das obrigações é novação (art. 59 da LF); B: incorreta. As garantias são mantidas em favor dos respectivos credores (art. 59 da LF); C: correta, nos termos do art. 60 da LF; D: incorreta. O devedor só poderá desistir do pedido com aprovação da assembleia geral (art. 52, § 4º, da LF).

Gabarito "C".

(Cartório/RS – 2019 – VUNESP) Em relação ao administrador judicial e comitê de credores, dispõe a Lei Falimentar:

(A) O administrador judicial que não apresentar, no prazo estabelecido, suas contas ou qualquer dos relatórios legalmente previstos será intimado pessoalmente a fazê-lo no prazo de 10 (dez) dias, sob pena de desobediência, após o qual, será nomeado substituto, mediante manifestação do comitê de credores.

(B) Não poderá integrar o Comitê ou exercer as funções de administrador judicial quem, nos últimos 2 (dois) anos, no exercício do cargo de administrador judicial ou de membro do Comitê em falência ou recuperação judicial anterior, foi destituído, deixou de prestar contas dentro dos prazos legais, teve a prestação de contas desaprovada ou sofreu condenação com trânsito em julgado por crime ocorrido no exercício do cargo.

(C) Os membros do comitê terão sua remuneração custeada pelo devedor ou pela massa falida, e as despesas realizadas para a realização de ato legalmente previsto, se devidamente comprovadas e com a autorização do administrador judicial, serão ressarcidas em caráter prioritário.

(D) Na recuperação judicial e na falência, o comitê de Credores terá como atribuição além de outras legalmente estabelecidas, exigir dos credores, do devedor ou seus administradores quaisquer informações e fiscalizar a administração das atividades do devedor, apresentando, a cada 90 (noventa) dias, relatório de sua situação.

(E) Na falência, ao administrador judicial compete, sob a fiscalização do juiz e do Comitê, além de outros deveres legalmente estabelecidos, apresentar ao juiz para juntada aos autos, até o 10º (décimo) dia do mês seguinte ao vencido, conta demonstrativa da administração, que especifique com clareza a receita e a despesa.

A: incorreta. O prazo do administrador judicial será de 5 dias (art. 23 da LF); B: incorreta. O limite de tempo exigido é de 5 anos (art. 30, *caput*, da LF); C: incorreta. Os membros do Comitê não terão sua remuneração custeada pelo devedor ou pela massa falida, nos termos do art. 29 da LF; D: incorreta. As duas primeiras atribuições são do administrador judicial (art. 22, I, *d*, e II, *a*, da LF) e a terceira compete ao Comitê somente na recuperação judicial e a periodicidade dos relatórios é de 30 dias (art. 27, II, *a*, da LF); E: correta, nos termos do art. 22, III, *p*, da LF.

Gabarito "E".

(Cartório/RS – 2019 – VUNESP) Em relação aos efeitos da decretação da falência sobre as obrigações do devedor, dispõe a Lei Falimentar:

(A) Os contratos bilaterais se resolvem pela falência, devendo ser cumpridos pelo administrador judicial em qualquer circunstância, mediante autorização da Assembleia de Credores.

(B) A decretação da falência sujeita todos os credores, que poderão exercer os seus direitos sobre os bens do falido e de todos os sócios, independentemente do tipo de constituição societária, na forma prescrita na lei civil.

(C) Compensam-se, com preferência sobre todos os demais credores os créditos transferidos após a decretação da falência, inclusive em caso de sucessão por fusão, incorporação, cisão ou morte.

(D) Nas relações contratuais, se o devedor vendeu coisas compostas e o administrador judicial resolver não continuar a execução do contrato, poderá o comprador pôr à disposição da massa falida as coisas já recebidas, pedindo perdas e danos.

(E) Os mandatos conferidos pelo devedor, antes da falência, para a realização de negócios e para a representação judicial do devedor, cessarão seus efeitos com a decretação da falência, ficando imediatamente revogados, cabendo ao mandatário prestar contas de sua gestão.

A: incorreta. Os contratos bilaterais não se resolvem pela falência, cabendo ao administrador judicial decidir pelo seu cumprimento (art. 117 da LF); B: incorreta. Os direitos dos credores alcançarão somente os bens do falido e dos sócios com responsabilidade ilimitada e na forma que a lei prescrever (art. 115 da LF); C: incorreta. Não se compensam os créditos transferidos após a decretação da falência, salvo em caso de fusão, incorporação, cisão ou morte do empresário (art. 122, parágrafo único, I, da LF); D: correta, nos termos do art. 119, II, da LF; E: incorreta. Tais mandatos não se resolvem automaticamente pela falência (art. 120, § 1º, da LF).

Gabarito "D".

(Cartório/SP – 2018 – VUNESP) O devedor poderá requerer a homologação do plano de recuperação extrajudicial que obriga a todos os credores por ele abrangidos, desde que assinado por credores que representem mais de

(A) 3/4 (três quartos) de todos os créditos de cada espécie por ele abrangidos.

(B) 3/5 (três quintos) de todos os créditos de cada espécie por ele abrangidos.

(C) metade de todos os créditos de cada espécie por ele abrangidos.

(D) 2/3 (dois terços) de todos os créditos de cada espécie por ele abrangidos.

Desde a edição da Lei 14.112/2020, basta que o plano de recuperação extrajudicial conte com a concordância de metade dos créditos de cada classe.
Gabarito "C".

(Cartório/CE – 2018 – IESES) Analise as assertivas abaixo e, de acordo com o que dispõe a lei de falências e recuperação de empresas (lei 11.101/2005) vigente, assinale a alternativa correta:

I. Nas falências de sociedade limitada, são considerados falidos a sociedade e os seus sócios.

II. As obrigações civis do falido só se extinguem mediante o pagamento de todos os créditos.

III. Na falência do espólio, ficará suspenso o processo de inventário, cabendo ao administrador judicial a realização de atos pendentes em relação aos direitos e obrigações da massa falida.

IV. A falência do locador não resolve o contrato de locação.

(A) Todas as assertivas estão corretas.

(B) As assertivas III e IV estão corretas.

(C) Apenas a assertiva II está incorreta.

(D) Apenas a assertiva III está correta.

I: incorreta. A falência atinge somente o sócio com responsabilidade ilimitada, figura que não está presente nas sociedades limitadas (art. 81 da LF); II: incorreta. As obrigações são extintas com o pagamento de 25% dos créditos quirografários ou pelo decurso do prazo de 3 anos, contados da decretação da quebra (art. 158, II e V, da LF); III: correta, nos termos do art. 125 da LF; IV: correta, nos termos do art. 119, VII, da LF.
Gabarito "B".

(Cartório/MG – 2015 – Consulplan) Com base na Lei 11.101, de 09 de fevereiro de 2005, podem requerer a falência do devedor, EXCETO:

(A) O próprio devedor, na forma da lei.

(B) O cônjuge sobrevivente, qualquer herdeiro do devedor ou o inventariante.

(C) Somente o credor com garantia real.

(D) O cotista ou o acionista do devedor na forma da lei ou do ato constitutivo da sociedade.

Nos termos do art. 97 da Lei de Falências, podem requerer a falência do empresário: o próprio devedor, o cônjuge sobrevivente, qualquer herdeiro, o inventariante, o cotista ou acionista do devedor ou qualquer credor. Portanto, incorreta a letra "C", que deve ser assinalada.
Gabarito "C".

(Cartório/MG – 2015 – Consulplan) Analise as seguintes afirmativas:

I. Não são exigíveis do devedor, na recuperação judicial ou na falência, as obrigações a título gratuito e as despesas que os credores fizerem para tomar parte na recuperação judicial ou na falência, salvo as custas judiciais decorrentes de litígio com o devedor.

II. A decretação da falência ou o deferimento do processamento da recuperação judicial suspende o curso da prescrição e de todas as ações e execuções em face do devedor, inclusive aquelas dos credores particulares do sócio solidário.

III. Na recuperação judicial, os titulares de créditos retardatários, excetuados os titulares de créditos derivados da relação de trabalho, não terão direito a voto nas deliberações da assembleia geral de credores.

A partir da análise e com base na Lei 11.101, de 9 de fevereiro de 2005, estão corretas as afirmativas:

(A) I, II, e III.

(B) I e II apenas.

(C) II e III apenas.

(D) I e III apenas.

I: correta, nos termos do art. 5º, I, da Lei de Falências; II: correta, nos termos do art. 6º da Lei de Falências; III: correta, nos termos do art. 10, § 1º, da Lei de Falências.
Gabarito "A".

(Cartório/MG – 2015 – Consulplan) A respeito da recuperação judicial, extrajudicial e da falência, e com base na Lei 11.101/05, é correto afirmar, EXCETO:

(A) A decretação da falência ou o deferimento do processamento da recuperação judicial interrompe o curso da prescrição e suspende todas as ações e execuções em face do devedor.

(B) Na classificação dos créditos na falência, os créditos decorrentes da legislação do trabalho, limitados a 150 (cento e cinquenta) salários-mínimos por credor e os decorrentes de acidente de trabalho preferem aos créditos tributários, mas estes não preferem aos créditos com garantia real até o limite do valor do bem gravado.

(C) A sentença no procedimento de falência do devedor ordenará ao falido que apresente, no prazo máximo de 5 (cinco) dias, relação nominal dos credores, indicando endereço, importância, natureza e classificação dos respectivos créditos, se essa já não se encontrar nos autos, sob pena de desobediência.

(D) Não é ato que enseja a decretação de falência do devedor empresário a existência de um único protesto de título de crédito sacado contra o devedor, em quantia inferior a 40 (quarenta) salários-mínimos na data do pedido de falência.

A: incorreta, devendo ser assinalada. Haverá suspensão, não interrupção, do prazo prescricional (art. 6º da Lei de Falências); B: correta, nos termos do art. 83, I, II e III, da Lei de Falências; C: correta, nos termos do art. 99, III, da Lei de Falências; D: correta, nos termos do art. 94, I, da Lei de Falências.
Gabarito "A".

(Cartório/MG – 2015 – Consulplan) Em relação à revogação de atos praticados antes da falência, marque a opção correta:

(A) São revogáveis os atos praticados com a intenção de prejudicar credores, sendo necessária a prova do conluio fraudulento entre devedor e o terceiro que com ele contratar e o efetivo prejuízo sofrido pela massa falida.

(B) A ação revocatória deverá ser proposta pelo administrador judicial, por qualquer credor ou pelo Ministério

8. DIREITO EMPRESARIAL

Público no prazo de 2 (dois) anos contados da decretação da falência.

(C) O juiz, na ação revocatória, poderá, de ofício ordenar, como medida preventiva, o sequestro dos bens retirados do patrimônio do devedor que estejam em poder de terceiros.

(D) A sentença que julgar procedente a ação revocatória determinará o retorno dos bens à massa falida em espécie, com todos os acessórios, ou o valor de mercado, acrescidos das perdas e danos. Desta decisão cabe o recurso de agravo.

A: correta, nos termos do art. 130 da Lei de Falências; B: incorreta. O prazo prescricional da ação revocatória é de 3 anos (art. 132 da Lei de Falências); C: incorreta. Não pode o juiz agir de ofício nesse caso, somente a pedido do autor da ação revocatória (art. 137 da Lei de Falências); D: incorreta. Da sentença da ação revocatória cabe apelação (art. 135 da Lei de Falências).
Gabarito "A".

(Cartório/MG – 2015 – Consulplan) Ainda sobre a Lei 11.101/05, marque a opção correta:

(A) O plano de recuperação judicial deverá ser apresentado no prazo assinado pelo juiz, não superior a 120 (cento e vinte) dias.

(B) Quem por dolo requerer a falência de outrem será condenado, na sentença que julgar improcedente o pedido, a indenizar o devedor, apurando-se as perdas e danos em liquidação de sentença.

(C) O processo de recuperação judicial aplica-se a qualquer tipo de sociedade.

(D) A decretação da falência de empresário individual extingue automaticamente todos os contratos de que for parte.

A: incorreta. O prazo de apresentação do plano é de 60 dias (art. 53 da LF); B: correta, nos termos do art. 101 da LF; C: incorreta. Apenas as sociedades empresárias têm acesso à recuperação judicial, excetuadas aquelas previstas no art. 2º da LF; D: incorreta. A decretação da falência não extingue imediatamente os contratos, que poderão ser cumpridos a critério do administrador judicial (art. 117 da LF).
Gabarito "B".

(Cartório/MG – 2016 – Consulplan) Assinale a afirmação correta acerca da disciplina da recuperação judicial, extrajudicial e da falência do empresário e da sociedade empresária, levando-se em consideração os ditames da Lei 11.101/05:

(A) O plano de recuperação judicial da microempresa e da empresa de pequeno porte abrange apenas créditos derivados da legislação do trabalho, créditos com garantia real e tributários.

(B) A despesa relativa à remuneração do administrador judicial e de seus auxiliares será arcada pelo Comitê de Credores.

(C) A recuperação judicial tem por objetivo viabilizar a superação da situação de crise econômico-financeira do devedor, a fim de permitir a manutenção da fonte produtora, do emprego dos trabalhadores e dos interesses dos credores, promovendo, assim, a preservação da empresa, sua função social e o estímulo à atividade econômica.

(D) A decretação da falência do espólio não suspende o processo de inventário, cabendo ao administrador

judicial a realização de atos pendentes em relação aos direitos e obrigações da massa falida.

A: incorreta. O plano de recuperação especial das micro e pequenas empresas abrange os mesmos créditos que podem ser objeto de qualquer recuperação judicial (art. 71, I, da LF); B: incorreta. A despesa é de responsabilidade da massa falida ou do próprio devedor (art. 25 da LF); C: correta, nos termos do art. 47 da LF; D: incorreta. A falência do espólio suspende o processo de inventário (art. 125 da LF).
Gabarito "C".

(Cartório/MG – 2016 – Consulplan) De acordo com a Lei 11.101/2005, que regula a recuperação judicial, a extrajudicial e a falência do empresário e da sociedade empresária, são requisitos necessários para o pedido de recuperação judicial, EXCETO:

(A) O devedor, no momento do pedido, exercer regularmente suas atividades há mais de 2 (dois) anos.

(B) O devedor, no momento do pedido, não possuir títulos protestados.

(C) O devedor, no momento do pedido, não ter há menos de 5 (cinco) anos, obtido concessão de recuperação judicial.

(D) O devedor, no momento do pedido, não ter sido condenado ou não ter, como administrador ou sócio controlador, pessoa condenada por qualquer dos crimes previstos na Lei 11.101/2005.

Todas as alternativas apresentam requisitos exigidos para a obtenção da recuperação judicial (art. 48, caput e incisos I e IV, da Lei de Falências, respectivamente), com exceção da letra "B", que deve ser assinalada. Com efeito, seria de todo incoerente exigir de um empresário em crise econômico-financeira que não tivesse nenhum título protestado em seu desfavor.
Gabarito "B".

(Cartório/SP – 2012 – VUNESP) A concessão da recuperação judicial

(A) Depende da apresentação de certidões negativas dos cartórios de protesto.

(B) Impede o protesto de títulos ou documentos de dívida de responsabilidade do devedor.

(C) É anotada no Registro Público de Empresas.

(D) Implica novação dos créditos anteriores ao pedido e afastamento do devedor ou seus administradores da condução das atividades empresariais.

A: incorreta, pois não há essa exigência no art. 51 da Lei de Recuperação e Falência – LF (Lei 11.101/2005); B: incorreta, pois não há esse impedimento – art. 59 da LF; C: correta, conforme o art. 69, parágrafo único, da LF; D: incorreta, pois, em regra, durante o procedimento de recuperação judicial, o devedor ou seus administradores serão mantidos na condução da atividade empresarial, sob fiscalização do Comitê, se houver, e do administrador judicial – art. 64 da LF.
Gabarito "C".

(Cartório/SP – 2011 – VUNESP) Sobre os efeitos da falência disciplinada na Lei n. 11.101/2005, é correto afirmar:

(A) Os contratos bilaterais resolvem-se pela falência, sendo vedado ao administrador judicial dar a eles cumprimento.

(B) A decretação da falência não suspende o exercício do direito de retenção sobre os bens ainda que o administrador entenda ser o caso de arrecadação.

ROBINSON BARREIRINHAS E HENRIQUE SUBI

(C) A decretação da falência não faz cessar o mandato judicial conferido pelo devedor falido, cabendo ao mandatário prestar contas de sua gestão ao administrador, que poderá revogar o aludido mandato.

(D) O falido fica inabilitado para exercer qualquer atividade empresarial a partir da decretação da falência, durante 05 anos.

A: incorreta, pois os contratos bilaterais não se resolvem pela falência e podem ser cumpridos pelo administrador judicial se o cumprimento reduzir ou evitar o aumento do passivo da massa falida ou for necessário à manutenção e preservação de seus ativos, mediante autorização do Comitê – art. 117 da Lei de Recuperação e Falência – LF (Lei 11.101/2005); B: incorreta, pois a decretação da falência suspende o exercício do direito de retenção sobre os bens sujeitos à arrecadação, os quais deverão ser entregues ao administrador judicial – art. 116, I, da LF; C: correta, pois o mandato conferido para representação judicial do devedor continua em vigor até que seja expressamente revogado pelo administrador judicial – art. 120, § 1º, da LF; D: incorreta, pois a inabilitação para exercer qualquer atividade empresarial a partir da decretação da falência perdura até a sentença que extingue as obrigações do falido – art. 102 da LF.
Gabarito "C".

(Cartório/SP – 2011 – VUNESP) Sobre o administrador judicial disciplinado na Lei n. 11.101/2005, é incorreto afirmar que:

(A) Pode ser nomeada como administrador judicial uma pessoa jurídica especializada.

(B) Na falência, o administrador judicial poderá transigir sobre o recebimento de créditos da falida, inclusive concedendo abatimentos, desde que sejam créditos de difícil recuperação, dispensando-se, nesta hipótese, a necessidade de autorização judicial ou concordância dos credores.

(C) Na recuperação judicial, ao administrador judicial compete requerer a falência no caso de descumprimento de obrigação prevista no plano, sem prejuízo da iniciativa de credores ou do Ministério Público.

(D) Na falência, o administrador judicial representará a massa falida em Juízo.

A: correta, pois o administrador judicial será profissional idôneo, preferencialmente advogado, economista, administrador de empresas ou contador, ou pessoa jurídica especializada – art. 21 da Lei de Recuperação e Falência – LF (Lei 11.101/2005); B: incorreta, devendo ser indicada, pois, na falência, o administrador judicial não poderá, sem autorização judicial, após ouvidos o Comitê e o devedor no prazo comum de 2 dias, transigir sobre obrigações e direitos da massa falida e conceder abatimento de dívidas, ainda que sejam considerados de difícil recebimento – art. 22, § 3º, da LF; C: correta, conforme o art. 22, II, *b*, da LF; D: correta, conforme o art. 22, III, *n*, da LF.
Gabarito "B".

(Cartório/MG – 2012 – FUMARC) De acordo com o que dispõe a Lei 11.101/2005 (Lei de Falência), é **correto** o que se afirma em:

(A) Compete ao administrador judicial avaliar os bens arrecadados e de propriedade do falido.

(B) Permite-se ao devedor requerer a recuperação judicial, desde que comprove o exercício regular de suas atividades pelo prazo mínimo de 1 (um) ano.

(C) Ainda que decretada a falência, permanece incólume o direito à privacidade, constitucionalmente garantido

ao devedor, vedando-se ao administrador judicial abrir as correspondências dirigidas àquele.

(D) Apesar dos poderes de que dispõe, é vedado ao administrador judicial requerer a falência da empresa, nos casos de descumprimento do plano de recuperação judicial, respondendo ele perante o Comitê de Credores nestes casos.

A: correta, conforme o art. 22, III, *g*, da Lei de Recuperação e Falência – LF (Lei 11.101/2005); B: incorreta, pois o prazo mínimo de exercício regular das atividades é de 2 anos, para requerimento da recuperação judicial – art. 48, *caput*, da LF; C: incorreta, pois o administrador judicial pode receber e abrir a correspondência dirigida ao devedor, entregando a ele o que não for assunto de interesse da massa – art. 22, III, *d*, da LF; D: incorreta, pois o administrador pode requerer a falência no caso de descumprimento de obrigação assumida no plano de recuperação, conforme o art. 22, II, *b*, da LF.
Gabarito "A".

(Cartório/MG – 2012 – FUMARC) De acordo com o disposto pela Lei 11.101/2005, é **correto** o que se afirma em:

(A) Da decisão que decreta a falência cabe apelação.

(B) O prazo para contestação do pedido de falência é o de 15 (quinze) dias.

(C) Quem por dolo requerer a falência de outrem será condenado, na sentença que julgar improcedente o pedido, a indenizar o devedor, apurando-se as perdas e danos em liquidação de sentença.

(D) Durante o prazo para contestar o pedido de falência, ao devedor permite-se elidi-lo, confessá-lo, sendo-lhe, no entanto, vedado requerer sua recuperação judicial.

A: incorreta, pois, da decisão que decreta a falência cabe agravo, e da sentença que julga a improcedência do pedido cabe apelação – art. 100 da Lei de Recuperação e Falência – LF (Lei 11.101/2005); B: incorreta, pois o prazo de contestação ao pedido de falência é de 10 dias – art. 98 da LF; C: correta, pois reflete o disposto no art. 101 da LF; D: incorreta, pois o devedor pode requerer sua recuperação judicial, desde que atenda aos requisitos do art. 48 da LF (inclusive não ser falido) – arts. 95 e 98, parágrafo único, da LF.
Gabarito "C".

(Cartório/MG – 2012 – FUMARC) De acordo com o disposto pela Lei 11.101/2005, **NÃO** é correto o que se afirma em:

(A) Permite-se a realização do ativo, mediante alienação, ainda que o valor da oferta seja inferior ao da avaliação.

(B) Em qualquer modalidade de alienação do ativo do falido, o Ministério Público será intimado pessoalmente, sob pena de nulidade.

(C) O prazo prescricional relativo às obrigações do falido recomeça a correr a partir do dia em que transitar em julgado a sentença do encerramento da falência.

(D) Na alienação do ativo do falido para terceiro, estranho à empresa e sem qualquer grau de parentesco com o falido ou a empresa devedora, o arrematante responde solidariamente com o devedor pelos ônus que sobre os bens recaírem.

A: correta, pois a alienação dar-se-á pelo maior valor oferecido, ainda que seja inferior ao valor de avaliação – art. 142, § 2º, da Lei de Recuperação e Falência – LF (Lei 11.101/2005); B: correta, refletindo o disposto no art. 142, § 7º, da LF; C: correta, nos termos do art. 157 da LF; D: incorreta, devendo ser indicada, pois não haverá sucessão

8. DIREITO EMPRESARIAL   505

do arrematante nas obrigações do devedor, inclusive as de natureza tributária, com as exceções do art. 141, § 1º, da LF e do art. 133, § 2º, do CTN (inclui o caso de arrematante parente até 4º grau do falido ou de sócio da falida, quando excepcionalmente haverá a sucessão e responsabilidade do adquirente) – ver também o art. 60, parágrafo único, da LF.
Gabarito "D".

(Cartório/MG – 2012 – FUMARC) Levando em consideração o que dispõe a Lei 11.101/2005 (Lei de Falência), **NÃO** é correto o que se afirma em:

(A) Pessoas jurídicas especializadas e físicas podem ser nomeadas administradores judiciais.

(B) Esta lei não se aplica à sociedade operadora de plano de assistência à saúde e à sociedade seguradora.

(C) As execuções de natureza fiscal não são suspensas pelo deferimento da recuperação judicial, ressalvada a concessão de parcelamento nos termos do Código Tributário Nacional e da legislação ordinária específica.

(D) Todas as ações judiciais anteriormente propostas contra uma empresa, que versem sobre quantia líquida ou ilíquida, serão processadas e julgadas pelo juízo que houver decretado a falência ou deferido o pedido de recuperação judicial.

A: correta, conforme o art. 21 da Lei de Recuperação e Falência – LF (Lei 11.101/2005); B: correta, nos termos do art. 2º, II, da LF. Interessante anotar que estão *absolutamente* excluídas da legislação falimentar: (i) empresas públicas e sociedades de economia mista – art. 2º, I, da LF; (ii) câmaras ou prestadoras de serviços de compensação e de liquidação financeira – art. 194 da LF; e (iii) entidades fechadas de previdência complementar – art. 47 da LC 109/2001. Estão *relativamente* excluídas: (i) companhias de seguro – art. 26 do DL 73/1966; (ii) operadoras de planos privados de assistência à saúde – Lei 9.656/1998; e (iii) instituições financeiras e equiparadas (empresas de *leasing*, consórcios, fundos, sociedades de capitalização etc.) – Lei 6.024/1974, Lei 5.768/1971 e DL 261/1967; C: correta, refletindo o disposto no art. 6º, § 7º, da LF; D: incorreta, pois terá prosseguimento no juízo no qual estiver se processando a ação que demandar quantia ilíquida – art. 6º, § 1º, da LF. Ademais, o juízo da falência não abrange as causas trabalhistas, fiscais e aquelas não reguladas na LF em que o falido figurar como autor ou litisconsorte ativo – art. 76 da LF.
Gabarito "D".

(Cartório/MG – 2012 – FUMARC) Sobre a Lei 11.101/2005, é **correto** o que se afirma em:

(A) Permite-se ao devedor requerer, apenas por uma vez, durante o exercício das atividades da empresa, a recuperação judicial.

(B) Na recuperação judicial, os salários de empregados não poderão ser reduzidos, ainda que fixados em convenção ou acordo coletivo, regularmente processados.

(C) Constitui documento que deverá instruir a petição inicial da recuperação judicial a relação dos bens particulares dos sócios controladores e dos administradores do devedor.

(D) O plano de recuperação será apresentado pelo devedor, em juízo, no prazo improrrogável de 30 (trinta) dias da publicação da decisão que deferir o processamento da recuperação judicial, sob pena de convolação em falência.

A: incorreta, pois, em tese, o devedor pode requerer a recuperação judicial inúmeras vezes, desde que atenda aos requisitos do art. 48 da Lei de Recuperação e Falência – LF (Lei 11.101/2005), dentre eles não

ter, há menos de 5 anos, obtido concessão de recuperação judicial; B: incorreta, pois é possível, na recuperação judicial, a redução salarial, compensação de horários e redução da jornada, mediante acordo ou convenção coletiva – art. 50, VIII, da LF; C: correta, nos termos do art. 51, VI, da LF; D: incorreta, pois o prazo é de 60 dias para apresentação do plano – art. 53 da LF.
Gabarito "C".

(Cartório/MG – 2012 – FUMARC) Levando-se em conta o determinado pela Lei 11.101/2005, **NÃO** é correto o que se afirma em:

(A) Os processos de falência e os seus incidentes preferem a todos os outros na ordem dos feitos, em qualquer instância.

(B) A decretação da falência determina o vencimento antecipado das dívidas do devedor e dos sócios, ilimitada e solidariamente responsáveis, com o abatimento proporcional dos juros.

(C) A decisão que decreta a falência da sociedade com sócios ilimitadamente responsáveis também acarreta a falência destes, que ficam sujeitos aos mesmos efeitos jurídicos produzidos em relação à sociedade falida, ainda que o sócio tenha se retirado voluntariamente ou que tenha sido excluído da sociedade, há menos de 2 (dois) anos, quanto às dívidas existentes na data do arquivamento da alteração do contrato, no caso de não terem sido solvidas até a data da decretação da falência.

(D) Será decretada a falência do devedor que, sem relevante razão de direito, não paga, no vencimento, obrigação líquida materializada em título ou títulos executivos protestados cuja soma não ultrapasse o equivalente a 20 (vinte) salários mínimos na data do pedido de falência.

A: correta, pois reflete o disposto no art. 79 da Lei de Recuperação e Falência – LF (Lei 11.101/2005); B: correta, conforme o art. 77 da LF; C: correta, nos termos do art. 81 da LF; D: incorreta, devendo ser indicada. A decretação de falência decorre da insolvência jurídica, caracterizada pela (i) impontualidade injustificada, (ii) execução frustrada ou (iii) prática de atos de falência – art. 94, I, II e III, da LF. A impontualidade injustificada refere-se a débitos superiores a 40 salários mínimos (não 20, como consta da assertiva).
Gabarito "D".

(Cartório/MG – 2012 – FUMARC) De acordo com o disposto pela Lei 11.101/2005, é **correto** o que se afirma em:

(A) Para a realização do ativo, faz-se necessário concluir o quadro geral de credores.

(B) Sendo permitida a locação de bens da massa falida, esta situação jurídica gera direito de preferência na compra ao locatário.

(C) A falência do locador resolve o contrato de locação e, na falência do locatário, o administrador judicial pode, a qualquer tempo, denunciar o contrato.

(D) O executado, por qualquer quantia líquida que não paga, não deposita e não nomeia à penhora bens suficientes dentro do prazo legal, sujeitar-se-á a falência.

A: incorreta, pois a realização do ativo será iniciada logo após a arrecadação dos bens, com a juntada do respectivo auto ao processo de falência – art. 139 da Lei de Recuperação e Falência – LF (Lei 11.101/2005); B: incorreta, pois não há essa preferência, sendo que a alienação dar-se-á pelo maior valor oferecido, ainda que seja inferior ao valor de avaliação – art. 142, § 2º, da LF; C: incorreta, pois a falência

ROBINSON BARREIRINHAS E HENRIQUE SUBI

do locador não resolve o contrato de locação – art. 119, VII, da LF; D: correta, pois trata-se da hipótese de execução frustrada, que dá ensejo à decretação de falência – art. 94, II, da LF.

Gabarito "D".

(Cartório/RJ – 2012) No que tange ao instituto da Falência e da Recuperação de Empresas, marque V para verdadeiro ou F para falso e, em seguida, assinale a alternativa que apresenta a sequência correta.

( ) Na falência, os créditos extraconcursais serão pagos imediatamente após o pagamento de todos os créditos de natureza concursal.

( ) O proprietário de bem arrecadado no processo de falência deverá oportunamente fazer a habilitação do seu crédito.

( ) Dentro do prazo para contestar a falência, o devedor poderá pleitear sua recuperação judicial.

(A) V/ V/ V

(B) V/ F/ F

(C) F/ F/ V

(D) F/ V/ F

(E) F/ F/ F

1ª: falsa, pois os créditos extraconcursais não entram no concurso de credores, ou seja, são pagos antes dos créditos concursais – art. 84 da Lei de Recuperação e Falência – LF (Lei 11.101/2005); 2ª: falsa, pois o proprietário de bem arrecadado no processo de falência ou que se encontre em poder do devedor na data da decretação da falência poderá pedir sua restituição – art. 85 da LF; 3ª: verdadeira, nos termos do art. 95 da LF. Por essas razões, a alternativa C é a correta.

Gabarito "C".

(Cartório/RJ – 2012) Na recuperação judicial de empresas, é correto afirmar que:

(A) É obrigatória a constituição da Assembleia Geral de Credores.

(B) Estão sujeitos todos os créditos existentes na data do pedido, desde que vencidos.

(C) O plano de recuperação não poderá envolver alienação judicial de filiais ou de unidades produtivas isoladas do devedor.

(D) O plano de recuperação implica novação dos créditos anteriores ao pedido.

(E) Durante o procedimento de recuperação, o devedor ou seus administradores serão afastados da condução da atividade empresarial.

A: incorreta, pois a assembleia geral será convocada apenas no caso de haver objeção de qualquer credor ao plano de recuperação judicial – art. 56, *caput*, da Lei de Recuperação e Falência – LF (Lei 11.101/2005); B: incorreta, pois também os créditos vincendos serão abrangidos pela recuperação judicial, desde que existentes na data do pedido – art. 49 da LF; C: incorreta, pois isso é possível – art. 140, II, da LF; D: correta, nos termos do art. 59 da LF; E: incorreta, pois, em regra, durante o procedimento de recuperação judicial, o devedor ou seus administradores serão mantidos na condução da atividade empresarial, sob fiscalização do Comitê, se houver, e do administrador judicial – art. 64 da LF.

Gabarito "D".

(Cartório/RN – 2012 – IESIS) Quanto à recuperação judicial é correto afirmar, **EXCETO**, que:

(A) O empresário individual está excluído da Lei de Recuperação de Empresas, eis que os dispositivos dedicam-se às sociedades empresárias.

(B) As instituições financeiras, públicas ou privadas, estão incluídas na Lei de Recuperação de Empresas.

(C) O devedor não poderá desistir do pedido de recuperação judicial após o deferimento de seu processamento, salvo se obtiver aprovação da desistência na assembleia geral de credores.

(D) O juiz poderá decretar a falência durante o processo de recuperação judicial por deliberação da assembleia geral de credores.

A: incorreta, devendo ser indicada, pois tanto o empresário como a sociedade empresária sujeitam-se à Lei de Recuperação e Falência – art. 1º da Lei de Recuperação e Falência – LF (Lei 11.101/2005); B: discutível. O art. 2º, II, da LF dispõe expressamente que a Lei de Recuperação e Falência não se aplica a instituição financeira pública ou privada. Ocorre que, de fato, elas estão apenas *relativamente* excluídas, sendo possível o requerimento de falência nos termos do art. 21, *b*, da Lei 6.024/1974, por exemplo – ver também Lei 5.768/1971 e DL 261/1967; C: correta, conforme o art. 52, § 4º, da LF; D: correta, nos termos do art. 73, I, da LF.

Gabarito "A".

(Cartório/SC – 2012) A sentença que decreta a falência tem natureza:

(A) Declaratória.

(B) Constitutiva.

(C) Mandamental.

(D) Cautelar.

(E) Executória.

A sentença que decreta a falência cria nova situação jurídica, gerando novas relações entre os credores e os devedores, de modo que tem natureza constitutiva – art. 99 da LF, entre outros. Por essa razão, a alternativa "B" é a correta.

Gabarito "B".

(Cartório/SC – 2012) Examinando as proposições abaixo, assinale a alternativa **correta**:

I. A falência tem por objetivo o afastamento do devedor de suas atividades para preservar e otimizar a utilização produtiva dos bens, ativos e recursos produtivos, inclusive os intangíveis, da empresa.

II. As empresas públicas e as sociedades de economia mista, quando constituídas para exploração de atividade econômica, submetem-se ao regime jurídico falimentar aplicável às empresas privadas.

III. A Lei n. 11.101/2005, que regula a recuperação judicial, a extrajudicial e a falência do empresário e da sociedade empresária, retirou do ordenamento jurídico pátrio o arcaico instituto da autofalência.

IV. De acordo com a Lei n. 11.101/2005, que regula a recuperação judicial e a falência do empresário, os créditos com privilégio especial não precedem, na ordem, os créditos com garantia real até o limite do valor do bem gravado.

(A) Somente as proposições I e IV estão corretas.

(B) Somente as proposições II, III e IV estão corretas.

(C) Somente as proposições I e III estão corretas.

(D) Somente as proposições I, III e IV estão corretas.

(E) Todas as proposições estão corretas.

I: correta, pois reflete o disposto no art. 75 da Lei de Recuperação e Falência – LF (Lei 11.101/2005); II: incorreta, pois as empresas públicas e sociedades de economia mista não se submetem à Lei de Recuperação e Falência – art. 2º, I, da LF; III: incorreta, pois o devedor pode requerer

8. DIREITO EMPRESARIAL   507

sua própria falência – art. 97, I, da LF; IV: correta, pois os créditos com garantia real, até o limite do valor gravado, ficam abaixo apenas dos créditos trabalhistas, limitados a 150 salários mínimos por credor, e dos decorrentes de acidentes de trabalho – art. 83, II, da LF.
Gabarito "A".

(Cartório/AP – 2011 – VUNESP) Empresário que exerce atividade empresária sem prévia inscrição no Registro do Comércio

(A) poderá pleitear recuperação judicial em caso de crise econômico financeira.

(B) estará sujeito à decretação de sua falência no caso de impontualidade.

(C) poderá requerer a falência de empresário irregular.

(D) poderá requerer a falência de empresário regular.

(E) não poderá habilitar seu crédito na recuperação judicial de empresário regular.

A: incorreta, pois somente o empresário regular pode pleitear recuperação judicial – art. 51, II, da LF; B: correta, pois mesmo o empresário não inscrito se sujeita à falência, bastando que exerça a atividade empresária – art. 966 do CC e art. 1º da LF. Em relação às sociedades, mesmo a despersonalizada (nunca houve inscrição no registro competente – é sociedade em comum – art. 986 do CC) ou a simplesmente irregular (houve inscrição no registro competente, mas, posteriormente, descumpriu-se algum requisito para a regularidade registrária) submetem-se à LF, desde que exerçam atividade empresária; C e D: incorretas, pois somente o empresário ou a sociedade empresária regular poderá requerer a falência de outro ou a autofalência – arts. 97, § 1º, e 105, I, da LF; E: incorreta, pois a habilitação do crédito não depende da regularidade do credor – art. 9º da LF.
Gabarito "B".

(Cartório/SP – II – VUNESP) O registro da permuta do estabelecimento comercial dentro do termo legal da falência

(A) é ineficaz em relação à massa falida.

(B) tem eficácia se feito anterior à quebra, independente dos fatos.

(C) para ter sua ineficácia declarada depende da prova de fraude.

(D) não pode ser feito.

A: incorreta, pois haverá ineficácia somente no caso de transferência de estabelecimento sem o consentimento expresso ou o pagamento de todos os credores, a esse tempo existentes, não tendo restado ao devedor bens suficientes para solver o seu passivo, salvo se, no prazo de 30 dias, não houver oposição dos credores, após serem devidamente notificados, judicialmente ou pelo oficial do registro de títulos e documentos – art. 129, VI, da LF. Ademais, o ato poderá ser revogado se houve intenção de prejudicar credores, na forma do art. 130 da LF; B: incorreta, conforme comentário à alternativa anterior; C: correta, pois é irrelevante a intenção de fraudar credores para a ineficácia objetiva prevista no art. 129 da LF, podendo ser declarada de ofício pelo juiz. Exige-se comprovação de fraude apenas nos casos de ineficácia subjetiva – art. 130 da LF, caso em que o ato é revogável; D: incorreta, pois a permuta (e consequente transferência de estabelecimento) somente é ineficaz perante a massa na hipótese do art. 129, VI, da LF (ou no caso de ineficácia subjetiva prevista no art. 130 da LF). Observação: conforme nossos comentários, discordamos do gabarito oficial, pois parece-nos que todas as alternativas são incorretas.
Gabarito "C".

(Cartório/SP – V – VUNESP) Estão sujeitos à recuperação judicial

(A) todos créditos vencidos e inadimplidos pelo empresário individual ou pela sociedade empresária.

(B) os créditos quirografários vencidos e inadimplidos pelo empresário individual ou pela sociedade empresária.

(C) todos créditos existentes na data do ajuizamento do pedido pelo empresário individual ou pela sociedade empresária.

(D) todos créditos quirografários vencidos e vincendos.

C: correta. O *caput* do art. 49 da LF dispõe que a recuperação judicial abrange todos os créditos vencidos e vincendos existentes na data do pedido. Por essas razões, a alternativa "C" é a correta. Importante observar, no entanto, que há exceções à regra geral (caso dos tributos, que não são incluídos na recuperação, sem prejuízo da possibilidade de parcelamento, desde que previsto em legislação específica – art. 6º, § 7º, da LF).
Gabarito "C".

(Cartório/SP – V – VUNESP) Na falência ou na recuperação judicial, inclui-se entre as atribuições do comitê de credores

(A) consolidar quadro geral de credores.

(B) fiscalizar a atuação do administrador judicial.

(C) deliberar sobre a alienação de bens ou a realização do ativo do devedor.

(D) convocar a assembleia geral de credores.

A: incorreta, pois a consolidação do quadro geral de credores é atribuição do administrador judicial – art. 18 da LF; B: correta, conforme o art. 27, I, *a*, da LF; C: incorreta, pois o comitê pode apenas orientar o juiz na alienação dos ativos, conforme o art. 142 da LF, além de submeter à apreciação do juiz a alienação de bens do ativo permanente antes da aprovação do plano de recuperação judicial, nas hipóteses e condições do art. 27, II, *c*, da LF; D: incorreta, pois a assembleia geral de credores é convocada pelo juiz – art. 36 da LF.
Gabarito "B".

(Cartório/SP – VI – VUNESP) A lei especial prevê hipóteses de exclusão, total ou parcial, das sociedades empresárias do regime falencial, submetendo-as, dessarte, ou sempre a regime concursal diverso do falimentar, quando total a exclusão, ou a procedimento extrajudicial de liquidação concursal alternativo ao processo falimentar, quando parcial a exclusão. Sendo assim, assinale a alternativa correta.

(A) Em nenhum caso o empresário excluído, absoluta ou relativamente, do processo falimentar, submete-se à insolvência civil.

(B) As câmaras ou prestadoras de serviços de compensação e liquidação financeira estão excluídas relativamente do processo falimentar, podendo, em certas circunstâncias especiais, ter a falência decretada.

(C) As seguradoras estão excluídas de forma absoluta do processo falimentar, não podendo ver decretada a falência em nenhuma hipótese, pois só podem ser submetidas ao procedimento específico de execução concursal, denominado *liquidação compulsória*, sob condução da Susep – Superintendência de Seguros Privados.

(D) Tanto as entidades abertas quanto as fechadas, de previdência complementar, estão excluídas, de forma absoluta, do processo falimentar, pois ambas estão sujeitas, unicamente, à liquidação extrajudicial.

Estão *absolutamente* excluídas da legislação falimentar: (i) empresas públicas e sociedades de economia mista – art. 2º, I, da LF; (ii) câmaras

ROBINSON BARREIRINHAS E HENRIQUE SUBI

ou prestadoras de serviços de compensação e de liquidação financeira – art. 194 da LF; e (iii) entidades fechadas de previdência complementar – art. 47 da LC 109/2001. Estão *relativamente* excluídas: (i) companhias de seguro – art. 26 do DL 73/1966; (ii) operadoras de planos privados de assistência à saúde – Lei 9.656/1998 e MP 2.177-44/2001; e (iii) instituições financeiras e equiparadas (empresas de *leasing*, consórcios, fundos, sociedades de capitalização etc.) – Lei 6.024/1974, Lei 5.768/1971 e DL 261/1967. Em nenhuma hipótese essas entidades sujeitam-se à insolvência civil, razão pela qual a assertiva "A" é a correta.
Gabarito "A".

10. TEMAS COMBINADOS E OUTRAS MATÉRIAS

(Cartório/CE – 2018 – IESES) Analise as assertivas abaixo e, de acordo com o que dispõe a legislação vigente, assinale a alternativa correta:

I. Os pedidos de patente, de um modo geral, serão mantidos em sigilo até a efetiva concessão da respectiva patente.

II. O depositante da patente, mesmo antes da efetiva concessão, poderá celebrar contrato de licença para exploração.

III. São patenteáveis, atendidos os requisitos legais, a invenção, o modelo de utilidade e a marca.

IV. As obras literárias não são consideradas invenção nem modelo de utilidade.

(A) Apenas a assertiva III está incorreta.

(B) As assertivas II e IV estão corretas.

(C) As assertivas I e II estão corretas.

(D) Apenas a assertiva II está incorreta.

I: incorreta. O pedido de patente fica em sigilo por 18 meses, contados do depósito ou da prioridade mais antiga, excetuando-se apenas os casos de patente de interesse nacional (art. 30 da LPI); II: correta, nos termos do art. 61 da LPI; III: incorreta. A marca é objeto de registro (art. 122 da LPI); IV: correta, nos termos do art. 10, IV, da LPI.
Gabarito "B".

(Cartório/MG – 2015 – Consulplan) Com base no Código Civil (Lei 10.406, de 10 de janeiro de 2002), considera-se empresário

(A) quem exerce profissão de natureza intelectual, de natureza científica, literária ou artística, ainda com o concurso de auxiliares ou colaboradores, com fins lucrativos, mesmo se o exercício da profissão constituir elemento de empresa.

(B) quem exerce profissionalmente atividade econômica organizada para a produção ou a circulação de bens ou de serviços.

(C) o preposto permanente no exercício da empresa, mesmo que esta não seja uma atividade econômica organizada.

(D) toda pessoa física ou jurídica que tenha feito a sua inscrição no Registro Público de Empresas Mercantis depois do início de sua atividade.

A: incorreta. Tais atividades, salvo se constituírem elemento de empresa, não são consideradas empresárias (art. 966, parágrafo único, do CC); **B:** correta, nos termos do art. 966, *caput*, do CC; **C:** incorreta. O preposto não é empresário, porque não exerce a atividade em nome próprio; **D:** incorreta. A caracterização do empresário se dá pelo exercício da atividade e não pelo registro, que é condição para a regularidade

do empresário. Além disso, ele deve ser efetuado antes do início da atividade (art. 967 do CC).
Gabarito "B".

(Cartório/MG – 2015 – Consulplan) Analise as seguintes afirmativas:

I. O Novo Código Civil (Lei 10.406, de 10 de janeiro de 2002) revogou todo o Código Comercial (Lei 556, de 25 de junho 1850).

II. Regem-se os títulos de crédito pelo disposto no Novo Código Civil (Lei 10.406, de 10 de janeiro de 2002), ficando sem efeito qualquer outra disposição diversa.

III. Salvo disposição em contrário, aplicam-se aos empresários e sociedades empresárias as disposições de lei não revogadas pelo Novo Código Civil (Lei 10.406, de 10 de janeiro de 2002), referentes a comerciantes, ou a sociedades comerciais, bem como a atividades mercantis.

A partir da análise das afirmativas acima e com base no Novo Código Civil (Lei 10.406, de 10 de janeiro de 2002), está correto somente o que se afirma em:

(A) I

(B) I e III

(C) III

(D) I e II

I: incorreta. Manteve-se em vigor a Parte Segunda do Código Comercial, que trata do comércio marítimo (art. 2.045 do CC); II: incorreta. O Código Civil regulamenta os títulos de crédito atípicos e serve de norma supletiva para os títulos de crédito típicos, cujas leis específicas continuam em vigor (art. 903 do CC); III: correta, nos termos do art. 2.037 do CC.
Gabarito "C".

(Cartório/MG – 2015 – Consulplan) Analise as assertivas abaixo:

I. Podem os cônjuges celebrar sociedade entre si, desde que o regime de bens do casamento não seja o da separação facultativa ou da participação final nos aquestos.

II. Quanto à alienação de um estabelecimento comercial, é correto afirmar que o adquirente do estabelecimento não ficará sub-rogado no pagamento das dívidas anteriores à alienação.

III. Os efeitos do arquivamento de documentos no registro de comércio retroagem à data de sua assinatura, desde que apresentados à Junta Comercial no prazo de 30 (trinta) dias.

IV. Devem ser mantidos por qualquer sociedade anônima, obrigatoriamente, os livros diário, e de transferência de ações nominativas.

V. João, José e Manoel são sócios da sociedade denominada "João e José Comércio de Alimentos Ltda". O fato de o nome de Manoel não constar do nome empresarial é compatível com o regime aplicável à sociedade limitada, em que a firma pode ser composta pelo nome de um ou mais sócios.

A partir da análise, está correto o que se afirma em:

(A) I, III e V, apenas.

(B) III, IV e V, apenas.

(C) IV e V, apenas.

(D) I, II, III, IV e V.

8. DIREITO EMPRESARIAL — 509

I: incorreta. Os regimes de bens que proíbem a contratação de sociedade entre cônjuges são a comunhão universal e a separação obrigatória (art. 977 do CC); **II:** incorreta. O art. 1.146 do CC determina a responsabilidade do adquirente pelas dívidas anteriores ao contrato, desde que devidamente contabilizadas; **III:** correta, nos termos do art. 36 da Lei 8.934/1994; **IV:** correta, nos termos do art. 100, *caput* e inciso II, da LSA e art. 1.180 do CC; **V:** correta, nos termos do art. 1.158, § 1º, do CC.
Gabarito "B".

(Cartório/PA – 2016 – IESES) Assinale a alternativa correta de acordo com o que dispõe a legislação vigente:

(A) A licença do uso da marca produzirá efeitos perante terceiros a partir da data do pedido de averbação no INPI – Instituto Nacional de Propriedade Industrial.

(B) O prazo de vigência do registro da marca é improrrogável.

(C) O pedido de registro marca poderá ser cedido, mesmo antes da concretização do registro, desde que o cessionário atenda aos requisitos legais para requerer tal registro.

(D) O contrato de licença de uso da marca precisa estar averbado no INPI para efeito de validade de prova do uso.

A: incorreta. A licença produzirá efeitos a partir de sua publicação (art. 140, § 1º, da Lei 9.279/1996; **B:** incorreta. O registro de marca é válido por 10 anos, prorrogáveis sucessivas vezes por igual período (art. 133 da Lei 9.279/1996); **C:** correta, nos termos do art. 134 da Lei 9.279/1996; **D:** incorreta. Não é necessária a averbação para fins de validade da prova de uso (art. 140, § 2º, da Lei 9.279/1996).
Gabarito "C".

(Cartório/PA – 2016 – IESES) São consideradas obras intelectuais protegidas pela legislação sobre direitos autorais, EXCETO:

(A) As obras dramáticas e dramático-musicais.

(B) Os esquemas, planos ou regras para realizar atos mentais, jogos ou negócios.

(C) As ilustrações, cartas geográficas e outras obras da mesma natureza.

(D) As obras audiovisuais, sonorizadas ou não, inclusive as cinematográficas.

Todos os itens estão mencionados no art. 7º da Lei 9.610/1998 (incisos III, IX e VI, respectivamente), com exceção da letra "B", que deve ser assinalada. Os esquemas, planos e regras de atos mentais, jogos ou negócios não serão objeto de proteção pela legislação de direitos autorais (art. 8º, II, da Lei 9.610/1998).
Gabarito "B".

(Cartório/SP – 2012 – VUNESP) Assinale a alternativa correta.

(A) As quotas dos Fundos de Investimento Imobiliário constituem valores mobiliários, admitida a emissão sob a forma escritural.

(B) Os Fundos de Investimento Imobiliário têm personalidade jurídica.

(C) Os bens integrantes do patrimônio do Fundo de Investimento integram o patrimônio da instituição administradora.

(D) É exigida a apresentação de Certidão Negativa de Débito, expedida pelo Instituto Nacional da Seguridade Social, para a alienação de bem imóvel integrante do patrimônio do Fundo de Investimento Imobiliário.

A: correta, nos termos do art. 3º da Lei 8.668/1993; **B:** incorreta, pois os fundos de investimento imobiliário não têm personalidade jurídica – art. 1º da Lei 8.668/1993; **C:** incorreta, pois não é possível essa confusão – art. 7º, I, da Lei 8.668/1993; **D:** incorreta, pois a instituição financeira fica dispensada da apresentação dessa certidão negativa para a alienação de imóveis integrantes do patrimônio do fundo de investimento imobiliário – art. 7º, § 3º, da Lei 8.668/1993.
Gabarito "A".

(Cartório/SP – 2011 – VUNESP) Sobre as práticas comerciais disciplinadas no Código de Defesa do Consumidor, é correto afirmar que

(A) é facultado ao fornecedor de produtos encerrar a oferta de peças de reposição, logo que cessada a produção ou a importação dos mesmos.

(B) o orçamento de serviço obriga o fornecedor pelo prazo de 10 dias, salvo estipulação em contrário.

(C) o fornecedor dos produtos e serviços não responde perante os consumidores, quando os atos forem praticados pelos representantes autônomos.

(D) é vedado ao fornecedor de produtos e serviços condicionar o fornecimento, mesmo com justa causa, a limites quantitativos.

A: incorreta, pois, cessada a produção ou importação, a oferta deverá ser mantida por período razoável de tempo, na forma da lei – art. 32, parágrafo único, do CDC; **B:** correta, nos termos do art. 40, § 1º, do CDC; **C:** incorreta, pois o fornecedor do produto ou serviço é solidariamente responsável pelos atos de seus prepostos ou representantes autônomos – art. 34 do CDC; **D:** incorreta, pois a vedação é apenas quando não há justa causa – art. 39, I, do CDC.
Gabarito "B".

(Cartório/RN – 2012 – IESIS) Quanto à Propriedade Industrial, regulada pela Lei n. 9.279/1996, pode-se afirmar, **EXCETO**, que:

(A) É patenteável a invenção que atenda aos requisitos de novidade, atividade inventiva e aplicação industrial.

(B) Teorias científicas ou métodos matemáticos não podem ser considerados invenções ou modelo de utilidade.

(C) Se dois ou mais autores tiverem realizado a mesma invenção ou modelo de utilidade, de forma independente, o direito de obter patente será assegurado àquele que provar o depósito mais antigo, independentemente das datas de invenção ou criação.

(D) Não é dada ao requerente a presunção de legitimidade para obter patente.

A: correta, pois reflete o disposto no art. 8º da Lei de Propriedade Industrial – LPI (Lei 9.279/1996); **B:** correta, nos termos do art. 10, I, da LPI; **C:** correta, conforme o art. 7º da LPI; **D:** incorreta, devendo ser indicada, pois, salvo prova em contrário, presume-se o requerente legitimado a obter a patente – art. 6º, § 1º, da LPI.
Gabarito "D".

ROBINSON BARREIRINHAS E HENRIQUE SUBI

Veja a seguinte tabela, com os requisitos de patenteabilidade e de registrabilidade, para estudo e memorização:

Requisitos de patenteabilidade de invenção e modelo de utilidade	
Novidade	não pode estar compreendida no estado da técnica, ou seja, não pode ter sido tornada acessível ao público antes do depósito do pedido de patente – art. 11 da LPI
Atividade inventiva	não pode simplesmente decorrer, para um técnico no assunto, de maneira evidente ou óbvia, do estado da técnica – art. 13 da LPI
Aplicação industrial	deve ser suscetível de aplicação industrial – art. 15 da LPI
Desimpedimento	não é patenteável aquilo que está listado no art. 18 da LPI

Requisitos para registro de desenho industrial	
Novidade	não pode estar compreendido no estado da técnica, ou seja, não pode ter sido tornado acessível ao público antes do depósito do pedido de registro – art. 96 da LPI
Originalidade	dele deve resultar uma configuração visual distintiva, em relação a outros objetos anteriores – art. 97 da LPI
Desimpedimento	não é registrável aquilo que está listado nos arts. 98 e 100 da LPI

Requisitos para registro de marca	
Novidade relativa	não pode ter sido previamente registrada (princípio da novidade) para a classe do produto ou do serviço (princípio da especificidade)
Não violação de marca notoriamente conhecida	não pode violar marca de alto renome ou notoriamente conhecida – arts. 125 e 126 da LPI
Desimpedimento	Não é registrável aquilo que está listado no art. 124 da LPI

(Cartório/SC – 2012) Em relação aos direitos relativos à propriedade industrial, é **correto** afirmar:

I. A proteção dos direitos relativos à propriedade industrial, considerado o seu interesse social e o desenvolvimento tecnológico e econômico do País, efetua-se mediante a concessão de patentes de invenção e de modelo de utilidade, a concessão de registro de desenho industrial, a concessão de registro de marca, a repressão às falsas indicações geográficas e a repressão à concorrência desleal.

II. Consideram-se bens móveis, para os efeitos legais, os direitos de propriedade industrial.

III. À marca registrada no Brasil considerada de alto renome será assegurada proteção especial em todos os ramos de atividade.

IV. O registro da marca vigorará pelo prazo de dez anos contados da data do depósito, prorrogável por três períodos sucessivos de cinco anos cada.

(A) Somente as proposições I, II e IV estão corretas.

(B) Somente as proposições II, III e IV estão corretas.

(C) Somente as proposições I, III e IV estão corretas.

(D) Somente as proposições I, II e III estão corretas.

(E) Todas as proposições estão corretas.

I: correta, nos termos do art. 2º da LPI; II: correta, pois isso é definido pelo art. 5º da LPI; III: correta, conforme o art. 125 da LPI; IV: incorreta, pois o registro da marca vigorará pelo prazo de 10 (dez) anos, contados da data da concessão do registro, prorrogável por períodos iguais e sucessivos – art. 133 da LPI.
Gabarito "D".

(Cartório/SP – VII – VUNESP) Assinale a alternativa incorreta.

(A) O empresário, cuja atividade rural constitua sua principal profissão, pode requerer inscrição no Registro Público de Empresas Mercantis.

(B) A cooperativa que tenha por objeto a construção e alienação de imóveis aos seus cooperados é sociedade empresária.

(C) Independentemente de seu objeto, a sociedade por ações é sempre sociedade empresária.

(D) Na sociedade em comum, a responsabilidade dos sócios é solidária e ilimitada pelas obrigações sociais.

A: correta, pois a inscrição é facultativa nesse caso, sendo que, caso ocorra, implicará equiparação do empresário rural ao empresário sujeito a registro – art. 971 do CC; B: incorreta, pois a sociedade cooperativa será sempre considerada simples, independentemente de seu objeto – art. 982, parágrafo único, do CC; C: correta, conforme o art. 982, parágrafo único, do CC; D: correta, pois os sócios da sociedade em comum respondem solidária e ilimitadamente pelas obrigações sociais, excluído do benefício de ordem, previsto no art. 1.024 do CC, aquele que contratou pela sociedade – art. 990 do CC.
Gabarito "B".

(Cartório/SP – VII – VUNESP) Segundo a jurisprudência do Superior Tribunal de Justiça, assinale a alternativa incorreta a respeito de alienação fiduciária.

(A) O contrato de alienação fiduciária em garantia pode ter por objeto bem que já integrava o patrimônio do devedor.

(B) A notificação destinada a comprovar a mora nas dívidas garantidas por alienação fiduciária deve necessariamente indicar o valor do débito.

(C) Cabe ação monitória para haver saldo remanescente oriundo de venda extrajudicial de bem alienado fiduciariamente em garantia.

(D) Na falência do devedor alienante, fica assegurado ao credor fiduciário o direito de pedir a restituição do bem alienado fiduciariamente.

A: correta, pois é exatamente o que dispõe a Súmula 28 do STJ; B: incorreta, pois, nos termos da Súmula 245 do STJ, a notificação destinada a comprovar a mora nas dívidas garantidas por alienação fiduciária dispensa a indicação do valor do débito; C: correta, nos termos da Súmula 384 do STJ; D: correta, embora o credor possa também habilitar seu crédito na falência, como privilegiado – ver REsp 791.194/RS-STJ.
Gabarito "B".

8. DIREITO EMPRESARIAL

(Cartório/SP – VII – VUNESP) Sobre as práticas comerciais disciplinadas no Código de Defesa do Consumidor, é correto afirmar que

(A) é facultado ao fornecedor de produtos encerrar a oferta de peças de reposição, logo que cessada a produção ou a importação dos mesmos.

(B) o orçamento de serviço obriga o fornecedor pelo prazo de 10 dias, salvo estipulação em contrário.

(C) o fornecedor dos produtos e serviços não responde perante os consumidores, quando os atos forem praticados pelos representantes autônomos.

(D) é vedado ao fornecedor de produtos e serviços condicionar o fornecimento, mesmo com justa causa, a limites quantitativos.

A: incorreta, pois, cessadas a produção ou importação do produto, a oferta de componentes e peças de reposição deverá ser mantida por período razoável de tempo, na forma da lei – art. 32, parágrafo único, do CDC; B: correta, nos termos do art. 40, § 1º, do CDC; C: incorreta, pois o fornecedor do produto ou serviço é solidariamente responsável pelos atos de seus prepostos ou representantes autônomos – art. 34 do CDC; D: incorreta, pois a justa causa pode validar a condição imposta pelo fornecedor – art. 39, I, do CDC.

Gabarito "B".

(Cartório/SP – VII – VUNESP) Na sustação de protesto por ordem judicial, é correto afirmar que os títulos

(A) serão remetidos obrigatoriamente ao Juízo que proferiu a ordem de sustação.

(B) serão remetidos obrigatoriamente ao Juiz Corregedor do Tabelião de Protestos.

(C) permanecerão no Tabelionato à disposição do Juízo que proferiu a ordem de sustação.

(D) serão retirados pelo credor para apresentação no processo judicial.

C: correta. Nos termos do art. 17 da Lei 9.492/1997, permanecerão no Tabelionato, à disposição do Juízo respectivo, os títulos ou documentos de dívida cujo protesto for judicialmente sustado. Por essa razão, a alternativa "C" é a correta.

Gabarito "C".

9. Teoria Geral dos Registros Públicos

Leandro Borrego Marini, Gabriela Nassar de Castro Palma Marini, Izaias Gomes Ferro Júnior e Daniela Rosário Rodrigues*

1. PRINCÍPIOS

(Cartório/ES – 2007 – FCC) Dentre os princípios que regem os registros públicos, existe o Princípio da Continuidade, que expressa a necessidade de encadeamento entre assentos pertinentes. Pode ser considerado expressão do Princípio da Continuidade a seguinte exigência constante da Lei n. 6.015/73:

(A) obrigatoriedade de referência à matrícula ou registro anterior na escritura ou instrumento particular.

(B) omissão quanto à origem da filiação na certidão de nascimento.

(C) numeração de página de um livro correspondendo ao número de ordem dentro deste livro, fazendo-se menção sempre ao número de ordem de cada livro, pois que o número do livro é que faz a diferença.

(D) impossibilidade de novo registro de título anterior registrado em ofício de registro de imóveis diverso do registro anterior.

(E) possibilidade de registro de imóvel matriculado, ainda que o título precedente não tenha sido registrado, bastando, o último registro até então efetivado.

A: Correta. A exigência de que tais dados constem no instrumento público vem prevista no artigo 222 da Lei n. 6.015/1973. O objetivo é a verificação da sucessividade entre os negócios jurídicos praticados, vinculando o negócio jurídico anterior ao negócio ali entabulado; B: Incorreta. O princípio da continuidade, previsto no artigo 237 da Lei de Registros Públicos, trata da cadeia lógica entre os atos que serão praticados na matrícula do imóvel. Dessa forma, por se tratar de regra imediatamente ligada ao serviço de registro de imóveis, não atingirá a omissão da origem da filiação, cuja previsão se encontra no artigo 19, § 3º, da Lei de Registros Públicos; C: Incorreta. A finalidade do mencionado princípio é garantir a lógica da ordem dos atos entabulados no instrumento com aqueles que constam nos livros imobiliários e não a escrituração dos livros da Serventia, que compreende a transposição de dados dos títulos para os livros de registro; D: Incorreta. Efetivamente não se registra novamente título já registrado porque o registro já produz todos os seus efeitos, sendo desnecessário repeti-lo em caso de mudança de circunscrição ou Comarca; E: Incorreta. O princípio da continuidade exige a conduta exatamente inversa, ou seja, não é admitido o registro do título posterior se o anterior ainda não se encontrar registrado.
"A" otinadaG

(Cartório/MG – 2007 – EJEF) Princípio da especialidade do registro público implica:

(A) Exigir a perfeita e correta identificação de tudo o que se lança no registro, o que abrange o objeto do direito

real sobre o qual recai o negócio jurídico, incluindo o direito obrigacional objeto da garantia, e a completa individuação dos sujeitos da avença, mas sua aplicação é exigência exclusiva do registro de imóveis.

(B) Impedir o registro de título através do qual se faça alienação de imóvel *ad corpus* (art. 500, § 3º, do Código Civil de 2002).

(C) Exigir a perfeita e correta identificação de tudo o que se lança no registro, o que pode abranger o objeto do direito real sobre o qual recai o negócio jurídico, incluindo o direito obrigacional objeto da garantia, no que concerne a seu montante, juros, prazo e condições de pagamento, bem como a completa individuação dos sujeitos da avença, servindo, portanto, de indispensável apoio aos princípios da continuidade e da prioridade.

(D) Assegurar a constituição de direitos, seja quanto à situação jurídica do imóvel, seja no que concerne a sua situação de fato, isto é, os dados de fato incluídos na sua descrição, entre os quais os concernentes à área.

O princípio da especialização ou especialidade se apresenta sob dois aspectos. Quanto ao aspecto objetivo, diz respeito ao direito real, que se trata do negócio jurídico para que se verifique se ele é apto ou não a ingressar nos assentos imobiliários. Além disso, há outras faces da especialização objetiva em razão da espécie de direito que ingressará na matrícula. Dessa forma, como exemplo, para o registro dos direitos reais de garantia é imprescindível que o instrumento traga todos os requisitos previstos no artigo 1.424 do Código Civil de 2002. Caso se trate de uma alienação fiduciária de bem imóvel, os requisitos da especialização objetiva encontram-se previstos no artigo 24 da Lei n. 9.514/1997. O segundo aspecto é o subjetivo. Ele atinge as partes envolvidas no negócio jurídico, que devem estar completamente qualificadas, na forma do disposto no artigo 176, § 1º, II, 4), da Lei de Registros Públicos.
"C" otinadaG

(Cartório/MG – 2005 – EJEF) Considerando-se o princípio da publicidade, é CORRETO afirmar que

(A) a alteração posterior ao ato cuja certidão é pedida deve, de regra, em proteção ao interesse do terceiro de boa-fé, ser mencionada obrigatoriamente pelo Oficial, não obstante as especificações do pedido, sob pena de sua responsabilidade civil ou penal.

(B) a certidão será lavrada apenas em inteiro teor ou em resumo, não podendo ser retardada por mais de cinco dias úteis.

(C) o Oficial que receber alguma petição fornecerá nota de entrega, devidamente autenticada, ao interessado, desde que solicitado a fazê-lo.

(D) os Oficiais e os Encarregados dos Serviços de Registro sujeitos ao regime estabelecido na Lei dos Registros Públicos — Lei n. 6.015, de 1973 — são obrigados a lavrar certidão somente do que lhes for requerido por escrito.

---

* Leandro Borrego Marini e Gabriela Nassar de Castro Palma Marini comentaram as questões de 2017 a 2021, revisando as demais para meros fins de atualização. Izaias Gomes Ferro Júnior comentou as questões dos concursos de 2015 e 2016. Daniela Rosário Rodrigues comentou as demais questões.

VÁRIOS AUTORES

A: Correta. Trata-se da previsão do artigo 21 da Lei de Registros Públicos e tem por finalidade garantir que o requerente da certidão tenha conhecimento de fato superveniente ao momento do seu pedido. É o que pode ocorrer, por exemplo, no caso de uma pessoa requerer a expedição de uma certidão de matrícula de um imóvel e, antes de ser emitida a certidão, ser prenotado título referente ao imóvel cuja certidão será emitida. É dever do Oficial fazer constar tal informação na certidão; B: Incorreta. O *caput* do artigo 19 da Lei n. 6.015/1973 prevê que a certidão será lavrada em inteiro teor, em resumo ou em relatório, conforme os quesitos que sejam apresentados. Além disso, *na lei federal*, não há previsão da contagem do prazo para emissão de certidões em dias úteis, mas apenas em dias – que são cinco; C: Incorreta. Nos termos do disposto no artigo 20, parágrafo único, da Lei de Registros Públicos, a expedição de nota em razão de haver recebido petição, *não está condicionada a requerimento da parte*; D: Incorreta. O direito à obtenção de certidão daquilo que consta no registro está previsto no artigo 16 da Lei n. 6.015/1973. Nesse dispositivo, expressamente se prevê que as certidões serão lavradas em razão de requerimento da parte, sem qualquer exigência de que o requerimento se faça exclusivamente por escrito.
Gabarito "A".

(Cartório/MS – 2009 – VUNESP) Assinale a alternativa cujo texto está diretamente relacionado ao princípio da legalidade.

(A) Tem por objetivo impedir que sejam registrados títulos inválidos, ineficazes ou imperfeitos.

(B) Consiste na determinação precisa do conteúdo do direito que se procura assegurar e da individualidade do imóvel que dele é objeto.

(C) Garante a ordem cronológica da apresentação dos títulos e, em decorrência, a prioridade de exame e de registro e a preferência do direito real oponível perante terceiros.

(D) Impõe a provocação ao registro, ou seja, impede que o oficial, salvo as exceções legais, aja *ex officio*.

(E) Tem por escopo evitar que títulos não sejam registrados, pois quem não observar este dever arcará com o ônus da sua omissão.

A: Correta. O princípio da legalidade tem por objetivo garantir a regularidade dos atos levados à matrícula ou aos livros do registro imobiliário. Visa conferir segurança às partes porque registraram um negócio aparentemente hígido; B: Incorreta. Trata-se do princípio da especialidade objetiva; C: Incorreta. Trata-se da prenotação, que é o ato pelo qual o título ingressa na Serventia registral imobiliária para qualificação e registro. A prenotação é um protocolo do título; D: Incorreta. Trata-se do princípio da rogação, previsto no artigo 13 da Lei de Registros Públicos. Em razão de tal princípio, os Oficiais dependem, como regra, de ordem judicial, de requerimento do Ministério Público, quando a lei autorizar, ou de provocação de um dos legitimados em lei para a prática dos atos de seu ofício. Ademais, a Lei de Registros Públicos não admite registro *ex officio*, prevendo, apenas, a hipótese de averbação *ex officio* como, por exemplo, dos nomes dos logradouros decretados pelo Poder Público (art. 167, II, 13), da Lei n. 6.015/1973); E: Incorreta. Trata-se do princípio da obrigatoriedade, previsto no artigo 169, Lei de Registros Públicos.
Gabarito "A".

(Cartório/PR – 2007) Sobre a publicidade dos registros públicos, assinale a INCORRETA:

(A) Salvo determinação judicial, nas certidões de registro civil, não se mencionará a circunstância de ser legítima ou ilegítima a filiação.

(B) Ressalvados os casos expressamente previstos em Lei, a certidão de registro será lavrada independentemente

de despacho judicial, devendo mencionar o livro de registro ou o documento arquivado no cartório.

(C) As certidões serão lavradas em inteiro teor, em resumo, ou em relatório, conforme quesitos e devidamente autenticadas pelo oficial ou seus substitutos legais, não podendo ser retardadas por mais de 5 dias.

(D) Qualquer pessoa do povo pode requerer certidão do registro bastando informar ao oficial ou ao funcionário o motivo ou interesse do pedido.

(E) As certidões de nascimento mencionarão, além da data em que foi feito o assento, a data, por extenso, do nascimento e, ainda, expressamente, o lugar onde o fato houver ocorrido.

A: Correta, conforme disposto no artigo 19, § 3º, da Lei de Registros Públicos, embora não haja mais qualquer distinção legal quanto à filiação legítima ou ilegítima; B: Correta, conforme disposto no artigo 18 da Lei de Registros Públicos; C: Correta, conforme artigo 19, *caput*, Lei n. 6.015/1973; D: Incorreta, devendo esta alternativa ser assinalada, nos termos do disposto no artigo 17, Lei de Registros Públicos. Isso porque, em razão da publicidade inerente aos serviços registrais, qualquer pessoa poderá requerer certidão do que consta nos livros do serviço sem que haja qualquer exigência ou necessidade de declinar os motivos pelos quais o faz; E: Correta, conforme disposto no artigo 19, § 4º, Lei n. 6.015/1973.
Gabarito "D".

(Cartório/SP – I – VUNESP) Os serviços extrajudiciais são

(A) particulares, exercidos em caráter público, por funcionários públicos comissionados.

(B) públicos, exercidos em caráter público, por delegação.

(C) particulares, exercidos em caráter privado, por delegação.

(D) públicos, exercidos em caráter privado, por delegação.

A regulamentação primária dos serviços notariais e de registro (extrajudiciais) vem prevista no artigo 236 da Constituição Federal. Ali se prevê expressamente a natureza *pública* dos serviços. No entanto, o próprio legislador constitucional prevê a forma de exercício desse serviço. Assim, será ele exercido em caráter privado, por uma delegação feita pelo Poder Público ao particular, aprovado em concurso público de provas e títulos. Logo, correta a assertiva "D"
Gabarito "D".

(Cartório/SP – I – VUNESP) O ingresso na atividade notarial e de registro, de acordo com a Lei n. 8.935, de 18 de novembro de 1994, depende do preenchimento de vários requisitos. Assinale a alternativa que se refere ao requisito não exigido.

(A) Capacidade civil.

(B) Verificação de conduta condigna para o exercício da profissão.

(C) Estado civil.

(D) Nacionalidade brasileira.

Os requisitos para o ingresso na atividade extrajudicial estão previstos no artigo 14 da Lei n. 8.935/1994, Lei esta que regulamenta o artigo 236 da Constituição Federal e dispõe sobre os serviços notariais e de registro. São requisitos cumulativos, de tal sorte que a ausência de um deles impede a assunção do serviço. No entanto, entre os elencados na questão proposta, não consta o *estado civil* ou mesmo a sua comprovação específica como requisito. A capacidade civil, a verificação de conduta condigna para o exercício da profissão e a nacionalidade

9. TEORIA GERAL DOS REGISTROS PÚBLICOS

brasileira estão previstas, respectivamente, nos incisos III, VI e II do artigo 14 da Lei n. 8.935/1994.

Gabarito "C".

(Cartório/SP – I – VUNESP) Ser o Delegado dotado de fé pública significa que

(A) os atos por ele ou perante ele praticados gozam de presunção relativa de autenticidade.

(B) ele pode praticar todo e qualquer ato de sua atribuição.

(C) os atos por ele ou perante ele praticados gozam de presunção absoluta de veracidade.

(D) ele pode delegar a prática de ato, sob sua responsabilidade.

A atribuição de fé pública ao delegado do serviço notarial e de registro vem prevista no artigo 3º da Lei n. 8.935/1994. Somente tem fé pública quem recebe esse especial atributo do legislador. Com esse atributo, cria-se uma presunção relativa de veracidade dos atos por ele praticados ou perante ele. Assim, por exemplo, no momento em que o registrador imobiliário inscreve em uma matrícula a aquisição do imóvel por certa pessoa, apõe a sua fé pública ao ato fazendo com que ele seja presumidamente válido até que se prove o contrário. Isso implica dizer que não compete aos Notários e Registradores comprovar que os atos por eles praticados são validos, verdadeiros e regulares; pelo contrário, caberá ao interessado comprovar que não o é. E, por haver a possibilidade de demonstrar a falta de veracidade do ato, trata-se, certamente, de presunção relativa ou *juris tantum*.

Gabarito "A".

(Cartório/MG – 2015 – Consulplan) O serviço, a função e a atividade notarial e de registro se norteiam pelos princípios específicos de cada natureza notarial e registral, além dos seguintes princípios gerais, tal como previsto no Código de Normas dos Serviços Notariais e de Registro do Estado de Minas Gerais (Provimento CGJ 260/2013) (assinale a alternativa correta):

(A) I – da presunção, a assegurar autenticidade dos atos emanados dos serviços notariais e de registro, gerando presunção absoluta de validade; II – da publicidade, a assegurar o conhecimento de todos sobre o conteúdo dos registros e a garantir sua oponibilidade contra terceiros; III – da autenticidade, a estabelecer uma presunção relativa de verdade sobre o conteúdo do ato notarial ou registral; IV – da segurança, a conferir estabilidade às relações jurídicas e confiança no ato notarial ou registral; V – da organização técnico-administrativa, a assegurar a produção dos efeitos jurídicos decorrentes do ato notarial ou registral; VI – da investidura, a submeter a validade do ato notarial ou registral à condição de haver sido praticado por agente legitimamente investido na função; VII – da reserva de iniciativa, rogação ou instância, a definir o ato notarial ou registral como de iniciativa exclusiva do interessado, vedada a prática de atos de averbação e de registro de ofício, com exceção dos casos previstos em lei; VIII – da legalidade, a impor prévio exame da legalidade, validade e eficácia dos atos notariais ou registrais, a fim de obstar a lavratura ou registro de atos inválidos, ineficazes ou imperfeitos.

(B) I – da fé pública, a assegurar autenticidade dos atos emanados dos serviços notariais e de registro, gerando presunção relativa de validade; II – da publicidade, a assegurar o conhecimento de todos sobre o conteúdo

dos registros e a garantir sua oponibilidade contra terceiros; III – da autenticidade, a estabelecer uma presunção relativa de verdade sobre o conteúdo do ato notarial ou registral; IV – da segurança, a conferir estabilidade às relações jurídicas e confiança no ato notarial ou registral; V – da eficácia dos atos, a assegurar a produção dos efeitos jurídicos decorrentes do ato notarial ou registral; VI – da oficialidade, a submeter a validade do ato notarial ou registral à condição de haver sido praticado por agente legitimamente investido na função; VII – da reserva de iniciativa, rogação ou instância, a definir o ato notarial ou registral como de iniciativa exclusiva do interessado, vedada a prática de atos de averbação e de registro de ofício, com exceção dos casos previstos em lei; VIII – da legalidade, a impor prévio exame da legalidade, validade e eficácia dos atos notariais ou registrais, a fim de obstar a lavratura ou registro de atos inválidos, ineficazes ou imperfeitos.

(C) I – do poder certificante, a assegurar autenticidade dos atos emanados dos serviços notariais e de registro, gerando presunção absoluta de validade; II – da publicidade, a assegurar o conhecimento de todos sobre o conteúdo dos registros e a garantir sua oponibilidade contra terceiros; III – da autenticidade, a estabelecer uma presunção absoluta de verdade sobre o conteúdo do ato notarial ou registral; IV – da segurança, a conferir estabilidade às relações jurídicas e confiança no ato notarial ou registral; V – da eficácia dos atos, a assegurar a produção dos efeitos jurídicos decorrentes do ato notarial ou registral; VI – da legitimidade, a submeter a validade do ato notarial ou registral à condição de haver sido praticado por agente legitimamente investido na função; VII – da reserva de iniciativa, rogação ou instância, a definir o ato notarial ou registral como de iniciativa exclusiva do interessado, vedada a prática de atos de averbação e de registro de ofício, com exceção dos casos previstos em lei; VIII – da legalidade, a impor prévio exame da legalidade, validade e eficácia dos atos notariais ou registrais, a fim de obstar a lavratura ou registro de atos inválidos, ineficazes ou imperfeitos.

(D) I – da fé pública, a assegurar autenticidade dos atos emanados dos serviços notariais e de registro, gerando presunção relativa de validade; II – da publicidade, a assegurar o conhecimento de todos sobre o conteúdo dos registros e a garantir sua oponibilidade contra terceiros, salvo as hipóteses de segredo de justiça; III – da autenticidade, a estabelecer uma presunção relativa de verdade sobre o conteúdo do ato notarial ou registral; IV – da estabilidade e confiança, a conferir estabilidade às relações jurídicas e confiança no ato notarial ou registral; V – da eficácia dos atos, a assegurar a produção dos efeitos jurídicos decorrentes do ato notarial ou registral; VI – da continuidade, a submeter a validade do ato notarial ou registral à preservação do trato sucessivo entre todos elementos que figuram no negócio jurídico causal; VII – da inércia, a definir o ato notarial ou registral como de iniciativa exclusiva do interessado, vedada a prática de atos de averbação e de registro de ofício, com exceção dos casos previstos em lei; VIII – da legalidade, a impor prévio exame da legalidade, validade e eficácia dos atos notariais ou registrais, a fim de obstar a lavratura ou registro de atos inválidos, ineficazes ou imperfeitos.

O artigo 5º do Código de Normas Mineiro (redação vigente à época do concurso) trazia rol principiológico bem definido. A reforma materializada pelo Prov. Conjunto 93/2020 manteve a definição dos princípios de forma expressa no artigo 5º do Código. Analisar-se-á cada item das assertivas.
A: Incorreta a questão. Parte-se para a análise dos itens: Item I – da presunção, a assegurar autenticidade dos atos emanados dos serviços notariais e de registro, gerando presunção absoluta de validade. Incorreta pois a presunção não tem como objetivo assegurar a autenticidade dos atos emanados dos serviços extrajudiciais, nem gera a presunção absoluta de validade. Item II – está correto. Item III – está correto. Item IV – está correto. Item V – está incorreto, pois fala em da organização técnico-administrativa, quando o Código de Normas fala em eficácia dos atos. Item VI está incorreto, pois a assertiva fala em investidura e o inciso VI do artigo 5º do Código de Normas fala em Oficialidade. Item VII está correto. Item VIII – está correto. **B:** Correta. Todos os itens estão em conformidade com os incisos do Art. 5º do Código de Minas. **C:** Incorreta a questão. Parte-se para a análise dos itens: Item I – poder certificante. Não existe este princípio, portanto incorreto o item e a questão. O item VI – da legitimidade, está incorreto, pois a explicação, "a submeter a validade do ato notarial ou registral à condição de haver sido praticado por agente legitimamente investido na função" é o princípio da oficialidade, portanto incorreto o item e a questão. **D:** Incorreta. Os itens I a III estão corretos. O item IV, está incorreto, pois fala em "princípio da estabilidade e confiança, a conferir estabilidade às relações jurídicas e confiança no ato notarial ou registral." Trata-se do princípio nominal da segurança. Não estaria inteiramente errado o nome proposto, mas não é o que consta do Código Mineiro. O item V está correto. O item VI está incorreto. A assertiva confunde o ao colocar como verdadeiro o princípio da continuidade, como aquele a submeter a validade do ato notarial ou registral à preservação do trato sucessivo entre todos elementos que figuram no negócio jurídico causal, apenas típico das transmissões onerosas. O item VII ao tratar do princípio da *inércia*, acerta ao definir o ato notarial ou registral como de iniciativa exclusiva do interessado, vedada a prática de atos de averbação e de registro de ofício, com exceção dos casos previstos em lei.
Gabarito "B".

(Cartório/MG – 2015 – Consulplan) Em relação aos princípios jurídicos, assinale a alternativa correta:

(A) Princípios são as normas jurídicas de natureza lógica, contemporâneas e equivalentes às regras, impulsionando a criação, aplicação e interpretação do direito.

(B) Quando os princípios se intercruzam (colidem), o intérprete, ao resolver o conflito, tem de levar em conta a força absoluta de cada um (ponderação), mediante a aplicação das normas de antinomia.

(C) Os princípios contêm mandados definitivos, permanentes, razão pela qual não podem ser desconsiderados em determinados casos e tidos como decisivos em outro.

(D) Trata-se do pedestal normativo sobre o qual assenta todo o edifício jurídico dos novos sistemas constitucionais.

A: Incorreta. Normas não equivalem a regras. Este é o ponto principal. Para Miguel Reale "princípios são enunciações normativas de valor genérico, que condicionam e orientam a compreensão do ordenamento jurídico, a aplicação e integração ou mesmo para a elaboração de novas normas. São verdades fundantes de um sistema de conhecimento, como tais admitidas, por serem evidentes ou por terem sido comprovadas, mas também por motivos de ordem prática de caráter operacional, isto é, como pressupostos exigidos pelas necessidades da pesquisa e das práxis". (REALE, Miguel. Lições Preliminares de Direito. 27ª ed. São Paulo: Saraiva, 2003, p 37). Princípios são fundamentos. São o cerne evidente que cada norma jurídica possui, pois são as vigas do direito que não estão definidas em nenhum diploma legal. Portanto Princípios, para Miguel Reali, NÃO são NORMAS JURÍDICAS. JJ Gomes Canotilho em sua obra clássica "Direito Constitucional e Teoria da Constituição", (Canotilho, JJ. Gomes, "Direito Constitucional e Teoria da Constituição", 4ª Ed. Coimbra, Livraria Almedina, p. 1124) traça a dificuldade em estabelecer parâmetros de distinção entre regras e princípios, entre eles, a distinção do grau de abstração; o grau de determinabilidade, o caráter de fundamentabilidade, a proximidade da ideia de direito e por fim a natureza normogenética. Para o presente teste objetivo, a resposta estará incorreta, e se valerá da doutrina de Miguel Reale. **B:** Incorreta: Segundo Dworkin, os princípios possuem, diversamente das regras, uma dimensão de peso ou importância, e que isso, inevitavelmente, levará a uma controvérsia acerca do melhor caminho a se seguir, devendo o intérprete do direito, no caso concreto, observar qual deles terá uma precedência em relação ao outro, por meio de uma ponderação. Ou seja, os princípios são prima facie. "[...] Os princípios possuem uma dimensão que as regras não têm – a dimensão de peso ou importância. Quando os princípios se intercruzam (por exemplo, a política de proteção aos compradores de automóveis se opõe aos princípios de liberdade de contrato), aquele que vai resolver o conflito tem de levar em conta a força relativa de cada um. Esta não pode ser, por certo, uma mensuração exata e o julgamento que determina que um princípio ou uma política particular é mais importante que a outra frequentemente será objeto de controvérsia. Não obstante, essa dimensão é uma parte integrante do conceito de um princípio, de modo que faz sentido perguntar que peso ele tem e o quão importante ele é" (DWORKIN, 2007, p. 42-43). O que torna a assertiva errada é a expressão "força absoluta". A ponderação pressupõe a força relativa dos princípios. **C:** Incorreta. Veja-se o que Humberto Ávila disserta sobre os critérios de distinção entre princípios e regras: **"(A)** Critério do "caráter hipotético-condicional" é relevante na medida em que permite verificar que as regras possuem um elemento frontalmente descritivo, ao passo que os princípios apenas estabelecem uma diretriz. Esse critério não é, portanto, infenso a críticas. **(B)** Critério do "modo final de aplicação", embora tenha chamado atenção para aspectos importantes das normas jurídicas, pode ser parcialmente reformulado. **(C)** Critério do "conflito normativo" também se constitui em um passo decisivo no aprimoramento do estudo das espécies normativas. Apesar disso, é preciso aperfeiçoá-lo. Isso porque não é apropriado afirmar que a ponderação é método privativo de aplicação dos princípios, nem que os princípios possuem uma dimensão de peso." Baseado nisto, os princípios NÃO contêm mandados definitivos permanentes, ao contrário do que diz a assertiva. Marcelo Novelino em sua obra "Manual de Direito Constitucional" igualmente baseado em Dworkin, assim leciona: "As regras, com frequência "representam uma espécie de compromisso entre princípios conflitantes". E continua: "Por ser a regra o resultado de um sopesamento feito pelo legislador no momento da elaboração da norma, não cabe ao intérprete, no momento de aplicação, substituir o resultado institucionalizado no plano legislativo a partir de suas valorações pessoais. A observância das regras promove valores como previsibilidade, confiança, segurança, eficiência, além de fomentar os princípios da justiça formal, da igualdade e de democracia. (NOVELINO, Marcelo, "Manual de Direito Constitucional".9ª Ed. rev e atual – Rio de Janeiro: Forense, Método, 2014, p 128.). **D:** Correta. Marcelo Novelino, baseado em Paulo Bonvides assim se manifesta: O PÓS-POSITIVISMO JURÍDICO E A NORMATIVIDADE DOS PRINCÍPIOS Após o fim da Segunda Guerra Mundial, tem início um movimento de "superação" do Positivismo Jurídico, movimento este que busca incorporar ao ordenamento jurídico os mais altos valores morais da sociedade, aproximando o Direito da Moral e da Justiça. Este novo modelo "não-positivista" é concebido como Pós-positivismo Jurídico. Como explica Alexandre

9. TEORIA GERAL DOS REGISTROS PÚBLICOS

Garrido, o uso do prefixo "pós" é bastante impreciso, sobretudo dentro da doutrina jurídica, uma vez que pode designar tudo aquilo que veio após o Positivismo Jurídico (SILVA, 2007). Não é nossa intenção discutir o uso do prefixo "pós", entretanto não podemos nos abster diante de tamanha imprecisão. Como visto até aqui, o Pós-positivismo Jurídico pode ser tido como o movimento do Direito que busca superar o Positivismo Jurídico, sobretudo, através de uma reaproximação do Direito com a Filosofia, com a Ética (Ciência Moral) e com a Justiça. É de se notar que este movimento guarda relação direta com as Constituições democráticas promulgadas após a Segunda Guerra Mundial. De modo mais direto, o que se quer dizer é que o Pós-positivismo e o Constitucionalismo Moderno (contemporâneo) estão intimamente ligados de modo que um movimento é construído e se desenvolve tendo como base, também, o outro. Nessa linha de pensamento, Paulo Bonavides ensina que o Pós-positivismo Jurídico se encontra ligado diretamente aos grandes momentos constituintes da última metade do século XX. Nesse sentido, "as novas Constituições promulgadas acentuam a hegemonia axiológica dos princípios, convertidos em pedestal normativo sobre o qual assenta todo o edifício jurídico dos novos sistemas constitucionais". (NOVELINO, Marcelo, "Manual de Direito Constitucional".9ª Ed. rev. e atual – Rio de Janeiro: Forense, Método, 2014, p 190).
Gabarito "D".

(Cartório/PA – 2016 – IESES) O serviço, a função e a atividade notarial e de registro se norteiam pelos princípios específicos de cada natureza notarial e registral, além dos seguintes princípios gerais:

I. Da fé pública.
II. Da publicidade.
III. Da reserva de iniciativa, rogação ou instância.
IV. Da oficialidade.

A sequência correta é:

(A) Apenas as assertivas I e IV estão incorretas.
(B) Apenas a assertiva III está correta.
(C) Apenas as assertivas I e III estão corretas.
(D) As assertivas I, II, III e IV estão corretas.

Todos os itens estão corretos. Art. 5º. Do Código de Normas do Pará. Redação dúbia da questão, entretanto a única alternativa a abranger todos os princípios é a letra D.
Gabarito "D".

(Cartório/PA – 2016 – IESES) O serviço, a função e a atividade notarial e de registro se norteiam pelos princípios específicos de cada natureza notarial e registral. Assinale a alternativa que representa os princípios gerais aplicáveis em conjunto com os específicos:

(A) Fé pública, publicidade, autenticidade, segurança, eficácia dos atos, oficialidade, reserva de iniciativa, legalidade.
(B) Fé pública, publicidade, autenticidade, segurança, eficácia dos atos, oficialidade, reserva de iniciativa.
(C) Fé pública, publicidade, autenticidade, segurança, oficialidade, reserva de iniciativa, legalidade.
(D) Publicidade, autenticidade, segurança, eficácia dos atos, oficialidade, reserva de iniciativa, legalidade.

A: Correta. A única alternativa que contempla todos os princípios é a alternativa "A". Princípios permeados pela Lei 6.015/73. **B:** Incorreta. Faltou o princípio da legalidade. **C:** Incorreta. Faltou o princípio da eficácia dos atos. **D:** Incorreta. Faltou o princípio da Fé pública.
Gabarito "A".

2. ESPÉCIES DE REGISTROS PÚBLICOS

(Cartório/AM – 2005 – FGV) A Lei 6.015/73, que trata dos registros públicos, não prevê, expressamente, o funcionamento do:

(A) Registro Civil de Pessoas Jurídicas.
(B) Registro de Títulos e Documentos.
(C) Registro de Imóveis.
(D) Registro de Marcas e Patentes.
(E) Registro Civil de Pessoas Naturais.

Os serviços de *registros* estão previstos no artigo 1º, § 1º, da Lei n. 6.015/1973. Entre eles, não há previsão do registro de marcas e patentes, cuja atribuição é do INPI (Instituto Nacional de Propriedade Industrial), órgão do Poder Executivo Federal, vinculado ao Ministério do Desenvolvimento, Indústria e Comércio Exterior à época do concurso (atual Ministério da Economia).
Gabarito "D".

(Cartório/SP – 2016 – VUNESP) O tabelião de notas, o registrador de imóveis e o registrador civil de pessoas jurídicas têm, respectivamente, atribuições para

(A) reconhecer firmas, registrar a alienação fiduciária em garantia de coisa imóvel e registrar o penhor comum sobre coisas móveis.
(B) lavrar ata notarial, registrar loteamento e transcrever instrumento particular para a prova das obrigações convencionais de qualquer valor.
(C) lavrar escritura pública, registrar o ato constitutivo dos partidos políticos e registrar o contrato de parceria agrícola.
(D) lavrar escritura pública, registrar cédula de crédito rural e matricular jornal.

A: Incorreta. As duas primeiras atribuições estão corretas na ordem solicitada, entretanto a última "registrar o penhor comum sobre coisas móveis" é atribuição do Oficial de Registros e Títulos e Documentos, (art. 127, II, da Lei 6.015/1973). **B:** Incorreta. As duas primeiras atribuições estão corretas na ordem solicitada, entretanto a última, "transcrever instrumento particular para a prova das obrigações convencionais de qualquer valor" novamente é atribuição do Oficial de Títulos e Documentos (art. 127, I, da Lei 6.015/1973). **C:** Incorreta. "Lavrar escritura pública" é atribuição do tabelião de notas. Já "registrar o ato constitutivo dos partidos políticos" compete exclusivamente ao Oficial de Registro Civil das Pessoas Jurídicas (art. 114, III, da Lei 6.015/1973) e não ao Oficial de Registro de Imóveis. "Registrar o contrato de parceria agrícola" é atribuição dos Oficiais de Títulos e Documentos (art. 127, V, da Lei 6.015/1973). **D:** Correta. A ordem correta está apenas na assertiva "D". Lavrar escritura pública, é atribuição do tabelião de notas. Registrar cédula de crédito rural é atribuição do Oficial de Registro de Imóveis e por fim matricular jornal é atribuição do Oficial de Registro Civil das Pessoas Jurídicas. Tais disposições estão em duas Leis, a Lei 6.015/73 – Lei de Registros Públicos e na Lei 8.935/94 – Lei dos Notários e Registradores. As atribuições dos Notários no Art. 7º da Lei 8.935/94: "Aos tabeliães de notas compete com exclusividade: I – lavrar escrituras e procurações, públicas; II – lavrar testamentos públicos e aprovar os cerrados; III – lavrar atas notariais; IV – reconhecer firmas; V – autenticar cópias. As atribuições do Registro de Imóveis estão elencadas no art. 167, inciso I, da Lei 6.015/1973: "No Registro de Imóveis, além da matrícula, serão feitos, I – o registro: 13) das cédulas de crédito rural; As atribuições do Registro Civil das Pessoas Jurídicas com relação as empresas jornalísticas e afins estão elencadas no art. 122 da Lei 6.015/1973. "No registro civil das pessoas jurídicas serão matriculados: I – os jornais e demais publicações periódicas".
Gabarito "D".

(Cartório/MG – 2015 – Consulplan) Todas as alternativas abaixo estão corretas, *EXCETO*:

(A) Compete privativamente aos oficiais de registro de distribuição proceder, quando previamente exigida, à distribuição equitativa pelos serviços da mesma natureza, registrando os atos praticados; em caso contrário, registrar as comunicações recebidas dos órgãos e serviços competentes.

(B) Compete privativamente aos tabeliães de distribuição efetuar as averbações e os cancelamentos de sua competência.

(C) Aos oficiais de títulos e documentos, civil das pessoas jurídicas, civil das pessoas naturais e de registro de imóveis compete a prática dos atos relacionados na legislação pertinente aos registros públicos, de que são incumbidos independentemente de prévia distribuição, mas sujeitos os oficiais de registro de imóveis e civil das pessoas naturais às normas que definirem as circunscrições geográficas.

(D) Tabelião, ou notário, e oficial de registro, ou registrador, são profissionais do direito dotados de fé pública, aos quais é delegado o exercício da atividade notarial e de registro.

A: Correta. Art. 13 da Lei 8.935/1994. Aos oficiais de registro de distribuição compete privativamente: I – quando previamente exigida, proceder à distribuição equitativa pelos serviços da mesma natureza, registrando os atos praticados; em caso contrário, registrar as comunicações recebidas dos órgãos e serviços competentes; II – efetuar as averbações e os cancelamentos de sua competência; III – expedir certidões de atos e documentos que constem de seus registros e papéis. **B**: Gabarito a ser marcado, pois o teste pede a assertiva incorreta. O Código de Normas de MG em seu Art. 11 tem a seguinte redação: "Aos oficiais de registro de distribuição compete privativamente: II – efetuar as averbações e os cancelamentos de sua competência" (redação mantida pelo Prov. Conjunto 93/2020). Portanto, não se trata de tabeliães de distribuição pela dicção legal, e sim oficiais de registro de distribuição. **C**: Correta. O Código de Normas de MG Art. 10 tem a exata dicção da alternativa. **D**: Correta. Lei 8.935/1994 – Art. 3º.
Gabarito "B".

(Cartório/PA – 2016 – IESES) É certo afirmar:

I. Traslado é o instrumento público expedido em razão do ofício e que contenha, alternativamente: a cópia integral e fiel do teor de escrito existente em livro ou arquivo da serventia; o resumo de ato praticado ou de documento arquivado na serventia; o relato da realização de atos, conforme quesitos; a negativa da existência de atos.

II. São exemplos das atribuições do oficial de registro civil das pessoas naturais, lavrar os registros das sentenças e escrituras públicas de separação, divórcio, anulação e nulidade de casamento, bem como de restabelecimento da sociedade conjugal.

III. Os tabeliães e oficiais de registro responderão pelos danos que eles e seus prepostos causarem a terceiros na prática de atos próprios da serventia, assegurado aos primeiros o direito de regresso no caso de dolo ou culpa dos prepostos. A responsabilidade civil e administrativa independe da criminal.

IV. O registro da instituição de condomínio edilício importa no fracionamento ideal do solo e outras partes comuns em várias novas propriedades, correspondentes a cada uma das unidades autônomas constituídas, que serão identificadas em forma decimal ou ordinária no instrumento de instituição do condomínio.

Analisando as proposições, pode-se afirmar:

(A) Somente as proposições I e II estão corretas.

(B) Somente as proposições III e IV estão corretas.

(C) Somente as proposições II e IV estão corretas.

(D) Somente as proposições I e III estão corretas.

A: incorreta. O item I está incorreto, pois a definição de certidão que é trazida na explicação da alternativa, e não de traslado. O item II está igualmente errado, pois as atribuições do oficial de registro civil das pessoas naturais, não é de lavrar os registros das sentenças e escrituras públicas de separação, divórcio, nem de restabelecimento da sociedade conjugal, atribuições estas dos notários. **B**: Correta. O item III com a redação do artigo 22 da Lei 8.935/1994, dada pela Lei 13.137/2015, previa exatamente o contido neste item. Art. 22. Os notários e oficiais de registro, temporários ou permanentes, responderão pelos danos que eles e seus prepostos causem a terceiros, inclusive pelos relacionados a direitos e encargos trabalhistas, na prática de atos próprios da serventia, assegurado aos primeiros direito de regresso no caso de dolo ou culpa dos prepostos. (Redação dada pela Lei 13.137, de 2015) entretanto, a atual redação do artigo 22 diz: Art. 22. Os notários e oficiais de registro são civilmente responsáveis por todos os prejuízos que causarem a terceiros, por culpa ou dolo, pessoalmente, pelos substitutos que designarem ou escreventes que autorizarem, assegurado o direito de regresso. (Redação dada pela Lei 13.286, de 2016).Na época da publicação do Edital do Estado do Pará, a redação em consonância com o texto trazido pela revogada lei 13137/2015 estaria correta. Hoje a redação é a trazida pela lei 13.286/2016. O item IV está correto, pois é a definição de condomínio e o art. 983.do Código de Normas do Pará traz expressamente a dicção do item IV. **C e D**: Incorretas. Previamente respondidas nos itens anteriores.
Gabarito "B".

(Cartório/PA – 2016 – IESES) No **Estado do Pará** são considerados titulares dos serviços notariais e de registro os:

I. Tabeliães de protesto de títulos e outros documentos de dívida.

II. Oficiais de registro de veículos automotores destinados à carga de mercadorias.

III. Oficiais de registro de imóveis.

IV. Tabeliães de notas. A sequência correta é:

(A) Apenas a assertiva II está correta.

(B) Apenas as assertivas II e III estão corretas.

(C) As assertivas I, II, III e IV estão corretas.

(D) Apenas as assertivas I, III e IV estão corretas.

A: incorreta. A assertiva II está incorreta. Aliás a única incorreta. O artigo 5º da Lei 8.935/1994 tipifica de forma taxativa quais são os titulares em seus incisos. **B**: Incorreta. A assertiva II está incorreta. **C**: Incorreta. A assertiva II novamente incorreta. **D**: Correta. Está correta, em conformidade com o artigo 5º da Lei 8.935/94.
Gabarito "D".

(Cartório/PA – 2016 – IESES) De acordo com o Código de Normas dos Serviços Notariais e de Registro de Estado do Pará, os titulares de serviço notarial e de registro são:

(A) Oficiais de registro de distribuição de protesto; oficiais de registro de títulos e documentos; oficiais de registro civil de pessoas jurídicas; oficiais de registro civil de pessoas naturais; oficiais de registro de imóveis.

(B) Tabeliães de notas; tabeliães de protestos, títulos e outros documentos de dívidas; oficiais de registro de distribuição de protesto; oficiais de registro de títulos e documentos; oficiais de registro civil de pessoas

9. TEORIA GERAL DOS REGISTROS PÚBLICOS

jurídicas; Tabelião e oficial do registro de contratos marítimos.

(C) Tabeliães de notas; tabeliães de protestos, títulos e outros documentos de dívidas; oficiais de registro de distribuição de protesto; oficiais de registro de títulos e documentos; oficiais de registro civil de pessoas jurídicas; oficiais de registro civil de pessoas naturais; oficiais de registro de imóveis;

(D) Tabeliães de notas; tabeliães de protestos, títulos e outros documentos de dívidas; oficiais de registro de distribuição de protesto; oficiais de registro de títulos e documentos; oficiais de registro civil de pessoas jurídicas; oficiais de registro civil de pessoas naturais; oficiais de registro de imóveis; Tabelião e oficial do registro de contratos marítimos.

A única alternativa correta é a D, conforme artigo 10 do Código de Normas do Estado do Pará, na redação vigente à época do concurso. As atuais atribuições estão previstas no artigo 9º do Código Paraense, tendo sido suprimida a competência dos Oficiais de registro de distribuição.
Gabarito "D".

3. OBJETO E FINALIDADE DOS REGISTROS PÚBLICOS

(Cartório/ES – 2007 – FCC) Sobre os serviços notariais e de registro é correto afirmar que

(A) são serviços privados, prestados em nome e por conta do notário ou registrador.

(B) destinam-se a garantir a publicidade, autenticidade, segurança e eficácia dos atos jurídicos.

(C) são serviços judiciais delegados ao particular, que os executa por sua conta e risco.

(D) são exercidos em sua totalidade por oficiais de registro, servidores públicos dotados de fé pública.

(E) visam aperfeiçoar a prática do ato jurídico, que até então não gozam de eficácia e exigibilidade.

A: Incorreta. Os serviços extrajudiciais são *exercidos* em caráter privado, mas são serviços públicos, na forma do artigo 236, da Constituição Federal. A gestão administrativa e financeira das Serventias é de competência dos delegados, como regulado na Lei n. 8.935/1994; B: Correta. As finalidades dos serviços extrajudiciais estão previstas no artigo 1º da Lei n. 8.935/1994 e parcialmente previstas no artigo 1º, *caput*, da Lei n. 6.015/1973 e consistem em atingir autenticidade, eficácia, publicidade e segurança jurídica; C: Incorreta. Os serviços não são judiciais, embora sejam fiscalizados pelo Poder Judiciário por expressa determinação constitucional (artigo 236, § 1º, parte final); D: Incorreta. Os serviços são exercidos, como consta no artigo 3º da Lei n. 8.935/1994, por oficiais de registro e por notários. Tanto uns quanto outros exercem atividade extrajudicial, o que os qualifica como agentes públicos ou particulares em colaboração com o estado, mas não como servidores públicos, vez que não se submetem ao regime próprio do funcionalismo público; E: Incorreta. A exigibilidade de um ato jurídico, a possibilidade da adoção de força (pública, estatal, decorrente da intervenção do Poder Judiciário) para que uma obrigação seja cumprida não está entre os atributos referentes à atividade extrajudicial, mas sim dentro dos elementos da obrigação civil.
Gabarito "B".

(Cartório/MT – 2003 – UFMT) Nos termos da Lei dos Notários e Registradores, os serviços notariais e de registro são os de organização técnica e administrativa destinados a garantir:

(A) Publicidade, autenticidade, segurança e eficácia dos atos jurídicos.

(B) Publicidade, legalidade, continuidade, especialidade e unitariedade dos atos jurídicos.

(C) Prioridade, preferência, precedência e segurança hipotecária.

(D) Mutação jurídica que faz nascer os direitos reais em nosso sistema.

(E) Autenticidade de atos e fatos jurídicos para produzir efeitos *erga omnes*.

As finalidades dos serviços notariais e de registro estão previstas no artigo 1º da Lei n. 8.935/1994. São elas: autenticidade, eficácia, publicidade e segurança jurídica. A autenticidade consiste na atribuição de veracidade ao ato praticado; declará-lo por autêntico é declará-lo por verdadeiro. A eficácia é a capacidade de um ato em produzir efeitos jurídicos, é a força que decorre do ato notarial ou registral de fazer com que o negócio ou ato jurídico ali praticado irradie seus efeitos. A publicidade é a notícia pública do ato realizado, permitindo que qualquer pessoa tenha acesso às informações que constam nos assentos registrais e notariais. Por fim, a segurança jurídica consiste na proteção dada ao ato praticado.
Gabarito "A".

(Cartório/MG – 2015 – Consulplan) Um bom sistema de Registros Públicos que resguarde a segurança jurídica e certeza como fatores que promovem o desenvolvimento econômico e social é de importância vital a toda nação com economia de mercado, não estratificada. Nesse sentido, é correto afirmar:

(A) Os Registros Públicos desempenham papel circunstancial na fundamentação econômica dos direitos de propriedade, bastando dispor de mecanismos para assimilar informações cadastrais imprescindíveis, como a área, confrontantes e localização do imóvel, a fim de cumprir com os seus objetivos precípuos.

(B) A falta do cadastro e sua interconexão com o registro não interfere na segurança jurídica, dado que o modelo de registro imobiliário adotado no Brasil é exclusivamente de direitos, o que torna dispensável o completo gerenciamento territorial dos imóveis.

(C) O clandestinismo jurídico, a exemplo dos denominados contratos de gaveta, ônus ocultos e gravames nebulosos, resulta na opacidade do registro, suscetível de afetar o direito de propriedade imobiliária, cuja função é irradiar publicidade a terceiros.

(D) Os fatos sujeitos pela lei a registro, e não registrados, são oponíveis a terceiros, a quem a lei atribui o ônus de provar a boa-fé.

A: Incorreta. Erra a assertiva ao informar que bastaria dispor de mecanismos para assimilar informações cadastrais imprescindíveis, como a área, confrontantes e localização do imóvel, a fim de cumprir com os seus objetivos precípuos. O Sistema Registral Imobiliário Brasileiro está inserto no sistema de registro de direitos e como tal não basta assimilar informações cadastrais, como área, confrontantes, localização, e sim, direitos inscritíveis ou registráveis na tábula registral. B: Incorreta. O sistema registral imobiliário brasileiro é de direitos e isto é um fato. Não obstante apoiar-se em diversos cadastros *extraneus* ao registro, tais como, o Cadastro Ambiental Rural – CAR, o Certificado de Cadastro de Imóvel Rural – CCIR, o Sistema de Gerenciamento Fundiário – SIGEF, o cadastro municipal para imóveis urbanos, apenas a título de exemplo. Apesar do sistema registral imobiliário adotado ser de direitos, a falta do cadastro e sua interconexão com o registro INTERFERE, no registro, pois esta foi a vontade do legislador. O gerenciamento territorial dos imóveis rurais, por exemplo, é baseado em documentos produzidos pelos profissionais competentes, como os engenheiros credenciados junto ao INCRA, que confirmam seu trabalho de levantamento das áreas, como confecção de mapa e memorial descritivo georreferenciado junto ao SIGEF/INCRA, e este depois de analisado eletronicamente, valida a averbação das retificações de área rural às respectivas serventias registrais imobiliárias. Como dito, foi a opção do legislador. **C: Correta.** A finalidade dos registros públicos é dar segurança jurídica aos atos e fatos que ingressam em suas respectivas especialidades. Segurança jurídica atingida, será dada a publicidade a esta, fim último dos registros públicos, em especial os registros de imóveis. Não adiantaria haver registro sem publicidade, com raras exceções (como nos casos de adoção, proteção a testemunha, dentre pouquíssimos outros). Junto ao fólio real, não há qualquer sigilo, ou mesmo clandestinidade do que ali está inscrito. Os denominados contratos de gaveta, os ônus ocultos e gravames ditos nebulosos, resultaria na opacidade do registro, e como a assertiva sugere, seriam suscetíveis de afetar o direito de propriedade imobiliária, bem como dos demais direitos reais imobiliários (incisos do Art. 1.225 do CC/02 por exemplo), cuja função é irradiar publicidade a terceiros. Apenas para lembrar o contexto histórico, o nascimento do registro imobiliário brasileiro foi justamente para evitar os gravames ocultos e posteriormente este sistema de publicidade dos gravames foi utilizado para a transmissão imobiliária. **D:** Incorreta. Os fatos sujeitos pela lei a registro, e não registrados, **NÃO** são oponíveis a terceiros.

Gabarito "C".

4. FUNÇÃO E FÉ PÚBLICA REGISTRÁRIA

(Cartório/ES – 2007 – FCC) O registro público tem a finalidade de dar publicidade a ato, negócio ou direito. Sobre a publicidade, dispõe a Lei de Registros Públicos que os oficiais e encarregados das serventias extrajudiciais são obrigados a lavrar certidão do que lhes for requerido. Deste modo, a certidão pode ser lavrada em inteiro teor, em resumo, ou em relatório, conforme quesitos, e devidamente autenticada pelo oficial ou seus substitutos. Sobre as certidões de registro, é INCORRETO afirmar:

(A) a certidão de inteiro teor poderá ser extraída por meio reprográfico.

(B) as certidões do Registro Civil de Pessoas Naturais mencionarão, sempre, a data em que foi lavrado o assento.

(C) as certidões de nascimento mencionarão, dentre outros elementos, a data por extenso, do nascimento e o lugar onde o fato houver ocorrido.

(D) o prazo máximo previsto em lei para expedição de certidão é de 5 dias, não podendo ser retardada, sob pena de ser aplicada sanção disciplinar ao oficial.

(E) sempre que houver qualquer alteração posterior ao ato cuja certidão é pedida, o oficial não deve mencioná-la de ofício, sob pena de responsabilidade civil e penal.

A: Correta; no caso de certidão por inteiro teor, dada a fidelidade ao ato de que certifica, poderá ser emitida por meio reprográfico, na forma do disposto no artigo 19, § 1º, Lei de Registros Públicos; B e C: Corretas; é essencial que sejam mencionadas tais informações em razão da natureza do serviço em que se obtém a certidão, como dispõe o artigo 19, § 4º, Lei de Registros Públicos; D: Correta, na forma do artigo 19, *caput*, da Lei de Registros Públicos. Todos os prazos previstos em lei para a prática de atos notariais e registrais são deveres impostos aos registradores e tabeliães, no exercício de suas funções. Dessa forma, a violação de qualquer dos deveres inerentes à função constitui infração disciplinar que pode ser punida na forma da Lei n. 8.935/1994; E:

Incorreta, devendo esta alternativa ser assinalada. As alterações a que se refere esta assertiva *devem* ser mencionadas nas certidões como forma de prevenir a possível modificação do fato certificado ao interessado, como exige o artigo 20 da Lei de Registros Públicos.

Gabarito "E".

(Cartório/MG – 2009 – EJEF) De acordo com a Constituição da República e o Estatuto Profissional dos Notários e Registradores (Lei 8.935, de 1994) em vigor, em relação aos serviços notariais e de registro é CORRETO afirmar:

(A) São delegados do Poder Privatizado e exercidos em caráter público, competindo à lei regular suas atividades, disciplinar as responsabilidades civil e criminal dos titulares das delegações e seus prepostos, definir a fiscalização de seus atos pelo Poder Judiciário e estabelecer normas gerais para fixação de emolumentos, somente admitido o ingresso na atividade por concurso público de provas e títulos.

(B) São delegados do Poder Público e exercidos em caráter privado, competindo à lei federal regular suas atividades, disciplinar as responsabilidades civil e criminal dos titulares das delegações e seus prepostos, definir a fiscalização de seus atos pelo Poder Judiciário Estadual e estabelecer normas gerais para fixação de emolumentos, somente admitido o ingresso na atividade por concurso público de provas e títulos.

(C) São delegados do Poder Público e exercidos em caráter privado, competindo à lei estadual regular suas atividades, disciplinar as responsabilidades civil e criminal dos titulares das delegações e seus prepostos, definir a fiscalização de seus atos pelo Poder Judiciário e estabelecer normas gerais para fixação de emolumentos, somente admitido o ingresso na atividade por concurso público de provas e títulos.

(D) São delegados do Poder Público e exercidos em caráter privado, competindo à lei federal regular suas atividades, disciplinar as responsabilidades civil e criminal dos titulares das delegações e seus prepostos, definir a fiscalização de seus atos pelo Poder Judiciário Federal e estabelecer normas gerais para fixação de emolumentos, admitido a remoção na atividade por concurso público de provas e títulos.

O artigo 236 da Constituição Federal é expresso em determinar que a natureza do serviço notarial e registral é pública. No entanto, o mesmo dispositivo determina a forma de exercício do serviço, que é privada. E essa transmissão do exercício do serviço se faz por delegação, após aprovação em concurso público de provas e títulos. A previsão constitucional ainda determina que a fiscalização será realizada pelo Poder Judiciário e a atividade, bem como a responsabilidade decorrente de seu exercício será regulada em lei. A lei que atendeu a previsão constitucional do artigo 236, § 1º é a Lei n. 8.935/1994. Além disso, o § 2º do mesmo dispositivo constitucional determina que em lei federal haveria a previsão de normas gerais relativas a emolumentos. Tal matéria se encontra regulada na Lei n. 10.169/2000. Todavia, há que se ressaltar que, sem prejuízo das disposições federais, a matéria de emolumentos depende de regulamentação estadual e distrital, que não pode ser conflitante com as disposições federais.

Gabarito "B".

(Cartório/MG – 2005 – EJEF) Sabe-se que o Oficial do Registro Público, o Tabelião de Notas ou o Tabelião de Protestos estão sujeitos à requisição de certidões necessárias à prova das alegações das partes.

9. TEORIA GERAL DOS REGISTROS PÚBLICOS 521

Nesse caso, é CORRETO afirmar que tal requisição pode ser feita

(A) a qualquer tempo e em qualquer Grau de Jurisdição.

(B) a qualquer tempo, mas somente no Primeiro Grau de Jurisdição.

(C) antes da sentença, mas somente no Primeiro Grau de Jurisdição.

(D) antes da sentença, tanto pela Justiça Comum quanto pela Justiça Especializada.

A possibilidade de requisição e obtenção de certidões está prevista nos artigos 16 e 17 da Lei n. 6.015/1973. Em ambos os dispositivos se preveem que qualquer pessoa tem direito à certidão e é dever do Oficial fornecer a certidão do que lhes for requerido, não havendo restrição temporal ou a exigência de fundamentos ou justificativas para a sua obtenção.
Gabarito "A".

(Cartório/MG – 2005 – EJEF) O procedimento registral tem início com o desempenho da função qualificadora, que consiste no exame prévio dos títulos e documentos exibidos para registro, em sentido amplo. Considerando-se que tal função tem por escopo garantir a segurança e a eficácia dos atos jurídicos previstos na lei civil, é CORRETO afirmar que

(A) o exame formal dos títulos se circunscreve, em linhas gerais, aos planos da legalidade das formas extrínsecas e intrínsecas, da validade, própria dos negócios jurídicos, e à concordância de seu conteúdo com os assentos registrais, cabendo ao Registrador examiná-los à luz dos princípios normativos dos registros públicos, bem como das imposições das legislações tributária e previdenciária, sob pena de responsabilidade civil, criminal e funcional.

(B) o exercício da função qualificadora se cinge aos títulos extrajudiciais, posto que a legislação estabeleceu hierarquia dos títulos em razão de sua procedência, excluindo de tal exame prévio os títulos de origem judicial, por força da autoridade da coisa julgada.

(C) o Oficial Registrador, ao qualificar título de procedência judicial, pode controlar a legalidade da ordem mediante o exame da competência do Juízo, a congruência do mandado com o procedimento seguido, os fundamentos da decisão, as formalidades extrínsecas do instrumento apresentado e os eventuais obstáculos que surgirem do cotejo entre o título, os dados e os elementos contidos nos assentos anteriores, porque seu acesso ao serviço acarretará efeitos sobre terceiros não intervenientes no processo, em face dos atributos constitutivo e publicitário *erga omnes* que emanam do registro público.

(D) o princípio da legalidade deixa a critério do Oficial Registrador, profissional do Direito que possui independência no exercício de suas atribuições, deixar de formular exigências antes de consumar o registro, pois o exercício da função qualificadora corresponde a ato administrativo de natureza discricionária.

A Qualificação registral não é uma tarefa de liberdade ao registrador, de tal sorte que possa, a seu livre entender, promover o registro ou a qualificação negativa do título posto à sua análise. Dessa forma, lhe compete se fixar na legalidade para a qualificação positiva ou negativa de um título. Além disso, não pode se afastar dos princípios registrais, como a con-

tinuidade, a especialização objetiva e subjetiva, rogação, entre outros. Não lhe cabe, por conseguinte, a verificação de elementos que são subjetivos ou que somente poderiam ser comprovados em juízo, com ampla dilação probatória.
Gabarito "A".

(Cartório/MG – 2015 – Consulplan) Em relação aos elementos e função do sistema de publicidade registral, assinale a alternativa correta:

(A) A publicidade registral pode apresentar duplo viés: principal e acessória, mas sempre operando efeitos retroativos (*ex tunc*), tal como se dá na ação de divisão para pôr fim ao condomínio indiviso, na inscrição do casamento religioso com efeitos civis e no reconhecimento de filhos havidos fora do casamento.

(B) Em geral, a publicidade de determinado ato ou relação jurídica, quando prevista em lei, é obrigatória e produz efeito constitutivo. Diz-se, então, que em relação a seus efeitos é provida de eficácia plena ou irrestrita.

(C) O sistema de publicidade imanente aos serviços de registros apoia-se no exercício de atividade administrativa que tem por escopo assegurar o interesse que ressai dos negócios jurídicos de direito privado, compreendendo modalidade de administração de direito e de interesse privado.

(D) A sentença declaratória de usucapião de bem imóvel ilustra situação de aquisição originária da propriedade, em que o registro é de índole constitutiva, produzindo efeitos *ex nunc*.

A: Incorreta. A assertiva parte de uma premissa errada assim afirmando: "A publicidade registral pode apresentar duplo viés: principal e acessória, mas sempre operando efeitos retroativos (***ex tunc)***, tal como se dá na ação de divisão para pôr fim ao condomínio indiviso, na inscrição do casamento religioso com efeitos civis e no reconhecimento de filhos havidos fora do casamento. A publicidade não opera "sempre" efeitos retroativos (*ex-tunc*), podendo operar a partir de sua inscrição, registro e/ou averbação (gerando efeitos *ex-nunc*). Em geral, os efeitos são gerados pela publicação do direito registrado. Daí tem-se a clássica divisão em efeitos declaratórios, constitutivos ou mesmo de simples notícia. O declaratório gera efeitos perante terceiros, embora o ato ou fato jurídico já fosse eficaz *inter partes*. O Efeito constitutivo só é eficaz com o seu registro, ou seja, o registro tem o efeito de publicizar *erga omnes* o que foi registrado, corrente ratificada pelo Código Civil de 2002 onde reconhece que o registro é constitutivo. Exemplos clássicos são a transmissão imobiliária e os registros das garantias reais. Por fim o efeito de simples notícia não agrega qualquer eficácia ao ato; são complementares a prévio efeito já alcançado. (JACOPETTI DO LAGO, Ivan. História da Publicidade Imobiliária no Brasil. Dissertação (Mestrado em Direito). Faculdade de Direito da Universidade de São Paulo. São Paulo. p. 2008). **B**: Correta. Define os efeitos da publicidade quando prevista a obrigatoriedade legal sendo esta provida de eficácia plena (irrestrita). O mesmo não ocorre com os efeitos da publicidade declaratória e de simples notícia. A publicidade declaratória gera efeitos perante terceiros, embora o ato ou fato jurídico já fosse eficaz *inter partes*. A publicidade constitutiva só é eficaz com o seu registro, ou seja, o registro tem o efeito de publicizar *erga omnes* o que foi registrado. **C**: Incorreta. A assertiva está totalmente incorreta. O sistema de publicidade imanente aos serviços de registros apoia-se no exercício de atividade administrativa que tem por escopo assegurar o interesse que ressai dos negócios jurídicos de direito privado, MAS, não apenas deste. A modalidade de administração do direito é de interesse público, exercido de forma privada. **D**: Incorreta. A assertiva erra ao informar a índole constitutiva do registro da sentença declaratória da usucapião. A

VÁRIOS AUTORES

sentença é declaratória, portando, a publicidade registral tem apenas o escopo de trazer ao sistema de registro imobiliário o efeito constitutivo da situação fática declarada judicialmente. A aquisição é originária, mas o registro não tem índole constitutiva.

Gabarito "B".

(Cartório/MG – 2015 – Consulplan) Os serviços notariais e de registro são aqueles de organização técnica e administrativa destinados a garantir publicidade, segurança e eficácia dos atos jurídicos, nos termos da lei. Considerando este postulado e os atos normativos emanados da Corregedoria-Geral de Justiça do Estado de Minas Gerais, avalie as assertivas a seguir:

I. Qualquer pessoa pode obter certidões junto às serventias notariais de todo e qualquer ato lavrado em suas notas.

II. A fé pública dos notários e registradores gera presunção relativa de validade dos atos emanados de suas respectivas competências.

III. O princípio da iniciativa, rogação ou instância veda a prática de atos de averbação e de registro de ofício, com exceção dos casos previstos em lei.

A respeito dessas assertivas, assinale a opção correta:

(A) I e II, apenas.

(B) I, II e III.

(C) II e III, apenas.

(D) I e III, apenas.

A: Incorreta, Item I, incorreto, pois nem todo ato pode ser objeto de obtenção de certidão de atos lavrados em suas notas; Item II é a definição da fé pública notarial e registral adotada pelo Brasil, isto é, tem presunção *Juris tantum*, ou seja, vale até prova em contrário. **B:** Incorreta. Item I incorreto. Item III correto, conforme artigo 5º item VII do Código de Normas e Lei 8.935/1994. **C:** Correta. Itens II e III corretos. **D:** Incorreta. Item I incorreto.

Gabarito "C".

(Cartório/MG – 2016 – Consulplan) No que tange ao valor probante de documentos, é correto afirmar:

(A) O instrumento particular, feito e assinado, ou somente assinado por quem esteja na livre disposição e administração de seus bens, prova as obrigações convencionais de qualquer valor; mas os seus efeitos, bem como os da cessão, não se operam, a respeito de terceiros, antes de registrado no registro público.

(B) Terão força probante de cópia autenticada os traslados e as certidões, extraídos por tabelião ou oficial de registro, de instrumentos ou documentos lançados em suas notas.

(C) Estão sujeitos a registro, no Registro de Títulos e Documentos, para surtir efeitos em relação aos seus signatários, os documentos decorrentes de depósitos, ou de cauções feitos em garantia de cumprimento de obrigações contratuais, ainda que em separados dos respectivos instrumentos.

(D) A cópia fotográfica de documento conferida por tabelião de notas valerá como prova de declaração da vontade, mas, impugnada sua autenticidade, deverá ser suscitada a dúvida perante o juiz diretor do foro.

A: Correta. Exata descrição do art. 221 do Código Civil". **B:** Incorreta. Não terão força probante as cópias autenticadas e sim traslados e certidões em conformidade com o artigo 217 do Código Civil. Vejamos o art. 217. Terão a mesma força probante os traslados e as certidões,

extraídos por tabelião ou oficial de registro, de instrumentos ou documentos lançados em suas notas. Outra questão em que o examinador acrescenta palavra para tornar incorreta a questão. **C:** Incorreta. A Lei 6.015/1973 em seu artigo 129 elenca as hipóteses do registro surtir efeitos em relação a *terceiros* e não aos signatários, pois entre eles, os efeitos obrigacionais são contemplados na relação obrigacional. Veja que o examinador trocou a palavra relação a terceiros por signatários apenas para confundir o candidato e tornar incorreta a questão. Veja-se a redação do citado artigo art. 129: Estão sujeitos a registro, no Registro de Títulos e Documentos, para surtir efeitos em relação a terceiros: 2º) os documentos decorrentes de depósitos, ou de cauções feitos em garantia de cumprimento de obrigações contratuais, ainda que em separado dos respectivos instrumentos; **D:** Incorreta. Não deverá ser suscitada dúvida perante o juiz diretor do foro e sim exibido o original. Veja-se novamente o Código Civil e a dicção do art. 223. A cópia fotográfica de documento, conferida por tabelião de notas, valerá como prova de declaração da vontade, mas, impugnada sua autenticidade, deverá ser exibido o original.

Gabarito "A".

5. DELEGAÇÃO E ASPECTO INSTITUCIONAL DOS SERVIÇOS DE REGISTROS PÚBLICOS

(Cartório/MG – 2019 – Consulplan) O Conselho Nacional de Justiça editou diversos provimentos no ano de 2018 relativos à atividade notarial e registral. Entre eles, destaca-se o n. 78, de 07 de novembro de 2018, o qual dispõe sobre a compatibilidade da atividade notarial com o exercício simultâneo de mandato eletivo. Acerca desse ato normativo, é correto afirmar que:

(A) O notário e/ou o registrador que desejarem exercer mandato eletivo não deverão se afastar do exercício do serviço público delegado desde a sua diplomação.

(B) O notário e/ou o registrador poderão exercer, cumulativamente, a vereança com a atividade notarial e/ou de registro, havendo compatibilidade de horários, e nos demais tipos de mandatos eletivos deverão se afastar da atividade.

(C) O notário e/ou o registrador que exercerem mandato eletivo não terão o direito à percepção integral dos emolumentos gerados em decorrência da atividade notarial e/ou registral que lhe foi delegada, limitando seus ganhos a 90,25% do teto constitucional.

(D) Tendo em vista a proibição do Nepotismo no âmbito da atividade notarial e registral, no caso de haver a necessidade de o notário e/ou o registrador se afastarem para o exercício de mandato eletivo, a atividade será conduzida por preposto escolhido pela Corregedoria Geral de Justiça.

A: incorreta: deverão se afastar desde a diplomação, conforme art. 1º do Provimento 78/2018; **B:** correta: exata reprodução do § 1º do art. 1º do Provimento 78/2018; **C:** incorreta: terão direito à percepção integral dos emolumentos, conforme § 3º do art. 1º do Provimento 78/2018; **D:** incorreta: no caso de haver necessidade de afastamento para o exercício do mandato eletivo, a atividade será conduzida pelo substituto nomeado nos termos do § 5º do art. 20 da Lei 8.935/94, conforme § 2º do art. 1º do Provimento 78/2018.

Gabarito "B".

(Cartório/SP – 2018 – VUNESP) Nos termos da Lei Estadual 11.331/2002, o limite de receita bruta para fins de suplementação da receita mínima das serventias deficitárias é equivalente a

9. TEORIA GERAL DOS REGISTROS PÚBLICOS

(A) 15 (quinze) salários mínimos mensais.

(B) 13 (treze) salários mínimos mensais.

(C) 10 (dez) salários mínimos mensais.

(D) 12 (doze) salários mínimos mensais.

Art. 25, da Lei 11.331/02.

Gabarito "B".

(Cartório/RS – 2019 – VUNESP) Os contratos de trabalho entre os Notários e Registradores e seus prepostos

(A) serão celebrados livremente e comunicados ao Juiz de Direito Diretor do Foro para homologação.

(B) serão celebrados após prévia autorização do Juiz de Direito Diretor do Foro.

(C) serão celebrados livremente, dispensando-se sua homologação. A comunicação ao Juiz de Direito Diretor do Foro é dispensada, salvo quando se tratar de designação de substitutos.

(D) serão celebrados livremente, descabendo ao Juiz de Direito Diretor do Foro sua homologação, bastando àqueles o dever de comunicar o nome do empregado e sua qualificação.

(E) serão celebrados livremente, dispensando-se sua homologação. A comunicação ao Juiz de Direito Diretor do Foro é dispensada para contratação de auxiliares.

Nos termos do art. 20 da CNNR, *"os contratos de trabalho serão celebrados livremente entre os Notários e Registradores titulares e seus prepostos e funcionários, devendo o empregador comunicar o nome do empregado e sua qualificação ao Juiz de Direito Diretor do Foro, dispensada a homologação"*.

Gabarito "D".

(Cartório/AC – 2006 – CESPE) Acerca dos serviços notariais e de registro, segundo a Lei n. 8.935/1994, julgue os seguintes itens.

(1) Os notários e registradores, no exercício da função pública, devem-se submeter ao princípio da legalidade, só podendo praticar os atos de seu ofício permitidos por lei. Os serviços notariais e de registro são exercidos em caráter privado, por delegação do poder público, nos quais prevalecem os princípios norteadores da administração pública.

(2) Os escreventes, os auxiliares e os demais empregados são prepostos e substitutos legais dos notários e registradores na realização de todos os serviços internos e externos da serventia. Todos os atos de competência dos notários são delegados aos referidos prepostos, que podem, estando o notário ausente ou impedido, lavrar qualquer instrumento e subscrevê-lo, pois essa substituição integral é automática.

(3) O controle de bens e de pessoal, a orientação de todo o trabalho da serventia e o gerenciamento administrativo e financeiro dos serviços notariais e de registro são responsabilidade do respectivo titular ou de um de seus substitutos.

(4) A responsabilidade civil por ato ilícito praticado por notário ou oficial registrador, no exercício de atos próprios da serventia, é do Estado, do cartório e de seu titular, ainda que este não ocupasse o cargo à época da prática do ato lesivo aos interesses da vítima. Trata-se de litisconsórcio passivo necessário e de responsabili-

dade solidária e objetiva, por se caracterizar relação de consumo.

1: Correta. Em razão da natureza dos serviços, os Notários e Registradores não estão legitimados a atuar em razão do seu interesse ou da oportunidade. Pelo inverso, em razão da legalidade, somente podem atuar dentro da esfera que lhes seja atribuída por lei, como previsto nas Leis Federais nos 6.015/1973 e 8.935/1994. Mais ainda, em razão da natureza, os serviços notariais e de registro são regidos pelos mesmos princípios que norteiam a Administração Pública, ou seja, legalidade, impessoalidade, moralidade, publicidade e eficiência. Por fim, oportuno recordar que atuarão em razão de provocação, salvo a existência de expressa autorização em lei para a atuação de ofício; 2: Errada. A regulamentação quanto à atividade dos prepostos está prevista no artigo 20 da Lei dos Notários e Registradores (Lei n. 8.935/1994). Os prepostos são os colaboradores da prestação do serviço extrajudicial. São eles auxiliares ou escreventes, de acordo com as funções que desempenham. No entanto, somente os escreventes podem praticar atos e, ainda assim, somente podem praticar os atos autorizados pelo Oficial ou pelo Tabelião. Aí, então, entre os escreventes, o responsável pelo serviço extrajudicial escolherá seus substitutos, sendo que estes estão autorizados a praticar todos os atos próprios dos notários e registradores. E, entre os substitutos, o responsável pelo serviço escolherá aquele que responderá pelo serviço nas suas ausências ou impedimentos; 3: O artigo 21 da Lei dos Notários e Registradores determina que *"o gerenciamento administrativo e financeiro dos serviços notariais e de registro é da responsabilidade exclusiva do respectivo titular"*, não sendo possível delegá-la nem mesmo ao substituto; 4: Errada. O artigo 22 da Lei n. 8.935/1994, determina que a responsabilidade civil pelos atos próprios da Serventia é do próprio Oficial ou Tabelião. Além disso, segundo orientação do Superior Tribunal de Justiça, não há que se falar em relação de consumo por não estarem presentes os elementos da relação consumerista, bem como por se tratar de relação subordinada a lei especial (REsp 625.144-SP).

Gabarito 1C, 2E, 3E, 4E

(Cartório/AM – 2005 – FGV) Verificada a absoluta impossibilidade de se prover, por meio de concurso público, a titularidade de serviço notarial ou de registro por desinteresse ou inexistência de candidatos, é correto afirmar que:

(A) o juízo competente proporá à autoridade competente a extinção do serviço e a anexação de suas atribuições ao serviço da mesma natureza mais próximo ou àquele localizado na sede do respectivo Município ou de Município contíguo.

(B) serão os serviços notarial ou de registro automaticamente oficializados, passando a sua gestão definitivamente para o Poder Público.

(C) serão automaticamente extintos os serviços notarial ou de registro.

(D) será o serviço notarial, automaticamente, extinto, mas o serviço de registro será anexado ao serviço da mesma natureza mais próximo.

(E) existindo na mesma localidade serviço notarial e de registro, serão eles fundidos em um só serviço, que será, então, automaticamente, oficializado com a gestão exclusiva e definitiva feita pelo Poder Público.

Trata-se de disposição expressa do artigo 44 da Lei n. 8.935/1994. Há que se ter em mente que o objetivo do legislador é garantir que o serviço continue sendo prestado e o seja na forma prevista na Carta Maior: por delegado, aprovado em concurso público de provas e títulos. Além disso, a obrigatoriedade de concurso público para que o serviço seja delegado ao particular é considerada cláusula pétrea, razão pela qual não pode o serviço ser transmitido ao estado com a

VÁRIOS AUTORES

oficialização. Assunto correlato ao tema e que deve ser cobrado nos próximos concursos, para fins de atualização, o leitor deverá atentar igualmente para o conteúdo do Provimento 77/2018 do Conselho Nacional de Justiça, que dispõe sobre a designação de responsável interino sobre o expediente.

Gabarito "A".

(Cartório/DF – 2001 – CESPE) Quanto ao direito notarial e ao direito registral, julgue os itens que se seguem.

(1) Devido ao *status* jurídico privado que a Constituição da República confere aos serviços notariais, eventual dano causado a usuário em decorrência deles deverá ser suportado unicamente pelo titular do serviço que gerou o dano, pois não cabe invocar responsabilidade civil do Estado nesses casos.

(2) A posição do Poder Judiciário em relação aos notários e registradores não é a de poder delegante, mas a de órgão encarregado, entre outras competências, da fiscalização da atividade dessas serventias.

(3) Considere a seguinte situação hipotética.

Romeu era advogado militante na área penal e, após regular aprovação, tomou posse como notário. Tempos depois, um antigo cliente e amigo procurou-o para queixar-se de que fora condenado injustamente em um processo-crime, com graves ofensas aos princípios constitucionais aplicáveis ao processo penal. Romeu, sensibilizado com a situação dessa pessoa, impetrou habeas corpus em favor dela ao tribunal competente, sem cobrar-lhe nada.

Nessa situação, Romeu praticou ato proibido, pois, como notário, estava legalmente impedido de exercer a advocacia.

(4) Os registradores sujeitam-se a restrições à sua atividade nos casos de incompatibilidade ou impedimento, entre outros, sendo que, na segunda hipótese, o ato poderá ser praticado pelo registrador se o fato gerador do impedimento desaparecer.

(5) Considere a seguinte situação hipotética.

Um cidadão apresentou um título para registro e o oficial, ao analisá-lo, entendeu que havia certas exigências a cumprir. Suscitou dúvida, que foi julgada improcedente, mas cuja decisão não convenceu o oficial do desacerto de suas conclusões.

Nessa situação, uma vez que a decisão no processo de dúvida possui natureza administrativa, assistia ao registrador o direito de impetrar mandado de segurança contra o ato judicial que pretendia obrigá-lo a efetuar o registro, contra sua convicção.

1: Errada. Os serviços notariais e de registro são constitucionalmente definidos como serviços *públicos*. Apesar disso, são exercidos em caráter privado, o que gera a responsabilidade dos próprios delegados pelos danos causados; 2: Correta. Por expressa determinação constitucional, prevista na parte final do § 1º do artigo 236, compete ao Poder Judiciário a fiscalização dos serviços, cuja regulamentação se encontra na Lei n. 8.935/1994; 3: Errada. Embora haja a vedação ao exercício da advocacia, como previsto no artigo 25, *caput*, da Lei n. 8.935/1994, o manejo do *habeas corpus* não é privativo do exercício da advocacia (artigo 1º, § 1º, da Lei n. 8.906/1994 – Estatuto da OAB), podendo ser impetrado por qualquer pessoa (artigo 654, *caput*, do Código de Processo Penal). Assim, o Tabelião não atuou como advogado; 4: Correta. As causas de impedimento e incompatibilidade estão previstas nos artigos 25 e 27 da Lei dos Notários e Registradores. Nas hipóteses de incompatibilidade, uma atividade será excludente

---

da outra. No entanto, nas hipóteses de impedimento, trata-se de circunstância transitória, razão pela qual a sua cessação autoriza a prática do ato; 5: O registrador não é interessado no teor da dúvida, por isso mesmo não tem legitimidade recursal. Dessa forma, caso seja julgada improcedente, o Oficial deve, assim que lhe for apresentado o título, promover seu registro após a qualificação positiva.

Gabarito 1E, 2C, 3E, 4C, 5E

(Cartório/DF – 2001 – CESPE) No que respeita à Lei dos Serviços Notariais e de Registro (LSNR) — Lei n. 8.935, de 18 de novembro de 1994 –, julgue o seguinte item.

(1) Embora a Constituição da República estabeleça que a atividade notarial e de registro detém caráter privado, o ingresso nela depende de concurso público, o qual, por expresso comando constitucional, tem de concluir-se no prazo de até seis meses, contados da abertura da vaga a prover.

Errado. O tema se encontra regulado no artigo 236, *caput* e § 3º, da Constituição Federal. Pelo texto ali previsto, é certo afirmar que o serviço não ostenta caráter privado, mas sim o seu exercício. Além disso, o comando constitucional determina que o concurso seja realizado dentro do prazo de seis meses a contar da vacância. Quanto à conclusão do mesmo, o Conselho Nacional de Justiça determinou, pela Resolução n. 81, que se conclua no prazo de um ano (artigo 2º, § 1º, da referida Resolução).

Gabarito 1E.

(Cartório/DF – 2001 – CESPE) Ainda no que se refere à LSNR, julgue o item seguinte.

(1) Considere a seguinte situação hipotética. Alexandre era titular de um tabelionato de notas desde 1979 e, no ano 2000, veio a falecer. O respectivo tribunal de justiça abriu concurso para provimento da vaga. Nessa situação, embora se trate de tabelionato criado anteriormente à LSNR, a providência do tribunal de abrir concurso foi correta, do ponto de vista jurídico, e o novo tabelião estará integralmente subordinado ao regime dessa lei.

Correto. O regime implementado pela Constituição Federal de 1988 (artigo 236, § 3º) e regulamentado pela Lei n. 8.935/1994 (artigo 14, inciso I) não admite o ingresso na atividade notarial e registral por outra forma que não seja o concurso público.

Gabarito "1C".

(Cartório/ES – 2007 – FCC) Nos termos da Lei n. 8.935/94, poderá ocorrer extinção de serventia extrajudicial, com anexação de suas atribuições ao serviço da mesma natureza mais próximo ou àquele localizado na sede do respectivo Município ou de Município contíguo, na hipótese de

(A) renúncia do notário ou registrador titular da serventia, sem que exista substituto para que possa permanecer na função até abertura de concurso.

(B) impossibilidade de se prover, por concurso público, a titularidade do serviço notarial ou de registro, por desinteresse ou inexistência de candidatos.

(C) extinção da delegação dada ao notário ou registrador e não abertura de concurso público para provê-la no prazo máximo de um ano.

(D) perda da delegação por sentença judicial irrecorrível em que serão condenados o notário ou registrador e seus substitutos.

9. TEORIA GERAL DOS REGISTROS PÚBLICOS

(E) por aposentadoria facultativa do titular da serventia e consequente aposentadoria facultativa do substituto mais antigo.

As causas de extinção da delegação, previstas no artigo 39 da Lei n. 8.935/1994 não podem ser confundidas com a extinção da serventia, com previsão no artigo 44 da mesma Lei. As hipóteses previstas nas assertivas "A", "D" e "E" são causas de extinção da delegação, ou seja, extinção da outorga feita a certa pessoa, mas que não atinge o serviço. De outro lado, a hipótese da assertiva "C" é a única que atinge o próprio serviço.
Gabarito "B".

(Cartório/MA – 2008 – IESES) Excluídos o provimento por remoção e aqueles que tenham exercido função notarial ou de registro por 10 (dez) ou mais anos, a delegação para o exercício da atividade notarial e de registro depende dos seguintes requisitos, dentre outros:

I. Habilitação em concurso público de provas e títulos.
II. Estado civil.
III. Nacionalidade brasileira ou comprovação de naturalização brasileira.
IV. Diploma de bacharel em direito.

(A) As alternativas I e IV estão corretas.
(B) As alternativas II e IV estão corretas.
(C) As alternativas II e III estão corretas.
(D) As alternativas II e III estão corretas.

Os requisitos que devem ser preenchidos para que a pessoa possa receber a delegação do serviço notarial ou de registro estão previstos no artigo 14 da Lei n° 8.935/1994. Dentre eles, o *estado civil* em nada influencia na delegação, mas sim a *capacidade civil*.
Gabarito "A".

(Cartório/MA – 2008 – IESES) No concurso de ingresso na Atividade Notarial e de Registro, as vagas serão preenchidas alternadamente, duas terças partes por concurso público de provas e títulos e uma terça parte por meio de remoção, não se permitindo que qualquer serventia notarial ou de registro fique vaga, sem abertura de concurso de provimento inicial ou de remoção, por mais de seis meses. Com fundamento na afirmativa acima, responda:

I. Para estabelecer o critério do preenchimento, tomar-se-á por base a média da data entre a vacância da titularidade e a da criação do serviço.
II. Para estabelecer o critério do preenchimento, tomar-se-á por base a data de vacância da titularidade sem necessidade da verificação da data da criação do serviço, tendo em vista a rigorosa ordem de classificação no concurso.
III. Para estabelecer o critério do preenchimento, tomar-se-á por base a data de vacância da titularidade ou, quando vagas na mesma data, aquela da criação do serviço.
IV. Para estabelecer o critério do preenchimento, tomar-se-á por base a data da remoção ou, quando vagas na mesma data, aquela da titularidade.

(A) Somente a alternativa IV está correta.
(B) Somente a alternativa I está correta.
(C) Somente a alternativa II está correta.
(D) Somente a alternativa III está correta.

Os critérios para a inclusão de uma ou outra serventia no critério de provimento ou remoção estão regulados no artigo 16 da Lei n.

8.935/1994, nos seguintes termos: "Art. 16. As vagas serão preenchidas alternadamente, duas terças partes por concurso público de provas e títulos e uma terça parte por meio de remoção, mediante concurso de títulos, não se permitindo que qualquer serventia notarial ou de registro fique vaga, sem abertura de concurso de provimento inicial ou de remoção, por mais de seis meses. Parágrafo único. Para estabelecer o critério do preenchimento, tomar-se-á por base a data de vacância da titularidade ou, quando vagas na mesma data, aquela da criação do serviço".
Gabarito "D".

(Cartório/MG – 2007 – EJEF) Serviços notariais e de registro são os de organização técnica e administrativa destinados a garantir a:

(A) Publicidade, autenticidade, segurança e eficácia dos atos jurídicos.
(B) Publicidade, eficiência, eficácia e segurança dos atos jurídicos.
(C) Publicidade, autogestão, segurança e eficiência dos atos jurídicos.
(D) Publicidade, veracidade, impessoalidade e eficácia dos atos jurídicos.

As finalidades dos serviços extrajudiciais estão elencadas no artigo 1° da Lei n. 8.935/1994 e estão indicadas na assertiva "A" da questão.
Gabarito "A".

(Cartório/MG – 2007 – EJEF) De acordo com o respectivo Estatuto Profissional, os titulares de serviços notariais são denominados:

(A) Notários ou oficiais de protestos.
(B) Tabeliães de protestos de títulos e oficiais de notas.
(C) Tabeliães de notas ou notários.
(D) Tabeliães, oficiais de contratos marítimos e de distribuição.

A denominação daqueles que respondem diretamente pelos serviços extrajudiciais vem prevista no artigo 3° da Lei n. 8.935/1994. Os titulares dos serviços notariais são Tabeliães de Notas ou Notários e os titulares dos ofícios de registro são Oficiais de Registro ou Registradores. Para facilitar a compreensão, os prepostos são os colaboradores do serviço, previstos no Capítulo II do mesmo diploma legal.
Gabarito "C".

(Cartório/MG – 2007 – EJEF) Oficial de Registro é a denominação dada:

(A) aos delegatários, habilitados por concurso público de provas e títulos e devidamente nomeados pelo Governador do Estado que registram instrumentos, reconhecem firmas e autenticam cópias.
(B) aos titulares dos serviços de registro civil de pessoas naturais, interdições e tutelas, registro civil de pessoas jurídicas, registro de títulos e documentos, registro de imóveis, registro de distribuição e registro de contratos marítimos.
(C) àqueles que, de conformidade com a legislação concernente aos registros públicos, competem formalizar juridicamente a vontade das partes.
(D) aos titulares de serviços do extrajudicial encarregados de protocolar os documentos de dívida, para prova do descumprimento da obrigação, intimar os devedores para aceitá-los, devolvê-los ou pagá-los, sob pena de protesto.

VÁRIOS AUTORES

Nos termos do disposto no artigo 12 da Lei n. 8.935/1994, os responsáveis pelos serviços de registro estão elencados na alternativa "B" De outro lado, de forma sintética, é de se consignar que: A: não há mais nomeação pelo Governador do Estado, como outrora ocorreu; C: trata-se de atribuição do Tabelião de Notas; D: trata-se de atribuição do Tabelião de Protesto de Títulos e outros documentos de dívida.
Gabarito "B".

(Cartório/MG – 2007 – EJEF) Extingue-se a delegação, entre outras causas, pela:

(A) renúncia pura e simples.

(B) aposentadoria compulsória.

(C) renúncia sob condição ou termo.

(D) perda em virtude de sentença judicial sujeita ao reexame necessário.

As hipóteses de extinção da delegação estão previstas no artigo 39 da Lei dos Notários e Registradores (Lei n. 8.935/1994). Entre elas, *não* é causa de extinção a aposentadoria *compulsória*. Mas, cabe registrar que até a decisão proferida na ADIN 2602-MG pelo Supremo Tribunal Federal, o entendimento anterior era pela aplicação da aposentadoria compulsória aos Notários e Registradores.
Gabarito "A".

(Cartório/MG – 2005 – EJEF) Considerando-se os prepostos dos serviços notariais e de registros, é CORRETO afirmar que

(A) os Escreventes Substitutos responderão civilmente pelos danos que, na prática de atos próprios da serventia, causem a terceiros, assegurado o direito de regresso no caso de dolo ou culpa dos respectivos Titulares.

(B) os Escreventes Substitutos responderão criminalmente pelos ilícitos penais praticados no exercício da delegação, desde que já responsabilizados civil e administrativamente.

(C) um, entre os Escreventes Substitutos, será designado, pelo Notário ou Oficial de Registro, para praticar todos os atos que lhe sejam próprios, sem exceção, desde que autorizado pelo respectivo Titular.

(D) um, entre os Escreventes Substitutos, será designado, pelo Notário ou Oficial de Registro, para responder pelo serviço nas ausências e impedimentos do Titular, com imediata comunicação ao Juiz Diretor do Foro.

Os prepostos são os colaboradores na execução dos serviços extrajudiciais, como previsto no artigo 20 da Lei dos Notários e Registradores. Entre eles, o Oficial ou Notário escolherá o substituto, cuja função lhe permite praticar todos os atos próprios, na forma do § 4º do mesmo dispositivo. E, entre os Substitutos, será designado um que responderá pelo próprio serviço nas ausências ou impedimentos do titular. Não há previsão na própria Lei n. 8.935/1994 quanto à comunicação ao juízo. No entanto, há essa previsão nas normas de serviço de diversos Estados.
Gabarito "D".

(Cartório/MG – 2005 – EJEF) É CORRETO afirmar que os Notários e Registradores estão sujeitos a

(A) acumular o exercício da atividade notarial e de registro com o desempenho de mandato eletivo, uma vez diplomados e empossados.

(B) compatibilizar o exercício da atividade notarial e de registro com o da advocacia ou o de cargo, emprego ou função públicos comissionados, em horários não coincidentes, por força de direito adquirido.

(C) manter em ordem os livros, papéis e documentos de sua serventia, guardando-os em locais seguros; atender as partes com eficiência, urbanidade e presteza; dar recibo dos emolumentos percebidos pela prática dos atos do seu ofício, cujas tabelas devem ser afixadas em local visível, de fácil leitura e acesso ao público; e fiscalizar o recolhimento dos impostos incidentes sobre os atos que, entre outros, devem praticar.

(D) praticar atos do seu ofício no interesse de cônjuge e de parentes, na linha reta ou na colateral, consanguíneos ou afins, a partir do terceiro grau.

As hipóteses tratadas nas assertivas "A", "B" e "D" são, em verdade, situações em que os titulares dos serviços extrajudiciais não podem atuar, em razão da incompatibilidade ou do impedimento previstos nos artigos 25 e 27 da Lei dos Notários e Registradores. De outro lado, entre os deveres atribuídos aos registradores e notários, elencado no artigo 30 da Lei n. 8.935/1994 e em outros dispositivos legais, temos todas as condutas indicadas na assertiva "C".
Gabarito "C".

(Cartório/MG – 2005 – EJEF) É CORRETO afirmar que a fiscalização dos atos notariais e de registro será exercida

(A) pelo Curador de Registros Públicos da comarca em que for sediado o Serviço Notarial ou de Registro, tal como prevê o Estatuto Profissional dos Notários e Registradores – Lei Federal n. 8.935, de 1994.

(B) pelo Juiz de Registros Públicos da comarca em que for sediado o Serviço Notarial ou de Registro, conforme determina a Lei de Organização e Divisão Judiciárias – Lei Complementar Estadual n. 59, de 2001, com a redação que lhe deu a Lei Complementar Estadual n. 85, de 2005.

(C) pelo Juízo competente, que, segundo a legislação do Estado de Minas Gerais, se trata do Juiz Diretor do Foro da comarca em que for sediado o Serviço Notarial ou de Registro.

(D) pelo Juízo competente, tal como previsto na repartição de competência da Justiça Comum Estadual, na Constituição da República.

O poder de fiscalização dos serviços notariais e de registro está constitucionalmente atribuído ao Poder Judiciário, como previsto no artigo 236, § 1º, parte final. Trata-se do Poder Judiciário Estadual, Justiça Comum. A organização judiciária de cada Estado definirá, de forma concreta, quem exercerá os poderes de fiscalização. No Estado de Minas Gerais, a correta é assertiva "C".
Gabarito "C".

(Cartório/MG – 2005 – EJEF) Considerando-se os emolumentos relativos aos atos praticados pelos Serviços Notariais e de Registro, é CORRETO afirmar que

(A) compete aos Estados e ao Distrito Federal fixar o valor deles, observadas as normas previstas em lei federal, a correspondência entre o efetivo custo e a adequada e suficiente remuneração dos serviços prestados, permitindo-se o reajuste de seu valor com a publicação das respectivas tabelas até o último dia do ano, respeitado o princípio da anterioridade.

(B) é competência privativa do legislador federal fixar o valor deles, levando em conta, para tanto, a natureza pública e o caráter social dos Serviços Notariais e de

9. TEORIA GERAL DOS REGISTROS PÚBLICOS

Registro, atendidas as peculiaridades socioeconômicas de cada região.

(C) há previsão legal para cobrança das partes interessadas de quaisquer outras quantias não expressamente previstas nas tabelas de emolumentos, por força da interpretação analógica.

(D) serão cotados os atos relativos a situações jurídicas sem estimativa financeira ou de conteúdo econômico inestimável tendo em conta a capacidade contributiva do interessado, observando-se faixas previamente estabelecidas com valores mínimos e máximos para grupos de atos específicos de cada serviço.

Os emolumentos devidos pela prática dos atos notariais e de registro estão regulados, de forma geral, na Lei Federal n. 10.169/2000, em atendimento ao comando constitucional constante do artigo 236, § 2º. Dada a natureza tributária dos emolumentos (taxa, conforme decidido na ADIN 1378-ES, como exemplo). Assim, sendo tributo, fica submetido ao Sistema Constitucional Tributário e, por conseguinte, ao princípio da anterioridade, entre outros. Além disso, as custas e os emolumentos cartorários são fixados por cada ente da Federação, respeitados os ditames gerais da Lei n. 10.169/2000.

Gabarito "A".

(Cartório/MS – 2009 – VUNESP) Os livros e papéis pertencentes ao arquivo do cartório ali permanecerão

(A) por 10 anos.

(B) por 20 anos.

(C) até que se opere a decadência do ato ou negócio jurídico.

(D) até que se opere a prescrição do negócio jurídico.

(E) indefinidamente.

Até de que outra forma se regule, o acervo de uma Serventia permanecerá ali indefinidamente, como reza o artigo 26 da Lei n. 6.015/1973. Assim, não há previsão legal geral (legislação federal) para o descarte ou a inutilização de documentos. Há que se ressaltar que mesmo a autorização para a substituição de documentos físicos por repositórios eletrônicos demonstra a necessidade de perpetuação e conservação dos livros e papéis da Serventia. Para fins de atualização, o leitor deverá observar as regras previstas no Provimento 50/2015 da Corregedoria do Conselho Nacional de Justiça que trata sobre o período de conservação de documentos nas serventias extrajudiciais.

Gabarito "E".

(Cartório/MT – 2003 – UFMT) Quanto aos serviços notariais e de registro, pode-se afirmar:

(A) Os serviços notariais e de registro são exercidos em caráter privado, por delegação do Poder Público.

(B) A responsabilidade criminal será individualizada, aplicando-se, no que couber, a legislação relativa aos crimes contra a administração da justiça.

(C) A revogação da delegação dependerá de decisão judicial ou processo administrativo, observada a ampla defesa.

(D) Os notários e oficiais de registro responderão pessoalmente pelos danos causados a terceiros, assegurado o direito de regresso, no caso de culpa dos prepostos.

(E) O exercício da atividade notarial e de registro é incompatível com o da advocacia, o da intermediação de seus serviços ou o de qualquer função pública, exceto cargos em comissão.

Trata-se de previsão expressa do artigo 236 da Constituição Federal, que define a natureza *pública* do serviço extrajudicial, mas estabelece o seu *exercício* em caráter privado.

Gabarito "A".

(Cartório/RJ – 2008 – UERJ) Verificada a absoluta impossibilidade de se prover, por meio de concurso público, a titularidade de serviço notarial ou de registro por desinteresse ou inexistência de candidatos, é correto afirmar que:

(A) serão automaticamente extintos os serviços notariais ou de registro;

(B) serão os serviços notarial ou de registro automaticamente oficializados, passando a sua gestão definitivamente para o Poder Público;

(C) será o serviço notarial automaticamente extinto, mas o serviço de registro será anexado ao serviço da mesma natureza mais próximo;

(D) o juízo competente proporá ao Corregedor-Geral da Justiça a extinção do serviço e a anexação de suas atribuições ao serviço da mesma natureza mais próximo ou àquele localizado na sede do respectivo município ou de município contíguo;

(E) existindo, na mesma localidade, serviço notarial e de registro, serão eles fundidos em um só serviço, que será, então, automaticamente, oficializado com a gestão exclusiva e definitiva feita pelo Poder Público.

O artigo 44 da Lei n. 8.935/1994 trata dessa hipótese e determina a solução indicada na assertiva "D". É importante lembrar que o serviço, em razão da sua natureza, não pode deixar de ser prestado. Assim, a extinção prevista em lei determina que não haja o serviço naquela localidade, mas seja ele incorporado e prestado pelo serviço da mesma natureza mais próximo ou por aquele localizado na sede do Município ou Município contíguo.

Gabarito "D".

(Cartório/SP – 2016 – VUNESP) A Lei 8.935/94 estabelece os requisitos para a delegação do exercício da atividade notarial e registral. Assinale a alternativa que elenca corretamente alguns desses requisitos.

(A) Verificação de conduta condigna para o exercício da profissão, quitação com as obrigações eleitorais e militares e diploma de bacharel em direito, salvo se já completos dez anos em serviço notarial ou de registro.

(B) Aprovação em exame da Ordem dos Advogados do Brasil, nacionalidade brasileira e habilitação em concurso público de provas e títulos.

(C) Habilitação em concurso público de provas e títulos, habilitação em curso de registros públicos homologado pelo Conselho Nacional de Justiça (CNJ) e diploma de bacharel em direito.

(D) Habilitação em curso de registros públicos homologado pelo Conselho Nacional de Justiça (CNJ), verificação de conduta condigna para o exercício da profissão e diploma de bacharel em direito, salvo se já completos dez anos em serviço notarial ou de registro.

A: Correta. A Lei 8.935/1994 em seu art. 14 e incisos estabelece a forma de delegação e seus requisitos, com a seguinte redação: "A delegação para o exercício da atividade notarial e de registro depende dos seguintes requisitos: I – habilitação em concurso público de provas e títulos; II – nacionalidade brasileira; III – capacidade civil; IV – quitacão com as obrigações eleitorais e militares; V – diploma de bacharel em direito; VI – verificação de conduta condigna para o exercício da profissão. Portanto, correta a questão. **B**: Incorreta. Não é necessária a aprovação no Exame da Ordem dos Advogados do Brasil, e sim ser diplomado como Bacharel em Direito. **C**: Incorreta. A assertiva apresenta dois erros. Primeiro fala em "habilitação em curso de registros públicos homologado pelo Conselho Nacional de Justiça (CNJ)" e por fim novamente em "diploma de bacharel em direito", excepcionado pelo artigo 15, § 2º acima comentado. **D**: Incorreta. Há apenas um erro na assertiva. Novamente fala em "Habilitação em curso de registros públicos homologado pelo Conselho Nacional de Justiça (CNJ)" Não há este requisito na Lei 8.935/1994.

Gabarito "A".

(Cartório/MG – 2015 – Consulplan) O término da delegação a notário ou a registrador acontece por extinção ou perda. A delegação se extingue por fatos próprios do delegatário e por fatos estranhos a ela. Marque a alternativa em que estão presentes apenas hipóteses de extinção de tal delegação:

(A) Morte, invalidez, renúncia, aposentadoria facultativa.

(B) Invalidez, aposentadoria compulsória, renúncia, perda da delegação.

(C) Aposentadoria compulsória, aposentadoria facultativa, remoção e renúncia.

(D) Remoção, invalidez, ausência, aposentadoria compulsória, aposentadoria facultativa.

A: Correta. Novamente a resposta está diretamente na Lei 8.935/1994. O art. 39 resolve a questão, com a seguinte redação: "Extinguir-se-á a delegação a notário ou a oficial de registro por: I – morte; II – aposentadoria facultativa; III – invalidez; IV – renúncia. O inciso V remete a perda ao artigo 35 da Lei 8.935/1994 e o inciso VI a perda por " descumprimento, comprovado, da gratuidade estabelecida na Lei 9.534, de 10 de dezembro de 1997". A redação do artigo 35, traz as hipóteses de perda. Art. 35. A perda da delegação dependerá: I – de sentença judicial transitada em julgado; ou II – de decisão decorrente de processo administrativo instaurado pelo juízo competente, assegurado amplo direito de defesa. § 1º Quando o caso configurar a perda da delegação, o juízo competente suspenderá o notário ou oficial de registro, até a decisão final, e designará interventor, observando-se o disposto no art. 36. **B**: Incorreta. Assertiva incorreta, pois ilógico perguntar apenas as hipóteses de extinção e incluir a perda na mesma. **C**: Incorreta. Não há remoção de notários e registradores, apenas a extinção da delegação por renúncia, por ter passado em novo concurso, por remoção, por exemplo. Já a aposentadoria compulsória foi objeto de muita discussão e polêmico na década de 1990. Hoje, entretanto, foi pacificado pelo STF que a aposentadoria compulsória à notários e registradores está afastada, pois no julgamento da ADI 2602, que teve como relator o sr. Ministro Moreira Alves, que o Pleno reverteu seu posicionamento, sobremaneira em razão do advento da EC 20/1998, que teria repercutido na amplitude do alcance dos efeitos do inciso II, § 1º, art. 40, CRFB, anteriormente art. 40, II. Na ADI 2602 se entendeu que a alteração no termo "servidor" para "servidores titulares de cargos efetivos" teria significado o afastamento dos notários da exigência da aposentadoria compulsória aos 70 anos de idade. Segue, abaixo, extrato da Ementa da ADI 2602: O art. 40, § 1º, II, CRFB, na redação que lhe foi conferida pela EC 20/98, está restrito aos cargos efetivos da União, dos Estados-membros, do Distrito Federal e dos Municípios, incluídas as autarquias e as fundações. (...) Os notários e os registradores exercem atividade estatal, entretanto não são titulares de cargo público efetivo, tampouco ocupam cargo público. Não são servidores públicos, não lhes alcançando a compulsoriedade imposta pelo mencionado art. 40, CRFB. Aposentadoria aos 70 anos de idade. ARIOSI, Mariângela F. Aposentadoria do notário e registrador à luz da jurisprudência do STF. **Revista Jus Navigandi**, ISSN 1518-4862, Teresina, ano 13, n. 1814, 19 jun. 2008.

Disponível em: <https://jus.com.br/artigos/11394>. Acesso em: 01 jan. 2018. **D**: Incorreta. Itens explicados anteriormente. Entretanto, a ausência é termo genérico, que caberia análise em, no mínimo, dois aspectos. O primeiro aspecto seria a ausência civil, em conformidade com o Código Civil em seu art. 22, *in verbis*: "Desaparecendo uma pessoa do seu domicílio sem dela haver notícia, se não houver deixado representante ou procurador a quem caiba administrar-lhe os bens, o juiz, a requerimento de qualquer interessado ou do Ministério Público, declarará a ausência, e nomear-lhe-á curador". Por certo se decretada a ausência do titular da serventia, extinguir-se-á a delegação. O segundo aspecto seria a ausência injustificada e seguida pelo titular. Haveria perda da delegação e não extinção, mas sempre iniciando procedimento disciplinar junto ao órgão que cada Norma de Serviço das Corregedorias assim designar. A Questão não deixou claro qual das hipóteses seria, e como não os diferenciou, estaria incorreta a abordagem.

Gabarito "A".

(Cartório/PA – 2016 – IESES) A natureza jurídica da função delegada:

(A) Constitui, por determinação constitucional, exercício privado de funções pública, o que caracteriza forma peculiar de descentralização administrativa.

(B) É privada, sendo que suas relações comerciais, patrimoniais e trabalhistas não estão sujeitas à regulamentação estatal.

(C) Equipara-se à da concessionária de serviço público e dos parceiros privados da administração, estando os delegatários submetidos ao mesmo regramento legal.

(D) É a mesma dos servidores públicos, por prestarem serviço público, aplicando-lhes as regras constantes nos estatutos funcionais,

A: Correta. O artigo 236 da CF/1988 prevê que os "serviços notariais e de registro são exercidos em caráter privado, por delegação do Poder Público", portanto, correta a assertiva. **B**: Incorreta. Art. 236 da CF/1988. Os agentes são públicos dotados de fé pública que recebem a outorga da delegação do Estado através de concurso público de provas e títulos para exercer um serviço público em caráter privado, por sua conta e risco. A lei que rege a atividade é a Lei Federal 8.935/1994 e especificamente o artigo 15 trata sobre o tema. **C**: Incorreta. Não há na doutrina nem jurisprudência a equiparação que os submeta ao regramento legal das concessionárias. **D**: Incorreta. Tem natureza jurídica diferente dos servidores públicos. São profissionais autônomos fiscalizados pelo Poder Judiciário, na forma do § 1º do artigo 236 da CF/1988. Vide julgado na ADI 2415: "Regime jurídico dos servidores notariais e de registro. Trata-se de atividades jurídicas que são próprias do Estado, porém exercidas por particulares mediante delegação. Exercidas ou traspassadas, mas não por conduto da concessão ou da permissão, normadas pelo *caput* do art. 175 da Constituição como instrumentos contratuais de privatização do exercício dessa atividade material (não jurídica) em que se constituem os serviços públicos. A delegação que lhes timbra a funcionalidade não se traduz, por nenhuma forma, em cláusulas contratuais. A sua delegação somente pode recair sobre pessoa natural, e não sobre uma empresa ou pessoa mercantil, visto que de empresa ou pessoa mercantil é que versa a Magna Carta Federal em tema de concessão ou permissão de serviço público. Para se tornar delegatária do Poder Público, tal pessoa natural há de ganhar habilitação em concurso público de provas e títulos, e não por adjudicação em processo licitatório, regrado, este, pela Constituição como antecedente necessário do contrato de concessão ou de permissão para o desempenho de serviço público. Cuida-se ainda de atividades estatais cujo exercício privado jaz sob a exclusiva fiscalização do Poder Judiciário, e não sob órgão ou entidade do Poder Executivo, sabido que por órgão ou entidade do Poder Executivo é que se dá a imediata fiscalização das empresas concessionárias ou permissionárias de serviços públicos. Por órgãos do Poder Judiciário é que se marca a presença do Estado

9. TEORIA GERAL DOS REGISTROS PÚBLICOS

para conferir certeza e liquidez jurídica às relações inter-partes, com esta conhecida diferença: o modo usual de atuação do Poder Judiciário se dá sob o signo da contenciosidade, enquanto o invariável modo de atuação das serventias extraforenses não adentra essa delicada esfera da litigiosidade entre sujeitos de direito. Enfim, as atividades notariais e de registro não se inscrevem no âmbito das remuneráveis por tarifa ou preço público, mas no círculo das que se pautam por uma tabela de emolumentos, jungidos estes a normas gerais que se editam por lei necessariamente federal. (...) As serventias extrajudiciais se compõem de um feixe de competências públicas, embora exercidas em regime de delegação da pessoa privada. Competências que fazem de tais serventias uma instância de formalização de atos de criação, preservação, modificação, transformação e extinção de direitos e obrigações. Se esse feixe de competências públicas investe as serventias extrajudiciais em parcela do poder estatal idônea à colocação de terceiros numa condição de servil acatamento, a modificação dessas competências estatais (criação, extinção, acumulação e desacumulação de unidades) somente é de ser realizada por meio de lei em sentido formal, segundo a regra de que ninguém será obrigado a fazer ou deixar de fazer alguma coisa senão em virtude de lei. (...) Tendo em vista que o STF indeferiu o pedido de medida liminar há mais de dez anos e que, nesse período, mais de setecentas pessoas foram aprovadas em concurso público e receberam, de boa-fé, as delegações do serviço extrajudicial, a desconstituição dos efeitos concretos emanados dos Provimentos 747/2000 e 750/2001 causaria desmesurados prejuízos ao interesse social. Adoção da tese da norma jurídica "ainda constitucional". Preservação: **(A)** da validade dos atos notariais praticados no Estado de São Paulo, à luz dos provimentos impugnados; **(B)** das outorgas regularmente concedidas a delegatários concursados (eventuais vícios na investidura do delegatário, máxime a ausência de aprovação em concurso público, não se encontram a salvo de posterior declaração de nulidade; **(C)** do curso normal do processo seletivo para o recrutamento de novos delegatários. [**ADI 2.415**, rel. min. Ayres Britto, j. 10-11-2011, P, DJE de 9-2-2012.].

Gabarito "A".

(Cartório/PA – 2016 – IESES) É certo afirmar:

I. Nas Comarcas de pequeno movimento, quando não estiver assegurada a autonomia financeira, poderão ser acumuladas, excepcionalmente, em decisão fundamentada, todas as especialidades do serviço de notas e de registro, em uma única unidade.

II. Para a fixação do valor dos emolumentos, a Lei dos Estados e do Distrito Federal levará em conta exclusivamente a natureza pública e o caráter social dos serviços notariais e de registro.

III. A Resolução n. 81 do Tribunal de Justiça do Estado do Pará dispõe sobre os concursos públicos de provas e títulos, para a outorga das Delegações de Notas e de Registro, e minuta de edital.

IV. As receitas oriundas de convênios, acordos ou contratos firmados com entidades públicas ou privadas para a adequada manutenção da gratuidade assegurada aos cidadãos, possibilitando a prestação de serviços públicos, fazem parte do Fundo de Apoio ao Registro Civil do Estado do Pará.

Analisando as proposições, pode-se afirmar:

(A) Somente as proposições II e IV estão corretas.

(B) Somente as proposições II e III estão corretas.

(C) Somente as proposições I e IV estão corretas.

(D) Somente as proposições I e III estão corretas.

A: Incorreta. A assertiva II está incorreta. A CF/1988 em seu artigo 236, § 2º, prevê que "2º Lei federal estabelecerá normas gerais para fixação de emolumentos relativos aos atos praticados pelos serviços notariais e de registro". A Lei referida é a Lei 10.169/2000 que em seu art. 1º prevê que "Os Estados e o Distrito Federal fixarão o valor dos emolumentos relativos aos atos praticados pelos respectivos serviços notariais e de registro, observadas as normas desta Lei. Parágrafo único. O valor fixado para os emolumentos deverá corresponder ao efetivo custo e à adequada e suficiente remuneração dos serviços prestados. Portanto, errada a assertiva. **B**: Incorreta. A assertiva III está incorreta. A Resolução 81 que prevê os concursos públicos é do Conselho Nacional de Justiça e não do Tribunal de Justiça do Pará, portanto, errada a assertiva. **C**: Correta. Assertiva I está correta. O código de normas paraense, tem a seguinte redação em seu art. 19. Não são acumuláveis os serviços enumerados no art. 10 deste Provimento. Parágrafo único. Os serviços mencionados poderão, contudo, ser acumulados nos municípios que não comportarem, em razão do volume dos serviços ou da receita, a instalação de mais de um deles. Assertiva IV está correta. A Lei estadual 6.831, de 13 de fevereiro de 2006 que cria o fundo de apoio ao Registro Civil do Pará, em seu artigo art. 3º explicita: Constituem receitas do Fundo de Apoio ao Registro Civil do Estado do Pará: I – as doações, os legados e as contribuições de entidades privadas nacionais, internacionais e estrangeiras, desde que destinados especialmente ao FRC; II – repasses financeiros com vistas a viabilizar à população do Estado a prestação dos serviços itinerantes de Registro Civil das Pessoas Naturais; III – receitas oriundas de convênios, acordos ou contratos firmados com entidades públicas ou privadas para a adequada manutenção da gratuidade assegurada aos cidadãos, possibilitando a prestação de serviços públicos. Portanto, correta a assertiva. **D**: Incorreta, pois a assertiva III está incorreta.

Gabarito "C".

(Cartório/PA – 2016 – IESES) O exercício da atividade notarial ou de registro terá início dentro de:

(A) 60 (sessenta) dias, improrrogáveis, contados da investidura.

(B) 30 (trinta) dias da expedição do ato de outorga da delegação, prorrogável uma única vez, por igual período.

(C) 30 (trinta) dias, improrrogáveis, contados da investidura.

(D) 45 (quarenta e cinco) dias, improrrogáveis, contados da aprovação em concurso público.

A única alternativa correta é a C. A Lei 8.935/1994 em seu artigo 48, expressamente comtempla a hipótese trazida pela assertiva "Os notários e os oficiais de registro poderão contratar, segundo a legislação trabalhista, seus atuais escreventes e auxiliares de investidura estatutária ou em regime especial desde que estes aceitem a transformação de seu regime jurídico, em opção expressa, no prazo improrrogável de trinta dias, contados da publicação desta lei".

Gabarito "C".

6. DEONTOLOGIA: DIREITOS E DEVERES DE TABELIÃES, OFICIAIS DE REGISTRO E SEUS PREPOSTOS. DIREITOS E DEVERES PERANTE O CONSELHO NACIONAL DE JUSTIÇA. DEVERES DE LEITURA, ATUALIZAÇÃO, INFORMAÇÕES E DECLARAÇÕES

(Cartório/RS – 2019 – VUNESP) A cobrança maior de emolumentos e despesas, com infração da legislação, será considerada falta punível e cumulada com

(A) a restituição da quantia cobrada em excesso.

(B) a restituição em dobro da quantia cobrada em excesso.

(C) a restituição em triplo da quantia cobrada em excesso.

(D) a restituição em quádruplo da quantia cobrada em excesso.

(E) a restituição em décuplo da quantia cobrada em excesso.

De acordo com o art. 8º da Lei Estadual de Emolumentos do Rio Grande do Sul (Lei 12.692/06), a cobrança de emolumentos e despesas com infração da lei, para mais ou para menos, será considerada falta punível na forma da lei e cumulada com a restituição em dobro da quantia cobrada em excesso, ou com o pagamento de multa equivalente ao valor dos emolumentos devidos para o ato.
Gabarito "B".

(Cartório/AM – 2005 – FGV) Os Notários e os Oficiais de Registro estão sujeitos, pelas infrações que praticarem, assegurado amplo direito de defesa, às seguintes penas, com exceção de:

(A) multa.

(B) repreensão.

(C) suspensão por noventa dias, prorrogáveis por mais trinta.

(D) advertência.

(E) perda da delegação.

As sanções oriundas das infrações disciplinares são taxativas e se encontram previstas no artigo 32 da Lei dos Notários e Registradores. Entre elas, não há previsão de aplicação de pena de *advertência*, sendo a punição assemelhada a repreensão. A multa, a repreensão, a suspensão por noventa dias, prorrogáveis por mais trinta e a perda da delegação estão previstas, respectivamente, nos incisos II, I, III e IV do artigo 32 da Lei n. 8.935/1994.
Gabarito "D".

(Cartório/DF – 2008 – CESPE) Relativamente à legislação e jurisprudência aplicáveis às serventias registradoras e notariais, julgue o item seguinte.

(1) Consoante a Lei dos Serviços Notariais e de Registro, o tabelião que cobrar de um casal reconhecidamente pobre os emolumentos de registro civil do nascimento do filho desse casal poderá ser punido com a devolução em dobro do valor cobrado e multa de um salário mínimo.

Errado. Em primeiro, deve haver a correção referente à pessoa que exerce a função de registro civil das pessoas naturais, que é o registrador e não o tabelião. Caso o registrador promova essa irregular cobrança, o legislador prevê ser causa de perda de delegação, nos termos do disposto no artigo 39, VI, da Lei n. 8.935/1994.
Gabarito "1E".

(Cartório/DF – 2001 – CESPE) No que respeita à Lei dos Serviços Notariais e de Registro (LSNR) – Lei n. 8.935, de 18 de novembro de 1994 –, julgue o seguinte item.

(1) Considere a seguinte situação hipotética. Caetano era oficial do registro civil em uma determinada circunscrição e recebeu, certo dia, Danilo, seu primo, que desejava prestar declarações para o registro de nascimento de uma filha sua. Caetano, porém, informou a Danilo que não poderia efetuar o registro pessoalmente, por impedimento legal. No outro dia, Caetano recebeu Iraci, sua nora, a qual pretendia registrar a sentença que decretou a interdição de uma irmã dela. Nesse caso, Caetano efetuou o registro. Nessa situação, o oficial agiu corretamente no primeiro caso,

ao recusar o registro, pela incompatibilidade, e, no segundo, ao entendê-la inexistente.

Errado. No primeiro caso, o registrador deveria ter promovido o registro porque não havia *impedimento* legal. O impedimento determina que o oficial não pode praticar o ato em favor de certa pessoa porque seu vínculo de parentesco com o interessado pode torná-lo parcial, tendencioso. No entanto, os impedimentos se limitam ao parentesco em terceiro grau. Assim, considerando que o primo é parente em quarto grau, não há impedimento. De outro lado, em relação à nora, há parentesco em 2º grau por afinidade, razão pela qual fica impedido de praticar o ato. Todavia, há que ser lembrado que o substituto poderia fazê-lo, como reza o artigo 20, § 5º, da Lei n. 8.935/1994.
Gabarito "1E".

(Cartório/DF – 2001 – CESPE) Ainda no que se refere à LSNR, julgue o item seguinte.

(1) Considere a seguinte situação hipotética. Marcel foi designado pelo tribunal de justiça, em caráter precário, para substituir oficial de um serviço registral que falecera, até a nomeação do novo oficial. Nesse ínterim, a área territorial correspondente àquele serviço foi desmembrada. Marcel, então, formalizou opção pela nova serventia, resultante do desmembramento da primeira. Nessa situação, Marcel não tem direito à opção.

Correto. Um dos direitos legalmente conferidos aos *titulares* dos serviços extrajudiciais é o de opção em caso de desmembramento ou desdobramento da Serventia, como previsto no artigo 29, I, da Lei n. 8.935/1994. Dessa forma, somente o titular pode fazer essa escolha, mas não o designado para responder pelo serviço em razão da sua vacância.
Gabarito "1C".

(Cartório/ES – 2007 – FCC) Quanto à ordem de serviço disposta na Lei no 6.015/73, é correto afirmar que

(A) os horários de funcionamento dependem da conveniência do notário ou registrador.

(B) quando o interessado pelo registro for o registrador, ou algum parente seu, em grau que determine impedimento, o ato incumbe ao substituto legal.

(C) a remuneração paga aos notários e registradores é paga pelo Estado delegante e recebe a denominação de emolumentos.

(D) o registro civil das pessoas naturais funcionará somente nos dias úteis, sem exceção.

(E) o valor das despesas, como custas de escrituras, certidões, buscas, averbações e registros constará apenas de recibo emitido pela serventia.

A assertiva "B" está prevista no artigo 27 da Lei n. 8.935/1994, cuja finalidade é garantir a imparcialidade do notário ou registrador, impedindo-o de praticar o ato no interesse de parente seu (com o grau de parentesco previsto em lei) ou cônjuge ou companheiro. Quanto às demais assertivas, temos: A: Incorreta. O horário de funcionamento está regulado em lei, no artigo 4º da Lei dos Notários e Registradores e é alheio à conveniência do registrador ou do Notário; C: Incorreta. A remuneração, denominada emolumentos, é paga pelo tomador do serviço notarial e de registro e, na forma do disposto nos artigos 21 e 28 da Lei dos Notários e Registradores, tem por destino garantir a gestão financeira da serventia; D: Incorreta. O registro civil das pessoas naturais, exatamente em razão das suas peculiaridades e de fatos nele registrados que podem acontecer a qualquer momento (nascimento e óbito), funcionará nos dias úteis, nos horários estabelecidos, bem como

9. TEORIA GERAL DOS REGISTROS PÚBLICOS 531

aos sábados, domingos e feriados, em sistema de plantão; E: Incorreta. Tais valores constarão do recibo, bem como dos atos praticados.
Gabarito "B".

(Cartório/ES – 2007 – FCC) Às serventias extrajudiciais caberá a remuneração por

(A) taxa de fiscalização.

(B) custas extrajudiciais.

(C) emolumentos.

(D) repasse de verbas estaduais.

(E) taxa extrajudicial de serviço.

A contraprestação pelos serviços extrajudiciais será feita pelo pagamento dos emolumentos, que deverão ser fixados de acordo com a Lei n. 10.169/2000 e cobrados de acordo com a Tabela vigente em cada Estado e Distrito Federal. Os Notários e Registradores têm direito à percepção de tais emolumentos, como previsto no artigo 28 da Lei n. 8.935/1994.
Gabarito "C".

(Cartório/ES – 2007 – FCC) São deveres dos notários e registradores, EXCETO:

(A) atender as partes com eficiência, urbanidade e presteza.

(B) afixar em local visível, de fácil leitura e acesso ao público, as tabelas de emolumentos em vigor.

(C) manter em arquivos as leis, regulamentos, resoluções, provimentos, regimentos, ordens de serviço e quaisquer outros atos que digam respeito à sua atividade.

(D) fazer intermediação de seus serviços ou de qualquer cargo, emprego ou função pública.

(E) guardar sigilo sobre a documentação e os assuntos de natureza reservada de que tenham conhecimento em razão do exercício de sua profissão.

Os deveres dos notários e registradores estão previstos no artigo 30 da Lei n. 8.935/1994 e em outros dispositivos legais. Entre eles, não consta a previsão de intermediação de serviços que, aliás, é vedada, na forma do disposto no artigo 25 da mesma lei. Trata-se de hipótese de incompatibilidade do serviço extrajudicial. Quanto às demais assertivas, temos: A: previsto no inciso II; B: previsto no inciso VII; C: previsto no inciso IV; E: previsto no inciso VI, todos do artigo 30 citado.
Gabarito "D".

(Cartório/ES – 2007 – FCC) Acerca do regime de trabalho dos prepostos dos notários e registradores, é correto afirmar que

(A) podem ser contratados pelo regime estatutário ou celetista, a critério do titular da serventia.

(B) os substitutos são servidores estatutários e os escreventes e auxiliares são empregados submetidos ao regime celetista.

(C) são escreventes e auxiliares empregados, com remuneração livremente ajustada e sob o regime da legislação do trabalho.

(D) não possuem vínculo empregatício com os notários e registradores, sendo empregados públicos diretamente concursados e lotados nas serventias.

(E) os substitutos ocupam cargos públicos e os escreventes e auxiliares são empregados públicos, mas todos são concursados.

Com o advento da Lei n. 8.935/1994, os antigos estatutários tiveram que fazer a opção por se manter no antigo regime ou passar ao regime

da legislação trabalhista comum, privada, na forma do artigo 51, § 1º, da Lei dos Notários e Registradores. Quanto aos novos prepostos, ou seja, aqueles contratados já na vigência da Lei dos Notários e Registradores, o único regime aplicável à relação de trabalho é o celetista (artigo 48 da referida Lei).
Gabarito "C".

(Cartório/ES – 2007 – FCC) Dispõe a Lei n. 8.935/94 que extinguir-se-á a delegação a notário ou oficial de registro, dentre outras formas, pela aposentadoria facultativa. O STF já se pronunciou em várias oportunidades sobre a questão de aposentadoria compulsória de notários e registradores. Deste modo, considerando o posicionamento do STF e a Lei n. 8.935/94, é correto afirmar que

(A) os notários e registradores não se submetem ao regime da aposentadoria compulsória aos setenta anos por não serem servidores públicos, mas sim ocupantes de função pública delegada.

(B) os notários e registradores são considerados servidores públicos e, nesta qualidade, estão submetidos também ao regime da aposentadoria compulsória.

(C) os notários são excluídos do regime da aposentadoria compulsória, porque apenas exercem função pública delegada, ao passo que os registradores equiparam-se a servidores públicos ocupantes de cargo em comissão.

(D) só tem cabimento falar em aposentadoria compulsória aos setenta anos para os notários e registradores que alcançaram esta idade depois da EC 40/98, que alterou a regra constitucional para aposentadoria compulsória.

(E) a Lei n. 8.935/94 teve declarado inconstitucional o dispositivo que prevê extinção da delegação com aposentadoria facultativa, já que a extinção só pode se dar com a aposentadoria compulsória.

A decisão proferida na ADIN 2602-MG assentou a questão dispondo que, em razão da forma de exercício da delegação, não há que se aplicar a regra da aposentadoria compulsória a notários e registradores vez que estes não são servidores públicos em sentido estrito e, por tal razão, não se submetem a dita regra.
Gabarito "A".

(Cartório/ES – 2007 – FCC) Será nomeado interventor, na serventia extrajudicial, no caso

(A) de decisão decorrente de processo administrativo instaurado pelo juízo competente, para apurar falta grave cometida pelo titular da serventia.

(B) do afastamento do titular da serventia por motivo de foro íntimo.

(C) de aplicação de pena de extinção da delegação por decisão judicial irrecorrível que condena o titular da serventia por crime contra a administração.

(D) de suspensão do titular da serventia, preventivamente, pelo prazo de 90 dias, prorrogável por mais 30 dias, para apuração de faltas a este imputadas.

(E) de invalidez temporária do titular da serventia, quando este não seja concursado nos termos da Magna Carta.

A intervenção será determinada na hipótese do artigo 36 da Lei n. 8.935/1994, caso em que se fará necessária exatamente para a apuração de faltas cometidas pelos notários e registradores. O objetivo é garantir que os responsáveis pelos serviços não interfiram na apuração

VÁRIOS AUTORES

e nem impeçam que ela se conclua. A previsão legal de nomeação de interventor está no § 1º do artigo 36 citado.

Gabarito "D".

(Cartório/ES – 2007 – FCC) Aos notários e registradores que praticarem infrações disciplinares previstas na Lei n. 8935/94 podem ser aplicadas, conforme a gravidade, em grau crescente, as penas de:

(A) repreensão; multa; suspensão por 90 dias, prorrogável por mais 30 dias; perda da delegação.

(B) multa; advertência; intervenção por 90 dias, prorrogável por mais 90 dias; extinção da delegação.

(C) advertência; multa; suspensão por 30 dias; extinção da delegação.

(D) multa; repreensão; suspensão por 60 dias, prorrogável por mais 60 dias; perda da delegação.

(E) repreensão; advertência; multa; suspensão por 30 dias; intervenção por 90 dias, prorrogável por mais 30 dias; perda da delegação.

As sanções pelas faltas dos notários e registradores estão previstas nos artigos 32 e 33 da Lei n. 8.935/1994. Nos termos do disposto no artigo 34 do mesmo diploma, devem ser aplicadas independentemente da forma gradativa, de acordo com a gravidade da conduta faltosa.

Gabarito "A".

(Cartório/MA – 2008 – IESES) Assinale a alternativa INCORRETA de acordo com a Lei n. 8.935/94.

(A) Os notários e oficiais de registro gozam de independência no exercício de suas atribuições, têm direito à percepção dos emolumentos integrais pelos atos praticados na serventia e só perderão a delegação na aposentadoria.

(B) São deveres dos notários e dos oficiais de registro, dentre outros: (i) manter em ordem os livros, papéis e documentos de sua serventia, guardando-os em locais seguros; (ii) atender as partes com eficiência, urbanidade e presteza e (iii) fiscalizar o recolhimento dos impostos incidentes sobre os atos que devem praticar.

(C) Devem os notários e oficiais de registro facilitar, por todos os meios, o acesso à documentação existente às pessoas legalmente habilitadas.

(D) São direitos do notário e do registrador, dentre outros: (i) exercer opção, nos casos de desmembramento ou desdobramento de sua serventia; (ii) organizar associações ou sindicatos de classe e deles participar.

O erro na assertiva diz respeito exatamente à aposentadoria. Em primeiro porque não se trata de causa de perda, mas sim de extinção da delegação, como previsto no artigo 39, II, da Lei dos Notários e Registradores. De outro lado, a perda de delegação somente poderá ocorrer nas hipóteses taxativamente previstas em lei, desde que garantido o direito ao devido processo legal e à ampla defesa.

Gabarito "A".

(Cartório/MA – 2008 – IESES) Assinale a alternativa correta de acordo com a Lei n. 8.935/94.

(A) A responsabilidade civil, dos notários e oficiais de registro, depende da criminal. A responsabilidade criminal será individualizada, aplicando-se, no que couber, a legislação relativa aos crimes contra a administração pública.

(B) A responsabilidade civil, dos notários e oficiais de registro, independe da criminal. A responsabilidade criminal será individualizada, aplicando-se, no que couber, a legislação relativa aos crimes contra a administração pública.

(C) Os notários e oficiais de registro responderão pelos danos que eles e seus prepostos causem a terceiros, na prática de atos próprios da serventia, assegurado aos primeiros direito de regresso somente no caso de dolo dos prepostos.

(D) Os notários e oficiais de registro responderão pelos danos que eles e seus prepostos causem a terceiros, na prática de atos próprios da serventia, vedado aos primeiros direito de regresso no caso de dolo ou culpa dos prepostos.

Trata-se de regra própria da responsabilidade civil, expressamente prevista no artigo 935 do Código Civil, que na responsabilidade civil independe da criminal. Mesma regra é estampada no artigo 23 da Lei n. 8.935/1994. Mais ainda, no que se refere à responsabilidade de notários e registradores, em razão da função pública que exercem, determina o legislador que se apliquem as regras relativas aos crimes contra a administração pública, naquilo que couber (artigo 24 da Lei n. 8.935/1994).

Gabarito "B".

(Cartório/MA – 2008 – IESES) No que se refere às infrações disciplinares e às penalidades, assinale a alternativa INCORRETA:

(A) Quando, para a apuração de faltas imputadas a notários ou a oficiais de registro, for necessário o afastamento do titular do serviço, poderá ele ser suspenso, preventivamente, pelo prazo de cento e vinte dias, prorrogável por trinta dias.

(B) A perda da delegação dependerá de sentença judicial transitada em julgado ou de decisão decorrente de processo administrativo instaurado pelo juízo competente, assegurado amplo direito de defesa.

(C) As sanções serão impostas pelo juízo competente, independentemente da ordem de gradação, conforme a gravidade do fato.

(D) O procedimento de ação disciplinar para verificação do cumprimento dos deveres e para eventual imposição de penalidade obedecerá às regras estabelecidas para o processo administrativo disciplinar dos servidores do Poder Judiciário e às do Estatuto dos Servidores Públicos Civis do Estado, no que não conflitar com a Lei n. 8.935/94.

Nos termos do disposto no artigo 36 da Lei dos Notários e Registradores, a suspensão será de *90* dias, prorrogável por mais 30 e não de 120. Além disso, é hipótese de prorrogação, não se podendo, desde o início, aplicar pena de suspensão por 120 dias.

Gabarito "A".

(Cartório/MG – 2009 – EJEF) No tocante às prerrogativas e direitos dos titulares dos serviços notariais e de registro, pode-se afirmar, com base na legislação de regência:

(A) São profissionais do direito, dotados de fé pública que gozam de independência no exercício de suas atribuições, com direito à percepção dos emolumentos integrais pelos atos praticados na serventia, somente perderão a delegação nas hipóteses definidas em lei, competindo-lhes ainda a posse direta e propriedade

9. TEORIA GERAL DOS REGISTROS PÚBLICOS 533

pelos livros, fichas, documentos, papéis, microfilmes e arquivos de computação da serventia, mesmo em caso de vacância da delegação.

(B) São profissionais do direito, dotados de fé pública que gozam de independência no exercício de suas atribuições, com direito à percepção dos emolumentos integrais pelos atos praticados na serventia, somente perderão a delegação nas hipóteses definidas em lei, competindo-lhes ainda, com a devida justificação e mediante prévia autorização da autoridade competente, a instalação de sucursal do serviço respectivo.

(C) Nas unidades federativas onde já exista lei estadual específica à época da entrada em vigor da Lei federal 8.935, de 1994, é validada a atribuição para a lavratura de instrumentos translatícios de direitos reais, procurações, reconhecimentos de firmas e autenticações de cópias reprográficas aos serviços de Registro Civil de Pessoas Jurídicas.

(D) São profissionais do direito, dotados de fé pública que gozam de independência no exercício de suas atribuições, com direito à percepção dos emolumentos integrais pelos atos praticados na serventia, somente perderão a delegação nas hipóteses definidas em lei, competindo-lhes ainda a guarda e responsabilidade pelos livros, fichas, documentos, papéis, microfilmes e sistemas de computação da serventia, mesmo em todas as diligências judiciais e extrajudiciais, inclusive em caso de exame pericial, que deverão ocorrer na própria sede do serviço em dia e hora adrede designados, com ciência do titular e autorização do juízo competente.

A: Incorreta. Embora a parte inicial da assertiva esteja correta, os notários e registradores não são proprietários do acervo e demais documentos da Serventia que devem, por expressa determinação legal, ali permanecer indefinidamente (artigo 26 da Lei n. 6.015/1973); B: Incorreta. Inexiste autorização legal para a instalação de sucursal. Pelo contrário, o artigo 43 da Lei n. 8.935/1994 é expresso em vedar sua existência. É de se ressaltar que o atendimento em maternidades para o registro civil das pessoas naturais não se confunde com essa prática; C: Incorreta. O tema vem regulado no artigo 53 da Lei dos Notários e Registradores, dispondo que nessas unidades da federação, os mencionados atos poderão ser praticados pelo oficial de registro civil das pessoas naturais.
Gabarito "D".

(Cartório/MG – 2007 – EJEF) De acordo com a Lei n. 8.935, de 1994, o exercício da atividade Notarial e de Registro é:

(A) acumulável com cargo público de provimento em comissão, mediante prévia autorização do Juiz Diretor do Foro.

(B) compatível com a advocacia, desde que exercida em comarca diversa daquela para a qual recebeu a delegação.

(C) incompatível com a advocacia, e com qualquer cargo, emprego ou função públicos.

(D) compatível com o exercício de mandato eletivo.

O artigo 25 da Lei n. 8.935/1994 trata das hipóteses de incompatibilidade do exercício da função extrajudicial com outras funções. Ali se prevê que: A: é incompatível com o exercício de qualquer cargo, emprego ou função públicos, ainda que em comissão; B: é incompatível com o exercício da advocacia; C: é incompatível com o exercício de cargo ou

função decorrente de mandato eletivo, caso em que caberá o afastamento da função extrajudicial enquanto houver o exercício do mandato.
Gabarito "C".

(Cartório/MG – 2005 – EJEF) É CORRETO afirmar que o prazo prescricional relativo à pretensão dos Tabeliães pela percepção de emolumentos é de

(A) seis meses.

(B) um ano.

(C) cinco anos.

(D) 10 anos.

A prescrição do direito de exigir o adimplemento de obrigações decorrentes do não pagamento dos emolumentos devidos pela prática dos atos notariais e de registro é de *um ano*, nos termos do disposto no artigo 206, § 1º, III, do Código Civil.
Gabarito "B".

(Cartório/MS – 2009 – VUNESP) O reiterado descumprimento dos deveres ou a falta grave sujeita os notários e os oficiais de registro à pena de

(A) repreensão.

(B) advertência.

(C) multa de 1 a 10 salários mínimos.

(D) suspensão por 30 dias.

(E) suspensão por até 120 dias.

A gravidade da sanção decorre exatamente da reiteração da conduta faltosa. Por tal razão, ainda que como pena imediata e inicial, já que não se exige gradação, será aplicável a pena de suspensão por 90 dias, prorrogável por mais 30, na forma dos artigos 32, III, e 33, III, da Lei dos Notários e Registradores.
Gabarito "E".

(Cartório/PR – 2007) Em caso de impedimento ou suspeição do oficial do Registro, assinale a alternativa correta:

(A) Declarada a suspeição ou impedimento, caberá ao oficial do Registro comunicar o fato dentro de 48 horas ao Juiz de Direito Diretor do Fórum, para que este designe o oficial substituto para lavratura do ato.

(B) o ato deverá ser lavrado ou registrado em outra serventia, necessariamente.

(C) O ato será lavrado na mesma serventia, por um oficial *ad hoc* entre os titulares de serviços da mesma natureza, designado pelo Juiz da Vara dos Registros Públicos.

(D) A lavratura do ato dependerá de autorização judicial, em qualquer caso.

(E) o ato poderá ser lavrado ou registrado pelo substituto da própria serventia, desde que este não incorra no mesmo impedimento ou suspeição.

A solução da hipótese vem prevista nos artigos 20, § 5º, e 27 da Lei dos Notários e Registradores e determina que o ato seja praticado pelo Substituto. No entanto, é de se consignar que a referida Lei somente trata do impedimento, não fazendo qualquer previsão referente à suspeição.
Gabarito "E".

(Cartório/RJ – 2008 – UERJ) Considerando-se o previsto na Lei 8.935, de 1994, é permitido aos Notários:

(A) somente acumular com a função notarial o mandato eletivo;

VÁRIOS AUTORES

(B) exercer a advocacia fora dos limites do município onde esteja instalada a sua serventia;

(C) exercer opção, nos casos de desmembramento ou desdobramento de sua serventia;

(D) cobrar emolumentos acima da tabela somente no caso de comprovada urgência;

(E) praticar atos de seu ofício no interesse de cônjuge e de parentes, na linha reta ou colateral, consanguíneos ou afins, a partir do terceiro grau.

O direito de opção está expressamente previsto no artigo 29, I, da Lei n. 8.935/1994 e garante ao titular do serviço escolher seu destino em caso de desmembramento (território) ou desdobramento (serviço). Oportuno constar que há expressa previsão legal impondo a incompatibilidade do exercício do serviço extrajudicial com a advocacia ou o mandato eletivo (artigo 25 da Lei n. 8.935/1994), bem como há impedimento para a prática de atos no interesse de parentes seus até o terceiro grau, cônjuges ou companheiros, por extensão (artigo 27 da Lei n. 8.935/1994). Além disso, a cobrança da denominada "taxa de urgência" é ato ilegal, proibido expressamente pelo artigo 31, III, da Lei n. 8.935/1994.
Gabarito "C".

(Cartório/RJ – 2008 – UERJ) De acordo com a Lei Federal 8.935 de 18/11/1994 (Lei dos Notários e Registradores), no serviço de que é titular, o notário e o registrador:

(A) poderão praticar qualquer ato de seu interesse, ou de parente, já que possuem fé pública;

(B) poderão praticar qualquer ato de seu interesse, desde que autorizado pelo Juízo competente;

(C) não poderão praticar qualquer ato de seu interesse, ou de seu cônjuge ou de parentes, na linha reta, ou na colateral, consanguíneos ou afins até o terceiro grau;

(D) não poderão praticar qualquer ato de seu interesse, ou de seu cônjuge ou de parentes, na linha reta, ou na colateral, consanguíneos ou afins até o segundo grau;

(E) não poderão praticar qualquer ato de seu interesse, ou de interesse de seu cônjuge ou de parentes na linha reta, podendo fazê-lo para o parente consanguíneo até o terceiro grau.

O impedimento para a prática de atos de seu ofício no interesse de pessoas com as quais guarde vínculo de parentesco ou estreita afeição e afinidade (cônjuges e companheiros) tem por finalidade garantir a higidez dos atos sem intervenção externa decorrente de tais vínculos, nos termos do artigo 27 da Lei n. 8.935/1994. Dessa forma, correta a assertiva "C"
Gabarito "C".

(Cartório/RJ – 2008 – UERJ) De acordo com a Lei Federal 8.935 de 18/11/1994 (Lei dos Notários e Registradores), é incorreta a afirmativa:

(A) notário e registrador podem renunciar à delegação que lhes foi outorgada;

(B) deputado federal, no exercício do mandato, não pode simultaneamente exercer as atividades notariais ou de registro;

(C) por serem profissionais do Direito, os notários e registradores podem exercer a advocacia fora da comarca para a qual receberam a delegação;

(D) os serviços notariais e de registros têm como finalidade específica garantir a publicidade, autenticidade, segurança e eficácia dos atos jurídicos;

(E) escrevente substituto, se provar exercício de atividade notarial e de registro por 10 (dez) anos completos, pode concorrer a concurso de provimento de serventia, mesmo que não seja bacharel em Direito.

A: Correta. A renúncia é uma das hipóteses de extinção da delegação, conforme previsto no artigo 39, IV, da Lei n. 8.935/1994 e decorre apenas do interesse do titular do serviço; B: Correta. No que se refere ao cargo de deputado federal, há efetiva incompatibilidade com o exercício da função extrajudicial, como previsto em lei, ocorrendo o mesmo com o exercício da advocacia (artigo 25 da Lei n. 8.935/1994); D: Correta. As finalidades do serviço extrajudicial estão expressamente previstas no artigo 1º da Lei n. 8.935/1994; E: Correta. Nos termos do disposto no artigo 15, § 2º, da Lei n. 8.935/1994, o exercício da função de escrevente por 10 anos permite a habilitação em concurso de outorga, no critério de provimento, independentemente do bacharelado em Direito.
Gabarito "C".

(Cartório/RJ – 2002 – NCE-UFRJ) Os Notários e os Oficiais de Registro, para o desempenho de suas funções, poderão contratar escreventes, dentre eles escolhendo os substitutos e auxiliares como empregados. Os escreventes substitutos podem praticar todos os atos próprios dos Tabeliães e Oficiais titulares:

(A) simultaneamente com os Tabeliães e Oficiais titulares todos os atos que lhe sejam próprios;

(B) desde que autorizados pelo Notário ou Oficial de Registro, exceto nos tabelionatos de Notas, lavrar testamentos;

(C) desde que autorizados pelo Notário ou Oficial de Registro;

(D) e inclusive responder pelo serviço nas ausências e nos impedimentos do titular;

(E) e inclusive lavrar testamento nos tabelionatos de Notas.

Enquanto os escreventes podem praticar os atos autorizados pelo Notário ou Registrador, aquele que for designado como Substituto poderá praticar todos os atos próprios da Serventia, como previsto no artigo 20, § 4º, da Lei dos Notários e Registradores, exceutando-se, no Tabelionato de Notas, a lavratura de escrituras. De outro lado, para responder pelo serviço nas ausências ou impedimentos do Oficial, a nomeação deve atender o disposto no artigo 20, § 5º, da referida Lei.
Gabarito "B".

(Cartório/RJ – 2002 – NCE-UFRJ) Afastado o Notário ou o Oficial de Registro para apuração de falta funcional, o Juízo competente designará interventor, quando o substituto também for acusado ou quando a medida se revelar conveniente para os serviços. Nesta hipótese, receberá a renda líquida da serventia:

(A) o interventor nomeado;

(B) o Notário ou Oficial afastado;

(C) o Fundo Especial do Tribunal de Justiça;

(D) o titular, metade da renda líquida, e a outra metade será depositada em conta bancária;

(E) o Erário Público do Estado do Rio de Janeiro.

A nomeação de interventor está prevista no artigo 36, da Lei dos Notários e Registradores. Durante o período da intervenção, deve o interventor ser remunerado pelo trabalho que exerce e o será na proporção da metade da renda líquida da serventia. A outra metade deverá

9. TEORIA GERAL DOS REGISTROS PÚBLICOS — 535

ser depositada em conta bancária especial e corrigida monetariamente. Com a decisão final, caso o titular seja condenado, o interventor fará jus a tais valores; se absolvido, os valores depositados serão levantados pelo titular.

Gabarito "D".

(Cartório/RO – III) São deveres dos notários e dos oficiais de registro:

(A) proceder de forma a dignificar a função exercida, tanto nas atividades profissionais como na vida privada;

(B) perceber os emolumentos integrais pelos atos praticados na serventia;

(C) gozar de independência no exercício de suas funções;

(D) organizar associações ou sindicatos de classe e deles participar.

Os deveres dos notários e registradores estão previstos, notadamente, no artigo 30 da Lei n. 8.935/1994. Entre eles, o inciso V trata das condutas previstas na assertiva "A" De outro lado, as demais hipóteses tratam apenas de *direitos*, que estão previstos nos artigos 28 e 29 da mesma Lei.

Gabarito "A".

(Cartório/RO – III) A respeito de desmembramento de serventia, é correto afirmar:

(A) quando a lei criar novo cartório, o arquivo do antigo cartório será transferido ao cartório recém-instalado;

(B) o notário ou registrador tem o direito de exercer opção de titularidade em caso de desmembramento de sua serventia;

(C) quando a lei criar novo cartório, e enquanto este não for instalado, os registros continuarão a ser feitos no cartório mais próximo ao que sofreu o desmembramento;

(D) instalado novo cartório de registro de imóvel, os atos praticados na serventia anterior deverão ser repetidos no novo ofício;

Com a criação da nova serventia, a Lei de Registros Públicos determina que: a) o acervo da antiga serventia ali permanecerá indefinidamente; b) os atos continuarão sendo ali praticados, até que a nova serventia seja efetivamente instalada; c) os atos já praticados no antigo ofício independem de repetição no novo, para o qual serão apenas transportados, conforme disposto no artigo 27 da Lei n. 6.015/1973.

Gabarito "B".

(Cartório/SP – II – VUNESP) Assinale a alternativa que não corresponde a um dever dos Notários e dos Oficiais de Registro.

(A) Exercer opção, nos casos de desmembramento ou desdobramento de sua serventia.

(B) Observar os emolumentos fixados para a prática dos atos do seu ofício.

(C) Proceder de forma a dignificar a função exercida, tanto nas atividades profissionais como na vida privada.

(D) Encaminhar ao juízo competente as dúvidas levantadas pelos interessados, obedecida a sistemática processual fixada pela legislação respectiva.

Somente a assertiva "A" trata da hipótese de um direito e não de um dever, nos termos do artigo 29, I, da Lei dos Notários e Registradores.

Gabarito "A".

(Cartório/SP – I – VUNESP) O atendimento ao público, nos serviços extrajudiciais, deve ser eficiente e adequado,

(A) a qualquer horário, desde que por oito horas diárias, no mínimo, nos dias úteis.

(B) todos os dias, em horários fixados pelo Delegado, com autorização do juízo competente, atendidas as peculiaridades locais.

(C) em dias e horários fixados pelo juízo competente, por seis horas diárias, no mínimo.

(D) nos horários estabelecidos pelo juízo competente, por oito horas diárias, no mínimo, todos os dias.

O artigo 4º da Lei n. 8.935/1994 prevê que o serviço extrajudicial será prestado de modo adequado e eficiente e por no mínimo por seis horas diárias, em dias e horários estabelecidos pela autoridade competente, considerando-se, ainda, as peculiaridades locais.

Gabarito "C".

(Cartório/SP – I – VUNESP) Os substitutos do Notário ou Oficial de Registro são escolhidos entre os

(A) escreventes, autorizados a praticar todos os atos extrajudiciais, simultaneamente com o Delegado, exceto lavrar testamentos.

(B) auxiliares, autorizados a praticar todos os atos extrajudiciais, na ausência do Delegado, exceto lavrar testamentos.

(C) escreventes e auxiliares, autorizados a praticar todos os atos extrajudiciais, simultaneamente com o Delegado, exceto lavrar testamentos.

(D) escreventes e auxiliares, autorizados a praticar todos os atos extrajudiciais, na ausência do Delegado.

É a previsão do artigo 20, §§ 4º e 5º, da Lei dos Notários e Registradores.

Gabarito "A".

(Cartório/SP – I – VUNESP) Os escreventes são prepostos contratados pelo Delegado do serviço extrajudicial, pelo regime

(A) estatutário, que não podem praticar ato algum notarial ou de registro.

(B) trabalhista, que podem praticar os atos autorizados pelo Notário ou Oficial de Registro.

(C) estatutário, que podem praticar os atos autorizados pelo Notário ou Oficial de Registro.

(D) trabalhista, que podem praticar qualquer ato notarial ou de registro.

Os colaboradores do serviço extrajudicial são denominados prepostos e estão regulados no artigo 20, da Lei dos Notários e Registradores. Pelo regime implementado pelo mencionado diploma legal, serão eles contratados pelo regime trabalhista, somente *permanecendo* sob regime estatuário aqueles que tenham feito a expressa opção. Entre os escreventes, o notário ou o registrador irá definir a esfera de atuação, autorizando a prática de atos. Os escreventes somente poderão praticar os atos que forem autorizados, ao passo que o substituto poderá praticar todos os atos próprios do ofício.

Gabarito "B".

(Cartório/SP – I – VUNESP) Em cada serviço de registro haverá, de acordo com a Lei n. 8.935, de 18 de novembro de 1994,

(A) tantos substitutos, escreventes e auxiliares quantos forem necessários.

(B) um substituto, dez escreventes e quantos auxiliares forem necessários.

(C) um substituto, cinco escreventes e quantos auxiliares forem necessários.

(D) dois substitutos e quantos escreventes e auxiliares forem necessários.

O número de prepostos deverá ser proporcional ao serviço e ao bom andamento da serventia. Assim, serão tantos escreventes, auxiliares e substitutos quantos necessários. É de se lembrar que o gerenciamento da serventia é de responsabilidade de seu titular, na forma do artigo 21 da Lei n. 8.935/1994, mas que o juiz competente, na forma do artigo 38 da mesma Lei, poderá indicar planos de melhoria da prestação do serviço.

Gabarito "A".

(Cartório/SP – I – VUNESP) A função correcional dos serviços extrajudiciais é exercida

(A) pela Corregedoria Geral do Estado-Membro.

(B) pelo Ministério Público Federal.

(C) pela Corregedoria da Justiça Federal.

(D) pelas Corregedoria Geral e Permanente do Judiciário do Estado-Membro.

A fiscalização dos serviços notariais e de registro, por determinação constitucional, é exercida pelo Poder Judiciário, pela Justiça Comum Estadual (artigo 236, § 1º, parte final, da Constituição Federal). Assim, essa fiscalização é executada pela Corregedoria Geral do Tribunal de Justiça, bem como pelas Corregedorias Permanentes das localidades em que haja prestação do serviço, na forma da organização judiciária de cada Estado-Membro.

Gabarito "D".

(Cartório/SP – 2016 – VUNESP) De acordo com as Normas de Serviço da Corregedoria Geral da Justiça do Estado de São Paulo, a fiscalização da frequência e assiduidade dos prepostos das Serventias Extrajudiciais é de responsabilidade

(A) exclusiva do respectivo titular da delegação ou do responsável pela Serventia vaga.

(B) do Juiz Corregedor Permanente.

(C) da Corregedoria Geral da Justiça.

(D) do Juiz Corregedor Permanente e da Corregedoria Geral da Justiça.

A: Correta. Conforme capítulo XIII (atual Capítulo XIV) das NSCGJ no item 15: "A fiscalização da frequência e assiduidade dos prepostos é de responsabilidade exclusiva do respectivo titular da delegação ou do responsável pelo serviço". A própria Lei 8.935/1994 em seu art. 21 textualmente diz: "O gerenciamento administrativo e financeiro dos serviços notariais e de registro é da responsabilidade exclusiva do respectivo titular, inclusive no que diz respeito às despesas de custeio, investimento e pessoal, cabendo-lhe estabelecer normas, condições e obrigações relativas à atribuição de funções e de remuneração de seus prepostos de modo a obter a melhor qualidade na prestação dos serviços". B: Incorreta. Não consta tal assertiva nas NSCGJSP. Resposta na letra "A". O juiz corregedor permanente não fiscaliza internamente frequência e assiduidade dos prepostos do titular. Cabe ao Titular gerir e administrar. C: Incorreta. Não consta tal assertiva nas NSCGJSP. Resposta na letra "A". A Corregedoria Geral da Justiça fiscaliza a frequência do titular, mas não dos prepostos. D: Incorreta. Não consta tal assertiva nas NSCGJSP. Resposta na letra "A", pelas razões anteriormente expostas.

Gabarito "A".

(Cartório/PA – 2016 – IESES) Consoante disposição da Lei 8.935/1994, os delegatários dos serviços extrajudiciais:

(A) Estão impedidos de praticar pessoalmente atos de seu interesse, ou de interesse de seu cônjuge ou seus parentes, em linha reta ou colateral, consanguíneos ou afins, até o terceiro grau.

(B) O gerenciamento administrativo e financeiro dos serviços notariais e de registro é de responsabilidade exclusiva do respectivo titular, salvo no que diz respeito às custas de custeio e remuneração de seus prepostos.

(C) Os substitutos indicados poderão, simultaneamente com o notário ou o oficial de registro, praticar todo e qualquer ato que lhes sejam próprios.

(D) Não podem assumir cargo público, salvo se em comissão.

A: Correta. Art. 27. No serviço de que é titular, o notário e o registrador não poderão praticar, pessoalmente, qualquer ato de seu interesse, ou de interesse de seu cônjuge ou de parentes, na linha reta, ou na colateral, consanguíneos ou afins, até o terceiro grau. B: Incorreta. Art. 21. O gerenciamento administrativo e financeiro dos serviços notariais e de registro é da responsabilidade exclusiva do respectivo titular, inclusive no que diz respeito às despesas de custeio, investimento e pessoal, cabendo-lhe estabelecer normas, condições e obrigações relativas à atribuição de funções e de remuneração de seus prepostos de modo a obter a melhor qualidade na prestação dos serviços. Nada fala a respeito da ressalva ao final da assertiva. C: Incorreta. Art. 20, § 4º Os substitutos poderão, simultaneamente com o notário ou o oficial de registro, praticar todos os atos que lhe sejam próprios exceto, nos tabelionatos de notas, lavrar testamentos. D: Incorreta Art. 25. O exercício da atividade notarial e de registro é incompatível com o da advocacia, o da intermediação de seus serviços ou o de qualquer cargo, emprego ou função públicos, ainda que em comissão. E ainda o mesmo artigo em seu § 2º "A diplomação, na hipótese de mandato eletivo, e a posse, nos demais casos, implicará no afastamento da atividade". Por certo que titulares de serventias notariais e registrais não são impedidos de assumir cargos públicos, como os eletivos, como é corriqueiro nos casos de vereança que são exercidos em horário noturno. Entretanto, se incompatíveis os horários, deverão afastar-se da atividade durante o mandato e solicitar afastamento (temporário) de sua titularidade, diante da vontade de exercer cargo, emprego ou função públicos, designando seu substituto do § 5º do Artigo 20 da Lei 8.935, retornando às suas funções notariais e de registro após o fim da incompatibilidade. Veja-se ADI 1531 MC, Relator Ministro Sidney Sanches, Tribunal Pleno, julgamento em 24.6.1999, DJ de 14.12.2001. *Moacyr Petrocelli de Ávila Ribeiro assim explica sobre o tema*: "Aplicando o princípio ou técnica da interpretação conforme a Constituição, recomendou a Suprema Corte, mormente quanto à parte final do art. 25, § 2º, da Lei 8.935/1994 – cuja redação parecia irredutível: "*implicará no afastamento da atividade*" – que o sentido a ser observado para esta norma, que a torna constitucional, é o seguinte: *(A)* é possível que notários e registradores exerçam mandatos eletivos em geral, desde que se afastem de sua atividade; *(B)* quanto ao caso específico de mandato eletivo para vereador é possível seu exercício, sem a necessidade de afastamento de sua atividade, desde que haja compatibilidade de horários. No Estado de São Paulo, cite-se, a Corregedoria Geral da Justiça aprovou em caráter normativo parecer da lavra da equipe de Juízes Auxiliares à época – *nos autos do Processo CG 3115/2000, parecer aprovado em 22/10/2001* – agasalhando o entendimento do Supremo Tribunal Federal e destacando a possibilidade de notários e registradores investirem-se no mandato de vereador, bastando que haja compatibilidade de horários – o que normalmente acontece –, e que tal investidura não importa na obrigatoriedade de afastamento das atividades delegadas". (in http://www.notariado.org.br/index.php?pG=X19leGIiZV9ub3RpY2lhcw==&in=ODAwMQ== acesso em 01 jan. 2018).

Gabarito "A".

9. TEORIA GERAL DOS REGISTROS PÚBLICOS

537

(Cartório/PA – 2016 – IESES) A nomeação de substitutos e escreventes, assim como sua destituição, deverá ser feita por meio de Portaria Interna que, no caso dos escreventes, deverá discriminar as atribuições de cada um dos designados. Cópia desta Portaria Interna deverá ser encaminhada por ofício ao Juiz de Registros Públicos da respectiva comarca e à Corregedoria de Justiça, pelo Malote Digital, até o:

(A) 15º (décimo quinto) dia do mês subsequente ao da nomeação ou destituição.

(B) 01º. (primeiro) dia útil do mês subsequente ao da nomeação ou destituição.

(C) 05º (quinto) dia do mês subsequente ao da nomeação ou destituição.

(D) 10º (décimo) dia do mês subsequente ao da nomeação ou destituição.

A letra "A" é a alternativa correta. O Código de Normas do Pará em seu artigo 25, §§ 2º e 3º tem a seguinte redação: "§ 2º A nomeação de substitutos e escreventes, assim como sua destituição, deverá ser feita por meio de Portaria Interna que, no caso dos escreventes, deverá discriminar as atribuições de cada um dos designados. § 3º. Cópia da Portaria Interna mencionada no parágrafo anterior deverá ser encaminhada por ofício ao Juiz de Registros Públicos da respectiva comarca e à Corregedoria de Justiça, pelo Malote Digital, até o *15º (décimo quinto)* dia do mês subsequente ao da nomeação ou destituição. Resposta exata da questão.
Gabarito "A".

7. PODER DISCIPLINAR. RESPONSABILIDADE

(Cartório/SP – 2018 – VUNESP) No Estado de São Paulo, a execução de atividades fora das dependências das serventias notariais e de registro pela modalidade de teletrabalho é

(A) admitida somente para os prepostos.

(B) vedada.

(C) admitida para o titular e seus prepostos, mediante autorização do Juiz Corregedor Permanente.

(D) admitida para o titular e seus prepostos, independentemente de autorização do Juiz Corregedor Permanente.

A modalidade teletrabalho é admitida somente aos prepostos (item 15.1 a 15.3, Cap. XIV, tomo II, das NSCGJSP)
Gabarito "A".

(Cartório/SP – 2016 – VUNESP) O poder censório-disciplinar das Corregedorias Permanentes e da Corregedoria Geral da Justiça, por meio do qual as penas de repreensão, multa, suspensão e perda da delegação são aplicadas, incide

(A) sobre o titular da delegação e o substituto designado para responder pelo respectivo serviço nas ausências e impedimentos dele.

(B) sobre o titular da delegação e todos os seus substitutos, salvo, quanto a estes, a pena de perda de delegação, porque restrita aos titulares.

(C) sobre o titular da delegação e o responsável pelo serviço vago (interino).

(D) somente sobre o titular da delegação.

A: Incorreta. O artigo 20 da Lei 8.935, preceitua que: "Os notários e os oficiais de registro poderão, para o desempenho de suas funções, contratar escreventes, dentre eles escolhendo os substitutos, e auxiliares como empregados, com remuneração livremente ajustada e sob o

regime da legislação do trabalho." Portanto, cabe ao titular concursado contratar seus prepostos. Entretanto, o Estado não outorgou parcela de poder ao substituto ou qualquer preposto contratado pelo Titular. A delegação da função pública notarial e de registro é, por imperativo constitucional, exercida por meio da descentralização administrativa por colaboração. O poder público conserva a titularidade do serviço e transfere apenas ao titular concursado ou legalmente investido na função esta parcela de poder e não ao seu preposto, mesmo que seja substituto, investido em qualquer dos parágrafos do art. 20 da Lei 8.935/1994. **B:** Incorreta. Da mesma forma que a justificativa da questão anterior. **C:** Incorreta. Interessante a questão da interinidade. O Estado conserva a titularidade do serviço e transfere apenas ao titular sua parcela de poder. Em caso de renúncia, ou qualquer caso de vacância da titularidade, o Estado retoma a titularidade do serviço e outorga em confiança a um interino que exercerá esta função, desta vez, sem a liberdade que o Titular tem, em nome deste Estado. O regime jurídico da atividade notarial e de registro, estabelecido no art. 236 da Constituição Federal, claramente estabelece que os serviços notariais e de registro são exercidos em caráter privado por delegação do Poder Público. Este exercício será feito única e exclusivamente pelo titular. **D:** Correta. O titular da delegação é a pessoa que recebeu parcela de poder do Estado para exercer com fé pública este mister. As NSCGJSP no item 32.1 do Capítulo XXI (atual Capítulo XIV) dispõe que: "O interino e o interventor, que não seja titular, não estão sujeitos às penas do caput, mas apenas à cessação da designação, na forma do item 12".
Gabarito "D".

(Cartório/SP – 2016 – VUNESP) De acordo com as Normas de Serviço da Corregedoria Geral da Justiça de São Paulo, os recursos das decisões disciplinares do Juiz Corregedor Permanente serão recebidos

(A) apenas no efeito devolutivo, exceto nas hipóteses de multa e de suspensão.

(B) apenas no efeito devolutivo, exceto na hipótese de perda de delegação.

(C) nos efeitos devolutivo e suspensivo.

(D) apenas no efeito devolutivo, exceto nas hipóteses de perda de delegação e de suspensão.

A: Incorreta. Resposta na letra "b". Apenas para esclarecer a diferença entre os efeitos dos recursos, efeito devolutivo, como o próprio nome diz, é aquele que "devolve" o recurso, ou seja, quando um recurso é recebido com o efeito devolutivo, a matéria é toda devolvida para reexame em instância superior. A sentença neste caso, a sentença poderá ser anulada, reformada, e até mesmo mantida. Ocorre que no efeito devolutivo os efeitos dessa sentença continuam vigentes. Já no efeito suspensivo, ocorre que a sentença proferida não pode ser executada, pois o recurso "suspende" os efeitos da mesma, até que o recurso seja julgado. **B:** Correta – Capítulo XXI (atual Capítulo XIV) das NSCGJSP. Item 25. Os recursos referidos no item 24 e subitem 24.1 serão recebidos apenas no efeito devolutivo, exceto na hipótese de perda de delegação. **C** e **D:** vide comentários à letra B.
Gabarito "B".

(Cartório/SP – 2016 – VUNESP) Segundo as Normas de Serviço da Corregedoria Geral da Justiça de São Paulo, das decisões disciplinares originárias do Corregedor Geral da Justiça relativas a delegados dos serviços notariais e registrais caberá recurso para

(A) o Órgão Especial do Tribunal de Justiça do Estado de São Paulo.

(B) a Câmara Especial do Tribunal de Justiça do Estado de São Paulo.

(C) o Conselho Superior da Magistratura.

(D) o Superior Tribunal de Justiça.

VÁRIOS AUTORES

A alternativa "B" está correta. Item 24.1 do Capítulo XIII (atual Capítulo XIV) das NSCGJ. O teste é a exata dicção do item 24.1 do Capítulo XIII (atual Capítulo XIV) das NSCGJ. 24.1. Das decisões disciplinares originárias do Corregedor Geral da Justiça caberá recurso, no mesmo prazo, para a Câmara Especial do Tribunal de Justiça do Estado de São Paulo. Vide ainda art. 33, V, do Regimento Interno do TJSP.

Gabarito "B".

(Cartório/SP – 2016 – VUNESP) A revisão administrativa da punição disciplinar de que não caiba mais recurso

(A) deve, sob pena de extinção, ser proposta dentro do prazo de dois anos contados da decisão que aplicou, em definitivo, a pena disciplinar.

(B) é cabível contra todas as penas disciplinares, exceto a de perda de delegação.

(C) é cabível a qualquer tempo se surgirem fatos ou circunstâncias ainda não apreciados, ou vícios insanáveis de procedimento, que possam justificar a redução ou a anulação da pena aplicada.

(D) pode ter como fundamento a simples alegação da injustiça da decisão.

A: Incorreta. Vide resposta da letra "C", pois não se admite limitação temporal para a pena de revisão. **B:** Incorreta. As NSCGJSP não excluem a perda da delegação na revisão, com redação dada no capítulo XXI (atual Capítulo XIV), item 42. "Admitir-se-á, a qualquer tempo, a revisão de punição disciplinar de que não caiba mais recurso, se surgirem fatos ou circunstâncias ainda não apreciados, ou vícios insanáveis de procedimento, que possam justificar redução ou anulação da pena aplicada". **C:** Correta. A assertiva é a exata redação do item 42 do Capítulo XXI (atual Capítulo XIV) das NSCGJSP. 42. Admitir-se-á, a qualquer tempo, a revisão de punição disciplinar de que não caiba mais recurso, se surgirem fatos ou circunstâncias ainda não apreciados, ou vícios insanáveis de procedimento, que possam justificar redução ou anulação da pena aplicada. **D:** Incorreta. O item 42.1 do Capítulo XXI (atual Capítulo XIV) das NSCGJSP veda. Sua redação é clara: "A simples alegação da injustiça da decisão não constitui fundamento do pedido."

Gabarito "C".

(Cartório/PA – 2016 – IESES) O poder de fiscalização, atribuído ao poder judiciário pela Constituição Federal:

(A) A aplicação das medidas disciplinares guarda correspondência primordialmente retributiva com o fato da infração.

(B) O juízo competente poderá instaurar o procedimento disciplinário mediante representação de qualquer interessado.

(C) A imposição de penas disciplinares aos notários e registradores só podem ser feita em processos judiciais.

(D) Não inclui a tarefa de apuração das infrações disciplinares e apenamento disciplinar dos notários e registradores.

A: Incorreta. A CF/1988 nada versa sobre o caráter retributivo e mesmo a Lei 8.935/1994 também não em seus artigos 31 a 33. **B:** Correta. O § 1º do art. 236 da CF/1988 remete a Lei ordinária que "a regulará". A lei que rege a atividade é a Lei 8.935/1994 em seus artigos 37 e 38 assim prescreve: Art. 37. A fiscalização judiciária dos atos notariais e de registro, mencionados nos artes. 6º a 13, será exercida pelo juízo competente, assim definido na órbita estadual e do Distrito Federal, sempre que necessário, ou mediante representação de qualquer interessado, quando da inobservância de obrigação legal por parte de notário ou de oficial de registro, ou de seus prepostos. Parágrafo único. Quando, em autos ou papéis de que conhecer, o Juiz

verificar a existência de crime de ação pública, remeterá ao Ministério Público as cópias e os documentos necessários ao oferecimento da denúncia. Art. 38. O juízo competente zelará para que os serviços notariais e de registro sejam prestados com rapidez, qualidade satisfatória e de modo eficiente, podendo sugerir à autoridade competente a elaboração de planos de adequada e melhor prestação desses serviços, observados, também, critérios populacionais e socioeconômicos, publicados regularmente pela Fundação Instituto Brasileiro de Geografia e Estatística. Como zelar é da competência do juízo ao qual o notário ou registrador está sujeito, este poderá instaurar o procedimento para fiscalizar sua atuação. **C:** Incorreta. O § 1º do artigo 236 da CF/1988 responde a questão, por interpretação lógica sistêmica. No RE 255.124 – 2002. Min Neri da Silveira, trata-se assim da matéria: Transformação constitucional do sistema, no que concerne à execução dos serviços públicos notariais e de registro, não alcançou a extensão inicialmente pretendida, mantendo-se, em consequência, o Poder Judiciário no controle do sistema. A execução, "modo privado", de serviço público, não lhe retira essa conotação específica. Não há de se ter como ofendido o art. 236 da Lei Maior, que se compõe também de parágrafos a integrarem o conjunto das normas notariais e de registro, estando consignada no § 1º, in fine, do art. 236, a fiscalização pelo Poder Judiciário dos atos dos notários e titulares de registro. [RE 255.124, rel. min. Néri da Silveira, j. 11-4-2002, P, DJ de 8-11-2002.]. **D:** Incorreta. O § 1º do artigo 236 da CF/1988 igualmente traz a mesma dedução, bem como os artigos 31 a 33 da Lei 8.935/1994.

Gabarito "B".

(Cartório/PA – 2016 – IESES) A cerca da responsabilidade dos tabeliães e oficiais de registro pode- se afirmar:

I. A responsabilidade civil e administrativa independe da criminal.

II. A responsabilidade criminal será individualizada, aplicando-se, no que couber, a legislação relativa aos crimes contra a Administração Pública.

III. A individualização da responsabilidade criminal exime os tabeliães e os oficiais de registro de sua responsabilidade civil.

IV. Os tabeliães e oficiais de registro responderão pelos danos que eles e seus prepostos causarem a terceiros na prática de atos próprios da serventia, assegurado aos primeiros o direito de regresso no caso de dolo ou culpa dos prepostos.

A sequência correta é:

(A) As assertivas I, II, III e IV estão corretas.

(B) Apenas as assertivas II e III estão corretas

(C) Apenas a assertiva III está correta.

(D) Apenas as assertivas I, II e IV estão corretas.

A: incorreta. A assertiva I está correta, pois conforme a Lei 8.935/1994, art. 23. A responsabilidade civil independe da criminal. E ainda pelo art. 24, "A responsabilidade criminal será individualizada, aplicando-se, no que couber, a legislação relativa aos crimes contra a administração pública. Parágrafo único. A individualização prevista no caput não exime os notários e os oficiais de registro de sua responsabilidade civil". E a alternativa III está incorreta. **B:** Incorreta, pois, a assertiva I está correta, pois conforme a Lei 8.935/1994, art. 23. A responsabilidade civil independe da criminal. **C:** Incorreta, pois conforme a Lei 8.935/1994, art. 23. A responsabilidade civil independe da criminal. E a assertiva traz exatamente o contrário da Lei 8.935/1994. **D:** Correta, pois as três assertivas, estão corretas, e apenas a III incorreta. Nota.: a Lei 8.935 foi alterada pela Lei 13.286 de 2016, e em conformidade com a nova redação estaria errada, mas à época do concurso correta.

Gabarito "D".

9. TEORIA GERAL DOS REGISTROS PÚBLICOS

8. ESCRITURAÇÃO. ARQUIVO. ORDEM DO SERVIÇO

(Cartório/MG – 2019 – Consulplan) De acordo com o Provimento 45/2015 do CNJ, que consolidou as normas relativas à manutenção e escrituração dos livros Diário Auxiliar, Visitas e Correições e Controle de Depósito Prévio pelos titulares de delegações e responsáveis interinos do serviço extrajudicial de notas e registros públicos, é correto afirmar que:

(A) A responsabilidade pela escrituração dos livros Diário Auxiliar, Visitas e Correições e Controle de Depósito Prévio, referidos no provimento 45, são de responsabilidade direta do delegatário, ainda quando escriturado por um seu preposto.

(B) Anualmente, até o décimo dia útil do mês de março, o Livro Diário Auxiliar será visado pela autoridade judiciária competente, que determinará, sendo o caso, as glosas necessárias, podendo, ainda, ordenar sua apresentação sempre que entender conveniente.

(C) Nos Estados em que o pagamento dos emolumentos para o serviço de protesto de título for diferido em virtude de previsão legal, será considerado como dia da prática do ato o da lavratura do termo de cancelamento, o do acatamento do pedido de desistência e o do pagamento do título, se outra data não decorrer de norma estadual específica.

(D) A receita será lançada no Livro Diário Auxiliar separadamente, por especialidade, de forma individualizada, no dia da prática do ato, somente quando haja recebimento de emolumentos, devendo discriminar-se sucintamente, de modo a possibilitar-lhe identificação com a indicação, quando existente, do número do ato, ou do livro e da folha em que praticado, ou ainda o do protocolo.

A: incorreta: conforme parágrafo único do art. 3º do Provimento nº 45/2015 do CNJ, a escrituração do Livro de Visitas e Correições compete às autoridades judiciárias fiscalizadoras, respondendo o delegatário apenas pela guarda e integridade do conjunto de atos nele praticados, sendo de responsabilidade do delegatário a escrituração dos demais livros mencionados, ainda quando escriturado por preposto; **B:** incorreta: o Livro Diário Auxiliar deve ser visado pelo Diretor do Foro até o 10º dia útil do mês de fevereiro (art. 11 do Provimento 45/2015 do Conselho Nacional de Justiça); **C:** correta: expressa disposição do artigo 6º, caput, do Provimento 45/2015 do Conselho Nacional de Justiça; **D:** incorreta: a receita deve ser lançada no dia da prática do ato, ainda que o delegatário não tenha recebido os emolumentos, conforme art. 6º, caput, do Provimento 45/2015 do Conselho Nacional de Justiça.
Gabarito "C".

(Cartório/MG – 2019 – Consulplan) Se algum comparecente ao ato não puder ou não souber escrever, outra pessoa capaz assinará por ele, a seu rogo, podendo assinar por mais de um comparecente se não forem conflitantes seus interesses. Sobre assinatura a rogo, de acordo com o Provimento nº 260/CGJ/2013, é INCORRETO afirmar que:

(A) Deve constar do ato o motivo da assinatura a rogo.

(B) É desnecessário o comparecimento de testemunhas.

(C) É desnecessária a apresentação de atestado médico para comprovar eventual debilidade física ou motora que impeça a parte de assinar o ato.

(D) No caso de inexistir outras pessoas que possam assinar a rogo pela parte, faculta-se a opção por pessoa que faça parte da estrutura da serventia.

Nota dos autores: A prova foi realizada na vigência do Prov. 260/CGJ/2013 – antigo Código. Em virtude do Prov. Conjunto n. 93/PR/2020, houve alteração do referido Código de Normas, o que deve ser observado pelo leitor. A resposta já foi elaborada segundo a atual redação. **A:** incorreta: a assertiva está correta, conforme art. 183, par. primeiro, do CN/MG; **B:** incorreta: a assertiva está correta, não havendo essa exigência no CN/MG; **C:** incorreta: a assertiva está correta, não havendo essa exigência no CN/MG, que apenas possibilitava ao tabelião, no art. 241 da antiga redação, a exigência do atestado antes de colher assinatura em testamento lavrado em hospital ou domicílio; **D:** correta: a assertiva era errada, sendo essa prática vedada pelo § 1º do art. 86 do CN/MG (antiga redação).
Gabarito "D".

(Cartório/RS – 2019 – VUNESP) De acordo com a Consolidação Normativa Notarial e Registral, o Livro de Visitas e Correições – LVC conterá

(A) 50 páginas.

(B) 100 páginas.

(C) 150 páginas.

(D) 300 páginas.

(E) 200 páginas.

O Livro Visitas e Correições – LVC conterá 100 páginas, conforme § 1º do art. 19-B da antiga redação da CNNR (antiga redação da CNNR instituída pelo Provimento nº 32/06-CGJ, atualizada até o Provimento 016/2019-CGJ (Junho/2019).
Gabarito "B".

(Cartório/RS – 2019 – VUNESP) Conforme previsão da Consolidação Normativa Notarial e Registral, a destruição de documento registrado

(A) é autorizada quando abandonado pelas partes ou interessados por mais de um (01) ano, no mínimo, independentemente de microfilmagem ou digitalização.

(B) é autorizada quando abandonado pelas partes ou interessados por mais de seis (06) meses, no mínimo, independentemente de microfilmagem ou digitalização.

(C) é vedada.

(D) é autorizada quando abandonado pelas partes ou interessados por mais de seis (06) meses, no mínimo, desde que seja realizada a microfilmagem ou digitalização.

(E) é autorizada quando abandonado pelas partes ou interessados por mais de um (01) ano, no mínimo, desde que seja realizada a microfilmagem ou digitalização.

Segundo o art. 37 da antiga redação da CNNR (norma aplicável quando a prova foi elaborada e realizada), era possível a destruição do documento registrado, abandonado por mais de 1 ano pelas partes ou interessados, desde que realizada a microfilmagem ou digitalização. Tal dispositivo não foi repetido no texto em vigor a partir do Provimento n. 01/2020 – CGJ.
Gabarito "E".

(Cartório/SP – 2016 – VUNESP) De acordo com as Normas de Serviço da Corregedoria Geral da Justiça de São Paulo, as assinaturas constantes dos termos são aquelas usuais das partes, devendo os notários e registradores, por cau-

VÁRIOS AUTORES

tela e para facilitar a identificação futura, fazer constar, junto a elas,

(A) os domicílios das partes.

(B) os números do CPF (cadastro de pessoas físicas)/CNPJ (cadastro nacional da pessoa jurídica) e RG (registro geral) das partes.

(C) a instituição bancária das partes.

(D) os nomes por inteiro exarados em letra de forma ou pelo mesmo meio de impressão do termo.

A alternativa D está conforme capítulo XIII das NSCGJ no item 32 (atual item 26). As assinaturas constantes dos termos são aquelas usuais das partes, devendo os notários e registradores, por cautela e para facilitar a identificação futura, fazer constar, junto a elas, os nomes por inteiro exarados em letra de forma ou pelo mesmo meio de impressão do termo. Cópia exata do item 32 (atual 26).
Gabarito "D".

(Cartório/SP – 2016 – VUNESP) Em relação aos critérios de formação dos arquivos de segurança (*backups*) das Serventias Extrajudiciais, é correto afirmar que

(A) exige o emprego de certificado digital emitido no âmbito da Infraestrutura de Chaves Públicas Brasileira – ICP-Brasil.

(B) impõe a preservação dos registros públicos originais.

(C) as digitalizações anteriores não poderão ser aproveitadas.

(D) os serviços de datacenter e de Storage podem ser contratados com pessoa jurídica constituída ou não no Brasil.

A: Incorreta. Não há a exigência de certificado digital para a formação dos arquivos de segurança. Conforme capítulo XIII das NSCGJ no item 90, letra d: Observação da Lei 12.682/2012 para digitalização e armazenamento dos documentos, dispensado o emprego de certificado digital emitido no âmbito da Infraestrutura de Chaves Públicas Brasileira – ICP – Brasil. B: Correta. Conforme capítulo XIII das NSCGJ no item 90. Os notários e registradores devem formar e manter atualizados arquivos de segurança (backups), observados os seguintes critérios: a. Preservação dos registros públicos originais. O leitor deve ficar atento para a reforma das Normas Paulistas, estando agora a matéria tratada no item 82 e seguintes, do Capítulo XIII, das Normas de Serviço do Estrajudicial; C: Incorreta. O mesmo item 90 prevê que haverá o "Aproveitamento dos procedimentos de digitalização anteriores à norma desde que observados os requisitos técnicos estabelecidos nesta Seção. D: Incorreta. Conforme capítulo XIII das NSCGJ no item 90, letra h, parte final: "Os serviços de datacenter e de Storage devem ser contratados com pessoa jurídica regularmente constituída no Brasil.
Gabarito "B".

(Cartório/MG – 2016 – Consulplan) Segundo o art. 19, da Lei n. 6.015/73, "A certidão será lavrada em inteiro teor, em resumo, ou em relatório conforme quesitos e devidamente autenticada pelo oficial ou seus substitutos legais, não podendo ser retardada por mais de...... (........) dias.

Assinale a alternativa que completa corretamente o enunciado.

(A) 10 (dez)

(B) 5 (cinco)

(C) 2 (dois)

(D) 3 (três)

A alternativa "B" é a dicção do artigo 19 da Lei. 6.015/1973.
Gabarito "B".

9. EMOLUMENTOS

(Cartório/MG – 2019 – Consulplan) O ato notarial ou registral relativo à situação jurídica com conteúdo financeiro será praticado com base nos parâmetros constantes no art. 10, § 3º, da Lei Estadual 15.424/2004, prevalecendo o que for maior. Levando tal fato em consideração, o Provimento 260/CGJ/2013 permite que:

(A) O tabelião ou oficial de registro esclareça o usuário sobre a necessidade de declarar o valor real ou de mercado do bem ou negócio, quando aqueles inicialmente declarados estiverem em flagrante dissonância com seu valor real ou de mercado. Não sendo acolhida a recomendação, poderá ser instaurado procedimento administrativo de arbitramento de valor, perante a Direção do Foro, adotado o procedimento de consulta administrativa.

(B) O tabelião ou oficial de registro esclareça o usuário sobre a necessidade de declarar o valor real ou de mercado do bem ou negócio, quando aqueles inicialmente declarados estiverem em flagrante dissonância com seu valor real ou de mercado. Sendo acolhida a recomendação, o ato será praticado com base no novo valor declarado, que constará do corpo do ato, devendo ser retificado, nos mesmos moldes, o recolhimento do tributo devido.

(C) O tabelião ou oficial de registro esclareça o usuário sobre a necessidade de declarar o valor real ou de mercado do bem ou negócio, quando aqueles inicialmente declarados estiverem em flagrante dissonância com seu valor real ou de mercado. Não sendo acolhida a recomendação, poderá ser instaurado procedimento administrativo de arbitramento de valor, perante a Corregedoria-Geral de Justiça, adotado o procedimento da suscitação de dúvida.

(D) O tabelião ou oficial de registro esclareça o usuário sobre a necessidade de declarar o valor real ou de mercado do bem ou negócio, quando aqueles inicialmente declarados estiverem em flagrante dissonância com seu valor real ou de mercado. Sendo acolhida a recomendação, o ato será praticado com base no novo valor declarado, que constará do corpo do ato, e o novo valor declarado ou arbitrado será utilizado tão somente para fins de recolhimento da TFJ e dos emolumentos.

Nota dos autores: A prova foi realizada na vigência do Prov. 260/ CGJ/2013 – antigo Código. Em virtude do Prov. Conjunto n. 93/PR/2020, houve alteração do referido Código de Normas, o que deve ser observado pelo leitor. A resposta já foi elaborada segundo a atual redação.
A: incorreta: o procedimento a ser adotado, neste caso, é o da suscitação de dúvida, conforme inciso III do § 1º do art. 135, CN/MG; B: incorreta: o novo valor declarado ou arbitrado será utilizado tão somente para fins de emolumentos e Taxa de Fiscalização Judiciária (TFJ), conforme § 2º do art. 135, CN/MG; C: incorreta: o procedimento é instaurado perante o diretor do foro, conforme inciso III do § 1º do art. 135, CN/ MG; D: correta: reprodução do incisos I e II dos §§ 1º e 2º, todos do art. 135 do CN/MG.
Gabarito "D".

(Cartório/SP – 2016 – VUNESP) Em caso de alteração de tabela de emolumentos ou divulgação de novas tabelas, em relação aos atos notariais e de registro já solicitados, estas

(A) aplicam-se aos atos, mesmo que tenha havido depósito total ou parcial dos emolumentos.

(B) não se aplicarão, apenas no caso de ter havido depósito total ou parcial dos emolumentos.

(C) aplicam-se aos atos, desde que não tenha havido depósito total ou parcial dos emolumentos.

(D) não se aplicarão, tenha havido ou não depósito total ou parcial dos emolumentos.

A letra D está correta. Conforme capítulo XIII das NSCGJ no item 74 (atual item 66), "Sempre que forem alteradas ou divulgadas novas tabelas, estas não se aplicarão aos atos notariais e de registro já solicitados, tenha havido ou não depósito total ou parcial dos emolumentos, salvo nas hipóteses previstas nas respectivas notas explicativas das tabelas. Note-se que neste caso a Vunesp não se utilizou de cópia integral do dispositivo normativo, mas é compreensível a alternativa correta. Gabarito "D".

(Cartório/SP – 2016 – VUNESP) Acerca da cobrança de emolumentos, assinale a alternativa correta.

(A) O Estado de São Paulo e suas respectivas autarquias são isentos do pagamento de parcela dos emolumentos.

(B) É lícito ao notário solicitar prévio pagamento de emolumentos, mesmo nas requisições judiciais.

(C) É vedada a cobrança de emolumentos de ato de retificação cujo erro seja imputável ao respectivo serviço.

(D) São gratuitas as certidões solicitadas no interesse de maiores de 60 anos.

A: Incorreta. Conforme capítulo XIII das NSCGJ no item 75.1 (atual item 67.1): "O Estado de São Paulo e suas respectivas autarquias são isentos do pagamento de emolumentos." Está errada a palavra "parcela". B: Incorreta. Conforme capítulo XIII das NSCGJ no item 77 (atual item 69): "Nas hipóteses de requisições judiciais, os notários e registradores não poderão exigir prévio pagamento de emolumentos para o fornecimento de informações, documentos e certidões, exceto nos casos em que da ordem judicial constar ressalva expressa a respeito". C: Correta. Conforme capítulo XIII das NSCGJ no item 78 (atual item 70): É vedado cobrar emolumentos em decorrência da prática de ato de retificação ou que teve de ser refeito ou renovado em razão de erro imputável aos respectivos serviços notariais e de registro. D: Incorreta. Conforme capítulo XIII das NSCGJ no item 76 (atual item 68): "São gratuitos os atos previstos em lei e os praticados em cumprimento de mandados judiciais expedidos em favor da parte beneficiária da justiça gratuita, sempre que assim for expressamente determinado pelo Juízo". Não há gratuidade em razão da idade do solicitante. Gabarito "C".

(Cartório/MG – 2015 – Consulplan) Em relação à Lei estadual de Emolumentos (15.424, de 30/12/2004), que dispõe sobre a fixação, a contagem, a cobrança e o pagamento de emolumentos relativos aos atos praticados pelos serviços notariais e de registro, o recolhimento da Taxa de Fiscalização Judiciária e a compensação dos atos sujeitos à gratuidade estabelecida em lei federal e dá outras providências, é correto afirmar:

(A) Ao Juiz de Paz não são devidos emolumentos, mas, sim, custas, pela manifestação em autos de habilitação e diligência para o casamento, dado que não se trata de notário ou oficial registrador.

(B) A Taxa de Fiscalização Judiciária tem como fato gerador o exercício do poder de polícia atribuído ao Poder Judiciário pela Constituição da República, em seu art. 236, § 1º, e legalmente exercido pela Corregedoria-Geral de Justiça e pelo Juiz Corregedor Permanente.

(C) Na cotação dos emolumentos devidos para a prática do ato é vedado o uso de carimbo que indique os valores expressos nas tabelas constantes no anexo da lei acima referida.

(D) Para fins de enquadramento nas tabelas, é considerado como parâmetro o preço ou valor econômico do negócio jurídico declarado pelas partes. Pode ser instaurado procedimento administrativo de arbitramento de valor, perante o diretor do foro, de ofício pelo tabelião ou oficial de registro.

A: Incorreta. O artigo 2º, § 3º, da Lei de custas mineira diz: § 3º Ao Juiz de Paz são devidos emolumentos pela manifestação em autos de habilitação e diligência para o casamento. Ou seja, são devidos **emolumentos** e não custas. B: Incorreta. A mesma lei, em seu art. 3º A Taxa de Fiscalização Judiciária tem como fato gerador o exercício do poder de polícia atribuído ao Poder Judiciário pela Constituição da República, em seu art. 236, § 1º, e legalmente exercido pela Corregedoria-Geral de Justiça e pelo Juiz de Direito Diretor do Foro. Portanto, incorreta apenas em sua parte final, ao trocar a palavra Juiz Diretor do Foro, por Juiz Corregedor Permanente. C: Incorreta. O artigo 8º, § 1º, da mesma lei de custas, expressamente prevê a facultatividade do uso de carimbo para cotar os emolumentos. D: Correta. A lei de custas prevê exatamente a hipótese elencada na assertiva, em seu artigo 10, §§ 3º e 4º. O § 4º tem a seguinte redação: "Para fins do enquadramento a que se refere o § 3º deste artigo, serão considerados ainda os seguintes parâmetros: I – para cálculo dos valores devidos por registro de contrato, título e documento, cujas quantias venham expressas em moeda estrangeira, far-se-á a conversão em moeda nacional, com a utilização do valor de compra do câmbio oficial do dia em que for apresentado o documento; II – em contrato de fiança, de caução e de depósito, vinculado a contrato de abertura de crédito, o registro será cobrado na forma prevista para averbação, sem conteúdo financeiro; III – em aditivo de contrato de crédito para substituição de garantia ou para prorrogação de prazo de pagamento sem liberação de crédito suplementar, os atos são considerados sem conteúdo financeiro; IV – a tradução que acompanhar documento em língua estrangeira será considerada sem conteúdo financeiro; V – quando contrato ou documento com conteúdo financeiro integrar a notificação, o registro será feito pelo valor nele expresso; VI – para registro de contratos de arrendamento, parceria ou qualquer outro que reúna as mesmas características destes, cujas quantias venham expressas em percentuais ou em quantidades do produto, resultantes do negócio jurídico, far-se-á a sua conversão em moeda nacional, correspondente ao valor daquele conteúdo financeiro, na data da realização do registro". Gabarito "D".

(Cartório/MG – 2016 – Consulplan) A Lei n. 15.424, de 30 de dezembro de 2004, que dispõe sobre a fixação, a contagem, a cobrança e o pagamento de emolumentos relativos aos atos praticados pelos serviços notariais e de registro, e o recolhimento da Taxa de Fiscalização Judiciária e a compensação dos atos sujeitos à gratuidade estabelecida em lei federal e dá outras providências, prevê, no § 1º do art. 2º, o anexo no qual são fixados os seus valores.

Com base no anexo constante da Tabela de Emolumentos, é correto afirmar:

(A) A Tabela 5 é destinada aos Tabeliães de Notas.

(B) A Tabela 1 é destinada aos atos do Tabelião de Notas, especialmente o item 6, que trata sobre Cartas de Notificação.

(C) A Tabela 5 é destinada aos atos do Oficial de Registro de Títulos e Documentos e no item 7, letra "a" refere-se ao registro ou averbação de contrato de alienação fiduciária, leasing ou reserva de domínio sobre o valor financiado.

VÁRIOS AUTORES

(D) A Tabela 5 é destinada aos atos do Oficial de Registro de Títulos e Documentos e no item 7, letra "a" refere-se ao registro completo, incluindo anotações e remissões, com conteúdo financeiro de título ou documento, trasladação na íntegra ou por extrato.

A: Incorreta. A tabela 5 são destinadas aos oficiais de Títulos e documentos. B: Incorreta. Apesar da tabela 1 ser destinada ao tabelião de notas, não há previsão de cobrança de "cartas de notificação". C: Correta. A tabela 5 é destinada aos oficiais de títulos e documentos. O item 7 refere-se ao Registro ou averbação de contrato de alienação fiduciária, "leasing" ou reserva de domínio sobre o valor financiado. D: Incorreta. O item 7, letra "a" refere-se ao Registro ou averbação de contrato de alienação fiduciária, "leasing" ou reserva de domínio sobre o valor financiado, portanto errada a assertiva.

Gabarito "C"

As tabelas estão assim dispostas:

TABELA 1 – ATOS DO TABELIÃO DE NOTAS	TABELA 1
TABELA 2 – ATOS DO OFICIAL DO REGISTRO DE DISTRIBUIÇÃO	TABELA 2
TABELA 3 – ATOS DO TABELIÃO DE PROTESTO DE TÍTULOS	TABELA 3
TABELA 4 – ATOS DO OFICIAL DE REGISTRO DE IMÓVEIS	TABELA 4
TABELA 5 – ATOS DO OFICIAL DE REGISTROS DE TÍTULOS E DOCUMENTOS	TABELA 5
TABELA 6 – ATOS DO OFICIAL DE REGISTRO CIVIL DAS PESSOAS JURÍDICAS	TABELA 6
TABELA 7 – ATOS DO OFICIAL DO REGISTRO CIVIL DAS PESSOAS NATURAIS E DO JUIZ DE PAZ	TABELA 7

(Cartório/MG – 2016 – Consulplan) Nos termos da legislação mineira, Lei n. 15.424, de 30/12/2004, que dispõe sobre a fixação, a contagem, a cobrança e o pagamento de emolumentos relativos aos atos praticados pelos serviços notariais e de registro, avalie as seguintes assertivas abaixo:

I. Para realizar o desmembramento urbano ou rural o registrador de imóveis praticará um ato de averbação sem conteúdo financeiro.

II. É vedado ao Notário e ao Registrador, entre outras, conceder desconto remuneratório de emolumentos ou de valores da Taxa de Fiscalização Judiciária.

III. O Notário e o Registrador fornecerão recibo circunstanciado dos emolumentos cobrados e cotarão os respectivos valores à margem do documento a ser entregue ao interessado.

IV. Para o registro de contrato de alienação fiduciária de imóvel os emolumentos serão cobrados levando-se em consideração o saldo devedor.

Está correto o que se afirma em:

(A) II, III e IV, apenas.

(B) III e IV, apenas.

(C) I, II, III e IV.

(D) I e IV, apenas.

Passa-se a analisar item a item em conformidade com a tabela de custas mineira. Item I – tabela IV, item 1. Letra "L". Averbação sem conteúdo financeiro. Item II – art. 16, inciso VIII da Lei Estadual de Emolumentos. Item III – art. 8º da Lei Estadual de Emolumentos. Item IV – art. 10, § 3º, inciso V da Lei Estadual de Emolumentos. Todos os itens estão corretos.
Gabarito "C"

(Cartório/MG – 2016 – Consulplan) Para fins de enquadramento nas tabelas de emolumentos, a Lei n. 15.424/2004, inciso XII, parágrafo 3º, do art. 10, estabelece os critérios para cobrança de emolumentos quanto ao registro de contrato de locação. A esse respeito, julgue as seguintes asserções:

I. A base de cálculo no registro de contrato de locação com prazo determinado será o valor da soma dos aluguéis mensais.

II. No registro de contrato de locação com prazo indeterminado, a base de cálculo recairá sobre a soma de doze aluguéis mensais.

III. No registro de contrato de locação, a base de cálculo incidirá sobre o valor do imóvel estabelecido no último lançamento efetuado pelo Município, para efeito de cobrança de imposto sobre a propriedade predial e territorial urbana, ou pelo órgão federal competente, para efeito de cobrança de imposto sobre a propriedade territorial rural.

IV. No registro de contrato de locação que contiver cláusula de reajuste, considerar-se-á o resultado da multiplicação do índice de reajuste sobre o número de meses.

Está correto apenas o que se afirma em:

(A) I e IV

(B) III e IV

(C) I, II e IV

(D) II e III

A: Incorreta. Os incisos I e IV estão corretos, entretanto, o item II também está correto. O inciso I trata-se da Letra "a" do inciso X abaixo transcrito. O inciso II é a literalidade da letra "b" do cita do artigo. B: Incorreta. Item III está incorreto, pois a referida Lei Estadual de Emolumentos 15.424/2004 em seu artigo 10, § 3º, inciso X, assim prevê: § 3º Para fins de enquadramento nas tabelas, relativamente aos atos classificados no inciso II do caput deste artigo, serão considerados como parâmetros os seguintes valores, prevalecendo o que for maior, observado o disposto no § 4º deste artigo: e o inciso XII tem a seguinte redação: "no registro de contrato de locação: **(A)** o valor da soma dos aluguéis mensais, tratando-se de contrato com prazo determinado; **(B)** o valor da soma de doze aluguéis mensais, tratando-se de contrato com prazo indeterminado; **(C)** o resultado da multiplicação do índice de reajuste sobre o número de meses, tratando-se de contrato com cláusula de reajuste; A base de cálculo não será portanto, o valor atribuído pelo município se urbano ou pelo Incra de rural. **C:** Correta. Incisos I, II e IV corretos. O item IV trata da letra "c" do citado artigo. **D:** incorreta, inciso I está correto. O inciso III incorreto.
Gabarito "C"

(Cartório/PA – 2016 – IESES) É certo afirmar:

I. O Fundo de Apoio ao Registro Civil do Estado do Pará – FRC, até o dia vinte de cada mês, repassará aos Oficiais de Registro Civil de Pessoas naturais os valores a que farão jus pelos atos gratuitos praticados, constantes do relatório mensal que deverá ser encami-

9. TEORIA GERAL DOS REGISTROS PÚBLICOS 543

nhado, posteriormente, às respectivas Corregedorias de Justiça do Tribunal de Justiça do Estado do Pará, com o objetivo de verificar a veracidade das informações prestadas.

II. Para cálculo dos preços devidos pelo registro de contratos, títulos e documentos cujos valores venham expressos em moeda estrangeira, far-se-á a conversão em moeda nacional, com utilização do valor de compra do câmbio do dia em que estiver datado o documento.

III. Ao Titular da Secretaria da Fazenda do Estado do Pará compete, enquanto ordenador de despesa do Fundo de Apoio ao Registro Civil do Estado do Pará – FRC, prestar contas bimestralmente ao Conselho Gestor, com o encaminhamento de relatório bimestral, com especificações mensais das receitas recolhidas ao FRC e as compensações realizadas pelos atos gratuitos praticados, de forma contábil, mantendo os balancetes e demonstrativos mensais da aplicação dos recursos atualizados, bem como os documentos contábeis correspondentes.

IV. Os atos notariais e de registro civil no caso de separação e divórcio consensuais serão gratuitos àqueles que se declararem pobres sob as penas da Lei. No caso do tabelião levantar dúvida sobre declaração de pobreza, poderá efetuar diligência para apurar a sua veracidade, hipótese em que recusará o benefício. Não concordando a parte interessada com a recusa do tabelião, este fica obrigado, sob pena de responsabilidade, a suscitar, no prazo de 48 horas, dúvida ao Juiz da Vara do Registro Público competente, que decidirá o incidente de forma sumária, em igual prazo. Ao decidir o incidente, se o Juiz verificar má-fé do tabelião, o condenará nas custas, em importância equivalente ao mínimo do valor estabelecido para o processo judicial.

Analisando as proposições, pode-se afirmar:

(A) Somente as proposições II e IV estão corretas.

(B) Somente as proposições I e III estão corretas.

(C) Somente as proposições I e IV estão corretas.

(D) Somente as proposições II e III estão corretas.

A: Incorreta. A assertiva II está incorreta, pois a nota explicativa da tabela dos títulos e documentos n. [01] diz expressamente: Para cálculo dos precos devidos pelo registro de contratos, títulos e documentos cujos valores venham expressos em moeda estrangeira, far-se-á a conversão em moeda nacional, com utilização do valor de compra do câmbio do dia em que for apresentado o documento. O erro está no final, pois não é do dia em que estiver datado e sim do dia em que for apresentado o documento. A assertiva IV segue na mesma linha ao verificar os itens a seguir da tabela de custas de notas (tabela IV), [08] – Os atos notariais e de registro civil no caso de separação e divórcio consensuais serão gratuitos àqueles que se declararem pobres sob as penas da Lei. [09] – No caso do tabelião levantar dúvida sobre declaração de pobreza, poderá efetuar diligência para apurar a sua veracidade, hipótese em que recusará o benefício. [10] – Não concordando a parte interessada com a recusa do tabelião, este fica obrigado, sob pena de responsabilidade, a suscitar, no prazo de 48 horas, dúvida ao Juiz da Vara do Registro Público competente, que decidirá o incidente de forma sumária, em igual prazo. [11] – Ao decidir o incidente, se o Juiz verificar má-fé do tabelião, o condenará nas custas, em importância equivalente ao mínimo do valor estabelecido para o processo judicial, atualmente no montante de R$ 360,91 (trezentos e sessenta reais e noventa e um centavos). Apesar de não versar sobre o valor do mínimo do processo judicial, estaria correta

a assertiva. **B:** Incorreta. A Lei Estadual 6.831, de 13 de fevereiro de 2006 prevê especificamente em seu art. 5º que o FRC, até o dia vinte de cada mês, repassará aos Oficiais do Registro Civil de Pessoas Naturais os valores a que farão jus pelos atos gratuitos praticados, constantes do relatório mensal que deverá ser arquivado em cada serventia e disponibilizado a qualquer tempo, quando solicitado, às respectivas Corregedorias de Justica do tribunal de Justica do Estado do Pará. A parte final era a redação anterior do citado artigo. Portanto assertiva I está incorreta. A assertiva III refere-se ao artigo 7º da citada Lei. Art. 7º Caberá ao titular da Secretaria Executiva de Estado de Trabalho e Promocão Social – SETEPS a funcão de ordenador de despesas do Fundo de Apoio ao Registro Civil do Estado do Pará – FRC, podendo para tanto praticar todos os atos necessários ao desempenho de seu mister. Errada, portanto, pois não é o secretário de fazenda e sim o da Executiva do trabalho e promocão social. **C** e **D:** incorretas, conforme explicacão dada nas assertivas anteriores. Gabarito corretamente anulado. Somente a assertiva IV estaria correta.

Gabarito "Anulada".

(Cartório/PA – 2016 – IESES) É certo afirmar:

I. Os emolumentos devidos pelos atos notariais e registrais, no âmbito do Estado do Pará serão corrigidos anualmente através do INPC/IBGE, podendo esse período ser reduzido de forma extraordinária para seis meses caso o TJPA contate a defasagem destes perante o poder de compra da moeda.

II. Nas cessões de crédito, a base de cálculo será sobre o valor do total das garantias oferecidas, sem consideração de qualquer outro acréscimo.

III. Compete ao Presidente do TJPA baixar provimentos relativamente à subscrição de atos auxiliares de quaisquer ofícios, bem como, manifestar-se sobre a desanexação ou aglutinação dos ofícios do Foro Judicial e do Extrajudicial.

IV. As Comissões Permanentes do TJPA são as: de Concurso; de Organização Judiciária, Regimento, Assuntos Administrativos e Legislativos; de Informática; Jurisprudência, Biblioteca e Revista.

Analisando as proposições, pode-se afirmar:

(A) Somente as proposições II e III estão corretas.

(B) Somente as proposições I e IV estão corretas.

(C) Somente as proposições II e IV estão corretas.

(D) Somente as proposições I e III estão corretas.

A: Incorreta. Assertiva II parcialmente correta. A nota explicativa 07 da Tabela II – Atos dos ofícios de registro de títulos e documentos e civil das pessoas jurídicas I – registro integral de contratos, títulos e documentos com valor declarado, tem previsão exata do descrito na respectiva assertiva. A assertiva III está incorreta, pois a competência é do Corregedor Geral de Justica, conforme inciso XVIII do artigo 40 do Regimento interno do Tribunal de Justica. Art. 38. Aos Corregedores Gerais, além da incumbência de correicão permanente dos servicos judiciários de 1ª instância, zelando pelo bom funcionamento e aperfeicoamento da Justica, das atribuicões referidas em lei e neste Regimento, compete-lhes: XVIII – manifestar-se sobre a desanexacão ou aglutinacão dos ofícios do Foro Judicial e do Extrajudicial; **B:** Incorreta. Assertiva I está incorreta. Não há previsão exata em conformidade com a mesma no sistema normativo do Pará. A assertiva IV está correta, pois o regimento interno do TJPA assim prevê as comissões permanentes: Art. 42. As Comissões Permanentes são as seguintes: **(A)** de Concurso; **(B)** de Organizacão Judiciária, Regimento, Assuntos Administrativos e Legislativos; **(C)** de Informática; **(D)** Jurisprudência, Biblioteca e Revista. **C:** Deveria ser esta a resposta correta do gabarito; entretanto a questão foi anulada, pois a assertiva II está parcialmente correta, pois não especificou qual ato seria objeto da cessão, e a tabela específica é a

do Oficial de RTDPJ. **D:** incorreta. Assertiva I incorreta. Não há previsão exata em conformidade com a mesma no sistema normativo do Pará.
Gabarito "Anulada".

(Cartório/PA – 2016 – IESES) Na planilha do módulo Cartório, do **Sistema SIAE**, o campo específico denominado DESPESA, deverá ser preenchido com os seguintes dados, EXCETO:

(A) Água.

(B) Obrigações trabalhistas/previdenciárias.

(C) Seguros.

(D) Aluguel.

Artigo 40, inciso III do Código de Normas do Estado do Pará. Inciso III – despesas: a) obrigações trabalhistas/previdenciárias; b) remuneração bruta do Interino; c) aluguel; d) água; e) despesas administrativas (materiais de consumo); f) outros/investimentos. O seguro, apesar de constar no artigo 40, não está no rol das despesas.
Gabarito "C".

10. TEMAS COMBINADOS DE REGISTROS PÚBLICOS

(Cartório/AM – 2005 – FGV) Assinale a alternativa incorreta.

(A) No registro civil das pessoas jurídicas, serão matriculados os jornais e demais publicações periódicas.

(B) No registro civil das pessoas naturais, a averbação dos atos será feita com a simples menção, sem maiores indicações em minúcias, da sentença ou do ato que a determinar.

(C) Formulada a dúvida pelo oficial do registro, a decisão nela proferida tem natureza administrativa.

(D) Não serão registrados, no mesmo dia, títulos pelos quais se constituam direitos reais contraditórios sobre o mesmo imóvel.

(E) No registro civil de pessoas jurídicas, serão inscritos os atos constitutivos e os estatutos dos Partidos Políticos.

As averbações do registro civil das pessoas naturais devem ser extremamente cuidadosas e detalhadas, lembrando, especialmente, o objeto que se tem em mãos: dados da pessoa natural. Assim, nos termos do disposto no artigo 99 da Lei n. 6.015/1973, a averbação será feita com a indicação minuciosa da sentença ou ato que a determinar.
Gabarito "B".

(Cartório/BA – 2004 – CESPE) Acerca da Lei dos Registros Públicos, julgue o item que se segue.

(1) O processo de dúvida se estende aos casos oriundos dos cartórios de protesto e aos serviços concernentes aos registros públicos de imóveis, civil de pessoas naturais, civil de pessoas jurídicas e de títulos e documentos.

Embora o processo de dúvida esteja regulado no capítulo referente ao registro de imóveis da Lei de Registros Públicos, o artigo 296 da mesma Lei determina que ele é aplicável às demais atribuições previstas no artigo 1º, § 1º, I, II e III, da referida Lei, a saber: registro civil das pessoas naturais, registro civil das pessoas jurídicas e registro de títulos e documentos.
Gabarito "1E".

(Cartório/DF – 2008 – CESPE) Relativamente à legislação e jurisprudência aplicáveis às serventias registradoras e notariais, julgue o item seguinte.

(1) Se determinada serventia possui funções de notas, protesto e registro civil, seu titular terá que designar, no mínimo, três substitutos.

Errado. A nomeação de substitutos deve ser feita em razão do bom andamento do serviço e serão tantos quantos os titulares das serventias entenderem necessários, como determina o artigo 20, § 1º, da Lei dos Notários e Registradores.
Gabarito "1E".

(Cartório/DF – 2003 – CESPE) A respeito da Lei dos Serviços Notariais e de Registro (LSNR – Lei n. 8.935/1994), julgue os seguintes itens.

(1) Não há exigência de distribuição para que o interessado se valha dos serviços dos oficiais de registro de imóveis, de títulos e documentos civis das pessoas jurídicas, civis das pessoas naturais e de interdições e tutelas, mas, em relação a alguns desses, deve haver normas definidoras de circunscrições geográficas, conforme o caso.

(2) Um escrevente contratado pelo notário ou registrador pode, a depender da situação, praticar todos os atos próprios daquele, com exceção da lavratura de testamentos.

(3) Na fiscalização da atividade notarial e registral por parte do Poder Judiciário, se o juiz dela encarregado se deparar com indícios do cometimento de crime de ação penal de iniciativa pública, deverá instaurar procedimento administrativo para apuração do fato e, ao final, apenas no caso de vir a ser aplicada a punição cabível na esfera administrativa, deverá remeter cópia dos autos à polícia judiciária, com vistas à instauração de inquérito policial.

1: Correta. Não há necessidade de prévia distribuição porque tais serviços têm, por determinação legal (artigo 12, da Lei n. 8.935/1994), territorialidade em relação ao exercício de suas funções, conforme o caso; 2: Errada. O escrevente será autorizado a praticar os atos indicados pelo oficial ou tabelião. A pessoa que pode praticar todos os atos próprios do serviço é o Substituto e depende de nomeação expressa para tal função; 3: Correta. É dever do fiscalizador dar notícia de eventual ilícito criminal. Trata-se de previsão expressa do artigo 37, parágrafo único, da Lei n. 8.935/1994.
Gabarito 1C, 2E, 3C

(Cartório/DF – 2008 – CESPE) Relativamente à legislação e jurisprudência aplicáveis às serventias registradoras e notariais, julgue o item seguinte.

(1) Se uma norma válida, publicada em 2/1/2009, estabelecer uma nova tabela de emolumentos cartorários destinada a elevar o valor desses emolumentos, os cartórios somente poderão cobrar pelos novos valores a partir de 2010.

Correta. Os emolumentos têm natureza tributária, conforme firme jurisprudência do STF (ADIN 1378-ES). Dessa forma, as normas que tenham por objeto o tema emolumentar, ficam submetidas ao Sistema Constitucional Tributário e, por conseguinte, ao princípio da anterioridade que veda a cobrança de tributo no mesmo exercício em que ele tenha sido majorado.
Gabarito "1C".

(Cartório/DF – 2001 – CESPE) Em relação ao sistema jurídico da LRP, julgue os itens a seguir.

9. TEORIA GERAL DOS REGISTROS PÚBLICOS   545

(1) No caso de atos registrais que houverem de ser feitos por mandado oriundo de processo judicial, não cabe ao oficial efetuar análise quanto ao preenchimento de requisitos legais para o registro.

(2) A dação em pagamento de bens imóveis não está sujeita ao registro de títulos e documentos para valer em face de terceiros.

1: Errada. Todos os títulos apresentados a registro dependem de prévia qualificacão, independentemente da origem; 2: Correta. Para que a dacão de bens móveis valha contra terceiros, ou seja, para que aquele que recebeu em pagamento possa opor a terceiros a sua condição de proprietário, o título deve ser registrado perante o Oficial de Registro de Imóveis do local da situacão do bem.
Gabarito 1E, 2C

(Cartório/DF – 2001 – CESPE) Ainda no que se refere à LSNR, julgue o item seguinte.

(1) A cobrança de custas dos serviços forenses é uma das matérias disciplinadas pela LSNR, salvo no que tange aos valores, que são fixados em atos específicos de cada tribunal ou ramo do Poder Judiciário, conforme o caso.

Errada. A matéria referente a custas e emolumentos cartorários está regulamentada na Lei Federal n. 10.169/2000. De outro lado, a Lei dos Notários e Registradores (Lei n. 8.935/1994), que trata dos servicos notariais e de registro em atendimento ao disposto no artigo 236 da Constituicão Federal, não trata detalhadamente de custas e emolumentos extrajudiciais e, menos ainda, de custas dos servicos judiciais.
Gabarito "1E".

(Cartório/ES – 2007 – FCC) A Lei n. 6.015/73 dispõe sobre

(A) o serviço notarial e de registro.

(B) os notários e registradores.

(C) os registros públicos.

(D) a atividade notarial.

(E) os tabelionatos e cartórios de registro.

A Lei n. 6.015/1973 é a *Lei de Registros Públicos*. Trata, portanto, exclusivamente da atividade das serventias de *registro*. Além disso, é expressa em determinar que outros registros serão regulados por leis próprias (artigo 1º, § 2º).
Gabarito "C".

(Cartório/MA – 2008 – IESES) Assinale a alternativa INCORRETA de acordo com a Lei n. 6.015/73:

(A) Quando o interessado no registro for o oficial encarregado de fazê-lo ou algum parente seu, em grau que determine impedimento, o ato incumbe ao substituto legal do oficial.

(B) Salvo as anotações e as averbações obrigatórias, os atos do registro serão praticados: (i) por ordem judicial; (ii) a requerimento verbal ou escrito dos interessados; (iii) a requerimento do Ministério Público, quando a lei autorizar.

(C) Será anulável o registro lavrado fora das horas regulamentares ou em dias em que não houver expediente, sendo civil e criminalmente responsável o oficial que der causa à anulabilidade.

(D) Todos os títulos, apresentados no horário regulamentar e que não forem registrados até a hora do encerramento do serviço, aguardarão o dia seguinte, no qual serão registrados, preferencialmente, aos apresentados

nesse dia. O registro civil de pessoas naturais não poderá, entretanto, ser adiado.

O registro lavrado fora das horas regulamentares ou em dia em que não houver expediente é tido por nulo, como determina o artigo 9º da Lei n. 6.015/1973, respondendo civil e criminalmente o oficial que der causa à nulidade.
Gabarito "C".

(Cartório/MA – 2008 – IESES) Quanto à escrituração, estabelece a Lei n. 6.015/73.

I. A escrituração será feita em livros encadernados, que obedecerão aos modelos anexos à Lei de Registros Públicos (Lei n. 6.015/73), sujeitos à correição da autoridade judiciária competente.

II. Para facilidade do serviço podem os livros ser escriturados mecanicamente, em folhas soltas, obedecidos os modelos aprovados pela autoridade judiciária competente.

III. Os livros de escrituração serão abertos, numerados, autenticados e encerrados pelo Juiz, podendo ser utilizado, para tal fim, processo mecânico de autenticação previamente aprovado pela autoridade judiciária competente.

IV. Considerando a quantidade dos registros, o Juiz poderá autorizar a diminuição do número de páginas dos livros respectivos, até a metade do consignado na Lei de Registros Públicos (Lei n. 6.015/73).

(A) As alternativas II e IV estão corretas.

(B) As alternativas II e III estão corretas.

(C) As alternativas I e II estão corretas.

(D) As alternativas III e IV estão corretas.

Os itens I e II estão expressamente previstos no artigo 3º, *caput* e § 2º, da Lei de Registros Públicos, respectivamente. Quanto ao item III, os livros são abertos, rubricados e encerrados pelo Oficial e não pelo juiz, como reza o artigo 4º, *caput*, da Lei de Registros Públicos. Quanto ao item IV, a diminuicão das páginas pode ser autorizada até a terca parte e não apenas até a metade, como prevê o artigo 5º da Lei de Registros Públicos.
Gabarito "C".

(Cartório/MA – 2008 – IESES) Quanto aos registros públicos, responda:

I. Os livros de registro, bem como as fichas que os substituam, somente sairão do respectivo cartório mediante autorização judicial ou por requerimento da parte interessada dirigido ao Oficial de Registro.

II. Os livros e papéis pertencentes ao arquivo do cartório ali permanecerão por 20 anos, e posteriormente poderão ser arquivados no fórum da comarca em que pertencer a serventia.

III. Quando a lei criar novo cartório, e enquanto este não for instalado, os registros continuarão a ser feitos no cartório que sofreu o desmembramento, não sendo necessário repeti-los no novo ofício.

(A) Somente a alternativa II está incorreta.

(B) Todas as alternativas estão incorretas.

(C) Somente a alternativa III está correta.

(D) Somente a alternativa I está correta.

I: Incorreta. A regra é que os livros não saiam da serventia. Por isso, a retirada tem sempre caráter excepcional e jamais poderá decorrer de critério firmado pelo Oficial. Assim, sempre dependerá de autorizacão

546 VÁRIOS AUTORES

do juiz, na forma do artigo 22, da Lei de Registros Públicos; II: Incorreta. A conservação e a perpetuação dos livros e papéis da serventia estão reguladas no artigo 26 da Lei de Registros Públicos e ela prevê que eles ali permanecerão indefinidamente; III: Correta. É a exata previsão do artigo 27 da Lei de Registros Públicos e comprova a eficácia do ato praticado em um ofício como ato definitivo, não sendo necessário repeti-lo a cada mudança de circunscrição.
Gabarito "C".

(Cartório/MA – 2008 – IESES) Quanto à natureza de fins das atividades notariais e registrais, responda:

I. Notário, ou tabelião, e oficial de registro, ou registrador, são profissionais da administração pública, dotados de fé pública, a quem é delegado o exercício da atividade notarial e de registro.
II. Os serviços notariais e de registro serão prestados, de modo eficiente e adequado, em dias e horários convenientes ao atendimento ao público e de acordo com as peculiaridades locais, em local de fácil acesso ao público e que ofereça segurança para o arquivamento de livros e documentos.
III. O serviço de registro civil das pessoas naturais será prestado, também, nos sábados, domingos e feriados pelo sistema de plantão.
IV. Serviços notariais e de registro são os de organização técnica e administrativa destinados a garantir a publicidade, autenticidade, segurança e eficácia dos atos jurídicos.

(A) As alternativas II e IV estão corretas.
(B) As alternativas I e III estão corretas.
(C) As alternativas I e II estão corretas.
(D) As alternativas III e IV estão corretas.

I: Incorreta. Os notários e registradores são profissionais do direito, nos termos do artigo 3º da Lei dos Notários e Registradores, não estando vinculados à Administração Pública; II: Incorreta. Os serviços serão prestados em dias e horários estabelecidos pelo juízo competente e não pela conveniência de atendimento, como prevê o artigo 4º da Lei dos Notários e Registradores; III: Correta. Dada a essencialidade do serviço, o registro civil das pessoas naturais funcionará em sistema de plantão para poder praticar atos de urgência (artigo 4º, § 1º, da Lei dos Notários e Registradores); IV: Correta. São as finalidades previstas no artigo 1º da Lei dos Notários e Registradores.
Gabarito "D".

(Cartório/MA – 2008 – IESES) Julgue as seguintes proposições e assinale apenas a opção INCORRETA:

(A) Os oficiais do Registro de Imóveis e seus auxiliares são obrigados a lavrar certidão do que lhes for requerido e a fornecer às partes as informações solicitadas.
(B) A Corregedoria Geral da Justiça poderá instalar postos de serviços de registro de nascimento e de óbito nas maternidades e hospitais, vinculados à serventia respectiva.
(C) O desmembramento territorial do ofício do Registro de Imóveis posterior ao registro efetuado exige a repetição do registro no novo ofício.
(D) No Registro Civil das Pessoas Naturais, todo óbito deverá ser comunicado ao oficial de Registro de Nascimento e Casamento do falecido, para a devida averbação. A omissão sujeita o oficial à pena de multa prevista em lei.

É desnecessário e dispendioso que o ato seja repetido na nova Serventia, instalada em razão do desmembramento. Dessa forma, o ato antes praticado é tido por definitivo e independe de repetição.
Gabarito "C".

(Cartório/MG – 2009 – EJEF) Em relação aos serviços notariais e de registro a que se refere o art. 236 da Constituição da República, é CORRETO afirmar:

(A) Independem os oficiais de registros civis das pessoas naturais para a prática dos atos relacionados na legislação pertinente aos registros públicos, de que são incumbidos, de limites geográficos nas respectivas circunscrições em que atuam;
(B) Independem de prévia distribuição os atos relacionados na legislação pertinente aos registros públicos, de que são incumbidos, os oficiais de registro de imóveis, de títulos e documentos e civis de pessoas jurídicas, civis de pessoas naturais e de interdições e tutelas.
(C) Independe de nacionalidade brasileira a delegação para o exercício da atividade notarial e de registro.
(D) Independentemente de prévia exigência, compete privativamente aos oficiais de registro de distribuição proceder à distribuição equitativa pelos serviços da mesma natureza, registrando os atos praticados ou registrar as comunicações recebidas, efetuar as averbações e cancelamentos e expedir as certidões de atos e documentos que constem de seus registros e papéis, de sua competência.

Trata-se da previsão do artigo 12 da Lei n. 8.935/1994; Quanto à assertiva "A", existe tal dependência, vez que os registradores civis de pessoas naturais estão vinculados à territorialidade para a prática de seus atos; Quanto à assertiva "C", um dos requisitos para a delegação do serviço extrajudicial, como previsto no artigo 14 da Lei n. 8.935/1994, é a nacionalidade brasileira; e, quanto à assertiva "D", o artigo 13, I, da Lei n. 8.935/1994, prevê que a mencionada distribuição somente será promovida quando previamente exigido.
Gabarito "B".

(Cartório/MG – 2009 – EJEF) Pelos atos que praticarem em decorrência da Lei dos Registros Públicos (Lei n. 6.015, de 1973), os oficiais de registro terão direito, a título de remuneração, à integralidade dos emolumentos fixados nos Regimentos de Custas do Distrito Federal, dos Estados e dos Territórios, os quais serão pagos, pelo interessado que os requerer, no ato de requerimento ou no da apresentação do título, EXCETO:

(A) Em qualquer situação, os assentos do registro civil de nascimento e o de óbito, assim como a primeira certidão respectiva; na hipótese dos reconhecidamente pobres, fica assegurada a isenção de pagamento de emolumentos pelas demais certidões extraídas pelos serviços de registro civil de pessoas naturais.
(B) Os emolumentos devidos pelos atos relacionados com aquisição imobiliária para fins residenciais, oriundas de programas e convênios com a União, Estados, Distrito Federal e Municípios, para a construção de habitações populares destinadas a famílias de baixa renda, pelo sistema de mutirão e autoconstrução orientada.
(C) Nos atos praticados relativos a financiamento rural cuja propriedade tenha extensão de até 5 (cinco) módulos rurais.

9. TEORIA GERAL DOS REGISTROS PÚBLICOS

(D) Os emolumentos devidos pelos atos relacionados com a primeira aquisição imobiliária para fins residenciais, financiada pelo Sistema Financeiro Habitacional.

A gratuidade a que se refere a assertiva "A" tem por finalidade garantir o acesso a documentos essenciais à pessoa natural e à sua identificação, exercício de direitos inerentes à cidadania, capacidade etc. Dessa forma, entendeu por bem o legislador em não exigir o dispêndio de valores para tanto, concedendo, desde o texto constitucional, a gratuidade, como se verifica do teor do artigo 5º, LXXVI.

Gabarito "A".

(Cartório/MG – 2009 – EJEF) Todas as afirmativas abaixo são verdadeiras, EXCETO:

(A) Na lavratura da escritura nos casos de inventário e partilha, deverão ser apresentados, dentre outros, os seguintes documentos: certidão de óbito do autor da herança; RG e CPF das partes e do autor da herança; certidões de registro civil comprobatórios do vínculo de parentesco dos herdeiros; certidão de casamento do cônjuge sobrevivente e dos herdeiros casados; certidão de registro de imóveis de propriedade e de ônus atualizada.

(B) O recolhimento do ITCD, no Estado de Minas Gerais, deve ser antecedente à lavratura da escritura.

(C) Concorrendo à herança irmão bilateral, herdarão, em partes iguais, os unilaterais.

(D) Para lavratura de escritura pública de imóvel rural, além das exigências previstas no art. 215 do Código Civil Brasileiro e na Lei n. 7.433, de 1985, é necessária a apresentação do CCIR (certificado de cadastro do imóvel rural), onde consta o código, denominação e localização do imóvel; nome e nacionalidade do detentor.

Na sucessão legítima, o legislador civil criou uma situação especial quando o autor da herança deixa apenas parentes colaterais em segundo grau (irmãos) como herdeiros. Assim, o irmão unilateral terá direito de receber metade do que receber o irmão bilateral, ou seja, irmão de mesma mãe e mesmo pai, como prevê o artigo 1.841 do Código Civil. E assim ocorre em razão da presunção de que o irmão unilateral ainda tem a outra família (do pai ou mãe que não é comum) para participar da sucessão.

Gabarito "C".

(Cartório/MG – 2007 – EJEF) A Lei dos Registros Públicos (Lei n. 6.015, de 1973) prevê que:

(A) Exigência fiscal ou dúvida poderá obstar a apresentação de um título e o seu lançamento no Protocolo com o respectivo número de ordem, nos casos em que da precedência decorra prioridade de direitos para o apresentante.

(B) O registro civil de pessoas naturais poderá ser diferido caso não consumado no horário regulamentar, ficando sua lavratura adiada para o dia seguinte, com preferência.

(C) Segundo o princípio da instância ou da demanda o oficial registrador pode em regra atuar de ofício independentemente de ordem judicial ou de requerimento verbal ou escrito dos interessados.

(D) O serviço começará e terminará às mesmas horas em todos os dias úteis, à exceção do registro civil de pessoas naturais, que funcionará todos os dias, sem exceção, cominando pena de nulidade absoluta do

registro lavrado fora das horas regulamentares ou em dias em que não houver expediente e impondo responsabilidade civil e criminal ao oficial que der causa à nulidade.

A: Nos termos do disposto no artigo 12 da Lei n. 6.015/1973, nenhuma exigência fiscal ou *dívida* impedirá a prenotação do título vez que esta garante a prioridade do direito em relação a outros; B: Não há previsão legal para que se promova o diferimento de atos registrários; C: O princípio da rogação, previsto no artigo 13 da Lei n. 6.015/1973, determina que os oficiais atuarão em razão de provocação de um dos legitimados ali previstos. Fora dessas hipóteses, a atuação de ofício depende de expressa previsão legal; D: Correta, é a previsão expressa dos artigos 8º e 9º da Lei n. 6.015/1973.

Gabarito "D".

(Cartório/MG – 2007 – EJEF) A Lei Federal n. 6.015, de 1973, que "dispõe sobre os Registros Públicos", regula os serviços:

(A) de Tabeliães de Notas; de Tabeliães e Oficiais de Registros de Contratos Marítimos; de Tabeliães de Protesto de Títulos; de Oficiais de Registro de Imóveis; de Oficiais de Registro de Títulos e Documentos e Civis das Pessoas Jurídicas; de Oficiais de Registro Civil das Pessoas Naturais e de Interdições e Tutelas; de Oficiais de Registro de Distribuição.

(B) de Registro Civil de Pessoas Naturais; de Registro Civil de Pessoas Jurídicas; de Registro de Títulos e Documentos; e de Registro de Imóveis.

(C) de Registro Civil de Pessoas Naturais; de Registro de Interdições e Tutelas; de Registro de Títulos e Documentos e Civil de Pessoas Jurídicas; de Registro de Imóveis; de Registro de Protestos de Títulos e outros Documentos de Dívidas.

(D) de Tabeliães de Notas; de Oficiais de Protesto de Títulos; de Oficiais de Registro de Imóveis; de Oficiais de Registro de Títulos e Documentos; de Oficiais de Registro Civil de Pessoas Naturais e Jurídicas; de Oficiais de Registro de Distribuição.

Os serviços regulados pela Lei n. 6.015/1973 estão previstos no artigo 1º, § 1º da própria Lei e indicados na assertiva "B" da questão. Os Serviços de Tabelionato de Notas e de Tabelionato de Protesto, além do distribuidor e do Ofício de Contratos Marítimos, estão previstos na Lei n. 8.935/1994.

Gabarito "B".

(Cartório/MG – 2005 – EJEF) É CORRETO afirmar que é atribuição dos Oficiais de Registros

(A) expedir certidões de atos e documentos que constem de seus registros e papéis, desde que requeridas por escrito.

(B) praticar os atos relacionados na legislação pertinente aos registros públicos, de que são incumbidos, independentemente de prévia distribuição, mas sujeitos os Oficiais de Registros de Imóveis e Civis das Pessoas Naturais às normas que definirem as circunscrições geográficas.

(C) praticar os atos relacionados na legislação pertinente aos registros públicos, de que são incumbidos, independentemente de prévia distribuição, mas sujeitos os Oficiais de Registros de Imóveis e Civis das Pessoas Naturais e Jurídicas às normas que definirem as circunscrições geográficas.

(D) receber o pagamento dos títulos protocolizados, dando quitação por escrito.

O artigo 12 da Lei n. 8.935/1994 trata exatamente da questão da assertiva "B" No entanto, em relação à questão, é importante ter em mente que para o pedido de certidão é dispensável o requerimento escrito.
Gabarito "B".

(Cartório/MG – 2005 – EJEF) Considerando-se os atos praticados pelos Oficiais Registradores sujeitos ao regime estabelecido na Lei dos Registros Públicos – Lei n. 6.015, de 1973 –, é CORRETO afirmar que

(A) a averbação consiste em qualquer alteração no registro já existente, só podendo ser praticada mediante sentença judicial, pois atinge o direito da parte.

(B) a comunicação e a anotação independem de qualquer provocação do interessado ou de ordem judicial, constituindo-se atos de ofício, privativos e obrigatórios, em exceção ao princípio da instância, pois visam a dar segurança às relações jurídicas, notadamente nas remissões recíprocas entre um e outro(s) assento(s).

(C) a transcrição é ato praticado na coluna específica do Livro de Registro, à margem do assento, e, na sistemática da legislação concernente aos Registros Públicos, pode ser averbada por ordem judicial para inserção de dados não constantes no assento original.

(D) o registro equivale ao assentamento propriamente dito, distinguindo-se, assim, da designação genérica que engloba a inscrição e a transcrição a que se referem as leis civis.

A regra do sistema extrajudicial é de que os responsáveis pelos serviços somente atuarão em razão de requerimento, ou seja, em razão de provocação. Em caráter excepcional e desde que com expressa previsão em lei, poderão atuar sem requerimento, na forma do disposto no artigo 13 da Lei de Registros Públicos. Dessa forma, quando autorizados a agir de ofício, deverão fazê-lo para proteção da própria relação jurídica ou direito alcançado.
Gabarito "B".

(Cartório/MT – 2005 – CESPE) Acerca da disciplina dos registros públicos, julgue os itens a seguir.

I. Ao final dos livros, não deverão ser interrompidos os números de ordem dos registros, que seguirão indefinidamente nos livros seguintes da mesma espécie.

II. O procedimento de dúvida, direta e inversa, previsto expressamente na Lei n. 6.015/1973, salvo pequenas adaptações, é o mesmo para todas as especialidades registrais.

III. A certidão poderá ser expedida de modo que relate o que consta do registro, em resposta aos quesitos apresentados pelo requerente.

IV. O procedimento de retificação, expressamente previsto na Lei n. 6.015/1973, salvo pequenas adaptações, é o mesmo para todas as especialidades registrais.

Estão certos apenas os itens

(A) I e III.

(B) I e IV.

(C) II e III.

(D) II e IV.

I: Correta. A sucessão dos atos deve seguir a ordem numérica de sua prática, sem que existam espaços em branco ou ordens sem uso, na forma do artigo 7º da Lei n. 6.015/1973; II: Incorreta. A Lei de Registros Públicos somente prevê o procedimento de dúvida em seu artigo 198, não tratando da denominada dúvida inversa. Além disso, o procedimento será exatamente o mesmo em todas as especialidades registrarias de acordo com o artigo 296 da referida Lei; III: Correta. Uma das espécies de certidão é expedida por quesitos, na forma do artigo 19 da Lei n. Nesse caso, o interessado indicará os quesitos e o Oficial certificará as respostas de acordo com os dados constantes de seus livros; IV: Incorreta. O procedimento de retificação, cuja finalidade é a correção de dados constantes dos livros de registro, é a adequação de informações à realidade, tem procedimento especial em razão da natureza de cada serviço, podendo, por exemplo, ser ou não exigida a participação do representante do Ministério Público.
Gabarito "A".

(Cartório/MT – 2005 – CESPE) Acerca da Lei n. 8.935/1994, julgue os itens seguintes.

I. Se comparecer ao serviço notarial o tio do tabelião, requerendo a lavratura de uma declaração pública, o tabelião não poderá proceder pessoalmente ao ato, uma vez que a lei proíbe que se lavre pessoalmente escritura de interesse próprio, ou do interesse de seus parentes em linha reta, ou colateral, consanguíneos ou afins, até o terceiro grau. No entanto, o ato poderá ser lavrado por um funcionário da serventia, desde que não o assine o titular do serviço.

II. Aos oficiais de registro de imóveis compete formalizar definitivamente a vontade das partes no que se refere às transações envolvendo bens imóveis, assim como os direitos reais sobre coisas alheias.

III. O protesto de títulos deverá, ser submetido à prévia distribuição quando houver mais de um tabelião de protestos na mesma localidade.

IV. Ao contrário dos médicos, psicólogos e advogados, os notários e registradores não estão adstritos a sigilo profissional, uma vez que suas notas e registros são essencialmente públicos.

Estão certos apenas os itens

(A) I e III.

(B) I e IV.

(C) II e III.

(D) II e IV.

I: Correta. A assertiva I trata da hipótese de impedimento do titular do serviço. Como o tio do Tabelião é parente em terceiro grau, prevalece o impedimento, razão ela qual o substituto do serviço deverá atuar; II: Incorreta. A formalização da vontade das partes, nos termos do disposto no artigo 6º, I, da Lei n. 8.935/1994, é uma atribuição do Tabelião de Notas; III: Correta. Trata-se da previsão do artigo 11, parágrafo único, da Lei dos Notários e Registradores, que determina a distribuição como forma de igualar o volume de títulos apontados; IV: Incorreta. O sigilo profissional está expressamente previsto no artigo 30, VI, da Lei n. 8.935/1994 e determina que os responsáveis pelos serviços notariais e de registro não podem noticiar os fatos de que tomaram conhecimento em razão do ofício. Não se confunde com a publicidade que, nesse caso, é apenas indireta. De outro lado, caso haja requerimento, os responsáveis deverão certificar os fatos solicitados.
Gabarito "A".

(Cartório/MT – 2005 – CESPE) Acerca da atividade dos notários e registradores e sua disciplina prevista nas Leis n. 10.169/2000 e 8.935/1994, julgue os itens os seguintes.

I. Os atos gratuitos praticados pelos oficiais de registro civil das pessoas naturais devem ser compensados,

9. TEORIA GERAL DOS REGISTROS PÚBLICOS

sendo essa providência de competência da União, que deve legislar sobre registros públicos.

II. Quando o notário fizer constar da escritura o valor dos emolumentos recolhidos, é indispensável a entrega ao usuário de recibo em que conste informação idêntica.

III. O tabelião de notas, embora não possa praticar os atos que lhe são atribuídos legalmente fora do município para o qual recebeu a delegação, pode lavrar, em Cuiabá, uma escritura de compra e venda de um imóvel sito em Goiânia. Não obstante, é dever do tabelião fiscalizar o recolhimento do ITBI cobrado, em razão do negócio, por este último município.

IV. É dever dos notários e registradores atender prioritariamente as requisições de papéis, documentos, informações ou providências que lhes forem solicitadas pelas autoridades judiciárias ou administrativas para a defesa dos entes da administração direta ou indireta.

Estão certos apenas os itens

(A) I e II.

(B) II e III.

(C) II e IV.

(D) III e IV.

I: Incorreta. A compensação dos atos gratuitos praticados pelo Oficial de registro civil das pessoas naturais é atribuição dos Estados e Distrito Federal, na forma do disposto no artigo 8º da Lei n. 10.169/2000; II: Correta. Um dos deveres dos notários e registradores é a emissão de recibo dos atos praticados, como determinado pelo artigo 30, IX, da Lei n. 8.935/1994; III: Correta. O dever de fiscalização dos recolhimentos tributários devidos pelos atos praticados pelos responsáveis dos serviços está previsto tanto na Lei dos Notários e Registradores como no Código Tributário Nacional. No que se refere à territorialidade, os Tabeliães não podem sair de sua zona territorial para praticar atos fora dela. No entanto, não estão impedidos de praticarem atos referentes a imóveis localizados fora de sua área de atuação, se assim forem procurados pelos interessados; IV: Incorreta. A redação do artigo 30, III, da Lei n. 8.935/1994, indica que esse atendimento prioritário deve se referir às *requisições de papéis, documentos, informações ou providências que lhes forem solicitadas pelas autoridades judiciárias ou administrativas para a defesa das pessoas jurídicas de direito público em juízo*.
Gabarito "B".

(Cartório/PR – 2007) Sobre as atribuições, competências e responsabilidade dos notários, analise as seguintes alternativas:

I. O tabelião de notas poderá praticar atos de seu ofício fora do Município para o qual recebeu delegação, quando se tratar de comarcas circunvizinhas.

II. É livre a escolha do tabelião de notas, qualquer que seja o domicílio das partes ou o lugar de situação dos bens objeto do ato ou negócio.

III. O exercício de atividade notarial e de registro é incompatível com o da advocacia, o da intermediação de seus serviços ou de qualquer cargo, emprego ou função públicos, excetuados os cargos em comissão.

IV. Os notários e oficiais de registro responderão pelos danos que eles e seus prepostos causem a terceiros, na prática de atos próprios da serventia, assegurado aos primeiros direito de regresso no caso de dolo ou culpa dos prepostos.

São corretas:

(A) apenas I e III.

(B) I, III e IV.

(C) apenas II e IV.

(D) apenas III e IV.

(E) I, II e IV.

I: Incorreta. Nos termos do disposto no artigo 9º da Lei n. 8.935/1994, o Tabelião de Notas não pode praticar atos fora do Município de sua delegação. Vale lembrar que configura infração funcional tal atuação; II: Correta. O Tabelião de Notas deve ser a pessoa de confiança dos interessados no negócio jurídico vez que ele, por atribuição legal, é a pessoa que orienta e formaliza a vontade das partes. Logo, a escolha do mesmo deve ser livre, não havendo imposição de se procurar certo serviço notarial em razão da localização do imóvel ou do domicílio das partes; III: Incorreta. O exercício da atividade extrajudicial é incompatível com cargos e funções públicas, mesmo que em caráter comissionado, nos termos do artigo 25 da Lei n. 8.935/1994; IV: Correta. A responsabilidade dos notários e registradores está prevista no artigo 22 da Lei n. 8.935/1994 e permite, efetivamente, o direito de regresso contra o preposto que tenha sido o efetivo causador do dano.
Gabarito "C".

(Cartório/RJ – 2008 – UERJ) Com base na Lei Federal 8.935 de 18/11/1994 (Lei dos Notários e Registradores), é correta a afirmativa:

(A) é direito do notário e do registrador exercer opção, nos casos de desmembramento ou desdobramento de sua serventia;

(B) certidões expedidas por notário ou registrador no exercício de sua profissão têm presunção de verdade;

(C) o notário e o registrador têm direito à percepção dos emolumentos integrais pelos atos praticados na serventia;

(D) ao concurso de remoção somente serão admitidos titulares que exerçam a atividade por mais de dois anos;

(E) todas as afirmativas estão corretas.

A: Correta. O direito de opção se encontra expressamente previsto no artigo 29, I, da Lei dos Notários e Registradores; B: Correta. As certidões fazem a mesma prova do ato com base no qual são extraídas, como prevê o artigo 217 do Código Civil, razão pela qual têm presunção de veracidade. Além disso, são emitidos por pessoas dotadas de fé pública, o que faz crer pela veracidade do ato (artigo 3º da Lei dos Notários e Registradores); C: Correta. O direito à percepção dos emolumentos integrais devidos pelos seus atos está previsto no artigo 28 da Lei dos Notários e Registradores. Trata-se do direito à contraprestação do ato praticado; D: Correta. O direito de prestar o concurso de remoção vem do artigo 236 da Constituição Federal e se encontra regulado no artigo 17 da Lei dos Notários e Registradores.
Gabarito "E".

(Cartório/RO – III) Assinale a alternativa incorreta:

(A) no registro civil das pessoas naturais haverá os seguintes livros: "A" (de registro de nascimento); "B" (de registro de casamento); "B Auxiliar" (de registro de casamento religioso para efeitos civis); "C" (de registro de óbito); "C Auxiliar" (de registro de natimortos); "D" (de registro de proclamas); "E" (de registro de habilitação para casamento).

(B) no registro de imóveis haverá os seguintes livros: Livro n. 1 (protocolo), Livro n. 2 (registro geral), Livro n. 3 (registro auxiliar), Livro n. 4 (indicador real) e Livro n. 5 (indicador pessoal);

(C) no registro civil das pessoas jurídicas haverá os seguintes livros: Livro A e o Livro B;

(D) No registro de títulos e documentos haverá os seguintes livros: Livro A (protocolo para apontamentos); Livro B (para transladação integral de títulos e documentos); Livro C (para inscrição de títulos e documentos) e Livro D (indicador pessoal).

No registro civil das pessoas naturais, o Livro E, que somente existirá no primeiro ofício da sede da Comarca, se destina à prática dos atos atribuídos a esse ofício, mas que não sejam previstos para a prática nos demais livros, como previsto no artigo 33, parágrafo único, da Lei de Registros Públicos. Nele serão praticados os demais atos referentes ao estado civil, ao estado da pessoa natural, tais como a ausência, a emancipação e a interdição.

Gabarito "A".

As respostas às 7 questões seguintes devem considerar exclusivamente a Lei de Registros Públicos (LRP – Lei n. 6.015, de 31 de dezembro de 1973), a Lei dos Serviços Notariais e de Registro (LSNR – Lei n.º 8.935, de 18 de novembro de 1994) e a Lei de Protesto de Títulos (LPT – Lei n.º 9.492, de 10 de setembro de 1997), conforme o caso, pondo de parte eventuais discussões acerca da incompatibilidade de qualquer delas com quaisquer outras leis, de qualquer hierarquia. Outras leis deverão ser consideradas apenas se a questão a elas se reportar.

(Cartório/RR – 2001 – CESPE) Quanto ao direito notarial e registral, assinale a opção correta.

(A) Devido ao caráter privado com que são prestados os serviços notariais e de registro, compete aos notários e registradores, em face das peculiaridades locais, estabelecer os dias e horários para que o público tenha acesso aos serviços.

(B) Em virtude da relevância dos efeitos jurídicos do nascimento e do caráter via de regra imprevisível desse acontecimento – aí incluídos os casos de natimortos e de nascidos que morrem logo após o parto, os quais exigem atos registrais imediatos, o serviço de registro civil das pessoas naturais deve funcionar, nas mesmas bases, isto é, de modo ordinário, todos os dias.

(C) Se um indivíduo comparecer a um serviço notarial e solicitar certidão do conteúdo de ato que não seja protegido por alguma espécie de sigilo, não precisará indicar o motivo ou o interesse que haja inspirado o pedido da certidão para que tenha direito a obtê-la, nem a expedição estará, como regra, sujeita a despacho judicial.

(D) Em qualquer caso para o qual a lei preveja a necessidade de ato registral, este poderá realizar-se por força de requisição do Ministério Público.

(E) Em função das atuais tecnologias e das regras acerca da conservação e do expurgo de documentos, os livros e papéis componentes do arquivo do serviço notarial ou registral podem ser descartados em determinados prazos, a critério do notário ou registrador.

O dever de expedir certidões dos atos, documentos e papéis existentes nos Ofícios independe de comprovação de interesse ou apresentação de justificativa por parte do requerente vez que qualquer pessoa, nos termos dos artigos 16 e 17 da LRP, pode requerer certidões. De outro lado, caso se trate de informação acobertada por proteção especial de sigilo, a certidão contendo tal informação somente pode ser emitida com autorização judicial expressa.

Gabarito "C".

(Cartório/SE – 2007 – CESPE) A respeito dos serviços notariais, julgue os próximos itens.

(1) Embora os emolumentos se prestem a remunerar serviços públicos, eles não têm a natureza de taxa.

(2) Apesar de os serviços notariais serem exercidos em caráter privado, o Poder Judiciário detém competência constitucional para fiscalizá-los.

(3) O produto de custas e emolumentos não pode ser destinado ao custeio de entidades meramente privadas, como, por exemplo, caixas de assistência a advogados.

(4) Exercidos em caráter privado, os emolumentos cobrados pelos serviços notariais não se sujeitam ao princípio da legalidade tributária.

(5) Há responsabilidade objetiva do Estado por dano causado por serventuário, pois os serviços notariais são exercidos por delegação do Poder Público.

(6) A responsabilidade civil por ato ilícito praticado por oficial do registro de imóveis não é pessoal e, por isso, alcança o seu sucessor na serventia.

(7) O ingresso na atividade notarial e de registro depende de concurso público de provas e títulos, não se permitindo que qualquer serventia fique vaga, sem abertura de concurso de provimento ou de remoção, por mais de seis meses.

(8) A aposentadoria por implemento de idade se aplica aos serviços notariais e de registro, que são realizados por ocupantes de cargos efetivos.

(9) O Ministério Público, a advocacia e a defensoria pública constituem funções essenciais à justiça.

(10) O controle externo, a cargo do Congresso Nacional, é exercido com o auxílio do Tribunal de Contas da União.

1: Errada. A jurisprudência do STF é firme em reconhecer a natureza tributária dos emolumentos, na modalidade de taxa (ADIN 1378-ES); 2: Certa. O poder de fiscalização vem expressamente previsto no artigo 236, § 1º, parte final, da Constituição Federal como atribuição do Poder Judiciário; 3: Certa. Embora o exercício seja em caráter privado, os serviços são públicos e os emolumentos têm natureza tributária, razão pela qual não podem ser destinados à finalidade privada; 4: Errada. Em razão da natureza tributária dos emolumentos, todo o seu regramento está subordinado ao Sistema Constitucional Tributário e a todos os princípios dele decorrentes; 5: Certa. Pela leitura literal do disposto no artigo 37, § 6º, da Constituição Federal, é possível tal interpretação. No entanto, a jurisprudência é bastante vacilante em afirmar de maneira absoluta essa forma de responsabilidade; 6: Errada. A responsabilidade é pessoal e, segundo orientação jurisprudencial do STJ, não admite sucessão; 7: Certa. É a redação do artigo 236, § 3º, da Constituição Federal e do artigo 16, parte final, da Lei n. 8.935/1994; 8: Errada. Nos termos do artigo 39, II, da Lei n. 8.935/1994, a aposentadoria voluntária é causa de extinção da delegação, mas não há mais a aposentadoria compulsória, decorrente de idade; 9: Certa. São funções previstas no Capítulo IV do Título IV (Da organização dos Poderes) da Constituição Federal; 10: Certa. Redação do artigo 71, *caput*, da Constituição Federal.

Gabarito 1E, 2C, 3C, 4E, 5C, 6E, 7C, 8E, 9C, 10C.

(Cartório/SE – 2007 – CESPE) Com relação aos serviços notariais e de registro, julgue os itens subsequentes.

(1) Os registros de imóveis e os registros civis de pessoas naturais são submetidos às normas que definem as circunscrições geográficas, ao contrário do registro civil de pessoas jurídicas e de títulos e documentos,

9. TEORIA GERAL DOS REGISTROS PÚBLICOS

cuja escolha é livre. Assim, circunscrição, para efeitos registrários, é a área determinada em lei e atribuída ao registro de imóveis e ao registro civil de pessoas naturais.

(2) Todos os atos de atribuição dos tabeliães de notas podem ser delegados aos seus prepostos, com exceção do testamento público, que é de atribuição exclusiva daquele que estiver no exercício da função notarial.

(3) Apenas um dos escreventes substitutos deve, a todo tempo, ter designação expressa, informada ao juízo competente, para substituir o titular em suas ausências e impedimentos.

(4) A fiscalização judiciária incide sobre o exercício das atribuições e competência dos notários e registradores e, se o juiz verificar a existência de crime de ação pública, remeterá ao Ministério Público as cópias e os documentos necessários ao oferecimento da denúncia.

1: Certa. Redação do artigo 12 da Lei n. 8.935/1994; 2: Errada. Os escreventes serão autorizados a praticar os atos eleitos pelo Tabelião. Dentre eles, o Tabelião escolherá um ou mais substitutos, que poderão praticar todos os atos. No entanto, o artigo 20, § 4º, da Lei n. 8.935/1994, determina que os substitutos não podem lavrar testamentos, independentemente da espécie, seja testamento público ou cerrado; 3: Errada. O artigo 20, § 1º, da Lei n. 8.935/1994, determina que em cada serviço notarial e de registro existirão tantos auxiliares, escreventes e substitutos quantos necessários ao bom andamento do serviço; 4: Certa. Trata-se da previsão do artigo 37, parágrafo único, da Lei n. 8.935/1994.
Gabarito 1C, 2E, 3E, 4C

(Cartório/SC – 2008) Assinale a alternativa correta:

(A) A escolha do tabelião de notas depende do domicílio das partes ou do lugar de situação dos imóveis objeto do ato ou negócio.

(B) O tabelião de notas poderá praticar atos de seu ofício fora do Município para o qual recebeu a delegação.

(C) O exercício da atividade notarial e de registro é compatível com o da advocacia, o da intermediação de seus serviços ou de qualquer cargo, emprego ou função públicos, ainda que em comissão.

(D) Cada serviço notarial ou de registro funcionará em um ou mais locais, permitida a instalação de sucursal.

(E) Os notários e oficiais de registro responderão pelos danos que eles e seus prepostos causem a terceiros, na prática de atos próprios da serventia, assegurado aos primeiros direito de regresso no caso de dolo ou culpa dos prepostos.

O artigo 236, § 1º, da Constituição Federal determinou que fosse editada uma lei para tratar, entre outros temas, da responsabilidade dos notários e registradores. A responsabilidade veio regulamentada na Lei n. 8.935/1994, cujo artigo 22 traz exatamente a redação da assertiva "E"
Gabarito "E".

(Cartório/SP – VI – VUNESP) O inciso XIII do art. 30 da Lei n. 8.935/1994 dispõe, dentre os deveres dos notários e oficiais de registro, o de "encaminhar ao juízo competente as dúvidas levantadas pelos interessados...". Assim,

(A) diante de qualificação positiva, deve ser encaminhado ao juízo competente o resíduo das dúvidas ainda pendentes dos interessados.

(B) se o notário ou oficial de registro estiver em dúvida sobre a prática do ato notarial ou de registro, deve formular consulta ao seu juiz corregedor.

(C) se os interessados não estiverem certos sobre a prática de ato notarial, o notário não o pode lavrar e deve encaminhar ao juízo a dúvida deles.

(D) diante de qualificação negativa, os interessados têm direito à requalificação em juízo, que não se pode obstar.

O procedimento de dúvida, na forma do disposto no artigo 198 da LRP, será deflagrado em razão de requerimento do interessado, que não se conforma com as exigências formuladas ou não tem condições de cumpri-las. Assim, uma vez que o Oficial denegue o registro em razão de exigências a serem cumpridas, se o interessado não se conformar e requerer que as exigências sejam postas à apreciação do juízo competente, é dever do Oficial levantar a dúvida requerida.
Gabarito "D".

(Cartório/SP – V – VUNESP) O contrato de parceria agrícola ou pecuária é

(A) registrado no Registro de Imóveis.

(B) transcrito no Registro de Títulos e Documentos.

(C) averbado no Registro de Imóveis.

(D) registrado no Registro de Títulos e Documentos e averbado no Registro de Imóveis.

O artigo 127, V, da LRP, trata expressamente do registro do mencionado contrato perante o Oficial de Registro de Títulos e Documentos, como atribuição expressa e não residual.
Gabarito "B".

(Cartório/SP – V – VUNESP) A vedação para o titular, notário e registrador, quanto à prática de ato de seu interesse, ou de interesse de seu cônjuge ou parentes, constitui impedimento que

(A) obsta a prática do ato naquela serventia.

(B) obsta a prática do ato pessoalmente pelo delegado.

(C) diz respeito exclusivamente a cônjuge e parentes consanguíneos.

(D) diz respeito exclusivamente a cônjuge e não se aplica ao companheiro/companheira, mas se estende aos parentes por afinidade.

O impedimento não afasta a prática do ato naquela Serventia. Ele tem por finalidade exatamente proteger a higidez do ato, fazendo com que ele seja praticado por pessoa isenta de parcialidade. Assim, o ato apenas não pode ser praticado pelo próprio notário ou registrador, como determinado no artigo 27 da LSNR.
Gabarito "B".

(Cartório/SP – IV – VUNESP) No que se refere à expedição de certidões, analise as seguintes assertivas:

I. os oficiais e servidores do cartório são obrigados a lavrar certidões do que lhes for requerido e a fornecer às partes as informações solicitadas, desde que haja determinação judicial;

II. qualquer pessoa pode requerer certidão do registro sem informar ao Oficial ou ao funcionário o motivo ou interesse do pedido, salvo disposição expressa em contrário;

III. qualquer pessoa pode requerer certidão do registro, e o Oficial e servidor são obrigados a fornecê-la, desde que justifique o interesse na obtenção do documento;

IV. a certidão será lavrada independentemente de despacho judicial.

Pode-se afirmar que são corretas as seguintes proposições:

(A) II e IV, somente.

(B) I e III, somente.

(C) I, II e IV, somente.

(D) II e III, somente.

A expedição de certidões independe de despacho, determinação ou autorização judicial, exceto se houver causa especial de sigilo. Nos termos do disposto nos artigos 16 e 17 da LRP, a certidão será lavrada em razão de requerimento de qualquer pessoa, que não precisa indicar o motivo ou fazer prova de interesse.
Gabarito "A".

(Cartório/SP – IV – VUNESP) Assinale a alternativa correta.

(A) A responsabilidade civil dos Notários e dos Oficiais de Registro depende da responsabilidade criminal.

(B) Cada serviço Notarial ou de Registro funcionará em um só local, sendo permitida a instalação de sucursal.

(C) Os assentos do registro civil de nascimento e os de óbito, bem como as respectivas certidões são gratuitos para os reconhecidamente pobres.

(D) Ao Oficial de Registro Civil compete a prática dos atos relacionados na legislação pertinente, dependendo de prévia distribuição, não ficando sujeitos às normas que definirem as circunscrições geográficas.

A gratuidade de tais atos de registro civil das pessoas naturais vem estampada no artigo 5º, LXXVI, da Constituição Federal, bem como regulamentada na Lei Federal n. 9.534/1997, com a finalidade de garantir o acesso a tais serviços por qualquer pessoa, já que não haverá despesas para tanto.
Gabarito "C".

(Cartório/SP – IV – VUNESP) Assinale a alternativa incorreta, relativamente aos emolumentos.

(A) São contribuintes dos emolumentos as pessoas físicas ou jurídicas que se utilizarem dos serviços ou da prática dos atos notariais e de registro.

(B) Lei Estadual estabelecerá normas gerais para fixação de emolumentos relativos aos atos praticados pelos Serviços Notariais e de Registro.

(C) Na falta de previsão nas notas explicativas e respectivas tabelas, só serão cobradas as despesas pertinentes ao ato praticado quando autorizadas pela Corregedoria Geral da Justiça.

(D) São sujeitos passivos por substituição, no que se refere aos emolumentos, os Notários e os Registradores.

O estabelecimento de normas gerais referentes a custas e emolumentos, por expressa determinação do artigo 236, § 2º, da Constituição Federal, foi responsabilidade atribuída à União Federal. Em atendimento ao ditame constitucional, foi editada a Lei n. 10.169/2000.
Gabarito "B".

(Cartório/SP – III – VUNESP) O pequeno volume dos serviços ou da receita em determinados municípios autoriza

(A) outorga de delegação sem concurso público.

(B) a acumulação dos serviços enumerados no artigo 5.º, da Lei n.º 8.935/94.

(C) que o ato notarial ou de registro seja praticado em outra localidade.

(D) livre escolha da praça para apresentação de título a protesto.

O objetivo da norma do artigo 26, parágrafo único, da Lei n. 8.935/1994, é garantir que o serviço extrajudicial seja efetivamente prestado, não desaparecendo da localidade em razão do desinteresse de pessoas pela má remuneração ou pelo pequeno volume de trabalho. Trata-se de regra de caráter excepcional, vez que os serviços não devem ser acumulados, como preceitua o *caput* do mesmo dispositivo.
Gabarito "B".

(Cartório/SP – II – VUNESP) Assinale a alternativa incorreta.

(A) Qualquer pessoa pode requerer certidão do registro, sem informar ao oficial ou seu substituto o motivo ou interesse do pedido.

(B) As certidões expedidas pelos Oficiais de Registro são dotadas de presunção absoluta de veracidade, em relação aos atos e aos fatos a que se referem, em razão da fé pública a estes atribuída.

(C) Ainda que não especificado no respectivo pedido, e ressalvadas as hipóteses expressamente previstas em lei, deve o Oficial de Registro, obrigatoriamente, sob pena de responsabilidade civil e penal, mencionar todas as alterações posteriores ao ato cuja certidão lhe foi pedida.

(D) As certidões extraídas dos registros públicos devem ser fornecidas em papel e mediante escrita que permitam a sua reprodução por fotocópia ou outro processo equivalente.

As certidões expedidas pelos notários e registradores fazem prova plena daquilo que nelas consta por serem o reflexo daquilo que foi extraído dos livros e papéis da serventia. Por terem sido elaboradas por pessoas dotadas de fé pública, têm presunção de veracidade. Todavia, há que se distinguir a presunção de veracidade daquilo que consta na certidão da presunção absoluta de veracidade do ato que foi praticado no ofício. E assim ocorre porque o sistema pátrio, por regra, adota a presunção relativa como suficiente para os atos registrários. Logo, até prova em contrário, aquilo que se certificou é tido por verdadeiro.
Gabarito "B".

(Cartório/SP – II – VUNESP) O registro lavrado fora das horas regulamentares e em dia em que não houver expediente é:

(A) anulável, devendo a anulabilidade ser declarada somente se demonstrado que disto resultou prejuízo a qualquer interessado.

(B) nulo, podendo, porém, ser ratificado se disto não resultar prejuízo a qualquer interessado.

(C) nulo, sendo civil e penalmente responsável o Oficial que der causa à nulidade.

(D) válido, ressalvada ação judicial própria para que o prejudicado dele requeira o cancelamento.

Trata-se de ato nulo de pleno direito, como determinado pelo artigo 9º da Lei de Registros Públicos.
Gabarito "C".

10. REGISTRO CIVIL DE PESSOAS JURÍDICAS

Leandro Borrego Marini, Marinho Dembinski Kern, Alexandre Gialluca e Henrique Subi *

1. COMPETÊNCIA. PRINCÍPIOS INFORMATIVOS

(Cartório/RS – 2019 – VUNESP) São registrados no Registro Civil de Pessoas Jurídicas:

(A) os atos de criação de Administrações Apostólicas da Igreja Católica.

(B) os estatutos das sociedades civis anônimas.

(C) os estatutos de criação da Igreja Católica.

(D) as fundações de direito público.

(E) as sociedades de advogados.

A: correta: cabe ao Registro Civil das Pessoas Jurídicas o registro das organizações religiosas (art. 301, alínea "a" da Consolidação Normativa do Rio Grande do Sul). *Nota do autor: Nessa questão vale considerar o Decreto Federal n. 7101/2010 que trata do acordo entre o Brasil e a "Santa Sé" sobre o Estatuto Jurídico da Igreja Católica no Brasil. Reconhece-se a personalidade das Administrações Apostólicas e, por isso, o registro no RCPJ, no artigo 3º do Decreto. O registro desses entes está previsto no artigo 3º, § 2º, do Decreto;* **B:** incorreta: as sociedades anônimas se registram nas Juntas Comerciais, conforme art. 982, combinado com art. 1150, ambos do Código Civil; **C:** nos termos do já referido Decreto 7.101, a Igreja Católica já é um ente criado internacionalmente e reconhecido como tal pela ordem jurídica brasileira, (artigo 3º), sendo dispensado o registro de sua criação no âmbito interno; **D:** incorreta: cabe ao RCPJ o registro das fundações, exceto as de direito público (art. 301, "a", da Consolidação Normativa); **E:** incorreta: o registro de sociedades de advogados é regido por lei especial. Nos termos do artigo 15, § 1º, do Estatuto da OAB, essas sociedades profissionais adquirem personalidade jurídica com o registro aprovado dos seus atos constitutivos no Conselho Seccional da OAB em cuja base territorial tiver sede.
Gabarito "A".

(Cartório/CE – 2018 – IESES) Assinale a alternativa correta:

(A) No registro civil de pessoas jurídicas serão inscritos os contratos sociais das sociedades anônimas.

(B) No registro civil de pessoas jurídicas serão inscritos os estatutos das autarquias e empresas públicas.

(C) No registro civil de pessoas jurídicas serão inscritos os contratos, os atos constitutivos, o estatuto ou compromissos das sociedades civis, religiosas, pias, morais, científicas ou literárias, bem como o das fundações e das associações de utilidade pública.

(D) No registro civil de pessoas jurídicas serão inscritos os atos constitutivos das pessoas jurídicas de direito público interno.

A: incorreta: as sociedades anônimas se registram nas Juntas Comerciais, conforme art. 982, combinado com art. 1.150, ambos do Código Civil; **B:** incorreta: as autarquias são pessoas jurídicas de direito público criadas por lei, não se aplicando a elas a regra do art. 45 do Código Civil. Por sua vez, as empresas públicas, que possuem natureza de direito privado, devem ser registradas no Registro Público de Empresas Mercantis, que tem atribuição para manter cadastro atualizado dessas pessoas jurídicas, nos termos do art. 92, da Lei 13.303/16; **C:** correta: é a literalidade do art. 114, I da Lei 6.015/73; **D:** incorreta: a essas pessoas jurídicas, com regime próprio, não se aplica o artigo 45 do Código Civil.
Gabarito "C".

(Cartório/BA – 2004 – CESPE) A respeito do registro civil das pessoas jurídicas, julgue o item seguinte.

(1) Os atos e contratos constitutivos de pessoas jurídicas e suas alterações só serão registrados e arquivados quando visados por advogados.

1: correta, conforme art. 1º, § 2.º, da Lei 8.906/1994 (Estatuto da Advocacia), cuja redação é a seguinte: *art. 1º (...) § 2º. Os atos e contratos constitutivos de pessoas jurídicas, sob pena de nulidade, só podem ser admitidos a registro, nos órgãos competentes, quando visados por advogados.*
Gabarito "1C".

(Cartório/DF – 2003 – CESPE) Acerca das atividades dos notários e registradores, à luz do novo Código Civil, julgue o item a seguir.

(1) Ainda que não componha sociedade, a pessoa física que exerce o empresariado como comerciante individual deve registrar-se no Registro Público de Empresas Mercantis; da mesma forma, a pessoa física que exerce atividade profissional intelectual deve registrar-se em registro de títulos e documentos e de pessoas jurídicas.

1: incorreta. Em que pese ser obrigatória a inscrição do empresário no Registro Público de Empresas Mercantis, nos termos do art. 967 do CC/2002, a pessoa física que exerce atividade profissional intelectual não é considerada empresário, conforme o parágrafo único do art. 966, segundo o qual *Não se considera empresário quem exerce profissão intelectual, de natureza científica, literária ou artística, ainda com o concurso de auxiliares ou colaboradores, salvo se o exercício da profissão constituir elemento de empresa.*
Gabarito "1E".

(Cartório/DF – 2003 – CESPE) Acerca das atividades dos notários e registradores, à luz do novo Código Civil, julgue os itens a seguir.

(1) A serventia de registro de títulos e documentos e de pessoas jurídicas só pode registrar ato constitutivo de Sociedade de Capital e Indústria se esta tiver por objeto o exercício de profissão intelectual, de natureza científica, literária ou artística, configurando sociedade simples.

1: incorreta. O Código Civil de 2002, ao revogar o Livro I do Código Comercial, aboliu do regime jurídico empresarial brasileiro a sociedade

---

* Leandro Borrego Marini comentou as questões de 2017 a 2021, realizando adaptações nas demais, para fins meramente de atualização. Marinho Dembinski Kern comentou as questões dos concursos de 2015 e 2016. Alexandre Gialluca e Henrique Subi comentaram as demais questões.

554 LEANDRO BORREGO MARINI, MARINHO DEMBINSKI KERN, ALEXANDRE GIALLUCA E HENRIQUE SUBI

de capital e indústria, razão pela qual seu ato constitutivo não pode ser registrado no Registro Civil de Pessoas Jurídicas.

Gabarito "1E".

(Cartório/DF – 2001 – CESPE) Ainda quanto ao registro de imóveis e ao registro civil das pessoas jurídicas na LRP, julgue o item abaixo.

(1) Os sindicatos são pessoas jurídicas cujo processo de constituição é peculiar, pois, devido ao regramento constitucional de 1988, que alterou a legislação a eles aplicável, essas entidades adquirem personalidade jurídica com o registro de seus atos no órgão regional do Ministério do Trabalho e Emprego.

1: incorreta. Nos termos do art. 8º, I, da CF, é livre a criação de sindicatos, os quais não dependerão de autorização ou registro do Estado para funcionar. Considerando que os sindicatos são pessoas jurídicas de direito privado do tipo associação (art. 511 da Consolidação da Leis do Trabalho), eles adquirem personalidade jurídica com a inscrição de seus atos constitutivos no Registro Civil de Pessoas Jurídicas (art. 1.150 do CC).

Gabarito "1E".

(Cartório/MG – 2005 – EJEF) Considerando-se as funções do Serviço de Pessoas Jurídicas, é CORRETO afirmar que, nele, são registráveis

(A) as associações religiosas, as sociedades não-empresárias e as cooperativas.

(B) as cooperativas, os pactos antenupciais dos empresários e as fundações.

(C) as fundações, as associações desportivas e as sociedades em comandita simples.

(D) as sociedades simples, as sociedades por ações e as sociedades em comum.

A: correta. São registráveis no Registro Civil de Pessoas Jurídicas os atos constitutivos e respectivas alterações das sociedades simples (não empresárias), associações, fundações, organizações religiosas e partidos políticos (art. 114 da Lei 6.015/1973 – LRP). Interessante que aqui o examinador considerou como correto o registro de cooperativas no Registro Civil de Pessoa Jurídica e não o registro na Junta Comercial (art. 32, II, a da Lei 8934/94); B: incorreta. Os pactos antenupciais do empresário devem ser registrados no Registro Público de Empresas Mercantis (art. 979 do CC); C: incorreta. Porém não concordamos com o gabarito, pois as sociedades em comandita simples também pode ser de natureza simples e, portanto, podem ser registradas no RCPJ; D: incorreta. As sociedades por ações são empresárias por força de lei (art. 982, parágrafo único, do CC), razão pela qual seus atos sociais não são levados a registro no Serviço de Pessoas Jurídicas (art. 114, II, da LRP), somente na Junta Comercial.

Gabarito "A".

(Cartório/MT – 2003 – UFMT) A quem compete proceder ao registro das Fundações?

(A) Ao Ministério Público do Estado, por intermédio da Promotoria de Justiça de Fundações. Esse registro é feito no Livro de Registro das Fundações.

(B) Ao Oficial de Registro de Imóveis, caso tenha sido feita dotação especial de bem imóvel. Esse registro é feito no Livro nº 3 (Registro Auxiliar), sem prejuízo do registro da transmissão do imóvel na competente matrícula.

(C) À Junta Comercial, quando o patrimônio de constituição for representado por bens móveis.

(D) Ao Ministério da Justiça, quando o patrimônio for constituído de bens imóveis localizados em vários Estados da Federação. O registro será lavrado no Livro Especial das Fundações.

(E) Ao Oficial do Registro Civil das Pessoas Jurídicas.

E: correta. Nos termos do art. 114, I, da LRP, o registro das fundações compete ao Registro Civil das Pessoas Jurídicas.

Gabarito "E".

(Cartório/PR – 2007) No Registro Civil das Pessoas Jurídicas serão inscritos:

I. Os atos constitutivos e os estatutos dos partidos políticos.

II. As sociedades civis que revestirem a forma de sociedade anônima.

III. Os contratos, os atos constitutivos, o estatuto ou compromissos das sociedades civis, religiosas, pias, morais, científicas ou literárias, bem como das fundações e das associações de utilidade pública.

IV. Jornais, periódicos, oficinas impressoras, empresas de radiofusão e agências de notícias.

São corretas:

(A) I e II.

(B) II, III e IV.

(C) apenas III e IV.

(D) I, III e IV.

(E) apenas II e III.

I: correta, pois que consonante à redação do art. 114, III, da Lei 6.015/1973: *art. 114. No Registro Civil de Pessoas Jurídicas serão inscritos: (Renumerado do art. 115 pela Lei nº 6.216, de 1975) (...) III – os atos constitutivos e os estatutos dos partidos políticos. (Incluído pela Lei nº 9.096, de 1995)*; II: incorreta, pois o art. 114, II da Lei 6.015/1973 estabelece que as sociedades civis deverão fazer registro no RCPJ salvo as que se revestirem da forma de sociedade anônima. Isto porque o art. 982 do CC determina que as sociedades por ações sempre serão empresárias, e, portanto, deverão ser registradas na Junta Comercial; III: correta, pois que ostenta redação idêntica à do art. 114, I, da Lei 6.015/1973: *Art. 114. No Registro Civil de Pessoas Jurídicas serão inscritos: (Renumerado do art. 115 pela Lei nº 6.216, de 1975): I – os contratos, os atos constitutivos, o estatuto ou compromissos das sociedades civis, religiosas, pias, morais, científicas ou literárias, bem como o das fundações e das associações de utilidade pública*; IV: correta, nos termos do parágrafo único do art. 114, da Lei 6.015/1973: *Parágrafo único. No mesmo cartório será feito o registro dos jornais, periódicos, oficinas impressoras, empresas de radiofusão e agências de notícias a que se refere o art. 8º da Lei 5.250, de 09.02.1967.*

Gabarito "D".

(Cartório/RO – III) No registro civil de pessoas jurídicas serão inscritos:

(A) as sociedades civis que revestirem as formas estabelecidas nas leis comerciais, inclusive as anônimas;

(B) os atos constitutivos e os estatutos dos partidos políticos;

(C) as sociedades de advogados;

(D) as sociedades mercantis de fato.

A: incorreta, pois o art. 114, II da Lei 6.015/1973 estabelece que as sociedades civis deverão fazer registro no RCPJ salvo as que se revestirem da forma de sociedade anônima. Isto porque o art. 982 do CC determina que as sociedades por ações sempre serão empresárias e, portanto, deverão ser registradas na Junta Comercial; B: correta, pois que consonante à redação do art. 114, III, da Lei 6.015/1973: *art. 114.*

10. REGISTRO CIVIL DE PESSOAS JURÍDICAS

No Registro Civil de Pessoas Jurídicas serão inscritos: (Renumerado do art. 115 pela Lei nº 6.216, de 1975) (...) III – os atos constitutivos e os estatutos dos partidos políticos. (Incluído pela Lei 9.096, de 1995); C: incorreta, pois a sociedade de advogados deve ser registrada perante o Conselho Seccional da Ordem dos Advogados do Brasil em que tiver sede, nos termos do art. 15, § 1º, da Lei 8.906/1994 (Estatuto da OAB): *art. 15. Os advogados podem reunir-se em sociedade civil de prestação de serviço de advocacia, na forma disciplinada nesta lei e no regulamento geral. § 1º A sociedade de advogados adquire personalidade jurídica com o registro aprovado dos seus atos constitutivos no Conselho Seccional da OAB em cuja base territorial tiver sede;* D: incorreta, pois sociedades de fato são aquelas sociedades que não são levadas a registro no órgão próprio e que atualmente são chamadas de sociedade em comum e são regidas pelas regras dos arts. 986 e seguintes do CC. Ademais, se as sociedades possuem natureza mercantil, caso sejam levadas a registro, deverão ser registradas na Junta Comercial e não no RCPJ.
Gabarito "B".

(Cartório/SP – II – VUNESP) É competente para proceder ao registro das Fundações,

(A) a Junta Comercial do Estado de São Paulo – JUCESP, quando o patrimônio de constituição for representado por bens móveis.

(B) o Ministério Público do Estado, por intermédio da Promotoria de Justiça de Fundações. Esse registro é feito no Livro de Registro das Fundações.

(C) o Oficial de Registro de Imóveis, caso tenha sido feita dotação especial de bem imóvel. Esse registro é feito no Livro 3 – Registro auxiliar, sem prejuízo do registro da transmissão do imóvel na competente matrícula.

(D) o Oficial do Registro Civil das Pessoas Jurídicas.

Nos termos do art. 114, I, da LRP, o registro das fundações compete ao Registro Civil das Pessoas Jurídicas.
Gabarito "D".

(Cartório/SP – 2011 – VUNESP) No Registro Civil das Pessoas Jurídicas, são praticados os seguintes atos:

(A) registro de associações religiosas e autenticações de livros de sociedades empresárias.

(B) registro de fundações de direito público e privado e autenticações de livros de sociedades simples.

(C) registro de associações religiosas e matrícula de oficinas impressoras.

(D) registro de autônomos que explorem atividade econômica e de associações públicas.

A: incorreta. O registro das sociedades empresárias fica a cargo do Registro Público de Empresas Mercantis, exercido pelas Juntas Comerciais dos Estados (art. 1.150 do CC); B: incorreta. As fundações de direito público não estão sujeitas a registro no Registro Civil de Pessoas Jurídicas (item 1, "a", do Capítulo XVIII do Tomo II das Normas de Serviço da Corregedoria Geral de Justiça do Estado de São Paulo); C: correta, nos termos dos arts. 114, I, e 122, II, da LRP; D: incorreta. Não serão registrados atos de constituição de firmas individuais (item 21 do Capítulo XVIII do Tomo II das Normas de Serviço da Corregedoria Geral de Justiça do Estado de São Paulo – redação vigente à época do concurso).
Gabarito "C".

(Cartório/SP – 2011 – VUNESP) Sobre o Registro Civil das Pessoas Jurídicas, é correto afirmar que

(A) a sociedade por ações, a depender de seu objeto, pode ser considerada simples. Nesse caso, seu estatuto será registrado no Registro Civil das Pessoas Jurídicas.

(B) a sociedade simples pode assumir a forma de comandita simples e seu estatuto será registrado no Registro Civil das Pessoas Jurídicas.

(C) a sociedade de advogados adquire personalidade jurídica com o registro de seu contrato no Registro Civil das Pessoas Jurídicas de sua sede.

(D) a sociedade cooperativa é sempre empresária, portanto, seu estatuto deve ser registrado na Junta Comercial de sua sede.

A: incorreta. A sociedade por ações é sempre empresária (art. 982, parágrafo único, do CC), razão pela qual seu registro se dará no Registro Público de Empresas Mercantis, a cargo da Junta Comercial (art. 1.150 do CC); B: correta, nos termos do art. 114, I, da LRP (que ainda utiliza a expressão "sociedade civil", prevista no revogado Código Civil de 1916); C: incorreta. A sociedade de advogados deve ser registrada no Conselho Seccional da OAB de sua sede (art. 15, § 1º, da Lei 8.906/1994); D: incorreta. A sociedade cooperativa é considerada sempre sociedade simples (art. 982, parágrafo único, do CC) não empresária como consta na questão.
Gabarito "B".

(Cartório/SP – 2016 – VUNESP) Integra a atribuição do Registrador Civil de Pessoas Jurídicas:

(A) averbar as alterações dos estatutos das sociedades anônimas.

(B) registrar os atos constitutivos dos sindicatos.

(C) registrar e autenticar livros das pessoas jurídicas, ainda que registradas em outro Registro Civil das Pessoas Jurídicas, desde que na mesma Comarca.

(D) registrar sociedades de advogados.

A: alternativa incorreta, pois as sociedades anônimas têm natureza empresarial (art. 982, parágrafo único, do Código Civil), logo, se submetem ao registro na Junta Comercial, e não no Registro Civil de Pessoa Jurídica, conforme art. 1.150 do Código Civil. B: alternativa correta, conforme item nº 1, "a", do capítulo XVIII das Normas de Serviço da Corregedoria Geral da Justiça de São Paulo. C: alternativa incorreta, pois, embora o Registrador Civil possa autenticar os livros contábeis, a pessoa jurídica deve estar registrada em sua Serventia, conforme redação anterior do item nº 30 (atual item n. 53) do capítulo XVIII das Normas de Serviço da Corregedoria Geral da Justiça de São Paulo. D: alternativa incorreta, pois o Registrador Civil não pode registrar sociedade de advogados, conforme item nº 21 do capítulo XVIII das Normas de Serviço da Corregedoria Geral da Justiça de São Paulo (redação vigente à época do concurso).
Gabarito "B".

(Cartório/PA – 2016 – IESES) No registro civil de pessoa jurídica:

(A) As instituições eclesiásticas adquirem personalidade jurídica, passando a constituir pessoas jurídicas eclesiásticas, independentemente do registro de seus atos constitutivos no Registro Civil das Pessoas Jurídicas.

(B) As sociedades simples são registráveis perante o Registro Civil de Pessoas Jurídicas e não perante a Junta Comercial.

(C) Quando constatada a quebra do princípio da continuidade junto ao Registro Civil das Pessoas Jurídicas, poderá ser regularizada a situação pelo Juízo Corregedor Permanente da Serventia, sendo dispensada a nomeação de administrador provisório.

(D) As cooperativas não atendem os requisitos legais que caracterizam a atividade empresarial, o que impede, em regra, o ingresso de seus atos constitutivos no Registro Civil das Pessoas Jurídicas.

A: alternativa incorreta, pois o art. 3º, § 2º, do Acordo entre a República Federativa do Brasil e a Santa Sé relativo ao Estatuto Jurídico da Igreja Católica no Brasil, aprovado pelo Decreto 7.107/2010, exige que haja o registro do ato constitutivo para o reconhecimento da personalidade jurídica das entidades eclesiásticas. Ademais, a personalidade das pessoas jurídicas se inicia com o seu registro, conforme art. 45 do Código Civil, sendo que as organizações religiosas devem ser registradas no Registro Civil de Pessoa Jurídica, conforme dispõe o art. 472, I, do Código de Normas e Serviços Notariais e de Registro do Estado do Pará. **B:** alternativa correta, conforme o art. 1.150 do Código Civil. **C:** alternativa incorreta, pois o art. 49 do Código Civil exige a nomeação de administrador provisório, caso a administração da pessoa jurídica venha a faltar, o que deve ser feito mediante processo com caráter jurisdicional perante a Vara Cível competente, e não perante o Juiz Corregedor Permanente. **D:** alternativa incorreta, embora as cooperativas tenham natureza de sociedade simples (art. 982, parágrafo único, do Código Civil), o seu registro não é feito perante o Registro Civil de Pessoa Jurídica, como seria o normal das sociedades simples, mas sim perante a Junta Comercial, por força de disposição especial (art. 18 da Lei 5.764/1971).

Gabarito "B".

2. ESCRITURAÇÃO E ORDEM DE SERVIÇO. CERTIDÕES. COMUNICAÇÕES. CONSERVAÇÃO

(Cartório/SP – 2018 – VUNESP) Conforme previsão das Normas de Serviço da Corregedoria Geral da Justiça, uma vez apresentada ao Oficial de Registro Civil de Pessoas Jurídicas apenas uma via do documento original do ato constitutivo, caso seja adotado sistema de microfilmagem na serventia, o registrador

(A) promoverá o registro e devolverá essa via para o apresentante, após o registro.

(B) protocolará o documento e entregará nota devolutiva com a exigência de apresentação de outra via.

(C) sobrestará o registro, depois de protocolado o documento, e notificará o requerente para que apresente outra via original no prazo de 20 (vinte) dias, consignando que, depois de findo o prazo, o registro somente produzirá efeitos a partir da data da reapresentação.

(D) promoverá o registro e arquivará essa via na serventia, facultando-se a expedição de certidão ao usuário.

Nota do autor: *a prova em correção foi realizada durante a vigência da antiga redação das Normas de Serviço da Corregedoria Paulista, o que ocorreu até 05/01/2020. A partir de então, o leitor deve atenta-se para as novas redações das NSCGJSP.*

Única correta: alternativa A – Nos termos do item 16, Cap. XVIII, tomo II, das NSCGJSP, o ato constitutivo pode ser apresentado em única via, que será devolvida ao apresentante após o registro.

Gabarito "A".

(Cartório/MG – 2009 – EJEF) Acerca da modalidade do registro de documentos, o livro de registro integral de títulos será escriturado nos termos do art. 142 da Lei 6.015, de 1973, lançando-se, antes de cada registro, o número de ordem, a data do protocolo e o nome do apresentante, e conterá colunas para as seguintes declarações, EXCETO:

(A) Número de ordem.

(B) Mês e ano.

(C) Transcrição.

(D) Anotações e averbações.

B: incorreta. Nos termos do art. 136, 2º, da LRP, o livro de registro integral de títulos deverá conter coluna para declaração de *dia e mês*, não mês e ano, como consta na alternativa "B", que deve ser assinalada.

Gabarito "B".

(Cartório/SP – 2011 – VUNESP) Sobre os livros obrigatórios do Registro Civil de Pessoa Jurídica, é correto afirmar que

(A) o Livro Protocolo pode ser dispensado se a serventia utilizar-se de serviços de microfilmagem.

(B) no Livro A devem ser lançados todos os requerimentos, documentos, papéis e títulos ingressados que digam respeito a atos de registro ou averbação.

(C) a ocorrência do procedimento de dúvida deverá ser anotada no Livro Protocolo.

(D) o Livro Protocolo pode ser o mesmo utilizado para o Registro de Títulos e Documentos, pois essas modalidades são sempre cumuladas.

A: incorreta. O livro Protocolo não poderá ser substituído por microfilmagem, apenas os Livros "A" e "B" (item 5.3 do Capítulo XVIII do Tomo II das Normas de Serviço da Corregedoria Geral de Justiça do Estado de São Paulo); **B:** incorreta. Tais atos devem ser lançados no Livro Protocolo (item 5, "c" do Capítulo XVIII do Tomo II das Normas de Serviço da Corregedoria Geral de Justiça do Estado de São Paulo – atual redação – e art. 114 da LRP); **C:** correta, nos termos do atual item 20 do Capítulo XVIII do Tomo II das Normas de Serviço da Corregedoria Geral de Justiça do Estado de São Paulo; **D:** incorreta. As escriturações desses dois livros devem ser independentes (item 6.1 do Capítulo XVIII do Tomo II das Normas de Serviço da Corregedoria Geral de Justiça do Estado de São Paulo – redação vigente à época do concurso).

Gabarito "C".

(Cartório/SP – 2012 – VUNESP) O registro e a autenticação dos livros das associações civis são feitos

(A) pelo Oficial do Registro Civil das Pessoas Naturais da localidade da sede da entidade.

(B) por Tabelião de Notas de livre escolha da entidade.

(C) pelo Oficial do Registro Civil das Pessoas Jurídicas onde os atos constitutivos da entidade estiverem registrados.

(D) pela Junta Comercial do Estado.

C: correta. O registro e autenticação dos livros das associações civis são feitos junto ao Oficial de Registro Civil de Pessoas Jurídicas onde seus atos constitutivos estiverem registrados, nos termos do item 28 do Capítulo XVIII do Tomo II das Normas de Serviço da Corregedoria Geral de Justiça do Estado de São Paulo, vigente á época da prova, o que atualmente corresponde ao item 53 do referido Capítulo.

Gabarito "C".

3. REGISTROS. AVERBAÇÕES. ANOTAÇÕES

(Cartório/RN – 2012 – IESIS) Assinale a alternativa correta:

(A) Não poderão ser registrados os atos constitutivos de pessoas jurídicas, quando o seu objeto indique destino ou atividades ilícitos, ou contrários, nocivos ou perigosos ao bem público, à segurança do Estado e da coletividade, à ordem pública ou social, à moral e aos bons costumes, exceto quando na mesma comarca já existir registro de pessoa jurídica com a mesma denominação.

10. REGISTRO CIVIL DE PESSOAS JURÍDICAS   557

(B) O registro de atos constitutivos ou de alteração de sociedade, cujo objeto envolva atividade privativa de profissionais habilitados pelos respectivos conselhos de fiscalização de profissões regulamentadas, não será feito sem a prévia comprovação da referida qualificação e apresentação da certidão de regularidade profissional atualizada.

(C) Não poderão ser registrados os atos constitutivos de pessoas jurídicas, quando o seu objeto indique destino ou atividades ilícitos, nocivos ou perigosos ao bem público, à segurança do Estado e da coletividade, à ordem pública ou social, à moral e aos bons costumes, quando em outra comarca já existir registro de pessoa jurídica com a mesma denominação.

(D) O registro de atos constitutivos ou de alteração de sociedade, cujo objeto envolva atividade privativa de profissionais habilitados pelos respectivos conselhos de fiscalização de profissões regulamentadas, será feito mesmo sem a prévia comprovação da referida qualificação, todavia, exigida a apresentação da certidão de regularidade profissional atualizada.

A: incorreta. Não há qualquer exceção à vedação do registro nessas hipóteses. Na verdade, a existência de pessoa jurídica registrada com a mesma denominação é também uma hipótese de proibição de registro (art. 459 do Código de Normas da Corregedoria Geral de Justica do Rio Grande do Norte); B: correta, nos termos do art. 458 do Código de Normas da Corregedoria Geral de Justica do Rio Grande do Norte; C: incorreta, nos termos do comentário à alternativa "A"; D: incorreta, nos termos do comentário à alternativa "B".

Gabarito "B"

(Cartório/DF – 2003 – CESPE) Após ser requerido o registro de ato constitutivo de uma sociedade, o oficial de Registro Civil das Pessoas Jurídicas deve promover um acurado exame do cumprimento das exigências legais pertinentes à matéria. Nos itens que se seguem são apresentadas situações em que o oficial de Registro deve examinar e decidir quanto ao cumprimento das exigências legais. Julgue-as quanto ao acatamento do registro do contrato.

(1) O contrato social destina-se à constituição de uma sociedade empresária, do tipo sociedade limitada, e contém cláusula que atribui aos sócios responsabilidade solidária pela integralização do capital social. Nessa situação, o oficial de Registro deve acatar o registro.

(2) O contrato social destina-se à constituição de uma sociedade simples, do tipo limitada, e não prevê a existência de conselho fiscal. Nessa situação, o oficial de Registro deve acatar o registro.

(3) O contrato social destina-se à constituição de uma sociedade simples, do tipo sociedade em nome coletivo, e prevê limitações da responsabilidade de alguns sócios entre si. Nessa situação, o registro deve ser acatado.

(4) O contrato social destina-se à constituição de uma sociedade simples, do tipo sociedade em comandita simples, cujos sócios comanditários, apesar de terem seus nomes compondo a firma social, ficaram, por determinação contratual, excluídos das responsabilidades dos sócios comanditados. Nessa situação, o oficial de Registro deve acatar o contrato.

(5) O contrato social destina-se à constituição de uma sociedade simples, do tipo limitada, e não define o

nome de nenhum dos administradores. Nessa situação, o oficial de Registro deve acatar o registro.

(6) O contrato social destina-se à constituição de uma sociedade simples, do tipo limitada, e reza que o capital social é dividido em 10 mil cotas, das quais 5 mil tinham valor unitário de R$ 1,00 e as outras 5 mil, de R$ 2,00. Nessa situação, o contrato deve ser acatado.

(7) O contrato social destina-se à constituição de uma sociedade simples, do tipo limitada, e reza que 10% da parcela do capital social será integralizado em serviços. Nessa situação, o contrato deve ser acatado.

1: incorreta. Se estivermos tratando de contrato social constitutivo de sociedade empresária, o oficial de registro deve negar o ato, porque a competência para tal é do Registro Público de Empresas Mercantis, a cargo da Junta Comercial do Estado (art. 1.150 do CC); 2: correta. O ato constitutivo de sociedade simples, ainda que adote um dos tipos societários previstos no Código Civil, deve ser registrado no Registro Civil de Pessoas Jurídicas (art. 1.150 do CC). Em relação às sociedades limitadas, cujas normas serão aplicadas à sociedade simples por força da adoção desse tipo societário (art. 983 do CC), a criação do conselho fiscal é facultativa (art. 1.066 do CC); 3: correta. Nos termos do comentário anterior, segundo as normas aplicáveis à sociedade em nome coletivo, é possível a limitação da responsabilidade entre os sócios, portanto o contrato deve ser registrado (art. 1.039, parágrafo único do CC); 4: incorreta. Nesse caso, o contrato desrespeita a determinação contida no art. 1.157, parágrafo único, do CC, que determina a responsabilidade ilimitada dos sócios que tiverem seus nomes incluídos no contrato social da sociedade em comandita simples; 5: correta. Os administradores poderão ser designados posteriormente, em ato separado (art. 1.060 do CC); 6: correta. As quotas do capital social poderão ter valores diferentes entre si (art. 1.055 do CC); 7: incorreta. A contribuição de sócio que consista exclusivamente em serviços é autorizada na sociedade simples (art. 997, V, do CC). Porém, ao optar por adotar o tipo societário das limitadas, a sociedade simples submete-se às regras que são próprias àquela (art. 983 do CC), na qual é vedada a participação de sócio apenas com serviços (art. 1.055, § 2º, do CC).

Gabarito 1E, 2C, 3C, 4E, 5C, 6C, 7E

(Cartório/SP – V – VUNESP) Para o registro dos atos constitutivos de pessoas jurídicas, deve o oficial registrador analisar seu objeto e atividades. Considerando os motivos a seguir enumerados:

I. atividades nocivas ao bem público;
II. atividades perigosas aos bons costumes;
III. atividades perigosas à moral;
Assinale a alternativa correta.

(A) Todos impedem o registro.

(B) Impedem o registro apenas aqueles previstos nos itens I e II.

(C) Impedem o registro apenas aqueles previstos nos itens I e III.

(D) Impedem o registro apenas aqueles previstos nos itens II e III.

A: correta. Todas as assertivas trazem causas que impedem o registro de pessoa jurídica, conforme art. 115 da Lei 6.015/1973: *art. 115. Não poderão ser registrados os atos constitutivos de pessoas jurídicas, quando o seu objeto ou circunstâncias relevantes indiquem destino ou atividades ilícitos ou contrários, nocivos ou perigosos ao bem público, à segurança do Estado e da coletividade, à ordem pública ou social, à moral e aos bons costumes. (Renumerado do art. 116 pela Lei nº 6.216, de 1975). Parágrafo único. Ocorrendo qualquer dos motivos previstos neste artigo, o oficial do registro, de ofício ou por provocação*

de qualquer autoridade, sobrestará no processo de registro e suscitará dúvida para o Juiz, que a decidirá.
Gabarito "A".

(Cartório/SP – 2016 – VUNESP) Em relação ao Registro Civil de Pessoas Jurídicas, é correto afirmar que

(A) como regra, os atos constitutivos de uma pessoa jurídica registrável somente podem ser registrados se estiverem visados por advogado, constituindo exceção à regra a hipótese de sociedade simples enquadrada como microempresa ou empresa de pequeno porte.

(B) o registro dos atos constitutivos de uma fundação de direito privado somente pode ocorrer se autorizado pelo Ministério Público, salvo no caso de fundação previdenciária, em que deve haver autorização por órgão vinculado ao Ministério da Previdência Social, sendo dispensada a autorização em se tratando de ato de averbação.

(C) na medida em que não há atribuição territorial dentro da mesma Comarca, é permitida a averbação de atos relativos a uma associação, ainda que o registro constitutivo não esteja registrado no mesmo Registro Civil de Pessoas Jurídicas, desde que esteja registrado na mesma Comarca.

(D) é vedado o registro de pessoa jurídica com denominação idêntica a outra registrada na mesma Comarca, ainda que em outro Registro Civil das Pessoas Jurídicas, sendo possível, entretanto, o registro, se o nome for apenas semelhante, ainda que possa causar alguma dúvida aos usuários.

Nota de atualização: O leitor deverá estar atento às alterações feitas pelo Prov. 56/2019, que alterou a redação das Normas de Serviço de São Paulo. As respostas estão de acordo com a normativa vigente quando do certame. **A:** alternativa correta, por estar de acordo com o item nº 1.1 do capítulo XVIII das Normas de Serviço da Corregedoria Geral da Justiça de São Paulo. **B:** alternativa incorreta, pois também nos atos de averbação são necessárias as autorizações mencionadas, conforme o item nº 18 do capítulo XVIII das Normas de Serviço da Corregedoria Geral da Justiça de São Paulo. **C:** alternativa incorreta, pois o item nº 2 do capítulo XVIII das Normas de Serviço da Corregedoria Geral da Justiça de São Paulo veda a prática de atos relativos à associação se o seu ato constitutivo não estiver registrado na mesma Serventia (o critério não é a Comarca, mas sim o registro na própria Serventia). **D:** alternativa incorreta, por contrariar o disposto no item nº 3 do capítulo XVIII das Normas de Serviço da Corregedoria Geral da Justiça de São Paulo, que proíbe também o registro de pessoa jurídica com denominação semelhante a outra já existente, que possa ocasionar dúvida aos usuários do serviço.
Gabarito "A".

(Cartório/SP – 2016 – VUNESP) No que concerne ao registro de um sindicato, no Registro Civil das Pessoas Jurídicas, é correto afirmar que

(A) deve ser feito após registro no Ministério do Trabalho, o qual confere representação sindical.

(B) não é cabível ao Oficial de Registro exercer o controle do princípio da unicidade sindical.

(C) a existência de registro no Ministério do Trabalho dispensa o registro no Registro Civil de Pessoas Jurídicas.

(D) tem efeito meramente declaratório para efeitos civis.

Nota de atualização: O leitor deverá estar atento às alterações feitas pelo Prov. 56/2019, que alterou a redação das Normas de Serviço de São Paulo. As respostas estão de acordo com a normativa vigente quando do certame. **A:** alternativa incorreta, pois o item nº 1, "a", do capítulo XVIII das Normas de Serviço da Corregedoria Geral da Justiça de São Paulo permite o registro de sindicato, sem fazer qualquer condicionamento ao prévio registro no Ministério do Trabalho. **B:** a alternativa está correta, pois o Conselho Superior da Magistratura de São Paulo assentou o entendimento de que não compete ao registrador exercer o controle do princípio da unicidade sindical, matéria reservada ao Ministério de Trabalho, conforme decidido na apelação cível nº 0002839-82.2015.8.26.0095, relatada pelo Exmo. Corregedor Geral da Justiça, Desembargador Manoel de Queiroz Pereira Calças, julgada em 23/03/2017, publicada no DJe em 28/04/2017. **C:** alternativa incorreta, os registros no Registro Civil de Pessoa Jurídica e no Ministério do Trabalho são autônomos, pois possuem finalidades distintas, de sorte que um não dispensa o outro. Como decidido pelo Conselho Superior da Magistratura de São Paulo, na apelação cível citada, "aliás, em relação ao **ente sindical**, exige-se o duplo registro do estatuto social, a ser realizado no Registro Civil das Pessoas Jurídicas, para fins de atribuição de personalidade civil, e no Ministério do Trabalho, **com vistas à obtenção de personalidade sindical**." **D:** alternativa incorreta, como mencionado na apelação cível citada, o efeito do registro civil é constitutivo, pois confere personalidade civil ao ente sindical, o que, ademais, está de acordo com o art. 45 do Código Civil.
Gabarito "B".

4. REGISTROS DE ASSOCIAÇÕES, FUNDAÇÕES, PARTIDOS POLÍTICOS E SOCIEDADES. MATRÍCULA DE JORNAIS, PERIÓDICOS, OFICINAS IMPRESSORAS E EMPRESAS DE RADIODIFUSÃO

(Cartório/SP – 2018 – VUNESP) No Registro Civil das Pessoas Jurídicas, exige-se, em regra, visto de advogado nos atos constitutivos, contratos sociais e estatutos das pessoas jurídicas. Em determinadas hipóteses, no entanto, essa providência pode ser dispensada para

(A) sociedades simples.

(B) organizações religiosas.

(C) associações.

(D) fundações de direito privado.

Nota do autor: a prova em correção foi realizada durante a vigência da antiga redação das Normas de Serviço da Corregedoria Paulista, o que ocorreu até 05/01/2020. A partir de então, o estudante deve atentar para as novas redações das NSCGJSP.
A: única correta: A regra do visto de advogado mencionado no enunciado se encontra no item 16.3.3, Cap. XVIII, tomo II, das NSCGJSP (atual redação). Ocorre que na antiga redação das Normas de Serviço (quando a prova foi elaborada e realizada) havia a seguinte menção expressa "Os atos constitutivos, contratos sociais e estatutos das sociedades simples, associações, organizações religiosas, fundações de direito privado, empresas individuais de responsabilidade limitada e associações só serão admitidos a registro e arquivamento quando visados por advogado, devidamente identificado com nome e número de inscrição na OAB, exceto no caso de sociedade simples enquadrada como Microempresa (ME) ou Empresa de Pequeno Porte (EPP), quando o visto é dispensado". Se tratava da dispensa expressa prevista no art. 9º, § 2º, da Lei Complementar n. 123/06. O dispositivo expresso não foi repetido na nova redação das Normas de Serviço de São Paulo (Prov. n. 56/2019).
Gabarito "A".

10. REGISTRO CIVIL DE PESSOAS JURÍDICAS

(Cartório/BA – 2004 – CESPE) A respeito do registro civil das pessoas jurídicas, julgue o item seguinte.

(1) A matrícula da agência de notícias se confunde com o registro da pessoa jurídica a que pertence. Assim, o seu registro é lançado no registro civil de pessoas jurídicas e na junta comercial.

1: incorreta. A matrícula não se confunde com o registro da pessoa jurídica a que pertence. Nos termos do art. 122, IV, da LRP, as empresas que tenham por objeto o agenciamento de notícias são exclusivamente matriculadas no Registro Civil de Pessoas Jurídicas.
Gabarito "1E".

(Cartório/DF – 2001 – CESPE) Em relação ao registro de pessoas naturais e jurídicas, julgue o seguinte item.

(1) Não sendo possível registrar-se ato constitutivo de sociedade que tenha por objetivo o exercício de atividade proibida expressamente por lei, deverá o oficial – não lhe cabendo, de ofício, suscitar dúvida ao juiz – devolver ao apresentante o ato constitutivo, para que este, se for o caso, requeira a instauração do incidente.

1: incorreta, pois de acordo com o art. 115, parágrafo único, da LRP, deve o oficial suscitar dúvida perante o juiz corregedor, de ofício ou por provocação de qualquer autoridade, cabendo ao magistrado decidir sobre a possibilidade do registro.
Gabarito "1E".

(Cartório/DF – 2001 – CESPE) No que tange ao registro civil das pessoas jurídicas na LRP, julgue os seguintes itens.

(1) Considere a seguinte situação hipotética. O procurador de um grupo de pessoas que pretendia constituir pessoa jurídica apresentou ao oficial de registro estatuto que previa para ela finalidades claramente ilegais e ofensivas ao bem público. Em face disso, o oficial sobrestou no registro e suscitou dúvida, dando ciência disso aos apresentantes, que não se manifestaram. O juiz competente, por confirmar a análise do oficial, julgou procedente a dúvida e indeferiu o registro, sem ouvir os requerentes. Nessa situação, estritamente à luz da LRP, o juiz agiu de modo correto, pois não precisava colher a manifestação dos interessados.

(2) Considere a seguinte situação hipotética. François e Michel, ambos franceses natos, vieram residir no Brasil e, em 1987, adquiriram a cidadania brasileira. Em 1999, apresentaram para matrícula os atos constitutivos de uma empresa de radiodifusão, da qual seriam proprietários. O oficial do registro examinou os documentos e considerou que, à parte o aspecto da nacionalidade dos interessados, os demais requisitos legais estavam cumpridos. Suscitou, então, dúvida ao juiz competente, que a julgou improcedente e determinou o registro. Nessa situação, agiu corretamente o juiz, pois o local de nascimento de François e Michel, no caso, não era óbice ao registro.

(3) Se um jornal de periodicidade semanal for matriculado no registro civil das pessoas jurídicas sem a informação de seu diretor ou redator-chefe, tal omissão considerar-se-á mera irregularidade, passível de gerar sanção administrativa contra o oficial registrador, mas não acarretará consequência alguma contra o periódico.

1: correta. O procedimento adotado está integralmente de acordo com o disposto no art. 115, parágrafo único, da LRP; 2: correta. Conforme prevê o art. 222 da CF, a propriedade de empresa de radiodifusão sonora ou de sons e imagens é privativa de brasileiro nato ou naturalizado há mais de 10 anos, requisito que já havia sido cumprido pelos requerentes quando da apresentação dos documentos para registro; 3: incorreta. O ato, nesse caso, implica multa (art. 124 da LRP) e a clandestinidade do jornal (art. 125 da LRP).
Gabarito 1C, 2C, 3E.

(Cartório/MA – 2008 – IESES) O registro das sociedades, fundações e partidos políticos consistirá na declaração, feita em livro, pelo oficial, do número de ordem, da data da apresentação e da espécie do ato constitutivo, com as seguintes indicações, dentre outras.

I. As condições de extinção da pessoa jurídica e nesse caso, a forma de distribuição, entre os membros da diretoria, do seu patrimônio.

II. Condições de extinção da pessoa jurídica e nesse caso, o destino do seu patrimônio.

III. Se os membros respondem ou não, subsidiariamente, pelas obrigações sociais.

IV. A forma de remuneração de sua diretoria.

(A) As alternativas I e III estão corretas.

(B) As alternativas I e IV estão corretas.

(C) As alternativas II e III estão corretas.

(D) As alternativas II e IV estão corretas.

I: incorreta, uma vez que a lei não exige a indicação da distribuição do patrimônio entre os membros da pessoa jurídica em caso de extinção, já que tal circunstância não consta do rol do art. 120 da Lei 6.015/1973, que é o dispositivo legal a cuidar das indicações necessárias para o registro sociedades, fundações e partidos políticos; II: correta, nos termos do art. 120, V, da Lei 6.015/1973, conforme segue: *art. 120. O registro das sociedades, fundações e partidos políticos consistirá na declaração, feita em livro, pelo oficial, do número de ordem, da data da apresentação e da espécie do ato constitutivo, com as seguintes indicações: (Redação dada pela Lei 9.096, de 1995) (...) V – as condições de extinção da pessoa jurídica e nesse caso o destino do seu patrimônio*; III: correta, pois que repete o texto do art. 120, IV, da Lei 6.015/1973; IV: incorreta, pois não há tal exigência no rol do art. 120 da Lei 6.015/1973, que é o dispositivo legal a cuidar das indicações necessárias para o registro sociedades, fundações e partidos políticos.
Gabarito "C".

(Cartório/MG – 2009 – EJEF) O registro das sociedades, fundações e partidos políticos consistirá na declaração, feita em livro, pelo oficial, do número de ordem, da data da apresentação e da espécie do ato constitutivo, com as seguintes indicações:

I. a denominação, o fundo social, quando houver, os fins e a sede da associação ou fundação, bem como o tempo de sua duração;

II. o modo por que se administra e representa a sociedade, ativa e passivamente, judicial e extrajudicialmente;

III. se o estatuto, o contrato ou o compromisso é reformável, no tocante à administração, e de que modo;

IV. se os membros respondem ou não, subsidiariamente, pelas obrigações sociais;

V. as condições de extinção da pessoa jurídica e nesse caso o destino do seu patrimônio;

VI. os nomes dos fundadores ou instituidores e dos membros da diretoria, provisória ou definitiva, com indicação da nacionalidade, estado civil e profissão de cada um, bem como o nome e residência do apresentante dos exemplares.

Marque a opção INCORRETA.

(A) Apenas os incisos I e II estão corretos.

(B) Apenas os incisos III e IV estão corretos.

(C) Apenas os incisos V e VI estão corretos.

(D) Todos os incisos estão errados.

I: correta, pois repete o texto do art. 120, I, da Lei 6.015/1973; II: correta, pois repete o texto do art. 120, II, da Lei 6.015/1973; III: correta, pois repete o texto do art. 120, III, da Lei 6.015/1973; IV: correta, pois repete o texto do art. 120, IV, da Lei 6.015/1973; V: correta, pois repete o texto do art. 120, V, da Lei 6.015/73; VI: correta, pois repete o texto do art. 120, VI, da Lei 6.015/1973. Vejamos: *art. 120. O registro das sociedades, fundações e partidos políticos consistirá na declaração, feita em livro, pelo oficial, do número de ordem, da data da apresentação e da espécie do ato constitutivo, com as seguintes indicações: (Redação dada pela Lei 9.096, de 1995) I – a denominação, o fundo social, quando houver, os fins e a sede da associação ou fundação, bem como o tempo de sua duração; II – o modo por que se administra e representa a sociedade, ativa e passivamente, judicial e extrajudicialmente; III – se o estatuto, o contrato ou o compromisso é reformável, no tocante à administração, e de que modo; IV – se os membros respondem ou não, subsidiariamente, pelas obrigações sociais; V – as condições de extinção da pessoa jurídica e nesse caso o destino do seu patrimônio; VI – os nomes dos fundadores ou instituidores e dos membros da diretoria, provisória ou definitiva, com indicação da nacionalidade, estado civil e profissão de cada um, bem como o nome e residência do apresentante dos exemplares. Parágrafo único. Para o registro dos partidos políticos, serão obedecidos, além dos requisitos deste artigo, os estabelecidos em lei específica. (Incluído pela Lei 9.096, de 1995).*
Gabarito "D".

(Cartório/MG – 2009 – EJEF) Assinale a afirmativa INCORRETA. Segundo o capítulo da Lei nº 6.015, de 1973, dedicado ao registro de jornais e demais empresas de comunicação, serão matriculados no registro civil das pessoas jurídicas

(A) os jornais e demais publicações periódicas.

(B) as oficinas impressoras de quaisquer natureza, pertencentes a pessoas naturais ou jurídicas.

(C) as empresas de radiodifusão que mantenham serviços de notícias, reportagens, comentários, debates, entrevistas e distribuição de jornais e revistas.

(D) as empresas que tenham por objeto o agenciamento de notícias.

A: correta, nos termos do art. 122, I, da Lei 6.015/1973; B: correta, nos termos do art. 122, II, da Lei 6.015/1973; C: incorreta, pois no inciso III do art. 122, da Lei 6.015/1973, não consta empresas de distribuição de jornais e revistas; D: correta, nos termos do art. 122, IV, da Lei 6.015/1973. Vejamos: *art. 122. No registro civil das pessoas jurídicas serão matriculados: (Renumerado do art. 123 pela Lei 6.216, de 1975). I – os jornais e demais publicações periódicas; II – as oficinas impressoras de quaisquer natureza, pertencentes a pessoas naturais ou jurídicas; III – as empresas de radiodifusão que mantenham serviços de notícias, reportagens, comentários, debates e entrevistas; IV – as empresas que tenham por objeto o agenciamento de notícias.*
Gabarito "C".

(Cartório/RO – III) Assinale a alternativa correta:

(A) os jornais e demais publicações periódicas serão matriculados no registro civil das pessoas naturais;

(B) os jornais e demais publicações periódicas serão matriculados no registro de títulos e documentos;

(C) os jornais e demais publicações periódicas serão matriculados no registro civil das pessoas jurídicas;

(D) os jornais e demais publicações periódicas serão registrados no registro de títulos e documentos.

C: correta, de acordo com o que determina o parágrafo único do art. 114 da LRP, conforme segue: *art. 114. No Registro Civil de Pessoas Jurídicas serão inscritos: (Renumerado do art. 115 pela Lei 6.216, de 1975). (...) Parágrafo único. No mesmo cartório será feito o registro dos jornais, periódicos, oficinas impressoras, empresas de radiodifusão e agências de notícias a que se refere o art. 8º da Lei 5.250, de 09.02.1967.*
Gabarito "C".

(Cartório/RJ – 2008 – UERJ) O prazo e o local em que a sociedade simples deverá requerer a inscrição do contrato social no Registro Civil das Pessoas Jurídicas, são, respectivamente:

(A) no prazo de 15 (quinze) dias e no local de sua sede

(B) no prazo de 30 (trinta) dias e no local de sua sede

(C) no prazo de 10 (dez) dias apenas no local de sua constituição

(D) no prazo de 30 (trinta) dias e no local da sua constituição

(E) no prazo de 15 (quinze) dias, no local de sua sede e de sua filial, agência ou sucursal, se houver

---

B: correta. O ato constitutivo da sociedade simples será registrado no prazo de 30 dias (art. 998 e art. 1.151, § 1º, do CC) no cartório de Registro Civil de Pessoas Jurídicas de sua sede (art. 850 da Consolidação Normativa – Parte Extrajudicial – da Corregedoria Geral da Justiça do Estado do Rio de Janeiro – redação vigente à época da prova).
Gabarito "B".

(Cartório/SC – 2012) Os jornais ou outras publicações periódicas devem ser matriculados no Registro Civil de Pessoas Jurídicas e o pedido de matrícula conterá as informações e será instruído com os documentos seguintes, **EXCETO**:

(A) Nome, idade, residência e prova da nacionalidade do proprietário.

(B) Nome, idade, residência e prova da nacionalidade do diretor ou redator-chefe.

(C) Título do jornal ou periódico, sede da redação, administração e oficinas impressoras, esclarecendo, quanto a estas, se são próprias ou de terceiros, e indicando, neste caso, os respectivos proprietários.

(D) Nome, idade, residência e prova de nacionalidade do jornalista responsável pelos serviços de notícias, reportagens, comentários, debates e entrevistas.

(E) Se propriedade de pessoa jurídica, exemplar do respectivo estatuto ou contrato social e nome, idade, residência e prova de nacionalidade dos diretores, gerentes e sócios da pessoa jurídica proprietária.

A única alternativa que não contempla um requisito da matrícula de jornais e periódicos dentre os previstos no art. 123, I, da LRP é a letra "D", pois não há exigência de comprovação de nacionalidade do jornalista responsável por essas atividades, e sim do proprietário e do diretor ou redator-chefe.
Gabarito "D".

(Cartório/RN – 2012 – IESIS) A falta do pedido de matrícula de jornais, oficinas impressoras, empresas de radiofusão e agências de notícias, assim como a ausência das declarações ou da averbação da alteração, importará:

(A) Na pena judicial de multa de meio a dois salários-mínimos, além da fixação do prazo de, pelo menos, 20 dias, para que se proceda a matrícula ou alteração das declarações.

(B) Na pena judicial de multa de meio a cinco salários-mínimos, além da fixação do prazo de até 20 dias, para que se proceda a matrícula ou alteração das declarações.

(C) Na pena judicial de multa de meio a dois salários-mínimos, além da fixação do prazo de até 20 dias, para que se proceda a matrícula ou alteração das declarações.

(D) Na pena judicial de multa de meio a três salários-mínimos, além da fixação do prazo de até 20 dias, para que se proceda a matrícula ou alteração das declarações.

A: correta. Nos termos do art. 124, § 1º, da LRP, a multa imposta será de meio a dois salários mínimos e o juiz fixará prazo de pelo menos 20 dias para a matrícula ou alteração das declarações.
Gabarito "A".

(Cartório/SP – 2016 – VUNESP) Em relação ao pedido de matrícula de jornais, oficinas impressoras, empresas de radiodifusão e agências de notícias, é correto afirmar que os atos de alteração deverão ser averbados na matrícula

(A) no prazo de 30 (trinta) dias, sob pena de multa a ser aplicada pelo Oficial de Registro.

(B) no prazo de 8 (oito) dias, sob pena de multa a ser aplicada pelo Juiz Corregedor Permanente, devendo o Oficial de Registro a ele representar.

(C) no prazo de 8 (oito) dias, sob pena de multa a ser aplicada pelo Oficial de Registro.

(D) no prazo de 30 (trinta) dias, sob pena de multa a ser aplicada pelo Juiz Corregedor Permanente, devendo o Oficial de Registro a ele representar.

Nota de atualização: O leitor deverá estar atento às alterações feitas pelo Prov. 56/2019, que alterou a redação das Normas de Serviço de São Paulo. As respostas estão de acordo com a normativa vigente quando do certame. A questão se resolvia a partir da redação do item nº 25 (atual item n. 48) do capítulo XVIII das Normas de Serviço da Corregedoria Geral da Justiça de São Paulo: " As alterações em qualquer dessas declarações ou documentos deverão ser averbadas na matrícula no prazo de 8 (oito) dias e a cada ato deverá corresponder um requerimento.", bem como a partir da redação do item nº 26 (redação similar no atual item 49) do capítulo XVIII das Normas de Serviço da Corregedoria Geral da Justiça de São Paulo: "Verificando o oficial que os requerimentos de averbação acham-se fora de prazo, ou que os pedidos de matrícula referem-se a publicações já em circulação, representará ao Juiz Corregedor Permanente, para considerar sobre a aplicação da multa." Assim, a alternativa que espelha o disposto nestas previsões normativas é a letra "B".
Gabarito "B".

5. TEMAS COMBINADOS DE REGISTRO CIVIL DE PESSOA JURÍDICA

(Cartório/DF – 2001 – CESPE) No que tange ao registro civil das pessoas jurídicas na LRP, julgue o seguinte item.

(1) Embora, de acordo com a LRP, a existência legal das pessoas jurídicas somente comece com o registro válido de seus atos constitutivos, isso não significa que as chamadas sociedades de fato não possam praticar atos jurídicos e que eles não possam ser cabalmente adimplidos.

1: correta. A sociedade em comum, juridicamente irregular por não ter registrado seus atos constitutivos, pratica atos jurídicos válidos e que devem ser cumpridos normalmente (arts. 986 do CC). A irregularidade não pode ser oposta como argumento de defesa para evitar o adimplemento de obrigação, por força do brocardo "turpitudinem suam allegans non auditor" (ninguém pode alegar a própria torpeza).
Gabarito "1C".

(Cartório/MA – 2008 – IESES) Com base na Lei nº 6.015/1973, responda.

I. No Registro Civil de Pessoas Jurídicas será feito o registro dos jornais, periódicos, oficinas impressoras, empresas de radiodifusão e agências de notícias a que se refere o art. 8º da Lei nº 5.250, de 09.02.1967.

II. Não poderão ser registrados os atos constitutivos de pessoas jurídicas, quando o seu objeto ou circunstâncias relevantes indiquem destino ou atividades ilícitos ou contrários, nocivos ou perigosos ao bem público, à segurança do Estado e da coletividade, à ordem pública ou social, à moral e aos bons costumes.

III. Todos os exemplares de contratos, de atos, de estatuto e de publicações, registrados e arquivados serão encadernados por periódicos certos, acompanhados de índice que facilite a busca e o exame.

IV. A existência legal das pessoas jurídicas só começa com o registro de seus atos constitutivos.

(A) Somente as alternativas I, III e IV estão corretas.

(B) Somente as alternativas II e III estão corretas.

(C) As alternativas I, II, III e IV estão corretas.

(D) Somente as alternativas III e IV estão corretas.

I: correta, pois repete o texto do parágrafo único do art. 114, da Lei 6.015/1973; II: correta, pois reproduz o texto do art. 115 da Lei 6.015/1973; III: correta, vez que transcreve a redação do art. 117 da Lei 6.015/1973; IV: correta, pois relata o texto do art. 119 da Lei 6.015/1973.
Gabarito "C".

(Cartório/MG – 2009 – EJEF) Assinale a alternativa CORRETA, segundo a lei civil brasileira:

(A) Começa a existência legal das pessoas jurídicas de direito privado com a inscrição do ato constitutivo no respectivo registro, precedida, quando necessário, de autorização ou aprovação do Poder Executivo, averbando-se no registro todas as alterações por que passar o ato constitutivo.

(B) Salvo disposição em contrário, as pessoas jurídicas de direito público, a que se tenha dado estrutura de direito privado, regem-se, no que couber, quanto ao seu funcionamento, pelas normas do órgão responsável por sua criação.

(C) As pessoas jurídicas de direito público interno são civilmente responsáveis por atos dos seus agentes que causem danos a terceiros, ressalvado direito regressivo contra os causadores do dano, se houver, por parte destes, dolo.

(D) As pessoas jurídicas são de direito público, externo, e de direito privado.

A: correta, nos termos dos arts. 119 e 128, ambos da Lei 6.015/1973, conforme segue: *art. 119. A existência legal das pessoas jurídicas só* comeca com o registro de seus atos constitutivos. (Renumerado do art. 120 pela Lei 6.216, de 1975). Parágrafo único. Quando o funcionamento da sociedade depender de aprovacão da autoridade, sem esta não poderá ser feito o registro. Art. 128. À margem dos respectivos registros, serão averbadas quaisquer ocorrências que os alterem, quer em relação às obrigacões, quer em atinência às pessoas que nos atos figurarem, inclusive quanto à prorrogacão dos prazos. (Renumerado do art. 129 pela Lei 6.216, de 1975); B: incorreta. Nos termos do art. 41, parágrafo único, do CC, tais pessoas jurídicas serão regidas, na ausência de disposicão legal diversa, pelo próprio Código Civil; C: incorreta, pois as pessoas jurídicas de direito público interno não terão direito de regresso apenas no caso de dolo do causador do dano, mas também quando este agir com culpa, nos termos do art. 43 do CC; D: incorreta, pois de acordo com o art. 40 do CC as pessoas jurídicas podem ser de direito público, interno e externo, e de direito privado. Gabarito "A".

(Cartório/MG – 2005 – EJEF) Considerando-se a adoção, pelo novo Código Civil, da teoria da empresa, é INCORRETO afirmar que

(A) a sociedade controlada é aquela cujo capital é possuído por outra, que tem maioria dos votos nas deliberações dos quotistas ou da Assembleia Geral e poder de eleger a maioria dos administradores daquela.

(B) a sociedade cooperativa tem como característica, entre outras, a vedação da transferência das cotas do capital a terceiros estranhos à sociedade, ainda que por herança.

(C) o empresário casado pode, com a vênia conjugal, alienar os imóveis que integram o patrimônio de sua empresa ou gravá-los com ônus real.

(D) quem exerce profissão intelectual não é considerado empresário, salvo se o exercício da profissão constituir atividade econômica organizada para a produção ou a circulação de bens ou de serviços.

A: correta, nos termos do art. 1.098, I, do CC; B: correta, nos termos do art. 1.094, IV, do CC; C: incorreta, devendo ser assinalada. Tais atos do empresário não dependem de vênia conjugal, qualquer que seja o regime de bens (art. 978 do CC); D: correta, nos termos do art. 966, parágrafo único, do CC. Vale salientar que a alternativa traz uma interpretacão sobre o que seja "elemento de empresa". Para a maioria, a profissão intelectual passa a ser empresária quando desaparece o seu caráter personalíssimo, a confiança depositada pelo cliente em um profissional específico. O exemplo clássico é o do médico, que passa a exercer atividade empresária quando abre uma clínica com diversos outros médicos empregados, de forma que as pessoas não vão até seu estabelecimento para se consultar necessariamente com ele. Gabarito "C".

(Cartório/MG – 2005 – EJEF) Analise estas afirmativas concernentes à constituicão e funcionamento da fundação:

I. Pode ser instituída por documento público ou testamento, com dotação especial de bens livres, destinação específica e forma de administração.

II. Para que se possa alterar o Estatuto de uma fundação, faz-se necessária a aprovação de dois terços dos gestores ou representantes, vedada a alteração do fim a que se destina, desde que passando pelo referendo do Parquet.

III. O novo Código Civil diminuiu o prazo – de um ano para 10 dias – para a minoria vencida arguir a nulidade de uma alteração estatutária.

IV. Constituída uma fundação, em razão do princípio da irrevogabilidade da declaração de vontade do insti-

tuidor, este é obrigado a transferir os bens dotados, sob pena de suprimento judicial.

A partir dessa análise, pode-se concluir que

(A) apenas as afirmativas III e IV estão corretas.

(B) apenas as afirmativas I, II e III estão corretas.

(C) apenas as afirmativas I, II e IV estão corretas.

(D) as quatro afirmativas estão corretas.

I: correta, conforme dispõe o art. 62 do CC, segundo o qual *para criar uma fundação, o seu instituidor fará, por escritura pública ou testamento, dotação especial de bens livres, especificando o fim a que se destina, e declarando, se quiser, a maneira de administrá-la;* II: correta, pois que condizente com o que determina o art. 67 do CC, conforme segue: *para que se possa alterar o estatuto da fundação é mister que a reforma: I – seja deliberada por dois tercos dos competentes para gerir e representar a fundação; II – não contrarie ou desvirtue o fim desta; III – seja aprovada pelo órgão do Ministério Público, e, caso este a denegue, poderá o juiz supri-la, a requerimento do interessado;* III: correta, pois que condizente com a redação do art. 68 do CC, segundo o qual *quando a alteracão não houver sido aprovada por votacão unânime, os administradores da fundacão, ao submeterem o estatuto ao órgão do Ministério Público, requererão que se dê ciência à minoria vencida para impugná-la, se quiser, em dez dias;* IV: correta, já que consagra regra prevista no art. 64 do CC, segundo o qual *constituída a fundação por negócio jurídico entre vivos, o instituidor é obrigado a transferir-lhe a propriedade, ou outro direito real, sobre os bens dotados, e, se não o fizer, serão registrados, em nome dela, por mandado judicial.* Nota de atualização: O leitor deve atentar para a atual redacão do artigo 62 do Código Civil, que foi substancialmente alterado pela Lei n. 13.151/2015. Gabarito "D".

(Cartório/SP – V – VUNESP) O parágrafo único do artigo 982, do Código Civil, estabelece que, independentemente do seu objeto, considera-se simples a sociedade cooperativa. A sua inscrição

(A) deverá ser feita exclusivamente no Registro Civil de Pessoas Jurídicas da respectiva sede.

(B) é da exclusiva competência do Registro Público de Empresas Mercantis, a cargo das Juntas Comerciais, da respectiva sede.

(C) é dispensável, tal como nas sociedades em conta de participação, por serem suas características específicas, dentre outras, a dispensa de capital e o concurso de sócios em número mínimo necessário à composição da administração da sociedade, mas sem limitação, porém, de número máximo.

(D) é obrigatória em ambos os órgãos registrários de pessoas jurídicas de direito privado, em razão da característica específica que as rege, da intransferibilidade das quotas do seu capital a terceiros estranhos à sociedade, ainda que por herança.

A: incorreta, pois o tema não é tratado pela Lei 6.015/1973, mas sim pela Lei 8.934/1994, que dispõe sobre o registro público de empresas mercantis e atividades afins e dá outras providências, sendo que o art. 32, II, "a", determina que o arquivamento dos atos constitutivos das cooperativas deve ser efetuado junto ao registro público de empresas mercantis, vinculados às Juntas Comerciais; B: correta, nos termos do art. 32, II, "a", da Lei 8.934/1994, conforme segue: *art. 32. O registro compreende: (...) II – O arquivamento: a) dos documentos relativos à constituicão, alteracão, dissolucão e extincão de firmas mercantis individuais, sociedades mercantis e cooperativas;* C: incorreta, nos termos do comentário à alternativa "A"; D: não seria possível fazer o registro da mesma pessoa jurídica em dois órgãos de registro distintos. Gabarito "B".

(Cartório/SP – 2011 – VUNESP) Ao examinar o estatuto de uma associação, o oficial registrador civil de pessoa jurídica deverá emitir nota devolutiva quando o estatuto

(A) estabelecer categorias de associados com vantagens especiais.

(B) omitir a forma de aprovação das contas.

(C) estabelecer o *quorum* qualificado de três quartos dos associados para realizar qualquer alteração estatutária.

(D) omitir forma de destinação do patrimônio quando dissolvida a associação.

B: correta. A nota devolutiva é elaborada quando o oficial de registro estiver impedido de realizá-lo por estar diante de um documento que não atende as especificações legais. No caso do estatuto de uma associação, é obrigatório nele constar, sob pena de nulidade, a forma de aprovação das contas da pessoa jurídica (art. 54, VII, do CC). Correta, portanto, a alternativa "B", pois as demais não apresentam violações às disposições legais aplicáveis ao registro.

Gabarito "B"

11. REGISTRO CIVIL DAS PESSOAS NATURAIS

Henrique Subi, Izolda Andréa de Sylos Ribeiro e Guilherme Fernando de Souza*

1. COMPETÊNCIA E ATRIBUIÇÕES DO REGISTRO CIVIL DAS PESSOAS NATURAIS. ADMINISTRAÇÃO DOS SERVIÇOS

(Cartório/MG – 2012 – FUMARC) Registram-se no registro civil das pessoas naturais, **EXCETO:**

(A) As sentenças que deferirem a legitimação adotiva.

(B) As sentenças declaratórias de ausência.

(C) As opções de nacionalidade.

(D) Os divórcios consensuais.

A: correta, nos termos do art. 29, VIII, da Lei n. 6.015/1973; B: correta, nos termos do art. 29, VI, da Lei n. 6.015/1973; C: correta, nos termo do art. 29, VII, da Lei n. 6.015/1973; D: incorreta, devendo ser assinalada. O divórcio não está previsto dentre os atos registráveis. Na verdade, ele será objeto de averbação (art. 29, § 1º, I, da Lei n. 6.015/1973).
Gabarito "D".

(Cartório/MG – 2009 – EJEF) Quanto à ordem do serviço para o registro de pessoas naturais, assinale a opção INCORRETA.

(A) O serviço de registro civil das pessoas naturais será prestado todos os dias, sem exceção.

(B) No caso de ter a criança nascido morta, será o registro feito no livro "C Auxiliar", com os elementos que couberem.

(C) No caso de a criança morrer na ocasião do parto, tendo, entretanto, respirado, serão feitos os dois assentos, o de nascimento e o de óbito, com os elementos cabíveis e com remissões recíprocas.

(D) Para os reconhecidamente pobres não serão cobrados emolumentos pelas certidões de nascimento e casamento, contudo, far-se-á a inserção nas certidões, da condição de pobreza, a fim de justificar a gratuidade do serviço.

A: correta, nos termos do art. 4º, § 1º, da Lei 8.935/1994; B: correta, nos termos do art. 53, § 1º, da Lei 6.015/1973; C: correta, nos termos do art. 53, § 2º, da Lei 6.015/1973; D: incorreta, devendo ser assinalada. Não deve ser feita qualquer menção à situação de pobreza na certidão (art. 30, § 4º, da Lei 6.015/1973).
Gabarito "D".

(Cartório/MG – 2007 – EJEF) Podem ser levados a registro, EXCETO:

(A) os nascimentos.

(B) os óbitos.

(C) as interdições.

(D) os acidentes automobilísticos em que haja deformação física de eventual vítima.

Todas as hipóteses estão previstas no art. 29 da Lei 6.015/1973, com exceção dos acidentes automobilísticos em que haja deformação física de eventual vítima – alternativa incorreta, portanto, que deve ser assinalada.
Gabarito "D".

(Cartório/RJ – 2008 – UERJ) Não é objeto de registro civil das pessoas naturais:

(A) as opções de nacionalidade

(B) as sentenças declaratórias de ausência

(C) a sentença de tutela de menor abandonado

(D) as sentenças que deferirem legitimação adotiva

(E) as emancipações por outorga dos pais ou por sentença do juiz

Todas as hipóteses estão previstas no art. 29 da Lei 6.015/1973, com exceção da sentença de tutela de menor abandonado – alternativa incorreta, portanto, que deve ser assinalada.
Gabarito "C".

(Cartório/RN – 2012 – IESIS) Sujeitam-se a registro no cartório de registro civil de pessoas naturais:

(A) Os nascimentos, os casamentos, as sentenças que decidirem a nulidade ou anulação do casamento, o desquite e o restabelecimento da sociedade conjugal, os óbitos, as emancipações, as interdições, as sentenças declaratórias de ausência, as opções de nacionalidade e as sentenças que deferirem a adoção.

(B) Os nascimentos, os casamentos, as sentenças que decidirem a nulidade ou anulação do casamento, o divórcio e o restabelecimento da sociedade conjugal, os óbitos, as emancipações, as interdições, as sentenças declaratórias de ausência, as opções de nacionalidade e as sentenças que deferirem a adoção.

(C) Os nascimentos, os casamentos, os óbitos, as emancipações, as interdições, as sentenças declaratórias de ausência, as opções de nacionalidade e as sentenças que deferirem a adoção.

(D) As sentenças que decidirem a nulidade ou anulação do casamento, o divórcio e o restabelecimento da sociedade conjugal; os atos judiciais ou extrajudiciais de reconhecimento de filhos; as escrituras de adoção e os atos que a dissolverem; e as alterações ou abreviaturas de nomes.

Nos termos do art. 29, *caput*, da Lei n. 6.015/1973, sujeitam-se a registro no cartório de registro civil de pessoas naturais: I – os nascimentos; II – os casamentos; III – os óbitos; IV – as emancipações; V – as interdições; VI – as sentenças declaratórias de ausência; VII – as opções de nacionalidade; e VIII – as sentenças que deferirem a legitimação adotiva. Os demais atos, que não esses, descritos nas alternativas sujeitam-se a **averbação**, nos termos do parágrafo único do mesmo artigo.
Gabarito "C".

---

* Izolda Andréa de Sylos Ribeiro comentou as questões dos concursos de 2015 e 2016. Henrique Subi comentou as questões de 2017 e 2018. As demais são comentadas por Guilherme Fernando de Souza.

(Cartório/SP – 2016 – VUNESP) Sobre o expediente ao público do Registro Civil das Pessoas Naturais, assinale a alternativa correta.

(A) Na Comarca da Capital, funcionam das 9 às 17 horas nos dias úteis, e das 9 às 12 horas aos sábados. Aos domingos, feriados e dias de paralisação das atividades forenses, observa-se o sistema de plantão fixado pelo Juiz Corregedor Permanente.

(B) Na Comarca da Capital, funcionam das 9 às 17 horas nos dias úteis, e das 9 às 12 horas aos sábados, domingos e feriados. Nos dias de paralisação das atividades forenses, observa-se o sistema de plantão fixado pelo Juiz Corregedor Permanente.

(C) Na Comarca da Capital, funcionam das 9 às 17 horas nos dias úteis, e das 9 às 12 horas aos sábados e domingos. Nos feriados e dias de paralisação das atividades forenses, observa-se o sistema de plantão fixado pelo Juiz Corregedor Permanente.

(D) Na Comarca da Capital, funcionam das 9 às 16 horas nos dias úteis, e das 9 às 12 horas aos sábados e domingos. Nos feriados e dias de paralisação das atividades forenses, observa-se o sistema de plantão fixado pelo Juiz Corregedor Permanente.

A: correta – nos termos do item 7 do Capítulo XVII das NSCGJ-SP, atualizado pelo PROVIMENTO Nº 56/2019 da Corregedoria Geral da Justiça do Estado de São Paulo, (*7. Na Comarca da Capital, os Registros Civis das Pessoas Naturais funcionarão das 9:00 às 17:00 horas nos dias úteis, e das 9:00 às 12:00 horas aos sábados. Aos domingos, feriados e dias de paralisação das atividades forenses, observar-se-á o sistema de plantão fixado pelo Juiz Corregedor Permanente*). **B:** incorreta – aos domingos e feriados observa-se o sistema de plantão. **C**: incorreta – aos domingos observa-se o sistema de plantão. **D**: incorreta – nos dias úteis o funcionamento na Comarca da Capital é até às 17 horas, e aos domingos observa-se o sistema de plantão.
Gabarito "A".

(Cartório/SP – 2018 – VUNESP) Tendo em vista as peculiaridades do Registro Civil das Pessoas Naturais, é correto afirmar, em relação ao expediente regulamentar, que

(A) os mandados atinentes às sentenças que constituírem vínculo de adoção, que não forem registrados até a hora de encerramento dos serviços, terão o seu cumprimento, obrigatoriamente, adiado para o dia útil seguinte, a fim de garantir a sua publicidade.

(B) quando a celebração do casamento for em edifício particular, ficará este de portas abertas durante o ato, sendo defeso em lei a sua realização após às vinte e duas horas.

(C) será nulo o ato lavrado em feriado, uma vez que a prática evidencia o desrespeito a uma das solenidades essenciais para sua validade.

(D) se considera válido o ato lavrado fora das horas regulamentares ou em dias em que não houve expediente.

D: está de acordo com o disposto no artigo 9º (que estabelece a nulidade do registro lavrado fora das horas regulamentares ou em dias em que não houver expediente) concomitante com o parágrafo único do artigo 8º (segundo o qual o registro civil de pessoas naturais funcionará todos os dias, sem exceção), ambos dispositivos da Lei 6.015/73, razão pela qual a alternativa C está incorreta. **A:** está em desacordo com o texto do parágrafo único do artigo 10 da Lei 6.015/73, segundo o qual, apesar do disposto no caput, "o registro civil de pessoas naturais não poderá, entretanto, ser adiado". **B:** não encontra amparo nem legal nem normativo, ao estabelecer limite horário para a realização da cerimônia de casamento em edifício particular.
Gabarito "D".

2. LIVROS E CLASSIFICADORES EM GERAL E ESPECÍFICOS DO SERVIÇO DE REGISTRO CIVIL DAS PESSOAS NATURAIS. ESCRITURAÇÃO E ORDEM DO SERVIÇO. PUBLICIDADE. CERTIDÕES. COMUNICAÇÕES. CONSERVAÇÃO. RESPONSABILIDADE. AUTENTICAÇÃO DE LIVROS MERCANTIS. CHANCELA MECÂNICA

(Cartório/BA – 2004 – CESPE) Com respeito a expediente especial de funcionamento dos serviços do registro civil das pessoas naturais, julgue o item seguinte.

(1) Os documentos relativos ao registro civil de pessoas naturais apresentados no horário regulamentar e que não forem registrados até a hora do encerramento do serviço aguardarão o dia seguinte, quando serão registrados preferencialmente aos apresentados nesse dia.

1: incorreta. A assertiva reflete, realmente, a regra da ordem de serviço dos registros. Entretanto, o registro civil de pessoa natural é exceção expressa a essa determinação, pois não poderá ser adiado em hipótese alguma, nos termos do art. 10, parágrafo único, da Lei 6.015/1973.
Gabarito "1E".

(Cartório/DF – 2003 – CESPE) Acerca da Lei de Registros Públicos (LRP — Lei n. 6.015/1973), julgue o item subsequente.

(1) A despeito dos avanços tecnológicos e dos equipamentos atualmente disponíveis, a lei permite que as certidões do registro civil sejam extraídas em forma manuscrita; em qualquer caso, porém, a certidão não pode ter claros em seu texto, pois estes devem ser preenchidos.

1: correta, nos termos do art. 19, § 2º, da Lei 6.015/1973.
Gabarito "1C".

(Cartório/ES – 2007 – FCC) Excepcionalmente, o sigilo na certidão é previsto em lei. Salvo em casos de determinação judicial para que conste o inteiro teor do registro ou averbação, haverá omissão em certidão de nascimento de fatos constantes à margem do registro

(A) de nomes, prenomes, naturalidade e profissão dos pais.

(B) do fato de ser gêmeo, quando assim tiver acontecido.

(C) da averbação do nome alterado em razão de fundada coação ou ameaça decorrente de colaboração com a apuração de crime.

(D) do nome do pai, quando se tratar de filho ilegítimo, ainda que tenha havido reconhecimento voluntário.

(E) das interdições, com data da sentença e limites da curadoria.

A regra é que constem nas certidões todos os dados constantes do registro ou à sua margem. Apensa em casos de alteração de nome determinada pelo acolhimento da pessoa em programa de proteção a vítimas e testemunhas, por colaborar diretamente com a investigação de fato criminoso (Lei 9.807/1999), é que se autoriza a omissão dos dados relativos ao nome anterior e à sentença que determinou sua alteração na certidão (art. 57, § 7º, da Lei 6.015/1973).
Gabarito "C".

11. REGISTRO CIVIL DAS PESSOAS NATURAIS

(Cartório/MG – 2005 – EJEF) A Lei de Registros Públicos não só indica quais são os atos de registro atribuídos ao Ofício de Registro Civil de Pessoas Naturais, como também designa em que Livro deve ser procedida cada modalidade de registro. Considerando-se, pois, o que determina essa Lei, é CORRETO afirmar que,

(A) no Livro B, devem ser registrados os casamentos religiosos para efeitos civis.

(B) no Livro C Auxiliar, devem ser registradas as emancipações, as interdições e as sentenças declaratórias de ausência.

(C) no Livro C, devem ser registrados os óbitos e natimortos.

(D) no Livro E, devem ser registrados os demais atos relativos ao estado civil, no Cartório do 1° Ofício ou da 1ª Subdivisão Judiciária.

A: incorreta. Os casamentos religiosos com efeitos civis são registrados no Livro "B Auxiliar"; B: incorreta. As emancipações, interdições e sentenças declaratórias de ausência são registradas em livro especial no cartório do 1° Ofício ou da 1ª subdivisão judiciária de cada comarca (art. 89 da Lei 6.015/1973); C: incorreta. Os natimortos são registrados no Livro "C Auxiliar"; D: correta, nos termos do art. 33, parágrafo único, da Lei 6.015/1973.
Gabarito "D".

(Cartório/SP – 2016 – VUNESP) De acordo com as Normas de Serviço da Corregedoria Geral da Justiça de São Paulo, a Central de Informações do RegistroCivilabrangeosregistroslavradosemquelivros?

(A) "A","BAuxiliar", "C", "D" e "E.

(B) "A", "B", "C", "CAuxiliar" e "E".

(C) "A", "B", "C" e"D".

(D) "A", "B", "B auxiliar", "C" e "E".

A: incorreta – os registros do Livro D (edital de proclamas) não são enviados à CRC. B: incorreta – os registros do Livro C-auxiliar (registros de natimorto) não são enviados à CRC. C: incorreta – mesma justificativa da letra A. D: correta – conforme item 6.2.1 do Capítulo XVII das NSCGJ/SP, atualizado pelo PROVIMENTO N° 56/2019 da Corregedoria Geral da Justiça do Estado de São Paulo (6.2.1. Os atos que constarão da central são os registros lavrados nos Livros A (Nascimento), Livro B (Casamento), B-auxiliar (Casamento Religioso Para Efeitos Civis), Livro C (Óbito) e Livro E (União Estável, Interdição, Ausência, Emancipação, Transcrições de Nascimento, Casamento e Óbito).
Gabarito "D".

(Cartório/SP – 2016 – VUNESP) O livro de transporte de anotações e averbações do Registro Civil das Pessoas Naturais

(A) foi abolido pelas Normas de Serviço da Corregedoria Geral da Justiça.

(B) é facultativo.

(C) é obrigatório.

(D) depende de autorização do Juiz Corregedor Permanente para ser aberto.

A: incorreta – o livro de transporte de anotações e averbações está previsto expressamente nas NSCGJ/SP, atualizado pelo PROVIMENTO N° 56/2019 da Corregedoria Geral da Justiça do Estado de São Paulo. B: correta – nos termos do item 10 do Capítulo XVII das NSCGJ/SP (10. Aos Oficiais de Registro Civil das Pessoas Naturais fica facultada a manutenção de livro de transporte de anotações e averbações, com as respectivas remissões aos assentos, em continuidade.). C: incorreta – é facultativa a manutenção do livro de transporte. D: incorreta – pois sua abertura fica a critério do Oficial e não depende de autorização do Juiz Corregedor Permanente.
Gabarito "B".

(Cartório/SP – 2016 – VUNESP) Os livros do Registro Civil das Pessoas Naturais são divididos

(A) em três partes, sendo na esquerda lançado o assento, na central as notas, averbações e retificações, ficando na da direita espaço para o número de ordem.

(B) em três partes, sendo na esquerda lançado o número de ordem, na central o assento, averbações e retificações, e na da direita as notas.

(C) em três partes, sendo na esquerda lançado o número de ordem e na central o assento, ficando na da direita espaço para as notas, averbações e retificações.

(D) em duas partes, sendo na esquerda lançado o número de ordem e assento e na direita as notas, averbações e retificações.

A: incorreta – na parte esquerda é lançado o número de ordem, na central o assento, e na direita as notas, averbações e retificações, conforme artigo 36 da Lei 6.015/1973 abaixo transcrito. B: incorreta – averbações, retificações e notas (também denominadas observações) são lançadas na coluna da direta. C: correta – previsão no artigo 36 da Lei 6.015/1973 (Art. 36. Os livros de registro serão divididos em três partes, sendo na da esquerda lançado o número de ordem e na central o assento, ficando na da direita espaço para as notas, averbações e retificações). D: incorreta – pela Lei 6.015/1973 o assento é dividido em três partes e não duas.
Gabarito "C".

(Cartório/SP – 2016 – VUNESP) São classificadores exclusivos do Registro Civil das Pessoas Naturais:

(A) de cópias das relações de comunicações expedidas em meio físico referentes ao óbito, união estável e casamento, de declarações de nascidos vivos e de guias de recolhimento ao IPESP e IAMSPE.

(B) de petições de registro tardio, de cópias dos ofícios expedidos e de declarações de nascidos fora de maternidades ou estabelecimentos hospitalares.

(C) de atestados e declarações de óbito, de guias de recolhimento ao IPESP e IAMSPE e de comprovantes de entrega dos pagamentos aos credores.

(D) de declarações de nascidos vivos, de atestados e declarações de óbito e de segundas vias dos demonstrativos de atos gratuitos para compensação perante a entidade gestora.

A: incorreta – as guias de recolhimento do IPESP e IAMSP são classificadores obrigatórios de todas as especialidades, conforme o antigo item 65, alínea "h" do Capítulo XIII das NSCGJ/SP, atualizado pelo PROVIMENTO N° 56/2019 da Corregedoria Geral da Justiça do Estado de São Paulo (65. Os serviços notariais e de registro possuirão os seguintes classificadores: (...) h) guias de recolhimento ao IPESP e IAMSPE; (...). B: incorreta – as cópias dos ofícios expedidos são classificadores obrigatórios de todas as especialidades, conforme o antigo item 65, alínea "e" do Capítulo XIII das NSCGJ/SP, atualizado pelo PROVIMENTO N° 56/2019 da Corregedoria Geral da Justiça do Estado de São Paulo (65. Os serviços notariais e de registro possuirão os seguintes classificadores: (...) e) cópias de ofícios expedidos; (...). C: incorreta – mesma justificativa da letra A para as guias de recolhimento do IPESP e IAMSP, e quanto ao comprovante de entrega de pagamentos aos credores é documento de arquivamento específico do Tabelionato de Protesto, conforme o antigo item 91 (renumerado: 90), alínea "f", do Capítulo XV das NSCGJ/SP, atualizado pelo PROVIMENTO N° 56/2019

da Corregedoria Geral da Justiça do Estado de São Paulo *(91. Serão arquivados nos Tabelionatos de Protesto de Títulos os seguintes documentos: (...)f) comprovantes de entrega dos pagamentos aos credores; (...)*. **D:** correta – nos termos do item 11 do Capítulo XVII das NSCGJ/SP, atualizado pelo PROVIMENTO Nº 56/2019 da Corregedoria Geral da Justiça do Estado de São Paulo, que dispõe sobre classificadores obrigatórios do Oficial de Registro Civil das Pessoas Naturais *(11. Os Oficiais do Registro Civil das Pessoas Naturais adotarão, ainda, classificadores para; a) cópias das relações de comunicações expedidas em meio físico, inclusive aquelas referentes ao óbito, união estável, casamento, separação, restabelecimento do casamento, divórcios, anulação, nulidade, interdição, emancipação, ausência, morte presumida. As comunicações recebidas por meio eletrônico não serão materializadas; b) petições de registro tardio e procedimentos administrativos; c) arquivamento de mandados e outros documentos que devam ser cumpridos; d) atestados e declarações de óbito (DO); e) arquivamento de procurações; f) declarações de nascidos vivos (DN), expedidas pelas maternidades ou estabelecimentos hospitalares; g) declarações de nascidos fora de maternidades ou estabelecimentos hospitalares, previstas no subitem 38.1; h) arquivamento das segundas vias dos demonstrativos de atos gratuitos encaminhados à entidade gestora, para compensação dos atos praticados na forma da lei. i) Suprimido.).*
Gabarito "D".

(Cartório/SP – 2016 – VUNESP) Assinale a alternativa correta sobre a Central de Informações do Registro Civil (CRC).

(A) Qualquer Oficial de Registro Civil das Pessoas Naturais integrante da Central pode materializar a certidão eletrônica, ainda que não a tenha expedido.

(B) Somente o Oficial de Registro Civil das Pessoas Naturais que expediu a certidão eletrônica pode materializá-la.

(C) Apenas a certidão eletrônica relativa a nascimento pode ser materializada por Oficial de Registro Civil das Pessoas Naturais integrante da Central que não a expediu.

(D) É facultativa a utilização de papel de segurança na materialização da certidão eletrônica.

A: correta – nos termos da antiga redação do item 6.8.3 do Capítulo XVII das NSCGJ/SP, atualizado pelo PROVIMENTO Nº 56/2019 da Corregedoria Geral da Justiça do Estado de São Paulo *(O interessado poderá solicitar a qualquer Oficial de Registro Civil das Pessoas Naturais integrante da Central que a certidão disponível em formato eletrônico, mesmo que não tenha sido expedida pela sua serventia, seja materializada em papel de segurança observados os emolumentos devidos).* **B:** incorreta – nos termos da disposição acima. **C:** incorreta – qualquer tipo de certidão pode ser materializada pelo Registro Civil que não a expediu, pois não há qualquer limitação normativa aos nascimentos. **D:** incorreta – nos termos da disposição acima, o uso de papel de segurança para emissão das certidões é obrigatório.
Gabarito "A".

(Cartório/SP – 2016 – VUNESP) A participação dos Oficiais de Registro Civil das Pessoas Naturais do Estado de São Paulo na Central de Informações do Registro Civil (CRC)

(A) é facultativa para as Serventias vagas.

(B) é facultativa.

(C) só é permitida aos associados da ARPEN-SP (Associação dos Registradores de Pessoas Naturais do Estado de São Paulo).

(D) é obrigatória.

A, B e **C:** incorretas – é obrigatória para todas as Serventias de Registro Civil das Pessoas Naturais de São Paulo, estando ou não associados à

ARPEN-SP. **D:** correta – nos termos do item 6.1 das NSCGJ, atualizadas pelo PROVIMENTO Nº 56/2019 da Corregedoria Geral da Justiça do Estado de São Paulo *(A Central de Informações do Registro Civil será integrada, obrigatoriamente, por todos os Oficiais de Registro Civil das Pessoas Naturais do Estado de São Paulo, que deverão efetuar carga e manter permanentemente atualizado o acervo, bem como acessá-lo para fornecer informações ao público, quando solicitadas e conforme a legislação aplicável).*
Gabarito "D".

(Cartório/SP – 2016 – VUNESP) Sobre a certidão eletrônica emitida por meio da Central de Informações do Registro Civil do Estado de São Paulo (CRC), assinale a alternativa correta.

(A) Não pode ser enviada por e-mail ao solicitante, pode ser materializada por qualquer Oficial de Registro Civil integrante da CRC, ainda que não a tenha expedido, e fica disponível para *download* ao solicitante pelo prazo de 30 dias no Portal do Extrajudicial da Corregedoria Geral da Justiça.

(B) Pode ser enviada por e-mail ao solicitante, pode ser materializada por qualquer Oficial de Registro Civil integrante da CRC, ainda que não a tenha expedido, e fica disponível para *download* ao solicitante pelo prazo de 30 dias na própria Central.

(C) Não pode ser enviada por e-mail ao solicitante, pode ser materializada por qualquer Oficial de Registro Civil integrante da CRC, ainda que não a tenha expedido, e fica disponível para *download* ao solicitante pelo prazo de 30 dias na própria Central.

(D) Não pode ser enviada por e-mail ao solicitante, só pode ser materializada pelo Oficial de Registro Civil integrante da CRC que a expediu e fica disponível para *download* ao solicitante pelo prazo de 30 dias na própria Central.

A: incorreta – a certidão eletrônica fica disponível para download na Central de Serviços Eletrônicos Compartilhados da ARPEN-SP. **B:** incorreta – é vedado o envio da certidão eletrônica ao e-mail do solicitante. **C:** correta – nos termos da antiga redação dos itens 6.8.2 e 6.8.3 do Capítulo XVII das NSCGJ/SP, atualizadas pelo PROVIMENTO Nº 56/2019 da Corregedoria Geral da Justiça do Estado de São Paulo: *(6.8.2. As certidões eletrônicas ficarão disponíveis ao requisitante na Central de Serviços Eletrônicos Compartilhados da ARPEN-SP pelo prazo de trinta dias corridos, vedado o envio por correio eletrônico convencional (email). 6.8.3. O interessado poderá solicitar a qualquer Oficial de Registro Civil das Pessoas Naturais integrante da Central que a certidão disponível em formato eletrônico, mesmo que não tenha sido expedida pela sua serventia, seja materializada em papel de segurança observados os emolumentos devidos.).* **D:** incorreta – a certidão eletrônica pode ser materializada por qualquer Oficial de Registro Civil das Pessoas Naturais.
Gabarito "C".

(Cartório/MG – 2016 – Consulplan) Nos termos da Lei n. 6.015, de 31/12/1073, é correto afirmar:

(A) Os oficias de registro civil remeterão à Fundação Instituto Brasileiro de Geografia e Estatística, dentro dos primeiros 8 (oito) dias úteis dos meses de janeiro, abril, julho e outubro de cada ano, um mapa dos nascimentos, casamentos e óbitos ocorridos no trimestre anterior.

(B) No caso de ter a criança nascido morta, será o registro feito no livro "C", com os elementos que couberem.

11. REGISTRO CIVIL DAS PESSOAS NATURAIS

(C) A testemunha para os assentos de registro deve satisfazer às condições exigidas pela lei civil, sendo admitido somente parente colateral de 3º grau do registrando.

(D) As declarações de nascimento feitas após o decurso do prazo legal serão registradas no lugar de residência do interessado.

A: incorreta – o erro da questão está na expressão úteis, não previsto na literalidade do artigo 49 da Lei 6.015/1973 *(Art. 49. Os oficiais do registro civil remeterão à Fundação Instituto Brasileiro de Geografia e Estatística, dentro dos primeiros oito dias dos meses de janeiro, abril, julho e outubro de cada ano, um mapa dos nascimentos, casamentos e óbitos ocorridos no trimestre anterior).* **B**: incorreta – a criança que nasceu morta, também denominada natimorto, será registrada no Livro C-Auxiliar, de registro de natimorto, nos termos do inciso V do artigo 33 da Lei 6.015/1973 *(Art. 33 Haverá, em cada cartório, os seguintes livros, todos com 300 (trezentas) folhas cada um: (...)V – "C Auxiliar" – de registro de natimortos; (...).* **C**: incorreta – admite-se o parente em qualquer grau do registrado como testemunha nos assentos de registro, nos termos do artigo 42 da Lei 6.015/1973 *(Art. 42. A testemunha para os assentos de registro deve satisfazer às condições exigidas pela lei civil, sendo admitido o parente, em qualquer grau, do registrado.).* **D**: correta – nos termos do artigo 46 da Lei 6.015/1973 *(Art. 46. As declarações de nascimento feitas após o decurso do prazo legal serão registradas no lugar de residência do interessado).*
Gabarito "D".

(Cartório/MG – 2019 – Consulplan) Marque a afirmativa que NÃO corresponde aos relatórios que devem ser enviados pelo Registrador Civil das Pessoas Naturais.

(A) Óbitos ao Departamento Nacional de Trânsito – DENATRAN, mensalmente, por meio físico ou eletrônico.

(B) Registros de nascimentos nos quais não conste a identificação de paternidade à Defensoria Pública de Minas Gerais, até o quinto dia útil de cada mês, por meio físico ou eletrônico.

(C) Casamentos e óbitos de estrangeiros, bem como de nascimento de filhos de estrangeiros em situação irregular, à Delegacia da Polícia Federal da circunscrição, mensalmente, por meio físico.

(D) Mapa dos nascimentos, casamentos e óbitos ocorridos no trimestre anterior, dentro dos primeiros oito dias dos meses de janeiro, abril, julho e outubro de cada ano, ao Instituto de Geografia e Estatística – IBGE, por meio físico e eletrônico.

A: está equivocada pois é uma hipótese de envio de relatório não prevista no artigo 4372 do Código de Normas dos Serviços Notariais e de Registro do Estado de Minas Gerais (Provimento 260/CGJ/2013). **B, C D e E**: encontram-se nos incisos V, III, II do presente artigo3.
Gabarito "A".

(Cartório/RS – 2019 – VUNESP) Sobre os atos praticados no Registro Civil, é correto afirmar que

(A) todos os livros de registro serão divididos em duas partes, sendo na da esquerda lançado o número de ordem e o assento, ficando na da direita espaço para as notas, averbações e retificações.

---

2. Atualmente, artigo 526, PROVIMENTO CONJUNTO Nº 93/PR/2020.

3. Atualmente, artigo 526, PROVIMENTO CONJUNTO Nº 93/PR/2020.

(B) não permitem ressalvas, erros, adições ou emendas e, caso aconteçam, os atos deverão ser completamente inutilizados e feitos novamente.

(C) cada Ofício terá como Livros principais obrigatórios: "A" (Nascimento), "B" (Casamento), "B Auxiliar" (Casamento religioso para efeitos civis e para conversão de união estável em casamento); "C" (óbitos), "D" (demais atos relativos ao estado civil).

(D) quando o declarante não souber ou estiver impedido de assinar, outro assinará a rogo, devendo o ato, nesta hipótese, ser assistido e assinado por duas testemunhas maiores e capazes.

(E) a testemunha para os assentos de registro deve satisfazer as condições exigidas pela lei civil, sendo admitido parente apenas até terceiro grau do registrado.

O gabarito está de acordo com o disposto no artigo 62 e §§ 2º e 3º da antiga Consolidação Normativa Notarial e Registral da Corregedoria-Geral da Justiça do Rio Grande do Sul – CNNR (Provimento 32/06 – CGJ), vigente quando da aplicação da prova. É o que também dispõe o § 1º do artigo 37 da Lei 6.015/73, exceto no que se refere à necessidade de duas testemunhas. A atual, instituída pelos Provimentos 001/2020 e 005/2020, estabelece na nova redação do artigo 87 a desnecessidade das mesmas. Com relação às demais questões: **A**: está em desacordo com o disposto no artigo 36 da Lei 6.015/73, que diz expressamente: "Os livros de registro serão divididos em três partes, sendo na da esquerda lançado o número de ordem e na central o assento, ficando na da direita espaço para as notas, averbações e retificações"; **B**: está em desacordo com o artigo 35 da Lei 6.015/73, que estabelece a possibilidade, no fim de cada assento e antes da subscrição e das assinaturas, serem ressalvadas as emendas, entrelinhas ou outras circunstâncias que puderem ocasionar dúvidas; **C**: está em desacordo com o inciso VI do artigo 33 da Lei 6.015/73, que estabelece o Livro "D" para registro de proclama; por fim, **E**: está em desacordo com o artigo 42 da Lei 6.015/73, que não apresenta qualquer restrição às testemunhas, podendo ser parente, em qualquer grau, do registrado.
Gabarito "D".

(Cartório/SP – 2018 – VUNESP) Levando em conta a escrituração dos livros pertencentes ao Registro Civil das Pessoas Naturais, assinale a alternativa correta.

(A) Se as circunstâncias exigirem a presença de testemunhas nos assentos, estas devem satisfazer as condições exigidas pela lei civil, não sendo admitidos os parentes do registrando.

(B) Os assentos serão escriturados seguidamente, em sequência cronológica de declarações, não sendo obrigatória a utilização de número de ordem para cada um deles.

(C) É vedada a utilização de transporte para as averbações destinadas aos reconhecimentos de filiação.

(D) Na hipótese de uso de livro próprio destinado ao transporte de anotações e averbações, deverá o Registrador Civil escriturar as respectivas remissões junto aos assentos originários.

D: está correta pois de acordo com os itens 10 e 124.2. do Capítulo XVII das Normas de Serviço do Extrajudicial da Corregedoria Geral da Justiça de São Paulo, razão pela qual **C** está equivocada. **A** e **B**: estão erradas por força do disposto nos artigos 42 (possibilidade de testemunhas parentes do registrando) e 35 (a respeito da obrigatoriedade número de ordem), ambos da Lei 6.015/73, respectivamente.
Gabarito "D".

3. REGISTROS. AVERBAÇÕES. ANOTAÇÕES

(Cartório/BA – 2004 – CESPE) Julgue os itens subsequentes.

(1) Sobrevindo ao oficial de registro civil incertezas quanto efetivação do traslado, deverá o mesmo suscitar dúvida perante o juiz da vara de registros públicos.

(2) A decisão da dúvida tem natureza administrativa e não impede o uso do processo contencioso competente.

1: correta, nos termos do art. 10 do Provimento 01/2003 da Corregedoria-Geral de Justiça do Estado da Bahia; 2: correta, nos termos do art. 204 da Lei 6.015/1973.
Gabarito 1C, 2C

(Cartório/MG – 2007 – EJEF) Serão averbados, EXCETO:

(A) as sentenças que decidirem a nulidade ou anulação do casamento.

(B) as emancipações.

(C) as alterações ou abreviaturas de nomes.

(D) as sentenças que decidirem o restabelecimento da sociedade conjugal.

Todas as hipóteses estão previstas no art. 29, § 1º, da Lei 6.015/1973 como atos que devem ser objeto de averbação, com exceção das emancipações, as quais devem ser **registradas** (arts. 29, IV, e 89 da Lei 6.015/1973).
Gabarito "B".

(Cartório/MG – 2005 – EJEF) É INCORRETO afirmar que se deve fazer averbação no Registro Público

(A) da alteração do sobrenome materno, em decorrência de casamento, no termo de nascimento do filho.

(B) das alterações nos registros de interdições e ausências.

(C) das sentenças declaratórias de ausência e morte presumida.

(D) das sentenças que decretarem a nulidade ou anulação do casamento.

Todas as hipóteses estão previstas no art. 29, § 1º, da Lei 6.015/1973 como atos que devem ser objeto de averbação, com exceção das sentenças declaratórias de ausência e morte presumida, as quais devem ser **registradas** (arts. 29, VI, e 94 da Lei 6.015/1973). A despeito de não haver menção expressa à morte presumida, é certo que essa, no que toca aos seus efeitos jurídicos, equipara-se ao óbito, razão pela qual deve ser objeto de registro.
Gabarito "C".

(Cartório/MG – 2005 – EJEF) É CORRETO afirmar que as sentenças de abertura de sucessão provisória devem ser

(A) anotadas, com remissões recíprocas, no assento de nascimento.

(B) averbadas no assento de ausência, após o trânsito em julgado.

(C) inscritas no assento de óbito, com referência especial ao testamento do *de cujus*, se houver, e indicação de seus herdeiros habilitados.

(D) registradas no Cartório do 1º Ofício ou da 1ª Subdivisão Judiciária, em Livro Especial.

Nos termos do art. 104, parágrafo único, da Lei 6.015/1973, as sentenças de abertura de sucessão provisória do ausente devem ser averbadas no assento de ausência após o trânsito em julgado da decisão.
Gabarito "B".

(Cartório/SP – IV – VUNESP) Sabendo-se a diferença existente entre ato de registro e ato de averbação, assinale a alternativa que contém apenas atos de registro.

(A) Os nascimentos, a sentença que decretar a nulidade do casamento e a interdição por incapacidade absoluta.

(B) Os óbitos, a emancipação por outorga dos pais e a interdição por incapacidade relativa.

(C) Os casamentos, a sentença declaratória de ausência e a sentença que decretar o restabelecimento da sociedade conjugal.

(D) Os nascimentos, a interdição por incapacidade absoluta ou relativa e os atos judiciais que reconhecerem a filiação.

A: incorreta. Sentença que decreta nulidade de casamento é objeto de averbação (art. 29, § 1º, "a", da Lei 6.015/1973); B: correta, conforme os incisos III, IV e V do art. 29, *caput*, da Lei 6.015/1973; C: incorreta. A sentença que decreta o restabelecimento de sociedade conjugal é objeto de averbação (art. 29, § 1º, "a", da Lei 6.015/1973); D: incorreta. O reconhecimento de filhos é objeto de averbação (art. 29, § 1º, "d", da Lei 6.015/1973).
Gabarito "B".

(Cartório/SP – 2016 – VUNESP) Os registros de casamento religioso para efeitos civis, natimorto, óbito, união estável e proclamas devem ser feitos, respectivamente, em que livros do Registro Civil das Pessoas Naturais?

(A) "B", "C", "C Auxiliar", "D" e "E".

(B) "B", "C", "C", "B" e "D".

(C) "BAuxiliar", "CAuxiliar", "C", "E" e "D".

(D) "BAuxiliar", "CAuxiliar", "C", "B" e" DAuxiliar".

A letra C está correta – pela ordem da questão. O registro do casamento religioso para efeitos civis é feito no Livro B-Auxiliar, o registro do natimorto no Livro C-Auxiliar, o registro de óbito no Livro C, o registro de união estável no Livro E, e o registro do edital de proclamas no Livro D. São livros do Registro Civil das Pessoas Naturais: Livro A – Nascimento (artigo 33, inciso I da Lei 6.015/1973, e item 8, alínea "a" do Capítulo XVII das NSCGJ/SP, atualizadas pelo PROVIMENTO Nº 56/2019 da Corregedoria Geral da Justiça do Estado de São Paulo); Livro B – Casamento Civil e Conversão de União Estável em Casamento (artigo 33, inciso II da Lei 6.015/1973, e item 8, alínea "b" do Capítulo XVII das NSCGJ/SP); Livro B Auxiliar – Casamento Religioso para efeitos civis (artigo 33, inciso III da Lei 6.015/1973, e item 8, alínea "c" do Capítulo XVII das NSCGJ/SP); Livro C – Óbito (artigo 33, inciso IV da Lei 6.015/1973, e item 8, alínea "d" do Capítulo XVII das NSCGJ/SP); Livro C Auxiliar – Natimorto (artigo 33, inciso V da Lei 6.015/1973, e item 8, alínea "e" do Capítulo XVII das NSCGJ/SP); Livro D – Proclamas (artigo 33, inciso VI da Lei 6.015/1973, e item 8, alínea "f" do Capítulo XVII das NSCGJ/SP); Livro E – Transcrições de nascimento, casamento e óbito, Interdição, Emancipação, União Estável, Ausência, Morte Presumida, e demais atos relativos ao estado civil (o Livro E está previsto com a nomenclatura de "livro especial" para os assentos de emancipação, interdição e ausência no artigo 89 da Lei 6.015/1973, e para a inscrição dos demais atos relativos ao estado civil no artigo 33, parágrafo único da Lei 6.015/1973, e no item 8, alínea "g" das NSCGJ-SP). A união estável tem previsão específica na atual redação do item 113 e seguintes das NSCGJ-SP, atualizadas pelo PROVIMENTO Nº 56/2019 da Corregedoria Geral da Justiça do Estado de São Paulo, atual item 118 *(113. Os registros das sentenças declaratórias de reconhecimento, dissolução e extinção, bem como das escrituras públicas de contrato e distrato envolvendo união estável, serão feitos no Livro "E", pelo Oficial do Registro Civil das Pessoas Naturais da Sede, ou onde houver, no 1º Subdistrito da Comarca em que os companheiros*

11. REGISTRO CIVIL DAS PESSOAS NATURAIS — 571

têm ou tiveram seu último domicílio (...), e no artigo 2º do Provimento nº 37 de 07/07/2014 da Corregedoria do Conselho Nacional de Justiça – CNJ *(Art. 2º. O registro da sentença declaratória de reconhecimento e dissolução, ou extinção, bem como da escritura pública de contrato e distrato envolvendo união estável, será feito no Livro "E", pelo Oficial do Registro Civil das Pessoas Naturais da Sede, ou, onde houver, no 1º Subdistrito da Comarca em que os companheiros têm ou tiveram seu último domicílio, (...)).*
Gabarito "C".

(Cartório/SP – 2016 – VUNESP) Será objeto de registro no Livro E do Oficial de Registro Civil das Pessoas Naturais da Sede ou do 1º Subdistrito da Comarca:

(A) a perda ou a retomada de nacionalidade brasileira, mediante comunicação do Ministério da Justiça.

(B) a interdição, mediante mandado judicial ou certidão da respectiva sentença, com indicação dos limites da curatela sendo parcial a interdição.

(C) o assento de óbito de pessoa desaparecida em catástrofe, mediante mandado judicial, expedido nos autos de ação de justificação.

(D) a emancipação de menor com 16 (dezesseis) anos completos, mediante instrumento público outorgado pelos pais ou tutor.

A: incorreta – a perda e a retomada da nacionalidade brasileira não são atos de registro, mas sim são atos de averbação no assento de nascimento, pois são considerados atos que alteram o registro, e são comunicadas pelo Ministério da Justiça, nos termos do artigo 102, n. 5º da Lei 6.015/1073 *(Art. 102. No livro de nascimento serão averbados: (...) 5º) a perda de nacionalidade brasileira, quando comunicada pelo Ministério da Justiça (...);* e do antigo item 122, alínea "c" do Capítulo XVII das NSCGJ/SP, atualizadas pelo PROVIMENTO Nº 56/2019 da Corregedoria Geral da Justiça do Estado de São Paulo, atual item 127 *(122. No livro de nascimento, serão averbados: (...) c) a perda ou a retomada de nacionalidade brasileira, quando comunicadas pelo Ministério da Justiça).* **B:** correta – nos termos do artigo 92, combinado com o artigo 89, ambos da Lei 6.015/1973 *(Art. 92. As interdições serão registradas no mesmo cartório e no mesmo livro de que trata o artigo 89 (...) (Art. 89. No Cartório do 1º Ofício ou da 1ª subdivisão judiciária de cada comarca serão registrados, em livro especial, (...);* e do antigo item 109 do Capítulo XVII das NSCGJ/SP, atualizado pelo PROVIMENTO Nº 56/2019 da Corregedoria Geral da Justiça do Estado de São Paulo, atual item 114 *(109. As interdições serão registradas no livro "E", salvo quando houver o seu desmembramento, pela natureza dos atos, em livros especiais, fazendo constar: a) data do registro; b) prenome, sobrenome, idade, estado civil, profissão, naturalidade, domicílio e residência do interdito, data e Registro Civil das Pessoas Naturais em que forem registrados nascimento e casamento, bem como o nome do cônjuge, se for casado; c) data da sentença, Vara e nome do Juiz que a proferiu; d) nome, profissão, estado civil, domicílio e residência do curador; e) nome do requerente da interdição e causa desta; f) limites da curatela, quando for parcial a interdição; g) lugar onde está internado o interdito).* **C:** incorreta – o registro do óbito no caso de justificação prevista pelo artigo 88 da Lei 6.015/1973, é lavrado no Livro C – óbito, conforme explicitado no antigo item 97 do Capítulo XVII das NSCGJ--SP, atualizadas pelo PROVIMENTO Nº 56/2019 da Corregedoria Geral da Justiça do Estado de São Paulo, atual item 102 *(97. Será lavrado no Livro C, o assento de óbito de pessoa desaparecida em naufrágio, inundação, incêndio, terremoto ou qualquer outra catástrofe, mediante o cumprimento de mandado judicial, expedido nos autos de justificação, quando esteja provada a presença daquela pessoa no local do desastre e não for possível encontrar-se o cadáver para exame).* **D:** incorreta – quando o menor estiver sob o regime da tutela, a emancipação só será outorgada por sentença judicial, ouvido o tutor, nos termos do artigo 5º, parágrafo único, inciso I, *in fine* do Código Civil. Segundo o

disposto no item 106 do Capítulo XVII das NSCGJ-SP, atualizadas pelo PROVIMENTO Nº 56/2019 da Corregedoria Geral da Justiça do Estado de São Paulo, atual item 111: *(106. Serão registrados no Livro "E" do Registro Civil das Pessoas Naturais do 1º Subdistrito da Comarca, com relação aos menores nela domiciliados, a emancipação por concessão dos pais, ou de um deles na falta do outro, mediante instrumento público, independentemente de homologação judicial, ou por sentença do Juiz, ouvido o tutor, se o menor tiver 16 anos completos).*
Gabarito "B".

(Cartório/SP – 2016 – VUNESP) Serão registrados e averbados, respectivamente, no Registro Civil das Pessoas Naturais,

(A) os casamentos e os nascimentos.

(B) as escrituras de adoção e as emancipações.

(C) as opções de nacionalidade e as alterações de nomes.

(D) os casamentos e as interdições.

A: incorreta – tanto casamento quanto nascimento são atos de registro, nos termos das seguintes disposições legais: artigo 29, incisos I e II da Lei 6.015/1973 *(Serão registrados no Registro Civil das Pessoas Naturais: os nascimentos, os casamentos)* e artigo 9º, inciso I do Código Civil *(serão registrados em registro público: os nascimentos, casamentos).* **B:** incorreta – as escrituras de adoção, na sistemática anterior ao Código Civil são atos de averbação à margem do nascimento, nos termos do artigo 10, inciso III do Código Civil que foi revogado pela Lei 12.010/2009 *(Far-se-á averbação em registro público dos atos judiciais e extrajudiciais de adoção)* e de acordo com o artigo 102, item 3º da Lei 6.015/1973 *(No livro de nascimentos serão averbados: as escrituras de adoção);* e as emancipações são atos de registro, nos termos do artigo 29, inciso IV da Lei 6.015/1973 *(Serão registrados no Registro Civil das Pessoas Naturais: as emancipações)* e do artigo 9º, inciso II do Código Civil *(Serão registrados em registro público: a emancipação, por outorga dos pais ou sentença do juiz).* **C:** correta – a opção de nacionalidade é registrada, nos termos do artigo 29, inciso VII da Lei 6.015/1973 *(Serão registrados no Registro Civil de Pessoas Naturais: as opções de nacionalidade),* e as alterações de nomes são atos de averbação à margem dos assentos, nos termos dos artigos 56, 57, 97, 109 e 110 da Lei 6.015/1973. **D:** incorreta – tanto casamentos quanto interdições são atos de registro, nos termos do artigo 29, incisos II e V da Lei 6.015/1973 *(São registrados no Registro Civil das Pessoas Naturais: os casamentos, as interdições),* e do artigo 9º, incisos I e III do Código Civil *(São registrados em registro público: os casamentos, a interdição por incapacidade relativa).*
Gabarito "C".

(Cartório/RS – 2019 – VUNESP) Assinale a alternativa correta com relação às averbações no RCPN.

(A) A sentença estrangeira de divórcio consensual poderá ser averbada diretamente e independerá de homologação do STJ, mesmo quando dispuser de guarda de filhos ou alimentos, sendo necessária apenas tradução juramentada e chancela consular.

(B) O traslado da escritura pública de separação e divórcio consensuais será apresentado ao RCPN onde registrado o assento de casamento, para que seja realizada a respectiva averbação, sendo necessária prévia oitiva do Ministério Público e respectiva autorização judicial.

(C) Serão averbados no Registro de Casamento: os registros de emancipação, de interdição, de ausência, de óbito e de morte presumida.

(D) A mulher ou o homem poderá requerer ao Oficial do RCPN que defira a averbação no registro de nascimento, do patronímico do(a) seu(sua) companheiro(a), sem prejuízo dos apelidos próprios de família,

HENRIQUE SUBI, IZOLDA ANDRÉA DE SYLOS RIBEIRO E GUILHERME FERNANDO DE SOUZA

havendo ou não impedimento legal para o casamento, e sem a necessidade de intervenção Judicial.

(E) Para que sejam feitas, o interessado deverá apresentar carta de sentença; mandado; petição acompanhada de certidão ou documento legal e autêntico; ou ainda qualquer outro documento judicial com efeito de mandado.

E: está correta, pois de acordo com o artigo 97 da Lei 6.015/73. A: está incorreta, pois em desacordo com o § 3º do artigo 1º do Provimento 53 do Conselho Nacional de Justiça, estabelecendo que "a averbação da sentença estrangeira de divórcio consensual, que, além da dissolução do matrimônio, envolva disposição sobre guarda de filhos, alimentos e/ou partilha de bens – aqui denominado divórcio consensual qualificado – dependerá de prévia homologação pelo Superior Tribunal de Justiça". B: está também equivocada, pois a averbação do traslado (ou certidão) da escritura pública de separação e divórcio consensuais independe de oitiva do Ministério Público e autorização judicial, nos termos do artigo 3º da Resolução 35 do Conselho Nacional de Justiça. C: está incorreta pois elenca hipóteses de registro, não de averbação, e, muito menos, atos a serem praticados à margem do registro de casamento. Todos são registrados no Livro E (registro em sentido estrito), exceto o óbito, que deve ser feito no Livro C. D: está incorreta pois havendo impedimento legal para o casamento, afasta-se a existência de União Estável (§ 1º do artigo 1.723 do Código Civil).
Gabarito "E".

(Cartório/SP – 2018 –VUNESP) Considerando as particularidades entre os registros e as averbações, é correto afirmar que serão registrados no Registro Civil das Pessoas Naturais

(A) os casamentos, as sentenças declaratórias de ausência e morte presumida e a nomeação de tutor.

(B) os óbitos, as opções de nacionalidade e os atos que reconhecerem a filiação.

(C) as interdições, os traslados de assentos lavrados no estrangeiro e em consulados brasileiros e a sentença que determinar a extinção do poder familiar.

(D) os nascimentos, as conversões das uniões estáveis em casamento e as emancipações.

D: está correta pois estabelece alguns fatos que são objeto de atos de registro, em sentido estrito, no Registro Civil das Pessoas Naturais, nos termos do artigo 9º do Código Civil. A: está incorreta, pois a "nomeação de tutor" é ato de averbação a ser realizado no livro A de nascimentos (item 127, "g", do Capítulo XVII das Normas de Serviço do Extrajudicial da Corregedoria Geral da Justiça de São Paulo). B: está incorreta pois "atos que reconhecerem a filiação" são averbáveis, nos termos do inciso II, artigo 10, do Código Civil. C: também está equivocada pois a "sentença que determinar a extinção do poder familiar" deve ser averbada no livro A de nascimento ((item 127, "d", do Capítulo XVII das Normas de Serviço do Extrajudicial da Corregedoria Geral da Justiça de São Paulo).
Gabarito "D".

4. REGISTRO CIVIL DAS PESSOAS NATURAIS EM GERAL

(Cartório/DF – 2003 – CESPE) Acerca da Lei de Registros Públicos (LRP — Lei n. 6.015/1973), julgue o item subsequente.

(1) A testemunha para o assento de registro civil deve ser necessariamente conhecida do oficial encarregado do registro ou, ao menos, deve ser conhecida de pessoa conhecida do oficial.

1: incorreta. A testemunha deve obedecer somente aos requisitos constantes do Código Civil, sendo inclusive admitido o parente em qualquer

grau do registrado. Não sendo ela conhecida do oficial de registro, basta que se identifique com documento hábil (art. 42 da Lei 6.015/1973).
Gabarito "E".

(Cartório/DF – 2001 – CESPE) Ainda no atinente ao registro civil de pessoas naturais na LRP, julgue o item seguinte.

(1) A fim de poder produzir efeitos jurídicos válidos *erga omnes*, a sentença que houver decretado a separação judicial de um casal deverá ser registrada no mesmo cartório em que se houver lavrado o assento do matrimônio.

1: incorreta. A sentença de separação judicial deverá ser **averbada**, não registrada (art. 29, § 1º, "a", da Lei 6.015/1973). A esse respeito, afirma Walter Ceneviva (*Lei dos Registros Públicos Comentada*. 17. ed. São Paulo: Saraiva, 2006. p. 222): "ocorrendo o casamento em uma comarca e a separação e o divórcio em outra, nesta será expedido mandado para o oficial do primeiro serviço registrário inscrever a sentença no livro 'E', sem prejuízo da averbação, que, por ofício, será feita junto ao assento matrimonial".
Gabarito "E".

(Cartório/MG – 2009 – EJEF) Serão registrados no Registro Civil de Pessoas Naturais, EXCETO

(A) os nascimentos.

(B) a emancipação por outorga dos pais ou por sentença do juiz.

(C) a sentença declaratória de ausência.

(D) a sentença que decretar a nulidade do casamento.

Todas as hipóteses estão previstas no art. 29 da Lei 6.015/1973 como atos que devem ser objeto de registro, com exceção das sentenças que decretarem a nulidade do casamento, as quais devem ser **averbadas** (art. 29, § 1º, "a", da Lei 6.015/1973).
Gabarito "D".

(Cartório/PR – 2007) No Livro de Nascimento serão averbados:

I. a perda e a suspensão do pátrio poder.

II. o reconhecimento judicial ou voluntário de filhos.

III. as escrituras de adoção.

IV. A perda de nacionalidade brasileira, quando comunicada pelo Ministério da Justiça.

São corretas:

(A) apenas II e III.

(B) apenas II, III e IV.

(C) I, II, III e IV.

(D) apenas I e II e III.

(E) apenas III e IV.

Conforme dispõe o art. 102 da Lei 6.015/1973, considerando apenas os itens recepcionados pela CF, serão averbados no Livro de Nascimentos, as escrituras de adoção, o reconhecimento judicial ou voluntários dos filhos, a perda da nacionalidade brasileira (quando comunicada pelo Ministério da Justiça), a perda e a suspensão do poder familiar.
Gabarito "C".

(Cartório/SP – VI – VUNESP) São, respectivamente, registros de eficácia declarativa (I) e de eficácia constitutiva (II):

(A) registro de óbito (I) e registro de casamento (II).

(B) registro de nascimento (I) e registro de óbito por morte presumida (II).

(C) registro de interdição (I) e registro de emancipação voluntária (II).

(D) registro de casamento (I) e registro de sentença de ausência (II).

Registro de eficácia declarativa é aquele que tem por finalidade apenas atestar, publicar uma situação já consolidada. Eficácia constitutiva, por outro lado, qualifica o registro que é essencial para a validade do ato. Com isso, temos que: óbito – declarativa; casamento – constitutiva; nascimento – declarativa; óbito por morte presumida – declarativa; interdição – declarativa; emancipação voluntária – constitutiva; ausência – declarativa. A nosso ver, a questão tem duas respostas corretas, pois a alternativa "A" também atende ao pedido no enunciado, além da alternativa "C" Essa última, porém, foi considerada correta pelo gabarito oficial.
Gabarito "C".

(Cartório/SP – IV – VUNESP) No momento da entrada em vigor do novo Código Civil (11.01.2003), a idade de João correspondia a dezenove anos completos. Em março de 2003, João decidiu, sem qualquer justificativa, alterar o seu prenome. Acerca da pretensão de João, é correto afirmar-se que era

(A) viável, uma vez que a alteração realizar-se-ia no primeiro ano após ter sido atingida a maioridade civil do interessado.

(B) inviável, já que o prenome jamais pode ser alterado sem justificativa plausível.

(C) inviável, uma vez que o prazo para tanto já teria transcorrido.

(D) viável, pois entre nós vigora o princípio da mutabilidade do prenome.

Correta a alternativa "A" O art. 56 da Lei 6.015/1973 autoriza a pessoa a solicitar a alteração de seu nome no prazo de um ano após atingir a maioridade civil. No caso em tela, ela adveio com a vigência do CC, portanto João ainda poderia requerer a alteração.
Gabarito "A".

(Cartório/SP – IV – VUNESP) Não é objeto de registro em Registro Civil das Pessoas Naturais a

(A) emancipação por outorga dos pais.

(B) interdição por capacidade relativa.

(C) sentença declaratória de ausência.

(D) sentença de tutela de menor abandonado.

Todas as hipóteses estão previstas no art. 29 da Lei 6.015/1973, com exceção da sentença de tutela de menor abandonado – alternativa incorreta, portanto, que deve ser assinalada.
Gabarito "D".

5. NASCIMENTO E NATIMORTO

(Cartório/AC – 2006 – CESPE) Ainda a respeito da Lei dos Registros Públicos, julgue o item a seguir.

(1) Quando se tratar de filiação oriunda de relação fora do casamento, isto é, pais não casados entre si, a adição do nome do pai no assento do nascimento depende da expressa autorização deste ou de ser ele o declarante. Nesse caso, o pai, ou seu procurador, manifestará o reconhecimento da filiação por meio da assinatura do termo, na presença de testemunhas.

1: correta, nos termos do art. 59 da Lei 6.015/1973.
Gabarito "1C".

(Cartório/BA – 2004 – CESPE) Com relação ao nascimento, ao óbito e aos respectivos registros, julgue os itens que se seguem.

(1) No caso de a criança ter nascido morta, será o registro feito no livro C Auxiliar, com os elementos que couberem.

(2) No caso de a criança morrer na ocasião do parto, tendo, entretanto, respirado, serão feitos dois assentos, o de nascimento e o de óbito, com os elementos cabíveis e com remissões recíprocas.

1: correta, nos termos do art. 53, § 1º, da Lei 6.015/1973; 2: correta, nos termos do art. 53, § 2º, da Lei 6.015/1973.
Gabarito 1C, 2C

(Cartório/MG – 2009 – EJEF) Quanto ao conteúdo do assento de nascimento, assinale a opção INCORRETA.

(A) Deverá conter o dia, mês, ano e lugar do nascimento e a hora certa, sendo possível determiná-la, ou aproximada.

(B) Deverá conter o sexo do registrando.

(C) Deverá conter os nomes e prenomes, a naturalidade, a profissão e o estado civil dos pais.

(D) Deverá conter o fato de ser gêmeo, quando assim tiver acontecido.

Todas as assertivas elencam elementos obrigatórios do registro de nascimento previstos no art. 54 da Lei 6.015/1973, com exceção da alternativa "C", que deve ser assinalada. Não se indica no assento de nascimento o estado civil dos pais.
Gabarito "C".

(Cartório/MG – 2007 – EJEF) Todo nascimento deverá ser registrado, quando:

(A) ocorrer no território brasileiro, no lugar da residência dos avós.

(B) ocorrer no território brasileiro, no lugar em que tiver ocorrido o parto ou no lugar da residência dos pais, no prazo de 30 dias.

(C) ocorrer no território brasileiro, no lugar em que tiver ocorrido o parto ou no lugar da residência dos pais, no prazo de 15 dias.

(D) ocorrer no estrangeiro, no prazo de até 3 meses.

A: incorreta. O registro será feito no lugar de residência dos pais ou onde tiver ocorrido o parto (art. 50 da Lei 6.015/1973); B: incorreta. O prazo é de quinze dias (art. 50 da Lei 6.015/1973); C: correta, nos termos do art. 50 da Lei 6.015/1973; D: incorreta. Não há dilação de prazo para os nascimentos ocorridos no estrangeiro, que devem ser registrados no respectivo consulado observando-se as normas aplicáveis a esse procedimento (art. 50, § 5º, da Lei 6.015/1973).
Gabarito "C".

(Cartório/MG – 2007 – EJEF) São obrigados a fazer a declaração de nascimento, EXCETO:

(A) o pai.

(B) em falta ou impedimento do pai, a mãe.

(C) no impedimento de ambos, o parente mais próximo, mesmo sendo menor, porém achando-se presente.

(D) os administradores de hospitais ou os médicos e parteiras que tiverem assistido o parto.

Todas as assertivas trazem pessoas obrigadas a proceder à declaração de nascimento junto ao Registro Civil de Pessoas Naturais (art. 52 da Lei

6.015/1973), com exceção da alternativa "C", que deve ser assinalada. No impedimento de ambos os genitores, a declaração será feita pelo parente mais próximo, desde que seja maior de idade (art. 52, item 3, da Lei 6.015/1973).

Gabarito "C".

(Cartório/MG – 2005 – EJEF) Para o necessário registro de criança que nasceu de parto ocorrido, sem assistência médica, em residência ou fora de Unidade Hospitalar ou Casa de Saúde, a lei exige a presença de duas testemunhas.

Assim sendo, é INCORRETO afirmar que essas testemunhas devem

(A) atestar apenas o ato do assentamento.

(B) fornecer seu nome e prenome, bem como profissão e residência.

(C) ser consideradas instrumentárias.

(D) ter presenciado o nascimento da criança.

Todas as alternativas traduzem o disposto no art. 54, item 9, da Lei 6.015/1973, com exceção da letra "D", que deve ser assinalada. Com efeito, o mencionado artigo indica que as testemunhas exigidas são testemunhas **do assento de nascimento,** ou seja, instrumentárias, apenas para o ato. Não precisam, assim, ter presenciado o parto.

Gabarito "D".

(Cartório/MG – 2005 – EJEF) É CORRETO afirmar que, na hipótese de a criança morrer na ocasião do parto, tendo, entretanto, respirado, o Oficial do Registro Civil das Pessoas Naturais deve

(A) efetuar dois assentos, o de nascimento e o de óbito, com os elementos cabíveis e com remissões recíprocas.

(B) efetuar dois assentos, o de natimorto e o de óbito, com os elementos que couberem e respectivas anotações.

(C) efetuar o registro no livro de nascimento, com os elementos que couberem e com remissão ao do óbito.

(D) efetuar o registro no livro de natimorto, com os elementos que couberem.

Dispõe o art. 53, § 2º, da Lei 6.015/1973, se a criança morreu no parto, mas respirou ao menos uma vez, tem-se que ela nasceu com vida, razão pela qual devem ser lavrados dois assentos – um de nascimento e um de óbito – com os elementos cabíveis para cada um deles e com remissões recíprocas.

Gabarito "A".

(Cartório/RN – 2012 – IESIS) Assinale a resposta correta.

I. Na falta ou impedimento do genitor, incumbirá à mãe efetuar o registro de nascimento; e, na falta de ambos, ao administrador do hospital ou ao médico ou parteira que tiverem assistido o parto.

II. O assento do nascimento do natimorto conterá os elementos referentes ao caso e a remissão ao do óbito, com o registro no livro C Auxiliar.

III. A alteração posterior do nome, inclusive em se tratando de pessoa capaz, pressupõe a intervenção do Ministério Público e a sentença judicial.

IV. Havendo motivo ponderável, poderá o enteado ou a enteada requerer ao juiz competente que seja averbado, no registro de nascimento, o nome da família do seu padrasto ou madrasta, conforme o caso.

(A) Apenas as assertivas I e III estão corretas.

(B) Apenas as assertivas I e II estão corretas.

(C) Apenas as assertivas II, III e IV estão corretas.

(D) Apenas as assertivas II e III estão corretas.

I: incorreta. Antes do administrador do hospital, médicos ou parteiras, o registro cabe ao parente mais próximo. Somente na falta desse que se admitirá o registro feito por aqueles (art. 52 da Lei n. 6.015/1973); II: correta, nos termos do art. 53, *caput* e § 1º, da Lei n. 6.015/1973; III: correta, nos termos do art. 57 da Lei n. 6.015/1973; IV: incorreta. A averbação do nome de família do padrasto ou madrasta, previsto no art. 57, § 8º, da Lei n. 6.015/1973, depende da expressa concordância desses e não pode prejudicar os apelidos de família do enteado ou enteada.

Gabarito "D".

(Cartório/SP – 2012 – VUNESP) Quando o declarante do registro de nascimento não indicar o nome completo da criança, o Oficial

(A) fará constar do registro apenas o prenome do registrado.

(B) lançará adiante do prenome escolhido o nome do pai e, na falta, o da mãe.

(C) prorrogará o prazo da declaração por 45 (quarenta e cinco) dias.

(D) submeterá o caso por escrito à decisão do juízo competente.

Dispõe o art. 55 da Lei 6.015/1973 que, nesse caso, o oficial deverá lançar adiante do prenome escolhido o nome do pai e, na falta, o da mãe, se forem conhecidos.

Gabarito "B".

(Cartório/SP – 2012 – VUNESP) Sobre as declarações de nascimento feitas após o decurso do prazo legal, não é correto afirmar que

(A) o registro é feito no lugar de residência do interessado.

(B) é dispensada a assinatura das 2 (duas) testemunhas no requerimento de registro, se o registrando tiver menos de doze anos de idade.

(C) o Oficial do Registro Civil, se suspeitar da falsidade da declaração, poderá exigir prova suficiente; persistindo a suspeita, o Oficial encaminhará os autos ao Juiz-Corregedor Permanente.

(D) se o requerimento for formulado, em hipótese que o permita, pelo próprio registrando, o estabelecimento de sua filiação dependerá da anuência dos apontados pais.

A: correta, nos termos do art. 46 da Lei 6.015/1973; B: incorreta, devendo ser assinalada. O registro tardio de nascimento sempre depende da assinatura de duas testemunhas, independentemente da idade do registrando (art. 46, § 1º, da Lei 6.015/1973); C: correta, nos termos do art. 46, § 3º, da Lei 6.015/1973; D: correta, nos termos do art. 50.5 do Capítulo XVII das Normas de Serviço da Corregedoria-Geral de Justiça de São Paulo.

Gabarito "B".

(Cartório/SP – 2012 – VUNESP) No registro de nascimento, não se fará qualquer referência:

I. à natureza da filiação;

II. ao lugar e cartório do casamento dos pais;

III. ao estado civil dos pais.

Está correto o contido em

(A) I e II, apenas.

(B) II e III, apenas.

(C) I e III, apenas.

(D) I, II e III.

Nos termos do art. 5º da Lei 8.560/1992, não deve haver, no registro de nascimento, qualquer referência à natureza da filiação, à sua ordem em relação a outros irmãos do mesmo prenome (exceto gêmeos), ao lugar e cartório do casamento dos pais e ao estado civil desses.
Gabarito "D".

(Cartório/SP – 2012 – VUNESP) No caso de a criança morrer na ocasião do parto, tendo, entretanto, respirado,

(A) o registro será feito no livro "C Auxiliar" – de registro de natimortos, com os elementos que couberem.

(B) será dispensado o registro de óbito, fazendo-se a averbação no registro de nascimento.

(C) será lavrado o registro de óbito, no livro "C", dispensando-se a lavratura do registro de nascimento.

(D) serão feitos dois assentos, o de nascimento e o de óbito, com os elementos cabíveis e com remissões recíprocas.

Dispõe o art. 53, § 2º, da Lei 6.015/1973 que, nesse caso, deverão ser feitos dois assentos: um para o nascimento (no Livro "A") e outro para o óbito (no Livro "C"), com remissões recíprocas.
Gabarito "D".

(Cartório/SP – 2011 – VUNESP) Assinale a alternativa que possua apenas requisitos do assento de nascimento, segundo as normas da Corregedoria Geral da Justiça do Estado de São Paulo.

(A) Dia, mês, ano, lugar e hora certa ou aproximada do nascimento; o sexo do registrando; ordem de filiação em caso de existirem irmãos que não sejam gemelares, quando assim tiver acontecido; o prenome e o sobrenome da criança; os prenomes e os sobrenomes, a naturalidade, a profissão dos pais, a idade da genitora do registrando em anos completos, na ocasião do parto, e o domicílio ou a residência do casal; os prenomes e os sobrenomes dos avós paternos e maternos.

(B) Dia, mês, ano, lugar e hora certa ou aproximada do nascimento; o sexo do registrando; o fato de ser gêmeo, quando assim tiver acontecido; o prenome e o sobrenome da criança; os prenomes e os sobrenomes, a naturalidade, o estado civil e a profissão dos pais, a idade da genitora do registrando em anos completos, na ocasião do parto, e o domicílio ou a residência do casal; os prenomes e os sobrenomes dos avós paternos e maternos.

(C) Dia, mês, ano, lugar e hora certa ou aproximada do nascimento; o sexo do registrando; o fato de ser gêmeo, quando assim tiver acontecido; o prenome e o sobrenome da criança; os prenomes e os sobrenomes, a naturalidade, a profissão dos pais, a idade da genitora do registrando em anos completos, na ocasião do parto, e o domicílio ou a residência do casal; os prenomes e os sobrenomes dos avós paternos e maternos.

(D) Dia, mês, ano, lugar e hora certa ou aproximada do nascimento; o sexo do registrando; o fato de ser gêmeo, quando assim tiver acontecido; o prenome e o sobrenome da criança; os prenomes e os sobrenomes, a naturalidade, a profissão dos pais, Unidade de

Serviço de casamento dos pais; a idade da genitora do registrando em anos completos, na ocasião do parto, e o domicílio ou a residência do casal; os prenomes e os sobrenomes dos avós paternos e maternos.

Correta a alternativa "C", a única que contempla apenas os requisitos do assento de nascimento previstos no antigo item 39 do Capítulo XVII das Normas de Serviço da Corregedoria-Geral de Justiça de São Paulo, atualizadas pelo PROVIMENTO Nº 56/2019 da Corregedoria Geral da Justiça do Estado de São Paulo, atual item 37.
Gabarito "C".

(Cartório/SP – 2011 – VUNESP) Grávida, aos sete meses de gestação, deu à luz a bebê do sexo masculino, que veio a falecer após dez minutos. No caso em tela, em relação ao fruto da gestação, deve ser lavrado pelo oficial do Registro Civil das Pessoas Naturais um registro de

(A) óbito no Livro C-Auxiliar.

(B) natimorto no Livro C-Auxiliar, sem consignação de nome do registrado.

(C) óbito no Livro C.

(D) nascimento no Livro A e um de óbito no Livro C, com todos os requisitos devidos, inclusive com consignação do nome da criança.

Dispõe o art. 53, § 2º, da Lei 6.015/1973 que, nesse caso, deverão ser feitos dois assentos: um para o nascimento (no Livro "A") e outro para o óbito (no Livro "C"), com remissões recíprocas.
Gabarito "D".

(Cartório/SP – 2011 – VUNESP) Genitora comparece munida da declaração de nascido vivo (DNV) perante o oficial registrador civil, acompanhada de menor relativamente capaz, com 16 anos de idade, que declara ser o pai da criança a ser registrada. Você, na qualidade de registrador civil, e supondo que os demais requisitos para lavratura do assento de nascimento estejam em termos,

(A) lavra o registro de nascimento da criança apenas com o nome da mãe e orienta os pais a procurarem a Justiça para o reconhecimento judicial do filho e posterior inclusão do nome paterno.

(B) lavra o registro de nascimento da criança normalmente e lança não apenas o nome de mãe, como o nome do pai da criança, colhendo a assinatura de ambos no assento.

(C) não lavra o registro de nascimento e orienta o pai da criança a voltar posteriormente, acompanhado de seus genitores, para que eles possam representá-lo no ato de registro.

(D) lavra o registro de nascimento da criança apenas com o nome da mãe e orienta o casal a esperar que o pai complete dezoito anos de idade para poder proceder a uma das espécies de reconhecimento voluntário do filho.

A Declaração de Nascido Vivo é documento suficiente para se proceder ao registro de nascimento, desde que presentes todos os demais requisitos legais, com a inserção do nome da mãe. Em relação ao pai, vale consignar que, nos termos do art. 6º, § 4º, do Provimento CNJ 16/2012, o reconhecimento de filho por pessoa relativamente incapaz é possível e não depende de assistência dos pais, tutor ou curador. Portanto, deve o Oficial registrar o nascimento normalmente, fazendo constar o nome de ambos os genitores.
Gabarito "B".

(Cartório/SP – IV – VUNESP) Zeca, analfabeto, comparece ao Serviço de Registro Civil para lavrar o assento de nascimento de seu filho que nascera no dia anterior, juntamente com a genitora da criança, com a qual não é casado. Assinale a alternativa correta para o caso.

(A) A genitora deverá assinar o ato e, quanto ao analfabeto, basta apor sua impressão datiloscópica à margem do assento.

(B) Far-se-á declaração no assento, assinando a rogo outra pessoa e tomando-se a impressão datiloscópica da que não assinar, à margem do assento.

(C) Basta que a genitora, munida do documento do pai, seja declarante do assento de nascimento, dispensando-se o analfabeto para tanto.

(D) Qualquer das condutas é considerada correta.

A: incorreta. Nesse caso, por se tratar de filho havido fora da relação de casamento, outra pessoa deve assinar a rogo do analfabeto na presença de duas testemunhas (art. 59 da Lei 6.015/1973); B: correta, nos termos do art. 59 da Lei 6.015/1973 e 50.4 do Capítulo XIV das Normas de Serviço da Corregedoria-Geral de Justiça de São Paulo; C: incorreta. Não há qualquer previsão legal nesse sentido; D: incorreta, uma vez que as opções "A" e "C" não são autorizadas.
Gabarito "B".

(Cartório/SP – 2016 – VUNESP) Em relação à Declaração de Nascido Vivo –DNV, é correto afirmar que

(A) se houver divergência entre o genitor indicado na DNV e o declarado perante o Oficial de Registro Civil das Pessoas Naturais nos termos da lei, prevalece este último, sem necessidade de retificação da DNV.

(B) a DNV não poderá ser preenchida por parteira, devendo sempre constar o nome do médico que a preencheu e o número de sua inscrição no Conselho Regional de Medicina.

(C) os Oficiais do Registro Civil das Pessoas Naturais fornecerão à Secretaria Municipal de Saúde a segunda via da DNV no caso de parto sem assistência médica.

(D) o assento de nascimento sempre deverá conter o número da DNV, ainda que lavrado sob a forma de registro tardio.

A: correta – prevalecerá o genitor declarado perante o Oficial de Registro Civil das Pessoas Naturais, nos termos do artigo 54, § 1º, inciso IV da Lei 6.015/1973 *(§ 1º Não constituem motivo para recusa, devolução ou solicitação de retificação da Declaração de Nascido Vivo por parte do Registrador Civil das Pessoas Naturais: (...)IV – divergência parcial ou total entre o nome do pai constante da declaração e o verificado pelo registrador nos termos da legislação civil, prevalecendo este último;)* B: incorreta – nos termos do artigo 3º, § 1º da Lei 12.662/2012, que trata da emissão da declaração de nascido vivo, esta será preenchida por profissional da saúde responsável pelo acompanhamento da gestação, do parto ou do recém-nascido, não havendo previsão na lei de preenchimento pelo médico *(§ 1º A Declaração de Nascido Vivo deverá ser emitida por profissional de saúde responsável pelo acompanhamento da gestação, do parto ou do recém-nascido, inscrito no Cadastro Nacional de Estabelecimentos de Saúde – CNES ou no respectivo Conselho profissional.).* C: incorreta – nos casos de parto sem assistência médica, a DNV será preenchida pelo Oficial do Registro Civil nos termos do artigo 54, § 3º, da Lei 6.015/1973 *(§ 3º Nos nascimentos frutos de partos sem assistência de profissionais da saúde ou parteiras tradicionais, a Declaração de Nascido Vivo será emitida pelos Oficiais de Registro Civil que lavrarem o registro de nascimento, sempre que haja demanda das Secretarias Estaduais ou Municipais de Saúde para que realizem tais emissões.);* e nos termos dos subitens 38.1 e 38.2 do Capítulo XVII das NSCGJ-SP, a DNV preenchida pelo Oficial será arquivada na Serventia de Registro Civil, não havendo previsão de encaminhamento à Secretaria Municipal de Saúde do referido documento: *(38.1. Ocorrendo o nascimento fora de maternidade ou estabelecimento hospitalar, ou onde não haja a expedição da declaração referida no item anterior, o Oficial preencherá a declaração, que será assinada pelo interessado, o qual se declarará ciente de que a prática do ato será comunicada ao Juiz Corregedor Permanente. (...) 38.2. O documento referido no subitem anterior será arquivado em classificador próprio e específico.)* D: incorreta – na hipótese de registro tardio é dispensada a apresentação da DNV e sua menção no registro de nascimento, nos termos do artigo 54, n. 10 da Lei 6.015/1973, alterada pela Lei 13.487/2017 *(Art. 54. O assento do nascimento deverá conter: (...) 10) o número de identificação da Declaração de Nascido Vivo, com controle do dígito verificador, exceto na hipótese de registro tardio previsto no art. 46 desta Lei; (...).* Há previsão nas NSCGJ/SP quanto ao registro tardio da dispensa da apresentação da DNV, trazendo a redação "sempre que possível", a indicar a não obrigatoriedade de sua apresentação para a lavratura do nascimento, nos seguintes termos: *(50.1. Sempre que possível, o requerimento será acompanhado pela Declaração de Nascido Vivo (DN), expedida por maternidade ou estabelecimento hospitalar).*
Gabarito "A".

(Cartório/SP – 2016 – VUNESP) Segundo o Provimento n. 28/2013 do Conselho Nacional de Justiça, o registro de nascimento fora do prazo legal poderá ser realizado sem a presença de testemunhas:

(A) se o registrando for menor de 3 anos.

(B) se for apresentada a Declaração de Nascido Vivo – DNV.

(C) se o registrando for menor de 12 anos e for apresentada a Declaração de Nascido Vivo – DNV.

(D) se o registrando for menor de 18 anos e for apresentada a Declaração de Nascido Vivo – DNV.

A: incorreta – se o registrado for menor de 3 anos e não for apresentada a DNV, deverão comparecer as testemunhas, e a DNV será preenchida pelo Oficial de Registro Civil das Pessoas Naturais, nos termos do parágrafo único do artigo 7º do Provimento 28 de 05/02/2013 da Corregedoria do CNJ: *(Parágrafo único. No registro de nascimento de criança com menos de 3 (três) anos de idade, nascida de parto sem assistência de profissional da saúde ou parteira tradicional, a Declaração de Nascido Vivo será preenchida pelo Oficial de Registro Civil que lavrar o assento de nascimento e será assinada também pelo declarante, o qual se declarará ciente de que o ato será comunicado ao Ministério Público.).* B: incorreta – a dispensa das testemunhas com apresentação da declaração de nascido vivo DNV ocorre se o registrando tem até 12 (doze) anos de idade, conforme abaixo, não se aplica para todos os casos. C: correta – nos termos do artigo 7º do Provimento 28 de 05/02/2013 da Corregedoria do CNJ: *(Art. 7º. Sendo o registrando menor de 12 (doze) anos de idade, ficará dispensado o requerimento escrito e o comparecimento das testemunhas mencionadas neste provimento se for apresentada pelo declarante a Declaração de Nascido Vivo – DNV instituída pela Lei 12.662, de 5 de junho de 2012, devidamente preenchida por profissional da saúde ou parteira tradicional.).* D: incorreta – pelos motivos expostos acima, a apresentação da DNV supre a presença de testemunhas para os registrando até 12 (doze) anos de idade.
Gabarito "C".

(Cartório/SP – 2016 – VUNESP) Em relação ao registro de nascimento do indígena, assinale a alternativa correta.

(A) É facultativo o assento de nascimento de indígena, integrado ou não, no Registro Civil das Pessoas Naturais.

11. REGISTRO CIVIL DAS PESSOAS NATURAIS 577

(B) Aplica-se o procedimento de registro tardio para a lavratura de assento de nascimento de indígena requerido por representante da Fundação Nacional do Índio – FUNAI.

(C) A etnia do registrando poderá ser lançada como sobrenome, se assim for solicitado.

(D) É vedado constar do assento que o registrando é indígena.

***

A: incorreta – apenas o assento de nascimento do indígena não integrado é facultativo no Registro Civil das Pessoas Naturais, nos termos do artigo 1º da Resolução Conjunta nº 03 de 19/04/2012 do CNJ e CNMP *(Art. 1º O assento de nascimento de indígena não integrado no Registro Civil das Pessoas Naturais é facultativo.)*; sendo esta a mesma disposição do item 43 do Capítulo XVII das NSCGJ/SP *(43. O assento de nascimento de indígena não integrado no Registro Civil das Pessoas Naturais é facultativo.).* **B:** incorreta – o registro tardio do indígena segue procedimento próprio, não seguindo o procedimento de registro tardio, nos termos do parágrafo único do artigo 1º do Provimento 28 de 05/02/2013 do CNJ *(O procedimento de registro tardio previsto neste provimento não se aplica para lavratura de assento de nascimento de indígena, no Registro Civil das Pessoas Naturais, regulamentado pela Resolução Conjunta nº 03, de 19 de abril de 2012 do Conselho Nacional de Justiça e do Conselho Nacional do Ministério Público, e não afasta a aplicação do previsto no art. 102 da Lei 8.069/1990)*; e previsão do item 50 do Capítulo XVII das NSCGJ/SP *(50. O procedimento de registro tardio não se aplica para a lavratura de assento de nascimento de indígena).* **C:** correta – nos termos do § 1º do artigo 2º da Resolução Conjunta nº 03 de 19/04/2012 do CNJ e CNMP *(§ 1º. No caso de registro de indígena, a etnia do registrando pode ser lançada como sobrenome, a pedido do interessado.)*; repetida no item 44.1 do Capítulo XVII das NSCGJ/SP *(44.1. No caso de registro de indígena, a etnia do registrando pode ser lançada como sobrenome, a pedido do interessado.).* **D:** incorreta – poderá constar do assento que o registrando é indígena, a pedido do interessado e como observação do assento de nascimento, nos termos do parágrafo 3º do artigo 2º da Resolução Conjunta nº 03 de 19/04/2012 do CNJ e CNMP *(§ 3º A pedido do interessado, poderão figurar, como observações do assento de nascimento, a declaração do registrando como indígena e a indicação da respectiva etnia.)*; sendo a mesma disposição do item 44.3 do Capítulo XVII das NSCGJ/SP *(44.3. A pedido do interessado, poderão figurar, como observações do assento de nascimento, a declaração do registrando como indígena e a indicação da respectiva etnia).* Gabarito "C".

(Cartório/MG – 2019 – Consulplan) NÃO é correto afirmar, em relação ao registro de nascimento lavrado nas Unidades Interligadas:

(A) É vedada a emissão de segunda via de certidão na Unidade Interligada.

(B) A Unidade Interligada poderá atender aos casos de natimorto e de óbito ocorridos naquele estabelecimento de saúde.

(C) O assento de nascimento lavrado por meio de transmissão eletrônica de dados realizada por Unidade Interligada de Registro Civil nas Maternidades será feito no Livro "A" e deverá conter a assinatura do declarante.

(D) No assento de nascimento será consignado o fato de o registro ter sido realizado por meio do sistema interligado, constando, ainda, a identificação da Unidade Interligada e do Ofício de Registro responsáveis pela coleta dos dados e documentos correlatos.

C: está equivocada pois, nos termos do § 3º, do artigo 433 do Código de Normas dos Serviços Notariais e de Registro do Estado de Minas Gerais (Provimento nº 260/CGJ/2013), então vigente, "o registro de nascimento lavrado por meio de transmissão eletrônica de dados realizada por Unidade Interligada de Registro Civil nas Maternidades dispensa a assinatura do declarante, hipótese em que constará expressamente do assento a menção a este fato" (grifo nosso)4. **A, B** e **D:** estão de acordo com o § 4º5 do artigo 472; com o artigo 4746; e com o parágrafo único do artigo 4717 das normas mineiras, respectivamente. Gabarito "C".

(Cartório/SP – 2018 – VUNESP) No assento de nascimento, far-se-á referência:

(A) ao número de inscrição, perante o Cadastro de Pessoas Físicas da Secretaria da Receita Federal do Brasil, daquele cujo assento se lavra.

(B) no caso de filhos havidos fora do casamento, ao estado civil dos pais.

(C) no caso de não comparecimento do pai, à indicação minuciosa dos dados relativos ao casamento deste com a mãe, desde que a filiação se presuma concebida na constância do matrimônio.

(D) no caso de irmãos bilaterais não gêmeos, mas registrados na mesma ocasião, à respectiva ordem de nascimento em cada um dos assentos.

***

A: está de acordo com o estabelecido no Capítulo XVII das Normas de Serviço do Extrajudicial da Corregedoria Geral da Justiça de São Paulo (item 37, "I"). **B:** está equivocada por conta do item 39 do capítulo das normas acima, que veda a indicação do estado civil dos pais no registro de nascimento. Da mesma forma, **C:** considerando que o item anterior veda a indicação no assento de casamento do lugar e Registro Civil do casamento dos pais. Por fim, o Oficial deverá declarar no assento especial de cada um a ordem do Nascimento apenas no caso de gêmeos, tornando equivocada a alternativa **D**, de acordo com o item 33.3 do Capítulo XVII das normas paulistas. Gabarito "A".

(Cartório/SP – 2018 – VUNESP) A respeito da Declaração de Nascido Vivo, assinale a alternativa correta.

(A) O nome do pai constante da Declaração de Nascido Vivo representa uma das formas legais de presunção da paternidade, entretanto, será qualificada como ineficaz, diante de negativa expressa da mãe na oportunidade do registro.

(B) No registro de nascimento de criança com menos de 03 (três) anos de idade, nascida de parto sem assistência de profissional da saúde ou parteira, a Declaração de Nascido Vivo será preenchida pelo Oficial de Registro Civil que lavrará o assento de nascimento e será assinada também pelo declarante, dispensada a comunicação do ato ao Ministério Público.

(C) O assento de nascimento deverá conter o número de identificação da Declaração de Nascido Vivo.

***

4. Atualmente, § 3º do artigo 519, **PROVIMENTO CONJUNTO Nº 93/PR/2020.**

5. Atualmente, § 4º do artigo 565, **PROVIMENTO CONJUNTO Nº 93/PR/2020.**

6. Atualmente, artigo 566, **PROVIMENTO CONJUNTO Nº 93/PR/2020.**

7. Atualmente, § 3º do artigo 565, **PROVIMENTO CONJUNTO Nº 93/PR/2020.**

HENRIQUE SUBI, IZOLDA ANDRÉA DE SYLOS RIBEIRO E GUILHERME FERNANDO DE SOUZA

(D) Constitui motivo para recusa, devolução ou solicitação de retificação da Declaração de Nascido Vivo por parte do Registrador Civil, a omissão do nome do recém-nascido ou do nome do pai.

C: está de acordo com o estabelecido no Capítulo XVII das Normas de Serviço do Extrajudicial da Corregedoria Geral da Justiça de São Paulo (item 37, "h"). **A:** está equivocada pois a legislação, notadamente o artigo 1.597 do Código Civil, não enquadra a referida hipótese como uma das formas legais de presunção de paternidade. **B:** está em desacordo com o item 38.1.1 do Capítulo XVII das normas paulistas, que determina o envio dos dados da criança ao Ministério Público, em casos de nascimento fora da maternidade ou estabelecimento hospitalar. **D:** está equivocada, pois em desacordo com inciso II do § 1º do artigo 54 da Lei 6.015/73.
Gabarito "C".

(Cartório/SP – 2018 – VUNESP) De acordo com a disciplina que envolve o registro de nascimento, é correto afirmar que

(A) as declarações de nascimento feitas após o decurso do prazo legal somente serão registradas mediante o implemento de despacho do juiz corregedor permanente.

(B) em caráter de exceção, permite-se a lavratura do assento em local diverso da ocorrência do parto ou da residência dos pais, sob a conjuntura do evento morte do registrando com idade inferior a 01 (um) ano.

(C) o evento morte do registrando com idade inferior a 01 (um) ano não faz operar a atração da competência do assento de nascimento para o mesmo Registro Civil das Pessoas Naturais com atribuição para lavrar o óbito.

(D) poderão ser adotados sobrenomes do pai, da mãe ou de ambos, sendo que o sobrenome da família materna deverá anteceder ao da linha paterna.

B: está correta, pois encontra respaldo no § 2º do artigo 53 da Lei 6.015/73, mesma razão pela qual está equivocada a **C. A:** está incorreta pois está em desacordo com o estabelecido nos artigos 46 e seguintes da Lei 6.015/73, que exime o registro tardio de nascimento de apreciação pelo juiz corregedor, salvo com suspeita de falsidade por parte do oficial (§§ 3º e 4º, artigo 46, Lei 6.15/73). Por fim, a alternativa **D:** está errada pois o item 33.2. do Capítulo XVII das Normas de Serviço do Extrajudicial da Corregedoria Geral da Justiça de São Paulo estabelece que "poderão ser adotados sobrenomes do pai, da mãe ou de ambos, em qualquer ordem".
Gabarito "B".

(Cartório/RS – 2019 – VUNESP) Considere as assertivas a seguir.

I. A divergência parcial ou total entre o nome do pai constante da DNV e o verificado pelo Oficial no momento do registro constitui motivo para a recusa na lavratura do registro.

II. Não será exigida DNV para os nascimentos ocorridos em hospitais, após 24 meses da data do nascimento. Para os nascimentos em domicílio, o Oficial do RCPN emitirá a DNV, independentemente da data do nascimento.

III. Do assento de nascimento, deve constar o nome dos genitores conforme a época do nascimento dos filhos. Em sendo casados, os pais não poderão escolher entre o nome de casado ou de solteiro, mesmo que a prole seja fruto de um relacionamento extramatrimonial.

Está correto o que se afirma em:

(A) III, apenas.

(B) II, apenas.

(C) II e III, apenas.

(D) I, II e III.

(E) I, apenas.

I: está incorreta, pois em desacordo com o inciso IV, do § 1º do artigo 54 da Lei 6.015/73. **III:** está incorreta, pois no artigo 103 da anterior Consolidação Normativa Notarial e Registral da Corregedoria-Geral da Justiça do Rio Grande do Sul – CNNR (Provimento 32/06 – CGJ), em vigor quando da aplicação da prova, era facultado, sendo a mãe ou o pais casados, constar do assento do filho concebido extramatrimonialmente o nome advindo do casamento ou o de solteiro. Na CNNR atual, referida norma não foi reproduzida. Por fim, a assertiva **II** é a única correta, pois de acordo com da antiga CNNR (artigo 94, § 10, I, a e b), vigente ao tempo de aplicação da presente prova. Assim, a alternativa "b" é a resposta correta.
Gabarito "B".

6. CASAMENTO. CONVERSÃO DE UNIÃO ESTÁVEL EM CASAMENTO. RECONCILIAÇÃO

(Cartório/BA – 2004 – CESPE) A respeito da habilitação e da celebração do casamento, julgue os itens a seguir.

(1) Considere que Alfredo morou em Pernambuco de novembro de 2003 a outubro de 2004 e que em janeiro de 2005 deu entrada no pedido de habilitação para seu casamento civil com Rejane, em Salvador, onde ela sempre residiu e ele reside atualmente. Nessa hipótese, o oficial de registro deverá recusar o pedido de habilitação, que somente poderá ser feito após habilitação prévia no estado de Pernambuco, com vistas a comprovar a ausência de impedimentos ao casamento.

(2) Se Duarte e Patrícia residem em domicílios de diferentes distritos de registro civil, segundo a legislação em vigor, deverão requerer a habilitação em ambos os distritos em que se casarem.

(3) Celebrado o casamento, lavrar-se-á o assento no livro de registros, que deverá ser assinado pelo presidente do ato, pelos cônjuges, pelas testemunhas e pelo oficial do registro.

(4) Ocorrendo iminente risco à vida de algum dos contraentes e não sendo possível a presença da autoridade competente para presidir o ato, o casamento poderá realizar-se na presença de seis testemunhas, as quais deverão, dentro de dez dias, apresentarem-se perante a autoridade judicial mais próxima para prestarem declaração do ato.

1: incorreta. O art. 67 da Lei 6.015/1973 determina que a habilitação deve ser realizada no domicílio de qualquer dos nubentes; 2: incorreta, pela mesma razão do comentário anterior; 3: correta, nos termos do art. 70 da Lei 6.015/1973; 4: incorreta. O prazo para as testemunhas apresentarem perante a autoridade judicial é de cinco dias, nos termos do art. 76 da Lei 6.015/1973.
Gabarito 1E, 2E, 3C, 4E.

(Cartório/DF – 2001 – CESPE) Em relação ao registro de pessoas naturais e jurídicas, julgue o seguinte item.

(1) O registro do assento ou termo de casamento religioso em que tenha havido prévia habilitação será, em

11. REGISTRO CIVIL DAS PESSOAS NATURAIS

qualquer hipótese, realizado após oitiva do juiz dos registros públicos, que autorizará o ato de inscrição.

1: incorreta. O registro casamento religioso para efeitos civis independe de autorização judicial, ainda que não tenha havido habilitação prévia (art. 74 da Lei 6.015/1973).
Gabarito "1E".

(Cartório/MA – 2008 – IESES) Assinale a alternativa INCORRETA de acordo com a Lei n. 6.015/1973, em relação à Habilitação para o Casamento:

(A) Se os nubentes residirem em diferentes distritos do Registro Civil, em um e em outro se publicará e se registrará o edital.

(B) Autuada a petição de certidão com os documentos, o oficial mandará afixar proclamas de casamento em lugar ostensivo de seu cartório e fará publicá-los na imprensa local, se houver. Em seguida, abrirá vista dos autos ao órgão do Ministério Público, para manifestar-se sobre o pedido e requerer o que for necessário à sua regularidade, podendo exigir a apresentação de atestado de residência, firmado por autoridade policial, ou qualquer outro elemento de convicção admitido em direito.

(C) Na habilitação para o casamento, os interessados, apresentando os documentos exigidos pela lei civil, requererão ao oficial do registro do distrito de residência de um dos nubentes, que lhes expeça certidão de que se acham habilitados para se casarem.

(D) Se o órgão do Ministério Público impugnar o pedido de certidão ou a documentação, os autos serão encaminhados ao Juiz, que decidirá havendo possibilidade de recurso.

A: correta, nos termos do art. 67, § 4º, da Lei 6.015/1973; B: correta, nos termos do art. 67, § 1º, da Lei 6.015/1973; C: correta, nos termos do art. 67, *caput*, da Lei 6.015/1973; D: incorreta, devendo ser assinalada. Da decisão do juiz, nessa hipótese, não caberá recurso (art. 67, § 2º, da Lei 6.015/1973).
Gabarito "D".

(Cartório/MG – 2005 – EJEF) Considerando-se o processamento de habilitação para o casamento, é INCORRETO afirmar que

(A) a expedição de certidão de habilitação dando os nubentes como pré-qualificados para a celebração do casamento não impede que impugnações possam ser oferecidas no decorrer da cerimônia.

(B) a expedição dos proclamas é determinada no processo de habilitação de casamento, mas seu registro ocorre no Livro B Auxiliar.

(C) a publicação dos proclamas pode ser dispensada pela autoridade judiciária competente, havendo urgência ou, então, quando um dos contraentes estiver em iminente risco de vida.

(D) os proclamas constituem edital expedido pelo Oficial de Registro Civil dando notícia de que os nubentes pretendem se casar.

A: correta, nos termos do art. 1.522 do CC; B: incorreta, devendo ser assinalada. O livro "B Auxiliar" presta-se ao registro dos casamentos religiosos com efeitos civis (art. 33, III, da Lei 6.015/1973). O registro dos proclamas ocorrerá no livro "D" (art. 33, VI, da Lei 6.015/1973);

C: correta, nos termos do art. 69 da Lei 6.015/1973; D: correta, por traduzir fielmente o conceito e a natureza dos proclamas.
Gabarito "B".

(Cartório/MG – 2005 – EJEF) Analise estas afirmativas concernentes ao Registro de Casamento Religioso para efeitos civis:

I. Para obter o registro de seu casamento religioso, a fim de que passe a produzir efeitos civis, os nubentes deverão preencher todas as formalidades do processo de habilitação, que poderá ser processado antes ou depois do casamento.

II. O casamento religioso, celebrado sem as formalidades legais, terá efeitos civis se, a requerimento do casal, for registrado, a qualquer tempo, no registro civil, mediante prévia habilitação perante a autoridade competente e observado o prazo de 90 dias.

III. O casamento religioso, que atender às exigências da lei para a validade do casamento civil, equipara-se a este, desde que registrado no registro próprio, produzindo efeitos a partir da data do efetivo assentamento.

IV. Será nulo o registro civil do casamento religioso se, antes dele, qualquer dos consorciados houver contraído, com outrem, casamento civil.

A partir dessa análise, pode-se concluir que

(A) apenas as afirmativas I e IV estão corretas.

(B) apenas as afirmativas II e III estão corretas.

(C) apenas as afirmativas I, II e III estão corretas.

(D) apenas as afirmativas I, II e IV estão corretas.

I: correta, nos termos do art. 74 da Lei 6.015/1973; II: correta, nos termos do art. 1.516 do CC; III: incorreta. Os efeitos civis do casamento religioso retroagem à data de sua celebração (art. 1.515 do CC); IV: correta, nos termos do art. 1.516, § 3º, do CC.
Gabarito "D".

(Cartório/MG – 2005 – EJEF) Considerando-se os impedimentos e as causas suspensivas para o casamento, é INCORRETO afirmar que

(A) o divorciado não deve casar enquanto não houver sido homologada ou decidida a partilha dos bens do casal.

(B) o Oficial do Registro Civil das Pessoas Naturais e o Juiz de Paz têm a obrigação de declarar a existência de algum impedimento de que tenham conhecimento.

(C) o vínculo de afinidade existente entre o sogro e a nora constitui uma dessas causas suspensivas.

(D) os impedimentos matrimoniais são todos de caráter absoluto.

A: correta, nos termos do art. 1.523, III, do CC; B: correta, nos termos do art. 1.522, parágrafo único, do CC; C: incorreta, devendo ser assinalada. Trata-se de causa impeditiva do casamento (art. 1.521, II, do CC); D: correta. As causas impeditivas previstas no art. 1.521 são normas de caráter cogente, inquinando de nulidade os casamentos celebrados sem a sua observância.
Gabarito "C".

(Cartório/MG – 2005 – EJEF) Atendidos todos os pressupostos legais e estando os nubentes devidamente habilitados, será realizada a celebração de seu casamento. Considerando-se a legislação pertinente à celebração do casamento, é INCORRETO afirmar que

580 · HENRIQUE SUBI, IZOLDA ANDRÉA DE SYLOS RIBEIRO E GUILHERME FERNANDO DE SOUZA

(A) estará realizado o casamento após a manifestação pelos nubentes do livre propósito de se casarem e concluídas as palavras do Presidente do ato, declarando-os casados.

(B) haverá suspensão imediata da celebração se algum dos contraentes recusar a solene afirmação da sua vontade, declarar que esta não é livre e espontânea ou manifestar-se arrependido.

(C) se admite, na solenidade do casamento civil, a representação de qualquer dos nubentes ou de ambos mediante procuração com poderes especiais, com prazo de validade de 30 dias, no caso de ter sido outorgada por instrumento particular, e de 60 dias para o instrumento público.

(D) se exige a presença simultânea dos contraentes, ou procuradores com poderes especiais, perante a autoridade competente, na presença das testemunhas e do Oficial do Registro Civil das Pessoas Naturais.

A: correta, nos termos do art. 1.535 do CC; B: correta, nos termos do art. 1.538 do CC; C: incorreta, devendo ser assinalada. O prazo do mandato é de até 90 dias e somente pode ser conferido por meio de procuração por instrumento público (art. 1.542, *caput* e § 3º, do CC); D: correta, nos termos do art. 1.535 do CC.
Gabarito "C".

(Cartório/MG – 2005 – EJEF) Considerando-se a capacidade dos nubentes para o casamento, é INCORRETO afirmar que

(A) a idade mínima exigida para que tanto o homem quanto a mulher possam contrair matrimônio é de 16 anos.

(B) a legislação civil admite, em caso de gravidez, o casamento de menores de idade núbil.

(C) a lei excepciona, para evitar imposição ou cumprimento de pena criminal, o casamento de quem ainda não alcançou a idade núbil.

(D) os nubentes menores de 18 anos necessitam, para o casamento, da autorização dos pais ou daquele sob cuja guarda estiverem, caso estes sejam separados ou divorciados.

A: correta, nos termos do art. 1.517 do CC; B: correta, nos termos do art. 1.520, *in fine*, do CC; C: correta, nos termos do art. 1.520, primeira parte, do CC; D: incorreta, devendo ser assinalada. A autorização deve sempre ser conferida por ambos os pais (art. 1.517 do CC).
Gabarito "D".

(Cartório/MG – 2005 – EJEF) É INCORRETO afirmar que, entre as situações que constituem um impedimento para o casamento, se inclui a

(A) do adotado com o filho do adotante.

(B) do adotante com quem foi cônjuge do adotado ou do adotado com quem o foi do adotante.

(C) do cônjuge sobrevivente com o condenado por homicídio ou tentativa de homicídio contra seu consorte.

(D) do viúvo ou da viúva que tiver filho do cônjuge falecido, enquanto não fizer inventário dos bens do casal e der partilha aos herdeiros.

Todas as hipóteses estão elencadas no art. 1.521 do CC como causas impeditivas do casamento, com exceção da alternativa "D", que deve ser assinalada. Trata-se essa, na verdade, de uma causa suspensiva do casamento (art. 1.523, I, do CC).
Gabarito "D".

(Cartório/MG – 2005 – EJEF) Considerando-se o casamento em que um dos nubentes se encontra acometido de grave moléstia, é INCORRETO afirmar que

(A) a celebração, sendo urgente, poderá ocorrer à noite, presidida pela autoridade competente, perante duas testemunhas que saibam ler e escrever.

(B) a falta ou o impedimento do Oficial do Registro Civil poderão ser supridos por outro *ad hoc*, nomeado pelo Presidente do ato.

(C) o casamento poderá ser celebrado, não se obtendo a presença da Autoridade a que incumba presidir o ato nem a de seu Substituto, na presença de seis testemunhas.

(D) o Presidente do ato é autorizado a celebrá-lo onde se encontrar o impedido.

A: correta, nos termos do art. 1.539 do CC; B: correta, nos termos do art. 1.539, § 1º, do CC; C: incorreta, devendo ser assinalada. Essa hipótese está autorizada somente em caso de iminente perigo de morte de um dos contraentes, não quando está apenas acometido de grave moléstia (art. 1.540 do CC); D: correta, nos termos do at. 1.539 do CC.
Gabarito "C".

(Cartório/MS – 2009 – VUNESP) Ocorrendo iminente risco de vida de algum dos contraentes, e não sendo possível a presença da autoridade competente para presidir o ato, o casamento poderá realizar-se na presença de testemunhas, que comparecerão, dentro de cinco dias, perante a autoridade judiciária mais próxima, a fim de que sejam reduzidas a termo suas declarações. Nessas circunstâncias, o número de testemunhas exigido por lei é de

(A) duas.

(B) três.

(C) cinco.

(D) seis.

(E) oito.

O casamento nuncupativo será realizado na presença de seis testemunhas (art. 1.540 do CC).
Gabarito "D".

(Cartório/RJ – 2002 – NCE-UFRJ) Jacob e Sarah celebraram no Brasil casamento religioso segundo as leis de Israel perante congregação israelita. O casamento foi reconhecido pelo Tribunal Rabínico de Israel em Tel-Aviv como de efeitos civis. Pretendem eles a transcrição para que produza efeitos civis no Brasil. Nesta hipótese, é correto afirmar que:

(A) o casamento não pode ser reconhecido no Brasil, em qualquer hipótese;

(B) a transcrição independe da habilitação prévia quer ao ato quer ao registro;

(C) com a legalização perante o Consulado Brasileiro estaria suprida a necessidade prévia de habilitação;

(D) o casamento é reconhecido no Brasil;

(E) para a transcrição é necessária a habilitação prévia ao ato ou ao registro.

O casamento religioso pode ser registrado para que tenha efeitos civis, desde que seja realizada a habilitação prévia dos nubentes. Em regra, ela deve ser feita antes da celebração (art. 71 da Lei 6.015/1973), mas nada impede que lhe seja posterior, mas antes do registro (art. 74 da

11. REGISTRO CIVIL DAS PESSOAS NATURAIS — 581

Lei 6.015/1973). Como, no caso, o casamento foi realizado no Brasil, não há qualquer necessidade de consularização do documento.
Gabarito "E".

(Cartório/RN – 2012 – IESIS) Sobre a habilitação de casamento, assinale a alternativa **INCORRETA**.

(A) O casamento religioso, celebrado sem a prévia habilitação perante o oficial de registros públicos, poderá ser registrado desde que apresentado pelos nubentes, com o requerimento do registro, a prova do ato religioso e os documentos exigidos pela lei civil, suprindo eles eventual falta de requisitos no termo da celebração.

(B) A dispensa dos proclamas somente poderá ser feita mediante apreciação judicial do pedido, que indicará os motivos da urgência; e, havendo a necessidade de produção de provas, será dada ciência ao Promotor de Justiça para, depois, ser proferida sentença judicial.

(C) Havendo a apresentação de algum impedimento matrimonial, conceder-se-á aos nubentes o prazo de três dias para apresentarem prova em sentido contrário, sendo, então, os autos remetidos ao Ministério Público, que emitirá parecer, no prazo de cinco dias, cabendo ao juiz decidir em igual prazo.

(D) A decisão judicial que analisa o pedido de impugnação formulado pelo Ministério Público é irrecorrível.

A: correta, nos termos do art. 74 da Lei n. 6.015/1973; B: correta, nos termos do art. 69 da Lei n. 6.015/1973; C: incorreta, devendo ser assinalada. O procedimento em caso de apresentação de impedimento ao matrimônio está previsto no art. 67, § 5º, da Lei n. 6.015/1973, que dispõe que o prazo de três dias é dado aos nubentes para que **indiquem as provas que pretendem produzir.** Em seguida, os autos são encaminhados ao juízo para que as provas efetivamente se produzam no prazo de 10 dias; D: correta, nos termos do art. 67, § 2º, da Lei n. 6.015/1973.
Gabarito "C".

(Cartório/SP – 2012 – VUNESP) Na celebração de casamento civil, o Oficial do Registro Civil deverá observar o seguinte:

I. Quando o casamento for celebrado na própria Unidade de Serviço de Registro Civil das Pessoas Naturais, as portas devem estar abertas e presentes, pelo menos, 2 (duas) testemunhas, parentes ou não dos contraentes.

II. Quando o casamento for celebrado em casa particular, ficará esta de portas abertas durante o ato e, caso algum dos contraentes não saiba escrever, serão 3 (três) as testemunhas.

III. Se algum dos nubentes não puder comparecer ao ato, poderá ser representado por pessoa devidamente autorizada, mediante declaração feita por instrumento público ou particular; neste caso, no original, com reconhecimento de firma por autenticidade.

(A) Todas as afirmativas estão corretas.

(B) Somente as afirmativas I e II estão corretas.

(C) Somente a afirmativa I está correta.

(D) Todas as afirmativas estão incorretas.

I: correta, nos termos do antigo 76 do Capítulo XVII das Normas de Serviço da Corregedoria-Geral de Justiça de São Paulo, atualizadas pelo PROVIMENTO Nº 56/2019 da Corregedoria Geral da Justiça do Estado de São Paulo, atual item 75; II: incorreta. Nesse caso, deverão estar presentes quatro testemunhas (item 76.1 do Capítulo XVII das

Normas de Serviço da Corregedoria-Geral de Justiça de São Paulo); III: incorreta. O art. 1.542 do CC exige que o representante do nubente esteja munido de procuração lavrada por instrumento público e com poderes especiais.
Gabarito "C".

(Cartório/SP – 2012 – VUNESP) De acordo com as Normas de Serviço do Extrajudicial da Corregedoria Geral da Justiça, o assento de conversão da união estável em casamento é lavrado no

(A) Livro "B" – de registro de casamento.

(B) Livro "B" – Auxiliar – de registro de casamento Religioso para Efeitos Civis.

(C) Livro "D" – de registro de proclama.

(D) Livro "E"

O assento deverá ser feito no Livro "B", nos termos do art. 87.3 do Capítulo XVII das Normas de Serviço da Corregedoria-Geral de Justiça de São Paulo.
Gabarito "A".

(Cartório/SP – 2012 – VUNESP) Em relação ao casamento, conforme previsto nas Normas de Serviço da Corregedoria Geral da Justiça,

(A) qualquer dos nubentes, querendo, poderá acrescer ao seu o sobrenome do outro, sendo admitida a supressão total do sobrenome de solteiro.

(B) qualquer dos nubentes, querendo, poderá acrescer ao seu o sobrenome do outro, sendo vedada a supressão total do sobrenome de solteiro.

(C) apenas a mulher poderá acrescer ao seu o sobrenome do homem, sendo admitida a supressão total do sobrenome de solteira.

(D) apenas a mulher poderá acrescer ao seu o sobrenome do homem, sendo vedada a supressão total do sobrenome de solteira.

Nos termos do item 70 do Capítulo XVII das Normas de Serviço da Corregedoria-Geral de Justiça de São Paulo, qualquer dos cônjuges poderá acrescer o seu sobrenome ao do outro, sendo vedada a supressão total do nome de solteiro.
Gabarito "B".

(Cartório/SP – 2012 – VUNESP) Em relação ao registro do casamento religioso para efeitos civis, analise as seguintes afirmações.

I. A habilitação matrimonial perante o oficial do registro civil das pessoas naturais poderá ser antes ou depois da celebração pela autoridade ou ministro religioso.

II. O termo ou assento do casamento religioso será assinado pelo celebrante do ato, pelos nubentes e pelas testemunhas, sendo exigido, para o seu registro, o reconhecimento da firma do celebrante.

III. O registro civil de casamento religioso deverá ser promovido dentro de noventa dias de sua realização. Após referido prazo, o registro dependerá de nova habilitação.

IV. O casamento religioso celebrado sem as formalidades exigidas pela lei civil poderá ser registrado a qualquer tempo desde que se proceda à prévia habilitação.

Está correto o que se afirma em

(A) II, apenas.

(B) I e III, apenas.

(C) II e III, apenas.

(D) I, II, III e IV.

I: correta, nos termos dos arts. 71 e 74 da Lei 6.015/1973; II: correta, nos termos do art. 86 do Capítulo XVII das Normas de Serviço da Corregedoria-Geral de Justiça de São Paulo; III: correta, nos termos do art. 86.1 do Capítulo XVII das Normas de Serviço da Corregedoria-Geral de Justiça de São Paulo; IV: correta, nos termos do art. 86.3 do Capítulo XVII das Normas de Serviço da Corregedoria-Geral de Justiça de São Paulo.
Gabarito "D".

(Cartório/SP – 2011 – VUNESP) Quanto à conversão da união estável em casamento é correto afirmar-se que deve ser lavrada

(A) no Livro C.

(B) no livro B-Auxiliar.

(C) no Livro B.

(D) no Livro D.

O assento deverá ser feito no Livro "B", nos termos do art. 87.4 do Capítulo XVII das Normas de Serviço da Corregedoria-Geral de Justiça de São Paulo.
Gabarito "C".

(Cartório/SP – VI – VUNESP) Um homem e uma mulher, ambos solteiros e com mais de 60 anos de idade, sem filhos em comum, com uma comunhão de vida sem interrupções, iniciada em 26 de março de 1966, pretende convolar núpcias. É correto afirmar que o regime de bens do matrimônio

(A) deverá ser necessariamente o da comunhão de bens, para garantir a comunicação dos bens adquiridos individualmente durante o período em que mantiveram uma comunhão de vida.

(B) deverá ser o da separação legal de bens ou da separação convencional de bens, haja vista a idade dos nubentes.

(C) deverá ser o da separação legal de bens, haja vista a idade dos nubentes.

(D) poderá ser livremente convencionado, haja vista expressa disposição legal exceptiva.

Essa questão merece alguns comentários importantes. Primeiro, lembre-se que desde 2010 a imposição do regime de separação de bens vale somente quando um dos nubentes contar mais de **70 anos** de idade (art. 1.641, II, do CC). Considerando que a questão foi elaborada antes dessa alteração legislativa, vale ainda salientar que a alternativa considerada correta (letra "D") também padece de problemas. O caso narrado é amplamente acolhido pela jurisprudência como exceção a essa obrigatoriedade, ou seja, tanto STJ quanto STF afirmam que, se a união estável é anterior à idade estabelecida em lei, os contraentes são livres para escolher o regime de bens do casamento que resulta da conversão da união estável. Esse entendimento está também sacramentado no Enunciado 261 das Jornadas de Direito Civil do Conselho da Justiça Federal. Todavia, não há "expressa disposição legal exceptiva" conforme consta da alternativa.
Gabarito "D".

(Cartório/SP – V – VUNESP) Na hipótese de restabelecimento da sociedade conjugal,

(A) a averbação no registro público é prescindível, exceto se determinada em sentença judicial.

(B) a averbação no registro público é imprescindível.

(C) a averbação no registro público é sempre facultativa.

(D) não há averbação no registro público.

O restabelecimento da sociedade conjugal deve ser averbado no respectivo registro, por ordem do art. 101 da Lei 6.015/1973.
Gabarito "B".

(Cartório/SP – V – VUNESP) O procedimento de assento, no registro civil, da conversão da união estável em casamento,

(A) deve ser obrigatoriamente precedido de justificação judicial.

(B) deve ser precedido de habilitação e publicação de proclamas.

(C) dispensa, em regra, pronunciamento judicial ou habilitação e publicação de proclamas.

(D) deve ser precedido de requerimento de retificação de registro, dada a modificação no estado civil.

Nos termos do art. 87.1 do Capítulo XVII das Normas de Serviço dos Cartórios Extrajudiciais da Corregedoria-Geral de Justiça de São Paulo, o registro da conversão da união estável em casamento deve ser precedido de habilitação nos mesmos moldes do casamento, devendo constar dos editais a natureza do ato.
Gabarito "B".

(Cartório/SP – IV – VUNESP) Pretendendo a conversão da união estável em casamento, os conviventes devem

(A) requerê-la perante o Oficial do Registro Civil das Pessoas Naturais de seu domicílio, iniciando-se o procedimento de habilitação. Deferido o pedido pelo Juiz-Corregedor, será lavrado o assento da conversão, independentemente de qualquer solenidade, prescindindo o ato da celebração do matrimônio.

(B) requerê-la diretamente ao Juiz-Corregedor que, após colher prova da união estável, deferirá ou não o pedido. Em caso de deferimento, em face do princípio da publicidade, deverá constar do assento a data inicial da união estável.

(C) requerê-la perante o Oficial do Registro Civil das Pessoas Naturais de seu domicílio, dando início ao processo de habilitação. Não havendo impugnação, será realizada a solenidade da conversão, nos mesmos moldes do matrimônio, considerando-se efetivada a conversão somente após o Juiz de Casamento usar a fórmula estabelecida pela lei.

(D) requerê-la perante o Oficial de Registro Civil das Pessoas Naturais de seu domicílio que, após dar início ao procedimento de habilitação, encaminhará o pedido ao Juiz-Corregedor. Este colherá prova da união estável, deferindo ou não o pedido, salvo quando existirem filhos anteriormente registrados em nome dos conviventes, caso em que ficará dispensada a colheita da prova.

O procedimento está previsto no art. 87 do Capítulo XVII das Normas de Serviço dos Cartórios Extrajudiciais da Corregedoria-Geral de Justiça de São Paulo: requerimento perante o Oficial de Registro; habilitação; deferimento pelo Juiz-Corregedor Permanente; registro da conversão, independentemente de solenidades, dispensada a celebração do matrimônio. Vale salientar que o registro da conversão é feito no livro "B", o mesmo destinado ao registro dos casamentos.
Gabarito "A".

11. REGISTRO CIVIL DAS PESSOAS NATURAIS 583

(Cartório/SP – IV – VUNESP) Não depende de testemunhas

(A) o assento de conversão da união estável em casamento.

(B) o assento de declarante procurador, desde que a procuração seja por escritura pública, outorgada com poderes especiais, com menção de pelo menos duas testemunhas, devidamente qualificadas, que presenciaram o fato objeto do assento e o ato notarial.

(C) a petição de registro tardio (registro civil fora do prazo).

(D) a habilitação de casamento, desde que as testemunhas compareçam à celebração.

O único ato que dispensa testemunhas é o assento de conversão de união estável em casamento (art. 87 do Capítulo XVII das Normas de Serviço dos Cartórios Extrajudiciais da Corregedoria-Geral de Justiça de São Paulo). Todos os demais exigem a presença das testemunhas instrumentárias (art. 215, § 1º, II, do CC, art. 46, § 1º, da Lei 6.015/1973.

Gabarito "A".

(Cartório/SP – 2016 – VUNESP) É elemento do assento de casamento:

(A) livro, folha e número do termo do Oficial de Registro Civil das Pessoas Naturais em que registrada a união estável, em se tratando de registro de conversão de união estável em casamento.

(B) a naturalidade dos genitores dos contraentes.

(C) a indicação da autoridade celebrante, em se tratando de registro de casamento religioso para efeitos civis.

(D) A data da dissolução do casamento anterior e o nome do cônjuge precedente, se for o caso.

A: incorreta – na conversão de união estável em casamento não é requisito o registro anterior da união estável do casal, bastando a simples declaração nos autos de habilitação da opção dos contraentes pela de união estável em casamento. B: incorreta – quanto aos pais dos contraentes, e segundo o artigo 70 da Lei 6.015/1973 o que deve ser informado no assento de casamento é a nacionalidade dos pais dos contraentes e não sua naturalidade (*Art. 70. Do matrimônio, logo depois de celebrado, será lavrado assento, assinado pelo presidente do ato, os cônjuges, as testemunhas e o oficial, sendo exarados: (...) 2º) os nomes, prenomes, nacionalidade, data de nascimento ou de morte, domicílio e residência atual dos pais (...)*. C: incorreta – por não constar no rol do artigo 70 da Lei 6.015/1973, nem no rol do item 80 das NSCGJ/SP. A indicação da autoridade celebrante do casamento religioso deve ser feita no assento ou termo de casamento religioso, segundo o artigo 73 e § 1º da Lei 6.015/1973. (*Art. 73. No prazo de trinta dias a contar da realização, o celebrante ou qualquer interessado poderá, apresentando o assento ou termo do casamento religioso, requerer-lhe o registro ao oficial do cartório que expediu a certidão. § 1º O assento ou termo conterá a data da celebração, o lugar, o culto religioso, o nome do celebrante, sua qualidade, o cartório que expediu a habilitação, sua data, os nomes, profissões, residências, nacionalidades das testemunhas que o assinarem e os nomes dos contraentes. (...).* D: correta – nos termos do artigo 70, número 3º da Lei 6.015/1973, (*Art. 70 Do matrimônio, logo depois de celebrado, será lavrado assento, assinado pelo presidente do ato, os cônjuges, as testemunhas e o oficial, sendo exarados: (...) 3º) os nomes e prenomes do cônjuge precedente e a data da dissolução do casamento anterior, quando for o caso; (...).* E do item 80, alínea c, do Capítulo XVII das NSCGJ/SP (*80. Do matrimônio, logo depois de celebrado, será lavrado assento, assinado pelo presidente do ato, pelos cônjuges, testemunhas e pelo Oficial, sendo exarados: (...) c) prenome e sobrenome do cônjuge precedente e data da dissolução do casamento anterior, quando for o caso*).

Gabarito "D".

(Cartório/SP – 2016 – VUNESP) Em relação ao registro do casamento religioso para efeitos civis, é correto afirmar que

(A) deverá ser registrado perante o Oficial de Registro Civil das Pessoas Naturais do lugar da celebração.

(B) produz efeitos a partir da data de sua celebração.

(C) o prazo para que o Oficial de Registro Civil das Pessoas Naturais realize o registro é de 5 (cinco) dias a partir da entrada do requerimento.

(D) o termo do casamento religioso deverá ser assinado pelo celebrante, pelos nubentes e testemunhas, sendo exigido, para o seu registro, o reconhecimento das firmas do celebrante e das testemunhas.

A: incorreta – o casamento religioso deverá ser registrado perante o Oficial do Registro Civil das Pessoas Naturais que processou a habilitação de casamento, nos termos do artigo 73, *caput*, da Lei 6.015/1973 (*Art. 73. No prazo de trinta dias a contar da realização, o celebrante ou qualquer interessado poderá, apresentando o assento ou termo do casamento religioso, requerer-lhe o registro ao oficial do cartório que expediu a certidão*) e do item 86.2 do Capítulo XVII das NSCGJ/SP (*86.2. É competente para o registro o Registro Civil das Pessoas Naturais processante da habilitação, ainda que a celebração tenha ocorrido em comarca diversa*). B: correta – conforme disposto no artigo 75 da Lei 6.015/1973: (*O registro produzirá efeitos jurídicos a contar da celebração do casamento.*), e do artigo 1.515 do Código Civil: (*O casamento religioso, que atender às exigências da lei para a validade do casamento civil, equipara-se a este, desde que registrado no registro próprio, produzindo efeitos a partir da data de sua celebração*). C: incorreta – o prazo legal para a realização do registro do casamento religioso para efeitos civis é de 24 horas contados a partir da entrada o requerimento, nos termos do § 2º do artigo 73 da Lei 6.015/1973 (*§ 2º Anotada a entrada do requerimento o oficial fará o registro no prazo de 24 (vinte e quatro) horas*). D: incorreta – a exigência do reconhecimento de firma é apenas do celebrante, nos termos do item 86 do Capítulo XVII das NSCGJ/SP: (*86. O termo ou assento do casamento religioso será assinado pelo celebrante do ato, pelos nubentes e pelas testemunhas, sendo exigido, para o seu registro, o reconhecimento da firma do celebrante*).

Gabarito "B".

(Cartório/MG – 2016 – Consulplan) Nos termos da Lei n. 6.015, de 31/12/1073, analise as proposições abaixo:

I. O registro do casamento religioso para efeitos civis produzirá seus efeitos jurídicos a contar da celebração do casamento.

II. Nenhum sepultamento será feito sem certidão do oficial de registro do lugar do falecimento, extraída após a lavratura do assento de óbito, em vista do atestado de médico, se houver no lugar, ou, em caso contrário, de três pessoas qualificadas que tiverem presenciado ou verificado a morte.

III. Nenhuma justificação em matéria de registro civil, para retificação, restauração ou abertura de assento, será entregue à parte.

IV. O óbito deverá ser anotado, com as remissões recíprocas, nos assentos de casamento e nascimento, e o casamento no deste.

Está correto o que se afirma em:

(A) I, II, III e IV.

(B) III e IV, apenas.

(C) I, III e IV, apenas.

(D) I e II, apenas.

I: correta – nos termos do artigo 75 da Lei 6.015/1973 quanto ao casamento religioso com efeitos civis *(Art. 75. O registro produzirá efeitos jurídicos a contar da celebração do casamento).* **II:** incorreta – com a nova redação do artigo 77 da Lei 6.015/1973, pela Lei 13.484/2017, o registro do óbito poderá ser feito também no lugar de residência do *de cujus*, e caso não haja atestado médico é exigida a presença de duas testemunhas *(Art. 77. Nenhum sepultamento será feito sem certidão do oficial de registro do lugar do falecimento ou do lugar de residência do de cujus, quando o falecimento ocorrer em local diverso do seu domicílio, extraída após a lavratura do assento de óbito, em vista do atestado de médico, se houver no lugar, ou em caso contrário, de duas pessoas qualificadas que tiverem presenciado ou verificado a morte).* **III:** correta – nos termos do artigo 111 da Lei 6.015/1973 *(Art. 111. Nenhuma justificação em matéria de registro civil, para retificação, restauração ou abertura de assento, será entregue à parte).* **IV:** correta – nos termos do artigo 107 da Lei 6.015/1973 *(Art. 107. O óbito deverá ser anotado, com as remissões recíprocas, nos assentos de casamento e nascimento, e o casamento no deste).* (Com a alteração da Lei 6.015/1973 pela Lei 13.484/2017 a resposta correta seria a letra C).

Gabarito "Anulada"

(Cartório/MG – 2016 – Consulplan) "Mas, as solenidades do moderno casamento civil se destinam exclusivamente a patentear a gravidade e a importância do ato, bem como assegurar, de modo iniludível e com a maior publicidade, a livre vontade dos contraentes, uma vez reconhecida a sua capacidade matrimonial" (ESPINOLA, Eduardo. A família no direito civil brasileiro. Rio de Janeiro: Gazeta Judiciária, 1954. p. 103). Sobre a celebração do casamento, assinale a alternativa correta, segundo o Código Civil em vigor.

(A) A solenidade do casamento realizar-se-á na sede do cartório, com toda publicidade, a portas abertas, presentes pelo menos duas testemunhas, parentes ou não dos contraentes, ou, querendo as partes e consentindo a autoridade celebrante, noutro edifício público ou particular.

(B) Embora seja prática corrente, não há previsão legal de celebração de casamento fora da serventia, respondendo o oficial civil e administrativamente pelo seu descumprimento.

(C) A celebração de casamento fora da serventia é prevista no Código Civil que, no entanto, exige a presença de quatro testemunhas para cada cônjuge.

(D) A celebração de casamento de pessoa que não saiba ler, nem escrever, exige suprimento do consentimento, a ser promovido perante o Juízo de Família do domicílio do nubente.

A: correta – nos termos do artigo 1.534 do Código Civil *(Art. 1.534. A solenidade realizar-se-á na sede do cartório, com toda publicidade, a portas abertas, presentes pelo menos duas testemunhas, parentes ou não dos contraentes, ou, querendo as partes e consentindo a autoridade celebrante, noutro edifício público ou particular).* **B:** incorreta – nos termos do artigo 1.534 do Código Civil, a celebração do casamento fora da serventia é permitida dependendo de requerimento dos nubentes e consentimento da autoridade celebrante, em qualquer edifício público ou particular. **C:** incorreta – é exigida a presença de quatro testemunhas para o casamento realizado fora da serventia quando um ou ambos os contraentes não souber ou não puder assinar o termo de casamento, nos termos dos §§ 1º e 2º do artigo 1.534 do Código Civil (Art. 1.534. (...) § 1º Quando o casamento for em edifício particular, ficará este de portas abertas durante o ato. § 2º Serão quatro as testemunhas na hipótese do parágrafo anterior e se algum dos contraentes não souber ou não

puder escrever). **D:** incorreta – não existe tal disposição no Código Civil, devendo assinar uma outra pessoa, a rogo do contraente que não saiba ler e escrever, exigindo-se a presença de quatro testemunhas caso o casamento seja feito em local diverso da serventia, conforme acima mencionado.

Gabarito "A"

(Cartório/MG – 2016 – Consulplan) De acordo com o Código Civil em vigor, é correto afirmar:

(A) O requerimento de habilitação para o casamento será firmado por ambos os nubentes, de próprio punho, ou, a seu pedido, por procurador, e deve ser instruído com os documentos previstos em lei.

(B) É mera faculdade do oficial do registro esclarecer os nubentes a respeito dos fatos que podem ocasionar a invalidade do casamento, bem como sobre os diversos regimes de bens, pois se trata de norma pela qual ninguém pode alegar desconhecimento.

(C) O casamento religioso, cuja validade é independente do casamento civil e deve atender aos interesses do culto que o realiza, não se equipara àquele, mesmo que registrado perante o oficial do registro civil de pessoas naturais.

(D) É válido o registro civil do casamento religioso se, antes dele, qualquer dos consorciados houver contraído com outrem casamento civil.

A: correta – nos termos do artigo 1.525 do Código Civil *(Art. 1.525. O requerimento de habilitação para o casamento será firmado por ambos os nubentes, de próprio punho, ou, a seu pedido, por procurador, e deve ser instruído com os seguintes documentos: (...).* **B:** incorreta – trata-se de obrigação do oficial, tratando a lei como dever, nos termos do artigo 1.528 do Código Civil *(Art. 1.528. É dever do oficial do registro esclarecer os nubentes a respeito dos fatos que podem ocasionar a invalidade do casamento, bem como sobre os diversos regimes de bens).* **C:** incorreta – o casamento religioso equipara-se ao casamento civil quando registrado perante o oficial de registro civil das pessoas naturais, produzindo o registro efeitos retroativos à data da celebração do casamento, nos termos do artigo 1.515 do Código Civil *(Art. 1.515. O casamento religioso, que atender às exigências da lei para a validade do casamento civil, equipara-se a este, desde que registrado no registro próprio, produzindo efeitos a partir da data de sua celebração).* **D:** incorreta – neste caso o casamento religioso será nulo, nos termos do § 3º do artigo 1.516 do Código Civil *(§ 3º Será nulo o registro civil do casamento religioso se, antes dele, qualquer dos consorciados houver contraído com outrem casamento civil).*

Gabarito "A"

(Cartório/MG – 2016 – Consulplan) Sobre a retratação do nubente prevista no Código Civil, assinale a alternativa correta.

(A) Recusada a afirmação da vontade de casar, é inadmissível a sua retratação.

(B) Uma vez declarado pelo nubente que a sua vontade não é livre, nem espontânea, inadmissível se mostra a sua retratação.

(C) O nubente que, por algum dos fatos mencionados no *caput* do art. 1.538, do Código Civil, der causa à suspensão do ato, não será admitido a retratar-se no mesmo dia.

(D) Suspensa a celebração do casamento, a retratação será possível mediante novo processo de habilitação e não poderá ocorrer em prazo menor do que de quinze dias.

11. REGISTRO CIVIL DAS PESSOAS NATURAIS

A: incorreta – a retratação é admissível, porém em dia diverso da suspensão do ato, nos termos do parágrafo único do artigo 1.538 do Código Civil, abaixo mencionado. **B:** incorreta – a retratação é admissível em qualquer caso, desde que seja feita em outro dia, conforme mencionado acima. **C:** correta – a literalidade do parágrafo único do artigo 1.538 do Código Civil, *(Parágrafo único. O nubente que, por algum dos fatos mencionados neste artigo, der causa à suspensão do ato, não será admitido a retratar-se no mesmo dia).* **D:** incorreta – não há essa previsão no Código Civil, a retratação pode dar-se dentro do prazo de noventa dias contados da certidão de habilitação do casal, que é o prazo para a celebração do casamento *(Art. 1.538. A celebração do casamento será imediatamente suspensa se algum dos contraentes: I – recusar a solene afirmação da sua vontade; II – declarar que esta não é livre e espontânea; III – manifestar-se arrependido. Parágrafo único. O nubente que, por algum dos fatos mencionados neste artigo, der causa à suspensão do ato, não será admitido a retratar-se no mesmo dia).*
Gabarito "C".

(Cartório/MG – 2016 – Consulplan) Sobre o casamento por procuração, assinale a alternativa correta, segundo os dispositivos do Código Civil em vigor.

(A) Não se permite celebração do casamento por procuração.

(B) O casamento pode celebrar-se mediante procuração, por instrumento público ou particular, cuja procuração será irrevogável.

(C) A eficácia do mandato outorgado para casar não ultrapassará noventa dias.

(D) Não se opera revogação de procuração outorgada por escritura pública, apenas de procuração outorgada por instrumento particular.

A: incorreta – é admitido o casamento por procuração nos termos dos artigos 1.525 e 1.535 do Código Civil, tanto para a habilitação quanto para a celebração do casamento. **B:** incorreta – para a celebração do casamento é exigido instrumento público de procuração, nos termos do *caput* do artigo 1.542 do Código Civil *(Art. 1542. O casamento pode celebrar-se mediante procuração, por instrumento público, com poderes especiais.)*, e este é revogável, conforme permitido pelo §1° do artigo 1.542 do Código Civil *(§ 1° A revogação do mandato não necessita chegar ao conhecimento do mandatário; mas, celebrado o casamento sem que o mandatário ou o outro contraente tivessem ciência da revogação, responderá o mandante por perdas e danos).* **C:** correta – nos termos do § 3° do artigo 1.542 do Código Civil *(§ 3° A eficácia do mandato não ultrapassará noventa dias).* **D:** incorreta – a revogação pode ser feita tanto para a procuração pública quanto para a particular, nos termos do § 1° do artigo 1.542 do Código Civil, acima mencionado.
Gabarito "C".

(Cartório/MG – 2016 – Consulplan) Segundo o Código Civil brasileiro em vigor, os impedimentos ao casamento podem ser opostos até o momento da celebração do casamento e por qualquer pessoa capaz. A respeito dos impedimentos, assinale a alternativa correta.

(A) O oficial de registro não pode declarar a existência de impedimento, caso o conheça, cabendo a incumbência ao juiz de paz que deverá fazê-lo independentemente de provocação.

(B) O juiz e o oficial de registro, tendo conhecimento da existência de algum impedimento, são obrigados a declará-lo.

(C) O oficial de registro não pode declarar a existência de impedimento, caso o conheça, cabendo a incumbência ao juiz de paz que somente poderá fazê-lo mediante provocação.

(D) O oficial de registro e o juiz de paz não podem declarar a existência de impedimento ao casamento, caso o conheçam.

A: incorreta – os impedimentos devem ser opostos de ofício pelo oficial de registro civil, nos termos do parágrafo único do artigo 1.522 do Código Civil *(Parágrafo único. Se o juiz, ou o oficial de registro, tiver conhecimento da existência de algum impedimento, será obrigado a declará-lo).* **B:** correta – o oficial de registro deve declarar a causa impeditiva caso a conheça, nos termos do parágrafo único do artigo 1.522 do Código Civil, acima mencionado. **C:** incorreta – tanto o oficial de registro quanto o juiz de paz devem declarar a causa impeditiva caso a conheçam, conforme justificativas das alternativas A e B. **D:** incorreta – mesma justificativa da letra C.
Gabarito "B".

(Cartório/MG – 2019 – Consulplan) Em relação ao casamento, de acordo com o Provimento 260/CGJ/2013, é correto afirmar que:

(A) O relativamente incapaz pode casar, desde que tenha autorização de ambos os pais, de seu representante legal ou de seu guardião.

(B) As causas suspensivas não impedem o casamento, desde que provada a inexistência de prejuízo e que celebrado mediante o regime da separação obrigatória dos bens.

(C) As causas suspensivas da celebração do casamento podem ser arguidas pelos parentes em linha reta de um dos nubentes, sejam consanguíneos ou afins, e pelos colaterais até o terceiro grau, sejam também consanguíneos ou afins.

(D) O consentimento de analfabeto ou da pessoa impossibilitada de assinar para o casamento de seu filho será dado por procurador com poderes especiais outorgados por instrumento público ou particular ou por alguém a seu rogo, na presença de duas testemunhas qualificadas, que assinarão o respectivo termo nos autos, no qual será colhida a impressão digital do consentinte.

B está correta, pois de acordo com o artigo 4918 do Provimento 260/CGJ/2013 (que codifica os atos normativos da Corregedoria-Geral de Justiça do Estado de Minas Gerais relativos aos serviços notariais e de registro), tendo por base o parágrafo único do artigo 1523 e o inciso I do artigo 1641, ambos do Código Civil. **A:** está incorreta pois o guardião não é considerado representante legal, sendo inapto para assentir ao casamento do menor (§ 1°, artigo 4849 do Provimento 260/CGJ/2013). **C:** está incorreta pois colaterais de terceiro grau não podem arguir causa suspensiva, limitando-se ao segundo grau (artigo 49010 do Provimento 260/CGJ/2013). **D:** está incorreta pois não se admite mandato por instrumento particular para o consentimento de analfabeto ou da pessoa impossibilitada de assinar para o casamento de seu filho (§ 3°, artigo 48411 do Provimento 260/CGJ/2013).
Gabarito "B".

---

8. Atualmente, artigo 584, PROVIMENTO CONJUNTO Nº 93/PR/2020.

9. Atualmente, artigo 576, PROVIMENTO CONJUNTO Nº 93/PR/2020.

10. Atualmente, artigo 583, PROVIMENTO CONJUNTO Nº 93/PR/2020.

11. Atualmente, artigo 576, PROVIMENTO CONJUNTO Nº 93/PR/2020.

(Cartório/CE – 2018 – IESES) Assinale a alternativa correta:

(A) O Ministério Público não se manifesta sobre o pedido de habilitação para o casamento.

(B) Se os nubentes residirem em diferentes distritos do Registro Civil, se publicará e se registrará o edital no registro do nubente mais velho.

(C) O princípio da rogação(instância) não é aplicado ao registro civil de pessoas naturais.

(D) Quando o casamento se der em circunscrição diferente daquela da habilitação, o oficial do registro comunicará ao da habilitação esse fato, com os elementos necessários às anotações nos respectivos autos.

D: está de acordo com o § 6º do artigo 67 da Lei 6.015/73, sendo sua fiel reprodução. **A:** está em desacordo com o artigo 1.526 do Código Civil, muito embora em alguns estados, como Rio Grande do Sul e São Paulo, existe a previsão de dispensa de manifestação do Ministério Público em procedimentos de habilitação, em certas hipóteses. **B:** está em desacordo com o § 4º do artigo 67 da Lei 6.015/73, que estabelece: "Se os nubentes residirem em diferentes distritos do Registro Civil, em um e em outro se publicará e se registrará o edital". **C:** está em desacordo com o artigo 13 da Lei 6.015/73, pelo qual os atos do registro são praticados: a) por ordem judicial; b) a requerimento verbal ou escrito dos interessados; e c) a requerimento do Ministério Público, quando a lei autorizar. Existem atos de ofício a serem praticados pelo registrador civil (como as anotações e comunicações do artigo 106 e a hipótese de retificação de ofício pelo artigo 110 da Lei 6.105/73), mas devem ser entendidos como exceção e não regra geral.
Gabarito "D".

(Cartório/SP – 2018 – VUNESP) A propósito da conversão da união estável em casamento, assinale a alternativa correta.

(A) A união estável poderá converter-se em casamento mediante pedido dos companheiros ao Juiz Corregedor Permanente, independentemente de prévia habilitação para o casamento.

(B) Não se admite, para fins de registro, a conversão de união estável em casamento de pessoas do mesmo sexo.

(C) O processo de habilitação se desenvolve sob o mesmo rito previsto para o casamento, devendo constar dos editais que se trata de conversão, seguindo-se a lavratura do respectivo assento independentemente de autorização do Juiz Corregedor Permanente, prescindindo o registro da celebração do matrimônio.

(D) O assento de conversão da união estável em casamento será lavrado imediatamente após a celebração do matrimônio, com expressa indicação da data do início de seu estabelecimento.

C: está correta pois de acordo com o procedimento previsto nos itens 87 e seguintes do Capítulo XVII das Normas de Serviço do Extrajudicial da Corregedoria Geral da Justiça de São Paulo. **A:** está errada pois o pedido de conversão da união estável em casamento independe de pedido ao juiz corregedor, segundo os itens acima. **B:** está incorreta pois em desacordo com o item 88 do Capítulo XVII das normas paulistas, que permitem a conversão de união estável em casamento de pessoas do mesmo sexo. **D:** apresenta dois equívocos: primeiro, na conversão de união estável em casamento não há qualquer celebração do matrimônio (item 87.2. do Capítulo XVII das normas paulistas); segundo, não deve constar do assento qualquer menção da data de

início ou período de duração da união estável (item 87.5 do Capítulo XVII das normas paulistas).
Gabarito "C".

(Cartório/SP – 2018 – VUNESP) Sobre o casamento religioso para efeitos civis, é correto afirmar que

(A) o registro no Livro B-Auxiliar produzirá efeitos jurídicos a contar da celebração do casamento.

(B) o casamento religioso celebrado sem as formalidades exigidas pela lei civil jamais poderá ser registrado.

(C) apresentado o termo do casamento religioso para fins de registro, o Registrador Civil deverá formalizar a lavratura do ato no prazo de 48 (quarenta e oito) horas.

(D) o registro civil do casamento religioso deverá ser promovido dentro de 90 (noventa) dias de sua realização, desde que previamente certificada a habilitação. Expirado o prazo, ainda que se proceda a nova habilitação, o registro não poderá mais ser autorizado.

A: está de acordo com o artigo 1.515 do Código Civil, ao tratar dos efeitos do registro do casamento religioso. **B:** está equivocada pois em desacordo com o § 2º do artigo 1.516 do Código Civil. **C:** não encontra amparo nem legal nem normativo. **D:** está em desacordo com o § 1º do artigo 1.516 do Código Civil, que permite o registro do casamento religioso, após o prazo de 90 dias de sua realização, mediante prévia habilitação, a qualquer tempo.
Gabarito "A".

(Cartório/SP – 2018 – VUNESP) Sobre o casamento, é correto afirmar que

(A) a escritura de pacto antenupcial deverá ser anexada aos autos da habilitação, devendo constar do respectivo assento de casamento somente a menção de sua existência, vedada a indicação do cartório em cujas notas foi lavrada.

(B) qualquer dos nubentes, querendo, poderá acrescer ao seu o sobrenome do outro.

(C) a dispensa dos proclamas, nos casos previstos em lei, será submetida à decisão do Registrador Civil processante, com a audiência obrigatória do Ministério Público.

(D) o casamento pode celebrar-se mediante procuração com eficácia limitada ao prazo de 90 (noventa) dias, por instrumento público ou particular com firma reconhecida.

B: está correta pois reproduz o §1º do artigo 1.565 do Código Civil. **A:** está incorreta pois em desacordo com o item 72 do Capítulo XVII das Normas de Serviço do Extrajudicial da Corregedoria Geral da Justiça de São Paulo, segundo o qual "o Oficial fará constar do assento a existência de pacto antenupcial, com menção textual da Unidade de Serviço, livro, folhas e data em que foi lavrada a respectiva escritura (…)". **C:** está errada pois a dispensa de proclamas deve ser requerida ao Juiz Corregedor Permanente (item 64, Capítulo XVII, das normas paulistas). **D:** incorreta, estabelece que a procuração *ad nupcias* pode ser apresentada por instrumento particular, em desacordo com item 83 do Capítulo XVII das normas paulistas.
Gabarito "B".

(Cartório/RS – 2019 – VUNESP) Caio e Sandra, ele francês e ela brasileira, ambos maiores, divorciados, pretendem se casar no Brasil em seu RCPN. Assumindo que ele tenha visto válido no País, assinale a alternativa que apresenta corretamente a documentação básica necessária para dar entrada na habilitação do casamento.

11. REGISTRO CIVIL DAS PESSOAS NATURAIS 587

(A) Dele: passaporte francês; certidão de casamento com averbação de divórcio ou equivalente, desde que registrada em RTD. **Dela**: cédula de identidade e certidão de nascimento com anotação do divórcio. As certidões de ambos deverão ter prazo máximo de expedição de 60 dias, na data de autuação da habilitação.

(B) Dele: passaporte francês ou outra identidade válida em território nacional; certidão de casamento com averbação de divórcio ou equivalente, traduzida por tradutor juramentado e registrada em RTD (Registro de Títulos e Documentos). **Dela**: documento de identidade e certidão de casamento com averbação de divórcio (prazo máximo de expedição de 60 dias, na data de autuação da habilitação).

(C) Dele: documento de identidade francês válido; certidão de casamento com averbação do divórcio ou equivalente, devidamente legalizada, registrada em RTD. **Dela**: documento de identidade e certidão de nascimento com anotação de divórcio ou de casamento, com averbação de divórcio (em qual- quer caso, prazo máximo de expedição de 60 dias, na data de autuação da habilitação).

(D) Dele: passaporte francês ou outra identidade válida em território nacional; certidão de nascimento ou casamento com averbação de divórcio, traduzida por tradutor público juramentado e registradas em RTD. **Dela**: documento de identidade e certidão de nascimento ou de casamento, com averbação de divórcio. As certidões de ambos deverão ter prazo máximo de expedição de 60 dias, na data de autuação da habilitação.

(E) Dele: passaporte francês ou outra identidade válida em território nacional; atestado consular, certidão de nascimento ou casamento com averbação de divórcio, traduzida por tradutor público juramentado, devidamente legalizada, e registrada em RTD. **Dela**: cédula de identidade e certidão de casamento com averbação de divórcio (prazo máximo de expedição de 60 dias, na data de autuação da habilitação).

B: está correta, pois de acordo com os incisos do artigo 134-A da antiga Consolidação Normativa Notarial e Registral da Corregedoria-Geral da Justiça do Rio Grande do Sul – CNNR (Provimento 32/06 – CGJ), com relação à documentação de estrangeiros para habilitação de casamento. É o que também dispõe o artigo 198 da atual CNNR, instituída pelos Provimentos 001/2020 e 005/2020. Com relação à documentação brasileira, a certidão de casamento com averbação de divórcio expedida há menos de 60 dias está prevista no § 7º do artigo 134 da antiga CNNR gaúcha (artigo 193 da atual). As demais alternativas estão em desacordo com as referidas previsões normativas.
Gabarito "B".

7. ÓBITO

(Cartório/AM – 2005 – FGV) Assinale a alternativa correta a respeito de cremação de cadáver.

(A) Na hipótese de morte violenta, só será possível depois de autorizada pela autoridade judiciária.

(B) Depende sempre de autorização da autoridade judiciária.

(C) Independe, em qualquer hipótese, de autorização da autoridade judiciária.

(D) Depende da manifestação de vontade do incinerado, mesmo no interesse da saúde pública.

(E) Todas as alternativas estão incorretas.

Estabelece o art. 77, § 2º, da Lei 6.015/1973 que a cremação de cadáver depende de manifestação de vontade do incinerado **ou** de interesse de saúde pública, após a assinatura do atestado de óbito por dois médicos ou um médico legista e, em caso de morte violenta, somente depois de autorização judicial.
Gabarito "A".

(Cartório/BA – 2004 – CESPE) Julgue os itens subsequentes.

(1) No caso de a criança ter nascido morta, será o registro feito no livro C Auxiliar, com os elementos que couberem.

(2) No caso de a criança morrer na ocasião do parto, tendo, entretanto, respirado, serão feitos dois assentos, o de nascimento e o de óbito, com os elementos cabíveis e com remissões recíprocas.

1: correta, nos termos do art. 53, § 1º, da Lei 6.015/1973; 2: correta, nos termos do art. 53, § 2º, da Lei 6.015/1973.
Gabarito 1C, 2C

(Cartório/BA – 2004 – CESPE) Acerca do registro civil das pessoas naturais, julgue o item a seguir.

(1) No assento de óbito de pessoa conhecida, deve constar o estado civil do *de cujus* e, sendo este casado ou divorciado, o nome do cônjuge ou do ex-cônjuge sobrevivente.

1: incorreta. Sendo o defunto divorciado, não há necessidade de declaração do nome do ex-cônjuge (art. 80, item 4, da Lei 6.015/1973).
Gabarito 1E.

(Cartório/DF – 2006 – CESPE) A respeito do serviço de registro civil das pessoas naturais e de interdições e tutelas, julgue o item seguinte.

(1) No assento de óbito de pessoa conhecida, deve constar o estado civil do *de cujus* e, caso este seja casado, divorciado ou viúvo ou vivia em união estável, deve constar o nome do cônjuge, do ex-cônjuge ou companheiro sobrevivente.

1: incorreta. Sendo o defunto divorciado, não há necessidade de declaração do nome do ex-cônjuge (art. 80, item 4, da Lei 6.015/1973).
Gabarito 1E.

(Cartório/MA – 2008 – IESES) A Lei de Registros Públicos (Lei n. 6.015/1973), quanto ao óbito, dispõe:

I. Nenhum sepultamento será feito sem certidão, do oficial de registro do lugar do falecimento, extraída após a lavratura do assento de óbito, em vista do atestado de médico, se houver no lugar, ou em caso contrário, de duas pessoas qualificadas que tiverem presenciado ou verificado a morte.

II. A cremação de cadáver somente será feita daquele que houver manifestado a vontade de ser incinerado ou no interesse da saúde pública e se o atestado de óbito houver sido firmado por 2 (dois) médicos ou por 1 (um) médico legista e, no caso de morte violenta, depois de autorizada pela família do falecido.

III. A declaração de óbito poderá ser feita por meio de preposto, autorizando-o o declarante em escrito ou verbalmente, de que constem os elementos necessários ao assento de óbito.

IV. Poderão os Juízes togados admitir justificação para o assento de óbito de pessoas desaparecidas em naufrágio, inundação, incêndio, terremoto ou qualquer outra catástrofe, quando estiver provada a sua presença no local do desastre e não for possível encontrar-se o cadáver para exame.

(A) As alternativas I e III estão corretas.

(B) As alternativas I, III e IV estão corretas.

(C) As alternativas I e IV estão corretas.

(D) As alternativas II e IV estão corretas.

I: correta, nos termos do art. 77 da Lei 6.015/1973; II: incorreta. Em caso de morte violenta, a cremação depende de autorização judicial (art. 77, § 2º, da Lei 6.015/1973); III: incorreta. A declaração por meio de preposto somente pode ser autorizada por escrito (art. 79, parágrafo único, da Lei 6.015/1973); IV: correta, nos termos do art. 88 da Lei 6.015/1973. Gabarito "C".

(Cartório/MG – 2009 – EJEF) Assinale a opção INCORRETA.

(A) Antes de proceder ao assento de óbito de criança de menos de 1(um) ano, o oficial verificará se houve registro de nascimento, que, em caso de falta, será previamente feito.

(B) O registro de óbito, via de regra, deve ser feito dentro de 24 (vinte e quatro) horas do falecimento.

(C) A cremação de cadáver não repercute na esfera do registro civil.

(D) Nos termos da Lei dos Registros Públicos, o vizinho, quanto ao falecimento que tiver notícia, mesmo que supletivamente, não é obrigado a fazer a declaração de óbito.

A: correta, nos termos do art. 77, § 1º, da Lei 6.015/1973; B: correta, nos termos do art. 78 da Lei 6.015/1973; C: correta. Desde que cumpridos os requisitos estabelecidos no art. 77, § 2º, da Lei 6.015/1973, o registro do óbito será feito no mesmo prazo e com os mesmos elementos do sepultamento; D: incorreta, devendo ser assinalada. O art. 79, item 5, *in fine*, da Lei 6.015/1973 impõe a obrigação ao vizinho de declarar o óbito do qual tiver notícia. Gabarito "D".

(Cartório/MG – 2005 – EJEF) O art. 79 da Lei dos Registros Públicos enumera as pessoas que têm o dever legal de declarar o óbito. É CORRETO afirmar que, nesse caso, a ordem de obrigação estabelecida é

(A) alternativa.

(B) enunciativa.

(C) simultânea.

(D) sucessiva.

A ordem estabelecida pelo art. 79 da Lei 6.015/1973 é sucessiva, isto é, a presença de pessoa indicada primeiramente exclui a obrigação das posteriores. Isso pode ser lido nos próprios itens do rol, que sempre remetem à ausência das pessoas descritas nos itens anteriores. Gabarito "D".

(Cartório/MG – 2005 – EJEF) O Oficial do Registro Civil das Pessoas Naturais foi procurado para efetuar o assento de óbito de pessoa já sepultada, a que falta atestado de médico ou de duas pessoas qualificadas.

Considerando-se a situação descrita, é CORRETO afirmar que a conduta do Oficial deve

(A) efetuar o assento após a conclusão do competente inquérito civil público, caso não tenha sido comprovada a suspeita de homicídio.

(B) instaurar o procedimento de dúvida, após a negativa do assentamento, uma vez que a regra segundo a qual nenhum sepultamento pode ser feito sem o atestado de óbito é de caráter absoluto.

(C) solicitar ao declarante que apresente duas testemunhas que tenham assistido ao falecimento ou ao funeral e possam atestar, por conhecimento ou informação, a identidade do cadáver e, assim que cumprida a diligência, efetuar o assento.

(D) verificar onde a pessoa foi enterrada, pois o óbito é assentado na mesma localidade do sepultamento, ainda que o nascimento tenha ocorrido em outra.

Nesse caso, conforme dispõe o art. 83 da Lei 6.015/1973, deve o Oficial de Registro exigir a apresentação de duas testemunhas que tenham assistido ao falecimento ou ao funeral e que possam atestar a identidade do cadáver. Gabarito "C".

(Cartório/RN – 2012 – IESIS) Assinale a resposta correta.

I. O assento de óbito deverá ser assinado pela pessoa que fizer a comunicação ou por alguém a seu rogo.

II. Quando o assento for posterior ao enterro, faltando o atestado médico ou de duas pessoas qualificadas, assinarão, com a que fizer a declaração, duas testemunhas que tiverem assistido ao falecimento ou ao funeral e puderem atestar, por conhecimento próprio ou por informação que tiverem colhido, a identidade do cadáver.

III. O assento de óbito ocorrido em hospital, prisão ou qualquer outro estabelecimento público será feito mediante requerimento da pessoa responsável pela administração do lugar, mesmo quando houver declaração de parentes.

IV. A justificação por assento de óbito poderá ser feita diretamente pelo oficial do registro público.

(A) Apenas II e III estão corretas.

(B) Apenas II, III e IV estão corretas.

(C) Apenas I e III estão corretas.

(D) Apenas I e II estão corretas.

I: correta, nos termos do art. 82 da Lei n. 6.015/1973; II: correta, nos termos do art. 83 da Lei n. 6.015/1973; III: incorreta. Os administradores dos estabelecimentos públicos deverão notificar o óbito somente na falta de parentes conhecidos (art. 87 da Lei n. 6.015/1973); IV: incorreta. A justificação presta-se a obter o reconhecimento judicial do óbito daquele que desapareceu em naufrágio, inundação, incêndio, terremoto ou outra catástrofe, bem como em campanha militar. Como dito, o reconhecimento cabe ao juiz, não ao oficial do registro (art. 88 da Lei n. 6.015/1973). Gabarito "D".

(Cartório/RN – 2012 – IESIS) Sobre o sepultamento e a cremação, assinale a afirmação **INCORRETA**:

(A) Nenhum sepultamento será feito sem certidão, do oficial de registro do lugar do falecimento, extraída após a lavratura do assento de óbito, em vista do atestado de médico, se houver no lugar, ou em caso contrário, de duas pessoas qualificadas que tiverem presenciado ou verificado a morte.

11. REGISTRO CIVIL DAS PESSOAS NATURAIS

(B) Sendo o finado desconhecido, o assento deverá conter a informação "indigente", assim como: declaração de estatura ou medida, se for possível, cor, sinais aparentes, idade presumida, vestuário e qualquer outra indicação que possa auxiliar de futuro o seu reconhecimento; e, no caso de ter sido encontrado morto, serão mencionados esta circunstância e o lugar em que se achava e o da necropsia, se tiver havido.

(C) A cremação de cadáver somente será feita daquele que houver manifestado a vontade de ser incinerado ou no interesse da saúde pública e se o atestado de óbito houver sido firmado por 2 (dois) médicos ou por 1 (um) médico legista e, no caso de morte violenta, depois de autorizada pela autoridade judiciária.

(D) Na impossibilidade de ser feito o registro dentro de 24 (vinte e quatro) horas do falecimento, pela distância ou qualquer outro motivo relevante, o assento será lavrado depois, com a maior urgência, e dentro dos prazos fixados na lei.

A: correta, nos termos do art. 77 da Lei n. 6.015/1973; B: incorreta, devendo ser assinalada. Não é autorizada a menção ou qualquer alusão, ainda que indireta, à condição de "indigente" (art. 81 da Lei n. 6.015/1973); C: correta, nos termos do art. 77, § 2º, da Lei n. 6.015/1973; D: correta, nos termos do art. 78 da Lei n. 6.015/1973.
Gabarito "B".

(Cartório/SP – 2012 – VUNESP) O Oficial do Registro Civil das pessoas naturais deverá anotar o óbito

(A) nos assentos de casamento e nascimento do falecido.

(B) nos assentos de casamento e nascimento e na Carteira de Trabalho e Previdência Social do falecido; esta, facultativamente, quando for apresentada pelo declarante.

(C) nos assentos de casamento e nascimento, nas procurações eventualmente outorgadas na mesma unidade de serviço e na Carteira de Trabalho e Previdência Social do falecido; esta, facultativamente, quando for apresentada pelo declarante.

(D) nos assentos de casamento e nascimento, nas procurações eventualmente outorgadas na mesma unidade de serviço, na Carteira de Trabalho e Previdência Social (CTPS) e no Certificado de Alistamento Militar (CAM) do falecido; estes, facultativamente, quando forem apresentados pelo declarante.

O art. 107 da Lei 6.015/1973 exige apenas que o óbito seja anotado nos assentos de nascimento e casamento do falecido.
Gabarito "A".

(Cartório/SP – 2012 – VUNESP) O registro de óbito é feito na circunscrição

(A) do lugar do falecimento.

(B) do último domicílio do falecido.

(C) do lugar do falecimento ou daquele do último domicílio do falecido.

(D) do lugar do sepultamento.

Nos termos do art. 77 da Lei 6.015/1973, o assento do óbito deve ser realizado pelo Oficial de Registros do lugar do falecimento.
Gabarito "A".

(Cartório/SP – 2016 – VUNESP) Dentre outros requisitos, o assento de óbito deve conter

(A) o fato de ser gêmeo, quando assim tiver acontecido.

(B) os prenomes, os sobrenomes, a profissão, a naturalidade e a residência dos pais do morto.

(C) o lugar do nascimento.

(D) o número do procedimento administrativo da habilitação para o casamento, se casado.

A: incorreta – requisito previsto para o assento de nascimento e não do óbito, nos termos do artigo 54, item 3º da Lei 6.015/1973 (*O assento de nascimento deverá conter: o fato de ser gêmeo quando assim tiver acontecido*), e do item 37, alínea "c" do Capítulo XVII das NSCGJ/SP (*mesma redação da Lei 6.015/1973*). B: correta – nos termos do artigo 80, item 5º da Lei 6.015/1973 (*O assento de óbito deverá conter: os nomes, prenomes, profissão, naturalidade e residência dos pais*), e do item 99, alínea "f" do Capítulo XVII das NSCGJ/SP (*O assento de óbito deverá conter: os prenomes, os sobrenomes, a profissão, a naturalidade e a residência dos pais*). C: incorreta – no assento de óbito há previsão para inclusão da naturalidade do falecido, mas não do lugar de nascimento, nos termos do artigo 80, item 3º da Lei 6.015/1973 e do item 99, alínea "c" do Capítulo XVII das NSCGJ/SP (*O assento de óbito deverá conter: o prenome, o sobrenome, o sexo, a idade, a cor, o estado civil, a profissão, a naturalidade, o domicílio e a residência do morto*). D: incorreta – se o falecido é casado, constará no óbito o nome do cônjuge sobrevivente ou falecido, e o cartório onde realizado o casamento, nos termos do artigo 80, item 4º da Lei 6.015/1973 (*O assento de óbito deverá conter: se era casado, o nome do cônjuge sobrevivente, mesmo quando desquitado; se viúvo, o do cônjuge pré-defunto; e o cartório de casamento em ambos os casos*), tendo essa redação atualizada para constar no Estado de São Paulo, a inserção do casamento e da união estável no assento de óbito pelo item 99, alínea "d" do Capítulo XVII das NSCGJ/SP (*O assento de óbito deverá conter: se era casado ou vivia em união estável, o nome do cônjuge ou companheiro supérstite, mencionando-se a circunstância quando separado judicialmente, divorciado, ou de união estável dissolvida; se viúvo ou companheiro supérstite, o nome do cônjuge ou companheiro pré-morto; e o Registro Civil das Pessoas Naturais do casamento ou união estável*).
Gabarito "B".

(Cartório/SP – 2016 – VUNESP) Assinale a alternativa correta.

(A) Antes de proceder ao assento de óbito de pessoa de menos de um ano, o Oficial verificará se houve registro de nascimento, o qual, se inexistente, será previamente feito no mesmo Registro Civil das Pessoas Naturais competente para a lavratura do assento de óbito, após autorização do Juiz Corregedor Permanente.

(B) Antes de proceder ao assento de óbito de pessoa de menos de um ano, o Oficial verificará se houve registro de nascimento, o qual, se inexistente, será previamente feito no Registro Civil das Pessoas Naturais do domicílio dos pais, ainda que diverso do qual seria competente para a lavratura do óbito.

(C) A lavratura do assento de óbito de pessoa de menos de um ano prescinde do registro de nascimento, desde que feito no cartório do domicílio da mãe.

(D) Antes de proceder ao assento de óbito de pessoa de menos de um ano, o Oficial verificará se houve registro de nascimento, o qual, se inexistente, será previamente feito nomes no Registro Civil das Pessoas Naturais competente para a lavratura do assento de óbito.

A: incorreta – não é necessária a autorização do juiz Corregedor Permanente, nos termos do artigo 77, § 1º, Lei 6.015/1973, abaixo

transcrito. **B**: incorreta – esta alternativa foi considerada incorreta, pois formulada antes da alteração do *caput* do artigo 77 da Lei 6.015/1973 pela Lei 13.484/2017, que alterou a competência para o registro do óbito que antes era apenas o do local do falecimento, deixando como alternativa ao declarante o local de residência do falecido (*Art. 77. Nenhum sepultamento será feito sem certidão do oficial de registro do lugar do falecimento ou do lugar de residência do de cujus, quando o falecimento ocorrer em local diverso do seu domicílio, extraída após a lavratura do assento de óbito, em vista do atestado de médico, se houver no lugar, ou em caso contrário, de duas pessoas qualificadas que tiverem presenciado ou verificado a morte.*), devendo ser considerada também como correta hoje, pois a competência para o registro de nascimento neste caso é do local do falecimento ou do local de domicílio do falecido, que no caso da criança aplicar-se-á o domicílio de seus pais, nos termos do artigo 76, parágrafo único, do Código Civil (*o domicílio necessário do incapaz é o do seu representante ou assistente*). **C**: incorreta – por expressa disposição legal é necessário fazer o registro do nascimento da criança. **D**: correta – disposição literal do § 1º do artigo 77 da Lei 6.015/1973 e do item 96.1 do Capítulo XVII das NSCGJ (*Antes de proceder ao assento de óbito de pessoa de menos de 1 (um) ano, o Oficial verificará se houve registro de nascimento, o qual, se inexistente, será previamente feito, no mesmo Registro Civil das Pessoas Naturais competente para a lavratura do assento de óbito*).
Gabarito "D".

(Cartório/SP – 2016 – VUNESP) Quando o assento de óbito for posterior ao enterro e não houver atestado de médico ou de duas pessoas qualificadas,

(A) assinarão, com a que fizer a declaração, duas testemunhas que tiverem assistido ao falecimento ou ao funeral e puderem atestar, por conhecimento próprio ou por informação que tiverem colhido, a identidade do cadáver.

(B) assinará uma testemunha que tiver assistido ao falecimento ou ao funeral e puder atestar, por conhecimento próprio ou por informação que tiver colhido, a identidade do cadáver.

(C) a lavratura do assento será precedida de decisão do Ministério Público.

(D) assinarão, com a que fizer a declaração, três testemunhas que tiverem assistido ao falecimento ou ao funeral.

A: correta – disposição literal do artigo 83 da Lei 6.015/1973 (*Art. 83. Quando o assento for posterior ao enterro, faltando atestado de médico ou de duas pessoas qualificadas, assinarão, com a que fizer a declaração, duas testemunhas que tiverem assistido ao falecimento ou ao funeral e puderem atestar, por conhecimento próprio ou por informação que tiverem colhido a identidade do cadáver.*), e do item 100.2 do Capítulo XVII das NSCGJ: (*Quando o assento for posterior ao enterro, faltando atestado de médico (DO) ou de 2 (duas) pessoas qualificadas, assinarão, com a que fizer a declaração, 2 (duas) testemunhas que tiverem assistido ao falecimento ou ao funeral e puderem atestar, por conhecimento próprio ou por informação que tiverem colhido, a identidade do cadáver*). **B**: incorreta – são duas as testemunhas, conforme disposto acima. **C**: incorreta – não há manifestação do Ministério Público neste caso, conforme disposto acima. **D**: incorreta – são duas as testemunhas, conforme disposto acima.
Gabarito "A".

(Cartório/SP – 2018 – VUNESP) Em relação ao registro de óbito, assinale a proposição verdadeira.

(A) A cremação de cadáver somente será feita daquele que houver manifestado a vontade de ser incinerado ou no interesse da saúde pública, sendo desnecessário que o atestado seja firmado por um médico legista.

(B) Em caso de natimorto, o registro será efetuado no Livro e-Auxiliar, vedada a atribuição de nome ao registrado.

(C) O registro de óbito após o prazo legal e o registro de óbito de cadáver destinado ao estudo e pesquisa, por escola de medicina, dependem, obrigatoriamente, da autorização do Juiz Corregedor Permanente.

(D) A competência para a lavratura do assento de óbito é exclusiva do Registro Civil do lugar do falecimento.

C: está correta pois de acordo com o item 97.1., do Capítulo XVII das Normas de Serviço do Extrajudicial da Corregedoria Geral da Justiça de São Paulo, segundo o qual "ultrapassados os prazos acima estipulados para o registro do óbito, o Oficial deverá requerer a autorização do Juiz Corregedor Permanente". Sobre o registro de óbito de cadáver para estudos e pesquisa, está de acordo com item 101.4. do Capítulo XVII das normas paulistas. **A**: está em desacordo com o § 2º do artigo 77, da Lei 6.015/73, segundo o qual, para cremação de cadáver, o atestado de óbito houver sido firmado por 2 (dois) médicos ou por 1 (um) médico legista. **B**: está errada, pois em desacordo com o item 32 do Capítulo XVII, Segundo o qual "em caso de natimorto, facultado o direito de atribuição de nome, o registro será efetuado no livro "C-Auxiliar", com o índice em nome do pai ou da mãe, dispensando o assento de Nascimento". **D**: está errada pois desde a Lei 13.484/2017, que altera a redação do artigo 77 da Lei 6.015/73, também é possível realizar o registro de óbito no lugar de residência do *de cujus*.
Gabarito "C".

(Cartório/CE – 2018 – IESES) Assinale a alternativa correta:

(A) O assento de óbito não pode ser realizado por analfabetos.

(B) O assento de óbito deve conter a informação se a pessoa era filiada à partido político.

(C) A cremação de cadáver somente será feita daquele que houver manifestado a vontade de ser incinerado ou no interesse da saúde pública e se o atestado de óbito houver sido firmado por 2 (dois) médicos ou por 1 (um) médico legista e, no caso de morte violenta, depois de autorizada pela autoridade judiciária.

(D) Os emolumentos relativos aos registros de óbito são fixados por lei federal.

C: está de acordo com o § 2º do artigo 77 da Lei 6.015/73. **A**: está equivocada, pois o artigo 82 da Lei 6.015/73 permite o analfabeto faça a declaração de óbito, com assinatura a rogo. **B**: também está equivocada pois a referida informação não consta no rol de requisitos do assento de óbito presentes no artigo 80 da Lei 6.015/73. **D**: apresenta dois equívocos: inicialmente, os emolumentos para o registro de óbito são gratuitos, de acordo com o artigo 45 da Lei 8.935/94. Além disso, o § 2º do artigo 236 da Constituição Federal de 1988 estabelece que lei federal em matéria de emolumentos apenas deve tratar de normas gerais; sendo, assim, competência estadual sua fixação.
Gabarito "C".

8. EMANCIPAÇÃO, INTERDIÇÃO E AUSÊNCIA

(Cartório/BA – 2004 – CESPE) Acerca do registro civil das pessoas naturais, julgue o item a seguir.

(1) O menor pode ser emancipado por concessão dos pais ou tutores, desde que a outorga da capacidade civil seja feita por meio de escritura pública, que necessariamente deve ser inscrita no registro civil competente.

11. REGISTRO CIVIL DAS PESSOAS NATURAIS

1: incorreta. O tutor não pode emancipar o menor exclusivamente por sua vontade, sendo necessária autorização judicial para tanto (art. 5º, parágrafo único, I, *in fine*, do CC).

Gabarito "1E".

(Cartório/MG – 2009 – EJEF) Assinale a opção INCORRETA.

(A) O registro da emancipação bem como o da interdição são feitos no livro "B", nos termos do artigo 33 da Lei dos Registros Públicos.

(B) A emancipação legal (parágrafo único do artigo 5º. do Código Civil), independe de assentamento específico, produzindo efeitos desde logo, a partir do ato ou fato que a justifique.

(C) Quando o juiz conceder emancipação, deverá comunicá-la, de ofício, ao oficial de registro, se não constar dos autos haver sido efetuado este dentro de 8 (oito) dias.

(D) A sentença que declara a interdição produz efeitos desde logo, embora sujeita a recurso, devendo ser inscrita no registro civil de pessoas naturais.

A: incorreta, devendo ser assinalada. Tais registros devem ser realizados no livro "E" do 1º Ofício ou 1ª subdivisão judiciária da comarca (arts. 89 e 92 da Lei 6.015/1973); **B: correta.** O registro será feito, porém, não é condição para a validade ou eficácia do ato; **C: correta**, nos termos do art. 91 da Lei 6.015/1973; **D: correta**, nos termos dos arts. 1.773 e 9º, III, do CC.

Gabarito "A".

(Cartório/MG – 2005 – EJEF) Considerando-se os atos de emancipação, interdição e ausência, é CORRETO afirmar que

(A) a averbação das sentenças declaratórias de ausência que nomearem Curador será feita no Cartório do domicílio anterior do ausente.

(B) a emancipação, em qualquer caso, não produzirá efeitos antes da obrigatória averbação no Livro dos Assentos Especiais.

(C) a emancipação, quando concedida pelos pais, se processará segundo as regras dos procedimentos especiais de jurisdição voluntária.

(D) o Curador não poderá assinar o respectivo termo antes do registro da sentença que decretar a interdição.

A: incorreta. Não se trata de ato de averbação, mas de **registro** (art. 94 da Lei 6.015/1973); **B: incorreta.** A emancipação produz efeitos desde logo. O registro não é condição de validade ou eficácia do ato; **C: incorreta.** A emancipação voluntária é feita por escritura pública (art. 5º, parágrafo único, I, do CC); **D: correta**, nos termos do art. 93, parágrafo único, da Lei 6.015/1973.

Gabarito "D".

(Cartório/RN – 2012 – IESIS) A emancipação voluntária, outorgada pelo detentor do poder familiar àquele que possui, pelo menos, 16 anos de idade completos, terá seu registro feito, mediante:

(A) Trasladação da sentença oferecida em certidão ou do instrumento, limitando-se, se for de escritura pública, as referências da data, livro, folha e ofício em que for lavrada com dependência, em qualquer dos casos, da presença de testemunhas, mas com a assinatura do apresentante. Dele sempre constarão: data do registro e da emancipação; nome, prenome, idade, filiação, profissão, naturalidade e residência do emancipado; data e cartório em que foi registrado o seu nascimento;

nome, profissão, naturalidade e residência dos pais ou do tutor.

(B) Trasladação da sentença oferecida em certidão, contendo as referências da data, livro, folha e ofício em que for lavrada sem dependência, em qualquer dos casos, da presença de testemunhas, mas com a assinatura do apresentante. Dele sempre constarão: data do registro e da emancipação; nome, prenome, idade, filiação, profissão, naturalidade e residência do emancipado; data e cartório em que foi registrado o seu nascimento; nome, profissão, naturalidade e residência dos pais ou do tutor.

(C) Trasladação da sentença oferecida em certidão ou do instrumento, limitando-se, se for de escritura pública, as referências da data, livro, folha e ofício em que for lavrada sem dependência, em qualquer dos casos, da presença de testemunhas, mas com a assinatura do apresentante. Dele sempre constarão: data do registro e da emancipação; nome, prenome, idade, filiação, profissão, naturalidade e residência do emancipado; data e cartório em que foi registrado o seu nascimento; nome, profissão, naturalidade e residência dos pais ou do tutor.

(D) Trasladação do instrumento, limitando-se a escritura pública às referências da data, livro, folha e ofício em que for lavrada sem dependência, em qualquer dos casos, da presença de testemunhas, mas com a assinatura do apresentante. Dele sempre constarão: data do registro e da emancipação; nome, prenome, idade, filiação, profissão, naturalidade e residência do emancipado; data e cartório em que foi registrado o seu nascimento; nome, profissão, naturalidade e residência dos pais ou do tutor.

A alternativa "D" é a única que elenca todos os requisitos do registro de emancipação previstos no art. 90 da Lei n. 6.015/1973.

Gabarito "D".

(Cartório/SE – 2007 – CESPE) A respeito do registro civil das pessoas naturais, julgue os itens seguintes.

(1) A emancipação, voluntária ou judicial, será registrada, em livro especial, no cartório do 1.º ofício ou da 1.ª subdivisão judiciária da comarca do domicílio do menor. Quando essa for diversa da comarca em que foi registrado, se fará menção no registro e a emancipação será anotada, com remissões recíprocas, no assento de nascimento.

1: correta, nos termos dos arts. 89 e 107, § 1º, da Lei 6.015/1973.

Gabarito "1C".

(Cartório/SP – 2012 – VUNESP) A sentença de interdição

(A) não é passível de inscrição no registro civil.

(B) é averbada no registro de nascimento e de casamento do curador.

(C) é registrada no Livro "E", salvo quando desdobrado, pela natureza dos atos, em livros especiais, do 1.º Subdistrito da sede da Comarca e anotada no assento de nascimento e de casamento do interdito.

(D) é averbada no registro de nascimento e de casamento do interdito.

A sentença de interdição, nos termos do art. 92 da Lei 6.015/1973, será registrada no Livro "E" do Cartório do 1º Ofício ou da 1ª subdi-

visão judiciária, que poderá ser desdobrado em livros especiais (art. 33, parágrafo único, da Lei 6.015/1973), e anotada dos registros de nascimento e casamento do interdito (art. 107, § 1º, da Lei 6.015/1973).
Gabarito "C".

(Cartório/SP – 2011 – VUNESP) Quanto à emancipação voluntária, é correto afirmar que deverá ser lavrada perante um Tabelião de Notas,

(A) e averbada perante o Oficial do Registro Civil da comarca do domicílio do emancipado para inscrição no Livro E.

(B) ou feita mediante instrumento particular, registrada perante o Oficial do Registro Civil da sede da comarca do domicílio do emancipado para registro no Livro E e anotada no Livro de nascimento do emancipado.

(C) e averbada no Livro A.

(D) registrada perante o Oficial do Registro Civil da sede da comarca do domicílio do emancipado para registro no Livro E e anotada no Livro de nascimento do emancipado.

A emancipação voluntária, concedida pelos pais nos termos do art. 5º, parágrafo único, I, do CC, deverá ser realizada por instrumento público lavrado por Tabelião de Notas, registrada perante o Oficial do Registro Civil da sede da comarca do emancipado no Livro "E" (art. 106 do Capítulo XVII das Normas de Serviço da Corregedoria-Geral de Justiça de São Paulo) e anotada nos assentos de nascimento e casamento (art. 107, § 1º, da Lei 6.015/1973).
Gabarito "D".

(Cartório/SP – VI – VUNESP) A emancipação legal

(A) necessita, para produzir efeito, de seu registro no Livro E do oficial de registro civil das pessoas naturais do 1.º subdistrito competente.

(B) necessita, para produzir efeito, de sua anotação à margem do assento de nascimento do emancipado.

(C) necessita, para produzir efeito, de sua averbação à margem do assento de nascimento do emancipado.

(D) independe de assentamento específico no registro público, produzindo efeito desde logo, a partir do ato ou do fato que a justifique.

O registro, apesar de obrigatório, não é condição de validade ou de eficácia da emancipação, que produzirá efeitos desde logo.
Gabarito "D".

(Cartório/SP – VI – VUNESP) Em relação às sentenças de interdição, considere as assertivas:

I. são registradas no registro civil do 1.º subdistrito da sede da comarca, no Livro E ou seu desmembramento;

II. produzem efeitos desde logo, devendo o curador assinar o respectivo termo antes de seu registro;

III. são anotadas de ofício ou mediante comunicação nos assentos de nascimento e casamento do interdito.

São verdadeiras apenas as afirmações

(A) I e III.

(B) II e III.

(C) I e II.

(D) I.

I: correta, nos termos dos arts. 33, parágrafo único, e 89 da Lei 6.015/1973; II: incorreta. É vedado ao curador assinar o termo antes do registro da sentença de interdição (art. 93, parágrafo único, da

Lei 6.015/1973); III: correta, nos termos do art. 93, *caput*, da Lei 6.015/1973.
Gabarito "A".

(Cartório/SP – V – VUNESP) Assinale a alternativa que apresenta um item que deverá constar no registro de sentenças declaratórias de ausência.

(A) Tempo de ausência até a data da propositura do pedido.

(B) Tempo de ausência até a data da sentença.

(C) Tempo de ausência até a data do registro respectivo.

(D) Tempo de ausência até a data da assinatura do termo de curatela.

Os requisitos do registro da sentença declaratória de ausência estão dispostos no art. 94 da Lei 6.015/1973. São eles: data do registro; nome, idade, estado civil, profissão e domicílio anterior do ausente; data e cartório em que foram registrados seu nascimento e casamento, bem como o nome do cônjuge, se for casado; tempo de ausência até a data da sentença; nome do promotor que atuou no processo; data da sentença, nome e vara do juiz que a proferiu; nome, estado civil, profissão, domicílio e residência do curador e os limites da curatela.
Gabarito "B".

9. TRASLADOS DE ASSENTOS LAVRADOS NO EXTERIOR. OPÇÃO DE NACIONALIDADE

(Cartório/DF – 2008 – CESPE) Relativamente à legislação e jurisprudência aplicáveis às serventias registradoras e notariais, julgue os itens seguintes.

(1) Considere a seguinte situação hipotética. Júlio, filho de brasileiro casado com estrangeira, nasceu na Europa, onde seu pai estava, por conta própria, cursando doutorado. Dois anos depois, quando seu pai concluiu o curso, a família veio residir no Brasil. Nessa situação, para que Júlio obtenha registro civil de seu nascimento, em seu domicílio no Brasil, terá que requerê-lo em juízo.

1: correta, nos termos do art. 32, § 2º, da Lei 6.015/1973.
Gabarito "1C".

(Cartório/DF – 2003 – CESPE) Acerca da Lei de Registros Públicos (LRP — Lei n. 6.015/1973), julgue o item subsequente.

(1) Se um agente público brasileiro falecer em serviço em país estrangeiro, deverá a autoridade consular competente para o local registrar em livro próprio o assento do óbito, o qual valerá para todos fins, mas deverá ser convalidado por registro a ser feito, no prazo de até um ano, no serviço de registro civil do último domicílio do finado no Brasil.

1: incorreta. Para produzir efeitos no país, o registro deve ser **trasladado** para o 1º Ofício do último domicílio do falecido, não havendo prazo estabelecido em lei para tanto (art. 32, § 1º, da Lei 6.015/1973).
Gabarito "1E".

(Cartório/DF – 2001 – CESPE) Em relação ao registro de pessoas naturais e jurídicas, julgue os seguintes itens.

(1) É admissível o registro do assento de nascimento de menor, filha de pais paraguaios, nascida em Assunção, desde que a mãe, adotando posteriormente a nacionalidade brasileira, por via de naturalização, o

11. REGISTRO CIVIL DAS PESSOAS NATURAIS — 593

requeira perante o cartório do 1.º ofício do local de seu domicílio.

(2) Os casamentos celebrados no exterior, por autoridade estrangeira, após legalização pelo consulado brasileiro, serão transcritos no Livro B, relativo aos registros de casamento.

1: incorreta. A naturalização é um ato personalíssimo, que altera a nacionalidade somente daquele que a requer. Não há transmissão de nacionalidade secundária por vias consanguíneas; 2: incorreta. Os registros serão feitos no livro "E", no 1º Ofício da comarca (art. 33, parágrafo único, da Lei 6.015/1973).

Gabarito 1E, 2E

(Cartório/DF – 2001 – CESPE) O Estado tem no registro civil a fonte principal de referência estatística: comete crime o oficial que não remeter, trimestralmente, à Fundação Instituto Brasileiro de Geografia e Estatística, os mapas de nascimentos, casamentos e óbitos. É uma base para que os governos decidam suas medidas administrativas e de política jurídica. O indivíduo nele encontra meios de provar seu estado, sua situação jurídica. Fixa, de modo inapagável, os fatos relevantes da vida humana, cuja conservação em assentos públicos interessa à Nação, ao indivíduo e a todos os terceiros. Seu interesse reside na importância mesma de tais fatos e, outrossim, na sua repercussão na existência do cidadão: ele é maior ou menor, capaz ou incapaz, interdito, emancipado, solteiro ou casado, filho, pai. É todo um conjunto de condições a influir sobre sua capacidade e sobre as relações de família, de parentesco e com terceiros.

Walter Ceneviva. Lei dos registros públicos comentada. 12.ª ed., atual. São Paulo: Saraiva, 1997. p. 73 (com adaptações).

Considerando a relevância do tema tratado no texto acima, julgue os seguintes itens, a respeito do tratamento dado ao registro civil de pessoas naturais na LRP.

(1) Considere a seguinte situação hipotética. Michael nasceu no Estado do Alabama, nos Estados Unidos da América, filho de pais brasileiros. Ao preencher os requisitos previstos na legislação brasileira, optou pela nacionalidade deste país. Nessa situação, Michael deverá, necessariamente, registrar sua opção em cartório do registro civil localizado no DF.

(2) Se um casal de brasileiros contrair matrimônio no exterior, o ato somente terá validade, no Brasil, quando o respectivo assento, desde que realizado de acordo com a lei do local, for trasladado em qualquer cartório do registro civil brasileiro.

1: incorreta. Michael deve registrar sua opção junto ao cartório do 1º ofício da comarca de seu domicílio (art. 32, § 4º da Lei 6.015/1973); 2: incorreta. O traslado deve ser feito junto ao cartório do 1º ofício da comarca de domicílio dos cônjuges (art. 32, § 1º, da Lei 6.015/1973).

Gabarito 1E, 2E

(Cartório/RJ – 2008 – UERJ) Os nascidos no estrangeiro entre 7 de junho de 1994 e a data da promulgação da Emenda Constitucional n. 54/2007 (21.09.2007), filhos de pai brasileiro ou mãe brasileira, desde que cumpridos os requisitos previsto no art. 12 da Constituição e no art. 95 do ADCT, poderão ser registrados em ofício de registro no livro:

(A) "E" do Serviço do 1º Ofício de Registro de Títulos e Documentos da comarca de domicílio do registrado

(B) "E" do Serviço do 1º registro civil de pessoas naturais do 1º Distrito ou da 1ª subdivisão judiciária do 1º distrito da comarca de domicílio do registrado

(C) "A" do Serviço do 1º do registro civil de pessoas naturais do 1º Distrito ou da 1ª subdivisão judiciária do 1º distrito da comarca de domicílio do registrado

(D) "B" do Serviço do 1º do registro civil de pessoas naturais do 1º Distrito ou da 1ª subdivisão judiciária do 1º distrito da comarca de domicílio do registrado

(E) "E" do Serviço do 1º do registro civil de pessoas jurídicas do 1º Distrito ou da 1ª subdivisão judiciária do 1º distrito da comarca de domicílio do registrado

---

O registro civil de nascido no exterior, após o cumprimento das exigências legais, será realizado no livro "E" do 1º cartório de registro civil de pessoas naturais da comarca onde primeiro residir o registrando (art. 32, § 2º, da Lei 6.015/1973).

Gabarito "B".

(Cartório/SP – 2016 – VUNESP) Em relação aos traslados de assentos de brasileiros lavrados em país estrangeiro, é correto afirmar que

(A) antes de serem trasladados, os registros realizados em repartição estrangeira deverão ser traduzidos por tradutor público juramentado, legalizados por autoridade consular brasileira e registrados em cartório de Títulos e Documentos.

(B) deverão ser registrados perante o Oficial de Registro Civil das Pessoas Naturais da Sede ou do 1º Subdistrito da Comarca do domicílio do interessado, no livro próprio de nascimento, casamento ou óbito, conforme o caso.

(C) a omissão do regime de bens no assento de casamento não obstará o traslado deste.

(D) deverá constar do assento do traslado de registro de nascimento, realizado em repartição estrangeira, a observação de que se trata de brasileiro nato, se o genitor brasileiro residir em território nacional.

A: incorreta – para a trasladação dos assentos de nascimento, casamento e óbito feitos em repartição estrangeira, é necessária a legalização por autoridade consular brasileira ou apostilamento, para os países que são signatários da Convenção de Haia (note que a questão foi feita no ano de 2016, portanto, antes da vigência da Convenção de Haia no Brasil), e a tradução pública juramentada com tradutor inscrito na Junta Comercial Brasileira, sendo dispensado o registro no Registro de Títulos e Documentos, nos termos do artigo 32 da Lei 6.015/1973 *(Art. 32. Os assentos de nascimento, óbito e de casamento de brasileiros em país estrangeiro serão considerados autênticos, nos termos da lei do lugar em que forem feitos, legalizadas as certidões pelos cônsules ou quando por estes tomados, nos termos do regulamento consular.).* Também é a previsão do subitem 155.1 do Capítulo XVII das NSCGJ-SP: *(155.1. Os assentos de nascimento, casamento e óbito de brasileiros lavrados por autoridade estrangeira competente, que não tenham sido previamente registrados em repartição consular brasileira, somente poderão ser trasladados no Brasil se estiverem legalizados por autoridade consular brasileira que tenha jurisdição sobre o local em que foram emitidas. 155.1.1. Antes de serem trasladados, tais assentos também deverão ser traduzidos por tradutor público juramentado, inscrito em junta comercial brasileira. 155.1.2. A legalização efetuada por autoridade consular brasileira consiste no reconhecimento da assinatura de notário ou autoridade estrangeira competente aposta em documento* original ou fotocópia autenticada ou na declaração de autenticidade de documento original não assinado, nos termos do regulamento consular. O reconhecimento, no Brasil, da assinatura da autoridade consular brasileira no documento será dispensado, conforme previsto no art. 2º do Decreto 84.451/80. 150.1.3. Os Oficiais de Registro Civis das Pessoas Naturais deverão observar a eventual existência de acordos multilaterais ou bilaterais, de que o Brasil seja parte, que prevejam a dispensa de legalização de documentos públicos originados em um Estado a serem apresentados no território do outro Estado, ou a facilitação dos trâmites para a sua legalização.). Atentando para o item 155.1.2 sobre a legalização, e o item 155.1.3 sobre o apostilamento ou acordos que o Brasil seja parte. E ainda, a previsão do artigo 2º da Resolução 155 de 16/07/2012 do CNJ (*Art. 2º Os assentos de nascimento, casamento e óbito de brasileiros lavrados por autoridade estrangeira competente, que não tenham sido previamente registrados em repartição consular brasileira, somente poderão ser trasladados no Brasil se estiverem legalizados por autoridade consular brasileira que tenha jurisdição sobre o local em que foram emitidas. § 1º Antes de serem trasladados, tais assentos também deverão ser traduzidos por tradutor público juramentado, inscrito em junta comercial brasileira. § 2º A legalização efetuada por autoridade consular brasileira consiste no reconhecimento da assinatura de notário/autoridade estrangeira competente aposta em documento original/fotocópia autenticada ou na declaração de autenticidade de documento original não assinado, nos termos do regulamento consular. O reconhecimento, no Brasil, da assinatura da autoridade consular brasileira no documento será dispensado, conforme previsto no art. 2º do Decreto nº 84.451/1980. § 3º Os oficiais de registro civil deverão observar a eventual existência de acordos multilaterais ou bilaterais, de que o Brasil seja parte, que prevejam a dispensa de legalização de documentos públicos originados em um Estado a serem apresentados no território do outro Estado, ou a facilitação dos trâmites para a sua legalização).* B: incorreta – o traslado dos assentos estrangeiros é feito no Livro E do Registro Civil das Pessoas Naturais da Sede ou do 1º Subdistrito em que tenha domicílio o interessado, nos termos do item 155, Capítulo XVII das NSCGJ/SP (*155. O traslado de assentos de nascimento, casamento e óbito de brasileiros em país estrangeiro, tomados por autoridade consular brasileira, nos termos do regulamento consular, ou por autoridade estrangeira competente, a que se refere o "caput" do art. 32 da Lei 6.015/1973, será efetuado no Livro "E" do Registro Civil das Pessoas Naturais do 1º Subdistrito da Comarca do domicílio do interessado ou do 1º Ofício de Registro Civil das Pessoas Naturais do Distrito Federal, sem a necessidade de autorização judicial.*). O mesmo disposto no artigo 1º da Resolução 155 de 16/07/2012 do CNJ (*Art. 1º O traslado de assentos de nascimento, casamento e óbito de brasileiros em país estrangeiro, tomados por autoridade consular brasileira, nos termos do regulamento consular, ou por autoridade estrangeira competente, a que se refere o caput do art. 32 da Lei 6.015/1973, será efetuado no Livro "E" do 1º Ofício de Registro Civil das Pessoas Naturais da Comarca do domicílio do interessado ou do 1º Ofício de Registro Civil de Pessoas Naturais do Distrito Federal, sem a necessidade de autorização judicial).*C: correta – nos termos do item 164.2 do Capítulo XVII das NSCGJ-SP (*164.2. A omissão do regime de bens no assento de casamento, lavrado por autoridade consular brasileira ou autoridade estrangeira competente, não obstará o traslado.*) E nos termos do § 2º do artigo 13 da Resolução 155 de 16/07/2012 do CNJ (*§ 2º A omissão do regime de bens no assento de casamento, lavrado por autoridade consular brasileira ou autoridade estrangeira competente, não obstará o traslado*). D: incorreta – quando o nascimento é registrado em repartição estrangeira dependerá de opção de nacionalidade, nos termos do artigo 12, inciso I, alínea "c", *in fine* da Constituição Federal que dependerá de residência no Brasil e de opção pela nacionalidade brasileira perante a Justiça Federal, a qualquer tempo, após o registrado atingir a maioridade, e não depende da residência ou não do genitor no Brasil (*Art. 12. São brasileiros: I – natos: (...) c) os nascidos no estrangeiro de pai brasileiro ou de mãe brasileira (...) que venham a residir na República Federativa do Brasil e optem, em qualquer tempo, depois de atingida a maioridade, pela*

nacionalidade brasileira). O que também vem reproduzido nos itens 156.2 e 156.2.1 do Capítulo XVII das NSCGJ-SP (*156.2. Na hipótese de nascimento registrado em repartição estrangeira e legalizado por autoridade consular brasileira, ou apostilado pela autoridade estrangeira nos termos da Convenção de Haia a condição da nacionalidade brasileira depende de opção. 156.2.1. Deverá constar do assento e da respectiva certidão do traslado a seguinte observação: "Nos termos do artigo 12, inciso I, alínea "c", in fine, da Constituição Federal, a confirmação da nacionalidade brasileira depende de residência no Brasil e de opção, depois de atingida a maioridade, em qualquer tempo, pela nacionalidade brasileira, perante a Justiça Federal*).
Gabarito "C".

(Cartório/SP – 2016 – VUNESP) Assinale a alternativa correta. O filho de brasileiro ou brasileira, nascido no estrangeiro, e cujos pais não estejam ali a serviço do Brasil, desde que registrado em consulado brasileiro ou não registrado, venha a residir no território nacional, poderá requerer

(A) no juízo de seu domicílio, que se registre, no livro "E" do 1º Oficial do Registro Civil, o termo de nascimento.

(B) no Registro Civil de seu domicílio, que se registre, no livro "E" do 1º Oficial do Registro Civil, o termo de nascimento.

(C) no Registro Civil de seu domicílio, que se registre, no livro "A" do 1º Oficial do Registro Civil, o termo de nascimento.

(D) no juízo de seu domicílio, que se registre, no livro "A" do 1º Oficial do Registro Civil, o termo de nascimento.

A: incorreta – disposição literal do § 2º do artigo 32 da Lei 6.015/1973, porém não é necessário o pedido da transcrição de nascimento em juízo, sendo apenas necessária perante o juízo federal a opção pela nacionalidade brasileira. **B:** correta – alternativa que foi considerada correta pelo gabarito oficial, apesar da literalidade do § 2º do artigo 32 da Lei 6.015/1973, prevê o item 155 do Capítulo XVII das NSCGJ que não há necessidade de autorização judicial (*O traslado de assentos de nascimento, casamento e óbito de brasileiros em país estrangeiro, tomados por autoridade consular brasileira, nos termos do regulamento consular, ou por autoridade estrangeira competente, a que se refere o "caput" do art. 32 da Lei 6.015/1973, será efetuado no Livro "E" do Registro Civil das Pessoas Naturais do 1º Subdistrito da Comarca do domicílio do interessado ou do 1º Ofício de Registro Civil das Pessoas Naturais do Distrito Federal, sem a necessidade de autorização judicial*). **C:** incorreta – a transcrição do assento de nascimento ocorrido no estrangeiro é feita sempre no Livro E do Oficial de Registro Civil das Pessoas Naturais da Sede ou do 1º Subdistrito, havendo mais de uma serventia na Comarca. **D:** incorreta – a transcrição do assento de nascimento é feita diretamente no Oficial do Registro Civil das Pessoas Naturais da Sede ou do 1º Subdistrito, havendo mais de uma serventia na Comarca, no Livro E, não sendo necessária a requisição prévia de autorização ao juízo de direito para a transcrição.
Gabarito "B".

(Cartório/MG – 2015 – Consulplan) Sobre a transcrição de certidões de assentos de nascimento, casamento e óbito de brasileiros em país estrangeiro, é correto afirmar, EXCETO:

(A) O traslado de certidões de assentos de nascimento, casamento e óbito de brasileiros lavrados em país estrangeiro será efetuado mediante apresentação de documentos originais. O arquivamento de tais documentos poderá ser feito por cópia reprográfica conferida pelo oficial de registro civil.

(B) O oficial de registro civil não deverá efetuar o traslado das certidões de assentos de nascimento, casamento e óbito de brasileiros ocorridos em país estrangeiro

11. REGISTRO CIVIL DAS PESSOAS NATURAIS

quando o requerente relatar a eventual necessidade de retificação do seu conteúdo, devendo, primeiramente, efetuar a sua correção através de retificação administrativa, nos termos do artigo 110 da Lei n. 6.015/1973.

(C) Os oficiais de registro civil deverão observar a eventual existência de acordos multilaterais ou bilaterais, de que o Brasil seja parte, que prevejam a dispensa de legalização de documentos públicos originados em um Estado a serem apresentados no território do outro Estado, ou a facilitação dos trâmites para a sua legalização.

(D) Caso não conste o sobrenome do registrando no assento de nascimento ocorrido em país estrangeiro, faculta-se ao requerente a sua indicação, mediante declaração escrita que será arquivada.

A: correta – nos termos do artigo 4º da Resolução 155 de 16/07/2012 do CNJ *(Art. 4º O traslado de certidões de assentos de nascimento, casamento e óbito de brasileiros lavrados em país estrangeiro será efetuado mediante apresentação de documentos originais. Parágrafo único. O arquivamento de tais documentos poderá ser feito por cópia reprográfica conferida pelo oficial de registro civil.).* **B**: incorreta – nos termos do artigo 5º da Resolução 155 de 16/07/2012 do CNJ, neste caso, o oficial de registro civil deverá efetuar o traslado das certidões, e após a efetivação deste proceder à retificação nos termos do artigo 110 da Lei 6.015/1973, quando tratar-se de erro evidente, ou nos termos do artigo 109 da mesma lei, com pronunciamento judicial, nos demais casos *(Art. 5º O oficial de registro civil deverá efetuar o traslado das certidões de assentos de nascimento, casamento e óbito de brasileiros ocorridos em país estrangeiro, ainda que o requerente relate a eventual necessidade de retificação do seu conteúdo. Após a efetivação do traslado, para os erros que não exijam qualquer indagação para a constatação imediata de necessidade de sua correção, o oficial de registro deverá proceder à retificação conforme art. 110 da Lei 6.015/1973. Parágrafo único. Para os demais erros, aplica-se o disposto no art. 109 da referida Lei.).* **C**: correta – nos termos do §3º do artigo 1º da Resolução 155/2012 do CNJ *(§ 3º Os oficiais de registro civil deverão observar a eventual existência de acordos multilaterais ou bilaterais, de que o Brasil seja parte, que prevejam a dispensa de legalização de documentos públicos originados em um Estado a serem apresentados no território do outro Estado, ou a facilitação dos trâmites para a sua legalização).* **D**: correta – nos termos do artigo 10 da Resolução 155 de 16/07/2012 do CNJ *(Art. 10. Caso não conste o sobrenome do registrando no assento de nascimento ocorrido em país estrangeiro, faculta-se ao requerente a sua indicação, mediante declaração escrita que será arquivada).*

Gabarito "B."

(Cartório/RS – 2019 – VUNESP) Os assentos de nascimento lavrados no exterior para serem trasladados em território brasileiro

(A) dependerão de tradução por tradutor público juramentado, inscrito em Junta Comercial Brasileira, se não escritos em vernáculo, e legalização no país de origem, caso não tenham sido realizados por autoridade consular brasileira.

(B) deverão ser registrados no Livro A do 1º Ofício de Registro Civil das Pessoas Naturais da comarca do domicílio do interessado ou do 1º Ofício do RCPN do DF.

(C) mesmo que tenham sido previamente registrados em repartição consular brasileira, dependerão da legalização do documento no país de origem.

(D) caso tenham sido feitos por autoridade consular brasileira, serão lavrados no Livro E do 1º Ofício de RCPN da comarca de domicílio do interessado ou do DF, desde que haja autorização judicial prévia.

(E) serão realizados no Livro E, dependendo da exatidão dos dados neles contidos, já que não poderão ser realizados caso o requerente relate eventual necessidade de retificação do seu conteúdo.

O gabarito está de acordo com o disposto no artigo 44 e parágrafos da antiga Consolidação Normativa Notarial e Registral da Corregedoria-Geral da Justiça do Rio Grande do Sul – CNNR (Provimento 32/06 – CGJ), vigente ao tempo de aplicação da prova. A atual, instituída pelos Provimentos 001/2020 e 005/2020, estabelece, na nova redação do § 1º do artigo 278, que a legalização pela autoridade consular brasileira está dispensada se o documento estiver apostilado, nos termos da Resolução 228/16 do Conselho Nacional de Justiça, para os países signatários da Convenção de Haia. Com relação às demais questões: **B**: está em desacordo com o disposto no artigo 43 da antiga CNNR, que estabelece o Livro "E" como o próprio para realizar o traslado; **C**: está em desacordo com o artigo 44 da antiga CNNR, que estabelece a necessidade de legalização apenas para os assentos que não tenham sido previamente registrados em repartição consular brasileira; **D**: está em desacordo com o artigo 43 da antiga CNNR, que estabelece a desnecessidade de autorização judicial para o traslado do assento; por fim, **E**: está em desacordo com a redação do artigo 47 da antiga CNNR, que estabelecia que o oficial devia efetuar o traslado dos assentos ocorridos em país estrangeiro, ainda que o requerente relate a eventual necessidade de retificação do seu conteúdo.

Gabarito "A."

10. RETIFICAÇÕES, RESTAURAÇÕES E SUPRIMENTOS

(Cartório/AC – 2006 – CESPE) Ainda a respeito da Lei dos Registros Públicos, julgue o item a seguir.

(1) Como regra, o prenome da pessoa física é imutável. Contudo, pode o interessado, no prazo de três anos depois de completada a maioridade, requerer, ao juízo a que estiver sujeito o registro, a retificação do seu assentamento civil para alterar o seu nome, desde que não se trate de registro especial, no caso de gêmeos que tiverem o prenome igual, e que não se prejudiquem os apelidos de família.

1: incorreta. O prazo para solicitação de alteração do prenome é de **um** ano após atingida a maioridade, nos termos do art. 56 da Lei 6.015/1973.

Gabarito "1E."

(Cartório/DF – 2001 – CESPE) O Estado tem no registro civil a fonte principal de referência estatística: comete crime o oficial que não remeter, trimestralmente, à Fundação Instituto Brasileiro de Geografia e Estatística, os mapas de nascimentos, casamentos e óbitos. É uma base para que os governos decidam suas medidas administrativas e de política jurídica. O indivíduo nele encontra meios de provar seu estado, sua situação jurídica. Fixa, de modo inapagável, os fatos relevantes da vida humana, cuja conservação em assentos públicos interessa à Nação, ao indivíduo e a todos os terceiros. Seu interesse reside na importância mesma de tais fatos e, outrossim, na sua repercussão na existência do cidadão: ele é maior ou menor, capaz ou incapaz, interdito, emancipado, solteiro ou casado, filho, pai. É todo um conjunto de condições

596 HENRIQUE SUBI, IZOLDA ANDRÉA DE SYLOS RIBEIRO E GUILHERME FERNANDO DE SOUZA

a influir sobre sua capacidade e sobre as relações de família, de parentesco e com terceiros.

> Walter Ceneviva. Lei dos registros públicos comentada.12.ª ed., atual. São Paulo: Saraiva, 1997. p. 73 (com adaptações).

Considerando a relevância do tema tratado no texto acima, julgue o seguinte item, a respeito do tratamento dado ao registro civil de pessoas naturais na LRP.

(1) considere a seguinte situação hipotética. Hélio, menor impúbere legalmente representado por sua mãe, ajuizou ação de investigação de paternidade em face de seu suposto pai e nela requereu expressamente que, em caso de procedência, fosse expedido mandado para alteração do assento de seu nascimento, a fim de que dele passasse a constar o nome do genitor. O autor obteve a procedência do pedido de investigação de paternidade. Nessa situação, em face de exigência expressa da LRP, somente por processo autônomo poderia dar-se a alteração do assento, não bastando a sentença favorável na ação de investigação de paternidade.

1: incorreta. Não há qualquer menção expressa na Lei 6.015/1973 nesse sentido. Além disso, o art. 1.616 do CC assevera que a sentença de procedência do pedido na ação de investigação de paternidade terá os mesmos efeitos do reconhecimento do filho, de sorte que vale como documento suficiente para a respectiva averbação.
Gabarito "1E".

(Cartório/DF – 2001 – CESPE) Ainda no atinente ao registro civil de pessoas naturais na LRP, julgue o item seguinte.

(1) Considere a seguinte situação hipotética. Miguel completou 21 anos de idade no dia 31 de dezembro de 1998. Em março de 2000, requereu alteração de seu nome, para o fim de acrescentar o de um avô a quem muito queria e que o havia criado. Para tanto, apresentou ao juiz razões que justificariam a demora no requerimento. Nessa situação, a despeito do tempo levado por Miguel para requerer a alteração, é juridicamente admissível a alteração.

1: correta. A Lei 6.015/1973 prevê o prazo de um ano após atingida a maioridade para a solicitação de alteração do nome (art. 56). Não obstante, permite a retificação posterior, desde que excepcional e motivadamente, ouvido o Ministério Público (art. 57 da Lei 6.015/1973).
Gabarito "1C".

(Cartório/DF – 2001 – CESPE) Ainda no atinente ao registro civil de pessoas naturais na LRP, julgue o item seguinte.

(1) Considere a seguinte situação hipotética. Juliano recebeu esse prenome de seu pai, que também o tinha. Porém, o pai de Juliano, irresponsavelmente, abandonou a família, fato que causou grande repulsa no filho, que, à época, ainda era infante. A revolta de Juliano foi tamanha que ele repudiou o próprio nome e passou a apresentar-se como Murilo, nome do padrasto que o criou e pelo qual se tornou amplamente conhecido. Logo que completou a maioridade, Juliano requereu a alteração de seu nome para Murilo. Nessa situação, o requerente faz jus à mudança do prenome.

1: correta. Independentemente de toda a história relatada, ao efetivar a solicitação da mudança de seu prenome dentro do primeiro ano após atingida a maioridade, Juliano tem direito à alteração (art. 56 da Lei 6.015/1973). Mesmo que transcorrido esse prazo, a retificação é

possível diante dos motivos apresentados (art. 57 da Lei 6.015/1973). E, por fim, restaria ainda a alteração fundamentada no apelido público notório (art. 58 da Lei 6.015/1973).
Gabarito "1C".

(Cartório/ES – 2007 – FCC) Tício, com 60 anos de idade, pretende ver retificado seu registro de nascimento, para suprimir referência à espécie de filiação, já que consta na observação se tratar de filho ilegítimo adulterino. O cartório de Registro Civil das Pessoas Naturais

(A) não poderá fazer esta alteração, por ser ato jurídico perfeito, já que a lei não pode retroagir para ferir o ato jurídico perfeito, conforme disposição constitucional neste sentido.

(B) não poderá fazer esta alteração, por ser impossível qualquer alteração no registro de nascimento, salvo as averbações previstas em lei, onde não se inclui esta hipótese.

(C) poderá fazer a alteração após procedimento judicial de justificação para provar que esta condição é falsa, visto ser o registro expressão da verdade.

(D) poderá fazer a alteração após anuência do Ministério Público em procedimento oficioso instaurado pelo Oficial do Registro Civil, com fundamento constitucional e na Lei n. 8.560/1992.

(E) poderá fazer a alteração após requerimento escrito dirigido ao juiz de direito competente em matéria de registros públicos, que decidirá depois de ouvido o Ministério Público, fundado na Constituição Federal de 1988 e na Lei n. 8.560/1992.

O registro de nascimento de Tício, realizado sob a égide da Lei 6.015/1973 antes da promulgação da CF, foi realizado conforme os ditames legais aplicáveis à época. Ocorre que tal determinação não foi recepcionada pela CF em 1988 e, com isso, a Lei 8.560/1992, em seu art. 8º, autorizou a retificação dos assentos realizados anteriormente para que se suprimam as referências pejorativas ao estado de filiação por decisão judicial, após manifestação do Ministério Público.
Gabarito "E".

(Cartório/MG – 2009 – EJEF) Assinale a opção INCORRETA.

(A) Admite-se a substituição do prenome em razão de fundada coação ou ameaça decorrente da colaboração com a apuração de crime, sendo, nesses casos, por se tratar de exceção ao princípio da imutabilidade, desnecessária a intervenção do Ministério Público.

(B) Admite-se a alteração do nome civil, após o decurso do prazo de um ano, contado da maioridade civil, somente por exceção e motivadamente.

(C) É possível a correção de erros de grafia em assentamentos no registro civil pela via administrativa, que será processada junto ao próprio cartório do local do registro, independentemente de pagamento de selos e taxas.

(D) É admissível alteração do regime de bens mediante autorização judicial em pedido motivado de ambos os cônjuges, ressalvados os direitos de terceiros.

A: incorreta, devendo ser assinalada. A intervenção do Ministério Público é sempre necessária (art. 58, parágrafo único, da Lei 6.015/1973); B: correta, nos termos do art. 57 da Lei 6.015/1973; C: correta, nos termos do art. 110 da Lei 6.015/1973; D: correta, nos termos do art. 1.639, § 2º, do CC.
Gabarito "A".

11. REGISTRO CIVIL DAS PESSOAS NATURAIS

(Cartório/RJ – 2002 – NCE-UFRJ) Assinale a afirmação INCOR-RETA:

(A) É admitida a substituição do prenome por apelidos públicos notáveis não proibidos em lei.

(B) É admitida a retificação do prenome por erro gráfico.

(C) O oficial pode, a requerimento da parte interessada, fazer averbar o patronímio de seu companheiro.

(D) O oficial pode impugnar a adoção de nomes que possam expor ao ridículo seus portadores.

(E) O registro tardio, em regra, prescinde de justificação judicial.

A: correta, nos termos do art. 58 da Lei 6.015/1973; B: correta, nos termos do art. 110 da Lei 6.015/1973; C: incorreta, devendo ser assinalada. A inserção do patronímico do companheiro será feita somente mediante autorização judicial (art. 57, § 2°, da Lei 6.015/1973); D: correta, nos termos do art. 55, parágrafo único, da Lei 6.015/1973; E: correta, nos termos do art. 46 da Lei 6.015/1973. A autorização judicial será necessária somente se o Oficial suspeitar da falsidade da declaração de nascimento.
Gabarito "C".

(Cartório/RN – 2012 – IESIS) Sobre as retificações:

(A) Somente caberá a impugnação pelo interessado, mas nunca pelo Ministério Público, porque se trata de questão de natureza personalíssima.

(B) Não cabe o cumprimento da decisão judicial em jurisdição diversa porque o juiz corregedor do cartório é sempre de idêntica jurisdição.

(C) Da decisão judicial caberá recurso, apenas no efeito devolutivo.

(D) Serão feitas à margem do registro, com as indicações necessárias, ou, quando for o caso, com a trasladação do mandado, que ficará arquivado. Contudo, não havendo espaço, far-se-á o transporte do assento, com as remissões a margem do registro original.

A: incorreta. Pode o Ministério Público impugnar o pedido de retificação de registro, nos termos do art. 109, § 1°, da Lei n. 6.015/1973; B: incorreta. Havendo de ser cumprida a ordem judicial em jurisdição diversa, é necessária a ciência do juiz corregedor da comarca onde será feita a retificação, ato que se denomina "cumpra-se" (art. 109, § 5°, da Lei n. 6.015/1973); C: incorreta. Da decisão que julgar a retificação cabe recurso nos dois efeitos, devolutivo e suspensivo (art. 109, § 3°, da Lei n. 6.015/1973); D: correta, nos termos do art. 109, § 6°, da Lei n. 6.015/1973.
Gabarito "D".

(Cartório/RO – III) Assinale a alternativa incorreta:

(A) a correção de erros de grafia poderá ser processada no próprio cartório onde se encontrar o assentamento, mediante petição assinada pelo interessado ou procurador, após o recolhimento dos selos e taxas devidos;

(B) a correção de erros de grafia será averbada à margem do registro pelo respectivo oficial, após o deferimento do pedido pela autoridade judiciária competente;

(C) quem pretender que se retifique assentamento no Registro Civil, requererá, em petição fundamentada e instruída com documentos ou com indicação de testemunhas, que o juiz o ordene, ouvido o órgão do Ministério Público e os interessados no prazo de cinco dias, que correrá em cartório;

(D) as retificações dos assentos civis serão feitos à margem do respectivo registro, com as indicações necessárias, ou, quando for o caso, com o traslado do mandado, que ficará arquivado.

A: incorreta, devendo ser assinalada. A retificação de erros de grafia realizada diretamente no cartório independe do pagamento de selos e taxas (art. 110 da Lei 6.015/1973); B: correta, nos termos do art. 110, § 4°, da Lei 6.015/1973; C: correta, nos termos do art. 109 da Lei 6.015/1973; D: correta, nos termos do art. 109, § 6°, da Lei 6.015/1973.
Gabarito "A".

(Cartório/SP – 2012 – VUNESP) O Oficial de Registro Civil das Pessoas Naturais pode, de ofício, após manifestação conclusiva do Ministério Público,

(A) averbar o nome abreviado, usado como firma comercial registrada ou em qualquer atividade profissional.

(B) averbar a alteração do nome em razão de fundada coação ou ameaça decorrente de colaboração com a apuração de crime.

(C) averbar o nome de família do padrasto ou da madrasta, desde que haja expressa concordância destes, no registro de nascimento do enteado ou da enteada.

(D) corrigir os erros que não exijam qualquer indagação para a constatação imediata da necessidade de sua correção.

A: incorreta. Essa averbação depende de autorização judicial (art. 57, § 1°, da Lei 6.015/1973); B: incorreta. Essa averbação também depende de autorização judicial (art. 57, § 7°, da Lei 6.015/1973); C: incorreta. Aqui também é imprescindível a ordem judicial (art. 57, § 8°, da Lei 6.015/1973); D: correta. Dentre as alternativas, essa é a única na qual o Oficial de Registro está autorizado a agir de ofício (art. 110 da Lei 6.015/1973).
Gabarito "D".

(Cartório/SP – 2011 – VUNESP) Poderão ser corrigidos de ofício pelo Oficial do Registro Civil das Pessoas Naturais, no próprio cartório onde se encontrar o assentamento, mediante requerimento do interessado, quando se tratar de erros que não exijam qualquer indagação para constatação imediata de necessidade de sua correção?

(A) Sim, após manifestação conclusiva do Ministério Público.

(B) Sim, após decisão favorável do Juiz-Corregedor Permanente, sem impugnação oferecida pelo representante do Ministério Público.

(C) Sim, após sentença proferida pelo Juiz-Corregedor Permanente, deferindo a retificação, sem intervenção do Ministério Público.

(D) Sim, pelo próprio Oficial, sem intervenção do Ministério Público ou do Juiz-Corregedor Permanente.

Nos termos do art. 110 da Lei 6.015/1973, tais retificações poderão ser realizadas de ofício pelo Oficial de Registro Civil após manifestação conclusiva do Ministério Público.
Gabarito "A".

(Cartório/SP – IV – VUNESP) Em relação ao procedimento de retificação de registro civil das pessoas naturais, assinale a alternativa que contém afirmação falsa.

(A) Da decisão do Juiz cabe recurso de apelação com ambos os efeitos.

(B) Na hipótese de correção de grafia, é desnecessária a representação da parte interessada por advogado.

(C) A intervenção do Ministério Público é sempre obrigatória.

(D) Trata-se de procedimento que visa corrigir erros contidos nas certidões referentes aos interessados.

A: correta, nos termos do art. 109, § 3°, da Lei 6.015/1973; B: correta, nos termos do art. 110 da Lei 6.015/1973, que autoriza a assinatura do pedido pelo próprio interessado; C: correta, nos termos do art. 109 da Lei 6.015/1973; D: incorreta, devendo ser assinalada. O procedimento não tem por escopo corrigir erros nas **certidões**, e sim nos **assentos**, nos registros propriamente ditos. Erros em certidões são corrigidos mediante a expedição de nova certidão.
Gabarito "D".

(Cartório/SP – IV – VUNESP) Antes da assinatura dos assentos, serão estes lidos às partes e às testemunhas. Ocorrendo omissões ou erros, pode-se afirmar que:

(A) ocorrendo irregularidade, e fazendo-se adições ou emendas, desatendidas as regras legais, mesmo assim elas produzirão efeitos jurídicos, de responsabilidade do Oficial.

(B) somente é possível fazer adições ou emendas, desde que feitas antes das assinaturas, logo em seguida à leitura.

(C) após a assinatura dos assentos, mesmo que não haja outro lavrado, adições ou emendas, somente podem ocorrer através da lavratura de outro assento, de re-ratificação.

(D) é possível a ocorrência de adições ou emendas, antes das assinaturas, ou ainda, em seguida, mas antes de outro assento, assinando-se a ressalva por todos.

Nos termos do art. 39 da Lei 6.015/1973, em caso de erro ou omissão que necessite de adição ou emenda, essas serão feitas antes da assinatura ou mesmo depois delas, mas sempre antes do próximo assento, devendo a ressalva ser novamente assinada por todos.
Gabarito "D".

(Cartório/SP – 2016 – VUNESP) Segundo as Normas da Corregedoria Geral da Justiça do Estado de São Paulo, é correto afirmar que, no Registro Civil das Pessoas Naturais, ocorrendo omissões ou erros,

(A) admite-se adições ou emendas apenas antes das assinaturas das partes, sendo que, após a assinatura do assento, as correções somente poderão ser realizadas por meio da lavratura de assento de retificação.

(B) as adições e emendas são vedadas, admitindo-se a cláusula em tempo, se exarada antes da assinatura das partes e demais comparecentes e da subscrição do Oficial ou escrevente autorizado.

(C) são vedadas as adições, emendas e a cláusula em tempo, sendo que as retificações dependerão de manifestação do Ministério Público.

(D) respectivas adições ou emendas serão feitas antes das assinaturas, ou ainda em seguida, sendo a ressalva novamente assinada por todos.

A: incorreta – as adições e emendas são permitidas antes das assinaturas das partes nos termos do artigo 35 da Lei 6.015/1973 *(Art. 35. A escrituração será feita seguidamente, em ordem cronológica de declarações, sem abreviaturas, nem algarismos; no fim de cada assento e antes da subscrição e das assinaturas, serão ressalvadas as emendas,*

entrelinhas ou outras circunstâncias que puderem ocasionar dúvidas (...). Já as correções posteriores, após a assinatura e finalização do assento, podem ser feitas sendo a ressalva novamente assinada por todos, nos termos do item 17 do Capítulo XVII das Normas de Serviço da Corregedoria Geral da Justiça de São Paulo, Provimento 58/1989 (NSCGJ/SP): *(17. Ocorrendo omissões ou erros, respectivas adições ou emendas serão feitas antes das assinaturas, ou ainda em seguida, sendo a ressalva novamente assinada por todos).* **B**: incorreta – são permitidas adições e emendas, nos termos acima mencionados. A cláusula em tempo é o nome dato a estas adições e emendas realizadas no mesmo assento e antes da assinatura dos declarantes ou comparecentes e a subscrição do oficial ou preposto autorizado. Essa nomenclatura "cláusula em tempo" está prevista no Capítulo XVI – do Tabelionato de Notas das NSCGJ/SP, no item 51.1 *(51.1. A cláusula em tempo é admitida, se exarada antes da assinatura das partes e demais comparecentes e da subscrição da escritura pública pelo Tabelião ou pelo seu substituto, e desde que não afete elementos essenciais do ato, como o preço, o objeto e a forma de pagamento),* nada sendo mencionado no Capítulo XVII específico do Registro Civil das Pessoas Naturais, sendo a nomenclatura utilizada por analogia. **C**: incorreta – as adições, emendas e cláusula em tempo são expressamente admitidas. As retificações, após o advento da Lei 13.484/2017, que alterou o artigo 110 da Lei 6.015/1973, são feitas pelo Oficial sem manifestação do Ministério Público ou do juiz corregedor permanente. **D**: correta, conforme disposto no item 17 do Capítulo XVII das NSCGJ/SP – *(17. Ocorrendo omissões ou erros, respectivas adições ou emendas serão feitas antes das assinaturas, ou ainda em seguida, sendo a ressalva novamente assinada por todos).*
Gabarito "D".

(Cartório/SP – 2016 – VUNESP) Sobre a retificação de assento no Registro Civil relativa a erros que na o exijam qualquer indagação para a constatação imediata de necessidade de sua correção, assinale a alternativa correta.

(A) É isenta de selos e taxas, pode ser feita de ofício pelo registrador e não depende da participação do Ministério Público, que só é necessária no caso de correção em razão de elevação de distrito a município ou alteração de sua nomenclatura por força de lei.

(B) Não é isenta de selos e taxas, não pode ser feita de ofício pelo registrador e depende sempre da participação do Ministério Público ainda que se trate de correção em razão de elevação de distrito a município ou alteração de sua nomenclatura por força de lei.

(C) É isenta de selos e taxas, pode ser feita de ofício pelo registrador mediante petição assinada pelo interessado e depende da participação do Ministério Público, a qual não é exigível no caso de correção em razão da elevação de distrito a município ou alteração de sua nomenclatura por força de lei.

(D) Não é isenta de selos e taxas, pode ser feita de ofício pelo registrador e prescinde da participação do Ministério Público, mesmo nos casos de correção em razão de elevação de distrito a município ou alteração de sua nomenclatura por força de lei.

Questão formulada antes da vigência da Lei 13.484/2017, deu como resposta correta a alternativa C, que era a redação anterior do *caput* do artigo 110 da Lei 6.015/1973. As alternativas serão comentadas de acordo com as alterações dos dispositivos:
A, B, C e **D** – incorretas. Nos termos do § 5° do artigo 110 da Lei 6.015/1973, com a alteração da Lei 13.484/2017, a retificação só será isenta do pagamento de selos e taxas quando decorrer de erro imputável ao Oficial ou seus prepostos. Pode ser feita de ofício pelo Registrador ou mediante petição do interessado, nos termos do *caput*

do artigo 110 da Lei 6.015/1973; e foi dispensada a manifestação do Ministério Público para os casos previstos em seus incisos: (*I – erros que não exijam qualquer indagação para a constatação imediata de necessidade de sua correção; II – erro na transposição dos elementos constantes em ordens e mandados judiciais, termos ou requerimentos, bem como outros títulos a serem registrados, averbados ou anotados, e o documento utilizado para a referida averbação e/ou retificação ficará arquivado no registro no cartório; III – inexatidão da ordem cronológica e sucessiva referente à numeração do livro, da folha, da página, do termo, bem como da data do registro; IV – ausência de indicação do Município relativo ao nascimento ou naturalidade do registrado, nas hipóteses em que existir descrição precisa do endereço do local do nascimento; V – elevação de Distrito a Município ou alteração de suas nomenclaturas por força de lei.*).

Gabarito "C."

11. RECONHECIMENTO DE FILHOS

(Cartório/DF – 2001 – CESPE) Ainda no atinente ao registro civil de pessoas naturais na LRP, julgue o item seguinte.

(1) Considere a seguinte situação hipotética. Jorge nasceu na constância do casamento de Dagmar e Humberto, os quais figuraram no assento de nascimento como seus pais. Ao crescer, Jorge convenceu-se de que seu pai não era Humberto, na verdade, mas outro homem. Por isso, ajuizou ação de investigação de paternidade em face dele. Nessa situação, para a alteração do registro de nascimento, Jorge terá de mover ação própria, após o trânsito em julgado da sentença que eventualmente julgar procedente o pedido da ação de investigação de paternidade.

1: incorreta. O art. 1.616 do CC assevera que a sentença de procedência do pedido na ação de investigação de paternidade terá os mesmos efeitos do reconhecimento do filho, de sorte que vale como documento suficiente para a respectiva averbação.

Gabarito "1E."

(Cartório/DF – 2001 – CESPE) Ainda no atinente ao registro civil de pessoas naturais na LRP, julgue o item seguinte.

(1) Se um homem for casado e tiver um filho fora do matrimônio, ainda assim, conquanto a lei dispense especial proteção ao casamento e estímulo à constituição dele, poderá comparecer ao cartório do registro civil e prestar as declarações necessárias ao assento do nascimento da criança, no qual poderá figurar validamente como pai.

1: correta. O ordenamento jurídico protege o casamento, mas protege com ainda mais intensidade a dignidade da pessoa humana e seu direito à filiação. Com isso, ainda que se trate de filho havido fora do casamento, seu reconhecimento pode ser voluntário (art. 1.607 do CC).

Gabarito "1C."

(Cartório/MG – 2009 – EJEF) Quanto ao reconhecimento dos filhos havidos fora do casamento, assinale a opção INCORRETA.

(A) O filho havido fora do casamento pode ser reconhecido pelos pais, conjunta ou separadamente.

(B) O reconhecimento não pode ser revogado, nem mesmo quando feito em testamento.

(C) O filho maior pode ser reconhecido independentemente de seu consentimento.

(D) O reconhecimento pode ser feito por escritura pública ou escrito particular, a ser arquivado em cartório.

A: correta, nos termos do art. 1.607 do CC; B: correta, nos termos do art. 1.610 do CC; C: incorreta, devendo ser assinalada. O reconhecimento de filhos maiores depende do consentimento desse (art. 1.614 do CC); D: correta, nos termos do art. 1.609, II, do CC.

Gabarito "C."

(Cartório/MG – 2005 – EJEF) É CORRETO afirmar que, no caso de registro de nascimento sem paternidade estabelecida, havendo manifestação escrita da genitora, com os dados de qualificação e endereço do suposto pai, o Oficial deve, obrigatoriamente,

(A) instaurar procedimento de dúvida, tendo em vista o fato de a genitora não ser casada, o que impossibilita, consequentemente, a menção, no registro, do nome do suposto pai.

(B) notificar o suposto pai, independentemente de seu estado civil, para que se manifeste sobre a paternidade que lhe é atribuída.

(C) remeter ao Delegado de Polícia a manifestação escrita da genitora, a fim de que seja instaurado o competente inquérito, para apuração de suposta falsidade ideológica.

(D) remeter ao Juiz certidão integral do registro, assim como dos dados do suposto pai, a fim de ser averiguada, oficiosamente, a procedência da alegação.

Nesse caso, o procedimento a ser observado é aquele previsto no art. 2º da Lei 8.560/1992, que determina a remessa da certidão integral do registro ao juiz juntamente com os dados do suposto pai, para que se verifique oficiosamente a veracidade da declaração da genitora.

Gabarito "D."

(Cartório/MG – 2005 – EJEF) É CORRETO afirmar que deve ser averbada, no Cartório de Registro Civil, a Escritura Pública

(A) Declaratória de União Estável.

(B) de Convenção de Pacto Antenupcial.

(C) de Emancipação.

(D) de Reconhecimento de Filiação.

Dentre os listados, o único ato de **averbação** no Registro Civil de pessoas naturais é o da escritura pública de reconhecimento de filhos (art. 29, § 1º, "d", da Lei 6.015/1973). A declaração de união estável e a convenção de pacto antenupcial são registrados no Registro de Títulos e Documentos e a emancipação deverá ser **registrada.**

Gabarito "D."

(Cartório/MG – 2005 – EJEF) Considerando-se o processo de reconhecimento de filiação, é CORRETO afirmar que

(A) a condição e o termo aposto na Escritura de Reconhecimento de Filho são ineficazes.

(B) o ato de reconhecer filho havido fora do casamento será sempre revogável.

(C) o ato de reconhecer filho pode ser feito apenas mediante Escritura Pública.

(D) o filho havido fora do casamento não pode ser reconhecido por meio de testamento.

A: correta, nos termos do art. 1.613 do CC; B: incorreta. O ato será sempre irrevogável, ainda que feito em testamento (art. 1.610 do CC); C: incorreta. O reconhecimento de filhos pode dar-se ainda por escrito particular, testamento e manifestação expressa e direta perante o juiz

(art. 1.609 do CC); D: incorreta. Não há limitação de reconhecimento por qualquer das formas estabelecidas em lei.
Gabarito "A".

(Cartório/SC – 2008) Ao deparar-se com pedido de registro de nascimento de menor apenas com a maternidade estabelecida, o oficial deverá:

(A) Efetuar o registro, dele remetendo ao juiz certidão integral e o nome e prenome, profissão, identidade e residência do suposto pai, a fim de ser averiguada a procedência da alegação, não fazendo qualquer referência à natureza da filiação.

(B) Efetuar o registro, dele fazendo constar a natureza da filiação, remetendo ao Conselho Tutelar certidão integral do registro e o nome e prenome, profissão, identidade e residência do suposto pai, a fim de ser averiguada a procedência da alegação.

(C) Efetuar o registro, dele fazendo constar a natureza da filiação, e orientar a mãe para que procure um advogado para ingressar com a devida ação de investigação de paternidade.

(D) Efetuar o registro, sem dele fazer constar qualquer referência à natureza da filiação, e orientar a mãe para que procure o Conselho Tutelar de sua cidade ou um advogado para ingressar com a ação de investigação de paternidade.

(E) Negar-se a fazer o registro da criança, pois é obrigatório, pelas leis brasileiras, que conste nome de pai e mãe no registro, nos livros e nos demais assentamentos do cartório.

Nesse caso, o procedimento a ser observado é aquele previsto no art. 2º da Lei 8.560/1992, que determina a remessa da certidão integral do registro ao juiz juntamente com os dados do suposto pai, para que se verifique oficiosamente a veracidade da declaração da genitora.
Gabarito "A".

(Cartório/SP – 2012 – VUNESP) O reconhecimento espontâneo de paternidade, no registro do nascimento, pelo genitor relativamente incapaz, com menos de 18 (dezoito) anos de idade,

(A) pode ser efetuado sem assistência de seus pais ou tutor.

(B) depende da assistência de seus pais ou tutor, mas dispensa autorização judicial.

(C) depende de autorização judicial.

(D) só pode ocorrer depois de atingida a maioridade.

Nos termos do art. 6º, § 4º, do Provimento CNJ 16/2012, o reconhecimento de filho por pessoa relativamente incapaz é possível e não depende de assistência dos pais, tutor ou curador.
Gabarito "A".

(Cartório/SP – V – VUNESP) Pedido de retificação de assento de nascimento, fundado em acordo extrajudicial de reconhecimento de paternidade, visando à inclusão do nome de terceiro (pai biológico constatado) como pai de menor, em substituição àquele que já figura como pai no registro, constante do respectivo termo e que nele fora o declarante, assumindo a paternidade registral sem, entretanto, que fosse o efetivo pai biológico, como comprovado por exame de DNA,

(A) é ilegítimo, uma vez que não basta à sua revogação, a simples afirmação, em acordo extrajudicial, de que

outro é o pai, sendo imprescindível, por se tratar de direito indisponível, que a pretensão se dê pela via judicial, mediante ação de nulidade do registro, ainda que não seja absoluta a presunção de paternidade constante do assento de nascimento.

(B) é legítimo para ser atendido administrativamente pelo Oficial do Registro Civil, mesmo sem a concordância da pessoa que figura como pai registral, a fim de remover a falsidade que permitiu figurasse no registro outro que não o pai verdadeiro, certo de que o direito à paternidade verdadeira é atributo da dignidade humana.

(C) é legítimo e pode ser atendido diretamente pelo Oficial do Registro Civil, desde que conte com a concordância da representante do menor e da pessoa que está assumindo a ascendência, comprovada esta pelo exame, uma vez que prevista em lei a possibilidade de reconhecimento da paternidade biológica por instrumento público ou particular, com sua inclusão no assento de nascimento.

(D) é passível de atendimento registral somente após homologação judicial desse acordo de reconhecimento de paternidade, pois esta é sempre possível de ser investigada a qualquer tempo, com alteração do registro de nascimento, mormente contando com a concordância da pessoa que nele figura como sendo o pai.

O pedido não pode ser acolhido pelo Oficial de Registro, porque afronta a ordem jurídica. Ao registrar o filho como seu, o pai que consta no assento de nascimento reconheceu a filiação, ato irrevogável (art. 1.610 do CC). Com isso, a única forma de alteração do estado de filiação é mediante sentença judicial proferida em ação de retificação ou de nulidade do registro realizado em desconformidade com a paternidade biológica.
Gabarito "A".

(Cartório/SP – V – VUNESP) O relativamente capaz pode proceder a reconhecimento espontâneo de filho?

(A) Não, enquanto perdurar a incapacidade relativa, devendo o reconhecedor aguardar a aquisição da capacidade plena, das graves consequências desse ato.

(B) Sim, desde que seja assistido por seu representante legal e, em havendo conflito de interesses, a relativa incapacidade poderá ser suprida por decisão judicial.

(C) Sim, porém deverá fazê-lo por intermédio de pedido administrativo a ser encaminhado e analisado, previamente, pelo Juiz-Corregedor Permanente.

(D) Sim, sem que para isso seja necessária a assistência de seu representante legal.

Nos termos do art. 6º, § 4º, do Provimento CNJ 16/2012, o reconhecimento de filho por pessoa relativamente incapaz é possível e não depende de assistência dos pais, tutor ou curador.
Gabarito "D".

(Cartório/SP – IV – VUNESP) Em relação ao reconhecimento de filho:

I. pode ser feito, entre outras hipóteses, por escritura pública ou testamento;

II. o filho maior não pode ser reconhecido sem o seu consentimento;

11. REGISTRO CIVIL DAS PESSOAS NATURAIS — 601

III. o reconhecimento de paternidade por absolutamente incapaz somente poderá ser efetivado por decisão judicial;

IV. o reconhecimento espontâneo do filho pelo relativamente incapaz poderá ser efetuado sem assistência de seus pais ou tutor.

Dentre as afirmações acima, pode-se afirmar que estão corretas

(A) todas.

(B) I, II e III, apenas.

(C) I, II e IV, apenas.

(D) I e II, apenas.

I: correta, nos termos do art. 1.609, II e III, do CC; II: correta, nos termos do art. 1.614 do CC; III: correta, nos termos do art. 5°, § 2°, *in fine*, do Provimento CNJ 12/2010; IV: correta, nos termos do art. art. 6°, § 4°, do Provimento CNJ 16/2012.
Gabarito "A".

(Cartório/SP – 2016 – VUNESP) Segundo o Provimento n. 16/2012 do Conselho Nacional de Justiça, para a averbação do reconhecimento espontâneo de paternidade de menor, declarado pelo genitor perante o Oficial de Registro Civil das Pessoas Naturais, na falta da mãe ou na impossibilidade de manifestação de vontade desta, é correto afirmar que

(A) o procedimento deverá ser encaminhado ao Juiz competente, que poderá autorizar a prática do ato.

(B) o reconhecimento não poderá ser realizado extrajudicialmente.

(C) o reconhecimento poderá ser realizado diretamente pelo Oficial de Registro Civil das Pessoas Naturais, com a presença de duas testemunhas que atestem a paternidade.

(D) o reconhecimento poderá ser realizado diretamente pelo Oficial de Registro Civil das Pessoas Naturais, podendo o menor impugná-lo nos quatro anos que se seguirem à sua maioridade ou emancipação.

A: correta – nos termos do artigo 7°, § 2° do Provimento 16 de 17/02/2012 da Corregedoria do CNJ (*Na falta da mãe do menor, ou na impossibilidade de manifestação válida desta ou do filho maior, o caso será apresentado ao Juiz competente*); e nos termos do artigo 4° do mesmo provimento, que indica como juiz competente (*O Oficial perante o qual houver comparecido a pessoa, remeterá ao seu Juiz Corregedor Permanente ou ao magistrado da respectiva comarca definido como competente*). **B:** incorreta – o Provimento 16/2012 do CNJ tratou do reconhecimento extrajudicial da paternidade, conforme previsto em seus vários artigos. **C:** incorreta – não há previsão da presença de testemunhas que atestem a paternidade para o reconhecimento na forma do Provimento 16/2012 do CNJ. **D:** incorreta – o gabarito oficial considerou essa alternativa incorreta, porém, nos termos do artigo 1.614 do Código Civil (*O filho maior não pode ser reconhecido sem o seu consentimento, e o menor pode impugnar o reconhecimento, nos quatro anos que se seguirem à maioridade, ou à emancipação*), consideramos a assertiva também correta por ser a literalidade do Código Civil.
Gabarito "A".

(Cartório/SP – 2016 – VUNESP) A genitora poderá declarar a paternidade no registro de nascimento, independentemente da presença do genitor,

(A) de filho havido na constância de seu casamento com o genitor, independentemente da data de sua celebração.

(B) em até 300 (trezentos) dias do término de seu casamento com o genitor, em razão do falecimento deste, ainda que tenha contraído novas núpcias neste período.

(C) após 180 (cento e oitenta) dias da celebração de seu casamento com o genitor em segundas núpcias, ainda que contraídas antes de 300 (trezentos) dias do término do casamento anterior.

(D) se comprovada a união estável com o genitor, por escritura pública ou sentença declaratória registradas perante o Oficial de Registro Civil das Pessoas Naturais da Sede ou do 1° Subdistrito da Comarca.

A: incorreta – para a presunção da paternidade é necessária a observância dos prazos elencados pelo Código Civil, sendo imprescindível a verificação da data da celebração do casamento com o genitor. **B:** correta – nos termos do artigo 1.597, inciso II, do Código Civil (*Art. 1.597. Presumem-se concebidos na constância do casamento os filhos: (...) II – nascidos nos 300 dias subsequentes à dissolução da sociedade conjugal, por morte, separação judicial, nulidade ou anulação do casamento*) combinado com o artigo 1.598 do Código Civil (*Art. 1.598. Salvo prova em contrário, se antes de decorrido o prazo previsto no inciso II do artigo 1.523, a mulher contrair novas núpcias e lhe nascer algum filho, este se presume do primeiro marido, se nascido dentro dos 300 dias a contar da data do falecimento deste e, do segundo, se o nascimento ocorrer após esse período e já decorrido o prazo a que se refere o inciso I do art. 1597 [nascidos 180 dias, pelo menos, depois de estabelecida a convivência conjugal]*). **C:** incorreta – nos termos do artigo 1.598, acima mencionado, a presunção de paternidade é do segundo marido apenas após o transcurso dos 300 dias do término do primeiro casamento, e desde que ocorra o nascimento após 180 dias do segundo casamento. **D:** incorreta – essa alternativa foi considerada como incorreta, pois quando da aplicação da prova não vigorava a redação atual das NSCGJ/SP, que dispõem atualmente que à união estável também se aplica a presunção de paternidade, nos termos do item 41 das NSCGJ/SP não sendo necessário o registro da união estável no Livro E (*41. Para o registro de filho havido na constância do casamento ou da união estável, basta o comparecimento de um dos genitores. 41.1. A prova do casamento ou da união estável será feita por meio de certidão de casamento, certidão de conversão de união estável em casamento, escritura pública de união estável ou sentença em que foi reconhecida a união estável do casal.*), portanto hoje essa alternativa é considerada correta.
Gabarito "B".

(Cartório/MG – 2019 – Consulplan) De acordo com o Provimento 260/CGJ/2013, analise as assertivas a seguir.

I. O reconhecimento de filho por pessoa relativamente incapaz depende de assistência.

II. É possível o reconhecimento de filho por pessoa menor de 16 anos, desde que devidamente representada.

III. O reconhecimento de filho é ato personalíssimo, não podendo ser feito através de declaração particular com firma reconhecida ou por instrumento público.

IV. Caso apenas a mãe da criança compareça ao cartório para fazer o registro, mas deseje constar o nome do pai da criança, com quem é casada, esta deverá apresentar a certidão de casamento com o pai do menor com data de expedição anterior ao nascimento e dentro do prazo validade de noventa dias.

Está correto o que se afirma em

(A) IV, apenas.

(B) I, II, III e IV.

(C) III e IV, apenas.

(D) Todas as afirmativas são incorretas.

I: está incorreta, pois o reconhecimento de filho por relativamente incapaz independe de assistência, de acordo com o artigo 45212 do Provimento 260/CGJ/2013 (que codifica os atos normativos da Corregedoria-Geral de Justica do Estado de Minas Gerais relativos aos servicos notariais e de registro). **II:** está incorreta pois É vedado o reconhecimento de filho por pessoa absolutamente incapaz perante o oficial de registro, ainda que representado legalmente, devendo ser objeto de procedimento judicial adequado (parágrafo único do artigo 45213 do Provimento 260/CGJ/2013). **III:** está incorreta, pois se admite a declaração particular com firma reconhecida ou por instrumento público no reconhecimento de filiação (inciso II, artigo 45114 do Provimento nº 260/CGJ/2013). **IV:** está incorreta, pois a presunção legal de paternidade, na declaração de nascimento pela mãe casada, apresenta como únicos requisitos: nascimento ocorrido 180 (cento e oitenta) dias, pelo menos, depois de estabelecida a convivência conjugal; nascimento ocorrido nos 300 (trezentos) dias subsequentes à dissolução da sociedade conjugal, por morte, divórcio, separação, nulidade ou anulação de casamento (inciso II, artigo 45715 do Provimento 260/CGJ/2013).
Gabarito "D".

(Cartório/MG – 2019 – Consulplan) Em relação ao reconhecimento de paternidade e maternidade socioafetiva, é INCORRETO afirmar que:

(A) O pretenso pai ou mãe será pelo menos dezesseis anos mais velho que o filho a ser reconhecido.

(B) Se o filho for maior de doze anos, o reconhecimento da paternidade ou maternidade socioafetiva exigirá seu consentimento.

(C) O reconhecimento da paternidade ou da maternidade socioafetiva poderá ocorrer por meio de documento público ou particular de disposição de última vontade, desde que seguidos os demais trâmites previstos no Provimento 63/CNJ.

(D) O reconhecimento da paternidade ou maternidade socioafetiva será processado perante o oficial de registro civil das pessoas naturais, ainda que diverso daquele em que foi lavrado o assento, mediante a exibição de documento oficial de identificação com foto do requerente e da certidão de nascimento do filho, com menos de noventa dias de expedição, ambos em original e cópia, sem constar do traslado menção à origem da filiação.

D: está incorreta pois em desacordo com o artigo 11 do Provimento 63/2017 do CNJ, que não estabelece prazo de validade para a certidão de nascimento daquele a ser reconhecido. **A, B e C:** estão de acordo com o § 4º do artigo 10; com o § 4º do artigo 11; e o § 8º do artigo 11 do provimento em questão, respectivamente.
Gabarito "D".

(Cartório/RS – 2019 – VUNESP) Sobre o reconhecimento espontâneo de filhos na via extrajudicial, é correto afirmar que ele poderá ser realizado

---

12. Atualmente, artigo 542, PROVIMENTO CONJUNTO Nº 93/PR/2020.

13. Atualmente, parágrafo único do artigo 542, PROVIMENTO CONJUNTO Nº 93/PR/2020.

14. Atualmente, artigo 541, PROVIMENTO CONJUNTO Nº 93/PR/2020.

15. Atualmente, artigo 547, PROVIMENTO CONJUNTO Nº 93/PR/2020.

(A) nunca, quando se tratar de filiação socioafetiva, pois se admite apenas a via Judicial.

(B) nunca por testamento ou declaração particular.

(C) em qualquer RCPN do Brasil, independentemente de onde se encontra lavrado o assento de nascimento do reconhecido.

(D) por meio da legitimação do casamento.

(E) sem o consentimento do filho maior, por se tratar de ato personalíssimo.

C: está de acordo com o § 2º do artigo 6º do Provimento 16 do Conselho Nacional de Justica, estabelecendo que o "interessado poderá, facultativamente, comparecer a Oficio de Registro de Pessoas Naturais diverso daquele em que lavrado o assento natalício do filho, apresentando cópia da certidão de nascimento deste, ou informando em qual serventia foi realizado o respectivo registro e fornecendo dados para induvidosa identificação do registrado". **A:** está equivocada em decorrência da publicação, em novembro de 2017, do Provimento 63 pelo Conselho Nacional de Justica, permitindo o reconhecimento extrajudicial das filiações socioafetivas. **B:** está errada, pois em desacordo com o disposto nos incisos II e III do artigo 1.609 do Código Civil. **D:** está errada pois reproduz o artigo 103 da Lei 6.015/73, revogado pelo § 6º do artigo 227 da Constituição Federal, considerando que não há mais qualquer distinção, para fins legais, entre filhos legítimos e ilegítimos. Por fim, **E:** está errada, pois o artigo 7º do Provimento 16 do Conselho Nacional de Justica estabelece a necessidade de anuência escrita do maior para seu reconhecimento.
Gabarito "C".

(Cartório/SP – 2018 – VUNESP) No âmbito administrativo, é correto afirmar que

(A) a averbação do reconhecimento será concretizada na serventia em que foi lavrado o assento de nascimento, independentemente da manifestação do Ministério Público ou do Juiz Corregedor Permanente, mas com a anuência escrita do filho maior, cuja falta ou impossibilidade de manifestação válida, implicará na apreciação do caso diretamente pelo Registrador Civil responsável.

(B) o reconhecimento da paternidade por absolutamente incapaz ou pessoa com deficiência que não puder exprimir sua vontade, qualquer que seja a causa, poderá ser efetivado diretamente perante o serviço de registro civil, observando-se as regras concernentes à representação, facultada, ainda, a intervenção individual de curador ou apoiador.

(C) o reconhecimento espontâneo do filho, pelo relativamente incapaz, poderá ser realizado independentemente da assistência de seus pais, tutor, curador ou apoiador.

(D) o filho menor poderá ser reconhecido, mesmo sem a anuência escrita da mãe, condicionado, nesse caso, à manifestação favorável do Ministério Público.

C: está correta pois está de acordo com o item 42.1 do Capítulo XVII das Normas de Servico do Extrajudicial da Corregedoria Geral da Justica de São Paulo. **B:** está em desacordo com o item 42.2 das normas paulista, que estabelece a necessidade de decisão judicial no reconhecimento da paternidade por absolutamente incapaz. **D:** está incorreta, pois confronta com o item 42.5 das normas paulista, que condiciona o reconhecimento de filiação do menor à anuência da genitora, devendo ser encaminhado ao Juiz Corregedor Permanente na ausência. A atitude prevista na **A** não encontra amparo, nem legal e nem normativo.
Gabarito "C".

11. REGISTRO CIVIL DAS PESSOAS NATURAIS

12. ADOÇÃO E REGISTRO CIVIL

(Cartório/BA – 2004 – CESPE) Acerca do registro civil das pessoas naturais, julgue o item a seguir.

(1) A sentença de adoção será averbada, por meio de mandado ou carta precatória, no registro civil onde foi realizado o assento primitivo, que averbará também o cancelamento do registro do adotado, ainda que a ordem judicial silencie a respeito.

1: correta, nos termos do art. 29, § 1º, "e", da Lei 6.015/1973 e art. 47 do Estatuto da Criança e do Adolescente (ECA), aplicável supletivamente às adoções de pessoas maiores de idade (art. 1.619 do CC).
Gabarito "1C".

(Cartório/MG – 2009 – EJEF) Quanto à adoção, assinale a opção INCORRETA.

(A) O vínculo de adoção constitui-se por sentença judicial, que será inscrita no registro civil mediante mandado do qual não se fornecerá certidão.

(B) O mandado judicial, que será arquivado, cancelará o registro original do adotado.

(C) A inscrição consignará o nome dos adotantes como pais, bem como o nome de seus ascendentes.

(D) A adoção produz seus efeitos a partir da inscrição no registro civil.

A: correta, nos termos do art. 47 do ECA; B: correta, nos termos do art. 47, § 2º, do ECA; C: correta, nos termos do art. 47, § 1º, do ECA; D: incorreta, devendo ser assinalada. A adoção produz seus efeitos a partir do trânsito em julgado da sentença constitutiva (art. 47, § 7º, do ECA).
Gabarito "D".

(Cartório/MG – 2005 – EJEF) O Oficial do Registro Civil das Pessoas Naturais recebe mandado judicial extraído de sentença proferida em processo de adoção, porém sem a determinação de cancelamento do registro original do adotado. Nesse caso, é CORRETO afirmar que, em relação ao registro original, esse Oficial deve

(A) abrir vista ao Promotor de Justiça, cuja intervenção é obrigatória, para que este, no prazo de cinco dias, requeira o que entender de direito.

(B) instaurar o procedimento de dúvida, objetivando o pronunciamento judicial quanto ao fato de não constar do mandado a determinação de cancelamento do registro original do adotado.

(C) interpor embargos declaratórios objetivando a sanação da omissão detectada.

(D) proceder, assim mesmo, ao cancelamento do registro original, dada a inviabilidade de subsistência de duas linhas de filiação para o mesmo adotado.

A sentença de adoção determina o cancelamento do registro original (art. 47, § 2º, do ECA), ainda que nada diga a respeito. Isso porque a adoção rompe o vínculo de filiação com os pais biológicos e instaura o novo estado em relação aos adotivos. Ademais, é impossível que uma pessoa tenha registrada simultaneamente duas linhas hereditárias.
Gabarito "D".

(Cartório/SE – 2007 – CESPE) A respeito do registro civil das pessoas naturais, julgue os itens seguintes.

(1) Deferida a adoção pelo juiz, a sentença respectiva terá efeito constitutivo, devendo ser averbada, mediante mandado, no registro civil do domicílio dos adotantes, expedindo-se comunicação ao registrador que realizou o assento primitivo, que averbará o cancelamento do registro do adotado, ainda que a ordem judicial silencie a respeito.

1: correta, nos termos dos arts. 47, *caput* e parágrafos, do ECA, e 106 da Lei 6.015/1973.
Gabarito "1C".

(Cartório/SP – 2012 – VUNESP) Assinale a alternativa incorreta sobre a adoção de criança e de adolescente.

(A) O vínculo da adoção constitui-se por sentença judicial, que será inscrita no registro civil mediante mandado.

(B) A inscrição consignará o nome dos adotantes como pais, omitindo-se os nomes e prenomes dos avós paternos e maternos.

(C) A pedido do adotante, o novo registro poderá ser lavrado perante o Oficial de Registro Civil do Município de sua residência.

(D) A sentença conferirá ao adotado o nome do adotante e, a pedido de qualquer deles, poderá determinar a modificação do prenome.

A: correta, nos termos do art. 47 do ECA; B: incorreta, devendo ser assinalada. Deverá constar da inscrição o nome dos avós paternos e maternos, referidos no art. 47, § 1º, do ECA como os ascendentes dos adotantes; C: correta, nos termos do art. 47, § 3º, do ECA; D: correta, nos termos do art. 47, § 5º, do ECA.
Gabarito "B".

(Cartório/SP – VI – VUNESP) Efetivada, no ano de 2009, adoção de pessoa maior, o ato a ser escriturado pelo registrador civil das pessoas naturais será

(A) averbação de escritura pública de adoção simples, efetuada à margem do assento de nascimento do adotado.

(B) cancelamento do assento de nascimento originário do adotado e efetivação de novo registro de nascimento, em cumprimento a mandado judicial respectivo.

(C) averbação da sentença judicial concessiva da adoção, efetuada à margem do assento de nascimento do adotado em cumprimento a mandado judicial respectivo.

(D) cancelamento do assento de nascimento originário do adotado e efetivação de novo registro de nascimento, em cumprimento à escritura pública de adoção simples.

A adoção se constitui por sentença judicial (art. 47 do ECA, aplicável subsidiariamente às pessoas maiores, nos termos do art. 1.619 do CC), a qual será averbada no assento de nascimento do adotado (art. 102, item 3, da Lei 6.015/1973). Cumpre esclarecer que a adoção do maior de idade não opera o cancelamento de seu registro original, com vistas à manutenção da segurança jurídica dos atos por ele praticados até então (item 122.5 do Capítulo XVII das Normas de Serviço da Corregedoria-Geral de Justiça de São Paulo).
Gabarito "C".

(Cartório/SP – IV – VUNESP) A respeito da adoção:

I. só a pessoa maior de dezoito anos pode adotar, ou, em se tratando de adoção conjunta (por ambos os cônjuges ou companheiros), exige-se que um deles tenha completado dezoito anos;

HENRIQUE SUBI, IZOLDA ANDRÉA DE SYLOS RIBEIRO E GUILHERME FERNANDO DE SOUZA

II. o registro original do adotado será cancelado por mandado, arquivando-se este em pasta própria;

III. o adotante há de ser pelo menos quinze anos mais velho que o adotado;

IV. serão registradas no Livro de Registro de Nascimento as sentenças concessivas de adoção (mediante mandado).

Estão corretas:

(A) II e IV, apenas.

(B) I, II e III, apenas.

(C) I, II e IV, apenas.

(D) II, III e IV, apenas.

I: correta. Esse entendimento decorre da interpretação teleológica do ECA. Em sua redação original, a regra estava expressa, com a idade de 21 anos (vez que vigente à época do CC de 1916), no art. 42, § 2º, mas foi suprimida pela Lei 12.010/2009. A doutrina e a jurisprudência, não obstante, continuam aplicando-a, sob o argumento de que não há prejuízo para o adotado e o Estatuto hoje silencia a respeito, sem trazer também qualquer regra proibitiva; II: correta, nos termos do item 122.2 do Capítulo XVII das Normas de Serviço da Corregedoria-Geral de Justiça de São Paulo; III: incorreta. O adotante deverá ser, no mínimo, **dezesseis** anos mais velho que o adotado (art. 42, § 3º, do ECA; IV: correta, nos termos do item 122 do Capítulo XVII das Normas de Serviço da Corregedoria-Geral de Justiça de São Paulo.
Gabarito "C".

(Cartório/SP – 2016 – VUNESP) Em relação à adoção, é correto afirmar que

(A) serão registradas no livro de registro de nascimento, mediante mandado, as sentenças concessivas de adoção do menor ou maior.

(B) na adoção unilateral do menor, deverá ser averbado o cancelamento do seu registro original de nascimento.

(C) a adoção será objeto de registro ou averbação, conforme for determinado no mandado, sendo vedado ao Oficial de Registro Civil das Pessoas Naturais qualificar título judicial.

(D) a adoção do maior será averbada no Registro Civil das Pessoas Naturais em que lavrados o seu nascimento e o seu casamento, quando for o caso.

A: incorreta – a sentença concessiva da adoção do menor será registrada, nos termos do item 122 do Capítulo XVII das NSCGJ/SP *(Serão registradas no livro de registro de nascimento as sentenças concessivas de adoção do menor, brasileiro ou estrangeiro, mediante mandado)*, já a adoção do maior será averbada, conforme abaixo mencionado. **B**: incorreta – a adoção unilateral será averbada à margem do registro de nascimento do adotado, uma vez que não rompe o vínculo com o outro genitor, e conforme expressa disposição do item 122.4 do Capítulo XVII das NSCGJ/SP, não se cancela o registro original *(A adoção unilateral do menor ou do maior será averbada sem cancelamento do registro original)*. **C**: incorreta – os mandados judiciais devem ser qualificados pelo Oficial de Registro Civil quanto aos seus aspectos formais, se seguirá como registro em caso de adoção de menores, e como averbação do caso de adoção de maiores e da adoção unilateral, conforme mencionado. **D**: correta – a adoção do maior será averbada, conforme previsão expressa no item 122.5 do Capítulo XVII das NSCGJ/SP *(1122.5 A adoção do maior será averbada no Registro Civil das Pessoas Naturais em que lavrados o seu nascimento e o seu casamento, quando o caso).*
Gabarito "D".

13. GRATUIDADE NO SERVIÇO DE REGISTRO CIVIL. FUNDO DE RESSARCIMENTO DOS ATOS GRATUITOS

(Cartório/BA – 2004 – CESPE) Acerca do registro civil das pessoas naturais, julgue o item a seguir.

(1) À pessoa que se declarar pobre para efeitos legais será assegurada a gratuidade dos registros de óbito e nascimento ou eventuais averbações, tais como adoção, emancipação, interdição e tutela, bem como as respectivas certidões.

1: incorreta. A gratuidade dos registros de óbito e nascimento alcança somente o assento em si e as primeiras certidões respectivas, não estando abrangidas as averbações e a expedição de novas certidões (art. 30 da Lei 6.015/1973).
Gabarito "1E".

(Cartório/DF – 2008 – CESPE) Relativamente à legislação e jurisprudência aplicáveis às serventias registradoras e notariais, julgue o item seguinte.

(1) Consoante entendimento do STF, fere a CF a norma que isenta os reconhecidamente pobres do pagamento dos emolumentos devidos pela expedição de registro civil de óbito.

1: incorreta. No julgamento da ADC 5/DF, *DJ* 11.06.2007, rel. Min. Nelson Jobim, o STF estabeleceu que "não ofende o princípio da proporcionalidade lei que isenta os 'reconhecidamente pobres' do pagamento dos emolumentos devidos pela expedição de registro civil de nascimento e de óbito, bem como da primeira certidão respectiva".
Gabarito "1E".

(Cartório/DF – 2006 – CESPE) A respeito do serviço de registro civil das pessoas naturais e de interdições e tutelas, julgue o item seguinte.

(1) À pessoa que se declarar pobre para efeitos legais será assegurada a gratuidade de todos os atos de casamento, incluindo-se a publicação dos proclamas, o registro e a primeira certidão.

1: correta, nos termos do art. 1.512, parágrafo único, do CC.
Gabarito "1C".

(Cartório/DF – 2001 – CESPE) O Estado tem no registro civil a fonte principal de referência estatística: comete crime o oficial que não remeter, trimestralmente, à Fundação Instituto Brasileiro de Geografia e Estatística, os mapas de nascimentos, casamentos e óbitos. É uma base para que os governos decidam suas medidas administrativas e de política jurídica. O indivíduo nele encontra meios de provar seu estado, sua situação jurídica. Fixa, de modo inapagável, os fatos relevantes da vida humana, cuja conservação em assentos públicos interessa à Nação, ao indivíduo e a todos os terceiros. Seu interesse reside na importância mesma de tais fatos e, outrossim, na sua repercussão na existência do cidadão: ele é maior ou menor, capaz ou incapaz, interdito, emancipado, solteiro ou casado, filho, pai. É todo um conjunto de condições a influir sobre sua capacidade e sobre as relações de família, de parentesco e com terceiros.

Walter Ceneviva. Lei dos registros públicos comentada. 12.ª ed., atual. São Paulo: Saraiva, 1997. p. 73 (com adaptações).

11. REGISTRO CIVIL DAS PESSOAS NATURAIS

Considerando a relevância do tema tratado no texto acima, julgue o seguinte item, a respeito do tratamento dado ao registro civil de pessoas naturais na LRP.

(1) A legislação brasileira estabelece que são gratuitos para os reconhecidamente pobres, na forma da lei, o registro civil de nascimento e a certidão de óbito; se, porém, constatar-se que determinada pessoa afirmou de maneira falsa sua condição de pobreza para eximir-se do pagamento dos custos decorrentes desses documentos, a única sanção prevista para o caso é a responsabilidade civil pelo referido pagamento.

1: incorreta. A falsidade da declaração de pobreza, uma vez comprovada, dá azo à responsabilização civil **e penal** do interessado (art. 30, § 3º, da Lei 6.015/1973).
Gabarito "1E".

(Cartório/SP – 2016 – VUNESP) Qual o prazo para o Oficial de Registro Civil das Pessoas Naturais encaminhar à entidade gestora dos recursos destinados ao custeio dos atos gratuitos a planilha demonstrativa dos atos gratuitos praticados para fins de ressarcimento?

(A) Até o dia 15 do mês subsequente ao de referência.
(B) Até o 5º dia útil do mês subsequente ao de referência.
(C) Até o último mês do exercício.
(D) O primeiro dia útil subsequente.

A: incorreta – o prazo é até o 5º dia útil do mês subsequente ao de referência. **B:** correta – nos termos do item 4 do Capítulo XVII das NSCGJ/SP *(4. Os Oficiais de Registro Civil das Pessoas Naturais deverão, até o 5º dia útil do mês subsequente ao de referência, encaminhar à entidade gestora dos recursos destinados ao custeio dos atos gratuitos, na forma da Lei para fins de ressarcimento, planilha demonstrativa dos atos gratuitos praticados).* **C:** incorreta – o prazo é até o 5º dia útil do mês subsequente ao de referência. **D:** incorreta – o prazo é até o 5º dia útil do mês subsequente ao de referência.
Gabarito "B".

14. REGISTRO TARDIO DE NASCIMENTO. LEI FEDERAL 11.790/2008

(Cartório/DF – 2003 – CESPE) Acerca da Lei de Registros Públicos (LRP — Lei n. 6.015/1973), julgue o item subsequente.

(1) O registro tardio de nascimento somente pode ser feito, em qualquer caso, mediante autorização judicial e pagamento da multa devida.

1: incorreta. O registro tardio pode ser realizado com a assinatura de duas testemunhas, sendo necessária autorização judicial somente se o Oficial suspeitar da falsidade da declaração (art. 46 da Lei 6.015/1973). Não há mais previsão de pagamento de multa, revogada pela Lei 10.215/2001.
Gabarito "1E".

(Cartório/RJ – 2008 – UERJ) O oficial do Registro Civil que aceita registrar declaração de nascimento, após o decurso do prazo legal, comete:

(A) fato atípico
(B) crime de desobediência
(C) crime de falsidade ideológica
(D) crime de advocacia administrativa
(E) crime de usurpação de função pública

O registro tardio de nascimento é ato lícito, inclusive incentivado pela legislação mediante a revogação da obrigatoriedade do pagamento da multa antigamente prevista (Lei 10.215/2001). O direito ao registro civil é um direito fundamental da pessoa, não podendo ficar preso a burocracias. Portanto, a realização do ato é fato atípico, não configurando qualquer conduta penalmente relevante.
Gabarito "A".

(Cartório/SP – VI – VUNESP) O registro tardio de nascimento de pessoa com mais de 12 anos de idade

(A) poderá ser feito diretamente na serventia de registro civil das pessoas naturais, sem necessidade de intervenção judicial, desde que o oficial tenha segurança jurídica para a prática do ato e com a observância das disposições normativas regulamentadoras da questão.
(B) deverá ser iniciado por procedimento administrativo na própria serventia de registro civil das pessoas naturais, porém, o registro necessariamente dependerá de final autorização do juízo corregedor, haja vista a idade do registrando.
(C) dependerá necessariamente de determinação judicial, após regular procedimento jurisdicional.
(D) deverá ser feito, de pronto, na própria serventia de registro civil das pessoas naturais, não mais havendo possibilidade de análise da questão pelo juízo corregedor, haja vista a atual legislação em vigor.

O registro tardio pode ser realizado diretamente no cartório de Registro Civil de Pessoas Naturais, independentemente da idade do registrando. Exige o art. 46 da Lei 6.015/1973, somente, que o requerimento seja assinado por duas testemunhas e que o Oficial tenha segurança na veracidade da declaração. Havendo suspeita, remeterá os autos ao juiz-corregedor para a solução da questão.
Gabarito "A".

(Cartório/SP – IV – VUNESP) Considerando a hipótese de pedido de registro de nascimento após decurso do prazo legal, analise as seguintes assertivas:

I. o assento somente poderá ser lavrado após o despacho do Juiz competente;
II. antes de submeter o pedido ao Juiz, o Oficial deve entrevistar o registrando e as testemunhas;
III. as testemunhas ouvidas pelo Oficial deverão ser mais idosas do que o registrando.
São verdadeiras:

(A) apenas I.
(B) apenas I e II.
(C) apenas II e III.
(D) todas as assertivas.

I: incorreta. Em regra, é desnecessária a autorização judicial para o registro tardio. Ela ocorrerá somente se o Oficial tiver suspeita sobre a veracidade da declaração (art. 46 da Lei 6.015/1973); II: correta, nos termos do art. 4º do Provimento CNJ 28/2013; III: correta, nos termos do art. 4º, "d", do Provimento CNJ 28/2013.
Gabarito "C".

(Cartório/SP – 2018 – VUNESP) A respeito do procedimento de registro tardio de nascimento, deverá o Registrador Civil processante

(A) quando ausente a identificação dos genitores, indeferir a adoção do sobrenome indicado pelo registrando.
(B) lavrar o assento de nascimento com o estabelecimento da filiação materna e paterna, na hipótese de reque-

rimento formulado pelo próprio registrando, mesmo sem anuência dos apontados pais.

(C) nos casos em que os genitores forem absolutamente desconhecidos, lançar no respectivo assento os nomes fictícios de pai e de mãe.

(D) lavrar o assento de nascimento sem a indicação de filiação, nas hipóteses em que não se verificarem os reconhecimentos espontâneos por parte dos genitores.

D: está correta de acordo com o item 50.5 do Capítulo XVII das Normas de Serviço do Extrajudicial da Corregedoria Geral da Justiça de São Paulo, que veda a inclusão no assento de registro de nascimento tardio de filiação sem a devida anuência dos apontados pais, razão pela qual está incorreta a **B**. As atitudes previstas nas **A** e **C**: não encontram amparo, nem legal e nem normativo.
Gabarito "D".

15. UNIÃO ESTÁVEL

(Cartório/SP – 2016 – VUNESP) Em relação ao registro da união estável no Livro E do Oficial de Registro Civil das Pessoas Naturais da Sede ou do 1º Subdistrito da Comarca, é correto afirmar que

(A) é vedado aos companheiros alterar o nome em virtude da união estável.

(B) deverá ser realizado no primeiro domicílio dos companheiros.

(C) é facultativa a menção, no assento, a eventuais casamentos e uniões estáveis anteriores dos companheiros.

(D) não poderá ser registrada a escritura pública declaratória de união estável de pessoa casada, ainda que separada de fato.

A: incorreta – nos termos do item 118, alínea "h" do Capítulo XVII das NSCGJ/SP é permitida a alteração do nome dos companheiros *(118. Os registros das sentenças declaratórias de reconhecimento, dissolução e extinção, bem como das escrituras públicas de contrato e distrato envolvendo união estável, serão feitos no Livro "E", pelo Oficial do Registro Civil das Pessoas Naturais da Sede, ou onde houver, no 1º Subdistrito da Comarca em que os companheiros têm ou tiveram seu último domicílio, devendo constar: (...) h) o nome que os companheiros passam a ter, em virtude da união estável).* **B:** incorreta – nos termos do item 118 do Capítulo XVII das NSCGJ/SP, o registro da união estável será feito no último domicílio dos companheiros *(118. Os registros das sentenças declaratórias de reconhecimento, dissolução e extinção, bem como das escrituras públicas de contrato e distrato envolvendo união estável, serão feitos no Livro "E", pelo Oficial do Registro Civil das Pessoas Naturais da Sede, ou onde houver, no 1º Subdistrito da Comarca em que os companheiros têm ou tiveram seu último domicílio, devendo constar* (...), sendo esta disposição repetida no artigo 2º, caput do Provimento 37 de 07/07/2014 do CNJ *(Art. 2º. O registro da sentença declaratória de reconhecimento e dissolução, ou extinção, bem como da escritura pública de contrato e distrato envolvendo união estável, será feito no Livro "E", pelo Oficial do Registro Civil das Pessoas Naturais da Sede, ou, onde houver, no 1º Subdistrito da Comarca em que os companheiros têm ou tiveram seu último domicílio, devendo constar: (...).* **C:** incorreta – nos termos do item 118, alínea "d" do Capítulo XVII das NSCGJ/SP, deverá constar no registro da união estável todos os casamentos e uniões estáveis anteriores dos companheiros *(d) data e Registro Civil das Pessoas Naturais em que foram registrados os nascimentos das partes, seus casamentos e, ou, uniões estáveis anteriores, assim como os óbitos de seus outros cônjuges ou companheiros, quando houver;);* sendo esta disposição repetida no artigo 2º, alínea "d", do Provimento 37 de 07/07/2014 do CNJ: *(...) d) a indicação das datas e dos Ofícios de Registro Civil das Pessoas Naturais em que foram registrados os nasci-*

mentos das partes, os seus casamentos ou uniões estáveis anteriores, assim como os óbitos de seus anteriores cônjuges ou companheiros, quando houver, ou os respectivos divórcios ou separações judiciais ou extrajudiciais se foram anteriormente casados). **D:** correta – nos termos do item 120 do Capítulo XVII das NSCGJ/SP, não é possível o registro da união estável de pessoas casadas, mesmo que separadas de fato *(120. Não poderá ser promovido o registro, no Livro E, de união estável de pessoas casadas, ainda que separadas de fato, exceto se separadas judicialmente ou extrajudicialmente, ou se a declaração da união estável decorrer de sentença judicial transitada em julgado, efetuando-se a comunicação e anotação referidas no item anterior.);* sendo a disposição repetida no artigo 8º do Provimento 37 de 07/07/2014 do CNJ: *(Art. 8º. Não poderá ser promovido o registro, no Livro E, de união estável de pessoas casadas, ainda que separadas de fato, exceto se separadas judicialmente ou extrajudicialmente, ou se a declaração da união estável decorrer de sentença judicial transitada em julgado).*
Gabarito "D".

16. TEMAS COMBINADOS DE REGISTRO CIVIL DE PESSOAS NATURAIS

(Cartório/BA – 2004 – CESPE) Acerca do registro civil das pessoas naturais, julgue o item a seguir.

(1) Havendo ato de restabelecimento da sociedade conjugal, mediante reconciliação se separados, ou novo casamento se divorciados, esse ato deve ser averbado no livro de casamento e, havendo bens imóveis no patrimônio conjugal, a averbação do fato deve ser feita em relação a cada um dos imóveis pertencentes ao casal no registro imobiliário da situação dos imóveis, existindo ou não pacto antenupcial.

1: correta, nos termos dos arts. 29, § 1º, "a", e 167, II, item 10, da Lei 6.015/1973.
Gabarito "1C".

(Cartório/MA – 2008 – IESES) Assinale a alternativa INCORRETA:

(A) Não serão cobrados emolumentos pelo processo de habilitação para o casamento de pessoas reconhecidamente pobres.

(B) Os registros de nascimento e de óbito e a primeira certidão expedida são inteiramente gratuitos a todo e qualquer cidadão.

(C) São isentos de pagamento de emolumentos o registro e a averbação de quaisquer atos relativos a crianças ou a adolescentes em situação de risco.

(D) As certidões de nascimento ou de casamento, quando destinadas ao alistamento eleitoral, não contam com o benefício da gratuidade.

A: correta, nos termos do art. 1.512, parágrafo único, do CC; **B:** correta, nos termos do art. 30 da Lei 6.015/1973; **C:** correta, nos termos do art. 102, § 2º, do ECA; **D:** incorreta, devendo ser assinalada. Nos termos do art. 47 do Código Eleitoral, as certidões de nascimento e casamento, quando destinadas ao alistamento do eleitor, devem ser fornecidas gratuitamente.
Gabarito "D".

(Cartório/MG – 2009 – EJEF) Assinale a opção INCORRETA.

(A) O Ministério Público deve investigar e adotar providências eficazes diante de irregularidades envolvendo o serviço notarial e de registro, por se tratar de assunto de extrema gravidade para a sociedade, podendo, para tanto, utilizar-se das medidas necessárias, inclusive, de natureza penal.

11. REGISTRO CIVIL DAS PESSOAS NATURAIS

(B) Quando, em autos ou papéis de que conhecer, o Juiz verificar a existência de crime de ação penal pública, poderá remeter ao Ministério Público as cópias e os documentos necessários ao oferecimento da denúncia.

(C) O Ministério Público tem legitimidade para promover a interdição de pessoa portadora de doença mental grave.

(D) Se o Ministério Público impugnar pedido de correção de erros de grafia em assentamentos no registro civil, o processo justificatório tomará feição contenciosa.

A: correta. Cabe ao Ministério Público a defesa da ordem jurídica e dos direitos individuais indisponíveis (art. 127 da CF), o que inclui a regularidade dos registros públicos diante de sua função de garantir a publicidade, autenticidade, segurança e eficácia dos atos jurídicos (art. 1º da Lei 8.935/1994); B: incorreta, devendo ser assinalada. Nos termos do art. 37, parágrafo único, da Lei 8.935/1994, essa diligência é um **dever** do juiz, não uma possibilidade; C: correta, nos termos do art. 1.769, I, do CC; D: correta, nos termos do art. 109, § 1º, da Lei 6.015/1973.
Gabarito "B".

(Cartório/MG – 2005 – EJEF) Considerando-se as formas de se provar o casamento, é INCORRETO afirmar que,

(A) justificada a falta ou perda do Registro Civil, é admissível qualquer outra espécie de prova.

(B) na dúvida entre as provas favoráveis e contrárias, se julgará pelo casamento, se os cônjuges, cujo casamento se impugna, viverem ou tiverem vivido na posse do estado de casados.

(C) no Brasil, o casamento celebrado se prova pela certidão do registro.

(D) quando a prova da celebração legal do casamento resultar de processo judicial, o registro da sentença no livro do Registro Civil produzirá, tanto no que toca aos cônjuges, como no que respeita aos filhos, todos os efeitos civis desde a data do assentamento.

A: correta, nos termos do art. 1.543, parágrafo único, do CC; B: correta, nos termos do art. 1.547 do CC; C: correta, nos termos do art. 1.543 do CC; D: incorreta devendo ser assinalada. O registro, nesse caso, produzirá efeitos retroativos desde a data do **casamento** (art. 1.546 do CC).
Gabarito "D".

(Cartório/MG – 2005 – EJEF) Considerando-se as anotações obrigatórias, é CORRETO afirmar que

(A) a dissolução e a anulação do casamento, bem como o restabelecimento da sociedade conjugal, serão, também, anotados nos assentos de nascimento dos filhos.

(B) as escrituras de adoção e os atos que a dissolverem serão anotados, quando houver a perda do poder familiar, no Livro de Casamento dos adotantes.

(C) o nascimento será anotado no assento de casamento dos pais, quando houver o registro de testamento em que o filho seja contemplado.

(D) o óbito deverá ser anotado, com as remissões recíprocas, nos assentos de casamento e nascimento, e o casamento no deste.

A: incorreta. Tais atos devem ser anotados somente no assento de nascimento dos cônjuges (art. 107, § 2º, da Lei 6.015/1973); B: incorreta. Tais atos serão averbados no Livro de Nascimentos (art. 102, item 3, da Lei 6.015/1973); C: incorreta. Não há qualquer previsão legal nesse sentido; D: correta, nos termos do art. 107 da Lei 6.015/1973.
Gabarito "D".

(Cartório/RJ – 2008 – UERJ) Considerando o registro civil das pessoas naturais, é correto afirmar que:

(A) o restabelecimento de sociedade conjugal deverá ser registrado no Livro E

(B) a emancipação judicial produzirá efeitos após o trânsito em julgado da decisão, independentemente do registro no Livro E

(C) o prenome de pessoa natural pode ser alterado, mediante autorização judicial, somente quando expuser a ridículo o seu portador

(D) a sentença que declara a interdição produz efeitos desde logo, independentemente de transitar em julgado e de haver registro no Livro E

(E) em caso de nascimento de índio já integrado, o registro de nascimento deverá ser necessariamente feito através de encaminhamento da FUNAI

A: incorreta. O restabelecimento da sociedade conjugal será **averbado** no livro "B" (arts. 29, § 1º, "a", e 101 da Lei 6.015/1973); B: incorreta. A emancipação produzirá efeitos somente após seu registro (art. 91, parágrafo único, da Lei 6.015/1973); C: incorreta. Há diversas hipóteses em que o prenome da pessoa pode ser alterado: por sua opção, no primeiro ano após atingir a maioridade, a substituição por apelido público notório e em caso de vítima ou testemunha que esteja colaborando diretamente com a investigação criminal, além da exposição ao ridículo mencionada na alternativa (arts. 56 a 58 da Lei 6.015/1973); D: correta, nos termos dos arts. 1.773 do CC e 92 da Lei 6.015/1973; E: incorreta. Os índios integrados estão sujeitos à obrigatoriedade do registro de nascimento como toda a população. A FUNAI cuida apenas do cadastramento dos índios não integrados (art. 50, § 2º, da Lei 6.015/1973).
Gabarito "D".

(Cartório/SE – 2007 – CESPE) A respeito do registro civil das pessoas naturais, julgue os itens seguintes.

(1) Anotação é o ato praticado pelo oficial, à margem do assento de nascimento, de óbito ou de casamento, que consiste em remissões recíprocas dos registros e averbações, com a finalidade de modificar ou cancelar o registro existente.

1: incorreta. Segundo Walter Ceneviva (*Lei dos Registros Públicos Comentada*. 17. ed. São Paulo: Saraiva, 2006. p.233), "*anotação é ato praticado pelo oficial, à margem do assento, consistente em remissões recíprocas dos registros e averbações, feitos em seus livros. (...) A anotação não se confunde com a averbação mesmo quando esta é feita de ofício (art. 103). A finalidade da averbação é modificar o registro existente; a anotação se destina a recordar, para facilidade de buscas, os registros recíprocos. Não atinge o direito da parte*".
Gabarito "1E".

(Cartório/SC – 2008) Sobre casamentos é correto afirmar:

(A) A eficácia da habilitação de casamento será de 30 dias, a contar da data em que foi extraído o certificado.

(B) O homem e a mulher com 18 anos podem casar, exigindo-se autorização de ambos os pais, ou de seus representantes legais, enquanto não atingida a maioridade civil.

(C) A eficácia da habilitação de casamento será de 90 dias, a contar da data em que foi extraído o certificado.

(D) Não podem casar os irmãos, unilaterais e bilaterais e demais colaterais, até o 4º grau inclusive.

(E) No prazo de 120 dias a contar da realização, o celebrante ou qualquer interessado poderá, apresentando o assento ou termo de casamento religioso, requerer-lhe registro ao oficial do cartório que expediu a certidão.

A: incorreta. Nos termos do art. 1.532 do CC, a eficácia da habilitação é de 90 dias; B: incorreta. A idade núbil no direito brasileiro é de 16 anos, desde que acompanhada por autorização dos pais (art. 1.517 do CC); C: correta, nos termos do art. 1.532 do CC; D: incorreta. O impedimento para o casamento alcança somente o 3º grau na linha colateral (art. 1.521, IV, do CC); E: incorreta. O prazo estabelecido no art. 73 da Lei 6.015/1973 é de 30 dias.

Gabarito "C".

(Cartório/PA – 2016 – IESES) Quanto ao nome da pessoa natural, NÃO É CERTO afirmar que:

(A) Não é possível a retificação do nome diretamente no registro civil, mesmo que se trate de erro de grafia.

(B) A lei estabelece a obrigatoriedade do nome e do registro civil, sendo este declaratório e não constitutivo.

(C) O nome é imutável, admitindo exceção, desde que justificada, sendo vedado o registro de prenomes que possam expor ao ridículo seus portadores.

(D) O nome integra o rol dos direitos da personalidade, constituindo direito subjetivo absoluto e oponível *erga omnes*.

A: incorreta – a alteração do nome por erro de grafia pode ser feita diretamente no oficial de registro civil, nos termos do artigo 110 da Lei 6.015/1973 *(Art. 110. O oficial retificará o registro, a averbação ou a anotação, de ofício ou a requerimento do interessado, mediante petição assinada pelo interessado, representante legal ou procurador, independentemente de prévia autorização judicial ou manifestação do Ministério Público, nos casos de: (...) I – erros que não exijam qualquer indagação para a constatação imediata de necessidade de sua correção;* (...).* **B:** correta – o registro civil de nascimento tem natureza declaratória e é obrigatório para todos os nascimentos ocorridos no Brasil, nos termos do artigo 50 da Lei 6.015/1973 *(Art. 50. Todo nascimento que ocorrer no território nacional deverá ser dado a registro, no lugar em que tiver ocorrido o parto ou no lugar da residência dos pais, dentro do prazo de quinze dias, que será ampliado em até três meses para os lugares distantes mais de trinta quilômetros da sede do cartório).* **C:** correta – o nome é imutável, prevendo a lei duas exceções para sua alteração: a primeira quando a pessoa completar 18 (dezoito) anos, e dentro do primeiro ano da maioridade, nos termos do artigo 56 da Lei 6.015/1973 *(Art. 56. O interessado, no primeiro ano após ter atingido a maioridade civil, poderá, pessoalmente ou por procurador bastante, alterar o nome, desde que não prejudique os apelidos de família, averbando-se a alteração que será publicada pela imprensa);* e nos demais casos de forma justificada, com suas hipóteses elencadas no artigo 57 da Lei 6.015/1973 *(Art. 57.A alteração posterior de nome, somente por exceção e motivadamente, após audiência do Ministério Público, será permitida por sentença do juiz a que estiver sujeito o registro, arquivando-se o mandado e publicando-se a alteração pela imprensa, ressalvada a hipótese do art. 110 desta Lei. (...).* **D:** correta – o nome consta no rol dos direitos da personalidade, sendo prevista sua proteção nos artigos 16 a 19 do Código Civil *(Art. 11. CC. Com exceção dos casos previstos em lei, os direitos da personalidade são intransmissíveis e irrenunciáveis, não podendo o seu exercício sofrer limitação voluntária).*

Gabarito "A".

(Cartório/MG – 2019 – Consulplan) Conforme estabelecido pelo Provimento 53/2016 do CNJ, em seu art. 1º, caput, "a averbação direta no assento de casamento da sentença estrangeira de divórcio consensual simples ou puro, bem como da decisão não judicial de divórcio, que pela lei brasileira tem natureza jurisdicional, deverá ser realizada perante o Oficial de Registro Civil das Pessoas Naturais". Sobre o tema, analise as afirmativas a seguir.

I. A averbação direta no assento de casamento da sentença estrangeira de divórcio consensual simples e puro, bem como da decisão não judicial de divórcio, que pela lei brasileira tem natureza jurisdicional, depende de prévia homologação da sentença estrangeira pelo Superior Tribunal de Justiça e/ou de prévia manifestação de qualquer outra autoridade judicial brasileira.

II. A averbação direta dispensa a assistência de advogado ou defensor público.

III. A averbação da sentença estrangeira de divórcio consensual, que, além da dissolução do matrimônio, envolva disposição sobre guarda de filhos, alimentos e/ou partilha de bens – denominado divórcio consensual qualificado – dependerá de prévia homologação pelo Superior Tribunal de Justiça.

IV. Para averbação direta, o interessado deverá apresentar, no Registro Civil de Pessoas Naturais junto ao assento de seu casamento, apenas a cópia integral da sentença estrangeira, acompanhada de tradução oficial.

Está correto o que se afirma em

(A) I e II, apenas.

(B) II e III, apenas.

(C) I, II e III, apenas.

(D) Todas as afirmativas estão incorretas.

O **I:** está em desacordo com o § 1º do artigo 1º do Provimento nº 53/2016 do CNJ, considerando que a referida averbação independe de qualquer homologação. **IV:** também está equivocado, pois o artigo 2º do provimento estabelece também a necessidade de apresentar comprovação de trânsito em julgado e chancela consular. **II e III:** estão de acordo com os §§ 2º e 3º do artigo 1º do referido provimento, razão pela qual a alternativa "b" é a única correta.

Gabarito "B".

(Cartório/CE – 2018 – IESES) Assinale a alternativa correta:

(A) No registro civil de pessoas naturais a averbação será feita pelo oficial do cartório em que constar o assento à vista da carta de sentença, de mandado ou de petição acompanhada de certidão ou documento legal e autêntico.

(B) O reconhecimento judicial ou voluntário dos filhos ilegítimos será registrado no livro de nascimento.

(C) As sentenças de nulidade ou anulação de casamento não serão registradas no registro civil de pessoas naturais enquanto sujeitas a recurso, qualquer que seja o seu efeito.

(D) Será também registrado, no registro civil das pessoas naturais, com as mesmas indicações e efeitos, o ato de restabelecimento de sociedade conjugal.

A: está de acordo com o artigo 97 da Lei 6.015/73. **B:** possui duas impropriedades. Primeiro, o reconhecimento de filiação promove-se, no registro civil, mediante ato de averbação, não de registro, nos termos do inciso II, artigo 10 do Código Civil. Ademais, ao falar em "filhos ilegítimos", está em desacordo com a atual ordem constitucional, considerando que a Constituição Federal de 1988, no § 6º do artigo 227, estabelece: "os filhos, havidos ou não da relação do casamento, ou por adoção, terão os mesmos direitos e qualificações, proibidas quaisquer designações discriminatórias relativas à filiação". **C:** está em desacordo com o artigo 10 do Código Civil, considerando que também são hipóteses de averbação e não registro. Da mesma forma, alternativa **D** considerando que o restabelecimento de sociedade conjugal também é ato de averbação.

Gabarito "A".

12. REGISTRO DE TÍTULOS E DOCUMENTOS

Leandro Borrego Marini, Marinho Dembinski Kern, Alexandre Gialluca e Henrique Subi*

1. COMPETÊNCIA. PRINCÍPIOS INFORMATIVOS. LIVROS E CLASSIFICADORES

(Cartório/RS – 2019 – VUNESP) Em relação ao Registro de Títulos e Documentos, é correto afirmar **que:**

(A) não é possível o registro de um compromisso de compra e venda de imóvel, ainda que para efeitos meramente conservativos.

(B) o registro de alienação fiduciária de coisa móvel infungível deve ser feito no Registro de Títulos e Documentos do domicílio do devedor.

(C) a compra e venda a prazo de bem imóvel, com reserva de domínio, deve ser registrada no Registro de Títulos e Documentos do domicílio do devedor.

(D) a qualificação do Oficial de Registro de Títulos e Documentos prescinde de análise formal e material do título.

(E) os documentos de procedência estrangeira, para produzirem efeitos legais no País e valerem contra terceiros, devem ser registrados no domicílio das partes, dispensada a tradução se adotados os caracteres comuns.

A: incorreta: o art. 365 da Consolidação Normativa do Rio Grande do Sul (CNNR) permite o registro de títulos representativos de direitos reais sobre imóveis, desde que para mera conservação; **B:** correta: é o que determina o art. 379 da CNNR; **C:** incorreta: o registro nesse caso compete ao Registro de Imóveis (art. 550, CNNR); **D:** incorreta: cabe ao Oficial de Registro a análise formal do título, nos termos do art. 156 da Lei de Registros Públicos; **E:** incorreta: se adotados os caracteres comuns, os documentos poderão ser registrados em seu original (art. 148, Lei 6.015/73). A tradução, nos documentos em língua estrangeira, deve ser para produção de efeitos no país (art. 148, par. único da Lei de Registros Públicos e art. 224, do Código Civil). *Gabarito "B".*

(Cartório/SP – 2018 – VUNESP) De acordo com as Normas de Serviço da Corregedoria Geral da Justiça, no Registro de Títulos e Documentos, o Livro designado sob a letra "E" é

(A) específico para registro de documentos eletrônicos.

(B) o indicador real.

(C) específico para registro de documentos para fins de mera conservação.

(D) o indicador pessoal.

Nota do autor: *a prova em correção foi realizada durante a vigência da antiga redação das Normas de Serviço da Corregedoria Paulista, o que ocorreu até 05/01/2020. A partir de então, o estudante deve atentar*

para as novas redações das NSCGJSP. A resposta foi elaborada já na nova redação.

A: incorreta, não há um livro específico para documentos eletrônicos; **B:** correta: item 14, "e" do Cap. XIX, tomo II, das NSCGJSP; **C:** incorreta: o registro integral de títulos para fins de mera conservação é feito no Livro "F"; **D:** incorreta: o indicador pessoal forma o livro "D", entretanto, o indicador pessoal para os documentos registrados para fins de mera conservação forma o livro "G". *Gabarito "B".*

(Cartório/CE – 2018 – IESES) Assinale a alternativa INCORRETA:

(A) Estão sujeitos a registro, no Registro de Títulos e Documentos, para surtir efeitos em relação a terceiros os contratos de locação de serviços não atribuídos a outras repartições.

(B) Estão sujeitos a registro, no Registro de Títulos e Documentos, para surtir efeitos em relação a terceiros as cartas de fiança, em geral, feitas por instrumento particular, seja qual for a natureza do compromisso por elas abonado.

(C) No registro de títulos e documentos será feita a transcrição o penhor comum sobre coisas móveis.

(D) No registro de títulos e documentos será feita a transcrição dos estatutos dos partidos políticos.

A: correta: essa competência está expressa no art. 528, IV da Consolidação Normativa do Estado do Ceará; **B:** correta: art. 528, III da referida Consolidação; **C:** correta: competência prevista no art. 527, II da Consolidação Normativa; **D:** incorreta: o registro dos partidos políticos é de competência do Registro Civil das Pessoas Jurídicas e não do Registro de Títulos e documentos (art. 235, I da Consolidação Normativa). *Gabarito "D".*

(Cartório/CE – 2018 – IESES) Assinale a alternativa INCORRETA sobre o registro de títulos e documentos:

(A) O livro A de protocolo é destinado a trasladação integral de títulos e documentos.

(B) Na parte superior de cada página do livro do registro de títulos e documentos se escreverá o título, a letra com o número e o ano em que começar.

(C) O Livro D-indicador pessoal, substituível pelo sistema de fichas, a critério e sob a responsabilidade do oficial, o qual é obrigado a fornecer, com presteza, as certidões pedidas pelos nomes das partes que figurarem, por qualquer modo, nos livros de registros.

(D) O Juiz, em caso de afluência de serviço no registro de títulos e documentos, poderá autorizar o desdobramento dos livros de registro para escrituração das várias espécies de atos, sem prejuízo da unidade do protocolo e de sua numeração em ordem rigorosa.

A: incorreta: o Livro A do Registro de Títulos e Documentos (RTD) é destinado ao protocolo dos títulos apresentados a registro ou averbação. Por sua vez, a trasladação integral deve ser escriturada no Livro B (art. 132, Lei 6.015/73); **B:** correta: são os exatos termos do art. 133 da Lei

---

* Leandro Borrego Marini comentou as questões de 2017 a 2021, realizando adaptações nas demais, para fins meramente de atualização. Marinho Dembinski Kern comentou as questões dos concursos de 2015 e 2016. Alexandre Gialluca e Henrique Subi comentaram as demais questões.

de Registros Públicos (LRP); **C**: correta: é o texto do art. 132, IV, da LRP; **D**: correta: é a literalidade do art. 134 da LRP.

Gabarito "A".

(Cartório/AC – 2006 – CESPE) Acerca das atribuições dos oficiais registradores, julgue o item a seguir.

(1) São funções exclusivas do registro de títulos e documentos, entre outras, produzir o efeito do conhecimento dos atos registrados, assegurar a transferência de domínio sobre os bens objeto de instrumento registrado, e efetuar a notificação a terceiros. Em cidades dotadas de mais de um cartório, deverá haver prévia distribuição entre eles dos registros a serem efetuados.

1: incorreta. Produzir efeito do conhecimento dos registrados não é uma função exclusiva do Registro de Títulos e Documentos (RTD). Ademais, de acordo com o art. 131 da Lei 6.015/1973 os registros serão feitos independentemente de prévia distribuição.

Gabarito "1E".

(Cartório/BA – 2004 – CESPE) Acerca da Lei dos Registros Públicos, julgue o item que se segue.

(1) O instrumento particular, feito e assinado, ou somente assinado por quem esteja na disposição e administração livre de seus bens, subscrito por duas testemunhas, prova as obrigações convencionais de qualquer valor. Mas os seus efeitos, bem como os da cessão, não se operam, a respeito de terceiros, antes de transcrito no registro público.

1: correta, pois retrata a regra do art. 221 do CC: *O instrumento particular, feito e assinado, ou somente assinado por quem esteja na livre disposição e administração de seus bens, prova as obrigações convencionais de qualquer valor; mas os seus efeitos, bem como os da cessão, não se operam, a respeito de terceiros, antes de registrado no registro público.*

Gabarito "1C".

(Cartório/BA – 2004 – CESPE) Acerca do registro de títulos e documentos, julgue os itens a seguir.

(1) Como regra, os serviços de registro dedicam-se ao assentamento de títulos de interesse público para garantir oponibilidade a terceiros, segurança, autenticidade e eficácia dos atos da vida civil a que se refiram.

(2) O contrato de locação de prédios, para surtir efeitos em relação a terceiro, deve estar registrado no competente registro de títulos e documentos, exceto quando nele for inserida cláusula de vigência no caso de alienação da coisa locada. Nesse caso, o registro obrigatório deverá ser feito no cartório de registro de imóveis.

1: correta, nos termos do art. 1.º da Lei 6.015/1973; 2: incorreta. Nos termos dos arts. 129, 1°, e 167, I, 3, da Lei 6.015/1973, o contrato de locação de prédios deve ser registrado no Registro de Títulos e Documentos desde que tenha sido consignada a cláusula de vigência no caso de alienação da coisa locada.

Gabarito "1C, 2E".

(Cartório/BA – 2004 – CESPE) No que se refere às atribuições e deveres dos oficiais do registro de títulos e documentos e às pessoas jurídicas, julgue os itens subsequentes.

(1) O oficial deverá comunicar à Secretaria da Receita Federal sobre documentos registrados que caracte-

rizem aquisição ou alienação de bens imóveis por pessoas físicas ou jurídicas.

(2) O oficial, mesmo suspeitando da autenticidade do documento, não poderá recusar-se a anotar o ingresso desse documento no protocolo.

1: correta, nos termos do art. 8.º da Lei 10.426/2002; 2: correta, nos termos do art. 156, parágrafo único, da Lei 6.015/1973.

Gabarito 1C, 2C

(Cartório/ES – 2007 – FCC) É atribuição do cartório de Registro de Títulos e Documentos, dentre outras, o registro:

(A) de instrumentos públicos, para prova das obrigações legais.

(B) de imóvel rural.

(C) que não for de atribuição específica de outro ofício.

(D) de contratos de compra e venda de bens imóveis objeto de incorporação.

(E) de testamentos e codicilos.

Os documentos que devem ser obrigatoriamente transcritos no Registro de Títulos e Documentos estão listados no art. 127 da Lei 6.015/1973. O Registro de Títulos e Documentos tem também a função residual de registrar todo e qualquer documento cuja atribuição não pertença a outro ofício (art. 127, parágrafo único, da Lei 6.015/1973).

Gabarito "C".

(Cartório/MG – 2009 – EJEF) No Registro de Títulos e Documentos será feita a transcrição:

I. dos instrumentos particulares, para a prova das obrigações convencionais de qualquer valor;

II. do penhor comum sobre coisas móveis;

III. da caução de títulos de crédito pessoal e da dívida pública federal, estadual ou municipal, ou de Bolsa ao portador;

IV. do contrato de parceria agrícola ou pecuária;

V. do mandado judicial de renovação do contrato de arrendamento para sua vigência, quer entre as partes contratantes, quer em face de terceiros (art. 19, § 2.º, do Decreto 24.150, de 20 de abril de 1934);

VI. facultativo, de quaisquer documentos, para sua conservação.

Das afirmativas acima estão CORRETAS:

(A) apenas os incisos I, II, e III.

(B) apenas os incisos IV, V e VI.

(C) apenas os incisos I, III, V e VI.

(D) todos os incisos estão corretos.

I: correta. A assertiva corresponde ao inciso I do art. 127 da Lei 6.015/1973; II: correta. A assertiva corresponde ao inciso II do art. 127 da Lei 6.015/1973; III: correta. A assertiva corresponde ao inciso III do art. 127 da Lei 6.015/1973; IV: correta. A assertiva corresponde ao inciso V do art. 127 da Lei 6.015/1973; V: correta. A assertiva corresponde ao inciso VI do art. 127 da Lei 6.015/1973; VI: correta. A assertiva corresponde ao inciso VII do art. 127 da Lei 6.015/1973.

Gabarito "D".

(Cartório/MG – 2007 – EJEF) Considerando a obrigação de se manter os livros exigidos no Registro de Títulos e Documentos, é INCORRETO afirmar ser necessário:

(A) o Livro A para o protocolo de apontamento dos títulos, documentos e papéis apresentados.

12. REGISTRO DE TÍTULOS E DOCUMENTOS

(B) o Livro C para inscrição, por extração, de títulos e documentos.

(C) o Livro D para indicação real e pessoal, substituível pelo sistema de fichas.

(D) o Livro B para trasladação integral de títulos e documentos, conservação e validade.

A: correta, conforme redação do art. 132, I, da Lei 6.015/1973, segundo o qual *Livro A – protocolo para apontamentos de todos os títulos, documentos e papéis apresentados, diariamente, para serem registrados, ou averbados*; B: correta, conforme redação do art. 132, III, da Lei 6.015/1973, segundo o qual *Livro C – para inscrição, por extração, de títulos e documentos, a fim de surtirem efeitos em relação a terceiros e autenticação de data*; C: incorreta (devendo ser assinalada), pois o livro D se destina ao indicador pessoal e não ao indicador real, nos termos do art. 132, IV, da Lei 6.015/1973, segundo o qual *Livro D – indicador pessoal, substituível pelo sistema de fichas, a critério e sob a responsabilidade do oficial, o qual é obrigado a fornecer, com presteza, as certidões pedidas pelos nomes das partes que figurarem, por qualquer modo, nos livros de registros*; D: correta, conforme art. 132, II, da Lei 6.015/1973, segundo o qual *Livro B – para trasladação integral de títulos e documentos, sua conservação e validade contra terceiros, ainda que registrados por extratos em outros livros.*
Gabarito "C".

(Cartório/MG – 2005 – EJEF) Considerando-se as funções do registro no Cartório de Títulos e Documentos, é INCORRETO afirmar que o documento assim inscrito:

(A) adquire eficácia legal, vinculando as partes envolvidas no cumprimento dos direitos e obrigações que descreve.

(B) afeta o objeto da relação jurídica, visando a criar o cadastro da propriedade móvel, como sucede com o registro de bens imóveis.

(C) prova a data do negócio, ante a obrigatoriedade da transcrição dos atos na sequência da apresentação.

(D) tem garantidas sua perpetuação e sua conservação, mediante registro facultativo.

A: correta, valendo consignar apenas que nem todos os documentos dependem de registro para adquirirem eficácia legal. Essa providência é necessária somente nas hipóteses previstas em lei; B: incorreta (devendo ser assinalada). O Registro de Títulos e Documentos não cria qualquer cadastro de propriedade nem altera o objeto da relação jurídica. A propriedade móvel se transfere com a simples tradição, não sendo necessária qualquer outra formalidade (art. 1.267 do Código Civil); C: correta, nos termos do art. 150 da Lei 6.015/1973; D: correta, nos termos do art. 127, VII, da Lei 6.015/1973.
Gabarito "B".

(Cartório/MG – 2005 – EJEF) Considerando-se a realização do registro no Cartório de Títulos e Documentos, é INCORRETO afirmar que, entre os negócios jurídicos a ele sujeitos, se inclui:

(A) a cessão de crédito.

(B) a fiança.

(C) o contrato de locação.

(D) o penhor mercantil.

A: correta, conforme art. 129, 9.º, da Lei 6.015/1973, segundo o qual estão sujeitos a registro, no Registro de Títulos e Documentos (...) *9.º) os instrumentos de cessão de direitos e de créditos, de sub-rogação e de dação em pagamento*; B: correta, conforme art. 129, 3.º, da Lei 6.015/1973, segundo o qual estão sujeitos a registro, no Registro de Títulos e Documentos (...) *3.º) as cartas de fiança, em*

geral, feitas por instrumento particular, seja qual for a natureza do compromisso por elas abonado*; C: correta, conforme art. 129, 4.º, da Lei 6.015/1973, segundo o qual estão sujeitos a registro, no Registro de Títulos e Documentos (...) *4.º) os contratos de locação de serviços não atribuídos a outras repartições*; D: incorreta (devendo ser assinalada), pois o penhor mercantil não consta do rol de negócios jurídicos elencados no art. 129 da Lei 6.015/1973, o qual estabelece quais negócios jurídicos serão registrados no Registro de Títulos e Documentos. Este deverá ser registrado no Livro nº 3 – Registro Auxiliar do Registro de Imóveis, em consonância com o que dispõe o art. 178, IV da Lei 6.015/73.
Gabarito "D".

(Cartório/PR – 2007) Sobre o Registro de Títulos e Documentos, é INCORRETO afirmar que:

(A) Dentro do prazo de 10 (dez) dias da data da sua assinatura pelas partes, todos os atos enumerados nos artigos 127 a 129 da Lei dos Registros Públicos serão registrados no domicílio das partes contratantes e, quando residam estas em circunscrições territoriais diversas, far-se-á o registro no domicílio da parte que o requereu e promoveu o pagamento das custas registrais.

(B) Contém 4 livros, todos com 300 folhas, sendo o Livro A de protocolo, Livro B de Registro Integral, Livro C de registro resumido, Livro D de índice de Localização (que pode ser substituído por fichas).

(C) Caberá ao registro de Títulos e Documentos a realização de quaisquer registros não atribuídos expressamente a outro ofício.

(D) No Registro de Títulos e Documentos será feita a transcrição do penhor comum sobre coisas móveis.

(E) No Registro de Títulos e Documentos será feita a transcrição facultativa de quaisquer documentos, para a sua conservação.

A: incorreta (devendo ser assinalada). O prazo conferido para a diligência é de 20 dias e, se os contratantes residirem em circunscrições territoriais diversas, o registro deverá ser feito no domicílio de todos eles, nos termos do art. 130 da Lei 6.015/1973; B: correta, conforme se depreende do art. 132 da Lei 6.015/1973: *Art. 132. No registro de Títulos e Documentos haverá os seguintes livros, todos com 300 folhas: I – Livro A – protocolo para apontamentos de todos os títulos, documentos e papéis apresentados, diariamente, para serem registrados, ou averbados; II – Livro B – para trasladação integral de títulos e documentos, sua conservação e validade contra terceiros, ainda que registrados por extratos em outros livros; III – Livro C – para inscrição, por extração, de títulos e documentos, a fim de surtirem efeitos em relação a terceiros e autenticação de data; IV – Livro D – indicador pessoal, substituível pelo sistema de fichas, a critério e sob a responsabilidade do oficial, o qual é obrigado a fornecer, com presteza, as certidões pedidas pelos nomes das partes que figurarem, por qualquer modo, nos livros de registros*; C: correta, conforme previsão expressa no parágrafo único do art. 127 da Lei 6.015/1973, que tem a seguinte redação: *Parágrafo único. Caberá ao Registro de Títulos e Documentos a realização de quaisquer registros não atribuídos expressamente a outro ofício*; D: correta, nos termos do inciso II do art. 127, da Lei 6.015/1973, segundo o qual: *Art. 127. No Registro de Títulos e Documentos será feita a transcrição: (...) II – do penhor comum sobre coisas móveis*; E: correta, conforme redação do inciso VII do art. 127, da Lei 6.015/1973, que tem o seguinte teor: *Art. 127. No Registro de Títulos e Documentos será feita a transcrição: (...) VII – facultativo, de quaisquer documentos, para sua conservação.*
Gabarito "A".

(Cartório/RJ – 2008 – UERJ) Sobre títulos e documentos, considerando as seguintes afirmativas:

I. Em cidades dotadas de mais de um cartório de registro de títulos e documentos, deverá haver prévia distribuição entre eles dos registros a serem efetuados.

II. Os títulos, documentos ou papéis escritos em língua estrangeira somente poderão ser registrados no Livro B se estiverem traduzidos por tradutor juramentado, mesmo para efeito de conservação ou perpetuidade.

III. Havendo indícios de falsificação do documento apresentado para registro, o registrador deverá recusar-lhe o registro, devolvendo o documento ao apresentante.

IV. O cancelamento de registro ou averbação far-se-á sempre em razão de determinação judicial.

V. Quando o documento a ser registrado for impresso e idêntico a outro já anteriormente registrado na íntegra, o registro poderá ser feito em forma resumida, fazendo-se remissão, quanto ao restante, àquele já registrado.

A (s) alternativa (s) correta (s) é (são):

(A) somente as alternativas I e IV;

(B) somente as alternativas II e V;

(C) somente a alternativa V;

(D) somente a alternativa II;

(E) somente a alternativa III.

I: incorreta, pois o art. 131 da Lei 6.015/1973 afirma que o registro dos títulos e documentos será feito independentemente de prévia distribuição; II: incorreta, pois para o registro de documentos ou papéis estrangeiros cujo objetivo seja apenas conservação ou perpetuidade não se exige que estejam traduzidos, conforme dispõe o art. 148 da Lei 6.015/1973: *Art. 148. Os títulos, documentos e papéis escritos em língua estrangeira, uma vez adotados os caracteres comuns, poderão ser registrados no original, para o efeito da sua conservação ou perpetuidade. Para produzirem efeitos legais no País e para valerem contra terceiros, deverão, entretanto, ser vertidos em vernáculo e registrada a tradução, o que, também, se observará em relação às procurações lavradas em língua estrangeira. Parágrafo único. Para o registro resumido, os títulos, documentos ou papéis em língua estrangeira, deverão ser sempre traduzidos;* III: incorreta, conforme se verifica da redação do parágrafo único do art. 156 da Lei 6.015/1973: *Art. 156 (...) Parágrafo único. Se tiver suspeita de falsificação, poderá o oficial sobrestar no registro, depois de protocolado o documento, até notificar o apresentante dessa circunstância; se este insistir, o registro será feito com essa nota, podendo o oficial, entretanto, submeter a dúvida ao Juiz competente, ou notificar o signatário para assistir ao registro, mencionando também as alegações pelo último aduzidas;* IV: incorreta, pois o cancelamento não se origina apenas de determinação judicial, conforme se depreende dos arts. 164 e 165, ambos da Lei 6.015/1973: *Art. 164. O cancelamento poderá ser feito em virtude de sentença ou de documento autêntico de quitação ou de exoneração do título registrado. Art. 165. Apresentado qualquer dos documentos referidos no artigo anterior, o oficial certificará, na coluna das averbações do livro respectivo, o cancelamento e a razão dele, mencionando-se o documento que o autorizou, datando e assinando a certidão, de tudo fazendo referência nas anotações do protocolo. Parágrafo único. Quando não for suficiente o espaço da coluna das averbações, será feito novo registro, com referências recíprocas, na coluna própria;* V: correta, conforme reza o § 2.º do art. 142, da Lei 6.015/1973, segundo o qual: *§ 2.º Tratando-se de documento impresso, idêntico a outro já anteriormente registrado na íntegra, no mesmo livro, poderá o registro limitar-se a consignar o nome das partes contratantes, as características do objeto e demais dados constantes dos claros preenchidos, fazendo-se remissão, quanto ao mais, àquele já registrado.*
Gabarito "C."

(Cartório/MG – 2007 – EJEF) Considerando os atos a serem apresentados no Serviço de Títulos e Documentos, é INCORRETO afirmar ser necessário para surtir efeitos em relação a terceiros o registro de:

(A) cartas de fiança em geral.

(B) contratos de compra e venda com reserva de domínio, referentes a bens móveis.

(C) contrato de locação com cláusula de vigência para a hipótese de alienação.

(D) instrumentos de cessão de direitos e de créditos, de sub-rogação e de dação em pagamento.

A: correta, conforme art. 129, 3.º, da Lei 6.015/1973: *Art. 129. Estão sujeitos a registro, no Registro de Títulos e Documentos, para surtir efeitos em relação a terceiros: (...) 3.º) as cartas de fiança, em geral, feitas por instrumento particular, seja qual for a natureza do compromisso por elas abonado;* B: incorreta (devendo ser assinalada). Dependem de registro, nos termos do art. 129, 5.º, da Lei 6.015/1973, apenas os contratos de compra e venda em prestações; C: correta, conforme o art. 129, 1.º, da Lei 6.015/1973, segundo o qual estão sujeitos a registro no Registro de Títulos e Documentos os contratos de locação de prédios, sem prejuízo do disposto no art. 167, I, 3, da mesma lei, cuja redação é a seguinte: *Art. 167 – No Registro de Imóveis, além da matrícula, serão feitos. I – o registro: (...) 3) dos contratos de locação de prédios, nos quais tenha sido consignada cláusula de vigência no caso de alienação da coisa locada;* D: correta, nos termos do art. 129, 9.º, da Lei 6.015/1973, segundo o qual serão registrados no Registro de Títulos e Documentos *os instrumentos de cessão de direitos e de créditos, de sub-rogação e de dação em pagamento.*
Gabarito "B."

(Cartório/RN – 2012 – IESIS) Devem ser registrados no Cartório de Títulos e Documentos, para gerar efeitos em relação a terceiros, entre outros:

(A) As cartas de fiança, em geral, feitas por instrumento particular, seja qual for a natureza do compromisso por elas abonado; os contratos de locação de serviços não atribuídos a outras repartições; e os instrumentos de cessão de direitos e de créditos, de sub-rogação e de dação em pagamento.

(B) Os documentos decorrentes de depósitos, ou de cauções feitos em garantia de cumprimento de obrigações contratuais, ainda que em separado dos respectivos instrumentos; o compromisso de compra e venda de imóvel; e as quitações, recibos e contratos de compra e venda de automóveis, bem como o penhor destes, qualquer que seja a forma que revistam.

(C) Os contratos de locação de prédios, o testamento público e todos os documentos de procedência estrangeira, acompanhados das respectivas traduções, para produzirem efeitos em repartições da União, dos Estados, do Distrito Federal, dos Territórios e dos Municípios ou em qualquer instância, juízo ou tribunal.

(D) O pacto antenupcial, os contratos de locação de serviços não atribuídos a outras repartições e os contratos de compra e venda em prestações, com reserva de domínio ou não, qualquer que seja a forma de que se revistam, os de alienação ou de promessas de venda referentes a bens móveis e os de alienação fiduciária.

Os títulos e documentos que devem ser registrados para gerar efeitos em relação a terceiros estão dispostos no art. 129 da Lei 6.015/1973. A alternativa "A" é a única que apresenta documentos inseridos no respectivo rol (itens 3.º, 4.º e 9.º, respectivamente).
Gabarito "A."

12. REGISTRO DE TÍTULOS E DOCUMENTOS

(Cartório/RN – 2012 – IESIS) Os livros de escrituração do Cartório de Títulos e Documentos são:

(A) Livro A – protocolo para apontamentos de todos os títulos, documentos e papéis apresentados, diariamente, para serem registrados, ou averbados; para trasladação integral de títulos e documentos, sua conservação e validade contra terceiros, ainda que registrados por extratos em outros livros; Livro B – para inscrição, por extração, de títulos e documentos, a fim de surtirem efeitos em relação a terceiros e autenticação de data; Livro C – indicador pessoal, substituível pelo sistema de fichas, a critério e sob a responsabilidade do oficial, o qual é obrigado a fornecer, com presteza, Livro D – as certidões pedidas pelos nomes das partes que figurarem, por qualquer modo, nos livros de registros.

(B) Livro A – protocolo para apontamentos de todos os títulos, documentos e papéis apresentados, diariamente, para serem registrados, ou averbados; Livro B – para trasladação integral de títulos e documentos, sua conservação e validade contra terceiros, ainda que registrados por extratos em outros livros; para inscrição, por extração, de títulos e documentos, a fim de surtirem efeitos em relação a terceiros e autenticação de data; Livro C – indicador pessoal, substituível pelo sistema de fichas, a critério e sob a responsabilidade do oficial, o qual é obrigado a fornecer, com presteza, as certidões pedidas pelos nomes das partes que figurarem, por qualquer modo, nos livros de registros.

(C) Livro A – protocolo para apontamentos de todos os títulos, documentos e papéis apresentados, diariamente, para serem registrados, ou averbados; Livro B – para trasladação integral de títulos e documentos, sua conservação e validade contra terceiros, ainda que registrados por extratos em outros livros; Livro C – para inscrição, por extração, de títulos e documentos, a fim de surtirem efeitos em relação a terceiros e autenticação de data; Livro D – indicador pessoal, substituível pelo sistema de fichas, a critério e sob a responsabilidade do oficial, o qual é obrigado a fornecer, com presteza, as certidões pedidas pelos nomes das partes que figurarem, por qualquer modo, nos livros de registros.

(D) Livro A – protocolo para apontamentos de todos os títulos, documentos e papéis apresentados, diariamente, para serem registrados, ou averbados; para trasladação integral de títulos e documentos, sua conservação e validade contra terceiros, ainda que registrados por extratos em outros livros; e Livro B – para inscrição, por extração, de títulos e documentos, a fim de surtirem efeitos em relação a terceiros e autenticação de data; indicador pessoal, substituível pelo sistema de fichas, a critério e sob a responsabilidade do oficial, o qual é obrigado a fornecer, com presteza, as certidões pedidas pelos nomes das partes que figurarem, por qualquer modo, nos livros de registros.

Nos termos do art. 132 da Lei 6.015/1973, o Registro de Títulos e Documentos é feito nos seguintes livros: Livro A – protocolo para apontamentos de todos os títulos, documentos e papéis apresentados, diariamente, para serem registrados, ou averbados; Livro B – para trasladação integral de títulos e documentos, sua conservação e validade contra terceiros, ainda que registrados por extratos em outros livros;

Livro C – para inscrição, por extração, de títulos e documentos, a fim de surtirem efeitos em relação a terceiros e autenticação de data; Livro D – indicador pessoal, substituível pelo sistema de fichas, a critério e sob a responsabilidade do oficial, o qual é obrigado a fornecer, com presteza, as certidões pedidas pelos nomes das partes que figurarem, por qualquer modo, nos livros de registros.
Gabarito "C".

(Cartório/SP – 2012 – VUNESP) A transcrição de penhor comum sobre coisas móveis e contrato de parceria agrícola ou pecuária será feita no:

(A) Registro de Títulos e Documentos ou Registro Imobiliário, a depender do objetivo do interessado.

(B) Registro Imobiliário.

(C) Registro Civil de Pessoas Jurídicas.

(D) Registro de Títulos e Documentos.

O registro será feito no Registro de Títulos e Documentos, nos termos do art. 127, II e IV, da Lei 6.015/1973.
Gabarito "D".

(Cartório/SP – 2011 – VUNESP) No Registro de Títulos e Documentos, há livros obrigatórios destinados ao seu expediente. Sobre eles, é correto afirmar que:

(A) é permitida a substituição do livro protocolo por sistema de fichas.

(B) é facultada a dispensa do livro de inscrição por extratos, desde que a serventia se utilize do livro de trasladação integral.

(C) é possível a dispensa do uso do livro de trasladação integral na hipótese de utilizar-se pasta classificadora de cópias reprográficas dos documentos.

(D) há possibilidade de dispensa do livro de inscrição por extratos, desde que a serventia se utilize de serviços de microfilmagem.

A: incorreta. Apenas o livro de indicador pessoal (Livro D) pode ser substituído por sistema de fichas (art. 132, IV, da Lei 6.015/1973); B: incorreta. O livro de inscrição por extratos pode ser dispensado somente perante a adoção de sistema de microfilmagem (art. 8 do Capítulo XIX do Tomo II das Normas de Serviço da Corregedoria Geral de Justiça de São Paulo à época da prova – atual item 14); C: incorreta. O livro de trasladação integral não pode ser dispensado; D: correta, nos termos do art. 8.1 do Capítulo XIX do Tomo II das Normas de Serviço da Corregedoria Geral de Justiça de São Paulo vigente à época da prova, regra ainda prevista no item 14. Os itens indicados referem-se à normativa vigente à época do concurso, devendo o leitor atentar para a completa reforma das NSCGJSP produzida pelo Provimento CGJ 56/2019.
Gabarito "D".

(Cartório/SP – 2011 – VUNESP) É obrigatório o registro em títulos e documentos:

(A) cláusula de venda com reserva de domínio, para validade perante terceiros.

(B) doação manual, para validade entre as partes.

(C) propriedade fiduciária de coisa móvel fungível, para sua constituição.

(D) cláusula de retrovenda de coisa móvel, para sua constituição.

A: correta, nos termos do art. 129, 5.º, da Lei 6.015/1973 e atual item 4, alínea "e", Capítulo XIV, Tomo II das Normas de Serviço paulistas; B, C e D: incorretas. Os documentos mencionados sempre valerão entre as partes e consideram-se constituídos desde sua assinatura. Podem ser levados a registro para conferir-lhes maior autenticidade e segurança, mas nunca para sua existência, validade ou eficácia.

Gabarito "A".

(Cartório/RO – 2005) Assinale a alternativa incorreta:

(A) no Registro de Títulos e Documentos será feita a transcrição do contrato de parceria agrícola ou pecuária;

(B) no Registro de Títulos e Documentos será feito o registro de quaisquer documentos não atribuídos expressamente a outro ofício;

(C) estão sujeitos a registro, no Registro de Títulos e Documentos, para surtir efeitos contra terceiros, as cartas de fiança, em geral, feitas por instrumento particular, seja qual for a natureza do compromisso por elas elaborado;

(D) é necessária a prévia distribuição dos documentos apresentáveis aos ofícios de Registro de Títulos e Documentos.

A: correta, nos termos do inciso V do art. 127 da Lei 6.015/1973: *Art. 127. No Registro de Títulos e Documentos será feita a transcrição: (...) V – do contrato de parceria agrícola ou pecuária*; B: correta, conforme redação do parágrafo único do art. 127, da Lei 6.015/1973, segundo o qual (...) *Parágrafo único. Caberá ao Registro de Títulos e Documentos a realização de quaisquer registros não atribuídos expressamente a outro ofício*; C: correta, conforme redação do item 3.º do art. 129 da Lei 6.015/1973: *Art. 129. Estão sujeitos a registro, no Registro de Títulos e Documentos, para surtir efeitos em relação a terceiros: (...) 3.°) as cartas de fiança, em geral, feitas por instrumento particular, seja qual for a natureza do compromisso por elas abonado*; D: incorreta (devendo ser assinalada), pois o art. 131 da Lei 6.015/1973 dispensa a prévia distribuição dos documentos, conforme segue: *Art. 131. Os registros referidos nos artigos anteriores serão feitos independentemente de prévia distribuição*.

Gabarito "D".

(Cartório/SP – 2016 – VUNESP) No Registro de Títulos e Documentos será feito o registro de

(A) cartas de fiança feitas por instrumento público.

(B) compra e venda em prestações de bens móveis, desde que haja reserva de domínio.

(C) contratos de locação de imóveis urbanos, desde que não haja cláusula de vigência no caso de alienação da coisa locada.

(D) promessa de venda de bens móveis.

A: alternativa incorreta, pois o art. 129, 3°, da Lei 6.015/1973 se refere às cartas de fiança feitas por instrumento particular; B: alternativa incorreta, pois a compra e venda em prestações de bens móveis pode ser registrada, mesmo que não haja reserva de domínio, conforme art. 129, 5°, da Lei 6.015/1973. C: alternativa incorreta, pois, mesmo que haja essa cláusula, o contrato de locação pode ser registrado em Títulos e Documentos (art. 129, 1°, da Lei 6.015/1973), mas essa providência não substitui a necessidade de registro deste contrato com a cláusula de vigência na matrícula do imóvel correspondente. D: alternativa correta, conforme o disposto no art. 129, 5°, da Lei 6.015/1973 e atual item 4, alínea "f", Capítulo XIV, Tomo II das Normas de Serviço de São Paulo.

Gabarito "D".

(Cartório/SP – 2016 – VUNESP) O registro, no Registro de Títulos e Documentos, para surtir efeitos perante terceiros,

(A) deve ser feito no domicílio de qualquer das partes.

(B) pode ser feito no Registro de Títulos e Documentos de livre escolha do requerente.

(C) deve ser feito no domicílio das partes contratantes e, quando residirem em circunscrições territoriais diversas, far-se-á o registro em todas.

(D) será feito somente no domicílio do vendedor, no caso de contrato de compra e venda, ainda que seja o comprador domiciliado em circunscrição territorial diversa.

A: alternativa incorreta, pois deve ser feito no domicílio das partes e, se elas residirem em circunscrições distintas, deve ser feito em todas elas, conforme o art. 130, *caput*, da Lei 6.015/1973. B: alternativa incorreta, pois o art. 130, *caput*, da Lei 6.015/1973 define regras de competência territorial para a prática de atos em Registro de Títulos e Documentos. C: alternativa correta, por espelhar o disposto no art. 130, *caput*, da Lei 6.015/1973. D: alternativa incorreta, por contrariar o disposto no art. 130, *caput*, da Lei 6.015/1973.

Gabarito "C".

(Cartório/MG – 2015 – Consulplan) O serviço de registro de títulos e documentos possui múltiplas e distintas atribuições. Nesse sentido, é correto afirmar:

(A) Quanto às espécies de lançamentos, admite as transcrições obrigatórias, inclusive para a conservação dos documentos, públicos ou particulares, e respectivos conteúdos.

(B) Em se tratando de documento público, não é admitido o registro, tendo em conta que a publicidade que lhe é inerente irradia-se a partir de sua origem. Assim, o registro é inócuo, dado que a regra dominante é a de que não é inscritível nenhum título ou direito que mediante a inscrição não se torne mais eficaz do que sem ela.

(C) Promove, em acréscimo, qualquer registro não atribuído expressamente a outro ofício ou serviço de diferente natureza, bem como desempenha a função adicional de arquivar originais ou fotocópias de título e documento, a pedido do interessado, podendo expedir certidão do registro integral, inclusive do registro da fotocópia, que terá o mesmo valor probante do original.

(D) Dado que a ordem de prioridade do apontamento no protocolo resguarda o interesse da parte e assegura, após realizado o registro, a oponibilidade a todos os terceiros, em observância ao referido princípio de ordem pública e natureza cogente, expressamente cominado ao serviço de registro de títulos e documentos (artigos 150, 151 e 153, todos da Lei dos Registros Públicos), o registro de promessa de compra e venda de bem imóvel, no aludido serviço, dentro do prazo de 20 dias da data assinalada no instrumento, será levado em conta na aferição da prioridade de registro posterior de tal título perante o cartório de registro de imóveis da respectiva circunscrição territorial, para todos os efeitos legais, pois o registro no serviço de títulos e documentos tem caráter supletivo.

A: alternativa incorreta, pois o registro para conservação tem caráter facultativo, nos termos do art. 127, VII, da Lei 6.015/1973. B: não há nenhuma restrição para o registro dos instrumentos públicos, sendo que, em razão da diversidade de fins entre a publicidade notarial (o tabelião intervém nos negócios jurídicos como testemunha qualificada e assessor jurídico das partes, para lhe dar forma pública, certificando a ocorrência daquela manifestação de vontade e sua higidez) e a publicidade registral (dar conhecimento a terceiros da existência daquele

12. REGISTRO DE TÍTULOS E DOCUMENTOS

negócio/título), é incorreto dizer que o registro é inócuo. Lavra-se o instrumento público não para dar conhecimento a terceiros do negócio, mas sim para que o notário examine e garanta a higidez e a legalidade da manifestação de vontade. A publicidade *erga omnes* é vocação dos registros públicos e, portanto, só se adquire com o registro no cartório registral competente. De todo modo, o Registro de Títulos e Documentos, por suas finalidades e objetivos, sempre ampliará a publicidade dada àquele ato, o que expande a eficácia do negócio com relação a terceiros. Note-se, ainda, que várias das hipóteses de registro dispostas nos arts. 127 e 129 da Lei 6.015/1973 somente fazem referência a negócios jurídicos específicos, sem mencionar a sua forma, de modo que se pode concluir que, tratando-se de um desses negócios, seja a forma pública, seja a particular, o ato deve ser levado a registro. **C:** alternativa correta, conforme o art. 127, VII e parágrafo único, e o art. 161 da Lei 6.015/1973. **D:** alternativa incorreta, pois, sendo o registro de compromisso de compra e venda de imóvel matéria de competência do Registro de Imóveis (art. 167, I, 9, 18 e 20, da Lei 6.015/1973), o seu eventual registro em Títulos e Documentos não terá o condão de produzir os efeitos legais atribuídos ao Registro de Imóveis (art. 358, § 1º, do Código de Normas dos Serviços Notariais e de Registro do Estado de Minas Gerais – Provimento 260/2013, vigente à época do concurso). Ademais, como previa o art. 358, §§ 3º e 4º, do mesmo Código de Normas, em tal caso o registro em Títulos e Documentos somente seria feito depois de o título ter sido registrado no Registro de Imóveis.

Gabarito "C".

(Cartório/MG – 2016 – Consulplan) Segundo o art. 127, da Lei nº 6.015/73, no Registro de Títulos e Documentos será feita a transcrição, dentre outros, das seguintes espécies de documentos:

I. Instrumentos particulares, para prova das obrigações convencionais de qualquer valor.

II. Caução de títulos de crédito pessoal e da dívida pública federal, estadual ou municipal, ou de bolsa ao portador;

III. Contrato de parceria agrícola ou pecuária.

IV. Contratos de locação de prédios, nos quais tenha sido consignada cláusula de vigência no caso de alienação da coisa locada.

Está correto apenas o que se afirma em:

(A) I.

(B) I e III.

(C) I e IV.

(D) I, II e III.

A assertiva I está correta, porque corresponde ao art. 127, I, da Lei 6.015/1973. A assertiva II está correta, por espelhar o disposto no art. 127, III, da Lei 6.015/1973. A assertiva III está correta, por corresponder ao art. 127, V, da Lei 6.015/1973. A assertiva IV está incorreta, porque: a) a hipótese de locação não está no art. 127 da Lei 6.015/1973 (o candidato deve notar que a questão está indagando sobre as hipóteses de transcrição do art. 127), mas sim no art. 129, 1, da mesma Lei; b) o dispositivo citado (art. 129, 1) determina o registro de locação de prédios, sem exigir, no entanto, que a cláusula de vigência conste do contrato; e c) o registro efetivo para a plena eficácia do contrato de locação nos quais tenha sido consignada cláusula de vigência deve ser feito no Registro de Imóveis (art. 167, I, 3, da Lei 6.015/1973). Assim, a alternativa que espelha as assertivas corretas é a letra "D".

Gabarito "D".

(Cartório/PA – 2016 – IESES) Não se inclui nas atribuições do Registro de Títulos e Documentos:

(A) Caução de títulos de crédito pessoal e da dívida pública federal, estadual ou municipal, ou de Bolsa ao portador.

(B) Realização de quaisquer registros não atribuídos expressamente a outro ofício registral.

(C) Transcrição de instrumentos particulares, para a prova das obrigações convencionais de qualquer valor.

(D) Registro de escrituras de separação e divórcio, em que as partes sejam maiores e capazes.

A: alternativa incorreta, pois essa hipótese se inclui na competência do Registro de Títulos e Documentos, conforme art. 127, III, da Lei 6.015/1973. **B:** alternativa incorreta, pois essa hipótese se inclui na competência do Registro de Títulos e Documentos, conforme art. 127, parágrafo único, da Lei 6.015/1973. **C:** alternativa incorreta, pois essa hipótese se inclui na competência do Registro de Títulos e Documentos, conforme art. 127, I, da Lei 6.015/1973. **D:** alternativa correta, pois esta hipótese não está arrolada nos atos de competência do Registro de Títulos e Documentos (arts. 127 e 129 da Lei 6.01519/1973).

Gabarito "D".

2. ESCRITURAÇÃO E ORDEM DE SERVIÇO. CERTIDÕES. COMUNICAÇÕES. CONSERVAÇÃO

(Cartório/CE – 2018 – IESES) Assinale a alternativa correta:

(A) O oficial do registro de títulos e documentos não deverá recusar registro a título e a documento que não se revistam das formalidades legais.

(B) Após registrado não poderá ser feito o cancelamento de documento junto ao registro de títulos e documentos.

(C) O registro de títulos de documentos funciona no regime de plantão aos finais de semana e nos feriados.

(D) Os títulos, documentos e papéis escritos em língua estrangeira, uma vez adotados os caracteres comuns, poderão ser registrados no original, para o efeito da sua conservação ou perpetuidade e para produzirem efeitos legais no País e para valerem contra terceiros, deverão, entretanto, ser vertidos em vernáculo e registrada a tradução, o que, também, se observará em relação às procurações lavradas em língua estrangeira.

A: incorreta: é obrigação do oficial de registro de títulos e documentos recusar títulos que não se revistam das formalidades legais (art. 156 da Lei de Registros Públicos); **B:** incorreta: as hipóteses de cancelamento estão no art. 164 da Lei 6.015/73; **C:** incorreta: de acordo com a Consolidação Normativa do Ceará, a única atribuição que funciona com regime de plantão é a de Registro Civil das Pessoas Naturais (art. 4º, § 2º, CNCE); **D:** são os exatos termos do art. 562 da Consolidação Normativa do Estado do Ceará.

Gabarito "D".

(Cartório/BA – 2004 – CESPE) Acerca do registro de títulos e documentos, julgue o item a seguir.

(1) O documento, contrato ou papel estrangeiro, escrito em português, não necessita de tradução ou legalização para ser registrado por extrato.

1: incorreta, pois o art. 148 da Lei 6.015/1973 determina não somente a conversão para o vernáculo, como também o registro da tradução, conforme segue: *Art. 148. Os títulos, documentos e papéis escritos em língua estrangeira, uma vez adotados os caracteres comuns, poderão ser registrados no original, para o efeito da sua conservação ou perpetuidade. Para produzirem efeitos legais no País e para valerem contra terceiros, deverão, entretanto, ser vertidos em vernáculo e registrada a tradução, o que, também, se observará em relação às procurações*

lavradas em língua estrangeira. Parágrafo único. Para o registro resumido, os títulos, documentos ou papéis em língua estrangeira, deverão ser sempre traduzidos.
Gabarito "1E".

(Cartório/DF – 2001 – CESPE) Com referência ao registro de títulos e documentos na LRP, julgue o item a seguir.

(1) Contrato firmado na Itália, em italiano, pode ser registrado, nessa língua, em ofício de títulos e documentos no Brasil.

1: correta, pois a 1.ª parte do *caput* do art. 148 da Lei 6.015/1973, permite o registro do documento em língua estrangeira, no original, desde que seja com o objetivo de conservação ou perpetuidade, conforme segue: *Art. 148. Os títulos, documentos e papéis escritos em língua estrangeira, uma vez adotados os caracteres comuns, poderão ser registrados no original, para o efeito da sua conservação ou perpetuidade. Para produzirem efeitos legais no País e para valerem contra terceiros, deverão, entretanto, ser vertidos em vernáculo e registrada a tradução, o que, também, se observará em relação às procurações lavradas em língua estrangeira.*
Gabarito "1C".

(Cartório/MG – 2005 – EJEF) Considerando-se a escrituração no Cartório de Títulos e Documentos, é INCORRETO afirmar que:

(A) o registro mediante sistema de microfilmagem é facultado, dispensando-se, com isso, o lançamento prévio dos títulos, documentos e papéis no Livro A.
(B) o registro no Livro B pode ter por finalidade, entre outras, a conservação e a perpetuação do título ou documento.
(C) o registro no livro resumido torna o título operativo em relação a terceiros e, também, autêntica a data consignada.
(D) os documentos em língua estrangeira, para serem registrados por extrato, devem ser, necessariamente, traduzidos.

A: incorreta (devendo ser assinalada), pois o art. 141 da Lei 6.015/1973 determina que o registro por microfilmagem pode ocorrer, desde que seja efetuado por lançamentos remissivos, em que constem o protocolo, nome dos contratantes, data e natureza dos documentos apresentados, conforme segue: *Art. 141. Sem prejuízo do disposto no art. 161, ao oficial é facultado efetuar o registro por meio de microfilmagem, desde que, por lançamentos remissivos, com menção ao protocolo, ao nome dos contratantes, à data e à natureza dos documentos apresentados, sejam os microfilmes havidos como partes integrantes dos livros de registro, nos seus termos de abertura e encerramento;* B: correta, nos termos do art. 132, II, da Lei 6.015/1973, segundo o qual haverá o *Livro B – para trasladação integral de títulos e documentos, sua conservação e validade contra terceiros, ainda que registrados por extratos em outros livros;* C: correta. O registro resumido gera os mesmos efeitos dos demais, desde que realizado nos termos do art. 143 da Lei 6.015/1973; D: correta, conforme redação expressa do parágrafo único do art. 148 da Lei 6.015/1973, cuja redação é: *(...)Parágrafo único. Para o registro resumido, os títulos, documentos ou papéis em língua estrangeira, deverão ser sempre traduzidos.*
Gabarito "A".

(Cartório/RN – 2012 – IESIS) Assinale a afirmativa INCORRETA:

(A) Nos contratos de parceria, o parceiro proprietário será considerado o credor.
(B) O registro integral dos documentos consistirá na trasladação dos mesmos, com a mesma ortografia

e pontuação, com referência às entrelinhas ou quaisquer acréscimos, alterações, defeitos ou vícios que tiver o original apresentado, e, bem assim, com menção precisa aos seus característicos exteriores e às formalidades legais, podendo a transcrição dos documentos mercantis, quando levados a registro, ser feita na mesma disposição gráfica em que estiverem escritos, se o interessado assim o desejar.

(C) É cabível o registro resumido, que consistirá na declaração da natureza do título, do documento ou papel, valor, prazo, lugar em que tenha sido feito, nome e condição jurídica das partes, nomes das testemunhas, data da assinatura e do reconhecimento de firma por tabelião, se houver, o nome deste, o do apresentante, o número de ordem e a data do protocolo, e da averbação, a importância e a qualidade do imposto pago.

(D) É cabível o registro do contrato de penhor, mas não cabe o registro de contrato de caução.

A: correta, nos termos do art. 92, § 1.º, da Lei 4.504/1964 (Estatuto da Terra); B: correta, nos termos do art. 142 da Lei 6.015/1973; C: correta, nos termos do art. 143 da Lei 6.015/1973; D: incorreta (devendo ser assinalada). O contrato de caução poderá ser registrado, nos termos do art. 129, 2.º, da Lei 6.015/1973.
Gabarito "D".

(Cartório/SC – 2012) Sobre o Registro de Títulos e Documentos, assinale a alternativa INCORRETA:

(A) Quando o título, já registrado por extrato, for levado a registro integral, ou for exigido simultaneamente pelo apresentante o duplo registro, mencionar-se-á essa circunstância no lançamento posterior e, nas anotações do protocolo, far-se-ão referências recíprocas para verificação das diversas espécies de lançamento do mesmo título.

(B) Os títulos, documentos e papéis escritos em língua estrangeira, uma vez adotados os caracteres comuns, poderão ser registrados no original, para o efeito da sua conservação ou perpetuidade. Para produzirem efeitos legais no País e para valerem contra terceiros, deverão, entretanto, ser vertidos em vernáculo e registrada a tradução, o que também se observará em relação às procurações lavradas em língua estrangeira.

(C) Os contratos de compra e venda em prestações, com reserva de domínio ou não, qualquer que seja a forma de que se revistam, os de alienação ou de promessas de venda referentes a bens móveis e os de alienação fiduciária estão sujeitos a registro, no Registro de Títulos e Documentos, para surtir efeitos em relação a terceiros. Este registro produz efeitos em relação a terceiros a partir da data da apresentação do contrato, desde que apresentado dentro do prazo de 20 dias da data da sua assinatura pelas partes.

(D) Caberá ao Registro de Títulos e Documentos a realização de quaisquer registros não atribuídos expressamente a outro ofício.

(E) O registro de contratos de penhor, caução e parceria será feito com declaração do nome, profissão e domicílio do credor e do devedor, valor da dívida, juros, penas, vencimento e especificações dos objetos apenhados, pessoa em poder de quem ficam, espécie do título, condições do contrato, data e número de ordem.

12. REGISTRO DE TÍTULOS E DOCUMENTOS

A: correta, nos termos do art. 155 da Lei 6.015/1973; B: correta, nos termos do art. 148 da Lei 6.015/1973; C: incorreta (devendo ser assinalada). Somente após Ultrapassado o prazo de vinte dias é que o registro produzirá efeitos somente a partir da apresentação (art. 130, parágrafo único, da Lei 6.015/1973), se apresentado no prazo legal possui efeito "ex tunc", assim se realizado dentro do prazo, a eficácia do registro retroage à data da assinatura da avença; D: correta, nos termos do art. 127, parágrafo único, da Lei 6.015/1973; E: correta, nos termos do art. 144 da Lei 6.015/1973.
Gabarito "C".

(Cartório/SP – 2016 – VUNESP) Sobre o Registro de Títulos e Documentos, é correto asseverar que

(A) as procurações levadas a registro devem ter sua firma reconhecida, salvo se foram feitas por instrumento público notarial.

(B) todas as folhas dos títulos e documentos levados a registro deverão ser rubricadas, sendo vedada a utilização de chancela mecânica.

(C) há prazo de 15 (quinze) dias para a prática do ato de registro ou averbação, os quais não necessitam ser imediatos.

(D) cabe suscitação de dúvida.

A: alternativa incorreta, pois é exigido o reconhecimento de firma também nos instrumentos públicos notariais de quem subscreveu o traslado, conforme item nº 40.1 do capítulo XIX das Normas de Serviço da Corregedoria Geral da Justiça de São Paulo (anterior redação). **B:** alternativa incorreta, pois é possível o uso de chancela mecânica, conforme item nº 41 do capítulo XIX das Normas de Serviço da Corregedoria Geral da Justiça de São Paulo (redação vigente à época do concurso); **C:** alternativa incorreta, pois contrariava o disposto no item nº 37 do capítulo XIX das Normas de Serviço da Corregedoria Geral da Justiça de São Paulo, *in verbis*: "O registro e a averbação deverão ser imediatos, ou, quando não o possam ser, por acúmulo de serviço, deverão ser feitos no prazo estritamente necessário e sem prejuízo da ordem de prenotação." (redação vigente à época do concurso; **D:** alternativa correta, conforme o art. 296 da Lei 6.015/1973 e atual item 51.2, Capítulo XIX, Tomo II, das Normas de Serviço de São Paulo.
Gabarito "D".

3. REGISTROS. AVERBAÇÕES. ANOTAÇÕES. NOTIFICAÇÕES

(Cartório/RS – 2019 – VUNESP) Nos termos da lei, deve ser registrado em Títulos e Documentos o penhor

(A) rural.

(B) industrial.

(C) mercantil.

(D) legal.

(E) de direito.

Nos termos do art. 380 da CNNR do Rio Grande do Sul, a única alternativa correta é a Letra E. Segundo o referido artigo, registram-se no RTD o penhor comum (art. 1.423, CC), de direitos, de títulos de crédito e de automóveis. As demais alternativas não traziam nenhuma dessas opções.
Gabarito "E".

(Cartório/MG – 2019 – Consulplan) Assinale a alternativa correta em relação ao Registro de Títulos e Documentos, de acordo com o prescrito pelo Provimento 260/CGJ/2013.

(A) Serão registradas nos Ofícios de Registro de Títulos e Documentos todas as garantias de bens móveis constituídas de cédulas de crédito.

(B) Os documentos relativos à transmissão ou oneração de propriedade imóvel poderão ser registrados para a conservação, devendo ser feito posteriormente o seu registro no Ofício de Registro de Imóveis competente.

(C) O exame dos títulos ou documentos será feito em um prazo máximo de cinco dias e, após o protocolo o registro efetivado, deverá ser devolvido ao apresentante no prazo máximo de trinta dias, ressalvada a necessidade de notificações.

(D) Os instrumentos particulares declaratórios de união estável e da respectiva dissolução poderão ser registrados no Ofício de Registro de Títulos e Documentos do domicílio dos conviventes, para fazer prova das obrigações convencionais e para validade contra terceiros.

Nota do autor: A prova foi feita na vigência do Prov. 260/CGJ/2013 – antigo Código. Em virtude do Prov. Conjunto n. 93/PR/2020, houve alteração do referido Código de Normas, o que deve ser observado pelo estudante.

A: incorreta: a afirmação não excepcionou os penhores rural, industrial e comercial ou mercantil, do art. 358, § 2º, CNMG (atual art. 415, parágrafo segundo); **B:** incorreta: houve uma inversão: o registro deve ser feito primeiramente no Registro de Imóveis para após permitir-se o registro para fins de mera conservação no Serviço de Títulos e Documentos (art. 358, § 4º, do CNMG – atual art. 415, § 4º,); **C:** incorreta: o prazo não é de 30 dias, mas de 15 dias, segundo a antiga redação do art. 377, parágrafo único, do CNMG (atual art. 435); **D:** correta: literalidade do art. 359, do CNMG (atual art. 416).
Gabarito "D".

(Cartório/SP – 2018 – VUNESP) Conforme disposto nas Normas de Serviço da Corregedoria Geral da Justiça, o registro que dá origem a uma notificação

(A) somente será efetivado após o cumprimento da diligência, elaborando-se nota devolutiva caso não seja possível sua realização.

(B) somente será efetivado após o cumprimento da diligência ou a certificação da impossibilidade de sua realização.

(C) considera-se pendente até a averbação do cumprimento da diligência ou da impossibilidade de sua realização.

(D) considera-se perfeito, independentemente da averbação do cumprimento da diligência ou da impossibilidade de sua realização.

Nota do autor: *a prova em correção foi realizada durante a vigência da antiga redação das Normas de Serviço da Corregedoria Paulista, o que ocorreu até 05/01/2020. A partir de então, o estudante deve atentar para as novas redações das NSCGJSP. A resposta foi elaborada já na nova redação.*
Literalidade do item 56.7, Cap. XIX, tomo II, das NSCGJSP.
Gabarito "D".

(Cartório/SP – 2018 – VUNESP) Em relação ao Registro de Títulos e Documentos, as Normas de Serviço da Corregedoria Geral da Justiça preveem a averbação do resultado, positivo ou negativo, da notificação decorridos

(A) 30 (trinta) dias e realizadas, no mínimo, 03 (três) diligências.

(B) 60 (sessenta) dias e realizadas, no mínimo, 02 (duas) diligências.

(C) 30 (trinta) dias e realizadas, no mínimo, 02 (duas) diligências.

(D) 60 (sessenta) dias e realizadas, no mínimo, 03 (três) diligências.

Nota do autor: *a prova em correção foi realizada durante a vigência da antiga redação das Normas de Serviço da Corregedoria Paulista, o que ocorreu até 05/01/2020. A partir de então, o estudante deve atentar para as novas redações das NSCGJSP. A resposta foi elaborada já na nova redação.* São os prazos dos itens 59.1 e 59.1.1 do Cap. XIX, tomo II, das NSCGJSP.

Gabarito "A".

(Cartório/DF – 2006 – CESPE) Quanto ao serviço de registro de títulos e documentos e registro civil das pessoas jurídicas, julgue o próximos item.

(1) Quando o título ou documento apresentado ao registro não se revestir das formalidades legais, relativas à forma extrínseca, ou quando o oficial suspeitar que o documento seja falso, deverão ser recusados o ingresso do documento no protocolo, sua anotação e registro, devendo, em seguida, ser suscitada dúvida registrária ao juiz competente e notificado o requerente do registro para acompanhá-la.

1: incorreta, pois quando o oficial suspeitar que o documento seja falso, poderá sobrestar no registro, após o protocolo do documento, notificando o apresentante do ocorrido. Havendo insistência do apresentante, pode ser o documento registrado com essa nota, sendo faculdade do oficial submeter a dúvida ao juiz competente ou notificar o signatário para assistir ao registro, conforme estabelece o parágrafo único do art. 156 da Lei 6.015/1973: *Art. 156. O oficial deverá recusar registro a título e a documento que não se revistam das formalidades legais. Parágrafo único. Se tiver suspeita de falsificação, poderá o oficial sobrestar no registro, depois de protocolado o documento, até notificar o apresentante dessa circunstância; se este insistir, o registro será feito com essa nota, podendo o oficial, entretanto, submeter a dúvida ao Juiz competente, ou notificar o signatário para assistir ao registro, mencionando também as alegações pelo último aduzidas.* Por fim, vale dizer que nas Normas Extrajudiciais de São Paulo "Quando evidente a falsificação, o documento será encaminhado, após protocolizado, ao Juiz Corregedor Permanente, para as providências cabíveis".

Gabarito "1E".

(Cartório/SP – 2008 –VUNESP) Os títulos, documentos e papéis em língua estrangeira, para fins do registro integral ou traslado no Registro de Títulos e Documentos,

(A) só poderão ter ingresso após a tradução por tradutor público juramentado, salvo se for o Oficial versado na língua em que tiverem sido redigidos, hipótese em que o registro poderá ser feito independentemente daquela.

(B) poderão ser registrados no original, sem que se façam acompanhar de tradução juramentada, uma vez adotados, no seu texto, os caracteres da escrita ocidental, apenas para fins de sua conservação e perpetuidade, não surtindo efeitos no País e nem valendo contra terceiros.

(C) mesmo que escritos em caracteres diversos do alfabeto como nós o conhecemos, podem ser registrados em seus originais, sem que se façam acompanhar de tradução juramentada, se for só para fins de conservação e perpetuidade, não produzindo efeitos legais no País e nem valendo contra terceiros, caso a serventia disponha de serviço de microfilmagem ou outro método de reprodução fiel.

(D) não podem, em hipótese alguma, ter ingresso, sem estarem acompanhados da respectiva tradução por tradutor público juramentado, mesmo que seja só para sua conservação e perpetuidade, em homenagem ao preceito constitucional que dispõe ser o português o idioma oficial da República Federativa do Brasil.

A: incorreta, pois os documentos em língua estrangeira poderão ser registrados no original, se o objetivo seja a sua conservação ou perpetuidade. Contudo, para produzirem efeitos e valerem contra terceiros, necessitam de conversão em vernáculo e ser registrada sua tradução, nos termos do *caput* do art. 148 da Lei 6.015/1973; B: correta, já que condizente com a redação do art. 148 da Lei 6.015/1973, conforme segue: *Art. 148. Os títulos, documentos e papéis escritos em língua estrangeira, uma vez adotados os caracteres comuns, poderão ser registrados no original, para o efeito da sua conservação ou perpetuidade. Para produzirem efeitos legais no País e para valerem contra terceiros, deverão, entretanto, ser vertidos em vernáculo e registrada a tradução, o que, também, se observará em relação às procurações lavradas em língua estrangeira;* C: incorreta, pois o art. 148 da Lei 6.015/1973 permite o registro de documento em língua estrangeira, quando o objetivo é sua conservação ou perpetuidade, desde que sejam utilizados caracteres comuns ao vernáculo. O dispositivo também não faz nenhuma ressalva quanto a serviço de microfilmagem ou método reprográfico; D: incorreta, pois o art. 148 da Lei 6.015/1973 (transcrito no comentário da alternativa "B") traz expressamente hipótese em que não seja necessária a tradução do documento em língua estrangeira para realização de seu registro.

Gabarito "B".

(Cartório/MG – 2005 – EJEF) Sabe-se que a notificação pode ser judicial ou extrajudicial, caso em que deve ser realizada no Cartório de Títulos e Documentos. Se optar por esta última forma, o credor deve considerar que há, no texto legal, expressa previsão para:

(A) constituição em mora no caso de alienação fiduciária.

(B) constituição em mora no caso de venda com reserva de domínio.

(C) denúncia da locação por prazo indeterminado.

(D) exoneração dos fiadores e avalistas.

Nos termos do art. 2.º, § 2.º, do Decreto-lei 911/1969, a notificação extrajudicial é caminho suficiente para comprovação da mora em caso de alienação fiduciária. Convém ressaltar que, à época da prova, havia a previsão expressa da notificação extrajudicial pelo Cartório de Títulos e Documentos, mas, atualmente, a Lei nº 13.043/14 alterou o referido art. 2º, § 2º, do Decreto-Lei 911/1969, passando a admitir a notificação direta do credor por carta com AR A constituição em mora em caso de venda com reserva de domínio depende de protesto do título ou notificação judicial (art. 525 do Código Civil). A denúncia da locação e a exoneração de fiadores podem ser feitas por escrito, independentemente de formalidades.

Gabarito "A".

(Cartório/SP – 2011 –VUNESP) É constituído, por meio do registro do instrumento em Registro de Títulos e Documentos,

(A) penhor pecuário.

(B) penhor de direito.

(C) penhor mercantil.

(D) penhor legal.

Nos termos do art. 1.452 do Código Civil, o penhor de direito é constituído mediante o registro de seu instrumento do Registro de Títulos e Documentos.

Gabarito "B".

12. REGISTRO DE TÍTULOS E DOCUMENTOS

(Cartório/SP – 2016 – VUNESP) Na hipótese de registro, no Registro de Títulos e Documentos, para surtir efeitos em relação a terceiros,

(A) o documento deve ser apresentado para registro no prazo de 20 (vinte) dias da sua assinatura, e os efeitos registrais serão produzidos a partir da data de apresentação ao registro.

(B) sendo o documento apresentado para registro dentro do prazo de 20 (vinte) dias de sua assinatura, o registro terá efeito constitutivo.

(C) o documento pode ser apresentado para registro após o prazo de 20 (vinte) dias de sua assinatura, porém os efeitos registrais serão produzidos somente a partir da data da apresentação ao registro.

(D) o documento pode ser apresentado para registro após o prazo de 20 (vinte) dias de sua assinatura, porém, nesse caso, o registro terá apenas efeito conservatório.

A questão se resolve a partir do disposto no art. 130 da Lei 6.015/1973, *in verbis:* "Dentro do prazo de vinte dias da data da sua assinatura pelas partes, todos os atos enumerados nos arts. 127 e 129, serão registrados no domicílio das partes contratantes e, quando residam estas em circunscrições territoriais diversas, far-se-á o registro em todas elas. Parágrafo único. Os registros de documentos apresentados, depois de findo o prazo, produzirão efeitos a partir da data da apresentação." **A:** alternativa incorreta, pois a interpretação *a contrario sensu* do parágrafo único do art. 130 citado leva à conclusão de que, se o documento for apresentado no prazo de 20 dias, os efeitos retroagem à data da assinatura. **B:** alternativa incorreta, pois, considerando a retroação dos efeitos à data da assinatura do contrato, quando apresentado dentro de 20 dias, o seu efeito é declarativo/retroativo. **C:** alternativa correta, pois espelha o parágrafo único do art. 130 citado. **D:** alternativa incorreta, pois a Lei 6.015/1973 não comina efeito conservatório a esse registro, mas apenas determina que os efeitos registrais (regulares) serão produzidas a partir da apresentação do contrato.
Gabarito "C."

(Cartório/SP – 2016 – VUNESP) Sobre a notificação extrajudicial, assinale a alternativa correta.

(A) Será efetuada apenas com documentos e anexos registrados, não se admitindo a anexação de objetos corpóreos ou outro tipo de documento que não possa ser impresso.

(B) Sendo o registro público, pode-se expedir certidão das notificações antes do perfazimento do registro.

(C) A notificação, sendo pessoal, não pode ser recebida por procurador.

(D) O requerente deve apresentar vias suficientes para todas as notificações requeridas, não sendo possível ao Oficial expedir certidões do registro efetuado, ainda que a pedido do usuário.

A: alternativa correta, conforme o item nº 42.5 do capítulo XIX das Normas de Serviço da Corregedoria Geral da Justiça de São Paulo (atual item 56.5, Cap XIX, Tomo II, das Normas Paulistas); **B:** alternativa incorreta, pois contrariava o item nº 42.6 do capítulo XIX das Normas de Serviço da Corregedoria Geral da Justiça de São Paulo vigente à época da prova. **C:** alternativa incorreta, pois é possível a notificação ser recebida por procurador, se ele tiver poderes para receber notificações, conforme item nº 42.8 do capítulo XIX das Normas de Serviço da Corregedoria Geral da Justiça de São Paulo vigente à época do concurso, estando essa disposição mantida nos termos do item 59, Cap. XIX, Tomo II, da referida normativa; **D:** alternativa incorreta, pois, se o interessado não apresentar vias suficientes, o item nº 42.2 (atual item 56.2) do capítulo XIX das Normas de Serviço da Corregedoria Geral da Justiça de São Paulo autoriza o Oficial, a pedido do usuário, emitir certidões para viabilizar a entrega de uma via para cada notificado.
Gabarito "A".

(Cartório/MG – 2016 – Consulplan) O art. 164, da Lei nº 6.015/1973, estabelece que o cancelamento de registro poderá ser feito em determinadas espécies de documentos, os quais serão apresentados ao serviço registral, em virtude de

I. sentença.

II. documento autêntico de quitação.

III. ter completado a idade de 21 anos.

IV. exoneração do título registrado. Está correto apenas o que se afirma em:

(A) I e III.

(B) III.

(C) I, II e IV.

(D) I e II.

O art. 164 da Lei 6.015/73 prevê que: "O cancelamento poderá ser feito em virtude de sentença ou de documento autêntico de quitação ou de exoneração do título registrado." Assim, a assertiva I, II e IV estão corretas, por corresponderem ao texto legal, ao passo que a assertiva III está incorreta, por não encontrar correspondência no preceito legal citado. Assim, a alternativa que espelhava as assertivas corretas é a letra "C".
Gabarito "C".

4. TEMAS COMBINADOS DE REGISTRO DE TÍTULOS E DOCUMENTOS

(Cartório/DF – 2003 – CESPE) Determinada instituição requereu ao oficial de Registro Civil e de Títulos e Documentos o registro de um contrato de alienação fiduciária em garantia de um empréstimo concedido para aquisição de um veículo. O oficial de Registro realizou verificação do documento para apurar o cumprimento das exigências legais pertinentes à matéria. Julgue os itens que se seguem, a respeito dessa matéria.

(1) Se o contrato prevê que o alienante passe a ter o domínio resolúvel e a posse indireta do veículo, então o oficial de Registro deve acatar o contrato.

(2) Se o contrato prevê dívida de valor por estimativa e não líquido e certo, então o oficial de Registro deve acatar o contrato.

1: incorreta. Nos termos do art. 156 da Lei 6.015/1973, o oficial de registro não poderá registrar título ou documento que não revista as formalidades legais. O contrato de alienação fiduciária em garantia, por sua vez, pressupõe que o alienante seja o possuidor direto da coisa alienada, transferindo ao credor o domínio resolúvel e a posse indireta (art. 1.º do Decreto-lei 911/1967). Portanto, é impossível o registro nas condições apresentadas; 2: correta. É autorizada a previsão do valor da dívida por estimativa, nos termos do art. 1.º, § 1.º, "a", do Decreto-lei 911/1967.
Gabarito 1E, 2C

(Cartório/MG – 2005 – EJEF) A e B formularam um negócio jurídico de compra e venda de um bem imóvel, consistente em um lote de 250 m2, urbano, no valor de R$ 8.000,00, mediante instrumento particular. Na qualidade de adquirente, A levou o documento a registro no Cartório de Títulos e Documentos. Na oportunidade, o Registrador suscitou dúvida junto ao Juiz competente, ao argumento de que, embora o registro no Cartório de Títulos e Documentos tenha atribuição supletiva em relação aos demais registros, a compra e venda de imóveis depende da forma pública, sendo, portanto, da competência do Tabelionato de Notas, enquanto o registro do título translativo de domínio por ato *inter vivos* ou *causa mortis* é da atribuição exclusiva do Cartório de Registro de Imóveis. Considerando-se a situação descrita, é CORRETO afirmar que, nesse caso, a decisão consiste em o Juiz julgar a dúvida:

(A) improcedente, cabendo à parte interessada apresentar novamente os documentos para que o Registrador, à vista do mandado ou da certidão da sentença, proceda ao registro, lançando no protocolo o resultado.

(B) procedente, devolvendo à parte interessada os documentos trazidos e dando ciência também ao Registrador para lançar no protocolo o deslinde e proceder ao cancelamento da prenotação.

(C) procedente, em parte, tão somente com relação à atribuição conferida ao Cartório de Registro de Imóveis para o registro do título translatício de domínio de direitos reais, já que, supletivamente, o contrato particular pode ser registrado no Cartório de Títulos e Documentos, embora sem os fins específicos daquele outro Cartório.

(D) procedente, em parte, tão somente com relação à atribuição conferida ao Tabelionato de Notas para a lavratura da escritura pública, que é da essência do ato, já que o documento público pode ser registrado no Cartório de Títulos e Documentos supletivamente.

A dúvida deve ser julgada procedente em parte. A competência do Cartório de Registro de Imóveis realmente é absoluta, não podendo ser suplementada por qualquer outro ofício (art. 169 da Lei 6.015/1973). Por outro lado, nada impede que o oficial de registro de títulos e documentos registre o contrato particular, nos termos do art. 127, I, da Lei 6.015/1973. Obviamente, isso não dará ao documento a forma pública que teria se tivesse sido constituído pelo Tabelião de Notas, mas o seu registro é permitido para conferir-lhe autenticidade de data, segurança do negócio jurídico e garantia de sua conservação.

Gabarito "C"

5. EMOLUMENTOS

(Cartório/SP – 2018 – VUNESP) De acordo com as Notas Explicativas da Tabela de Emolumentos relativa ao Registro de Títulos e Documentos, anexa à Lei Estadual nº 11.331/2002, a base de cálculo do registro de contrato de locação de imóvel com duração de 30 (trinta) meses será equivalente

(A) ao valor do imóvel.

(B) a um terço do valor do imóvel.

(C) à soma dos 12 (doze) primeiros alugueres.

(D) ao valor total do contrato, calculado com base no valor do primeiro aluguel.

É importante ressaltar que as tabelas de emolumentos e suas respectivas notas explicativas integram o texto da Lei estadual de emolumentos de São Paulo (Lei 11.331/02). **A:** incorreta, nos termos do item 1.1. das notas explicativas da tabela de emolumentos; **B:** incorreta, conforme referido dispositivo; **C:** correta: de acordo com o item 1.11 das notas explicativas da tabela de RTD; **D:** incorreta: a base apenas é o valor total dos meses nos contratos com prazo inferior a 12 meses, nos termos do referenciado item.

Gabarito "C"

13. TABELIONATO DE NOTAS

**Gabriela Nassar de Castro Palma Marini, Henrique Subi,
Ivan Jacopetti do Lago e Carlos Antônio Caran Bordini ***

1. TEORIA GERAL DOS ATOS NOTARIAIS. PRINCÍPIOS. ESPÉCIES. OBJETO. FINALIDADE. FUNÇÃO. FÉ PÚBLICA NOTARIAL. DELEGAÇÕES E ASPECTO INSTITUCIONAL DOS SERVIÇOS NOTARIAIS

(Cartório/DF – 2003 – CESPE) A respeito da Lei dos Serviços Notariais e de Registro (LSNR — Lei n.º 8.935/1994), julgue o seguinte item.

(1) Os notários, conforme o caso, podem, por vontade das partes, intervir em qualquer ato ou negócio jurídico lícito, a fim de dar-lhe autenticidade, ainda que não haja previsão legal específica da necessidade dessa intervenção; nesses casos, o original do instrumento que vier a ser redigido permanecerá em poder do notário.

1: correta, nos termos do art. 6º, I e II, da Lei 8.935/1994.
Gabarito "1C"

(Cartório/DF – 2001 – CESPE) Ainda no que se refere à LSNR, julgue o item seguinte.

(1) No regime da LSNR, a escrituração lavrada pelo tabelião goza de autenticidade no que diz respeito ao próprio instrumento e ao registro dele; todavia, não confere, necessariamente, autenticidade ao próprio ato ou fato jurídico que a originou.

1: correta. Nos termos do art. 3º da Lei 8.935/1994, os tabeliães e oficiais de registro gozam de fé pública, o que garante a presunção de veracidade e autenticidade de seus atos. Isso não significa, por outro lado, que eles se responsabilizam pelos atos ou fatos jurídicos em si: o ato notarial serve apenas para afirmar que o fato presenciado pelo tabelião realmente aconteceu ou que o documento lhe foi entregue exatamente naquelas determinadas condições.
Gabarito "1C"

(Cartório/MG – 2009 – EJEF) Sobre a atividade notarial, assinale a alternativa INCORRETA.

(A) Serviços notariais e de registro são os de organização técnica e administrativa destinada a garantir a publicidade, autenticidade, segurança e eficácia dos atos jurídicos.

(B) A perfeição do ato jurídico realizado pelo notário serve também para evitar a falsidade, inexatidão ou imperfeição de um documento.

(C) O notário não é consultor jurídico e por isso não deve analisar os fatos de natureza econômica, moral ou familiar submetidos por seus clientes à sua apreciação, sob o prisma do direito.

---

* Ivan Jacopetti do Lago e Carlos Antônio Caran Bordini comentaram as questões dos concursos de 2015 e 2016. Henrique Subi comentou as questões de 2017. Gabriela Nassar de Castro Palma Marini comentou as questões de 2018 e 2019 e realizou atualizações e adaptações nas demais questões.

(D) A função notarial tem caráter cautelar, imparcial, público e técnico.

A: correta, nos termos do art. 1º da Lei 8.935/1994; B: correta. Ao ficar estabelecido que o ato notarial confere autenticidade e segurança aos documentos, sua função remonta à análise dos documentos apresentados, a fim de evitar que instrumentos falsos ou que violem a lei sejam utilizados pelas partes; C: incorreta, devendo ser assinalada. Nos termos do inciso IV do art. 168 do Prov. 93/2020 (CNMG), uma das atividades inerentes à função notarial é o aconselhamento dos interessados com imparcialidade, devendo o notário instruir as partes sobre a natureza e as consequências dos atos jurídicos, prestando, ainda, a assessoria jurídica prévia para a formalização desses atos e dos negócios jurídicos; D: correta. É cautelar porque atua previamente, conferindo segurança aos negócios jurídicos. É pública porque os registros são acessíveis a quaisquer interessados. É imparcial porque o notário está adstrito ao princípio da legalidade. É técnico porque o tabelião ou oficial de registro é bacharel em Direito, ostentando, portanto, conhecimento especializado na matéria que analisa.
Gabarito "C"

(Cartório/MG – 2009 – EJEF) Todas as afirmativas abaixo são verdadeiras, EXCETO:

(A) A atividade notarial, sendo função pública delegada pelo Estado ao particular, deve ser realizada pelos princípios norteadores da Administração Pública, eis que os poderes delegados aos notários são regrados pelo sistema jurídico vigente.

(B) Alguns princípios específicos da atividade notarial estão expressos no art. 6º da Lei 8.935, de 1994.

(C) São princípios específicos da atividade notarial, a forma (compete aos notários formalizar juridicamente à vontade das partes); a rogação (os notários só podem intervir nos atos e negócios jurídicos mediante solicitação das partes) e a autenticação (cabe ao notário autenticar fatos).

(D) A atribuição de fé pública aos atos praticados pelos notários tem por finalidade torná-los autênticos, transformando-os em instrumentos de prova, mas podem ser contestados por falsidade em qualquer grau da esfera administrativa.

A: correta. O particular titular da serventia extrajudicial atua por delegação do Poder Público (art. 236 da CF), razão pela qual devem submeter-se a um regime jurídico híbrido, parcialmente privado e parcialmente público. Nesse campo, ganham destaque os princípios aplicáveis à Administração Pública (legalidade, impessoalidade, moralidade, publicidade e eficiência); B: correta. São eles: princípio da forma (art. 6º, I), princípio da matricidade ou conservação e princípio da rogação ou instância (art. 6º, II) e princípio da autenticação (art. 6º, III); C: correta, todos eles também previstos no art. 6º da Lei 8.935/1994; D: incorreta, devendo ser assinalada. A fé pública garante aos documentos autenticados presunção de veracidade e legitimidade de seu conteúdo, a qual não pode ser contestada nas instâncias administrativas. Apenas o Poder Judiciário pode afastá-la.
Gabarito "D"

(**Cartório/MG – 2005 – EJEF**) Analise estas afirmativas concernentes às espécies de documentos produzidos a partir de atos notariais:

I. Traslado é a primeira cópia integral e fiel da Escritura Pública, extraída com a mesma data.

II. Certidão é a cópia integral ou resumida de escrito existente em livro ou arquivo do Cartório.

III. Os traslados e as certidões considerar-se-ão instrumentos públicos se os originais se houverem produzido em Cartório como prova de algum ato.

IV. Terão a mesma força probante os traslados e as certidões extraídos por Tabelião de instrumentos ou documentos lançados, por este, em suas notas.

A partir dessa análise, pode-se concluir que

(A) apenas as afirmativas I e II estão corretas.

(B) apenas as afirmativas I, II e IV estão corretas.

(C) apenas as afirmativas I, III e IV estão corretas.

(D) apenas as afirmativas II, III e IV estão corretas.

I: correta, nos termos do art. 115 do Prov. 93/2020 (CNMG); II: correta, nos termos dos incisos I e II do art. 116 do Prov. 93/2020 (CNMG), que ainda elenca como tipo/conteúdo de certidão o relato da realização de atos conforme quesitos (inciso III) e a negativa da existência de atos (inciso IV); III: incorreta. Para serem considerados instrumentos públicos os respectivos traslados e certidões, os originais devem ter sido produzidos em **juízo** como prova do ato (art. 218 do Código Civil – CC); IV: correta, nos termos do art. 217 do CC.
Gabarito "B".

(**Cartório/SP – 2012 – VUNESP**) No que concerne ao expediente das serventias notariais e de registro, a jornada de trabalho para atendimento ao público obedecerá ao horário ininterrupto nas unidades que contarem, no mínimo, com

(A) dois prepostos.

(B) dois escreventes.

(C) três prepostos.

(D) três escreventes.

Dispõe o item 78 do Capítulo XIII das Normas de Serviço da Corregedoria Geral de Justiça do Estado de São Paulo que o horário será ininterrupto nas unidades que contarem com, ao menos, três escreventes.
Gabarito "D".

(**Cartório/SP – VI – VUNESP**) Quando se diz que é próprio da função dos notários não só a narração documental (*dictum*) com fé pública (*auctoritas + fides*), mas também a adequada qualificação jurídica do fato (*actum*) que há de ser escriturado, estão sendo ressaltadas, respectivamente, as seguintes funções dos notários:

(A) instrumentadora, conciliadora e jurisdicional.

(B) interventora, representativa estatal e de aconselhamento.

(C) formalizadora, certificadora e de administração de interesses públicos.

(D) redatora, autenticadora e de assessoramento.

Podemos extrair do item 1º do Capítulo XIV das Normas de Serviço da Corregedoria Geral de Justiça do Estado de São Paulo* as seguintes funções dos notários: **a) redatora:** a qual compreende a redução a termo dos fatos que ocorrerem em sua presença (lavratura de testamentos e quaisquer outros atos); **b) autenticadora:** relativa à aposição de fé pública sobre documentos e assinatura; **c) certificadora:** no que toca à expedição de traslados, certidões, fotocópias e outros instrumentos autorizados por lei; e **d) assessoramento:** sobre o dever de indicar às

partes qual o melhor ato a ser realizado, prestando-lhes as informações necessárias. Correta, portanto, a alternativa "D".

Atualmente redação similar se encontra no item 2, do Capítulo XVI: 2. A função pública notarial, atividade própria e privativa do tabelião de notas, que contempla a audiência das partes, o aconselhamento jurídico, a qualificação das manifestações de vontade, a documentação dos fatos, atos e negócios jurídicos e os atos de autenticação, deve ser exercida com independência e imparcialidade jurídicas.
Gabarito "D".

(**Cartório/SP – VI – VUNESP**) "... provém de dispositivos das Ordenações..." e "é lançado pelo tabelião em papéis e atos avulsos (como certidões e reconhecimentos de firma); não cabe, segundo a boa técnica, nos seus livros de notas, pois isso, segundo deixa entrever Rocha de Siqueira, aberraria da própria finalidade autenticatória da rubrica" (Sylvio do Amaral). A referência do texto é feita

(A) à certificação digital de tabelião.

(B) ao sinal público de tabelião.

(C) à pública-forma.

(D) ao selo de autenticidade.

O texto refere-se ao sinal público do tabelião, que nada mais é do que sua rubrica ou assinatura lançada sobre o selo de autenticidade ou qualquer outro documento a ser autenticado. Segundo a doutrina mais autorizada, ele tem origem nas Ordenações Filipinas e deveria ser uma assinatura diferenciada, especial e difícil de ser reproduzida, hábito que caiu em desuso. Por tal razão, alguns denominam "sinal raso" a assinatura do tabelião aposta com a finalidade de sinal público.
Gabarito "B".

(**Cartório/SP – 2016 – VUNESP**) O compartilhamento de serviços eletrônicos dos Tabeliães de Notas do Estado de São Paulo é operado

(A) pelo Colégio Notarial do Brasil.

(B) pela Corregedoria Geral da Justiça.

(C) pelos Juízes Corregedores Permanentes das Serventias.

(D) pela Associação dos Notários e Registradores.

A: Correta: No Estado de São Paulo, por expressa disposição normativa, é o CNB/BR que opera os serviços eletrônicos compartilhados – *Fica o Colégio Notarial do Brasil reconhecido como entidade idônea e capacitada a operar o compartilhamento de serviços eletrônicos dos Tabeliães de Notas do Estado de São Paulo, em conformidade com estas normas* – Item 193, Cap. XVI, tomo II, NSCGJ/SP. **B:** Incorreta: contrária ao texto normativo – Item 193, Cap. XVI, tomo II, NSCGJ/SP. **C:** Incorreta: contrária ao texto – Item 193, Cap. XVI, tomo II, NSCGJ/SP. **D:** Incorreta: contrária ao texto normativo – Item 193, Cap. XVI, tomo II, NSCGJ/SP.
Gabarito "A".

(**Cartório/SP – 2016 – VUNESP**) No tocante aos serviços notariais eletrônicos e à Central Notarial de Autenticação Digital (CENAD), é correto afirmar que

(A) A CENAD arquivará o documento, com a finalidade de utilização para confirmação da autenticidade do documento eletrônico.

(B) CENAD é módulo do Portal Extrajudicial, administrada pela Corregedoria Geral da Justiça.

(C) o código hash, gerado no processo de certificação digital, deverá ser arquivado na CENAD, com a finalidade de utilização para confirmação da autenticidade do documento eletrônico.

(D) Não será necessário fazer o *upload* do documento para fins de confirmação de autenticidade e integridade.

A: incorreta: Nas autenticações digitais, o que é arquivado no CENAD é o código hash gerado quando o documento eletrônico é criado (item 210.1, Cap. XVI, tomo II, NSCGJ/SP) – é este código que posteriormente é usado para confirmar a autenticidade do documento (vide Parecer 239/2013-E da CGJ/SP). **B:** incorreta: Os documentos eletrônicos produzidos no exercício da atividade notarial deverão ser assinados com emprego de certificado digital, no padrão ICP-Brasil, necessariamente, por meio da "Central Notarial de Autenticação Digital" **(CENAD), módulo de serviço da Central Notarial de Serviços Eletrônicos Compartilhados (CENSEC)** (item 210, Cap. XVI, tomo II, NSCGJ/SP). Ver, ainda: "Os Tabeliães de Notas e os Registradores Civis com atribuição notarial para lavratura de testamentos remeterão, quinzenalmente, ao Colégio Notarial do Brasil – Conselho Federal (CNB-CF), por meio da Central Notarial de Serviços Eletrônicos Compartilhados – CENSEC e ao Colégio Notarial do Brasil – Seção São Paulo (CNBSP), por meio do Sistema Informações e Gerenciamento Notarial (SIGNO) relação dos nomes constantes dos testamentos lavrados em seus livros e respectivas revogações, bem como dos instrumentos de aprovação de testamentos cerrados, ou informação negativa da prática de qualquer um desses atos" (item 157, Cap. XVI, tomo II, NSCGJ/SP). **C:** correta: Para confirmação de autenticidade e integridade, o usuário acessará o CENAD, no portal de internet da CENSEC, e fará o upload do documento. A verificação de autenticidade e integridade decorrerá da confrontação do hash calculado para esse documento com o hash arquivado no momento da certificação (Item 210.2, Cap. XVI, tomo II, NSCGJ/SP). **D:** incorreta: Para verificar a autenticidade e integridade é necessário o upload do arquivo, conforme item 210.2, Cap. XVI, tomo II, NSCGJ/SP, mencionado na alternativa C.

Gabarito "C".

(Cartório/MG – 2015 – Consulplan) No sistema do notariado latino a função notarial compreende (assinale a alternativa correta):

(A) A confecção de documentos a que a lei atribui um valor declarativo e um grau de certeza e segurança jurídica reforçados.

(B) A prova documental é, por excelência, subordinada à prova oral e só é admitida quando tenha algum nexo com os fatos que se quer provar.

(C) A autenticidade não abrange o conteúdo do negócio documentado a não ser entre as partes e seus herdeiros e só produz efeitos em relação a terceiros quanto à data.

(D) O notário é funcionário do estado, integrando os quadros da administração pública, cuja condição peculiar não desbota sua importância, reconhecida como própria de um funcionário de alta responsabilidade.

A: correta: Por todo o ordenamento brasileiro é possível encontrar exemplos de que os atos notariais possuem certeza e segurança jurídica reforçados. Exemplos: Arts. 1 e 3º da Lei 8.935/94 (autenticidade, segurança; fé pública; notário profissional do direito); Art. 37 da Lei 8.935/94 (fiscalização efetuada pelo Poder Judiciário, conferindo maior segurança à atividade); Art. 215 do Código Civil (fé pública e prova plena); Arts. 405 e 406 do CPC (força probante do instrumento público). **B:** incorreta: A prova documental não é subordinada à prova oral. Em regra, não há hierarquia entre provas no ordenamento brasileiro (art. 371 do CPC). **C:** incorreta: a autenticidade do documento público, isto é, a certeza quanto à sua autoria, abrange todo o conteúdo do documento e esta certeza da autoria é oponível terceiros, exceto se judicialmente declarada falsa, quando então cessará a fé do documento público. Arts. 1º e 3º da Lei 8.935/94 c/c Arts. 405 e 427 do CPC. **D:**

incorreta: O Notário e o Registrador não são funcionários públicos e não possuem vínculo empregatício com o Estado. A função é regida por uma disciplina administrativa especial ("outorga de delegação"), nos termos do Art. 236 da Constituição Federal (*Art. 236 CF: Os serviços notariais e de registro são exercidos em caráter privado, por delegação do Poder Público*) e da Lei 8.935/94.

Gabarito "A".

(Cartório/MG – 2015 – Consulplan) Quanto aos princípios da função notarial, é correto afirmar:

(A) O princípio da juridicidade não se aplica às outras atribuições em que se desdobra a atividade notarial, tais como o reconhecimento de firmas e autenticação de cópias.

(B) O princípio da cautelaridade tem por fundamento a atuação do notário fora da lide, dado que sua atividade possui traço marcantemente consensual.

(C) No notariado brasileiro vigora o princípio rogatório, pelo qual é vedado ao notário agir de ofício, restando condicionada sua atuação profissional à provocação da parte interessada, exceto na hipótese do autorrequerimento.

(D) O princípio da técnica tem aplicação apenas no desenvolvimento jurídico da função notarial, não se estendendo à organização interna do serviço, dado que a gestão é privada e se sujeita ao modelo definido pelo titular da delegação.

A: incorreta: Em que pese o dever de qualificação notarial ser mitigado nessas espécies de ato (vide parágrafo único do art. 299 do Prov. 93/2020 – CNMG), ainda assim é dever do Tabelião examinar e qualificar esses documentos, verificando se possuem requisitos mínimos de conformidade com as normas do Estado, para então concluir qual o ato adequado (ex.: firma autêntica ou por semelhança) e também se é possível ou não praticá-lo. Por isto, não é correto afirmar que não haja juridicidade nos atos mencionados na alternativa. *Art. 299, parágrafo único: No ato do reconhecimento de firma, o tabelião de notas é responsável unicamente pela análise da assinatura constante do documento a ele apresentado; Art. 304. É vedado o reconhecimento de firma quando o documento: I – não estiver preenchido totalmente; II – estiver danificado ou rasurado; III – estiver com data futura; IV – constituir exclusivamente cartão de autógrafo confeccionado para uso interno de estabelecimento bancário, creditício ou financeiro; V – tiver sido impresso em papel térmico para fac-símile ou outro que venha a se apagar com o tempo; VI – tiver sido redigido a lápis ou com o uso de outro material que venha a se apagar com o tempo; VII – contiver as assinaturas a serem reconhecidas digitalizadas ou fotocopiadas. § 1º Se o documento em língua estrangeira estiver destinado a produzir efeitos no exterior, poderá o tabelião de notas, seu substituto ou escrevente reconhecer firma, desde que tenha conhecimentos bastantes do idioma para compreender o conteúdo. § 2º É permitido o reconhecimento de firma em documento particular com a assinatura de apenas uma ou algumas das partes, considerando-se a dificuldade de reunir todos os signatários ao mesmo tempo e no mesmo lugar. Art. 306. Sendo o signatário pessoa que sabe apenas desenhar o nome, semialfabetizada, doente mental não incapacitado, deficiente verbal, visual ou auditivo que tenha dificuldade em assinar, o reconhecimento de firma deve ser feito apenas por autenticidade, sendo anotada essa exigência no cartão de autógrafos arquivado ou no livro de autógrafos, conferindo-se se a pessoa tem conhecimento daquilo que está assinando em todas as oportunidades em que for solicitado o reconhecimento de firma.* **B:** correta: Ao atuar mediante requerimento, aconselhamento e, ao final, o consenso das partes, é correto afirmar que o Tabelião atua fora da lide, observando sempre a cautela notarial, de forma a evitar ao máximo de que futuras alegações de vícios possam macular o ato. **C:** incorreta: Em regra, a atuação do Tabelião pressupõe sempre a provocação (rogação) da parte interessada, nos termos do Art. 5º, VII, do Prov. 93/2020 – CNMG: *Art. 5º. O serviço, a função e a atividade notarial e de registro se norteiam pelos princípios específicos de cada natureza notarial e registral, além dos seguintes princípios gerais: (...) VII – da reserva de iniciativa, rogação ou instância, a definir o ato notarial ou registral como de iniciativa exclusiva do interessado, vedada a prática de atos de averbação e de registro de ofício, com exceção dos casos previstos em lei.* **D:** incorreta: O princípio da técnica é relacionado com o princípio geral da eficiência da administração pública e é voltado para a organização interna do serviço, no sentido de que deve haver treinamentos, rotinas, divisão racional de tarefas de forma que o serviço possa alcançar sua finalidade pública [cf. CENEVIVA, Walter. Lei dos notários e registradores comentada (Lei n. 8.935/94), São Paulo: Saraiva, 2002]. Além disso, o serviço notarial, apesar de ser de gestão privada, deve observar os requisitos e normas técnicas emanados do juízo competente, visando atender à natureza pública dos serviços notariais prestados em caráter privado – inciso. XIV do art. 19 do Prov. 93/2020 – CNMG c/c Art. 38 da Lei 8.935/94).

Gabarito "B".

(Cartório/MG – 2015 – Consulplan) Sobre o princípio da publicidade da função notarial, assinale a alternativa correta:

(A) A característica de se desenvolver a atividade notarial sobre interesses privados, aliada à peculiaridade de sua gestão ser privada, desbotam sua índole pública.

(B) Desde o momento da outorga da delegação deixa o estado de ser titular da função notarial, o que acentua sua feição *sui generis*.

(C) Não se legitima o dever de sigilo diante do princípio da publicidade, como instrumento de proteção e resguardo de bens jurídicos.

(D) É substrato do princípio da publicidade administrativa, previsto no art. 5º, inciso XXIII, da Constituição da República.

A: incorreta: apesar de a atividade notarial versar sobre prática de atos em parte sobre interesses privados, e de possuir gestão privada, justamente pelo ato ser passível de conhecimento de todos (público), de forma a conferir maior segurança e transparência dos atos, é que há o reforço da índole pública (interesse público) da função notarial. **B:** incorreta: com a outorga da delegação o Estado não perde a titularidade da função; ela continua sendo pública, apenas exercida em caráter privado, pelo titular da delegação, nos termos do Art. 236 da Constituição Federal: *Art. 236 CF: Os serviços notariais e de registro são exercidos em caráter privado, por delegação do Poder Público.* **C:** incorreta: o dever de sigilo versa apenas sobre a documentação e assuntos de natureza reservada que o Tabelião teve conhecimento para a prática de atos notariais (*Art. 30, VI, 8935/94: Art. 30. São deveres dos notários e dos oficiais de registro: (...) VI – guardar sigilo sobre a documentação e os assuntos de natureza reservada de que tenham conhecimento em razão do exercício de sua profissão*). Já a publicidade abrange o conteúdo dos atos notariais em si. Por isto, não há incompatibilidade entre o dever de sigilo e o princípio da publicidade (o ato notarial é público; os assuntos de natureza reservada que o Tabelião eventualmente teve ciência é que são protegidos pelo sigilo profissional). **D:** incorreta: o artigo 5º, XXIII, da CF versa sobre a função social da propriedade, e não sobre a publicidade administrativa. O inciso correto que versa sobre a publicidade administrativa seria o XXXIII do Art. 5º, da CF. (*Art. 5º, XXIII: – a propriedade atenderá a sua função social; (...) XXXIII: todos têm direito a receber dos órgãos públicos informações de seu interesse particular, ou de interesse coletivo ou geral, que serão prestadas no prazo da lei, sob pena de responsabilidade, ressalvadas aquelas cujo sigilo seja imprescindível à segurança da sociedade e do Estado.*

Gabarito Anulada

(Cartório/PA – 2016 – IESES) A função notarial:

(A) Possui conteúdo complexo e se desenvolve no âmbito das relações regulares do direito.

(B) Envolve a prática de atos com presunção de veracidade, atribuindo autenticidade formal aos documentos.

(C) Tem função de assessoramento, instruindo as partes sobre as possibilidades legais e suas consequências.

(D) Todas as alternativas estão corretas.

A: correta: "*A função notarial, enfim, é uma atividade jurídica complexa. Ela principia com o recebimento pelo notário do desígnio das partes, podendo seguir adiante para a lavratura do ato notarial competente mediante a presidência do notário, em caso de qualificação notarial positiva Em caso de qualificação notarial negativa, por outro lado, a atuação notarial não passará de assessoramento jurídico das partes*" Cf. Leonardo Brandelli, Teoria Geral do Direito Notarial, 4ª Ed., São Paulo, Saraiva, 2011, p. 187). "*A atuação notarial desenrola-se na fase de normalidade do direito, ficando de fora de seu âmbito as relações que se manifestam em fase contenciosa ou de perturbação*". (cf. Paulo Roberto Gaiger Ferreira e Felipe Leonardo Rodrigues, Ata Notarial – Doutrina, Prática e Meio de Prova, 1ª Ed., São Paulo, Quartier Latin, 2010, pp. 18-19). **B:** correta: "*O tabelião, como delegado estatal, impõe aos atos em que intervém a presunção de veracidade, convertendo-os em documentos fidedignos com a característica de prova plena sobre as relações jurídicas ali descritas*". (cf. Paulo Roberto Gaiger Ferreira e Felipe Leonardo Rodrigues, Ata Notarial – Doutrina, Prática e Meio de Prova, 1ª Ed., São Paulo, Quartier Latin, 2010, p. 21). **C:** correta: "*O assessoramento notarial é a atividade na qual o tabelião funciona como assessor, instruindo as partes sobre as possibilidades legais, requisitos e consequências de seus atos, bem como sobre os meios jurídicos mais adequados para os fins lícitos que se propõem a atingir*". (cf. Paulo Roberto Gaiger Ferreira e Felipe Leonardo Rodrigues, Ata Notarial – Doutrina, Prática e Meio de Prova, 1ª Ed., São Paulo, Quartier Latin, 2010, p. 19). **D:** correta: Vide comentários às alternativas "a", "b" e "c").

Gabarito "D".

(Cartório/PA – 2016 – IESES) Em relação aos princípios que regem a função notarial, está INCORRETO afirmar:

(A) Princípio da publicidade, pelo qual os atos notariais devem ser levados a conhecimento geral, de forma ilimitada.

(B) Princípio rogatório, que determina que o notário não pode agir de ofício, necessitando da provocação da parte interessada.

(C) Princípio da cautelaridade, que determina que a função notarial se desenvolva na esfera da realização voluntária do direito, prevenindo litígios.

(D) Princípio da imparcialidade, que determina que o tabelião esteja acima dos interesses das partes, sendo sua obrigação protegê-las com igualdade.

A: correta: A afirmação está incorreta. Segundo Paulo Roberto Gaiger Ferreira e Felipe Leonardo Rodrigues, "*O princípio da publicidade indica que todo ato realizado pela administração deve ser de conhecimento geral, ou seja, deve ser público. Esta publicidade, porém, não é ilimitada. O Estado e os particulares têm seus segredos e esses não devem ser revelados. (...). O tabelião, no exercício de sua atividade, recepciona informações e documentos de natureza reservada dos usuários. Estas informações não podem ser públicas, ainda que formalizadas por instrumento público.*" (cf. Paulo Roberto Gaiger Ferreira e Felipe Leonardo Rodrigues, Ata Notarial – Doutrina, Prática e Meio de Prova, 1ª Ed., São Paulo, Quartier Latin, 2010, pp. 32-33). **B:** incorreta: A afirmação está correta. Pelo princípio rogatório se entende a vedação à atuação de ofício pelo tabelião. Cf. Leonardo Brandelli, Teoria Geral do Direito Notarial, 4ª

13. TABELIONATO DE NOTAS — 625

Ed., São Paulo, Saraiva, 2011, p. 184)). **C:** incorreta: A afirmacão está correta. *"A funcão notarial opera na esfera da realizacão voluntária do direito. O notário molda juridicamente os negócios privados, a fim de que estes se enquadrem no sistema jurídico vigente, prevenindo por conseguinte, e evitando, ao máximo, que futuros vícios sejam aventados, bem como que lides se instaurem sobre a questão".* Cf. Leonardo Brandelli, Teoria Geral do Direito Notarial, 4ª Ed., São Paulo, Saraiva, 2011, p. 179)). **D:** incorreta: A afirmacão está correta. Deve o tabelião atender com igualdade e equidistância a todas as partes envolvidas no negócio. Cf. Leonardo Brandelli, Teoria Geral do Direito Notarial, 4ª Ed., São Paulo, Saraiva, 2011, p. 181).

Gabarito "A".

2. COMPETÊNCIA E ATRIBUIÇÕES DO TABELIONATO DE NOTAS. ADMINISTRAÇÃO DO SERVIÇO

(Cartório/AC – 2006 – CESPE) A respeito das atribuições dos tabeliães de notas, julgue os itens que se seguem.

(1) No caso de doação de bens imóveis, não importa a localização deles para determinar a atribuição do notário. O interessado pode escolher o tabelião de notas para lavratura de qualquer ato notarial, independentemente do local de sua residência.

(2) Aos tabeliães de notas compete com exclusividade lavrar, mediante solicitação, ata notarial, que pode ser corretamente definida como a narrativa objetiva de fato verificado ou presenciado pelo notário, sem seu juízo de valor, e, sendo o notário detentor da fé pública, a ata constitui prova pré-constituída e goza de credibilidade plena para fins de prova em juízo ou em qualquer outra situação de fato ocorrido.

1: correta, nos termos do art. 8º da Lei 8.935/1994; 2: correta. A atribuicão está expressamente prevista no art. 7º, III, da Lei 8.935/1994. A ata notarial nada mais é do que a reducão a termo de fato presenciado pelo tabelião. A fé pública ínsita aos documentos notariais garante-lhe presuncão de legitimidade e veracidade, cujo valor probante somente pode ser afastado mediante prova cabal em sentido contrário.

Gabarito 1C, 2C

(Cartório/BA – 2004 – CESPE) Com relação aos serviços prestados pelos notários ou tabeliães, julgue os seguintes itens.

(1) Aos notários compete autenticar documentos, mas não fatos.

(2) São de competência exclusiva dos tabeliães de notas a autenticação de documentos e o reconhecimento de firma.

(3) O atendimento ao público será de, no mínimo, 6 horas diárias, podendo esse limite ser reduzido para 4 horas diárias, a critério do titular do cartório.

(4) É dever do notário encaminhar ao juízo competente o nome de seu substituto.

1: incorreta. O art. 6º, III, da Lei 8.935/1994 estabelece expressamente a competência do tabelião para autenticar fatos; 2: correta, nos termos do art. 7º, IV e V, da Lei 8.935/1994; 3: incorreta. Não há na lei qualquer previsão para reducão do horário de atendimento (art. 4º, § 2º, da Lei 8.935/1994); 4: correta, nos termos do art. 20, § 2º, da Lei 8.935/1994.

Gabarito 1E, 2C, 3E, 4C

(Cartório/DF – 2008 – CESPE) Relativamente à legislação e jurisprudência aplicáveis às serventias registradoras e notariais, julgue o item seguinte.

(1) Entre as funções dos tabeliães está, fundamentalmente, a de intervir nos atos e negócios jurídicos a que as partes devam ou queiram dar forma legal ou autenticidade.

1: correta, nos termos do art. 6º, II, da Lei 8.935/1994.

Gabarito 1C.

(Cartório/MA – 2008 – IESES) João Silveira, empresário no setor imobiliário em São Luís do Maranhão é primo de Nilo Silveira, Tabelião de Notas de uma cidade vizinha, e sob a justificativa de agilizar a prestação dos serviços direciona seus negócios para a serventia de seu primo, que autoriza seu substituto a praticar os atos notariais na empresa de João Silveira.

I. A atitude de Nilo está incorreta porque a lei estabelece que o tabelião de notas não poderá praticar atos de seu ofício fora do Município para o qual recebeu delegação.

II. A atitude de Nilo está correta porque se trata de mera diligência.

III. A atitude de Nilo está correta, pois as partes têm ampla liberdade de escolherem o Tabelião de sua confiança.

IV. A atitude de Nilo está correta, porque somente o Tabelião pessoalmente pode praticar atos fora de sua serventia.

(A) Somente a alternativa II está correta.

(B) Somente a alternativa I está correta.

(C) As alternativas I, III e IV estão corretas.

(D) As alternativas II e III estão corretas.

I: correta, nos termos do art. 9º da Lei 8.935/1994; II: incorreta. A lei não estabelece excecões para a regra exposta no comentário à afirmacão anterior; III: incorreta. A despeito de haver plena liberdade das partes para escolha do tabelião de notas, esse não pode praticar atos fora do município onde exerce a delegação; IV: incorreta. Nem mesmo o tabelião está autorizado a descumprir o comando genérico do art. 9º da Lei 8.935/1994.

Gabarito "B".

(Cartório/MG – 2012 – FUMARC) O exercício da atividade notarial e de registro é compatível com

(A) advocacia.

(B) mandato eletivo.

(C) emprego ou funções públicos.

(D) intermediação de seus serviços.

Nos termos do art. 25 da Lei nº 8.935/1994, o exercício da atividade notarial é incompatível com a intermediacão de seus servicos (o que significa que o notário não pode agenciar seu próprio cartório), a advocacia e emprego e funcões públicas. Correta, portanto, a alternativa "B", pois nada impede a acumulacão da atividade notarial com mandato eletivo. Neste sentido, vide Provimento 78/2018 da Corregedoria Nacional da Justica (Art. 1° – O notário e/ou registrador que desejarem exercer mandato eletivo deverão se afastar do exercício do servico público delegado desde a sua diplomacão).

Gabarito "B".

(Cartório/MG – 2012 – FUMARC) Dentre as atribuições dos tabeliães de notas estão a lavratura de escrituras e procurações públicas e as atas notariais. **NÃO** é correto o que se afirma em

(A) A ata notarial pode registrar um fato jurídico natural.

GABRIELA NASSAR DE CASTRO PALMA MARINI, HENRIQUE SUBI, IVAN JACOPETTI DO LAGO E CARLOS ANTÔNIO CARAN BORDINI

(B) O tabelião, na lavratura das escrituras, narrará a vontade das partes.

(C) Nas atas notariais, o tabelião narra o fato que vê, porém o fato não pode ser ilícito.

(D) O tabelião pode lavrar uma escritura de revogação de procuração em que o mandatário na procuração será notificado pelo outorgante da procuração.

A: correta. A ata notarial se presta a autenticar fatos, qualquer que seja sua natureza (art. 6º, III, da Lei nº 8.935/1994); B: correta. A lavratura de escrituras públicas visa a formalizar juridicamente a vontade das partes, que deve ser transcrita com fidelidade pelo tabelião (art. 6º, I, da Lei nº 8.935/1994); C: incorreta, devendo ser assinalada. Como já dito, a natureza do fato, natural ou humano, lícito ou ilícito, não impede a lavratura da ata notarial; D: correta. Não é necessário que ambas as partes estejam presentes no momento da lavratura da escritura pública, desde que sejam cientificadas do fato para atribuir-lhe os respectivos efeitos jurídicos.
Gabarito "C".

(Cartório/MG – 2009 – EJEF) Nos termos do Estatuto Profissional dos Notários e Registradores (Lei n. 8.935, de 1994), é INCORRETO afirmar:

(A) É livre a escolha do tabelião de notas, conforme seja o domicílio das partes ou o lugar da situação dos bens objeto do ato ou negócio, não podendo praticar, em nenhuma hipótese, atos de seu ofício fora do Município para o qual recebeu a delegação, competindo-lhe ainda reconhecer firmas em documentos destinados a fins de direito marítimo.

(B) Compete aos notários formalizar juridicamente a vontade das partes nos atos e negócios jurídicos a que devam ou simplesmente desejam dar forma legal, autorizando a redação ou redigindo os instrumentos adequados, competindo-lhes conservar os originais e expedir cópias fidedignas de seu conteúdo, além de autenticar fatos.

(C) Aos tabeliães de notas compete autenticar cópias, reconhecer firmas, lavrar atas notariais, testamentos públicos e aprovar os cerrados, bem como escrituras e procurações públicas.

(D) Os tabeliães de protesto, além de lavrá-lo, são encarregados de registrar o ato em livro próprio, microfilme ou outra forma de documentação, cabendo-lhes ainda averbar o cancelamento do protesto e as alterações necessárias para atualização dos registros efetuados.

A: incorreta, devendo ser assinalada. A escolha do tabelião de notas é totalmente livre pelas partes, não estando vinculados àquele atuante em qualquer dos municípios ou no local da celebração do negócio (art. 8º da Lei 8.935/1994); B: correta, nos termos do art. 6º da Lei 8.935/1994; C: correta, nos termos do art. 7º da Lei 8.935/1994; D: correta, nos termos do art. 11, IV e VI, "a" e "b", da Lei 8.935/1994.
Gabarito "A".

(Cartório/MG – 2009 – EJEF) Aos tabeliães de notas, nos termos da Lei 8.935, de 1994, compete com exclusividade, EXCETO:

(A) Lavrar registro de escrituras públicas de bens móveis e imóveis e semoventes.

(B) Lavrar escrituras e procurações públicas; Lavrar testamentos públicos e aprovar os cerrados.

(C) Lavrar atas notariais, extrair e conferir ou consertar públicas formas.

(D) Reconhecer firmas e autenticar documentos.

Todos os itens estão previstos nos incisos do art. 7º da Lei 8.935/1994, com exceção da letra "A".
Gabarito "A".

(Cartório/MG – 2007 – EJEF) Tendo em vista o princípio da territorialidade aplicável ao tabelião de notas na forma da Legislação Federal, considere as assertivas abaixo:

I. O interessado pode escolher o tabelião de notas para lavratura de qualquer ato notarial, independentemente do local de sua residência.

II. Em caso de doação de bens imóveis, não importa a localização deles para determinar a competência do notário.

III. O tabelião poderá praticar atos de seu ofício em qualquer cidade da mesma região metropolitana e independentemente dos limites territoriais dos municípios.

Assinale a alternativa CORRETA.

(A) Apenas I e III.

(B) Apenas II e III.

(C) Apenas I.

(D) Apenas I e II.

I e II: correta, nos termos do art. 8º da Lei 8.935/1994; III: incorreta. É vedada a prática de atos pelo tabelião fora do município onde ele exerce a delegação, não havendo exceção para regiões metropolitanas (art. 9º da Lei 8.935/1994).
Gabarito "D".

(Cartório/MG – 2007 – EJEF) Nos termos da Lei n. 8.935, de 1994, o escrevente de um Tabelionato de Notas poderá praticar apenas

(A) reconhecimentos de firmas, por semelhança.

(B) autenticações de cópias extraídas no Tabelionato.

(C) reconhecimentos de firmas, de quaisquer espécies.

(D) os atos que o notário autorizar, expressamente.

A Lei 8.935/1994 não arrola os atos que podem ser praticados pelos escreventes, deixando a cargo do tabelião defini-los. Nos termos do art. 20, § 3º, do mencionado diploma legal, o escrevente poderá realizar todos os atos que o tabelião autorizar.
Gabarito "D".

(Cartório/MG – 2007 – EJEF) Dispondo a Lei n. 8.935, de 1994, que a responsabilidade criminal por ato próprio da serventia praticado por preposto de serviço notarial será individualizada, conclui-se que:

(A) tanto o tabelião quanto o seu preposto responderão criminalmente pelo ato.

(B) somente o tabelião, como empregador, responderá penalmente.

(C) a individualização prevista no caput não exime os notários de sua responsabilidade civil.

(D) o tabelião responderá civilmente, e o preposto, criminalmente, não cabendo direito de regresso no caso de dolo ou culpa do preposto.

A Lei 8.935/1994 estampa a seguinte diferença entre a responsabilidade civil e a responsabilidade criminal do tabelião e seus escreventes: em relação à responsabilidade civil, o tabelião responde pelo ato praticado pelo escrevente, assegurado-lhe o direito de regresso em caso de dolo ou culpa do funcionário (art. 22); no que toca à responsabilidade

13. TABELIONATO DE NOTAS

criminal, como sempre deve ser, ela é pessoal, ou seja, responde pelo crime a pessoa que praticou o ato (ou o tabelião ou o escrevente – art. 24). Não se pode esquecer, contudo, que o art. 23 consolida a regra geral de que a responsabilidade civil independe da criminal, ou seja, ainda que um escrevente venha a ser responsabilizado, individual e pessoalmente, por ato definido como crime, ainda assim, havendo lesão a ser indenizada ao prejudicado, responderá o tabelião pelo respectivo ressarcimento (porque estamos no campo, aqui, da responsabilidade civil, não da criminal).

Gabarito "C".

(Cartório/MG – 2007 – EJEF) O tabelião, em seu próprio Tabelionato, poderá promover a lavratura de atos de interesse de seu cônjuge ou de parentes, na linha reta ou na colateral, consanguíneos ou afins, até o terceiro grau, desde que:

(A) ele exija representação dessas pessoas, por procuração pública.

(B) os atos notariais sejam firmados por seu substituto legal.

(C) ela seja precedida de autorização judicial expressa.

(D) os atos notariais sejam subscritos por colega tabelião da mesma cidade.

O art. 27 da Lei 8.935/1994 cria impedimento para a prática de atos notariais em benefício do cônjuge e dos parentes indicados no enunciado. Note, porém, que o dispositivo proíbe a lavratura dos atos **pessoalmente** pelo tabelião, o que implica a possibilidade deles serem realizados pelo seu substituto.

Gabarito "B".

(Cartório/MG – 2007 – EJEF) Tabelião de notas de Fortuna de Minas foi procurado por comprador de imóvel localizado em Belo Horizonte, para fazer a escritura definitiva de imóvel objeto de contrato particular, não registrado. O tabelião, alegando razões éticas e normativas, negou-se a atender a solicitação. Dentre as justificativas propostas abaixo, assinale a CORRETA:

(A) Não poderia o tabelião de Fortuna de Minas lavrar escritura de imóvel localizado fora de sua circunscrição territorial.

(B) Como o contrato particular não era registrado, o tabelião está correto em não lavrar o instrumento.

(C) Não poderia a escritura ser lavrada e assinada através do Tabelionato de Fortuna de Minas, pois esse Tabelionato não poderia colher as assinaturas em Belo Horizonte, local de residência dos vendedores, que não só se recusavam a ir a Fortuna de Minas para assinar o instrumento, mas também se negavam a outorgar procuração para tal fim.

(D) A mulher do vendedor é irmã do tabelião de Fortuna de Minas, razão pela qual ele não poderia nem mandar lavrar a escritura por um substituto seu.

A: incorreta. É livre a escolha pelas partes do tabelião de notas (art. 8º da Lei 8.935/1994); B: incorreta. Não se exige o registro do contrato para a lavratura do ato notarial, pois esse deverá ser prestado sempre que for de interesse das partes dar maior segurança jurídica ao instrumento; C: correta. A questão tem um formato diferente: informações essenciais para a resposta são encontradas na própria alternativa. Se as partes residem em outro município e recusam-se a deslocar-se, realmente o tabelião de Fortuna de Minas não poderá lavrar o ato em cidade diversa daquela onde exerce sua delegação (art. 9º da Lei 8.935/1994); D: incorreta. O impedimento previsto no art. 27 da Lei 8.935/1994 não veda a prática do ato por substituto do tabelião.

Gabarito "C".

(Cartório/MG – 2005 – EJEF) É CORRETO afirmar que aos Tabeliães de Notas compete,

(A) com exclusividade, lavrar escrituras, procurações e testamentos públicos.

(B) com exclusividade, formalizar juridicamente a vontade das partes.

(C) com exclusividade, intervir nos atos e negócios jurídicos a que as partes devam ou queiram dar forma legal.

(D) simultaneamente com os Escreventes Substitutos, lavrar testamentos.

A: correta, nos termos do art. 7º, I e II, da Lei 8.935/1994; B: incorreta. Tal atribuição não é exclusiva dos notários em geral (art. 6º, I, da Lei 8.935/1994), pois é função ínsita também à advocacia; C: incorreta, pela mesma razão da alternativa anterior (art. 6º, II, da Lei 8.935/1994); D: incorreta. Essa atribuição é exclusiva do tabelião, não havendo atuação simultânea (art. 7º, II, da Lei 8.935/1994).
Observação: O Art. 1.864 do Código Civil permite expressamente que o substituto lavre testamentos.

Gabarito "A".

(Cartório/MG – 2005 – EJEF) Considerando-se o Tabelionato de Notas, é CORRETO afirmar que

(A) compete privativamente ao(à) Titular de um Tabelionato de Notas proceder à lavratura e ao registro de atas notariais.

(B) é livre a escolha do Tabelião de Notas, qualquer que seja o domicílio das partes ou o lugar de situação dos bens objeto do ato ou negócio.

(C) é obrigatória, havendo mais de um Tabelionato de Notas na mesma localidade, a antecipada distribuição dos títulos.

(D) pode o Tabelião de Notas praticar atos de seu ofício igualmente fora do Município para o qual recebeu delegação, mediante prévia autorização do Juiz Corregedor permanente.

A: incorreta. Cabe ao tabelião apenas a lavratura das atas (art. 7º, III, da Lei 8.935/1994), sendo o registro atribuição do oficial de registro; B: correta, nos termos do art. 8º da Lei 8.935/1994; C: incorreta. Essa obrigatoriedade existe apenas para os tabelionatos de protesto (art. 11, parágrafo único, da Lei 8.935/1994); D: incorreta. É vedada a lavratura de atos pelo tabelião fora do município onde exerce delegação, não havendo exceções (art. 9º da Lei 8.935/1994).

Gabarito "B".

(Cartório/PR – 2007) Aos tabeliães de notas, nos termos da Lei que regulamenta os serviços notarias e de registro, compete com exclusividade:

(A) Lavrar escrituras e procurações públicas; lavrar testamentos públicos, lavrar atas notariais, reconhecer firmas e autenticar cópias, lavrar protestos registrando o ato em livro próprio.

(B) Lavrar escrituras e procurações públicas, reconhecer firmas, autenticar cópias e lavrar registros de títulos e documentos de pessoas físicas ou jurídicas domiciliadas e com sede no Brasil.

(C) Lavrar escrituras e procurações públicas; lavras testamentos públicos, lavrar atas notariais, reconhecer firmas, autenticar cópias, lavras registro de títulos e documentos e de escrituras públicas de doação, compra e venda e dação em pagamento de bens móveis.

(D) Lavrar escrituras e procurações públicas, reconhecer firmas, autenticar cópias e lavrar registros de títulos e documentos de pessoas físicas ou jurídicas domiciliadas e com sede no Brasil, lavrar registro de escrituras públicas de bens móveis e imóveis.

(E) Lavrar escrituras e procurações públicas; lavrar testamentos públicos, lavrar atas notariais, reconhecer firmas e autenticar cópias.

Nos termos do art. 7º da Lei 8.935/1994: "aos tabeliães de notas compete com exclusividade: I – lavrar escrituras e procurações públicas; II – lavrar testamentos públicos e aprovar os cerrados; III – lavrar atas notariais; IV – reconhecer firmar; V – autenticar cópias". Lavrar protestos é competência do Tabelião de Protestos; lavrar registros de títulos e documentos de pessoas físicas ou jurídicas domiciliadas e com sede no Brasil, é competência do Oficial de Registro de Títulos e Documentos.
Gabarito "E".

(Cartório/RJ – 2008 – UERJ) Considerando-se o previsto na Lei 8.935, de 1994, é possível afirmar-se que compete aos tabeliães de notas:

(A) todas as opções abaixo

(B) com exclusividade, lavrar escrituras, procurações e atas notariais

(C) com exclusividade, lavrar testamentos públicos e aprovar os cerrados

(D) com exclusividade, reconhecer firmas, autenticar cópias e autenticar fatos simultaneamente com seus escreventes, formalizar juridicamente a vontade das partes e lavrar testamentos

(E) simultaneamente com seus escreventes, formalizar juridicamente a vontade das partes e lavrar testamentos

---

Nos termos do art. 7º da Lei 8.935/1994: "aos tabeliães de notas compete com exclusividade: I – lavrar escrituras e procurações públicas; II – lavrar testamentos públicos e aprovar os cerrados; III – lavrar atas notariais; IV – reconhecer firmar; V – autenticar cópias". Ainda, nos termos do § 4º, do artigo 20 da Lei 8.935/1994: "Os substitutos poderão, simultaneamente com o notário ou o oficial de registro, praticar todos os atos que lhe sejam próprios exceto, nos tabelionatos de notas, lavrar testamentos".
Observação: O Art. 1.864 do Código Civil permite expressamente que o substituto lavre testamentos.
Gabarito "C".

(Cartório/RJ – 2008 – UERJ) Os notários e os oficiais de registro poderão, para o desempenho de suas funções, contratar escreventes, dentre eles escolhendo os substitutos, e auxiliares como empregados, com remuneração livremente ajustada e sob o regime da legislação do trabalho. Considerando-se o que foi descrito, podemos afirmar que:

(A) as afirmativas "a" e "d" estão corretas

(B) dentre os substitutos, um deles será designado pelo notário para responder pelo respectivo serviço nas ausências e nos impedimentos do titular

(C) os notários responderão criminalmente pelos ilícitos penais praticados pelos prepostos, desde que já responsabilizados civil e administrativamente

(D) os escreventes substitutos responderão criminalmente pelos ilícitos penais praticados pelos empregados, desde que já responsabilizados civil e administrativamente

(E) os escreventes substitutos responderão civilmente pelos danos que, na prática de atos próprios da ser-

ventia, causem a terceiros, assegurado o direito de regresso no caso de dolo ou culpa do titular

---

A: incorreta. *Vide* esclarecimentos a seguir; B: correta, nos termos do art. 20, § 5º, da Lei 8.935/1994; C: incorreta. A responsabilidade penal é individual, não sendo possível imputar ao tabelião a prática de crime por ato do preposto (art. 24 da Lei 8.935/1994); D: incorreta, pela mesma razão da assertiva anterior; E: incorreta. A relação está invertida: o titular responderá civilmente pelos atos dos prepostos, assegurado o direito de regresso em caso de dolo ou culpa desses últimos (art. 22 da Lei 8.935/1994).
Gabarito "B".

(Cartório/RN – 2012 – IESIS) Compete aos tabeliães de notas, com exclusividade:

(A) Lavrar escrituras e procurações, públicas e privadas; testamentos públicos e aprovar os cerrados e hológrafos; atas notariais; reconhecer firmas; e autenticar cópias.

(B) Lavrar escrituras e procurações, públicas; testamentos públicos e aprovar os cerrados e hológrafos; atas notariais; reconhecer firmas; e autenticar cópias.

(C) Lavrar escrituras e procurações, públicas; testamentos públicos e aprovar os cerrados; atas notariais; reconhecer firmas; e autenticar cópias.

(D) Lavrar escrituras e procurações, públicas e privadas; testamentos públicos e aprovar os cerrados; atas notariais; reconhecer firmas; e autenticar cópias.

A: incorreta. As procurações privadas, como o próprio nome sugere, não são elaboradas pelo tabelião de notas, e sim pelo próprio particular. Além disso, os testamentos particulares (também chamados de "hológrafos") não dependem de aprovação do tabelião (art. 7º, I e II, da Lei nº 8.935/1994); B: incorreta, por conta da enumeração da aprovação de testamento hológrafo (art. 7º, II, da Lei nº 8.935/1994; C: correta, nos termos do art. 7º da Lei nº 8.935/1994; D: incorreta, por conta da enumeração da lavratura de procurações privadas (art. 7º, I, da Lei nº 8.935/1994).
Gabarito "C".

(Cartório/RO – III) Assinale a alternativa incorreta:

(A) podendo o tabelião de notas ser escolhido livremente pelas partes interessadas, poderá aquele praticar atos de seu ofício fora do município para o qual recebeu delegação;

(B) aos tabeliães de notas compete com exclusividade, lavrar atas notariais, reconhecer firmas e autenticar cópias;

(C) aos notários compete formalizar juridicamente a vontade das partes;

(D) cada serviço notarial funcionará em um só local, vedada a instalação de sucursal.

A: incorreta, devendo ser assinalada. É vedada a prática de atos pelo tabelião fora do município onde exerce sua delegação (art. 9º da Lei 8.935/1994); B: correta, nos termos do art. 7º, III, IV e V, da Lei 8.935/1994; C: correta, nos termos do art. 6º, I, da Lei 8.935/1994; D: correta, nos termos do art. 43 da Lei 8.935/1994.
Gabarito "A".

(Cartório/SP – 2011 – VUNESP) Leia as afirmações e assinale a alternativa correta.

(A) As partes devem procurar o tabelião de notas do local de sua residência ou domicílio.

(B) É livre a escolha do Tabelião de notas, qualquer que seja o domicílio das partes ou o lugar de situação dos bens objeto do ato ou negócio.

13. TABELIONATO DE NOTAS **629**

(C) O tabelião pode colher assinaturas e lavrar atos fora de seu município, desde que autorizado pela parte.

(D) Havendo mais de um tabelião de notas em sua localidade, será obrigatória a prévia distribuição dos serviços.

A: incorreta. É livre a escolha do tabelião de notas (art. 8º da Lei 8.935/1994); B: correta, conforme art. 8º da Lei 8.935/1994; C: incorreta. É vedado ao tabelião praticar atos fora do município onde exerce a delegação (art. 9º da Lei 8.935/1994); D: incorreta. Como é livre a escolha do tabelião pelas partes, não há de se falar em distribuição para equiparação dos serviços. A exigência existe somente para o tabelião de protestos (art. 11, parágrafo único, da Lei 8.935/1994).
Gabarito "B".

(Cartório/SP – III – VUNESP) Quanto à escolha do tabelião de notas,

(A) as partes interessadas têm livre escolha e esta não depende do domicílio das partes contratantes ou do lugar de situação do bem objeto do ato ou negócio.

(B) ela é livre, mas deve ser observada a obrigatoriedade dentre aqueles do domicílio dos contratantes.

(C) é obrigatório que recaia sobre o tabelião do lugar do imóvel.

(D) sua liberdade somente é possível quando envolva compra e venda de bem imóvel.

A alternativa "A" está correta e representa fielmente o disposto no art. 8º da Lei 8.935/1994. Todas as demais estão incorretas por apresentarem alguma discordância com o dispositivo legal.
Gabarito "A".

(Cartório/SP – 2016 – VUNESP) É competência exclusiva do tabelião de notas, não devendo ser realizado por seu substituto, nos termos das Normas de Serviço da Egrégia Corregedoria Geral de Justiça do Estado de São Paulo,

(A) a abertura e o encerramento dos livros.

(B) a lavratura de testamentos públicos e a aprovação dos cerrados.

(C) a lavratura de atas notariais.

(D) a realização de escrituras de mediação e conciliação.

A: Na época, a assertiva estava correta. As Normas dispunham que: *A abertura e o encerramento dos livros e a rubrica das respectivas folhas, procedidas na forma e nos termos definidos no capítulo XIII destas NSCGJ, competem, exclusivamente, ao Tabelião de Notas.* (Item 10, Cap. XIV, tomo II, das NSCGJ/SP). Atualmente, a alternativa seria dada como incorreta, pois a nova redação das Normas prevê que: *A abertura e o encerramento dos livros e a rubrica das respectivas folhas, procedidas na forma e nos termos definidos no capítulo XIII destas NSCGJ, competem, preferencialmente, ao Tabelião de Notas, que poderá ser delegado, excepcionalmente, ao substituto do parágrafo 5º do art. 20 da Lei. 8.935/1994.* (Item 10, Cap. XVI, tomo II, das NSCGJ/SP). **B**: incorreta: *O Tabelião de Notas ou o seu substituto legal, na presença do testador e das testemunhas, iniciará, imediatamente após a última palavra, e no próprio instrumento do testamento, a lavratura do auto de aprovação.* (Item 143, Cap. XVI, tomo II, das NSCGJ/SP). **C**: incorreta: Como regra geral, os atos notariais (inclusive atas) podem ser praticados por escreventes, conforme autorizados para atos específicos, pelos substitutos ou pelo substituto legal – Art. 20, §§ 3º, 4º e 5º da Lei 8.935/94. No Estado de São Paulo, o item 138, do Cap. XVI, menciona que a "*ata notarial é a narração objetiva, fiel e detalhada de fatos jurídicos presenciados ou verificados pessoalmente pelo Tabelião de Notas*". Por outro lado, não há reforço de que a ata deva ser realizada exclusivamente pelo Tabelião. Por isto, prevalece a regra geral de prática

de atos notariais: por Tabelião ou seus prepostos. Ainda, no sentido da possibilidade da ata ser lavrada por escrevente, ver decisão no Processo 0025705-06.2014.8.26.0100, 2ª Vara de Registros Públicos de São Paulo/SP, julgado em 04/12/2014 – disponível no site www.kollemata. com.br. **D**: incorreta: Como regra geral, os atos notariais podem ser praticados por escreventes, conforme autorizados para atos específicos, pelos substitutos ou pelo substituto legal – Art. 20, §§ 3º, 4º e 5º da Lei 8.935/94. Atualmente, o tomo II das NSCGJ/SP possuem regramento específico na Seção VII do Capítulo XIII das NSCGJ/SP, sendo os procedimentos de conciliação e de mediação nos serviços notariais e de registro facultativos e devendo observar os requisitos previstos na Lei nº 13.140/2015, no Provimento nº 67/2018 da Corregedoria Nacional de Justiça, e nas próprias NSCGJ/SP.
Gabarito "A".

(Cartório/PA – 2016 – IESES) Em relação à definição do tabelião de notas competente é correto afirmar:

(A) Deve ser eleito o tabelião de notas do lugar de situação dos bens objeto do negócio jurídico, conforme prevê o Código de Normas dos Serviços Notariais e de Registro do Estado do Pará.

(B) Será competente apenas o tabelião de notas do domicílio do comprador dos bens objeto do negócio jurídico.

(C) Aos interessados é assegurada a livre escolha do tabelião de notas, qualquer que seja seu domicílio ou o lugar de situação dos bens objeto do negócio jurídico.

(D) Deve ser eleito o tabelião de notas do domicílio do vendedor dos bens objeto do negócio jurídico, pois somente este poderá registrar o ato.

A: incorreta: A despeito de haver uma limitação territorial imposta às atividades do tabelião, que, segundo o artigo 9º da Lei 8.935/94, corresponde ao município para o qual recebeu a delegação, esta diz respeito ao local da prática dos atos pelo notário, e não à situação dos bens negociados, ou ao domicílio das partes. Não pode o tabelião deslocar-se até outro município para lavrar uma escritura, ainda que esta tenha por objeto imóvel situado em sua circunscrição, e que as partes que nela figuram tenham domicílio em sua circunscrição. Por outro lado, pode lavrar escritura de bens situados em outro município, negociados por pessoas domiciliadas em ainda outro, desde que compareçam no cartório, ou no município para o qual o tabelião recebeu a delegação, e ali a escritura seja lavrada. Assim, respeitada esta restrição, a escolha do tabelião pelas partes é livre, desde que elas se dirijam até o seu município. Nesses termos o artigo 8º da Lei 8.935/94 (*É livre a escolha do tabelião de notas, qualquer que seja o domicílio das partes ou o lugar de situação dos bens objeto do ato ou negócio*). **B**: incorreta: Vide comentário à alternativa "a". **C**: correta: Vide comentário à alternativa "a". **D**: incorreta: Vide comentário à alternativa "a".
Gabarito "C".

(Cartório/SP – 2018 – VUNESP) De acordo com o Provimento nº 62/2017, da Corregedoria Nacional da Justiça, o cadastramento e a prestação de serviços de apostilamento pelas serventias notariais e de registro são obrigatórios

(A) em todas as serventias.

(B) em todas as serventias, com possibilidade de dispensa por motivos justificados.

(C) nas Capitais dos Estados e no Distrito Federal, com possibilidade de dispensa por motivos justificados, e facultativos no interior.

(D) nas Capitais dos Estados e no Distrito Federal e facultativos no interior.

Art. 3º, "caput", §§ 1º e 2º do Provimento 62/17 da Corregedoria Nacional de Justiça (CNJ).

Gabarito "C".

3. LIVROS E CLASSIFICADORES EM GERAL E ESPECÍFICOS DO SERVIÇO NOTARIAL. ESCRITURAÇÃO E ORDEM DO SERVIÇO. ATOS NOTARIAIS EM GERAL E EM ESPÉCIE. PUBLICIDADE. CERTIDÕES. COMUNICAÇÕES. CONSERVAÇÃO. RESPONSABILIDADE

(Cartório/SP – 2018 – VUNESP) Conforme as Normas da Corregedoria Geral da Justiça do Estado de São Paulo, ao Tabelião de Notas é facultado lavrar os atos notariais

(A) fora do horário e dos dias estabelecidos na Portaria do Juiz Corregedor Permanente para o atendimento ao público, salvo expressa proibição motivada pelo Juiz Corregedor Permanente, a ser submetida à Corregedoria Geral da Justiça do Estado de São Paulo.

(B) nos dias úteis, assim considerados aqueles nos quais há expediente forense no Foro Judicial de 1ª e 2ª Instâncias do Estado de São Paulo.

(C) apenas nos dias e horários definidos por meio de Portaria do Juiz Corregedor Permanente, que atenderá às peculiaridades locais e ao mínimo de seis horas de atendimento ao público.

(D) nos dias e horários definidos por Provimento da Corregedoria Geral da Justiça do Estado de São Paulo, que atenderá às necessidades e peculiaridades locais e ao mínimo de oito horas de atendimento ao público.

O tabelião de notas, no Estado de São Paulo, pode realizar atos fora do horário fixado para funcionamento da serventia. Essa regra apenas não se aplica se houver ordem expressa e motivada pelo Juízo Corregedor Permanente, a ser confirmada pela Corregedoria Geral da Justiça, nos termos do item 4.1, do Cap. XVI, tomo II, das NSCGJSP.

Gabarito "A".

(Cartório/CE – 2018 – IESES) Acerca dos atos notariais é correto afirmar:

(A) O testamento público não pode ser celebrado por relativamente incapaz maior de 16 e menor de 18 anos, sem a participação de assistente.

(B) Não é possível a lavratura de pacto antenupcial no regime da separação parcial de bens, mesmo quando os noivos pretendam alterar ou disciplinar algum aspecto específico do regime de bens, pois esta avença descaracterizaria preceito de ordem pública.

(C) O aspecto temporal da emissão do documento é o critério essencial na diferenciação entre traslado e certidão.

(D) Os requisitos formais a serem observados pelo Tabelião nas escrituras públicas e nas atas notariais são exatamente os mesmos, pois não há diferenças extrínsecas entre estes instrumentos públicos.

A: incorreta: o testamento é ato personalíssimo, ou seja, somente o testador pode declarar sua vontade, podendo o maior de 16 e menor de 18 anos testar independentemente de assistência (art. 1.858 e parágrafo único do art. 1.860, ambos do CC); **B:** incorreta: aos noivos é dado o direito de estipularem sobre os seus bens conforme lhes aprouver (art. 1.639, CC), desde que não haja violação às normas de ordem pública, podendo estabelecer um regime misto por Pacto Antenupcial; **C:** correta:

o traslado é a reprodução dos exatos termos do ato notarial entregue no momento em que a escritura/procuração/ata notarial é assinada (no presente), sendo que após este momento, sempre poderão ser expedidas certidões que certificam que o ato foi lavrado, fazendo remissão ao momento da lavratura (no passado): "certifico que no dia xx, às folhas xx do livro xx, foi lavrado um ato com o seguinte teor...", transcrevendo-se, então, o teor do ato; **D:** incorreta: na escritura pública, o tabelião descreve a manifestação das vontades das partes a ele externada (como se fosse um diálogo), ou seja, é um documento produzido pelas partes perante um tabelião, que redige o instrumento conforme a vontade manifestada perante ele, enquanto na ata notarial o tabelião faz uma narrativa, imparcial e em primeira pessoa (o tabelião é o autor da ata notarial), de fatos que constata com seus sentidos, sem expressão de vontade e sem juízo de valor, devendo ser assinada por ele, pelo requerente e, sendo o caso, pelas testemunhas, conforme inciso V do art. 465 da Consolidação Normativa Notarial e Registral do Estado do Ceará (Consolidação Normativa Notarial e Registral – CNNR/CE).

Gabarito "C".

(Cartório/CE – 2018 – IESES) São atos notariais protocolares, EXCETO:

(A) Autenticação de documentos, auto ou termo de aprovação de testamento cerrado e reconhecimento de firma.

(B) Testamento público e ata notarial.

(C) Escritura pública e ata de lançamento da aprovação de testamento cerrado.

(D) Procuração pública e escritura pública de rerratificação.

A questão envolve conhecimentos de Doutrina. Segundo a Doutrina, no que concerne aos aspectos extrínsecos dos atos notariais, eles podem ser classificados em protocolares e extraprotocolares. O ato notarial protocolar é aquele que o Tabelião lança no livro de notas, já o extraprotocolar é aquele em que um documento apartado é apresentado pela parte e, ali, o tabelião realiza seu ato. Diante desses conceitos: **A:** correta: a autenticação, o auto ou termo de aprovação de testamento cerrado e reconhecimento de firma (exceto na modalidade autêntica) são atos que o Tabelião lança em documento apartado, que não seus livros; **B, C e D:** incorretas: o testamento público, ata notarial, escritura pública (a de rerratificação, inclusive) e procuração pública são todos atos lançados nos livros de notas.

Gabarito "A".

(Cartório/SP – 2018 – VUNESP) Na escrituração dos livros de notas, de acordo com as Normas de Serviço da Corregedoria Geral da Justiça do Estado de São Paulo, são vedadas

(A) as entrelinhas e as notas marginais, mas permitidas as emendas para correção de erros, inexatidões materiais e irregularidades sanáveis.

(B) as emendas, as entrelinhas e as notas marginais, mesmo para correção de erros, inexatidões materiais e irregularidades sanáveis.

(C) as emendas e as entrelinhas, mas permitidas as notas marginais para correção de erros, inexatidões materiais e irregularidades sanáveis.

(D) as entrelinhas, mas permitidas as emendas para a correção de erros e as notas marginais para inexatidões materiais e irregularidades sanáveis.

Rasuras e entrelinhas são vedadas nos atos (item 23, Cap. XIII, tomo II, das NSCGJSP); especificamente em relação aos atos notariais, a vedação é expressa quanto às emendas, entrelinhas e notas marginais, sendo a alternativa B é cópia literal do item 51, Cap. XVI, tomo II, das NSCGJSP.

Gabarito "B".

13. TABELIONATO DE NOTAS   631

(Cartório/RS – 2019 – VUNESP) Na lavratura dos atos notariais, de acordo com a Consolidação Normativa Notarial e Registral da Corregedoria Geral da Justiça do Estado do Rio Grande do Sul, é correto afirmar:

(A) se as partes e demais comparecentes não puderem assinar o ato no mesmo momento, deverão mencionar ao lado de sua assinatura a data e hora do lançamento.

(B) uma só pessoa pode assinar por diversas, mesmo que os interesses delas sejam opostos.

(C) transcorrido o prazo de trinta (30) dias a contar da lavratura do ato, e este não estiver assinado por todas as partes, o Tabelião deverá declarar a escritura sem efeito, certificando as causas e os motivos, datará e assinará.

(D) os tabeliães só poderão lavrar atos conforme a lei, o direito e a justiça, mas poderão autenticar documentos, através do reconhecimento de firma, ainda que estes sejam contrários à lei.

(E) os tabeliães poderão colher e retratar declarações das partes destinadas a formar e constituir fatos jurídicos que têm por fim imediato adquirir, resguardar, transferir, modificar ou extinguir direitos, e também aqueles que importem em produção de provas sujeitas à obrigatoriedade da via judicial, desde que previamente autorizados pelo Juiz de Direito Diretor do Foro da sua comarca.

A: correta: a regra é determinada pelo art. 870 da Consolidação Normativa Notarial e Registral – CNNR do Rio Grande do Sul; **B:** incorreta: é permitido que uma pessoa assine por diversas, mas os interesses devem ser idênticos (art. 871, Consolidação Normativa Notarial e Registral – CNNR); **C:** incorreta: nesse caso a escritura será declarada incompleta e não sem efeitos (art. 870, parágrafo único, Consolidação Normativa Notarial e Registral – CNNR); **D:** incorreta: os atos de autenticação de documentos e reconhecimento de firmas não se confundem. São competências distintas do Tabelião de Notas; **E:** incorreta: é expressamente vedada a vedada a tomada de declarações de testemunhas que importem em produção de provas que devam ser realizadas perante órgão judicial (art. 854, Consolidação Normativa Notarial e Registral – CNNR).
Gabarito "A".

(Cartório/DF – 2008 – CESPE) Relativamente à legislação e jurisprudência aplicáveis às serventias registradoras e notariais, julgue o item seguinte.

(1) Ao lavrar escritura de transferência da propriedade de um imóvel, o tabelião pode optar por manter em cartório o original ou cópias autenticadas da respectiva certidão de ações reais e pessoais reipersecutórias ou por transcrever na escritura pública os elementos necessários à identificação daquela certidão.

1: correta, nos termos do art. 2º do Decreto 93.240/1986.
Gabarito "1C".

(Cartório/DF – 2003 – CESPE) Acerca da Lei de Registros Públicos (LRP – Lei n.º 6.015/1973), julgue o item subsequente.

(1) Considere a seguinte situação hipotética. O Ministério Público investigava se em um processo judicial fora apresentado traslado falso de escritura e, para tanto, requisitou ao serviço notarial adequado a remessa do livro correspondente, para que fosse objeto de perícia. Nessa situação, a perícia poderia ser realizada, mas, segundo a LRP, o livro deveria permanecer no próprio serviço notarial e não ser enviado ao órgão encarregado da investigação.

1: correta. Apesar de o enunciado indicar a Lei 6.015/1973, o assunto é tratado no art. 46, parágrafo único, da Lei 8.935/1994, que determina que a perícia seja realizada na própria sede do serviço, em dia e hora designados com a ciência do titular da delegação.
Gabarito "1C".

(Cartório/MG – 2019 – Consulplan) De acordo com o Provimento nº 260/CGJ/2013, incube ao Tabelião de notas:

(A) Atender a peritos na própria serventia, desde que autoridade judiciária tenha autorizado a realização de perícia, independentemente de data e hora previamente designadas.

(B) Comunicar as designações e os eventuais desligamentos dos substitutos, dos escreventes e dos auxiliares à Direção do Foro da respectiva comarca e à Corregedoria-Geral de Justiça até o vigésimo dia do mês subsequente ao da nomeação ou destituição.

(C) No prazo máximo de três dias úteis contados da data da emissão do traslado do documento, encaminhar à respectiva Junta Comercial, para averbação junto aos atos constitutivos da empresa, cópia do instrumento de procuração outorgando poderes de administração, de gerência dos negócios, ou de movimentação de conta-corrente vinculada de empresário individual, sociedade empresária ou cooperativa.

(D) Organizar e manter, em meio físico ou eletrônico, arquivo contendo a legislação e os atos normativos que digam respeito à sua atividade, bem como os arquivos com a utilização de meios seguros que facilitem as buscas, anotando, à margem dos atos lavrados na serventia, os respectivos aditamentos, as retificações, as ratificações, os distratos, as revogações, os substabelecimentos e quaisquer outras alterações que forem feitas.

A: incorreta: além da autorização pela autoridade judiciária, deve haver data e hora previamente designadas, conforme inciso XI do art. 175, Provimento Conjunto 93/2020; **B:** incorreta: o inciso III do art. 175 do Provimento Conjunto 93/2020 não estabelece prazo para as referidas comunicações; **C:** incorreta: o inciso XX do art. 175 do Provimento Conjunto 93/2020 dispõe que o prazo é de três dias contados da data da expedição do documento, além de mencionar o encaminhamento da cópia da procuração, ademais das hipóteses do enunciado, nos casos de EIRELI e sociedade simples; **D:** correto: incisos IX e X do art. 175, Provimento Conjunto 93/2020.
Gabarito "D".

(Cartório/SP – 2012 – VUNESP) Com relação à escrituração do livro Registro Diário da Receita e da Despesa, pode-se afirmar que

I. ao final do ano, será feito o balanço, indicando-se a receita, a despesa e o líquido mês a mês, apurando-se, em seguida, a renda líquida ou o "déficit" de cada unidade do serviço notarial e de registro no exercício, que deverá ser assinado por contador ou técnico em contabilidade, devidamente inscrito no respectivo Conselho Regional de Contabilidade (CRC);

II. o livro Registro Diário da Receita e da Despesa será escriturado pelo notário ou registrador ou por seu substituto legal, sendo pessoal a sua responsabilidade, ainda que a tarefa seja entregue a outro preposto;

III. a receita será lançada no livro Registro Diário da Receita e da Despesa no dia da prática do ato, mesmo que o delegado do serviço notarial e de registro não tenha ainda recebido os emolumentos;

IV. nos casos em que se admitir depósito prévio, este deverá ser provisoriamente escriturado no livro de Registro Diário da Receita e da Despesa, para o controle dessas importâncias recebidas a esse título, até que sejam os depósitos convertidos em pagamento dos emolumentos, ou devolvidos, conforme o caso.

(A) Todas as afirmativas estão corretas.

(B) Somente a afirmativa II está correta.

(C) Somente as afirmativas II, III e IV estão corretas.

(D) Somente as afirmativas II e III estão corretas.

I: incorreta. Não há necessidade de assinatura do balanço por contador ou contabilista (item 51 do Capítulo XIII das Normas de Serviço da Corregedoria Geral de Justiça do Estado de São Paulo); II: correta, nos termos do item 43 do Capítulo XIII das Normas de Serviço da Corregedoria Geral de Justiça do Estado de São Paulo; III: correta, nos termos do item 44 do Capítulo XIII das Normas de Serviço da Corregedoria Geral de Justiça do Estado de São Paulo; IV: incorreta. O depósito prévio deverá ser escriturado em livro próprio (item 38.1 do Capítulo XIII das Normas de Serviço da Corregedoria Geral de Justiça do Estado de São Paulo).
Observação: Esse capítulo sofreu alterações posteriores à data da prova. Recomenda-se a leitura das Normas de Serviço atualizadas.
Gabarito "D".

(Cartório/SP – 2012 – VUNESP) Em relação ao livro de notas, é correto afirmar que

(A) a aquisição será realizada por meio da corregedoria permanente de cada tabelionato.

(B) a atualização, junto ao fabricante do livro, do nome dos responsáveis pelas unidades vagas será realizada pela Corregedoria-Geral da Justiça.

(C) o Tabelião poderá autorizar prepostos, mediante indicação expressa ao fabricante, a receber, em seu nome, livro de notas.

(D) o fabricante do livro encaminhará semestralmente à Corregedoria-Geral da Justiça inventário completo das entregas realizadas a cada serventia.

A: incorreta. A aquisição será feita diretamente junto ao fabricante credenciado pelo Colégio Notarial do Brasil (item 30 do Capítulo XVI, tomo II, das NSCGJ/SP). A escolha do fabricante feita pelo CNB será submetida à homologação da Corregedoria Geral da Justiça, apenas para a verificação dos requisitos de segurança e idoneidade da empresa (item 30.2 do Capítulo XVI, tomo II, das NSCGJ/SP); B: incorreta. As designações, e as posteriores alterações, para responder pelos serviços notariais vagos serão comunicadas, pela Corregedoria Geral da Justiça, ao CNB-SP e à Associação dos Registradores de Pessoas Naturais do Estado de São Paulo (ARPEN-SP). O CNB-SP e a ARPEN-SP são responsáveis, junto aos fabricantes dos impressos de segurança, pela atualização dos nomes dos responsáveis pelos serviços notariais vagos (itens 34 e 34.1 do Capítulo XVI, tomo II, das NSCGJ/SP). C: correta, nos termos do item 33.2 do Capítulo XVI, tomo II, das NSCGJ/SP; D: incorreta. A informação deve ser prestada todo mês (item 35 do Capítulo XVI, tomo II, das NSCGJ/SP).
Observação: Esse capítulo sofreu alterações posteriores à data da prova. Recomenda-se a leitura das Normas de Serviço atualizadas.
Gabarito "C".

(Cartório/SP – 2012 – VUNESP) O Livro de Registro Diário da Receita e da Despesa deve ser visado pelo Juiz Corregedor Permanente:

(A) trimestralmente.

(B) quadrimestralmente.

(C) semestralmente.

(D) anualmente.

O visto do juiz deverá ser feito anualmente, até o décimo dia útil do mês de fevereiro (item 52 do Capítulo XIII das Normas de Serviço da Corregedoria Geral de Justiça do Estado de São Paulo).
Observação: Esse capítulo sofreu alterações posteriores à data da prova. Recomenda-se a leitura das Normas de Serviço atualizadas.
Gabarito "D".

(Cartório/SP – 2012 – VUNESP) Sobre o livro de Visitas e Correições, pode-se afirmar corretamente que

(A) será aberto e numerado pelo delegado do serviço notarial ou registral, e o termo de abertura será subscrito pelo Juiz Corregedor Permanente, que também autenticará e rubricará todas as suas folhas, podendo utilizar, para tal, processo mecânico de autenticação.

(B) será aberto, numerado, autenticado e encerrado pelo delegado, podendo ser utilizado, para rubrica em todas as suas folhas, processo mecânico de autenticação, previamente aprovado pela autoridade judiciária competente.

(C) será aberto, numerado, autenticado e encerrado pelo Juiz Corregedor Permanente, que poderá utilizar processo mecânico de autenticação para apor sua rubrica em todas as suas folhas.

(D) é utilizado livro-padrão encaminhado pela Corregedoria Geral da Justiça do Estado, para lavratura dos termos de visitas e correições realizadas pelo Juiz Corregedor Permanente e pela Corregedoria Geral da Justiça do Estado e das inspeções realizadas pela Corregedoria Nacional de Justiça.

Nos termos do item 39 do Capítulo XIII das Normas de Serviço da Corregedoria Geral de Justiça do Estado de São Paulo, os livros obrigatórios (dentre os quais está o Livro de Visitas e Correições – item 38, "c") serão abertos, numerados, autenticados e encerrados pelo próprio delegado, sendo permitido o uso de processo mecânico para autenticação de todas as folhas, desde que previamente autorizado pela autoridade judiciária.
Observação: Esse capítulo sofreu alterações posteriores à data da prova. Recomenda-se a leitura das Normas de Serviço atualizadas.
Gabarito "B".

(Cartório/SP – 2011 – VUNESP) Para fins de Registro Civil e Notas, podem ser considerados documento de identidade:

(A) C.N.H. modelo atual, instituído pela Lei n.º 9.503/97, e R.G., apenas.

(B) C.N.H. modelo atual, instituído pela Lei n.º 9.503/97, R.G., Passaporte, Carteira de Trabalho (CTPS) e carteira de exercício profissional emitida pelos órgãos criados por Lei Federal, nos termos da Lei n.º 6.206/75.

(C) R.G., passaporte e Carteira de Trabalho (CTPS).

(D) C.N.H, modelo atual, instituído pela Lei n.º 9.503/97, R.G., passaporte e carteira de exercício profissional emitida pelos órgãos criados por Lei Federal, nos termos da Lei n.º 6.206/75.

13. TABELIONATO DE NOTAS — 633

Serão aceitos como documento de identidade a identificação civil nacional – ICN, instituída pela Lei 13.444, de 11 de maio de 2017, a carteira de identidade expedida pelos órgãos de identificação civil dos Estados, a Carteira Nacional de Habilitação instituída pela Lei 9.503/97, inclusive em formato digital, passaporte expedido pela autoridade competente e carteira de exercício profissional emitida pelos Órgãos criados por Lei Federal, nos termos da Lei 6.206/75, vedada a apresentação destes documentos replastificados (item 22 do Capítulo XVII, tomo II, das NSCGJ/SP).

Para fins notariais atualmente é aceita também a CTPS modelo atual: "Item 180. É obrigatória a apresentação do original de documento de identificação (Registro Geral; Carteira Nacional de Habilitação, modelo atual, instituído pela Lei n.º 9.503/97; carteira de exercício profissional expedida pelos entes criados por Lei Federal, nos termos da Lei n.º 6.206/75; passaporte, que, na hipótese de estrangeiro, deve estar com o prazo do visto não expirado; Carteira de Trabalho e Previdência Social, modelo atual, informatizado, e carteira de identificação funcional dos Magistrados, membros do Ministério Público e da Defensoria Pública) para abertura da ficha-padrão."

Gabarito "D".

(Cartório/SP – 2011 – VUNESP) As unidades do serviço notarial e de registro possuirão os seguintes classificadores obrigatórios:

(A) para atos normativos e decisões do Conselho Superior da Magistratura; para atos normativos e decisões da Corregedoria Geral da Justiça; para atos normativos e decisões da Corregedoria Permanente; para arquivamento dos documentos relativos à vida pessoal dos delegados e seus prepostos; para cópias de ofícios expedidos; para ofícios recebidos; para guias de custas devidas ao Estado e contribuições à Carteira de Previdência das Serventias Não Oficializadas; para guias de recolhimento ao IPESP e IAMSPE; para guias de recolhimento de imposto sobre a renda retido na fonte; para folhas de pagamento dos prepostos e acordos salariais; para o arquivamento dos documentos relativos à expedição de certificados digitais, quando a unidade funcionar como instalação técnica para a emissão de certificados.

(B) para atos normativos e decisões do Conselho Superior da Magistratura; para atos normativos e decisões da Corregedoria Geral da Justiça; para atos normativos e decisões da Corregedoria Permanente; para arquivamento dos documentos relativos à vida funcional dos delegados e seus prepostos; para cópias de ofícios expedidos; para ofícios recebidos; para guias de custas devidas ao Estado e contribuições à Carteira de Previdência das Serventias Não Oficializadas; para guias de recolhimento ao IPESP e Associação dos Magistrados Brasileiros; para guias de recolhimento de imposto sobre a renda retido na fonte; para folhas de pagamento dos prepostos e acordos salariais; para o arquivamento dos documentos relativos à expedição de certificados digitais, quando a unidade funcionar como instalação técnica para a emissão de certificados.

(C) para atos normativos e decisões do Conselho Superior da Magistratura; para atos normativos e decisões da Corregedoria Geral da Justiça; para atos normativos e decisões da Corregedoria Permanente; para arquivamento dos documentos relativos à vida funcional dos delegados e seus prepostos; para cópias de ofícios expedidos; para ofícios recebidos; para guias de cus-

tas devidas ao Estado e contribuições à Carteira de Previdência das Serventias Não Oficializadas; para guias de recolhimento ao IPESP e IAMSPE; para guias de recebimento de imposto sobre a renda retido na fonte; para folhas de pagamento dos prepostos e acordos salariais; para o arquivamento dos documentos relativos à expedição de certificados digitais, quando a unidade funcionar como instalação técnica para a emissão de certificados.

(D) para atos normativos e decisões do Conselho Superior da Magistratura; para atos normativos e decisões da Corregedoria Geral da Justiça; para atos normativos e decisões da Corregedoria Permanente; para arquivamento dos documentos relativos à vida funcional dos delegados e seus prepostos; para cópias de ofícios expedidos; para ofícios recebidos; para guias de custas devidas ao Estado e contribuições à Carteira de Previdência das Serventias Não Oficializadas; para guias de recolhimento ao IPESP e IAMSPE; para guias de recolhimento de imposto sobre a renda retido na fonte; para folhas de pagamento dos prepostos e acordos salariais; para o arquivamento dos documentos relativos à expedição o de certificados digitais, quando a unidade funcionar como instalação técnica para a emissão de certificados.

A alternativa "D" é a única que arrola todos os classificadores obrigatórios previstos no item 57 do Capítulo XIII das Normas de Serviço da Corregedoria Geral de Justiça do Estado de São Paulo.
Observação: Esse capítulo sofreu alterações posteriores à data da prova. Recomenda-se a leitura das Normas de Serviço atualizadas.

Gabarito "D".

(Cartório/SP – 2016 – VUNESP) Quanto aos atos notariais, é correto afirmar que

(A) o papel de segurança, para os atos lavrados pelo Tabelião de Notas nos livros notariais, e a aplicação do selo de autenticidade, para os atos de autenticação notarial (autenticação de cópias e reconhecimentos de firmas e de chancelas), são obrigatórios e integram a forma dos atos notariais.

(B) o Tabelião de Notas enviará à Secretaria da Fazenda do Estado de São Paulo as informações sobre a realização de atos de reconhecimento de firma em transações que envolvam a transferência de propriedade de veículos, mediante o pagamento pelo interessado da despesa postal da carta registrada, com observação dos termos, da forma e dos prazos estabelecidos pelo Decreto no 60.489/2014, do Estado de São Paulo, posteriormente disciplinado pela Portaria da Coordenação da Administração Tributária do Estado de São Paulo – CAT/SP no 90, de 22 de julho de 2014.

(C) os livros de notas serão escriturados em folhas soltas, confeccionadas em papel dotado de elementos e característicos de segurança, composto de 200 (duzentas) páginas cada um.

(D) os índices dos livros devem conter os nomes de todos os outorgantes e os outorgados, inclusive dos respectivos cônjuges e companheiros, e, nas escrituras relativas a bens imóveis, deve ser incluído o número do registro ou matrícula no Registro de Imóveis e podem ser elaborados pelo sistema de fichas, livros ou banco de dados informatizado.

A: correta: *O papel de seguranca, para os atos lavrados pelo Tabelião de Notas nos livros notariais, e a aplicacão do selo de autenticidade, para os atos de autenticacão notarial (autenticacão de cópias e reconhecimentos de firmas e de chancelas), são obrigatórios e integram a forma dos atos notariais* (item 20, Cap. XVI, tomo II, NSCGJ/SP). **B:** incorreta: A comunicação à SEFAZ/SP sobre atos de reconhecimento em transações de transferência de propriedade de veículo é gratuita e realizada por meio eletrônico (não há despesa postal). Neste sentido, dispõe o: Art. 1º, § 1º, alínea "b" do Decreto Estadual 60.489/2014. *Os notários localizados no Estado de São Paulo são obrigados a fornecer ao fisco informacões sobre a realizacão de atos de reconhecimento de firma em transacões que envolvam a transferência de propriedade de veículos, sem ônus para as partes do negócio, conforme previsto no inciso VI do artigo 37 da Lei 13.296, de 23 de dezembro de 2008. § 1º Para o cumprimento do disposto no "caput": 1. Os notários:(...) b) não cobrarão emolumentos adicionais aos atuais, assim entendidos os referentes aos servicos de reconhecimento de firma por autenticidade e de cópia autenticada do Certificado de Registro do Veículo- CRV, enviada à Secretaria da Fazenda conforme inciso II do artigo 2º).* **C:** incorreta: os livros de notas são compostos de 200 folhas (frente e verso, ou 400 páginas) e não 200 páginas: *Os livros de notas serão escriturados em folhas soltas, confeccionadas em papel dotado de elementos e características de seguranca, composto de 200 (duzentas) folhas cada um* (item 13, Cap. XVI, tomo II, NSCGJ/SP). **D:** incorreta: Não há previsão de inclusão de número de matrícula de imóveis em índices dos Tabelionatos de Notas: *Os índices dos livros devem conter os nomes de todos outorgantes e outorgados, inclusive os dos respectivos cônjuges e companheiros, e podem ser elaborados pelo sistema de fichas, livros ou banco de dados informatizado* (item 14. Cap XVI, tomo II, NSCGJ/SP).

Gabarito "A".

(Cartório/SP – 2016 – VUNESP) Em relação aos arquivos do Tabelião de Notas, é correto afirmar que

(A) devem ser arquivados os traslados de procurações, de substabelecimentos de procurações outorgados em notas públicas e de instrumentos particulares de procurações, cujo prazo não poderá ser superior a 30 (trinta) dias.

(B) deve ser arquivado, em qualquer caso, o comprovante ou cópia autenticada do pagamento do Imposto sobre Transmissão Inter Vivos de Bens Imóveis, de direitos reais sobre imóveis e sobre cessão de direitos a sua aquisição – ITBI e do Imposto sobre Transmissão Causa Mortis e Doação – ITCMD, quando incidente sobre o ato.

(C) devem ser arquivadas as certidões de ações reais e pessoais reipersecutórias, relativas ao bem imóvel, e as de ônus reais, inclusive com situações positivas ou negativas de indisponibilidade, expedidas pelo Registro de Imóveis e pelo Ofício de Registro de Distribuição, cujo prazo de validade, para este fim, será de 30 (trinta) dias.

(D) devem ser arquivados, em relação aos imóveis rurais, Certificado de Cadastro do Imóvel Rural – CCIR emitido pelo Instituto Nacional de Colonização e Reforma Agrária – INCRA, com a prova de quitação do Imposto sobre a Propriedade Territorial Rural – ITR correspondente aos últimos cinco anos

A: incorreta: Para os documentos mencionados na alternativa, o prazo não pode ser superior a 90 (e não 30) dias: *O Tabelião de Notas manterá arquivos para os seguintes documentos necessários à lavratura dos atos notariais, em papel, microfilme ou documento eletrônico: (...) traslados de procuracões, de substabelecimentos de procuracões outorgados em*

notas públicas e de instrumentos particulares de procuracões, cujo prazo não poderá ser superior a **90 dias** (Item 15, "e", Cap. XVI, tomo II, NSCGJ/SP). **B:** incorreta: O arquivamento dos documentos mencionados na alternativa não se dá em "qualquer caso"; ficam ressalvadas as hipóteses em que não haja incidência de ITBI ou ITCMD sobre ato, ou, se incidentes, a lei autorize o pagamento a lavratura do ato. *O Tabelião de Notas manterá arquivos para os seguintes documentos necessários à lavratura dos atos notariais, em papel, microfilme ou documento eletrônico: (...) b) comprovante ou cópia autenticada do pagamento do Imposto sobre Transmissão Inter Vivos de Bens Imóveis, de direitos reais sobre imóveis e sobre cessão de direitos a sua aquisição – ITBI e do Imposto sobre Transmissão Causa Mortis e Doação – ITCMD, **quando incidente sobre o ato, ressalvadas as hipóteses em que a lei autorize a efetivacão do pagamento após a sua lavratura** (item 15, "b", Cap. XVI, tomo II, NSCGJ/SP). **C:** incorreta: No Estado de São Paulo, a certidão de acão real e pessoal reipersecutória e a de ônus reais a ser apresentada (e arquivada) é a expedida pelo Registro de Imóveis, apenas – O Tabelião de Notas manterá arquivos para os seguintes documentos necessários à lavratura dos atos notariais, em papel, microfilme ou documento eletrônico: (...) certidões de acões reais e pessoais reipersecutórias, relativas ao bem imóvel, e as de ônus reais, inclusive com situacões positivas ou negativas de indisponibilidade, **expedidas pelo Registro de Imóveis**, cujo prazo de validade, para este fim, será de 30 (trinta) dias* (item 15, "c", Cap. XVI, tomo II, NSCGJ/SP). **D:** correta: No Estado de São Paulo, por expressa disposição normativa, estes documentos devem ser arquivados por ocasião de lavratura de escrituras que versem sobre imóveis rurais: *O Tabelião de Notas manterá arquivos para os seguintes documentos necessários à lavratura dos atos notariais, em papel, microfilme ou documento eletrônico: (...) em relação aos imóveis rurais, Certificado de Cadastro do Imóvel Rural – CCIR emitido pelo Instituto Nacional de Colonização e Reforma Agrária – INCRA, com a prova de quitação do Imposto sobre a Propriedade Territorial Rural – ITR correspondente aos últimos cinco anos* (item 15, a, Cap. XVI, tomo II, NSCGJ/SP).

Gabarito "D".

(Cartório/SP – 2016 – VUNESP) Quanto aos papéis utilizados para a escrituração dos atos, certidões e traslados, assinale a alternativa correta.

(A) O tabelião de notas utilizará frente e verso, obrigatoriamente.

(B) O tabelião de notas poderá utilizar a frente e o verso dos papéis, ficando a critério do Juiz Corregedor Permanente a utilização do verso, inclusive para o início dos atos notariais.

(C) O tabelião de notas poderá utilizar a frente e o verso dos papéis, ficando a seu critério a utilização do verso, inclusive para o início dos atos notariais.

(D) Apenas a frente dos papéis pode ser utilizada para o início dos atos notariais.

A: incorreta: No Estado de São Paulo, ao tabelião de notas é facultado usar frete e verso dos papéis de escrituracão, e não obrigatório: *Fica a critério do tabelião a utilizacão do verso dos papéis de escrituracão, inclusive para o início dos atos notariais. Na página não utilizada será apostada expressão "em branco" – Item 20.1, Cap. XIII, tomo II, NSCGJ/SP. **B:** incorreta: No Estado de São Paulo, a utilização de frente e verso dos papéis de escrituração é feita a critério do Tabelião – vide anotação na alternativa A. **C:** correta: Expressa disposição normativa – vide anotação na alternativa A. **D:** incorreta: vide anotação na alternativa A.

Gabarito "C".

(Cartório/MG – 2015 – Consulplan) Em relação à escrituração dos atos notariais, é correto afirmar:

(A) Os atos notariais podem ser manuscritos com tinta indelével ou escriturados mediante utilização de meios tecnológicos seguros e de durabilidade garantida, em caracteres de fácil leitura, sem espaços em branco, obedecida a ordem cronológica.

(B) Quando escriturados utilizando meios tecnológicos, como impressão em impressora laser, os dados numéricos relevantes podem ser expressos apenas em algarismos, não necessitando de serem repetidos por extenso.

(C) Mediante escritura pública de aditamento lavrada e subscrita apenas pelo tabelião de notas, o notário poderá suprir omissões e erros evidentes imputados a ele ou seus prepostos, devendo, neste caso, as partes arcarem com os emolumentos correspondentes ao ato de aditamento, conforme previsão legal

(D) No livro em folhas soltas, os comparecentes devem assinar somente na última lauda, mas o tabelião ou seu preposto deverá rubricar todas as laudas do ato e assinar na última.

A: correta: Art. 315, Prov. 93/2020 (CNMG): *Os atos podem ser manuscritos com tinta indelével ou escriturados mediante utilização de meios tecnológicos seguros e de durabilidade garantida, em caracteres de fácil leitura, sem espaços em branco, obedecida a ordem cronológica.).* **B:** incorreto: Art. 315, §1º, Prov. 93/2020 (CNMG): *Os dados numéricos relevantes, expressos em algarismos, tais como data da escritura, datas de início e término de obrigações estipuladas, preço, obrigações pecuniárias e metragem,* ***devem ser repetidos por extenso.*** **C:** incorreta: Art. 318, §1º, Prov. 93/2020 (CNMG): *Sendo imputável ao tabelião de notas ou a seu preposto o erro ou a omissão objeto de correção mediante escritura de aditamento ou rerratificação, é* ***vedada qualquer cobrança a esse título.*** **D:** incorreta: Art. 319, Prov. 93/2020 (CNMG): *No livro em folhas soltas, além de assinarem logo após o texto lavrado, os* ***comparecentes devem firmar ou rubricar as laudas ocupadas pelo ato,*** *anteriores à última, na margem externa de cada uma.*
Gabarito "A".

(Cartório/MG – 2019 – Consulplan) De acordo com o Provimento nº 260/CGJ/2013, é dever do Tabelião de notas comunicar:

(A) Lavratura de escritura pública de aditamento para o Tabelião que lavrou o ato objeto da corrigenda.

(B) Lavratura de escritura pública de rerratificação para o Tabelião que lavrou o ato objeto da corrigenda.

(C) Lavratura de escritura pública de revogação de procuração para o Tabelião que lavrou o instrumento de mandato.

(D) Impreterivelmente até 31 de maio e 30 de novembro de cada ano, toda e qualquer eliminação de documentos das serventias extrajudiciais ocorrida no semestre anterior.

A: incorreta: conforme art. 317 do Provimento Conjunto 93/2020, o tabelião que lavrou a escritura é quem deve realizar a escritura de aditamento, anotando tal aditamento à margem da escritura corrigida; **B:** foi dada como incorreta: atualmente, o Provimento Conjunto 93/2020 prevê no art. 318 que as incorreções ou omissões existentes em escritura pública constatadas após a expedição do traslado e que não configurem meros erros evidentes deverão ser corrigidas por escritura pública de rerratificação, na qual obrigatoriamente serão partes os mesmos comparecentes da escritura pública objeto de correção, anotando-se à margem da escritura pública corrigida esta circunstância ou comunicando-se o fato à serventia respectiva. Sendo assim, atualmente existe a previsão de comunicação para o Tabelião que lavrou a escritura corrigenda; **C:** foi dada como incorreta: atualmente, o inciso XXI do art. 175 do Provimento Conjunto 93/2020 dispõe que incumbe ao tabelião de notas encaminhar cópia do instrumento de revogação de mandato, via Malote Digital, à serventia responsável pela lavratura da procuração, no prazo máximo de 3 (três) dias úteis contados da data da expedição do documento, para que sejam feitas as devidas anotações; **D:** correta: deve ser comunicado ao Diretor do Foro, conforme § 2º do art. 89, Provimento Conjunto 93/2020.
Gabarito "D".

(Cartório/MG – 2016 – Consulplan) A respeito da escrituração dos atos, assinale a afirmação correta.

(A) Emendas, entrelinhas, rasuras e riscaduras são vedadas no documento notarial.

(B) As emendas, entrelinhas, rasuras e riscaduras devem ser evitadas, mas, caso ocorram, serão ressalvadas "em tempo", ao final do texto e antes das assinaturas, fazendo-se referência a seu motivo e localização.

(C) É livre o uso de abreviaturas e siglas no documento notarial, mesmo de conhecimento restrito, devendo o tabelião fazer constar no fim do instrumento um glossário com o significado de todas as abreviaturas utilizadas.

(D) No livro em folhas soltas, as partes assinarão somente a última lauda do documento notarial, preferencialmente por extenso. Se optarem por rubrica, esta será lançada na última lauda do documento notarial, acompanhada do nome do subscritor de modo legível.

A: incorreta: No Estado de Minas Gerais, nos termos do art. 316 do Prov. 93/2020 (CNMG), as emendas, entrelinhas, rasuras e riscaduras devem ser evitadas, porém, se ocorrerem, podem ser ressalvadas pelo termo "em tempo" ao final do texto e antes das assinaturas, fazendo-se referência a seu motivo e localização. Portanto, não é possível afirmar que são vedadas. **B:** correta: É a redação do art. 316 do Prov. 93/2020 (CNMG). **C:** incorreta: Art. 315, §2º, Prov. 93/2020 (CNMG): *Deve ser evitado o uso de abreviaturas, salvo se de significado notório, enquanto as siglas, salvo se notoriamente conhecidas, devem estar acompanhadas da nomenclatura equivalente por extenso ao menos uma vez na escrituração dos atos.* **D:** incorreta: Art. 319 do Prov. 93/2020 (CNMG): *No livro em folhas soltas, além de assinarem logo após o texto lavrado, os comparecentes devem firmar ou rubricar as laudas ocupadas pelo ato, anteriores à última, na margem externa de cada uma.*
Gabarito "B".

4. ESCRITURA PÚBLICA. REQUISITOS

(Cartório/SP – 2018 – VUNESP) Não dispondo a lei em contrário, a escritura pública é essencial à validade dos negócios jurídicos que visem à constituição, transferência, modificação ou renúncia de direitos reais sobre imóveis

(A) quando o valor da transação for superior a 20 (vinte) vezes o maior salário mínimo vigente no país.

(B) de valor superior a 30 (trinta) vezes o maior salário mínimo vigente no país.

(C) quando o valor da transação for superior a 30 (trinta) vezes o maior salário mínimo vigente no país.

(D) de valor superior a 20 (vinte) vezes o maior salário mínimo vigente no país.

A regra é fixada pelo art. 108 do Código Civil.
Gabarito "B".

(Cartório/SP – 2018 – VUNESP) Nos termos das Normas de Serviço da Corregedoria Geral da Justiça do Estado de São Paulo, o Tabelião de Notas deve, antes da lavratura de quaisquer atos notariais, conferir as procurações e

636 — GABRIELA NASSAR DE CASTRO PALMA MARINI, HENRIQUE SUBI, IVAN JACOPETTI DO LAGO E CARLOS ANTÔNIO CARAN BORDINI

verificar o prazo de validade da certidão, que não poderá exceder a

(A) 90 (noventa) dias.

(B) 30 (trinta) dias.

(C) 60 (sessenta) dias.

(D) 30 (trinta) dias, se lavrada no Brasil, e 60 (sessenta) dias, se lavrada no exterior.

Literalidade do item 42, alínea "c", Cap. XVI, tomo II, das NSCGJSP. Gabarito "A".

(Cartório/SP – 2018 – VUNESP) De acordo com as Normas de Serviço da Corregedoria Geral da Justiça do Estado de São Paulo, antes da lavratura de atos notariais relacionados a direitos de natureza patrimonial ou negocial, praticados por pessoa em situação de curatela, ou em nome de pessoa com deficiência, por seus eventuais apoiadores, o Tabelião de Notas deve exigir

(A) termo de curatela, sentença declaratória da interdição e o termo de nomeação do curador.

(B) alvará e certidão de inscrição da sentença declaratória da interdição.

(C) certidão de nascimento atualizada, alvará e termo de curatela.

(D) alvará, termo de curatela ou termo de acordo de decisão apoiada.

É a literalidade do item 42, alínea "f", Cap. XVI, tomo II, das NSCGJSP. Gabarito "D".

(Cartório/RS – 2019 – VUNESP) De acordo com a Consolidação Normativa Notarial e Registral da Corregedoria Geral da Justiça do Estado do Rio Grande do Sul, antes da lavratura de quaisquer atos, os Tabeliães e quantos exerçam funções notariais deverão:

(A) dispensar, mesmo se devida, quando solicitado pelas partes, a exibição de certidões fiscais e comprovantes de pagamento de laudêmio.

(B) nos atos relativos a imóveis rurais, exigir a apresentação dos Certificados de Cadastro, ficando dispensada a comprovação da quitação do imposto territorial rural referente aos cinco últimos exercícios.

(C) exigir apresentação de alvará para os atos sujeitos à autorização judicial, como no caso de sub-rogação de gravames, ou quando sejam partes espólio, massa falida, concordatária, herança jacente ou vacante, incapazes etc., registrando-o no Livro próprio.

(D) identificar as partes e demais comparecentes por meio da apresentação da carteira de identidade.

(E) na aquisição de imóveis rurais por estrangeiros, dispensar a autorização das autoridades competentes se forem apresentadas provas de quitação do imposto territorial rural dos últimos cinco exercícios.

A: incorreta: é dever dos tabeliães de notas impor a apresentação das certidões fiscais e comprovantes de pagamento de laudêmio (art. 856, VI, da Consolidação Normativa Notarial e Registral – CNNR); **B:** incorreta: deve-se consignar nas escrituras a comprovação da quitação do imposto territorial rural (art. 874, II, "b", da Consolidação Normativa Notarial e Registral – CNNR); **C:** correta: a exigência de alvará nesses casos e registro em livro próprio são obrigatórios conforme art. 856, V da Consolidação Normativa Notarial e Registral – CNNR; **D:** incorreta: a identificação das partes e comparecentes pode ser feita por qualquer

meio admitido em Direito (art. 856, I, Consolidação Normativa Notarial e Registral – CNNR); **E:** incorreta: nos casos em que obrigatória a autorização das autoridades para aquisição de imóveis rurais por estrangeiros, a quitação de impostos não exime dessa providência. Gabarito "C".

(Cartório/BA – 2004 – CESPE) Quanto à escritura pública, julgue os itens subsequentes.

(1) Constitui requisito da escritura pública, entre outros, a declaração de ter sido lida na presença das partes e demais comparecentes, ou de que todos a leram.

(2) Quando o tabelião não conhecer algum dos comparecentes, nem puder identificá-lo por documento, deverão participar do ato pelo menos duas testemunhas que o conheçam e atestem sua identidade.

(3) O tabelião deverá fazer constar da escritura pública a declaração de cumprimento das exigências legais e fiscais inerentes à legitimidade do ato.

1: correta, nos termos do art. 215, § 1º, VI, do CC; 2: correta, nos termos do art. 215, § 5º, do CC; 3: correta, nos termos do art. 215, § 1º, V, do CC. Gabarito 1C, 2C, 3C.

(Cartório/MG – 2019 – Consulplan) De acordo com o Provimento nº 260/CGJ/2013, são requisitos indispensáveis à escritura pública que implique alienação, a qualquer título, de imóvel rural ou de direito a ele relativo, assim como sua oneração, EXCETO:

(A) Observância da descrição georreferenciada, nos termos da legislação específica.

(B) Apresentação do Documento de Informação e Apuração do ITR – DIAT, ressalvadas as hipóteses de isenção ou imunidade previstas em lei.

(C) Apresentação do Recibo de Inscrição do Imóvel Rural no Cadastro Ambiental Rural – CAR, emitido por órgão nacional competente, desde que a reserva legal não esteja averbada na matrícula imobiliária.

(D) Apresentação de certidão negativa de débito para com o INSS da pessoa jurídica alienante e da pessoa física alienante, caso esta última seja empregadora ou, se a pessoa física não for empregadora, declaração expressa nesse sentido sob sua responsabilidade civil e criminal.

A: correta, conforme inciso V do art. 198, Provimento Conjunto 93/2020; **B:** correta, conforme inciso VIII do art. 198, Provimento Conjunto 93/2020; **C:** errada, o inciso VI do art. 198, Provimento Conjunto 93/2020, dispõe que o CAR deve ser exigido, esteja ou não a reserva legal averbada na matrícula; **D:** correta: assertiva correta, conforme inciso IV do art. 198, Provimento Conjunto 93/2020. Gabarito "C".

(Cartório/MG – 2019 – Consulplan) Na qualidade de Tabelião de notas do 1º Ofício de Notas de Belo Horizonte, você é procurado por dois irmãos, Pedro e Lucas, que são proprietários de um apartamento e estão vendendo para a senhora Fátima. De acordo com as informações prestadas, Pedro é solteiro, ao passo que Lucas é casado no regime da comunhão parcial de bens, ao passo que a senhora Fátima é viúva. Levando em consideração o Provimento 260/CGJ/2013, quais documentos seriam de apresentação obrigatória com relação às partes para a confecção do ato pretendido:

13. TABELIONATO DE NOTAS

(A) Apresentação dos documentos de identificação pessoal dos comparecentes; certidão de casamento de Lucas expedida há, no máximo, noventa dias; certidão de casamento de Fátima com averbação do óbito do seu cônjuge expedida há, no máximo, noventa dias.

(B) Apresentação dos documentos de identificação pessoal dos comparecentes; certidão de casamento de Lucas emitida há, no máximo, noventa dias; certidão de nascimento de Pedro sem prazo de validade; certidão de casamento de Fátima com averbação do óbito do seu cônjuge emitida há, no máximo, trinta dias.

(C) Apresentação dos documentos de identificação pessoal dos comparecentes; certidão de casamento de Lucas e de nascimento de Pedro emitidas há, no máximo, trinta dias; certidão de casamento de Fátima com averbação do óbito do seu cônjuge e certidão de óbito do cônjuge falecido, ambas emitidas há, no máximo, trinta dias.

(D) Apresentação dos documentos de identificação pessoal dos comparecentes; certidão de casamento de Lucas e de nascimento de Pedro emitidas há, no máximo, noventa dias; certidão de casamento de Fátima com averbação do óbito do seu cônjuge e certidão de óbito do cônjuge falecido, ambas emitidas há, no máximo, noventa dias.

A: correta: reprodução do inciso I e parágrafo único do art. 189, Provimento Conjunto 93/2020, que elenca os requisitos documentais de legitimação; **B:** incorreta: a certidão de casamento com anotação do óbito deve ser expedida há, no máximo, noventa dias, conforme parágrafo único do art. 189, Provimento Conjunto 93/2020 (somente a certidão de óbito não possui prazo de validade conforme alínea "c" do inciso V do art. 189 do Provimento Conjunto 93/2020); **C:** incorreta: certidão de casamento, certidão de nascimento e certidão de casamento com anotação de óbito devem ser expedidas há, no máximo, noventa dias, conforme parágrafo único do art. 189, Provimento Conjunto 93/2020; **D:** incorreta: se o óbito já estiver anotado no casamento, basta a certidão de casamento expedida há, no máximo, noventa dias, porém, caso ainda não esteja, além da certidão de casamento, deverá ser apresentada a certidão de óbito do cônjuge, sem prazo de validade para esta última, conforme alínea "c" do inciso V, do art. 189, Provimento Conjunto 93/2020.
Gabarito "A".

(Cartório/DF – 2008 – CESPE) Relativamente à legislação e jurisprudência aplicáveis às serventias registradoras e notariais, julgue os itens seguintes.

(1) Considerando que Augusto tenha todos os seus documentos furtados e não possa se identificar por documento no ato notarial, nessa situação hipotética o tabelião poderá lavrar o respectivo ato, desde que Augusto se apresente acompanhado de duas testemunhas identificadas que o conheçam e que atestem sua identidade.

(2) Caso um tabelião, ao lavrar uma escritura, cometa um erro material referente à descrição do imóvel objeto da venda, enquadrado, portanto, como erro relativo à substância do ato, somente poderá saná-lo mediante escritura de re-ratificação ou por autorização do juiz de registros públicos.

1: correta, nos termos do §5º do art. 215 do Código Civil, e §3º do art. 33 do Provimento Geral da Corregedoria de Justiça do Distrito Federal aplicado aos Serviços Notariais e de Registro; 2: correta, nos termos

do parágrafo único do art. 36 do Provimento Geral da Corregedoria de Justiça do Distrito Federal aplicado aos Serviços Notariais e de Registro.
Gabarito 1C, 2C

(Cartório/DF – 2006 – CESPE) Com relação aos serviços notariais, julgue o item subsequente.

(1) A escritura de pacto antenupcial, além da qualificação dos contratantes e do ajuste convencionado sobre o regime de bens, deve conter obrigatoriamente a discriminação dos bens imóveis pertencentes aos nubentes. O registro do pacto antenupcial é feito no livro auxiliar no serviço correspondente ao do primeiro domicílio dos cônjuges, com averbação obrigatória da situação dos imóveis de propriedade deles.

1: incorreta, apenas na parte que diz ser obrigatória a discriminação dos bens imóveis. Segundo o art. 51 do Provimento Geral da Corregedoria de Justiça do Distrito Federal aplicado aos Serviços Notariais e de Registro, fica a critério dos nubentes a discriminação, ou não, dos bens.
Gabarito "1E".

(Cartório/MG – 2005 – EJEF) É INCORRETO afirmar que se constitui(em) requisito(s) genérico(s) do instrumento público de escritura

(A) a assinatura das partes e de duas testemunhas, bem como do Tabelião ou Substituto legal, encerrando o ato.

(B) a referência ao cumprimento das exigências legais e fiscais inerentes à legitimidade do ato.

(C) o nome, nacionalidade, estado civil, profissão, domicílio e residência das partes e demais comparecentes, com a indicação, quando necessário, do regime de bens do casamento, nome do outro cônjuge e filiação.

(D) o texto redigido na língua nacional ou devidamente traduzido por Tradutor Público ou pessoa capaz que, a juízo do Tabelião, tenha idoneidade e conhecimento bastantes.

A: incorreta, devendo ser assinalada. Não se exige a assinatura de testemunhas na escritura pública (art. 215, § 1º, VII, do CC); B: correta, nos termos do art. 215, § 1º, V, do CC; C: correta, nos termos do art. 215, § 1º, III, do CC; D: correta, nos termos do art. 215, §§ 3º e 4º, do CC.
Gabarito "A".

(Cartório/RJ – 2008 – UERJ) O fideicomisso está inserido no sistema legal como forma excepcional de nomeação sucessiva de herdeiros e legatários. Na qualidade de Tabelião de Notas, examine as proposições abaixo alinhadas e indique aquela que NÃO guarda conformidade com o ordenamento jurídico:

(A) o fideicomisso pode incidir sobre herança ou legado

(B) não se admite a instituição de fideicomisso por ato inter vivos

(C) o fideicomisso pode recair sobre bens móveis ou imóveis, desde que respeitada a legítima dos herdeiros necessários

(D) apenas a prole eventual de pessoa viva poderá ser favorecida pela substituição fideicomissária, observando que a capacidade e legitimação dependerá fundamentalmente do seu efetivo nascimento no prazo de dois anos, contados da abertura da sucessão

(E) é vedada a instituição de fideicomisso além do segundo grau, circunstância que autoriza afirmar que são sempre três as posições jurídicas na lavratura: o fideicomitente (aquele beneficiado que sucede em primeiro lugar), o fiduciário (testador) e o fideicomissário (aquele que recebe a herança ou o legado por último)

A: correta, nos termos do art. 1.951 do CC; B: correta. O fideicomisso somente pode ser instituído por testamento (art. 1.951 do CC); C: correta. Por se tratar de uma espécie de sucessão testamentária, deve sempre ser resguardada a legítima (art. 1.857 do CC); D: correta, nos termos do art. 1.799, I, e 1.800, § 4º, do CC; E: incorreta, devendo ser assinalada. Fideicomitente é o testador; fiduciário é a pessoa que recebe os bens no primeiro momento, mantendo sua propriedade resolúvel até o nascimento do fideicomissário, que é o destinatário definitivo dos bens entregues pelo testamento.

Gabarito "E".

(Cartório/RJ – 2008 – UERJ) Sobre os requisitos para a lavratura de escrituras públicas, é CORRETO afirmar que:

(A) não haverá, em qualquer hipótese, necessidade de armazenamento na serventia do original ou cópias autenticadas das certidões apresentadas

(B) ressalvadas as hipóteses em que a lei autorize a efetivação do pagamento após a sua lavratura, deverá ser apresentado o comprovante do recolhimento do Imposto de Transmissão de Bens Móveis e de Direitos a eles relativos

(C) apenas nas hipóteses de negócios que impliquem transferência de domínio, será exigida a apresentação de certidões sobre a existência de ações reais e pessoais reipersecutórias

(D) a existência de ações reais e pessoais reipersecutórias relativas ao imóvel objeto do negócio jurídico será exclusivamente indicada através das certidões, não sendo exigível que o outorgante da obrigação venha declarar qualquer outra informação não certificada

(E) em relação aos imóveis rurais, deverá ser apresentado o certificado de cadastro emitido pelo Instituto Nacional de Colonização e Reforma Agrária – INCRA, com a prova de quitação do último Imposto Territorial Rural lançado ou, quando o prazo para o seu pagamento ainda não tenha vencido, do Imposto Territorial Rural correspondente ao exercício imediatamente anterior

A: incorreta. A regra é a manutenção dos originais ou cópias autenticadas. Poderá o tabelião não o fazer caso transcreva na escritura pública os elementos necessários à identificação da respectiva certidão e essa acompanhe o traslado da escritura (art. 2º do Decreto 93.240/1986); B: incorreta, apenas por faltar a expressão "*quando incidente sobre o ato*" constante no art. 1º, II, do Decreto 93.240/1986. C: incorreta. Tais certidões deverão ser sempre exigidas, não havendo limitação legal (art. 2º, IV, do Decreto 93.240/1986); D: incorreta. Nos termos do art. 1º, § 3º, do Decreto 93.240/1986, "a apresentação das certidões" relativas a ações reais e reipersecutórias "não eximirá o outorgante da obrigação de declarar na escritura pública, sob pena de responsabilidade civil e penal, a existência de outras ações reais e pessoais reipersecutórias, relativas ao imóvel, e de outros ônus reais incidentes sobre o mesmo"; E: correta, nos termos do art. 1º, III, "b", do Decreto 93.240/1986.

Gabarito "E".

(Cartório/SP – VI – VUNESP) Dentre os requisitos da escritura pública de venda e compra a seguir, quais são os essenciais?

(A) Local, qualificação das partes, identificação do objeto, preço e forma de pagamento.

(B) Data, qualificação das partes, identificação do objeto e preço.

(C) Data, local, qualificação das partes, identificação do objeto e quitação.

(D) Data, local, qualificação das partes, preço e transmissão da posse.

Data, local e qualificação das partes são requisitos essenciais previstos no art. 215, § 1º, I e III, do CC. Além disso, o inciso IV do mesmo dispositivo alude à "manifestação clara da vontade das partes", ou seja, o objeto da escritura. Tratando-se de compra e venda, tem-se essa perfeita quando as partes estão de acordo quanto ao objeto e ao preço (art. 482 do CC), os quais são reputados, portanto, como os elementos essenciais da compra e venda. Decorre daí a obrigatoriedade de constarem da escritura.

Gabarito "B".

(Cartório/SP – IV – VUNESP) Em que caso se pode lavrar escritura pública de adoção?

(A) Nenhum.

(B) Com autorização dos pais do adotando.

(C) Com alvará judicial.

(D) Se o adotando for maior.

A adoção somente se reconhece por decisão judicial (art. 1.619 do CC), não havendo, na atualidade, qualquer hipótese de sua constituição por escritura pública.

Gabarito "A".

(Cartório/SP – 2016 – VUNESP) O notário, após a verificação das manifestações de vontade, mas antes das assinaturas, verifica que uma das partes não pode ou não sabe assinar. Deverá então

(A) por fim à lavratura do ato, declarando o mesmo incompleto.

(B) solicitar que uma pessoa capaz assine a rogo, declarando tal ocorrência no ato notarial.

(C) por fim à lavratura do ato, declarando o mesmo sem efeito.

(D) recomendar que aponha a impressão datiloscópica.

A: incorreta: O ato deve ser declarado incompleto se não for assinado em até 30 dias da lavratura: *Não sendo assinado o ato notarial dentro do prazo fixado, a escritura pública será declarada incompleta, observando-se a legislação que trata dos emolumentos* – Item 53.2.1, Cap. XVI, tomo II, NSCGJSP. Neste sentido, ver também: *9.1. Pelo ato notarial declarado incompleto, por falta de assinatura, por culpa ou a pedido de qualquer das partes, será devido 1/3 (um terço) dos emolumentos. Se não for consignado o motivo, o Escrevente e o Tabelião responderão solidariamente pela terça parte das parcelas previstas no artigo 19, inciso I, letras "b", "c" e "d", desta lei*. – Item 9.1 – Notas Explicativas – Tabela Notas – Lei Estadual 11.331/02. **B:** correta – Após a manifestação da vontade, é verificado que há consentimento ao ato, porém alguma das partes, por não poder ou não saber, é impossibilitada do ato material de assinar (ex: pessoas com enfermidades que afetam a coordenação motora ou não alfabetizadas). Adota-se, assim, o procedimento mencionado nesta alternativa: *Se alguém não puder ou não souber assinar, uma pessoa capaz a seu rogo o fará, devendo os notários e registradores declarar essa ocorrência no ato* – Item 28, Cap. XIII, tomo II, NSCGJ/SP. Neste sentido, ver também: Se *algum comparecente não puder ou não souber escrever, outra pessoa capaz assinará por ele, a seu rogo* – Art. 215, § 2º, do Código Civil. **C:** incorreta: O ato é declarado sem efeito pelo notário por erro de redação, impressão ou outros motivos, conforme o caso concreto: *O Tabelião de Notas poderá não subscrever o ato notarial, embora já assinado pelas*

13. TABELIONATO DE NOTAS   639

partes e pelos demais comparecentes, expondo, por escrito e de modo fundamentado, as suas razões – Item 52, Cap. XVI, tomo II, NSCGJ/SP. Ver também Item *9.2* – Notas Explicativas da Tabela de Notas – Lei Estadual 11.331/02: *Pelo ato notarial declarado sem efeito, por erro de redação ou impressão, e se nenhuma das partes o houver assinado, nada será devido.* **D:** incorreta: no caso de impossibilidade de assinar, ao Tabelião é necessário (e não recomendável) adotar o procedimento previsto no item 28, do Cap. XIII, tomo II, NSCGJ/SP, acima mencionado nos comentários da alternativa B.

Gabarito "B".

(Cartório/SP – 2016 – VUNESP) Com relação à escritura pública, assinale a alternativa correta.

(A) O Tabelião de Notas poderá não subscrever o ato notarial, embora já assinado pelas partes e pelos demais comparecentes, expondo, por escrito e de modo fundamentado, as suas razões.

(B) Salvo quando exigidos por lei outros requisitos, a escritura pública deve conter: I – data e local de sua realização; II – reconhecimento da identidade e capacidade das partes, respectivos cônjuges, e de quantos hajam comparecido ao ato, por si, como representantes, intervenientes ou testemunhas; III – nome, nacionalidade, estado civil, profissão, domicílio e residência das partes, respectivos cônjuges, se o caso, e demais comparecentes, com a indicação, quando necessário, do regime de bens do casamento e filiação.

(C) Se algum comparecente não puder ou não souber escrever, a instrumentalização deverá ocorrer pela via judicial.

(D) Se algum dos comparecentes não for conhecido do tabelião, nem puder identificar-se por documento, não poderá ser lavrada a escritura pública.

A: correta: A alternativa traz o texto do Item 52, Cap. XVI, tomo II, NSCGJ/SP. **B:** incorreta: Nos termos das Normas da Corregedoria Geral da Justiça do Estado de São Paulo, a escritura deve conter uma série de requisitos, não completamente listados na alternativa. Como por exemplo de requisito não listado, cite-se a manifestação clara da vontade das partes, dentre outros elencados no item 45, Cap. XVI, tomo II, das NSCGJ/SP, a saber: *A escritura pública, salvo quando exigidos por lei outros requisitos, deve conter: a) dia, mês, ano e local em que lavrada, lida e assinada; b) nome, nacionalidade, estado civil, profissão, número do registro de identidade com menção ao órgão público expedidor ou do documento equivalente, número de inscrição no CPF ou CNPJ, domicílio e residência das partes e dos demais comparecentes, com a indicação, quando necessário, do regime de bens do casamento, nome do outro cônjuge e filiação, e expressa referência à eventual representação por procurador; c) manifestação clara da vontade das partes e dos intervenientes; d) referência o cumprimento das exigências legais e fiscais inerentes à legitimidade do ato; e) declaração de ter sido lida na presença das partes e dos demais comparecentes, ou de que todos a leram; f) assinatura das partes e dos demais comparecentes ou, caso não possam ou não saibam escrever, de outras pessoas capazes, que assinarão a rogo e no lugar daqueles, cujas impressões digitais, no entanto, deverão ser colhidas mediante emprego de coletores de impressões digitais, vedada a utilização de tinta para carimbo; g) assinatura do Tabelião de Notas ou a de seu substituto legal; h) menção à data, ao livro e à folha da serventia em que foi lavrada a procuração, bem como à data da certidão correspondente, para comprovar que foi expedida nos noventa dias que antecederam a prática do ato notarial; i) quando se tratar de pessoa jurídica, a data do contrato social ou de outro ato constitutivo, o seu número na Junta Comercial ou no Registro Civil*

das Pessoas Jurídicas, referência à cláusula do contrato ou do estatuto social que versa sobre as pessoas incumbidas da sua administração, seus poderes e atribuições, a autorização para a prática do ato, se exigível, e a ata da assembleia geral que elegeu a diretoria; j) na escritura de doação, o grau de parentesco entre os doadores e os donatários; k) se de interesse de incapaz, menção expressa à idade, se menor, e, sempre, à pessoa por quem representado ou assistido, ressalvados os casos de aceitação futura pelo donatário; l) indicação clara e precisa da natureza do negócio jurídico e seu objeto; m) a declaração, se o caso, da forma do pagamento, se em dinheiro ou em cheque, com identificação deste pelo seu número e pelo banco sacado, ou mediante outra forma estipulada pelas partes; n) declaração de que é dada quitação da quantia recebida, quando for o caso; o) indicação dos documentos apresentados nos respectivos originais, entre os quais, obrigatoriamente, em relação às pessoas físicas, documento de identidade ou equivalente, CPF e, se o caso, certidão de casamento; p) o código de consulta gerado (hash) pela Central de Indisponibilidade, quando o caso; q) cota-recibo das custas e dos emolumentos devidos pela prática do ato, com observação do disposto no Capítulo XIII das NSCGJ; r) termo de encerramento; s) referência, quando for o caso, ao cumprimento do item 43 deste capítulo das NSCGJ; t) alusão à emissão da DOI; u) menção aos documentos apresentados e ao seu arquivamento. **C:** incorreta: Na hipótese tratada pela alternativa, é possível sim a instrumentalização do ato, devendo ser colhida a impressão digital de quem não puder ou não souber escrever, juntamente com a assinatura de alguém a rogo da pessoa que não pode/sabe assinar: *Se alguém não puder ou não souber assinar, uma pessoa capaz e a seu rogo o fará, devendo os notários e registradores declarar essa ocorrência no ato* – Item 28, Cap. XIII, tomo II, NSCGJ/SP*).* **D:** incorreta: Se algum dos comparecentes não for conhecido do tabelião e também não puder identificar-se por documento, o ato pode ser lavrado, desde que participem do ato pelo menos duas testemunhas que o conheçam e atestem sua identidade – Art. 215, § 5º, do CC/02: *Se algum dos comparecentes não for conhecido do tabelião, nem puder identificar-se por documento, deverão participar do ato pelo menos duas testemunhas que o conheçam e atestem sua identidade.*

Gabarito "A".

(Cartório/MG – 2019 – Consulplan) Levando em consideração as normas editadas pela Corregedoria-Geral de Justiça do Estado de Minas Gerais, você, na qualidade de Tabelião, caso seja solicitado para lavrar uma escritura de compra e venda em que parte vendedora seja representada por procurador, deverá solicitar a apresentação do seguinte documento:

(A) Original ou cópia autenticada do instrumento de mandato, sendo necessário, todavia, o reconhecimento da firma do tabelião ou escrevente que assinou a procuração por tabelião da comarca.

(B) Original ou cópia autenticada do instrumento de mandato, não sendo necessário, todavia, o reconhecimento da firma do tabelião ou escrevente que assinou a procuração por tabelião da comarca.

(C) Passados noventa dias da outorga da procuração ou da expedição do traslado, poderá a serventia em que esteja sendo lavrado o ato exigir certidão da serventia em que tenha sido passado o instrumento público do mandato dando conta de que não foi ele revogado ou anulado.

(D) Passados trinta dias da outorga da procuração ou da expedição do traslado, poderá a serventia em que esteja sendo lavrado o ato exigir certidão da serventia em que tenha sido passado o instrumento público do mandato dando conta de que não foi ele revogado ou anulado.

A: incorreta: é obrigatória a apresentação do original do instrumento de mandato, não sendo necessário, todavia, o reconhecimento da firma do tabelião ou escrevente que assinou a procuração por tabelião da comarca, conforme § 6º do art. 183 do Provimento Conjunto 93/2020; **B:** incorreta: deve ser apresentado o original do instrumento de mandato, conforme dispositivo mencionado na fundamentação da letra A; **C:** incorreta: passado trinta dias da outorga ou da expedição do traslado, poderá a serventia em que esteja sendo lavrado o ato exigir certidão da serventia em que tenha sido passado o instrumento público do mandato dando conta de que não foi ele revogado ou anulado, conforme §7º do art. 183 do Provimento Conjunto 93/2020; **D:** correta: conforme argumentação da letra C.
Gabarito "D".

(Cartório/MG – 2019 – Consulplan) Levando em consideração as normas editadas pela Corregedoria-Geral de Justiça do Estado de Minas Gerais, você, na qualidade de Tabelião, caso seja solicitado para lavrar uma escritura de compra e venda em que parte vendedora seja uma pessoa jurídica, cujo objeto seja o desenvolvimento de sites e aplicativos de celulares voltados para o mercado imobiliário, deverá solicitar, entre outros, o seguinte documento, EXCETO:

(A) Apresentação de cópia autêntica dos atos constitutivos atualizados de pessoa jurídica que habilitem o representante e certidão de registro dos referidos atos, expedida há, no máximo, trinta dias.

(B) A exigência de apresentação de certidão de débitos trabalhistas, expedida por meio do sítio eletrônico do Tribunal Superior do Trabalho – TST, poderá ser dispensada, mas caberá ao tabelião orientar sobre a possibilidade de obtenção para a maior segurança do negócio jurídico.

(C) A apresentação de certidão positiva de débitos com efeitos de negativa equivale, para fins de legitimidade de lavratura da escritura, à apresentação de certidão negativa expedida conjuntamente pela Secretaria da Receita Federal do Brasil – RFB e pela Procuradoria--Geral da Fazenda Nacional – PGFN.

(D) De acordo firmado pela Corregedoria-Geral de Justiça, o caso em análise, na esteira da jurisprudência do STF, permite a dispensa da certidão negativa de débito expedida conjuntamente pela Secretaria da Receita Federal do Brasil – RFB e pela Procuradoria-Geral da Fazenda Nacional – PGFN, referente a todos os tributos federais e à Dívida Ativa da União – DAU por elas administrados.

A: correta: reprodução literal do inciso III do art. 189 do Provimento Conjunto 93/2020; **B:** correta: a exigência de apresentação da certidão de débitos trabalhistas, expedida por meio do sítio eletrônico do Tribunal Superior do Trabalho – TST ou expressa declaração, consignada na escritura, de que as partes envolvidas estavam cientes da possibilidade de sua obtenção já havia sido revogada pelo Provimento 304/2015, operando essa mudança no Provimento Conjunto 93/2020 anterior à atualização procedida pela Provimento 100/2021; **C:** correta: reprodução literal do § 4º do art. 190 do Provimento Conjunto 93/2020, que trata dos requisitos da escritura pública; **D:** incorreta: o *caput* do art. 190 do Provimento Conjunto 93/2020 elenca como um dos requisitos indispensáveis à lavratura da escritura que implique alienação de imóvel ou direito relativo em que a alienante ou devedora é empresa, a apresentação da certidão negativa de débito expedida conjuntamente pela SRFB e PGFN, referente à todos os tributos federais e dívida ativa da União, não estando a empresa da questão abrangida pela hipótese de dispensa da certidão referida no § 1º do mesmo artigo. Todavia, conforme § 5º do art. 190 do Provimento Conjunto 93/2020, a apresentação de certidão positiva de débitos não impede a lavratura da escritura, devendo o tabelião de notas advertir as partes sobre os riscos inerentes ao ato, consignando essa advertência na escritura.
Gabarito "D".

(Cartório/SP – 2016 – VUNESP) Outorgantes e outorgados solicitam a lavratura de escritura pública de venda e compra fora do horário e dos dias estabelecidos para o atendimento ao público. Nesse caso, ao tabelião

(A) é facultada a lavratura do ato, mediante expressa e motivada autorização do Juiz Corregedor Permanente.

(B) é facultada a lavratura do ato, mediante expressa e motivada autorização da Egrégia Corregedoria Geral da Justiça.

(C) é facultada a lavratura do ato, salvo expressa e motivada proibição do Juiz Corregedor Permanente.

(D) é defeso praticar o ato, salvo expressa e motivada autorização do Juiz Corregedor Permanente e da Egrégia Corregedoria Geral da Justiça.

A: incorreta: No Estado de São Paulo, em regra, não é necessária autorização do Juiz para prática de atos notariais fora de horário de atendimento ao público: *[Ao Tabelião]* É-lhe facultado lavrar os atos notariais fora do horário e dos dias estabelecidos, na portaria, para o atendimento ao público, salvo proibição escrita do Corregedor Permanente aprovada pela Corregedoria Geral da Justiça – Item 4.1, Cap. XVI, tomo II, NSCGJ/SP. **B:** incorreta: Vide comentário alternativa A. **C:** correta: Vide comentário alternativa A. **D:** incorreta: Vide comentário alternativa A.
Gabarito "C".

(Cartório/SP – 2016 – VUNESP) O notário, ao atender pessoa idosa, verifica que a mesma assina com dificuldade, demonstrando não saber ler ou escrever, acarretando a difícil compreensão de sua assinatura. Em tal caso, o tabelião

(A) solicitará a apresentação de atestado médico que assegure que o idoso se encontra com sua capacidade plena.

(B) recomendará a utilização de impressão datiloscópica, identificando o nome da pessoa em torno da impressão.

(C) solicitará que pessoa capaz assine a seu rogo.

(D) obstará a realização do ato.

A: incorreta: Neste caso o procedimento a ser adotado é o constante da alternativa B, inexistindo exigência acerca de atestado médico. **B:** correta. Neste caso, este é o procedimento correto a ser adotado, por expressa disposição normativa: *Se o notário ou o registrador verificar que a pessoa assina mal, demonstrando não saber ler ou escrever, recomendará a utilização da impressão datiloscópica*, item 28.2, Cap. XIII, tomo II, das NSCGJ/SP. **C:** incorreta: Ver anotação alternativa B. **D:** incorreta: Ver anotação alternativa B.
Gabarito "B".

(Cartório/SP – 2016 – VUNESP) Assinale a alternativa correta.

(A) A escritura pública, salvo quando exigidos por lei outros requisitos, deve conter, obrigatoriamente, o código de consulta gerado (hash) pela Central de Indisponibilidade.

(B) A escritura pública, salvo quando exigidos por lei outros requisitos, deve conter dia, mês, ano e local em que lavrada, lida e assinada, bem como a manifestação clara da vontade das partes e dos intervenientes, e a indicação de que foi lavrada sob minuta, se for o caso.

(C) A escritura pública, salvo quando exigidos por lei outros requisitos, deve conter referência ao cumprimento das exigências legais e fiscais inerentes à legitimidade do ato e indicação dos documentos apresentados nos respectivos originais, entre os quais, obrigatoriamente, em relação às pessoas físicas, documento de identidade ou equivalente, CPF e, se o caso, certidão de casamento.

(D) A escritura pública, salvo quando exigidos por lei outros requisitos, deve conter, obrigatoriamente, a indicação clara e precisa da natureza do negócio jurídico e seu objeto, bem como da forma do pagamento, se em dinheiro ou em cheque, com identificação deste pelo seu número e pelo banco sacado, ou mediante outra forma estipulada pelas partes e a declaração de que é dada quitação da quantia recebida.

A: incorreta: *O Tabelião de Notas, antes da prática de qualquer ato notarial que tenha por objeto **bens imóveis, direitos a eles relativos ou quotas de participação no capital social de sociedades simples**, deve promover prévia consulta à base de dados da Central Nacional de Indisponibilidade de Bens (CNIB), consignando no ato notarial o resultado da pesquisa e o respectivo código gerado (hash), dispensado o arquivamento do resultado da pesquisa em meio físico ou digital. –* Item 44, Cap. XVI, tomo II, NSCGJ/SP). **B:** incorreta – Um dos princípios que regem a atividade notarial é o da autoria, no sentido de que o Tabelião é autor e responsável pela redação do documento notarial. A indicação de ser feita sob minuta não é apta a isentá-lo de responsabilidade. No Estado de São Paulo é inclusive vedada a indicação de que o ato foi lavrado sob minuta – *É vedado constar, no instrumento público, a expressão sob minuta ou qualquer alusão no sentido de que foi lavrado sob minuta.* Item 7.1, Cap. XVI, tomo II, NSCGJ/SP. **C:** correta: Nos termos do item 45 do Cap. XVI, tomo II, das NSCGJ/SP, estes são alguns dos requisitos que toda escritura, como regra geral, deve conter. **D:** incorreta: Como regra para lavratura de escrituras em geral, a forma de pagamento e a quitação não são requisitos do ato, pois nem sempre ocorrem; apenas se ocorrer pagamento, bem como se for dada quitação é que delas o ato fará menção – *a declaração, **se o caso**, da forma do pagamento, se em dinheiro ou em cheque, com identificação deste pelo seu número e pelo banco sacado, ou mediante outra forma estipulada pelas partes; declaração de que é dada quitação da quantia recebida, **quando for o caso;** –* Item 45, "m" e "n" das NSCGJ/SP.

Gabarito "C".

(Cartório/MG – 2015 – Consulplan) Acerca da lavratura das escrituras públicas de cessão de direito à sucessão aberta, assinale a alternativa correta:

(A) É prescindível a anuência do cônjuge do herdeiro cedente, salvo se o casamento for sob o regime da separação convencional de bens ou se, sob o regime da participação final nos aquestos, houver no pacto antenupcial expressa convenção de livre disposição dos bens particulares.

(B) Na escritura de cessão de direitos hereditários, o tabelião de notas fará constar que é facultado ao cessionário habilitar o título no procedimento de inventário.

(C) Subordina-se à prévia autorização judicial, a cessão de bem da herança considerado singularmente se feita, em conjunto, por todos os herdeiros e pelo cônjuge meeiro, ou ainda pelo único herdeiro, hipótese em que deve constar da escritura que o cessionário está ciente dos riscos de a cessão ser absorvida por dívidas pendentes.

(D) A escritura pública de cessão de direitos hereditários não é título hábil a registro no cartório de registro de imóveis, pois a herança se refere a um todo unitário e indivisível, até a partilha.

A: incorreta: *É **imprescindível** a anuência do cônjuge do herdeiro cedente, salvo se o casamento for sob o regime da separação convencional de bens ou se, sob o regime da participação final nos aquestos, houver no pacto antenupcial expressa convenção de livre disposição dos bens particulares –* Art. 192, § 1º, Prov. 93/2020 CGJ/MG. **B:** incorreta: O Tabelião deve fazer constar nas escrituras de cessão de direitos hereditários o dever (e não faculdade) do cessionário habilitar o título no procedimento de inventário: *Na escritura de cessão de direitos hereditários, o tabelião de notas fará constar que o cessionário **deverá habilitar** o título no procedimento de inventário –* Art. 192, § 3º, Prov. 93/2020 CGJ/MG. **C:** incorreta: No Estado de Minas Gerais, a cessão de bem da herança considerado singularmente, realizada nestes moldes, é válida independente de autorização judicial: *É **válida, independentemente de autorização judicial**, a cessão de bem da herança considerado singularmente se feita, em conjunto, por todos os herdeiros e pelo cônjuge meeiro, ou ainda pelo único herdeiro, hipótese em que deve constar da escritura que o cessionário está ciente dos riscos de a cessão ser absorvida por dívidas pendentes* Art. 193, § 1º, Prov. 93/2020 CGJ/MG. **D:** correta: A escritura de cessão de direitos hereditários não é título hábil a registro, tanto por, em regra, se referir a um todo unitário e indivisível, quanto por não integrar o rol do Art. 167, I, da Lei de Registros Públicos.

Gabarito "D".

(Cartório/MG – 2016 – Consulplan) "A escritura pública é o ato notarial mediante o qual o tabelião recebe manifestações de vontade endereçadas à criação de atos jurídicos" (BRANDELLI, Leonardo. Teoria geral do direito notarial. 2. ed. São Paulo: Saraiva, 2007. p. 273). Sobre a escritura pública, avalie as afirmações abaixo.

I. Desde 2007, com a modificação do Código de Processo Civil operada pela Lei Federal nº 11.441, de 04 de janeiro de 2007, é possível a lavratura de escritura de guarda de menores, mediante a interveniência do Ministério Público Estadual.

II. É vedada a lavratura de escritura pública que tenha por objeto a guarda de crianças ou adolescentes para fins de adoção, ante o disposto no Estatuto da Criança e do Adolescente, devendo, nesses casos, serem os interessados orientados a procurar a vara da infância e juventude.

III. A escritura pública é o instrumento público notarial dotado de fé pública e força probante plena, em que são acolhidas declarações sobre atos jurídicos ou declarações de vontade inerentes a negócios jurídicos para as quais os participantes devam ou queiram dar essa forma legal.

Está correto o que se afirma em:

(A) I, II e III.

(B) I e II, apenas.

(C) I, apenas.

(D) II e III, apenas.

I – incorreta: A Lei Federal 11.441/2007 disciplinou a possibilidade de escritura de separação e divórcios e de inventários no âmbito extrajudicial, e não escritura de guarda de menores. II – correto: Art. 182, § 3º, Prov. 93/2020 CGJ/MG: *É vedada a lavratura de escritura pública que tenha por objeto a guarda de crianças ou adolescentes para fins de adoção, ante o disposto nos arts. 13, parágrafo único, 28 e 39 da Lei nº 8.069, de 13 de julho de 1990, que "dispõe sobre o Estatuto* da Criança e do Adolescente e dá outras providências", devendo-se, nesses casos, orientar os interessados a procurar a vara da infância e juventude. III – correto: É o conceito de escritura pública dado pelo Art. 182, do Prov. 93/2020 CGJ/MG.

Gabarito "D".

(Cartório/SP – 2018 – VUNESP) Sobre as cartas de sentença notariais, e nos termos das Normas da Corregedoria Geral da Justiça do Estado de Paulo, é correto afirmar:

(A) o Tabelião fará a autenticação de cada cópia extraída dos autos do processo judicial, atendidos os requisitos referentes à prática desse ato, exceto a aposição de selos de autencidade, que poderá ser feita uma única vez.

(B) as peças instrutórias das cartas de sentença deverão ser extraídas dos autos judiciais originais, ou do processo judicial eletrônico, conforme o caso.

(C) a carta de sentença deverá ser formalizada no prazo máximo de 10 (dez) dias, contados da solicitação do interessado e da entrega dos autos originais do processo judicial, ou do acesso ao processo judicial eletrônico.

(D) o termo de abertura deverá conter a relação dos documentos autuados, e o termo de encerramento informará o número de páginas da carta de sentença; e serão consideradas 02 (duas) certidões para fins de cobrança de emolumentos.

A: incorreta: o tabelião fará cada cópia, incluindo selo de autenticidade e cobrando os emolumentos incidentes (item 214.4, Cap. XVI, tomo II, das NSCGJSP); **B:** correta: é a literalidade do item 214.1, Cap. XVI, tomo II, das NSCGJSP; **C:** incorreta: o prazo para formalização é de 5 (cinco) dias (item 214.5, Cap. XVI, tomo II, das NSCGJSP); **D:** incorreta: o termo de abertura e encerramento serão considerados, para fins de emolumentos, única certidão (item 214.3, Cap. XVI, tomo II, das NSCGJSP).

Gabarito "B".

5. ESCRITURAS DE IMÓVEIS EM GERAL

(Cartório/MG – 2009 – EJEF) Todas as afirmativas abaixo são verdadeiras, EXCETO:

(A) A escritura pública lavrada em notas de tabelião deve conter data e local de sua realização; nome, nacionalidade, estado civil, domicílio e residência das partes e demais comparecentes, com a indicação, quando necessário, do regime de bens do casamento, nome do outro cônjuge e filiação.

(B) A certidão de quitação para com a Justiça Eleitoral é documento indispensável na escritura pública de compra e venda quando uma das partes for ocupante de cargos no Poder Executivo e Legislativo.

(C) Na escritura pública a manifestação clara da vontade das partes e dos intervenientes deve ser expressamente consignada, configurando assim o núcleo do negócio jurídico.

(D) Se alguma das partes ou intervenientes não souber assinar, outra pessoa capaz assinará a seu rogo, devendo o notário declarar no ato tal circunstância e colher a impressão digital, indicando o polegar. Em torno de cada impressão deverá ser escrito o nome da pessoa a que pertence, e o notário não poderá dispensar as testemunhas do ato.

A: correta, nos termos do art. 215, § 1º, III, do CC; B: incorreta, devendo ser assinalada. Não há qualquer previsão nesse sentido nas normas regulamentadoras da matéria; C: correta, nos termos do art. 215, § 1º, IV, do CC; D: correta, nos termos do art. 215, § 2º, do CC.

Gabarito "B".

(Cartório/MG – 2005 – EJEF) Considerando-se a Escritura Pública de Permuta, é INCORRETO afirmar que

(A) a diferença de valores no tocante aos bens, ainda que de grande monta, não desvirtua a natureza do contrato.

(B) a troca de valores desiguais entre ascendentes e descendentes, sem consentimento dos outros descendentes e do cônjuge do alienante, é anulável.

(C) as disposições referentes à compra e venda se aplicam, igualmente, à troca.

(D) cada um dos contratantes deve pagar por metade das despesas com o instrumento de troca.

A: incorreta, devendo ser assinalada. A doutrina aponta a diferença de grande monta entre os bens a serem permutados como um desvirtuamento do contrato, havendo indícios de simulação, por se tratar, na verdade, de um ato gratuito (doação, por exemplo); B: correta, nos termos do art. 533, II, do CC; C: correta, nos termos do art. 533, *caput*, do CC; D: correta, nos termos do art. 533, I, do CC.

Gabarito "A".

(Cartório/SC – 2008) Na Escritura Pública de Venda e Compra de imóvel urbano em que caso poderá o Notário fazer constar somente o número da matrícula do Registro Imobiliário, a completa localização do bem imóvel, logradouro, número, bairro, cidade e Estado?

(A) Quando houver concordância das partes contratantes.

(B) Somente com autorização judicial.

(C) Quando o traslado da escritura de venda e compra for entregue à parte adquirente acompanhado do traslado da escritura relativa à aquisição anterior feita pelo vendedor.

(D) Em nenhuma hipótese, uma vez que é compulsória a descrição e caracterização do imóvel transacionado.

(E) Quando sua descrição e caracterização constam de certidão ex]pedida pelo Serviço Registral Imobiliário competente.

Nos termos do art. 2º, § 1º, da Lei 7.433/1985 e art. 3º do Decreto 93.240/1986, quando a completa descrição e caracterização do imóvel constarem da certidão do cartório de registro de imóveis.

Gabarito "E".

(Cartório/SC – 2008) Para lavratura de Escritura Pública de Venda e Compra de bem imóvel em que são partes contratantes pessoas físicas residentes no local da situação do bem objeto da transação, quais os documentos que podem ter sua apresentação dispensada, a critério do outorgado?

(A) As Certidões Negativas de Ações Reais e Pessoais Reipersecutórias.

(B) A Certidão de Ônus Reais.

(C) O Comprovante do Pagamento do Imposto de Transmissão de Bens Imóveis.

(D) As Certidões Negativas Fiscais referentes aos tributos que incidam sobre o imóvel transacionado.

(E) O boleto bancário relativo ao pagamento do Fundo de Reaparelhamento da Justiça.

A seu critério e sob responsabilidade de arcar com os débitos eventualmente existentes, o outorgado pode dispensar a apresentação das certidões fiscais relativas aos tributos incidentes sobre o imóvel objeto do negócio, nos termos do art. 1º, § 2º, *in fine*, do Decreto 93.240/1986.
Gabarito "D".

(Cartório/SP – V – VUNESP) A lavratura/registro de escritura/escritos particulares autorizados por lei que tenham por objeto imóvel hipotecado a entidade do Sistema Financeiro da Habitação ou direitos a eles relativos

(A) é vedada em qualquer hipótese.

(B) é vedada, salvo se constar dos mesmos, expressamente, a menção ao ônus real e ao credor, bem como a prévia comunicação ao credor.

(C) é permitida em qualquer hipótese, para salvaguardar direitos.

(D) é permitida, desde que se faça constar dos mesmos, expressamente, a menção ao ônus real e ao credor.

O registro é, em regra, vedado, exceto se constar a menção ao ônus real e ao credor, bem como a comunicação deste, necessariamente feita pelo alienante, com antecedência de, no mínimo, 30 dias (art. 292 da Lei 6.015/1973).
Gabarito "B".

(Cartório/SP – IV – VUNESP) Qual o prazo de validade da certidão do Registro de Imóveis para a lavratura de escritura pública?

(A) 15 dias.

(B) 30 dias.

(C) 45 dias.

(D) 60 dias.

O prazo de validade é de 30 dias (art. 1º, IV, do Decreto 93.240/1986).
Gabarito "B".

(Cartório/MG – 2015 – Consulplan) Em se tratando de alienação de parte ideal de imóvel rural, segundo dispõe o Provimento CGJMG 260/2013 (assinale a alternativa correta):

(A) A alienação de parte ideal de imóvel rural somente será instrumentalizada pelo tabelião de notas se o imóvel integral possuir todos os documentos necessários à sua alienação e sua área não for inferior ao do módulo calculado para o imóvel ou da fração mínima de parcelamento, prevalecendo a de menor área, ainda que exista localização, demarcação ou divisão da parte ideal.

(B) A alienação de parte ideal de imóvel rural somente será instrumentalizada pelo tabelião de notas se o imóvel integral possuir todos os documentos necessários à sua alienação e sua área não for inferior ao do módulo calculado para o imóvel ou da fração mínima de parcelamento, prevalecendo a de maior área, bem como se não houver localização, demarcação ou divisão da parte ideal.

(C) Se o tabelião de notas verificar que na realidade existem fundados indícios de fraude ao impedimento de alienação de área inferior ao módulo ou fração mínima, de modo a configurar ocupação irregular do solo, recusará a prática do ato mediante nota fundamentada.

(D) Não é autorizado ao tabelião de notas recusar a prática do ato, ainda que suspeitar sobre a existência de fundados indícios de fraude ao impedimento de alienação de área inferior ao módulo ou fração mínima, de modo a configurar ocupação irregular do solo.

A: incorreta: Art. 199, Prov. 93/2020 CGJ/MG: *A alienação de parte ideal de imóvel rural somente será instrumentalizada pelo tabelião de notas se o imóvel integral possuir todos os documentos necessários à sua alienação e sua área não for inferior ao do módulo calculado para o imóvel ou da fração mínima de parcelamento, **prevalecendo a de menor área, bem como se não houver localização, demarcação ou divisão da parte ideal.*** **B**: incorreta: Vide comentários à alternativa A. **C**: correta: É o texto do Art. 199, parágrafo único, Prov. 93/2020 CGJ/MG. **D**: incorreta: Vide comentário à alternativa anterior – ato pode e deve ser recusado na hipótese mencionada neste enunciado.
Gabarito "C".

(Cartório/MG – 2015 – Consulplan) Analise as assertivas abaixo sobre o tema "escrituras públicas de compra e venda de imóvel".

I. É imprescindível a outorga do cônjuge do alienante, salvo no regime da separação total de bens, assim entendida a separação de bens resultante de pacto antenupcial.

II. Nas escrituras públicas de compra e venda envolvendo unidade autônoma de condomínio edilício, a prova de quitação das obrigações condominiais poderá ser realizada mediante declaração do próprio transmitente, na forma e sob as penas da lei.

III. Havendo incidência de imposto de transmissão por ato *inter vivos*, é indispensável a apresentação do comprovante de pagamento, mesmo que a lei municipal autorize o recolhimento após a lavratura.

A respeito das assertivas, assinale a opção correta:

(A) Todas as assertivas são corretas.

(B) Apenas as assertivas II e III são corretas.

(C) Apenas as assertivas I e III são corretas.

(D) Apenas as assertivas I e II são corretas.

I – correta: Apesar de o enunciado estar incompleto com relação às normas do Estado de Minas Gerais, a assertiva não deixa de ser verdadeira. Art. 184 do Prov. 93/2020 CGJ/MG: *É imprescindível a outorga do cônjuge em qualquer escritura que tenha por objeto alienação ou oneração de imóvel, salvo se o casamento for sob o regime da separação total de bens, assim entendida a separação de bens resultante de pacto antenupcial, ou se, sob o regime da participação final nos aquestos, houver no pacto antenupcial expressa convenção de livre disposição dos bens particulares.* II – correta: Art. 188, Prov. 93/2020 CGJ/MG: *Na escritura pública de transferência de direitos relativos a unidades autônomas de condomínio edilício, a prova de quitação das obrigações do transmitente para com o condomínio será feita mediante apresentação de prova documental ou declaração do próprio transmitente, na forma e sob as penas da lei.* III – incorreta: Sendo autorizado o recolhimento de ITBI após a lavratura, é prescindível a apresentação do comprovante de pagamento, nos termos do Art. 187, I, Prov. 93/2020 CGJ/MG: *Art. 187. São requisitos documentais inerentes à regularidade de escritura pública que implique transferência de domínio ou de direitos relativamente a imóvel, bem assim como constituição de ônus reais: I – apresentação de comprovante de pagamento do imposto de transmissão, havendo incidência, salvo quando a lei autorizar o recolhimento após a lavratura, fazendo-se, nesse caso, expressa menção ao respectivo dispositivo legal.*
Gabarito "D".

(Cartório/MG – 2016 – Consulplan) Ticiano é pai de Múcio, hoje com 6 anos. Múcio é dono de um prédio comercial em sua cidade, que foi adquirido por meio de liberalidade outorgada por seu avô, com cláusula de incomunicabilidade. Ticiano, hábil negociante de imóveis, recebe uma oferta extremamente vantajosa pelo imóvel de seu filho, Múcio. Munido da certidão de nascimento atualizada de seu filho, Ticiano comparece ao cartório e solicita a lavratura de uma escritura de permuta, na qual seu filho Múcio trocará o seu prédio comercial por um prédio de apartamentos no centro de sua cidade. Não haverá torna. Diante disso, o tabelião

(A) qualifica negativamente o pedido de Ticiano, visto que o proprietário do imóvel é Múcio. E aconselha-o a contratar um advogado para promover a necessária autorização judicial para a conclusão do negócio jurídico envolvendo propriedades do seu filho absolutamente incapaz.

(B) qualifica positivamente o pedido de Ticiano, visto ser este o tutor legal dos bens do incapaz.

(C) qualifica negativamente o pedido de Ticiano, visto que o bem de Múcio havido por liberalidade outorgada por seu avô com cláusula de incomunicabilidade é um bem fora do comércio.

(D) qualifica negativamente o pedido de Ticiano, pois o bem é de propriedade de seu filho, Múcio e este não se manifestou a respeito da venda.

A: correta: O imóvel é de propriedade de um menor de idade. Portanto, caso seus representantes legais (pais) queiram vendê-lo, será necessário obter autorização judicial, conforme o previsto no Art. 1.691 do Código Civil. *Art. 1.691 CC/02: Não podem os pais alienar, ou gravar de ônus real os imóveis dos filhos, nem contrair, em nome deles, obrigações que ultrapassem os limites da simples administração, salvo por necessidade ou evidente interesse da prole, mediante prévia autorização do juiz.* **B:** incorreta: Ainda que Ticiano seja o representante legal e detenha o poder familiar sobre o menor Múcio, proprietário do imóvel, para a alienação de bem imóvel será necessária a prévia autorização judicial, conforme o Art. 1.691 do Código Civil. **C:** incorreta: O motivo da recusa para a alienação do bem do menor deve ser a necessidade do alvará judicial. Com relação à cláusula de incomunicabilidade, tem-se que, nos termos do Art. 1.911 do Código Civil, a cláusula de inalienabilidade (proibição de vender o bem), implica a de impenhorabilidade (proibição de que o bem responda por dívidas) e a de incomunicabilidade (proibição de que o bem se comunique ao patrimônio conjugal). O contrário, porém, não é verdadeiro – a cláusula de incomunicabilidade apenas evita a comunicação deste bem ao patrimônio conjugal e não implica em inalienabilidade. Portanto, esta cláusula de inalienabilidade não é apta a tornar o bem "fora do comércio"). **D:** incorreta: De fato, o bem é propriedade de seu filho Múcio e ele não se manifestou a respeito da venda; todavia, Múcio é menor, e, na forma da lei, não possui capacidade de fato, não podendo, portanto, manifestar-se pessoalmente; neste caso, deve ser representado por seus pais e, para alienação de bens imóveis pelos pais será necessário o alvará judicial, na forma do Art. 1.691 do Código Civil.

Gabarito "A"

(Cartório/PA – 2016 – IESES) É imprescindível a outorga do cônjuge em qualquer escritura que tenha por objeto alienação ou oneração de imóvel, SALVO:

(A) Se o casamento for sob o regime da separação total de bens, assim entendida a separação de bens resultante de pacto antenupcial, sendo esta única hipótese prevista em Lei.

(B) Se o casamento for sob o regime da separação total de bens, assim entendida a separação de bens resultante de pacto antenupcial, ou se, sob o regime da participação final nos aquestos, houver no pacto antenupcial expressa convenção de livre disposição dos bens particulares.

(C) Se o casamento for sob o regime da separação parcial de bens, assim entendida a separação de bens resultante de pacto antenupcial, aonde consta o detalhamento de cada bem.

(D) Se o casamento for sob o regime da participação final nos aquestos e houver no pacto antenupcial expressa convenção de disposição vinculada dos bens particulares, sendo esta única hipótese prevista em Lei.

A: incorreta: O artigo 1.656 do Código Civil admite a dispensa da outorga uxória também na participação final nos aquestos: *No pacto antenupcial, que adotar o regime de participação final nos aquestos, poder-se-á convencionar a livre disposição dos bens imóveis, desde que particulares.* **B:** correta: *Ressalvado o disposto no art. 1.648, nenhum dos cônjuges pode, sem autorização do outro, exceto no regime da separação absoluta: I – alienar ou gravar de ônus real os bens imóveis. No pacto antenupcial, que adotar o regime de participação final nos aquestos, poder-se-á convencionar a livre disposição dos bens imóveis, desde que particulares.* – Art. 1.647 e 1.656, Código Civil Brasileiro. **C:** incorreta: Não existe previsão no Código Civil Brasileiro de regime de "separação parcial de bens". **D:** incorreta: O artigo 1.647 do Código Civil admite a dispensa da outorga uxória também na separação absoluta – vide comentário à alternativa "b".

Gabarito "B"

6. LEI 11.441/2007 – ESCRITURAS DE INVENTÁRIO, PARTILHA, SEPARAÇÃO E DIVÓRCIO CONSENSUAIS, DECLARAÇÃO E RECONHECIMENTO DE UNIÃO ESTÁVEL, E CORRELATAS

(Cartório/SP – 2018 – VUNESP) No Estado de São Paulo, de acordo com as Normas da Corregedoria Geral da Justiça, nos inventários extrajudiciais,

(A) os ônus incidentes sobre os imóveis não impedem a lavratura da escritura pública; mas os débitos tributários municipais e da Receita Federal (certidões positivas fiscais municipais ou federais) impedem a lavratura da escritura pública.

(B) apenas os ônus reais incidentes sobre os imóveis impedem a lavratura da escritura pública; os débitos tributários municipais e da Receita Federal (certidões positivas fiscais municipais ou federais) não impedem a lavratura da escritura pública.

(C) os ônus incidentes sobre os imóveis e os débitos tributários municipais e da Receita Federal (certidões positivas fiscais municipais ou federais) impedem a lavratura da escritura pública.

(D) os ônus incidentes sobre os imóveis e os débitos tributários municipais (certidões positivas fiscais municipais) não impedem a lavratura da escritura pública; apenas os débitos tributários da Receita Federal (certidões positivas fiscais federais) impedem a lavratura da escritura pública.

A: correta: a primeira parte está correta conforme item 116.1, tomo II, do Cap. XVI, das NSCGJSP (os ônus incidentes sobre os imóveis não impede a lavratura da escritura pública); com relação à segunda

13. TABELIONATO DE NOTAS

parte da assertiva, o item 116.2 do mesmo capítulo vedava a lavratura quando havia débitos tributários municipais e da Receita Federal, porém tal item foi revogado pelo Prov. CGJ 13/2021, sendo possível, na atualidade, a lavratura de inventário extrajudicial independentemente dessas certidões; **B:** incorreta: ônus reais não impedem a lavratura, conforme item 116.1 do Cap. XVI, tomo II, das NSCGJSP; **C:** incorreta: os ônus sobre os imóveis não impedem a lavratura do inventário, e atualmente nem os débitos tributários municipais e da Receita Federal; **D:** incorreta: atualmente nenhum dos débitos elencados na assertiva impedem a lavratura da escritura.
Gabarito "A".

(Cartório/SP – 2018 – VUNESP) De acordo com as Normas de Serviço da Corregedoria Geral da Justiça do Estado de São Paulo, leia as afirmações a seguir com relação ao inventário extrajudicial:

I. é possível a sua promoção por cessionários de direitos hereditários, mesmo na hipótese de cessão de parte do acervo, desde que todos os herdeiros estejam presentes e concordes.

II. é obrigatória a nomeação de inventariante extrajudicial na escritura pública de inventário e partilha, para representar o espólio com poderes de inventariante, no cumprimento das obrigações ativas ou passivas pendentes, observando-se a ordem prevista na legislação processual civil.

III. para a lavratura da escritura de nomeação de inventariante, será obrigatória a apresentação dos documentos previstos no item 114, do Capítulo XIV, das Normas de Serviço da Corregedoria Geral da Justiça do Estado de São Paulo (partes e respectivos cônjuges devem estar nomeados e qualificados: nacionalidade, profissão, idade, estado civil, regime de bens, data do casamento, pacto antenupcial e seu registro imobiliário, se houver, número do documento de identidade; número de inscrição no CPF/MF, domicílio e residência).

A partir da análise, assinale a alternativa com afirmações corretas.

(A) II e III estão corretas.

(B) Todas as afirmativas estão corretas.

(C) I e II estão corretas.

(D) I e III estão corretas.

I: correta: literalidade do item 111, Cap. XVI, tomo II, das NSCGJSP; **II:** incorreta: a ordem prevista na legislação processual civil não precisa ser estritamente observada, cabendo às partes o acordo em relação a quem será o inventariante (item 106, Cap. XVI, tomo II, das NSCGJSP); **III:** correta: literalidade do item 106.3, Cap. XVI, tomo II, das NSCGJSP (atualmente, a redação do item 114 mencionada na assertiva consta do item 115). Portanto, estando corretas as assertivas I e III apenas, a alternativa é a "D".
Gabarito "D".

(Cartório/RS – 2019 – VUNESP) Com relação às escrituras públicas de separação e divórcio, nos termos da Consolidação Normativa Notarial e Registral da Corregedoria Geral da Justiça do Estado do Rio Grande do Sul, é correto afirmar:

(A) na escritura pública de separação e divórcio, deverá ser apresentado atestado médico, com declaração de profissional habilitado, de que o cônjuge virago não se encontra em estado gravídico, além da declaração das partes de que não têm conhecimento de estado gravídico do cônjuge virago.

(B) não é possível a lavratura da escritura pública de conversão da separação judicial em divórcio, com ou sem partilha de bens, se houver filhos menores ou incapazes do casal, mesmo que não haja nenhuma alteração do que foi convencionado e homologado na separação judicial em relação aos direitos dos filhos menores ou incapazes.

(C) não poderão ser lavrados por escritura pública o restabelecimento da sociedade conjugal dissolvida judicialmente, nem a conversão da separação judicial em divórcio.

(D) o comparecimento pessoal das partes é dispensável à lavratura da escritura pública de separação e divórcio consensuais, quando houver dificuldade ponderável para o seu deslocamento de onde se encontrar comprovadamente residindo, desde que o(s) separando(s) ou divorciando(s) se faça(m) representar por mandatário constituído por instrumento público com poderes especiais, descrição das cláusulas essenciais e prazo de validade de trinta (30) dias.

(E) as escrituras públicas de separação e divórcio consensuais serão gratuitas para aqueles que se declararem pobres sob as penas da lei e apresentem provas desta condição para a realização do ato, e desde que autorizadas pelo Juiz de Direito Diretor do Foro da Comarca.

A: Incorreta: o parágrafo único do art. 619-D da antiga Consolidação Normativa Notarial e Registral – CNNR do Rio Grande do Sul (Provimento 32/06 – CGJ) não impõe a necessidade de apresentar atestado médico, bastando a declaração de inexistência de estado gravídico (inciso VI do art. 891 da Consolidação Normativa Notarial e Registral – CNNR atual); **B:** Incorreta: em desacordo com o § 6º do art. 619-C da antiga CNNR (§ 3º do art. 886 da atual); **C:** Incorreta: em desacordo com o art. 619-H da antiga Consolidação Normativa Notarial e Registral – CNNR gaúcha (atual art. 894); **D:** Correta: está de acordo com o § 4º do art. 619-C da antiga CNNR, sendo sua fiel reprodução. É o que também dispõe o art. 889 da atual Consolidação Normativa Notarial e Registral – CNNR gaúcha, instituída pelos Provimentos nº 001/2020 e 005/2020; **E:** Incorreta: está em desacordo com o art. 619-N da antiga Consolidação Normativa Notarial e Registral – CNNR (art. 898 da atual Consolidação Normativa Notarial e Registral – CNNR), no sentido de exigir provas e autorização do Juiz de Direito Diretor do Foro da Comarca.
Gabarito "D".

(Cartório/CE – 2018 – IESES) Foi apresentada para registro escritura pública de inventário de um único imóvel na qual figura como meeira a companheira do falecido. No ato notarial apresentado, apesar de constar genericamente que o falecido não deixou outros herdeiros e que o imóvel era usado para moradia dos companheiros, não foi reconhecida a união estável. Na certidão de óbito constou que este foi declarado por um sobrinho do de cujus. Em cumprimento a primeira nota de exigências a companheira apresentou nova escritura pública declaratória de união estável firmada por ela e mais duas testemunhas sem vínculo familiar. Qual a decisão a ser adotada pelo registrador de imóveis que melhor atende à principiologia registral e a correta qualificação dos atos notariais:

(A) Exigir declaração com firma reconhecida da companheira na qual declare, sob as penas da lei, não haver outros herdeiros, bem como o registro da escritura de união estável no livro E do Registro Civil de Pessoas Naturais ou qualificar o requerimento como pedido de usucapião familiar e formular nova exigência, desta vez, para que todos os requisitos formais da usucapião sejam atendidos.

(B) Promover o registro do título, independentemente de qualquer nova exigência.

(C) Devolver o título com exigência fundamentada no sentido de que na hipótese declarada pela companheira (inexistência de herdeiros) não é possível o reconhecimento extrajudicial da união estável.

(D) Exigir requerimento específico, com reconhecimento de firma por autenticidade, firmado pela companheira e pelas testemunhas da escritura declaratória no qual, declarem, sob pena de responsabilidade criminal, a existência de união estável e a inexistência de outros herdeiros.

A: incorreta: não basta a simples declaração da companheira de que não há outros herdeiros, pois não há prova pré-constituída da união estável, com declaração de vontade do falecido, sendo que a escritura declaratória *post mortem*, feita de forma unilateral pela companheira – ainda que haja testemunhas – não tem ingresso no Livro E do Registro Civil, pois carece da manifestação de vontade do companheiro falecido; além disso, a Consolidação Normativa Notarial e Registral – CNNR/CE não exige, para registro/averbação no Registro de Imóveis, o prévio registro da união estável no Livro E do Registro Civil, sendo este facultativo, conforme art. 1º do Provimento nº 37, de 07.07.2014, da Corregedoria Nacional de Justiça e art. 151 da Consolidação Normativa Notarial e Registral – CNNR/CE; B: incorreta: se o autor da herança não deixar outro sucessor ou se não houver consenso de todos os herdeiros quanto ao reconhecimento da união estável, o companheiro somente poderá promover o inventário judicialmente ou, então, obter primeiramente o reconhecimento judicial da união estável para, posteriormente, realizar o inventário extrajudicial, conforme art. 414 da Consolidação Normativa Notarial e Registral – CNNR/CE, que reproduz o texto do art. 18 da Resolução nº 45, de 24.04.2007, do CNJ; C: correta: fundamentação conforme comentário anterior; D: incorreta: conforme já se argumentou, para fins de inventário extrajudicial, não basta a declaração unilateral da companheira sobrevivente, ainda que haja testemunhas.
Gabarito "C"

(Cartório/CE – 2018 – IESES) Assinale a alternativa correta

(A) Conforme entendimento do STJ, a sentença que homologa acordo em separação ou divórcio e que contemple doação de imóvel não possui nessa parte eficácia de escritura pública.

(B) A renúncia de direitos hereditários pode ser realizada sem escritura pública quando a herança for composta apenas por bens móveis.

(C) O testamento vidual é uma espécie de testamento expressamente prevista no Código Civil e a sua eficácia é alcançada apenas após a morte do testador.

(D) A fé pública notarial evidencia a força probante atribuída pela ordem jurídica aos atos praticados com intervenção do notário e garante certeza e autenticidade; trata-se de uma das características do sistema de notariado de tipo latino. A fé pública registral, por sua vez, representa existência e certeza de um direito real, bem como inexistência de fatos impeditivos ou proibitivos de disponibilidade.

A: Incorreta: vai contra o entendimento consolidado da 3ª Turma do STJ, que estabelece: "Doado o imóvel ao filho do casal, por ocasião do acordo realizado em autos de separação consensual, a sentença homologatória tem a mesma eficácia da escritura pública, pouco importando que o bem esteja gravado por hipoteca. Recurso especial não conhecido, com ressalvas do relator quanto à terminologia" (REsp 32.895/SP,

Rel. Ministro Castro Filho, Terceira Turma, julgado em 23/04/2002, DJ 01/07/2002, p. 335); B: Incorreta: está em desacordo com o art. 1.806 do Código Civil, que estabelece a necessidade de escritura pública ou termo judicial para renúncia de herança, não fazendo exceção para os casos em que exista apenas bens móveis na herança, mesmo porque, de maneira geral, "o direito à sucessão aberta" é bem imóvel nos termos do inciso II do art. 80 do Código Civil; C: Incorreta: está equivocada pois o testamento vidual não está expresso no Código Civil, não sendo propriamente um testamento (negócio jurídico unilateral cuja eficácia está condicionada à morte do testador), mas um documento escrito e dotado de fé pública garantindo que se cumpra o desejo de paciente terminal, considerado como uma "diretiva antecipada de vontade", regulamentada pela Resolução CFM 1.995/2012; D: Correta: é a assertiva que se apresenta de acordo com a melhor doutrina notarial e registral.
Gabarito "D"

(Cartório/MG – 2012 – FUMARC) São documentos necessários para a lavratura de escritura de inventário e partilha, **EXCETO**

(A) documento oficial das partes.

(B) certidões de nascimento ou casamento, das partes e do advogado.

(C) certidão de pacto antenupcial, se o autor da herança era casado em regime de bens diferente do legal.

(D) certidões que atestem a situação fiscal e tributária do autor da herança, comprovando que estava "em dia" com suas obrigações.

A e C: corretas, nos termos do art. 225, II e IV, do Provimento nº 93/2020 CGJ/MG; B: incorreta, devendo ser assinalada. Não consta qualquer exigência de documentos pessoais do advogado na legislação aplicável; D: correta, nos termos do art. 255, VII, do Provimento nº 93/2020 CGJ/MG.
Gabarito "B"

(Cartório/MG – 2019 – Consulplan) De acordo com o Código Civil, a renúncia da herança deve constar expressamente de instrumento público ou termo judicial. Acerca desse assunto e levando em conta o Provimento nº 260/CGJ/2013, é correto afirmar que:

(A) É possível a lavratura de escritura pública de renúncia de direitos hereditários em favor de pessoa certa, também conhecida como renúncia translativa.

(B) Havendo indicação do beneficiário da renúncia, constituir-se-á verdadeira cessão de direitos hereditários, devendo-se observar a forma prevista para este ato.

(C) Se o renunciante for casado no regime da comunhão parcial de bens, tendo em vista a incomunicabilidade da herança, afigura-se despicienda a anuência do outro cônjuge.

(D) Falecendo o pai e deixando esposa, três filhos e dois netos, considerando que a esposa é também mãe dos três filhos, caso todos os filhos renunciem a herança a favor do monte-mor, caberá à esposa do *de cujus* a integralidade da herança.

A: incorreta: na realidade, não existe o que comumente se refere como "renúncia translativa", sendo a renúncia um ato puro e simples, retornando ao monte partilhável (monte-mor) o que caberia ao herdeiro renunciante; para transmitir um quinhão hereditário a pessoa certa, deve haver primeiramente a aceitação da herança para, somente então, será possível a cessão de direitos hereditários à determinada pessoa; B: correta: reprodução do § 1º do art. 194 do Provimento Conjunto 93/2020; C: incorreta: conforme § 2º do art. 194 do Provimento Conjunto 93/2020, é imprescindível a anuência do cônjuge do herdeiro renunciante, salvo

13. TABELIONATO DE NOTAS 647

se o casamento for sob o regime da separação convencional de bens (separação absoluta) ou se, sob o regime da separação final dos aquestos, houver no pacto antenupcial expressa convenção de livre disposição dos bens particulares; **D:** incorreta: o Código Civil dispõe no inciso I de seu art. 1.829 que a sucessão legítima defere-se aos descendentes em concorrência com o cônjuge, exceto nas hipóteses que excepciona; note que o Código Civil utilizou a palavra "descendentes" e não "filhos", sendo assim, se todos os filhos renunciarem, devolverão seus quinhões à linha subsequente de descendentes (art. 1.810, CC), ou seja, aos netos do falecido, que concorrerão com a avó na sucessão do avô.
Gabarito "B".

(Cartório/RJ – 2008 – UERJ) Na análise das afirmativas abaixo:

I. Na escritura pública de inventário e partilha, deverá ser apresentado, além dos documentos exigidos por lei, o Certificado de Cadastro de Imóvel Rural – CCIR – se houver imóvel rural a ser partilhado.

II. Não é necessário fazer menção aos documentos apresentados nas escrituras previstas na Lei 11.441/07, se os mesmos forem arquivados.

III. Havendo um só herdeiro, maior e capaz, com direito à totalidade da herança, não haverá partilha, lavrando-se a escritura do inventário e adjudicação de bens.

IV. Não é admissível a sobrepartilha por escritura pública.

V. A existência de credores do espólio impedirá a realização do inventário e partilha, ou adjudicação, por escritura pública.

É correto afirmar que:

(A) todas as afirmações estão corretas

(B) somente as afirmações I e III estão corretas

(C) somente as assertivas I e IV estão corretas

(D) apenas as assertivas IV e V estão corretas

(E) as afirmações II, III e V estão corretas

I: correta, nos termos do art. 22, "h", da Resolução CNJ nº 35/2007; II: incorreta, por afronta direta ao art. 24 da Resolução CNJ nº 35/2007, que não prevê exceção à regra da menção aos documentos apresentados; III: correta, nos termos do art. 26 da Resolução CNJ nº 35/2007; IV: incorreta. A sobrepartilha é possível, conforme disposto no art. 25 da Resolução CNJ nº 35/2007; V: incorreta. Estabelece o art. 27 da Resolução CNJ nº 35/2007 que a existência de credores do espólio não inviabiliza a lavratura de escritura pública de inventário e partilha.
Gabarito "B".

(Cartório/RJ – 2008 – UERJ) É correto afirmar que, para a lavratura dos atos notariais de que trata a Lei nº.11.441/07:

(A) a escritura deverá ser lavrada aplicando-se as regras de competência do Código de Processo Civil

(B) se as partes não tiverem advogado, o tabelião deverá indicar-lhes um de sua confiança, assumindo a responsabilidade pela indicação

(C) lavrada a escritura pública de inventário e partilha, separação e divórcio consensuais, as partes terão o prazo de 30 dias para que seja homologada em juízo e recolhidos os tributos

(D) não é possível a promoção de inventário extrajudicial por cessionário de direitos hereditários, mesmo com o comparecimento e concordância dos herdeiros

(E) é facultada aos interessados a opção pela via judicial ou extrajudicial, podendo ser solicitada, a qualquer momento, a suspensão, pelo prazo de 30 dias, ou a desistência da via judicial, para promoção da via extrajudicial

A: incorreta. É livre a escolha do tabelionato de notas para lavratura da escritura (art. 1º da Resolução CNJ nº 35/2007); B: incorreta. É vedada a indicação de advogado pelo tabelião, podendo apenas recomendar-lhes a Defensoria Pública, onde houver, ou a Seccional da OAB (art. 9º da Resolução CNJ nº 35/2007); C: incorreta. A escritura independe de homologação judicial (art. 3º da Resolução CNJ nº 35/2007); D: incorreta. O art. 16 da Resolução CNJ nº 35/2007 autoriza essa situação; E: correta, nos termos do art. 2º da Resolução CNJ nº 35/2007.
Gabarito "E".

(Cartório/RJ – 2008 – UERJ) Dadas as proposições abaixo:

I. Não é admissível inventário negativo por escritura pública.

II. Não se aplica a Lei nº 11.441/07 aos casos de óbitos ocorridos antes de sua vigência.

III. A escritura pública de inventário e partilha pode ser lavrada a qualquer tempo, cabendo ao tabelião fiscalizar o recolhimento de eventual multa, conforme previsão em legislação tributária estadual específica.

IV. É vedada a lavratura de escritura pública de inventário e partilha referente a bens localizados no exterior.

V. O tabelião não poderá se negar a lavrar escritura de inventário ou partilha mesmo que haja indícios de fraude ou em caso de dúvidas sobre a declaração de vontade de algum herdeiro.

É correto afirmar que:

(A) todas as assertivas estão corretas

(B) apenas as assertivas I e V estão corretas

(C) apenas as assertivas II e V estão corretas

(D) apenas as assertivas III e IV estão corretas

(E) apenas as assertivas IV e V estão corretas

I: incorreta. O inventário negativo é admissível nos termos do art. 28 da Resolução CNJ nº 35/2007; II: incorreta. A Lei 11.441/2007 é aplicável a óbitos ocorridos antes de sua vigência, conforme art. 30 da Resolução CNJ nº 35/2007; III: correta, nos termos do art. 31 da Resolução CNJ nº 35/2007; IV: correta, nos termos do art. 29 da Resolução CNJ nº 35/2007; V: incorreta. O tabelião poderá negar-se a lavrar a escritura nesses casos (art. 32 da Resolução CNJ nº 35/2007).
Gabarito "D".

(Cartório/SP – VI – VUNESP) A competência notarial para lavrar escritura pública de separação consensual requer que o casal que esteja se separando

(A) resida na circunscrição territorial da competência do tabelião de notas.

(B) não tenha filhos menores ou incapazes.

(C) não tenha filhos menores, nem tampouco exista testamento válido de algum dos cônjuges, no momento da lavratura do ato notarial da separação consensual.

(D) não tenha bens a partilhar.

A única exigência legal para a realização da separação consensual por escritura pública lavrada pelo tabelião de notas é a ausência de filhos menores ou incapazes do casal que esteja se separando (art. 34 da Resolução CNJ nº 35/2007).
Gabarito "B".

(Cartório/SP – 2016 – VUNESP) Quanto aos atos notariais, é correto afirmar que

(A) na escrituração dos livros, os números relativos à data da escritura, ao preço e ao registro ou matrícula no Registro de Imóveis devem ser escritos por extenso.

(B) se qualquer dos comparecentes não souber a língua nacional, deverá comparecer tradutor público para servir de intérprete ou, não o havendo na localidade, outra pessoa capaz que, a juízo do Tabelião, tenha idoneidade e conhecimento bastantes.

(C) somente após comprovada a resolução prévia e judicial das questões referentes à pensão alimentícia, é que pode ser lavrada a escritura pública de separação e divórcio.

(D) não há sigilo nas escrituras públicas de separação e divórcio consensuais.

A: incorreta: Na escrituração dos livros, **os números relativos à data da escritura e ao preco** devem ser escritos por extenso – Item 48, Cap., XVI, tomo II, NSCGJ/SP). **B:** incorreta: *Se qualquer dos comparecentes não souber a língua nacional **e o tabelião não entender o idioma em que se expressa**, deverá comparecer tradutor público para servir de intérprete ou, não o havendo na localidade, outra pessoa capaz que, a juízo do Tabelião, tenha idoneidade e conhecimento bastantes.* (Item 47, Cap. XVI, tomo II, NSCGJ/SP). **C:** incorreta: *Se comprovada a resolução prévia e judicial de todas as questões referentes aos filhos menores (guarda, visitas e alimentos), o tabelião de notas poderá lavrar escrituras públicas de separação e divórcio consensuais* (Item 87.2 do Cap. XVI, tomo II, das NSCGJ). **D:** correta: É o disposto no Item 94, Cap. XVI, tomo II, NSCGJ/SP.

Gabarito "D".

(Cartório/MG – 2015 – Consulplan) A respeito da escritura pública de inventário e partilha, é correto afirmar:

(A) É facultada aos interessados a opção pela via judicial ou extrajudicial, podendo ser requerida a qualquer momento, a suspensão pelo prazo de 30 (trinta) dias ou a desistência do processo judicial para a lavratura da correspondente escritura pública.

(B) É necessária a presença de advogado, que assim será nominado, munido de indispensável instrumento de mandato, ou do defensor público.

(C) A escritura dependerá de homologação judicial quando houver necessidade de levantamento de valores junto à instituição financeira.

(D) Para a lavratura dos atos notariais de que trata a Lei nº 11.441, de 04 de janeiro de 2007, é livre a escolha do tabelião, desde que seja feita tal escolha dentre os existentes do local de domicílio do autor da herança.

A: correta: É o texto do Art. 206, Prov. 93/2020 CGJ/MG. **B:** incorreta: A nomeacão de advogado nas escrituras de inventário e partilha é feita no corpo do próprio ato *(apud acta)*, sendo dispensada a procuracão. Art. 211, Prov. 93/2020 CGJ/MG: *Para a lavratura das escrituras decorrentes do § 1º do art. 610 e do art. 733 do CPC para nomeacão do inventariante de que trata o art. 208 deste Provimento Conjunto, é necessária a presença de advogado ou defensor público, os quais serão devidamente qualificados, sendo **dispensada a exibição de procuracão**.* **C:** incorreta: Art. 207, Prov. 93/2020 CGJ/MG: *As escrituras públicas de inventário e partilha, de separação e de divórcio consensuais **não dependem de homologacão judicial** e são títulos hábeis para o registro civil e o registro imobiliário, para a transferência de bens e direitos, bem como para promocão de todos os atos necessários à materializacão das transferências de bens e levantamento de valores (junto ao DETRAN, Junta Comercial, Ofício de Registro Civil de Pessoas Jurídicas, institucões financeiras, companhias telefônicas e outros).* **D:** incorreta: Art. 205, Prov. 93/2020 CGJ/MG: *Para a lavratura dos atos notariais de que tratam o § 1º do art. 610 e o art. 733 do Código de Processo Civil, é **livre a escolha** do tabelião de notas, não se aplicando as regras de fixação de competência.*

Gabarito "A".

(Cartório/MG – 2015 – Consulplan) Sobre a atuação do tabelião de notas nas escrituras públicas de constituição e dissolução de união estável, é correto afirmar:

(A) O tabelião não poderá lavrar escritura pública de constituição de união estável de pessoas do mesmo sexo.

(B) O tabelião de notas deverá recusar a lavratura de escritura pública de declaração de união estável em caso de declarante casado, mesmo que esteja separado de fato.

(C) Para a lavratura de escritura pública as partes poderão ser representadas por procurador munido de instrumento de mandato público ou particular.

(D) O tabelião de notas poderá recusar lavrar escrituras públicas de união estável se houver fundado indício de simulação, fraude ou prejuízo.

A: incorreta: Art. 255, Prov. 93/2020 CGJ/MG: *Considera-se união estável aquela formada pelo homem e pela mulher, **bem como a mantida por pessoas do mesmo sexo**, desde que configurada a convivência pública, contínua, duradoura e estabelecida com o objetivo de constituicão de família).* **B:** incorreta: Nos termos do Código Civil (Art. 1.723, § 1º, CC/02), pessoas separadas de fato, ainda que casadas, podem contrair união estável, portanto, o ato não deve ser recusado pelo Tabelião. Neste mesmo sentido, ver o Art. 259, I, Prov. 93/2020 CGJ/MG: *Art. 259. Na escritura pública declaratória de união estável, as partes deverão declarar expressamente a convivência pública, contínua e duradoura, estabelecida com o objetivo de constituicão de família, nos termos do art. 1.723, segunda parte, do Código Civil, bem como que: I – não incorrem nos impedimentos do art. 1.521 do Código Civil, salvo quanto ao inciso VI, quando a pessoa casada se achar separada de fato, judicial ou extrajudicialmente.* **C:** incorreta: Art. 256, § 1º, do Prov. 93/2020 CGJ/MG: *Art. 256. É facultada aos conviventes plenamente capazes a lavratura de escritura pública declaratória de união estável, observando-se o disposto nos arts. 1.723 a 1.727 do Código Civil. § 1º. Para a prática do ato a que se refere o caput deste artigo, as **partes poderão ser representadas por procurador**, desde que munido de procuracão pública com poderes específicos para o ato outorgada há no máximo 90 (noventa) dias.* **D:** correta: Art. 261, parágrafo único, Prov. 93/2020 CGJ/MG: *Parágrafo único. Havendo fundado indício de fraude, simulacão ou prejuízo, e em caso de dúvidas sobre a declaração de vontade, o tabelião de notas poderá se recusar a praticar o ato, fundamentando a recusa por escrito, em observância aos princípios da seguranca e eficácia que regem a atividade notarial e registral.*

Gabarito "D".

(Cartório/MG – 2015 – Consulplan) A respeito da possibilidade legal da realização de inventário e partilha pela via extrajudicial, assinale a alternativa correta:

(A) O cônjuge do herdeiro deverá comparecer ao ato de lavratura da escritura pública de inventário e partilha, exceto, somente, se o casamento se der sob o regime de separação convencional de bens.

(B) A meação de companheiro pode ser reconhecida na escritura pública de inventário desde que todos os herdeiros e interessados na herança estejam de acordo, e todas as partes sejam capazes.

(C) Não é possível a lavratura de escritura pública de inventário, quando houver testamento, mesmo que caduco ou declarado nulo.

(D) A escritura pública de inventário e partilha pode ser lavrada a qualquer tempo, e poderá abranger quaisquer tipos de bens, inclusive bens localizados no exterior.

13. TABELIONATO DE NOTAS   649

A: incorreta: Art. 220, Prov. 93/2020 CGJ/MG: *Os cônjuges dos herdeiros deverão comparecer ao ato de lavratura da escritura pública de inventário e partilha **sempre que houver renúncia** ou algum tipo de partilha que importe em transmissão, exceto se o casamento se der sob o regime da separação convencional de bens.* **B:** correta: Desde que haja concordância de todos os herdeiros e interessados na herança, é possível o reconhecimento da meação de companheiro na escritura de inventário e partilha. Art. 221, Prov. 93/2020 CGJ/MG: *O companheiro que tenha direito à sucessão é parte, observada a necessidade de ação judicial se o autor da herança não deixar outro sucessor ou não houver consenso entre todos os herdeiros, inclusive quanto ao reconhecimento da união estável.* Art. 222, Prov. 93/2020 CGJ/MG: *A meação de companheiro pode ser reconhecida na escritura pública desde que todos os herdeiros e interessados na herança, absolutamente capazes, estejam de acordo.* **C:** incorreta: Art. 224, §1°, Prov. 93/2020 CGJ/MG: *É possível a lavratura de escritura pública de inventário e partilha nos casos de testamento revogado, **declarado nulo ou caduco** ou, ainda, por ordem judicial.* **D:** incorreta: Art. 232, Prov. 93/2020 CGJ/MG: *É vedada a lavratura de escritura pública de inventário e partilha referente a bens localizados no exterior.*
Gabarito "B".

(Cartório/MG – 2015 – Consulplan) Acerca das escrituras públicas de separações e divórcio consensuais, é correto afirmar:

(A) Há sigilo em tais escrituras e eventuais certidões somente podem ser fornecidas às partes ou a mandatário constituído com poderes específicos.

(B) O comparecimento pessoal das partes é indispensável à lavratura de escritura pública de separação e divórcio consensuais, sendo vedada a representação mediante instrumento público de mandato.

(C) O tabelião não pode se recusar a lavrar a escritura pública quando houver fundados indícios de prejuízo para uma das partes, considerando tratar-se de direitos disponíveis.

(D) A convenção constante da escritura pública quanto à manutenção do nome de casado pode ser objeto de alteração mediante nova escritura da qual conste declaração unilateral do interessado na retomada do nome de solteiro, sendo necessário assistência por advogado.

A: Incorreto: Art. 245 do Prov. 93/2020 CGJ/MG: ***Não há sigilo** nas escrituras públicas de separação e divórcio consensuais.* **B:** incorreta: Art. 240, Prov. 93/2020 CGJ/MG: *O comparecimento pessoal das partes é **dispensável** à lavratura de escritura pública de divórcio consensual, sendo admissível aos divorciandos se fazerem representar por **mandatário constituído**, desde que por instrumento público com poderes especiais, descrição das cláusulas essenciais e com prazo de validade de 30 (trinta) dias, que será mencionado na escritura pública e arquivado na serventia.* **C:** incorreta: Art. 249, Prov. 93/2020 CGJ/MG: *O tabelião de notas poderá se recusar a lavrar a escritura pública de divórcio se houver fundados indícios de prejuízo a um dos cônjuges ou em caso de dúvidas sobre a declaração de vontade, fundamentando a recusa por escrito.* **D:** correta. É o texto do Art. 248, Prov. 93/2020 CGJ/MG.
Gabarito "D".

(Cartório/SP – 2018 – VUNESP) Sobre a lavratura de escrituras públicas de separação e divórcio consensuais, e de acordo com as Normas de Serviço da Corregedoria Geral da Justiça do Estado de São Paulo, é correto afirmar:

(A) as escrituras públicas serão levadas a registro no Livro "E" do Registro Civil das Pessoas Naturais.

(B) não é necessário constar que as partes foram orientadas sobre a necessidade de apresentação de seu traslado no Registro Civil do assento de casamento, para a averbação devida.

(C) as partes devem declarar ao Tabelião que o cônjuge virago não se encontra em estado gravídico, ou, ao menos, que não tenham conhecimento sobre essa condição.

(D) na partilha em que houver transmissão de propriedade individual de um cônjuge ao outro, ou a partilha desigual de patrimônio comum, está dispensada a comprovação do recolhimento de tributo eventualmente devido sobre a fração transferida.

A: incorreta: as escrituras de separação e divórcio são averbadas pelo Ofício de Registro Civil das Pessoas Naturais do registro de casamento (livro B) – item 136.1, Cap. XVII, tomo II, NSCGJSP; **B:** incorreta: constar essa orientação é necessário nos termos do item 95, Cap. XVI, tomo II, NSCGJSP; **C:** correta: é o que determina o item 87.1., Cap. XVI, tomo II, das NSCGJSP; **D:** incorreta: nesses casos, deve-se comprovar o recolhimento do tributo incidente sobre a transmissão (item 91, Cap. XVI, tomo II, das NSCGJSP).
Gabarito "C".

(Cartório/PA – 2016 – IESES) As escrituras públicas de inventário e partilha, de separação e de divórcio consensuais não dependem de homologação judicial e são títulos hábeis para o registro civil e o registro imobiliário, para a transferência de bens e direitos, bem como para promoção de todos os atos necessários à materialização das transferências de bens e levantamento de valores (junto ao DETRAN, Junta Comercial, Ofício de Registro Civil de Pessoas Jurídicas, instituições financeiras, companhias telefônicas e outros). Sobre a presença do advogado nestes casos pode-se afirmar:

I. É necessária a presença do advogado ou defensor público.

II. O advogado pode ser comum ou de cada uma das partes.

III. Não poderá o advogado atuar em causa própria.

IV. O advogado que seja herdeiro ou legatário pode assistir o meeiro e os demais herdeiros ou legatários.

A sequência correta é:

(A) Apenas as assertivas I, II e IV estão corretas.

(B) Apenas as assertivas I, II e III estão corretas.

(C) Apenas a assertiva III está correta.

(D) As assertivas I, II, III e IV estão corretas.

I – correta: *É necessária a presença do advogado ou defensor público, que assim será nominado, dispensada a procuração, na lavratura das escrituras decorrentes da Lei nº 11.441/2007, nelas constando seu nome e número de registro na OAB.* – Art. 243, CNSNREP). II – correta: *O advogado pode ser **comum ou de cada uma das partes**, podendo ainda atuar em causa própria.* – Art. 243, § 1°, CNSNREP). III – incorreta: Vide comentário à afirmação "II". IV –correta: *O advogado que seja herdeiro ou legatário pode assistir o meeiro e os demais herdeiros ou legatários.* – Art. 243, § 2°, CNSREP.
Gabarito "A".

7. DAS PROCURAÇÕES

(Cartório/RS – 2019 – VUNESP) Com relação às procurações em causa própria, de acordo com a Consolidação Normativa Notarial e Registral da Corregedoria Geral da Justiça do Estado do Rio Grande do Sul e com o Código Civil Brasileiro em vigor, é correto afirmar:

(A) as procurações em causa própria relativas a bens imóveis não precisam conter os requisitos da venda e compra.

(B) os emolumentos devidos são os de escritura sem valor declarado.

(C) as procurações em causa própria são regidas pelas normas gerais do mandato.

(D) a sua revogação não terá eficácia, nem se extinguirá pela morte de qualquer das partes, devendo o mandatário prestar contas, embora possa transmitir para si os bens objeto do mandato.

(E) para a sua lavratura, será recolhido o imposto de transmissão.

A questão encontra resposta na atual redação do artigo 876 da Consolidação Normativa Notarial e Registral – CNNR do Rio Grande do Sul. **A:** incorreta: são exigidos os requisitos da venda e compra; **B:** incorreta: os emolumentos são os da escritura com valor determinado; **C:** incorreta: essas procurações são regidas pelas normas atinentes à compra e venda; **D:** incorreta: nos termos do art. 685 do Código Civil, nesse caso está o mandatário dispensado da prestação de contas; **E:** correta: é o que determina o § 1° do aludido art. 876, Consolidação Normativa Notarial e Registral – CNNR.

Gabarito "E".

(Cartório/DF – 2006 – CESPE) Com relação aos serviços notariais, julgue o item subsequente.

(1) Os tabelionatos de notas, ao lavrarem instrumentos públicos de substabelecimento de procuração ou revogação de mandato escriturado em suas próprias serventias, averbarão essa circunstância, sem ônus à parte, à margem do ato revogado ou substabelecido. Quando o ato revogatório ou o substabelecimento tiverem sido lavrados em outra serventia, a esta deverão ser encaminhadas cópias dos instrumentos respectivos, no prazo de quarenta e oito horas.

1: na época da prova, essa assertiva estava incorreta apenas quanto ao prazo, que era de 24 horas (art. 58, § 1°, do Provimento Geral da Corregedoria de Justiça do Distrito Federal aplicado aos Serviços Notariais e de Registro então vigente). Atualmente, o prazo é de 1 (um) dia útil, conforme §1° do art. 65 do Provimento Geral da Corregedoria de Justiça do Distrito Federal aplicado aos Serviços Notariais e de Registro: *Quando a revogação ou o substabelecimento referir-se a ato notarial lavrado em outra serventia, a ela deverá ser encaminhada a cópia do instrumento respectivo, **em até 1 (um) dia útil**, mediante a utilização do Sistema Hermes – Malote Digital, com arquivamento do comprovante de envio, ou por outro meio convencional quando esse estiver temporariamente indisponível. (Redação dada pelo Provimento 44 de 04 de maio de 2020).*

Gabarito "1E".

(Cartório/MG – 2005 – EJEF) Considerando-se a instituição do mandato, é INCORRETO afirmar que

(A) o maior de 16 e o menor de 18 anos não podem ser mandatários em hipótese alguma.

(B) o mandato pode substabelecer-se mediante instrumento particular, ainda quando se outorgue por instrumento público.

(C) o mandato, em termos gerais, confere poderes apenas para administração ordinária.

(D) o terceiro com quem o mandatário tratar pode exigir que a procuração particular traga a firma reconhecida.

A: incorreta, devendo ser assinalada. Nos termos do art. 666 do CC, o relativamente incapaz pode ser mandatário, mas o mandante não terá ação contra ele senão de acordo com as regras estabelecidas para as obrigações contraídas por menores; B: correta, nos termos do art. 655

do CC; C: correta, nos termos do art. 661 do CC; D: correta, nos termos do art. 654, § 2°, do CC.

Gabarito "A".

(Cartório/MG – 2005 – EJEF) Considerando-se os poderes dos mandatários, é INCORRETO afirmar que,

(A) ainda que haja ratificação retroativa à data do ato de sua realização, não têm validade os atos praticados por um dos mandatários, quando estes forem declarados conjuntos.

(B) conferido o mandato com a cláusula "em causa própria", a revogação dele não tem eficácia nem ele se extingue pela morte de qualquer das partes, ficando o mandatário dispensado de prestar contas e podendo transferir para si os bens móveis ou imóveis objeto do mandato, obedecidas as formalidades legais.

(C) pela revogação, pela renúncia, pela morte ou pela interdição de uma das partes, cessa o mandato.

(D) sendo dois ou mais mandatários nomeados no mesmo instrumento, qualquer deles pode exercer os poderes outorgados, se não forem aqueles expressamente declarados conjuntos nem especialmente designados para atos diferentes ou subordinados para atos sucessivos.

A: incorreta, devendo ser assinalada. O art. 672, *in fine*, do CC autoriza a ratificação retroativa para conferir eficácia à prática de ato praticado por um dos mandatários constituídos conjuntamente; B: correta, nos termos do art. 685 do CC; C: correta, nos termos do art. 682, I e II, do CC; D: correta, nos termos do art. 672, primeira parte, do CC.

Gabarito "A".

(Cartório/RJ – 2002 – NCE-UFRJ) Assinale a opção correta:

(A) Toda e qualquer pessoa maior emancipada, no gozo dos direitos civis, pode outorgar procuração por instrumento particular, a qual valerá desde que tenha a sua assinatura.

(B) O maior de 16 e menor de 21 anos, não emancipado, não pode ser mandatário.

(C) O relativamente capaz pode outorgar procuração, apenas por instrumento público, sendo neste caso dispensada a assistência ao ato.

(D) Uma vez conferido o mandato, fica o mandatário desobrigado à prestação de contas ao mandante.

(E) Em direito privado não se admite mandato verbal.

A: correta, nos termos do art. 654 do CC; B: incorreta. O relativamente incapaz poderá ser mandatário, mas o mandante não terá ação contra ele senão de acordo com as regras estabelecidas para as obrigações contraídas por menores (art. 666 do CC); C: incorreta. Vale, nesse caso, a regra geral dos atos jurídicos praticados por relativamente incapazes, os quais dependem, obrigatoriamente, de assistência; D: incorreta. O mandatário é obrigado a prestar contas ao mandante (art. 668 do CC); E: incorreta. É possível o mandato verbal, desde que a forma escrita não seja essencial ao ato (art. 657 do CC).

Gabarito "A".

(Cartório/SP – 2012 – VUNESP) Para a lavratura do ato notarial, considera-se atualizada a certidão do Registro de Imóveis expedida há

(A) 5 (cinco) dias.

(B) 10 (dez) dias.

(C) 30 (trinta) dias.

13. TABELIONATO DE NOTAS

(D) 90 (noventa) dias.

Para tal fim, considera-se atualizada a certidão do Registro de Imóveis expedida há menos de 30 dias (item 60, "c", do Capítulo XVI, tomo II, das NSCGJ/SP).
Gabarito "C".

(Cartório/SP – VI – VUNESP) Francisca nomeia sua neta Sabrina, de 16 anos de idade, como sua mandatária, com plenos e gerais poderes. Pode-se afirmar que

(A) a procuração somente poderá ser utilizada por Sabrina depois que ela completar 18 anos.

(B) a procuração é nula porque Sabrina é relativamente capaz.

(C) a procuração é válida, porém Francisca não tem como pedir prestação de contas.

(D) os atos praticados por Sabrina que exigem capacidade plena como, por exemplo, venda de imóveis, são anuláveis.

Nos termos do art. 666 do CC, o relativamente incapaz pode ser mandatário, mas o mandante não terá ação contra ele senão de acordo com as regras estabelecidas para as obrigações contraídas por menores. Dentre elas, impossível exigir a prestação de contas.
Gabarito "C".

(Cartório/SP – 2016 – VUNESP) Quanto às procurações, assinale a alternativa correta.

(A) Nas procurações em que os advogados figurem como outorgados constarão o número de suas inscrições ou a declaração do outorgante de que o ignora, e nas outorgadas às sociedades de advogados basta a menção ao número de inscrição no CNPJ, bem como a indicação de quem as representa.

(B) Nas procurações outorgadas por pessoas idosas, recomenda-se aos Tabeliães de Notas, especialmente quando insinuado risco concreto de comprometimento patrimonial do idoso, que as lavrem com prazo de validade não superior a 01 (um) ano, com atribuição de poderes para prática de negócios jurídicos específicos e determinados e sem previsão de cláusula de irrevogabilidade, ressalvadas as hipóteses em que esta for condição de um negócio jurídico bilateral ou tiver sido estipulada no exclusivo interesse do outorgante.

(C) Os Tabeliães de Notas, ao lavrarem escritura pública de substabelecimento, renúncia ou revogação de procuração escriturada em suas serventias, anotarão essa circunstância, imediatamente e mediante o pagamento dos respectivos emolumentos pelo interessado, à margem do ato substabelecido, objeto da renúncia ou revogado.

(D) Nas escrituras de substabelecimento, e naquelas em que as partes se fizerem representar por procurador substabelecido, o Tabelião de Notas exigirá, em qualquer caso, a apresentação dos instrumentos de procuração e substabelecimento, arquivando-os em pasta própria, com remissões recíprocas.

A: incorreta: No Estado de São Paulo, nas procurações outorgadas a sociedades de advogados deve constar com outorgados os advogados que as integram. *Nas procurações em que os advogados figurem como outorgados constarão o número de suas inscrições ou a declaração do outorgante de que o ignora, e nas outorgadas às sociedades de*

advogados constarão, como outorgados, os advogados que as integram – Item 133, Cap. XVI, tomo II, NSCGJ/SP). **B:** correta: No Estado de São Paulo, por expressa disposição normativa, é recomendado ao Tabelião evitar atos que possam colocar em risco o patrimônio de pessoas idosas, conforme o caso concreto. *Nas procurações outorgadas por pessoas idosas, recomenda-se aos Tabeliães de Notas, especialmente quando insinuado risco concreto de comprometimento patrimonial do idoso, que as lavrem com prazo de validade não superior a 01 (um) ano, com atribuição de poderes para prática de negócios jurídicos específicos e determinados e sem previsão de cláusula de irrevogabilidade, ressalvadas as hipóteses em que esta for condição de um negócio jurídico bilateral ou tiver sido estipulada no exclusivo interesse do outorgado/mandatário.* Item 132, Cap. XVI, tomo II, NSCGJ/SP). **C:** incorreta: A anotação é feita sem qualquer ônus ao interessado. Ainda, na hipótese de ser necessária a comunicação via correio, apenas as despesas postais podem ser cobradas. *Os Tabeliães de Notas, ao lavrarem escritura pública de substabelecimento, renúncia ou revogação de procuração escriturada em suas serventias, anotarão essa circunstância, **imediatamente e sem ônus aos interessados**, à margem do ato substabelecido, objeto da renúncia ou revogado; Quando o substabelecimento, a renúncia ou o ato revocatório for lavrado em outra serventia, o Tabelião de Notas, imediatamente e **mediante o pagamento pelo interessado da despesa postal da carta registrada**, comunicará essa circunstância ao Tabelião de Notas que lavrou o ato original, enviando-lhe cópia da escritura pública de substabelecimento, renúncia ou revogação de procuração que lavrou –* Itens 135 e 135.1, Cap. XVI, tomo II, NSCGJ/SP). **D:** incorreta: Nos casos de escritura de substabelecimento ou naquelas em que as partes se fizerem representar por procurador substabelecido, a apresentação dos instrumentos não é exigível em "qualquer caso", mas apenas se não tiverem sido lavrados nas próprias notas: *Nas escrituras de substabelecimento, e naquelas em que as partes se fizerem representar por procurador substabelecido, o Tabelião de Notas exigirá a apresentação dos instrumentos de procuração e substabelecimento, **se estes não tiverem sido lavrados nas próprias notas do cartório**, arquivando-os em pasta própria, com remissões recíprocas.–* Item 134, Cap. XVI, tomo II, NSCGJ/SP).
Gabarito "B".

(Cartório/MG – 2016 – Consulplan) Paolo, italiano casado no Brasil, amigo do tabelião, com quem se reúne semanalmente em grupo de estudos de língua italiana, comparece ao cartório e solicita a lavratura de uma procuração no idioma italiano, justificando que o ato terá eficácia na Itália, mais precisamente para que o mandatário celebre contratos de locação de seus bens, todos eles situados em território italiano. Diante disso, o tabelião

(A) lavrará a procuração, pois é conhecedor do idioma italiano e qualifica como legítima a rogação de Paolo, visto inexistir óbice normativo para essa lavratura.

(B) lavrará a procuração, pois é conhecedor do idioma italiano e do próprio direito italiano, sabendo que os atos notariais na Itália somente têm eficácia se lavrados no idioma italiano e diante da inexistência de óbice normativo no Brasil para a sua lavratura.

(C) lavrará a procuração, mas pede a Paolo que aguarde uma semana para que faça a adequação do idioma italiano, não configurando atentado ao princípio de unicidade do ato notarial e visto inexistir qualquer óbice normativo para a sua lavratura.

(D) qualificará negativamente o pedido, pois a pretensão de lavratura de escritura em idioma diverso do nacional encontra óbice no Código Civil e no Provimento 260/CGJ/2013 da Egrégia Corregedoria-Geral de Justiça de Minas Gerais.

A: incorreta: Os atos notariais devem ser redigidos em idioma nacional, e, portanto, a procuração não pode ser lavrada no idioma italiano – Art. 180, I, Prov. 93/2020 CGJ/MG: *Art. 180. São requisitos formais essenciais do instrumento público notarial: I – ser redigido na língua nacional).* **B:** incorreta: vide explicação da alternativa A. **C:** incorreta: vide explicação da alternativa. A. **D:** correta: vide explicação da alternativa A.
Gabarito "D".

8. DAS DOAÇÕES

(Cartório/MG – 2005 – EJEF) Analise estas afirmativas concernentes ao instituto da doação:

I. É nula a doação de todos os bens sem reserva de parte, ou renda, suficiente para a subsistência do doador.
II. Nula é a doação quanto à parte que exceder à de que o doador, no momento da liberalidade, poderia dispor em testamento.
III. O doador pode estipular cláusula de reversão a favor de terceiros.
IV. Na doação feita ao nascituro, dispensa-se a aceitação.

A partir dessa análise, pode-se concluir que

(A) apenas as afirmativas I e II estão corretas.
(B) apenas as afirmativas II e III estão corretas.
(C) apenas as afirmativas I, II e III estão corretas.
(D) apenas as afirmativas I, III e IV estão corretas.

I: correta, nos termos do art. 548 do CC; II: correta, nos termos do art. 549 do CC; III: incorreta. A cláusula de reversão, que prevê o retorno dos bens doados ao patrimônio do doador se esse sobreviver ao donatário, não pode ser estipulada em favor de terceiro, porque resultaria em hipótese não autorizada de fideicomisso (art. 547, parágrafo único, do CC); IV: incorreta. A aceitação é obrigatória e deve ser exarada pelo representante legal do nascituro (art. 542 do CC).
Gabarito "A".

(Cartório/MT – 2003 – UFMT) Desejando doar por escritura pública um bem imóvel à prole, um zeloso pai deseja impor cláusulas restritivas de inalienabilidade, incomunicabilidade e impenhorabilidade. Assinale o procedimento correto para tanto.

(A) Socorrer-se de notário público, de livre escolha das partes, rogando-lhe a lavratura da escritura pública de doação com imposição, no mesmo ato, de cláusulas restritivas de domínio, a qual deverá ser objeto de registro e averbação das cláusulas.
(B) Formular requerimento dirigido ao Oficial do Registro, instruído com a escritura de doação, solicitando a averbação das cláusulas restritivas de domínio e o subsequente registro do título.
(C) Socorrer-se do notário público, que deverá ser obrigatoriamente o do local da situação do bem imóvel, rogando-lhe a lavratura da escritura pública de doação com imposição, no mesmo ato, de cláusulas restritivas de domínio.
(D) Socorrer-se do notário público rogando-lhe a lavratura de dois instrumentos notariais: escritura pública de doação e escritura pública de inalienabilidade, impenhorabilidade e incomunicabilidade de bens. Ambas deverão ser objeto de registro.
(E) Socorrer-se do notário público, que deverá ser obrigatoriamente do local da situação do bem imóvel, rogando-lhe a lavratura da escritura pública ou particular de doação com imposição, no mesmo ato, de cláusulas restritivas de domínio.

A escolha do notário é livre, não ficando adstrita à localização do imóvel (art. 8º da Lei 8.935/1994). A escritura deve conter a manifestação clara da vontade das partes (art. 215, § 1º, IV, do CC), a qual inclui o desejo de gravar os bens com as cláusulas de incomunicabilidade, inalienabilidade e impenhorabilidade. Essa escritura, ao final, deverá ser levada ao Oficial de Registro de Imóveis onde o bem estiver matriculado para que se proceda: 1 – o registro da doação (art. 167, I, 33, da Lei 6.015/1973); e 2 – a averbação das cláusulas (art. 167, II, 11, da Lei 6.015/1973).
Gabarito "A".

(Cartório/RJ – 2002 – NCE-UFRJ) Mévio e sua mulher, Rose, doaram a seu pai e sogro, Caio, um de seus muitos imóveis. Mévio falece dois meses após o registro da escritura. Os filhos do doador, maiores e capazes, exigem que esse imóvel seja levado a inventário, sob a alegação de que a escritura é nula, pois dela não participaram. Caio, donatário e seu cliente, procura você, Tabelião, pedindo orientação. Assinale a alternativa correta:

(A) A escritura não é nula, mas sim anulável, caso os netos não convalidem o ato.
(B) A doação de descendentes para ascendentes importa adiantamento de legítima, devendo o bem ser colacionado.
(C) A doação é nula, pois os filhos não podem fazer doação aos pais, sem a anuência dos netos.
(D) A escritura está correta, já que os doadores, como determinado na lei, não gravaram o bem com nenhuma cláusula restritiva.
(E) A escritura está correta, dela não tinham que participar os netos.

Os filhos do doador não têm qualquer legitimidade para pleitear a nulidade da doação. Os atos de disposição do patrimônio são livres, respeitados os limites da lei, sendo que os descendentes possuem, em regra, apenas expectativa de direito à herança. Por se tratar de um ato gratuito, devemos lembrar, é obrigatório respeitar a legítima dos herdeiros necessários (art. 549 do CC). O enunciado, contudo, assevera que os doadores possuem "muitos imóveis", o que denota que o direito de herança dos filhos do doador foi respeitado. Logo, a doação pura e simples foi realizada corretamente sem qualquer intervenção dos netos do donatário.
Gabarito "E".

(Cartório/RJ – 2002 – NCE-UFRJ) Inela, casada sob o regime convencional da separação de bens, servidora pública federal, e seu marido, Patrick, aposentado, solicitam ao Escrevente de sua Serventia que lhes lavre Escritura de Doação dos dois únicos imóveis do casal a seus filhos, com reserva e instituição de usufruto apenas para o Doador e constando cláusula expressa na qual a Doadora declara possuir renda suficiente para sua subsistência. Nesse contexto, assinale a alternativa correta:

(A) Efetuado o recolhimento do ITCD, lavrar a escritura, suprimindo, porém, a declaração da doadora, por descabida.
(B) Não se pode lavrar a escritura. O usufruto obrigatoriamente deve caber aos doadores.
(C) Lavrar a escritura, como solicitado, desde que cumpridas as formalidades legais.
(D) Não se pode lavrar a escritura, pois ninguém pode doar a totalidade de seus bens.
(E) Lavrar a escritura, desde que a doadora lhe apresente as cinco últimas declarações do Imposto de Renda.

13. TABELIONATO DE NOTAS · 653

A: incorreta. A declaração da doadora não é descabida, pois a doação é nula se não restar ao doador renda suficiente para sua subsistência (art. 548 do CC); B: incorreta. É possível a constituição de usufruto em favor de qualquer pessoa, não havendo obrigatoriedade de vinculá-lo aos doadores; C: correta. As formalidades legais, no caso, referem-se especialmente ao recolhimento do ITCMD; D: incorreta. É possível a doação da totalidade dos bens, desde que os doadores possam prover a própria subsistência (art. 548 do CC). No caso em exame, o doador continua com o usufruto do imóvel, o que supre esse requisito; E: incorreta. A declaração da doadora é suficiente, não sendo ela obrigada a comprovar sua condição financeira mediante documentos.
Gabarito "C".

(Cartório/SP – VI – VUNESP) Júlio, casado sob o regime de separação de bens com Maria, pretende doar, a seu primogênito Júnior, imóvel particular seu. O tabelião deverá

(A) exigir a autorização de Maria e a anuência dos irmãos de Júnior.

(B) dispensar a autorização de Maria e a anuência dos irmãos de Júnior.

(C) exigir a autorização de Maria e dispensar a anuência dos irmãos.

(D) dispensar a autorização de Maria e exigir a anuência dos irmãos de Júnior.

Considerando o regime da separação absoluta de bens, não é necessária a outorga uxória para alienar patrimônio particular (art. 1.647, *caput*, do CC). Na doação de ascendentes a descendentes, não é necessário a participação dos demais descendentes (diferentemente da venda e compra, que pode ser anulada se os demais descendentes não houverem expressamente consentido – art. 496, CC), portanto a anuência dos demais filhos não é requisito da doação, entretanto, se não for declarado que a doação é feita da parte disponível, presume-se que foi feita em adiantamento de legítima (art. 544 do CC).
Gabarito "B".

(Cartório/SP – V – VUNESP) Na doação inoficiosa,

(A) a escritura é nula e ineficaz.

(B) a escritura é anulável.

(C) a escritura é ineficaz quanto à parte excedente.

(D) a escritura é nula, mas eficaz em relação a terceiros.

Doação inoficiosa é aquela que extrapola o montante que o doador poderia dispor, no momento do contrato, em testamento. Segundo o art. 549 do CC, ela é nula "quanto à parte que exceder" a legítima, ou seja, a escritura será ineficaz (não produzirá efeitos) nessa mesma proporção.
Gabarito "C".

(Cartório/MG – 2015 – Consulplan) "Pode se dizer que a ata notarial, depois da escritura pública, é o ato notarial de maior relevância e, apesar, disso, não tem ela merecido entre nós a devida atenção, como, aliás, não tem merecido a devida atenção o direito notarial com um todo."

(BRANDELLI, L. Teoria Geral do Direito Notarial. 2. ed. São Paulo: Saraiva, 2007, p. 245.)

Em relação à ata notarial, é correto afirmar:

(A) A ata notarial, dotada de fé pública e de força de prova pré-constituída, é ato exclusivo do tabelião, não podendo ser praticado por seus prepostos.

(B) A ata notarial pode ter por objeto colher declaração testemunhal para fins de prova em processo administrativo ou judicial.

(C) O conteúdo de uma ata notarial pode ser a manifestação de vontade das partes em negócio jurídico, desde

que endereçada ao tabelião e destinada a concretizar o suporte fático abstrato descrito na norma jurídica.

(D) Em que pese o cunho probatório da ata notarial, esta não pode ter por objeto a descrição de um fato ilícito.

A: incorreta: Art. 263, Prov. 93/2020 CJG/MG: *A ata notarial, dotada de fé pública e de força de prova pré-constituída, é o instrumento em que o **tabelião, seu substituto ou escrevente,** a pedido de pessoa interessada, constata fielmente os fatos, as coisas, pessoas ou situações para comprovar a sua existência ou o seu estado*. B: correta. Art. 263, §1º, I, Prov. 93/2020 CGJ/MG: *§1º A ata notarial pode ter por objeto: I – colher declaração testemunhal para fins de prova em processo administrativo ou judicial*. C: incorreta: De forma sucinta, pode se dizer que os fatos jurídicos (em sentido amplo) são constituídos de atos jurídicos (que, por sua vez, dentre outras classificações, compreende os atos jurídicos em sentido estrito, os ato-fato jurídicos e os negócios jurídicos) e fatos jurídicos (em sentido estrito). A grosso modo, é possível afirmar que, em regra, é a escritura pública que materializa atos jurídicos (concretização de suportes fáticos abstratos). Já a ata notarial tem por função, em regra, documentar fatos jurídicos em sentido estrito e os ato-fatos jurídicos. Este tema foi aqui tratado de forma singela, apenas para apontar a incorreção da alternativa. Vale mencionar, entretanto, que o tema é profundo, havendo maiores discussões, correntes, divergências e nuances acerca das classificações aqui retratadas). D: incorreta: A ata notarial tem por objeto descrever fatos jurídicos, sejam eles lícitos ou ilícitos. O Art. 263 do Prov. 93/2020 CGJ/MG, ao conceituar que a ata notarial "*constata fielmente os fatos, coisas, pessoas ou situações para comprovar a sua existência ou estado*" não faz distinção entre fatos lícitos ou ilícitos. Neste mesmo sentido, anote-se que as normas do Estado de São Paulo são expressas em autorizar as atas notariais que narrem fatos ilícitos – item 141.1, Cap. XVI, tomo II, das NSCGJ/SP: *É possível lavrar ata notarial quando o objeto narrado constitua fato ilícito*.
Gabarito "B".

(Cartório/CE – 2018 – IESES) Sobre ata notarial é INCORRETO afirmar:

(A) Pode ter como objeto ato ilícito.

(B) Não pode ser requerida, em nenhuma hipótese, por relativamente incapaz, pois a prova da capacidade é condição para a plena aferição do princípio notarial rogatório.

(C) Apesar de ser livre a escolha do Tabelião, não poderá este se deslocar para Município diverso do dá delegação para atestar a posse e lavrar ata para fins de usucapião extrajudicial, especialmente quando o bem não for contíguo ou lindeiro à sua Comarca.

(D) Constituiu requisito obrigatório para usucapião extrajudicial.

A: correta: a ata notarial é narrativa de fatos, podendo relatar o acontecimento de um ato ilícito, desde que não seja imoral (sobre esse ponto da imoralidade, a doutrina debate sobre a possibilidade de eternizar em documento público um ato imoral, porém, conforme § 3º do art. 466-A da Consolidação Normativa Notarial e Registral – CNNR/CE, "o Tabelião de Notas deve recusar a prática do ato, se o solicitante atuar ou pedir algo que vá contra a moral, a ética, os costumes e a lei"); B: incorreta: na ata notarial, não existe aferição de capacidade da parte requerente, pois não há manifestação de vontade (o tabelião é o autor da ata notarial), diferentemente do que ocorre na escritura pública, onde há manifestação de vontade das partes; C: correta: para lavrar ata notarial para fins de usucapião extrajudicial, o tabelião deve se deslocar ao imóvel usucapiendo e verificar a exteriorização da posse, constatar fatos, examinar documentos e ouvir testemunhas (inciso I do § 1º do art. 465, inciso X e § 1º do art. 466, e art. 466-D, todos da Consolidação Normativa Notarial e Registral – CNNR/CE), não podendo praticar atos de seu ofício fora do município para o qual recebeu a delegação (art.

9º da Lei 8.935/94); **D:** correta: a ata notarial é um requisito obrigatório para a usucapião extrajudicial, conforme inciso I do art. 216-A da Lei 6.015/73, que teve a redação dada pela Lei 13.465/2017, e inciso I do art. 770-C da Consolidação Normativa Notarial e Registral – CNNR/CE.
Gabarito "B".

(Cartório/SP – 2018 – VUNESP) Nos termos das Normas de Serviço da Corregedoria da Justiça do Estado de São Paulo, é correto afirmar:

(A) a ata notarial deverá conter a assinatura do solicitante e das testemunhas.

(B) não é possível lavrar ata notarial quando o objeto narrado constitua fato ilícito.

(C) a ata notarial é a narração objetiva, fiel e detalhada de fatos jurídicos presenciados ou verificados pessoalmente pelo Tabelião de Notas.

(D) é dispensado o arquivamento dos documentos apresentados para a lavratura da ata notarial.

A: incorreta: a única assinatura obrigatória na ata notarial é a do tabelião de notas; **B:** incorreta: caso o objeto constitua fato ilícito, há permissivo expresso para a lavratura da ata notarial (item 141.1, Cap. XVI, tomo II, das NSCGJSP); **C:** correta: é o conceito de ata notarial trazido pelas Normas de Serviço de São Paulo (item 138, Cap. XVI, tomo II, das NSCGJSP); **D:** incorreta: não há dispensa para arquivamento desses documentos, ao contrário, devem ser devidamente arquivados nos classificadores próprios, quando for o caso.
Gabarito "C".

(Cartório/MG – 2019 – Consulplan) De acordo com o Provimento nº 260/CGJ/2013, acerca das atas notariais, NÃO é correto afirmar que:

(A) Eventual recusa do solicitante em assinar a ata notarial torna o ato sem validade.

(B) Pode ter por objeto fazer constar o comparecimento, na serventia, de pessoa interessada em algo que não se tenha realizado por motivo alheio à sua vontade.

(C) Quando lavrada para fins de usucapião extrajudicial, será objeto de registro no Cartório de Registro Imóveis competente, nos termos do art. 216-A da Lei nº 6.015/73.

(D) É o instrumento em que o tabelião, seu substituto ou escrevente, a pedido de pessoa interessada, constata fielmente os fatos, as coisas, pessoas ou situações para comprovar a sua existência ou o seu estado.

A: em que pese ser a ata notarial um documento produzido apenas pelo tabelião, que é o seu autor, livre da manifestação de vontade das partes, o inciso V do art. 264 do Provimento Conjunto 93/2020 elenca como requisito da ata a assinatura do solicitante, ressalvando no §2º do mesmo artigo que caso haja recusa de assinatura por parte do requerente, este fato deve ser anotado no campo destinado à sua assinatura; **B:** reprodução do inciso II do § 1º do art. 263, Provimento Conjunto 93/2020; **C:** a ata notarial é um dos documentos que instrui o pedido de reconhecimento de usucapião extrajudicial junto ao Registro de Imóveis competente, nos termos do art. 216-A da Lei 6.015/73; **D:** reprodução do *caput* do art. 263 do Provimento Conjunto 93/2020.
Gabarito Anulada

(Cartório/MG – 2015 – Consulplan) Considerando o que dispõe o Provimento nº 260/CGJ/2013 sobre atas notariais, é correto afirmar que:

(A) Em caso do solicitante recusar assinar a ata, esta circunstância será anotada no campo destinado à sua assinatura.

(B) A ata notarial pode ter por objeto a colheita de declaração testemunhal para fins de prova em processo administrativo, mas não em processo judicial.

(C) A ata notarial é ato exclusivo e pessoal do tabelião, não podendo ser elaborada por escrevente.

(D) A ata notarial é espécie do gênero escritura pública, devendo ser redigida com os requisitos legais previstos no § 1º do art. 215 do Código Civil Brasileiro.

A: correta: Art. 264, §2º, Prov. 93/2020 CGJ/MG: *Recusando-se o solicitante a assinar a ata, será anotada a circunstância no campo destinado à sua assinatura).* **B:** incorreto: Art. 263, §1º, inciso I, Prov. 93/2020 CGJ/MG: *§1º A ata notarial pode ter por objeto: I – colher declaração testemunhal para fins de prova em processo administrativo ou judicial.* **C:** incorreto: Art. 263, Prov. 93/2020 CGJ/MG: *A ata notarial, dotada de fé pública e de força de prova pré-constituída, é o instrumento em que o **tabelião, seu substituto ou escrevente**, a pedido de pessoa interessada, constata fielmente os fatos, as coisas, pessoas ou situações para comprovar a sua existência ou o seu estado.* **D:** incorreta: Nos termos do Art. 170 do Prov. 93/2020 CGJ/MG a ata notarial (inciso III) não é espécie de escritura pública (inciso I): *Art. 170. Ao Tabelionato de Notas compete com exclusividade: I – a lavratura de escrituras públicas em geral, incluindo as de testamento e de procuração; (...) III – a lavratura de atas notariais.*
Gabarito "A".

(Cartório/PA – 2016 – IESES) A principal distinção entre ata notarial e escritura pública:

(A) Na ata não há qualificação notarial e aconselhamento por parte do Tabelião, o que ocorre somente na escritura pública.

(B) A ata notarial não tem natureza autenticatória.

(C) A escritura pública tem o condão de constituir atos e negócios jurídicos e a ata notarial tem caráter descritivo de fatos.

(D) A escritura tem fé pública legal, ao contrário da ata notarial.

A: incorreta: "*Ao receber a solicitação, o tabelião já deverá orientar a parte quanto ao direito e até mesmo quanto às regras de condutas e do senso comum. No transcorrer do ato, o aconselhamento deve seguir, estendendo-se a terceiros que participem do fato*". (cf. Paulo Roberto Gaiger Ferreira e Felipe Leonardo Rodrigues, Ata Notarial – Doutrina, Prática e Meio de Prova, 1ª Ed., São Paulo, Quartier Latin, 2010, p. 124). **B:** incorreta: "A ata notarial tem natureza autenticatória. Não constitui direitos ou obrigações, apenas preserva os fatos para o futuro com autenticidade notarial". (Cf. Paulo Roberto Gaiger Ferreira e Felipe Leonardo Rodrigues, Ata Notarial – Doutrina, Prática e Meio de Prova, 1ª Ed., São Paulo, Quartier Latin, 2010, p. 113). **C:** correta: "As atas e as escrituras têm objetos distintos: a ata descreve o fato no instrumento; a escritura declara os atos e negócios jurídicos, constituindo-os". (Cf. Paulo Roberto Gaiger Ferreira e Felipe Leonardo Rodrigues, Ata Notarial – Doutrina, Prática e Meio de Prova, 1ª Ed., São Paulo, Quartier Latin, 2010, p. 112). **D:** incorreta: *A ata notarial, **dotada de fé pública e de força de prova pré-constituída**, é o instrumento em que o tabelião, seu substituto ou escrevente, a pedido de pessoa interessada, constata fielmente os fatos, as coisas, pessoas ou situações para comprovar a sua existência ou o seu estado.* – Art. 331, Provimento Conjunto 002/2019 CJRMB/CJCI.
Gabarito "C".

(Cartório/PA – 2016 – IESES) Indique a alternativa INCORRETA:

(A) O juízo de valores sobre fatos escapa ao alcance da ata notarial.

(B) O instrumento notarial se presta a prevenir litígios e a abreviá-los, diante da qualidade da prova que constituem.

13. TABELIONATO DE NOTAS 655

(C) O controle da lavratura da ata notarial é exclusivo do notário, por se tratar de ato unilateral de sua exclusiva competência, sem que o requerente possa contestar ou refutar o que nela constar.

(D) O tabelião deve fazer um juízo de valor sobre os fatos por ele percebidos antes da lavratura da ata notarial.

A: incorreta: A afirmativa está correta. De fato, não cabe ao notário julgar, ou fazer qualquer juízo de valor. Deve limitar-se a descrever o que foi presenciado por seus sentidos, cabendo a realização de juízos de valor a quem ler o conteúdo da ata, em especial juízes e tribunais (cf. Paulo Roberto Gaiger Ferreira e Felipe Leonardo Rodrigues, Ata Notarial – Doutrina, Prática e Meio de Prova, 1ª Ed., São Paulo, Quartier Latin, 2010, p. 126). **B:** incorreta: a afirmativa está correta. Segundo Leonardo Brandelli, *"Trata-se a fé pública tão somente de característica técnica da qual é dotado o tabelião com o intuito de mais facilmente conseguir seu intento de intervenção cautelar na esfera graciosa do desenvolvimento jurídico, criando prova qualificada e, com isso, dando certeza e segurança jurídicas e fomentando a paz social".* (Cf. Leonardo Brandelli, Teoria Geral do Direito Notarial, 4ª Ed., São Paulo, Saraiva, 2011, p. 257). **C:** incorreta: A afirmativa está correta. A ata notarial pode ser lavrada pelo notário ainda que o solicitante se recuse a assiná-la, caso em que lhe caberá consignar no ato esta recusa, a qual não o invalida (cf. Paulo Roberto Gaiger e Felipe Leonardo Rodrigues, Ata Notarial – Doutrina, Prática e Meio de Prova, 1ª Ed., São Paulo, Quartier Latin, 2010, p. 143). **D:** correta: A afirmativa está incorreta. Ver comentário à alternativa "a".
Gabarito "D".

9. DOS TESTAMENTOS

(Cartório/BA – 2004 – CESPE) Com relação aos testamentos, julgue os itens a seguir.

(1) O testador de testamento público deverá assiná-lo juntamente com as testemunhas e o tabelião.

(2) O substituto do tabelião não poderá fazer a leitura do testamento público quando o testador for cego.

(3) Se o tabelião tiver escrito o testamento cerrado, a rogo do testador, ficará impedido de aprová-lo, ficando a aprovação a cargo do substituto.

(4) Não podem dispor de seus bens em testamento cerrado quem não saiba ler e o surdo-mudo.

(5) O tabelião perante o qual se fez o testamento, ou que o tenha aprovado, não pode ser herdeiro do testador, mas tão somente seu legatário.

(6) Os testamentos ordinários são o público e o particular, sendo todos os demais especiais.

1: correta, nos termos do art. 1.864, III, do CC; 2: incorreta. O substituto está autorizado a realizar a leitura do testamento do cego pelo art. 1.867 do CC; 3: incorreta. O tabelião pode aprovar o testamento por ele mesmo escrito a rogo do testador (art. 1.870 do CC); 4: incorreta. A proibição incide somente sobre quem não saiba ou não possa ler, o que não é o caso do surdo-mudo (arts. 1.872 e 1.873 do CC); 5: incorreta. O tabelião, nesse caso, não poderá ser herdeiro nem legatário (art. 1.801, IV, do CC); 6: incorreta. Também é espécie de testamento ordinário o testamento cerrado.
Gabarito 1C, 2E, 3E, 4E, 5E, 6E.

(Cartório/DF – 2003 – CESPE) A respeito da Lei dos Serviços Notariais e de Registro (LSNR — Lei n.º 8.935/1994), julgue o seguinte item.

(1) Se um indivíduo quiser pôr em testamento suas disposições de última vontade, deverá fazê-lo apenas perante o tabelião de notas de seu domicílio; caso

mude de domicílio, não precisará, porém, registrar nem averbar o testamento no novo tabelionato.

1: incorreta. As disposições de última vontade podem ser inseridas, além do testamento público, em testamento particular ou cerrado. Ainda que se opte pelo testamento público, é livre a escolha do tabelião de notas, não ficando o testador adstrito ao seu domicílio (art. 8º da Lei 8.935/1994).
Gabarito 1E.

(Cartório/MG – 2012 – FUMARC) Qual ato inicia a contagem do prazo de extinção do direito de impugnar a validade de um testamento?

(A) O registro do testamento.

(B) O falecimento do testador.

(C) O registro do óbito no Registro Civil das Pessoas Naturais.

(D) A entrada da petição inicial com a apresentação do testamento.

A decadência do direito de impugnar a validade de um testamento ocorre no prazo de cinco anos, contados da data do registro do ato (art. 1.859 do Código Civil).
Gabarito "A".

(Cartório/MG – 2012 – FUMARC) **NÃO** é correto o que se afirma em

(A) O deficiente visual pode fazer testamento público.

(B) O testamento cerrado só pode ser lido em língua nacional.

(C) Os inteiramente surdos podem designar quem leia o seu testamento público.

(D) Os maiores de 16 anos e menores de 18 anos podem ser testemunhas em testamentos.

A: correta, nos termos do art. 1.867, do Código Civil; B: incorreta, devendo ser assinalada. O testamento cerrado pode ser redigido em língua estrangeira (art. 1.871 do Código Civil) e não é lido pelo tabelião, mas sim entregue, ainda lacrado, ao juiz (art. 1.875 do Código Civil); C: correta, nos termos do art. 1.866, parte final, do Código Civil; D: correta, nos termos do art. 228 do Código Civil.
Gabarito "B".

(Cartório/MG – 2005 – EJEF) É CORRETO afirmar que é considerada capaz de adquirir por testamento

(A) a pessoa jurídica.

(B) a testemunha do testamento.

(C) o concubino do testador casado, salvo se este, sem sua culpa, estiver separado de fato do cônjuge há mais de cinco anos.

(D) o cônjuge ou companheiro da pessoa que a rogo escreveu o testamento.

A: correta, nos termos do art. 1.799, II, do CC; B: incorreta, por força do art. 1.801, II, do CC; C: incorreta, por força do art. 1.801, III, do CC; D: incorreta, por força do art. 1.801, I, do CC.
Gabarito "A".

(Cartório/MG – 2005 – EJEF) Analise estas afirmativas concernentes a testamentos em geral:

I. Toda pessoa capaz pode dispor, por testamento, da totalidade dos seus bens, ou de parte deles, para depois de sua morte.

II. A incapacidade superveniente do testador não invalida o testamento, assim como o testamento do incapaz não se valida com a superveniência da capacidade.

III. Segundo a legislação vigente, podem testar os maiores de 16 anos.

IV. É proibido o testamento conjuntivo, seja simultâneo, recíproco ou correspectivo.

A partir dessa análise, pode-se concluir que

(A) apenas as afirmativas I e II estão corretas.

(B) apenas as afirmativas III e IV estão corretas.

(C) apenas as afirmativas I, II e III estão corretas.

(D) as quatro afirmativas estão corretas.

I: correta, nos termos do art. 1.857 do CC; II: correta, nos termos do art. 1.861 do CC; III: correta, nos termos do art. 1.860, parágrafo único, do CC; IV: correta, nos termos do art. 1.863 do CC. Testamento conjuntivo, ou de mão conjunta, é o testamento que contenha as disposições de última vontade de mais de uma pessoa. Diz-se simultâneo quando os testadores dispõem conjuntamente em favor da mesma pessoa; recíproco, se um nomeia o outro como seu herdeiro; e correspectivo, caso existam condições em retribuição de outras estabelecidas pelo segundo testador.
Gabarito "D".

(Cartório/RJ – 2008 – UERJ) No que se refere à lavratura de um Testamento Público, está correta a alternativa.

(A) o indivíduo inteiramente surdo, não sabendo ler, deverá o tabelião ler, sempre presentes as testemunhas

(B) lavrado o testamento, este deverá ser lido em voz alta pelo Tabelião ao testador e posteriormente às duas testemunhas, sempre no mesmo dia

(C) ao cego só se permite o testamento particular se presentes cinco testemunhas; aquele lhe será lido em voz alta por duas das testemunhas instrumentárias

(D) se o testador não souber, ou não puder assinar, o tabelião assim o declarará, assinando, neste caso, pelo testador e, a seu rogo, um parente seu até o terceiro grau

(E) ser escrito em livro próprio, de acordo com as declarações do testador, podendo este servir-se de minuta, notas ou apontamentos, é considerado como um dos requisitos do testamento público

---

A: incorreta. Cabe ao surdo indicar a pessoa que lerá seu testamento (art. 1.866 do CC); B: incorreta. O testador e as testemunhas devem ouvir a leitura ao mesmo tempo (art. 1.864, II, do CC); C: incorreta. Ao cego somente se permite o testamento público, que será lido duas vezes (art. 1.867 do CC); D: incorreta. Quem assinará pelo testador será, a seu rogo, uma das testemunhas instrumentárias (art. 1.865 do CC); E: correta, nos termos do art. 1.864, I, do CC).
Gabarito "E".

(Cartório/RJ – 2008 – UERJ) Os testamentos públicos e cerrados são:

(A) ambos lavrados e aprovados por tabelião

(B) lavrados e aprovados por tabelião ou registrador

(C) ambos lavrados e aprovados pelo tabelião ou por um dos seus substitutos

(D) respectivamente, o primeiro, lavrado, e o segundo, aprovado por tabelião

(E) ambos lavrados por tabelião, sendo exigida ainda a aprovação do segundo

---

"Lavrar" é sinônimo de "redigir", "escrever". O testamento público é lavrado pelo tabelião, porque somente este pode redigir a escritura pública. O testamento cerrado é aprovado pelo tabelião, que não conhece seu conteúdo (art. 7º, II, da Lei 8.935/1994).
Gabarito "D".

(Cartório/RJ – 2002 – NCE-UFRJ) O tabelião, ao aprovar o testamento de uma pessoa cega, deverá determinar que o termo de aprovação seja lido por duas vezes em voz alta, uma feita pelo próprio tabelião e a outra por uma das testemunhas designadas pelo testador, fazendo-se de tudo circunstanciada menção. Quanto a esse procedimento, pode-se afirmar que:

(A) pessoa cega não pode dispor de seus bens em testamento cerrado;

(B) o testador cego deve conhecer a voz da testemunha que leu a aprovação;

(C) o testador cego deve escrever na face externa do papel, que se trata de seu testamento cerrado;

(D) o testador cego deverá escrever todo o testamento e assiná-lo;

(E) o tabelião deverá aprovar o testamento cerrado, desde que faça circunstanciada menção, no termo de aprovação, das formalidades legais.

A: correta. Ao cego permite-se somente o testamento público (art. 1.867 do CC); B: incorreta. Não há qualquer exigência nesse sentido; C: incorreta, pela proibição já mencionada ao testamento cerrado; D: incorreta. Todo e qualquer testamento público somente pode ser redigido pelo tabelião (art. 7º, II, da Lei 8.935/1994); E: incorreta, pela já mencionada proibição ao testamento cerrado do cego.
Gabarito "A".

(Cartório/RJ – 2002 – NCE-UFRJ) Provar a veracidade da causa alegada pelo testador para deserdar um herdeiro necessário é incumbência do/a:

(A) Ministério Público;

(B) testamenteiro e inventariante;

(C) meeiro(a);

(D) herdeiro instituído, ou aquele a quem aproveita a deserdação;

(E) legatário.

Tem legitimidade para arguir e provar a deserdação o herdeiro instituído ou qualquer pessoa a quem aquela aproveite, nos termos do art. 1.965 do CC. Lembre-se que esse direito está sujeito ao prazo de decadência de 04 anos, a contar da data da abertura do testamento.
Gabarito "D".

(Cartório/RJ – 2002 – NCE-UFRJ) Em um testamento, será considerada válida a disposição que:

(A) institua herdeiro ou legatário, sob a condição captatória de que este disponha, também por testamento, em benefício do testador ou de terceiro;

(B) beneficie pessoa incerta, cuja identidade não se possa averiguar;

(C) favoreça pessoa incerta, cometendo a determinação de sua identidade a terceiro;

(D) deixe ao arbítrio do herdeiro ou de outrem, fixar o valor do legado;

(E) favoreça pessoa incerta que deva ser determinada por terceiro, dentre duas ou mais pessoas mencionadas

13. TABELIONATO DE NOTAS   657

pelo testador, ou pertencentes a uma família, um corpo coletivo ou um estabelecimento por ele designado.

A: incorreta, por força do art. 1.900, I, do CC. Cláusula ou condição captatória é a exigência junto ao herdeiro de que esse também nomeie o testador como seu herdeiro; B: incorreta, por força do art. 1.900, II, do CC; C: incorreta, por força do art. 1.900, III, do CC; D: incorreta, por força do art. 1.900, IV, do CC; E: correta, consoante o disposto no art. 1.901, I, do CC. Gabarito "E".

(Cartório/RJ – 2002 – NCE-UFRJ) Bob Bush apresenta ao Tabelião de Notas um escrito na língua alemã, dizendo tratar-se de seu testamento cerrado, e solicita que lhe seja aprovado. O Tabelião de Notas não conhece o idioma do testador. Pode ser lavrado o Auto de Aprovação:

(A) Não, pois o Tabelião de Notas não conhece o idioma.

(B) Sim, pois o Tabelião não pode ter conhecimento das disposições testamentárias.

(C) Sim, desde que alguma testemunha instrumentária conheça o idioma.

(D) Sim, havendo a intervenção do Tradutor Público Juramentado.

(E) Não, pois ao estrangeiro é vedado o testamento cerrado.

No testamento cerrado, apenas o testador, como regra, tem conhecimento das disposições testamentárias. Com isso, não há qualquer necessidade de o tabelião conhecer o idioma no qual foi escrito, devendo aprová-lo normalmente, desde que cumpridas as exigências do art. 1.868 do CC. Gabarito "B".

(Cartório/SC – 2012) Sobre o testamento é **correto** afirmar:

I. É proibido o testamento conjuntivo, seja simultâneo, recíproco ou correspectivo.

II. Qualquer tipo de testamento só pode ser escrito em língua nacional.

III. O analfabeto não pode testar.

IV. O cego pode testar através de testamento particular.

V. O surdo-mudo pode fazer testamento cerrado.

(A) Somente as proposições III e V estão corretas.

(B) Somente as proposições I, II e IV estão corretas.

(C) Somente as proposições II, III e IV estão corretas.

(D) Somente as proposições I e V estão corretas.

(E) Todas as proposições estão corretas.

I: correta, nos termos do art. 1.863 do Código Civil; II: incorreta. O testamento cerrado e o testamento particular podem ser escritos em língua estrangeira (arts. 1.871 e 1.880, respectivamente, do Código Civil); III: incorreta. O analfabeto pode elaborar o testamento público (art. 1.865 do Código Civil); IV: incorreta. Ao cego somente é permitido o testamento público (art. 1.867 do Código Civil); V: correta, nos termos do art. 1.873 do Código Civil. Gabarito "D".

(Cartório/SP – VI – VUNESP) Com relação ao testamento público, assinale a alternativa correta.

(A) Ao cego só se permite o testamento cerrado.

(B) Ao estrangeiro que não compreende o vernáculo só se admite o testamento com tradutor público juramentado.

(C) O legatário pode figurar como testemunha.

(D) Pode ser feito por menor púbere.

A: incorreta. Ao cego somente se permite o testamento público (art. 1.867 do CC); B: incorreta. O estrangeiro pode até mesmo redigir o testamento particular em sua língua-mãe, desde que as testemunhas instrumentárias a compreendam (art. 1.880 do CC); C: incorreta. É vedado que o legatário seja testemunha do testamento (art. 1.801, II, do CC); D: correta, nos termos do art. 1.860, parágrafo único, do CC. Gabarito "D".

(Cartório/SP – V – VUNESP) Os testamentos públicos e cerrados são

(A) ambos lavrados e aprovados por tabelião.

(B) ambos lavrados por tabelião, sendo exigida ainda a aprovação do segundo.

(C) respectivamente, o primeiro, lavrado, e o segundo, aprovado por tabelião.

(D) lavrados e aprovados por tabelião ou registrador.

"Lavrar" é sinônimo de "redigir", "escrever". O testamento público é lavrado pelo tabelião, porque somente este pode redigir a escritura pública. O testamento cerrado é aprovado pelo tabelião, que não conhece seu conteúdo (art. 7º, II, da Lei 8.935/1994). Gabarito "C".

(Cartório/SP – III – VUNESP) Assinale a alternativa correta no que se refere ao testamento cerrado.

(A) O tabelião deverá iniciar o instrumento de aprovação imediatamente após a última palavra do testamento, não admitido o seu início em folha separada.

(B) O tabelião deverá iniciar o instrumento de aprovação em folha separada, visto que o testamento lhe foi apresentado cerrado pelo testador, dizendo-lhe que o dava por bom, firme e valioso.

(C) Lavrado o instrumento de aprovação, o tabelião o lerá na presença do testador, que o assinará, sendo vedada a assinatura a seu rogo.

(D) Entregue o testamento ao testador, lançará o tabelião no livro próprio ou de Notas apenas nota do lugar, dia, mês e ano em que o testamento foi aprovado e entregue.

A: incorreta. É possível que o instrumento se inicie em folha separada se não houver espaço na última folha do testamento, devendo o tabelião certificar a situação e apor seu sinal público (art. 1.869, parágrafo único, do CC); B: incorreta. A regra é que instrumento se inicie logo após a última palavra do testamento (art. 1.869, *caput*, do CC); C: incorreta. A leitura deverá ser feita ao testador e às testemunhas (art. 1.868, III, do CC); D: correta, nos termos do art. 1.874 do CC. Gabarito "D".

(Cartório/MG – 2015 – Consulplan) "É justamente no sentido de prover aos indivíduos um fenecimento honrado que, no entrecruzamento das relações contemporâneas entre direitos fundamentais e autonomia privada, emerge o vasto campo de possibilidades das declarações de vontade antecipada ou testamento vital. O objetivo de tais expressões jurídicas é justamente proteger a dignidade humana do enfermo terminal ou daquele que, diante de diagnóstico médico preciso, esteja diante de circunstância tolhedora de suas potencialidades humanas racionais" (FACHIN, L.E. et al. Testamento vital ou declaração de vontade antecipada – limites e possibilidades das declarações de vontade que precedem à incapacidade civil. Disponível em: <http://fachinadvogados.com.br/artigos/Testamento%20vital. pdf>. Acesso em: 17 de abril de

2015.) Considerando as ideias contidas no texto acima e de acordo com o que dispõe o Provimento nº 260/CGJ/2013, é correto afirmar:

(A) A declaração antecipada de vontade, apesar de não ter sido disciplinada no Provimento nº 260/CGJ/2013, deve ser lavrada por tabelião de notas considerando que trata-se de preservação de direitos personalíssimos.

(B) É possível na escritura pública de declaração antecipada de vontade a disposição de cláusulas testamentárias sobre partilha de bens, independentemente da presença de testemunhas instrumentárias, considerando tratar-se de documento público.

(C) É possível na escritura pública de declaração antecipada de vontade o declarante constituir procuradores para administrar-lhes os bens quando não puder expressar sua vontade.

(D) A declaração antecipada de vontade não poderá dispor sobre orientações aos profissionais médicos após o declarante encontrar-se em estado de incapacidade.

A: incorreta: A declaração antecipada de vontade era disciplinada, na época da questão, no Provimento 260/2013. Atualmente encontra-se disciplinada no Capítulo X do Provimento 93/2020 (novo Código de Normas), ao contrário do afirmado na alternativa. Ainda, nos termos do atual Provimento 93/2020 (que repetiu o disposto do Código de Normas anterior), as diretrizes antecipadas podem ser lavradas por instrumento público, porém, a forma pública, apesar de recomendável, não é obrigatória para este ato por falta de previsão legal. Portanto, também é incorreta a afirmação contida na alternativa de que a declaração antecipada "deve" ser lavrada por Tabelião. Art. 288, Prov. 93/2020 CGJ/MG. *Poderá ser lavrada por instrumento público a declaração antecipada de vontade de pessoa capaz, também denominada diretrizes antecipadas, que se consubstancia em um conjunto de instruções e vontades a respeito do corpo, da personalidade e da administração familiar e patrimonial para a eventualidade de moléstia grave ou acidente que venha a impedir a pessoa de expressar sua vontade.* **B:** incorreta: Para disposições testamentárias é imperioso seguir a forma prevista em lei, conforme a modalidade do testamento escolhido, não sendo possível, portanto, incluir disposições testamentárias sobre partilha de bens na declaração antecipada de vontade. **C:** correta: Art. 290, Prov. 93/2020 CGJ/MG: *No instrumento público lavrado no Livro de Notas (Livro N) em que for feita a declaração antecipada de vontade, o declarante poderá constituir procuradores para, na eventualidade de não poder expressar sua vontade, administrar seus bens e representá-lo perante médicos e hospitais sobre cuidados e tratamentos a que será submetido, sendo, neste caso, considerados praticados 2 (dois) atos, quais sejam a lavratura de uma escritura pública declaratória e a de uma procuração.* **D:** incorreta: Art. 289, Prov. 93/2020 CGJ/MG: Pela declaração antecipada de vontade, o declarante poderá orientar os profissionais médicos sobre cuidados e tratamentos que quer, ou não, receber no momento em que estiver incapacitado de expressar, livre e autonomamente, sua vontade.
,,Gabarito "C".

(Cartório/MG – 2019 – Consulplan) Diretivas Antecipadas de Vontade, também conhecidas como Testamento Vital, acerca desse ato é correto afirmar que:

(A) Deverá ser lavrado por instrumento público.

(B) É instrumento hábil para dispor sobre sucessão patrimonial.

(C) De acordo com o Provimento nº 260/CGJ/2013, será lavrado nos mesmos livros dos Testamentos (Livro T).

(D) O declarante poderá constituir procuradores para, na eventualidade de não poder expressar sua vontade,

administrar seus bens e representá-lo perante médicos e hospitais sobre cuidados e tratamentos a que será submetido.

A: incorreta: a escritura pública não é obrigatória para consubstanciar as Diretivas Antecipadas de Vontade (DAV), podendo ser feita por instrumento público ou particular, motivo pelo qual o art. 288 do Provimento Conjunto 93/2020 utilizou a expressão "poderá" (*poderá – e não deverá* – ser lavrada por instrumento público); **B:** incorreta: conforme art. 288 do Provimento Conjunto 93/2020, as DAV podem prever instruções e declarações sobre a vontade da pessoa a respeito do corpo, da personalidade e da administração familiar e patrimonial para a eventualidade de moléstia grave ou acidente que venha a impedi-la de expressar sua vontade; contudo, se o intuito é dispor sobre a sucessão patrimonial, que será concretizada com a morte da pessoa, o instrumento legal a ser utilizado é o testamento; **C:** incorreta: será lavrado no Livro de Notas (Livro N), conforme art. 290 do Provimento Conjunto 93/2020; **D:** correta: reprodução de parte do art. 290 do Provimento Conjunto 93/2020.
,,Gabarito "D".

(Cartório/MG – 2016 – Consulplan) Melquíades, conhecido escultor em cidade histórica mineira e famoso por suas criações, portador de deficiência visual grave que o privou da visão, tornando-o cego, contrata um conhecido advogado mineiro para a lavratura de seu testamento. Ditada a sua vontade, o advogado escreve o testamento de Melquíades, orientando-o corretamente, segundo prescreve o Código Civil em vigor. Passados alguns anos, Melquíades decide procurar um Tabelionato de Notas, conforme se lembra da orientação de seu advogado. José, seu cuidador, ciente de que sua vizinha houvera feito em cartório a aprovação do seu testamento cerrado, decide acompanhá-lo até o cartório para servir de testemunha, juntamente com Pedro, vizinho de Melquíades. Em cartório, Melquíades, devidamente acompanhado por duas testemunhas, declara-se cego e entrega ao tabelião aquele documento e diz, de viva voz, que aquele é o seu testamento, que quer vê-lo aprovado. Diante disso, o tabelião

(A) inicia o procedimento, averiguando a existência de vícios formais e lavra após o auto de aprovação, na presença das duas testemunhas, lendo-o em seguida ao testador e testemunhas.

(B) recusa-se à lavratura do auto de aprovação, justificando que as testemunhas estão impedidas de funcionarem como tais, visto que deveriam ter participado do momento da escrita do documento.

(C) orienta Melquíades que ao cego somente se permite o testamento público, que, conforme disciplina do Código Civil em vigor, será lavrado pelo tabelião ou por seu substituto legal, que o lerá uma vez, sendo a outra por uma das testemunhas, designada pelo próprio testador, com menção de todas essas circunstâncias no testamento.

(D) após a averiguação da existência de vícios formais, determina a extração de cópia do documento, para a finalidade de arquivá-lo e garantir a sua execução em caso de extravio, lavrando-se, em seguida, o auto de aprovação, lendo-o ao testador e testemunhas.

A: incorreta: O testamento cerrado não é permitido aos cegos, nos termos do Art. 1.867 do Código Civil, que assim dispõe: *Ao cego só se permite o testamento público, que lhe será lido, em voz alta, duas vezes, uma pelo tabelião ou por seu substituto legal, e a outra por uma das testemunhas, designada pelo testador, fazendo-se de tudo*

13. TABELIONATO DE NOTAS · 659

circunstanciada menção no testamento. **B:** incorreta: O tabelião deve se recusar a lavrar o auto de aprovação do testamento cerrado pelo motivo de ao cego não ser permitido o testamento cerrado (1.867 do Código Civil), e não por impedimento das testemunhas neste caso. **C:** correto: aos cegos só é permitido o testamento público, na forma do Art. 1.867 do Código Civil. D: incorreta: vide observação da alternativa A. Gabarito "C".

(Cartório/PA – 2016 – IESES) Sobre o testamento, assinale a alternativa INCORRETA:

(A) Quem não saiba ou não possa ler somente poderá dispor de seus bens em testamento cerrado.

(B) O indivíduo inteiramente surdo, sabendo ler, lerá o seu testamento, e, se não souber, designará quem o leia em seu lugar, presentes as testemunhas.

(C) É proibido o testamento conjuntivo, seja simultâneo, recíproco ou correspectivo.

(D) Toda pessoa maior de 16 (dezesseis) anos pode dispor, por testamento, da totalidade dos seus bens disponíveis, ou de parte deles, para depois de sua morte.

A: incorreta: Na verdade, a regra é exatamente o oposto ao afirmado, já que quem não sabe ou não pode ler não pode dispor de seus bens em testamento: *Não pode dispor de seus bens em testamento cerrado quem não saiba ou não possa ler.* Art. 349 Provimento Conjunto 002/2019 CJRMB/CJCI e art. 1.872, Código Civil Brasileiro. **B:** correta: Art. 337 do Provimento Conjunto 002/2019 CJRMB/CJCI e art. 1.866 do Código Civil Brasileiro. **C:** correta: Testamento simultâneo, ou "de mão comum", é aquele em que figuram no mesmo instrumento duas pessoas, cujas declarações beneficiam terceiro; recíproco é aquele em que os testadores se nomeiam herdeiros um ao outro, herdando aquele que sobreviver; e correspectivo aquele em que se estabelece retribuição a deixas feitas por outras pessoas em seus respectivos testamentos (cf. Caio Mário da Silva Pereira, Instituições de Direito Civil, Vol. VI, 17ª Ed., Rio de Janeiro, Forense, 2010, p. 197). Todos eles são proibidos pelo art. 341 do Provimento Conjunto 002/2019 CJRMB/CJCI, e pelo artigo 1.863 do Código Civil, ressalvando o parágrafo único do artigo 341 do Provimento Conjunto 002/2019 CJRMB/CJCI que *desde que celebrados em instrumentos diversos, ainda que no mesmo dia, não se consideram conjuntivos, simultâneos ou correspectivos os testamentos lavrados por uma pessoa em benefício de outra e desta em benefício daquela.* **D:** correta: *Toda pessoa maior de 16 (dezesseis) anos pode dispor, por testamento, da totalidade dos seus bens disponíveis, ou de parte deles, para depois de sua morte.* – Art. 334, Provimento Conjunto 002/2019 CJRMB/CJCI. Gabarito "A".

10. DO TRASLADO E CERTIDÃO

(Cartório/SP – 2016 – VUNESP) Quanto aos traslados e certidões, é correto afirmar:

(A) em qualquer caso, o traslado das escrituras relativas a imóveis será instruído com a guia de ITBI ou sua cópia autenticada.

(B) os traslados e certidões dos atos notariais serão fornecidos no prazo máximo de 10 (dez) dias úteis contados da lavratura ou do pedido.

(C) as certidões de escrituras públicas de testamento somente poderão ser expedidas a pedido do testador ou de seu representante legal, ou mediante ordem judicial.

(D) em qualquer caso, terá, como encerramento, a subscrição do tabelião, que portará, por fé, que é cópia do original, e a menção expressa "traslado", seguida da numeração de todas as páginas, que serão rubricadas,

indicando-se o número destas, de modo a assegurar ao Oficial do Registro de Imóveis ou ao destinatário do título, não ter havido acréscimo, subtração ou substituição das peças.

A: incorreta: Acaso haja permissivo legal para pagamento do tributo após a lavratura do ato notarial, o traslado de escritura relativa a imóvel não será instruído com a guia de ITBI ou cópia autenticada. Portanto, não é em qualquer caso que tal documento deva acompanhar o traslado. Neste sentido, ver Item 15, b, Cap. XVI, tomo II, NSCGJ/SP: *O Tabelião de Notas manterá arquivos para os seguintes documentos necessários à lavratura dos atos notariais, em papel, microfilme ou documento eletrônico: (...) b) comprovante ou cópia autenticada do pagamento do Imposto sobre Transmissão Inter Vivos de Bens Imóveis, de direitos reais sobre imóveis e sobre cessão de direitos a sua aquisição – ITBI e do Imposto sobre Transmissão Causa Mortis e Doação – ITCMD,* **quando incidente sobre o ato, ressalvadas as hipóteses em que a lei autorize a efetivação do pagamento após a sua lavratura;** combinado com o Item 152.1, Cap. XVI, tomo II, NSCGJ/SP: *O traslado das escrituras relativas a imóveis será instruído com a guia de ITBI ou sua cópia autenticada,* **ressalvadas as hipóteses nas quais, à luz de permissivo legal, acertado o pagamento do tributo para depois da lavratura do ato notarial.** **B:** incorreta: No Estado de São Paulo, o prazo máximo para expedição dos documentos mencionados na alternativa é de 5 dias úteis: *Os traslados e certidões dos atos notariais serão fornecidos no prazo máximo de 5 (cinco) dias úteis contados da lavratura ou do pedido. –* Item 150, Cap. XVI, tomo II, NSCGJ/SP). **C:** incorreta: Apenas na hipótese de o testador ainda não ter falecido é que as certidões de testamento são expedidas a pedido do testador ou representante legal, ou mediante ordem judicial. Se já houver ocorrido o falecimento do testador, mediante apresentação da certidão de óbito, é livre expedir certidões do testamento. Neste sentido, ver Item 153 e subitens, Cap. XVI, tomo II, NSCGJ/SP: *153. As certidões de escrituras públicas de testamento, enquanto não comprovado o falecimento do testador, serão expedidas apenas a seu pedido ou de seu representante legal, ou mediante ordem judicial; 153.1. Os interessados na obtenção de certidão de escritura pública recusada pelo Tabelião de Notas poderão, expondo por escrito as razões de seu interesse, requerê-la ao Juiz Corregedor Permanente, a quem competirá, se o caso, determinar, motivadamente, a sua expedição; 153.2. Com a prova do falecimento do testador, as certidões poderão ser expedidas livremente, independente do interesse jurídico de quem a solicite, que estará dispensado de expor as razões de seu pedido.* **D:** correta: A alternativa traz os exatos termos do item 149, Cap. XVI, tomo II, das NSCGJ/SP. Gabarito "D".

(Cartório/SP – 2016 – VUNESP) Quanto às Certidões e Traslados Notariais Digitais, é correto afirmar que

(A) as certidões e os traslados digitais somente poderão ser encaminhados a registro por meio da Central de Serviços Eletrônicos Compartilhados dos Registradores de Imóveis – Central Registradores de Imóveis.

(B) os Tabeliães de Notas, seus substitutos e prepostos autorizados, poderão extrair traslados ou certidões de suas notas, sob a forma de documento eletrônico, em PDF/A, ou como informação estruturada em XML (eXtensible Markup Language), assinados com Certificado Digital ICP-Brasil, tipo A-3 ou superior.

(C) a utilização de XML (eXtensible Markup Language) para a estruturação de certidões e traslados digitais, para fins de procedimento registral imobiliário, fica condicionada à observância de modelos de estruturação que venham a ser definidos em conjunto, conforme Acordo de Cooperação Técnica celebrado entre o Colégio Notarial do Brasil – Conselho Federal

(CNB-CF) e a Associação dos Registradores Imobiliários de São Paulo (ARISP).

(D) os documentos que acompanharem as certidões ou traslados digitais deverão apresentar-se em PDF/A, e serão autenticados pelo Tabelião, substituto ou preposto autorizado, por meio da Central Notarial de Autenticação Digital (CENAD).

A: incorreta: *As certidões e os traslados digitais poderão ser encaminhados a registro mediante apresentação direta, armazenados em mídias portáteis, ao Oficial incumbido do registro, ou por meio da Central de Serviços Eletrônicos Compartilhados dos Registradores de Imóveis – Central Registradores de Imóveis. – Item 202, Cap. XVI, tomo II, NSCGJ/SP.* **B:** correta: É o disposto no Item 198, Cap. XVI, tomo II, NSCGJ/SP. **C:** incorreta: *A utilização de XML (eXtensible Markup Language) para a estruturação de certidões e traslados digitais, para fins de procedimento registral imobiliário, fica condicionada à observância de modelos de estruturação que venham a ser definidos em Portaria da Corregedoria Geral da Justiça – Item 200, Cap. XVI, tomo II, NSCGJ/SP.* **D:** incorreta: *Os documentos que acompanharem as certidões ou traslados digitais deverão apresentar-se em PDF/A, com metadados, observado o item 198.1, e serão autenticados pelo Tabelião, substituto ou preposto autorizado, mediante emprego de Certificado Digital –* Item 205, Cap. XVI, tomo II, NSCGJ/SP.

Gabarito "B".

(Cartório/MG – 2015 – Consulplan) Acerca do conceito de certidão de ato notarial, assinale a alternativa correta:

(A) É o instrumento público mediante o qual é expedida a primeira cópia integral e fiel do teor de escritura pública, com a mesma data.

(B) É cópia integral e fiel do teor de escrito existente em livro ou arquivo da serventia.

(C) É o relato da realização de atos, conforme quesitos.

(D) É o instrumento público expedido em razão do ofício.

A: incorreta: No Estado de Minas Gerais, este é o conceito de traslado, e não de certidão, nos termos do Art. 115 do Prov. 93/2020 CGJ/MG. **B:** incorreta: No Estado de Minas Gerais, a certidão notarial (gênero) pode adotar uma das seguintes espécies: inteiro teor (I), resumo (II), em relatório, conforme quesitos (III), ou negativa de existência de atos (IV). O conceito trazido nesta alternativa corresponde ao da espécie de inteiro teor, e não ao conceito do gênero de certidão. Neste sentido, ver Art. 116 do Prov. 93/2020 CGJ/MG: *Art. 91. Certidão é o instrumento público expedido em razão do ofício e que contenha, alternativamente: I – a cópia integral e fiel do teor de escrito existente em livro ou arquivo da serventia; II – o resumo de ato praticado ou de documento arquivado na serventia; III – o relato da realização de atos, conforme quesitos; IV – a negativa da existência de atos.* **C:** incorreta: esta é apenas uma das espécies de certidão, vide comentário da alternativa B acima. **D:** correta: a certidão é um instrumento público expedido em razão do ofício notarial. Ver comentário alternativa B.

Gabarito "D".

(Cartório/PA – 2016 – IESES) Instrumento público mediante o qual é expedida a primeira cópia integral e fiel do teor de escritura pública, com a mesma data. O presente conceito refere-se à (ao):

(A) Traslado.

(B) Declaração.

(C) Certidão.

(D) Registro de Correição.

A: correta: *Traslado é o instrumento público mediante o qual é expedida a primeira cópia integral e fiel do teor de escritura pública, com a mesma*

data (Art. 113, Provimento Conjunto 002/2019 CJRMB/CJCI). A certidão dele se distingue por não ser a primeira cópia, emitida em seguida à lavratura do ato no livro de notas, mas sim em momento posterior. "Declaração" e "registro de correição", mencionados nas alternativas "b" e "d" não têm qualquer pertinência com o tema. **B:** incorreta: Vide comentário à alternativa "a". **C:** incorreta: Vide comentário à alternativa "a". **D:** incorreta: Vide comentário à alternativa "a".

Gabarito "A".

11. DA AUTENTICAÇÃO DE DOCUMENTOS. DO SELO DE AUTENTICIDADE. RECONHECIMENTO DE FIRMAS

(Cartório/RS – 2019 – VUNESP) É correto afirmar que, na autenticação de cópias reprográficas pelo Tabelião de Notas, nos termos da Consolidação Normativa Notarial e Registral da Corregedoria Geral da Justiça do Estado do Rio Grande do Sul:

(A) somente serão autenticadas cópias de documentos originais, defeso expressamente a autenticação de reprodução reprográfica ou cópia, mesmo as cópias ou conjunto de cópias reprográficas emanadas do próprio ou outro tabelião.

(B) mesmo se houver rasura ou adulteração, o Tabelião poderá fazer a autenticação a pedido da parte, sem menção alguma ao verificado.

(C) somente serão autenticadas cópias de documentos originais, defeso expressamente a autenticação de reprodução reprográfica de cópia, exceto a cópia ou conjunto de cópias emanadas do próprio ou de outro tabelião, de autoridade ou repartição pública e por elas autenticadas ou assinadas, a constituírem documento originário, como cartas de sentença, de arrematação, de adjudicação, formais de partilha etc.

(D) impugnada a autenticidade de cópia conferida e autenticada por tabelião de notas, caberá ao tabelião provar a autenticidade.

(E) o Tabelião de Notas poderá autenticar microfilmes de documentos ou cópias ampliadas de imagem microfilmada, conferidas mediante leitor apropriado. Para o exercício desta atividade, o tabelionato está dispensado do registro no Departamento de Justiça do ministério da Justiça.

A: incorreta: nos termos do parágrafo único do art. 933 da Consolidação Normativa, a vedação da extração de cópias autenticadas de documentos em cópia não atinge os documentos emanados do próprio ou de outro Tabelião; **B:** incorreta: é vedada a autenticação de cópias com rasura ou adulteração, permitindo-se, no Estado do Rio Grande do Sul, que o Tabelião o faça por insistência da parte, desde que descreva minuciosamente o verificado (art. 932, § 2º, da Consolidação Normativa Notarial e Registral – CNNR do Rio Grande do Sul); **C:** correta: é a literalidade do art. 933, parágrafo único da Consolidação Normativa Notarial e Registral – CNNR do Rio Grande do Sul; **D:** incorreta: provar a autenticidade não é um ônus atribuído ao Tabelião, mas sim à parte (art. 931, parágrafo único, Consolidação Normativa Notarial e Registral – CNNR do Rio Grande do Sul); **E:** incorreta: a antiga redação da Consolidação Normativa Notarial e Registral – CNNR do Rio Grande do Sul (época em que a prova foi feita e elaborada) previa expressamente essa competência, desde que mediante registro no Departamento de Justiça do Ministério da Justiça.

Gabarito "C".

13. TABELIONATO DE NOTAS

(Cartório/DF – 2006 – CESPE) Com relação aos serviços notariais, julgue o item subsequente.

(1) O ato de autenticação deve ser realizado mediante rigoroso confronto entre os originais e as cópias apresentadas, ainda que se trate de cópia de cópia com autenticação da própria serventia. Cada autenticação deve corresponder a uma conferência, sendo o anverso e o verso de um documento considerados um único ato.

1: correta, nos termos dos arts. 76, *caput* e parágrafo único; 77 e inciso IV do 78, todos do Provimento Geral da Corregedoria de Justiça do Distrito Federal aplicado aos Serviços Notariais e de Registro. Ressalte-se que é vedada a autenticação de cópia de cópia, ainda que autenticada pela própria Serventia (inciso IV do art. 78).
Gabarito "1C".

(Cartório/SE – 2007 – CESPE) Com relação aos serviços notariais e de registro, julgue o item subsequente.

(1) Para o reconhecimento de firma, qualquer que seja o documento, não se exige do notário a análise da forma e do objeto do documento apresentado, mas tão somente de seus aspectos extrínsecos, ou seja, a autenticidade da assinatura e a capacidade do agente.

1: incorreta. A capacidade do agente (leia-se: o titular da firma a ser reconhecida) não é um requisito extrínseco ao ato que deva ser avaliada pelo tabelião.
Gabarito "1E".

(Cartório/SP – 2012 – VUNESP) Sobre autenticação de cópias, é lícito afirmar que

(A) o Tabelião, ao autenticar cópias e para fornecer segurança jurídica ao ato praticado, deverá restringir-se à conferência do texto e do aspecto morfológico da escritura.

(B) sempre que possível, o instrumento de autenticação deverá constar no verso da cópia, para não prejudicar a legibilidade do documento.

(C) em cópias de diversas folhas, que constituam um único documento, o escrevente autorizado poderá apor seu carimbo individualizado apenas na primeira e na última cópias.

(D) é excepcionalmente permitida cópia autenticada de conjunto de cópias, desde que estas constituam documento originário.

A: incorreta. Determina o item 170 do Capítulo XVI, tomo II, das NSCGJ/SP que o tabelião deve também avaliar, com cautela, se o documento copiado contém rasuras, supressão de palavras ou linhas, ou quaisquer outros sinais suspeitos indicativos de fraude; B: incorreta. A regra é que o instrumento de autenticação conste do anverso da cópia (item 171.1 do Capítulo XVI, tomo II, das NSCGJ/SP); C: incorreta. Cada folha corresponderá a um instrumento de identificação (item 171 do Capítulo XVI, tomo II, das NSCGJ/SP); D: correta, nos termos do item 174.1 do Capítulo XVI, tomo II, das NSCGJ/SP).
Gabarito "D".

(Cartório/SP – 2012 – VUNESP) Do ato de reconhecimento de firmas, é correto concluir que

(A) é obrigatório o uso de etiqueta adesiva na lavratura de reconhecimento de firma por autenticidade, devendo nela constar as assinaturas da parte e do escrevente autorizado.

(B) o reconhecimento, por tabelião, de firma de Juiz de Direito, em documento autenticado por Oficial de Justiça, é obrigatório para gerar efeitos na comarca onde o documento será apresentado.

(C) é possível o reconhecimento de firma em documento redigido em língua estrangeira apenas se apresentada conjuntamente com ele a tradução realizada por tradutor juramentado.

(D) é possível reconhecimento de firma de uma das partes em documento no qual falte assinatura de todas as outras.

A: incorreta. O uso da etiqueta adesiva é facultativo (item 187 do Capítulo XVI, tomo II, das NSCGJ/SP); B: incorreta. O reconhecimento da firma do juiz já autenticada por Oficial de Justiça somente será exigido quando a lei assim determinar ou quando houver dúvida em relação à autenticidade (item 124.5.1 do Capítulo XVII, tomo II, das NSCGJ/SP); C: incorreta. Não é necessária a tradução juramentada, apenas que a língua estrangeira utilize os caracteres comuns do Português (item 191 do Capítulo XVI, tomo II, das NSCGJ/SP); D: correta, nos termos do item 190.1 do Capítulo XVI, tomo II, das NSCGJ/SP.
Gabarito "D".

(Cartório/SP – 2012 – VUNESP) É competente para autenticar microfilmes apresentados por particulares o

(A) tabelião de notas.

(B) oficial do registro de títulos e documentos.

(C) oficial do registro civil das pessoas naturais em relação às empresas registradas na Junta Comercial do Estado e localizadas no território de sua competência registral.

(D) oficial do registro civil das pessoas jurídicas onde os atos constitutivos da entidade estiverem registrados.

A competência é privativa do oficial de registro de títulos e documentos (item 74 do Capítulo XIX das Normas de Serviço da Corregedoria Geral de Justiça do Estado de São Paulo).
Gabarito "B".

(Cartório/SP – III – VUNESP) Assinale a alternativa incorreta.

(A) É vedado o reconhecimento por abono, salvo no caso de procuração firmada por réu preso e outorgada a advogado, desde que visada pelo Diretor do Presídio, com sinal ou carimbo de identificação.

(B) Os tabeliães estão autorizados a extrair, às suas expensas, cópia reprográfica do documento de identidade apresentado para preenchimento da ficha-padrão, caso em que as cópias serão devidamente arquivadas para fácil verificação.

(C) Para o reconhecimento de firma poder-se-á exigir a presença do signatário ou a apresentação do seu documento de identidade e da prova de inscrição no CIC.

(D) Se o instrumento contiver todos os elementos do ato, pode o tabelião ou escrevente autorizado reconhecer a firma de apenas uma das partes, não obstante faltar a assinatura da outra, ou das outras.

A: correta, nos termos do item 184 do Capítulo XVI, tomo II, das NSCGJ/SP; B: incorreta, devendo ser assinalada. As cópias reprográficas devem ser extraídas às expensas dos interessados (item 180 do Capítulo XVI, tomo II, das NSCGJ/SP); C: correta, nos termos do item 189 do Capítulo XVI, tomo II, das NSCGJ/SP; D: correta, nos termos do item 190.1 do Capítulo XVI, tomo II, das NSCGJ/SP.
Gabarito "B".

(Cartório/SP – 2016 – VUNESP) Assinale a alternativa correta.

(A) Na abertura da ficha-padrão é obrigatória a apresentação do original de documento de identificação.

(B) A aplicação do selo de autenticidade, em cópia autenticada, será feita, sempre que possível, na mesma face da reprodução

(C) A rubrica ou a assinatura do Tabelião de Notas ou auxiliar que verificou a regularidade do ato notarial deverá ser aposta no documento de forma a integrar este com o selo ou o carimbo, sem impedir a leitura da série e do número do selo e a identificação do praticante do ato.

(D) É obrigatória a utilização de cartão de assinatura padronizado para a lavratura de escrituras públicas.

A: correta: Por expressa disposição normativa o Tabelião deve identificar, por documentos, o depositante de assinatura na ficha padrão: *É obrigatória a apresentação do original de documento de identificação (Registro Geral; Carteira Nacional de Habilitação, modelo atual, instituído pela Lei 9.503/97; carteira de exercício profissional expedida pelos entes criados por Lei Federal, nos termos da Lei 6.206/75; passaporte, que, na hipótese de estrangeiro, deve estar com o prazo do visto não expirado; Carteira de Trabalho e Previdência Social, modelo atual, informatizado, e carteira de identificação funcional dos Magistrados, membros do Ministério Público e da Defensoria Pública, para abertura da ficha-padrão* (item 180, Cap. XVI, tomo II, NSCGJ/SP). **B:** incorreta: *A aplicação do selo de autenticidade, em cópia autenticada, será feita, obrigatoriamente, na mesma face da reprodução* (item 21, Cap. XVI, tomo II, NSCGJ/SP). **C:** incorreta: *A rubrica ou a assinatura do Tabelião de Notas ou escrevente que verificou a regularidade do ato notarial deverá ser aposta no documento de forma a integrar este com o selo ou o carimbo, sem impedir a leitura da série e do número do selo e a identificação do praticante do ato* (item 23, XVI, tomo II, NSCGJ/SP). **D:** incorreta: *É obrigatória a utilização de cartão de assinatura padronizado para reconhecimento de firma* (item 24, Cap. XVI, tomo II, das NSCGJ/SP).

Gabarito "A".

(Cartório/PA – 2016 – IESES) Sendo o signatário pessoa que sabe apenas desenhar o nome, semialfabetizada, doente mental não incapacitado, deficiente verbal, visual ou auditivo que tenha dificuldade em assinar, o reconhecimento de firma:

(A) Não será possível.

(B) Deve ser feito apenas por semelhança, não sendo necessário procedimento especifico ou anotação da condição no cartão de autógrafos arquivado ou no livro de autógrafos.

(C) Deve ser feito apenas por autenticidade, sendo anotada essa exigência no cartão de autógrafos arquivado ou no livro de autógrafos, conferindo se a pessoa tem conhecimento daquilo que está assinando em todas as oportunidades em que for solicitado o reconhecimento de firma.

(D) Deve ser feito apenas por autenticidade, não sendo necessário procedimento especifico ou anotação da condição no cartão de autógrafos arquivado ou no livro de autógrafos.

A: incorreta: O Código de Normas permite o reconhecimento de firma de pessoas nestas condições, desde que por autenticidade, ou seja, na modalidade em que o signatário realiza a assinatura na presença do tabelião, seu substituto ou escrevente, ou, na presença destes, declara que é sua assinatura já lançada: *Sendo o signatário pessoa que sabe apenas*

desenhar o nome, semialfabetizada, doente mental não incapacitado, deficiente verbal, visual ou auditivo que tenha dificuldade em assinar, o reconhecimento de firma deve ser feito apenas por autenticidade, sendo anotada essa exigência no cartão de autógrafos arquivado ou no livro de autógrafos, conferindo se a pessoa tem conhecimento daquilo que está assinando em todas as oportunidades em que for solicitado o reconhecimento de firma (art. 375, Provimento Conjunto 002/2019 CJRMB/CJCI). *Reputa-se autêntico o reconhecimento de firma em que o autor que possua autógrafo em cartão ou livro arquivado na serventia, após ser devidamente identificado pelo tabelião de notas, seu substituto ou escrevente, assinar o documento em presença do tabelião ou declarar-lhe que é sua a assinatura já lançada, repetindo-a no cartão ou livro de autógrafos* (§1° do art. 396, Provimento Conjunto 002/2019 CJRMB/CJCI). **B:** incorreta: Segundo o Código de Normas, deve ser feito necessariamente por autenticidade, e não por semelhança – vide comentário à alternativa "a". **C:** correta: Vide comentário à alternativa "a". **D:** incorreta: O Código de Normas exige a anotação desta circunstância no cartão de autógrafos – vide comentário à alternativa "a".

Gabarito "C".

(Cartório/PA – 2016 – IESES) A autenticação de cópia é o instrumento público mediante o qual o tabelião de notas, seu substituto ou escrevente declara, após conferência com o original, ser fiel e integral a cópia de documento original que o interessado lhe trouxer para esse fim. Quanto à autenticação de uma cópia de jornal, pode-se afirmar:

(A) Não será possível autenticação de cópia de um jornal.

(B) Será possível a autenticação apenas na data em que o jornal estiver circulando.

(C) No caso de um jornal será autenticada a cópia da integralidade da edição, procedimento conhecido como autenticação de capa-a- capa.

(D) Poderá ser autenticada parte de jornal se da cópia constar a data e o nome da publicação.

A: incorreta: O Código de Normas do Pará prevê expressamente a possibilidade de autenticação de cópia de jornal, desde que da cópia conste data e nome da publicação: *Poderá ser autenticada parte de jornal se da cópia constar a data e o nome da publicação* (art. 377, § 5°, Provimento Conjunto 002/2019 CJRMB/CJCI). **B:** incorreta: A previsão contida no Código de Normas determina que conste da cópia a data da publicação, e não que a autenticação seja feita na data em que circulou (vide comentário à alternativa "a"). **C:** incorreta: Não há determinação de que a autenticação de cópia de jornal seja necessariamente de "capa-a-capa". Ao invés, a previsão é exatamente quanto à possibilidade de autenticação de cópia de parte de jornal (vide comentário à alternativa "a"). **D:** correta: (vide comentário à alternativa "a").

Gabarito "D".

12. FISCALIZAÇÃO TRIBUTÁRIA – IMPOSTO DE TRANSMISSÃO DE BENS IMÓVEIS (ITBI). O IMPOSTO DE TRANSMISSÃO *CAUSA MORTIS* E DOAÇÕES (ITCMD). DECLARAÇÃO SOBRE OPERAÇÕES IMOBILIÁRIAS (DOI) EMOLUMENTOS

(Cartório/MG – 2012 – FUMARC) O Conselho Nacional de Justiça, no uso de suas atribuições, visando à segurança jurídica, fez a recomendação n. 03 em 2012, publicada pela Corregedoria Geral de Justiça – MG, para que os agentes dos serviços notariais, em atos em que ocorressem alienação ou oneração de bem imóvel, também cientificassem as partes envolvidas. Essa recomendação se refere à certidão negativa de

13. TABELIONATO DE NOTAS 663

(A) tributos federais.

(B) débitos trabalhistas.

(C) feitos ajuizados federais.

(D) débitos relativos às contribuições previdenciárias.

O art. 1º, I, da Recomendacão nº 3/2012 do CNJ refere-se à certidão negativa de débitos trabalhistas.
Gabarito "B".

(Cartório/MG – 2005 – EJEF) É INCORRETO afirmar que o Imposto sobre Transmissão Causa Mortis e Doação de Quaisquer Bens ou Direitos (ITCD) incide na

(A) extinção de usufruto não oneroso.

(B) instituição de usufruto convencional.

(C) instituição de usufruto não oneroso.

(D) transmissão decorrente de doação de quaisquer bens e direitos, a qualquer título, ainda que em adiantamento da legítima.

Nos termos do art. 1º da Lei Estadual nº 14.941/2003, o ITCMD do Estado de Minas Gerais não incidirá sobre a instituicão de usufruto convencional, diante da ausência expressa de previsão nesse sentido. Todas as demais estão previstas como hipóteses de incidência no mencionado dispositivo legal. Vale lembrar que o inciso II do §6º do mesmo artigo, dispõe que é considerada doacão a instituicão onerosa de usufruto em favor de pessoa sem capacidade financeira, inclusive quando se tratar de pessoa civilmente incapaz ou relativamente incapaz.
Gabarito "B".

(Cartório/MG – 2005 – EJEF) É INCORRETO afirmar que, entre os fatos geradores do Imposto de Transmissão de Bens Imóveis (ITBI), se inclui a

(A) arrematação de bem imóvel em hasta pública.

(B) cessão gratuita de direitos reais relativos a bens imóveis situados no Município.

(C) compra e venda pura ou convencional.

(D) instituição de usufruto convencional.

Dispõe o art. 35 do Código Tributário Nacional (CTN) que o ITBI tem como fato gerador a transmissão, a qualquer título, de propriedade ou domínio útil de imóveis ou de direitos reais sobre eles (exceto os de garantia), bem como a cessão desses direitos. Isso inclui a arrematacão de imóvel em hasta pública (transmissão de propriedade), compra e venda pura ou convencional (idem) e instituicão de usufruto convencional (direito real). Foge do conceito a cessão **gratuita** de direitos reais, porque essa faz incidir o ITCMD. A expressão "a qualquer título" constante do dispositivo legal não autoriza a extensão do ITBI a negócios jurídicos gratuitos, porquanto é seara reservada à tributacão estadual.
Gabarito "B".

(Cartório/MG – 2005 – EJEF) Considerando-se o recolhimento de emolumentos nosTabelionatos, é CORRETO afirmar que

(A) as intervenções ou anuências de terceiros não autorizam acréscimos de valores e emolumentos se não implicarem outros atos.

(B) o adicional de serviço de urgência ou plantão pode ser cobrado pelos Tabeliães.

(C) o Tabelião deve cobrar, no caso de atos não previstos nas tabelas referentes aos emolumentos e taxas judiciárias, o menor valor, nelas, presente.

(D) o Tabelião pode conceder desconto de emolumentos, mas não poderá fazê-lo em relação a taxas judiciárias.

A: correta, nos termos do art. 11 da Lei Estadual nº 15.424/2004; B: incorreta. A prática é vedada pelo art. 16, VI, da Lei Estadual nº 15.424/2004; C: incorreta. Se o ato não está previsto na tabela, nada deve ser cobrado (art. 16, I e II, da Lei Estadual nº 15.424/2004); D: incorreta. Não é permitido qualquer tipo de desconto remuneratório (art. 16, VIII, da Lei Estadual nº 15.424/2004).
Gabarito "A".

(Cartório/MS – 2009 – VUNESP) O imposto sobre a transmissão onerosa de bens imóveis, intervivos, é instituído pelo ente tributante

(A) Municipal.

(B) Estadual.

(C) Municipal ou Estadual, conforme o caso.

(D) Federal.

(E) Federal, Estadual e Municipal, concorrentemente.

O ITBI é de competência municipal (art. 156, II, da CF).
Gabarito "A".

(Cartório/SP – V – VUNESP) Quanto à DOI (Declaração de Operação Imobiliária), é correto afirmar que a declaração deverá ser apresentada quando ocorrer operação imobiliária

(A) de aquisição ou alienação, realizada por pessoa física ou jurídica, independentemente de seu valor, emitindo-se uma declaração para cada imóvel, com o valor da operação imobiliária informado pelas partes e na ausência desse valor, o valor que serviu de base de cálculo para o ITBI ou ITCMD.

(B) de transferência de imóvel, realizada por pessoa física, brasileira ou estrangeira, independentemente de seu valor, emitindo-se uma declaração em nome de cada um dos adquirentes, com o valor da operação imobiliária informado pelas partes e na ausência desse valor, o valor que serviu de base de cálculo para o ITBI ou ITCMD.

(C) de aquisição ou alienação, realizada por pessoa física ou jurídica, com valor superior a 30 salários mínimos, emitindo-se uma declaração para cada imóvel, com o valor da operação imobiliária informado pelas partes e na ausência desse valor, o valor que serviu de base de cálculo para o ITBI ou ITCMD.

(D) de aquisição ou alienação, realizada por pessoa física ou jurídica, independentemente de seu valor, emitindo-se uma declaração para cada imóvel, com o valor que serviu de base de cálculo para o ITBI ou ITCMD, ainda que inferior ao valor informado pelas partes.

Correta a alternativa "A", nos termos do art. 2º, *caput*, da Instrução Normativa RFB nº 1.112/2010.
Gabarito "A".

(Cartório/SP – III – VUNESP) A expressão DOI significa

(A) declaração sobre ônus imobiliário.

(B) documento de ônus imobiliário.

(C) dúvida de orientação inversa.

(D) declaração sobre operação imobiliária.

DOI significa Declaracão sobre Operacão Imobiliária, nos termos do art. 1º da Instrução Normativa RFB nº 1.112/2010.
Gabarito "D".

13. RESPONSABILIDADE DOS TABELIÃES

(Cartório/SP – 2012 – VUNESP) Os Notários e os Oficiais de Registro estão sujeitos, pelas infrações que praticarem, assegurado amplo direito de defesa, à pena de suspensão por

(A) 30 (trinta) dias.

(B) 60 (sessenta) dias, prorrogável por mais 30 (trinta).

(C) 90 (noventa) dias, prorrogável por mais 30 (trinta).

(D) 120 (cento e vinte) dias, prorrogável por mais 30 (trinta).

C: Correta, conforme o art. 32, III, do Capítulo XIV das Normas de Serviço da Corregedoria Geral de Justiça do Estado de São Paulo.
Gabarito "C".

(Cartório/SP – 2011 – VUNESP) Os Oficiais de Registros e Notários estão sujeitos à seguinte penalidade:

(A) perda da delegação, que não dependerá de sentença judicial transitada em julgado ou decisão em processo administrativo.

(B) multa, em caso de dupla reincidência.

(C) repreensão, em caso de descumprimento dos deveres ou de falta grave.

(D) suspensão, em caso de reiterado descumprimento dos deveres ou de falta grave.

A: incorreta. A perda da delegação depende de sentença judicial transitada em julgado ou de decisão em procedimento administrativo (art. 35 da Lei 8.935/1994); B: incorreta. A multa é aplicada já na primeira reincidência (art. 33, II, da Lei 8.935/1994); C: incorreta. A repreensão é aplicada em caso de faltas leves (art. 33, I, da Lei 8.935/1994); D: correta, nos termos do art. 33, III, da Lei 8.935/1994.
Gabarito "D".

14. TEMAS COMBINADOS DE TABELIONATO DE NOTAS

(Cartório/MG – 2009 – EJEF) Assinale a alternativa INCORRETA.

(A) Os notários não estão adstritos a sigilo profissional, uma vez que suas notas e registros são essencialmente públicos.

(B) A serventia deverá fornecer recibo, relativo ao pagamento pelo ato de reconhecimento de firma, autenticação de documento, e demais emolumentos incidentes sobre as escriturações realizadas.

(C) Constitui infração disciplinar do notário a cobrança indevida ou excessiva de emolumentos, ainda que sob a alegação de urgência.

(D) É dever dos notários afixar em local visível, de fácil leitura e acesso ao público, as tabelas de emolumentos em vigor.

A: incorreta, devendo ser assinalada. O notário é obrigado guardar sigilo sobre a documentação e os assuntos de natureza reservada de que tenham conhecimento em razão do exercício de sua profissão (art. 19, VI, do Provimento 93/2020); B: correta, nos termos do art. 8º da Lei Estadual 15.424/2004; C: correta, nos termos dos arts. 16, VI, e 30, III, da Lei Estadual 15.424/2001; D: correta, nos termos do art. 30, I, da Lei Estadual 15.424/2004.
Gabarito "A".

(Cartório/MG – 2009 – EJEF) Assinale a afirmativa INCORRETA.

(A) O exercício da atividade notarial é incompatível com o da advocacia, o da intermediação de seus serviços ou o de qualquer cargo, emprego ou função públicos, ainda que em comissão.

(B) A diplomação, na hipótese de mandato eletivo, e a posse, nos demais casos, implicarão o afastamento da atividade notarial.

(C) Aos notários é vedada a participação em associações ou sindicatos de classe.

(D) Cada serviço notarial funcionará em um só local, vedada a instalação de sucursal.

A: correta, nos termos do art. 25 da Lei 8.935/1994; B: correta, nos termos do art. 25, § 1º, da Lei 8.935/1994; C: incorreta, devendo ser assinalada. Esse é um direito dos notários garantido pelo art. 29, II, da Lei 8.935/1994; D: correta, nos termos do art. 43 da Lei 8.935/1994.
Gabarito "C".

(Cartório/MG – 2009 – EJEF) Assinale a afirmativa INCORRETA.

(A) A cessão de direitos hereditários, o contrato de constituição de renda e o pacto antenupcial somente poderão ser celebrados por escritura pública.

(B) Os notários poderão lavrar escrituras públicas de compra e venda ad corpus com cláusula resolutiva expressa; doação de bens imóveis; divórcio consensual com ou sem partilha de bens, separação consensual com ou sem partilha de bens; declaratória de união estável; inventário e partilha de bens e inventário negativo.

(C) O tabelião, não conhecendo a língua expressa no documento, não poderá autenticar a sua cópia, pois não conhece o seu conteúdo, e tampouco reconhecer a assinatura do signatário de qualquer documento em língua estrangeira.

(D) O relativamente capaz pode outorgar procuração, apenas por instrumento público, desde que assistido por seu pai, mãe, ou tutor.

A: correta, nos termos dos arts. 1.793, 807 e 1.640 do CC; B: correta. A transmissão de propriedade de bens imóveis depende de escritura pública e a Lei 11.441/2007 autoriza a realização de inventário, divórcio, separação e partilha consensual e a união estável por esse instrumento; C: incorreta, devendo ser assinalada.; D: nos termos do art. 666 do CC, apenas para ser nomeado mandatário é que não se exige a assistência para o ato.
Gabarito "C".

(Cartório/MG – 2009 – EJEF) Todas as afirmativas abaixo são verdadeiras, EXCETO:

(A) O cidadão com 17 anos não pode ser testemunha em atos lavrados por tabelião.

(B) Havendo testamento ou interessado incapaz, proceder-se-á ao inventário judicial. Todavia, se todos forem capazes e concordes, o inventário e a partilha podem ser feitos por escritura pública, a qual constituirá título hábil para o registro imobiliário. O tabelião somente lavrará a escritura pública se todas as partes interessadas estiverem assistidas por advogado comum ou advogados de cada uma delas, cuja qualificação e assinatura constarão do ato notarial.

13. TABELIONATO DE NOTAS 665

(C) Nos casos de inventário e partilha, a gratuidade do ato não isenta a parte do recolhimento de impostos de transmissão cabível.

(D) O cônjuge sobrevivente concorre com os descendentes, salvo se aquele for casado com o falecido no regime da comunhão universal ou no da separação obrigatória de bens.

A: incorreta, devendo ser assinalada. Somente os absolutamente incapazes não são admitidos como testemunhas (art. 228, I, do CC); B: correta, nos termos do art. 610, *caput* e §§1° e 2°, do NCPC (na época da prova também estava correta nos termos do art. 982 do CPC/73); C: correta. A gratuidade refere-se aos emolumentos devidos ao tabelião, não alcançando a obrigação tributária decorrente do fato gerador; D: correta, nos termos do art. 1.829, I, do CC.
Gabarito "A".

(Cartório/MG – 2009 – EJEF) Assinale a alternativa INCORRETA.

(A) Constitui crime lavrar ato notarial que envolva pessoa idosa sem discernimento de seus atos, sem a devida representação legal, punido com pena de reclusão de dois a quatro anos.

(B) Constitui crime coagir, de qualquer modo, o idoso a doar, contratar, testar ou outorgar procuração, punido com pena de reclusão de dois a cinco anos.

(C) A responsabilidade civil, dos notários e oficiais de registro, independe da criminal. A responsabilidade criminal será individualizada, aplicando-se, no que couber, a legislação relativa aos crimes contra a administração pública.

(D) O tabelião está dispensado de apresentar à Receita Federal a Declaração Sobre Operações Imobiliárias relativa à escritura de dação de imóvel em pagamento de dívida.

A: correta, nos termos do art. 108 da Lei 10.741/2003 (Estatuto do Idoso); B: correta, nos termos do art. 107 do Estatuto do Idoso; C: correta, nos termos dos arts. 23 e 24 da Lei 8.935/1994; D: incorreta, devendo ser assinalada. Nos termos do art. 2° da Instrução Normativa RFB 1.112/2010, a DOI deverá ser apresentada sempre que ocorrer operação imobiliária de aquisição ou alienação de bem imóvel.
Gabarito "D".

(Cartório/RJ – 2002 – NCE-UFRJ) Vans, tutor de Lorens, 17 anos, solicita que lhe seja lavrada Escritura de Emancipação de sua pupila. Apresenta ao Escrevente a certidão de nascimento de Lorens e os documentos de identidade dos comparecentes. É possível a lavratura:

(A) Sim, desde que a pupila manifeste o seu consentimento na própria escritura de emancipação.

(B) Sim, desde que haja sentença do juiz, ouvido o tutor.

(C) Sim, desde que se apresente o Termo de Tutela.

(D) Não. A outorga da emancipação é privativa dos pais naturais.

(E) Não. Tal emancipação é privativa do Poder Judiciário.

O tutor somente pode conceder emancipação com autorização judicial (art. 5°, parágrafo único, I, do CC).
Gabarito "E".

(Cartório/SP – 2012 – VUNESP) Sobre a lavratura de escritura pública, é correto afirmar que

(A) em ato de interesse de fundação definida como entidade fechada de previdência privada, nos termos da Lei n.° 6.435/77, deve obrigatoriamente comparecer a Curadoria das Fundações.

(B) em escritura declarada incompleta, por falta de assinatura de uma das partes, por culpa dela, é devida a metade do valor previsto na tabela.

(C) na instituição de direito de superfície em imóvel de valor menor que trinta salários mínimos, é obrigatório o instrumento público.

(D) na escritura cujo objeto for bem imóvel urbano objeto de transcrição, ficam dispensadas sua descrição e caracterização.

A: incorreta. Para entidades dessa natureza está expressamente dispensada a intervenção do Ministério Público (item 64.1 do Capítulo XVI, tomo II, das NSCGJ/SP); B: incorreta. Deverá ser pago o valor correspondente a 1/3 dos emolumentos (itens 53.2.1 e 53.3 do Capítulo XVI, tomo II, das NSCGJ/SP c/c nota explicativa 9.1 da Lei 11.331/2002 que instituiu a Tabela de Emolumentos do Estado de São Paulo); C: correta, nos termos dos arts. 108 e 1.369 do CC; D: incorreta. A dispensa somente ocorrerá se os elementos de descrição e caracterização estiverem presentes na certidão do Registro de Imóveis (art. 2° da Lei 7.433/1985).
Gabarito "C".

(Cartório/PA – 2016 – IESES) A doação de imóvel com cláusula de reversão significa:

(A) Que o imóvel não se comunicará caso o donatário de casar.

(B) Nenhuma das respostas está correta.

(C) Que o bem não pode ser vendido.

(D) Que o imóvel volta ao patrimônio do doador se o donatário falecer primeiro.

A: incorreta: Esta seria a cláusula de incomunicabilidade, pela qual o bem não se comunica ao cônjuge, ainda que casado em regime de comunhão universal de bens. B: incorreta Vide comentário à alternativa "d". C: incorreta: Esta seria a cláusula de inalienabilidade, pela qual a coisa fica indisponível salvo desapropriação ou execução de tributo relativo ao próprio imóvel, ou autorização judicial – cf. Caio Mário da Silva Pereira, Instituições de Direito Civil, Vol. VI, 17ª Ed., Rio de Janeiro, Forense, 2010, p. 241). D: correta: A cláusula de reversão consiste em condição resolutiva expressa, pela qual o doador estabelece o retorno ao seu patrimônio dos bens doados, se sobreviver ao donatário (Cf. Carlos Roberto Gonçalves, Direito Civil Brasileiro, Vol. III, 1ª Ed., São Paulo, Saraiva, 2004, p. 271). Está prevista no artigo 547 do Código Civil: *O doador pode estipular que os bens doados voltem ao seu patrimônio, se sobreviver ao donatário.*
Gabarito "D".

(Cartório/MG – 2016 – Consulplan) Sobre a adoção, assinale a alternativa correta.

(A) Os maiores de 18 anos podem ser adotados por meio de escritura pública, desde que plenamente capazes.

(B) Para a adoção de plenamente capazes por meio de escritura pública é indispensável que o adotante seja, no mínimo, 18 anos mais velho do que o adotado.

(C) A adoção de capazes e de incapazes é regulada por legislação própria, sendo inadmissível a lavratura de escritura pública de adoção depois da entrada em vigor do Código Civil atual.

(D) A escritura pública é documento formal e legítimo para a adoção de pessoas plenamente capazes, pela qual o tabelião observará os requisitos legais, notadamente 18 anos de diferença de idade entre adotante e adotado, interveniência do Ministério Público Estadual e manifestação inequívoca de vontade de adotar e de ser adotado.

A: incorreta: Nos termos do Art. 1.618 e 1.619 do Código Civil c/c Art. 47 da Lei 8.069/90, tanto a adoção de crianças e adolescentes quanto a adoção de maiores de 18 anos dependem de sentença judicial e, portanto, atualmente, não mais é possível realizar adoção por meio de escritura pública. *Art. 1.618 CC/02 A adoção de crianças e adolescentes será deferida na forma prevista pela Lei 8.069, de 13 de julho de 1990 – Estatuto da Criança e do Adolescente. Art. 1.619.CC/02: A adoção de maiores de 18 (dezoito) anos dependerá da assistência efetiva do poder público e de sentença constitutiva, aplicando-se, no que couber, as regras gerais da Lei nº 8.069, de 13 de julho de 1990 – Estatuto da Criança e do Adolescente; Art. 47, Lei 8.069/90. O vínculo da adoção constitui-se por sentença judicial, que será inscrita no registro civil mediante mandado do qual não se fornecerá certidão.* **B:** incorreta: vide anotação da alternativa A. **C:** correta: vide anotação da alternativa A. **D:** incorreta: vide anotação alternativa A.

Gabarito "C".

(Cartório/PA – 2016 – IESES) Assinale a alternativa INCORRETA:

(A) O tabelionato deverá considerar o imóvel como urbano, uma vez esteja ele inserido de fato na área urbana, de expansão urbana ou de urbanização específica, conforme o plano diretor ou lei municipal, embora possa ter lançamento junto ao INCRA.

(B) Em regra, com o lançamento pelo Município do IPTU, não caberá à União exigir o pagamento do ITR sobre o mesmo imóvel, sob pena de bitributação.

(C) Não há necessidade da expressa anuência do INCRA para a alteração da qualificação do imóvel de rural para urbano.

(D) Havendo duplicidade de cadastro, no órgão municipal e no INCRA, deverá o tabelião transcrever no ato notarial toda a documentação própria do imóvel rural, cabendo ao particular providenciar a baixa de sua situação perante o órgão federal.

A: incorreta: Tida a afirmação como correta em seu conteúdo pelo gabarito, é o entendimento de Adriano Erbolato Melo: "*O tabelionato deverá tratar como urbano o imóvel que foi incluído na área urbana, de expansão urbana ou de urbanização específica, conforme o plano diretor ou legislação municipal, embora tenha lançamento no INCRA – CCIR*"; (cf. Adriano Erbolato Melo, Imóvel Rural, in, RDI (62) (2007). **B:** incorreta: A despeito de o conteúdo da alternativa ter sido indicada como correto pelo gabarito, a afirmação que faz é problemática. De fato, não há possibilidade de que os dois tributos incidam sobre o mesmo imóvel. No entanto, para o STJ (RESP 1.112.646-SP), *não incide IPTU, mas ITR, sobre imóvel localizado na área urbana do Município, desde que comprovadamente utilizado em exploração extrativa, vegetal, agrícola, pecuária ou agroindustrial. Assim, o fato de o município realizar o lançamento, por si, não tem o condão de afastar a competência tributária da União, se o imóvel se enquadra na hipótese de incidência do ITR.* É, contudo, o entendimento de Adriano Erbolato Melo, em cujo artigo, aparentemente, a questão foi baseada: "*No aspecto tributário, a partir do lancamento pelo Município do IPTU, não poderá a União exigir sobre o mesmo imóvel o ITR, sob pena de bitributação, salvo em casos específicos e raros onde o imóvel esteja localizado parte em área rural e parte em área urbana ou de expansão urbana, cabendo a cobrança de cada tributo de forma proporcional*". (cf. Adriano Erbolato Melo, Imóvel Rural, in, RDI (62) (2007). **C:** correta: A averbação na matrícula da alteração de rural para urbano depende de certidão de não oposição expedida pelo INCRA: *O parcelamento de imóvel rural para fins urbanos será precedido de averbação de alteração de sua destinação, que por sua vez depende de: I – certidão municipal que ateste a inclusão do imóvel em zona urbana, de expansão urbana ou de urbanização específica, conforme lei local; II – **certidão de não oposição expedida pelo INCRA** – Art. 930, CNSNREP.* Ainda, é o entendimento de Adriano Erbolato Melo: "*Situação distinta é quando o particular deseja a alteração na qualificação do imóvel (de rural para urbano), fato este que acontecerá apenas com expressa anuência do INCRA*"; (cf. Adriano Erbolato Melo, Imóvel Rural, in, RDI (62) (2007)). **D:** incorreta: Tida a afirmação como correta em seu conteúdo pelo gabarito, é o entendimento de Adriano Erbolato Melo: "*Porém, e havendo duplicidade de cadastro (Prefeitura/INCRA), deverá o tabelionato transcrever no ato notarial toda a documentação própria do imóvel rural (vide item II abaixo), pois cabe ao particular a baixa de sua situação perante o órgão federal*"; (cf. Adriano Erbolato Melo, Imóvel Rural, in, RDI (62) (2007)).

Gabarito "C".

14. Tabelionato de Protesto

Marilia Miranda do Lago Rodrigues, Ivan Jacopetti do Lago e Alexandre Gialluca*

1. TEORIA GERAL. PRINCÍPIOS. ESPÉCIES. OBJETO. FINALIDADE. FUNÇÃO. FÉ PÚBLICA NOTARIAL. DELEGAÇÕES E ASPECTO INSTITUCIONAL DOS SERVIÇOS DE PROTESTO

(Cartório/AM – 2005 – FGV) Analise as proposições a seguir:

I. Em se tratando de protesto de cheque, poderá este ser lavrado no lugar do pagamento ou do domicílio do emitente.

II. Protesto é um ato formal e solene pelo qual se prova a inadimplência e o descumprimento de obrigação originada em títulos e outros documentos de dívida.

III. O tabelião de protestos arquivará mandados e ofícios judiciais.

Assinale:

(A) se somente a proposição I estiver correta.

(B) se somente a proposição II estiver correta.

(C) se somente as proposições I e a III estiverem corretas.

(D) se todas as proposições estiverem corretas.

(E) se nenhuma proposição estiver correta.

I: correta, conforme art. 6º, 1.ª parte, da Lei 9.492/1997; II: correta, pois retrata a redação do art. 1º da Lei 9.492/1997; III: correta, pois segundo o art. 35, IV, da Lei 9.492/1997, o tabelião de protestos arquivará mandados e ofícios judiciais.
Gabarito "D".

(Cartório/DF – 2001 – CESPE) No que diz respeito à Lei de Protesto de Títulos (LPT) – Lei 9.492, de 10 de setembro de 1997 –, julgue o item que se segue.

(1) Considere a seguinte situação hipotética. Um indivíduo apresentou um título para protesto por falta de pagamento, e o título não previa o termo inicial para a cobrança de juros e correção monetária. O tabelião cientificou o devedor e comunicou-lhe o prazo para pagamento, mas este se manteve inerte. Em consequência, o protesto foi lavrado dias depois. Nessa situação, o termo inicial para cálculo de juros e correção monetária será o dia do registro do protesto e não o da apresentação do título.

1: correta, isto porque o art. 40 da Lei 9.492/1997 determina que não havendo prazo assinado, o termo inicial para incidência de juros e atualizações monetárias será a data do registro do protesto.
Gabarito "1C".

(Cartório/MS – 2009 –VUNESP) O protesto especial associa-se à:

(A) ação monitória.

(B) ação ordinária de cobrança.

(C) ação revisional.

(D) execução singular.

(E) execução concursal.

O art. 94, I, da Lei 11.101/2005 trata do pedido de falência com base na impontualidade injustificada. Para tanto, é necessário ter um título executivo vencido e protestado, no entanto, o próprio art. 94, § 3º estabelece que o credor deverá fazer o protesto para fim falimentar nos termos da legislação específica. Neste sentido, o art. 23, parágrafo único, da Lei 9.492/1997 prescreve que "Somente poderão ser protestados, para fins falimentares, os títulos ou documentos de dívida de responsabilidade das pessoas sujeitas às consequências da legislação falimentar". Assim, o protesto especial está associado ao processo de falência, que é também chamada de execução concursal, pois haverá concurso de credores para receber da massa falida do empresário falido.
Gabarito "E".

(Cartório/SE – 2007 – CESPE) No que se refere ao serviço de protesto de títulos e outros documentos de dívida, julgue os itens que se seguem.

(1) O protesto por falta de aceite ou por devolução somente pode ser efetuado até o respectivo vencimento da obrigação e decorrido o prazo legal para o aceite ou a devolução.

(2) O protesto extrajudicial, por si só, não se presta a constituir direito nem a suspender e interromper a prescrição cambiária ou civil, mas apenas a constituir em mora o devedor e a provar a inadimplência ou o descumprimento de obrigação do devedor.

(3) O processo de dúvida não se estende aos casos oriundos dos cartórios de protesto, pois os direitos neles discutidos são atos de comércio entre pessoas capazes, portanto, de ordem patrimonial e disponível.

1: correta, conforme dispõe o § 1º do art. 20 da Lei 9.492/1997, segundo o qual "o protesto por falta de aceite somente poderá ser efetuado antes do vencimento da obrigação e após o decurso do prazo legal para o aceite ou a devolução"; 2: incorreta, visto que pelo art. 202, III, do CC, o protesto cambial interrompe o prazo prescricional; 3: incorreta, pois na forma do art. 18 da Lei 9.492/1997 "as dúvidas do Tabelião de Protesto serão resolvidas pelo Juízo competente".
Gabarito 1C, 2E, 3E

(Cartório/MG – 2016 – Consulplan) Conforme dispositivo constante do Provimento 260/CGJ/2013, da Egrégia Corregedoria-Geral de Justiça de Minas Gerais, consideram-se devedores

(A) os sacadores de notas promissórias.

(B) os emitentes das letras de câmbio e duplicatas.

(C) os emitentes das triplicatas.

---

* Marília Miranda do Lago Rodrigues comentou as questões de 2017 a 2021. Ivan Jacopetti do Lago comentou as questões de 2015 e 2016. Alexandre Gialluca comentou as demais questões.

(D) os emitentes de cheques, sendo que no caso de conta conjunta, será devedor apenas o correntista que tenha firmado o cheque, conforme indicação do apresentante.

A: Correta: A despeito da confusão terminológica (já que "saque", a rigor – por conter a ideia de emissão de título que será pago por terceiro – significa emissão de letra de câmbio (cf. Ricardo Negrão, Curso de Direito Comercial e de Empresa – Títulos de Crédito e Contratos Empresariais, 6ª Ed., São Paulo, Saraiva,2017, p. 77), o emitente de notas promissórias figura no rol de devedores previsto no artigo 368 do Código de Normas, derivado do artigo 21, § 4º, da Lei 9.492/97: *Os devedores, assim compreendidos os emitentes de notas promissórias e cheques, os sacados nas letras de câmbio e duplicatas, bem como os indicados pelo apresentante ou credor como responsáveis pelo cumprimento da obrigação, não poderão deixar de figurar no termo de lavratura e registro de protesto).* **B:** Incorreta: Segundo o artigo 368 do Código de Normas, e o artigo 21, §4º, da Lei 9.492/97, são devedores os sacados nas letras de câmbio e duplicatas, e não seus emitentes. Ver comentário à alternativa). **C:** Incorreta: Da mesma maneira como ocorre com as duplicatas, são devedores os sacados, e não os emitentes. Ver comentário à alternativa "a"). **D:** Correta: *No caso de cheque de conta conjunta, será devedor apenas o correntista que tenha firmado o cheque, conforme indicação do apresentante.* – Art. 329, § 1º, CNCGJ/MG).
Gabarito "Anulada".

(Cartório/MG – 2016 – Consulplan) Sobre o protesto de título de crédito, julgue as afirmações:

I. Os títulos e outros documentos de dívida poderão ser levados a protesto para prova e publicidade da inadimplência, assegurada a autenticidade e segurança do ato.
II. Os títulos e outros documentos de dívida poderão ser levados a protesto para fixação do termo inicial dos encargos, quando não houver prazo assinado.
III. Os títulos e outros documentos de dívida poderão ser levados a protesto para interromper o prazo de prescrição.
IV. Os títulos e outros documentos de dívida poderão ser levados a protesto para fins falimentares.

De acordo com o Provimento 260/CGJ/2013 da Egrégia Corregedoria-Geral de Justiça do Estado de Minas Gerais, está correto o que se afirma em:

(A) I e II, apenas.
(B) I, apenas.
(C) III e IV, apenas.
(D) I, II, III e IV.

I: Correta: Os títulos e outros documentos de dívida poderão ser levados a protesto para prova e publicidade da inadimplência, assegurada a autenticidade e segurança do ato; para fixação do termo inicial dos encargos, quando não houver prazo assinado; para interromper o prazo de prescrição e para fins falimentares. – Art. 321, CNCGJ/MG. **II:** Correta: Ver comentário à afirmação "I". **III:** Correta: Ver comentário à afirmação "I". **IV:** Correta: Ver comentário à afirmação "I".
Gabarito "D".

(Cartório/MG – 2016 – Consulplan) Segundo o Código Civil brasileiro em vigor, uma das causas de interrupção da prescrição é o protesto cambial. Sobre a interrupção da prescrição no mesmo diploma legal, é correto afirmar que

(A) pode dar-se somente uma vez.
(B) a apresentação do título de crédito em juízo de inventário não a interrompe.

(C) atos judiciais que constituam em mora o devedor não a interrompem.
(D) o título de crédito em branco mas assinado pelo emitente ou pelo devedor obsta a interrupção da prescrição.

A: Correta: *A interrupção da prescrição, que somente poderá ocorrer uma vez, dar-se-á: (...) por protesto cambial;* – Art. 202, III, Código Civil Brasileiro. **B:** Incorreta: *A interrupção da prescrição, que somente poderá ocorrer uma vez, dar-se-á pela apresentação do título de crédito em juízo de inventário ou em concurso de credores;* – Art. 202, IV, Código Civil Brasileiro. **C:** Incorreta: *A interrupção da prescrição, que somente poderá ocorrer uma vez, dar-se-á por qualquer ato judicial que constitua em mora o devedor.* (Art. 202, V, Código Civil Brasileiro). **D:** Incorreta: O título em crédito em branco não é protestável, por deficiência de requisitos formais extrínsecos. Por outro lado, pode a assinatura ser tomada como *ato inequívoco, ainda que extrajudicial, que importe reconhecimento do direito pelo devedor*, nos termos do artigo 202, VI, do Código Civil Brasileiro, interrompendo a prescrição – e, portanto, não obstando a interrupção o fato de estar o título em branco.
Gabarito "A".

2. COMPETÊNCIA E ATRIBUIÇÕES DO TABELIÃO DE PROTESTO. ADMINISTRAÇÃO DO SERVIÇO

Cartório/SP – 2018 – VUNESP) Assinale a alternativa correta.

(A) O deferimento do processamento de recuperação judicial do empresário e da sociedade empresária impede o protesto de títulos e documentos de dívida relacionados com o requerente do benefício legal.
(B) Os termos de protesto para fins falimentares, de títulos ou documentos de dívida de responsabilidade das pessoas sujeitas às consequências da legislação falimentar, são lavrados em livro especial.
(C) O protesto especial para fins falimentares poderá ser lavrado na praça de pagamento ou na circunscrição do principal estabelecimento do devedor.
(D) O termo de protesto especial para fins falimentares deve indicar o nome completo de quem recebeu a intimação, salvo se realizada por edital.

A: incorreta: segundo o item 77, do Capítulo XV, tomo II, das Normas de Serviço da Corregedoria Geral da Justiça de São Paulo, o deferimento do processamento de recuperação judicial do empresário e da sociedade empresária não impede o protesto de títulos; **B:** incorreta: os termos de protesto, inclusive para fins especiais, serão lavrados em um único livro, mas conterão as anotações do tipo de protesto, isto é, protesto comum ou para fins falimentares (art. 23, *caput*, Lei 9.492/97). **C:** incorreta: o protesto especial para fins falimentares será lavrado no local do principal estabelecimento do devedor, conforme item 76, "a", do Capítulo XV, tomo II, das Normas de Serviço da Corregedoria Geral da Justiça de São Paulo, e por aplicação do art. 3º, da Lei 11.101/05; **D:** correta: é o que afirma a Súmula 361 do Superior Tribunal de Justiça.
Gabarito "D".

(Cartório/SP – III – VUNESP) Indique a alternativa que não corresponde a uma competência privativa dos tabeliães de protesto de título, de acordo com a Lei 8.935/94.

(A) Acatar o pedido de desistência do protesto formulado pelo apresentante.

14. TABELIONATO DE PROTESTO — 669

(B) Intimar os devedores dos títulos para aceitá-los, devolvê-los ou pagá-los, sob pena de protesto.

(C) Autenticar cópias.

(D) Protocolar de imediato os documentos de dívida, para prova do descumprimento da obrigação.

A: incorreta, pois contém hipótese de competência privativa dos tabeliães de protesto de título, conforme art. 11, V, da Lei 8.935/1997; B: incorreta, pois contém hipótese de competência privativa dos tabeliães de protesto de título, conforme art. 11, II, da Lei 8.935/1997; C: correta, pois não contém hipótese de atribuição privativa dos tabeliães de protesto de título, cuja competência é estabelecida pelo art. 11 da Lei 8.935/1997; D: incorreta, pois contém hipótese de competência privativa dos tabeliães de protesto de título, conforme art. 11, I, da Lei 8.935/1997.
Gabarito "C".

(Cartório/PA – 2016 – IESES) Havendo mais de um tabelião de protesto na mesma localidade:

(A) Será obrigatório o encaminhamento para o tabelião de protesto localizado mais próximo ao endereço do devedor, em atendimento ao princípio da competência territorial.

(B) Será obrigatória a prévia distribuição dos títulos e outros documentos de dívida.

(C) Será obrigatório o encaminhamento para o tabelião de protesto localizado mais próximo ao endereço do credor, em atendimento ao princípio da competência territorial.

(D) Será livre a escolha do credor por qualquer tabelião de protesto da localidade.

A: Incorreto: O único critério válido para se encontrar o tabelionato que deverá processar a solicitação de protesto dentro da mesma praça, quando mais de um tabelionato nela houver, é o da distribuição, sendo indiferente o endereço do credor ou devedor, e a proximidade com o cartório. *Havendo mais de um tabelião de protestos na mesma localidade, será obrigatória a prévia distribuição dos títulos.* – Art. 11, parágrafo único, Lei 8.935/97; *os títulos e documentos de dívida destinados a protesto somente estarão sujeitos a prévia distribuição obrigatória nas localidades onde houver mais de um Tabelionato de Protesto de Títulos.* – Art. 7°, L. 9.492/97. **B:** Correto: Vide comentário à alternativa "a". **C:** Incorreto: Vide comentário à alternativa "a". **D:** Incorreto: Vide comentário à alternativa "a".
Gabarito "B".

(Cartório/PA – 2016 – IESES) Todos os títulos e documentos de dívida apresentados a protesto devem obedecer às regras do local de apresentação. No caso específico do o cheque este deverá ser apresentado:

(A) De acordo com a livre escolha do beneficiário.

(B) No lugar de pagamento ou no domicílio do emitente.

(C) No domicílio do beneficiário.

(D) No domicílio do sacado.

A: Incorreto: A escolha não é livre, mas restrita ao local do pagamento, ou ao domicílio do emitente: Tratando-se de **cheque**, poderá o protesto ser lavrado **no lugar do pagamento ou do domicílio do emitente**, devendo do referido cheque constar a prova de apresentação ao Banco sacado, salvo se o protesto tenha por fim instruir medidas pleiteadas contra o estabelecimento de crédito. Art. 6°, Lei 9.492/97. **B:** Correto: Ver comentário à alternativa "a". **C:** Incorreto: Ver comentário à alternativa "a". **D:** Incorreto: Ver comentário à alternativa "a".
Gabarito "B".

(Cartório/AC – 2006 – CESPE) Julgue o item que se segue.

(1) Aos tabeliães de protesto de título compete privativamente lavrar protesto, registrando, em livro próprio, a declaração de que o devedor não satisfez sua obrigação para com o título apresentado para aceite ou pagamento. O tabelião deverá fazer uma verificação do título e, caso constate irregularidade – formal ou material – ou a ocorrência da prescrição, antes de fazer o apontamento, deverá suscitar dúvida ao juízo competente.

1: incorreta, conforme art. 9°, 2.ª parte, da Lei 9.492/1997, segundo o qual o Tabelião de Protesto não tem atribuição para verificar a irregularidade material e tampouco investigar a ocorrência de prescrição ou caducidade do título.
Gabarito "1E".

(Cartório/DF – 2006 – CESPE) Com referência ao serviço de protesto de títulos, julgue o item que se segue.

(1) O substituto legal do tabelião de protesto poderá, simultaneamente com o notário, praticar todos os atos que lhes sejam próprios, exceto o de cancelamento de protesto.

1: incorreta, pois é possível que o cancelamento de protesto seja efetuado pelo substituto legal do tabelião, nos termos do art. 26, § 5°, da Lei 9.492/1997.
Gabarito "1E".

(Cartório/DF – 2003 – CESPE) Quanto à Lei de Protesto de Títulos (LPT – Lei 9.492/1997), julgue o item a seguir.

(1) Em casos excepcionais, previstos na LPT, qualquer oficial de registro pode receber pagamentos relativos ao protesto de títulos.

1: incorreta, pois é atribuição privativa do Tabelião de Protesto o recebimento do pagamento relativo ao protesto de título, conforme art. 3° da Lei 9.492/1997. E na referida lei não há hipóteses de exceção à regra retro referida.
Gabarito "1E".

(Cartório/DF – 2001 – CESPE) No que respeita à Lei dos Serviços Notariais e de Registro (LSNR) – Lei 8.935, de 18 de novembro de 1994 –, julgue o seguinte item.

(1) No caso de o devedor de um título não o pagar, devolver ou aceitar, conforme o caso, incumbirá ao tabelião lavrar o cabível protesto, o qual, por segurança, deve, necessariamente, ser registrado em livro próprio, cuja guarda é responsabilidade do notário.

1: incorreta, isto porque anuncia que "necessariamente" o registro deve ser feito em livro próprio. Vale dizer que a Lei 8.935/1994 em seu art. 11, IV, preconiza que "aos tabeliães de protesto de título compete privativamente: IV – lavrar o protesto, registrando o ato em livro próprio, em microfilme ou sob outra forma de documentação". Deste modo, o registro não precisa ser necessariamente feito em livro próprio, poderá também ser feito em microfilme ou outra forma de documentação.
Gabarito "1E".

(Cartório/DF – 2001 – CESPE) No que diz respeito à Lei de Protesto de Títulos (LPT) – Lei 9.492, de 10 de setembro de 1997 –, julgue o item que se segue.

(1) A lei geral acerca dos atos notariais e registrais é a LRP, que se aplica subsidiariamente a todos os serviços ligados àqueles atos, e todos eles se sujeitam à fiscalização e orientação do Poder Judiciário; em consequência, no caso do tabelionato de protesto de títulos, a utilização de sistemas de computação, de microfilmagem, de gravação eletrônica de imagem e de outros meios de reprodução depende de autorização do juiz competente.

1: incorreta, pois contraria o art. 41 da Lei 9.492/1997, segundo o qual a utilização de sistemas de computação, microfilmagem, gravação eletrônica de imagem e quaisquer outros meios de reprodução pelos tabelionatos de protesto de títulos independem de autorização.
Gabarito "1E".

(Cartório/MA – 2008 – IESES) Assinale a alternativa INCORRETA de acordo com a Lei 8.935/94, em relação ao protesto de títulos.

(A) Aos tabeliães de protesto de título compete privativamente receber o pagamento dos títulos protocolizados, dando quitação.

(B) Havendo mais de um tabelião de protestos na mesma localidade, será facultada a prévia distribuição dos títulos.

(C) Aos tabeliães de protesto de título compete privativamente protocolar de imediato os documentos de dívida, para prova do descumprimento da obrigação.

(D) Aos tabeliães de protesto de título compete privativamente averbar o cancelamento do protesto.

A: correta, nos termos do art. 11, III, da Lei 8.935/1994; B: incorreta (devendo ser assinalada), nos termos do parágrafo único do art. 11 da Lei 8.935/1994, pois no caso de haver mais de um tabelião de protestos na mesma localidade, a distribuição dos títulos será obrigatória e não facultativa; C: correta, nos termos do art. 11, I, da Lei 8.935/1997; D: correta, nos termos do art. 11, VI, "a", da Lei 8.935/1997.
Gabarito "B".

(Cartório/RJ – 2002 – NCE-UFRJ) Para fins falimentares poderão ser protestados:

(A) quaisquer títulos preexistentes, ainda que originariamente não sujeitos a protesto;

(B) somente os títulos ou documentos de dívida de responsabilidade das pessoas sujeitas às consequências da legislação falimentar;

(C) todos os títulos ou documentos de dívida de responsabilidade de quaisquer pessoas;

(D) somente os títulos vencidos anteriormente à data da decretação da falência;

(E) somente os títulos judiciais.

O protesto para fins falimentares é necessário para o ajuizamento da falência com base na impontualidade injustificada estabelecida no art. 94, I, da Lei 11.101/2005. Este protesto poderá envolver título executivo judicial ou extrajudicial. Todavia, é importante destacar que de acordo com os arts. 1º e 2º da Lei 11.101/2005 somente o empresário, sociedade empresária e Eireli empresária poderão sofrer processo de falência. E é por este motivo que o art. 23, parágrafo único, da Lei 9.492/1997 determina que "somente poderão ser protestados, para fins falimentares, os títulos ou documentos de dívida de responsabilidade das pessoas sujeitas às consequências da legislação falimentar". Neste sentido, a única alternativa correta é a B.
Gabarito "B".

3. LIVROS E CLASSIFICADORES EM GERAL E ESPECÍFICOS DO SERVIÇO DE PROTESTO. ESCRITURAÇÃO E ORDEM DO SERVIÇO. DAS ESPÉCIES DE PROTESTO

(Cartório/RS – 2019 – VUNESP) Assinale a alternativa correta, de acordo com a Lei nº 9.492, de 10 de setembro de 1997.

(A) Não se poderá tirar protesto por falta de aceite de letra de câmbio contra o sacado não aceitante.

(B) Todos os documentos apresentados ou distribuídos no horário regulamentar serão protocolizados dentro de quarenta e oito horas, obedecendo à ordem cronológica de entrega.

(C) O título ou documento de dívida cujo protesto tiver sido sustado judicialmente só poderá ser pago, protestado ou retirado com autorização judicial.

(D) O Tabelião de Protesto expedirá as certidões solicitadas dentro de três dias úteis, no máximo, que abrangerão o período mínimo dos cinco anos anteriores, contados da data do pedido, salvo quando se referir a protesto específico.

(E) O prazo de arquivamento é de cinco anos para livros de protocolo e de dez anos para os livros de registros de protesto e respectivos títulos.

A: incorreta: o art. 21, § 5º, da Lei 9.492/97 dispõe que não se poderá tirar protesto por falta de pagamento de letra de câmbio contra o sacado não aceitante; B: incorreta – o prazo para protocolização dos documentos apresentados ou distribuídos, segundo o art. 5º da referida lei, é de vinte e quatro horas; C: correta: a afirmação está em consonância com o disposto no art. 17, § 1º, da Lei 9.492/97; D: incorreta: o prazo máximo para expedição de certidões é de cinco dias úteis, conforme art. 27, *caput*, da Lei 9.492/97. E: incorreta: segundo o art. 36, da Lei 9.492/97, o prazo de arquivamento é de três anos para livros de protocolo e de dez anos para os livros de registros de protesto e respectivos títulos.
Gabarito "C".

(Cartório/CE – 2018 – IESES) Assinale a alternativa INCORRETA:

(A) Tratando-se de cheque, poderá o protesto ser lavrado no lugar do pagamento ou do domicílio do emitente, devendo do referido cheque constar a prova de apresentação ao Banco sacado, salvo se o protesto tenha por fim instruir medidas pleiteadas contra o estabelecimento de crédito.

(B) No tabelionato de protesto o atendimento ao público será de, no mínimo, seis horas diárias.

(C) Qualquer irregularidade formal observada pelo Tabelião de protesto faz com ele suscite dúvida ao juiz corregedor.

(D) Todos os títulos e documentos de dívida protocolizados serão examinados em seus caracteres formais e terão curso se não apresentarem vícios, não cabendo ao Tabelião de Protesto investigar a ocorrência de prescrição ou caducidade.

A: correta: está em conformidade com o disposto no art. 6º, da Lei 9.492/97; B: correta: está em conformidade com o disposto no art. 4º, da Lei 9.492/97; C: incorreta: qualquer irregularidade formal observada pelo Tabelião obstará o registro do protesto, conforme prevê o parágrafo único, do art. 9º, da Lei 9.492/97; D: correta: está em conformidade com o disposto no art. 9º, caput, da Lei 9.492/97.
Gabarito "C".

14. TABELIONATO DE PROTESTO

(Cartório/CE – 2018 – IESES) Assinale a alternativa correta:

(A) No tabelionato de protesto arquivos deverão ser conservados, pelo menos, durante o prazo de um ano, para as intimações e editais correspondentes a documentos pagos ou retirados além do tríduo legal.

(B) No tabelionato de protesto os arquivos deverão ser conservados, pelo menos, durante o prazo de um ano, para as intimações e editais correspondentes a documentos protestados e ordens de cancelamento.

(C) No tabelionato de protesto os arquivos deverão ser conservados, pelo menos, durante o prazo de seis, para os comprovantes de entrega de pagamento aos credores, para as solicitações de retirada dos apresentantes e para os comprovantes de devolução, por irregularidade, aos mesmos, dos títulos e documentos de dívidas.

(D) No tabelionato de protesto os arquivos deverão ser conservados, pelo menos, durante o prazo de um ano para os mandados judiciais de sustação de protesto.

A: incorreta: segundo dispõe o art. 35, § 1º, II, da Lei 9.492/97, no tabelionato de protesto arquivos deverão ser conservados, pelo menos, durante o prazo de seis meses, para as intimações e editais correspondentes a documentos pagos ou retirados além do tríduo legal; **B:** correta: está em consonância com o disposto no art. 35, § 1º, I, da Lei 9.492/97. **C:** incorreta: segundo o art. 35, § 1º, III, é de trinta o prazo para conservação dos comprovantes de entrega de pagamento aos credores, para as solicitações de retirada dos apresentantes e para os comprovantes de devolução, por irregularidade, aos mesmos, dos títulos e documentos de dívidas. **D:** incorreta: segundo o art. 35, § 3º os mandados judiciais de sustação de protesto deverão ser conservados, juntamente com os respectivos documentos, até solução definitiva por parte do Juízo.
Gabarito "B".

(Cartório/SP – 2016 – VUNESP) Com relação ao protesto especial para fins falimentares, é correto afirmar que

(A) a intimação do protesto, para requerimento da falência da empresa devedora, exige a identificação da pessoa que a recebeu, não sendo suficiente sua entrega no endereço fornecido pelo apresentante do título ou documento de dívida.

(B) é necessário para a formulação do pedido de falência.

(C) a competência territorial é a do Tabelionato do lugar do pagamento, ainda que outro seja o local do principal estabelecimento do devedor.

(D) pode ser lavrado independentemente do prévio cancelamento de um anterior protesto comum do mesmo título ou documento de dívida.

A: Correta: Ressalvada a hipótese de intimação por edital, a indicação do nome completo de quem recebeu a intimação é elemento do termo de protesto especial para fins falimentares – *o termo de protesto especial deve indicar o nome completo de quem recebeu a intimação, salvo se realizada por edital (itens 52 e 53)* – Item 76, "c", Cap. XV, NSCGJ/SP. Vide, ainda, Súmula 361/STJ: *A notificação do protesto, para requerimento de falência da empresa devedora, exige a identificação da pessoa que a recebeu.* **B:** Incorreta: O protesto comum em que se identifique quem recebeu a intimação pode servir de base à formulação do pedido de falência. Vide Súmula 41 do TJSP: *O protesto comum dispensa o especial para o requerimento de falência*; e REsp 211.039-RS, 208.780-SC, e 415.701-PR. **C:** Incorreta: *a competência territorial é a do Tabelionato do local do principal estabelecimento do devedor, ainda que outra seja a praça de pagamento*; – Item 76, "a", Cap. XV,

NSCGJ/SP. **D:** Incorreta: *o protesto especial depende de comprovação do prévio cancelamento de eventual protesto comum lavrado anteriormente do mesmo título ou documento de dívida*; – Item 76, "b", Cap. XV, NSCGJ/SP.
Gabarito "A".

(Cartório/SP – 2016 – VUNESP) No que diz respeito ao protesto por falta de aceite, é correto afirmar que

(A) vincula o sacado não aceitante.

(B) garante ao portador do título, mesmo antes do vencimento, o exercício do direito de regresso contra os coobrigados.

(C) é modalidade de protesto especial.

(D) pode ser efetuado mesmo após o vencimento da obrigação.

A: Incorreta: O protesto por falta de aceite se destina a comprovar, por um ato formal, a recusa de aceite (vide art. 44º da Lei Uniforme de Genebra); e é pelo aceite que o sacado se obriga a pagar a letra (artigo 28º da mesma Lei). Com isso, tem-se que o protesto por falta de aceite não vincula o sacado não aceitante, servindo tão somente para exercício dos direitos do credor contra os demais coobrigados. **B:** Correta: O protesto por falta de aceite comprova, por ato formal, a recusa de aceite (vide comentário à alternativa "a"; e, segundo o art. 43º da Lei Uniforme de Genebra, *o portador de uma letra pode exercer os seus direitos de ação contra os endossantes, sacador e outros coobrigados mesmo antes do vencimento se houve recusa total ou parcial de aceite*. Assim, tem-se que o protesto por falta de aceite garante ao portador do título o exercício de direito de regresso contra os coobrigados, mesmo antes do vencimento). **C:** Incorreta: Segundo as NSCGJ/SP, a "falta de aceite" é motivo, e não tipo de protesto, sendo tipos tão somente "comum" e "especial" – *o tipo de protesto, se comum ou para fins falimentares, e o motivo do protesto, se por falta de pagamento, de aceite, de data de aceite ou de devolução*; – Item 45, c, Cap. XV, NSCGJ/SP). **D:** Incorreta: *O protesto por falta de aceite somente poderá ser lavrado antes do vencimento da obrigação representada no título, e desde que decorrido o prazo legal para o aceite ou a devolução.* – Item 71, Cap. XV, NSCGJ/SP.
Gabarito "B".

(Cartório/SP – 2011 – VUNESP) O Livro Protocolo é de suma importância para o Tabelionato de Protesto e deve ser escriturado com rigoroso registro dos títulos e documentos de dívida apresentados. Exige-se, ainda,

(A) escrituração diária, especificando apenas o dia do lançamento, sem necessidade de qualquer termo de encerramento.

(B) escrituração diária, consignando, ao final do dia, termo de encerramento com número de títulos apresentados.

(C) escrituração semanal, especificando em cada período o número de títulos apresentados em cada dia, fazendo indicação, no termo de encerramento, do total daquela semana.

(D) escrituração mensal, indicando o total dos títulos apresentados naquele período.

A: incorreta, pois o art. 32, parágrafo único da Lei 9.492/97 exige que a escrituração diária tenha o termo de encerramento; **B:** correta, por disposição do parágrafo único do art. 32 da Lei 9.492/1997 que define: "A escrituração será diária, constando do termo de encerramento o número de documentos apresentados no dia, sendo a data da protocolização a mesma do termo diário do encerramento."; C e D estão incorretas, visto que a escrituração não poderá ser semanal ou mensal, mas sim diária em conformidade com o art. 32, parágrafo único da Lei 9.492/97.
Gabarito "B".

(Cartório/SP – 2011 – VUNESP) O Tabelião deve saber que o protesto por falta de aceite de uma Letra de Câmbio:

(A) dá ensejo ao lançamento apenas do nome do sacado nos índices da Serventia, bem como no termo de protesto.

(B) dá ensejo ao lançamento do nome e documento do sacado nos índices da Serventia, bem como no termo de protesto.

(C) somente poderá ser lavrado se comprovado o vínculo contratual, mediante apresentação do contrato firmado entre o sacador-apresentante e o sacado-devedor.

(D) somente poderá ser lavrado antes do vencimento da obrigação representada no título, e desde que decorrido o prazo legal para o aceite ou a devolução.

A assertiva correta é a "D" por disposição do art. 21, § 1º, da Lei 9.492/1997: "O protesto por falta de aceite somente poderá ser efetuado antes do vencimento da obrigação e após o decurso do prazo legal para o aceite ou a devolução."
Gabarito "D".

(Cartório/SP – V – VUNESP) Assinale a alternativa correta.

(A) Os termos dos protestos lavrados, inclusive para fins especiais, por falta de pagamento, de aceite ou de devolução serão registrados em um único livro e conterão a anotação do tipo do protesto, ficando dispensada a anotação do motivo.

(B) Os termos dos protestos lavrados, inclusive para fins especiais, por falta de pagamento ou de aceite serão registrados em um único livro e conterão as anotações do tipo e do motivo do protesto, sendo que o protesto por falta de devolução, registrado no mesmo livro, conterá apenas a anotação do tipo do protesto.

(C) Os termos dos protestos lavrados, inclusive para fins especiais, por falta de pagamento, de aceite ou de devolução serão registrados em um único livro e conterão as anotações do tipo e do motivo do protesto.

(D) Os termos dos protestos lavrados, inclusive para fins especiais, por falta de pagamento ou de devolução serão registrados em um único livro e conterão a anotação do tipo do protesto, sendo que o protesto por falta de aceite, registrado no mesmo livro, conterá apenas a anotação do motivo do protesto.

A: incorreta, conforme o art. 23 da Lei 9.492/1997 não está dispensada a anotação do motivo; B: incorreta, pois além de conter a anotação do tipo do protesto, deve conter o motivo também; C: correta, pois o art. 23 determina que: "Os termos dos protestos lavrados, inclusive para fins especiais, por falta de pagamento, de aceite ou de devolução serão registrados em um único livro e conterão as anotações do tipo e do motivo do protesto, além dos requisitos previstos no artigo anterior"; D: incorreta, pois nos moldes do art. 23 o protesto por falta de aceite também deve conter tipo e motivo de protesto.
Gabarito "C".

(Cartório/PA – 2016 – IESES) Serão arquivados no Tabelionato de Protesto os seguintes documentos:

(A) Intimações; editais; documentos apresentados para averbações e cancelamento de protestos; mandados e ofícios judiciais; ordens de retirada de títulos pelo apresentante; comprovantes de entrega dos pagamentos aos credores.

(B) Intimações; editais; documentos apresentados para averbações e cancelamento de protestos; mandados e ofícios judiciais; ordens de retirada de títulos pelo apresentante; comprovantes de entrega dos pagamentos aos credores; comprovante de devolução dos títulos ou documentos de dívidas irregulares.

(C) Intimações; editais; documentos apresentados para averbações e cancelamento de protestos; mandados e ofícios judiciais; ordens de retirada de títulos pelo apresentante; comprovantes de entrega dos pagamentos aos credores; comprovante de devolução dos títulos ou documentos de dívidas irregulares; cópia do título ou documento de dívida protestado; requerimentos de certidão positiva, de inteiro teor.

(D) Documentos apresentados para averbações e cancelamento de protestos; mandados e ofícios judiciais; ordens de retirada de títulos pelo apresentante; comprovantes de entrega dos pagamentos aos credores; comprovante de devolução dos títulos ou documentos de dívidas irregulares; cópia do título ou documento de dívida protestado; requerimentos de certidão positiva, de inteiro teor.

A: Incorreta: *Serão arquivados no Tabelionato de Protesto os documentos seguintes: I – intimações, assim considerados os comprovantes de entrega ou avisos de recebimento; II – editais, assim consideradas as folhas afixadas no Tabelionato ou o recorte do jornal, com indicação do caderno e da folha em que ocorreu a publicação; III – documentos apresentados para averbações e cancelamento de protestos; IV – mandados e ofícios judiciais; V – ordens de retirada de títulos pelo apresentante; VI – comprovantes de entrega dos pagamentos aos credores; VII – comprovantes de devolução dos títulos ou documentos de dívida irregulares; VIII – cópia do título ou documento de dívida protestado; IX – requerimentos de certidão positiva, de inteiro teor ou conforme quesitos. – Art. 461, CNSNREP).* Ou seja, a alternativa não mencionou: *VII – comprovantes de devolução dos títulos ou documentos de dívida irregulares; VIII – cópia do título ou documento de dívida protestado; IX – requerimentos de certidão positiva, de inteiro teor ou conforme quesitos).* B: Incorreta: Vide comentário à alternativa "a". A alternativa "b" não mencionou: *VIII – cópia do título ou documento de dívida protestado; IX – requerimentos de certidão positiva, de inteiro teor ou conforme quesitos).* C: Correta: É a mais completa. Vide comentário à alternativa "a"). D: Incorreta: Vide comentário à alternativa "a". A alternativa "c" não mencionou: *I – intimações, assim considerados os comprovantes de entrega ou avisos de recebimento; II – editais, assim consideradas as folhas afixadas no Tabelionato ou o recorte do jornal, com indicação do caderno e da folha em que ocorreu a publicação).*
Gabarito "C".

(Cartório/AM – 2005 – FGV) Analise as proposições a seguir:

I. Segundo dispõe a Lei 9.492/97, o protesto será registrado dentro de três dias úteis contados da protocolização do título ou documento de dívida.

II. Todos os documentos apresentados ou distribuídos no horário regulamentar serão protocolizados dentro de vinte e quatro horas, obedecendo à ordem cronológica de entrega.

III. Tratando-se de títulos ou documentos de dívida sujeitos a qualquer tipo de correção, o pagamento será feito pela conversão vigorante no dia da apresentação no valor indicado pelo apresentante.

Assinale:

(A) se somente a proposição I estiver correta.

(B) se somente a proposição II estiver correta.

14. TABELIONATO DE PROTESTO

(C) se somente as proposições I e a II estiverem corretas.

(D) se somente as proposições I e a III estiverem corretas.

(E) se todas as proposições estiverem corretas.

I: correta, pois conforme art. 12: "O protesto será registrado dentro de três dias úteis contados da protocolização do título ou documento de dívida"; II: correta, vez que o art. 5º da Lei 9.492/1997 determina que: "Todos os documentos apresentados ou distribuídos no horário regulamentar serão protocolizados dentro de vinte e quatro horas, obedecendo à ordem cronológica de entrega"; III: correta, visto que o art. 10, § 2º, dispõe: "Em caso de pagamento, este será efetuado em moeda corrente nacional, cumprindo ao apresentante a conversão na data de apresentação do documento para protesto".
Gabarito "E".

(Cartório/BA – 2004 – CESPE) Com relação aos livros do cartório de protestos e títulos, julgue os itens a seguir.

(1) O livro de protocolo poderá ser escriturado mediante processo manual, mecânico, eletrônico ou informatizado, sendo vedada a utilização de folhas soltas.

(2) As colunas destinam-se às seguintes anotações: número de ordem, natureza do título ou documento de dívida, valor, apresentante, devedor e ocorrências.

(3) A abertura dos livros de registro de protesto é de competência exclusiva do tabelião titular, cabendo ao seu substituto a numeração e rubrica das folhas dos mesmos.

(4) A escrituração será diária, devendo constar do termo de encerramento o número de documentos apresentados no dia, sendo a data de protocolização a mesma do termo diário de encerramento.

(5) O prazo de arquivamento para livros de protocolo é de cinco anos e para livros de registro de protesto é de dez anos.

1: incorreta, pois a utilização de folhas soltas é permitida sim pelo art. 32 da Lei 9.492/1997 que estabelece que "o livro de Protocolo poderá ser escriturado mediante processo manual, mecânico, eletrônico ou informatizado, em folhas soltas e com colunas destinadas às seguintes anotações: número de ordem, natureza do título ou documento de dívida, valor, apresentante, devedor e ocorrências".; 2: correta, de acordo com a redação do art. 32 da Lei 9.492/1997; 3: incorreta, isto porque, a abertura dos livros de registro de protesto não é de competência exclusiva do tabelião titular. Importando esclarecer que segundo o art. 33 os livros de Registros de Protesto também poderão ser abertos e encerrados pelos Substitutos, ou ainda por Escrevente autorizado; 4: correta, seguindo o disposto no parágrafo único do art. 32; 5: incorreta, pois, conforme o art. 36 da Lei 9.492/1997 o prazo de arquivamento é de três anos para livros de protocolo e não de cinco anos como está descrito na alternativa.
Gabarito 1E, 2C, 3E, 4C, 5E

(Cartório/DF – 2001 – CESPE) Em relação aos títulos apresentados para protesto, julgue o item que se segue.

(1) Os termos dos protestos lavrados, inclusive para fins falimentares, por falta de pagamento, de aceite ou de devolução serão registrados em um único livro e conterão as anotações do tipo e do motivo do protesto.

1: correta, pois conforme o art. 23 da Lei 9.492/1997: "Os termos dos protestos lavrados, inclusive para fins especiais, por falta de pagamento, de aceite ou de devolução serão registrados em um único livro e conterão as anotações do tipo e do motivo do protesto, além dos requisitos previstos no artigo anterior".
Gabarito 1C

(Cartório/DF – 2001 – CESPE) No que diz respeito à Lei de Protesto de Títulos (LPT) – Lei 9.492, de 10 de setembro de 1997 –, julgue o item que se segue.

(1) Considere a seguinte situação hipotética. Um tabelião de protestos recebeu título que lhe foi apresentado por falta de pagamento. Quando deu ciência disso ao devedor, este ajuizou ação de sustação de protesto e obteve medida cautelar, de que o tabelião foi intimado e cujo mandado conservou em seus arquivos. Tempos depois, o tabelião foi oficialmente comunicado do trânsito em julgado do acórdão que julgou improcedente o pedido da ação de sustação. Em razão disso, foi finalmente lavrado o protesto. Nessa situação, o mandado de sustação podia ser expurgado pelo tabelião de seus arquivos.

1: correta, isto porque consoante o art. 35, § 3º, da Lei 9.492/1997: "Os mandados judiciais de sustação de protesto deverão ser conservados, juntamente com os respectivos documentos, até solução definitiva por parte do Juízo". Assim, considerando que o tabelião recebeu comunicação do trânsito em julgado do acórdão que julgou improcedente a ação de sustação (solução definitiva) poderá sim expurgar o mandado de seus arquivos.
Gabarito 1C.

(Cartório/MS – 2009 – VUNESP) Acerca das certidões do protesto, é correto afirmar que:

(A) abrangerão o período máximo dos 5 anos anteriores, contados da data do pedido, salvo quando se referirem a protesto específico.

(B) delas constarão os registros cujos cancelamentos tiverem sido averbados, salvo por requerimento escrito do próprio devedor ou por ordem judicial.

(C) poderão ser fornecidas, quando se refiram a protestos não cancelados, a quaisquer interessados, desde que requeridas por escrito.

(D) ocorrendo homonímia, sempre que a mesma possa ser verificada simplesmente pelo confronto do número do documento de identificação, o Tabelião de Protesto dará certidão positiva.

(E) os cartórios não poderão fornecer às entidades representativas da indústria e do comércio, em qualquer hipótese, certidão diária, em forma de relação, dos protestos tirados e dos cancelamentos efetuados.

A: incorreta, pois de acordo com o art. 27 da Lei 9.492/1997 as certidões de Protesto abrangerão o período mínimo dos cinco anos anteriores (e não período máximo como dispõe a alternativa), contados da data do pedido, salvo quando se referir a protesto específico; B: incorreta, pois conforme o art. 27, § 2º, da Lei 9.492/1997: "Das certidões não constarão os registros cujos cancelamentos tiverem sido averbados, salvo por requerimento escrito do próprio devedor ou por ordem judicial. C: correta, pois o art. 27, § 2º, da Lei 9.492/1997 autoriza o apontamento de registros cancelados desde que requeridos por escrito por parte do devedor ou por ordem judicial. D: incorreta, visto que o art. 28 da Lei 9.492/1997 determina que sempre que a homonímia puder ser verificada simplesmente pelo confronto do número de documento de identificação, o Tabelião de Protesto dará certidão negativa e não positiva como aparece na questão. E: incorreta, isto porque ao contrário do que dispõe na alternativa, o art. 29 da Lei 9.492/1997 dispõe que "os cartórios fornecerão às entidades representativas da indústria e do comércio ou àquelas vinculadas à proteção do crédito, quando solicitada, certidão diária, em forma de relação, dos protestos tirados e dos cancelamentos efetuados, com a nota de se cuidar de informação reservada, da qual não se poderá dar publicidade pela imprensa, nem mesmo parcialmente".

Gabarito "C".

(Cartório/MS – 2009 – VUNESP) O Tabelião de Protestos deverá arquivar os documentos que a lei especifica e pelo prazo que determina. Nos termos da lei que rege a matéria, os arquivos relativos às intimações e editais correspondentes a documentos protestados e ordens de cancelamento deverão ser conservados, pelo menos, durante:

(A) 30 dias.

(B) 6 meses.

(C) 1 ano.

(D) 5 anos.

(E) 10 anos.

A alternativa correta é a C, pois o art. 35, § 1º, I, da Lei 9.492/1997 determina que os arquivos deverão ser conservados, pelo menos, durante um ano, para as intimações e editais correspondentes a documentos protestados e ordens de cancelamento.

Gabarito "C".

(Cartório/SC – 2008) Em que hipótese um título ou documento de dívida pode ser protestado por falta de aceite?

(A) Quando for apresentado para protesto através de boleto bancário.

(B) Quando a obrigação já estiver vencida.

(C) Somente após decorrido o tríduo legal.

(D) O protesto por falta de aceite somente poderá ser extraído antes do vencimento da obrigação.

(E) Quando autorizado pelo apresentante do título ou documento de dívida.

A: incorreta, pois o boleto bancário não é título. Todavia, o boleto pode corresponder às indicações – os dados – de uma duplicata. Nesse caso, como o protesto pode ser feito mediante indicações do credor, é possível que o boleto seja visto como o documento em que esses dados são repassados aos Cartórios pelos bancos; B: incorreta, pois na forma do art. 21, § 2º, da Lei 9.492/1997 após o vencimento, o protesto sempre será efetuado por falta de pagamento, não poderá ser por falta de aceite. C: incorreta, pois o art. 21, § 1º, da Lei 9.492/1997 reza que "o protesto por falta de aceite somente poderá ser efetuado antes do vencimento da obrigação e após o decurso do prazo legal para o aceite ou a devolução"; D: correta, pois nos moldes do art. 21, § 2º, da Lei 9.492/1997 após o vencimento, o protesto sempre será efetuado por falta de pagamento, não poderá ser por falta de aceite; E: incorreta, pois o protesto é de competência privativa do Tabelião de Protesto e no procedimento não há nenhum tipo de autorização por parte do apresentante.

Gabarito "D".

(Cartório/SC – 2008) Qual o prazo de arquivamento dos livros de protocolo e de registros de protesto?

(A) Três anos os de protocolo e dez anos os de registros de protesto.

(B) Ambos *ad eternum*.

(C) Cinco anos para os livros de protocolo e dez anos para os de registros de protesto.

(D) Um ano para os livros de protocolo e cinco anos para os de registros de protesto.

(E) Ambos pelo prazo de cinco anos.

De acordo com o art. 36 da Lei 9.492/1997 "o prazo de arquivamento é de três anos para livros de protocolo e de dez anos para os livros

de registros de protesto e respectivos títulos", razão pela qual a única alternativa correta é a A.

Gabarito "A".

(Cartório/SC – 2012) Sobre a sentença arbitral e o Tabelionato de Protestos, assinale a alternativa correta:

(A) A sentença arbitral, mesmo contendo condenação líquida, necessita de homologação pelo Poder Judiciário, para possibilitar a apresentação para cobrança no Tabelionato de Protestos.

(B) A sentença arbitral que contenha condenação líquida pode ser apresentada para cobrança no Tabelionato de Protestos.

(C) A sentença arbitral, mesmo contendo condenação líquida, não pode ser apresentada para cobrança em Tabelionato de Protestos, por não se tratar de título de crédito ou documento de dívida.

(D) A sentença arbitral que contenha condenação líquida, por constituir-se em título executivo judicial, não pode ser apresentada para cobrança em Tabelionato de Protestos.

(E) A sentença arbitral, por constituir-se em título executivo extrajudicial, pode ser apresentada para cobrança em Tabelionato de Notas.

Na doutrina e jurisprudência, em especial após Parecer da Corregedoria Geral da Justiça de São Paulo, número 076/05-E, com excepcional fundamentação de José Antônio de Paula Santos Neto, lançado no Proc. CG 864/2004, tem se entendido que o alcance da expressão "outros documentos de dívida" constante da parte final do art. 1º da Lei 9492/97 abrange títulos executivos judiciais e extrajudiciais revestidos de liquidez, certeza e exigibilidade. Neste sentido, de acordo com o Art. 515, VII do CPC a sentença arbitral é título executivo judicial. Assim, se é título executivo e está revestida de liquidez poderá sim ser protestada, razão pela qual a alternativa correta é a B.

Gabarito "B".

(Cartório/RN – 2012 – IESIS) Constarão dos arquivos do Tabelião de Protestos:

(A) Dois anos, para as intimações e editais correspondentes a documentos protestados e ordens de cancelamento; doze meses, para as intimações e editais correspondentes a documentos pagos ou retirados além do tríduo legal; e trinta dias, para os comprovantes de entrega de pagamento aos credores, para as solicitações de retirada dos apresentantes e para os comprovantes de devolução, por irregularidade, aos mesmos, dos títulos e documentos de dívidas.

(B) Um ano, para as intimações e editais correspondentes a documentos protestados e ordens de cancelamento; seis meses, para as intimações e editais correspondentes a documentos pagos ou retirados além do tríduo legal; e trinta dias, para os comprovantes de entrega de pagamento aos credores, para as solicitações de retirada dos apresentantes e para os comprovantes de devolução, por irregularidade, aos mesmos, dos títulos e documentos de dívidas.

(C) Um ano, para as intimações e editais correspondentes a documentos protestados e ordens de cancelamento; doze meses, para as intimações e editais correspondentes a documentos pagos ou retirados além do tríduo legal; e trinta dias, para os comprovantes de entrega de pagamento aos credores, para as solicitações de retirada dos apresentantes e para os compro-

14. TABELIONATO DE PROTESTO

vantes de devolução, por irregularidade, aos mesmos, dos títulos e documentos de dívidas.

(D) Dois anos, para as intimações e editais correspondentes a documentos protestados e ordens de cancelamento; seis meses, para as intimações e editais correspondentes a documentos pagos ou retirados além do tríduo legal; e trinta dias, para os comprovantes de entrega de pagamento aos credores, para as solicitações de retirada dos apresentantes e para os comprovantes de devolução, por irregularidade, aos mesmos, dos títulos e documentos de dívidas.

A assertiva "B" está correta, pois é a inteira redação do art. 35 em seu § 1° que define: "§ 1° Os arquivos deverão ser conservados, pelo menos, durante os seguintes prazos: I – um ano, para as intimações e editais correspondentes a documentos protestados e ordens de cancelamento; II – seis meses, para as intimações e editais correspondentes a documentos pagos ou retirados além do tríduo legal; III – trinta dias, para os comprovantes de entrega de pagamento aos credores, para as solicitações de retirada dos apresentantes e para os comprovantes de devolução, por irregularidade, aos mesmos, dos títulos e documentos de dívidas."
Gabarito "B".

4. PRAZO E REGISTRO DO PROTESTO

(Cartório/ES – 2007 – FCC) Sobre a contagem de prazo para lavratura do protesto, é correto afirmar que o prazo:

(A) é de três dias úteis da apresentação do título, excluindo o dia do começo e incluindo o dia do final na contagem.

(B) é de um dia útil a contar da efetiva intimação, excluindo o dia do começo na contagem.

(C) para protesto é de três dias úteis da intimação, incluindo o dia do começo.

(D) para protesto é de dois dias úteis da apresentação e de um dia útil da intimação, totalizando três dias úteis, excluindo o dia da apresentação.

(E) conta-se da intimação que retorna sem efeito, ainda que posteriormente tenha sido publicado edital de intimação.

A: correta, pois o art. 12 da Lei 9.492/1997 dispõe que "o protesto será registrado dentro de três dias úteis contados da protocolização do título ou documento de dívida"; B: incorreta, pois o prazo é de três dias úteis e não de apenas um; C: incorreta, pois o prazo será de três dias úteis contados da protocolização, e na forma do art. 12, § 1°, na contagem do prazo exclui-se o dia do começo e inclui-se o do vencimento; D: incorreta, vez que o prazo é três dias úteis que correm a partir da protocolização; E: incorreta, pois pela Lei de Protesto a contagem se dá com a protocolização e não da intimação.
Gabarito "A".

(Cartório/MS – 2009 – VUNESP) Contados da protocolização, o protesto será registrado dentro de:

(A) 1 dia útil.

(B) 2 dias úteis.

(C) 3 dias úteis.

(D) 4 dias úteis.

(E) 5 dias úteis.

A alternativa correta é a C, pois o art. 12 da Lei 9.492/1997 preconiza que: "O protesto será registrado dentro de três dias úteis contados da protocolização do título ou documento de dívida".
Gabarito "C".

(Cartório/MT – 2003 – UFMT) Em que prazo legal o protesto será registrado?

(A) Dentro de três dias úteis, contados da intimação do devedor, excluindo-se o dia da intimação e incluindo-se o do vencimento.

(B) Dentro de três dias úteis, contados da protocolização, excluindo-se o dia da protocolização e incluindo-se o do vencimento.

(C) Dentro de três dias úteis, incluindo-se o dia da protocolização.

(D) Dentro de cinco dias úteis, contados da protocolização, excluindo-se o dia da protocolização e incluindo-se o do vencimento.

(E) No prazo necessário para a regular intimação do obrigado, se o tabelião de protesto empreender diligências para sua localização, nos limites ou fora da comarca.

A: incorreta, pois na forma do art. 12 da Lei 9.492/1997 o prazo de três dias úteis é contado da protocolização e não da intimação. Ademais, de acordo com o art. 12, § 1°, na contagem do prazo exclui-se o dia da protocolização e inclui-se o do vencimento; B: correta, visto que o art. 12 da Lei 9.492/1997 preconiza que: "O protesto será registrado dentro de três dias úteis contados da protocolização do título ou documento de dívida"; C: incorreta, pois neste prazo não se inclui o dia da protocolização (art. 12, § 1°); D: incorreta, pois o prazo é de três dias e não de cinco como está na alternativa; E: incorreta, pois o prazo legal de protesto é o descrito no art. 12 da Lei 9.492/1997, isto é, três dias úteis contados da protocolização do título ou documento de dívida.
Gabarito "B".

(Cartório/PR – 2007) Protesto é o ato formal e solene pelo qual se prova a inadimplência e o descumprimento de obrigação originada em títulos e outros documentos de dívida. Os serviços concernentes ao protesto são regulamentados pela Lei 9.492/97. Quanto ao protesto, é FALSO afirmar:

(A) O protesto será registrado dentro de três dias úteis contados da protocolização do título ou documento de dívida.

(B) Na contagem do prazo de protesto inclui-se o dia da protocolização e exclui-se o do vencimento.

(C) Considera-se não útil o dia em que não houver expediente bancário para o público ou aquele em que este não obedecer ao horário normal.

(D) Quando a intimação for efetivada no último dia do prazo ou além dele, por motivo de força maior, o protesto será tirado no primeiro dia útil subsequente.

(E) Qualquer irregularidade formal observada pelo Tabelião obstará o registro do protesto.

A: incorreta, sendo a afirmação verdadeira, pois o art. 12 da Lei 9.492/1997 determina que o "protesto será registrado dentro de três dias úteis contados da protocolização do título ou documento de dívida"; B: correta, sendo a afirmação falsa, pois de acordo com o art. 12, § 1°, na contagem do prazo exclui-se o dia da protocolização e inclui-se o do vencimento; C: incorreta, sendo a afirmação verdadeira, pois o art. 12, § 2°, da Lei 9.492/1997 considera-se não útil o dia em que não houver expediente bancário para o público ou aquele em que este não obedecer ao horário normal; D: incorreta, sendo a afirmação verdadeira, pois o art. 13 da Lei 9.492/1997 estabelece que "quando a intimação for efetivada excepcionalmente no último dia do prazo ou além dele, por motivo de força maior, o protesto será tirado no primeiro dia útil subsequente"; E: incorreta, sendo a afirmação verdadeira, pois conforme art. 9°, parágrafo único: "Qualquer irregularidade formal observada pelo Tabelião obstará o registro do protesto".
Gabarito "B".

(Cartório/MG – 2009 – EJEF) Quanto ao registro do protesto, assinale a alternativa FALSA.

(A) Serão intimados, obrigatoriamente, todos os devedores, assim compreendidos como emitentes de cheques e notas promissórias, sacados de letras de câmbio e duplicatas, avalistas e endossantes.

(B) Após o vencimento, o protesto sempre será efetuado por falta de pagamento, vedada a recusa da lavratura e registro do protesto por motivo não previsto na lei cambial.

(C) O Tabelião de Protesto, que conserva em seus arquivos gravação eletrônica da imagem, cópia reprográfica ou micrográfica do título protestado, fica dispensado de sua transcrição literal, bem como das demais declarações nele inseridas.

(D) É permitido o protesto de títulos de responsabilidade de pessoas não sujeitas às consequências da legislação falimentar.

A: correta, sendo a única alternativa falsa, pois de acordo com o art. 21, § 4º "os devedores, assim compreendidos os emitentes de notas promissórias e cheques, os sacados nas letras de câmbio e duplicatas, bem como os indicados pelo apresentante ou credor como responsáveis pelo cumprimento da obrigação, não poderão deixar de figurar no termo de lavratura e registro de protesto", a Lei de Protesto não menciona a intimação obrigatória dos avalistas e endossantes; B: incorreta, sendo a alternativa verdadeira, conforme § 2º do art. 21 da Lei 9.492/1997, cuja redação é "após o vencimento, o protesto sempre será efetuado por falta de pagamento, vedada a recusa da lavratura e registro do protesto por motivo não previsto na lei cambial"; C: incorreta, sendo a alternativa verdadeira, conforme parágrafo único do art. 22 da Lei 9.492/1997, segundo o qual "quando o Tabelião de Protesto conservar em seus arquivos gravação eletrônica da imagem, cópia reprográfica ou micrográfica do título ou documento de dívida, dispensa-se, no registro e no instrumento, a sua transcrição literal, bem como das demais declarações nele inseridas". D: incorreta, de acordo com o gabarito oficial. Porém, trata-se de uma pegadinha! Isto porque, é permitido sim o protesto de títulos de responsabilidade de pessoas não sujeitas às consequências da legislação falimentar, desde que seja o protesto comum! Neste sentido, nada impede o protesto de um cheque emitido por uma sociedade simples ou uma associação. Vale destacar que a Lei de Protesto em seu art. 23, parágrafo único, impede o protesto para fins falimentares de títulos de responsabilidade de pessoas não sujeitas às consequências da legislação falimentar. Assim, não cabe protesto para fins falimentares de cheque emitido por associação, fundação ou sociedade simples. Gabarito "A".

(Cartório/SP – 2012 – VUNESP) O prazo para tirada do protesto é, em princípio, de:

(A) 3 (três) dias úteis, contados da protocolização do título ou do documento de dívida.

(B) 3 (três) dias úteis, contados da data em que a intimação for efetivada.

(C) 5 (cinco) dias úteis, contados da protocolização do título ou do documento de dívida.

(D) 5 (cinco) dias úteis, contados da data em que a intimação for efetivada.

A alternativa correta é a A, pois o art. 12 da Lei 9.492/1997 preconiza que: "O protesto será registrado dentro de três dias úteis contados da protocolização do título ou documento de dívida". Gabarito "A".

Cartório/SP – III – VUNESP) O termo inicial da incidência de juros, taxas e atualizações monetárias sobre o valor da obrigação contida no título ou documento de dívida, não havendo prazo assinado, é a data:

(A) do recibo do protocolo.

(B) da apresentação do título ou documento.

(C) do registro do protesto.

(D) da intimação do devedor.

A: incorreta, pois o art. 40 da Lei 9.492/1997 estabelece que o termo inicial é o da data do registro; B: incorreta, pois o art. 40 da Lei 9.492/1997 estabelece que o termo inicial é o da data do registro; C: correta, pois conforme o art. 40 da Lei 9.492/1997 "não havendo prazo assinado, a data do registro do protesto é o termo inicial da incidência de juros, taxas e atualizações monetárias sobre o valor da obrigação contida no título ou documento de dívida"; D: incorreta, pois o art. 40 da Lei 9.492/1997 estabelece que o termo inicial é o da data do registro. Gabarito "C".

(Cartório/RN – 2012 – IESIS) Não havendo prazo assinado, a data do registro do protesto é:

(A) Proporciona ao devedor dilação de prazo para o pagamento, pena de incorrer em mora.

(B) O termo inicial da exigibilidade formal do valor constante do título, sobre o qual haverá a posterior incidência de juros, taxas e atualizações monetárias sobre o valor da obrigação contida no título ou documento de dívida.

(C) O termo inicial da incidência de juros, taxas e atualizações monetárias sobre o valor da obrigação contida no título ou documento de dívida.

(D) Constitui o devedor em mora, porém não lhe acarreta o pagamento de juros a correção monetária, senão após o termo final para adimplemento, fixado na notificação.

A assertiva "C" está correta, pois é a redação expressa do art. 40 da Lei de protestos que define: "Não havendo prazo assinado, a data do registro do protesto é o termo inicial da incidência de juros, taxas e atualizações monetárias sobre o valor da obrigação contida no título ou documento de dívida." Gabarito "C".

(Cartório/MG – 2015 – Consulplan) Avalie as assertivas abaixo acerca da lavratura e registro do protesto:

I. Ao devedor é facultado o uso do contraprotesto, que consiste em apresentação de razões escritas para o não pagamento da dívida.

II. O contraprotesto impede o termo de lavratura do protesto.

III. Havendo requerimento expresso do apresentante, o avalista do devedor a este será equiparado, devendo ser intimado e figurar no termo de lavratura e registro do protesto.

Estão corretas as assertivas:

A) I e II, apenas.

B) I e III, apenas.

C) II e III, apenas.

D) I, II, III e IV.

I: Correta: *Dentro do prazo para o protesto, o devedor* **poderá** *apresentar as razões para o não pagamento da dívida (contraprotesto),* **que deverão ser consignadas no registro e no instrumento de protesto** (Art.

367, CNCGJ/MG). Destaque-se que o "Contraprotesto" não conta com previsão em legislação federal, nem autoriza o tabelião a qualificar as razões do devedor, as quais, se o caso, deverão ser discutidas na esfera judicial). II: Incorreta: Na verdade, as razões apresentadas por ocasião do "contraprotesto" constarão dos próprios instrumento e registro de protesto, e, portanto, não impedem sua lavratura. Vide comentário à afirmação "I". III: Correta: *Havendo requerimento expresso do apresentante, o avalista do devedor a este será equiparado, devendo ser intimado e figurar no termo de lavratura e registro do protesto.* – Art. 369, CNCGJ/MG.
Gabarito "B".

5. DA APRESENTAÇÃO, DO EXAME E QUALIFICAÇÃO DOS TÍTULOS PROTESTÁVEIS

(Cartório/MG – 2019 – Consulplan) De acordo com a Lei 15.424/2004, os emolumentos e a respectiva Taxa de Fiscalização Judiciária e demais despesas, devidos pela apresentação e distribuição a protesto de títulos e documentos de dívida, serão pagos pelos interessados nos seguintes momentos, EXCETO:

(A) No pedido de desistência do protesto.

(B) Na apresentação e distribuição do protesto.

(C) No pedido de cancelamento do registro do protesto.

(D) Na recepção da determinação judicial definitiva, seja de cancelamento, seja de sustação.

A: incorreta: conforme inciso II do art. 12-B, da Lei estadual 15.424/2004; B: correta: os valores devidos na apresentação e distribuição a protesto serão pagos exclusivamente pelo devedor no ato elisivo do protesto ou, quando protestado, no ato do pedido de cancelamento, conforme art. 12-A da Lei estadual 15.424/2004; C: incorreta: conforme inciso III do art. 12-B, da Lei estadual 15.424/2004; D: incorreta: conforme inciso IV do art. 12-B, da Lei estadual 15.424/2004.
Gabarito "B".

(Cartório/SP – 2018 – VUNESP) Conforme disposto nas Normas de Serviço da Corregedoria Geral da Justiça, a apresentação a protesto do crédito referente a contribuições de condomínio edilício deve ser feita perante o Tabelião do

(A) domicílio do devedor.

(B) local indicado para o ato pela assembleia dos condôminos.

(C) local da unidade condominial ou do domicílio do devedor.

(D) local da unidade condominial.

O item 20.7.1. do Capítulo XV, Tomo II, das Normas de Serviço de São Paulo determinam que a apresentação a protesto de contribuições ordinárias ou extraordinárias de condomínio deve ser feita perante o tabelião de protestos do local da unidade condominial ou do domicílio do devedor.
Gabarito "C".

(Cartório/SP – 2016 – VUNESP) No tocante ao protesto por falta de pagamento baseado em declarações substitutivas prestadas pelo portador da duplicata, assinale a alternativa correta.

(A) Exige-se o comprovante de recebimento da mercadoria que deu origem ao saque da duplicata mercantil.

(B) As informações não podem ser encaminhadas por meio magnético.

(C) Pode ser tirado contra o sacado não aceitante.

(D) Sua admissibilidade é restrita às duplicatas mercantis.

A: Incorreta: *Ao apresentante da duplicata mercantil ou de prestação de serviços, faculta-se a substituição da apresentação dos documentos relacionados no item anterior por simples declaração escrita do portador do título* e apresentante, feita sob as penas da lei, assegurando que os documentos originais ou suas cópias autenticadas, comprobatórios da causa do saque, da entrega e do recebimento da mercadoria correspondente ou da efetiva prestação do serviço, são mantidos em seu poder, e comprometendo-se a exibi-los, sempre que exigidos, no lugar onde for determinado, especialmente se sobrevir sustação judicial do protesto. – Item 38, Cap. XV, NSCGJ/SP. B: Incorreta: As indicações de duplicatas *podem ser transmitidas e recepcionadas por meio magnético* ou de gravação eletrônica de dados, observado sempre o disposto no item 38, relativo às *declarações substitutivas, que podem ser feitas e encaminhadas pelos mesmos meios* – Item 41, Cap. XV, NSCGJ/SP). C: Correta: As duplicatas mercantis ou de prestação de serviços *não aceitas podem ser protestadas mediante a apresentação de documento que comprove* a venda e compra mercantil ou a efetiva prestação do serviço e o vínculo contratual que a autorizou, bem como, no caso da duplicata mercantil, do comprovante da efetiva entrega e recebimento da mercadoria que deu origem ao saque da duplicata – Item 37, Cap. XV, NSCGJ/SP). D: Incorreta: Vide comentário à alternativa "a" – Item 38, Cap. XV, NSCGJ/SP.
Gabarito "C".

(Cartório/SP – 2016 – VUNESP) De acordo com a normatização administrativa da Corregedoria Geral da Justiça do Estado de São Paulo, é correto afirmar que

(A) documentos de dívida dotados de certeza, liquidez e exigibilidade são protestáveis apenas se qualificados como títulos executivos, judiciais ou extrajudiciais.

(B) é inadmissível o protesto facultativo de cheque quando evidenciado o abuso de direito por parte do apresentante, a ser aferido pelo Tabelião, mediante juízo de qualificação guiado pela prudência.

(C) as certidões de dívida ativa, para fins de protesto, devem ser apresentadas no original ou por meio eletrônico, não se admitindo indicações do órgão público competente, ainda que acompanhadas de declaração de que a dívida foi regularmente inscrita e que o termo de inscrição contém todos os requisitos legais.

(D) consideradas a relevância da qualificação notarial, a autonomia e a independência do Tabelião, cabe-lhe verificar a ocorrência de prescrição ou caducidade, que, apuradas, autorizam a recusa motivada de títulos e outros documentos de dívida.

A: Incorreta: *Além dos considerados títulos executivos, também são protestáveis* outros documentos de dívida dotados de certeza, liquidez e exigibilidade, atributos a serem valorados pelo Tabelião, com particular atenção, no momento da qualificação notarial. – Item 22, Cap. XV, NSCGJ/SP. B: Correta: *É inadmissível o protesto facultativo de cheque quando evidenciado o abuso de direito* por parte do apresentante. Entre outras circunstâncias indiciárias de abuso de direito, verificam-se as seguintes: a) cheques emitidos há mais de cinco anos; b) cheques de valores irrisórios ou que sejam expressos em unidade monetária que não seja o Real; c) apresentação dos cheques por terceiros que não sejam seus beneficiários originais; d) indicação de endereço onde não reside o emitente de modo a inviabilizar a sua intimação pessoal; e) apresentação em lotes. Nesses casos, para aferir a legitimidade da pretensão, pode o Tabelião, ao qualificar o título, *orientado pela prudência,* formular ao apresentante as seguintes exigências a serem cumpridas em nova apresentação: a) documento idôneo comprobatório do endereço atualizado do emitente que viabilize sua intimação pessoal, além da declaração do banco sacado em papel timbrado e com identificação do signatário; b) declaração escrita contendo esclarecimento dos motivos que justificam o protesto. – Itens 34, 34.1 e 34.2. Cap. XV, NSCGJ/SP. C: Incorreta: As certidões de dívida ativa podem ser apresentadas no original, por meio eletrônico **ou mediante simples indicações do órgão público competente**, se existente, nesse caso, declaração de que a dívida foi regularmente inscrita e que o termo de inscrição contém todos os requisitos legais. – Item 21.1, Cap. XV, NSCGJ/SP. D: (Incorreta: Na qualificação dos títulos e outros documentos de dívida apresentados a protesto, cumpre ao Tabelião de Protesto de Títulos examiná-los em seus caracteres formais, **não lhe cabendo investigar a ocorrência da prescrição ou caducidade**. – antiga redação do Item 16, Cap. XV, NSCGJ/SP. O Provimento CGJSP nº 43/2018 suprimiu a parte em negrito do referido item.

Gabarito "B".

(Cartório/SP – 2011 – VUNESP) Para aceitação do apontamento de títulos emitidos fora do Brasil, em moeda estrangeira, são exigidas:

(A) tradução juramentada, registro em Unidade de Títulos e Documentos e indicação do valor da obrigação em moeda nacional.

(B) tradução juramentada e indicação pelo apresentante do valor da conversão para a moeda local.

(C) provas de aprovação do crédito por órgão público federal competente e da realidade do negócio.

(D) tradução feita pelo próprio apresentante e declaração de que a dívida não lhe foi paga, não sendo exigível qualquer conversão para a moeda corrente nacional.

A assertiva correta é a "B". Isto porque de acordo com o art. 10 da Lei 9492/97 "Poderão ser protestados títulos e outros documentos de dívida em moeda estrangeira, emitidos fora do Brasil, desde que acompanhados de tradução efetuada por tradutor público juramentado". Ademais, o art. 10, § 2º, da Lei 9.492/1997 dispõe que: "Em caso de pagamento, este será efetuado em moeda corrente nacional, cumprindo ao apresentante a conversão na data de apresentação do documento para protesto."

Gabarito "B".

(Cartório/SP – III – VUNESP) Podem ser objeto de protesto os títulos e outros documentos de dívida em moeda estrangeira, emitidos fora do Brasil?

(A) Sim, desde que acompanhados de tradução efetuada por tradutor público juramentado.

(B) Sim, sem qualquer outra exigência.

(C) Não, por não ser admitida a conversão da dívida em moeda corrente nacional.

(D) Não, por expressa proibição legal.

A: correta, pois o art. 10 da Lei 9.492/1997 determina que "poderão ser protestados títulos e outros documentos de dívida em moeda estrangeira, emitidos fora do Brasil, desde que acompanhados de tradução efetuada por tradutor público juramentado"; B: incorreta, pois há a exigência da tradução efetuada por tradutor público juramentado; C: incorreta, vez que é admitida sim a conversão da dívida em moeda corrente nacional, cumprindo ao apresentante a conversão na data de apresentação do documento para protesto, nos moldes art. 10, § 2º; D: incorreta, pois tem a permissão legal do art. 10 da Lei 9.492/1997.

Gabarito "A".

(Cartório/SP – III – VUNESP) Podem ser protestados, para fins falimentares, os títulos ou documentos de dívida de responsabilidade das pessoas não sujeitas às consequências da legislação falimentar?

(A) Sim, porque compete ao tabelião o exame subjetivo sobre a questão.

(B) A resposta é negativa, diante da expressa previsão legal.

(C) A resposta é afirmativa, porque a lei não faz distinção.

(D) Depende da análise do caso concreto a tomada de posição sobre a matéria.

A: incorreta, pois a falência é um instituto do direito empresarial, razão pela qual incidirá apenas sobre o empresário individual, sociedade empresária e Eireli empresarial. Assim é que o art. 23, parágrafo único, da Lei 9.492/1997 dita que somente podem ser protestados para fins falimentares os títulos ou documentos de dívidas das pessoas que estão sujeitas às consequências da legislação falimentar; B: correta, pois o art. 23, parágrafo único, da Lei 9.492/1997 determina que "somente poderão ser protestados, para fins falimentares, os títulos ou documentos de dívida de responsabilidade das pessoas sujeitas às consequências da legislação falimentar"; C: incorreta, vez que a lei faz a distinção prevista no art. 23, parágrafo único, da Lei 9.492/1997; D: incorreta, pois não depende de análise do caso em concreto, mas sim da verificação da hipótese de incidência do art. 23, parágrafo único, da Lei 9.492/1997.

Gabarito "B".

(Cartório/SP – III – VUNESP) Quanto à qualificação dos títulos apresentados no serviço de Protesto de Títulos e outros documentos de dívida, pode-se afirmar que:

(A) verificada a existência de vícios formais, os títulos permanecerão em cartório pelo prazo de 30 dias, com anotação da irregularidade, devendo ser devolvidos ao apresentante, findo o trintídio, se não providenciadas as regularizações necessárias.

(B) o protesto não poderá ser obstado, se a constatação de qualquer irregularidade formal ocorrer após já protocolizado o título.

(C) não poderão ser apontadas ou protestadas, por falta de pagamento, salvo se tiverem circulado por endosso, as letras de câmbio sem aceite, nas quais o sacador e o beneficiário-tomador sejam a mesma pessoa.

(D) o protesto será tirado, mesmo que o apresentante desista do protesto.

A: incorreta, pois o art. 9º, parágrafo único, da Lei 9.492/1997 reza que "qualquer irregularidade formal observada pelo Tabelião obstará o registro do protesto"; B: incorreta, pois a verificação da irregularidade deverá ocorrer após a protocolização do título. E segundo o art. 9º, parágrafo único, se o Tabelião averiguar e constatar vício formal deverá obstar o registro do protesto; C: correta, pela observância do Provimento 30/1997 do Tribunal de Justiça de São Paulo, entendimento esse, proferido no item 6.3 que define: "Também não poderão ser apontadas ou protestadas, por falta de pagamento, salvo se tiverem circulado por endosso, as letras de câmbio sem aceite, nas quais o sacador e o beneficiário-tomador sejam a mesma pessoa."; D: incorreta, visto que o art. 16 da Lei 9.492/1997 permite que, antes da lavratura do protesto, o apresentante retire o título ou documento de dívida, pagos os emolumentos e demais despesas, e, neste caso, o protesto não será registrado.

Gabarito "C".

14. TABELIONATO DE PROTESTO

(Cartório/BA – 2004 – CESPE) Com relação aos títulos e documentos protocolizados, julgue os itens subsequentes.

(1) É lícito ao tabelião recusar o registro de protesto de título em razão de vício formal.

(2) É lícito ao tabelião recusar o registro de protesto de título em razão de prescrição ou caducidade.

(3) O protesto pode não ser lavrado se o devedor, regularmente intimado, alegar já ter efetuado o pagamento.

(4) O tabelião não pode reter o título ou o documento de dívida nem dilatar o prazo para protesto, ainda que a pedido das partes.

(5) O protesto poderá deixar de ser lavrado se o apresentante desistir do protesto e pagar os emolumentos e as demais despesas.

1: correta, pois em conformidade com o art. 9º, parágrafo único, da Lei 9.492/1997 "qualquer irregularidade formal observada pelo Tabelião obstará o registro do protesto"; 2: incorreta, isto porque segundo o art. 9º da Lei 9.492/1997 não compete ao Tabelião de Protesto investigar a ocorrência de prescrição ou caducidade; 3: incorreta, pois o tabelião somente deixará de lavrar o protesto caso haja o pagamento no Tabelionato, ou por ordem judicial ou por desistência do apresentante. Assim, não adianta o devedor alegar que já pagou!, o devedor precisará ajuizar uma medida judicial de sustação de protesto ou notificar pedindo que o apresentante desista do protesto; 4: correta. O Tabelião não pode reter o título ou documento de dívida nem dilatar o prazo para protesto; 5: correta, pois na forma do art. 16: "Antes da lavratura do protesto, poderá o apresentante retirar o título ou documento de dívida, pagos os emolumentos e demais despesas".
Gabarito 1C, 2E, 3E, 4C, 5C

(Cartório/BA – 2004 – CESPE) Relativamente ao prazo para registro do protesto, julgue os itens que se seguem.

(1) O protesto será registrado dentro de três dias úteis, contados da protocolização do título ou documento de dívida.

(2) Caso o protocolo se dê antes do meio-dia, inclui-se este dia na contagem do prazo.

1: correta, vez que está em consonância com o art. 12 da Lei 9.492/1997 que dispõe que o "protesto será registrado dentro de três dias úteis contados da protocolização do título ou documento de dívida"; 2: incorreta, pois conforme o art. 12, § 1º, na contagem do prazo exclui-se o dia da protocolização e inclui-se o do vencimento.
Gabarito 1C, 2E

(Cartório/DF – 2008 – CESPE) Relativamente à legislação e jurisprudência aplicáveis às serventias registradoras e notariais, julgue os itens seguintes.

(1) Se alguém protocoliza um título para protesto, o tabelião de protesto deve, de acordo com a lei, examiná--lo em seus caracteres formais, inclusive quanto a prescrição ou caducidade.

(2) A pessoa que apresenta um título para protesto detém, também, o direito de arrependimento, ou seja, o direito de retirar o título, desde que o faça antes da lavratura do protesto e desde que pague os emolumentos e demais despesas referentes à apresentação.

1: incorreta, pois em conformidade com o art. 9º da Lei 9.492/1997 o tabelião tem sim que verificar os aspectos formais do título mas não pode investigar sobre prescrição e caducidade do título; 2: correta, pois a desistência está prevista no art. 16 da Lei 9.492/1997 que determina: "Antes da lavratura do protesto, poderá o apresentante retirar o título ou documento de dívida, pagos os emolumentos e demais despesas".
Gabarito 1E, 2C

(Cartório/DF – 2006 – CESPE) Com referência ao serviço de protesto de títulos, julgue o item que se segue.

(1) Os títulos e documentos de dívida protocolizados devem ser examinados em seus aspectos formais, ou seja, devem ser examinados os elementos extrínsecos do instrumento apresentado. A existência de irregularidade formal não impede o ato de protocolar, mas obsta o registro do protesto. Não cabe ao tabelião perquirir a origem da dívida, a falsidade do documento ou a ocorrência de prescrição ou caducidade.

1: correta, pois é um direito do apresentante ver seu título protocolizado. Assim, de acordo com o art. 9º da Lei 9.492/1997 somente depois de protocolizado o título é que o Tabelião deve verificar a existência de irregularidade formal. Ademais, nos moldes do art. 9º, parágrafo único: "Qualquer irregularidade formal observada pelo Tabelião obstará o registro do protesto". Por fim, cabe ressaltar que na forma do art. 9º da Lei de Protesto não cabe ao Tabelião de Protesto investigar a ocorrência de prescrição ou caducidade e tampouco perquirir a origem da dívida uma vez que o tabelião não possui função jurisdicional.
Gabarito "1C"

(Cartório/DF – 2003 – CESPE) Quanto à Lei de Protesto de Títulos (LPT – Lei 9.492/1997), julgue o item a seguir.

(1) Se um credor apresentar ao tabelionato próprio um título para protesto por falta de aceite, o protesto poderá ser tirado, desde que a obrigação em questão realmente crie o dever para o devedor de aceitar o título; em qualquer caso, o protesto por falta de aceite somente poderá ocorrer antes do termo previsto para o vencimento do título.

1: correta, pois na forma do art. 21, § 1º, da Lei 9.492/1997 "o protesto por falta de aceite somente poderá ser efetuado antes do vencimento da obrigação e após o decurso do prazo legal para o aceite ou a devolução".
Gabarito "1C"

(Cartório/RN – 2012 – IESIS) Sobre a apresentação de documento ao Tabelião de Protesto de Títulos, é INCORRETO dizer:

(A) O apresentante é responsável pelos dados fornecidos ao Tabelião de Protesto de Títulos.

(B) Todos os documentos apresentados ou distribuídos no horário regulamentar serão protocolizados dentro de vinte e quatro horas, obedecendo à ordem cronológica de entrega.

(C) O cheque poderá ser protestado no lugar do pagamento ou do domicílio do emitente.

(D) Admite-se a entrega de recibo resumido, indicativo do nome do título apresentado.

A: correta, razão pela qual não é a alternativa do gabarito, tendo em vista a redação do parágrafo único do art. 8.º da Lei 9.492/1997 que define: "Poderão ser recepcionadas as indicações a protestos das Duplicatas Mercantis e de Prestação de Serviços, por meio magnético ou de gravação eletrônica de dados, sendo de inteira responsabilidade do apresentante os dados fornecidos, ficando a cargo dos Tabelionatos a mera instrumentalização das mesmas."; B: correta, razão pela qual não é a alternativa do gabarito, por disposição expressa do art. 5º da Lei de Protestos: "Todos os documentos apresentados ou distribuídos no horário regulamentar serão protocolizados dentro de vinte e quatro horas, obedecendo à ordem cronológica de entrega."; C: correta, razão pela qual não é a alternativa do gabarito, por disposição expressa do art. 6.º da Lei de protestos, a saber: "Tratando-se de cheque, poderá o protesto ser lavrado no lugar do pagamento ou do domicílio do emitente, devendo do referido cheque constar a prova de apresentação ao Banco sacado, salvo se o protesto tenha por fim instruir medidas pleiteadas contra o estabelecimento de crédito."; D: incorreta (devendo ser assinalada), pois no art. 5.° em seu parágrafo único da Lei de protesto define que "ao apresentante será entregue recibo com as características essenciais do título ou documento de dívida, sendo de sua responsabilidade os dados fornecidos."

Gabarito "D".

(Cartório/MG – 2016 – Consulplan) Sobre a distribuição, recepção e protocolização dos títulos e documentos de dívida, levados a protesto, considere as assertivas abaixo:

I. Quando a lei autorizar a apresentação a protesto de títulos por indicações, estas poderão ser encaminhadas por meio magnético ou de transmissão eletrônica de dados.

II. Os títulos e documentos de dívida produzidos em meio eletrônico e assinados digitalmente poderão ser encaminhados a protesto por meios eletrônicos.

III. Caso o apresentante opte pela utilização de meios seguros de transmissão eletrônica de dados para a apresentação dos títulos ou documentos de dívida, o tabelião de protesto e o oficial de registro de distribuição, onde houver, poderão recepcioná-los, a seu exclusivo juízo, ficando a responsabilidade pela sua admissão inteiramente com o apresentante do título.

IV. É vedado o encaminhamento de título ou documento de dívida por via postal.

Tendo em vista o disposto no Provimento 260/CGJ/2013, está correto o que se afirma em:

(A) I, II, III e IV

(B) I, apenas.

(C) I e II, apenas.

(D) II e IV, apenas.

I: Correta: *Quando a lei autorizar a apresentação a protesto de títulos por indicações, estas poderão ser encaminhadas por meio magnético ou de transmissão eletrônica de dados.* – Art. 335, CNCGJ/MG). II: Correta: *Os títulos e documentos de dívida produzidos em meio eletrônico e assinados digitalmente poderão ser encaminhados a protesto por meios eletrônicos.* – Art. 337, CNCGJ/MG). III: Incorreta: *Caso o apresentante opte pela utilização de meios seguros de transmissão eletrônica de dados para a apresentação dos títulos ou documentos de dívida, o tabelião de protesto e o oficial de registro de distribuição, onde houver, **deverão** recepcioná-los.* – Art. 339, CNCGJ/MG). IV: Incorreta: *O apresentante **poderá** encaminhar o título ou documento de dívida por **via postal,** acompanhado de requerimento do protesto com todas as informações necessárias, bem como de documento que comprove o depósito prévio dos emolumentos, taxas e despesas, quando este for exigido.* – Art. 340, CNCGJ/MG).

Gabarito "C".

(Cartório/MG – 2016 – Consulplan) Comercial de Móveis Rústicos Limitada, com sede em Tiradentes, Minas Gerais, emite, diariamente, algumas dezenas de duplicatas mercantis e de prestação de serviços. Querendo protestar um cliente de Belo Horizonte, Minas Gerais, que deixou de pagar algumas duplicatas, procura o distribuidor de protestos da capital, a fim de protestar as mencionadas duplicatas mercantis, pagáveis na mesma praça da capital do Estado de Minas Gerais. Dispõe a Lei Federal nº 9.492, de 10 de setembro de 1997, que

(A) poderão ser recepcionadas as indicações a protestos das Duplicatas Mercantis, de Prestação de Serviços,

de Letras de Câmbio, de Notas Promissórias e de Cédulas de Crédito Bancário, por meio magnético ou de gravação eletrônica de dados, sendo de inteira responsabilidade do apresentante os dados fornecidos, ficando a cargo dos Tabelionatos a mera instrumentalização das mesmas.

(B) poderão ser recepcionadas as indicações a protestos das Duplicatas Mercantis e de Prestação de Serviços, por meio magnético ou de gravação eletrônica de dados, sendo de inteira responsabilidade do apresentante os dados fornecidos, ficando a seu cargo a mera instrumentalização das mesmas.

(C) quando a intimação for efetivada excepcionalmente no último dia do prazo ou além dele, por motivo de força maior, o protesto será tirado no primeiro dia útil subsequente.

(D) revogada a ordem de sustação, proceder-se-á a nova intimação do devedor, sendo a lavratura e o registro do protesto efetivados até o primeiro dia útil subsequente ao do recebimento da revogação, salvo se a materialização do ato depender de consulta a ser formulada ao apresentante, caso em que o mesmo prazo será contado da data da resposta dada.

A: Incorreta: O artigo 8°, § único, da Lei 9.492 prevê a recepção em meio magnético ou de gravação eletrônica de dados tão somente das duplicatas mercantis e de prestação de servicos, nada dispondo acerca de letras de câmbio, notas promissórias ou cédulas de crédito: *Poderão ser recepcionadas as indicações a protestos das Duplicatas Mercantis e de Prestação de Serviços, por meio magnético ou de gravação eletrônica de dados, sendo de inteira responsabilidade do apresentante os dados fornecidos, ficando a cargo dos Tabelionatos a mera instrumentalização das mesmas.* Exigindo a questão o conteúdo da Lei 9.492, a afirmação, de fato, está incorreta. Destaque-se, contudo, que os artigos 303, 303-A e 304 do Código de Normas preveem outras hipóteses de apresentação eletrônica de títulos ao protesto. B: Incorreta: Fica a cargo dos tabelionatos a instrumentalização. Vide comentário à alternativa "a"). C: Correta: *Quando a intimação for efetivada excepcionalmente no último dia do prazo ou além dele, por motivo de força maior, o protesto será tirado no primeiro dia útil subsequente.* – Art. 13, L. 9.492/97). D: Incorreta: Com a revogação da sustação, não se realiza nova intimação do devedor: *Revogada a ordem de sustação, não há necessidade de se proceder a nova intimação do devedor, sendo a lavratura e o registro do protesto efetivados até o primeiro dia útil subsequente ao do recebimento da revogação, salvo se a materialização do ato depender de consulta a ser formulada ao apresentante, caso em que o mesmo prazo será contado da data da resposta dada.* – Art. 17, § 2°, L. 9.492/97).

Gabarito "C".

(Cartório/PA – 2016 – IESES) Sobre o protesto, está INCORRETO afirmar que:

(A) O tabelião pode se recusar a protestar o título, cabendo ao apresentante exigir que exponha suas justificativas por escrito.

(B) Não constitui efeito do protesto a garantia do endossatário do direito de regresso contra o endossante e os seus avalistas.

(C) Dispensa-se a intimação do sacado ou aceitante na hipótese de constar no título declaração inequívoca da recusa do aceite ou do pagamento.

(D) Em regra o protesto é gratuito para o credor, que só arcará com as custas, despesas e emolumentos, se desistir do ato ou ficar vencido em processo judicial que determinar o seu cancelamento.

14. TABELIONATO DE PROTESTO

A: Correta: O tabelião qualifica os títulos apresentados em seus aspectos formais extrínsecos, e somente poderão protestá-los se inexistente qualquer irregularidade. *Havendo irregularidade, deverá recusar o protesto, expondo, em anotação da irregularidade, os motivos da recusa: verificada a existência de vício formal, o título ou o documento de dívida será devolvido diretamente ao apresentante, com anotação da irregularidade, ficando obstados o registro do protesto e a cobrança de emolumentos ou de outras despesas, quando antecipados.* – Art. 399, CNSNREP). B: Incorreta: O protesto no prazo correto é requisito do exercício dos direitos do portador do título contra endossante e avalistas, nos termos do artigo 53 da Lei Uniforme de Genebra: *Depois de expirados os prazos fixados para se fazer o protesto por falta de aceite ou por falta de pagamento, o portador perdeu os seus direitos de ação contra os endossantes contra o sacador e contra os outros coobrigados, a exceção do aceitante*). Destaque-se que o prazo previsto pela Lei Uniforme para o protesto por falta de pagamento é de dois dias úteis, seguintes ao dia em que pagável o título. O artigo 13, §4º, da Lei de Duplicatas (Lei 5.464/68), contem regra semelhante, aplicável a esta modalidade específica de título de crédito: *O portador que não tirar o protesto da duplicata, em forma regular e dentro do prazo da 30 (trinta) dias, contado da data de seu vencimento, perderá o direito de regresso contra os endossantes e respectivos avalistas*). Ainda, o artigo 32 do Decreto 2.044/1908: *O portador que não tira, em tempo útil e forma regular, o instrumento do protesto da letra, perde o direito de regresso contra o sacador, endossadores e avalistas*). C: Correta: *O instrumento de protesto deve conter a certidão da intimação ao sacado ou ao aceitante ou aos outros sacados, nomeados na letra para aceitar ou pagar, a resposta dada ou a declaração da falta da resposta. **A intimação é dispensada no caso de o sacado ou aceitante firmar na letra a declaração da recusa do aceite ou do pagamento** e, na hipótese de protesto, por causa de falência do aceitante*. – Art. 29, III, Dec. 2.044/1908). D: Correta: O protesto é gratuito para o credor, na medida em que o valor dos emolumentos e demais despesas é repassado ao devedor. No entanto, o artigo 37, §1º, da Lei 9.492/97, permite a exigência pelo cartório de depósito prévio do credor (*Poderá ser exigido depósito prévio dos emolumentos e demais despesas devidas, caso em que, igual importância deverá ser reembolsada ao apresentante por ocasião da prestação de contas, quando ressarcidas pelo devedor no Tabelionato*). Há estados – como, por exemplo, São Paulo – em que não se admite esta antecipação, somente havendo qualquer pagamento ao cartório quando o devedor paga a dívida protestada em si. Isto, como regra, não é o que ocorre no Pará, onde somente não se admite a antecipação em caso de protesto de Certidão de Dívida Ativa (*O pagamento dos valores correspondentes aos emolumentos devidos pela eventual distribuição, quando legalmente cabível, protocolização e eventual lavratura e registro do protesto das certidões de dívida ativa expedidas pela Fazenda Pública, demais parcelas legais e outras despesas autorizadas por lei, somente será devido pelo devedor cujo nome conste da Certidão, no momento do pagamento elisivo do protesto e de seu cancelamento*; Art. 352, §3º, CNSNREP).

Gabarito "B".

(Cartório/PA – 2016 – IESES) Analise as assertivas abaixo e, de acordo com o que dispõe a legislação vigente, assinale a alternativa correta:

I. A recusa de pagamento de cheque comprovada por declaração escrita e datada do sacado sobre o título, indicando a data da apresentação, dispensa o protesto e produz os efeitos deste.

II. Não poderão ser protestados títulos de dívida em moeda estrangeira, emitidos fora do Brasil.

III. Não cabe ao Tabelião investigar a prescrição ou caducidade do título apresentado para protesto.

IV. O protesto será tirado por falta de pagamento, aceite ou devolução, mas, após o vencimento, o protesto sempre será registrado por falta de pagamento.

A) Todas as assertivas estão corretas.

B) Todas as assertivas estão incorretas.

C) Apenas a assertiva I está correta.

D) Somente a assertiva II está incorreta.

I: Correta: *Pode o portador promover a execução do cheque contra os endossantes e seus avalistas, se o cheque apresentado em tempo hábil e a recusa de pagamento é comprovada pelo protesto **ou por declaração do sacado, escrita e datada sobre o cheque, com indicação do dia de apresentação**, ou, ainda, por declaração escrita e datada por câmara de compensação. **Qualquer das declarações previstas neste artigo dispensa o protesto e produz os efeitos deste**;* – Art. 47, II e §1º, L. 7.357/85). II: Incorreta: ***Poderão** ser protestados títulos e outros documentos de dívida em moeda estrangeira, emitidos fora do Brasil, desde que acompanhados de tradução efetuada por tradutor público juramentado.* – Art. 10, L. 9.492/97). III: Correta: *Todos os títulos e documentos de dívida protocolizados serão examinados em seus caracteres formais e terão curso se não apresentarem vícios, não cabendo ao Tabelião de Protesto investigar a ocorrência de prescrição ou caducidade.* – Art. 9º, L. 9.492/97. IV: Correta: *O protesto será tirado **por falta de pagamento, de aceite ou de devolução. Após o vencimento, o protesto sempre será efetuado por falta de pagamento**, vedada a recusa da lavratura e registro do protesto por motivo não previsto na lei cambial.* – Art. 21 *caput* e § 2º, L. 9.492/97.

Gabarito "D".

6. DA INTIMAÇÃO

(Cartório/RS – 2019 – VUNESP) Assinale a alternativa correta, de acordo com a Consolidação Normativa Notarial e Registral.

(A) A intimação será entregue ao destinatário em dias úteis, das 6 (seis) às 20 (vinte) horas.

(B) O protesto lavrado em decorrência de decisão judicial independe de nova intimação.

(C) Havendo mais de um devedor, o protesto do documento de responsabilidade solidária depende da intimação de todos os devedores.

(D) A remessa da intimação, endereçada para cidade estranha à sede do tabelionato, será feita por intermédio da Empresa Brasileira de Correios e Telégrafos.

(E) A intimação será considerada cumprida quando comprovada a sua remessa ao endereço fornecido pelo apresentante.

A: incorreta: a intimação poderá ser entregue em qualquer hora, dia ou lugar, salvo expressa determinação do Juiz Diretor do Foro (art. 992, § 1º, do CNNR); **B:** correta: art. 994, CNNR; **C:** incorreta: havendo mais de um devedor, a intimação a qualquer deles autoriza o protesto do documento de responsabilidade solidária (art. 989, § 2º, da CNNR); **D:** incorreta: no caso do intimando ser domiciliado fora da competência territorial do tabelionato, o tabelião de protesto providenciará a expedição de uma comunicação ou recibo equivalente no endereço fornecido pelo apresentante, noticiando-lhe os elementos identificadores do título ou do documento de dívida, bem como as providências possíveis para o pagamento de tal título ou documento, além da data da publicação da intimação por edital, que deverá ser fixada no prazo de dez dias úteis contados da data de protocolização, observando-se, neste caso, o prazo para a lavratura do protesto consignado no art. 13 da Lei nº 9.492/97, nos termos do art. 991, § 2º, da CNNR; E: incorreta: será considerada cumprida a intimação quando da sua entrega (e não remessa) no endereço fornecido (art. 992, "caput", da CNNR).

Gabarito "B".

MARILIA MIRANDA DO LAGO RODRIGUES, IVAN JACOPETTI DO LAGO E ALEXANDRE GIALLUCA

(Cartório/DF – 2003 – CESPE) Quanto à Lei de Protesto de Títulos (LPT – Lei 9.492/1997), julgue o item a seguir.

(1) Apresentado o título ao tabelião de protestos, este deverá intimar o devedor para cumprir a obrigação prevista naquele, e é dever do tabelião diligenciar para identificar os endereços onde o devedor possa ser encontrado.

1: incorreta, visto que na forma do art. 14: "Protocolizado o título ou documento de dívida, o Tabelião de Protesto expedirá a intimação ao devedor, no endereço fornecido pelo apresentante do título ou documento, considerando-se cumprida quando comprovada a sua entrega no mesmo endereço". Assim, o tabelião não tem o dever de identificar os endereços do devedor, isto é responsabilidade do apresentante. Gabarito "1E".

(Cartório/SP – 2011 – VUNESP) A tirada do protesto é de três dias úteis, contados da protocolização do título ou do documento da dívida. Em caso de devedor residente em local certo e determinado, mas em Comarca diversa daquela do Tabelionato de Protesto, em função do local de pagamento, a intimação se faz:

(A) por meio de delegação ao Tabelião do local onde residente o devedor para que promova a intimação.

(B) pelo correio, com aviso de recebimento.

(C) por edital afixado no Tabelionato de Protesto e publicado pela imprensa local, onde houver jornal de circulação diária.

(D) apenas pelo Tabelionato onde residente o devedor, devolvendo àquele do local do pagamento o título correspondente para que seja reapresentado a outro Tabelião.

A assertiva "C" está correta pela redação do art. 15 da Lei 9.492/1997 que prevê: "A intimação será feita por edital se a pessoa indicada para aceitar ou pagar for desconhecida, sua localização incerta ou ignorada, for residente ou domiciliada fora da competência territorial do Tabelionato, ou, ainda, ninguém se dispuser a receber a intimação no endereço fornecido pelo apresentante." Gabarito "C".

7. DO PAGAMENTO

(Cartório/RS – 2019 – VUNESP) O pagamento do título em moeda corrente no tabelionato de protesto

(A) é vedado, salvo em relação aos emolumentos e ressarcimento das despesas.

(B) é admitido até o limite de R$ 488,30 (quatrocentos e oitenta e oito reais e trinta centavos), para o ano de 2019.

(C) é admitido até o limite de R$ 325,60 (trezentos e vinte e cinco reais e sessenta centavos), para o ano de 2019.

(D) é admitido, independentemente do valor.

(E) é admitido até o limite de R$ 813,70 (oitocentos e treze reais e setenta centavos), para o ano de 2019.

A Consolidação Normativa do Estado do Rio Grande do Sul, em seu art. 738, § 1°, dispõe que é vedado o recebimento de pagamento em moeda corrente no tabelionato de protesto, salvo em relação aos emolumentos e ressarcimento de despesas de porte postal, publicação de edital e do imposto incidente sobre o pagamento ou a prestação de contas ao apresentante do título. Gabarito "A".

(Cartório/SP – 2018 – VUNESP) Devedor microempresário efetua pagamento de título no tabelionato de protesto com cheque de sua emissão. Comprovada a devolução do cheque, sem a devida provisão de fundos (alínea 11), no décimo segundo dia útil seguinte, o Tabelião

(A) lavrará o protesto no mesmo dia e suspenderá os benefícios do art. 73 da Lei Complementar n° 123/2006 por um ano.

(B) lavrará o protesto no primeiro dia útil subsequente e suspenderá os benefícios do art. 73 da Lei Complementar n° 123/2006 por um ano, salvo na hipótese de pagamento em dinheiro, pelo devedor, dentro do referido prazo.

(C) informará ao apresentante sobre o decurso de prazo para eventuais reclamações, restituindo imediatamente o cheque ao apresentante.

(D) lavrará o protesto no primeiro dia útil subsequente e suspenderá os benefícios do art. 73 da Lei Complementar 123/2006 por um ano.

No estado de São Paulo, em regra, a aceitação de recebimento de pagamentos de títulos apresentados a protesto mediante cheques só ocorre se estes forem administrativos ou visados e cruzados. Nesses casos, o título será entregue ao interessado ou devedor, com a ressalva de que a quitação ficará condicionada à compensação do cheque. O recebimento de pagamento mediante cheque comum é exceção a tal regra por configurar benefício concedido às microempresas e empresas de pequeno porte. Para tais situações as Normas da Corregedoria da Justiça de São Paulo têm previsão especial. O Tabelião, realizado o pagamento mediante cheque comum, dará quitação ao devedor ou interessado, com a ressalva, no recibo, de que fica condicionada à liquidação do cheque, e deixará o título ou documento de dívida à disposição do credor durante dez dias úteis, contados do pagamento, para eventuais reclamações. Decorridos os dez dias úteis sem reclamações, o título ou documento de dívida poderá ser entregue ao devedor ou interessado. Por isso a alternativa "C" é a correta, pois houve o decurso do prazo de dez dias úteis sem reclamações, conforme item 65.2.2, Capítulo XV, tomo II, das Normas de Serviço da Corregedoria Geral da Justiça de São Paulo. Qualquer reclamação realizada após tal prazo é extemporânea. Gabarito "C".

(Cartório/SP – 2016 – VUNESP) Quanto à desistência e à sustação do protesto, assinale a alternativa correta.

(A) A desistência não pode ser formalizada por meio eletrônico.

(B) A retirada do título ou documento de dívida pelo apresentante, antes da lavratura do protesto, fica condicionada ao pagamento dos emolumentos e demais despesas.

(C) Os mandados de sustação de protesto, se apresentados depois de protestado o título ou documento de dívida, não podem ser qualificados como ordens judiciais de sustação dos efeitos do protesto, em atenção ao princípio da inércia notarial.

(D) O cumprimento do mandado judicial de cancelamento do protesto depende do prévio pagamento das custas e dos emolumentos, mesmo se constar que a parte interessada é beneficiária da justiça gratuita.

A: Incorreta: A desistência **poderá ser formalizada por meio eletrônico**, com a utilização de certificado digital no âmbito da ICP-Brasil ou outro meio seguro disponibilizado pelo Tabelionato ao apresentante. – Item 56.2, Cap. XV, NSCGJ/SP). B: Correta: Antes da lavratura do protesto

14. TABELIONATO DE PROTESTO   683

poderá o apresentante retirar o título ou documento de dívida, **pagos os emolumentos e demais despesas**. – Item 56, Cap. XV, NSCGJ/SP). C: Incorreta: *Os mandados de sustação de protesto, se apresentados ao Tabelião depois de protestado o título ou documento de dívida, **serão qualificados** como ordens judiciais de sustação dos efeitos do protesto, com pronta comunicação ao Juízo competente.* – Item 63, Cap. XV, NSCGJ/SP). D: Incorreta: *O cumprimento **independerá do prévio pagamento das custas** e dos emolumentos quando do mandado constar ordem expressa nesse sentido ou que a parte interessada é **beneficiária da assistência judiciária gratuita**.* – Item 62.1, Cap. XV, NSCGJ/SP). Gabarito "B".

(Cartório/SP – 2012 – VUNESP) Efetuado o pagamento de um título no Tabelionato de Protesto, o dinheiro ou os cheques de liquidação serão postos à disposição do credor ou do apresentante autorizado a receber no:

(A) primeiro dia útil depois do pagamento.

(B) segundo dia útil depois do pagamento.

(C) terceiro dia útil depois do pagamento.

(D) quinto dia útil depois do pagamento.

A alternativa correta é a A. Isto porque o art. 19, § 2º, da Lei 9.492/1997 preconiza que "no ato do pagamento, o Tabelionato de Protesto dará a respectiva quitação, e o valor devido será colocado à disposição do apresentante no primeiro dia útil subsequente ao do recebimento". Gabarito "A".

(Cartório/MG – 2016 – Consulplan) Acerca da sustação e do registro do protesto, julgue as afirmações:

I. Recebido o mandado de sustação do protesto após sua lavratura, o tabelião de protesto procederá na forma prevista para as ordens de suspensão dos efeitos do protesto.

II. O instrumento de protesto deverá estar à disposição do apresentante, acompanhado do título ou documento de dívida protestado, no primeiro dia útil subsequente ao prazo para o registro do protesto.

III. As razões para o não pagamento da dívida (contraprotesto) poderão ser apresentadas a qualquer tempo, mas antes da entrega do título protestado ao apresentante.

IV. As razões para o não pagamento da dívida (contraprotesto) somente constarão do registro e do instrumento de protesto se a sua fundamentação for satisfatória, de acordo com o juízo prudencial do tabelião.

Conforme dispositivos do Provimento 260/CGJ/2013, está correto o que se afirma em:

(A) I, II, III e IV.

(B) I e II, apenas.

(C) I e III, apenas.

(D) I, II e III, apenas.

I: Correta: (Correta: *Recebido o mandado de **sustação do protesto após sua lavratura**, o tabelião de protesto procederá na forma prevista para as ordens de **suspensão dos efeitos do protesto**.* – Art. 361, CNCGJ/MG). II: Correta: O instrumento de protesto deverá estar à disposição do apresentante, acompanhado do título ou documento de dívida protestado, no primeiro dia útil subsequente ao prazo para o registro do protesto. – Art. 366, CNCGJ/MG). III: Incorreta: O "contraprotesto" deve ser apresentado antes da lavratura deste, já que tais razões deverão integrar o seu termo. *Dentro do prazo para o protesto, o devedor **poderá** apresentar as razões para o não pagamento da dívida (contraprotesto), **que deverão ser consignadas no registro e no instrumento de protesto** – Art. 367, CNCGJ/MG). IV: Incorreta: Não cabe ao tabelião qualificar as razões apresentadas pelo devedor no "contraprotesto". Não havendo

pagamento ou sustação judicial, o protesto será lavrado, limitando-se o tabelião a consignar no instrumento e no registro as razões expostas pelo devedor). Gabarito "B".

(Cartório/MG – 2009 – EJEF) Em relação ao pagamento do título ou do documento de dívida apresentado para protesto, é CORRETO afirmar que:

(A) o pagamento é feito no valor histórico do título, acrescido dos emolumentos.

(B) o termo inicial da incidência de juros de mora de título com data de vencimento é o da data do registro do protesto.

(C) a quitação dada pelo oficial de protestos não impede a cobrança pelo credor das parcelas correspondentes à correção monetária e juros cabíveis.

(D) o pagamento do título por meio de cheque de emissão de estabelecimento bancário tem caráter *pro soluto*.

A: incorreta, pois segundo o art. 19 da Lei 9.492/1997 o pagamento do título ou do documento de dívida apresentado para protesto será feito diretamente no Tabelionato competente, no valor igual ao declarado pelo apresentante, acrescido dos emolumentos e demais despesas também. B: incorreta, porque de acordo com o art. 40 da Lei 9.492/1997 a data do registro do protesto é o termo inicial para incidência de juros de mora de título sem data de vencimento expressa. C: correta, pois nada impede do credor de cobrar do devedor parcelas correspondentes à correção monetária e juros cabíveis, mesmo quando que seja dada quitação pelo oficial de protesto; D: incorreta, pois na forma do art. 19, § 3º: "Quando for adotado sistema de recebimento do pagamento por meio de cheque, ainda que de emissão de estabelecimento bancário, a quitação dada pelo Tabelionato fica condicionada à efetiva liquidação", razão pela qual podemos afirmar que possui caráter *pro solvendo* e não caráter *pro soluto*. Gabarito "C".

(Cartório/PR – 2007) Sobre o pagamento do título ou do documento apresentado para protesto é, correto afirmar que:

(A) Não poderá ser recusado pagamento oferecido dentro do prazo legal, desde que feito no Tabelionato de Protesto competente, no valor igual ao declarado pelo apresentante, acrescido dos emolumentos e demais despesas.

(B) No ato do pagamento, o Tabelionato de Protesto dará a respectiva quitação, e o valor devido será colocado à disposição do apresentante no segundo dia útil subsequente ao do recebimento.

(C) Quando do pagamento no Tabelionato ainda subsistirem parcelas vincendas, será dada quitação da parcela paga em apartado, permanecendo o original do título em Cartório de Protesto, até o pagamento das demais parcelas.

(D) Quando o pagamento for feito por meio de cheque de estabelecimento bancário da mesma praça em que está situado o Tabelionato, a quitação será imediata.

(E) Não se admite pagamento por meio de cheque, de título ou documento de dívida sob protesto.

A: correta, pois consoante o art. 19, § 1º, da Lei 9.492/1997 "não poderá ser recusado pagamento oferecido dentro do prazo legal, desde que feito no Tabelionato de Protesto competente e no horário de funcionamento dos serviços"; B: incorreta, porque conforme o art. 19, § 2º, da Lei 9.492/1997 depois do pagamento, o Tabelionato de Protesto dará a respectiva quitação, e o valor devido será colocado à disposição do apresentante no primeiro dia útil subsequente ao do recebimento e não no segundo dia como dispõe a alternativa; C: incorreta, pois na forma do art. 19, § 4°, da Lei 9.492/1997: "Quando do pagamento no Tabelionato ainda subsistirem parcelas vincendas, será dada quitação da parcela paga em apartado, devolvendo-se o original ao apresentante" e ao dizer que o original ficaria no Cartório a assertiva tornou-se incorreta; D: incorreta, pois a quitação não será imediata, mas fica condicionada à efetiva liquidação do cheque na forma do art. 19, § 3°, da Lei 9.492/1997; E: incorreta, pois o pagamento por meio de cheque poderá ser admitido sim conforme dispõe o art. 19, § 3°, da Lei 9.492/1997.

Gabarito "A".

8. SUSTAÇÃO E DESISTÊNCIA DE PROTESTO

(Cartório/MG – 2015 – Consulplan) Considere a seguinte situação: "O tabelião de protesto recebeu mandado judicial de sustação do protesto em caráter liminar, entretanto o notário já havia lavrado e registrado o protesto, uma vez que escoara o prazo previsto na legislação para pagamento, aceite, devolução ou manifestação de recusa." Neste caso deverá o tabelião

(A) devolver o mandado ao juízo, certificando que o protesto já fora lavrado.

(B) cancelar o protesto lavrado, tendo em vista a ordem judicial de sustação.

(C) suspender, provisoriamente, os efeitos do protesto, anotando junto ao registro a suspensão.

(D) intimar o apresentante do título para apresentar defesa escrita, no prazo de 3 (três) dias.

A: Incorreta: Esta seria, a rigor, a solução da Lei 9.492/97. No entanto, desde longa data tem a jurisprudência, por economia processual, adotado o entendimento de ser conveniente tratar a ordem de sustação do protesto já lavrado como ordem de suspensão de seus efeitos. Este entendimento foi incorporado ao Código de Normas, como se pode ver no comentário à alternativa "c". B: Incorreta: *O cancelamento do protesto será solicitado ao tabelião por qualquer interessado, mediante apresentação: I – do título de crédito ou documento de dívida protestado, cuja cópia ficará arquivada; II – de declaração de anuência firmada pelo credor, originário ou por endosso translativo, enviada por meio: a) de documento físico; b) da CRA, assinada eletronicamente (login e senha); ou c) da Central de Cancelamento Eletrônico – CECANE, assinada por meio do uso de certificação digital que atenda aos requisitos da ICP-Brasil; III – da ordem judicial de cancelamento* (Art. 372, CNCGJ/MG). *Quando a extinção da obrigação decorrer de processo judicial, o cancelamento do registro do protesto poderá ser solicitado com a apresentação da certidão expedida pelo Juízo processante, com menção do trânsito em julgado, que substituirá o título ou o documento de dívida protestado* (Art. 26, § 4°, L. 9.492/97). C: Correta: *Recebido o mandado de sustação do protesto após sua lavratura, o tabelião de protesto procederá na forma prevista para as ordens de suspensão dos efeitos do protesto. Poderão ser suspensos, provisoriamente, os efeitos do protesto, por determinação judicial, devendo a suspensão ser anotada junto ao registro do protesto, não sendo devidos emolumentos e demais encargos.* – Arts. 361 e 377, CNCGJ/MG). D: Incorreta: Não existe qualquer previsão legal ou administrativa nesse sentido).

Gabarito "C".

(Cartório/DF – 2006 – CESPE) Com referência ao serviço de protesto de títulos, julgue o item que se segue.

(1) O título do documento de dívida cujo protesto tiver sido sustado judicialmente só poderá ser pago, protestado ou retirado com autorização judicial. No caso de sustação judicial do protesto, uma vez revogada a ordem de sustação, o tabelião deverá providenciar nova intimação do devedor, sendo o prazo legal para o protesto contado da resposta dada pelo devedor ou do decurso do prazo para a manifestação deste.

1: incorreta, pois uma vez revogada a ordem de sustação não haverá necessidade de o tabelião providenciar nova intimação, nos termos do art. 17, § 2°, da Lei 9.492/1997.

Gabarito "1E".

(Cartório/DF – 2003 – CESPE) Quanto à Lei de Protesto de Títulos (LPT – Lei 9.492/1997), julgue o item a seguir.

(1) O apresentante pode desistir do protesto e retirar o título do tabelionato, desde que o faça antes da lavratura do protesto e pague os emolumentos e demais despesas incidentes; além disso, o protesto também pode ser sustado por ordem judicial.

1: correta, nos termos dos arts. 16 ("antes da lavratura do protesto, poderá o apresentante retirar o título ou documento de dívida, pagos os emolumentos e demais despesas") e 17, *caput* ("permanecerão no Tabelionato, à disposição do Juízo respectivo, os títulos ou documentos de dívida cujo protesto for judicialmente sustado"), da Lei 9.492/1997.

Gabarito "1C".

(Cartório/MG – 2007 – EJEF) Sobre a desistência e a sustação do protesto, é CORRETO afirmar que:

(A) o título do documento de dívida cujo protesto tiver sido sustado judicialmente só poderá ser pago, protestado ou retirado com autorização judicial.

(B) antes da lavratura do protesto, o apresentante não poderá retirar o título ou documento de dívida, mesmo quando pagos emolumentos e demais despesas.

(C) tornada definitiva a ordem judicial de sustação do protesto, os títulos ou documentos de dívida são, obrigatoriamente e em qualquer hipótese, remetidos ao juízo competente que determinou tal medida para que sejam juntados aos autos do processo ou arquivados perante o citado juízo.

(D) revogada a ordem de sustação de protesto, há necessidade de se promover nova intimação do devedor para que possa o mesmo requerer expressamente a lavratura do protesto e a sua efetivação.

A: correta, de acordo com a redação expressa do § 1° do art. 17 da Lei 9.492/1997, segundo o qual "o título do documento de dívida cujo protesto tiver sido sustado judicialmente só poderá ser pago, protestado ou retirado com autorização judicial"; B: incorreta, pois antes da lavratura do protesto, o apresentante poderá retirar o título ou documento de dívida, se pagar os emolumentos e demais despesas, nos termos do art. 16 da Lei 9.492/1997; C: incorreta, pois de acordo com o art. 17, § 3°, da Lei 9.492/1997, "tornada definitiva a ordem de sustação, o título ou o documento de dívida será encaminhado ao Juízo respectivo, quando não constar determinação expressa a qual das partes o mesmo deverá ser entregue, ou se decorridos trinta dias sem que a parte autorizada tenha comparecido no Tabelionato para retirá-lo"; D: incorreta, pois uma vez revogada a ordem de sustação do protesto, não haverá necessidade de se proceder à nova intimação do devedor, a não ser que a materialização do ato depender de consulta a ser formulada ao apresentante, conforme art. 17, § 2°, da Lei 9.492/1997.

Gabarito "A".

14. TABELIONATO DE PROTESTO

(Cartório/PR – 2007) Em caso de sustação de protesto:

I. Serão enviados, de imediato pelo oficial do Cartório, ao juízo competente, os títulos ou documentos de dívida objeto de sustação judicial de protesto.

II. O título do documento de dívida cujo protesto foi sustado judicialmente poderá ser pago em cartório de protesto, dentro de 24 horas, independentemente de autorização judicial.

III. Revogada a ordem de sustação, não há necessidade de se proceder à nova intimação do devedor, sendo a lavratura e o registro do protesto efetivados até o primeiro dia útil subsequente ao do recebimento da revogação, salvo se a materialização do ato depender de consulta a ser formulada ao apresentante, caso em que o mesmo prazo será contado da data da resposta dada.

IV. As dúvidas do Tabelião de Protesto serão resolvidas pelo juízo competente.

São corretas:

(A) apenas I e II.

(B) apenas I, III e IV.

(C) apenas III e IV.

(D) apenas I e IV.

(E) I, II, III e IV.

I: incorreta, pois de acordo com o art. 17 da Lei 9.492/1997 os títulos ou documentos de dívida cujo protesto for judicialmente sustado devem permanecer no Tabelionato, à disposição do Juízo respectivo e não ser encaminhado ao juízo competente como dispõe a alternativa; II: incorreta, pois segundo o art. 17, § 1º, da Lei 9.492/1997 "o título do documento de dívida cujo protesto tiver sido sustado judicialmente só poderá ser pago, protestado ou retirado com autorização judicial; III: correta, conforme dispõe o art. 17, § 2º, da Lei 9.492/1997: "Revogada a ordem de sustação, não há necessidade de se proceder a nova intimação do devedor, sendo a lavratura e o registro do protesto efetivados até o primeiro dia útil subsequente ao do recebimento da revogação, salvo se a materialização do ato depender de consulta a ser formulada ao apresentante, caso em que o mesmo prazo será contado da data da resposta dada"; IV: correta, na forma do art. 18 da Lei 9.492/1997.
Gabarito "C".

(Cartório/SP – 2012 – VUNESP) O título ou documento de dívida cujo protesto tiver sido sustado judicialmente:

(A) poderá ser pago pelo devedor ou retirado pelo apresentante, independentemente de autorização judicial.

(B) poderá ser pago pelo devedor, independentemente de autorização judicial.

(C) poderá ser retirado pelo apresentante, independentemente de autorização judicial.

(D) só poderá ser pago ou retirado com autorização judicial.

A, B e C: incorretas, pois na forma do art. 17, § 1º: "O título do documento de dívida cujo protesto tiver sido sustado judicialmente só poderá ser pago, protestado ou retirado com autorização judicial". D: correta, pois retrata a redação do art. 17, § 1º.
Gabarito "D".

(Cartório/SP – 2011 – VUNESP) O título, cujo protesto foi sustado judicialmente, mas sem qualquer decisão definitiva e no curso do processo, pode ser retirado pelo apresentante:

(A) independentemente de qualquer autorização judicial, eis que é o único interessado no protesto e pode dele

desistir, arcando, evidentemente, com as consequências do ato.

(B) somente com autorização judicial.

(C) independentemente de autorização judicial, desde que exibida concordância do devedor.

(D) somente mediante prova de pagamento do título pelo devedor.

A assertiva correta é a "B", por observância do disposto no art. 17, § 1º, da Lei 9.294/1997: "O título do documento de dívida cujo protesto tiver sido sustado judicialmente só poderá ser pago, protestado ou retirado com autorização judicial."
Gabarito "B".

(Cartório/RN – 2012 – IESIS) A respeito da sustação de protesto, assinale a afirmativa correta.

I. Antes da lavratura do protesto, poderá o apresentante retirar o título ou documento de dívida, isentando-se do pagamento dos emolumentos e demais despesas.

II. Os títulos ou documentos de dívida cujo protesto for judicialmente sustado permanecerão no tabelionato, porém à disposição do Poder Judiciário.

III. O pagamento, protesto ou a retirada de título do documento de dívida cujo protesto foi sustado judicialmente apenas poderá ocorrer mediante autorização judicial.

IV. A revogação da ordem de sustação torna necessária a nova intimação do devedor.

(A) Apenas I e III estão corretas.

(B) Apenas II e III estão corretas.

(C) Apenas I e II estão corretas.

(D) Apenas II e IV estão corretas.

I: incorreta, pois a redação do art. 16 da Lei de protestos define: "Antes da lavratura do protesto, poderá o apresentante retirar o título ou documento de dívida, pagos os emolumentos e demais despesas."; II: correta, tendo em vista a redação do art. 17 da Lei 9.492/1997 que define: "Permanecerão no Tabelionato, à disposição do Juízo respectivo, os títulos ou documentos de dívida cujo protesto for judicialmente sustado."; III: correta, tendo em vista a redação do § 1º do art. 17 que define: "O título do documento de dívida cujo protesto tiver sido sustado judicialmente só poderá ser pago, protestado ou retirado com autorização judicial."; IV: incorreta, pois a Lei de Protesto no § 2º do art. 17 define: "Revogada a ordem de sustação, não há necessidade de se proceder a nova intimação do devedor, sendo a lavratura e o registro do protesto efetivados até dia útil subsequente ao do recebimento da revogação, salvo se a materialização do ato depender de consulta a ser formulada ao apresentante, caso em que o mesmo prazo será contado da data da resposta dada."
Gabarito "B".

(Cartório/PA – 2016 – IESES) O cancelamento do registro do protesto compete ao tabelião, por seu substituto ou por escrevente autorizado. No caso de suspensão de efeitos ou de cancelamento de protesto, o tabelião:

(A) Não é responsável pela retirada do nome do devedor que tenha sido inserido em cadastro das entidades representativas do comércio e da indústria.

(B) Não é responsável pela retirada do nome do devedor que tenha sido inserido em cadastro das entidades representativas do comércio, apenas é responsável pelas entidades da indústria.

(C) É responsável pela retirada do nome do devedor que tenha sido inserido em cadastro das entidades representativas do comércio e da indústria.

(D) É responsável pela retirada do nome do devedor que tenha sido inserido em cadastro das entidades representativas do comércio.

A: Correto: *Nos casos de suspensão de efeitos ou de cancelamento de protesto, o tabelião não é responsável pela retirada do nome do devedor que tenha sido inserido em cadastro das entidades representativas do comércio e da indústria, ou daquelas vinculadas à proteção do crédito, cabendo-lhe apenas a expedição das certidões previstas no art. 29 da Lei nº 9.492/1997. – Art. 447, CNSNREP.* B: Incorreto: Ver comentário à alternativa "a". C: Incorreto: Ver comentário à alternativa "a". D: Incorreto: Ver comentário à alternativa "a".
Gabarito "A".

9. INSTRUMENTO DE PROTESTO. REQUISITOS

(Cartório/MG – 2009 – EJEF) Quanto ao lugar para lavratura do protesto por falta de pagamento, é CORRETO afirmar que:

(A) o protesto do cheque pode ser lavrado no domicílio do sacado, desde que o lugar do seu pagamento seja o mesmo.

(B) o protesto da duplicata é sempre lavrado no domicílio do devedor.

(C) o protesto da duplicata é sempre lavrado no domicílio do credor.

(D) sacada ou aceita a letra de câmbio para ser paga em outro domicílio que não o do sacado, naquele domicílio deve ser tirado o protesto.

A: incorreta, pois de acordo com o art. 6º da Lei 9.492/1997 o protesto do cheque poderá ser lavrado no lugar do pagamento ou do domicílio do emitente, a não ser que a finalidade do protesto seja instruir medidas pleiteadas contra o estabelecimento de crédito; B: incorreta, pois o art. 13, § 3º, da Lei 5.474/1968 estabelece que o protesto da duplicata será lavrado na praça de pagamento constante do título; C: incorreta, pois o art. 13, § 3º, da Lei 5.474/1968 estabelece que o protesto da duplicata será lavrado na praça de pagamento constante do título; D: correta, nos termos da 2.ª parte, do parágrafo único, do art. 28, do Decreto 2.044/1908, segundo o qual "o protesto deve ser tirado do lugar indicado na letra para o aceite ou para o pagamento. Sacada ou aceita a letra para ser paga em outro domicílio que não o do sacado, naquele domicílio deve ser tirado o protesto".
Gabarito "D".

(Cartório/MG – 2007 – EJEF) Quando o tabelião de protesto não conservar em seus arquivos gravação eletrônica da imagem, cópia reprográfica ou micrográfica do título ou documento de dívida, pode-se dizer, sobre o registro do protesto, que em seu instrumento deverá conter, dentre outros dados, EXCETO:

(A) nome, número do documento de identificação do credor e endereço.

(B) data e número de protocolização.

(C) certidão das intimações feitas e das respostas eventualmente oferecidas.

(D) a aquiescência ao portador do aceite por honra.

A: correta, pois os dados do **"credor"** não constarão no registro do protesto, mas sim os dados do **"devedor"**, conforme dispõe o art. 22, VII da Lei 9.492/1997; B: incorreta, pois data e número de protocolização devem constar no registro do protesto conforme dita o art. 22, I, da Lei 9.492/1997; C: incorreta, pois certidão das intimações feitas e das respostas eventualmente oferecidas deve constar no registro do

protesto nos moldes do art. 22, IV, da Lei 9.492/1997; D: incorreta, pois a aquiescência ao portador do aceite por honra também deve constar no registro do protesto em consonância com o art. 22, VI, da Lei 9.492/1997.
Gabarito "A".

(Cartório/DF – 2006 – CESPE) Com referência ao serviço de protesto de títulos, julgue o item que se segue.

(1) Não sendo possível a apresentação do original do título ou do documento protestado, o interessado no cancelamento do protesto deve apresentar documento de anuência expressa de quem figure, no registro, como credor originário ou do endossatário, com a identificação da pessoa física ou jurídica e firma reconhecida.

1: correta, conforme dispõe o § 1º do art. 26 da Lei 9.492/1997, segundo o qual "na impossibilidade de apresentação do original do título ou documento de dívida protestado, será exigida a declaração de anuência, com identificação e firma reconhecida, daquele que figurou no registro de protesto como credor, originário ou por endosso translativo".
Gabarito "1C".

(Cartório/MS – 2009 – VUNESP) Dentre outras atribuições, compete, com exclusividade, aos tabeliães de notas:

(A) formalizar juridicamente a vontade das partes.

(B) lavrar atas notariais.

(C) autenticar fatos.

(D) intervir nos atos a que as partes devam dar forma legal.

(E) intervir nos negócios jurídicos a que as partes queiram dar autenticidade.

B: correta, conforme dispõe o art. 7º, III, da Lei 8.935/1994. A, C, D e E: incorretas. As alternativas não trazem competências exclusivas dos tabeliães, as quais foram estabelecidas no art. 7º da Lei 8.935/1994.
Gabarito "B".

(Cartório/SP – 2016 – VUNESP) Com relação às certidões e às informações do protesto, assinale a alternativa correta.

(A) Os Tabeliães de Protesto podem fornecer, a qualquer pessoa, certidões com referência aos protestos cancelados, desde que requeridas por escrito.

(B) Do livro protocolo serão prestadas informações e fornecidas certidões mediante pedido escrito de qualquer pessoa.

(C) Os Tabeliães de Protesto podem expedir certidão negativa, se a homonímia puder ser verificada a partir de elementos de identificação que constem dos assentamentos.

(D) O fornecimento de certidões de protestos não cancelados dispensa requerimento por escrito.

A: Incorreta: *Das certidões não constarão os protestos cancelados, salvo por requerimento escrito do próprio devedor ou por ordem judicial – Item 109, Cap. XV, NSCGJ/SP.* B: Incorreta: *Do Livro Protocolo somente serão prestadas informações ou fornecidas certidões mediante pedido do apresentante, do credor, do devedor ou por determinação judicial – Item 105, Cap. XV, NSCGJ/SP.* C: Correta: *Sempre que a homonímia puder ser verificada com segurança a partir de elementos de identificação que constem dos assentamentos, o Tabelião expedirá certidão negativa – Item 110, Cap. XV, NSCGJ/SP.* D: Incorreta: Vide comentário à alternativa "a" – Item 109, Cap. XV, NSCGJ/SP.
Gabarito "C".

14. TABELIONATO DE PROTESTO   687

10. DAS RETIFICAÇÕES E CANCELAMENTO DO PROTESTO

(Cartório/CE – 2018 – IESES) Assinale a alternativa correta:

(A) O cancelamento do registro do protesto, se fundado em outro motivo que não no pagamento do título ou documento de dívida, será efetivado por declaração de próprio punho firmada pelo apresentante, pagos os emolumentos devidos ao Tabelião.

(B) Poderá ser tirado protesto por falta de pagamento de letra de câmbio contra o sacado não aceitante.

(C) O cancelamento do registro do protesto será feito somente pelo Tabelião titular, sendo vedado aos seus Substitutos ou Escrevente autorizado.

(D) O cancelamento do registro do protesto será solicitado diretamente no Tabelionato de Protesto de Títulos, por qualquer interessado, mediante apresentação do documento protestado, cuja cópia ficará arquivada.

A: incorreta: conforme o § 3º, do art. 26, da Lei 9.492/97, o cancelamento do registro do protesto, se fundado em outro motivo que não no pagamento do título ou documento de dívida, será efetivado por determinação judicial, pagos os emolumentos devidos ao Tabelião; **B:** incorreta: contraria o disposto no § 5º, do art. 21, da Lei 9.492/97; **C:** incorreta, o cancelamento do registro do protesto será feito pelo Tabelião titular, por seus Substitutos ou por Escrevente autorizado; **D:** correta: está em conformidade com o disposto no art. 26, *caput*, da Lei 9.492/97.
Gabarito "D".

(Cartório/BA – 2004 – CESPE) A respeito da averbação de retificação de erros materiais, julgue os seguintes itens.

(1) A averbação somente pode ser feita a requerimento do interessado.

(2) Para a averbação da retificação, serão indispensáveis a apresentação do instrumento expedido e a comprovação documental do erro.

(3) Pela referida averbação não são devidos emolumentos.

1: incorreta, pois é admitida a retificação de ofício, conforme art. 25, *caput*, da Lei 9.492/1997; 2: correta, conforme redação expressa do § 1º do art. 25, da Lei 9.492/1997; 3: correta, conforme disposto no § 2º do art. 25 da Lei 9.492/1997.
Gabarito 1E, 2C, 3C.

(Cartório/MS – 2009 – VUNESP) Assinale a assertiva correta no que respeita às averbações e ao cancelamento do protesto.

(A) A averbação de retificação de erros materiais pelo serviço será efetuada, exclusivamente, a requerimento do interessado, sob responsabilidade do Tabelião de Protesto de Títulos.

(B) Para a averbação da retificação, é dispensável a apresentação do documento eventualmente expedido e do documento que comprove o erro, na medida em que é efetuada de ofício pelo Tabelião de Protesto de Títulos.

(C) O cancelamento do registro do protesto será solicitado ao Tabelião titular, e por ele promovido, não se admitindo que seja feito por qualquer de seus substitutos.

(D) Ainda que a extinção da obrigação decorra de processo judicial, o documento da dívida é indispensável para fins do cancelamento do registro de protesto.

(E) Para que possa ser feito o cancelamento do registro, na hipótese de protesto em que tenha figurado apresentante por endosso-mandato, será suficiente a declaração de anuência passada pelo credor endossante.

A: incorreta, pois a averbação de retificação de erros materiais pode ser realizada também de ofício e não apenas a requerimento do interessado, conforme art. 25, *caput*, da Lei 9.492/1997; B: incorreta, pois a apresentação do documento eventualmente expedido e do documento que comprove o erro é indispensável, conforme § 1º do art. 25 da Lei 9.492/1997; C: incorreta, pois o § 5º do art. 26 da Lei 9.492/1997, permite que o cancelamento do registro de protesto seja realizado pelo Tabelião titular, por seus substitutos ou por Escrevente autorizado; D: incorreta, pois no caso de processo judicial o § 4º do art. 26 da Lei 9.492/1997, autoriza o cancelamento do registro de protesto por solicitação com apresentação da certidão expedida pelo Juízo processante, o que substituirá o título ou o documento de dívida protestado; E: correta, conforme redação do § 2º do art. 26 da Lei 9.492/1997, segundo o qual "na hipótese de protesto em que tenha figurado apresentante por endosso-mandato, será suficiente a declaração de anuência passada pelo credor endossante".
Gabarito "E".

(Cartório/RN – 2012 – IESIS) Sobre a averbação de retificação e o cancelamento, no Tabelionato de Protesto de Títulos:

(A) Na impossibilidade de apresentação do original do título ou documento de dívida protestado, será exigida a declaração de anuência, com identificação daquele que figurou no registro de protesto como credor, originário ou por endosso translativo, sendo desnecessária a firma reconhecida.

(B) Os erros materiais do serviço poderão ser retificados de ofício, sob responsabilidade do Tabelião de Protesto de Títulos.

(C) Havendo o protesto em que tenha figurado apresentante por endosso-mandato, não será suficiente a declaração de anuência passada pelo credor endossante, cabendo a prova documental a este respeito.

(D) O cancelamento do registro do protesto poderá ser pedido, exclusivamente, pelo devedor.

A: incorreta, por disposição do art. 26, § 1º, da Lei de protestos que dispõe: "Na impossibilidade de apresentação do original do título ou documento de dívida protestado, será exigida a declaração de anuência, com identificação e firma reconhecida, daquele que figurou no registro de protesto como credor, originário ou por endosso translativo."; B: correta, por disposição do art. 25 da Lei de Protestos que define: "A averbação de retificação de erros materiais pelo serviço poderá ser efetuada de ofício ou a requerimento do interessado, sob responsabilidade do Tabelião de Protesto de Títulos."; C: incorreta, pela previsão do § 2º do art. 26 da Lei de protestos que dispõe: "Na hipótese de protesto em que tenha figurado apresentante por endosso-mandato, será suficiente a declaração de anuência passada pelo credor endossante."; D: incorreta, pois o § 5º do art. 26 da Lei 9.492/1997 que dispõe: "O cancelamento do registro do protesto será feito pelo Tabelião titular, por seus Substitutos ou por Escrevente autorizado."
Gabarito "B".

(Cartório/PA – 2016 – IESES) Analise as assertivas abaixo e, de acordo com o que dispõe a legislação vigente que regula a duplicata, assinale a alternativa correta:

I. É dispensado o protesto para a execução do sacado de duplicata aceita.

II. É obrigatório o protesto da duplicata para o exercício do direito de direito regresso em face dos endossantes e respectivos avalistas.

III. Como regra, o aceite da duplicata pelo sacado é obrigatório, só podendo não ser realizado nas hipóteses expressas previstas na lei.

IV. A cobrança judicial da duplicata pode ser promovida em face de todos os coobrigados, observando-se sempre a ordem em que figurem o título.

(A) Apenas as assertivas I e III estão incorretas.

(B) Todas as assertivas estão corretas.

(C) Somente a assertiva IV está incorreta.

(D) Todas as assertivas estão incorretas.

I: Correta: *A cobrança judicial de duplicata ou triplicata será efetuada de conformidade com o processo aplicável aos títulos executivos extrajudiciais, de que cogita o Livro II do Código de Processo Civil, quando se tratar de duplicata ou triplicata* **aceita, protestada ou não;** – Art. 15, I, L. 5.474/68. II: Correta: *O portador que* **não tirar o protesto** *da duplicata, em forma regular e dentro do prazo da 30 (trinta) dias, contado da data de seu vencimento,* **perderá o direito de regresso contra os endossantes e respectivos avalistas.** – Art. 13, §4º, L. 5.474/68. III: Correta: *O comprador* **só poderá deixar de aceitar a duplicata por motivo de:** *I – avaria ou não recebimento das mercadorias, quando não expedidas ou não entregues por sua conta e risco; II – vícios, defeitos e diferenças na qualidade ou na quantidade das mercadorias, devidamente comprovados; III – divergência nos prazos ou nos preços ajustados.* – Art. 8º, L. 5.474/68. IV – Incorreta: A cobrança judicial da duplicata pode ser promovida em face de todos os coobrigados, mas não há qualquer ordem, cabendo ao credor escolha sobre quem executar. Os signatários do título respondem solidariamente pela dívida toda (cf. Ricardo Negrão, Curso de Direito Comercial e de Empresa – Títulos de Crédito e Contratos Empresariais, 6ª Ed, São Paulo, Saraiva, 2017, p. 101).
Gabarito "C".

11. DAS CERTIDÕES

(Cartório/DF – 2001 – CESPE) No que diz respeito à Lei de Protesto de Títulos (LPT) – Lei 9.492, de 10 de setembro de 1997 –, julgue os itens que se seguem.

(1) Considere a seguinte situação hipotética. Uma pessoa jurídica apresentou título para protesto por falta de aceite, em 2 de janeiro de 1994. O protesto foi lavrado em 20 do mesmo mês. Em 2 de fevereiro de 2000, a pessoa jurídica solicitou ao tabelião certidão daquele protesto, para o que indicou os dados de identificação do título, do devedor e do registro. Nessa situação, o tabelião está obrigado ao fornecimento da certidão, mesmo considerando que o protesto data de mais de cinco anos do pedido de certidão.

(2) Se o registro de um protesto houver sido cancelado por ordem judicial, em nenhuma hipótese o protesto figurará em certidão emitida pelo tabelião, sob pena de responsabilidade administrativa e civil, inclusive por dano moral.

1: correta, pois se trata de protesto específico, conforme estabelece a parte final do *caput* do art. 27 da Lei 9.492/1997, segundo o qual "o Tabelião de Protesto expedirá as certidões solicitadas dentro de cinco dias úteis, no máximo, que abrangerão o período mínimo dos cinco anos anteriores, contados da data do pedido, **salvo quando se referir a protesto específico**"; 2: incorreta, pois em que pese

---

o art. 27, § 2º, da Lei 9.492/1997 afirmar que das certidões não constarão os registros cujos cancelamentos tiverem sido averbados, este mesmo dispositivo determina que por requerimento escrito do próprio devedor ou por ordem judicial será possível constar na certidão os cancelamentos.
Gabarito 1C, 2E

(Cartório/MG – 2009 – EJEF) Em relação à certidão e informações do protesto, assinale a alternativa FALSA.

(A) A certidão abrangerá os protestos lavrados e registrados por falta de pagamento, de aceite ou de devolução, ainda que sustados ou cancelados por ordem judicial.

(B) As certidões solicitadas serão expedidas dentro de cinco dias úteis, no máximo, e abrangerão o período mínimo dos cinco anos anteriores, contados da data do pedido.

(C) Os cartórios fornecerão às entidades representativas da indústria e do comércio ou àquelas vinculadas à proteção do crédito, quando solicitada, certidão diária, em forma de relação, dos protestos tirados e dos cancelamentos efetuados.

(D) As certidões deverão obrigatoriamente indicar, além do nome do devedor, seu número no Registro Geral (R.G.), constante da Cédula de Identidade, ou seu número no Cadastro de Pessoas Físicas (C.P.F.), se pessoa física.

A: correta, sendo a única afirmação falsa, pois a certidão abrangerá os protestos lavrados e registrados por falta de pagamento, de aceite ou de devolução, todavia, de acordo com o art. 27, § 2º, das certidões não constarão os registros cujos cancelamentos tiverem sido averbados, salvo por requerimento escrito do próprio devedor ou por ordem judicial; B: incorreta, sendo verdadeira a afirmação , conforme *caput* do art. 27 da Lei 9.492/1997; C: incorreta, sendo a afirmação verdadeira, nos termos da 1.ª parte do *caput* do art. 29 da Lei 9.492/1997; D: incorreta, sendo verdadeira a afirmação, nos termos do § 1º do art. 27 da Lei 9.492/1997.
Gabarito "A".

(Cartório/MG – 2007 – EJEF) Sobre as certidões e informações do protesto, é CORRETO afirmar que:

(A) o tabelião de protesto expedirá as certidões solicitadas dentro do prazo máximo de 03 (três) dias úteis, que abrangerão o período mínimo dos 05 (cinco) anos anteriores, contados da data do pedido, salvo quando se referir a protesto específico.

(B) nos casos de homonímia que puder ser verificada pelo confronto do número de documentos de identificação, o tabelião de protesto somente poderá expedir certidão negativa após autorização judicial.

(C) nas certidões expedidas pelo tabelião de protesto sempre deverão constar os registros cujos cancelamentos tiverem sido averbados.

(D) poderão ser fornecidas certidões de protestos, não cancelados, a quaisquer interessados, desde que requeridas por escrito.

A: incorreta, pois o prazo máximo para expedição das certidões é de 5 (cinco) dias úteis e não 3 (três) dias úteis como diz a alternativa, conforme *caput* do art. 27 da Lei 9.492/1997; B: incorreta, pois de acordo com o art. 28 da Lei 9.492/1997, *sempre que a homonímia puder ser verificada simplesmente pelo confronto do número de documento de identificação, o Tabelião de Protesto dará certidão negativa;* C: incorreta,

14. TABELIONATO DE PROTESTO

pois os registros cujos cancelamentos foram averbados poderão constar da certidão se houver requerimento escrito do próprio devedor ou por ordem judicial, conforme art. 27, § 2º, da Lei 9.492/1997; D: correta, conforme dispõe o art. 31 da Lei 9.492/1997.

Gabarito "D".

(Cartório/SP – 2011 – VUNESP) O art. 31 da Lei 9.492, de 10.09.97, (Lei do Protesto de Títulos) estabelece que as certidões de protestos não cancelados podem ser fornecidas "a quaisquer interessados". Em relação às entidades representativas da indústria e do comércio e àquelas vinculadas à proteção do crédito, porém, permite o art. 29 da mesma lei que a elas sejam encaminhadas informações diárias que:

(A) não podem ser divulgadas, ainda que parcialmente, mesmo porque se cuidam de informações sigilosas.

(B) podem ser divulgadas, inclusive pela imprensa, não havendo qualquer distinção em relação ao fornecimento de certidões.

(C) podem ser divulgadas apenas com a indicação dos títulos protestados e dos respectivos devedores, mas sem especificação do valor do título ou do documento da dívida.

(D) podem ser divulgadas apenas em relação aos devedores citados por edital, cujos nomes já foram indicados na imprensa local.

A assertiva correta é a "A" por disposição expressa no art. 29: "Os cartórios fornecerão às entidades representativas da indústria e do comércio ou àquelas vinculadas à proteção do crédito, quando solicitada, certidão diária, em forma de relação, dos protestos tirados e dos cancelamentos efetuados, com a nota de se cuidar de informação reservada, da qual não se poderá dar publicidade pela imprensa, nem mesmo parcialmente."

Gabarito "A".

(Cartório/RN – 2012 – IESIS) As certidões expedidas pelos serviços de protesto:

(A) Serão expedidas em até três dias úteis, abrangendo o período anterior a cinco anos, exceto se versar sobre protesto específico, nelas não constando os registros cujos cancelamentos tiverem sido averbados

(B) Serão expedidas em até cinco dias úteis, abrangendo o período anterior a cinco anos, exceto se versar sobre protesto específico, nelas não constando os registros cujos cancelamentos tiverem sido averbados.

(C) Serão expedidas em até três dias úteis, abrangendo o período anterior a cinco anos, exceto se versar sobre protesto específico, nelas constando os registros cujos cancelamentos tiverem sido averbados.

(D) Serão expedidas em até cinco dias úteis, abrangendo o período anterior a cinco anos, exceto se versar sobre protesto específico, nelas constando os registros cujos cancelamentos tiverem sido averbados.

A assertiva "B" está correta, pois a redação do art. 27, *caput*, e a redação do § 2º do mesmo dispositivo legal, Lei 9.492/1997, define: "Art. 27. O Tabelião de Protesto expedirá as certidões solicitadas dentro de cinco dias úteis, no máximo, que abrangerão o período mínimo dos cinco anos anteriores, contados da data do pedido, salvo quando se referir a protesto específico. (...) § 2º Das certidões não constarão os registros cujos cancelamentos tiverem sido averbados, salvo por requerimento escrito do próprio devedor ou por ordem judicial."

Gabarito "B".

12. RESPONSABILIDADE DOS TABELIÃES DE PROTESTO

(Cartório/MG – 2009 – EJEF) Sobre a responsabilidade dos Tabeliães de Protesto, assinale a alternativa CORRETA.

(A) O Tabelião de Protesto responde, subsidiariamente, pelos prejuízos causados pelos seus substitutos e escreventes por dolo ou culpa.

(B) O Tabelião que registrar protesto de título prescrito responde pelos prejuízos causados ao devedor.

(C) A responsabilidade civil dos Tabeliães, em relação aos atos praticados por seus substitutos e escreventes, é objetiva.

(D) Os Tabeliães têm direito de regresso contra os seus prepostos apenas na hipótese destes agirem com dolo.

A: incorreta, pois na forma do art. 38 da Lei 9.492/1997 "os Tabeliães de Protesto de Títulos são civilmente responsáveis por todos os prejuízos que causarem, por culpa ou dolo, pessoalmente, pelos substitutos que designarem ou Escreventes que autorizarem, assegurado o direito de regresso"; B: incorreta, vez que segundo o art. 9º da Lei 9.492/1997 não compete ao Tabelião investigar prescrição ou caducidade do título; C: correta, em razão do art. 38 que determina que "Tabeliães de Protesto de Títulos são civilmente responsáveis por todos os prejuízos que causarem, por culpa ou dolo, pessoalmente, pelos substitutos que designarem ou Escreventes que autorizarem, assegurado o direito de regresso"; D: incorreta, pois de acordo com o art. 38 da Lei 9.492/1997 não condiciona o direito de regresso ao dolo.

Gabarito "C".

13. DA CENTRAL ELETRÔNICA DE PROTESTO

(Cartório/MG – 2019 – Consulplan) Em 2015, foi instituída, em Minas Gerais, a Central Eletrônica de Protestos do Estado de Minas Gerais – CENPROT-MG. Acerca dessa importante ferramenta, NÃO é correto afirmar que:

(A) A CENPROT-MG contém, entre outros, os módulos CIP (Central de Informações de Protestos) e CECANE (Central de Cancelamento Eletrônico).

(B) A Corregedoria-Geral de Justiça terá acesso integral, irrestrito e gratuito a todas as informações constantes do banco de dados contido na CENPROT-MG.

(C) É integrada facultativamente por todos os Tabeliães de Protesto de títulos e outros documentos de dívida e pelos Oficiais de Registro de Distribuição do Estado de Minas Gerais.

(D) A CENPROT-MG funcionará por meio de aplicativos próprios, disponíveis na rede mundial de computadores – internet, em endereço eletrônico seguro, sendo mantidos, operados, gerenciados e publicados, gratuitamente, pelo IEPTB-MG, com aprovação da Corregedoria-Geral de Justiça.

A: incorreta: contém estes módulos, conforme incisos I e IV do art. 394, CN/MG (Provimento CGJMG 93/2020; B: incorreta: a afirmação é reprodução do § 1º do art. 391 do CN/MG; C: correta: é obrigatória a integração, conforme caput do art. 391 do CN/MG; D: incorreta: reprodução do caput do art. 392 CN/MG.

Gabarito "C".

14. TEMAS COMBINADOS DE TABELIONATO DE PROTESTO

(Cartório/MG – 2019 – Consulplan) Em 27 de junho de 2018, foi publicado, pelo Conselho Nacional de Justiça, o Provimento 72, o qual trata de medidas de incentivo à quitação ou à renegociação de dívidas protestadas nos tabelionatos de protesto do Brasil. Acerca desse ato normativo, analise as afirmativas a seguir.

I. As medidas de incentivo à quitação ou à renegociação de dívidas protestadas nos tabelionatos de protesto serão medidas prévias e obrigatórias aos procedimentos de conciliação e mediação e deverão observar os requisitos previstos no Provimento 72/2018/CNJ.

II. A qualquer tempo, o devedor poderá formular proposta de pagamento ao credor, caso em que será expedido aviso ao credor acerca das condições da proposta, arcando o interessado com a eventual despesa respectiva.

III. Apenas o devedor poderá requerer a designação de sessão de conciliação ou de mediação, aplicando-se as disposições previstas no Provimento CN-CNJ 67/2018.

IV. Será vedado aos tabelionatos de protesto estabelecer, em documentos por eles expedidos, cláusula compromissória de conciliação ou de mediação extrajudicial.

V. As medidas de incentivo à quitação ou à renegociação de dívidas protestadas nos tabelionatos de protesto serão consideradas a primeira fase do procedimento de conciliação ou de mediação.

Estão corretas apenas as afirmativas.

(A) II e IV.

(B) II, IV e V.

(C) III, IV e V.

(D) II, III, IV e V.

I: incorreto: as medidas serão prévias e facultativas, conforme art. 2º do Provimento 72/2018 CNJ; II: correto: reprodução do art. 9º do Provimento 72/2018 CNJ; III: incorreto: credor ou devedor poderão requerer a designação, conforme art. 10 do Provimento 72/2018 CNJ; IV: correta, conforme art. 15 do Provimento 72/2018 CNJ; V: incorreto: são consideradas como fase antecedente à possível instauração do processo de conciliação ou mediação, conforme art. 4º do Provimento 72/2018 CNJ.
Gabarito "A".

(Cartório/MA – 2008 – IESES) Considerando que o protesto é o ato formal e solene pelo qual se prova a inadimplência e o descumprimento de obrigação originada em títulos e outros documentos de dívida, responda.

I. Todos os títulos e documentos de dívida protocolizados serão examinados em seus caracteres formais e terão curso se não apresentarem vícios, não cabendo ao Tabelião de Protesto investigar a ocorrência de prescrição ou caducidade.

II. O protesto será registrado dentro de três dias úteis contados da protocolização do título ou documento de dívida.

III. A intimação poderá ser feita por edital somente nos casos em que a pessoa indicada para aceitar ou pagar for desconhecida, sua localização incerta ou ignorada.

IV. O pagamento do título ou do documento de dívida apresentado para protesto será feito diretamente no Tabelionato competente, no valor igual ao declarado pelo apresentante, acrescido de juros, atualização monetária por índice oficial e emolumentos e demais despesas.

(A) As alternativas III e IV estão corretas.

(B) As alternativas II, III e IV estão corretas.

(C) As alternativas I e II estão corretas.

(D) As alternativas I, III e IV estão corretas.

I: correta, nos termos do *caput* do art. 9º da Lei 9.492/1997; II: correta, de acordo com a redação do art. 12, *caput*, da Lei 9.492/1997; III: incorreta, pois além dos casos mencionados na alternativa, a intimação por edital ocorrerá também quando a pessoa for residente ou domiciliada fora da competência territorial do Tabelionato, ou quando ninguém se dispuser a receber a intimação no endereço fornecido pelo apresentante, conforme se depreende do art. 15, *caput*, da Lei 9.492/1997; IV: incorreta, pois o pagamento será realizado pelo valor declarado pelo apresentante, acrescido dos emolumentos e demais despesas, conforme art. 19, *caput*, da Lei 9.492/1997, não determinando a lei de forma expressa o pagamento de juros e correção monetária.
Gabarito "C".

(Cartório/MG – 2009 – EJEF) Quanto à prescrição da pretensão executiva fundada em títulos de crédito, é CORRETO afirmar que:

(A) o simples protesto cambiário não interrompe a prescrição.

(B) em relação aos avalistas do aceitante de uma duplicata, é de 03 (três) anos, contados da data do vencimento.

(C) o protesto cambiário, quando apenas um dos devedores é intimado, interrompe a prescrição em relação aos demais coobrigados.

(D) a prescrição da nota promissória, em relação aos endossantes, é de 03 (três) anos a contar do seu vencimento.

A: incorreta, porque conforme o art. 202, III, do CC o protesto cambial interrompe o prazo prescricional; B: correta, pois o aceitante da duplicata é o sacado, e neste sentido o art. 18, I, da Lei 5.474/1968 dispõe que a pretensão à execução da duplicata prescreve contra o sacado e respectivos avalistas, em 3 (três) anos, contados da data do vencimento do título; C: incorreta, pois segundo o art. 204 do CC "a interrupção da prescrição por um credor não aproveita aos outros; semelhantemente, a interrupção operada contra o codevedor, ou seu herdeiro, não prejudica aos demais coobrigados"; D: incorreta, pois na forma do art. 70 do Decreto 57.663/1966 (LUG) contra o endossante da nota promissória o prazo prescricional é de 1 (um) ano contado do protesto.
Gabarito "B".

(Cartório/MG – 2009 – EJEF) Assinale a alternativa CORRETA.

(A) Caso o devedor esteja em lugar incerto e não sabido, a sua intimação será feita por edital, publicado no prazo máximo de 15 (quinze) dias, uma vez no órgão oficial e pelo menos duas vezes em jornal local, onde houver.

(B) A lei brasileira não admite o protesto de títulos e outros documentos de dívida em moeda estrangeira, emitidos fora do Brasil.

(C) Uma vez registrado o protesto, o Tabelião de Protestos de Títulos e Documentos não pode retificar o

14. TABELIONATO DE PROTESTO   691

instrumento de protesto, ainda que para sanar erros materiais.

(D) Para cancelamento de protesto em que tenha figurado apresentante por endosso-mandato, a declaração de anuência pode ser passada pelo credor endossante.

A: incorreta, apesar do art. 15 da Lei 9.492/1997, determinar que a intimação será feita por edital se a localização da pessoa indicada para aceitar ou pagar for incerta ou ignorada, o § 1º do referido artigo estabelece que o edital será afixado no Tabelionato de Protesto e publicado pela imprensa local onde houver jornal de circulação diária; B: incorreta, pois o art. 10, *caput*, da Lei 9.492/1997, permite o protesto de títulos e documentos de dívida em moeda estrangeira, emitidos fora do Brasil, desde que acompanhados de tradução efetuada por tradutor público juramentado; C: incorreta, pois a retificação de erros materiais é permitida por meio de averbação, conforme arts. 25 e ss., da Lei 9.492/1997; D: correta, nos termos da redação do § 2º do art. 26 da Lei 9.492/1997, segundo o qual "na hipótese de protesto em que tenha figurado apresentante por endosso-mandato, será suficiente a declaração de anuência passada pelo credor endossante".
Gabarito "D".

(Cartório/MG – 2009 – EJEF) Quanto à cláusula "sem despesas", lançada pelo sacador de uma letra de câmbio, assinale a alternativa CORRETA.

(A) Dispensa o portador de fazer um protesto por falta de aceite ou falta de pagamento, para poder exercer os seus direitos de ação em face dos devedores diretos e indiretos.

(B) Impede o protesto do título.

(C) Impede o Tabelionato de Protesto cobrar emolumentos.

(D) Deixa evidenciada a mora do devedor, independentemente do protesto.

O art. 46 do Decreto 57.663/1966 determina que "o sacador, um endossante ou um avalista pode, pela cláusula "sem despesas", "sem protesto", ou outra cláusula equivalente, dispensar o portador de fazer um protesto por falta de aceite ou falta de pagamento, para poder exercer os seus direitos de ação". Portanto, a única alternativa correta é a A.
Gabarito "A".

(Cartório/MT – 2005 – CESPE) Em 26/10/2004, a empresa Júpiter Ltda. recebeu, em razão de renegociação de dívida, um cheque pré-datado no valor de R$ 2.000,00, emitido pela empresa Titan Ltda. nessa mesma data. Apresentado para pagamento em 26/1/2005, o cheque foi devolvido pelo banco sacado por insuficiência de fundos. Considerando a situação hipotética descrita, julgue os itens a seguir.

I. Se a empresa Júpiter Ltda. não pudesse comprovar a apresentação da cártula ao banco, não poderia o tabelião admitir o protesto do cheque, a não ser que a intenção da empresa fosse processar o próprio banco.

II. O cheque apenas pode ser protestado para fins falimentares porque, tendo sido emitido pré-datado em pagamento de dívida pré-existente, restou descaracterizada sua natureza de título de crédito, de modo que apenas pode ser cobrado por ação monitória ou ordinária, ou ainda, servir de documento hábil para, após o ato notarial pertinente, fundamentar requerimento de falência da empresa Titan Ltda.

III. A garantia por aval ou a circulação por endosso são fatos que autorizam o protesto de cheque devolvido por motivo de furto, roubo e extravio de folhas ou do talonário.

IV. O protesto do cheque para fins falimentares será registrado em livro específico no tabelionato competente, devendo-se sujeitar, pelas graves consequências que acarreta, ao mais rigoroso controle por parte do titular do serviço.

Estão certos apenas os itens:

(A) I e II.

(B) I e III.

(C) II e III.

(D) II e IV.

I: correta, pois o art. 6º da Lei 9.492/1997 estabelece que "tratando-se de cheque, poderá o protesto ser lavrado no lugar do pagamento ou do domicílio do emitente, devendo do referido cheque constar a prova de apresentação ao Banco sacado, salvo se o protesto tenha por fim instruir medidas pleiteadas contra o estabelecimento de crédito"; II: incorreta, pois como não tem prova da sua apresentação ele não poderá ser protestado para fins falimentares também, além disso, pela redação do art. 23, parágrafo único, da Lei 9.492/1997 somente poderão ser protestados para fins falimentares, os títulos ou documentos de dívida de responsabilidade das pessoas sujeitas às consequências da legislação falimentar e a Instituição Financeira está excluída da incidência da falência por força do art. 2º, II, da Lei 11.101/2005; III: correta, de acordo com a maioria das Normas de Corregedoria dos estados não é admitido o protesto de cheque devolvido por motivo de furto, roubo e extravio de folhas ou do talonário, salvo se garantido por aval ou ter circulado por endosso; IV: incorreta, visto que o art. 23 da Lei 9.492/1997 ensina que os termos dos protestos lavrados, inclusive para fins especiais, por falta de pagamento, de aceite ou de devolução serão registrados em um único livro, não há livro específico para o protesto especial.
Gabarito "B".

(Cartório/RJ – 2008 – UERJ) Com base nas proposições a seguir:

I. Segundo dispõe a Lei 9.492/97, o protesto será registrado dentro de três dias úteis contados da protocolização do título ou documento de dívida.

II. Todos os documentos apresentados ou distribuídos no horário regulamentar serão protocolizados dentro de vinte e quatro horas, obedecendo à ordem cronológica de entrega.

III. Tratando-se de títulos ou documentos de dívida sujeitos a qualquer tipo de correção, o pagamento será feito pela conversão vigorante no dia da apresentação no valor indicado pelo apresentante.

É correto afirmar que:

(A) somente a proposição I está correta.

(B) somente a proposição II está correta.

(C) somente as proposições I e II estão corretas.

(D) somente as proposições I e III estão corretas.

(E) todas as proposições estão corretas.

I: correta, nos termos do art. 12, *caput*, da Lei 9.492/1997, segundo o qual o protesto será registrado dentro de três dias úteis contados da protocolização do título ou documento de dívida; II: correta, uma vez que possui redação idêntica à do art. 5º da Lei 9.492/1997; III: correta, uma vez que possui redação idêntica à do art. 11 da Lei 9.492/1997.
Gabarito "E".

(Cartório/RJ – 2008 – UERJ) Com relação às proposições a seguir:

I. Em se tratando de protesto de cheque, poderá este ser lavrado no lugar do pagamento ou do domicílio do emitente.

II. Protesto é um ato formal e solene pelo qual se prova a inadimplência e o descumprimento de obrigação originada em títulos e outros documentos de dívida.

III. O tabelião de protestos arquivará mandados e ofícios judiciais.

É correto afirmar que:

(A) todas as proposições estão corretas.

(B) somente a proposição I está correta.

(C) somente a proposição II está correta.

(D) somente a proposição III está correta.

(E) somente as proposições I e III estão corretas.

I: correta, nos termos da 1.ª parte do art. 6º da Lei 9.492/1997, segundo o qual tratando-se de cheque, poderá o protesto ser lavrado no lugar do pagamento ou do domicílio do emitente; II: correta, conforme se depreende da redação idêntica do art. 1º da Lei 9.492/1997; III: correta, nos termos do art. 35, IV, da Lei 9.492/1997, segundo o qual os mandados e ofícios judiciais compõem um dos expedientes a serem arquivados pelo Tabelião de Protestos.
Gabarito "A".

(Cartório/RR – 2001 – CESPE) Com referência à LPT, julgue os itens seguintes.

I. O regime previsto na LPT destina-se exclusivamente aos títulos de crédito, com a finalidade de provar a de obrigação neles contida.

II. Considere a seguinte situação hipotética. Moisés sacou um cheque contra o Banco XXX S.A., para que este pagasse determinada quantia a Benito. O credor compareceu ao banco para receber o valor do cheque e o caixa disse-lhe não haver fundos suficientes na conta de Moisés. Este solicitou o cheque de volta imediatamente, antes mesmo que o caixa registrasse no título a ausência de fundos, e dirigiu-se até Moisés, para tentar receber seu crédito. Não teve sucesso. Foi então ao tabelionato de protestos, para o protesto do cheque. Nessa hipótese, mesmo com base nas declarações do credor, não poderia ser lavrado o protesto.

III. Considere a seguinte situação hipotética. Cláudia residia e tinha domicílio em Boa Vista – RR e emitiu, a favor de Laura, residente e domiciliada em Porto Velho – RO, um cheque contra agência do Banco YYY S.A. em Rio Branco – AC. O cheque, porém, foi devolvido por insuficiência de fundos. Nesse caso, Laura poderá apresentar o cheque ao tabelionato de protestos tanto em Boa Vista quanto em Rio Branco, mas não em Porto Velho.

IV. Ainda que um portador apresente a protesto uma duplicata cujo crédito não possa mais ser validamente cobrado por causa da prescrição, não cabe ao tabelião recusar a lavratura do protesto sob esse fundamento, desde que o título esteja formalmente perfeito.

V. Se um indivíduo emitir na Itália uma letra de câmbio, em italiano e pagável em liras italianas, para que o devedor a pague no Brasil, o não pagamento não permitirá que o título seja protestado no Brasil.

A quantidade de itens certos é igual a:

(A) 1.

(B) 2.

(C) 3.

(D) 4.

(E) 5.

I: incorreta, pela observância do art. 1º da Lei de Protestos que define: "Protesto é o ato formal e solene pelo qual se prova a inadimplência e o descumprimento de obrigação originada em títulos e outros documentos de dívida". Assim, outros documentos de dívida revestidos de certeza, exigibilidade e liquidez poderão ser protestados, tais como sentenças condenatórias com trânsito em julgado, contrato de mútuo, contrato de confissão de dívida, etc. Vale dizer que na doutrina e jurisprudência, em especial após Parecer da Corregedoria Geral da Justiça de São Paulo número 076/05-E, com excepcional fundamentação de José Antônio de Paula Santos Neto, lançado no Proc. CG 864/2004, tem se entendido que o alcance da expressão "outros documentos de dívida" constante da parte final do art. 1º da Lei 9492/97 abrange títulos executivos judiciais e extrajudiciais revestidos de liquidez, certeza e exigibilidade ; II: Correta: pois de acordo com o art. 6º da Lei 9.492/97 para que o cheque seja protestado deve constar a prova da apresentação ao Banco sacado, o que não em tela não ocorreu, visto que o credor solicitou o cheque de volta imediatamente, antes mesmo que o caixa registrasse no título a ausência de fundos. III: correta, tendo em vista a redação do art. 6º da Lei 9.492/1997 que ressalta: "Tratando-se de cheque, poderá o protesto ser lavrado no lugar do pagamento ou do domicílio do emitente, devendo do referido cheque constar a prova de apresentação ao Banco sacado, salvo se o protesto tenha por fim instruir medidas pleiteadas contra o estabelecimento de crédito.". IV: correta, pela disposição do art. 9.º da Lei 9.492/1997 que venha a definir: "Todos os títulos e documentos de dívida protocolizados serão examinados em seus caracteres formais e terão curso se não apresentarem vícios, não cabendo ao Tabelião de Protesto investigar a ocorrência de prescrição ou caducidade."; V: incorreta, por previsão expressa do art. 10 da Lei 9.492/1997 que define: Poderão ser protestados títulos e outros documentos de dívida em moeda estrangeira, emitidos fora do Brasil, desde que acompanhados de tradução efetuada por tradutor público juramentado."
Gabarito "C".

(Cartório/RR – 2001 – CESPE) Ainda no que se refere à LPT, assinale a opção correta.

(A) Se um cidadão precisar apresentar a protesto um determinado contrato e na localidade houver mais de um tabelionato de protestos, o documento deverá necessariamente ser objeto de distribuição, ou seja, não poderá o interessado escolher o tabelionato ao qual solicitará que se tire o protesto; o serviço de distribuição, por seu turno, deverá ser obrigatoriamente instalado e mantido pelos próprios tabelionatos.

(B) Na distribuição de títulos e documentos destinados aos serviços de protesto, o critério deverá ser o de rodízio quantitativo entre os tabelionatos, a fim de que a quantidade recebida por eles seja matematicamente a mais próxima possível de uma divisão exata.

(C) Com a finalidade de evitar erro na intimação destinada ao protesto, esta somente se considera aperfeiçoada, para os fins da LPT, se for entregue pessoalmente ao devedor.

(D) Se um título houver sido protocolizado no tabelionato de protestos no dia 11 de outubro de 2001, quinta-feira, véspera do feriado nacional consagrado a Nossa Senhora Aparecida, então o protesto deveria registrar-se, em princípio, até o dia 17 de outubro do mesmo ano.

14. TABELIONATO DE PROTESTO

(E) Estritamente de acordo com a LPT, se o credor fornecer endereço errôneo do devedor e, em razão disso, vier a lavrar-se o protesto, deverá aquele necessariamente responder por perdas e danos que causar ao segundo.

A: O Gabarito deu como incorreta, no entanto, salvo melhor juízo entendemos ser correta, isto porque por previsão do parágrafo único do art. 7.º da Lei 9.492/1997 que venha a definir que "onde houver mais de um Tabelionato de Protesto de Títulos, a distribuição será feita por um Serviço instalado e mantido pelos próprios Tabelionatos, salvo se já existir Ofício Distribuidor organizado antes da promulgação desta Lei."; B: incorreta, por previsão do art. 8 da Lei 9.492/97: "Os títulos e documentos de dívida serão recepcionados, distribuídos e entregues na mesma data aos Tabelionatos de Protesto, obedecidos os critérios de quantidade e qualidade.."; C: incorreta, pois em conformidade com o art. 14 da Lei 9.492/97 a intimação será considerada cumprida quando comprovada a sua entrega no mesmo endereço e não precisa ser entregue pessoalmente; D: correta. O artigo 12 dispõe que "O protesto será registrado dentro de três dias úteis contados da protocolização do título ou documento de dívida". O § 1º do referido artigo menciona que "Na contagem do prazo a que se refere o *caput* exclui-se o dia da protocolização e inclui-se o do vencimento." Neste sentido, o início da contagem deveria ser o dia 12, porém, este dia é feriado nacional, e, portanto, não é considerado dia útil para fins de protesto nos moldes do art. 12, § 2º que determina "Considera-se não útil o dia em que não houver expediente bancário para o público ou aquele em que este não obedecer ao horário normal.". Deste modo, o a contagem deverá ter início no dia 15 (segunda-feira). Sendo assim, protesto deveria registrar-se, em princípio, até o dia 17 de outubro do mesmo ano. E: incorreta, de acordo com o art. 15, § 2º, que define: "Aquele que fornecer endereço incorreto, agindo de má-fé, responderá por perdas e danos, sem prejuízo de outras sanções civis, administrativas ou penais.". Logo, não basta fornecer endereço errado, e necessário agir de má-fé !.
Gabarito "D".

(Cartório/SP – III – VUNESP) Assinale a alternativa incorreta.

(A) O protesto será registrado dentro de cinco dias úteis contados da protocolização e inclui-se o do vencimento.

(B) A averbação de retificação de erros materiais pelo tabelionato de protesto de títulos poderá ser efetuada de ofício ou a requerimento do interessado.

(C) Não são devidos emolumentos pela averbação de retificação de erros materiais pelo serviço de tabelionato de protesto de títulos.

(D) O deferimento da concordata não impede o protesto.

A: incorreta (devendo ser assinalada), pois o protesto será registro dentro de três dias úteis contados da protocolização do título ou do documento de dívida, conforme art. 12, *caput*, da Lei 9.492/1997, e não em cinco dias úteis; B: correta, pois sua redação corresponde à redação da 1.ª parte do *caput* do art. 25 da Lei 9.492/1997; C: correta, nos termos do § 2º do art. 25 da Lei 9.492/1997; D: correta, pois o art. 24 da Lei 9.492/1997 assenta que "o deferimento do processamento de concordata não impede o protesto".
Gabarito "A".

(Cartório/MG – 2012 – FUMARC) Considerando a Lei 10.931, de 02 de agosto de 2004, sobre a Cédula de Crédito Bancário, **NÃO** é correto afirmar:

(A) A cédula de crédito bancário poderá ser emitida sem garantia, real ou fidejussória, cedularmente constituída.

(B) A cédula de crédito bancário em favor de instituição domiciliada no exterior não poderá ser emitida em moeda estrangeira.

(C) A instituição credora deve integrar o SFN, sendo admitida a emissão da cédula em favor de instituição domiciliada no exterior, desde que a obrigação esteja sujeita exclusivamente à legislação brasileira.

(D) É título de crédito emitido por pessoa física ou jurídica em favor de instituições financeiras ou de entidades a estas equiparadas, representando promessa de pagamento em dinheiro, decorrente de operação de crédito de qualquer modalidade.

A: não é a resposta do gabarito (por estar correta), conforme a redação expressa do art. 27 da Lei 10.931/2004 ao definir: "A Cédula de Crédito Bancário poderá ser emitida, com ou sem garantia, real ou fidejussória, cedularmente constituída."; B: está incorreta, (alternativa a ser considerada), pois é contrária à disposição do art. 26, § 2º, da Lei 10.931 que define: "A Cédula de Crédito Bancário em favor de instituição domiciliada no exterior poderá ser emitida em moeda estrangeira."; C: não é a resposta do gabarito (por estar correta), visto que a redação do art. 26, § 1º, da Lei 10.931 determina que: "A instituição credora deve integrar o Sistema Financeiro Nacional, sendo admitida a emissão da Cédula de Crédito Bancário em favor de instituição domiciliada no exterior, desde que a obrigação esteja sujeita exclusivamente à lei e ao foro brasileiros."; D: não é a resposta do gabarito (por estar correta), retrata a redação do art. 26, *caput*, da Lei 10.931 que define: "A Cédula de Crédito Bancário é título de crédito emitido, por pessoa física ou jurídica, em favor de instituição financeira ou de entidade a esta equiparada, representando promessa de pagamento em dinheiro, decorrente de operação de crédito, de qualquer modalidade.".
Gabarito "B".

(Cartório/SC – 2012) Segundo a Lei 10.931/2004:

I. A validade e eficácia da Cédula de Crédito Bancário dependem de registro, mas as garantias reais, por ela constituídas, ficam sujeitas, para valer contra terceiros, aos registros ou averbações previstos na legislação aplicável.

II. A Cédula de Crédito Bancário é título de crédito emitido, por pessoa física ou jurídica, em favor de instituição financeira ou de entidade a esta equiparada, representando promessa de pagamento em dinheiro, decorrente de operação de crédito, de qualquer modalidade.

III. O bem constitutivo da garantia deverá ser descrito e individualizado de modo que permita sua fácil identificação.

IV. Cédula de Crédito Bancário poderá ser protestada por indicação, desde que o credor apresente declaração de posse da sua única via negociável, inclusive no caso de protesto parcial.

(A) Somente as proposições II e III estão corretas.

(B) Somente as proposições II, III e IV estão corretas.

(C) Somente as proposições I, II e IV estão corretas.

(D) Somente as proposições I, III e IV estão corretas.

(E) Todas as proposições estão corretas.

I: incorreta, pois o art. 42 da Lei 10.931/2004 define que a validade e a eficácia não dependem de registro, conforme a redação do dispositivo: "A validade e eficácia da Cédula de Crédito Bancário não dependem de registro, mas as garantias reais, por ela constituídas, ficam sujeitas, para valer contra terceiros, aos registros ou averbações previstos na legislação aplicável, com as alterações introduzidas por esta Lei."; II:

correta, pois dispõe a redação do art. 26 da Lei 10.931/2004: "A Cédula de Crédito Bancário é título de crédito emitido, por pessoa física ou jurídica, em favor de instituição financeira ou de entidade a esta equiparada, representando promessa de pagamento em dinheiro, decorrente de operação de crédito, de qualquer modalidade."; III: correta, pois define a redação do art. 33 da Lei 10.931/2004: "O bem constitutivo da garantia deverá ser descrito e individualizado de modo que permita sua fácil identificação."; IV: correta, conforme a redação do art. 41 da Lei 10.931/2004 ao definir "A Cédula de Crédito Bancário poderá ser protestada por indicação, desde que o credor apresente declaração de posse da sua única via negociável, inclusive no caso de protesto parcial."

Gabarito "B".

15. REGISTRO DE IMÓVEIS

Leandro Borrego Marini, Marinho Dembinski Kern e Daniela Rosário*

1. COMPETÊNCIA. PRINCÍPIOS INFORMATIVOS

(Cartório/RS – 2019 – VUNESP) Assinale a alternativa correta, a respeito dos princípios registrais imobiliários.

(A) As aquisições originárias da propriedade não estão sujeitas à continuidade registral.

(B) O princípio da reserva de iniciativa aplica-se somente aos títulos, não se aplicando aos processos administrativo-registrais.

(C) Como decorrência do princípio da tipicidade, apenas os atos previstos no art. 167, I, da Lei 6.015/73 podem ser registrados no Registro de Imóveis.

(D) A concentração não é um princípio registral imobiliário.

(E) O princípio da continuidade não é sinônimo de princípio do trato sucessivo.

A questão envolve conceitos doutrinários. A Consolidação Normativa e Registral apresenta conceitos aos princípios registrais relacionados na questão (art. 416). **A:** correta: Conforme a Consolidação Normativa e a Doutrina especializada, o princípio da continuidade exige que um ato seja lançado a registro apenas se houver um registro anterior que lhe dê suporte formal. Ainda conforme a própria Consolidação Normativa, aplica-se tão somente às aquisições derivadas e sucessivas, ressalvadas decisões judiciais que flexibilizem ou mitiguem sua aplicação; **B:** incorreta: o Consolidação Normativa conceitua esse princípio, em síntese, como a necessidade do Oficial agir apenas mediante provocação do interessado. O princípio aplica-se tanto aos títulos quanto aos processos-administrativos registrais como, por exemplo, a suscitação de dúvida registral; **C:** incorreta: o art. 167, I da Lei 6.015/73 enuncia os atos de registro "em sentido estrito". Se trata de um rol taxativo, apesar de haver possibilidade de legislação esparsa também poder enunciar atos de registros. Não se pode confundir, como explica Arruda Alvim, o princípio da tipicidade, que se refere à legalidade com o da taxatividade, que se refere ao rol "*numerus clausus*" de atos registráveis; **D:** incorreta: a concentração é um princípio reconhecido doutrinariamente e presente na Consolidação Normativa como tal (inciso XII do art. 416); **E:** incorreta: conforme a Doutrina especializada, se tratam de sinônimos que tratam da necessidade de um registro anterior que dê suporte formal ao título que seja levado a registro.
Gabarito "A".

(Cartório/SP – 2018 – VUNESP) Assinale a alternativa correta relativa à escritura de pacto antenupcial, já registrada no livro n. 3 do registro de imóveis do primeiro domicílio do casal, em caso de mudança deste para outra comarca.

(A) O novo registro é obrigatório em razão da necessária publicidade do regime de bens do casal em relação

a terceiros, no caso de existirem imóveis registrados em nome de um dos cônjuges.

(B) Somente poderá ser registrada novamente em caso de a mudança ser para outra unidade da federação.

(C) A requerimento das partes poderá ser registrada na circunscrição imobiliária do novo domicílio.

(D) Não poderá ser novamente registrada, por ser vedada a duplicidade de registros do mesmo título.

A questão é de conteúdo legal e doutrinário. Nos termos do 1.640, par. Único, do Código Civil, o pacto antenupcial é o instrumento hábil para os nubentes que optarem por regime diverso do legal. Não há qualquer vedação legal ao novo registro havendo mudança de domicílio. Conforme ensina Reinaldo Velloso dos Santos: *"Por fim, as convenções antenupciais não terão efeito perante terceiros senão depois de registradas, em livro especial, pelo Oficial de Registro de Imóveis de domicílio dos cônjuges. Esse registro pode ser feito a qualquer tempo em todas as circunscrições imobiliárias onde vierem a fixar domicílio"* (SANTOS, Reinaldo Velloso dos. Registro Civil das Pessoas Naturais. Porto Alegre: Sergio Antunes Fabris Ed., 2006. p. 100). Portanto, alternativa C é a única correta.
Gabarito "C".

(Cartório/CE – 2018 – IESES) É exceção ao princípio da rogação:

(A) Da transferência, de imóvel a sociedade, quando integrar quota social.

(B) Do contrato de locação, para os fins de exercício de direito de preferência.

(C) Indicação ou atualização de confrontação.

(D) Reestabelecimento de sociedade conjugal.

A questão envolve conceitos doutrinários. O princípio da instância ou rogação determina que os atos do registro de imóveis devem ser feitos por provocação externa, em regra, ou seja, salvo exceções legais, o Oficial de Registro não atua de ofício, senão quando provocado, por ordem, requisição ou a requerimento. O princípio encontra fundamento legal no artigo 13 da Lei de Registros Públicos. Na própria lei há exceções a esse princípio como é o caso, no procedimento de retificação de área, da possibilidade do oficial alterar de ofício a "indicação ou atualização de confrontação", nos termos do art. 213, I, "b" da Lei 6.015/73. Assim, a única alternativa correta seria a "C", incidindo os demais casos na regra geral da necessidade de observância ao princípio.
Gabarito "C".

(Cartório/AC – 2006 – CESPE) Acerca do registro de imóveis, de acordo com a Lei dos Registros Públicos, julgue o próximo item.

(1) A publicidade dos atos submetidos a registro público está assegurada pelo princípio da publicidade, o qual também garante a qualquer pessoa o direito de requerer e obter gratuitamente certidão do registro de um bem imóvel ou mesmo informações de todos os termos do assento, mediante solicitação verbal, pertinentes a esse registro.

---

* Leandro Borrego Marini comentou as questões dos concursos de 2017 a 2021, realizando a revisão e atualização das demais questões. Marinho Dembinski Kern comentou as questões dos concursos 2015 e 2016. Daniela Rosário comentou as demais questões.

1: Incorreto. O direito de obter certidões e informações está expressamente previsto na lei de registros públicos (art. 17 da Lei 6.015/1973). No entanto, não há previsão de gratuidade, como regra geral, em relação a tais serviços. No mais, preveem os artigos 16 e 17 da Lei de Registros Públicos que cabe aos oficiais fornecer certidões a quem requerer e "informações" às partes interessadas.
Gabarito "1E"

(Cartório/AC – 2006 – CESPE) Ainda a respeito da Lei dos Registros Públicos, julgue o item a seguir.

(1) Um dos princípios registrários é a unitariedade, que consiste na impossibilidade de a matrícula conter mais do que um imóvel em sua descrição, ou de abertura de matrícula de parte ideal de imóvel. Portanto, cada imóvel tem assento em uma única matrícula, e cada matrícula descreve um único imóvel.

1: Correto. O princípio da unitariedade ou unicidade matricial vem previsto no art. 176, § 1º, I, da LRP. O objetivo é conferir plena segurança aos negócios jurídicos, de tal sorte que não haja negócios registrados em mais de uma matrícula, nem a mesma matrícula concentre mais de um imóvel.
Gabarito "1C"

(Cartório/AC – 2006 – CESPE) Acerca das atribuições dos oficiais registradores, julgue os itens a seguir.

(1) O registro de imóveis tem como função o cadastro da propriedade imobiliária, detendo todas as informações acerca de seu estado atual e procedendo às mudanças, às alterações e à extinção dos direitos relativos ao imóvel. Nele são efetuados os atos de matrícula, registro e averbação.

(2) O oficial de registro de imóvel poderá dispensar a prenotação quando a parte apresentar o título para exame de sua registrabilidade ou para cálculo de emolumentos, pois, nesse caso, a protocolização é dispensada, ficando certa a inexistência de interesse em afirmar a precedência do registro e a garantia de prioridade registrária.

1: Correto. É no registro de imóveis que se encontrará o fiel repositório da propriedade imobiliária e dos direitos a ela referentes. Os atos de registro e averbação serão praticados na matrícula do imóvel, em que se concentrarão todos os atos referentes a sua história; 2: Correto. Em tais casos, o Oficial, nos termos do disposto no art. 12, parágrafo único, da LRP, nem mesmo deve promover a prenotação do título, já que esta confere prioridade ao interessado no registro (art. 186 da LRP), ao passo que o título apresentado para exame e cálculo de emolumentos não goza dessa benesse. Dessa forma, o título apresentado para exame e cálculo de emolumentos deve ser apontado em livro separado do Livro 1 – Protocolo.
Gabarito 1C, 2C

(Cartório/BA – 2004 – CESPE) Em relação à Lei dos Registros Públicos, particularmente no que diz respeito ao registro de imóveis, julgue o item subsequente.

(1) Considere a seguinte situação hipotética. João vendeu a José um bem imóvel de sua propriedade, devidamente registrado, mediante escritura de venda e compra. José, antes mesmo de registrá-lo, vendeu-o a Helena, outorgando a esta a escritura de venda e compra. Helena dirigiu-se, então, ao cartório imobiliário para registro de seu título. Nessa situação, será possível o registro da mencionada escritura, se houver anuência de José e recolhimento do imposto devido.

1: Incorreto. Não é possível o registro pretendido por ofensa ao Princípio da Continuidade, que exige uma sequência lógica e cronológica dos títulos apresentados a registro, como determina o art. 195 da LRP. Assim, deve primeiramente ser registrado o título anterior para que, então, o título de Helena tenha ingresso no fólio real.
Gabarito "1E"

(Cartório/DF – 2001 – CESPE) Julgue o item abaixo, relativo ao registro de imóveis.

(1) Se for criado outro ofício de registro de imóvel que passe a ter competência territorial em relação ao imóvel X, o interessado em averbar o cancelamento de hipoteca incidente sobre tal imóvel deverá fazê-lo perante o novo ofício, pois as normas de natureza processual, especialmente as relativas à competência judicial e extrajudicial, são aplicadas de imediato.

1: Incorreto. O art. 169, I, da LRP, determina que as averbações serão feitas na Comarca anterior, ainda que o imóvel tenha passado a pertencer a outra circunscrição (reeditada).
Gabarito "1E"

(Cartório/DF – 2001 – CESPE) Ainda quanto ao registro de imóveis e ao registro civil das pessoas jurídicas na LRP, julgue os itens abaixo.

(1) A LRP confere grande relevo à defesa da preferência entre direitos, sobretudo os reais, decorrente da prioridade, a qual, por sua vez, tem como ponto de partida a prenotação dos títulos; desse modo, sempre que um título for prenotado antes de outro, terá prioridade sobre o posterior, caso ambos venham a ser objeto de registro nos prazos legais.

(2) A prenotação, por si só, não assegura preferência nem confere direito real.

(3) No sistema da LRP, vigora a presunção de que o proprietário é a pessoa, física ou jurídica, em cujo nome está registrado o bem imóvel; essa presunção, contudo, é apenas relativa, pois há casos em que se pode comprovar que o verdadeiro proprietário é outrem, efeito que pode surgir até por meio de procedimento administrativo, como o de retificação.

1: Incorreto. A situação apresentada na questão trata da regra geral. No entanto, a regra admite exceções, como as previstas nos arts. 189 e 190 da LRP; 2: Correto. A prenotação confere prioridade, mas não preferência ou garantia do direito real, que somente serão conferidos com o registro do título; 3: Correto. O sistema registral brasileiro se pauta em uma presunção relativa de veracidade daquilo que nele consta. Dessa forma, nos termos do disposto no art. 252 da LRP, o registro produz todos os seus efeitos enquanto não for cancelado.
Gabarito 1E, 2C, 3C

(Cartório/MG – 2007 – EJEF) Princípio da especialidade do registro público implica:

(A) Exigir a perfeita e correta identificação de tudo o que se lança no registro, o que abrange o objeto do direito real sobre o qual recai o negócio jurídico, incluindo o direito obrigacional objeto da garantia, e a completa individuação dos sujeitos da avença, mas sua aplicação é exigência exclusiva do registro de imóveis.

(B) Impedir o registro de título através do qual se faça alienação de imóvel *ad corpus* (art. 500, § 3º, do Código Civil de 2002).

15. REGISTRO DE IMÓVEIS

(C) Exigir a perfeita e correta identificação de tudo o que se lança no registro, o que pode abranger o objeto do direito real sobre o qual recai o negócio jurídico, incluindo o direito obrigacional objeto da garantia, no que concerne a seu montante, juros, prazo e condições de pagamento, bem como a completa individuação dos sujeitos da avença, servindo, portanto, de indispensável apoio aos princípios da continuidade e da prioridade.

(D) Assegurar a constituição de direitos, seja quanto à situação jurídica do imóvel, seja no que concerne a sua situação de fato, isto é, os dados de fato incluídos na sua descrição, entre os quais os concernentes à área.

O princípio da especialidade ou especialização se apresenta sob duas faces: a) objetiva, que exige a perfeita e completa identidade do objeto do negócio jurídico com os dados tabulares; b) subjetiva, que exige a completa identificação das partes envolvidas no negócio levado ao registro imobiliário, como previsto no art. 176 da LRP. Como exemplo de especialidade objetiva, temos os requisitos da alienação fiduciária em garantia de bem imóvel, previstos no art. 24 da Lei 9.514/1997.
Gabarito "C".

(Cartório/MS – 2009 – VUNESP) "Somente será viável o registro de título contendo informações perfeitamente coincidentes com as constantes da matrícula sobre as pessoas e bem nela mencionados." Referida circunstância é imposta pelo princípio da

(A) continuidade.

(B) instância.

(C) prioridade.

(D) inscrição.

(E) disponibilidade.

O princípio da continuidade encontra previsão nos arts. 195 e 237 da LRP e exige essa perfeita sequência de dados entre os constantes da matrícula e do título apresentado.
Gabarito "A".

(Cartório/MS – 2009 – VUNESP) Assinale a alternativa cujo texto está diretamente relacionado ao princípio da legalidade.

(A) Tem por objetivo impedir que sejam registrados títulos inválidos, ineficazes ou imperfeitos.

(B) Consiste na determinação precisa do conteúdo do direito que se procura assegurar e da individualidade do imóvel que dele é objeto.

(C) Garante a ordem cronológica da apresentação dos títulos e, em decorrência, a prioridade de exame e de registro e a preferência do direito real oponível perante terceiros.

(D) Impõe a provocação ao registro, ou seja, impede que o oficial, salvo as exceções legais, aja *exofficio*.

(E) Tem por escopo evitar que títulos não sejam registrados, pois quem não observar este dever arcará com o ônus da sua omissão.

O princípio da legalidade está diretamente ligado à função exercida pelo registrador, de tal sorte que lhe compete a perfeita análise do título apresentado a registro para verificar a viabilidade ou não de levá-lo aos livros da Serventia. Enquanto agente privado ao qual se atribui por delegação o exercício de função pública, o Oficial de registro também está adstrito aos princípios que regem a Administração Pública (art. 236 da CF). Dessa forma, o princípio da legalidade revela o âmbito de atu-

ação do registrador. Assim, a qualificação ou legalidade visa a garantir a higidez das relações e direitos registrados, evitando-se o registro de títulos e direitos inválidos, ineficazes ou imperfeitos.
Gabarito "A".

(Cartório/MS – 2009 – VUNESP) Aos Oficiais de Registro de Imóveis incumbe

(A) praticar atos referentes ao registro e transmissão de imóveis.

(B) registrar testamentos cerrados.

(C) registrar, em livro próprio, as procurações referidas nas escrituras que lavrar, arquivando-as por cópia reprográfica, quando não puder fazê-lo com o original.

(D) encaminhar, mensalmente, ao Corregedor-Geral de Justiça, a relação dos atos que envolvam a aquisição e transferência de imóvel rural por pessoa estrangeira.

(E) organizar, pelo nome das partes, e manter em dia índice alfabético ou fichário dos atos lançados em suas notas.

Entre as atribuições do registro imobiliário está a prática de atos referentes ao registro e transmissão de bens imóveis, como os atos previstos no artigo 167, LRP, sem prejuízo daqueles previstos em outras leis. Se forem bens móveis, como regra, trata-se de atribuição do Oficial de Registro de Títulos e Documentos. O parágrafo único do art. 127 da LRP determina que "Caberá ao Registro de Títulos e Documentos a realização de quaisquer registros não atribuídos expressamente a outro ofício". No que se refere à comunicação de aquisição de imóveis rurais por estrangeiros, ela é trimestral e não mensal, sendo que o INCRA também deverá ser comunicado. (art. 11 da Lei 5.709/1971 e art. 16 do Decreto 74.965/1974).
Gabarito "A".

(Cartório/MT – 2003 – UFMT) Para cumprimento do princípio de continuidade (art. 195 da Lei n.º 6.015/73) o oficial exigirá a prévia matrícula e o registro do título anterior. Se um dado imóvel situar-se em mais de uma comarca ou circunscrição limítrofe, o Oficial, para o registro do título anterior, exigirá:

(A) O registro do título anterior apenas na comarca ou circunscrição em que situada a sede do imóvel para o deferimento do registro do título que lhe sucede.

(B) O registro do título anterior nas comarcas ou circunscrições do domicílio das partes para deferimento do título que lhe sucede.

(C) O registro do título em todas as comarcas ou circunscrições limítrofes para deferimento do registro do título que lhe sucede.

(D) O registro do título anterior na comarca ou circunscrição de maior número de habitantes.

(E) O registro do título em qualquer comarca ou circunscrição limítrofe para deferimento do registro do título que lhe sucede.

O art. 169, II, da LRP, determina que o registro deve ser feito em todas as Comarcas, mencionando-se tal fato no próprio registro.
Gabarito "C".

(Cartório/SP – VI – VUNESP) A necessidade de prévia averbação de edificação noticiada na escritura de compra e venda, não constante na matrícula do imóvel, para posterior registro do título, é indispensável, em observância ao princípio de

(A) especialidade objetiva.

(B) inscrição.

(C) continuidade.

(D) legitimação registral.

Trata-se de respeito ao princípio da especialidade objetiva exatamente como forma de garantir a perfeita identidade entre o que consta no título e o que consta na matrícula (arts. 176, § 1º, II, 3 e 225 da LRP). Gabarito "A".

(Cartório/MG – 2012 – FUMARC) Em cada sede municipal haverá, no mínimo,

(A) um notário e um registrador civil.

(B) um registrador das pessoas naturais.

(C) um registrador das pessoas jurídicas.

(D) um registrador das pessoas naturais e um das pessoas jurídicas.

Nos termos do art. 44, § 2º, LNR (Lei 8.935/1994), em cada sede municipal haverá ao menos um registrador civil de pessoas naturais. A finalidade da norma é garantir que todos tenham acesso ao registro dos atos essenciais ao exercício da cidadania, permitindo o rápido acesso à Serventia para os atos relativos ao estado da pessoa natural. Gabarito "B".

(Cartório/SP – 2016 – VUNESP) No que diz respeito aos princípios da especialidade e continuidade subjetivas, é correto afirmar que

(A) a ausência no título da profissão e residência do adquirente e do nome e qualificação de seu cônjuge não obstará o registro, desde que esses dados sejam comprovados por documentos oficiais e declaração de profissão e residência.

(B) a ausência no título do nome e qualificação do cônjuge do adquirente obstará o registro.

(C) é permitido, e recomendável, na identificação das partes, utilizar, junto com o nome civil correto, referências fáticas outras, ainda que não averbadas no Registro Civil de Pessoas Naturais e sem comprovação oficial, tais como, por exemplo, a expressão "que também assina e é conhecido".

(D) é dispensável o número do CNPJ da pessoa jurídica, desde que o seu nome esteja correto.

A: a alternativa está correta, pois, não obstante os dados mencionados sejam imprescindíveis, por força do princípio da especialidade subjetiva (art. 176, § 1º, III, 2, "a", da Lei nº 6.015/73; **B:** a alternativa está incorreta, pois contraria a possibilidade trazida pelo item nº 78.4 do capítulo XX das Normas de Serviço da Corregedoria Geral da Justiça de São Paulo (redação da normativa à época da prova); **C:** a alternativa está incorreta, pois o item nº 63.2 do capítulo XX das Normas de Serviço da Corregedoria Geral da Justiça de São Paulo proíbe esse tipo de indicação dúbia, *in verbis*: "As partes serão identificadas por seus nomes corretos, não se admitindo referências dúbias, ou que não coincidam com as que constem dos registros imobiliários anteriores (p. ex: que também assina e é conhecido) a não ser que tenham sido precedentemente averbadas no Registro Civil das Pessoas Naturais e seja comprovada por certidão ou que de outra forma o oficial constate tratar-se da mesma pessoa." (redação da normativa à época da prova); **D:** a alternativa está incorreta, pois o CNPJ da pessoa jurídica é requisito essencial para o registro, conforme o art. 176, § 1º, III, 2, "b", da Lei nº 6.015/73 e item nº 64 do capítulo XX das Normas de Serviço da Corregedoria Geral da Justiça de São Paulo (redação da normativa à época da prova). Gabarito "A".

(Cartório/SP – 2016 – VUNESP) No que diz respeito aos princípios registrais imobiliários, é correto afirmar que

(A) a data da escritura pública e seu conteúdo não têm relevância para a prioridade registral.

(B) a desapropriação amigável deve submeter-se à continuidade registral.

(C) as prenotações sucessivas de títulos contraditórios cria uma fila de precedência, de modo a não correr o prazo de validade da prenotação subsequente, o qual somente correrá a partir da cessação dos efeitos da prenotação anterior.

(D) não é possível o ingresso no Registro de Imóveis de uma escritura pública de compra e venda celebrada antes da entrada em vigor do Código Civil de 1916 sem que já exista matrícula do imóvel no Registro Imobiliário, na qual conste como proprietário o vendedor.

A: a alternativa está incorreta, pois, embora como regra geral o princípio da prioridade que rege o Registro de Imóveis leve em conta a data em que o título foi protocolado na Serventia Imobiliária, em detrimento da data de sua lavratura, conforme o art. 186 da Lei nº 6.015/73, existem exceções baseadas na hora em que foi lavrada a escritura, se lavradas na mesma data e protocoladas no mesmo dia (art. 192 da Lei nº 6.015/73) e no seu conteúdo (por exemplo, o título que constitui segunda hipoteca mencionando a existência de primeira hipoteca não registrada previsto no art. 189 da Lei nº 6.015/73). **B:** a alternativa está incorreta, pois a desapropriação, mesmo amigável, possui a natureza de aquisição originária, de modo que é afastada a incidência do princípio da continuidade (conforme Apelação Cível nº 0023978-69.2011.8.26.0309, julgada pelo Conselho Superior da Magistratura de São Paulo em 25/10/2012, publicada no DJe em 21/01/2013). **C:** a alternativa está correta, pois espelha o disposto nos itens nº 39 e 39.1 do capítulo XX das Normas de Serviço da Corregedoria Geral da Justiça de São Paulo (redação da normativa à época da prova); **D:** a alternativa está incorreta, pois o item nº 71 do capítulo XX das Normas de Serviço da Corregedoria Geral da Justiça de São Paulo contempla essa possibilidade, *in verbis*: "Quando for apresentado título anterior à vigência do Código Civil Antigo (Lei nº 3.071/1916), referente a imóvel ainda não registrado, a matrícula será aberta com os elementos constantes desse título e aqueles constantes de documentos oficiais." (redação da normativa à época da prova). Gabarito "C".

(Cartório/MG – 2015 – Consulplan) Entre os principais sistemas de publicidade registral imobiliária incluem-se o francês, o alemão e aquele denominado misto, exatamente esse último adotado no Brasil, de acordo com o Código Civil, art. 1.245. Assim, é correto afirmar:

(A) No sistema adotado no Brasil, o contrato é meio de transferir a propriedade, servindo a inscrição somente como meio de publicidade declarativa.

(B) A inscrição, de caráter obrigatório, constitui meio de publicidade constitutiva, por força de um negócio jurídico- abstrato. O registro não está vinculado ao negócio jurídico de que teve origem, de modo que a eficácia ou ineficácia desse negócio causal dele se desprende definitivamente.

(C) Atribui-se ao registro efeito constitutivo, além de obrigatório, todavia sem se afastar da natureza causal do título que lhe originou. Trata-se de um sistema substantivo ou material. O registro está vinculado ao negócio jurídico de que teve origem, de modo que a eficácia ou ineficácia desse negócio causal nele

15. REGISTRO DE IMÓVEIS

repercute. Por isso, é também denominado de negócio jurídico causal.

(D) No sistema misto brasileiro, o registro torrens, cuja principal característica é gerar a presunção absoluta de validade do registro (*iuris et de iure*), tem caráter facultativo, mas pode ser destinado a qualquer imóvel, conforme regulado nos arts. 277 a 288, da Lei dos Registros Públicos.

A: a alternativa está incorreta, pois vige no Brasil o princípio da inscrição, de sorte que somente com o registro é que se transfere efetivamente a propriedade *inter vivos*, conforme se extrai dos arts. 1.227 e 1.245 do Código Civil, não bastando o mero contrato, o qual apenas gera efeitos obrigacionais. Nesse contexto, a publicidade registral como regra é constitutiva, pois sem ela não se constitui o direito real. **B:** a alternativa está incorreta, pois, embora corretamente mencione ser constitutiva a publicidade decorrente da inscrição, equivoca-se ao indicar que a inscrição decorre de um negócio jurídico abstrato. No sistema brasileiro, a doutrina majoritária entende que estamos diante de um sistema causal, de título e modo, em que é necessário o título causal, que veicula o negócio jurídico, e o modo de aquisição, no caso o registro, que opera efeitos reais. Nesse sistema causal, o registro permanece vinculado ao título que lhe deu origem, de sorte que eventuais vícios do título podem levar à invalidação do registro, pela via reflexa, diversamente do que ocorre no sistema registral alemão, em que há o negócio jurídico causal, o negócio jurídico abstrato de transmissão e a inscrição, que se opera a partir do negócio abstrato de maneira a se desprender do primeiro negócio jurídico celebrado. **C:** a alternativa está correta, pois reflete exatamente o pensamento da doutrina majoritária, no sentido de que o sistema brasileiro é causal, em que a publicidade tem caráter constitutivo, mas o registro não se desliga inteiramente do negócio que lhe deu origem, razão pela qual eventuais invalidades ou ineficácia deste poderão repercutir no assento realizado. **D:** a alternativa está incorreta, pois, embora se aceite que o registro *torrens* é facultativo e gera presunção absoluta de validade do registro, ele se destina somente a imóveis rurais, conforme art. 277 da Lei nº 6.015/73.

Gabarito "C".

(Cartório/MG – 2015 – Consulplan) "Os ônus sobre parte do imóvel, tais como servidão e superfície, serão registrados na matrícula do imóvel, vedada a abertura de matrícula para a parte onerada." (art. 688, Código de Normas dos Serviços Notariais e de Registro do Estado de Minas Gerais – Provimento 260/2013). Assim, é correta a seguinte alternativa:

(A) O dispositivo é orientado pelo denominado princípio da especialidade, sobre o qual se apoia o princípio da continuidade, que importa na precisa individuação do imóvel e daqueles em cujos nomes figuram como titulares dos direitos inscritos.

(B) Diversamente, o dispositivo é orientado pelo princípio da continuidade, e confere efetividade ao princípio da unitariedade da matrícula. Por isso, não se abre nova matrícula, dado que se trata de simples desdobro.

(C) Não se pode abrir matrícula distinta para a parte onerada do imóvel, na situação retratada no acima transcrito dispositivo, por força do princípio da instância, a exigir prévio requerimento das partes interessadas no efetivo desdobro do imóvel serviente, observadas as formalidades legais.

(D) No caso em apreço, a matrícula permanece uma e indivisível por força do princípio da concentração, a possibilitar que se averbem na matrícula as ocorrências que alterem o registro, inclusive títulos de natureza judicial ou administrativa, para que haja uma publicidade ampla e de conhecimento de todos, preservando e garantindo, com isso, os interesses do adquirente e de terceiros de boa-fé.

A proibição constante do Código de Normas dos Serviços Notariais e de Registro do Estado de Minas Gerais (redação da normativa à época da prova) no sentido de não se poder abrir matrículas para partes ideais do imóvel, a fim de se registrar ônus parciais, como a servidão e a superfície, decorre principalmente da exigência do princípio da unitariedade matricial, em razão do qual cada imóvel terá uma única matrícula. Se admitida a abertura de matrícula para registro do ônus parcial, teríamos duas ou mais matrículas para a mesma área: a matrícula da parte ideal onerada e a matrícula do todo (que englobaria a parte onerada em seu bojo). E isso representaria violação ao princípio da unitariedade matricial. Por outro lado, se o ônus diz respeito ao imóvel já matriculado, deve ser lançado na sua matrícula, em observância ao princípio da continuidade, que determina o encadeamento sucessivo dos atos registrais. Nesse contexto, a alternativa correta é a "B", pois enuncia que o dispositivo do Código de Normas resguarda os princípios da continuidade e da unitariedade matricial, em que pese, a nosso ver, conter um equívoco ao dizer que "Por isso, não se abre nova matrícula, dado que se trata de simples desdobro.", pois, em verdade, não se trata de desdobro (divisão física do imóvel), até porque, se se tratasse, estaria correto abrir matrícula para a área destacada, averbando-se na matrícula original o desfalque. Assim, a alternativa "A" está incorreta, pois não é o princípio da especialidade que está sendo resguardado; a alternativa "C" está incorreta, porque não é o princípio da instância que está sendo resguardado, até porque, mesmo que o interessado faça a rogação ao registrador, este não poderá atendê-la, por vulnerar o princípio da unitariedade matricial, visto que, como dito acima, não se trata de desdobro; e a alternativa "D" está incorreta, porque, embora em certa medida se pudesse falar que o princípio da concentração atrai a necessidade de se registrar todos os ônus no mesmo fólio real, o que realmente se resguarda é o princípio da unitariedade matricial.

Gabarito "B".

(Cartório/MG – 2015 – Consulplan) No sistema de publicidade registral brasileiro adotou-se o modelo segundo o qual a transferência da propriedade imobiliária se dá pelo registro do título, reportando-se a um negócio jurídico denominado de "acordo-causal" (art. 1.245, CC 02). Confere destaque à segurança jurídica, de modo que nenhuma alteração de direito se faça sem a vontade do titular do domínio. Sem prejuízo, em relação à proteção conferida ao terceiro de boa-fé pelo Direito Formal (segurança dinâmica do comércio), analise as seguintes afirmações:

I. O registro do título causal é convalidante, pois inverte o ônus da prova por parte de quem pretenda impugná-lo em juízo, de modo que se torna eficaz desde o momento em que se apresentar o título ao oficial do registro, e este o prenotar no protocolo (art. 1.246, CC 02).

II. Em proteção ao terceiro de boa-fé, a Lei dos Registros Públicos determina em suas disposições gerais (art. 21), que requerida uma certidão, cabe ao delegado estendê-la de forma a abranger qualquer alteração posterior e, se concernente for a ônus de imóvel, o seu conteúdo deverá alcançar, de ofício, os ônus inscritos após o requerimento.

III. O terceiro de boa-fé não fica em plano inferior, pois "Se o teor do registro não exprimir a verdade, poderá o interessado reclamar que se retifique ou anule." (art. 1.247, CC 02).

Está correto o que se afirma em:

(A) I apenas

(B) II apenas

(C) II e III apenas

(D) I e III apenas

A assertiva I está incorreta, pois afirma que o registro do título tem efeito convalidante, o que não ocorre no nosso sistema registral. Os eventuais vícios do título não são convalidados pelo registro, de sorte que podem ser impugnados e a anulação do negócio causal pode levar à anulação reflexa do registro. Apesar de não possuir o efeito convalidante, o registro gera a inversão do ônus da prova, de modo que quem alega a invalidade ou ineficácia deve comprová-la, como se extrai do art. 252 da Lei nº 6.015/73. A assertiva II está correta, pois espelha o dever do Oficial de apontar modificações posteriores ao ato objeto do pedido de certidão, independente das especificações do pedido, conforme o art. 21 da Lei nº 6.015/73. A assertiva III está incorreta, pois é contraditória em si mesma, já que o disposto no art. 1.247 do Código Civil representa uma proteção ao verdadeiro titular, ainda que o registro espelhe realidade diversa, e não ao terceiro de boa-fé. Nesse passo, como a questão pede que o candidato marque a alternativa que espelhe os itens corretos, a alternativa correta é a "B", pois indica que a assertiva correta é a II.

Gabarito "B".

(Cartório/MG – 2015 – Consulplan) Analise as seguintes assertivas:

I. A matrícula será aberta com os elementos constantes do título apresentado e do registro anterior; e, no caso de este ter sido efetuado em outra circunscrição, deverá ser apresentada certidão atualizada do inteiro teor da matrícula, com certificação de ônus e ações, expedida com antecedência máxima de 30 (trinta) dias da data da prenotação.

II. A usucapião, a desapropriação, a regularização fundiária, as ações discriminatórias, em qualquer de suas formas, e as arrematações e adjudicações judiciais são modos de aquisição originária de propriedade, dispensando-se a observância ao princípio da continuidade.

III. Entende-se por caracterização do imóvel apenas a indicação, as medidas e a área, não sendo considerados irregulares títulos que corrijam omissões ou que atualizem nomes de confrontantes, respeitado o princípio da continuidade.

Está correto o que se afirma em:

(A) II e III, apenas.

(B) I e III, apenas.

(C) I, II e III.

(D) I, apenas.

A assertiva I está correta, pois espelha o disposto no art. 684 do Código de Normas dos Serviços Notariais e de Registro do Estado de Minas Gerais – Provimento 260/2013 (redação da normativa à época da prova) – Para provas vindouras, o estudante deverá atentar ao disposto no Provimento Conjunto 93/2020, que reformou o CN/MG. A assertiva II está correta, por corresponder ao art. 711 do Código de Normas dos Serviços Notariais e de Registro do Estado de Minas Gerais – Provimento 260/2013. A assertiva III está correta, por estar de acordo com o art. 694 do Código de Normas dos Serviços Notariais e de Registro do Estado de Minas Gerais – Provimento 260/2013. Logo, a resposta correta era a alternativa "C".

Gabarito "C".

2. LIVROS E CLASSIFICADORES. ESCRITURAÇÃO E ORDEM DOS SERVIÇOS. CERTIDÕES. COMUNICAÇÕES. CONSERVAÇÃO

(Cartório/MG – 2019 – Consulplan) De acordo com o Provimento nº 260/CGJ/2013, assinale a alternativa correta.

(A) A matrícula será cancelada, de ofício, quando, em virtude de alienações parciais, o imóvel for inteiramente transferido a outros proprietários.

(B) Os ônus sobre parte do imóvel, tais como servidão e superfície, não serão registrados na matrícula do imóvel, devendo ser aberta matrícula própria para a parte onerada.

(C) A unificação de imóveis contíguos nos quais os condôminos possuam frações ideais distintas implica o estabelecimento de condomínio voluntário e depende de escritura pública, observada a legislação tributária.

(D) A abertura de matrícula na nova circunscrição será obrigatoriamente comunicada ao Ofício de Registro de origem, quinzenalmente, por meio físico ou eletrônico, em que será averbada de ofício tal circunstância.

Questão cuja resposta era a literalidade do Código de Normas de MG. *Nota do autor: A prova foi feita na vigência do Prov. 260/CGJ/2013 – antigo Código. Em virtude do Prov. Conjunto n. 93/PR/2020, houve alteração do referido Código de Normas, o que deve ser observado pelo leitor.* **A**: incorreta: o caso é de encerramento de ofício e não cancelamento (art. 716, I do Código de Normas de MG – atualização: art. 815, I, CNMG); **B**: incorreta: vedada abertura de matrícula nova nessa situação (art. 688, CNMG – atual art. 785); **C**: Correta: era a literalidade do art. 717, § 2º, do Código de Normas de MG – atual art. 816, § 2º, no qual se incluiu a "fusão"; **D**: incorreta: o prazo para tal comunicação é mensal e não quinzenal, nos termos do art. 685, do CNMG – atual art. 780 que incluiu expressamente a remessa via Central Eletrônica.

Gabarito "C".

(Cartório/SP – 2018 – VUNESP) Em relação ao Livro 1 – Protocolo do registro de imóveis, é correto afirmar que

(A) quando não adotados mecanismos informatizados, o controle da tramitação simultânea de títulos contraditórios ou excludentes será feito por meio de fichas, que serão inutilizadas à medida em que os títulos correspondentes forem registrados ou cessarem os efeitos da prenotação.

(B) é dispensável a indicação do horário no termo diário de abertura do Protocolo, limitando-se a obrigatoriedade apenas à indicação da data.

(C) em caso de escrituração por sistema informatizado, as anotações relativas aos atos formalizados no dia serão feitas no próprio termo de encerramento diário quando não houver possibilidade de serem lançados na coluna própria.

(D) as escrituras públicas e os instrumentos particulares deverão ser identificados de acordo com a sua espécie (compra e venda, doação, compromisso de compra e venda etc.) na coluna correspondente à natureza formal do título.

Nota do autor: *a prova em correção foi realizada durante a vigência da antiga redação das Normas de Serviço da Corregedoria Paulista, o que ocorreu até 05/01/2020. A partir de então, o leitor deve atentar*

para as novas redações das NSCGJSP, com as quais já baseamos os comentários.
A: incorreta: a adoção de fichas para controle de títulos contraditórios no Registro de Imóveis em São Paulo é facultativa e concomitante aos mecanismos informatizados e não os excluem, sendo um dever do Oficial utilizar-se desses últimos para o controle (item 25, Cap. XX, tomo II, das NSCGJSP); **B:** incorreta: o termo diário de abertura do Protocolo é facultativo (item 31, Cap. XX, tomo II, das NSCGJSP); **C:** correta: é a regra contida no item 22.1., Cap. XX, tomo II, das NSCGJSP; **D:** incorreta: a identificação de acordo com a espécie é necessária apenas para os atos judiciais lançados no Protocolo, sendo expressamente dispensada essa minúcia para as escrituras públicas e instrumentos particulares (item 33, Cap. XX, tomo II, das NSCGJSP).
Gabarito "C".

(Cartório/DF – 2006 – CESPE) Acerca do registro imobiliário, julgue o item subsequente.

(1) No livro de protocolo, somente são cadastrados os títulos prenotados, ou seja, uma vez recepcionados, os títulos entram em uma fila de precedência, possuindo preferência para registro com relação a eventuais títulos que sejam recepcionados posteriormente, o que caracteriza o chamado princípio da prioridade, o qual determina que, no confronto de direitos contraditórios submetidos simultaneamente a qualificação, os registros seguem a ordem de prenotação dos respectivos títulos.

1: Correto. É a expressão dos arts. 174 e 186 da LRP. Trata-se de regra de caráter geral, cujas exceções devem ser sempre previstas em lei.
Gabarito "1C".

(Cartório/DF – 2003 – CESPE) Acerca da Lei de Registros Públicos (LRP — Lei n.º 6.015/1973), julgue os itens subsequentes.

(1) Se um título for apresentado a registro e este não puder ocorrer no mesmo dia, por qualquer motivo, deverá ser necessariamente devolvido ao apresentante, para que retorne ao serviço no dia seguinte ou em outro que lhe aprouver, caso em que deverá novamente se submeter à ordem de apresentação ao serviço.

(2) Todos os títulos sujeitos a registro, notadamente os relativos a direitos imobiliários, somente poderão ser aceitos para lançamento no protocolo se as correspondentes obrigações tributárias estiverem integral e devidamente quitadas.

1: Incorreto. O título apresentado a registro será, antes dele, qualificado. O registro não é feito no momento da apresentação. Assim, ao ser apresentado, deve ser prenotado (protocolo no Livro 1) e depois qualificado. Em caso de qualificação positiva é que será, então, registrado; 2: Incorreto. Por expressa determinação do art. 12, caput, da LRP, nenhuma exigência fiscal ou dívida impedirá a prenotação do título, visto que dela decorre a prioridade.
Gabarito 1E, 2E.

(Cartório/DF – 2003 – CESPE) Acerca da Lei de Registros Públicos (LRP — Lei n.º 6.015/1973), julgue os itens subsequentes.

(1) Se um indivíduo praticar ato relativo a imóvel cujo território abranja mais de uma comarca, o ato deverá ser levado ao registro imobiliário de ambas as comarcas, circunstância que deverá ser mencionada no registro de cada uma delas.

(2) O registro imobiliário atribuirá a cada imóvel novo uma matrícula, por ocasião do primeiro registro que for feito em relação a ele; a numeração sequencial das matrículas será reiniciada a cada ano pelo serviço registral de imóveis.

(3) Ainda que uma pessoa apresente ao registro imobiliário, ao mesmo tempo, mais de um título concernente ao mesmo imóvel, deverá estabelecer-se ordem de precedência e, portanto, de preferência entre eles, a qual se baseará no número de ordem que cada título vier a receber.

1: Correto. Trata-se da previsão do art. 169, II, da LRP, com o fito de dar plena publicidade aos atos praticados; 2: Incorreto. Embora cada imóvel deva ter matrícula própria e esta deva ser aberta para que o registro possa ser feito, não há previsão para que se reinicie qualquer ordem numérica. Pelo contrário, a ordem seguirá ao infinitivo, conforme os atos forem sendo praticados; 3: Correto. Trata-se de disposição de caráter geral, extraída do texto do art. 186 da LRP.
Gabarito 1C, 2E, 3C.

(Cartório/DF – 2001 – CESPE) Julgue o item abaixo, relativo ao registro de imóveis.

(1) Se o registro não se ultimar por negligência do apresentante do título ou documento, o oficial certificará a ocorrência, submetendo o Livro de Protocolo, à primeira hora do expediente do dia que se seguir, ao juiz de registros públicos, que autorizará se lhe aponha a expressão "sem efeito, pelo certificado neste ato", com data, hora e assinatura do oficial.

1: Incorreto. Se o registro não for concluído porque o interessado não cumpriu as exigências no prazo legal de trinta dias de vigência da prenotação, esta perderá automaticamente os seus efeitos, e, por conseguinte, haverá a cessação da prioridade que havia sido estabelecida, na forma do disposto no art. 205, da LRP.
Gabarito "1E".

Segundo João Pedro Lamana Paiva, o registro imobiliário no Brasil tem sua origem fixada pela Lei n.º 601, de 18 de setembro de 1850, e seu Regulamento n.º 1.318, de 30 de janeiro de 1854, quando a posse passou a ser reconhecida perante o vigário da Igreja Católica. Por isso, essa lei passou a ser conhecida por "Registro do Vigário" e se fazia na freguesia da situação do imóvel. O efeito desse registro era meramente declaratório, para diferenciar o domínio particular do domínio público, conforme lição de Waldemar Loureiro.

Hoje, depois de mais de trinta anos de vigência do Decreto n.º 4.857, de 1939, e mais de vinte e cinco anos de império da Lei n.º 6.015, de 1973, chega-se à conclusão de que, apesar da grande evolução havida na legislação registrária, novas modificações já são sugeridas, não só pela ânsia de aperfeiçoamento do direito, mas, também, para adequar o sistema aos avanços tecnológicos. Essa, contudo, é outra história que ainda será escrita.

Ulysses da Silva. A caminhada de um título — da recepção ao ato final. In: Registro de imóveis: estudos de direito registral imobiliário — XXV e XXVI. Encontros dos Oficiais de Registro de Imóveis no Brasil. São Paulo/1998. Recife/1999. Porto Alegre: Instituto de Registro Imobiliário do Brasil/Sérgio Antonio Fabris, 2000, p. 157-8 (com adaptações).

(Cartório/DF – 2001 – CESPE) Considerando o texto acima, julgue o item que se segue, relativamente ao registro de imóveis na LRP.

(1) Cada imóvel possui, no registro próprio, um assentamento básico, que o identifica; cabe ao oficial registral efetuar o assento de atos como a aquisição definitiva do bem; deve também mencionar circunstâncias relevantes que digam respeito ao imóvel. Tais institutos jurídicos referem-se, respectivamente, à matrícula, à transcrição e à averbação.

1: Correto. O Oficial somente levará para seus livros as informações que digam respeito ao direito real, ao imóvel ou às partes. Para isso, haverá matrícula, que narra toda a vida do imóvel; registro, referente, por exemplo, aos atos de transmissão da propriedade imobiliária e averbação, referente às mutações do imóvel ou das partes.
Gabarito "1C".

(Cartório/MA – 2008 – IESES) Responda com fundamento na Lei nº 6.015/73.

I. São requisitos da escrituração do Livro nº 1 – Protocolo: o número de ordem, que seguirá indefinidamente nos livros da mesma espécie; a data da apresentação; o nome do apresentante; a natureza formal do título e os atos que formalizar, resumidamente mencionados.

II. O Livro nº 3 – Registro Auxiliar – será destinado ao registro dos atos que, sendo atribuídos ao Registro de Imóveis por disposição legal, não digam respeito diretamente a imóvel matriculado.

III. O Livro nº 4 – Indicador Real – será o repositório de todos os imóveis que figurarem nos demais livros, devendo conter sua identificação, referência aos números de ordem dos outros livros e anotações necessárias.

IV. O Livro nº 5 – Indicador Pessoal – dividido alfabeticamente, será o repositório dos nomes de todas as pessoas que, individual ou coletivamente, ativa ou passivamente, direta ou indiretamente, figurarem nos demais livros, fazendo-se referência aos respectivos números de ordem.

(A) Somente as alternativas I, II e IV estão corretas.

(B) Somente as alternativas II, III e IV estão corretas.

(C) Somente as alternativas I, II e III estão corretas.

(D) As alternativas I, II, III e IV estão corretas.

Os dados apresentados nas assertivas estão, respectivamente, nos arts. 175 (Livro 1 – Protocolo); 177 (Livro 3 – Registro Auxiliar); 179 (Livro 4 – Indicador Real); e 180 (Livro 5 – Indicador Pessoal).
Gabarito "D".

(Cartório/MG – 2009 – EJEF) Considerando-se a Lei n. 6.015, de 31 de dezembro de 1973, marque a opção INCORRETA.

(A) O livro nº 3 – registro auxiliar – será destinado ao registro dos atos que, sendo atribuídos ao Registro de Imóveis por disposição legal, não digam respeito diretamente a imóvel matriculado.

(B) Poderão ser abertos e escriturados, concomitantemente, até cinco livros de "registro geral", obedecendo, neste caso, a sua escrituração ao algarismo final da matricula.

(C) O livro nº 4 – indicador Real – será o repositório de todos imóveis que figurarem nos demais livros, devendo conter sua identificação, referência aos números de ordem dos outros livros e anotações necessárias.

(D) O livro nº 5 – indicador pessoal – dividido alfabeticamente, será o repositório dos nomes de todas as pessoas que, individual ou coletivamente, ativa ou passivamente, direta ou indiretamente, figurarem nos demais livros, fazendo-se referência aos respectivos números de ordem.

A Lei de Registros Públicos autoriza a abertura simultânea de até 10 livros de registro geral, na forma do art. 181 da Lei 6.015/1973.
Gabarito "B".

(Cartório/MG – 2007 – EJEF) Para escrituração no Registro de Imóveis a Lei Federal n. 6.015, de 1973, prevê os seguintes livros:

(A) 1 – Protocolo; 2 – Registro Geral; 3 – Registro Auxiliar; 4 – Indicador Real; 5 – Indicador Pessoal.

(B) 1 – Protocolo; 2 – Matrículas; 3 – Registro Geral – 4 – Fichário Real; 5 – Fichário Pessoal; 6 – Bloqueio de Registros e Matrículas.

(C) 1 – Matrículas e Registros; 2 – Prenotação; 3 – Registro Auxiliar; 4 – Índice de Imóveis; 5 – Índice de Pessoas; 6 – Bloqueio de Matrículas.

(D) 1 – Protocolo; 2 – Matrículas e Registros Gerais; 3 – Registros Diversos; 4 – Indicador Real; 5 – Indicador Pessoal; 6 – Registros de Loteamentos; 7 – Registro de Cédulas de Crédito; 8 – Livro Talão.

A redação final da Lei de Registros Públicos previu apenas cinco livros para o Registro de Imóveis, indicados na assertiva a) e no art. 173 da LRP.
Gabarito "A".

(Cartório/MG – 2007 – EJEF) No Registro de Imóveis faz-se o apontamento dos títulos:

(A) no Livro 2 – Títulos sujeitos a protesto.

(B) no Livro 1 – Prenotação.

(C) no Livro 1 – Apontamentos.

(D) no Livro 1 – Protocolo.

Os títulos apresentados a registro devem ser prenotados no Livro 1- Protocolo, como reza o art. 174 da LRP.
Gabarito "D".

(Cartório/MG – 2007 – EJEF) Pela Lei n. 6.015, de 1973, a apresentação de título a registro e/ou averbação pode ser feita:

(A) apenas pelas pessoas juridicamente interessadas.

(B) por qualquer pessoa.

(C) apenas por quem figure no título como adquirente ou como transmitente; ou como credor ou como devedor; ou como interveniente.

(D) apenas pelos despachantes e/ou procuradores.

Por qualquer pessoa, que responderá pelas despesas devidas pelo ato, na forma do art. 217 da LRP.
Gabarito "B".

(Cartório/MS – 2009 – VUNESP) No Registro de imóveis haverá livros que, de acordo com a Lei de Registros Públicos, têm denominação associada a determinada escrituração. Nesse sentido, o livro destinado ao registro de atos que, sendo atribuídos ao Registro de Imóveis por disposição legal, não digam respeito diretamente a imóvel matriculado, denomina-se Livro

(A) Protocolo.

15. REGISTRO DE IMÓVEIS

(B) Registro Geral.

(C) Registro Auxiliar.

(D) Indicador Real.

(E) Indicador Pessoal.

O Livro de Registro Auxiliar (Livro 3) se destina aos atos com atribuição legal ao registro de imóveis, mas que não dizem respeito diretamente à propriedade imobiliária ou direitos a ela referentes; caso contrário, deveriam ser registrados no Livro 2 – Registro Geral. Trata-se de regra prevista no art. 177 da LRP.
Gabarito "C".

(Cartório/RJ – 2008 – UERJ) No registro de imóveis, poderão ser abertos e escriturados concomitantemente, no tocante aos livros de "Registro Geral", até:

(A) 02 (dois) livros

(B) 04 (quatro) livros

(C) 05 (cinco) livros

(D) 07 (sete) livros

(E) 10 (dez) livros

Embora não seja uma prática usual, a autorização legal (art. 181 da LRP) confere essa permissão.
Gabarito "E".

(Cartório/RJ – 2008 – UERJ) No Livro 03 do registro de imóveis, faz-se o registro das:

(A) enfiteuse.

(B) convenções de condomínio.

(C) servidões instituídas nos imóveis.

(D) sentenças declaratórias de usucapião.

(E) citações de ações reais ou pessoais reipersecutórias relativas a imóveis.

O registro da convenção de condomínio está previsto no art. 178, III, da LRP como ato a ser praticado no Livro 3- Registro Auxiliar, exatamente porque só diz respeito à propriedade imobiliária de forma indireta.
Gabarito "B".

(Cartório/SE – 2007 – CESPE) Acerca do registro de imóveis, julgue o item a seguir.

(1) O livro de registro geral é destinado à matrícula dos imóveis e ao registro ou à averbação de outros atos que, apesar de não terem relação direta com o imóvel matriculado, por exigência legal são averbados no cartório imobiliário, como, por exemplo, as convenções de condomínio, os pactos antenupciais, a instituição de bem de família e a cédula de crédito hipotecário.

1: Incorreto. Os títulos que tiverem por objeto os atos e negócios jurídicos descritos no enunciado deverão ser registrados no Livro 3 – Registro Auxiliar, conforme prescrito pelos arts. 177 e 178 da LRP, e não no Livro 2 – Registro Geral, exatamente porque não dizem respeito de forma direta ao imóvel.
Gabarito "1E".

(Cartório/SC – 2008) Nos serviços de Registros de Imóveis, o Livro nº 1 (Protocolo) é destinado a:

(A) Determinar a prioridade do registro em caso de permuta de imóveis pertencentes à mesma circunscrição imobiliária.

(B) Promover o registro, no mesmo dia, de títulos pelos quais se constituam direitos reais contraditórios sobre o mesmo imóvel.

(C) Indicação da numeração sequencial de matrícula dos títulos apresentados.

(D) Apontamento de títulos apresentados apenas para exame e cálculo dos respectivos emolumentos.

(E) Prenotação dos títulos, com numeração de ordem que lhes competir em razão da sequência rigorosa de sua apresentação.

O livro de protocolo é o livro de entrada de títulos para qualificação e registro. Deve haver rigoroso respeito à ordem de sua escrituração para que não sejam estabelecidas prioridades indevidas ou para que a prioridade não deixe de ser conferida. É a regra estampada nos arts. 174 e 175 da LRP.
Gabarito "E".

(Cartório/SP – V – VUNESP) O registro de emissão de debêntures pelas sociedades anônimas far-se-á validamente, segundo a atualidade legal vigente, somente

(A) no Livro Número 3 (Registro Auxiliar) do Registro de Imóveis, sem prejuízo do registro eventual e definitivo, na matrícula do imóvel (Livro Número 2 – Registro Geral), da hipoteca, anticrese ou penhor que abonarem especialmente tais emissões.

(B) no Registro do Comércio, sem prejuízo do registro, no Registro de Imóveis (Livro Número 2 – Registro Geral), da hipoteca, anticrese ou penhor que abonarem especialmente tais emissões.

(C) no Registro de Títulos e Documentos, sem prejuízo do registro, no Registro de Imóveis (Livro Número 2 – Registro Geral), da hipoteca, anticrese ou penhor que abonarem especialmente tais emissões.

(D) no Registro Civil das Pessoas Jurídicas, sem prejuízo do registro, no Registro de Imóveis (Livro Número 2 – Registro Geral), da hipoteca, anticrese ou penhor que abonarem especialmente tais emissões.

A competência, anteriormente, era conferida ao registro de imóveis, como estava previsto no art. 178, I, da LRP. No entanto, com a alteração implementada pela Lei 10.303/2001, a competência passou ao registro do comércio, na forma do art. 62 da Lei 6.404/1976.
Gabarito "B".

(Cartório/SP – V – VUNESP) Assinale a alternativa correta.

(A) No caso de adiamento do registro para cumprimento de exigências, o prazo de validade da prenotação será de 30 dias a contar da data da devolução do título.

(B) Torna-se obrigatória a prenotação apenas quando o apresentante solicitar.

(C) A apresentação de título apenas para exame e cálculo depende de apontamento no Protocolo – Livro número 1.

(D) O apontamento, no Protocolo – Livro número 1 de um título apresentado para registro deve ser feito quando de sua apresentação.

Não há previsão legal para que se promova o adiamento da prenotação, vez que ela que confere prioridade. Dessa forma, necessário que se promova a prenotação assim que apresentado o título.
Gabarito "D".

(Cartório/SP – V – VUNESP) Assinale a alternativa incorreta.

(A) O prazo para registro, concedido pela Lei n.º 6.015, de 1973, é de 30 dias, a contar do apontamento do título no Protocolo – Livro número 1.

(B) Enquanto não cancelado, o registro continua produzindo seus efeitos legais, ainda que se prove, por outra maneira, que ele está desfeito, extinto, anulado ou rescindido.

(C) A cessão fiduciária de quotas de fundo de investimento é admitida como garantia de contrato de locação.

(D) No caso de permuta, pertencendo os imóveis à mesma circunscrição, serão feitos dois apontamentos no Protocolo – Livro número 1.

Caso seja apresentado a registro título de permuta de imóveis localizados na mesma circunscrição, basta que se promova uma prenotação, não sendo necessário realizar uma para cada via do título ou para cada imóvel permutado. Trata-se da regra do art. 187 da LRP.
Gabarito "D".

(Cartório/SP – II – VUNESP) A apresentação de título apenas para exame e cálculo dos respectivos emolumentos

(A) independe de apontamento no protocolo.

(B) não pode ser efetuada porque o Oficial de Registro não tem função consultiva.

(C) deve ser objeto de imediato lançamento no protocolo, mas não confere ao título precedência para registro.

(D) deve ser objeto de imediato lançamento no protocolo e confere ao título precedência para oportuno registro.

Nos termos do art. 12 da LRP, o título apresentado nessas condições não pode ser prenotado no Livro 1 – Protocolo porque ele não percebe as vantagens decorrentes da prioridade advinda da prenotação. Assim, devem ser apontados em livro separado.
Gabarito "A".

(Cartório/RO – III) Quanto ao processo de registro dos títulos no registro de imóveis, assinale a alternativa incorreta:

(A) Em caso de permuta, e pertencendo os imóveis à mesma circunscrição, serão feitos os registros nas matrículas correspondentes, recebendo cada um número de ordem no protocolo.

(B) Não serão registrados, no mesmo dia, títulos pelos quais se constituam direitos reais contraditórios sobre o mesmo imóvel.

(C) O título de natureza particular poderá ser apresentado em uma só via, que ficará arquivada em cartório, fornecendo o oficial, a pedido, certidão do mesmo.

(D) Apresentado título de segunda hipoteca, com referência expressa à existência de outra anterior, o Oficial, depois de prenotá-lo, aguardará durante 30 (trinta) dias que os interessados na primeira promovam a inscrição. Esgotado esse prazo, que correrá da data da prenotação, sem que seja apresentado o título anterior, o segundo será inscrito e obterá preferência sobre aquele.

A: incorreta. O art. 187 da LRP, prevê que os títulos devem ser prenotados sob um só número de protocolo; B: correta. Previsão do art. 190 da LRP; C: correta. Previsão do art. 194 da LRP; D: correta. Previsão do art. 189 da LRP.
Gabarito "A".

(Cartório/SP – II – VUNESP) Assinale a alternativa correta.

(A) O lançamento do protocolo de um título, com o respectivo número de ordem, depende da inexistência de exigência fiscal ou de dúvida.

(B) A prática dos atos do registro depende sempre de requerimento escrito do interessado, salvo as anotações e as averbações obrigatórias.

(C) Os livros de registro ou as fichas que os substituem somente podem sair da respectiva serventia mediante autorização pessoal do Oficial de Registro e sob a exclusiva responsabilidade do portador por este designado.

(D) A parte interessada pode oferecer reclamação escrita ao Juiz Corregedor Permanente contra a indevida cobrança de custas, emolumentos, contribuições e despesas.

A: incorreta. A prenotação de um título não depende do cumprimento de qualquer obrigação fiscal, embora o registro possa depender, como determina o art. 12 da LRP; B: incorreta. O art. 13 da LRP, que trata do Princípio da Instância ou Rogação, prevê que o requerimento pode ser verbal ou escrito do interessado. Pode ainda o registro ser provocado por ordem judicial ou requerimento do Ministério Público, quando a lei autorizar; C: incorreta. Os livros e demais documentos referentes aos registros não podem sair da Serventia sem autorização judicial expressa, como prevê o art. 22 da LRP; D: correta. O art. 236 da CF/1988, bem como art. 37 da LNR (Lei 8.935/1994), determinam que a autoridade competente para a fiscalização da atividade extrajudicial é o Poder Judiciário. Assim, o juiz que exercer a função de Corregedor será o competente para receber tais reclamações.
Gabarito "D".

(Cartório/SP – 2016 – VUNESP) No livro de recepção de títulos, serão lançados

(A) os títulos apresentados para registro, exceto os de regularização fundiária.

(B) todos os títulos apresentados no Registro Imobiliário.

(C) os processos administrativos de retificação de registro, regularização fundiária e usucapião administrativa.

(D) somente os títulos apresentados para exame e cálculo de emolumentos.

O livro de recepção de títulos se destina ao lançamento dos títulos apresentados para fins de exame e cálculo previstos no art. 12, parágrafo único, da Lei nº 6.015/73. No particular, o item nº 18 do capítulo XX das Normas de Serviço da Corregedoria Geral da Justiça de São Paulo (redação vigente à época do concurso) prevê que: "No Livro de Recepção de Títulos serão lançados exclusivamente os títulos apresentados para exame e cálculo dos respectivos emolumentos, a teor do artigo 12, parágrafo único, da Lei nº 6.015/73, os quais não gozam dos efeitos da prioridade." Atualmente, o item 16 do Capítulo XX, Tomo II das NSCGJSP contem essa redação. Assim, a alternativa correta é a D, única que espelhava a redação vigente no disposto nas Normas de Serviço de São Paulo.
Gabarito "D".

(Cartório/SP – 2016 – VUNESP) Sobre a escrituração eletrônica dos atos registrais imobiliários, na forma autorizada pela legislação, é correto afirmar que

(A) se entende por escrituração eletrônica a escrituração dos atos registrais em mídia totalmente eletrônica.

(B) se trata da escrituração em folha de segurança, com a imagem digitalizada.

(C) se entende como a escrituração feita, obrigatoriamente, tanto em papel de segurança como em mídia digital.

(D) se trata de um sistema informático utilizado em Registros de Imóveis, que permite imprimir as matrículas em editor de texto próprio.

A: a alternativa está correta, pois espelha o item nº 16.2 do capítulo XX das Normas de Serviço da Corregedoria Geral da Justiça de São Paulo,

15. REGISTRO DE IMÓVEIS — 705

na redação à época do concurso, *in verbis*: "Entende-se por escrituração eletrônica a escrituração dos atos registrais em mídia totalmente eletrônica.". Para fins de atualização, o estudante deverá verificar o atual item 14, do Capítulo XX, Tomo II das Normas Paulistas que mantêm similar redação; **B**: a alternativa está incorreta, pois a escrituração em papel com posterior digitalização não corresponde à escrituração eletrônica, que é aquela feita em mídia totalmente eletrônica. **C**: a alternativa está incorreta, pois, de acordo com o citado item nº 16.2 das Normas Paulistas, a escrituração eletrônica é feita em mídia totalmente eletrônica. **D**: a alternativa está incorreta, pois se refere apenas à utilização de *softwares* que facilitam a escrituração convencional dos atos em papel, mas não diz respeito à escrituração eletrônica, tal qual definida no citado item nº 16.2 das Normas Paulistas.
Gabarito "A".

3. REGISTROS. AVERBAÇÕES. PRENOTAÇÃO.

(Cartório/MG – 2019 – Consulplan) De acordo com a Lei 13.097/2015, os negócios jurídicos que tenham por fim constituir, transferir ou modificar direitos reais sobre imóveis são eficazes em relação a atos jurídicos precedentes, nas hipóteses em que não tenham sido registradas ou averbadas na matrícula do imóvel as seguintes informações:

I. Averbação de ações reais ou pessoais reipersecutórias.

II. Averbação, por solicitação do interessado, de constrição judicial, do ajuizamento de ação de execução ou de fase de cumprimento de sentença, procedendo-se nos termos previstos do art. 615-A da Lei nº 5.869, de 11 de janeiro de 1973 – Código de Processo Civil.

III. Averbação de restrição administrativa ou convencional ao gozo de direitos registrados, de indisponibilidade ou de outros ônus quando previstos em lei.

IV. Averbação, independentemente de decisão judicial, da existência de outro tipo de ação cujos resultados ou responsabilidade patrimonial possam reduzir seu proprietário à insolvência, nos termos do inciso II do art. 593 da Lei 5.869, de 11 de janeiro de 1973 – Código de Processo Civil.

Estão corretas as afirmativas

(A) I, II, III e IV.

(B) II e III, apenas.

(C) I, II e III, apenas.

(D) II, III e IV, apenas.

Estão corretas apenas as assertivas II e III e, por isso, a letra B foi dada como gabarito. Nos termos da Lei 13.097/15, que fez alterações sensíveis na Lei de Registros Públicos e, notadamente, adotou o princípio da concentração dos atos na matrícula, temos: **I**: incorreta: nos termos do art. 54, inciso I da Lei, se trata de um ato de registro e não de averbação e mais, o que se registra é a citação nas referidas ações; **II**: correta: são os termos do inciso II do art. 54; **III**: correta: é a literalidade do inciso III do art. 54 da Lei; **IV**: incorreta: referida averbação ocorre mediante decisão judicial e não independente dela.
Gabarito "B".

(Cartório/SP – 2018 – VUNESP) Na incorporação, cisão ou fusão de sociedades, o ato a ser praticado na matrícula do imóvel de titularidade da empresa sucedida será

(A) de averbação do ato societário na hipótese de incorporação e de registro na cisão ou fusão.

(B) de averbação do ato societário nas três hipóteses, por ser essa a forma determinada em lei.

(C) de registro do ato societário nos três casos, em razão de ter ocorrido a sucessão de direitos e obrigações e consequente transmissão do domínio do imóvel da empresa sucedida para a sucessora.

(D) de registro do ato societário na hipótese de incorporação e de averbação na cisão ou fusão.

Nota do autor: *a prova em correção foi realizada durante a vigência da antiga redação das Normas de Serviço da Corregedoria Paulista, o que ocorreu até 05/01/2020. A partir de então, o leitor deve atentar para as novas redações das NSCGJSP.*
Nos termos do item 9, alínea "b", 16, do Cap. XX, tomo II, das NSCGJSP (nova numeração), os atos de transformação, fusão, cisão e incorporação de sociedades são atos de averbação no registro de imóveis.
Gabarito "B".

(Cartório/CE – 2018 – IESES) Acerca do registro de Laje, assinale a alternativa correta:

(A) A instituição do direito real de laje implica em atribuição de fração ideal de terreno ao titular da laje ou a participação proporcional em áreas já edificadas.

(B) Em caso de alienação de qualquer das unidades sobrepostas, terão direito de preferência, em igualdade de condições com terceiros, os titulares da construção-base e da laje, nessa ordem, que serão cientificados por escrito para que se manifestem no prazo de trinta dias, salvo se o contrato dispuser de modo diverso.

(C) A ruína da construção-base implica extinção do direito real de laje e afasta o direito a eventual reparação civil contra o culpado.

(D) Se houver mais de uma laje, terá preferência, sucessivamente, o titular das lajes descendentes e o titular das lajes ascendentes, assegurada a prioridade para a laje mais próxima à unidade sobreposta a ser alienada.

A: incorreta: a instituição do direito de laje não implica na atribuição de fração ideal ou participação proporcional, nos termos do art. 1.510-A, § 4º, do Código Civil; **B**: correta: são os exatos termos do art. 1.510-D do Código Civil; **C**: incorreta: nos termos do art. 1.510-E, do Código Civil, a ruína, em princípio, implica extinção do direito de laje, salvo duas hipóteses legais: *"I – se este tiver sido instituído sobre o subsolo ou II – se a construção-base não for reconstruída no prazo de cinco anos"*. No mais, essa disposição não afasta o direito à reparação civil; **D**: incorreta: o enunciado alterou a ordem sucessiva que a lei determina: a preferência é primeiro do titular das lajes ascendentes e depois o das descendentes;
Gabarito "B".

(Cartório/CE – 2018 – IESES) Sobre o processo de registro nas serventias extrajudiciais de Registro de Imóveis assinale a alternativa correta:

(A) Se o imóvel não estiver matriculado ou registrado em nome do outorgante, o oficial exigirá a prévia transcrição e averbação do título anterior, qualquer que seja a sua natureza, para manter a continuidade do registro.

(B) O número de ordem determinará a prioridade do título, e esta a preferência dos direitos reais, ainda que apresentados pela mesma pessoa mais de um título simultaneamente.

(C) Em caso de permuta, e pertencendo os imóveis à mesma circunscrição, serão feitos os registros nas matrículas correspondentes, sob dois números de ordem no Protocolo.

(D) Serão registrados, no mesmo dia, títulos pelos quais se constituam direitos reais contraditórios sobre o mesmo imóvel.

A: incorreta: o oficial deve exigir prévia matrícula e não transcrição desde as mudanças no sistema registral introduzidas pela Lei 6.015/73; **B:** correta, é a literalidade do art. 186 da Lei 6.015/73; **C:** incorreta, no caso de permuta, pertencendo os imóveis à mesma circunscrição, os registros serão devidamente feitos nas matrículas correspondentes, mas sob apenas um número de ordem no protocolo (art. 187, da Lei 6015/73); **D:** incorreta, o registro nesse caso é vedado (art. 190 da Lei de Registros Públicos). Gabarito "B".

(Cartório/CE – 2018 – IESES) Assinale a resposta correta sobre cancelamento de registro, conforme a Lei de Registros Públicos:

(A) O cancelamento da servidão, quando o prédio dominante estiver hipotecado, independe da aquiescência do credor.

(B) Ao terceiro prejudicado é lícito, em juízo, fazer prova da extinção dos ônus, reais, e promover o cancelamento do seu registro.

(C) A inscrição de incorporação ou loteamento só será cancelada a requerimento do incorporador ou loteador, enquanto nenhuma unidade ou lote for objeto de transação averbada, ou mediante o consentimento da maioria dos compromissários ou cessionários.

(D) O cancelamento pode ser feito em virtude da sentença sujeita, ainda, a recurso.

A: incorreta: o cancelamento da servidão exige expressa anuência do credor hipotecário (art. 256, Lei 6.015/73); **B:** correta: são os exatos termos do art. 253, da Lei .6015/73; **C:** incorreta: a lei exige o consentimento de todos os compromissários ou cessionários e não apenas da maioria (art. 255, da Lei de Registros Públicos); **D:** incorreta: o cancelamento não pode ser feito se a sentença ainda estiver sujeita a recurso (art. 259, da Lei 6015/73). Gabarito "B".

(Cartório/AC – 2006 – CESPE) Acerca do registro de imóveis, de acordo com a Lei dos Registros Públicos, julgue o próximo item.

(1) É possível a unificação de imóveis contíguos, abrindo-se apenas uma matrícula e encerrando-se as primitivas, o que somente poderá ser efetivado pelo oficial do Registro de Imóveis, quando esses bens forem do mesmo proprietário.

1: Correto. As disposições referentes à unificação ou fusão de imóveis estão previstas nos arts. 234 e 235 da LRP. Ao que consta na assertiva, é imprescindível acrescentar que, em atendimento ao princípio da rogação, a unificação somente será promovida se houver requerimento expresso do interessado. Gabarito "1C".

(Cartório/BA – 2004 – CESPE) Acerca do registro de imóveis, julgue o item subsequente.

(1) Na hipótese de uma escritura pública com garantia hipotecária em segundo grau ser apresentada para registro e na matrícula do imóvel não existir nada onerando o imóvel, o oficial deverá prenotá-la. E após transcorrido o prazo legal sem que seja apresentado o título com a garantia hipotecária anterior, o título acima referido será registrado e obterá a preferência sobre aquele.

1: Correto. Trata-se de uma das exceções à regra geral da prioridade decorrente da prenotação, prevista no art. 189 da LRP. Neste caso, embora a hipoteca de segundo grau tenha sido apresentada antes, somente será registrada se, passados 30 dias, a hipoteca de primeiro grau não for apresentada. Gabarito "1C".

(Cartório/BA – 2004 – CESPE) Acerca dos registros públicos, julgue os itens que se seguem.

(1) Serão registrados, no mesmo dia, títulos pelos quais se constituam direitos reais contraditórios sobre o mesmo imóvel. No entanto, prevalecerão, para efeito de prioridade de registro, os títulos prenotados no protocolo sob o número de ordem mais baixo.

(2) É possível a anexação ou fusão de bens imóveis contíguos pertencentes ao mesmo proprietário. Nesse caso, abre-se apenas uma matrícula e nela reúnem-se os diversos imóveis em nome daquele proprietário. No final, o oficial registrador deve promover o encerramento mediante averbação de cada uma das matrículas das áreas que deram origem à abertura da nova matrícula.

1: Incorreto. O art. 190 da LRP determina que NÃO serão registrados os títulos apresentados nessas condições; 2: Correto. Trata-se do procedimento previsto nos arts. 234 e 235 da LRP. É importante constatar que, em atendimento ao princípio da unitariedade matricial, para a abertura da nova matrícula, cujo objeto será o resultante da unificação de imóveis do mesmo proprietário, deve ser feita, de ofício, a averbação do encerramento das matrículas anteriores, já que os imóveis ali descritos deixam de existir. Gabarito 1E, 2C.

(Cartório/BA – 2004 – CESPE) A respeito dos registros dos títulos e documentos, julgue o item seguinte.

(1) O usufruto só tem validade após o seu registro na matrícula do imóvel e a sua extinção por morte do usufrutuário, independentemente de sentença judicial para ser reconhecida, podendo ser averbada mediante simples requerimento instruído com os documentos necessários.

1: Correto. O direito real de usufruto sobre bem imóvel somente se constitui com o registro do título constitutivo. Logo, enquanto não registrado, não há direito real. O mesmo se aplica em relação ao cancelamento, como determina o art. 252 da LRP. Além disso, os cancelamentos serão feitos na forma do art. 250 da LRP, caso em que, para o cancelamento do usufruto, bastará o requerimento acompanhado dos documentos hábeis ao cancelamento e eventual recolhimento tributário, se incidir. Gabarito "1C".

(Cartório/DF – 2008 – CESPE) Relativamente à legislação e jurisprudência aplicáveis às serventias registradoras e notariais, julgue o item seguinte.

(1) O inquilino que deseja garantir o direito de preferência de compra de um imóvel deve promover a averbação de seu contrato de locação perante o registro de imóveis correspondente.

1: Correto. O direito do locatário de exercer o direito de preferência em caso de alienação do imóvel locado depende da averbação do contrato na matrícula do imóvel como determinado no art. 33, parágrafo único, da Lei 8.245/1991. Se não for feita a averbação, não haverá eficácia real ao direito, mas apenas direito obrigacional, a ser resolvido em ação indenizatória. O locatário, caso o contrato esteja averbado no Registro de Imóveis, é titular do direito de depositar o valor do imóvel alienado

15. REGISTRO DE IMÓVEIS

pelo locador e demais despesas para almejar a aquisição da propriedade, cujo exercício deverá ocorrer dentro de 6 meses do registro do título do negócio de transmissão celebrado entre o locador e o terceiro. Tal direito será exercido por meio da ação de prelação, que somente terá lugar se o contrato houver ingressado na matrícula ao menos 30 dias antes do registro da alienação, na forma do disposto no artigo 33 da Lei 8.245/1991.

Gabarito "1C".

(Cartório/DF – 2001 – CESPE) Julgue o item abaixo, relativo ao registro de imóveis.

(1) Considere a seguinte situação hipotética. Márcia e Rodrigo, domiciliados em Brasília, firmaram por escritura pública pacto antenupcial, optando pelo regime de separação total de bens, inclusive dos aquestos. Logo após o casamento, requereram ao cartório de registro de imóveis do local de seu domicílio o registro da escritura do pacto. O oficial, verificando que o casal não possuía imóvel algum no local, recusou-se a fazer o registro.

Nessa situação, agiu acertadamente o oficial, porque o pacto somente deve ser averbado na matrícula do imóvel, na serventia onde este esteja localizado.

1: Incorreto. Nos termos do disposto no art. 178, V, da LRP e no art. 1.657 do CC, os pactos antenupciais devem ser registrados no Livro 3-Registro Auxiliar. Esse registro não tem relação imediata com os imóveis de que os cônjuges sejam titulares; tem por finalidade, em verdade, conferir eficácia em relação a terceiros. De outro lado, oportuno consignar que, feito o registro do pacto, o art. 244 da LRP determina a averbação do fato na matrícula de cada imóvel de que o casal seja proprietário.

Gabarito "1E".

(Cartório/DF – 2001 – CESPE) Julgue os itens a seguir.

(1) Segundo a LRP, qualquer título apresentado será lançado no Livro de Protocolo, passando a gozar de prioridade, a menos que não tenham sido recolhidas previamente as custas, caso em que se presume que tenha sido apresentado apenas para exame e cálculo dos respectivos emolumentos.

(2) Não são devidos emolumentos para o registro de ações e de penhoras determinado pelo juiz da causa.

(3) A extinção de usufruto por morte de usufrutuário independe de sentença judicial para ser reconhecida, podendo ser averbada mediante requerimento acompanhado do documento comprobatório e do imposto devido.

1: Incorreto. Somente serão lançados no livro de protocolo os títulos apresentados a registro. A apresentação de título para exame e cálculo de emolumentos é excepcional e depende de requerimento expresso para tanto, não havendo presunção legal de que o interessado tenha apresentado para tal fim; 2: Incorreto. Somente haverá dispensa do pagamento de emolumentos se houver enquadramento em alguma hipótese legal, mas não por simples determinação do juízo; 3: Correto. Os cancelamentos estão regulados no art. 250 da LRP. A hipótese ventilada está enquadrada exatamente no inciso III do mencionado dispositivo.

Gabarito 1E, 2E, 3C

(Cartório/ES – 2007 – FCC) Sobre a terminologia empregada na Lei de Registros Públicos, considere os seguintes conceitos:

I. ato praticado pelo oficial, à margem do assento existente, de fato jurídico que o modifica ou cancela,

decorrendo de carta de sentença, mandado ou petição acompanhada de certidão ou documento legal ou autêntico, com audiência do Ministério Público;

II. ato praticado pelo oficial, à margem dos assentos, consistente em remissões recíprocas dos registros e averbações feitas nos livros, como acontece, por exemplo, com o óbito em relação aos assentos de casamento e nascimento.

São conceitos, respectivamente, de:

(A) averbação e anotação.

(B) anotação e remissões recíprocas.

(C) averbação e comunicação.

(D) comunicação e remissões recíprocas.

(E) anotação e comunicação.

O ato que tem por finalidade a alteração de dados da matrícula ou de outro ato dela constante, ou que tenha por fim o cancelamento ou mesmo a inserção, correção ou atualização de dados será praticado por averbação. De outro lado, os atos praticados de ofício, com a finalidade de publicizar situações atuais do estado civil, são praticados por anotações.

Gabarito "A".

(Cartório/ES – 2007 – FCC) Sobre matrícula, registro e averbação no Registro Imobiliário, conforme o Código de Normas da CGJES, é correto afirmar que

(A) no desmembramento ou divisão de imóvel, será aberta uma única matrícula para cada uma das partes resultantes, e nesta matrícula, será registrado o título da divisão.

(B) as escrituras antenupciais serão registradas no serviço registral do domicílio conjugal, sem prejuízo de sua averbação obrigatória no lugar da situação dos imóveis de propriedade do casal, ou dos que forem sendo adquiridos e sujeitos ao regime de bem diverso do legal.

(C) não serão admitidos, para matrícula no registro geral, títulos nos quais os imóveis sejam caracterizados com medidas ou áreas enunciadas por aproximação, mediante a utilização de expressões tais como "mais ou menos", "aproximadamente" e "cerca de".

(D) não será objeto de averbação, na matrícula ou no registro, os atos de tombamento definitivo de imóveis, movidos pelo Poder Público.

(E) as cópias reprográficas de documentos particulares serão consideradas documentos hábeis para registro e averbação, desde que autenticadas por tabelião.

Trata-se de regra prevista nos arts.178, V e 244, da LRP.

Gabarito "B".

(Cartório/MA – 2008 – IESES) Assinale a alternativa INCORRETA de acordo com a Lei nº 6.015/73, em relação ao Registro de Imóveis:

(A) Quando dois ou mais imóveis contíguos pertencentes ao mesmo proprietário, constarem de matrículas autônomas, pode ele requerer a fusão destas em uma só, reaproveitando um dos números.

(B) Podem ser unificados, com abertura de matrícula única, dois ou mais imóveis constantes de transcrições anteriores à Lei 6.015/73, à margem das quais será averbada a abertura da matrícula que os unificar.

(C) Os imóveis unificados em matrícula única, bem como os oriundos de desmembramentos, partilha e glebas destacadas de maior porção, serão desdobrados em novas matrículas, juntamente com os ônus que sobre eles existirem, sempre que ocorrer a transferência de uma ou mais unidades.

(D) A matrícula será cancelada quando em virtude de alienações parciais, o imóvel for inteiramente transferido a outros proprietários.

Não há previsão legal para o "reaproveitamento" de número de matrícula. O legislador determina que cada imóvel será objeto de matrícula própria e esta seguirá a rigorosa ordem dos atos praticados na serventia.
Gabarito "A".

(Cartório/MA – 2008 – IESES) Assinale a alternativa INCORRETA de acordo com a Lei nº 6.015/73:

(A) O registro da penhora faz prova quanto à fraude de qualquer transação posterior.

(B) O contrato de locação, com cláusula expressa de vigência no caso de alienação do imóvel, registrado no Livro nº 1, consignará também, o seu valor, a renda, o prazo, o tempo e o lugar do pagamento, bem como pena convencional.

(C) O registro de hipoteca convencional valerá pelo prazo de 30 (trinta) anos, findo o qual só será mantido o número anterior se reconstituída por novo título e novo registro.

(D) As escrituras antenupciais serão registradas no livro nº 3 do cartório do domicílio conjugal, sem prejuízo de sua averbação obrigatória no lugar da situação dos imóveis de propriedade do casal, ou dos que forem sendo adquiridos e sujeitos a regime de bens diverso do comum, com a declaração das respectivas cláusulas, para ciência de terceiros.

O contrato de locação em que conste a cláusula de vigência será, nos termos do disposto no art. 242 da LRP, registrado no Livro 2 – Registro Geral (art. 176 da LRP), na matrícula do imóvel.
Gabarito "B".

(Cartório/MG – 2007 – EJEF) Protocolizado o título, qual o prazo previsto pela Lei n. 6.015, de 1973, para se proceder ao registro?

(A) 5 dias corridos.

(B) 5 dias úteis.

(C) 1 semana.

(D) 30 dias.

O prazo máximo para a conclusão do processo de registro é de trinta dias, vez que esse é o prazo de vigência da prenotação, como reza o art. 188 da LRP. Apesar disso, é sempre necessário ter em mente que o serviço extrajudicial deve ser prestado de modo eficiente, por expressa determinação legal.
Gabarito "D".

(Cartório/MT – 2003 – UFMT) Do ponto de vista cronológico, o registro é válido e eficaz e produz todos os seus regulares efeitos a partir:

(A) Da data do registro, sendo este consumado no prazo legal.

(B) Da data constante da certidão do registro, sendo este consumado no prazo legal (publicidade formal).

(C) Da data da prenotação original, tendo o título sido prenotado sucessivamente para cumprimento de exigências sanáveis.

(D) Da data da lavratura da escritura, tendo em vista a possível ocorrência de direitos reais contraditórios.

(E) Da data da prenotação do título, sendo o registro regularmente consumado no prazo legal.

Trata-se da eficácia retroativa do registro à data da prenotação, vez que esta estabeleceu a prioridade do direito em relação a outros, contraditórios. O art. 1.246 do CC assim prescreve: "O registro é eficaz desde o momento em que se apresentar o título ao oficial do registro, e este o prenotar no protocolo".
Gabarito "E".

(Cartório/MT – 2003 – UFMT) Sobre o arrolamento fiscal de bens e direitos do sujeito passivo, previsto no artigo 64 da Lei n.º 9.532/97, assinale a afirmativa correta.

(A) Uma vez inscrito no registro de imóveis competente torna, *ipso facto*, os bens inalienáveis e indisponíveis.

(B) Quando apresentado o termo respectivo, obriga o Oficial Registrador a proceder ao bloqueio da matrícula, podendo o bloqueio ser cancelado somente em virtude de decisão judicial (transitada em julgada) tirada em ação cautelar fiscal.

(C) Não tem expressa previsão legal para acesso no registro imobiliário (teoria do *numerusclausus* dos fatos inscritíveis).

(D) Depende, para ingresso no Registro, de decisão fundamentada do juiz da ação cautelar fiscal.

(E) Tem expressa previsão legal para ingresso no registro imobiliário competente quando versar sobre bens e direitos inscritos.

O art. 64, § 5º, I, da Lei 9.532/1997, expressamente prevê que o arrolamento de bens será registado na matrícula do imóvel, independentemente do pagamento de custas e emolumentos.
Gabarito "E".

(Cartório/PR – 2007) No Registro de Imóveis, além da matrícula, serão feitos o registro:

I. do contrato de locação, para fins de exercício do direito de preferência.

II. do contrato de concessão do direito real de uso de imóvel público.

III. das sentenças de separação, divórcio e de nulidade ou anulação do casamento, quando, nas respectivas partilhas, existirem imóveis ou direitos reais sobre imóveis.

IV. dos contratos de promessa de compra e venda de terrenos loteados em conformidade com o Decreto-lei 58, de 10 de dezembro de 1937, e respectiva cessão e promessa de cessão, quando o loteamento se formalizar na vigência da Lei de Registros Públicos.

São corretas:

(A) II, III e IV.

(B) I, II e III.

(C) apenas I e IV.

(D) I, II e IV.

(E) apenas II e IV.

I: incorreto. Nos termos do disposto no art. 33, parágrafo único, da Lei 8.245/1991, o contrato de locação será averbado para fins de

15. REGISTRO DE IMÓVEIS

preferência – e registrado para fins de vigência em caso de alienação; II: correto. Trata-se de ato de registro em sentido estrito, na forma do art. 167, I, 40, da LRP; III: incorreto. Trata-se de ato praticado por averbação, como determinado no art. 167, II, 14, da LRP; IV: correto. Os contratos firmados nessas condições serão objeto de registro, como determina o art. 167, I, 20, da LRP; no entanto, caso o loteamento seja anterior à lei, a LRP determina que esses contratos serão averbados, como previsto no art. 167, II, 3.
Gabarito "E".

(Cartório/PR – 2007) Sabendo-se que registro é o ato realizado pela transcrição dos textos dos documentos em sua íntegra ou por resumo, mencionando-se suas características, assinaturas e demais detalhes descritivos em livros apropriados e sob uma rígida ordem sequencial de apresentação e que a averbação consiste na anotação realizada à margem de um registro já existente.

Em relação às atribuições do Registro de Imóveis, identifique com R os casos de Registro e com A os casos de Averbação:

( ) das cédulas de crédito rural.
( ) da cessão de crédito imobiliário.
( ) das servidões em geral.
( ) da dação em pagamento.
( ) das cédulas hipotecárias.

Assinale a sequência correta:

(A) R, R, A, R, A.
(B) R, A, R, R, A.
(C) A, A, R, R, A.
(D) A, R, A, R R.
(E) R, A, A, R, A.

As cédulas de crédito rural – registradas, conforme art. 167, I, 13; cessão de crédito imobiliário – averbada, conforme art. 167, II, 21; servidões em geral – registradas, conforme art. 167, I, 6; dação em pagamento, registrada, conforme art. 167, I, 31; cédulas hipotecárias – averbadas, conforme art. 167, II, 7; todos dispositivos da Lei de Registros Públicos. Nota de atualização: o leitor deverá atentar para as mudanças trazidas pela Lei n. 13.986/2020 que modificou o registro das cédulas de crédito rural.
Gabarito "B".

(Cartório/PR – 2007) Quanto à matrícula de imóvel, é correto afirmar que:

(A) Somente poderá ser cancelada por decisão judicial.
(B) Promovida pelo titular do domínio útil não aproveita ao titular do domínio direto.
(C) Somente poderá ser cancelada, quando, em virtude de alienações parciais, o imóvel for transferido a outros proprietários.
(D) Promovida pelo titular do domínio direto aproveita ao titular do domínio útil e vice-versa.
(E) Poderá ser cancelada somente por decisão judicial e em caso de fusão de imóveis.

A matrícula será cancelada por determinação judicial, quando em virtude de alienação parciais, o imóvel for inteiramente transferido a outros proprietários ou pela fusão, nos termos do art. 234 da LRP (art. 233 da LRP); conforme o art. 243 da LRP, a matrícula de bem enfitêutico aproveita tanto ao senhorio quanto ao foreiro.
Gabarito "D".

(Cartório/RJ – 2002 – NCE-UFRJ) Fulano, possuidor de dois imóveis, que utiliza como residência, institui como bem de família o prédio de maior valor, com o objetivo de ficar isento de execução por dívidas. A impenhorabilidade recairá sobre:

(A) o imóvel de menor valor;
(B) o imóvel de maior valor, se registrado no RI competente;
(C) os dois imóveis por serem residências são impenhoráveis;
(D) qualquer um dos imóveis pode ser penhorado;
(E) o imóvel de maior valor, mesmo que não esteja registrado no RGI competente.

A instituição do bem de família voluntário, em regra excepcional à Lei 8.009/1990, permite que o proprietário exclua da penhorabilidade imóvel de maior valor, desde que ambos utilizados para residência, como previsto nos art. 5º da mencionada Lei e no art. 1.715 do CC. Somente será possível a obtenção desse regime especial de proteção se o título instituidor estiver devidamente registrado no registro de imóveis competente, como exigido pelo art. 1.714 do CC.
Gabarito "B".

(Cartório/RJ – 2002 – NCE-UFRJ) O registro e a averbação podem ser provocados:

(A) Somente pelas partes juridicamente interessadas;
(B) Apenas pelo transmitente ou pelo adquirente, pelo credor ou pelo devedor;
(C) Só por quem haja participado do título apresentado;
(D) Por qualquer pessoa;
(E) Somente pelo notário que haja lavrado o título.

Qualquer pessoa está autorizada por lei a provocar o registro, ou seja, a apresentar o título para prenotação e registro, como prevê o art. 217 da LRP.
Gabarito "D".

(Cartório/RJ – 2002 – NCE-UFRJ) No Registro de Imóveis, a averbação da alteração do nome:

(A) Pode ser feita à vista de escritura pública declaratória;
(B) Pode ser feita à vista da própria escritura pública de compra e venda, pois ela tem fé pública e faz prova plena;
(C) Pode ser feita à vista da carteira de identidade do interessado, expedida por Órgão competente e dotado de fé pública, ficando arquivada fotocópia autenticada;
(D) Somente pode ser feita em face de decisão em processo de Dúvida;
(E) Só pode se feita quando devidamente comprovada por certidão do Registro Civil.

O art. 246, § 1º, da LRP, indica que o documento hábil para a averbação da alteração de nome da pessoa natural é a certidão emitida pelo Oficial de Registro Civil das Pessoas Naturais.
Gabarito "E".

(Cartório/RO – III) No registro de imóveis, além da matrícula, será feito o registro dos seguintes documentos, exceto:

(A) Das servidões em geral.
(B) Do penhor comum sobre coisas móveis.
(C) Do penhor de máquinas e de aparelhos utilizados na indústria, instalados e em funcionamento, com os respectivos pertences ou sem eles.

(D) Das sentenças que nos inventários, arrolamentos e partilhas, adjudicarem bens de raiz em pagamento das dívidas da herança.

O penhor comum, de acordo com a determinação do art. 1.432 do CC, será registrado perante o Oficial de Registro de Títulos e Documentos. Todas as demais hipóteses estão previstas no art.167, I, da LRP, que trata dos direitos/títulos registráveis.
Gabarito "B".

(Cartório/SE – 2007 – CESPE) Acerca do registro de imóveis, julgue os itens a seguir.

(1) Se o título apresentado para apontamento não demonstrar de plano que a prioridade do direito nele representado decorre de uma precedência, o oficial pode recusar a apresentação do título, deixando de lançá-lo no protocolo.

1: Incorreto. Todos os títulos apresentados na serventia devem ser objeto de prenotação no momento em que são apresentados. A eventual garantia do direito de prioridade ou outro efeito somente poderá ser verificado com a qualificação.
Gabarito "1E".

(Cartório/SP – V – VUNESP) A lei civil considera o direito à sucessão aberta como bem imóvel (artigo 80, II, CC/02) e impõe, por isso, que tanto a sua cessão, quanto a renúncia, só se façam por escritura pública (artigos 1.793 e 1.806, CC/02), de modo que, para fins de Registro de Imóveis, a escritura de cessão de direitos hereditários é título

(A) não registrável, embora materializada em escritura pública e versando sobre bem considerado, *ex legis*, como imóvel, pois só se presta a transitar pelo inventário do autor da herança, visando à adjudicação do objeto da cessão ao cessionário, não se incluindo entre os títulos registráveis.

(B) registrável como qualquer outro título que verse sobre bens imóveis e direitos a eles relativos.

(C) que só terá acesso ao registro, por averbação, se forem determinados os bens da herança e cederem-nos todos os herdeiros, mas só a propósito dos bens imóveis deixados pelo *de cujus*.

(D) só registrável após a abertura do inventário e prestadas as primeiras declarações, com a determinação dos bens deixados pelo autor da herança.

A herança é transmitida a todos os herdeiros, enquanto universalidade de direito, de modo que "todos são donos de tudo e de nada em particular. Enquanto não houver a partilha dos bens a que se referem os direitos herdados, não será possível especificar o que realmente ingressará no patrimônio de cada herdeiro. Realizada a partilha dos bens, será possível determinar o quinhão de cada herdeiro e, assim, registrar o formal de partilha, ou sentença que em inventário ou em arrolamento decidiu pela atribuição dos bens (arts. 167, I, 24 e 25 da Lei 6.015/1973). Não é possível o registro, segundo a jurisprudência administrativa, porque falta especialização objetiva àquilo que se transmite pela cessão, que somente será conhecido com a partilha. Assim, havendo violação a esse princípio de direito registrário, não é viável o registro pretendido.
Gabarito "A".

(Cartório/SP – II – VUNESP) Confere prioridade de direitos para o apresentante,

(A) a ordem cronológica com que são feitos os registros dos diferentes títulos, sendo a prioridade para o regis-

tro estabelecida pela ordem das datas de elaboração dos títulos.

(B) a ordem cronológica dos protocolos dos diferentes títulos apresentados, devendo o protocolo ser feito conforme prioridade decorrente da natureza judicial ou extrajudicial dos títulos.

(C) a ordem cronológica dos registros que deverão ser feitos conforme a ordem de apresentação dos títulos, respeitada, porém, a prioridade de registro dos títulos apresentados por maiores de 65 anos de idade.

(D) o protocolo que deverá ser feito conforme a ordem cronológica de apresentação dos títulos.

A prioridade decorre diretamente da prenotação do título. No exato momento em que seja feita a prenotação, o interessado percebe em seu favor uma vantagem em relação a outros títulos que sejam apresentados posteriormente ao seu, considerando que os demais títulos tratem de direito contraditório ao seu. Por tal razão, de extrema importância, pelos efeitos produzidos, que: a) se promova a prenotação de todos os títulos apresentados a registro; b) seja rigorosamente respeitada a ordem de apresentação dos títulos.
Gabarito "D".

(Cartório/MS – 2009 – VUNESP) O Registro Torrens associa-se a bem

(A) móvel transmitido por ato oneroso.

(B) móvel transmitido por ato gratuito.

(C) imóvel rural.

(D) imóvel urbano.

(E) imóvel ou urbano, sendo faculdade de seu titular.

C: correta. Na atual sistemática legal, o procedimento especial de registro, denominado registro Torrens, somente pode ser aplicado aos imóveis rurais (no passado, na sua inicial adoção, podia ser usado para quaisquer imóveis), conforme redação do artigo 277, da Lei de Registros Públicos.
Gabarito "C".

(Cartório/RJ – 2002 – NCE-UFRJ) Requerida a inscrição de imóvel rural no Registro Torrens, o Oficial protocolará e autuará o requerimento e documentos que o instruírem e verificará se o pedido se acha em termos de ser despachado. Expedido o edital e feita a notificação das pessoas indicadas pelo representante, ouvido o MP, o Juiz decidirá. Deve ser levado a registro o seguinte título:

(A) escritura pública feita em cartório de Notas;

(B) carta de sentença;

(C) autorização judicial para que o requerimento seja aceito como documento hábil;

(D) alvará judicial;

(E) cópia da publicação do Edital feita na imprensa oficial e local.

O artigo 288, LRP determina que se inscreverá (se registrará) o julgado que houver deferido o registro especial. Assim, o título hábil é a carta de sentença, a ser extraída do procedimento.
Gabarito "B".

(Cartório/MA – 2008 – IESES) Em relação ao registro de imóveis, estabelece a Lei nº 6.015/1973:

I. O desmembramento territorial posterior ao registro exige sua repetição no novo cartório.

II. No Registro de Imóveis serão feitos, nos termos desta Lei, o registro e a averbação dos títulos ou atos

15. REGISTRO DE IMÓVEIS   711

constitutivos, declaratórios, translativos e extintos de direitos reais sobre imóveis reconhecidos em lei, "inter vivos" ou "mortis causa" quer para sua constituição, transferência e extinção, quer para sua validade em relação a terceiros, quer para a sua disponibilidade.

III. Em caso de permuta, e pertencendo os imóveis à mesma circunscrição, serão feitos os registros nas matrículas correspondentes, sob um único número de ordem no Protocolo.

IV. Se o imóvel não estiver matriculado ou registrado em nome do outorgante, o oficial exigirá a prévia matrícula, não necessitando do registro do título anterior, qualquer que seja a sua natureza, para manter a continuidade da matrícula.

(A) As alternativas II e IV estão corretas.

(B) As alternativas II e III estão corretas.

(C) As alternativas I e IV estão corretas.

(D) As alternativas I e IIII estão corretas.

I: incorreta. O art. 27 da LRP é expresso em determinar que não é necessário repetir tais atos, vez que se tornaram definitivos; II: correta. Trata, entre outros pontos, do princípio da disponibilidade e dos efeitos do registro, nos termos do disposto no art. 172 da LRP; III: correta. Trata-se do disposto no art. 187 da LRP, que visa concentrar os atos sob mesma prenotação, garantindo os mesmos efeitos aos interessados; IV: incorreta. Será sempre imprescindível o registro do título anterior como forma de preservar a continuidade, como determinado nos arts. 195 e 237 da LRP.

Gabarito "B".

(Cartório/PR – 2007) Sobre o Registro de Imóveis, analise as afirmativas seguintes:

I. enquanto não matriculado o imóvel, as averbações das circunstâncias que, de qualquer modo, tenham influência nos registros escriturados nos livros constantes da anterior Lei de Registros Públicos ou das pessoas nelas interessadas, continuarão a ser feitas à margem das respectivas inscrições e transcrições.

II. Nos casos de desmembramento, subdivisão, unificação e fusão de imóveis urbanos é desnecessária a anuência prévia do município onde estiver situado o imóvel.

III. O direito de superfície será objeto de registro na matrícula do imóvel.

IV. O cancelamento pelo registrador de prenotação de registro de imóveis, dependerá de autorização judicial ainda que não tenha o interessado feito o pagamento dos emolumentos no prazo de 30 (trinta dias).

É correta ou são corretas:

(A) apenas II e IV.

(B) apenas III.

(C) apenas I e III.

(D) I, III e IV.

(E) apenas IV.

I: correta. As averbações continuarão sendo feitas à margem das transcrições, ao passo que os atos de registro em sentido estrito somente podem ser feitos na matrícula; II: incorreta. Nos casos em que haja alteração da estrutura física do imóvel a Municipalidade deve ser ouvida para verificar se não há violação à legislação municipal; III: correta. O direito de superfície somente se tem por constituído com o registro imobiliário, nos termos do disposto no art. 1.369 do CC/2002; IV: incorreta. O cancelamento da prenotação pode ser feito por requerimento do interessado, sem nem mesmo justificar seu motivo.

Gabarito "C".

(Cartório/MG – 2012 – FUMARC) Considerando a Lei 6.015, de 31 de dezembro de 1973, sobre o cancelamento de matrícula pela fusão de imóveis, **NÃO é** correto afirmar

(A) Os imóveis oriundos de desmembramentos serão desdobrados em novas matrículas, juntamente com os ônus que sobre eles existirem.

(B) Podem ser unificados dois ou mais imóveis constantes de transcrições anteriores à lei, à margem das quais será averbada a abertura da matrícula que os unificar.

(C) Quando dois ou mais imóveis contíguos pertencentes a diferentes proprietários constarem de matrículas autônomas, podem eles requerer a fusão destas em uma só, de novo número, encerrando-se as primitivas.

(D) Podem ser unificados dois ou mais imóveis, registrados por ambos os sistemas, caso em que, nas transcrições, será feita a averbação da abertura da matrícula e nas matrículas serão encerradas as anteriores com a unificação.

C: incorreta. Somente pode ser feita a fusão de matrículas de imóveis contíguos pertencentes aos mesmos proprietários. Se os proprietários forem diversos, será necessária a prévia aquisição do confrontante para posterior unificação.

Gabarito "C".

(Cartório/MG – 2012 – FUMARC) Considerando a Lei 6.015, de 31 de dezembro de 1973, salvo as anotações e averbações obrigatórias, os atos de registro serão praticados

• por determinação judicial;

• a requerimento verbal ou escrito dos interessados;

• a requerimento do Ministério Público, quando a lei autorizar

• pelo próprio oficial em seu favor.

Analisando os itens, é correto afirmar que

(A) apenas um é falso.

(B) apenas dois são falsos.

(C) três são falsos.

(D) todos são verdadeiros.

A: correta. No que se refere à provocação do Oficial para a prática dos atos do seu ofício ou a possibilidade de praticar esses atos de ofício, sem provocação, a matéria vem regulada no art. 13 da LRP. Ali, não há previsão de que o Oficial possa praticar o ato no seu próprio interesse. Mais ainda, o art. 27 da LNR (Lei 8.935/1994) é expresso em vedar essa conduta, prevendo o impedimento do Oficial.

Gabarito "A".

(Cartório/MG – 2012 – FUMARC) Podem ser averbados no Registro de Imóveis, **EXCETO**

(A) mudança de numeração dos prédios.

(B) alteração do nome por casamento ou divórcio.

(C) sentença de adjudicação em inventário ou arrolamento quando não houver partilha.

(D) cancelamento da extinção dos ônus e direitos reais.

A sentença que adjudica bens deve ser objeto de *registro* e não de averbação, como determina o art. 167, I, 24 da LRP.

Gabarito "C".

(Cartório/MG – 2012 – FUMARC) Baseado na Lei 6.015/1973, os títulos não registráveis são, **EXCETO**

(A) Escrituras públicas de cessões de direitos hereditários.

(B) Locações com cláusula de vigência, no caso de alienação.

(C) Procurações em causa própria, que não servem para a transferência da propriedade.

(D) Promessas de permuta, de doação, de dação em pagamento e outras, bem como suas cessões.

Somente podem ser registrados títulos e direitos que encontrem expressa previsão legal. Diferente ocorre com as averbações, cujo rol é meramente exemplificativo. Assim, entre as assertivas, somente a locação com cláusula de vigência em caso de alienação permite registro, na forma do art. 167, I, 3 da LRP. Nos demais casos, por falta de previsão legal e por ofensa a princípios de direito registrário.
„Gabarito "B".

(Cartório/MG – 2012 – FUMARC) De acordo com a Lei 6.015/1973, registram-se no Livro 03, **EXCETO**

(A) os mandados de penhora.

(B) as convenções antenupciais.

(C) as convenções de condomínio.

(D) as cédulas de crédito rural e de crédito industrial, sem prejuízo do registro da hipoteca.

A: incorreta. Os atos a serem registrados no Livro 3 – Registro Auxiliar estão previstos no art. 178 da LRP e são aqueles que somente de forma indireta dizem respeito ao imóvel. Entre eles, a penhora *não* é levada ao Livro 3, mas é sim averbada (ou registrada em alguns Estados) no Livro 2, na matrícula do imóvel, onerando este.
„Gabarito "A".

(Cartório/SP – 2016 – VUNESP) Assinale a alternativa correta.

(A) O protesto contra alienação de bens, o arrendamento e o comodato nunca são suscetíveis de averbação.

(B) O protesto contra alienação de bens pode ser averbado na matrícula do imóvel desde que haja determinação expressa do Juiz, consubstanciada em Mandado dirigido ao Oficial de Registro.

(C) O comodato é registrável no Registro Imobiliário, por conta do princípio da concentração.

(D) O sequestro não tem previsão legal de ingresso no Registro de Imóveis.

A: a alternativa está incorreta, pois, de acordo com o item nº 78.3 do capítulo XX das Normas de Serviço da Corregedoria Geral da Justiça de São Paulo (redação vigente à época da prova, alterada pelo Prov. CGJSP n. 56/2019, que renumerou o item para 76.3), o arrendamento e o comodato nunca são suscetíveis de averbação, mas o protesto contra alienação de bens, conquanto em regra não seja registrável, se houver ordem específica do juiz do processo ao Oficial, ele ingressa no fólio real por averbação. B: a alternativa está correta, pois espelha o disposto no item nº 78.3 (atual item 76.3) do capítulo XX, Tomo II, das Normas de Serviço da Corregedoria Geral da Justiça de São Paulo. C: a alternativa está incorreta, pois o já citado item nº 78.3 proíbe o ingresso do comodato no fólio real. D: a alternativa está incorreta, pois o sequestro tem previsão legal para ingressar no Registro de Imóveis no art. 167, I, 5, da Lei nº 6.015/73.
„Gabarito "B".

(Cartório/SP – 2016 – VUNESP) A imissão provisória na posse de bem imóvel, concedida em favor da União,

(A) é registrável na matrícula do imóvel, mas a sua cessão ou promessa de cessão são averbáveis.

(B) é averbável na matrícula do imóvel, da mesma forma que a sua cessão ou promessa de cessão.

(C) é averbável na matrícula do imóvel, mas a sua cessão e promessa de cessão não têm previsão de registro ou averbação.

(D) é registrável na matrícula do imóvel, da mesma forma que a sua cessão ou promessa de cessão.

A imissão provisória na posse de bem imóvel concedida em favor da União, bem como sua cessão ou promessa de cessão, são objeto de registro *stricto sensu* na matrícula do imóvel, conforme art. 167, I, 36, da Lei nº 6.015/73. Desta feita, a alternativa correta é a "D", estando as demais em desacordo com o texto legal.
„Gabarito "D".

(Cartório/PA – 2016 – IESES) Sobre a reserva legal, NÃO É CORRETO afirmar:

(A) A reserva legal das florestas, bem como de outros espaços protegidos, são meras limitações administrativas que não integram o direito de propriedade, sendo que seu ingresso no Registro e Imóveis cumpre apenas função de publicidade.

(B) A nova legislação florestal inovou ao assegurar o uso econômico do imóvel de forma sustentável.

(C) O novo código firmou de forma inequívoca a natureza real das obrigações ambientais.

(D) O Código Florestal (Lei 12.651/2012) estabeleceu um novo tratamento jurídico para a averbação da reserva legal.

A: a alternativa está incorreta, pois, de acordo com o art. 1.228, § 1º, do Código Civil a necessidade respeito ao meio ambiente integra o direito de propriedade, por constituir parte de sua função socioambiental, que lhe condiciona internamente, sendo que o exercício do direito de propriedade somente é legítimo se atende a esta função. B: alternativa correta, como se pode ver dos objetivos do Código Florestal em seu art. 1º-A. C: alternativa correta, conforme o art. 2º, § 2º, da Lei nº 12.651/12. D: alternativa correta, pois o Código Florestal criou o Cadastro Ambiental Rural (CAR), onde serão inscritas as áreas de reserva legal, sendo que, se essas áreas forem incluídas no CAR, o proprietário fica desobrigado de averbá-las no Registro de Imóveis, conforme art. 18, § 4º, da Lei nº 12.651/12.
„Gabarito "A".

4. TÍTULOS EXTRAJUDICIAIS E JUDICIAIS. QUALIFICAÇÃO. NOTIFICAÇÕES

(Cartório/RS – 2019 – VUNESP) A doa certo imóvel para B e C, casados pelo regime da separação de bens, sendo a doação registrada no Registro de Imóveis. Pode-se afirmar que a doação

(A) não é conjuntiva e, em caso de morte de um dos donatários, a sua fração ideal deverá ser partilhada, e a partilha registrada.

(B) não é conjuntiva e, em caso de morte de um dos donatários, o bem não deverá ser partilhado, ficando na totalidade para o donatário sobrevivente, bastando para tanto um ato de averbação.

(C) é conjuntiva e, em caso de morte de um dos donatários, o bem não deverá ser partilhado, ficando na totalidade para o donatário sobrevivente, bastando para tanto um ato de averbação.

(D) é conjuntiva e, em caso de morte de um dos donatários, o bem ficará na totalidade para o cônjuge sobrevi-

15. REGISTRO DE IMÓVEIS

vente, independentemente de partilha, devendo haver ato de registro stricto sensu.

(E) é conjuntiva e, em caso de morte de um dos donatários, a sua fração ideal deverá ser partilhada, e a partilha registrada.

Trata-se de uma doação conjuntiva, afinal feita a dois ou mais donatários (art. 551 do Código Civil). O parágrafo único do artigo 551 do Código Civil enuncia a hipótese de direito de acrescer legal existente na situação em que a doação é feita a marido e mulher. É uma hipótese em que, independente do regime de bens de casamento (no caso dado a separação de bens), o cônjuge que sobrevive recebe a quota do falecido – independente de inventário e partilha, portanto. Nos termos do art. 548, parágrafo único, da Consolidação Normativa Notarial e Registral do Rio Grande do Sul, o direito de acrescer do cônjuge sobrevivo é ato de averbação a ser realizado mediante apresentação da certidão de óbito e manifestação tributária indicando o fato gerador. Por esse motivo, a única alternativa correta era a letra C.

Gabarito "C".

(Cartório/RS – 2019 – VUNESP) Quanto aos prazos no Registro de Imóveis, é correto afirmar:

(A) os atos registrais relativos ao PMCMV devem ser realizados em até 5 dias úteis.

(B) no registro de incorporação imobiliária, no prazo máximo de 15 dias, deverá ser fornecido ao interessado o número do registro, ou as pendências a serem satisfeitas.

(C) o prazo de validade da prenotação é de 15 dias, quando então o Oficial deverá ter qualificado positiva ou negativamente o título e praticado os atos daí decorrentes.

(D) o prazo de validade da prenotação nos procedimentos de regularização fundiária de interesse social é de 90 dias.

(E) o prazo para o registro da cédula de crédito imobiliário é de 3 dias úteis.

Em relação aos prazos, examina-se o artigo 431 da CNNR do Rio Grande do Sul. **A:** incorreta: os prazos para qualificação e registro dos atos relativos ao PMCMV são de 15 dias e não 5 como constou; **B:** correta: essa regra está disposta no § 4º do artigo já referenciado; **C:** incorreta: não se pode confundir os prazos de validade da prenotação (30 dias) com o de qualificação (15 dias). O primeiro prazo corre para o interessado enquanto o segundo para o registrador; **D:** incorreta, nos termos do art. 709, § 3º, da CNNR do Rio Grande do Sul, o procedimento de registro deve ser concluído em 60 dias, admitida prorrogação por igual período, desde que fundamentadamente pelo Oficial de Registro; **E:** incorreta: o registro de cédula de crédito bancário deve ser feito no prazo de 15 (quinze) dias, nos termos do art. 431, § 3º, inciso III, da CNNR do Rio Grande do Sul.

Gabarito "B".

(Cartório/RS – 2019 – VUNESP) Assinale a alternativa correta.

(A) O contrato de comodato imobiliário pode ser averbado no Registro Imobiliário.

(B) As servidões administrativas não podem ser registradas no Registro de Imóveis.

(C) Não podendo ser averbada a penhora, por faltar algum requisito formal, deve o Oficial recusar a prática do ato, devendo o Juízo competente decidir o mérito da recusa registral.

(D) A cessão de crédito garantido por direito real imobiliário, representado por cédula de crédito imobiliário escritural, deve ser averbada no registro Imobiliário.

(E) Os atos de fusão, cisão, ou incorporação de empresas serão averbados no Registro Imobiliário.

A: correta, nos termos do art. 584, VI, da CNNR do Rio Grande do Sul; **B:** incorreta: preveem o art. 167, I "6" da Lei 6.015/73 e o inciso V do art. 503 da CNNR do Rio Grande do Sul o registro em sentido estrito das "servidões em geral", compreendidas como tais as civis e as administrativas; **C:** incorreta: faltando requisitos formais no título, no Estado do Rio Grande do Sul se permite a averbação da "notícia de penhora", nos termos do art. 584, VII, c.c. art. 647, ambos da CNNR; **D:** incorreta: Nos casos de CCI escritural, há expressa dispensa à averbação da cessão de crédito (ou da cadeia delas) no registro imobiliário, nos termos do art. 22, § 2º, da Lei 10.931/04; **E:** incorreta: no Rio Grande do Sul, os atos de fusão e cisão são objeto de registro em sentido estrito e os de incorporação de averbação, nos termos dos parágrafos do art. 543, CNNR.

Gabarito "A".

(Cartório/RS – 2019 –VUNESP) Assinale a alternativa correta em relação ao registro de um contrato de compra e venda.

(A) Na medida em que o Código Civil, em seu art. 499, permite a venda entre cônjuges de bens que não se comuniquem, é certo afirmar que, em um casal cujo regime seja o da comunhão parcial de bens, pode o cônjuge A vender ao cônjuge B bem que tenha adquirido antes do casamento, ainda que os recursos para a aquisição não estejam excluídos da comunhão.

(B) Uma compra e venda que contenha condição que estabeleça a resolução negocial em caso de certo time de futebol ser campeão brasileiro em determinado ano não pode ser registrada.

(C) O exercício do direito de preferência convencional estabelecido em uma compra e venda é implementado registralmente através de um ato de averbação.

(D) A compra e venda de coisa futura, permitida no art. 483 do Código Civil, pode ser registrada, ainda que não se trate de hipótese de futura unidade autônoma em que tenha havido prévio registro de incorporação imobiliária.

(E) O exercício do direito potestativo decorrente da cláusula de retrovenda é implementado registralmente mediante ato de averbação.

A: incorreta: caso os recursos utilizados para a compra do bem sejam comunicáveis, o bem ou parte dele, dessa maneira, são comunicáveis e, por esse motivo, não incidirá o permissivo do art. 499 do Código Civil, afinal, nos termos do art. 1.660, inciso I do Código Civil, entram na comunhão *"os bens adquiridos na constância do casamento por título oneroso, ainda que só em nome de um dos cônjuges"*; **B:** incorreta: se trata de compra e venda com condição resolutiva, que deve constar obrigatoriamente do corpo do registro, havendo previsão expressa nesse sentido (art. 550, CNNR); **C:** incorreta: não há previsão legal ou normativa para essa espécie de averbação; **D:** incorreta: os únicos casos em que há permissivo legal para o registro de coisa futura são aqueles previstos na Lei 4.591/64, onde se admite o registro de títulos das unidades futuras após o registro da incorporação; **E:** correta: de fato, o direito decorrente da cláusula de retrovenda (art. 505, CC) é um direito potestativo

Gabarito "E".

(Cartório/SP – 2018 –VUNESP) Em relação à imissão provisória de posse em processo de desapropriação judicial, assinale a alternativa correta.

(A) Por se tratar de ato de transmissão de posse e não de propriedade, a mesma não poderá ser objeto de registro, mas tão somente de averbação.

(B) Por ser ato meramente processual, não há previsão de ingresso no registro.

(C) Quando houver expressa concordância do expropriado, ela pode ser registrada na matrícula, como aquisição do domínio pelo expropriante, mesmo em caso de contestação do valor ofertado como indenização.

(D) Somente quando se tratar de implementação de projetos habitacionais ou de regularização fundiária, em área urbana ou de expansão urbana, poderão ser unificados dois ou mais imóveis, mesmo quando imitidos em favor do expropriante em processos distintos; todavia, a unificação não poderá abranger imóvel contíguo, cuja propriedade já tenha sido adquirida pelo mesmo expropriante.

Nota do autor: *a prova em correção foi realizada durante a vigência da antiga redação das Normas de Serviço da Corregedoria Paulista, o que ocorreu até 05/01/2020. A partir de então, o leitor deve atentar para as novas redações das NSCGJSP com as quais já baseamos os comentários.*
A: incorreta: há previsão legal expressa para a imissão provisória na posse como ato de registro estrito (art. 167, I, "36", da Lei de Registros Públicos); **B:** incorreta: como dito no item anterior, há sim previsão de registro – art. 167, I, "36" da L. 6.015/73; **C:** correta: é o texto expresso do Decreto-Lei que trata das desapropriações por utilidade pública (DL 3.365/41) no artigo 34-A, incluído pela Lei 13.465/17; **D:** incorreta: nos termos do art. 235, § 3°, da Lei 6.015/73, caso o imóvel contíguo seja de propriedade do expropriante, é possível a unificação, ao contrário do enunciado.
Gabarito "C".

(Cartório/SP – 2018 – VUNESP) O registro da hipoteca judiciária na matrícula do imóvel poderá ser feito

(A) mediante apresentação da cópia da sentença que condenar o réu a pagar quantia em dinheiro, mesmo que genérica, ou ainda de conversão em pecúnia, de prestação de fazer, de não fazer ou de dar coisa, independentemente de mandado judicial, de comprovação de trânsito em julgado ou de outra declaração expressa do juiz.

(B) por meio de carta de sentença extraída de processo, contendo condenação do réu a pagar quantia certa e com a comprovação do seu trânsito em julgado.

(C) somente por meio de mandado judicial, em decorrência da concessão de tutela de urgência.

(D) somente por meio de mandado judicial, em procedimento de cumprimento de sentença condenatória de pagamento de quantia certa transitada em julgado.

A questão envolve o texto do NCPC. **A:** correta: é o que se extrai do art. 495 e seus parágrafos: a hipoteca judiciária poderá ser registrada mediante cópia da sentença, sem necessidade de comprovação de trânsito em julgado, ordem judicial ou declaração expressa do juiz nesse sentido; **B:** incorreta: não é necessária comprovação do trânsito em julgado, até mesmo porque, nos termos do inciso III, do § 1°, do art. 495, CPC, a decisão produz hipoteca judiciária mesmo impugnada por recurso do devedor, dotado de efeito suspensivo; **C e D:** incorretas: não é necessário mandado judicial, mas cópia da sentença condenatória e não necessita de comprovação de urgência (art. 495, § 2°, NCPC).
Gabarito "A".

(Cartório/CE – 2018 – IESES) Sobre a hipoteca judiciária assinale a alternativa correta:

(A) A decisão que condenar o réu ao pagamento de prestação consistente em dinheiro deve ser específica para valer como título constitutivo de hipoteca judiciária.

(B) No prazo de até 15 (quinze) dias da data de realização da hipoteca, o Registrador informá-la-á ao juízo da causa, que determinará a intimação da outra parte para que tome ciência do ato.

(C) O registro da hipoteca judiciária é possível mesmo havendo impugnação da sentença por recurso dotado de efeito suspensivo.

(D) A hipoteca judiciária não implicará, para o credor hipotecário, em direito de preferência ao pagamento, em relação aos outros credores.

A questão deve ser respondida de acordo com o artigo 495, do NCPC. **A:** incorreta: nos termos do § 1°, inciso I, do artigo, a decisão que produz a hipoteca judiciária pode ser genérica; **B:** incorreta: nos termos do § 3° do artigo, o ônus de comunicar o juízo da causa é da parte e não do registrador; **C:** correta: o permissivo legal para essa situação está no inciso III, do § 1° do artigo; **D:** incorreta: o direito de preferência é deferido ao credor da hipoteca judiciária, observada a prioridade do registro.
Gabarito "C".

(Cartório/BA – 2004 – CESPE) Em relação à Lei dos Registros Públicos, particularmente no que diz respeito ao registro de imóveis, julgue o item subsequente.

(1) Na hipótese do recebimento, via correio, de carta precatória expedida pelo juízo de outra comarca, determinando a penhora de um bem matriculado e registrado no cartório de registro de imóvel da cidade de recebimento da referida carta, o registrador deverá, de imediato, protocolar e proceder ao registro, cumprindo, assim, a ordem judicial recebida.

1: Incorreto. A carta precatória A carta precatória é ato judicial de trânsito entre órgãos do Poder Judiciário. Dessa forma, deve ser ela encaminhada ao juízo competente para que este, após exarar o "cumpra-se", determine o eventual registro/averbação. Cabe ressaltar que, para fins de penhora, o título hábil é a certidão emitida pelo juízo para tal fim.
Gabarito "1E".

(Cartório/DF – 2006 – CESPE) Acerca do registro imobiliário, julgue o item subsequente.

(1) A escritura de cessão de direitos hereditários pode ser acolhida para registro perante o serviço imobiliário, independentemente do formal de partilha ou da carta de adjudicação. A cessão de direitos hereditários inclui-se entre os atos registráveis, porque a herança é transmitida ao herdeiro no momento da abertura da sucessão.

1: Incorreto. Embora seja vigente o princípio da saisine, pelo qual com a abertura da sucessão se opera a imediata transferência do patrimônio do autor da herança para os seus herdeiros, o registro imobiliário depende da apresentação de título hábil ao registro. Referido título é o formal de partilha ou a carta de adjudicação, de acordo com a qualidade e número de sucessores. A escritura de cessão, por falta tanto de previsão legal quanto de especialização objetiva, não permite registro.
Gabarito "1E".

(Cartório/DF – 2001 – CESPE) Julgue o item abaixo, relativo ao registro de imóveis.

(1) O oficial disporá do prazo de quinze dias, a partir da apresentação do título no serviço, para proceder ao seu apontamento no Livro de Protocolo, período no qual deverá examinar o título, relacionando as exigências que deverão ser satisfeitas para o respectivo registro.

15. REGISTRO DE IMÓVEIS — 715

(2) Se for criado outro ofício de registro de imóvel que passe a ter competência territorial em relação ao imóvel X, o interessado em averbar o cancelamento de hipoteca incidente sobre tal imóvel deverá fazê-lo perante o novo ofício, pois as normas de natureza processual, especialmente as relativas à competência judicial e extrajudicial, são aplicadas de imediato.

(3) Se o registro não se ultimar por negligência do apresentante do título ou documento, o oficial certificará a ocorrência, submetendo o Livro de Protocolo, à primeira hora do expediente do dia que se seguir, ao juiz de registros públicos, que autorizará se lhe aponha a expressão "sem efeito, pelo certificado neste ato", com data, hora e assinatura do oficial.

(4) Se o apresentante não concordar com as exigências do oficial, deverá requerer que seja suscitada dúvida ao juiz de registros públicos, caso em que será interrompido o prazo para a efetivação do registro, prevalecendo os efeitos da prenotação até o trânsito em julgado da decisão judicial.

1: Incorreto. Uma vez que o título seja apresentado, o Oficial deverá imediatamente promover a sua prenotação. Não há autorização ou previsão legal para retardar esse ofício; 2: Incorreto. Os cancelamentos se fazem sempre por averbação. E, mesmo que haja o desmembramento, as averbações, por determinação do art. 169, I, da LRP, continuarão a ser feitas na Comarca ou circunscrição anterior; 3: Incorreto. Se o interessado não atender as exigências, em razão de negligência sua, deixando transcorrer o prazo da prenotação, esta será automaticamente cancelada, como determinado no art.205 da LRP; 4: Correto. Com a suscitação de dúvida o prazo de trinta dias de vigência da prenotação para de correr e assim continua até que se tenha a decisão definitiva.
Gabarito 1E, 2E, 3E, 4C

(Cartório/MG – 2009 – EJEF) Em relação aos princípios informadores dos sistemas notarial e de registros públicos, é CORRETO afirmar:

(A) Em se tratando de título judicial, vedado é ao oficial registrador e ao tabelião de protestos o exame e qualificação de suas formalidades legais extrínsecas, já que os serviços de registro, por previsão constitucional, estão sujeitos à fiscalização do Poder Judiciário, seja quanto aos atos já praticados, seja no tocante aos atos a serem efetivados.

(B) O princípio da inscrição significa que a constituição, transmissão e extinção de direitos reais sobre imóveis só se operam por atos *causa mortis*, mediante sua inscrição no registro.

(C) A fé pública de que é dotada a escritura pública lavrada em notas de tabelião faz prova plena e assegura a autenticidade tanto dos escritos quanto dos direitos constantes desses escritos.

(D) Ainda que se cuide de título judicial, o oficial registrador, profissional do direito que goza de fé pública, havendo exigência a ser satisfeita, deverá indicá-la por escrito e recusar registro a título e documento que não se revistam das formalidades legais, por força do princípio da legalidade e como imperativo de sua independência jurídica, facultado ao interessado requerer-lhe a suscitação de dúvida.

A origem do título apresentado a registro é irrelevante para determinar que será ele registrado ou não. Assim, nenhum título poderá escapar da qualificação registrária exatamente como forma de garantir a higidez

do registro. Dessa forma, será indispensável a qualificação do título judicial que, sendo negativa, deverá ser devolvido ao interessado com as exigências a serem cumpridas formuladas por escrito. E, caso o interessado não se conforme ou não possa cumprir as exigências, poderá requerer ao Oficial que suscite dúvida ao juízo competente, de acordo com as normas da organização judiciária do Estado (art. 198 da Lei 6.015/1973).
Gabarito "D".

(Cartório/RJ – 2008 – UERJ) Quanto ao registro de imóveis, é incorreto afirmar que:

(A) O registro da penhora faz prova quanto à fraude de qualquer transação posterior.

(B) O cancelamento não poderá ser feito em virtude de sentença sujeita, ainda, a recurso.

(C) Nenhum registro poderá ser feito sem que o imóvel a que se referir esteja matriculado.

(D) As hipóteses de averbação estão taxativamente indicadas no item II do art. 167 da Lei n.º 6.015/73.

(E) Requerida a inscrição de imóvel rural no Registro Torrens, o oficial protocolizará e autuará o requerimento e os documentos que o instruírem e verificará se o pedido se acha em termos de ser despachado.

Diferentemente do que ocorre com os atos de registro, as averbações estão previstas em numerus apertus na Lei 6.015/1973. É, aliás, o que se depreende da leitura do art. 246 da LRP. Dessa forma, serão averbáveis quaisquer outras ocorrências que, por qualquer modo alterem o registro e não somente os atos previstos no art. 167, II, da LRP.
Gabarito "D".

(Cartório/SP – V – VUNESP) No processo de registro, em caso de permuta quanto a imóveis pertencentes à mesma circunscrição

(A) serão feitos os registros nas matrículas correspondentes, sob números de ordem sequenciais.

(B) serão feitos registros nas matrículas correspondentes, sob um único número de ordem no Protocolo.

(C) será feito um único registro, com averbações nas matrículas correspondentes, sob um único número de ordem de Protocolo.

(D) serão feitos os registros nas matrículas correspondentes, sob números de ordem correspectivos.

Em caso de permuta de imóveis pertencentes à mesma circunscrição, será feito um único protocolo, na forma do art. 187 da LRP, e, por ele, serão feitos os registros necessários à transferência da propriedade imobiliária.
Gabarito "B".

(Cartório/RJ – 2008 – UERJ) Quanto ao registro de imóveis, dadas as seguintes assertivas:

I. O registro, enquanto não cancelado, produz todos os seus efeitos legais ainda que, por outra maneira, se prova que o título está desfeito, anulado, extinto ou rescindido.

II. O cancelamento da servidão, quando o prédio dominante estiver hipotecado, só poderá ser feito com a aquiescência do credor, expressamente manifestado.

III. O foreiro poderá, nos termos da lei, averbar a renúncia de seu direito, sem dependência do consentimento do senhorio direto.

IV. O dono do prédio serviente não tem direito a cancelar a servidão.

V. São devidas custas ou emolumentos notariais ou de registro decorrentes de regularização fundiária de interesse social, a cargo da administração pública.

As afirmativas corretas são:

(A) somente as alternativas I, II e IV

(B) somente as alternativas II e III

(C) somente as alternativas I, II e III

(D) somente as alternativas II, IV e V

(E) somente as alternativas II, III e V

I: correta. Trata-se da força probante do registro, pautada em uma presunção relativa. Assim, enquanto não desconstituído, presume-se verdadeiro e faz prova daquilo que nele consta, nos termos do art. 252 da LRP; II: correta. Trata-se do disposto no art. 1.387, parágrafo único, do CC/2002, que exige a manifestação desse credor porque seu direito pode ser atingido e diminuída a garantia; III: correta. Trata-se de disposição ainda subordinada ao Código Civil de 1916, prevista no art. 687, favorecendo o enfiteuta (de direito privado); IV: incorreta. O art. 1.388 do CC/2002, prevê as hipóteses em que o dono do prédio serviente pode cancelar a servidão, ainda que dependa de intervenção judicial; V: incorreta. O art. 68 da Lei nº 11.977/2009 era expresso em determinar que não seriam cobradas custas e emolumentos em tais casos de regularização, bem como para o registro do auto de demarcação urbanística, do título de legitimação e de sua conversão em título de propriedade. Atualmente, a matéria está regulamentada pelo art. 13, § 1º, da Lei nº 13.465/17 que prevê a isenção de custas e emolumentos em tais hipóteses.
Gabarito "C".

(Cartório/RJ – 2008 – UERJ) Quanto ao registro de imóveis, é incorreto afirmar que:

(A) o registro do penhor rural independe do consentimento do credor hipotecário

(B) a matrícula do imóvel promovida pelo titular do domínio direto aproveita ao titular do domínio útil, e vice-versa

(C) quando dois ou mais imóveis contínuos, pertencentes ao mesmo proprietário, constarem de matrículas autônomas, pode ele requerer a fusão destas em uma só, de novo número, encerrando-se as primitivas

(D) segundo o Princípio da Instância, a retificabilidade do registro depende de requerimento da parte, sendo vedada a atuação de ofício pelo serventuário

(E) podem os cônjuges, ou a entidade familiar, mediante escritura pública ou testamento, destinar parte de seu patrimônio para instituir bem de família, desde que não ultrapasse metade do patrimônio líquido existente ao tempo da instituição

---

E: incorreta. O art. 1.711 do CC/2002, determina que o bem de família não pode ultrapassar *1/3 (um terço)* do patrimônio líquido do casal ou entidade familiar. É oportuno mencionar que há hipóteses em que o Oficial pode atuar de ofício em uma retificação (como se depreende do art. 213, I, LRP). No entanto, *considerando o princípio da Instância*, depende de provocação.
Gabarito "E".

(Cartório/RO – III) Assinale a alternativa errada:

(A) As nulidades de pleno direito do registro, uma vez provadas, invalidam-no, independentemente de ação direta.

(B) A nulidade não será decretada se atingir terceiro de boa-fé que já tiver preenchido as condições de usucapião do imóvel.

(C) Se o Juiz entender que a superveniência de novos registros poderá causar danos de difícil reparação, poderá determinar, de ofício, a qualquer momento, ainda que sem a oitiva das partes, o bloqueio da matrícula do imóvel.

(D) Bloqueada a matrícula, o Oficial não poderá mais nela praticar qualquer ato permitindo-se, todavia, aos interessados, a prenotação de seus títulos, que ficarão com o prazo prorrogado até a solução do bloqueio.

D: incorreta. Com o bloqueio da matrícula, o Oficial somente pode praticar atos *com autorização judicial*, como previsto no art. 214, § 4º, LRP.
Gabarito "D".

(Cartório/PA – 2016 – IESES) O bem de família convencional:

(A) Não é requisito essencial para a instituição a condição de titular de domínio, com título aquisitivo devidamente registrado.

(B) Não se exige que o bem esteja a salvo de ônus e gravames.

(C) Diante da nova dimensão do conceito de entidade familiar, pode ser instituído pelos cônjuges, pelo separado judicialmente ou de fato, pelo viúvo ou por solteiro.

(D) É possível a constituição por condômino, qualquer que seja a modalidade de condomínio.

A: alternativa incorreta, pois é pressuposto deste ato de afetação especial que o instituidor seja o proprietário ou, se se tratar de um terceiro, que ele transmita a propriedade ao beneficiário (art. 1.711 do Código Civil). Inclusive, no caso de transmissão de propriedade com instituição de bem de família, aquela deve ser inscrita em primeiro lugar, conforme art. 265 da Lei nº 6.015/73. Ademais, o princípio da continuidade (arts. 195 e 237 da Lei nº 6.015/73) exige o encadeamento subjetivo e sucessivo dos atos registrais, de modo que o título de propriedade deve estar inscrito previamente ao ato de instituição. **B:** alternativa incorreta, pois a ideia do bem de família é instituir uma proteção especial ao bem, destinando-o ao domicílio da entidade familiar e o isentando de execução, finalidades que são incompatíveis com a existência de eventuais ônus ou gravames. Neste sentido, Ademar Fioranelli ensina que: "O imóvel, ao tempo da instituição, deverá estar livre e desembaraçado de qualquer ônus, de maneira a garantir aos beneficiados o pleno exercício de seu direito." (**Usufruto e bem de família:** estudos de Direito Registral Imobiliário. São Paulo: Quinta Editorial, 2013. p. 213) Como exceção, Ademar Fioranelli admite a instituição de bem de família sobre imóvel gravado com usufruto, desde que o usufrutuário concorde com a instituição feita pelo nu-proprietário e seja integrante da entidade familiar (**Usufruto e bem de família:** estudos de Direito Registral Imobiliário. São Paulo: Quinta Editorial, 2013. p. 213-214). **C:** alternativa correta, o Superior Tribunal de Justiça, por sua Súmula nº 364, estendeu a impenhorabilidade do bem de família legal às pessoas solteiras, separadas e viúvas, privilegiando o viés do direito à moradia. A extensão desta lógica ao bem de família convencional frente ao disposto no art. 1.711 do Código Civil, que indica como pressuposto a existência de entidade familiar, é controvertida, tendo a banca do concurso se posicionado no sentido de que a lógica sumular também se aplica ao bem de família convencional, o que coincide com o nosso entendimento e o de Ademar Fioranelli (**Usufruto e bem de família:** estudos de Direito Registral Imobiliário. São Paulo: Quinta Editorial, 2013. p. 191). **D:** a alternativa está incorreta, porque o condômino, no condomínio geral *pro indiviso*, não pode instituir bem de família, já sua instituição reclama a titularidade exclusiva, o que pressuporia a necessidade de prévia divisão, como ensina Ademar Fioranelli (**Usufruto e bem de família:** estudos de Direito Registral Imobiliário. São Paulo: Quinta Editorial, 2013. p. 199). Por outro lado, no caso de condomínio edilício, como cada condômino possui propriedade exclusiva sobre a sua unidade autônoma, a princípio, preenchidos os pressupostos legais, é possível instituir o bem de família sobre a unidade.

Gabarito "C".

(Cartório/PA – 2016 – IESES) Na instituição de usufruto:

(A) O usufrutuário não está autorizado a dar o imóvel objeto do usufruto em locação, salvo se expressamente disposto no ato constitutivo.

(B) Existe a possibilidade de ingresso do título de promessa de usufruto no fólio real.

(C) O usufrutuário, que agindo culposamente, tenta alienar ou não presta manutenção adequada ao bem, dá causa à extinção do usufruto.

(D) A causa extintiva produz efeito desde logo, mesmo antes do cancelamento no registro de imóveis.

A: a alternativa está incorreta, pois a possibilidade de locar o bem decorre logicamente do direito de fruir do imóvel, que é conteúdo do direito real de usufruto (arts. 1.394 e 1.399 do Código Civil), não se exigindo autorização especial para tanto. **B:** a alternativa está incorreta, pois não há previsão na Lei nº 6.015/73, nem em outra lei especial, da possibilidade de registrar promessa de usufruto. Ademais, a promessa de usufruto seria meramente um direito de conteúdo obrigacional, sem caráter real, o que reforça a conclusão de sua irregistrabilidade. **C:** alternativa correta, pois essa hipótese corresponde a uma das causas de extinção do usufruto, como previsto no art. 1.410, VII, do Código Civil. **D:** alternativa incorreta, por contrariar o disposto no art. 252 da Lei nº 6.015/73.

Gabarito "C".

5. PROCEDIMENTO DE DÚVIDA

(Cartório/CE – 2018 – IESES) Sobre procedimento de suscitação de dúvida previsto no artigo 198 e seguintes da Lei 6.015/73 assinale a alternativa correta:

(A) No processo, de dúvida, somente serão devidas custas, a serem pagas pelo interessado, quando a dúvida for julgada improcedente.

(B) Da sentença, poderão interpor apelação, com os efeitos devolutivo e suspensivo, o interessado, o registrador, o Ministério Público e o terceiro prejudicado.

(C) Se não forem requeridas diligências, o juiz proferirá decisão no prazo de dez dias, com base nos elementos constantes dos autos.

(D) Impugnada a dúvida com os documentos que o interessado apresentar, será ouvido o Ministério Público, no prazo de dez dias.

A: incorreta: determina o art. 207 da Lei 6.015/73 (LRP) que serão devidas custas, pagas pelo interessado, no caso de procedência da dúvida; **B:** incorreta: o registrador não se encontra no rol de legitimados do artigo 202 da LRP; **C:** incorreta: nos termos do art. 201 da LRP, o prazo para decisão é de 15 dias; **D:** correta: é a literalidade do art. 200 da Lei 6015/73.

Gabarito "D".

(Cartório/DF – 2001 – CESPE) Julgue o item abaixo, relativo ao registro de imóveis.

(1) Se o apresentante não concordar com as exigências do oficial, deverá requerer que seja suscitada dúvida ao juiz de registros públicos, caso em que será interrompido o prazo para a efetivação do registro, prevalecendo os efeitos da prenotação até o trânsito em julgado da decisão judicial.

1: Correto. O direito de requerer a suscitação de dúvida está previsto no art. 198 da LRP e traz, como consequência, a interrupção do prazo de 30 dias de vigência da prenotação. Dessa forma, até que haja a decisão definitiva, o prazo da prenotação deixa de correr e, caso seja julgada improcedente, o interessado promoverá o registro do seu título vinculado àquela prenotação originária e à tabela de custas da época.

Gabarito "1C".

(Cartório/ES – 2007 – FCC) Havendo exigência a ser satisfeita, o oficial indicá-la-á por escrito. Não se conformando o apresentante com a exigência do oficial, ou não a podendo satisfazer, deverá

(A) peticionar ao juiz de direito para que seja judicialmente dispensada a exigência do oficial.

(B) suscitar procedimento administrativo de dúvida ao juiz de direito do fórum, para que apure a regularidade da exigência feita pelo oficial.

(C) representar o oficial junto à Corregedoria Geral de Justiça, para que sejam aplicadas sanções administrativas em caso de recusa de registro por desatendimento, pelo interessado, de exigência anteriormente feita.

(D) requerer ao oficial, com razões de inconformismo e declaração de dúvida, que seja suscitada dúvida, ao juiz competente do descabimento da exigência do oficial, atendendo-se ao procedimento estatuído na Lei nº 6.015/73.

(E) representar o oficial junto ao Ministério Público, para instauração de inquérito civil para apuração de ilegalidade na exigência feita pelo oficial.

O procedimento de suscitação de dúvida está previsto no art. 198 e ss. da LRP e ali se prevê que o interessado deverá requerer que o Oficial suscite dúvida ao juízo competente, não havendo previsão para a denominada suscitação de dúvida inversa, ou seja, ato pelo qual o interessado se dirige diretamente ao juiz requerendo que verifique a razão ou não as exigências formuladas. A dúvida inversa é também denominada dúvida invertida ou dúvida às avessas.

Gabarito "D".

(Cartório/MG – 2009 – EJEF) A Lei 6.015, de 1973, estabelece em seu art. 198 que, havendo exigência a ser satisfeita, o oficial indicar-la-á por escrito. Não se conformando o apresentante com a exigência do oficial, ou não a podendo satisfazer, será o título, a seu requerimento e com a declaração de dúvida, remetido ao juízo competente para dirimi-la, obedecendo-se aos seguintes incisos, EXCETO:

(A) I – no Protocolo, anotará o oficial, à margem da prenotação, a ocorrência da dúvida;

(B) II – após certificar, no título, a prenotação e a suscitação da dúvida, rubricará o oficial todas as suas folhas;

(C) III – em seguida, o oficial dará ciência dos termos da dúvida ao apresentante, fornecendo-lhe cópia da suscitação e notificando-o para impugná-la, perante o juízo competente, no prazo de 15 (quinze) dias;

(D) IV – certificado o cumprimento do disposto no item anterior, remeter-se-ão ao juízo competente, as razões da dúvida, para ser julgado por sentença.

Os passos iniciais do procedimento de suscitação de dúvida estão previstos no art. 198 da LRP. O inciso IV do mencionado dispositivo determina que após a certificação de que o interessado foi intimado da dúvida requerida, as razões da dúvida serão remetidas ao juízo competente, acompanhadas do título correspondente. É imprescindível a juntada do título em original porque, caso a dúvida seja julgada improcedente, será expedido mandado para o registro, instruído exatamente com o título em seu original. Aliás, a jurisprudência administrativa é firme no sentido de que fica prejudicada a dúvida quando não seja juntado o título em original.

Gabarito "D".

(Cartório/PR – 2007) Suscitada a dúvida judicial sobre o registro de imóveis, da sentença poderão interpor apelação:

(A) Apenas o interessado, o terceiro prejudicado e o Oficial do Registro.

(B) Apenas o interessado.

(C) O interessado, o terceiro prejudicado, o Oficial do Registro e o Ministério Público.

(D) Apenas o interessado e o terceiro prejudicado.

(E) O interessado, o terceiro prejudicado e o Ministério Público.

Os legitimados recursais estão previstos no art. 202 da LRP. Somente são legitimados para recorrer, o interessado, o representante do Ministério Público e o terceiro prejudicado. É sempre oportuno lembrar que o Oficial de registro não tem interesse na solução da dúvida, razão pela qual não lhe é legítimo recorrer.

Gabarito "E".

(Cartório/RO – III – 2005) Assinale a alternativa incorreta:

(A) a dúvida é pedido de natureza administrativa formulado pelo oficial para que o juiz competente decida sobre legitimidade de exigência feita, como condição de registro pretendido;

(B) é dever do notário e registrador encaminhar ao juízo competente as dúvidas levantadas pelos interessados;

(C) a Lei 6.015/73 permitiu, de maneira expressa, a chamada dúvida inversa, qual seja, aquela suscitada pelo apresentante do título diretamente ao juiz competente;

(D) da sentença que resolver o processo de dúvida, poderão apelar o interessado, o Ministério Público e o oficial.

O oficial, nos termos do disposto no art. 202 da LRP, não é um dos interessados recursais. E não é exatamente porque o objeto da decisão da dúvida não lhe interessa na medida em que deve agir tão somente para garantir a higidez do registro. Assim, se o juízo competente entender que as exigências formuladas são incabíveis, competirá ao Oficial, quando a decisão se tornar definitiva, efetivar o registro. Há que se consignar que a Lei de Registros Públicos não fez previsão sobre a denominada dúvida inversa, como consta na assertiva C. No entanto, é comum a sua aceitação ou até mesmo a previsão nas Normas de cada Estado (Normas de Serviço ou Código de Normas).

Gabarito "D".

(Cartório/SP – VI – VUNESP) O inciso XIII do art. 30 da Lei n.º 8.935/94 dispõe, dentre os deveres dos notários e oficiais de registro, o de "encaminhar ao juízo competente as dúvidas levantadas pelos interessados...". Assim,

(A) diante de qualificação positiva, deve ser encaminhado ao juízo competente o resíduo das dúvidas ainda pendentes dos interessados.

(B) se o notário ou oficial de registro estiver em dúvida sobre a prática do ato notarial ou de registro, deve formular consulta ao seu juiz corregedor.

(C) se os interessados não estiverem certos sobre a prática de ato notarial, o notário não o pode lavrar e deve encaminhar ao juízo a dúvida deles.

(D) diante de qualificação negativa, os interessados têm direito à requalificação em juízo, que não se pode obstar.

Uma vez que o registro seja denegado e o interessado não se conforme com as exigências formuladas ou não as possa cumprir, poderá requerer ao Oficial que suscite dúvida ao juízo competente, para que este verifique a necessidade ou não do cumprimento das exigências formuladas para viabilizar o registro pretendido.

Gabarito "D".

(Cartório/SP – VI – VUNESP) Assinale a alternativa incorreta.

(A) A sentença que julga procedente dúvida inversa mantém a recusa de registro do título.

(B) É apelável a sentença proferida em dúvida de registro e, no Estado de São Paulo, a Egrégia Corregedoria Geral de Justiça é competente para o julgamento do recurso.

(C) A decisão da dúvida tem natureza administrativa e não impede o uso do processo contencioso competente.

(D) O procedimento de dúvida deve ser sempre instruído com o título original.

No Estado de São Paulo, assim como nos demais, o juízo competente para julgar o recurso de apelação interposto contra a sentença que julga a suscitação de dúvida é o Conselho Superior da Magistratura. O Corregedor Geral de Justiça é competente para decidir o recurso de apelação interposto contra decisão proferida em pedido de providências.

Gabarito "B".

(Cartório/SP – V – VUNESP) Em relação ao procedimento de dúvida suscitada por Oficial de Registro de Imóveis, assinale a alternativa correta.

(A) Há, em seu âmbito, mesmo não ocorrendo litígio entre os interessados, mas apenas dissídio entre o requerente do registro e o Oficial Registrador, a existência de "causa", a justificar o cabimento de recurso especial.

(B) Em processo de dúvida, é sempre cabível a ação rescisória.

(C) O tabelião de notas que lavrou a escritura objeto do procedimento de dúvida e a apresentou ao registro imobiliário é considerado interessado, para fins de interposição de recurso da sentença.

(D) A decisão da dúvida tem natureza administrativa e não impede o uso do processo contencioso competente.

A decisão proferida em processo de dúvida, nos termos do art. 204 da LRP, tem natureza administrativa, razão pela qual não impede o uso do processo contencioso para a rediscussão da matéria. Assim, certo é afirmar que tal decisão não faz coisa julgada.

Gabarito "D".

(Cartório/SP – V – VUNESP) A pessoa jurídica ABC Ltda. apresenta ao registrador imobiliário título aquisitivo de determinada unidade condominial registrada em sua serventia. Ao analisar o título, o registrador o qualifica negativamente e emite nota devolutiva enumerando 7 motivos para a recusa. Inconformada com um dos motivos enumerados, a pessoa jurídica ABC Ltda. suscita inversamente a dúvida junto ao Juízo Corregedor Permanente, postulando a superação do óbice com o qual não concorda, e se comprometendo a, após, satisfazer os 6 motivos restantes e com os quais concorda. Instado a manifestar-se, o oficial registrador revê seu posicionamento em relação ao motivo da recusa impugnado e concorda com o suscitante quanto a este mister, mantendo

15. REGISTRO DE IMÓVEIS

a recusa em relação aos demais motivos impedientes. A dúvida deverá ser julgada

(A) prejudicada.

(B) improcedente.

(C) totalmente procedente.

(D) parcialmente procedente.

Considera-se, segundo a jurisprudência administrativa, resta prejudicada a dúvida, já que não há previsão para suscitação de dúvida parcial. Tema, aliás, tratado: Processo 9000002-16.2011.8.26.0296; Apelação 0008876-60.2011.8.26.0453.
Gabarito "A".

(Cartório/SP – V – VUNESP) O interessado apresentou título para registro que, prenotado e submetido a qualificação, foi devolvido com exigências. Esgotado, sem o cumprimento da exigência, o prazo da prenotação, protocolou o interessado perante o Juízo Corregedor Permanente pedido administrativo de providências, instruído com cópia autenticada do título. Esse requerimento foi recebido como dúvida inversamente suscitada e encaminhado ao registrador para manifestação. Está correta a atuação do oficial registrador que se manifestou

(A) prontamente, renovando o prazo da prenotação e defendendo o óbice ao registro indicado na nota devolutiva anteriormente apresentada ao interessado.

(B) após prenotação da documentação encaminhada pelo Juízo, pelo descabimento da chamada dúvida inversa, cujo processamento não é admitido pelo Conselho Superior da Magistratura de São Paulo.

(C) pela necessidade da apresentação do original do título para nova prenotação, defendendo a pertinência da exigência questionada.

(D) após prenotação da documentação encaminhada pelo Juízo, pela possibilidade de que a exigência fosse relevada, por determinação do Corregedor, em face da origem jurisdicional deste novo título.

A jurisprudência administrativa é firme no sentido de que é obrigatória a apresentação do título em original para que a dúvida possa ser processada. É, aliás, a redação trazida pelo Provimento CG nº 11/2013. Além disso, quando suscitada a dúvida inversamente, é imprescindível a prenotação do título, inclusive para garantia dos efeitos decorrentes da prioridade. E, para a prenotação, imprescindível será a apresentação do título em seu original.
Gabarito "C".

(Cartório/SP – II – VUNESP) Assinale o enunciado incorreto.

(A) A decisão da dúvida tem natureza administrativa e não impede o uso do processo contencioso competente.

(B) Da sentença que julgar a dúvida, poderão interpor apelação o interessado, o oficial registrador, o Ministério Público e o terceiro prejudicado.

(C) Da sentença que julgar a dúvida cabe apelação com os efeitos devolutivo e suspensivo.

(D) Se o interessado deixar de impugnar a dúvida suscitada pelo oficial registrador, será ela, ainda assim, julgada por sentença.

O Oficial não tem legitimidade recursal, nos termos do disposto no art. 202 da LRP, porque não tem interesse no objeto da dúvida. Além disso, vale lembrar que o oficial é o veículo pelo qual o interessado chega ao juízo competente para questionar as exigências formuladas,

mas não é o "autor" da dúvida porque não há conflito com a parte interessada no registro.
Gabarito "B".

(Cartório/MG – 2015 – Consulplan) No procedimento de suscitação de dúvida não é cabível irresignação parcial, e, portanto, ao concordar com uma das exigências, o interessado deverá cumpri-la antes de dar início ao referido procedimento (art. 126, Provimento CGJMG 260/2013). O dispositivo em comento veda, e se refere à modalidade de dúvida

(A) de ofício.

(B) inversa.

(C) doutrinária.

(D) transversa.

A dúvida é um procedimento por meio do qual o interessado, não se conformando com a exigência do Oficial ou não a podendo satisfazer, requer que o registrador remeta o título ao juízo competente para dirimi--la, conforme o art. 198 da Lei nº 6.015/73. No procedimento previsto na Lei nº 6.015/73, há o requerimento da parte, mas quem suscita a dúvida é o Oficial, iniciando o procedimento perante o juízo competente. A dúvida de ofício seria uma dúvida diretamente suscitada pelo Oficial sem que haja requerimento do interessado para tanto. Em regra, não é cabível, salvo previsão legal ou normativa específica. A dúvida inversa ocorre quando, ao invés de requerer ao Oficial que a suscite, o interessado apresenta seu inconformismo diretamente ao juízo competente, pugnando pela reanálise do título. A dúvida só admite dois resultados: ou o juiz afasta a exigência formulada e determina o registro, ou ele a mantém, denegando o registro. No caso de haver mais de uma exigência, o interessado deve impugnar todas elas, ou, se concordar com alguma delas, deve cumpri-la antes de reingressar o título e requerer a suscitação de dúvida. Se o interessado não impugna todas as exigências e, ao mesmo tempo, não cumpre as exigências não impugnadas, ocorre a situação denominada de inconformismo ou irresignação parcial, em que a dúvida fica prejudicada e não pode ser examinada. Isso porque sua análise não poderia conduzir à determinação de registro, ainda que afastado o óbice, pois haveria outras exigências pendentes e não cumpridas. Nesse caso, se o juiz analisasse o óbice impugnado, estaria fazendo uma análise em tese da exigência, porque, ainda que a entendesse infundada, não poderia determinar o registro. Esta situação equivale a uma consulta ou a uma dúvida meramente doutrinária, já que se limitaria a analisar o cabimento da exigência, sem poder determinar providências concretas. Assim, a resposta correta é a alternativa "C".
Gabarito "C".

(Cartório/MG – 2015 – Consulplan) Se o interessado não impugnar a dúvida perante o juízo competente, no prazo legal, assinale a resposta correta:

(A) Intima-se pessoalmente o representante do MP, a fim de que requeira diligência ou ofereça parecer no prazo de 10 dias.

(B) Dá-se o fenômeno processual da revelia, importando em confissão ficta quanto à matéria de direito invocada pelo oficial registrador ao formular a exigência em seu juízo prudencial.

(C) Não serão devidas custas a serem pagas pelo interessado.

(D) É julgada por sentença.

A questão se resolve a partir do texto expresso do art. 199 da Lei nº 6.015/73, que determina o que ocorre se o interessado não impugnar a dúvida, *in verbis*: "Se o interessado não impugnar a dúvida no prazo referido no item III do artigo anterior, será ela, ainda assim, julgada por sentença.". Assim, a resposta que espelha esse dispositivo legal e que está correta é a alternativa "D".

Gabarito "D".

(Cartório/MG – 2015 – Consulplan) Tem-se que a prioridade assegura determinados efeitos, segundo a ordem de chegada e apontamento do título. No caso do registro de imóveis, cessam automaticamente os efeitos da prenotação se, decorridos 30 dias de seu lançamento no Livro 1 – Protocolo, o título não tiver sido registrado por omissão do interessado em atender às exigências legais. Todavia, esse prazo poderá ser alterado em virtude de suscitação de dúvida. Considerando-se que o prazo para exame, qualificação e devolução do título, com exigências ao apresentante será de, no máximo, 15 dias, contado da data em que ingressou na serventia e prenotado no Livro 1 – Protocolo (art. 668, Prov. CGJ 260/2013), e que a suscitação de dúvida foi requerida pelo interessado ao oficial de registro no vigésimo nono dia da data do protocolo, afinal julgada procedente noventa dias após, transitada a sentença em julgado, avalie as afirmações que seguem:

I. Restaram cessados, em caso, os efeitos da prenotação, pois o interessado requereu a suscitação da dúvida apenas no penúltimo dia do prazo, objetivando com tal expediente o bloqueio do protocolo, impedindo o acesso de títulos contraditórios, denotando prática incompatível com a cláusula principiológica da boa-fé objetiva, visando o abusivo retardamento do tráfico jurídico-imobiliário.

II. Reabre-se o prazo para cumprimento das exigências tidas por procedentes, assegurada a prioridade do registro por mais 15 dias, tão somente.

III. Reabre-se o prazo para cumprimento das exigências tidas por procedentes, assegurada a prioridade do registro por mais um único dia útil, tão somente.

Está incorreto o que se afirma em:

(A) I e II apenas

(B) II e III apenas

(C) I e III apenas

(D) I, II e III

A assertiva I está incorreta, porque o interessado tem até o último dia do prazo (de 30 dias contados da data do protocolo) para cumprir as exigências ou requerer a suscitação de dúvida. Assim, o fato de ter sido requerida a suscitação apenas no penúltimo dia não representa nenhuma irregularidade ou expediente fraudulento por si só, de maneira que se prorrogam os efeitos da prenotação até o deslinde da dúvida. A assertiva II está incorreta, pois, julgada procedente a dúvida, o juiz comunica o resultado ao Oficial, que cancelará a prenotação, conforme o art. 203, I, da Lei nº 6.015/73, inexistindo previsão legal de abertura de prazo suplementar ou de prorrogação da vigência da prenotação na hipótese. A assertiva III também está incorreta, porque em desacordo com o procedimento traçado no art. 203, I, da Lei nº 6.015/73, que determina o cancelamento da prenotação, ao ser comunicada a decisão de procedência ao Oficial. Assim, como a questão pede que o candidato marque as incorretas, a alternativa correta e que espelha que as assertivas I, II e III estão erradas é a alternativa "D".

Gabarito "D".

6. RETIFICAÇÕES E GEORREFERENCIAMENTO

Cartório/SP – 2018 – VUNESP) Na retificação extrajudicial da descrição do imóvel urbano, em que houver modificação das medidas perimetrais, em relação aos confrontantes que não manifestaram a anuência na planta,

(A) independentemente de sua notificação, quando requerido pelo adquirente do imóvel, deverá ser notificado o proprietário tabular mesmo quando apresentado o título aquisitivo.

(B) a necessidade de sua notificação deverá ser aferida pelo oficial, inclusive a municipalidade deverá ser sempre notificada na falta de seu consentimento na planta.

(C) deverão todos ser notificados.

(D) deverão ser notificados apenas aqueles das divisas alcançadas pelas alterações.

A retificação de área que importe alteração das medidas perimetrais é regulada pelo art. 213, inciso II da Lei 6.015/73. Nos termos do parágrafo 16 do artigo, somente os confrontantes que tiverem suas divisas atingidas pela retificação deverão ser notificados. Por isso, correta a alternativa D e incorretas as demais, que são com ela conflitantes.

Gabarito "D".

(Cartório/AC – 2006 – CESPE) Ainda a respeito da Lei dos Registros Públicos, julgue o item a seguir.

(1) A retificação de registro consensual propicia a correção das informações tabulares no Registro de Imóveis, prescindindo-se do procedimento judicial. Nessa forma de retificação de registro, exige-se, além da concordância de todos os confrontantes tabulares e físicos, que o pedido de retificação seja instruído com planta e memorial descritivo subscrito por profissional legalmente habilitado, com prova de anotação de responsabilidade técnica no competente conselho regional de engenharia e arquitetura.

1: Correto. A denominada retificação consensual está prevista no art. 213, II, da LRP, com a redação dada pela Lei 10.931/2004. Trata-se de procedimento inovador, na medida em que permite a solução diretamente no Ofício de registro de imóveis, sem depender de provocação do Poder Judiciário. É de se consignar que se trata de uma das medidas que tem por fim retirar da provocação jurisdicional relação jurídica em que não há efetivo conflito resistido de interesses.

Gabarito "1C".

(Cartório/BA – 2004 – CESPE) Em relação à Lei dos Registros Públicos, particularmente no que diz respeito ao registro de imóveis, julgue o item subsequente.

(1) Havendo erro na individuação do imóvel matriculado, ou seja, a descrição correspondendo a imóvel diverso do que foi objeto da transação, impõe-se ao oficial do registro a correção do erro por meio de uma averbação de retificação na matrícula.

1: Incorreto. O erro quanto ao objeto do negócio jurídico não poder ser retificado por averbação no registro de imóveis. Sendo o erro proveniente do título levado a registro, este deve ser objeto de retificação, cancelamento ou anulação, para posterior adequação dos dados tabulares. Caberia ao Oficial proceder ao registro nas hipóteses do art. 213;

Gabarito "1E".

(Cartório/MA – 2008 – IESES) Assinale a alternativa correta de acordo com a Lei nº 6.015/73, em relação ao Registro de Imóveis:

(A) O oficial retificará o registro ou a averbação de ofício ou a requerimento do interessado nos casos de inserção ou modificação dos dados de qualificação pessoal das partes, comprovada por qualquer documento, ou mediante despacho judicial quando houver necessidade de produção de outras provas.

15. REGISTRO DE IMÓVEIS   721

(B) O oficial retificará o registro ou a averbação de ofício ou a requerimento do interessado nos casos de indicação ou atualização de confrontação.

(C) O oficial retificará o registro ou a averbação a requerimento do interessado, no caso de inserção ou alteração de medida perimetral de que resulte, ou não, alteração de área, instruído com planta e memorial descritivo assinado por profissional legalmente habilitado, com prova de anotação de responsabilidade técnica no competente Conselho Regional de Engenharia e Arquitetura – CREA, dispensadas as assinaturas dos confrontantes.

(D) O oficial retificará o registro ou a averbação de ofício ou a requerimento do interessado nos casos de alteração ou inserção que resulte de mero cálculo matemático feito a partir das medidas perimetrais constantes do registro.

As hipóteses de retificação da matrícula ou do registro estão previstas no art.213 da LRP. No inciso I estão previstas as hipóteses de retificação unilateral ou de ofício, e no inciso II a retificação bilateral ou consensual. A hipótese ventilada na questão se encontra expressamente prevista no art. 213, I, b, da LRP.
Gabarito "B".

(Cartório/RO – III) Há casos em que o oficial de registro de imóveis poderá retificar o registro ou a averbação de ofício ou a requerimento do interessado. Dentre os casos abaixo elencados, assinale a alternativa em que é indispensável o requerimento do interessado:

(A) Alteração de denominação de logradouro público, comprovada por documento oficial.

(B) Alteração ou inserção que resulte mero cálculo matemático a partir das medidas perimetrais constantes do registro.

(C) Omissão ou erro cometido na transposição de qualquer elemento do título.

(D) Inserção ou alteração de medida perimetral de que resulte, ou não, alteração de área, instruído com planta e memorial descritivo assinado por profissional habilitado, com prova de anotação de responsabilidade técnica no competente Conselho Regional de Engenharia e Arquitetura-CREA, bem assim pelos confrontantes.

Há que se considerar que o requerimento do interessado será sempre indispensável nos casos em que o Oficial dependa de informações não constantes em seus acervos, apresentando-se os documentos necessários à prática do ato retificatório pretendido. Dessa forma, será imprescindível a apresentação de requerimento do interessado para que se processe a averbação prevista no art.213, II, da LRP, que, diga-se, somente pode ser feita se houver requerimento expresso, em atendimento ao princípio da rogação, previsto no art.13 da LRP.
Gabarito "D".

(Cartório/SP – V – VUNESP) É frequente, mesmo nos Estados mais populosos, haver remanescentes de áreas maiores, parcialmente alienadas no curso do tempo, que têm se prestado, não raro, à ação de grileiros para se apossarem de imóveis, falsificando papéis e escrituras, até pela violência. A apuração desses remanescentes, no ordenamento jurídico vigente, se faz

(A) Por via administrativa atípica, diretamente perante o Oficial de Registro de Imóveis e sem necessidade de

intervenção judicial, salvo caso de impugnação não solucionada por transação amigável, considerados como confrontantes tão somente os confinantes das áreas remanescentes, ainda que isoladas.

(B) Unicamente por via judicial, em razão dos cuidados que a experiência histórica recomenda, cientificados todos os confrontantes da área maior de que se origina a sobra e citados, por editais, os terceiros incertos e não sabidos, além das Fazendas Públicas, nas pessoas de seus representantes legais.

(C) Somente mediante diligência pessoal do delegado imobiliário competente, diretamente no remanescente objeto da apuração, para a constatação, *de visu*, da sua localização, situação em face dos confrontantes e correspondência com os documentos, plantas e memoriais descritivos apresentados pelo interessado, procedendo-se, após, à cientificação dos confrontantes da área total primitiva, para impugnação no prazo de quinze (15) dias, findos os quais, solucionadas pelo próprio Oficial eventuais impugnações, procede-se aos assentamentos registrários.

(D) Pelas vias ordinárias, citados todos os confrontantes da área maior dita só parcialmente alienada, as Fazendas Públicas nas pessoas dos seus representantes legais para que manifestem interesse, ou não, e os terceiros incertos e não sabidos, por editais, realizada perícia que apure a exata localização, confrontação e extensão, com rumos e distâncias, do remanescente a ser apurado.

Em razão da alteração da redação do art. 213 da LRP, a apuração de remanescente se faz pelo mesmo procedimento da retificação da descrição de imóvel, como previsto no § 7º do mencionado dispositivo legal. E, para a apuração de remanescente, será adotado o procedimento previsto para a retificação da descrição de imóveis, regulado no inciso II e parágrafos do art. 213 da LRP.
Gabarito "A".

(Cartório/MG – 2012 – FUMARC) O art. 213 da Lei 6.015/1973 diz que o Oficial retificará o registro ou a averbação a requerimento do interessado, no caso de inserção ou alteração de medida perimetral de que resulte ou não alteração de área, instruído com planta e memorial descritivo assinado por profissional legalmente habilitado, com prova de anotação de responsabilidade técnica no CREA, bem assim pelos confrontantes. Se a planta não contiver a assinatura de algum confrontante, este será notificado pelo Registrador a requerimento do interessado a manifestar-se no prazo de

(A) 10 dias.

(B) 15 dias.

(C) 30 dias.

(D) 60 dias.

B: correta. Nos termos do § 2º do art. 213 da LRP, no caso de retificação bilateral, o confrontante que não houver anuído ao procedimento e tiver sido notificado, terá o prazo de 15 (quinze) dias para se manifestar.
Gabarito "B".

(Cartório/SP – 2016 – VUNESP) De acordo com as Normas de Serviço da Corregedoria Geral de Justiça do Estado de São Paulo, é correto afirmar, a respeito da retificação de registro que implique inserção ou alteração de medida perimetral de que resulte, ou não, alteração de área, que

(A) a retificação será negada quando não for possível ao Registrador identificar todos os confinantes tabulares.

(B) seu protocolo gera prioridade.

(C) sendo apresentada impugnação, e considerando-a infundada, o Oficial rejeita-la-á de plano, por meio de ato motivado, intimando o impugnante para, querendo, recorrer, em juízo, no prazo 15 (quinze) dias.

(D) sendo ela requerida pelo adquirente, em título ainda não registrado, o assentimento do titular do domínio do imóvel é indispensável, ainda que o adquirente apresente, concomitantemente, seu título para registro.

A: a alternativa está correta, pois corresponde ao que dispunha, na redação anterior da normativa, a nota ao item nº 138.6 do capítulo XX das Normas de Serviço da Corregedoria Geral da Justiça de São Paulo. **B:** a alternativa está incorreta, pois o item nº 138.2 do capítulo XX das Normas de Serviço da Corregedoria Geral da Justiça de São Paulo (antiga redação) foi taxativo ao dizer que o requerimento de retificação não gera prioridade. **C:** a alternativa está incorreta, pois, embora o Oficial possa rejeitar de plano a impugnação infundada, o impugnante tem o prazo de 10 dias para recorrer ao Juiz Corregedor Permanente, conforme item nº 138.19, I, do capítulo XX das Normas de Serviço da Corregedoria Geral da Justiça de São Paulo (antiga redação). **D:** a alternativa está incorreta, porque, se o adquirente apresentar seu título aquisitivo para registro concomitantemente com o pedido de retificação, será desnecessária a anuência ou a notificação do proprietário tabular, conforme o item nº 138.8.1 do capítulo XX das Normas de Serviço da Corregedoria Geral da Justiça de São Paulo (redação à época do concurso). Para fins de atualização, recomenda-se a leitura do item 136, do Capítulo XX, Tomo II das Normas de Serviço Paulistas. *Gabarito "A".*

(Cartório/PA – 2016 – IESES) No tocante à retificação de registro imobiliário, NÃO SE PODE AFIRMAR que:

(A) Depende de requerimento do interessado, não podendo ser iniciado de ofício pelo Registrador.

(B) A Lei Federal 10931/2004 inovou, permitindo a retificação administrativa para os casos de vício de registro.

(C) Todas as assertivas estão corretas.

(D) Por vício do título está restrita à esfera jurisdicional.

A: Existem duas modalidades principais de retificação administrativa: a) a retificação unilateral, que não enseja potencialidade danosa para terceiros, e que está regulamentada no art. 213, I, da Lei nº 6.015/73; e b) a retificação bilateral, em que há um certo potencial abstrato de atingir o direito de terceiros, razão pela qual se demanda a anuência ou notificação destes, e que está prevista no art. 213, II, da Lei nº 6.015/73. As retificações do art. 213, I, da Lei nº 6.015/73 podem ser feitas de ofício ou a requerimento do interessado, ao passo que a retificação do art. 213, II da Lei nº 6.015/73 depende de requerimento do interessado. O texto da assertiva ficou genérico e vago, pois existem as duas possibilidades em comento – há casos em que não se depende de requerimento, podendo o Oficial agir *ex officio*, e há casos em que o requerimento é imprescindível. **B:** a afirmação não está de todo correta, pois, embora a Lei nº 10.931/04 tenha ampliado as possibilidades de retificação administrativa, existem hipóteses que continuam dependendo da via judicial, nos casos em que há a possibilidade de afetar a existência ou extensão de direitos de terceiros. **C:** não se pode afirmar que todas as alternativas são corretas, pois, como visto, existem equívocos nas várias alternativas. **D:** a alternativa está incorreta, porque é possível que se corrija o eventual vício do título mediante ato extrajudicial, se o caso concreto admitir, e, então, a partir da prévia retificação do título, corrija-se o registro.

O que não seria possível, em tal hipótese, seria a correção direta do registro sem a retificação prévia do título, em que pese existir hipóteses em que isso é possível (como retificações de dados pessoais, como o RG, que constaram o número errado no título – o art. 213, I, "g", da Lei n º 6.015/73 admite, nesse caso, a retificação direta, mediante a apresentação de documento comprobatório). Em síntese, dependerá da análise do caso concreto, mas, por haver a possibilidade, de retificação extrajudicial do título com consequente retificação do registro, a assertiva está incorreta ao limitar tal retificação à esfera jurisdicional. Considerando a vagueza da redação das assertivas, bem como o caráter duvidoso da pergunta, a questão não tem uma resposta correta, tanto que foi anulada. *Gabarito Anulada*

7. ALIENAÇÃO FIDUCIÁRIA EM GARANTIA. SISTEMA FINANCEIRO DA HABITAÇÃO.

(Cartório/MG – 2019 – Consulplan) Com base no disposto no Provimento 260/CGJ/2013, analise as afirmativas sobre alienação fiduciária de bens imóveis.

I. O termo de quitação deverá conter firma reconhecida e estar acompanhado, se for o caso, dos instrumentos que comprovem a legitimidade da representação.

II. Caso haja a emissão de cédula de crédito imobiliário de forma cartular, a quitação com autorização para cancelamento da alienação fiduciária e baixa da cédula deverá ser lançada na própria via negociável, que ficará arquivada.

III. Caso haja a emissão de cédula de crédito imobiliário de forma cartular e a autorização para cancelamento seja firmada por pessoa diversa do credor original, deverá ser averbada apenas a cessão de direitos relativa ao credor signatário, demonstrando a sua legitimidade.

IV. A autorização para cancelamento da alienação fiduciária e baixa da cédula de crédito imobiliário de forma escritural deverá ser acompanhada de declaração da instituição custodiante, indicando quem é o atual titular do crédito fiduciário e todas as cessões que tiverem ocorrido.

Estão INCORRETAS apenas as afirmativas

(A) I e III.

(B) II e IV.

(C) II e III.

(D) III e IV.

Nota do autor: *A prova foi realizada na vigência do Prov. 260/CGJ/2013 – antigo Código. Em virtude do Prov. Conjunto n. 93/PR/2020, houve alteração do referido Código de Normas, o que deve ser observado pelo leitor.* Resposta: Todas as alternativas encontravam resposta no artigo 855 e seus parágrafos do Código de Normas (antiga redação), hoje correspondente ao art. 957. **I:** correta: literalidade do "caput" do artigo; **II:** correta: literalidade do § 1º do artigo; **III:** incorreta: nos termos do art. 885, § 2º, do Código de Normas, na hipótese de emissão de CCI cartular, com autorização para cancelamento firmada por pessoa diversa do credor original, devem ser averbados primeiramente os atos que motivaram a circulação do título; **IV:** incorreta: nos termos do § 3º do artigo, não há a exigência de indicação de todas as cessões ocorridas, mas tão somente do atual titular do crédito fiduciário. De fato, estão incorretas as alternativas III e IV, tornando a assertiva D a resposta à questão. *Gabarito "D".*

15. REGISTRO DE IMÓVEIS

(Cartório/SP – 2018 – VUNESP) Em relação à cobrança das prestações vencidas do contrato de alienação fiduciária de imóvel, é correto afirmar que

(A) não cabe ao oficial de registro de imóveis fazer a intimação por hora certa, caso em que o credor fiduciário deverá requerê-la por via judicial.

(B) quando o fiduciante for domiciliado em comarca diversa à da situação do imóvel, a intimação deverá ser sempre feita pelo oficial de registro de títulos e documentos da comarca do domicílio de quem deva recebê-la.

(C) nos condomínios edilícios ou outras espécies de conjuntos imobiliários com controle de acesso, a intimação poderá ser feita ao funcionário da portaria responsável pelo recebimento da correspondência.

(D) a intimação será feita pessoalmente ao fiduciante, ou ao seu representante legal ou procurador regularmente constituído, exceto nos casos de suspeita motivada de ocultação ou quando se encontrar em lugar ignorado, incerto ou inacessível, hipóteses em que a intimação será, respectivamente, feita por hora certa ou por edital.

Nota do autor: *a prova em correção foi realizada durante a vigência da antiga redação das Normas de Serviço da Corregedoria Paulista, o que ocorreu até 05/01/2020. A partir de então, o leitor deve atentar para as novas redações das NSCGJSP com as quais já baseamos os comentários.*
A: incorreta, a intimação por hora certa pelo Registro de Imóveis tem expressa previsão legal e normativa (item 247, Cap. XX, tomo II, das NSCGJSP); **B:** incorreta: a intimação deve ser feita pessoalmente, pelo Oficial de Registro de Imóveis da comarca da situação do imóvel, o do domicílio de quem deva recebê-la ou, ainda, pelos correios, a depender do que dispuser o contrato de financiamento. Portanto a expressão "sempre" está equivocada (item 243, Cap. XX, tomo II, das NSCGJSP); **C:** incorreta: o dispositivo previsto no § 3º-B do art. 26 da Lei 9.514/97 faz menção expressa à intimação por hora certa e não de forma genérica às intimações nos contratos de alienação fiduciária; **D:** correta: a assertiva combina a literalidade dos itens 243 e 247.1, ambos do Cap. XX, tomo II, das NSCGJSP.
Gabarito "D".

(Cartório/CE – 2018 – IESES) Assinale a alternativa INCORRETA a respeito do registro no âmbito do SFH (Sistema Financeiro de Habitação):

(A) É vedado aos Tabeliães e aos Oficiais de Registro de Imóveis, sob pena de responsabilidade, lavrar ou registrar escritura ou escritos particulares autorizados por lei, que tenham por objeto imóvel hipotecado a entidade do Sistema Financeiro da Habitação, ou direitos a eles relativos, sem que conste dos mesmos, expressamente, a menção ao ônus real e ao credor, bem como a comunicação ao credor, necessariamente feita pelo alienante, com antecedência de, no mínimo 30 (trinta) dias.

(B) São admitidos a registro escritos particulares autorizados em lei, assinados pelas partes e testemunhas, com as firmas reconhecidas, dispensado o reconhecimento quando se tratar de atos praticados por entidades vinculadas ao Sistema Financeiro de Habitação.

(C) Os emolumentos devidos pelos atos relacionados com a primeira aquisição imobiliária para fins residenciais, financiada pelo Sistema Financeiro da Habitação, serão reduzidos em 50% (cinquenta por cento).

(D) Os contratos de que forem parte entidades que integrem o Sistema Financeiro de Habitação serão obrigatoriamente transcritos no Cartório de Registro de Imóveis competente, dentro do prazo de 30 (trinta) dias.

A: correta: é o texto literal do art. 292 da Lei de Registros Públicos; **B:** correta: é o que dita o artigo 221, inciso II da Lei 6015/73; **C:** correta: a redução está prevista no artigo 290 da Lei de Registros Públicos; **D:** incorreta: o registro do contrato deve ser providenciado em 15 (quinze) dias de sua celebração, devendo essa disposição constar do texto contratual, nos termos do art. 61, § 7º da Lei 4.380/64. Portanto, a única incorreta é a letra D.
Gabarito "D".

(Cartório/RJ – 2002 – NCE-UFRJ) Nas operações de financiamento imobiliário, o agente fiduciário deve intimar o fiduciante para satisfazer prestações não pagas e já vencidas:

(A) pela via judicial;

(B) somente através do Oficial do Registro de Títulos e Documentos da comarca da situação do imóvel ou do domicílio de quem deve recebê-la;

(C) somente através do Oficial do Registro de Imóveis;

(D) tanto pela via judicial como pela extrajudicial, a critério do agente fiduciário;

(E) pela via extrajudicial: (i) Oficial do Registro de Imóveis; (ii) Oficial do Registro de Títulos e Documentos da comarca da situação do imóvel ou do domicílio de quem deve recebê-la, (iii) Correio, com aviso de recebimento.

Uma das grandes vantagens do procedimento decorrente da alienação fiduciária em garantia é exatamente a celeridade em caso de inadimplemento, dispensando-se a notificação e a execução pela via judicial. Dessa forma, o art. 26, § 3º, da lei nº 9.514/1997 prevê as formas de intimação do devedor fiduciante inadimplente, privilegiando a celeridade.
Gabarito "D".

(Cartório/MG – 2012 – FUMARC) Baseado na Lei 9.514/1997, o contrato de cessão fiduciária em garantia opera a transferência ao credor da titularidade dos créditos cedidos, até a liquidação da dívida garantida, e conterá, além de outros elementos:

- o total da dívida ou sua estimativa;
- o local, a data e a forma de pagamento;
- a taxa de juros;
- a identificação dos direitos creditórios objeto da cessão fiduciária.

Analisando os itens, é correto afirmar que

(A) apenas um é falso.

(B) apenas dois são falsos.

(C) todos são falsos.

(D) todos são verdadeiros.

Os requisitos estão elencados no art. 18 da Lei nº 9.514/1997. Todos estão expressamente previstos no dispositivo legal.
Gabarito "D".

(Cartório/MG – 2012 – FUMARC) Com base na Lei 9.514/1997, as operações de financiamento imobiliário poderão ser garantidas por:

- hipoteca;

- cessão fiduciária de direitos creditórios decorrentes de contratos de alienação de imóveis;
- caução de direitos creditórios ou aquisitivos decorrentes de contratos de venda ou promessa de venda de imóveis;
- alienação fiduciária de coisas imóveis.

Analisando os itens, conclui-se que

(A) apenas um é falso.

(B) apenas dois são falsos.

(C) todos são falsos.

(D) todos são verdadeiros.

As espécies de garantias estão previstas no art. 17 da Lei nº 9.514/1997.
Gabarito "D".

(Cartório/SP – 2016 – VUNESP) Assinale a alternativa correta.

(A) O imóvel enfitêutico não pode ser objeto de alienação fiduciária de bem imóvel sem que haja anuência do senhorio, de modo que não pode haver o seu registro sem tal requisito.

(B) Para o registro de um bem imóvel por usucapião não basta a descrição do imóvel no mandado judicial, devendo ser apresentados, conjuntamente, a planta e o memorial descritivo respectivos.

(C) Na alienação fiduciária de bem imóvel, após decorrido o prazo da intimação do devedor fiduciante sem purgação da mora, certificado tal fato pelo Oficial, e cientificado o requerente, este terá o prazo de 160 dias para providenciar a consolidação da plena propriedade, findo o qual, deverá haver novo procedimento de execução extrajudicial.

(D) Um ato jurídico de divisão e extinção de condomínio imóvel deve ser registrado em cada matrícula aberta para cada uma das partes resultantes, devendo ainda ser averbado na matrícula originária, a qual deve ser encerrada.

A: a alternativa está incorreta, porque o item nº 233 do capítulo XX das Normas de Serviço da Corregedoria Geral da Justiça de São Paulo determina a desnecessidade de anuência do senhorio para alienar fiduciariamente imóvel enfitêutico (redação vigente à época do concurso). **B:** A alternativa está incorreta, pois o art. 226 da Lei nº 6.015/73 prevê que os requisitos para a abertura da matrícula devem constar do mandado, de modo que a legislação não exige a apresentação de mapas e memoriais à parte. Porém, é evidente que somente se dispensa a apresentação destes trabalhos técnicos se o imóvel estiver adequadamente descrito no mandado, pois, do contrário, haverá violação ao princípio da especialidade objetiva (art. 176, § 1º, II, 3, da Lei nº 6.015/73) e, então, não será possível registrar a usucapião. **C:** a alternativa está incorreta quanto ao prazo mencionado de que disporá o credor fiduciário para requerer a consolidação da propriedade, pois, de acordo com o item nº 256.1 do capítulo XX das Normas de Serviço da Corregedoria Geral da Justiça de São Paulo (redação vigente à época do concurso), a consolidação deve ser requerida em 120 dias, sob pena da necessidade de novo procedimento de intimação. **D:** a alternativa está correta, pois espelha exatamente o disposto no item nº 68 do capítulo XX das Normas de Serviço da Corregedoria Geral da Justiça de São Paulo, conforme redação vigente à época do concurso.
Gabarito "D".

(Cartório/PA – 2016 – IESES) Analise as assertivas abaixo e, de acordo com o que dispõe a legislação vigente sobre alienação fiduciária de bem imóvel, assinale a alternativa correta:

I. No prazo de 30 (trinta) dias, a contar da liquidação da dívida, o oficial de Registro de Imóveis efetuará o cancelamento do registro da propriedade imobiliária, independentemente de termo específico emitido pelo fiduciário.

II. O oficial de Registro de Imóveis competente efetuará o cancelamento do registro da propriedade imobiliária à vista de termo de quitação do fiduciário.

III. O contrato é que definirá o prazo de carência entre o vencimento e não pagamento da dívida e a intimação do fiduciante para fins de constituição em mora.

IV. Constituído em mora, o devedor fiduciante pode, com anuência do fiduciário, dar seu direito eventual sobre o imóvel em pagamento da dívida.

(A) Apenas a assertiva II está incorreta.

(B) Apenas a assertiva I está incorreta.

(C) Apenas as assertivas II e III estão incorretas.

(D) Todas as assertivas estão incorretas.

A assertiva I está incorreta, já que o art. 25, § 1º, da Lei nº 9.514/97 prevê que, adimplida a dívida, o credor deverá, no prazo de 30 dias, emitir o termo de quitação e o fornecer ao fiduciante, sendo que o Oficial de Registro cancelará a propriedade fiduciária à vista deste termo, conforme o art. 25, § 2º, da mesma Lei. A assertiva II está incorreta, pois o Oficial cancelará à vista do referido termo a propriedade **fiduciária**, não a propriedade imobiliária, conforme art. 25, § 2º, da Lei nº 6.015/73. A assertiva III está correta, pois o contrato é que definirá o prazo de carência após o qual será expedida a intimação, conforme art. 26, § 2º, da Lei nº 9.514/97. A assertiva IV está correta, pois está de acordo com o art. 26, § 8º, da Lei nº 9.514/97. Considerando esse panorama, não há alternativa que espelhe as assertivas que estão incorretas, tendo sido anulada a questão.
Gabarito Anulada

---

8. PARCELAMENTO DO SOLO URBANO E RURAL

(Cartório/MG – 2019 – Consulplan) Analise as afirmativas a seguir, de acordo com a Lei nº 6.766/79.

I. O contrato particular pode ser transferido por simples trespasse, lançado no verso das vias em poder das partes, ou por instrumento em separado, declarando-se o número do registro do loteamento, o valor da cessão e a qualificação do cessionário, para o devido registro.

II. A cessão independe da anuência do loteador mas, em relação a este, seus efeitos só se produzem depois de cientificado, por escrito, pelas partes ou quando registrada a cessão.

III. Uma vez registrada a cessão, feita sem anuência do loteador, o Oficial do Registro dar-lhe-á ciência, por escrito, dentro de dez dias.

IV. Vencida e não paga a prestação, o contrato será considerado rescindido quinze dias depois de constituído em mora o devedor.

Estão corretas apenas as afirmativas

(A) I e IV.

(B) II e III.

(C) I, II e III.

(D) I, II e IV.

Estão corretas as alternativas I, II e III, tornando a assertiva C a resposta à questão. I: correta: literalidade do artigo 31, "caput" da Lei; II: correta: é o que diz o artigo 31, § 1º, da Lei de Loteamentos; III:

15. REGISTRO DE IMÓVEIS — 725

correta: literalidade do art. 31, § 2º, da Lei; **IV**: incorreta: o prazo para se considerada a rescisão é de 30 dias da constituicão em mora do devedor e não 15 dias, como constou.
Gabarito "C".

(Cartório/SP – 2018 – VUNESP) A respeito do registro do loteamento em que a área a ser loteada estiver situada em duas circunscrições imobiliárias, é correto afirmar:

(A) quando já estiver realizado em uma das circunscrições, mas vier a ser indeferido na outra, o registro já efetuado deverá ser cancelado, mesmo que o motivo se limite à área situada sob competência sua.

(B) deverá ser requerido, primeiro, naquela em que estiver situada a maior parte da área, e, enquanto não realizado o registro, não poderá ser prenotado o mesmo pedido na outra circunscrição.

(C) poderá ser requerido simultaneamente ou sequencialmente, mas, somente após o registro em ambas as circunscrições, será o loteamento considerado registrado.

(D) deverá ser requerido simultaneamente em ambas as circunscrições.

A: incorreta: o indeferimento do registro na outra circunscrição não levará ao cancelamento do registro realizado na primeira se o motivo do indeferimento não atingir a área já registrada (art. 21, § 4º, da Lei 6.766/79); **B**: correta: é o que descreve o art. 21, "caput", da Lei de Loteamentos; **C** e **D**: incorretas: o pedido de registro deve ser iniciado pela circunscrição onde estiver a maior área do loteamento. O pedido simultâneo encontra vedação legal expressa (art. 21, § 2º da Lei 6766/79).
Gabarito "B".

(Cartório/CE – 2018 – IESES) A respeito do registro de loteamento, assinale a alternativa correta:

(A) É defeso ao interessado processar simultaneamente, perante diferentes circunscrições, pedidos de registro do mesmo loteamento, sendo nulos os atos praticados com infração a esta norma.

(B) Examinada a documentação e encontrada em ordem, o Oficial do Registro de Imóveis encaminhará comunicação à Prefeitura e fará publicar, em resumo e com pequeno desenho de localização da área, edital do pedido de registro em 2 (dois) dias consecutivos, podendo este ser impugnado prazo de 15 (quinze) dias contados da data da última publicação.

(C) O processamento de loteamento e os contratos de depositados em Cartório poderão ser examinados por qualquer pessoa, a qualquer tempo, mediante pagamento a título de busca.

(D) A existência de protestos, de ações pessoais, de ações penais e as referentes a crime contra o patrimônio e contra a administração, não impedirão o registro do loteamento se o requerente comprovar que esses protestos ou ações não poderão prejudicar os adquirentes dos lotes. Se o Oficial do Registro de Imóveis julgar insuficiente a comprovação feita, suscitará a dúvida perante o juiz competente.

A: correta: é a literalidade do art. 21, § 2º, da Lei 6.766/79; **B**: incorreta: a publicação do edital é feita em 3 (três) dias consecutivos (art. 19, "caput" da Lei de Loteamentos); **C**: incorreta: o exame pode ser feito independente de custas e emolumentos, ainda que a título de buscas (art. 24, da Lei 6766/79); **D**: incorreta: nas hipóteses de existência de ações penais de crime contra o patrimônio e contra a administração, a

lei veda o registro do loteamento, exigindo a lei que as certidões sejam negativas nesses casos (art. 18, III e § 2º, da Lei 6.766/79).
Gabarito "A".

(Cartório/MG – 2009 – EJEF) Considerando-se a Lei n. 6.766, de 19 de dezembro de 1979, a qual dispõe sobre o parcelamento do solo urbano, marque a opção CORRETA.

(A) Os loteamentos deverão atender, pelo menos, aos seguintes requisitos:

I. as áreas destinadas a sistemas de circulação, a implantação de equipamento urbano e comunitário, bem como a espaços livres de uso público, serão proporcionais à densidade de ocupação prevista pelo plano diretor ou aprovada por lei municipal para a zona em que se situem.

II. os lotes terão área mínima de 125 m² (cento e vinte e cinco metros quadrados) e frente mínima de 5 (cinco) metros, salvo quando a legislação estadual ou municipal determinar maiores exigências, ou quando o loteamento se destinar à urbanização específica ou edificação de conjuntos habitacionais de interesse social, previamente aprovados pelos órgãos públicos competentes;

III. ao longo das águas correntes e dormentes e das faixas de domínio público das rodovias e ferrovias, será obrigatória a reserva de uma faixa não edificável de 15 (quinze) metros de cada lado, salvo maiores exigências da legislação específica;

IV. as vias de loteamento deverão articular-se com as vias adjacentes oficiais, existentes ou projetadas, e harmonizar-se com a topografia local.

(B) Aprovado o projeto de loteamento ou de desmembramento, o loteador deverá submetê-lo ao Registro Imobiliário dentro de 280 (duzentos e oitenta) dias, sob pena de caducidade da aprovação, acompanhado de documentos.

(C) Antes da elaboração do projeto de loteamento, o interessado deverá solicitar à Prefeitura Municipal, ou ao Distrito Federal quando for o caso, que defina as diretrizes para o uso do solo, traçado dos lotes, do sistema viário, dos espaços livres e das áreas reservadas para equipamento urbano e comunitário, apresentando, para este fim, prévio estudo de viabilidade dos órgãos ambientais.

(D) Aos Estados caberá disciplinar a aprovação pelos Municípios de loteamentos e desmembramentos os quais deverão ser aprovados pela Prefeitura Municipal, a quem compete também a fixação das diretrizes que melhor atenda aos interesses públicos.

A: Os requisitos mínimos para a implementação de um loteamento estão previstos no art.4º da Lei 6.766/1979 e se encontram indicados no item a). Quanto às demais assertivas, temos: **B**: o prazo decadencial a que se refere o art.18 da Lei 6.766/1979 é de 180 (cento e oitenta dias); **C**: a fixação prévia de diretrizes está regulada no art.6º da mencionada lei e, entre os documentos ali exigidos, não se encontra o estudo de viabilidade de órgãos ambientais; **D**: as hipóteses de aprovação do parcelamento pelo Estado estão previstas no art.13 da Lei 6.766/1979.
Gabarito "A".

(Cartório/MG – 2007 – EJEF) Na forma da Lei n. 6.766, de 1979, o parcelamento do solo urbano:

(A) após o registro, será submetido à aprovação municipal, ou do Distrito Federal, no prazo de 180 dias, sob pena de caducidade do registro.

(B) após a aprovação do projeto, pelos órgãos competentes, o loteador deverá submetê-lo ao Registro Imobiliário, no prazo de 180 dias, sob pena de caducidade da aprovação.

(C) poderá ser feito por escritura pública, que deverá ser apresentada a registro no prazo de 30 dias após sua lavratura, sob pena de caducidade; comunicando-se o registro à Prefeitura Municipal, ou do Distrito Federal, conforme o caso.

(D) deverá ser aprovado em 180 dias, pela Prefeitura do Município ou do Distrito Federal, conforme o caso, apresentando-se a registro em 30 dias, sob pena de caducidade.

Uma vez que tenha sido aprovado o parcelamento do solo pela autoridade administrativa, a autorização valerá por 180 dias para fins de registro (art. 18 da Lei 6.766/1979). Se, no referido lapso de tempo, o processo de registro não for deflagrado, será necessário convalidar a autorização, reiniciando-se novo prazo de 180 (cento e oitenta) dias a partir do ato convalidante.

Gabarito "B".

(Cartório/MT – 2003 – UFMT) O cancelamento do registro de loteamento, a requerimento do loteador, quando nenhum lote for objeto de contrato, exige a observância de quais formalidades?

(A) Anuência da Prefeitura Municipal (ou Distrito Federal), devendo o Oficial publicar edital do pedido de cancelamento, procedendo ao cancelamento com ou sem impugnação.

(B) Anuência da Prefeitura Municipal (ou Distrito Federal), devendo o Oficial publicar edital do pedido de cancelamento, encaminhando o procedimento à homologação do juiz competente, ouvido o Ministério Público.

(C) Anuência da Prefeitura Municipal (ou Distrito Federal), devendo o Oficial publicar edital do pedido de cancelamento, encaminhando o procedimento à homologação do órgão encarregado pelo Ministério Público, quando houver impugnação.

(D) Anuência do Estado, por seus órgãos técnicos, devendo o Oficial publicar edital do pedido de cancelamento; havendo impugnação, as partes deverão ser remetidas para as vias ordinárias.

(E) Publicação de edital do cancelamento e, havendo impugnação, as partes deverão ser remetidas para as vias ordinárias.

O cancelamento do registro do loteamento está previsto no art. 23 da Lei 6.766/1979. Para que se promova diretamente pelo loteador, desde que nenhum lote tenha sido vendido, basta a anuência da Municipalidade ou Distrito Federal, conforme o caso, para que o procedimento se inicie. Após, o oficial encaminhará o procedimento ao juiz competente que decidirá pelo cancelamento ou não após a oitiva do representante do Ministério Público. Note-se que o cancelamento gera impacto na urbanização, razão pela qual imprescindível, sempre, ouvir o Ministério Público e a Prefeitura ou Distrito Federal.

Gabarito "B".

(Cartório/MT – 2003 – UFMT) Excepcionalmente, a lei prevê o acesso ao registro de imissão provisória na posse, e sucessivas cessões ou promessa de cessões, quando concedida à União, Estados, Distrito Federal, Municípios ou suas entidades delegadas especificamente para:

(A) Execução de parcelamento do solo popular, com finalidade rural, destinado às classes de menor renda.

(B) Execução de projetos de assentamento rural, implantados em área de terras devolutas, sob a responsabilidade do INCRA.

(C) Execução de parcelamento do solo popular, com finalidade urbana, destinado às classes de menor renda.

(D) Execução de projetos habitacionais destinados à classe média, com utilização de recursos do Fundo de Garantia por Tempo de Serviço (FGTS), sob a coordenação da Secretaria de Habitação dos Estados.

(E) Execução de parcelamento do solo em áreas rurais, com finalidades urbanas, destinado à regularização das chamadas "chácaras de recreio".

Trata-se de norma de caráter efetivamente excepcional na medida em que se admite o ingresso no fólio real de direito que não tem natureza de direito real imobiliário. Mas assim se justifica em razão de sua finalidade e do decurso do tempo. Dessa forma, o art. 18, § 4º, da Lei 6.766/1979 confere essa autorização. E a excepcionalidade da medida decorre do fato de que se for necessário aos entes públicos fazer prévia prova de domínio para que possa promover o parcelamento, há risco de que os beneficiários não consigam sua moradia em tempo de garantir a dignidade. De outro lado, a autorização somente é dada se preenchidos os requisitos do mencionado dispositivo.

Gabarito "C".

(Cartório/RJ – 2002 – NCE-UFRJ) Aprovado pela autoridade competente o projeto de desmembramento do solo urbano, o loteador deverá submetê-lo ao registro imobiliário:

(A) no prazo de 1 ano;

(B) no prazo de 180 dias;

(C) quando iniciar as vendas dos lotes;

(D) quando julgar conveniente;

(E) quando algum adquirente de lote o exigir.

O prazo de 180 dias não pode ser esquecido, dada a frequência com que questionado. Dessa forma, o art.18 da Lei 6.766/1979 determina a caducidade da aprovação se o projeto for levado a registro após 180 dias do ato de aprovação do Poder Público com o loteamento ou desmembramento.

Gabarito "B".

(Cartório/MG – 2012 – FUMARC) Com base na Lei 6.766/1979, o registro do loteamento somente poderá ser cancelado:

I. por decisão judicial;

II. a requerimento do loteador, com anuência da Prefeitura, enquanto nenhum lote houver sido objeto de contrato;

III. a requerimento conjunto do loteador e de todos os adquirentes de lotes, com anuência da Prefeitura e do Estado;

IV. nas hipóteses II e III, quando o oficial registrador fará publicar, em resumo, edital do pedido de cancelamento, podendo ser impugnado no prazo de 15 (quinze) dias contados da data da última publicação. Findo este prazo, com ou sem impugnação, o processo será remetido ao juiz competente para homologação do pedido de cancelamento, ouvindo o Ministério Público.

Analisando as afirmações, conclui-se que

(A) apenas IV é falsa.

(B) apenas II e IV são falsas.

15. REGISTRO DE IMÓVEIS

(C) todas são falsas.

(D) todas são verdadeiras.

A: correta. Os casos de cancelamento do registro do loteamento estão previstos no art. 23 da Lei nº 6.766/1976. Assim, quando houver a publicação de editais para que eventuais interessados ofereçam impugnação ao pedido de cancelamento, o prazo para tanto é de 30 (trinta) dias a contar da última publicação e não de 15 (quinze) dias.

Gabarito "A".

(Cartório/MG – 2016 – Consulplan) Considerando o que está estatuído na Lei nº 6.766, de 19/12/1979, que dispõe sobre o parcelamento do solo urbano, avalie as alternativas que seguem:

I. Examinada a documentação e encontrada em ordem, o oficial do registro de imóveis encaminhará comunicação à Prefeitura e fará publicar, em resumo e com pequeno desenho de localização da área, edital do pedido de registro em 3 (três) consecutivos, podendo este ser impugnado no prazo de 20 (vinte) dias contados da data da última publicação.

II. Considera-se desmembramento a subdivisão de gleba em lotes destinados a edificação, com aproveitamento do sistema viário existente, desde que não implique a abertura de novas vias e logradouros, nem prolongamento, modificação ou ampliação dos já existentes.

III. O Poder Público competente poderá complementarmente exigir, em cada loteamento, a reserva de faixa *non aedificandi* destinada a equipamentos urbanos.

IV. Desde a data de registro do loteamento, passam a integrar o domínio do Município as vias e praças, os espaços livres e as áreas destinadas a edifícios públicos e outros equipamentos urbanos, constantes do projeto e do memorial descritivo.

Está correto o que se afirma em:

(A) I, II, III e IV.

(B) III e IV, apenas.

(C) II, III e IV, apenas.

(D) II e IV, apenas.

A assertiva I está incorreta, pois o prazo para impugnar o parcelamento do solo é de 15 dias, conforme dispõe o art. 19, *caput*, da Lei nº 6.766/79. A assertiva II está correta, pois corresponde ao conceito de desmembramento constante do art. 2º, § 2º, da Lei nº 6.766/79. A assertiva III está correta, pois corresponde ao disposto no art. 5º, *caput*, da Lei nº 6.766/79. A assertiva IV está correta, pois espelha o comando do art. 22 da Lei nº 6.766/79. Assim, a alternativa que indica as assertivas corretas é a letra "C".

Gabarito "C".

9. CONDOMÍNIOS, INCORPORAÇÕES E PATRIMÔNIO DE AFETAÇÃO

Cartório/SP – 2018 – VUNESP) Em relação à incorporação imobiliária, é correto afirmar que

(A) o registro da hipoteca do terreno vinculada ao financiamento das obras é fato que caracteriza a concretização da incorporação.

(B) o prazo de carência, dentro do qual é permitido ao incorporador desistir do empreendimento, é de 180 (cento e oitenta) dias, prorrogável uma só vez por igual período.

(C) uma vez averbada a desistência da incorporação no registro de imóveis, diante de sua publicidade,

é facultativo ao incorporador comunicar o fato aos eventuais adquirentes.

(D) havendo o registro de escritura definitiva de compra e venda de fração ideal de terreno vinculada à futura unidade autônoma, o incorporador não mais poderá desistir do empreendimento, mesmo estando ainda no período de carência.

Nota do autor: *a prova em correção foi realizada durante a vigência da antiga redação das Normas de Serviço da Corregedoria Paulista, o que ocorreu até 05/01/2020. A partir de então, o leitor deve atentar para as novas redações das NSCGJSP com as quais já baseamos os comentários.*

A: Correta: nos termos do art. 33 da Lei 4.591/64, combinado com item 218, Cap. XX, tomo II, das NSCGJSP, a obtenção do financiamento é fato que caracteriza a concretização da incorporação imobiliária; **B:** incorreta: não se pode confundir o prazo de 180 (cento e oitenta) dias de validade do registro da incorporação com o prazo de carência (improrrogável) estipulado pelo incorporador para desistência do empreendimento; **C:** incorreta: a desistência deve ser comunicada ao Registro de Imóveis e a todos os adquirentes, obrigatoriamente, nos termos do art. 34, § 4º da Lei 4.591/64, sob pena de responsabilidade civil e criminal; **D:** incorreta: dentro do prazo de carência é lícito ao incorporador desistir do empreendimento, comunicando os adquirentes ou pretensos compradores.

Gabarito "A".

(Cartório/MG – 2009 – EJEF) A vigente Lei n. 4.591, de 11 de dezembro de 1964, a qual dispõe sobre o condomínio em edificações e as incorporações, estabelece:

I. A alienação de cada unidade, a transferência de direitos pertinentes à sua aquisição e a constituição de direitos reais sobre ela independerão do consentimento dos condôminos.

II. O condomínio por unidades autônomas instituir-se-á por ato entre vivos ou por testamento, com inscrição obrigatória no registro de imóveis, dele constando: a individualização de cada unidade, sua identificação e discriminação, bem como a fração ideal sobre o terreno e partes comuns, atribuída a cada unidade, dispensando-se a descrição interna da unidade.

III. Considera-se aprovada, e obrigatória para os proprietários, promitentes compradores, cessionários e promitentes cessionários, atuais e futuros, como para qualquer ocupante, a Convenção que reúna as assinaturas de titulares de direitos que representem, no mínimo, 2/3 das frações ideais que compõem o condomínio.

A partir dessas afirmações, pode-se concluir que

(A) apenas uma é falsa.

(B) apenas duas são falsas.

(C) todas são falsas.

(D) todas são verdadeiras.

I: correto: diferentemente do que ocorre no condomínio comum, no condomínio edilício, por serem unidades independentes entre si no que se refere ao exercício dos poderes inerentes ao direito de propriedade, nenhum dos condôminos depende dos demais para a alienação de sua unidade ou oneração, ressalvado o regime especial pertinente às vagas de garagem; II: correto: são disposições obrigatórias para a instituição de um condomínio edilício, como determinado no art. 1.332 do CC; III: correto. Para que a convenção de condomínio se considere aprovada e obrigatória, basta a anuência de 2/3 dos condôminos, como determina o art. 1.333 do CC. De outro lado, para que tenha ela eficácia em relação a terceiros, imprescindível o seu registro imobiliário, que se fará no

Livro 3-Registro Auxiliar, do Oficial de Registro de Imóveis do local da situação do empreendimento. É de se recordar que o condômino que não votou ou votou contra a maioria não é considerado terceiro, razão pela qual a convenção tem eficácia contra a minoria vencida, independentemente de registro.

Gabarito "D".

(Cartório/MG – 2007 – EJEF) Considera-se constituído o "Patrimônio de afetação":

(A) Com a lavratura da respectiva escritura pública em tabelionato de Notas.

(B) Com o registro da escritura, que o houver constituído, no Registro de Imóveis.

(C) Mediante averbação de termo firmado pelo incorporador e, quando for o caso, também pelos titulares de direitos reais de aquisição sobre o terreno.

(D) Pelo registro do processo de incorporação imobiliária, no Registro de Imóveis.

O patrimônio de afetação foi instituído pela Lei 10.931/2004 como forma de conferir maior proteção aos adquirentes das unidades em caso de insolvência ou falência do incorporador. Pelo texto do art. 31-A da Lei 4.591/1964, basta o requerimento do incorporador para que a incorporação fique submetida ao regime especial do patrimônio de afetação. O art. 31-B da Lei 4.591/1964 dispõe que "considera-se constituído o patrimônio de afetação mediante averbação, a qualquer tempo, no Registro de Imóveis, de termo firmado pelo incorporador e, quando for o caso, também pelos titulares de direitos reais de aquisição sobre o terreno".

Gabarito "C".

(Cartório/MT – 2003 – UFMT) A alteração de especificação de condomínio horizontal da Lei n.º 4.591/64 exige:

(A) Aprovação unânime pela totalidade dos condôminos titulares de direitos das frações ideais que compõem o condomínio.

(B) Aprovação pelos titulares de direitos que representem, no mínimo, 2/3 das frações ideais que compõem o condomínio.

(C) Aprovação pela maioria (50% + 1) dos titulares de direito que representem, no mínimo, 2/3 das frações ideais que compõem o condomínio.

(D) Aprovação pela maioria (50% + 1) dos condôminos titulares de direitos das frações ideais que compõem o condomínio.

(E) Aprovação dos condôminos titulares de direitos das frações ideais que compõem o condomínio em quórum estabelecido em convenção condominial.

Toda alteração da estrutura fundamental do condomínio em edificações, da destinação do todo ou mesmo de uma das unidades autônomas, depende da unanimidade dos condôminos, como forma de garantir a segurança e a estabilidade das relações condominiais. A segunda parte do art. 1.351 do CC determina que "a mudança da destinação do edifício, ou da unidade imobiliária, depende da aprovação pela unanimidade dos condôminos".

Gabarito "A".

(Cartório/RJ – 2008 – UERJ) Em relação à convenção de condomínio, é correto afirmar que:

(A) Só pode ser formalizada por escritura pública.

(B) Será obrigatoriamente registrada no cartório de títulos e documentos.

(C) Pode definir *quorum* de 2/3 dos condôminos para mudança da destinação do edifício.

(D) Pode ser alterada pela deliberação de 2/3 dos condôminos presentes à Assembleia Geral.

(E) É documento eficaz para regular as relações entre condôminos, ainda que não registrada formalmente no Registro de Imóveis.

Nos termos do disposto no art. 1.333 do CC, a convenção é eficaz entre as partes, inclusive em relação à minoria vencida, desde que aprovada por 2/3 dos condôminos, independentemente de registro imobiliário, cuja finalidade é conferir eficácia a terceiros. Quanto às demais assertivas, temos: A: incorreto. A convenção, nos termos do art. 1.334, § 1º, do CC, pode ser firmada por instrumento público ou particular; B: não deve ser registrada em títulos e documentos porque há previsão expressa para seu registro perante o registro imobiliário (art. 1.333, parágrafo único, do CC; C: incorreto. Os quóruns previstos em lei podem ser modificados para criar uma situação mais gravosa aos condôminos, mas não para uma situação mais favorável. Assim, como o art. 1.351 do CC, exige unanimidade, não se pode criar quórum de votação inferior; D: incorreto. O quórum de 2/3 para alteração da convenção diz respeito aos condôminos e não aos presentes em Assembleia.

Gabarito "E".

(Cartório/RJ – 2002 – NCE-UFRJ) O registro da incorporação imobiliária será válido:

(A) até que sejam vendidas todas as unidades;

(B) pelo prazo de 180 dias;

(C) pelo prazo de um ano;

(D) por prazo indeterminado;

(E) até que se concluam as obras de construção.

O prazo de validade do registro da incorporação é de 180 (cento e oitenta) dias (o art. 13 da Lei 4.864/1965 ampliou o prazo previsto no art. 33 da Lei 4.591/1964 de 120 para 180 dias), conforme redação dada ao art. 33 da Lei 4.591/1964. Se, passado esse prazo, a incorporação não se houve executado, a documentação a que se refere o art. 32 da mesma lei deve ser renovada.

Gabarito "B".

(Cartório/SC – 2008) A respeito dos condomínios e incorporações, observadas as proposições abaixo, assinale a alternativa correta:

I. Far-se-á o registro da Convenção de Condomínio no Registro de Títulos e Documentos, bem como a averbação das suas eventuais alterações.

II. Os Oficiais de Registro de Imóveis terão 15 dias para apresentar, por escrito, todas as exigências que julgarem necessárias ao arquivamento da documentação indispensável à incorporação; satisfeitas as referidas exigências, terão o prazo de 15 dias para fornecer certidão relacionando os documentos apresentados e para devolver, autenticadas, as segundas vias, com exceção dos documentos públicos.

III. O Oficial de Registro de Imóveis responde civil e criminalmente se efetuar o arquivamento de documentação contraveniente à lei ou der certidão sem o arquivamento de todos os documentos exigidos para o registro da incorporação.

IV. O registro da incorporação será válido pelo prazo de 90 dias, findo o qual, se ela ainda não se houver concretizado, o incorporador só poderá negociar unidades depois de atualizar a documentação a que se refere o art. 32 da Lei nº 4.591/64, revalidando o registro por igual prazo.

(A) Somente as proposições II e III estão corretas.

15. REGISTRO DE IMÓVEIS   729

(B) Somente as proposições I e IV estão corretas.

(C) Todas as proposições estão corretas.

(D) Somente as proposições II e IV estão corretas.

(E) Somente as proposições I e II estão corretas.

I: incorreta. A convenção de condomínio, como determinado pelo art. 1.333 do CC, deve ser registrada no Ofício de Registro de Imóveis, bem como eventuais alterações devem ser ali averbadas para eficácia perante terceiros; II: correta. O art. 32, § 6º, da Lei 4.591/1964 determina a redução do prazo para 15 dias, seja para qualificação, seja para conferir informações acerca do processo de registro, como forma de acelerar o procedimento, bem como permitir divulgação e alienação pelo incorporador; III. correta: Trata-se de responsabilização específica, prevista no art. 32, § 7º, da Lei 4.591/1964; IV: incorreta. O registro da incorporação, nos termos do disposto no art. 33 da Lei 4.591/1964, é válido por 180 dias (o art. 13 da Lei 4.864/1965 ampliou o prazo previsto no art. 33 da Lei 4.591/1964 de 120 para 180 dias).
Gabarito "A".

(Cartório/MT – 2003 – UFMT) O Programa de Arrendamento Residencial para atendimento exclusivo da necessidade de moradia da população de baixa renda prevê o arrendamento residencial com opção de compra (Lei nº 10.188/2001). Referido diploma legal exige expressamente o ingresso do contrato de arrendamento residencial no registro?

(A) Não, pois a aquisição fiduciária do imóvel pelo arrendador e a aquisição do imóvel pelo arrendatário não serão objeto de registro.

(B) Sim, pois, além do arrendamento residencial, serão objeto de registro a aquisição fiduciária do imóvel pelo arrendador e a aquisição do imóvel pelo arrendatário.

(C) Sim, pois, além do arrendamento residencial, será unicamente objeto de registro a aquisição do imóvel pelo arrendatário.

(D) Não, pois serão objeto de registro tão somente a aquisição fiduciária do imóvel pelo arrendador e o contrato de transferência do direito de propriedade ao arrendatário, que poderá ser celebrado por instrumento particular com força de escritura pública.

(E) Sim, porém não serão objeto de registro a aquisição fiduciária do imóvel pelo arrendador e a aquisição do imóvel pelo arrendatário.

D: correta. Nos termos do art. 8º da mencionada lei, somente os instrumentos previstos no item d) serão levados a registro, sendo que poderão ser firmados por instrumento particular com força de escritura pública.
Gabarito "D".

(Cartório/MG – 2007 – EJEF) A Lei nº 4.591, de 1964:

(A) foi revogada pela Constituição de 1988.

(B) foi revogada pelo novo Código Civil, de 2002.

(C) rege as incorporações imobiliárias em todo o território nacional.

(D) disciplina as incorporações de imóveis na formação do capital das sociedades civis e comerciais.

C: correta. A Lei de incorporações imobiliárias continua em vigor, mesmo com o advento da Constituição Federal de 1988 e do Código Civil de 2002, não sendo o assunto tratado em outros textos normativos. É de se ressaltar, entretanto, que o tema de condomínio edilício ou condomínio especial passou a ser tratado no Código Civil, diferentemente do que ocorreu com a incorporação imobiliária.
Gabarito "C".

(Cartório/MG – 2012 – FUMARC) Com base na Lei 4.591, de 16 de dezembro de 1964, é correto afirmar, **EXCETO** que

(A) o condomínio por meação de parede, soalhos e tetos das unidades isoladas regular-se-á pelo disposto no Código Civil, no que lhe for aplicável.

(B) A alienação ou transferência de direitos sobre as unidades condominiais dependerá de prova de quitação das obrigações do alienante para com o respectivo condomínio.

(C) cada unidade com saída para a via pública, diretamente ou por processo de passagem comum, será sempre tratada como objeto de propriedade exclusiva, qualquer que seja o número de suas peças e sua destinação.

(D) as edificações ou conjuntos de edificações de um ou mais pavimentos construídos sob a forma de unidades isoladas entre si, destinadas a fins residenciais ou não residenciais, não poderão ser alienados, no todo ou em parte, objetivamente considerados, e constituirá cada unidade propriedade autônoma sujeita às limitações desta lei.

A: correta. Esta modalidade de condomínio está regulada no art. 1.327 e ss. do CC/2002; B: correta. A comprovação de quitação deve ser concedida pelo síndico, comprovando-se os poderes de representação deste. Vale lembrar que as contribuições condominiais são uma obrigação *propter rem*, razão pela qual se transmitem ao adquirente da unidade; C: correta. Nos condomínios edilícios, cada unidade deverá ser sempre considerada unidade autônoma em relação a todas as demais; D: incorreta. As construções realizadas nessas condições *podem* ser alienadas, como reza o art. 29 da Lei nº 4.591/1964.
Gabarito "D".

(Cartório/MG – 2012 – FUMARC) Baseado na Lei 4.591/1964, é **correto** afirmar que cada condômino poderá

(A) alterar a forma interna da fachada.

(B) embaraçar o uso das partes comuns.

(C) decorar as partes e esquadrias externas com tonalidades ou cores diversas das empregadas no conjunto da edificação.

(D) destinar a unidade à utilização diversa da finalidade do prédio, ou usá-la de forma nociva ou perigosa ao sossego, à salubridade e à segurança dos demais condôminos.

A: correta. A estrutura interna da unidade autônoma, desde que não altere a estrutura da edificação completa e comprometa o empreendimento. As alterações não podem alcançar a coisa comum ou a área comum, bem como não podem alterar a fachada do edifício.
Gabarito "A".

(Cartório/MG – 2012 – FUMARC) Com base na Lei 4.591/1964, o incorporador somente poderá negociar unidades autônomas após ter arquivado, no cartório competente de Registro de Imóveis, os seguintes documentos:

• Certidão negativa de imposto federal, estadual e municipal;

• Histórico dos títulos de propriedade do imóvel, abrangendo os últimos 30 anos, acompanhado de certidão dos respectivos registros;

• Projeto de construção devidamente aprovado pelas autoridades competentes;

• Certidão negativa de débito para com a Previdência Social, quando o titular de direitos sobre o terreno

730 LEANDRO BORREGO MARINI, MARINHO DEMBINSKI KERN E DANIELA ROSÁRIO

for responsável pela arrecadação das respectivas contribuições.

Analisando os itens, conclui-se que

(A) apenas um é falso.

(B) apenas dois são falsos.

(C) todos são falsos.

(D) todos são verdadeiros.

A: correta. Para que o incorporador possa negociar as unidades autônomas, deve, previamente, arquivar os documentos previstos no art. 32 da Lei nº 4.591/1964. Entre os documentos previstos na lei, o histórico não precisa abranger 30 anos, mas sim 20 anos.
Gabarito "A".

(Cartório/PA – 2016 – IESES) Faculta-se a averbação parcial da construção mediante apresentação de "habite-se parcial", fornecido pelo Poder Público Municipal, bem como da certidão negativa de débito para com o INSS, em hipóteses como as seguintes, EXCETO:

(A) Construção de uma ou mais casas em empreendimento do tipo "vila de casas" ou "condomínio fechado".

(B) Construção da parte térrea do edifício, constituída de uma ou mais lojas, estando em construção o restante do prédio.

(C) Construção de um bloco em empreendimento que preveja 2 (dois) ou mais blocos.

(D) Construção de imóvel multifamiliar exclusivamente residencial enquadrado no programa Minha Casa Minha Vida.

O art. 997 do Código de Normas e Serviços Notariais e de Registro do Estado do Pará prevê as hipóteses em que se admite a averbação parcial de construção mediante apresentação de "habite-se parcial" e CND do INSS, *in verbis*: "Faculta-se a averbação parcial da construção mediante apresentação de "habite-se parcial", fornecido pelo Poder Público Municipal, bem como da certidão negativa de débito para com o INSS, em hipóteses como as seguintes: I – construção de uma ou mais casas em empreendimento do tipo "vila de casas" ou "condomínio fechado"; II – construção de um bloco em empreendimento que preveja 2 (dois) ou mais blocos; III – construção da parte térrea do edifício, constituída de uma ou mais lojas, estando em construção o restante do prédio." Nesse contexto, as alternativas "A", "B" e "C" se amoldam aos incisos do artigo citado. A única que destoa é a alternativa "D", que, portanto, representa hipótese não abrangida pela possibilidade de averbação parcial da construção.
Gabarito "D".

10. REGULARIZAÇÃO FUNDIÁRIA

(Cartório/CE – 2018 – IESES) A Lei Federal 13.465/2017, de 11 de julho de 2017, define à Regularização Fundiária Urbana (Reurb), como o procedimento que abrange medidas jurídicas, urbanísticas ambientais e sociais destinadas à incorporação dos núcleos urbanos informais ao ordenamento territorial urbano e à titulação de seus ocupantes. Sobre a Reurb NÃO está correto a seguinte afirmação:

(A) As unidades desocupadas e não comercializadas alcançadas pela Reurb terão as suas matrículas abertas em nome do titular originário do domínio da área.

(B) O registro da CRF (Certidão de regularização fundiária) e do projeto de regularização fundiária, com abertura de matrícula para cada unidade imobiliária urbana regularizada será isento de custas e emolumentos.

(C) Na Reurb, os Municípios e o Distrito Federal poderão admitir o uso misto de atividades como forma de promover a integração social e a geração de emprego e renda no núcleo urbano informal regularizado.

(D) Na Reurb-E, caberá ao poder público competente, diretamente ou por meio da administração pública indireta, implementar a infraestrutura essencial, os equipamentos comunitários e as melhorias habitacionais previstos nos projetos de regularização, assim como arcar com os ônus de sua manutenção.

A: correta: é a literalidade do art. 54 da Lei 13.465/17; B: correto, desde que considerada a Reurb-S (art. 13, § 1º, inciso IV, da Lei de Reurb); C: correta: é a literalidade do art. 13, § 4º, da Lei de Reurb; D: incorreta: essa disposição se aplica à Reurb-S (art. 37 da Lei de Reurb).
Gabarito Anulada

(Cartório/SP – 2016 – VUNESP) O procedimento registral de regularização fundiária

(A) requer um procedimento prévio e autônomo de retificação, caso a descrição da gleba constante do projeto de regularização e do memorial descritivo não coincida com a descrição constante na matrícula.

(B) é uno, aplicando-se tanto à regularização de parcelamento de interesse social quanto ao de interesse específico.

(C) não é possível quando incidir sobre dois ou mais imóveis, total ou parcialmente, de proprietários diversos, caso em que estará obstada a fusão das matrículas, devendo a regularização ser procedida judicialmente.

(D) exige aprovação municipal, a qual corresponderá ao licenciamento urbanístico, bem como ao ambiental, se o Município tiver conselho de meio ambiente e órgão ambiental capacitado, cabendo ao Oficial de Registro analisar a composição do conselho de meio ambiente, e a capacitação do órgão ambiental.

A: a alternativa está incorreta, pois o item nº 280 do capítulo XX das Normas de Serviço da Corregedoria Geral da Justiça de São Paulo, vigente à época da prova (a matéria está atualmente regulada pelos itens nº 267 e seguintes das referidas Normas, com o novo regramento dado pelo Provimento CG nº 56/2019), previa a desnecessidade de um procedimento prévio e autônomo de retificação na hipótese de se tratar de regularização fundiária, podendo o Oficial adotar a descrição constante do memorial descritivo e averbá-la previamente na matrícula. B: a alternativa está correta, pois espelha o disposto no item nº 276 do capítulo XX das Normas de Serviço da Corregedoria Geral da Justiça de São Paulo, com a redação vigente à época da prova (o leitor deverá atentar para as novas espécies introduzidas no ordenamento por intermédio da Lei 13.465/2017, quais sejam a Reurb-S e Reurb-E). C: a alternativa está incorreta, porque o item nº 286 do capítulo XX das Normas de Serviço da Corregedoria Geral da Justiça de São Paulo, com a redação vigente à época da prova previa expressamente a possibilidade de realizar esta fusão e de concluir a regularização fundiária. D: a alternativa está correta na parte em que determina a necessidade de aprovação municipal, bem como que esta aprovação corresponderá ao licenciamento ambiental, se o Município tiver conselho de meio ambiente e órgão ambiental capacitado (conforme item nº 283 das referidas Normas de Serviço paulistas, com a redação vigente à época da prova), porém incide em erro ao afirmar que cabe ao Oficial analisar a composição do conselho de meio ambiente e a capacitação do órgão ambiental, já que semelhante investigação não é de sua atribuição, conforme previa o item nº 283.1 do capítulo XX das Normas de Serviço da Corregedoria Geral da Justiça de São Paulo, com a redação vigente à época da prova, *in verbis*: "Presume-se capacitado o órgão Municipal

15. REGISTRO DE IMÓVEIS | 731

que emitir o licenciamento ambiental, ficando dispensado o Oficial do Registro de Imóveis de verificar a composição de seu conselho de meio ambiente e a capacitação do órgão ambiental municipal." A questão se resolve com o texto das Normas de Serviço da Corregedoria Geral da Justiça de São Paulo vigente à época da prova, mas convém alertar o candidato que a Lei n° 13.465/17 e o Provimento CG n° 56/2019 trouxeram um novo regramento sobre regularização fundiária, o qual deve ser minuciosamente estudado.

Gabarito "B".

(Cartório/PA – 2016 – IESES) Sobre a regularização fundiária urbana, NÃO ESTÁ CORRETO afirmar que:

(A) Cabe ao Município estabelecer regras sobre procedimento ou regulamentação de regularização fundiária, sendo indispensável este regramento da sua implementação.

(B) Embora não conste expressamente na norma legal, o loteador clandestino ou irregular está legitimado para inicial o procedimento de regularização fundiária.

(C) O Ministério Público tem legitimidade ativa para propor ação civil pública visando à regularização de loteamentos urbanos destinados à moradia popular.

(D) O artigo 40 da Lei 6766/79 confere ao Município o dever-poder de promover a regularização ou desmembramento dos loteamentos irregulares.

A: alternativa incorreta, pois, embora caiba ao Município estabelecer regras suplementares atentas às peculiaridades locais (art. 49 da Lei n° 11.977/09 vigente à época da prova – – atualmente revogado pela Lei n° 13.465/2017, que regulamenta o tema da regularização fundiária, o que, entretanto, não afasta a competência municipal no particular, por força do art. 30, I, II e VIII, da Constituição Federal), a regularização fundiária, com as regras traçadas na Lei n° 11.977/09 (vigente à época da prova) e no Código de Normas e Serviços Notariais e de Registro do Estado do Pará, já poderia ser realizada, sem a necessidade de se aguardar regulamentação municipal (conforme art. 49, parágrafo único, da Lei n° 11.977/09, vigente à época da prova – atualmente revogado pela Lei n° 13.465/2017, que regulamenta o tema da regularização fundiária, o que, de toda sorte, não gera a necessidade de se aguardar a legislação municipal, uma vez que a Lei n° 13.465/17 já traça normas gerais capazes de permitir a realização do procedimento), o que, se exigido, comprometeria a eficácia deste instrumento de implementação do direito à moradia. **B:** alternativa correta, embora não conste na Lei n° 11.977/09 (vigente à época da prova), o art. 1.036, § 3°, do Código de Normas e Serviços Notariais e de Registro do Estado do Pará admitiu que o loteador também pudesse se valer dos instrumentos de regularização fundiária. **C:** alternativa correta, o Ministério Público, como fiscal da ordem jurídica, é legitimado à propositura de ações civis públicas (art. 5°, I, da Lei n° 7.347/85), pode propor a referida ação visando à regularização dos loteamentos urbanos destinados à moradia popular, já que isso representa a defesa dos interesses tutelados pela Ação Civil Pública, previstos no art. 1° da Lei n° 7.347/85. **D:** alternativa correta, pois assim dispõe o art. 40, *caput*, da Lei n° 6.766/79: "A Prefeitura Municipal, ou o Distrito Federal quando for o caso, se desatendida pelo loteador a notificação, poderá regularizar loteamento ou desmembramento não autorizado ou executado sem observância das determinações do ato administrativo de licença, para evitar lesão aos seus padrões de desenvolvimento urbano e na defesa dos direitos dos adquirentes de lotes." Por fim, ressaltamos que o candidato deve conferir a Lei n° 13.465/17, que atualmente regulamenta a regularização fundiária.

Gabarito "A".

(Cartório/PA – 2016 – IESES) Na Regularização Fundiária:

(A) Não é dispensada a observância aos requisitos da Lei 6766/79, mesmo nos casos de regularização fundiária de interesse social.

(B) Os procedimentos de regularização fundiária não possuem tramitação direta no ofício de imóveis.

(C) A conversão da legitimação de posse em domínio depende sempre da intervenção judicial.

(D) O registro é somente um dos aspectos, que, sob o enfoque do direito privado, compreende processo complexo que visa atribuir juridicidade a imóveis em situação ilegal ou informal.

A: alternativa incorreta, pois o art. 65, parágrafo único, da Lei n° 11.977/09 (vigente à época da prova) previa que para o registro da regularização fundiária de interesse social era dispensada a observância dos requisitos da Lei n° 6.766/79. **B:** alternativa incorreta, por violar o disposto no art. 1.027, *caput*, do Código de Normas e Serviços Notariais e de Registro do Estado do Pará, que prevê que esses procedimentos poderão tramitar administrativamente no Registro de Imóveis. **C:** alternativa incorreta, pois o art. 60, *caput*, da Lei n° 11.977/09 (vigente à época da prova) previa que o pedido de conversão da legitimação de posse em domínio podia ser feito diretamente ao Registro de Imóveis. **D:** alternativa correta, pois a regularização fundiária não engloba só aspectos jurídicos ou mesmo registrais, como previa o art. 46 da Lei n° 11.977/09 (vigente à época da prova): "A regularização fundiária consiste no conjunto de medidas jurídicas, urbanísticas, ambientais e sociais que visam à regularização de assentamentos irregulares e à titulação de seus ocupantes, de modo a garantir o direito social à moradia, o pleno desenvolvimento das funções sociais da propriedade urbana e o direito ao meio ambiente ecologicamente equilibrado." Por fim, ressaltamos que o candidato deve conferir a Lei n° 13.465/17, que atualmente regulamenta a regularização fundiária.

Gabarito "D".

11. CÉDULAS DE CRÉDITO

(Cartório/SP – 2018 – VUNESP) Com referência ao crédito imobiliário, tendo como garantia a alienação fiduciária de um determinado imóvel, assinale a alternativa correta.

(A) O credor fiduciário, mesmo não sendo instituição financeira, poderá emitir Cédula de Crédito Imobiliário (CCI) representativa desse crédito.

(B) A Cédula de Crédito Imobiliário, quando não escritural, deverá ser emitida concomitantemente ao contrato de alienação fiduciária, devendo ainda ser subscrita pelo devedor fiduciante.

(C) Sendo o credor fiduciário uma instituição financeira autorizada pelo Banco Central do Brasil, poderá optar pela emissão de Letra de Crédito Imobiliário ou de Cédula de Crédito Imobiliário representativa desse crédito, implicando a transferência de qualquer um deles na automática transmissão da respectiva garantia ao cessionário, que ficará sub-rogado em todos os direitos decorrentes do referido crédito.

(D) Na hipótese de emissão de Cédula de Crédito Imobiliário, quando em forma escritural, todas as transferências deverão ser averbadas na matrícula, com a finalidade de se manter a continuidade nas sucessões dos direitos.

A: correta. A Cédula de Crédito Imobiliário (CCI) é título que representa créditos imobiliários, não sendo sua emissão privativa de instituições financeiras, nos termos do art. 18 da Lei 10.931/04; **B:** incorreta, a averbação da CCI e o registro da garantia não necessariamente são simultâneos e, ainda, não tem como requisito a assinatura do devedor fiduciante, mas apenas do credor, nos termos do art. 19, X e 21 da Lei 10.931/04; **C:** incorreta: apenas as CCI's têm previsão para

essa transmissão automática da garantia e sub-rogação dos direitos decorrentes do crédito (art. 22, § 1º, da Lei 10.931/04); **D:** incorreta: emitida a CCI na forma escritural, a lei dispensa que toda a cadeia de transmissões seja averbada na matrícula do imóvel em garantia (art. 22, § 2º, da Lei 10.931/04).
Gabarito "A".

(Cartório/RJ – 2008 – UERJ) O prazo para registro de uma cédula de crédito rural, comercial ou industrial de produto rural ou de crédito a exportação é de:

(A) três dias

(B) cinco dias

(C) dez dias

(D) quinze dias

(E) trinta dias

A: correta. O prazo, nos termos do disposto no art. 38 do Decreto-lei nº 167/1967, vigente à época da prova, era de 3 (três) dias úteis. O leitor deverá ficar atento para a revogação de diversos dispositivos, inclusive aquele em exame, por ocasião da Lei n. 13.986/2020 que alterou a forma de registro das cédulas rurais.
Gabarito "A".

(Cartório/SC – 2008) No que se refere à lei que institui a Cédula de Produto Rural (Lei nº 8.929, de 22 de agosto de 1994), é correto afirmar:

(A) Podem ser objeto de hipoteca cedular os imóveis rurais, porém não os urbanos.

(B) A garantia cedular da obrigação poderá consistir em hipoteca, penhor, alienação fiduciária e anticrese.

(C) A descrição dos bens vinculados em garantia pode ser feita em documento à parte, assinado pelo emitente, fazendo-se, na cédula, menção a essa circunstância.

(D) O emitente da cédula, cuidando-se de penhor constituído por terceiro, responderá subsidiariamente com o empenhador pela guarda e conservação dos bens.

(E) A não identificação dos bens objeto de alienação fiduciária retira a eficácia da garantia, que poderá incidir sobre outros do mesmo gênero, qualidade e quantidade, de propriedade do garante.

C: correta. As Cédulas de Crédito (exceto bancárias), devem trazer garantias de cumprimento da obrigação (promessa de pagamento). No que se refere à CPR, o art. 3º, § 2º da mencionada Lei, expressamente prevê que a descrição dos bens dados em garantia pode ser feita em documento anexo, não sendo requisito essencial integrar o corpo da cédula. No entanto, é essencial que haja a menção a tal fato na própria cédula.
Gabarito "C".

(Cartório/SP – V – VUNESP) O penhor industrial, para valer contra terceiros, constitui-se

(A) só mediante instrumento público, registrado no Registro de Imóveis da sede do devedor.

(B) mediante instrumento público ou particular, registrado no Registro Público de Empresas Mercantis da sede do devedor, a cargo das Juntas Comerciais.

(C) mediante instrumento público ou particular, registrado no Registro de Imóveis da circunscrição onde estiverem situadas as coisas empenhadas.

(D) mediante instrumento particular, registrado no Registro de Títulos e Documentos em que tiverem sede tanto o devedor quanto o credor, emitida pelo primeiro, a

favor do último, uma cédula de crédito industrial, se houver o compromisso do devedor de saldar em dinheiro o débito pignoratício.

C: correta. O penhor, por natureza, pode ser feito por instrumento público ou particular. De acordo com seu objeto ou sua modalidade, o órgão com atribuição para registro poderá ser o Registro de Imóveis ou o Registro de Títulos e Documentos. No que se refere ao penhor industrial, por ter por objeto bens que ordinariamente aderem ao imóvel, se vinculam a ele, deve ser registrado perante o Ofício de Registro de Imóveis do local da situação dos bens, no Livro 3 – Registro Auxiliar, como determinado nos arts. 178 da LRP e 1.448 do CC.
Gabarito "C".

(Cartório/SP – 2016 – VUNESP) Relativamente às cédulas de crédito, assinale a alternativa correta.

(A) Para o registro das cédulas de crédito industrial, rural, à exportação e comercial, bem como de seus aditivos, é indispensável o reconhecimento de firmas.

(B) A emissão e a negociação de cédula de crédito imobiliário independem de autorização do devedor do crédito imobiliário que ela representa.

(C) A cédula de crédito industrial hipotecária será registrada no livro 2, de registro geral.

(D) A cédula de crédito rural pignoratícia não é registrável no Registro de Imóveis, devendo ser inscrita no Registro de Títulos e Documentos.

A: a alternativa está incorreta, porque o item nº 87 do capítulo XX das Normas de Serviço da Corregedoria Geral da Justiça de São Paulo expressamente prevê que é dispensável o reconhecimento de firma (redação vigente na data do concurso). **B:** a alternativa está correta, pois espelha a autorização contida no art. 21 da Lei nº 10.931/04. **C:** a alternativa está incorreta, pois a cédula de crédito industrial será registrada no livro 3, de registro auxiliar, por força do art. 178, II, da Lei nº 6.015/73 e do item nº 80, "a", do capítulo XX das Normas de Serviço da Corregedoria Geral da Justiça de São Paulo. No Livro 2, de registro geral, será registrada a hipoteca objeto da referida cédula, e não a cédula em si. **D:** a alternativa está incorreta, pois a cédula rural pignoratícia era, à época do concurso, registrável no Registro de Imóveis, conforme o art. 30, "a", do Decreto-Lei nº 167/67 (antiga redação), que foi revogado por ocasião da Lei n. 13.986/2020.
Gabarito "B".

(Cartório/MG – 2015 – Consulplan) Em referência ao ingresso das cédulas de crédito no registro de imóveis, avalie as seguintes assertivas:

I. Trata-se de um luxo de publicidade, pois se cuida de simples transcrição, cujo título, à ordem, pode circular por endosso, ao passo que, em alguns casos, o registro é cravado no cartório do domicílio do devedor, em detrimento do princípio da territorialidade do imóvel, o que não se compadece com a finalidade do registro, ou seja, a de imprimir segurança aos direitos reais.

II. No caso de hipoteca cedular sucessiva entre as mesmas partes, a primeira cédula hipotecária em que se contrata o financiamento será objeto de inscrição, mas a segunda, em que se contrata um financiamento adicional, fica sujeita apenas à averbação, a menos que se vinculem novos bens à garantia.

III. Para o registro de cédulas de crédito rural é exigido o Certificado de Cadastro de Imóvel Rural (CCIR), expedido pelo INCRA.

Está correto o que se afirma em:

(A) I e II apenas

(B) II apenas

(C) II e III apenas

(D) III apenas

A assertiva I está incorreta, pois o registro das cédulas não constitui mero "luxo de publicidade" e nem se constitui mediante simples transcrição. O registro é feito para dar publicidade da operação e da garantia a terceiros, o que vem exatamente ao encontro da segurança jurídica. Ademais, não é feita transcrição da cédula, mas sim sua inscrição, pois o título não é copiado "verbo ad verbum", já que são apenas indicados no registro os dados mais relevantes. Além disso, há a qualificação registral exercida no Registro de Imóveis, que se constitui em um crivo de legalidade, capaz de verificar se o título emitido está de acordo com as exigências da legislação, o que, novamente, reforça a segurança jurídica. A assertiva II está correta, pois espelha o disposto no art. 58 do Decreto-Lei nº 167/67 e no art. 50 do Decreto-Lei nº 413/69 (norma vigente na ocasião da prova). A assertiva III está incorreta, pois não são em todas as cédulas que se exige a apresentação do CCIR, mas apenas naquelas que contenha hipoteca, conforme art. 22, § 1º, da Lei nº 4.947/66 e art. 873, § 2º, do Código de Normas dos Serviços Notariais e de Registro do Estado de Minas Gerais – Provimento 260/2013 (redação vigente à época do concurso). Assim, a alternativa correta é a "B", pois é a que indica que a assertiva correta é a II. Atualmente, para fins de atualização, o leitor deverá atentar para o fato de que diversos dispositivos foram revogados por ocasião da Lei n. 13.986/2020.

Gabarito "B".

(Cartório/MG – 2016 – Consulplan) No que tange ao Decreto-Lei nº 167, de 14/02/1967 (Cédula Rural), avalie as seguintes alternativas:

I. A cédula de crédito rural poderá ser aditada, ratificada e retificada por meio de menções adicionais e de aditivos, datados e assinados somente pelo emitente.

II. O oficial recusará efetuar a inscrição se já houver registro anterior no grau de prioridade declarado no texto da cédula, considerando-se anulável o ato que infringir este dispositivo.

III. Podem ser objeto de hipoteca cedular imóveis urbanos e rurais.

IV. O financiamento rural concedido pelos órgãos integrantes do sistema nacional de crédito rural e pessoa física ou jurídica poderá efetivar-se por meio das cédulas de crédito rural previstas no Decreto-Lei nº 167, de 14/02/1967.

Está correto o que se afirma em:

(A) I, II, III e IV.

(B) III e IV, apenas.

(C) I, III e IV, apenas.

(D) II e IV, apenas.

A assertiva I está incorreta, porque o art. 12, *caput*, do Decreto-Lei nº 167/67 exige, além da assinatura do devedor nos aditivos e menções adicionais, a assinatura do credor (redação mantida no Decreto-Lei). A assertiva II está incorreta, pois, embora o Oficial deva recusar a inscrição caso já haja registro anterior no grau de prioridade declarado na cédula, o art. 35 do Decreto-Lei nº 167/67 cominava, à época da prova, a nulidade ao ato que infringisse esta regra (o dispositivo foi revogado por ocasião da Lei 13.986/2020). A assertiva III está correta, pois espelha o art. 23 do Decreto-Lei nº 167/67. A assertiva IV está correta, pois corresponde ao disposto no art. 1º do Decreto-Lei nº 167/67. Logo, a alternativa correta é a "B", que indicou como corretas as assertivas III e IV.

Gabarito "B".

(Cartório/MG – 2016 – Consulplan) No que diz respeito ao Decreto-Lei nº 167, de 14/02/1967 (Cédula Rural) e Decreto-Lei nº 413 de 09/01/1969 (Cédula de Crédito Industrial), avalie as seguintes afirmações:

I. A cédula de crédito industrial pode ser garantida por penhor cedular, hipoteca cedular e alienação fiduciária.

II. A cédula de crédito industrial é promessa de pagamento em dinheiro, com garantia real, cedularmente constituída e a cédula de crédito rural é promessa de pagamento em dinheiro, sem ou com garantia real cedularmente constituída.

III. A nota de crédito industrial é promessa de pagamento em dinheiro, sem garantia real.

IV. A venda dos bens apenhados ou hipotecados pela cédula de crédito rural depende de prévia anuência do credor, por escrito.

Está correto o que se afirma em:

(A) II, III e IV, apenas.

(B) III e IV, apenas.

(C) I, II, III e IV.

(D) II e IV, apenas.

A assertiva I está correta, por corresponder às modalidades de garantia admitidas pelo art. 19 do Decreto-Lei nº 413/69. A assertiva II está correta, porque corresponde ao disposto no art. 9º do Decreto-Lei nº 413/69 (quanto à cédula de crédito industrial) e ao disposto no art. 9º do Decreto-Lei nº 167/67 (quanto à cédula de crédito rural). Quanto à cédula de crédito rural, é bom advertir que o Decreto-Lei nº 167/67 adota a expressão "cédula de crédito rural" para indicar um conceito amplo que abrange as cédulas rurais pignoratícias, cédulas rurais hipotecárias, e cédulas rurais pignoratícias e hipotecárias (cédulas com garantia real) e as notas de crédito rural (que são as promessas de pagamento em dinheiro sem garantia real). O Decreto-Lei nº 413/69 é mais técnico no particular ao reservar a nomenclatura "cédula" para os casos em que há garantia real e a nomenclatura "nota" para os casos em que não há garantia real. De toda sorte, candidato deve ficar bem atento às nomenclaturas dispostas na legislação para não ser induzido ao erro na hora de responder à questão e à atualização e revogação de dispositivos realizada por intermédio da Lei 13.986/2020. A assertiva III está correta, pois corresponde ao conceito de nota de crédito industrial fornecido pelo art. 15 do Decreto-Lei 413/69. A assertiva IV está correta, por corresponder ao disposto no art. 59 do Decreto-Lei nº 167/67. Assim, a alternativa que representa que todas assertivas estão corretas é a letra "C".

Gabarito "C".

(Cartório/MG – 2016 – Consulplan) Marque a assertiva correta, levando-se em consideração a Lei nº 8.929, de 22/08/1994, que institui a Cédula de Produto Rural.

(A) A entrega do produto antes da data prevista na Cédula de Produto Rural independe da anuência do credor.

(B) Para cobrança da Cédula de Produto Rural, cabe a ação de execução para entrega de coisa certa.

(C) A Cédula de Produto Rural é título líquido e certo, exigível pela quantidade e qualidade de produto nela previsto.

(D) Tem legitimidade para emitir a Cédula de Produto Rural o produtor rural e suas associações, sendo vedadas as cooperativas.

A: alternativa incorreta, pois o art. 13 da Lei nº 8.929/94 prevê que a entrega antes da data prevista depende da anuência do credor. **B:** alternativa incorreta, pois o art. 15 da Lei nº 8.929/94 prevê que a ação para cobrança da cédula é a execução para entrega de coisa incerta. **C:** alternativa correta, pois corresponde ao conceito dado no art. 4º, *caput*, da Lei nº 8.929/94 (nova redação dada pela Lei 13.986/2020). **D:** alternativa incorreta, pois o art. 2º da Lei nº 8.929/94 confere legitimidade para emitir a CPR também às cooperativas (nova redação dada pela Lei 13.986/2020).

Gabarito "C".

12. AQUISIÇÃO DE IMÓVEL RURAL POR ESTRANGEIRO

(Cartório/DF – 2006 – CESPE) Acerca do registro imobiliário, julgue o item subsequente.

(1) A aquisição de imóvel urbano ou rural por pessoa natural ou jurídica estrangeira deve ser registrada no Livro nº 2, na matrícula do imóvel e no livro próprio existente para o registro de bens imóveis adquiridos por estrangeiros, devendo o oficial comunicar esses dados, trimestralmente, à Corregedoria e à Secretaria da Receita Federal.

1: Incorreta. Somente é devida nos termos do disposto no art. 11, da Lei nº 5.709/1971, a comunicação da aquisição de imóveis *rurais* por estrangeiros. Essa comunicação será trimestral e feita à Corregedoria Geral de Justiça de cada estado e ao INCRA. Não há comunicação à SRF dessa aquisição. A esta há, em verdade, a comunicação da operação imobiliária (DOI). Além da comunicação, há que ser feito o registro em livro especial, destinado ao controle das aquisições, sem prejuízo do registro no Livro 2 (este sim, de caráter constitutivo do direito de propriedade). O leitor deverá atentar para as importantes alterações na lei de regência introduzidas pela Lei 13.986/2020.

Gabarito "1E".

(Cartório/MG – 2009 – EJEF) Com base na Lei nº 5.709, de 7 de outubro de 1971, a qual regula a aquisição de imóvel rural por estrangeiro, assinale a opção INCORRETA.

(A) A aquisição de imóvel situado em área considerada indispensável à segurança nacional por pessoa estrangeira, física ou jurídica, depende do assentimento prévio da Secretaria Geral do Conselho de Segurança Nacional.

(B) Os cartórios de Registro de Imóveis manterão cadastro especial, em livro auxiliar, das aquisições de terras rurais por pessoas estrangeiras, físicas e jurídicas, no qual deverá constar:

I. menção do documento descritivo do imóvel, com área, características, limites e confrontações; e

II. memorial descritivo do imóvel, com área, características, limites e confrontações; e

III. transcrição da autorização do órgão competente, quando for o caso.

(C) Semestralmente, os cartórios de Registro de Imóveis remeterão, sob pena de perda do cargo, à Corregedoria da Justiça dos Estados a que estiverem subordinados e ao Ministério da Defesa, relação das aquisições de áreas rurais por pessoas estrangeiras, da qual constem os dados do adquirente e do imóvel.

(D) Nos loteamentos rurais efetuados por empresas particulares de colonização, a aquisição e ocupação de, no mínimo, 30% (trinta por cento) da área serão feitas obrigatoriamente por brasileiros.

Trata-se de obrigação inerente à atividade registral, cuja finalidade é o controle das aquisições de terras nacionais por estrangeiros. A violação

ao dever legal é falta grave, que pode acarretar até a perda da delegação, respeitado o devido processo legal e o direito ao contraditório.

Gabarito "C".

(Cartório/SP – VI – VUNESP) A aquisição de imóvel rural no Brasil, com área maior que três módulos, por pessoa física estrangeira, depende de autorização do poder público. Quando a Lei estabelece o padrão-módulo, refere-se a módulo

(A) de exploração indefinida.

(B) Fiscal.

(C) Rural.

(D) de fração mínima de parcelamento.

A: correta. O critério vem definido na própria Lei nº 5.709/1971, em seu art. 3º, que usa como base o módulo de exploração indefinida – MEI (cuja dimensão é estabelecida pelo INCRA).

Gabarito "A".

(Cartório/SP – 2016 – VUNESP) Assinale a alternativa correta.

(A) Aos cidadãos portugueses aplicam-se as restrições à aquisição de imóvel rural por estrangeiro, salvo se tiver sido declarado em igualdade de condições com os brasileiros, mediante comprovação da carteira de identidade.

(B) A pessoa física estrangeira, casada com brasileiro, está dispensada das restrições à aquisição de imóvel rural por estrangeiro.

(C) O negócio jurídico de compra e venda em que um estrangeiro adquire imóvel rural deve ser instrumentalizado por escritura pública se o valor do imóvel ultrapassar 30 salários-mínimos.

(D) As restrições à aquisição de imóvel rural por estrangeiro não se aplicam em caso de fusão de uma pessoa jurídica brasileira e uma pessoa jurídica estrangeira.

A: a alternativa está correta, pois o item nº 104 do capítulo XX das Normas de Serviço da Corregedoria Geral da Justiça de São Paulo, vigente à época do concurso, e atualmente renumerado para o item n. 102, previa que "O cidadão português declarado titular de direitos civis em igualdade de condições com os brasileiros (CF, art. 12, § 1º) poderá livremente adquirir imóveis rurais, mediante comprovação dessa condição com a apresentação da carteira de identidade perante o tabelião de notas ou o registrador, consignando-se o fato no registro." Deste item se extrai a ilação de que: comprovada a titularidade de direitos civis em igualdade com brasileiros, por meio da apresentação da carteira de identidade, não se aplicam as restrições; não comprovada, ao cidadão português se aplicam as restrições para aquisição de imóvel rural por estrangeiro. **B:** a alternativa está incorreta, porque o fato de o estrangeiro estar casado com brasileiro serve para dispensar a observância dos percentuais máximos de terra que os estrangeiros podem ter dentro de um Município (art. 12, § 2º, III, da Lei nº 5.709/71), mas não os dispensam das restrições e procedimentos legais para a aquisição de imóvel rural, o que é confirmado pelo disposto, à época da prova, no item nº 103 (atual item n. 101) do capítulo XX das Normas de Serviço da Corregedoria Geral da Justiça de São Paulo. **C:** a alternativa está incorreta, porque, embora a regra para a definição da necessidade do uso da escritura pública para as transmissões de propriedade seja o valor do imóvel superior a 30 salários mínimos (art. 108 do Código Civil), no caso de aquisição por estrangeiro, o art. 8º da Lei nº 5.709/71 determina que ela sempre deve ser instrumentalizada por escritura pública. **D:** a alternativa está incorreta, porque tanto o art. 20 do Decreto nº 74.965/74, como o item nº 105 (à época da prova e atual item 103) do capítulo XX das Normas de Serviço da Corregedoria Geral da Justiça de São Paulo, preveem a aplicabilidade das restrições a estas operações societárias.

Gabarito "A".

15. REGISTRO DE IMÓVEIS 735

13. REGISTRO, CERTIDÕES E CENTRAIS ELETRÔNICAS

(Cartório/MG – 2019 – Consulplan) O Provimento 39/2014 do CNJ dispõe sobre a instituição e funcionamento da Central Nacional de Indisponibilidade de Bens – CNIB, destinada a recepcionar comunicações de indisponibilidade de bens imóveis não individualizados. De acordo com esse ato normativo, assinale a afirmativa correta.

(A) Verificada a existência de bens no nome cadastrado, a indisponibilidade será prenotada e averbada na matrícula ou transcrição do imóvel, ainda que este tenha passado para outra circunscrição.

(B) Em caso de aquisição de imóvel por pessoa cujos bens foram atingidos por ordem de indisponibilidade deverá o Oficial de Registro de Imóveis, imediatamente após o lançamento do registro do título aquisitivo na matrícula do imóvel, promover a averbação da indisponibilidade, após prévia consulta ao adquirente.

(C) Consistindo eventual exigência para o registro de alienação judicial de imóvel atingido por ordem de indisponibilidade na falta de indicação, no título, da prevalência da alienação judicial em relação à restrição oriunda de outro juízo ou autoridade administrativa a que foi dada ciência da execução, será o fato comunicado ao Juízo que expediu o título de alienação, visando sua complementação, ficando prorrogada a prenotação por trinta dias contados da expedição dessa comunicação.

(D) As indisponibilidades averbadas nos termos do Provimento nº 39/2014 do CNJ impedem a inscrição de constrições judiciais, mas não impedem o registro da alienação judicial do imóvel desde que a alienação seja oriunda do juízo que determinou a indisponibilidade, ou a que distribuído o inquérito civil público e a posterior ação desse decorrente, ou que consignado no título judicial a prevalência da alienação judicial em relação à restrição oriunda de outro juízo ou autoridade administrativa a que foi dada ciência da execução.

Nota do autor: A prova foi feita na vigência do Prov. 260/CGJ/2013 – antigo Código. Em virtude do Prov. Conjunto n. 93/PR/2020, houve alteração do referido Código de Normas, o que deve ser observado pelo leitor. **A**: correta: são os exatos termos do art. 14, § 3º, primeira parte do Provimento 39/14, CNJ; **B**: incorreta: Tal providência deve ser tomada pelo Oficial de Registro de Imóveis independe de consulta ao adquirente (art. 14, § 4º do Provimento); **C**: incorreta: o termo inicial do prazo é a efetivação da comunicação ao Juízo e não sua expedição (art. 16, par. único do Provimento); **D**: incorreta: as indisponibilidades averbadas nos termos do Provimento não impedem a inscrição de constrições judiciais (art. 16, "caput", do Provimento).
Gabarito "A".

(Cartório/SP – 2018 – VUNESP) Em relação à certidão do registrador de imóveis expedida em formato eletrônico, é correto afirmar que

(A) o fornecimento de certidão no formato eletrônico depende de autorização do juiz corregedor permanente, a quem cabe verificar se a serventia está apta à prestação desse tipo de serviço.

(B) qualquer oficial de registro de imóveis, integrante da central de registradores de imóveis do Estado de São Paulo, poderá materializar certidão em papel de segurança com base em certidão eletrônica fornecida por outro registrador integrante da mesma central.

(C) poderá ser postada pelo oficial, via correio eletrônico, diretamente ao solicitante.

(D) poderá ser disponibilizada para download, desde que seja por meio da central de serviços compartilhados ou por meio de site próprio da serventia, aprovada pelo Juiz Corregedor Permanente.

Nota do autor: *a prova em correção foi realizada durante a vigência da antiga redação das Normas de Serviço da Corregedoria Paulista, o que ocorreu até 05/01/2020. A partir de então, o leitor deve atentar para as novas redações das NSCGJSP com as quais já baseamos os comentários.*
A: incorreta: a expedição de certidão eletrônica independe de autorização e verificação dessa aptidão, uma vez que todos os registros de imóveis do Estado de São Paulo devem obrigatoriamente ter acesso à Central; **B**: correta: nos termos do item 357.1, Cap. XX, tomo II, das NSCGJSP (Normas de Serviço de São Paulo); **C**: incorreta: é vedada a remessa de certidões via correio eletrônico (item 359.1, Cap. XX, tomo II, das NSCGJSP); **D**: incorreta: o "download" das certidões deve ser feito obrigatoriamente pela Central, sendo vedada a disponibilização desse serviço por outro meio como, por exemplo, o sítio eletrônico da serventia (item 359.1, Cap. XX, tomo II, das NSCGJSP).
Gabarito "B".

14. USUCAPIÃO EXTRAJUDICIAL

(Cartório/RS – 2019 – VUNESP) Quanto à usucapião extrajudicial de um direito real de servidão de passagem aparente, é correto afirmar que

(A) não é direito usucapível, e, portanto, não pode ser reconhecido na esfera extrajudicial.

(B) é direito usucapível, e sua aquisição pela usucapião pode ser reconhecida na esfera registral.

(C) é direito usucapível, mas sua aquisição pela usucapião não pode ser reconhecida na esfera extrajudicial.

(D) não é direito usucapível, salvo se adquirido pela usucapião extraordinária, caso em que pode a aquisição ser reconhecida registralmente.

(E) é direito usucapível somente pela espécie extraordinária, devendo ser reconhecida a aquisição na esfera judicial.

A usucapião extrajudicial é regulamentada, em linhas gerais, pelo Provimento 65/2017 do Conselho Nacional de Justiça. Nos termos do art. 2º, § 1º, do Provimento, qualquer direito real usucapível pode ser objeto dessa modalidade de reconhecimento, não somente a propriedade. A usucapião das servidões aparentes é prevista no Código Civil em seu artigo 1.379. Diante disso, aliando o dispositivo do Código Civil que prevê a servidão aparente como direito usucapível, com a disposição normativa relativa às usucapiões extrajudiciais, temos a alternativa B como única correta, valendo esclarecer que o Provimento não faz distinção quanto à modalidade de usucapião (se ordinária ou extraordinária). *Nota do autor: Observar a atualização no regramento da usucapião extrajudicial ante o Provimento 121 de 13/07/2021.*
Gabarito "B".

(Cartório/CE – 2018 – IESES) Quanto a usucapião extrajudicial ou administrativa assinale a alternativa correta:

(A) O oficial do registro de imóveis exigirá, para o ato do registro da usucapião, o pagamento do Imposto de Transmissão de Bens Imóveis – ITBI ou certidão da Prefeitura dispensando o recolhimento do tributo.

(B) O reconhecimento extrajudicial da usucapião de imóvel matriculado não extinguirá eventuais restrições administrativas nem gravames judiciais regularmente inscritos.

(C) Se a planta não contiver a assinatura de qualquer um dos titulares de direitos registrados ou averbados na matrícula do imóvel usucapiendo ou na matrícula dos imóveis confinantes, o titular será notificado pelo registrador competente, pessoalmente ou pelo correio com aviso de recebimento, para manifestar consentimento expresso em quinze dias, interpretado o silêncio como discordância.

(D) O registro do reconhecimento extrajudicial da usucapião de imóvel sempre implica em abertura de nova matrícula.

A usucapião extrajudicial foi regulada nacionalmente por intermédio do Provimento 65/17 do Conselho Nacional de Justiça. **A:** incorreta: na usucapião, por se tratar de modo originário da aquisição da propriedade, o Oficial não exigirá o imposto de transmissão ou prova de sua inexigibilidade (art. 24 do Provimento); **B:** correta: é a literalidade do art. 21, "caput" do Provimento; **C:** incorreta: ao longo do tempo, o texto de lei foi modificado e, atualmente, após alterações legislativas, o silêncio é interpretado como concordância do notificado, sob pena de esvaziamento do instituto da usucapião extrajudicial (art. 10, "caput", do Provimento); **D:** incorreta: a regra geral determina a abertura de nova matrícula quando do reconhecimento da usucapião. Entretanto, extraem-se dos parágrafos do artigo 20 do Provimento algumas exceções (a expressão "sempre" no enunciado tornou a alternativa errada) como, por exemplo, no caso do imóvel já se encontrar matriculado e o pedido referir-se à totalidade do bem, situação em que se averbará na matrícula existente o reconhecimento da usucapião. *Nota do Autor: Deve-se atentar por recente modificação realizada no teor do referido Provimento, por intermédio do Prov. CNJ 121, de 13/07/2021.*

Gabarito "B".

16. Língua Portuguesa

Magally Dato

1. INTERPRETAÇÃO DE TEXTOS

(Cartório/SP – VI – VUNESP) Leia o poema.

Ao desconcerto do Mundo

Os bons vi sempre passar

No Mundo graves tormentos;

E pera* mais me espantar,

Os maus vi sempre nadar

Em mar de contentamentos.

Cuidando alcançar assim

O bem tão mal ordenado,

Fui mau, mas fui castigado.

Assim que, só pera mim

Anda o Mundo concertado.

(Luís de Camões, *Obras Escolhidas*, Lisboa, Livraria Sá da Costa – Editora, 1954, 2.ª edição, vol. 1, p. 136)

*pera – grafia da preposição para no séc. XVI.

Assinale a alternativa que reproduz de maneira mais completa o pensamento do autor.

(A) No mundo, o autor vê que os bons sofrem enquanto os maus vivem bem.

(B) Os bons gostam de sofrer.

(C) Os maus são castigados pelos bons.

(D) Só para o autor o mundo está em desarmonia.

O autor conclui a ideia do poema com "só pera mim / Anda o Mundo concertado", pois somente o eu lírico do poema (eu lírico é a voz que expressa a subjetividade do poeta) sofre as consequências esperadas por um mau comportamento. O eu lírico diz ter visto os bons passarem por graves tormentos e os maus nadarem em mar de contentamentos. Ele tentou alcançar o bem por meio do mal, porém foi castigado ("Cuidando alcançar assim / O bem tão mal ordenado / Fui mau, mas fui castigado.)
Gabarito "A".

2. REDAÇÃO

(Cartório/SP – II – VUNESP) Indique a frase que contém a abreviatura **correta**.

(A) Ele deveria partir às 18hs.

(B) O estábulo ficava a 20 mts. da casa sede.

(C) Requeiro a V.Excia. a reconsideração do despacho.

(D) Ele mora perto da P. da República.

A: 18h; B: 20 m (nenhuma abreviatura do sistema métrico decimal tem ponto ou plural); C: V. Exa.; D: usa-se inicial maiúscula nos nomes de logradouros públicos (P. ou Pça.).
Gabarito "D".

(Cartório/SP – III – VUNESP) Indique a palavra **corretamente** grafada.

(A) Noso-grafia.

(B) Geo-ciência.

(C) Mixo-zoário.

(D) Licença-paternidade.

As palavras nosografia, geociência e mixozoário são escritas sem o hífen. Os substantivos licença e paternidade quando unidos por hífen formam o substantivo composto licença-paternidade.
Gabarito "D".

(Cartório/SP – VI – VUNESP) Assinale a alternativa que completa, **correta** e respectivamente, as lacunas da frase.

Ele casou-se _____ em sem providenciar o _____ .

(A) primeira núpcia … pacto antenupcial

(B) primeiras núpcias … pacto antenupcial

(C) primeiras núpcias … pacto antinupcial

(D) primeira núpcia … pacto ante-nupcial

A palavra *núpcias* é escrita somente no plural. O prefixo *ante-* carrega a ideia de anterioridade ("antes de"), já o prefixo *anti-* nos dá a noção de oposição ou contrariedade.
Gabarito "B".

(Cartório/SP – V – VUNESP) Na expressão – "Em se tratando de regra restritiva, a ausência de expressa proibição não autoriza o intérprete a _____, pois não há _____ em boa técnica como interpretar, normas restritivas."– Assinale a alternativa que completa, **correta** e respectivamente, as lacunas da frase.

(A) extendê-la … extensivamente

(B) estendê-la … estensivamente

(C) extendê-la … estensivamente

(D) estendê-la … extensivamente

O verbo e**s**tender é grafado com S. As palavras e**x**tensivo (significa aquilo que se aplica ou que é válido para um maior número de pessoas, objetos ou casos), extensão (significa o ato ou efeito de estender-se) e extensivamente são grafadas com a letra X.
Gabarito "D".

(Cartório/SP – VI – VUNESP) Assinale a alternativa que completa, **correta** e respectivamente, as lacunas da frase

João substabeleceu o _____ _____ não confiava mais no advogado.

(A) mandato … por que

(B) mandado … porque

(C) mandato … porque

(D) mandado … por quê

Mandato significa a autorização de um poder concedida a alguém. Já *mandado* é um substantivo que expressa ordem ou missão, seja judicial ou administrativa. A segunda lacuna deve ser preenchida com a conjunção *porque* (veja tabela abaixo).

Gabarito "C."

porque	conjunção causal ou explicativa	João substabeleceu o mandato, porque não confiava mais no advogado.
porquê	substantivo	O porquê do substabelecimento foi a desconfiança de João.
por que	locução conjuntiva interrogativa (formada pela preposição *por* + pronome interrogativo). Equivale "por qual razão", "por qual motivo". É utilizado em interrogativas diretas ou indiretas.	**Por que** João substabeleceu o mandato? (interrogativa direta) O advogado quis saber **por que** [*por qual motivo*] João substabeleceu o mandato. (interrogativa indireta)
por que	pronome relativo	O motivo por que [*pelo qual*] o mandato foi substabelecido...
por quê	locução conjuntiva interrogativa (em fim de frase)	João substabeleceu o mandato. Por quê?

3. MORFOLOGIA

(Cartório/SP – VI – VUNESP) O plural da palavra que lhe é correspondente está **correto** em

(A) Júnior ... Júniors

(B) Gavião ... Gaviães

(C) Mal ... Maus

(D) Troféu ... Troféus

O plural dos substantivos forma-se com o acréscimo de: -s; -es; -ões ou -ães. A: juniores; B: gaviões; C: males. Há uma diferença entre *mau* e *mal*. A palavra "mau" é adjetivo e tem como plural "maus". Já a palavra "mal" pode ser tanto advérbio quanto substantivo. "Males" é o substantivo "mal" pluralizado. Quando "mal" é advérbio, mantém-se sempre no singular, pois é invariável.

Gabarito "D."

(Cartório/SP – III – VUNESP) Assinale a forma plural **incorreta**:

(A) navio-escola = navios-escola.

(B) bóia-fria = bóias-fria.

(C) bate-boca = bate-bocas.

(D) joão-de-barro = joões-de-barro.

Flexionam-se os dois elementos do substantivo composto formado por dois elementos variáveis (substantivo + adjetivo): bóias-frias. Verifique a tabela abaixo.

Flexionam-se os 2 elementos (note que os substantivos, adjetivos e numerais são variáveis)	
substantivo + substantivo	tenentes-coronéis; cartas-bilhetes; obras-primas
substantivo + adjetivo	amores-perfeitos; **bóias-frias**
adjetivo + substantivo	gentis-homens
numeral + substantivo	segundas-feiras

Flexiona-se somente o 1º elemento	
substantivo + preposição + substantivo	**joões-de-barro**; pães-de-ló
substantivo + substantivo que funciona como determinante do primeiro, especificando sua função	**navios-escola**; banana-prata; salários-família

Flexiona-se somente o 2º elemento	
verbo + substantivo	**bate-bocas**; guarda-chuvas; guarda-roupas
palavra invariável + palavra variável	abaixo-assinados; alto-falantes
palavras repetidas ou imitativas	tico-ticos; reco-recos

(Cartório/SP – III – VUNESP) Assinale a alternativa em que a forma do superlativo absoluto sintético está **correta**:

(A) simples – simplérrimo.

(B) pessoal – pessoalíssimo.

(C) doce – docíssimo.

(D) livre – libérrimo.

São dois os graus dos adjetivos: o comparativo e o superlativo. O superlativo denota que um ser ou apresenta determinada qualidade elevada ou, em comparação à totalidade dos seres que possui a mesma qualidade, é aquele que se destaca. O superlativo absoluto sintético é expresso por uma só palavra (adjetivo + sufixo). A: simplicíssimo ou simplíssimo; B: personalíssimo; C: dulcíssimo; D: a forma "libérrimo" está correta.

Gabarito "D."

(Cartório/SP – III – VUNESP) Das locuções adjetivas apresentadas, está **incorreta**:

(A) de monstro – monstrengo.

(B) de aluno – discente.

(C) sem cheiro – inodoro.

(D) de olho – ocular.

A locução é o conjunto de duas ou mais palavras que funcionam como uma só. Nas locuções adjetivas, temos preposição + substantivo, dando a ideia de um adjetivo. A palavra "mostrengo" é um substantivo. O adjetivo correspondente é monstruoso.

Gabarito "A."

(Cartório/SP – III – VUNESP) Dos exemplos de locuções adjetivas que possuem adjetivo correspondente, indique qual é **incorreto**:

(A) de visão – ótico.

(B) de vida – vital.

(C) de macaco – simiesco.

(D) de igreja – eclesiástico.

O adjetivo ótico refere-se à orelha. Relativo a olho é óptico.

Gabarito "A."

16. LÍNGUA PORTUGUESA 739

(Cartório/SP – III – VUNESP) Quanto ao gênero do substantivo, indique qual é feminino:

(A) a proclama.

(B) a magazine.

(C) a lança-perfume.

(D) nenhum dos anteriores.

Proclama (anúncio), magazine (estabelecimento comercial; publicação) e lança-perfume (bisnaga carregada de éter perfumado) são substantivos masculinos.
Gabarito "D".

(Cartório/SP – III – VUNESP) Assinale a formação **correta** do feminino dos adjetivos:

(A) hindu – hindustana.

(B) valentão – valentoa.

(C) ilhéu – ilhona.

(D) sandeu – sandia.

A: o vocábulo hindu é adjetivo e substantivo de dois gêneros; B: o feminino de valentão é valentona; C: o feminino de ilhéu é ilhoa; D: sandia é o feminino de sandeu (indivíduo que diz sandices, coisas sem nexo).
Gabarito "D".

(Cartório/SP – III – VUNESP) Indique o coletivo **correto** dos substantivos apresentados:

(A) matilha – de lobos.

(B) arquipélago – de ilhas.

(C) manada – de porcos.

(D) patuléia – de patos.

O coletivo indica um conjunto de seres ou de coisas da mesma espécie consideradas como um todo. A: matilha é coletivo de cães, alcateia é o coletivo de lobos; C: manada é coletivo de bois. O coletivo de porcos é vara; D: patuleia refere-se a povo, plebe; o coletivo de patos é bando. Observação: pelo novo acordo ortográfica, não se acentuam os ditongos abertos "ei", "oi".
Gabarito "B".

(Cartório/SP – II – VUNESP) Assinale a alternativa **correta**.

(A) Entre mim e ti ficou tudo resolvido.

(B) Leva consigo o que lhe pertence!

(C) Por muitos anos ela permaneceu subjulgada aos caprichos do marido.

(D) Damião estivera em Salvador a cinco anos atrás.

A: pela tradição gramatical, as formas oblíquas tônicas (mim, ti, ele, ela, nós, vós, eles, elas) são empregadas depois da preposição *entre*. Não podem ser empregados os pronomes pessoais do caso reto (eu, tu, ele, ela, nós, vós, eles, elas). B: preste atenção à conjugação do verbo *levar*. Em "*Leva* consigo o que lhe pertence!", temos uma oração imperativa. O imperativo "leva" se refere a 2ª pessoa do singular "tu". São duas as possibilidades de correção: "**Leva (tu) contigo** o que **te** pertence!" ou "**Leve (você) consigo** o que **lhe** pertence."; C: a forma verbal correta é *subjugar*; D: o verbo haver pode indicar tempo decorrido ("... estivera em Salvador há cinco anos").
Gabarito "A".

4. VERBO

(Cartório/SP – I – VUNESP) Assinale a alternativa em que ambas as frases estão gramaticalmente **corretas**.

(A) 1- João foi a Itália, mas não à Roma dos Césares. 2- Estudou muito e, por isso, foi aprovado no concurso.

(B) 1- Durante a audiência, o advogado não interviu uma só vez. 2- Se vocês virem Luiz, avisem-me, por favor.

(C) 1- No clube havia lugares para todos os sócios. 2- O governo visa ao bem-estar social do povo.

(D) 1- Vou à escola no período da manhã. 2- O caso adequa-se ao estabelecido na lei.

A: 1- João foi à (necessário uso da crase por conta da regência do verbo *ir*) Itália, mas não à Roma dos Césares; B: 1- o verbo intervir é conjugado semelhante ao verbo vir. Assim, teremos a conjugação no pretérito perfeito: intervim, intervieste, interveio, interviemos, interviestes, intervieram (1- ... o advogado não **interveio** uma só vez); 2 - trata-se do verbo ver, corretamente conjugado nessa oração, no futuro do subjuntivo (vir, vires, vir, virmos, virdes, virem); C: o verbo haver no sentido de existir é impessoal e deve ser mantido no singular; 2- está correta a conjugação e regência do verbo visar; D: o verbo adequar é defectivo, isto é, não possui certas formas. No caso do verbo adequar ou adequar-se, não existem as formas da 1ª, 2ª e 3ª pessoas do singular; 3ª pessoa do plural do presente do indicativo e todas as formas do presente do subjuntivo (além dos imperativos, exceto a 2ª pessoa do plural do afirmativo – *adequai*). Esse verbo é mais empregado no particípio ou no infinitivo: "O caso é adequado ao estabelecido na lei." ou "O caso deve se adequar ao estabelecido na lei."
Gabarito "C".

(Cartório/SP – I – VUNESP) Assinale a alternativa **correta** para a colocação dos verbos nos espaços vazios da frase seguinte.

Se você _____ João, diga-lhe que Paulo _____ na ação por ele proposta, tão somente por lhe _____.

(A) ver - reconveio - aprouver

(B) vir - reconveio - aprazer

(C) ver - reconviu - aprouver

(D) vir - reconviu - aprazer

Trata-se da conjugação do verbo ver no futuro do subjuntivo (vir, vires, **vir**, virmos, virdes, virem), dos verbos reconvir (conjugado semelhante ao verbo vir: reconvim, reconvieste, **reconveio**, reconviemos, reconviestes, reconvieram) no pretérito perfeito do indicativo e da forma nominal do verbo aprazer.
Gabarito "B".

(Cartório/SP – II – VUNESP) Há **erro** de conjugação verbal na frase:

(A) Eu me precavejo contra os riscos do mercado financeiro.

(B) A direção quer que você medeie o debate.

(C) Ele sempre proveu às necessidades da casa.

(D) Ele reouve tudo o que perdera.

O verbo precaver é defectivo, não existe a forma "precavejo" (não existem as formas da 1ª, 2ª e 3ª pessoas do singular e 3ª pessoa do plural do presente do indicativo, todas as formas do presente do subjuntivo, além dos imperativos, exceto a 2ª pessoa do plural do afirmativo – *precavei*). Deve-se reescrever a oração: "Eu devo me precaver contra os riscos do mercado financeiro".
Gabarito "A".

(Cartório/SP – III – VUNESP) Assinale a alternativa em que, aplicando os verbos haver e fazer de forma impessoal, a frase está **correta**.

(A) Haviam poucos alunos em sala.

(B) Isto tudo ocorreu a tempos.

MAGALLY DATO

(C) Faz dias que isto tudo ocorreu.

(D) Faziam horas que ninguém se manifestava.

A: o verbo *haver* no sentido de existir é impessoal e se mantém no singular ("Havia poucos alunos em sala."); B: o verbo *haver* também é usado no sentido de tempo decorrido ("Isto tudo ocorreu há tempos"); C e D: o verbo fazer com a ideia de tempo é impessoal e mantém-se no singular ("Fazia horas que ninguém se manifestava").
Gabarito "C".

(Cartório/SP – III – VUNESP) Indique a primeira pessoa do singular do presente do indicativo do verbo viger:

(A) vigio.

(B) vigoro.

(C) vijo.

(D) nenhuma das anteriores.

Tradicionalmente, o verbo *viger* é defectivo. Não existem as formas: 1ª pessoa do singular do presente do indicativo (eu -, tu viges, ele vige, nós vigemos, vós vigeis, eles vigem), o presente do subjuntivo também é inexistente e as 3ª pessoas do imperativo (afirmativo) (além de todo o negativo). Porém há gramáticos e linguistas (por exemplo, Houaiss) que consideram o verbo *viger* regular, levando em consideração a mutação da língua e os novos usos que vão surgindo.
Gabarito "D".

5. REGÊNCIA VERBAL

(Cartório/SP – II – VUNESP) Indique a alternativa **incorreta** quanto à regência verbal.

(A) Ele aspirava a algo melhor.

(B) Procedeu-se ao interrogatório do preso.

(C) Sua conduta não implica nenhum desdouro.

(D) É preferível lutar do que morrer sem glória.

A regência de *preferir* é "preferir aquilo **a** isso", desse modo: "É preferível lutar a morrer sem glória."
Gabarito "D".

(Cartório/SP – VI – VUNESP) Assinale a alternativa em que a regência verbal está **correta**.

(A) Ele assiste à missa todos os domingos.

(B) Os candidatos aspiram o emprego.

(C) Ele visava a recuperação dos jogadores.

(D) Estes são os livros que mais gosto.

A: o verbo *assistir* no sentido de presenciar é transitivo indireto. No sentido de ajudar é transitivo direto; B: *aspirar* no sentido de almejar é transitivo indireto ("Os candidatos aspiram ao emprego."); C: o verbo *visar* no sentido de almejar, ter como objetivo é, tradicionalmente, transitivo indireto ("visava à recuperação"); D: o verbo regente *gostar* exige a preposição *de* ("Estes são os livros de que mais gosto").
Gabarito "A".

6. USO DA CRASE

(Cartório/SP – I – VUNESP) Assinale a alternativa **correta** para a colocação das palavras nos espaços vazios.

O frio chegou repentinamente_____ território. Daqui _____ poucos meses, ninguém mais se lembrará das árvores frondosas, que _____ tanto tempo ornavam a paisagem.

(A) àquele - a - há

(B) àquele - à - a

(C) aquele - a - há

(D) aquele - há – a

A crase é a contração da preposição *a* e do artigo definido feminino "a(s)" ou com as iniciais dos pronomes demonstrativos "aquela(s)", "aquele(s)", "aquilo" ou com o pronome relativo "a qual" ou "as quais". A crase ocorrerá quando houver a exigência da preposição *a* e a possibilidade do uso do artigo definido ou dos pronomes mencionados. Desse modo, não há crase diante de palavra masculina ou diante de verbo (uma vez que um verbo nunca viria determinado por um artigo). Em "O frio chegou repentinamente **àquele** território", ocorre a crase por conta da exigência da preposição *a* pela regência do verbo chegar. Em "Daqui **a** poucos meses", a preposição *a* indica tempo futuro. Em "que há tanto tempo", o verbo haver indica tempo decorrido.
Gabarito "A".

(Cartório/SP – II – VUNESP) Considerando as regras quanto ao emprego ou não da crase, a frase está **incorreta** em:

(A) Jamais voltei à Paris dos meus sonhos.

(B) Quero agradecer àquele professor a dedicação que dispensou à classe.

(C) Os empregados entram no serviço a uma hora.

(D) Assim que cheguei a casa, recebi seu recado.

A: não ocorre a crase diante de nome de cidades que não aceitam artigo feminino, porém, quando há um adjunto especificando ("dos meus sonhos"), ocorre a crase; B: em "agradecer àquele", o verbo exige a preposição *a*. É possível a contração da preposição com o pronome demonstrativo. Ocorre a crase. Em "que dispensou à classe", trata-se de um verbo transitivo direto e indireto ("dispensar") que exige a preposição *a* diante de seu objeto indireto; C: ocorre a crase na indicação das horas do relógio ("Os empregados entram no serviço à uma hora", às 13h, às duas horas...; diferente da ideia de futuro em "chegarei daqui a duas horas"); D: diante da palavra "casa", quando não especificado "de quem é a casa" (quando a palavra "casa" não vem acompanhada de um modificador), não ocorre a crase.
Gabarito "C".

(Cartório/SP – VI – VUNESP) Quanto ao emprego da crase, assinale a alternativa **incorreta**.

(A) Esta é a minha escola, à qual trago sempre na lembrança.

(B) Vamos à biblioteca.

(C) Fui a Londres, a Paris e à Bahia.

(D) Aprendi a amar minha terra.

A: o pronome relativo "a qual" retoma o objeto direto "a minha escola". Não há preposição ("Trago minha escola na lembrança"); B: o verbo regente ir exige preposição, a palavra regida "biblioteca" aceita o artigo. Ocorre a crase; C: diante de nome de cidades que não aceitam o artigo, não ocorre a crase (exceto quando acompanhada de adjunto). Diante de nome de estados, pode ocorrer a crase. Utilizar o truque: "fui a Londres, voltei de Londres; fui **a** Paris, voltei **de** Paris; fui à Bahia, voltei **da (se** **'de + a' = ocorre a crase em 'fui à Bahia')** Bahia". D: não ocorre a crase antes de verbo.
Gabarito "A".

7. CONCORDÂNCIA VERBAL E CONCORDÂNCIA NOMINAL

(Cartório/SP – I – VUNESP) Assinale a frase **correta**.

(A) Haviam dez alunos na classe e uma multidão aguardavam no pátio.

(B) Vão fazer dois anos que não vejo Maria e daqui há alguns meses, farei uma viajem para vê-la.

16. LÍNGUA PORTUGUESA   741

(C) O público teria possibilidade de ver notáveis peças teatrais, se houvesse mais casas de espetáculos.

(D) Não devem haver rasuras na escritura pública, e esse é o porquê de tanto cuidado.

A: o verbo *haver* no sentido de existir é impessoal e mantém-se no singular ("**Havia** dez alunos"). Observe, também, em "uma multidão **aguardavam**", ocorreu a silepse de número, em que o verbo concorda ideologicamente com o sujeito; B: o verbo fazer com a ideia de tempo é impessoal e mantém-se no singular ("**Vai fazer** dois anos"). Veja, também, que o verbo haver pode indicar tempo decorrido e a preposição a indica tempo futuro ("daqui a alguns meses" [futuro] e não "daqui há alguns meses"[passado]). C: o verbo haver (**houvesse**) está corretamente empregado no singular, no sentido de existir; D: mais uma vez o verbo haver, impessoal, no sentido de existir ("Não **deve haver** rasuras").

Gabarito "C".

(Cartório/SP – II – VUNESP) Assinale a frase **correta**.

(A) Aluga-se casas.

(B) Notam-se sinais de recuperação na economia.

(C) No passado, não se recorriam aos processos como agora.

(D) Precisam-se de vendedores.

Para responder a essa questão, lembrar que a palavra **se** pode ser agente apassivador, como nas alternativas A e B ou índice de indeterminação do sujeito, como nas alternativas C e D. Primeiro, veja como é feita a transposição das vozes verbais.

Para a transposição das vozes verbais, siga sempre o esquema:

1) O verbo tem que ser transitivo direto;
2) Objeto da ativa = sujeito da passiva analítica;
3) Sujeito da ativa = agenda da passiva analítica;
4) O verbo sempre se mantém no mesmo tempo e modo que o verbo da ativa;

VOZ VERBAL	SUJEITO	VERBO TRANSITIVO DIRETO	OBJETO DIRETO	AGENTE DA PASSIVA
ATIVA	Z	verbo concordando com o sujeito	Y	
Passiva analítica	Y	verbo *ser* no mesmo tempo e modo que o verbo da ativa + verbo principal no particípio		Z
Passiva sintética		verbo no mesmo tempo e modo que o verbo da ativa + **SE**, concordando com o sujeito da passiva analítica que é igual ao objeto da passiva sintética	Y	

Exemplo A:

VOZ VERBAL	SUJEITO	VERBO TRANSITIVO DIRETO	OBJETO DIRETO	AGENTE DA PASSIVA
ATIVA	[Z] Maria	[verbo concordando com o sujeito] aluga *(verbo no singular, pois o sujeito é singular. Verbo no presente do indicativo)*	[Y] casas	
Passiva analítica	[Y] Casas	[verbo *ser* no mesmo tempo e modo que o verbo da ativa (SÃO – verbo ser no presente do indicativo) + principal no particípio (ALUGADAS) concordando com o sujeito] são alugadas *(verbo no plural, pois o sujeito está no plural)*		por [Z]
Passiva sintética		verbo no mesmo tempo e modo que o verbo da ativa + **SE** Alugam-se *(o verbo concorda no plural com o sujeito da passiva analítica)*	[Y] casas	

MAGALLY DATO

Exemplo B:

VOZ VERBAL	SUJEITO	VERBO TRANSITIVO DIRETO	OBJETO DIRETO	AGENTE DA PASSIVA
ATIVA	**[Z]** **Os brasileiros**	[verbo concordando com o sujeito] **notam** *(verbo no plural, pois o sujeito é plural. Verbo no PRESENTE do indicativo)*	**[Y]** **sinais de recupe-** **ração**	
Passiva analítica	**[Y]** **Sinais de recu-** **peração**	[verbo *ser* no mesmo tempo e modo que o verbo da ativa (SÃO – verbo ser no PRESENTE do indicativo) + verbo principal no particípio (NOTADOS) concordando com o sujeito] **são notados** *(verbo no plural, pois o sujeito está no plural)*		por [Z]
Passiva sintética		verbo no mesmo tempo e modo que o verbo da ativa **+ SE** **Notam-se** *(o verbo concorda no plural com o sujeito da passiva analítica)*	**[Y]** **sinais de recupe-** **ração**	

Quando há verbo transitivo indireto ou intransitivo + se, temos o índice de indeterminação do sujeito. Assim, sendo sujeito indeterminado, esse verbo (na forma *verbo+se*) mantém-se no singular: "No passado, não **se recorria** aos processos como agora." e "**Precisa-se** de vendedores."
Gabarito "B".

(Cartório/SP – V – VUNESP) Assinale a alternativa **correta** de acordo com as normas gramaticais.

(A) Os funcionários leram o que propuseram-lhes e informaram ao orientador de que estavam de acordo.

(B) A cidade acordava realmente quando, no relógio da matriz, soava as 7 horas.

(C) Da estrada viam-se, ao longe, a casa da fazenda e o pasto.

(D) Lembrei-me, há pouco, que ainda hoje haverá novas reuniões.

A: verifique a colocação pronominal. O pronome é atrativo, desse modo, devemos utilizar a próclise ("Os funcionários leram o **que lhes** propuseram"). Também, verifique a regência verbal de informar. O objeto direto não deve vir com a preposição ("informaram ao orientador **que estavam** de acordo"); B: o sujeito do verbo soar é "as 7 horas". O verbo concorda com o sujeito no plural: "soavam as 7 horas"; C: o sujeito do verbo ver é composto e tem como núcleos "casa, fazenda, pasto"; D: a regência do verbo lembrar é "lembrar que" ou "lembrar-se de", desse modo, poderíamos ter as construções: "Lembrei-me ... de que ainda hoje" ou "Lembrei ... que ainda hoje".
Gabarito "C".

(Cartório/SP – VI – VUNESP) Assinale a alternativa que contém a frase **correta**.

(A) A audiência será ao meio dia e meio.

(B) Não os vejo por aqui fazem três anos.

(C) O professor estava de mal humor ontem.

(D) Fomos homenageadas, haja vista os resultados que obtivemos.

A: "será ao meio dia e **meia** (hora)"; B: o verbo fazer no sentido de tempo é impessoal e mantém-se no singular ("Não os vejo por aqui **faz** três anos"); C: a palavra mal é um advérbio e tem como antônimo

a palavra bem. Já o adjetivo é **mau** (seu antônimo: bom) – "estava de mau humor"; D: a expressão "haja vista" é invariável. Está correto o seu uso nessa oração.
Gabarito "D".

(Cartório/SP – VI – VUNESP) Complete as lacunas com as palavras **corretas**.

João e Maria _____ Dr. Pedro e Dr. Jorge como seus _____ procuradores.

(A) constitui ... bastantes

(B) constituíram ... bastante

(C) constitui ... bastante

(D) constituíram ... bastantes

O verbo constituir deve concordar com o sujeito composto "João e Maria". O adjetivo bastante concorda com seu referente no plural: "procuradores".
Gabarito "D".

(Cartório/SP – VI – VUNESP) Assinale a frase **correta** quanto à concordância verbal.

(A) Fazem três anos que moro em São Paulo.

(B) As estrelas pareciam sorrir.

(C) Haverão sempre muitas pessoas procurando emprego.

(D) Neste cartório, lavra-se escrituras.

A: o verbo fazer indicando noção de tempo é impessoal e mantém-se no singular ("Faz três anos que"); B: o verbo parecer concorda no plural com o sujeito "As estrelas"; C: o verbo haver no sentido de existir é impessoal e mantém-se no singular ("Haverá sempre muitas pessoas"); D: o correto é "lavram-se escrituras" [veja quadro abaixo], pois o verbo na passiva sintética deve concordar como sujeito da analítica ("As escrituras são lavradas neste cartório").
Gabarito "B".

VOZ VERBAL	SUJEITO	VERBO TRANSITIVO DIRETO	OBJETO DIRETO	AGENTE DA PASSIVA
ATIVA	[Z] Alguém	[verbo concordando com o sujeito] **lavra** *(verbo no singular, pois o sujeito é singular. Verbo no PRESENTE do indicativo)*	[Y] **as escrituras**	
Passiva analítica	[Y] **As escrituras**	[verbo *ser* no mesmo tempo e modo que o verbo da ativa (SÃO – verbo ser no PRESENTE do indicativo) + verbo principal no particípio (LAVRADAS) concordando com o sujeito] **são lavradas** *(verbo no plural, pois o sujeito está no plural)*		por [Z]
Passiva sintética		verbo no mesmo tempo e modo que o verbo da ativa **+ SE** **Lavram-se** *(o verbo concorda no plural com o sujeito da passiva analítica)*	[Y] **as escrituras**	

8. LITERATURA E FIGURAS

(Cartório/SP – II – VUNESP) Indique a alternativa que representa a **correta** relação autor-obra.

(A) Lima Barreto - O Noviço.

(B) Raul Pompéia - Triste Fim de Policarpo Quaresma.

(C) José Lins do Rego - Fogo Morto.

(D) José de Alencar - A Moreninha.

A: Lima Barreto (*Triste Fim de Policarpo Quaresma*) e Martins Pena (*O Novico*); B: Raul Pompéia (*O Ateneu*); C: José Lins do Rego (*Menino de Engenho*, *Fogo Morto*, entre outros); D: José de Alencar (*Lucíola*, *Iracema*, *Senhora*); Joaquim Manuel de Macedo (*A Moreninha*).
Gabarito "C."

(Cartório/SP – II – VUNESP) A escola literária em que se situa a obra "Memórias Póstumas de Brás Cubas", de Machado de Assis, é o

(A) Romantismo.

(B) Realismo Psicológico.

(C) Condoreirismo.

(D) Modernismo.

A obra *Memórias Póstumas de Brás Cubas* inaugura o realismo brasileiro. A obra, de 1881, retrata a escravidão, as classes sociais, o positivismo e o cientificismo. Narrado por um defunto, a obra apresenta a vida do anti-herói Brás Cubas.
Gabarito "B."

(Cartório/SP – IV – VUNESP) O Modernismo brasileiro teve início com a Semana de Arte Moderna. Foram seus representantes:

(A) Cecília Meireles, Manuel Bandeira, Gonçalves Dias e Álvares de Azevedo.

(B) Mário de Andrade, Cecília Meireles, Manuel Bandeira e Gonçalves Dias.

(C) Mário de Andrade, Guilherme de Almeida, Cecília Meireles e Manuel Bandeira.

(D) Gonçalves Dias, Álvares de Azevedo, Castro Alves e Machado de Assis.

A, B e D: Gonçalves Dias é indianista, da 1ª fase do Romantismo; Álvares de Azevedo é poeta *byronista*, da 2ª fase do Romantismo; Castro Alves, poeta condoreiro, é da 3ª fase do Romantismo. Machado de Assis faz parte da escola Realista; C: participaram da Semana de Arte Moderna, ou Semana de 22, nomes como **Manuel Bandeira**, **Mário de Andrade**, Oswald de Andrade, Víctor Brecheret, Plínio Salgado, Anita Malfatti, Menotti Del Pichia, **Guilherme de Almeida**, Sérgio Milliet, Heitor Villa-Lobos, Tácito de Almeida, Di Cavalcanti, Graca Aranha, entre outros. **Cecília Meireles** não participa diretamente da Semana de 22, porém é representante do modernismo brasileiro. Atencão ao fato de que a questão solicita representantes do Modernismo.
Gabarito "C."

(Cartório/SP – IV – VUNESP) Amar Verbo Intransitivo, Paulicéia Desvairada e Macunaíma, são obras de

(A) Oswaldo de Andrade.

(B) Mário de Andrade.

(C) Carlos Drummond de Andrade.

(D) Cecília Meireles.

A: Oswald de Andrade (*Manifesto da Poesia Pau-Brasil*; *Manifesto* Antropófago); B: Mario de Andrade é um dos fundadores do modernismo brasileiro e publica dentre outras, as três obras mencionadas; D: Carlos Drummond de Andrade (*Alguma Poesia*, *Sentimento do Mundo*; *Rosa do Povo*); D: Cecília Meireles (*Espectro*; *Romanceiro da Inconfidência*; *"Ou Isto ou Aquilo"*).
Gabarito "B."

(Cartório/SP – II – VUNESP) A figura de linguagem existente no provérbio "De mau corvo, mau ovo." é

(A) metáfora.

(B) antítese.

(C) elipse.

(D) eufemismo.

A: a metáfora é uma comparacão implícita; B: a antítese representa duas palavras ou dois pensamentos em sentidos opostos; C: a elipse é a omissão de um termo que o contexto ou a situação permitem suprir. O provérbio "De mau corvo, mau ovo" (tem o mesmo sentido de "Filho de peixe, peixinho é") tem como figura de linguagem a elipse: "Mau ovo **provém** de mau corvo"; D: o eufemismo é o uso de um termo que suaviza o peso conotativo de outra palavra.
Gabarito "C."